und rechts das letzte Wort der rechten Seite

die **Be|ạm|tin** (Nomen) **der Beamtin, die Beamtinnen** Femininform von → **Beamte**

be|ạn|spru|chen (Verb) **du beanspruchst, er beanspruchte, sie hat beansprucht, beanspruche!**
❶ etwas beanspruchen etwas verlangen oder fordern: *Er beansprucht die Hälfte des Hauses, das er mit seinem Bruder geerbt hat.*
❷ etwas wird beansprucht etwas wird durch häufige Benutzung stark abgenutzt: *Das*

die **Be|auf|sich|ti|gung** (Nomen) **nur im Singular der Beaufsichtigung** das Beaufsichtigen

be|auf|tra|gen (Verb) **du beauftragst, er beauftragte, sie hat beauftragt, beauftrage!**
jemanden mit etwas beauftragen jemandem einen Auftrag für etwas geben

be|ben (Verb) **du bebst, er bebte, sie hat gebebt, beb(e)!**
❶ **durch ein Erdbeben, einen Stoß usw.** hin und her gestoßen werden, wackeln

A B C D E

die **Ad|rẹs|se** (Nomen) **der Adresse, die Adressen**
❶ ≈Anschrift die Straße, Hausnummer, Postleitzahl und der Ort, wo jemand wohnt
❷ bei jemandem an der falschen Adresse sein umgangssprachlich sich mit einer Frage an die falsche Person wenden

Zeichen für eine Redewendung oder ein Sprichwort

Hinweis auf die Stilebene (Sprachgebrauch)

Deklinierte Formen des Nomens: Genitiv Singular und Nominativ Plural

Artikel des Nomens

Betonungszeichen langer Vokal

Typische Wortverbindung

die **Fahrt** (Nomen) **der Fahrt, die Fahrten**
❶ **mit dem Auto, Bus, Zug usw.** das Fahren oder die Reise mit einem Fahrzeug: *Auf der Fahrt nach Griechenland kommen wir durch Italien. • Im Auto wird mir während der Fahrt immer schlecht.*
❷ Gute Fahrt! Gute Reise!

Worterklärung

Beispiel

Wortprofi®

Schulwörterbuch
Deutsch

Oldenbourg Schulbuchverlag GmbH, München

Wortprofi®

Projektleitung: Astrid Graupe
Konzept: Astrid Graupe, Dr. Birgit Klausmann

Lexikografen und Lexikografinnen:
Susanne Billes, Prof. Holger Freese, Herbert Horn, Dr. Birgit Klausmann, Anne Loos

Mitarbeiter und Mitarbeiterinnen:
Franziska Becker, Kirstin Diemer, Julia Hennig, Amelie Ihering, Vida Kaluza, Anna Koltermann

Regelteil zur Rechtschreibung und Zeichensetzung: Dirk Held

Software: IDM
Software-Support: Kim Homann
Layout: finedesign, Berlin
Satz: le-tex, Leipzig (Wörterbuchteil), finedesign, Berlin
Umschlaggestaltung: finedesign, Berlin

www.cornelsen.de

2. Auflage, 3. Druck 2020

Druck: Parzeller print & media GmbH & Co. KG, Fulda

ISBN 978-3-637-01689-7

PEFC
PEFC/04-31-1308

PEFC zertifiziert
Dieses Produkt stammt aus nachhaltig bewirtschafteten Wäldern und kontrollierten Quellen.

www.pefc.de

Abkürzungen und Symbole

❶	Unterschiedliche Bedeutungen eines Stichworts werden mit Ziffern gekennzeichnet.
🗨	Zeichen für eine Redewendung oder ein Sprichwort
⚠	Dieses Zeichen weist auf sprachliche Besonderheiten hin.
≈	Zeichen für ein Synonym, ein Wort mit ähnlicher Bedeutung
→	Verweis auf ein anderes Wort
☹	Ein problematisches Wort, die Verwendung kann unangebracht sein.
(A)	Ein Wort mit diesem Zeichen ist in Österreich gebräuchlich.
(CH)	Ein Wort mit diesem Zeichen ist in der Schweiz gebräuchlich.
usw.	und so weiter
u. a.	und anderes/andere, unter anderem/anderen
o. Ä.	oder Ähnliches/Ähnliche
z. B.	zum Beispiel

Inhaltsverzeichnis

Erklärung der Lautschriftzeichen

Laut	Beispielwort	IPA
a	hat	hat
a:	lahm	la:m
ɐ	Messer	ˈmɛsɐ
ɐ̯	Uhr	u:ɐ̯
ã:	Chance	ˈʃã:sə
æ	Chat	tʃæt
ai	weit	vait
au	Maus	maus
b	Band	bant
ç	ich	ɪç
d	den	de:n
dʒ	Job	dʒɔp
e	Melone	meˈlo:nə
e:	Mehl	me:l
ɛ	hätte	ˈhɛtə
ɛ:	wähle	ˈvɛ:lə
ɛ̃:	Refrain	rəfrɛ̃:
ə	Schule	ˈʃu:lə
f	froh	fro:
g	gerne	gɛrnə
h	Hut	hu:t
i	immer	ˈimɐ
i:	ihn	i:n
ɪ	singen	zɪŋən
j	ja	ja:
k	Kraft	kraft
l	Leben	ˈle:bn̩
l̩	Nadel	ˈna:dl̩
m	Mann	man
m̩	großem	ˈgro:sm̩
n	Nase	ˈna:zə

Laut	Beispielwort	IPA
n̩	Leben	ˈle:bn̩
ŋ	lang	laŋ
o	total	toˈta:l
o:	Boot	bo:t
o̯	Toilette	to̯aˈlɛtə
õ	Bonbon	bõˈbõ:
ɔ	Post	pɔst
ø	ökologisch	økoˈlo:giʃ
ø:	Öl	ø:l
œ	spöttisch	ˈʃpœtɪʃ
œ̃	Parfum	parˈfœ̃:
ɔy	heute	ˈhɔytə
p	Papa	ˈpapa
pf	Pfanne	ˈpfanə
r	rosa	ˈro:za
s	besser	ˈbɛsɐ
ʃ	Schule	ˈʃu:lə
t	Tag	ta:k
ts	Zahl	tsa:l
tʃ	Quatsch	kvatʃ
u	Argument	arguˈmɛnt
u:	Hut	hu:t
u̯	aktuell	akˈtu̯ɛl
ʊ	Null	nʊl
v	was	vas
x	achten	ˈaxtn̩
ʏ	System	zʏsˈte:m
y:	süß	zy:s
z	Hase	ˈha:zə
ʒ	Genie	ʒeˈni:
|	be|achten	bə|axtn̩

A

das **A, a** (Nomen) **des A, die A**
1 der erste Buchstabe im Alphabet: *Das schreibt man mit kleinem a/mit großem A.*
2 das A und O das Wichtige an einer Sache
3 von A bis Z von Anfang bis Ende
4 Wer A sagt, muss auch B sagen. Wer etwas anfängt, sollte es auch zu Ende führen, selbst wenn es schwierig wird.

das **Ä, ä** (Nomen) **des Ä, die Ä** der Umlaut des Buchstaben A, a

à (Präposition) **mit Akkusativ gebraucht** zu der genannten Menge, dem genannten Preis oder Ähnlichem: *zwei Kartons à zehn Flaschen • fünf Stück à einen halben Liter*

ab[1] (Präposition) **mit Dativ gebraucht**
1 von diesem Zeitpunkt oder Alter an: *Die Preise gelten ab sofort. • für Kinder ab 10 Jahren*
2 von diesem Ort als Startpunkt: *Flüge ab München • ab unserer Straße*

ab[2] (Adverb) umgangssprachlich
1 verwendet als Aufforderung, irgendwohin zu gehen: *Jetzt aber ab ins Bett/ab nach Hause!*
2 ab und zu/ab und an hin und wieder, manchmal
3 etwas ist ab etwas hat sich gelöst und fehlt jetzt: *Das Preisschild ist ab.*

ab|bau|en (Verb) **du baust ab, er baute ab, sie hat abgebaut, bau(e) ab!**
1 in Einzelteile zerlegen: *ein Zelt abbauen*
2 sich in seiner Leistung verschlechtern: *Max hat im letzten Schuljahr abgebaut.*
3 aus der Erde holen: *Kohle abbauen*
4 weniger werden lassen, verringern: *Vorurteile abbauen*

ab|bie|gen (Verb) **du biegst ab, er bog ab, sie ist/hat abgebogen, bieg(e) ab!** nach rechts oder links in eine andere Straße fahren oder gehen

ab|bil|den (Verb) **du bildest ab, er bildete ab, sie hat abgebildet, bilde ab!** etwas bildlich darstellen, als Bild oder Foto oder Zeichnung zeigen

die **Ab|bil|dung** (Nomen) **der Abbildung, die Abbildungen** ein Bild oder ein Foto oder eine Zeichnung

ab|bre|chen (Verb) **du brichst ab, er brach ab, sie hat/ist abgebrochen, brich ab!**
1 **hat abgebrochen** durch Brechen entfernen: *einen Ast abbrechen*
2 **hat abgebrochen** früher als geplant beenden: *eine Reise abbrechen*
3 **ist abgebrochen** abgetrennt werden: *Der Griff der Tasse ist abgebrochen.*
4 **ist abgebrochen** plötzlich aufhören: *Plötzlich brach die Verbindung ab.*
5 sich einen abbrechen **hat abgebrochen** umgangssprachlich sich große Mühe geben und sich dabei sehr ungeschickt anstellen

der **Ab|bruch** (Nomen) **des Abbruch(e)s, die Abbrüche**
1 ≈ Ende *der Abbruch einer Reise*
2 ≈ Abriss *der Abbruch eines Hauses*

ab|de|cken (Verb) **du deckst ab, er deckte ab, sie hat abgedeckt, deck(e) ab!**
1 ≈ bedecken darüberlegen oder darüberhängen: *Möbel mit einer Plastikfolie abdecken*
2 nach dem Essen abräumen: *den Tisch abdecken*

der **Abend** (Nomen) **des Abends, die Abende** die Tageszeit zwischen 18 und 24 Uhr
1 (zu) Abend essen die Mahlzeit essen, die man abends isst
2 Guten Abend! sagt man, wenn man sich abends begrüßt
3 der Heilige Abend der 24. Dezember

das **Abend|brot** (Nomen) **nur im Singular des Abendbrot(e)s** eine kalte Mahlzeit, die man abends isst

das **Abend|es|sen** (Nomen) **des Abendessens, die Abendessen** die Mahlzeit, die man abends isst

das **Abend|land** (Nomen) veraltet **nur im Singular des Abendland(e)s** die christlichen Länder im westlichen Teil von Europa

abends (Adverb) am Abend

das **Aben|teu|er** (Nomen) **des Abenteuers, die Abenteuer** ein aufregendes Erlebnis

aber[1] (Konjunktion)
1 drückt einen Gegensatz aus: *Er ist streng, aber gerecht.*
2 drückt einen Widerspruch aus: *„Geh jetzt bitte ins Bett." – „Ich will aber noch nicht!"*

aber[2] (Partikel) verstärkt eine Aussage: *Du hast dich aber verändert!*

aber|mals (Adverb) gehoben noch einmal, wieder

ab|fah|ren (Verb) **du fährst ab, er fuhr ab, sie ist abgefahren, fahr(e) ab!**
❶ ≈ losfahren *Der Zug fährt um zwei Uhr ab.*
❷ auf jemanden/etwas abfahren umgangssprachlich jemanden/etwas sehr gut finden

die **Ab|fahrt** (Nomen) **der Abfahrt, die Abfahrten**
❶ nur im Singular das Losfahren: *Die Abfahrt des Zuges ist in fünf Minuten.*
❷ VERKEHR ≈ Ausfahrt das Stück Straße, auf dem man die Autobahn verlässt

der **Ab|fall** (Nomen) **des Abfall(e)s, die Abfälle** ≈ Müll das, was man wegwirft

die **Ab|ga|be** (Nomen) **der Abgabe, die Abgaben**
❶ das Übergeben von etwas
❷ ≈ Ballabgabe das Zuspielen des Balls
❸ ≈ Steuer das Geld, das man dem Staat zahlen muss

ab|ge|ben (Verb) **du gibst ab, er gab ab, sie hat abgegeben, gib ab!**
❶ jemandem etwas geben: *Hefte beim Lehrer abgeben • etwas von seinem Schulbrot abgeben*
❷ (den Ball) abgeben SPORT den Ball einem anderen Spieler zuwerfen/zuschießen
❸ ≈ sagen *eine Erklärung abgeben*
❹ seine Stimme abgeben ≈ wählen, abstimmen für oder gegen etwas/jemanden stimmen
❺ sich mit jemandem/etwas abgeben oft negativ sich mit jemandem/etwas beschäftigen

der/die **Ab|ge|ord|ne|te** (Nomen) **des/der Abgeordneten, die Abgeordneten** ein vom Volk gewähltes Mitglied eines Parlaments

ab|gren|zen (Verb) **du grenzt ab, er grenzte ab, sie hat abgegrenzt, grenz(e) ab!**
❶ etwas abgrenzen etwas durch einen Zaun, eine Linie von etwas anderem trennen
❷ sich von jemandem/etwas abgrenzen ≈ distanzieren zeigen, dass man eine andere Meinung hat

ab|hal|ten (Verb) **du hältst ab, er hielt ab, sie hat abgehalten, halt(e) ab!**
❶ jemanden von der Arbeit abhalten verhindern, dass jemand seine Arbeit macht
❷ dafür sorgen, dass etwas nicht eindringen kann: *Diese Jacke hält den Regen ab.*
❸ ≈ veranstalten *eine Versammlung abhalten*

ab|hän|gen[1] (Verb) **du hängst ab, er hing ab, sie hat abgehangen, häng(e) nicht ab!**
❶ von etwas/jemandem abhängen durch etwas/jemanden bestimmt oder beeinflusst werden: *Was wir unternehmen, hängt vom Wetter ab.* auf etwas/jemanden angewiesen sein, etwas/jemanden brauchen: *Während der Ausbildung ist sie finanziell noch von ihren Eltern abhängig.*
❷ umgangssprachlich nichts tun

ab|hän|gen[2] (Verb) **du hängst ab, er hängte ab, sie hat abgehängt, häng(e) ab!**
❶ etwas abhängen etwas von einem Haken oder einer Befestigung nehmen: *ein Bild abhängen*
❷ jemanden abhängen umgangssprachlich schneller oder besser sein als jemand: *seine Verfolger abhängen*

ab|hän|gig (Adjektiv)
❶ nicht selbstständig sein, sondern etwas/jemanden brauchen: *Er ist noch von seinen Eltern abhängig.*
❷ von etwas/jemandem abhängig sein durch etwas beeinflusst werden: *Unser Badeausflug ist vom Wetter abhängig.*
❸ abhängig sein MEDIZIN immer eine Droge brauchen

ab|he|ben (Verb) **du hebst ab, er hob ab, sie hat abgehoben, heb(e) ab!**
❶ **hat abgehoben** vom Konto nehmen: *Geld abheben*
❷ (den Hörer) abheben **hat abgehoben** einen Telefonanruf annehmen

ab|ho|len (Verb) **du holst ab, er holte ab, sie hat abgeholt, hol(e) ab!** irgendwo hingehen und mitnehmen: *seinen Sohn von der Schule abholen • ein Paket auf der Post abholen*

ab|hö|ren (Verb) **du hörst ab, er hörte ab, sie hat abgehört, hör(e) ab!**
❶ SCHULE abfragen, ob jemand gut gelernt hat
❷ den AB/die Mailbox abhören gespeicherte Nachrichten hören
❸ heimlich mithören
❹ MEDIZIN bestimmte Geräusche in Bauch oder Brust überprüfen

das **Abi|tur, Ab|i|tur** (Nomen) **des Abiturs, die Abiture** die Abschlussprüfung an einem Gymnasium das **Ab|kom|men** (Nomen) **des Abkommens, die Abkommen** ein Vertrag zwischen Staaten

die **Ab|kür|zung** (Nomen) **der Abkürzung, die Abkürzungen**
❶ ein kürzerer Weg als der normale
❷ wenige Buchstaben, die ein ausgeschriebenes Wort oder mehrere Wörter ersetzen: *Die Abkürzung von „zum Beispiel" ist „z. B."*

der **Ab|lauf** (Nomen) **des Ablaufs, die Abläufe**
❶ die Reihenfolge, in der Dinge geschehen: *der Ablauf einer Veranstaltung*
❷ ≈ Ende *Nach Ablauf von drei Tagen sollte man die Milch nicht mehr trinken.*

ab|lau|fen (Verb) **du läufst ab, er lief ab, sie ist/hat abgelaufen, lauf(e) ab!**
❶ **ist abgelaufen** ungültig werden: *Mein Pass ist abgelaufen.*
❷ **ist abgelaufen** ≈ abfließen, herausfließen *Das Wasser läuft nicht ab.*
❸ **ist abgelaufen** auf eine bestimmte Weise geschehen: *Wie ist die Prüfung abgelaufen?*
❹ **hat abgelaufen** durch Laufen abnutzen: *die Absätze ablaufen*

ab|le|gen (Verb) **du legst ab, er legte ab, sie hat abgelegt, leg(e) ab!**
❶ gehoben ≈ ausziehen *den Mantel ablegen*
❷ ≈ machen *eine Prüfung ablegen · ein Geständnis ablegen*
❸ SCHIFFFAHRT aus dem Hafen oder vom Ufer wegfahren

ab|leh|nen (Verb) **du lehnst ab, er lehnte ab, sie hat abgelehnt, lehn(e) ab!**
❶ etwas nicht tun oder haben wollen: *eine Einladung ablehnen*
❷ etwas nicht gut finden: *Wir lehnen das Rauchen ab.*

ab|lei|ten (Verb) **du leitest ab, er leitete ab, sie hat abgeleitet, leite ab!**
❶ die Richtung ändern: *Blitze oder Strom ableiten*
❷ etwas (aus etwas) ableiten etwas (aus etwas) folgern, schließen: *ein Wort aus dem Lateinischen ableiten · Aus der Tabelle kann man ableiten, wie der Verein gespielt hat.*

ab|len|ken (Verb) **du lenkst ab, er lenkte ab, sie hat abgelenkt, lenk(e) nicht ab!**
❶ (jemanden) ablenken **negativ:** jemanden bei einer Beschäftigung stören: *Du solltest deine Schwester nicht immer von den Hausaufgaben ablenken.* **positiv:** jemanden auf andere Gedanken bringen, wenn er Sorgen hat
❷ sich mit etwas ablenken etwas tun, damit man nicht an seine Sorgen denken muss

ab|lö|sen (Verb) **du löst ab, er löste ab, sie hat abgelöst, lös(e) ab!**
❶ jemanden ablösen ≈ ersetzen eine Aufgabe von jemandem übernehmen
❷ etwas ablösen ≈ loslösen etwas Aufgeklebtes entfernen

ab|ma|chen (Verb) **du machst ab, er machte ab, sie hat abgemacht, mach(e) ab!**
❶ umgangssprachlich ≈ entfernen *Kannst du mir bitte das Pflaster abmachen?*
❷ ≈ vereinbaren gemeinsam beschließen, etwas zu tun: *Ich habe mit ihm abgemacht, dass wir uns um fünf Uhr treffen.*

ab|mel|den (Verb) **du meldest ab, er meldete ab, sie hat abgemeldet, meld(e) ab!**
❶ etwas abmelden mitteilen, dass man etwas nicht mehr benutzt: *sein Auto abmelden · sein Telefon abmelden*
❷ jemanden/sich von etwas abmelden sagen, dass jemand/man selbst nicht mehr mitmachen will: *sich von einem Kurs abmelden*
❸ jemanden/sich bei jemandem abmelden jemandem sagen, dass jemand/man selbst nicht kommt: *Kannst du mich bitte beim Trainer abmelden? Ich bin krank.*
❹ sich abmelden sich von einem Computerprogramm ausloggen: *Nach der Benutzung sollte man sich von Facebook® wieder abmelden.*

ab|neh|men (Verb) **du nimmst ab, er nahm ab, sie hat abgenommen, nimm ab!**
❶ ≈ abhängen, herunternehmen *ein Bild abnehmen · die Wäsche abnehmen*
❷ jemandem etwas abnehmen
negativ: jemandem etwas wegnehmen: *Die Polizei hat ihm den Führerschein abgenommen.*
positiv: etwas für jemanden tun, jemandem helfen: *Ich nehme dir heute die Einkäufe ab!*
❸ weniger wiegen als vorher
❹ weniger oder schwächer werden: *Die Zahl der Schüler hat stark abgenommen. · Allmählich nahm der Lärm ab.*

die **Ab|rech|nung** (Nomen) **der Abrechnung, die Abrechnungen**
❶ FINANZEN die Rechnung, wie viel jemand bezahlen muss oder wie viel man eingenommen hat
❷ umgangssprachlich ≈ Rache

ab|rei|ßen (Verb) **du reißt ab, er riss ab, sie hat/ist abgerissen, reiß(e) ab!**
1 **hat abgerissen** dadurch abtrennen, dass man kräftig daran reißt: *ein Plakat abreißen • das Etikett abreißen*
2 **hat abgerissen** ≈ zerstören *ein Haus abreißen*
3 **ist abgerissen** etwas wird abgetrennt, weil jemand kräftig daran reißt oder etwas zu schwer ist: *Der Aufhänger ist abgerissen.*

die **Ab|sa|ge** (Nomen) **der Absage, die Absagen** die Mitteilung, dass jemand nicht kommt oder etwas nicht tun kann oder dass etwas nicht stattfindet

ab|sa|gen (Verb) **du sagst ab, er sagte ab, sie hat abgesagt, sag(e) ab!**
1 mitteilen, dass man nicht kommt oder etwas nicht tun kann: *„Kommt Sara?“ – „Nein, sie hat abgesagt.“*
2 mitteilen, dass etwas nicht stattfinden wird: *Das Konzert wurde abgesagt, weil der Sänger krank ist.*

der **Ab|satz** (Nomen) **des Absatzes, die Absätze**
1 ein Abschnitt im Text, nach dem eine neue Zeile beginnt
2 der Teil eines Schuhs unter der Ferse, der meist höher ist: *Schuhe mit hohen Absätzen*

ab|schal|ten (Verb) **du schaltest ab, er schaltete ab, sie hat abgeschaltet, schalt(e) ab!**
1 etwas ausmachen: *die Heizung abschalten*
2 umgangssprachlich sich entspannen

die **Ab|schie|bung** (Nomen) **der Abschiebung, die Abschiebungen** ≈ Ausweisung Menschen aus einem Land schicken

der **Ab|schied** (Nomen) **des Abschied(e)s, die Abschiede**
1 die Situation, dass man von jemandem weggeht (und „Auf Wiedersehen“ sagt): *jemanden zum Abschied umarmen*
2 von jemandem Abschied nehmen sich von jemandem trennen und verabschieden

ab|schlep|pen (Verb) AUTO **du schleppst ab, er schleppte ab, sie hat abgeschleppt, schlepp(e) ab!** mit einem anderen Fahrzeug wegbringen

ab|schlie|ßen (Verb) **du schließt ab, er schloss ab, sie hat abgeschlossen, schließ(e) ab!**
1 mit einem Schlüssel zumachen: *die Tür abschließen*
2 ≈ beenden *seine Ausbildung abschließen • Damit ist die Sache für mich abgeschlossen.*
3 ≈ machen, vereinbaren *einen Vertrag abschließen • eine Wette abschließen*

ab|schlie|ßend (Adjektiv) am Ende, zum Schluss

ab|schnei|den (Verb) **du schneidest ab, er schnitt ab, sie hat abgeschnitten, schneid(e) ab!**
1 mit dem Messer oder der Schere abtrennen: *eine Scheibe Brot abschneiden • Haare abschneiden*
2 gut/schlecht abschneiden ein gutes/schlechtes Ergebnis haben

der **Ab|schnitt** (Nomen) **des Abschnitt(e)s, die Abschnitte**
1 ein Teil eines Wegs, einer Strecke oder einer bestimmten Zeit: *In diesem Abschnitt der Straße darf man nur 50 km/h fahren. • Mit 18 beginnt ein neuer Abschnitt im Leben.*
2 ein Teil in einem Text: *Übersetzt bitte die beiden letzten Abschnitte!*

ab|schrei|ben (Verb) **du schreibst ab, er schrieb ab, sie hat abgeschrieben, schreib(e) ab!**
1 etwas abschreiben einen Text mit der Hand noch einmal schreiben: *Schreibt bitte die Formel von der Tafel ab!*
2 bei jemandem abschreiben SCHULE etwas schreiben, was ein anderer geschrieben hat, und vorgeben, dass es eigene Arbeit ist: *Die Arbeit wird nicht gewertet, ihr habt voneinander abgeschrieben*

ab|se|hen (Verb) **du siehst ab, er sah ab, sie hat abgesehen, sieh ab!**
1 ≈ vorhersehen wissen, wie etwas sein wird: *Die Folgen der Flut sind noch nicht abzusehen.*
2 von etwas absehen etwas nicht tun, was man tun könnte: *von einer Strafe oder einem Tadel absehen*

ab|seits[1] (Präposition) wird verwendet, um zu bezeichnen, dass etwas weiter weg von etwas liegt: *Unser Haus liegt abseits der Straße.*

ab|seits[2] (Adverb) SPORT regelwidrige Spielerposition: *Weil der Spieler abseits stand, wurde das Tor nicht gezählt.*

der **Ab|sen|der** (Nomen) **des Absenders, die Absender** jemand, der eine E-Mail, einen Brief oder ein Paket verschickt

die **Ab|sicht** (Nomen) **der Absicht, die Absichten**
① das, was man vorhat: *Ich habe die Absicht, nach Köln zu fahren.*
② mit Absicht → **absichtlich**

ab|sicht|lich (Adjektiv) ganz bewusst und gezielt: *Er hat ihn absichtlich gestoßen.*

ab|so|lut (Adjektiv) ≈völlig, total *absolutes Halteverbot • Es ist absolut richtig.*

der **Ab|spann** (Nomen) **des Abspann(e)s, die Abspanne/Abspänne** der letzte Teil eines Films, in dem alle Personen genannt werden, die an dem Film mitgearbeitet haben

ab|spie|len (Verb) **du spielst ab, er spielte ab, sie hat abgespielt, spiel(e) ab!**
① auf einem Gerät laufen lassen: *eine CD/ DVD abspielen*
② den Ball zu einem anderen Spieler schießen/werfen
③ etwas spielt sich ab etwas ereignet sich, etwas geschieht: *Das Drama mit der verlorenen Mütze hat sich im Wald abgespielt.*

die **Ab|spra|che** (Nomen) **der Absprache, die Absprachen** ≈Vereinbarung etwas, worauf man sich mit jemandem geeinigt hat

der **Ab|stand** (Nomen) **des Abstand(e)s, die Abstände**
① ≈Zwischenraum, Distanz die Entfernung zwischen zwei Dingen oder Menschen: *Halte mehr Abstand, damit du mich nicht immer anstößt.*
② mit Abstand mit großem Vorsprung: *Sie ist mit Abstand die beste Schülerin.*

ab|stau|ben (Verb) **du staubst ab, er staubte ab, sie hat abgestaubt, staub(e) ab!**
① den Staub von etwas wegwischen
② umgangssprachlich • abwertend etwas mitnehmen, was einem nicht zusteht

ab|stel|len (Verb) **du stellst ab, er stellte ab, sie hat abgestellt, stell(e) ab!**
① ≈hinstellen, absetzen *Kann ich das Tablett kurz auf dem Tisch abstellen?*
② an einem bestimmten Ort aufbewahren: *Du kannst dein Fahrrad bei uns in der Garage abstellen.*
③ ausschalten: *den Fernseher abstellen • die Heizung abstellen*

der **Ab|stieg** (Nomen) **des Abstieg(e)s, die Abstiege**
① der Weg von einem Berg hinunter
② SPORT der Wechsel in eine niedrigere Liga
③ GESELLSCHAFT die Verschlechterung der Lebenssituation

ab|stim|men (Verb) **du stimmst ab, er stimmte ab, sie hat abgestimmt, stimm(e) ab!**
① (über etwas) abstimmen mehrere Personen entscheiden sich für oder gegen einen Vorschlag: *mit Ja oder Nein abstimmen*
② sich mit jemandem abstimmen sich mit jemandem einigen, etwas mit jemandem absprechen

die **Ab|stim|mung** (Nomen) **der Abstimmung, die Abstimmungen** eine Entscheidung mehrerer Personen für oder gegen einen Vorschlag

abs|trakt, ab|strakt (Adjektiv) **abstrakter, am abstraktesten**
① gedanklich, ohne Beispiele aus der Wirklichkeit
② KUNST so, dass keine realen Dinge dargestellt sind

der **Ab|sturz** (Nomen) **des Absturzes, die Abstürze**
① Unglück ein Fall aus großer Höhe
② INFORMATIK ein plötzlicher Abbruch des Computers oder Computerprogramms

ab|surd (Adjektiv) **absurder, am absurdesten** ≈sinnlos, abwegig unvernünftig: *Wie absurd, wegen ein bisschen Nieselregens das Fußballspiel abzusagen!*

das **Ab|teil** (Nomen) EISENBAHN **des Abteil(e)s, die Abteile** ein abgetrennter Raum im Zug

die **Ab|tei|lung** (Nomen) **der Abteilung, die Abteilungen**
① ein Teil einer größeren Firma oder Organisation
② MILITÄR eine Einheit von Soldaten

die **Ab|trei|bung** (Nomen) MEDIZIN **der Abtreibung, die Abtreibungen** der Abbruch einer Schwangerschaft

ab|trock|nen (Verb) **du trocknest ab, er trocknete ab, sie hat abgetrocknet, trockne ab!** etwas mit einem Tuch trocken reiben

ab|war|ten (Verb) **du wartest ab, er wartete ab, sie hat abgewartet, wart(e) ab!** auf das Ende oder Ergebnis von etwas warten

ab|wärts (Adverb) ≈hinunter nach unten gerichtet: *Abwärts geht es schneller als aufwärts.*

die **Ab|wehr** (Nomen) nur im Singular **der Abwehr**
❶ die Verteidigung gegen jemanden/etwas: *die Abwehr von terroristischen Bedrohungen*
❷ SPORT die Spieler einer Mannschaft, die das Tor/den Korb verteidigen
❸ MEDIZIN die Fähigkeit des Körpers, Krankheitserreger zu stoppen

ab|wei|chen (Verb) **du weichst ab, er wich ab, sie ist abgewichen, weich(e) ab!**
❶ sich von dem geplanten Weg entfernen: *vom Kurs abweichen*
❷ voneinander abweichen sich unterscheiden

die **Ab|wei|chung** (Nomen) **der Abweichung, die Abweichungen** etwas ist anders als etwas Vorgegebenes

ab|wen|den (Verb) **du wendest ab, er wandte/wendete ab, sie hat abgewandt/abgewendet, wende ab!**
❶ etwas zur Seite drehen: *Sie wandte den Kopf ab.*
❷ ≈verhindern *eine drohende Niederlage abwenden*
❸ sich von jemandem abwenden mit jemandem nichts mehr zu tun haben wollen

die **Ab|we|sen|heit** (Nomen) nur im Singular **der Abwesenheit** nicht da sein: *während ihrer Abwesenheit die Kinder betreuen*

die **Ab|wick|lung**, **Ab|wi|cke|lung** (Nomen) **der Abwicklung, die Abwicklungen**
≈Ausführung etwas zu Ende machen: *die Planung und Abwicklung von Projekten*

ab|zeich|nen (Verb) **du zeichnest ab, er zeichnete ab, sie hat abgezeichnet, zeichne ab!**
❶ etwas sehr genau nach einer Vorlage zeichnen
❷ unterschreiben: *ein Protokoll abzeichnen*
❸ etwas zeichnet sich ab erkennbar werden oder sein: *Die Umrisse zeichnen sich im Nebel ab.*

ab|zie|hen (Verb) **du ziehst ab, er zog ab, sie hat/ist abgezogen, zieh(e) ab!**
❶ hat abgezogen etwas aus oder von etwas durch Ziehen entfernen: *den Schlüssel abziehen*
❷ hat abgezogen die Haut oder Hülle von etwas entfernen: *die Betten abziehen*
❸ hat abgezogen MATHEMATIK ≈subtrahieren *20 Prozent von der Summe abziehen*
❹ ist abgezogen ≈wegziehen *Die Gewitterwolken sind wieder abgezogen.*

der **Ab|zug** (Nomen) **des Abzug(e)s, die Abzüge**
❶ FINANZEN ein Betrag, der von einer Summe abgezogen wird
❷ am Kamin eine Anlage, durch die Rauch oder Gase entweichen können
❸ FOTOGRAFIE ein Foto oder eine Fotokopie

die **Ach|se** (Nomen) **der Achse, die Achsen**
❶ TECHNIK eine Stange, die zwei Räder verbindet
❷ MATHEMATIK • PHYSIK eine Gerade, die den Bezugspunkt für die Spiegelung oder Drehung einer Figur bildet
❸ auf Achse sein umgangssprachlich unterwegs sein

acht (Zahlwort)
❶ als Ziffer: 8: *Sein kleiner Bruder ist acht (Jahre alt).* • *Das Spiel steht acht zu fünf.*
❷ zu acht mit acht Personen: *Wir saßen zu acht am Tisch.*

die **Acht**[1] (Nomen) **der Acht, die Achten**
❶ die Zahl 8: *eine Acht schreiben*
❷ umgangssprachlich ein Sportler, ein Bus, ein Los usw. mit der Nummer 8: *Die Acht gewinnt!*

die **Acht**[2] (Nomen) nur im Singular **der Acht**
❶ (auf jemanden/etwas) Acht geben gut aufpassen, damit nichts passiert: *Gib bitte auf deinen kleinen Bruder Acht.* • *Gib Acht, damit du nichts verschüttest.*
❷ sich vor jemandem/etwas in Acht nehmen vorsichtig sein, weil jemand/etwas gefährlich ist: *Nimm dich vor dem Hund in Acht!*
❸ etwas außer Acht lassen etwas nicht berücksichtigen

ach|te, **ach|ter**, **ach|tes** (Zahlwort) in einer Reihe an 8. Stelle: *am achten Mai* • *als Achter durchs Ziel gehen*

ach|ten (Verb) **du achtest, er achtete, sie hat geachtet, acht(e)!**
❶ auf jemanden/etwas achten auf jemanden/etwas aufpassen, auf etwas Wert legen
❷ ≈respektieren *die Gesetze achten*

ach|tens (Adverb) beim Aufzählen an achter Stelle: *Sie wünscht sich erstens ein Fahrrad, ... und achtens einen grünen Schal.*

acht|fach (Adjektiv)
❶ 8-mal
❷ die achtfache Größe/Menge die Größe/Menge von etwas mal acht genommen

❸ der achtfache Meister/Sieger jemand, der achtmal gewonnen hat
❹ die achtfache Mutter eine Frau, die acht Kinder hat

die **Ach|tung** (Nomen) nur im Singular **der Achtung**
❶ Vorsicht, Aufmerksamkeit: *Achtung, ein Auto! • Achtung, alle mal herhören!*
❷ Respekt: *große Achtung vor einer Leistung haben*

acht|zehn (Zahlwort) als Ziffern: 18: *Mit achtzehn ist man volljährig.*

acht|zig (Zahlwort) als Ziffern: 80: *Sie ist schon über achtzig (Jahre alt). • Hier darf man nicht schneller als achtzig fahren.*

der **Acker** (Nomen) **des Ackers, die Äcker**
❶ LANDWIRTSCHAFT ≈Feld *den Acker pflügen*
❷ sich vom Acker machen umgangssprachlich verschwinden, sich davonmachen

der **ADAC** (Nomen) nur im Singular **des ADAC(s)** Abkürzung von: Allgemeiner Deutscher Automobil-Club ein großer Verein, der die Interessen der Autofahrer vertritt

ad|die|ren (Verb) MATHEMATIK **du addierst, er addierte, sie hat addiert, addier(e)!** eine Zahl mit einer anderen zusammenzählen: *Wenn man 5 und 3 addiert, erhält man 8. (5 + 3 = 8)*

die **Ad|di|ti|on** (Nomen) MATHEMATIK **der Addition, die Additionen** die Rechenart, bei der eine Zahl mit einer anderen zusammengerechnet/zusammengezählt wird

das **Ad|jek|tiv** (Nomen) GRAMMATIK **des Adjektivs, die Adjektive**
≈Eigenschaftswort ein Wort, das beschreibt, wie jemand oder etwas ist, und das gebeugt und gesteigert werden kann (z. B. schön, schnell, grün)

der **Ad|ler** (Nomen) **des Adlers, die Adler** ein großer Raubvogel

die **Ad|res|se** (Nomen) **der Adresse, die Adressen**
❶ ≈Anschrift die Straße, Hausnummer, Postleitzahl und der Ort, wo jemand wohnt
❷ bei jemandem an der falschen Adresse sein umgangssprachlich sich mit einer Frage an die falsche Person wenden

der **Ad|vent** (Nomen) [at'vɛnt] RELIGION Plural selten **des Advent(e)s, die Advente**
❶ ≈Adventszeit die vier Wochen vor Weihnachten
❷ ≈Adventssonntag einer der vier Sonntage vor Weihnachten: *Der Weihnachtsmarkt findet am 2. Advent statt.*

das **Ad|verb** (Nomen) [at'vɛrp] GRAMMATIK **des Adverbs, die Adverbien**
≈Umstandswort ein Wort, das besonders ein Verb oder ein Adjektiv näher bestimmt und das nicht gebeugt werden kann (z. B. sehr, noch, nur)

die **Af|fä|re** (Nomen) **der Affäre, die Affären**
❶ ≈Skandal *eine Affäre um Bestechungszahlungen eines Waffenhändlers*
❷ ≈Verhältnis eine (heimliche) Liebesbeziehung
❸ sich aus der Affäre ziehen geschickt aus einer unangenehmen Situation herauskommen

der **Af|fe** (Nomen) ZOOLOGIE **des Affen, die Affen** ein dem Menschen recht ähnliches Säugetier mit Fell

der **Af|gha|ne** (Nomen) **des Afghanen, die Afghanen** ein Junge/Mann aus Afghanistan

die **Af|gha|nin** (Nomen) **der Afghanin, die Afghaninnen** ein Mädchen/eine Frau aus Afghanistan

af|gha|nisch (Adjektiv) aus Afghanistan

Af|gha|ni|stan, Af|gha|nis|tan (Nomen) **Afghanistans** ein Land in Asien

Af|ri|ka, Af|ri|ka (Nomen) **Afrikas** ein Erdteil

der **Af|ri|ka|ner** (Nomen) **des Afrikaners, die Afrikaner** ein Junge/Mann aus Afrika

die **Af|ri|ka|ne|rin** (Nomen) **der Afrikanerin, die Afrikanerinnen** ein Mädchen/eine Frau aus Afrika

af|ri|ka|nisch (Adjektiv) aus Afrika

die **AG** (Nomen) **der AG, die AGs**
❶ Kurzform von → **Arbeitsgemeinschaft**
❷ Kurzform von → **Aktiengesellschaft**

der **Agent** (Nomen) **des Agenten, die Agenten**
❶ POLITIK ≈Spion jemand, der geheim und im Auftrag von jemandem handelt: *Agenten des amerikanischen Geheimdienstes*
❷ BERUF jemand, der Künstler beruflich betreut und für sie Arbeit sucht

die **Agen|tin** (Nomen) **der Agentin, die Agentinnen** Femininform von → **Agent**

die **Agen|tur** (Nomen) **der Agentur, die Agenturen**
❶ POLITIK ≈Behörde *die Agentur für Arbeit*
❷ ein Büro, das Nachrichten oder Aufträge vermittelt: *Alle Agenturen verbreiteten die Nachricht vom Tod des Präsidenten.*

ag|gres|siv (Adjektiv) **aggressiver, am aggressivsten**
1 ≈feindselig, streitsüchtig *eine äußerst aggressive Reaktion*
2 ≈rücksichtslos *seine aggressive Fahrweise*

agie|ren (Verb) gehoben **du agierst, er agierte, sie hat agiert, agier(e)!** handeln: *Das Team hat zunächst vorsichtig agiert.*

Ägyp|ten (Nomen) **Ägyptens** ein Land in Nordafrika

der **Ägyp|ter** (Nomen) **des Ägypters, die Ägypter** ein Junge/Mann aus Ägypten

die **Ägyp|te|rin** (Nomen) **der Ägypterin, die Ägypterinnen** ein Mädchen/eine Frau aus Ägypten

ägyp|tisch (Adjektiv) aus Ägypten oder in ägyptischer Sprache

ah|nen (Verb) **du ahnst, er ahnte, sie hat geahnt**
1 etwas im Voraus fühlen, befürchten
2 ≈annehmen, vermuten *Ich habe doch geahnt, dass er lügt!*

ähn|lich (Adjektiv) **ähnlicher, am ähnlichsten** mit vielen gleichen Merkmalen: *Die beiden sind sich sehr ähnlich.*

die **Ähn|lich|keit** (Nomen) **der Ähnlichkeit, die Ähnlichkeiten** ein fast gleiches Aussehen oder Merkmal: *Es hat Ähnlichkeit mit einem Raumschiff.*

die **Ah|nung** (Nomen) **der Ahnung, die Ahnungen**
1 ein undeutliches Gefühl, dass etwas geschehen könnte
2 ≈Wissen, Vorstellung *keine Ahnung von etwas haben*
3 Hast du eine Ahnung! umgangssprachlich Da irrst du dich aber!

das **Aids, AIDS** (Nomen) [eɪtz] **nur im Singular des Aids** Abkürzung von: acquired immune deficiency syndrome eine meist tödliche Krankheit, bei der das Immunsystem durch einen Virus stark geschwächt wird

die **Aka|de|mie** (Nomen) **der Akademie, die Akademien** eine (Hoch-)Schule für ein bestimmtes Gebiet (z. B. Kunstakademie)

der **Ak|ku|sa|tiv** (Nomen) GRAMMATIK **des Akkusativs, die Akkusative** der 4. Fall, der Fall, bei dem man „Wen?" fragt: *Nach „lehren" steht immer der Akkusativ.*

das **Ak|ku|sa|tiv|ob|jekt** (Nomen) GRAMMATIK **des Akkusativobjekt(e)s, die Akkusativobjekte** eine Ergänzung des Verbs im 4. Fall

der **Akt** (Nomen) **des Akt(e)s, die Akte**
1 ≈Tat *ein Akt der Befreiung*
2 THEATER ≈Aufzug ein Teil eines Theaterstücks
3 KUNST · FOTOGRAFIE das Bild eines nackten Körpers

die **Ak|tie** (Nomen) ['aktsi̯ə] WIRTSCHAFT **der Aktie, die Aktien** ein Dokument, mit dem man den Teil einer Firma besitzt

die **Ak|ti|en|ge|sell|schaft** (Nomen) WIRTSCHAFT **der Aktiengesellschaft, die Aktiengesellschaften** Abkürzung: AG eine Firma, deren Wert in Aktien (Besitzanteile) aufgeteilt ist siehe auch → AG

der **Ak|ti|en|kurs** (Nomen) FINANZEN **des Aktienkurses, die Aktienkurse** der Wert einer Aktie zu einem bestimmten Zeitpunkt

die **Ak|ti|on** (Nomen) [ak'tsi̯oːn] **der Aktion, die Aktionen**
1 etwas, was man (gemeinsam) macht, um ein bestimmtes Ziel zu erreichen (z. B. Rettungsaktion, Spendenaktion)
2 in Aktion in Bewegung, bei einer Tätigkeit

der **Ak|tio|när, Ak|ti|o|när** (Nomen) FINANZEN [aktsi̯o'nɛːɐ̯] **des Aktionärs, die Aktionäre** jemand, der Aktien und somit Anteile einer Firma besitzt

ak|tiv (Adjektiv) **aktiver, am aktivsten**
1 voller Interessen, viel beschäftigt und unterwegs
2 SPORT als Mitglied eines Vereins auch bei Wettbewerben dabei
3 aktiv werden etwas unternehmen

das **Ak|tiv** (Nomen) GRAMMATIK **nur im Singular des Aktivs** Verbform zur Darstellung von Handlungen und Vorgängen, bei der/die Handelnde, das Subjekt des Satzes ist: *Der Satz „Marta räumt ihr Zimmer auf." steht im Aktiv.* siehe auch → Passiv

ak|ti|vie|ren (Verb) [akti'viːrən] **du aktivierst, er aktivierte, sie hat aktiviert, aktivier(e)!** etwas in Gang bringen oder jemanden dazu bringen, etwas zu tun

die **Ak|ti|vi|tät** (Nomen) [aktivi'tɛːt] **der Aktivität, die Aktivitäten**
1 ≈Tätigkeit, Handlung *sportliche Aktivitäten*
2 ≈Teilnahme, Lebendigkeit *Die Klasse entwickelt eine erstaunliche Aktivität.*

ak|tu|ell (Adjektiv) [ak'tu̯ɛl]
1 im Augenblick wichtig oder interessant: *aktuelles Thema/Problem*

❷ ≈neu, modern *die aktuelle Mode*

akut (Adjektiv) **akuter, am akutesten**
❶ ≈unmittelbar, direkt *eine akute Bedrohung*
❷ MEDIZIN ≈plötzlich, heftig *akute Schmerzen*

der **Ak|zent** (Nomen) **des Akzent(e)s, die Akzente**
❶ nur im Singular die Aussprache, an der man oft erkennt, woher jemand kommt: *einen leichten französischen Akzent haben*
❷ auch ≈Betonung *Bei „Roboter" liegt der Akzent auf der ersten Silbe.* · *eine Filmreihe mit besonderem Akzent auf der Meeresforschung*

ak|zep|tie|ren (Verb) **du akzeptierst, er akzeptierte, sie hat akzeptiert, akzeptier(e)!**
❶ ≈annehmen *von allen Seiten akzeptiert werden*
❷ mit etwas einverstanden sein

der **Alarm** (Nomen) **des Alarm(e)s, die Alarme**
❶ eine Warnung bei Gefahr
❷ an der Uhr ≈Wecker *den Alarm stellen*
❸ Alarm schlagen deutlich auf eine Gefahr aufmerksam machen
❹ blinder Alarm ein falscher Alarm, eine unnötige Aufregung

der **Alb|traum, Alp|traum** (Nomen) **des Albtraum(e)s, die Albträume**
siehe auch → **Alptraum**

das **Al|bum** (Nomen) **des Albums, die Alben**
❶ ein Buch zum Sammeln von Fotos oder Briefmarken
❷ MUSIK eine CD oder Schallplatte mit mehreren Liedern

der **Al|ko|hol** (Nomen) **des Alkohols, die Alkohole**
❶ CHEMIE der Stoff, der in Getränken ist, die betrunken machen: *Der Wein enthält 12 Prozent Alkohol.*
❷ die Getränke, die Alkohol enthalten: *keinen Alkohol trinken*

al|ko|ho|li|siert (Adjektiv) betrunken: *Der Fahrer war vermutlich alkoholisiert.*

all (Pronomen) unveränderlich die gesamte Menge oder Anzahl: *Wo kommt all das Geld her?* · *Wer könnte all das Schöne in der Natur beschreiben?*

das **All** (Nomen) nur im Singular **des Alls**
≈Weltraum der große, dunkle Raum, durch den sich die Sterne, Planeten und Monde bewegen

Al|lah (Nomen) RELIGION **Allahs** im Islam der Name Gottes

al|le[1] (Pronomen)
❶ die gesamte Menge: *Kommt ihr alle mit?* · *Der Film hat allen meinen Freunden gefallen.*
❷ in regelmäßigen Abständen: *Alle paar Meter waren Schilder aufgestellt.*
❸ vor allem besonders, hauptsächlich: *Das Zimmer ist dunkel, vor allem im Winter.*

al|le[2] (Adjektiv) umgangssprachlich
❶ nicht mehr da: *Die Milch ist alle!*
❷ sehr erschöpft: *Nach dem Sport war ich heute völlig alle!*

die **Al|lee** (Nomen) **der Allee, die Alleen**
eine Straße, an der auf beiden Seiten Bäume wachsen

al|lein (Adverb)
❶ ohne andere, nicht zusammen: *Ich gehe am liebsten allein ins Kino.*
❷ ≈einsam *Ich fühle mich so allein.*
❸ allein erziehend Bezeichnung für einen Elternteil, der sein Kind oder seine Kinder ohne Partner aufzieht: *Allein erziehende Mütter haben es schwerer.*
❹ ≈nur, ausschließlich *Das ist allein meine Schuld.*

der **Al|lein|gang** (Nomen) **des Alleingang(e)s, die Alleingänge** eine wichtige Tat, die man ohne Hilfe anderer vollbringt: *im Alleingang handeln*

al|le|mal (Adverb) umgangssprachlich sicher, bestimmt: *Das schaffen wir allemal!*

al|len|falls (Adverb) höchstens: *Das dauert allenfalls 10 Minuten.*

al|ler|dings (Adverb)
❶ ≈jedoch drückt eine Einschränkung aus: *Der Film ist gut, allerdings schon etwas alt.*
❷ Allerdings! oder Ja, allerdings! Ja, natürlich!

al|ler|lei (Pronomen) unveränderlich viele verschiedene Dinge: *Es soll allerlei passiert sein.*

al|les (Pronomen)
❶ die gesamte Menge: *Im Urlaub gefällt mir alles!*
❷ alles in allem insgesamt, von Kleinigkeiten abgesehen: *Alles in allem war es doch ein ganz schöner Tag.*
❸ mein Ein und Alles für mich das Wichtigste im Leben: *Die Kinder sind mein Ein und Alles.*

A B C D E F G H I J K L M N O P Q R S T U V W X Y Z

ạl|le|samt, **al|le|sạmt** (Pronomen) umgangssprachlich alle zusammen/alle ohne Ausnahme

all|ge|mein (Adjektiv)
❶ für die meisten oder fast überall zutreffend: *auf allgemeinen Wunsch* • *allgemein verständliche Erklärungen*
❷ für alle geltend oder vorgeschrieben: *die allgemein anerkannten Vorschriften*
❸ ≈überall, ohne Ausnahme *Das Verbot gilt allgemein.*
❹ im Allgemeinen in den meisten Fällen, normalerweise

die **Al|li|ạnz** (Nomen) **der Allianz, die Allianzen** ≈Bündnis, Union Vereinigung zwischen Staaten

all|mäh|lich (Adjektiv) langsam

der **Ạll|tag** (Nomen) **des Alltag(e)s, die Alltage** das tägliche Leben, in dem immer dasselbe passiert

ạll|täg|lich, **all|täg|lich** (Adjektiv)
❶ jeden Tag (stattfindend)
❷ ≈normal, üblich

ạll|zu (Adverb) übertrieben, übermäßig, sehr: *Die Klassenarbeit war allzu schwer.* • *Er nascht sehr gern, das ist allzu menschlich.*

die **Ạl|pen** (Nomen) nur im Plural **der Alpen** das höchste Gebirge in Europa

das **Al|pha|bet** (Nomen) **des Alphabet(e)s, die Alphabete** die Buchstaben von A bis Z

der **Ạlp|traum**, **Ạlb|traum** (Nomen) **des Alptraum(e)s, die Alpträume**
❶ ein schlechter Traum, in dem man Angst hat
❷ etwas, was man als sehr hässlich oder bedrückend empfindet: *Diese Wohnung ist ein Alptraum!*

ạls (Konjunktion)
❶ zur gleichen Zeit: *Ich war zu Hause, als das passierte.*
❷ zur genannten Zeit: *Als ich klein war, hatten wir einen Hund.*
❸ nachdem: *Ich ging nach Hause, als der Film aus war.*
❹ vergleicht Ungleiches: *Er ist größer als du.*
❺ drückt aus, dass etwas nicht wahr oder echt ist: *Sie tat, als wäre er nicht da.*
❻ verwendet, um eine nähere Beschreibung zu ergänzen: *etwas als unhöflich empfinden* • *als Zeuge vor Gericht aussagen*
❼ nichts als nur: *Mit dir hat man nichts als Ärger!*

ạl|so[1] (Adverb)
❶ als Schlussfolgerung *Er war krank, also musste er die Klausur nachschreiben.*
❷ als Zusammenfassung oder Erklärung *Das gilt für Jugendliche, also für alle unter 18.*

ạl|so[2] (Partikel) als Füllwort, zur Betonung oder bei Einleitungen *Also, jetzt ist aber Schluss!* • *Ich hatte also doch Recht!*

ạlt (Adjektiv) **älter, am ältesten**
❶ schon lange lebend: *Mein Großvater ist jetzt ein alter Mann.*
❷ mit einem bestimmten Alter: *Sie ist dreizehn Jahre alt.*
❸ schon lange da/dabei: *ein alter Freund*
❹ ≈ehemalig, früher *Das ist meine alte Schule.*
❺ alt aussehen umgangssprachlich • Probleme haben, nicht weiter wissen

das **Ạl|ter** (Nomen) nur im Singular **des Alters**
❶ die Zahl der Jahre, die jemand lebt oder etwas da ist: *Sie hat im Alter von dreißig Jahren geheiratet.*
❷ ein bestimmter Abschnitt im Leben: *Kinder im schulpflichtigen Alter*
❸ die letzten Jahre des Lebens, in denen man nicht mehr jung ist: *Ich möchte im Alter nicht in ein Heim.*

al|ter|na|tiv (Adjektiv)
❶ eine weitere Möglichkeit bietend
❷ UMWELT • POLITIK so, dass man eine menschen- und umweltfreundliche Einstellung hat

die **Al|ter|na|ti|ve** (Nomen) [altɛrna'ti:və] **der Alternative, die Alternativen**
❶ eine zusätzliche Möglichkeit
❷ die Entscheidung zwischen zwei Möglichkeiten

das **Ạl|ters|heim**, **Ạl|ten|heim** (Nomen) **des Altersheim(e)s, die Altersheime** ≈Seniorenheim eine Einrichtung, in der alte Menschen leben und betreut werden

die **Ạlt|stadt** (Nomen) **der Altstadt, die Altstädte** der älteste Teil einer Stadt, meist Stadtkern

ạm (Präposition mit Artikel) an dem: *Am Samstag habe ich Zeit.*

das **Am|bi|ẹn|te** (Nomen) [am'bi̯ɛntə] gehoben • nur im Singular **des Ambiente** die Stimmung oder die Einrichtung eines Raums oder Orts

die **Am|bi|ti|on** (Nomen) [ambi'tsi̯o:n] gehoben **der Ambition, die Ambitionen** starker Wunsch oder Ehrgeiz, etwas haben oder erreichen zu wollen

die **Ameise** (Nomen) **der Ameise, die Ameisen** ein kleines Insekt, das mit vielen anderen zusammen in großen selbstgebauten Hügeln lebt

Amerika (Nomen) **Amerikas** ein Erdteil, bestehend aus Nord- und Südamerika
siehe auch → **Nordamerika**
siehe auch → **Südamerika**

der **Amerikaner** (Nomen) **des Amerikaners, die Amerikaner** ein Junge/Mann aus Amerika

die **Amerikanerin** (Nomen) **der Amerikanerin, die Amerikanerinnen** ein Mädchen/eine Frau aus Amerika

amerikanisch (Adjektiv) aus Amerika

die **Ampel** (Nomen) **der Ampel, die Ampeln** eine rot, gelb und grün leuchtende Anlage an Straßen, die anzeigt, wann man fahren/gehen darf

die **Amsel** (Nomen) **der Amsel, die Amseln** ein mittelgroßer Vogel mit gelbem Schnabel und schwarzen oder braunen Federn, der schön singt

das **Amt** (Nomen) **des Amt(e)s, die Ämter**
1 ≈ Behörde eine Abteilung in der öffentlichen Verwaltung, die für etwas Bestimmtes zuständig ist: *Das Amt für Umweltschutz.*
2 eine offizielle Aufgabe: *ein Amt übernehmen*
3 im Amt sein eine offizielle Aufgabe übernommen haben

amtierend (Adjektiv) zur Zeit für eine bestimmte offizielle Aufgabe verantwortlich

amtlich (Adjektiv)
1 aus einem Amt, für ein Amt
2 offiziell
3 etwas ist amtlich umgangssprachlich etwas steht ganz sicher fest

amüsieren (Verb) **du amüsierst, er amüsierte, sie hat amüsiert, amüsier(e)!**
1 zum Lachen bringen
2 sich amüsieren sich vergnügen, Spaß haben
3 sich über etwas/jemanden amüsieren über etwas/jemanden lachen oder Witze machen

an[1] (Präposition)
1 **mit Dativ gebraucht** wird verwendet, um eine eine Lage oder Position von etwas/jemandem zu bezeichnen: *Wir wohnen direkt an der Schule.* · *Da ist ein Fleck an der Wand.*
2 **mit Dativ gebraucht** wird verwendet, um den Zeitpunkt von etwas zu bezeichnen: *An diesem Montag hatte er Glück.*
3 **mit Akkusativ gebraucht** wird verwendet, um die Richtung zu etwas hin zu bezeichnen: *Kommst du mit an den See?* · *eine Leiter an die Wand lehnen*
4 **mit Dativ oder Akkusativ gebraucht** wir verwendet, um eine Beziehung von etwas/jemandem zu bezeichnen: *Wir hatten viel Spaß an dem Spiel.* · *Erinnerst du dich an mich?*

an[2] (Adverb)
1 etwas ist an umgangssprachlich etwas ist eingeschaltet, in Betrieb: *Ist die Heizung schon an?*
2 von … an nennt den Zeitpunkt oder Ort, wo etwas beginnt: *von heute/hier an*
3 an die … umgangssprachlich ungefähr: *Wir haben an die fünf Stunden dafür gebraucht.*

analog (Adjektiv)
1 gehoben ≈ ähnlich, entsprechend, vergleichbar
2 TECHNIK stufenlos, kontinuierlich veränderbar: *Die Anzeige auf diesem Thermometer, wo die Säule hochsteigt, ist analog.*

die **Analyse** (Nomen) [ana'ly:zə] **der Analyse, die Analysen** eine genaue Untersuchung

analysieren (Verb) **du analysierst, er analysierte, sie hat analysiert, analysier(e)!** genau untersuchen

anbieten (Verb) **du bietest an, er bot an, sie hat angeboten, biete an!**
1 jemand bietet jemandem etwas an jemand sagt jemandem, dass er etwas von ihm bekommen kann
2 jemand bietet etwas an jemand will etwas verkaufen
3 jemand bietet sich an jemand sagt, dass er etwas tun kann
4 etwas bietet sich an etwas ist günstig oder passend

der **Anbieter** (Nomen) **des Anbieters, die Anbieter** jemand, der etwas verkaufen will

der **Anblick** (Nomen) **des Anblick(e)s, die Anblicke** das, was man sieht: *der traurige Anblick der zerstörten Stadt*

anbringen (Verb) **du bringst an, er brachte an, sie hat angebracht, bring(e) an!**
1 ≈ befestigen *ein Bild an der Wand anbringen*
2 ≈ sagen *eine Bemerkung anbringen* · *Kritik anbringen*

an|de|re, an|de|rer, an|de|res (Pronomen)
❶ nicht diese Person oder Sache: *Das können wir auch an einem anderen Tag machen. • Erzähl bitte keinem anderen davon. • Alles andere besprechen wir morgen!*
❷ nicht gleich, sondern verschieden: *Wir sind oft anderer Meinung.*
❸ unter anderem **Abkürzung: u. a.** neben anderen Dingen auch noch: *Wir haben unter anderem darüber gesprochen, wohin wir in den Urlaub fahren wollen.*
❹ einer/eins nach dem anderen, eine nach der anderen nacheinander, nicht auf einmal: *Nicht alle gleichzeitig, erzählt bitte einer nach dem anderen!*
immer wieder, sehr viele: *Er macht einen Fehler nach dem anderen.*
❺ alles andere als überhaupt nicht: *Das war alles andere als nett von ihr.*

an|de|rer|seits, an|drer|seits (Adverb)
einerseits ..., andererseits ... **bei Gegensätzen** zwar ..., aber ...

an|der|mal
ein andermal zu einer anderen Zeit

än|dern (Verb) **du änderst, er änderte, sie hat geändert, änd(e)re!**
❶ dafür sorgen, dass etwas anders wird: *einen Text ändern • seine Meinung ändern*
❷ Ich kann es nicht ändern. Es ist leider so.
❸ sich ändern anders werden

an|ders (Adverb)
❶ verschieden, nicht gleich, nicht so wie: *Er ist anders als die anderen.*
❷ jemand anders eine andere Person

an|ders|wo (Adverb) umgangssprachlich an einem anderen Ort

an|dert|halb (Zahlwort) → **eineinhalb**

die **Än|de|rung** (Nomen) **der Änderung, die Änderungen**
❶ die Tatsache, dass jemand/etwas anders wird: *eine Änderung des Programms*
❷ der Vorgang, dass jemand etwas anders macht: *die Änderungen an einem Aufsatz*

an|deu|ten (Verb) **du deutest an, er deutete an, sie hat angedeutet, deute an!** Hinweise geben, aber nicht klar sagen

an|ei|nan|der, an|ein|an|der (Adverb)
❶ etwas an etwas anderem oder jemand an jemandem anderen: *Die beiden Teile kleben fest aneinander.*
❷ ≈gegenseitig *Die beiden Liebenden dachten jeden Tag aneinander.*

an|er|ken|nen (Verb) **du erkennst an, er erkannte an, sie hat anerkannt, erkenn(e) an!**
❶ gut finden und loben: *Obwohl ich sie nicht mag, muss ich ihre Hilfsbereitschaft anerkennen.*
❷ offiziell als richtig und gültig bewerten: *Mein Schulabschluss wird in Brasilien nicht anerkannt.*

die **An|er|ken|nung** (Nomen)
der Anerkennung, die Anerkennungen
❶ Lob und Zustimmung
❷ die offizielle Bestätigung, dass etwas gültig und richtig ist

an|fah|ren (Verb) **du fährst an, er fuhr an, sie ist/hat angefahren, fahr(e) an!**
❶ **ist angefahren** ≈losfahren, starten beginnen zu fahren
❷ angefahren kommen **ist angefahren gekommen** mit einem Fahrzeug näherkommen
❸ jemanden anfahren **hat angefahren** jemanden mit einem Fahrzeug verletzen
umgangssprachlich • abwertend jemanden laut und unfreundlich ansprechen
❹ ein Ziel/eine Haltestelle/... anfahren **hat angefahren** zu einem Ziel/einer Haltestelle/... fahren und dort halten

an|fal|len (Verb) **du fällst an, er fiel an, sie hat/ist angefallen, fall(e) nicht an!**
❶ **ist angefallen** ≈auftreten, entstehen *die anfallenden Arbeiten • die anfallenden Kosten*
❷ **hat angefallen** ≈angreifen, überfallen

an|fäl|lig (Adjektiv) **anfälliger, am anfälligsten**
≈empfindlich nicht gut geschützt gegen etwas: *Sie ist sehr anfällig für Krankheiten.*

der **An|fang** (Nomen) **des Anfang(e)s, die Anfänge**
❶ die Zeit/die Stelle, in/an der etwas beginnt: *Hier ist der Anfang des Wegs.*
❷ von Anfang an gleich, als etwas begonnen hat
❸ den Anfang machen umgangssprachlich als Erste(r) etwas tun
❹ Anfang der Woche/August/des Jahres/2014/... in den ersten Tagen der Woche/in den ersten Tagen des August/in den ersten Monaten des Jahres/in den ersten Monaten des Jahres 2014/...
❺ Aller Anfang ist schwer. Es ist immer schwierig, wenn man etwas zum ersten Mal macht.

an|fan|gen (Verb) **du fängst an, er fing an, sie hat angefangen, fang(e) an!**
1 beginnen: *Fang endlich mit der Arbeit an! • Hinter dem Garten fängt der Wald an.*
2 umgangssprachlich ≈ machen, tun *Was soll ich ohne Geld anfangen?*
3 mit jemandem/etwas nichts anfangen können umgangssprachlich jemanden/etwas langweilig finden, jemanden/etwas nicht mögen

der **An|fän|ger** (Nomen) **des Anfängers, die Anfänger** jemand, der etwas vorher noch nie oder nicht oft gemacht hat

die **An|fän|ge|rin** (Nomen) **der Anfängerin, die Anfängerinnen**
Femininform von → **Anfänger**

an|fangs (Adverb) zu Beginn, am Anfang

der **An|fangs|buch|sta|be** (Nomen) **des Anfangsbuchstaben, die Anfangsbuchstaben** der erste Buchstabe in einem Wort

an|fas|sen (Verb) **du fasst an, er fasste an, sie hat angefasst, fass(e) an!**
1 mit den Händen berühren
2 mit anfassen umgangssprachlich ≈ helfen

an|fer|ti|gen (Verb) **du fertigst an, er fertigte an, sie hat angefertigt, fertige an!** herstellen, machen

an|feu|ern (Verb) **du feuerst an, er feuerte an, sie hat angefeuert, feu(e)re an!** durch Rufen unterstützen, damit jemand einen Wettkampf gewinnt: *seine Mannschaft anfeuern*

die **An|for|de|rung** (Nomen) **der Anforderung, die Anforderungen**
1 die Erwartung, wie jemand/etwas sein soll: *hohe Anforderungen an jemanden stellen • den Anforderungen genügen*
2 das Bestellen

die **An|fra|ge** (Nomen) **der Anfrage, die Anfragen** die Bitte an eine Firma oder eine Behörde um Information

an|füh|ren (Verb) **du führst an, er führte an, sie hat angeführt, führ(e) an!**
1 jemanden anführen vor einer Gruppe von Leuten hergehen und ihnen den Weg zeigen oder einer Gruppe von Leuten sagen, was sie tun sollen
2 Beispiele/Gründe/... anführen gehoben Beispiele/Gründe/... aufzählen oder nennen

der **An|füh|rer** (Nomen) **des Anführers, die Anführer** jemand, der einer Gruppe von Leuten sagt, was sie tun soll

die **An|füh|re|rin** (Nomen) **der Anführerin, die Anführerinnen**
Femininform von → **Anführer**

das **An|füh|rungs|zei|chen** (Nomen) **des Anführungszeichens, die Anführungszeichen** die Zeichen, die man am Anfang und am Ende einer wörtlichen Rede oder eines Zitats schreibt: *Und dann hat sie „Ich bin doch nicht blöd" gesagt.*

die **An|ga|be** (Nomen) **der Angabe, die Angaben**
1 die Information, das Nennen
2 SPORT ≈ Aufschlag, Einwurf

an|ge|ben (Verb) **du gibst an, er gab an, sie hat angegeben, gib an!**
1 etwas angeben etwas als Information nennen
2 (mit etwas) angeben ≈ prahlen umgangssprachlich • abwertend etwas übertrieben stolz zeigen oder erzählen, um bewundert zu werden

der **An|ge|ber** (Nomen) umgangssprachlich **des Angebers, die Angeber** jemand, der mit etwas prahlt und sich wichtigtut

die **An|ge|be|rin** (Nomen) umgangssprachlich **der Angeberin, die Angeberinnen**
Femininform von → **Angeber**

an|geb|lich, an|geb|lich (Adjektiv) wie jemand behauptet: *Angeblich war er gestern krank. • sein angeblicher Onkel aus Amerika*

das **An|ge|bot** (Nomen) **des Angebot(e)s, die Angebote**
1 der Vorschlag, dass jemand etwas bekommen kann oder dass jemand etwas für einen anderen tun will: *jemandem ein Angebot machen*
2 HANDEL die Waren, die man in einem Geschäft kaufen kann
3 HANDEL ≈ Sonderangebot ein Produkt, das für kurze Zeit besonders billig verkauft wird: *Die Erdbeeren sind heute im Angebot.*

an|ge|hen (Verb) **du gehst an, er ging an, sie ist angegangen, geh(e) an!**
1 TECHNIK umgangssprachlich eingeschaltet werden: *das Licht geht an*
2 etwas angehen anfangen, an etwas zu arbeiten oder sich um etwas zu kümmern
3 jemanden angehen jemanden betreffen, mit jemandem zu tun haben: *Das geht dich nichts an!*
4 gegen etwas angehen etwas bekämpfen, sich gegen etwas wehren

an|ge|hö|ren (Verb) **du gehörst an, er gehörte an, sie hat angehört**
jemandem/einer Sache angehören zu jemandem/einer Sache zählen, Mitglied in einer Gruppe sein

der/die **An|ge|hö|ri|ge** (Nomen)
des/der Angehörigen, die Angehörigen
❶ ≈ Familienmitglied, Verwandte
❷ jemand, der Mitglied in einer Gruppe ist

der/die **An|ge|klag|te** (Nomen)
des/der Angeklagten, die Angeklagten
jemand, der vor Gericht muss, weil er beschuldigt wird, eine Straftat begangen zu haben

die **An|gel** (Nomen) **der Angel, die Angeln**
❶ eine Art Stock mit einer Schnur, mit dem man Fische fängt
❷ ein kleiner Stab an Türen und Fenstern, mit dem sie im Rahmen befestigt werden und sich drehen können

die **An|ge|le|gen|heit** (Nomen)
der Angelegenheit, die Angelegenheiten
❶ eine Sache, mit der man sich beschäftigen muss
❷ Kümmere dich um deine eigenen Angelegenheiten! umgangssprachlich Das geht dich nichts an!

an|geln (Verb) **du angelst, er angelte, sie hat geangelt, ang(e)le!**
❶ mit der Angel Fische fangen
❷ etwas aus etwas angeln umgangssprachlich etwas, an das man nur mit Mühe herankommt, aus etwas herausnehmen

an|ge|mes|sen (Adjektiv) **angemessener, am angemessensten** passend und richtig

an|ge|nehm (Adjektiv) **angenehmer, am angenehmsten** so, dass man sich wohlfühlt: *Ist die Temperatur so angenehm?*

an|ge|nom|men (Adjektiv)
angenommen, (dass) … wenn etwas ist …: *Angenommen, es regnet morgen, was geschieht dann mit unserem Grillfest?*

an|ge|regt (Adjektiv) **angeregter, am angeregtesten** lebhaft und interessiert: *sich angeregt unterhalten*

an|ge|se|hen (Adjektiv) **angesehener, am angesehensten** von allen Leuten sehr geschätzt und respektiert

an|ge|sichts (Präposition) gehoben **mit Genitiv gebraucht** wenn man etwas sieht oder an etwas denkt: *Angesichts des tiefen Abgrunds wurde mir schwindelig.* • *Angesichts des hohen Risikos würde ich das lieber nicht tun.*

an|ge|stellt (Adjektiv) bei einer Firma fest beschäftigt

der/die **An|ge|stell|te** (Nomen)
des/der Angestellten, die Angestellten
jemand, der bei einer Firma für ein festes monatliches Gehalt arbeitet

an|ge|wie|sen (Adjektiv)
auf etwas/jemanden angewiesen sein etwas/jemanden unbedingt brauchen, ohne etwas/jemanden nichts tun können

an|grei|fen (Verb) **du greifst an, er griff an, sie hat angegriffen, greif(e) nicht an!**
❶ MILITÄR mit Waffen oder Schlägen gegen einen Gegner zu kämpfen beginnen: *Die Armee greift das Land an.* • *Er wurde von einem Jugendlichen angegriffen.*
❷ SPORT besonders kämpferisch spielen, um ein Spiel zu gewinnen: *In der zweiten Halbzeit hat die Mannschaft endlich angegriffen.*
❸ stark kritisieren, heftige Vorwürfe machen: *Auch wenn dir das nicht passt, brauchst du mich nicht gleich anzugreifen!*

der **An|grei|fer** (Nomen) **des Angreifers, die Angreifer** jemand, der jemanden angreift

die **An|grei|fe|rin** (Nomen) **der Angreiferin, die Angreiferinnen**
Femininform von → **Angreifer**

an|gren|zen (Verb) **nur in der 3. Person gebraucht es grenzt an, es grenzte an, es hat angegrenzt**
an etwas angrenzen direkt neben etwas sein

der **An|griff** (Nomen) **des Angriff(e)s, die Angriffe**
❶ MILITÄR die Aktion, dass man mit Waffen oder Schlägen gegen einen Gegner zu kämpfen beginnt: *Angriffe auf die Bevölkerung*
❷ etwas in Angriff nehmen mit einer Arbeit oder Aufgabe anfangen
❸ SPORT die Aktion, stärker zu kämpfen, weil man gewinnen will
nur im Singular die Spieler, die angreifen
❹ starke Kritik, heftige Vorwürfe

die **Angst** (Nomen) **der Angst, die Ängste**
❶ ≈ Furcht das Gefühl, das man hat, wenn man sich bedroht fühlt oder sonst etwas Schlimmes geschieht: *Sie hat Angst vor Spinnen.* • *Ich habe Angst, dass ich die Klassenarbeit nicht schaffe.*
❷ Angst um jemanden/etwas haben sich Sorgen machen, dass jemandem etwas

Schlimmes geschieht oder dass man jemanden/etwas verliert

ạngst|lich (Adjektiv) **ängstlicher, am ängstlichsten**
❶ voller Angst: *Er sah die Lehrerin ängstlich an.*
❷ so, dass man schnell und oft Angst bekommt: *Sie war schon als Kind sehr ängstlich.*

ạn|ha|ben (Verb) umgangssprachlich **du hast an, er hatte an, sie hat angehabt**
❶ jemandem etwas anhaben können jemandem schaden können: *Ich habe keine Angst, was soll er mir schon anhaben können?*
❷ MODE angezogen haben: *Du hast aber eine schöne Hose an.*
❸ TECHNIK eingeschaltet haben: *Er hat den ganzen Tag den Fernseher an.*

ạn|hal|ten (Verb) **du hältst an, er hielt an, sie hat angehalten, halt(e) an!**
❶ stehen bleiben: *Halt bitte an, ich muss hier aussteigen!*
❷ ≈stoppen zum Stehen bringen, nicht mehr weitergehen oder weiterfahren lassen: *Wir wurden von einem Polizisten angehalten.*
❸ den Atem oder die Luft anhalten nicht mehr weiteratmen, ganz still sein
❹ längere Zeit dauern: *Der Regen hält aber lange an.*

ạn|hal|tend (Adjektiv) lange dauernd

an|hạnd (Präposition) **mit Genitiv gebraucht** mit, durch, mithilfe von: *anhand seines Verhaltens*

der **Ạn|hän|ger** (Nomen) **des Anhängers, die Anhänger**
❶ ein Wagen, den man hinten an einem Auto befestigt
❷ ein Schmuckstück, das an einer Kette hängt
❸ ein Mann, der von einer Partei, Mannschaft usw. begeistert ist

die **Ạn|hän|ge|rin** (Nomen) **der Anhängerin, die Anhängerinnen** eine Frau, die von einer Partei, Mannschaft usw. begeistert ist

ạn|häng|lich (Adjektiv) **anhänglicher, am anhänglichsten** so, dass man immer bei jemandem sein möchte

ạn|he|ben (Verb) **du hebst an, er hob an, sie hat angehoben, heb(e) an!**
❶ kurz hochheben: *Heb mal bitte den Schrank an, mein Ring liegt darunter.*
❷ ≈erhöhen *die Preise anheben*

ạn|hö|ren (Verb) **du hörst an, er hörte an, sie hat angehört, hör(e) an!**
❶ (sich) etwas anhören bei etwas zuhören: *Musik anhören • sich anhören, was jemand sagt*
❷ etwas mit anhören etwas zufällig oder unabsichtlich hören: *Spione hören Telefongespräche heimlich mit an.*
❸ jemandem etwas anhören etwas an jemandes Stimme erkennen: *Ich konnte ihr die Enttäuschung anhören.*
❹ etwas hört sich auf eine bestimmte Art an etwas klingt auf eine bestimmte Art: *Das hört sich gut an!*

die **Ạn|hö|rung** (Nomen) **der Anhörung, die Anhörungen** ein Treffen, bei dem Fachleute oder Zeugen zu einem bestimmten Thema befragt werden

der **Ạn|ker** (Nomen) **des Ankers, die Anker**
❶ ein schwerer Haken an einem Schiff, den man ins Wasser wirft, wenn das Schiff nicht weiterfahren soll
❷ vor Anker liegen mit dem Anker auf dem Grund eines Gewässers befestigt sein

die **Ạn|kla|ge** (Nomen) **der Anklage, die Anklagen**
❶ RECHT die Beschuldigung vor Gericht, dass jemand eine Straftat begangen haben soll
❷ Anklage gegen jemanden erheben jemanden vor Gericht beschuldigen, eine Straftat begangen zu haben

ạn|kla|gen (Verb) **du klagst an, er klagte an, sie hat angeklagt, klag(e) an!**
❶ RECHT vor Gericht beschuldigen, eine Straftat begangen zu haben
❷ ≈beschuldigen

ạn|kli|cken (Verb) **du klickst an, er klickte an, sie hat angeklickt, klick(e) an!** am Bildschirm des Computers öffnen, indem man mit der Maustaste auf ein Symbol drückt

ạn|klop|fen (Verb) **du klopfst an, er klopfte an, sie hat angeklopft, klopf(e) an!**
❶ an eine geschlossene Tür klopfen, wenn man hereinkommen möchte
❷ bei jemandem anklopfen TELEFON jemanden anrufen, der bereits telefoniert und dessen Telefon ihm dann ein Signal gibt
❸ bei jemandem anklopfen jemanden um etwas bitten oder nach etwas fragen

an|kom|men (Verb) **du kommst an, er kam an, sie ist angekommen, komm(e) an!**
❶ irgendwo ankommen das Ziel erreichen: *Ich komme um 19 Uhr am Hauptbahnhof an.*
❷ jemand/etwas kommt (bei jemandem) an umgangssprachlich jemandem gefallen, bei jemandem Erfolg haben
❸ es kommt darauf an … es hängt davon ab …: *„Findet das Fest statt?" – „Es kommt darauf an, wie das Wetter wird."*
❹ jemandem kommt es auf etwas an jemandem ist etwas ganz besonders wichtig: *Es kommt meiner Mutter darauf an, dass wir uns vor dem Essen die Hände waschen.*

an|kün|di|gen (Verb) **du kündigst an, er kündigte an, sie hat angekündigt, kündige an!**
❶ jemanden/etwas ankündigen sagen, dass jemand bald kommt/etwas bald geschehen wird
❷ sich ankündigen durch bestimmte Anzeichen das Eintreffen erkennen lassen: *Der Frühling kündigt sich an.*

die **An|kün|di|gung** (Nomen) **der Ankündigung, die Ankündigungen** die Ansage, dass etwas bald geschieht oder jemand bald kommt

die **An|kunft** (Nomen) nur im Singular **der Ankunft** das Ankommen an einem Ort

die **An|la|ge** (Nomen) **der Anlage, die Anlagen**
❶ ein Gebäude oder ein Gerät für einen meist technischen Zweck: *eine Anlage zur Herstellung von Kunststoff*
❷ ≈Stereoanlage
❸ ein zusätzliches Dokument, das in einem Brief oder einer E-Mail mitgeschickt wird
❹ eine Fläche zur besonderen Nutzung: *Sportanlage, Parkanlage*

der **An|lass** (Nomen) **des Anlasses, die Anlässe**
❶ ≈Ursache, Grund *Es besteht kein Anlass zur Sorge.*
❷ ≈Feier, Fest *Dieses Kleid trage ich nur bei besonderen Anlässen.*
❸ etwas zum Anlass nehmen, etwas zu tun eine Situation als Grund dafür nehmen, etwas zu tun

an|las|sen (Verb) **du lässt an, er ließ an, sie hat angelassen, lass(e) an!**
❶ etwas anbehalten: *Mir ist kalt, deshalb lasse ich den Mantel an.*
❷ nicht ausschalten: *Hoffentlich habe ich das Bügeleisen nicht angelassen.*
❸ starten: *den Motor anlassen*

an|läss|lich (Präposition) mit Genitiv gebraucht · gehoben aus dem genannten Anlass: *Darf ich dir anlässlich deines Sieges gratulieren?*

der **An|lauf** (Nomen) **des Anlauf(e)s, die Anläufe**
❶ SPORT ein kurzer schneller Lauf, bevor man springt oder wirft: *Anlauf nehmen*
❷ im ersten/zweiten/… Anlauf beim ersten/zweiten/… Versuch
❸ einen neuen Anlauf machen etwas noch einmal versuchen

an|lau|fen (Verb) **du läufst an, er lief an, sie ist/hat angelaufen, lauf(e) an!**
❶ ist angelaufen ≈starten, beginnen *Der Film ist letzte Woche angelaufen.*
❷ ist angelaufen eine andere Farbe bekommen: *Er lief vor Scham rot an.*
❸ ist angelaufen SPORT eine kurze Strecke schnell laufen, bevor man springt oder wirft
❹ einen Hafen anlaufen hat angelaufen in Richtung eines Hafens fahren

an|le|gen (Verb) **du legst an, er legte an, sie hat angelegt, leg(e) an!**
❶ ≈erschaffen nach einem Plan gestalten: *einen Garten anlegen · einen Teich anlegen*
❷ ≈anbringen, befestigen *den Sicherheitsgurt anlegen · jemandem einen Verband anlegen*
❸ SCHIFFFAHRT ein Schiff im Hafen festmachen
❹ es auf etwas anlegen umgangssprachlich etwas beabsichtigen, ein Ziel verfolgen
❺ sich mit jemandem anlegen umgangssprachlich mit jemandem Streit anfangen

an|leh|nen (Verb) **du lehnst an, er lehnte an, sie hat angelehnt, lehn(e) an!**
❶ etwas an etwas anlehnen etwas (Hohes) so schräg gegen etwas stellen, dass es nicht umfällt
❷ sich an etwas/jemanden anlehnen sich mit dem Rücken oder der Seite an etwas/jemanden stützen
❸ ein Fenster/eine Tür anlehnen ein Fenster/eine Tür nicht ganz zumachen

das **An|lie|gen** (Nomen) **des Anliegens, die Anliegen**
❶ ≈Wunsch, Bitte *ein Anliegen haben*
❷ Es ist mir ein Anliegen, dass … Es ist wichtig für mich, dass …

an|lü|gen (Verb) **du lügst an, er log an, sie hat angelogen, lüg(e) nicht an!**
jemanden anlügen jemandem absichtlich die Unwahrheit sagen

an|ma|chen (Verb) umgangssprachlich **du machst an, er machte an, sie hat angemacht, mach(e) an!**
❶ einschalten: *das Licht anmachen*
❷ anzünden: *das Feuer anmachen*
❸ ≈anbringen befestigen
❹ jemand macht jemanden an abwertend jemand beschimpft jemanden, um Streit mit ihm anzufangen

sich **an|mel|den** (Verb) **du meldest an, er meldete an, sie hat angemeldet, meld(e) an!**
❶ jemanden/sich/etwas anmelden jemanden/sich/etwas bei einem Amt eintragen lassen: *sich beim Einwohnermeldeamt anmelden • sein Auto anmelden*
❷ jemanden/sich zu etwas anmelden mitteilen, dass jemand/man selbst an etwas teilnehmen will: *sein Kind in der Schule anmelden*
❸ jemanden/sich bei jemandem anmelden einen Termin für jemanden/sich selbst bei jemandem vereinbaren: *Guten Tag, sind Sie angemeldet?*

die **An|mel|dung** (Nomen) **der Anmeldung, die Anmeldungen**
❶ das Anmelden, das Eintragen
❷ ≈Anmeldeformular
❸ ≈Rezeption der Bereich, an dem man sich anmeldet

an|mer|ken (Verb) **du merkst an, er merkte an, sie hat angemerkt, merk(e) an!**
❶ etwas anmerken einen kurzen Kommentar sagen oder notieren
❷ jemandem etwas anmerken sehen, dass jemand ein bestimmtes Gefühl hat

die **An|mer|kung** (Nomen) **der Anmerkung, die Anmerkungen** eine Bemerkung, ein Kommentar

an|nä|hernd (Adverb) fast, ungefähr

die **An|nä|he|rung** (Nomen) **der Annäherung, die Annäherungen**
❶ das Näherkommen
❷ das Ähnlichwerden, die Angleichung
❸ das nähere Kennenlernen

die **An|nah|me** (Nomen) **der Annahme, die Annahmen**
❶ das Annehmen von etwas
❷ ≈Vermutung, Ansicht

an|neh|men (Verb) **du nimmst an, er nahm an, sie hat angenommen, nimm an!**
❶ in Empfang nehmen: *Kannst du morgen das Paket für mich annehmen?*
❷ zustimmen, bearbeiten: *Wir nehmen leider keine Kreditkarten an. • Danke, ich nehme dein Angebot gern an!*
❸ ≈vermuten, glauben, meinen *Ich nehme an, der Zug hat Verspätung.*
❹ sich jemandes/einer Sache annehmen sich um jemanden/eine Sache kümmern

die **An|non|ce** (Nomen) [a'nõ:sə] **der Annonce, die Annoncen** die Anzeige in einer Zeitung

an|nul|lie|ren (Verb) **du annullierst, er annullierte, sie hat annulliert, annullier(e)!** offiziell bestimmen, dass etwas nicht mehr gültig ist

an|o|nym (Adjektiv) [ano'ny:m]
❶ ohne den Namen des Autors: *ein anonymer Brief*
❷ abwertend unpersönlich und fremd: *anonyme Wohnblocks*

die **An|o|ny|mi|tät** (Nomen) [anonymi'tɛ:t] nur im Singular **der Anonymität**
❶ der Zustand, wenn jemandes Name nicht bekannt wird: *Der Spender bittet darum, dass seine Anonymität gewahrt wird.*
❷ der Zustand, wenn etwas unpersönlich ist: *Die Schulleitung versucht, die Anonymität der Flure durch Bilder zu mildern.*

an|ord|nen (Verb) **du ordnest an, er ordnete an, sie hat angeordnet, ordne an!**
❶ Dinge in eine bestimmte Ordnung bringen: *die Stühle kreisförmig anordnen*
❷ etwas offiziell befehlen: *Die Regierung hat eine Untersuchung der Vorfälle angeordnet.*

die **An|ord|nung** (Nomen) **der Anordnung, die Anordnungen**
❶ die Ordnung, in die Dinge gebracht wurden: *alles in eine übersichtliche Anordnung bringen*
❷ ein offizieller Befehl: *Das Lokal wurde auf Anordnung der Polizei geschlossen.*

an|pas|sen (Verb) **du passt an, er passte an, sie hat angepasst, pass(e) an!**
❶ etwas ändern und passender machen: *Die Stuhlhöhe kann individuell angepasst werden.*
❷ sich (an jemanden/etwas) anpassen sich auf jemanden/etwas einstellen und danach richten: *Die neuen Schüler müssen sich an das Lerntempo der Klasse noch anpassen.*

die **An|pas|sung** (Nomen) **der Anpassung, die Anpassungen** der Vorgang, wenn die Angleichung oder Eingewöhnung läuft: *Die Anpassung der Pinguine an die* *lebensfeindliche Umgebung in der Antarktis ist faszinierend*

der **An|pfiff** (Nomen) **des Anpfiff(e)s, die Anpfiffe** das Signal des Schiedsrichters zum Beginn des Spiels

an|pro|bie|ren (Verb) **du probierst an, er probierte an, sie hat anprobiert, probier(e) an!** Kleidung anziehen, um zu sehen, ob sie passt

die **An|re|de** (Nomen) **der Anrede, die Anreden** die Wörter, mit denen man sich an jemanden wendet und ihn/sie damit benennt: *die höfliche Anrede mit „Sie"*

an|re|den (Verb) **du redest an, er redete an, sie hat angeredet, red(e) an!**
❶ mit jemandem ein Gespräch beginnen: *Er traute sich nicht, sie anzureden.*
❷ eine bestimmte Anrede benutzen: *Sie redet ihre Eltern mit Vornamen an.*

an|re|gen (Verb) **du regst an, er regte an, sie hat angeregt, reg(e) an!**
❶ einen Vorschlag machen: *Lena regte an, dass wir uns zum gemeinsamen Lernen treffen.*
❷ etwas verstärken: *Sport regt den Kreislauf an.*

die **An|re|gung** (Nomen) **der Anregung, die Anregungen** eine Idee, die man durch etwas bekommt: *Der Artikel gibt Anregungen zum Umgestalten von langweiligen Schulhöfen.*

an|rich|ten (Verb) **du richtest an, er richtete an, sie hat angerichtet, richte an!**
❶ Essen (auf bestimmte Weise) servieren: *den Salat mit Eiern und Petersilie hübsch anrichten*
❷ etwas Schlimmes verursachen: *Das Erdbeben hat große Schäden angerichtet.*

der **An|ruf** (Nomen) **des Anruf(e)s, die Anrufe** ein Gespräch am Telefon oder ein Versuch, jemanden per Telefon zu erreichen: *einen Anruf erwarten*

der **An|ruf|be|ant|wor|ter** (Nomen) **des Anrufbeantworters, die Anrufbeantworter** ein Gerät, auf dem man eine Nachricht hinterlassen kann, wenn jemand nicht ans Telefon geht

an|ru|fen (Verb) **du rufst an, er rief an, sie hat angerufen, ruf(e) an!** versuchen, jemanden per Telefon zu erreichen: *einen Freund/bei der Polizei anrufen*

ans (Präposition mit Artikel) an das: *Könntest du bitte ans Telefon gehen?*

der **An|satz** (Nomen) **des Ansatzes, die Ansätze**
❶ der Beginn einer Entwicklung: *Ansätze zur Besserung zeigen*
❷ die Stelle, wo etwas beginnt (z. B. Haaransatz, Halsansatz)
❸ der Plan für die Lösung eines Problems: *den richtigen Ansatz finden*

an|schau|en (Verb) süddeutsch Ⓐ Ⓒⓗ **du schaust an, er schaute an, sie hat angeschaut, schau(e) an!** ansehen: *Sie schaute mich wütend an. • Wollen wir uns eine DVD anschauen?*

der **An|schein** (Nomen) nur im Singular **des Anschein(e)s** der Eindruck, wie jemand/etwas ist: *Allem Anschein nach war keiner zu Hause.*

an|schei|nend (Adverb) ≈ offenbar so, wie es aussieht: *Es sind so viele Kinder im Schwimmbad, anscheinend ist heute schulfrei.*

der **An|schlag** (Nomen) **des Anschlag(e)s, die Anschläge**
❶ ein heimtückischer Angriff, mit dem jemand ermordet oder etwas zerstört werden soll: *Die Bombe wurde rechtzeitig entdeckt und der Anschlag verhindert.*
❷ ein Zettel, der etwas bekannt macht
❸ bis zum Anschlag so weit, wie es geht: *Den Wasserhahn bis zum Anschlag aufdrehen.*

an|schlie|ßen (Verb) **du schließt an, er schloss an, sie hat angeschlossen, schließ(e) an!**
❶ etwas mit einer Leitung verbinden: *den Fernseher anschließen • Das Haus ist noch nicht an das Kabelnetz angeschlossen.*
❷ sich jemandem anschließen bei einer Gruppe mitmachen: *Ihr fahrt zum See? Kann ich mich euch anschließen?*
❸ etwas schließt sich einer Sache oder an etwas an etwas kommt zeitlich oder räumlich direkt nach etwas: *An die Preisverleihung schloss sich ein Festessen an. • An unser Grundstück schließt sich eine Wiese an.*

an|schlie|ßend (Adverb) direkt danach (stattfindend): *Beim anschließenden Essen hatte ich Gelegenheit, sie kennenzulernen.*

der **An|schluss** (Nomen) **des Anschlusses, die Anschlüsse**
❶ eine Verbindung zu einer Leitung (z. B. Stromanschluss, Wasseranschluss)

❷ ein Bus oder Zug, in den man umsteigen kann: *Wann haben wir in Stuttgart Anschluss nach Köln?*
❸ das Telefon mit der gewählten Nummer: *Kein Anschluss unter dieser Nummer!*
❹ Kontakt zu Freunden und Bekannten: *Hast du an deiner neuen Schule schon Anschluss gefunden?*
❺ im Anschluss (an etwas) direkt danach: *Im Anschluss an die Nachrichten kommt ein interessanter Film.*

an|schnal|len (Verb) **du schnallst an, er schnallte an, sie hat angeschnallt, schnall(e) an!**
❶ jemanden/sich anschnallen den Sicherheitsgurt anlegen
❷ die Ski anschnallen die Ski mit der Bindung an den Schuhen befestigen

die **An|schrift** (Nomen) **der Anschrift, die Anschriften** Adresse

an|se|hen (Verb) **du siehst an, er sah an, sie hat angesehen, sieh an!**
❶ die Augen irgendwohin richten: *Sieh mich bitte an, wenn ich mit dir spreche!*
❷ (sich) etwas ansehen etwas als Zuschauer verfolgen: *Wollen wir uns den Film ansehen?*
❸ jemandem etwas ansehen an jemandes Aussehen erkennen, wie er ist, wie es ihm geht oder was er denkt
❹ etwas mit ansehen (müssen) bei etwas Schlimmem dabei sein und nichts dagegen tun (können)

das **An|se|hen** (Nomen) **nur im Singular des Ansehens** ≈ Ruf die allgemeine Meinung über jemanden/etwas: *Deutsche Autos genießen im Ausland hohes Ansehen.*

die **An|sicht** (Nomen) **der Ansicht, die Ansichten**
❶ ≈ Meinung das, was man über jemanden/etwas denkt: *Das ist meiner Ansicht nach falsch.*
❷ das, was man auf einem Bild oder von einem Punkt aus sehen kann: *eine Karte mit verschiedenen Ansichten der Altstadt*

an|sons|ten (Adverb)
❶ andernfalls, sonst: *Du musst dich schon anstrengen, ansonsten wird das nichts.*
❷ von etwas abgesehen: *Die Musik war etwas zu leise, aber ansonsten gut.*

die **An|spie|lung** (Nomen) **der Anspielung, die Anspielungen** eine versteckte Bemerkung zu einer Person oder Sache, die man nicht offen nennt: *Er machte eine unhöfliche Anspielung auf ihre Figur.*

die **An|spra|che** (Nomen) **der Ansprache, die Ansprachen** eine kurze Rede: *Der Direktor dankte in einer Ansprache allen Helfern des Schulfestes.*

an|spre|chen (Verb) **du sprichst an, er sprach an, sie hat angesprochen, sprich an!**
❶ ein Gespräch mit jemandem anfangen: *Er hat sie auf dem Sportplatz angesprochen.*
❷ sich an jemanden richten: *Welche Zielgruppen sollen mit der Werbung angesprochen werden?*
❸ über etwas sprechen: *Beim Elternabend wurden die Fehlstunden angesprochen.*

an|sprin|gen (Verb) **du springst an, er sprang an, sie hat/ist angesprungen, spring(e) an!**
❶ ein Tier springt jemanden an **hat angesprungen** ein Tier greift mit einem Sprung an
❷ **ist angesprungen** sich starten lassen: *Das Auto springt nicht an.*

der **An|spruch** (Nomen) **des Anspruch(e)s, die Ansprüche**
❶ etwas, was gebraucht, erwartet oder gefordert wird: *Sie stellt hohe Ansprüche an ihre Schüler. • Die alte Sporthalle war den Ansprüchen nicht mehr gewachsen.*
❷ das Recht, etwas zu bekommen: *Anspruch auf Kindergeld haben*
❸ jemanden/etwas in Anspruch nehmen eine Möglichkeit nutzen: *ärztliche Hilfe in Anspruch nehmen* etwas brauchen, beanspruchen: *Die Suche danach hat viel Zeit in Anspruch genommen.*

an|spruchs|los (Adjektiv)
❶ schon mit wenig zufrieden: *Schafe sind robuste und anspruchslose Tiere.*
❷ sehr einfach: *Telenovelas sind anspruchslose Unterhaltung.*

an|spruchs|voll (Adjektiv) **anspruchsvoller, am anspruchsvollsten**
❶ nicht leicht zufriedenzustellen: *Sie ist sehr anspruchsvoll in ihrer Kleiderwahl.*
❷ von besonders hoher Qualität: *anspruchsvolle Musik*

die **An|stalt** (Nomen) **der Anstalt, die Anstalten**
❶ eine öffentliche Einrichtung wie eine Schule, ein Heim oder ein Gefängnis (**z. B. Bildungsanstalt, Haftanstalt, Lehranstalt**)
❷ eine geschlossene Anstalt ein Kranken-

haus für psychisch Kranke, das die Patienten nicht verlassen dürfen
❸ (keine) Anstalten machen, etwas zu tun (nicht) zeigen, dass man etwas tun möchte *Auch nach dem Abpfiff machten die Fans keine Anstalten zu gehen.*

der **An|stand** (Nomen) nur im Singular **des Anstand(e)s** richtiges Benehmen: *Er hatte nicht mal den Anstand, sich zu entschuldigen.*

an|stän|dig (Adjektiv) **anständiger, am anständigsten**
❶ ehrlich und fair: *Das sind anständige Leute.*
❷ ordentlich, wie es sich gehört: *Setz dich bitte anständig hin!*
❸ umgangssprachlich sehr viel, stark: *Für das Auto hat er anständig bezahlt.*

an|statt[1] (Präposition) mit Genitiv gebraucht als Ersatz oder Vertretung: *Leon kam anstatt seines Bruders.*

an|statt[2] (Konjunktion) nicht das eine, sondern das andere geschieht: *Er lachte, anstatt sich zu ärgern.*

an|ste|cken (Verb) **du steckst an, er steckte an, sie hat angesteckt, steck(e) an!**
❶ eine Krankheit an jemanden weitergeben: *Sie hat mich mit den Windpocken angesteckt.*
❷ sich (bei jemandem) anstecken eine Krankheit von jemandem bekommen
❸ sich auf andere übertragen: *Seine Begeisterung steckte mich an.*
❹ etwas auf der Kleidung oder am Finger befestigen: *jemandem einen Orden anstecken*

an|ste|ckend (Adjektiv) **ansteckender, am ansteckendsten** so, dass sich etwas auf andere überträgt: *eine ansteckende Krankheit • Sie hat ein ansteckendes Lachen.*

an|ste|hen (Verb) **du stehst an, er stand an, sie hat angestanden, steh an!**
❶ in einer Reihe mit anderen warten: *Wir mussten lange an der Kasse anstehen.*
❷ etwas steht an etwas ist für die nächste Zeit geplant: *Welche Arbeiten stehen heute an?*

an|stei|gen (Verb) **es steigt an, es stieg an, es ist angestiegen** nur in der 3. Person gebraucht höher werden: *Gegen Mittag stieg die Wassertemperatur an.*

an|stel|le, an Stel|le (Präposition) mit Genitiv oder mit von + Dativ gebraucht als Ersatz oder Vertretung: *Ich habe anstelle meiner Schwester teilgenommen. • Anstelle von Kuchen esse ich lieber ein Butterbrot.*

an|stel|len (Verb) **du stellst an, er stellte an, sie hat angestellt, stell(e) an!**
❶ jemandem eine feste Arbeitsstelle geben: *Er wurde gleich als Lehrling angestellt.*
❷ ≈einschalten ein Gerät in Betrieb setzen
❸ sich irgendwo anstellen in einer Reihe mit anderen warten: *Stell dich bitte hinten an!*
❹ sich anstellen umgangssprachlich sich irgendwie verhalten: *Er hat sich beim Einradfahren dumm angestellt.*
❺ etwas anstellen Unsinn machen

der **An|stieg** (Nomen) **des Anstieg(e)s, die Anstiege**
❶ die Erhöhung, Steigung: *ein Anstieg der Kosten • der steile Anstieg der Bergstraße*
❷ das Hinaufsteigen auf einen Berg: *der anstrengende Aufstieg zum Gipfel*

der **An|stoß** (Nomen) **des Anstoßes, die Anstöße**
❶ die Ursache für eine Aktion oder Entwicklung: *Der geplante Bau des Flughafens gab den Anstoß zu einer Bürgerinitiative.*
❷ das erste Zuspielen des Balles bei einem Fußballspiel
❸ (bei jemandem) Anstoß erregen jemandem nicht gefallen, jemanden ärgern: *Mit seinen beleidigenden Sprüchen erregte er Anstoß.*

an|stren|gen (Verb) **du strengst an, er strengte an, sie hat angestrengt, streng(e) an!**
❶ etwas strengt (jemanden/etwas) an etwas verbraucht viel Kraft und macht müde: *Das lange Stehen strengt ganz schön an.*
❷ sich anstrengen sich große Mühe geben: *Du musst dich noch ein bisschen mehr anstrengen.*

an|stren|gend (Adjektiv) **anstrengender, am anstrengendsten** so, dass jemand viel Kraft verbraucht und müde wird: *eine anstrengende Arbeit*

die **An|stren|gung** (Nomen) **der Anstrengung, die Anstrengungen**
❶ der Vorgang, wenn man sich anstrengt: *Sie keuchte vor Anstrengung. • Wir dürfen*

jetzt in unseren Anstrengungen nicht nachlassen!
❷ ≈Strapaze etwas, was viel Mühe kostet

die **Ant|ark|tis** (Nomen) nur im Singular **der Antarktis** der Erdteil am Südpol

der **An|teil** (Nomen) **des Anteil(e)s, die Anteile**
❶ der Teil, den jemand von etwas bekommt oder zu etwas beiträgt: *Jeder bekommt seinen Anteil vom Gewinn. • Ich habe meinen Anteil an Arbeit schon erledigt.*
❷ der Teil eines Ganzen, den eine Sache oder Gruppe ausmacht: *Wie hoch ist der Anteil der Mädchen in der Klasse?*
❸ Anteil an etwas haben seinen Teil zu etwas beitragen
❹ Anteil an etwas nehmen etwas mit Interesse oder Mitgefühl verfolgen: *am politischen Geschehen regen Anteil nehmen*

die **An|ten|ne** (Nomen) **der Antenne, die Antennen** eine oder mehrere Stangen aus Metall, mit denen man Radio-, Fernseh- und Funksignale empfangen kann

die **An|ti|ba|by|pil|le** (Nomen) [anti'be:bipɪlə] **der Antibabypille, die Antibabypillen** eine Tablette, die Frauen regelmäßig einnehmen können, um nicht schwanger zu werden

das **An|ti|bio|ti|kum** (Nomen) **des Antibiotikums, die Antibiotika** ein Medikament, das gegen Bakterien wirkt: *Sie hat Scharlach und muss ein Antibiotikum nehmen.*

an|tik (Adjektiv)
❶ sehr alt und darum wertvoll: *antike Möbel*
❷ aus der Zeit, als Griechenland und Rom sehr mächtig waren: *ein antiker Dichter*

die **An|ti|ke** (Nomen) nur im Singular **der Antike** ≈Altertum die Zeit, als noch Latein gesprochen wurde und Griechenland und Rom sehr mächtig waren

die **An|ti|lo|pe** (Nomen) **der Antilope, die Antilopen** ein Tier mit Hörnern, das sehr schnell laufen kann und in Afrika oder Asien lebt

an|ti|se|mi|tisch (Adjektiv) ≈judenfeindlich gegen Juden gerichtet

das **An|ti|vi|ren|pro|gramm** (Nomen) **des Antivirenprogramm(e)s, die Antivirenprogramme** ≈Virenscanner ein Computerprogramm, das schädliche Programme finden und entfernen soll

das **An|to|nym** (Nomen) [anto'ny:m] **des Antonyms, die Antonyme** ein Wort, das genau das Gegenteil von einem anderen bedeutet siehe auch → **Synonym**

der **An|trag** (Nomen) **des Antrag(e)s, die Anträge**
❶ eine offizielle Bitte oder ein Vorschlag an eine Behörde oder Institution: *beim Chef einen Antrag auf Urlaub stellen • Wenn du Mitglied werden willst, musst du einen schriftlichen Antrag ausfüllen.*
❷ die Bitte an jemanden, einen zu heiraten: *Er hat ihr einen Antrag gemacht.*

an|trei|ben (Verb) **du treibst an, er trieb an, sie hat/ist angetrieben, treib(e) an!**
❶ **hat angetrieben** ein Fahrzeug oder eine Maschine mit Energie versorgen: *Autos mit Benzin antreiben*
❷ **hat angetrieben** jemanden dazu bringen etwas schneller zu tun: *Der Lehrer trieb uns zur Eile an.*
❸ **ist angetrieben** vom Wasser ans Ufer getragen werden: *Das leere Boot trieb am Ufer an.*

an|tre|ten (Verb) **du trittst an, er trat an, sie hat/ist angetreten, tritt an!**
❶ **hat angetreten** eine Tätigkeit beginnen: *Wann tritt er seine neue Stelle an?*
❷ **ist angetreten** an dem Ort erscheinen, wo man etwas tun soll: *Ich erwarte, dass ihr morgen um acht pünktlich zum Abmarsch antretet.*
❸ **ist angetreten** an einem Wettbewerb oder Wahlen teilnehmen: *In der nächsten Runde tritt unsere Mannschaft gegen Italien an.*

der **An|trieb** (Nomen) **des Antrieb(e)s, die Antriebe**
❶ die Kraft, die ein Fahrzeug oder eine Maschine benutzt: *eine Straßenbahn mit elektrischem Antrieb*
❷ das, was einen dazu bringt, etwas zu tun: *Er hat aus eigenem Antrieb sein Zimmer aufgeräumt.*

an|tun (Verb) **du tust an, er tat an, sie hat angetan, tu(e) nicht an!**
❶ jemandem etwas antun etwas tun, das schlecht für jemanden ist: *Keine Angst, ich tu dir nichts an.*
❷ sich etwas antun Selbstmord begehen

die **Ant|wort** (Nomen) **der Antwort, die Antworten** das, was man auf eine Bitte oder Frage hin sagt, schreibt oder tut: *Sie hat mir keine klare Antwort auf meine Frage gegeben. • Zur Antwort zuckte er nur mit den Schultern.*

A B C D E F G H I J K L M N O P Q R S T U V W X Y Z

ant|wor|ten (Verb) **du antwortest, er antwortete, sie hat geantwortet, antworte!** etwas auf eine Frage oder Bitte sagen, schreiben oder tun: *Bitte antworten Sie nur mit „Ja" oder „Nein".*

an|ver|trau|en (Verb) **du vertraust an, er vertraute an, sie hat anvertraut, vertrau(e) an!**
❶ jemanden darum bitten, auf etwas Wertvolles aufzupassen: *Den Hund haben wir für die Ferien dem Nachbarn anvertraut.*
❷ etwas/sich jemandem anvertrauen jemandem etwas erzählen, das er nicht weitersagen soll

der **An|walt** (Nomen) **des Anwalt(e)s, die Anwälte** ≈Rechtsanwalt jemand, der anderen beruflich bei rechtlichen Problemen hilft oder sie vor Gericht vertritt

die **An|wäl|tin** (Nomen) **der Anwältin, die Anwältinnen** Femininform von → **Anwalt**

die **An|wei|sung** (Nomen) **der Anweisung, die Anweisungen**
❶ ein Auftrag oder Befehl: *Das Lokal wurde auf Anweisung der Polizei geschlossen.*
❷ ≈Anleitung eine Erklärung, wie etwas zu benutzen ist oder funtioniert: *Der Kamera lag eine ausführliche Anweisung bei.*

an|wend|bar (Adjektiv) so, dass man es benutzen kann: *eine vielseitig anwendbare Methode*

an|wen|den (Verb) **du wendest an, er wandte/wendete an, sie hat angewandt/angewendet, wend(e) an!** benutzen, gebrauchen: *Sie musste Gewalt anwenden, um die Kiste zu öffnen.*

der **An|wen|der** (Nomen) **des Anwenders, die Anwender** jemand, der ein Computerprogramm benutzt

die **An|wen|de|rin** (Nomen) **der Anwenderin, die Anwenderinnen**
Femininform von → **Anwender**

die **An|wen|dung** (Nomen) **der Anwendung, die Anwendungen**
❶ das Anwenden, Benutzen: *die Anwendung einer neuen Methode*
❷ ein Computerprogramm: *Ein Icon ist ein Symbol für eine bestimmte Anwendung.*

an|we|send (Adjektiv) ≈da an dem Ort, wo etwas geschieht

die **An|we|sen|heit** (Nomen) nur im Singular **der Anwesenheit**
in jemandes Anwesenheit während jemand dabei ist: *Er hat in meiner Anwesenheit geflucht.*

der **An|woh|ner** (Nomen) **des Anwohners, die Anwohner** jemand, der in einer bestimmten Straße wohnt

die **An|woh|ne|rin** (Nomen) **der Anwohnerin, die Anwohnerinnen**
Femininform von → **Anwohner**

die **An|zahl** (Nomen) nur im Singular **der Anzahl** eine Menge, die man in Zahlen ausdrücken kann: *Haben wir eine ausreichende Anzahl an Handtüchern eingepackt?*

das **An|zei|chen** (Nomen) **des Anzeichens, die Anzeichen** etwas, woran man etwas erkennt: *Bei den ersten Anzeichen von Müdigkeit solltest du eine Pause machen.*

die **An|zei|ge** (Nomen) **der Anzeige, die Anzeigen**
❶ ≈Annonce eine Mitteilung in einer Zeitung oder Zeitschrift, für die jemand bezahlt hat
❷ eine Meldung bei der Polizei, dass jemand etwas Verbotenes getan hat: *Wenn Sie mich noch einmal belästigen, werde ich Anzeige gegen Sie erstatten!*
❸ das, was ein Gerät anzeigt: *eine Armbanduhr mit digitaler Anzeige*

an|zei|gen (Verb) **du zeigst an, er zeigte an, sie hat angezeigt, zeig(e) an!**
❶ eine bestimmte Information zeigen: *Das Thermometer zeigte 20 Grad an.*
❷ jemanden/etwas der Polizei melden: *einen Ladendieb anzeigen*

an|zie|hen (Verb) **du ziehst an, er zog an, sie hat angezogen, zieh(e) an!**
❶ einen Teil des Körpers mit Kleidung bedecken: *Zieh dich warm an, wenn du nach draußen gehst!*
❷ an etwas ziehen: *die Handbremse anziehen*
❸ Menschen oder Tiere anlocken: *Die Futterstelle zieht viel Wild an.*
❹ etwas durch eine bestimmte Wirkung an sich ziehen: *Eisen wird von Magneten angezogen.*

an|zie|hend (Adjektiv) **anziehender, am anziehendsten** ≈attraktiv so sympathisch oder hübsch, dass man jemandes Nähe sucht

die **An|zie|hungs|kraft** (Nomen) nur im Singular **der Anziehungskraft** eine Kraft, mit der etwas Dinge zu sich zieht: *die Anziehungskraft der Erde*

der **An|zug** (Nomen) **des Anzug(e)s, die Anzüge**
❶ lange Hose und Jacke aus dem gleichen Stoff: *Zur Zeugnisverleihung kam er in Anzug und Krawatte.*
❷ ein Kleidungsstück für Ober- und Unterkörper zu einem bestimmten Zweck (z. B. ein Schlafanzug, Skianzug, Taucheranzug)

an|zün|den (Verb) **du zündest an, er zündete an, sie hat angezündet, zünd(e) an!** etwas zum Brennen bringen: *ein Streichholz/ein Feuer anzünden*

der **Ap|fel** (Nomen) **des Apfels, die Äpfel**
❶ eine runde Frucht eines einheimischen Baumes, die außen grün, gelb oder rot ist und innen Kerne hat
❷ in den sauren Apfel beißen etwas Unangenehmes tun, weil es sich nicht vermeiden lässt
❸ Der Apfel fällt nicht weit vom Stamm. Ein Kind ist so wie sein Vater oder seine Mutter.

der **Ap|fel|saft** (Nomen) **des Apfelsaft(e)s, die Apfelsäfte** Saft, der aus Äpfeln gemacht wurde

die **Ap|fel|saft|schor|le, Ap|fel|schor|le** (Nomen) **der Apfelsaftschorle, die Apfelsaftschorlen** ein Getränk aus Apfelsaft und Mineralwasser

die **Ap|fel|si|ne** (Nomen) **der Apfelsine, die Apfelsinen** ≈ Orange eine runde orange Frucht aus warmen Ländern

der **Apos|tel, Apo|stel** (Nomen) **des Apostels, die Apostel** einer der zwölf Männer, die Jesus Christus begleiteten

der **Apos|troph , Apo|stroph** (Nomen) **des Apostrophs, die Apostrophe** als Zeichen: „'" das Schriftzeichen, das anzeigt, dass Buchstaben weggelassen wurden: *Gestern habe ich 'nen Riesenschreck bekommen.*

die **Apo|the|ke** (Nomen) **der Apotheke, die Apotheken** ein Geschäft, in dem man Medikamente kauft

die **App** (Nomen) [ɛp] **der App, die Apps** Abkürzung von: application eine Software, die auch auf Smartphones und Tablet-PCs funktioniert

der **Ap|pa|rat** (Nomen) **des Apparat(e)s, die Apparate** ein technisches Gerät (z. B. Fernsehapparat, Fotoapparat, Rasierapparat)

das **Ap|par|te|ment** (Nomen) [apartəˈmã:] **des Appartements, die Appartements** eine kleine Wohnung

der **Ap|pell** (Nomen) **des Appells, die Appelle** eine Rede, mit der man zu einem bestimmten Verhalten auffordert oder ermahnt: *ein Appell an die Bürger, für die Erdbebenopfer zu spenden*

ap|pel|lie|ren (Verb) **du appellierst, er appellierte, sie hat appelliert, appellier(e)!**
an jemanden/etwas appellieren jemanden zu einem bestimmten Verhalten auffordern oder ermahnen: *Ich appelliere an eure Vernunft, dass ihr euch anständig benehmt.*

der **Ap|pe|tit** (Nomen) nur im Singular **des Appetit(e)s** die Lust auf (ein bestimmtes) Essen: *mit großem Appetit essen*

der **Ap|plaus** (Nomen) nur im Singular **des Applauses** ≈ Beifall das Klatschen des Publikums: *Mit stürmischem Applaus wurde der Dirigent vom Publikum empfangen.*

die **Ap|po|si|ti|on** (Nomen) [apoziˈtsi̯o:n] **der Apposition, die Appositionen** ein zusätzliches Element im Satz, das ein Wort näher bestimmt und immer im gleichen Kasus stehen muss wie das Wort, das es näher bestimmt: *In „Herr Maier, unser Lehrer ..." ist „unser Lehrer" eine Apposition.*

die **Ap|ri|ko|se** (Nomen) **der Aprikose, die Aprikosen** eine kleine orange Frucht mit samtiger Haut und einem Stein in der Mitte

der **Ap|ril** (Nomen) Plural selten **des April(s), die Aprile**
❶ der vierte Monat im Jahr
❷ jemanden in den April schicken jemanden am 1. April zum Scherz täuschen
❸ April, April! verwendet, um jemandem zu sagen, dass man ihn mit einem Aprilscherz getäuscht hat

der **Äqua|tor** (Nomen) [ɛˈkva:to:ɐ̯] GEOGRAFIE nur im Singular **des Äquators** ein gedachter Kreis um die Mitte der Erde

die **Ära** (Nomen) gehoben **der Ära, die Ären** ein Abschnitt der Geschichte, in dem eine bestimmte Person oder Sache wichtig war: *die Ära des Wohlstands und Wirtschaftswachstums der 1950er Jahre* • *die Ära Boris Becker im Tennis*

der **Ara|ber** (Nomen) **des Arabers, die Araber**
❶ ein Junge/Mann aus einem arabischen Land
❷ ein edles Pferd einer arabischen Rasse

die **Ara|be|rin** (Nomen) **der Araberin, die Araberinnen** ein Mädchen/eine Frau aus einem arabischen Land

Ara|bi|en (Nomen) **Arabiens** das Gebiet der Halbinsel zwischen Afrika und Asien

ara|bisch (Adjektiv)
❶ aus einem arabischen Land oder in arabischer Sprache: *die arabische Sprache • die arabischen Länder Nordafrikas*
❷ arabische Zahlen die heute üblichen, mit den Zeichen 1, 2, 3 usw. ausgedrückten Zahlen siehe auch → **römisch**

die **Ar|beit** (Nomen) **der Arbeit, die Arbeiten**
❶ etwas, was man tut, weil es nötig ist oder weil man damit Geld verdient: *Es wird Zeit, dass ich mich an die Arbeit mache.*
❷ nur im Singular ≈Arbeitsplatz, Arbeitsstelle *seine Arbeit verlieren*
❸ ein Werk eines Künstlers, Wissenschaftlers oder Handwerkers: *In der Galerie werden Arbeiten moderner Künstler ausgestellt.*
❹ eine schriftliche Prüfung während des Schuljahres: *Wir haben heute eine Arbeit in Englisch geschrieben.*

ar|bei|ten (Verb) **du arbeitest, er arbeitete, sie hat gearbeitet, arbeite!**
❶ Dinge tun, weil sie nötig sind oder weil man damit Geld verdient: *Sie arbeitet in einer Bäckerei.*
❷ funktionieren oder in Betrieb sein: *Sein Herz arbeitet nicht mehr so gut.*
❸ sich durch etwas arbeiten eine große Menge von etwas prüfen oder lesen: *sich durch Stapel alter Rechnungen arbeiten*
❹ es arbeitet sich gut/schlecht/... man kann gut/schlecht/... arbeiten: *Bei der Hitze arbeitet es sich nicht gut.*

der **Ar|bei|ter** (Nomen) **des Arbeiters, die Arbeiter**
❶ jemand, der sein Geld mit körperlicher Arbeit verdient: *Die Arbeiter streikten für höhere Löhne.*
❷ jemand, der auf bestimmte Weise arbeitet: *Max ist ein langsamer, aber gewissenhafter Arbeiter.*

die **Ar|bei|te|rin** (Nomen) **der Arbeiterin, die Arbeiterinnen**
Femininform von → **Arbeiter**

der **Ar|beit|ge|ber** (Nomen) **des Arbeitgebers, die Arbeitgeber** jemand, der Personen dafür bezahlt, dass sie für ihn arbeiten

die **Ar|beit|ge|be|rin** (Nomen) **der Arbeitgeberin, die Arbeitgeberinnen**
Femininform von → **Arbeitgeber**

der **Ar|beit|neh|mer** (Nomen) **des Arbeitnehmers, die Arbeitnehmer** jemand, der Geld dafür bekommt, dass er für jemanden arbeitet

die **Ar|beit|neh|me|rin** (Nomen) **der Arbeitnehmerin, die Arbeitnehmerinnen**
Femininform von → **Arbeitnehmer**

die **Ar|beits|agen|tur** (Nomen) **der Arbeitsagentur, die Arbeitsagenturen** eine Behörde, bei der man sich meldet, wenn man keine Arbeit hat, und die einem das Arbeitslosengeld zahlt und bei der Arbeitssuche hilft

das **Ar|beits|amt** (Nomen) veraltet **des Arbeitsamt(e)s, die Arbeitsämter** der frühere Name der Arbeitsagentur, der noch von vielen Leuten benutzt wird

das **Ar|beits|blatt** (Nomen) **des Arbeitsblatt(e)s, die Arbeitsblätter** ein Blatt mit darauf gedruckten Aufgaben zum Bearbeiten: *Wir haben in Mathe zwei Arbeitsblätter als Hausaufgabe bekommen.*

die **Ar|beits|ge|mein|schaft, AG** (Nomen) **der Arbeitsgemeinschaft, die Arbeitsgemeinschaften** eine Gruppe, die gebildet wurde, um zusammen eine bestimmte Aufgabe zu erfüllen: *Seit diesem Schuljahr werden auch Erstklässler in die Arbeitsgemeinschaft „Theater" aufgenommen.*

die **Ar|beits|grup|pe** (Nomen) **der Arbeitsgruppe, die Arbeitsgruppen** mehrere Personen, die gemeinsam an einer Aufgabe arbeiten: *Der Lehrer teilte die Klasse in Arbeitsgruppen auf.*

die **Ar|beits|kraft** (Nomen) **der Arbeitskraft, die Arbeitskräfte**
❶ jemand, der für einen Arbeitgeber arbeitet: *Die Firma sucht neue Arbeitskräfte.*
❷ die Arbeit, die man leistet: *Zahlreiche Helfer haben uns ihre Arbeitskraft zur Verfügung gestellt.*

ar|beits|los (Adjektiv) ohne Arbeitsstelle: *Bei der Schließung der Fabrik sind 230 Leute arbeitslos geworden.*

das **Ar|beits|lo|sen|geld** (Nomen) nur im Singular **des Arbeitslosengeld(e)s** Geld, das Arbeitslose vom Staat als Unterstützung bekommen: *Arbeitslosengeld beantragen*

die **Ar|beits|lo|sig|keit** (Nomen) nur im Singular **der Arbeitslosigkeit**
❶ der Zustand, arbeitslos zu sein: *Seine Arbeitslosigkeit macht ihm schwer zu schaffen.*
❷ die Zahl der Arbeitslosen in einem Land: *ein leichter Rückgang der Arbeitslosigkeit*

der **Ar|beits|markt** (Nomen) nur im Singular **des Arbeitsmarkt(e)s** das Angebot an Arbeitsstellen und die Nachfrage danach: *Solche Fachkräfte sind auf dem Arbeitsmarkt manchmal schwer zu finden.*

der **Ar|beits|platz** (Nomen) **des Arbeitsplatzes, die Arbeitsplätze**
❶ ≈ Beschäftigung, Arbeitsstelle eine feste Stelle in einem Unternehmen: *einen sicheren Arbeitsplatz haben*
❷ der Ort, an dem man arbeitet: *Haltet bitte eure Arbeitsplätze sauber!*

die **Ar|beits|zeit** (Nomen) **der Arbeitszeit, die Arbeitszeiten**
❶ die Zeit, die man in seinem Beruf arbeitet: *eine wöchentliche Arbeitszeit von 40 Stunden haben*
❷ die Zeit, die man für eine Arbeit braucht: *Auf der Rechnung des Malers sind zehn Stunden Arbeitszeit angegeben.*

der **Ar|chäo|lo|ge** (Nomen) **des Archäologen, die Archäologen** jemand, der Überreste früherer Kulturen untersucht

die **Ar|chäo|lo|gie** (Nomen) nur im Singular **der Archäologie** die Wissenschaft, die sich mit der Suche nach Überresten früherer Kulturen und ihrer Untersuchung beschäftigt

die **Ar|chäo|lo|gin** (Nomen) **der Archäologin, die Archäologinnen**
Femininform von → **Archäologe**

der **Ar|chi|tekt** (Nomen) **des Architekten, die Architekten** jemand, der neue Häuser plant und den Bau beaufsichtigt

die **Ar|chi|tek|tin** (Nomen) **der Architektin, die Architektinnen**
Femininform von → **Architekt**

die **Ar|chi|tek|tur** (Nomen) nur im Singular **der Architektur**
❶ ≈ Baukunst die Wissenschaft, die sich mit der Planung und dem Bau von Gebäuden beschäftigt
❷ der Stil, in dem etwas gebaut wurde: *die moderne Architektur des Sportstadions*

das **Ar|chiv** (Nomen) **des Archivs, die Archive** eine Sammlung von alten Dokumenten/Büchern/... und der Ort ihrer Aufbewahrung

die **Ar|chi|vie|rung** (Nomen) [arçi'vi:rʊŋ] **der Archivierung, die Archivierungen** das Archivieren

die **ARD** (Nomen) nur im Singular **der ARD**
Abkürzung von: Arbeitsgemeinschaft der öffentlich-rechtlichen Rundfunkanstalten der Bundesrepublik Deutschland eine Gruppe staatlicher Radio- und Fernsehsender Deutschlands

die **Are|na** (Nomen) **der Arena, die Arenen** ein runder oder ovaler Platz für Sport oder einen Zirkus mit Sitzreihen, die stufenartig ansteigen

arg (Adjektiv) **ärger, am ärgsten** schlimm: *ganz arge Schmerzen haben • Die Feuerwehr konnte das Ärgste verhindern.*

der **Är|ger** (Nomen) nur im Singular **des Ärgers**
❶ das Gefühl, wenn man gar nicht zufrieden ist: *Er ließ mich seinen Ärger spüren.*
❷ Probleme oder Schwierigkeiten: *Das alte Auto macht uns nichts als Ärger.*

är|ger|lich (Adjektiv) **ärgerlicher, am ärgerlichsten**
❶ ≈ wütend, zornig Ärger fühlend
❷ ≈ lästig, unangenehm Ärger machend

är|gern (Verb) **du ärgerst, er ärgerte, sie hat geärgert, ärg(e)re nicht!**
❶ jemanden stören, wütend machen: *Es ärgert mich, dass es regnet. • Hör auf, die Katze zu ärgern!*
❷ sich (über jemanden/etwas) ärgern Ärger empfinden: *Sie ärgert sich über das schlechte Wetter.*

das **Ar|gu|ment** (Nomen) **des Argument(e)s, die Argumente** etwas, was man sagt, um die eigene Meinung zu begründen: *gute Argumente für/gegen einen Plan vorbringen*

die **Ar|gu|men|ta|ti|on** (Nomen) [argumɛnta'tsi̯o:n] **der Argumentation, die Argumentationen** die Argumente, die jemand vorbringt

ar|gu|men|tie|ren (Verb) **du argumentierst, er argumentierte, sie hat argumentiert, argumentier(e)!** etwas als Argument vorbringen: *Der Direktor argumentierte mit dem Lehrermangel gegen die Einrichtung eines Computerkurses.*

arg|wöh|nisch (Adjektiv) gehoben **argwöhnischer, am argwöhnischsten** misstrauisch, zweifelnd: *jemanden argwöhnisch anschauen*

die **Arie** (Nomen) ['aːri̯ə] **der Arie, die Arien** ein Lied eines einzelnen Sängers in einer Oper

die **Arith|me|tik** (Nomen) **nur im Singular der Arithmetik** das Gebiet der Mathematik, zu dem die Grundrechenarten gehören

die **Ark|tis** (Nomen) **nur im Singular der Arktis** das Gebiet um den Nordpol herum

ark|tisch (Adjektiv)
❶ aus der Arktis: *das arktische Eis*
❷ ironisch sehr kalt: *In ihrer Wohnung herrschen arktische Temperaturen.*

arm (Adjektiv) **ärmer, am ärmsten**
❶ mit nicht genug Geld und Besitz: *ein armes Land • für die Armen spenden*
❷ so, dass man Mitleid bekommt: *Der arme Hund zittert vor Kälte.*
❸ etwas ist arm an etwas etwas hat nur wenig von etwas: *Pilze sind ziemlich arm an Vitaminen.*

der **Arm** (Nomen) **des Arm(e)s, die Arme**
❶ einer der zwei Körperteile von Menschen und Affen, der von der Schulter bis zu den Fingern reicht
❷ einer von mehreren langen, schmalen Teilen: *Dort teilt sich der Fluss in einen rechten und einen linken Arm.*
❸ jemanden in den Arm nehmen jemanden umarmen
❹ jemanden auf den Arm nehmen umgangssprachlich jemanden zum Scherz täuschen
❺ jemandem unter die Arme greifen umgangssprachlich jemandem besonders mit Geld helfen

das **Arm|band** (Nomen) **des Armband(e)s, die Armbänder** ein Band oder Schmuckstuck, das man um das Handgelenk trägt

die **Arm|band|uhr** (Nomen) **der Armbanduhr, die Armbanduhren** eine Uhr, die man am Handgelenk trägt

die **Ar|mee** (Nomen) **der Armee, die Armeen**
❶ ≈Heer alle Soldaten eines Landes
❷ eine große Anzahl: *Für die Filmkulissen wurden ganze Armeen von Handwerkern gebraucht.*

der **Är|mel** (Nomen) **des Ärmels, die Ärmel** der Teil der Kleidung, der einen Arm bedeckt: *ein Kleid mit langen Ärmeln*

die **Ar|mut** (Nomen) **nur im Singular der Armut** der Zustand, nur wenig Geld und Besitz zu haben: *in Armut leben*

das **Aro|ma** (Nomen) **des Aromas, die Aromen/Aromas**
❶ ein guter Geruch oder Geschmack: *das würzige Aroma des Kaffees*
❷ ein Stoff, der einem Lebensmittel hinzugefügt wird, damit es gut riecht oder schmeckt: *ohne Zusatz von künstlichen Aromen*

ar|ro|gant (Adjektiv) abwertend **arroganter, am arrogantesten** deutlich zeigend, dass man sich selbst für etwas Besseres hält

die **Ar|ro|ganz** (Nomen) abwertend **nur im Singular der Arroganz** eine überhebliche Art

die **Art** (Nomen) **der Art, die Arten**
❶ eine Gruppe von Tieren oder Pflanzen, die sich ähnlich sind und sich miteinander vermehren können: *Elefanten gehören zu den vom Aussterben bedrohten Arten.*
❷ ≈Weise eine der Möglichkeiten, wie man sich benehmen oder etwas tun kann: *Er begrüßte uns auf sehr freundliche Art.*
❸ ≈Charakter ein Verhalten, das für jemanden typisch ist: *Mit ihrer netten Art hat sie sich schnell Freunde gemacht.*
❹ ≈Sorte eine Gruppe von Dingen, die sich ähnlich sind: *Ich mag jede Art von Sport.*

der **Ar|ten|schutz** (Nomen) **nur im Singular des Artenschutzes** Regelungen dazu, dass nicht so viele Tier- und Pflanzenarten aussterben

ar|tig (Adjektiv) **artiger, am artigsten** brav: *Das Kind setzte sich artig auf seinen Stuhl.*

der **Ar|ti|kel** (Nomen) **des Artikels, die Artikel**
❶ ein Text in einer Zeitung oder Zeitschrift: *ein Artikel über das Sportfest*
❷ eine Ware, die man kaufen kann: *Diesen Artikel haben wir nicht mehr im Sortiment.*
❸ ein Abschnitt eines Gesetzes oder Vertrages: *Wie lautet Artikel 1 des Grundgesetzes?*
❹ GRAMMATIK ≈Geschlechtswort eine Wortart, die als Begleiter für ein Nomen auftritt: *Die bestimmten Artikel im Deutschen sind „der", „die" und „das". • Die unbestimmten Artikel im Deutschen sind „ein", „eine" und „eines".*

die **Ar|ti|ku|la|ti|on** (Nomen) [artikula'tsi̯oːn] **der Artikulation, die Artikulationen** die Aussprache von Lauten

ar|ti|ku|lie|ren (Verb) **du artikulierst, er artikulierte, sie hat artikuliert, artikulier(e)!**
① etwas auf eine bestimmte Art und Weise aussprechen: *die einzelnen Wörter sorgfältig artikulieren*
② etwas in Worte fassen: *seine Bedenken artikulieren*
③ sich artikulieren seine Gedanken und Gefühle in Worte fassen

der **Ar|tist** (Nomen) **des Artisten, die Artisten** jemand, der besonders im Zirkus, Kunststücke vorführt

die **Ar|tis|tin** (Nomen) **der Artistin, die Artistinnen** Femininform von → **Artist**

das **Arz|nei|mit|tel** (Nomen) **des Arzneimittels, die Arzneimittel** Medikament, Medizin: *Meine Oma nimmt jeden Tag mehrere Arzneimittel.*

der **Arzt** (Nomen) **des Arztes, die Ärzte** jemand, der Medizin studiert hat und zu dem man geht, wenn man krank ist

die **Ärz|tin** (Nomen) **der Ärztin, die Ärztinnen** Femininform von → **Arzt**

ärzt|lich (Adjektiv) von einem Arzt: *ärztliche Hilfe brauchen*

der **Aschen|be|cher** (Nomen) **des Aschenbechers, die Aschenbecher** ein Gefäß für die Asche und die Reste von Zigaretten

das **Aschen|brö|del** (Nomen) **des Aschenbrödels, die Aschenbrödel** Märchenfigur ≈ Aschenputtel ein fleißiges Mädchen, das von seiner Stiefmutter schlecht behandelt wird

das **Aschen|put|tel** (Nomen) **des Aschenputtels, die Aschenputtel** Variante von → **Aschenbrödel**

der **Ascher|mitt|woch** (Nomen) Plural selten **des Aschermittwoch(e)s, die Aschermittwoche** der erste Tag der Fastenzeit vor Ostern

der **Asi|at** (Nomen) **des Asiaten, die Asiaten** ein Junge/Mann aus Asien

die **Asi|atin, Asia|tin** (Nomen) **der Asiatin, die Asiatinnen** ein Mädchen/eine Frau aus Asien

asi|atisch, asia|tisch (Adjektiv) aus Asien

Asi|en (Nomen) **Asiens** der größte Erdteil

der **As|pekt** (Nomen) **des Aspekt(e)s, die Aspekte** eine Seite eines Problems oder Sachverhalts: *einen Aspekt besonders berücksichtigen*

der **As|phalt** (Nomen) **des Asphalt(e)s, die Asphalte** ein dunkelgraues Material, mit dem man Straßen baut

das **Ass** (Nomen) **des Asses, die Asse**
① in manchen Kartenspielen die höchste Karte
② umgangssprachlich jemand, der etwas besonders gut kann: *ein Ass sein*

der **As|sis|tent** (Nomen) **des Assistenten, die Assistenten** ein Mitarbeiter, der seinem Chef bei der Arbeit hilft

die **As|sis|ten|tin** (Nomen) **der Assistentin, die Assistentinnen** Femininform von → **Assistent**

der **Ast** (Nomen) **des Astes, die Äste** einer der dicken Teile eines Baums, der aus dem Stamm wächst

die **Äs|the|tik** (Nomen) nur im Singular **der Ästhetik**
① Schönheit
② das Gefühl für Schönheit

äs|the|tisch (Adjektiv) **ästhetischer, am ästhetischsten**
① schön und geschmackvoll
② Schönes liebend

das **Asth|ma** (Nomen) nur im Singular **des Asthmas** eine Krankheit, bei der man schlecht atmen kann und keine Luft bekommt

der **As|tro|naut, Ast|ro|naut** (Nomen) **des Astronauten, die Astronauten** ≈ Raumfahrer jemand, der mit einer Rakete ins Weltall fliegt

die **As|tro|nau|tin, Ast|ro|nau|tin** (Nomen) **der Astronautin, die Astronautinnen** Femininform von → **Astronaut**

die **As|tro|no|mie, Ast|ro|no|mie** (Nomen) nur im Singular **der Astronomie** die Wissenschaft von den Sternen und Planeten

das **Asyl** (Nomen) [aˈzyːl] **des Asyls, die Asyle**
① POLITIK der Schutz, den jemand in einem anderen Land bekommt, weil er in seinem eigenen Land nicht in Sicherheit leben kann: *politisches Asyl* • *Asyl beantragen*
② eine Unterkunft, in der Menschen ohne Geld und eigene Wohnung leben können

der **Asyl|be|wer|ber** (Nomen) **des Asylbewerbers, die Asylbewerber** jemand, der in einem anderen Land Asyl beantragt siehe auch → **Asyl**

das **Ate|li|er** (Nomen) [ateˈli̯eː] **des Ateliers, die Ateliers** großer Raum, in dem ein Künstler arbeitet

der **Atem** (Nomen) nur im Singular **des Atems**
❶ die Luft beim Atmen
❷ Atem holen (tief) einatmen
❸ außer Atem sein ≈ keuchen nicht genug Luft zum Atmen bekommen, weil man sich körperlich angestrengt hat
❹ den Atem anhalten nicht mehr weiteratmen vor Schreck oder Spannung ganz still sein

atem|los (Adjektiv)
❶ so, dass man nicht genug Luft zum Atmen bekommt, weil man sich körperlich angestrengt hat: *nach dem Laufen atemlos sein*
❷ ganz still vor Spannung und Aufregung: *atemlose Stille*

der **Athe|ist** (Nomen) [ateˈɪst] **des Atheisten, die Atheisten** jemand, der nicht an Gott glaubt

die **Athe|is|tin** (Nomen) **der Atheistin, die Atheistinnen** Femininform von → **Atheist**

der **Ath|let** (Nomen) **des Athleten, die Athleten** ein Sportler, der an einem Wettkampf teilnimmt

die **Ath|le|tin** (Nomen) **der Athletin, die Athletinnen** Femininform von → **Athlet**

der **At|lan|tik** (Nomen) nur im Singular **des Atlantiks** der große Ozean zwischen Europa und Afrika/Amerika

der **At|las** (Nomen) **des Atlas/Atlasses, die Atlanten/Atlasse** ein Buch mit Landkarten

at|men (Verb) **du atmest, er atmete, sie hat geatmet, atme!** Luft durch Mund oder Nase in den Körper holen und wieder herauslassen

die **At|mo|sphä|re** (Nomen) [atmoˈsfɛːrə] **der Atmosphäre, die Atmosphären**
❶ die Luft, die die Erde und andere Planeten umgibt
❷ ≈ Stimmung die Ausstrahlung in einem Raum oder zwischen Menschen: *eine angespannte Atmosphäre*

die **At|mung** (Nomen) nur im Singular **der Atmung** das Atmen

das **Atom** (Nomen) **des Atoms, die Atome** der kleinste Teil eines chemischen Elements, den man früher als unteilbar betrachtete

die **Atom|bom|be** (Nomen) **der Atombombe, die Atombomben** eine Bombe, die mittels Kernspaltung von radioaktiven Materialien funktioniert

die **Atom|ener|gie** (Nomen) nur im Singular **der Atomenergie** ≈ Kernenergie die Energie, die entsteht, wenn man Atome spaltet

die **Atom|kraft** (Nomen) nur im Singular **der Atomkraft** Variante von → **Atomenergie**

das **Atom|kraft|werk** (Nomen) **des Atomkraftwerk(e)s, die Atomkraftwerke** ≈ Kernkraftwerk ein Kraftwerk, das elektrische Energie aus Atomenergie gewinnt

der **Atom|müll** (Nomen) nur im Singular **des Atommülls** radioaktiver Abfall

die **Atom|waf|fe** (Nomen) **der Atomwaffe, die Atomwaffen** eine Waffe, die mit Atomenergie funktioniert

das **At|tach|ment** (Nomen) [əˈtætʃmənt] **des Attachments, die Attachments** ≈ Anhang eine Datei, die an eine E-Mail angehängt wird

die **At|ta|cke** (Nomen) **der Attacke, die Attacken** Angriff

das **At|ten|tat, At|ten|tat** (Nomen) **des Attentat(e)s, die Attentate** ein Angriff, bei dem jemand aus politischen Gründen ermordet wird: *einem Attentat entgehen*

der **At|ten|tä|ter** (Nomen) **des Attentäters, die Attentäter** jemand, der jemanden aus politischen Gründen ermordet

die **At|ten|tä|te|rin** (Nomen) **der Attentäterin, die Attentäterinnen** Femininform von → **Attentäter**

das **At|test** (Nomen) **des Attest(e)s, die Atteste** eine Krankschreibung vom Arzt

at|trak|tiv (Adjektiv) **attraktiver, am attraktivsten**
❶ ≈ anziehend sehr gut aussehend, schön: *eine attraktive Frau*
❷ ≈ verlockend, reizvoll so interessant oder schön, dass man etwas gern haben oder tun möchte: *ein attraktives Angebot*

die **At|trak|ti|vi|tät** (Nomen) [atraktiviˈtɛːt] nur im Singular **der Attraktivität**
❶ die Schönheit, das gute Aussehen
❷ der Reiz, die Anziehungskraft

das **At|tri|but** (Nomen) **des Attribut(e)s, die Attribute**
❶ GRAMMATIK ≈ Beifügung Teil eines Satzglieds, der dessen Kern (meist ein Nomen) näher bestimmt: *Im Satz „Das alte Haus wurde verkauft." ist „alte" ein Attribut.*
❷ ≈ Merkmal, Kennzeichen Eigenschaft

at|tri|bu|tiv (Adjektiv) als Attribut gebraucht

ät|zend (Adjektiv) **ätzender, am ätzendsten**
① so sauer, dass davon etwas beschädigt oder verletzt wird: *ätzende Stoffe, Gase*
② umgangssprachlich • abwertend ≈furchtbar, schrecklich, scheußlich

die **Au|ber|gi|ne** (Nomen) [ober'ʒiːnə] **der Aubergine, die Auberginen**
ein längliches Gemüse mit schwarz-lila glänzender Schale

auch[1] (Adverb)
① ≈ebenfalls, genauso *Kommst du heute auch zu Max?*
② ≈außerdem, zusätzlich *Gibt es auch noch Nachtisch?*
③ ≈sogar *Auch ein Lehrer kann sich irren.*

auch[2] (Partikel) bei Unsicherheit, Ungeduld, Ärger: *Hast du auch wirklich deine Hausaufgaben gemacht? • Warum musst du auch immer so schreien?*

auf[1] (Präposition)
① **mit Dativ gebraucht** verwendet, um auszudrücken, dass jemand/etwas oben ist: *auf der Leiter stehen*
② **mit Akkusativ gebraucht** verwendet, um eine Bewegung nach oben zu bezeichnen: *auf die Leiter steigen*
③ **mit Dativ gebraucht** verwendet, um auszudrücken, dass jemand/etwas an einem Ort oder bei einer Veranstaltung ist: *Er ist auf der Realschule. • auf einem Konzert*
④ **mit Akkusativ gebraucht** verwendet, um auszudrücken, dass jemand/etwas an einen Ort oder zu einer Veranstaltung kommt: *Seine Mutter schickte ihn auf sein Zimmer.*
⑤ **mit Akkusativ gebraucht** verwendet, um die Art und Weise oder Sprache, in der etwas geschieht, zu bezeichnen: *sich auf Englisch unterhalten*
⑥ **mit Akkusativ gebraucht** verwendet, um den Grund für etwas zu nennen: *als Antwort auf meine Frage*

auf[2] (Adverb)
① etwas ist auf umgangssprachlich etwas ist geöffnet: *Ist das Fenster noch auf?*
② jemand ist auf umgangssprachlich jemand ist nicht im Bett: *Warum bist du schon auf?*
③ auf und ab hin und her: *Während sie wartete, ging sie im Gang auf und ab.* abwechselnd nach oben und wieder nach unten: *Die Hängebrücke schwankte auf und ab.*
④ auf und davon schnell weg: *Als der Hund zu bellen anfing, liefen die Kinder auf und davon.*

der **Auf|bau** (Nomen) **des Aufbau(e)s, die Aufbauten**
① **nur im Singular** die Errichtung, das Aufbauen: *Der Aufbau der Kirche dauerte zehn Jahre.*
② eine Konstruktion, die oben auf etwas angebracht ist: *Auf der Bühne war ein hoher Aufbau, der einen Turm darstellte.*
③ **nur im Singular** ≈Struktur, Gliederung *der Aufbau eines Aufsatzes*
④ **nur im Singular** die Schaffung eines Systems: *der wirtschaftliche Aufbau*

auf|bau|en (Verb) **du baust auf, er baute auf, sie hat aufgebaut, bau(e) auf!**
① aus einzelnen Teilen bauen/errichten: *ein Haus (wieder) aufbauen*
② ≈schaffen entstehen lassen und gestalten: *sich eine neue Existenz aufbauen*
③ ≈gliedern, strukturieren *ein Referat logisch aufbauen*
④ jemanden aufbauen PSYCHOLOGIE jemandem wieder Mut machen

auf|be|kom|men (Verb) **du bekommst auf, er bekam auf, sie hat aufbekommen**
① öffnen können: *Hilf mir bitte, ich bekomme den Koffer nicht auf.*
② SCHULE als Hausaufgabe machen müssen: *Ich habe vergessen, was wir in Mathe aufbekommen haben.*

auf|be|wah|ren (Verb) **du bewahrst auf, er bewahrte auf, sie hat aufbewahrt, bewahr(e) auf!**
① längere Zeit oder für immer behalten: *Er hat alle Liebesbriefe aufbewahrt.*
② an einen passenden Ort legen, um es später zu benutzen: *Bewahrst du die Milch nicht im Kühlschrank auf?*

auf|blei|ben (Verb) umgangssprachlich **du bleibst auf, er blieb auf, sie ist aufgeblieben, bleib(e) auf!**
① ≈wach bleiben nicht ins Bett gehen
② ≈offen bleiben nicht geschlossen werden

auf|bre|chen (Verb) **du brichst auf, er brach auf, sie hat/ist aufgebrochen, brich auf!**
① **hat aufgebrochen** mit Gewalt oder einem Werkzeug öffnen: *Die Einbrecher haben die Tür aufgebrochen.*
② **ist aufgebrochen** fortgehen, losgehen, aus dem Haus gehen: *Sie sind nach dem Frühstück aufgebrochen.*

auf|brin|gen (Verb) **du bringst auf, er brachte auf, sie hat aufgebracht, bring(e) auf!**
❶ ≈beschaffen, auftreiben *Sie ist so arm, dass sie kaum das Geld für die Miete aufbringen kann.*
❷ Verständnis/Mut/Geduld/... aufbringen Verständnis/Mut/Geduld/... haben
❸ jemanden gegen jemanden aufbringen jemanden gegen jemanden aufhetzen

der **Auf|bruch** (Nomen) nur im Singular **des Aufbruch(e)s**
❶ das Losgehen, das Fortgehen, der Beginn einer Reise
❷ ≈Neuanfang der Beginn einer Entwicklung

auf|de|cken (Verb) **du deckst auf, er deckte auf, sie hat aufgedeckt, deck(e) auf!**
❶ herausfinden und bekannt machen: *ein Verbrechen aufdecken*
❷ in einem Kartenspiel eine verdeckte Karte umdrehen, sodass man das Bild sehen kann
❸ die Decke von etwas wegnehmen: *das Bett aufdecken*

auf|drän|gen (Verb) abwertend **du drängst auf, er drängte auf, sie hat aufgedrängt, dräng(e) nicht auf!**
❶ jemand drängt jemandem etwas auf jemand zwingt jemanden, etwas anzunehmen oder zu kaufen
❷ jemand drängt sich jemandem auf jemand bietet jemandem, der das gar nicht will, seine Hilfe oder Freundschaft an

auf|dring|lich (Adjektiv) abwertend **aufdringlicher, am aufdringlichsten**
❶ so, dass man jemanden belästigt und gegen dessen Willen Kontakt will: *Ich bin gegangen, denn er wurde plötzlich aufdringlich.*
❷ so intensiv, dass man es wahrnehmen muss, auch wenn man es nicht möchte: *ein aufdringliches Parfüm • aufdringliche Farben*

der **Auf|druck** (Nomen) **des Aufdruck(e)s, die Aufdrucke** das, was man auf einen Gegenstand gedruckt hat

auf|ei|nan|der, auf|ein|an|der (Adverb)
❶ in gegenseitiger Beziehung: *Alle sollten aufeinander Rücksicht nehmen.*
❷ eines auf dem anderen oder eines auf das andere: *Die Handtücher liegen aufeinander. • Die Wagen sind aufeinander aufgefahren.*

auf|ei|nan|der|tref|fen (Verb) nur im Plural gebraucht **wir treffen aufeinander, ihr traft aufeinander, sie sind aufeinandergetroffen, trefft aufeinander!**
❶ sich zufällig treffen: *Gestern sind wir in der Eisdiele aufeinandergetroffen.*
❷ SPORT Gegner sein: *Heute treffen die beiden Mannschaften zum ersten Mal in dieser Saison aufeinander.*

der **Auf|ent|halt** (Nomen) **des Aufenthalt(e)s, die Aufenthalte**
❶ die Zeit, die man an einem bestimmten Ort verbringt: *Durch den Aufenthalt in London ist mein Englisch viel besser geworden.*
❷ EISENBAHN eine Pause auf der Fahrt: *In Bonn hat der Zug zehn Minuten Aufenthalt.*

die **Auf|er|ste|hung** (Nomen) nur im Singular **der Auferstehung** die Vorstellung in verschiedenen Religionen, dass man nach dem Tod wieder lebendig wird

auf|es|sen (Verb) **du isst auf, er aß auf, sie hat aufgegessen, iss auf!** so viel essen, dass nichts mehr übrig bleibt

auf|fah|ren (Verb) **du fährst auf, er fuhr auf, sie ist aufgefahren, fahr(e) auf!**
❶ auf jemanden/etwas auffahren ist aufgefahren mit dem Auto jemanden/etwas von hinten kräftig anstoßen
❷ (dicht) auffahren ist aufgefahren so nah hinter einem Auto fahren, dass man es fast anstößt
❸ ist aufgefahren vor Schreck oder Wut schnell aus dem Liegen oder Sitzen aufspringen

die **Auf|fahrt** (Nomen) **der Auffahrt, die Auffahrten**
❶ das letzte Stück einer Straße, das direkt auf eine Autobahn führt
❷ der breite Weg, der zum Eingang eines großen Hauses führt
❸ die Fahrt zu einem höher gelegenen Ort

auf|fal|len (Verb) **du fällst auf, er fiel auf, sie ist aufgefallen, fall(e) auf!**
❶ jemand/etwas fällt auf jemand/etwas ist so, dass man ihn/es sofort bemerkt: *Sie will mit ihren grünen Haaren unbedingt auffallen.*
❷ etwas fällt an jemandem/etwas auf jemand bemerkt etwas an einer Person oder einer Sache: *„Fällt dir nichts an mir auf?" – „Doch, du trägst eine Brille!"*

auf|fal|lend (Adjektiv) **auffallender, am auffallendsten**
❶ so, dass man etwas sofort bemerkt: *auffallende Farben*
❷ ≈besonders, sehr *auffallend schön*
❸ anders als sonst, verdächtig: *Sie ist heute auffallend still.*

auf|fäl|lig (Adjektiv) **auffälliger, am auffälligsten**
❶ so, dass man etwas sofort bemerkt: *Sie war den ganzen Tag auffällig ruhig.*
❷ ≈verdächtig, kriminell *Er ist schon ein paar Mal auffällig geworden.*

die **Auf|fas|sung** (Nomen) **der Auffassung, die Auffassungen** Meinung, Ansicht

auf|for|dern (Verb) **du forderst auf, er forderte auf, sie hat aufgefordert, ford(e)re auf!**
jemanden auffordern, etwas zu tun jemandem sagen, dass er etwas tun soll

die **Auf|for|de|rung** (Nomen) **der Aufforderung, die Aufforderungen** die Bitte oder der Befehl, dass jemand etwas tun soll

der **Auf|for|der|ungs|satz** (Nomen) **des Aufforderungssatzes, die Aufforderungssätze** ein Satz, mit dem jemand aufgefordert wird, etwas zu tun: *„Setz dich!" ist ein Aufforderungssatz.*

auf|füh|ren (Verb) **du führst auf, er führte auf, sie hat aufgeführt, führ(e) auf!**
❶ in einem Theater, Zirkus usw. dem Publikum zeigen
❷ ≈aufzählen alles einzeln nennen: *Er führte alle Hunderassen auf, die ihm einfielen.*
❸ sich aufführen sich schlecht benehmen: *Er führte sich schrecklich auf.*

die **Auf|füh|rung** (Nomen) **der Aufführung, die Aufführungen** ≈Vorstellung das Spielen in einem Theater, Zirkus usw. vor Publikum

die **Auf|ga|be** (Nomen) **der Aufgabe, die Aufgaben**
❶ etwas, was man erledigen muss: *Das Blumengießen ist meine Aufgabe.*
❷ SCHULE die Übung, die man macht, um etwas zu lernen: *Diese Aufgabe im Mathebuch verstehe ich nicht.*
❸ nur im Singular die Beendigung einer Sache: *Eine Verletzung zwang ihn zur Aufgabe.*

auf|ge|ben (Verb) **du gibst auf, er gab auf, sie hat aufgegeben, gib auf!**
❶ nicht weitermachen, mit etwas aufhören: *Du darfst jetzt nicht aufgeben!*
❷ einen Brief/ein Paket aufgeben einen Brief/ein Paket verschicken
❸ eine Anzeige aufgeben eine Anzeige in einer Zeitung drucken lassen
❹ eine Bestellung aufgeben etwas bestellen
❺ jemandem etwas aufgeben SCHULE jemandem etwas als Hausaufgabe geben

auf|ge|bracht (Adjektiv) wütend, zornig

auf|ge|hen (Verb) **du gehst auf, er ging auf, sie ist aufgegangen, geh(e) auf!**
❶ sich öffnen/geöffnet werden können: *Die Schublade geht ganz leicht auf.*
❷ MATHEMATIK gelöst werden können: *Die Gleichung geht auf. • Die Division geht auf.*
❸ größer werden: *Der Teig ist aufgegangen.*
❹ am Himmel sichtbar werden: *Der Mond ist aufgegangen.*
❺ in seinem Beruf/in der Mutterrolle/… aufgehen mit seinem Beruf/als Mutter/… sehr glücklich sein

auf|ge|kratzt (Adjektiv) umgangssprachlich übertrieben gut gelaunt

auf|ge|regt (Adjektiv) **aufgeregter, am aufgeregtesten** vor Freude oder Angst sehr nervös

auf|ge|schlos|sen (Adjektiv) offen und an vielem interessiert: *Der Vertrauenslehrerin kannst du alles erzählen, sie ist sehr aufgeschlossen.*

auf|ge|weckt (Adjektiv) schlau, klug, intelligent

auf|grund[1], **auf Grund** (Präposition) mit Genitiv gebraucht wegen: *Das Fest wurde aufgrund des Regens verschoben.*

auf|grund[2] (Adverb)
aufgrund von wegen: *Aufgrund von Fehlern beim Stoppen der Zeit muss das Rennen wiederholt werden.*

auf|hal|ten (Verb) **du hältst auf, er hielt auf, sie hat aufgehalten, halt(e) auf!**
❶ jemanden aufhalten bewirken, dass jemand nicht weitergehen/weiterfahren oder etwas tun kann: *Gestern kam ich zu spät, weil ich aufgehalten worden bin.*
❷ etwas aufhalten etwas geöffnet halten: *Er hat mir netterweise die Tür aufgehalten.*
❸ etwas aufhalten etwas stoppen, behindern oder stören: *eine Entwicklung aufhalten • den Verkehr aufhalten*
❹ sich irgendwo aufhalten sein, sich befinden: *Der Minister hält sich Paris auf.*
❺ sich mit etwas aufhalten zu viel Zeit für etwas verbrauchen

auf|hän|gen (Verb) **du hängst auf, er hängte auf, sie hat aufgehängt, häng(e) auf!**
❶ etwas aufhängen etwas an einem Haken oder Seil befestigen: *ein Bild/die Wäsche aufhängen*
❷ jemanden/sich aufhängen umgangssprachlich ≈ erhängen jemanden/sich mit einer Schlinge um den Hals an etwas hängen und so töten

der **Auf|hän|ger** (Nomen) **des Aufhängers, die Aufhänger**
❶ ein kleines Band an der Kleidung, mit dem man sie aufhängen kann: *Der Aufhänger an meiner Jacke ist gerissen.*
❷ ein Ereignis, das als Anlass für etwas dient: *Der 80. Geburtstag der Schriftstellerin war der Aufhänger für den Zeitungsartikel über ihr Leben.*

auf|he|ben (Verb) **du hebst auf, er hob auf, sie hat aufgehoben, heb(e) auf!**
❶ vom Boden nehmen: *Dir ist ein Euro aus der Tasche gefallen. Heb ihn schnell auf!*
❷ ≈ aufbewahren nicht wegwerfen: *Meine Oma hebt alle Zeitschriften für uns auf.*
❸ abschaffen, für ungültig erklären: *ein Urteil oder Gesetz aufheben*

auf|het|zen (Verb) **du hetzt auf, er hetzte auf, sie hat aufgehetzt, hetz(e) nicht auf!**
jemanden gegen jemanden aufhetzen jemanden dazu bringen, dass er wütend auf jemanden wird

auf|ho|len (Verb) **du holst auf, er holte auf, sie hat aufgeholt, hol(e) auf!** einen Abstand oder Vorsprung kleiner machen

auf|hö|ren (Verb) **du hörst auf, er hörte auf, sie hat aufgehört, hör(e) auf!**
❶ etwas hört auf etwas geschieht nicht mehr: *Hoffentlich hört der Regen bald auf.*
❷ jemand hört auf, etwas zu tun jemand beendet etwas, jemand macht mit etwas nicht weiter: *Hör auf zu kichern!*

auf|klä|ren (Verb) **du klärst auf, er klärte auf, sie hat aufgeklärt, klär(e) auf!**
❶ jemanden über etwas aufklären jemandem etwas erklären, jemanden über etwas informieren: *jemanden über seine Rechte aufklären*
❷ jemanden aufklären jemandem Sexualität erklären/jemandem erklären, wie ein Kind entsteht
❸ etwas aufklären herausfinden, warum und wie etwas passiert ist: *ein Verbrechen aufklären*
❹ etwas klärt sich auf Missverständnis, Irrtum etwas wird klar, man versteht etwas

die **Auf|klä|rung** (Nomen) nur im Singular **der Aufklärung**
❶ das Herausfinden, warum und wie etwas passiert ist: *die Aufklärung eines Mordes*
❷ die Erklärung von etwas oder die Information über etwas: *die Aufklärung über die Gefahren des Rauchens*
❸ die Information über Sexualität und darüber, wie ein Kind entsteht
❹ GESCHICHTE eine Epoche im 18. Jahrhundert in Europa, in der das eigene Denken wichtiger als Traditionen und Religion wurde

auf|kle|ben (Verb) **du klebst auf, er klebte auf, sie hat aufgeklebt, kleb(e) auf!** mit Klebstoff befestigen

der **Auf|kle|ber** (Nomen) **des Aufklebers, die Aufkleber** ≈ Sticker ein kleines Bild oder ein kleiner Zettel mit einer selbstklebenden Rückseite

auf|la|den (Verb) **du lädst auf, er lud auf, sie hat aufgeladen, lad(e) auf!**
❶ auf ein Fahrzeug packen: *Kisten aufladen*
❷ mit elektrischem Strom füllen: *das Handy aufladen • die Batterie aufladen*
❸ mit einem neuen Guthaben füllen: *die Telefonkarte aufladen*

die **Auf|la|ge** (Nomen) **der Auflage, die Auflagen**
❶ die Zahl, wie viele Exemplare eines Buches oder einer Zeitung gedruckt wurden
❷ eine Art flaches Kissen für Gartenstühle

auf|las|sen (Verb) umgangssprachlich **du lässt auf, er ließ auf, sie hat aufgelassen, lass auf!**
❶ geöffnet lassen, offen lassen: *das Fenster auflassen*
❷ aufbehalten: *den Hut auflassen*

der **Auf|lauf** (Nomen) **des Auflauf(e)s, die Aufläufe**
❶ ein Gericht, bei dem verschiedene Zutaten im Ofen überbacken werden
❷ nur im Singular viele Menschen, die an einem Ort zusammenkommen

auf|le|gen (Verb) **du legst auf, er legte auf, sie hat aufgelegt, leg(e) auf!**
❶ auf etwas legen: *eine Tischdecke auflegen*
❷ (den Hörer) auflegen ein Telefongespräch beenden
❸ als DJ arbeiten: *Er legt jeden Samstag in einem Club auf.*

auf|lö|sen (Verb) **du löst auf, er löste auf, sie hat aufgelöst, lös(e) auf!**
❶ so in einer Flüssigkeit verteilen, dass etwas nicht mehr zu sehen ist: *eine Tablette in Wasser auflösen*
❷ eine Lösung oder Erklärung finden: *ein Rätsel/Missverständnis auflösen*
❸ beenden, nicht mehr bestehen lassen: *sein Konto auflösen*
❹ etwas löst sich (in etwas) auf kleiner oder weniger werden und verschwinden: *Der Honig löst sich im Tee auf.*
❺ sich auflösen als Gruppe nicht mehr zusammen sein: *Die Band hat sich aufgelöst.*

die **Auf|lö|sung** (Nomen) **der Auflösung, die Auflösungen**
❶ eine Erklärung oder Lösung für etwas: *Die Auflösung des Rätsels war leicht.*
❷ OPTIK · TV · FOTOGRAFIE ein Maß für die Genauigkeit der Wiedergabe von Bildern
❸ das Verschwinden: *die Auflösung des Nebels*
❹ das Beenden, das Abschaffen: *die Auflösung einer Wohnung*

auf|ma|chen (Verb) umgangssprachlich **du machst auf, er machte auf, sie hat aufgemacht, mach(e) auf!**
❶ ≈ öffnen *die Tür aufmachen · eine Dose aufmachen*
❷ ≈ geöffnet werden *Samstags machen die Geschäfte um 10 Uhr auf.*
❸ ≈ eröffnen *einen Laden aufmachen*
❹ die Augen aufmachen genau hinsehen
❺ den Mund aufmachen reden, etwas sagen

auf|merk|sam (Adjektiv) **aufmerksamer, am aufmerksamsten**
❶ so, dass man gut aufpasst und konzentriert ist
❷ höflich, hilfsbereit und rücksichtsvoll: *Danke, das war sehr aufmerksam von dir.*
❸ jemanden auf etwas/jemanden aufmerksam machen jemandem etwas/jemanden zeigen, jemanden auf etwas/jemanden hinweisen

die **Auf|merk|sam|keit** (Nomen) **der Aufmerksamkeit, die Aufmerksamkeiten**
❶ Interesse und Konzentration
❷ ein kleines Geschenk

die **Auf|nah|me** (Nomen) **der Aufnahme, die Aufnahmen**
❶ nur im Singular das Aufnehmen, der Beginn: *die Aufnahme eines Kredits*
❷ FOTOGRAFIE ≈ Foto
❸ TV · FILM · MUSIK Aufzeichnung auf einen Datenträger

auf|nah|me|fä|hig (Adjektiv) so konzentriert, dass man etwas verstehen oder lernen kann

die **Auf|nah|me|prü|fung** (Nomen) **der Aufnahmeprüfung, die Aufnahmeprüfungen** die Prüfung, die man machen muss, damit man in einer Schule oder Universität aufgenommen wird

auf|neh|men (Verb) **du nimmst auf, er nahm auf, sie hat aufgenommen, nimm auf!**
❶ ≈ mit etwas anfangen, beginnen *mit jemandem Kontakt aufnehmen · die Verfolgung aufnehmen*
❷ FOTOGRAFIE ≈ fotografieren FILM ≈ filmen TV · MUSIK ≈ aufzeichnen
❸ verstehen oder geistig verarbeiten: *Ich bin müde und kann heute nichts mehr aufnehmen.*
❹ etwas erfreut/enttäuscht/... aufnehmen über etwas erfreut/enttäuscht/... sein
❺ jemanden aufnehmen jemanden Mitglied in einem Verein, einer Partei usw. werden lassen oder jemanden an einer Schule annehmen

auf|pas|sen (Verb) **du passt auf, er passte auf, sie hat aufgepasst, pass(e) auf!**
❶ sich konzentrieren und aufmerksam sein: *Du musst in der Schule besser aufpassen!*
❷ vorsichtig sein: *Pass auf, dass du nicht stolperst!*
❸ auf jemanden/etwas aufpassen bei jemandem/etwas bleiben und dafür sorgen, dass nichts Schlimmes passiert

der **Auf|prall** (Nomen) nur im Singular **des Aufprall(e)s** der starke Schlag, wenn etwas an etwas stößt oder auf etwas fällt

auf|räu|men (Verb) **du räumst auf, er räumte auf, sie hat aufgeräumt, räum(e) auf!**
❶ irgendwo Ordnung schaffen: *sein Zimmer aufräumen*
❷ wegräumen, an seinen Platz legen oder stellen: *seine Spielsachen aufräumen*

auf|recht (Adjektiv)
❶ gerade und senkrecht: *der aufrechte Gang des Menschen · die Flaschen aufrecht lagern*
❷ gehoben ≈ ehrlich, aufrichtig

auf|recht|er|hal|ten (Verb) **du erhältst aufrecht, er erhielt aufrecht, sie hat aufrechterhalten, erhalt(e) aufrecht!** dafür sorgen, dass etwas so bleibt, wie es ist

A B C D E F G H I J K L M N O P Q R S T U V W X Y Z

auf|re|gen (Verb) **du regst auf, er regte auf, sie hat aufgeregt, reg(e) nicht auf!**
❶ jemanden aufregen jemanden wütend, ärgerlich oder nervös machen
❷ sich aufregen wütend oder ärgerlich werden: *Bei dem Fußballballspiel hat der Trainer sich sehr aufgeregt.*

auf|re|gend (Adjektiv) **aufregender, am aufregendsten** interessant und spannend: *ein aufregendes Abenteuer*

die **Auf|re|gung** (Nomen) **der Aufregung, die Aufregungen** ein Zustand aus Nervosität, Unruhe und Spannung: *Er zitterte vor Aufregung.*

auf|rei|ßen (Verb) **du reißt auf, er riss auf, sie hat/ist aufgerissen, reiß(e) auf!**
❶ hat aufgerissen an etwas reißen und dadurch öffnen: *den Briefumschlag aufreißen • die Chipstüte aufreißen*
❷ hat aufgerissen ganz weit aufmachen: *die Augen aufreißen • das Fenster aufreißen*
❸ ist aufgerissen platzen, reißen, einen Riss bekommen: *Die Wunde ist wieder aufgerissen.*

auf|rich|ten (Verb) **du richtest auf, er richtete auf, sie hat aufgerichtet, richte auf!**
❶ etwas/sich aufrichten etwas/sich in eine gerade und aufrechte Position bringen: *Als sie das Auto hörte, richtete sie sich im Bett auf.*
❷ jemanden aufrichten gehoben jemandem Trost und Kraft geben

die **Auf|rich|tig|keit** (Nomen) nur im Singular **der Aufrichtigkeit** ≈ Ehrlichkeit

der **Auf|ruf** (Nomen) **des Aufruf(e)s, die Aufrufe** eine Aufforderung an mehrere Menschen: *ein Aufruf zu Toleranz*

auf|ru|fen (Verb) **du rufst auf, er rief auf, sie hat aufgerufen, ruf(e) auf!**
❶ jemanden aufrufen laut jemandes Namen sagen, weil er an der Reihe ist SCHULE laut den Namen eines Schülers sagen, wenn man ihm als Lehrer im Unterricht eine Frage stellt
❷ jemanden zu etwas aufrufen jemanden (öffentlich) bitten, etwas zu tun
❸ etwas aufrufen INFORMATIK eine Datei, ein Programm, eine Website öffnen

auf|run|den (Verb) **du rundest auf, er rundete auf, sie hat aufgerundet, rund(e) auf!** so viel zu einer Zahl hinzufügen, bis sie auf den nächsten Zehner oder Hunderter endet: *9,65 Euro auf 10 Euro aufrunden*

aufs (Präposition mit Artikel) auf das: *Aufs Schulfest freue ich mich richtig.*

auf|sa|gen (Verb) **du sagst auf, er sagte auf, sie hat aufgesagt, sag(e) auf!** wiederholen, was man auswendig gelernt hat: *ein Gedicht aufsagen*

auf|säs|sig (Adjektiv) **aufsässiger, am aufsässigsten** frech und trotzig

der **Auf|satz** (Nomen) SCHULE **des Aufsatzes, die Aufsätze** ein Text zu einem bestimmten Thema, den der Schüler schreiben muss

auf|schie|ben (Verb) **du schiebst auf, er schob auf, sie hat aufgeschoben, schieb(e) auf!**
❶ ≈ verschieben nicht sofort machen, sondern für später planen: *die Fahrt in den Zoo aufschieben*
❷ öffnen, indem man etwas verschiebt: *ein Tor aufschieben*

auf|schla|gen (Verb) **du schlägst auf, er schlug auf, sie ist/hat aufgeschlagen, schlag(e) auf!**
❶ ist aufgeschlagen ≈ aufprallen mit einem harten Stoß aus der Luft auf etwas fallen
❷ hat aufgeschlagen beim Tennis den ersten Schlag machen
❸ hat aufgeschlagen öffnen, indem man auf etwas schlägt: *ein Ei aufschlagen*
❹ ein Buch/eine Seite aufschlagen hat aufgeschlagen eine Seite in einem Buch öffnen

auf|schlie|ßen (Verb) **du schließt auf, er schloss auf, sie hat aufgeschlossen, schließ(e) auf!** mit einem Schlüssel öffnen: *Kannst du bitte aufschließen?*

auf|schluss|reich (Adjektiv) **aufschlussreicher, am aufschlussreichsten** voll von interessanten und klärenden Informationen

auf|schnei|den (Verb) **du schneidest auf, er schnitt auf, sie hat aufgeschnitten, schneid(e) auf!**
❶ mit einem Messer oder einer Schere öffnen: *einen Verband aufschneiden • eine Verpackung aufschneiden*
❷ in Scheiben schneiden: *einen Braten aufschneiden*
❸ umgangssprachlich • abwertend ≈ angeben, prahlen etwas übertrieben stolz erzählen, um bewundert zu werden

der **Auf|schnitt** (Nomen) nur im Singular **des Aufschnitt(e)s** in Scheiben geschnittener Braten, Wurst oder Schinken

auf|schrei|ben (Verb) **du schreibst auf, er schrieb auf, sie hat aufgeschrieben, schreib(e) auf!** ≈ notieren etwas auf Papier schreiben (damit man es nicht vergisst)

die **Auf|schrift** (Nomen) **der Aufschrift, die Aufschriften** eine kurze Bezeichnung, die auf etwas geschrieben oder gedruckt ist

der **Auf|schwung** (Nomen) **des Aufschwung(e)s, die Aufschwünge**
❶ WIRTSCHAFT eine gute Entwicklung der Wirtschaft
❷ SPORT eine Turnübung am Barren oder Reck

das **Auf|se|hen** (Nomen) nur im Singular **des Aufsehens**
Aufsehen erregen etwas oder jemand ist so ungewöhnlich, dass es oder er eine sehr große Aufmerksamkeit bekommt

auf|set|zen (Verb) **du setzt auf, er setzte auf, sie hat aufgesetzt, setz(e) auf!**
❶ auf eine Unterlage setzen oder stellen: *den Fuß vorsichtig aufsetzen*
auf einer Unterlage aufkommen: *Das Flugzeug setzte auf der Landebahn auf.*
❷ zum Kochen auf den Herd stellen: *die Kartoffeln aufsetzen*
❸ auf den Kopf oder auf die Nase setzen: *einen Hut aufsetzen • die Brille aufsetzen*
❹ sich/jemanden aufsetzen sich/jemanden nach dem Liegen mit dem Oberkörper in eine aufrechte Position bringen

die **Auf|sicht** (Nomen) **der Aufsicht, die Aufsichten**
❶ nur im Singular ≈ Beaufsichtigung die Überwachung und das Aufpassen, dass alle Regeln eingehalten werden
❷ die Person, die aufpasst, dass alle Regeln eingehalten werden
❸ TECHNIK das Bild, das sich ergibt, wenn man von oben auf etwas sieht

sich **auf|spie|len** (Verb) umgangssprachlich • abwertend **du spielst dich auf, er spielte sich auf, sie hat sich aufgespielt, spiel(e) dich nicht auf!** so tun, als sei man besonders wichtig

auf|sprin|gen (Verb) **du springst auf, er sprang auf, sie ist aufgesprungen, spring(e) auf!**
❶ plötzlich aufstehen, wenn man vorher gesessen hat
❷ auf etwas aufspringen auf etwas, was sich bewegt, hinaufspringen

der **Auf|stand** (Nomen) **des Aufstand(e)s, die Aufstände**
❶ ≈ Revolte, Rebellion die Aktion, mit der sich viele Menschen gegen eine Regierung oder eine mächtige Person wehren
❷ einen Aufstand machen umgangssprachlich • abwertend laut protestieren, sich aufregen

auf|ste|hen (Verb) **du stehst auf, er stand auf, sie ist/hat aufgestanden, steh(e) auf!**
❶ ist aufgestanden sich aus dem Sitzen oder Liegen erheben und auf die Füße stellen
❷ ist aufgestanden (morgens) nach dem Schlafen aus dem Bett kommen
❸ hat aufgestanden offen sein, geöffnet sein: *Die Tür hat die ganze Nacht aufgestanden.*

auf|stei|gen (Verb) **du steigst auf, er stieg auf, sie ist aufgestiegen, steig(e) auf!**
❶ sich nach oben bewegen: *Aus dem Kamin steigt Rauch auf.*
❷ sich auf ein Fahrrad oder Pferd setzen
❸ BERUF eine bessere Stellung bekommen: *Sie ist zur Assistentin des Chefs aufgestiegen.* GESELLSCHAFT in eine höhere Gesellschaftsschicht kommen SPORT in eine höhere Liga kommen

der **Auf|stei|ger** (Nomen) **des Aufsteigers, die Aufsteiger**
❶ umgangssprachlich GESELLSCHAFT jemand, der es geschafft hat, eine bessere Stellung in der Gesellschaft zu erreichen
❷ SPORT eine Mannschaft, die in eine höhere Liga gekommen ist

die **Auf|stei|ge|rin** (Nomen) **der Aufsteigerin, die Aufsteigerinnen**
Femininform von → **Aufsteiger**

auf|stel|len (Verb) **du stellst auf, er stellte auf, sie hat aufgestellt, stell(e) auf!**
❶ (in einer bestimmten Ordnung) hinstellen: *die Weihnachtskrippe aufstellen • sich im Kreis aufstellen*
❷ ≈ aufbauen *ein Regal aufstellen*
❸ ≈ vorschlagen, nominieren *einen Kandidaten aufstellen*
❹ ≈ machen *einen Rekord aufstellen • Regeln aufstellen*

die **Auf|stel|lung** (Nomen) **der Aufstellung, die Aufstellungen**
❶ nur im Singular das Aufstellen
❷ ≈ Mannschaftsaufstellung die Zusammenstellung einer Mannschaft

der **Auf|stieg** (Nomen) **des Aufstieg(e)s, die Aufstiege**
❶ der Weg auf einen Berg

❷ BERUF eine bessere Stellung SPORT der Wechsel in eine höhere Liga GESELLSCHAFT die Aufnahme in eine bessere Gesellschaftsschicht

der **Auf|takt** (Nomen) nur im Singular **des Auftakt(e)s**
❶ MUSIK der erste (unvollständige) Takt eines Musikstücks
❷ der Auftakt zu etwas der Anfang von etwas, die Einleitung zu etwas

auf|tau|chen (Verb) **du tauchst auf, er tauchte auf, sie ist aufgetaucht, tauch(e) auf!**
❶ aus dem Wasser an die Oberfläche kommen
❷ plötzlich irgendwoher kommen: *Nach zwei Monaten tauchte sie wieder in der Schule auf.*
❸ plötzlich zu sehen sein: *Plötzlich tauchte das Meer vor uns auf.*
❹ ≈vorkommen, entstehen *Probleme tauchen auf • Zweifel tauchen auf*

auf|tau|en (Verb) **du taust auf, er taute auf, sie hat/ist aufgetaut, tau(e) auf!**
❶ hat aufgetaut aus dem Tiefkühlfach nehmen und warm werden lassen
❷ ist aufgetaut nicht mehr gefroren sein
❸ ist aufgetaut • umgangssprachlich langsam seine Schüchternheit verlieren

auf|tei|len (Verb) **du teilst auf, er teilte auf, sie hat aufgeteilt, teil(e) auf!**
❶ ≈einteilen, unterteilen in mehrere Teile zerlegen: *den Kuchen in zwölf Stücke aufteilen*
❷ ≈verteilen an mehrere Personen geben: *die Geschenke unter den Geschwistern aufteilen*

der **Auf|trag** (Nomen) **des Auftrag(e)s, die Aufträge**
❶ eine Aufgabe, die man erledigen soll
❷ im Auftrag von jemandem so, dass man für jemanden eine Aufgabe erledigt
❸ die Bestellung eines Kunden bei einer Firma
❹ etwas in Auftrag geben etwas bei einer Firma bestellen

auf|tra|gen (Verb) **du trägst auf, er trug auf, sie hat aufgetragen, trag(e) auf!**
❶ ≈verstreichen *Farbe auftragen • Make-up auftragen*
❷ so lange anziehen, bis es kaputt oder zu klein ist: *Ich musste früher immer die Schuhe von meinem großen Bruder auftragen.*
❸ jemandem etwas auftragen jemandem sagen, dass er etwas tun soll: *jemandem Grüße auftragen*
❹ dick auftragen umgangssprachlich ≈angeben, übertreiben

der **Auf|trag|ge|ber** (Nomen) **des Auftraggebers, die Auftraggeber** ein Kunde, der bei einer Firma etwas bestellt

die **Auf|trag|ge|be|rin** (Nomen) **der Auftraggeberin, die Auftraggeberinnen**
Femininform von → **Auftraggeber**

auf|tre|ten (Verb) **du trittst auf, er trat auf, sie ist/hat aufgetreten, tritt auf!**
❶ ist aufgetreten den Fuß auf den Boden aufsetzen: *leise, vorsichtig auftreten*
❷ ist aufgetreten ≈entstehen, vorkommen *Es sind Probleme aufgetreten.*
❸ ist aufgetreten ≈sich verhalten, sich benehmen *selbstsicher auftreten*
❹ im Theater/Zirkus/... auftreten
ist aufgetreten etwas im Theater/Zirkus/... vor einem Publikum aufführen
❺ hat aufgetreten öffnen, indem man dagegen tritt: *eine Tür auftreten*

das **Auf|tre|ten** (Nomen) nur im Singular **des Auftretens**
❶ das Aufsetzen mit dem Fuß auf den Boden
❷ Entstehung, Vorkommen: *das Auftreten von Problemen*
❸ Verhalten, Benehmen: *Er hat ein selbstbewusstes Auftreten.*

der **Auf|tritt** (Nomen) **des Auftritt(e)s, die Auftritte** die Vorführung eines Schauspielers, Artisten, Musikers vor einem Publikum

auf|wa|chen (Verb) **du wachst auf, er wachte auf, sie ist aufgewacht, wach(e) auf!** wach werden, nicht mehr schlafen

auf|wach|sen (Verb) **du wächst auf, er wuchs auf, sie ist aufgewachsen, wachs(e) auf!** groß werden, seine Kindheit und Jugend verbringen

der **Auf|wand** (Nomen) nur im Singular **des Aufwand(e)s** die Menge der Arbeit, Kosten oder Zeit, die man für etwas braucht

auf|wän|dig, **auf|wen|dig** (Adjektiv) **aufwändiger, am aufwändigsten** mit viel Aufwand, Mühe oder Zeit verbunden

auf|wär|men (Verb) **du wärmst auf, er wärmte auf, sie hat aufgewärmt, wärm(e) auf!**
❶ etwas aufwärmen etwas (wieder) warm machen
❷ sich aufwärmen etwas tun, damit einem

wieder warm wird SPORT seine Muskeln und Gelenke durch bestimmte Bewegungen für den Sport vorbereiten

auf|wärts (Adverb)
❶ nach oben
❷ von/ab ... aufwärts ab ..., über ...: *alle Artikel ab zwei Euro aufwärts • alle Schüler von zehn Jahren aufwärts*

auf|we|cken (Verb) **du weckst auf, er weckte auf, sie hat aufgeweckt, weck(e) auf!** wach machen, nicht mehr schlafen lassen

auf|wen|dig (Adjektiv) **aufwendiger, am aufwendigsten** Variante von → **aufwändig**

auf|wi|schen (Verb) **du wischst auf, er wischte auf, sie hat aufgewischt, wisch(e) auf!**
❶ durch Wischen entfernen: *die verschüttete Milch aufwischen*
❷ durch feuchtes Wischen saubermachen: *den Boden aufwischen*

auf|zäh|len (Verb) **du zählst auf, er zählte auf, sie hat aufgezählt, zähl(e) auf!** einzeln nacheinander nennen

die **Auf|zäh|lung** (Nomen) **der Aufzählung, die Aufzählungen** die Liste von Dingen oder Namen, die man einzeln nacheinander nennt

auf|zeich|nen (Verb) **du zeichnest auf, er zeichnete auf, sie hat aufgezeichnet, zeichne auf!**
❶ ≈ aufschreiben, notieren *Mein Opa hat alle wichtigen Ereignisse in der Familie aufgezeichnet.*
❷ ≈ zeichnen, malen *Warte, ich zeichne dir den Weg zu uns auf!*
❸ TV • RUNDFUNK ≈ aufnehmen auf Tonband, Video, CD speichern

die **Auf|zeich|nung** (Nomen) **der Aufzeichnung, die Aufzeichnungen**
❶ ≈ Notiz *Ich habe den Plan in den alten Aufzeichnungen gefunden.*
❷ TV • RUNDFUNK Das Aufnehmen einer Sendung im Radio oder Fernsehen.

auf|zei|gen (Verb) **du zeigst auf, er zeigte auf, sie hat aufgezeigt, zeig(e) auf!** SCHULE ≈ sich melden im Unterricht den Arm hochheben, weil man etwas sagen möchte

auf|zie|hen (Verb) **du ziehst auf, er zog auf, sie hat/ist aufgezogen, zieh(e) auf!**
❶ **hat aufgezogen** ≈ großziehen versorgen, bis jemand/ein Tier groß geworden ist: *ein Kätzchen mit der Flasche aufziehen*
❷ **hat aufgezogen** ≈ aufdrehen *die Uhr aufziehen*
❸ **hat aufgezogen** zur Seite ziehen: *die Vorhänge aufziehen*
❹ jemanden aufziehen umgangssprachlich **hat aufgezogen** jemanden verspotten, hänseln: *Früher wurde er wegen seiner Schüchternheit aufgezogen.*
❺ **ist aufgezogen** ≈ näher kommen *Ein Unwetter zieht auf.*

der **Auf|zug** (Nomen) **des Aufzug(e)s, die Aufzüge**
❶ ≈ Fahrstuhl eine Art Kasten, mit dem man in einem Gebäude nach oben oder unten fahren kann
❷ ≈ Akt ein Teil eines Theaterstücks
❸ umgangssprachlich • abwertend Kleidung, Frisur usw.: *In diesem Aufzug gehst du nicht in die Schule!*

das **Au|ge** (Nomen) **des Auges, die Augen** eines der beiden Organe im Kopf, mit denen man sehen kann
❶ jemanden aus den Augen verlieren allmählich keinen Kontakt mehr zu jemandem haben
❷ große Augen machen umgangssprachlich ≈ staunen
❸ etwas ins Auge fassen etwas planen
❹ ins Auge gehen umgangssprachlich nicht gelingen, missglücken
❺ mit einem blauen Auge davonkommen umgangssprachlich eine schwierige Situation nur mit leichten Schäden überstehen
❻ ein Auge auf jemanden/etwas geworfen haben umgangssprachlich sich für jemanden/etwas interessieren
❼ Augen haben wie ein Luchs umgangssprachlich sehr gut sehen können
❽ ein Auge zudrücken umgangssprachlich nicht so streng sein, eine Ausnahme machen

der **Au|gen|arzt** (Nomen) **des Augenarzt(e)s, die Augenärzte** der Arzt, der Augenkrankheiten behandelt

die **Au|gen|ärz|tin** (Nomen) **der Augenärztin, die Augenärztinnen** Femininform von → **Augenarzt**

der **Au|gen|blick** (Nomen) **des Augenblick(e)s, die Augenblicke**
❶ ≈ Moment eine sehr kurze Zeit
❷ im Augenblick genau jetzt, zurzeit: *Im Augenblick ist es sonnig.*
❸ etwas kann jeden Augenblick geschehen es ist möglich, dass etwas sofort geschieht:

A B C D E F G H I J K L M N O P Q R S T U V W X Y Z

Vorsicht, die Bombe kann jeden Augenblick explodieren!
❹ (Einen) Augenblick! sagt man, um jemanden zu bitten, noch zu warten: *Augenblick, ich komme gleich!*

das **Au|gen|lid** (Nomen) **des Augenlid(e)s, die Augenlider** die beweglichen Falten oberhalb und unterhalb des Auges

der **Au|gen|zeu|ge** (Nomen) **des Augenzeugen, die Augenzeugen** jemand, der bei etwas dabei war und es selbst gesehen hat

die **Au|gen|zeu|gin** (Nomen) **der Augenzeugin, die Augenzeuginnen** Femininform von → **Augenzeuge**

der **Au|gust** (Nomen) Plural selten **des August(e)s, die Auguste** der achte Monat im Jahr

aus [1] (Präposition) mit Dativ gebraucht
❶ verwendet, um das Gebiet, den räumlichen oder zeitlichen Ursprung, von wo jemand/etwas kommt, zu nennen: *Sie kommt aus Lippstadt.* • *ein Roman aus dem 19. Jahrhundert*
❷ verwendet, um das Material zu nennen: *Spielzeug aus Holz*
❸ ≈wegen verwendet, um den Grund zu nennen: *Sie schwieg aus Angst.*

aus [2] (Adverb) umgangssprachlich
❶ nicht zu Hause oder im Spielfeld: *Gestern war ich lange aus.* • *Der Ball ist aus!*
❷ etwas ist aus etwas ist ausgeschaltet oder vorbei: *Das Radio war aus.* • *Die Schule ist bald aus.*
❸ von mir aus drückt Zustimmung aus: *Von mir aus könnt ihr gern noch bleiben.*
❹ auf etwas aus sein etwas erreichen oder haben wollen

das **Aus** (Nomen) **des Aus, die Aus**
❶ SPORT der Bereich, der nicht mehr zum Spielfeld gehört
❷ umgangssprachlich ≈Ende *Die Fabrik steht vor dem Aus.*

aus|ar|bei|ten (Verb) **du arbeitest aus, er arbeitete aus, sie hat ausgearbeitet, arbeite aus!** einen Plan oder Entwurf noch genauer bearbeiten

aus|bau|en (Verb) **du baust aus, er baute aus, sie hat ausgebaut, bau(e) aus!**
❶ ARCHITEKTUR größer machen, renovieren: *den Dachboden ausbauen*
❷ TECHNIK mit Werkzeug herausnehmen: *den Motor ausbauen*
❸ mehr aus etwas machen: *seinen Vorsprung ausbauen* • *den Kontakt weiter ausbauen*

aus|bes|sern (Verb) **du besserst aus, er besserte aus, sie hat ausgebessert, bess(e)re aus!** TECHNIK ≈reparieren

aus|beu|ten (Verb) **du beutest aus, er beutete aus, sie hat ausgebeutet, beute nicht aus!** für sich arbeiten lassen und viel zu wenig dafür bezahlen

die **Aus|beu|tung** (Nomen) nur im Singular **der Ausbeutung** die Tatsache, dass man jemanden für sich arbeiten lässt und viel zu wenig dafür bezahlt

aus|bil|den (Verb) **du bildest aus, er bildete aus, sie hat ausgebildet, bilde aus!** in einem Beruf unterrichten: *Mein Onkel bildet einen Lehrling zum Mechatroniker aus.*

die **Aus|bil|dung** (Nomen) **der Ausbildung, die Ausbildungen** die Zeit, in der man einen Beruf lernt

der **Aus|bil|dungs|platz** (Nomen) **des Ausbildungsplatzes, die Ausbildungsplätze** eine Stelle in einer Firma, in der man einen Beruf lernt

aus|bre|chen (Verb) **du brichst aus, er brach aus, sie ist/hat ausgebrochen, brich nicht aus!**
❶ ist ausgebrochen aus einem Gefängnis oder Käfig fliehen
❷ ist ausgebrochen plötzlich entstehen: *Plötzlich brach Panik aus.* • *In der Scheune ist ein Feuer ausgebrochen.*
❸ ist ausgebrochen Lava, Feuer und Steine herausschleudern: *Der Vulkan ist wieder ausgebrochen.*
❹ in Tränen/Lachen/… ausbrechen ist ausgebrochen anfangen, sehr stark zu weinen/lachen/…
❺ hat ausgebrochen herausbrechen: *Ich habe mir bei dem Unfall einen Zahn ausgebrochen.*

aus|brei|ten (Verb) **du breitest aus, er breitete aus, sie hat ausgebreitet, breite aus!**
❶ etwas ausbreiten auseinanderlegen, auseinanderfalten: *eine Decke ausbreiten*
❷ die Arme/Flügel ausbreiten die Arme/Flügel ausstrecken
❸ sich ausbreiten immer größer oder mehr werden: *Ohne Impfung kann sich die Krankheit im ganzen Land ausbreiten.* • *Das Feuer breitete sich schnell aus.*

der **Aus|bruch** (Nomen) **des Ausbruch(e)s, die Ausbrüche**
❶ die Flucht aus einem Gefängnis oder Käfig
❷ das plötzliche Entstehen: *der Ausbruch einer Krankheit • bei Ausbruch des Krieges*
❸ das Naturereignis, wenn Lava, Feuer und Steine aus einem Vulkan herausgeschleudert werden

aus|che|cken (Verb) [ˈaustʃɛkn̩] **du checkst aus, er checkte aus, sie hat ausgecheckt, check(e) aus!** aus einem Hotel abreisen, bezahlen und den Zimmerschlüssel abgeben

aus|dau|ernd (Adjektiv) mit so viel Geduld, dass man etwas lange Zeit tun kann

aus|deh|nen (Verb) **du dehnst aus, er dehnte aus, sie hat ausgedehnt, dehn(e) aus!**
❶ etwas ausdehnen etwas größer machen: *einen Bereich ausdehnen* **zeitlich** etwas länger machen: *einen Besuch ausdehnen*
❷ sich ausdehnen größer werden: *Eisen dehnt sich bei Hitze aus.* **zeitlich** länger werden: *Die Party dehnte sich bis zum Morgen aus.* einen bestimmten Raum einnehmen: *Das Gebirge dehnt sich bis zum Meer aus.*

sich **aus|den|ken** (Verb) **du denkst dir aus, er dachte sich aus, sie hat sich ausgedacht, denk(e) dir aus!**
sich etwas ausdenken etwas überlegen, etwas erfinden: *Ich habe mir ein tolles Geschenk für dich ausgedacht!*

der **Aus|druck** (Nomen) **des Ausdruck(e)s, die Ausdrücke/Ausdrucke**
❶ **Plural: Ausdrücke** eine Bezeichnung aus einem Wort oder mehreren Wörtern
❷ INFORMATIK **Plural: Ausdrucke** ein Text, der über einen Computer gedruckt wird
❸ **Plural: Ausdrücke** ≈ Gesichtsausdruck
❹ etwas zum Ausdruck bringen etwas sagen oder zeigen

aus|dru|cken (Verb) **du druckst aus, er druckte aus, sie hat ausgedruckt, druck(e) aus!** über einen Computer drucken

aus|drü|cken (Verb) **du drückst aus, er drückte aus, sie hat ausgedrückt, drück(e) aus!**
❶ ≈ formulieren mit Worten beschreiben: *Ich verstehe nicht, was du meinst. Kannst du es anders ausdrücken?*
❷ sich ausdrücken bestimmte Wörter benutzen: *Das ist ein Missverständnis. Ich habe mich ungeschickt ausgedrückt.*
❸ so sein, dass man daran etwas erkennt: *Ihr Lachen drückt Freude aus.*
❹ ≈ auspressen *eine Orange ausdrücken • einen Schwamm ausdrücken*
❺ durch Drücken ausmachen: *eine Zigarette ausdrücken*

aus|drück|lich (Adjektiv) bestimmt, eindeutig: *etwas ausdrücklich verbieten/erlauben*

aus|ei|nan|der, aus|ein|an|der (Adverb)
❶ voneinander entfernt: *Unsere Häuser liegen weit auseinander.*
❷ umgangssprachlich nicht mehr als Paar zusammen: *Mia und Max? Die sind schon seit zwei Wochen auseinander.*

aus|ei|nan|der|bre|chen (Verb) **du brichst auseinander, er brach auseinander, sie hat/ist auseinandergebrochen, brich auseinander!**
❶ **hat auseinandergebrochen** in zwei oder mehr Teile brechen
❷ **ist auseinandergebrochen** in zwei oder mehr Teile zerbrechen

aus|ei|nan|der|ge|hen (Verb) **nur im Plural gebraucht wir gehen auseinander, ihr gingt auseinander, sie sind auseinandergegangen, geht nicht auseinander!**
❶ sich trennen: *Sie sind ohne Streit auseinandergegangen.*
❷ zerbrechen, kaputtgehen, nicht halten: *Nach zehn Jahre ging ihre Ehe auseinander.*
❸ in verschiedene Richtungen gehen: *Hier gehen die Wege auseinander.*
❹ verschieden sein: *Unsere Meinungen gehen auseinander.*

aus|ei|nan|der|hal|ten (Verb) **du hältst auseinander, er hielt auseinander, sie hat auseinandergehalten, halt(e) auseinander!** unterscheiden können

aus|ei|nan|der|neh|men (Verb) **du nimmst auseinander, er nahm auseinander, sie hat auseinandergenommen, nimm auseinander!**
❶ in einzelne Teile zerlegen
❷ umgangssprachlich zerschlagen, in Unordnung bringen

die **Aus|ei|nan|der|set|zung** (Nomen) **der Auseinandersetzung, die Auseinandersetzungen**
❶ ≈ Streit eine heftige Diskussion
❷ eine gründliche Beschäftigung mit etwas
❸ **zwischen Völkern** oder **Gruppen** ein militärischer Kampf

die **Aus|fahrt** (Nomen) **der Ausfahrt, die Ausfahrten**
❶ die Stelle auf der Straße, an der Autos aus etwas herausfahren: *Ausfahrt frei halten!*
❷ die Stelle, an der man von einer Autobahn abfahren kann

aus|fal|len (Verb) nur in der 3. Person gebraucht **es fällt aus, es fiel aus, es ist ausgefallen**
❶ nicht stattfinden: *Wegen der Konferenz fällt der Unterricht morgen aus.*
❷ locker werden und herunterfallen: *die Haare fallen aus*
❸ umgangssprachlich · hier auch 1. Person möglich ≈fehlen nicht arbeiten oder dabei sein können: *Ich falle heute aus. Ich bin krank.*
❹ TECHNIK nicht mehr funktionieren: *Die Stereoanlage ist ausgefallen.*
❺ gut/schlecht ausfallen gut/schlecht sein, ein gutes/schlechtes Ergebnis haben

der **Aus|flug** (Nomen) **des Ausflug(e)s, die Ausflüge** eine Fahrt oder Wanderung zu einem interessanten Ort während der Freizeit oder statt des Schulunterrichts

die **Aus|fuhr** (Nomen) **der Ausfuhr, die Ausfuhren** ≈Export der Verkauf von Waren ins Ausland

aus|füh|ren (Verb) **du führst aus, er führte aus, sie hat ausgeführt, führ(e) aus!**
❶ etwas erledigen, machen: *Korrekturen ausführen · eine Reparatur ausführen*
❷ ≈darstellen etwas erklären
❸ WIRTSCHAFT ≈exportieren Waren ins Ausland verkaufen
❹ seinen Hund ausführen mit seinem Hund spazieren gehen

aus|führ|lich, aus|führ|lich (Adjektiv) **ausführlicher, am ausführlichsten** in allen Einzelheiten, ganz genau

die **Aus|füh|rung** (Nomen) **der Ausführung, die Ausführungen**
❶ die Erledigung oder Realisierung einer Sache
❷ die Art, wie etwas gemacht oder gestaltet ist: *Möchten Sie die einfache Ausführung oder die Luxusausgabe?*
❸ die Ausführungen nur im Plural genaue Erklärungen oder Beschreibungen

aus|fül|len (Verb) **du füllst aus, er füllte aus, sie hat ausgefüllt, füll(e) aus!**
❶ etwas ausfüllen etwas in die Lücken in einem Text hineinschreiben: *ein Formular ausfüllen*
❷ jemanden ausfüllen jemanden beschäftigen und zufrieden machen: *Ihre Arbeit als Kellnerin füllt sie nicht aus.*

die **Aus|ga|be** (Nomen) **der Ausgabe, die Ausgaben**
❶ ≈Kosten das, was man bezahlt: *Die Bundeskanzlerin sagte, dass die Ausgaben gesenkt werden müssten.*
❷ die Form, in der ein Buch oder eine Zeitschrift erscheint
❸ ein einzelnes Heft einer regelmäßig erscheinenden Zeitung oder Zeitschrift: *Hast du die Februar-Ausgabe von „Dein SPIEGEL"?*
❹ das Geben, das Verteilen oder die Stelle, an der etwas verteilt wird: *Die Ausgabe der Zeugnisse findet in der Aula statt.*

der **Aus|gang** (Nomen) **des Ausgang(e)s, die Ausgänge**
❶ die Tür, durch die man aus einem Gebäude hinausgeht
❷ ≈Ergebnis, Ende *der Ausgang einer Wahl*
❸ nur im Singular die Erlaubnis, das Haus verlassen zu dürfen: *Ausgang haben*
❹ TECHNIK die Schnittstelle oder Anschlussstelle von einem Gerät zu einem anderen: *Deine Stereoanlage hat den Ausgang für den Kopfhörer hinten.*

der **Aus|gangs|punkt** (Nomen) **des Ausgangspunkt(e)s, die Ausgangspunkte**
❶ die Stelle, an der etwas anfängt: *Hamburg war der Ausgangspunkt unserer Deutschlandreise.*
❷ der Grund und Beginn einer Entwicklung, einer Idee: *Der Ausgangspunkt für unsere Vorschläge war die Unzufriedenheit der Eltern.*

aus|ge|ben (Verb) **du gibst aus, er gab aus, sie hat ausgegeben, gib aus!**
❶ Geld bezahlen: *Für den neuen Tisch haben wir 500 Euro ausgegeben.*
❷ ≈verteilen, abgeben *in der Kantine das Essen ausgeben*
❸ sich als jemand ausgeben behaupten, man sei jemand anders, als man wirklich ist
❹ einen ausgeben umgangssprachlich im Lokal eine Gruppe von Personen zu einem Getränk einladen

aus|ge|fal|len (Adjektiv) **ausgefallener, am ausgefallensten** ungewöhnlich, auffällig

aus|ge|gli|chen (Adjektiv) **ausgeglichener, am ausgeglichensten**
❶ gelassen, ruhig: *Nach dem Urlaub war sie richtig ausgeglichen.*
❷ gleichmäßig: *ein ausgeglichenes Klima*

aus|ge|hen (Verb) **du gehst aus, er ging aus, sie ist ausgegangen, geh(e) aus!**
❶ (abends) in ein Lokal, in einen Club, ins Theater usw. gehen
❷ aufhören zu funktionieren: *Der Motor ist ausgegangen und springt nicht mehr an.*
❸ Kerze, Feuer aufhören zu brennen
❹ aufgebraucht werden: *Nach fünf Minuten ging ihm schon die Puste aus.*
❺ ≈ aufhören ein Ende haben: *gut/schlecht ausgehen* • *Wie ist die Geschichte ausgegangen?*
❻ davon ausgehen, dass … voraussetzen, dass …: *Ich gehe davon aus, dass deine Rechnung stimmt.*

aus|ge|nom|men (Konjunktion) ≈ außer mit Ausnahme von: *Alle waren eingeladen, ausgenommen Tim.* • *Ich gehe immer um neun ins Bett, ausgenommen am Wochenende.*

aus|ge|prägt (Adjektiv) sehr deutlich, sehr stark vorhanden

aus|ge|rech|net (Partikel) umgangssprachlich gerade so, wie man es nicht will: *Ausgerechnet du musst das sagen!* • *Ausgerechnet jetzt fängt es an zu regnen, wo ich gerade raus will!*

aus|ge|schlos|sen (Adjektiv) absolut nicht möglich

aus|ge|zeich|net (Adjektiv) sehr gut

der **Aus|gleich** (Nomen) **des Ausgleich(e)s, die Ausgleiche**
❶ etwas, was etwas in ein Gleichgewicht bringt oder gleich verteilt: *Zum Ausgleich zu ihrer Arbeit macht sie Sport.*
❷ ≈ Ersatz, Entschädigung etwas, was einen Schaden oder Verlust wiedergutmacht oder eine Leistung wieder aufwiegt: *Als Ausgleich für deine Hilfe lade ich dich zum Essen ein.*
❸ SPORT ein Tor, mit dem man ein Unentschieden erzielt

aus|glei|chen (Verb) **du gleichst aus, er glich aus, sie hat ausgeglichen, gleich(e) aus!**
❶ gleichmachen, gleich verteilen: *Unterschiede ausgleichen*
❷ sich ausgleichen sich gegenseitig aufheben: *Plus und Minus gleichen sich aus.*
❸ einen Mangel beheben: *einen Schaden ausgleichen*
❹ SPORT einen Punktegleichstand erreichen

aus|gra|ben (Verb) **du gräbst aus, er grub aus, sie hat ausgegraben, grab(e) aus!** beim Graben aus dem Boden holen

die **Aus|gra|bung** (Nomen) **der Ausgrabung, die Ausgrabungen**
❶ das Ausgraben von Gebäuden und Gegenständen aus früheren Zeiten
❷ archäologische Fundstücke

aus|hal|ten (Verb) **du hältst aus, er hielt aus, sie hat ausgehalten, halt(e) aus!**
❶ etwas Schlimmes ertragen: *Ich kann die Schmerzen kaum aushalten.*
❷ sich von jemandem aushalten lassen abwertend sich von jemandem alles bezahlen lassen

der **Aus|hang** (Nomen) **des Aushang(e)s, die Aushänge** eine öffentliche Information, die z. B. an eine Wand gehängt wird

die **Aus|hil|fe** (Nomen) **der Aushilfe, die Aushilfen** jemand, der bei jemandem für eine kurze Zeit arbeitet, weil es viel Arbeit gibt oder ein Mitarbeiter nicht da ist

sich **aus|ken|nen** (Verb) **du kennst dich aus, er kannte sich aus, sie hat sich ausgekannt, kenn(e) dich aus!**
❶ sich irgendwo auskennen einen Ort gut kennen und wissen, wo alles ist
❷ sich mit etwas auskennen etwas gut können und wissen, wie alles funktioniert

aus|kom|men (Verb) **du kommst aus, er kam aus, sie ist ausgekommen, komm(e) aus!**
❶ mit etwas auskommen mit etwas zurechtkommen, genug von etwas haben: *Ich komme nie mit meinem Taschengeld aus.*
❷ mit jemandem auskommen sich gut mit jemandem verstehen

die **Aus|kunft** (Nomen) **der Auskunft, die Auskünfte**
❶ Information
❷ nur im Singular die Stelle, bei der man Informationen bekommt

aus|la|chen (Verb) **du lachst aus, er lachte aus, sie hat ausgelacht, lach(e) nicht aus!** jemanden auslachen über jemanden lachen, weil man ihn dumm oder ungeschickt findet

aus|la|den (Verb) **du lädst aus, er lud aus, sie hat ausgeladen, lad(e) aus!**
❶ etwas (aus etwas) ausladen etwas (Schweres) aus einem Fahrzeug holen: *Kannst du bitte das Gepäck ausladen?*

A B C D E F G H I J K L M N O P Q R S T U V W X Y Z

② jemanden ausladen eine Einladung für jemanden zurücknehmen

das **Aus|land** (Nomen) **nur im Singular** **des Ausland(e)s** jedes Land, in dem man nicht selbst lebt

der **Aus|län|der** (Nomen) **des Ausländers, die Ausländer** ⚠ **dieses Wort wird häufig als abwertend empfunden** Menschen mit einer fremden Staatsangehörigkeit

aus|län|der|feind|lich (Adjektiv) **ausländerfeindlicher, am ausländerfeindlichsten** misstrauisch und ablehnend gegenüber Ausländern

die **Aus|län|der|feind|lich|keit** (Nomen) **nur im Singular** **der Ausländerfeindlichkeit** Misstrauen und Ablehnung gegenüber Ausländern

die **Aus|län|de|rin** (Nomen) **der Ausländerin, die Ausländerinnen**
Femininform von → **Ausländer**

aus|län|disch (Adjektiv) aus dem Ausland

aus|las|sen (Verb) **du lässt aus, er ließ aus, sie hat ausgelassen, lass(e) aus!**
① weglassen, nicht tun, nicht schreiben: *ein Wort auslassen • das Abendessen auslassen*
② umgangssprachlich nicht einschalten: *Lass das Licht aus, es ist hell genug!*
③ sich über jemanden/etwas auslassen ausführlich (und schlecht) über jemanden/etwas reden
④ seine Wut/seinen Zorn/… an jemandem auslassen seine Wut/seinen Zorn/… an jemandem abreagieren

aus|lau|fen (Verb) **nur in der 3. Person gebraucht** **es läuft aus, es lief aus, es ist ausgelaufen**
① ≈ herausfließen *Es sind Tausende Liter Öl ausgelaufen.*
② zu Ende gehen: *Der Vertrag läuft in einem Monat aus.*
③ nicht mehr hergestellt werden: *Die Serie läuft bald aus.*
④ SCHIFFFAHRT den Hafen verlassen: *Das Schiff läuft morgen um 13 Uhr aus.*

aus|lei|hen (Verb) **du leihst aus, er lieh aus, sie hat ausgeliehen, leih(e) aus!**
① von jemandem für eine bestimmte Zeit bekommen: *Den Stift habe ich mir von Lukas ausgeliehen.*
② jemandem für eine bestimmte Zeit geben: *Kannst du mir bis morgen dein Fahrrad ausleihen?*

aus|lie|fern (Verb) **du lieferst aus, er lieferte aus, sie hat ausgeliefert, lief(e)re aus!**
① ≈ liefern einem Kunden nach Hause bringen: *Pakete ausliefern*
② der Polizei in einem anderen Land übergeben: *einen Verbrecher ausliefern*
③ jemandem/einer Sache ausgeliefert sein vor jemandem/einer Sache ohne Schutz sein, von jemandem/einer Sache abhängen

die **Aus|lie|fe|rung** (Nomen) **der Auslieferung, die Auslieferungen** das Ausliefern

sich **aus|log|gen** (Verb) **du loggst dich aus, er loggte sich aus, sie hat sich ausgeloggt, logg(e) dich aus!** sich aus einem Computernetz oder von einer Website abmelden

aus|lö|sen (Verb) **du löst aus, er löste aus, sie hat ausgelöst, lös(e) aus!**
① ≈ verursachen entstehen lassen: *Begeisterung auslösen • einen Krieg auslösen*
② TECHNIK bewirken, dass etwas startet: *einen Schuss auslösen • Alarm auslösen*
③ FOTOGRAFIE auf den Auslöser drücken

der **Aus|lö|ser** (Nomen) **des Auslösers, die Auslöser**
① FOTOGRAFIE der Knopf am Fotoapparat, auf den man drückt, um ein Foto zu machen
② der Grund oder Anlass für etwas: *Deine Bemerkung war der Auslöser für ihren Wutanfall.*

aus|ma|chen (Verb) **du machst aus, er machte aus, sie hat ausgemacht, mach(e) aus!**
① umgangssprachlich ausschalten, abschalten: *den Computer ausmachen*
② umgangssprachlich ≈ löschen *die Kerze ausmachen*
③ ≈ vereinbaren *einen Treffpunkt ausmachen*
④ etwas macht jemandem etwas/nichts aus etwas ist für jemanden schlimm/nicht schlimm, etwas stört jemanden/stört jemanden nicht

aus|ma|len (Verb) **du malst aus, er malte aus, sie hat ausgemalt, mal(e) aus!**
① etwas ausmalen etwas mit Farbe ausfüllen
② sich etwas ausmalen sich etwas genau vorstellen

das **Aus|maß** (Nomen) **des Ausmaßes, die Ausmaße**
① die Größe und Schwere von etwas Negativem: *Das ganze Ausmaß der Katastrophe sah man erst am Tag darauf.*

❷ die Ausmaße nur Plural die Größe, die Maße

aus|mes|sen (Verb) **du misst aus, er maß aus, sie hat ausgemessen, miss aus!** genau messen

die **Aus|nah|me** (Nomen) **der Ausnahme, die Ausnahmen**
❶ etwas, was nicht wie die Regel ist: *Das du so lange aufbleiben darfst, ist eine Ausnahme.*
❷ eine Ausnahme machen etwas anders machen als sonst
❸ mit Ausnahme von etwas/jemandem ≈ abgesehen von so, dass etwas für etwas/jemanden nicht gilt oder etwas/jemand nicht betroffen ist
❹ Ausnahmen bestätigen die Regel. Zu jeder Regel gibt es auch Ausnahmen.

aus|nahms|wei|se (Adverb) anders als sonst, anders als die Regel

aus|neh|men (Verb) **du nimmst aus, er nahm aus, sie hat ausgenommen, nimm aus!**
❶ ein Huhn/einen Fisch/… ausnehmen Innereien aus einem toten Huhn/Fisch/… herausnehmen
❷ jemanden ausnehmen umgangssprachlich jemandem durch Betrug Geld abnehmen

aus|nut|zen, aus|nüt|zen (Verb) **du nutzt aus, er nutzte aus, sie hat ausgenutzt, nutz(e) aus!**
❶ ≈ nutzen, gebrauchen *eine Gelegenheit ausnutzen*
❷ abwertend rücksichtslos und egoistisch für sich zum Vorteil machen: *Er ist ein Betrüger und hat mich nur ausgenutzt. • jemandes Schwäche ausnutzen*

aus|pa|cken (Verb) **du packst aus, er packte aus, sie hat ausgepackt, pack(e) aus!**
❶ leer machen, den Inhalt herausnehmen: *seinen Koffer auspacken*
❷ aus der Verpackung nehmen: *ein Geschenk auspacken*
❸ umgangssprachlich Geheimnisse verraten: *Der Dieb hat ausgepackt und die Namen seiner Komplizen genannt.*

aus|pro|bie|ren (Verb) **du probierst aus, er probierte aus, sie hat ausprobiert, probier(e) aus!** zum ersten Mal tun oder verwenden, um etwas zu testen

der **Aus|puff** (Nomen) **des Auspuff(e)s, die Auspuffe** das Rohr hinten am Auto, aus dem die Abgase kommen

aus|ra|die|ren (Verb) **du radierst aus, er radierte aus, sie hat ausradiert, radier(e) aus!**
❶ etwas mit dem Radiergummi entfernen
❷ etwas völlig zerstören oder eine große Gruppe von Menschen töten: *Das Dorf wurde im Krieg ausradiert.*

aus|rech|nen (Verb) **du rechnest aus, er rechnete aus, sie hat ausgerechnet, rechne aus!**
❶ auf ein Ergebnis kommen, indem man rechnet: *Ich habe schon mal ausgerechnet, was uns das kosten wird.*
❷ sich etwas ausrechnen aus den Informationen, die man hat, bestimmte Schlüsse ziehen: *Ich hatte mir eigentlich gute Chancen ausgerechnet.*

die **Aus|re|de** (Nomen) **der Ausrede, die Ausreden** etwas, was man als Entschuldigung nennt, obwohl es nicht der wahre Grund ist: *Mir fällt leider keine gute Ausrede ein, warum ich nicht mitkommen kann.*

aus|re|den (Verb) **du redest aus, er redete aus, sie hat ausgeredet, red(e) aus!**
❶ zu Ende sprechen: *Lass mich bitte erst ausreden!*
❷ jemandem etwas ausreden so lange mit jemandem sprechen, bis er seine Absicht oder Meinung ändert: *Diese dumme Idee konnte ich ihm zum Glück ausreden.*

aus|rei|chen (Verb) **es reicht aus, es reichte aus, es hat ausgereicht** nur in der 3. Person gebraucht
etwas reicht aus etwas ist nicht zu wenig: *Reicht unsere Zeit noch dafür aus? • Es reicht nicht aus, wenn du dich nur entschuldigst.*

aus|rei|chend (Adjektiv)
❶ so, dass etwas nicht zu wenig oder zu schlecht ist: *Habt ihr ausreichend Geld dabei?*
❷ SCHULE Schulnote die Note 4: *Die Mathearbeit wurde mit „ausreichend" bewertet.*

aus|rei|sen (Verb) **du reist aus, er reiste aus, sie ist ausgereist, reis(e) aus!** ein Land verlassen

aus|rich|ten (Verb) **du richtest aus, er richtete aus, sie hat ausgerichtet, richt(e) aus!**
❶ jemandem etwas im Auftrag von einem Dritten sagen: *Richte ihr bitte aus, dass ich mich bald bei ihr melde.*

❷ etwas organisieren und veranstalten: *Dieses Jahr wird das Turnier von unserem Verein ausgerichtet.*
❸ in eine gerade Linie oder bestimmte Richtung bringen: *Alle Fenster des Hauses sind nach Süden ausgerichtet.*

die **Aus|rich|tung** (Nomen) **der Ausrichtung, die Ausrichtungen**
❶ der Zustand, eine bestimmte Einstellung oder ein Ziel zu haben: *Welche politische Ausrichtung hat diese neue Partei?*
❷ das Organisieren und Veranstalten: *Die Hauptstadt bemüht sich um die Ausrichtung der nächsten Weltmeisterschaft.*
❸ die Richtung, in die etwas gedreht oder angeordnet wird: *die Ausrichtung der Fenster nach Süden*

der **Aus|ruf** (Nomen) **des Ausruf(e)s, die Ausrufe** etwas Kurzes, was jemand mit lauter Stimme plötzlich sagt oder ruft

aus|ru|fen (Verb) **du rufst aus, er rief aus, sie hat ausgerufen, ruf(e) aus!**
❶ plötzlich kurz und laut ein Gefühl äußern: *„Juhu!", rief er begeistert aus.*
❷ etwas über Lautsprecher oder öffentlich bekannt geben: *jemanden zum Sieger ausrufen • Die Gewerkschaft hat einen Streik ausgerufen.*
❸ über Lautsprecher sagen, dass jemand gesucht wird oder irgendwohin kommen soll

der **Aus|ru|fe|satz** (Nomen) GRAMMATIK **des Ausrufesatzes, die Ausrufesätze** ein Satz, der einen Ausruf oder Befehl enthält und mit einem Ausrufezeichen endet

das **Aus|ru|fe|zei|chen, Aus|ru|fungs|zei|chen** (Nomen) GRAMMATIK **des Ausrufezeichens, die Ausrufezeichen** als Zeichen: „ ! " das Zeichen, mit dem Ausrufesätze enden: *Da musst du ein Ausrufezeichen setzen!*

aus|ru|hen (Verb) **du ruhst aus, er ruhte aus, sie hat ausgeruht, ruh(e) aus!**
❶ eine Pause machen, um sich von einer Anstrengung zu erholen: *Ich kann nicht mehr, ich muss meine Beine ausruhen.*
❷ sich ausruhen ≈ sich erholen *Ruh dich doch mal aus!*

die **Aus|rüs|tung** (Nomen) **der Ausrüstung, die Ausrüstungen** die Dinge, die man für eine Unternehmung braucht: *Beim Zelten gehören Taschenlampen und -messer mit zur Ausrüstung.*

aus|rut|schen (Verb) **du rutschst aus, er rutschte aus, sie ist ausgerutscht, rutsch(e) nicht aus!** auf einer glatten Oberfläche den Halt verlieren: *Ich bin auf der nassen Treppe ausgerutscht und gestürzt.*

der **Aus|rut|scher** (Nomen) umgangssprachlich **des Ausrutschers, die Ausrutscher**
❶ etwas Peinliches, was man besser nicht gesagt hätte
❷ ein unerwarteter Misserfolg von jemandem, der sonst gute Leistungen zeigt

die **Aus|sa|ge** (Nomen) **der Aussage, die Aussagen**
❶ das Aussagen bei der Polizei oder vor Gericht: *die Aussage verweigern*
❷ die Meinung, die jemand äußert, oder die Informationen, die er besonders vor Gericht oder bei der Polizei gibt: *Nach Aussage von Fachleuten ist mit weiteren Erdbeben zu rechnen. • Ihre Aussage vor Gericht führte dazu, dass der Täter verurteilt wurde.*
❸ das, was ein Künstler mit seinem Werk ausdrücken will: *die künstlerische Aussage eines Gemäldes*

aus|sa|ge|kräf|tig (Adjektiv) **aussagekräftiger, am aussagekräftigsten** so, dass man zuverlässige Informationen erhält: *aussagekräftige Versuchsergebnisse*

aus|sa|gen (Verb) **du sagst aus, er sagte aus, sie hat ausgesagt, sag(e) aus!**
❶ bei der Polizei oder vor Gericht Fragen beantworten: *Der Verdächtige wollte zu den Vorwürfen nichts aussagen.*
❷ etwas erkennen lassen, eine Information geben: *Was sagt dieses Verhalten über seine politische Einstellung aus?*

der **Aus|sa|ge|satz** (Nomen) **des Aussagesatzes, die Aussagesätze** ein Satz, in dem etwas ausgesagt wird, im Unterschied zum Fragesatz oder einer Aufforderung

aus|schal|ten (Verb) **du schaltest aus, er schaltete aus, sie hat ausgeschaltet, schalt(e) aus!**
❶ etwas tun, damit ein Gerät nicht mehr an ist: *den Computer/das Handy ausschalten*
❷ etwas schaltet sich aus ein Gerät oder eine Maschine hört auf zu laufen
❸ dafür sorgen, dass Hindernisse oder Gefahren nicht mehr im Weg sind: *Risiken/einen Gegner ausschalten*

die **Aus|schau** (Nomen) nur im Singular
der Ausschau
nach jemandem/etwas Ausschau halten aufmerksam die Umgebung oder die Angebote beobachten, weil man jemanden/etwas sucht: *nach einem neuen Job Ausschau halten*

aus|schau|en (Verb) süddeutsch Ⓐ **du schaust aus, er schaute aus, sie hat ausgeschaut, schau(e) aus!** die Art und Weise, wie jemand oder etwas aussieht: *Sie schaut gut aus!* · *Es schaut nach Regen aus.*

aus|schei|den (Verb) **du scheidest aus, er schied aus, sie hat/ist ausgeschieden, scheid(e) aus!**
❶ (aus etwas) ausscheiden **ist ausgeschieden** nicht mehr bleiben, z. B. in einer Firma, einer Gruppe oder einem Wettkampf: *aus einem Amt/im Viertelfinale ausscheiden*
❷ **ist ausgeschieden** nicht infrage kommen: *Er hat ein Alibi und scheidet daher als Täter aus.*
❸ **hat ausgeschieden** etwas aus dem Körper herauslassen: *Viele Kröten scheiden über ihre Haut zur Verteidigung Gift aus.*

die **Aus|schei|dung** (Nomen)
der Ausscheidung, die Ausscheidungen
❶ etwas, was man aus dem Körper herauslässt: *Das Denkmal ist von den Ausscheidungen der vielen Tauben beschädigt.*
❷ die Runde eines Wettkampfs, in der der Verlierer ausscheidet

aus|schimp|fen (Verb) **du schimpfst aus, er schimpfte aus, sie hat ausgeschimpft, schimpf(e) nicht aus!** jemanden verärgert anschreien, weil er etwas falsch gemacht hat

aus|schla|fen (Verb) **du schläfst aus, er schlief aus, sie hat ausgeschlafen, schlaf(e) aus!**
❶ so lange schlafen, wie man mag: *Morgen kann ich endlich ausschlafen.*
❷ sich ausschlafen sich erholen, indem man lange schläft

der **Aus|schlag** (Nomen) **des Ausschlag(e)s, die Ausschläge**
❶ Punkte, Flecken oder Pickel auf der Haut, die man plötzlich bekommt: *Bei Windpocken bekommt man einen stark juckenden Ausschlag.*
❷ eine Bewegung, die der Zeiger eines Gerätes macht
❸ den Ausschlag geben für etwas entscheidend sein

aus|schlag|ge|bend (Adjektiv) entscheidend, am wichtigsten: *Was war für diese Entscheidung ausschlaggebend?*

aus|schlie|ßen (Verb) **du schließt aus, er schloss aus, sie hat ausgeschlossen, schließ(e) aus!**
❶ jemanden nicht (mehr) bei etwas mitmachen lassen: *Er wurde vom Wettbewerb ausgeschlossen.*
❷ wissen oder glauben, dass etwas unmöglich ist: *Ich denke, diese Möglichkeit können wir ausschließen.*
siehe auch → **ausgeschlossen**
❸ eine Tür so schließen, dass jemand nicht mehr herein kann: *Ich war nur kurz beim Nachbarn, da hat mich mein Vater versehentlich ausgeschlossen.*

aus|schließ|lich[1] (Adjektiv) alleinig: *Das Gerät ist zur ausschließlichen Nutzung im Freien bestimmt.*

aus|schließ|lich[2] (Adverb) nur: *Den Sieg haben wir ausschließlich dir zu verdanken.*

der **Aus|schluss** (Nomen) **des Ausschlusses, die Ausschlüsse**
❶ der Vorgang, wenn man jemanden nicht (mehr) mitmachen lässt: *Der Direktor hat ihm den Ausschluss vom Unterricht angedroht.*
❷ unter Ausschluss der Öffentlichkeit so, dass keine Zuschauer und keine Reporter dabei sein dürfen

der **Aus|schnitt** (Nomen) **des Ausschnitt(e)s, die Ausschnitte**
❶ ein kurzes Stück, besonders aus einem Buch oder Film: *einen Ausschnitt aus einem Buch vorlesen*
❷ etwas, was man ausgeschnitten hat: *Er hat viele Ausschnitte über die Band aus Musikzeitschriften gesammelt.*
❸ die Öffnung der Kleidung am Hals: *ein Kleid mit einem tiefen Ausschnitt*

die **Aus|schrei|bung** (Nomen)
der Ausschreibung, die Ausschreibungen
öffentliche Bekanntgabe eines Angebots

die **Aus|schrei|tung** (Nomen)
der Ausschreitung, die Ausschreitungen
gewalttätige Aktionen bei einer Veranstaltung mit vielen Menschen

aus|se|hen (Verb) **du siehst aus, er sah aus, sie hat ausgesehen, sieh aus!**
❶ ein bestimmtes Aussehen haben: *Gesund*

siehst du aus! • *Die Wunde sieht böse aus, die muss genäht werden.*
❷ von einer bestimmten Art sein: *Wie sehen deine Pläne für morgen aus?*
❸ es sieht nach etwas aus es gibt Anzeichen für etwas: *Es sieht nach Regen aus.*

das **Aus|se|hen** (Nomen) **nur im Singular** **des Aussehens** der Eindruck, den jemand/etwas macht, wenn man den Blick darauf richtet: *Man sollte andere nicht nach ihrem Aussehen beurteilen.*

au|ßen (Adverb)
❶ auf der Seite, die man auch aus einer Entfernung sehen kann: *Die Schüssel ist außen gelb und innen weiß.*
❷ aus der Sicht von anderen: *Nach außen hin blieb sie ganz gelassen.*

der **Au|ßen|mi|nis|ter** (Nomen) **des Außenministers, die Außenminister** der Minister, der für die Beziehungen zu anderen Ländern zuständig ist

die **Au|ßen|mi|nis|te|rin** (Nomen) **der Außenministerin, die Außenministerinnen** Femininform von → **Außenminister**

die **Au|ßen|po|li|tik** (Nomen) **Plural selten** **der Außenpolitik, die Außenpolitiken** der Bereich der Politik, der die Beziehungen zu anderen Ländern betrifft

der **Au|ßen|sei|ter** (Nomen) **des Außenseiters, die Außenseiter**
❶ jemand, der wenig Kontakt zu anderen hat: *Er war in der Schule immer ein Außenseiter.*
❷ ein Teilnehmer eines Wettkampfes, der schlechte Aussichten auf den Sieg hat

die **Au|ßen|sei|te|rin** (Nomen) **der Außenseiterin, die Außenseiterinnen** Femininform von → **Außenseiter**

au|ßer[1] (Präposition) **mit Dativ gebraucht**
❶ so, dass jemand/etwas nicht betroffen ist: *Alle außer mir waren dort.*
❷ zusätzlich zu jemandem/etwas: *Wer außer Robert kommt noch mit?*
❸ **mit Nomen ohne Artikel gebraucht** nicht in einem Bereich oder Zustand: *Sie reisten außer Landes.* • *Der Aufzug war außer Betrieb.*
❹ außer sich (vor Begeisterung/Wut/...) von einem starken Gefühl völlig beherrscht: *Sie war außer sich vor Freude, als das Konzert endlich begann.*

au|ßer[2] (Konjunktion) es sei denn: *Ich stehe immer um sechs auf, außer am Wochenende.*

au|ßer|dem (Adverb) noch etwas zusätzlich zu dem, was schon gesagt wurde: *Der Weg ist schmal und außerdem sehr steil.*

äu|ße|re (Adjektiv)
❶ von außen oder auf der Außenseite: *Die äußere Schale der Kastanie ist stachelig.*
❷ von anderen oder der Umwelt: *eine Erkrankung ohne erkennbare äußere Ursache*
❸ das Aussehen betreffend: *Inhaltlich ist der Aufsatz nicht schlecht, aber die äußere Form lässt zu wünschen übrig.*

au|ßer|ge|wöhn|lich (Adjektiv) **außergewöhnlicher, am außergewöhnlichsten**
❶ ≈ungewöhnlich besonders, anders als gewohnt: *außergewöhnliche Vorfälle*
❷ ≈sehr *außergewöhnlich schnell rechnen können*

au|ßer|halb[1] (Präposition) **mit Genitiv gebraucht** nicht in einem Bereich oder Zeitraum: *das Gras außerhalb des Grundstückes* • *Wann ist das Sekretariat außerhalb der Schulzeit besetzt?*

au|ßer|halb[2] (Adverb) **umgangssprachlich** aus oder in der Umgebung einer Stadt: *außerhalb von Köln wohnen* • *Wir haben viele Schüler von außerhalb.*

au|ßer|ir|disch (Adjektiv) nicht von der Erde, sondern von anderen Planeten: *In dem Film wird der Held von Außerirdischen entführt.*

äu|ßer|lich (Adjektiv)
❶ an der Außenseite, Oberfläche oder Haut: *ein Mittel zur äußerlichen Anwendung*
❷ den Eindruck von außen oder auf andere betreffend: *Sie war sehr wütend, blieb aber äußerlich ruhig.*

äu|ßern (Verb) **du äußerst, er äußerte, sie hat geäußert, äuß(e)re!**
❶ aussprechen, was man fühlt oder denkt: *Möchte sonst noch jemand seine Meinung äußern?*
❷ sich (über jemanden/zu etwas) äußern seine Meinung sagen: *Der Trainer hat sich noch nicht zu unserem Vorschlag geäußert.*
❸ etwas äußert sich in/durch etwas etwas wird durch etwas deutlich: *Die Krankheit äußert sich durch Kopfschmerzen und Fieber.*

au|ßer|or|dent|lich (Adjektiv)
❶ nicht dem üblichen Plan entsprechend: *eine außerordentliche Versammlung*
❷ ≈ außergewöhnlich sehr (groß oder gut): *Sie ist außerordentlich begabt.*

äu|ßerst[1] (Adjektiv)
❶ so weit außen wie möglich: *die äußerste Schicht • am äußersten Rand*
❷ im höchsten Maße: *mit äußerster Sorgfalt vorgehen*
❸ so schlimm oder extrem wie möglich: *im äußersten Falle • Du darfst es nicht zum Äußersten kommen lassen.*

äu|ßerst[2] (Adverb) verwendet, um Adverbien oder Adjektive zu verstärken: *Das ist äußerst wichtig. • Er ist ein äußerst schneller Läufer.*

die **Äu|ße|rung** (Nomen) **der Äußerung, die Äußerungen** ≈ Bemerkung, Kommentar das, was jemand zu einem Thema sagt oder schreibt

aus|set|zen (Verb) **du setzt aus, er setzte aus, sie hat ausgesetzt, setz(e) aus!**
❶ jemanden oder etwas an einem Ort zurücklassen: *Er wurde als Baby vor einem Kloster ausgesetzt. • Vor den Ferien werden viele Hunde ausgesetzt.*
❷ ein Tier freilassen: *Die gezüchteten Forellen wurden im Fluss ausgesetzt.*
❸ eine Pause machen, etwas unterbrechen: *beim Spiel eine Runde aussetzen müssen*
❹ (für kurze Zeit) aufhören, nicht funktionieren: *Der Motor setzte aus.*
❺ etwas als Belohnung oder Preis versprechen: *Für Hinweise auf den Täter ist eine Belohnung von 5.000 Euro ausgesetzt.*
❻ etwas an jemandem/etwas aussetzen etwas kritisieren: *Das Buch ist etwas lang, ansonsten gibt es wenig daran auszusetzen.*

die **Aus|sicht** (Nomen) **der Aussicht, die Aussichten**
❶ ≈ Blick alles, was man von einem Punkt aus sehen kann: *Von meinem Fenster hat man eine gute Aussicht aufs Meer.*
❷ die Chancen, mit denen man für die Zukunft rechnet: *gute Aussichten auf Erfolg haben*
❸ etwas in Aussicht haben etwas wahrscheinlich bekommen werden: *Ich habe einen tollen Ferienjob in Aussicht.*
❹ jemandem etwas in Aussicht stellen jemandem etwas versprechen

aus|sichts|los (Adjektiv) ≈ hoffnungslos ohne Chance auf Erfolg: *Es ist aussichtslos, ihn überreden zu wollen.*

die **Aus|sichts|lo|sig|keit** (Nomen) **nur im Singular der Aussichtslosigkeit** keine Hoffnung auf Erfolg: *Ihr wurde die Aussichtslosigkeit ihrer Situation klar.*

die **Aus|spra|che** (Nomen) **der Aussprache, die Aussprachen**
❶ **nur im Singular** die Art, wie man ein Wort ausspricht: *die richtige Aussprache von Fremdwörtern • An seiner Aussprache merkt man gleich, dass er aus der Schweiz kommt.*
❷ ein Gespräch über Probleme, die man miteinander hat: *Sie bat ihren Mitschüler um eine Aussprache.*

aus|spre|chen (Verb) **du sprichst aus, er sprach aus, sie hat ausgesprochen, sprich aus!**
❶ etwas auf bestimmte Art sprechen: *Sie kann das „r" nicht richtig aussprechen.*
❷ etwas sagen, nicht verschweigen: *Sie hat nur ausgesprochen, was wir alle denken.*
❸ zu Ende sprechen: *Lass ihn doch erst mal aussprechen!*
❹ sich (mit jemandem) aussprechen mit jemandem offen über seine Sorgen und Probleme sprechen: *Sprich dich doch aus, danach geht es dir bestimmt besser.*
❺ sich für/gegen jemanden/etwas aussprechen seine positive/negative Meinung über jemanden/etwas äußern: *Die Anwohner sprachen sich gegen den Parkplatz aus.*

aus|stat|ten (Verb) **du stattest aus, er stattete aus, sie hat ausgestattet, statte aus!**
❶ mit den benötigten Geräten oder anderen Dingen ausrüsten: *eine modern ausgestattete Arztpraxis • das Auto mit neuen Winterreifen ausstatten*
❷ jemandem etwas geben oder sich selbst besorgen, was man für einen bestimmten Zweck braucht: *sich mit einer neuen Skiausrüstung ausstatten • Die Lehrlinge wurden mit Arbeitsanzügen ausgestattet.*

die **Aus|stat|tung** (Nomen) **der Ausstattung, die Ausstattungen**
❶ die Dinge, mit denen eine Person, ein Raum oder ein Gerät ausgestattet ist: *ein Fitnessstudio mit einer guten Ausstattung*
❷ der Vorgang des Ausstattens: *Wer bezahlt die Ausstattung der Schüler mit Lehrbüchern?*

aus|ste|hen (Verb) **du stehst aus, er stand aus, sie hat ausgestanden, steh(e) aus!**
❶ etwas steht noch aus etwas fehlt noch, muss noch erledigt werden: *Die Antwort auf meinen Brief steht noch aus.*
❷ jemanden/etwas nicht ausstehen können jemanden/etwas nicht mögen: *Ich kann Zwiebelgeruch nicht ausstehen!*
❸ etwas ist ausgestanden etwas Unangenehmes ist vorbei

aus|stei|gen (Verb) **du steigst aus, er stieg aus, sie ist ausgestiegen, steig(e) aus!**
❶ aus einem Fahrzeug steigen: *An der nächsten Haltestelle muss ich aussteigen.*
❷ bei etwas nicht mehr mitmachen: *Das tägliche Training wird mir zu viel, ich steige aus.*

aus|stel|len (Verb) **du stellst aus, er stellte aus, sie hat ausgestellt, stell(e) aus!**
❶ bestimmte Sachen einem Publikum zeigen: *Auf der Messe wurden neue Handys ausgestellt.*
❷ ≈ausschalten dafür sorgen, dass ein Gerät oder eine Maschine nicht mehr läuft
❸ jemandem etwas schriftlich geben: *Der Arzt hat mir ein Attest ausgestellt, dass ich nicht am Sportunterricht teilnehmen kann.* • *Die Fahrkarte ist auf mich persönlich ausgestellt.*

der **Aus|stel|ler** (Nomen) **des Ausstellers, die Aussteller** eine Person oder Firma, die etwas auf einer Messe ausstellt

die **Aus|stel|le|rin** (Nomen) **der Ausstellerin, die Ausstellerinnen**
Femininform von → **Aussteller**

die **Aus|stel|lung** (Nomen) **der Ausstellung, die Ausstellungen**
❶ eine Veranstaltung, auf der einem Publikum Kunstwerke oder neue Waren gezeigt werden: *Im Museum hat eine neue Ausstellung eröffnet.*
❷ der Vorgang, ein Dokument für jemanden zu schreiben: *die Ausstellung eines Reisepasses beantragen*

aus|ster|ben (Verb) nur in der 3. Person gebraucht **es stirbt aus, es starb aus, es ist ausgestorben** als Art aufhören zu existieren: *Warum sind die Saurier ausgestorben?* • *Tiger sind von dem Aussterben bedroht.*

der **Aus|stieg** (Nomen) **des Ausstieg(e)s, die Ausstiege**
❶ eine Tür, durch die man ein Fahrzeug verlassen kann
❷ nur im Singular das Aufhören mit etwas, wenn man nicht mehr mitmachen will: *der Ausstieg aus der Atomkraft*

aus|strah|len (Verb) **du strahlst aus, er strahlte aus, sie hat ausgestrahlt, strahl(e) aus!**
❶ etwas im Fernsehen oder Radio senden: *Auf welchem Sender wird das Länderspiel ausgestrahlt?*
❷ etwas um sich herum verbreiten: *Das Feuer strahlt Wärme aus.*
❸ erkennen lassen, wie man sich fühlt: *Sie strahlt erstaunliches Selbstbewusstsein aus.*

die **Aus|strah|lung** (Nomen) **der Ausstrahlung, die Ausstrahlungen**
❶ das Senden in Radio oder Fernsehen oder eine Sendung: *Die Ausstrahlung der Dokumentation wurde verschoben.*
❷ nur im Singular die Art, wie jemand auf andere wirkt: *Er hat eine sympathische Ausstrahlung.*

aus|su|chen (Verb) **du suchst aus, er suchte aus, sie hat ausgesucht, such(e) aus!** eine von mehreren Möglichkeiten wählen: *Jeder durfte sich ein Geschenk aussuchen.*

der **Aus|tausch** (Nomen) nur im Singular **des Austausch(e)s**
❶ ≈Ersatz das Austauschen von etwas, was nicht mehr gut ist: *Ein Austausch des Hallenbodens wurde nötig.*
❷ die Vereinbarung von zwei Ländern oder z. B. Schulen, sich gegenseitig Schüler oder Studenten zum Kennenlernen zu schicken: *mit einer Partnerschule einen Austausch organisieren*
❸ der Vorgang, wenn man sich gegenseitig informiert, etwas gibt oder schickt: *der Austausch von Gedanken*

aus|tau|schen (Verb) **du tauschst aus, er tauschte aus, sie hat ausgetauscht, tausch(e) aus!**
❶ ≈ersetzen etwas nicht mehr Gutes durch etwas Neues ersetzen: *die Batterien/die alten Fenster austauschen*
❷ einen Sportler aus dem Spiel nehmen und einen anderen an seiner Stelle spielen lassen: *Der verletzte Spieler wurde gegen einen Ersatzspieler ausgetauscht.*
❸ sich gegenseitig Informationen/Dinge geben oder Personen schicken: *mit dem Feind Gefangene austauschen*
❹ etwas austauschen oder sich (mit jemandem über etwas) austauschen sich gegenseitig über etwas informieren, über etwas sprechen: *Anschließend tauschten die*

Teilnehmer ihre Telefonnummern aus. • Vor dem Referat konnten wir uns nur kurz über unsere Themen austauschen.

der **Aus|tausch|schü|ler** (Nomen) **des Austauschschülers, die Austauschschüler** ein Schüler, der eine Zeit lang eine Schule in einem anderen Land besucht, um das Land und die Sprache kennenzulernen: *als Austauschschüler in die USA gehen*

die **Aus|tausch|schü|le|rin** (Nomen) **der Austauschschülerin, die Austauschschülerinnen** Femininform von → **Austauschschüler**

aus|tei|len (Verb) **du teilst aus, er teilte aus, sie hat ausgeteilt, teil(e) aus!**
1 von einer Menge jedem etwas geben: *die Karten austeilen • Arbeitsblätter an die Schüler austeilen*
2 (Kritik/Schläge) austeilen andere kritisieren/schlagen: *Er hat sich nichts gefallen lassen und auch ordentlich ausgeteilt.*

aus|tra|gen (Verb) **du trägst aus, er trug aus, sie hat ausgetragen, trag(e) aus!**
1 von Haus zu Haus gehen und etwas verteilen: *Zeitungen austragen*
2 einen Wettkampf veranstalten
3 einen Streit zu einer Entscheidung bringen: *Tragt eure Konflikte bitte außerhalb der Klasse aus!*
4 ein Kind austragen schwanger werden und das Kind zur Welt bringen
5 sich austragen sich aus einer Liste streichen: *Wenn du nicht mitkommen kannst, trage dich bitte aus der Teilnehmerliste aus.*

Aus|tra|li|en, Aust|ra|li|en (Nomen) **Australiens** der kleinste Erdteil und ein Land

der **Aus|tra|li|er, Aust|ra|li|er** (Nomen) **des Australiers, die Australier** ein Junge/Mann aus Australien

die **Aus|tra|lie|rin, Aust|ra|lie|rin** (Nomen) **der Australierin, die Australierinnen** ein Mädchen/eine Frau aus Australien

aus|tra|lisch, aust|ra|lisch (Adjektiv) aus Australien

aus|tre|ten (Verb) **du trittst aus, er trat aus, sie hat/ist ausgetreten, tritt aus!**
1 **hat ausgetreten** auf etwas treten, damit es nicht mehr brennt: *eine Zigarette austreten*
2 **hat ausgetreten** etwas mit den Füßen abnutzen: *Generationen von Besuchern haben hier die Stufen ausgetreten.*
3 **ist ausgetreten** einer Organsisation mitteilen, dass man nicht mehr Mitglied sein will: *aus einem Verein austreten*
4 **ist ausgetreten** auf die Toilette gehen: *Ich muss schnell mal austreten.*
5 etwas tritt (aus etwas) aus **ist ausgetreten** etwas kommt durch eine undichte Stelle heraus: *Aus dem Loch trat Gas aus.*

aus|trin|ken (Verb) **du trinkst aus, er trank aus, sie hat ausgetrunken, trink(e) aus!** leer trinken: *Trink bitte deine Milch aus!*

der **Aus|tritt** (Nomen) **des Austritt(e)s, die Austritte** das Beenden der Mitgliedschaft z. B. in einem Verein: *Zahlreiche Mitglieder erklärten aus Protest ihren Austritt.*

aus|üben (Verb) **du übst aus, er übte aus, sie hat ausgeübt, üb(e) aus!**
1 regelmäßig die Arbeit tun, die bei etwas nötig ist: *Welchen Beruf üben Sie aus?*
2 etwas benutzen, anwenden: *Druck/Zwang auf jemanden ausüben*
3 in bestimmter Weise auf jemanden wirken: *Filme üben eine ganz besondere Faszination auf Kinder aus.*

aus|ver|kauft (Adjektiv)
1 so, dass alles verkauft und eine Ware nicht mehr zu bekommen ist: *Die Karten sind leider schon ausverkauft.*
2 so, dass kein Platz mehr frei ist: *Am letzten Spieltag war das Stadion ausverkauft.*

die **Aus|wahl** (Nomen) **nur im Singular der Auswahl**
1 die Menge, aus der etwas ausgewählt werden kann: *Die Auswahl an Speisen war groß.*
2 die Entscheidung für eine von mehreren Möglichkeiten: *Die Auswahl des Urlaubsortes fiel mir schwer.*
3 eine Zusammenstellung von ausgewählten Dingen oder von Sportlern für einen Wettkampf: *eine Auswahl von Schillers Werken • ein Spiel der deutschen Auswahl gegen Frankreich*
4 zur Auswahl stehen zu den Möglichkeiten gehören, für die man sich entscheiden kann

aus|wäh|len (Verb) **du wählst aus, er wählte aus, sie hat ausgewählt, wähl(e) aus!** sich für eine von mehreren Möglichkeiten entscheiden: *Die Kandidaten werden sorgfältig ausgewählt.*

der **Aus|wan|de|rer** (Nomen)
des Auswanderers, die Auswanderer
jemand, der seine Heimat für immer verlässt

die **Aus|wan|de|rin** (Nomen)
der Auswanderin, die Auswanderinnen
Femininform von → **Auswanderer**

aus|wan|dern (Verb) **du wanderst aus, er wanderte aus, sie ist ausgewandert, wand(e)re aus!** sein Land für immer verlassen, um in einem anderen zu leben: *von Deutschland nach Schweden auswandern*

die **Aus|wan|de|rung** (Nomen) **Plural selten**
der Auswanderung, die Auswanderungen
das Auswandern

aus|wärts (Adverb)
❶ nicht im eigenen Haus oder Wohnort: *auswärts essen/arbeiten*
❷ von auswärts aus einem anderen Ort

aus|wech|seln (Verb) **du wechselst aus, er wechselte aus, sie hat ausgewechselt, wechs(e)le aus!**
❶ ≈ersetzen etwas durch etwas anderes ersetzen: *die Batterien auswechseln*
❷ SPORT einen Sportler aus dem Spiel nehmen und einen anderen an seiner Stelle spielen lassen: *Der Torwart musste nach dem Foul ausgewechselt werden.*

der **Aus|weg** (Nomen) **des Ausweg(e)s, die Auswege** eine Möglichkeit, aus einer schwierigen Situation herauszukommen: *Mir fiel kein anderer Ausweg ein, als einen Lehrer um Hilfe zu bitten.*

aus|wei|chen (Verb) **du weichst aus, er wich aus, sie ist ausgewichen, weich(e) aus!**
❶ versuchen, einen Zusammenstoß oder etwas Unangenehmes zu vermeiden: *Der Radfahrer wich dem Auto noch rechtzeitig aus. • Sie wich meiner Frage aus.*
❷ auf etwas ausweichen sich als Ersatz für etwas anderes entscheiden: *Der Raum ist am Montag besetzt, wir müssen auf einen anderen Tag ausweichen.*

der **Aus|weis** (Nomen) **des Ausweises, die Ausweise** ein Dokument, das Angaben zu einer Person enthält: *am Eingang der Disco seinen Ausweis vorzeigen müssen*

aus|wei|sen (Verb) **du weist aus, er wies aus, sie hat ausgewiesen, weise aus!**
❶ jemanden zwingen, das Land zu verlassen
❷ etwas in einem Bericht melden oder auf einer Rechnung nennen: *Auf der Abrechnung werden alle Kosten korrekt ausgewiesen.*
❸ sich (als etwas) ausweisen seinen Ausweis zeigen: *Die beiden Männer wiesen sich als Polizisten aus.*

aus|wen|dig (Adverb) so, dass man etwas im Gedächtnis hat, ohne irgendwo nachschauen zu müssen: *ein Gedicht auswendig lernen • den Weg auswendig wissen*

aus|wer|ten (Verb) **du wertest aus, er wertete aus, sie hat ausgewertet, werte aus!** etwas untersuchen und die Ergebnisse für einen Zweck nutzen: *die Daten einer Überwachungskamera auswerten*

die **Aus|wer|tung** (Nomen) **der Auswertung, die Auswertungen** das Auswerten

sich **aus|wir|ken** (Verb) **nur in der 3. Person gebraucht es wirkt sich aus, es wirkte sich aus, es hat sich ausgewirkt**
etwas wirkt sich (auf etwas) aus etwas zeigt eine Wirkung, hat Folgen: *Der gemeinsame Urlaub hat sich positiv auf die Stimmung in der Mannschaft ausgewirkt.*

die **Aus|wir|kung** (Nomen) **der Auswirkung, die Auswirkungen** die Folgen, die etwas hat: *Eine Flut würde verheerende Auswirkungen auf die Ernte haben.*

aus|zah|len (Verb) **du zahlst aus, er zahlte aus, sie hat ausgezahlt, zahl(e) aus!**
❶ jemandem das Geld geben, das ihm zusteht: *den Arbeitern ihren Lohn auszahlen*
❷ etwas zahlt sich aus umgangssprachlich etwas lohnt sich, hat eine positive Wirkung: *Es hat sich ausgezahlt, dass ich die Vokabeln gestern noch einmal wiederholt habe.*

die **Aus|zeich|nung** (Nomen)
der Auszeichnung, die Auszeichnungen
❶ ein Titel oder Preis, mit dem jemand/etwas geehrt wird: *Er erhielt die Auszeichnung „Sportler des Jahres".*
❷ das Ehren einer Person oder Sache durch einen Preis oder Titel: *die Auszeichnung der besten Filme durch die Akademie*
❸ mit Auszeichnung mit besten Noten

aus|zie|hen (Verb) **du ziehst aus, er zog aus, sie hat/ist ausgezogen, zieh(e) aus!**
❶ **hat ausgezogen** Kleidung vom Körper nehmen: *den Pullover ausziehen • das Kind ausziehen*
❷ sich ausziehen **hat ausgezogen** Kleidung vom eigenen Körper nehmen: *Er zog sich nackt aus.*

❸ hat ausgezogen an etwas ziehen, damit es länger wird: *Den Tisch kann man ausziehen, wenn Gäste kommen.*
❹ ist ausgezogen eine Wohnung mit all seinen Sachen verlassen, um woanders zu leben: *Er ist bei seinen Eltern aus- und bei seiner Freundin eingezogen.*

der/die **Aus|zu|bil|den|de** (Nomen) **des/der Auszubildenden, die Auszubildenden** jemand, der in der Berufsausbildung ist → **Azubi**

der **Aus|zug** (Nomen) **des Auszug(e)s, die Auszüge**
❶ nur im Singular das Ausziehen aus einer Wohnung: *die Wohnung vor dem Auszug renovieren*
❷ ein ausgewählter Teil eines Textes: *Den Roman werden wir nur in Auszügen lesen.*
❸ eine Mitteilung von der Bank über das Geld auf dem Konto: *Aus dem Auszug wird deutlich, dass die Miete schon abgebucht wurde.*

au|then|tisch (Adjektiv) gehoben **authentischer, am authentischsten** echt und nicht verfälscht: *Die mittelalterlichen Kostüme wirken sehr authentisch.*

die **Au|then|ti|zi|tät** (Nomen) gehoben nur im Singular **der Authentizität** die Eigenschaft, echt und unverfälscht zu sein

das **Au|to** (Nomen) **des Autos, die Autos** Abkürzung von: Automobil ein Fahrzeug mit vier Rädern und Motor: *Kannst du schon Auto fahren?*

die **Au|to|bahn** (Nomen) **der Autobahn, die Autobahnen** eine Straße, die nur Fahrzeuge nutzen dürfen, die mindestens 60 km/h fahren

die **Au|to|bio|gra|fie, Au|to|bio|gra|phie** (Nomen) **der Autobiografie, die Autobiografien** ein Buch, in dem jemand von seinem eigenen Leben erzählt

der **Au|to|fah|rer** (Nomen) **des Autofahrers, die Autofahrer** jemand, der ein Auto fährt

die **Au|to|fah|re|rin** (Nomen) **der Autofahrerin, die Autofahrerinnen** Femininform von → **Autofahrer**

das **Au|to|gramm** (Nomen) **des Autogramm(e)s, die Autogramme** die eigenhändige Unterschrift einer bekannten Persönlichkeit

der **Au|to|mat** (Nomen) **des Automaten, die Automaten**
❶ ein Apparat, aus dem man besonders Dinge wie Fahrkarten, Getränke und Süßigkeiten kaufen kann (z. B. Geldautomat, Zigarettenautomat, Fahrkartenautomat)
❷ ein technisches Gerät, das selbstständig bestimmte Arbeiten ausführt (z. B. Roboter in der Autoindustrie)

die **Au|to|ma|tik** (Nomen) **der Automatik, die Automatiken** eine Vorrichtung, die einen technischen Ablauf selbsttätig steuert: *ein Auto mit Automatikschaltung*

au|to|ma|tisch (Adjektiv)
❶ mit einer Automatik eigenständig funktionierend
❷ ohne bewusstes Nachdenken: *Bei spannenden Filmszenen halte ich immer automatisch die Luft an.*

das **Au|to|mo|bil** (Nomen) **des Automobils, die Automobile** das Auto, Kraftfahrzeug

au|to|nom (Adjektiv) gehoben
❶ unabhängig in Bezug auf Politik, Kultur und Verwaltung: *ein autonomer Staat*
❷ Staat und Gesellschaft ablehnend und meist gewaltbereit

die **Au|to|no|mie** (Nomen) gehoben **der Autonomie, die Autonomien** die Unabhängigkeit eines Gebietes oder Landes in der Verwaltung und bei politischen Entscheidungen: *Der Süden des Landes strebt nach Autonomie.*

die **Au|to|num|mer** (Nomen) umgangssprachlich **der Autonummer, die Autonummern** das Kennzeichen eines Autos

der **Au|tor** (Nomen) **des Autors, die Autoren** jemand, der einen Text geschrieben hat: *Auch das zweite Buch des jungen Autors war ein voller Erfolg.*

die **Au|to|rin** (Nomen) **der Autorin, die Autorinnen** Femininform von → **Autor**

au|to|ri|tär (Adjektiv) gehoben
❶ absoluten Gehorsam fordernd, sehr streng: *eine autoritäre Erziehung*
❷ POLITIK undemokratisch, Widerstand durch Gewalt unterdrückend: *ein autoritärer Staat*

die **Au|to|ri|tät** (Nomen) gehoben **der Autorität, die Autoritäten**
❶ nur im Singular das Ansehen oder der Einfluss einer Person: *Sie besitzt/genießt große Autorität bei ihren Schülern.*
❷ eine Persönlichkeit, die hohes Ansehen genießt: *Er gilt als Autorität auf diesem Gebiet.*

der **Au|to|un|fall** (Nomen) **des Autounfall(e)s, die Autounfälle** ein Unfall mit einem Auto

die **Axt** (Nomen) **der Axt, die Äxte** ein Werkzeug mit langem Stiel und einer scharfen Schneide, das besonders zum Zerkleinern von Holz verwendet wird

der/die **Azu|bi, Azu|bi** (Nomen) **des /der Azubi, die Azubis** Kurzform von → **Auszubildende**

B

das **B, b** (Nomen) **des B, die B** der zweite Buchstabe im Alphabet siehe auch → **A**

das **Ba|by** (Nomen) ['be:bi] **des Babys, die Babys** ein Säugling, ein Kind unter einem Jahr

der **Ba|by|sit|ter** (Nomen) ['be:bizɪtɐ] **des Babysitters, die Babysitter** jemand, der auf einen Säugling/ein Kind aufpasst, wenn die Eltern nicht da sind

die **Ba|by|sit|te|rin** (Nomen) ['be:bizɪtərɪn] **der Babysitterin, die Babysitterinnen** Femininform von → **Babysitter**

der **Bach** (Nomen) **des Bach(e)s, die Bäche** ein kleiner Wasserlauf

der **Ba|che|lor** (Nomen) ['bɛtʃəlɐ] UNIVERSITÄT **des Bachelor(s), die Bachelors** der niedrigste akademische Abschluss an einer Universität oder Fachhochschule

das **Back|bord** (Nomen) **Plural selten** **des Backbord(e)s, die Backborde** in Fahrt- oder Flugrichtung gesehen linke Seite eines Schiffes/Flugzeugs

die **Ba|cke** (Nomen) **der Backe, die Backen**
❶ im Gesicht der Gesichtsteil rechts oder links zwischen Nase und Ohr
❷ umgangssprachlich die rechte oder linke Pohälfte

ba|cken (Verb) **du backst/bäckst, er backte/buk, sie hat gebacken, back(e)!**
❶ mehrere Zutaten zu einem Teig vermischen und im Backofen garen: *Meine Mutter backt/bäckt einen Kuchen.*
❷ kleine Brötchen backen bescheidene Ziele haben, nicht angeben

der **Ba|cken|zahn** (Nomen) **des Backenzahn(e)s, die Backenzähne** einer der seitlichen Zähne eines Gebisses

der **Bä|cker** (Nomen) **des Bäckers, die Bäcker** jemand, der sein Geld mit dem Backen und Verkaufen von Brot, Brötchen, Gebäck usw. verdient

die **Bä|cke|rei** (Nomen) **der Bäckerei, die Bäckereien** ein Betrieb, in dem Brot, Brötchen, Gebäck usw. hergestellt und verkauft werden: *Ich liebes es, morgens Brötchen zu kaufen und den Duft in der Bäckerei zu riechen.*

die **Bä|cke|rin** (Nomen) **der Bäckerin, die Bäckerinnen** Femininform von → **Bäcker**

die **Back|form** (Nomen) **der Backform, die Backformen** eine Form, in der etwas gebacken wird

der **Back|ground** (Nomen) ['bɛkgraunt] **des Backgrounds, die Backgrounds**
❶ gehoben der geistige oder finanzielle Hintergrund von jemandem
❷ MUSIK die Musik, die im Hintergrund gespielt oder gesungen wird, besonders wenn jemand singt

der **Back|ofen** (Nomen) **des Backofens, die Backöfen** ein Gerät, in dem etwas gebacken oder gegart werden kann

das **Back|pul|ver** (Nomen) **des Backpulvers, die Backpulver** ein Mittel, das beim Backen den Teig locker macht

der/das **Back-up, Backup** (Nomen) ['bɛk|ap] **des Back-ups, die Back-ups** die Sicherungskopie von Daten

das **Bad** (Nomen) **des Bad(e)s, die Bäder**
❶ in eine Wanne gefülltes Wasser zum Reinigen oder Entspannen des Körpers: *Nach dem Spaziergang nahm er ein warmes Bad.*
❷ Kurzform von → **Badezimmer** *Sie ist noch schnell im Bad und macht sich fertig.*

der **Ba|de|an|zug** (Nomen) **des Badeanzug(e)s, die Badeanzüge** die Schwimmbekleidung für Frauen

die **Ba|de|ho|se** (Nomen) **der Badehose, die Badehosen** die Schwimmbekleidung für Männer: *meine Badehose ist zu klein*

der **Ba|de|meis|ter** (Nomen) **des Bademeisters, die Bademeister** jemand, der für die Sicherheit in einem Schwimmbad verantwortlich ist

ba|den (Verb) **du badest, er badete, sie hat gebadet, bade!**
① in einer Wanne ein Bad nehmen in einem See usw. zum Vergnügen schwimmen
② jemanden baden zum Reinigen oder Erfrischen in einen mit Wasser gefüllten Behälter tauchen: *Sie badete das Baby.*
③ bei/mit etwas baden gehen keinen Erfolg bei/mit etwas haben

Ba|den-Würt|tem|berg (Nomen) **Baden-Württemberg** ein Bundesland in Süddeutschland

die **Ba|de|wan|ne** (Nomen) **der Badewanne, die Badewannen** Wanne, besonders im Badezimmer, in der man baden kann

das **Ba|de|zim|mer** (Nomen) **des Badezimmers, die Badezimmer** ein Raum, in dem man sich waschen und meist zur Toilette gehen kann

das **Bad|min|ton** (Nomen) ['bætmɪntən] nur im Singular **des Badmintons** Federball

das **BAföG, Bafög** (Nomen) nur im Singular **des BAföG(s)**
① das Gesetz, das die finanzielle Unterstützung von Schülern, Auszubildenden oder Studenten, besonders aus Familien mit wenig Geld, während der Ausbildung oder des Studiums regelt
② das Geld, das ein Schüler, Auszubildender oder Student aus einer Familie mit wenig Geld vom Staat während seiner Ausbildung oder seines Studiums erhält

der **Bag|ger** (Nomen) **des Baggers, die Bagger**
① TECHNIK eine große Maschine mit Schaufel zum Abgraben und Transportieren von Erde
② SPORT eine Schlagtechnik beim Volleyball, bei der der Ball von unten mit der Innenseite beider Unterarme gleichzeitig geschlagen wird

bag|gern (Verb) **du baggerst, er baggerte, sie hat gebaggert, bagg(e)re!**
① TECHNIK mit einem Bagger arbeiten
② SPORT den Ball von unten mit der Innenseite beider Unterarme schlagen

das **Ba|guette** (Nomen) [ba'gɛt] **des Baguettes, die Baguettes** langes, dünnes Weißbrot, das besonders in Frankreich sehr beliebt ist

die **Bahn** (Nomen) **der Bahn, die Bahnen**
① VERKEHR Kurzform von Eisenbahn oder Straßenbahn: *Wenn ich mit der Bahn fahre, beobachte ich immer die anderen Leute im Abteil.*
② umgangssprachlich · nur im Singular der Bahnhof: *Er bringt seine Oma zur Bahn.*
③ umgangssprachlich · nur im Singular die Eisenbahn als Organisation: *Die Bahn hat wieder Streiks angekündigt.*
④ ≈Weg der Weg, den sich jemand (meist unter Anstrengung) schafft: *Sie schaufelten sich eine Bahn durch den Schnee.*
⑤ SPORT die Strecke, auf der ein Sportler während eines Wettbewerbs läuft, schwimmt o. Ä.: *Die deutsche Schwimmerin startet auf Bahn 1.*
⑥ etwas wirft jemanden aus der Bahn etwas ist so schlimm für jemanden, dass es sein Leben völlig durcheinanderbringt

bahn|bre|chend (Adjektiv) **bahnbrechender, am bahnbrechendsten** völlig neu, hochmodern: *Die Entdeckung des Antibiotikums war für die Medizin bahnbrechend.*

bah|nen (Verb) **du bahnst, er bahnte, sie hat gebahnt, bahn(e)!**
jemandem/sich einen Weg durch etwas bahnen jemandem/sich (meist unter Anstrengung) den Weg durch etwas frei machen: *Sie bahnten sich einen Weg durch die Menschenmassen ins Freie.*

der **Bahn|hof** (Nomen) **des Bahnhof(e)s, die Bahnhöfe**
① ≈Haltestelle Ort mit Gleisen und Gebäuden, an dem ein Zug hält und Fahrgäste ein- und aussteigen können: *Die Reisenden warten auf dem Bahnhof auf die Ankunft des Zuges.*
② nur Bahnhof verstehen umgangssprachlich nicht verstehen, was gesagt wird

der **Bahn|steig** (Nomen) **des Bahnsteig(e)s, die Bahnsteige** die Plattform an den Gleisen eines Bahnhofs, von der aus die Fahrgäste in einen Zug ein- und aussteigen

der **Bahn|über|gang** (Nomen) **des Bahnübergang(e)s, die Bahnübergänge** die Stelle, an der eine Straße oder ein Weg über Bahngleise führt

die **Bah|re** (Nomen) **der Bahre, die Bahren** ein tragbares Gestell, auf dem Kranke, Verletzte oder Tote transportiert werden

die **Bak|te|rie** (Nomen) [bak'teːri̯ə] **der Bakterie, die Bakterien** ein winziges Lebewesen, das teilweise Krankheiten auslösen kann

bak|te|ri|ell (Adjektiv) Erkrankung, Infektion usw. durch Bakterien verursacht

die **Ba|lan|ce** (Nomen) [ba'lã:s, ba'lã:sə] **der Balance, die Balancen** das Gleichgewicht: *die Balance halten oder verlieren*

ba|lan|cie|ren (Verb) **du balancierst, er balancierte, sie ist/hat balanciert, balancier(e)!**
❶ ist balanciert sich im Gleichgewicht halten, während man über etwas Schmales läuft: *Sie ist auf einem Balken balanciert.*
❷ hat balanciert etwas im Gleichgewicht halten, während man läuft: *Sie hat ein Ei auf dem Löffel balanciert.*

bald (Adverb) **eher, am ehesten**
❶ Zeitpunkt in naher Zukunft: *Susan hat bald Geburtstag.*
❷ Zeitspanne innerhalb kurzer Zeit: *Er hatte bald keine Lust mehr zu lesen.*
❸ umgangssprachlich ≈ fast, beinahe nicht ganz, aber nahe dran: *Wir mussten bald 30 Minuten warten.*
❹ Wirst du/hast du jetzt bald ...! umgangssprachlich in einer drohenden, ungeduldigend Art verwendet, um jemanden aufzufordern, sich zu beeilen: *Hörst du jetzt bald mal auf damit!*
❺ Bis bald! umgangssprachlich ein Abschiedsgruß

der **Bal|ken** (Nomen) **des Balkens, die Balken**
❶ ein dickes, langes Stück Holz, besonders zum Hausbau verwendet
❷ Turngerät der Schwebebalken
❸ beim Zeichnen usw. ein dicker Streifen als Trennungslinie
❹ lügen, dass sich die Balken biegen für jeden erkennbar lügen

der **Bal|kon** (Nomen) **des Balkon(e)s, die Balkone**
❶ ARCHITEKTUR ein Anbau an ein Gebäude, der oben offen und von einem Geländer umgeben ist
❷ Theater, Kino die erhöhten Sitzreihen hinten und teils seitlich im Saal

der **Ball** (Nomen) **des Balls, die Bälle**
❶ ein runder Gegenstand aus Gummi, Leder oder Plastik (z. B. Tennisball, Fußball, Handball): *Tim warf Susi den Ball zu.*
❷ Tanzveranstaltung ein festliches Ereignis, auf dem getanzt wird (z. B. Faschingsball, Abschlussball)
❸ am Ball bleiben etwas weiterverfolgen, sich nicht abbringen lassen

die **Bal|la|de** (Nomen) **der Ballade, die Balladen**
❶ Gedicht ein langes Gedicht, meist mit tragischer Handlung
❷ Lied ein langsames, oft trauriges Lied

der **Bal|last** (Nomen) nur im Singular **des Ballast(e)s**
❶ auf einem Schiff usw. zusätzliches Gewicht, das wertlos ist, aber z. B. auf Schiffen dazu verwendet wird, das Gleichgewicht zu halten
❷ überflüssigen Ballast abwerfen etwas, was man nicht mehr braucht, loswerden

die **Bal|last|stof|fe** (Nomen) meist im Plural **der Ballaststoffe** die schlecht oder gar nicht vom Körper verwerteten Bestandteile der Nahrung, die für die Verdauung aber wichtig sind

bal|len (Verb) **du ballst, er ballte, sie hat geballt, ball(e)!** die Hand, die Faust fest zusammenpressen: *Er ballte seine Hand vor Wut zur Faust.*

der **Bal|len** (Nomen) **des Ballens, die Ballen**
❶ ≈ Bündel, Packen für den Transport zusammengebundene Ware (z. B. Heuballen, Papierballen, Stoffballen)
❷ verdickte Stelle bei Menschen und Säugetieren am Fuß und an der Hand: *Der Hund hat im Schnee wunde Ballen bekommen.*

das **Bal|lett** (Nomen) **des Ballett(e)s, die Ballette**
❶ Bühnentanz ein Musikstück mit klassischem oder modernem Tanz und einer Handlung: *Nächste Woche führen sie im Theater ein Ballett auf.*
❷ Ballettgruppe eine Gruppe von Tänzern, die ein Ballett tanzen

der **Bal|lon** (Nomen) [ba'lõ, ba'lɔŋ] **des Ballons, die Ballons/die Ballone**
❶ Kinderspielzeug eine kugelförmige mit Luft oder Gas gefüllte Gummihülle (z. B. Luftballon)
❷ FLUGWESEN ein kugelförmiges, mit heißer Luft oder Gas gefülltes Luftfahrzeug (z. B. Heißluftballon)

der **Bam|mel** (Nomen) umgangssprachlich nur im Singular **des Bammels**
Bammel vor jemandem/etwas haben Angst vor jemandem/etwas haben: *Sara hatte großen Bammel vor der Mathearbeit.*

ba|nal (Adjektiv) **banaler, am banalsten**
❶ Antwort, Frage, Witz unbedeutend, nichtssagend
❷ Ereignis, Geschichte alltäglich

die **Ba|na|li|tät** (Nomen) **der Banalität, die Banalitäten** eine nichtssagende Äußerung

die **Ba|na|ne** (Nomen) **der Banane, die Bananen** längliche Frucht mit gelber Schale und weichem Fruchtfleisch

das **Band**[1] (Nomen) **des Band(e)s, die Bänder**
① allgemein ein schmaler, flacher Streifen aus Baumwolle, Leder, Seide usw. (z. B. Haarband, Hundehalsband)
② MEDIZIN eine dehnbare Gewebestruktur, die die Knochen an den Gelenken stabilisiert (z. B. Kreuzband)
③ ≈Tonband ein schmaler Kunststoffstreifen, auf den man Musik usw. speichern kann
④ Kurzform von → **Fließband**
⑤ am laufenden Band ohne Unterbrechung, immer wieder

der **Band**[2] (Nomen) **des Band(e)s, die Bände**
① eines von mehreren Büchern, die als Reihe erschienen sind: *Ich habe alle Bände von „Harry Potter" gelesen.*
② Das spricht Bände! Das sagt alles!

die **Band**[3] (Nomen) [bɛnt] **der Band, die Bands** eine Gruppe von Leuten, die gemeinsam Musik macht

die **Ban|de**[1] (Nomen) **der Bande, die Banden**
① von Verbrechern eine Gruppe von Verbrechern, die gemeinsam Taten begehen
② eine Gruppe von Kindern oder Jugendlichen, die gemeinsam etwas unternehmen (z. B. Rasselbande)

die **Ban|de**[2] (Nomen) SPORT **der Bande, die Banden**
① die äußere Begrenzung eines Spielfeldes
② beim Billard der innere Rand eines Billardtisches
③ einen Ball über die Bande spielen einen Ball nicht direkt, sondern über die seitliche Begrenzung spielen

der **Bän|der|riss** (Nomen) **des Bänderrisses, die Bänderrisse** der Riss in einem Band eines Gelenks

der **Ban|dit** (Nomen) **des Banditen, die Banditen**
① ein Verbrecher, Betrüger
② ironisch ein freches Kind
③ ein einarmiger Bandit Spielautomat, an dem seitlich ein Hebel betätigt wird

der **Band|lea|der** (Nomen) ['bɛntli:dɐ] **des Bandleaders, die Bandleader** jemand, der eine Band leitet

die **Band|lea|de|rin** (Nomen) ['bɛntli:dərɪn] **der Bandleaderin, die Bandleaderinnen** Femininform von → **Bandleader**

die **Band|schei|be** (Nomen) **der Bandscheibe, die Bandscheiben** die Knorpelmasse, die sich zwischen je zwei Wirbeln der Wirbelsäule befindet

die **Bank**[1] (Nomen) **der Bank, die Bänke**
① eine Sitzgelegenheit, auf der mehrere Personen sitzen können (z. B. Parkbank, Gartenbank): *Sie setzten sich auf die Bank unter dem Baum.*
② SCHULE ein Tisch mit einer Bank oder Stühlen: *Lisa und Sofie sitzen in der ersten Bank.*
③ etwas auf die lange Bank schieben etwas lange nicht erledigen, weil es unangenehm ist

die **Bank**[2] (Nomen) **der Bank, die Banken** ein Unternehmen, das Geldgeschäfte abwickelt: *Ich gehe schnell zur Bank und hebe Geld ab.*

der **Bank|au|to|mat** (Nomen) **des Bankautomaten, die Bankautomaten** ein Apparat, an dem man mit einer Karte Geld abheben kann

der **Ban|ker** (Nomen) ['bɛŋkɐ] **des Bankers, die Banker** jemand, der bei einer Bank arbeitet

die **Ban|ke|rin** (Nomen) ['bɛŋkərɪn] **der Bankerin, die Bankerinnen** Femininform von → **Banker**

die **Bank|no|te** (Nomen) **der Banknote, die Banknoten** ≈Geldschein ein Zahlungsmittel in Papierform, das vom Staat ausgegeben wird und einen bestimmten Wert hat

ban|krott, bank|rott (Adjektiv)
① zahlungsunfähig
② bankrott sein seine Schulden nicht mehr bezahlen können

der **Ban|krott, Bank|rott** (Nomen) **des Bankrott(e)s, die Bankrotte**
① ≈Pleite die Zahlungsunfähigkeit: *Das Unternehmen machte Bankrott.*
② ≈Scheitern der Zusammenbruch: *Das Land erklärte seinen politischen Bankrott.*

der **Bann** (Nomen) nur im Singular **des Bann(e)s**
① gehoben die magische Wirkung, die jemand oder etwas hat
② jemanden in seinen Bann ziehen jemanden sehr beeindrucken
③ veraltet der Ausschluss aus einer Gemeinschaft

ban|nen (Verb) **du bannst, er bannte, sie hat gebannt, bann(e)!**
❶ jemanden bannen gehoben jemanden faszinieren, fesseln
❷ (wie) gebannt sein/zuhören usw. fasziniert, gefesselt sein/zuhören usw.
❸ eine Gefahr bannen eine Gefahr abwenden

bar (Adjektiv)
❶ in Form von Münzen und/oder Geldscheinen
❷ etwas (in) bar bezahlen etwas in Geldscheinen und Münzen bezahlen, nicht mit Karte oder durch Überweisung: *Er bezahlte den neuen Computer bar.*
❸ etwas für bare Münze nehmen etwas ohne Bedenken glauben
❹ Das ist barer Unsinn! Das ist absoluter Unsinn!

die **Bar** (Nomen) **der Bar, die Bars**
❶ Gaststätte ein kleines Lokal, das typischerweise eine lange Theke hat
❷ Einrichtung eine lange Theke, an der man erhöht auf Hockern sitzt

der **Bär** (Nomen) **des Bären, die Bären**
❶ ein großes Raubtier mit dickem Fell (z. B. Braunbär, Eisbär)
❷ der Große/Kleine Bär ASTROLOGIE Sternbilder am nördlichen Himmel
❸ jemandem einen Bären aufbinden etwas Unwahres so erzählen, dass der andere glaubt, es sei wahr: *Lass dir keinen Bären aufbinden!*

die **Ba|ra|cke** (Nomen) **der Baracke, die Baracken** einfacher, meist provisorischer Bau

der **Bar|bar** (Nomen) **des Barbaren, die Barbaren**
❶ ≈ Unmensch ein brutaler und grausamer Mensch
❷ ≈ Banause ein ungebildeter Mensch ohne Kultur
❸ in der Antike ein Mensch aus einem anderen Land mit einer anderen Sprache

die **Bar|ba|rin** (Nomen) **der Barbarin, die Barbarinnen** Femininform von → **Barbar**

bar|ba|risch (Adjektiv) **barbarischer, am barbarischsten**
❶ brutal, grausam, unmenschlich: *Mord ist ein barbarisches Verbrechen.*
❷ ≈ unzivilisiert ungebildet und ohne Kultur
❸ umgangssprachlich sehr stark: *eine barbarische Kälte, barbarisch stinken*

der **Bä|ren|hun|ger** (Nomen) umgangssprachlich nur im Singular **des Bärenhungers** ein sehr großer Hunger

bä|ren|stark (Adjektiv) umgangssprachlich sehr stark

bar|fuß (Adjektiv) ohne Schuhe und Strümpfe

das **Bar|geld** (Nomen) nur im Singular **des Bargeld(e)s** Geldscheine und Münzen

bar|geld|los (Adjektiv)
bargeldlos bezahlen mit Kreditkarte, Überweisung, Scheck usw. bezahlen

der **Ba|ri|ton** (Nomen) MUSIK **des Baritons, die Baritone**
❶ die mittlere Männerstimme beim Singen
❷ der Sänger mit einer mittleren Stimmlage

barm|her|zig (Adjektiv) gehoben **barmherziger, am barmherzigsten** gütig und mitfühlend

die **Barm|her|zig|keit** (Nomen) nur im Singular **der Barmherzigkeit** Güte und Mitgefühl

der/das **Ba|rock** (Nomen) nur im Singular **des Barocks**
❶ ein prunkvoller Stil in Kunst, Malerei und Architektur, der zwischen 1600 und 1750 in Europa vorherrschte
❷ GESCHICHTE die Zeit des Barock (ungefähr 1600-1750)

das **Ba|ro|me|ter** (Nomen) **des Barometers, die Barometer** ein Gerät, mit dem man den Luftdruck misst
❶ das Barometer steigt/fällt der Luftdruck steigt/fällt
❷ Das Barometer steht auf Sturm. Die Stimmung ist gereizt und es wird bald Streit geben.

der **Ba|ron** (Nomen) **des Barons, die Barone** ≈ Freiherr der Titel eines Adeligen

die **Ba|ro|nin** (Nomen) **der Baronin, die Baroninnen** Femininform von → **Baron**

der **Bar|ren** (Nomen) **des Barrens, die Barren**
❶ ein Turngerät mit zwei dicken, parallelen Holzstangen auf je zwei Stützen
❷ ein Barren Gold/Silber/... ein rechteckiges Stück Gold/Silber/... (z. B. Goldbarren, Silberbarren)

die **Bar|ri|e|re** (Nomen) **der Barriere, die Barrieren** ein Hindernis, das den Zugang zu etwas versperrt

bar|ri|e|re|frei (Adjektiv) so beschaffen, dass es auch von Menschen mit Behinderung (z. B. Rollstuhlfahrern oder blinden Menschen) uneingeschränkt genutzt werden kann

der **Bart** (Nomen) **des Bart(e)s, die Bärte**
① das Haar, das bei Männern am Kinn, an den Wangen und um den Mund wächst
② sich einen Bart wachsen oder stehen lassen die Haare am Kinn, an den Wangen und um den Mund nicht ganz abrasieren, bis sie dicht geworden sind
③ etwas in seinen Bart brummen oder murmeln umgangssprachlich etwas leise und undeutlich vor sich hin sagen, vor allem, wenn man verärgert ist
④ **am Schlüssel** der untere gezackte Teil, der in das Schloss passt

bär|tig (Adjektiv) **bärtiger, am bärtigsten**
mit einem Bart

der **Ba|sar, Ba|zar** (Nomen) **des Basars, die Basare**
① **im Orient** das Einkaufsviertel mit vielen kleinen Geschäften
② **in Europa** ein kleiner Markt, auf dem meist gebrauchte oder selbst hergestellte Dinge verkauft werden und das Geld für eine gute Sache gesammelt wird

ba|sie|ren (Verb) **nur in der 3. Person gebraucht es basiert, es basierte, es hat basiert**
auf etwas basieren etwas zur Grundlage haben, auf etwas beruhen: *Der Film basiert auf einer wahren Geschichte.*

die **Ba|sis** (Nomen) **der Basis, die Basen**
① ≈Grundlage etwas, was die Voraussetzung für etwas anderes ist: *Vertrauen ist die Basis für Freundschaft.*
② ARCHITEKTUR der untere Teil einer Säule
③ MILITÄR ein Ort, an dem militärische Einrichtungen oder Truppen stationiert sind
④ GEOMETRIE die Grundlinie einer Figur: *Die Basis eines Dreiecks lässt sich berechnen.*

der **Bas|ket|ball** (Nomen) SPORT **des Basketballs, die Basketbälle**
① **nur im Singular** ein Ballspiel, in dem zwei Mannschaften versuchen, einen Ball in den Korb der Gegenmannschaft zu werfen
② **Ball** der Ball, mit dem man Basketball spielt

der **Bass** (Nomen) **des Basses, die Bässe**
① Kurzform von Kontrabass, ein Streichinstrument zum Spielen von tiefen Tönen
② Kurzform von Bassgitarre, ein Zupfinstrument zum Spielen von tiefen Tönen
③ die tiefste Männerstimme beim Singen
④ der Sänger mit der tiefsten Stimmlage
⑤ die Bässe die tiefen Töne, die aus einem Lautsprecher kommen: *Bei uns wackelt die Decke, wenn der Nachbar über uns die Bässe voll aufdreht.*

bas|teln (Verb) **du bastelst, er bastelte, sie hat gebastelt, bast(e)le!**
① etwas basteln aus Papier, Stoff, Wolle und anderen Materialien etwas selbst herstellen
② an etwas basteln an etwas, was schon vorhanden ist, noch arbeiten, Änderungen vornehmen (z. B. Mofa, Referat)

die **Bat|te|rie** (Nomen) **der Batterie, die Batterien** ein kleiner Speicher für Strom

der **Bau**[1] (Nomen) **des Bau(e)s, die Bauten**
① **nur im Singular** das Bauen: *Beim Bau des Hauses haben uns die Nachbarn geholfen.*
② im Bau sein gerade gebaut werden: *Unser Klassenzimmer ist in einem Container, denn unsere Schule ist noch im Bau.*
③ **nur im Singular** • umgangssprachlich die Baustelle: *Auf dem Bau ist es immer laut.*
④ ein großes Bauwerk, Gebäude: *Der Kölner Dom ist ein riesiger Bau.*

der **Bau**[2] (Nomen) **des Bau(e)s, die Baue**
die Höhle in der Erde, in der ein Tier lebt **(z. B. Fuchsbau, Kaninchenbau)**

die **Bau|ar|bei|ten** (Nomen) **nur im Plural der Bauarbeiten** die Arbeiten auf einer Baustelle

der **Bau|ar|bei|ter** (Nomen) **des Bauarbeiters, die Bauarbeiter** jemand, der als Arbeiter auf einer Baustelle arbeitet

die **Bau|ar|bei|te|rin** (Nomen) **der Bauarbeiterin, die Bauarbeiterinnen**
Femininform von → **Bauarbeiter**

der **Bauch** (Nomen) **des Bauch(e)s, die Bäuche**
① der vordere weiche Teil des Körpers beim Menschen zwischen Brust und Becken
② auf dem Bauch liegen/schlafen/... mit der Bauchseite nach unten liegen/schlafen/...
③ umgangssprachlich der Magen: *Willst du nicht zuerst frühstücken, du hast doch noch nichts im Bauch!*
④ umgangssprachlich der spontane Instinkt, bei dem man nicht nachdenkt, die Intuition: *Das war eine Entscheidung aus dem Bauch.*
⑤ **von einer Vase, einem Krug usw.** der nach außen gewölbte Teil

das **Bauch|ge|fühl** (Nomen) **nur im Singular des Bauchgefühl(e)s** ≈Intuition das spontane Gefühl, bei dem man nicht nachdenkt

A B C D E F G H I J K L M N O P Q R S T U V W X Y Z

bau|chig, bäu|chig (Adjektiv) **bauchiger, am bauchigsten** nach außen gewölbt

der **Bauch|na|bel** (Nomen) **des Bauchnabels, die Bauchnabel** die kleine, runde, tiefere Stelle mitten im Bauch

die **Bauch|schmer|zen** (Nomen) **meist im Plural der Bauchschmerzen** Schmerzen im Magen oder im Bauch

der **Bauch|tanz** (Nomen) **nur im Singular des Bauchtanzes** ein Tanz aus dem Orient, bei dem man besonders Bauch und Hüften bewegt

bau|en (Verb) **du baust, er baute, sie hat gebaut, bau(e)!**
❶ etwas aus Steinen, Beton, Holz, Mörtel usw. nach einem Plan anlegen oder errichten: *Als Kind habe ich mir immer gerne Höhlen gebaut.*
❷ auf jemanden/etwas bauen sich auf jemanden/etwas verlassen können
❸ Mist bauen umgangssprachlich etwas Dummes tun

der **Bau|er** (Nomen) **des Bauern, die Bauern**
❶ ≈Landwirt jemand, der auf dem Land einen Betrieb hat, in dem er Vieh züchtet oder Getreide und Gemüse pflanzt und erntet
❷ eine Figur beim Schach

die **Bäue|rin, Bäu|erin** (Nomen) **der Bäuerin, die Bäuerinnen** Femininform von → **Bauer**

der **Bau|ern|hof** (Nomen) **des Bauernhof(e)s, die Bauernhöfe** das Haus, die Ställe, die Scheune und die Felder eines Bauern, der Vieh züchtet oder Getreide und Gemüse pflanzt und erntet

bau|fäl|lig (Adjektiv) **baufälliger, am baufälligsten** der schlechte Zustand von einem Haus oder Gebäude

der **Baum** (Nomen) **des Baum(e)s, die Bäume**
❶ ein großes Gewächs mit einem harten Stamm, Ästen und Zweigen, an denen Blätter oder Nadeln wachsen (z. B. Buche, Eiche, Tanne)
❷ Bäume ausreißen können sich stark fühlen: *Heute könnte ich Bäume ausreißen!*

der **Bau|markt** (Nomen) **des Baumarkt(e)s, die Baumärkte** ein großes Geschäft, das Material und Werkzeug zum Bauen und Heimwerken verkauft

bau|meln (Verb) **du baumelst, er baumelte, sie hat gebaumelt, baum(e)le!**
❶ irgendwo baumeln an etwas hängen und sich leicht hin und her bewegen: *An ihrer Kette baumelt ein goldener Anhänger.*
❷ mit den Beinen baumeln die Beine hin und her schwingen

der **Baum|stamm** (Nomen) **des Baumstamm(e)s, die Baumstämme** der untere, aus der Wurzel nach oben wachsende, holzige Teil eines Baums, auf dem die Baumkrone sitzt

die **Baum|wol|le** (Nomen) **nur im Singular der Baumwolle**
❶ eine Pflanze, aus der man Garn herstellt
❷ der Stoff, der aus der Baumwollpflanze hergestellt ist: *ein Hemd aus reiner Baumwolle*

die **Bau|stel|le** (Nomen) **der Baustelle, die Baustellen** der Platz, an dem ein Haus, eine Straße usw. gebaut wird

das **Bau|werk** (Nomen) **des Bauwerk(e)s, die Bauwerke** ein großes oder berühmtes Gebäude

Bay|ern (Nomen) **Bayerns** ein Bundesland in Süddeutschland

die **Ba|zil|le** (Nomen) umgangssprachlich **der Bazille, die Bazillen** ein winziges Lebewesen, das Krankheiten verursacht

be|ab|sich|ti|gen (Verb) **du beabsichtigst, er beabsichtigte, sie hat beabsichtigt** beabsichtigen, etwas zu tun den Plan haben, etwas zu tun: *Er beabsichtigt, Weihnachten mit seiner Familie zu verbringen.*

be|ach|ten (Verb) **du beachtest, er beachtete, sie hat beachtet, beachte!**
❶ Regeln/Vorschriften/… beachten Regeln/Vorschriften/… befolgen, nach den Regeln/Vorschriften/… handeln
❷ jemanden/etwas beachten jemanden/etwas bewusst sehen, Interesse an jemandem/etwas haben: *Ich habe ihn freundlich gegrüßt, aber er hat mich gar nicht beachtet.*

be|acht|lich (Adjektiv) **beachtlicher, am beachtlichsten** groß, respektabel: *Es ist eine beachtliche Leistung, 100 Meter unter elf Sekunden zu laufen.*

die **Be|ach|tung** (Nomen) **nur im Singular der Beachtung** das Beachten

der **Bea|mer** (Nomen) [ˈbiːmɐ] **des Beamers, die Beamer** ein Projektor, der das Bildschirmbild eines Computers oder DVD-Players auf eine Leinwand wirft

der **Be|am|te** (Nomen) **des Beamten, die Beamten** ein Angestellter im öffentlichen Dienst

die **Be|am|tin** (Nomen) **der Beamtin, die Beamtinnen** Femininform von → **Beamte**

be|an|spru|chen (Verb) **du beanspruchst, er beanspruchte, sie hat beansprucht, beanspruche!**
1 etwas beanspruchen etwas verlangen oder fordern: *Er beansprucht die Hälfte des Hauses, das er mit seinem Bruder geerbt hat.*
2 etwas wird beansprucht etwas wird durch häufige Benutzung stark abgenutzt: *Das Sofa im Jugendclub ist stark beansprucht.*
3 jemanden beanspruchen viel Zeit oder Aufmerksamkeit von jemandem verlangen: *Ihr Beruf beansprucht sie sehr.*

be|an|tra|gen (Verb) **du beantragst, er beantragte, sie hat beantragt, beantrage!**
etwas beantragen einen Antrag stellen, damit man etwas bekommt

be|ant|wor|ten (Verb) **du beantwortest, er beantwortete, sie hat beantwortet, beantworte!**
etwas beantworten eine Antwort auf etwas geben: *eine Frage beantworten*

be|ar|bei|ten (Verb) **du bearbeitest, er bearbeitete, sie hat bearbeitet, bearbeite!**
1 mit Werkzeugen oder bestimmten Mitteln verändern
2 etwas mit etwas bearbeiten etwas mit etwas behandeln: *die Schuhe mit Schuhcreme bearbeiten*
3 besprechen, einen Aufsatz darüber schreiben: *ein Thema bearbeiten*
4 jemanden bearbeiten umgangssprachlich jemanden beeinflussen wollen, jemanden überreden wollen

die **Be|ar|bei|tung** (Nomen) **der Bearbeitung, die Bearbeitungen**
1 das Bearbeiten
2 LITERATUR · FILM · MUSIK die bearbeitete Fassung

be|auf|sich|ti|gen (Verb) **du beaufsichtigst, er beaufsichtigte, sie hat beaufsichtigt, beaufsichtige!**
1 jemanden beaufsichtigen aufpassen, dass jemand keinen Unsinn macht oder keiner sich verletzt: *Kannst du bitte die Kinder beaufsichtigen?*
2 etwas beaufsichtigen aufpassen, dass etwas richtig gemacht wird: *Er beaufsichtigte die Arbeiten an seinem Garten.*

die **Be|auf|sich|ti|gung** (Nomen) nur im Singular **der Beaufsichtigung** das Beaufsichtigen

be|auf|tra|gen (Verb) **du beauftragst, er beauftragte, sie hat beauftragt, beauftrage!**
jemanden mit etwas beauftragen jemandem einen Auftrag für etwas geben

be|ben (Verb) **du bebst, er bebte, sie hat gebebt, beb(e)!**
1 durch ein Erdbeben, einen Stoß usw. hin und her gestoßen werden, wackeln
2 ≈ zittern vor Kälte, Angst oder Wut am ganzen Körper kleine Bewegungen machen

das **Be|ben** (Nomen) **des Bebens, die Beben**
1 Kurzform von → **Erdbeben**
2 nur im Singular das Zittern

der **Be|cher** (Nomen) **des Bechers, die Becher**
ein hohes Gefäß (z. B. aus Porzellan, Plastik, Zinn) aus dem man trinkt

das **Be|cken** (Nomen) **des Beckens, die Becken**
1 ein großer, meist flacher Behälter für Flüssigkeiten zum Waschen oder Schwimmen
2 ANATOMIE der untere Teil des Körpers zwischen den Hüften, der Rücken und Beine verbindet
3 MUSIK ein Musikinstrument aus einer oder zwei großen Metallscheiben, gegen die man schlägt
4 GEOGRAFIE eine große Stelle, die tiefer liegt

sich **be|dan|ken** (Verb) **du bedankst dich, er bedankte sich, sie hat sich bedankt, bedank(e) dich!**
1 Danke sagen: *Ich möchte mich bedanken.*
2 sich bei jemandem für etwas bedanken jemandem für etwas Danke sagen

der **Be|darf** (Nomen) nur im Singular **des Bedarfs**
1 etwas, was man braucht oder benötigt
2 Bedarf an etwas haben etwas brauchen, etwas benötigen
3 bei Bedarf wenn es nötig sein sollte: *Nehmen Sie bei Bedarf eine Tablette!*
4 nach Bedarf so, wie es nötig ist: *Die Pflanze wird nach Bedarf gegossen.*
5 Mein Bedarf ist gedeckt! umgangssprachlich Ich habe genug!: *Mein Bedarf an Streit ist für heute gedeckt!*

be|dau|er|lich (Adjektiv) **bedauerlicher, am bedauerlichsten** bedauernswert, unerfreulich: *ein bedauerlicher Vorfall*

be|dau|ern (Verb) **du bedauerst, er bedauerte, sie hat bedauert, bedau(e)re!**
❶ jemanden bedauern Mitleid mit jemandem haben: *Er will immer bedauert werden.*
❷ etwas bedauern etwas schade finden: *Ich bedaure, dass du gestern nicht da warst.*

das **Be|dau|ern** (Nomen) **nur im Singular des Bedauerns**
❶ ≈Mitleid das Gefühl, dass jemandem etwas oder jemand leidtut
❷ Traurigkeit und Enttäuschung
❸ zu meinem (großen) Bedauern ... leider: *Zu meinem großen Bedauern konnte ich nicht zu deinem Geburtstag kommen.*

be|de|cken (Verb) **du bedeckst, er bedeckte, sie hat bedeckt, bedeck(e)!**
❶ etwas mit etwas bedecken etwas über etwas legen: *Wenn wir anstreichen, müssen wir das Sofa mit einer Plane bedecken, damit keine Farbe daraufkommt.*
❷ etwas bedeckt etwas etwas liegt so auf etwas, dass man es nicht mehr sehen kann: *Der Schnee bedeckte die Berge.*

be|den|ken (Verb) **du bedenkst, er bedachte, sie hat bedacht, bedenk(e)!**
❶ bei Überlegungen etwas besonders beachten und berücksichtigen: *Pack warme Sachen ein. Bedenke, dass es im Herbst schon sehr kühl sein kann.*
❷ jemanden mit etwas bedenken **gehoben** jemandem etwas geben: *Er bedachte mich mit einem Lächeln.*

die **Be|den|ken** (Nomen) **nur im Plural der Bedenken**
❶ die Zweifel oder Sorgen, dass etwas nicht gut oder richtig ist: *Ich habe Bedenken gegen diesen Plan.*
❷ ohne Bedenken **positiv:** unbesorgt und ruhig: *Du kannst ihm dein Geld ohne Bedenken geben!* **negativ:** ohne Hemmungen, frech und unverschämt: *Er hat ihn ohne Bedenken angelogen.*

be|denk|lich (Adjektiv) **bedenklicher, am bedenklichsten**
❶ ≈gefährlich, bedrohlich so, dass man sich Sorgen machen muss
❷ ≈fragwürdig, zweifelhaft nicht in Ordnung

be|deu|ten (Verb) **du bedeutest, er bedeutete, sie hat bedeutet**
❶ etwas bedeuten eine bestimmte Bedeutung haben, meinen: *Ein Stoppschild bedeutet, dass man halten muss.*
❷ jemandem etwas bedeuten für jemanden wichtig sein: *Du bedeutest mir sehr viel.*

be|deu|tend (Adjektiv) **bedeutender, am bedeutendsten**
❶ so, dass es wichtig oder groß ist: *Das ist doch eine bedeutende Menge Geld.*
❷ so, dass jemand wichtig oder berühmt ist: *Sie ist eine bedeutende Opernsängerin.*
❸ bedeutend größer/jünger/... viel größer/jünger/...

die **Be|deu|tung** (Nomen) **der Bedeutung, die Bedeutungen**
❶ SPRACHE **usw.** Inhalt und Sinn eines Wortes oder einer Sache: *Kennst du die Bedeutung von „Elfmeter"?*
❷ **nur im Singular** die Wichtigkeit einer Sache oder eines Menschen
❸ nichts von Bedeutung nichts Wichtiges, nichts Besonderes

be|die|nen (Verb) **du bedienst, er bediente, sie hat bedient, bedien(e)!**
❶ jemanden bedienen **in einem Geschäft** jemanden beim Kauf beraten und ihm die Waren geben
in einem Restaurant jemandem Essen und Getränke bringen
❷ sich bedienen sich etwas nehmen: *Es ist noch genug Kuchen da. Bedient euch!*
❸ etwas bedienen steuern

die **Be|die|nung** (Nomen) **der Bedienung, die Bedienungen**
❶ **nur im Singular** das Bedienen
❷ BERUF der Kellner/die Kellnerin

die **Be|die|nungs|an|lei|tung** (Nomen) **der Bedienungsanleitung, die Bedienungsanleitungen** die Hinweise, wie man ein Gerät bedienen muss

be|din|gen (Verb) **du bedingst, er bedingte, sie hat bedingt, beding(e)!** verursachen, zur Folge haben

die **Be|din|gung** (Nomen) **der Bedingung, die Bedingungen**
❶ ≈Grundlage eine Voraussetzung, von der etwas abhängt
❷ unter der Bedingung, dass ... nur dann, wenn ...: *Ich mache das nur unter der Voraussetzung, dass ihr mir dabei helft.*
❸ ≈Anspruch eine Forderung, von der man etwas abhängig macht
❹ etwas zur Bedingung machen etwas von der Erfüllung einer Forderung abhängig machen: *Für den Unterricht machte er zur Bedingung, dass alle mitmachen.*

❺ ≈Lage eine bestimmte Situation oder Umgebung, in der etwas oder jemand ist: *klimatische Bedingungen*

be|din|gungs|los (Adjektiv) **bedingungsloser, am bedingungslosesten** ohne Bedingungen zu stellen

be|drän|gen (Verb) **du bedrängst, er bedrängte, sie hat bedrängt, bedräng(e) nicht!**
jemanden bedrängen immer wieder und sehr stark versuchen, dass jemand etwas Bestimmtes macht

be|dro|hen (Verb) **du bedrohst, er bedrohte, sie hat bedroht, bedroh(e) nicht!**
❶ jemanden bedrohen jemandem sagen oder zeigen, dass man ihm etwas Schlimmes antun will: *In dem Film hat der Bankräuber die Kunden in der Bank mit einer Waffe bedroht.*
❷ den Frieden/die Gesundheit/... bedrohen eine Gefahr für den Frieden/die Gesundheit/... sein

be|droh|lich (Adjektiv) **bedrohlicher, am bedrohlichsten** so, dass es gefährlich ist und man davor Angst haben muss

die **Be|dro|hung** (Nomen) **der Bedrohung, die Bedrohungen**
❶ die Ankündigung, dass man jemandem etwas Schlimmes antun will
❷ die Gefahr: *Ein Atomkrieg ist eine Bedrohung für die Menschheit.*

be|drückt (Adjektiv) **bedrückter, am bedrücktesten** traurig und deprimiert

das **Be|dürf|nis** (Nomen) **des Bedürfnisses, die Bedürfnisse**
❶ ein starker innerer Drang oder Wunsch, der sich fast nicht aufschieben lässt: *Ich habe ein großes Bedürfnis nach Ruhe.*
❷ es ist mir ein Bedürfnis, etwas zu tun es ist sehr wichtig für mich, etwas zu tun: *Es ist mir ein Bedürfnis, mich zu entschuldigen.*
❸ seine Bedürfnisse befriedigen dafür sorgen, dass man alle wichtigen Dinge bekommt, die man braucht

sich **be|ei|len** (Verb) **du beeilst dich, er beeilte sich, sie hat sich beeilt, beeil(e) dich!** noch schneller machen als sonst, nicht trödeln: *Wenn du den Bus noch erreichen willst, musst du dich beeilen!*

be|ein|dru|cken (Verb) **du beeindruckst, er beeindruckte, sie hat beeindruckt, beeindruck(e)!**
jemanden beeindrucken etwas tun oder so sein, dass jemand darüber staunt oder es bewundert: *Ihr Mut hat mich beeindruckt.*

be|ein|flus|sen (Verb) **du beeinflusst, er beeinflusste, sie hat beeinflusst, beeinfluss(e)!**
❶ jemanden beeinflussen eine bestimmte Wirkung auf jemanden haben: *Dieser Maler ist von Picasso beeinflusst.*
❷ etwas beeinflussen eine bestimmte Wirkung auf etwas haben: *Auch das Wetter beeinflusst die Gesundheit.* • *Der Bürgermeister hat versucht, die Wahlen zu beeinflussen.*

die **Be|ein|flus|sung** (Nomen) **der Beeinflussung, die Beeinflussungen**
❶ allgemein eine bestimmte Wirkung auf etwas
❷ negativ: ≈Manipulation der Versuch, etwas für seine Zwecke zu verändern

be|ein|träch|ti|gen (Verb) **du beeinträchtigst, er beeinträchtigte, sie hat beeinträchtigt, beeinträchtige nicht!**
❶ ≈behindern, stören einen schlechten Einfluss auf etwas oder jemanden haben: *Wir haben uns durch das schlechte Wetter nicht beeinträchtigen lassen.*
❷ ≈verringern weniger oder schlechter werden lassen: *Durch Alkohol wird die Fahrtüchtigkeit beeinträchtigt.*

die **Be|ein|träch|ti|gung** (Nomen) **der Beeinträchtigung, die Beeinträchtigungen** die Störung, die Behinderung: *Durch die Baustelle kam es zu Beeinträchtigungen des Verkehrs.* • *Der Gips ist eine Beeinträchtigung.*

be|en|den (Verb) **du beendest, er beendete, sie hat beendet, beende!**
etwas beenden mit etwas aufhören, etwas zu Ende führen: *Beendet endlich euren Streit!*

be|er|di|gen (Verb) **du beerdigst, er beerdigte, sie hat beerdigt, beerdige!**
jemanden, der gestorben ist, in ein Grab legen

die **Be|er|di|gung** (Nomen) **der Beerdigung, die Beerdigungen**
❶ das Begraben eines Toten auf einem Friedhof
❷ eine feierliche Versammlung von Menschen auf einem Friedhof, wenn der Sarg eines Toten ins Grab gelassen wird

die **Bee|re** (Nomen) **der Beere, die Beeren** eine kleine, runde, meist süße Frucht (z. B. Erdbeere, Himbeere, Blaubeere, Stachelbeere)

das **Beet** (Nomen) **des Beet(e)s, die Beete**
ein abgetrenntes, bepflanztes Stück Erde in einem Garten oder Park

be|fas|sen (Verb) **du befasst dich, er befasste sich, sie hat sich befasst, befass(e) dich!**
sich mit etwas befassen mit einem Thema, einer Person usw. sich mit etwas beschäftigen

der **Be|fehl** (Nomen) **des Befehls, die Befehle**
1 ein Kommando oder eine Anordnung, bei dem oder der man gehorchen muss
2 Zu Befehl! Ja! Ich werde das Kommando ausführen!
3 INFORMATIK die Anweisung an einen Computer, eine Aktion auszuführen

be|feh|len (Verb) **du befiehlst, er befahl, sie hat befohlen, befiehl!**
jemandem etwas befehlen jemandem den Befehl geben, etwas zu tun: *Der Trainer befahl dem Spieler, den Elfmeter zu schießen.*

die **Be|fehls|form** (Nomen) GRAMMATIK **der Befehlsform, die Befehlsformen**
→ **Imperativ**

be|fes|ti|gen (Verb) **du befestigst, er befestigte, sie hat befestigt, befestige!**
1 Regal, Plakat, Gepäck usw. mit Nägeln, Klebstoff, Seilen usw. so fest verbinden, dass es sich nicht löst
2 Ufer, Straße usw. so stabil machen, dass es nicht abrutscht oder zusammenbricht

be|fin|den (Verb) **du befindest, er befand, sie hat befunden, befinde!**
1 sich irgendwo befinden irgendwo sein: *Das Buch befindet sich im unteren Regal.*
2 über etwas befinden gehoben über etwas entscheiden, über etwas ein Urteil abgeben

be|fol|gen (Verb) **du befolgst, er befolgte, sie hat befolgt, befolge!**
1 Befehl, Regeln so ausführen, wie es verlangt wird
2 Rat, Vorschlag annehmen

be|för|dern (Verb) **du beförderst, er beförderte, sie hat befördert, beförd(e)re!**
1 VERKEHR jemanden/etwas befördern jemanden/etwas von einem Ort an einen anderen transportieren: *Die Firma meines Onkels befördert wertvolle Kunstgegenstände.*
2 etwas/jemanden irgendwohin befördern etwas/jemanden irgendwohin bringen, schicken usw.: *Er beförderte den Ball mit einem Kopfstoß ins Tor.*
3 BERUF jemanden befördern jemandem eine bessere Stellung geben: *Er wurde zum Teamleiter befördert.*

die **Be|för|de|rung** (Nomen) **der Beförderung, die Beförderungen**
1 VERKEHR nur im Singular der Transport von einem Ort zum anderen
2 BERUF das Aufrücken in eine höhere Position: *Sie hofft auf die Beförderung zur Abteilungsleiterin.*

be|fra|gen (Verb) **du befragst, er befragte, sie hat befragt, befrag(e)!**
jemanden befragen jemandem Fragen stellen: *Er hat mich über meinen Bruder befragt.*

die **Be|fra|gung** (Nomen) **der Befragung, die Befragungen**
1 das Befragen
2 eine Umfrage für die Forschung oder für Statistiken

be|frei|en (Verb) **du befreist, er befreite, sie hat befreit, befrei(e)!**
1 Menschen/Tiere befreien Menschen/Tiere freilassen oder aus der Gefangenschaft holen: *Alle Geiseln konnten ohne Blutvergießen befreit werden.*
2 jemanden vom Unterricht/seinen Pflichten/... befreien jemandem erlauben, dass er nicht am Unterricht teilnehmen muss/dass er seine Pflichten nicht erledigen muss/...
3 etwas von Schmutz/Staub/... befreien von etwas den Schmutz/Staub/... wegnehmen

die **Be|frei|ung** (Nomen) **der Befreiung**
1 von Menschen, Tieren das Freilassen
2 die Befreiung vom Unterricht/von Pflichten/... die Erlaubnis, dass jemand nicht am Unterricht teilnehmen muss/seine Pflichten nicht erledigen muss ...
3 die Befreiung von Schmutz/Staub/... die Entfernung von Schmutz/Staub/...

be|freun|det (Adjektiv)
1 mit jemandem befreundet sein jemandes Freund sein: *Ich bin seit drei Jahren mit Max befreundet.*
2 miteinander befreundet sein Freunde sein: *Wir sind eng befreundet.*

be|frie|di|gen (Verb) **du befriedigst, er befriedigte, sie hat befriedigt, befriedige!**
1 jemanden befriedigen jemanden zufrieden machen

❷ Wünsche befriedigen Wünsche erfüllen
❸ sich (selbst) befriedigen sich selbst so berühren, dass man einen Orgasmus hat

be|frie|di|gend (Adjektiv) **befriedigender, am befriedigendsten**
❶ so, dass jemand damit zufrieden ist: *Nach dem Streit haben wir eine für alle befriedigende Lösung gefunden.*
❷ Schulnote die Note 3: *In Sport hatte ich leider nur ein „Befriedigend" auf dem Zeugnis.*

be|fris|tet (Adjektiv) nur eine bestimmte Zeit gültig: *Dieser Vertrag ist auf zwei Jahre befristet.*

die **Be|fruch|tung** (Nomen) **der Befruchtung, die Befruchtungen**
❶ die Vereinigung von weiblicher und männlicher Keimzelle, durch die ein neues Lebewesen entsteht
❷ künstliche Befruchtung MEDIZIN die Zeugung durch die Verbindung von Eizelle und Samenzelle im Labor

die **Be|fug|nis** (Nomen) gehoben **der Befugnis, die Befugnisse** die (meist von einer Behörde usw. erteilte) Erlaubnis

der **Be|fund** (Nomen) MEDIZIN **des Befund(e)s, die Befunde**
❶ das Ergebnis einer Untersuchung
❷ ein positiver/negativer Befund ein Befund, bei dem eine/keine Krankheit festgestellt wurde
❸ ohne Befund Abkürzung: o. B. ohne erkennbare Krankheit

be|fürch|ten (Verb) **du befürchtest, er befürchtete, sie hat befürchtet, befürchte!**
etwas befürchten Angst oder Sorgen wegen oder vor etwas haben: *Wir befürchten das Schlimmste.*

die **Be|fürch|tung** (Nomen) **der Befürchtung, die Befürchtungen** die Angst, die Sorge: *Meine schlimmsten Befürchtungen sind eingetreten.*

be|für|wor|ten (Verb) gehoben **du befürwortest, er befürwortete, sie hat befürwortet, befürworte!**
etwas befürworten sagen, dass man etwas gut und richtig findet und sich dafür einsetzen: *Der Bürgermeister befürwortet den Bau der Schule.*

be|gabt (Adjektiv) **begabter, am begabtesten** mit einer besonders großen Fähigkeit für etwas

die **Be|ga|bung** (Nomen) **der Begabung, die Begabungen** eine besonders große Fähigkeit für etwas: *Er hat eine Begabung für Sprachen.*

sich **be|ge|ben** (Verb) gehoben **du begibst dich, er begab sich, sie hat sich begeben, begib dich!**
❶ sich irgendwohin begeben irgendwohin gehen, fahren: *Der König begab sich in sein Schloss.*
❷ sich in Gefahr begeben sich in Gefahr bringen
❸ sich an die Arbeit/auf die Suche/… begeben sich an die Arbeit/auf die Suche/… machen
❹ es begab sich, dass … besonders in Märchen es geschah, dass …

be|geg|nen (Verb) **du begegnest, er begegnete, sie ist begegnet, begegne!**
jemandem begegnen jemanden zufällig treffen: *Ich bin unserem Nachbar heute Morgen auf der Straße begegnet.*

die **Be|geg|nung** (Nomen) **der Begegnung, die Begegnungen** ein zufälliges Treffen: *Unsere erste Begegnung war im Zoo.*

be|ge|hen (Verb) **du begehst, er beging, sie hat begangen, begeh(e)!**
❶ machen, tun (z. B. Verbrechen, Fehler, Selbstmord)
❷ gehoben ein Fest oder einen Geburtstag feiern
❸ eine Straße/Brücke/… begehen auf einer Straße/Brücke/… gehen

be|gehrt (Adjektiv) **begehrter, am begehrtesten**
❶ Mensch so, dass viele ihn mögen, beliebt
❷ Sache so, dass viele sie haben wollen

be|geis|tern (Verb) **du begeisterst, er begeisterte, sie hat begeistert, begeist(e)re!**
❶ jemanden begeistern große Freude und großes Interesse in jemandem auslösen
❷ sich für etwas/jemanden begeistern große Freude und großes Interesse für etwas/jemanden empfinden

be|geis|tert (Adjektiv) **begeisterter, am begeistertsten** voller Freude, Interesse und Bewunderung: *Sie waren von dem Film hellauf begeistert.*

die **Be|geis|te|rung** (Nomen) nur im Singular **der Begeisterung** große Freude und großes Interesse, das man mit Leidenschaft und Temperament zeigt: *Es herrschte große*

Begeisterung im Stadion. • *Die Fans tobten vor Begeisterung.*

der **Be|ginn** (Nomen) nur im Singular **des Beginns**
❶ der Augenblick, in dem etwas anfängt, der Anfang
❷ zu Beginn am Anfang: *Zu Beginn des Konzerts gab es Applaus für die Musiker.*
❸ von Beginn an von Anfang an: *Von Beginn an haben sich die beiden gut verstanden.*

be|gin|nen (Verb) **du beginnst, er begann, sie hat begonnen, beginn(e)!** anfangen: *Komm schnell, in zwei Minuten beginnt der Film!*

be|glei|ten (Verb) **du begleitest, er begleitete, sie hat begleitet, begleit(e)!**
❶ jemanden irgendwohin begleiten gehoben mit jemandem zusammen irgendwohin mitgehen, mitfahren usw.: *Mein Freund hat mich nach der Party nach Hause begleitet.*
❷ jemanden auf einem Instrument begleiten ein Musikinstrument dazu spielen, wenn jemand singt: *Sie begleitet ihren Bruder auf der Gitarre.*

die **Be|glei|tung** (Nomen) **der Begleitung, die Begleitungen**
❶ nur im Singular • an einen Ort das Mitgehen, Mitfahren usw.: *Ich komme zur Begleitung mit dir!*
❷ MUSIK auf einem Instrument jemand, der ein Musikinstrument dazu spielt, wenn jemand singt oder das Hauptinstrument spielt
❸ Mensch jemand, der jemand anderen begleitet: *Bringen Sie meiner Begleitung bitte auch ein Glas Sekt!*

be|glück|wün|schen (Verb) **du beglückwünschst, er beglückwünschte, sie hat beglückwünscht, beglückwünsch(e)!**
jemanden zu etwas beglückwünschen jemandem gratulieren: *Mein Onkel hat mich zu meinem Zeugnis beglückwünscht.*

die **Be|gna|di|gung** (Nomen) **der Begnadigung, die Begnadigungen** der Verzicht auf die Strafe für einen Straftäter

sich **be|gnü|gen** (Verb) **du begnügst dich, er begnügte sich, sie hat sich begnügt, begnüg(e) dich!**
sich mit etwas begnügen mit weniger zufrieden sein, als man haben könnte: *Ich begnüge mich mit dem zweiten Platz.*

be|gra|ben (Verb) **du begräbst, er begrub, sie hat begraben, begrab(e)!**
❶ Tote in ein Grab legen, beerdigen
❷ Hoffnungen, Träume aufgeben: *Nach dem Unfall musste er seine Hoffnungen auf den Sieg im Wettkampf begraben.*
❸ Streit beenden: *Sie haben sich wieder vertragen und den Streit begraben.*

das **Be|gräb|nis** (Nomen) **des Begräbnisses, die Begräbnisse** eine Versammlung von Menschen auf einem Friedhof, wenn der Sarg eines Toten ins Grab gelassen wird

be|grei|fen (Verb) **du begreifst, er begriff, sie hat begriffen, begreif(e)!** mit dem Verstand erfassen, verstehen: *Sie hat nicht begriffen, warum ihr Vater so wütend auf sie war.* • *Du kannst sie nicht besuchen, begreif das doch endlich!*

be|gren|zen (Verb) **du begrenzt, er begrenzte, sie hat begrenzt, begrenz(e)!**
❶ etwas begrenzen mit einem Zaun usw. eine Grenze um etwas ziehen Risiko, Schaden dafür sorgen, dass etwas nicht größer wird
❷ etwas auf etwas begrenzen Geschwindigkeit die Höhe für etwas festlegen Zeitraum, Frist die Dauer für etwas festlegen: *Das Stipendium ist auf zwei Jahre begrenzt.*

be|grenzt (Adjektiv) **begrenzter, am begrenztesten** nur bis zu einer bestimmten Grenze möglich oder vorhanden: *Die Teilnehmerzahl ist begrenzt.*

die **Be|gren|zung** (Nomen) **der Begrenzung, die Begrenzungen**
❶ ≈ Grenze der Rand oder die Einfassung, an der ein Gebiet oder ein Raum aufhört
❷ nur im Singular das Begrenzen

der **Be|griff** (Nomen) **des Begriff(e)s, die Begriffe**
❶ SPRACHE ein Wort, ein Ausdruck: *„Hiphop“ ist ein Begriff aus der Musikszene.* • *Freiheit ist ein dehnbarer Begriff.*
❷ Das ist mir/ihr/... ein Begriff. Das kenne ich/kennt sie/...: *Venezuela? Das ist mir ein Begriff.*
❸ sich keinen Begriff von etwas machen sich etwas nicht vorstellen können
❹ schwer von Begriff sein umgangssprachlich • abwertend lange brauchen, um etwas zu verstehen
❺ im Begriff sein, etwas zu tun gerade anfangen wollen, etwas zu tun: *Ich war gerade im Begriff zu gehen, da klingelte das Telefon.*

be|grụn|den (Verb) **du begründest, er begründete, sie hat begründet, begründe!**
etwas begründen einen Grund für etwas angeben: *Er begründete sein Fehlen mit der Krankheit seiner Oma.*

be|grụ̈n|det (Adjektiv) **begründeter, am begründetesten** Zweifel, Verdacht, Vorwürfe zu Recht bestehend, mit gutem Grund: *begründete Vorwürfe*

die **Be|grụ̈n|dung** (Nomen) **der Begründung, die Begründungen** die Angabe eines Grundes: *Sie wollte von mir eine Begründung für meine freche Antwort.*

be|grü̲|ßen (Verb) **du begrüßt, er begrüßte, sie hat begrüßt, begrüß(e)!**
① jemanden begrüßen zum Gruß „Guten Tag" zu jemandem sagen (und jemandem die Hand schütteln): *Warte mal! Ich muss schnell meine Tante begrüßen.*
② etwas begrüßen gehoben etwas gut finden: *Ich begrüße die Anwesenheit der Eltern auf dem Schulhof.*

die **Be|grü̲|ßung** (Nomen) **der Begrüßung, die Begrüßungen** der Gruß, das Guten-Tag-Sagen

be|gut|ach|ten (Verb) **du begutachtest, er begutachtete, sie hat begutachtet, begutachte!** kritisch prüfen, wie ein Fachmann beurteilen

be|haa̲rt (Adjektiv) **behaarter, am behaartesten** Beine oder Brust usw. mit vielen Haaren

be|hä̲|big (Adjektiv) **behäbiger, am behäbigsten**
① langsam und schwerfällig
② dick und schwerfällig

be|hạl|ten (Verb) **du behältst, er behielt, sie hat behalten, behalt(e)!**
① etwas behalten etwas nicht weggeben, etwas nicht zurückgeben, etwas weiterhin haben: *Mama, ich will das Hundebaby behalten! • Das Buch brauche ich nicht mehr, du kannst es behalten.*
② etwas (im Gedächtnis) behalten sich etwas merken, etwas nicht vergessen: *Wie hieß er noch? Ich kann einfach keine Namen behalten.*
③ das Essen bei sich behalten oft nach einer Krankheit sich nicht übergeben
④ die Nerven behalten nicht nervös werden, sich nicht aus der Ruhe bringen lassen
⑤ etwas für sich behalten etwas niemand anderem sagen, etwas niemand anderem erzählen: *Sag ihr nichts von dem Versteck! Sie kann nichts für sich behalten.*

der **Be|hä̲l|ter** (Nomen) **des Behälters, die Behälter** ein Gefäß für feste und flüssige Sachen (z. B. Dose, Karton, Fass, Kanister)

be|hạn|deln (Verb) **du behandelst, er behandelte, sie hat behandelt, behand(e)le!**
① jemanden/etwas gut/schlecht /… behandeln gut/schlecht/… zu jemandem/etwas sein, mit jemandem/etwas gut/schlecht/… umgehen: *Er behandelt mich wie einen Schwerverbrecher.*
② MEDIZIN einen Patienten ärztlich versorgen und heilen: *Sie wird wegen ihrer Angina mit Antibiotika behandelt. • Der Arzt behandelt ihre Angina mit Antibiotika.*
③ ein Thema behandeln über ein Thema sprechen oder schreiben: *Heute behandeln wir die deutsche Grammatik.*
④ Der Film/Das Buch/… behandelt … Der Film/Das Buch/… hat … zum Thema oder handelt von …

die **Be|hạnd|lung** (Nomen) **der Behandlung, die Behandlungen**
① nur im Singular das Umgehen mit etwas oder jemandem: *Im Gefängnis war die Behandlung nicht gut.*
② MEDIZIN die Therapie, die ärztliche Betreuung
③ bei einem Arzt in Behandlung sein längere Zeit von einem Arzt gegen eine Krankheit behandelt werden
④ nur im Singular die Bearbeitung, die Besprechung eines Themas
⑤ nur im Singular TECHNIK die Bearbeitung von etwas mit etwas

be|hau̲p|ten (Verb) **du behauptest, er behauptete, sie hat behauptet, behaupte!**
① etwas behaupten etwas mit Überzeugung sagen, etwas als wahr oder richtig darstellen (was vielleicht gar nicht stimmt): *Er hat behauptet, er hätte den Schuss nicht gehört.*
② sich behaupten sich durchsetzen: *Tim kann sich in der Klasse nur schwer behaupten. • Max kann sich gegen seinen großen Bruder schon gut behaupten.*
gewinnen, siegen: *Unsere Mannschaft hat sich gestern gegen die Gegner behauptet.*

die **Be|haup|tung** (Nomen) **der Behauptung, die Behauptungen** eine Äußerung, die als wahr oder richtig dargestellt wird (die es aber vielleicht nicht ist): *Das ist eine reine Behauptung!*

be|he|ben (Verb) **du behebst, er behob, sie hat behoben, beheb(e)!** einen Schaden, Fehler in Ordnung bringen, beseitigen

be|herr|schen (Verb) **du beherrschst, er beherrschte, sie hat beherrscht, beherrsch(e)!**
❶ jemanden beherrschen
Land, Volk Macht über jemanden ausüben
❷ etwas können, etwas gelernt haben (z. B. Sprache, Beruf, Instrument): *Maria beherrscht drei Sprachen.*
❸ sich beherrschen seine Gefühle nicht zeigen, sich zusammenreißen: *Ich musste so lachen, ich konnte mich nicht mehr beherrschen.*

die **Be|herr|schung** (Nomen) nur im Singular **der Beherrschung**
❶ POLITIK die Macht über etwas
❷ PSYCHOLOGIE das Zusammennehmen, das Zusammenreißen
❸ die Beherrschung verlieren die Kontrolle über sich selbst verlieren, ausrasten
❹ von Sprache, Handwerk, Instrument usw. das Können: *Die Beherrschung mindestens einer Fremdsprache wird vorausgesetzt.*

be|hilf|lich (Adjektiv)
jemandem behilflich sein jemandem helfen: *Kann ich Ihnen behilflich sein? • Bist du mir bitte mal beim Aufräumen behilflich?*

be|hin|dern (Verb) **du behinderst, er behinderte, sie hat behindert, behind(e)re nicht!**
❶ jemanden behindern jemandem im Weg sein: *Geh aus dem Weg, du behinderst deine Mitspieler!*
❷ den Verkehr behindern den Verkehr aufhalten: *Fahren Sie bitte weiter. Sie behindern den Verkehr.*
❸ die Sicht behindern die Sicht nehmen, im Weg sein

be|hin|dert (Adjektiv) schwer und unheilbar körperlich, geistig oder psychisch beeinträchtigt

der/die **Be|hin|der|te** (Nomen) **des/der Behinderten, die Behinderten** jemand, der körperlich, geistig oder psychisch beeinträchtigt ist

be|hin|der|ten|ge|recht (Adjektiv) für die Bedürfnisse von Behinderten geeignet

die **Be|hin|de|rung** (Nomen) **der Behinderung, die Behinderungen**
❶ MEDIZIN eine körperliche, geistige oder psychische Beeinträchtigung
❷ ≈ das Behindern die Störung

die **Be|hör|de** (Nomen) VERWALTUNG **der Behörde, die Behörden** ein staatliches oder städtisches Amt

be|hü|ten (Verb) **du behütest, er behütete, sie hat behütet, behüte!**
❶ jemanden behüten jemanden beschützen, jemanden bewachen
❷ Gott behüte! Nein, auf keinen Fall!

be|hut|sam (Adjektiv) **behutsamer, am behutsamsten** ganz sanft und vorsichtig

bei (Präposition) mit Dativ gebraucht
❶ in der Nähe von: *ein Dorf bei Frankfurt*
❷ dort, wo jemand wohnt: *Was gibt es bei euch zum Essen?*
❸ zusammen mit anderen: *Bleib doch bei uns.*
❹ in einem Geschäft, einer Firma oder einer anderen Einrichtung: *einen Termin bei einem Arzt haben*
❺ zu einem bestimmten Zeitpunkt: *Bei seiner Geburt wog er nur 2000 Gramm.*
❻ in einem bestimmten Fall: *Das Fest findet nur bei schönem Wetter statt.*

bei|be|hal|ten (Verb) **du behältst bei, er behielt bei, sie hat beibehalten, behalt(e) bei!** so lassen, wie es ist: *Sie hat auch nach ihrem Umzug aufs Land ihre Kinobesuche beibehalten.*

bei|brin|gen (Verb) **du bringst bei, er brachte bei, sie hat beigebracht, bring(e) bei!**
jemandem etwas beibringen jemandem zeigen oder erklären, wie man etwas macht: *Mein Vater hat mir das Schwimmen beigebracht.*

die **Beich|te** (Nomen) **der Beichte, die Beichten** das Gestehen (und die anschließende Vergebung) seiner Sünden: *Meine Oma geht jede Woche zur Beichte.*

beich|ten (Verb) **du beichtest, er beichtete, sie hat gebeichtet, beichte!**
❶ RELIGION einem Priester seine Sünden sagen, zur Beichte gehen
❷ umgangssprachlich ≈ gestehen zugeben, dass man etwas Schlimmes oder Dummes getan hat: *Du, ich muss dir etwas beichten. – Ich habe deine Schokolade aufgegessen.*

bei|de (Pronomen) jede von zwei Personen oder Sachen: *Kommt ihr beide morgen mit?*

bei|des (Pronomen) jede von zwei Sachen/Möglichkeiten: *Du kannst nicht beides haben, du musst dich entscheiden.*

der **Bei|fah|rer** (Nomen) AUTO **des Beifahrers, die Beifahrer** jemand, der in einem Fahrzeug auf dem Sitz neben dem Fahrer mitfährt

die **Bei|fah|re|rin** (Nomen) **der Beifahrerin, die Beifahrerinnen**
Femininform von → **Beifahrer**

der **Bei|fall** (Nomen) nur im Singular **des Beifalls** Zustimmung und Lob durch Klatschen, Applaus

beige (Adjektiv) [beːʃ] von der Farbe von Sand oder heller Haut: *ein beiges Sofa*

die **Beihil|fe** (Nomen) **der Beihilfe, die Beihilfen**
① FINANZEN eine finanzielle Unterstützung bei Krankheit usw.: *Sie können einen Antrag auf Beihilfe einreichen.*
② RECHT nur im Singular die Mithilfe bei einer Straftat: *Das Urteil lautete: Beihilfe zur Körperverletzung.*

das **Beil** (Nomen) **des Beils, die Beile**
ein Werkzeug ähnlich einer kleinen Axt zur Holzbearbeitung

die **Bei|la|ge** (Nomen) **der Beilage, die Beilagen**
① PRESSE ein zusätzlicher Teil (oft als Heft) einer Zeitung oder Zeitschrift
② GASTRONOMIE eine Speise, wie Kartoffeln, Gemüse oder Salat, die zu einem Hauptgericht serviert wird

bei|läu|fig (Adjektiv) nebenher, wie zufällig: *Er hat ganz beiläufig bemerkt, dass er in mich verliebt ist.*

beim (Präposition mit Artikel) bei dem: *Jannis ist gerade beim Sport.*

das **Bein** (Nomen) **des Bein(e)s, die Beine**
① Körperteil von Mensch/Tier, Teil eines Möbelstücks: *Er stand auf einem wackligen Hocker mit drei Beinen.*
② etwas auf die Beine stellen etwas erfolgreich organisieren
③ sich ein Bein ausreißen umgangssprachlich sich große Mühe geben: *Für die Überraschungsparty haben wir uns ein Bein ausgerissen.*

bei|na|he (Adverb) ≈ fast nicht ganz, aber sehr nahe daran

der **Bein|bruch** (Nomen) **des Beinbruch(e)s, die Beinbrüche**
① MEDIZIN ein gebrochenes Bein durch Unfall usw.
② Das ist doch kein Beinbruch! umgangssprachlich Das ist nicht so schlimm.
③ Hals- und Beinbruch! umgangssprachlich Viel Glück!

be|in|hal|ten (Verb) nur in der 3. Person gebraucht **es beinhaltet, es beinhaltete, es hat beinhaltet** ≈ enthalten zum Inhalt haben

be|ir|ren (Verb) meist im Infinitiv gebraucht
sich nicht beirren lassen sich nicht unsicher machen lassen: *Glaubt an euch selbst und lasst euch nicht beirren!*

bei|sam|men (Adverb) ≈ beieinander zusammen an einem Ort

die **Bei|set|zung** (Nomen) **der Beisetzung, die Beisetzungen** ≈ Bestattung eine feierliche Beerdigung

das **Bei|spiel** (Nomen) **des Beispiel(e)s, die Beispiele**
① etwas/jemand Typisches aus einer Menge: *Wer kann mir ein Beispiel nennen?*
② zum Beispiel/z. B. wie etwa: *Es gibt warme Gerichte, zum Beispiel Pizza und Spaghetti.*
③ jemand, der ein Vorbild sein kann: *Nehmt euch Maxi zum Beispiel!*
④ mit gutem Beispiel vorangehen etwas so tun, dass man andere durch sein Vorbild ansporntf

bei|spiel|haft (Adjektiv)
① ein Beispiel abgebend
② Verhalten als Vorbild zu nehmen

bei|spiels|wei|se (Adverb) zum Beispiel

bei|ßen (Verb) **du beißt, er biss, sie hat gebissen, beiß(e)!**
① die Zähne in etwas schlagen: *Der Hund beißt nicht.*
② abbeißen (und kauen): *Diese harten Kekse kann man gar nicht beißen.*
③ eine stechende/ätzende Wirkung haben: *Der Qualm beißt in den Augen.*
④ Ich beiße nicht! umgangssprachlich Ich tu dir nichts/bin ganz harmlos.
⑤ nichts zu beißen haben umgangssprachlich zu wenig zu essen haben (weil man arm ist)

der **Bei|stand** (Nomen) nur im Singular **des Beistand(e)s**
jemandem Beistand leisten gehoben jemandem helfen, jemanden unterstützen

bei|ste|hen (Verb) **du stehst bei, er stand bei, sie hat beigestanden, steh(e) bei!**
jemandem beistehen jemandem helfen,

jemanden unterstützen: *Danke, dass du mir gestern in der Schule beigestanden hast.*

der **Bei|trag** (Nomen) **des Beitrag(e)s, die Beiträge**
❶ FINANZEN zu Verein, Versicherung ein regelmäßig zu zahlender Geldbetrag
❷ PRESSE · RUNDFUNK · TV eine Veröffentlichung in den Medien
❸ zu einem Vorhaben der persönliche Anteil an einer gemeinsamen Leistung

bei|tra|gen (Verb) **du trägst bei, er trug bei, sie hat beigetragen, trag(e) bei!**
etwas zu etwas beitragen am Gelingen von etwas beteiligt sein: *Sie hat das meiste zum Erfolg unseres Theaterprojekts beigetragen.*

bei|tre|ten (Verb) **du trittst bei, er trat bei, sie ist beigetreten, tritt bei!** Mitglied werden: *Ich bin erst mit 14 dem Turnverein beigetreten.*

der **Bei|tritt** (Nomen) **des Beitritt(e)s, die Beitritte** das Beitreten

be|kämp|fen (Verb) **du bekämpfst, er bekämpfte, sie hat bekämpft, bekämpfe!** Gegner, Seuche, Unkraut versuchen, jemanden/etwas zu besiegen/auszurotten

die **Be|kämp|fung** (Nomen) **der Bekämpfung, die Bekämpfungen** der Versuch, jemanden/etwas zu besiegen/auszurotten

be|kannt (Adjektiv) **bekannter, am bekanntesten**
❶ so, dass viele Menschen es kennen oder wissen: *Mülltrennung ist wichtig – das ist doch bekannt.*
❷ ≈ berühmt Künstler, Kunstwerk usw. bei vielen Menschen beliebt
❸ etwas/jemand ist jemandem bekannt jemand weiß etwas/kennt jemanden
❹ sich/jemanden mit jemandem bekannt machen sich/jemanden jemandem vorstellen

der/die **Be|kann|te** (Nomen) **des/der Bekannten, die Bekannten** eine Person, die man gut kennt

die **Be|kannt|ga|be** (Nomen) **der Bekanntgabe, die Bekanntgaben** POLITIK · VERWALTUNG die Veröffentlichung einer Information

die **Be|kannt|heit** (Nomen) **der Bekanntheit, die Bekanntheiten** das Bekanntsein einer Person oder eines Produkts

be|kannt|lich (Adverb) wie man weiß, wie allgemein bekannt ist

die **Be|kannt|schaft** (Nomen) **der Bekanntschaft, die Bekanntschaften**
❶ der persönliche Kontakt zu jemandem
❷ eine Bekanntschaft machen jemanden (besonders in Hinblick auf eine Beziehung) kennenlernen
❸ ≈ Bekanntenkreis alle Bekannten, die man hat
❹ mit etwas Bekanntschaft machen umgangssprachlich etwas Unangenehmes kennenlernen: *Keiner hatte Lust, mit Tims Fäusten Bekanntschaft zu machen.*

be|ken|nen (Verb) **du bekennst, er bekannte, sie hat bekannt, bekenne!**
❶ Sünden usw. offen zugeben
❷ sich zu etwas bekennen offen sagen, was für eine Überzeugung man hat/was man getan hat: *Der Brandstifter hat sich zu seiner Tat bekannt.*

das **Be|kennt|nis** (Nomen) **des Bekenntnisses, die Bekenntnisse**
❶ RELIGION die Zugehörigkeit zu einer Religionsgemeinschaft
❷ eine öffentliche Erklärung, in der man seine Überzeugung ausdrückt: *Von Einwanderern wird ein Bekenntnis zur freiheitlichen demokratischen Grundordnung erwartet.*

be|kla|gen (Verb) **du beklagst, er beklagte, sie hat beklagt, beklage!**
❶ sich (über etwas/jemanden) beklagen seinen Ärger (über etwas/jemanden) äußern: *Die Klasse hat sich schon wieder über die vielen Hausaufgaben beklagt.*
❷ gehoben etwas bedauern, traurig über etwas sein: *Nach dem Tsunami gab es Tausende von Toten zu beklagen.*

die **Be|klei|dung** (Nomen) **der Bekleidung, die Bekleidungen** gehoben ≈ Kleidung alles, was man anziehen kann

be|klem|mend (Adjektiv) **beklemmender, am beklemmendsten** beängstigend

be|kom|men (Verb) **du bekommst, er bekam, sie hat bekommen, bekomm(e)!**
❶ ≈ erhalten geschenkt/geschickt/zugeteilt kriegen: *Ich habe in Sport wieder eine Eins bekommen.*
❷ eine Krankheit/Hunger/Angst bekommen krank/hungrig/ängstlich werden
❸ Wir bekommen Regen/Schnee/.... Es wird demnächst regnen/schneien/....
❹ zur Welt bringen: *Sie hat ihr Baby gestern bekommen.*

⑤ jemand verträgt etwas gesundheitlich: *Der Tee ist mir gut bekommen. • Die viele Sonne bekommt meiner Haut nicht.*

be|kräf|ti|gen (Verb) **du bekräftigst, er bekräftigte, sie hat bekräftigt, bekräftige!** bereits Gesagtes energisch wiederholen, nochmals betonen: *Um seine Worte zu bekräftigen, schlug er mit der Faust auf den Tisch.*

be|küm|mert (Adjektiv) **bekümmerter, am bekümmertesten** Miene voller Sorgen: *Ihr schaut ja so bekümmert drein!*

der **Be|lang** (Nomen) **des Belang(e)s, die Belange**
meist in etwas ist von Belang / nicht von Belang etwas ist wichtig/unwichtig

be|lang|los (Adjektiv) **belangloser, am belanglosesten** ohne Bedeutung, unwichtig: *Das ist vollkommen belanglos.*

be|last|bar (Adjektiv) **belastbarer, am belastbarsten**
① Brücke, Netz in der Lage, eine bestimmte Last auszuhalten
② Mensch, Körper fähig, Anstrengungen/ Stress in einer bestimmten Höhe auszuhalten

be|las|ten (Verb) **du belastest, er belastete, sie hat belastet, belaste!**
① ein Gewicht auf etwas wirken lassen: *Bei dieser Übung musst du den rechten Fuß belasten.*
② jemanden unter Druck setzen, in Angst oder Trauer versetzen: *Seine Vorwürfe belasteten sie sehr.*
③ jemanden belasten vor Gericht usw. jemanden durch seine Aussage schuldig erscheinen lassen
④ die Umwelt belasten durch Verschmutzung usw. der Umwelt Schaden zufügen

die **Be|las|tung** (Nomen) **der Belastung, die Belastungen**
① TECHNIK einer Brücke, eines Körperteils die Beanspruchung durch ein Gewicht: *Die Brücke hat durch die Lkws eine große Belastung.*
② psychisch etwas, was jemanden sehr anstrengt oder bedrückt
③ RECHT durch eine Aussage die Bestärkung der Annahme, dass jemand schuldig ist
④ UMWELT durch Verschmutzung usw. der Schaden, den die Umwelt erleidet
⑤ FINANZEN eines Grundstücks usw. die Schulden, die man zurückzahlen muss

sich **be|lau|fen** (Verb) nur in der 3. Person gebraucht **es beläuft sich, es belief sich, es hat sich belaufen**
sich auf etwas belaufen eine bestimmte Summe ausmachen: *Der Schaden belief sich auf weniger als 100 Euro.*

be|lau|schen (Verb) **du belauschst, er belauschte, sie hat belauscht, belausch(e)!**
jemanden/etwas belauschen heimlich mit anhören, was jemand sagt/was gesprochen wird

be|le|ben (Verb) **du belebst, er belebte, sie hat belebt, belebe!** Kreislauf usw. ankurbeln, in Schwung bringen: *Koffein hat eine belebende Wirkung.*

be|lebt (Adjektiv) **belebter, am belebtesten** Straße usw. voll von Menschen/Verkehr

der **Be|leg** (Nomen) **des Beleg(e)s, die Belege**
① WIRTSCHAFT ein schriftlicher Nachweis einer geleisteten Zahlung
② die Angabe einer Quelle: *Für das Zitat musst du einen Beleg angeben.*
③ auch GESCHICHTE ≈ Nachweis etwas, was etwas beweist

be|leg|bar (Adjektiv) Vorhandensein, Existenz durch Beispiele zu beweisen

be|le|gen (Verb) **du belegst, er belegte, sie hat belegt, belege!**
① etwas belegen etwas beweisen
② etwas mit etwas bedecken, etwas auf etwas legen
③ für sich reservieren: *Ich habe jetzt einen Kurs für Hip-Hop belegt.*
④ einen Platz/Rang belegen auch SPORT bei einem Wettbewerb auf einen Platz/Rang kommen

die **Be|leg|schaft** (Nomen) **der Belegschaft, die Belegschaften** WIRTSCHAFT alle Mitarbeiter eines Betriebs

belegt (Adjektiv)
① Brötchen, Pizza usw. mit daraufgelegtem Schinken/Käse/...
② von jemandem reserviert/gebucht: *Dieser Platz ist leider schon belegt.*
③ MEDIZIN Zunge von einer Schicht bedeckt

be|leh|ren (Verb) **du belehrst, er belehrte, sie hat belehrt, belehre!**
① jemanden belehren abwertend jemandem klarmachen, dass er sich irrt/unrecht hat
② jemanden eines Besseren belehren jemanden davon überzeugen, dass er sich geirrt hat

die **Be|leh|rung** (Nomen) **der Belehrung, die Belehrungen** abwertend eine (oft überhebliche) Zurechtweisung: *Erspar uns deine ewigen Belehrungen!*

be|lei|di|gen (Verb) **du beleidigst, er beleidigte, sie hat beleidigt, beleidige nicht!**
jemanden beleidigen jemanden mit Worten in seiner Ehre verletzen

be|lei|digt (Adjektiv) ≈ gekränkt in seiner Ehre verletzt

die **Be|lei|di|gung** (Nomen) **der Beleidigung, die Beleidigungen** ≈ Kränkung eine Verletzung von jemandes persönlicher Ehre

be|leuch|ten (Verb) **du beleuchtest, er beleuchtete, sie hat beleuchtet, beleuchte!**
❶ mit Licht anstrahlen und hell machen
❷ Fall, Problem kritisch untersuchen, näher betrachten

die **Be|leuch|tung** (Nomen) **der Beleuchtung, die Beleuchtungen** mit Lampen, Kerzen die Versorgung mit Licht

Bel|gi|en (Nomen) **Belgiens** ein Land in Europa

der **Bel|gi|er** (Nomen) **des Belgiers, die Belgier** ein Junge/Mann aus Belgien

die **Bel|gi|erin, Bel|gie|rin** (Nomen) **der Belgierin, die Belgierinnen** ein Mädchen/eine Frau aus Belgien

bel|gisch (Adjektiv) aus Belgien: *belgische Schokolade*

be|lie|big (Adjektiv)
❶ ≈ irgendein ohne besondere Auswahl: *Ihr könnt jede beliebige Zahl nehmen.*
❷ ≈ nach Wunsch so, wie es einem gerade gefällt: *Davon kannst du beliebig viele Kopien machen.*
❸ jeder x-Beliebige ganz gleich, welche Person

be|liebt (Adjektiv) **beliebter, am beliebtesten** von vielen Menschen gerngehabt, sehr verbreitet: *Anna ist bei allen sehr beliebt.*

die **Be|liebt|heit** (Nomen) nur im Singular **der Beliebtheit** die Eigenschaft, von vielen gerngehabt zu werden

bel|len (Verb) nur in der 3. Person gebraucht **er bellt, sie bellte, es hat gebellt, bell(e) nicht!**
❶ der Hund bellt der Hund macht seine kurzen, typischen Geräusche
❷ Hunde, die bellen, beißen nicht. Wer damit prahlt, wie gefährlich oder stark er ist, ist meist ganz harmlos.

be|loh|nen (Verb) **du belohnst, er belohnte, sie hat belohnt, belohne!** jemandem als Anerkennung oder Dank für eine Leistung etwas schenken: *Die Besten werden mit einem Buchpreis belohnt.*

die **Be|loh|nung** (Nomen) **der Belohnung, die Belohnungen** ein Preis als Anerkennung oder Dank für eine besondere Leistung: *Zur Belohnung bekommst du dieses Abzeichen.*

be|lü|gen (Verb) **du belügst, er belog, sie hat belogen, belüg(e) nicht!**
jemanden belügen jemandem bewusst die Unwahrheit sagen

be|merk|bar (Adjektiv)
❶ ≈ spürbar Änderung, Besserung usw. (mehr oder weniger deutlich) zu erkennen
❷ sich bemerkbar machen durch Rufen usw. die Aufmerksamkeit auf sich lenken ≈ sich zeigen, deutlich werden durch bestimmte Anzeichen zum Vorschein kommen: *Eine überstandene Grippe und fehlendes Training machten sich bald bemerkbar.*

be|mer|ken (Verb) **du bemerkst, er bemerkte, sie hat bemerkt, bemerk(e)!**
❶ ≈ erkennen, entdecken Anzeichen usw. bewusst sehen/spüren
❷ als Kommentar sagen
❸ nebenbei bemerkt am Rande gesagt, ohne es betonen zu wollen

be|mer|kens|wert (Adjektiv) **bemerkenswerter, am bemerkenswertesten** ≈ beachtlich ziemlich groß oder bedeutend

die **Be|mer|kung** (Nomen) **der Bemerkung, die Bemerkungen**
❶ ≈ Äußerung, Kommentar etwas, was jemand zu einem Thema sagt
❷ ≈ Anmerkung in einem Zeugnis usw. eine zusätzliche Information

be|mit|lei|den (Verb) **du bemitleidest, er bemitleidete, sie hat bemitleidet, bemitleide!**
jemanden bemitleiden jemanden bedauern, Mitleid mit jemandem haben

sich **be|mü|hen** (Verb) **du bemühst dich, er bemühte sich, sie hat sich bemüht, bemüh(e) dich!**
❶ sich bemühen, etwas zu tun sich anstrengen/Mühe geben, etwas zu erreichen
❷ sich um etwas bemühen versuchen, etwas zu bekommen: *Sie bemüht sich um einen Platz im Mathe-Förderkurs.*

be|müht (Adjektiv) **bemühter, am bemühtesten** ≈ eifrig, fleißig darauf aus, etwas zu erreichen: *Er ist sehr um Genauigkeit bemüht.*

die **Be|mü|hung** (Nomen) **der Bemühung, die Bemühungen** meist Plural
❶ der eifrige Versuch, etwas zu erreichen
❷ Bemühungen gehoben **auf Rechnungen** geleistete Arbeit, die bezahlt werden muss

be|nach|bart (Adjektiv) **Dorf usw.** ganz in der Nähe/direkt daneben liegend

be|nach|rich|ti|gen (Verb) **du benachrichtigst, er benachrichtigte, sie hat benachrichtigt, benachrichtige!**
jemanden benachrichtigen jemanden direkt informieren

die **Be|nach|rich|ti|gung** (Nomen) **der Benachrichtigung, die Benachrichtigungen** die direkte Information über etwas

be|nach|teil|li|gen (Verb) **du benachteiligst, er benachteiligte, sie hat benachteiligt, benachteilige!**
❶ jemanden benachteiligen jemanden schlechter als andere behandeln
❷ sich benachteiligt fühlen sich schlechter behandelt fühlen

die **Be|nach|tei|li|gung** (Nomen) **der Benachteiligung, die Benachteiligungen** eine Behandlung, die jemandem Nachteile bringt

das **Be|neh|men** (Nomen) **nur im Singular des Benehmens**
❶ ein bestimmtes Verhalten in der Gemeinschaft mit anderen
❷ kein Benehmen haben sich dauernd so verhalten, dass andere gestört werden

sich **be|neh|men** (Verb) **du benimmst dich, er benahm sich, sie hat sich benommen, benimm dich!**
❶ sich gut/schlecht benehmen sich so verhalten, dass andere nicht gestört werden/dass es für andere unangenehm ist
❷ Benimm dich/Benehmt euch! umgangssprachlich Hör/Hört auf, andere zu stören!
❸ sich nicht benehmen können sich dauernd so verhalten, dass andere gestört werden

be|nei|den (Verb) **du beneidest, er beneidete, sie hat beneidet, beneide nicht!**
❶ jemanden beneiden auf jemanden wegen etwas, was man selbst nicht hat, neidisch sein: *Alle beneiden sie um ihre tolle Figur.*
❷ nicht zu beneiden sein in einer äußerst unangenehmen Situation sein

be|nom|men (Adjektiv) nicht ganz klar im Kopf: *Durch den Schlag auf den Kopf war sie ganz benommen.*

be|no|ten (Verb) **du benotest, er benotete, sie hat benotet, benote!** SCHULE einen Aufsatz o. Ä. korrigieren und mit einer Note bewerten

be|nö|ti|gen (Verb) **du benötigst, er benötigte, sie hat benötigt, benötige!**
etwas/jemanden benötigen etwas/jemanden für einen bestimmten Zweck brauchen: *Für die Kunststunde benötigt ihr Wasserfarbe.*

be|nut|zen, be|nüt|zen (Verb) **du benutzt, er benutzte, sie hat benutzt, benutz(e)!**
❶ etwas benutzen etwas für einen bestimmten Zweck verwenden
❷ jemanden benutzen abwertend jemanden zu seinem eigenen Vorteil ausnutzen: *Sie fühlte sich von ihm benutzt.*

der **Be|nut|zer** (Nomen) **des Benutzers, die Benutzer** jemand, der etwas für einen bestimmten Zweck verwendet

be|nut|zer|freund|lich (Adjektiv) **benutzerfreundlicher, am benutzerfreundlichsten** einfach und übersichtlich und daher angenehm bei der Verwendung: *ein benutzerfreundliches Wörterbuch*

die **Be|nut|zer|in** (Nomen) **der Benutzerin, die Benutzerinnen**
Femininform von → **Benutzer**

der **Be|nut|zer|na|me** (Nomen) **des Benutzernamen, die Benutzernamen** INFORMATIK der Name, mit dem man sich erfolgreich bei einem Programm anmeldet

die **Be|nut|zung** (Nomen) **nur im Singular der Benutzung** die Verwendung (eines Gegenstands) zu einem bestimmten Zweck

das **Ben|zin** (Nomen) **nur im Singular des Benzins** ein dünnflüssiges Mineralöl, besonders als Treibstoff verwendet

be|ob|ach|ten (Verb) **du beobachtest, er beobachtete, sie hat beobachtet, beobachte!**
❶ etwas/jemanden beobachten etwas/jemanden eine bestimmte Zeit lang genau betrachten/studieren: *Die Forscher haben die Eisbären monatelang beobachtet.*
❷ ≈bemerken, feststellen mit ansehen, wie etwas geschieht: *einen Vorfall beobachten*

der **Be|ob|ach|ter** (Nomen) **des Beobachters, die Beobachter**
❶ jemand, der etwas/jemanden eine bestimmte Zeit lang genau betrachtet/studiert
❷ jemand, der etwas (zufällig) mit ansieht oder bemerkt: *Er war ein Beobachter des Vorfalls.*

die **Be|ob|ach|te|rin** (Nomen) **der Beobachterin, die Beobachterinnen** Femininform von → **Beobachter**

die **Be|ob|ach|tung** (Nomen) **der Beobachtung, die Beobachtungen**
❶ ein Zeitraum, in dem etwas/jemand genau betrachtet/studiert wird: *Nach dem Unfall ist sie zur Beobachtung im Krankenhaus.*
❷ etwas, was man mit angesehen/bemerkt hat: *verdächtige Beobachtungen melden*

be|packt (Adjektiv) **bepackter, am bepacktesten** mit etwas Schwerem beladen

be|quem (Adjektiv) **bequemer, am bequemsten**
❶ zum Wohlfühlen geeignet: *ein bequemer Sessel*
❷ ohne Mühe, leicht: *In dem Auto können bequem fünf Personen sitzen.*
❸ umgangssprachlich ≈ faul nicht bereit, sich anzustrengen

die **Be|quem|lich|keit** (Nomen) **der Bequemlichkeit, die Bequemlichkeiten**
❶ etwas, was das Leben leichter und angenehmer macht: *Sie schätzen die Bequemlichkeiten, die das Hotel bietet.*
❷ **nur im Singular** ≈ Faulheit *Überwinde endlich deine Bequemlichkeit!*
❸ aus Bequemlichkeit aus Faulheit: *Aus Bequemlichkeit ging er nicht zur Beratung.*

be|ra|ten (Verb) **du berätst, er beriet, sie hat beraten, berat(e)!**
❶ jemanden beraten jemandem Empfehlungen und Hinweise geben: *Als ich die Schuhe gekauft habe, hat mich der Verkäufer richtig gut beraten.*
❷ sich (von jemandem) beraten lassen sich (von jemandem) Empfehlungen und Hinweise geben lassen: *Bevor ich meine Bewerbungen geschrieben habe, habe ich mich beim Berufsinformationszentrum beraten lassen.*
❸ sich (über etwas) beraten etwas besprechen: *Bevor wir in die andere Stadt umgezogen sind, haben wir uns in der Familie sehr lange darüber beraten.*

der **Be|ra|ter** (Nomen) **des Beraters, die Berater** jemand, der über Fachwissen in einem bestimmten Bereich verfügt und hieraus Empfehlungen gibt, meist als berufliche Tätigkeit

die **Be|ra|te|rin** (Nomen) **der Beraterin, die Beraterinnen** Femininform von → **Berater**

die **Be|ra|tung** (Nomen) **der Beratung, die Beratungen**
❶ die ausführliche Besprechung einer Angelegenheit: *Die Richter zogen sich zur Beratung zurück.*
❷ ein Gespräch, in dem jemand Empfehlungen gibt: *Die ausführliche ärztliche Beratung hat ihr sehr geholfen.*
❸ eine Stelle, die Auskunft, Rat und Unterstützung gibt **(z. B. Drogenberatung, Familienberatung, Berufsberatung)**

die **Be|ra|tungs|stel|le** (Nomen) **der Beratungsstelle, die Beratungsstellen** eine Einrichtung, die zu bestimmten Themen Auskunft, Rat und Unterstützung anbietet **(z. B. Familienberatungsstelle, Drogenberatungsstelle)**

be|rau|schend (Adjektiv) **berauschender, am berauschendsten**
❶ einen Rausch bewirkend: *Sie spürten schon die berauschende Wirkung des Biers.*
❷ sehr beeindruckend: *Sie feierten ein berauschendes Fest.*
❸ nicht berauschend sein umgangssprachlich eher schlecht sein: *Seine schulischen Leistungen sind nicht gerade berauschend.*

be|rech|nen (Verb) **du berechnest, er berechnete, sie hat berechnet, berechne!**
❶ den Wert von etwas durch Rechnen bestimmen: *Die Fläche des Grundstücks kann man berechnen.*
❷ (jemandem) etwas berechnen **HANDEL** (jemandem) eine Rechnung über etwas schreiben

be|rech|nend (Adjektiv) abwertend **berechnender, am berechnendsten** nur seine eigenen Interessen verfolgend, nur seinen eigenen Vorteil suchend: *Der Bankräuber war eiskalt und berechnend.*

die **Be|rech|nung** (Nomen) **der Berechnung, die Berechnungen**
❶ die Bestimmung eines Wertes durch Rechnen
❷ abwertend **nur im Singular** das Streben nach eigenen Vorteilen

be|rech|ti|gen (Verb) **du berechtigst, er berechtigte, sie hat berechtigt, berechtige!**
❶ (jemanden) zu etwas berechtigen (jemandem) das Recht zu etwas geben: *Der Ausweis berechtigt zum Parken.*
❷ jemand ist berechtigt, etwas zu tun jemand hat das Recht, etwas zu tun: *Der Schiedsrichter ist berechtigt, einen Spieler in die Kabine zu schicken.*

be|rech|tigt (Adjektiv) zu Recht bestehend: *Die Forderung nach Hitzefrei ist berechtigt.*

die **Be|rech|ti|gung** (Nomen) **der Berechtigung, die Berechtigungen**
die Berechtigung haben, etwas zu tun das Recht/die Erlaubnis haben, etwas zu tun: *Nur der Förster hat die Berechtigung, im Wald Bäume zu fällen.*

der **Be|reich** (Nomen) **des Bereich(e)s, die Bereiche**
❶ **räumlich** ein Gebiet, das durch einen Ort und seine Grenzen bestimmt ist: *der südliche Bereich der Stadt*
❷ ein Sachgebiet mit eigenständigen Fragestellungen und Lösungen: *der soziale Bereich*
❸ etwas liegt im Bereich des Möglichen etwas ist möglich

be|rei|chern (Verb) **du bereicherst, er bereicherte, sie hat bereichert, bereich(e)re!**
❶ etwas (mit etwas/um etwas) bereichern etwas (durch etwas) wertvoller machen: *seine Sammlung um eine seltene Münze bereichern*
❷ etwas bereichert jemanden etwas erweitert die Erfahrungen von jemandem: *Die Wochen des Schüleraustauschs in England haben sie bereichert.*
❸ sich bereichern materielle Vorteile auf Kosten anderer anstreben und erreichen: *Die Spekulanten haben sich in der Krise rücksichtslos bereichert.*

die **Be|rei|che|rung** (Nomen) **nur im Singular der Bereicherung**
❶ die Erweiterung um etwas Wertvolles: *Der Schüleraustausch war für alle eine Bereicherung.*
❷ das Erzielen von materiellen Vorteilen auf Kosten anderer: *Das Unternehmen wirft dem Mitarbeiter Bereicherung vor.*

be|reit (Adjektiv)
❶ jemand ist (zu etwas) bereit ≈ fertig jemand ist so weit, dass er etwas machen kann: *Sie sind jetzt zum Gespräch bereit.*
❷ jemand ist bereit, etwas zu tun jemand ist gewillt, etwas zu tun: *Ich bin bereit, diese Arbeit zu übernehmen.*
❸ sich (für/zu etwas) bereit machen sich so vorbereiten, dass man etwas machen kann: *Sie macht sich für ihren ersten großen Auftritt bereit.*
❹ sich zu etwas bereit erklären anderen Menschen sagen, dass man etwas tun will: *Marie hat sich bereit erklärt, für das Amt der Schulsprecherin zu kandidieren.*

be|rei|ten (Verb) **du bereitest, er bereitete, sie hat bereitet, bereit(e)!**
❶ jemandem etwas bereiten bestimmte Gefühle (z. B. Freude, Ärger, Überraschung) bei jemandem bewirken: *Mit dem Geburtstagsgeschenk haben wir ihr eine große Freude bereitet.*
❷ ≈ zubereiten etwas fertig machen

be|reit|hal|ten (Verb) **du hältst bereit, er hielt bereit, sie hat bereitgehalten, halt(e) bereit!**
❶ etwas (für jemanden, für etwas) bereithalten etwas (für jemanden, für etwas) zur Hand haben: *Bitte die Fahrscheine bereithalten!*
❷ sich (für jemanden/etwas) bereithalten (für jemanden/etwas) zur Verfügung stehen: *Die Ärztin hält sich für ihren nächsten Einsatz bereit.*

be|reits (Adverb)
❶ früher als angenommen: *Sie fahren bereits heute.*
❷ später als angenommen: *Bei ihrer Landung war es bereits 23 Uhr.*
❸ mehr als angenommen: *Er hatte bereits drei Tassen Kaffee getrunken.*
❹ ≈ schon *Als wir in Berlin ankamen, waren unsere Freunde bereits abgereist.*
❺ ≈ allein *Bereits beim Gedanken an die Prüfung wurde er nervös.*

die **Be|reit|schaft** (Nomen) **der Bereitschaft, die Bereitschaften**
❶ die Bereitschaft, etwas zu tun **nur im Singular** der Wille und die Absicht, etwas zu tun: *Ihre Bereitschaft zu helfen wurde von allen begrüßt.*
❷ ≈ Bereitschaftsdienst ein Dienst, bei dem

man außerhalb der üblichen Dienstzeiten bereit ist, seine Arbeit zu machen (z. B. bei der Polizei, bei der Feuerwehr, im Krankenhaus): *Unser Arzt hat am Wochenende Bereitschaft.*

be|reit|ste|hen (Verb) **du stehst bereit, er stand bereit, sie hat bereitgestanden, steh(e) bereit!** zur Benutzung, zur Verwendung oder zum Einsatz dastehen: *Das Frühstück steht für euch in der Küche bereit.*

be|reit|stel|len (Verb) **du stellst bereit, er stellte bereit, sie hat bereitgestellt, stell(e) bereit!**
❶ etwas (für jemanden) bereitstellen etwas (für jemanden) hinstellen: *die Getränke für die Gäste bereitstellen*
❷ etwas (für jemanden, für etwas) bereitstellen etwas (für jemanden, für etwas) zur Verfügung stellen: *Geld für Reparaturen bereitstellen*

be|reit|wil|lig (Adjektiv) **bereitwilliger, am bereitwilligsten** gerne bereit sein, etwas zu tun: *Sie haben beim Umzug bereitwillig geholfen.*

be|reu|en (Verb) **du bereust, er bereute, sie hat bereut, bereu(e)!**
❶ etwas bereuen etwas, was man getan hat, sehr bedauern: *Wir haben unsere Absage bitter bereut.*
❷ Das wirst du noch bereuen! Das wird dir noch leidtun!

der **Berg** (Nomen) **des Berg(e)s, die Berge**
❶ GEOGRAFIE große Erhebung in der Landschaft: *einen Berg besteigen*
❷ die Berge das Gebirge: *Sie verbringen das Wochenende gerne in den Bergen.*
❸ über alle Berge sein auf der Flucht nicht mehr einzuholen sein
❹ über den Berg sein eine kritische Situation bewältigt haben

berg|ab (Adverb)
❶ den Berg hinunter: *bergab gehen*
❷ mit jemandem/etwas geht es bergab etwas wird immer schlechter/jemandem geht es immer schlechter

berg|auf (Adverb)
❶ den Berg hinauf: *bergauf gehen*
❷ es geht mit etwas/jemandem bergauf etwas wird immer besser/jemandem geht es immer besser

der **Berg|bau** (Nomen) **nur im Singular des Bergbaus** der Abbau von Bodenschätzen in einem Bergwerk

ber|gen (Verb) **du birgst, er barg, sie hat geborgen, birg!**
❶ jemanden (aus etwas) bergen jemanden bei einem Unglück (aus etwas) befreien: *Die Feuerwehr barg den Verletzten aus dem Autowrack.*
❷ etwas (in sich) bergen gehoben etwas mit sich bringen: *Dein Plan birgt viele Gefahren.*

ber|gig (Adjektiv) **bergiger, am bergigsten** bergreich, mit vielen Bergen

der **Berg|stei|ger** (Nomen) **des Bergsteigers, die Bergsteiger** jemand, der in seiner Freizeit im Gebirge klettert

die **Berg|stei|ge|rin** (Nomen) **der Bergsteigerin, die Bergsteigerinnen** Femininform von → **Bergsteiger**

die **Ber|gung** (Nomen) **der Bergung, die Bergungen** eine Aktion, bei der etwas oder jemand in Sicherheit gebracht wird: *Die Bergung der Verschütteten nach dem Erdbeben ist noch nicht abgeschlossen.*

das **Berg|werk** (Nomen) **des Bergwerk(e)s, die Bergwerke** eine größere Anlage zum Abbau von Bodenschätzen

der **Be|richt** (Nomen) **des Bericht(e)s, die Berichte**
❶ eine knappe, sachliche Information über ein Ereignis
❷ PRESSE · RUNDFUNK · TV aktuelle Informationen zu einem Ereignis oder Thema
❸ jemandem (über etwas) Bericht erstatten ≈berichten (jemandem) einen Bericht (über etwas) geben

be|rich|ten (Verb) **du berichtest, er berichtete, sie hat berichtet, berichte!**
❶ jemandem über etwas berichten jemanden knapp und in sachlicher Sprache informieren: *Sie berichtet ihren Eltern über die Veranstaltung.*
❷ von etwas berichten PRESSE · RUNDFUNK · TV aktuelle Informationen zu einem Ereignis oder Thema geben: *von der Entscheidung im Weitsprung berichten*

be|rich|ti|gen (Verb) **du berichtigst, er berichtigte, sie hat berichtigt, berichtige!**
❶ etwas berichtigen etwas Fehlerhaftes durch das Richtige ersetzen: *die Rechtschreibfehler im Diktat berichtigen*
❷ jemanden/sich berichtigen verbessern, was jemand gesagt hat: *Ich muss mich berichtigen: Er heißt Konz und nicht Kunz.*

die **Be|rịch|ti|gung** (Nomen) **der Berichtigung, die Berichtigungen**
① ≈das Verbessern das Ersetzen von etwas Fehlerhaftem durch das Richtige: *Heute bekommt ihr die Klassenarbeit zur Berichtigung der Fehler zurück.*
② ≈die verbesserte Fassung die berichtigte Fassung: *Die Berichtigung des Diktats muss erst nächste Woche abgegeben werden.*

Ber|lin (Nomen) **Berlins** die Hauptstadt von Deutschland, die auch ein Bundesland ist

der **Bẹrn|stein** (Nomen) nur im Singular **des Bernsteins** ein gelbes bis braunes Harz, das hart wie Stein geworden ist und aus dem Schmuck gemacht werden kann: *eine Kette aus Bernstein*

be|rụ̈ch|tigt (Adjektiv)
(wegen etwas, für etwas) berüchtigt (wegen etwas) in schlechtem Ruf stehend: *Der Stadtteil ist für seine hohe Kriminalität berüchtigt.*

be|rụ̈ck|sich|ti|gen (Verb)
du berücksichtigst, er berücksichtigte, sie hat berücksichtigt, berücksichtige!
① etwas berücksichtigen etwas beim Überlegen beachten: *Bei der Gesamtnote werden die mündlichen Leistungen besonders berücksichtigt.*
② jemanden berücksichtigen jemandem eine Chance geben: *Behinderte werden bei der Besetzung der Stelle bevorzugt berücksichtigt.*

die **Be|rụ̈ck|sich|ti|gung** (Nomen) nur im Singular **der Berücksichtigung**
① die besondere Beachtung von etwas: *Dass sie schon einmal ein Praktikum dort gemacht hatte, fand bei der Zusage für den Ausbildungsplatz Berücksichtigung.*
② das Einbeziehen von jemandem: *Die Berücksichtigung der jungen Spielerin in der Aufstellung überraschte alle.*

der **Be|ru̲f** (Nomen) **des Beruf(e)s, die Berufe** die Tätigkeit, die jemand erlernt hat und ausübt, um Geld zu verdienen: *Sie ist Lehrerin von Beruf.*

be|ru̲|fen[1] (Verb) **du berufst, er berief, sie hat berufen, beruf(e)!**
① ≈einsetzen *jemanden zum Vorsitzenden berufen*
② ≈sich beziehen auf *sich auf einen Vertrag berufen*

be|ru̲|fen[2] (Adjektiv) ≈geeignet
sich zu etwas berufen fühlen glauben, für etwas besonders geeignet zu sein: *Er fühlt sich dazu berufen, Klassensprecher zu sein.*

be|ru̲f|lich (Adjektiv) den Beruf betreffend: *Was machen Sie beruflich?*

die **Be|ru̲fs|aus|bil|dung** (Nomen) **der Berufsausbildung, die Berufsausbildungen** die Ausbildung für einen bestimmten Beruf

die **Be|ru̲fs|be|ra|tung** (Nomen) **der Berufsberatung, die Berufsberatungen** eine Beratung für die Wahl des geeigneten Berufs

das **Be|ru̲fs|bild** (Nomen) **des Berufsbild(e)s, die Berufsbilder** die typischen Merkmale des Berufs und der Berufsausbildung: *Das Berufsbild des Lehrers hat sich sehr geändert.*

die **Be|ru̲fs|schu|le** (Nomen) **der Berufsschule, die Berufsschulen** eine Schule, die man zusätzlich zur Ausbildung im Betrieb besucht

der **Be|ru̲fs|schü|ler** (Nomen) **des Berufsschülers, die Berufsschüler** der Schüler einer Berufsschule

die **Be|ru̲fs|schü|le|rin** (Nomen) **der Berufsschülerin, die Berufsschülerinnen**
Femininform von → **Berufsschüler**

be|ru̲fs|tä|tig (Adjektiv) beruflich tätig

die **Be|ru̲|fung** (Nomen) **der Berufung, die Berufungen**
① nur im Singular ≈innere Bestimmung die starke Motivation, eine Aufgabe zu übernehmen oder einen bestimmten Beruf auszuüben: *Sie spürte schon früh die Berufung, als Ärztin den Armen zu helfen.*
② RECHT der Widerspruch gegen ein Gerichtsurteil: *in Berufung gehen, Berufung gegen ein Urteil einlegen*
③ das Angebot, eine hohe Funktion zu übernehmen: *die Berufung zum Professor annehmen*
④ die Berufung auf etwas/auf jemanden nur im Singular die Nennung von etwas als Rechtfertigung/von jemandem als Zeugen: *unter Berufung auf das Gesetz, die Berufung auf den Augenzeugen*

be|ru̲|hen (Verb) nur in der 3. Person gebraucht **es beruht, es beruhte, es hat beruht**
① auf etwas beruhen ≈basieren auf etwas zurückgehen, etwas als Ursache haben

❷ die Sache auf sich beruhen lassen in einer Sache nichts mehr unternehmen

be|ru|hi|gen (Verb) **du beruhigst, er beruhigte, sie hat beruhigt, beruhig**(e)**!**
❶ jemanden beruhigen jemanden, der aufgeregt ist, wieder zur Ruhe bringen: *Der Schulleiter versuchte, die protestierenden Schüler zu beruhigen.*
❷ sich beruhigen wieder ruhiger werden, wieder in einen normalen Zustand kommen: *Nach dem Wutanfall hat er sich wieder beruhigt.*

be|ru|hi|gend (Adjektiv) **beruhigender, am beruhigendsten** so wirkend, dass man wieder ruhiger wird: *Seine beruhigenden Worte entschärften den Streit.*

die **Be|ru|hi|gung** (Nomen) nur im Singular **der Beruhigung** der Übergang in einen ausgeglichenen Zustand: *Zur Beruhigung der Klasse musste der Lehrer eingreifen.*

be|rühmt (Adjektiv) **berühmter, am berühmtesten**
❶ sehr bekannt durch eine besondere Leistung, ein bestimmtes Ereignis oder eine herausragende Eigenschaft: *eine berühmte Sängerin, der berühmte Eiffelturm*
❷ nicht (gerade) berühmt umgangssprachlich nichts Besonderes, nicht besonders gut: *Seine Sportnoten sind nicht gerade berühmt.*

die **Be|rühmt|heit** (Nomen) **der Berühmtheit, die Berühmtheiten**
❶ nur im Singular ≈ Ruhm die Bekanntheit durch eine besondere Leistung, ein bestimmtes Ereignis oder eine herausragende Eigenschaft: *Sie haben erst durch ihren Auftritt in der Fernsehshow Berühmtheit erlangt.*
❷ ≈ Prominente eine bekannte Persönlichkeit: *Michael Jackson war schon in jungen Jahren eine Berühmtheit.*

be|rüh|ren (Verb) **du berührst, er berührte, sie hat berührt, berühr**(e)**!**
❶ jemanden/etwas berühren ≈ anfassen mit dem Körper einen Kontakt zu jemandem/etwas herstellen: *Sie berührte ihn zärtlich mit ihrer Hand.*
❷ etwas berührt jemanden ≈ beeindrucken, bewegen etwas führt bei jemandem zu einem bestimmten Gefühl: *Ihr Lied berührte das Publikum.*

die **Be|rüh|rung** (Nomen) **der Berührung, die Berührungen**
❶ das Berühren, der Kontakt: *Die Berührung eines Schornsteinfegers soll Glück bringen.*
❷ mit etwas/jemandem in Berührung kommen mit etwas/jemandem in Kontakt kommen: *Wenn er mit Katzen in Berührung kam, musste er niesen.*

be|sänf|ti|gen (Verb) **du besänftigst, er besänftigte, sie hat besänftigt, besänftige!**
jemanden besänftigen ≈ beruhigen jemanden, der aufgeregt ist, wieder zur Ruhe bringen: *Seine Worte konnten die Kritiker nicht besänftigen.*

die **Be|sat|zung** (Nomen) **der Besatzung, die Besatzungen**
❶ VERKEHR die Mannschaft eines Schiffs, eines Flugzeugs
❷ MILITÄR nur im Singular Truppen, die ausländisches Gebiet besetzt haben

be|schä|di|gen (Verb) **du beschädigst, er beschädigte, sie hat beschädigt, beschädige nicht!**
etwas beschädigen Schäden an etwas verursachen: *Durch den Sturm wurden viele Häuser stark beschädigt.*

die **Be|schä|di|gung** (Nomen) **der Beschädigung, die Beschädigungen**
❶ das Beschädigen
❷ die beschädigte Stelle

be|schaf|fen[1] (Verb) **du beschaffst, er beschaffte, sie hat beschafft, beschaff**(e)**!**
etwas beschaffen ≈ besorgen erreichen, dass man etwas bekommt: *Sie bemühten sich, Helfer für das Fest zu beschaffen.*

be|schaf|fen[2] (Adjektiv)
beschaffen sein bestimmte Eigenschaften haben: *Wie ist das Material beschaffen?*

die **Be|schaf|fen|heit** (Nomen) nur im Singular **der Beschaffenheit** die besonderen Eigenschaften einer Sache: *Sie untersuchten die Beschaffenheit des Bodens.*

die **Be|schaf|fung** (Nomen) **der Beschaffung, die Beschaffungen** ≈ das Beschaffen der Erwerb, die Anschaffung einer Sache: *Die Lehrerin half ihrer Klasse bei der Beschaffung der Arbeitshefte.*

be|schäf|ti|gen (Verb) **du beschäftigst, er beschäftigte, sie hat beschäftigt, beschäftige!**
❶ jemanden beschäftigen jemandem Arbeit

geben und ihn dafür bezahlen: *Unsere Firma beschäftigt 50 Mitarbeiter.*
❷ sich mit etwas beschäftigen für etwas Zeit verwenden: *Wir beschäftigen uns gerade mit unseren Urlaubsfotos.*
❸ etwas beschäftigt jemanden etwas bewegt jemanden dazu, über etwas nachzudenken: *Dieses seltsame Ende des Films hat mich gestern noch den ganzen Abend beschäftigt.*

der/die **Be|schäf|tig|te** (Nomen) **des/der Beschäftigten, die Beschäftigten** jemand, der in einer Firma/in einem Betrieb arbeitet (und dafür bezahlt wird)

die **Be|schäf|ti|gung** (Nomen) **der Beschäftigung, die Beschäftigungen**
❶ die Tätigkeit: *Radfahren ist ihre liebste Beschäftigung.*
❷ das Arbeitsverhältnis, die Anstellung: *Er ist schon ein Jahr ohne Beschäftigung.*

der **Be|scheid** (Nomen) **des Bescheid(e)s, die Bescheide**
❶ nur im Singular die Auskunft über jemanden/über etwas: *Bescheid wissen, jemandem Bescheid geben/sagen*
❷ VERWALTUNG die Entscheidung einer Behörde: *ein positiver/negativer Bescheid, ein Bescheid vom Finanzamt*

be|schei|den (Adjektiv) **bescheidener, am bescheidensten**
❶ mit wenigem zufrieden, ohne große Ansprüche: *Trotz ihres Ruhms ist sie bescheiden geblieben.*
❷ unauffällig, zurückhaltend: *Er hat sich zurückgezogen und führt ein bescheidenes Leben auf dem Land.*
❸ sehr einfach: *in bescheidenen Verhältnissen leben*
❹ gering, unter den Erwartungen liegend: *ein bescheidenes Gehalt*
❺ umgangssprachlich · zur Vermeidung des vulgären Ausdrucks „beschissen" sehr schlecht: *Also, das ist ja wirklich ein bescheidenes Ergebnis.*

die **Be|schei|den|heit** (Nomen) nur im Singular **der Bescheidenheit**
❶ die Einstellung, mit wenig auszukommen, die Anspruchslosigkeit: *Nach der Pleite mussten sie Bescheidenheit lernen.*
❷ die unauffällige, zurückhaltende Art: *Aus lauter Bescheidenheit verschwieg er seine Fortschritte. · Bescheidenheit war noch nie ihre Stärke.*
❸ die Einfachheit: *Die Bescheidenheit der Unterkunft störte sie nicht.*

be|schei|ni|gen (Verb) **du bescheinigst, er bescheinigte, sie hat bescheinigt, bescheinige!**
❶ (jemandem) etwas bescheinigen (jemandem) etwas durch seine Unterschrift bestätigen: *sich die Teilnahme an einem Kurs bescheinigen lassen*
❷ jemandem Eigenschaften/Fähigkeiten/... bescheinigen erklären, dass jemand bestimmte Eigenschaften/Fähigkeiten/... hat: *Ihm werden Ehrgeiz und Vielseitigkeit bescheinigt.*

die **Be|schei|ni|gung** (Nomen) **der Bescheinigung, die Bescheinigungen**
❶ nur im Singular das Bescheinigen
❷ eine schriftliche Bestätigung, ein geschriebener Text, mit dem etwas bestätigt wird: *jemandem eine Bescheinigung ausstellen*

be|sche|ren (Verb) **du bescherst, er bescherte, sie hat beschert, bescher(e)!**
❶ jemanden (mit etwas) bescheren jemandem etwas an Weihnachten schenken
❷ jemandem etwas bescheren jemandem etwas bringen: *Der morgige Tag beschert uns starke Schneefälle. · Deine Lüge beschert mir eine Menge Ärger.*

die **Be|sche|rung** (Nomen) **der Bescherung, die Bescherungen**
❶ das Austeilen der Weihnachtsgeschenke
❷ schöne Bescherung! eine unangenehme Überraschung
❸ Da haben wir die Bescherung! eine unangenehme Überraschung

be|scheu|ert (Adjektiv) umgangssprachlich **bescheuerter, am bescheuertsten**
❶ ≈dumm, blöd alles andere als intelligent: *Die brennen da Feuerwerkskörper ab, die sind total bescheuert!*
❷ mehr als ärgerlich, alles andere als erfreulich: *Die Lage ist einfach bescheuert.*

be|schimp|fen (Verb) **du beschimpfst, er beschimpfte, sie hat beschimpft, beschimpf(e) nicht!**
❶ jemanden beschimpfen jemanden mit Schimpfwörtern beleidigen: *Weil er ihr auf den Fuß getreten war, beschimpfte sie ihn wüst.*
❷ jemanden als etwas beschimpfen jemanden als etwas Negatives bezeichnen: *Sie beschimpften ihn als Verräter.*

die **Be|schimp|fung** (Nomen)
der Beschimpfung, die Beschimpfungen
❶ die Beleidigung von jemandem durch Schimpfwörter, durch heftige Wörter, die jemanden in seiner Ehre verletzen
❷ das Schimpfwort

be|schla|gen (Verb) **du beschlägst, er beschlug, sie hat/ist beschlagen, beschlag(e)!**
❶ ein Pferd beschlagen **hat beschlagen** Hufeisen an den Hufen eines Pferdes anbringen
❷ etwas beschlägt **ist beschlagen** ≈ anlaufen etwas wird mit Wasserdampf bedeckt: *Die Scheibe/Brille/... beschlägt.*

be|schlag|nah|men (Verb)
du beschlagnahmst, er beschlagnahmte, sie hat beschlagnahmt, beschlagnahm(e)!
etwas beschlagnahmen RECHT jemandem etwas wegnehmen, weil er Vorschriften/Gesetze verletzt hat: *Die Polizei hat den gestohlenen Schmuck beschlagnahmt.*

be|schleu|ni|gen (Verb) **du beschleunigst, er beschleunigte, sie hat beschleunigt, beschleunige!**
❶ jemand/ein Fahrzeug beschleunigt VERKEHR jemand erhöht die Geschwindigkeit/ein Fahrzeug wird schneller: *zum Überholen beschleunigen*
❷ etwas beschleunigen bewirken, dass etwas schneller geht: *die Entwicklung eines neuen Produkts beschleunigen*

die **Be|schleu|ni|gung** (Nomen)
der Beschleunigung, die Beschleunigungen die Erhöhung der Geschwindigkeit (eines Körpers pro Zeiteinheit)

be|schlie|ßen (Verb) **du beschließt, er beschloss, sie hat beschlossen, beschließ(e)!**
❶ beschließen, etwas zu tun nachdenken und sich entscheiden, etwas zu tun: *Er beschloss, Französisch zu lernen.*
❷ etwas beschließen etwas entscheiden: *Das Parlament hat die Gesetzesänderung beschlossen.*

der **Be|schluss** (Nomen) **des Beschlusses, die Beschlüsse** ≈ Entschluss, Entscheidung

be|schluss|fä|hig (Adjektiv) in der Lage, Beschlüsse zu fassen, Entscheidungen zu treffen, weil genügend Leute da sind, die abstimmen dürfen: *Die Versammlung ist beschlussfähig.*

be|schmut|zen (Verb) **du beschmutzt, er beschmutzte, sie hat beschmutzt, beschmutz(e) nicht!**
❶ etwas/sich beschmutzen etwas/sich schmutzig machen
❷ den Ruf/den Namen/die Ehre/... von jemandem beschmutzen schlechte Dinge über jemanden sagen, um ihm zu schaden

be|schö|ni|gen (Verb) **du beschönigst, er beschönigte, sie hat beschönigt, beschönige nicht!**
etwas beschönigen etwas positiver/günstiger darstellen, als es tatsächlich ist: *Der Politiker hat seine Fehler beschönigt.*

die **Be|schö|ni|gung** (Nomen)
der Beschönigung, die Beschönigungen
die zu positive Darstellung eines (meist negativen) Sachverhalts

be|schrän|ken (Verb) **du beschränkst, er beschränkte, sie hat beschränkt, beschränk(e)!**
❶ ≈ begrenzen etwas auf eine bestimmte Menge oder Grenze festlegen: *Die Zahl der Kursteilnehmer wurde auf 25 beschränkt.*
❷ sich auf etwas beschränken sich mit etwas Geringerem zufrieden geben: *Beim Kofferpacken beschränke ich mich auf das Nötigste.*

be|schränkt (Adjektiv) **beschränkter, am beschränktesten**
❶ abwertend ≈ dumm nicht besonders schlau: *Das ist zu schwer für ihn, er ist beschränkt.*
❷ ≈ kleinlich ohne Weitblick: *Ihre Ansichten sind ziemlich beschränkt: Sie lehnen jede Veränderung ab.*
❸ ≈ begrenzt nur eine festgelegte, meist kleine Menge von etwas zur Verfügung haben: *Ein neues Auto können wir leider nicht kaufen, unsere Mittel sind beschränkt.* • *Die Zahl der Gäste muss auf 30 beschränkt werden.*

die **Be|schrän|kung** (Nomen)
der Beschränkung, die Beschränkungen
❶ nur im Singular das Beschränken, die Begrenzung: *Die Beschränkung der Ausgaben war nötig - wir mussten sparen.*
❷ die Beeinträchtigung, die Einengung: *Ich sehe darin eine Beschränkung meiner persönlichen Freiheit.*

be|schrei|ben (Verb) **du beschreibst, er beschrieb, sie hat beschrieben, beschreib(e)!**
❶ etwas/jemanden so in sachlicher, anschaulicher Sprache darstellen, dass andere sich es/ihn vorstellen können: *seine verlorene Uhr beschreiben · einen Täter beschreiben*
❷ INFORMATIK Daten auf etwas speichern: *eine DVD beschreiben*

die **Be|schrei|bung** (Nomen) **der Beschreibung, die Beschreibungen**
❶ eine sachliche, anschauliche Darstellung von etwas/von jemandem: *eine genaue Beschreibung des neuen Fahrrads*
❷ etwas spottet jeder Beschreibung etwas ist so katastrophal, dass die eigenen Worte nicht ausreichen: *Das Spiel spottet jeder Beschreibung.*

be|schul|di|gen (Verb) **du beschuldigst, er beschuldigte, sie hat beschuldigt, beschuldige!**
jemanden beschuldigen jemandem vorwerfen, dass er schuld ist

der/die **Be|schul|dig|te** (Nomen) **des/der Beschuldigten, die Beschuldigten** jemand, der schuld an etwas sein soll

die **Be|schul|di|gung** (Nomen) **der Beschuldigung, die Beschuldigungen** der Vorwurf, dass jemand an etwas schuld ist

be|schüt|zen (Verb) **du beschützt, er beschützte, sie hat beschützt, beschütz(e)!**
jemanden (vor etwas/jemandem) beschützen ≈ schützen jemanden von einer Gefahr fernhalten: *Der Leibwächter beschützte den Popstar vor der sich drängenden Menschenmenge.*

die **Be|schwer|de** (Nomen) **der Beschwerde, die Beschwerden**
❶ eine Klage über jemanden/über etwas: *Immer wenn sie zu laute Musik hört, gibt es eine Beschwerde.*
❷ Beschwerden MEDIZIN **nur im Plural** ≈ Leiden *Nach dem Bänderriss hat er Beschwerden beim Laufen.*

be|schwe|ren (Verb) **du beschwerst, er beschwerte, sie hat beschwert, beschwer(e)!**
❶ etwas mit etwas beschweren etwas Schweres auf etwas legen: *Ich beschwere das Blatt Papier mit einem Stein.*
❷ sich (über etwas, über jemanden) beschweren sich (über etwas, über jemanden) beklagen: *Ich habe mich über meine Nachbarin beschwert.*

be|schwer|lich (Adjektiv) **beschwerlicher, am beschwerlichsten** körperlich oder geistig sehr anstrengend: *ein beschwerlicher Weg · eine beschwerliche Arbeit*

be|schwich|ti|gen (Verb) **du beschwichtigst, er beschwichtigte, sie hat beschwichtigt, beschwichtige!**
❶ jemanden beschwichtigen ≈ beruhigen dafür sorgen, dass jemand, der sich ärgert oder aufregt, wieder ruhiger wird: *Es gelang ihr, die aufgebrachten Eltern zu beschwichtigen.*
❷ etwas beschwichtigen es zustande bringen, dass der Ärger oder die Aufregung abnimmt: *Er versuchte, sein Gewissen zu beschwichtigen.*

be|schwingt (Adjektiv) **beschwingter, am beschwingtesten** voller Schwung, voller Energie: *beschwingte Musik*

be|schwipst (Adjektiv) umgangssprachlich **beschwipster, am beschwipstesten** in dem Zustand, in dem man ist, wenn man etwas zu viel Alkohol getrunken hat: *Ich glaube, dass am Ende der Hochzeit alle beschwipst waren.*

be|sei|ti|gen (Verb) **du beseitigst, er beseitigte, sie hat beseitigt, beseitige!**
❶ etwas beseitigen dafür sorgen, dass etwas nicht mehr da ist: *Beseitige die Unordnung in deinem Zimmer!*
❷ jemanden beseitigen umgangssprachlich jemanden töten

die **Be|sei|ti|gung** (Nomen) **der Beseitigung, die Beseitigungen**
❶ das Beseitigen, die Entfernung von etwas
❷ umgangssprachlich die Tötung

der **Be|sen** (Nomen) **des Besens, die Besen**
❶ ein Gerät zum Kehren mit langem Stiel und Borsten
❷ ich fress einen Besen, wenn … ich würde mich sehr wundern, wenn …

be|ses|sen (Adjektiv) **besessener, am besessensten**
❶ von etwas bestimmt, gesteuert: *Sie waren von der Idee besessen, die Welt zu retten.*
❷ wie von Geistern/vom Teufel/… gesteuert: *Er schrie vor Wut wie vom Teufel besessen.*

A B C D E F G H I J K L M N O P Q R S T U V W X Y Z

be|sẹt|zen (Verb) **du besetzt, er besetzte, sie hat besetzt, besetz(e)!**
❶ einnehmen, für sich in Anspruch nehmen: *einen Stuhl besetzen*
❷ eine Arbeitsstelle/ein Amt/... mit jemandem besetzen jemandem eine Arbeitsstelle/ein Amt/... geben: *Die Rolle wird mit einem erfahrenen Schauspieler besetzt.*
❸ erobern und beherrschen: *ein Land besetzen • ein Gebiet besetzen*

be|sẹtzt (Adjektiv)
❶ von jemand anderem belegt/benutzt: *Die Toilette ist gerade besetzt.*
❷ TELEFON ≈ belegt wegen eines anderen Anrufs nicht frei

die **Be|sẹt|zung** (Nomen) **der Besetzung, die Besetzungen**
❶ die besetzten Plätze in einem Fahrzeug: *ein Bus mit voller Besetzung*
❷ die Besetzung einer Stelle/eines Amtes/einer Rolle/... mit jemandem die Vergabe einer Stelle/eines Amtes/einer Rolle/... an jemanden
❸ FILM • THEATER alle Schauspieler
❹ MILITÄR die Eroberung und Beherrschung eines Landes

be|sịch|ti|gen (Verb) **du besichtigst, er besichtigte, sie hat besichtigt, besichtige!**
etwas besichtigen an einen bestimmten Ort gehen und dort etwas genau ansehen: *Sie besichtigten den Kölner Dom.*

die **Be|sịch|ti|gung** (Nomen) **der Besichtigung, die Besichtigungen**
das Besichtigen, der Besuch von etwas, um es genau anzusehen und kennenzulernen

be|sie|gen (Verb) **du besiegst, er besiegte, sie hat besiegt, besieg(e)!**
❶ jemanden besiegen gegen jemanden gewinnen
❷ etwas besiegen etwas Schwieriges bewältigen: *Durch das viele Üben hat sie ihre Angst vor dem Referat besiegt.*

sich **be|sịn|nen** (Verb) **du besinnst dich, er besann sich, sie hat sich besonnen, besinn(e) dich!**
❶ sich besinnen in aller Ruhe überlegen: *Der Angeklagte besann sich eine Zeit lang, bevor er antwortete.*
❷ sich besinnen sich wieder erinnern: *Wenn ich mich recht besinne, habe ich dieses Buch schon einmal gelesen.*
❸ sich auf etwas besinnen etwas wieder klar erkennen und sich darauf konzentrieren: *Die Mannschaft besann sich auf ihre Stärken und konnte das Spiel noch gewinnen.*
❹ sich eines Besseren besinnen sich für etwas Besseres entscheiden

be|sịnn|lich (Adjektiv) **besinnlicher, am besinnlichsten** nachdenklich, ruhig, friedlich: *die besinnlichen Tage zwischen Weihnachten und Neujahr*

die **Be|sịn|nung** (Nomen) **nur im Singular der Besinnung**
❶ ≈ Bewusstsein der Zustand, in dem man sich und seine Umgebung klar wahrnehmen kann: *Wenige Minuten nach dem Unfall verlor er die Besinnung.*
❷ die Zeit, in der man nachdenkt (und etwas erkennt): *Der Stress ließ ihn nicht zur Besinnung kommen: Er machte einen Fehler nach dem anderen.*
❸ die Besinnung auf etwas die Erkenntnis, dass etwas wieder wichtig ist: *die Besinnung auf den Wert der Nächstenliebe*

der **Be|sịtz** (Nomen) **nur im Singular des Besitzes**
❶ alle Dinge, die jemandem gehören: *Sein ganzer Besitz befindet sich in dieser Wohnung.*
❷ das Besitzen, das Verfügen über etwas, was man gekauft oder bekommen hat: *Sie ist immer noch im Besitz der Bücher.*

be|sịt|zen (Verb) **du besitzt, er besaß, sie hat besessen, besitz(e)!**
❶ über etwas verfügen, was man gekauft oder bekommen hat: *Sie besitzen einen Bauernhof.*
❷ ein Merkmal, eine Eigenschaft oder Kenntnisse haben: *Sie besitzt die Fähigkeit, Dinge gut erklären zu können.*

der **Be|sịt|zer** (Nomen) **des Besitzers, die Besitzer** jemand, dem etwas gehört

die **Be|sịt|ze|rin** (Nomen) **der Besitzerin, die Besitzerinnen** Femininform von → **Besitzer**

be|sọf|fen (Adjektiv) umgangssprachlich • abwertend **besoffener, am besoffensten** in dem Zustand, in dem jemand ist, der zu viel Alkohol getrunken hat

die **Be|sọn|der|heit** (Nomen) **der Besonderheit, die Besonderheiten**
ein besonderes Merkmal/eine typische Eigenschaft von etwas, was sich dadurch von etwas anderem unterscheidet: *Der Reiseleiter bat uns, die kulturellen Besonderheiten des Landes zu beachten.*

be|so̩n|ders (Adverb)
❶ sehr: *ein besonders gutes Essen*
❷ vor allem: *Ich gehe gern spazieren, besonders mit unserem Hund.*
❸ nicht besonders nicht gut/sehr: *Ich mag Nudeln nicht besonders.*

be|so̩n|nen (Adjektiv) wohlüberlegt und vernünftig: *eine besonnene Reaktion*

be|so̩r|gen (Verb) **du besorgst, er besorgte, sie hat besorgt, besorg(e)!**
❶ etwas, was jemand braucht, beschaffen: *Er hat ihr einen Platz in der Hausaufgabenbetreuung besorgt.*
❷ etwas, was jemand braucht, kaufen und ihm geben: *Meine Mutter hat mir die Schulhefte besorgt.*

die **Be|so̩rg|nis** (Nomen) **der Besorgnis, die Besorgnisse** die Unruhe und die Angst, dass die Situation schlimmer wird: *Der Klimawandel erregt bei vielen große Besorgnis.*

be|so̩rgt (Adjektiv) **besorgter, am besorgtesten**
❶ voller Sorgen: *Der Trainer blickt besorgt auf das nasse Spielfeld.*
❷ darum bemüht, dass es jemandem gut geht: *Die Mutter war um die Gesundheit ihres Sohnes sehr besorgt.*

die **Be|so̩r|gung** (Nomen) **der Besorgung, die Besorgungen** das Einkaufen (von Waren): *Bevor meine Großeltern kommen, müssen wir noch ein paar Besorgungen machen.*

be|spre̩|chen (Verb) **du besprichst, er besprach, sie hat besprochen, besprich!**
❶ etwas (mit jemandem) besprechen (mit jemandem) über ein Thema/ein Problem/... sprechen: *Heute besprechen wir, was wir am Wandertag machen.*
❷ etwas besprechen auch FILM · KUNST · THEATER als Kritiker/Kritikerin eine Beurteilung von etwas veröffentlichen

die **Be|spre̩|chung** (Nomen) **der Besprechung, die Besprechungen**
❶ ein Gespräch über etwas, um Meinungen auszutauschen oder um etwas entscheiden zu können: *Mein Vater ist gerade in einer wichtigen Besprechung. Kann ich ihm etwas ausrichten?*
❷ auch FILM · KUNST · THEATER eine in den Medien veröffentlichte Kritik/Beurteilung

be̩s|ser (Adjektiv) Komparativ von → **gut**
seit ich regelmäßig Vokabeln lerne, bin ich viel besser geworden

be̩s|sern (Verb) **du besserst, er besserte, sie hat gebessert, bess(e)re!**
❶ etwas/jemanden bessern bewirken, dass etwas oder jemandes Verhalten positiver wird: *Um das Verhältnis zwischen den beiden zu bessern, müsste jemand geschickt vermitteln.*
❷ jemand bessert sich jemand verändert sich zum Guten: *Nach seinem peinlichen Auftritt versprach er, sich zu bessern.*
❸ etwas bessert sich etwas wird besser, entwickelt sich günstig: *Ihr Gesundheitszustand bessert sich von Tag zu Tag.*

die **Be̩s|se|rung** (Nomen) **der Besserung, die Besserungen**
❶ die Veränderung zum Positiven: *Experten erwarten eine Besserung der wirtschaftlichen Lage.*
❷ Gute Besserung! wünscht man einem kranken Menschen, damit er bald wieder gesund wird

der **Be̩s|ser|wis|ser** (Nomen) abwertend **des Besserwissers, die Besserwisser** jemand, der glaubt, alles besser als die anderen zu wissen

die **Be̩s|ser|wis|se|rin** (Nomen) abwertend **der Besserwisserin, die Besserwisserinnen** Femininform von → **Besserwisser**

der **Be|sta̩nd** (Nomen) **des Bestand(e)s, die Bestände**
❶ nur im Singular die dauerhafte Existenz von etwas: *Dieses Vorgehen gefährdet den Bestand des Fördervereins.*
❷ etwas ist von Bestand, etwas hat Bestand etwas besteht weiterhin (und funktioniert gut): *Ihre Erfolgsserie hat Bestand.*
❸ der Bestand (an etwas) die vorhandene Menge/Anzahl (von etwas): *Die Bibliothek hat einen großen Bestand an alten Wörterbüchern.*

be|stä̩n|dig (Adjektiv) **beständiger, am beständigsten**
❶ lange anhaltend: *Wir hoffen auf beständigen Frieden.*
❷ ohne Veränderungen/Schwankungen: *beständige Leistungen erbringen* · *beständiges Wetter*
❸ beständig (gegen/gegenüber etwas) ≈widerstandsfähig mit der Eigenschaft, dass es nicht durch etwas zerstört oder in seiner Funktion beeinträchtigt werden kann: *Dieses Motoröl ist beständig gegenüber Temperaturen bis -20 °C.*

die **Be|stän|dig|keit** (Nomen) nur im Singular **der Beständigkeit**
❶ eine lange anhaltende Situation: *Sie glauben an die Beständigkeit ihrer Liebe.*
❷ ein gleichbleibender, stabiler Zustand: *Der Trainer verlangt Beständigkeit in der Leistung.*
❸ Beständigkeit (gegen etwas, gegenüber etwas) ≈Widerstandsfähigkeit die Eigenschaft, dass etwas nicht durch etwas anderes zerstört/beschädigt/in seiner Funktion beeinträchtigt werden kann: *Das Material wird wegen seiner Beständigkeit gegenüber extremer Hitze verwendet.*

der **Be|stand|teil** (Nomen) **des Bestandteil(e)s, die Bestandteile**
❶ ein Teil eines Ganzen: *Das Aufwärmen ist fester Bestandteil des Trainings.*
❷ sich in seine Bestandteile auflösen ≈kaputtgehen so auseinanderfallen, dass etwas nicht mehr zu gebrauchen ist: *Der alte Stuhl löst sich allmählich in seine Bestandteile auf.*

be|stä|ti|gen (Verb) **du bestätigst, er bestätigte, sie hat bestätigt, bestätige!**
❶ jemand bestätigt etwas jemand erklärt, dass etwas zutrifft: *Der Sprecher bestätigte die geglückte Rettung der Bergsteiger.*
❷ etwas bestätigt eine Annahme/eine Vermutung/einen Verdacht eine Annahme/eine Vermutung/ein Verdacht erweist sich durch etwas als richtig: *Die Fotos bestätigen die Annahme, dass das Auto schon vor dem Unfall starke Kratzer im Lack hatte.*
❸ den Erhalt/den Empfang von etwas bestätigen, einen Auftrag/eine Bestellung bestätigen schreiben, dass man etwas von jemandem bekommen/entgegengenommen hat
❹ etwas bestätigt sich etwas, was nicht sicher war, stellt sich als richtig heraus: *Ihr Verdacht, dass er gelogen hatte, bestätigte sich.*

die **Be|stä|ti|gung** (Nomen) **der Bestätigung, die Bestätigungen**
❶ eine Erklärung, dass etwas zutrifft: *Die Bestätigung, dass sie mit winzigem Vorsprung gewonnen hatte, kam nach der Auswertung des Zielfotos.*
❷ die Bestätigung einer Annahme/einer Vermutung/einer Theorie/eines Verdachts die Feststellung, dass sich eine Annahme/eine Vermutung/eine Theorie/ein Verdacht als richtig erweist
❸ ≈Bescheinigung ein Schriftstück, das etwas bestätigt

be|stat|ten (Verb) **du bestattest, er bestattete, sie hat bestattet, bestatte!** einen Verstorbenen feierlich begraben, die Urne mit der Asche eines Verstorbenen feierlich zu Grabe tragen: *Der Soldat wurde unter Ausschluss der Öffentlichkeit bestattet.*

die **Be|stat|tung** (Nomen) **der Bestattung, die Bestattungen** ein Begräbnis, das meist in einem feierlichen Rahmen stattfindet

die **Be|stäu|bung** (Nomen) **der Bestäubung, die Bestäubungen** BOTANIK die Übertragung von Blütenstaub auf die weiblichen Blütenteile

das **Be|steck** (Nomen) **des Besteck(e)s, die Bestecke**
❶ **fürs Essen** die Gegenstände, die man zur Einnahme einer Mahlzeit verwendet, in der Regel ein Messer, eine Gabel und ein (großer und ein kleiner) Löffel: *Herr Ober, könnten Sie mir bitte noch das Besteck bringen?*
❷ MEDIZIN die für eine medizinische Maßnahme erforderlichen Instrumente

be|ste|hen (Verb) **du bestehst, er bestand, sie hat bestanden, besteh(e)!**
❶ erfolgreich abschließen **(z. B. Prüfung, Test, Probezeit)**
❷ vorhanden sein: *Dieses Café besteht schon seit dem Jahr 1930.*
❸ es besteht ... es gibt ...: *Es besteht die Hoffnung, die Verunglückten zu retten.*
❹ aus etwas bestehen aus einem bestimmten Material oder Stoff sein: *Dieses Papier besteht überwiegend aus Holz.* aus verschiedenen Teilen zusammengesetzt sein: *Ein Aufsatz besteht aus einer Einleitung, einem Hauptteil und einem Schluss.*
❺ (gegenüber jemandem) auf etwas bestehen seine Meinung zu etwas (gegenüber jemandem) verdeutlichen und nicht ändern: *Die Schüler bestehen auf ihrem Mitspracherecht.*

das **Be|ste|hen** (Nomen) nur im Singular **des Bestehens**
❶ das Existieren, die Existenz, das Vorhandensein: *Zum ersten Mal seit Bestehen unserer Schule haben wir den Wettbewerb gewonnen.*

❷ BERUF · SCHULE · UNIVERSITÄT der erfolgreiche Abschluss: *Sie freute sich riesig über das Bestehen der Prüfung.*
❸ das Festhalten an etwas, das Beharren auf etwas: *Das Bestehen auf seinem Standpunkt verhinderte eine Einigung.*

be|stel|len (Verb) **du bestellst, er bestellte, sie hat bestellt, bestell(e)!**
❶ etwas (bei jemandem) bestellen (jemandem) den Auftrag geben, etwas zu liefern: *Sie hat beim Fotografen weitere Abzüge der Fotos bestellt.*
❷ etwas bestellen darum bitten, dass etwas reserviert wird: *Er hat einen Tisch für vier Personen bestellt.*
❸ (etwas) bestellen GASTRONOMIE der Bedienung mitteilen, was man trinken oder essen möchte: *Wir würden gern bestellen!*
❹ jemandem etwas (von jemandem) bestellen jemandem etwas (von jemandem) ausrichten/mitteilen: *Bestell deinem Vater herzliche Grüße!*

die **Be|stel|lung** (Nomen) **der Bestellung, die Bestellungen**
❶ HANDEL der Auftrag, eine Ware/ein Produkt zu liefern: *eine schriftliche/telefonische Bestellung · eine Bestellung aufgeben*
❷ HANDEL das, was man bestellt hat, die bestellte Ware/das bestellte Produkt: *Meine Bestellung ist heute endlich geliefert worden.*
❸ GASTRONOMIE der Auftrag an die Bedienung, das zu servieren, was man trinken oder essen möchte: *Darf ich Ihre Bestellung aufnehmen?*

bes|ten|falls (Adverb) im günstigsten Fall

bes|tens (Adverb)
❶ sehr gut, optimal: *Sie ist bestens auf die Prüfung vorbereitet.*
❷ Alles bestens! alles ist in bester Ordnung

die **Bes|tie** (Nomen) [ˈbɛsti̯ə] **der Bestie, die Bestien**
❶ ≈Raubtier ein sehr gefährliches Tier
❷ ≈Monster abwertend ein gewalttätiger, sehr grausamer Mensch

be|stim|men (Verb) **du bestimmst, er bestimmte, sie hat bestimmt, bestimm(e)!**
❶ ≈festlegen erklären, dass etwas gilt: *Die Termine für die Klassenarbeiten bestimmt die Lehrerin.*
❷ auch MATHEMATIK · BOTANIK · ZOOLOGIE untersuchen und herausfinden: *Die Forscher konnten das Alter des Steins bestimmen.*
❸ über jemanden/etwas bestimmen über jemanden/etwas verfügen: *Über dein Taschengeld kannst du allein bestimmen.*

be|stimmt[1] (Adjektiv) **bestimmter, am bestimmtesten**
❶ genau festgelegt: *Ich suche eine bestimmte CD.*
❷ ≈energisch feste Entschlossenheit zeigend: *Ihr Auftreten war sehr bestimmt und dadurch überzeugend.*
❸ der bestimmte Artikel GRAMMATIK Die bestimmten Artikel sind „der", „die" und „das".

be|stimmt[2] (Adverb) ≈gewiss sehr wahrscheinlich: *Beim nächsten Spiel schießt du bestimmt wieder ein Tor.*

die **Be|stim|mung** (Nomen) **der Bestimmung, die Bestimmungen**
❶ nur im Singular die Festlegung von etwas, was gelten soll: *die Bestimmung eines Termins*
❷ ≈Vorschrift eine Regel, an die man sich halten soll: *gegen die Bestimmungen der Schulordnung verstoßen*
❸ ≈Berufung nur im Singular die Überzeugung, für eine besondere Aufgabe vorgesehen zu sein: *Sie folgte ihrer Bestimmung, Menschen in Not zu helfen, und wurde Ärztin für Obdachlose.*
❹ MATHEMATIK · BOTANIK · ZOOLOGIE die Prüfung und eindeutige Feststellung von etwas: *die Bestimmung einer seltenen Pflanze*

be|stra|fen (Verb) **du bestrafst, er bestrafte, sie hat bestraft, bestraf(e)!**
❶ jemanden bestrafen jemandem wegen einer Tat eine Strafe geben: *Er wurde wegen seines Fouls mit einer roten Karte bestraft.*
❷ etwas bestrafen für etwas eine Strafe aussprechen: *Zu schnelles Fahren wird mit einer Geldbuße bestraft.*

die **Be|stra|fung** (Nomen) **der Bestrafung, die Bestrafungen**
❶ ≈das Bestrafen die Anwendung einer Strafe
❷ ≈das Bestraftwerden das Hinnehmen/Erdulden einer Strafe

be|strei|ten (Verb) **du bestreitest, er bestritt, sie hat bestritten, bestreite!**
❶ ≈zurückweisen erklären, dass etwas nicht zutrifft: *Er bestreitet weiterhin alle Vorwürfe.*

❷ jemandem das Recht bestreiten, etwas zu tun erklären, dass jemand nicht das Recht hat, etwas zu tun: *Sie bestreitet ihm das Recht, seine Tochter jede Woche zu sehen.*
❸ ≈ finanzieren für etwas Geld zahlen: *Sie kann ihren Lebensunterhalt nicht mehr bestreiten.*
❹ ≈ durchführen etwas wie geplant verwirklichen: *Die Mannschaft muss das letzte Spiel ohne ihren besten Stürmer bestreiten.*

be|stürzt (Adjektiv)
❶ von etwas Negativem erschrocken
❷ über etwas bestürzt sein von etwas erschüttert oder tief betroffen sein

die **Be|stür|zung** (Nomen) **nur im Singular der Bestürzung** der Schreck, den man bekommt, wenn man etwas Negatives erfährt

der **Be|such** (Nomen) **des Besuch(e)s, die Besuche**
❶ der Aufenthalt bei Freunden/Bekannten/Verwandten oder an einem bestimmten Ort: *Der Besuch eines Konzerts ist immer ein tolles Erlebnis.*
❷ ein Gast oder die Gäste: *An Weihnachten bekommen wir immer Besuch von meiner Tante.*

be|su|chen (Verb) **du besuchst, er besuchte, sie hat besucht, besuch(e)!**
❶ zu jemandem gehen, um Zeit mit ihm zu verbringen: *Komm mich doch bitte mal wieder besuchen!*
❷ als Teilnehmer an einen Ort gehen, um dort etwas zu tun: *Dienstags besuche ich jetzt immer die Theater-AG.*

der **Be|su|cher** (Nomen) **des Besuchers, die Besucher**
❶ jemand, der zu jemandem geht: *Die Besucher aus Frankreich reisen erst in zwei Tagen ab.*
❷ jemand, der irgendwohin geht, um an etwas teilzunehmen: *Rund 500 Besucher kamen zum Konzert.*

die **Be|su|che|rin** (Nomen) **der Besucherin, die Besucherinnen**
Femininform von → **Besucher**

die **Be|suchs|zeit** (Nomen) **der Besuchszeit, die Besuchszeiten** die Zeit, in der man Besuche (besonders in Krankenhäusern oder Gefängnissen) machen darf: *Die Besuchszeiten müssen von allen berücksichtigt werden.*

be|täu|ben (Verb) **du betäubst, er betäubte, sie hat betäubt, betäub(e)!**
❶ dafür sorgen, dass jemand/ein Tier keine Schmerzen hat: *Zur Behandlung wurde der Zahn örtlich betäubt.*
❷ jemanden/ein Tier für eine bestimmte Zeit bewusstlos machen: *Der Patient wurde vor der Operation betäubt.*

be|tei|li|gen (Verb) **du beteiligst, er beteiligte, sie hat beteiligt, beteilige!**
❶ jemanden an etwas beteiligen jemandem die Möglichkeit geben, bei etwas mitzumachen: *die Bürger an einer Entscheidung beteiligen*
❷ jemanden am Geschäft/Gewinn/Umsatz beteiligen jemandem einen Anteil an seinem Geschäft/Gewinn/Umsatz geben
❸ sich an etwas beteiligen bei etwas mitmachen: *An der Diskussion über das Sommerfest haben sich alle beteiligt.*
❹ sich an etwas (mit etwas) beteiligen zusammen mit anderen (einen bestimmten Geldbetrag) für etwas zahlen: *sich mit 100.000 Euro am Bau der neuen Turnhalle beteiligen*

der/die **Be|tei|lig|te** (Nomen) **des/der Beteiligten, die Beteiligten** jemand, der bei etwas mitgemacht hat oder von etwas betroffen ist: *Die Beteiligten des Verkehrsunfalls standen unter Schock.*

die **Be|tei|li|gung** (Nomen) **der Beteiligung, die Beteiligungen**
❶ das Mitmachen/die Mitwirkung bei etwas
❷ der Anteil an einem Gewinn o. Ä.: *Seine Beteiligung an dem Unternehmen brachte ihm viel Geld.*

be|ten (Verb) **du betest, er betete, sie hat gebetet, bete!** zu einem Gott sprechen

be|teu|ern (Verb) **du beteuerst, er beteuerte, sie hat beteuert, beteu(e)re!** mit Nachdruck erklären: *Sie beteuerte, dass sie ihn liebte.*

der **Be|ton** (Nomen) [beˈtɔŋ] **des Betons, die Betons/Betone** eine zum Bauen verwendete Mischung, die im Wesentlichen aus Zement, Wasser und Sand besteht und sehr hart wird, wenn sie trocknet: *Beton mischen*

be|to|nen (Verb) **du betonst, er betonte, sie hat betont, beton(e)!**
❶ SPRACHE ein Wort/eine Silbe besonders kraftvoll aussprechen: *Beim Wort „betonen“ wird das „o“ betont.*

❷ jemand betont etwas jemand stellt die Wichtigkeit von etwas heraus: *Unser Lehrer hat betont, wie wichtig die mündliche Beteiligung für die Zeugnisnote ist.*

die **Be|to|nung** (Nomen) **der Betonung, die Betonungen**
❶ SPRACHE die besonders kraftvolle Aussprache einer Silbe oder eines Wortes: *Die richtige Betonung der Fremdwörter ist schwierig.*
❷ die besondere Hervorhebung: *die Betonung von Freiheit und Gerechtigkeit*

Be|tracht (Nomen)
❶ (für etwas) in Betracht kommen (für etwas) eine mögliche Lösung sein
❷ etwas/jemanden in Betracht ziehen etwas/jemanden bei seinen Überlegungen berücksichtigen
❸ etwas außer Betracht lassen etwas bei seinen Überlegungen nicht berücksichtigen

be|trach|ten (Verb) **du betrachtest, er betrachtete, sie hat betrachtet, betrachte!**
❶ jemanden/etwas betrachten sich jemanden/etwas ansehen: *Begeistert betrachtet sie die Orchideen.*
❷ etwas kritisch/realistisch/nüchtern/... betrachten etwas kritisch/realistisch/nüchtern/... sehen, beurteilen
❸ jemanden/etwas als etwas betrachten jemanden/etwas für etwas halten, als etwas einschätzen: *Er betrachtet ihn als seinen besten Freund.*

be|trächt|lich (Adjektiv)
❶ relativ hoch, relativ groß: *Die Kosten für die Autoreparatur sind beträchtlich.*
❷ sehr, enorm: *Sie hat ihre Leistungen beträchtlich verbessert.*

die **Be|trach|tung** (Nomen) **der Betrachtung, die Betrachtungen**
❶ nur im Singular das genaue Anschauen: *die Betrachtung eines Kunstwerks*
❷ eine gründliche Untersuchung: *Bei näherer Betrachtung der Lage hat sich nicht viel geändert.*

der **Be|trag** (Nomen) **des Betrag(e)s, die Beträge** eine bestimmte Summe Geld

be|tra|gen (Verb) **du beträgst, er betrug, sie hat betragen**
❶ nur in der 3. Person gebraucht einen bestimmten Wert/Preis/eine bestimmte Größe haben: *Die Entfernung zum Stadtzentrum beträgt fünf Kilometer.*
❷ sich betragen ≈ sich benehmen ein angemessenes Verhalten anderen gegenüber zeigen: *Betrage dich anständig!*

der **Be|treff** (Nomen) **des Betreff(e)s, die Betreffe** das Thema, um das es in einem Brief/in einer E-Mail geht: *Bei Briefen und E-Mails sollte man immer einen Betreff angeben.*

be|tref|fen (Verb) nur in der 3. Person gebraucht **es betrifft, es betraf, es hat betroffen**
❶ etwas betrifft jemanden/etwas etwas ist für jemanden/etwas gültig: *Die neue Regelung betrifft alle Schüler.*
❷ etwas betrifft jemanden jemandem passiert etwas Negatives: *Die ganze Region war von dem Erdbeben betroffen.*

be|trei|ben (Verb) **du betreibst, er betrieb, sie hat betrieben, betreib(e)!**
❶ sich mit etwas beschäftigen: *In seiner Freizeit betreibt er viel Sport.*
❷ verantwortlich leiten: *Ich betreibe ein kleines Café.*

der **Be|trei|ber** (Nomen) **des Betreibers, die Betreiber**
❶ jemand, der ein wirtschaftliches Unternehmen verantwortlich leitet: *Der Betreiber des Kinos ist ein echter Filmfan.*
❷ ein Unternehmen, das technische Anlagen oder Ähnliches zur Verfügung stellt: *Der Betreiber des Stromkraftwerks stellt nun auf Solarenergie um.*

die **Be|trei|be|rin** (Nomen) **der Betreiberin, die Betreiberinnen**
Femininform von → **Betreiber**

be|tre|ten[1] (Verb) **du betrittst, er betrat, sie hat betreten, betritt!**
❶ in einen Raum oder ein Gebäude hineingehen
❷ auf einen Rasen oder eine Bühne gehen: *Er betrat die Bühne unter tosendem Applaus.*

be|tre|ten[2] (Adjektiv) **betretener, am betretensten** in einer unangenehmen Situation verlegen oder peinlich berührt sein: *Nach seinem Wutanfall schauten alle betreten zu Boden.*

be|treu|en (Verb) **du betreust, er betreute, sie hat betreut, betreu(e)!**
❶ für jemanden sorgen, alles tun, was jemand braucht, damit er sich wohlfühlt: *Im Hort werden die Kinder nachmittags betreut.*
❷ dafür sorgen, dass etwas gut läuft: *Unser Hausmeister betreut auch die drei Häuser neben unserem.*

der **Be|treu|er** (Nomen) **des Betreuers, die Betreuer** jemand, der für etwas/jemand anderen sorgt

die **Be|treue|rin** (Nomen) **der Betreuerin, die Betreuerinnen**
Femininform von → **Betreuer**

die **Be|treu|ung** (Nomen) **der Betreuung, die Betreuungen**
❶ die Versorgung mit dem, was jemand braucht, damit er sich wohlfühlt: *Die Betreuung der Mannschaft wird von den Trainern übernommen.*
❷ die Pflege eines Haustieres: *Um die Betreuung seines Hundes kümmert sich Linus ganz allein.*

der **Be|trieb** (Nomen) **des Betrieb(e)s, die Betriebe**
❶ ein Unternehmen, das Waren herstellt oder Dienstleistungen anbietet
❷ eine Anlage/Maschine/... in Betrieb nehmen dafür sorgen, dass eine Anlage/Maschine/... (zum ersten Mal) läuft
❸ das Funktionieren eines technischen Geräts: *Der Betrieb dieser Heizung ist nur mit Öl möglich.*
❹ **nur im Singular** · umgangssprachlich die Aktivitäten in einem bestimmten Bereich: *Am Flughafen herrschte zu Ferienbeginn hektischer Betrieb.*

be|trieb|lich (Adjektiv) zum Betrieb gehörig, betriebsintern: *betriebliche Weiterbildung* · *betriebliche Unterlagen*

be|triebs|be|reit (Adjektiv) sofort benutzbar

der **Be|triebs|rat** (Nomen) **des Betriebsrat(e)s, die Betriebsräte**
❶ **als Gruppe** eine gewählte Gruppe von Mitarbeitern, die sich um die Interessen der Arbeitnehmer einer Firma kümmert
❷ **als Person** ein Mitglied dieser Gruppe

das **Be|triebs|sys|tem** (Nomen) **des Betriebssystems, die Betriebssysteme** das Programm, das nötig ist, damit ein Computer funktioniert

die **Be|triebs|wirt|schaft** (Nomen) **nur im Singular der Betriebswirtschaft** die Wissenschaft, die sich damit beschäftigt, wie man eine Firma erfolgreich führt

be|trof|fen (Adjektiv)
❶ voller Scham, Mitleid oder Entsetzen: *Sie hörte den Klagen betroffen zu.*
❷ von etwas betroffen sein so, dass etwas Wirkung auf einen hat: *die vom Hochwasser betroffenen Orte* · *Schülerfahrkarten sind von der Preiserhöhung nicht betroffen.*

der/die **Be|trof|fe|ne** (Nomen) **des/der Betroffenen, die Betroffenen** jemand, der ein Unglück erlebt, eine Krankheit hat oder für den eine Regelung gilt

die **Be|trof|fen|heit** (Nomen) **nur im Singular der Betroffenheit** Mitleid, Scham oder Entsetzen als Reaktion auf eine Nachricht oder einen Vorwurf

be|trübt (Adjektiv) **betrübter, am betrübtesten** voll Kummer, traurig

der **Be|trug** (Nomen) **nur im Singular des Betrug(e)s** der Vorgang, jemanden zu täuschen, um Vorteile zu bekommen

be|trü|gen (Verb) **du betrügst, er betrog, sie hat betrogen, betrüg(e) nicht!**
❶ **beim Spielen, in der Prüfung, bei Geschäften** andere täuschen, um Vorteile zu bekommen: *Die alte Frau wurde um ihre Ersparnisse betrogen.*
❷ **den Ehepartner, Freund** heimlich mit einem/einer anderen Sex haben: *Er hat sich von ihr getrennt, weil sie ihn mit seinem besten Freund betrogen hat.*

der **Be|trü|ger** (Nomen) **des Betrügers, die Betrüger** jemand, der beim Spielen, bei Prüfungen, bei Geschäften usw. betrügt

die **Be|trü|ge|rin** (Nomen) **der Betrügerin, die Betrügerinnen**
Femininform von → **Betrüger**

be|trun|ken (Adjektiv) **betrunkener, am betrunkensten** so, dass sich jemand nicht mehr normal benimmt, weil er zu viel Alkohol getrunken hat: *Sie war auf dem Fest ziemlich betrunken.*

das **Bett** (Nomen) **des Bett(e)s, die Betten**
❶ das Möbelstück, auf das man sich zum Schlafen legt: *früh ins/zu Bett gehen*
❷ das Bett hüten krank sein und im Bett bleiben
❸ mit jemandem ins Bett gehen umgangssprachlich mit jemandem Sex haben

bet|teln (Verb) **du bettelst, er bettelte, sie hat gebettelt, bett(e)le nicht!**
❶ **als Bettler** andere um Geld usw. bitten, weil man sehr arm ist: *am Straßenrand sitzen und betteln*
❷ **ohne Worte** einen dringenden Wunsch deutlich zeigen: *Der Hund bettelte an der Tür.*
❸ um etwas betteln betteln, um etwas zu bekommen: *um ein Eis betteln*

der **Bett|ler** (Nomen) **des Bettlers, die Bettler** jemand, der so arm ist, dass er betteln muss

die **Bett|le|rin** (Nomen) **der Bettlerin, die Bettlerinnen** Femininform von → **Bettler**

das **Bett|tuch, Bett-Tuch** (Nomen) **des Betttuch(e)s, die Betttücher** ≈Bettlaken ein Tuch, mit dem man die Matratze bedeckt

die **Bett|wä|sche** (Nomen) **nur im Singular der Bettwäsche** Bettlaken und Bezüge für Kopfkissen und Bettdecke

beu|gen (Verb) **du beugst, er beugte, sie hat gebeugt, beug(e)!**
❶ Kopf und Oberkörper in eine bestimmte Richtung neigen: *den Kopf über seine Arbeit beugen • Beug dich nicht so weit aus dem Fenster!*
❷ sich der Gewalt/der Übermacht/... beugen nachgeben
❸ ein Gelenk anwinkeln: *den Arm/die Knie beugen*
❹ GRAMMATIK ein Wort in die grammatischen Formen bringen, die in verschiedenen Sätzen passen: *„schönes" ist ein gebeugtes Adjektiv*

die **Beu|le** (Nomen) **der Beule, die Beulen**
❶ **am Körper** eine Stelle am Körper, die nach einem Stoß dick geworden ist: *Er hat eine dicke Beule am Kopf, wo er sich gestoßen hat.*
❷ **an einer Sache** eine Stelle, an der etwas verbogen ist: *Nach dem Unfall hat der Kotflügel eine große Beule.*

be|un|ru|hi|gen (Verb) **du beunruhigst, er beunruhigte, sie hat beunruhigt, beunruhige nicht!**
jemanden beunruhigen jemanden ängstlich und nervös machen: *Es beunruhigt mich ein bisschen, dass er noch nicht hier ist.*

be|ur|tei|len (Verb) **du beurteilst, er beurteilte, sie hat beurteilt, beurteile!**
jemanden/etwas beurteilen sich ein Urteil über jemanden/etwas bilden: *Es ist schwer zu beurteilen, ob das stimmt.*

die **Be|ur|tei|lung** (Nomen) **der Beurteilung, die Beurteilungen** ≈Bewertung ein Text, mit dem eine Person oder Sache beurteilt wird: *Die Lehrerin hat eine ausführliche Beurteilung unter den Aufsatz geschrieben.*

die **Beu|te** (Nomen) **der Beute, die Beuten**
❶ das, was sich Diebe, Räuber oder Raubtiere nehmen: *Offen herumliegende Handys sind leichte Beute für Diebe.*
❷ Beute machen sich etwas als Beute nehmen: *Die Einbrecher machten reiche Beute.*

der **Beu|tel** (Nomen) **des Beutels, die Beutel**
❶ eine Tasche aus Stoff o. Ä. zum Tragen: *das Turnzeug in den Beutel stopfen*
❷ ZOOLOGIE eine tiefe Falte am Bauch, in der manche Tiere ihre Jungen tragen: *Das junge Känguru streckte seinen Kopf aus dem Beutel der Mutter.*

die **Be|völ|ke|rung** (Nomen) **der Bevölkerung, die Bevölkerungen** alle Menschen, die in einem Gebiet wohnen: *die Bevölkerung Europas*

be|vor (Konjunktion) vor dem genannten Zeitpunkt: *Räumt bitte auf, bevor ihr geht.*

be|vor|ste|hen (Verb) **nur in der 3. Person gebraucht es steht bevor, es stand bevor, es hat bevorgestanden**
jemandem steht etwas bevor etwas wird wahrscheinlich geschehen und jemanden betreffen: *Es sieht so aus, als ob uns ein langer Winter bevorsteht.*

be|vor|zu|gen (Verb) **du bevorzugst, er bevorzugte, sie hat bevorzugt, bevorzug(e) nicht!**
❶ etwas bevorzugen etwas lieber haben als etwas anderes: *Diese Blumen bevorzugen einen Platz im Schatten.*
❷ jemanden bevorzugen jemanden besser behandeln als andere: *Er wird immer von allen bevorzugt!*

die **Be|vor|zu|gung** (Nomen) **der Bevorzugung, die Bevorzugungen**
❶ **von Möglichkeiten** die Einstellung, etwas lieber zu haben als anderes
❷ die bessere Behandlung bestimmter Personen

be|wa|chen (Verb) **du bewachst, er bewachte, sie hat bewacht, bewach(e)!**
jemanden/etwas bewachen bei jemandem/etwas bleiben und aufpassen, dass nichts Verbotenes geschieht

be|waff|net (Adjektiv) mit einer oder mehreren Waffen bei sich: *schwer bewaffnete Soldaten*

be|wah|ren (Verb) **du bewahrst, er bewahrte, sie hat bewahrt, bewahr(e)!**
❶ jemanden vor etwas bewahren verhindern, dass jemand etwas Unangenehmes erlebt: *Ich hätte dich gern vor dieser Enttäuschung bewahrt.*
❷ Ruhe/Stillschweigen/... bewahren ruhig bleiben/weiter schweigen/...

be|wạ̈hrt (Adjektiv) **bewährter, am bewährtesten** ≈ erprobt so, dass sich gezeigt hat, dass jemand für eine Aufgabe oder etwas für einen Zweck geeignet ist: *eine wichtige Aufgabe einem bewährten Mitarbeiter übertragen*

die **Be|wäh|rung** (Nomen) **der Bewährung, die Bewährungen**
❶ die Bestätigung, dass jemand zuverlässig, fähig usw. ist: *Bei beruflicher Bewährung erwarten Sie in unserer Firma gute Aufstiegschancen.*
❷ RECHT ein bestimmter Zeitraum, in dem jemand, der zu einer Gefängnisstrafe verurteilt wurde, nicht ins Gefängnis muss und gleichzeitig nicht mehr straffällig werden darf, damit die Strafe nicht vollstreckt wird

be|wäl|ti|gen (Verb) **du bewältigst, er bewältigte, sie hat bewältigt, bewältige!**
etwas bewältigen ≈ schaffen mit etwas Schwierigem fertig werden: *Er hat sich mehr vorgenommen, als er bewältigen kann.*

be|we|gen[1] (Verb) **du bewegst, er bewegte, sie hat bewegt, beweg(e)!**
❶ etwas bewegen die Lage, Stellung oder den Platz von etwas verändern: *Wie weit kannst du den Arm nach hinten bewegen?*
❷ etwas bewegt jemanden etwas erfüllt jemanden mit Mitleid, Freude o. Ä.: *Die Geschichte von der Rettung der Bergleute hat alle sehr bewegt.*
❸ sich bewegen die eigene Lage oder Haltung verändern: *Halt still, beweg dich nicht!*

be|we|gen[2] (Verb) **du bewegst, er bewog, sie hat bewogen, beweg(e)!**
jemanden zu etwas bewegen jemanden dazu bringen, dass er etwas tut: *Was hat sie wohl dazu bewogen, ihre Meinung zu ändern?*

be|weg|lich (Adjektiv) **beweglicher, am beweglichsten**
❶ von Personen sich geschickt und leicht bewegend: *Turner müssen beweglich sein*
❷ von Dingen so, dass man sie bewegen kann: *Das Modellauto hat bewegliche Räder.*

die **Be|weg|lich|keit** (Nomen) nur im Singular **der Beweglichkeit**
❶ die Eigenschaft, sich leicht und geschickt zu bewegen: *die Beweglichkeit von Balletttänzern bewundern*
❷ geistige Beweglichkeit die Fähigkeit, sich auf neue Situationen, Probleme usw. einzustellen

die **Be|we|gung** (Nomen) **der Bewegung, die Bewegungen**
❶ mit einem Körperteil das Verändern der Haltung oder Lage: *eine ungeschickte Bewegung machen*
❷ in Bewegung bleiben sich bewegen, nicht stehen bleiben
❸ sich in Bewegung setzen anfangen, sich von der Stelle zu bewegen
❹ nur im Singular • als Beschäftigung Spaziergänge und Sport: *Du brauchst mehr Bewegung!*
❺ POLITIK eine Gruppe von Menschen, die sich für ein bestimmtes politisches Ziel einsetzen (z. B. Friedensbewegung, Unabhängigkeitsbewegung)

der **Be|weis** (Nomen) **des Beweises, die Beweise** etwas, was zeigt, dass etwas richtig oder wahr oder vorhanden ist

be|wei|sen (Verb) **du beweist, er bewies, sie hat bewiesen, beweis(e)!**
❶ einen Beweis finden oder nennen: *seine Unschuld beweisen*
❷ etwas beweist etwas etwas ist ein Beweis für etwas: *Das beweist noch gar nichts!*
❸ Mut/Geduld/… beweisen zeigen, dass man Mut/Geduld/… hat

sich **be|wẹr|ben** (Verb) **du bewirbst dich, er bewarb sich, sie hat sich beworben, bewirb dich!**
sich um/für etwas bewerben versuchen, eine Arbeitsstelle, einen Praktikumsplatz o. Ä. zu bekommen

der **Be|wẹr|ber** (Nomen) **des Bewerbers, die Bewerber** jemand, der versucht, eine Arbeitsstelle o. Ä. zu bekommen: *Auf die freie Stelle in der Werkstatt gab es 100 Bewerber.*

die **Be|wẹr|be|rin** (Nomen) **der Bewerberin, die Bewerberinnen**
Femininform von → **Bewerber**

die **Be|wẹr|bung** (Nomen) **der Bewerbung, die Bewerbungen**
❶ der Vorgang, sich um etwas zu bewerben: *seine Bewerbung zurückziehen*
❷ ein Brief, in dem man beschreibt, warum man für eine Stelle geeignet wäre, die man gern hätte: *viele Bewerbungen schreiben*

das **Be|wẹr|bungs|ge|spräch** (Nomen) **des Bewerbungsgespräch(e)s, die Bewerbungsgespräche** ein Gespräch, in dem man sich bei einem möglichen Arbeitgeber vorstellt

die **Be|wẹr|bungs|un|ter|la|gen** (Nomen) **nur im Plural der Bewerbungsunterlagen** Brief, Lebenslauf und Zeugnisse, mit denen man sich um eine Stelle bewirbt

be|we̲r|ten (Verb) **du bewertest, er bewertete, sie hat bewertet, bewerte!**
❶ SCHULE ≈ benoten eine Note für etwas vergeben: *einen Aufsatz mit „sehr gut" bewerten*
❷ ≈ beurteilen eine bestimmte Meinung darüber haben, wie etwas ist: *die Chancen positiv bewerten*

die **Be|we̲r|tung** (Nomen) **der Bewertung, die Bewertungen**
❶ SCHULE ≈ Note eine Zahl oder ein Wort, mit der oder dem eine Leistung beurteilt wird: *mit einer Bewertung zufrieden sein*
❷ ≈ Beurteilung eine Meinung darüber, wie etwas ist: *eine günstige Bewertung der Entwicklungsmöglichkeiten*

be|wịr|ken (Verb) **du bewirkst, er bewirkte, sie hat bewirkt, bewirk(e)!** ein bestimmtes Ergebnis, einen Erfolg herbeiführen

der **Be|wo̲h|ner** (Nomen) **des Bewohners, die Bewohner** jemand, der dort wohnt

die **Be|wo̲h|ne|rin** (Nomen) **der Bewohnerin, die Bewohnerinnen**
Femininform von → **Bewohner**

be|wọ̈lkt (Adjektiv) **bewölkter, am bewölktesten** mit Wolken am Himmel

be|wụn|dern (Verb) **du bewunderst, er bewunderte, sie hat bewundert, bewund(e)re!**
❶ jemanden/etwas für besonders gut halten: *Ich bewundere deine Ausdauer!*
❷ jemanden/etwas mit Freude ansehen: *Er bewunderte seine Muskeln im Spiegel.*

be|wụn|derns|wert (Adjektiv) **bewundernswerter, am bewundernswertesten** so, dass es andere beeindruckt

die **Be|wụn|de|rung** (Nomen) **nur im Singular der Bewunderung** das Gefühl, wenn man jemanden/etwas sehr gut findet und wertschätzt

be|wụsst (Adjektiv) **bewusster, am bewusstesten**
❶ mit Absicht: *Sie hat bewusst gelogen.*
❷ so, dass man sich gut überlegt, was man tun will: *Er ernährt sich sehr bewusst.*
❸ jemandem ist/wird etwas bewusst jemand bemerkt etwas, nimmt es wahr: *Mir ist natürlich bewusst, dass es schon so spät ist, trotzdem bleibe ich noch.*

be|wụsst|los (Adjektiv)
❶ ≈ ohnmächtig in einem Zustand, in dem man nichts wahrnimmt und nichts tun kann
❷ jemanden bewusstlos schlagen jemanden so schlagen, dass er bewusstlos wird

das **Be|wụsst|sein** (Nomen) **des Bewusstseins**
❶ **körperlich** die Fähigkeit, seine Umgebung wahrzunehmen und reagieren zu können: *Nach dem Unfall war sie kurz ohne Bewusstsein.*
❷ **geistig** der Zustand, wenn man etwas bemerkt oder weiß: *Ruf dir noch einmal ins Bewusstsein, was du gelernt hast.*
❸ **über ein Thema** das Interesse an einem Thema und einer Meinung dazu: *das politische Bewusstsein der Schüler wecken*

be|za̲h|len (Verb) **du bezahlst, er bezahlte, sie hat bezahlt, bezahl(e)!**
❶ das Geld für etwas geben, das verlangt wird: *die Miete pünktlich bezahlen*
❷ jemanden (für etwas) bezahlen jemandem Geld für eine Arbeit geben
❸ für einen Fehler/seinen Leichtsinn/… bezahlen ≈ büßen die unangenehmen Folgen tragen müssen

die **Be|za̲h|lung** (Nomen) **der Bezahlung, die Bezahlungen**
❶ **nur im Singular** das Bezahlen einer Rechnung, Ware usw.: *Die Bezahlung ist nur in bar erlaubt.*
❷ das Geld, das jemand für eine Arbeit bekommt

be|ze̲ich|nen (Verb) **du bezeichnest, er bezeichnete, sie hat bezeichnet, bezeichne!**
❶ jemanden/etwas als etwas bezeichnen mit einem Wort beschreiben: *jemanden als Lügner/etwas als Fehler bezeichnen*
❷ etwas bezeichnet etwas ein Wort oder Ausdruck hat eine bestimmte Bedeutung: *Ein Tsunami bezeichnet eine riesige Flutwelle.*

die **Be|ze̲ich|nung** (Nomen) **der Bezeichnung, die Bezeichnungen** ein Begriff, der als Name oder Beschreibung dient

be|zie|hen (Verb) **du beziehst, er bezog, sie hat bezogen, bezieh(e)!**
❶ eine Decke, Matratze oder ein Kissen in eine Hülle aus Stoff stecken: *die Betten frisch beziehen*
❷ in etwas einziehen: *die gerade fertiggestellte Wohnung beziehen*
❸ etwas regelmäßig bekommen: *eine Rente/Zeitung beziehen*
❹ Position/Stellung beziehen deutlich seine Meinung zu etwas sagen
❺ sich auf etwas beziehen auf etwas hinweisen, einen Zusammenhang herstellen: *Bei seiner Rede bezog er sich auf die Ereignisse der letzten Tage.*

die **Be|zie|hung** (Nomen) **der Beziehung, die Beziehungen**
❶ zwischen Menschen oder Gruppen der Zustand, jemanden zu kennen und Kontakt zu ihm zu haben: *eine schlechte Beziehung zu seinen Nachbarn haben • Die Beziehungen zwischen Europa und den USA werden gepflegt.*
❷ als Paar das Zusammensein mit einem Partner, den man liebt: *Die beiden haben eine feste Beziehung.*
❸ innerer Zusammenhang: *Die Beziehung zwischen Angebot und Nachfrage ist deutlich erkennbar.*
❹ zu einem Thema Interesse an etwas: *keine Beziehung zur Politik haben*
❺ Beziehungen nur im Plural nützliche Kontakte im Berufs- oder Geschäftsleben: *Er hat gute Beziehungen zu den Banken.*

be|zie|hungs|wei|se (Konjunktion)
Abkürzung: bzw.
❶ drückt aus, dass etwas auf zwei verschiedene Aussagen zutrifft: *Für die beiden Bücher habe ich 15 beziehungsweise 10 Euro bezahlt.*
❷ genauer gesagt: *Wir treffen uns am frühen Morgen beziehungsweise kurz nach Sonnenaufgang.*

be|zif|fern (Verb) **du bezifferst, er bezifferte, sie hat beziffert, beziff(e)re!**
eine Zahl für etwas nennen: *die Kosten genau beziffern*

der **Be|zirk** (Nomen) **des Bezirk(e)s, die Bezirke** einer der Bereiche, in die eine Stadt oder ein Gebiet (zu Verwaltungszwecken) unterteilt ist: *Jeder Briefträger hat seinen eigenen Bezirk, für den er zuständig ist.*

der **Be|zug** (Nomen) **des Bezug(e)s, die Bezüge**
❶ für Bett, Kissen usw. eine Hülle aus Stoff
❷ inhaltlich ein sachlicher Zusammenhang: *den Bezug zu einem anderen Thema herstellen*
❸ in Bezug auf jemanden/etwas ≈ hinsichtlich was jemanden/etwas betrifft: *In Bezug auf deinen Plan hat sich meine Meinung nicht geändert.*
❹ mit/unter Bezug auf etwas verwendet, um besonders in offiziellen Briefen auf einen Zusammenhang hinzuweisen: *Mit Bezug auf Ihren Antrag vom … teilen wir Ihnen mit, dass …*
❺ jemandes Bezüge das Geld, das besonders Beamte oder Abgeordnete für ihre Tätigkeit bekommen

be|züg|lich (Präposition) gehoben
mit Genitiv gebraucht was die Sache betrifft, um die es geht: *Wir hatten große Zweifel bezüglich der neuen Hausfarbe.*

die **Be|zugs|per|son** (Nomen) **der Bezugsperson, die Bezugspersonen**
ein Mensch, der für jemanden sehr wichtig ist und an dem dieser sich orientiert

be|zwe|cken (Verb) **du bezweckst, er bezweckte, sie hat bezweckt, bezwecke!**
etwas mit etwas bezwecken mit einem Verhalten eine bestimmte Absicht verfolgen

be|zwei|feln (Verb) **du bezweifelst, er bezweifelte, sie hat bezweifelt, bezweif(e)le!** Zweifel haben, dass etwas richtig oder wahr ist

der **BH** (Nomen) umgangssprachlich **des BH(s), die BH(s)** Kurzform von → **Büstenhalter**

die **Bi|bel** (Nomen) **der Bibel, die Bibeln**
≈ die Heilige Schrift die heiligen Bücher der Christen und Juden

der **Bi|ber** (Nomen) **des Bibers, die Biber**
ein Nagetier, das Bäume abnagt und im Wasser Dämme daraus baut

die **Bi|blio|thek, Bib|lio|thek** (Nomen) **der Bibliothek, die Bibliotheken**
❶ ≈ Bücherei eine große, meist öffentliche Sammlung von Büchern: *ein Buch aus der Bibliothek ausleihen*
❷ der Raum oder das Gebäude, in dem eine Büchersammlung aufbewahrt wird

der **Bi|blio|the|kar, Bib|lio|the|kar** (Nomen) **des Bibliothekars, die Bibliothekare**
jemand, der für das Arbeiten in einer Bibliothek ausgebildet wurde

die **Bi|blio|the|ka|rin, Bib|lio|the|ka|rin** (Nomen) **der Bibliothekarin, die Bibliothekarinnen**
Femininform von → **Bibliothekar**

bie|gen (Verb) **du biegst, er bog, sie hat/ist gebogen, bieg(e)!**
❶ etwas biegen **hat gebogen** an etwas so ziehen oder drücken, dass die Form nicht mehr gerade ist oder wieder gerade wird: *den Draht wieder gerade biegen*
❷ etwas biegt sich **hat gebogen** etwas verliert seine gerade Form
❸ in eine Straße/um eine Kurve/… biegen **ist gebogen** beim Fahren oder Gehen die Richtung ändern
❹ auf Biegen und Brechen ≈ unbedingt auch wenn einiges dagegenspricht

bieg|sam (Adjektiv) **biegsamer, am biegsamsten** leicht zu verbiegen

die **Bie|ne** (Nomen) **der Biene, die Bienen** ein gelb-braun gestreiftes Insekt, das Honig produziert und einen Stachel hat

das **Bier** (Nomen) **des Bier(e)s, die Biere** ein bitter schmeckendes alkoholisches Getränk

bie|ten (Verb) **du bietest, er bot, sie hat geboten, biet(e)!**
❶ sagen, was man jemandem für etwas geben will: *Ich biete dir fünf Euro, wenn ich auch mal fahren darf.*
❷ **bei einer Veranstaltung** etwas vorführen: *eine tolle Show bieten*
❸ etwas bietet (jemandem) etwas etwas ist (für jemanden) vorhanden oder möglich: *Das Auto bietet sehr viel Platz.*
❹ etwas bietet sich jemandem etwas ist für jemanden vorhanden oder möglich: *eine Chance ergreifen, die sich einem bietet*
❺ sich etwas nicht bieten lassen sich gegen etwas wehren: *Das lasse ich mir von dir nicht bieten!*
❻ jemandem/etwas die Stirn bieten sich wehren

sich **bie|ten|las|sen, bie|ten las|sen** (Verb) **du lässt dir bieten, er ließ sich bieten, sie hat sich bietenlassen, lass(e) dir nicht bieten!** sich nicht wehren

der **Bi|ki|ni** (Nomen) **des Bikinis, die Bikinis** zweiteilige Badekleidung für Mädchen und Frauen

die **Bi|lanz** (Nomen) **der Bilanz, die Bilanzen**
❶ WIRTSCHAFT eine Aufstellung des Vermögens, der Einnahmen und der Ausgaben einer Firma, die zeigt, ob die Firma in einem Geschäftsjahr Gewinn oder Verlust macht
❷ das Gesamtergebnis: *Die Bilanz der letzten zehn Spiele ist für die Mannschaft sehr erfreulich.*
❸ (aus etwas) Bilanz ziehen das Gesamtergebnis von etwas feststellen: *Nach 20 Jahren Vereinsarbeit zog sie eine positive Bilanz.*

das **Bild** (Nomen) **des Bild(e)s, die Bilder**
❶ etwas, was jemand gezeichnet, gemalt oder fotografiert hat: *ein Buch mit vielen Bildern*
❷ ≈ Anblick das, was man an einem Ort sieht: *Der Sonnenuntergang bot ein fantastisches Bild.*
❸ ein Bild für Götter umgangssprachlich ein lustiger Anblick
❹ sich ein Bild von etwas machen etwas prüfen, um einen Eindruck davon zu bekommen: *Ich muss mir erst selbst ein Bild von der Lage machen.*

die **Bild|be|ar|bei|tung** (Nomen) **nur im Singular der Bildbearbeitung** das Verändern von Fotos mithilfe von Computerprogrammen

bil|den (Verb) **du bildest, er bildete, sie hat gebildet, bilde!**
❶ Material in eine bestimmte Form bringen: *Aus dem Ton bildet sie wunderschöne Schüsseln.*
❷ etwas sein, darstellen: *Das Gebirge bildet eine natürliche Grenze.*
❸ zu etwas zusammenkommen: *ein Team bilden*
❹ sich eine Meinung/ein Urteil bilden sich informieren, um zu einer Meinung zu kommen: *Hast du dir schon eine Meinung über die neue Schule gebildet?*
❺ etwas bildet sich etwas entsteht: *An der Unfallstelle bildete sich ein Stau.*
❻ großes Wissen und gute Erziehung vermitteln: *Lesen bildet.*

das **Bil|der|buch** (Nomen) **des Bilderbuch(e)s, die Bilderbücher**
❶ ein Buch für kleine Kinder mit vielen Bildern
❷ wie aus dem Bilderbuch perfekt, sehr schön oder gut

die **Bil|der|ge|schich|te** (Nomen) **der Bildergeschichte, die Bildergeschichten** eine Geschichte, die nur mit Bildern erzählt wird

der **Bil|der|rah|men** (Nomen)
des Bilderrahmens, die Bilderrahmen
ein Rand, meist aus Holz, für ein Bild

der **Bild|schirm** (Nomen) **des Bildschirm(e)s, die Bildschirme** die glatte Fläche des Fernsehers oder Computers, auf der man das Programm sieht

die **Bil|dung** (Nomen) nur im Singular **der Bildung**
❶ das Lernen in der Schule, durch Bücher usw., durch das man Wissen und gutes Benehmen erhält: *eine gute Bildung bekommen*
❷ Wissen, das als gut und wichtig gilt: *eine umfassende Bildung haben*
❸ Vorgang, bei dem etwas entsteht: *Bei einem Lagerfeuer gibt es immer die Bildung von Rauch und Qualm.*

bil|lig (Adjektiv) **billiger, am billigsten**
❶ ≈günstig nur wenig Geld kostend
❷ ≈minderwertig abwertend von schlechter Qualität
❸ abwertend einfallslos, nicht gut: *Er versuchte, mich mit einem billigen Trick reinzulegen.*
❹ etwas ist nur recht und billig etwas ist gerecht

bil|li|gen (Verb) **du billigst, er billigte, sie hat gebilligt, billige!** ≈gutheißen etwas gut finden und genehmigen oder unterstützen

die **Bil|li|on** (Nomen) **der Billion, die Billionen** tausend Milliarden, eine Eins mit 12 Nullen

die **Bin|de** (Nomen) **der Binde, die Binden**
❶ für Verbände ein Streifen Stoff, den man um eine verletzte Stelle wickelt
❷ für Frauen ein dicker Streifen eines saugfähigen Materials, den Frauen in den Slip legen können, wenn sie ihre Menstruation haben
❸ am Arm, vor den Augen ein Streifen Stoff, den man als Kennzeichen um den Arm trägt oder benutzt, um jemandem die Augen zu verbinden

die **Bin|de|haut** (Nomen) **der Bindehaut, die Bindehäute** die Schleimhaut, die das Auge schützt

bin|den (Verb) **du bindest, er band, sie hat gebunden, bind(e)!**
❶ einen Knoten oder eine Schleife mit einem Band, Schal usw. machen: *Binde dir bitte ein Tuch um den Hals.*
❷ etwas mit einem Knoten oder einer Schleife festmachen: *das Boot an den Steg binden*
❸ sich (an jemanden) binden eine feste Beziehung zu jemandem beginnen oder heiraten
❹ an einen Vertrag gebunden sein sich an einen Vertrag halten müssen

der **Bin|de|strich** (Nomen)
des Bindestrich(e)s, die Bindestriche
der kurze, waagerechte Strich, mit dem man geschriebene Wörter verbindet und der zur Hervorhebung oder Ergänzung einzelner Bestandteile dient: *„H-Milch" und „S-Bahn" sind Wörter, die mit Bindestrich geschrieben werden.*

das **Bin|de|wort** (Nomen) **des Bindewort(e)s, die Bindewörter** → **Konjunktion**

der **Bind|fa|den** (Nomen) **des Bindfadens, die Bindfäden** eine feste Schnur, mit der man etwas zusammenbinden kann

die **Bin|dung** (Nomen) **der Bindung, die Bindungen**
❶ SPORT am Ski, Snowboard Riemen oder Klammern, die den Schuh festhalten
❷ PSYCHOLOGIE zwischen Menschen eine enge Beziehung zu jemandem: *Angst vor Bindungen haben*

bin|nen (Präposition) innerhalb eines Zeitraums: *binnen einem Monat/eines Monats*

die **Bio|gra|fie, Bio|gra|phie** (Nomen)
der Biografie, die Biografien
die Beschreibung des Lebens eines (berühmten) Menschen

die **Bio|lo|gie** (Nomen) nur im Singular
der Biologie die Wissenschaft von den Lebewesen, ihren Arten und den Vorgängen in ihren Körpern

bio|lo|gisch (Adjektiv)
❶ die Biologie betreffend: *biologische Forschung*
❷ mit natürlichen Methoden oder Inhaltsstoffen: *biologische Lebensmittel*
❸ mit Bakterien oder Viren: *biologische Waffen*

der **Bio|müll** (Nomen) nur im Singular
des Biomülls Pflanzenreste, Eierschalen u. Ä., das kompostiert werden kann

die **Bio|ton|ne** (Nomen) **der Biotonne, die Biotonnen** eine Tonne für Biomüll

die **Bir|ke** (Nomen) **der Birke, die Birken** ein Laubbaum mit weißer Rinde

der **Birn|baum** (Nomen) **des Birnbaum(e)s, die Birnbäume** ein Baum, an dem saftige, süße Früchte wachsen, die unten dick und rund und oben schmal sind

die **Bir|ne** (Nomen) **der Birne, die Birnen**
① Obst die Frucht des Birnbaums
② TECHNIK Kurzform von Glühbirne

bis (Präposition) **mit Akkusativ gebraucht**
① verwendet, um den Zeitpunkt, an dem etwas endet, zu nennen: *Wir haben heute von acht bis eins Schule.*
② verwendet, um den Ort oder Bereich, wo etwas endet, zu nennen: *Bis Dresden sind es noch 200 Kilometer. • Die Reparatur kann bis zu 1000 Euro kosten.*
③ bis auf … verwendet, um eine Ausnahme zu nennen: *Alle bis auf Thomas waren da.*

der **Bi|schof** (Nomen) **des Bischofs, die Bischöfe** ein christlicher Priester mit hohem Rang

die **Bi|schö|fin** (Nomen) **der Bischöfin, die Bischöfinnen** Femininform von → **Bischof**

bi|se|xu|ell (Adjektiv) ['biːzɛ'ksu̯ɛl] so, dass jemand sowohl an Männern als auch an Frauen sexuelles Interesse hat

bis|her (Adverb) bis zu diesem Zeitpunkt

bis|he|rig (Adjektiv) in der Zeit vor diesem Zeitpunkt: *Er änderte sein bisheriges Leben.*

bis|lang (Adverb) ≈bisher bis zu diesem Zeitpunkt

der **Biss** (Nomen) **des Bisses, die Bisse**
① das Zubeißen mit den Zähnen: *Hüte dich vor dem Biss einer giftigen Schlange!*
② durch Zubeißen verursachte Wunde: *Der Biss verheilt gut.*

biss|chen (Pronomen) **unveränderlich**
① ein bisschen ≈etwas wenig, nicht sehr oder viel: *ein bisschen müde sein • ein bisschen mehr Zeit brauchen*
② kein bisschen gar nicht/nichts
③ das bisschen diese kleine Menge

der **Bis|sen** (Nomen) **des Bissens, die Bissen**
① die Menge, die man von etwas abbeißt: *Er kaute lange an dem Bissen.*
② ≈Happen eine kleine Mahlzeit: *Haben wir noch Zeit für einen kleinen Bissen?*
③ keinen Bissen hinunterbringen/anrühren nichts essen (können)

bis|sig (Adjektiv) **bissiger, am bissigsten**
① so, dass ein Hund schnell beißt
② spöttisch und verletzend: *eine bissige Bemerkung*

das **Bit** (Nomen) **des Bit(s), die Bits** die kleinste Informationseinheit in der Datenverarbeitung: *Acht Bit sind ein Byte.*

bit|te (Partikel)
① **beim Bitten** verwendet, damit eine Bitte höflich ist: *Gib mir bitte den Schlüssel.*
② **als Antwort auf eine Bitte** verwendet, wenn man jemandem das gibt, worum er gebeten hat: *„Kann ich mal das Messer haben?" – „Hier, bitte!"*
③ **als Antwort auf einen Dank** verwendet, um eine höfliche Antwort zu geben, wenn sich jemand bedankt: *„Danke für das Geld." – „Bitte, kein Problem!"*
④ bitte schön/sehr verwendet, um eine Bitte zu verstärken bzw. wenn man jemandem etwas gibt, worum er gebeten hat, oder als Antwort, wenn sich jemand bedankt
⑤ Bitte?/Ja, bitte? verwendet, um sich am Telefon zu melden
⑥ Wie bitte? **fragend** drückt aus, dass man etwas nicht verstanden hat **empört** drückt aus, dass einen etwas ärgert

die **Bit|te** (Nomen) **der Bitte, die Bitten** Wunsch, den man an jemanden richtet: *Ich habe eine Bitte an dich: Hilfst du mir morgen?*

bit|ten (Verb) **du bittest, er bat, sie hat gebeten, bitte!**
① eine Bitte aussprechen: *um ein Glas Wasser bitten • Er bat mich, ihm zu helfen.*
② Ich bitte dich/Sie! **umgangssprachlich** verwendet, um zu protestieren: *Ich bitte dich, diese Behauptung stimmt doch nicht!*
③ Ich muss doch sehr bitten! verwendet, um zu protestieren oder Ärger auszudrücken

bit|ter (Adjektiv) **bitterer, am bittersten**
① herb, nicht angenehm: *der bittere Geschmack von Kaffee*
② sehr unangenehm, schlimm: *bittere Kälte*
③ ≈verbittert enttäuscht und voller Ärger
④ **verstärkend** sehr: *Das wäre bitter nötig!*

bit|ter|bö|se (Adjektiv) voller Wut: *ein bitterböser Blick, ein bitterböser Brief*

bit|ter|kalt (Adjektiv) schrecklich kalt

bi|zarr (Adjektiv) **bizarrer, am bizarrsten** sehr seltsam

der **Bi|zeps** (Nomen) **des Bizeps(es), die Bizepse** der Muskel am Oberarm, der dick wird, wenn man den Arm beugt

die **Bla|ma|ge** (Nomen) [bla'maːʒə] **der Blamage, die Blamagen** eine Sache, für die man sich schämen muss: *Was für eine Blamage!*

A B C D E F G H I J K L M N O P Q R S T U V W X Y Z

bla|mie|ren (Verb) **du blamierst, er blamierte, sie hat blamiert, blamier(e) nicht!**
jemanden/sich (bis auf die Knochen) blamieren jemanden/sich (völlig) lächerlich machen

bla|sen (Verb) **du bläst, er blies, sie hat geblasen, blas(e)!**
❶ **mit dem Mund** Luft oder Rauch aus dem Mund stoßen: *Er blies die Kerze aus.*
❷ etwas bläst (etwas irgendwohin) etwas weht (und bewegt so etwas irgendwohin): *Ein Windstoß blies die Zeitung vom Tisch.*

blass (Adjektiv) **blasser/blässer, am blassesten/blässesten**
❶ ohne frische Gesichtsfarbe, sehr hell
❷ farblich nicht sehr intensiv, eher matt: *ein blasses Blau*
❸ keinen blassen Schimmer haben umgangssprachlich überhaupt keine Ahnung haben

das **Blatt** (Nomen) **des Blatt(e)s, die Blätter**
❶ einer der vielen kleineren grünen Teile einer Pflanze
❷ eine Seite, meist aus Papier
❸ **beim Kartenspiel** die einzelne Karte oder alle Karten, mit denen man spielt
❹ kein Blatt vor den Mund nehmen offen sagen, was man denkt

blät|tern (Verb) **du blätterst, er blätterte, sie hat geblättert, blätt(e)re!**
in einem Buch/Heft/… blättern die Seiten in einem Buch/Heft/… kurz ansehen und umschlagen

blau (Adjektiv)
❶ von der Farbe des Himmels bei schönem Wetter: *blaue Augen*
❷ blau sein umgangssprachlich betrunken sein
❸ ein blauer Fleck umgangssprachlich eine dunkle Stelle auf der Haut, die durch einen Stoß oder Schlag entstanden ist
❹ ein blaues Auge umgangssprachlich ein blauer Fleck rund um ein Auge
❺ mit einem blauen Auge davonkommen umgangssprachlich weniger Schaden haben als erwartet
❻ ein blauer/Blauer Brief SCHULE umgangssprachlich ein Brief der Schule an die Eltern, dass das Kind vielleicht nicht in die nächsthöhere Klasse kommt
❼ sein oder ein blaues Wunder erleben umgangssprachlich eine unangenehme Überraschung erleben

das **Blau** (Nomen) **des Blaus, die Blau(s)**
eine blaue Farbe: *ein helles Blau*

blau|äu|gig (Adjektiv)
❶ mit blauen Augen
❷ abwertend leichtgläubig, sehr naiv

das **Blaue** (Nomen) **nur im Singular des Blauen**
❶ **meist in** ins Blaue (hinein) ohne Plan und bestimmtes Ziel *eine Fahrt ins Blaue*
❷ das Blaue vom Himmel herunterlügen abwertend umfangreiche Lügen erzählen
❸ jemandem das Blaue vom Himmel versprechen umgangssprachlich jemandem umfangreiche Versprechungen machen

das **Blau|licht** (Nomen) **des Blaulicht(e)s, die Blaulichter** das blaue Blinklicht an den Autos von Polizei und Feuerwehr und an Krankenwagen, das zusammen mit einer Sirene die Vorfahrt sichert: *Sie wurde mit Blaulicht ins Krankenhaus gebracht.*

blau|ma|chen (Verb) umgangssprachlich **du machst blau, er machte blau, sie hat blaugemacht, mach(e) nicht blau!** nicht zur Arbeit oder in die Schule gehen, weil man keine Lust hat: *Er macht fast jeden Montag blau.*

der **Bla|zer** (Nomen) ['ble:zɐ] **des Blazers, die Blazer** ein sportliches Jackett

das **Blech** (Nomen) **des Blech(e)s, die Bleche**
❶ **Material** ein sehr dünnes Stück Metall
❷ **für den Backofen** eine Platte aus Metall, auf der man etwas backt: *hier steht ein Blech mit Butterkuchen*
❸ Blech reden umgangssprachlich Unsinn reden: *Red doch kein Blech!*

das **Blei** (Nomen) **nur im Singular des Blei(e)s**
❶ ein giftiges Schwermetall
❷ wie Blei im Magen liegen schwer verdaulich sein: *Das Mittagessen liegt mir wie Blei im Magen.*

blei|ben (Verb) **du bleibst, er blieb, sie ist geblieben, bleib(e)!**
❶ nicht weggehen: *Ich bleibe heute zu Hause, weil ich krank bin. • Mama, kann ich noch ein bisschen bei Paul bleiben?*
❷ weiter so sein wie vorher, sich nicht verändern: *Laut Wetterbericht bleibt das Wetter die nächste Woche schön. • Wenn er sich ärgert, bleibt er trotzdem immer freundlich.*
❸ Das bleibt unter uns! Darüber reden wir nicht mit jemand anderem.
❹ sitzen/liegen/… bleiben nicht vom Stuhl/aus dem Bett/… aufstehen

⑤ bei einem Entschluss/einer Behauptung/… bleiben einen Entschluss/eine Behauptung/… nicht ändern

bleich (Adjektiv) **bleicher, am bleichsten**
① fast weiß, sehr blass: *Auf einmal wurde er ganz bleich im Gesicht.*
② fast farblos, sehr schwach: *ein bleiches Licht*

blei|frei (Adjektiv) ohne Blei: *bleifreies Benzin*

der **Blei|stift** (Nomen) **des Bleistift(e)s, die Bleistifte** ein Stift aus Holz und mit einer Mine, die grau oder schwarz schreibt

blen|den (Verb) **du blendest, er blendete, sie hat geblendet, blend(e)!**
① so hell sein, dass man nichts mehr sehen kann: *Das Scheinwerferlicht des entgegenkommenden Fahrzeuges blendete sie.*
② so beeindrucken, dass man das Schlechte nicht sieht: *Sie ließ sich von seinem guten Aussehen blenden.*

der **Blen|der** (Nomen) abwertend **des Blenders, die Blender** jemand, der andere Menschen täuscht

die **Blen|de|rin** (Nomen) abwertend **der Blenderin, die Blenderinnen** Femininform von → **Blender**

der **Blick** (Nomen) **des Blick(e)s, die Blicke**
① ≈ Sehen, Hinsehen die Bewegung der Augen in Richtung auf etwas oder jemanden
② jemandem einen Blick zuwerfen jemanden kurz anschauen
③ auf den ersten Blick sofort, wenn man etwas/jemanden sieht
④ der Ausdruck, den die Augen haben: *Hunde haben einen treuen Blick.*
⑤ ≈ Aussicht das, was man von einer bestimmten Stelle aus sieht: *Vom Balkon hat man einen schönen Blick über die Altstadt.*

bli|cken (Verb) **du blickst, er blickte, sie hat geblickt, blick(e)!**
① irgendwohin, irgendwie sehen, seine Augen bewegen: *Er blickte ihr direkt in die Augen.*
② freundlich/ernst/… blicken im Gesicht und um die Augen freundlich/ernst/… aussehen
③ etwas blicken umgangssprachlich etwas verstehen: *Ich blicke das einfach nicht!*
④ Das lässt tief blicken. Daran kann man viel erkennen./Daraus kann man viele Schlüsse ziehen.

der **Blick|win|kel** (Nomen) **des Blickwinkels, die Blickwinkel** die Perspektive, aus der man etwas sieht

blind (Adjektiv)
① MEDIZIN ohne die Fähigkeit zu sehen
② blinder Alarm falscher Alarm, Fehlalarm
③ unkontrolliert, ohne nachzudenken ein Gefühl auslebend: *Sie war blind vor Wut.* · *Er war blind vor Liebe.*
④ jemandem blind vertrauen/glauben/… jemandem ohne Einschränkungen vertrauen/glauben/…

der **Blind|darm** (Nomen) **des Blinddarm(e)s, die Blinddärme** ein kleiner Teil des Dickdarms, der sich leicht entzünden kann

die **Blind|darm|ent|zün|dung** (Nomen) **der Blinddarmentzündung, die Blinddarmentzündungen** die Entzündung des Blinddarms

der/die **Blin|de** (Nomen) **des/der Blinden, die Blinden** jemand, der nicht sehen kann

die **Blin|den|schrift** (Nomen) **der Blindenschrift, die Blindenschriften** eine Schrift mit Buchstaben aus erhöhten Punkten, die ein Blinder zum Lesen abtasten kann

der **Blitz** (Nomen) **des Blitzes, die Blitze**
① METEOROLOGIE das helle Licht am Himmel bei einem Gewitter
② FOTOGRAFIE Kurzform von → **Blitzlicht**
③ wie vom Blitz getroffen völlig überrascht und erstaunt: *Als sie ihm sagte, dass sie sich von ihm trennen wollte, war er wie vom Blitz getroffen.*
④ schnell wie der Blitz, wie ein geölter Blitz sehr schnell: *Er kam wie ein geölter Blitz um die Ecke gesaust.*

der **Blitz|ab|lei|ter** (Nomen) **des Blitzableiters, die Blitzableiter**
① eine Vorrichtung auf dem Dach, die verhindert, dass ein Blitz das Gebäude trifft
② jemand, an dem ein anderer seine Wut oder Enttäuschung auslässt: *Jetzt reicht's! Ich bin doch nicht dein Blitzableiter!*

blit|zen (Verb) **du blitzt, er blitzte, sie hat geblitzt, blitz(e)!**
① es blitzt METEOROLOGIE man sieht Blitze
② umgangssprachlich FOTOGRAFIE mit Blitzlicht fotografieren
③ ≈ leuchten, funkeln ganz kurz abwechselnd hell und dunkel sein: *Die Ringe an ihren Fingern blitzen.*

das **Blitz|licht** (Nomen) **des Blitzlicht(e)s, die Blitzlichter** das künstliche Licht aus dem Fotoapparat, wenn man im Dunkeln fotografiert

A B C D E F G H I J K L M N O P Q R S T U V W X Y Z

der **Block** (Nomen) **des Block(e)s, die Blöcke/Blocks**
❶ Plural: Blöcke ein großes, schweres Stück: *ein Block aus Stein*
❷ Plural: Blöcke/Blocks eine Gruppe von mehreren Häusern (z. B. Wohnblock, Häuserblock)
❸ Plural: Blöcke/Blocks ein Stapel Papierblätter, die an einer Seite miteinander verbunden sind

die **Blo|cka|de** (Nomen) **der Blockade, die Blockaden** die Absperrung aller Zugangswege

die **Block|flö|te** (Nomen) **der Blockflöte, die Blockflöten** eine Flöte aus Holz

blöd, **blö̱de** (Adjektiv) umgangssprachlich · abwertend **blöder, am blödesten**
❶ dumm: *Du bist auch wirklich zu blöd! · So eine blöde Frage!*
❷ Angelegenheit, Sache ärgerlich: *Das mit deiner Tante ist wirklich eine blöde Geschichte. · Warum stürzt der blöde Computer immer ab?*

der **Blöd|mann** (Nomen) umgangssprachlich · abwertend **des Blödmann(e)s, die Blödmänner** dummer Mensch, Dummkopf

der **Blöd|sinn** (Nomen) umgangssprachlich · abwertend nur im Singular **des Blödsinn(e)s** dummes Zeug, Unsinn: *Das ist doch Blödsinn!*

der/das **Blog** (Nomen) **des Blogs, die Blogs** eine Art Tagebuch auf einer Website, das für jeden einsehbar ist

blog|gen (Verb) **du bloggst, er bloggte, sie hat gebloggt, blogg(e)!** regelmäßig Texte zu einem bestimmten Thema (= Blogs) auf einer Website schreiben

der **Blog|ger** (Nomen) **des Bloggers, die Blogger** jemand, der regelmäßig Texte zu einem bestimmten Thema (= Blogs) auf einer Website schreibt

die **Blog|ge|rin** (Nomen) **der Bloggerin, die Bloggerinnen** Femininform von → **Blogger**

blond (Adjektiv) mit hell gelblichem oder golden schimmerndem Haar

bloß[1] (Adjektiv)
❶ nackt: *mit bloßen Füßen*
❷ mit bloßem Auge ohne Lupe, Fernglas oder Mikroskop

bloß[2] (Adverb) umgangssprachlich ≈ nur *Ich habe bloß ein paar Minuten Zeit. · Was soll ich bloß tun?*

bloß|stel|len (Verb) **du stellst bloß, er stellte bloß, sie hat bloßgestellt, stell(e) nicht bloß!**
jemanden bloßstellen vor anderen etwas Peinliches oder Negatives über jemanden sagen, jemanden blamieren

bluf|fen (Verb) ['blœfn̩] **du bluffst, er bluffte, sie hat geblufft, bluff(e)!** täuschen, betrügen: *Glaub ihm kein Wort, er blufft nur!*

blü|hen (Verb) meist in der 3. Person gebraucht **es blüht, es blühte, es hat geblüht**
❶ BOTANIK Blüten haben: *Im Garten blühen die Blumen.*
❷ gehoben gut gehen: *Der Handel blüht. · Die Geschäfte blühen.*
❸ jemandem blüht etwas umgangssprachlich jemand muss mit einer unangenehmen Sache rechnen: *Wenn er nach Hause kommt, blüht ihm eine ordentliche Strafpredigt.*

blü|hend (Adjektiv)
❶ BOTANIK mit Blüten: *blühende Pflanzen/Bäume*
❷ lebhaft und groß: *Diese Geschichte stimmt nicht, er hat eine blühende Fantasie.*
❸ gesund aussehend

die **Blu|me** (Nomen) **der Blume, die Blumen**
❶ eine kleinere Pflanze mit besonders schönen bunten Blüten, die man zur Dekoration in eine Vase stellen kann (z. B. Rose, Tulpe, Margerite)
❷ ein Strauß Blumen ein Bündel zusammengebundener Blumen, das man verschenkt oder in eine Vase stellt
❸ die Blumen gießen den Blumen Wasser geben

der **Blu|men|kohl** (Nomen) nur im Singular **des Blumenkohl(e)s** eine Kohlsorte mit weißen, dicken Röschen

der **Blu|men|la|den** (Nomen) **des Blumenladens, die Blumenläden** das Geschäft, in dem man Blumen kauft

der **Blu|men|strauß** (Nomen) **des Blumenstraußes, die Blumensträuße** ein Bündel zusammengebundener Blumen, das man verschenkt oder in eine Vase stellt

der/das **Blu-Ray**® (Nomen) **des Blu-Ray(s), die Blu-Rays** eine Technik für Datenspeicherung und Datenwiedergabe, die für z. B. für Filme genutzt wird

die **Blu|se** (Nomen) **der Bluse, die Blusen** ein Kleidungsstück aus leichtem Stoff, das den Oberkörper bedeckt und von Frauen und Mädchen getragen wird

das **Blut** (Nomen) nur im Singular **des Blut(e)s**
❶ die rote Flüssigkeit, die in den Adern von Menschen und Tieren fließt
❷ Blut spenden sich freiwillig Blut abnehmen lassen, damit es für Kranke und Verletzte als Ersatzblut aufbewahrt wird
❸ Blut stillend so, dass eine Wunde nicht mehr blutet
❹ jemandem liegt etwas im Blut jemand hat eine Begabung für etwas: *Ihr Vater ist Gitarrist und die Musik liegt ihr im Blut.*

die **Blü|te** (Nomen) **der Blüte, die Blüten**
❶ BOTANIK der (meist aus bunten Blättern bestehende) Teil einer Pflanze, aus dem sich die Frucht entwickelt: *Die Blüten des Rosenstrauchs sind schön.*
❷ nur im Singular die Zeit, in der Pflanzen blühen
❸ gehoben die Zeit, in der eine Entwicklung auf ihrem höchsten Stand ist: *Dieses Gemälde entstand in der Blüte des Mittelalters.*
❹ umgangssprachlich gefälschter Geldschein

blu|ten (Verb) **du blutest, er blutete, sie hat geblutet, blute!** Blut verlieren: *Die Wunde blutet stark, du musst ins Krankenhaus.*

der **Blut|er|guss** (Nomen) **des Blutergusses, die Blutergüsse** ≈ blauer Fleck die dunkle Stelle, die am Körper nach einem Stoß oder einer Verletzung entsteht

die **Blut|grup|pe** (Nomen) **der Blutgruppe, die Blutgruppen** einer der vier Grundtypen, in die man das Blut des Menschen einteilt: *Die Blutgruppen heißen „A", „B", „AB" und „0".*

blu|tig (Adjektiv) **blutiger, am blutigsten**
❶ voller Blut: *Nach dem Sturz hatte er blutige Knie.*
❷ mit Verletzten und Toten: *ein blutiger Kampf/Aufstand*
❸ noch fast roh, nicht durchgebraten: *Magst du dein Steak blutig oder gut durchgebraten?*
❹ blutiger Ernst/blutiger Anfänger/… absoluter oder völliger Ernst/Anfänger/…

die **Blut|spen|de** (Nomen) **der Blutspende, die Blutspenden** die freiwillige Abgabe von Blut, das für Kranke und Verletzte als Ersatzblut aufbewahrt wird

der **Bluts|trop|fen** (Nomen) **des Blutstropfens, die Blutstropfen** ein Tropfen Blut

die **Blu|tung** (Nomen) **der Blutung, die Blutungen**
❶ bei Unfall, Krankheit das Austreten von Blut aus dem Körper
❷ jeden Monat bei Frauen das Austreten von Blut aus der Gebärmutter

die **Blut|ver|gif|tung** (Nomen) **der Blutvergiftung, die Blutvergiftungen** eine lebensgefährliche Erkrankung, die durch Bakterien im Blut ausgelöst wird

der **Bob** (Nomen) **des Bobs, die Bobs** ein schneller Schlitten zum Rodeln

die **Bob|bahn** (Nomen) **der Bobbahn, die Bobbahnen** die Rennbahn für Bobs

der **Bock** (Nomen) **des Bock(e)s, die Böcke**
❶ ZOOLOGIE das männliche Tier bei Rehen, Ziegen, Schafen usw.
❷ Bock/keinen Bock auf etwas haben umgangssprachlich Lust/keine Lust zu etwas haben
❸ ein Turngerät mit vier Beinen, über das man springt

bo|ckig (Adjektiv) **bockiger, am bockigsten** ungehorsam, trotzig

das **Bock|sprin|gen** (Nomen) nur im Singular **des Bockspringens** die Sportart, bei der man über einen Bock springt

der **Bo|den** (Nomen) **des Bodens, die Böden**
❶ die waagerechte Fläche, auf der man normalerweise geht oder steht, der Fußboden
❷ die unterste Fläche von etwas: *der Boden der Flasche, des Schrankes*
❸ den Boden unter den Füßen verlieren seine Sicherheit und seinen Halt verlieren
❹ auf dem Boden der Tatsachen bleiben vernünftig und realistisch bleiben
❺ am Boden zerstört sein umgangssprachlich total verzweifelt sein

bo|den|los (Adjektiv) umgangssprachlich unglaublich, extrem: *Das ist eine bodenlose Frechheit!*

die **Bo|den|schät|ze** (Nomen) nur im Plural **der Bodenschätze** die Rohstoffe in der Erde (z. B. Eisen, Mineralien, Kohle)

das **Bo|den|tur|nen** (Nomen) nur im Singular **des Bodenturnens** die Sportübungen, die ohne Gerät auf der Matte geturnt werden (z. B. Rolle, Rad, Handstand)

der **Bo|gen** (Nomen) **des Bogens, die Bögen/Bogen**
❶ Plural: Bogen die runde Linie, die Kurve: *Hier macht die Straße einen Bogen.*

❷ im hohen Bogen mit viel Schwung: *Der Ball flog im hohen Bogen über die Mauer.*
❸ **Plural: Bögen** MUSIK ein mit Pferdehaaren bespannter Stab, mit dem man die Saiten eines Saiteninstruments zum Klingen bringt
❹ SPORT • MILITÄR **Plural: Bogen** ein Gerät, mit dem man Pfeile schießen kann: *mit Pfeil und Bogen schießen*
❺ **Plural: Bögen • aus Papier** ein großes Blatt
❻ einen Bogen um jemanden/etwas machen umgangssprachlich jemandem/einer Sache aus dem Weg gehen, mit jemandem/einer Sache nichts zu tun haben wollen

die **Boh|ne** (Nomen) **der Bohne, die Bohnen**
❶ ≈ grüne Bohne die lange grüne Hülse der Bohnenpflanze, die man als Gemüse isst
❷ ≈ weiße oder dicke Bohne der kleine ovale Kern, der in der grünen Hülse der Bohnenpflanze steckt und den man als Gemüse isst
❸ ≈ Kaffeebohne, Kakaobohne der Samenkern der Kaffee- oder Kakaopflanze
❹ nicht die Bohne umgangssprachlich überhaupt nicht: *Das interessiert mich nicht die Bohne!*

boh|ren (Verb) **du bohrst, er bohrte, sie hat gebohrt, bohr(e)!**
❶ mit einem spitzen Gegenstand oder einer Bohrmaschine ein Loch o. Ä. machen
❷ nach Öl/Erdgas/... bohren mit einem Bohrgerät nach Öl/Erdgas/... suchen
❸ umgangssprachlich immer wieder und so lange fragen, bis man das erfährt, was man wissen will: *Er bohrte so lange, bis sie ihm das Versteck verriet.*

der **Boh|rer** (Nomen) **des Bohrers, die Bohrer** TECHNIK ein spitzes Werkzeug, mit dem man Löcher in hartes Material machen kann

die **Bohr|ma|schi|ne** (Nomen) **der Bohrmaschine, die Bohrmaschinen** ein wie eine große Pistole aussehendes elektrisches Gerät, mit dem man Löcher in hartes Material machen kann

der **Bolz|platz** (Nomen) umgangssprachlich **des Bolzplatzes, die Bolzplätze** ein Platz, auf dem Kinder Fußball spielen können

bom|bar|die|ren (Verb) **du bombardierst, er bombardierte, sie hat bombardiert, bombardier(e) nicht!**
❶ eine Stadt/ein Land/... bombardieren Bomben über einer Stadt/einem Land/... abwerfen
❷ jemanden mit etwas bombardieren umgangssprachlich etwas auf jemanden werfen
❸ jemanden mit Fragen/Vorwürfen/... bombardieren umgangssprachlich jemandem viele Fragen stellen/viele Vorwürfe machen/...

die **Bom|be** (Nomen) **der Bombe, die Bomben**
❶ MILITÄR ein Gegenstand, der mit Sprengstoff gefüllt und mit einem Zünder versehen ist, damit er explodiert und Gebäude zerstört und Menschen tötet
❷ eine Bombe schlägt ein eine Bombe explodiert
❸ wie eine Bombe einschlagen sehr überraschend sein und große Wirkung haben: *Die Nachricht von ihrem Olympiasieg schlug ein wie eine Bombe.*
❹ Die Bombe ist geplatzt. umgangssprachlich Etwas Unangenehmes ist bekannt geworden.

der **Bom|ben|an|schlag** (Nomen) **des Bombenanschlag(e)s, die Bombenanschläge** ein Attentat, bei dem eine versteckte Bombe explodiert

der **Bon** (Nomen) [bɔŋ] **des Bons, die Bons**
❶ ≈ Kassenzettel der Papierstreifen, der aus der Kasse kommt und auf dem die Preise für die Waren stehen, die man gekauft hat
❷ ≈ Gutschein ein Zettel, den man gegen Waren, Essen, Getränke usw. eintauschen kann, ohne etwas zu bezahlen

der/das **Bon|bon** (Nomen) [bõ'bõ:, bɔŋ'bɔŋ] **des Bonbons, die Bonbons** ein süßes, meist hartes Stückchen aus Zuckermasse, das man ganz in den Mund steckt und lutscht **(z. B. Pfefferminzbonbon, Hustenbonbon)**

der **Bo|nus** (Nomen) **des Bonusses/Bonus, die Boni/Bonusse** ein Vorteil, den man als Belohnung oder Entschädigung bekommt, z. B. Punkte, Geld usw.

der **Boom** (Nomen) [bu:m] **des Booms, die Booms**
❶ plötzliches starkes Interesse an bestimmten Waren, Ideen usw.
❷ plötzliches starkes Wachstum der Wirtschaft

boo|men (Verb) ['bu:mən] **nur in der 3. Person gebraucht es boomt, es boomte, es hat geboomt**
❶ im Moment sehr gefragt sein: *Energydrinks boomen gerade.*
❷ WIRTSCHAFT im Moment stark anwachsen: *die Wirtschaft boomt*

das **Boot** (Nomen) **des Bootes, die Boote**
1 ein kleines Schiff ohne Dach
2 Boot fahren eine kleine Tour mit dem Boot machen
3 im selben Boot sitzen in derselben (schwierigen) Situation sein *Wir müssen zusammenhalten, wir sitzen alle im selben Boot.*

boo|ten (Verb) ['bu:tn̩] **du bootest, er bootete, sie hat gebootet, boote!** einen Computer neu starten und dabei alle Programme neu laden

die **Boots|fahrt** (Nomen) **der Bootsfahrt, die Bootsfahrten** die Fahrt mit einem Boot

das **Bord**[1] (Nomen) **des Bord(e)s, die Borde** für Bücher, Geschirr ein Brett, das an der Wand befestigt ist

der **Bord**[2] (Nomen) **des Bord(e)s**
1 am Schiff der obere seitliche Rand
2 über Bord gehen aus dem Schiff ins Wasser fallen
3 über Bord werfen aus dem Schiff ins Wasser werfen
Angst usw. sich von etwas befreien: *Vorurteile/Hemmungen über Bord werfen*
4 im Schiff, Flugzeug der Innenraum
5 an Bord auf einem Schiff, in einem Flugzeug: *Wir begrüßen Sie an Bord!*

der **Bord|stein** (Nomen) **des Bordsteins, die Bordsteine** der Rand des Bürgersteigs

bor|gen (Verb) **du borgst, er borgte, sie hat geborgt, borg(e)!**
1 jemandem etwas borgen ≈ verleihen jemandem etwas für eine bestimmte Zeit geben und es danach zurückbekommen: *Ich habe dir vor zwei Wochen mein Fahrrad geborgt, jetzt brauche ich es wieder.*
2 etwas von jemandem borgen ≈ ausleihen etwas für eine bestimmte Zeit von jemandem bekommen und es danach zurückgeben

die **Bör|se** (Nomen) **der Börse, die Börsen**
1 FINANZEN der Markt, an dem mit Geld und Aktien gehandelt wird
2 ≈ Geldbeutel, Portemonnaie die kleine Tasche, in der man Geld aufbewahrt

der **Bör|sen|kurs** (Nomen) **des Börsenkurses, die Börsenkurse** der Preis von Aktien

der **Bör|sen|mak|ler** (Nomen) **des Börsenmaklers, die Börsenmakler** jemand, der an der Börse mit Aktien handelt

die **Bör|sen|mak|le|rin** (Nomen) **der Börsenmaklerin, die Börsenmaklerinnen**
Femininform von → **Börsenmakler**

bös|ar|tig (Adjektiv) **bösartiger, am bösartigsten**
1 gemein und hinterhältig: *ein bösartiger Mensch*
2 lebensgefährlich: *ein bösartiger Tumor • eine bösartige Krankheit*

bö|se (Adjektiv) **böser, am bösesten**
1 schlecht, gemein: *Die böse Stiefmutter hasste Schneewittchen.*
2 das war nicht böse gemeint jemand wollte nichts Gemeines tun oder sagen
3 wütend, zornig
4 böse auf jemanden sein, jemandem böse sein sich über jemanden ärgern, wütend auf jemanden sein, jemandem etwas übel nehmen: *„Bist du noch böse auf mich?" – „Nein, ich bin dir nicht mehr böse."*
5 böse werden wütend werden: *Sei still oder ich werde böse!*
6 schlecht, schlimm: *Schlaf weiter, das war nur ein böser Traum.*

der **Bö|se|wicht** (Nomen) **des Bösewicht(e)s, die Bösewichte**
1 veraltet ein böser Mann
2 umgangssprachlich ein freches Kind

bos|haft (Adjektiv) **boshafter, am boshaftesten** gemein und hinterhältig

die **Bos|heit** (Nomen) **der Bosheit, die Bosheiten**
1 nur im Singular Gemeinheit und Hinterhältigkeit
2 eine gemeine und hinterhältige Tat oder Äußerung

Bos|ni|en und Her|ze|go|wi|na (Nomen) **Bosnien und Herzegowinas** ein Land im Südosten Europas

der **Bos|ni|er** (Nomen) **des Bosniers, die Bosnier** ein Junge/Mann aus Bosnien

die **Bos|ni|erin, Bos|nie|rin** (Nomen) **der Bosnierin, die Bosnierinnen** ein Mädchen/eine Frau aus Bosnien

bos|nisch (Adjektiv) aus Bosnien

der **Boss** (Nomen) umgangssprachlich **des Bosses, die Bosse**
1 der Anführer/die Anführerin
2 BERUF der Chef/die Chefin

bös|wil|lig (Adjektiv) **böswilliger, am böswilligsten** gemein und hinterhältig

die **Bo|ta|nik** (Nomen) nur im Singular **der Botanik** die Wissenschaft von den Pflanzen, die Pflanzenkunde

der **Bo|te** (Nomen) **des Boten, die Boten** jemand, der jemandem Briefe, Pakete oder Nachrichten bringt

die **Bot|schaft** (Nomen) **der Botschaft, die Botschaften**
❶ ≈Nachricht, Mitteilung das, worüber man jemanden informiert
❷ POLITIK das Haus, in dem sich die politische Vertretung eines Landes in einem anderen Land befindet
❸ die Frohe Botschaft RELIGION die Lebensgeschichte von Jesus, die in der Bibel aufgeschrieben ist, das Evangelium

der **Bot|schaf|ter** (Nomen) **des Botschafters, die Botschafter** der oberste diplomatische Vertreter eines Landes im Ausland

die **Bot|schaf|te|rin** (Nomen) **der Botschafterin, die Botschafterinnen** Femininform von → **Botschafter**

der **Bot|tich** (Nomen) **des Bottichs, die Bottiche** ein großes Gefäß ohne Deckel aus Holz, Metall oder Stein

die **Bou|tique** (Nomen) [bu'ti:k] **der Boutique, die Boutiquen** ein kleines Geschäft, meist für Mode

die **Box** (Nomen) [bɔks] **der Box, die Boxen**
❶ HAUSHALT ein kleiner Behälter mit Deckel
❷ für Pferde der abgeteilte Platz in einem Stall
❸ beim Motorrennen der Platz, an dem die Rennwagen während eines Rennens repariert und aufgetankt werden
❹ an der Stereoanlage der Lautsprecher

bo|xen (Verb) ['bɔksn̩] **du boxt, er boxte, sie hat geboxt, box(e)!**
❶ als Sportart mit den Fäusten und dicken Handschuhen mit einem Gegner kämpfen
❷ jemanden boxen jemanden mit der Faust schlagen
❸ jemanden in den Magen/in die Rippen/… boxen jemandem mit der Faust in den Magen/in die Rippen/… schlagen

der **Bo|xer** (Nomen) **des Boxers, die Boxer**
❶ SPORT ein Mann, der boxt
❷ ZOOLOGIE eine Hunderasse mit platter Schnauze und kurzem Fell

die **Bo|xe|rin** (Nomen) **der Boxerin, die Boxerinnen** SPORT eine Frau, die boxt

die **Boy|group** (Nomen) ['bɔygru:p] **der Boygroup, die Boygroups** eine Musikgruppe, die aus jungen Männern besteht

der **Boy|kott** (Nomen) ['bɔy'kɔt] **des Boykott(e)s, die Boykotts/Boykotte**
❶ WIRTSCHAFT · POLITIK der Ausschluss eines Landes von politischen und wirtschaftlichen Beziehungen
❷ die Weigerung, einen Plan o. Ä. zu beachten oder zu realisieren
❸ HANDEL die Weigerung, ein Produkt zu kaufen
❹ zum Boykott gegen etwas aufrufen dafür sorgen, dass etwas nicht gekauft oder beachtet wird

boy|kot|tie|ren (Verb) **du boykottierst, er boykottierte, sie hat boykottiert, boykottier(e)!**
❶ von politischen und wirtschaftlichen Beziehungen ausschließen: *Das Land wurde boykottiert.*
❷ nicht beachten, nicht realisieren: *einen Plan boykottieren*
❸ nicht kaufen: *Dieses umweltschädliche Produkt boykottieren wir!*

brach (Adjektiv)
brach liegen nicht bepflanzt sein: *Das Feld liegt brach.* ⚠ **aber: Fähigkeiten, die brachliegen**

brach|lie|gen (Verb)
nur in der 3. Person gebraucht **es liegt brach, es lag brach, es hat brachgelegen** nicht gebraucht werden, nicht genutzt werden: *Seine Fähigkeiten liegen brach, weil ihn bisher keiner eingestellt hat.* · *Das sind Kenntnisse, die brachliegen.*

das **Brain|stor|ming** (Nomen) ['bre:nsto:ɐmɪŋ] **des Brainstormings, die Brainstormings** das gemeinsame Sammeln von spontanen Ideen, um ein Problem zu lösen

die **Bran|che** (Nomen) ['brã:ʃə] **der Branche, die Branchen** alle Firmen, die Produkte herstellen oder Leistungen anbieten, die aus einem bestimmten Bereich kommen (z. B. Textilbranche, Gesundheitsbranche, Modebranche)

der **Brand** (Nomen) **des Brand(e)s, die Brände**
❶ ein großes, zerstörerisches Feuer
❷ in Brand geraten anfangen zu brennen
❸ etwas in Brand stecken etwas absichtlich anzünden, damit es verbrennt
❹ umgangssprachlich großer Durst: *Nach dem Sport habe ich immer einen richtigen Brand.*

brand|ak|tu|ell (Adjektiv) ['brant|ak'tu̯ɛl] umgangssprachlich sehr aktuell

die **Brand|bla|se** (Nomen) **der Brandblase, die Brandblasen** die Blase, die sich auf der Haut bildet, wenn man sich verbrannt hat

Bran|den|burg (Nomen) **Brandenburgs** ein Bundesland in Ostdeutschland

der **Brand|stif|ter** (Nomen) **des Brandstifters, die Brandstifter** jemand, der absichtlich einen Brand verursacht

der **Bra|si|li|aner, Bra|si|lia|ner** (Nomen) **des Brasilianers, die Brasilianer** ein Junge/Mann aus Brasilien

die **Bra|si|li|ane|rin, Bra|si|lia|ne|rin** (Nomen) **der Brasilianerin, die Brasilianerinnen** ein Mädchen/eine Frau aus Brasilien

bra|si|li|anisch, bra|si|lia|nisch (Adjektiv) aus Brasilien

Bra|si|li|en (Nomen) **Brasiliens** ein Land in Südamerika

bra|ten (Verb) **du brätst, er briet, sie hat gebraten, brat(e)!**
❶ etwas braten etwas mit Fett in der Pfanne gar und braun werden lassen: *Sie hat die Kartoffeln gebraten.*
❷ etwas brät etwas wird in der Pfanne gar und braun: *Das Fleisch brät in der Pfanne.*

der **Bra|ten** (Nomen) **des Bratens, die Braten**
❶ ein großes Stück Fleisch, das gebraten ist oder gebraten wird
❷ den Braten riechen umgangssprachlich Verdacht schöpfen: *Der Dieb roch den Braten und flüchtete.*

die **Brat|kar|tof|feln** (Nomen) nur im Plural **der Bratkartoffeln** in Scheiben oder Stücke geschnittene Kartoffeln, die in der Pfanne braun gebraten werden

die **Brat|wurst** (Nomen) **der Bratwurst, die Bratwürste** eine Wurst, die gebraten ist oder gebraten wird

der **Brauch** (Nomen) **des Brauch(e)s, die Bräuche** ≈Tradition etwas, was sich bei einer Gruppe von Menschen als regelmäßige Gewohnheit ausgebildet hat: *Es ist in unserer Familie Brauch, sonntags in die Kirche zu gehen.*

brauch|bar (Adjektiv) **brauchbarer, am brauchbarsten**
❶ so, dass man es verwenden kann: *Der alte Schreibtisch ist immer noch brauchbar.*
❷ umgangssprachlich ziemlich gut: *Ihre Ideen waren brauchbar.*

brau|chen (Verb) **du brauchst, er brauchte, sie hat gebraucht, brauch(e)!**
⚠ **als Vollverb: „hat Geld gebraucht", aber als Hilfsverb: „hat es nicht zu tun brauchen"**
❶ jemand braucht etwas jemand muss etwas haben, jemand benötigt etwas: *Für den Kuchen brauche ich Mehl, Eier und Butter.*
❷ etwas brauchen
eine bestimmte Zeit etwas aufwenden müssen: *Bis nach Köln braucht der Zug drei Stunden.*
eine bestimmte Menge etwas verbrauchen: *Das Auto braucht viel Benzin.*
❸ jemand kann etwas gut brauchen jemand kann etwas gut verwenden: *Das Taschengeld kann ich gut brauchen.*
❹ jemand braucht etwas nicht zu tun jemand muss etwas nicht tun: *Sonntags brauche ich nicht zu arbeiten.*

die **Brau|erei, Braue|rei** (Nomen) **der Brauerei, die Brauereien** die Fabrik, in der Bier hergestellt wird

braun (Adjektiv)
❶ von der Farbe der Erde: *ein brauner Hund*
❷ braun gebrannt mit dunklerer Haut als sonst, weil sie von der Sonne braun geworden ist
❸ abwertend nationalsozialistisch: *Er hat eine braune Vergangenheit.*

das **Braun** (Nomen) nur im Singular **des Brauns** eine braune Farbe: *ein dunkles Braun*

die **Bräu|ne** (Nomen) nur im Singular **der Bräune** die braune Farbe, die die Haut durch die Sonne bekommt

bräu|nen (Verb) **du bräunst, er bräunte, sie hat gebräunt, bräune!**
❶ etwas in der Pfanne braun werden lassen: *die Zwiebeln in Butter bräunen*
❷ die Haut braun werden lassen: *Die Sonne bräunt auch schon im März.*
❸ sich bräunen sich in die Sonne oder ins Solarium legen, um braun zu werden

braun|ge|brannt, braun ge|brannt (Adjektiv) umgangssprachlich von der Sonne braun geworden

die **Brau|se** (Nomen) **der Brause, die Brausen**
❶ umgangssprachlich • veraltet Limonade
❷ **an der Dusche, Gießkanne** Vorrichtung, aus der das Wasser in dünnen Strahlen herauskommt

brau|sen (Verb) **du braust, er brauste, sie ist/hat gebraust, braus(e)!**
❶ **ist gebraust** • umgangssprachlich schnell fahren
❷ **hat gebraust** rauschen: *das Wasser braust*

die **Braut** (Nomen) **der Braut, die Bräute**
❶ **bei der Hochzeit** die Frau, die heiratet
❷ **vor der Hochzeit** die Verlobte

der **Bräu|ti|gam** (Nomen) **des Bräutigams, die Bräutigame**
① bei der Hochzeit der Mann, der heiratet
② vor der Hochzeit der Verlobte

die **Braut|jung|fer** (Nomen) **der Brautjungfer, die Brautjungfern** eine (junge) Frau, die die Braut in die Kirche begleitet: *Die Brautjungfer trägt ein schönes Kleid.*

das **Braut|paar** (Nomen) **des Brautpaares, die Brautpaare** Braut und Bräutigam

brav (Adjektiv) **braver, am bravsten**
① gehorsam, artig, nicht ungezogen: *ein braves Kind*
② abwertend zu nett, langweilig, bieder: *Diese Frisur ist für ein junges Mädchen viel zu brav.*

bra|vo (Interjektion) ['bra:vo]
① der Ausruf bei Beifall oder Lob: *Bravo, das hast du gut gemacht!*
② ironisch Bemerkung darüber, dass etwas nicht gelungen ist: *Na bravo, jetzt haben wir den Salat!*

die **BRD** (Nomen) nur im Singular **der BRD** Abkürzung von: Bundesrepublik Deutschland der aus 16 Bundesländern bestehende deutsche Staat

bre|chen (Verb) **du brichst, er brach, sie ist/hat gebrochen, brich!**
① ist gebrochen in zwei oder mehrere Teile zerbrechen
② etwas brechen hat gebrochen etwas in zwei oder mehrere Teile zerbrechen: *Sie hat sich das Bein gebrochen.*
③ hat gebrochen sich übergeben: *Und in der Nacht hat er noch gebrochen.*
④ hat gebrochen nicht einhalten: *Ich bin so traurig, er hat sein Versprechen gebrochen.*
⑤ sich brechen hat gebrochen auf ein Hindernis treffen und abgelenkt werden: *Das Licht bricht sich in der Fensterscheibe.*

der **Brei** (Nomen) **des Breis, die Breie**
① eine dickflüssige Speise (z. B. Grießbrei, Reisbrei, Kartoffelbrei)
② eine dicke Masse
③ um den heißen Brei herumreden umgangssprachlich nicht offen über ein Problem sprechen
④ Viele Köche verderben den Brei. Wenn zu viele Menschen an derselben Sache arbeiten, kommt nichts Gutes dabei heraus.

breit (Adjektiv) **breiter, am breitesten**
① seitlich ausgedehnt
② umgangssprachlich betrunken oder von Drogen berauscht
③ breit gefächert sehr reichlich und vielseitig: *Der Kiosk verfügt über ein breit gefächertes Angebot von Süßigkeiten und Zeitschriften.*

die **Brei|te** (Nomen) **der Breite, die Breiten**
① die Ausdehnung nach den Seiten
② GEOGRAFIE ein Maß für die Entfernung eines Ortes vom Äquator in nördlicher oder südlicher Richtung: *Berlin liegt auf dem 52. Grad nördlicher Breite.*

der **Brei|ten|grad** (Nomen) GEOGRAFIE **des Breitengrad(e)s, die Breitengrade** Maß für die nördliche oder südliche Entfernung eines Punktes auf der Erdoberfläche vom Äquator

breit|ge|fä|chert, breit ge|fä|chert (Adjektiv) → **breit**

breit|schla|gen (Verb) umgangssprachlich **du schlägst breit, er schlug breit, sie hat breitgeschlagen, schlag(e) breit!**
sich (von jemandem) breitschlagen lassen sich (von jemandem) zu etwas überreden lassen

Bre|men (Nomen) **Bremens** eine Stadt in Norddeutschland, die auch ein Bundesland ist

die **Brem|se** (Nomen) **der Bremse, die Bremsen**
① TECHNIK eine Vorrichtung, die dazu dient, die Bewegung eines Fahrzeuges zu verlangsamen oder anzuhalten
② ZOOLOGIE eine große Stechfliege

brem|sen (Verb) **du bremst, er bremste, sie hat gebremst, brems(e)!**
① TECHNIK mithilfe einer Bremse das Tempo verringern
② jemanden bremsen umgangssprachlich jemanden davon abhalten, zu viel zu tun oder bei einer Sache zu weit zu gehen

das **Brems|licht** (Nomen) **des Bremslicht(e)s, die Bremslichter** das am hinteren Ende eines Fahrzeuges beim Bremsen rot aufleuchtende Licht: *Das Bremslicht ist defekt.*

die **Brems|spur** (Nomen) **der Bremsspur, die Bremsspuren** die schwarzen Streifen, die nach einer starken Bremsung auf der Fahrbahn zu sehen sind

der **Brems|weg** (Nomen) **des Bremsweg(e)s, die Bremswege** die Strecke, die ein Fahrzeug nach dem Beginn des Bremsens bis zum Stillstand zurücklegt

bren|nen (Verb) **du brennst, er brannte, sie hat gebrannt, brenn(e)!**
❶ in Flammen stehen
❷ leuchten: *Dank der neuen Glühbirne brennt das Licht wieder.*
❸ brennen können: *Stroh brennt, Wasser nicht.*
❹ Schmerzen verursachen: *Von Zigarettenrauch brennen mir die Augen.*
❺ darauf brennen, etwas zu tun ganz begierig darauf sein, etwas zu tun

der **Brenn|punkt** (Nomen) **des Brennpunkt(e)s, die Brennpunkte**
❶ OPTIK der Punkt, in dem sich alle Lichtstrahlen treffen, die durch eine Linse geleitet wurden
❷ im Brennpunkt des Interesses so, dass sich alle Leute dafür interessieren

der **Brenn|stoff** (Nomen) **des Brennstoff(e)s, die Brennstoffe** ein Material, das verbrannt wird und dabei Energie freisetzt

das **Brett** (Nomen) **des Brett(e)s, die Bretter**
❶ ein längliches, rechteckig zugeschnittenes Stück Holz
❷ Schwarzes/schwarzes Brett eine Tafel, an der Mitteilungen befestigt werden können
❸ ein Brett vor dem Kopf haben umgangssprachlich vorübergehend begriffsstutzig sein
❹ die Bretter, die die Welt bedeuten gehoben das Theater, die Bühne

bret|tern (Verb) umgangssprachlich **du bretterst, er bretterte, sie ist gebrettert, brett(e)re nicht!** sehr schnell fahren: *In seinem neuen Auto bretterte er über die Autobahn.*

der **Brief** (Nomen) **des Brief(e)s, die Briefe**
❶ POST eine geschriebene Mitteilung, die im Umschlag verschickt wird: *ein persönlicher Brief • ein (sachlicher) Geschäftsbrief*
❷ ein blauer/Blauer Brief SCHULE umgangssprachlich die Mitteilung der Schule an die Eltern eines Schülers, dessen Versetzung in die nächsthöhere Klasse gefährdet ist

der **Brief|freund** (Nomen) **des Brieffreund(e)s, die Brieffreunde** jemand, mit dem man sich regelmäßig Briefe schreibt

die **Brief|freun|din** (Nomen) **der Brieffreundin, die Brieffreundinnen**
Femininform von → **Brieffreund**

das **Brie|fing** (Nomen) ['bri:fɪŋ] **des Briefings, die Briefings** besonders BERUF eine kurze Information über eine Arbeit/ein Projekt

der **Brief|kas|ten** (Nomen) **des Briefkastens, die Briefkästen**
❶ von der Post aufgestellter Behälter zum Einwurf von Postsendungen, der regelmäßig geleert wird
❷ kleinerer privater Behälter am oder in einem Haus zum Empfang von Postsendungen

die **Brief|mar|ke** (Nomen) **der Briefmarke, die Briefmarken** ein kleines bedrucktes Stück Papier, das man auf eine Postsendung klebt und damit deren Transport bezahlt

das **Brief|pa|pier** (Nomen) nur im Singular **des Briefpapiers** einzelne Blätter aus Papier zum Beschreiben

die **Brief|ta|sche** (Nomen) **der Brieftasche, die Brieftaschen** eine kleine Mappe für Geld, Ausweise und andere Dokumente

der **Brief|trä|ger** (Nomen) **des Briefträgers, die Briefträger** ≈ Postbote jemand, der im Auftrag der Post Briefe und andere Sendungen ins Haus liefert

die **Brief|trä|ge|rin** (Nomen) **der Briefträgerin, die Briefträgerinnen**
Femininform von → **Briefträger**

der **Brief|um|schlag** (Nomen) **des Briefumschlag(e)s, die Briefumschläge** eine Tasche aus Papier zum Verschicken von Postsendungen

bril|lant (Adjektiv) [brɪl'jant] **brillanter, am brillantesten** hervorragend, sehr gut: *Diese Pianistin spielt einfach brillant.*

der **Bril|lant** (Nomen) [brɪl'jant] **des Brillanten, die Brillanten** ein Diamant mit besonderem Schliff

die **Bril|le** (Nomen) **der Brille, die Brillen**
❶ OPTIK vor den Augen getragenes Gestell mit zwei Bügeln und zwei Gläsern zum besseren Sehen oder zum Schutz der Augen
❷ ringförmiger Sitz auf der Toilettenschüssel

brin|gen (Verb) **du bringst, er brachte, sie hat gebracht, bring(e)!**
❶ etwas oder jemanden an einen anderen Ort transportieren: *Bringst du bitte den Müll weg? • Kannst du Lennart nach dem Spiel noch nach Hause bringen?*
❷ einen Artikel oder eine Sendung in den Medien veröffentlichen: *Gestern haben sie das große Interview mit der Bundeskanzlerin gebracht.*
❸ Das bringt nichts! umgangssprachlich Das hat keinen Zweck oder trägt nichts zum Erfolg bei.
❹ es weit bringen viel Erfolg haben

die **Bri|se** (Nomen) **der Brise, die Brisen** ein spürbarer, aber nicht starker Wind am Meer oder auf dem Wasser

der **Bri|te** (Nomen) **des Briten, die Briten** ein Junge/Mann aus Großbritannien

die **Bri|tin** (Nomen) **der Britin, die Britinnen** ein Mädchen/eine Frau aus Großbritannien

bri|tisch (Adjektiv) aus Großbritannien

der **Broc|co|li** (Nomen) **des Broccoli(s), die Broccoli(s)** → **Brokkoli**

brö|ckeln (Verb) **du bröckelst, er bröckelte, sie hat gebröckelt, bröck(e)le!** in kleine Stücke zerfallen

der **Bro|cken** (Nomen) **des Brockens, die Brocken**
1 aus Stein usw. ein großes, meist unregelmäßig geformtes Stück, das von einem größeren Teil abgebrochen wurde
2 eine Sache oder Person, die besonders groß, schwer oder schwierig ist: *Der nächste Gegner ist ein harter Brocken.*
3 ein paar Brocken einer Fremdsprache einige Wörter: *Ich kann ein paar Brocken Italienisch.*

bro|deln (Verb) nur in der 3. Person gebraucht **es brodelt, es brodelte, es hat gebrodelt** mit großer Hitze kochen, sodass es Blasen macht: *Das Wasser brodelt, du kannst die Nudeln in den Topf tun.*

der **Brok|ko|li, Broc|co|li** (Nomen) **des Brokkoli(s), die Brokkoli(s)** ein dem Blumenkohl ähnlicher, grüner Kohl

die **Brom|bee|re** (Nomen) **der Brombeere, die Brombeeren** eine am Strauch wachsende, dicke schwarze Beere

die **Bron|chie** (Nomen) ['brɔnçiə] **der Bronchie, die Bronchien** meist Plural ein Teil der Luftröhre in der Lunge

die **Bron|chi|tis** (Nomen) **der Bronchitis, die Bronchitiden** MEDIZIN eine Entzündung der Bronchien, meist mit starkem Husten

die **Bron|ze** (Nomen) ['brõ:sə] **der Bronze, die Bronzen**
1 nur im Singular ein gelblich braunes Metall
2 eine Statue aus diesem Metall
3 ohne Artikel, nur im Singular SPORT ≈ Bronzemedaille eine Medaille für den dritten Platz: *Unsere Mannschaft hat Bronze geholt.*

die **Bron|ze|me|dail|le** (Nomen) ['brõ:səmedaljə] **der Bronzemedaille, die Bronzemedaillen** eine Medaille, die man für den dritten Platz bekommt: *Die Bronzemedaille gewinnen.*

die **Bron|ze|zeit** (Nomen) ['brõ:sətsait] nur im Singular **der Bronzezeit** GESCHICHTE die Zeit von ca. 2200 v. Chr. bis 1200 v. Chr., in der die Bronze das wichtigste Metall war

die **Bro|sche** (Nomen) **der Brosche, die Broschen** ein Schmuckstück mit einer Nadel zum Anstecken

die **Bro|schü|re** (Nomen) **der Broschüre, die Broschüren** kleines gedrucktes Heft, das Informationen enthält (z. B. Werbebroschüre)

das **Brot** (Nomen) **des Brot(e)s, die Brote**
1 ein aus Mehl gebackenes Nahrungsmittel
2 ein belegtes Brot: *Wir nehmen Brote und Wasser auf die Fahrt mit.*
3 sein Brot verdienen das fürs Leben notwendige Geld verdienen

das **Bröt|chen** (Nomen) **des Brötchens, die Brötchen**
1 ein aus Teig geformtes rundes oder längliches Gebäck, das oft aufgeschnitten und belegt gegessen wird
2 seine Brötchen verdienen umgangssprachlich Geld verdienen
3 kleine/kleinere Brötchen backen (müssen) umgangssprachlich bescheidener als sonst leben (müssen)

brow|sen (Verb) ['brauzn̩] **du browst, er browste, sie hat gebrowst, browse!** im Internet surfen

der **Brow|ser** (Nomen) ['brauzɐ] **des Browsers, die Browser** INTERNET ein Programm, mit dem im Internet gesurft werden kann

der **Bruch** (Nomen) **des Bruch(e)s, die Brüche**
1 das Zerbrechen eines Gegenstands in zwei oder mehrere Teile
2 MEDIZIN die Verletzung eines Knochens oder Gelenks
3 MATHEMATIK die Darstellung einer Zahl durch Bruchstrich, Zähler und Nenner
4 die Nichteinhaltung oder Beendigung eines Vertrages oder einer Beziehung
5 zu Bruch gehen stark beschädigt werden, kaputtgehen
6 in die Brüche gehen nicht weiter bestehen

brü|chig (Adjektiv) **brüchiger, am brüchigsten** so beschaffen, dass es leicht zerbrechen kann: *Die Wand ist ganz brüchig. • Ihre Ehe ist schon sehr brüchig.*

die **Bruch|rech|nung** (Nomen) **der Bruchrechnung, die Bruchrechnungen**
1 das Rechnen mit Brüchen

❷ eine Rechnung, in der Brüche vorkommen

der **Bruch|teil** (Nomen) **des Bruchteil(e)s, die Bruchteile** ein kleiner Teil eines Ganzen: *Es geschah in Bruchteilen von Sekunden.*

die **Brü|cke** (Nomen) **der Brücke, die Brücken**
❶ ARCHITEKTUR ein Bauwerk, das einen Übergang z. B. über einen Fluss oder eine Straße möglich macht
❷ MEDIZIN ein Zahnersatz, der noch vorhandene Zähne verbindet
❸ ein schmaler, länglicher Teppich
❹ SPORT eine Turnübung, bei der man den Körper nach hinten beugt, bis die Hände den Boden berühren

der **Bru|der** (Nomen) **des Bruders, die Brüder** eine männliche Person mit denselben Eltern

brü|der|lich (Adjektiv) wie ein Bruder, mit dem man sich sehr gut versteht: *Sie teilten sich die letzten Kekse brüderlich.*

die **Brü|he** (Nomen) **der Brühe, die Brühen**
❶ GASTRONOMIE eine klare Suppe
❷ umgangssprachlich trübes, dreckiges Wasser

brül|len (Verb) **du brüllst, er brüllte, sie hat gebrüllt, brüll(e) nicht!**
❶ Menschen laut schreien oder sprechen: *Du musst nicht so brüllen, ich höre dich auch so.*
❷ der Löwe brüllt der Löwe gibt kräftige, für ihn typische Laute von sich
❸ etwas ist zum Brüllen umgangssprachlich etwas ist sehr lustig

brum|men (Verb) **du brummst, er brummte, sie hat gebrummt, brumm(e)!**
❶ ein tiefes, besonders vibrierendes Geräusch machen: *Das hört sich an, als würde ein Bär brummen.*
❷ mit tiefer Stimme (undeutlich) sprechen oder singen: *Unverständlich brummt er etwas vor sich hin.*

brum|mig (Adjektiv) umgangssprachlich **brummiger, am brummigsten** ≈ mürrisch schlecht gelaunt

der **Brun|nen** (Nomen) **des Brunnens, die Brunnen**
❶ TECHNIK eine Anlage, mit der Wasser aus dem Boden geholt wird
❷ kunstvoll gestaltete Anlage, aus der Wasser fließt (z. B. Zierbrunnen, Springbrunnen)

brüs|kie|ren (Verb) gehoben **du brüskierst, er brüskierte, sie hat brüskiert, brüskier(e) nicht!**
jemanden brüskieren jemanden durch eine unfreundliche oder abweisende Behandlung verletzen

die **Brust** (Nomen) **der Brust, die Brüste**
❶ nur im Singular ANATOMIE der vordere Teil des Oberkörpers
❷ ANATOMIE das weibliche Organ mit den Milchdrüsen in der Form einer Halbkugel
❸ Kurzform von → **Brustschwimmen**
❹ sich jemanden zur Brust nehmen umgangssprachlich mit jemandem schimpfen

das **Brust|schwim|men** (Nomen) nur im Singular **des Brustschwimmens** SPORT ein Schwimmstil, bei dem die Arme unter Wasser gleichzeitig nach vorn gebracht und dann durch das Wasser nach außen bewegt werden

die **Brüs|tung** (Nomen) **der Brüstung, die Brüstungen** eine Art Wand an einer Brücke/einem Balkon, die vor dem Abstürzen schützen soll

die **Brust|war|ze** (Nomen) ANATOMIE **der Brustwarze, die Brustwarzen** eine von zwei runden Erhebungen auf der Brust, aus denen bei der Frau beim Stillen die Milch kommt

bru|tal (Adjektiv) **brutaler, am brutalsten** voller Härte und Rücksichtslosigkeit

die **Bru|ta|li|tät** (Nomen) **der Brutalität, die Brutalitäten**
❶ nur im Singular eine grausame, rücksichtslose Handlungsweise
❷ eine grausame Tat

brü|ten (Verb) **du brütest, er brütete, sie hat gebrütet, brüt(e)!**
❶ ZOOLOGIE im Nest den Eiern Wärme zuführen, bis die Jungen herauskommen
❷ über etwas brüten umgangssprachlich angestrengt über etwas nachdenken

brut|to (Adverb) FINANZEN ohne Abzug von Steuern siehe auch → **netto**

brut|zeln (Verb) umgangssprachlich **du brutzelst, er brutzelte, sie hat gebrutzelt, brutz(e)le!** etwas in zischend heißem Fett braten: *Decke doch bitte schon mal den Tisch, die Fischstäbchen brutzeln schon in der Pfanne.*

die **BSE** (Nomen) nur im Singular **der BSE** ≈ Rinderwahnsinn eine tödliche Seuche, die unheilbare Schäden im Gehirn verursacht

der **Bub** (Nomen) süddeutsch Ⓐ Ⓒⓗ **des Buben, die Buben** ein kleiner Junge

der **Bu|be** (Nomen) **des Buben, die Buben** Spielkarte in einem Kartenspiel

das **Buch** (Nomen) **des Buch(e)s, die Bücher**
❶ viele bedruckte Seiten, die von einem Einband zusammengehalten werden
❷ über etwas Buch führen sich regelmäßig über etwas Aufzeichnungen machen
❸ reden wie ein Buch umgangssprachlich andauernd sprechen
❹ ein Buch mit sieben Siegeln etwas, von dem man überhaupt nichts versteht

die **Bu|che** (Nomen) BOTANIK **der Buche, die Buchen** ein Laubbaum mit dreikantigen Früchten

bu|chen (Verb) **du buchst, er buchte, sie hat gebucht, buch(e)!** einen Flug oder ein Zimmer im Voraus bestellen

die **Bü|che|rei** (Nomen) **der Bücherei, die Büchereien** ≈Bibliothek ein Raum oder Gebäude, in dem Bücher und andere Medien benutzt oder ausgeliehen werden können

die **Buch|füh|rung** (Nomen) nur im Singular **der Buchführung** WIRTSCHAFT das Eintragen aller Einnahmen und Ausgaben eines Betriebs

die **Buch|hal|tung** (Nomen) nur im Singular **der Buchhaltung**
❶ WIRTSCHAFT die Abteilung eines Betriebs, in der die Einnahmen und Ausgaben festgehalten (und kontrolliert) werden
❷ umgangssprachlich ≈Buchführung das Eintragen aller Einnahmen und Ausgaben eines Betriebs

der **Buch|händ|ler** (Nomen) **des Buchhändlers, die Buchhändler** jemand, der das Verkaufen von Büchern als Beruf erlernt hat

die **Buch|händ|le|rin** (Nomen) **der Buchhändlerin, die Buchhändlerinnen** Femininform von → **Buchhändler**

die **Buch|hand|lung** (Nomen) **der Buchhandlung, die Buchhandlungen** ein Geschäft, in dem besonders Bücher verkauft werden

die **Büch|se** (Nomen) **der Büchse, die Büchsen**
❶ ein kleinerer Behälter mit Deckel, meist aus Metall
❷ für die Jagd ein Gewehr, mit dem man Kugeln verschießt

der **Buch|sta|be** (Nomen) **des Buchstaben(s), die Buchstaben**
❶ ein Schriftzeichen, das Teil eines Alphabets ist: *A, B, C sind die ersten Buchstaben des Alphabets.*
❷ sich auf seine vier Buchstaben setzen umgangssprachlich sich hinsetzen

buch|sta|bie|ren (Verb) **du buchstabierst, er buchstabierte, sie hat buchstabiert, buchstabier(e)!** die Buchstaben, mit denen ein Wort geschrieben wird, nacheinander aufzählen

buch|stäb|lich (Adverb) im wahrsten Sinne des Wortes: *Durch den starken Regen ist das Sommerfest im Garten buchstäblich ins Wasser gefallen.*

die **Bucht** (Nomen) **der Bucht, die Buchten** ein Teil eines Meeres oder Sees, der auf drei Seiten von Land umgeben ist

die **Bu|chung** (Nomen) **der Buchung, die Buchungen**
❶ eines Flugs, Zimmers eine Bestellung im Voraus
❷ FINANZEN ein Eintrag von Einnahmen oder Ausgaben in der Buchführung

der **Bu|ckel** (Nomen) umgangssprachlich **des Buckels, die Buckel**
❶ ANATOMIE eine Wölbung am Rücken
❷ GEOGRAFIE ein Hügel
❸ Rutsch mir doch den Buckel runter! Lass mich in Ruhe!
❹ etwas auf dem Buckel haben etwas erlebt oder durchgemacht haben: *Der Traktor hat schon 70 Jahre auf dem Buckel.*

sich **bü|cken** (Verb) **du bückst dich, er bückte sich, sie hat sich gebückt, bück(e) dich!** den Oberkörper tief in Richtung Boden bewegen: *Sie bückte sich nach einer Kastanie.*

bud|deln (Verb) umgangssprachlich **du buddelst, er buddelte, sie hat gebuddelt, budd(e)le!** im Sand usw. (Löcher) graben

der **Bud|dhis|mus** (Nomen) nur im Singular **des Buddhismus** eine der großen Religionen, benannt nach ihrem Stifter Buddha

der **Bud|dhist** (Nomen) **des Buddhisten, die Buddhisten** ein Anhänger des Buddhismus

die **Bud|dhis|tin** (Nomen) **der Buddhistin, die Buddhistinnen** Femininform von → **Buddhist**

bud|dhis|tisch (Adjektiv) zum Buddhismus gehörend

die **Bu|de** (Nomen) **der Bude, die Buden**
❶ ≈Verkaufsstand, Kiosk ein einfaches Häuschen (aus Brettern)
❷ umgangssprachlich das Zimmer, in dem man wohnt

③ umgangssprachlich ein Haus in einem schlechten Zustand
④ jemandem fällt die Bude auf den Kopf umgangssprachlich jemand hält es zu Hause nicht mehr aus

das **Bud|get** (Nomen) [by'dʒe:] **des Budgets, die Budgets**
① FINANZEN · POLITIK die Planung aller zukünftigen Einnahmen und Ausgaben eines Staats
② umgangssprachlich eine bestimmte Summe, die man für etwas zur Verfügung hat: *Mein Budget für Weihnachtsgeschenke ist knapp.*

der/die **Buf|di** (Nomen) **des Bufdis/der Bufdi, die Bufdis** Abkürzung von: Bundesfreiwilligendienstleistende(r)
siehe auch → **Bundesfreiwilligendienst**

der **Büf|fel** (Nomen) **des Büffels, die Büffel** ein besonders in Afrika und Asien wild lebendes oder als Haustier gehaltenes Rind mit mächtigem Körper und großen Hörnern

büf|feln (Verb) umgangssprachlich **du büffelst, er büffelte, sie hat gebüffelt, büff(e)le!** sehr eifrig lernen oder üben: *Ich muss für den Test noch Vokabeln büffeln!*

der **Bü|gel** (Nomen) **des Bügels, die Bügel**
① ≈ Kleiderbügel ein gebogenes Stück Holz oder Plastik mit Haken zum Aufhängen von Kleidungsstücken
② der Teil der Brille, der auf dem Ohr aufliegt

das **Bü|gel|ei|sen** (Nomen) **des Bügeleisens, die Bügeleisen** ein elektrisches Gerät zum Glätten von Kleidung und Wäsche

bü|geln (Verb) **du bügelst, er bügelte, sie hat gebügelt, büg(e)le!** Kleidung mit einem Bügeleisen glatt machen

die **Büh|ne** (Nomen) **der Bühne, die Bühnen**
① die Spielfläche in einem Theater oder Saal
② auf der Bühne stehen (eine Rolle im) Theater spielen
③ über die Bühne gehen/etwas über die Bühne bringen umgangssprachlich erfolgreich durchgeführt werden/etwas erfolgreich durchziehen

das **Büh|nen|bild** (Nomen) **des Bühnenbild(e)s, die Bühnenbilder** THEATER die Gestaltung der Bühne durch Möbel, Malerei usw. für die Aufführung eines bestimmten Stücks

die **Bu|let|te** (Nomen) **der Bulette, die Buletten** ≈ Frikadelle ein Kloß aus Hackfleisch, der gebraten wird

der **Bul|ga|re** (Nomen) **des Bulgaren, die Bulgaren** ein Junge/Mann aus Bulgarien

Bul|ga|ri|en (Nomen) **Bulgariens** ein Land im Südosten Europas

die **Bul|ga|rin** (Nomen) **der Bulgarin, die Bulgarinnen** ein Mädchen/eine Frau aus Bulgarien

bul|ga|risch (Adjektiv) aus Bulgarien oder in bulgarischer Sprache

die **Bu|li|mie** (Nomen) **nur im Singular der Bulimie** eine gefährliche Krankheit, bei der sich insbesondere Frauen nach dem Essen selbst zum Brechen zwingen

das **Bull|au|ge** (Nomen) **des Bullauges, die Bullaugen** ein wasserdichtes, rundes Fenster in einem Schiffsrumpf

der **Bul|le** (Nomen) **des Bullen, die Bullen**
① ZOOLOGIE ein ausgewachsenes männliches Rind
② umgangssprachlich · ☹ ein männlicher Polizeibeamter

der **Bu|me|rang, Bu|me|rang** (Nomen) **des Bumerangs, die Bumerangs/Bumerange** ein aus einem gekrümmten Stück Holz bestehendes Gerät, das nach einem Wurf zum Werfer zurückkehrt

der **Bum|mel** (Nomen) umgangssprachlich **des Bummels, die Bummel** ein Spaziergang ohne bestimmtes Ziel in der Stadt

bum|meln (Verb) umgangssprachlich **du bummelst, er bummelte, sie ist/hat gebummelt, bumm(e)le nicht!**
① **ist gebummelt** (besonders langsam) spazieren gehen
② **hat gebummelt** abwertend zu langsam machen, seine Arbeit zu langsam tun

bums (Interjektion) ein Geräusch wie vom Aufprall eines schweren Gegenstands oder von einem dumpfen Schlag

bum|sen (Verb) umgangssprachlich **du bumst, er bumste, sie hat/ist gebumst, bums(e)!**
① **hat gebumst** ☹ Geschlechtsverkehr haben
② **hat gebumst** laut krachen
③ **ist gebumst** mit Wucht gegen etwas prallen
④ es hat gebumst es gab einen Unfall zwischen mehreren Fahrzeugen

das **Bund**[1] (Nomen) **des Bund(e)s, die Bunde** etwas, was (aus mehreren Teilen) zusammengebunden ist: *ein Bund Petersilie · ein Bund Blumen*

der **Bund**[2] (Nomen) **des Bund(e)s, die Bünde**
① POLITIK eine Gruppe von Staaten, die

sich verbindet, um gemeinsame Interessen vertreten zu können: *Die Benelux ist ein Bund, in dem die Staaten Belgien, Niederlande und Luxemburg Mitglied sind.*
❷ Der gesamte deutsche Staat, also alle Bundesländer zusammen: *Alle Ausgaben und Einnahmen des Bundes müssen im Haushaltsplan festgelegt werden.*
❸ ≈Verein, Verband eine Gruppe mit den gleichen Interessen: *Der Bund der Steuerzahler zeigt jedes Jahr an, wo Steuern verschwendet wurden.*

der **BUND** (Nomen) [beːǀuːǀɛnǀdeː] **nur im Singular** **des BUND(s)** Abkürzung von: Bund für Umwelt und Naturschutz Deutschland eine große deutsche Organisation mit dem Ziel, die Umwelt zu schützen

das **Bün|del** (Nomen) **des Bündels, die Bündel** etwas, was (aus mehreren Teilen) zusammengebunden ist

bün|deln (Verb) **du bündelst, er bündelte, sie hat gebündelt, bünd(e)le!**
❶ etwas (aus mehreren Teilen) zusammenbinden: *Wir bündeln mal alle Papiere, dann kann man sie besser tragen.*
❷ mehrere Kräfte oder Mittel zusammenfassen: *Wenn wir alle Kräfte bündeln, schaffen wir es, das Schulfest zu organisieren.*

der **Bun|des|frei|wil|li|gen|dienst** (Nomen) **nur im Singular**
des Bundesfreiwilligendienstes
die Leistung von einem Jahr freiwilliger, gemeinnütziger Arbeit

das **Bun|des|ka|bi|nett** (Nomen) **nur im Singular**
des Bundeskabinetts die Minister und Ministerinnen der Bundesrepublik Deutschland: *Die Bundeskanzlerin stellte das neue Bundeskabinett vor.*

der **Bun|des|kanz|ler** (Nomen)
des Bundeskanzlers, die Bundeskanzler
der Regierungschef der Bundesrepublik Deutschland

die **Bun|des|kanz|le|rin** (Nomen) **der Bundeskanzlerin, die Bundeskanzlerinnen**
Femininform von → **Bundeskanzler**

das **Bun|des|land** (Nomen) **des Bundesland(e)s, die Bundesländer** ein Teilstaat einer Bundesrepublik: *neue/alte Bundesländer*

die **Bun|des|li|ga** (Nomen) **der Bundesliga, die Bundesligen** die höchste deutsche Klasse in einer Sportart

der **Bun|des|prä|si|dent** (Nomen)
des Bundespräsidenten, die Bundespräsidenten
das Staatsoberhaupt der Bundesrepublik Deutschland

die **Bun|des|prä|si|den|tin** (Nomen)
der Bundespräsidentin, die Bundespräsidentinnen
Femininform von → **Bundespräsident**

der **Bun|des|rat** (Nomen) **nur im Singular**
des Bundesrat(e)s die Versammlung der Vertreter der Länder der Bundesrepublik Deutschland

die **Bun|des|re|gie|rung** (Nomen)
der Bundesregierung, die Bundesregierungen die jetzt in Berlin sitzende Regierung der Bundesrepublik Deutschland

die **Bun|des|re|pu|blik** (Nomen) **nur im Singular**
der Bundesrepublik kurz für: Bundesrepublik Deutschland der aus 16 Teilstaaten (Bundesländern) bestehende deutsche Staat

der **Bun|des|staat** (Nomen)
des Bundesstaat(e)s, die Bundesstaaten
❶ ein Staat, der aus mehreren Ländern besteht
❷ ein Staat, der Teil eines größeren Bündnisses ist

die **Bun|des|stra|ße** (Nomen)
der Bundesstraße, die Bundesstraßen
Abkürzung: B eine Straße, besonders für den Fernverkehr

der **Bun|des|tag** (Nomen) **nur im Singular**
des Bundestag(e)s das in Berlin sitzende Parlament der Bundesrepublik Deutschland

die **Bun|des|wehr** (Nomen) **nur im Singular**
der Bundeswehr das Militär der Bundesrepublik Deutschland

bun|des|weit (Adjektiv) besonders POLITIK in der ganzen Bundesrepublik Deutschland: *Im öffentlichen Dienst wurde heute bundesweit gestreikt.*

das **Bünd|nis** (Nomen) **des Bündnisses, die Bündnisse** POLITIK eine Gruppe von Staaten, die sich vertraglich zusammengeschlossen haben, um gleiche politische Ziele zu verfolgen und sich gegenseitig zu unterstützen

der **Bun|ker** (Nomen) **des Bunkers, die Bunker** ein Gebäude, das vor Bomben schützt

bunt (Adjektiv) **bunter, am buntesten**
❶ in verschiedenen Farben

② etwas wird jemandem zu bunt umgangssprachlich jemand kann etwas nicht mehr ertragen
③ es zu bunt treiben umgangssprachlich eine Sache so übertreiben, dass es jemandem zu viel wird

der **Bunt|stift** (Nomen) **des Buntstift(e)s, die Buntstifte** ≈Farbstift eine Art Bleistift mit farbiger Mine

die **Burg** (Nomen) **der Burg, die Burgen** GESCHICHTE ein mittelalterliches Bauwerk mit Mauern und Türmen zum Schutz der darin wohnenden Menschen

der **Bür|ger** (Nomen) **des Bürgers, die Bürger** jemand, der eine bestimmte Staatsangehörigkeit besitzt oder zu einer Gemeinde gehört

die **Bür|ge|rin** (Nomen) **der Bürgerin, die Bürgerinnen** Femininform von → **Bürger**

die **Bür|ger|in|iti|ati|ve** (Nomen) [byrgɐinitsi̯a'tiːvə] **der Bürgerinitiative, die Bürgerinitiativen** POLITIK ein Zusammenschluss von Bürgern zur Vertretung ihrer Interessen (bei einem bestimmten Problem)

der **Bür|ger|krieg** (Nomen) **des Bürgerkrieg(e)s, die Bürgerkriege** der bewaffnete Kampf von Menschen desselben Staates gegeneinander

bür|ger|lich (Adjektiv)
① was zum Staatsbürger gehört und ihm zusteht: *bürgerliche Rechte/Pflichten*
② nicht zur Gesellschaftsschicht des Adels usw. gehörig, sondern zum Bürgertum: *eine bürgerliche Familie*
③ abwertend spießig und langweilig

der **Bür|ger|meis|ter** (Nomen) **des Bürgermeisters, die Bürgermeister** POLITIK jemand, der eine Stadt oder eine Gemeinde leitet

die **Bür|ger|meis|te|rin** (Nomen) **der Bürgermeisterin, die Bürgermeisterinnen** Femininform von → **Bürgermeister**

das **Bür|ger|recht** (Nomen) **des Bürgerrecht(e)s, die Bürgerrechte** ein Recht, das jedem Staatsbürger zusteht

der **Bür|ger|steig** (Nomen) **des Bürgersteig(e)s, die Bürgersteige** ≈Gehsteig ein Weg für Fußgänger neben der Fahrbahn einer Straße

das **Bür|ger|tum** (Nomen) **des Bürgertums** GESCHICHTE Gesellschaftsschicht, die unter Klerus und Adel einerseits und über Arbeitern und Bauern andererseits stand

das **Bü|ro** (Nomen) **des Büros, die Büros** die Räume, in denen Schreibarbeiten, Buchhaltung usw. erledigt werden

die **Bü|ro|klam|mer** (Nomen) **der Büroklammer, die Büroklammern** ein gebogenes Teil aus Draht oder Kunststoff, das Papierblätter zusammenhält

die **Bü|ro|kra|tie** (Nomen) **der Bürokratie, die Bürokratien**
① alle Beamten und Angestellten einer Verwaltung
② abwertend die übertrieben genaue Auslegung und Anwendung von Vorschriften

die **Bürs|te** (Nomen) **der Bürste, die Bürsten** ein Gegenstand (oft mit Stiel) mit Borsten oder Draht zum Reinigen oder Glätten (z. B. Haarbürste, Zahnbürste, Kleiderbürste)

bürs|ten (Verb) **du bürstest, er bürstete, sie hat gebürstet, bürste!**
① Haare oder Fell mit einer Bürste behandeln, damit sie sauber und weich sind: *Mein Hund liebt es, wenn ich ihm das Fell bürste.*
② etwas mit einer Bürste säubern: *Schuhe bürste ich gar nicht gerne.*

der **Bus** (Nomen) **des Busses, die Busse** ≈Omnibus großes Fahrzeug zum Transport von Menschen

der **Bus|bahn|hof** (Nomen) **des Busbahnhof(e)s, die Busbahnhöfe** eine große Anlage mit Abfahrts- und Endstationen für Busse

der **Busch** (Nomen) **des Busch(e)s, die Büsche**
① BOTANIK ein größerer Strauch
② GEOGRAFIE **nur im Singular** ein tropischer Urwald: *im afrikanischen Busch leben*
③ Da ist was im Busch! umgangssprachlich etwas wird passieren, etwas steht bevor

das **Bü|schel** (Nomen) **des Büschels, die Büschel** einzelne Teile, die zusammengenommen werden: *Ich pflücke ein Büschel Gras und füttere damit das Pony.*

der **Bu|sen** (Nomen) **des Busens, die Busen** die Brüste der Frau

der **Bus|fah|rer** (Nomen) **des Busfahrers, die Busfahrer** jemand, der berufsmäßig einen Bus fährt

die **Bus|fah|re|rin** (Nomen) **der Busfahrerin, die Busfahrerinnen** Femininform von → **Busfahrer**

das **Busi|ness** (Nomen) ['bɪznɪs] **nur im Singular des Business** alles, was mit dem Geschäftemachen und Geschäftsleben zu tun hat

die **Bu|ße** (Nomen) **der Buße, die Bußen**
❶ RECHT eine Geldstrafe für einen Verstoß gegen ein Gesetz
❷ nur im Singular Buße tun RELIGION seine Sünden bereuen und versuchen, sie wiedergutzumachen

bü|ßen (Verb) **du büßt, er büßte, sie hat gebüßt, büß(e)!**
❶ RELIGION für Sünden oder Fehlverhalten eine Strafe auf sich nehmen: *Für seine Sünden büßte er mit vielen Gebeten.*
❷ (für) etwas büßen für etwas bestraft werden: *Für diesen Fehler musste sie schwer büßen.*

das **Buß|geld** (Nomen) **des Bußgeld(e)s, die Bußgelder** eine Geldstrafe für einen Verstoß gegen ein Gesetz

der **Büs|ten|hal|ter** (Nomen) **des Büstenhalters, die Büstenhalter** Abkürzung: BH ein Kleidungsstück, das die Brüste einer Frau stützen und formen soll

die **But|ter** (Nomen) nur im Singular **der Butter**
❶ ein Fett, das aus Milch gewonnen wird
❷ es ist alles in Butter umgangssprachlich es ist alles in Ordnung
❸ sich nicht die Butter vom Brot nehmen lassen umgangssprachlich dafür sorgen, dass man keine Nachteile hat

das **But|ter|brot** (Nomen) **des Butterbrot(e)s, die Butterbrote** eine mit Butter bestrichene Brotscheibe

der **But|ton** (Nomen) ['batn̩] **des Buttons, die Buttons**
❶ eine meist runde Plakette zum Anstecken aus Blech oder Kunststoff
❷ INFORMATIK eine Schaltfläche oder Taste zum Anklicken in einem Anwendungsprogramm

C

das **C, c** (Nomen) **des C, die C**
❶ der dritte Buchstabe im Alphabet
siehe auch → A
❷ PHYSIK Kurzform von → Celsius

ca. ['tsɪrka] Abkürzung von: circa, zirka

das **Ca|b|rio** (Nomen) **des Cabrio(s), die Cabrios** Kurzform von → Cabriolet

das **Ca|b|ri|o|let** (Nomen) [kabrio'le:] **des Cabriolets, die Cabriolets** ein Auto mit einem Dach, das man nach hinten klappen oder falten kann

das **Ca|fé** (Nomen) **des Cafés, die Cafés** ein Lokal, in dem vor allem Kaffee und Kuchen angeboten werden

die **Ca|fe|te|ria** (Nomen) **der Cafeteria, die Cafeterias/Cafeterien**
❶ ein Schnellrestaurant mit Selbstbedienung
❷ eine Mensa in einer Schule

cam|pen (Verb) ['kɛmpn̩] **du campst, er campte, sie hat gecampt, camp(e)!** im Urlaub usw. im Zelt, Wohnmobil oder Wohnwagen wohnen

das **Cam|ping** (Nomen) ['kɛmpɪŋ] nur im Singular **des Campings** das Wohnen im Zelt, Wohnmobil oder Wohnwagen

der **Cam|ping|platz** (Nomen) **des Campingplatzes, die Campingplätze** ein Gelände, auf dem man in einem Zelt, Wohnmobil oder Wohnwagen wohnen und Duschen, Toiletten und Küchen benutzen kann

can|celn (Verb) ['kɛntsl̩n] **du cancelst, er cancelte, sie hat gecancelt, canc(e)le!** etwas rückgängig machen, ganz absagen oder streichen: *Weil die Piloten streikten, wurden alle Flüge gecancelt.*

der **Cap|puc|ci|no** (Nomen) [kapʊ'tʃi:no] **des Cappuccino(s), die Cappuccino(s)** ein Kaffee mit heißer Milch und heißem Milchschaum

der/das **Car|toon** (Nomen) [kar'tu:n] **des Cartoon(s), die Cartoons**
❶ eine witzige Zeichnung, die etwas oder jemanden verspottet
❷ eine ganze Geschichte in einem Bild

das **Ca|si|no, Ka|si|no** (Nomen) **des Casinos, die Casinos**
❶ ≈ Spielbank ein Unternehmen, in dem man mit Glücksspielen Geld gewinnen oder verlieren kann
❷ ≈ Klub ein Haus oder großer Raum, in dem Menschen mit ähnlichen Interessen zusammenkommen
❸ MILITÄR ein großer Raum, in dem Offiziere speisen

das **Cas|ting** (Nomen) ['ka:stɪŋ] **des Castings, die Castings** die Auswahl aus mehreren Bewerbern für eine Rolle oder einen Preis

die **CD** (Nomen) **der CD, die CDs** Abkürzung von: compact disc eine kleine silberfarbene Speicherplatte für Daten, besonders Musik

der **CD-Play|er** (Nomen) [tse:'de:ple:ɐ] **des CD-Players, die CD-Player** ein Gerät zum Abspielen von Musik-CDs

die **CDU** (Nomen) nur im Singular **der CDU** Abkürzung von: Christlich Demokratische Union eine große konservative Partei in Deutschland

das **Cel|lo** (Nomen) ['tʃɛlo] **des Cellos, die Cellos/Celli** eine Art große Geige, die man beim Spielen auf den Boden zwischen seine Knie stellt

das **Cel|si|us** (Nomen) unveränderlich ein Maß, das für die Temperaturangabe verwendet wird: *drei Grad Celsius* ⚠ Abkürzung: 3 °C

der **Cent** (Nomen) [sɛnt] **des Cent(s), die Cent(s)** die kleinste Geldeinheit bei einigen Währungen ⚠ der Plural ist Cents, aber nach Zahlen Cent: genug Cents für die Parkuhr, aber: Das kostet 10 Cent.

das **Cha|mä|le|on** (Nomen) [ka'mɛ:leɔn] **des Chamäleons, die Chamäleons** ein zu den Reptilien gehörendes Tier, das schnell seine Farbe ändern und der Umgebung anpassen kann

der **Cham|pi|on** (Nomen) ['tʃɛmpi̯ən] **des Champions, die Champions** der Meister in einer bestimmten Sportart

die **Chan|ce** (Nomen) ['ʃã:s(ə)] **der Chance, die Chancen**
❶ eine Möglichkeit oder Gelegenheit, etwas zu erreichen oder zu bekommen: *Die Tennisspielerin rechnet sich Chancen auf einen Sieg aus.*
❷ die Chancen stehen gut/schlecht es ist sehr/nicht sehr wahrscheinlich, dass jemand oder etwas Erfolg hat: *Du musst dich jetzt bewerben. Die Chancen stehen gut, dass du die Stelle bekommst.*
❸ eine zweite Chance die Möglichkeit, etwas, was man vorher versäumt oder verpatzt hat, wiedergutzumachen: *Jeder hat eine zweite Chance verdient.*

die **Chan|cen|gleich|heit** (Nomen) nur im Singular **der Chancengleichheit** die gleiche Möglichkeit für alle, sich in der Schule und im Beruf zu bilden und weiterzukommen

die **Cha|nuk|ka** (Nomen) nur im Singular **der Chanukka** ein jüdisches Fest, das jedes Jahr gefeiert wird und auch Lichterfest genannt wird

das **Cha|os** (Nomen) ['ka:ɔs] nur im Singular **des Chaos** ein großes Durcheinander

der **Cha|ot** (Nomen) abwertend **des Chaoten, die Chaoten**
❶ umgangssprachlich jemand, der keine Ordnung halten oder nicht systematisch denken kann
❷ POLITIK jemand, der seine politischen Ziele mit Gewalt und Zerstörung durchsetzen will

die **Chao|tin, Cha|o|tin** (Nomen) abwertend **der Chaotin, die Chaotinnen** Femininform von → **Chaot**

cha|o|tisch, chao|tisch (Adjektiv) **chaotischer, am chaotischsten**
❶ ≈unordentlich, durcheinander *In deinem Zimmer sieht es total chaotisch aus.*
❷ ≈konfus ohne Plan oder Überlegung: *Vor Prüfungen benimmt sie sich immer ganz chaotisch.*

der **Cha|rak|ter** (Nomen) [ka'raktɐ] **des Charakters, die Charaktere**
❶ ≈Persönlichkeit die Eigenschaften, das Temperament und die Veranlagung eines Menschen: *Ich bin gerne mit Paul zusammen, er hat so einen fröhlichen Charakter.*
❷ nur im Singular Würde und Überzeugung: *Er würde nie lügen, er hat Charakter.*
❸ nur im Singular die Art und Besonderheit von Dingen: *Die Krönung des Königs hat symbolischen Charakter.*

cha|rak|te|ri|sie|ren (Verb) **du charakterisierst, er charakterisierte, sie hat charakterisiert, charakterisier(e)!**
❶ jemand charakterisiert jemanden/etwas jemand/etwas nicht nur äußerlich, sondern auch in seinen Eigenschaften genau beschreiben: *Charakterisiert bitte die Heldin der Geschichte!*
❷ etwas charakterisiert jemanden/etwas etwas ist typisch für jemanden/etwas: *Sein Humor charakterisiert ihn am besten.*

cha|rak|te|ris|tisch (Adjektiv) **charakteristischer, am charakteristischsten**
❶ ≈typisch die besondere Art kennzeichnend
❷ für jemanden/etwas charakteristisch sein jemanden/etwas kennzeichnen: *Das fröhliche Lachen ist charakteristisch für Mia.*

der **Cha|rak|ter|zug** (Nomen)
des Charakterzug(e)s, die Charakterzüge eine bestimmte Eigenschaft in jemandes Persönlichkeit: *Sein Neid ist kein schöner Charakterzug von ihm.*

char|mant (Adjektiv) [ʃar'mant] **charmanter, am charmantesten** liebenswürdig und anziehend

der **Charme** (Nomen) [ʃarm] **nur im Singular des Charmes** die liebenswürdige und anziehende Art

der **Chat** (Nomen) [tʃæt] **des Chats, die Chats**
① Aktivität eine Unterhaltung im Internet, bei der man sich abwechselnd online kurze Nachrichten schreibt: *Leo macht gerade zwei Chats gleichzeitig.*
② Forum eine Plattform im Internet, auf der man sich abwechselnd online kurze Nachrichten schreiben kann, der Chatroom: *Es ist besser, in einem Chat keine privaten Informationen zu geben.*

chat|ten (Verb) [tʃæ'tn̩] **du chattest, er chattete, sie hat gechattet, chatte!** sich im Internet mit kurzen schriftlichen Nachrichten online unterhalten

der **Chauf|feur** (Nomen) [ʃɔ'fø:ɐ̯]
des Chauffeurs, die Chauffeure jemand, dessen Beruf es ist, andere Leute in einem Auto zu fahren

die **Chauf|feu|rin** (Nomen) [ʃɔ'fø:rɪn]
der Chauffeurin, die Chauffeurinnen
Femininform von → **Chauffeur**

che|cken (Verb) ['tʃɛkn̩] **du checkst, er checkte, sie hat gecheckt, check(e)!**
① TECHNIK (kurz) kontrollieren oder prüfen: *Ich muss mein Handy checken lassen, das Display funktioniert nicht.*
② umgangssprachlich begreifen, verstehen: *Kannst du mir mal die Matheaufgabe erklären? Ich checke das einfach nicht.*

die **Check|lis|te** (Nomen) ['tʃɛklɪstə]
der Checkliste, die Checklisten eine Liste mit verschiedenen Dingen, die man prüfen oder erledigen muss

der **Chef** (Nomen) [ʃɛf] **des Chefs, die Chefs**
BERUF ein Mann, der eine Firma, die Mitarbeiter und die Arbeiten leitet

die **Che|fin** (Nomen) ['ʃɛfɪn] **der Chefin, die Chefinnen** Femininform von → **Chefin**

die **Che|mie** (Nomen) **nur im Singular der Chemie**
① die Wissenschaft von den Stoffen und ihren Eigenschaften sowie den Stoffveränderungen bei Reaktionen: *H_2O ist die Formel für Wasser in der Chemie.*
② zwischen zwei Menschen stimmt die Chemie umgangssprachlich zwei Menschen verstehen sich gut

die **Che|mi|ka|lie** (Nomen) [çemi'ka:li̯ə]
der Chemikalie, die Chemikalien
eine chemische Substanz

der **Che|mi|ker** (Nomen) **des Chemikers, die Chemiker** der Wissenschaftler, der sich mit Chemie beschäftigt

die **Che|mi|ke|rin** (Nomen) **der Chemikerin, die Chemikerinnen**
Femininform von → **Chemiker**

che|misch (Adjektiv)
① aus der Chemie, die Chemie betreffend: *ein chemisches Element*
② mit oder aus chemischen Stoffen: *chemische Waffen*

chic (Adjektiv) [ʃɪk] Variante von → **schick**

Chi|na (Nomen) **Chinas** ein Land in Asien

der **Chi|ne|se** (Nomen) **des Chinesen, die Chinesen** ein Junge/Mann aus China

die **Chi|ne|sin** (Nomen) **der Chinesin, die Chinesinnen** ein Mädchen/eine Frau aus China

chi|ne|sisch (Adjektiv) aus China

der **Chip** (Nomen) [tʃɪp] **des Chips, die Chips**
① INFORMATIK ein kleines elektronisches Plättchen, das im Computer eingebaut ist und Prozesse steuert und speichert
② eine kleine Plastikscheibe als Spielgeld beim Roulette oder Gesellschaftsspiel
③ Chips frittierte knusprige Kartoffelscheiben

die **Chip|kar|te** (Nomen) **der Chipkarte, die Chipkarten** (z. B. Kreditkarte, Versichertenkarte, Telefonkarte) eine Plastikkarte mit einem elektronischen Chip, auf dem Daten gespeichert sind

der **Chi|rurg, Chir|urg** (Nomen) [çi'rʊrk]
des Chirurgen, die Chirurgen der Arzt, der Operationen durchführt

die **Chi|rur|gie, Chir|ur|gie** (Nomen) [çirʊr'gi:]
der Chirurgie, die Chirurgien das Gebiet der Medizin, das sich mit Operationen beschäftigt

die **Chi|rur|gin, Chir|ur|gin** (Nomen) [çi'rʊrgɪn] **der Chirurgin, die Chirurginnen**
Femininform von → **Chirurg**

das **Chlor** (Nomen) **nur im Singular des Chlors** ein chemisches Element, das giftig ist und als Gas eine gelbgrüne Farbe hat

der **Chor** (Nomen) **des Chor(e)s, die Chöre**
① MUSIK eine Gruppe von Sängern und Sängerinnen, die zusammen singen
② etwas im Chor rufen/sagen/... alle zusammen rufen/sagen/... etwas: *„Guten Morgen, Herr Müller!", riefen alle Schüler im Chor.*
③ ARCHITEKTUR der halbrunde Teil einer christlichen Kirche, in der der Altar steht

der **Christ** (Nomen) ['krɪst] **des Christen, die Christen** jemand, der einer christlichen Religion angehört

der **Christ|baum** (Nomen) **des Christbaum(e)s, die Christbäume**
Variante von → **Weihnachtsbaum**

das **Chris|ten|tum** (Nomen) nur im Singular **des Christentum(e)s** die Religion, die auf den Lehren von Jesus Christus beruht

die **Chris|tin** (Nomen) **der Christin, die Christinnen** Femininform von → **Christ**

das **Christ|kind** (Nomen) nur im Singular **des Christkind(e)s**
① ≈ Jesus die Darstellung von Jesus als kleines Kind
② eine Art Engelsgestalt, die in der Vorstellung der Kinder die Weihnachtsgeschenke bringt: *Dieses Jahr hat mir das Christkind ein Fahrrad gebracht.*

christ|lich (Adjektiv)
① auf Christus zurückgehend
② zum Christentum gehörend

Chris|tus (Nomen) nur im Singular **Christi**
① (Jesus) Christus im Christentum der Sohn Gottes
② vor/nach Christus in der christlichen Zeitrechnung bevor/nachdem Christus geboren wurde Abkürzung: v. Chr./n. Chr. • ⚠ in gehobenem Deutsch sagt man auch vor/nach Christi Geburt

das **Chrom** (Nomen) [kro:m] nur im Singular **des Chroms** ein hartes Metall, das silbern glänzt und nicht rostet

das **Chro|mo|som** (Nomen) **des Chromosoms, die Chromosomen** eines von mehreren winzigen Teilchen in den Zellkernen von Lebewesen, das die Erbanlagen enthält

die **Chro|nik** (Nomen) **der Chronik, die Chroniken** die Darstellung von geschichtlichen Ereignissen in der Reihenfolge, in der sie geschehen sind

chro|nisch (Adjektiv)
① immer wiederkehrend, nie aufhörend: *Der chronische Schnupfen belastet ihn sehr.*
② ständig, dauernd: *Er kontrolliert sogar heimlich ihr Handy, er ist chronisch eifersüchtig.*

cir|ca (Adverb) Abkürzung: ca.
≈ ungefähr vor Zahlen etwas mehr oder etwas weniger als ..., nicht genau: *Es waren circa hundert Leute da.*

der **Cir|cus** (Nomen) **des Circus, die Circusse**
→ **Zirkus**

die **Ci|ty** (Nomen) ['sɪti] **der City, die Citys** das Zentrum einer Stadt

cle|ver (Adjektiv) ['klɛvɐ] **cleverer, am cleversten** schlau und listig

der **Clip, Klipp** (Nomen) [klɪp] **des Clips, die Clips**
① ≈ Klammer ein Gegenstand, mit dem man etwas festklemmt
② im Haar eine kleine Klammer, mit der man Haarsträhnen feststeckt
③ am Ohr ein Schmuckstück, das man ans Ohrläppchen klemmt
④ ≈ Videoclip ein kurzer Videofilm, meist zu einem Musiktitel

die **Cli|que** (Nomen) ['klɪkə] **der Clique, die Cliquen**
① umgangssprachlich eine feste Gruppe von Freunden, die sich oft trifft: *Am Wochenende fahre ich mit meiner Clique ans Meer.*
② abwertend eine Gruppe von Leuten, die nur ihre eigenen Interessen vertritt und sich gegenseitig Vorteile verschafft

der **Clown** (Nomen) [klaʊn] **des Clowns, die Clowns** besonders in einem Zirkus jemand, der lustig und bunt angezogen und geschminkt ist und Späße macht, um andere zum Lachen zu bringen

die **Clow|nin** (Nomen) **der Clownin, die Clowninnen** Femininform von → **Clown**

der **Club, Klub** (Nomen) [klʊp] **des Clubs, die Clubs**
① eine Gruppe von Personen mit gemeinsamen Interessen (z. B. Tennisklub, Golfklub, Jugendklub)
② ein Ort, an dem jemand Musik auflegt und Leute gemeinsam tanzen

der **Coach** (Nomen) [kəʊtʃ] **des Coach(e)s, die Coach(e)s** der Betreuer oder Trainer eines Sportlers oder einer Sportmannschaft

das **Cock|pit** (Nomen) ['kɔkpɪt] **des Cockpits, die Cockpits** in einem Flugzeug, Rennwagen der Platz mit Steuerinstrumenten usw. für den Piloten

der **Cock|tail** (Nomen) ['kɔkteɪl] **des Cocktails, die Cocktails** eine Mischung von

A B C D E F G H I J K L M N O P Q R S T U V W X Y Z

(alkoholischen) Getränken, Säften, Früchten und anderen Zutaten, die in einem Glas hübsch serviert wird

der **Code**, **Kode** (Nomen) [koːt] **des Codes, die Codes** für geheime Botschaften, für den Zugang zu einem Tresor, einer Website usw. eine Kombination aus Zahlen, Buchstaben oder anderen Zeichen

die/das **Co|la** (Nomen) **der Cola/des Cola(s), die Colas** eine dunkelbraune, süße Limonade, die Koffein enthält

die **Col|la|ge** (Nomen) [kɔˈlaːʒə] **der Collage, die Collagen** ein Bild, das aus verschiedenen aufgeklebten Papierstücken oder anderen Materialien besteht

das **Come|back**, **Come-back** (Nomen) [kamˈbɛk] **des Comebacks, die Comebacks** der Wiederbeginn der Karriere eines bekannten Künstlers, Sportlers usw. nach einer Pause: *Mit diesem Film gelang ihm ein grandioses Comeback.*

der **Co|mic** (Nomen) [ˈkɔmɪk] **des Comics, die Comics** eine lustige Geschichte, die nur aus Zeichnungen und kurzen Texten besteht

der **Com|pu|ter** (Nomen) [kɔmˈpjuːtɐ] **des Computers, die Computer** ein elektronisches Gerät mit Tastatur und Bildschirm, mit dem man Daten speichern und verarbeiten kann: *Ich habe die ganze Nacht am Computer gearbeitet.*

die **Com|pu|ter|ani|ma|ti|on** (Nomen) [kɔmˈpjuːtɐanimaˈtsi̯oːn] **der Computeranimation, die Computeranimationen** mit Computern erzeugte Bilder von Figuren und Dingen, die sich bewegen

das **Com|pu|ter|spiel** (Nomen) [kɔmˈpjuːtɐʃpiːl] **des Computerspiel(e)s, die Computerspiele** ein Spiel, das am Computer gespielt wird

der **Con|tai|ner** (Nomen) [kɔnˈteːnɐ] **des Containers, die Container**
① HANDEL ein sehr großer Behälter, in dem etwas transportiert wird
② UMWELT ein sehr großer Behälter, in dem etwas entsorgt wird (z. B. Altpapiercontainer, Glascontainer, Müllcontainer)

con|tra, **cont|ra** (Präposition) Variante von → **kontra**

cool (Adjektiv) [ˈkuːl] umgangssprachlich **cooler, am coolsten**
① gelassen und ruhig: *Hey, reg dich nicht auf und bleib mal cool!*
② toll, super: *Der Urlaub war echt cool.*

das **Co|py|right** (Nomen) [ˈkɔpirait] **des Copyrights, die Copyrights** Zeichen: © das Recht, über die Herstellung, die Veröffentlichung, den Verkauf oder den Verleih eines Produktes verfügen zu dürfen

der **Cord**, **Kord** (Nomen) **des Cord(e)s, die Corde/Cords** ein Stoff aus Baumwolle, der feine Rillen hat

die **Corn|flakes** (Nomen) [ˈkɔːnfleɪks] nur im Plural **der Cornflakes** knusprige, kleine Scheiben aus Maismehl, die man mit Milch zum Frühstück isst

die **Couch** (Nomen) [kautʃ] **der Couch, die Couch(e)s/Couchen** ≈ Sofa ein bequemes großes Möbelstück zum Sitzen oder Liegen, das meist im Wohnzimmer steht: *Papa ist gestern beim Fernsehen auf der Couch eingeschlafen.*

der **Count|down**, **Count-down** (Nomen) [ˈkauntˈdaun] nur im Singular **des Countdown(s)**
① der Vorgang, bei dem in einem bestimmten Takt bis null rückwärts gezählt wird und an dessen Ende ein Startkommando erfolgt: *Der Countdown für den Start der Rakete hat begonnen.*
② die letzten Vorbereitungen bis zu einem wichtigen Ereignis: *Der Countdown für die Hochzeit hat begonnen.*

der **Coup** (Nomen) [kuː] **des Coups, die Coups**
① eine erfolgreiche, aber auch gewagte und oft illegale Aktion: *Der Verkauf von tausend gefälschten Gemälden war ihr größter Coup.*
② einen Coup landen umgangssprachlich sehr erfolgreich mit etwas sein: *Mit dieser Erfindung hat er einen richtigen Coup gelandet.*

der **Cou|sin** (Nomen) [kuˈzɛ̃ː] **des Cousins, die Cousins** ≈ Vetter der Sohn eines Onkels oder einer Tante

die **Cou|si|ne**, **Ku|si|ne** (Nomen) [kuˈziːnə] **der Cousine, die Cousinen** die Tochter eines Onkels oder einer Tante

der **Crash** (Nomen) [kræʃ] **des Crashs, die Crashs**
① VERKEHR · AUTO ein Unfall, bei dem zwei oder mehrere Autos zusammenstoßen
② FINANZEN · WIRTSCHAFT der wirtschaftliche Zusammenbruch von Banken oder Unternehmen

die **Cre|me** (Nomen) **der Creme, die Cremes**
1 eine weiche Masse zum Einreiben und Pflegen (z. B. Schuhcreme, Zahncreme)
2 eine weiche Masse zum Auftragen, die die Haut pflegt oder heilt
3 eine weiche, feine Masse aus pürierten oder geschmolzenen Zutaten zum Essen (z. B. Buttercreme, Avocadocreme)

die **Crew** (Nomen) [kru:] **der Crew, die Crews**
1 FLUGWESEN · SCHIFFFAHRT die Besatzung in einem Flugzeug oder auf einem Schiff
2 BERUF das Team, das für einen Chef oder an einem Projekt arbeitet

die **CSU** (Nomen) nur im Singular **der CSU** Abkürzung von: Christlich-Soziale Union eine christliche Partei in Bayern

der/das **Cur|ry** (Nomen) ['kœri] **des Currys, die Currys**
1 nur im Singular eine scharfe gelbe Gewürzmischung aus Indien
2 ein aus Fleisch, Fisch oder Gemüse bestehendes und mit Curry gewürztes Gericht

die **Cur|ry|wurst** (Nomen) **der Currywurst, die Currywürste** eine klein geschnittene Bratwurst mit Ketchup und Currypulver, die man am Imbissstand bekommt

der **Cur|sor** (Nomen) ['kø:ɐ̯zɐ] **des Cursors, die Cursor(s)** das kleine (blinkende) Zeichen auf dem Bildschirm des Computers, das die Position anzeigt, an der man etwas bearbeitet

D

das **D, d** (Nomen) **des D, die D** der vierte Buchstabe im Alphabet siehe auch → A

da[1] (Adverb)
1 ≈dort an der Stelle, auf die man zeigt, oder an dem Ort, von dem man spricht: *Kennst du den Jungen da drüben?*
2 da sein anwesend oder vorhanden sein: *Bin schon da!*
3 etwas ist noch nie/schon mal da gewesen etwas hat es vorher noch nie/schon einmal gegeben
4 zum genannten Zeitpunkt: *Hast du da schon was vor?*
5 in diesem Fall: *Da bin ich ganz anderer Meinung.*

da[2] (Konjunktion) ≈weil verwendet, um einen Grund zu nennen: *Da es regnete, fiel das Gartenfest aus.*

da|bei (Adverb)
1 ≈vorhanden, anwesend, beteiligt bei etwas oder jemandem: *Paul war bei dem Fest dabei. · Bei den Blumen waren keine Rosen dabei.*
2 ≈diesbezüglich bei dieser Angelegenheit, in dieser Beziehung: *Er ist trotzig und er fühlt sich nicht gut dabei.*
3 ≈währenddessen gleichzeitig: *Sie kocht und hört dabei Radio.*
4 dabei sein, etwas zu tun damit beschäftigt sein, etwas zu tun: *Ich war gerade dabei, meine Hausaufgaben zu machen, da rief meine Freundin an.*
5 Ich bin dabei! Da mache ich gern mit!
6 Da ist doch nichts dabei! Das ist doch nicht schlimm!/Das ist doch nicht schwierig!

da|bei|blei|ben (Verb) **du bleibst dabei, er blieb dabei, sie ist dabeigeblieben, bleib(e) dabei!** eine Tätigkeit weiterführen: *Sie hat viele Sportarten ausprobiert, aber ist bei keiner dabeigeblieben.*

da|bei|ha|ben (Verb) **du hast dabei, er hatte dabei, sie hat dabeigehabt, hab(e) dabei!**
1 etwas dabeihaben etwas bei sich haben, etwas mitgebracht haben: *Hast du Geld dabei?*
2 jemanden dabeihaben jemanden mitgebracht haben, von jemandem begleitet werden: *Bei dem Empfang hatte Maria ihren Mann dabei.*

da|blei|ben (Verb) **du bleibst da, er blieb da, sie ist dageblieben, bleib(e) da!** an einem Ort bleiben: *Als sie krank war, ist er den ganzen Tag dageblieben.*

das **Dach** (Nomen) **des Dach(e)s, die Dächer**
1 bei einem Haus der oberste Teil, der meist mit Ziegeln bedeckt ist
2 beim Auto, Zelt usw. die obere Fläche
3 ein/kein Dach über dem Kopf haben eine/keine Unterkunft haben

❹ eins aufs Dach bekommen umgangssprachlich Vorwürfe bekommen, ausgeschimpft werden

der **Dach|de|cker** (Nomen) **des Dachdeckers, die Dachdecker** ein Handwerker, der beruflich Dächer herstellt oder repariert

die **Dach|de|cke|rin** (Nomen) **der Dachdeckerin, die Dachdeckerinnen** Femininform von → **Dachdecker**

das **Dach|ge|schoss** (Nomen) **des Dachgeschosses, die Dachgeschosse** das Stockwerk, das direkt unter dem Dach liegt

der **Dachs** (Nomen) **des Dachses, die Dachse** ein Tier mit grauem Fell und schwarz-weiß gestreiftem Kopf, das im Wald lebt

der **Dach|zie|gel** (Nomen) **des Dachziegels, die Dachziegel** eine kleine Platte aus Holz oder Ton, mit der ein Dach gedeckt wird

der **Da|ckel** (Nomen) **des Dackels, die Dackel** ein kleiner Hund mit kurzen Beinen und langem Körper

da|durch, da|durch (Adverb)
❶ ≈hindurch durch eine Öffnung: *Die Tür ist zu schmal. Der Schrank geht nicht dadurch.*
❷ ≈damit durch dieses Mittel, diese Maßnahme: *Ich war ein Jahr in den USA und habe dadurch gut englisch sprechen gelernt.*
❸ ≈deshalb aus diesem Grund: *Sie war krank und hat dadurch die Mathearbeit verpasst.*
❹ dadurch, dass … weil: *Dadurch, dass er nicht rechtzeitig gebremst hat, ist er gegen den Baum gefahren.*

da|für (Adverb)
❶ ≈für etwas für diese Sache: *Ich habe mich dafür sehr angestrengt. • Der Schmuck ist nicht wertvoll, aber man könnte ihn dafür halten.*
❷ ≈im Austausch als Gegenleistung: *Ich habe ihm mein Auto geliehen und dafür hat er mir seine Konzertkarte gegeben. • Ich habe fünf Euro dafür bezahlt.*
❸ ≈stattdessen als Ausgleich, als Ersatz: *Wir sind nicht reich, dafür aber glücklich. • Heute habe ich keine Zeit mehr, dafür bleibe ich morgen länger.*
❹ dafür sein etwas gut finden und unterstützen: *Die meisten aus der Klasse sind dafür, beim Schulfest mitzuhelfen.*
❺ dafür sprechen
Variante von → **dafürsprechen**

da|für|kön|nen, dafür kön|nen (Verb) umgangssprachlich **du kannst dafür, er konnte dafür, sie hat dafürgekonnt**
jemand kann nichts/kann etwas dafür jemand hat daran keine Schuld/hat daran Schuld: *Sei nicht sauer, ich kann doch nichts dafür!*

da|für|spre|chen, da|für spre|chen (Verb) nur in der 3. Person gebraucht **es spricht dafür, es sprach dafür, es hat dafürgesprochen**
❶ etwas spricht dafür, dass … etwas macht es wahrscheinlich, dass …: *Seine Verlegenheit spricht dafür, dass er gelogen hat. • Alles spricht dafür, dass der Gärtner der Mörder ist.*
❷ Was spricht dafür, etwas zu tun? Welche Argumente gibt es dafür, etwas zu tun?: *Was spricht dafür, schon heute die Klassenarbeit zu schreiben?*

da|ge|gen (Adverb)
❶ ≈gegen, an gegen diese Stelle: *Wenn du auf den Baum kletterst, stell vorher die Leiter dagegen.*
❷ gegen einen Angriff oder etwas Negatives, das man nicht will: *Dagegen können wir nichts tun.*
❸ ≈verglichen damit im Vergleich dazu: *Die Mathearbeit war sehr schwer, dagegen war der Englischtest super leicht.*
❹ im Gegensatz dazu: *In Istanbul scheint die Sonne, in Berlin dagegen schneit es.*
❺ dagegen sein etwas nicht wollen, mit etwas nicht einverstanden sein: *Ich bin dagegen, dass man Tierversuche macht.*

da|ge|gen|hal|ten (Verb) **du hältst dagegen, er hielt dagegen, sie hat dagegengehalten, halt(e) dagegen!**
❶ so halten, dass es gegen etwas anderes stößt: *Halt mal den Vorhang gegen die Wand; wir wollen sehen, ob er passt.*
❷ ≈erwidern, entgegnen Gegenargumente anführen: *Ich wollte schwimmen gehen, aber sie hielt dagegen, dass es bald ein Gewitter gibt.*

da|ge|gen|set|zen (Verb) **du setzt dagegen, er setzte dagegen, sie hat dagegengesetzt, setz(e) dagegen!** eine andere Meinung zu etwas äußern: *Deine Argumente sind gut. Ich kann nichts dagegensetzen.*

da|heim (Adverb) süddeutsch ≈zu Hause da, wo man wohnt: *Bei uns daheim haben wir ein Aquarium.*

da|heim|blei|ben (Verb) süddeutsch **du bleibst daheim, er blieb daheim, sie ist daheimgeblieben, bleib(e) daheim!** zu Hause bleiben

da|her (Adverb)
❶ (von) daher von da, von dort: *Du gehst zum Bahnhof? Lustig, daher komme ich gerade!*
❷ ≈deshalb aus diesem Grund: *Es ist zu früh, ich warte daher noch.*

da|her|kom|men (Verb) **du kommst daher, er kam daher, sie ist dahergekommen**
❶ ≈herankommen, herbeikommen auf jemanden zukommen: *Wir sahen den Lehrer eilig daherkommen.*
❷ Wie kommst du/kommt sie/... denn daher? umgangssprachlich • abwertend Wie siehst du/sieht sie/... denn aus?

da|hin (Adverb)
❶ ≈dorthin an einen bestimmten Ort: *Leg bitte das Buch dahin!*
❷ bis dahin bis zu einer bestimmten Zeit: *Morgen schreiben wir einen Englischtest. Bis dahin muss ich noch viele Vokabeln lernen.*
❸ Bis dahin! Gruß zum Abschied, wenn man weiß, dass man sich zu einem bestimmten Zeitpunkt wiedersieht
❹ dahin sein vergangen sein, verschwunden sein: *Seine besten Jahre sind dahin.* • *Jetzt warte ich schon so lange, meine Geduld ist dahin!*

da|hin|ten (Adverb) dort in der Ferne: *Siehst du das Schiff dahinten am Horizont?*

da|hin|ter (Adverb)
❶ hinter etwas: *Hier ist der Blumentopf und der Schlüssel liegt dahinter.*
❷ Es ist nichts dahinter! Das ist alles nur Angeberei!

da|hin|ter|kom|men (Verb) umgangssprachlich **du kommst dahinter, er kam dahinter, sie ist dahintergekommen** etwas erfahren, was man eigentlich nicht wissen soll: *Sie ist zufällig dahintergekommen, wer ihr Handy gestohlen hat.*

da|hin|ter|ste|cken (Verb) umgangssprachlich **du steckst dahinter, er steckte dahinter, sie hat dahintergesteckt**
❶ der Verursacher oder der Urheber für etwas sein: *Er wird erpresst, aber niemand weiß, wer dahintersteckt.*
❷ der Grund oder die Ursache für etwas sein: *Was steckt dahinter, dass du so misstrauisch bist?*

da|las|sen (Verb) **du lässt da, er ließ da, sie hat dagelassen, lass(e) da!** an einem bestimmten Ort lassen: *Der Koffer ist doch viel zu schwer, willst du ihn nicht dalassen?*

da|lie|gen (Verb) **du liegst da, er lag da, sie hat dagelegen, lieg(e) nicht da!** an einer bestimmten Stelle liegen: *Der Hund lag einfach so da und sah mich traurig an.*

da|ma|lig (Adjektiv) von früher, aus der Vergangenheit: *Der damalige Bundeskanzler hat eine Rede gehalten.*

da|mals (Adverb) in einer früheren Zeit, in der Vergangenheit: *Damals gab es noch keine Smartphones.*

die **Da|me** (Nomen) **der Dame, die Damen**
❶ die höfliche Bezeichnung für eine Frau: *Tom, gib der Dame bitte die Hand!*
❷ Sehr geehrte Damen und Herren! die Anrede für Männer und Frauen bei einer Rede oder in einem Brief
❸ eine besonders vornehme Frau: *Mit diesem Hut sieht Laura aus wie eine richtige Dame.*
❹ beim Schachspiel ≈Königin die Figur, die neben dem König steht
❺ beim Kartenspiel die Karte, auf der eine Frau abgebildet ist

die **Da|men|to|i|let|te** (Nomen) **der Damentoilette, die Damentoiletten** die Toilette für Frauen oder Mädchen

da|mit[1] (Adverb) mit der genannten Sache: *So, jetzt aber Schluss damit!* • *Ihre Hand tat so weh, dass sie nicht damit schreiben konnte.*

da|mit[2] (Konjunktion) um ein bestimmtes Ziel zu erreichen: *Geh jetzt ins Bett, damit du morgen ausgeschlafen bist.*

däm|lich (Adjektiv) umgangssprachlich • abwertend **dämlicher, am dämlichsten**
❶ ≈blöde sehr dumm: *Frag nicht so dämlich!*
❷ ungeschickt, unbeholfen: *Du hast dich wirklich dämlich angestellt!*

der **Damm** (Nomen) **des Damm(e)s, die Dämme**
❶ zum Schutz, zur Abgrenzung eine Mauer aus Steinen, Geröll, Holz usw.
❷ am Meer der Deich
❸ nicht auf dem Damm sein umgangssprachlich sich krank oder erschöpft fühlen

däm|mern (Verb) **du dämmerst, er dämmerte, sie hat gedämmert, dämm(e)re!**
❶ es dämmert abends es wird draußen dunkel morgens es wird draußen hell

❷ jemandem dämmert etwas umgangssprachlich jemandem wird etwas langsam klar oder bewusst: *Allmählich dämmerte es mir, woher er das viele Geld hatte.*
❸ jemand dämmert vor sich hin jemand ist halb wach und halb schlafend

der **Dä|mon** (Nomen) **des Dämons, die Dämonen** ein böses Wesen, das dem Teufel ähnlich ist

der **Dampf** (Nomen) **des Dampf(e)s, die Dämpfe**
❶ die feuchte, heiße Luft, die entsteht, wenn Flüssigkeiten kochen
❷ Dämpfe CHEMIE · PHYSIK Gase, die aus anderen Stoffen entstehen: *Der Arbeiter hat giftige Dämpfe eingeatmet und muss sofort ins Krankenhaus.*
❸ Dampf ablassen umgangssprachlich laut schimpfen, wenn man wütend ist, um sich zu erleichtern
❹ jemandem Dampf machen umgangssprachlich jemanden zur Eile antreiben

damp|fen (Verb) nur in der 3. Person gebraucht **es dampft, es dampfte, es hat gedampft** so heiß sein, dass heiße, feuchte Luft entsteht: *Die Suppe ist so heiß, dass sie noch dampft.*

dämp|fen (Verb) **du dämpfst, er dämpfte, sie hat gedämpft, dämpf(e)!**
❶ schwächer machen, weniger werden lassen: *Mit dieser Bemerkung dämpfte er die freudige Stimmung · Der Teppich dämpft den Schall in der Wohnung.*
❷ GASTRONOMIE in Dampf gar werden lassen: *Gemüse dämpfen*

der **Damp|fer** (Nomen) **des Dampfers, die Dampfer**
❶ ein großes Schiff, dessen Motor mit Dampf betrieben wird
❷ auf dem falschen Dampfer sein sich Dinge anders vorstellen, als sie wirklich sind: *Wenn du glaubst, dass du heute auf die Party gehen darfst, bist du auf dem falschen Dampfer!*

da|nach (Adverb)
❶ ≈ nachher, dann nach einer Sache oder einem Ereignis: *Ich gehe einkaufen und danach machen wir einen Ausflug.*
❷ ≈ dahinter in der Reihenfolge nach jemandem oder einer Sache: *Zuerst kamen die Mädchen, danach die Jungen.*
❸ danach fragen/handeln/... nach etwas Bestimmtem fragen/handeln/...
❹ sich danach sehnen/richten/... sich nach etwas Bestimmtem sehnen/richten/...
❺ Mir ist nicht danach. umgangssprachlich Ich habe keine Lust dazu.

der **Dä|ne** (Nomen) **des Dänen, die Dänen** ein Junge/Mann aus Dänemark

da|ne|ben (Adverb)
❶ neben jemandem oder etwas: *Hier steht unser Haus und das meiner Tante steht daneben.*
❷ ≈ außerdem zusätzlich, auch: *Sie ist Ärztin und daneben arbeitet sie als Schauspielerin.*
❸ im Vergleich dazu: *Mein Bruder ist im Urlaub richtig braun geworden. Daneben sehe ich blass aus.*
❹ daneben sein umgangssprachlich verwirrt sein: *Was redest du denn da? Du bist ja völlig daneben!*

sich **da|ne|ben|be|neh|men** (Verb) umgangssprachlich **du benimmst dich daneben, er benahm sich daneben, sie hat sich danebenbenommen, benimm dich nicht daneben!** sich nicht gut benehmen

Dä|ne|mark (Nomen) **Dänemarks** ein Land in Nordeuropa

die **Dä|nin** (Nomen) **der Dänin, die Däninnen** ein Mädchen/eine Frau aus Dänemark

dä|nisch (Adjektiv) aus Dänemark oder in dänischer Sprache

dank (Präposition) meist mit Genitiv gebraucht wegen, als Folge von: *Dank deiner Hilfe haben wir es geschafft.*

der **Dank** (Nomen) nur im Singular **des Dank(e)s** die Freude, die man fühlt, wenn einem etwas Gutes getan wurde: *Zum Dank lade ich dich ins Kino ein. · Vielen Dank!*

dank|bar (Adjektiv) **dankbarer, am dankbarsten**
❶ mit einem Gefühl und einer Haltung, die Dank erkennen lässt: *Er sah mich dankbar an.*
❷ jemandem für etwas dankbar sein das Gefühl des Dankes haben und dies jemandem zeigen: *Ich bin dir sehr dankbar für deine Hilfe.*

die **Dank|bar|keit** (Nomen) nur im Singular **der Dankbarkeit** das Gefühl, dass man sich bei jemandem bedanken möchte

dan|ke (Interjektion)
❶ höfliche Antwort, wenn man etwas bekommt oder annimmt: *Danke, das war total nett von dir!*

❷ Danke schön!, Danke sehr! sagt man, wenn man etwas bekommt oder annimmt und sich besonders darüber freut: *Danke sehr, dass Sie sich so viel Mühe gemacht haben!*
❸ Nein, danke! höflich Nein, das möchte ich nicht!: *„Möchtest du noch Nudeln?" – „Nein, danke!"*
❹ Ja, danke! höflich Ja, das möchte ich gern!: *„Sollen wir dich mit dem Auto mitnehmen?" – „Ja, danke!"* ⚠ man kann in diesem Fall auch Ja, bitte! sagen

dan|ken (Verb) **du dankst, er dankte, sie hat gedankt, dank(e)!**
jemandem (für etwas) danken sich bei jemandem (für etwas) bedanken, jemandem (für etwas) Danke sagen: *Wir danken Ihnen für Ihre Hilfe!*

das **Dan|ke|schön** (Nomen) nur im Singular **des Dankeschöns**
❶ die Worte, mit denen man sich bedankt: *Er sagte ihr ein herzliches Dankeschön für ihr Verständnis.*
❷ ein Geschenk, das die eigene Dankbarkeit zeigen soll: *Als kleines Dankeschön für deine Hilfe lade ich dich zum Essen ein.*

dann (Adverb)
❶ ≈danach, später, anschließend zu einem Zeitpunkt nach einem Ereignis: *Erst gehen wir in die Kirche und dann gibt es die Weihnachtsgeschenke.*
❷ wenn diese Bedingung erfüllt ist: *Wenn du deine Hausaufgaben fertig hast, dann darfst du zum Fußballplatz.*
❸ in der Zukunft zu einem bestimmten Zeitpunkt: *Bis dann muss ich noch warten.*
❹ Bis dann! umgangssprachlich sagt man beim Abschied (wenn man weiß, dass man sich bald wiedersieht)
❺ in einer Reihenfolge hinter jemandem oder etwas: *Zuerst kommen die Mädchen und dann die Jungen.*

da|ran, dar|an (Adverb)
❶ an diesem/diesen Gegenstand: *Sieh mal, der Luftballon! Daran hängt ein Zettel.* • *Siehst du den Stuhl? Klebe den Aufkleber bitte daran.*
❷ an diese/dieser Angelegenheit, an dieses/diesem Thema: *Daran glaube ich nicht.* • *Erinnerst du dich noch daran?* • *Sie hatte eine Blutvergiftung und ist daran gestorben.*
❸ nahe daran sein, etwas zu tun etwas beinahe tun: *Ich war so traurig, dass ich nahe daran war zu weinen.*

da|ran|ge|hen, dar|an|ge|hen (Verb) **du gehst daran, er ging daran, sie ist darangegangen, geh(e) daran!**
darangehen, etwas zu tun damit anfangen, etwas zu tun: *Wir müssen endlich darangehen, das Zimmer zu streichen.*

da|rauf, dar|auf (Adverb)
❶ ≈danach zu einem Zeitpunkt nach diesem Ereignis: *Kurz darauf zog er in eine andere Stadt.*
❷ ≈oben, über etwas auf diesem/diesen Gegenstand: *Die Herdplatte ist heiß. Leg deine Hand nicht darauf!*
❸ ≈in Bezug auf etwas auf diese Angelegenheit, auf dieses Thema: *Wir kamen darauf zu sprechen, wie wichtig eine gute Ausbildung ist.* • *Darauf müssen wir anstoßen!*
❹ Wie kommst du denn darauf? Wie kommst du auf diese Idee?

da|r|auf|fol|gend, da|r|auf fol|gend (Adjektiv) in der Zeit oder Reihenfolge später: *Am darauffolgenden Tag fuhren sie in den Urlaub.*

da|rauf|hin, dar|auf|hin (Adverb) als Reaktion darauf, aus diesem Anlass: *Sie fiel durch die Prüfung. Daraufhin hat sie sich vorgenommen, noch mehr zu lernen.*

da|raus, dar|aus (Adverb)
❶ aus diesem Gegenstand: *Gib mir die Flasche. Ich trinke direkt daraus.* • *Das ist ein tolles Buch. Ich lese euch daraus vor.*
❷ aus dieser Angelegenheit: *Daraus kannst du viel lernen.* • *Er hat die besten Voraussetzungen, aber er macht nichts daraus.*

dar|bie|ten (Verb) gehoben **du bietest dar, er bot dar, sie hat dargeboten, biete dar!**
jemandem etwas darbieten jemandem etwas feierlich anbieten: *Zu seinem 60. Geburtstag wurde ihm ein großes Festmahl dargeboten.* etwas für jemanden aufführen: *ein Lied darbieten* • *einen Tanz darbieten*

die **Dar|bie|tung** (Nomen) **der Darbietung, die Darbietungen** THEATER • MUSIK
die Aufführung

da|rin, dar|in (Adverb)
❶ in diesem Gegenstand: *Das ist ein schönes Haus. Wer wohnt darin?*
❷ in dieser Angelegenheit: *Darin muss ich Ihnen zustimmen.*

dar|le|gen (Verb) **du legst dar, er legte dar, sie hat dargelegt, leg(e) dar!** ausführlich erklären oder beschreiben: *Ich habe ihm die*

Gründe für meine Absage in einem langen Gespräch dargelegt.

das **Dar|le|hen** (Nomen) **des Darlehens, die Darlehen** ≈ Kredit Geld, das man (von einer Bank oder einer Person) leiht und später wieder zurückzahlen muss, meist mit Zinsen

der **Darm** (Nomen) **des Darm(e)s, die Därme** ein Organ im Körper von Menschen und vielen Tieren, das wie ein langer Schlauch aussieht und in dem die Verdauung stattfindet

dar|stel|len (Verb) **du stellst dar, er stellte dar, sie hat dargestellt, stell(e) dar!**
1 zeigen, abbilden: *Dieses Gemälde stellt das Paradies dar.*
2 als Rolle spielen: *In ihrem neuen Film stellt sie eine Hexe dar.*
3 genau erklären und beschreiben: *Stell mir doch deine Argumente noch einmal ausführlich dar.*
4 ≈ bedeuten sein: *Der Vulkan stellt eine große Gefahr für das Dorf dar.*

der **Dar|stel|ler** (Nomen) **des Darstellers, die Darsteller** ≈ Schauspieler jemand, der im Theater oder Film eine Rolle spielt

die **Dar|stel|le|rin** (Nomen) **der Darstellerin, die Darstellerinnen**
Femininform von → **Darsteller**

die **Dar|stel|lung** (Nomen) **der Darstellung, die Darstellungen**
1 KUNST die Abbildung
2 THEATER · FILM das Spielen einer Rolle
3 die genaue Erklärung und Beschreibung von etwas

da|rü|ber, dar|über (Adverb)
1 über dieser/diese Stelle: *Der Bach ist hier sehr schmal. Schaffst du es, darüber zu springen?*
2 über diesem/diesen Gegenstand: *Das Foto darüber zeigt meinen Vater als Baby.*
3 über diese Angelegenheit, über dieses Thema: *Darüber muss ich erst einmal nachdenken.*
4 darüber hinaus ≈ außerdem zusätzlich zu dieser Sache: *Sie sieht toll aus und ist darüber hinaus noch witzig.*
5 ≈ dabei während etwas geschieht: *Ich war sehr beschäftigt und habe darüber vergessen, dass ich ihm schreiben wollte.*

da|rü|ber|ste|hen, dar|über|ste|hen (Verb) **du stehst darüber, er stand darüber, sie hat darübergestanden, steh(e) darüber!** sich von etwas nicht ärgern oder stören lassen: *Seine spöttischen Bemerkungen sind mir egal. Ich stehe darüber.*

da|rum, da|rum (Adverb)
1 **auf einen Ort bezogen** um diese Stelle oder diesen Gegenstand herum: *Dort hinten liegt der See. Darum führt ein schmaler Weg.*
2 **auf eine Ursache bezogen** aus einem bestimmten Grund: *Ich wollte dich überraschen. Darum habe ich nichts gesagt.*
3 Darum! sagt man als freche Antwort auf eine Frage mit „warum", wenn man keine Lust hat, eine genaue Erklärung zu geben: *„Warum hast du mir nichts gesagt?" – „Darum!"*

da|run|ter, dar|un|ter (Adverb)
1 unter dieser/diese Stelle: *In der Wohnung darunter wohnen meine Großeltern.*
2 unter diesem/diesen Gegenstand: *Der Wasserhahn tropft. Stelle bitte einen Eimer darunter!*
3 unter dieser Angelegenheit, unter diesem Thema: *Sie leidet sehr darunter, dass sie nicht mitfahren darf. · Darunter kann ich mir nichts vorstellen.*
4 ≈ dazwischen, dabei unter mehreren oder vielen: *Es gab viele Helfer, aber es war nur ein Mädchen darunter.*
5 unter dieser Grenze: *Das Brett muss mindestens zwei Meter lang sein. Darunter ist es zu kurz.*

da|run|ter|fal|len, dar|un|ter|fal|len (Verb) **du fällst darunter, er fiel darunter, sie ist daruntergefallen** zu einer bestimmten Gruppe gehören: *Das sind alles Fische, aber der Wal fällt nicht darunter, denn er ist ein Säugetier.*

das[1] (Artikel) begleitet als bestimmter Artikel im Nominativ und Akkusativ Singular sächliche Nomen: *das Haus*

das[2] (Pronomen)
1 ≈ welches als Relativpronomen verwendet, um auf sächliche Bezugswörter zu verweisen, die im Hauptsatz genannt werden: *Da siehst du das Fahrrad, das ich mir wünsche. · das schönste Buch, das ich kenne*
2 ≈ dies, dieses als Demonstrativpronomen verwendet, um auf etwas (zuvor genanntes) Sächliches im Singular zu verweisen: *Das möchte ich gerne anziehen.*

das **Da|sein** (Nomen) **nur im Singular des Daseins** das Leben, die Existenz: *Sie führten ein bescheidenes Dasein.*

da|sit|zen (Verb) **du sitzt da, er saß da, sie hat dagesessen, sitz(e) da!**
❶ an einer bestimmten Stelle sitzen: *Sie saß da und sah mich fröhlich an.*
❷ abwertend herumsitzen und nichts tun: *Du kannst doch nicht den ganzen Tag nur dasitzen!*
❸ umgangssprachlich sich in einer schwierigen Situation befinden: *Jetzt sitzen wir ohne Wohnung da.*

das|je|ni|ge (Pronomen) siehe auch → **derjenige**

dass (Konjunktion)
❶ leitet einen Nebensatz ein, nach dem man mit „was" fragen kann: *Ich weiß, dass das stimmt.* • *Es ist schön, dass es dir wieder besser geht.*
❷ drückt zusammen mit „so" eine Folge aus: *Sie war so müde, dass sie sofort einschlief.* • *Es war so heiß, dass ich ins Schwitzen kam.* → **sodass**

das|sel|be (Pronomen) siehe auch → **derselbe**

das **Date** (Nomen) [deɪt] **des Dates, die Dates**
❶ ≈Treffen eine Verabredung: *Ich habe heute Abend ein Date mit Max.*
❷ ≈Person jemand, mit dem man eine Verabredung hat: *Mein Date hat überraschend abgesagt.*

die **Da|tei** (Nomen) **der Datei, die Dateien** die Daten, die in einem Dokument zusammengefasst und gespeichert sind

die **Da|ten** (Nomen) nur im Plural **der Daten**
❶ bestimmte Werte und Angaben: *Auf der Verpackung stehen die technischen Daten des Staubsaugers.* • *Auf der Visitenkarte stehen meine persönlichen Daten.*
❷ INFORMATIK Werte und Angaben, die in einem Computer gespeichert sind: *Bevor du den Computer herunterfährst, solltest du die Daten sichern.*

die **Da|ten|bank** (Nomen) **der Datenbank, die Datenbanken** INFORMATIK eine große Sammlung von Daten (zu bestimmten Themen) in zentralen Rechnern

der **Da|ten|schutz** (Nomen) nur im Singular **des Datenschutzes** die Sicherheit, dass keine persönlichen Daten unrechtmäßig weitergegeben und verwendet werden

die **Da|ten|ver|ar|bei|tung** (Nomen) nur im Singular **der Datenverarbeitung** die Auswertung und Verarbeitung von Daten mithilfe von Computern

der **Da|tiv** (Nomen) GRAMMATIK **des Dativs, die Dative** der 3. Fall, der Fall, bei dem man „Wem?" fragt: *Bei „Wir wünschen ihm viel Glück." steht „ihm" im Dativ.*

das **Da|tiv|ob|jekt** (Nomen) GRAMMATIK **des Dativobjekt(e)s, die Dativobjekte** eine Ergänzung des Verbs im 3. Fall

die **Dat|tel** (Nomen) **der Dattel, die Datteln** eine kleine, längliche, braune und sehr süße Frucht mit einem länglichen Kern

das **Da|tum** (Nomen) **des Datums, die Daten** die Angabe von Tag, Monat und Jahr

die **Dau|er** (Nomen) nur im Singular **der Dauer**
❶ die Zeit für etwas Bestimmtes: *Für die Dauer Ihres Aufenthalts in unserem Hotel können Sie kostenlos unser Schwimmbad nutzen.*
❷ auf Dauer wenn etwas länger dauert: *Auf Dauer wird mir das zu langweilig.*

dau|er|haft (Adjektiv) so, dass es für lange Zeit ist: *Wir hoffen auf einen dauerhaften Frieden.*

dau|ern (Verb) nur in der 3. Person gebraucht **es dauert, es dauerte, es hat gedauert** eine bestimmte Zeit brauchen, in einer bestimmten Zeit stattfinden: *Die Fahrt nach Köln dauert drei Stunden.*

dau|ernd (Adjektiv)
❶ ≈ständig ohne Unterbrechung: *Das dauernde Geschrei geht mir auf die Nerven.*
❷ ≈oft immer wieder: *Sie fragt dauernd nach dir.*

der **Dau|men** (Nomen) **des Daumens, die Daumen**
❶ der erste und kräftigste Finger der Hand, der besonders beweglich ist
❷ etwas über den Daumen peilen etwas ungefähr schätzen
❸ jemandem den Daumen oder die Daumen drücken jemandem viel Glück wünschen
❹ Daumen oder Däumchen drehen umgangssprachlich sich langweilen, nichts zu tun haben

die **Dau|ne** (Nomen) **der Daune, die Daunen** eine kleine, weiche Feder, die sich im Unterkleid eines Vogels befindet

da|von (Adverb)
❶ verwendet, um einen Grund für etwas zu nennen durch etwas verursacht: *Wir haben so laut gelacht, dass das Baby davon aufgewacht ist.* • *Das kommt davon!*
❷ verwendet, um einen Teil einer Menge zu

bezeichnen von etwas: *Nimm dir noch mehr von den Keksen, wir haben noch genug davon!*
❸ räumlich · verwendet, um eine Entfernung zu bezeichnen von etwas entfernt: *Ihre Wohnung war zu klein. Jetzt sind sie nicht weit davon (entfernt) in ein Haus gezogen.*
❹ räumlich · verwendet, um einen Ausgangspunkt zu bezeichnen von etwas weg: *Das Haus hat einen großen Flur. Davon geht rechts zuerst die Küche und dann das Bad ab.*
❺ verwendet, um etwas als Grundlage zu bezeichnen von dieser Sache: *Er verdient 800 Euro im Monat. Davon wird man nicht reich.*

da|von|kom|men (Verb) **du kommst davon, er kam davon, sie ist davongekommen** unbeschadet aus einer unangenehmen Situation entkommen: *Peter ist noch einmal mit dem Schrecken davongekommen.*

da|von|lau|fen (Verb) **du läufst davon, er lief davon, sie ist davongelaufen, lauf(e) davon!**
❶ von einem Ort weglaufen
❷ jemandem davonlaufen umgangssprachlich schneller als jemand laufen, jemanden abhängen: *Er ist der Polizei davongelaufen.*
❸ vor etwas davonlaufen umgangssprachlich sich vor etwas drücken, weil es unangenehm ist: *Sie läuft vor allen schwierigen Aufgaben davon.*

da|vor (Adverb)
❶ zeitlich vor einem bestimmten Zeitpunkt: *Er hat kurz davor abgesagt. · Das war lange davor.*
❷ räumlich vor einen bestimmten Gegenstand: *Der Mann ging zu dem Denkmal und legte davor Blumen ab.*
❸ vor einer bestimmten Sache: *Ich habe dich davor gewarnt. · Ich hätte dich gerne davor bewahrt, dies mitzuerleben.*

da|vor|ste|hen (Verb) **du stehst davor, er stand davor, sie hat davorgestanden, steh(e) davor!**
❶ vor etwas stehen: *Klaus konnte das Plakat nicht sehen, weil ein großer Mann direkt davorstand.*
❷ kurz vor einem bestimmten Ereignis sein: *„Hat sie die Prüfung schon hinter sich?“ – „Nein, sie steht kurz davor.“*

da|zu (Adverb)
❶ ≈ dafür zu diesem Zweck, für dieses Ziel: *Er will Krankenpfleger werden. Ich bin mir sicher, dass er sich dazu eignet.*
❷ ≈ hierzu zu dieser Menge, Gruppe: *Wer etwas werden will, muss fleißig sein. Dazu gehört auch das Erledigen der Hausaufgaben.*
❸ ≈ zusätzlich zu dieser Sache: *Iss nicht nur Fleisch. Nimm auch ein bisschen Gemüse dazu.*
❹ ≈ diesbezüglich bezüglich dieser Angelegenheit: *Dazu kann ich nichts sagen.*
❺ ≈ außerdem zusätzlich zu etwas, neben etwas: *Das war dumm von dir und dazu auch noch extrem gefährlich.*

da|zu|ge|hö|ren (Verb) **du gehörst dazu, er gehörte dazu, sie hat dazugehört** Teil einer Sache, Gruppe usw. sein/zu einer Sache, einer Gruppe usw. gehören: *Sie nahmen den neuen Mitschüler sehr freundlich in der Klasse auf. Er fühlte sich, als ob er schon immer dazugehörte.*

da|zu|kom|men (Verb) **du kommst dazu, er kam dazu, sie ist dazugekommen, komm(e) dazu!**
❶ ≈ auftauchen bei einem Geschehen erscheinen: *Martin kam zufällig dazu, als der Mann in Ohnmacht fiel.*
❷ ≈ hinzugefügt werden zu etwas hinzukommen: *Wenn noch mehr Fehler dazukommen, kann ich ihm für dieses Diktat keine Zwei geben.*

da|zwi|schen (Adverb)
❶ räumlich zwischen Personen, Sachen usw.: *Sie standen dicht gedrängt. Trotzdem quetschte sich eine Frau dazwischen.*
❷ zeitlich zwischen Ereignissen, Zeitpunkten usw.: *Zwischen Weihnachten und Neujahr haben wir immer frei. · Heute habe ich Unterricht bis 13:30 Uhr und um 16:30 Uhr Fußball-AG. Dazwischen gehe ich zum Essen nach Hause.*
❸ in oder unter einer Menge von Personen, Sachen usw.: *Misch die heruntergefallenen Spielkarten einfach wieder dazwischen.*

die **DDR** (Nomen) nur im Singular **der DDR** Abkürzung von: Deutsche Demokratische Republik ein Staat im geteilten Deutschland von 1949 bis 1990

der **Deal** (Nomen) [di:l] **des Deals, die Deals** die Abmachung, das Geschäft: *Du musst dich schon an unseren Deal halten!*

die **De|bat|te** (Nomen) **der Debatte, die Debatten**
❶ eine ausführliche Diskussion
❷ etwas steht nicht zur Debatte etwas

kommt nicht in Frage, soll nicht diskutiert werden

de|bat|tie|ren (Verb) **du debattierst, er debattierte, sie hat debattiert, debattier(e)!** eine ausführliche Diskussion führen

die **De|cke** (Nomen) **der Decke, die Decken**
① ein meist rechteckiger Gegenstand aus wärmendem, weichem Material
(z. B. Bettdecke, Kuscheldecke, Wolldecke)
② die obere Begrenzung eines Raums
(z. B. Holzdecke, Zimmerdecke)
③ an die Decke gehen sehr wütend werden, sich aufregen

der **De|ckel** (Nomen) **des Deckels, die Deckel**
① die obere Abdeckung eines Topfes, einer Kiste usw., die man öffnen kann
② der Einband eines Buches

de|cken (Verb) **du deckst, er deckte, sie hat gedeckt, deck(e)!**
① etwas über jemanden/etwas decken zum Schutz etwas über jemanden/etwas legen: *Im Winter decken wir Heu über die Rosen, um sie gegen den Frost zu schützen.*
② den Tisch decken Teller, Besteck usw. zum Essen vorbereiten
③ einen Gegenspieler decken SPORT jemanden so bewachen, dass er möglichst den Ball nicht bekommt
④ jemanden/etwas decken nicht verraten, dass jemand etwas Unrechtes getan hat
⑤ den Bedarf/die Nachfrage decken genügend Waren bereitstellen
⑥ eine Schicht bilden, sodass man den Untergrund nicht mehr sieht: *Die Farbe deckt sehr gut.*
⑦ **bei Tieren** begatten, um sich fortzupflanzen: *Der Rüde hat die Hündin gedeckt.*

die **De|ckung** (Nomen) **der Deckung, die Deckungen**
① MILITÄR der Schutz, den man sucht, um nicht von Schüssen getroffen oder gesehen zu werden: *Geh in Deckung!*
② SPORT ≈Verteidigung die Abwehr: *Sie fanden nicht die richtigen Mittel, um die Deckung des Gegners zu durchbrechen.*
③ SPORT der Schutz des eigenen Körpers vor Angriffen beim Boxen: *Er kassierte viele Treffer, weil seine Deckung zu schwach war.*
④ die ausreichende Versorgung mit etwas: *die Deckung der Nachfrage nach Lebensmitteln*

de|fekt (Adjektiv) kaputt, nicht in Ordnung: *Der Motor ist defekt.*

der **De|fekt** (Nomen) **des Defekt(e)s, die Defekte**
① ein (meist technischer) Fehler oder Schaden an einer Maschine usw.
② MEDIZIN die Störung einer körperlichen Funktion: *ein genetischer, geistiger Defekt*

de|fen|siv, de|fen|siv (Adjektiv)
① abwehrend, verteidigend: *eine defensive Verhaltensweise*
② rücksichtsvoll: *Der Vater lobte seine defensive Fahrweise.*

die **De|fen|si|ve** (Nomen) [defɛnˈziːvə]
nur im Singular der Defensive die Abwehr, Verteidigung

de|fi|nie|ren (Verb) **du definierst, er definierte, sie hat definiert, definier(e)!** die Bedeutung von etwas genau bestimmen: *Im Biologietest sollen wir den Begriff „Säugetier" definieren.*

die **De|fi|ni|ti|on** (Nomen) [definiˈtsi̯oːn]
der Definition, die Definitionen die genaue Bestimmung eines Begriffs

das **De|fi|zit** (Nomen) **des Defizits, die Defizite**
① ein fehlender Geldbetrag, wenn die Ausgaben höher als die Einnahmen sind
② ein Mangel an etwas: *ein Defizit an Informationen*

def|tig (Adjektiv) umgangssprachlich **deftiger, am deftigsten**
① einfach und sehr nahrhaft: *ein deftiges Essen*
② derb, sehr direkt: *ein deftiger Witz*
③ sehr hoch, sehr groß: *Gestern hat die Schulmannschaft eine deftige Niederlage einstecken müssen.*

deh|nen (Verb) **du dehnst, er dehnte, sie hat gedehnt, dehn(e)!**
① durch Ziehen in der Form verändern, länger oder breiter machen: *Sie dehnte das Gummi, bis es riss.*
② ein Körperteil dehnen ausstrecken, um die Muskeln und Sehnen beweglicher zu machen: *Nach dem Laufen dehnte er Arme und Beine.*
③ einen Vokal dehnen beim Aussprechen in die Länge ziehen
④ etwas dehnt sich länger oder breiter werden: *Der Rock hat sich durch das Tragen gedehnt.*
⑤ sich dehnen die Gliedmaßen strecken, besonders, um die Muskeln und Sehnen

beweglicher zu machen: *Nach dem Sport dehnt er sich.*

die **Deh|nung** (Nomen) **der Dehnung, die Dehnungen**
❶ das Auseinanderziehen, um etwas länger oder breiter zu machen
❷ SPORT das Strecken eines Körperteils, um die Muskeln und Sehnen beweglicher zu machen
❸ SPRACHE das lang gezogene Aussprechen eines Vokals oder eines Wortes

der **Deich** (Nomen) **des Deich(e)s, die Deiche** ein Schutzwall am Ufer eines Flusses oder entlang einer Meeresküste gegen Überschwemmungen

dein, dei|ne, dei|ner, dei|nes (Pronomen) Possessivpronomen der 2. Person Singular, drückt aus, dass etwas/jemand (zu) einer Person gehört, mit der man spricht: *Ist das dein Hund? • Du sollst deine Eltern anrufen.*
siehe auch → **Possessivpronomen**

dei|ner|seits (Adverb) von deiner Seite aus, von dir aus: *Ein bisschen mehr Rücksicht deinerseits wäre schön.*

dei|nes|glei|chen (Pronomen) unveränderlich Menschen wie du: *Sie will mit deinesgleichen nichts zu tun haben.*

dei|net|we|gen (Adverb) wegen etwas, was dich betrifft: *Ich habe deinetwegen einen Kuchen ohne Nüsse gebacken.*

die **De|ka|de** (Nomen) **der Dekade, die Dekaden**
❶ Einheit 10 Stück
❷ Zeitraum 10 Tage/Wochen/Monate/Jahre

de|kla|rie|ren (Verb) **du deklarierst, er deklarierte, sie hat deklariert, deklarier(e)!**
❶ die Waren beim Zoll angeben, die man im Ausland gekauft hat und für die man Abgaben zahlen muss
❷ POLITIK offiziell in einer Erklärung bekannt geben

die **De|kli|na|ti|on** (Nomen) [deklina'tsi̯o:n] GRAMMATIK **der Deklination, die Deklinationen** die Beugung des Nomens, Adjektivs usw.

de|kli|nie|ren (Verb) GRAMMATIK **du deklinierst, er deklinierte, sie hat dekliniert, deklinier(e)!** ein Nomen, Adjektiv usw. in einen der vier Fälle setzen
siehe auch → **Kasus**

das **De|kolle|tee, De|kolle|té** (Nomen) [dekɔl'te:] **des Dekolletees, die Dekolletees**
❶ ANATOMIE der Körperbereich zwischen Hals und Brust
❷ MODE der tiefe Ausschnitt eines Kleides, einer Bluse usw.

die **De|ko|ra|ti|on** (Nomen) [dekora'tsi̯o:n] **der Dekoration, die Dekorationen**
❶ nur im Singular • Tätigkeit das Dekorieren, Ausschmücken: *Ich mache bei der Dekoration der Turnhalle für das Schulfest mit.*
❷ ≈Schmuck die Gesamtheit der Gegenstände, mit denen etwas ausgeschmückt ist: *Die Dekoration des Saals war einzigartig.*

de|ko|rie|ren (Verb) **du dekorierst, er dekorierte, sie hat dekoriert, dekorier(e)!** schön gestalten, schmücken: *Heute dekorieren wir die Aula für die Weihnachtsfeier.*

die **De|le|ga|ti|on** (Nomen) [delega'tsi̯o:n] **der Delegation, die Delegationen** eine Gruppe von Vertretern, die bei (meist politischen oder wirtschaftlichen) Anlässen die Interessen des Landes oder der Organisation vertritt, das oder die sie entsendet

de|le|gie|ren (Verb) **du delegierst, er delegierte, sie hat delegiert, delegier(e)!**
❶ etwas (an jemanden) delegieren jemandem Aufgaben oder Verantwortung übertragen
❷ jemanden (zu etwas) delegieren jemanden als Vertreter zu etwas schicken

der/die **De|le|gier|te** (Nomen) **des/der Delegierten, die Delegierten** jemand, der in einer Delegation irgendwohin geschickt wird

der **Del|fin**[1], **Delphin** (Nomen) **des Delfins, die Delfine** ein zu den Zahnwalen gehörendes Säugetier, das im Wasser lebt

das **Del|fin**[2], **Del|phin** (Nomen) nur im Singular **des Delfins** ein Schwimmstil, bei dem die Arme gleichzeitig aus dem Wasser kommen und die Beine geschlossen auf und ab bewegt werden

dem[1] (Artikel) Dativ Singular der Artikel „der" und „das": *Ich gebe dem Sieger den Pokal. • Ich gebe dem Stofftier einen Namen.*
siehe auch → **der**[1] siehe auch → **das**[1]

dem[2] (Pronomen)
❶ Dativ Singular der Relativpronomen „der" und „das": *Da ist der Junge, dem ich geholfen habe. • Das ist das Stofftier, dem*

ich einen Namen gegeben habe. siehe auch → **der**[2] siehe auch → **das**[2] ❷ Dativ Singular der Demonstrativpronomen „der" und „das": *Dem musst du aber auch Bescheid sagen.* siehe auch → **der**[2] siehe auch → **das**[2]

de|ment (Adjektiv) aufgrund einer Erkrankung des Gehirns geistig stark eingeschränkt, an Demenz leidend: *Sie pflegt ihre demente Oma.*

de|men|tie|ren (Verb) **du dementierst, er dementierte, sie hat dementiert, dementier(e)!** eine Behauptung oder Nachricht offiziell für falsch erklären: *Ihr Sprecher dementierte die Gerüchte.*

dem|ent|spre|chend (Adjektiv) dem vorher Erwähnten entsprechend: *Bald sind Ferien. Dementsprechend wächst die Vorfreude bei den Schülern.*

die **De|menz** (Nomen) MEDIZIN **der Demenz, die Demenzen** eine Erkrankung des Gehirns, bei der das Denk- und Erinnerungsvermögen stark eingeschränkt wird: *an Demenz erkranken*

dem|ge|gen|über (Adverb) im Vergleich zu dem, was vorher gesagt wurde: *Letztes Jahr hatten wir einen richtig heißen Sommer. Demgegenüber hat es dieses Jahr nur geregnet.*

dem|nach (Adverb) ≈ folglich nach dem, was vorher gesagt wurde: *Er hat noch die ganze Woche Urlaub. Demnach ist er erst ab nächster Woche wieder im Büro.*

dem|nächst (Adverb) ≈ bald in kurzer Zeit

die **De|mo** (Nomen) umgangssprachlich **der Demo, die Demos** kurz für → **Demonstration**

der **De|mo|krat** (Nomen) **des Demokraten, die Demokraten** jemand, der nach demokratischen Prinzipien handelt

die **De|mo|kra|tie** (Nomen) **der Demokratie, die Demokratien** eine Staatsform, in der die Regierung von den Bürgern gewählt wird: *Wir leben in einer Demokratie.*

die **De|mo|kra|tin** (Nomen) **der Demokratin, die Demokratinnen** Femininform von → **Demokrat**

de|mo|kra|tisch (Adjektiv) auf den Prinzipien der Demokratie beruhend: *Sie ist demokratisch gewählt worden.*

der **De|mons|trant, De|monst|rant** (Nomen) **des Demonstranten, die Demonstranten** jemand, der an einer Demonstration teilnimmt: *Die Demonstranten versammeln sich.*

die **De|mons|tran|tin, De|monst|ran|tin** (Nomen) **der Demonstrantin, die Demonstrantinnen** Femininform von → **Demonstrant**

die **De|mons|tra|ti|on, De|monst|ra|ti|on** (Nomen) [demɔnstraˈtsi̯oːn] **der Demonstration, die Demonstrationen** ❶ ≈ Kundgebung öffentliche Versammlung, bei der die Teilnehmer für oder gegen etwas protestieren: *Die Demonstration gegen Atomkraftwerke verlief friedlich.* ❷ ≈ Vorführung die Verdeutlichung von etwas durch Beispiele, Vorführen usw.: *Die Demonstration des neuen Autos war eindrucksvoll.*

de|mons|tra|tiv (Adjektiv) ❶ so, dass man seine Zustimmung oder Ablehnung deutlich zum Ausdruck bringt: *Er verließ demonstrativ den Raum.* ❷ GRAMMATIK hinweisend

das **De|mons|tra|tiv|pro|no|men** (Nomen) GRAMMATIK **des Demonstrativpronomens, die Demonstrativpronomen** ein Fürwort, das auf etwas (zuvor Genanntes) hinweist oder etwas besonders betont (z. B. dieser, diese, dieses)

de|mons|trie|ren, de|monst|rie|ren (Verb) **du demonstrierst, er demonstrierte, sie hat demonstriert, demonstrier(e)!** ❶ für/gegen etwas demonstrieren an einer Demonstration teilnehmen: *Sie demonstrierten gegen den Krieg.* ❷ etwas demonstrieren etwas zeigen, vorführen: *Er demonstrierte, wie der Apparat funktioniert.*

de|mo|ti|vie|ren (Verb) [demotiˈviːrən] gehoben **du demotivierst, er demotivierte, sie hat demotiviert, demotivier(e) nicht!** jemandes Interesse, Antrieb usw. schmälern: *Mit deinen negativen Äußerungen demotivierst du ihn.*

die **De|mut** (Nomen) nur im Singular **der Demut** die Bereitschaft, etwas zu akzeptieren, ohne sich zu beschweren: *Er ertrug sein Schicksal in Demut.*

de|mü|ti|gen (Verb) **du demütigst, er demütigte, sie hat gedemütigt, demütige nicht!** jemanden demütigen etwas sagen oder tun, was den anderen in seinem Stolz verletzt

dem|zu|fol|ge (Adverb) ≈ deshalb demnach: *Ich bin ab morgen zwei Wochen im Urlaub. Demzufolge kann* *ich übermorgen nicht mitkommen ins Kino.*

den[1] (Artikel)
❶ Akkusativ Singular des Artikels „der“: *Wer möchte den Kuchen essen?*
siehe auch → **der**[1]
❷ Dativ Plural der Artikel „der“, „die“ und „das“: *den Vätern, den Müttern und den Kindern etwas zeigen* siehe auch → **der**[1] siehe auch → **die**[1] siehe auch → **das**[1]

den[2] (Pronomen)
❶ Akkusativ Singular des Relativpronomens „der“: *Das ist der Baum, den ich meine.*
siehe auch → **der**[2]
❷ Akkusativ Singular des Demonstrativpronomens „der“: *Den möchte ich haben.*
siehe auch → **der**[2]

de|nen (Pronomen)
❶ ≈welchen Dativ Plural des Relativpronomens „der“: *Die Pflanzen, denen ich Wasser gegeben habe, haben sogar Blüten bekommen.* siehe auch → **der**[2]
❷ ≈diesen Dativ Plural der Demonstrativpronomen „der“, „die“ und „das“: *Denen musst du Wasser geben.* siehe auch → **der**[2] siehe auch → **die**[2] siehe auch → **das**[2]

denk|bar (Adjektiv)
❶ ≈möglich, vorstellbar *Das wäre durchaus denkbar!*
❷ ≈sehr *Das war denkbar knapp!*

den|ken (Verb) **du denkst, er dachte, sie hat gedacht, denk**(e)**!**
❶ mit dem Verstand arbeiten: *Anna denkt bei Quizfragen am schnellsten.*
❷ etwas denken meinen, glauben: *Ich denke, sie hat recht!*
❸ an jemanden/etwas denken jemanden/etwas nicht vergessen: *Denk bitte an deinen Zahnarzttermin heute.*
❹ etwas über jemanden/etwas denken eine eigene Meinung über jemanden/zu einem Thema haben: *Wie denkst du über sein Verhalten?*
❺ daran denken, etwas zu tun überlegen, etwas zu tun: *Er denkt daran, sein Abitur nachzuholen.*
❻ sich etwas denken sich über etwas im Klaren sein: *Wie du dir sicher denken kannst, war mein Vater sehr erleichtert darüber, dass ich in Mathe jetzt wieder bessere Noten habe.*
❼ nur an sich selbst denken die eigenen Interessen in den Vordergrund stellen, keine Rücksicht auf andere nehmen

der **Denk|feh|ler** (Nomen) **des Denkfehlers, die Denkfehler** eine gedanklich falsche Schlussfolgerung

das **Denk|mal** (Nomen) **des Denkmals, die Denkmäler/Denkmale** ein Kunstwerk, das an eine besondere Person oder ein besonderes Ereignis erinnern soll

der **Denk|zet|tel** (Nomen) umgangssprachlich **des Denkzettels, die Denkzettel**
❶ eine Strafe, die einem lange in Erinnerung bleiben wird
❷ jemandem einen Denkzettel geben/verpassen jemanden auf eine Weise bestrafen, dass er daraus etwas lernt

denn[1] (Konjunktion)
❶ verwendet, um einen Grund zu nennen: *Er machte das Licht an, denn es wurde dunkel.*
❷ es sei denn, … ≈außer verwendet, um eine Ausnahme zu nennen: *Ich komme auch mit, es sei denn, ihr habt etwas dagegen.*

denn[2] (Partikel) ≈eigentlich in Fragen verwendet, um Interesse, Zweifel oder Ärger auszudrücken: *Stimmt das denn auch?* • *Muss das denn sein?*

den|noch (Adverb) ≈trotzdem *Ich riet ihm davon ab, aber er musste es dennoch versuchen.*

das **Deo** (Nomen) **des Deos, die Deos**
Kurzform von → **Deodorant**

das **De|o|do|rant** (Nomen) [de|odo'rant] **des Deodorants, die Deodorants** ein Mittel gegen Körpergeruch

die **De|po|nie** (Nomen) **der Deponie, die Deponien** ein Platz, an dem Müll abgeladen und gelagert wird
(z. B. Mülldeponie)

das **De|pot** (Nomen) [de'po:] **des Depots, die Depots**
❶ für Lebensmittel, Waffen usw. ein Aufbewahrungsort, an dem größere Mengen gelagert werden
❷ für Omnibusse, Straßenbahnen usw. eine Sammelstelle für Fahrzeuge, die nicht in Betrieb sind
❸ für Wertpapiere, Wertsachen usw. ein Verwahrungsort in einer Bank

de|pres|siv (Adjektiv) seelisch niedergeschlagen, krankhaft traurig

de|pri|mie|ren (Verb) **du deprimierst, er deprimierte, sie hat deprimiert, deprimier**(e) **nicht!** traurig machen: *Es deprimierte ihn, dass alle anderen besser waren.*

der[1] (Artikel)
1 begleitet als bestimmter Artikel im Nominativ Singular männliche Nomen: *der Hund*
2 Genitiv und Dativ Singular des Artikels „die" und Genitiv Plural der Artikel „der", „die" und „das": *das Fahrrad der Mutter • Wir müssen der Nachbarin noch zum Geburtstag gratulieren. • die Unterrichtsräume der Klassen*
siehe auch → **die**[1] siehe auch → **das**[1]

der[2] (Pronomen)
1 ≈welcher als Relativpronomen verwendet, um auf männliche Bezugswörter zu verweisen, die im Hauptsatz genannt werden: *der Hund, der gestern weggelaufen ist*
2 ≈dieser betont als Demonstrativpronomen verwendet, um auf etwas (zuvor genanntes) Männliches im Singular zu verweisen: *Ich mag Hunde ja immer, aber der ist besonders toll.*

der|art (Adverb) ≈so *Er warf den Ball derart weit, dass alle staunten.*

der|ar|tig (Adjektiv) ≈solch *Eine derartige Chance darf man sich nicht entgehen lassen.*

derb (Adjektiv) **derber, am derbsten**
1 unangebracht, ungeschliffen, unanständig: *Er hat einen derben Humor.*
2 grob, nicht zimperlich: *Er packte mich derb am Arm und riss mich mit.*
3 kräftig, widerstandsfähig: *ein derbes Material • derbe Lederstiefel*

de|ren (Pronomen)
1 Genitiv Singular des Relativpronomens „die": *Das ist meine Heimatstadt, deren Rathaus berühmt ist.* siehe auch → **die**[2]
2 Genitiv Plural der Relativpronomen „der", „die" und „das": *Hier sind die Lehrer, deren Klassen am Sportfest teilnehmen.*
siehe auch → **der**[2] siehe auch → **die**[2]
siehe auch → **das**[2]
3 Genitiv Singular des Demonstrativpronomens „die": *Siehst du die Frau dort? Deren Tasche habe ich gestern gefunden.*
siehe auch → **die**[2]
4 Genitiv Plural der Demonstrativpronomen „der", „die" und „das": *meine Eltern und deren Freunde*
siehe auch → **der**[2] siehe auch → **die**[2]
siehe auch → **das**[2]

der|glei|chen (Pronomen) gehoben so etwas: *Ich habe nichts dergleichen getan.*

der|je|ni|ge, die|je|ni|ge, das|je|ni|ge
(Pronomen) betont die bestimmte Person oder Sache, die näher erläutert wird: *Derjenige Schüler, der die Antwort als Erster weiß, soll sich melden. • Ich möchte dasjenige Stück, das am größten ist.*

der|sel|be, die|sel|be, das|sel|be
(Pronomen) bezeichnet die identische Person oder Sache: *Er hat schon wieder dasselbe T-Shirt an! • Ihre Eltern fahren immer an denselben Badeort. • Wir waren auf derselben Grundschule.*

der|weil (Adverb) ≈währenddessen *Sie ging ins Bad, er passte derweil auf die Kinder auf.*

der|zeit (Adverb) im Augenblick, momentan: *In meiner Größe sind die Schuhe derzeit nicht lieferbar.*

der|zei|tig (Adjektiv) ≈gegenwärtig, aktuell *Sein derzeitiger Gesundheitszustand macht mir Sorgen.*

des (Artikel) Genitiv Singular der Artikel „der" und „das": *die Brille des Vaters • das Fenster des Autos*
siehe auch → **der**[1] siehe auch → **das**[1]

das **De|sas|ter** (Nomen) **des Desasters, die Desaster** eine große Katastrophe

des|halb (Adverb) aus dem zuvor genannten Grund: *Sie war zu spät aus dem Haus gegangen und verpasste deshalb den Bus.*

das **De|sign** (Nomen) [di'zain] **des Designs, die Designs** die äußere Gestaltung eines Gegenstands: *eine Lampe in modernem Design*

der **De|si|gner, De|sig|ner** (Nomen) [di'zainɐ] **des Designers, die Designer** jemand, der neue Produkte entwirft

die **De|si|gne|rin, De|sig|ne|rin** (Nomen) [di'zainərɪn] **der Designerin, die Designerinnen**
Femininform von → **Designer**

die **Des|in|fek|ti|on** (Nomen) [dɛs|ɪnfɛk'tsi̯oːn] **der Desinfektion, die Desinfektionen** die Vernichtung von Keimen und Bakterien mithilfe eines chemischen Mittels

des|in|fi|zie|ren (Verb) **du desinfizierst, er desinfizierte, sie hat desinfiziert, desinfizier(e)!** Keime und Bakterien vernichten: *eine Wunde desinfizieren*

das **Des|in|te|res|se, Des|in|ter|es|se** (Nomen) nur im Singular **des Desinteresses** das fehlende Interesse, die Gleichgültigkeit gegenüber etwas

des|sen (Pronomen)
❶ Genitiv Singular der Relativpronomen „der“ und „das“: *mein Vater und dessen Freunde • Das Fenster, dessen Scheibe zerbrochen war, musste repariert werden.*
siehe auch → **der**[2] siehe auch → **das**[2]
❷ Genitiv Singular der Demonstrativpronomen „der“ und „das“: *Dessen Vater war es, der die tolle Torte gebacken hatte.*
siehe auch → **der**[2] siehe auch → **das**[2]

das **Des|sert** (Nomen) [dɛˈseːɐ̯, dɛˈsɛːɐ̯]
des Desserts, die Desserts → **Nachtisch**

des|to (Konjunktion) ≈ umso drückt aus, dass zwei Größen voneinander abhängen: *Je früher ich ins Bett gehe, desto fitter bin ich morgens.*

de|struk|tiv, des|truk|tiv (Adjektiv) gehoben negativ, vernichtend: *Seine destruktive Kritik hat uns nicht weitergeholfen.*

des|we|gen (Adverb) ≈ deshalb aus diesem Grund

das **De|tail** (Nomen) [deˈtai] gehoben **des Details, die Details**
❶ im Detail im Einzelnen
❷ bei etwas ins Detail gehen etwas sehr genau, in allen Einzelheiten beschreiben oder diskutieren

de|tail|liert (Adjektiv) [detaˈjiːrt] gehoben **detaillierter, am detailliertesten** sehr genau, in allen Einzelheiten: *etwas detailliert erklären*

der **De|tek|tiv** (Nomen) **des Detektivs, die Detektive** jemand, der beruflich Nachforschungen über andere Personen anstellt, meist, um eine Straftat aufzuklären

die **De|tek|ti|vin** (Nomen) **der Detektivin, die Detektivinnen**
Femininform von → **Detektiv**

der **De|tek|tiv|ro|man** (Nomen)
des Detektivromans, die Detektivromane ein Roman, der von der Aufklärung eines Verbrechens durch einen Detektiv handelt

deu|ten (Verb) **du deutest, er deutete, sie hat gedeutet, deute!**
❶ etwas deuten etwas, was nicht ganz klar ist, interpretieren: *einen Traum deuten*
❷ mit etwas auf jemanden/etwas deuten auf jemanden/etwas zeigen: *Er deutete mit dem Finger auf den Welpen.*
❸ etwas deutet auf etwas etwas legt eine bestimmte Vermutung nahe: *Alle Vorzeichen deuten auf einen erfolgreichen Saisonstart der Mannschaft hin.*

deut|lich (Adjektiv) **deutlicher, am deutlichsten**
❶ ≈ klar so, dass es gut erkennbar ist: *Sie sprach bei ihrem Vortrag laut und deutlich.*
❷ ≈ offen so, dass es unmissverständlich ist: *Sie sagte ihm deutlich ihre Meinung.*

die **Deut|lich|keit** (Nomen) nur im Singular **der Deutlichkeit**
❶ ≈ Klarheit Man konnte die Personen in aller Deutlichkeit auf dem Bild erkennen.
❷ ≈ Offenheit Er sagte ihnen in aller Deutlichkeit, wie schlecht es um die Firma stand.

deutsch (Adjektiv) aus Deutschland oder in deutscher Sprache

das **Deutsch** (Nomen) nur im Singular
des Deutsch(s) die deutsche Sprache: *Was heißt das auf Deutsch?*

der/die **Deut|sche** (Nomen)
des/der Deutschen, die Deutschen eine Person aus Deutschland

Deutsch|land (Nomen) **Deutschlands** ein Land in Europa

deutsch|spra|chig (Adjektiv) die deutsche Sprache sprechend: *der deutschsprachige Teil der Schweiz*

der **Deutsch|un|ter|richt** (Nomen)
nur im Singular **des Deutschunterrichts** der Unterricht an der Schule im Fach Deutsch

die **De|vi|se** (Nomen) [deˈviːzə] **der Devise, die Devisen** meist im Singular ≈ Motto Leitspruch, nach dem man handelt: *Ihre Devise lautete „Vertrauen ist gut, Kontrolle ist besser!“.*

die **De|vi|sen** (Nomen) [deˈviːzən] nur im Plural **der Devisen** Geld in fremder Währung

der **De|zem|ber** (Nomen) Plural selten
des Dezember(s), die Dezember der zwölfte und letzte Monat im Jahr

de|zent (Adjektiv) **dezenter, am dezentesten**
❶ ≈ unauffällig *Die Dekorierung war in dezentem Weiß gehalten.*
❷ ≈ taktvoll *Sie wies ihn dezent auf ein Loch in seiner Hose hin.*

de|zen|t|ra|li|sie|ren (Verb)
du dezentralisierst, er dezentralisierte, sie hat dezentralisiert, dezentralisier(e)! Aufgaben und Verantwortung auf untergeordnete Stellen übertragen

die **De|zi|mal|zahl** (Nomen) **der Dezimalzahl, die Dezimalzahlen** eine Zahl, deren Bruchteile rechts vom Komma angegeben werden: *2,75 ist eine Dezimalzahl.*

d. h. Abkürzung von: das heißt genauer gesagt

der **Di|abe|tes, Dia|be|tes** (Nomen) nur im Singular **des Diabetes** eine Krankheit, bei der der Zuckergehalt im Blut zu hoch ist, Zuckerkrankheit

der **Di|abe|ti|ker, Dia|be|ti|ker** (Nomen) **des Diabetikers, die Diabetiker** jemand, der an Diabetes leidet

die **Di|abe|ti|ke|rin, Dia|be|ti|ke|rin** (Nomen) **der Diabetikerin, die Diabetikerinnen** Femininform von → **Diabetiker**

die **Di|ag|no|se , Dia|gno|se** (Nomen) **der Diagnose, die Diagnosen** die Bestimmung einer Krankheit durch einen Arzt: *Der Arzt stellte eine falsche Diagnose.*

dia|go|nal (Adjektiv)
❶ eine Linie so, dass sie zwei Ecken eines Vierecks, die sich gegenüberliegen, miteinander verbindet
❷ Streifen usw. schräg verlaufend

die **Dia|go|na|le** (Nomen) **der Diagonale, die Diagonalen** die Linie, die zwei Ecken eines Vierecks, die sich gegenüberliegen, miteinander verbindet

das **Dia|gramm** (Nomen) **des Diagramms, die Diagramme** ein Schaubild, das das Verhältnis verschiedener Zahlen zueinander grafisch verdeutlicht

der **Di|alekt, Dia|lekt** (Nomen) **des Dialekt(e)s, die Dialekte** ≈ Mundart die regionale Abwandlung einer Sprache

der **Di|alog, Dia|log** (Nomen) gehoben **des Dialog(e)s, die Dialoge**
❶ ein Gespräch zwischen zwei oder mehreren Personen
❷ POLITIK der Austausch über Themen, bei denen man sich uneinig ist und verständnisvoll nach einer Lösung sucht

die **Di|alog|box, Dia|log|box** (Nomen) **der Dialogbox, die Dialogboxen** ein sich öffnendes Feld auf dem Bildschirm eines Computers, in dem der Benutzer aufgefordert wird, bestimmte Angaben zu machen oder eine Aktion zu bestätigen oder abzubrechen

das **Di|alog|fens|ter, Dia|log|fens|ter** (Nomen) **des Dialogfensters, die Dialogfenster** Variante von → **Dialogbox**

die **Di|ät** (Nomen) **der Diät, die Diäten** eine spezielle Nahrung für kranke oder auch übergewichtige Menschen

dich (Pronomen)
❶ Akkusativ des Personalpronomens „du“: *Ich mag dich.*
siehe auch → **du**
❷ Reflexivpronomen der 2. Person Singular: *Erinnerst du dich daran?*

dicht (Adjektiv) **dichter, am dichtesten**
❶ ≈ nah beieinander mit wenig Platz dazwischen: *Sie hat sehr dichtes Haar.* • *Das Ruhrgebiet ist eine dicht besiedelte Region.*
❷ ≈ undurchlässig so, dass kein Wasser eindringt: *Halten deine Schuhe bei Regen dicht?*
❸ ≈ undurchsichtig so, dass man nicht hindurchsehen kann: *In dem dichten Nebel verlor ich ihn aus den Augen.*

dich|ten (Verb) **du dichtest, er dichtete, sie hat gedichtet, dichte!**
❶ ≈ reimen ein poetisches Werk verfassen
❷ ≈ dicht machen abdichten: *Er dichtete das Loch im Dach.*

der **Dich|ter** (Nomen) **des Dichters, die Dichter** jemand, der ein poetisches Werk verfasst

die **Dich|te|rin** (Nomen) **der Dichterin, die Dichterinnen** Femininform von → **Dichter**

dicht|hal|ten (Verb) umgangssprachlich **du hältst dicht, er hielt dicht, sie hat dichtgehalten, halt(e) dicht!** etwas Geheimes nicht verraten: *Ich verrate es dir nur, wenn du dichthältst.*

die **Dich|tung** (Nomen) **der Dichtung, die Dichtungen**
❶ LITERATUR ein poetisches Werk
❷ TECHNIK ein (Gummi-)Teil, um etwas dicht zu machen: *In unserem Badezimmer muss die Dichtung am Waschbecken neu gemacht werden.*

dick (Adjektiv) **dicker, am dicksten**
❶ mit großem Umfang: *ein dickes Buch* • *Süßigkeiten machen dick!*
❷ ≈ geschwollen *Ich bin umgeknickt und jetzt ist mein Knöchel ganz dick.*
❸ durch dick und dünn mit jemandem gehen sehr eng verbunden mit jemandem sein und immer zu ihm halten

der **Dick|darm** (Nomen) **des Dickdarms, die Dickdärme** der dickere Teil des Darms, der an den Dünndarm anschließt

die **Di|cke** (Nomen) Plural selten **der Dicke, die Dicken** die Stärke von etwas im Querschnitt gemessen: *Die Mauer hat eine Dicke von 20 cm.*

der **Dick|kopf** (Nomen) umgangssprachlich
des Dickkopf(e)s, die Dickköpfe
❶ jemand, der immer seinen Willen durchsetzen möchte
❷ einen Dickkopf haben sehr stur sein

dick|köp|fig (Adjektiv) umgangssprachlich
dickköpfiger, am dickköpfigsten
stur, eigensinnig

die[1] (Artikel)
❶ begleitet als bestimmter Artikel im Nominativ und Akkusativ Singular weibliche Nomen: *die Katze*
❷ begleitet als bestimmter Artikel im Nominativ und Akkusativ Plural weibliche, sächliche und männliche Nomen: *die Häuser • die Katzen*

die[2] (Pronomen)
❶ ≈ welche als Relativpronomen verwendet, um auf weibliche Bezugswörter im Singular oder weibliche, männliche und sächliche Bezugswörter im Plural zu verweisen, die im Hauptsatz genannt werden: *die Katze, die schnurrt • die Männer, die singen*
❷ ≈ diese als Demonstrativpronomen verwendet, um auf etwas (zuvor genanntes) Weibliches im Singular oder auf etwas Männliches, Weibliches oder Sächliches im Plural zu verweisen: *Siehst du die Frau? Die meine ich. • Diese Hasen? Die sind süß.*

der **Dieb** (Nomen) **des Dieb(e)s, die Diebe**
jemand, der etwas stiehlt: *Haltet den Dieb!*

die **Die|bin** (Nomen) **der Diebin, die Diebinnen**
Femininform von → **Dieb**

der **Dieb|stahl** (Nomen) **des Diebstahl(e)s, die Diebstähle** das unerlaubte, heimliche Wegnehmen von fremdem Eigentum

die|je|ni|ge (Pronomen) siehe auch → **derjenige**

die **Die|le** (Nomen) **der Diele, die Dielen**
❶ ≈ Flur der Eingangsbereich in einer Wohnung oder einem Haus
❷ **als Fußbodenbelag** ein langes, schmales Holzbrett

die|nen (Verb) **du dienst, er diente, sie hat gedient, dien(e)!**
❶ etwas dient etwas etwas ist für eine Sache nützlich oder bestimmt: *Das Geld dient der Finanzierung des Schulfestes.*
❷ (bei jemandem) dienen für jemanden arbeiten: *Sie hat dem Unternehmen viele Jahre treu gedient. • Er dient beim Militär.*
❸ jemandem (mit etwas) dienen jemandem helfen: *Womit kann ich dienen?*

der **Die|ner** (Nomen) **des Dieners, die Diener**
jemand, der als Angestellter häusliche Aufgaben erledigt

die **Die|ne|rin** (Nomen) **der Dienerin, die Dienerinnen** Femininform von → **Diener**

der **Dienst** (Nomen) **des Dienstes, die Dienste**
❶ **nur im Singular** die berufliche Tätigkeit bei einer Behörde, im Krankenhaus o. Ä.: *Ich habe morgen Dienst.*
❷ der öffentliche Dienst **nur im Singular** die Gesamtheit der Angestellten bei einer öffentlichen oder staatlichen Stelle
❸ der mittlere/gehobene Dienst **nur im Singular** eine hierarchische Stufe einer Tätigkeit beim Staat
❹ ≈ Hilfe die Unterstützung, mit der man jemandem hilft: *Danke, damit hast du mir einen großen Dienst erwiesen.*
❺ jemandem gute Dienste leisten sehr nützlich für jemanden sein

der **Diens|tag** (Nomen) **des Dienstag(e)s, die Dienstage**
❶ der zweite Tag der Woche: *am Dienstag, dem oder den 5. März • in der Nacht von Dienstag auf Mittwoch*
❷ eines Dienstags gehoben an einem Dienstag: *Eines Dienstags im April geschah Folgendes: …* ⚠ **aber: Sie geht dienstags schwimmen.**

der **Diens|tag|abend** (Nomen)
des Dienstagabends, die Dienstagabende
der/am Abend des Dienstags: *Kommt ihr (am) Dienstagabend mit ins Kino?*

der **Diens|tag|mit|tag** (Nomen)
des Dienstagmittags, die Dienstagmittage
der/am Mittag des Dienstags: *Was gibt es (am) Dienstagmittag zum Essen?*

der **Diens|tag|mor|gen** (Nomen)
des Dienstagmorgens, die Dienstagmorgen
der/am Morgen des Dienstags: *(Am) Dienstagmorgen kann ich ausschlafen.*

diens|tag|mor|gens (Adverb) jeden Dienstag am Morgen: *Dienstagmorgens muss ich erst zur zweiten Stunde in die Schule gehen.*

der **Diens|tag|nach|mit|tag** (Nomen)
des Dienstagnachmittags, die Dienstagnachmittage der/am Nachmittag des Dienstags: *Hast du (am) Dienstagnachmittag Zeit?*

die **Diens|tag|nacht** (Nomen)
der Dienstagnacht, die Dienstagnächte
die Nacht/in der Nacht von Dienstag auf

Mittwoch: *(In der) Dienstagnacht gab es ein schweres Gewitter.*

diens|tags (Adverb) jeden Dienstag: *Er spielt dienstags Tennis.*

der **Dienst|grad** (Nomen) **des Dienstgrad(e)s, die Dienstgrade** die hierarchische Stufe, die jemand beim Militär, einer Behörde o. Ä. hat

die **Dienst|leis|tung** (Nomen) **der Dienstleistung, die Dienstleistungen** eine wirtschaftliche Tätigkeit, bei der dem Kunden eine Leistung (und keine Ware) angeboten wird: *Dienstleistungen werden z. B. von Friseurbetrieben, Banken und Versicherungen angeboten.*

dienst|lich (Adjektiv) beruflich, die Arbeit betreffend: *Sie ist dienstlich verreist.*

dies|be|züg|lich (Adjektiv) gehoben in Bezug auf diese Sache: *Leider gibt es diesbezüglich noch keine Neuigkeiten.*

dies, die|se, die|ser, die|ses (Pronomen)
1 verwendet, um sich auf eine Person oder Sache zu beziehen, auf die man zeigt oder die man bereits erwähnt hat: *Willst du diese Farbe oder eine andere?* • *Dieser Schuh gefällt mir am besten.*
2 dies und das ≈ allerlei einige verschiedene Dinge: *Ich habe schon dies und das über ihn gehört.*

der **Die|sel** (Nomen) **des Diesels, die Diesel**
1 **nur im Singular** ein Kraftstoff für Dieselmotoren
2 **Fahrzeugtyp** • umgangssprachlich ein Fahrzeug, das mit einem Dieselmotor betrieben wird: *Mein Bruder fährt einen Diesel.*

die|sel|be (Pronomen) siehe auch → **derselbe**

dies|jäh|rig (Adjektiv) in diesem Jahr stattfindend, dieses Jahr betreffend: *Die diesjährige Ernte ist schlecht ausgefallen.*

dies|mal (Adverb) dieses Mal, in diesem Fall: *Diesmal hat er die Klassenarbeit prima hingekriegt.*

dies|seits (Präposition) gehoben **mit Genitiv gebraucht** auf dieser Seite: *diesseits und jenseits der Grenze*

die **Dif|fe|renz** (Nomen) **der Differenz, die Differenzen**
1 der Unterschied, die Abweichung: *Bei einer erneuten Prüfung der Klassenkasse ergab sich eine Differenz von 5 Euro.*
2 MATHEMATIK das Ergebnis einer Subtraktion: *Die Differenz von/zwischen 10 und 7 ist 3.*
3 **meist Plural** • gehoben die Meinungsverschiedenheit: *Sie haben persönliche Differenzen.*

die **Dif|fe|ren|zi|al|rech|nung, Dif|fe|ren|ti|al|rech|nung** (Nomen) **der Differenzialrechnung, die Differenzialrechnungen** eine mathematische Berechnungsmethode für die Steigung zwischen zwei Punkten einer Kurve

dif|fe|ren|zie|ren (Verb) gehoben **du differenzierst, er differenzierte, sie hat differenziert, differenzier(e)!** präzise unterscheiden: *Bei dieser Frage müssen wir genauer differenzieren.*

di|gi|tal (Adjektiv)
1 TECHNIK aus einzelnen, aneinandergereihten Informationseinheiten bestehend: *auf der DVD sind die Informationen digital gespeichert*
2 mit Ziffern darstellend: *Auf der digitalen Anzeige kann man auf ein Gramm genau ablesen.*

das **Di|gi|tal|fern|se|hen** (Nomen) **nur im Singular des Digitalfernsehens** die Ausstrahlung von Fernsehprogrammen durch digitalisierte Signale

die **Di|gi|tal|ka|me|ra** (Nomen) **der Digitalkamera, die Digitalkameras** eine Kamera, bei der die Bilddaten auf einem Chip gespeichert werden

das **Dik|tat** (Nomen) **des Diktat(e)s, die Diktate** SCHULE eine Klassenarbeit oder eine Übung, bei der jemand einen Text vorliest und ein anderer/andere ihn Wort für Wort niederschreibt/niederschreiben

der **Dik|ta|tor** (Nomen) **des Diktators, die Diktatoren** jemand, der in einem Staat häufig gewaltsam die alleinige Herrschaft ausübt

die **Dik|ta|to|rin** (Nomen) **der Diktatorin, die Diktatorinnen**
Feminінform von → **Diktator**

die **Dik|ta|tur** (Nomen) **der Diktatur, die Diktaturen** die alleinige, häufig gewaltsame Herrschaft eines Machthabers in einem Staat

dik|tie|ren (Verb) **du diktierst, er diktierte, sie hat diktiert, diktier(e)!**
1 etwas vorlesen oder auf Band sprechen, damit es Wort für Wort niedergeschrieben wird: *einen Text diktieren*
2 aufzwingen, vorgeben: *Die großen Unternehmen diktieren die Preise.*

das **Di|lem|ma** (Nomen) gehoben **des Dilemmas, die Dilemmas/Dilemmata** eine Zwangslage, bei der man sich zwischen zwei Dingen entscheiden muss, die aber beide nicht schön sind: *Er fand keinen Ausweg aus diesem Dilemma.*

die **Di|men|si|on** (Nomen) **der Dimension, die Dimensionen**
❶ MATHEMATIK die räumliche Ausdehnung nach Länge, Breite und Höhe: *Eine Fläche hat zwei Dimensionen.*
❷ gehoben · **meist Plural** das Ausmaß: *Die ungeheuerlichen Dimensionen des Hochwassers sind kaum vorstellbar.*

das **Ding** (Nomen) **des Ding(e)s, die Dinge**
❶ ein Gegenstand, der nicht genauer bezeichnet wird: *Lass nicht immer überall persönliche Dinge herumliegen!*
❷ **nur im Plural** Angelegenheiten, die nicht genauer bezeichnet werden: *Wir konnten einige Dinge ungestört besprechen.*
❸ **Plural: Dinger** · umgangssprachlich ein Gegenstand, über den man abwertend spricht: *Schon wieder ein Aufkleber, der nicht klebt. Diese Dinger sind wirklich unpraktisch.*

das **Dings** (Nomen) umgangssprachlich **nur im Singular des Dings** eine Bezeichnung für eine Person oder eine Sache, deren tatsächlicher Name jemandem gerade nicht einfällt: *Kannst du mir mal bitte das Dings – wie heißt es doch gleich – geben?*

das **Din|ner** (Nomen) ['dɪnə] **des Dinners, die Dinner(s)** ein festliches Abendessen

der **Di|no|sau|ri|er** (Nomen) **des Dinosauriers, die Dinosaurier** ein Reptil, das vor vielen Millionen Jahren auf der Erde gelebt hat und heute ausgestorben ist

das **Di|oxin** (Nomen) **des Dioxins, die Dioxine** eine sehr giftige chemische Verbindung aus Chlor und Kohlenwasserstoff

das **Di|plom, Dip|lom** (Nomen) **des Diplom(e)s, die Diplome**
❶ ein akademischer Abschluss an einer Universität oder Fachhochschule: *Sie hat ihr Diplom als Ingenieurin bekommen.*
❷ eine Urkunde, die man zum Abschluss einer bestandenen Prüfung erhält: *Mit dem Diplom in der Hand verließ er stolz das Prüfungsgebäude.*

die **Di|plom|ar|beit, Dip|lom|ar|beit** (Nomen) **der Diplomarbeit, die Diplomarbeiten** eine wissenschaftliche Arbeit, die als Teil einer Diplomprüfung angefertigt werden muss

der **Di|plo|mat, Dip|lo|mat** (Nomen) **des Diplomaten, die Diplomaten**
❶ POLITIK jemand, der als offizieller Vertreter eines Staates im Ausland arbeitet
❷ jemand, der in Verhandlungen sehr geschickt unterschiedliche Interessen vereinbaren kann

die **Di|plo|ma|tin, Dip|lo|ma|tin** (Nomen) **der Diplomatin, die Diplomatinnen**
Femininform von → **Diplomat**

di|plo|ma|tisch, dip|lo|ma|tisch (Adjektiv) **diplomatischer, am diplomatischsten**
❶ **ohne Steigerung** POLITIK die Beziehungen zwischen Staaten betreffend
❷ klug, geschickt: *Er fand eine diplomatische Lösung für das Problem.*

dir (Pronomen)
❶ Dativ des Personalpronomens „du“: *Ich bleibe bei dir.* siehe auch → **du**
❷ Reflexivpronomen der 2. Person Singular: *Hast du dir den Film angeschaut?*
siehe auch → **sich**

di|rekt (Adjektiv)
❶ ≈ geradewegs ohne Umweg, auf dem kürzesten Weg: *Nach der Schule gehe ich immer direkt nach Hause.*
❷ FLUGWESEN · EISENBAHN ohne dass man umsteigen muss: *Gibt es eine direkte Verbindung zwischen Düsseldorf und Berlin?*
❸ umgangssprachlich ≈ sofort gleich danach: *Als er heimgekommen ist, hat er direkt den Fernseher angemacht.*
❹ ≈ unverblümt offen, ohne darum herumzureden: *Sie hat ihm direkt ins Gesicht gesagt, was sie von ihm hält.*
❺ **mit Präpositionen** direkt vor dem Haus/hinter dem See/… ganz nah vor dem Haus/hinter dem See/…: *Mach die Augen auf! Die Flasche steht doch direkt vor dir!*
❻ ≈ unmittelbar ohne dass etwas oder jemand dazwischen ist: *Die Müllers sind unsere direkten Nachbarn.*
❼ die direkte Rede SPRACHE ≈ die wörtliche Rede Worte, die genau so wiedergegeben werden, wie sie gesagt wurden, und die man in Anführungszeichen setzt

der **Di|rek|tor** (Nomen) **des Direktors, die Direktoren**
❶ WIRTSCHAFT · VERWALTUNG der Leiter eines Unternehmens oder eines Amts
❷ SCHULE der Schulleiter

die **Di|rek|to|rin** (Nomen) **der Direktorin, die Direktorinnen**
Femininform von → **Direktor**

der **Di|ri|gent** (Nomen) **des Dirigenten, die Dirigenten** jemand, der ein Orchester oder einen Chor leitet

die **Di|ri|gen|tin** (Nomen) **der Dirigentin, die Dirigentinnen**
Femininform von → **Dirigent**

di|ri|gie|ren (Verb) **du dirigierst, er dirigierte, sie hat dirigiert, dirigier(e)!**
1 ein Orchester oder einen Chor mit Armen und Händen (und einem Taktstock) führen
2 jemanden irgendwohin dirigieren jemandem durch Anweisungen die Richtung zeigen: *Nach dem Vortrag dirigierte er alle zur Tür hinaus.*

der **Disc|jo|ckey, Disk|jo|ckey** (Nomen) ['dɪskdʒɔke] **des Discjockeys, die Discjockeys** jemand, der in einer Disco Musik auflegt

die **Dis|co, Dis|ko** (Nomen) umgangssprachlich **der Disco, die Discos** ein Ort, an dem jemand Musik auflegt und Leute gemeinsam tanzen

dis|kret (Adjektiv) **diskreter, am diskretesten**
1 ≈ unauffällig so, dass andere es nicht bemerken: *Er gab mir einen diskreten Hinweis.*
2 ≈ taktvoll rücksichtsvoll, zurückhaltend: *Als sie sich die Nase putzte, blickte er diskret weg.*

dis|kri|mi|nie|ren (Verb) **du diskriminierst, er diskriminierte, sie hat diskriminiert, diskriminier(e) nicht!** wegen der Hautfarbe, des Geschlechts, der Religion usw. schlechter behandeln als andere

die **Dis|kri|mi|nie|rung** (Nomen) **der Diskriminierung, die Diskriminierungen** die Benachteiligung wegen der Hautfarbe, des Geschlechts, der Religion usw.

die **Dis|kus|si|on** (Nomen) **der Diskussion, die Diskussionen** ein oft lautes und lebhaftes Gespräch, in dem mehrere Personen unterschiedliche Meinungen zu einem bestimmten Thema austauschen: *Im Fernsehen gab es eine Diskussion über den Streik.*

dis|ku|tie|ren (Verb) **du diskutierst, er diskutierte, sie hat diskutiert, diskutier(e)!**
(mit jemandem) über etwas diskutieren, etwas (mit jemandem) diskutieren (mit jemandem) seine unterschiedlichen Meinungen über etwas austauschen: *Über Politik kann man stundenlang diskutieren.* • *Bei uns werden sonntags immer die Fußballergebnisse diskutiert.*

das **Dis|play** (Nomen) [dɪs'ple] **des Displays, die Displays**
1 das digitale Anzeigefeld an der Uhr, beim Radio usw.
2 der Bildschirm beim Smartphone, Tablet usw.

dis|po|nie|ren (Verb) **du disponierst, er disponierte, sie hat disponiert, disponier(e)!** vorausplanen und einteilen

die **Di|stanz, Dis|tanz** (Nomen) **der Distanz, die Distanzen**
1 gehoben die Entfernung, der Abstand: *Die Distanz zwischen den Häusern beträgt 50 Meter.*
2 SPORT bei einem Rennen die Strecke: *Das Rennen geht über eine Distanz von 12 Kilometern.*
beim Boxen die Anzahl der Runden
3 gehoben Sie hat noch nicht genügend Distanz zu den Ereignissen.
4 zu jemandem auf Distanz gehen mit jemandem nichts zu tun haben wollen, eine andere Meinung als jemand haben

sich **di|s|tan|zie|ren** (Verb) **du distanzierst dich, er distanzierte sich, sie hat sich distanziert, distanzier(e) dich!**
1 sich von jemandem/etwas distanzieren mit jemandem/etwas nichts zu tun haben wollen, jemandes Meinung/etwas nicht richtig finden: *Ich distanziere mich von seiner Meinung.*
2 jemanden distanzieren gegen jemanden beim Sport sehr deutlich gewinnen

dis|tan|ziert (Adjektiv) gehoben **distanzierter, am distanziertesten** zurückhaltend oder abweisend: *Sie wirkt immer sehr distanziert.*

die **Dis|zi|plin, Dis|zip|lin** (Nomen) **der Disziplin, die Disziplinen**
1 nur im Singular das Einhalten von Vorschriften und Regeln, die in einer bestimmten Gruppe nötig sind: *In dieser Klasse herrscht überhaupt keine Disziplin!*
2 nur im Singular die Selbstbeherrschung, um ein Ziel zu erreichen: *Sie hat mit eiserner Disziplin 10 Kilo abgenommen.*
3 SPORT der Teilbereich, das Teilgebiet: *Bogenschießen ist eine olympische Disziplin.*

dis|zi|pli|nie|rt, dis|zip|li|niert (Adjektiv) **disziplinierter, am diszipliniertesten**
① ≈korrekt die Regeln oder die Ordnung einhaltend
② ≈beherrscht mit viel Beherrschung ein Ziel verfolgend

die **Di|vi|den|de** (Nomen) [divi'dɛndə] **der Dividende, die Dividenden** der Anteil am Gewinn einer Aktie

di|vi|die|ren (Verb) [divi'di:rən] **du dividierst, er dividierte, sie hat dividiert, dividier(e)!** eine Zahl durch eine andere teilen: *15 dividiert durch 3 ist 5. (15 : 3 = 5)*

die **Di|vi|si|on** (Nomen) [divi'zi̯o:n] **der Division, die Divisionen**
① MATHEMATIK das Teilen von einer Zahl durch eine andere
② MILITÄR eine Einheit in einem Heer

doch[1] (Konjunktion) ≈aber *Ich wollte Brot kaufen, doch ich habe es vergessen.*

doch[2] (Adverb)
① ≈trotzdem trotz der genannten Sache: *Es ist nicht ungefährlich, aber ich würde es doch versuchen.*
② drückt aus, dass man einer negativen Annahme widerspricht: *Du hast deine Hausaufgaben nicht gemacht! Doch, habe ich wohl!*

doch[3] (Partikel)
① zur Verstärkung, Betonung verwendet: *Hör doch endlich auf! · Das ist doch völlig verrückt!*
② drückt aus, dass man an etwas Bekanntes erinnern möchte: *Ich darf heute länger aufbleiben, das hatten wir doch besprochen.*

der **Docht** (Nomen) **des Docht(e)s, die Dochte** der Faden in einer Kerze, der angezündet wird

dog|ma|tisch (Adjektiv) gehoben · abwertend so, dass man eine einmal gefasste Meinung für die einzig richtige hält

der **Dok|tor** (Nomen) **des Doktors, die Doktoren**
① MEDIZIN umgangssprachlich der Arzt
② UNIVERSITÄT Titel die Bezeichnung für jemanden, der nach dem Studium eine hohe wissenschaftliche Prüfung abgelegt hat, die Abkürzung ist Dr. Person jemand, der nach dem Studium eine hohe wissenschaftliche Prüfung abgelegt hat: *Maike ist Doktor der Mathematik. · Guten Morgen, Frau Dr. Meier!*

die **Dok|to|rin** (Nomen) umgangssprachlich **der Doktorin, die Doktorinnen** die Ärztin

das **Do|ku|ment** (Nomen) **des Dokument(e)s, die Dokumente**
① VERWALTUNG ≈Urkunde ein amtliches Papier
② INFORMATIK eine Datei als Text oder Tabelle

die **Do|ku|men|ta|ti|on** (Nomen) [dokumɛnta'tsi̯o:n] **der Dokumentation, die Dokumentationen**
① die Zusammenstellung von Dokumenten und Materialien zu einem bestimmten Thema
② FILM · RUNDFUNK eine Sendung über Tatsachen: *Ich habe gestern eine Dokumentation über die Berliner Mauer gesehen.*

do|ku|men|tie|ren (Verb) gehoben **du dokumentierst, er dokumentierte, sie hat dokumentiert, dokumentier(e)!**
① mit Texten, Fotos und anderen Materialien beweisen, festhalten oder darstellen: *Der Film dokumentiert das Leben von Willy Brandt.*
② ≈zeigen zum Ausdruck bringen, erkennen lassen: *Sein Geschenk dokumentiert seinen guten Willen.*

der **Dol|lar** (Nomen) ['dɒlə] **des Dollar(s), die Dollars** die Währung in den USA und anderen Ländern

dol|met|schen (Verb) **du dolmetschst, er dolmetschte, sie hat gedolmetscht, dolmetsch(e)!** mündlich übersetzen, was jemand in einer anderen Sprache sagt

der **Dol|met|scher** (Nomen) **des Dolmetschers, die Dolmetscher** jemand, der mündlich übersetzt, was jemand in einer anderen Sprache sagt

die **Dol|met|sche|rin** (Nomen) **der Dolmetscherin, die Dolmetscherinnen** Femininform von → **Dolmetscher**

der **Dom** (Nomen) **des Dom(e)s, die Dome** eine große und bedeutende Kirche

die **Do|mä|ne** (Nomen) **der Domäne, die Domänen** das Fachgebiet, in dem man sich besonders gut auskennt

do|mi|nant (Adjektiv) **dominanter, am dominantesten**
① BIOLOGIE so, dass ein Merkmal bei der Vererbung alle anderen verdrängt
② so, dass jemand gern über andere bestimmt
③ ≈vorherrschend so, dass etwas auffällt: *eine dominante Farbe*

die **Do|mi|nanz** (Nomen) nur im Singular
der Dominanz
❶ BIOLOGIE die Fähigkeit eines Merkmals, bei der Vererbung alle anderen zu verdrängen
❷ gehoben die Eigenschaft, gern über andere zu bestimmen
❸ gehoben das Auffallen, das Vorherrschen, das Überwiegen

der **Do|mi|no|ef|fekt** (Nomen)
des Dominoeffekt(e)s, die Dominoeffekte der Effekt, dass ein Ereignis viele weitere ähnliche Ereignisse auslöst

der **Domp|teur** (Nomen) [dɔmpˈtøːɐ̯]
des Dompteurs, die Dompteure meist im Zirkus jemand, der wilde Tiere dressiert und mit ihnen Kunststücke vorführt

die **Domp|teu|rin, Domp|teu|se** (Nomen) [dɔmpˈtøːrɪn] **der Dompteurin, die Dompteurinnen**
Femininform von → **Dompteur**

die **Do|nau** (Nomen) nur im Singular
der Donau ein großer Fluss in Europa, der auch durch Österreich und Deutschland fließt

der **Dö|ner, Dö|ner Ke|bab** (Nomen)
des Döners, die Döner ein türkisches Gericht, für das Fleisch auf einem großen Drehspieß gegrillt und in dünnen Scheiben abgeschnitten wird

der **Don|ner** (Nomen) **des Donners, die Donner**
❶ das laute, dumpfe Geräusch nach einem Blitz
❷ wie vom Donner gerührt sein oder dastehen sich vor Schreck nicht mehr bewegen

don|nern (Verb) **du donnerst, er donnerte, sie hat/ist gedonnert, donn(e)re!**
❶ METEOROLOGIE hat gedonnert • unpersönlich bei einem Gewitter laute Geräusche machen: *Es blitzt und donnert.*
❷ hat gedonnert ein lautes Geräusch machen: *Nach dem Konzert donnerte der Applaus.*
❸ etwas irgendwohin donnern hat gedonnert umgangssprachlich etwas mit Kraft und Schwung irgendwohin schleudern: *Er donnerte den Ball ins Tor.*
❹ ist gedonnert • umgangssprachlich sich laut oder kräftig fortbewegen: *Bei uns hinter dem Haus hören wir die Autos über die Autobahn donnern.*

der **Don|ners|tag** (Nomen)
des Donnerstag(e)s, die Donnerstage der vierte Tag der Woche siehe auch → **Dienstag**

don|ners|tags (Adverb) jeden Donnerstag: *Donnerstags haben wir Sport.*

das **Don|ner|wet|ter** (Nomen) umgangssprachlich
des Donnerwetters, die Donnerwetter
❶ lautes Schimpfen und viele Vorwürfe: *Wenn du nach Hause kommst, gibt es ein Donnerwetter!*
❷ Zum Donnerwetter! zornig Verdammt!
❸ Donnerwetter! bewundernd, staunend Wow!

doof (Adjektiv) umgangssprachlich • abwertend
doofer, am doofsten sehr dumm

do|pen (Verb) [ˈdoːpn̩] **du dopst, er dopte, sie hat gedopt, dope nicht!** verbotene Mittel einnehmen, um sportlich besser zu sein

das **Do|ping** (Nomen) [ˈdoːpɪŋ] **des Dopings, die Dopings** das Einnehmen von verbotenen Mitteln, um sportlich besser zu sein

das **Dop|pel** (Nomen) **des Doppels, die Doppel**
❶ SPORT beim Tennis, Tischtennis das Spiel, bei dem zwei Spieler gegen zwei andere spielen
❷ ≈ Kopie das zweite Exemplar eines Dokuments

das **Dop|pel|bett** (Nomen) **des Doppelbett(e)s, die Doppelbetten** ein großes Bett für zwei Personen

der **Dop|pel|gän|ger** (Nomen)
des Doppelgängers, die Doppelgänger jemand, der jemand anderem so ähnlich sieht, dass man ihn für diese Person hält

der **Dop|pel|klick** (Nomen) **des Doppelklicks, die Doppelklicks** das zweimalige Klicken mit der Maus, um auf dem Bildschirm etwas zu öffnen oder zu aktivieren

dop|pel|kli|cken (Verb) **du doppelklickst, er doppelklickte, sie hat doppelgeklickt, doppelklick(e)!** zweimal auf die Maus drücken, um dadurch auf dem Bildschirm etwas zu öffnen oder zu aktivieren

der **Dop|pel|punkt** (Nomen)
des Doppelpunkt(e)s, die Doppelpunkte das Satzzeichen „:", das vor der direkten Rede oder vor Aufzählungen steht: *Er sagte: „Ich liebe dich!"*

die **Dop|pel|stun|de** (Nomen)
der Doppelstunde, die Doppelstunden zwei Schulstunden hintereinander

dop|pelt (Adjektiv)
❶ ≈ zweifach zweimal dasselbe: *Ich habe das Buch doppelt.*

A B C D E F G H I J K L M N O P Q R S T U V W X Y Z

❷ doppelt und dreifach umgangssprachlich unnötig oft oder gründlich: *Meine Oma kontrolliert immer doppelt und dreifach, ob die Tür abgeschlossen ist.*
❸ ≈ zweimal so viel in der zweifachen Menge: *Für Zwillinge braucht man alles doppelt.*

das **Dop|pel|zim|mer** (Nomen) **des Doppelzimmers, die Doppelzimmer** ein Zimmer für zwei Personen, meist in einem Hotel oder Krankenhaus

das **Dorf** (Nomen) **des Dorf(e)s, die Dörfer**
❶ ein kleiner Ort auf dem Land
❷ auf dem Dorf wohnen in einem Dorf wohnen, auf dem Land wohnen

der **Dorn** (Nomen) **des Dorn(e)s, die Dornen**
❶ ein kleines, spitzes und hartes Teil am Stiel einer Pflanze
❷ jemandem ein Dorn im Auge sein etwas stört jemanden sehr *Das Quatschen im Unterricht ist unserem Lehrer ein Dorn im Auge.*

dor|nig (Adjektiv) **dorniger, am dornigsten** mit Dornen, voller Dornen

das **Dorn|rös|chen** (Nomen) nur im Singular **des Dornröschens** Märchenfigur eine Prinzessin in einem von Dornenhecken umrankten Schloss, die eine böse Fee so verzaubert hat, dass sie hundert Jahre lang schlafen muss

dort (Adverb) ≈ da an einem bestimmten Ort: *Ich fahre morgen nach Polen. Mein Opa lebt dort. • Lass uns auf den Berg klettern! Von dort aus hat man eine tolle Aussicht.*

dort|her, dort|her (Adverb) von einem bestimmten Ort her: *Venedig ist wunderschön. Ich komme gerade dorther.*

die **Do|se** (Nomen) **der Dose, die Dosen**
❶ ein Behälter mit Deckel aus Blech, Plastik, Porzellan usw.
❷ Kurzform von → **Steckdose**

dö|sen (Verb) umgangssprachlich **du döst, er döste, sie hat gedöst, dös(e)!** fast schlafen, ganz leicht schlafen

der **Do|sen|öff|ner** (Nomen) **des Dosenöffners, die Dosenöffner** ein Werkzeug, um Konservendosen zu öffnen

do|sie|ren (Verb) **du dosierst, er dosierte, sie hat dosiert, dosier(e)!** bestimmte Mengen von etwas genau abmessen, z. B. von einem Medikament

die **Do|sie|rung** (Nomen) **der Dosierung, die Dosierungen** das genaue Abmessen einer bestimmten Menge: *Sie hustet immer noch. Die Dosierung der Hustentropfen ist zu niedrig.*

die **Do|sis** (Nomen) **der Dosis, die Dosen** meist von einem Medikament eine genau abgemessene Menge

der **Dot|ter** (Nomen) **des Dotters, die Dotter** ≈ Eigelb das Gelbe im Ei

down (Adjektiv) [daʊn] umgangssprachlich deprimiert, traurig

der/das **Down|load** (Nomen) ['daunloʊd] **des Downloads, die Downloads** das Laden der Daten von einem Server auf den eigenen Rechner

down|loa|den (Verb) ['daunloʊdn̩] **du downloadest, er downloadete, sie hat downgeloadet, downloade!** Daten aus dem Internet auf den eigenen Computer laden

das **Down-Syn|drom, Down|syn|drom** (Nomen) [daunzʏn'dro:m] nur im Singular **des Down-Syndroms** eine genetisch bedingte Krankheit, bei der Entwicklungshemmungen auftreten

der **Do|zent** (Nomen) **des Dozenten, die Dozenten** der Lehrer an einer Universität

die **Do|zen|tin** (Nomen) **der Dozentin, die Dozentinnen** Femininform von → **Dozent**

der **Draht** (Nomen) **des Draht(e)s, die Drähte**
❶ ein biegsames, langes, dünnes Stück Metall
❷ einen guten Draht zu jemandem haben guten Kontakt zu jemandem haben
❸ auf Draht sein umgangssprachlich schnell und tüchtig sein

das **Dra|ma** (Nomen) **des Dramas, die Dramen**
❶ LITERATUR ein ernstes Stück, das für das Theater geschrieben ist
❷ ein aufregendes oder trauriges Geschehen
❸ ein Drama aus etwas machen etwas schlimmer machen, als es eigentlich ist

die **Dra|ma|tik** (Nomen) nur im Singular **der Dramatik** ≈ Spannung ein spannendes Auf und Ab oder Hin und Her einer Handlung oder eines Geschehens: *Das Fußballspiel war von großer Dramatik.*

dra|ma|tisch (Adjektiv) **dramatischer, am dramatischsten**
❶ sehr spannend: *Ich fand das Ende des Films wirklich dramatisch.*
❷ zur literarischen Gattung des Dramas gehörend: *„Der Besuch der alten Dame" ist ein dramatisches Werk von Friedrich Dürrenmatt.*

❸ drastisch, deutlich spürbar: *Ohne Training verschlechtern sich meine Leistungen immer dramatisch.*

dra|ma|ti|sie|ren (Verb) **du dramatisierst, er dramatisierte, sie hat dramatisiert, dramatisier(e) nicht!** etwas schlimmer darstellen, als es wirklich ist

die **Dra|ma|tur|gie** (Nomen) **der Dramaturgie, die Dramaturgien**
❶ THEATER · FILM · TV die Art und Weise, wie eine Handlung aufgebaut und Spannung erzeugt wird
❷ die Abteilung in einem Theater, die Schauspieler und Regie unterstützt

dran (Adverb) umgangssprachlich
❶ Kurzform von → **daran**
❷ dran sein an der Reihe sein
im negativen Sinn bestraft werden, sterben müssen
❸ gut/schlecht dran sein es gut/schlecht haben
❹ früh/spät dran sein zu früh/spät kommen
❺ an etwas ist etwas dran etwas ist nicht ganz falsch oder erfunden

dran|blei|ben (Verb) umgangssprachlich **du bleibst dran, er blieb dran, sie ist drangeblieben, bleib(e) dran!**
❶ von Farbe, Etikett usw. nicht abgehen, sich nicht lösen lassen
❷ am Telefon nicht auflegen: *Bleibst du kurz dran?*
❸ an einer Sache dranbleiben sich weiter um etwas kümmern, nicht aufhören oder aufgeben

drän|gen (Verb) **du drängst, er drängte, sie hat gedrängt, dräng(e)!**
❶ jemanden oder etwas irgendwohin drücken oder schieben
❷ jemanden zu etwas drängen jemanden dazu antreiben, etwas zu tun
❸ sich drängen sich in großen Mengen schieben und drücken
❹ sich um jemanden/etwas drängen sich eng beieinanderstehend um jemanden/etwas versammeln
❺ Die Zeit drängt. Es muss schnell gehandelt werden.

dran|kom|men (Verb) umgangssprachlich **du kommst dran, er kam dran, sie ist drangekommen**
❶ an die Reihe kommen
❷ im Unterricht drangenommen werden

dran|neh|men (Verb) umgangssprachlich **du nimmst dran, er nahm dran, sie hat drangenommen, nimm dran!**
❶ der Reihe nach abfertigen oder bedienen: *Jetzt kann ich den nächsten Patienten drannehmen.*
❷ jemanden im Unterricht aufrufen und etwas sagen lassen

dras|tisch (Adjektiv) **drastischer, am drastischsten**
❶ so, dass negative Folgen deutlich spürbar sind: *Sie haben die Eintrittspreise für das Schwimmbad drastisch erhöht.*
❷ sehr deutlich und direkt: *Die drastische Darstellung der Sklaverei in dem Film hat mich sehr geschockt.*

drauf (Adverb) umgangssprachlich
❶ Kurzform von → **darauf**
❷ gut/schlecht drauf sein in guter/schlechter Stimmung oder Form sein
❸ drauf und dran sein, etwas zu tun kurz davor sein, etwas zu tun
❹ (schwer) was drauf haben (eine Menge) können

drauf|los|re|den (Verb) umgangssprachlich **du redest drauflos, er redete drauflos, sie hat drauflosgeredet, red(e) nicht drauflos!** anfangen zu sprechen, ohne sich vorher etwas überlegt zu haben

drau|ßen (Adverb)
❶ im Freien
❷ weit entfernt: *draußen auf dem Meer*

drech|seln (Verb) **du drechselst, er drechselte, sie hat gedrechselt, drechs(e)le!** Holz mit einer Maschine abrunden

der **Dreck** (Nomen) umgangssprachlich
nur im Singular **des Dreck(e)s**
❶ starker Schmutz
❷ etwas Schlechtes oder Minderwertiges
❸ jemanden wie den letzten Dreck behandeln jemanden extrem schlecht behandeln
❹ etwas/jemanden in den Dreck ziehen etwas/jemanden schlechtmachen
❺ sich um jeden Dreck kümmern müssen alles selbst machen müssen, keine Unterstützung haben

dre|ckig (Adjektiv) umgangssprachlich **dreckiger, am dreckigsten**
❶ sehr schmutzig
❷ unanständig
❸ jemandem geht es dreckig jemandem geht es sehr schlecht

der **Dreh** (Nomen) umgangssprachlich **nur im Singular** **des Drehs** eine Methode, wie man etwas Schwieriges hinbekommt: *Ich glaube, jetzt habe ich den Dreh raus!*

das **Dreh|buch** (Nomen) **des Drehbuch(e)s, die Drehbücher** TV · FILM ein Heft mit dem Text und den Anweisungen für die Kamera, Beleuchtung usw.

dre|hen (Verb) **du drehst, er drehte, sie hat gedreht, dreh(e)!**
1. in eine kreisförmige Bewegung bringen: *ein Rad drehen*
2. in eine andere Richtung bringen: *den Kopf drehen*
3. an etwas drehen etwas einstellen oder verstellen: *Wer hat am Lautstärkeregler gedreht?*
4. mithilfe von Aufnahmen herstellen: *einen Film drehen*
5. etwas/jemand dreht etwas/jemand ändert die Richtung: *Der Wind hat gedreht und kommt jetzt von Westen.*
6. sich drehen sich im Kreis bewegen: *Die Rotoren drehen sich.*
7. es dreht sich um etwas/jemanden es geht oder handelt sich um etwas/jemanden
8. jemandem dreht sich alles umgangssprachlich jemandem ist schwindlig

die **Dre|hung** (Nomen) **der Drehung, die Drehungen** eine Bewegung um die eigene Achse oder im Kreis

drei (Zahlwort)
1. als Ziffer: 3: *Es ist drei viertel zehn.* siehe auch → **acht**
2. nicht bis drei zählen können umgangssprachlich schwer von Begriff sein, Zusammenhänge nicht gleich verstehen

die **Drei** (Nomen) **der Drei, die Dreien** die Zahl oder Note 3: *Sie hat auf dem Zeugnis in Deutsch eine Drei.* siehe auch → **Acht**[1]

drei|di|men|si|o|nal (Adjektiv) räumlich (dargestellt), nicht als Fläche

das **Drei|eck** (Nomen) **des Dreieck(e)s, die Dreiecke** eine geometrische Figur mit drei Ecken

drei|eckig (Adjektiv) mit drei Ecken

der **Drei|satz** (Nomen) **nur im Singular** **des Dreisatzes** eine Methode, mit der man mithilfe von drei bekannten Werten einen vierten ausrechnen kann

drei|ßig (Zahlwort) als Ziffern: 30 siehe auch → **achtzig**

drei|zehn (Zahlwort)
1. als Ziffern: 13 siehe auch → **acht**
2. Jetzt schlägt's (aber) dreizehn! umgangssprachlich verwendet, um Überraschung (und Protest) auszudrücken

der **Dress** (Nomen) [drɛs] **Plural selten** **des Dresses, die Dresse** die farblich abgestimmte (oft einheitliche) Sportbekleidung einer Mannschaft

das **Dres|sing** (Nomen) ['drɛsɪŋ] **des Dressings, die Dressings** eine Soße, mit der man besonders Salate anmacht

drib|beln (Verb) **du dribbelst, er dribbelte, sie hat gedribbelt, dribb(e)le!** beim Fußball usw. den Ball durch kurze Tritte oder Schläge vorwärtsbewegen

drin (Adverb) umgangssprachlich
1. Kurzform von → **darin**
2. drin sein machbar oder möglich sein: *„Könnten Sie mir für den Preis auch noch die Reifen wechseln?" – „Ja, das ist noch drin."*

drin|gen (Verb) **du dringst, er drang, sie ist/hat gedrungen, dring(e)!**
1. ist gedrungen durch etwas irgendwohin kommen, sich einen Weg suchen: *Durch den Vorhang dringt noch sehr viel Licht.*
2. auf etwas dringen gehoben · hat gedrungen etwas energisch verlangen: *Ich dringe darauf, dass er mir das Geld jetzt zurückgibt.*

drin|gend (Adjektiv) **dringender, am dringendsten**
1. etwas, was schnell erledigt werden muss
2. etwas, was sehr wichtig ist

der **Drink** (Nomen) [drɪŋk] **des Drinks, die Drinks** ein (meist alhoholisches) Getränk

drin|nen (Adverb) in einem Raum oder Behälter

drin|ste|hen (Verb) umgangssprachlich nur in der 3. Person gebraucht **es steht drin, es stand drin, es hat dringestanden** in einem Buch usw. darin vorkommen oder zu lesen sein

dritt (Zahlwort) nur in zu dritt mit drei Personen

drit|te, drit|ter, drit|tes (Zahlwort)
1. in einer Reihe an 3. Stelle: *am dritten März · als Dritter durchs Ziel gehen*
2. ein Dritter jemand, der bei etwas nicht beteiligt ist: *Wie wirkt sich das Abkommen auf Dritte aus?*
3. das Dritte Reich das Deutsche Reich unter Hitler von 1933 bis 1945
4. die Dritte Welt arme Länder mit wenig Industrie

das **Drit|tel** (Nomen) **des Drittels, die Drittel** einer von drei gleich großen Teilen von etwas: *10 von 30 Schülern waren erkältet, also ein Drittel.*

drit|tens (Adverb) beim Aufzählen an dritter Stelle: *Du sollst jetzt erstens duschen, zweitens essen und drittens ins Bett.*

die **Dro|ge** (Nomen) **der Droge, die Drogen** ≈Rauschgift eine illegale Substanz, die einen Rausch erzeugt und meist süchtig macht

dro|gen|ab|hän|gig (Adjektiv) → **drogensüchtig**

dro|gen|süch|tig (Adjektiv) körperlich und psychisch abhängig von illegalen Drogen

die **Dro|ge|rie** (Nomen) **der Drogerie, die Drogerien** HANDEL ein Laden, der besonders Gesundheits- und Hygieneartikel anbietet

dro|hen (Verb) **du drohst, er drohte, sie hat gedroht, droh(e) nicht!**
① jemandem drohen versuchen, jemanden einzuschüchtern: *Er drohte mir damit, nicht mehr mein Freund zu sein.*
② etwas droht etwas Schlimmes könnte passieren: *Die Brücke drohte einzustürzen.*
③ jemandem droht etwas jemandem steht vielleicht etwas sehr Unangenehmes bevor: *Bis zu vier Schülern droht ein blauer Brief.*

die **Droh|ne** (Nomen) **der Drohne, die Drohnen**
① FLUGWESEN · MILITÄR ein Flugzeug ohne Piloten, das mit Kameras zur Beobachtung oder mit Raketen ausgerüstet ist
② BIOLOGIE das Männchen der Honigbiene, das meist von den Weibchen gefüttert wird

die **Dro|hung** (Nomen) **der Drohung, die Drohungen** der Versuch, jemanden einzuschüchtern: *Erst die Drohung mit einer Anzeige hatte Erfolg.*

das **Drop-down-Me|nü** (Nomen) ['drɔpdaun'meny:] **des Drop-down-Menüs, die Drop-down-Menüs** INFORMATIK ein Auswahlfenster, das sich auf einen Mausklick hin nach unten öffnet

drü|ben (Adverb) auf der gegenüberliegenden Seite: *Dort drüben steht mein Fahrrad.*

drü|ber (Adverb) umgangssprachlich Kurzform von → **darüber**

der **Druck**[1] (Nomen) **des Druck(e)s, die Drücke**
① PHYSIK die Kraft, die auf eine Fläche wirkt
② nur im Singular eine Art Zwang, seelischer Stress: *Als der Druck auf ihn zu groß wurde, hat er nachgegeben und sich bei allen entschuldigt.*
③ unter Druck stehen/geraten im Stress sein/unter Stress geraten
④ Druck machen zur Eile drängen

der **Druck**[2] (Nomen) **des Druck(e)s, die Drucke**
① etwas, was gedruckt wurde, z. B. ein Bild, ein Buch o. Ä.
② nur im Singular · in der Druckerei das Drucken

dru|cken (Verb) **du druckst, er druckte, sie hat gedruckt, druck(e)!** Texte, Bilder o. Ä. mit einem Gerät/einer Maschine wiedergeben/in großer Zahl vervielfältigen: *Wir drucken davon 10000 Exemplare. · Das Buch wurde bereits gedruckt.*

drü|cken (Verb) **du drückst, er drückte, sie hat gedrückt, drück(e)!**
① mit einer Kraft auf etwas einwirken: *Zum Einschalten auf den Knopf drücken!*
② jemanden drücken jemanden liebevoll umarmen
③ schmerzen: *Diese Schuhe drücken.*
④ so gering wie möglich halten: *Als wir das Auto gekauft haben, haben wir den Preis nach unten drücken können.*
⑤ sich vor etwas drücken umgangssprachlich seine Pflichten aus Faulheit oder Feigheit nicht erfüllen

der **Dru|cker** (Nomen) **des Druckers, die Drucker**
① jemand, der das Drucken als Beruf erlernt hat
② ein mit dem Computer verbundenes Gerät zur Wiedergabe von Texten/Bildern

die **Dru|cke|rin** (Nomen) **der Druckerin, die Druckerinnen**
Femininform von → **Drucker**

der **Druck|knopf** (Nomen) **des Druckknopf(e)s, die Druckknöpfe**
① TECHNIK ein Knopf, auf den gedrückt wird, um etwas zu öffnen oder in Gang zu setzen
② an der Kleidung ein Verschluss aus zwei runden Plättchen, die man ineinanderdrückt

drum (Adverb) umgangssprachlich
① Kurzform von → **darum**
② nicht drum herumkommen etwas nicht vermeiden können
③ Sei's drum! Daran kann man nichts ändern.

das **Drum|he|rum, Drum|her|um** (Nomen) umgangssprachlich nur im Singular **des Drumherums**
das ganze Drumherum alles, was dazugehört

der **Dschun|gel** (Nomen) **des Dschungels, die Dschungel** ein sehr dichter Urwald in tropischen Gebieten

dt. [dɔytʃ] Abkürzung von: deutsch aus Deutschland

du (Pronomen) Personalpronomen der 2. Person Singular, bezeichnet die Person, mit der man spricht: *Kommst du mit? • Beeilst du dich bitte?*

du|al (Adjektiv) aus zwei Teilen bestehend: *Sie macht eine duale Ausbildung: Sie studiert und arbeitet gleichzeitig.*

sich **du|cken** (Verb) **du duckst dich, er duckte sich, sie hat sich geduckt, duck(e) dich!** den Kopf einziehen/den Oberkörper nach unten bewegen, um nicht gesehen oder getroffen zu werden

das **Du|ell** (Nomen) [du'ɛl] **des Duells, die Duelle**
1 besonders GESCHICHTE ein (meist tödlich endender) Kampf zwischen zwei Gegnern mit der gleichen Waffe
2 auch SPORT • POLITIK ein spannender Wettkampf zwischen zwei Gegnern oder Gruppen

sich **du|el|lie|ren** (Verb) **du duellierst dich, er duellierte sich, sie hat sich duelliert, duellier(e) dich!** sich einen (meist tödlich endenden) Kampf mit der gleichen Waffe liefern

das **Du|ett** (Nomen) [du'ɛt] **des Duett(e)s, die Duette**
1 ein Musikstück für zwei Instrumente oder Stimmen
2 MUSIK eine Gruppe von zwei Musikern
3 zwei Personen, die zusammen eine Tätigkeit ausüben

der **Duft** (Nomen) **des Duft(e)s, die Düfte** ein sehr angenehmer Geruch

duf|ten (Verb) **du duftest, er duftete, sie hat geduftet** sehr angenehm riechen

dul|den (Verb) **du duldest, er duldete, sie hat geduldet, dulde!** zulassen, akzeptieren: *Solche Ausdrücke dulde ich in meinem Unterricht nicht.*

dumm (Adjektiv) **dümmer, am dümmsten**
1 mit zu wenig Verstand, ohne das nötige Wissen
2 ärgerlich, unnötig: *Und dann ist mir noch ein dummer Fehler passiert.*
3 Dumm gelaufen! umgangssprachlich Pech gehabt!

dum|mer|wei|se, dum|mer|wei|se (Adverb) umgangssprachlich
1 weil jemand es nicht besser wusste: *Dummerweise habe ich den Bus verpasst, weil ich nicht an die Fahrplanumstellung gedacht habe.*
2 durch einen ärgerlichen Zufall: *Und dann ist dummerweise auch noch ein Auto gekommen und über meine Jacke gefahren.*

die **Dumm|heit** (Nomen) **der Dummheit, die Dummheiten**
1 nur im Singular zu wenig Verstand, das Fehlen des nötigen Wissens: *Seine Dummheit ist nicht zu ertragen!*
2 ein ärgerlicher, oft folgenschwerer Fehler: *Das war eine große Dummheit.*

der **Dumm|kopf** (Nomen) umgangssprachlich • abwertend **des Dummkopf(e)s, die Dummköpfe** ein Mensch mit sehr wenig Verstand

die **Dü|ne** (Nomen) **der Düne, die Dünen** ein Hügel aus Sand, den der Wind an einer Küste oder in einer Wüste zusammengeweht hat

der **Dün|ger** (Nomen) **des Düngers, die Dünger** ein flüssiger oder fester Nährstoff, der in die Erde gegeben wird, damit die Pflanzen besser wachsen

dun|kel (Adjektiv) **dunkler, am dunkelsten**
1 ohne Licht, kaum beleuchtet
2 nicht hell, in Richtung Schwarz gehend: *Ich suche Schuhe in einem dunklen Rot.*
3 nicht erfreulich, negativ zu bewerten: *Die Hexenverfolgung ist ein dunkles Kapitel der deutschen Geschichte.*
4 im Dunkeln tappen keine Spur haben *Die Kriminalpolizei tappte lange im Dunkeln.*

dun|kel|blau (Adjektiv) von dunklem Blau

dun|kel|braun (Adjektiv) von dunklem Braun

dun|kel|häu|tig (Adjektiv) von brauner bis schwarzer Hautfarbe

die **Dun|kel|heit** (Nomen) nur im Singular **der Dunkelheit** ein Zustand/Ort ohne oder mit sehr wenig Licht

die **Dun|kel|zif|fer** (Nomen) **der Dunkelziffer, die Dunkelziffern** eine geschätzte Zahl, die höher ist als offizielle Angaben: *Offiziell gibt es 100000 Menschen mit Magersucht in Deutschland, Ärzte gehen aber davon aus, dass die Dunkelziffer sehr viel höher ist.*

dụ̈nn (Adjektiv) **dünner, am dünnsten**
1. weniger dick/umfangreich als normal: *Er schämt sich wegen seiner dünnen Arme.*
2. zu wenig gehaltvoll: *Der Kaffee schmeckt mir gar nicht, der ist viel zu dünn.*
3. wenig: *Das Land ist sehr dünn besiedelt.*

der **Dụ̈nn|darm** (Nomen) **des Dünndarm(e)s, die Dünndärme** der Teil des Darms zwischen Magen und Dickdarm

der **Dụnst** (Nomen) **des Dunst(e)s, die Dünste**
1. METEOROLOGIE bei Wärme ein leichter Nebel
2. in der Küche/Kneipe die von Dampf/Rauch erfüllte Luft
3. keinen (blassen) Dunst von etwas haben umgangssprachlich überhaupt nichts über etwas wissen

das **Duo** (Nomen) **des Duos, die Duos**
1. ein Stück für zwei Instrumente
2. zwei Musiker, die zusammen auftreten
3. zwei Personen, die zusammen eine Tätigkeit ausüben

das **Dur** (Nomen) nur im Singular **des Dur** MUSIK die Tonart, die hart, hell und fröhlich klingt
siehe auch → **Moll**

dụrch[1] (Präposition) mit Akkusativ gebraucht
1. auf der einen Seite hinein und auf der anderen wieder heraus: *durch einen Tunnel fahren*
2. innerhalb eines Bereichs: *Die Kinder tobten durch den Garten.*
3. verwendet, um die Ursache oder das Mittel zu nennen: *Durch das Training bin ich richtig schnell geworden.* · *Nur durch dich habe ich das geschafft!*

dụrch[2] (Adverb) umgangssprachlich
1. drückt aus, dass etwas schon beendet ist: *Bist du mit dem Buch bald durch?*
2. gargekocht oder -gebraten: *Der Braten ist schon durch.*
3. durch und durch völlig: *ein durch und durch langweiliger Film*
4. Der/Die ist bei mir unten durch! Ich habe keine gute Meinung mehr von ihm/ihr.

durch|aus (Adverb)
1. ≈unbedingt auf jeden Fall: *Sie wollte durchaus Klassensprecherin werden.*
2. ≈vollkommen ganz und gar: *Ich bin durchaus nicht dagegen, aber …*

der **Dụrch|blick** (Nomen) **des Durchblick(e)s, die Durchblicke**
1. der Blick durch etwas hindurch
2. den Durchblick haben umgangssprachlich die entscheidenden Zusammenhänge verstehen/wissen: *Irgendwann am Ende der Stunde habe ich den Durchblick verloren.*

dụrch|bli|cken (Verb) **du blickst durch, er blickte durch, sie hat durchgeblickt, blick(e) durch!**
1. umgangssprachlich ≈den Durchblick haben die entscheidenden Zusammenhänge verstehen: *Jetzt blicke ich endlich durch!*
2. etwas durchblicken lassen etwas mitteilen, ohne es direkt auszusprechen: *Der Klassenlehrer hat durchblicken lassen, dass alle bestanden haben.*
3. ≈durchsehen durch eine enge Öffnung schauen

die **Durch|blu|tung** (Nomen) nur im Singular **der Durchblutung** MEDIZIN die Versorgung mit Blut im Körper: *Rauchen ist schlecht für die Durchblutung.*

dụrch|bre|chen[1] (Verb) **du brichst durch, er brach durch, sie ist/hat durchgebrochen, brich durch!**
1. ist durchgebrochen in zwei oder mehrere Teile zerbrechen: *Die Brille ist in der Mitte durchgebrochen.*
2. etwas bricht durch ist durchgebrochen etwas kommt zum Vorschein: *Die Sonne ist durchgebrochen.*
3. etwas durchbrechen hat durchgebrochen etwas in zwei oder mehrere Teile brechen

durch|brẹ|chen[2] (Verb) **du durchbrichst, er durchbrach, sie hat durchbrochen, durchbrich!** ein Hindernis o. Ä. gewaltsam überwinden, ein Verbot o. Ä. bewusst nicht einhalten: *Vor über 60 Jahren haben die ersten Flugzeuge die Schallmauer durchbrochen.*

der **Dụrch|bruch** (Nomen) **des Durchbruch(e)s, die Durchbrüche**
1. eine Öffnung in einer Wand o. Ä.: *einen Durchbruch vom Schlafzimmer zum Bad machen*
2. eines Künstlers, einer Bewegung oder Erfindung der erste große Erfolg: *Den internationalen Durchbruch schaffte die Künstlerin erst drei Jahre später.*

dụrch|dre|hen (Verb) **du drehst durch, er drehte durch, sie hat/ist durchgedreht, dreh(e) durch!**
1. hat durchgedreht GASTRONOMIE Fleisch o. Ä. mit einer Maschine sehr klein

schneiden: *Mit dem Fleischwolf dreht man das Fleisch durch.*
❷ **hat/ist durchgedreht** · umgangssprachlich die Nerven verlieren oder verrückt werden: *Bei der Nachtwanderung bin ich vor Angst fast durchgedreht.*

das **Durch|ei|nan|der, Durch|ein|an|der** (Nomen) **nur im Singular des Durcheinanders**
❶ ein sehr unordentlicher Zustand: *Auf deinem Schreibtisch herrscht ein ziemliches Durcheinander.*
❷ eine verwirrende Situation, in der viele Dinge gleichzeitig geschehen: *In dem allgemeinen Durcheinander ist das Klassenbuch verschwunden.*

durch|ei|nan|der|brin|gen (Verb) **du bringst durcheinander, er brachte durcheinander, sie hat durcheinandergebracht, bring(e) nicht durcheinander!**
❶ etwas durcheinanderbringen etwas in Unordnung bringen: *Wer hat meine ganzen Notizen durcheinandergebracht?* **irrtümlich** etwas mit etwas anderem verwechseln: *Ich bringe immer die Ausdrücke „physisch" und „psychisch" durcheinander!*
❷ jemanden durcheinanderbringen jemanden verwirren/aus dem Konzept bringen: *Benedikt hat den Lehrer mit seinen Fragen ganz durcheinandergebracht.*

durch|ei|nan|der|kom|men (Verb) umgangssprachlich **du kommst durcheinander, er kam durcheinander, sie ist durcheinandergekommen, komm(e) nicht durcheinander!** verwirrt werden, aus dem Konzept kommen: *Durch den dauernden Themenwechsel bin ich ganz durcheinandergekommen.*

durch|ei|nan|der|re|den (Verb) **nur im Plural gebraucht wir reden durcheinander, ihr redetet durcheinander, sie haben durcheinandergeredet, redet nicht durcheinander!** reden, ohne den anderen zuzuhören: *Wenn alle durcheinanderreden, verstehe ich gar nichts!*

die **Durch|fahrt** (Nomen) **der Durchfahrt, die Durchfahrten**
❶ das Fahren durch etwas hindurch, z. B. durch ein Tor, eine Einfahrt usw.: *Durchfahrt verboten!*
❷ eine Stelle, an der man irgendwo durchfahren kann: *Bitte die Durchfahrt frei halten!*

durch|fal|len (Verb) **du fällst durch, er fiel durch, sie ist durchgefallen, fall(e) nicht durch!**
❶ besonders SCHULE · UNIVERSITÄT eine Prüfung nicht bestehen: *Er ist mit Pauken und Trompeten durchgefallen.*
❷ besonders THEATER · FILM überhaupt keinen Erfolg haben: *Ihr neuer Film ist bei Publikum und Kritik durchgefallen.*

durch|füh|ren (Verb) **du führst durch, er führte durch, sie hat durchgeführt, führ(e) durch!** etwas in die Tat umsetzen: *Wir werden das Ganze genau wie geplant durchführen.*

der **Durch|gang** (Nomen) **des Durchgang(e)s, die Durchgänge**
❶ das Durchgehen: *Durchgang nicht gestattet.*
❷ eine Tür oder ein Weg zum Durchgehen von einer Stelle zu einer anderen: *Dort ist ein Durchgang zum Nachbarhaus.*
❸ ein Teil eines mehrteiligen Ablaufs, z. B. bei einem Wettbewerb oder einer Wahl: *Bei der Klassensprecherwahl brauchen wir einen zweiten Durchgang.*

durch|gän|gig (Adjektiv) ≈ durchweg so, dass etwas immer zutrifft: *Ihre Leistungen waren durchgängig gut.*

durch|ge|hen (Verb) **du gehst durch, er ging durch, sie ist durchgegangen, geh(e) durch!**
❶ sich durch etwas hindurchbewegen: *durch eine Tür durchgehen*
❷ einen Punkt o. Ä. nach dem andern einzeln überprüfen: *die Anwesenheitsliste durchgehen*
❸ von der Größe her durch etwas passen: *Der Schrank geht nicht durch die Tür.*
❹ in Panik geraten und fliehen: *Die Herde ist durchgegangen.*
❺ etwas durchgehen lassen etwas nicht bestrafen oder kritisieren: *So ein Benehmen hätte ich nicht durchgehen lassen.*

durch|ge|hend (Adjektiv) ≈ ununterbrochen ohne Pause: *Sonntags durchgehend warme Küche.*

durch|hal|ten (Verb) **du hältst durch, er hielt durch, sie hat durchgehalten, halt(e) durch!** in einer schwierigen Situation nicht aufgeben: *Bis zur Abschlussprüfung müssen wir noch ein Jahr durchhalten.*

durch|kom|men (Verb) **du kommst durch, er kam durch, sie ist durchgekommen, komm(e) durch!**
1 es trotz Schwierigkeiten schaffen, ein Ziel zu erreichen: *Trotz des Staus sind wir gut durchgekommen.*
2 TELEFON mit der gewählten Nummer verbunden werden
3 eine lebensbedrohliche Situation überleben: *Seit Mitternacht ist den Ärzten klar, dass er durchkommen wird.*
4 mit etwas durchkommen mit einer Lüge oder einem Trick Erfolg haben: *Damit kommt ihr bei mir nicht durch!*

durch|las|sen (Verb) **du lässt durch, er ließ durch, sie hat durchgelassen, lass(e) durch!** jemanden/etwas durchlassen zulassen, dass jemand/etwas durch etwas hindurchkommt: *Könnt ihr mich mal bitte durchlassen?* • *Dieser Stoff hält Regen ab, aber lässt die Luft durch.*

durch|le|sen (Verb) **du liest durch, er las durch, sie hat durchgelesen, lies durch!** etwas vom Anfang bis zum Ende lesen: *Bitte vor Gebrauch gut durchlesen!*

der **Durch|mes|ser** (Nomen) **des Durchmessers, die Durchmesser** GEOMETRIE die Strecke zwischen den Schnittpunkten eines Kreises mit einer Geraden, die dessen Mittelpunkt durchläuft: *Die Erde hat einen Durchmesser von knapp 13000 Kilometern.*

durch|neh|men (Verb) SCHULE **du nimmst durch, er nahm durch, sie hat durchgenommen, nimm durch!** etwas im Unterricht besprechen

durch|que|ren (Verb) **du durchquerst, er durchquerte, sie hat durchquert, durchquer(e)!** sich durch ein Gebiet bewegen: *Wale durchqueren alle Weltmeere.*

durch|rei|ßen (Verb) **du reißt durch, er riss durch, sie hat/ist durchgerissen, reiß(e) durch!**
1 etwas durchreißen **hat durchgerissen** etwas in zwei Teile reißen: *Ich habe den Faden durchgerissen.*
2 etwas reißt durch **ist durchgerissen** in zwei Teile gerissen werden: *Das Abschleppseil ist durchgerissen.*

die **Durch|sa|ge** (Nomen) **der Durchsage, die Durchsagen** eine wichtige Nachricht, die aus aktuellem Anlass über Lautsprecher/Radio/TV gebracht wird

durch|schau|en (Verb) **du durchschaust, er durchschaute, sie hat durchschaut, durchschau(e)!**
1 die wahre Absicht oder den wahren Charakter von jemandem/etwas erkennen: *Ich habe dich längst durchschaut!*
2 ein System, Regeln o. Ä. bis ins Einzelne verstehen: *Für Außenstehende sind die Strukturen oft nicht leicht zu durchschauen.*

durch|schnei|den[1] (Verb) **du schneidest durch, er schnitt durch, sie hat durchgeschnitten, schneid(e) durch!** etwas durchschneiden etwas in zwei oder mehrere Teile schneiden: *Kannst du bitte den Kuchen durchschneiden?*

durch|schnei|den[2] (Verb) **du durchschneidest, er durchschnitt, sie hat durchschnitten, durchschneid(e)!** etwas mit einem scharfen Gegenstand in zwei Teile schneiden: *Zur Werkseröffnung wurde symbolisch ein rotes Band durchschnitten.*

der **Durch|schnitt** (Nomen) **des Durchschnitt(e)s, die Durchschnitte**
1 MATHEMATIK der mittlere Wert mehrerer Zahlen/Größen: *Der Durchschnitt der Noten in der Mathearbeit liegt bei 3,2.*
2 etwas von mittlerer Qualität, jemand mit mittlerem Können: *Die Aufführung war höchstens Durchschnitt.*
3 über/unter dem Durchschnitt besser/schlechter als die meisten: *In Mathe liegt sie weit über dem Durchschnitt.*

durch|schnitt|lich (Adjektiv)
1 dem Durchschnitt oder mittleren Wert entsprechend: *Männer werden in Deutschland heute durchschnittlich 75,6 Jahre alt.*
2 von mittlerer Qualität: *Er war immer nur ein durchschnittlicher Schüler.*

durch|set|zen (Verb) **du setzt durch, er setzte durch, sie hat durchgesetzt, setz(e) durch!**
1 etwas durchsetzen etwas trotz Schwierigkeiten verwirklichen: *Nach und nach sind viele Gesetze zum Schutz der Familie durchgesetzt worden.*
2 sich durchsetzen trotz Schwierigkeiten sein Ziel erreichen: *Der Star konnte sich mit seinen Honorarforderungen nicht durchsetzen.*
3 etwas setzt sich durch etwas wird nach einiger Zeit akzeptiert (und üblich): *Lange glaubte man, das 3-D-Fernsehen könne sich nicht durchsetzen.*

durch|sich|tig (Adjektiv)
❶ ≈transparent so dünn, dass man hindurchschauen kann: *Für die Verpackung nehme ich eine durchsichtige Folie.*
❷ einfach zu durchschauen: *Was für eine durchsichtige Ausrede!*

durch|ste|hen (Verb) **du stehst durch, er stand durch, sie hat durchgestanden, steh(e) durch!**
etwas durchstehen etwas trotz der Hindernisse überstehen/aushalten

durch|strei|chen (Verb) **du streichst durch, er strich durch, sie hat durchgestrichen, streich(e) durch!** einen Strich durch etwas machen und damit als ungültig kenntlich machen: *Bitte Ungültiges durchstreichen!*

durch|su|chen (Verb) **du durchsuchst, er durchsuchte, sie hat durchsucht, durchsuch(e)!**
❶ etwas durchsuchen irgendwo gründlich suchen, um etwas zu finden: *Ich habe den ganzen Rucksack nach meinem Schlüssel durchsucht.*
❷ jemanden durchsuchen in jemandes Kleidung/an jemandes Körper nach etwas Verstecktem suchen: *Alle Besucher wurden nach Waffen durchsucht.*

die **Durch|wahl** (Nomen) **der Durchwahl, die Durchwahlen** TELEFON die direkte Wahl einer Telefonnummer, ohne dass man verbunden werden muss

durch|weg (Adverb) ohne Ausnahme: *Kira hat durchweg sehr gute Noten in Mathe.*

durch|zie|hen (Verb) **du ziehst durch, er zog durch, sie ist/hat durchgezogen, zieh(e) durch!**
❶ ist durchgezogen sich (langsam) durch ein Gebiet hindurchbewegen: *Im Herbst ziehen hier die Kraniche durch.*
❷ hat durchgezogen etwas durchziehen umgangssprachlich eine Sache (trotz Schwierigkeiten) zu Ende bringen: *Was ich einmal angefangen habe, ziehe ich auch durch.*

dür|fen (Verb) **du darfst, er durfte, sie hat gedurft** ⚠ als Vollverb: „hat ins Kino gedurft", aber als Hilfsverb: „hat bleiben dürfen"
❶ die Erlaubnis, das Recht oder guten Grund zu etwas haben: *Darf ich Felix besuchen? • Hier darf man nicht parken.*
❷ verwendet, um jemandem ein höfliches Angebot zu machen: *Darf ich Ihnen etwas zu trinken bringen?*
❸ verwendet, um einen Rat oder Wunsch auszusprechen: *Du darfst jetzt nicht aufgeben! • Das darf einfach nicht geschehen!*
❹ im Konjunktiv II gebraucht verwendet, um eine Vermutung auszusprechen: *Dafür dürfte das Geld eigentlich reichen.*

dürf|tig (Adjektiv) **dürftiger, am dürftigsten**
❶ sehr arm: *in dürftigen Verhältnissen aufwachsen*
❷ abwertend von nicht ausreichender Qualität: *Das Referat war ausgesprochen dürftig.*

dürr (Adjektiv) **dürrer, am dürrsten**
❶ viel zu mager: *ein langer, dürrer Typ*
❷ vertrocknet und brüchig: *Für das Feuer brauchen wir noch dürre Äste.*
❸ ausgetrocknet und unfruchtbar: *Auf dem dürren Boden wächst leider nichts mehr.*

die **Dür|re** (Nomen) **der Dürre, die Dürren** ≈Trockenheit eine Zeit, in der es nicht regnet und der Boden austrocknet

der **Durst** (Nomen) nur im Singular **des Durst(e)s**
❶ ein starkes Bedürfnis, etwas zu trinken
❷ im übertragenen Sinn ein übermächtiger Wunsch: *Die Proteste waren Ausdruck des Durstes nach Freiheit und Demokratie.*
❸ seinen Durst löschen so viel trinken, dass man keinen Durst mehr hat

durs|tig (Adjektiv) **durstiger, am durstigsten**
durstig sein ein starkes Bedürfnis haben, etwas zu trinken

die **Du|sche** (Nomen) **der Dusche, die Duschen**
❶ ≈Brause eine Vorrichtung, aus der Wasser zum Waschen des Körpers kommt
❷ eine Kabine oder ein abgetrennter Raum mit einer oder mehreren Duschen
❸ eine kalte Dusche umgangssprachlich eine plötzliche Enttäuschung: *Die Absage war wie eine kalte Dusche für mich.*

du|schen (Verb) **du duschst, er duschte, sie hat geduscht, dusch(e)!**
(sich) duschen sich unter einer Dusche den Körper waschen

die **Dü|se** (Nomen) **der Düse, die Düsen** TECHNIK ein sich nach vorn verengendes Rohr, aus dem eine Flüssigkeit oder ein Gas mit erhöhtem Druck austritt

dü|sen (Verb) umgangssprachlich **du düst, er düste, sie ist gedüst, düs(e)!** mit einem Fahrzeug schnell irgendwohin fahren

düs|ter (Adjektiv) **düst(e)rer, am düstersten**
① wenig beleuchtet, ziemlich dunkel: *eine düstere Kneipe*
② ≈ unheimlich, bedrohlich *eine düstere Atmosphäre*
③ wenig erfolgversprechend: *ziemlich düstere Aussichten*

das **Dut|zend** (Nomen) **des Dutzends, Dutzende**
① ein Dutzend eine Menge von 12 Stück oder Personen: *Für die Party brauchen wir vier Dutzend Gläser.*
② jemandem etwas ein Dutzend Mal sagen jemandem etwas sehr oft sagen: *Ich habe euch schon ein Dutzend Mal gesagt, dass ihr die Tür abschließen sollt!*

dut|zend|mal (Adverb) umgangssprachlich sehr oft

du|zen (Verb) **du duzt, er duzte, sie hat geduzt, duz(e)!** zu jemandem du sagen: *Sie kennen sich erst seit gestern, dennoch duzen sie sich bereits.* siehe auch → **siezen**

das **DVB** (Nomen) **nur im Singular des DVB(s)** Abkürzung von: Digital Video Broadcasting die Übertragung von digitalem Fernsehen

die **DVD** (Nomen) **der DVD, die DVDs** Abkürzung von: digital versatile disc eine Disc wie eine CD, mit der man Filme speichern und abspielen kann

der **DVD-Pla|yer** (Nomen) [deːfaʊˈdeːpleɪɐ] **des DVD-Players, die DVD-Player** ein Gerät zum Abspielen von DVDs mit dem Fernsehgerät

die **Dy|na|mik** (Nomen) [dyˈnaːmɪk] **der Dynamik, die Dynamiken**
① einer Person, einer Entwicklung die Kraft, die jemanden/etwas antreibt: *Der Mädchenfußball hat eine eigene Dynamik entwickelt.*
② nur im Singular PHYSIK die Lehre von den durch Kräfte beeinflussten Bewegungen

dy|na|misch (Adjektiv) **dynamischer, am dynamischsten**
① sich dauernd bewegend und verändernd: *Wachstum ist ein dynamischer Prozess.*
② voller Energie: *ein sehr dynamischer und laufstarker Offensivspieler*

das **Dy|na|mit, Dy|na|mit** (Nomen) [dynaˈmiːt] nur im Singular **des Dynamits** ein äußerst wirkungsvoller Sprengstoff

der **Dy|na|mo, Dy|na|mo** (Nomen) [dyˈnaːmo, ˈdyːnamo] **des Dynamos, die Dynamos** ein Gerät, das elektrischen Strom erzeugt

E

das **E, e** (Nomen) **des E, die E** der fünfte Buchstabe im Alphabet siehe auch → **A**

die **Eb|be** (Nomen) Plural selten **der Ebbe, die Ebben**
① GEOGRAFIE der niedrige Stand des Meerwassers oder die Zeit an der Küste, in der das Meerwasser durch die Gezeiten zurückgeht: *Bei Ebbe darf man ins Watt laufen.*
② umgangssprachlich zu wenig Geld: *In der Klassenkasse herrscht mal wieder Ebbe.*

eben[1] (Adverb)
① in diesem Moment oder vor ganz kurzer Zeit: *Ich habe den Schlüssel doch eben noch gesehen! • Ich wollte eben aufbrechen, da klingelte das Telefon.*
② mit Mühe: *Das kann man gerade eben durchgehen lassen.*

eben[2] (Adjektiv)
① flach und waagerecht, ohne deutlich tiefere und höhere Stellen: *für das Zelt eine ebene Stelle suchen • Die Tischplatte ist nicht ganz eben.*
② zu ebener Erde im Erdgeschoss

eben[3] (Partikel)
① ≈ nun mal drückt aus, dass man etwas nicht ändern kann: *So ist das eben. • Ich mag ihn eben nicht.*
② drückt als Antwort aus, dass man eine Aussage bestätigt: *Das ist doch blöd! – Eben, das sage ich doch!*
③ nicht eben überhaupt nicht: *Das war nicht eben nett von ihr.*

die **Ebe|ne** (Nomen) **der Ebene, die Ebenen**
① GEOGRAFIE ein größeres Gebiet flachen Landes
② GEOMETRIE eine nicht gekrümmte Fläche
③ ≈ Niveau, Stufe eine bestimmte Höhe oder Qualität: *Die Verhandlungen finden auf gleicher Ebene statt.*

eben|falls (Adverb) ≈ auch, gleichfalls genauso wie etwas anderes, in gleicher Weise

eben|so (Adverb) ≈ genauso auf dieselbe Art und Weise: *Ich bin über sein Benehmen ebenso entsetzt wie ihr.*

das **E-Book** (Nomen) ['i:bʊk] **des E-Book(s), die E-Books** kurz für Electronic Book ein digitalisiertes Buch, das man sich aus dem Internet herunterladen kann

das **Echo** (Nomen) **des Echos, die Echos**
1 ein zwei- oder mehrfach hörbarer Klang, der durch die Reflexion von Schallwellen entsteht
2 die positive oder negative Reaktion auf etwas: *Der Spendenaufruf fand ein großes Echo.*

echt (Adjektiv)
1 nicht falsch oder nachgemacht: *Sind das echte Diamanten?*
2 von ganz typischer Art: *Kevin ist ein echter New Yorker.*
3 in echt umgangssprachlich in Wirklichkeit

die **Echt|heit** (Nomen) nur im Singular **der Echtheit** die Tatsache, dass etwas nicht falsch oder nachgemacht ist: *die Echtheit des Kunstwerks*

die **EC-Kar|te, ec-Kar|te** (Nomen) **der EC-Karte, die EC-Karten** eine Bankkarte, mit der man bargeldlos zahlen oder Bargeld abheben kann

die **Ecke** (Nomen) **der Ecke, die Ecken**
1 nicht rund oder abgerundet die Stelle, an der zwei Linien, Flächen oder Kanten einen Winkel bilden
2 ≈ Straßenecke Stelle, an der zwei Straßen aufeinanderstoßen: *An der Ecke macht eine Eisdiele auf.*
3 SPORT ≈ Eckball beim Fußball ein Freistoß, ausgeführt von der Eckfahne aus
4 an allen Ecken und Enden umgangssprachlich in allen möglichen Bereichen

eckig (Adjektiv) **eckiger, am eckigsten**
1 nicht rund oder abgerundet: *ein eckiger Esstisch*
2 nicht harmonisch: *eckige Bewegungen*

der **Eck|zahn** (Nomen) **des Eckzahn(e)s, die Eckzähne** ein spitzer Zahn zwischen Schneide- und Backenzähnen

edel (Adjektiv) **edler, am edelsten**
1 gehoben ≈ menschlich, großzügig *Sein Großvater war ein edler Mensch.*
2 ≈ wertvoll, hochklassig *ein edler Rotwein*

das **Edel|me|tall** (Nomen) **des Edelmetall(e)s, die Edelmetalle** ein seltenes, wertvolles Metall, besonders Silber, Gold, Platin

der **Edel|stahl** (Nomen) nur im Singular **des Edelstahl(e)s** ein besonders hochwertiger, rostfreier Stahl

der **Edel|stein** (Nomen) **des Edelstein(e)s, die Edelsteine** ≈ Schmuckstein besonders Mineral ein seltener, kostbarer Stein, der zu Schmuck verarbeitet wird

die **EDV** (Nomen) nur im Singular **der EDV** Abkürzung von: elektronische Datenverarbeitung die Erfassung und Bearbeitung von Daten mithilfe des Computers

der **Efeu** (Nomen) nur im Singular **des Efeus** BOTANIK eine immergrüne Kletterpflanze, die sich an Bäumen und Mauern hochrankt

der **Ef|fekt** (Nomen) **des Effekt(e)s, die Effekte**
1 die Wirkung oder Folge von etwas: *Seine ermahnenden Worte erzielten nicht den gewünschten Effekt.*
2 auch FILM · THEATER · MUSIK etwas, was beeindruckend oder überraschend wirken soll: *Der Film ist an gruseligen Effekten kaum zu überbieten.*

ef|fek|tiv (Adjektiv) **effektiver, am effektivsten**
1 ≈ wirksam, wirkungsvoll *eine äußerst effektive Methode*
2 ≈ tatsächlich, wirklich *Der effektive Nutzen ist gering.*

ef|fi|zi|ent (Adjektiv) gehoben **effizienter, am effizientesten** ≈ wirkungsvoll mit vorgegebenem Aufwand möglichst viel erreichen: *du musst deine Kräfte so effizient wie möglich einsetzen*

die **Ef|fi|zi|enz** (Nomen) gehoben **der Effizienz, die Effizienzen** die Leistungsfähigkeit als Verhältnis zwischen Nutzen und Aufwand: *Technische Geräte haben eine hohe Effizienz, wenn sie ihren Zweck gut erfüllen und dabei wenig Strom verbrauchen.*

egal (Adjektiv) umgangssprachlich
etwas ist jemandem egal etwas interessiert oder stört jemanden nicht: *Mir doch egal! · Es ist mir egal, wann ihr kommt.*

der **Ego|is|mus** (Nomen) **des Egoismus, die Egoismen** eine Einstellung und Handlungsweise, bei der nur der eigene Vorteil wichtig ist

ego|is|tisch (Adjektiv) **egoistischer, am egoistischsten** nur auf den eigenen Vorteil bedacht

eh (Adverb)
1 besonders süddeutsch sowieso, ohnehin schon

② wie eh und je wie schon immer
③ seit eh und je schon immer
ehe (Konjunktion) ≈ bevor vor dem genannten Zeitpunkt: *Ich muss noch aufräumen, ehe ich ins Schwimmbad kann.*
die **Ehe** (Nomen) **der Ehe, die Ehen** ein Bund eines Paares, das sich vor einem Priester oder Beamten versprochen hat, sich zu lieben und zusammenzubleiben
die **Ehe|frau** (Nomen) **der Ehefrau, die Ehefrauen** eine verheiratete Frau; die Frau, mit der ein Mann verheiratet ist
ehe|ma|lig (Adjektiv)
① früher, damalig: *Das ist meine ehemalige Schule.*
② die Ehemaligen besonders SCHULE die früheren Schüler einer Klasse oder Schule
ehe|mals (Adverb) ≈ früher in früheren Zeiten
der **Ehe|mann** (Nomen) **des Ehemann(e)s, die Ehemänner** ein verheirateter Mann; der Mann, mit dem eine Frau verheiratet ist
das **Ehe|paar** (Nomen) **des Ehepaar(e)s, die Ehepaare** zwei Menschen, die miteinander verheiratet sind
eher (Adverb)
① früher als jemand/etwas anderes
② mit größerer Wahrscheinlichkeit: *Eher gehe ich zu Fuß, als dass ich mich auf den Gepäckträger setze.*
③ im Verhältnis gesehen: *Sie führen ein eher bescheidenes Leben.*
④ je eher, je lieber so früh wie irgend möglich
⑤ Komparativ von → **bald**
der **Ehe|ring** (Nomen) **des Ehering(e)s, die Eheringe** ≈ Trauring ein Ring, den jemand trägt zum Zeichen, dass er verheiratet ist
die **Eh|re** (Nomen) nur im Singular **der Ehre**
① die innere Würde und Selbstachtung: *Diese Bemerkung geht gegen meine Ehre!*
② es geht um die Ehre es geht um das Ansehen, nicht um einen Vorteil
③ etwas ist jemandem eine Ehre jemand ist stolz darauf, dass er etwas tun darf
④ jemandem die letzte Ehre erweisen gehoben zu jemandes Beerdigung gehen
eh|ren (Verb) **du ehrst, er ehrte, sie hat geehrt, ehr(e)!**
① jemanden ehren jemanden für seine Verdienste auszeichnen: *In einer Feierstunde wurden die Lebensretter geehrt.*
② etwas ehrt jemanden etwas macht jemanden ein bisschen stolz: *Das Angebot ehrt mich, aber …*
eh|ren|amt|lich (Adjektiv)
etwas ehrenamtlich tun freiwillig und ohne Bezahlung einer Arbeit nachgehen, die dem Wohl der Gemeinschaft nützt
der **Eh|ren|gast** (Nomen) **des Ehrengast(e)s, die Ehrengäste** eine Person, die bei einer Feier besonders geehrt wird
das **Eh|ren|wort** (Nomen) **des Ehrenwort(e)s, die Ehrenworte**
jemandem sein Ehrenwort geben jemandem ein Versprechen geben und dieses zusätzlich bekräftigen
die **Ehr|furcht** (Nomen) nur im Singular **der Ehrfurcht** eine Haltung, die große Achtung und Respekt ausdrückt
der **Ehr|geiz** (Nomen) nur im Singular **des Ehrgeizes** ein starkes Bemühen, erfolgreich zu sein
ehr|lich (Adjektiv) **ehrlicher, am ehrlichsten**
① gewohnt, die Wahrheit zu sagen und nicht zu lügen
② ehrlich gesagt oder ich muss ehrlich sagen das möchte ich offen und ohne Beschönigung sagen: *Ehrlich gesagt, kann ich deinen Freund nicht leiden.*
③ gewohnt, nicht zu täuschen oder zu betrügen: *Er hat das Geld nicht gestohlen; er ist ein ehrlicher Mensch.*
④ wahr und nicht vorgetäuscht: *Er hat ehrliche Gefühle für sie.*
⑤ Ehrlich währt am längsten. Auf Dauer setzt sich der durch, der aufrichtig und anständig ist.
die **Ehr|lich|keit** (Nomen) nur im Singular **der Ehrlichkeit** ein aufrichtiges Verhalten ohne Täuschung oder Lüge
das **Ei** (Nomen) **des Ei(e)s, die Eier**
① BIOLOGIE eine weibliche Keimzelle: *Das Ei wird befruchtet.*
② ZOOLOGIE ein meist ovales Gebilde aus dem Körper eines Tieres, das sich zu einem jungen Tier entwickelt: *Die Küken schlüpfen aus den Eiern.*
③ GASTRONOMIE das Ei eines Huhns o. Ä., das als Nahrung zubereitet wird: *ein weich gekochtes Ei zum Frühstück*
④ Ach, du dickes Ei! umgangssprachlich überrascht Das ist unglaublich!
die **Ei|che** (Nomen) **der Eiche, die Eichen** BOTANIK ein Laubbaum mit sehr hartem Holz

die **Ei|chel** (Nomen) **der Eichel, die Eicheln**
❶ BOTANIK die Frucht der Eiche
❷ ANATOMIE die leicht verdickte Spitze des Penis

das **Eich|hörn|chen** (Nomen) **des Eichhörnchens, die Eichhörnchen** ZOOLOGIE ein kleines, rot- bis dunkelbraunes Nagetier mit buschigem Schwanz, das sehr gut klettern kann

der **Eid** (Nomen) **des Eid(e)s, die Eide** ≈ Schwur eine feierliche Erklärung, bei der man schwört, die Wahrheit zu sagen/bestimmte Gesetze zu befolgen: *Abgeordnete müssen einen Eid auf die Verfassung ablegen.*

der **Ei|er|be|cher** (Nomen) **des Eierbechers, die Eierbecher** ein kleines Gefäß, aus dem ein gekochtes Ei gelöffelt wird

der **Ei|er|ku|chen** (Nomen) **des Eierkuchens, die Eierkuchen** ≈ Pfannkuchen ein meist runder gebratener Teig aus Eiern, Mehl, Milch und Zucker

die **Ei|er|scha|le** (Nomen) **der Eierschale, die Eierschalen** die Kalkschale des Eis

die **Ei|fer|sucht** (Nomen) **nur im Singular der Eifersucht** die (oft übertriebene) Angst, einen geliebten Menschen an jemand anderen zu verlieren

ei|fer|süch|tig (Adjektiv) **eifersüchtiger, am eifersüchtigsten**
❶ voller Angst, dass einem jemand einen geliebten Menschen wegnehmen könnte: *Pauls Freundin ist krankhaft eifersüchtig.*
❷ auf jemanden eifersüchtig sein jemanden verdächtigen, er wolle einem einen geliebten Menschen wegnehmen: *Mein Hund ist auf jeden eifersüchtig, mit dem ich spreche.*

ei|gen (Adjektiv)
❶ jemandem oder zu jemandem gehörend: *Zum Geburtstag hat er endlich sein eigenes Handy bekommen.*
❷ etwas mit eigenen Augen gesehen haben etwas selbst gesehen haben: *Sie hat ihm das Buch weggenommen. Ich habe es mit eigenen Augen gesehen.*
❸ eigen sein in bestimmten Dingen sehr genau und empfindlich sein: *Ordnung muss sein, da bin ich eigen!*

ei|gen|ar|tig (Adjektiv) **eigenartiger, am eigenartigsten** ≈ seltsam, merkwürdig anders als gewohnt

der **Ei|gen|na|me** (Nomen) **des Eigennamens, die Eigennamen** SPRACHE feststehende Bezeichnung für eine Person, Sache, ein Ereignis usw.: *Eigennamen sind beispielsweise „Jacob Grimm", „Astrid", „Weimarer Republik", „Berlin" usw. Sie werden immer großgeschrieben.*

ei|gens (Adverb) ≈ extra nur aus diesem Grund: *Diesen neuen Anzug hat er sich eigens für das Vorstellungsgespräch gekauft.*

die **Ei|gen|schaft** (Nomen) **der Eigenschaft, die Eigenschaften**
❶ ≈ Merkmal *Auch Anna hat nicht nur gute Eigenschaften.*
❷ in seiner Eigenschaft als ... in der Funktion/Rolle als ...: *Ich spreche hier in meiner Eigenschaft als Klassenlehrer.*

das **Ei|gen|schafts|wort** (Nomen) GRAMMATIK **des Eigenschaftswort(e)s, die Eigenschaftswörter**
siehe auch → **Adjektiv**

ei|gen|stän|dig (Adjektiv) **eigenständiger, am eigenständigsten** ≈ selbstständig von anderen unabhängig

ei|gent|lich[1] (Adjektiv) ≈ tatsächlich, wirklich der Wirklichkeit/Wahrheit entsprechend: *Den eigentlichen Grund für die Absage haben wir erst Wochen später erfahren.*

ei|gent|lich[2] (Adverb)
❶ in Wirklichkeit: *Eigentlich hieß Mark Twain Samuel Clemens.*
❷ ursprünglich, im Gegensatz zu später: *Eigentlich wollte ich Schauspielerin werden.*
❸ genau genommen: *Eigentlich hat sie recht.*

ei|gent|lich[3] (Partikel) überhaupt: *Was wollt ihr eigentlich?*

das **Ei|gen|tum** (Nomen) **nur im Singular des Eigentums** etwas, was jemandem rechtmäßig gehört

der **Ei|gen|tü|mer** (Nomen) **des Eigentümers, die Eigentümer** RECHT jemand, dem etwas rechtmäßig gehört: *Das kann nur der Eigentümer entscheiden.*

die **Ei|gen|tü|me|rin** (Nomen) **der Eigentümerin, die Eigentümerinnen**
Femininform von → **Eigentümer**

sich **eig|nen** (Verb) **du eignest dich, er eignete sich, sie hat sich geeignet, eigne dich!** passend/geeignet sein: *Wegen seiner aufbrausenden Art eignet er sich nicht zum Trainer.*

die **Ei|le** (Nomen) **nur im Singular der Eile**
❶ der Zeitdruck, unter dem etwas/jemand steht: *In der Eile vergaß sie, das Mathebuch einzupacken.*

❷ etwas hat keine Eile etwas ist nicht dringend und kann warten

ei|len (Verb) **du eilst, er eilte, sie hat/ist geeilt, eil(e)!**
❶ hat geeilt · Angelegenheit so schnell wie möglich erledigt werden müssen: *Es eilt sehr!*
❷ ist geeilt · jemand so schnell wie möglich irgendwohin laufen/fahren

ei|lig (Adjektiv) **eiliger, am eiligsten**
❶ dringend: *eine eilige Angelegenheit*
❷ es eilig haben versuchen, so schnell wie möglich irgendwohin zu kommen: *Lassen Sie mich bitte durch, ich hab's eilig.*

der **Ei|mer** (Nomen) **des Eimers, die Eimer**
❶ ein Gefäß mit Henkel zum Transport von Flüssigkeiten
❷ im Eimer sein umgangssprachlich kaputt/verdorben sein

ein[1], **ei|ne, ei|ner, ei|nes** (Artikel)
❶ begleitet als unbestimmter Artikel Nomen: *ein Hund, eine Katze und ein Kaninchen*
❷ nicht verschieden: *Wir sind immer einer Meinung.*
❸ eine Person/Sache im Unterschied zu anderen: *Mein einer Fuß tut weh. · Der eine kann's, der andere nicht.*

ein[2] (Adverb)
❶ verwendet auf Schaltern von Geräten als Hinweis, wo man sie einschalten kann
❷ irgendwo ein und aus gehen regelmäßig zu Besuch kommen
❸ weder ein noch aus wissen verzweifelt sein und nicht wissen, was man tun soll

ein[3] (Zahlwort)
❶ als Ziffer: 1: *Nimm noch ein oder zwei Paar Socken mit. · Ich habe nur einen Fehler im Diktat!* siehe auch → **acht**
❷ nicht ein kein: *Er hat nicht ein Tor geschossen.*
❸ jemandes Ein und Alles sein jemandem so wichtig sein, dass sein Glück davon abhängt: *Der Hund ist wirklich ihr Ein und Alles.*

ein[4], **ein|e, ein|er, ein|es** (Pronomen) jemand: *Das kann einen nur wundern. · Einer muss sich dafür melden.*

ei|nan|der, ein|an|der (Pronomen) gehoben eine Person der anderen, sich gegenseitig: *Sie gefallen einander sehr.*

ein|at|men (Verb) **du atmest ein, er atmete ein, sie hat eingeatmet, atme ein!** Atemluft durch Nase oder Mund aufnehmen: *Atme doch mal tief ein.*

die **Ein|bahn|stra|ße** (Nomen) **der Einbahnstraße, die Einbahnstraßen**
VERKEHR eine Straße, in der die Fahrzeuge nur in einer vorgeschriebenen Richtung fahren dürfen

ein|bau|en (Verb) **du baust ein, er baute ein, sie hat eingebaut, bau(e) ein!**
etwas in etwas einbauen etwas zusätzlich in etwas einfügen: *ein Ersatzteil in ein Auto einbauen*

sich **ein|bil|den** (Verb) **du bildest dir ein, er bildete sich ein, sie hat sich eingebildet, bild(e) dir ein!**
sich etwas einbilden auf seine Fähigkeiten usw. stolz/arrogant/überheblich sein: *Darauf kannst du dir etwas einbilden!*
Fantasievorstellungen haben: *Das bildest du dir doch nur ein!*

ein|bin|den (Verb) **du bindest ein, er band ein, sie hat eingebunden, bind(e) ein!**
❶ einen festen Einband um ein Buch o. Ä. machen
❷ ≈ integrieren zum (aktiven) Teil von etwas machen: *die Schüler in die Gestaltung des Unterrichts einbinden*

ein|bre|chen (Verb) **du brichst ein, er brach ein, sie hat/ist eingebrochen, brich nicht ein!**
❶ hat eingebrochen mit Gewalt in ein Gebäude/Zimmer eindringen
❷ ist eingebrochen durch etwas fallen, weil der Untergrund nachgibt: *Letzten Winter ist er im Eis eingebrochen.*

der **Ein|bre|cher** (Nomen) **des Einbrechers, die Einbrecher** ein Dieb, der mit Gewalt irgendwo eindringt

die **Ein|bre|che|rin** (Nomen) **der Einbrecherin, die Einbrecherinnen**
Femininform von → **Einbrecher**

ein|brin|gen (Verb) **du bringst ein, er brachte ein, sie hat eingebracht, bring(e) ein!**
❶ etwas bringt etwas/nichts ein etwas bringt einen/keinen Gewinn oder Nutzen: *Diese Tätigkeit bringt eine Menge Geld ein.*
❷ etwas in etwas einbringen etwas zu etwas beitragen: *Diesen Vorschlag hat Frau Müller eingebracht.*
❸ sich in etwas einbringen sich mit seiner Person sinnvoll an etwas beteiligen: *sich im Unterricht einbringen*

der **Ein|bruch** (Nomen) **des Einbruch(e)s, die Einbrüche**
❶ RECHT das gewaltsame Eindringen in ein Gebäude oder Zimmer: *Der Einbruch geschah, als keiner da war.*
❷ der Beginn von etwas: *der Einbruch des Winters • bei Einbruch der Nacht*

ein|bür|gern (Verb) **du bürgerst ein, er bürgerte ein, sie hat eingebürgert, bürg(e)re ein!**
❶ jemanden einbürgern jemanden zum Bürger eines Staates machen
❷ eine Pflanze oder ein Tier in einem Gebiet heimisch machen
❸ etwas bürgert sich ein etwas wird üblich: *Es wäre schön, wenn sich hier ein freundlicherer Ton einbürgern würde.*

die **Ein|bür|ge|rung** (Nomen) **der Einbürgerung, die Einbürgerungen**
❶ POLITIK die Verleihung der Staatsbürgerschaft an jemanden
❷ die Ansiedlung einer Pflanze oder eines Tieres in neuem Gebiet

der **Ein|bür|ge|rungs|test** (Nomen) **des Einbürgerungstests, die Einbürgerungstests** eine Prüfung für Ausländer, die eingebürgert werden wollen, bei der Fragen über den Staat beantwortet werden müssen

die **Ein|bu|ße** (Nomen) **der Einbuße, die Einbußen** der Verlust von etwas: *Die finanziellen Einbußen waren enorm.*

das **Ein|cent|stück, 1-Cent-Stück** (Nomen) **des Eincentstück(e)s, die Fünfcentstücke** eine Münze mit dem Nennwert 1 Cent

ein|cre|men (Verb) **du cremst ein, er cremte ein, sie hat eingecremt, crem(e) ein!** eine Creme auf jemandes Haut verteilen: *nach dem Baden das Baby eincremen*

ein|deu|tig (Adjektiv) **eindeutiger, am eindeutigsten**
❶ ≈ klar, unmissverständlich *Die Anweisung war doch eindeutig.*
❷ keinen Zweifel zulassend: *bisher ohne eindeutige Beweise*

ein|drin|gen (Verb) **du dringst ein, er drang ein, sie ist eingedrungen, dring(e) nicht ein!**
❶ durch etwas hindurchkommen und hineingelangen: *Nach dem Unfall in der Chemiefabrik drangen giftige Stoffe durch den Boden in das Grundwasser.*
❷ in etwas unerlaubt mit Gewalt hineingelangen: *Die Diebe sind durch das Fenster eingedrungen.*

ein|dring|lich (Adjektiv) **eindringlicher, am eindringlichsten** mit großem Nachdruck ausgesprochen: *eine eindringliche Warnung*

der **Ein|druck** (Nomen) **des Eindruck(e)s, die Eindrücke**
❶ die Wirkung, die etwas oder jemand auf jemanden hat: *Er hat einen guten Eindruck hinterlassen. • Das Haus macht den Eindruck, als sei es nicht bewohnt.*
❷ den Eindruck haben, dass … aufgrund dessen, was man sieht oder weiß, annehmen, dass …: *Ich habe den Eindruck, dass du schon eine ganze Menge über dieses Thema weißt.*
❸ Eindruck schinden umgangssprachlich etwas tun, um von anderen bewundert zu werden

ein|drucks|voll (Adjektiv) **eindrucksvoller, am eindrucksvollsten** Staunen oder Bewunderung auslösend: *ein eindrucksvoller Auftritt der ganzen Mannschaft*

ein|ein|halb (Zahlwort) als Ziffern: 1½, ein und ein halber oder halbes, eine und eine halbe

der **Ei|ner** (Nomen) **des Einers, die Einer**
❶ SPORT ein Boot für eine Person
❷ SPORT umgangssprachlich das 1-Meter-Brett
❸ nur im Plural MATHEMATIK die erste Ziffer (vor dem Komma) von rechts bei einer Zahl: *jeweils die Einer, Zehner und Hunderter addieren*

ei|ner|seits (Adverb)
meist in einerseits …, andererseits … auf der einen Seite …, auf der anderen Seite …: *Einerseits möchte ich gerne mit ins Kino gehen, andererseits muss ich noch lernen.*

das **Ein|eu|ro|stück, 1-Euro-Stück** (Nomen) **des Eineurostück(e)s, die Eineurostücke** eine Münze mit dem Nennwert 1 Euro

ein|fach (Adjektiv) **einfacher, am einfachsten**
❶ ≈ leicht ohne Probleme zu schaffen, verstehen usw.: *Der Test war total einfach!*
❷ ≈ schlicht auf das Nötige beschränkt: *Die Wohnung war ganz einfach eingerichtet.*
❸ nur zu einem Ort hin und nicht wieder zurück: *Eine einfache Fahrkarte nach Leipzig, bitte!*
❹ zur Verstärkung, Betonung verwendet: *Ich finde das Eis einfach super!*

die **Ein|fach|heit** (Nomen) nur im Singular **der Einfachheit**
❶ eine Art und Weise, die nicht kompliziert ist

2 der Kleidung, des Lebensstils eine schlichte, bescheidene Art
3 der Einfachheit halber damit es leichter oder schneller geht

die **Ein|fahrt** (Nomen) **der Einfahrt, die Einfahrten**
1 eine Stelle, an der man irgendwo hineinfahren kann: *Einfahrt frei halten!*
2 auch von Zug, Schiff das Hineinfahren in etwas: *Die Einfahrt des Zuges verzögert sich um wenige Minuten.*

der **Ein|fall** (Nomen) **des Einfalls, die Einfälle**
1 eine (plötzliche) Idee
2 auch MILITÄR ein plötzliches feindliches Eindringen

ein|fal|len (Verb) **du fällst ein, er fiel ein, sie ist eingefallen, fall(e) ein!**
1 jemandem fällt etwas ein jemand hat eine Idee: *Fällt dir denn gar nichts zu diesem Thema ein?* jemand erinnert sich an etwas: *Ist dir wieder eingefallen, was du mir vorhin sagen wolltest?*
2 sich etwas einfallen lassen eine Lösung finden: *Für dieses Problem habe ich mir schon etwas einfallen lassen.*
3 ≈ einstürzen *Der Kamin des alten Hauses ist eingefallen.*
4 Was fällt dir ein? das darfst du nicht, das ist unverschämt

ein|falls|los (Adjektiv) **einfallsloser, am einfallslosesten** langweilig, ideenlos: *Schon wieder so eine einfallslose Show!*

ein|falls|reich (Adjektiv) **einfallsreicher, am einfallsreichsten** reich an guten Ideen, voller Fantasie: *ein einfallsreicher Aufsatz*

ein|far|big (Adjektiv) von nur einer Farbe

der **Ein|fluss** (Nomen) **des Einflusses, die Einflüsse**
1 eine gewollte oder ungewollte Wirkung auf jemanden oder etwas: *Seine Freunde haben einen schlechten Einfluss auf ihn.*
2 ≈ Macht, Ansehen die Möglichkeit, über andere zu bestimmen: *Sie hat großen Einfluss in der Klasse.*

ein|frie|ren (Verb) **du frierst ein, er fror ein, sie hat/ist eingefroren, frier(e) ein!**
1 hat eingefroren etwas mithilfe von großer Kälte haltbar machen: *die Essensreste einfrieren*
2 hat eingefroren verhindern, dass sich etwas an etwas verändert, auf demselben Stand belassen: *Die Banken ließen die Konten der beteiligten Personen einfrieren.*
3 ist eingefroren durch Kälte unbenutzbar werden: *Die Wasserleitung ist eingefroren.*

ein|fü|gen (Verb) **du fügst ein, er fügte ein, sie hat eingefügt, füg(e) ein!**
1 ≈ einsetzen *Hier müssen Sie noch den Namen einfügen.*
2 sich einfügen sich an eine Umgebung oder Gemeinschaft anpassen: *Die neue Stute hat sich gut in die Herde eingefügt.*

ein|fühl|sam (Adjektiv) **einfühlsamer, am einfühlsamsten** ≈ sensibel fähig, sich in Situationen oder andere Menschen hineinzuversetzen

die **Ein|fuhr** (Nomen) **der Einfuhr, die Einfuhren**
1 nur im Singular ≈ Import das Hineinbringen von Waren in ein Land
2 meist im Plural die eingeführten Waren: *Die Einfuhren sind stark zurückgegangen.*

ein|füh|ren (Verb) **du führst ein, er führte ein, sie hat eingeführt, führ(e) ein!**
1 WIRTSCHAFT ≈ importieren in ein Land hineinbringen: *Waffen dürfen nicht eingeführt werden.*
2 etwas Neues verwenden oder festlegen: *völlig neue Methoden einführen*
3 etwas in etwas einführen in eine Öffnung etwas (vorsichtig) in etwas schieben

die **Ein|füh|rung** (Nomen) **der Einführung, die Einführungen**
1 die Festlegung von etwas Neuem oder die erstmalige Anwendung: *die Einführung von neuen Regeln • die Einführung eines neuen Lesebuchs in der Schule*
2 das Bekanntmachen mit etwas Neuem: *Die Schüler bekommen heute eine Einführung in das Rechnen mit Bruchzahlen.*

die **Ein|ga|be** (Nomen) **der Eingabe, die Eingaben**
1 nur im Singular das Eingeben von Daten in den Computer
2 bei einem Amt eine schriftliche Bitte oder Beschwerde

der **Ein|gang** (Nomen) **des Eingang(e)s, die Eingänge** die Tür, durch die man ein Gebäude betritt

ein|ge|ben (Verb) **du gibst ein, er gab ein, sie hat eingegeben, gib ein!**
1 INFORMATIK Daten in einen Computer als Information eingeben
2 jemandem etwas eingeben als Medikament usw. jemandem etwas in einer bestimmten Menge zu trinken geben oder einflößen

ein|ge|bil|det (Adjektiv) **eingebildeter, am eingebildetsten** abwertend ≈ arrogant überzeugt, man sei besser oder klüger als andere

ein|ge|hen (Verb) **du gehst ein, er ging ein, sie ist eingegangen, geh(e) ein!**
❶ geliefert werden, beim Empfänger ankommen: *Soeben ist deine E-Mail bei mir eingegangen.*
❷ auf etwas eingehen auf etwas reagieren oder antworten: *Vor der Klassenarbeit ist er auf alle Fragen der Schüler eingegangen.*
❸ enger werden: *Der Pulli ist beim Waschen eingegangen.*

ein|ge|hend (Adjektiv)
❶ ≈ gründlich, sorgfältig *Die Spuren am Tatort wurden eingehend untersucht.*
❷ beim Empfänger ankommend: *eingehende Anrufe*

das **Ein|ge|wei|de** (Nomen) meist im Plural **des Eingeweides, die Eingeweide** die inneren Organe

ein|gie|ßen (Verb) **du gießt ein, er goss ein, sie hat eingegossen, gieß(e) ein!** ein Getränk in ein Gefäß füllen: *Gieß mir bitte noch etwas Tee ein!*

ein|grei|fen (Verb) **du greifst ein, er griff ein, sie hat eingegriffen, greif(e) ein!** in etwas eingreifen sich in einen Vorgang einschalten, um das Ergebnis zu beeinflussen: *Um Schlimmeres zu verhindern, hat er in den Streit eingegriffen.*

der **Ein|griff** (Nomen) **des Eingriff(e)s, die Eingriffe**
❶ MEDIZIN eine Operation, besonders an den inneren Organen: *Der Eingriff dauerte mehrere Stunden.*
❷ eine unrechtmäßige Handlung, die etwas stark beeinflusst: *Das Zerstören eines Straßenschildes ist ein gefährlicher Eingriff in den Straßenverkehr.*

ein|hal|ten (Verb) **du hältst ein, er hielt ein, sie hat eingehalten, halt(e) ein!** etwas einhalten sich genau an etwas halten, etwas befolgen: *Du musst schon die Spielregeln einhalten!*

die **Ein|hal|tung** (Nomen) nur im Singular **der Einhaltung** die (strikte) Befolgung von etwas, meist von Regeln oder Zeitplänen

ein|hei|misch (Adjektiv)
❶ von Bevölkerung aus einem bestimmten Ort oder Gebiet kommend und dort lebend
❷ von Pflanzen, Tieren, Produkten aus dem eigenen Land stammend, dort vorkommend

der/die **Ein|hei|mi|sche** (Nomen) **des/der Einheimischen, die Einheimischen** jemand, der aus einem bestimmten Ort oder Gebiet kommt und dort lebt

die **Ein|heit** (Nomen) **der Einheit, die Einheiten**
❶ auch POLITIK das Zusammensein von zusammengehörenden Teilen, die so ein Ganzes bilden: *am 3. Oktober den Tag der Deutschen Einheit feiern*
❷ von Länge, Gewicht usw. eine bestimmte Größe, wie z. B. der Meter, die als Grundlage eines Maßsystems verwendet wird: *Entfernungen werden z. B. in den Einheiten Meter und Kilometer angegeben*

ein|heit|lich (Adjektiv) fast ohne Unterschiede: *Schuluniformen als einheitliche Kleidung*

ein|ho|len (Verb) **du holst ein, er holte ein, sie hat eingeholt, hol(e) ein!**
❶ ≈ ausgleichen *die Verspätung wieder einholen*
❷ jemanden einholen jemanden erreichen, der schon weiter weg ist: *Er ist eben erst gegangen, mit dem Fahrrad kann ich ihn bestimmt noch einholen.*
❸ ≈ einziehen, hereinholen *nach dem Fischen die Netze einholen*
❹ sich etwas Nützliches geben lassen: *Erkundigungen über jemanden einholen*

ein|hun|dert (Zahlwort) als Ziffern: 100
siehe auch → **achtzig**

ei|nig (Adjektiv)
❶ sich einig sein derselben Meinung sein
❷ sich über etwas einig werden sich gemeinsam auf etwas festlegen
❸ besonders POLITIK sich als Einheit betrachtend: *eine einige Nation*

ei|ni|ge, ei|ni|ger, ei|ni|ges
❶ mit Plural eine unbestimmte kleine Anzahl, mehr als zwei, mehrere: *Für die Bibliothek werden noch einige Bücher angeschafft.* • *In einigen Tagen wird es wärmer.*
❷ mit Singular eine unbestimmte kleine Menge, ein bisschen, etwas: *Du schaffst das, wenn du dir einige Mühe gibst.* • *Da liegt einiger Müll.* • *Einiges davon möchte ich schon.*
❸ mit Plural und Singular ziemlich viel von etwas, ziemlich viele Dinge: *Das habe ich dir schon einige Male erklärt.* • *Wenn du das schaffen willst, musst du noch einiges lernen.*

ei|ni|gen (Verb) **du einigst, er einigte, sie hat geeinigt, einige!**
❶ sich einigen zu derselben Meinung kommen, etwas vereinbaren
❷ sich über etwas einigen **bei Verhandlungen** sich gemeinsam auf etwas festlegen
❸ besonders POLITIK ≈einen, vereinen *ein geeinigtes Volk*

ei|ni|ger|ma|ßen (Adverb) so, dass man es akzeptieren oder ertragen kann: *Bist du jetzt wieder einigermaßen fit?*

die **Ei|nig|keit** (Nomen) **nur im Singular**
der Einigkeit dieselbe Einstellung oder Meinung

die **Ei|ni|gung** (Nomen) **der Einigung, die Einigungen**
❶ zu einer Einigung kommen zu derselben Meinung kommen, etwas vereinbaren
❷ besonders POLITIK die Verbindung von Völkern, Staaten usw. zu einer Einheit: *die politische Einigung Deutschlands*

der **Ein|kauf** (Nomen) **des Einkauf(e)s, die Einkäufe**
❶ das Kaufen von Waren für das tägliche Leben
❷ die Einkäufe die Waren, die man gekauft hat
❸ **nur im Singular** WIRTSCHAFT die Abteilung einer Firma, die für das Einkaufen von Waren zuständig ist

ein|kau|fen (Verb) **du kaufst ein, er kaufte ein, sie hat eingekauft, kauf(e) ein!**
❶ die Waren für den täglichen Bedarf (besonders Lebensmittel) kaufen
❷ WIRTSCHAFT Waren (im Großhandel) kaufen
❸ besonders SPORT **Spieler usw.** für viel Geld für einen Verein engagieren

der **Ein|klang** (Nomen) **nur im Singular des Einklang(e)s**
❶ ≈Harmonie die Übereinstimmung, das Zusammenpassen
❷ im Einklang mit etwas/jemandem mit etwas/jemandem harmonisch zusammenpassend: *In ihrer Hütte im Wald lebt sie im Einklang mit der Natur.*
❸ etwas miteinander in Einklang bringen etwas harmonisch miteinander verbinden: *Es ist schwer, Arbeit und Kinder miteinander in Einklang zu bringen.*

das **Ein|kom|men** (Nomen) **des Einkommens, die Einkommen** ≈Gehalt das Geld, das man mit seiner Arbeit verdient

ein|la|den (Verb) **du lädst ein, er lud ein, sie hat eingeladen, lad(e) ein!**
❶ jemanden einladen Gäste oder Freunde zu sich zu Besuch bitten: *Er hat mich zum Geburtstag eingeladen.*
❷ jemanden zu einem Eis/ins Kino/... einladen für jemanden das Eis/den Kinobesuch/... bezahlen: *Ich lade dich zu einer Kugel Eis ein.*
❸ etwas (in etwas) einladen etwas in ein Fahrzeug schaffen: *Wir haben alle Koffer in den Kofferraum eingeladen.*

die **Ein|la|dung** (Nomen) **der Einladung, die Einladungen** die mündliche oder schriftliche Bitte, dass jemand zu Besuch kommen soll: *Wir haben eine Einladung zu ihrer Hochzeit bekommen.*

der **Ein|lass** (Nomen) **des Einlasses, die Einlässe**
❶ **nur im Singular** das Hereinlassen: *Einlass ist um 20 Uhr.*
❷ ≈Tür der Eingang

ein|las|sen (Verb) **du lässt ein, er ließ ein, sie hat eingelassen, lass(e) ein!**
❶ jemanden einlassen jemandem die Tür öffnen, damit er eintreten kann
❷ ein Bad einlassen Wasser in die Badewanne laufen lassen
❸ sich auf etwas einlassen **oft abwertend** bei etwas (Schlechtem) mitmachen: *Ich hätte mich nie auf seinen Vorschlag einlassen sollen!*
❹ sich mit jemandem einlassen **abwertend** Kontakt mit jemandem haben: *Lass dich besser nicht mit ihm ein, er benutzt dich nur!*

ein|lau|fen (Verb) **du läufst ein, er lief ein, sie hat/ist eingelaufen, lauf(e) ein!**
❶ **ist eingelaufen** durch Waschen in zu heißem Wasser kleiner oder enger werden: *Mist, mein neuer Pullover ist eingelaufen!*
❷ **ist eingelaufen** in ein Gefäß fließen: *Oh, das Wasser ist schon eingelaufen.*
❸ **ist eingelaufen** SCHIFFFAHRT · SPORT in ein Gebäude oder auf einen Platz kommen: *Das Schiff ist in den Hafen eingelaufen.* · *Die Mannschaft läuft ins Stadion ein.*
❹ sich einlaufen **hat eingelaufen** SPORT vor dem Sport laufen oder bestimmte Übungen machen, um warm zu werden

ein|le|gen (Verb) **du legst ein, er legte ein, sie hat eingelegt, leg(e) ein!**
❶ etwas in etwas einlegen etwas in etwas hineinschieben: *Ich lege die neue CD in den*

CD-Player ein. etwas in eine Flüssigkeit legen: *Die Gurken werden in Essig eingelegt.*
❷ Beschwerde/Widerspruch/… gegen etwas einlegen sich über etwas beschweren/jemandem widersprechen/…: *Gegen diese Behandlung lege ich Protest ein!*
❸ einen Gang einlegen AUTO in einen Gang schalten

ein|lei|ten (Verb) **du leitest ein, er leitete ein, sie hat eingeleitet, leite ein!**
❶ etwas mit etwas einleiten etwas mit etwas beginnen, etwas mit etwas eröffnen: *Sie leitete ihre Rede mit einem Scherz ein.*
❷ in Gang setzen, auf den Weg bringen: *Das Gerichtsverfahren wird jetzt eingeleitet.*

die **Ein|lei|tung** (Nomen) **der Einleitung, die Einleitungen**
❶ allgemein der Beginn, die Eröffnung
❷ in einem Buch, Aufsatz usw. der einführende Teil, der am Anfang steht

sich **ein|log|gen** (Verb) **du loggst dich ein, er loggte sich ein, sie hat sich eingeloggt, logg(e) dich ein!** am Computer, im Internet sich mit seinem Benutzernamen und Passwort anmelden: *Logge dich doch bitte ein, ich habe mein Passwort vergessen.*

ein|mal[1] (Adverb)
❶ ein einziges Mal: *Ich war erst einmal in der Disco.*
❷ noch einmal ein zweites Mal, wiederholt, erneut: *Kannst du das bitte noch einmal sagen?*
❸ ≈ irgendwann zu irgendeiner Zeit: *Warst du schon einmal in Griechenland?*
❹ auf einmal ≈ plötzlich ohne Vorbereitung: *Auf einmal sprang mich ein riesiger Hund an.*
❺ auf einmal ≈ zugleich zur gleichen Zeit: *Er hat alles auf einmal gegessen.*
❻ Es war einmal … so fangen die meisten Märchen an: *Es war einmal ein König, der hatte eine schöne Tochter.*

ein|mal[2] (Partikel)
❶ ≈ doch als Verstärkung: *Komm einmal her!*
⚠ oft sagt man nur „mal" • *Gib mir mal bitte die Zeitung!*
❷ erst einmal zuerst: *Lasst uns erst einmal frühstücken und dann gehen wir los.*
❸ nicht einmal verwendet, um eine Verneinung zu betonen: *Sie kann nicht einmal lesen.* • *Nicht einmal seine Fans fanden das Konzert gut.*

das **Ein|mal|eins** (Nomen) nur im Singular **des Einmaleins**
❶ das kleine Einmaleins MATHEMATIK die Multiplikation der Zahlen von 1 bis 10 mit 1 bis 10
❷ das große Einmaleins MATHEMATIK die Multiplikation der Zahlen von 1 bis 20 mit 1 bis 20
❸ Kenntnisse das Wissen, das man in einem bestimmten Bereich als Grundlage benötigt

ein|ma|lig (Adjektiv)
❶ nur ein einziges Mal vorkommend
❷ umgangssprachlich besonders gut: *Das Konzert war einmalig.*

sich **ein|mi|schen** (Verb) **du mischst dich ein, er mischte sich ein, sie hat sich eingemischt, misch(e) dich nicht ein!** in etwas eingreifen, mit dem man eigentlich nichts zu tun hat: *Paul nervt. Er mischt sich immer in alles ein.*

die **Ein|nah|me** (Nomen) **der Einnahme, die Einnahmen**
❶ FINANZEN das Geld, das man bekommt
❷ nur im Singular das Schlucken von Medizin

ein|neh|men (Verb) **du nimmst ein, er nahm ein, sie hat eingenommen, nimm ein!**
❶ Geld verdienen, bekommen
❷ MEDIZIN Medizin schlucken: *Meine Oma nimmt jeden Tag Tabletten ein.*
❸ gehoben etwas essen oder trinken: *Die Getränke haben wir an den Stehtischen eingenommen.*
❹ Platz, Raum ausfüllen, brauchen: *Dieser Schrank passt nicht ins Wohnzimmer, weil er zu viel Platz einnimmt.*
❺ von sich eingenommen sein abwertend sehr eingebildet sein

ein|ord|nen (Verb) **du ordnest ein, er ordnete ein, sie hat eingeordnet, ordne ein!**
❶ ≈ einsortieren an den richtigen Platz legen, damit man es wiederfindet
❷ sich einordnen ≈ sich eingliedern irgendwo seinen Platz finden: *Er ordnete sich in der Schlange an Kasse 3 ein.*
❸ sich links/rechts einordnen auf die linke/rechte Fahrspur fahren

ein|pa|cken (Verb) **du packst ein, er packte ein, sie hat eingepackt, pack(e) ein!**
❶ in einen Koffer, eine Kiste o. Ä. hineinlegen
❷ in etwas einwickeln: *Können Sie mir das Buch bitte als Geschenk einpacken?*

❸ jemanden warm einpacken umgangssprachlich jemanden warm anziehen
❹ einpacken können umgangssprachlich keinen Erfolg haben: *Wenn Paula in unserer Mannschaft mitspielt, kann der Gegner einpacken!*

ein|räu|men (Verb) **du räumst ein, er räumte ein, sie hat eingeräumt, räum(e) ein!**
❶ Dinge in etwas an ihren richtigen Platz stellen oder legen: *Ich räume schon einmal die Spülmaschine ein.*
❷ zugeben: *Er musste seinen Fehler einräumen.*

ein|rei|chen (Verb) **du reichst ein, er reichte ein, sie hat eingereicht, reich(e) ein!** einer Behörde oder einem Amt ein Dokument geben, damit es bearbeitet wird: *Wir haben den Antrag auf einen Kindergartenplatz eingereicht.*

die **Ein|rei|se** (Nomen) **der Einreise, die Einreisen** das erlaubte Betreten eines anderen Landes

ein|rei|sen (Verb) **du reist ein, er reiste ein, sie ist eingereist, reis(e) ein!**
❶ ein anderes Land mit Erlaubnis betreten
❷ nach Spanien/in die Türkei/… einreisen über die Grenze von Spanien/der Türkei/… reisen

ein|rich|ten (Verb) **du richtest ein, er richtete ein, sie hat eingerichtet, richte ein!**
❶ ein Zimmer/Haus/… einrichten ein Zimmer/Haus/… mit Möbeln, Vorhängen, Bildern, Lampen usw. ausstatten
❷ sich einrichten seine Wohnung mit Möbeln, Vorhängen, Bildern, Lampen usw. ausstatten
❸ es (so) einrichten, dass … es schaffen, dass …: *Kannst du es einrichten, morgen etwas früher zu kommen?*

die **Ein|rich|tung** (Nomen) **der Einrichtung, die Einrichtungen**
❶ ARCHITEKTUR alle Möbel in einem Zimmer, einer Wohnung, einem Geschäft usw.
❷ VERWALTUNG ein meist öffentliches Gebäude oder eine öffentliche Stelle

eins (Zahlwort)
❶ als Ziffer: 1: *Er ist für mich die Nummer eins!* siehe auch → **acht**
❷ etwas ist eins a umgangssprachlich etwas ist sehr gut
❸ eins, zwei, drei umgangssprachlich sehr schnell

die **Eins** (Nomen) **der Eins, die Einsen** die Zahl oder Note 1: *Sie hat auf dem Zeugnis in Englisch eine Eins.* siehe auch → **Acht**[1]

ein|sam (Adjektiv) **einsamer, am einsamsten**
❶ unglücklich, weil man wenig Kontakt zu anderen Menschen hat: *Seit Opa tot ist, fühlt sich meine Oma sehr einsam.*
❷ weit entfernt von einem Ort mit Menschen und Häusern: *Am liebsten wäre ich an einem einsamen Strand.*

die **Ein|sam|keit** (Nomen) nur im Singular **der Einsamkeit**
❶ der Zustand, ohne Kontakt zu anderen Menschen zu sein: *Viele Menschen fürchten die Einsamkeit.*
❷ die Lage eines Hauses/Ortes, weit entfernt von anderen Häusern/Orten: *Die Ruine liegt in absoluter Einsamkeit.*

der **Ein|satz** (Nomen) **des Einsatzes, die Einsätze**
❶ Das Verwenden oder Benutzen von Geräten, Dingen oder Personen: *Hier ist der Einsatz des großens Baggers nötig.* · *Der zweite Torwart kam während des gesamten Turniers nicht zum Einsatz.*
❷ bei einem Gerät, einer Maschine usw. ein Teil, das eingesetzt und herausgenommen werden kann: *ein Topf mit einem Einsatz zum Dünsten*
❸ bei einer Wette oder einem Spiel die Summe, mit der man sich beteiligt: *Er hat seinen Einsatz beim Poker erhöht.*
❹ eine Aktion von Polizei, Militär usw.: *Der Einsatz der Polizei bei der Demonstration war umstritten.*
❺ MUSIK der Zeitpunkt, an dem man zu singen oder zu spielen beginnen muss: *Die Streicher haben ihren Einsatz verpasst.*

ein|scan|nen (Verb) [ain'skɛnən] **du scannst ein, er scannte ein, sie hat eingescannt, scann(e) ein!** mit einem Scanner erfassen und speichern: *Ich habe alle Fotos von der Klassenfahrt eingescannt.*

ein|schal|ten (Verb) **du schaltest ein, er schaltete ein, sie hat eingeschaltet, schalt(e) ein!**
❶ etwas durch Drücken auf einen Schalter in Betrieb setzen: *Ich schalte das Licht im Keller ein.*
❷ bewirken, dass jemand in einer Angelegenheit aktiv wird: *Wenn Sie diese Reklamation nicht akzeptieren, werde ich eine Anwältin einschalten.*

ein|schen|ken (Verb) **du schenkst ein, er schenkte ein, sie hat eingeschenkt, schenk(e) ein!** ein Getränk in ein Glas oder eine Tasse gießen: *Darf ich dir noch eine Cola einschenken?*

ein|schla|fen (Verb) **du schläfst ein, er schlief ein, sie ist eingeschlafen, schlaf(e) ein!**
❶ anfangen zu schlafen
❷ am Körper ein kribbelndes und taubes Gefühl haben: *Mein Arm ist eingeschlafen.*
❸ langsam aufhören: *Der Kontakt zu den ehemaligen Mitschülern ist wieder eingeschlafen.*

der **Ein|schlag** (Nomen) **des Einschlag(e)s, die Einschläge**
❶ das kräftige Aufprallen eines Gegenstandes: *Man sieht die Einschläge von den Kugeln noch.*
❷ eine gewisse Beimischung von etwas: *Ihr Haar ist blond, mit einem Einschlag ins Rötliche.*

ein|schla|gen (Verb) **du schlägst ein, er schlug ein, sie hat eingeschlagen, schlag(e) ein!**
❶ etwas einschlagen mit einem Hammer einklopfen: *Ich schlage jetzt den Nagel an dieser Stelle in die Wand, einverstanden?* durch Schlagen zerstören: *Da sind die Fenster eingeschlagen.*
❷ etwas in Papier/Stoff/... einschlagen etwas in Papier/Stoff/... einwickeln
❸ eine Richtung oder einen Weg auswählen: *Wir müssen diesen Weg einschlagen.*
❹ großen Erfolg haben: *Der neue Film mit Jennifer Lawrence hat richtig eingeschlagen.*

ein|schlie|ßen (Verb) **du schließt ein, er schloss ein, sie hat eingeschlossen, schließ(e) ein!**
❶ so einsperren, dass jemand nur mit einem Schlüssel herauskommen kann
❷ etwas in einen Schrank oder Tresor legen und dann abschließen
❸ ≈ einbeziehen mit dazugehören: *Der Service ist im Preis eingeschlossen.*

ein|schließ|lich[1] **mit Genitiv gebraucht** (Präposition) ≈ inklusive mit eingerechnet, mit enthalten: *Einschließlich der Vorverkaufsgebühren kostet das Ticket 70 Euro.*

ein|schließ|lich[2] (Adverb) die letzte Angabe eingeschlossen: *Wir sind bis einschließlich Sonntag im Urlaub. • Wir müssen bis einschließlich S. 30 lesen.*

der **Ein|schnitt** (Nomen) **des Einschnitt(e)s, die Einschnitte**
❶ eine mit Messer oder Schere eingeschnittene Stelle
❷ ein Ereignis, mit dem sich vieles ändert: *Der Umzug ins Ausland war der größte Einschnitt in meinem Leben.*

ein|schrän|ken (Verb) **du schränkst ein, er schränkte ein, sie hat eingeschränkt, schränk(e) ein!**
❶ weniger von etwas tun: *Im neuen Jahr werde ich das Fernsehen einschränken.*
❷ sich einschränken sparen, mit wenigen Ausgaben auskommen: *Während ihrer Arbeitslosigkeit musste sie sich sehr einschränken.*

die **Ein|schrän|kung** (Nomen) **der Einschränkung, die Einschränkungen**
❶ eine Begrenzung, die nicht alle Möglichkeiten zulässt: *Bei der Vergabe der Ausbildungsplätze gibt es eine Einschränkung: Bewerber ohne Praktikum werden nicht berücksichtigt.*
❷ ohne Einschränkung ohne Begrenzung, generell: *Diese Regel gilt ohne Einschränkung.*

das **Ein|schrei|ben** (Nomen) **des Einschreibens, die Einschreiben** ein Brief, dessen Zustellung von der Post dokumentiert wird, meist durch die Unterschrift des Empfängers

ein|schüch|tern (Verb) **du schüchterst ein, er schüchterte ein, sie hat eingeschüchtert, schücht(e)re nicht ein!** jemanden einschüchtern jemandem mit Drohungen Angst machen: *Ich lasse mich von niemandem einschüchtern!*

ein|se|hen (Verb) **du siehst ein, er sah ein, sie hat eingesehen, sieh ein!**
❶ erkennen und zugeben: *Er hat seinen Fehler eingesehen.*
❷ etwas lesen dürfen: *Und dann durfte ich meine Krankenakte einsehen.*
❸ in etwas hineinsehen können: *Der Garten liegt so nah an der Straße, dass man ihn einsehen kann.*

das **Ein|se|hen** (Nomen) **nur im Singular des Einsehens**
nur in ein Einsehen/kein Einsehen haben etwas verstehen und jemandem deshalb etwas zugestehen/etwas nicht verstehen und jemandem deshalb nichts zugestehen

ein|sei|tig (Adjektiv)
❶ nur auf einer Seite: *Dieses Blatt ist nur einseitig bedruckt.*
❷ ≈unausgewogen nur auf einen Aspekt beschränkt: *Er isst meistens Pizza, das ist eine einseitige Ernährung.*

ein|set|zen (Verb) **du setzt ein, er setzte ein, sie hat eingesetzt, setz(e) ein!**
❶ in eine Lücke einfügen: *Hier kannst du das fehlende Puzzleteil einsetzen.*
❷ zu einem Zweck verwenden: *Er setzte all seine Energie ein, um ihm zu helfen. • Man muss eine Spezialtruppe einsetzen, um den Ausbrecher zu finden.*
❸ jemanden einsetzen in eine Aufgabe jemanden dafür auswählen: *Der Chef hat meinen Vater als seinen Nachfolger eingesetzt.*
❹ etwas setzt ein etwas fängt an: *Nachts setzte starker Schneefall ein.*
❺ sich für jemanden/etwas einsetzen sich sehr bemühen, damit jemandem/einer Sache geholfen wird: *Unser Lehrer hat sich dafür eingesetzt, dass wir den Ausflug doch noch machen können.*

die **Ein|sicht** (Nomen) **der Einsicht, die Einsichten**
❶ nur im Singular • bei einem Fehler, Irrtum das Erkennen, dass man etwas Falsches getan hat: *Die Einsicht, dass die Beschuldigung falsch war, kam spät.*
❷ zur Einsicht kommen wieder vernünftig werden: *Zum Glück ist er zur Einsicht gekommen und holt seinen Schulabschluss jetzt nach.*
❸ in Akten, Dokumente, Zeugnisse die Möglichkeit, etwas lesen zu dürfen: *Nur der Anwalt hat Einsicht in die Akten.*
❹ in einen Garten, ein Gelände die Möglichkeit, in etwas hineinsehen zu können: *Die Gardine versperrt den Nachbarn die Einsicht in unser Wohnzimmer.*

der **Ein|spruch** (Nomen) **des Einspruch(e)s, die Einsprüche**
❶ RECHT der Widerspruch gegen eine amtliche oder gerichtliche Entscheidung: *Gegen den Bußgeldbescheid legte er sofort Einspruch ein.*
❷ der Protest, der Widerspruch: *Einspruch!*
❸ Einspruch gegen etwas erheben mit etwas nicht einverstanden sein, gegen etwas protestieren: *Mit der Demonstration erhoben die Anwohner Einspruch gegen die starke Umweltverschmutzung in der Region.*

einst (Adverb) gehoben
❶ früher, vor langer Zeit: *Einst lebten Dinosaurier auf der Erde.*
❷ in ferner Zukunft: *Einst wird es ihm leidtun, dass er das Angebot abgelehnt hat.*

ein|stei|gen (Verb) **du steigst ein, er stieg ein, sie ist eingestiegen, steig(e) ein!**
❶ in ein Fahrzeug steigen: *Komm, steig ein, der Zug fährt gleich los!*
❷ einbrechen, um zu stehlen: *Gestern ist jemand bei uns eingestiegen und hat die Stereoanlage mitgenommen.*
❸ bei etwas einsteigen umgangssprachlich bei etwas mitmachen: *Sie ist in die Firma ihrer Eltern eingestiegen.*

ein|stel|len (Verb) **du stellst ein, er stellte ein, sie hat eingestellt, stell(e) ein!**
❶ BERUF zum Mitarbeiter in einer Firma machen: *Wir stellen Auszubildende und Praktikanten ein.*
❷ TECHNIK ein Gerät oder eine Maschine für bestimmte Zwecke einrichten: *Stell mal einen anderen Sender ein!*
❸ das Reden/Rauchen/... einstellen mit dem Reden/Rauchen/... aufhören: *Wenn der Kinofilm beginnt, müsst ihr das Reden einstellen.*
❹ sich irgendwo einstellen zu einer bestimmten Zeit an einen Ort kommen: *Stellt euch morgen um acht Uhr vor der Schule ein!*
❺ etwas stellt sich ein irgendwo oder irgendwann kommen/auftauchen: *Am Abend nach der Operation stellten sich starke Schmerzen ein.*
❻ sich auf etwas/jemanden einstellen sich innerlich auf etwas/jemanden vorbereiten: *Auf Besuch hatte ich mich eingestellt.*

die **Ein|stel|lung** (Nomen) **der Einstellung, die Einstellungen**
❶ BERUF die Anstellung in einen Beruf
❷ ≈Ansicht, Meinung die innere Überzeugung, wie man über etwas oder jemanden denkt: *Mein Opa hat eine sehr fortschrittliche Einstellung.*
❸ der Stopp, die Beendigung, der Abbruch: *Es ist die Einstellung der Verhandlungen zu erwarten.*

das **Ein|stel|lungs|ge|spräch** (Nomen) **des Einstellungsgespräch(e)s, die Einstellungsgespräche** BERUF das Gespräch, das ein Arbeitgeber mit dem Bewerber für eine Arbeitsstelle führt

A B C D E F G H I J K L M N O P Q R S T U V W X Y Z

der **Ein|stieg** (Nomen) **des Einstieg(e)s, die Einstiege**
❶ nur im Singular das Einsteigen in ein Fahrzeug o. Ä.
❷ ≈Tür usw. die Öffnung, durch die man einsteigt
❸ der Beginn: *Es ist nicht immer leicht, den Einstieg in ein Gespräch zu finden.*

eins|tig (Adjektiv) früher, ehemalig

ein|stim|mig (Adjektiv) mit allen Stimmen, ohne Gegenstimme und Enthaltungen: *Der Vorschlag wurde einstimmig angenommen.*

ein|stür|zen (Verb) nur in der 3. Person gebraucht **es stürzt ein, es stürzte ein, es ist eingestürzt** von oben nach unten zusammenbrechen: *Das Gebäude ist eingestürzt.*

ein|tau|send (Zahlwort) als Ziffern: 1000
siehe auch → **acht**

ein|tei|len (Verb) **du teilst ein, er teilte ein, sie hat eingeteilt, teil(e) ein!**
❶ etwas in etwas einteilen aus einem Ganzen mehrere Teile machen oder kennzeichnen: *einen Kuchen in zwölf Stücke einteilen • Das Lineal ist in Zentimeter eingeteilt.*
❷ (sich) etwas einteilen etwas so benutzen oder verbrauchen, dass es reicht: *Hier hast du das Geld für die Klassenfahrt. Teil es dir gut ein!*
❸ jemanden zu etwas einteilen jemandem eine bestimmte Aufgabe geben: *Ich bin heute zum Spülen eingeteilt.*

die **Ein|tei|lung** (Nomen) **der Einteilung, die Einteilungen** die Aufteilung in mehrere Teile oder Gruppen

die **Ein|tracht** (Nomen) nur im Singular **der Eintracht** Zustand, in dem Frieden und Verständnis füreinander herrschen: *Die Geschwister lebten in Eintracht miteinander.*

der **Ein|trag** (Nomen) **des Eintrag(e)s, die Einträge** eine Notiz, ein Vermerk

ein|tra|gen (Verb) **du trägst ein, er trug ein, sie hat eingetragen, trag(e) ein!**
❶ in eine Liste o. Ä. schreiben
❷ Gewinn bringen: *Diese Tätigkeit trägt kaum etwas ein.*

ein|tref|fen (Verb) **du triffst ein, er traf ein, sie ist eingetroffen, triff ein!**
❶ an einem bestimmten Ort ankommen: *Der Zug trifft um 14 Uhr am Hauptbahnhof ein.*
❷ Wirklichkeit werden: *Alle meine Befürchtungen sind eingetroffen.*

ein|tre|ten (Verb) **du trittst ein, er trat ein, sie hat/ist eingetreten, tritt ein!**
❶ hat eingetreten mit Fußtritten kaputt machen: *Er hat vor Wut die Tür eingetreten.*
❷ ist eingetreten hereinkommen, hineingehen: *Tritt ein, die Tür ist offen!*
❸ ist eingetreten Mitglied werden: *in einen Verein eintreten • in eine Partei eintreten*
❹ ist eingetreten geschehen: *Der Tod trat um drei Uhr morgens ein.*
❺ für jemanden/etwas eintreten
ist eingetreten jemanden/eine Sache unterstützen, sich für jemanden/eine Sache engagieren: *Sein ganzes Leben lang ist er für den Tierschutz eingetreten.*

der **Ein|tritt** (Nomen) **des Eintritt(e)s, die Eintritte**
❶ in einen Raum das Hereinkommen
❷ in einen Verein, eine Partei der Beitritt, das Aufgenommenwerden
❸ die Erlaubnis, in den Zoo, ins Theater, Stadion, Museum o. Ä. hineingehen zu dürfen: *Der Eintritt kostet 3 Euro.*
❹ ≈Eintrittsgeld *Montags kostet es keinen Eintritt.*

die **Ein|tritts|kar|te** (Nomen) **der Eintrittskarte, die Eintrittskarten**
≈Ticket das Stück Papier, das nachweist, dass man das Geld für den Besuch eines Konzerts, Kinofilms o. Ä. bezahlt hat und das zum Eintritt berechtigt

ein|ver|stan|den (Adjektiv)
❶ mit etwas einverstanden sein etwas gut und richtig finden: *Ich bin mit eurem Plan nicht einverstanden.*
❷ Einverstanden! ≈o. k. Ich stimme dir/euch zu!

das **Ein|ver|ständ|nis** (Nomen) **des Einverständnisses, die Einverständnisse**
❶ ≈Erlaubnis die Zustimmung: *Zu dem Ausflug müssen meine Eltern zuerst ihr Einverständnis geben.*
❷ ≈Übereinstimmung die Einigkeit: *In Bezug auf diese Regeln besteht zwischen uns volles Einverständnis.*

der **Ein|wand** (Nomen) **des Einwand(e)s, die Einwände** das Argument, das gegen etwas spricht: *Niemand hatte Einwände gegen unseren Plan.*

der **Ein|wan|de|rer** (Nomen) **des Einwanderers, die Einwanderer** jemand, der in ein anderes Land kommt, um dort für immer zu leben

die **Ein|wan|de|rin** (Nomen) **der Einwanderin, die Einwanderinnen**
Femininform von → **Einwanderer**

ein|wan|dern (Verb) **du wanderst ein, er wanderte ein, sie ist eingewandert, wand(e)re ein!** in ein anderes Land kommen, um dort für immer zu leben

ein|wand|frei (Adjektiv)
❶ ohne Fehler, vollkommen in Ordnung: *ein einwandfreies Verhalten • ein einwandfreies Produkt*
❷ etwas steht einwandfrei fest etwas ist ganz sicher so, es gibt keinen Zweifel an etwas

ein|wen|den (Verb) **du wendest ein, er wandte/wendete ein, sie hat eingewandt/eingewendet, wend(e) ein!**
etwas (gegen etwas) einwenden ein Argument oder einen Grund gegen etwas haben: *Hat jemand etwas gegen diesen Vorschlag einzuwenden? • Dagegen ist nichts einzuwenden.*

ein|wer|fen (Verb) **du wirfst ein, er warf ein, sie hat eingeworfen, wirf ein!**
❶ POST in den Briefkasten werfen: *einen Brief, eine Postkarte einwerfen*
❷ einen Ball vom Spielfeldrand aufs Spielfeld werfen
❸ Münzen in den Schlitz eines Automaten werfen
❹ einen schweren Gegenstand in etwas hineinwerfen und dadurch zerstören: *eine Fensterscheibe mit einem Stein einwerfen*
❺ in einer Diskussion oder einem Gespräch dazwischenrufen oder -reden: *eine Bemerkung einwerfen*

ein|wi|ckeln (Verb) **du wickelst ein, er wickelte ein, sie hat eingewickelt, wick(e)le ein!**
❶ etwas einwickeln etwas in Papier, Stoff usw. einpacken
❷ jemanden einwickeln umgangssprachlich jemanden durch falsche Komplimente zu etwas überreden: *Ich habe mich von Alex einwickeln lassen und ihm alle meine CDs gegeben.*

die **Ein|wil|li|gung** (Nomen) **der Einwilligung, die Einwilligungen** die Zustimmung, die Erlaubnis: *Meine Eltern haben ihre Einwilligung gegeben.*

der **Ein|woh|ner** (Nomen) **des Einwohners, die Einwohner** jemand, der in einem Land oder einer Stadt lebt

die **Ein|woh|ne|rin** (Nomen) **der Einwohnerin, die Einwohnerinnen**
Femininform von → **Einwohner**

der **Ein|wurf** (Nomen) **des Einwurf(e)s, die Einwürfe**
❶ das Einwerfen von Briefen, Münzen, einem Ball o. Ä.
❷ die längliche und schmale Öffnung, durch die man Briefe, Münzen o. Ä. einwerfen kann
❸ eine (meist kritische) Bemerkung, mit der man jemand anderen beim Reden unterbricht

die **Ein|zahl** (Nomen) GRAMMATIK
nur im Singular **der Einzahl** → **Singular**

ein|zah|len (Verb) **du zahlst ein, er zahlte ein, sie hat eingezahlt, zahl(e) ein!** Bargeld auf ein Konto zahlen

der **Ein|zel|fall** (Nomen) **des Einzelfall(e)s, die Einzelfälle** ein Fall oder eine Angelegenheit, der oder die nur einmal vorkommt: *Mit diesem Problem bist du kein Einzelfall. Das kommt fast überall vor.*

der **Ein|zel|han|del** (Nomen) nur im Singular **des Einzelhandels** die Geschäfte, die ihre Waren nicht an andere Geschäfte, sondern direkt an Kunden (Verbraucher) verkaufen

die **Ein|zel|heit** (Nomen) **der Einzelheit, die Einzelheiten**
❶ ein kleiner Teil einer größeren Sache: *Kannst du dich noch an die Einzelheiten des Unfalls erinnern?*
❷ in allen Einzelheiten ganz ausführlich: *Er hat mir die Geschichte in allen Einzelheiten erzählt.*

das **Ein|zel|kind** (Nomen) **des Einzelkind(e)s, die Einzelkinder** ein Kind, das keine Geschwister hat

ein|zeln (Adjektiv)
❶ nicht mit anderen zusammen, allein: *Kommt bitte einzeln nach vorn.*
❷ jeder/jede Einzelne besonders betont jeder/jede ...: *Jeder Einzelne ist für sein Wohl verantwortlich.*
❸ im Einzelnen so, dass alle Kleinigkeiten genau berücksichtigt werden

ein|zie|hen (Verb) **du ziehst ein, er zog ein, sie ist/hat eingezogen, zieh(e) ein!**
❶ ist eingezogen seine Möbel in eine neue Wohnung oder ein neues Haus bringen, um darin zu wohnen
❷ ist eingezogen einmarschieren (z. B. Mannschaft in ein Stadion, Soldaten in eine Stadt)

❸ **ist eingezogen** in etwas eindringen: *Die Handcreme zieht schnell in die Haut ein.*
❹ den Kopf/den Bauch/... einziehen **hat eingezogen** den Kopf/den Bauch/... zurücknehmen: *Wenn du in den Keller gehst, musst du den Kopf einziehen.*
❺ **hat eingezogen** etwas, was aufgespannt oder ausgebreitet war, zusammenziehen und heranholen: *die Fahne einziehen*
❻ FINANZEN **hat eingezogen** regelmäßig einen Geldbetrag von einem Konto abbuchen

ein|zig[1] (Adjektiv) auf eine Person oder Sache beschränkt, einmalig: *Das ist das einzige Paar Turnschuhe, das ich habe.*

ein|zig[2] (Adverb)
❶ ≈ nur, allein *das einzig Richtige*
❷ einzig und allein nur ... und niemand/nichts sonst: *Daran bist einzig und allein du selbst schuld.*

ein|zig|ar|tig (Adjektiv) ganz besonders gut oder schön: *Der Ausblick auf die Berge ist einzigartig.*

der **Ein|zug** (Nomen) **des Einzug(e)s, die Einzüge**
❶ das Neubeziehen einer Wohnung oder eines Hauses
❷ das Einmarschieren von Soldaten oder Mannschaften
❸ FINANZEN die Abbuchung von Geld von einem Konto

das **Eis** (Nomen) **nur im Singular des Eises**
❶ gefrorenes Wasser: *Gefriert Regen im Winter auf dem kalten Straßenboden, bildet sich eine gefährliche Schicht aus Eis.*
❷ eine gefrorene Creme aus Milch, Sahne, Zucker, Früchten und weiteren Zutaten
❸ ein Eis am Stiel ein Eis zum Lutschen, in dem ein Holzstäbchen zum Festhalten steckt
❹ etwas auf Eis legen ein Projekt, einen Plan usw. so lange stoppen, bis es wieder bessere Möglichkeiten gibt: *Weil wir pleite sind, haben wir unsere Weltreise auf Eis gelegt.*

die **Eis|creme** (Nomen) **der Eiscreme, die Eiscremes** eine gefrorene Creme aus Milch, Sahne, Zucker und weiteren Zutaten

das **Ei|sen** (Nomen) **des Eisens, die Eisen**
❶ ein Schwermetall, das silbern glänzt: *Diese Tür ist aus Eisen.*
❷ ein heißes Eisen ein unbeliebtes und schwieriges Thema: *Die Schulnoten sind im Moment ein heißes Eisen.*
❸ mehrere Eisen im Feuer haben umgangssprachlich mehrere Möglichkeiten haben
❹ zum alten Eisen gehören umgangssprachlich nicht mehr gebraucht werden, weil man zu alt ist

die **Ei|sen|bahn** (Nomen) **der Eisenbahn, die Eisenbahnen**
❶ ≈ Zug ein Verkehrsmittel mit Lokomotive und Waggons, das auf Schienen fährt
❷ Es ist höchste Eisenbahn! umgangssprachlich Man muss sich sehr beeilen!

das **Eis|ho|ckey** (Nomen) **nur im Singular des Eishockeys** ein Mannschaftssport, bei dem zwei Mannschaften auf Schlittschuhen mit Schlägern und einer kleinen harten Scheibe auf einer Eisfläche gegeneinander spielen

ei|sig (Adjektiv) **eisiger, am eisigsten**
❶ sehr kalt: *Heute herrscht wieder eine eisige Kälte.*
❷ sehr unfreundlich: *ein eisiger Empfang · ein eisiger Blick*

eis|lau|fen (Verb) **du läufst eis, er lief eis, sie ist eisgelaufen, lauf(e) eis!** auf Schlittschuhen auf dem Eis laufen

ei|tel (Adjektiv) abwertend **eitler, am eitelsten** so, dass man sehr darauf bedacht ist, gut auszusehen und dafür bewundert werden will

die **Ei|tel|keit** (Nomen) **der Eitelkeit, die Eitelkeiten** das Bestreben, sehr gut auszusehen und dafür bewundert zu werden

der **Ei|ter** (Nomen) **nur im Singular des Eiters** die gelbe Flüssigkeit, die aus einer entzündeten Wunde kommt

das **Ei|weiß** (Nomen) **des Eiweißes, die Eiweiß/Eiweiße**
❶ **Plural: Eiweiß** das Weiße im Ei: *Für das Kochrezept brauchen wir zwei Eiweiß.*
❷ CHEMIE · BIOLOGIE **Plural: Eiweiße** ≈ Protein ein wichtiger Bestandteil im Körper von Lebewesen

der **Ekel**[1] (Nomen) **nur im Singular des Ekels**
❶ das Gefühl, dass man etwas Unappetitliches, Schmutziges oder Schlimmes kaum ertragen kann und einem fast übel wird
❷ Ekel erregend so unappetitlich, schmutzig oder schlimm, dass man es kaum ertragen kann

das **Ekel**[2] (Nomen) umgangssprachlich **des Ekels, die Ekel** ein unsympathischer oder gemeiner Mensch

ekel|haft (Adjektiv) **ekelhafter, am ekelhaftesten**
❶ ≈widerlich so unappetitlich, dass man es kaum ertragen kann
❷ gemein und böse: *Er ist ein ekelhafter Mensch.*

sich **ekeln** (Verb) **du ekelst dich, er ekelte sich, sie hat sich geekelt, ek(e)le dich nicht!**
sich vor etwas/jemandem ekeln etwas/jemanden so unappetitlich, schmutzig oder schlimm finden, dass einem fast übel wird: *Ich ekele mich vor Spinnen.*

elas|tisch (Adjektiv) **elastischer, am elastischsten** wie Gummi, leicht auseinanderzuziehen oder zu biegen

der **Ele|fant** (Nomen) **des Elefanten, die Elefanten**
❶ ein großes Tier mit grauer Haut, einem Rüssel und langen weißen Stoßzähnen aus Elfenbein, das in Afrika oder Asien lebt
❷ sich wie ein Elefant im Porzellanladen benehmen umgangssprachlich sich ungeschickt oder falsch benehmen

ele|gant (Adjektiv) **eleganter, am elegantesten**
❶ geschmackvoll, schick und vornehm: *Sie kleidet sich immer sehr elegant.*
❷ harmonisch und geschmeidig: *elegante Bewegungen*
❸ geschickt und diplomatisch: *Dieses Problem hat er elegant gelöst.*

die **Ele|ganz** (Nomen) nur im Singular **der Eleganz**
❶ Geschmack und Stil, besonders in der Kleidung
❷ Harmonie und Geschmeidigkeit in den Bewegungen

elek|trisch, elekt|risch (Adjektiv) PHYSIK die Anwendung der Elektrizität betreffend, besonders im Hinblick auf die Wirkung des elektrischen Stroms: *Der Föhn ist ein elektrisches Gerät, ohne Strom funktioniert er nicht.*

die **Elek|tri|zi|tät, Elekt|ri|zi|tät** (Nomen) nur im Singular **der Elektrizität** Sammelbegriff für alle Phänomene, die mit elektrischer Ladung, elektrischem Strom und elektrischen Feldern zu tun haben: *Nach der Hochwasserkatastrophe war die gesamte Stadt ohne Elektrizität.*

das **Elek|tro|au|to, Elekt|ro|au|to** (Nomen) **des Elektroautos, die Elektroautos** ein Auto mit Elektromotor

das **Elek|tro|ge|rät, Elekt|ro|ge|rät** (Nomen) **des Elektrogerät(e)s, die Elektrogeräte** ein Haushaltsgerät, das mit elektrischem Strom funktioniert

das **Elek|tron, Elekt|ron** (Nomen) PHYSIK **des Elektrons, die Elektronen** ein negativ geladenes Teilchen

die **Elek|tro|nik** (Nomen) nur im Singular **der Elektronik**
❶ die Lehre oder Wissenschaft von der Steuerung elektrischer Ladungen bzw. Ströme und der dazu verwendeten Bauelemente
❷ ein System elektronischer Bauelemente

elek|tro|nisch, elekt|ro|nisch (Adjektiv) die Anwendungen der Elektrizität betreffend, besonders im Hinblick auf die Signal- oder Informationsverarbeitung, z. B. bei Prozessoren oder Sensoren: *elektronische Musik*

das **Ele|ment** (Nomen) **des Element(e)s, die Elemente**
❶ CHEMIE einer der chemischen Grundstoffe: *Stoffe wie Gold, Silber, Eisen, Blei sind chemische Elemente.*
❷ ≈Bestandteil ein Teil, aus dem sich etwas Größeres zusammensetzt: *Dieser Schrank besteht aus fünf Elementen, die zusammengebaut werden müssen.*
❸ in seinem Element sein sich bei dem, was man tut, oder da, wo man ist, sehr wohl fühlen: *Wenn sie schwimmen kann, ist sie in ihrem Element.*

ele|men|tar (Adjektiv)
❶ wichtig und grundlegend: *Die Nahrungsaufnahme ist ein elementares Bedürfnis.*
❷ einfach und grundlegend: *Das Einmaleins ist elementar für den Mathematikunterricht.*

elend (Adjektiv) **elender, am elendsten**
❶ voller Armut, Not oder Krankheit: *ein elendes Leben*
❷ krank oder erschöpft: *Gestern fühlte sie sich ganz elend. • Mir ist elend.*

das **Elend** (Nomen) nur im Singular **des Elend(e)s** Armut, Not und Krankheit

elf (Zahlwort) als Ziffern: 11 siehe auch → **acht**

die **Elf** (Nomen) **der Elf, die Elfen**
❶ die Zahl 11 siehe auch → **Acht**[1]
❷ SPORT die Fußballmannschaft: *Die Elf hat gewonnen.*

die **El|fe** (Nomen) **der Elfe, die Elfen** in Märchen, Mythologie usw. ein weibliches Fabelwesen, das wunderschön ist und zaubern kann

A B C D E F G H I J K L M N O P Q R S T U V W X Y Z

elft (Zahlwort)
nur in zu elft mit elf Personen: *Wir haben den Geburtstag zu elft gefeiert.*

elf|te, elf|ter, elf|tes (Zahlwort) in einer Reihe an 11. Stelle: *am elften März* · *als Elfter durchs Ziel gehen* siehe auch → **achte**

elf|tens (Adverb) beim Aufzählen an elfter Stelle siehe auch → **achtens**

eli|tär (Adjektiv)
1 zu einer Elite gehörend
2 abwertend arrogant und eingebildet, weil man denkt, man sei besser als die anderen

die **Eli|te** (Nomen) **der Elite, die Eliten**
im Sport, in der Politik usw. die Gruppe der Besten und Erfolgreichsten

der **Ell|bo|gen, El|len|bo|gen** (Nomen) **des Ellbogens, die Ellbogen**
1 der spitze Knochen zwischen Ober- und Unterarm
2 seine Ellbogen gebrauchen versuchen, etwas ohne Rücksicht auf andere zu erreichen

die **El|lip|se** (Nomen) **der Ellipse, die Ellipsen**
GEOMETRIE Kegelschnitt längliche, runde, ebene Figur in der Form eines gestauchten Kreises

el|lip|tisch (Adjektiv) GEOMETRIE ≈wie eine Ellipse in einer länglichen, ebenen Form, die einem gestauchten Kreis ähnelt

die **El|tern** (Nomen) nur im Plural **der Eltern**
Vater und Mutter

der **El|tern|abend** (Nomen) **des Elternabends, die Elternabende** eine Gesprächsrunde von Lehrern und Eltern abends in der Schule

das **El|tern|haus** (Nomen) **des Elternhauses, die Elternhäuser**
1 Haus das Haus, in dem man als Kind mit seinen Eltern gelebt hat
2 Einfluss die Werte und die Atmosphäre, die in der Kindheit vermittelt wurden: *Sie kommt aus einem liebevollen Elternhaus.*

die **E-Mail** (Nomen) ['i:meɪl] **der E-Mail, die E-Mails** eine Nachricht, die über das Internet auf den Computer geschickt wird

die **E-Mail-Ad|res|se** (Nomen) ['i:me:ladrɛsə] **der E-Mail-Adresse, die E-Mail-Adressen** die Adresse für die Zustellung von E-Mails, sie enthält immer ein @-Zeichen

die **Eman|zi|pa|ti|on** (Nomen) [emantsipa'tsi̯o:n] nur im Singular **der Emanzipation**
die Befreiung aus einem Abhängigkeitsverhältnis: *die Emanzipation der Frauen*

eman|zi|piert (Adjektiv) **emanzipierter, am emanzipiertesten** selbstständig und unabhängig

der/das **Em|bryo, Emb|ryo** (Nomen) **des Embryos, die Embryos/Embryonen** ein noch nicht geborenes Lebewesen, das noch im Mutterleib oder in der Eischale ist

der **Emi|grant, Emig|rant** (Nomen) **des Emigranten, die Emigranten**
≈Auswanderer jemand, der in ein anderes Land geht, um dort für immer zu leben

die **Emi|gran|tin, Emig|ran|tin** (Nomen) **der Emigrantin, die Emigrantinnen**
Femininform von → **Emigrant**

die **Emi|gra|ti|on, Emig|ra|ti|on** (Nomen) [emigra'tsi̯o:n] **der Emigration, die Emigrationen** ≈Auswanderung das Emigrieren

emi|grie|ren, emig|rie|ren (Verb) **du emigrierst, er emigrierte, sie ist emigriert, emigrier(e)!** ≈auswandern in ein anderes Land gehen, um dort für immer zu leben

die **Emo|ti|on** (Nomen) **der Emotion, die Emotionen** eine plötzlich ausgelöste, starke Gefühlsregung: *Der gelungene Auftritt der Band hat große Emotionen hervorgerufen.*

emo|ti|onal, emo|tio|nal (Adjektiv) [emotsi̯o'na:l] gehoben **emotionaler, am emotionalsten** Gefühle zeigend, gefühlsbetont

der **Emp|fang** (Nomen) **des Empfang(e)s, die Empfänge**
1 nur im Singular · gehoben die Begrüßung: *Ihnen wurde ein warmherziger Empfang bereitet.*
2 Veranstaltung eine Begrüßungsveranstaltung, bei der es meist nur etwas zu trinken gibt: *Nach der Hochzeit gab es einen großen Empfang für alle Gäste.*
3 nur im Singular RUNDFUNK · TV die Übertragung eines Senders TELEFON die Verbindung übers Telefon: *Ruf später noch einmal an. Der Empfang ist hier leider schlecht.*
4 nur im Singular das Annehmen von Briefen, Paketen o. Ä.
5 etwas in Empfang nehmen etwas annehmen, etwas bekommen: *Guten Tag, Herr Müller, ich habe ein Paket für Sie in Empfang genommen.*

emp|fan|gen (Verb) **du empfängst, er empfing, sie hat empfangen, empfang(e)!**
① jemanden, der ankommt, begrüßen: *Er wurde sehr freundlich empfangen.*
② hören oder sehen: *Können wir diesen Sender hier empfangen?*

der **Emp|fän|ger** (Nomen) **des Empfängers, die Empfänger** jemand, der einen Brief, ein Paket usw. bekommt

die **Emp|fän|ge|rin** (Nomen) **der Empfängerin, die Empfängerinnen**
Femininform von → **Empfänger**

die **Emp|fäng|nis|ver|hü|tung** (Nomen) nur im Singular **der Empfängnisverhütung** die Vermeidung einer Schwangerschaft durch Kondome, die Pille, die Spirale usw.

emp|feh|len (Verb) **du empfiehlst, er empfahl, sie hat empfohlen, empfiehl!**
① jemandem etwas/jemanden empfehlen jemandem sagen, dass etwas/jemand gut oder geeignet ist: *Kannst du mir einen guten Friseur empfehlen?*
② jemandem empfehlen, etwas zu tun jemandem den Rat geben, etwas zu tun: *Ich empfehle dir, schnell zum Arzt zu gehen.*

emp|feh|lens|wert (Adjektiv) so gut oder geeignet, dass man es jemandem vorschlagen sollte: *Das neue Restaurant ist wirklich empfehlenswert.* • *Es ist empfehlenswert, sich vorher über das Thema zu informieren.*

die **Emp|feh|lung** (Nomen) **der Empfehlung, die Empfehlungen**
① der Rat, der Vorschlag: *Sie gab mir die Empfehlung, nicht in diesem Geschäft einzukaufen.*
② eine gute Beurteilung: *Ich lege meiner Bewerbung eine Empfehlung von Dr. Schulze bei.*

emp|fin|den (Verb) **du empfindest, er empfand, sie hat empfunden**
① fühlen: *Ich empfinde große Zuneigung für sie.*
② etwas für jemanden empfinden in jemanden verliebt sein: *Ich bin glücklich, weil er auch etwas für mich empfindet.*
③ etwas als etwas empfinden etwas als etwas beurteilen: *Ich empfinde deine Äußerung als Beleidigung.*

emp|find|lich (Adjektiv) **empfindlicher, am empfindlichsten**
① so, dass etwas leicht kaputtgeht oder schmutzig wird: *Der Sofabezug ist aus einem empfindlichen Material.*
② so, dass etwas leicht wehtut: *Er hat empfindliche Zähne.*
③ so, dass man jemanden leicht beleidigen oder traurig machen kann: *Auf meine Bemerkung reagierte sie leider sehr empfindlich.*

em|pört (Adjektiv) **empörter, am empörtesten** über etwas wütend oder verärgert: *100 Euro kostet der Schal? Ich bin empört!*

die **Em|pö|rung** (Nomen) nur im Singular **der Empörung** Wut und Verärgerung

das **En|de** (Nomen) **des Endes, die Enden**
① die Stelle, an der etwas aufhört: *Da vorn ist das Ende des Radwegs.*
② am Ende der Straße/der Seite/... da, wo die Straße/Seite/... aufhört: *Wir wohnen am Ende der Straße.*
③ die Zeit, zu der etwas aufhört: *Am Ende der Stunde gab er uns Hausaufgaben auf.*
④ Ende der Woche/des Monats/... wenn die Woche/der Monat/... fast vorbei ist: *Ende des Monats schreiben wir einen Vokabeltest.*
⑤ sie ist Ende dreißig/vierzig/... sie wird bald vierzig/fünfzig/...
⑥ zu Ende gehen aufhören: *Wenn der Sommer zu Ende geht, werden die Tage kürzer.*
⑦ zu Ende sein aufgehört haben, beendet sein: *Wann ist das Konzert zu Ende?*
⑧ am Ende sein umgangssprachlich keine Kraft mehr haben
⑨ Das dicke Ende kommt noch. umgangssprachlich Es wird noch große Probleme geben.
⑩ Ende gut, alles gut! Wenn alles gut ausgegangen ist, vergisst man die Probleme, die es vorher gab.

der **End|ef|fekt** (Nomen) nur im Singular **des Endeffekt(e)s**
nur in im Endeffekt ≈ alles in allem wenn man alles berücksichtigt: *Im Endeffekt ist es egal, ob du das weiße oder das schwarze Handy kaufst, denn die Funktionen sind gleich.*

en|den (Verb) **du endest, er endete, sie hat geendet, ende!**
① irgendwo, irgendwann aufhören, nicht mehr weitergehen: *Der Unterricht endet heute schon früher.* • *Der Waldweg endet hier.*

❷ auf etwas enden etwas als Endung haben: *Deutsche Verben enden meistens auf „-en".*

das **End|er|geb|nis** (Nomen) **des Endergebnisses, die Endergebnisse** das endgültige Ergebnis: *Das Endergebnis stand um 22:00 Uhr fest.*

end|gül|tig (Adjektiv) so, dass man es nicht mehr ändern kann: *Diese Entscheidung ist endgültig!*

end|lich (Adverb)
❶ ≈ schließlich nach langer Zeit, nach langem Warten: *Endlich sind Ferien!*
❷ umgangssprachlich wenn man ungeduldig ist: *Na endlich! • Kannst du jetzt endlich mal zuhören?*

end|los (Adjektiv) so, als würde es nie aufhören: *Nach endlosen Diskussionen haben sie sich endlich geeinigt.*

das **End|spiel** (Nomen) **des Endspiel(e)s, die Endspiele** das letzte Spiel in einem Wettbewerb

die **End|sta|ti|on** (Nomen) ['ɛndʃta'tsi̯oːn] **der Endstation, die Endstationen** die letzte Haltestelle

die **En|dung** (Nomen) **der Endung, die Endungen** der letzte Teil eines Worts, der sich bei Konjugation und Deklination verändert: *Das Wort „Karte" hat im Plural die Endung „-en".*

die **Ener|gie** (Nomen) **der Energie, die Energien**
❶ PHYSIK die physikalische Kraft, die zum Bewegen/Erwärmen von etwas nötig ist
❷ nur im Singular die körperliche oder seelische Kraft: *Nach dem Urlaub war er wieder voller Energie.*

ener|gisch (Adjektiv) **energischer, am energischsten** mit viel Energie, mit einem starken Willen, mit viel Kraft: *„Ruhe jetzt!", rief sie energisch.*

eng (Adjektiv) **enger, am engsten**
❶ so, dass nur wenig Platz ist: *ein enger Durchgang*
❷ so, dass etwas ganz nah am Körper ist: *eine enge Hose*
❸ eng anliegend ganz nah am Körper
❹ sehr vertraut, sehr nah: *Sie ist eine enge Freundin von mir.*
sehr intensiv: *Seit der Feier haben wir sehr engen Kontakt miteinander.*
❺ etwas im engsten Kreis feiern etwas nur mit nahen Verwandten und Freunden feiern

das **En|ga|ge|ment** (Nomen) [ãgaʒə'mãː] **des Engagements, die Engagements**
❶ nur im Singular der persönliche Einsatz oder die Verpflichtung für etwas: *Er hat mit viel Engagement einen neuen Tierschutzverein gegründet.*
❷ THEATER der Vertrag eines Künstlers, bei einem Theater usw. angestellt zu sein

en|ga|gie|ren (Verb) [ãga'ʒiːrən] **du engagierst, er engagierte, sie hat engagiert, engagier(e)!**
❶ jemanden engagieren jemanden in einem Theater usw. anstellen
❷ sich engagieren sich einsetzen: *Mein Bruder engagiert sich in einer Partei.*
❸ sich für etwas/jemanden engagieren sich für etwas/jemanden einsetzen, für etwas/jemanden kämpfen: *Meine Mutter hat sich für den Bau der neuen Schule engagiert.*

en|ga|giert (Adjektiv) [ãga'ʒiːɐt] **engagierter, am engagiertesten** mit persönlichem Interesse und Einsatz: *Sie ist eine engagierte Mitarbeiterin.*

der **En|gel** (Nomen) **des Engels, die Engel**
❶ RELIGION ein überirdisches Wesen mit einem menschlichen Körper und Flügeln, das Gott als Boten oder zur Hilfe zu den Menschen schickt
❷ ein hilfsbereiter und guter Mensch: *Danke, dass du das für mich getan hast! Du bist ein Engel!*

Eng|land (Nomen) **Englands** ein Teil von Großbritannien umgangssprachlich für Großbritannien verwendet
siehe auch → **Großbritannien**

der **Eng|län|der** (Nomen) **des Engländers, die Engländer** ein Junge/Mann aus England

die **Eng|län|de|rin** (Nomen) **der Engländerin, die Engländerinnen** ein Mädchen/eine Frau aus England

eng|lisch (Adjektiv) aus England oder in englischer Sprache

das **Eng|lisch** (Nomen) nur im Singular **des Englisch(s)** die englische Sprache

der **En|kel** (Nomen) **des Enkels, die Enkel** der Sohn des Sohns oder der Tochter

die **En|ke|lin** (Nomen) **der Enkelin, die Enkelinnen** die Tochter des Sohns oder der Tochter

das **En|kel|kind** (Nomen) **des Enkelkind(e)s, die Enkelkinder** das Kind des Sohns oder der Tochter

enorm (Adjektiv)
① ≈gewaltig, riesig sehr groß: *Wir hatten enorme Probleme mit unserer Katze.*
② vor Adjektiven und Verben sehr: *Es ist enorm wichtig, dass ihr mir zuhört. · Sie hat sich enorm angestrengt.*

das **En|sem|ble, En|semb|le** (Nomen) [ã'sã:bl̩] **des Ensembles, die Ensembles** THEATER · MUSIK eine feste Gruppe von Schauspielern, Tänzern, Musikern usw.

die **Ent|bin|dung** (Nomen) **der Entbindung, die Entbindungen** der Vorgang, bei dem ein Kind geboren wird

ent|de|cken (Verb) **du entdeckst, er entdeckte, sie hat entdeckt, entdeck(e)!**
① finden: *Hast du den Fehler schon entdeckt?*
② als Wissenschaftler als etwas Neues aufdecken: *eine bisher unbekannte Pflanzenart entdecken*
③ als Seefahrer als Erster bereisen: *Wer hat Amerika entdeckt?*
④ bemerken, erblicken: *Weil es in dem Geschäft so voll war, habe ich meine Schwester nicht gleich entdeckt.*

der **Ent|de|cker** (Nomen) **des Entdeckers, die Entdecker** Wissenschaftler, Seefahrer jemand, der Unbekanntes entdeckt

die **Ent|de|cke|rin** (Nomen) **der Entdeckerin, die Entdeckerinnen**
Femininform von → **Entdecker**

die **Ent|de|ckung** (Nomen) **der Entdeckung, die Entdeckungen**
① das Entdecken, das Finden: *die Entdeckung Amerikas · die Entdeckung von Möglichkeiten*
② etwas, was von jemandem entdeckt worden ist: *Der Forscher hat eine wichtige Entdeckung gemacht.*

die **En|te** (Nomen) **der Ente, die Enten**
① ein Vogel mit bunten Federn, kurzen Beinen und Schwimmfüßen, der auf Seen und Teichen lebt
② die Ente quakt die Ente macht ihr typisches Geräusch
③ eine lahme Ente umgangssprachlich · abwertend ein langsamer Mensch, ein langsames Auto

ent|fal|len (Verb) nur in der 3. Person gebraucht **es entfällt, es entfiel, es ist entfallen**
① jemandem entfällt etwas jemand vergisst etwas, jemand kann sich nicht mehr an etwas erinnern
② etwas entfällt etwas findet nicht statt

ent|fer|nen (Verb) **du entfernst, er entfernte, sie hat entfernt, entfern(e)!**
① ≈beseitigen, wegmachen *einen Fleck entfernen*
② sich entfernen (weiter) weggehen, wegfahren: *Als die Polizei eintraf, entfernte sich der Dieb schnell.*

ent|fernt (Adjektiv) **entfernter, am entferntesten**
① weit weg: *Die nächste Tankstelle ist fünf Kilometer entfernt.*
② ≈ungefähr nicht direkt, nicht genau: *entfernte Verwandte · eine entfernte Ähnlichkeit*

die **Ent|fer|nung** (Nomen) **der Entfernung, die Entfernungen**
① der Abstand zwischen zwei Orten, Dingen oder Personen: *Die Entfernung zwischen der Stadt und dem Meer beträgt nur ein paar Kilometer.*
② aus der Entfernung von Weitem, von weiter weg

ent|füh|ren (Verb) **du entführst, er entführte, sie hat entführt, entführ(e) nicht!**
≈kidnappen jemanden mit Gewalt an einen anderen Ort bringen und dort so lange gefangen halten, bis man Lösegeld erhält oder Forderungen erfüllt bekommt

die **Ent|füh|rung** (Nomen) **der Entführung, die Entführungen** die Tat, bei der ein Verbrecher jemanden mit Gewalt an einen anderen Ort bringt und dort so lange gefangen hält, bis er Lösegeld erhält oder Forderungen erfüllt bekommt

ent|ge|gen[1] (Adverb) in Richtung zu jemandem/etwas: *Ich laufe dir entgegen.*

ent|ge|gen[2] (Präposition) mit Dativ gebraucht im Widerspruch oder Gegensatz zu: *Das ist entgegen unserer Abmachung.*

ent|ge|gen|ge|setzt (Adjektiv)
① in der umgekehrten Richtung: *Du hast dich verlaufen, du musst in die entgegengesetzte Richtung gehen.*
② so, dass es genau das Gegenteil ist: *entgegengesetzte Meinungen*

ent|ge|gen|kom|men (Verb) **du kommst entgegen, er kam entgegen, sie ist entgegengekommen, komm(e) entgegen!**
① in die Richtung gehen, in der jemand oder etwas ist: *Kannst du mir bitte mit dem Auto entgegenkommen?*

❷ den Wünschen oder Forderungen von jemandem entsprechen: *Heute gibt es Pizza? Das kommt mir sehr entgegen.*

ent|geg|nen (Verb) **du entgegnest, er entgegnete, sie hat entgegnet, entgegne!** jemandem auf etwas antworten

ent|ge|hen (Verb) **du entgehst, er entging, sie ist entgangen, entgeh(e)!**
❶ einer Sache entgehen von etwas Unangenehmem nicht betroffen sein: *einer Gefahr entgehen • einer Strafe entgehen*
❷ jemandem entgeht etwas jemand verpasst etwas Gutes: *Komm schnell gucken! Sonst entgeht dir das Beste!* jemand bemerkt etwas nicht: *Dass ich meine Handschuhe liegen gelassen habe, ist mir völlig entgangen.*

ent|geis|tert (Adjektiv) von etwas Negativem völlig überrascht

ent|hal|ten (Verb) nur in der 3. Person gebraucht **es enthält, es enthielt, es hat enthalten**
❶ etwas enthalten etwas als Inhalt haben: *Frisches Gemüse enthält viele Vitamine.*
❷ in etwas enthalten sein in etwas eingerechnet sein: *Die Bedienung ist im Preis enthalten.*
❸ sich (der Stimme) enthalten bei einer Abstimmung weder mit Ja noch mit Nein stimmen oder bei einer Wahl nicht mitmachen

die **Ent|hal|tung** (Nomen) **der Enthaltung, die Enthaltungen** der Fall, wenn man bei einer Abstimmung weder mit Ja noch mit Nein stimmt oder bei einer Wahl nicht mitmacht

ent|hül|len (Verb) **du enthüllst, er enthüllte, sie hat enthüllt, enthüll(e)!**
❶ ein Denkmal/Kunstwerk/... enthüllen ein Tuch oder eine Abdeckung von einem Denkmal/Kunstwerk/... herunterziehen und es öffentlich zeigen
❷ ein Geheimnis/einen Plan/... enthüllen ein Geheimnis/einen Plan/... verraten

en|thu|si|as|tisch (Adjektiv) **enthusiastischer, am enthusiastischsten** mit großer Begeisterung

ent|kom|men (Verb) **du entkommst, er entkam, sie ist entkommen, entkomm(e)!**
❶ fliehen können
❷ Er ist den Verfolgern entkommen.

ent|lang (Präposition) vorangestellt mit Genitiv oder Dativ gebraucht • nachgestellt mit Akkusativ gebraucht dem Verlauf von etwas folgend: *entlang des Weges/dem Weg • Die Laternen die Straße entlang werden erneuert.*

ent|las|sen (Verb) **du entlässt, er entließ, sie hat entlassen, entlass(e)!**
❶ BERUF nicht weiter bei sich arbeiten lassen, jemandem kündigen: *Das Unternehmen hat viele Leute entlassen.*
❷ jemanden aus dem Gefängnis/Krankenhaus/... entlassen jemandem erlauben, das Gefängnis/Krankenhaus/... zu verlassen: *Am Montag werden wir Sie entlassen, Sie dürfen wieder nach Hause.*

die **Ent|las|sung** (Nomen) **der Entlassung, die Entlassungen**
❶ BERUF ≈ Kündigung *Von der Entlassung sind viele Kollegen betroffen.*
❷ SCHULE • MEDIZIN • RECHT die Erlaubnis, die Schule, ein Gefängnis, ein Krankenhaus usw. zu verlassen

ent|las|ten (Verb) **du entlastest, er entlastete, sie hat entlastet, entlaste!**
❶ jemanden (bei etwas) entlasten jemandem bei etwas helfen, damit er weniger Arbeit hat
❷ jemanden (vor Gericht) entlasten eine Aussage machen, die beweist, dass jemand nicht der Schuldige ist

die **Ent|las|tung** (Nomen) **der Entlastung, die Entlastungen**
❶ ≈ Hilfe, Erleichterung *Die neue Haushaltshilfe ist eine große Entlastung für mich.*
❷ RECHT die Aussage, die beweist, dass jemand nicht der Schuldige ist

ent|lau|fen (Verb) **du entläufst, er entlief, sie ist entlaufen, entlauf(e) nicht!** weglaufen und nicht mehr zurückkommen
⚠ wird nur bei Tieren gebraucht!

ent|mu|ti|gen (Verb) **du entmutigst, er entmutigte, sie hat entmutigt, entmutige nicht!**
jemanden entmutigen dafür sorgen, dass jemand seinen Mut verliert und sich nicht traut, etwas zu tun: *Seine Warnungen haben mich so entmutigt, dass ich nun nicht fahre.*

ent|rüs|tet (Adjektiv)
❶ wütend oder sehr verärgert über etwas
❷ Über seine Vorwürfe bin ich entrüstet.

ent|schä|di|gen (Verb) **du entschädigst, er entschädigte, sie hat entschädigt, entschädige!**
jemanden (für etwas) entschädigen jemandem Geld als Ersatz für einen Schaden/Verlust geben

die **Ent|schä|di|gung** (Nomen)
der Entschädigung, die Entschädigungen
Geld als Ersatz für einen Schaden/Verlust

ent|schei|den (Verb) **du entscheidest, er entschied, sie hat entschieden, entscheide!**
❶ aus mehreren Möglichkeiten eine auswählen: *Ich muss entscheiden, ob ich einen weiteren Tanzkurs mache oder aufhöre.*
❷ sich entscheiden aus mehreren Möglichkeiten eine auswählen: *Was möchtest du denn jetzt essen? Entscheide dich endlich.*
❸ (über etwas/jemanden) entscheiden beschließen oder bestimmen, was mit etwas/jemandem geschehen soll: *Über den Bauantrag wird Ende des Monats entschieden.*
❹ sich (für oder gegen etwas/jemanden) entscheiden beschließen, etwas/jemanden zu nehmen oder nicht zu nehmen: *Der Trainer hat sich für den anderen Torwart entschieden.*

ent|schei|dend (Adjektiv)
❶ mit großem Einfluss, von großer Bedeutung: *ein entscheidender Schritt in die richtige Richtung*
❷ ≈sehr *sich entscheidend verändern*

die **Ent|schei|dung** (Nomen)
der Entscheidung, die Entscheidungen
❶ der Beschluss oder die Bestimmung, was mit etwas/jemandem geschehen soll
❷ die Wahl aus mehreren Möglichkeiten: *Sollen wir schwimmen gehen oder hierbleiben? Die Entscheidung liegt bei dir.*
❸ eine Entscheidung treffen etwas beschließen, etwas aussuchen

ent|schie|den (Adjektiv) **entschiedener, am entschiedensten**
❶ sehr energisch und entschlossen: *etwas entschieden ablehnen*
❷ entschieden zu … viel zu: *Du darfst nicht auf die Eisfläche, das ist entschieden zu gefährlich.*

sich **ent|schlie|ßen** (Verb) **du entschließt dich, er entschloss sich, sie hat sich entschlossen, entschließ(e) dich!** einen Beschluss fassen, eine Entscheidung treffen: *Wir haben uns entschlossen, in ein größeres Haus zu ziehen.*

ent|schlos|sen (Adjektiv) **entschlossener, am entschlossensten**
❶ energisch und mit starkem Willen: *Ich bin fest entschlossen, mir die Haare abschneiden zu lassen.*
❷ kurz entschlossen
Variante von → **kurzentschlossen**

die **Ent|schlos|sen|heit** (Nomen)
nur im Singular **der Entschlossenheit** der feste Wille, etwas zu tun

der **Ent|schluss** (Nomen) **des Entschlusses, die Entschlüsse**
❶ die Absicht, etwas zu tun
❷ Mein Entschluss steht fest: Ich lasse mir die Haare abschneiden.

ent|schul|di|gen (Verb) **du entschuldigst, er entschuldigte, sie hat entschuldigt, entschuldige!**
❶ sich (bei jemandem für etwas) entschuldigen ≈um Verzeihung bitten jemandem sagen, dass es einem leidtut, dass man etwas Falsches, Schlechtes usw. getan hat: *Ich möchte mich bei dir entschuldigen.*
❷ etwas entschuldigen Verständnis für etwas haben und nicht ärgerlich sein: *Bitte entschuldigen Sie meine Verspätung!*
❸ jemanden entschuldigen sagen, dass jemand nicht kommen oder etwas nicht tun kann: *Ich habe dich bei der Klassenlehrerin entschuldigt.*

die **Ent|schul|di|gung** (Nomen)
der Entschuldigung, die Entschuldigungen
❶ ≈Verzeihung, Verständnis etwas, was man sagt oder tut, um jemanden um Verzeihung zu bitten: *jemanden um Entschuldigung bitten*
❷ die Bitte, dass jemand wegen eines Fehlers nicht böse sein soll: *Ich habe seine Entschuldigung angenommen.*
❸ SCHULE die Begründung, warum jemand nicht kommen kann
❹ eine Entschuldigung für etwas die Gründe dafür, dass etwas nicht gut oder richtig ist: *Mein platter Reifen ist meine Entschuldigung für die Verspätung.*

das **Ent|set|zen** (Nomen) nur im Singular
des Entsetzens ein großer Schreck oder Schock

ent|setz|lich (Adjektiv) **entsetzlicher, am entsetzlichsten**
❶ ≈furchtbar, schrecklich sehr schlimm: *eine entsetzliche Lüge*
❷ umgangssprachlich sehr unangenehm: *Ich habe entsetzlichen Durst.*
❸ umgangssprachlich ≈sehr *Ich bin entsetzlich enttäuscht.*

ent|setzt (Adjektiv) **entsetzter, am entsetztesten** erschrocken und schockiert

ent|sor|gen (Verb) **du entsorgst, er entsorgte, sie hat entsorgt, entsorg(e)!** zum Müll geben

die **Ent|sor|gung** (Nomen) **der Entsorgung, die Entsorgungen** das Weggeben als Müll

sich **ent|span|nen** (Verb) **du entspannst dich, er entspannte sich, sie hat sich entspannt, entspann(e) dich!**
❶ (sich) entspannen sich ausruhen und erholen: *Ich kann mich nur im Urlaub richtig entspannen.*
❷ etwas entspannen locker machen: *Die Massage hat meine Schultern entspannt.*
❸ sich entspannen ruhiger und weniger gefährlich werden: *Die Lage hat sich entspannt.*

ent|spannt (Adjektiv) **entspannter, am entspanntesten**
❶ ruhig und erholt: *Sie kam nach drei Wochen Urlaub ganz entspannt ins Büro.*
❷ locker: *ein entspannter Nacken*
❸ ruhig und ungefährlich: *Die Lage ist im Moment entspannt.*

die **Ent|span|nung** (Nomen) **nur im Singular der Entspannung** ≈ die Erholung Vorgang, bei dem jemand locker wird

ent|spre|chen (Verb) **du entsprichst, er entsprach, sie hat entsprochen, entsprich!**
❶ so sein wie etwas: *Das entspricht meinen Vorstellungen.*
❷ so viel sein wie etwas: *Zwei Pfund entsprechen einem Kilo.*

ent|spre|chend (Adjektiv)
❶ ≈ passend, geeignet *Ich suche für meine Oma ein entsprechendes Geschenk.*
❷ im passenden Verhältnis: *Es war Hochsommer und entsprechend heiß.*

ent|ste|hen (Verb) **du entstehst, er entstand, sie ist entstanden, entsteh(e)!**
❶ zu existieren beginnen: *Aus den Blüten entstehen Früchte.*
❷ geschaffen oder gebaut werden: *Hier entsteht ein großes Einkaufszentrum.*
❸ verursacht werden: *Sind hier Schäden entstanden?*

die **Ent|ste|hung** (Nomen) **der Entstehung, die Entstehungen** die Tatsache, dass etwas zu existieren beginnt oder geschaffen, verursacht usw. wird

ent|täu|schen (Verb) **du enttäuschst, er enttäuschte, sie hat enttäuscht, enttäusch(e) nicht!** nicht so sein, wie es jemand erwartet oder gehofft hat: *Es hat ihn sehr enttäuscht, dass die Mannschaft nicht gewonnen hat.*

ent|täuscht (Adjektiv) **enttäuschter, am enttäuschtesten** traurig, weil man auf etwas gehofft hat, was nicht eingetreten ist: *Er war enttäuscht über sein schlechtes Zeugnis. • Ich bin sehr enttäuscht von dir.*

die **Ent|täu|schung** (Nomen) **der Enttäuschung, die Enttäuschungen** die Tatsache, dass etwas nicht so ist, wie man es erwartet oder gehofft hat

ent|we|der (Konjunktion) nur in entweder … oder … verwendet, um zu betonen, dass es zwei verschiedene Möglichkeiten gibt: *Entweder seid ihr jetzt ruhig oder ihr macht für morgen eine Strafarbeit!*

ent|wer|fen (Verb) **du entwirfst, er entwarf, sie hat entworfen, entwirf!** planen und zeichnen

ent|wer|ten (Verb) **du entwertest, er entwertete, sie hat entwertet, entwerte!**
❶ lochen oder stempeln, damit man etwas nicht noch einmal benutzen kann: *eine Fahrkarte entwerten*
❷ abwertend sehr schlecht über jemanden/etwas reden oder jemanden/etwas sehr schlecht behandeln

ent|wi|ckeln (Verb) **du entwickelst, er entwickelte, sie hat entwickelt, entwick(e)le!**
❶ etwas entwickeln etwas erfinden (und herstellen): *eine neue Technik entwickeln* etwas ausdenken: *eine Theorie entwickeln*
❷ sich entwickeln sich verändern: *Die Lage hat sich gut/schlecht entwickelt.*
❸ sich entwickeln BIOLOGIE zum Mann/zur Frau werden, geschlechtsreif werden
❹ sich zu etwas/jemandem entwickeln zu etwas/jemandem werden: *Das Dorf hat sich zu einer Großstadt entwickelt.*

die **Ent|wick|lung** (Nomen) **der Entwicklung, die Entwicklungen**
❶ die Veränderung von etwas
❷ die Entstehung von etwas Neuem
❸ die Erfindung von etwas Neuem
❹ der Prozess des Erwachsenwerdens

die **Ent|wick|lungs|hil|fe** (Nomen) nur im Singular **der Entwicklungshilfe** die Hilfe der reichen Industrieländer für arme Länder (in der Dritten Welt)

das **Ent|wick|lungs|land** (Nomen) **des Entwicklungsland(e)s, die Entwicklungsländer** ein Land (in der Dritten Welt), das nur wenig Industrie hat und sehr arm ist

der **Ent|wurf** (Nomen) **des Entwurf(e)s, die Entwürfe**
1 ein gezeichneter Plan, nach dem man etwas herstellen oder bauen kann
2 ein Text, der alles Wichtige erhält, aber noch nicht fertig ausgearbeitet ist

ent|zie|hen (Verb) gehoben **du entziehst, er entzog, sie hat entzogen, entzieh(e)!**
1 jemandem etwas entziehen jemandem etwas wegnehmen: *jemandem den Führerschein entziehen*
2 sich einer Sache entziehen etwas nicht (mehr) tun, etwas vermeiden: *sich der Verantwortung entziehen*
3 Das entzieht sich meiner Kenntnis. Das weiß ich nicht.

ent|zif|fern (Verb) **du entzifferst, er entzifferte, sie hat entziffert, entziff(e)re!** es schaffen, einen kleingeschriebenen oder schlecht lesbaren Text zu lesen

ent|zü|ckend (Adjektiv) **entzückender, am entzückendsten** sehr hübsch und nett

ent|zün|den (Verb) **du entzündest, er entzündete, sie hat entzündet, entzünde!**
1 etwas entzünden etwas zum Brennen bringen
2 sich entzünden anfangen zu brennen, Feuer fangen: *Das Papier hat sich durch einen Funken entzündet.*
MEDIZIN rot und dick sein, Eiter absondern und Schmerzen verursachen: *Der Wind war so stark, dass sich meine Augen entzündet haben.*

die **Ent|zün|dung** (Nomen) **der Entzündung, die Entzündungen** eine kranke Stelle am Körper, die rot und dick ist und Schmerzen verursacht

die **En|zy|klo|pä|die** (Nomen) [ɛntsyklopɛˈdiː] **der Enzyklopädie, die Enzyklopädien** ein Lexikon

die **Epi|de|mie** (Nomen) **der Epidemie, die Epidemien** ≈ Seuche die Tatsache, dass sich sehr viele Menschen gleichzeitig mit einer Krankheit anstecken

die **Epi|so|de** (Nomen) **der Episode, die Episoden** ein kurzes Erlebnis oder Ereignis

die **Epo|che** (Nomen) **der Epoche, die Epochen** ein längerer wichtiger Zeitraum in der Geschichte der Menschheit

er (Pronomen) Personalpronomen der 3. Person Singular, bezeichnet eine männliche Person/Sache, über die man spricht: *Er sollte nach Hause gehen.*

das **Er|bar|men** (Nomen) nur im Singular **des Erbarmens** Mitleid, Mitgefühl, Gnade

er|bärm|lich (Adjektiv) **erbärmlicher, am erbärmlichsten**
1 so arm und elend, dass man Mitleid haben muss: *in erbärmlichen Verhältnissen leben*
2 umgangssprachlich • abwertend sehr schlecht: *Deine Leistungen in Deutsch sind erbärmlich.*
3 abwertend moralisch schlecht: *ein erbärmlicher Lügner*
4 umgangssprachlich sehr: *erbärmlich frieren*

er|bar|mungs|los (Adjektiv) **erbarmungsloser, am erbarmungslosesten** grausam und ohne Mitleid

er|bau|en (Verb) **du erbaust, er erbaute, sie hat erbaut, erbaue!** bauen, errichten

das **Er|be**[1] (Nomen) nur im Singular **des Erbes** das, was man von jemandem bekommt, der gestorben ist

der **Er|be**[2] (Nomen) **des Erben, die Erben** ein Junge oder ein Mann, der etwas von jemandem bekommt, der gestorben ist

er|ben (Verb) **du erbst, er erbte, sie hat geerbt, erbe!**
1 nach jemandes Tod bekommen: *Sie haben viel Geld geerbt.*
2 eine Fähigkeit, eine Eigenschaft oder ein äußeres Merkmal ähnlich wie Vater/Mutter oder Großvater/Großmutter haben: *Sie hat das Talent zum Malen von ihrem Vater geerbt.*

die **Er|bin** (Nomen) **der Erbin, die Erbinnen** ein Mädchen oder eine Frau, die etwas von jemandem bekommt, der gestorben ist

die **Erb|se** (Nomen) **der Erbse, die Erbsen** eine von mehreren kleinen, runden, grünen Früchten, die in einer grünen, langen Hülle stecken und die man als Gemüse isst

das **Erd|be|ben** (Nomen) **des Erdbebens, die Erdbeben** ein Naturereignis, bei dem die Erde so wackelt, dass Häuser einstürzen

die **Erd|bee|re** (Nomen) **der Erdbeere, die Erdbeeren** eine kleine, weiche, rote und süße Frucht, die im Sommer an Erdbeerpflanzen auf dem Boden wächst

die **Er|de** (Nomen) nur im Singular **der Erde**
① ≈Welt der Planet, auf dem wir leben: *Die Erde dreht sich um die Sonne.*
② der Boden, auf dem etwas wachsen kann: *Die Erde ist durch den Regen aufgeweicht.*
③ ≈Fußboden die Oberfläche, auf der man geht und steht

das **Erd|gas** (Nomen) nur im Singular **des Erdgases** ein Gas, das man tief unter der Erde findet und mit dem man heizt und kocht

das **Erd|ge|schoss** (Nomen) **des Erdgeschosses, die Erdgeschosse** die Etage eines Hauses, die auf der Höhe der Straße und der Haustür liegt

die **Erd|kun|de** (Nomen) nur im Singular **der Erdkunde** das Schulfach, in dem man etwas über die Länder, Meere, das Klima usw. auf der Erde lernt

der **Erd|teil** (Nomen) **des Erdteil(e)s, die Erdteile** ≈Kontinent eine große, zusammenhängende Landfläche auf der Erde (z. B. Afrika, Amerika, Europa)

die **Erd|um|lauf|bahn** (Nomen) **der Erdumlaufbahn, die Erdumlaufbahnen** die Strecke, auf der sich ein Satellit um die Erde bewegt

sich **er|eig|nen** (Verb) nur in der 3. Person gebraucht **es ereignet sich, es ereignete sich, es hat sich ereignet** geschehen, passieren

das **Er|eig|nis** (Nomen) **des Ereignisses, die Ereignisse** ≈Vorfall, Vorgang etwas, was geschieht

er|fah|ren[1] (Verb) **du erfährst, er erfuhr, sie hat erfahren** zum ersten Mal von etwas hören oder lesen: *Wir haben gestern erst von der Stundenplanänderung erfahren.*

er|fah|ren[2] (Adjektiv) **erfahrener, am erfahrensten** mit viel Wissen und Können durch eigene lange Tätigkeit: *Gesucht werden erfahrene Fachkräfte für den Verkauf.*

die **Er|fah|rung** (Nomen) **der Erfahrung, die Erfahrungen**
① das Wissen und das Können, die von einer eigenen langen Tätigkeit kommen: *Ihre große Erfahrung im Beruf macht sie zu einer wertvollen Mitarbeiterin.*
② etwas, was man selbst erlebt hat: *Das kenne ich aus eigener Erfahrung.*

er|fas|sen (Verb) **du erfasst, er erfasste, sie hat erfasst, erfass(e)!**
① den Sinn von etwas mit dem Verstand begreifen: *Du hast das Problem erfasst!*
② INFORMATIK Daten in einen Computer eingeben
③ von etwas erfasst werden von etwas getroffen (und verletzt) werden: *Das Auto erfasste den Fußgänger.*

er|fin|den (Verb) **du erfindest, er erfand, sie hat erfunden, erfinde!**
① etwas Neues durch Forschung entwickeln
② sich etwas ausdenken, was nicht wahr ist

der **Er|fin|der** (Nomen) **des Erfinders, die Erfinder** jemand, der sich etwas Neues ausdenkt und herstellt

die **Er|fin|de|rin** (Nomen) **der Erfinderin, die Erfinderinnen**
Femininform von → **Erfinder**

er|fin|de|risch (Adjektiv) **erfinderischer, am erfinderischsten** geschickt im Finden von Lösungen

die **Er|fin|dung** (Nomen) **der Erfindung, die Erfindungen**
① etwas Neuartiges, das es bisher noch nicht gab
② etwas, was sich jemand ausgedacht hat, eine Lüge

der **Er|folg** (Nomen) **des Erfolg(e)s, die Erfolge**
① das Ziel, das jemand erreichen wollte und erreicht hat: *Seine Bewerbung hatte Erfolg. Er wurde eingestellt.*
② Erfolg versprechend mit guten Aussichten, das gesteckte Ziel zu erreichen

er|fol|gen (Verb) nur in der 3. Person gebraucht **es erfolgt, es erfolgte, es ist erfolgt** vor sich gehen, geschehen: *Im Anschluss erfolgt ein Test.*

er|folg|los (Adjektiv)
erfolglos sein nicht das Ziel erreicht haben, das man sich gesteckt hat

er|folg|reich (Adjektiv) **erfolgreicher, am erfolgreichsten**
erfolgreich sein sein Ziel erreicht haben

das **Er|folgs|er|leb|nis** (Nomen) **des Erfolgserlebnisses, die Erfolgserlebnisse** das stolze Gefühl, etwas Besonderes geleistet zu haben

er|for|der|lich (Adjektiv) für einen bestimmten Zweck notwendig

er|for|dern (Verb) nur in der 3. Person gebraucht **es erfordert, es erforderte, es hat erfordert** etwas als Voraussetzung haben: *Gute Schulnoten erfordern Fleiß.*

er|for|schen (Verb) **du erforschst, er erforschte, sie hat erforscht, erforsch(e)!**
❶ neue (wissenschaftliche) Erkenntnisse finden
❷ etwas genau kennenlernen: *Wir erforschen erst einmal die Gegend.*

er|freu|en (Verb) **du erfreust, er erfreute, sie hat erfreut, erfreu(e)!**
❶ bewirken, dass jemand Freude empfindet: *Er hat sie mit einem Strauß Blumen erfreut.*
❷ sich an etwas erfreuen sich über etwas freuen: *Sie hat sich an dem schönen Garten erfreut.*
❸ sich großer Beliebtheit erfreuen gehoben bei vielen sehr beliebt sein

er|freu|lich (Adjektiv) **erfreulicher, am erfreulichsten** so, dass man sich über etwas freut

er|frie|ren (Verb) **du erfrierst, er erfror, sie ist erfroren, erfrier(e)!**
❶ von Lebewesen durch große Kälte sterben
❷ von Körperteilen durch große Kälte stark geschädigt werden

er|fri|schen (Verb) **du erfrischst, er erfrischte, sie hat erfrischt, erfrisch(e)!**
❶ etwas erfrischt jemanden etwas hat eine belebende Wirkung: *Frische Luft und ein kaltes Getränk erfrischen nach einer langen Autofahrt.*
❷ sich erfrischen sich abkühlen und munter werden: *Ich erfrische mich jetzt mit einer kalten Dusche!*

er|fri|schend (Adjektiv) **erfrischender, am erfrischendsten** angenehm kühlend und belebend

die **Er|fri|schung** (Nomen) **der Erfrischung, die Erfrischungen**
❶ meist Plural eine Kleinigkeit zu essen oder zu trinken
❷ eine angenehme Kühle und belebende Wirkung: *Die kalte Dusche war eine gute Erfrischung nach dem Sport.*

er|fül|len (Verb) **du erfüllst, er erfüllte, sie hat erfüllt, erfüll(e)!**
❶ Wünsche o. Ä. für jemanden wahr werden lassen: *Er hat ihr ihren größten Wunsch erfüllt.*
❷ jemand/etwas erfüllt die Bedingungen/Erwartungen/Anforderungen jemand/etwas ist so wie verlangt/erwartet: *Der Bewerber erfüllt alle Anforderungen.* • *Dieses neue Handy erfüllt leider nicht meine Erwartungen.*
❸ etwas erfüllt jemanden etwas macht jemanden zufrieden oder glücklich: *Die Pflege seiner Haustiere erfüllt ihn.*
❹ von etwas erfüllt sein dauernd an etwas denken: *Er ist erfüllt von dem Wunsch, Pilot zu werden.*
❺ etwas erfüllt sich etwas wird wahr: *Ihr größter Traum hat sich mit der Reise nach Australien erfüllt.*

die **Er|fül|lung** (Nomen) nur im Singular **der Erfüllung**
❶ das Wahrwerden eines Wunsches
❷ in Erfüllung gehen wahr werden: *Ihr Wunsch ist in Erfüllung gegangen.*
❸ einer Bitte, Forderung die Sorge dafür, dass geschieht, was gewünscht wird
❹ das Gefühl von Zufriedenheit oder Glück

er|gän|zen (Verb) **du ergänzt, er ergänzte, sie hat ergänzt, ergänz(e)!**
❶ (fehlende) Dinge zu etwas hinzufügen: *Es sind kaum noch Lebensmittel im Haus. Ich muss meine Vorräte ergänzen.*
❷ etwas Zusätzliches anmerken oder äußern: *Zu dem Thema, das wir vorhin besprochen haben, möchte ich gerne noch etwas Wichtiges ergänzen.*
❸ zwei Dinge/Menschen ergänzen sich zwei Dinge/Menschen gleichen sich durch ihre unterschiedlichen Eigenschaften aus

die **Er|gän|zung** (Nomen) **der Ergänzung, die Ergänzungen**
❶ der Vorgang, der etwas (wieder) vollständig macht
❷ etwas, was einer Sache hinzugefügt wird

er|ge|ben (Verb) **du ergibst, er ergab, sie hat ergeben, ergib!**
❶ etwas ergibt etwas etwas hat etwas zum Ergebnis: *Zwei plus zwei ergibt vier.* • *Die Untersuchungen haben ergeben, dass sie völlig gesund ist.*
❷ sich ergeben bei einem Kampf keinen Widerstand mehr leisten, seine Niederlage zugeben
❸ etwas ergibt sich aus etwas etwas ist die Folge von etwas anderem
❹ sich in sein Schicksal ergeben etwas hinnehmen, ohne Widerstand zu leisten

das **Er|geb|nis** (Nomen) **des Ergebnisses, die Ergebnisse**
① ≈ Resultat das, was bei einer Überlegung, Diskussion, Handlung o. Ä. herauskommt: *Das gemeinsame Gespräch führte zu einem positiven Ergebnis.*
② die Zahl, die durch Rechnen, Zählen o. Ä. festgestellt wird

er|geb|nis|los (Adjektiv) ohne Erfolg

er|ge|hen (Verb) unpersönlich **es ergeht, es erging, es ist ergangen**
① Wie ist es euch ergangen? Was habt ihr erlebt?
② etwas über sich ergehen lassen etwas hinnehmen, ohne Widerstand zu leisten

er|gie|big (Adjektiv) **ergiebiger, am ergiebigsten** so, dass man viel aus etwas herausholen kann: *ein ergiebiges Thema • ein ergiebiges Waschmittel*

er|grei|fen (Verb) **du ergreifst, er ergriff, sie hat ergriffen, ergreif(e)!**
① etwas mit der Hand nehmen oder fassen
② jemanden aufspüren und festnehmen: *Die Polizei ergriff den Einbrecher drei Tage nach der Tat.*
③ etwas ergreift jemanden etwas geht jemandem nahe, etwas bewegt jemanden: *Die Nachricht vom Unfall hat alle tief ergriffen.*
④ einen Beruf ergreifen einen Ausbildungsweg wählen
⑤ die Flucht ergreifen fliehen, davonlaufen

er|grei|fend (Adjektiv) **ergreifender, am ergreifendsten** tief bewegend: *eine ergreifende Rede*

er|grif|fen (Adjektiv) von etwas tief bewegt

der **Er|halt** (Nomen) nur im Singular **des Erhalt(e)s** der Eingang beim Empfänger: *Bitte bestätigen Sie den Erhalt des Briefs mit ihrer Unterschrift.*

er|hal|ten (Verb) **du erhältst, er erhielt, sie hat erhalten, erhalt(e)!**
① ≈ bekommen *Gerade habe ich deine E-Mail erhalten. • Er erhielt viel Lob für seine schulischen Leistungen.*
② etwas oder jemanden in einem bestimmten Zustand halten: *Das Denkmal ist gut erhalten, obwohl es schon so alt ist. • Mit viel Bewegung versuche ich, meinen Körper gesund zu erhalten.*

er|hält|lich (Adjektiv) zu bekommen, zu kaufen: *Diese CD ist ab sofort im Handel erhältlich.*

die **Er|hal|tung** (Nomen) nur im Singular **der Erhaltung** die Sorge dafür, dass etwas weiter besteht: *die Erhaltung des Naturschutzgebiets*

er|he|ben (Verb) **du erhebst, er erhob, sie hat erhoben, erheb(e)!**
① etwas in die Höhe heben
② als Zahlung verlangen: *Die Bücherei erhebt bei verspäteter Rückgabe der Bücher Gebühren.*
③ Einwände gegen etwas erheben sich gegen etwas wehren
④ sich erheben von seinem Platz aufstehen
⑤ sich erheben rebellieren: *sich gegen den Diktator erheben*

er|heb|lich (Adjektiv)
① ziemlich hoch oder groß: *Er hat erhebliche Schulden.*
② in großer Menge: Es sind erheblich mehr Gäste gekommen, als wir dachten.

die **Er|he|bung** (Nomen) **der Erhebung, die Erhebungen**
① GEOGRAFIE ein Berg oder Hügel
② POLITIK ein Aufstand gegen die Mächtigen
③ eine Umfrage zu einem bestimmten Thema

er|hit|zen (Verb) **du erhitzt, er erhitzte, sie hat erhitzt, erhitz(e)!**
① etwas heiß machen
② etwas erhitzt die Gemüter etwas regt die Leute auf, etwas führt zu heftigen Diskussionen

er|hö|hen (Verb) **du erhöhst, er erhöhte, sie hat erhöht, erhöh(e)!**
① etwas höher machen: *Du kannst den Schreibtischstuhl etwas erhöhen.*
② besonders Preise, Steuern usw. steigen lassen oder anheben

sich **er|ho|len** (Verb) **du erholst dich, er erholte sich, sie hat sich erholt, erhol(e) dich!**
① sich ausruhen, um wieder fit für Schule oder Beruf zu werden
② nach einer Krankheit wieder gesund werden

die **Er|ho|lung** (Nomen) nur im Singular **der Erholung** das Ausruhen und Entspannen als Möglichkeit, wieder fit für Schule oder Beruf zu werden

er|in|nern (Verb) **du erinnerst, er erinnerte, sie hat erinnert, erinn(e)re!**
① jemanden an etwas erinnern jemandem sagen, dass er etwas nicht vergessen soll

❷ jemanden an etwas/jemanden erinnern jemanden wegen einer Ähnlichkeit an etwas/jemanden denken lassen: *Sein Lachen erinnert mich an meinen Bruder.*
❸ sich an etwas/jemanden erinnern etwas/jemanden im Gedächtnis haben oder behalten: *Ich erinnere mich noch genau an meine Einschulung.*

die **Er|in|ne|rung** (Nomen) **der Erinnerung, die Erinnerungen**
❶ etwas, was man von früher im Gedächtnis behalten hat
❷ die Fähigkeit, sich an etwas zu erinnern
❸ ein Andenken an jemanden oder etwas

sich **er|käl|ten** (Verb) **du erkältest dich, er erkältete sich, sie hat sich erkältet, erkält(e) dich nicht!** eine Erkältung bekommen

er|käl|tet (Adjektiv)
erkältet sein Husten und Schnupfen haben

die **Er|käl|tung** (Nomen) **der Erkältung, die Erkältungen** eine Infektion, besonders mit Husten und Schnupfen

er|kenn|bar (Adjektiv) (deutlich) zu sehen oder zu erkennen

er|ken|nen (Verb) **du erkennst, er erkannte, sie hat erkannt, erkenn(e)!**
❶ etwas mit den Augen (deutlich) sehen können
❷ ≈ identifizieren feststellen, um was oder wen es sich handelt: *Ich habe sie an ihrem Gang erkannt.*
❸ etwas (Kompliziertes) mit dem Verstand begreifen: *Jetzt habe ich das Problem erkannt!*

die **Er|kennt|nis** (Nomen) **der Erkenntnis, die Erkenntnisse**
❶ ≈ Einsicht das Verstehen, dass etwas eine Tatsache ist: *Er kam zu der Erkenntnis, dass es der falsche Weg war.*
❷ meist Plural eine wissenschaftliche Entdeckung

er|klä|ren (Verb) **du erklärst, er erklärte, sie hat erklärt, erklär(e)!**
❶ mit Worten darstellen, was etwas bedeutet oder wie etwas geht: *Kannst du mir die Hausaufgabe in Mathematik erklären?*
❷ begründen, warum etwas so ist oder geschehen ist: *Erkläre mir, warum du so spät kommst.*
❸ etwas öffentlich verkünden: *Der Präsident erklärte seinen Rücktritt.*

die **Er|klä|rung** (Nomen) **der Erklärung, die Erklärungen**
❶ die Erläuterung oder Beschreibung: *Die Erklärung meiner Freundin hat mir sehr bei der Hausaufgabe geholfen.*
❷ die Deutung/Begründung einer Tatsache oder einer Handlung: *Ich habe keine Erklärung für seinen plötzlichen Wutanfall.*
❸ eine öffentliche Bekanntmachung: *Das Ministerium gab eine Erklärung zu dem Vorfall ab.*

die **Er|kran|kung** (Nomen) **der Erkrankung, die Erkrankungen**
❶ das Krankwerden: *Die Erkrankung trat nach dem Urlaub auf.*
❷ eine Krankheit, an der jemand leidet: *eine Erkrankung des Herzens*

er|kun|den (Verb) **du erkundest, er erkundete, sie hat erkundet, erkunde!** durch ein Gebiet reisen oder gehen, um es kennenzulernen: *Wir erkunden heute die Stadt.*

die **Er|kun|dung** (Nomen) **der Erkundung, die Erkundungen** besonders MILITÄR das Erforschen eines unbekannten Gebiets

er|lan|gen (Verb) gehoben **du erlangst, er erlangte, sie hat erlangt, erlang(e)!** etwas (mit Mühe) bekommen oder erreichen: *Endlich hat er seinen Schulabschluss erlangt.*

er|las|sen (Verb) **du erlässt, er erließ, sie hat erlassen, erlass(e)!**
❶ etwas offiziell verkünden: *einen amtlichen Bescheid erlassen • ein Gesetz erlassen*
❷ jemandem eine Strafe/Schuld erlassen auf die Verbüßung der Strafe/die Zahlung der Schuld verzichten

er|lau|ben (Verb) **du erlaubst, er erlaubte, sie hat erlaubt, erlaub(e)!**
❶ jemandem die Zustimmung geben, etwas zu tun: *Seine Eltern haben ihm erlaubt, heute eine Stunde später nach Hause zu kommen.*
❷ etwas möglich machen, zulassen: *Wenn es das Wetter erlaubt, gehen wir morgen ins Freibad. • Seine finanzielle Situation erlaubt es ihm nicht, in den Urlaub zu fahren.*
❸ sich etwas erlauben sich die Freiheit nehmen, etwas zu tun: *Damit hat sie sich einen wirklich gemeinen Scherz erlaubt.*
❹ Erlaube mal! oder Was erlaubst du dir denn? umgangssprachlich So etwas kannst du doch nicht sagen oder tun!

die **Er|laub|nis** (Nomen) Plural selten **der Erlaubnis, die Erlaubnisse**
❶ jemandes Einverständnis, dass man etwas tun darf
❷ eine (schriftliche) Genehmigung, etwas tun zu dürfen

er|läu|tern (Verb) **du erläuterst, er erläuterte, sie hat erläutert, erläut(e)re!** etwas (im Einzelnen) erklären

die **Er|läu|te|rung** (Nomen) **der Erläuterung, die Erläuterungen** eine (bis ins Einzelne gehende) Erklärung

er|le|ben (Verb) **du erlebst, er erlebte, sie hat erlebt, erleb(e)!**
❶ Schönes, Schlimmes usw. erfahren oder durchmachen
❷ etwas noch erleben (dürfen) noch am Leben sein, wenn etwas geschieht: *Ich hoffe, dass ich die Geburt meiner Urenkel noch erleben darf.*
❸ Der/Die kann was erleben! umgangssprachlich Er/Sie wird bestraft werden.

das **Er|leb|nis** (Nomen) **des Erlebnisses, die Erlebnisse** eine Erfahrung, die man im Gedächtnis behält

er|le|di|gen (Verb) **du erledigst, er erledigte, sie hat erledigt, erledige!**
❶ eine Aufgabe o. Ä. vom Anfang bis zum Ende ausführen: *die Hausaufgaben erledigen • Einkäufe erledigen*
❷ Die Sache hat sich erledigt. Es besteht kein Grund mehr zu handeln.

er|le|digt (Adjektiv)
❶ fertig, durchgeführt: *Der Abwasch ist erledigt.*
❷ umgangssprachlich total erschöpft: *Nach dem Sport bin ich immer vollkommen erledigt.*

er|leich|tern (Verb) **du erleichterst, er erleichterte, sie hat erleichtert, erleicht(e)re!**
❶ etwas einfacher machen: *Telefon und Internet erleichtern die Kommunikation zwischen Menschen.*
❷ etwas erleichtert jemanden etwas befreit jemanden von Sorgen oder Ungewissheit: *Die Nachricht, dass er die Prüfung bestanden hat, hat uns alle erleichtert.*
❸ jemanden um etwas erleichtern umgangssprachlich jemandem durch einen Trick o. Ä. Geld abnehmen

er|leich|tert (Adjektiv) von einer Sorge oder Ungewissheit befreit: *Über die gute Nachricht war sie sehr erleichtert.*

die **Er|leich|te|rung** (Nomen) nur im Singular **der Erleichterung**
❶ das angenehme Gefühl, von einer Sorge oder Ungewissheit befreit zu sein
❷ etwas, was den Alltag, die Arbeit o. Ä. bequemer oder erträglicher macht

der **Er|lös** (Nomen) **des Erlöses, die Erlöse** das Geld, das eingenommen wird

er|mah|nen (Verb) **du ermahnst, er ermahnte, sie hat ermahnt, ermahn(e)!** jemanden auffordern, sich in einer bestimmten Weise zu verhalten: *Er wurde ermahnt, die Spielregeln einzuhalten.*

er|mä|ßi|gen (Verb) **du ermäßigst, er ermäßigte, sie hat ermäßigt, ermäßige!** ≈ reduzieren niedriger machen, senken: *Die Gebühr wurde für Schüler ermäßigt.*

er|mä|ßigt (Adjektiv) ≈ reduziert niedriger (im Preis)

die **Er|mä|ßi|gung** (Nomen) **der Ermäßigung, die Ermäßigungen** ein Nachlass auf den Preis

er|mit|teln (Verb) **du ermittelst, er ermittelte, sie hat ermittelt, ermitt(e)le!**
❶ ≈ herausfinden, festlegen *den Durchschnitt ermitteln*
❷ polizeiliche Untersuchungen durchführen: *Die Polizei ermittelt in diesem Fall bereits.*

die **Er|mitt|lung** (Nomen) **der Ermittlung, die Ermittlungen**
❶ das Herausfinden oder Festlegen: *die Ermittlung einer Anschrift*
❷ meist Plural eine polizeiliche Untersuchung

er|mög|li|chen (Verb) **du ermöglichst, er ermöglichte, sie hat ermöglicht, ermögliche!** etwas möglich machen oder zulassen: *Seine Eltern haben ihm ermöglicht, ein halbes Jahr ins Ausland zu gehen.*

er|mor|den (Verb) **du ermordest, er ermordete, sie hat ermordet, ermorde nicht!** jemanden absichtlich töten

die **Er|mor|dung** (Nomen) **der Ermordung, die Ermordungen** die absichtliche Tötung eines Menschen

er|mun|tern (Verb) **du ermunterst, er ermunterte, sie hat ermuntert, ermunt(e)re!** jemandem Mut machen, etwas zu tun: *Sie hat ihn dazu ermuntert, sich mehr am Unterricht zu beteiligen.*

er|mu|ti|gen (Verb) **du ermutigst, er ermutigte, sie hat ermutigt, ermutige!** jemandem Mut machen, jemanden in etwas bestärken

die **Er|mu|ti|gung** (Nomen) **der Ermutigung, die Ermutigungen** etwas, was jemandem Mut machen soll

er|näh|ren (Verb) **du ernährst, er ernährte, sie hat ernährt, ernähr(e)!**
❶ zu essen geben, mit Nahrung versorgen: *Der Löwe wurde als Jungtier mit der Flasche ernährt.*
❷ für jemandes Lebensunterhalt sorgen: *Sie hat vier Kinder zu ernähren.*
❸ sich ernähren (eine bestimmte) Nahrung zu sich nehmen, um zu leben: *Ich ernähre mich überwiegend von Gemüse und Fisch.*

die **Er|näh|rung** (Nomen) nur im Singular **der Ernährung**
❶ das Essen und die Getränke, von denen man sich ernährt: *Wir bevorzugen eine vegetarische Ernährung.*
❷ das Ernähren, die Zufuhr von Nahrung: *die Ernährung mit der Flasche*

er|nen|nen (Verb) **du ernennst, er ernannte, sie hat ernannt, ernenn(e)!**
jemanden zu etwas ernennen jemandem ein Amt oder eine wichtige Stelle geben

die **Er|nen|nung** (Nomen) **der Ernennung, die Ernennungen** jemandes Bestimmung zu einem Amt oder einer wichtigen Stelle

er|neu|ern (Verb) **du erneuerst, er erneuerte, sie hat erneuert, erneu(e)re!**
❶ etwas Altes durch etwas Neues ersetzen: *Wir müssen mal die Tapete im Wohnzimmer erneuern.*
❷ etwas erneuert sich etwas bildet sich (immer wieder) neu: *Körperzellen, z. B. Hautzellen, erneuern sich dauernd.*

er|neut (Adjektiv) wieder, nochmals

er|nied|ri|gen (Verb) **du erniedrigst, er erniedrigte, sie hat erniedrigt, erniedrige nicht!** bloßstellen oder demütigen

die **Er|nied|ri|gung** (Nomen) **der Erniedrigung, die Erniedrigungen** jemandes Bloßstellung oder Demütigung

ernst (Adjektiv) **ernster, am ernstesten**
❶ nicht lachend oder lächelnd: *ein ernstes Gesicht machen*
❷ ≈ besorgniserregend *Die Lage ist äußerst ernst.*
❸ etwas/jemanden ernst nehmen etwas nicht als harmlos ansehen/jemanden als vollwertige Person akzeptieren
❹ etwas ist ernst gemeint etwas ist tatsächlich so gemeint, nicht als Scherz gemeint

der **Ernst** (Nomen) nur im Singular **des Ernstes**
❶ eine sachliche, entschlossene Art oder Haltung beim Umgang mit etwas: *Sie bereitet sich mit dem nötigen Ernst auf ihre Prüfung vor.*
❷ etwas, was nicht scherzhaft gemeint oder harmlos ist: *Hast du den Ernst der Situation noch nicht erkannt?*
❸ im Ernst oder allen Ernstes nicht zum Spaß
❹ Ist das dein Ernst? Meinst du das wirklich?

ernst|haft (Adjektiv) **ernsthafter, am ernsthaftesten**
❶ ohne Scherz, wirklich so gemeint: *Das ist ein ernsthaftes Angebot.*
❷ nachdenklich und konzentriert: *Er ist ein eher ernsthafter Mensch.*
❸ ≈ besorgniserregend *keine ernsthaften Verletzungen davontragen*

die **Ern|te** (Nomen) **der Ernte, die Ernten**
❶ das Sammeln von Getreide, Obst und Gemüse
❷ das Getreide, Obst und Gemüse, das gesammelt wurde

ern|ten (Verb) **du erntest, er erntete, sie hat geerntet, ernte!**
❶ LANDWIRTSCHAFT das reife Getreide und Obst sammeln
❷ Beifall/Spott ernten Zustimmung finden/verspottet werden

er|obern (Verb) **du eroberst, er eroberte, sie hat erobert, erob(e)re!**
❶ MILITÄR ein Gebiet besetzen
❷ umgangssprachlich etwas mit Mühe erlangen: *einen der vordersten Plätze erobern*

die **Er|obe|rung** (Nomen) **der Eroberung, die Eroberungen**
❶ MILITÄR die gewaltsame Besetzung einer Stadt o. Ä.
❷ ironisch jemand, den man für ein Liebesverhältnis gewonnen hat

er|öff|nen (Verb) **du eröffnest, er eröffnete, sie hat eröffnet, eröffne!**
❶ ein Ereignis (offiziell) beginnen lassen: *Die Veranstaltung wurde durch den Bürgermeister eröffnet.*
❷ ein Geschäft o. Ä. zum ersten Mal aufmachen
❸ etwas (Neues) bieten oder erreichbar machen: *Durch ihre Beratung haben sich mir neue Möglichkeiten für die berufliche Fortbildung eröffnet.*

❹ jemandem etwas eröffnen jemandem etwas Neues mitteilen: *Sie hat mir eröffnet, dass sie nächsten Monat umzieht.*

die **Er|öff|nung** (Nomen) **der Eröffnung, die Eröffnungen**
❶ der (offizielle) Beginn von etwas: *die Eröffnung der Veranstaltung*
❷ eines Geschäfts usw. die erste Öffnung für das Publikum

er|ör|tern (Verb) **du erörterst, er erörterte, sie hat erörtert, erört(e)re!** ein Thema oder Problem im Einzelnen darstellen und diskutieren: *Wir haben lange erörtert, ob es sinnvoll ist, ein Haustier anzuschaffen.*

die **Ero|tik** (Nomen) nur im Singular **der Erotik**
❶ die sexuelle Wirkung von etwas oder jemandem
❷ die Sexualität in Literatur, Kunst, Film o. Ä.

ero|tisch (Adjektiv) **erotischer, am erotischsten**
❶ sexuell anziehend oder anregend
❷ von Foto, Film usw. mit der Sexualität als Thema

er|pres|sen (Verb) **du erpresst, er erpresste, sie hat erpresst, erpress(e)!**
❶ jemanden durch Drohungen zu etwas zwingen: *Sie ließ sich damals erpressen.*
❷ durch Drohungen von jemandem erhalten: *Sie haben Geld von ihm erpresst.*

der **Er|pres|ser** (Nomen) **des Erpressers, die Erpresser** jemand, der durch Drohungen jemanden zu etwas zwingt

er|pro|ben (Verb) **du erprobst, er erprobte, sie hat erprobt, erprob(e)!** prüfen, ob etwas oder jemand für etwas geeignet ist: *Dieses Medikament muss erst noch erprobt werden, bevor es verkauft werden kann.*

er|ra|ten (Verb) **du errätst, er erriet, sie hat erraten, errate!** eine Tatsache oder richtige Antwort durch Raten herausfinden

er|re|gen (Verb) **du erregst, er erregte, sie hat erregt, erreg(e)!**
❶ ärgerlich oder nervös machen
❷ in sexuelle Erregung versetzen
❸ ≈ verursachen, hervorrufen *Er wollte keinen Verdacht erregen.*

der **Er|re|ger** (Nomen) **des Erregers, die Erreger** ein Keim, der krank machen kann (z. B. ein Virus, ein Pilz, ein Bakterium)

er|regt (Adjektiv) **erregter, am erregtesten**
❶ in sexueller Erregung
❷ sehr ärgerlich oder nervös

er|reich|bar (Adjektiv)
❶ so, dass man mit jemandem Kontakt aufnehmen kann: *Im Moment ist sie telefonisch nicht erreichbar.*
❷ so, dass man (leicht) hinkommen kann: *Diese Sehenswürdigkeit ist zu Fuß erreichbar.*
❸ ≈ machbar, möglich *Ein Notendurchschnitt von 2,0 ist für mich noch erreichbar.*

er|rei|chen (Verb) **du erreichst, er erreichte, sie hat erreicht, erreich(e)!**
❶ jemanden kontaktieren, persönlich sprechen: *Wann kann ich ihn erreichen?*
❷ einen Zug/Flug erreichen rechtzeitig zur Abfahrt/zum Abflug da sein
❸ ≈ ankommen *Wir erreichen Freiburg Hauptbahnhof in wenigen Minuten.*
❹ drankommen, berühren können: *Die Bücher im oberen Regal kann ich ohne Leiter nicht erreichen.*
❺ ≈ schaffen *Damit hat er erreicht, was er wollte.*

er|rich|ten (Verb) **du errichtest, er errichtete, sie hat errichtet, errichte!** ≈ erbauen, aufstellen *ein neues Einkaufszentrum errichten*

der **Er|satz** (Nomen) nur im Singular **des Ersatzes** eine Person oder Sache, die anstelle einer anderen eingesetzt werden kann

das **Er|satz|teil** (Nomen) **des Ersatzteil(e)s, die Ersatzteile** ein Teil, mit dem man ein defektes Teil ersetzen kann

er|schei|nen (Verb) **du erscheinst, er erschien, sie ist erschienen, erschein(e)!**
❶ irgendwohin kommen: *in der Schule erscheinen*
❷ ≈ herauskommen *Band 1 von „Harry Potter" erschien in Deutschland 1998.*
❸ auftauchen: *Auf dem Bildschirm erschien eine Fehlermeldung.*
❹ etwas erscheint jemandem … etwas kommt einem … vor: *Sein Verhalten erscheint mir manchmal etwas merkwürdig.*

die **Er|schei|nung** (Nomen) **der Erscheinung, die Erscheinungen**
❶ etwas, was man beobachten kann: *eine seltene astronomische Erscheinung*
❷ jemandes äußere Erscheinung jemandes Aussehen, Kleidung und gesamte Wirkung
❸ eine Vision oder Traumvorstellung

er|schie|ßen (Verb) **du erschießt, er erschoss, sie hat erschossen, erschieß(e) nicht!** durch einen oder mehrere Schüsse töten

er|schlie|ßen (Verb) **du erschließt, er erschloss, sie hat erschlossen, erschließ(e)!**
❶ so vorbereiten oder bearbeiten, dass etwas genutzt werden kann: *neue Märkte erschließen • neue Rohstoffquellen/Einnahmequellen erschließen*
❷ sich etwas erschließen so über etwas nachdenken, dass man es versteht: *sich einen Text erschließen*
❸ etwas aus etwas erschließen etwas als Folgerung ableiten, nachdem man etwas beobachtet oder analysiert hat: *Aus seinen Andeutungen konnte ich erschließen, wer die Tasche weggenommen hat.*

er|schöpft (Adjektiv) **erschöpfter, am erschöpftesten**
❶ kraftlos und müde: *Durch die Erkältung bin ich sehr erschöpft.*
❷ verbraucht, nicht mehr da, zu Ende: *Die Vorräte sind erschöpft.*

er|schre|cken[1] (Verb) **du erschrickst, er erschrak, sie ist erschrocken, erschrick!**
❶ plötzlich Angst bekommen, einen Schrecken bekommen: *Er erschrickt immer, wenn es donnert.*
❷ vor jemanden/etwas erschrecken vor jemandem/etwas plötzlich Angst bekommen: *Ich erschrak vor ihm, weil er die gruselige Maske aufgesetzt hatte.*
❸ über jemanden/etwas erschrecken von jemandem/etwas schockiert sein: *Ich erschrak über ihr wildes Gebrüll.*

er|schre|cken[2] (Verb) **du erschreckst, er erschreckte, sie hat erschreckt, erschreck(e) nicht!**
❶ jemanden erschrecken jemandem Angst machen: *Jedesmal, wenn du so leise zur Tür hereinkommst, erschreckst du mich. • Musst du deine kleine Schwester immer so erschrecken?*
❷ jemanden zu Tode erschrecken ironisch jemanden sehr erschrecken

er|schüt|tern (Verb) **du erschütterst, er erschütterte, sie hat erschüttert, erschütt(e)re!**
❶ schwanken lassen, wackeln lassen: *Ein Erdbeben erschütterte die gesamte Region.*
❷ schockieren und traurig machen: *Ihr plötzlicher Tod hat uns alle erschüttert.*

er|schüt|ternd (Adjektiv) **erschütternder, am erschütterndsten** so, dass man traurig und entsetzt ist

die **Er|schüt|te|rung** (Nomen) **der Erschütterung, die Erschütterungen**
❶ durch ein Erdbeben, eine Explosion das Schwanken, das Wackeln: *die Erschütterung der Erde*
❷ Gefühl bei einem schlimmen Ereignis Trauer und Entsetzen

er|schwe|ren (Verb) **du erschwerst, er erschwerte, sie hat erschwert, erschwer(e)!** schwieriger machen: *Die starken Winde erschweren die Löscharbeiten im Waldbrandgebiet.*

er|set|zen (Verb) **du ersetzt, er ersetzte, sie hat ersetzt, ersetz(e)!**
❶ etwas (durch etwas) ersetzen etwas (gegen etwas) austauschen: *Wir müssen die alten Fenster durch neue ersetzen.*
❷ jemanden ersetzen jemandes Rolle ausfüllen, an jemandes Stelle treten: *Niemand kann meine Eltern ersetzen.*
❸ jemandem etwas ersetzen jemandem einen Ersatz für etwas Verlorenes oder Beschädigtes geben oder Geld dafür bezahlen: *Wir haben dem Nachbarn die zerbrochene Fensterscheibe ersetzt.*

er|spa|ren (Verb) **du ersparst, er ersparte, sie hat erspart, erspar(e)!**
❶ jemandem/sich etwas ersparen etwas Unangenehmes für jemanden/für sich selbst vermeiden: *Du kannst dir eine Menge Ärger ersparen, wenn du den Brief heute noch abschickst.*
❷ Mir bleibt auch nichts erspart! ironisch Ich habe immer nur Ärger!

die **Er|spar|nis** (Nomen) **der Ersparnis, die Ersparnisse**
❶ nur im Singular etwas, was man nicht verbraucht: *Der neue Motor führt zu einer enormen Ersparnis an Benzin.*
❷ die Ersparnisse das Geld, das man gespart hat

erst[1] (Adverb)
❶ ≈ zuerst an erster Stelle, als Erstes: *Erst machst du die Hausaufgaben, dann kannst du auf den Bolzplatz gehen.* ≈ anfangs am Anfang, zu Beginn: *Erst funktionierte der PC ganz gut, aber nach zwei Stunden ist er abgestürzt.*
❷ nicht früher/eher als: *Ich kann erst morgen kommen.*
❸ ≈ nur nicht mehr als, weniger als erwartet: *Sie ist erst ein paar Tage bei uns. • Es sind erst drei Leute hier.*

erst[2] (Partikel)
❶ erst recht meist trotzig noch mehr: *Wenn du mir das verbietest, mache ich es erst recht!*
❷ Und ich/sie/… erst! zur Betonung Ich/sie/… noch mehr!: *Wir freuen uns. – Und wir erst!*

er|stat|ten (Verb) **du erstattest, er erstattete, sie hat erstattet, erstatte!**
❶ jemandem etwas erstatten jemandem das Geld für etwas zurückzahlen
❷ jemandem Bericht erstatten jemandem etwas ausführlich berichten
❸ (gegen jemanden) Anzeige erstatten jemanden bei der Polizei anzeigen

er|stau|nen (Verb) **du erstaunst, er erstaunte, sie hat/ist erstaunt, erstaun(e)!**
❶ hat erstaunt zum Staunen bringen: *Es hat mich erstaunt, wie gut sie singen kann.*
❷ ist erstaunt ins Staunen geraten: *Ich bin erstaunt, wie groß du geworden bist.*

das **Er|stau|nen** (Nomen) nur im Singular **des Erstaunens** die Verwunderung

er|staun|lich (Adjektiv) **erstaunlicher, am erstaunlichsten** so, dass man darüber staunen muss: *Tom hat eine erstaunliche Entwicklung gemacht.*

er|staunt (Adjektiv) **erstaunter, am erstauntesten** überrascht und verwundert: *Bist du erstaunt über unseren Sieg?*

erst|bes|te (Adjektiv)
der/die/das erstbeste … der/die/das zufällig nächste …: *Er ergriff die erstbeste Gelegenheit, um von zu Hause auszureißen. • Kauft nicht die erstbeste CD, sondern überlegt gut, wofür ihr euer Taschengeld ausgeben wollt!*

ers|te (Zahlwort)
❶ in einer Reihe an 1. Stelle: *am ersten Tag • als Erster durchs Ziel gehen*
❷ fürs Erste ≈vorläufig für die erste Zeit

er|stei|gern (Verb) **du ersteigerst, er ersteigerte, sie hat ersteigert, ersteig(e)re!** bei einer Versteigerung kaufen

ers|tens (Adverb) beim Aufzählen an erster Stelle: *Erstens bin ich müde und zweitens habe ich keine Lust.*

erst|klas|sig (Adjektiv) ≈hervorragend, ausgezeichnet ganz besonders gut

er|stre|bens|wert (Adjektiv) **erstrebenswerter, am erstrebenswertesten** so, dass man es gern haben oder sein möchte: *Es ist nicht immer erstrebenswert, ein Star zu sein.*

er|tap|pen (Verb) **du ertappst, er ertappte, sie hat ertappt, ertapp(e)!**
❶ jemanden ertappen ≈jemanden erwischen jemanden bei etwas Verbotenem überraschen: *Sie ertappte ihn beim Abschreiben.*
❷ sich ertappen bemerken, dass man etwas tut, was man eigentlich gar nicht tun möchte: *Ich ertappte mich dabei, dass ich immer wieder auf die Uhr sah.*

er|tei|len (Verb) **du erteilst, er erteilte, sie hat erteilt, erteil(e)!** geben: *Sie hat ihm eine Abfuhr erteilt. • Frau Müller erteilt in den Klassen 5 und 6 Englischunterricht.*

der **Er|trag** (Nomen) **des Ertrag(e)s, die Erträge**
❶ FINANZEN der Gewinn, der Nutzen
❷ LANDWIRTSCHAFT die Produkte, die erzeugt werden

er|tra|gen (Verb) **du erträgst, er ertrug, sie hat ertragen, ertrag(e)!** ≈erdulden aushalten, obwohl es unangenehm ist oder wehtut: *Schmerzen ertragen*

er|träg|lich (Adjektiv) **erträglicher, am erträglichsten** so, dass man es aushalten kann

er|trin|ken (Verb) **du ertrinkst, er ertrank, sie ist ertrunken, ertrink(e) nicht!** sterben, weil man im Wasser untergeht und Wasser in die Lunge bekommt

er|wa|chen (Verb) gehoben **du erwachst, er erwachte, sie ist erwacht, erwach(e)!** wach werden, aufwachen

er|wach|sen (Adjektiv) volljährig, kein Kind mehr

der/die **Er|wach|se|ne** (Nomen) **des/der Erwachsenen, die Erwachsenen** jemand, der kein Kind oder Jugendlicher mehr ist

er|wäh|nen (Verb) **du erwähnst, er erwähnte, sie hat erwähnt, erwähn(e)!** kurz oder nebenbei nennen: *Er erwähnte deinen Namen.*

die **Er|wäh|nung** (Nomen) **der Erwähnung, die Erwähnungen** das Nennen: *Der Vorfall fand keine Erwähnung in seinem Aufsatz.*

er|war|ten (Verb) **du erwartest, er erwartete, sie hat erwartet, erwarte!**
❶ jemanden/etwas erwarten auf jemanden/etwas warten: *Ich erwarte dich um sieben an unserem Treffpunkt!*
❷ ein Kind erwarten schwanger sein

❸ etwas erwarten mit etwas rechnen, etwas für wahrscheinlich halten: *Ich erwarte, dass es gleich regnet.*

die **Er|war|tung** (Nomen) **der Erwartung, die Erwartungen**
❶ meist im Plural etwas, was man für wahrscheinlich hält oder worauf man hofft: *Meine Erwartungen wurden erfüllt.* • *Sie sah ihn voller Erwartung an.*
❷ nur im Singular • Zustand das Warten: *Ich bin in ungeduldiger Erwartung, dass das Freibad endlich aufmacht.*

er|wei|sen (Verb) **du erweist, er erwies, sie hat erwiesen, erweis(e)!**
❶ jemandem einen Gefallen/Dienst/... erweisen etwas für jemanden tun
❷ sich als etwas/jemand erweisen sich als etwas/jemand herausstellen: *Der Feueralarm hat sich als Fehlalarm erwiesen.*

er|wei|tern (Verb) **du erweiterst, er erweiterte, sie hat erweitert, erweit(e)re!** größer machen: *eine Sammlung erweitern* • *sein Wissen erweitern*

die **Er|wei|te|rung** (Nomen) **der Erweiterung, die Erweiterungen** die Vergrößerung

der **Er|werb** (Nomen) **des Erwerb(e)s, die Erwerbe**
❶ HANDEL der Kauf
❷ von Kenntnissen, Fähigkeiten das Aneignen: *der Erwerb von Kenntnissen* • *der Erwerb von Fähigkeiten*
❸ gehoben die Berufstätigkeit

er|wer|ben (Verb) **du erwirbst, er erwarb, sie hat erworben, erwirb!**
❶ HANDEL kaufen
❷ sich aneignen: *In der Fortbildung hat sie wichtige Kenntnisse und Fähigkeiten erworben.*

er|werbs|los (Adjektiv) arbeitslos

er|werbs|tä|tig (Adjektiv) berufstätig

er|wi|dern (Verb) **du erwiderst, er erwiderte, sie hat erwidert, erwid(e)re!**
❶ ≈ antworten als Antwort geben: *„Das geht leider nicht", erwiderte sie.*
❷ jemandes Blick/Gruß/... erwidern jemanden auch anblicken/grüßen/...: *Sie erwidert seine Liebe.*

die **Er|wi|de|rung** (Nomen) **der Erwiderung, die Erwiderungen** die Antwort

er|wi|schen (Verb) umgangssprachlich **du erwischst, er erwischte, sie hat erwischt, erwisch(e)!**
❶ jemanden erwischen jemanden gerade noch antreffen, bevor er weggeht: *Ich habe Beate eben noch erwischt und mich bei ihr entschuldigt.*
≈ erwischen jemanden bei etwas Verbotenem überraschen: *Der Dieb wurde von der Verkäuferin erwischt.* fangen: *Die Polizei hat den Ausbrecher erwischt.*
❷ den Bus/den Zug/... erwischen den Bus/den Zug/... gerade noch erreichen, bevor er abfährt
❸ jemanden hat es erwischt ironisch jemand hat sich verliebt MEDIZIN jemand ist krank, verletzt oder tot

er|zäh|len (Verb) **du erzählst, er erzählte, sie hat erzählt, erzähl(e)!**
❶ ein wirkliches oder ausgedachtes Geschehen für die Zuhörer/Leser ansprechend (z. B. spannend oder lustig) wiedergeben: *eine Geschichte erzählen* • *ein Erlebnis erzählen*
❷ jemandem erzählen, dass ... umgangssprachlich jemandem sagen, dass ...: *Sie hat mir erzählt, dass sie verreist war.*
❸ Dem werd' ich was erzählen! umgangssprachlich Ich werde ihm meine Meinung sagen!

der **Er|zäh|ler** (Nomen) **des Erzählers, die Erzähler** jemand, der etwas erzählt

die **Er|zäh|le|rin** (Nomen) **der Erzählerin, die Erzählerinnen**
Femininform von → **Erzähler**

die **Er|zäh|lung** (Nomen) **der Erzählung, die Erzählungen**
❶ allgemein das Erzählen einer Geschichte, eines Erlebnisses o. Ä.
❷ LITERATUR eine kürzere Geschichte

der **Erz|bi|schof** (Nomen) **des Erzbischof(e)s, die Erzbischöfe** der Bischof in einem besonders hohen Amt

er|zeu|gen (Verb) **du erzeugst, er erzeugte, sie hat erzeugt, erzeug(e)!**
❶ entstehen lassen: *Spannung erzeugen* • *Angst erzeugen*
❷ WIRTSCHAFT produzieren, herstellen: *Die Firma erzeugt Milchprodukte.*

der **Er|zeu|ger** (Nomen) **des Erzeugers, die Erzeuger** WIRTSCHAFT • LANDWIRTSCHAFT der Hersteller, der Produzent

das **Er|zeug|nis** (Nomen) **des Erzeugnisses, die Erzeugnisse** das Produkt, die Ware

er|zie|hen (Verb) **du erziehst, er erzog, sie hat erzogen, erzieh(e)!**
ein Kind erziehen einem Kind die

Fähigkeiten und Werte beibringen, die es als Erwachsener in der Gesellschaft braucht: *Wir haben unsere Kinder immer zur Ehrlichkeit erzogen.*

der **Er|zie|her** (Nomen) **des Erziehers, die Erzieher**
❶ jemand, der ein Kind erzieht
❷ BERUF jemand, der in einem Kindergarten oder Heim mit Kindern arbeitet

die **Er|zie|he|rin** (Nomen) **der Erzieherin, die Erzieherinnen**
Femininform von → **Erzieher**

die **Er|zie|hung** (Nomen) **nur im Singular der Erziehung** das Vermitteln und Fördern der Fähigkeiten und Werte, die ein Mensch in der Gesellschaft braucht

der/die **Er|zie|hungs|be|rech|tig|te** (Nomen) **des/der Erziehungsberechtigten, die Erziehungsberechtigten** ≈ Eltern, Vormund die Person, die die gesetzliche Verantwortung für ein Kind hat

er|zwin|gen (Verb) **du erzwingst, er erzwang, sie hat erzwungen, erzwing(e) nicht!**
mit Zwang oder Gewalt durchsetzen: *Der Ausbrecher erzwang seine Flucht durch eine Geiselnahme.*

es (Pronomen)
❶ Nominativ und Akkusativ des Personalpronomens der 3. Person Singular; verwendet, um sich auf eine Person/Sache zu beziehen, die sächlich ist: *Hörst du das Baby? Ich glaube, es weint.*
❷ als unpersönliches Subjekt oder Objekt verwendet: *Es ist kalt draußen.* · *Gibt es noch etwas zu trinken?* · *Ich meine es nur gut mit dir.*

der **Esel** (Nomen) **des Esels, die Esel**
❶ ZOOLOGIE eine Art kleines Pferd mit grauem Fell und langen Ohren
❷ abwertend · umgangssprachlich ein Dummkopf

die **Esels|brü|cke** (Nomen) umgangssprachlich **der Eselsbrücke, die Eselsbrücken** ein Gedanke oder eine kleine Geschichte, mit der man sich Dinge besser merken kann

das **Esels|ohr** (Nomen) umgangssprachlich **des Eselsohrs, die Eselsohren** eine umgeknickte Ecke an einer Buchseite

der **Es|pres|so** (Nomen) **des Espresso(s), die Espressos/Espressi** ein starker Kaffee, der in einer kleinen Tasse serviert wird

ess|bar (Adjektiv) so, dass man etwas essen kann: *eine essbare Pflanze*

es|sen (Verb) **du isst, er aß, sie hat gegessen, iss!**
❶ Nahrung in den Mund nehmen, kauen und hinunterschlucken: *Er kann jetzt nicht telefonieren, er isst noch.* ⚠ **Menschen essen, Tiere fressen**
❷ etwas essen etwas in den Mund nehmen, kauen und hinunterschlucken: *Ich esse am liebsten Spaghetti.*
❸ essen gehen in ein Restaurant gehen und dort essen: *Wir gehen heute italienisch essen.*
❹ zu Mittag/Abend essen das Mittagessen/Abendessen essen
❺ sich satt essen so viel essen, bis man keinen Hunger mehr hat

das **Es|sen** (Nomen) **des Essens, die Essen**
❶ **nur im Singular** ≈ Nahrung das, was man isst: *Junkfood ist kein gesundes Essen.*
❷ ≈ Gericht eine bestimmte Speise: *Pizza ist das Essen, das ich am liebsten mag.*
❸ **nur im Singular** ≈ Mahlzeit das Mittag- oder Abendessen: *Beim Essen sitzen wir immer am großen runden Tisch.*
❹ **Fest, Einladung** ein besonders festliches Essen: *Zum Geburtstag gab unser Opa ein Essen für die ganze Familie.*

der **Es|sig** (Nomen) **des Essigs, die Essige**
❶ eine saure Flüssigkeit, mit der Salat und andere Speisen gewürzt werden
❷ mit etwas ist es Essig umgangssprachlich aus etwas wird nichts: *Wenn wir nicht bald losgehen, ist es Essig mit dem Ausflug!*

der **Ess|löf|fel** (Nomen) **des Esslöffels, die Esslöffel** ≈ Suppenlöffel der große Löffel, mit dem man Suppe usw. isst

der **Ess|tisch** (Nomen) **des Esstisch(e)s, die Esstische** der Tisch, an dem man isst

das **Ess|zim|mer** (Nomen) **des Esszimmers, die Esszimmer** das Zimmer, in dem man isst

der **Es|te** (Nomen) **des Esten, die Esten** ein Junge/Mann aus Estland

die **Es|tin** (Nomen) **der Estin, die Estinnen** ein Mädchen/eine Frau aus Estland

Est|land (Nomen) **Estlands** ein Land in Nordeuropa

est|nisch (Adjektiv) aus Estland oder in estnischer Sprache

eta|bliert, etab|liert (Adjektiv) in einer sicheren Position in der Gesellschaft, angesehen und einflussreich

die **Eta|ge** (Nomen) [e'ta:ʒə] **der Etage, die Etagen** ≈ Stockwerk eine der Ebenen, aus denen ein Gebäude aufgebaut ist: *Wir wohnen in der dritten Etage.*

die **Etap|pe** (Nomen) **der Etappe, die Etappen** ❶ bei einem Ausflug, Radrennen usw. eine Teilstrecke, die an einem Tag gefahren werden muss ❷ bei einer Entwicklung usw. ein Abschnitt

der **Etat** (Nomen) [e'ta:] **des Etats, die Etats** der Plan für Ausgaben und Einnahmen eines Staates, eines Unternehmens o. Ä.

etc. [ɛ'tse:tera] Abkürzung von: et cetera und so weiter

die **Ethik** (Nomen) nur im Singular **der Ethik** alle moralischen Regeln und Grundsätze für das gute Zusammenleben von Menschen in einer Gesellschaft

ethisch (Adjektiv)
❶ allgemein die Ethik betreffend
❷ ≈ verantwortungsbewusst, moralisch so, wie man mit anderen Menschen in einer Gesellschaft leben sollte

eth|nisch (Adjektiv) die Kultur einer bestimmten Volksgruppe betreffend

das **Eti|kett** (Nomen) **des Etikett(e)s, die Etiketten/Etiketts** in Kleidung, auf Flaschen usw. das Schildchen, auf dem der Preis, die Marke usw. steht

et|li|che, et|li|cher, et|li|ches (Pronomen) gehoben ≈ einige eine ziemlich große Zahl: *Ich habe das schon etliche Male versucht, aber es hat nie geklappt.* • *Schau, das ist das Ergebnis etlicher Versuche von mir.* • *Meine Oma hat schon etliches erlebt.*

das **Etui** (Nomen) **des Etuis, die Etuis** für Brille, Stifte, Zigaretten usw. ein kleiner Behälter aus Leder, Kunststoff oder Metall

et|wa[1] (Adverb)
❶ ≈ ungefähr wird gebraucht, wenn man die Zahl, die Größe usw. nicht genau weiß: *Das Schiff ist etwa zehn Meter lang.* • *Wir kommen in etwa einer Stunde.*
❷ beispielsweise: *Bestimmte Pflanzen, etwa der Fingerhut, sind giftig.*
❸ in etwa ungefähr: *Das kommt in etwa hin.* • *Die Schränke sind in etwa gleich hoch.*

et|wa[2] (Partikel) in Fragesätzen vielleicht, womöglich: *Du willst doch nicht etwa schon gehen?* • *Max hat doch nicht etwa den Vogelkäfig offen gelassen?*

et|was (Pronomen)
❶ verwendet, um eine nicht näher genannte Sache zu bezeichnen: *Darf ich bitte auch etwas sagen?*
❷ eine kleine Menge, ein bisschen: *In der Suppe fehlt noch etwas Salz.*

die **EU** (Nomen) [e:'|u:] nur mit Artikel • nur im Singular **der EU** Abkürzung von: Europäische Union ein Bündnis von europäischen Staaten zur wirtschaftlichen und politischen Zusammenarbeit: *Für die Wirtschaft der einzelnen Länder spielt die EU eine große Rolle.*

der **EU-Bür|ger** (Nomen) **des EU-Bürgers, die EU-Bürger** der Bürger eines Landes, das zur Europäischen Union gehört

die **EU-Bür|ge|rin** (Nomen) **der EU-Bürgerin, die EU-Bürgerinnen**
Femininform von → **EU-Bürger**

euch (Pronomen)
❶ Dativ und Akkusativ des Personalpronomens „ihr“: *Ist das bei euch auch so?* • *Sie hat euch gestern gesehen.* siehe auch → **ihr**
❷ Reflexivpronomen der 2. Person Plural: *Habt ihr euch auch die Hände gewaschen?* • *Hier könnt ihr euch im Spiegel betrachten.*

eu|er, eu|re, eu|rer, eu|res (Pronomen) Possessivpronomen der 2. Person Plural, drückt aus, dass etwas/jemand (zu) einer Gruppe gehört, mit der man spricht: *Ist das euer Auto?* • *eure Nachbarn*
siehe auch → **Possessivpronomen**

die **Eu|le** (Nomen) **der Eule, die Eulen** ein Vogel mit großen runden Augen und einem kleinen krummen Schnabel, der nachts fliegt und jagt und tagsüber schläft

die **Eu|pho|rie** (Nomen) gehoben **der Euphorie, die Euphorien** ein extremes Glücksgefühl, fast übertrieben gute Laune

eu|pho|risch (Adjektiv) gehoben **euphorischer, am euphorischsten** extrem glücklich, fast übertrieben gut gelaunt: *Nach dem Sieg war er sehr euphorisch.*

EUR ['ɔyro] Abkürzung von: Euro
die Währungseinheit in vielen Ländern der Europäischen Union

eu|rer|seits, eu|er|seits (Adverb) von eurer Seite aus, von euch aus: *Gibt es eurerseits noch Wünsche?*

eu|ret|we|gen (Adverb) wegen etwas, was euch betrifft: *Ich möchte nicht euretwegen zu spät kommen.*

der **Eu|ro** (Nomen) **des Euro(s), die Euro(s)**
⚠ der Plural ist Euros, aber nach Zahlen Euro: das kostet 13 Euro die Währungseinheit in vielen Ländern der Europäischen Union: *In Portugal zahlen sie auch mit Euros.*

Eu|ro|pa (Nomen) **Europas** der Erdteil, in dem z. B. Deutschland, Österreich und Italien liegen

der **Eu|ro|pä|er** (Nomen) **des Europäers, die Europäer** ein Junge/Mann aus Europa

die **Eu|ro|pä|erin, Eu|ro|päe|rin** (Nomen) **der Europäerin, die Europäerinnen** ein Mädchen/eine Frau aus Europa

eu|ro|pä|isch (Adjektiv) aus Europa

die **Eu|ro|pa|meis|ter|schaft** (Nomen) **der Europameisterschaft, die Europameisterschaften** ein sportlicher Wettkampf unter europäischen Ländern

das **Eu|ro|pa|par|la|ment** (Nomen) **des Europaparlament(e)s** das gemeinsame Parlament der Staaten der Europäischen Union

die **Eu|ro|zo|ne** (Nomen) nur im Singular **der Eurozone** alle Länder, die den Euro als Währung haben

das **Eu|ter** (Nomen) **des Euters, die Euter** von Kuh, Ziege, Schaf usw. das Organ bei weiblichen Tieren, in dem die Milch ist

eva|ku|ie|ren (Verb) [evaku'i:rən] **du evakuierst, er evakuierte, sie hat evakuiert, evakuier(e)!** bei Gefahr räumen und die Menschen ausziehen lassen: *Die Anwohner wurden vorübergehend evakuiert.* • *Das gesamte Gebiet wurde evakuiert.*

die **Eva|ku|ie|rung** (Nomen) [evaku'i:rʊŋ] **der Evakuierung, die Evakuierungen** das Evakuieren

evan|ge|lisch (Adjektiv) [evaŋ'ge:lɪʃ] ≈ protestantisch zu einer der beiden großen christlichen Glaubensrichtungen in Deutschland gehörend

das **Evan|ge|li|um** (Nomen) [evaŋ'ge:li̯ʊm] **des Evangeliums, die Evangelien** eines der vier Bücher, die über das Leben und den Tod von Jesus berichten

das/der **Event** (Nomen) [i'vɛnt] umgangssprachlich **des Events, die Events** eine besondere Veranstaltung: *Der 60. Geburtstag war ein großes Event.*

even|tu|ell (Adverb) [evɛn'tu̯ɛl] vielleicht: *Wir können eventuell auch eine Stunde früher kommen.*

die **Evo|lu|ti|on** (Nomen) [evolu'tsi̯o:n] nur im Singular **der Evolution**
❶ BIOLOGIE die stammesgeschichtliche Entwicklung von niederen zu höheren Lebensformen: *die Evolution der Kriechtiere*
❷ gehoben eine langsame und allmählich fortschreitende Entwicklung

ewig (Adjektiv)
❶ ≈ unendlich ohne Ende, immer weitergehend: *Man kann nicht ewig leben.*
❷ umgangssprachlich sehr lange: *Wir haben schon ewig nicht mehr gegrillt.*
❸ umgangssprachlich ≈ andauernd sich immer wiederholend: *Ewig kommst du zu spät!*
❹ für immer und ewig so, dass es sich nie mehr ändert, für immer gültig
❺ ewig und drei Tage umgangssprachlich • ironisch sehr lange dauernd

die **Ewig|keit** (Nomen) **der Ewigkeit, die Ewigkeiten**
❶ nur im Singular die unendlich lange Dauer
❷ umgangssprachlich eine sehr lange Zeit: *Ich habe Ewigkeiten auf dich gewartet!*

ex|akt (Adjektiv) **exakter, am exaktesten** ganz genau

die **Ex|akt|heit** (Nomen) nur im Singular **der Exaktheit** die große Genauigkeit

das **Ex|amen, Exa|men** (Nomen) **des Examens, die Examen/Examina** die Abschlussprüfung nach einem Studium oder einer bestimmten Berufsausbildung

das **Ex|em|plar, Ex|emp|lar** (Nomen) **des Exemplars, die Exemplare** ein einzelnes Tier, eine einzelne Pflanze oder ein einzelnes Ding, von dem/der es mehrere gleiche gibt: *Unser Wellensittich ist ein besonders schönes Exemplar.* • *Er hat im Urwald ein seltenes Exemplar einer Orchidee gefunden.*

ex|em|pla|risch, ex|emp|la|risch (Adjektiv) gehoben als Beispiel: *Wir haben diesen Fall exemplarisch durchgespielt.*

das **Exil** (Nomen) **des Exils, die Exile**
❶ der Zufluchtsort im Ausland, den man aufsucht, weil man im eigenen Land aus politischen Gründen nicht mehr leben kann oder darf
❷ ins Exil gehen/im Exil leben in ein fremdes Land fliehen/in einem fremden Land leben, weil man im eigenen Land aus politischen Gründen nicht mehr leben kann oder darf

die **Exis|tenz** (Nomen) **der Existenz, die Existenzen**
❶ nur im Singular ≈ Vorhandensein die Tatsache, dass es etwas oder jemanden gibt: *Sie wusste nichts von der Existenz einer Musterlösung.*

❷ der Beruf, mit dem man das Geld zum Leben verdient: *Sie hat sich eine Existenz als Tierärztin aufgebaut.*

das **Exis|tenz|mi|ni|mum** (Nomen) **des Existenzminimums, die Existenzminima** das nötigste Geld, das man zum Leben braucht

exis|tie|ren (Verb) **du existierst, er existierte, sie hat existiert, existier(e)!**
❶ da sein, vorhanden sein: *Dieses Geschäft existiert seit 50 Jahren.*
❷ es existiert/existieren ... es gibt ...: *Es existieren mehrere Möglichkeiten für die Suche im Internet.*
❸ (finanziell) leben können oder auskommen: *Als Auszubildender muss ich im Moment von 500 Euro im Monat existieren.*

ex|klu|siv (Adjektiv) gehoben
❶ teuer und vornehm: *ein exklusives Restaurant*
❷ ≈ausschließlich nur für bestimmte Personen oder Verwendungen bestimmt: *Unsere Zeitung berichtet exklusiv über die Promihochzeit.*

der **Ex|kurs** (Nomen) gehoben **des Exkurses, die Exkurse** in einer Rede, einem Text die eingeschobene Erörterung von etwas, was nicht direkt zum Thema gehört

exo|tisch (Adjektiv) **exotischer, am exotischsten** aus einem fremden, meist tropischen Land

die **Ex|pe|di|ti|on** (Nomen) [ɛkspediˈtsi̯oːn] **der Expedition, die Expeditionen** die Reise in eine unbekannte Gegend, um sie zu erforschen: *Mein Opa hat an einer Expedition zum Nordpol teilgenommen.*

das **Ex|pe|ri|ment** (Nomen) **des Experiment(e)s, die Experimente**
❶ in Wissenschaft oder Forschung der Test oder Versuch, durch den man etwas herausfinden oder beweisen will: *Wir machen keine Experimente an Tieren.*
❷ im Alltag der riskante Versuch, etwas herauszufinden oder etwas anders zu machen als gewohnt: *Bitte keine Experimente mit der Steckdose!*

ex|pe|ri|men|tie|ren (Verb) **du experimentierst, er experimentierte, sie hat experimentiert, experimentier(e)!** in Wissenschaft oder Forschung wissenschaftliche Tests oder Versuche machen, um etwas herauszufinden oder zu beweisen

der **Ex|per|te** (Nomen) **des Experten, die Experten** ≈Fachmann jemand, der sehr viel über ein bestimmtes Fachgebiet oder Thema weiß

die **Ex|per|tin** (Nomen) **der Expertin, die Expertinnen** Femininform von → **Experte**

ex|pli|zit (Adjektiv) gehoben deutlich und direkt angesprochen, ausdrücklich: *Er hat mir explizit gesagt, dass er sie nicht mag.*

ex|plo|die|ren (Verb) **du explodierst, er explodierte, sie ist explodiert, explodier(e) nicht!**
❶ durch großen Druck und mit einem lauten Knall von innen auseinandergerissen werden: *Die Bombe ist explodiert.*
❷ umgangssprachlich plötzlich sehr wütend werden: *Als er den Vorwurf gehört hat, ist er explodiert.*
❸ sehr schnell mehr oder größer werden: *Die Preise sind explodiert.*

die **Ex|plo|si|on** (Nomen) **der Explosion, die Explosionen**
❶ das durch großen Druck von innen verursachte und mit einem lauten Knall verbundene plötzliche Zerplatzen: *die Explosion einer Bombe*
❷ ein sehr schnelles Mehr- oder Größerwerden: *die Explosion der Kosten*

ex|plo|siv (Adjektiv) **explosiver, am explosivsten**
❶ so, dass etwas leicht explodieren kann: *Der Sprengstoff ist hoch explosiv.*
❷ schwierig, gefährlich: *ein explosives Thema*

der **Ex|po|nent** (Nomen) **des Exponenten, die Exponenten** die Hochzahl

der **Ex|port** (Nomen) **des Export(e)s, die Exporte** ≈Ausfuhr der Verkauf von Waren ins Ausland

ex|por|tie|ren (Verb) **du exportierst, er exportierte, sie hat exportiert, exportier(e)!** ≈ausführen Waren ins Ausland verkaufen: *Autos und Maschinen exportieren*

ex|tern (Adjektiv)
❶ draußen befindlich: *eine externe Festplatte*
❷ im Internat nicht im Internat wohnend

ex|tra, ext|ra (Adverb)
❶ ≈speziell, eigens für einen besonderen Zweck oder Anlass: *Ich habe extra deinetwegen die ganze Wohnung geputzt.*

❷ ≈zusätzlich nebenbei, außerdem: *Für das gute Zeugnis hat Oma mir 20 Euro extra gegeben.*
❸ ≈separat nicht mit anderen zusammen, einzeln: *Er wickelt jedes Glas extra in Zeitungspapier.*
❹ umgangssprachlich ≈absichtlich mit Absicht: *Tut mir leid, das habe ich nicht extra gemacht.*

das **Ex|tra, Ext|ra** (Nomen) **des Extras, die Extras** etwas, was nicht zum normalen Angebot gehört: *Für Stammkunden gibt es ein besonderes Extra. • Dieses Auto hat viele Extras.*

ex|trem, ext|rem (Adjektiv) **extremer, am extremsten**
❶ sehr groß, sehr stark, sehr intensiv: *Heute herrscht eine extreme Hitze. • Sie verspürte extremen Hunger.*
❷ POLITIK radikal: *Die Terroristen haben extreme Ansichten.*

der **Ex|tre|mist, Ext|re|mist** (Nomen) **des Extremisten, die Extremisten** jemand, der radikale politische oder religiöse Ansichten hat

die **Ex|tre|mis|tin, Ext|re|mis|tin** (Nomen) **der Extremistin, die Extremistinnen** Femininform von → **Extremist**

ex|tre|mis|tisch, ext|re|mis|tisch (Adjektiv) mit radikalen politischen oder religiösen Ansichten

ex|tro|ver|tiert, ext|ro|ver|tiert (Adjektiv) [ɛkstrovɛrˈtiːɐ̯t] **extrovertierter, am extrovertiertesten** sehr kontaktfreudig und gesprächig

ex|zel|lent (Adjektiv) gehoben ≈ausgezeichnet sehr gut

der **Eye|li|ner** (Nomen) [ˈailainɐ] **des Eyeliners, die Eyeliner** eine Farbe, die man mit einem kleinen Pinsel oder Stift als Linie am Augenlid aufträgt

F

das **F , f** (Nomen) **des F, die F** der sechste Buchstabe im Alphabet siehe auch → **A**

die **Fa|bel** (Nomen) **der Fabel, die Fabeln** eine Geschichte, in der Tiere wie Menschen handeln und die mit einer Lehre oder Moral endet

fa|bel|haft (Adjektiv) umgangssprachlich ≈wunderbar, ausgezeichnet sehr gut

die **Fa|brik, Fa|brik** (Nomen) **der Fabrik, die Fabriken** ein industrieller Betrieb, in dem Produkte mit Maschinen in großer Zahl hergestellt oder bearbeitet werden

die **Fa|bri|ka|ti|on, Fab|ri|ka|ti|on** (Nomen) [fabrikaˈtsi̯oːn] **der Fabrikation, die Fabrikationen** die Herstellung in einer Fabrik

das **Fach** (Nomen) **des Fach(e)s, die Fächer**
❶ im Schrank, Regal, in der Handtasche usw. ein abgeteilter Bereich, in dem man etwas verstaut oder aufbewahrt
❷ ≈Schulfach ein Sachgebiet, das in der Schule unterrichtet wird
❸ ≈Sachgebiet, Forschungsgebiet das Gebiet, auf das sich jemand spezialisiert hat oder auf dem er arbeitet
❹ vom Fach sein ein Fachmann sein

der **Fach|aus|druck** (Nomen) **des Fachausdruck(e)s, die Fachausdrücke** der festgelegte Ausdruck, den man in einem bestimmten Fachgebiet benutzt: *In der Jägersprache ist „Bache" der Fachausdruck für ein weibliches, ausgewachsenes Wildschwein.*

der **Fach|be|griff** (Nomen) **des Fachbegriff(e)s, die Fachbegriffe** → **Fachausdruck**

der **Fä|cher** (Nomen) **des Fächers, die Fächer** ein Gegenstand aus Papier oder Stoff, den man zu einem Halbkreis aufzieht und vor seinem Gesicht hin- und herbewegt, damit man frische Luft bekommt

die **Fach|frau** (Nomen) **der Fachfrau, die Fachfrauen** eine Frau, die sich in einem bestimmten Fachgebiet oder Thema sehr gut auskennt

die **Fach|hoch|schu|le** (Nomen) **der Fachhochschule, die Fachhochschulen** eine Hochschule, an der die Studierenden stärker praxisorientiert ausgebildet werden als an Universitäten

fach|kun|dig (Adjektiv) mit guten Kenntnissen in einem Fachgebiet

die **Fach|leu|te** (Nomen) nur im Plural **der Fachleute** Fachfrauen und Fachmänner, Spezialisten

fach|lich (Adjektiv) auf ein Fachgebiet bezogen, zu einem Fachgebiet gehörend

der **Fach|mann** (Nomen) **des Fachmann(e)s, die Fachmänner** ≈ Experte ein Mann, der sich in einem bestimmten Fachgebiet oder Thema sehr gut auskennt

fach|män|nisch (Adjektiv) wie ein Fachmann, wie von einem Fachmann

die **Fa|ckel** (Nomen) **der Fackel, die Fackeln** ein Stock, den man oben an einer leicht brennbaren Beschichtung anzündet und zur Beleuchtung verwendet

fad, fa|de (Adjektiv) abwertend **fader, am fadsten**
❶ ohne Geschmack, ohne Gewürze: *ein fades Essen*
❷ langweilig: *ein fader Witz*

der **Fa|den** (Nomen) **des Fadens, die Fäden**
❶ **zum Nähen, Binden** ein langes, dünnes Stück Garn oder Schnur: *etwas mit Nadel und Faden nähen • einen Faden einfädeln*
❷ die Fäden ziehen MEDIZIN bei einer Wunde, die genäht werden musste, die Fäden entfernen
❸ den Faden verlieren nicht mehr wissen, was man sagen wollte
❹ die Fäden in der Hand haben oder halten die Kontrolle über alles haben, alles lenken und bestimmen

fa|den|schei|nig (Adjektiv) abwertend so, dass man gleich merkt, dass etwas nicht wahr ist: *eine fadenscheinige Ausrede • eine fadenscheinige Entschuldigung*

fä|hig (Adjektiv) **fähiger, am fähigsten**
❶ ≈ kompetent, geeignet so, dass man einen Beruf oder ein Fachgebiet gut beherrscht: *Sie ist eine sehr fähige Ärztin.*
❷ zu etwas fähig sein etwas können: *Ich war so aufgeregt, dass ich zu keinem vernünftigen Gedanken mehr fähig war.*
❸ zu allem fähig sein umgangssprachlich • abwertend etwas Böses oder Verrücktes tun können: *Nimm dich vor ihr in Acht, sie ist zu allem fähig!*

die **Fä|hig|keit** (Nomen) **der Fähigkeit, die Fähigkeiten**
❶ **nur im Singular** die Eigenschaft, etwas tun zu können: *Er hat die Fähigkeit, andere zum Lachen zu bringen.*
❷ ≈ Kompetenz das besondere Können in einem Beruf oder Fachgebiet: *In der Fortbildung hat er sich wichtige Fähigkeiten für seinen Beruf angeeignet.*

die **Fahn|dung** (Nomen) **der Fahndung, die Fahndungen**
❶ die Suche durch die Polizei: *Die Fahndung nach den Entführern läuft bereits.*
❷ jemanden zur Fahndung ausschreiben jemanden durch die Polizei suchen lassen

die **Fah|ne** (Nomen) **der Fahne, die Fahnen**
❶ ≈ Flagge ein Stück Stoff mit einem bestimmten Muster als Symbol für ein Land oder eine Organisation
❷ umgangssprachlich • abwertend **vom Alkohol** der schlechte Mundgeruch, nachdem man Alkohol getrunken hat: *Pfui, geh weg, du hast eine Fahne!*

der **Fahr|aus|weis** (Nomen) **des Fahrausweises, die Fahrausweise** ≈ Ticket die kleine Karte, die man kaufen muss, damit man mit einem Bus, einem Zug usw. fahren darf

die **Fahr|bahn** (Nomen) **der Fahrbahn, die Fahrbahnen** der Teil der Straße, auf dem die Fahrzeuge fahren

die **Fäh|re** (Nomen) **der Fähre, die Fähren** **auf einem Fluss, Meer, See** ein Schiff, das regelmäßig zwischen zwei Ufern hin- und herfährt und Menschen und Dinge transportiert

fah|ren (Verb) **du fährst, er fuhr, sie ist/hat gefahren, fahr(e)!**
❶ jemand fährt (irgendwohin) **ist gefahren** jemand bewegt sich mit einem Fahrzeug (an einen Ort): *Gehst du zu Fuß oder fährst du? • Ich fahre gleich in die Stadt zum Einkaufen.*
❷ etwas fährt (irgendwohin) **ist gefahren** ein Fahrzeug bewegt sich (an einen Ort): *Das Mofa fährt zu schnell. • Dieser Zug fährt nach Wien.*
❸ mit dem Auto/der Bahn/dem Fahrrad/… fahren **ist gefahren** sich in oder auf einem Fahrzeug fortbewegen: *Mein Vater fährt mit der Bahn zur Arbeit.*
❹ Auto/Fahrrad/Boot/Karussell/Ski/… fahren **ist gefahren** sich mit einem beweglichen Gerät fortbewegen: *Klaus fährt auf dem Hof Roller.*
❺ ein Auto/einen Bus/einen Laster/… fahren **hat gefahren • als Fahrer** ein Fahrzeug lenken und bedienen: *Wer hat gestern mein Auto gefahren?*
❻ jemanden/etwas irgendwohin fahren **hat gefahren** jemanden/etwas mit einem

Fahrzeug irgendwohin bringen: *Ich habe ihn zum Bahnhof gefahren.*
⑦ Was ist denn in dich/ihn/… gefahren? umgangssprachlich Warum benimmst du dich/benimmt er sich/… plötzlich so seltsam?

der **Fah|rer** (Nomen) **des Fahrers, die Fahrer** jemand, der ein Fahrzeug fährt

die **Fah|rer|flucht** (Nomen) **nur im Singular der Fahrerflucht** die Straftat, dass jemand nach einem Verkehrsunfall, den er verursacht hat, heimlich wegfährt: *Er hat Fahrerflucht begangen.*

die **Fah|re|rin** (Nomen) **der Fahrerin, die Fahrerinnen** Femininform von → **Fahrer**

der **Fahr|gast** (Nomen) **des Fahrgast(e)s, die Fahrgäste** jemand, der mit einem Bus, Zug usw. fährt

die **Fahr|kar|te** (Nomen) **der Fahrkarte, die Fahrkarten** ≈Ticket die kleine Karte, die man kaufen muss, damit man mit einem Bus, einem Zug usw. fahren darf

fahr|läs|sig (Adjektiv)
① ≈leichtsinnig unvorsichtig und unaufmerksam, obwohl man zur Vorsicht und Aufmerksamkeit verpflichtet ist: *Er hat den Verkehrsunfall fahrlässig verursacht.*
② fahrlässige Tötung RECHT das unabsichtliche Verursachen des Todes eines anderen, weil man leichtsinnig war

der **Fahr|plan** (Nomen) **des Fahrplan(e)s, die Fahrpläne** die Übersicht mit den Uhrzeiten, wann Bahnen, Busse usw. an Haltestellen ankommen und abfahren

fahr|plan|mä|ßig (Adjektiv) so, wie es im Fahrplan steht

das **Fahr|rad** (Nomen) **des Fahrrad(e)s, die Fahrräder**
① ein Fahrzeug ohne Motor mit zwei Rädern und Pedalen: *Im Sommer fahre ich mit dem Fahrrad zur Schule.*
② Fahrrad fahren sich auf dem Fahrrad fortbewegen

die **Fahr|spur** (Nomen) **der Fahrspur, die Fahrspuren** der mit Strichen abgetrennte Streifen auf einer Straße

die **Fahrt** (Nomen) **der Fahrt, die Fahrten**
① **mit dem Auto, Bus, Zug usw.** das Fahren oder die Reise mit einem Fahrzeug: *Auf der Fahrt nach Griechenland kommen wir durch Italien.* • *Im Auto wird mir während der Fahrt immer schlecht.*
② Gute Fahrt! Gute Reise!
③ in Fahrt kommen/sein umgangssprachlich gut gelaunt und ausgelassen werden/sein: *Wenn sie über Sport redet, kommt sie in Fahrt.* abwertend wütend werden/sein und viel schimpfen: *Als er hörte, dass ihm keiner helfen wird, kam er richtig in Fahrt.*

die **Fähr|te** (Nomen) **der Fährte, die Fährten**
① die Fußspuren oder der Geruch eines Tieres, an denen man erkennen kann, wo es war oder ist
② die Zeichen und Spuren eines Verbrechers, an denen man erkennen kann, wo er war oder ist

das **Fahr|zeug** (Nomen) **des Fahrzeug(e)s, die Fahrzeuge** ein Gerät, mit dem man sich fortbewegen kann **(z. B. Auto, Fahrrad, Zug)**

fair (Adjektiv) [fɛːɐ̯] **fairer, am fairsten**
① ehrlich und gerecht
② SPORT nach den Regeln, ohne Tricks und Fouls

die **Fair|ness** (Nomen) [ˈfɛːɐ̯nɛs] **nur im Singular der Fairness**
① das ehrliche und gerechte Verhalten
② SPORT das den sportlichen Regeln entsprechende Verhalten

das **Fair|play, Fair Play** (Nomen) [ˈfɛːɐ̯ˈpleː] **nur im Singular des Fairplays** das den sportlichen Regeln entsprechende Verhalten

der/das **Fakt** (Nomen) **des Fakt(e)s, die Fakten/Fakts**
① ≈Tatsache etwas, was es wirklich gibt oder was wirklich geschehen ist
② Fakt ist, dass … umgangssprachlich es ist sicher, dass …: *Fakt ist, dass er mich belogen hat.*

der **Fak|tor** (Nomen) **des Faktors, die Faktoren**
① ≈Komponente ein Aspekt oder Bestandteil, der zusammen mit anderen zu einem Ergebnis führt: *Für seinen Sieg waren mehrere Faktoren verantwortlich.*
② MATHEMATIK die Zahl, mit der eine andere Zahl multipliziert wird

die **Fa|kul|tät** (Nomen) **der Fakultät, die Fakultäten** die Abteilung für mehrere verwandte Fächer an einer Universität

der **Fall** (Nomen) **des Fall(e)s, die Fälle**
① **nur im Singular • von oben** das Fallen: *der Fall des Schnees*
② **nur im Singular** ≈das Hinfallen der Sturz
③ ≈Möglichkeit der Sachverhalt, die Situation: *In diesem Fall fahren wir sofort nach Hause.*
④ auf jeden Fall, auf alle Fälle unbedingt,

ganz sicher: *Unsere Lehrerin ist zwar streng, aber auf jeden Fall lernen wir viel bei ihr.*
⑤ auf keinen Fall absolut nicht: *Du darfst auf keinen Fall Mama etwas davon sagen!*
⑥ für den Fall, dass … falls …, wenn …: *Nimm Nudeln für den Fall, dass kein Reis mehr da ist.*
⑦ RECHT die Angelegenheit, die Akte: *Dieser Fall beschäftigt das Gericht schon zwei Monate.*
⑧ GRAMMATIK siehe auch → **Kasus**

die **Fal|le** (Nomen) **der Falle, die Fallen**
① für Tiere ein Gerät, in das Tiere hineinlaufen und aus dem sie nicht mehr freikommen
② ≈Täuschung ein Trick, mit dem man jemanden überführt oder betrügt: *Der Polizist tat so, als sei er ein Komplize, aber das war eine Falle.*
③ jemandem eine Falle stellen jemanden mit einem Trick überführen oder betrügen
④ jemandem in die Falle gehen auf jemandes Trick hereinfallen und sich überführen oder betrügen lassen
⑤ umgangssprachlich das Bett: *Ich bin total müde, ich gehe jetzt in die Falle.*

fal|len (Verb) **du fällst, er fiel, sie ist gefallen, fall(e) nicht!**
① sich von oben nach unten bewegen: *Der schöne Spiegel ist auf den Boden gefallen und in tausend Stücke zersprungen. • Ich bin gestern aus dem Bett gefallen.*
② etwas fallen lassen auf den Boden etwas nicht festhalten und aus der Hand rutschen lassen: *Lass die Vase nicht fallen, sie ist wertvoll!* einen Plan etwas nicht mehr ausführen wollen: *Das Wetter ist so schlecht, dass wir unseren Plan, an die See zu fahren, wahrscheinlich fallen lassen.* eine Bemerkung etwas kurz und wie nebenbei sagen: *Er hat eine lustige Bemerkung fallen lassen.*
③ jemanden fallen lassen/fallenlassen jemanden im Stich lassen, den Kontakt zu jemandem abbrechen
④ als Unfall stolpern oder ausrutschen und stürzen
⑤ durch eine Prüfung fallen eine Prüfung nicht bestehen: *Wenn ihr nicht durch die Prüfung fallen wollt, müsst ihr endlich anfangen zu lernen.*
⑥ sinken, weniger werden: *Die Preise für Flachbildschirme sind gefallen.*

fäl|len (Verb) **du fällst, er fällte, sie hat gefällt, fäll(e)!**
① unten am Baumstamm ganz absägen oder abhauen: *einen Baum fällen*
② eine Entscheidung fällen sich endgültig entscheiden
③ ein Urteil fällen endgültig urteilen

fal|len|las|sen, fal|len las|sen (Verb) **du lässt fallen, er ließ fallen, sie hat fallenlassen/fallengelassen, lass(e) nicht fallen!**
① einen Plan oder Vorsatz aufgeben: *Das Wetter ist so schlecht, dass wir unseren Plan, an die See zu fahren, wahrscheinlich fallenlassen.*
② etwas kurz und wie nebenbei sagen: *Er hat eine lustige Bemerkung fallenlassen.*
③ jemanden im Stich lassen, den Kontakt zu … abbrechen

fäl|lig (Adjektiv)
① so, dass etwas bezahlt werden muss: *Die nächste Miete ist fällig.*
② so, dass etwas erledigt werden muss: *Die Waschmaschine ist kaputt. Hier ist eine Reparatur fällig.*
③ so, dass etwas an der Reihe ist: *Ein Termin zur Kontrolle beim Zahnarzt ist wieder fällig.*
④ fällig sein umgangssprachlich eine Strafe oder eine Ermahnung bekommen, die man schon lange verdient hat: *Er ist beim Schummeln erwischt worden, jetzt ist er fällig.*

falls (Konjunktion) ≈wenn in dem Fall, dass etwas zutrifft oder geschehen sollte: *Grüß ihn bitte, falls du ihn triffst.*

der **Fall|schirm** (Nomen) **des Fallschirm(e)s, die Fallschirme** eine Art großer Schirm, der sich in der Luft aufspannt und mit dem man aus einem Flugzeug springen und zur Erde schweben kann

falsch (Adjektiv)
① nicht so, wie es wirklich ist oder sein soll: *Sie haben meinen Namen falsch geschrieben. • Wir sind in die falsche Richtung gegangen.*
② so, dass es nicht passend bzw. unangemessen ist: *Er hat sich absolut falsch verhalten.*
③ künstlich, nicht echt: *Mein Opa hat falsche Zähne.*

fạl|schen (Verb) **du fälschst, er fälschte, sie hat gefälscht, fälsch(e) nicht!** genau nachmachen und so tun, als sei es echt, um andere zu betrügen: *Er hat ein Gemälde gefälscht, um es für viel Geld zu verkaufen.*

der **Fạ̈l|scher** (Nomen) **des Fälschers, die Fälscher** jemand, der eine genaue Kopie von etwas macht und so tut, als sei es echt, um andere zu betrügen

die **Fạ̈l|sche|rin** (Nomen) **der Fälscherin, die Fälscherinnen** Femininform von → **Fälscher**

das **Fạlsch|geld** (Nomen) **des Falschgeld(e)s, die Falschgelder** unechtes, nachgemachtes Geld

fạlsch|lie|gen (Verb) umgangssprachlich **du liegst falsch, er lag falsch, sie hat falschgelegen** sich irren, etwas Falsches glauben: *Da liegt er falsch!*

die **Fạ̈l|schung** (Nomen) **der Fälschung, die Fälschungen** eine genaue Kopie, von der man behauptet, sie sei echt, um andere zu betrügen: *Dieses Bild ist eine Fälschung.*

die **Fạl|te** (Nomen) **der Falte, die Falten**
1 **in der Haut** eine tiefere Linie, die z. B. entsteht, wenn die Haut älter wird
2 **im Stoff** eine sichtbare Linie, die entsteht, wenn man unabsichtlich den Stoff zerdrückt
3 **in Stoff oder Papier** eine gerade Linie, die entsteht, wenn man etwas an einer gedachten Linie zusammenlegt, fest zusammendrückt und glatt streicht

fạl|ten (Verb) **du faltest, er faltete, sie hat gefaltet, falte!**
1 an einer gedachten Linie zusammenlegen, fest zusammendrücken und glatt streichen: *ein Stück Papier falten*
2 glatt und locker so zusammenlegen, dass etwas wie ein flaches Päckchen aussieht: *ein Kleidungsstück falten*
3 die Hände falten **beim Beten** die Handflächen gegeneinanderdrücken und vor die Brust halten

der **Fạl|ter** (Nomen) **des Falters, die Falter** der Schmetterling

fạl|tig (Adjektiv) **faltiger, am faltigsten** voller Falten

der **Fạlz** (Nomen) **des Falzes, die Falze**
1 die Linie, an der Papier gefaltet ist
2 **im Blech** die Stelle, an der zwei Teile zusammengefügt sind

fa|mi|li|ạ̈r (Adjektiv)
1 die Familie betreffend: *Aus familiären Gründen können wir nicht kommen.*
2 ≈ locker, ungezwungen *einen familiären Ton untereinander haben*

die **Fa|mi|lie** (Nomen) [fa'miːli̯ə] **der Familie, die Familien**
1 die Eltern und ihre Kinder
2 eine große Gruppe von miteinander verwandten Menschen: *Er kommt aus einer adligen Familie.*
3 Das kommt in den besten Familien vor! ironisch Das kann doch jedem passieren!

der/die **Fa|mi|li|en|an|ge|hö|ri|ge** (Nomen) **des/der Familienangehörigen, die Familienangehörigen** meist Plural ein zur engsten Familie gehörender Verwandter

der **Fa|mi|li|en|na|me** (Nomen) **des Familiennamens, die Familiennamen** der Nachname oder Zuname eines Menschen: *Unser Familienname ist Berger.*

der **Fan** (Nomen) [fɛn] **des Fans, die Fans**
1 SPORT ein Anhänger eines Vereins oder Sportlers
2 jemand, der von etwas oder jemandem begeistert ist

fa|na|tisch (Adjektiv) **fanatischer, am fanatischsten** radikal und rücksichtslos in der Vertretung besonders politischer oder religiöser Ideen

der **Fan|club, Fan|klub** (Nomen) [fɛnklʊb] **des Fanclubs, die Fanclubs** ein Verein von Anhängern eines Stars oder Sportvereins

fạn|gen (Verb) **du fängst, er fing, sie hat gefangen, fang(e)!**
1 verfolgen und fassen: *Wir haben eine Maus gefangen. • Sie haben den Einbrecher inzwischen gefangen.*
2 **beim Ballspiel usw.** nach etwas greifen und es festhalten
3 Fangen spielen ein Kinderspiel, bei dem man die anderen einholen und berühren muss

die **Fan|ta|sie, Phan|ta|sie** (Nomen) **der Fantasie, die Fantasien**
1 **nur im Singular** die Fähigkeit, sich etwas vorzustellen: *Sie hat viel Fantasie und schreibt tolle Geschichten.*
2 nicht zur Wirklichkeit gehörende (Wunsch-)Vorstellung: *Er hat merkwürdige Fantasien entwickelt. • Diese Wesen existieren nur in ihrer Fantasie.*

fan|ta|sie|ren, phan|ta|sie|ren (Verb)
du fantasierst, er fantasierte, sie hat fantasiert, fantasier(e)!
① sich etwas (Wünschenswertes) in Gedanken vorstellen
② MEDIZIN im Fieber (unverständlich) reden
③ umgangssprachlich Unsinn reden

fan|ta|sie|voll, phan|ta|sie|voll (Adjektiv)
fantasievoller, am fantasievollsten
≈ideenreich voller kreativer Ideen: *sie kann fantasievoll erzählen*

fan|tas|tisch, phan|tas|tisch (Adjektiv)
① umgangssprachlich großartig, unglaublich
② mit Figuren und Themen aus der Welt der Fantasie: *ein fantastischer Roman*

die **Fan|ta|sy|li|te|ra|tur** (Nomen) [ˈfɛntəzilɪtəraˈtuːɐ̯] nur im Singular
der Fantasyliteratur die Erzählungen und Romane mit fantastischen Themen und Figuren wie Riesen, Zauberern und anderen Fabelwesen

der **Fan|ta|sy|ro|man** (Nomen) [ˈfɛntəziroˈmaːn]
des Fantasyromans, die Fantasyromane
ein Roman mit fantastischen Themen und Fabelwesen wie „Harry Potter" oder „Der Herr der Ringe"

die **Far|be** (Nomen) **der Farbe, die Farben**
① Blau, Rot, Gelb usw. das, was für das Auge an der Oberfläche von Dingen erscheint
② ein Mittel zum Malen oder Färben
③ Pik, Karo, Kreuz, Herz eine von vier Gruppen im Kartenspiel

far|ben|blind (Adjektiv) unfähig, Farben richtig wahrzunehmen und zu unterscheiden

far|ben|froh (Adjektiv) **farbenfroher, am farbenfroh(e)sten** sehr bunt, in vielen lebhaften Farben

far|big (Adjektiv)
① bunt, nicht schwarz-weiß
② ≈lebhaft, anschaulich *Das Buch ist farbig und interessant geschrieben.*
③ ☹ mit dunkler bis schwarzer Hautfarbe

der **Farb|kas|ten** (Nomen) **des Farbkastens, die Farbkästen** siehe auch → **Malkasten**

farb|los (Adjektiv)
① von Lack usw. ohne Farbe, transparent
② nicht besonders auffallend oder interessant: *Er ist mir gar nicht aufgefallen, er ist so farblos.*

der **Farb|stift** (Nomen) **des Farbstift(e)s, die Farbstifte** ein Stift, mit dem man farbig schreiben oder zeichnen kann

der **Fa|sching** (Nomen) süddeutsch Ⓐ
des Faschings, die Faschinge/Faschings
der Karneval (besonders in Süddeutschland und Österreich)

der **Fa|schis|mus** (Nomen) nur im Singular
des Faschismus eine demokratiefeindliche, nationalistische Bewegung oder Denkweise

der **Fa|schist** (Nomen) **des Faschisten, die Faschisten** ein Anhänger des Faschismus

die **Fa|schis|tin** (Nomen) **der Faschistin, die Faschistinnen**
Femininform von → **Faschist**

die **Fa|ser** (Nomen) **der Faser, die Fasern**
① eine Art feiner Faden zur Herstellung von Geweben/Stoffen (z. B. Chemiefaser, Naturfaser)
② BIOLOGIE eine lange Zelle des pflanzlichen, tierischen oder menschlichen Gewebes

das **Fass** (Nomen) **des Fasses, die Fässer**
① ein großer Behälter für Flüssigkeiten
② etwas ist ein Fass ohne Boden etwas verschlingt ständig Geld ohne Aussicht auf ein Ende

die **Fas|sa|de** (Nomen) **der Fassade, die Fassaden**
① ARCHITEKTUR die Vorderseite eines Gebäudes
② umgangssprachlich · bei jemandem der äußere Eindruck, der über jemandes wahres Wesen hinwegtäuscht: *Seine gute Laune war nur Fassade.*

fass|bar (Adjektiv)
① so, dass man es begreifen kann: *Wie du das gemacht hast, ist für mich kaum fassbar.*
② ≈greifbar, konkret *Wir haben noch keine fassbaren Ergebnisse.*

fas|sen (Verb) **du fasst, er fasste, sie hat gefasst, fass(e)!**
① mit der Hand ergreifen
② an etwas fassen etwas berühren
③ ≈fangen, ergreifen *Sie haben den Brandstifter gefasst.*
④ ≈begreifen, verstehen *Es ist nicht zu fassen!*
⑤ an Menge aufnehmen können: *Dieser Behälter fasst drei Liter.*
⑥ etwas in Worte fassen etwas formulieren
⑦ einen Entschluss fassen etwas beschließen
⑧ sich (wieder) fassen nach einem Schreck usw. sein inneres Gleichgewicht wiederbekommen

die **Fas|sung** (Nomen) **der Fassung, die Fassungen**
1 eines Films usw. eine von mehreren Versionen
2 eines Edelsteins, einer Glühbirne usw. etwas, worin etwas befestigt wird
3 die Beherrschung: *Das hat sie aus der Fassung gebracht.*

fas|sungs|los (Adjektiv) so entsetzt, dass man nicht reagieren kann

fast (Adverb) ≈ beinahe nicht ganz, aber nahe daran: *Es ist schon fast Mittag. • Das hätte ich jetzt fast vergessen!*

fas|ten (Verb) **du fastest, er fastete, sie hat gefastet, faste!** eine Zeit lang nichts (oder sehr wenig) essen

die **Fas|ten|zeit** (Nomen) **der Fastenzeit, die Fastenzeiten** ein bestimmter Zeitraum, in dem man sich aus religiösen Gründen nach festen Regeln in Bezug auf Essen und Trinken einschränkt

das **Fast|food, Fast Food** (Nomen) ['fa:stfu:d] nur im Singular **des Fastfood(s)** Essen, das sehr schnell zubereitet und verzehrt werden kann

die **Fast|nacht** (Nomen) Ⓐ Ⓒⓗ süddeutsch nur im Singular **der Fastnacht**
Variante von → **Fasching**
Variante von → **Karneval**

die **Fas|zi|na|ti|on** (Nomen) [fastsina'tsi̯o:n] nur im Singular **der Faszination** eine starke Anziehungskraft

fas|zi|nie|ren (Verb) **du faszinierst, er faszinierte, sie hat fasziniert, faszinier(e)!**
etwas/jemand fasziniert jemanden etwas/jemand beeindruckt oder begeistert jemanden sehr

fa|tal (Adjektiv) **fataler, am fatalsten**
1 ≈ verhängnisvoll *Eine weitere Niederlage wäre fatal.*
2 ≈ unangenehm, peinlich *eine fatale Situation*

fau|chen (Verb) **du fauchst, sie fauchte, er hat gefaucht, fauch(e) nicht!**
1 die Katze faucht die Katze gibt zischende, warnende Geräusche von sich
2 in einem gereizten Ton sprechen: *Fauch mich bitte nicht so an!*

faul (Adjektiv) **fauler, am faulsten**
1 ohne Lust zu arbeiten oder sich anzustrengen
2 ≈ verdorben *Die Äpfel sind faul.*
3 umgangssprachlich • abwertend ≈ unglaubwürdig *Das sind faule Ausreden!*
4 an einer Sache ist etwas faul umgangssprachlich • abwertend etwas ist moralisch oder rechtlich nicht einwandfrei
5 sich auf die faule Haut legen umgangssprachlich nichts tun, faulenzen

fau|len (Verb) nur in der 3. Person gebraucht **es fault, es faulte, es hat/ist gefault** Obst, Holz usw. verderben, sich (bei üblem Geruch) zersetzen

fau|len|zen (Verb) **du faulenzt, er faulenzte, sie hat gefaulenzt, faulenz(e) nicht!** nichts tun

die **Faul|heit** (Nomen) nur im Singular **der Faulheit** eine Abneigung gegen Arbeit und Anstrengung

der **Faul|pelz** (Nomen) umgangssprachlich • abwertend **des Faulpelzes, die Faulpelze** jemand, der nicht gern arbeitet oder sich nicht gern anstrengt

die **Fau|na** (Nomen) **der Fauna, die Faunen** die Tierwelt (in einem bestimmten Gebiet)

die **Faust** (Nomen) **der Faust, die Fäuste**
1 eine geballte Hand
2 auf eigene Faust selbstständig, ohne andere zu fragen
3 etwas passt wie die Faust aufs Auge umgangssprachlich etwas passt perfekt ironisch gemeint: etwas passt gar nicht
4 mit der Faust auf den Tisch schlagen energisch werden, seine eigenen Rechte durchsetzen

fa|vo|ri|sie|ren (Verb) [favori'zi:rən] **du favorisierst, er favorisierte, sie hat favorisiert, favorisier(e)!**
1 gehoben vorziehen, begünstigen: *Er favorisierte eine andere Lösung für das Problem.*
2 besonders SPORT jemanden als wahrscheinlichen Sieger einschätzen

der **Fa|vo|rit** (Nomen) [favo'ri:t] **des Favoriten, die Favoriten**
1 besonders SPORT jemand/die Mannschaft, der/die wahrscheinlich siegen wird
2 die Person oder Sache, die jemand bevorzugt oder am meisten mag

die **Fa|vo|ri|tin** (Nomen) [favo'ri:tɪn] **der Favoritin, die Favoritinnen**
Femininform von → **Favorit**

das **Fax** (Nomen) **des Faxes, die Faxe**
1 ein Gerät, mit dem man Kopien von Dokumenten verschicken und empfangen kann

❷ eine Mitteilung, die mit einem Faxgerät verschickt und empfangen wird

fa|xen (Verb) **du faxt, er faxte, sie hat gefaxt, fax(e)!** eine Mitteilung mit dem Faxgerät senden

die **Fa|xen** (Nomen) nur im Plural **der Faxen**
❶ Quatsch, dummes Zeug
❷ die Faxen dick(e) haben umgangssprachlich genug von etwas haben, ungeduldig sein

das **Fa|zit** (Nomen) **des Fazits, die Fazits / Fazite**
❶ ein zusammenfassendes Ergebnis
❷ das Fazit aus etwas ziehen das Ergebnis von etwas zusammenfassen

die **FDP** (Nomen) nur im Singular **der FDP** Abkürzung von: Freie Demokratische Partei eine liberale Partei in Deutschland

der **Fe|bru|ar, Feb|ru|ar** (Nomen) Plural selten **des Februar(s), die Februare** der zweite Monat im Jahr

die **Fe|der** (Nomen) **der Feder, die Federn**
❶ eines Vogels eines der feinen, länglichen Teile des Gefieders
❷ TECHNIK am Auto, in Matratzen ein elastisches, meist spiralförmiges Teil aus Metall
❸ in die/aus den Federn umgangssprachlich ins/aus dem Bett

fe|dern (Verb) **du federst, er federte, sie hat gefedert, fed(e)re!**
❶ sich auf Druck elastisch hin- und herbewegen
❷ gut/schlecht gefedert sein mit gut/schlecht funktionierenden Federn, die Stöße abfangen sollen, ausgestattet sein

die **Fee** (Nomen) **der Fee, die Feen** Märchenfigur eine (gute oder böse) Frau, die zaubern kann

fe|gen (Verb) **du fegst, er fegte, sie hat/ist gefegt, feg(e)!**
❶ hat gefegt ≈kehren etwas mit dem Besen o. Ä. sauber machen
❷ hat gefegt etwas mit einer schnellen Bewegung umwerfen oder irgendwohin fliegen lassen: *Sie hat versehentlich das Buch vom Tisch gefegt.*
❸ ist gefegt rasen: *Ein Orkan ist über das Land gefegt.*

die **Feh|de** (Nomen) **der Fehde, die Fehden** eine lange dauernde Feindschaft (zwischen zwei Gruppen)

feh|len (Verb) **du fehlst, er fehlte, sie hat gefehlt, fehl(e) nicht!**
❶ nicht anwesend oder vorhanden sein: *Er hat die ganze Woche gefehlt. • Hier fehlt ein Stück vom Kuchen. Wer hat es gegessen?*
❷ für etwas notwendig sein, gebraucht werden: *Jetzt fehlt mir noch ein Euro, damit ich die Fahrkarte bezahlen kann.*
❸ jemand fehlt jemandem jemand vermisst jemanden: *Du fehlst mir sehr, seit du weg bist.*
❹ Was fehlt dir/Ihnen? Welches gesundheitliche Problem haben Sie/hast du?
❺ Das hat mir gerade noch gefehlt! ironisch Das passt mir gar nicht.

der **Feh|ler** (Nomen) **des Fehlers, die Fehler**
❶ in einem Text, einer Rechnung usw. etwas, was nicht richtig ist
❷ eine falsche Handlung oder Entscheidung: *Es war ein Fehler, ihm das Geheimnis anzuvertrauen.*
❸ eine schlechte Eigenschaft, ein schlechter Charakterzug: *Ihr Fehler ist, dass sie ständig unpünktlich ist.*
❹ ≈Mangel etwas, was an einer Ware nicht perfekt ist

feh|ler|frei (Adjektiv) ohne Fehler

feh|ler|haft (Adjektiv) **fehlerhafter, am fehlerhaftesten** mit (zu vielen) Fehlern

die **Feh|ler|quel|le** (Nomen) **der Fehlerquelle, die Fehlerquellen** die Ursache für das Vorkommen oder Auftreten eines Fehlers

die **Fei|er** (Nomen) **der Feier, die Feiern**
❶ ein Fest, das aus einem bestimmten Anlass veranstaltet wird
❷ zur Feier des Tages ironisch um einen Anlass zu würdigen

der **Fei|er|abend** (Nomen) Plural selten **des Feierabends, die Feierabende**
❶ das Ende der täglichen Arbeit
❷ die Zeit nach der Arbeit

fei|er|lich (Adjektiv)
❶ würdevoll: *Die Bibliothek wurde gestern feierlich eröffnet.*
❷ etwas feierlich erklären/versprechen etwas nachdrücklich oder mit großem Ernst erklären/versprechen

fei|ern (Verb) **du feierst, er feierte, sie hat gefeiert, fei(e)re!**
❶ ein Fest oder eine Feier veranstalten
❷ jemanden feiern jemandem seine Begeisterung zeigen: *Die Sieger wurden begeistert gefeiert.*

der **Fei|er|tag** (Nomen) **des Feiertag(e)s, die Feiertage** ein Tag, an dem man nicht zur Arbeit oder Schule geht und die Geschäfte geschlossen sind

feig, fei|ge (Adjektiv) abwertend **feiger, am feigsten**
❶ (auf unehrenhafte Weise) extrem ängstlich: *Es war feige von ihm, dass er dich nicht verteidigt hat.*
❷ ≈hinterhältig, gemein *Was für ein feiges Verbrechen!*

der **Feig|ling** (Nomen) abwertend **des Feiglings, die Feiglinge** ein (auf unehrenhafte Weise) extrem ängstlicher Mensch

die **Fei|le** (Nomen) **der Feile, die Feilen** ein Werkzeug, mit dem man Oberflächen glatt macht (z. B. Holzfeile, Nagelfeile)

fei|len (Verb) **du feilst, er feilte, sie hat gefeilt, feil(e)!** mit einer Feile eine Oberfläche glatt machen

fein (Adjektiv) **feiner, am feinsten**
❶ sehr dünn, sehr zart: *feine Gesichtszüge*
❷ wie Sand, Mehl usw. aus sehr kleinen Teilchen bestehend
❸ sehr empfindlich bei der Wahrnehmung von Sinneseindrücken, wie z. B. Geräuschen, Gerüchen usw.: *Hunde haben ein feines Gehör.*
❹ kaum erkennbar: *ein feiner Unterschied*
❺ vornehm, elegant: *ein feines Restaurant*
❻ gut und teuer: *von feinster Qualität*
❼ anständig: *ein feiner Kerl*
❽ sich zu fein für etwas sein abwertend meinen, dass eine Arbeit o. Ä. zu niedrig für einen ist
❾ fein raus sein umgangssprachlich in einer angenehmen Lage sein

der **Feind** (Nomen) **des Feind(e)s, die Feinde**
❶ MILITÄR der Gegner in einem Krieg
❷ jemand, der jemand anderen hasst (und bekämpft)

die **Fein|din** (Nomen) **der Feindin, die Feindinnen** Femininform von → **Feind**

feind|lich (Adjektiv)
❶ MILITÄR in einem Krieg zum Feind gehörend
❷ jemand ist gegen etwas oder gegen jemanden eingestellt (z. B. demokratiefeindlich, ausländerfeindlich)

die **Feind|schaft** (Nomen) Plural selten **der Feindschaft, die Feindschaften** ein Verhältnis zwischen zwei Personen oder größeren Gruppen, das von Hass und Kampf geprägt ist: *Nach Jahrzehnten der Feindschaft sind die beiden Länder nun Partner.*

das **Feld** (Nomen) **des Feld(e)s, die Felder**
❶ LANDWIRTSCHAFT ein Stück Land, auf dem Pflanzen angebaut werden
❷ SPORT der Platz, auf dem gespielt wird
❸ ein abgegrenztes Teilstück einer größeren Fläche: *Du musst mit deiner Spielfigur noch ein Feld vorrücken. • Das Ergebnis der Aufgabe kannst du in das dafür vorgesehene Feld eintragen.*
❹ jemandes Fach- oder Wissensgebiet
❺ das Feld räumen etwas jemand anderem überlassen

der **Feld|weg** (Nomen) **des Feldweg(e)s, die Feldwege** ein nicht befestigter Weg über Äcker oder Wiesen

die **Fel|ge** (Nomen) **der Felge, die Felgen**
❶ der Teil eines Rads, auf den der Reifen montiert ist
❷ beim Turnen ein Umschwung (am Reck)

das **Fell** (Nomen) **des Fell(e)s, die Felle**
❶ Plural selten die dichten Haare eines Tieres
❷ die abgezogene, behaarte Haut eines Tieres (z. B. Lammfell, Bärenfell)
❸ ein dickes Fell haben umgangssprachlich kein Problem mit Spott, Vorwürfen o. Ä. haben

der **Fels** (Nomen) nur im Singular **des Fels** das feste, harte Gestein, aus dem Berge bestehen siehe auch → **Felsen**

der **Fel|sen** (Nomen) **des Felsens, die Felsen** an einem Berg usw. eine Masse aus hartem Gestein, ein Gesteinsblock

fe|mi|nin (Adjektiv)
❶ weiblich wirkend
❷ GRAMMATIK ≈weiblich mit dem Genus, das im Nominativ Singular den Artikel „die" oder „eine" hat: *Die Nomen „Schule" und „Katze" sind feminin.*

die **Fe|mi|nin|form** (Nomen) GRAMMATIK **der Femininform, die Femininformen** die weibliche Form eines Nomens: *„Ärztin" ist die Femininform von „Arzt".*

das **Fe|mi|ni|num** (Nomen) GRAMMATIK **des Femininums, die Feminina** ein Nomen, das im Nominativ Singular den Artikel „die" oder „eine" hat: *„Die Blume" ist ein Femininum.*

fe|mi|nis|tisch (Adjektiv) mit dem Ziel der Gleichberechtigung der Frau in allen Lebensbereichen

das **Fens|ter** (Nomen) **des Fensters, die Fenster**
1 im Haus, Fahrzeug usw. eine (verglaste) Öffnung
2 INFORMATIK ein (zu öffnendes) Feld auf dem Bildschirm
3 weg vom Fenster sein umgangssprachlich nicht interessant sein, keinen Einfluss mehr haben

der **Fens|ter|platz** (Nomen) **des Fensterplatzes, die Fensterplätze** ein Sitzplatz direkt am Fenster, z. B. in einem Auto oder einem Café

die **Fens|ter|schei|be** (Nomen) **der Fensterscheibe, die Fensterscheiben** die Glasscheibe, die Teil des Fensters ist

die **Fe|ri|en** (Nomen) nur im Plural **der Ferien**
1 in der Schule usw. der längere Zeitraum, in dem kein Unterricht o. Ä. stattfindet und der der Erholung dient (z. B. Osterferien)
2 Urlaub: *in die Ferien fahren*

der **Fe|ri|en|job** (Nomen) **des Ferienjobs, die Ferienjobs** eine Arbeit, die von Schülern oder Studenten in den Ferien angenommen wird

das **Fe|ri|en|la|ger** (Nomen) **des Ferienlagers, die Ferienlager** besonders im Sommer ein Zeltlager o. Ä., in dem Kinder oder Jugendliche die Ferien verbringen

das **Fer|kel** (Nomen) **des Ferkels, die Ferkel**
1 ZOOLOGIE ein junges Hausschwein
2 umgangssprachlich ein unsauberer Mensch
3 umgangssprachlich jemand, der sich unanständig benimmt

fern (Adjektiv)
1 räumlich weit weg
2 zeitlich weit in der Vergangenheit oder Zukunft liegend
3 von nah und fern gehoben von überallher

die **Fern|be|die|nung** (Nomen) **der Fernbedienung, die Fernbedienungen** ein kleines Gerät, mit dem man einen Fernseher o. Ä. aus einiger Entfernung bedienen kann

die **Fer|ne** (Nomen) nur im Singular **der Ferne**
1 in der Ferne räumlich weit weg oder entfernt: *In der Ferne kann man schon den See erkennen.*
2 aus der Ferne räumlich aus großer Distanz: *Ich habe es aus der Ferne beobachten können.*
3 in weiter Ferne zeitlich weit in der Zukunft: *Der Tag, an dem ich mein Abschlusszeugnis endlich in den Händen halten werde, liegt noch in weiter Ferne.*

fer|ner (Konjunktion) gehoben außerdem, zusätzlich: *Ferner benötigen wir noch eine Kopie des Formulars.*

das **Fern|glas** (Nomen) **des Fernglases, die Ferngläser** ein Gerät, mit dem man weit entfernte Dinge besser sehen kann: *Er beobachtet die Vögel mit einem Fernglas.*

der **Fern|seh|ap|pa|rat** (Nomen) **des Fernsehapparat(e)s, die Fernsehapparate** → Fernseher

fern|se|hen (Verb) **du siehst fern, er sah fern, sie hat ferngesehen, sieh fern!** sich eine Sendung im Fernsehen ansehen

das **Fern|se|hen** (Nomen) nur im Singular **des Fernsehens**
1 die Übertragung von Bildern und Tönen auf ein spezielles Gerät
2 Fernsehprogramm: *Das habe ich im Fernsehen gesehen.*
3 Sender: *Sie arbeitet beim Fernsehen.*

der **Fern|se|her** (Nomen) umgangssprachlich **des Fernsehers, die Fernseher** ein Gerät zum Empfang von Bildern und Tönen

das **Fern|seh|pro|gramm** (Nomen) **des Fernsehprogramm(e)s, die Fernsehprogramme**
1 die Sendungen, die man im Fernsehen sehen kann
2 Zeitschrift usw. eine Übersicht über die Sendungen im Fernsehen
3 ≈ Sender ein bestimmter Kanal

die **Fern|seh|se|rie** (Nomen) **der Fernsehserie, die Fernsehserien** eine Folge von zusammengehörigen Sendungen

die **Fer|se** (Nomen) **der Ferse, die Fersen**
1 ≈ Hacke der hintere abgerundete Teil des Fußes
2 jemandem auf den Fersen sein jemanden verfolgen, dicht hinter jemandem sein

fer|tig (Adjektiv)
1 zu Ende gebracht, vollständig ausgeführt: *Sie ist mit den Hausaufgaben endlich fertig.*
2 etwas/jemanden fertig machen etwas/jemanden in den gewünschten Zustand bringen: *morgens die Kinder für die Schule fertig machen*
3 bereit: *Seid ihr fertig zum Abmarsch?*
4 umgangssprachlich müde, erschöpft: *Nach der Kletterpartie war ich total fertig.*

A B C D E F G H I J K L M N O P Q R S T U V W X Y Z

5 umgangssprachlich traurig, verzweifelt: *Wegen der Sechs im Diktat ist sie völlig fertig.*

fer|tig|ma|chen (Verb) **du machst fertig, er machte fertig, sie hat fertiggemacht, mach(e) nicht fertig!**
1 umgangssprachlich ≈ erschöpfen, kaputtmachen *Dieser Streit macht mich echt fertig!*
2 umgangssprachlich ≈ kritisieren, bestrafen *Der wütende Nachbar hat ihn ganz schön fertiggemacht.*
3 umgangssprachlich ≈ besiegen, verprügeln *Noch ein Wort und ich mache dich fertig!*
4 siehe auch → **fertig**

fer|tig|stel|len, fer|tig stel|len (Verb) **du stellst fertig, er stellte fertig, sie hat fertiggestellt, stell(e) fertig!**
etwas fertig stellen beenden, abschließen: *Er hat sein Referat pünktlich fertig gestellt.*

die **Fer|ti|gung** (Nomen) **der Fertigung, die Fertigungen** Herstellung: *Die Fertigung erfolgt immer noch per Hand.*

die **Fes|sel** (Nomen) **der Fessel, die Fesseln**
1 Band, Kette o. Ä. zum Fesseln
2 ANATOMIE der Teil des Beins zwischen Fußgelenk und Wade

fes|seln (Verb) **du fesselst, er fesselte, sie hat gefesselt, fess(e)le!**
1 jemandes Hände und/oder Füße binden, sodass er sich nicht bewegen kann
2 ≈ begeistern, faszinieren *Sein Reisebericht fesselte die Kinder sehr.*

fest (Adjektiv) **fester, am festesten**
1 stabil, haltbar: *Denkt daran, festes Schuhwerk für die Wanderung anzuziehen!*
2 CHEMIE nicht flüssig oder gasförmig: *Wasser wird fest, wenn es gefriert.*
3 stark, kräftig: *Sie hat einen festen Händedruck.*
4 fest eingeschlafen sein nicht so leicht aufwachen
5 ständig, gleichbleibend: *Menschen ohne festen Wohnsitz*

das **Fest** (Nomen) **des Fest(e)s, die Feste**
1 eine Feier, eine Party
2 RELIGION ein kirchlicher Feiertag (Erntedankfest, Weihnachtsfest)

fest|bin|den (Verb) **du bindest fest, er band fest, sie hat festgebunden, bind(e) fest!** ≈ anbinden etwas mit einer Leine anbinden: *Hast du den Hund festgebunden?*

das **Fest|es|sen** (Nomen) **des Festessens, die Festessen**
1 zu einem besonderen Anlass ein reichhaltiges, feines Menü
2 umgangssprachlich ein besonders leckeres Essen

fest|hal|ten (Verb) **du hältst fest, er hielt fest, sie hat festgehalten, halt(e) fest!**
1 mit der Hand greifen und nicht loslassen
2 jemanden gefangen halten, jemanden daran hindern wegzugehen: *Er wurde auf der Polizeiwache festgehalten.*
3 für die Zukunft aufschreiben, fotografieren oder filmen: *Seine Aussage ist schriftlich festgehalten worden.*
4 an etwas oder jemandem festhalten etwas oder jemanden nicht aufgeben oder fallen lassen: *Ich halte an meinem Plan fest.*
5 sich festhalten im Bus usw. sich mit der Hand einen festen Halt verschaffen

das **Fes|ti|val** (Nomen) ['fɛstɪvl] **des Festivals, die Festivals** ≈ Festspiele eine große Veranstaltung zu einem bestimmten (kulturellen) Thema (z. B. Filmfestival)

das **Fest|land** (Nomen) nur im Singular **des Festland(e)s** eine große Landmasse: *das europäische Festland*

fest|le|gen (Verb) **du legst fest, er legte fest, sie hat festgelegt, leg(e) fest!**
1 etwas genau bestimmen
2 jemanden auf etwas festlegen jemandem etwas vorschreiben, etwas von jemandem fordern
3 sich (auf etwas) festlegen sich (für etwas) entscheiden

fest|lich (Adjektiv) **festlicher, am festlichsten**
1 zu einem Fest passend: *Alle waren festlich gekleidet.*
2 ≈ aufwendig, feierlich *die festliche Eröffnung der Konzerthalle*

die **Fest|nah|me** (Nomen) **der Festnahme, die Festnahmen** ≈ Verhaftung *Der Hinweis hat zur Festnahme des Täters geführt.*

fest|neh|men (Verb) **du nimmst fest, er nahm fest, sie hat festgenommen, nimm fest!**
≈ verhaften ins Gefängnis bringen: *Die Beamten konnten die Täter festnehmen.*

das **Fest|netz** (Nomen) **des Festnetzes, die Festnetze** das Telefonnetz über fest verlegte Leitungen

die **Fest|plat|te** (Nomen) **der Festplatte, die Festplatten** ein fest eingebauter Speicher in einem Computer

fest|stel|len (Verb) **du stellst fest, er stellte fest, sie hat festgestellt, stell(e) fest!**
1 ≈herausfinden *Er stellte fest, dass jemand seine Sachen durchsucht hatte.*
2 ≈ermitteln, bestimmen *Die Lehrerin konnte eine Verbesserung im Diktat feststellen.*
3 ≈erklären *Ich möchte klar feststellen, dass ich so etwas nicht mitmache.*
4 besonders TECHNIK etwas in eine feste Stellung bringen

die **Fest|stel|lung** (Nomen) **der Feststellung, die Feststellungen**
1 ≈Beobachtung *Dann machte ich eine erfreuliche Feststellung.*
2 ≈Ermittlung *die Feststellung der genauen Tatzeit*
3 eine deutliche Erklärung

fett (Adjektiv) **fetter, am fettesten**
1 von Lebensmitteln viel Fett enthaltend
2 umgangssprachlich sehr dick
3 umgangssprachlich sehr gut
4 fett gedruckt in der Zeitung usw. in dicken Buchstaben
5 fette Beute/eine fette Belohnung umgangssprachlich ein großer Gewinn/eine hohe Belohnung

das **Fett** (Nomen) **des Fett(e)s, die Fette**
1 ein Stoff, der von Pflanzen und Tieren gewonnen wird: *In Oliven ist viel Fett.*
2 unter der Haut eine dicke Schicht Fettgewebe
3 sein Fett abkriegen umgangssprachlich seine verdiente Strafe bekommen

fet|tig (Adjektiv) **fettiger, am fettigsten**
1 Lebensmittel viel Fett enthaltend
2 Haar, Haut mit Fett bedeckt

der **Fet|zen** (Nomen) **des Fetzens, die Fetzen**
1 aus Papier, Stoff usw. ein kleines abgerissenes Teil
2 ≈Bruchstück von Musik, Sprache usw. *Wir hörten Fetzen eines Gesprächs.*

feucht (Adjektiv) **feuchter, am feuchtesten**
1 etwas nass: *Die Wäsche ist noch feucht.*
2 auch METEOROLOGIE viel Wasserdampf enthaltend: *ein feuchtes Klima*

die **Feuch|tig|keit** (Nomen) nur im Singular **der Feuchtigkeit**
1 der Luft usw. ein bestimmter Gehalt an Wasser(dampf)
2 Nässe: *Das Tuch nimmt die Feuchtigkeit auf.*

das **Feu|er** (Nomen) **des Feuers, die Feuer**
1 etwas, was brennt und Flammen und Hitze erzeugt: *Feuer machen*
2 ≈Brand ein zerstörerisches Brennen: *Nach drei Stunden war das Feuer gelöscht.*
3 ein Feuer speiender Vulkan ein Vulkan, der glühende Lava auswirft
4 besonders MILITÄR das Schießen mit Schusswaffen: *Die Soldaten eröffneten das Feuer.*
5 Feuer fangen anfangen zu brennen
6 Feuer und Flamme sein ganz begeistert sein
7 mit dem Feuer spielen sich leichtsinnig in Gefahr begeben
8 für jemanden durchs Feuer gehen bereit sein, für jemanden alles zu tun

die **Feu|er|wehr** (Nomen) **der Feuerwehr, die Feuerwehren** eine Organisation, die Brände löscht und bei Unfällen und Unglücken hilft

die **Feu|er|wehr|frau** (Nomen) **der Feuerwehrfrau, die Feuerwehrfrauen/Feuerwehrleute**
Femininform von → **Feuerwehrmann**

der **Feu|er|wehr|mann** (Nomen) **des Feuerwehrmann(e)s, die Feuerwehrmänner/Feuerwehrleute** ein Mitglied der Feuerwehr

das **Feu|er|werk** (Nomen) **des Feuerwerk(e)s, die Feuerwerke** eine Reihe von farbigen Lichteffekten, die bei Dunkelheit durch das Abfeuern von Raketen o. Ä. entstehen

das **Feu|er|zeug** (Nomen) **des Feuerzeug(e)s, die Feuerzeuge** ein kleines Gerät, mit dem man eine Flamme zum Anzünden erzeugt

das **Feuil|le|ton** (Nomen) [fœjəˈtõː] **des Feuilletons, die Feuilletons** PRESSE der Kulturteil einer Zeitung

die **Fi|bel** (Nomen) **der Fibel, die Fibeln**
1 das erste Lesebuch, mit dem Schulanfänger in der Grundschule lesen und schreiben lernen
2 ein Lehrbuch für Anfänger auf einem bestimmten Gebiet

die **Fich|te** (Nomen) **der Fichte, die Fichten** ein Nadelbaum oder das Holz dieses Baums

das **Fie|ber** (Nomen) nur im Singular **des Fiebers**
1 MEDIZIN eine Körpertemperatur über 38 °C
2 gehoben ein Gefühl von Freude und Aufregung (z. B. Reisefieber, Fußballfieber)

A B C D E F G H I J K L M N O P Q R S T U V W X Y Z

fie|ber|haft (Adjektiv)
❶ MEDIZIN mit Fieber verbunden
❷ ≈hektisch, hastig *Wir suchten fieberhaft nach einem Ausweg.*

das **Fie|ber|ther|mo|me|ter** (Nomen) **des Fieberthermometers, die Fieberthermometer** ein Gerät zum Messen der Körpertemperatur

fies (Adjektiv) umgangssprachlich • abwertend **fieser, am fiesesten**
❶ ≈abstoßend *ein fieser Typ*
❷ ≈gemein *Das war fies von dir!*

die **Fi|gur** (Nomen) **der Figur, die Figuren**
❶ Körperbau: *eine gute Figur haben*
❷ in einem Brettspiel ≈Spielfigur *Deine Figur zieht!*
❸ eine Person in einem Roman o. Ä.
❹ die Nachbildung eines Körpers (z. B. Porzellanfigur, Wachsfigur)
❺ SPORT beim Tanz, Eiskunstlauf usw. eine Schritt- oder Bewegungsfolge
❻ eine typische Persönlichkeit (z. B. Vaterfigur, Witzfigur)

die **Fik|ti|on** (Nomen) [fɪk'tsi̯oːn] gehoben **der Fiktion, die Fiktionen** etwas Ausgedachtes, was nicht in der Realität existiert

fik|tiv (Adjektiv) gehoben ≈angenommen, ausgedacht so, dass es nicht in der Realität existiert: *Die Ereignisse in der Sendung sind fiktiv.*

das **Fi|let** (Nomen) [fi'leː] **des Filets, die Filets** das beste und zarteste Stück Fleisch von einem Tier (z. B. Rinderfilet, Lachsfilet, Hähnchenbrustfilet)

die **Fi|li|a|le** (Nomen) **der Filiale, die Filialen** ≈Zweigstelle eines von vielen Geschäften, die zu demselben Unternehmen gehören: *Der Bäcker hat mehrere Filialen in der Stadt.*

der **Film** (Nomen) **des Film(e)s, die Filme**
❶ FILM bewegte Bilder, z. B. Spielfilm, Dokumentarfilm: *ein Film für die ganze Familie*
❷ FOTOGRAFIE ein aufgerollter, mit lichtempfindlichem Material überzogener Streifen für eine Kamera
❸ eine dünne Schicht auf einer Oberfläche (z. B. Ölfilm, Schmutzfilm)

fil|men (Verb) **du filmst, er filmte, sie hat gefilmt, film(e)!** bewegte Bilder mit einer Kamera aufnehmen

der **Film|star** (Nomen) **des Filmstars, die Filmstars** ein sehr bekannter Filmschauspieler oder eine sehr bekannte Filmschauspielerin

der **Fil|ter** (Nomen) **des Filters, die Filter** TECHNIK ein Material oder Gerät, mit dem man feste Stoffe von flüssigen oder gasförmigen Stoffen trennen kann (z. B. Kaffeefilter, Zigarettenfilter)

fil|tern (Verb) **du filterst, er filterte, sie hat gefiltert, filt(e)re!** TECHNIK einen flüssigen oder gasförmigen Stoff durch einen Filter geben, um feste Bestandteile aufzufangen

der **Filz** (Nomen) **des Filzes, die Filze** ein sehr dichter Stoff aus Tierhaaren oder anderen Fasern

der **Filz|stift** (Nomen) **des Filzstift(e)s, die Filzstifte** ein Schreib- und Malstift mit einer Spitze aus einem dem Filz ähnlichen Material

das **Fi|na|le** (Nomen) **des Finales, die Finale/Finals**
❶ SPORT der letzte Wettkampf oder das letzte Spiel, in dem der Sieger aller Wettkämpfe oder Spiele eines Turniers ermittelt wird
❷ MUSIK der letzte Teil einer Oper oder eines Konzerts

das **Fi|nanz|amt** (Nomen) **des Finanzamt(e)s, die Finanzämter** das Amt, das den Eingang von Steuern kontrolliert und verwaltet

die **Fi|nan|zen** (Nomen) nur im Plural **der Finanzen**
❶ das Geld, das Kapital einer Firma, eines Landes usw.
❷ umgangssprachlich das eigene Geld, über dessen Verwendung man privat bestimmen kann: *Ich weiß noch nicht, ob ich dieses Jahr in den Urlaub fahren kann. Ich muss erst einmal meine Finanzen prüfen.*

fi|nan|zi|ell (Adjektiv) Geld betreffend, mit Geld verbunden: *Seit sie wieder arbeitet, hat sie keine finanziellen Sorgen mehr.* • *Er wird von seinen Eltern finanziell unterstützt.*

fi|nan|zie|ren (Verb) **du finanzierst, er finanzierte, sie hat finanziert, finanzier(e)!**
❶ etwas finanzieren Geld für etwas geben: *Der Bau der Schule wurde vom Staat finanziert.* bei einer Bank einen Kredit für etwas aufnehmen: *Er hat nicht genug Geld und muss das Auto finanzieren.*
❷ jemanden finanzieren jemandem das nötige Geld geben, das er zum Leben

braucht: *Er finanziert seinen Sohn schon seit Jahren.*

die **Fi|nan|zie|rung** (Nomen)
der Finanzierung, die Finanzierungen
❶ das Geben von Geld für etwas oder jemanden
❷ bei der Bank das Bezahlen mit einem Kredit

der **Fi|nanz|mi|nis|ter** (Nomen)
des Finanzministers, die Finanzminister
der Minister, der für die Einnahmen und Ausgaben des Staates verantwortlich ist

die **Fi|nanz|mi|nis|te|rin** (Nomen)
der Finanzministerin, die Finanzministerinnen
Femininform von → **Finanzminister**

fin|den (Verb) **du findest, er fand, sie hat gefunden, find(e)!**
❶ etwas sehen, was man gesucht hat: *Kannst du mir helfen, meine Brille zu finden?*
❷ ≈bekommen *Endlich habe ich die roten Sandalen in meiner Größe gefunden.*
❸ finden, dass … der Meinung sein, dass …: *Meine Mutter findet, dass es für kurze Hosen zu kalt ist.*
❹ jemanden/etwas irgendwie finden eine bestimmte Meinung über jemanden/etwas haben: *Wir fanden den Film total witzig.*
❺ Das wird sich schon finden. Das Problem wird sicherlich gelöst werden.

der **Fin|der|lohn** (Nomen) nur im Singular
des Finderlohn(e)s ein Geldbetrag als Belohnung für jemanden, der etwas findet und es seinem Besitzer zurückgibt

der **Fin|ger** (Nomen) **des Fingers, die Finger**
❶ eins der fünf langen Glieder an der Hand, mit denen man greift und fühlt: *Die Finger heißen Daumen, Zeigefinger, Mittelfinger, Ringfinger und kleiner Finger.*
❷ die Finger von etwas lassen umgangssprachlich etwas nicht anfassen: *Lass die Finger von der heißen Herdplatte!*
bei riskanten oder gefährlichen Dingen etwas nicht tun, verwenden oder beachten: *Lass die Finger von Drogen!*
❸ keinen Finger krumm machen oder rühren umgangssprachlich nichts tun, nicht arbeiten, bei etwas nicht helfen
❹ bei einer Sache die Finger im Spiel haben umgangssprachlich an einer Sache beteiligt sein, etwas mit einer Sache zu tun haben: *Die ganzen Kekse sind weg. Da hatte doch sicher Lily wieder die Finger im Spiel!*
❺ sich etwas aus den Fingern saugen umgangssprachlich eine Geschichte oder Ausrede erfinden: *Er hat sich die Geschichte mit dem Lottogewinn aus den Fingern gesaugt.*
❻ jemanden um den (kleinen) Finger wickeln umgangssprachlich jemanden (mit Komplimenten) dazu bringen, dass er das tut, was man möchte: *Susi bekommt ein neues Fahrrad zum Geburtstag, weil sie ihren Vater mal wieder um den kleinen Finger gewickelt hat.*
❼ jemandem auf die Finger sehen umgangssprachlich genau kontrollieren, was jemand tut: *Er hat den Handwerkern bei der Arbeit kritisch auf die Finger gesehen.*

der **Fin|ger|ab|druck** (Nomen)
des Fingerabdruck(e)s, die Fingerabdrücke
der Abdruck der Fingerkuppen, der die feinen Linien der Haut zeigt und bei jedem Menschen anders ist

der **Fin|ger|na|gel** (Nomen) **des Fingernagels, die Fingernägel** die harte Oberseite an der Fingerspitze

der **Fin|ne** (Nomen) **des Finnen, die Finnen**
ein Junge/Mann aus Finnland

die **Fin|nin** (Nomen) **der Finnin, die Finninnen**
ein Mädchen/eine Frau aus Finnland

fin|nisch (Adjektiv) aus Finnland oder in finnischer Sprache

Finn|land (Nomen) **Finnlands** ein Land in Nordeuropa

fins|ter (Adjektiv) **finsterer, am finstersten**
❶ ≈dunkel ohne Licht: *Es war finstere Nacht.*
❷ unheimlich, bedrohlich, bedrückend: *eine finstere Gegend*
❸ unfreundlich, feindselig: *Als ich auf ihn zukam, sah er mich finster an.*
❹ zwielichtig, verdächtig: *Da hinten im Park sitzen zwei finstere Gestalten.*

die **Fins|ter|nis** (Nomen) nur im Singular
der Finsternis die Dunkelheit

die **Fir|ma** (Nomen) **der Firma, die Firmen**
ein Unternehmen, das Produkte herstellt oder verkauft oder Dienstleistungen anbietet

die **Fir|mung** (Nomen) **der Firmung, die Firmungen** ein katholisches Sakrament, bei dem der Glaube an Gott gestärkt werden soll

der **Fisch** (Nomen) **des Fisches, die Fische**
❶ ein Tier, das im Wasser lebt und nur unter Wasser atmen kann: *Fische fangen*
❷ Fischgericht, das man isst: *Isst du gerne gekochten Fisch?*
❸ nur im Plural das Sternzeichen für die Zeit vom 20.2. bis 20.3.: *die Eigenschaften des Sternzeichens „Fische“*
❹ jemand, der im Sternzeichen „Fische“ geboren ist: *Ich bin Fische.*

fi|schen (Verb) **du fischst, er fischte, sie hat gefischt, fisch(e)!**
❶ ≈angeln Fische fangen
❷ etwas aus etwas fischen umgangssprachlich etwas aus etwas herausnehmen: *Sie fischte ein Bonbon aus der Tüte • Als er klein war, fischte er immer die Klößchen aus der Suppe.*

der **Fi|scher** (Nomen) **des Fischers, die Fischer** jemand, der Fische fängt

die **Fi|sche|rin** (Nomen) **der Fischerin, die Fischerinnen** Femininform von → **Fischer**

der **Fisch|fang** (Nomen) **nur im Singular des Fischfang(e)s** das Fangen von Fischen, Krebsen, Muscheln usw. als Beruf

das **Fisch|stäb|chen** (Nomen) **des Fischstäbchens, die Fischstäbchen** ein kleines, längliches, paniertes Stück aus zerkleinertem Fisch, das man in der Pfanne brät

fit (Adjektiv) **fitter, am fittesten**
❶ SPORT sportlich und gut trainiert: *Mein Onkel ist schon siebzig und noch richtig fit.*
❷ MEDIZIN gesund und kräftig: *Letzte Woche hatte ich Grippe, aber jetzt bin ich wieder fit.*

die **Fit|ness** (Nomen) ['fɪtnɛs] **nur im Singular der Fitness** die gute körperliche Verfassung, besonders weil man sportlich ist und trainiert

das **Fit|ness|stu|dio, Fit|ness-Stu|dio** (Nomen) ['fɪtnəsʃtu:di̯o] **des Fitnessstudios, die Fitnessstudios** eine Art Sportklub, in dem man an Geräten trainieren oder in Kursen Gymnastik oder andere Sportarten machen kann

fix (Adjektiv)
❶ umgangssprachlich schnell: *Mach fix, damit du den Bus noch bekommst!*
❷ nicht veränderbar, fest, festgelegt: *Diese Kosten sind fix.*
❸ eine fixe Idee umgangssprachlich der krankhafte Glaube an etwas, was es in Wirklichkeit gar nicht gibt: *Die Angst, bestohlen zu werden, ist eine fixe Idee von ihm.*
❹ fix und fertig sein umgangssprachlich ganz fertig sein: *Das Essen ist schon fix und fertig und steht auf dem Tisch.*
körperlich, seelisch total erschöpft sein: *Nach dem Joggen bin ich immer fix und fertig.*

fi|xie|ren (Verb) **du fixierst, er fixierte, sie hat fixiert, fixier(e)!**
❶ TECHNIK so festmachen oder befestigen, dass es an seinem Platz bleibt: *Wie kann man ein Poster am besten an der Wand fixieren?*
❷ etwas schriftlich fixieren gehoben etwas aufschreiben, das vorher mündlich vereinbart oder festgelegt wurde: *Die neuen Klassenregeln haben wir schriftlich fixiert.*
❸ auf jemanden/etwas fixiert sein bei allem, was man denkt, tut und fühlt, stark auf jemanden/etwas ausgerichtet sein: *Man trifft sie nur noch selten, weil sie sehr auf ihre Karriere fixiert ist. • Er ist so sehr auf seine Freundin fixiert, dass man sich nicht mehr gut mit ihm unterhalten kann.*

flach (Adjektiv) **flacher, am flachsten**
❶ ≈platt ohne Erhöhungen: *Holland ist ein flaches Land. • Beim Training mussten wir uns flach auf den Boden schmeißen.*
❷ nicht tief: *Brot essen wir von den flachen Tellern. • Unser Hund traut sich nur ins flache Wasser.*

die **Flä|che** (Nomen) **der Fläche, die Flächen**
❶ die flache Seite eines geometrischen Körpers: *die sechs Flächen eines Würfels*
❷ die Ausdehnung eines Gebiets in der Breite und Länge: *die Fläche des Regenwalds*
❸ verwendet, um die Größe von zweidimensionalen Figuren zu berechnen: *Die Fläche eines Quadrates ausrechnen.*

das **Flä|chen|maß** (Nomen) **des Flächenmaßes, die Flächenmaße** das Maß, mit dem man die Größe einer Fläche angibt (z. B. Quadratmeter, m^2, Hektar, Ar)

flach|fal|len (Verb) umgangssprachlich nur in der 3. Person gebraucht **es fällt flach, es fiel flach, es ist flachgefallen** ≈ausfallen nicht stattfinden: *Es regnet so stark, dass der Ausflug heute flachfällt.*

das **Fla|den|brot** (Nomen) **des Fladenbrot(e)s, die Fladenbrote** ein flaches, rundes Brot die **Flag|ge** (Nomen) **der Flagge, die Flaggen** ≈Fahne ein Stück Stoff in bestimmten Farben als Symbol für ein Land oder eine Organisation

das **Flair** (Nomen) [flɛːɐ̯] gehoben · **nur im Singular des Flairs** die besondere und positive Ausstrahlung, die etwas oder jemand hat: *Dieser Platz hat ein romantisches Flair.*

die **Flam|me** (Nomen) **der Flamme, die Flammen** der obere hell brennende Teil des Feuers: *die Flamme einer Kerze*

die **Flan|ke** (Nomen) **der Flanke, die Flanken**
1 der weiche Teil am seitlichen Rumpf eines Tieres, z. B. beim Pferd
2 SPORT **beim Fußball** ein hoher Ball von der Seite des Spielfelds **beim Turnen** ein seitlicher Sprung über ein Turngerät, bei dem man sich mit einer Hand abstützt

flan|ken (Verb) **du flankst, er flankte, sie hat geflankt, flank(e)!**
1 **beim Fußball** von der Seite des Spielfelds auf das Tor schießen
2 **beim Turnen** seitlich und mit einer Hand abgestützt über ein Turngerät springen

die **Fla|sche** (Nomen) **der Flasche, die Flaschen**
1 **für Flüssigkeiten** ein (verschlossenes) Gefäß, z. B. aus Glas, das unten breiter und in einem oberen (längeren) Teil schmal ist
2 umgangssprachlich · abwertend ≈Niete jemand, der nicht fähig ist, eine angemessen gute Leistung zu erbringen: *Er ist eine totale Flasche im Sport.*

der **Fla|schen|öff|ner** (Nomen) **des Flaschenöffners, die Flaschenöffner** ein kleines Werkzeug, mit dem man den Metalldeckel von einer Flasche entfernen kann

die **Fla|schen|post** (Nomen) **nur im Singular der Flaschenpost** ein Brief, der in einer Flasche steckt, die man ins Meer wirft, damit jemand ihn findet und liest

die **Flat|rate** (Nomen) [ˈflɛtreɪt] **der Flatrate, die Flatrates** ≈Pauschaltarif ein Tarif, z. B. für Internet oder Telefon, bei dem man jeden Monat eine feste Summe bezahlt, mit der man unbegrenzt telefonieren oder surfen kann

flat|tern (Verb) **nur in der 3. Person gebraucht es flattert, es flatterte, es hat/ist geflattert, flatt(e)re!**
1 mit den Flügeln flattern **hat geflattert** die Flügel heftig bewegen: *Der junge Vogel hat aufgeregt mit seinen Flügeln geflattert.*
2 (im Wind) flattern **hat geflattert** sich bewegen, weil der Wind daran rüttelt: *Die Fahne flattert im Wind.*
3 irgendwo/irgendwohin flattern **ist geflattert** fliegen und sich dabei heftig bewegen: *Dort drüben flattert ein Schmetterling.*

flau (Adjektiv) **flauer, am flau(e)sten**
jemandem ist/wird flau umgangssprachlich jemand fühlt sich nicht wohl, jemandem ist/wird übel: *Ihm war vor Lampenfieber ganz flau.*

der **Fleck** (Nomen) **des Fleck(e)s, die Flecken**
1 **von Wein, Soße, Ketchup usw.** eine schmutzige oder bekleckerte Stelle: *Die Flecken im Tischtuch sind beim Waschen alle herausgegangen.*
2 **in der Färbung** eine Stelle, die eine andere Farbe hat: *Es gibt Kühe mit braunen und mit schwarzen Flecken.*
3 ein blauer Fleck die dunkle Stelle, die am Körper nach einem Stoß oder einer Verletzung entsteht
4 umgangssprachlich ≈Ort eine Stelle, an der etwas oder jemand ist: *Solange es regnet, rühre ich mich nicht vom Fleck.*

fle|ckig (Adjektiv) **fleckiger, am fleckigsten** mit Flecken

fle|hen (Verb) gehoben **du flehst, er flehte, sie hat gefleht, fleh(e)!** heftig und verzweifelt um etwas bitten: *„Bitte tu mir nichts!", flehte er.*

das **Fleisch** (Nomen) **nur im Singular des Fleisch(e)s**
1 die weichen Teile am Körper von Menschen und Tieren
2 die weichen Teile am Körper von Tieren, die man essen kann: *Gegrilltes Fleisch esse ich am liebsten.*
3 die weichen Teile von Früchten, die man essen kann
4 jemandem in Fleisch und Blut übergehen für jemanden zur Gewohnheit werden: *Die Streetdance-Schritte sind mir in Fleisch und Blut übergegangen.*
5 sich ins eigene Fleisch schneiden sich selbst schaden

der **Flei|scher** (Nomen) **des Fleischers, die Fleischer** jemand, der Tiere schlachtet und Fleisch und Wurst herstellt und verkauft

die **Flei|sche|rei** (Nomen) **der Fleischerei, die Fleischereien** das Geschäft, in dem Fleisch und Wurst verkauft werden

A B C D E F G H I J K L M N O P Q R S T U V W X Y Z

die **Flei|sche|rin** (Nomen) **der Fleischerin, die Fleischerinnen**
Femininform von → **Fleischer**

der **Fleiß** (Nomen) nur im Singular **des Fleißes**
❶ die Eigenschaft, viel und intensiv zu arbeiten, um ein Ziel zu erreichen
❷ Ohne Fleiß kein Preis. Nur wenn man fleißig ist, kann man seine Ziele erreichen.

flei|ßig (Adjektiv) **fleißiger, am fleißigsten**
so, dass man viel und intensiv arbeitet, um ein Ziel zu erreichen

fle|xi|bel (Adjektiv) **flexibler, am flexibelsten**
❶ biegsam, elastisch: *Gummi ist ein flexibles Material.*
❷ an neue Situationen und Bedingungen anpassbar: *Wenn du willst, können wir auch einen anderen Film sehen. Ich bin flexibel.* • *Ich kann auch später zur Arbeit gehen. Ich habe flexible Arbeitszeiten.*

fli|cken (Verb) **du flickst, er flickte, sie hat geflickt, flick(e)!**
❶ mit Nadel und Faden reparieren: *ein Loch im Strumpf flicken*
❷ mit Kleber und Stücken aus Gummi, Kunststoff usw. reparieren: *einen Fahrradreifen flicken*

der **Fli|cken** (Nomen) **des Flickens, die Flicken**
ein Stück Stoff, Leder usw., das man auf ein Loch oder einen Riss in Stoff, Wolle usw. näht

die **Flie|ge** (Nomen) **der Fliege, die Fliegen**
❶ ZOOLOGIE ein kleines, schwarzes Insekt, das fliegen kann und dabei summt
❷ die Fliege machen umgangssprachlich weggehen: *Die Party ist langweilig. Komm, wir machen die Fliege!*
❸ keiner Fliege etwas tun können umgangssprachlich sehr gutmütig sein
❹ zwei Fliegen mit einer Klappe schlagen umgangssprachlich zwei Ziele gleichzeitig erreichen
❺ MODE eine Art kleine Schleife, die Männer um den Hals tragen

flie|gen (Verb) **du fliegst, er flog, sie ist/hat geflogen, flieg(e)!**
❶ **ist geflogen** sich mit Flügeln oder Motor durch die Luft bewegen: *Ich würde auch so gerne einmal fliegen wie ein Vogel.*
❷ **ist geflogen** als Fluggast in einem Flugzeug mitfliegen: *Letztes Jahr sind wir nach Spanien geflogen.*
❸ von der Schule/aus dem Job/… fliegen **ist geflogen** • umgangssprachlich nicht mehr in der Schule/in dem Job/… bleiben dürfen: *Wenn er so weitermacht, fliegt er bestimmt von der Schule!*
❹ durch eine Prüfung fliegen **ist geflogen** • umgangssprachlich eine Prüfung nicht bestehen: *Beim ersten Mal bin ich durch die Führerscheinprüfung geflogen.*
❺ **hat geflogen** als Pilot oder Pilotin ein Flugzeug steuern: *Er hat schon sehr oft einen Airbus geflogen.*

der **Flie|ger** (Nomen) **des Fliegers, die Flieger**
❶ **Mensch** der Pilot
❷ umgangssprachlich das Flugzeug

die **Flie|ge|rin** (Nomen) **der Fliegerin, die Fliegerinnen** die Pilotin

flie|hen (Verb) **du fliehst, er floh, sie ist geflohen, flieh(e)!** weglaufen, um sich in Sicherheit zu bringen, oder vor etwas/jemandem davonlaufen: *ins Ausland fliehen* • *vor den Verfolgern fliehen* • *aus dem Gefängnis fliehen*

die **Flie|se** (Nomen) **der Fliese, die Fliesen**
≈ Kachel eine Platte aus Keramik oder Ton, mit der man (im Bad oder in der Küche) Böden und Wände bedeckt

das **Fließ|band** (Nomen) **des Fließband(e)s, die Fließbänder** ein langes Rollband in einer Fabrik, auf dem Einzelteile von Produkten zur Bearbeitung an aufeinanderfolgende Arbeitsplätze transportiert werden

flie|ßen (Verb) **du fließt, er floss, sie ist geflossen, fließ(e)!**
❶ **Flüssigkeiten** sich gleichmäßig fortbewegen: *In unseren Adern fließt Blut.*
❷ ungehindert vorwärtskommen: *Nach dem Unfall fließt der Verkehr jetzt wieder.* • *Ich habe die Leitungen repariert, der Strom fließt wieder.*
❸ in großen Mengen woandershin gelangen: *Das Geld fließt ins Ausland.*

flie|ßend (Adjektiv)
❶ ohne Stocken und ohne Fehler sprechen: *in fließendem Polnisch*
❷ aus der Leitung kommend: *fließendes Wasser*

flim|mern (Verb) nur in der 3. Person gebraucht **es flimmert, es flimmerte, es hat geflimmert** in winzigen Bewegungen unruhig leuchten: *Ich brauche einen neuen Bildschirm, dieser flimmert so.*

flink (Adjektiv) **flinker, am flink(e)sten**
schnell

der **Flirt** (Nomen) [flœrt] **des Flirts, die Flirts** Gesten, Worte oder Blicke, mit denen man unverbindlich zeigt, dass man sich gegenseitig attraktiv oder erotisch findet

flir|ten (Verb) ['flœrtn̩] **du flirtest, er flirtete, sie hat geflirtet, flirte!** jemandem durch Gesten, Worte oder Blicke unverbindlich zeigen, dass man ihn attraktiv oder erotisch findet: *Paul hat den ganzen Abend mit mir geflirtet.*

die **Flo|cke** (Nomen) **der Flocke, die Flocken**
❶ ≈Schneeflocke mehrere zusammenhängende Eiskristalle, die als Schnee vom Himmel fallen
❷ aus Watte, Schaumstoff usw. ein kleines, leichtes Stück eines weichen Materials
❸ Flocken ≈Getreideflocken, Haferflocken flachgedrückte Getreidekörner

der **Floh** (Nomen) **des Flohs, die Flöhe**
❶ ZOOLOGIE ein winziges Insekt, das auf anderen Lebewesen sitzt und deren Blut trinkt: *Unser Hund hat Flöhe.*
❷ jemandem einen Floh ins Ohr setzen umgangssprachlich in jemandem einen Wunsch auslösen, der ihn nicht mehr in Ruhe lässt: *Er hat ihr den Floh ins Ohr gesetzt, Schauspielerin zu werden.*

der **Floh|markt** (Nomen) **des Flohmarkt(e)s, die Flohmärkte** ≈Trödelmarkt ein Markt, auf dem gebrauchte Gegenstände und Antiquitäten verkauft werden

der **Flop** (Nomen) umgangssprachlich **des Flops, die Flops** der Misserfolg: *Die ganze Veranstaltung war ein Flop.*

die **Flo|ra** (Nomen) **der Flora, die Floren**
❶ BOTANIK alle Pflanzen (in einem bestimmten Gebiet)
❷ BIOLOGIE natürlich vorkommende Bakterien (in einem bestimmten Körperorgan)

die **Flos|kel** (Nomen) **der Floskel, die Floskeln** eine feste Redewendung, über die man nicht nachdenkt und die man oft nur aus Höflichkeit gebraucht

das **Floß** (Nomen) **des Floßes, die Flöße** ein Boot, das nur aus zusammengebundenen Stämmen o. Ä. besteht

die **Flos|se** (Nomen) **der Flosse, die Flossen**
❶ ZOOLOGIE der Körperteil, mit dem sich Fische fortbewegen und der wie ein kleiner Fächer aussieht
❷ umgangssprachlich • abwertend Hand: *Nimm deine Flossen da weg!*

die **Flö|te** (Nomen) **der Flöte, die Flöten** ein Musikinstrument, das wie eine Röhre mit Löchern aussieht und auf dem man bläst

flu|chen (Verb) **du fluchst, er fluchte, sie hat geflucht, fluch(e) nicht!** Schimpfwörter rufen

die **Flucht** (Nomen) nur im Singular **der Flucht**
❶ das (heimliche) Weglaufen, das Fliehen: *die Flucht aus dem Gefängnis • die Flucht ins Ausland*
❷ die Flucht ergreifen fliehen
❸ jemanden in die Flucht schlagen jemandem so drohen, dass er schnell wegläuft

flüch|ten (Verb) **du flüchtest, er flüchtete, sie ist geflüchtet, flüchte!** ≈fliehen (aus Angst vor Gefahr oder etwas Unangenehmem) schnell weglaufen

flüch|tig (Adjektiv)
❶ ≈oberflächlich schnell und ungenau: *Ich hatte nicht viel Zeit und habe den Brief nur flüchtig gelesen.*
nicht intensiv: *Ich kenne sie nur flüchtig.*
❷ gehoben nicht für immer, nur kurz, vergänglich: *ein flüchtiger Moment*
❸ aus dem Gefängnis geflohen, ausgebrochen: *ein flüchtiger Verbrecher*

der **Flüch|tig|keits|feh|ler** (Nomen) **des Flüchtigkeitsfehlers, die Flüchtigkeitsfehler** der Fehler, den man macht, wenn man unaufmerksam und nicht konzentriert ist

der **Flücht|ling** (Nomen) **des Flüchtlings, die Flüchtlinge** jemand, der aus seinem Land flieht

der **Flug** (Nomen) **des Flug(e)s, die Flüge**
❶ von Vögeln, Insekten, Flugzeugen das Fliegen, die Fortbewegung in der Luft
❷ im Flugzeug die Reise mit dem Flugzeug: *Auf dem Flug von München nach Berlin gab es ein paar Turbulenzen.*
❸ (wie) im Flug sehr schnell: *Der Urlaub verging wie im Flug.*

der **Flü|gel** (Nomen) **des Flügels, die Flügel**
❶ einer der beiden seitlichen Körperteile, mit denen Insekten und Vögel fliegen können: *Wenn der Adler seine Flügel ausbreitet, sieht er sehr groß aus.*
❷ die Flügel hängen lassen umgangssprachlich traurig und mutlos sein
❸ MUSIK ein großes Klavier mit drei Beinen und einem großen Deckel: *Bei Konzerten spielt sie lieber auf dem Flügel.*

A B C D E F G H I J K L M N O P Q R S T U V W X Y Z

❹ SPORT der rechte oder linke Teil einer Mannschaft: *Am liebsten spielt er im vorderen rechten Flügel.*

die **Flug|ge|sell|schaft** (Nomen) **der Fluggesellschaft, die Fluggesellschaften** ein Unternehmen, das viele Flugzeuge hat und mit ihnen Reisende transportiert

der **Flug|ha|fen** (Nomen) **des Flughafens, die Flughäfen** die große Anlage, auf der Flugzeuge starten und landen und sich die Passagiere aufhalten können

der **Flug|ka|pi|tän** (Nomen) **des Flugkapitäns, die Flugkapitäne** der leitende Pilot in einem großen Flugzeug

die **Flug|ka|pi|tä|nin** (Nomen) **der Flugkapitänin, die Flugkapitäninnen** Femininform von → **Flugkapitän**

der **Flug|platz** (Nomen) **des Flugplatzes, die Flugplätze** ein kleiner Flughafen, oft für Sport- oder Militärflugzeuge

das **Flug|zeug** (Nomen) **des Flugzeug(e)s, die Flugzeuge** ein Verkehrsmittel, das durch die Luft fliegen kann

der **Flur** (Nomen) **des Flur(e)s, die Flure** in einer Wohnung der meist schmale kleine Raum hinter dem Eingang, der zu den Zimmern führt in einem Haus der Raum hinter dem Eingang, der zu den Wohnungen führt

der **Fluss** (Nomen) **des Flusses, die Flüsse**
❶ GEOGRAFIE ein langes Gewässer, das ins Meer oder in einen anderen Fluss fließt
❷ etwas ist/kommt in Fluss etwas ist/kommt in Bewegung, etwas ist noch nicht beendet/etwas beginnt

flüs|sig (Adjektiv) **flüssiger, am flüssigsten**
❶ so, dass es fließen kann: *Eis wird schnell flüssig, wenn es in der Sonne steht.*
❷ flüssig schreiben/lesen/sprechen ≈ fließend schreiben/lesen/sprechen, ohne zu stocken: *Sie spricht fließend Französisch.*
❸ flüssig sein umgangssprachlich Geld haben, das man ausgeben kann: *Ich bin im Moment nicht flüssig.*

die **Flüs|sig|keit** (Nomen) **der Flüssigkeit, die Flüssigkeiten** etwas, was nicht fest ist, sondern wie Wasser fließt: *Diese weiße Flüssigkeit ist Milch.*

das **Fluss|pferd** (Nomen) **des Flusspferd(e)s, die Flusspferde** ≈ Nilpferd ein großes, dickes Tier mit grauer Haut ohne Fell, mit kleinen Ohren und einem großen Maul, das in Afrika in und an Seen und Flüssen lebt

flüs|tern (Verb) **du flüsterst, er flüsterte, sie hat geflüstert, flüst(e)re!**
❶ sehr leise reden
❷ jemandem etwas ins Ohr flüstern jemandem etwas ganz leise ins Ohr sagen

die **Flut** (Nomen) **der Flut, die Fluten**
❶ das ansteigende Wasser im Meer: *Bei Flut kann man den Strand nicht mehr sehen.*
❷ die Fluten gehoben viel Wasser: *Viele Menschen kamen in den Fluten ums Leben.*
❸ eine Flut von … viel(e) …: *Bei dem Fernsehsender gab es eine Flut von Beschwerden über diese Sendung.*

der **Fly|er** (Nomen) ['flaɪɐ] **des Flyers, die Flyer** ein Heftchen oder ein Zettel mit Informationen oder Werbung

das **Foh|len** (Nomen) **des Fohlens, die Fohlen** das junge Pferd

der **Föhn** (Nomen) **des Föhn(e)s, die Föhne**
❶ METEOROLOGIE ein warmer Wind in den Alpen
❷ ELEKTROTECHNIK ein Elektrogerät, das warme Luft erzeugt, mit der man sich die Haare trocknet

föh|nen (Verb) **du föhnst, er föhnte, sie hat geföhnt, föhn(e)!** sich föhnen, seine Haare föhnen seine Haare mit einem Föhn trocknen

die **Fol|ge** (Nomen) **der Folge, die Folgen**
❶ ≈ Konsequenz das Ergebnis oder die Wirkung von etwas anderem: *Die Folgen des Unwetters sind noch nicht abzuschätzen.*
❷ TV · RUNDFUNK ≈ Episode ein einzelner Teil einer mehrteiligen Serie

fol|gen (Verb) **du folgst, er folgte, sie hat/ist gefolgt, folg(e)!**
❶ ist gefolgt hinter jemandem oder etwas hergehen oder herfahren: *Die Detektivin folgte dem Mann unauffällig.*
❷ ist gefolgt später kommen, als Nächstes kommen: *Der Anschlusszug folgt in zwei Minuten.* · *Es ist 20 Uhr. Es folgen die Nachrichten.*
❸ auf etwas folgen ist gefolgt nach etwas kommen: *Der Donner folgt auf den Blitz.*
❹ jemandem/einer Sache folgen ist gefolgt · gedanklich jemanden/etwas verstehen können, jemanden/etwas mit den Gedanken begleiten: *Erklär das bitte noch mal, ich kann dir nicht folgen.*
❺ aus etwas folgen ist gefolgt etwas ist eine logische Folge von etwas: *Aus dem Brief folgt, dass er schon im Ausland ist.*

❻ daraus folgt, dass … **ist gefolgt** die Schlussfolgerung daraus ist, dass …: *Er hat für neun Uhr ein Alibi. Daraus folgt, dass er nicht der Täter sein kann.*

fol|gend (Adjektiv) anschließend: *Die Auflösung steht auf der folgenden Seite.*

fol|gen|der|ma|ßen (Adverb) so, wie es gleich beschrieben wird: *Die Geschichte geht folgendermaßen: …*

fol|gern (Verb) **du folgerst, er folgerte, sie hat gefolgert, folg(e)re!**
etwas aus etwas folgern durch logisches Denken ein Ergebnis zu etwas herausfinden: *Aus deinen guten Zeugnisnoten folgere ich, dass du in diesem Schuljahr fleißig gelernt hast.*

die **Fol|ge|rung** (Nomen) **der Folgerung, die Folgerungen** das Ergebnis, zu dem man durch logisches Denken gekommen ist

folg|lich (Konjunktion) ≈ also als logische Folge oder Ergebnis von etwas: *Wir haben wenig Geld, folglich können wir uns kein neues Auto leisten.*

die **Fo|lie** (Nomen) ['fo:li̯ə] **der Folie, die Folien** **aus Aluminium, Plastik** ein sehr dünnes Material zum Basteln, Verpacken usw.

die **Fol|ter** (Nomen) **der Folter, die Foltern**
❶ **Misshandlung** das gezielte Quälen eines Gefangenen, um ihn zu zwingen, etwas zu verraten oder zu gestehen
❷ umgangssprachlich eine große Anstrengung oder Strapaze: *Der lange Flug war die reinste Folter.*
❸ jemanden auf die Folter spannen jemandem absichtlich nicht sofort das erzählen, was er wissen will, um ihn ungeduldig zu machen: *Wie war denn die Prüfung? Spann mich doch nicht so lange auf die Folter!*

der **Fonds** (Nomen) [fõ:] **des Fonds, die Fonds**
❶ Geld, das für einen bestimmten Zweck bereitsteht
❷ **bei der Bank** Anlageform, bei der Geld in Aktien, Immobilien o. Ä. angelegt wird

for|dern (Verb) **du forderst, er forderte, sie hat gefordert, ford(e)re!**
❶ etwas fordern ≈ etwas verlangen energisch sagen, dass man etwas haben will: *Die Arbeiter der Fabrik fordern mehr Lohn.*
❷ etwas fordert jemanden etwas ist anstrengend oder schwierig für jemanden: *Ich bin abends immer müde, denn meine Arbeit fordert mich sehr.*
❸ ein Unfall/Krieg o. Ä. fordert Opfer/Menschenleben bei einem Unfall/Krieg o. Ä. sterben Menschen

för|dern (Verb) **du förderst, er förderte, sie hat gefördert, förd(e)re!**
❶ mit Geld oder persönlicher Hilfe dafür sorgen, dass sich etwas oder jemand gut entwickelt: *Der Sportverein fördert die jungen Talente ganz gezielt.*
❷ ≈ abbauen aus der Erde holen: *Erdöl fördern • Kohle fördern*

die **For|de|rung** (Nomen) **der Forderung, die Forderungen**
❶ die energische Bitte, etwas zu bekommen: *Die Forderung nach mehr Lohn wurde immer lauter.*
❷ Forderungen an jemanden stellen jemanden energisch um Dinge bitten

die **För|de|rung** (Nomen) **der Förderung, die Förderungen**
❶ die persönliche Hilfe oder finanzielle Unterstützung, die jemand oder etwas erhält: *Dank der Förderung durch den Sportverein konnte sie die Reisekosten zum Wettkampf bezahlen.*
❷ das Herausholen von Bodenschätzen aus der Erde

die **Fo|rel|le** (Nomen) **der Forelle, die Forellen** ein Fisch, der in Seen und Bächen lebt und den man essen kann

die **Form** (Nomen) **der Form, die Formen**
❶ ≈ äußere Gestalt die äußere Begrenzung von etwas **(z. B. rund, eckig, spitz)**: *Dieser Hut hat eine schöne Form.*
❷ (feste) Formen annehmen sich entwickeln und bald realisiert werden, konkret werden: *Unser Fest nimmt langsam Formen an.*
❸ ≈ Variante die Art und Weise, in der etwas vorkommt: *Techno ist eine Form der Popmusik.*
❹ die äußere Gestaltung einer Sache: *Dein Aufsatz ist gut, aber die Form musst du noch überarbeiten.*
❺ ≈ Umgangsform das richtige Verhalten anderen Menschen gegenüber
❻ **nur im Singular** die körperliche (gute) Verfassung, die Fitness: *In der letzten Saison hat der Spieler zu seiner alten Form zurückgefunden.*
❼ in Form sein in guter körperlicher und geistiger Verfassung sein, fit sein: *Lauft heute ohne mich, ich bin nicht in Form.*
❽ **für Kuchen, Pudding, Metall** ein Gefäß, in

das man eine weiche Masse füllt, damit sie fest wird und sich formt: *Man muss den Kuchen aus der Form nehmen, solange er noch warm ist.*

for|mal (Adjektiv)
❶ die äußere Form betreffend: *Der Aufsatz ist sehr gut, aber du musst den formalen Aufbau noch überarbeiten.*
❷ in Bezug auf die Vorschriften: *Wegen eines formalen Fehlers musste die Wahl des Vereinsvorsitzenden wiederholt werden.*

die **For|ma|li|tät** (Nomen) **der Formalität, die Formalitäten** eine Angelegenheit, die streng nach bürokratischen Vorschriften erledigt werden muss: *Den Ausbildungsvertrag zu unterschreiben, ist eine Formalität.*

das **For|mat** (Nomen) **des Format**(e)**s, die Formate**
❶ die Größe mit einem bestimmten Verhältnis von Länge und Breite: *In das Fotoalbum passen nur Bilder mit einem kleinen Format.* • *Die Schreibhefte kauft ihr bitte im Format DIN A4.*
❷ INFORMATIK die Form, in der Informationen einer Datei gespeichert und kodiert werden: *Digitale Fotos kannst du z. B. in den Formaten jpg, gif, tif oder png abspeichern.* • *Im Format MP3 abgespeichert, braucht die Musik weniger Speicherplatz.*

die **For|mel** (Nomen) **der Formel, die Formeln**
❶ MATHEMATIK • PHYSIK die Folge von Zahlen, Buchstaben und Zeichen, mit der man eine Regel oder Gleichung darstellt: *Kennst du die Formel für den Kreisumfang?*
❷ CHEMIE die Folge von Zahlen, Buchstaben und Zeichen, mit der man eine chemische Verbindung darstellt: *NaCl ist die chemische Formel für Kochsalz.*
❸ SPRACHE ein Ausdruck oder Satz, den man in bestimmten Situationen immer sagt (z. B. Zauberformel, Grußformel, Beschwörungsformel)
❹ die Formel 1 SPORT die höchste Rennwagenklasse

for|mell (Adjektiv)
❶ den gesetzlichen Bestimmungen entsprechend: *Bürgerbegehren und Volksentscheide sind formelle Verfahren der Bürgerbeteiligung.*
❷ die guten Umgangsformen beachtend, förmlich: *Zum 70. Geburtstag des Bürgermeisters gab es einen formellen Empfang.*

for|men (Verb) **du formst, er formte, sie hat geformt, form**(e)**!**
❶ etwas aus etwas formen aus einem (weichen) Material Gegenstände in einer bestimmten Form machen: *Aus Ton lassen sich ganz tolle Figuren formen.*
❷ etwas zu etwas formen etwas in eine bestimmte Form bringen: *Man kann den Teig zu Fladen, Kugeln oder Rollen formen.*

förm|lich (Adjektiv)
❶ so, wie es die Regeln vorschreiben: *Der neue Vertrag wurde förmlich anerkannt.* • *Der Antrag muss beim zuständigen Amt förmlich gestellt werden.*
❷ nur so, wie es den vorgeschriebenen guten Umgangsformen entspricht und dabei unpersönlich: *Seit unserem Streit ist er sehr förmlich zu mir.*
❸ umgangssprachlich ≈ geradezu, buchstäblich *Er ist vor Freude förmlich ausgerastet.*

das **For|mu|lar** (Nomen) **des Formulars, die Formulare** ein Blatt Papier mit Fragen, die man beantworten muss: *Für die Anmeldung an der Schule müssen die Eltern ein Formular ausfüllen.*

for|mu|lie|ren (Verb) **du formulierst, er formulierte, sie hat formuliert, formulier**(e)**!** mit Worten ausdrücken: *Zur Lösung der Aufgabe sollen ganze Sätze formuliert werden.* • *Formuliere deine Frage bitte noch einmal anders.*

die **For|mu|lie|rung** (Nomen) **der Formulierung, die Formulierungen**
❶ nur im Singular das Formulieren: *Die Formulierung ihrer Wünsche fällt ihr schwer.*
❷ Satz, Frage die Worte, mit denen man etwas sagt: *Ich verstehe deine Formulierung nicht. Kannst du das noch genauer beschreiben?*

forsch (Adjektiv) **forscher, am forschesten** energisch, selbstbewusst und ein bisschen frech: *Wir haben ihn als Klassensprecher gewählt, weil er ein ziemlich forsches Auftreten hat.*

for|schen (Verb) **du forschst, er forschte, sie hat geforscht, forsch**(e)**!**
❶ wissenschaftliche Untersuchungen und Entdeckungen machen
❷ nach etwas/jemandem forschen gehoben gründlich und genau nach etwas/jemandem suchen
❸ jemanden forschend ansehen jemanden

kritisch und genau ansehen, um etwas über ihn oder von ihm zu erfahren

der **For|scher** (Nomen) **des Forschers, die Forscher**
① UNIVERSITÄT der Wissenschaftler an der Universität oder an einem Institut
② GEOGRAFIE der Wissenschaftler, der in unbekannte Länder oder Gegenden reist

die **For|sche|rin** (Nomen) **der Forscherin, die Forscherinnen**
Femininform von → **Forscher**

die **For|schung** (Nomen) **der Forschung, die Forschungen**
① Tätigkeit die Durchführung wissenschaftlicher Untersuchungen: *Neuere Forschungen haben ergeben, dass diese Tierart schon seit tausend Jahren ausgestorben ist.*
② nur im Singular der Bereich der Wissenschaft, in dem geforscht wird: *Er arbeitet in der Forschung.*

der **Forst** (Nomen) **des Forst(e)s, die Forste(n)** der Wald

der **Förs|ter** (Nomen) **des Försters, die Förster** jemand, der sich beruflich um die Bäume, Pflanzen und Tiere im Wald kümmert

die **Förs|te|rin** (Nomen) **der Försterin, die Försterinnen** Femininform von → **Förster**

fort (Adverb)
① ≈weg, verschwunden nicht mehr an dem Ort, wo etwas/jemand vorher war: *Mein Schlüssel ist fort! • Nina ist schon seit einer Stunde fort.*
② und so fort bei Aufzählungen und so weiter: *Er beschwerte sich über alles: das Essen, das Wetter, die Arbeit und so fort.*

fort|be|we|gen (Verb) **du bewegst fort, er bewegte fort, sie hat fortbewegt, beweg(e) fort!**
① etwas von einem Ort an einen anderen bringen
② sich fortbewegen von einer Stelle zu einer anderen kommen: *Unter den Bäumen mussten wir uns auf Knien fortbewegen.*

sich **fort|bil|den** (Verb) **du bildest dich fort, er bildete sich fort, sie hat sich fortgebildet, bilde dich fort!** in Kursen usw. zusätzliches Wissen zu seinem Beruf lernen

fort|fah|ren (Verb) **du fährst fort, er fuhr fort, sie ist/hat fortgefahren, fahr(e) fort!**
① fortfahren ≈wegfahren ist fortgefahren in einem Fahrzeug an einen anderen Ort fahren: *„Ist Tim noch da?" – „Nein, er ist schon vor einer Stunde fortgefahren."*
② mit etwas fortfahren gehoben • ist fortgefahren mit dem weitermachen, was man gerade tut oder getan hat: *Entschuldigen Sie die Störung und fahren Sie bitte mit Ihrer Rede fort!*
③ jemanden/etwas fortfahren ≈wegfahren hat fortgefahren jemanden/etwas in einem Fahrzeug wegbringen: *Nach dem Umzug müssen wir noch die Kartons fortfahren.*

fort|füh|ren (Verb) **du führst fort, er führte fort, sie hat fortgeführt, führ(e) fort!**
① jemanden fortführen jemanden an einen anderen Ort bringen: *Der Gefangene wurde von der Polizei fortgeführt.*
② etwas fortführen etwas fortsetzen, mit etwas weitermachen, was andere angefangen haben: *Mein Vertreter führt die Arbeit fort, wenn ich auf Reisen bin.*

fort|ge|hen (Verb) **du gehst fort, er ging fort, sie ist fortgegangen, geh(e) fort!**
≈weggehen an einen anderen Ort gehen: *Er ist aus seiner Heimatstadt fortgegangen, weil er dort keine Arbeit bekommen hat. • Sie ist fortgegangen und kommt erst spät abends zurück.*

fort|ge|schrit|ten (Adjektiv)
① zu einem späteren Zeitpunkt innerhalb einer Entwicklung: *ein Mensch im fortgeschrittenen Alter • eine Erkrankung im fortgeschrittenen Stadium*
② mit relativ guten Kenntnissen, die über die Grundkenntnisse hinausgehen: *Dieses Lehrbuch ist für fortgeschrittene Schüler.*

der/die **Fort|ge|schrit|te|ne** (Nomen) **des/der Fortgeschrittenen, die Fortgeschrittenen** jemand, der schon relativ viele Kenntnisse auf einem Gebiet hat

die **Fort|pflan|zung** (Nomen) nur im Singular **der Fortpflanzung** das Hervorbringen von neuen Lebewesen

der **Fort|schritt** (Nomen) **des Fortschritt(e)s, die Fortschritte** eine Entwicklung, bei der etwas verbessert wird: *Der technische Fortschritt erleichtert das Leben in vielen Bereichen. • Er macht große Fortschritte im Fach Mathematik.*

fort|set|zen (Verb) **du setzt fort, er setzte fort, sie hat fortgesetzt, setz(e) fort!**
① etwas fortsetzen mit etwas weitermachen, etwas weiterführen: *Die Gruppenarbeit wird morgen in der dritten Stunde fortgesetzt. • Setzt du deinen Weg ab hier allein fort?*

② **etwas setzt sich fort** wie vorher weitergehen: *Ihr großer Erfolg mit den Jugendbüchern wird sich wohl auch in den nächsten Jahren fortsetzen.*

die **Fort|set|zung** (Nomen) **der Fortsetzung, die Fortsetzungen**
① nur im Singular das Fortsetzen: *Die Fortsetzung der Verhandlung erfolgt nach der Mittagspause.*
② PRESSE · TV die nächste Folge: *Die Fortsetzung des Romans wurde mit Spannung erwartet.*

das **Fo|rum** (Nomen) **des Forums, die Foren**
① Spezialisten eine Gruppe von Fachleuten: *Sie gehört einem Forum für Menschenrechte an.*
② Gespräch eine öffentliche Diskussion: *Der Verein veranstaltet am Wochenende ein Forum über gesunde Ernährung.*
③ auch INTERNET eine Plattform, auf der man zu bestimmten Themen diskutiert

das **Fo|to** (Nomen) **des Fotos, die Fotos**
Abkürzung von: Fotografie ein Bild, das mithilfe einer Kamera durch Licht erzeugt wurde

der **Fo|to|graf** (Nomen) **des Fotografen, die Fotografen** jemand, dessen Beruf es ist, Fotos zu machen

die **Fo|to|gra|fie** (Nomen) **der Fotografie, die Fotografien**
① Technik die Technik, mit deren Hilfe Fotos entstehen, auch als Kunst
② ≈ Foto ein Bild, das mithilfe einer Kamera durch Licht erzeugt wurde

fo|to|gra|fie|ren (Verb) **du fotografierst, er fotografierte, sie hat fotografiert, fotografier(e)!** Fotos machen

die **Fo|to|gra|fin** (Nomen) **der Fotografin, die Fotografinnen**
Femininform von → **Fotograf**

das **Fo|to|mo|dell** (Nomen) **des Fotomodells, die Fotomodelle** eine Frau oder ein Mann, deren Beruf es ist, dass Fotos von ihnen gemacht werden und z. B. in Zeitschriften gedruckt werden

foul (Adjektiv) [faul]
foul spielen unfair spielen

das **Foul** (Nomen) [faul] **des Fouls, die Fouls** eine unfaire Aktion im Spiel, die gegen die Regeln ist

die **Fra|ge** (Nomen) **der Frage, die Fragen**
① das, was man sagt, wenn man etwas wissen will: *Er stellte mir viele Fragen, die ich nicht beantworten konnte.*
② ≈ Problem eine Sache, mit der man sich beschäftigt, die noch nicht geklärt ist: *Im Zusammenhang mit der Klimaerwärmung gibt es noch viele ungelöste Fragen.*
③ **in Frage kommen** als Möglichkeit berücksichtigt werden: *Es kommt überhaupt nicht in Frage, dass du da hinfährst!*
siehe auch → **infrage**

fra|gen (Verb) **du fragst, er fragte, sie hat gefragt, frag(e)!**
① mit jemandem sprechen, weil man etwas wissen will: *Oma hat mich gar nicht nach meinen Noten gefragt. · Frag ihn mal, ob er Zeit hat.*
② **um Erlaubnis fragen** darum bitten, etwas tun zu dürfen
③ **sich etwas fragen** über etwas nachdenken: *Ich frage mich, wie lange das noch dauert.*

der **Fra|ge|satz** (Nomen) GRAMMATIK **des Fragesatzes, die Fragesätze** ein Satz mit einem Fragezeichen am Ende

das **Fra|ge|wort** (Nomen) GRAMMATIK **des Fragewort(e)s, die Fragewörter** ein Wort, mit dem man eine Frage stellt und das meist mit „w" anfängt: *Die häufigsten Fragewörter sind: „wer", „wie", „was", „warum" und „wohin".*

das **Fra|ge|zei|chen** (Nomen) GRAMMATIK **des Fragezeichens, die Fragezeichen** das Zeichen „?", das in Texten am Ende von Fragen steht

frag|lich (Adjektiv) gehoben
① **etwas ist fraglich** etwas ist noch nicht sicher: *Es ist fraglich, ob er kommt.*
② **zur fraglichen Zeit** zu der Zeit, über die wir hier sprechen

frag|wür|dig (Adjektiv) abwertend
Geschäfte, Motive, Methoden usw. so, dass Geschäfte verdächtig erscheinen und viele sie nicht gut finden

die **Frak|ti|on** (Nomen) [frak'tsi̯o:n] **der Fraktion, die Fraktionen** alle Abgeordneten einer Partei in einem Parlament, z. B. im Bundestag

fran|kie|ren (Verb) **du frankierst, er frankierte, sie hat frankiert, frankier(e)!** eine Briefmarke auf einen Brief o. Ä. kleben

Frank|reich (Nomen) **Frankreichs** ein Land in Westeuropa

der **Fran|zo|se** (Nomen) **des Franzosen, die Franzosen** ein Junge/Mann aus Frankreich die **Fran|zö|sin** (Nomen) **der Französin, die Französinnen** ein Mädchen/eine Frau aus Frankreich

fran|zö|sisch (Adjektiv) aus Frankreich oder in französischer Sprache

das **Fran|zö|sisch** (Nomen) nur im Singular **des Französisch(s)** die französische Sprache

die **Frau** (Nomen) **der Frau, die Frauen**
① ein erwachsener Mensch mit weiblichem Geschlecht
② jemandes Frau ≈ Ehefrau die Frau, mit der ein Mann verheiratet ist

frau|en|feind|lich (Adjektiv) **frauenfeindlicher, am frauenfeindlichsten**
① Einstellung Frauen verachtend
② Regelung bewusste Akzeptanz der Benachteiligung von Frauen

das **Fräu|lein** (Nomen) veraltet **des Fräuleins, die Fräulein** früher verwendete Bezeichnung und Anrede für unverheiratete Frauen oder weibliche Angestellte in Lokalen und Geschäften

frech (Adjektiv) **frecher, am frechsten** ohne Respekt gegenüber Eltern, Lehrern, Stärkeren oder Älteren

die **Frech|heit** (Nomen) **der Frechheit, die Frechheiten** eine freche Art oder freches Verhalten

frei (Adjektiv) **freier, am freiesten**
① Land, Volk, Mensch so, dass sie unabhängig sind, selbst entscheiden können
② Entscheidung, Meinung nicht von anderen bestimmt oder vorgeschrieben
③ Tier, Mensch nicht gefangen oder eingesperrt: *Das sind Eier von frei laufenden Hühnern!*
④ Straße, Weg nicht blockiert oder versperrt: *Ausfahrt frei halten!*
⑤ Platz, Tisch, Zimmer nicht reserviert, nicht belegt: *Halt mir bitte einen Platz frei!*
⑥ Seite, Zeile leer, ohne Text: *zwei Zeilen frei lassen*
⑦ Eintritt, Probeexemplar kostenlos
⑧ Tag, Stunde so, dass jemand nicht arbeiten muss/keinen Unterricht hat: *Morgen Nachmittag haben wir frei.*

das **Frei|bad** (Nomen) **des Freibad(e)s, die Freibäder** eine Anlage, in der man im Freien schwimmen kann

frei|be|kom|men, frei be|kom|men (Verb) **du bekommst frei, er bekam frei, sie hat freibekommen**
① von der Arbeit nicht arbeiten müssen
② Geiseln, Gefangene aus der Gefangenschaft befreien

die **Frei|ga|be** (Nomen) **der Freigabe, die Freigaben** von Gefangenen, Straßen, Texten das Freigeben

frei|ge|ben (Verb) **du gibst frei, er gab frei, sie hat freigegeben, gib frei!**
① für andere erlauben, dass andere etwas benutzen, darüber verfügen: *eine Straße für den Verkehr freigeben*
② jemandem freigeben jemandem erlauben, nicht zur Arbeit oder Schule zu kommen

frei|ha|ben (Verb) **du hast frei, er hatte frei, sie hat freigehabt** nicht zur Arbeit oder in die Schule gehen müssen

frei|hän|dig (Adjektiv)
① Fahrrad fahren ohne Hand am Lenker
② zeichnen ohne Zirkel und Lineal

die **Frei|heit** (Nomen) **der Freiheit, die Freiheiten**
① nur im Singular • in der Politik der Zustand, ohne Zwang oder Befehle selbst entscheiden zu können
② nur im Singular der Zustand, nicht eingesperrt zu sein: *einem Tier die Freiheit schenken*
③ im Alltag die Erlaubnis, etwas zu tun oder selbst zu entscheiden: *Meine Eltern lassen mir viele Freiheiten.*

die **Frei|heits|stra|fe** (Nomen) **der Freiheitsstrafe, die Freiheitsstrafen** eine Haftstrafe, Gefängnisstrafe

frei|las|sen (Verb) **du lässt frei, er ließ frei, sie hat freigelassen, lass(e) frei!** Geisel, Häftling, Tier nicht mehr in Gefangenschaft, im Gefängnis bzw. im Käfig behalten

frei|lau|fend, frei lau|fend (Adjektiv) Hühner mit der Möglichkeit, sich im Freien zu bewegen: *Wir kaufen nur Eier von freilaufenden Hühnern.*

frei|lich (Adverb)
① ≈ natürlich drückt aus, dass man einer Aussage zustimmt: *„Hilfst du mir?" – „Freilich!"*
② ≈ allerdings schränkt eine vorherige Aussage ein: *Ach so, das ist freilich etwas ganz anderes.*

der **Frei|spruch** (Nomen) **des Freispruch(e)s, die Freisprüche** ein Urteil, mit dem jemand für unschuldig erklärt wird

der **Frei|staat** (Nomen) **des Freistaat(e)s, die Freistaaten** ein Teil des offiziellen Namens der Bundesländer Bayern, Sachsen und Thüringen

der **Frei|stoß** (Nomen) **des Freistoßes, die Freistöße** ein Schuss beim Fußball, bei dem die Gegner als Strafe für ein Foul vom Spieler Abstand halten müssen

der **Frei|tag** (Nomen) **des Freitag(e)s, die Freitage** der fünfte Tag der Woche
siehe auch → **Dienstag**

frei|tags (Adverb) jeden Freitag

frei|wil|lig (Adjektiv) ohne verpflichtet oder gezwungen zu sein

der/die **Frei|wil|li|ge** (Nomen) **des/der Freiwilligen, die Freiwilligen** jemand, der sich für etwas freiwillig gemeldet hat

der **Frei|wurf** (Nomen) **des Freiwurf(e)s, die Freiwürfe** ein Wurf beim Handball oder Basketball, bei dem die Gegner als Strafe für ein Foul vom Spieler Abstand halten müssen

die **Frei|zeit** (Nomen) nur im Singular **der Freizeit** Zeit, in der man nicht arbeiten oder lernen muss

fremd (Adjektiv) **fremder, am fremdesten**
1 Länder, Sitten nicht zum eigenen Land, Volk usw. gehörend
2 Angelegenheiten, Eigentum, Hilfe von einer anderen Person, nicht von einem selbst
3 Umgebung, Menschen jemandem nicht bekannt oder vertraut: *Seine Stimme klang so fremd.*

der/die **Frem|de**[1] (Nomen) **des/der Fremden, die Fremden**
1 jemand, den man nicht kennt
2 jemand aus einem anderen Land oder Ort

die **Frem|de**[2] (Nomen) nur im Singular **der Fremde** ein Gebiet weit weg von zu Hause

frem|den|feind|lich (Adjektiv) **fremdenfeindlicher, am fremdenfeindlichsten** misstrauisch und ablehnend gegenüber Ausländern

die **Fremd|spra|che** (Nomen) **der Fremdsprache, die Fremdsprachen** eine Sprache, die man bewusst gelernt hat und die nicht die eigene Muttersprache ist

das **Fremd|wort** (Nomen) **des Fremdwort(e)s, die Fremdwörter** ein Wort, das aus einer anderen Sprache in die eigene Sprache übernommen wurde z. B. Laptop, Cappuccino usw.

die **Fre|quenz** (Nomen) **der Frequenz, die Frequenzen**
1 die Anzahl z. B. der Besucher, Autos, Herzschläge usw. in einem bestimmten Zeitraum
2 PHYSIK die Anzahl der Schwingungen einer Welle in einem bestimmten Zeitraum
3 RUNDFUNK ein bestimmter Wellenlängenbereich, auf dem ein Radiosender sein Programm verbreitet

fres|sen (Verb) **du frisst, er fraß, sie hat gefressen, friss!**
1 bei Tieren feste Nahrung zu sich nehmen
2 ☹ bei Menschen essen
3 große Mengen von etwas verbrauchen (z. B. Benzin, Strom)
4 jemanden/etwas gefressen haben umgangssprachlich jemanden/etwas nicht leiden können

das **Fres|sen** (Nomen) umgangssprachlich nur im Singular **des Fressens**
1 das Futter für ein Tier
2 etwas ist ein gefundenes Fressen für jemanden etwas eigentlich Negatives ist jemandem sehr recht

die **Freu|de** (Nomen) **der Freude, die Freuden**
1 nur im Singular das gute Gefühl, das man hat, wenn man Dinge erlebt, die einem gefallen
2 Sache etwas, was einen froh macht
3 jemandem eine Freude machen jemandem etwas schenken oder etwas Nettes für ihn tun
4 Freud und Leid gute und schlechte Zeiten für jemanden

freu|dig (Adjektiv) **freudiger, am freudigsten** voller Freude

sich **freu|en** (Verb) **du freust dich, er freute sich, sie hat sich gefreut, freu(e) dich!**
1 froh sein, Freude empfinden: *sich über eine gute Note freuen • Ich freue mich sehr, dass ihr alle da seid.*
2 sich auf etwas freuen auf etwas Schönes warten: *Freust du dich schon auf deinen Geburtstag?*

der **Freund** (Nomen) **des Freund(e)s, die Freunde**
1 jemand, den man mag und mit dem man gern Zeit verbringt
2 bei Paaren jemand, mit dem man eine Zweierbeziehung hat, aber nicht verheiratet ist: *Hast du schon einen festen Freund?*
3 einer Sache, Tätigkeit jemand, der etwas

mag: *ein Freund der schönen Künste* · *Ich bin kein Freund langer Reden.*

der **Freun|des|kreis** (Nomen) **des Freundeskreises, die Freundeskreise** die Freunde, mit denen man seine Zeit verbringt

die **Freun|din** (Nomen) **der Freundin, die Freundinnen** Femininform von → **Freund**

freund|lich (Adjektiv) **freundlicher, am freundlichsten**
❶ freundlich (zu jemandem) ≈ nett jemanden gut behandelnd
❷ Atmosphäre, Wetter angenehm

die **Freund|schaft** (Nomen) **der Freundschaft, die Freundschaften** die Beziehung zu einem Freund oder einer Freundin

der **Frie|den** (Nomen) nur im Singular **des Friedens**
❶ der Zustand, wenn es keine Kämpfe mit Soldaten und Waffen in einem Land gibt
❷ der Zustand, wenn sich Menschen vertragen und nett zueinander sind
❸ ≈ Ruhe der Zustand, wenn es keinen Lärm und nur wenig Aktivität gibt: *Abendlicher Frieden lag über dem See.*
❹ (mit jemandem) Frieden schließen einen Streit beenden, sich versöhnen
❺ jemanden in Frieden lassen umgangssprachlich jemanden nicht stören oder ärgern

der **Fried|hof** (Nomen) **des Friedhof(e)s, die Friedhöfe** ein Gelände mit vielen Gräbern

fried|lich (Adjektiv) **friedlicher, am friedlichsten**
❶ Mensch so, dass er keinen Ärger oder Streit haben will
❷ Demonstration, Revolution ohne Kämpfe und Gewalt
❸ Abend, Atmosphäre ruhig und angenehm

frie|ren (Verb) **du frierst, er fror, sie hat gefroren, frier(e) nicht!** das unangenehme Gefühl haben, dass es nicht warm genug ist: *Setz eine Mütze auf, wenn du am Kopf frierst.*

die **Fri|ka|del|le** (Nomen) **der Frikadelle, die Frikadellen** kleiner, aus Hackfleisch geformter Kloß, der in der Pfanne gebraten wird

frisch (Adjektiv) **frischer, am frisch(e)sten**
❶ erst vor kurzer Zeit entstanden, geerntet oder hergestellt: *Die Spuren sind noch ganz frisch.* · *frisch gebackenes Brot*
❷ Hemd, Wäsche nach dem Waschen noch nicht benutzt
❸ erholt und voller Kraft: *sich nach einer Pause wieder frisch fühlen*
❹ kühl: *Abends wird es jetzt schon frisch.*
❺ an die frische Luft gehen aus dem Haus ins Freie gehen
❻ sich frisch machen sich nach einer Anstrengung waschen und umziehen

frisch|ge|ba|cken (Adjektiv)
❶ Ehepaar gerade erst verheiratet
❷ Brot, Kuchen von diesem Tag

der **Frisch|ling** (Nomen) **des Frischlings, die Frischlinge** ein junges Wildschwein

die **Frisch|luft** (Nomen) nur im Singular **der Frischluft** unverbrauchte Luft vom oder im Freien

der **Fri|seur** (Nomen) [fri'zøːɐ̯] **des Friseurs, die Friseure** jemand, der beruflich anderen Menschen die Haare schneidet und frisiert

die **Fri|seu|rin** (Nomen) [fri'zøːrın] **der Friseurin, die Friseurinnen** Femininform von → **Friseur**

fri|sie|ren (Verb) **du frisierst, er frisierte, sie hat frisiert, frisier(e)!** die Haare mit Kamm oder Bürste ordnen

der **Fri|sör** (Nomen) **des Frisörs, die Frisöre** Variante von → **Friseur**

die **Fri|sö|rin** (Nomen) **der Frisörin, die Frisörinnen** Variante von → **Friseurin**

die **Frist** (Nomen) **der Frist, die Fristen** ein festgelegter Zeitraum, der für eine Aufgabe zur Verfügung steht (z. B. Anmeldefrist, Kündigungsfrist)

frist|ge|mäß, **frist|ge|recht** (Adjektiv) innerhalb der festgelegten Zeit

frist|los (Adjektiv) Entlassung, Kündigung sofort wirksam

froh (Adjektiv) **froher, am froh(e)sten**
❶ voll Freude oder Erleichterung: *Bist du froh über die gute Note?*
❷ frohes Fest Gruß zu Weihnachten: *Wir wünschen eine frohes Fest.*
❸ eine frohe Botschaft eine gute Nachricht

fröh|lich (Adjektiv) **fröhlicher, am fröhlichsten** ≈ vergnügt so, dass jemand viel Spaß hat

die **Fröh|lich|keit** (Nomen) nur im Singular **der Fröhlichkeit** eine fröhliche Stimmung

fromm (Adjektiv) **frommer, am frommsten** so, dass jemand viel betet und die Regeln seiner Religion befolgt

die **Fröm|mig|keit** (Nomen) nur im Singular **der Frömmigkeit** der Zustand, wenn jemand fromm ist

A B C D E F G H I J K L M N O P Q R S T U V W X Y Z

Fron|leich|nam (Nomen) **Fronleichnams** ein katholischer Feiertag am zweiten Donnerstag nach Pfingsten

die **Front** (Nomen) **der Front, die Fronten**
① von Häusern, Autos die vordere Seite
② Luftmasse, die ein bestimmtes Wetter mit sich bringt (z. B. Gewitterfront, Warmluftfront)
③ im Krieg das Gebiet, in dem im Krieg gekämpft wird, bzw. die Linie, entlang der die feindlichen Soldaten aufeinandertreffen
④ die Fronten wechseln in einem Streit die Seite wechseln
⑤ gegen etwas Front machen sich gemeinsam gegen etwas wehren

fron|tal (Adjektiv) von vorn, mit der Vorderseite

der **Frosch** (Nomen) **des Frosch(e)s, die Frösche**
① ein kleines Tier mit feuchter, glatter Haut, das sehr gut springen kann
② Sei kein Frosch! Nur Mut, keine Angst!

der **Frost** (Nomen) **des Frost(e)s, die Fröste** Wetter mit Temperaturen unter null

das/der **Frot|tee** (Nomen) **des Frottee(s), die Frottees** ein weicher, saugfähiger Stoff mit rauer Oberfläche, aus dem besonders Handtücher und Socken gemacht werden

die **Frucht** (Nomen) **der Frucht, die Früchte**
① etwas, was aus einer Blüte entsteht und Samen einer Pflanze enthält
② zum Essen Obst
③ die Früchte seiner Arbeit/ihrer Bemühungen das, was jemand mit etwas erreicht

frucht|bar (Adjektiv) **fruchtbarer, am fruchtbarsten**
① Boden, Land so, dass Pflanzen gut wachsen
② sehr fruchtbar sein Tiere viele Junge bekommen

das **Frucht|fleisch** (Nomen) nur im Singular **des Fruchtfleisch(e)s** der weiche Teil einer Frucht zwischen Haut und Kern

fruch|tig (Adjektiv) **fruchtiger, am fruchtigsten** nach Früchten schmeckend oder duftend

früh (Adjektiv) **früher, am früh(e)sten**
① zu Beginn von etwas oder vor der üblichen oder geplanten Zeit: *früh am Morgen • ein früher Wintereinbruch*
② früher oder später irgendwann einmal ganz bestimmt

die **Frü|he** (Nomen) nur im Singular **der Frühe** in der/aller Frühe früh/sehr früh am Morgen

frü|her[1] (Adverb) ≈ einst in der Vergangenheit: *Früher war er mein Freund.*

frü|her[2] (Adjektiv) zeitlich vor einem bestimmten Zeitpunkt liegend: *Sein früheres Hobby war Fußball spielen.*
Komparativ von → **früh**

frü|hes|tens (Adverb) nicht vor dem genannten Zeitpunkt

der **Früh|ling** (Nomen) Plural selten **des Frühlings, die Frühlinge** ≈ Frühjahr die Jahreszeit nach dem Winter, wenn es wieder warm wird und die Pflanzen grün werden

der **Früh|start** (Nomen) **des Frühstarts, die Frühstarts** SPORT ≈ Fehlstart ungültiger Start, weil ein Sportler zu früh losläuft, losschwimmt oder losfährt

das **Früh|stück** (Nomen) **des Frühstück(e)s, die Frühstücke** die Mahlzeit, die man morgens isst

früh|stü|cken (Verb) **du frühstückst, er frühstückte, sie hat gefrühstückt, frühstücke!** das Frühstück essen

früh|zei|tig (Adjektiv) Steigerung selten **frühzeitiger, am frühzeitigsten** zu einem frühen Zeitpunkt

der **Frust** (Nomen) umgangssprachlich nur im Singular **des Frust(e)s** das Gefühl, wenn man enttäuscht ist

frus|trie|ren, frust|rie|ren (Verb) **du frustrierst, er frustrierte, sie hat frustriert, frustrier(e) nicht!** enttäuschen: *Das schlechte Wetter frustriert mich.*

der **Fuchs** (Nomen) **des Fuchses, die Füchse**
① ein Tier mit rotbraunem Fell und buschigem Schwanz, das im Wald lebt
② ein schlauer Fuchs ein listiger Mensch

die **Fu|ge** (Nomen) **der Fuge, die Fugen**
① eine schmale Spalte, ein schmaler Zwischenraum
② jemandes Welt gerät aus den Fugen jemandes Leben verliert die gewohnte Ordnung

sich **fü|gen** (Verb) gehoben **du fügst dich, er fügte sich, sie hat sich gefügt, füg(e) dich!** nachgeben oder gehorchen, keinen Widerstand leisten

die **Fü|gung** (Nomen) gehoben **der Fügung, die Fügungen** ein Zufall: *etwas einer glücklichen Fügung verdanken*

füh|len (Verb) **du fühlst, er fühlte, sie hat gefühlt, fühl(e)!**
❶ **Durst, Wärme, Schmerzen usw.** mit dem Körper wahrnehmen: *Nach der langen Wanderung fühlten wir die Müdigkeit.*
❷ **Angst, Freude, Mitleid** ein Gefühl verspüren: *Ich fühlte großes Mitleid mit der Hauptfigur des Films.*
❸ **mit den Fingern** etwas berühren, nach etwas tasten: *Hast du Fieber? Lass mich mal deine Stirn fühlen.*
❹ sich müde/krank/… fühlen wahrnehmen, dass der Körper müde/krank/… ist

der **Füh|ler** (Nomen) **des Fühlers, die Fühler** ein langes, dünnes Organ am Kopf von Schmetterlingen, Schnecken usw., mit dem sie tasten und riechen

füh|ren (Verb) **du führst, er führte, sie hat geführt, führ(e)!**
❶ **Tür, Weg** eine bestimmte Richtung oder ein Ziel haben: *Die Straße führt unter der Bahnlinie hindurch zum See.*
❷ **an der Hand, am Zügel** mit Menschen oder Tieren irgendwohin gehen, damit sie dort ankommen
❸ **Besucher, Touristen** alles zeigen, was in einer Stadt, Ausstellung, Wohnung o. Ä. interessant ist
❹ **Firma, Verhandlungen usw.** wichtige Entscheidungen treffen und für etwas die Verantwortung haben
❺ **Diskussion, Gespräch, Interview** mit jemandem auf eine bestimmte Weise sprechen

der **Füh|rer|schein** (Nomen) **des Führerschein(e)s, die Führerscheine**
❶ ein Dokument, das man braucht, wenn man bestimmte Fahrzeuge (z. B. Auto, Motorrad) fahren will
❷ den Führerschein machen Fahrunterricht nehmen und eine Prüfung für den Führerschein machen

die **Füh|rung** (Nomen) **der Führung, die Führungen**
❶ **durch eine Stadt, ein Museum** das Besichtigen in einer Gruppe mit einem Führer
❷ **nur im Singular · einer Firma, Organisation usw.** die Aufgabe, die wichtigen Entscheidungen zu treffen und die Verantwortung zu haben: *die Führung der Jugendgruppe übernehmen*
❸ **nur im Singular · im Rennen, Wettkampf** die Position an der Spitze, mit der besten Aussicht auf den Sieg: *Sie ging/lag auf der Zielgeraden in Führung.*

die **Füh|rungs|kraft** (Nomen) **der Führungskraft, die Führungskräfte** Person in einer Behörde oder einem Unternehmen, die für andere Mitarbeiter die Verantwortung hat

die **Fül|le** (Nomen) **nur im Singular der Fülle**
❶ eine Fülle von eine große Zahl von: *eine Fülle von Möglichkeiten*
❷ in Hülle und Fülle viel von etwas, in großen Mengen vorhanden: *Schau mal, hier gibt es Hosen in Hülle und Fülle.*

fül|len (Verb) **du füllst, er füllte, sie hat gefüllt, füll(e)!**
❶ Dinge oder Flüssigkeiten in etwas geben, sodass es voll wird: *Sand in den Eimer füllen*
❷ etwas füllt etwas etwas braucht den gesamten Raum in etwas: *Seine Spielzeugautos füllen mehrere Kisten.*
❸ etwas füllt sich etwas wird voll: *Das Stadion füllte sich mit Zuschauern.*

der **Fül|ler** (Nomen) **des Füllers, die Füller** ein Stift mit einer Schreibfeder und einem Behälter für Tinte

die **Fül|lung** (Nomen) **der Füllung, die Füllungen** ein Material, mit dem etwas gefüllt ist, z. B. ein Kissen, ein Loch im Zahn oder eine Speise

der **Fund** (Nomen) **des Fund(e)s, die Funde**
❶ **Sache** etwas, was man gefunden hat: *archäologische Funde im Museum ausstellen*
❷ **Vorgang** das Finden: *Die Kinder machten im Wald einen aufregenden Fund.*

das **Fun|da|ment** (Nomen) **des Fundament(e)s, die Fundamente**
❶ ≈ Grundmauern der unterste Teil eines Hauses, der die Mauern trägt
❷ ≈ Grundlage etwas, worauf man sich stützen kann: *das Grundgesetz als Fundament unseres Staates*

der **Fun|da|men|ta|lis|mus** (Nomen) **nur im Singular des Fundamentalismus** eine sehr strenge religiöse oder politische Überzeugung, die keine Toleranz für Andersdenkende hat

der **Fun|da|men|ta|list** (Nomen) **des Fundamentalisten, die Fundamentalisten** ein Anhänger des Fundamentalismus

die **Fun|da|men|ta|lis|tin** (Nomen) **der Fundamentalistin, die Fundamentalistinnen**
Femininform von → **Fundamentalist**

das **Fund|bü|ro** (Nomen) **des Fundbüros, die Fundbüros** ein Büro, in dem man gefundene Sachen abgeben und nach verlorenen Sachen fragen kann

fünf (Zahlwort)
❶ als Ziffer: 5: *Ich bin in fünf Minuten fertig.* siehe auch → **acht**
❷ es ist fünf vor zwölf es ist fast schon zu spät, um etwas Schlimmes zu verhindern
❸ fünf gerade sein lassen umgangssprachlich etwas nicht genau nehmen, großzügig sein

die **Fünf** (Nomen) **der Fünf, die Fünfen** die Zahl oder Note 5: *Sie hat im Zeugnis in Musik eine Fünf.* siehe auch → **Acht**[1]

das **Fünf|cent|stück, 5-Cent-Stück** (Nomen) **des Fünfcentstück(e)s, die Fünfcentstücke** eine Münze mit dem Nennwert 5 Cent: *Der Automat nimmt auch Fünfcentstücke.*

der **Fünf|eu|ro|schein, 5-Euro-Schein** (Nomen) **des Fünfeuroschein(e)s, die Fünfeuroscheine** ein Geldschein mit dem Nennwert 5 Euro

der **Fünf|hun|dert|eu|ro|schein, 500-Euro-Schein** (Nomen) **des Fünfhunderteuroschein(e)s, die Fünfhunderteuroscheine** ein Geldschein mit dem Nennwert 500 Euro

fünft (Zahlwort) nur in
zu fünft mit fünf Personen: *Wir saßen zu fünft am Tisch.*

fünf|te, fünf|ter, fünf|tes (Zahlwort) in einer Reihe an 5. Stelle: *am fünften Juli* · *als Fünfter durchs Ziel gehen*

das **Fünf|tel** (Nomen) **des Fünftels, die Fünftel** einer von fünf gleich großen Teilen von etwas: *ein Fünftel seines Einkommens*

fünf|tens (Adverb) beim Aufzählen an fünfter Stelle siehe auch → **achtens**

fünf|zehn (Zahlwort) als Ziffern: 15 siehe auch → **acht**

fünf|zig (Zahlwort) als Ziffern: 50 siehe auch → **achtzig**

das **Fünf|zig|cent|stück, 50-Cent-Stück** (Nomen) **des Fünfzigcentstück(e)s, die Fünfzigcentstücke** eine Münze mit dem Nennwert 50 Cent

der **Fünf|zi|ger** (Nomen) umgangssprachlich **des Fünfzigers, die Fünfziger** ein Geldschein mit dem Nennwert 50 Euro/Dollar/...: *Können Sie mir bitte einen Fünfziger wechseln?*

der **Fünf|zig|eu|ro|schein, 50-Euro-Schein** (Nomen) **des Fünfzigeuroschein(e)s, die Fünfzigeuroscheine** ein Geldschein mit dem Nennwert 50 Euro

der **Funk** (Nomen) nur im Singular **des Funks** das Senden von Signalen durch die Luft

der **Fun|ke** (Nomen) **des Funkens, die Funken**
❶ ein winziges Stück von einem brennenden Material, das durch die Luft fliegt: *Funken aus dem Stein schlagen*
❷ keinen Funken Ehrgeiz/Verstand haben kein bisschen Ehrgeiz/Verstand haben

fun|keln (Verb) **du funkelst, er funkelte, sie hat gefunkelt, funk(e)le!**
❶ im Licht immer wieder aufleuchten
❷ jemandes Augen funkeln vor Begeisterung/Zorn jemandes Augen zeigen deutlich seine starken Gefühle

die **Funk|ti|on** (Nomen) [fʊŋkˈtsi̯oːn] **der Funktion, die Funktionen**
❶ ≈ Zweck die Aufgabe, die ein Teil eines Systems hat: *Die Funktion dieses Rädchens ist es, sich zu drehen.*
❷ ≈ Amt die Aufgabe, die eine Person in einer Firma, Behörde oder Organisation hat
❸ etwas ist in/außer Funktion ein Gerät ist an/aus oder ein Teil funktioniert/ist kaputt

funk|ti|o|nie|ren (Verb) [fʊŋktsi̯oˈniːrən] nur in der 3. Person gebraucht **es funktioniert, es funktionierte, es hat funktioniert** etwas erfüllt seinen Zweck: *Das Handy funktioniert wieder.*

für (Präposition) mit Akkusativ gebraucht
❶ verwendet, um den Grund, das Ziel oder den Zweck zu nennen: *Ich tue das alles nur für dich!*
❷ verwendet, um den Preis oder Wert zu nennen: *ein Eis für zwei Euro*
❸ verwendet, um einen Zeitpunkt oder Zeitraum zu nennen: *Sie hat mich für morgen eingeladen.*
❹ drückt eine positive Einstellung aus: *für einen Vorschlag stimmen*
❺ verwendet, um eine Eigenschaft, die man jemandem/etwas zuschreibt, zu nennen: *Ich halte das für falsch/einen Fehler.*

die **Fur|che** (Nomen) **der Furche, die Furchen**
❶ eine Rille, die man mit dem Pflug oder einem Stock in den Boden zieht
❷ eine tiefe Falte, besonders im Gesicht

die **Furcht** (Nomen) nur im Singular **der Furcht** große Angst: *aus Furcht vor Schlägen*

furcht|bar (Adjektiv) **furchtbarer, am furchtbarsten** Katastrophe, Lärm usw. sehr schlimm oder unangenehm: *Der Unfall war furchtbar!*

fürch|ten (Verb) **du fürchtest, er fürchtete, sie hat gefürchtet, fürchte nicht!**
1 jemanden/etwas fürchten vor jemandem/etwas Angst haben
2 gehoben für oder um jemanden/etwas fürchten Angst haben, dass jemandem ein Leid geschieht/etwas verloren geht oder ruiniert wird
3 sich fürchten Angst haben

fürch|ter|lich (Adjektiv) umgangssprachlich · abwertend **fürchterlicher, am fürchterlichsten** sehr schlimm und unangenehm

für|ei|nan|der, für|ein|an|der (Adverb) eine Person für die andere: *Wir haben nicht genug Zeit füreinander.*

fürs (Präposition mit Artikel) für das: *Sie sind Freunde fürs Leben.*

die **Für|sor|ge** (Nomen) nur im Singular **der Fürsorge**
1 Hilfe für Kinder, Kranke usw., die nicht allein für sich sorgen können
2 veraltet Geld, das Arme regelmäßig vom Staat bekommen

für|sorg|lich (Adjektiv) **fürsorglicher, am fürsorglichsten** aus dem Wunsch heraus, jemandem zu helfen

der **Fürst** (Nomen) **des Fürsten, die Fürsten** ein Adeliger mit hohem Rang

die **Fürs|tin** (Nomen) **der Fürstin, die Fürstinnen** Femininform von → **Fürst**

das **Für|wort** (Nomen) GRAMMATIK **des Fürwort(e)s, die Fürwörter** → **Pronomen**

der **Furz** (Nomen) vulgär **des Furzes, die Fürze**
1 Blähung, Darmwind
2 kein/jeder Furz kein/jedes bisschen

fur|zen (Verb) vulgär **du furzt, er furzte, sie hat gefurzt, furz(e) nicht!** eine Blähung haben, einen Darmwind loswerden

der **Fuß** (Nomen) **des Fußes, die Füße**
1 der unterste, flache Teil des Beins
2 am Fuß des Berges/Turmes ganz unten am Berg/Turm
3 zu Fuß so, dass man sich mit seinen eigenen Beinen und Füßen vorwärtsbewegt: *Zu Fuß brauche ich zehn Minuten.*
4 nicht gut zu Fuß sein nicht lange beim Gehen durchhalten
5 Bei Fuß! Befehl an einen Hund, neben einem zu laufen
6 auf eigenen Füßen stehen ohne Eltern oder andere Hilfe leben, selbstständig sein
7 auf freiem Fuß sein nicht im Gefängnis sein
8 auf großem Fuß leben verschwenderisch leben
9 kalte Füße bekommen/haben Angst vor einem Risiko bekommen/haben
10 (festen) Fuß fassen sich in einer Umgebung eingewöhnen oder durchsetzen

der **Fuß|ball** (Nomen) **des Fußball(e)s, die Fußbälle**
1 nur im Singular ein Spiel mit zwei Mannschaften, bei dem man versucht, den Ball mit dem Fuß/Bein/Kopf ins Tor des Gegners zu schießen
2 der Ball, mit dem man dieses Spiel spielt

der **Fuß|bal|ler** (Nomen) umgangssprachlich **des Fußballers, die Fußballer** jemand, der in einem Verein Fußball spielt

die **Fuß|bal|le|rin** (Nomen) umgangssprachlich **der Fußballerin, die Fußballerinnen** Femininform von → **Fußballer**

die **Fuß|ball|mann|schaft** (Nomen) **der Fußballmannschaft, die Fußballmannschaften** die elf Spieler (und Ersatzspieler), die beim Fußball zusammen spielen

der **Fuß|bo|den** (Nomen) **des Fußbodens, die Fußböden** die Fläche im Haus, auf der man geht und steht

der **Fuß|gän|ger** (Nomen) **des Fußgängers, die Fußgänger** jemand, der zu Fuß unterwegs ist

die **Fuß|gän|ge|rin** (Nomen) **der Fußgängerin, die Fußgängerinnen** Femininform von → **Fußgänger**

die **Fuß|gän|ger|zo|ne** (Nomen) **der Fußgängerzone, die Fußgängerzonen** ein Bereich in der Innenstadt, in dem keine Autos fahren dürfen

der **Fuß|na|gel** (Nomen) **des Fußnagels, die Fußnägel** ≈ Zehennagel die harte Oberseite an der Zehenspitze

die **Fuß|no|te** (Nomen) **der Fußnote, die Fußnoten** ein Zusatz zu einem Text in kleinerer Schrift am Ende der Seite/des Textes

der **Fuß|weg** (Nomen) **des Fußweg(e)s, die Fußwege**
1 ein Weg für Fußgänger: *den Fußweg benutzen*

❷ die Zeit, die man für einen Weg zu Fuß braucht: *ein Fußweg von zehn Minuten*

das **Fut|ter**[1] (Nomen) nur im Singular **des Futters** das, was ein Tier frisst: *Wir brauchen neues Futter für den Hund.*

das **Fut|ter**[2] (Nomen) **des Futters, die Futter** zusätzlicher Stoff innen an einem Mantel, Rock o. Ä.

füt|tern (Verb) **du fütterst, er fütterte, sie hat gefüttert, fütt(e)re!**
❶ einem Tier sein Futter geben: *Könntest du bitte die Katzen füttern?*
❷ Baby, Kranke mit einer Flasche oder einem Löffel Nahrung in den Mund geben
❸ einen Stoff zusätzlich mit einem anderen Stoff unterlegen

das **Fu|tur** (Nomen) GRAMMATIK **des Futurs, die Future** eine Form des Verbs, die für ein Geschehen in der Zukunft verwendet wird: *Das Futur wird mit „werden" gebildet. • Das Futur von „haben" heißt in der 1. Person Singular „ich werde haben".*

G

das **G, g** (Nomen) **des G, die G**
❶ der siebte Buchstabe im Alphabet
siehe auch → **A**
❷ nur g • Abkürzung von: Gramm

die **Ga|be** (Nomen) gehoben **der Gabe, die Gaben**
❶ ≈ Talent die besondere Begabung für etwas: *Sie hat die Gabe, alles blitzschnell zu verstehen.*
❷ eine (milde) Gabe ≈ Spende das Geld, das man einem Bettler gibt

die **Ga|bel** (Nomen) **der Gabel, die Gabeln**
❶ HAUSHALT ein Gerät mit mehreren Spitzen, mit dem man isst: *Mein kleiner Bruder kann schon mit Messer und Gabel essen.*
❷ TELEFON die Vorrichtung an einem alten Telefon, auf die man den Hörer legt

sich **ga|beln** (Verb) nur in der 3. Person gebraucht **es gabelt sich, es gabelte sich, es hat sich gegabelt** sich an einer Stelle teilen: *eine Straße/ein Weg gabelt sich • ein Zweig gabelt sich*

der **Gag** (Nomen) [gɛk] **des Gags, die Gags**
❶ besonders FILM • TV etwas Komisches, worüber man lacht
❷ umgangssprachlich etwas Besonderes, das überraschend ist: *Bei meinem Geburtstag war das Feuerwerk der absolute Gag.*

gäh|nen (Verb) **du gähnst, er gähnte, sie hat gegähnt, gähn(e) nicht!** den Mund weit aufmachen, tief einatmen und die Luft wieder ausstoßen, wenn man müde ist

die **Ga|la|xie** (Nomen) **der Galaxie, die Galaxien** eine Ansammlung vieler Sterne am Himmel, ein großes Sternsystem

die **Ga|le|rie** (Nomen) **der Galerie, die Galerien**
❶ KUNST die Räume, in denen Kunstwerke ausgestellt (und verkauft) werden
❷ HANDEL ein überdachtes Einkaufszentrum
❸ THEATER die obersten Reihen der Plätze in einem Theater

der **Gal|gen** (Nomen) **des Galgens, die Galgen** das Gerüst, an dem man früher zum Tode verurteilte Menschen mit einem Seil erhängte

die **Gal|le** (Nomen) **der Galle, die Gallen**
❶ Organ ein Organ im Körper des Menschen, das für die Verdauung wichtig ist
❷ Flüssigkeit die Flüssigkeit, die sich in der Galle befindet

der **Ga|lopp** (Nomen) **des Galopps, die Galopps/Galoppe** die schnellste Gangart der Pferde

gam|meln (Verb) umgangssprachlich **du gammelst, er gammelte, sie hat gegammelt, gamm(e)le nicht!**
❶ faul oder schlecht werden: *Fleisch/Obst gammelt*
❷ abwertend ≈ abhängen in der Freizeit nichts tun im Leben ungepflegt sein und ohne Ziel und feste Arbeit vor sich hin leben

der **Gang**[1] (Nomen) **des Gang(e)s, die Gänge**
❶ nur im Singular ≈ das Gehen die Art, wie jemand geht: *ein schwerfälliger Gang*
❷ die Strecke: *der Gang zum Arzt • wichtige Gänge erledigen*
❸ ≈ Korridor, Hausflur ein schmaler, langer Raum, von dem aus man in andere Räume oder Wohnungen kommt: *Wir stellen den Kinderwagen immer in den Gang.*
❹ TECHNIK beim Auto, Fahrrad eine der

Stufen in einem Getriebe: *Beim Überholen musst du einen niedrigeren Gang einlegen.*
❺ GASTRONOMIE ein Gericht als Teil eines Menüs: *ein 3-Gänge-Menü*
❻ etwas in Gang bringen oder setzen Gespräch, Maschine dafür sorgen, dass etwas in Bewegung kommt
❼ im Gange sein gerade geschehen: *Als wir kamen, war das Fest schon in vollem Gange.* abwertend heimlich geplant werden: *Die beiden tuscheln schon die ganze Zeit. Da ist doch irgendwas im Gange.*

die **Gang**[2] (Nomen) [gɛŋ] **der Gang, die Gangs** die Bande von Kriminellen

gän|gig (Adjektiv) **gängiger, am gängigsten** so, dass etwas oft gedacht wird: *eine gängige Meinung* so, dass etwas oft angewendet wird: *eine gängige Methode* so, dass etwas oft gekauft oder verkauft wird: *gängige Waren/Artikel*

die **Gans** (Nomen) **der Gans, die Gänse**
❶ ein großer weißer (oder grauer) Vogel mit langem Hals, der auch als Haustier gehalten wird
❷ die Gans schnattert die Gans macht ihr typisches Geräusch

das **Gän|se|füß|chen** (Nomen) umgangssprachlich **des Gänsefüßchens, die Gänsefüßchen** das Anführungszeichen

die **Gän|se|haut** (Nomen) nur im Singular **der Gänsehaut** die Haut, die viele kleine Erhebungen und aufgerichtete Härchen hat, weil man friert oder Angst hat

ganz[1] (Adjektiv)
❶ vollständig, komplett: *Weihnachten trifft sich die ganze Familie.* • *Für das Projekt habt ihr die ganze Woche Zeit.*
❷ umgangssprachlich ohne Beschädigung, heil: *Bei dem Unfall ist nur die linke Autotür ganz geblieben.*
❸ die ganze Zeit immer, dauernd: *Ich muss die ganze Zeit daran denken.*
❹ ganz und gar vollständig, völlig: *Du hast ganz und gar recht!*
❺ ganz und gar nicht überhaupt nicht: *Das ist ganz und gar nicht das, was ich bestellt habe!*
❻ ganz der Vater/die Mutter/… umgangssprachlich dem Vater/der Mutter/… in Aussehen oder Charakter sehr ähnlich

ganz[2] (Partikel)
❶ umgangssprachlich zur Verstärkung: *Das hat er ganz allein gemacht.* sehr: *Mama, ich habe ganz viele Ostereier gefunden!* • *War das anstrengend! Ich bin noch immer ganz fertig.*
❷ ≈relativ ziemlich, aber nicht sehr: *Das Fest war ganz nett.* • *Ich fand den Film ganz komisch, aber totgelacht habe ich mich nicht.*
❸ ganz schön … umgangssprachlich sehr …: *Das war ganz schön viel Arbeit!* • *Paul hat heute Nacht ganz schön geschnarcht.*
❹ ganz vorn/oben/… sehr weit vorn/oben/…: *Schau bitte im Kühlschrank nach, die Butter muss ganz hinten sein.*
❺ umgangssprachlich zur Verstärkung: *Das hat er ganz allein gemacht.* sehr: *Mama, ich habe ganz viele Ostereier gefunden!* • *War das anstrengend! Ich bin noch immer ganz fertig.*

das **Gan|ze** (Nomen) nur im Singular **des Ganzen**
❶ das Ganze alles zusammen: *Wir nehmen alles. Was kostet das Ganze?* ≈Angelegenheit die ganze Sache: *Was soll das Ganze?*
❷ ein Ganzes die Einheit, die aus allen Einzelteilen besteht: *Die verschiedenen Elemente des Gartens bilden ein harmonisches Ganzes.*
❸ aufs Ganze gehen umgangssprachlich alles für etwas riskieren: *Er ging aufs Ganze und sprach sie einfach an.*

ganz|tä|gig (Adjektiv) einen ganzen Tag dauernd: *die ganztägige Betreuung* • *eine ganztägige Veranstaltung*

ganz|tags (Adverb) den ganzen Tag lang: *ganztags arbeiten/schließen*

gar[1] (Adjektiv) fertig gekocht oder gebraten: *Das Essen ist gleich fertig, wir müssen nur noch warten, bis die Nudeln gar sind.*

gar[2] (Adverb) als Verstärkung
gar nicht/nichts/kein/… überhaupt nicht/nichts/kein/…: *Heute gab es gar nichts zu essen!* • *Ich habe gar keine Angst!*

die **Ga|ra|ge** (Nomen) [ga'ra:ʒə] **der Garage, die Garagen** das Gebäude oder der Raum, in dem Autos abgestellt werden

die **Ga|ran|tie** (Nomen) **der Garantie, die Garantien**
❶ allgemein die Sicherheit oder das Versprechen, dass etwas in Zukunft ganz sicher so geschieht: *Ich kann dir keine Garantie dafür geben, dass das Wetter so schön bleibt.*
❷ HANDEL die schriftliche Bestätigung,

dass ein Produkt kostenlos repariert wird, wenn es in einer bestimmten Zeit kaputtgeht: *Ich habe noch ein Jahr Garantie auf diese Uhr. • Tut mir leid, aber die Garantie ist abgelaufen.*

ga|ran|tie|ren (Verb) **du garantierst, er garantierte, sie hat garantiert, garantier(e)!**
❶ jemandem etwas garantieren jemandem die Sicherheit oder das Versprechen für etwas geben: *Er hat mir garantiert, dass er die Kinder um fünf Uhr nach Hause bringt.*
❷ für etwas garantieren die Verantwortung für etwas übernehmen, etwas zusichern: *Für die Sicherheit Ihrer Garderobe können wir nicht garantieren.*

ga|ran|tiert (Adverb) umgangssprachlich ganz sicher: *Sie kommt garantiert wieder zu spät.*

die **Gar|de|ro|be** (Nomen) **der Garderobe, die Garderoben**
❶ nur im Singular MODE die gesamte Kleidung, die jemand hat
❷ HAUSHALT ein Gestell oder ein Brett mit Haken, an das man Mäntel und Jacken hängt
❸ im Theater/Museum der Raum, in dem man Mäntel, Jacken oder Taschen abgibt

die **Gar|di|ne** (Nomen) **der Gardine, die Gardinen** ≈Vorhang ein Stoff, der innen vor einem Fenster hängt

ga|ren (Verb) **du garst, er garte, sie hat gegart, gar(e)!** beim Kochen oder Braten gar werden lassen: *Das Fleisch muss lange garen. • Meine Mutter hat den Braten immer zugedeckt gegart.*

das **Garn** (Nomen) **des Garn(e)s, die Garne** der Faden aus unterschiedlichem Material, den man zum Nähen oder Stricken verwendet

der **Gar|ten** (Nomen) **des Gartens, die Gärten**
❶ ein abgegrenztes Stück Land, das zu einem Haus gehört und wo verschiedene Pflanzen wachsen
❷ botanischer/zoologischer Garten eine Anlage, wo man sich Pflanzen/Tiere anschauen kann

der **Gärt|ner** (Nomen) **des Gärtners, die Gärtner** jemand, der verschiedene Pflanzen züchtet und verkauft und Gärten pflegt

die **Gärt|ne|rin** (Nomen) **der Gärtnerin, die Gärtnerinnen** Femininform von → **Gärtner**

das **Gas** (Nomen) **des Gases, die Gase**
❶ CHEMIE der leichte, unsichtbare Stoff, der nicht flüssig und nicht fest, sondern so gasförmig wie Luft ist
❷ HAUSHALT der besondere luftförmige Stoff, mit dem man heizen und kochen kann
❸ AUTO das Gaspedal
❹ Gas geben auf das Gaspedal treten und dadurch schneller fahren

gas|för|mig (Adjektiv) CHEMIE weder fest noch flüssig

die **Gas|se** (Nomen) **der Gasse, die Gassen** eine enge Straße zwischen Häusern

der **Gast** (Nomen) **des Gast(e)s, die Gäste**
❶ bei Freunden oder z. B. in einer Show jemand, der bei jemandem eingeladen ist: *Wir haben heute Abend Gäste zum Essen eingeladen.*
❷ in einem Restaurant oder Hotel jemand, der als Kunde irgendwo isst oder wohnt
❸ Gäste haben mehrere Leute eingeladen haben: *Ich kann jetzt nicht telefonieren, wir haben Gäste.*
❹ bei jemandem zu Gast sein jemanden besuchen, bei jemandem eingeladen sein: *Heute ist der Chef meines Mannes bei uns zu Gast.*
❺ Sie sind/Du bist mein Gast! im Restaurant Ich lade Sie/dich ein und bezahle.
❻ die Gäste SPORT die Mannschaft, die auf dem Platz des Gegners spielt

die **Gast|fa|mi|lie** (Nomen) **der Gastfamilie, die Gastfamilien** die Familie, bei der ein Schüler, Student oder auch ein Au-pair-Mädchen aus einem anderen Land wohnt

gast|freund|lich (Adjektiv) **gastfreundlicher, am gastfreundlichsten** so, dass Gäste willkommen sind und man sich gern um sie kümmert

die **Gast|freund|schaft** (Nomen) nur im Singular **der Gastfreundschaft** die Tatsache, gern Gäste zu haben und sich gut um sie zu kümmern

der **Gast|ge|ber** (Nomen) **des Gastgebers, die Gastgeber** jemand, der Gäste zu sich eingeladen hat

die **Gast|ge|be|rin** (Nomen) **der Gastgeberin, die Gastgeberinnen** Femininform von → **Gastgeber**

das **Gast|haus** (Nomen) **des Gasthauses, die Gasthäuser** ein meist einfaches Lokal (auf dem Land), in dem man essen und trinken und manchmal auch übernachten kann

der **Gast|hof** (Nomen) **des Gasthof(e)s, die Gasthöfe** Variante von → **Gasthaus**

gast|lich (Adjektiv) **gastlicher, am gastlichsten** so, dass sich ein Gast wohlfühlt

die **Gast|stät|te** (Nomen) **der Gaststätte, die Gaststätten** ein (oft einfaches) Lokal, in dem man essen und trinken kann

der **Gat|te** (Nomen) gehoben **des Gatten, die Gatten** der Ehemann

die **Gat|tin** (Nomen) gehoben **der Gattin, die Gattinnen** die Ehefrau

die **Gat|tung** (Nomen) **der Gattung, die Gattungen** eine Gruppe von Dingen oder Lebewesen mit ähnlichen Eigenschaften: *Schimpansen sind eine Gattung aus der Familie der Menschenaffen.* • *Musik, Theater und Literatur gehören zur Gattung „Kunst".*

der **GAU** (Nomen) **Plural selten des GAUs, die GAUs** Abkürzung von: größter anzunehmender Unfall der schlimmste Unfall, der in einem Atomkraftwerk passieren kann

der **Gau|men** (Nomen) **des Gaumens, die Gaumen** die obere Wölbung innen im Mund

geb. [gəˈboːrənə(r)] Abkürzung von: geboren(e) siehe auch → **geboren**

das **Ge|bäck** (Nomen) **des Gebäck(e)s, die Gebäcke** kleine, gebackene Süßigkeiten (z. B. Kekse, Muffins)

die **Ge|bär|de** (Nomen) **der Gebärde, die Gebärden** eine Bewegung mit den Händen oder Armen, mit der man Gefühle ausdrückt oder Zeichen macht: *Er machte eine drohende Gebärde mit der Faust.*

die **Ge|bär|den|spra|che** (Nomen) nur im Singular **der Gebärdensprache** die Zeichen, mit denen sich gehörlose Menschen verständigen

ge|bä|ren (Verb) **du gebärst/gebierst, sie gebar, sie hat geboren, gebär(e)/gebier!** zur Welt bringen: *ein Kind gebären*

das **Ge|bäu|de** (Nomen) **des Gebäudes, die Gebäude** das (große) Haus

das **Ge|bell, Ge|bel|le** (Nomen) umgangssprachlich nur im Singular **des Gebell(e)s** das (andauernde) Bellen

ge|ben (Verb) **du gibst, er gab, sie hat gegeben, gib!**
❶ jemandem etwas geben jemandem etwas reichen, sodass er es nehmen kann: *Gib mir bitte die Zeitung!* ≈ überlassen jemandem etwas schenken oder leihen: *Kannst du mir morgen dein Auto geben?*
❷ ein Fest/eine Party/... geben ein Fest/eine Party/... veranstalten
❸ jemandem eine Antwort/einen Rat/einen Befehl/eine Erlaubnis/... geben jemandem antworten/etwas raten/etwas befehlen/etwas erlauben/...: *Gibst du mir die Erlaubnis, auf die Party zu gehen?*
❹ es gibt etwas etwas ist vorhanden, etwas existiert: *Früher gab es noch keine Handys.* etwas wird angeboten: *Was gibt es zum Frühstück?*
❺ etwas von sich geben Gerät, Maschine Geräusche machen: *Das Radio gibt keinen Ton mehr von sich.* Mensch etwas sagen: *Sie gab den ganzen Abend nur Unsinn von sich.*
❻ sich geben aufhören, wieder in Ordnung kommen: *Mach dir keine Sorgen, er war zwar wütend, aber das gibt sich wieder!*
❼ sich gelassen/fröhlich/... geben durch sein Verhalten zeigen, dass man gelassen/fröhlich/... ist

das **Ge|bet** (Nomen) **des Gebet(e)s, die Gebete** die Worte, mit denen man sich an Gott wendet

das **Ge|biet** (Nomen) **des Gebiet(e)s, die Gebiete**
❶ GEOGRAFIE ≈ Region der Teil einer Landschaft: *Dieses Gebiet steht unter Naturschutz.*
❷ ≈ Bereich der Teil eines Fachs oder Themas: *Sie forscht auf dem Gebiet der Gentechnik.*

ge|bil|det (Adjektiv) **gebildeter, am gebildetsten** mit großem Wissen und guter Erziehung

das **Ge|bir|ge** (Nomen) **des Gebirges, die Gebirge**
❶ mehrere Berge, die zusammenhängen
❷ eine Landschaft, in der viele hohe Berge stehen

das **Ge|biss** (Nomen) **des Gebisses, die Gebisse**
❶ ANATOMIE alle natürlichen Zähne bei einem Lebewesen
❷ MEDIZIN ein Einsatz mit künstlichen Zähnen

ge|bo|ren (Adjektiv)
❶ geborene Müller/geborener Schulz/... Abkürzung: geb. bezeichnet den ursprünglichen Nachnamen von jemandem
❷ die geborene Sängerin/Chefin/... eine Frau, die besonderes Talent als Sängerin/Chefin/... hat
❸ für/zu etwas geboren sein für eine

Tätigkeit besonders begabt sein: *Er ist fürs Kochen geboren.* · *Er ist zum Koch geboren.*

ge|bor|gen (Adjektiv) **geborgener, am geborgensten** sicher und beschützt: *Sie fühlt sich nur bei ihrem Mann geborgen.*

das **Ge|bot** (Nomen) **des Gebot(e)s, die Gebote**
❶ RELIGION eines der zehn Gesetze, die Gott verkündet hat: *die Zehn Gebote*
❷ HANDEL bei einer Versteigerung die Summe, die man für etwas bietet

der **Ge|brauch** (Nomen) nur im Singular **des Gebrauch(e)s**
❶ die Benutzung, die Verwendung: *Vor Gebrauch schütteln!*
❷ in Gebrauch sein benutzt oder verwendet werden: *Die Karteikarten sind in der Bibliothek schon lange nicht mehr in Gebrauch.*
❸ von etwas Gebrauch machen etwas benutzen oder verwenden: *Der Polizist machte von seiner Waffe Gebrauch.*

ge|brau|chen (Verb) **du gebrauchst, er gebrauchte, sie hat gebraucht, gebrauch(e)!**
❶ benutzen, verwenden: *Ich gebrauche lieber Stofftaschentücher als Papiertaschentücher.*
❷ etwas/jemanden (gut) gebrauchen können umgangssprachlich etwas/jemanden nützlich finden und gern (dabei) haben wollen: *Jetzt könnte ich ein heißes Bad gebrauchen!*
❸ zu nichts zu gebrauchen sein umgangssprachlich unfähig sein: *Ich war die ganze Nacht wach und bin heute zu nichts zu gebrauchen.*

die **Ge|brauchs|an|wei|sung** (Nomen) **der Gebrauchsanweisung, die Gebrauchsanweisungen** der Zettel oder das Heft, auf dem steht, wie ein Gerät funktioniert und wie man es richtig benutzt

ge|braucht (Adjektiv) Auto, Kleidung, Möbel nicht mehr neu, sondern schon von einem anderen Besitzer verwendet: *Wir haben ein gebrauchtes Mofa gekauft.*

ge|brech|lich (Adjektiv) **gebrechlicher, am gebrechlichsten** durch Alter oder Krankheit schwach

die **Ge|brü|der** (Nomen) veraltet nur im Plural **der Gebrüder** ein altes Wort für „Brüder": *die Gebrüder Grimm*

die **Ge|bühr** (Nomen) **der Gebühr, die Gebühren** das Geld, das man für bestimmte Leistungen zahlen muss, z. B. an ein Amt, einen Notar oder einen Arzt

ge|büh|ren (Verb) gehoben nur in der 3. Person gebraucht **es gebührt, es gebührte, es hat gebührt**
jemandem gebührt etwas jemandem steht etwas zu, jemand hat ein Recht auf etwas: *Euch allen gebührt Dank für die erfolgreiche Durchführung dieses Sportfestes.*

ge|büh|rend (Adjektiv) angemessen, so, wie es sich gehört oder wie es jemandem zusteht: *Er bekam von seinen Eltern die gebührende Anerkennung für seine Noten.*

ge|büh|ren|frei (Adjektiv) ohne dass man Gebühren bezahlen muss

die **Ge|burt** (Nomen) **der Geburt, die Geburten**
❶ der Zeitpunkt und die Tatsache, dass ein Mensch oder Tier auf die Welt kommt: *Bei der Geburt wog sie 4 Kilo.*
❷ Das war eine schwere Geburt. umgangssprachlich Das hat sehr lange gedauert und war sehr schwierig.

der **Ge|burts|tag** (Nomen) **des Geburtstag(e)s, die Geburtstage**
❶ bei der Geburt das Datum, an dem jemand geboren wurde
❷ jedes Jahr wieder der Jahrestag der Geburt: *Ich habe morgen Geburtstag!* · *Herzlichen Glückwunsch zum Geburtstag!*
❸ Feier das Fest, das man als Erinnerung an den Tag, an dem man geboren wurde, feiert: *Alex hat mich zu seinem Geburtstag eingeladen.*

das **Ge|büsch** (Nomen) **des Gebüsch(e)s, die Gebüsche** mehrere Büsche, die dicht nebeneinander wachsen

das **Ge|dächt|nis** (Nomen) nur im Singular **des Gedächtnisses**
❶ die Fähigkeit des Gehirns, sich an etwas zu erinnern, was man gesehen, erlebt oder gelernt hat: *Es bleibt mir immer im Gedächtnis, wie schön unser Urlaub war.*
❷ ein gutes/schlechtes Gedächtnis haben sich gut/schlecht an das erinnern können, was man gesehen, erlebt oder gelernt hat

der **Ge|dan|ke** (Nomen) **des Gedankens, die Gedanken**
❶ ≈ Überlegung das, was jemand denkt oder gedacht hat: *Eine Woche ohne Fernsehen? So ein schrecklicher Gedanke!* · *Schon bei dem Gedanken an Schnee wird mir kalt.*
❷ in Gedanken in der Fantasie: *In Gedanken*

habe ich mein neues Zimmer schon eingerichtet. ≈unkonzentriert geistesabwesend: *Entschuldige, ich habe dir nicht zugehört, ich war ganz in Gedanken.*
❸ sich über etwas/jemanden Gedanken machen über etwas/jemanden nachdenken
❹ sich um etwas/jemanden Gedanken machen sich um etwas/jemanden Sorgen machen
❺ jemanden auf andere Gedanken bringen ≈jemanden ablenken dafür sorgen, dass jemand an etwas anderes denkt (als an etwas Trauriges): *Geh ins Kino, das bringt dich wieder auf andere Gedanken!*
❻ auf dumme Gedanken kommen Unsinn machen

der **Ge|dan|ken|strich** (Nomen) GRAMMATIK **des Gedankenstrich(e)s, die Gedankenstriche** das Satzzeichen „–", das in einem Text bei einer Pause oder einem Einschub steht

das **Ge|deck** (Nomen) **des Gedeck(e)s, die Gedecke** Geschirr, Besteck, Serviette, Set usw. für jeweils eine Person: *Anna kommt mit den Kindern zum Essen, ich lege noch drei Gedecke zusätzlich auf den Tisch!*

ge|deckt (Adjektiv) **Farben** nicht leuchtend

ge|dei|hen (Verb) **du gedeihst, er gedieh, sie ist gediehen, gedeih(e)!**
(gut) gedeihen sich gut entwickeln, gesund und kräftig sein: *Pflanzen/Kinder gedeihen*

ge|den|ken (Verb) gehoben **du gedenkst, er gedachte, sie hat gedacht, gedenk(e)!**
❶ etwas zu tun gedenken die Absicht haben, etwas zu tun: *Was gedenkst du jetzt zu tun?*
❷ jemandes/eines Ereignisses gedenken sich feierlich an jemanden/ein Ereignis erinnern: *Wir gedenken heute der Opfer des Hausbrandes.*

das **Ge|den|ken** (Nomen) **nur im Singular des Gedenkens**
❶ zum Gedenken an jemanden/etwas als Erinnerung an jemanden/etwas
❷ in stillem Gedenken steht auf Grabsteinen oder in Todesanzeigen

die **Ge|denk|stät|te** (Nomen) **der Gedenkstätte, die Gedenkstätten** ein Haus oder ein Denkmal, das an eine Persönlichkeit oder ein Ereignis erinnern soll

das **Ge|dicht** (Nomen) **des Gedicht(e)s, die Gedichte** ein häufig kurzer, oft in Reimen geschriebener Text mit Zeilen in einer bestimmten Form: *ein Gedicht aufsagen • ein Gedicht auswendig lernen*

das **Ge|drän|ge** (Nomen) **nur im Singular des Gedränges** ≈Gewühl viele Menschen, die sich gegenseitig drücken und schieben

die **Ge|duld** (Nomen) **nur im Singular der Geduld**
❶ die Eigenschaft, länger warten oder sich länger mit etwas beschäftigen zu können: *Zum Stricken habe ich keine Geduld.*
❷ Geduld mit jemandem haben jemandem gegenüber verständnisvoll sein und ihn nicht unter Druck setzen: *Er hat keine Geduld mit seiner Tochter und schimpft immer gleich los.*
❸ die Geduld verlieren wütend werden, weil man etwas nicht länger tun kann oder will: *Wenn ihm etwas nicht gelingt, verliert er sofort die Geduld.*

sich **ge|dul|den** (Verb) gehoben **du geduldest dich, er geduldete sich, sie hat sich geduldet, gedulde dich!** ruhig warten, ohne nervös zu werden: *Bitte gedulde dich noch einen Moment, das Essen ist gleich fertig!*

ge|dul|dig (Adjektiv) **geduldiger, am geduldigsten** so, dass man es aushalten kann, länger zu warten oder sich länger mit etwas zu beschäftigen

ge|ehrt (Adjektiv) **nur in**
Sehr geehrte(r) ... höfliche Anrede in Briefen und Reden: *Sehr geehrte Damen und Herren!*

ge|eig|net (Adjektiv) **geeigneter, am geeignetsten**
❶ für etwas passend oder richtig: *Meinst du, dass ein Puzzle ein geeignetes Spielzeug für Sarah ist? • Nach der 6. Stunde ist der geeignete Zeitpunkt für ein persönliches Gespräch.*
❷ etwas/jemand ist als oder für oder zu etwas geeignet etwas/jemand hat für etwas die passenden Eigenschaften oder Fähigkeiten: *Sie ist als Lehrerin geeignet. • Dieses Papier ist nicht zum Bemalen geeignet.*

die **Ge|fahr** (Nomen) **der Gefahr, die Gefahren**
❶ die Situation, in der etwas Schlimmes geschieht
❷ in Gefahr sein in einer Situation sein, in der etwas Schlimmes geschehen könnte: *Als das Schiff sank, waren alle Passagiere in Gefahr zu ertrinken.*
❸ jemanden in Gefahr bringen jemanden in

eine schlimme Situation bringen: *Mit deinem Leichtsinn hast du uns alle in Gefahr gebracht.*
④ außer Gefahr sein aus einer schlimmen Situation gerettet sein: *Erst nach der Operation war er außer Gefahr.*
⑤ ≈Bedrohung die Möglichkeit, dass etwas Schlimmes oder Unangenehmes geschehen kann: *Rauchen ist eine Gefahr für die Gesundheit.*
⑥ auf eigene Gefahr so, dass man selbst die Verantwortung dafür trägt, wenn etwas Schlimmes geschieht: *Betreten des Grundstücks auf eigene Gefahr!*

ge|fähr|den (Verb) **du gefährdest, er gefährdete, sie hat gefährdet, gefährde nicht!** ≈in Gefahr bringen verantwortlich dafür sein, dass jemand/etwas nicht mehr sicher ist: *Mit deiner Faulheit gefährdest du deine Versetzung.* · *Rauchen gefährdet die Gesundheit.*

ge|fähr|lich (Adjektiv) **gefährlicher, am gefährlichsten** so, dass dadurch oder damit Schlimmes geschehen kann: *Der Löwe ist ein gefährliches Tier.* · *Es ist gefährlich, von den hohen Felsen ins Meer zu springen.*

ge|fal|len (Verb) **du gefällst, er gefiel, sie hat gefallen, gefall(e)!**
① etwas/jemand gefällt jemandem jemand findet etwas/jemanden gut oder schön: *Der Film hat mir überhaupt nicht gefallen.* · *Gefalle ich dir in dem neuen Kleid?*
② sich etwas gefallen lassen zulassen, dass man beleidigt, geärgert oder verletzt wird, ohne sich zu wehren: *Solche Unverschämtheiten lasse ich mir nicht länger gefallen!* · *Sie ist mutig und lässt sich nichts gefallen.*

der **Ge|fal|len** (Nomen) **des Gefallens, die Gefallen**
① eine kleine Hilfe aus Freundlichkeit
② jemandem einen Gefallen tun jemandem aus Freundlichkeit bei etwas helfen, was nicht sehr schwierig ist: *Kannst du mir einen Gefallen tun und den Brief für mich zur Post bringen?*

ge|fan|gen (Adjektiv)
① einen Soldaten gefangen nehmen einen Soldaten im Krieg zum Gefangenen machen
② ein Tier gefangen halten ein Tier in einem Käfig o. Ä. eingesperrt lassen

der/die **Ge|fan|ge|ne** (Nomen) **des/der Gefangenen, die Gefangenen**
① jemand, der gefangen und nicht freigelassen wurde
② ≈Häftling jemand, der im Gefängnis ist

die **Ge|fan|gen|schaft** (Nomen) **nur im Singular der Gefangenschaft** der Zustand, gefangen zu sein und nicht freigelassen zu werden: *Mein Uropa war im Krieg in russischer Gefangenschaft.* · *Ich mag keine Zoos, weil dort die Tiere in Gefangenschaft leben.*

das **Ge|fäng|nis** (Nomen) **des Gefängnisses, die Gefängnisse**
① das Gebäude, in dem Verbrecher bleiben müssen, damit sie für ihre Vergehen bestraft werden
② ins Gefängnis kommen dazu verurteilt werden, als Häftling im Gefängnis zu leben
③ im Gefängnis sitzen als Häftling in einem Gefängnis leben

das **Ge|fäß** (Nomen) **des Gefäßes, die Gefäße**
① HAUSHALT ≈Behälter eine Art Becher oder Glas, in den/das man Flüssigkeiten, Mehl, Salz usw. gibt oder in dem man diese aufbewahrt
② ANATOMIE ≈Ader eine Art Schlauch im Körper, durch den das Blut fließt: *Das Nasenbluten hört nicht auf. Da ist wohl ein Gefäß geplatzt.*

ge|fasst (Adjektiv) **gefasster, am gefasstesten**
① ruhig, obwohl etwas Schlimmes geschehen ist: *Er nahm die traurige Nachricht gefasst auf.*
② auf etwas gefasst sein mit etwas Schlimmem rechnen: *Ich bin auf das Schlimmste gefasst.*
③ sich auf etwas gefasst machen sich auf etwas Schlimmes vorbereiten: *Wenn das eure Eltern erfahren, könnt ihr euch auf was gefasst machen!*

das **Ge|flü|gel** (Nomen) **nur im Singular des Geflügels**
① ZOOLOGIE alle Vögel, deren Fleisch oder Eier man isst (z. B. Huhn, Pute, Gans)
② GASTRONOMIE das Fleisch von Vögeln wie Huhn, Pute, Gans usw.

ge|fragt (Adjektiv) **gefragter, am gefragtesten** beliebt und oft gekauft: *Dieses Jahr sind hohe Stiefel besonders gefragt.* beliebt und oft engagiert: *Marc ist ein gefragtes Model.*

ge|frä|ßig (Adjektiv) abwertend **gefräßiger, am gefräßigsten** beim Essen gierig und nie satt

ge|frie|ren (Verb) nur in der 3. Person gebraucht **es gefriert, es gefror, es ist gefroren** zu Eis oder wie Eis werden

der **Ge|frier|punkt** (Nomen) **des Gefrierpunkt(e)s, die Gefrierpunkte** die Temperatur, bei der eine Flüssigkeit zu Eis wird

der **Ge|frier|schrank** (Nomen) **des Gefrierschrank(e)s, die Gefrierschränke** eine Art Schrank mit Auszügen, in dem man tiefgefrorene Lebensmittel aufbewahrt

das **Ge|fühl** (Nomen) **des Gefühl(e)s, die Gefühle**
❶ auf der Haut usw. das, was man mit den Nerven im Körper spürt (z. B. Schmerzen, Hitze, Kälte, Durst, Hunger): *Hör auf, mich zu kitzeln, das ist ein komisches Gefühl!*
❷ ≈ Emotion das, was man nicht mit dem Verstand erfasst, sondern seelisch in seinem Inneren empfindet (z. B. Freude, Trauer, Liebe, Mitleid, Angst): *Sie konnte ihre Gefühle nicht verbergen und brach in Tränen aus.*
❸ nur im Singular ≈ Vermutung die instinktive Ahnung, dass etwas geschehen kann, ohne es genau zu wissen: *Ich habe das Gefühl, dass er mich nicht leiden kann.*
❹ etwas im Gefühl haben etwas ahnen: *Der Trainer hatte schon vorher im Gefühl, dass die Mannschaft verliert.*
❺ ein Gefühl für etwas haben eine instinktive Fähigkeit für etwas haben, ohne dass man es lernen musste

ge|ge|be|nen|falls, ggf. (Adverb) gehoben wenn etwas Bestimmtes geschehen sollte, eventuell: *Der Versuch wird ganz sicher ein Erfolg, gegebenenfalls versuchen wir es eben noch einmal.*

ge|gen (Präposition) mit Akkusativ gebraucht
❶ in Richtung zu etwas hin: *das Fahrrad gegen den Zaun lehnen*
❷ in die Richtung, aus der etwas kommt: *gegen den Strom schwimmen*
❸ drückt eine ablehnende Einstellung aus: *gegen einen Vorschlag stimmen*
❹ nennt den Gegner: *Er hat im Spiel gegen Hertha ein Tor geschossen.*
❺ nennt die Krankheit, die verhindert oder geheilt werden soll: *gegen Masern geimpft sein*
❻ im Austausch mit: *Diese Informationen gibt es nur gegen Bezahlung.*
❼ umgangssprachlich im Vergleich zu: *Das ist gar nichts gegen das, was mir passiert ist.*

die **Ge|gend** (Nomen) **der Gegend, die Gegenden** der Teil einer Landschaft oder einer Stadt: *In dieser Gegend war ich mit Oma und Opa schon einmal.*

ge|gen|ei|nan|der (Adverb)
❶ als Gegner kämpfen, spielen: *Die beiden Mannschaften treten am nächsten Samstag gegeneinander an.*
❷ gegeneinander austauschen jemanden/etwas gegen jemanden/etwas eintauschen: *Die Gefangenen wurden gegeneinander ausgetauscht.*
❸ aus zwei Richtungen zusammentreffend: *Die beiden Autos fuhren gegeneinander.*

der **Ge|gen|satz** (Nomen) **des Gegensatzes, die Gegensätze**
❶ das Gegenteil, der große Unterschied: *Die Gegensätze zwischen den beiden Brüdern sind erstaunlich.*
❷ Gegensätze ziehen sich an. Besonders Menschen, die sehr unterschiedlich sind, finden sich sympathisch.
❸ im Gegensatz zu jemandem/etwas ganz anders als jemand/etwas: *Im Gegensatz zu meiner Mutter erlaubt mein Vater mir alles.*

ge|gen|sätz|lich (Adjektiv) **gegensätzlicher, am gegensätzlichsten** sehr unterschiedlich, das Gegenteil darstellend

ge|gen|sei|tig (Adjektiv) einer mit dem anderen oder einer gegen den anderen: *Meine kleinen Geschwister helfen sich gegenseitig. • Diese beiden Theorien schließen sich gegenseitig aus.*

der **Ge|gen|spie|ler** (Nomen) **des Gegenspielers, die Gegenspieler** SPORT • LITERATUR • FILM der Gegner, Widersacher

die **Ge|gen|spie|le|rin** (Nomen) **der Gegenspielerin, die Gegenspielerinnen** Femininform von → **Gegenspieler**

der **Ge|gen|stand** (Nomen) **des Gegenstand(e)s, die Gegenstände**
❶ ≈ Sache, Ding ein Objekt, das man anfassen kann: *Du musst mit einem spitzen Gegenstand ein Loch in die Kiste bohren.*
❷ nur im Singular ≈ Thema das, worum es in einem Gespräch, Examen, Buch usw. geht: *Der Gegenstand seines Referats ist die Umweltbelastung durch Abgase.*

die **Ge|gen|stim|me** (Nomen) **der Gegenstimme, die Gegenstimmen** die Stimme, mit der man bei einer Abstimmung gegen einen Vorschlag, einen Kandidaten usw. stimmt: *Sie wurde mit zwei Gegenstimmen zur Stufensprecherin gewählt.*

das **Ge|gen|teil** (Nomen) **nur im Singular des Gegenteils**
❶ etwas, was entgegengesetzte Eigenschaften wie etwas anderes hat: *Süß ist das Gegenteil von salzig. • Dir hat das Konzert gefallen? Gestern hast du noch das Gegenteil behauptet!*
❷ Im Gegenteil! Nein, es ist genau andersherum!: *„Hast du gut geschlafen?" – „Im Gegenteil, ich habe die ganze Nacht wach gelegen."*

das **Ge|gen|tor** (Nomen) **des Gegentor(e)s, die Gegentore** das Tor der gegnerischen Mannschaft nach einem eigenen Tor

das **Ge|gen|über** (Nomen) **des Gegenübers, die Gegenüber** die Person, mit der man spricht oder die einem gegenübersitzt

ge|gen|über[1] (Präposition) **mit Dativ gebraucht**
❶ auf der anderen Seite: *Gegenüber dem Bahnhof befindet sich ein Hotel.*
❷ ≈ zu im Kontakt mit jemandem: *Mir gegenüber war sie recht freundlich.*

ge|gen|über[2] (Adverb) auf der anderen Seite: *Meine Freundin wohnt direkt gegenüber.*

die **Ge|gen|wart** (Nomen) **nur im Singular der Gegenwart**
❶ die Zeit, die jetzt gerade ist
❷ ≈ Anwesenheit die Tatsache, dass jemand oder etwas da ist: *Deine Gegenwart macht mich immer nervös.*
❸ in jemandes Gegenwart wenn jemand da oder anwesend ist: *In Gegenwart deiner Eltern möchte ich nicht darüber sprechen.*

ge|gen|wär|tig (Adjektiv) ≈ jetzt in der Zeit, die gerade ist

der **Geg|ner** (Nomen) **des Gegners, die Gegner**
❶ MILITÄR der Soldat oder das Land, gegen den/das man kämpft
❷ SPORT der Sportler oder die Mannschaft, gegen den/die man spielt oder kämpft
❸ ein Gegner von etwas sein gegen etwas sein: *Ich bin ein Gegner von Alkohol und Drogen.*

die **Geg|ne|rin** (Nomen) **der Gegnerin, die Gegnerinnen** Femininform von → **Gegner**

geg|ne|risch (Adjektiv)
❶ MILITÄR aus dem Land oder der Armee, gegen das/die man kämpft
❷ SPORT aus der Mannschaft, gegen die man spielt oder kämpft

das **Ge|halt**[1] (Nomen) **des Gehalt(e)s, die Gehälter für Angestellte** das Geld, das man für seine Arbeit bekommt und das regelmäßig, meist einmal im Monat, gezahlt wird

der **Ge|halt**[2] (Nomen) **des Gehalt(e)s, die Gehalte**
❶ gehoben der Inhalt
❷ der Gehalt an Blei/Alkohol/... die Menge von Blei/Alkohol/... in einer Mischung mit anderen Substanzen

ge|han|di|capt, ge|han|di|kapt (Adjektiv) [gəˈhɛndikɛpt] körperlich beeinträchtigt

ge|häs|sig (Adjektiv) abwertend **gehässiger, am gehässigsten besonders beim Reden** böse und gemein: *Sie machte eine gehässige Bemerkung über mein neues Kleid.*

das **Ge|he|ge** (Nomen) **des Geheges, die Gehege**
❶ **im Zoo** ein umzäuntes Gelände für Tiere
❷ jemandem ins Gehege kommen umgangssprachlich jemandes Pläne stören

ge|heim (Adjektiv)
❶ so, dass niemand etwas davon erfahren oder wissen soll: *Erzähl das niemandem, das ist noch geheim! • Die Polizei hat die geheimen Akten im Safe gefunden.*
❷ etwas geheim halten dafür sorgen, dass niemand von etwas erfährt
❸ im Geheimen ≈ heimlich so, dass niemand von etwas erfährt

der **Ge|heim|dienst** (Nomen) **des Geheimdienst(e)s, die Geheimdienste** die Abteilung in einem Staat, die geheime Informationen aus anderen Ländern beschaffen und Spionage durch andere verhindern soll

das **Ge|heim|nis** (Nomen) **des Geheimnisses, die Geheimnisse**
❶ **Information** etwas, von dem niemand etwas wissen soll: *Soll ich dir ein Geheimnis verraten? Ich habe mich verliebt! • Ich habe keine Geheimnisse vor meinen Eltern.*
❷ ≈ Rätsel etwas, was nicht erklärt werden kann: *Diese alte Burg steckt voller Geheimnisse.*

ge|heim|nis|voll (Adjektiv) **geheimnisvoller, am geheimnisvollsten**
❶ voller Geheimnisse, nicht zu erklären, rätselhaft: *Wir waren alle überrascht über ihr geheimnisvolles Verschwinden.*
❷ so, als ob es ein Geheimnis gäbe: *Dann hat sie so geheimnisvoll gelächelt.*

ge|hemmt (Adjektiv) **gehemmter, am gehemmtesten** schüchtern und zu ängstlich, um seine Gefühle zu zeigen

ge|hen (Verb) **du gehst, er ging, sie ist gegangen, geh(e)!**
❶ einen Fuß vor den anderen setzen und sich dadurch fortbewegen: *Willst du mit dem Auto fahren oder gehen? • Ich gehe diese Strecke jeden Morgen.*
❷ ≈weggehen einen Ort verlassen: *Es ist doch noch nicht spät, warum willst du schon gehen? • Mir reicht's! Ich gehe!*
❸ in den Kindergarten/in die Schule/... gehen ein Kindergartenkind/Schüler/... sein
❹ als Maschine oder Gerät funktionieren: *Mist, der PC geht wieder nicht!*
❺ etwas geht gut/schlecht etwas funktioniert oder klappt mit Erfolg/funktioniert nicht und ist erfolglos: *Das ist noch einmal gut gegangen!*
❻ Es geht (so). umgangssprachlich etwas ist mittelmäßig, etwas ist einigermaßen in Ordnung: *„Gefällt dir der Pulli?" – „Es geht."*
❼ Das geht./Das geht nicht. Das ist möglich./Das ist nicht möglich.: *„Kannst du mich mitnehmen?" – „Nein, das geht heute leider nicht."*
❽ Wie geht es dir/Ihnen? Wie fühlst du dich?/Wie fühlen Sie sich?
❾ um etwas/jemanden gehen von etwas/jemandem handeln, etwas/jemanden als Thema haben: *In diesem Buch geht es um einen Spion, der sich verliebt.*
❿ mit jemandem gehen umgangssprachlich eine feste Beziehung mit jemandem haben: *Seit wann geht denn Tim mit Julia?*

ge|heu|er (Adjektiv) **nur in** etwas/jemand ist jemandem nicht geheuer etwas/jemand kommt jemandem unheimlich oder verdächtig vor: *Dieser Typ dahinten mit der Augenklappe ist mir nicht geheuer.*

der **Ge|hil|fe** (Nomen) **des Gehilfen, die Gehilfen**
❶ BERUF jemand, der einem anderen durch einfache Tätigkeiten bei der Arbeit hilft
❷ ≈Komplize jemand, der jemandem bei einem Verbrechen hilft

das **Ge|hirn** (Nomen) **des Gehirn(e)s, die Gehirne** das Organ im Kopf, das alle Körperprozesse steuert

das **Ge|hör** (Nomen) **nur im Singular des Gehörs**
❶ der Sinn, mit dem man hören kann: *Das Gehör meines Opas lässt langsam nach. • Viele Tiere haben ein feines Gehör.*
❷ ein gutes/schlechtes Gehör haben gut/schlecht hören können
❸ Gehör/kein Gehör finden gehoben verstanden und beachtet werden: *Unser Vorschlag fand bei unserem Lehrer kein Gehör.*

ge|hor|chen (Verb) **du gehorchst, er gehorchte, sie hat gehorcht, gehorch(e)!** (jemandem) gehorchen das tun, was jemand verlangt oder befiehlt: *Unser Hund gehorcht meinen Eltern besser als mir.*

ge|hö|ren (Verb) **du gehörst, er gehörte, sie hat gehört**
❶ etwas gehört jemandem jemand besitzt etwas, etwas ist das Eigentum von jemandem: *Das Buch gehört mir.*
❷ jemand/etwas gehört zu jemandem/etwas jemand/etwas ist ein wichtiger Teil von jemandem/etwas: *Mario ist Tinas bester Freund und gehört mittlerweile fast zur Familie.* jemand/etwas passt zu jemandem/etwas: *Die Mütze gehört zum Schal.*
❸ jemand/etwas gehört an einen Ort der Ort ist der richtige Platz für jemanden/etwas: *Der Müll gehört in die gelbe Tonne.*
❹ etwas gehört sich etwas tut man, weil es den gesellschaftlichen Regeln entspricht: *Es gehört sich, jemandem zum Abschied die Hand zu geben.*
❺ etwas gehört sich nicht etwas tut man nicht, weil es nicht den gesellschaftlichen Regeln entspricht: *Es gehört sich nicht, in der Nase zu bohren.*

ge|hö|rig (Adjektiv) umgangssprachlich
❶ ≈ordentlich, kräftig ziemlich viel: *Ich habe einen gehörigen Schrecken bekommen.*
❷ zu etwas/jemandem gehörig zu etwas/jemandem passend, mit etwas/jemandem verbunden

ge|hör|los (Adjektiv) so, dass man nicht hören (und nicht sprechen) kann

ge|hor|sam (Adjektiv) **gehorsamer, am gehorsamsten** so, dass man das tut, was jemand verlangt oder befiehlt: *Mein Hund ist ein sehr gehorsames Tier.*

der **Ge|hor|sam** (Nomen) **nur im Singular des Gehorsams** das Verhalten, wenn man das tut, was jemand verlangt oder befiehlt der **Geh|weg** (Nomen) **des Gehweg(e)s, die Gehwege** ein Weg für Fußgänger

die **Gei|ge** (Nomen) **der Geige, die Geigen**
1 ein Musikinstrument mit vier Saiten, über die man mit einem Bogen streicht und das man zum Spielen an die Schulter legt
2 die erste Geige spielen umgangssprachlich · **in einer Gruppe** die wichtigste Rolle haben: *Sie nervt mich, weil sie immer die erste Geige spielen will.*
3 nach jemandes Geige tanzen umgangssprachlich sich von jemandem herumkommandieren lassen

geil (Adjektiv) umgangssprachlich **geiler, am geilsten**
1 ≈toll, super sehr gut oder schön: *Das Fußballspiel war geil!*
2 ≈heiß, scharf sexuell erregt
3 geil auf etwas sein etwas unbedingt haben wollen: *Ich bin ganz geil auf diese Tasche.*

die **Gei|sel** (Nomen) **der Geisel, die Geiseln** der/die Gefangene eines Verbrechers, der ihn/sie so lange gefangen hält, bis er bekommt, was er verlangt hat: *Der Bankräuber nahm die Kassiererin als Geisel.*

der **Geist** (Nomen) **des Geist(e)s, die Geister**
1 **nur im Singular** der Verstand und das Bewusstsein des Menschen: *Körper, Geist und Seele gehören zusammen.*
2 im Geiste in Gedanken, in der Fantasie: *Ich mache im Geiste schon Pläne für den nächsten Urlaub.*
3 jemandem auf den Geist gehen jemanden nerven, jemanden stören oder ärgern: *Mit ihrem ewigen Gekicher geht sie mir auf den Geist.*
4 den Geist aufgeben umgangssprachlich **als Gerät oder Maschine** nicht mehr funktionieren, kaputtgehen
5 **in Religionen, Märchen usw.** ein Wesen, das es in der Wirklichkeit nicht gibt: *Ein böser Geist hat die Prinzessin verzaubert.* ≈Gespenst jemand, der nach seinem Tod herumgeht und spukt: *In dem alten Schloss gibt es Geister.*
6 der Heilige Geist **im christlichen Glauben** neben Vater und Sohn die dritte Gestalt Gottes, die oft als Taube dargestellt wird

geis|tig (Adjektiv) den Verstand betreffend, mit dem Verstand: *Dieser Text ist mein geistiges Eigentum.*

geist|lich (Adjektiv) die Religion oder den Glauben betreffend

der/die **Geist|li|che** (Nomen) **des/der Geistlichen, die Geistlichen** jemand, der als Pfarrer/Pfarrerin, Theologe/Theologin oder Priester/Priesterin arbeitet: *Mein Bruder ist Geistlicher in einer kleinen Gemeinde auf dem Land.*

geist|los (Adjektiv) abwertend **geistloser, am geistlosesten** dumm und langweilig

geist|reich (Adjektiv) **geistreicher, am geistreichsten** klug und witzig

der **Geiz** (Nomen) abwertend **nur im Singular des Geizes** die Eigenschaft, in übertriebener Weise sparsam zu sein

der **Geiz|hals** (Nomen) umgangssprachlich · abwertend **des Geizhalses, die Geizhälse** ein sehr geiziger Mensch

das **Ge|jam|mer** (Nomen) umgangssprachlich · abwertend **nur im Singular des Gejammers** das (andauernde) Jammern

ge|konnt (Adjektiv) **gekonnter, am gekonntesten** gut gemacht, fachmännisch: *Super, das war eine gekonnte Vorstellung!*

das **Gel** (Nomen) **des Gels, die Gele/Gels zum Duschen, Cremen usw.** eine zähe Flüssigkeit

das **Ge|läch|ter** (Nomen) **des Gelächters, die Gelächter**
1 das (laute) Lachen
2 in Gelächter ausbrechen plötzlich laut und lange lachen

ge|lähmt (Adjektiv)
1 so, dass man sich nicht bewegen kann: *Seine Beine sind gelähmt.*
2 vor Schreck/Angst/… wie gelähmt sein sich vor Schreck/Angst/… nicht mehr bewegen können

das **Ge|län|de** (Nomen) **des Geländes, die Gelände**
1 **Gegend** ein Stück freie Landschaft: *Bevor wir das Zelt aufschlagen, wollen wir erst einmal das Gelände erkunden.*
2 **Grundstück** ein abgegrenztes Gebiet: *Auf dem Gelände des ehemaligen Bahnhofs entsteht ein neues Einkaufszentrum.*

das **Ge|län|der** (Nomen) **des Geländers, die Geländer an der Treppe, am Balkon** eine Art Zaun, damit man nicht abstürzen kann

ge|lan|gen (Verb) **du gelangst, er gelangte, sie ist gelangt, gelang(e)!**
irgendwohin gelangen einen Ort erreichen, irgendwohin kommen: *Mit letzter Kraft gelangte der Läufer ans Ziel.* · *Wie sind diese Akten an die Öffentlichkeit gelangt?*

ge|las|sen (Adjektiv) **gelassener, am gelassensten** ≈ cool nicht aufgeregt, verärgert oder nervös, sondern ganz ruhig

die **Ge|las|sen|heit** (Nomen) **nur im Singular der Gelassenheit** der Zustand, in dem man nicht aufgeregt, verärgert oder nervös, sondern ganz ruhig ist

ge|läu|fig (Adjektiv) **geläufiger, am geläufigsten**
❶ allgemein bekannt, allgemein üblich
❷ etwas ist jemandem geläufig etwas ist jemandem bekannt: *Das Wort „maritim" ist mir nicht geläufig.*

gelb (Adjektiv)
❶ von der Farbe der Sonne: *Der Löwenzahn blüht gelb.*
❷ die Gelbe Karte oder gelbe Karte **SPORT** eine kleine gelbe Karte, die der Schiedsrichter einem Spieler zeigt, den er verwarnt

das **Gelb** (Nomen) **nur im Singular des Gelb(s)**
❶ eine gelbe Farbe: *ein leuchtendes Gelb · Die Ampel schaltet auf Gelb.*
❷ bei Gelb wenn die Ampel gelb ist

das **Geld** (Nomen) **des Geldes, die Gelder**
❶ **nur im Singular** die Münzen und Geldscheine, mit denen man bezahlen kann: *Meine Freundin gibt viel Geld für Klamotten aus.*
❷ etwas zu Geld machen etwas verkaufen: *Bevor er auswanderte, hat er all seine Möbel zu Geld gemacht.*
❸ zu Geld kommen reich werden: *Er ist mit Immobilien zu Geld gekommen.*
❹ etwas geht ins Geld etwas ist sehr teuer: *Golf ist ein Hobby, das ins Geld geht.*
❺ Geld wie Heu haben, in Geld schwimmen umgangssprachlich sehr reich sein
❻ Geld anlegen Geld an jemanden bezahlen und später mehr dafür zurückbekommen
❼ Gelder **Plural VERWALTUNG** Geld, das für einen bestimmten Zweck zur Verfügung steht

der **Geld|au|to|mat** (Nomen) **des Geldautomaten, die Geldautomaten** ein Gerät, an dem man mit seiner Bankkarte Geld holen kann

der **Geld|beu|tel** (Nomen) **des Geldbeutels, die Geldbeutel** ein Gegenstand (z. B. aus Stoff oder Leder), in dem man Geld aufbewahrt

geld|gie|rig (Adjektiv) abwertend **geldgieriger, am geldgierigsten** so, dass man immer mehr Geld haben will

der **Geld|schein** (Nomen) **des Geldschein(e)s, die Geldscheine** ein bedrucktes Stück Papier, mit dem man bezahlt

die **Geld|stra|fe** (Nomen) **der Geldstrafe, die Geldstrafen** die Strafe, bei der man dazu verurteilt wird, eine Geldsumme zu zahlen

das **Geld|stück** (Nomen) **des Geldstück(e)s, die Geldstücke** ≈ Münze eine runde, geprägte Metallscheibe, mit der man bezahlt

das/der **Ge|lee** (Nomen) **des Gelees, die Gelees**
❶ eine Art Marmelade aus Fruchtsaft ohne Fruchtstücke
❷ eine feste Masse aus Fleisch- oder Fischbrühe

ge|le|gen (Adjektiv) **gelegener, am gelegensten**
etwas kommt jemandem gelegen etwas ist gerade günstig für jemanden, etwas geschieht für jemanden zur richtigen Zeit

die **Ge|le|gen|heit** (Nomen) **der Gelegenheit, die Gelegenheiten**
❶ ≈ Möglichkeit, Chance eine günstige Situation, die jemandem die Möglichkeit gibt, etwas zu bekommen oder zu tun: *Er hatte lange auf die Gelegenheit gewartet, sie anzusprechen. · Ich hatte noch keine Gelegenheit, dich anzurufen.*
❷ ≈ Anlass ein bestimmtes Ereignis: *Sie trägt den Hut nur zu besonderen Gelegenheiten.*
❸ bei Gelegenheit wenn sich irgendwann einmal die Möglichkeit ergibt

ge|le|gent|lich (Adverb)
❶ ≈ manchmal ab und zu, aber nicht immer
❷ ≈ bei Gelegenheit wenn es die Möglichkeit dazu gibt

ge|lehrt (Adjektiv) **gelehrter, am gelehrtesten** so, dass man viel gelernt, gelesen und studiert hat

der/die **Ge|lehr|te** (Nomen) **des/der Gelehrten, die Gelehrten** jemand, der viel gelernt, gelesen und studiert hat

das **Ge|lenk** (Nomen) **des Gelenk(e)s, die Gelenke**
❶ **ANATOMIE** die Stelle, an der zwei Knochen so miteinander verbunden sind, dass sie sich bewegen können
❷ **TECHNIK** die Stelle, an der zwei bewegliche Teile miteinander verbunden sind

ge|len|kig (Adjektiv) **gelenkiger, am gelenkigsten** so, dass jemand seinen Körper leicht bewegen und verbiegen kann

der/die **Ge|lieb|te** (Nomen) **des/der Geliebten, die Geliebten**
❶ jemand, mit dem man (heimlich) ein sexuelles Verhältnis hat, obwohl man mit jemand anderem verheiratet ist
❷ jemand, den man liebt

ge|lin|gen (Verb) nur in der 3. Person gebraucht **es gelingt, es gelang, es ist gelungen**
❶ etwas gelingt etwas hat Erfolg, etwas funktioniert gut: *Dieser Plan muss gelingen!*
❷ jemandem gelingt etwas jemand schafft etwas, jemand hat bei etwas Erfolg: *Ihm gelang die Flucht über die Grenze.*

gel|ten (Verb) **du giltst, er galt, sie hat gegolten, gilt!**
❶ gültig sein: *Wie lange gilt die Fahrkarte? • Die Regeln gelten für alle.*
❷ Das gilt nicht! Versuch usw. Das zählt nicht! Das wird nicht gewertet!
bei einem Spiel Das ist gegen die Regeln!
❸ jemand/etwas gilt als … alle finden, dass jemand/etwas … ist: *Sie gilt als Klassenbeste. • Das gilt als Betrug.*
❹ die Warnung/der Vorwurf/… gilt jemandem mit der Warnung/dem Vorwurf/… ist jemand gemeint, die Warnung/der Vorwurf/… ist für jemanden bestimmt

ge|mäch|lich (Adjektiv) **gemächlicher, am gemächlichsten** ≈ langsam ohne sich zu beeilen

der **Ge|mahl** (Nomen) gehoben **des Gemahl(e)s, die Gemahle** Ehemann

die **Ge|mah|lin** (Nomen) gehoben **der Gemahlin, die Gemahlinnen** Ehefrau

das **Ge|mäl|de** (Nomen) **des Gemäldes, die Gemälde** ein (wertvolles) gemaltes Bild

ge|mäß (Präposition) mit Dativ gebraucht so, wie es einer Sache entspricht: *gemäß Paragraf 5 • Ihrem Wunsch gemäß wurde die Farbe geändert.*

ge|mein (Adjektiv) **gemeiner, am gemeinsten**
❶ ≈ bösartig, boshaft so böse, dass man jemandem schaden will: *ein gemeiner Verbrecher • eine gemeine Lüge*
❷ BOTANIK • ZOOLOGIE ohne herausragende Merkmale: *der Gemeine Farn • die Gemeine Feldmaus* ⚠ immer großgeschrieben

die **Ge|mein|de** (Nomen) **der Gemeinde, die Gemeinden**
❶ VERWALTUNG der Ort, der eine eigene Verwaltung hat, und die Menschen, die dort leben
❷ RELIGION der Bezirk, den ein Pfarrer betreut, und die Menschen, die dort leben

die **Ge|mein|heit** (Nomen) umgangssprachlich **der Gemeinheit, die Gemeinheiten**
❶ nur im Singular die Eigenschaft, so böse zu sein, dass jemand jemandem schaden will
❷ die bösartige Tat oder Bemerkung
❸ So eine Gemeinheit! umgangssprachlich sagt man, wenn man sich ärgert oder etwas ungerecht findet

ge|mein|sam (Adjektiv)
❶ mehreren gehörend, mehrere (gleichzeitig) betreffend: *eine gemeinsame Wohnung • eine gemeinsame Aufgabe*
❷ alle zusammen, miteinander: *ein Fest gemeinsam veranstalten • gemeinsam alt werden*
❸ etwas mit jemandem gemeinsam haben in etwas ähnlich wie jemand sein

die **Ge|mein|schaft** (Nomen) **der Gemeinschaft, die Gemeinschaften** eine Gruppe oder Organisation von Menschen

ge|mein|schaft|lich (Adjektiv)
❶ mehreren gehörend, mehrere (gleichzeitig) betreffend: *gemeinschaftliche Interessen*
❷ zusammen mit anderen Menschen, gemeinsam: *etwas gemeinschaftlich tun*

die **Ge|mein|schafts|kun|de** (Nomen) nur im Singular **der Gemeinschaftskunde** ≈ Sozialkunde ein Schulfach, in dem politische, wirtschaftliche und gesellschaftliche Themen behandelt werden

das **Ge|mein|wohl** (Nomen) nur im Singular **des Gemeinwohl(e)s** die Tatsache, dass es allen Menschen einer Gemeinschaft gut geht

ge|mischt (Adjektiv)
❶ aus verschiedenen Dingen, Sorten usw. bestehend: *ein gemischtes Eis • ein gemischter Salat*
❷ für Männer und Frauen: *ein gemischter Chor • die gemischte Sauna*

das **Ge|mü|se** (Nomen) **des Gemüses, die Gemüse** Pflanzen, die man kochen und essen kann (z. B. Karotten, Brokkoli, Bohnen)

ge|mus|tert (Adjektiv) mit einem Muster

ge|müt|lich (Adjektiv) **gemütlicher, am gemütlichsten**
❶ ≈ angenehm, behaglich mit einer Atmosphäre, in der man sich wohlfühlt: *eine gemütliche Wohnung • ein gemütlicher Abend vor dem Fernseher*

❷ es sich gemütlich machen sich bequem hinsetzen und etwas Entspannendes tun
❸ ≈ bequem *ein gemütliches Sofa*
❹ umgangssprachlich ≈ langsam *ein gemütliches Tempo*

die **Ge|müt|lich|keit** (Nomen) **nur im Singular** **der Gemütlichkeit** die Atmosphäre, in der man sich wohlfühlt

das **Gen** (Nomen) BIOLOGIE **des Gens, die Gene** ein kleines Element in den Zellen von Lebewesen, durch das ein Merkmal oder eine Eigenschaft vererbt wird

ge|nau (Adjektiv) **genauer, am genau(e)sten**
❶ ≈ exakt in allen Einzelheiten übereinstimmend: *die genaue Uhrzeit • genau zehn Euro*
❷ ≈ sorgfältig, gründlich so, dass alle Einzelheiten berücksichtigt sind: *sich etwas genau ansehen*
❸ richtig, korrekt: *ein genaues Ergebnis*
❹ etwas genau nehmen sehr darauf achten, dass etwas richtig gemacht wird
❺ Genau!/Ganz genau! umgangssprachlich Ja, das ist richtig!: *„Das ist doch dein Buch, oder?" – „Genau!"*
❻ genau genommen ≈ eigentlich so, wie es richtig wäre: *Genau genommen, ist der Ausdruck „Walfisch" falsch, weil der Wal ein Säugetier ist.*

die **Ge|nau|ig|keit** (Nomen) **nur im Singular** **der Genauigkeit**
❶ Präzision, Exaktheit: *Dieses Thermometer hat eine große Genauigkeit.*
❷ Sorgfalt, Gründlichkeit: *Das Sortieren dieser Rechnungen muss mit Genauigkeit gemacht werden.*

ge|nau|so (Adverb)
❶ auf dieselbe Art und Weise: *Du musst es genauso machen wie ich!*
❷ in derselben Menge, im selben Maß: *Er hat genauso viel bekommen. • Sie ist genauso klug wie ihre Schwester.*

ge|neh|mi|gen (Verb) **du genehmigst, er genehmigte, sie hat genehmigt, genehmige!**
❶ (jemandem) etwas genehmigen (jemandem) etwas offiziell erlauben
❷ sich etwas genehmigen umgangssprachlich sich etwas (zur Belohnung) nehmen, kaufen usw.: *Ich genehmige mir noch ein Eis.*

die **Ge|neh|mi|gung** (Nomen) **der Genehmigung, die Genehmigungen** die offizielle Erlaubnis

der **Ge|ne|ral** (Nomen) **des Generals, die Generale/Generäle** ein hoher Offizier beim Militär

die **Ge|ne|ra|lin** (Nomen) **der Generalin, die Generalinnen** Femininform von → **General**

die **Ge|ne|ral|pro|be** (Nomen) **der Generalprobe, die Generalproben** die letzte Probe vor der ersten Aufführung

die **Ge|ne|ra|ti|on** (Nomen) [genəraˈtsi̯oːn] **der Generation, die Generationen**
❶ GESELLSCHAFT alle Menschen, die ungefähr gleich alt sind: *die junge/ältere Generation*
❷ FAMILIE eine bestimmte Stufe im Lebensalter: *In unserer Familie leben vier Generationen in einem Haus.* **(z. B. Kinder, Eltern, Großeltern, Urgroßeltern)**
❸ GESCHICHTE ungefähr dreißig Jahre: *In vier Generationen gibt es bestimmt Medikamente gegen Krebs.*
❹ TECHNIK alle technischen Geräte, die denselben Entwicklungsstand haben: *Die neue Generation der Smartphones hat größere Displays.*

ge|ne|rell (Adjektiv) allgemein, grundsätzlich: *ein generelles Verbot • Das kann man nicht generell sagen.*

die **Ge|ne|sung** (Nomen) gehoben **der Genesung, die Genesungen** das Gesundwerden

ge|ne|tisch (Adjektiv) BIOLOGIE die Vererbung und die Gene betreffend

ge|ni|al (Adjektiv) **genialer, am genialsten**
❶ extrem begabt, extrem talentiert
❷ umgangssprachlich sehr gut

das **Ge|nick** (Nomen) **des Genick(e)s, die Genicke** ≈ Nacken der hintere Teil des Halses

das **Ge|nie** (Nomen) [ʒeˈniː] **des Genies, die Genies** ein Mensch mit einer extrem großen Begabung auf einem Gebiet

ge|nie|ßen (Verb) **du genießt, er genoss, sie hat genossen, genieß(e)!**
❶ Freude daran haben, etwas Gutes oder Schönes zu sehen, hören, schmecken, fühlen oder zu erleben: *sein Essen genießen • die Ruhe genießen • Sie genoss es, von ihren Großeltern verwöhnt zu werden.*
❷ jemandes Vertrauen/Sympathie/… genießen gehoben jemandes Vertrauen/Sympathie/… haben

der **Ge|ni|tiv** (Nomen) GRAMMATIK **des Genitivs, die Genitive** der 2. Fall, der

Fall, bei dem man „Wessen?“ fragt: *Im Satz "Das Fahrrad meines Freundes" steht "meines Freundes" im Genitiv.*

das **Ge|ni|tiv|ob|jekt** (Nomen) GRAMMATIK **des Genitivobjekt(e)s, die Genitivobjekte** eine Ergänzung des Verbs im 2. Fall: *In dem Satz „Ich enthalte mich der Stimme.“ ist „der Stimme“ das Genitivobjekt.*

der **Ge|nos|se** (Nomen) **des Genossen, die Genossen**
❶ POLITIK Anrede von Mitgliedern linksorientierter Parteien oder Gewerkschaften untereinander
❷ veraltet ≈ Freund, Kamerad

die **Ge|nos|sin** (Nomen) **der Genossin, die Genossinnen** Femininform von → **Genosse**

die **Gen|tech|nik** (Nomen) **nur im Singular der Gentechnik** die künstliche Veränderung von Genen

die **Gen|tech|no|lo|gie** (Nomen) **nur im Singular der Gentechnologie** die Wissenschaft, die sich mit der künstlichen Veränderung von Genen beschäftigt

der **Gen|test** (Nomen) **des Gentest(e)s, die Gentests** ein Test, mit dem man feststellen kann, von wem Haut- oder andere Körperzellen stammen, um z. B. herauszufinden, wer der Vater eines Kindes oder der Täter an einem Tatort ist

ge|nug[1] (Pronomen)
❶ so, dass etwas ausreicht und man nicht mehr davon braucht: *Hast du genug Geld für die Busfahrt?*
❷ genug von etwas haben umgangssprachlich etwas nicht mehr tun oder haben wollen: *Ich habe genug von deinen Lügen!*
❸ von etwas nicht genug kriegen können umgangssprachlich etwas so gern tun, dass man nicht mehr aufhören will, oder etwas so gernhaben, dass man immer mehr davon haben will

ge|nug[2] (Partikel)
früh/alt/gut/... genug so früh/alt/gut/..., wie es nötig ist

ge|nü|gen (Verb) **du genügst, er genügte, sie hat genügt** ≈ reichen, ausreichen in einer solchen Menge vorhanden, dass man nicht mehr davon braucht

ge|nü|gend (Pronomen) ausreichend, genug: *Es wichtig, dass man genügend trinkt.*

ge|nüg|sam (Adjektiv) **genügsamer, am genügsamsten** ≈ bescheiden mit wenigem zufrieden

das **Ge|nus** (Nomen) GRAMMATIK **des Genus, die Genera** das grammatische Geschlecht **(männlich – Maskulinum, weiblich – Femininum, sächlich – Neutrum)**: *Es heißt „das Haus“, da ist das Genus sächlich.*

der **Ge|nuss** (Nomen) **des Genusses, die Genüsse** die Freude daran, etwas Gutes oder Schönes zu sehen, hören, schmecken, fühlen oder zu erleben

die **Geo|gra|fie, Geo|gra|phie** (Nomen) **nur im Singular der Geografie**
❶ die Wissenschaft von der Erde, den Ländern, Meeren und Bergen
❷ SCHULE ≈ Erdkunde das Schulfach, in dem über die Erde und Länder unterrichtet wird

geo|gra|fisch, geo|gra|phisch (Adjektiv) die Erde, Länder, Meere, Berge usw. betreffend

die **Geo|lo|gie** (Nomen) **nur im Singular der Geologie** die Wissenschaft von Entstehung, Aufbau und Entwicklung der Erde

geo|lo|gisch (Adjektiv) die Entstehung, den Aufbau und die Entwicklung der Erde betreffend

die **Geo|me|trie, Geo|met|rie** (Nomen) **der Geometrie, die Geometrien** das Gebiet der Mathematik, das sich mit ebenen und räumlichen Gebilden befasst

geo|me|trisch, geo|met|risch (Adjektiv) ebene und räumliche Gebilde in der Mathematik betreffend

ge|ord|net (Adjektiv) ordentlich, in einer bestimmten Reihenfolge, nach einem bestimmten System usw.

das **Ge|päck** (Nomen) **nur im Singular des Gepäck(e)s** die Koffer und Taschen, die man auf eine Reise mitnimmt

der **Ge|päck|trä|ger** (Nomen) **des Gepäckträgers, die Gepäckträger**
❶ ein Gestell am Fahrrad über dem Hinterrad, auf dem man Gegenstände befestigen kann
❷ ein Gestell am Auto, auf dem man große Gegenstände befestigen kann
❸ ein Mann, der einem das Gepäck trägt

ge|pflegt (Adjektiv) **gepflegter, am gepflegtesten**
❶ in einem guten Zustand: *ein gepflegter Garten*
❷ mit guter Kleidung, Frisur, Haut usw.: *Sie sieht immer sehr gepflegt aus.*

die **Ge|ra|de** (Nomen) **der Geraden, die Geraden**
❶ GEOMETRIE eine unendlich lange Linie als kürzeste Verbindung zweier Punkte
❷ SPORT ein gerader Boxschlag nach vorn

ge|ra|de[1] (Adjektiv) **gerader, am geradesten**
❶ ohne Kurven, Bögen, Zacken usw.: *eine gerade Linie • etwas gerade biegen*
❷ nicht schief sein: *gerade stehen • Halt dich gerade!*
❸ eine gerade Zahl MATHEMATIK so, dass eine Zahl sich ohne Rest durch 2 teilen lässt

ge|ra|de[2] (Adverb)
❶ ≈jetzt in diesem Moment: *Max füttert gerade sein Kaninchen.*
❷ ≈soeben vor ganz kurzer Zeit, kurz vorher: *Du hast doch gerade das Gegenteil behauptet! • Ich komme sofort, ich wollte gerade losgehen.*
❸ gerade noch ganz knapp, nur mit viel Mühe: *Ich habe gerade noch den letzten Bus bekommen.*

ge|ra|de[3] (Partikel)
❶ verstärkend, nachdrücklich: *Gerade Langhaarkatzen brauchen viel Pflege.*
❷ ≈genau, ausgerechnet *Das ist ja gerade das Problem! • Gerade heute habe ich überhaupt keine Zeit.*
❸ nicht gerade witzig/erfolgreich/… nicht sehr witzig/erfolgreich/…

ge|ra|de|aus (Adverb) in derselben Richtung nach vorn: *Du musst einfach geradeaus laufen.*

ge|ra|de|wegs (Adverb)
❶ ≈direkt ohne Umweg
❷ ≈sofort ohne Zögern

ge|ra|de|zu (Adverb) ≈wirklich, regelrecht zur Verstärkung einer Aussage: *Das ist ja geradezu unverschämt! • Das wäre geradezu ein Wunder!*

das **Ge|rät** (Nomen) **des Gerät(e)s, die Geräte**
❶ TECHNIK ein Werkzeug, eine Maschine oder eine Vorrichtung, mit dem/der man etwas herstellen, bearbeiten usw. kann
❷ ELEKTROTECHNIK ≈Elektrogerät
❸ SPORT eine Konstruktion, an der man turnen kann (z. B. Bock, Kasten, Pferd, Barren, Schwebebalken, Ringe)

ge|ra|ten (Verb) **du gerätst, er geriet, sie ist geraten, gerate!**
❶ irgendwohin geraten (zufällig) an einen falschen Ort oder in eine unangenehme Situation kommen: *Der Lastwagen geriet auf die Gegenfahrbahn. • in Gefahr geraten*
❷ an jemanden/etwas geraten (zufällig) jemandem/einer Sache begegnen: *Bei mir bist du an den Falschen geraten!*
❸ in Wut/Panik/… geraten wütend/panisch/… werden
❹ gut/schlecht geraten gut/schlecht werden, gelingen/misslingen, Erfolg/keinen Erfolg haben

das **Ge|rä|te|tur|nen** (Nomen) nur im Singular **des Geräteturnens** das Turnen am Bock, Kasten, Pferd, Barren, Schwebebalken, an Ringen usw.

das **Ge|ra|te|wohl** (Nomen) umgangssprachlich nur im Singular
aufs Geratewohl ohne zu überlegen und in der Hoffnung, dass es gut geht

ge|räu|chert (Adjektiv) durch Rauch haltbar gemacht: *geräucherter Schinken • eine geräucherte Forelle*

ge|räu|mig (Adjektiv) **geräumiger, am geräumigsten** mit viel Platz

das **Ge|räusch** (Nomen) **des Geräusch(e)s, die Geräusche** die Töne, die etwas/jemand bei einer bestimmten Bewegung oder in einer bestimmten Situation macht

ge|recht (Adjektiv) **gerechter, am gerechtesten**
❶ ≈fair nach allgemeinem moralischen Gefühl richtig: *ein gerechtes Urteil • ein gerechter Lehrer*
❷ so, dass alle gleich behandelt werden: *etwas gerecht aufteilen*
❸ jemandem/einer Sache gerecht werden jemanden/etwas richtig behandeln, die Erwartungen oder Anforderungen von jemandem/einer Sache erfüllen

ge|recht|fer|tigt (Adjektiv) so, dass man etwas als richtig empfindet

die **Ge|rech|tig|keit** (Nomen) nur im Singular **der Gerechtigkeit**
❶ die Tatsache, dass jemand/etwas gerecht ist
❷ eine gerechte oder gleiche Behandlung: *Dieses Mal darf Jonas aussuchen, was wir spielen – das ist Gerechtigkeit!*

das **Ge|re|de** (Nomen) umgangssprachlich • abwertend • nur im Singular **des Geredes**
❶ inhaltsloses, dummes Reden: *Ihr dummes Gerede geht mir ziemlich auf die Nerven.*
❷ Klatsch: *Das Gerede der Leute interessiert mich nicht.*

A B C D E F G H I J K L M N O P Q R S T U V W X Y Z

ge|reizt (Adjektiv) **gereizter, am gereiztesten**
❶ aggressiv und nervös
❷ MEDIZIN leicht entzündet

das **Ge|richt** (Nomen) **des Gericht(e)s, die Gerichte**
❶ RECHT Institution eine staatliche Einrichtung, bei der Richter über Rechtsstreitigkeiten oder Gesetzesverstöße entscheiden: *Wenn er sich nicht mit seinem Nachbarn einigen kann, wird er vor Gericht klagen müssen.*
❷ das Jüngste Gericht RELIGION im christlichen Glauben das göttliche Gericht am Tag des Weltuntergangs, das über Gut und Böse entscheidet
❸ zum Essen eine zubereitete Speise (z. B. Leibgericht, Fischgericht, Hauptgericht)

ge|richt|lich (Adjektiv) RECHT durch ein Gericht oder vor einem Gericht

das **Ge|richts|ur|teil** (Nomen) **des Gerichtsurteil(e)s, die Gerichtsurteile** die Entscheidung eines Gerichts in einem Rechtsstreit

die **Ge|richts|ver|hand|lung** (Nomen) **der Gerichtsverhandlung, die Gerichtsverhandlungen** eine Verhandlung in einer Sache vor einem Gericht

ge|ring (Adjektiv) **geringer, am geringsten**
❶ unbedeutend, nicht sehr groß: *Ich schätze unsere Gewinnchancen gering ein. • Durch die Panne kam es Gott sei Dank nur zu einer geringen Verzögerung im Ablauf.*
❷ nicht im Geringsten überhaupt nicht: *Es interessiert sie nicht im Geringsten, wie es mir geht.*
❸ nicht das Geringste überhaupt nichts: *Er hat nicht das Geringste zu unserem Fest beigetragen.*
❹ gering schätzen etwas/jemanden nicht sehr schätzen

ge|ris|sen (Adjektiv) **gerissener, am gerissensten** umgangssprachlich schlau und dabei auf den eigenen Vorteil bedacht

die **Ger|ma|nis|tik** (Nomen) nur im Singular **der Germanistik** die Wissenschaft, die sich mit der deutschen Sprache und Literatur beschäftigt

gern, ger|ne (Adverb) **lieber, am liebsten**
❶ mit Vergnügen, freudig: *Ich höre gern Musik.*
❷ wenn es möglich ist: *Bitte sei still, ich würde gern in Ruhe telefonieren.*
❸ umgangssprachlich leichter, schneller als üblich: *Bei Feuchtigkeit bilden sich gerne Pilze.*

gern|haben (Verb) **du hast gern, er hatte gern, sie hat gerngehabt**
❶ jemanden/etwas gernhaben jemanden/etwas mögen: *Er hat seinen Freund sehr gern.*
❷ Du kannst/er kann/… mich gernhaben! umgangssprachlich Ich bin enttäuscht und will nichts mehr mit dir/ihm/… zu tun haben.

der **Ge|ruch** (Nomen) **des Geruch(e)s, die Gerüche** ein Stoff, der mit der Nase wahrgenommen werden kann

das **Ge|rücht** (Nomen) **des Gerücht(e)s, die Gerüchte** eine Behauptung, die weitererzählt wird, obwohl nicht sicher ist, ob sie wirklich stimmt: *Sie liebt es, Gerüchte zu verbreiten.*

ge|rührt (Adjektiv) **gerührter, am gerührtesten** emotional bewegt: *Sie war gerührt, weil alle Freunde zu ihrer Abschiedsfeier gekommen waren.*

das **Ge|rüst** (Nomen) **des Gerüst(e)s, die Gerüste** eine Vorrichtung, die z. B. an Hauswänden für Reparaturarbeiten aufgestellt wird

ge|samt (Adjektiv) ≈ alle, alles eine Gruppe oder eine Sache als Ganzes betreffend: *die gesamte Schule • das gesamte Team*

der **Ge|samt|be|trag** (Nomen) **des Gesamtbetrag(e)s, die Gesamtbeträge** die Summe, die sich aus einzelnen Beträgen ergibt: *der Gesamtbetrag einer Rechnung*

die **Ge|samt|schu|le** (Nomen) **der Gesamtschule, die Gesamtschulen** eine Schulform, in der Hauptschule, Realschule und Gymnasium zusammengefasst sind

der **Ge|sang** (Nomen) **des Gesang(e)s, die Gesänge**
❶ nur im Singular das Singen: *Ich wurde vom Gesang der Vögel geweckt.*
❷ meist im Plural die Lieder: *Die afrikanischen Gesänge klingen ungewohnt in unseren Ohren.*

das **Ge|säß** (Nomen) **des Gesäßes, die Gesäße** ≈ Hintern, Po, Popo der Körperteil, auf dem man sitzt

das **Ge|schäft** (Nomen) **des Geschäft(e)s, die Geschäfte**
❶ ≈ Laden *Die Geschäfte schließen um 20 Uhr.*

❷ der Handel mit Waren oder Dienstleistungen: *Die Geschäfte gehen gut.* • *Die Geschäfte mit dem Ausland sind wichtig für unser Unternehmen.*
❸ ≈ Firma, Unternehmen *Er hat nach dem Tod seines Vaters das Geschäft übernommen.*
❹ ≈ Gewinn *Da hast du ein gutes Geschäft gemacht.*

die **Ge|schäfts|frau** (Nomen)
der Geschäftsfrau, die Geschäftsfrauen
Femininform von → **Geschäftsmann**

der **Ge|schäfts|füh|rer** (Nomen)
des Geschäftsführers, die Geschäftsführer
jemand, der eine Firma leitet

die **Ge|schäfts|füh|re|rin** (Nomen)
der Geschäftsführerin, die Geschäftsführerinnen
Femininform von → **Geschäftsführer**

die **Ge|schäfts|leu|te** (Nomen) nur im Plural
der Geschäftsleute die Gesamtheit der Geschäftsmänner und Geschäftsfrauen

der **Ge|schäfts|mann** (Nomen)
des Geschäftsmann(e)s, die Geschäftsleute
ein Mann, der für ein Unternehmen Geschäfte tätigt

ge|sche|hen (Verb) nur in der 3. Person gebraucht
es geschieht, es geschah, es ist geschehen
passieren, sich ereignen: *Der Einbruch muss in der Nacht geschehen sein.*

das **Ge|sche|hen** (Nomen) nur im Singular
des Geschehens etwas, was sich ereignet

ge|scheit (Adjektiv) **gescheiter, am gescheitesten** klug, intelligent: *Sie ist wirklich ein gescheites Mädchen.*

das **Ge|schenk** (Nomen) **des Geschenk(e)s, die Geschenke**
❶ etwas, was man jemandem schenkt: *Hast du schon ein Geschenk für deine Schwester?*
❷ ein Geschenk des Himmels etwas, was jemanden unverhofft aus einer schwierigen Situation befreit
❸ kleine Geschenke erhalten die Freundschaft Ausspruch, wenn man jemandem ohne bestimmten Anlass ein Geschenk macht

die **Ge|schich|te** (Nomen) **der Geschichte, die Geschichten**
❶ die Geschichte (eines Volkes, eines Landes) nur im Singular ≈ Vergangenheit die gesellschaftlichen, kulturellen und politischen Ereignisse in der Vergangenheit: *die Geschichte der Menschheit*
❷ SCHULE nur im Singular ein Schulfach, in dem vergangene Ereignisse der Menschheit unterrichtet werden: *Wir nehmen in Geschichte gerade den Zweiten Weltkrieg durch.*
❸ ≈ Erzählung die mündliche oder schriftliche Wiedergabe einer Handlung, die wahr oder frei erfunden sein kann: *Er erzählte uns eine spannende Geschichte.*
❹ ≈ Angelegenheit ein Vorfall, der sich ereignet (hat): *Das ist wirklich eine dumme Geschichte, was dir widerfahren ist.*

ge|schicht|lich (Adjektiv)
❶ die gesellschaftliche, kulturelle und politische Vergangenheit (der Menschheit) betreffend: *Wir müssen den geschichtlichen Zusammenhang kennen, um Bismarcks Entscheidung zu verstehen.*
❷ vor der heutigen Zeit geschehen: *Die Mondlandung war ein wichtiges geschichtliches Ereignis.*
❸ für die gesellschaftliche, kulturelle und politische Entwicklung wichtig: *Dieses Ereignis hat geschichtliche Bedeutung.*

die **Ge|schick|lich|keit** (Nomen) nur im Singular
der Geschicklichkeit die Fähigkeit, etwas schnell und gut zu tun

ge|schickt (Adjektiv) **geschickter, am geschicktesten**
❶ ≈ fähig mit bestimmten praktischen Fähigkeiten: *Sie ist sehr geschickt im Umgang mit Tieren.* • *Er ist ein geschickter Tennisspieler.*
❷ ≈ diplomatisch taktisch klug und überlegt: *Er hat sehr geschickt verhandelt.*

ge|schie|den (Adjektiv) nicht mehr verheiratet: *Die Eltern meines besten Freundes sind geschieden.*

das **Ge|schirr** (Nomen) **des Geschirr(e)s, die Geschirre**
❶ nur im Singular die Gegenstände, von denen man isst und aus denen man trinkt: *Wer spült heute das Geschirr ab?*
❷ eine Lederhalterung, in die Zugtiere eingespannt werden (z. B. Pferdegeschirr)

der **Ge|schirr|spü|ler** (Nomen)
umgangssprachlich **des Geschirrspülers, die Geschirrspüler** ≈ Geschirrspülmaschine
Gerät, das Geschirr sauber spült

das **Ge|schirr|tuch** (Nomen)
des Geschirrtuch(e)s, die Geschirrtücher
ein Tuch, das zum Abtrocknen von Geschirr verwendet wird

das **Ge|schlẹcht** (Nomen) **des Geschlecht(e)s, die Geschlechter**
❶ die Gesamtheit der Merkmale, durch die ein Lebewesen in weiblich oder männlich eingestuft wird
❷ das männliche/weibliche Geschlecht die Gesamtheit der Lebewesen, die ein männliches/weibliches Geschlecht haben
❸ gehoben ≈ Familie *Sie stammt aus einem adligen Geschlecht.*
❹ GRAMMATIK → **Genus**

das **Ge|schlẹchts|or|gan** (Nomen) **des Geschlechtsorgan(e)s, die Geschlechtsorgane** ein Organ, das der Fortpflanzung dient

der **Ge|schlẹchts|ver|kehr** (Nomen) nur im Singular **des Geschlechtsverkehr(e)s** ≈ Sex der intime Kontakt zwischen Personen

das **Ge|schlẹchts|wort** (Nomen) GRAMMATIK **des Geschlechtswort(e)s, die Geschlechtswörter** → **Artikel**

ge|schlọs|sen (Adjektiv)
❶ ≈ gemeinsam so, dass alle gemeinsam etwas tun: *Die Klasse ging geschlossen zum Direktor und beschwerte sich über die Lehrerin.*
❷ eine geschlossene Gesellschaft eine Veranstaltung, bei der nur bestimmte Personen teilnehmen dürfen
❸ eine geschlossene Ortschaft mehrere Häuser, die zusammen einen Ort bilden: *Die Höchstgeschwindigkeit innerhalb geschlossener Ortschaften beträgt 50 km/h.*

der **Ge|schmạck** (Nomen) **des Geschmack(e)s, die Geschmäcke**
❶ das, was man beim Essen oder Trinken wahrnimmt: *der saure/salzige/süße/bittere Geschmack · guter/schlechter Geschmack*
❷ die Fähigkeit, etwas schön zu gestalten oder etwas Schönes auszusuchen: *Ich nehme sie gerne mit zum Möbelkaufen, weil sie einen so guten Geschmack hat.*
❸ Die Geschmäcker sind verschieden! ironisch Ausspruch, wenn zwei Personen unterschiedliche Dinge gefallen.

ge|schmạck|los (Adjektiv) **geschmackloser, am geschmacklosesten**
❶ so, dass etwas zu wenig gewürzt ist: *Die Suppe ist völlig geschmacklos.*
❷ so, dass etwas nicht schön aussieht: *Die bunte Tapete ist völlig geschmacklos!*
❸ so, dass etwas unanständig ist: *Deine Bemerkung war wirklich geschmacklos!*

das **Ge|schọ̈pf** (Nomen) **des Geschöpf(e)s, die Geschöpfe**
❶ ≈ Lebewesen Wir alle sind Geschöpfe Gottes.
❷ eine erfundene Romanfigur: *In Joanne K. Rowlings Harry-Potter-Romanen kommen zahlreiche magische Geschöpfe vor.*

das **Ge|schrei** (Nomen) umgangssprachlich · abwertend · nur im Singular **des Geschreis** das (ununterbrochene) Schreien: *Sie stürmten mit wildem Geschrei aus dem Klassenzimmer.*

ge|schwei|ge (Konjunktion)
geschweige (denn) nach einer negativen Aussage, um das, was folgt, als noch weniger zutreffend zu kennzeichnen ≈ und schon gar nicht *Ich hatte noch nie eine Zwei in Mathe, geschweige denn eine Eins.*

ge|schwịnd (Adjektiv) süddeutsch schnell: *Sie holt nur geschwind die Kinder von der Schule ab.*

die **Ge|schwịn|dig|keit** (Nomen) **der Geschwindigkeit, die Geschwindigkeiten**
❶ PHYSIK das Verhältnis von zurückgelegter Strecke zu dafür benötigter Zeit
❷ ≈ Schnelligkeit Er korrigierte die 26 Schulaufgaben mit rasanter Geschwindigkeit an einem Abend.

die **Ge|schwịs|ter** (Nomen) nur im Plural **der Geschwister** alle Kinder, die die gleichen Eltern haben

das **Ge|schwür** (Nomen) **des Geschwür(e)s, die Geschwüre** eine eitrige Entzündung der Haut oder Schleimhaut (z. B. Magengeschwür)

der **Ge|sẹl|le** (Nomen) **des Gesellen, die Gesellen** jemand, der seine Lehrzeit in einem handwerklichen Beruf erfolgreich abgeschlossen hat (z. B. Gesellenbrief, Gesellenprüfung)

die **Ge|sẹl|lin** (Nomen) **der Gesellin, die Gesellinnen** Femininform von → **Geselle**

die **Ge|sẹll|schaft** (Nomen) **der Gesellschaft, die Gesellschaften**
❶ alle Menschen, die gemeinsam in einem System leben: *Ich lese ein Buch über die Rolle der Frau in der chinesischen Gesellschaft.*
❷ ein bestimmter Personenkreis, der sich trifft: *Das Lokal hat heute wegen einer geschlossenen Gesellschaft zu.*

❸ nur im Singular das Zusammensein mit jemandem: *Ich fühle mich in ihrer Gesellschaft sehr wohl.*
❹ ≈ Firma, Unternehmen (z. B. Aktiengesellschaft, Fluggesellschaft)

ge|sell|schaft|lich (Adjektiv) die Menschen betreffend, die gemeinsam in einem System leben: *die gesellschaftliche Entwicklung • der gesellschaftliche Fortschritt*

das **Ge|sell|schafts|spiel** (Nomen) **des Gesellschaftsspiel(e)s, die Gesellschaftsspiele** ein Spiel, das mehrere Personen gemeinsam spielen

das **Ge|setz** (Nomen) **des Gesetzes, die Gesetze**
❶ eine staatliche Vorschrift, an die sich alle halten müssen: *ein Gesetz beschließen/verabschieden/erlassen • sich an ein Gesetz halten • gegen ein Gesetz verstoßen*
❷ eine Regel, die bestimmte unveränderliche Zusammenhänge logisch erklärt: *das Gesetz der Schwerkraft • ein physikalisches Gesetz* (z. B. Gravitationsgesetz, Naturgesetz)

der **Ge|setz|ge|ber** (Nomen) nur im Singular **des Gesetzgebers** das staatliche Organ, das Gesetze beschließt

ge|setz|lich (Adjektiv)
❶ durch eine staatliche Vorschrift geregelt: *Wir müssen uns an die gesetzlichen Bestimmungen halten. • Er war gesetzlich dazu verpflichtet, den Vorfall zu melden.*
❷ die gesetzliche Krankenversicherung eine verpflichtende Versicherung für Angestellte, deren Einkommen unter einer bestimmten Höchstgrenze liegt: *Ich zahle in die gesetzliche Krankenversicherung ein.*

ge|setz|wid|rig (Adjektiv) gegen staatliche Vorschriften verstoßend: *Wir sind nicht mehr bereit, dieses gesetzwidrige Verhalten zu dulden.*

das **Ge|sicht** (Nomen) **des Gesicht(e)s, die Gesichter**
❶ der vordere Teil des Kopfes mit Augen, Nase, Mund und Kinn: *Sie hat ein sehr hübsches Gesicht.*
❷ der Gesichtsausdruck, den jemand hat: *Sie machte ein trauriges Gesicht.*
❸ jemandem etwas ins Gesicht sagen jemandem direkt die Meinung sagen (obwohl es unangenehm ist)
❹ sein wahres Gesicht zeigen zeigen, wie man wirklich ist (nachdem man sich erst verstellt hat)
❺ sein Gesicht verlieren dem eigenen Ansehen schaden: *Die Konfliktparteien suchten nach einer Lösung, bei der keine Partei ihr Gesicht verlieren würde.*
❻ sein Gesicht wahren obwohl die Situation schwierig ist, freundlich und nett sein

der **Ge|sichts|aus|druck** (Nomen) **des Gesichtsausdruck(e)s, die Gesichtsausdrücke** ≈ Miene die Emotionen, die sich in jemandes Gesicht zeigen: *ein zufriedener/ängstlicher Gesichtsausdruck*

der **Ge|sichts|punkt** (Nomen) **des Gesichtspunkt(e)s, die Gesichtspunkte** die Sichtweise, aus der etwas beurteilt wird: *Der Gesichtspunkt der Verkehrssicherheit ist beim Fahrradkauf sehr wichtig. • Diesen Gesichtspunkt sollten wir nicht außer Betracht lassen.*

die **Ge|sin|nung** (Nomen) **der Gesinnung, die Gesinnungen** die Art und Weise, wie jemand grundsätzlich über etwas oder über jemanden denkt

ge|spannt (Adjektiv) **gespannter, am gespanntesten**
❶ voller Vorfreude, neugierig: *Ich bin gespannt, ob das klappt.*
❷ voller Konflikte, schwierig: *Wir hatten schon immer ein gespanntes Verhältnis.*

das **Ge|spenst** (Nomen) **des Gespenst(e)s, die Gespenster**
❶ der Geist eines Toten, der angeblich an unheimlichen Orten auftaucht und die Menschen erschreckt, in Wahrheit aber gar nicht existiert
❷ Gespenster sehen eine Gefahr sehen, obwohl es gar keine gibt

ge|spens|tisch (Adjektiv) **gespenstischer, am gespenstischsten** unheimlich, angsteinflößend

ge|sperrt (Adjektiv)
❶ nicht offen, blockiert: *Die Autobahn ist wegen eines Unfalls gesperrt. • Er hat dreimal eine falsche PIN eingegeben und jetzt ist seine Karte gesperrt.*
❷ SPORT nicht für einen Wettkampf zugelassen: *Die Sportlerin ist wegen Dopingverdachts gesperrt.*

das **Ge|spräch** (Nomen) **des Gespräch(e)s, die Gespräche**
❶ ≈ Unterhaltung der Vorgang, bei dem zwei oder mehr Personen miteinander über ein Thema sprechen: *Die Frau, die im Bus*

neben mir saß, fing mit mir ein Gespräch über das Wetter an.
❷ mit jemandem ein Gespräch über etwas führen mit jemandem über etwas sprechen: *Ich habe gestern mit Tina ein Gespräch über ihre Schulnoten geführt.*
❸ mit jemandem ins Gespräch kommen anfangen, mit jemandem über etwas zu sprechen: *Auf der Party kam ich mit einem total netten Mädchen ins Gespräch.*
❹ etwas/jemand ist als ... im Gespräch man denkt darüber nach, ob etwas/jemand ... werden soll: *Frau Schmitz ist als unsere neue Klassenlehrerin im Gespräch.*

ge|sprä|chig (Adjektiv) **gesprächiger, am gesprächigsten** so, dass man sich gern unterhält

der **Ge|sprächs|part|ner** (Nomen) **des Gesprächspartners, die Gesprächspartner** die Person, mit der man sich unterhält

die **Ge|sprächs|part|ne|rin** (Nomen) **der Gesprächspartnerin, die Gesprächspartnerinnen**
Femininform von → **Gesprächspartner**

das **Ge|sprächs|the|ma** (Nomen) **des Gesprächsthemas, die Gesprächsthemen** das Thema, über das man sich unterhält

das **Ge|spür** (Nomen) nur im Singular **des Gespürs** ein Gefühl dafür, etwas ohne lange Überlegungen richtig zu machen: *Sie hat ein gutes Gespür für neue Trends.*

die **Ge|stalt** (Nomen) **der Gestalt, die Gestalten**
❶ von Menschen, Dingen die äußere Form
❷ Mensch eine unbekannte Person, die man (undeutlich) sieht: *Man konnte im Dunkeln eine Gestalt erkennen, die vor dem Fenster stand.*
❸ LITERATUR eine Figur in einem Roman

ge|stal|ten (Verb) **du gestaltest, er gestaltete, sie hat gestaltet, gestalte!**
❶ etwas gestalten einer Sache ein bestimmtes Aussehen geben: *ein Fotoalbum/eine Internetseite gestalten*
einer Sache einen bestimmten Inhalt geben: *den Abend/die Freizeit gestalten*
❷ sich gestalten sich in einer bestimmten Art entwickeln: *Die Suche nach dem Dieb gestaltete sich schwierig, weil es dunkel war.*

die **Ge|stal|tung** (Nomen) Plural selten **der Gestaltung, die Gestaltungen**
das Gestalten

das **Ge|ständ|nis** (Nomen) **des Geständnisses, die Geständnisse**
❶ RECHT die Aussage, dass man ein Verbrechen begangen hat: *Der Dieb hat ein Geständnis abgelegt.*
❷ umgangssprachlich die Aussage, dass man etwas Schlimmes getan hat: *Du, ich muss dir ein Geständnis machen: Ich habe dein Lieblingsglas zerbrochen.*

der **Ge|stank** (Nomen) abwertend nur im Singular **des Gestank(e)s** ein sehr schlechter Geruch

ge|stat|ten (Verb) **du gestattest, er gestattete, sie hat gestattet, gestatte!**
jemandem etwas gestatten jemandem etwas erlauben: *Gestatten Sie, dass ich das Fenster aufmache? • Zutritt für Minderjährige nicht gestattet!*

die **Ges|te, Ges|te** (Nomen) **der Geste, die Gesten**
❶ mit der Hand eine Bewegung, die etwas bedeutet (z. B. Herwinken, Vogelzeigen, Zeigefinger vor dem Mund)
❷ symbolisch eine bestimmte Handlung, die etwas ausdrückt: *Die Pralinen und Blumen waren eine nette Geste des Danks für seine Mutter.*

ge|ste|hen (Verb) **du gestehst, er gestand, sie hat gestanden, gesteh(e)!**
❶ sagen, dass man etwas Falsches oder Schlechtes getan hat: *Er hat den Mord gestanden. • Ich muss gestehen, dass ich einen Fehler gemacht habe.*
❷ jemandem seine Liebe gestehen jemandem offen sagen, dass man ihn liebt

ges|tern (Adverb)
❶ am Tag vor diesem Tag: *Gestern hatte ich Geburtstag.*
❷ gestern Morgen/Mittag/Abend/... am Morgen/Mittag/Abend/... des Tags vor heute: *Gestern Abend haben wir meinen Geburtstag gefeiert.*

ge|stört (Adjektiv) **gestörter, am gestörtesten**
MEDIZIN • PSYCHOLOGIE beeinträchtigt, belastet: *eine gestörte Wahrnehmung • Durch den Lärm der Party fühlten sich die Nachbarn gestört.*

ge|streift (Adjektiv) mit Streifen

ge|stresst (Adjektiv) **gestresster, am gestresstesten** körperlich oder seelisch überlastet

ge|sụnd (Adjektiv) **gesünder, am gesündesten**
❶ so, dass jemand/etwas keine Krankheiten hat: *Nimm deine Medizin, damit du schnell wieder gesund wirst!* • *Er hat gesunde Zähne, weil er keine Bonbons isst.*
❷ jemanden gesund machen jemanden heilen
❸ so, dass man davon nicht krank wird, nicht ungesund: *Es ist gesund, jeden Tag einen Apfel zu essen.* • *gesundes Essen*

der/die **Ge|sụn|de** (Nomen) **des/der Gesunden, die Gesunden** jemand, der keine Krankheiten hat

die **Ge|sụnd|heit** (Nomen) **nur im Singular der Gesundheit** der Zustand, in dem ein Mensch, ein Tier oder ein Organ keine Krankheit hat

ge|sụnd|heit|lich (Adjektiv) die Gesundheit betreffend

ge|sụnd|heits|be|wusst (Adjektiv) **gesundheitsbewusster, am gesundheitsbewusstesten** so, dass man versucht, gesund zu bleiben: *gesundheitsbewusst leben* • *eine gesundheitsbewusste Ernährung*

das **Ge|trạ̈nk** (Nomen) **des Getränk(e)s, die Getränke** eine Flüssigkeit, die man trinken kann (**z. B. Kaffee, Milch, Limonade, Bier, Wein**)

das **Ge|trei|de** (Nomen) **des Getreides, die Getreide** alle Pflanzen, die auf einem Feld wachsen und deren Körner man zu Mehl mahlen kann (**z. B. Hafer, Weizen, Roggen, Gerste**)

die **Ge|trẹnnt|schrei|bung** (Nomen) GRAMMATIK **der Getrenntschreibung, die Getrenntschreibungen** einen Begriff getrennt (in zwei oder mehr Wörtern) schreiben

das **Ge|trie|be** (Nomen) **des Getriebes, die Getriebe** der Teil einer Maschine, der die Bewegung des Motors überträgt

ge|trost (Adjektiv) ≈gerne, ruhig ohne Sorgen oder Angst: *Das kannst du getrost vergessen.*

ge|übt (Adjektiv) **geübter, am geübtesten**
❶ erfahren und sicher: *Der Jäger hat ein geübtes Auge.*
❷ in etwas geübt sein etwas sehr gut machen, weil man Übung darin hat: *Sie ist sehr geübt im Umgang mit kleinen Kindern.*

das **Ge|wạ̈chs** (Nomen) **des Gewächses, die Gewächse** die Pflanze

ge|wagt (Adjektiv) **gewagter, am gewagtesten**
❶ mutig und riskant: *Das war aber eine gewagte Aktion/ein gewagter Schritt!*
❷ freizügig, fast unanständig: *ein Kleid mit gewagtem Ausschnitt*

ge|wäh|ren (Verb) gehoben **du gewährst, er gewährte, sie hat gewährt, gewähr(e)!**
❶ jemandem etwas gewähren
Asyl, Kredit, Schutz jemandem etwas geben
Wunsch, Bitte jemandem etwas erfüllen
❷ jemanden gewähren lassen jemanden das tun lassen, was er will

ge|währ|leis|ten (Verb) **du gewährleistest, er gewährleistete, sie hat gewährleistet, gewährleiste!** ≈garantieren
die Verantwortung dafür übernehmen, dass etwas geschieht: *Die Post gewährleistet die Zustellung eines Briefes innerhalb von Deutschland am nächsten Werktag.*

die **Ge|währ|leis|tung** (Nomen) **der Gewährleistung, die Gewährleistungen** die Verantwortung oder Garantie für etwas

die **Ge|wạlt** (Nomen) **der Gewalt, die Gewalten**
❶ **nur im Singular** die körperliche Kraft
❷ **nur im Singular** • abwertend Grausamkeiten: *Im Fernsehen wird zu viel Gewalt gezeigt.*
❸ die Stärke, die Kraft der Natur: *Das Haus wurde durch die Gewalt der Wellen fortgerissen.*
❹ höhere Gewalt ein Ereignis, das man nicht verhindern kann: *Hochwasserkatastrophen sind höhere Gewalt.*
❺ ≈das Herrschen die Macht: *Der Diktator hat keine Gewalt mehr über das Volk.*

die **Ge|wạl|ten|tei|lung** (Nomen) **nur im Singular der Gewaltenteilung** die Verteilung der staatlichen Macht auf mehrere Staatsorgane, wobei unterschiedliche Institutionen die Gesetze erlassen, durchsetzen und Recht sprechen

ge|wạlt|frei (Adjektiv) ohne Gewalt anzuwenden

ge|wạl|tig (Adjektiv) **gewaltiger, am gewaltigsten**
❶ ≈riesig sehr groß, sehr viel: *Nach dem Schwimmen hatte ich gewaltigen Hunger.*
❷ sehr, sehr stark: *Wir haben uns gewaltig angestrengt.*

ge|wạlt|sam (Adjektiv) **gewaltsamer, am gewaltsamsten** mit körperlicher Gewalt: *Die Polizei musste gewaltsam in das Gebäude eindringen.*

die **Ge|wạlt|tat** (Nomen) **der Gewalttat, die Gewalttaten** ein schweres Verbrechen, bei dem Gewalt ausgeübt wird

ge|wạlt|tä|tig (Adjektiv) **gewalttätiger, am gewalttätigsten**
① grausam und mit körperlicher Gewalt
② gewalttätig werden anfangen, jemanden zu schlagen, zu prügeln oder zu treten

das **Ge|wạnd** (Nomen) **des Gewand(e)s, die Gewänder** eine Art langes, festliches Kleid für Männer und Frauen

ge|wạndt (Adjektiv) **gewandter, am gewandtesten** geschickt und sicher

das **Ge|wạ̈s|ser** (Nomen) **des Gewässers, die Gewässer**
① eine Wasserfläche in der Natur
② ein fließendes Gewässer ein Fluss oder Bach
③ ein stehendes Gewässer ein See oder Teich

das **Ge|we̱|be** (Nomen) **des Gewebes, die Gewebe**
① der Stoff
② BIOLOGIE · MEDIZIN die Zellen, die zusammen die Haut oder andere Organe im Körper bilden

das **Ge|we̱hr** (Nomen) **des Gewehr(e)s, die Gewehre** eine Waffe mit langem Lauf, mit der man schießen kann

das **Ge|we̱ih** (Nomen) **des Geweih(e)s, die Geweihe** die großen verzweigten Hörner beim Hirsch o. Ä.

das **Ge|wẹr|be** (Nomen) **des Gewerbes, die Gewerbe** die selbstständige berufliche Tätigkeit als Ladenbesitzer, Handwerker usw.

die **Ge|wẹrk|schaft** (Nomen) **der Gewerkschaft, die Gewerkschaften** eine Organisation von Arbeitern und Angestellten

der **Ge|wẹrk|schaf|ter, Ge|wẹrk|schaft|ler** (Nomen) **des Gewerkschafters, die Gewerkschafter** das Mitglied in einer Gewerkschaft

die **Ge|wẹrk|schaf|te|rin, Ge|wẹrk|schaft|le|rin** (Nomen) **der Gewerkschafterin, die Gewerkschafterinnen**
Femininform von → **Gewerkschafter**

das **Ge|wịcht** (Nomen) **des Gewicht(e)s, die Gewichte**
① nur im Singular das, was man wiegen und in Gramm oder Kilo messen kann: *Der Fisch hat ein Gewicht von zwei Kilo.* · *Ich nehme immer mehr zu und muss dringend auf mein Gewicht achten.*
② nur im Singular die Bedeutung, die Wichtigkeit: *Diese Bemerkung ist ohne Gewicht.*
③ ins Gewicht fallen wichtig sein
④ auf etwas Gewicht legen etwas wichtig finden
⑤ die Gewichte SPORT die Eisenscheiben, die man beim Gewichtheben hochhebt

das **Ge|wịn|de** (Nomen) **des Gewindes, die Gewinde** Rille, eingeschnittene Vertiefung an einer Schraube oder in einer Mutter

der **Ge|wịnn** (Nomen) **des Gewinn(e)s, die Gewinne**
① das Geld, das man verdient, wenn man alle Kosten abgezogen hat
② in der Lotterie, bei einem Spiel, Quiz der Preis, den man gewinnen kann

ge|wịn|nen (Verb) **du gewinnst, er gewann, sie hat gewonnen, gewinn(e)!**
① in einem Kampf oder beim Sport siegen
② in einem Spiel siegen
bei der Lotterie einen Preis bekommen
③ jemanden für etwas gewinnen jemanden überzeugen, bei etwas mitzumachen: *Wir konnten die Schulleiterin für den Schüleraustausch mit Rumänien gewinnen.*
④ an Macht/Bedeutung/... gewinnen mehr Macht/Bedeutung/... bekommen

der **Ge|wịn|ner** (Nomen) **des Gewinners, die Gewinner** jemand, der (etwas) gewinnt

die **Ge|wịn|ne|rin** (Nomen) **der Gewinnerin, die Gewinnerinnen**
Femininform von → **Gewinner**

das **Ge|wịnn|spiel** (Nomen) **des Gewinnspiel(e)s, die Gewinnspiele** eine Lotterie, ein Quiz oder ein Preisausschreiben, bei dem man einen Preis gewinnen kann

das **Ge|wịrr** (Nomen) nur im Singular **des Gewirr(e)s**
① von Fäden oder Kabeln das Durcheinander von Dingen, die sich verwickeln können
② von Straßen oder Stimmen das Durcheinander von Dingen, die man nicht unterscheiden kann

ge|wịss (Adjektiv)
① ≈ sicher so, dass man davon ausgehen kann: *Es ist noch nicht gewiss, ob er kommen kann.*
② ≈ sicherlich bestimmt, mit Sicherheit: *Er wird gewiss bald hier sein.*

❸ ein gewisser/eine gewisse/ein gewisses … jemand/etwas, den/die/das man nicht genau kennt oder beschreiben kann: *Eine gewisse Anna hat angerufen.*

das **Ge|wis|sen** (Nomen) **des Gewissens, die Gewissen**
❶ das innere Gefühl zu wissen, ob das, was man tut, gut oder schlecht ist
❷ ein gutes/schlechtes Gewissen haben kein Schuldgefühl/ein Schuldgefühl haben

ge|wis|sen|haft (Adjektiv) **gewissenhafter, am gewissenhaftesten** sehr sorgfältig und pflichtbewusst

ge|wis|sen|los (Adjektiv) **gewissenloser, am gewissenlosesten** ≈ skrupellos ohne Rücksicht oder Schuldgefühle

die **Ge|wis|sens|bis|se** (Nomen) nur im Plural **der Gewissensbisse** Schuldgefühle, weil man weiß, dass man etwas Schlechtes getan hat

ge|wis|ser|ma|ßen (Adverb) ≈ sozusagen nicht genau so, aber ähnlich: *Durch ihr Weinen hat sie mich gewissermaßen gezwungen, ihr eine Geschichte vorzulesen.*

die **Ge|wiss|heit** (Nomen) nur im Singular **der Gewissheit** die Sicherheit, wenn man etwas genau weiß

das **Ge|wit|ter** (Nomen) **des Gewitters, die Gewitter** ein Unwetter mit Regen, Sturm, Blitz und Donner

ge|witzt (Adjektiv) **gewitzter, am gewitztesten** schlau und geschickt

sich **ge|wöh|nen** (Verb) **du gewöhnst dich, er gewöhnte sich, sie hat sich gewöhnt, gewöhn(e) dich!**
sich an etwas/jemanden gewöhnen sich allmählich mit etwas/jemandem so vertraut machen, dass er/es selbstverständlich wird/dass man damit umgehen kann: *Ich hatte mich nach ein paar Minuten an die Dunkelheit gewöhnt.*

die **Ge|wohn|heit** (Nomen) **der Gewohnheit, die Gewohnheiten** eine regelmäßige Tätigkeit oder ein regelmäßiges Verhalten, das selbstverständlich geworden ist: *Meine Oma hat die Gewohnheit, immer zweimal zu schauen, ob die Tür abgeschlossen ist.*

ge|wöhn|lich (Adjektiv)
❶ ≈ normal, üblich so, wie es immer ist oder wie man es immer macht
❷ für gewöhnlich meist, normalerweise: *Für gewöhnlich stehe ich um sieben Uhr auf.*

ge|wohnt (Adjektiv)
❶ ≈ normal, üblich so, wie es immer ist oder wie man es immer macht
❷ ≈ vertraut so, wie man es kennt: *Wenn ich mich ausruhen will, brauche ich meine gewohnte Umgebung.*
❸ etwas gewohnt sein etwas immer so haben oder tun, etwas selbstverständlich finden: *Er ist es nicht gewohnt, so spät zu essen.*

das **Ge|würz** (Nomen) **des Gewürzes, die Gewürze** ein Mittel, das man ins Essen gibt, damit es einen besonderen Geschmack bekommt (z. B. Salz, Pfeffer, Zucker, Paprika)

die **Ge|zei|ten** (Nomen) nur im Plural **der Gezeiten** der Wechsel von Ebbe und Flut

ge|zielt (Adjektiv) **gezielter, am gezieltesten** genau auf ein Ziel gerichtet oder für einen bestimmten Zweck gedacht: *ein gezielter Schuss • gezielte Fragen stellen*

ggf. [gəˈgeːbənənˈfals]
Kurzform von → **gegebenenfalls**

das **Ghet|to, Get|to** (Nomen) **des Ghettos, die Ghettos** ein Teil einer Stadt, in dem nur eine bestimmte Gruppe von Menschen lebt

gie|ßen (Verb) **du gießt, er goss, sie hat gegossen, gieß(e)!**
❶ eine Flüssigkeit durch Kippen aus oder in etwas fließen lassen
❷ Pflanzen mit Wasser versorgen
❸ es gießt umgangssprachlich • unpersönlich es regnet sehr stark: *Es gießt in Strömen.*

das **Gift** (Nomen) **des Gift(e)s, die Gifte**
❶ ein sehr schädliches Mittel, von dem Menschen oder Tiere krank werden oder sterben können
❷ Darauf kannst du Gift nehmen! umgangssprachlich Das ist ganz sicher so!

gif|tig (Adjektiv) **giftiger, am giftigsten**
❶ Gift enthaltend (z. B. bei Pflanzen, Schlangen)
❷ umgangssprachlich aggressiv, boshaft: *Nach meiner spöttischen Bemerkung hat er mir einen giftigen Blick zugeworfen.*

der **Gift|müll** (Nomen) nur im Singular **des Giftmülls** der Müll, der giftige und umweltschädliche Stoffe enthält

gi|gan|tisch (Adjektiv) **gigantischer, am gigantischsten** riesig

der **Gip|fel** (Nomen) **des Gipfels, die Gipfel**
❶ GEOGRAFIE die höchste Spitze eines hohen Berges

❷ POLITIK ≈ Gipfeltreffen die Konferenz der höchsten Politiker verschiedener Staaten
❸ Das ist doch der Gipfel! umgangssprachlich Das ist eine Unverschämtheit!

gip|feln (Verb) nur in der 3. Person gebraucht **es gipfelt, es gipfelte, es hat gegipfelt**
etwas gipfelt in etwas etwas ist der (negative) Höhepunkt einer Sache: *Seine Rede gipfelte in der Beschimpfung des Publikums.*

der **Gips** (Nomen) **des Gipses, die Gipse**
❶ Mineral eine Art Kalk
❷ für Künstler, Handwerker ein Pulver, das man mit Wasser zu einer Masse anrührt, die schnell hart wird
❸ MEDIZIN ein harter Verband aus Gips, den man trägt, wenn man sich etwas gebrochen hat

das **Gips|bein** (Nomen) umgangssprachlich **des Gipsbein(e)s, die Gipsbeine** ein Bein, das gebrochen ist und einen harten Verband aus Gips hat

die **Gi|raf|fe** (Nomen) **der Giraffe, die Giraffen** ein großes geflecktes Tier mit vier langen Beinen und einem sehr langen Hals, das in Afrika lebt

die **Gir|lan|de** (Nomen) **der Girlande, die Girlanden** eine Art Kette aus Blumen oder buntem Papier, die man bei Festen als Dekoration aufhängt

die **Gi|tar|re** (Nomen) **der Gitarre, die Gitarren** ein Musikinstrument mit Saiten, die man mit den Fingern zupft oder streicht

der **Gi|tar|rist** (Nomen) **des Gitarristen, die Gitarristen** jemand, der Gitarre spielt

die **Gi|tar|ris|tin** (Nomen) **der Gitarristin, die Gitarristinnen**
Femininform von → **Gitarrist**

das **Git|ter** (Nomen) **des Gitters, die Gitter**
❶ eine Konstruktion aus senkrechten und waagerechten Stäben, z. B. am Käfig, Fenster oder Zaun
❷ hinter Gittern umgangssprachlich im Gefängnis: *Er sitzt seit drei Jahren hinter Gittern.*

der **Glanz** (Nomen) nur im Singular **des Glanzes** das helle Strahlen

glän|zen (Verb) **du glänzt, er glänzte, sie hat geglänzt, glänz(e)!**
❶ ≈ leuchten hell strahlen
❷ mit seinen Kenntnissen/Leistungen/... glänzen durch seine Kenntnisse/Leistungen/... auffallen und dafür bewundert werden
❸ durch Abwesenheit glänzen ironisch nicht anwesend sein

glän|zend (Adjektiv) **glänzender, am glänzendsten**
❶ nicht matt, sondern hell strahlend
❷ umgangssprachlich ≈ hervorragend sehr gut: *Das ist eine glänzende Idee! • Es geht mir glänzend!*

das **Glas** (Nomen) **des Glases, die Gläser**
❶ nur im Singular ein durchsichtiges, zerbrechliches Material, das z. B. für die Herstellung von Fenstern verwendet wird
❷ HAUSHALT ein Gefäß aus Glas, aus dem man trinken kann
für Marmelade, Gurken ein Behälter aus Glas

die **Glas|schei|be** (Nomen) **der Glasscheibe, die Glasscheiben** die Scheibe aus Glas

die **Gla|sur** (Nomen) **der Glasur, die Glasuren**
❶ TECHNIK eine harte, glänzende Schicht auf Ton oder Keramik
❷ GASTRONOMIE eine glänzende Schicht aus Zucker oder Schokolade auf Kuchen oder Keksen

glatt (Adjektiv) **glatter/glätter, am glattesten/glättesten**
❶ Fläche, Oberfläche, Holz, Stein ohne Löcher, Risse oder Hügel
❷ Haut, Stoff, Papier ohne Falten
❸ Haar ohne Locken
❹ Meer, See ohne Wellen
❺ ≈ rutschig Boden, Straße so, dass man leicht ausrutschen kann
❻ etwas glatt bügeln/schleifen/... durch Bügeln/Schleifen/... glatt machen

die **Glät|te** (Nomen) nur im Singular **der Glätte** die Eigenschaft, glatt zu sein

das **Glatt|eis** (Nomen) nur im Singular **des Glatteises** das Eis auf Straßen und Wegen

die **Glat|ze** (Nomen) **der Glatze, die Glatzen** ein Kopf ohne Haare

der **Glau|be**, **Glau|ben** (Nomen) nur im Singular **des Glaubens**
❶ allgemein die feste Überzeugung, dass etwas auch ohne Beweise wahr, richtig, möglich oder da ist: *Sie hat den Glauben an die große Liebe noch nicht verloren.*
❷ RELIGION die feste Überzeugung, dass es (einen) Gott gibt
❸ RELIGION ≈ Konfession die Glaubensrichtung, die Religion (z. B. Christentum, Judentum, Islam, Buddhismus, Hinduismus)

glau|ben (Verb) **du glaubst, er glaubte, sie hat geglaubt, glaub(e)!**
❶ (an) etwas glauben davon überzeugt sein, dass etwas auch ohne Beweise wahr, richtig, möglich oder da ist: *Er soll das gesagt haben? Das kann ich einfach nicht glauben! • Glaubst du an Gespenster?*
❷ an Gott glauben davon überzeugt sein, dass es (einen) Gott gibt
❸ jemandem (etwas) glauben davon überzeugt sein, dass das, was jemand sagt, wahr oder richtig ist: *Ich glaube dir kein Wort.*
❹ Ob du es glaubst oder nicht,… umgangssprachlich wenn man jemandem etwas Überraschendes sagt
❺ dran glauben müssen umgangssprachlich sterben müssen ironisch etwas Unangenehmes tun müssen

glaub|haft (Adjektiv) **glaubhafter, am glaubhaftesten** so, dass man etwas oder jemandem glauben kann

gläu|big (Adjektiv) an eine Religion glaubend: *Meine Tante ist sehr gläubig.*

der/die **Gläu|bi|ge** (Nomen) **des/der Gläubigen, die Gläubigen** jemand, der an eine Religion glaubt: *Ostern gehen viele Gläubige in die Kirche.*

der **Gläu|bi|ger** (Nomen) **des Gläubigers, die Gläubiger** jemand, dem ein anderer Geld schuldet

die **Gläu|bi|ge|rin** (Nomen) **der Gläubigerin, die Gläubigerinnen**
Femininform von → **Gläubiger**

glaub|wür|dig (Adjektiv) **glaubwürdiger, am glaubwürdigsten** so, dass man etwas oder jemandem glauben kann

die **Glaub|wür|dig|keit** (Nomen) nur im Singular **der Glaubwürdigkeit** die Eigenschaft, dass man etwas oder jemandem glauben kann

gleich[1] (Adjektiv)
❶ ≈ identisch ohne Unterschied: *Gleiches Recht für alle!*
❷ ≈ ähnlich fast ohne Unterschied, vergleichbar: *Unsere Nachbarn haben das gleiche Auto wie wir.*
❸ ≈ unverändert ohne Veränderung, gleich geblieben: *Sie hat immer noch den gleichen Humor wie früher.*
❹ MATHEMATIK (ist) gleich (Zeichen: =) ergibt: *zehn minus drei gleich sieben (10 - 3 = 7)*
❺ das ist mir gleich das ist nicht wichtig für mich, das ist mir egal
❻ gleich groß/lang/gut/… genauso groß/lang/gut/…: *Meine Freundin und ich sind gleich alt.*

gleich[2] (Adverb)
❶ ≈ sofort nach sehr kurzer Zeit: *Ich komme gleich!*
❷ Bis gleich! Abschiedsgruß Bis später an diesem Tag, wenn wir uns wieder treffen!
❸ ≈ zugleich zur gleichen Zeit: *Sie hat gleich zwei Pizzas gegessen.*
❹ ≈ dicht ganz nahe bei: *Gleich neben der Kirche ist die Bushaltestelle.*

gleich[3] (Partikel) in Fragen, wenn man sich nicht erinnern kann: *Wie hieß er noch gleich?* in Ausrufen, wenn man sich ärgert: *Das habe ich dir doch gleich gesagt!*

gleich|alt|rig, gleich|al|te|rig (Adjektiv) genauso alt (wie jemand anders)

gleich|be|rech|tigt (Adjektiv) mit denselben Rechten (wie jemand anders)

die **Gleich|be|rech|ti|gung** (Nomen) nur im Singular **der Gleichberechtigung** die Tatsache, dass jemand dieselben Rechte hat wie jemand anders

glei|chen (Verb) **du gleichst, er glich, sie hat geglichen, gleiche!**
jemandem/einer Sache gleichen fast genauso sein oder aussehen wie jemand/etwas

gleich|falls (Adverb)
❶ auch, ebenfalls
❷ Danke, gleichfalls! als Antwort auf einen Wunsch Danke, das wünsche ich dir/Ihnen auch!: *Guten Appetit! – Danke, gleichfalls!*

das **Gleich|ge|wicht** (Nomen) nur im Singular **des Gleichgewicht(e)s**
❶ ≈ Balance der Zustand, dass etwas oder jemand nicht schwankt oder umfällt
❷ das Gleichgewicht verlieren schwanken oder umfallen
❸ ≈ Ausgeglichenheit die seelische Ruhe und Gesundheit

gleich|gül|tig (Adjektiv)
❶ ohne Interesse oder Mitgefühl
❷ etwas/jemand ist jemandem gleichgültig etwas/jemand ist jemandem egal: *Es ist mir gleichgültig, ob sie kommt oder nicht.*

das **Gleich|heits|zei|chen** (Nomen) MATHEMATIK **des Gleichheitszeichens, die Gleichheitszeichen** das Zeichen „=“, das zwischen zwei gleichen Werten steht: *2 + 3 = 5*

gleich|mä|ßig (Adjektiv) **gleichmäßiger, am gleichmäßigsten**
❶ regelmäßig, unverändert: *Während der gesamten Strecke konnte er ein gleichmäßiges Tempo einhalten.*
❷ ausgewogen, ohne Unterschiede: *Teilt euch den Kuchen bitte gleichmäßig auf!*

gleich|na|mig (Adjektiv)
❶ mit demselben Namen
❷ MATHEMATIK den gleichen Nenner habend: *Diese Brüche sind gleichnamig, da sie alle den Nenner 4 haben.*

das **Gleich|nis** (Nomen) **des Gleichnisses, die Gleichnisse** eine Geschichte, deren Handlung belehren soll

gleich|set|zen (Verb) **du setzt gleich, er setzte gleich, sie hat gleichgesetzt, setz(e) gleich!**
etwas mit etwas gleichsetzen zwei oder mehr Dinge als gleich betrachten: *Man kann einen 3-D-Film nicht mit der Wirklichkeit gleichsetzen.*

die **Glei|chung** (Nomen) **der Gleichung, die Gleichungen** ein mathematischer Ausdruck, bei dem das, was rechts und links vom Gleichheitszeichen steht, denselben Wert hat

gleich|wer|tig (Adjektiv) mit dem gleichen Wert oder der gleichen Bedeutung: *gleichwertiger Gegner/Ersatz*

gleich|zei|tig (Adjektiv) zur selben Zeit: *Wir kamen gleichzeitig zu Hause an. • Ich kann nichts verstehen, wenn alle gleichzeitig reden.*

das **Gleis** (Nomen) **des Gleises, die Gleise** die beiden Schienen, auf denen Züge fahren

glei|ten (Verb) **du gleitest, er glitt, sie ist geglitten, gleit(e)!**
❶ über etwas gleiten über Boden, Eis, Wasser sich leicht und fast ohne Bewegung über etwas schieben
❷ durch die Luft gleiten ≈ schweben leicht und fast ohne Bewegung durch die Luft fliegen
❸ in/aus etwas gleiten in/aus etwas nach unten rutschen: *Sie ließ sich ins Wasser gleiten. • Das Glas glitt mir aus der Hand.*

der **Glet|scher** (Nomen) **des Gletschers, die Gletscher** im Gebirge, an Nord- oder Südpol ein großes Eisfeld

das **Glied** (Nomen) **des Glied(e)s, die Glieder**
❶ ≈ Körperglied z. B. ein Arm oder ein Bein
❷ beim Mann der Penis
❸ einer der Ringe, aus denen eine Kette besteht
❹ eins der Teile, aus denen das Ganze besteht: *ein wichtiges Glied der Gesellschaft*

glie|dern (Verb) **du gliederst, er gliederte, sie hat gegliedert, glied(e)re!**
❶ in Teile einteilen: *Bitte gliedert euren Aufsatz in Einleitung, Hauptteil und Schluss.*
❷ etwas gliedert sich in etwas etwas besteht aus verschiedenen Teilen: *Das Buch gliedert sich in zehn Kapitel.*

die **Glie|de|rung** (Nomen) **der Gliederung, die Gliederungen** die Einteilung in mehrere Teile

glit|schig (Adjektiv) umgangssprachlich **glitschiger, am glitschigsten** feucht, glatt und rutschig

glit|zern (Verb) **du glitzerst, er glitzerte, sie hat geglitzert, glitz(e)re!** ≈ funkeln an vielen Stellen kurz aufleuchten, wenn Licht darauffällt

glo|bal (Adjektiv)
❶ die ganze Erde betreffend: *globale Erwärmung/Klimaveränderung*
❷ viele Bereiche umfassend: *globales Wissen*

die **Glo|ba|li|sie|rung** (Nomen) nur im Singular **der Globalisierung** POLITIK die Ausweitung von verschiedenen Bereichen, wie z. B. von Wirtschaft, Politik und Umwelt, auf die ganze Erde

der **Glo|bus** (Nomen) **des Globus/Globusses, die Globen/Globusse**
❶ ein kugelförmiges Modell der Erde
❷ gehoben der Planet Erde

die **Glo|cke** (Nomen) **der Glocke, die Glocken**
❶ ein hohler Gegenstand aus Metall, der durch einen Stab im Innern einen Ton erzeugt: *Die Glocken unserer Kirche läuten jeden Tag um 12 Uhr.*
❷ etwas an die große Glocke hängen umgangssprachlich etwas überall herumerzählen

die **Glot|ze** (Nomen) umgangssprachlich • abwertend **der Glotze, die Glotzen** das Fernsehgerät: *Die Nachbarskinder hängen den ganzen Tag vor der Glotze.*

glot|zen (Verb) umgangssprachlich • abwertend **du glotzt, er glotzte, sie hat geglotzt, glotz(e) nicht!** dumm auf etwas schauen: *Was glotzt du denn so?*

das **Glück** (Nomen) nur im Singular **des Glück(e)s**
❶ die Situation, dass alles gut oder

erfolgreich verläuft: *Wir hatten Glück, dass wir den Bus noch bekommen haben.*
❷ das Gefühl, wenn man sich freut und sehr zufrieden ist: *Sie strahlte vor Glück.*
❸ jemandem Glück bringen dazu verhelfen, dass es jemandem immer gut geht: *Schenk ich dir! Diese Kette soll dir Glück bringen.*
❹ jemandem Glück wünschen jemandem wünschen, dass etwas gut und erfolgreich wird: *Ich wünsche dir Glück bei der Klassenarbeit!*
❺ zum Glück durch einen günstigen Zufall, glücklicherweise: *Plötzlich fing es an zu regnen, aber zum Glück hatte ich meinen Schirm dabei.*
❻ auf gut Glück einfach drauflos, ohne zu wissen, ob etwas gut oder richtig ist: *Ich hatte keine Ahnung und habe auf gut Glück geraten.*

glück|lich (Adjektiv) **glücklicher, am glücklichsten**
❶ froh und zufrieden: *Wir sind sehr glücklich über die Geburt unseres Babys.* • *Bist du glücklich mit deinem neuen Fahrrad?*
❷ wunschlos glücklich sein so froh und zufrieden sein, dass man nichts anderes mehr möchte
❸ ≈günstig, passend so, dass es gut und richtig ist: *Das war ein glücklicher Zufall, dass ich genau dieses Buch kurz vor der Prüfung gelesen habe.*

glück|li|cher|wei|se (Adverb) durch einen günstigen Zufall, zum Glück

der **Glücks|fall** (Nomen) **des Glücksfall(e)s, die Glücksfälle** ein günstiger Zufall: *Es war ein Glücksfall, dass sie den Job bekommen hat.*

der **Glück|wunsch** (Nomen) **des Glückwunsches, die Glückwünsche**
❶ zu einem Fest, Erfolg oder besonderen Ereignis Worte, die zeigen, dass man sich mit jemandem freut
❷ Herzlichen Glückwunsch! Ich gratuliere/Wir gratulieren dir/euch/Ihnen!: *Herzlichen Glückwunsch zum Geburtstag!*

die **Glüh|bir|ne** (Nomen) **der Glühbirne, die Glühbirnen** der birnenförmige Gegenstand aus Glas, den man in eine Lampe schraubt, um Licht zu haben

glü|hen (Verb) **du glühst, er glühte, sie hat geglüht, glüh(e)!**
❶ Kohle, Holz ohne Flamme brennen (und rot leuchten) Eisen sehr heiß sein (und rot leuchten)
❷ Stirn, Wangen, Gesicht vor Fieber, Aufregung oder Anstrengung sehr heiß (und rot) sein: *Seine Ohren glühten vor Verlegenheit.*

die **Glut** (Nomen) **der Glut, die Gluten**
❶ die rote, heiße Masse, die übrig bleibt, wenn etwas gebrannt hat: *Abends haben wir die Kartoffeln in der Glut des Lagerfeuers gebraten.*
❷ nur im Singular die große Hitze
❸ nur im Singular • gehoben die Leidenschaft

die **GmbH** (Nomen) [ge:|ɛmbe:'ha:] **der GmbH, die GmbHs** Abkürzung von: Gesellschaft mit beschränkter Haftung eine Firma, in der die Eigentümer Verluste nicht mit ihrem privaten Vermögen bezahlen müssen

die **Gna|de** (Nomen) nur im Singular **der Gnade**
❶ RECHT die Milderung einer Strafe, die Befreiung von einer Strafe: *Der Gefangene flehte vergeblich um Gnade.*
❷ RELIGION die Vergebung der Sünden durch Gott
❸ ironisch die Großzügigkeit: *Der Langschläfer hatte die Gnade, zum gemeinsamen Frühstück zu erscheinen.*

gnä|dig (Adjektiv) **gnädiger, am gnädigsten**
❶ nicht streng, sondern milde und großzügig: *gnädiger Gott/Richter*
❷ ironisch so, dass man etwas tut, obwohl man es nicht muss: *Wärst du bitte so gnädig und leihst mir fünf Euro?*
❸ gnädige Frau/gnädiger Herr gehoben eine sehr höfliche Anrede, die man heute nur noch selten benutzt: *Darf ich Ihnen die Vorspeise servieren, gnädige Frau?*

das **Gold** (Nomen) nur im Singular **des Gold(e)s**
❶ ein wertvolles, gelblich glänzendes Metall: *ein Schatz aus Gold und Edelsteinen*
❷ ohne Artikel, nur im Singular SPORT ≈Goldmedaille eine Medaille für den ersten Platz: *olympisches Gold*
❸ etwas ist Gold wert/nicht mit Gold aufzuwiegen etwas ist sehr wertvoll oder wichtig

gol|den (Adjektiv)
❶ aus Gold: *ein goldener Ring*
❷ von der Farbe des Goldes: *goldenes Haar*
❸ eine goldene Regel eine besonders wichtige und auch nützliche Regel
❹ goldene Zeiten eine besonders gute und erfolgreiche Zeit

der **Gold|fisch** (Nomen) **des Goldfisch(e)s, die Goldfische** ein kleiner orangefarbener Fisch, den man in Gartenteichen und Aquarien schwimmen lässt

gold|gelb (Adjektiv) leuchtend gelb

die **Gold|me|dail|le** (Nomen) [gɔlt'me'daljə] **der Goldmedaille, die Goldmedaillen** eine Medaille, die man für den ersten Platz bekommt: *Deutschland hat zwölf Goldmedaillen bei der letzten Weltmeisterschaft gewonnen.*

das **Golf**[1] (Nomen) nur im Singular **des Golfs** ein Sport, bei dem man mit einem Schläger einen kleinen Ball über große Rasenflächen in Löcher spielen muss: *Golf spielen*

der **Golf**[2] (Nomen) **des Golf(e)s, die Golfe** eine große Meeresbucht: *der Golf von Neapel*

die **Gon|del** (Nomen) **der Gondel, die Gondeln**
1 eine Kabine für Fahrgäste einer Seilbahn
2 ein langes schmales Boot in Venedig

der **Gong** (Nomen) **des Gongs, die Gongs**
1 eine große Metallscheibe, auf die man schlägt, um ein Signal zu geben
2 ein Tonsignal, besonders in der Schule und beim Boxen: *Hast du den Gong zur ersten Stunde nicht gehört?*

gön|nen (Verb) **du gönnst, er gönnte, sie hat gegönnt, gönn(e)!**
1 jemandem etwas gönnen gut finden, dass jemand etwas Gutes bekommt oder erlebt: *Ich gönne ihm den Erfolg sehr.*
2 sich etwas gönnen etwas Angenehmes genießen: *Jetzt gönnen wir uns erst einmal ein Eis!*

goo|geln (Verb) ['gu:gln] **du googelst, er googelte, sie hat gegoogelt, goog(e)le!** Informationen über jemanden/etwas mithilfe einer Suchmaschine (besonders Google®) im Internet suchen

der **Go|ril|la** (Nomen) **des Gorillas, die Gorillas** ein großer, kräftiger Menschenaffe mit schwarzem Fell

Gott (Nomen) **des Gottes, die Götter**
1 nur im Singular das höhere Wesen, von dem Christen, Juden und Moslems glauben, dass es die Welt erschaffen hat: *an Gott glauben*
2 eines von mehreren mächtigen Wesen, das ewig lebt und zu dem der Mensch betet: *die indischen Götter*
3 Gott sei Dank! umgangssprachlich verwendet, um Erleichterung auszudrücken

der **Got|tes|dienst** (Nomen) **des Gottesdienst(e)s, die Gottesdienste** eine Feier in der Kirche, bei der gemeinsam gebetet und gesungen wird

die **Göt|tin** (Nomen) **der Göttin, die Göttinnen** ein weiblicher Gott: *Venus, die römische Göttin der Liebe*

gött|lich (Adjektiv)
1 von Gott kommend: *auf eine göttliche Eingebung hoffen*
2 herrlich, fantastisch: *Das Essen war einfach göttlich!*

das **Grab** (Nomen) **des Grab(e)s, die Gräber** ein Platz, an dem ein toter Mensch auf einem Friedhof begraben ist

gra|ben (Verb) **du gräbst, er grub, sie hat gegraben, grab(e)!**
1 mit einer Schaufel oder mit den Händen/Pfoten ein Loch in den Boden machen: *einen Brunnen graben • in der Erde graben*
2 nach jemandem/etwas graben graben, weil man jemanden/etwas sucht: *Er grub im Schnee nach seinem verlorenen Handschuh.*

der **Gra|ben** (Nomen) **des Grabens, die Gräben** eine lange Rinne, die in die Erde gegraben wurde

der **Grad** (Nomen) **des Grad(e)s, die Grad(e)**
1 hier auch: das Grad • Plural „Grad" eine Einheit, in der man Temperaturen misst: *Sie hatte 39 °C Fieber.*
2 Plural „Grad" eine Einheit, in der man Winkel misst: *eine vollständige Drehung um 360°*
3 Plural „Grad" eine Einheit, mit der man die Lage eines Ortes auf der Erde bestimmt (z. B. Breitengrad, Längengrad)
4 Plural „Grade" das Maß, in dem eine Eigenschaft oder ein Zustand vorhanden ist: *Sie engagiert sich im höchsten Grade.*

der **Graf** (Nomen) **des Grafen, die Grafen** ein Adelstitel: *Graf Dracula ist eine berühmte Figur in der Literatur.*

das **Graf|fi|ti** (Nomen) umgangssprachlich **des Graffitis, die Graffitis** ein Schriftzug oder ein Bild, das jemand mit einem Farbspray an die Wand gesprüht hat

die **Gra|fik, Gra|phik** (Nomen) **der Grafik, die Grafiken**
1 nur im Singular künstlerisches Zeichnen: *Grafik und Design studieren*
2 ein gezeichnetes oder gedrucktes Kunstwerk: *eine Ausstellung mit Grafiken moderner Künstler*

③ ein Bild oder eine Tabelle, mit dem/der Informationen dargestellt werden: *Die Grafik zeigt die Temperaturentwicklung der letzten hundert Jahre.*

gra|fisch, gra|phisch (Adjektiv) durch Grafiken, Zeichnungen: *die Messergebnisse grafisch darstellen*

das **Gramm** (Nomen) **des Gramms, die Gramm(e)** Einheit, in der man das Gewicht misst: *200 Gramm Käse (200 g)*

die **Gram|ma|tik** (Nomen) **der Grammatik, die Grammatiken**
① Sprachlehre, die Regeln, die für das Bilden von Sätzen in einer Sprache gelten: *Hier hast du die falsche Präposition verwendet. Das ist ein Fehler in der Grammatik.*
② ein Buch, das diese Regeln beschreibt: *Wir sollen morgen die Englisch-Grammatik mitbringen.*

gram|ma|ti|ka|lisch, gram|ma|tisch (Adjektiv) die Grammatik betreffend: *Dieser Satz ist grammatikalisch richtig.*

gran|di|os (Adjektiv) **grandioser, am grandiosesten** sehr gut oder beeindruckend

der **Graph** (Nomen) MATHEMATIK **des Graphen, die Graphen** grafische Darstellung von mathematischen Werten

das **Gras** (Nomen) **des Grases, die Gräser**
① nur im Singular die kleinen grünen Pflanzen mit schmalen Blättern, die den Boden von Wiesen bedecken: *Kühe fressen Gras.*
② eine bestimmte Sorte dieser Pflanzen: *Weizen und Reis gehören zu den Gräsern.*
③ über etwas wächst Gras etwas Unangenehmes wird vergessen: *Warten wir lieber, bis über die Sache Gras gewachsen ist.*

gra|sen (Verb) ZOOLOGIE nur in der 3. Person gebraucht **er grast, sie graste, es hat gegrast** bei Tieren frisches Gras fressen

gräss|lich (Adjektiv) **grässlicher, am grässlichsten**
① sehr unangenehm, schrecklich: *ein grässliches Ungeheuer*
② umgangssprachlich sehr, stark: *Ich habe mich grässlich gelangweilt.*

die **Grä|te** (Nomen) **der Gräte, die Gräten** einer der dünnen Knochen eines Fisches

gra|tis (Adverb) kostenlos, unentgeltlich: *Das Heft gibt es gratis dazu.*

die **Grät|sche** (Nomen) SPORT **der Grätsche, die Grätschen** ein Schritt oder Sprung, bei dem man die Beine weit spreizt, als Turnübung oder beim Versuch, dem Gegner den Ball abzunehmen

gra|tu|lie|ren (Verb) **du gratulierst, er gratulierte, sie hat gratuliert, gratulier(e)!** jemanden zu etwas beglückwünschen: *Er hat mir zur bestandenen Prüfung gratuliert.*

grau (Adjektiv)
① von der Farbe, die entsteht, wenn man Schwarz mit Weiß vermischt: *Seine Haare werden schon grau.*
② der graue Alltag das tägliche Leben
③ sich wegen etwas keine grauen Haare wachsen lassen umgangssprachlich sich keine Sorgen machen

das **Grau** (Nomen) nur im Singular **des Grau(s)** eine graue Farbe: *ein Anzug in hellem Grau*

grau|en (Verb) nur in der 3. Person gebraucht **es graut, es graute, es hat gegraut**
① jemandem graut vor jemandem/etwas jemand hat große Angst: *Mir graut schon davor, was sie sagen wird, wenn sie das erfährt.*
② es/der Morgen/der Tag graut gehoben es dämmert

das **Grau|en** (Nomen) **des Grauens, die Grauen**
① Entsetzen und Furcht: *Ich denke mit Grauen an die Prüfung.*
② ein Bild/Ort des Grauens ein schrecklicher Anblick/ein Ort, wo schreckliche Dinge geschehen sind

grau|en|haft (Adjektiv) **grauenhafter, am grauenhaftesten** sehr schlimm, schrecklich: *grauenhafte Angst haben • Was stinkt hier so grauenhaft?*

grau|en|voll (Adjektiv) **grauenvoller, am grauenvollsten** grauenhaft

der **Graus** (Nomen) nur im Singular **des Grauses** Was für ein Graus! oder O Graus! drückt aus, dass man etwas schrecklich findet oder Angst davor hat

grau|sam (Adjektiv) **grausamer, am grausamsten**
① ohne Mitleid andere quälend: *grausame Rache nehmen*
② sehr schlimm: *ein grausames Schicksal erleiden*
③ umgangssprachlich sehr schlecht: *Das Essen schmeckt ja grausam!*

die **Grau|sam|keit** (Nomen) **der Grausamkeit, die Grausamkeiten**
❶ eine grausame Art: *Wir waren über die Grausamkeit der Tat entsetzt.*
❷ eine grausame Tat: *im Krieg begangene Grausamkeiten*

gra|vie|rend (Adjektiv) [gra'vi:rənt] gehoben **gravierender, am gravierendsten**
≈schwerwiegend *ein gravierendes Problem*

die **Gra|zie** (Nomen) ['gra:tsi̯ə] **der Grazie, die Grazien**
❶ nur im Singular eine graziöse Art, sich zu bewegen
❷ ironisch eine graziöse Frau

gra|zi|ös (Adjektiv) **graziöser, am graziösesten**
≈anmutig so, dass sich jemand leicht und elegant bewegt: *eine graziöse Tänzerin*

Green|peace (Nomen) ['gri:npi:s] eine internationale Organisation, die Aktionen zum Schutz der Umwelt durchführt

greif|bar (Adjektiv) **greifbarer, am greifbarsten**
❶ ≈griffbereit *sein Werkzeug greifbar haben*
❷ für jemanden erreichbar: *Der Sieg ist in greifbare Nähe gerückt.*
❸ deutlich erkennbar und tatsächlich vorhanden: *greifbare Fortschritte vorweisen können*

grei|fen (Verb) **du greifst, er griff, sie hat gegriffen, greif(e)!**
❶ die Hand ausstrecken, um etwas anzufassen oder zu nehmen: *Sie griff in die Tüte und holte ein Bonbon heraus.*
❷ zu einer List/einem Trick/... greifen eine List/einen klugen Einfall/... benutzen
❸ etwas greift etwas (hat genügend Halt und) funktioniert: *Die Bremsen griffen nicht.* • *Wollen wir hoffen, dass die Maßnahmen bald greifen!*
❹ etwas greift um sich etwas breitet sich aus: *Das Feuer griff schnell um sich.*
❺ etwas ist zu hoch/niedrig gegriffen eine Schätzung ist zu hoch/niedrig

der **Greis** (Nomen) **des Greises, die Greise** ein sehr alter Mann

die **Grei|sin** (Nomen) **der Greisin, die Greisinnen** eine sehr alte Frau

grell (Adjektiv) **greller, am grellsten**
❶ von Licht unangenehm hell
❷ von Farben unangenehm leuchtend oder intensiv
❸ von Tönen unangenehm hoch, schrill

das **Gre|mi|um** (Nomen) **des Gremiums, die Gremien** eine Gruppe von Personen, die für eine gemeinsame Aufgabe bestimmt wurden: *Die Schülervertretung ist ein Gremium, das sich um die Interessen aller Schüler kümmert.*

die **Gren|ze** (Nomen) **der Grenze, die Grenzen**
❶ eine Linie, an der sich einzelne Gebiete, Länder oder Bereiche berühren: *an der Grenze zu Dänemark* • *die Grenze zwischen den beiden Grundstücken*
❷ das äußerste Maß, das nicht überschritten werden darf oder kann: *Bei dieser Aufgabe ist er über seine Grenzen hinausgegangen.*
❸ etwas hält sich in Grenzen etwas ist relativ gering

gren|zen (Verb) nur in der 3. Person gebraucht **es grenzt, es grenzte, es hat gegrenzt**
etwas grenzt an etwas etwas liegt direkt neben etwas: *An unseren Garten grenzt ein Feld.* etwas kommt einer Sache sehr nahe: *Wie hast du das geschafft? Das grenzt ja an Zauberei!*

gren|zen|los (Adjektiv)
❶ ohne Einschränkung: *grenzenlose Freiheit*
❷ ohne erkennbares Ende: *die grenzenlose Weite des Weltalls*
❸ sehr groß: *Zu meiner grenzenlosen Überraschung hat alles funktioniert.*

der **Grenz|über|gang** (Nomen) **des Grenzübergang(e)s, die Grenzübergänge** eine Stelle, an der man eine Grenze zwischen Staaten überqueren kann

der **Grenz|wert** (Nomen) **des Grenzwert(e)s, die Grenzwerte** die zulässige oder erreichte Grenze: *Die Dosis sollte den empfohlenen Grenzwert nicht überschreiten.*

der **Grie|che** (Nomen) **des Griechen, die Griechen** ein Junge/Mann aus Griechenland

Grie|chen|land (Nomen) **Griechenlands** ein Land in Südeuropa

die **Grie|chin** (Nomen) **der Griechin, die Griechinnen** ein Mädchen/eine Frau aus Griechenland

grie|chisch (Adjektiv) aus Griechenland oder in griechischer Sprache

der **Griff** (Nomen) **des Griff(e)s, die Griffe**
❶ ein vorstehendes Teil, an dem man etwas festhalten oder öffnen kann: *Der Griff an der Schranktür ist abgebrochen.*

❷ der Vorgang, etwas mit der Hand zu greifen: *Er packte das Halsband des Hundes mit festem Griff.*
❸ etwas in den Griff bekommen/im Griff haben eine schwierige Situation bewältigen *Keine Sorge, ich habe alles im Griff!*

grịff|be|reit (Adjektiv) an einem Ort, wo man es sofort nehmen kann, wenn man es braucht: *Halten Sie Ihre Fahrkarte bitte griffbereit.*

der **Grịll** (Nomen) **des Grills, die Grills** ein Gerät, mit dem man Fleisch, Fisch o. Ä. über offenem Feuer röstet: *Würstchen auf den Grill legen*

grịl|len (Verb) **du grillst, er grillte, sie hat gegrillt, grill(e)!** etwas auf dem Grill rösten: *Würstchen grillen*

die **Gri|mạs|se** (Nomen) **der Grimasse, die Grimassen** ein stark verzerrter Gesichtsausdruck: *Er zog vor Schmerz eine Grimasse.*

grịm|mig (Adjektiv) **grimmiger, am grimmigsten**
❶ zornig und entschlossen: *Sie machte ein grimmiges Gesicht.*
❷ schrecklich kalt: *ein grimmiger Winter*

grịn|sen (Verb) **du grinst, er grinste, sie hat gegrinst, grins(e)!** breit lächeln: *Sie grinste schadenfroh.*

die **Grịp|pe** (Nomen) **der Grippe, die Grippen**
❶ eine gefährliche, ansteckende Krankheit mit hohem Fieber: *sich gegen Grippe impfen lassen*
❷ umgangssprachlich eine Erkältung: *Ich glaube, ich bekomme eine Grippe, ich habe schon Hals- und Kopfweh.*

grọb (Adjektiv) **gröber, am gröbsten**
❶ mit relativ großen Körnern: *grober Pfeffer*
❷ nicht glatt, weich oder zart: *ein Pullover aus grober Wolle*
❸ rücksichtslos und unfreundlich: *Er packte mich grob am Arm.*
❹ nur ungefähr: *eine grobe Schätzung*
❺ groß, schlimm: *ein grober Fehler*

Grön|land (Nomen) **Grönlands** eine Insel vor Nordamerika, die zu Dänemark gehört

groß (Adjektiv) **größer, am größten**
❶ länger, höher, breiter, wichtiger, intensiver usw. als andere(s) oder als normal: *ein großer Hund/Fehler*
❷ nach Maßangaben mit der genannten Höhe, Länge oder Fläche: *Sie ist 1,68 m groß.*
❸ Buchstabe von der Art, die am Satzanfang oder am Anfang von Nomen steht: *ein großes A*
❹ älter als jemand: *meine große Schwester*
❺ umgangssprachlich richtig gut, toll: *Surfen ist für ihn das Größte.* • *Sie ist groß darin, Ausreden zu erfinden.*
❻ Friedrich/Karl/… der Große verwendet, um einen berühmten, wichtigen Herrscher von anderen mit gleichem Namen zu unterscheiden
❼ im Großen und Ganzen zum größten Teil: *Ich fand den Vortrag im Großen und Ganzen recht interessant.*

Groß|bri|tạn|ni|en (Nomen) **Großbritanniens** ein Land in Westeuropa auf den Britischen Inseln als Kurzform von „Vereinigtes Königreich Großbritannien und Nordirland" verwendet

der **Groß|buch|sta|be** (Nomen) **des Großbuchstaben(s), die Großbuchstaben** ein Buchstabe der Art, wie er am Satzanfang und am Anfang von Nomen steht

die **Grö|ße** (Nomen) **der Größe, die Größen**
❶ die messbare Länge, Höhe, Breite usw. einer Sache: *Kartons in verschiedenen Größen*
❷ eine Nummer oder ein Buchstabe als Bezeichnung für die Größe von Schuhen und Kleidungsstücken: *Schuhe in Größe 40 tragen* • *ein T-Shirt der Größe XL*
❸ die Anzahl oder Menge der Mitglieder: *Gruppen bis zur Größe von 20 Personen*
❹ nur im Singular das Ausmaß von etwas: *die Größe ihrer Freude*
❺ nur im Singular ein besonderer Charakter: *Sie bewies wahre Größe.*
❻ ein Buchstabe oder Wert, mit dem gerechnet wird: *die unbekannte Größe x berechnen*

die **Groß|el|tern** (Nomen) nur im Plural **der Großeltern** die Eltern des Vaters oder der Mutter

die **Grö|ßen|ord|nung** (Nomen) **der Größenordnung, die Größenordnungen** eine Gruppe von ähnlich großen Dingen: *Bauvorhaben dieser Größenordnung dauern immer lange.*

der **Groß|han|del** (Nomen) nur im Singular **des Großhandels** der Handel mit großen Mengen an Waren, die an Geschäfte, nicht an einzelne Personen verkauft werden die **Groß|mut|ter** (Nomen) **der Großmutter, die Großmütter** die Mutter der Mutter oder des Vaters

groß|schrei|ben (Verb) **du schreibst groß, er schrieb groß, sie hat großgeschrieben, schreib(e) groß!**
❶ GRAMMATIK mit großem Buchstaben am Anfang schreiben: *Schreibt man das Wort groß oder klein?* • *Auto musst du großschreiben.* ⚠ **aber: Bitte groß schreiben, damit Opa es lesen kann.**
❷ großen Wert auf etwas legen: *Bei uns wird Hilfsbereitschaft großgeschrieben!*

die **Groß|schrei|bung** (Nomen) **der Großschreibung, die Großschreibungen** das Schreiben von Wörtern mit großem Anfangsbuchstaben: *Regeln für die Groß- und Kleinschreibung*

die **Groß|stadt** (Nomen) **der Großstadt, die Großstädte** eine Stadt mit mehr als einhunderttausend Einwohnern

der **Groß|teil** (Nomen) **nur im Singular des Großteils** der größere Teil, die Mehrheit: *der Großteil der Schüler* • *Die Antworten waren zum Großteil falsch.*

größ|ten|teils (Adverb) fast alle, zum größten Teil

der **Groß|va|ter** (Nomen) **des Großvaters, die Großväter** der Vater der Mutter oder des Vaters

groß|zü|gig (Adjektiv) **großzügiger, am großzügigsten**
❶ so, dass man sein Geld und seinen Besitz gerne mit anderen teilt: *eine großzügige Spende*
❷ so, dass man nicht streng urteilt und Unwichtiges nicht beachtet: *Er sah großzügig über meine Fehler hinweg.*
❸ mit viel Platz: *ein Haus mit großzügigen Wohnungen*

gro|tesk (Adjektiv) **grotesker, am groteskesten** so ungewöhnlich, dass es lächerlich wirkt: *grotesk aussehen*

die **Grot|te** (Nomen) **der Grotte, die Grotten** eine kleine Höhle in Felsen: *eine künstlich angelegte Grotte mit einer Statue*

die **Gru|be** (Nomen) **der Grube, die Gruben**
❶ ein Loch, das jemand in die Erde gegraben hat: *im Garten eine Grube für den Kompost ausheben*
❷ ≈ Bergwerk *Die Grube wurde stillgelegt.*
❸ Wer andern eine Grube gräbt, fällt selbst hinein. verwendet, wenn jemand, der anderen schaden will, sich damit nur selbst schadet

die **Grü|be|lei** (Nomen) **der Grübelei, die Grübeleien** ständiges Grübeln

grü|beln (Verb) **du grübelst, er grübelte, sie hat gegrübelt, grüb(e)le!** angestrengt über etwas nachdenken: *Ich musste lange grübeln, bevor ich das Rätsel lösen konnte.*

grün (Adjektiv)
❶ von der Farbe von Gras und Blättern: *Das Haus wird doch nicht grün gestrichen.*
❷ noch nicht reif: *Die Tomaten sind noch grün.*
❸ von der Partei „Bündnis 90/Die Grünen": *ein grüner Abgeordneter*
❹ jemanden grün und blau schlagen umgangssprachlich jemanden schlimm verprügeln

das **Grün** (Nomen) **nur im Singular des Grün(s)**
❶ eine grüne Farbe: *ein dunkles Grün* • *Die Ampel schaltet auf Grün.*
❷ bei Grün wenn die Ampel grün ist
❸ Das ist dasselbe in Grün. umgangssprachlich das macht kaum einen Unterschied

der **Grund** (Nomen) **des Grund(e)s, die Gründe**
❶ Sache, wegen der etwas geschieht oder man etwas tut: *Ich habe gute Gründe dafür nicht mitzumachen.* • *Das ist kein Grund zum Aufgeben!*
❷ **nur im Singular** ≈ Boden die untere Fäche eines Gewässers oder Behälters: *zum Grund des Meeres tauchen*
❸ **nur im Singular** ≈ Boden die Erde, in der Pflanzen wachsen oder auf der man etwas baut: *auf sandigem Grund*
❹ auf Grund wegen: *Auf Grund eines Problems/von Problemen mit der Computeranlage verschiebt sich der Beginn der Veranstaltung.* siehe auch → **aufgrund**[1]
❺ einer Sache auf den Grund gehen nach den Gründen für etwas suchen
❻ von Grund auf völlig: *etwas von Grund auf neu gestalten*

der **Grund|be|griff** (Nomen) **des Grundbegriff(e)s, die Grundbegriffe** das Wichtigste, was man wissen muss, wenn man mit etwas anfängt: *die Grundbegriffe des Segelns beherrschen*

grün|den (Verb) **du gründest, er gründete, sie hat gegründet, gründe!** zusammenkommen, damit etwas entsteht: *eine Familie/Partei gründen*

der **Grün|der** (Nomen) **des Gründers, die Gründer** jemand, der etwas gegründet hat

die **Grün|de|rin** (Nomen) **der Gründerin, die Gründerinnen**
Femininform von → **Gründer**

die **Grund|flä|che** (Nomen) **der Grundfläche, die Grundflächen** die Größe der unteren Fläche, des Bodens von etwas: *ein Haus mit 120 Quadratmetern Grundfläche* • *die Grundfläche einer Pyramide berechnen*

die **Grund|form** (Nomen) GRAMMATIK
der Grundform, die Grundformen → **Infinitiv**

der **Grund|ge|dan|ke** (Nomen)
des Grundgedankens, die Grundgedanken die grundlegende Idee, die hinter etwas/einer Sache steckt: *Der Grundgedanke der Reform war, für mehr Gerechtigkeit zu sorgen.*

das **Grund|ge|setz** (Nomen)
des Grundgesetzes, die Grundgesetze
❶ nur im Singular die Verfassung der Bundesrepublik Deutschland Abkürzung: GG: *Die Pressefreiheit ist im Grundgesetz garantiert.*
❷ ein grundlegendes Gesetz: *Ein physikalisches Grundgesetz besagt, dass Energie nie vernichtet, sondern nur umgewandelt wird.*

die **Grund|kennt|nis** (Nomen)
der Grundkenntnis, die Grundkenntnisse das Wichtigste, was man wissen muss, wenn man mit etwas anfängt: *über Grundkenntnisse in Französisch verfügen*

der **Grund|kurs** (Nomen) **des Grundkurses, die Grundkurse** ein erster Kurs, in dem man das Wichtigste lernt

die **Grund|la|ge** (Nomen) **der Grundlage, die Grundlagen** etwas, was ein guter Anfang ist und auf dem man aufbauen kann: *Mit dieser Ausbildung hast du eine gute Grundlage für deine Zukunft.*

grund|le|gend (Adjektiv)
❶ für etwas sehr wichtig, entscheidend: *ein grundlegender Unterschied*
❷ in allen wichtigen Punkten: *Das ganze System müsste grundlegend geändert werden.*

gründ|lich (Adjektiv) **gründlicher, am gründlichsten** so sorgfältig, dass nichts Wichtiges übersehen wird: *eine gründliche Untersuchung beim Arzt* • *sich gründlich waschen*

das **Grund|nah|rungs|mit|tel** (Nomen)
des Grundnahrungsmittels, die Grundnahrungsmittel ein Lebensmittel, das einen wichtigen Teil der Nahrung ausmacht, wie z. B. Brot

die **Grund|re|chen|art** (Nomen)
der Grundrechenart, die Grundrechenarten eine der vier Rechenarten Addition, Subtraktion, Multiplikation und Division

das **Grund|recht** (Nomen) **des Grundrecht(e)s, die Grundrechte** eines der wichtigsten Rechte, die alle Menschen haben: *das Grundrecht auf Freiheit*

der **Grund|satz** (Nomen) **des Grundsatzes, die Grundsätze** eine wichtige Regel, nach der sich eine Person oder Sache richtet: *„Ehrlich währt am längsten“ ist ihr Grundsatz.*

grund|sätz|lich (Adjektiv)
❶ wichtige Punkte betreffend: *grundsätzliche Unterschiede*
❷ so, dass jemand nicht bereit ist, über etwas zu diskutieren oder nachzugeben: *Bei solchem Unsinn mache ich grundsätzlich nicht mit!*
❸ so, dass etwas eigentlich, aber nur eingeschränkt gilt: *Ich würde grundsätzlich gern mitmachen, aber ich habe einfach keine Zeit dafür.*

die **Grund|schu|le** (Nomen) **der Grundschule, die Grundschulen** die erste Schule, die fast alle Kinder besuchen, egal, welchen Abschluss sie später machen werden: *In den meisten Bundesländern dauert die Grundschule vier Jahre.*

das **Grund|stück** (Nomen) **des Grundstück(e)s, die Grundstücke** ein Stück Land, das jemandem gehört

die **Grün|dung** (Nomen) **der Gründung, die Gründungen** der Vorgang, wenn etwas gegründet wird: *die Gründung eines Unternehmens*

das **Grü|ne**[1] (Nomen) nur im Singular **des Grünen**
❶ grüne Blätter an einer Karotte, einem Kohlrabi usw.: *Das Grüne kann man essen.*
❷ im Grünen in ländlicher Umgebung: *ein Häuschen im Grünen*
❸ ins Grüne aus der Stadt aufs Land: *einen Ausflug ins Grüne machen*

der/die **Grü|ne**[2] (Nomen) **des/der Grünen, die Grünen** ein Anhänger oder Mitglied der Partei „Bündnis 90/Die Grünen“: *Der neue Bürgermeister ist ein Grüner.*

grü|nen (Verb) gehoben · nur in der 3. Person gebraucht **es grünt, es grünte, es hat gegrünt**
es/ein Baum grünt Gras und Bäume werden wieder grün/ein Baum bekommt wieder Blätter: *Draußen grünt und blüht es schon.*

die **Grü|nen** (Nomen) nur im Plural **der Grünen** umgangssprachlich für die politische Partei „Bündnis 90/Die Grünen“

die **Grün|flä|che** (Nomen) **der Grünfläche, die Grünflächen** Fläche, besonders in einer Stadt, die mit Pflanzen bewachsen ist

die **Grup|pe** (Nomen) **der Gruppe, die Gruppen**
❶ mehrere Menschen, Tiere oder Dinge, die zusammen sind oder eine Gemeinsamkeit haben: *die Klasse in mehrere Gruppen aufteilen*
❷ mehrere Menschen mit einem gemeinsamen Interesse oder Ziel: *Die Gruppe sucht einen neuen Schlagzeuger.*

die **Grup|pen|ar|beit** (Nomen) **der Gruppenarbeit, die Gruppenarbeiten** eine Aufgabe, die als Gruppe, nicht einzeln, bearbeitet wird

grup|pie|ren (Verb) **du gruppierst, er gruppierte, sie hat gruppiert, gruppier(e)!** Personen oder Dinge in Gruppen aufteilen oder anordnen: *Liegestühle um einen Swimmingpool gruppieren*

die **Grup|pie|rung** (Nomen) **der Gruppierung, die Gruppierungen**
❶ das Anordnen oder Aufteilen in Gruppen: *eine neue Gruppierung der Schüler vornehmen*
❷ eine Gruppe mit gemeinsamen politischen Zielen: *das Verbot einer rechtsradikalen Gruppierung*

gru|se|lig, grus|lig (Adjektiv) **gruseliger, am gruseligsten**
❶ unheimlich: *Nachts wirkt alles gruselig.*
❷ umgangssprachlich schrecklich, furchtbar: *Das schmeckt ja gruselig!*

der **Gruß** (Nomen) **des Grußes, die Grüße**
❶ Worte oder Gesten, die man benutzt, wenn man jemanden trifft, ein Gespräch oder einen Brief beginnt oder beendet usw.: *Er ging ohne Gruß an uns vorbei.* · *Sie hob die Hand zum Gruß.*
❷ eine kurze Nachricht, mit der man zeigt, dass man an jemanden denkt: *Viele Grüße an Pia!*
❸ Mit freundlichen Grüßen als Schluss von förmlichen Briefen verwendet

grü|ßen (Verb) **du grüßt, er grüßte, sie hat gegrüßt, grüß(e)!**
❶ einen Gruß sprechen: *Sie grüßte höflich, als sie hereinkam.*
❷ eine kurze Nachricht weitergeben: *Grüß bitte deine Eltern von mir!*
❸ Grüß Gott/euch/dich! süddeutsch Ⓐ zur Begrüßung am Tag verwendet

gu|cken (Verb) umgangssprachlich **du guckst, er guckte, sie hat geguckt, guck(e)!**
❶ seine Augen auf jemanden/etwas richten: *aus dem Fenster gucken*
❷ einen bestimmten Gesichtsausdruck haben: *Was guckst du so traurig?*
❸ etwas ansehen, betrachten: *Wollen wir noch eine DVD gucken?*

gül|tig (Adjektiv) so, dass etwas anerkannt wird, benutzt werden darf: *eine gültige Fahrkarte haben*

die **Gül|tig|keit** (Nomen) nur im Singular **der Gültigkeit** der Zustand oder Zeitraum, wenn etwas gültig ist: *Der Gutschein hat 12 Monate Gültigkeit.*

der/das **Gum|mi** (Nomen) **des Gummis, die Gummis**
❶ ein elastisches Material, aus dem Reifen, Schläuche usw. gemacht werden
❷ umgangssprachlich · kurz für Gummiband: *die Tüte mit einem Gummi verschließen*
❸ umgangssprachlich ≈ Kondom

die **Gunst** (Nomen) gehoben nur im Singular **der Gunst**
❶ eine positive Einstellung zu jemandem, den man mag und unterstützen will: *jemandes Gunst gewinnen*
❷ ein Gefallen, den man jemandem tut: *Dürfte ich um eine kleine Gunst bitten?*
❸ zu jemandes Gunsten so, dass jemand einen Vorteil dadurch hat: *Die Marktfrau hat sich zu meinen Gunsten verrechnet.*
siehe auch → **zugunsten**

güns|tig (Adjektiv) **günstiger, am günstigsten**
❶ für jemanden von Vorteil: *Wir kamen bei günstigem Wind schnell voran.*
❷ zu einem niedrigen Preis: *Erdbeeren gibt es gerade recht günstig.*

die **Gur|gel** (Nomen) umgangssprachlich **der Gurgel, die Gurgeln** der vorstehende Teil des Halses: *Der Wolf packte den Hirsch an der Gurgel.*

die **Gur|ke** (Nomen) **der Gurke, die Gurken** eine längliche grüne Frucht, die man roh, im Salat, oder in Essig eingelegt isst

der **Gurt** (Nomen) **des Gurt(e)s, die Gurte** ein stabiles, breites Band, mit dem man besonders Personen im Auto und im Flugzeug, Bergsteiger oder Ladung sichert

der **Gür|tel** (Nomen) **des Gürtels, die Gürtel**
❶ ein Streifen Leder oder festes Band, das man um die Hüfte trägt, besonders, um eine Hose zu halten
❷ den Gürtel enger schnallen sich einschränken und weniger Kosten verursachen

der **Guss** (Nomen) **des Gusses, die Güsse**
❶ eine flüssige, süße Masse, die man über Torten, Kekse usw. gießt und die dann fest wird (z. B. Schokoladenguss, Zuckerguss)
❷ ein kalter Guss plötzlicher Regen oder kaltes Wasser aus einem Schlauch oder Eimer, mit dem man jemanden völlig nass macht
❸ das Gießen eines Gegenstands aus flüssigem Metall

gut (Adjektiv) **besser, am besten**
❶ so, wie man es sich wünscht: *gutes Wetter*
❷ in einem Zustand, dass man es essen kann: *Riech mal, ist der Schinken noch gut?*
❸ für einen bestimmten Zweck geeignet, hilfreich: *Dieser Tee ist gut gegen Husten.*
❹ nett und freundlich: *eine gute Tat • Sie war so gut, mir beim Tragen zu helfen.*
❺ gut und gern(e) umgangssprachlich mindestens: *So ein Sportwagen kostet und gut und gerne 100.000 Euro.*
❻ so gut wie umgangssprachlich fast: *Ich bin so gut wie fertig.*
❼ jemandem ist nicht gut/wieder besser jemand fühlt sich krank/wieder fast gesund
❽ Schon gut! oder Lass gut sein! drückt aus, dass man ein Thema beenden will

das **Gut** (Nomen) **des Gut(e)s, die Güter**
❶ eine Sache, die jemandem gehört, die jemand kauft oder die transportiert wird: *Güter mit der Bahn transportieren • Er hatte sich an fremdem Gut bereichert.*
❷ eine Sache, die wichtig ist: *Gesundheit ist ein kostbares Gut.*
❸ ein landwirtschaftlicher Betrieb mit Wohnhaus: *Er arbeitete als Verwalter auf dem Gut des Grafen.*

das **Gut|ach|ten** (Nomen) **des Gutachtens, die Gutachten** ein schriftlicher Bericht, mit dem ein Experte etwas beurteilt: *bei Gericht ein medizinisches Gutachten vorlegen*

der **Gut|ach|ter** (Nomen) BERUF **des Gutachters, die Gutachter** ein Experte, der ein Gutachten über den Zustand einer Sache schreibt

die **Gut|ach|te|rin** (Nomen) BERUF **der Gutachterin, die Gutachterinnen** Femininform von → **Gutachter**

gut|ar|tig (Adjektiv)
❶ nicht gefährlich: *Der Knoten in der Brust war gutartig, kein Krebs.*
❷ nicht bissig: *ein gutartiger Hund*

die **Gü|te** (Nomen) nur im Singular **der Güte**
❶ oft ironisch eine nette und großzügige Art: *In ihrer unendlichen Güte hat sie uns verziehen. • Hättest du vielleicht die Güte, aus dem Weg zu gehen?*
❷ die gute Qualität einer Ware: *die Güte der Wurst*
❸ Du liebe Güte! oder Meine Güte! umgangssprachlich drückt Überraschung oder Bedauern aus

der **Gü|ter|zug** (Nomen) EISENBAHN **des Güterzug(e)s, die Güterzüge** ein Zug mit Güterwagen, in dem keine Fahrgäste mitfahren können

das **Gü|te|zei|chen** (Nomen) **des Gütezeichens, die Gütezeichen** ein Symbol auf einer Ware, das zeigt, dass es sich um geprüfte, sehr gute Qualität handelt

gut|ge|hen, gut ge|hen (Verb) nur in der 3. Person gebraucht **es geht gut, es ging gut, es ist gutgegangen**
❶ jemandem geht es gut jemand ist gesund oder hat keine Probleme: *Gestern hatte ich Kopfweh, aber heute geht es mir wieder gut.*
❷ einer Firma geht es gut eine Firma hat keine finanziellen Probleme

die **Gut|gläu|big|keit** (Nomen) nur im Singular **der Gutgläubigkeit** die Einstellung, wenn jemand zu viel Vertrauen hat

gut|ha|ben (Verb) **du hast gut, er hatte gut, sie hat gutgehabt, hab(e) gut!**
bei jemandem etwas guthaben eine Gegenleistung von jemandem fordern können: *Danke für die Hilfe, du hast was bei mir gut.*

das **Gut|ha|ben** (Nomen) FINANZEN
des Guthabens, die Guthaben
❶ Geld, das man auf einem Konto hat
❷ etwas, was man schon bezahlt hat und noch verbrauchen kann: *Auf dem Handy sind noch fünf Euro Guthaben zum Vertelefonieren.*

gü|tig (Adjektiv) **gütiger, am gütigsten**
❶ freundlich und verständnisvoll
❷ Zu gütig! ironisch drückt Ärger über ein schlechtes Angebot aus

gut|mü|tig (Adjektiv) **gutmütiger, am gutmütigsten** immer freundlich, hilfsbereit und schnell verzeihend

gut|tun (Verb) nur in der 3. Person gebraucht
es tut gut, es tat gut, es hat gutgetan
etwas tut gut etwas ist angenehm, hat eine positive Wirkung: *Ah, ein heißes Bad tut gut!*

gut|wil|lig (Adjektiv) **gutwilliger, am gutwilligsten** gern bereit, zu tun, was jemand wünscht

gym|na|si|al (Adjektiv) [gym'nazi̯a:l] SCHULE
❶ am Gymnasium: *die gymnasiale Oberstufe*
❷ gymnasialer Zweig ein Teil einer größeren Schule, an dem nach dem Lehrplan für Gymnasien unterrichtet wird

der **Gym|na|si|ast** (Nomen) [gymna'zi̯ast]
SCHULE **des Gymnasiasten, die Gymnasiasten** ein Schüler eines Gymnasiums

die **Gym|na|si|as|tin** (Nomen) [gymna'zi̯astɪn]
SCHULE **der Gymnasiastin, die Gymnasiastinnen**
Femininform von → **Gymnasiast**

das **Gym|na|si|um** (Nomen) [gym'na:zi̯ʊm]
SCHULE **des Gymnasiums, die Gymnasien** eine Schule, an der man das Abitur machen kann: *aufs Gymnasium gehen*

die **Gym|nas|tik** (Nomen) [gym'nastɪk]
der Gymnastik, die Gymnastiken Übungen, die den Körper beweglich machen sollen: *vor dem Training Gymnastik machen*

der **Gy|nä|ko|lo|ge** (Nomen) BERUF · MEDIZIN
des Gynäkologen, die Gynäkologen
≈ Frauenarzt ein Arzt, der sich auf Frauenkrankheiten und Geburtshilfe spezialisiert hat

die **Gy|nä|ko|lo|gin** (Nomen) BERUF · MEDIZIN
der Gynäkologin, die Gynäkologinnen
Femininform von → **Gynäkologe**

H

das **H, h** (Nomen) **des H, die H**
❶ der achte Buchstabe im Alphabet
siehe auch → **A**
❷ nur: h · Abkürzung von: Stunde (z. B. km/h = „Kilometer pro Stunde")

das **Haar** (Nomen) **des Haar(e)s, die Haare**
❶ etwas, was lang und dünn wie ein Faden ist und auf der Haut wächst: *sich die Haare an den Beinen abrasieren*
❷ die Haare, die den oberen und hinteren Teil des Kopfes bedecken: *Er hat schwarze Haare/schwarzes Haar.*
❸ um ein oder ums Haar umgangssprachlich fast, beinahe
❹ sich mit jemandem in die Haare geraten umgangssprachlich mit jemandem Streit bekommen: *Ich bin mir wegen der Katze oft mit meiner Schwester in die Haare geraten.*
❺ jemandem aufs Haar gleichen umgangssprachlich genauso aussehen wie jemand
❻ kein gutes Haar an jemandem/etwas lassen umgangssprachlich alles an jemandem/etwas schlecht finden und kritisieren

die **Haar|bürs|te** (Nomen) **der Haarbürste, die Haarbürsten** eine Bürste, mit der man sich die Haare auf dem Kopf kämmt

haar|ge|nau (Adjektiv) umgangssprachlich ganz genau: *Stimmt haargenau!*

haa|rig (Adjektiv) **haariger, am haarigsten**
❶ mit vielen, dichten Haaren: *Er hat eine haarige Brust.*
❷ schwierig und gefährlich: *eine haarige Angelegenheit*

haar|klein (Adjektiv) umgangssprachlich in allen Einzelheiten: *Er hat mir alles haarklein erklärt.*

haar|scharf (Adjektiv) umgangssprachlich ganz knapp oder dicht: *Der Pfeil ging haarscharf am Ziel vorbei.*

der **Haar|schnitt** (Nomen) **des Haarschnitt(e)s, die Haarschnitte**
❶ die Frisur, die jemand hat: *ein interessanter Haarschnitt*

❷ der Vorgang, bei dem jemandes Haare geschnitten werden: *Du könntest auch mal wieder einen Haarschnitt gebrauchen!*

die **Haar|span|ge** (Nomen) **der Haarspange, die Haarspangen** eine Spange, die man als Schmuck im Haar trägt und um Strähnen zusammenzuhalten

ha|ben (Verb) **du hast, er hatte, sie hat gehabt, hab(e)!**
❶ als Hilfsverb verwendet, um zusammengesetzte Zeiten von Verben zu bilden: *Hast du schon gegessen? • Ich hatte mich verlaufen.*
❷ etwas besitzen oder über etwas verfügen können: *Wie viel Geld hast du noch? • Hast du eine Minute Zeit für mich?*
❸ blaue Augen/Grippe/Angst/... haben sich durch ein Merkmal von anderen unterscheiden: *Ich habe blaue Augen.*
❹ etwas erleben: *einen Unfall haben • Hattet ihr eine schöne Zeit im Urlaub?*
❺ es gut/schlecht oder leicht/schwer haben angenehme/unangenehme Dinge erleben oder keine Probleme/viele Probleme haben
❻ jemand hat etwas hinter/vor sich etwas liegt für jemanden schon in der Vergangenheit/noch in der Zukunft: *Das Schlimmste haben wir jetzt hinter uns.*
❼ Das hast du/hat er/... nun davon! umgangssprachlich das ist deine/seine/... eigene Schuld

das **Ha|ben** (Nomen) nur im Singular **des Habens** das Geld, das auf einem Konto ist

hab|gie|rig (Adjektiv) abwertend **habgieriger, am habgierigsten** süchtig danach, immer mehr zu besitzen

die **Ha|cke** (Nomen) **der Hacke, die Hacken**
❶ LANDWIRTSCHAFT ein Werkzeug mit einem langen Stiel und einer Spitze aus Stahl, mit dem man den Boden locker macht
❷ norddeutsch. ≈ Ferse der hintere runde Teil am Fuß
❸ norddeutsch • am Schuh der Absatz
❹ sich die Hacken nach etwas ablaufen umgangssprachlich lange suchen und weit gehen, um etwas zu bekommen

ha|cken[1] (Verb) **du hackst, er hackte, sie hat gehackt, hack(e)!**
❶ etwas mit einem Messer oder einer Axt in kleine Stücke zerteilen: *Holz hackt man mit einer Axt.*
❷ LANDWIRTSCHAFT die Erde in einem Beet oder Feld mit einer Hacke locker machen
❸ (mit dem Schnabel) hacken ZOOLOGIE kurz und schnell mit dem Schnabel beißen: *Der Papagei hat in meinen Finger gehackt.*

ha|cken[2] (Verb) ['hɛkn̩] INFORMATIK **du hackst, er hackte, sie hat gehackt, hack(e)nicht!** unerlaubt mit Software in einen fremden Computer eindringen

der **Ha|cker** (Nomen) ['hɛkɐ] INFORMATIK **des Hackers, die Hacker** jemand, der unerlaubt mit Software in einen fremden Computer eindringt

die **Ha|cke|rin** (Nomen) ['hɛkɐrin] INFORMATIK **der Hackerin, die Hackerinnen** Femininform von → Hacker

das **Hack|fleisch** (Nomen) nur im Singular **des Hackfleisch(e)s** rohes Fleisch, das mit einer Maschine ganz fein zerkleinert wurde und aus dem man Hamburger, Frikadellen usw. macht

der **Ha|fen** (Nomen) **des Hafens, die Häfen**
❶ SCHIFFFAHRT die Stelle am Meer oder an einem Fluss, an der Schiffe ankommen, abfahren und ankern können
❷ süddeutsch Ⓐ ⒸⒽ eine Schüssel, ein Topf o. Ä.

die **Ha|fen|stadt** (Nomen) **der Hafenstadt, die Hafenstädte** die Stadt, die einen Hafen hat

der **Ha|fer** (Nomen) nur im Singular **des Hafers** ein Getreide, aus dessen gepressten Körnern man z. B. Brei oder Müsli macht

die **Ha|fer|flo|cken** (Nomen) nur im Plural **der Haferflocken** die gepressten und getrockneten Körner des Hafers, aus denen man z. B. Müsli macht

die **Haft** (Nomen) nur im Singular **der Haft**
❶ die Strafe, im Gefängnis eingesperrt zu sein
❷ jemanden in Haft nehmen ≈ jemanden verhaften jemanden ins Gefängnis sperren

der **Haft|be|fehl** (Nomen) **des Haftbefehl(e)s, die Haftbefehle** die Anordnung eines Gerichts, jemanden zu verhaften

haf|ten (Verb) RECHT **du haftest, er haftete, sie hat gehaftet, hafte!**
❶ an/auf etwas haften an etwas kleben: *Der Lehm haftet immer noch an meinen Stiefeln. • Diese Folie haftet ohne Klebstoff auf der Unterlage.*
❷ im Gedächtnis haften bleiben nicht vergessen werden

❸ für etwas/jemanden haften für etwas/jemanden verantwortlich sein: *Eltern haften für ihre Kinder.* besonders finanziell Schäden, die durch etwas/jemanden entstanden sind, ersetzen: *Für die Garderobe können wir nicht haften.*

der **Häft|ling** (Nomen) **des Häftlings, die Häftlinge** jemand, der zur Strafe im Gefängnis ist

die **Haft|stra|fe** (Nomen) RECHT **der Haftstrafe, die Haftstrafen** die Strafe, bei der man ins Gefängnis gehen muss

die **Haf|tung** (Nomen) **der Haftung, die Haftungen** die Verantwortung für einen Schaden: *Wir übernehmen keine Haftung für die Inhalte von Links auf unseren Internetseiten.*

der **Ha|gel** (Nomen) nur im Singular **des Hagels** der Niederschlag aus kleinen Eisstücken

ha|geln (Verb) unpersönlich **es hagelt, es hagelte, es hat gehagelt**
❶ es hagelt METEOROLOGIE kleine Eisstücke fallen vom Himmel
❷ es hagelte Proteste/Kritik/Ohrfeigen/... es gab sehr viele Proteste/viel Kritik/viele Ohrfeigen/...

der **Hahn** (Nomen) **des Hahn(e)s, die Hähne**
❶ Tier das männliche Huhn, das einen Schwanz aus langen bunten Federn und einen Kamm auf dem Kopf hat
❷ der Hahn kräht der Hahn macht sein typisches Geräusch
❸ danach kräht kein Hahn umgangssprachlich das interessiert niemanden
❹ der Hahn im Korb sein umgangssprachlich der einzige Mann in einer Gruppe von Frauen sein
❺ ≈Wasserhahn, Gashahn der Teil an einer Leitung, mit dem man sie öffnen und schließen kann

das **Hähn|chen** (Nomen) **des Hähnchens, die Hähnchen** GASTRONOMIE der Hahn, den man grillt oder brät

der **Hai** (Nomen) **des Hai(e)s, die Haie** ein gefährlicher, großer Fisch mit vielen scharfen Zähnen

hä|keln (Verb) **du häkelst, er häkelte, sie hat gehäkelt, häk(e)le!** mit einer Art großer Nadel, die einen Haken an einem Ende hat, Wolle oder Garn so verschlingen, dass ein Gewebe daraus entsteht: *Diese Gardine hat meine Oma gehäkelt.*

ha|ken (Verb) **du hakst, er hakte, sie hat gehakt, hak(e)!**
❶ etwas an etwas haken etwas mit einem Haken an etwas befestigen: *Man kann die Trinkflasche an den Rucksack haken.*
❷ etwas hakt etwas klemmt, etwas hängt irgendwo fest: *Ich kann den Gürtel nicht durch die Schlaufe ziehen, er hakt.*

der **Ha|ken** (Nomen) **des Hakens, die Haken**
❶ aus Metall, Plastik, Holz ein gebogener oder eckiger Gegenstand, an oder mit dem man etwas befestigen, schließen oder verbinden kann: *Häng deinen Mantel an den Haken!*
❷ an etwas einen Haken machen etwas als abgeschlossen betrachten, etwas nicht weiterverfolgen
❸ einen Haken schlagen beim Laufen ganz plötzlich die Richtung ändern: *Wenn ein Hase verfolgt wird, schlägt er einen Haken.*
❹ umgangssprachlich ≈Nachteil ein Problem oder eine Schwierigkeit, das/die man nicht sofort sieht: *Die Sache hat einen Haken.*

halb (Adjektiv)
❶ so viel wie die Hälfte, so viel wie 50 Prozent: *Ich esse nur eine halbe Pizza.* • *Gibst du mir bitte den halben Apfel?*
❷ Das ist nichts Halbes und nichts Ganzes. Das ist nicht richtig gut.
❸ teilweise: *Er sagt nur die halbe Wahrheit.*
❹ die halbe Stadt/das halbe Land/... fast die ganze Stadt/das ganze Land/...: *Beim Feuerwerk war das halbe Dorf auf den Beinen.*
❺ halb leer/halbleer oder halb voll/halbvoll zur Hälfte leer/voll
❻ halb drei/vier/... bei Uhrzeiten eine halbe Stunde vor drei/vier/...: *Felix ist um halb sieben gekommen.*
❼ halb so viel nur so viel wie die Hälfte: *Er hat nur halb so viel gelernt wie ich und trotzdem eine bessere Note.*

das **Halb|fi|na|le** (Nomen) **des Halbfinales, die Halbfinale** die letzte Runde vor dem Finale

halb|her|zig (Adjektiv) ohne volle Überzeugung, nicht besonders interessiert und engagiert

hal|bie|ren (Verb) **du halbierst, er halbierte, sie hat halbiert, halbier(e)!**
❶ ≈zweiteilen in zwei gleiche Teile teilen: *Ich halbiere den Apfel und jeder bekommt die Hälfte.*

❷ um die Hälfte geringer machen: *Achtung, das ist zu viel, du musst die Dosis halbieren.*

die **Halb|in|sel** (Nomen) **der Halbinsel, die Halbinseln** ein relativ großes Stück Land, das auf drei Seiten von Wasser umgeben und nur an einer Seite mit dem Festland verbunden ist

das **Halb|jahr** (Nomen) **des Halbjahr(e)s, die Halbjahre** sechs Monate, ein halbes Jahr

halb|jähr|lich (Adjektiv) so, dass etwas immer nach sechs Monaten wiederkehrt oder stattfindet

der **Halb|kreis** (Nomen) **des Halbkreises, die Halbkreise**
❶ der halbe Kreis
❷ sich im Halbkreis aufstellen sich so aufstellen, dass man einen halben Kreis bildet

die **Halb|ku|gel** (Nomen) **der Halbkugel, die Halbkugeln** die halbe Kugel: *Die Erde besteht aus einer nördlichen und einer südlichen Halbkugel.*

der **Halb|mond** (Nomen) **des Halbmond(e)s, die Halbmonde** der Mond, wenn man ihn nur halb sehen kann

halb|tags (Adverb)
❶ den halben Tag dauernd
❷ halb so viele Stunden arbeiten wie üblich

halb|wegs (Adverb) gerade noch so, nicht wirklich, einigermaßen: *Mit dem Ergebnis der Klassenarbeit bin ich halbwegs zufrieden.*

die **Halb|zeit** (Nomen) SPORT **der Halbzeit, die Halbzeiten**
❶ Spielzeit die Hälfte bei einem Spiel: *In der zweiten Halbzeit schoss er drei Tore.*
❷ Unterbrechung die Pause zwischen den beiden Hälften eines Spiels: *Wir können in der Halbzeit eine Bratwurst essen.*

die **Hälf|te** (Nomen) **der Hälfte, die Hälften**
❶ eine der zwei gleich großen Teile, aus denen ein Ganzes besteht
❷ zur Hälfte halb: *Ich habe das Buch nur zur Hälfte gelesen. • Das neue Fahrrad habe ich zur Hälfte von meinen Eltern und zur Hälfte von Oma und Opa bekommen.*
❸ meine bessere Hälfte umgangssprachlich • ironisch mein Mann/meine Frau

die **Hal|le** (Nomen) **der Halle, die Hallen**
❶ in einer Fabrik, für Flugzeuge, Sport ein Gebäude, das aus einem großen, hohen Raum besteht
❷ in einem großen Gebäude ein sehr großer Raum, der als Eingang und Empfangsraum dient

hal|len (Verb) nur in der 3. Person gebraucht **es hallt, es hallte, es hat gehallt** Stimmen, Schritte usw. ein schallendes Geräusch machen: *Ein Schrei hallte plötzlich durch das Haus.*

das **Hal|len|bad** (Nomen) **des Hallenbad(e)s, die Hallenbäder** das Schwimmbad in einer Halle

hal|lo, hal|lo (Interjektion)
❶ umgangssprachlich der Ausruf bei der Begrüßung: *Hallo, Leute!* Anrede in einer Mail usw.: *Hallo Frau Müller, …*
❷ der Ruf, mit dem man jemanden auf sich aufmerksam macht: *hallo/Hallo rufen • Hallo, ist da jemand?*

das **Hal|lo** (Nomen) umgangssprachlich **des Hallos, die Hallos**
❶ der Ausruf bei der Begrüßung
❷ ein großes Hallo ein lautes und lustiges Rufen von mehreren Personen: *Die Mannschaft wurde mit großem Hallo begrüßt.*

das **Hal|lo|ween** (Nomen) [ˈhɛloviːn] **des Halloween(s), die Halloweens** ein Brauch aus den USA, bei dem Kinder am Abend vor dem 1. November in gruseligen Verkleidungen als Gespenster, Hexen, Zombies usw. von Haus zu Haus gehen, um Süßigkeiten zu bekommen

der **Halm** (Nomen) **des Halm(e)s, die Halme** der dünne Stängel von Gras und Getreide

die **Ha|lo|gen|lam|pe** (Nomen) **der Halogenlampe, die Halogenlampen** eine besonders helle Lampe

der **Hals** (Nomen) **des Halses, die Hälse**
❶ bei Mensch und Tier der schmale Teil zwischen Kopf und Körper ≈ Rachen, Kehle das Innere im Hals: *Ich habe Fieber und Kratzen im Hals.*
❷ aus vollem Hals schreien/lachen/… sehr laut schreien/lachen/…
❸ von einer Flasche, Vase, Gitarre usw. der obere schmale Teil
❹ Hals über Kopf umgangssprachlich sehr schnell und ohne nachzudenken: *Als er die Polizeisirene hörte, ist er Hals über Kopf weggelaufen. • Sie hat sich Hals über Kopf in ihn verliebt.*
❺ Das hängt mir zum Hals heraus. umgangssprachlich ≈ Ich habe die Nase voll davon. von etwas zu viel haben und es nicht

mehr ertragen können: *Erdbeereis hängt mir zum Hals heraus.*
6 jemanden um den Hals fallen umgangssprachlich jemanden vor Freude oder Erleichterung heftig umarmen

die **Hals|schmer|zen** (Nomen) nur im Plural **der Halsschmerzen** die Schmerzen im Hals

der **Halt** (Nomen) **des Halt(e)s, die Halte/Halts**
1 ≈Stopp das Unterbrechen einer Fahrt: *Können wir an der nächsten Raststätte Halt machen?*
2 etwas, was etwas anderes stützt, in Form oder am Platz hält: *Feste Schuhe geben den Füßen Halt.*
3 etwas, was einem Sicherheit und psychische Kraft gibt: *Während des Streits mit ihrer besten Freundin gaben ihre Geschwister ihr Halt.*

halt[1] (Partikel) ≈nun mal, eben *Ich hatte halt keine Lust zu lernen.*

halt[2] (Interjektion) ≈stopp fordert jemanden zum Stehenbleiben oder Aufhören auf

halt|bar (Adjektiv) **haltbarer, am haltbarsten**
1 Behauptung, Theorie so, dass man etwas nachvollziehen und nicht widerlegen kann
2 Lebensmittel so, dass etwas nicht schnell verdirbt oder verfault
3 Schuhe, Möbel so, dass etwas nicht schnell kaputtgeht

das **Halt|bar|keits|da|tum** (Nomen) **des Haltbarkeitsdatums, die Haltbarkeitsdaten** der Zeitpunkt, bis wann man ein Lebensmittel essen kann, ohne dass es verdorben oder verfault ist

hal|ten (Verb) **du hältst, er hielt, sie hat gehalten, halt(e)**
1 ≈festhalten mit den Händen oder Armen fassen und nicht loslassen: *Vor der Operation hat sie tröstend seine Hand gehalten.*
2 etwas über/vor/gegen/... etwas halten etwas mit der Hand in eine Position über/vor/gegen/... etwas bringen und nicht loslassen: *Halt das Bild mal ans Licht!*
3 einen Rekord halten eine (sportliche) Leistung erbracht haben, die niemand gesteigert hat
4 ein Versprechen/Wort halten ≈einhalten sich an das halten, was man zugesagt oder versprochen hat
5 Rede, Referat, Predigt usw. vortragen: *Ich bin ein bisschen nervös, morgen muss ich ein Referat halten.*
6 einen Ball nicht ins Tor lassen: *Er hat den Elfmeter gehalten!*
7 ≈anhalten stehen bleiben, stoppen: *Das Auto hält vor der roten Ampel.*
8 sich halten nicht verfaulen, nicht verderben: *Schau mal, die Blumen halten sich aber lange.*

die **Hal|te|stel|le** (Nomen) **der Haltestelle, die Haltestellen** eine Stelle, an der Busse oder Bahnen regelmäßig halten, damit man ein- oder aussteigen kann

das **Hal|te|ver|bot** (Nomen) VERKEHR **des Halteverbot(e)s, die Halteverbote** das Verbot, mit dem Auto an einer bestimmten Stelle an der Straße stehen zu bleiben

die **Hal|tung** (Nomen) **der Haltung, die Haltungen**
1 äußerlich die Art, wie man sitzt, steht oder sich bewegt: *die aufrechte Haltung des Menschen • Sie hat eine schlechte Haltung und deshalb oft Rückenschmerzen.*
2 innerlich die Meinung, die man zu etwas hat: *Er vertritt eine sehr strenge Haltung zu Doping.*
3 nur im Singular ZOOLOGIE die Tatsache, Tiere beim Menschen leben zu lassen: *In unserem Haus ist die Haltung von Haustieren nicht erlaubt.* LANDWIRTSCHAFT die Art, wie Tiere auf einem Bauernhof o. Ä. leben

Ham|burg (Nomen) **Hamburgs** eine Stadt in Norddeutschland, die auch ein Bundesland ist

der **Ham|bur|ger**[1] (Nomen) **des Hamburgers, die Hamburger** ein Junge/Mann aus Hamburg

der **Ham|bur|ger**[2] (Nomen) **des Hamburgers, die Hamburger** eine Art weiches, rundes Brötchen mit gebratenem Hackfleisch, Gurken, Ketchup und anderen Zutaten

hä|misch (Adjektiv) **hämischer, am hämischsten** ≈schadenfroh, hinterhältig voller Freude, wenn jemandem etwas Schlimmes oder Unangenehmes passiert: *Als ich die richtige Antwort nicht wusste, grinste er hämisch.*

der **Ham|mer** (Nomen) **des Hammers, die Hämmer**
1 zum Schlagen und Klopfen ein Werkzeug mit einem Griff und einem schweren Stück Metall am Ende, mit dem man Nägel einschlagen kann
2 umgangssprachlich etwas sehr Gutes oder sehr Schlechtes: *Das ist der Hammer! • Die*

Party war ein Hammer! • *Es ist wirklich ein Hammer, dass er uns einfach rausgeworfen hat!*
❸ etwas kommt unter den Hammer umgangssprachlich etwas wird versteigert
❹ SPORT eine Kugel aus Metall, die an einem Draht befestigt ist, mithilfe dessen man sie so weit wie möglich schleudern muss

häm|mern (Verb) **du hämmerst, er hämmerte, sie hat gehämmert, hämm(e)re!**
❶ Handwerker mit dem Hammer schlagen
❷ auf dem Klavier/dem PC/... hämmern kräftig und ungeschickt auf dem Klavier spielen/auf dem PC schreiben/...
❸ an/gegen etwas hämmern laut und kräftig an/gegen etwas klopfen

der **Ham|pel|mann** (Nomen) **des Hampelmann(e)s, die Hampelmänner**
❶ Spielzeug eine Figur, die man aufhängt und die ihre Arme und Beine bewegt, wenn man an einer daran befestigen Schnur zieht
❷ umgangssprachlich • abwertend jemand, der keinen eigenen Willen hat und das tut, was andere wollen

ham|peln (Verb) umgangssprachlich **du hampelst, er hampelte, sie hat gehampelt, hamp(e)le nicht!** ≈ zappeln sich ungeschickt hin und her bewegen

der **Hams|ter** (Nomen) **des Hamsters, die Hamster** ein kleines Nagetier, das so ähnlich wie eine dicke Maus mit Stummelschwanz aussieht und als Haustier gehalten wird

die **Hand** (Nomen) ANATOMIE **der Hand, die Hände**
❶ der Körperteil des Menschen am Ende des Arms, der fünf Finger hat, mit denen man etwas greifen und festhalten kann: *Sie nahm den Schlüssel in die Hand.*
❷ sich die Hand geben/reichen jemandes Hand zur Begrüßung oder zum Abschied nehmen, leicht drücken und schütteln
❸ aus zweiter Hand nicht neu, gebraucht: *Meine Eltern kaufen jetzt ein Auto aus zweiter Hand.*
❹ alle Hände voll zu tun haben umgangssprachlich sehr viel Arbeit haben
❺ sich mit Händen und Füßen gegen etwas wehren umgangssprachlich etwas auf keinen Fall haben oder tun wollen
❻ für jemanden die Hand ins Feuer legen ganz sicher sein, dass jemand nichts Schlechtes tut oder getan hat

die **Hand|ar|beit** (Nomen) **der Handarbeit, die Handarbeiten**
❶ nur im Singular die Arbeit, bei der etwas ohne Maschinen hergestellt wird: *Diese Lampen werden in Handarbeit hergestellt.*
❷ Gegenstand etwas, was ohne Maschinen hergestellt wird: *Die Teppiche sind echte Handarbeit.*
❸ mit Stoff, Wolle, Garn usw. etwas, was durch Nähen, Stricken, Häkeln usw. hergestellt wird: *Ich mache abends gern Handarbeiten.*

der **Hand|ball** (Nomen) **des Handball(e)s, die Handbälle**
❶ nur im Singular • Sportart der Sport, bei dem zwei Mannschaften versuchen, einen Ball möglichst oft in das Tor des Gegners zu werfen
❷ Sportgerät der Ball, mit dem man Handball spielt

das **Händ|chen** (Nomen) **des Händchens, die Händchen**
❶ die kleine Hand
❷ (mit jemandem) Händchen halten umgangssprachlich jemanden verliebt an der Hand festhalten
❸ ein Händchen für etwas/jemanden haben umgangssprachlich bei etwas sehr geschickt oder erfolgreich sein/mit jemandem gut umgehen können: *Meine Mutter hat ein Händchen für Babys.*

der **Han|del** (Nomen) nur im Singular **des Handels**
❶ Tätigkeit der Vorgang oder die Abmachung, dass jemand etwas kauft, was ein anderer verkauft: *Mit der Vase hast du einen guten Handel gemacht.*
❷ Handel treiben Waren kaufen und verkaufen
❸ Wirtschaftszweig alle Unternehmen, die Waren kaufen und verkaufen
❹ ≈ Laden, Geschäft das Gebäude, in dem man etwas kaufen kann

han|deln (Verb) **du handelst, er handelte, sie hat gehandelt, hand(e)le!**
❶ sich in einer bestimmten Weise verhalten: *Sie handelte in Notwehr.* • *Haben wir wirklich richtig gehandelt?*
❷ mit etwas handeln ≈ mit etwas Geschäfte machen etwas kaufen und zu einem höheren Preis verkaufen: *Er handelt mit Immobilien.*
❸ von etwas/jemandem handeln etwas/jemanden zum Thema oder Inhalt haben:

A B C D E F G H I J K L M N O P Q R S T U V W X Y Z

Der Film handelt vom Untergang eines großen Dampfers.
❹ es handelt sich um … ≈ es geht um jemand oder etwas oder das Thema ist …: *Bei dem Vermissten handelt es sich um ihren Bruder. • Es handelt sich hier um ein Theaterstück von Goethe.*

der **Hand|fe|ger** (Nomen) HAUSHALT **des Handfegers, die Handfeger**
❶ eine kleine, weiche Bürste mit Stiel, mit der man Schmutz wegfegt
❷ wie ein wildgewordener Handfeger umgangssprachlich • ironisch mit ungekämmten Haaren oder sehr hektisch, wie ein Verrückter/eine Verrückte

hand|fest (Adjektiv) **handfester, am handfestesten**
❶ Streit, Drohung ernst und konkret
❷ Mensch kräftig und robust

die **Hand|flä|che** (Nomen) **der Handfläche, die Handflächen** die innere Seite der Hand

das **Hand|ge|lenk** (Nomen) **des Handgelenk(e)s, die Handgelenke** das Gelenk zwischen Hand und Unterarm

der **Händ|ler** (Nomen) **des Händlers, die Händler** jemand, der beruflich Waren kauft und verkauft

die **Händ|le|rin** (Nomen) **der Händlerin, die Händlerinnen**
Femininform von → **Händler**

hand|lich (Adjektiv) **handlicher, am handlichsten** Werkzeug, Buch, Format klein und praktisch

die **Hand|lung** (Nomen) **der Handlung, die Handlungen**
❶ ≈ Tat das, was jemand tut
❷ LITERATUR • THEATER • FILM das, was geschieht, die Geschichte

die **Hand|lungs|wei|se** (Nomen) **der Handlungsweise, die Handlungsweisen** die Art, wie jemand etwas tut

die **Hand|schrift** (Nomen) **der Handschrift, die Handschriften** die Art, in der jemand mit einem Stift auf Papier schreibt

hand|schrift|lich (Adjektiv) nicht gedruckt, sondern mit einem Stift auf Papier geschrieben

der **Hand|schuh** (Nomen) **des Handschuhs, die Handschuhe** eine Art Hülle für die Hände, damit sie nicht kalt oder schmutzig werden

der **Hand|stand** (Nomen) **des Handstand(e)s, die Handstände** die Sportübung, bei der man auf den Händen steht und die Beine in die Luft streckt

das **Hand|tuch** (Nomen) **des Handtuch(e)s, die Handtücher**
❶ im Bad ein Tuch (aus Frottee), mit dem man sich nach dem Waschen abtrocknet
❷ in der Küche ein Tuch (aus Leinen), mit dem man Geschirr abtrocknet

das **Hand|werk** (Nomen) **des Handwerk(e)s, die Handwerke**
❶ BERUF ein Beruf, bei dem man mit den Händen und mit Werkzeugen etwas herstellt (z. B. das Handwerk des Bäckers, Handwerkers, Schusters)
❷ jemandem das Handwerk legen umgangssprachlich verhindern, dass jemand weiter etwas Böses tut
❸ nur im Singular WIRTSCHAFT alle Unternehmen, die ein Handwerk betreiben: *Vertreter des Bäcker-Handwerks*

der **Hand|wer|ker** (Nomen) **des Handwerkers, die Handwerker** jemand, der beruflich mit den Händen und mit Werkzeugen etwas herstellt (z. B. Bäcker, Elektriker, Schuster)

die **Hand|wer|ke|rin** (Nomen) **der Handwerkerin, die Handwerkerinnen**
Femininform von → **Handwerker**

das **Han|dy** (Nomen) [ˈhɛndi] **des Handys, die Handys** ein schnurloses Telefon, das nicht über das Festnetz, sondern über Mobilfunk funktioniert

die **Han|dy|num|mer** (Nomen) **der Handynummer, die Handynummern** die Telefonnummer des Handys

der **Hang** (Nomen) **des Hang(e)s, die Hänge**
❶ die schräge Seite eines Bergs oder Hügels
❷ einen Hang zu etwas haben zu etwas (Negativem) neigen: *Sie hat einen Hang zum Perfektionismus.*

hän|gen[1] (Verb) **du hängst, er hing, sie hat/ist gehangen, häng(e)!**
❶ hat gehangen ≈ herunterhängen am oberen Teil festgemacht und unten lose sein, nach unten baumeln: *Das Bild hängt schief. • Die Fischernetze hingen im Wasser.*
❷ an etwas hängen hat gehangen oben an etwas festgemacht und unten lose sein: *An den Bäumen hängen viele Äpfel. • Der Fisch hängt am Angelhaken.*
❸ an jemandem/etwas hängen hat gehangen jemanden/etwas sehr mögen und sich nicht davon trennen wollen: *Sie hängt immer noch an ihrem alten Teddy.*

❹ vor dem Fernseher/am PC/… hängen umgangssprachlich sehr lange vor dem Fernseher/am PC/… bleiben: *Sie hängt schon seit drei Stunden am Telefon.*

hän|gen[2] (Verb) **du hängst, er hängte, sie hat gehängt, häng(e)!**
❶ etwas irgendwohin hängen ≈ aufhängen etwas am oberen Ende befestigen und unten lose lassen: *ein Bild an die Wand hängen • den Mantel in den Schrank hängen • die Wäsche auf die Leine hängen*
❷ sich an etwas hängen sich an etwas festhalten und den Rest des Körpers baumeln lassen: *Beim Turnen musst du dich an die Stange hängen.*

hän|gen|blei|ben, hän|gen blei|ben (Verb) **du bleibst hängen, er blieb hängen, sie ist hängengeblieben, bleib(e) nicht hängen!** an einer Stelle bleiben, wo etwas befestigt ist: *Achtung, ich brauche Hilfe, ich bin in den Ästen hängen geblieben. • Sie hat die Ausbildung in München gemacht und ist dann dort hängengeblieben.*

hän|gen|las|sen, hän|gen las|sen (Verb) **du lässt hängen, er ließ hängen, sie hat hängengelassen, lass(e) nicht hängen!**
❶ jemanden im Stich lassen: *Sie hat mich hängengelassen, als ich sie brauchte.*
❷ etwas an einem Ort aufgehängt lassen: *Ich habe meine Mütze an der Garderobe hängen lassen.*
❸ sich hängenlassen aufgeben und keine Energie mehr für etwas haben: *Beim Training lässt er sich jetzt immer hängen.*

die **Han|se|stadt** (Nomen) **der Hansestadt, die Hansestädte** eine von mehreren Städten, die sich im Mittelalter zu einem Bund zusammengeschlossen haben (z. B. Bremen, Hamburg, Lübeck)

die **Han|tel** (Nomen) **der Hantel, die Hanteln** ein Sportgerät mit Gewichten an den Enden, das man hochhebt, um die Muskeln zu trainieren

die **Hard|ware** (Nomen) ['ha:ɐ̯twɛ:ɐ̯] **der Hardware, die Hardwares** die Teile und Geräte, die zu einem Computer gehören und die nicht Daten oder Programme sind

die **Har|fe** (Nomen) **der Harfe, die Harfen** ein großes Musikinstrument, das Saiten hat, die man im Sitzen mit beiden Händen zupft oder streicht

die **Har|ke** (Nomen) **der Harke, die Harken** ein Werkzeug mit langem Stiel und einer Art Kamm, mit dem man im Garten oder auf dem Feld den Boden glatt macht oder Laub zusammenkratzt

har|ken (Verb) **du harkst, er harkte, sie hat geharkt, hark(e)!**
❶ Beet, Feld mit der Harke glatt machen
❷ Laub mit der Harke zusammenkratzen

harm|los (Adjektiv) **harmloser, am harmlosesten** nicht gefährlich oder böse

die **Har|mo|nie** (Nomen) **der Harmonie, die Harmonien**
❶ MUSIK der schöne Klang mehrerer Töne
❷ nur im Singular • von Dingen, Farben, Formen das gute Zusammenpassen
❸ zwischen Menschen das friedliche Zusammenleben

har|mo|nisch (Adjektiv) **harmonischer, am harmonischsten**
❶ MUSIK so, dass mehrere Töne einen schönen Klang ergeben
❷ nur im Singular • von Dingen, Farben, Formen gut zusammen passend
❸ Atmosphäre, Klassengemeinschaft, Beziehung friedlich und ausgeglichen

hart (Adjektiv) **härter, am härtesten**
❶ Stein, Stahl o. Ä. so fest, dass man etwas nicht oder nur schwer formen oder zerkleinern kann
❷ abgehärtet und widerstandsfähig
❸ Arbeit, Schicksalsschlag nicht leicht zu ertragen, schwer
❹ Sport, Kampf anstrengend, brutal
❺ Urteil, Gesetz, Strafe nicht mild, sondern streng
❻ hart im Nehmen sein umgangssprachlich viel aushalten können

die **Här|te** (Nomen) nur im Singular **der Härte**
❶ von Stein, Stahl o. Ä. die Festigkeit, bei der man etwas nicht oder nur schwer formen oder zerkleinern kann
❷ von Wasser die Eigenschaft, viel Kalk zu enthalten
❸ eines Urteils, Gesetzes, einer Strafe die Strenge
im Blick, in den Augen, im Herzen die Unfreundlichkeit, die Grausamkeit
❹ eines Sports, Kampfs die Eigenschaft, anstrengend oder brutal zu sein
der Arbeit, eines Schicksalsschlags die Eigenschaft, unerträglich schlimm zu sein

hart|nä|ckig (Adjektiv) **hartnäckiger, am hartnäckigsten** ≈ ausdauernd nicht bereit, aufzugeben oder nachzugeben

der **Ha|se** (Nomen) **des Hasen, die Hasen**
① ZOOLOGIE ein Tier mit braunem Fell und langen Ohren, das auf Feldern und Wiesen lebt und schnell laufen kann
② wissen, wie der Hase läuft umgangssprachlich genau wissen, warum etwas geschieht und wie es sich weiterentwickelt
③ ein alter Hase umgangssprachlich · ironisch jemand, der schon lange in einem Beruf, einem Verein usw. ist und viel Erfahrung hat

der **Hass** (Nomen) **nur im Singular des Hasses** ein heftiges Gefühl von Feindschaft: *Mein Großvater hat einen Hass auf Hunde.*

has|sen (Verb) **du hasst, er hasste, sie hat gehasst, hass(e) nicht!**
① jemanden hassen große Feindschaft/Abneigung für jemanden empfinden: *Ich hasse Raser in der Spielstraße.*
② etwas hassen etwas zutiefst ablehnen: *Ich hasse es, wenn jemand in meinen Sachen schnüffelt.*

häss|lich (Adjektiv) **hässlicher, am hässlichsten** so, dass man etwas nicht gern ansieht

die **Häss|lich|keit** (Nomen) **nur im Singular der Hässlichkeit** die Eigenschaft, dass jemand oder etwas nicht gern angesehen wird

die **Hast** (Nomen) **nur im Singular der Hast** ≈ Eile der Zustand, in dem man etwas sehr schnell tut, weil man keine Zeit hat

has|tig (Adjektiv) **hastiger, am hastigsten** sehr schnell, weil man keine Zeit hat

der **Hauch** (Nomen) **des Hauch(e)s, die Hauche**
① METEOROLOGIE ein sehr leichter Wind
② gehoben der Atem
③ von einer Sache sehr wenig: *Sie hatte nur einen Hauch Make-up aufgetragen. · Wir hatten nicht den Hauch einer Chance.*

hau|chen (Verb) **du hauchst, er hauchte, sie hat gehaucht, hauch(e)!**
① durch den offenen Mund Luft hörbar ausatmen
② etwas hauchen etwas ganz leise sagen

hau|en (Verb) **du haust, er haute/hieb, sie hat gehauen, hau(e)!**
① schlagen: *Mama, Max hat mich gehauen! · Ich schaffe es nicht, den Nagel in die Wand zu hauen.*
② Holz hacken
③ sich ins Bett/aufs Sofa/... hauen umgangssprachlich ins Bett gehen/sich aufs Sofa setzen/...

der **Hau|fen** (Nomen) **des Haufens, die Haufen**
① von Akten, Wäsche, Erde usw. ein (kleiner) Berg von gleichen Dingen
② ein Haufen Arbeit/Geld/... umgangssprachlich viel Arbeit/Geld/...
③ etwas über den Haufen werfen umgangssprachlich den Plan für etwas aufgeben
④ jemanden über den Haufen rennen umgangssprachlich jemanden umrennen

häu|fig (Adjektiv) **häufiger, am häufigsten**
① ≈ oft immer wieder: *Sie besucht ihre Großmutter häufig.*
② immer wieder vorkommend: *Bei euren Aufsätzen treten Kommafehler am häufigsten auf.*

das **Haupt** (Nomen) gehoben **des Haupt(e)s, die Häupter**
① der Kopf
② erhobenen Hauptes stolz, sehr selbstbewusst

der **Haupt|bahn|hof** (Nomen) **des Hauptbahnhof(e)s, die Hauptbahnhöfe** der größte und wichtigste Bahnhof einer Stadt

der **Haupt|dar|stel|ler** (Nomen) **des Hauptdarstellers, die Hauptdarsteller** der Schauspieler, der die wichtigste Rolle hat

die **Haupt|dar|stel|le|rin** (Nomen) **der Hauptdarstellerin, die Hauptdarstellerinnen** Femininform von → **Hauptdarsteller**

der **Haupt|ge|winn** (Nomen) **des Hauptgewinn(e)s, die Hauptgewinne** in der Lotterie, bei einem Quiz usw. der größte Gewinn

der **Häupt|ling** (Nomen) **des Häuptlings, die Häuptlinge** bei Indianern usw. das Oberhaupt eines Stammes

die **Haupt|rol|le** (Nomen) **der Hauptrolle, die Hauptrollen**
① die wichtigste Rolle in einem Film oder Theaterstück
② etwas/jemand spielt die Hauptrolle etwas/jemand ist am wichtigsten: *Geld spielt für ihn die Hauptrolle.*

die **Haupt|sa|che** (Nomen) **nur im Singular der Hauptsache** das, was am wichtigsten ist: *Hauptsache, dir geht es gut!*

haupt|säch|lich[1] (Adjektiv) ≈ wesentlich wichtig: *Die hauptsächlichen Merkmale bei Grippe sind Fieber und Kopfschmerzen.*

haupt|säch|lich[2] (Adverb) ≈ vor allem besonders: *Er hat einen großen Bauernhof und züchtet hauptsächlich Schafe.*

der **Haupt|satz** (Nomen) **des Hauptsatzes, die Hauptsätze** ein vollständiger Satz, der allein stehen kann und mindestens aus Subjekt und Prädikat besteht.
siehe auch → **Nebensatz**

die **Haupt|schu|le** (Nomen) **der Hauptschule, die Hauptschulen** die weiterführende Schule nach der Grundschule für Schüler der Klassen 5 bis 9, die nicht aufs Gymnasium oder in die Realschule gehen

die **Haupt|stadt** (Nomen) **der Hauptstadt, die Hauptstädte** die Stadt eines Landes, in der sich in der Regel die Regierung befindet

die **Haupt|stra|ße** (Nomen) **der Hauptstraße, die Hauptstraßen** die größte und wichtigste Straße in einer Stadt

das **Haupt|wort** (Nomen) GRAMMATIK **des Hauptwort(e)s, die Hauptwörter**
→ **Nomen**

das **Haus** (Nomen) **des Hauses, die Häuser**
1. ein Gebäude mit Wänden, Fenstern, Türen und einem Dach, in dem man wohnen kann
2. zu Haus(e) im eigenen Haus/in der eigenen Wohnung sein: *Bist du morgen zu Hause? Dann bring ich dir das versprochene Buch vorbei.*
3. nach Haus(e) ins eigene Haus/in die eigene Wohnung gehen: *Er ist um sechs Uhr nach Hause gegangen.*

die **Haus|ar|beit** (Nomen) **der Hausarbeit, die Hausarbeiten**
1. SCHULE · UNIVERSITÄT eine schriftliche Arbeit, die man zu Hause macht
2. HAUSHALT Putzen, Waschen, Kochen usw.

der **Haus|arzt** (Nomen) **des Hausarztes, die Hausärzte** der Arzt, zu dem man immer geht, wenn man krank ist

die **Haus|auf|ga|be** (Nomen) **der Hausaufgabe, die Hausaufgaben** die Aufgabe, die ein Schüler nach dem Unterricht zu Hause macht: *Heute haben wir wenig Hausaufgaben auf.*

die **Haus|frau** (Nomen) **der Hausfrau, die Hausfrauen** die Frau, die für die eigene Familie die Arbeit im Haus macht (und die Kinder erzieht) und keinen anderen Beruf ausübt: *„Welchen Beruf haben Sie?" – „Ich bin Hausfrau und Mutter."*

der **Haus|halt** (Nomen) **des Haushalt(e)s, die Haushalte**
1. nur im Singular HAUSHALT alle Arbeiten wie Putzen, Waschen, Kochen usw., die man für das Leben in einer Wohnung oder einem Haus macht
2. VERWALTUNG eine einzelne Wohnung und ihre Bewohner: *In unserem Haushalt wohnen vier Personen.*
3. FINANZEN die Ausgaben und Einnahmen einer Stadt oder eines Staats oder einer öffentlichen Einrichtung

der **Haus|mann** (Nomen) **des Hausmann(e)s, die Hausmänner** der Mann, der für die eigene Familie die Arbeit im Haus macht (und die Kinder erzieht) und keinen anderen Beruf ausübt

der **Haus|schlüs|sel** (Nomen) **des Hausschlüssels, die Hausschlüssel** der Schlüssel, mit dem man die Haustür aufschließt

der **Haus|schuh** (Nomen) **des Hausschuh(e)s, die Hausschuhe** ≈ Pantoffel ein bequemer und leichter Schuh, den man nur im Haus oder in der Wohnung trägt

das **Haus|tier** (Nomen) **des Haustier(e)s, die Haustiere**
1. ein Tier, das mit in der Wohnung lebt (z. B. Hund, Katze, Hamster, Goldfisch, Papagei)
2. LANDWIRTSCHAFT ein Nutztier, das nicht frei lebt, sondern vom Menschen gehalten wird (z. B. Huhn, Kuh, Pferd, Schaf)

die **Haus|tür** (Nomen) **der Haustür, die Haustüren** die Tür, die sich am Eingang eines Hauses befindet

die **Haut** (Nomen) **der Haut, die Häute**
1. die dünne Schicht außen am Körper von Menschen und Tieren
2. auf der faulen Haut liegen umgangssprachlich · abwertend nichts tun, faul sein
3. aus der Haut fahren umgangssprachlich wütend werden, sich aufregen
4. nicht aus seiner Haut (heraus) können umgangssprachlich sich nicht ändern können, nicht anders handeln können
5. jemand fühlt sich nicht wohl in seiner Haut umgangssprachlich jemandem geht es nicht gut, weil ihm etwas unangenehm ist
6. mit Haut und Haar(en) umgangssprachlich völlig, vollständig

häu|ten[1] (Verb) **du häutest, er häutete, sie hat gehäutet, häute!**
etwas häuten Hasen das Fell von etwas

entfernen Tomaten, Paprika, Mandeln die dünne Schale von etwas entfernen

sich **häu|ten**[2] (Verb) nur in der 3. Person gebraucht **er häutet sich, sie häutete sich, sie hat sich gehäutet** Schlange die oberste Schicht der Haut verlieren

die **Haut|far|be** (Nomen) **der Hautfarbe, die Hautfarben** die Tönung der Haut von Menschen

die **Heb|am|me** (Nomen) BERUF **der Hebamme, die Hebammen** eine Frau, die ausgebildet ist, Frauen vor, während und nach der Geburt eines Kindes zu betreuen

der **He|bel** (Nomen) **des Hebels, die Hebel**
1 eine Art Stange, mit der man etwas Schweres anheben kann
2 TECHNIK ein Griff zur Bedienung einer Maschine oder eines Geräts
3 alle Hebel in Bewegung setzen umgangssprachlich alles Mögliche tun, um etwas zu erreichen
4 am längeren Hebel sitzen mehr Einfluss oder Macht haben

die **He|bel|wir|kung** (Nomen) PHYSIK **der Hebelwirkung, die Hebelwirkungen** die Übertragung von Kraft auf eine Masse mithilfe eines Hebels

he|ben (Verb) **du hebst, er hob, sie hat gehoben, heb(e)!**
1 etwas (Schweres) nach oben bewegen
2 ≈steigern, verbessern *Ein Sieg würde die Laune des Trainers sicher heben.*
3 ≈bergen *Sein Team hat ein Schatzschiff gehoben.*
4 einen heben umgangssprachlich etwas Alkoholisches trinken

das **Heck** (Nomen) **des Heck(e)s, die Hecks/Hecke** eines Schiffs, Flugzeugs, Autos der hinterste Teil

die **He|cke** (Nomen) **der Hecke, die Hecken** dicht zusammenstehende Büsche als Abgrenzung

die **Heck|schei|be** (Nomen) AUTO **der Heckscheibe, die Heckscheiben** die Scheibe im Heckfenster eines Autos

das **Heer** (Nomen) **des Heer(e)s, die Heere**
1 MILITÄR alle Truppen eines Staates, die auf dem Land kämpfen
2 von Touristen, Reportern usw. eine sehr große Menge

die **He|fe** (Nomen) **der Hefe, die Hefen** ein aus Pilzen bestehendes Mittel, das besonders zum Backen und Bierbrauen verwendet wird

das **Heft** (Nomen) **des Heft(e)s, die Hefte**
1 ≈Schulheft usw. *die Hefte einsammeln*
2 die Ausgabe einer Zeitschrift
3 ein dünnes Buch (z. B. Notenheft, Programmheft)

hef|ten (Verb) **du heftest, er heftete, sie hat geheftet, hefte!**
1 lose Blätter (mit dem Tacker o. Ä.) zusammenfügen
2 ≈befestigen *einen Zettel an die Pinnwand heften*
3 die Augen auf jemanden/etwas heften jemanden/etwas starr ansehen

hef|tig (Adjektiv) **heftiger, am heftigsten**
1 von großer Stärke und Intensität
2 ≈unbeherrscht *Seine Reaktion war viel zu heftig.*
3 umgangssprachlich ≈eindrucksvoll, erschreckend *Das war heftig!*

der/das **Hehl** (Nomen) nur im Singular **des Hehls** meist in kein(en) Hehl aus etwas machen etwas nicht verbergen

heil (Adjektiv)
1 ≈unverletzt *Sie hat den Sturz heil überstanden.*
2 ≈wieder gesund *Meine Schulter ist wieder heil.*
3 nicht kaputt: *Das Glas ist heil geblieben.*

der **Hei|land** (Nomen) nur im Singular **des Heiland(e)s** im christlichen Glauben Christus als Erlöser

hei|len (Verb) **du heilst, er heilte, sie hat/ist geheilt, heil(e)!**
1 jemanden heilen **hat geheilt** MEDIZIN jemanden wieder gesund machen
2 eine Krankheit heilen **hat geheilt** MEDIZIN eine Krankheit durch Behandlung besiegen
3 etwas heilt **ist geheilt** MEDIZIN etwas wird besser oder wieder gesund
4 jemand ist von etwas geheilt umgangssprachlich jemand macht den gleichen Fehler nicht mehr

hei|lig (Adjektiv) **heiliger, am heiligsten**
1 RELIGION ≈göttlich, geweiht *das heilige Abendmahl*
2 der Heilige Abend der 24. Dezember, Heiligabend
3 Heilige drei Könige der 6. Januar, Dreikönige
4 etwas, was für jemanden von größter Bedeutung ist: *Sein Skateboard ist ihm heilig.*

der **Hei|lig|abend** (Nomen) Plural selten **des Heiligabends, die Heiligabende** der 24. Dezember, der Tag vor dem ersten Weihnachtstag

der/die **Hei|li|ge** (Nomen) **des/der Heiligen, die Heiligen**
1 RELIGION in der katholischen Kirche jemand, der wegen seines vorbildlichen Lebens verehrt wird
2 ein komischer Heiliger umgangssprachlich ein sonderbarer Mensch

die **Hei|lung** (Nomen) MEDIZIN **der Heilung, die Heilungen** die Wiederherstellung der Gesundheit

das **Heim** (Nomen) **des Heim(e)s, die Heime**
1 ≈ Zuhause *sich nach einem eigenen Heim sehnen*
2 ein Ort, an dem bestimmte Personen zusammenwohnen (Kinderheim, Seniorenheim)
3 ein Haus für das Treffen von Mitgliedern eines Vereins o. Ä.

die **Hei|mat** (Nomen) nur im Singular **der Heimat**
1 das Gebiet oder der Ort, wo man aufgewachsen ist oder sich zu Hause fühlt
2 das Land oder Gebiet, wo etwas seinen Ursprung hat

das **Hei|mat|land** (Nomen) **des Heimatland(e)s, die Heimatländer** das Land, aus dem man (ursprünglich) stammt

heim|fah|ren (Verb) **du fährst heim, er fuhr heim, sie ist heimgefahren, fahr(e) heim!**
1 nach Hause fahren
2 jemanden nach Hause fahren

heim|ge|hen (Verb) **du gehst heim, er ging heim, sie ist heimgegangen, geh(e) heim!**
1 nach Hause gehen
2 gehoben ≈ sterben *Großmutter ist gestern heimgegangen.*

hei|misch (Adjektiv) **heimischer, am heimischsten**
1 ohne Steigerung aus einem bestimmten Gebiet stammend
2 irgendwo heimisch sein/werden sich irgendwo wohlfühlen/einleben

die **Heim|kehr** (Nomen) nur im Singular **der Heimkehr** die Rückkehr nach Hause

heim|keh|ren (Verb) **du kehrst heim, er kehrte heim, sie ist heimgekehrt, kehr(e) heim!** nach Hause zurückkehren

heim|kom|men (Verb) **du kommst heim, er kam heim, sie ist heimgekommen, komm(e) heim!** von einem anderen Ort nach Hause zurückkehren

heim|lich (Adjektiv)
1 so, dass andere es nicht merken
2 heimlich, still und leise so unauffällig wie möglich

das **Heim|spiel** (Nomen) SPORT **des Heimspiel(e)s, die Heimspiele** ein Spiel auf eigenem Platz oder in eigener Halle

der **Heim|weg** (Nomen) **des Heimweg(e)s, die Heimwege** der Weg nach Hause

das **Heim|weh** (Nomen) nur im Singular **des Heimwehs** jemandes Sehnsucht nach seiner Familie oder Heimat

heim|zah|len (Verb) **du zahlst heim, er zahlte heim, sie hat heimgezahlt, zahl(e) heim!** jemandem etwas heimzahlen sich bei jemandem für etwas rächen

die **Hei|rat** (Nomen) **der Heirat, die Heiraten** Plural selten ≈ Eheschließung *Nach der Heirat wollen sie auswandern.*

hei|ra|ten (Verb) **du heiratest, er heiratete, sie hat geheiratet, heirate!** (mit jemandem) eine Ehe schließen

hei|ser (Adjektiv) MEDIZIN **heiserer, am heisersten** Stimme rau und krächzend klingend

die **Hei|ser|keit** (Nomen) nur im Singular **der Heiserkeit** bei Erkältungen usw. der raue und krächzende Klang der Stimme

heiß (Adjektiv) **heißer, am heißesten**
1 sehr warm: *Heute soll es 32 Grad heiß werden.*
2 heiß machen erhitzen: *eine Suppe heiß machen*
3 ≈ leidenschaftlich *Leylas heißester Wunsch ist ein Smartphone.*
4 heiß begehrt äußerst gefragt
5 heiß geliebt leidenschaftlich geliebt
6 heiß ersehnt Brief, Anruf usw. lange ungeduldig erwartet
7 heftig: *Es kam zu einem heißen Kampf.*
8 heiß umstritten äußerst unterschiedlich beurteilt
9 es läuft einem heiß und kalt den Rücken runter jemanden schaudert es (vor Angst oder Betroffenheit)
10 heiß auf etwas/jemanden sein umgangssprachlich ganz verrückt nach etwas/jemandem sein
11 ein heißer Tipp ein Tipp, der hohe Erwartungen weckt

hei|ßen (Verb) **du heißt, er hieß, sie hat geheißen, heiß(e)!**
1 einen bestimmten Namen haben

❷ ≈ bedeuten *Was heißt „take it easy" auf Deutsch?*
❸ das heißt Abkürzung: d. h. genauer gesagt
❹ Was heißt das schon? Das hat nichts zu bedeuten oder ist unwichtig.
❺ es heißt, ... es wird erzählt oder es gibt das Gerücht, dass ...
❻ in ... heißt es in ... steht (geschrieben)
❼ Jetzt heißt es ...! Jetzt ist es wichtig, dass wir ...

hei|ter (Adjektiv) **heit(e)rer, am heitersten**
❶ ≈ fröhlich, ausgelassen *Auf der Feier ging es heiter zu.*
❷ ≈ sonnig *Das Wetter bleibt heiter bis wolkig.*
❸ Das kann ja heiter werden! umgangssprachlich · ironisch Wahrscheinlich wird es unangenehm.

hei|zen (Verb) **du heizt, er heizte, sie hat/ist geheizt, heiz(e)!**
❶ hat geheizt einen Raum warm machen
❷ mit Gas/Öl heizen hat geheizt Gas/Öl als Brennstoff benutzen
❸ ist geheizt · umgangssprachlich ≈ rasen *mit über 200 Sachen über die Autobahn heizen*

die **Hei|zung** (Nomen) TECHNIK **der Heizung, die Heizungen**
❶ eine Anlage zum Heizen eines Gebäudes
❷ umgangssprachlich ≈ Heizkörper *die Heizung im Bad hochdrehen*

das/der **Hek|tar, Hekt|ar** (Nomen) LANDWIRTSCHAFT **des Hektars, die Hektare/Hektar** (bei Mengenangaben) · Flächenmaß 100 Ar oder 10000 Quadratmeter

die **Hek|tik** (Nomen) nur im Singular **der Hektik** eine nervöse, hastige Aktivität

hek|tisch (Adjektiv) **hektischer, am hektischsten** Bewegungen, Aktivitäten nervös und hastig

der **Held** (Nomen) **des Helden, die Helden**
❶ jemand, der sich mit Mut und Tapferkeit für andere einsetzt
❷ im Buch, Film usw. ≈ Hauptfigur *Tom Sawyer und Huckleberry Finn sind die beiden Helden aus Mark Twains berühmtem Roman.*
❸ kein Held in etwas sein umgangssprachlich nicht besonders gut oder geschickt in etwas sein

hel|den|haft (Adjektiv) **heldenhafter, am heldenhaftesten** äußerst mutig und tapfer

die **Hel|den|tat** (Nomen) **der Heldentat, die Heldentaten**
❶ ein äußerst mutiger und tapferer Einsatz für andere
❷ Das war keine Heldentat! abwertend Das Verhalten war äußerst schwach.

die **Hel|din** (Nomen) **der Heldin, die Heldinnen** Femininform von → **Held**

hel|fen (Verb) **du hilfst, er half, sie hat geholfen, hilf!**
❶ jemandem helfen jemanden dabei unterstützen, ein Ziel zu erreichen; jemandem (in der Not) beistehen
❷ ≈ nützen *Was hilft am besten gegen Kopfweh?*
❸ es hilft nichts es hat keinen Zweck
❹ sich zu helfen wissen gut mit schwierigen Situationen fertig werden
❺ ich kann mir nicht helfen, aber ... ich muss einfach so über etwas denken: *Ich kann mir nicht helfen, aber ich traue dem Mann einfach nicht.*

der **Hel|fer** (Nomen) **des Helfers, die Helfer**
❶ jemand, der jemanden bei etwas unterstützt; jemand, der jemandem (in der Not) beisteht
❷ ein nützlicher Gegenstand

die **Hel|fe|rin** (Nomen) **der Helferin, die Helferinnen** Femininform von → **Helfer**

hell (Adjektiv) **heller, am hellsten**
❶ mit viel Licht: *ein großes, helles Zimmer*
❷ Farben nicht sehr kräftig
❸ Stimme, Klang eher hoch und klar, nicht dumpf
❹ umgangssprachlich ≈ klug *ein helles Köpfchen*
❺ seine helle Freude an etwas/jemandem haben viel Spaß mit etwas/jemandem haben

hell|blau (Adjektiv) von hellem Blau

hell|grün (Adjektiv) von hellem Grün

die **Hel|lig|keit** (Nomen) nur im Singular **der Helligkeit** die Stärke des Lichts

hell|wach (Adjektiv)
❶ vollkommen wach
❷ sehr aufmerksam

der **Helm** (Nomen) **des Helm(e)s, die Helme** eine Kopfbedeckung aus stabilem Material als Schutz (z. B. Stahlhelm, Sturzhelm, Fahrradhelm)

das **Hemd** (Nomen) **des Hemd(e)s, die Hemden**
❶ besonders für Männer ein Kleidungsstück für den Oberkörper

② ≈ Unterhemd *bis aufs Hemd durchnässt sein*
③ sein letztes Hemd hergeben umgangssprachlich alles für andere opfern
④ sich ins Hemd machen umgangssprachlich Angst haben, sich zieren

hẹm|men (Verb) gehoben **du hemmst, er hemmte, sie hat gehemmt, hemm(e)!**
≈ bremsen, behindern *Das Mittel soll die Entzündung der Wunde hemmen.*

die **Hẹm|mung** (Nomen) **der Hemmung, die Hemmungen**
① ≈ Skrupel moralische Bedenken
② voller Hemmungen sein sehr unsicher sein, schüchtern wirken

der **Hẹn|kel** (Nomen) **des Henkels, die Henkel** ein Griff an einem Behälter

her (Adverb)
① in Richtung des Sprechers: *Her zu mir!*
② aus einer Richtung, von einem Ort: *Der Wind weht von Westen her. • Wo bist du eigentlich her?*
③ etwas ist ein Jahr/schon lange her etwas geschah vor einem Jahr/vor langer Zeit
④ von früher her aus der Vergangenheit
⑤ hinter jemandem her sein umgangssprachlich jemanden verfolgen, zu fassen versuchen
mit erotischen Absichten versuchen, mit jemandem ein Liebesverhältnis anzufangen
⑥ hinter etwas her sein umgangssprachlich versuchen, etwas zu bekommen
⑦ mit jemandem/etwas ist es nicht weit her umgangssprachlich jemand/etwas bringt keine besondere Leistung
⑧ von seinem Aussehen/seiner Begabung her was sein Aussehen/seine Begabung betrifft

he|rạb, her|ạb (Adverb) gehoben
① ≈ herunter von oben nach unten
② von oben herab abwertend in hochmütiger Weise, herablassend
③ als trennbarer Teil von zusammengesetzten Verben, z. B. herabhängen, herabfallen *Sie ließ ihren Schlüssel herabfallen.*

he|rạb|las|sen, her|ạb|las|sen (Verb) **du lässt herab, er ließ herab, sie hat herabgelassen, lass(e) herab!**
① ≈ herunterlassen *das Gitter vorsichtig herablassen*
② sich zu etwas herablassen ironisch sich zu etwas bereit erklären, obwohl man sich zu fein dafür hält

he|rạb|las|send, her|ạb|las|send (Adjektiv) abwertend **herablassender, am herablassendsten** hochmütig, von oben herab

he|rạn, her|ạn (Adverb) auf jemanden oder etwas zu

he|rạn|kom|men, her|ạn|kom|men (Verb) **du kommst heran, er kam heran, sie ist herangekommen, komm(e) heran!**
① näher kommen
② etwas (mit der Hand o. Ä.) erreichen können
③ ≈ heranreichen *An Annas Leistung kommst du nicht heran.*

he|rạn|wach|sen, her|ạn|wach|sen (Verb) **du wächst heran, er wuchs heran, sie ist herangewachsen** allmählich erwachsen werden

der/die **He|rạn|wach|sen|de** (Nomen) **des/der Heranwachsenden, die Heranwachsenden** ein älterer Jugendlicher/eine ältere Jugendliche

he|rauf, her|auf (Adverb)
① von unten auf etwas oder jemanden zu
② als trennbarer Teil von zusammengesetzten Verben, z. B. heraufsetzen, heraufsteigen *einen Halbton heraufsetzen*

he|rauf|kom|men, her|auf|kom|men (Verb) **du kommst herauf, er kam herauf, sie ist heraufgekommen, komm(e) herauf!** nach oben kommen

he|raus, her|aus (Adverb)
① von drinnen nach draußen
② heraus sein Buch, CD usw. erschienen sein, erhältlich sein
③ aus etwas heraus sein etwas hinter sich haben: *Aus dem Alter bin ich heraus!*
④ aus einer Laune/einem Gefühl/... heraus aufgrund einer Laune/eines Gefühls/...

he|raus|be|kom|men (Verb) **du bekommst heraus, er bekam heraus, sie hat herausbekommen, bekomm(e) heraus!**
① herausfinden: *Wie habt ihr das herausbekommen?*
② entfernen: *Flecken herausbekommen*
③ zurückbekommen: *Ich habe 30 Cent herausbekommen.*
④ herausbringen: *Sie bekam keinen Ton heraus.*

he|raus|fin|den, her|aus|fin|den (Verb) **du findest heraus, er fand heraus, sie hat herausgefunden, find(e) heraus!**
① den Ausgang finden

❷ ≈ herausbekommen *Wie hast du das herausgefunden?*

he|raus|for|dern, her|aus|for|dern (Verb) **du forderst heraus, er forderte heraus, sie hat herausgefordert, ford(e)re heraus!**
❶ jemanden zum Kampf oder Wettstreit auffordern
❷ ≈ provozieren *Man muss das Schicksal ja nicht gerade herausfordern!*

he|raus|ge|ben, her|aus|ge|ben (Verb) **du gibst heraus, er gab heraus, sie hat herausgegeben, gib heraus!**
❶ ≈ veröffentlichen *Der Verlag hat ein neues Deutschbuch herausgegeben.*
❷ ≈ ausliefern, zurückgeben *die geraubten Kunstschätze herausgegeben*
❸ Wechselgeld zurückgeben

he|raus|hal|ten, her|aus|hal|ten (Verb) **du hältst heraus, er hielt heraus, sie hat herausgehalten, halt(e) heraus!**
❶ etwas nach draußen halten
❷ aus einer Sache fortlassen, nicht mit einbeziehen
❸ sich aus etwas heraushalten sich nicht in eine Sache verwickeln lassen: *Der Streit ist eure Sache, ich halte mich da heraus.*

he|raus|ho|len, her|aus|ho|len (Verb) **du holst heraus, er holte heraus, sie hat herausgeholt, hol(e) heraus!**
❶ etwas aus etwas nehmen oder holen
❷ durch Fragen Informationen erhalten
❸ etwas aus etwas/jemandem herausholen mit etwas/jemandem eine bestimmte Leistung erzielen
aus einem Geschäft usw. einen Gewinn machen

he|raus|kom|men, her|aus|kom|men (Verb) **du kommst heraus, er kam heraus, sie ist herausgekommen, komm(e) heraus!**
❶ (von irgendwo) nach draußen kommen: *Er ist nie aus seinem Dorf herausgekommen.*
❷ erscheinen: *Wann kommt die neue CD heraus?*
❸ bekannt werden: *Wenn das herauskommt!*
❹ bei einer Aufgabe usw. das Ergebnis oder die Lösung sein: *Bei dieser Aufgabe kommt 13 heraus.*
❺ auf das Gleiche herauskommen keinen Unterschied ergeben
❻ bei einer Beschreibung usw. deutlich werden

he|raus|krie|gen, her|aus|krie|gen (Verb) umgangssprachlich **du kriegst heraus, er kriegte heraus, sie hat herausgekriegt, krieg(e) heraus!**
→ **herausbekommen**

he|raus|neh|men, her|aus|neh|men (Verb) **du nimmst heraus, er nahm heraus, sie hat herausgenommen, nimm heraus!**
❶ etwas oder jemanden aus etwas nehmen: *Der Trainer hat zwei Spieler herausgenommen.*
❷ MEDIZIN ≈ entfernen *Man hat ihr die Mandeln herausgenommen.*
❸ sich etwas herausnehmen etwas sagen oder tun, was unerlaubt oder frech ist

sich **he|raus|re|den, her|aus|re|den** (Verb) umgangssprachlich **du redest dich heraus, er redete sich heraus, sie hat sich herausgeredet, red(e) dich nicht heraus!** durch Ausreden oder Lügen etwas zu entschuldigen versuchen, wofür man selbst verantwortlich ist

he|raus|stel|len, her|aus|stel|len (Verb) **du stellst heraus, er stellte heraus, sie hat herausgestellt, stell(e) heraus!**
❶ (von drinnen) nach draußen bringen oder stellen
❷ ≈ betonen *etwas groß herausstellen*
❸ sich herausstellen sich als etwas oder jemand zeigen oder erweisen: *Und dann hat sich herausgestellt, wer der Täter war.*

herb (Adjektiv) **herber, am herbsten**
❶ Geschmack leicht bitter: *Der Orangensaft ist ihr zu herb.*
❷ etwas, was wehtut: *Die Fünf in Mathe war eine herbe Enttäuschung.*
❸ ≈ streng *Sie hat einen herben Ton.*
❹ ≈ hart, scharf *auf herbe Kritik stoßen*

her|bei (Adverb) in Richtung des Sprechers: *Kommt doch mal alle herbei!*

her|brin|gen (Verb) **du bringst her, er brachte her, sie hat hergebracht, bring(e) her!** von fern her zum Sprecher bringen

der **Herbst** (Nomen) Plural selten **des Herbst(e)s, die Herbste** die Jahreszeit nach dem Sommer, wenn es wieder kühler wird und die Bäume ihre Blätter verlieren

die **Herbst|fe|ri|en** (Nomen) nur im Plural **der Herbstferien** Schulferien im Herbst

herbst|lich (Adjektiv) **herbstlicher, am herbstlichsten** wie es zum Herbst passt: herbstliche Farben

der **Herd** (Nomen) **des Herd(e)s, die Herde**
❶ in der Küche ein Gerät zum Kochen
❷ MEDIZIN die Stelle, von wo aus sich eine Krankheit ausbreitet
❸ das Zentrum einer negativen Entwicklung (z. B. Krisenherd, Unruheherd)

die **Her|de** (Nomen) ZOOLOGIE **der Herde, die Herden** eine Gruppe von zusammengehörenden Tieren

he|rein, her|ein (Adverb)
❶ von draußen zum Sprecher nach drinnen
❷ Herein! auf Klopfen Bitte komm/kommen Sie herein!

he|rein|fal|len, her|ein|fal|len (Verb) umgangssprachlich **du fällst herein, er fiel herein, sie ist hereingefallen, fall(e) nicht herein!**
❶ betrogen oder geschädigt werden
❷ gutgläubig das Opfer eines Tricks o. Ä. werden

he|rein|kom|men, her|ein|kom|men (Verb) **du kommst herein, er kam herein, sie ist hereingekommen, komm(e) herein!** von draußen nach drinnen kommen

he|rein|las|sen, her|ein|las|sen (Verb) **du lässt herein, er ließ herein, sie hat hereingelassen, lass(e) herein!** zulassen, dass etwas oder jemand nach drinnen kommt oder an etwas teilnimmt

he|rein|le|gen, her|ein|le|gen (Verb) umgangssprachlich **du legst herein, er legte herein, sie hat hereingelegt, leg(e) nicht herein!** ≈ betrügen *Er hat uns hereingelegt.*

he|rein|ru|fen, her|ein|ru|fen (Verb) **du rufst herein, er rief herein, sie hat hereingerufen, ruf(e) herein!** jemanden auffordern oder bitten, einzutreten

her|fal|len (Verb) **du fällst her, er fiel her, sie ist hergefallen, fall(e) nicht her!**
❶ über jemanden/etwas herfallen jemanden/etwas (plötzlich) angreifen
❷ über ein Essen herfallen gierig essen

her|ge|ben (Verb) **du gibst her, er gab her, sie hat hergegeben, gib her!**
❶ ≈ reichen *Gib mir mal das Buch dort her!*
❷ ≈ weggeben, verschenken *Dafür würde ich alles hergeben!*
❸ sich oder seinen Namen für etwas hergeben sich an etwas beteiligen, was man ablehnt

her|hö|ren (Verb) **du hörst her, er hörte her, sie hat hergehört, hör(e) her!** ≈ zuhören *Hört bitte mal alle her!*

der **He|ring** (Nomen) **des Herings, die Heringe**
❶ ZOOLOGIE ein in großen Schwärmen lebender kleinerer Speisefisch
❷ wie die Heringe umgangssprachlich sehr dicht gedrängt
❸ ein spitzer Metallstab, der zur Befestigung eines Zeltes in den Boden geschlagen wird

her|kom|men (Verb) **du kommst her, er kam her, sie ist hergekommen, komm(e) her!**
❶ zum Sprecher kommen: *Kommt doch bitte mal her!*
❷ ≈ stammen *Wo kommt Mario eigentlich ursprünglich her?*

her|kömm|lich (Adjektiv) ≈ üblich *viel besser als die herkömmliche Methode*

die **Her|kunft** (Nomen) **der Herkunft, die Herkünfte** Plural selten
❶ ≈ Abstammung *Der Boxer ist armenischer Herkunft.*
❷ ≈ Ursprung *Ihr Name ist griechischer Herkunft.*

her|me|tisch (Adjektiv) ≈ dicht *ein hermetisch verschlossenes Gefäß*

he|ro|isch (Adjektiv) **heroischer, am heroischsten** ≈ heldenhaft *der heroische Kampf der Feuerwehrleute nach dem Anschlag*

der **Herr** (Nomen) **des Herrn, die Herren**
❶ höfliche Bezeichnung für einen Mann: *Meine Damen und Herren!*
❷ Anrede für einen Mann: *Herr Lehmann*
❸ ≈ Meister, Gebieter jemand, der über etwas oder andere bestimmen kann
❹ sein eigener Herr sein über sich selbst bestimmen können, unabhängig sein
❺ RELIGION ≈ Gott *Gelobt sei der Herr!*
❻ einer Sache Herr werden etwas unter Kontrolle bekommen
❼ aus aller Herren Länder von überallher

die **Her|rin** (Nomen) **der Herrin, die Herrinnen** eine Frau, die über etwas oder andere bestimmen kann

herr|lich (Adjektiv) **herrlicher, am herrlichsten** ≈ wunderbar *ein Zimmer mit herrlicher Aussicht*

die **Herr|schaft** (Nomen) **der Herrschaft, die Herrschaften**
❶ nur im Singular ≈ Macht *nach 15-jähriger Herrschaft des Diktators*
❷ ≈ Kontrolle *Er hat die Herrschaft über die Maschine verloren.*

❸ Herrschaften meist als Anrede die Damen und Herren
❹ Herrschaft (noch mal)! umgangssprachlich ein Ausruf der Verärgerung

her|schen (Verb) **du herrschst, er herrschte, sie hat geherrscht, herrsch(e)!**
❶ POLITIK die Macht haben, regieren
❷ zu spüren sein: *Es herrschte allgemeine Zufriedenheit.*

der **Herr|scher** (Nomen) **des Herrschers, die Herrscher** jemand, der regiert oder die Macht hat

die **Herr|sche|rin** (Nomen) **der Herrscherin, die Herrscherinnen**
Femininform von → **Herrscher**

her|stel|len (Verb) **du stellst her, er stellte her, sie hat hergestellt, stell(e) her!**
❶ ≈ produzieren *Das Modell wird nicht mehr hergestellt.*
❷ ≈ zustande bringen *den Kontakt zu der anderen Schule herstellen*

der **Her|stel|ler** (Nomen) WIRTSCHAFT **des Herstellers, die Hersteller** von Waren ≈ Produzent *Die deutschen Hersteller konnten ihre Exporte verdreifachen.*

die **Her|stel|le|rin** (Nomen) **der Herstellerin, die Herstellerinnen**
Femininform von → **Hersteller**

die **Her|stel|lung** (Nomen) nur im Singular **der Herstellung**
❶ WIRTSCHAFT Produktion: *Pralinen aus eigener Herstellung*
❷ Einrichten, Zustandebringen: *die Herstellung einer Internetverbindung*

he|rü|ber, her|über (Adverb) von fern zum Sprecher hin: *Wie lange brauchst du bis zu uns herüber?*

he|rü|ber|kom|men, her|über|kom|men (Verb) **du kommst herüber, er kam herüber, sie ist herübergekommen, komm(e) herüber!**
❶ von jenseits einer Straße, eines Flusses, einer Grenze o. Ä. zum Sprecher kommen
❷ ≈ besuchen *Kommt ihr nachher noch ein bisschen herüber?*

he|rum, her|um (Adverb)
❶ kreisförmig: *um den alten Ortskern herum*
❷ in der Nähe: *Seine kleine Schwester ist immer um ihn herum.*
❸ vorbei: *Morgen sind die Ferien schon wieder herum.*
❹ um ... herum umgangssprachlich so ungefähr ...: *Um den 13. herum sind wir aus dem Urlaub zurück.*
❺ als trennbarer Teil von zusammengesetzten Verben, z. B. herumalbern, herumhängen, herumfuchteln *Sie fuchtelte mit den Armen herum.*

he|rum|lau|fen, her|um|lau|fen (Verb) **du läufst herum, er lief herum, sie ist herumgelaufen, lauf(e) herum!**
❶ (ohne Ziel) durch die Gegend gehen oder laufen
❷ um etwas gehen oder laufen
❸ umgangssprachlich in bestimmter Kleidung usw. sich zeigen: *So kannst du wirklich nicht herumlaufen!*

he|rum|ste|hen, her|um|ste|hen (Verb) umgangssprachlich **du stehst herum, er stand herum, sie hat herumgestanden, steh(e) herum!**
❶ (untätig) irgendwo stehen (und warten)
❷ Gegenstände nutzlos irgendwo stehen

he|run|ter, her|un|ter (Adverb)
❶ von oben nach unten zum Sprecher hin: *Vom Balkon herunter ist es ganz schön tief.*
❷ als trennbarer Teil von zusammengesetzten Verben, z. B. herunterhängen, herunterfallen, heruntergehen *Sie fiel die Treppe herunter.*

he|run|ter|la|den, her|un|ter|la|den (Verb) INTERNET **du lädst herunter, er lud herunter, sie hat heruntergeladen, lad(e) herunter!** Daten auf den Computer übertragen

her|vor (Adverb)
❶ von hinten nach vorn
❷ aus etwas heraus nach draußen

her|vor|ge|hen (Verb) gehoben **du gehst hervor, er ging hervor, sie ist hervorgegangen, geh(e) hervor!**
❶ ≈ stammen *Aus der Beziehung sind zwei Kinder hervorgegangen.*
❷ als Sieger aus etwas hervorgehen einen Wettbewerb gewinnen
❸ etwas geht aus etwas hervor etwas lässt sich aus etwas ablesen oder entnehmen

her|vor|he|ben (Verb) **du hebst hervor, er hob hervor, sie hat hervorgehoben, heb(e) hervor!**
❶ ≈ betonen *die Bedeutung des Klimaschutzes hervorheben*
❷ durch Unterstreichen usw. etwas optisch stärker markieren

her|vor|ra|gend (Adjektiv) **hervorragender, am hervorragendsten** ≈ausgezeichnet *Das war eine hervorragende Leistung!*

her|vor|ru|fen (Verb) **du rufst hervor, er rief hervor, sie hat hervorgerufen, ruf(e) hervor!** ≈verursachen *Die Krankheit wird durch Viren hervorgerufen.*

sich **her|vor|tun** (Verb) **du tust dich hervor, er tat sich hervor, sie hat sich hervorgetan, tu(e) dich hervor!**
1 besondere Leistungen bringen
2 ≈angeben *Er muss sich immer mit seinen teuren Klamotten hervortun.*

her|vor|zie|hen (Verb) **du ziehst hervor, er zog hervor, sie hat hervorgezogen, zieh(e) hervor!** etwas aus oder hinter etwas hervorholen

das **Herz** (Nomen) **des Herzens, die Herzen**
1 Organ beim Menschen oder beim Tier, das das Blut mit Sauerstoff versorgt und in die Adern pumpt: *Sein Herz schlägt schnell.*
2 ein Herz und eine Seele sein umgangssprachlich sehr eng befreundet sein, sich sehr gut verstehen

das **Herz|klop|fen** (Nomen) nur im Singular **des Herzklopfens** bei Aufregung usw. starkes, schnelles Schlagen des Herzens

herz|lich (Adjektiv) **herzlicher, am herzlichsten**
1 sehr freundlich
2 ehrlich gemeint: *Herzlichen Glückwunsch!*
3 ≈ziemlich, sehr *Alle mussten herzlich lachen.*

herz|los (Adjektiv) **herzloser, am herzlosesten** ohne Mitleid, gefühllos

der **Her|zog** (Nomen) **des Herzog(e)s, die Herzöge/Herzoge** ein hoher Adliger

die **Her|zo|gin** (Nomen) **der Herzogin, die Herzoginnen** Femininform von → **Herzog**

Hes|sen (Nomen) **Hessens** ein Bundesland in Westdeutschland

die **Het|ze** (Nomen) nur im Singular **der Hetze**
1 ≈Eile, Hast *Es ist jedes Mal eine Hetze, wenn man in Kassel umsteigen muss.*
2 besonders POLITIK in einer Rede, einem Artikel usw. ein von Hass erfüllter Angriff

het|zen (Verb) **du hetzt, er hetzte, sie hat/ist gehetzt, hetz(e) nicht!**
1 hat gehetzt ≈jagen, verfolgen *Unser Hund hetzt wieder ein Kaninchen.*
2 hat gehetzt jemanden zur Eile antreiben
3 einen Hund auf jemanden hetzen hat gehetzt einem Hund befehlen, auf jemanden loszugehen
4 irgendwohin hetzen hat gehetzt sich sehr beeilen: *Ich bin von der Schule zum Training gehetzt.*
5 (sich) hetzen ist gehetzt sich sehr beeilen: *Ich war pünktlich, weil ich mich so abgehetzt habe.*
6 gegen jemanden/etwas hetzen hat gehetzt jemanden/etwas voller Hass schlechtmachen

das **Heu** (Nomen) nur im Singular **des Heu(e)s** getrocknetes Gras (als Futter für Tiere)

die **Heu|che|lei** (Nomen) **der Heuchelei, die Heucheleien** das Vortäuschen von Gefühlen, die man in Wirklichkeit nicht hat

heu|cheln (Verb) **du heuchelst, er heuchelte, sie hat geheuchelt, heuch(e)le nicht!** so tun, als hätte man ein bestimmtes Gefühl, das man in Wirklichkeit nicht hat (z. B. Freude, Mitleid, Verständnis)

heu|er (Adverb) süddeutsch Ⓐ Ⓒⓗ in diesem Jahr

heu|len (Verb) **du heulst, er heulte, sie hat geheult, heul(e) nicht!**
1 lang gezogene, hohe Laute von sich geben: *die Wölfe heulen • die Sirenen heulen*
2 umgangssprachlich weinen: *Hör doch endlich auf zu heulen!*

heu|te (Adverb)
1 an diesem Tag: *Heute ist Sonntag.*
2 in der Gegenwart: *Heute ist nicht alles schlechter als früher.*
3 heute Morgen/Mittag/Abend/… an diesem Morgen/Mittag/Abend/…: *Heute Morgen habe ich verschlafen.*

heu|tig (Adjektiv)
1 von diesem Tag: *Das heutige Treffen findet in der Aula statt.*
2 zur Gegenwart gehörend: *Die heutige Jugend hört viel Musik.*
3 bis zum heutigen Tag bis jetzt

heut|zu|ta|ge (Adverb) in der Gegenwart

die **He|xe** (Nomen) **der Hexe, die Hexen**
1 in Märchen eine alte, böse und hässliche Frau, die zaubern kann
2 umgangssprachlich • abwertend eine böse (hässliche) Frau

he|xen (Verb) **du hext, er hexte, sie hat gehext, hex(e)!**
1 in Märchen ≈zaubern mit übernatürlichen Fähigkeiten etwas tun, was in Wirklichkeit nicht möglich ist
2 umgangssprachlich in außergewöhnlichem Tempo etwas bewerkstelligen, sodass es

aussieht, als habe man gezaubert: *Schon fertig? – Du kannst ja hexen!*

hier (Adverb)
❶ an diesem Ort, an dieser Stelle: *Hier wohne ich. • Ich glaube, sie ist nicht von hier.*
❷ zum genannten Zeitpunkt in diesem Augenblick: *Hier klingelte es an der Haustür.*
❸ von hier ab räumlich an dieser Stelle beginnend zeitlich zu diesem Zeitpunkt beginnend
❹ anwesend, da: *Seid ihr alle hier?*
❺ Es steht mir bis hier! umgangssprachlich ≈ Ich habe die Nase voll! Ich habe keine Lust mehr!
❻ hier und da räumlich an manchen Stellen

die **Hi|e|rar|chie, Hi|er|ar|chie** (Nomen) **der Hierarchie, die Hierarchien** ein Ordnungssystem von oben nach unten, bei dem der/das Obere mächtiger oder wichtiger ist als der/das Untere

hier|be|hal|ten (Verb) **du behältst hier, er behielt hier, sie hat hierbehalten, behalt(e) hier!** vom Sprecher aus gesehen bei sich lassen, bei sich behalten

hier|blei|ben (Verb) **du bleibst hier, er blieb hier, sie ist hiergeblieben, bleib(e) hier!** wo der Sprecher ist an dieser Stelle bleiben

hier|her, hier|hin (Adverb) wo der Sprecher ist an diese Stelle, an diesen Ort: *Komm mal bitte hierher! • Komm, wir setzen uns hierhin.*

hier|zu (Adverb) ≈ dazu zu diesem Zweck, zu dieser Sache

hier|zu|lan|de (Adverb) in diesem Land/in dieser Gegend

hie|sig (Adjektiv) von hier, in oder aus dieser Gegend

high (Adjektiv) [hai] umgangssprachlich durch Rauschgift berauscht

das **High|light** (Nomen) ['hailait] **des Highlights, die Highlight(s)** der Höhepunkt: *Das Feuerwerk war das Highlight des Festes.*

die/das **High|tech** (Nomen) ['haitɛk] nur im Singular **des Hightech(s)** sehr moderne technische Geräte, Methoden usw.

die **Hil|fe** (Nomen) **der Hilfe, die Hilfen**
❶ nur im Singular das Helfen: *Sie hat mir bei den Matheaufgaben ihre Hilfe angeboten.*
❷ die Erste Hilfe die sofortige Versorgung eines Verletzten, bevor der Arzt da ist
❸ um Hilfe rufen laut „Hilfe" rufen
❹ Hilfe! der Ruf, wenn man in Gefahr ist
❺ jemandem zu Hilfe kommen kommen, um jemandem zu helfen: *Jemand ist der Frau mit dem Kinderwagen an der Treppe zu Hilfe gekommen.*
❻ oft BERUF jemand, der bei einer Tätigkeit oder in einem Beruf hilft (z. B. Haushaltshilfe, Putzhilfe, Küchenhilfe)

die **Hil|fe|stel|lung** (Nomen) **der Hilfestellung, die Hilfestellungen** die Unterstützung durch Halten und Stützen bei einer Turnübung: *Gibst du mir Hilfestellung?*

hilf|los (Adjektiv) **hilfloser, am hilflosesten**
❶ ≈ schwach, machtlos so, dass man die Hilfe anderer braucht: *Der Maikäfer lag hilflos auf dem Rücken und zappelte mit den Beinen.*
❷ Bewegung, Worte ungeschickt, unbeholfen Blick unsicher, ratlos

hilf|reich (Adjektiv) **hilfreicher, am hilfreichsten** ≈ nützlich so, dass etwas/jemand helfen kann

hilfs|be|reit (Adjektiv) **hilfsbereiter, am hilfsbereitesten** so, dass jemand gern anderen hilft

die **Hilfs|be|reit|schaft** (Nomen) nur im Singular **der Hilfsbereitschaft** die Eigenschaft, gern anderen zu helfen

das **Hilfs|verb** (Nomen) ['hɪlfsvɛrp] GRAMMATIK **des Hilfsverb(e)s, die Hilfsverben** ein Verb, das mit einem anderen Verb die zusammengesetzten Zeiten und das Passiv bildet: *Die deutschen Hilfsverben sind „sein", „haben" und „werden".*
siehe auch → **Verb** siehe auch → **Vollverb**

die **Him|bee|re** (Nomen) **der Himbeere, die Himbeeren** eine süße rote Frucht, die aus vielen kleinen Kugeln besteht

der **Him|mel** (Nomen) **des Himmels, die Himmel**
❶ der Bereich hoch über der Erde, an dem auch Wolken und Sterne sind: *Es sind schwarze Wolken am Himmel.*
❷ unter freiem Himmel draußen: *Im Hochsommer schlafen wir immer unter freiem Himmel auf dem Balkon.*
❸ aus heiterem Himmel umgangssprachlich ganz plötzlich und ohne dass man darauf vorbereitet war: *Er fing aus heiterem Himmel an, mich zu beschimpfen.*
❹ in den Himmel kommen umgangssprachlich nach dem Tod ins Paradies kommen
❺ der Himmel auf Erden umgangssprachlich ein sehr glücklicher und angenehmer

Zustand: *Mit unserem großen Garten haben wir im Sommer den Himmel auf Erden.*
6 im siebten Himmel sein umgangssprachlich sehr glücklich (und verliebt) sein
7 Himmel und Hölle in Bewegung setzen umgangssprachlich alles versuchen, um etwas zu erreichen

die **Him|mels|rich|tung** (Nomen) **der Himmelsrichtung, die Himmelsrichtungen** Norden, Süden, Osten, Westen

himm|lisch (Adjektiv) **himmlischer, am himmlischsten** wunderbar, herrlich: *Das Zitroneneis schmeckt himmlisch!*

hin (Adverb)
1 räumlich in Richtung auf, nach: *Unsere Terrasse geht nach Süden hin.*
2 zeitlich auf einen Zeitpunkt zu: *Zum Winter hin müssen die Fenster aber fertig sein.*

hi|nab, hin|ab (Adverb) Variante von → **hinunter**

hi|nauf, hin|auf (Adverb)
1 von unten nach oben steigen oder schauen
2 als trennbarer Teil von zusammengesetzten Verben, z. B. hinaufklettern, hinaufziehen *Darf Anna an dem Klettergerüst hinaufklettern?*

hi|naus, hin|aus (Adverb) so, dass man die räumliche Umgebung verlässt: *Komm, wir gehen hinaus!*

der **Hin|blick** (Nomen) nur im Singular · nur in im Hinblick auf … ≈hinsichtlich was … betrifft: *Im Hinblick auf meinen zukünftigen Beruf sollte ich ein Praktikum machen.*

hin|dern (Verb) **du hinderst, er hinderte, sie hat gehindert, hind(e)re!**
jemanden an etwas hindern oder jemanden daran hindern, etwas zu tun dafür sorgen, dass jemand etwas nicht tut: *Er hat den Hund am Ausreißen gehindert.* · *Sie hat ihn daran gehindert, zu gehen.*

das **Hin|der|nis** (Nomen) **des Hindernisses, die Hindernisse**
1 auf der Straße ein Gegenstand, der den Weg versperrt
2 SPORT eine Art Zaun, über den man springen muss
3 Situation eine Schwierigkeit, die verhindert, dass man sein Ziel erreicht

der/die **Hin|du** (Nomen) **des Hindu(s)/der Hindu, die Hindu(s)** der Anhänger/die Anhängerin des Hinduismus

der **Hin|du|is|mus** (Nomen) nur im Singular **des Hinduismus** besonders in Indien eine Religion, in der man an die Wiedergeburt glaubt

hin|du|is|tisch (Adjektiv) zum Hinduismus gehörend

hin|durch (Adverb)
1 den Sommer/die ganze Nacht/… hindurch mit Akkusativ gebraucht während des Sommers/die ganze Nacht lang/…
2 durch das Fenster/die Wand/den Wald/… hindurch von der einen Seite des Fensters/der Wand/des Waldes/… zur anderen

hi|nein, hin|ein (Adverb)
1 von draußen nach drinnen
2 bis zu einem bestimmten Zeitpunkt: *Sie feierten bis tief in die Nacht hinein.*

hi|n|ein|zie|hen (Verb) **du ziehst hinein, er zog hinein, sie hat hineingezogen, zieh(e) nicht hinein!**
jemanden in etwas hineinziehen jemanden in eine negative Sache verwickeln

hin|fah|ren (Verb) **du fährst hin, er fuhr hin, sie ist/hat hingefahren, fahr(e) hin!**
1 irgendwohin fahren ist hingefahren an einen bestimmten Ort fahren
2 jemanden/etwas irgendwohin fahren hat hingefahren jemanden mit einem Fahrzeug an einen bestimmten Ort bringen: *Ich muss ganz schnell zum Training. Kannst du mich bitte hinfahren?*

die **Hin|fahrt** (Nomen) **der Hinfahrt, die Hinfahrten** die Fahrt an einen bestimmten Ort

hin|fal|len (Verb) **du fällst hin, er fiel hin, sie ist hingefallen, fall(e) nicht hin!** auf den Boden fallen

hin|le|gen (Verb) **du legst hin, er legte hin, sie hat hingelegt, leg(e) hin!**
1 an einen bestimmten Ort legen: *Wo hast du denn den Schlüssel hingelegt?*
2 sich hinlegen sich (zum Schlafen) flach ausstrecken

hin|neh|men (Verb) **du nimmst hin, er nahm hin, sie hat hingenommen, nimm hin!**
etwas hinnehmen etwas akzeptieren stärker etwas mit sich machen lassen, ohne sich zu wehren

die **Hin|rei|se** (Nomen) **der Hinreise, die Hinreisen** die Reise an einen bestimmten Ort

hịn|rich|ten (Verb) **du richtest hin, er richtete hin, sie hat hingerichtet, richte nicht hin!** jemanden töten, der zum Tode verurteilt wurde

die **Hịn|rich|tung** (Nomen) **der Hinrichtung, die Hinrichtungen** die Tötung eines Menschen, der zum Tode verurteilt wurde

hịn|set|zen (Verb) **du setzt hin, er setzte hin, sie hat hingesetzt, setz(e) hin!**
❶ an eine bestimmte Stelle setzen
❷ sich hinsetzen sich auf einen Stuhl, Sessel usw. setzen: *Setz dich doch bitte hin!*

die **Hịn|sicht** (Nomen) **nur im Singular der Hinsicht**
❶ in finanzieller/künstlerischer/... Hinsicht was die Finanzen/die Kunst/... angeht
❷ in dieser Hinsicht was das angeht, unter diesem Gesichtspunkt
❸ in jeder Hinsicht völlig, wenn man alles betrachtet, in jeder Beziehung: *Unsere neue Wohnung ist in jeder Hinsicht besser.*

hịn|sicht|lich (Präposition)
hinsichtlich einer Sache was eine Sache betrifft oder angeht: *Hinsichtlich unseres Urlaubs haben wir alles vorbereitet.*

hịn|ten (Adverb) am Ende von etwas, auf der abgewandten Seite: *Den Text findest du hinten auf der Rückseite der DVD.*

hịn|ter (Präposition)
❶ **mit Dativ gebraucht** verwendet, um auszudrücken, dass jemand/etwas hinten, von etwas verdeckt ist: *Sie sitzt in der Schule direkt hinter mir.*
❷ **mit Akkusativ gebraucht** verwendet, um eine Bewegung nach hinten zu bezeichnen: *Stell dich bitte hinter mich.*

hịn|te|re, hịn|te|rer, hịn|te|res (Adjektiv) hinten befindlich: *der hintere Teil des Schiffes • die hinteren Tabellenplätze*

hin|ter|ei|nạn|der, hin|ter|ein|ạn|der (Adverb)
❶ **räumlich** ein Mensch/Gegenstand hinter dem anderen, ein Mensch/Gegenstand hinter den anderen: *Stellt euch hintereinander auf!*
❷ **zeitlich** ohne Unterbrechung: *Sie ist vier Tage hintereinander nicht zur Schule gekommen.*

der **Hịn|ter|grund** (Nomen) **des Hintergrund(e)s, die Hintergründe**
❶ **in der Landschaft, bei einem Bild usw.** das, was man weiter hinten sieht
❷ in den Hintergrund rücken nicht mehr so wichtig sein, weniger beachtet werden
❸ die Hintergründe **nur im Plural** die Gründe, die Zusammenhänge: *Die Hintergründe des Verbrechens kamen nie ans Licht.*

der **Hịn|ter|halt** (Nomen) **des Hinterhalt(e)s, die Hinterhalte** der Ort, an dem jemand sich versteckt, um jemand anderen zu überfallen: *Er wurde aus dem Hinterhalt erschossen.*

hịn|ter|häl|tig (Adjektiv) **hinterhältiger, am hinterhältigsten** ≈ heimtückisch nach außen hin gut, aber in Wirklichkeit böse

hịn|ter|her, hin|ter|her (Adverb)
❶ **zeitlich später** danach, nachher, anschließend: *Zuerst maile ich an Sara und hinterher rufe ich Susi an.*
❷ **räumlich danach** dahinter: *Er haut ab. Los, alle hinterher!*

hin|ter|her|lau|fen (Verb) **du läufst hinterher, er lief hinterher, sie ist hinterhergelaufen, lauf(e) hinterher!**
❶ jemandem hinterherlaufen hinter jemandem in der gleichen Richtung laufen **umgangssprachlich** versuchen, Interesse oder Liebe von jemandem zu bekommen
❷ einer Sache hinterherlaufen **umgangssprachlich** versuchen, eine Sache zu erreichen

der **Hịn|ter|kopf** (Nomen) **des Hinterkopf(e)s, die Hinterköpfe**
❶ die hintere Seite des Kopfes
❷ etwas im Hinterkopf behalten **umgangssprachlich** sich etwas für später merken

hin|ter|lạs|sen (Verb) **du hinterlässt, er hinterließ, sie hat hinterlassen, hinterlass(e)!**
❶ ≈ vererben an die Erben weitergeben, wenn man stirbt
❷ **Frau, Kinder** zurücklassen, wenn man stirbt
❸ **Spuren, Eindruck, Nachricht** zurücklassen, wenn man nicht mehr da ist: *Der Mörder hat überall Fingerabdrücke hinterlassen.*

hịn|ter|lis|tig (Adjektiv) **hinterlistiger, am hinterlistigsten** Variante von → **hinterhältig**

hi|nü|ber, hin|über (Adverb) **zur anderen Seite** so, dass man von dieser Seite hier auf die andere dort wechselt: *Maria, lauf bitte schnell zu Erik hinüber.*

hi|nụn|ter, hin|ụn|ter (Adverb)
❶ von oben nach unten: *Die Wanderer gehen hinunter ins Tal.*

② als trennbarer Teil von zusammengesetzten Verben, z. B. hinunterwerfen, hinunterschauen *Kannst du mir die Tasche hinunterwerfen?*

der **Hin|weis** (Nomen) **des Hinweises, die Hinweise**
① ≈Tipp eine Information, die auf etwas aufmerksam macht: *Die Polizei bekam einen Hinweis auf den Täter.*
② ≈Anhaltspunkt ein Zeichen, aus dem man etwas logisch schließen kann: *Es gibt keinen Hinweis für ein Verbrechen.*

hin|wei|sen (Verb) **du weist hin, er wies hin, sie hat hingewiesen, weis(e) hin!**
① jemanden auf etwas hinweisen jemandem etwas zeigen oder sagen, damit er darauf aufmerksam wird
② auf etwas/jemanden hinweisen ein Zeichen für etwas sein

hin|zu|fü|gen (Verb) **du fügst hinzu, er fügte hinzu, sie hat hinzugefügt, füg(e) hinzu!**
etwas zu etwas hinzufügen etwas zusätzlich zu etwas dazutun

der **Hirsch** (Nomen) **des Hirsch(e)s, die Hirsche**
① ein großes Tier, das im Wald lebt und ein Geweih auf dem Kopf hat
② der Hirsch röhrt der Hirsch gibt seinen typischen Laut von sich

der **Hir|te** (Nomen) **des Hirten, die Hirten**
jemand, der eine Herde von Tieren bewacht

die **Hir|tin** (Nomen) **der Hirtin, die Hirtinnen**
Femininform von → **Hirt**

der **His|to|ri|ker** (Nomen) **des Historikers, die Historiker** der Wissenschaftler, der sich mit Geschichte befasst

die **His|to|ri|ke|rin** (Nomen) **der Historikerin, die Historikerinnen**
Femininform von → **Historiker**

his|to|risch (Adjektiv)
① die Vergangenheit oder die Geschichte betreffend
② ≈bedeutsam geschichtlich wichtig: *Die erste Mondlandung war ein historischer Moment.*

der **Hit** (Nomen) **des Hits, die Hits**
① MUSIK ein Lied, das oft gehört und gesungen wird
② WIRTSCHAFT ein Produkt, das oft verkauft wird

die **Hit|ze** (Nomen) nur im Singular **der Hitze**
die große Wärme

hit|ze|frei (Adjektiv)
hitzefrei haben keinen Unterricht haben, weil das Wetter zu heiß ist: *Obwohl es so heiß war, haben wir heute kein hitzefrei bekommen.*

HIV-po|si|tiv (Adjektiv) [ha:|i:'fau'po:ziti:f] mit dem Aidsvirus angesteckt

hl. ['hailıç] Kurzform von → **heilig**

die **H-Milch** (Nomen) nur im Singular
der H-Milch Milch, die sich lange hält, ohne dass man sie im Kühlschrank aufbewahren muss

das **Hob|by** (Nomen) **des Hobbys, die Hobbys**
das, was man in seiner Freizeit gern tut

hoch (Adjektiv) **höher, am höchsten**
⚠ vor Nomen heißen die Formen hohe/hoher/hohes: ein hoher Turm, eine hohe Summe, ein hohes Gebirge
① in einer senkrechten Ausdehnung von unten nach oben: *In den Alpen gibt es viele hohe Berge. • Der Schrank ist zwei Meter hoch.*
② Geschwindigkeit, Gewicht, Preis, Fieber, Alter, Strafe usw. stark, viel, groß, intensiv
③ nach oben: *Los, hoch mit dir!*
④ Hände hoch! bei einem Überfall Nehmen Sie die Hände hoch über den Kopf!
⑤ 6 hoch 3 MATHEMATIK lies: sechs hoch 3, schreibe (in der Mathematik) 6^3, rechne: 6 · 6 · 6
⑥ hoch und heilig versprechen, schwören ganz fest und feierlich
⑦ Ton hell klingend
⑧ Das ist mir zu hoch! umgangssprachlich Das verstehe ich nicht!

das **Hoch** (Nomen) **des Hochs, die Hochs**
① METEOROLOGIE hoher Luftdruck und meist schönes Wetter
② ≈Hochruf ein Ruf, mit dem man jemanden oder etwas feiert: *Ein dreifaches Hoch auf das Brautpaar!*

hoch|be|gabt, hoch be|gabt (Adjektiv) sehr begabt

hoch|deutsch (Adjektiv) in korrektem Deutsch ohne Dialekt oder Umgangssprache

das **Hoch|deutsch, Hoch|deut|sche** (Nomen) nur im Singular
des Hochdeutsch(s)/des Hochdeutschen
die korrekte deutsche Sprache ohne Dialekt oder Umgangssprache

der **Hoch|druck** (Nomen) nur im Singular
des Hochdrucks
① der hohe Druck
② mit/unter Hochdruck arbeiten umgangssprachlich sehr angespannt und in großer Eile arbeiten

hoch|ge|hen (Verb) **du gehst hoch, er ging hoch, sie ist hochgegangen, geh(e) hoch!**
❶ nach oben gehen
❷ umgangssprachlich **Mensch** sehr wütend werden
❸ umgangssprachlich **Bombe** explodieren

das **Hoch|haus** (Nomen) **des Hochhauses, die Hochhäuser** ein großes Haus mit vielen Etagen

hoch|kant (Adverb)
❶ etwas hochkant stellen etwas mit der schmalen Seite nach oben stellen
❷ Du fliegst gleich hochkant raus! umgangssprachlich • ironisch jemanden schnell und sehr wütend hinauswerfen

hoch|la|den (Verb) **du lädtst hoch, er lud hoch, sie hat hochgeladen, lad(e) hoch!** **Daten** auf einen Server oder anderen Computer laden

hoch|nä|sig (Adjektiv) umgangssprachlich • abwertend **hochnäsiger, am hochnäsigsten** ≈ arrogant, eingebildet so, dass man denkt, man sei viel besser als andere

hoch|rech|nen (Verb) **du rechnest hoch, er rechnete hoch, sie hat hochgerechnet, rechne hoch!** aus wenigen Teilergebnissen das wahrscheinliche Gesamtergebnis berechnen

die **Hoch|rech|nung** (Nomen) **der Hochrechnung, die Hochrechnungen** **besonders bei Wahlen** die Berechnung eines wahrscheinlichen Gesamtergebnisses aufgrund weniger Teilergebnisse

die **Hoch|sai|son** (Nomen) **der Hochsaison, die Hochsaisons**
❶ die Zeit, in der die meisten Leute in den Urlaub fahren
❷ HANDEL die Zeit, in der die meisten Waren gekauft werden

die **Hoch|schu|le** (Nomen) **der Hochschule, die Hochschulen** ≈ Universität eine Art Schule, an der man nach dem Abitur studieren kann

der **Hoch|sprung** (Nomen) **nur im Singular** **des Hochsprung(e)s** eine Sportart, bei der man über eine hohe Latte springen muss

höchst (Adverb) ≈ äußerst, sehr *Das finde ich höchst seltsam!*

höchs|te, **höch|ster**, **höch|stes** (Adjektiv)
❶ Superlativ von → **hoch**
❷ es ist oder wird höchste Zeit, dass etwas passiert es muss unbedingt etwas passieren; man darf nicht mehr lange warten, bis etwas passiert

höchs|tens (Adverb)
❶ nicht mehr als: *Die Nudeln dürfen höchstens acht Minuten kochen.*
❷ ≈ außer nur (noch): *Ich schlafe selten aus, höchstens mal im Urlaub.*

die **Höchst|ge|schwin|dig|keit** (Nomen) **der Höchstgeschwindigkeit, die Höchstgeschwindigkeiten** die höchste Geschwindigkeit, die möglich oder erlaubt ist

höchst|wahr|schein|lich (Adverb) sehr wahrscheinlich

das **Hoch|was|ser** (Nomen) **des Hochwassers, die Hochwasser** der Zustand, dass ein Fluss so viel Wasser mit sich führt, dass er die Ufer überschwemmt oder überschwemmen kann

hoch|wer|tig (Adjektiv) **hochwertiger, am hochwertigsten** von hoher Qualität, sehr gut

die **Hoch|zeit** (Nomen) **der Hochzeit, die Hochzeiten** ≈ Heirat das Fest, bei dem zwei Menschen heiraten

ho|cken (Verb) **du hockst, er hockte, sie hat/ist gehockt, hock(e)!**
❶ ≈ in der Hocke sitzen mit gebeugten Knien auf den Fersen sitzen
❷ umgangssprachlich • abwertend immer am selben Platz sein: *Er hockt den ganzen Tag vor dem Fernseher.*

das **Ho|ckey** (Nomen) ['hɔke] **nur im Singular** **des Hockeys** ein Sport, bei dem zwei Mannschaften einen kleinen Ball mit Schlägern ins gegnerische Tor schlagen

der **Ho|den** (Nomen) **des Hoden, die Hoden** das Organ beim Mann, in dem die Samen gebildet werden

der **Hof** (Nomen) **des Hof(e)s, die Höfe**
❶ zu einem Haus gehörender, abgegrenzter Platz
❷ ≈ Bauernhof das Haus, die Ställe, die Felder usw. eines Bauern
❸ **eines Königs, Fürsten usw.** das Schloss, die Gärten und Häuser eines Herrschers

hof|fen (Verb) **du hoffst, er hoffte, sie hat gehofft, hoff(e)!** (auf) etwas hoffen sich sehr wünschen oder glauben, dass etwas geschieht: *Wir hoffen, dass es euch gut geht.*

hof|fent|lich (Adverb) so, wie ich es hoffe/wir es hoffen: *Hoffentlich kommen wir rechtzeitig an!*

die **Hoff|nung** (Nomen) **der Hoffnung, die Hoffnungen**
❶ der starke Wunsch oder Glaube, dass etwas geschieht: *Es gibt keine Hoffnung mehr, dass die Vermissten noch leben.*
❷ etwas/jemand ist jemandes letzte Hoffnung etwas/jemand ist das Einzige, was jemandem noch helfen kann
❸ sich Hoffnungen machen damit rechnen, dass ein Wunsch in Erfüllung geht

hoff|nungs|los (Adjektiv) **hoffnungsloser, am hoffnungslosesten** so, dass es keine Chance mehr auf eine Besserung gibt

höf|lich (Adjektiv) **höflicher, am höflichsten** aufmerksam, freundlich und respektvoll

die **Höf|lich|keit** (Nomen) **der Höflichkeit, die Höflichkeiten** die Art, aufmerksam, freundlich und respektvoll zu sein

die **Hö|he** (Nomen) **der Höhe, die Höhen**
❶ die senkrechte Ausdehnung von unten nach oben: *Die Höhe des Schranks beträgt zwei Meter.*
❷ von der Erde die Entfernung nach oben: *Das Flugzeug fliegt in einer Höhe von 7 Kilometern.*
❸ etwas in die Höhe halten/heben etwas nach oben halten/etwas von unten nach oben heben
❹ von Geschwindigkeit, Gewicht, Preis oder Strafe die Stärke, die Größe, die Intensität
❺ Das ist doch die Höhe! umgangssprachlich Das ist eine Unverschämtheit!

der **Hö|he|punkt** (Nomen) **des Höhepunkt(e)s, die Höhepunkte** der schönste und wichtigste Teil

hö|he|re, hö|he|rer, hö|he|res (Adjektiv) Komparativ von → **hoch**

hohl (Adjektiv) **hohler, am hohlsten** innen leer

die **Höh|le** (Nomen) **der Höhle, die Höhlen** ein großes Loch in der Erde oder einem Felsen, in dem Tiere leben können

der **Hohn** (Nomen) nur im Singular **des Hohn(e)s** die Tatsache, dass man jemanden verachtet und sich gleichzeitig über ihn lustig macht

höh|nisch (Adjektiv) **höhnischer, am höhnischsten** mit Verachtung und gleichzeitigem Spott: *Als ich sie um Hilfe bat, lachte sie nur höhnisch.*

ho|len (Verb) **du holst, er holte, sie hat geholt, hol(e)!**
❶ etwas holen zu etwas hingehen und es mitnehmen: *Hol mir doch bitte mal die Zeitung!*
❷ etwas aus etwas holen etwas aus etwas herausnehmen: *Sie holte ihr Handy aus der Handtasche.*
❸ jemanden holen jemanden rufen, anrufen usw. und dafür sorgen, dass er kommt: *Er hat Fieber. Wir müssen einen Arzt holen.*
❹ sich eine Krankheit holen umgangssprachlich sich irgendwo mit einer Krankheit anstecken

Hol|land (Nomen) **Hollands** der westliche Teil der Niederlande ⚠ im Deutschen umgangssprachlich für die Niederlande verwendet siehe auch → **Niederlande**

der **Hol|län|der** (Nomen) **des Holländers, die Holländer** ein Junge/Mann aus Holland

die **Hol|län|de|rin** (Nomen) **der Holländerin, die Holländerinnen** ein Mädchen/eine Frau aus Holland

hol|län|disch (Adjektiv) aus Holland oder in holländischer Sprache

die **Höl|le** (Nomen) **der Hölle, die Höllen**
❶ RELIGION der Ort für die bösen Menschen nach ihrem Tod
❷ In … ist die Hölle los. umgangssprachlich In … ist sehr viel Betrieb oder großer Lärm oder viel Durcheinander.
❸ die Hölle auf Erden so schrecklich, dass man es kaum aushalten kann

der **Ho|lo|caust** (Nomen) ['ho:lokaust] **des Holocaust(s), die Holocausts** die Ermordung von sehr vielen Menschen, besonders von Juden in Deutschland während des Nationalsozialismus

hol|prig, hol|pe|rig (Adjektiv) **holpriger, am holprigsten**
❶ Weg, Straße nicht glatt, sondern mit Löchern und kleinen Hügeln
❷ sprechen, lesen nicht flüssig, sondern mit Fehlern und Pausen

das **Holz** (Nomen) **des Holzes, die Hölzer** das harte Material, aus dem Baumstämme bestehen und aus dem man Möbel, Häuser usw. baut

die **Home|page** (Nomen) ['hoʊmpeɪdʃ] **der Homepage, die Homepages** die Startseite eines Internetauftritts oder der gesamte Internetauftritt eines Unternehmens, einer Organisation usw.

ho|mo|gen (Adjektiv) gehoben einheitlich, gleichmäßig

ho|mo|se|xu|ell (Adjektiv) [homozɛ'ksu̯ɛl] sich sexuell vom eigenen Geschlecht angezogen fühlen siehe auch → **lesbisch** siehe auch → **schwul**

der **Ho|nig** (Nomen) **des Honigs, die Honige** die süße Masse, die Bienen herstellen und die man aufs Brot streicht

hö|ren (Verb) **du hörst, er hörte, sie hat gehört, hör(e)!**
① etwas/jemanden hören etwas/jemanden mit den Ohren wahrnehmen: *Hast du den Schrei gehört?*
② etwas hören bei etwas zuhören: *Sei bitte mal leise, ich höre eine CD.*
③ etwas von oder über jemanden/etwas hören etwas von oder über jemanden/etwas erfahren: *Hast du schon von Annas kleiner Schwester gehört?*
④ auf jemanden hören jemandem gehorchen, jemandes Rat befolgen: *Hättest du auf uns gehört, wäre das nicht passiert!*
⑤ etwas/nichts von sich hören lassen sich/sich nicht bei jemandem melden: *Lass mal was von dir hören!*
⑥ Na, hör mal! umgangssprachlich Ausruf, wenn man nicht gut findet, was jemand macht: *Na, hör mal, so geht das aber nicht.*

der **Hö|rer** (Nomen) **des Hörers, die Hörer**
① RUNDFUNK ein Mann, der zuhört
② TELEFON der Teil eines klassischen Telefons, den man ans Ohr hält

die **Hö|re|rin** (Nomen) **der Hörerin, die Hörerinnen** eine Frau, die zuhört

der **Ho|ri|zont** (Nomen) **des Horizont(e)s, die Horizonte**
① GEOGRAFIE die Linie in der Ferne, an der es so aussieht, als würden Himmel und Erde sich berühren
② einen begrenzten/beschränkten Horizont haben nicht sehr klug, gebildet oder erfahren sein

ho|ri|zon|tal (Adjektiv)
Variante von → **waagerecht**

das **Hor|mon** (Nomen) **des Hormons, die Hormone** ein Stoff im Körper, der für bestimmte Vorgänge wichtig ist

das **Horn** (Nomen) **des Horns, die Hörner**
① das spitze, harte Gebilde auf dem Kopf von bestimmten Tieren: *Die Ziegenböcke kämpfen mit ihren Hörnern.*
② nur im Singular · für Brillen, Kämme, Knöpfe das Material, aus dem Hörner bestehen
③ MUSIK ein gebogenes Instrument, in das man bläst

die **Horn|haut** (Nomen) **der Hornhaut, die Hornhäute**
① an Händen, Füßen die harte Haut, die bei zu viel Druck und Reibung entsteht
② im Auge die durchsichtige Haut über dem Augapfel

das **Ho|ro|skop, Ho|ros|kop** (Nomen) **des Horoskop(e)s, die Horoskope** die Vorhersage über jemandes Schicksal, die von der Position der Sterne (besonders bei der Geburt) ausgeht

die **Ho|se** (Nomen) **der Hose, die Hosen**
① ein Kleidungsstück, das den Körper von der Taille abwärts bedeckt
② die Hosen anhaben umgangssprachlich · abwertend (zu Hause) derjenige/diejenige sein, der/die bestimmt, was getan wird
③ in die Hose gehen umgangssprachlich nicht gelingen, schiefgehen
④ sich in die Hosen machen oder die Hosen voll haben umgangssprachlich große Angst haben, sehr feige sein
⑤ irgendwo ist tote Hose umgangssprachlich an einem Ort ist nichts los oder ist es langweilig

die **Hos|tie** (Nomen) ['hɔsti̯ə] **der Hostie, die Hostien** eine dünne, aus Mehl und Wasser gebackene Scheibe für christliche Feiern

das **Ho|tel** (Nomen) **des Hotels, die Hotels** ein Haus, in dem man gegen Bezahlung als Gast übernachten kann: *Wir haben in einem sehr schönen Hotel übernachtet.*

die **Hot|line** (Nomen) ['hɔtlaɪn] **der Hotline, die Hotlines** eine Telefonnummer, über die Unternehmen Hilfe bei Problemen anbieten

hüb|sch (Adjektiv) **hübscher, am hübschesten**
① so, dass es schön aussieht: *ein hübsches Mädchen · eine hübsche Bluse*
② so, dass es schön klingt: *eine hübsche Stimme · eine hübsche Melodie*

der **Hub|schrau|ber** (Nomen) **des Hubschraubers, die Hubschrauber** ein Flugzeug mit Propeller, das senkrecht starten kann

hu|cke|pack (Adverb) umgangssprachlich meist in jemanden/etwas huckepack tragen/nehmen jemanden/etwas auf dem Rücken tragen

der **Huf** (Nomen) **des Huf(e)s, die Hufe** der Teil aus Horn am Fußende eines Pferdes, Esels usw.: *Der Hufschmied beschlägt die Hufe des Pferdes mit einem Hufeisen.*

das **Huf|ei|sen** (Nomen) **des Hufeisens, die Hufeisen** ein gebogenes Eisen, das auf der Unterseite eines Pferdehufs befestigt wird

die **Hüf|te** (Nomen) **der Hüfte, die Hüften** das seitliche Körperteil zwischen Taille und Oberschenkel: *Sie stemmte ihre Arme in die Hüften.*

der **Hü|gel** (Nomen) **des Hügels, die Hügel** ein kleiner, sanft ansteigender Berg

das **Huhn** (Nomen) **des Huhn(e)s, die Hühner**
❶ ein Vogel mit weißen oder braunen Federn, der Eier legt: *Die Hühner liefen frei auf dem Bauernhof herum.*
❷ ≈ Henne ein weibliches Huhn (im Unterschied zum Hahn)
❸ ≈ Hühnerfleisch *Gestern gab es Huhn.*
❹ Da lachen ja die Hühner! umgangssprachlich Das ist absolut lächerlich!
❺ Ein blindes Huhn findet auch einmal ein Korn ironisch auch jemand, dem normalerweise nichts gelingt, ist manchmal erfolgreich

das **Hühn|chen** (Nomen) **des Hühnchens, die Hühnchen**
❶ GASTRONOMIE ≈ Huhn *Hühnchen mit Reis*
❷ mit jemandem noch ein Hühnchen zu rupfen haben umgangssprachlich mit jemandem etwas klären, womit man nicht einverstanden war

die **Hül|le** (Nomen) **der Hülle, die Hüllen**
❶ etwas, was als Schutz einen Gegenstand umgibt
❷ die Hüllen fallen lassen ironisch sich nackt ausziehen
❸ die sterbliche Hülle gehoben der Körper eines toten Menschen
❹ in Hülle und Fülle in sehr großen Mengen

hu|man (Adjektiv) gehoben **humaner, am humansten**
❶ freundlich und rücksichtsvoll, menschlich: *Die Bestrafung war human.*
❷ zum Menschen gehörend, den Menschen betreffend

hu|ma|ni|tär (Adjektiv) menschliche Not lindernd, wohltätig: *die humanitäre Hilfe* • *eine humanitäre Organisation*

der **Hu|mor** (Nomen) Plural selten **des Humors, die Humore**
❶ die Fähigkeit, auch in schwierigen Situationen heiter zu sein: *Er trägt die Niederlage mit Humor.*
❷ Witz, Spaß: *Der trockene Humor meines Vaters bringt mich oft zum Lachen.*

hu|mor|los (Adjektiv) abwertend unfähig, über eine lustige Situation zu lachen

hu|mor|voll (Adjektiv) **humorvoller, am humorvollsten** mit viel Humor, witzig: *Ich mag seine humorvolle Art.*

hum|peln (Verb) **du humpelst, er humpelte, sie hat/ist gehumpelt, hump(e)le!**
❶ **hat gehumpelt** • **Zustand** beim Gehen mit einem Fuß anders auftreten als mit dem anderen, weil er verletzt ist: *Als seine Pfote geschwollen war, hat der Hund gehumpelt.*
❷ irgendwohin humpeln **ist gehumpelt** • **Bewegung** ungleichmäßig laufend irgendwohin gehen: *Der verletzte Spieler ist vom Platz gehumpelt.*

der **Hund** (Nomen) **des Hund(e)s, die Hunde**
❶ ein Haustier, das vom Wolf abstammt und einen sehr guten Geruchssinn hat: *Warnung vor dem bissigen Hund!*
❷ Das ist ein dicker Hund! Ausspruch, wenn man etwas sehr unverschämt findet
❸ Die beiden sind wie Hund und Katze! umgangssprachlich die beiden streiten ständig

hun|dert (Zahlwort)
❶ **als Ziffern:** 100: *Das kommt nur alle hundert Jahre mal vor.* siehe auch → **acht**
❷ umgangssprachlich sehr viele: *Sie hatte hundert verschiedene Wünsche.*
❸ einige/mehrere/… hundert oder Hundert als ungefähre Mengenangabe verwendet
❹ hunderte oder Hunderte als ungefähre Mengenangabe verwendet: *Hunderte von Zuschauern waren gekommen.*

die **Hun|dert** (Nomen) **der Hundert, die Hunderten** die Zahl oder Ziffer 100: *Auf der Karte stand eine große goldene Hundert.* siehe auch → **Acht**[1]

der **Hun|der|ter** (Nomen) **des Hunderters, die Hunderter**
❶ umgangssprachlich ein Geldschein mit dem Nennwert 100 Euro/Dollar/…
❷ nur im Plural MATHEMATIK die dritte Ziffer (vor dem Komma) von rechts bei einer großen Zahl: *jeweils die Einer, Zehner und Hunderter addieren*

der **Hun|dert|eu|ro|schein, 100-Euro-Schein** (Nomen) **des Hunderteuroschein(e)s, die Hunderteuroscheine** ein Geldschein mit dem Nennwert 100 Euro

hun|dert|mal (Zahlwort) oft übertreibend: 100 Male: *Das haben wir bestimmt schon hundertmal geübt.*

hun|dert|tau|send (Zahlwort) als Ziffern: 100000

der **Hun|ger** (Nomen) nur im Singular **des Hungers**
1 ein starkes Bedürfnis, etwas zu essen: *Plötzlich bekam er großen Hunger.*
2 ein ständiger Mangel an Nahrungsmitteln: *Im Dürregebiet herrscht immer noch großer Hunger.*
3 im übertragenden Sinn ein übermächtiger Wunsch: *Die Proteste waren Ausdruck des Hungers nach Freiheit.*

hun|gern (Verb) **du hungerst, er hungerte, sie hat gehungert, hung(e)re nicht!**
1 nichts zu essen haben, Hunger leiden: *Infolge des Krieges hungern viele Kinder.*
2 nach Liebe/Anerkennung/Freiheit/... hungern gehoben ein starkes Verlangen nach Liebe/Anerkennung/Freiheit/... haben: *Das Kind hungert nach Liebe.*

hung|rig (Adjektiv) **hungriger, am hungrigsten** hungrig sein ein starkes Bedürfnis haben, etwas zu essen

die **Hu|pe** (Nomen) **der Hupe, die Hupen** ein kleines Gerät im Auto, auf das der Fahrer drücken kann, um andere mit einem lauten Ton zu warnen

hu|pen (Verb) **du hupst, er hupte, sie hat gehupt, hup(e)!** mit einer Hupe einen lauten Warnton abgeben: *Der Autofahrer hupte, als das Kind auf die Straße laufen wollte.*

hüp|fen (Verb) **du hüpfst, er hüpfte, sie ist gehüpft, hüpf(e)!** ≈springen sich mit den Beinen abstoßen und kleine Sprünge vorwärts machen: *Die Kinder hüpften über den Sand.*

die **Hür|de** (Nomen) **der Hürde, die Hürden**
1 eine Schwierigkeit, die jemand zum Erreichen eines Ziels überwinden muss: *Nachdem wir die letzte bürokratische Hürde genommen hatten, konnten wir unser Geschäft eröffnen.*
2 SPORT ein Hindernis, über das ein Läufer oder ein Pferd bei bestimmten Wettkämpfen springen muss: *Er war der Schnellste, bekam aber Strafpunkte, weil er eine Hürde gerissen hatte.* (z. B. Hürdenlauf)

der **Hur|ri|kan** (Nomen) ['harikn̩] **des Hurrikans, die Hurrikans** ein starker Wirbelsturm, der auf dem Nordatlantik entsteht: *Florida wurde 2005 von einem schweren Hurrikan heimgesucht.*

hus|ten (Verb) **du hustest, er hustete, sie hat gehustet, huste!** durch einen Reiz ausgelöst Luft krampfartig und laut aus dem Mund ausstoßen: *Ich bin erkältet und musste die ganze Nacht husten.*

der **Hus|ten** (Nomen) nur im Singular **des Hustens** eine Krankheit, bei der die Atemwege gereizt sind und man krampfartig und laut Luft aus dem Mund ausstoßen muss

der **Hut**[1] (Nomen) **des Hut(e)s, die Hüte**
1 eine Kopfbedeckung aus festem Material, meist mit einer Krempe
2 etwas unter einen Hut bringen umgangssprachlich verschiedene Dinge so organisieren, dass sie zusammenpassen: *Ich muss so viel erledigen, ich weiß gar nicht, wie ich das alles unter einen Hut bringen soll!*
3 vor jemandem/etwas den Hut ziehen umgangssprachlich jemanden/etwas sehr bewundern: *Ich ziehe den Hut vor deiner Leistung, toll gemacht!*
4 mit jemandem/etwas nichts am Hut haben umgangssprachlich kein Interesse an jemandem/etwas haben

die **Hut**[2] (Nomen) gehoben nur im Singular **der Hut** nur in vor jemandem/etwas auf der Hut sein sich vor jemandem/etwas in Acht nehmen

hü|ten (Verb) **du hütest, er hütete, sie hat gehütet, hüte!**
1 ein Tier hüten ein Tier auf der Weide beaufsichtigen: *Schafe, Gänse, Ziegen hüten*
2 ein Kind hüten auf ein Kind aufpassen, damit ihm nichts passiert, während die Eltern weg sind
3 ein Geheimnis hüten ein Geheimnis nicht weitererzählen
4 sich vor jemandem/etwas hüten aufpassen, dass einem durch jemanden/etwas nichts Böses geschieht: *Hüte dich vor dem bissigen Hund.*

die **Hüt|te** (Nomen) **der Hütte, die Hütten** ein kleines Haus, meist mit wenig Komfort

die **Hy|äne, Hyä|ne** (Nomen) ['hyɛ:nə] **der Hyäne, die Hyänen** ein mittelgroßes Raubtier, das in Asien und Afrika lebt

das **Hy|brid|fahr|zeug, Hyb|rid|fahr|zeug** (Nomen) **des Hybridfahrzeug(e)s, die Hybridfahrzeuge** ein Fahrzeug, bei dem zwei verschiedene Motorenarten (meist ein umweltfreundlicher Elektromotor mit einem herkömmlichen Verbrennungsmotor) kombiniert sind

die **Hy|gi|e|ne, Hy|gie|ne** (Nomen) [hy'gi̯e:nə] nur im Singular **der Hygiene** die Gesamtheit der Maßnahmen, um Keime abzutöten und etwas sauber zu halten, die Gesundheitspflege

hy|gi|e|nisch, hy|gie|nisch (Adjektiv) **hygienischer, am hygienischsten**
❶ die Hygiene betreffend: *Das Händewaschen ist eine wichtige hygienische Maßnahme.*
❷ sauber und keimfrei: *hygienisch verpackte Zahnbürsten*

die **Hym|ne** (Nomen) ['hymnə] **der Hymne, die Hymnen**
❶ ein feierliches Gedicht oder Lied, in dem jemand oder etwas sehr gelobt wird: *Seine Rede war eine Hymne auf die Freiheit.*
❷ Kurzform von Nationalhymne ein Lied, das ein Land repräsentiert

der **Hype** (Nomen) [haip] **des Hypes, die Hypes**
❶ die gezielte Verbreitung von spektakulären Nachrichten zu Werbezwecken durch die Medien
❷ die übertriebene Begeisterung der Massen für jemanden oder etwas: *Der Hype um das iPhone® lässt immer noch nicht nach.*

hy|per|ak|tiv (Adjektiv) einen stärkeren Bewegungsdrang habend als normale Menschen, äußerst aktiv

der **Hy|per|link** (Nomen) ['haipɐlɪŋk] **des Hyperlinks, die Hyperlinks** eine Verknüpfung im Internet, die man anklicken kann, um zu einer anderen Website zu kommen

die **Hyp|no|se** (Nomen) [hyp'no:zə] **der Hypnose, die Hypnosen** ein Zustand tiefer Entspannung, bei dem es so aussieht, als ob man schliefe, und in dem man keinen eigenen Willen mehr hat: *Der Therapeut versetzte ihn in Hypnose.*

hyp|no|ti|sie|ren (Verb) [hypnoti'zi:rən] **du hypnotisierst, er hypnotisierte, sie hat hypnotisiert, hypnotisier(e)!** in einen Zustand tiefer Entspannung versetzen: *Der Therapeut hypnotisierte ihn.*

die **Hy|po|the|se** (Nomen) [hypo'te:zə] **der Hypothese, die Hypothesen** eine (meist wissenschaftliche) Vermutung, deren Richtigkeit erst noch bewiesen werden muss

hys|te|risch (Adjektiv) [hys'te:rɪʃ] umgangssprachlich **hysterischer, am hysterischsten** übertrieben gereizt oder hektisch: *Werd doch nicht immer gleich hysterisch, wenn etwas mal nicht sofort funktioniert!*

I

das **I, i** (Nomen) **des I, die I**
❶ der neunte Buchstabe im Alphabet
siehe auch → **A**
❷ i wo! umgangssprachlich nein, wirklich nicht

ich (Pronomen) Personalpronomen der 1. Person Singular, bezeichnet den Sprecher selbst: *Ich bin mir da nicht sicher.*

ide|al (Adjektiv)
❶ ≈optimal so, dass es nicht besser möglich ist: *Wir hatten ideales Wetter bei unserem Ausflug.* • *Sie ist die ideale Besetzung für diese Rolle.*
❷ so, dass es nur als Idee/in der Vorstellung existiert: *In einer idealen Welt gäbe es keine Armut.*

die **Idee** (Nomen) **der Idee, die Ideen**
❶ ≈Vorstellung, Gedanke *Die Idee, ein paar Tage bei meinen Großeltern zu verbringen, gefällt mir.* • *Das war nur so eine fixe Idee!*
❷ ≈Einfall *Das war wirklich eine tolle Idee von dir!*
❸ nur im Singular • umgangssprachlich etwas, ein bisschen: *In der Suppe fehlt eine Idee Salz.* • *Kannst du bitte eine Idee lauter sprechen.*

iden|ti|fi|zie|ren (Verb) **du identifizierst, er identifizierte, sie hat identifiziert, identifizier(e)!**
❶ jemanden/etwas identifizieren feststellen, dass jemand/etwas eine bestimmte Person/Sache ist: *Der Täter wurde anhand einer Videoaufzeichnung identifiziert.* • *Es*

A B C D E F G H I J K L M N O P Q R S T U V W X Y Z

konnten noch nicht alle Leichen identifiziert werden.
❷ sich mit jemandem/etwas identifizieren ≈übereinstimmen mit jemandem/etwas einer Meinung sein: *Viele Leser gaben an, sich mit der Hauptfigur des Buchs identifizieren zu können.*

iden|tisch (Adjektiv) gehoben ≈gleich so, dass es keinen Unterschied gibt: *Der Lehrer wunderte sich, weil beide Schüler nahezu identische Fehler gemacht hatten. • Die Zwillinge ziehen immer identische Kleidung an.*

die **Iden|ti|tät** (Nomen) gehoben **der Identität, die Identitäten**
❶ alle Merkmale, die jemanden einzigartig machen: *Die Polizei überprüfte die Identität des Mannes. • Die Identität der Opfer ist noch nicht geklärt.*
❷ ≈Übereinstimmung *Die Identität des Verhafteten mit dem Täter konnte anhand der Fingerabdrücke bewiesen werden.*

die **Ideo|lo|gie** (Nomen) **der Ideologie, die Ideologien** eine bestimmte politische und soziale Weltanschauung einer gesellschaftlichen Gruppe

der **Igel** (Nomen) **des Igels, die Igel** ein kleines Tier mit Stacheln, das sich bei Gefahr einrollt

ihm (Pronomen) Dativ der Personalpronomen „er" und „es": *Karl ist nett. Wir geben ihm auch eine Einladung. • Das Autodach muss repariert werden, der Hagel hat ihm Schaden zugefügt.* siehe auch → **er**
siehe auch → **es**

ihn (Pronomen) Akkusativ des Personalpronomens „er": *Du könntest ihn doch auch mitnehmen.* siehe auch → **er**

ih|nen (Pronomen) im Plural gebraucht Dativ des Personalpronomens „sie": *Ich habe ihnen einen Brief geschrieben.* siehe auch → **sie**

Ih|nen (Pronomen) Dativ des Personalpronomens „Sie": *Frau Bauer, wie kann ich Ihnen helfen?* siehe auch → **Sie**

ihr [1] (Pronomen)
❶ im Singular gebraucht Dativ des Personalpronomens der 3. Person Singular weiblich „sie": *Ich glaube, ihr ist kalt.*
siehe auch → **sie**
❷ im Plural gebraucht Personalpronomen der 2. Person Plural, bezeichnet eine Gruppe, mit der man spricht: *Habt ihr euch schon entschieden?*

ihr [2], **ih|re**, **ih|rer**, **ih|res** (Pronomen)
❶ im Singular gebraucht Possessivpronomen der 3. Person Singular, drückt aus, dass etwas/jemand (zu) der weiblichen Person oder Sache gehört, über die man spricht: *Sie hat ihre Bücher vergessen. • die Schule und ihre Umgebung*
siehe auch → **Possessivpronomen**
❷ im Plural gebraucht Possessivpronomen der 3. Person Plural, drückt aus, dass jemand/etwas (zu) einer Gruppe gehört, über die man spricht: *Familie Bauer und ihre Freunde • Zeichne die Hauptstädte und ihre Namen ein.* siehe auch → **Possessivpronomen**

ih|rer|seits (Adverb) von ihrer Seite aus, von ihr/ihnen aus: *Tanja ihrerseits war ganz zufrieden. • Meine Eltern haben ihrerseits auch noch Fragen.*

Ih|rer|seits (Adverb) von Ihrer Seite aus, von Ihnen aus: *Bestehen Ihrerseits noch Fragen hierzu?*

ih|res|glei|chen (Pronomen) unveränderlich Menschen wie sie: *Meine Eltern und ihresgleichen kann man damit nicht beeindrucken.*

ih|ret|we|gen (Adverb) wegen etwas, was sie betrifft: *Wir mussten ihretwegen noch warten.*

Ih|ret|we|gen (Adverb) wegen etwas, was jemanden betrifft, den man mit „Sie" anspricht: *Nur Ihretwegen werde ich eine Ausnahme machen.*

il|le|gal (Adjektiv) ≈gesetzwidrig vom Gesetz verboten: *Illegaler Waffenbesitz wird hart bestraft.*

die **Il|lu|si|on** (Nomen) **der Illusion, die Illusionen** eine falsche Vorstellung, Einbildung: *Es wird schwierig, einen Job zu finden. Da mache ich mir keine Illusionen.*

die **Il|lus|trier|te, Il|lust|rier|te** (Nomen) **der Illustrierten, die Illustrierten** eine Zeitschrift mit vielen Bildern

im (Präposition mit Artikel) mit Dativ gebraucht
❶ in dem: *Die Kinder spielen im Sandkasten.* ⚠ in manchen festen Wendungen und in Zeitangaben nicht auflösbar zu „in dem" *im Allgemeinen • im Großen und Ganzen • im Mai • im Jahr 2016*
❷ im + nominalisierter Infinitiv nennt einen Vorgang (der gerade stattfindet): *Er telefonierte im Gehen mit seiner Mutter.*

das **Image** (Nomen) ['ɪmɪtʃ] **des Image(s), die Images** ≈Ansehen die Meinung, die die Öffentlichkeit über jemanden hat: *Nach der*

Prügelei war sein Image stark angeschlagen.

der **Im|biss** (Nomen) **des Imbisses, die Imbisse**
❶ eine kleine Mahlzeit: *In der Theaterpause gab es einen kleinen Imbiss.*
❷ ≈ Imbissbude Kiosk oder Geschäft, in dem man einfache Mahlzeiten kaufen kann

im|mer (Adverb)
❶ ständig, jedes Mal: *Sie begrüßt mich immer sehr herzlich.*
❷ umgangssprachlich jeweils: *Sie packte immer zwei Gutscheine in einen Umschlag.*
❸ für/auf immer unbegrenzt, ohne Einschränkung: *Wir sind Freunde für immer!*
❹ immer schneller/höher/langsamer/frecher/länger/... immer + Komparativ nennt eine ständige Steigerung von etwas: *Sein Englisch wird immer besser.* • *Das Auto fuhr immer schneller.*

im|mer|hin (Adverb)
❶ ≈ wenigstens nennt Tatsachen, die trotz allem positiv sind: *Sie hat zwar nicht geputzt, aber immerhin hat sie den Müll runtergebracht.*
❷ ≈ schließlich nennt Tatsachen, die trotz allem beachtet werden müssen: *Sei nicht so gemein zu ihm, immerhin ist er dein Bruder.*

der **Im|mi|g|rant** (Nomen) **des Immigranten, die Immigranten** jemand, der in ein anderes Land geht, um dort für immer zu leben

die **Im|mi|g|ran|tin** (Nomen) **der Immigrantin, die Immigrantinnen**
Femininform von → **Immigrant**

das **Im|mun|sys|tem** (Nomen)
des Immunsystems, die Immunsysteme
die Abwehrkräfte eines Körpers gegen Krankheiten: *Aufgrund seiner langen Krankheit ist sein Immunsystem geschwächt.*

der **Im|pe|ra|tiv** (Nomen) GRAMMATIK
des Imperativs, die Imperative
≈ Befehlsform die Verbform, mit der eine Aufforderung oder ein Befehl ausgedrückt wird: *In dem Satz „Wirf mir bitte den Ball zu!" ist „wirf" die Befehlsform.*

das **Im|per|fekt** (Nomen) GRAMMATIK
des Imperfekts, die Imperfekte ≈ Präteritum eine Vergangenheitsform des Verbs: *Das Imperfekt von „sein" heißt in der 1. Person Singular „ich war".*

imp|fen (Verb) **du impfst, er impfte, sie hat geimpft, impf(e)!** dem Körper einen Impfstoff zuführen als Schutz vor Krankheiten: *Mein Hund ist gegen Tollwut geimpft worden.* • *Meine Eltern lassen mich gegen alle gängigen Krankheiten impfen.*

die **Imp|fung** (Nomen) **der Impfung, die Impfungen** das Impfen

der **Im|port** (Nomen) **des Import(e)s, die Importe** ≈ Einfuhr das Bringen von Waren aus dem Ausland in ein Land

im|por|tie|ren (Verb) **du importierst, er importierte, sie hat importiert, importier(e)!** ≈ einführen Waren im Ausland kaufen und ins Inland bringen

der **Im|puls** (Nomen) **des Impulses, die Impulse**
❶ der Anstoß, die Anregung: *Das Projekt setzt wichtige Impulse für die Schaffung von Ganztagsschulen.*
❷ der spontane Gedanke, der innere Drang: *Sein erster Impuls war wegzulaufen, doch dann stellte er sich den Fragen der Polizei.*
❸ ELEKTROTECHNIK kurzer Stromstoß

im|stan|de, im Stan|de (Adverb)
meist in imstande sein, etwas zu tun fähig sein, etwas zu tun: *Sie war vor lauter Müdigkeit nicht mehr imstande, die Augen offen zu halten.*

in[1] (Präposition)
❶ **mit Dativ gebraucht** verwendet, um den Ort, wo jemand/etwas ist, zu benennen: *Ich war gestern in der Schule.*
❷ **mit Dativ gebraucht** verwendet, um die Zeit, zu der etwas geschieht oder die etwas dauert, zu benennen: *Ich konnte in der Nacht nicht schlafen.* • *Wie viel hast du in den letzten Stunden geschafft?*
❸ **mit Dativ gebraucht** verwendet, um die Art und Weise, Farbe oder Form zu benennen: *etwas in wenigen Worten erzählen* • *ein Kleid in Blau*
❹ **mit Akkusativ gebraucht** verwendet, um eine Bewegung irgendwohin zu bezeichnen: *in die Schule gehen*

in[2] umgangssprachlich modern und bei vielen Leuten beliebt: *Wandern ist wieder total in.*

in|be|grif|fen (Adjektiv) im Preis enthalten: *Die Getränke sind im Preis inbegriffen.*

in|dem (Konjunktion) durch die genannte Aktion: *Sie verdient sich ein Taschengeld, indem sie Werbung austrägt.*

der **In|der** (Nomen) **des Inders, die Inder** ein Junge/Mann aus Indien

die **In|de|rin** (Nomen) **der Inderin, die Inderinnen** ein Mädchen/eine Frau aus Indien

in|dẹs|sen, in|dẹs (Adverb) gehoben
❶ ≈ inzwischen *Geh schon mal ins Bett, ich hole indessen noch ein Kopfkissen.*
❷ ≈ hingegen *Ich ging ins Klassenzimmer, sie indessen wollte noch auf die Toilette gehen.*

der **Ịn|dex** (Nomen) **des Index(es), die Indexe/Indizes**
❶ Plural: Indexe/Indizes ≈ Verzeichnis eine alphabetische Stichwortliste am Ende eines Fachbuches: *Du kannst im Index nachschlagen, an welchen Stellen in der Grammatik das Thema „Adjektive" behandelt wird.*
❷ Plural: Indexe ≈ Verbotsliste eine Liste, auf der verbotene Bücher oder Filme stehen: *Der Film wurde auf den Index gesetzt.*
❸ Plural: Indizes MATHEMATIK eine hoch- oder tiefgestellte Zahl, die bei mehreren gleichen mathematischen Größen zur Unterscheidung angehängt wird: *Bei den Größen x_1 und x_2 werden „1" und „2" als Indizes bezeichnet.*
❹ Plural: Indizes WIRTSCHAFT eine statistische Größe, um Veränderungen im Laufe der Zeit zu messen: *Der Index der Preise ist erneut gestiegen.*

der **In|di|a̱ner, In|dia̱|ner** (Nomen) **des Indianers, die Indianer** ein Ureinwohner von Amerika

die **In|di|a̱ne|rin, In|dia̱|ne|rin** (Nomen) **der Indianerin, die Indianerinnen**
Femininform von → **Indianer**

Ịn|di|en (Nomen) **Indiens** ein Land in Asien

der **Ịn|di|ka|tiv** (Nomen) GRAMMATIK **des Indikativs, die Indikative**
≈ Wirklichkeitsform die Verbform, die anzeigt, dass etwas in Wirklichkeit geschieht oder geschehen ist: *Die Verbformen „ich bin", „du warst" usw. sind Formen des Indikativs.*

ịn|di|rekt (Adjektiv) nicht direkt, ein wenig versteckt: *Er hat es indirekt zugegeben.* · *Sie hat mir indirekt die Schuld an ihrem Unglück gegeben.*

ịn|disch (Adjektiv) aus Indien

in|di|vi|du|ẹll (Adjektiv) [ɪndiviˈdu̯ɛl]
❶ auf die persönlichen Bedürfnisse des Einzelnen zugeschnitten: *Der Verein bietet individuelle Nachhilfestunden an.*
❷ ≈ persönlich besonders, einzigartig: *Jeder Mensch hat sehr individuelle Fähigkeiten.*

das **In|di|vi̱|du|um** (Nomen) [ɪndiˈviːduʊm] **des Individuums, die Individuen**
das einzelne Lebewesen mit seinen besonderen Merkmalen: *Jeder Mensch ist ein einzigartiges Individuum.*

das **In|di̱z** (Nomen) **des Indizes, die Indizien**
❶ gehoben ≈ Anzeichen *Wenn er sich leise in sein Zimmer schleicht, ist das ein sicheres Indiz dafür, dass er etwas angestellt hat.*
❷ meist Plural RECHT etwas, was jemanden verdächtig macht, eine Straftat begangen zu haben: *Alle Indizien deuten auf ihn als Täter hin.*

die **In|dus|tri̱e, In|dust|ri̱e** (Nomen) Plural selten **der Industrie, die Industrien** die Gesamtheit der Betriebe, die mit Maschinen Waren herstellen: *Die deutsche Industrie exportiert in viele Länder.*

die **In|fek|ti|o̱n** (Nomen) [ɪnfɛkˈtsi̯oːn] **der Infektion, die Infektionen**
die Ansteckung mit einer Krankheit durch Übertragung von Viren oder Bakterien: *Händewäschen schützt vor vielen Infektionen.*

die **In|fek|ti|o̱ns|krank|heit** (Nomen) **der Infektionskrankheit, die Infektionskrankheiten** eine Krankheit, die durch Viren, Bakterien usw. verursacht wird und ansteckend ist

der **Ịn|fi|ni|tiv** (Nomen) **des Infinitivs, die Infinitive** die Grundform des Verbs, die nicht durch Person, Numerus usw. bestimmt ist: *Wenn du ein Verb in einem Wörterbuch nachschlägst, musst du immer nach dem Infinitiv suchen.*

in|fi|zi̱e|ren (Verb) **du infizierst, er infizierte, sie hat infiziert, infizier(e) nicht!**
❶ jemanden infizieren jemanden mit einer Infektionskrankheit anstecken: *Er hatte die ganze Klasse mit Erkältungsviren infiziert.*
❷ sich infizieren sich mit einer Infektionskrankheit anstecken: *Er hat sich im Schwimmbad mit Warzen infiziert.*

die **In|fla|ti|o̱n** (Nomen) [ɪnflaˈtsi̯oːn] **der Inflation, die Inflationen** die Erhöhung der Geldmenge im Vergleich zur Produktion, wodurch die Preise steigen

in|fọl|ge[1] (Präposition) mit Genitiv gebraucht ≈ wegen als Folge: *Infolge des strengen Winters gibt es dieses Jahr wenig Wespen.*

in|fọl|ge[2] (Adverb) mit „von" gebraucht ≈ wegen als Folge von etwas: *Infolge von Glatteis verspäteten sich die Züge.*

die **In|for|ma|ti|on** (Nomen) [ɪnfɔrmaˈtsi̯oːn] **der Information, die Informationen**
❶ eine Auskunft über jemanden oder etwas: *Ich schicke dir noch nähere Informationen per E-Mail.* • *Diese Information ist absolut vertraulich!*
❷ eine Stelle, an der man eine Auskunft erhalten kann: *Wenden Sie sich an die Information, falls Sie Hilfe brauchen.*

in|for|mie|ren (Verb) **du informierst, er informierte, sie hat informiert, informier(e)!**
❶ jemanden (über etwas) informieren jemandem Angaben zu etwas machen: *Der Arzt informierte den Patienten über die Risiken und Nebenwirkungen des Medikaments.*
❷ sich (über etwas) informieren sich Angaben zu etwas beschaffen: *Ich informierte mich über die AGs an meiner neuen Schule.*

in|fra|ge, in Frage (Adverb)
❶ etwas infrage stellen überlegen, ob etwas gut ist, an etwas zweifeln: *Wegen einer schlechten Note musst du doch nicht gleich deine Gesamtleistung infrage stellen.*
❷ (für jemanden/etwas) infrage kommen eine Möglichkeit (für jemanden/etwas) sein: *Das kommt für mich überhaupt nicht infrage!*

die **In|f|ra|struk|tur** (Nomen) **der Infrastruktur, die Infrastrukturen** alle Einrichtungen wie Straßen, Stromleitungen, Gebäude usw., die das Leben und Arbeiten einer Gesellschaft ermöglichen

der **In|ge|ni|eur** (Nomen) [ɪnʒeˈni̯øːɐ̯] **des Ingenieurs, die Ingenieure** Abkürzung: Ing. jemand, der ein technisches Studium abgeschlossen hat

die **In|ge|ni|eu|rin** (Nomen) [ɪnʒeˈni̯øːrɪn] **der Ingenieurin, die Ingenieurinnen** Femininform von → **Ingenieur**

der **In|ha|ber** (Nomen) **des Inhabers, die Inhaber**
❶ jemand, der eine Firma, ein Lokal usw. besitzt: *Er ist der Inhaber der Pizzeria.*
❷ jemand, der einen bestimmten Titel usw. hat: *Er ist Inhaber des Weltmeistertitels.*

die **In|ha|be|rin** (Nomen) **der Inhaberin, die Inhaberinnen** Femininform von → **Inhaber**

der **In|halt** (Nomen) **des Inhalt(e)s, die Inhalte**
❶ das, was in einem Behälter ist: *Da Katja den Schlüssel nicht fand, kippte sie den Inhalt ihrer Tasche auf den Tisch.*
❷ MATHEMATIK die Größe einer Fläche oder das Volumen eines Raums: *Berechne den Inhalt des Dreiecks!*
❸ die Information, die in etwas enthalten ist: *Sara fasste den Inhalt des Buches kurz zusammen.*

die **In|i|ti|a|ti|ve** (Nomen) [initsi̯aˈtiːvə] **der Initiative, die Initiativen**
❶ nur im Singular der Wille, etwas in die Tat umzusetzen: *Er zeigte bei dem Projekt viel Initiative.* • *Den Erfolg verdanken wir ihrer Initiative.*
❷ die Initiative ergreifen den ersten Schritt tun

in|klu|si|ve[1] mit Genitiv gebraucht (Präposition) [ɪnkluˈziːvə] ≈ einschließlich Abkürzung: inkl. mit eingerechnet, mit enthalten: *Der Flug hat 800 Euro gekostet, inklusive der Steuern.*

in|klu|si|ve[2] (Adverb) einschließlich: *Bis inklusive 31. Juli gehen die Sommerferien.*

das **In|land** (Nomen) nur im Singular **des Inland(e)s** das Land, in dem man sich befindet

der **In|line|skate, In|li|ner** (Nomen) [ˈɪnlainskeːɪt, ɪnlainɐ] **des Inlineskates, die Inlineskates** ein Rollschuh, bei dem die Rollen in einer Reihe angeordnet sind

in|line|ska|ten (Verb) **du inlineskatest, er inlineskatete, sie ist/hat inlinegeskatet, inlineskate!** mit Inlineskates laufen

in|mit|ten (Präposition) gehoben mit Genitiv gebraucht in der Gesellschaft oder Umgebung: *Inmitten ihrer Freunde fühlt sie sich wohl.*

in|nen (Adverb) in einem Raum, Behälter usw.: *Der Schokoladenhase ist innen hohl.* • *Das Gebäude war innen neu renoviert worden.*

der **In|nen|mi|nis|ter** (Nomen) **des Innenministers, die Innenminister** der Minister, der für die Sicherheit und Verwaltung des Staats zuständig ist

die **In|nen|mi|nis|te|rin** (Nomen) **der Innenministerin, die Innenministerinnen** Femininform von → **Innenminister**

die **In|nen|stadt** (Nomen) **der Innenstadt, die Innenstädte** das Zentrum einer Stadt, in dem viele Geschäfte sind

in|ner|halb[1] (Präposition) mit Genitiv gebraucht in einem Bereich oder Zeitraum: *die Straßen innerhalb des Stadtzentrums* • *Ich rufe dich innerhalb eines Tages zurück.*

in|ner|halb[2] (Adverb) mit „von" gebraucht in einem Bereich oder Zeitraum: *innerhalb von London • Melden Sie sich bitte innerhalb von zwei Monaten an.*

die **In|no|va|ti|on** (Nomen) [ɪnovaˈtsi̯oːn] **der Innovation, die Innovationen** ≈ Neuerung etwas (besonders technisch) Neues, das eine Verbesserung bringt

ins (Präposition mit Artikel) in das: *Lass uns ins Haus gehen.*

ins|be|son|de|re (Adverb) vor allem: *Dieses Verbot gilt insbesondere für Kinder unter 16.*

das **In|sekt** (Nomen) **des Insekt(e)s, die Insekten** ein sehr kleines Tier mit sechs Beinen und meist Flügeln: *Käfer, Bienen und Schmetterlinge gehören zu den Insekten.*

die **In|sel** (Nomen) **der Insel, die Inseln**
1. ein Stück Land, das von Wasser umgeben ist: *eine einsame Insel*
2. reif für die Insel sein dringend Urlaub brauchen

das **In|se|rat** (Nomen) **des Inserat(e)s, die Inserate** ≈ Anzeige ein Text, den man besonders in einer Zeitung drucken lässt, um etwas zu verkaufen usw.: *Er hat ein Inserat aufgegeben, weil er eine Wohnung sucht.*

ins|ge|samt (Adverb) alle, alles zusammen: *Mein Vater hat insgesamt 30 Tage Urlaub im Jahr. • Insgesamt bin ich zufrieden mit deiner Leistung.*

in|so|fern (Adverb) in der genannten Hinsicht: *Stimmt, das Buch ist lang. Insofern hast du recht. Aber ich finde es trotzdem gut. • Ich finde den Termin insofern schlecht, als da nicht alle Zeit haben.*

die **In|s|tal|la|ti|on** (Nomen) [ɪnstalaˈtsi̯oːn] **der Installation, die Installationen**
1. das Verlegen und Anschließen von Leitungen für Gas, Wasser, Heizung usw.
2. das Einrichten von Programmen auf Computern

in|s|tal|lie|ren, in|s|tal|lie|ren (Verb) **du installierst, er installierte, sie hat installiert, installier(e)!**
1. Leitungen für Gas, Wasser, Heizung usw. verlegen und anschließen
2. Programme auf Computern einrichten

die **In|stanz, Ins|tanz** (Nomen) **der Instanz, die Instanzen**
1. VERWALTUNG eine Stelle, die für etwas zuständig ist: *Mein Antrag auf Versetzung hat alle schulischen Instanzen durchlaufen.*
2. RECHT die Stufe eines Gerichtsverfahrens vor einem bestimmten Gericht: *Er hat den Rechtsstreit in der ersten Instanz verloren und legt jetzt Berufung ein.*

das **In|sti|tut, Ins|ti|tut** (Nomen) **des Institut(e)s, die Institute** eine (meist öffentliche) Stelle, die sich mit Forschung o. Ä. beschäftigt: *das Institut für Wirtschaftsforschung*

die **In|sti|tu|ti|on, Ins|ti|tu|ti|on** (Nomen) [ɪnstituˈtsi̯oːn] **der Institution, die Institutionen** eine staatliche oder kirchliche Einrichtung: *Das Parlament ist eine staatliche Institution • Die Kirche ist als Institution umstritten.*

das **In|stru|ment, Ins|tru|ment** (Nomen) **des Instrument(e)s, die Instrumente**
1. TECHNIK ein Werkzeug, besonders für schwierige Tätigkeiten: *Die Instrumente für die Operation lagen im Operationssaal bereit.*
2. ein Gerät, mit dem man Musik spielen kann: *„Kannst du ein Instrument spielen?" – „Ja, ich spiele Klavier."*

die **In|sze|nie|rung** (Nomen) **der Inszenierung, die Inszenierungen**
1. THEATER die Vorbereitung und Umsetzung einer Theateraufführung: *Es war eine sehr gute Inszenierung von Schillers „Die Räuber".*
2. umgangssprachlich die übertriebene Darstellung von etwas: *Diese Inszenierung der Models auf der Modenschau gefällt mir nicht.*

in|te|g|rie|ren (Verb) **du integrierst, er integrierte, sie hat integriert, integrier(e)!**
1. jemanden integrieren sich bemühen, dass jemand Anschluss in einer Gruppe findet: *Die Klasse integrierte den neuen Schüler in die Gemeinschaft.*
2. etwas integrieren etwas zu einer Einheit zusammenfassen: *Es wurden viele neue Themen in den Lehrplan integriert. • Die integrierte Kamera des Handys macht sehr gute Bilder.*
3. sich integrieren sich bemühen, dass man selbst Anschluss in einer Gruppe findet: *Der neue Schüler hat sich sehr gut integriert.*

in|tel|lek|tu|ell (Adjektiv) [ɪntɛlɛkˈtu̯ɛl]
1. den Verstand betreffend, geistig: *Sie hat außergewöhnliche intellektuelle Fähigkeiten.*

❷ oft abwertend übertrieben die geistigen Fähigkeiten betonend: *Sein intellektuelles Getue nervt.*

in|tel|li|gent (Adjektiv) **intelligenter, am intelligentesten** ≈klug geistig sehr begabt: *Er ist ein intelligenter Junge.*

die **In|tel|li|genz** (Nomen) **der Intelligenz, die Intelligenzen** die Fähigkeit zu denken: *Das Kind besitzt eine überdurchschnittliche Intelligenz.*

der **In|ten|dant** (Nomen) **des Intendanten, die Intendanten** jemand, der ein Theater oder einen Rundfunk-/Fernsehsender leitet

die **In|ten|dan|tin** (Nomen) **der Intendantin, die Intendantinnen**
Femininform von → **Intendant**

die **In|ten|si|tät** (Nomen) **Plural selten der Intensität, die Intensitäten** das Maß, mit dem etwas geschieht: *die Intensität eines Gefühls • die Intensität der Sonnenstrahlen*

in|ten|siv (Adjektiv) **intensiver, am intensivsten**
❶ sehr gründlich: *Er dachte intensiv über das Problem nach.*
❷ sehr stark: *Er verspürte einen intensiven Schmerz.*

in|te|res|sant, in|ter|es|sant (Adjektiv) **interessanter, am interessantesten**
❶ ≈spannend *ein interessantes Thema • ein interessanter Vorschlag*
❷ ≈günstig, nützlich *ein interessantes Angebot*

das **In|te|res|se, In|ter|es|se** (Nomen) **des Interesses, die Interessen**
❶ **nur im Singular** die Anteilnahme an etwas, die Neugier für etwas: *Sie hat kein Interesse an dem Vortrag.*
❷ **meist Plural** ≈Vorliebe, Hobby *Die beiden haben viele gemeinsame Interessen.*
❸ an etwas Interesse haben etwas haben oder kaufen wollen: *Hast du Interesse an diesem Rucksack?*
❹ jemandes Interessen vertreten dafür sorgen, dass die Bedürfnisse, die jemand hat, berücksichtigt werden

in|te|res|sie|ren, in|ter|es|sie|ren (Verb) **du interessierst, er interessierte, sie hat interessiert, interessier(e)!**
❶ jemanden interessieren spannend für jemanden sein: *Die Formel 1 interessiert meinen Bruder sehr. • Mich würde interessieren, wie es ihm geht.*
❷ jemanden für etwas interessieren dafür sorgen, dass sich jemand für etwas begeistert: *Unser Lehrer versuchte, uns für das Projekt zu interessieren.*
❸ sich für etwas interessieren etwas gerne mögen: *Sie interessiert sich für Geschichte.* etwas haben oder kaufen wollen: *Er interessiert sich für das Haus.*

in|te|res|siert, in|ter|es|siert (Adjektiv) **interessierter, am interessiertesten** so, dass man etwas spannend findet: *Er war an Sport schon immer sehr interessiert. • Sie ist musikalisch interessiert.*

die **In|ter|jek|ti|on** (Nomen) [ɪntɐjɛkˈtsi̯oːn] **der Interjektion, die Interjektionen**
≈Ausrufewort **(z. B. oje!, oh!, ach!)**

in|ter|kul|tu|rell (Adjektiv) so, dass es den Umgang verschiedener Kulturen miteinander und ihre Beziehungen zueinander betrifft: *interkulturelle Beziehungen*

in|tern (Adjektiv)
❶ nur eine bestimmte Gruppe betreffend, nicht für alle bestimmt: *eine interne Besprechung • Sie schafften es, das Problem intern zu lösen.*
❷ **im Internat** im Internat wohnend: *ein interner Schüler*

das **In|ter|nat** (Nomen) **des Internat(e)s, die Internate** eine Schule, in der die meisten Schüler unter der Woche auch wohnen

in|ter|na|ti|o|nal, in|ter|na|tio|nal (Adjektiv) [ɪntɐnatsi̯oˈnaːl] mehrere Länder betreffend

das **In|ter|net** (Nomen) **nur im Singular des Internets** ein Netzwerk von Computern in der ganzen Welt

die **In|ter|net|sei|te** (Nomen) **der Internetseite, die Internetseiten**
≈Webseite eine spezielle Seite (Unterseite) eines Internetauftritts

die **In|ter|pre|ta|ti|on** (Nomen) [ɪntɐpretaˈtsi̯oːn] **der Interpretation, die Interpretationen**
❶ LITERATUR die Erklärung, die Deutung: *Seine Interpretation des Gedichts/des Romans hat alle überrascht.*
❷ MUSIK das Vortragen: *Die jungen Musiker stellten eine moderne Interpretation des klassischen Stückes vor.*
❸ die Auffassung, die Deutung: *die Interpretation einer Situation, eines Verhaltens*

in|ter|pre|tie|ren (Verb) **du interpretierst, er interpretierte, sie hat interpretiert, interpretier(e)!**
❶ ein Gedicht/einen Roman/… interpretieren das eigene Verständnis eines Gedichts/Romans/… erklären
❷ ein Musikstück interpretieren ein Musikstück als Sänger oder Musiker vortragen
❸ etwas als etwas interpretieren etwas als etwas verstehen oder deuten: *Sie interpretierte mein Schweigen als Zustimmung.*

das **In|ter|view** (Nomen) [ˈɪntɐvjuː] **des Interviews, die Interviews** ein Gespräch, das ein Journalist mit einer Person führt und das veröffentlicht wird

in|tim (Adjektiv) **intimer, am intimsten**
❶ privat, persönlich: *intime Probleme/Gespräche*
❷ sehr eng und vertraut: *ein intimer Freund*
❸ mit jemandem intim sein mit jemandem Sex haben

der **In|tim|be|reich** (Nomen) **des Intimbereich(e)s, die Intimbereiche** die Stelle am Körper, an der sich die Geschlechtsorgane befinden

in|to|le|rant, in|to|le|rant (Adjektiv) so, dass man nur seine eigene Meinung richtig findet

in|tran|si|tiv (Adjektiv) GRAMMATIK so, dass ein Verb kein Akkusativobjekt haben kann: *„schlafen" ist ein intransitives Verb*

in|ves|tie|ren (Verb) [ɪnvɛsˈtiːrən] **du investierst, er investierte, sie hat investiert, investier(e)!**
❶ **Geld** für etwas ausgeben oder zur Verfügung stellen, in etwas stecken: *Er hat sein ganzes Geld in das Haus investiert.*
❷ **Mühe, Arbeit** für etwas aufwenden: *Ich habe viel Zeit in mein Referat investiert.*

die **In|ves|ti|ti|on** (Nomen) [ɪnvɛstiˈtsi̯oːn] **der Investition, die Investitionen**
❶ **Betrag** das Geld, das man für etwas ausgegeben oder zur Verfügung gestellt hat
❷ **Kauf** etwas, wofür man Geld ausgegeben oder zur Verfügung gestellt hat

in|zwi|schen (Adverb)
❶ **gleichzeitig** in der Zwischenzeit, währenddessen: *Geh schon ins Bad, ich räume inzwischen die Küche auf.*
❷ **von früher bis jetzt** in der Zeit, die zwischen zwei Ereignissen liegt: *Er war vier Jahre im Ausland. Inzwischen hatte sich in seinem Dorf viel verändert.*

der **Irak** (Nomen) **nur im Singular des Iraks** ein arabisches Land in Asien

der **Ira|ker** (Nomen) **des Irakers, die Iraker** ein Junge/Mann aus dem Irak

die **Ira|ke|rin** (Nomen) **der Irakerin, die Irakerinnen** ein Mädchen/eine Frau aus dem Irak

ira|kisch (Adjektiv) aus dem Irak

der **Iran** (Nomen) **nur im Singular des Irans** ein Land in Asien

der **Ira|ner** (Nomen) **des Iraners, die Iraner** ein Junge/Mann aus dem Iran

die **Ira|ne|rin** (Nomen) **der Iranerin, die Iranerinnen** ein Mädchen/eine Frau aus dem Iran

ira|nisch (Adjektiv) aus dem Iran

der **Ire** (Nomen) **des Iren, die Iren** ein Junge/Mann aus Irland

ir|gend (Adverb)
meist in irgend so ein/etwas **umgangssprachlich** drückt aus, dass man etwas nicht genauer weiß: *Sie hat jedenfalls irgend so etwas in der Art gesagt.*

ir|gend|ein, ir|gend|ei|ne (Pronomen)
❶ drückt aus, dass man eine Person oder Sache nicht genauer benennen kann: *Sie sind zu irgendeinem See in Italien gefahren.*
❷ drückt aus, dass es egal ist, wen oder was man wählt: *Bring einfach irgendeine Tafel Schokolade mit.*

die **Irin** (Nomen) **der Irin, die Irinnen** ein Mädchen/eine Frau aus Irland

irisch (Adjektiv) aus Irland

Ir|land (Nomen) **Irlands** ein Inselstaat in Westeuropa

die **Iro|nie** (Nomen) **nur im Singular der Ironie** eine Art zu sprechen, bei der man das Gegenteil von dem sagt, was man meint

iro|nisch (Adjektiv) **ironischer, am ironischsten** so, dass man das Gegenteil von dem sagt, was man meint

ir|ren (Verb) **du irrst, er irrte, sie ist/hat geirrt, irr(e) nicht!**
❶ durch die Stadt/den Wald/… irren **gehoben** · **ist geirrt** in der Stadt/im Wald/… herumgehen, ohne sein Ziel zu finden
❷ sich irren **hat geirrt** ≈ sich täuschen etwas Falsches für richtig oder wahr halten
❸ sich in jemandem irren **hat geirrt** jemanden anders einschätzen, als er in Wirklichkeit ist
❹ Irren ist menschlich. Es ist normal, wenn man Fehler macht.

der **Irr|tum** (Nomen) **des Irrtums, die Irrtümer** ≈Versehen ein Fehler, weil man sich nicht richtig informiert oder konzentriert hat

der **Is|lam** (Nomen) **nur im Singular des Islam(s)** eine vom Propheten Mohammed gestiftete Religion, deren heiliges Buch der Koran ist

is|la|misch (Adjektiv) zum Islam gehörend

Is|land (Nomen) **Islands** ein Inselstaat in Nordeuropa

der **Is|län|der** (Nomen) **des Isländers, die Isländer** ein Junge/Mann aus Island

die **Is|län|de|rin** (Nomen) **der Isländerin, die Isländerinnen** ein Mädchen/eine Frau aus Island

is|län|disch (Adjektiv) aus Island oder in isländischer Sprache

iso|lie|ren (Verb) **du isolierst, er isolierte, sie hat isoliert, isolier(e)!**
❶ TECHNIK mit einer bestimmten Schicht als Schutz oder Abdichtung versehen: *Leitungen/Wände isolieren*
❷ CHEMIE **Substanz, Stoff** aus einer Verbindung lösen
❸ **Kranke, Gefangene** nicht mit anderen in Kontakt kommen lassen
❹ sich isolieren GESELLSCHAFT den Kontakt zu anderen abbrechen, sich absondern: *Nachdem ihn seine Frau verlassen hatte, isolierte er sich von all seinen Freunden.*

Is|ra|el (Nomen) ['ɪsraeːl] **Israels** ein Land im Nahen Osten

der/die **Is|ra|eli, Is|rae|li** (Nomen) [ɪsra'eːli] **des Israeli(s)/der Israeli, die Israeli(s)** eine Person aus Israel

is|ra|elisch, is|rae|lisch (Adjektiv) [ɪsra'eːlɪʃ] aus Israel

ist (Verb) siehe auch → **sein**[1]

Ita|li|en (Nomen) **Italiens** ein Land in Südeuropa

der **Ita|li|ener, Ita|lie|ner** (Nomen) **des Italieners, die Italiener** ein Junge/Mann aus Italien

die **Ita|li|ene|rin, Ita|lie|ne|rin** (Nomen) **der Italienerin, die Italienerinnen** ein Mädchen/eine Frau aus Italien

ita|li|enisch, ita|lie|nisch (Adjektiv) aus Italien oder in italienischer Sprache

das **Ita|li|enisch, Ita|lie|nisch** (Nomen) **nur im Singular des Italienisch(s)** die italienische Sprache

J

das **J, j** (Nomen) **des J, die J** der zehnte Buchstabe im Alphabet siehe auch → **A**

ja (Partikel)
❶ als positive Antwort auf eine Aufforderung, Bitte oder Entscheidungsfrage verwendet: *„Magst du das?" – „Ja, sehr!" • Wenn meine Eltern ja/Ja sagen, gehe ich für ein Jahr ins Ausland.*
❷ zur Einleitung verwendet: *Ja, da fällt mir noch was ein.*
❸ drückt Überraschung oder Zweifel aus: *„Ich kann das!" – „Ja, glaubst du?"*
❹ zur Verstärkung verwendet: *Ist ja schon gut! • Lass ja die Finger davon!*
❺ drückt aus, dass etwas schon bekannt ist oder besprochen wurde: *Wir fahren ja nächste Woche in den Urlaub, könntest du dich da um die Katze kümmern?*
❻ verwendet, um etwas einzuschränken: *Das ist ja eine gute Idee, aber ich kann leider nicht mitmachen.*
❼ zu allem ja und amen/Ja und Amen sagen umgangssprachlich immer ohne Widerspruch zustimmen

die **Jacht** (Nomen) **der Jacht, die Jachten** ein schnelles, meist luxuriös ausgestattetes Schiff für Sport oder Reisen

die **Ja|cke** (Nomen) **der Jacke, die Jacken**
❶ ein Kleidungsstück für den Oberkörper, das lange Ärmel hat und vorn mit Knöpfen oder einem Reißverschluss geschlossen wird
❷ Das ist Jacke wie Hose. umgangssprachlich Das macht keinen Unterschied./Das ist egal.

die **Jagd** (Nomen) **der Jagd, die Jagden**
❶ ≈das Jagen die Aktion, mit der man Tiere verfolgt und fängt oder tötet
❷ auf die/zur Jagd gehen Tiere verfolgen und fangen oder töten
❸ Jagd auf jemanden machen **auf einen Verbrecher** jemanden verfolgen
❹ auf der Jagd nach etwas/jemandem sein etwas/jemanden suchen

ja|gen (Verb) **du jagst, er jagte, sie hat/ist gejagt, jag(e)!**
1 **hat gejagt** Tiere verfolgen und fangen oder töten
2 **hat gejagt** Verbrecher verfolgen
3 jemanden aus dem Haus/vom Spielplatz/… jagen **hat gejagt** jemanden aus dem Haus/vom Spielplatz/… vertreiben
4 ein Termin/ein Problem/… jagt den anderen/das andere **hat gejagt** viele Termine/Probleme/… kommen schnell hintereinander
5 **ist gejagt** sehr schnell laufen oder fahren

der **Jä|ger** (Nomen) **des Jägers, die Jäger** jemand, der Tiere jagt

die **Jä|ge|rin** (Nomen) **der Jägerin, die Jägerinnen** Femininform von → **Jäger**

das **Jahr** (Nomen) **des Jahr(e)s, die Jahre**
1 der Zeitraum von 12 Monaten: *Morgen werde ich zwölf Jahre alt.*
das Kalenderjahr der Zeitraum zwischen dem 1. Januar und dem 31. Dezember: *Nächstes Jahr kommt Lia in die Schule.*
2 Ein frohes neues Jahr! der Glückwunsch an Silvester oder Neujahr

jah|re|lang (Adjektiv) viele Jahre dauernd

der **Jah|res|tag** (Nomen) **des Jahrestag(e)s, die Jahrestage** der Tag, an dem ein besonderes Ereignis stattfand, und an den man sich jedes Jahr wieder erinnert: *Der 9.11. ist der Jahrestag des Mauerfalls.*

die **Jah|res|zeit** (Nomen) **der Jahreszeit, die Jahreszeiten** einer der vier Zeiträume, in die das Jahr unterteilt ist und die sich durch das Wetter unterscheiden **(Frühling, Sommer, Herbst und Winter)**

der **Jahr|gang** (Nomen) **des Jahrgang(e)s, die Jahrgänge**
1 in einem bestimmten Jahr geboren oder entstanden: *Welcher Jahrgang bist du?*
2 SCHULE · UNIVERSITÄT alle Schüler oder Studenten, die in derselben Stufe sind
3 PRESSE alle Zeitungen, die in einem Jahr veröffentlicht wurden

das **Jahr|hun|dert** (Nomen) **des Jahrhunderts, die Jahrhunderte** **Abkürzung: Jh.**
ein Zeitraum von 100 Jahren, der von …00 bis …99 gezählt wird: *Diese Lampe stammt aus dem Jahr 1875, also aus dem 19. Jahrhundert.*

jähr|lich (Adjektiv) jedes Jahr

das **Jahr|tau|send** (Nomen) **des Jahrtausends, die Jahrtausende** ein Zeitraum von 1000 Jahren, der von …000 bis …999 gezählt wird: *Wir leben im 3. Jahrtausend nach Christus.*

das **Jahr|zehnt** (Nomen) **des Jahrzehnt(e)s, die Jahrzehnte** ein Zeitraum von 10 Jahren, der von …0 bis …9 gezählt wird: *Im letzten Jahrzehnt hat sich das Klima sehr verändert.*

der **Ja|nu|ar** (Nomen) **Plural selten des Januar(s), die Januare** der erste Monat im Jahr

Ja|pan (Nomen) **Japans** ein Land in Asien

der **Ja|pa|ner** (Nomen) **des Japaners, die Japaner** ein Junge/Mann aus Japan

die **Ja|pa|ne|rin** (Nomen) **der Japanerin, die Japanerinnen** ein Mädchen/eine Frau aus Japan

ja|pa|nisch (Adjektiv) aus Japan oder in japanischer Sprache

der **Jazz** (Nomen) [dʒɛs] **nur im Singular des Jazz** eine Musikrichtung aus den USA mit starkem Rhythmus und vielen Improvisationen

je[1] (Adverb)
1 jemals: *Werden wir uns je wiedersehen?*
2 jeweils: *nach je zehn Metern*

je[2] (Konjunktion)
1 je nachdem drückt aus, dass etwas von den Umständen abhängt: *„Wie lange dauert das denn?" – „Je nachdem."*
2 je …, umso/desto drückt aus, dass zwei Größen voneinander abhängen: *Je länger ich das tue, umso mehr Spaß macht es mir.*
3 je nach … so, wie es zu etwas passt: *Die Größe kann je nach Wunsch eingestellt werden.*

je[3] (Präposition) **mit Akkusativ gebraucht** pro: *Der Eintritt kostet zwei Euro je Kind.*

die **Jeans** (Nomen) [dʒiːnz] **der Jeans, die Jeans** eine meist blaue Hose aus festem Baumwollstoff

je|de, je|der, je|des (Pronomen)
1 jeder Mensch: *Das kann dir jeder sagen.* · *Jede andere Mutter hätte sofort reagiert.*
2 betrifft die ganze Gruppe oder Menge ohne Ausnahme: *Er steht jeden Tag um sechs Uhr auf.*

je|den|falls (Adverb)
1 ≈ auf jeden Fall sicher, sowieso: *Mir ist egal, was er sagt, jedenfalls lügt er.*
2 ≈ wenigstens nicht in allen Fällen oder zu jeder Zeit: *Wir haben uns gut verstanden, jedenfalls am Anfang.*

je|der|mann (Pronomen) jeder Mensch, alle: *Von der Steuererhöhung ist wirklich jedermann betroffen.*

je|der|zeit (Adverb) immer: *Du kannst jederzeit auf mich zählen.*

je|doch (Adverb) aber, trotzdem: *Es war wirklich schwer, er hat es jedoch geschafft.*

je|mals (Adverb) irgendwann

je|mand (Pronomen) eine bestimmte Person, die dem Sprecher unbekannt ist, oder irgendein Mensch: *Jemand hat geklingelt.*

je|ne, je|ner, je|nes (Pronomen) gehoben verwendet, um sich auf eine Person oder Sache zu beziehen, auf die man zeigt oder die man bereits erwähnt hat: *Gefällt dir dieses Bild besser oder jenes?* • *An jenem Tag war ich krank.*

jen|seits, jen|seits (Präposition) gehoben mit Genitiv gebraucht auf der anderen Seite: *jenseits des Flusses*

das **Jen|seits** (Nomen) gehoben nur im Singular **des Jenseits** der Ort das Leben nach dem Tod

jet|zi|ge, jet|zi|ger, jet|zi|ges (Adjektiv) ≈aktuell in diesem Augenblick oder in der Gegenwart existierend: *meine jetzige Klasse/dein jetziger Freund*

jetzt (Adverb)
❶ in diesem Augenblick, zu diesem Zeitpunkt
❷ ≈heutzutage in der Gegenwart
❸ Jetzt oder nie! Jetzt ist die einzige Gelegenheit, etwas Bestimmtes zu tun.

je|wei|li|ge , je|wei|li|ger, je|wei|li|ges (Adjektiv) ≈entsprechend so, wie es gerade infrage kommt oder zutrifft: *Jeder nimmt seinen jeweiligen Partner an die Hand.*

je|weils (Adverb)
❶ so, wie es gerade infrage kommt oder zutrifft: *Er bewundert immer den jeweils Stärkeren.*
❷ immer, jedes Mal: *Die Serie kommt jeweils am Dienstag.*
❸ ≈je als Einheit in der genannten Menge: *Von den Karten gehören jeweils drei zusammen.*

der **Job** (Nomen) [dʒɔp] umgangssprachlich **des Jobs, die Jobs**
❶ ≈Gelegenheitsarbeit eine meist zeitlich befristete, einfache Arbeit, für die man oft keine Ausbildung hat
❷ die Arbeit, der Beruf

jog|gen (Verb) [ˈdʒɔgn̩] **du joggst, er joggte, sie ist/hat gejoggt, jogge!**
❶ **hat gejoggt** in gleichmäßigem Tempo regelmäßig längere Strecken laufen, um fit zu bleiben
❷ **ist gejoggt** • umgangssprachlich mit einem Ziel irgendwohin laufen: *Wir sind gestern bis zum Wald gejoggt.*

der/das **Jo|ghurt, Jo|gurt** (Nomen) [ˈjoːgʊrt] **des Joghurt(s), die Joghurt(s)** eine säuerliche weiße Creme, die man aus Milch herstellt und oft mit Früchten isst

der **Jour|na|list** (Nomen) [ʒʊrnaˈlɪst] **des Journalisten, die Journalisten** jemand, der Artikel, Berichte oder Reportagen für Zeitungen, Fernsehen und Rundfunk macht

die **Jour|na|lis|tin** (Nomen) [ʒʊrnaˈlɪstɪn] **der Journalistin, die Journalistinnen** Femininform von → **Journalist**

der **Ju|bel** (Nomen) nur im Singular **des Jubels**
❶ laute Rufe und Bewegungen vor Freude
❷ Jubel, Trubel, Heiterkeit umgangssprachlich eine fröhliche und ausgelassene Stimmung

das **Ju|bi|lä|um** (Nomen) **des Jubiläums, die Jubiläen** der Tag, an dem man ein Ereignis feiert, das am gleichen Datum in einem früheren Jahr stattgefunden hat

der **Ju|de** (Nomen) **des Juden, die Juden** jemand, der dem jüdischen Volk oder der jüdischen Religion angehört

die **Jü|din** (Nomen) **der Jüdin, die Jüdinnen** Femininform von → **Jude**

jü|disch (Adjektiv) dem jüdischen Volk oder der jüdischen Religion angehörend

die **Ju|gend** (Nomen) nur im Singular **der Jugend**
❶ Zeit das Alter, in dem man kein Kind mehr, aber auch noch nicht erwachsen ist
❷ Menschen alle Menschen, die keine Kinder mehr sind, aber auch noch nicht erwachsen sind
❸ die Jugend von heute die jungen Leute, die in der Gegenwart leben

die **Ju|gend|her|ber|ge** (Nomen) **der Jugendherberge, die Jugendherbergen** eine Art einfaches und preiswertes Hotel für Jugendliche

ju|gend|lich (Adjektiv) **jugendlicher, am jugendlichsten**
❶ in dem Alter, in dem man kein Kind mehr, aber auch noch nicht erwachsen ist

❷ so, dass etwas jung wirkt: *jugendliches Aussehen/Verhalten*

der/die **Ju|gend|li|che** (Nomen) **des/der Jugendlichen, die Jugendlichen** jemand, der kein Kind mehr ist, aber auch noch nicht erwachsen ist

der **Ju|li** (Nomen) Plural selten **des Juli(s), die Julis** der siebte Monat im Jahr

jung (Adjektiv) **jünger, am jüngsten**
❶ Mensch, Tier noch nicht viele Jahre lebend
❷ Wein, Käse, Entwicklung noch nicht lange bestehend
❸ Gesicht, Figur so aussehend, als sei etwas noch nicht alt

der **Jun|ge**[1] (Nomen) **des Jungen, die Jungen** ein Kind, aus dem als Erwachsener ein Mann wird

das **Jun|ge**[2] (Nomen) **des Jungen, die Jungen** ein junges Tier, ein Tierkind

die **Jung|frau** (Nomen) **der Jungfrau, die Jungfrauen**
❶ eine Frau, die noch keinen Sex hatte
❷ nur im Singular das Sternzeichen für die Zeit vom 24.8. bis 23.9.: *die Eigenschaften des Sternzeichens „Jungfrau"*
❸ jemand, der im Sternzeichen „Jungfrau" geboren ist: *Er ist Jungfrau.*

der **Ju|ni** (Nomen) Plural selten **des Juni(s), die Junis** der sechste Monat im Jahr

der **Ju|rist** (Nomen) **des Juristen, die Juristen** jemand, der Rechtswissenschaften studiert hat und z. B. als Rechtsanwalt, Richter oder Staatsanwalt arbeitet

die **Ju|ris|tin** (Nomen) **der Juristin, die Juristinnen** Femininform von → **Jurist**

ju|ris|tisch (Adjektiv) Rechte und Gesetze betreffend

die **Ju|ry** (Nomen) [ʒy'ri:, 'ʒy:ri] **der Jury, die Jurys** eine Gruppe von Personen, die bei Wettbewerben die Teilnehmer beurteilt

die **Jus|tiz** (Nomen) nur im Singular **der Justiz** der Bereich eines Staates, der für Rechte, Gesetze und Gerichte verantwortlich ist

der **Jus|tiz|mi|nis|ter** (Nomen) **des Justizministers, die Justizminister** der Minister, der für Rechte, Gesetze und Gerichte in einem Staat zuständig ist

die **Jus|tiz|mi|nis|te|rin** (Nomen) **der Justizministerin, die Justizministerinnen** Femininform von → **Justizminister**

K

das **K, k** (Nomen) **des K, die K** der elfte Buchstabe im Alphabet siehe auch → **A**

das **Ka|ba|rett** (Nomen) **des Kabaretts, die Kabarette/Kabaretts**
❶ nur im Singular eine Art Theater, bei der besonders politische und soziale Ereignisse witzig kritisiert werden
❷ das Haus, in dem Kabarett gemacht wird

das **Ka|bel** (Nomen) **des Kabels, die Kabel** eine Art dickes Seil, durch das z. B. Strom läuft

das **Ka|bel|fern|se|hen** (Nomen) nur im Singular **des Kabelfernsehens** das Übertragen von Fernsehprogrammen durch Kabel in der Erde

die **Ka|bi|ne** (Nomen) **der Kabine, die Kabinen**
❶ ≈ Umkleidekabine ein kleiner Raum, in dem man sich umziehen oder Kleider anprobieren kann
❷ SCHIFFFAHRT der kleine Raum, in dem man auf einem Schiff wohnt und schläft
❸ FLUGWESEN der Raum, in dem in einem Flugzeug die Passagiere sitzen

das **Ka|bi|nett** (Nomen) **des Kabinetts, die Kabinette** alle Minister einer Regierung

der **Kä|fer** (Nomen) **des Käfers, die Käfer** ein Insekt, das krabbeln und fliegen kann

der **Kaf|fee** (Nomen) **des Kaffees, die Kaffees**
❶ nur im Singular die gerösteten Samen der Kaffeepflanze als Pulver oder als Bohnen: *Könntest du bitte ein Pfund Kaffee mitbringen?*
❷ nur im Singular ein heißes dunkelbraunes Getränk aus gemahlenen Kaffeebohnen: *Trinkst du deinen Kaffee schwarz oder mit Milch?*
❸ Das ist kalter Kaffee. umgangssprachlich • abwertend Das ist längst bekannt und interessiert niemanden mehr.

der **Kä|fig** (Nomen) **des Käfigs, die Käfige** ein Raum oder eine Art Kiste mit Gittern, in dem/der man Tiere hält

der **Kai|ser** (Nomen) **des Kaisers, die Kaiser** der oberste Herrscher in bestimmten Monarchien

die **Kai|se|rin** (Nomen) **der Kaiserin, die Kaiserinnen** Femininform von → **Kaiser**

der **Kai|ser|schnitt** (Nomen) **des Kaiserschnitt(e)s, die Kaiserschnitte** die Operation, bei der ein Baby durch einen Schnitt im Bauch der Mutter geboren wird

der **Ka|kao** (Nomen) [ka'kau] **nur im Singular des Kakaos**
① ein braunes Pulver, aus dem man Schokolade und das Getränk „Kakao" macht
② ein warmes oder kaltes braunes Getränk, das aus Kakaopulver, Milch und Zucker gemacht wird
③ jemanden durch den Kakao ziehen umgangssprachlich sich über jemanden lustig machen
④ BOTANIK der Baum, aus dessen Samen man Kakao macht

das **Kalb** (Nomen) **des Kalb(e)s, die Kälber**
① ein junges Rind
② das Junge eines großen Säugetiers **(z. B. Elefantenkalb, Hirschkalb)**

das **Kalb|fleisch** (Nomen) **nur im Singular des Kalbfleisch(e)s** das Fleisch vom Kalb, das man essen kann

der **Ka|len|der** (Nomen) **des Kalenders, die Kalender** die Aufstellung der Tage, Wochen und Monate eines Jahres

die **Kal|ku|la|ti|on** (Nomen) [kalkula'tsi̯oːn] **der Kalkulation, die Kalkulationen**
① besonders HANDEL • WIRTSCHAFT die Berechnung der voraussichtlichen Kosten für ein Produkt oder eine Arbeit: *die Kalkulation für den Bau einer neuen Schule*
② eine Berechnung oder Überlegung, die auch geschätzte Größen mit einbeziehen kann: *Nach meiner Kalkulation brauchen wir dafür eine Stunde.*

kalt (Adjektiv) **kälter, am kältesten**
① durch eine niedrige Temperatur gekennzeichnet: *kaltes Wetter, kalte Füße, ein kaltes Getränk*
② Es ist kalt. Die Temperatur ist niedrig.
③ jemandem ist kalt jemand friert
④ sich kalt waschen/(sich) kalt duschen sich mit kaltem Wasser waschen/duschen
⑤ GASTRONOMIE nicht (mehr) warm: *kalter Braten, kalte Platte, kaltes Büffet*
⑥ etwas kalt stellen etwas kühlen
⑦ weißlich oder bläulich und dadurch ungemütlich wirkend: *ein kaltes Licht • eine kalte Farbe*
⑧ gefühllos, unfreundlich: *kalt lächeln, ein kalter Blick*

die **Käl|te** (Nomen) **nur im Singular der Kälte**
① eine unangenehm niedrige Temperatur der Luft oder des Wassers
② Temperaturen unter dem Gefrierpunkt: *Bei - 25 Grad Kälte ist die Leitung eingefroren.*
③ Gefühllosigkeit, Unfreundlichkeit: *soziale Kälte • jemandem mit Kälte begegnen*

die **Ka|me|ra** (Nomen) **der Kamera, die Kameras**
① ein Gerät, mit dem man bewegte Bilder aufnehmen kann
② ≈ Fotoapparat ein Gerät, mit dem man stehende Bilder aufnehmen kann

der **Ka|me|rad** (Nomen) **des Kameraden, die Kameraden**
① jemand, mit dem man im Leben viel Zeit (z. B. beim Spielen, in der Schule, beim Militär) verbracht und den man dadurch schätzen gelernt hat: *ein guter Kamerad*
② jemand, den man regelmäßig trifft, weil man gemeinsame Interessen hat: *Er feiert seinen Geburtstag mit seinen Kameraden vom Fußballverein.*

die **Ka|me|ra|din** (Nomen) **der Kameradin, die Kameradinnen** Femininform von → **Kamerad**

der **Ka|min** (Nomen) **des Kamins, die Kamine**
① eine offene Feuerstelle an einer Wohnungswand, die an den Schornstein angeschlossen ist, damit der Rauch abziehen kann
② **süddeutsch** Ⓐ Ⓒⓗ der Schornstein

der **Kamm** (Nomen) **des Kamm(e)s, die Kämme**
① ein Gegenstand mit Zinken zum Frisieren des Haars
② der rote, verdickte Hauptlappen mit Zacken auf dem Kopf von Hähnen
③ der oberste, lang gezogene Teil eines Gebirges, der einer Linie ähnelt
④ der oberste Teil einer Welle
⑤ alles über einen Kamm scheren trotz wesentlicher Unterschiede alles gleich behandeln

käm|men (Verb) **du kämmst, er kämmte, sie hat gekämmt, kämm(e)!**
① das Haar mit einem Kamm ordnen und in eine bestimmte Form bringen
② sich kämmen sein Haar mit einem Kamm ordnen und in eine bestimmte Form bringen

A B C D E F G H I J K L M N O P Q R S T U V W X Y Z

die **Kạm|mer** (Nomen) **der Kammer, die Kammern**
❶ ein kleiner Raum in einer Wohnung zum Aufbewahren von Sachen
❷ ANATOMIE einer von vier hohlen Räumen im Herzen
❸ POLITIK die Volksvertretung (oder ein Teil von ihr), die Gesetze beschließt
❹ eine Vereinigung, die die Interessen eines Berufszweiges vertritt

die **Kam|pa|gne, Kam|pag|ne** (Nomen) [kam'panjə] **der Kampagne, die Kampagnen** eine gemeinsame Aktion mit dem Ziel, für jemanden/etwas zu werben oder jemanden/etwas zu bekämpfen: *eine Kampagne für mehr Lehrer, eine Kampagne gegen Rassismus*

der **Kạmpf** (Nomen) **des Kampf(e)s, die Kämpfe**
❶ MILITÄR ein militärischer Konflikt zwischen feindlichen Truppen
❷ eine Auseinandersetzung, bei der die Gegner ihre Körperkraft oder Waffen einsetzen, um den anderen zu besiegen: *Im Kampf Mann gegen Mann hatte er keine Chance.*
❸ die intensiven Bemühungen, etwas zu erreichen oder zu verhindern: *der Kampf für höhere Löhne, der Kampf gegen Drogen*
❹ SPORT der sportliche Wettkampf um den Sieg: *der packende Kampf um den ersten Platz*

kạ̈mp|fen (Verb) **du kämpfst, er kämpfte, sie hat gekämpft, kämpf(e)!**
❶ (gegen jemanden) kämpfen MILITÄR (gegen jemanden) Krieg führen
❷ (gegen jemanden/mit jemandem) kämpfen (gegen jemanden) Körperkraft oder Waffen einsetzen, um ihn zu besiegen
❸ sich intensiv bemühen, etwas zu erreichen oder zu verhindern: *für mehr Gerechtigkeit kämpfen*
❹ SPORT sich in einem Wettkampf/Spiel voll einsetzen, um zu siegen: *um die Goldmedaille kämpfen*

der **Kạ̈mp|fer** (Nomen) **des Kämpfers, die Kämpfer** jemand, der kämpft

Kạ|na|da (Nomen) **Kanadas** ein Land in Nordamerika

der **Ka|na|di|er** (Nomen) **des Kanadiers, die Kanadier**
❶ ein Junge/Mann aus Kanada
❷ SPORT ein offenes Kanu

die **Ka|na|di|erin, Ka|na|die|rin** (Nomen) **der Kanadierin, die Kanadierinnen** ein Mädchen/eine Frau aus Kanada

ka|na|disch (Adjektiv) aus Kanada

der **Ka|nal** (Nomen) **des Kanals, die Kanäle**
❶ ein künstlicher Wasserweg, der Meere, Flüsse oder Seen verbindet und auf dem Schiffe fahren können
❷ ein großes Abflussrohr unter der Erde
❸ der Frequenzbereich eines Radio- oder Fernsehsenders

der **Kan|di|dat** (Nomen) **des Kandidaten, die Kandidaten**
❶ jemand, der sich um eine Stelle oder ein Amt bewirbt: *Es gibt zwei Kandidaten für das Amt des Bürgermeisters.*
❷ ein Student, der vor seiner Abschlussprüfung steht

die **Kan|di|da|tin** (Nomen) **der Kandidatin, die Kandidatinnen**
Femininform von → **Kandidat**

die **Kan|di|da|tur** (Nomen) **der Kandidatur, die Kandidaturen** die Aufstellung als Kandidat oder Kandidatin für eine Wahl: *Sie hat ihre Kandidatur bekannt gegeben.*

kan|di|die|ren (Verb) **du kandidierst, er kandidierte, sie hat kandidiert, kandidier(e)!**
(für ein Amt) kandidieren sich um ein Amt bewerben

das **Kạ̈n|gu|ru** (Nomen) **des Kängurus, die Kängurus** ZOOLOGIE ein Tier mit kleinem Kopf, langem Schwanz, kurzen Vorderbeinen und langen Hinterbeinen, mit denen es hüpfen kann, und mit einem Beutel, in dem es sein Junges trägt

das **Ka|nin|chen** (Nomen) **des Kaninchens, die Kaninchen** ZOOLOGIE ein Nagetier, das dem Hasen sehr ähnelt, aber kürzere Ohren und ein bräunliches, graues, weißes oder schwarzes Fell hat und auch als Haustier gehalten wird

die **Kạn|ne** (Nomen) **der Kanne, die Kannen**
❶ ein Gefäß für Flüssigkeiten mit einem Henkel, einem Schnabel zum Gießen und meist einem Deckel
❷ volle Kanne umgangssprachlich mit voller Kraft, mit höchster Geschwindigkeit

die **Kan|ti|ne** (Nomen) **der Kantine, die Kantinen** ein großer Raum in Betrieben, in dem man warm essen kann

der **Kan|ton** (Nomen) **des Kantones, die Kantone** ein Bezirk der Schweiz

der **Kanz|ler** (Nomen) **des Kanzlers, die Kanzler**
Kurzform von → **Bundeskanzler**

die **Kanz|le|rin** (Nomen) **der Kanzlerin, die Kanzlerinnen** Femininform von → **Kanzler**

die **Ka|pa|zi|tät** (Nomen) **der Kapazität, die Kapazitäten**
❶ WIRTSCHAFT die maximale Leistung, die ein Unternehmen in einer bestimmten Zeit bringen kann
❷ ein Experte/eine Expertin, der/die sich auf seinem/ihrem Gebiet bestens auskennt
❸ die Masse/Menge/Zahl an Personen, die in einen Raum passt
❹ PHYSIK die Fähigkeit, elektrische Ladung aufzunehmen und zu speichern

die **Ka|pel|le** (Nomen) **der Kapelle, die Kapellen**
❶ ein kleine, einfache Kirche, die meistens für Andachten, nicht aber für regelmäßige Gottesdienste verwendet wird
❷ ein separater Raum in einer größeren Kirche, einem Schloss oder Krankenhaus, der z. B. für Taufen verwendet wird
❸ MUSIK ein kleines Orchester, das Musik zur Unterhaltung spielt

ka|pern (Verb) **du kaperst, er kaperte, sie hat gekapert, kap(e)re!**
❶ ein Schiff auf See überfallen und rauben
❷ ein Flugzeug/einen Zug/… in seine Gewalt bringen

ka|pie|ren (Verb) umgangssprachlich **du kapierst, er kapierte, sie hat kapiert, kapier(e)!**
begreifen, was jemand sagen will/was ein Text ausdrückt

das **Ka|pi|tal** (Nomen) **des Kapitals, die Kapitale/Kapitalien**
❶ WIRTSCHAFT das gesamte Vermögen eines Unternehmens einschließlich Geld und Maschinen, die zur Herstellung von Waren eingesetzt werden: *Die Firma braucht zusätzliches Kapital.*
❷ das Geld und weitere Werte, die Gewinn bringen: *Er hat sein ganzes Kapital ins Unternehmen gesteckt.*
❸ aus etwas Kapital schlagen aus etwas einen Vorteil haben

der **Ka|pi|ta|lis|mus** (Nomen) **nur im Singular des Kapitalismus** WIRTSCHAFT ein Wirtschaftssystem, das durch Angebot und Nachfrage bestimmt wird und bei dem Fabriken, Maschinen, Rohstoffe usw. Privatpersonen gehören

der **Ka|pi|tän** (Nomen) **des Kapitäns, die Kapitäne**
❶ der Verantwortliche auf einem Schiff, der es leitet und Befehle geben kann
❷ der verantwortliche Pilot eines größeren Flugzeugs
❸ SPORT jemand, der eine Mannschaft führt und repräsentiert

die **Ka|pi|tä|nin** (Nomen) **der Kapitänin, die Kapitäninnen** Femininform von → **Kapitän**

das **Ka|pi|tel** (Nomen) **des Kapitels, die Kapitel**
❶ ein größerer Teil eines geschriebenen Textes, der inhaltlich zusammengehört und meistens eine Überschrift hat: *Ihre Abschlussarbeit hat insgesamt zwölf Kapitel.*
❷ ein bestimmter Lebensabschnitt: *Das Kapitel Schwimmenlernen habe ich längst abgeschlossen.*
❸ Das ist ein Kapitel für sich. Das ist eine schwierige oder ärgerliche Angelegenheit.

die **Kap|pe** (Nomen) **der Kappe, die Kappen**
❶ eine Kopfbedeckung, die eng anliegt, einer Mütze ähnelt, aber aus ziemlich festem Material besteht und häufig einen Schirm hat
❷ ein Stück aus festem Material wie z. B. Metall oder Kunststoff, mit dem man Behälter wie z. B. Flaschen oder Schachteln zum Schutz bedeckt oder zumacht
❸ Das geht auf meine Kappe. umgangssprachlich Dafür übernehme ich die Verantwortung. Das zahle ich.

ka|putt (Adjektiv) umgangssprachlich
❶ so, dass es nicht mehr funktioniert: *Mein Handy ist kaputt.*
❷ so beschädigt, dass man es nicht mehr verwenden kann: *Deine Hose ist kaputt.*
❸ seelisch ruiniert, zerstört: *Diese kaputte Beziehung kannst du nicht mehr retten.*
❹ mit seinen Kräften am Ende: *Nach dem Spiel waren wir total kaputt.*

ka|putt|ge|hen (Verb) umgangssprachlich **du gehst kaputt, er ging kaputt, sie ist kaputtgegangen, geh(e) nicht kaputt!**
❶ unbrauchbar werden: *Unser Fernseher ist kaputtgegangen.*
❷ auseinandergehen, in die Brüche gehen, zu Ende gehen: *So geht ihre Freundschaft auf die Dauer kaputt.*
❸ wirtschaftlich zugrunde gehen: *Die Firma ist wegen der Billigkonkurrenz kaputtgegangen.*

der **Kar|di|nal** (Nomen) **des Kardinals, die Kardinäle** RELIGION nach dem Papst der höchste Geistliche der katholischen Kirche

der **Kar|ne|val** (Nomen) **des Karnevals, die Karnevale/Karnevals** die Zeit vor der Fastenzeit, in der man lustig ist, feiert und sich verkleidet

die **Ka|rot|te** (Nomen) **der Karotte, die Karotten** ≈ Möhre, Mohrrübe die lange, orangefarbene Wurzel einer Gemüsepflanze

der **Karp|fen** (Nomen) **des Karpfens, die Karpfen** ZOOLOGIE ein großer Speisefisch mit einem hohen Rücken und einem wulstigen Maul, der im Süßwasser lebt

die **Kar|ri|e|re, Kar|rie|re** (Nomen) [kaˈri̯eːrə] **der Karriere, die Karrieren**
❶ der berufliche Aufstieg
❷ Karriere machen zu beruflichem Erfolg kommen

die **Kar|te** (Nomen) **der Karte, die Karten**
❶ ein rechteckiges Stück festes Papier oder Karton, auf dem man etwas eintragen kann
❷ die Gelbe/gelbe Karte SPORT die gelbe Karte, die der Schiedsrichter dem Spieler zeigt, der verwarnt wird
❸ die Rote/rote Karte SPORT die rote Karte, die der Schiedsrichter dem Spieler zeigt, der das Spielfeld verlassen muss
❹ Kurzform von → **Postkarte**
❺ Kurzform von → **Eintrittskarte**
❻ ≈ Landkarte ein Blatt Papier, das ein Land/ein Gebiet/eine Stadt in einem bestimmten Maßstab darstellt
❼ ≈ Fahrkarte eine Karte, für die man einen bestimmten Fahrpreis zahlt, um öffentliche Verkehrsmittel zu benutzen: *die Karte entwerten*
❽ mit offenen Karten spielen nichts geheim halten
❾ sich nicht in die Karten schauen lassen geheim halten, was man vorhat

die **Kar|tof|fel** (Nomen) **der Kartoffel, die Kartoffeln**
❶ BOTANIK eine Pflanze mit meist weißen Blüten und unterirdischen Sprossen, an denen essbare Knollen wachsen
❷ GASTRONOMIE von der Kartoffelpflanze die essbare Knolle, die gekocht oder gebraten werden kann

der **Kar|tof|fel|puf|fer** (Nomen) **des Kartoffelpuffers, die Kartoffelpuffer** GASTRONOMIE ≈ Reibekuchen ein kleiner Fladen aus geriebenen rohen Kartoffeln, Eiern und Mehl, der in heißem Fett gebraten wird

der **Kar|ton** (Nomen) **des Kartons, die Kartons**
❶ ≈ Pappe das dicke, steife Papier, aus dem Behälter in Form eines Kastens gemacht werden können
❷ ein Behälter aus Pappe in Form eines Kastens

der **Kä|se** (Nomen) **des Käses, die Käse**
❶ ein Lebensmittel, das aus Milch von Kühen/Schafen/Ziegen hergestellt und meist mit Brot gegessen wird
❷ **nur im Singular** • umgangssprachlich • abwertend dummes Zeug

der **Kas|per** (Nomen) **des Kaspers, die Kasper**
❶ eine Puppe mit großer Nase und Zipfelmütze, die lustige und freche Bemerkungen macht
❷ umgangssprachlich jemand, der gern lustige oder kindische Sachen oder Bemerkungen macht

die **Kas|se** (Nomen) **der Kasse, die Kassen**
❶ ein verschließbarer Metallkasten zum sicheren Aufbewahren von Geld: *Geld in die Kasse legen*
❷ das Geld, das jemand ausgeben kann: *Im Urlaub machen wir getrennte Kasse.*
❸ gut/knapp bei Kasse sein umgangssprachlich viel/wenig Geld haben
❹ ein Gerät in Läden/Gaststätten/..., das die Beträge anzeigt, die die Kunden zahlen müssen
❺ ein Schalter in einem Kino/Stadion/Schwimmbad/Theater/..., an dem Eintrittskarten verkauft werden
❻ umgangssprachlich ≈ Krankenkasse eine gesetzliche Einrichtung, an die dort Versicherte regelmäßig ihren Beitrag zahlen, um die medizinischen Kosten, die durch eine Krankheit entstehen, erstattet zu bekommen: *Meine Kontaktlinsen zahlt die Kasse nicht.*
❼ jemanden zur Kasse bitten umgangssprachlich von jemandem Geld fordern

die **Kas|set|te** (Nomen) **der Kassette, die Kassetten**
❶ ein kleines, flaches, rechteckiges Plastikgehäuse, das ein Magnetband auf zwei Spulen zum Aufnehmen und Abspielen von Musik oder Filmen enthält
❷ ein kleiner, verschließbarer Kasten, in

dem man Geld oder Wertsachen aufbewahren kann

kas|sie|ren (Verb) **du kassierst, er kassierte, sie hat kassiert, kassier(e)!**
1 eine Geldsumme für eine Ware oder Dienstleistung verlangen und entgegennehmen: *Der Kellner hat noch nicht kassiert.*
2 umgangssprachlich jemandem eine Sache wegnehmen: *Der Lehrer hat ihr Handy einfach kassiert.*
3 umgangssprachlich bekommen, einnehmen: *Für jedes Tor kassiert er eine satte Prämie.*
4 umgangssprachlich etwas Negatives bekommen, eine negative Erfahrung machen: *Beim Spitzenreiter kassierten sie eine hohe Niederlage.*

der **Kas|ten** (Nomen) **des Kastens, die Kästen**
1 ein rechteckiger Behälter (meist mit Deckel) aus festem Material, in dem man Sachen aufbewahren und transportieren kann
2 eine Hervorhebung eines Textes, der innerhalb von vier Linien steht, die ein Rechteck bilden
3 SPORT ein Gerät aus Holz, das oben mit Leder bezogen ist und an dem man Turnübungen wie z. B. Sprünge macht
4 umgangssprachlich SPORT das Tor: *Heute steht Tom im Kasten.*
5 was auf dem Kasten haben umgangssprachlich viel können oder wissen

der **Ka|sus** (Nomen) GRAMMATIK **des Kasus, die Kasus** ≈ Fall im Deutschen gibt es vier Kasus: Nominativ, Genitiv, Dativ und Akkusativ

der **Ka|ta|log** (Nomen) **des Katalog(e)s, die Kataloge**
1 ein Verzeichnis, in dem Gegenstände/Namen/... nach einem bestimmten System geordnet sind: *im Katalog der Bibliothek ein Buch suchen*
2 ein Heft oder Buch, in dem alle Gegenstände einer Ausstellung oder Produkte eines Unternehmens (mit ihren Preisen) stehen: *etwas aus dem Katalog bestellen*

die **Ka|ta|stro|phe, Ka|tas|tro|phe** (Nomen) **der Katastrophe, die Katastrophen**
1 ein schlimmes Unglück, das schreckliche Folgen hat: *Nur wenige haben die Katastrophe überlebt.*
2 umgangssprachlich etwas, was als schrecklich empfunden wird: *Ihr Auftritt war eine einzige Katastrophe.*

die **Ka|te|go|rie** (Nomen) **der Kategorie, die Kategorien** ≈ Klasse die Gruppe, zu der jemand oder etwas gehört: *Wale gehören zu der Kategorie der Säugetiere.*

der **Ka|ter** (Nomen) **des Katers, die Kater**
1 ZOOLOGIE eine männliche Katze
2 umgangssprachlich ein schlechter körperlicher und seelischer Zustand durch zu viel Alkohol: *Am morgen nach der Party hatte er einen furchtbaren Kater.*

ka|tho|lisch (Adjektiv) zu einer der beiden großen christlichen Glaubensrichtungen in Deutschland gehörend

die **Kat|ze** (Nomen) **der Katze, die Katzen**
1 ein kleineres Haustier mit scharfen Zähnen und Krallen, das gern Mäuse jagt: *Die Katze miaut.*
2 eine weibliche Katze (im Unterschied zum Kater)
3 die Katze aus dem Sack lassen umgangssprachlich ein Vorhaben, eine Absicht, die man bisher geheim gehalten hat, anderen mitteilen
4 die Katze im Sack kaufen umgangssprachlich etwas kaufen, ohne geprüft zu haben, ob es seinen Zweck erfüllt
5 ZOOLOGIE ≈ Raubkatze ein Raubtier (wie z. B. Löwe oder Tiger), das einer Katze ähnelt
6 mit jemandem Katz und Maus spielen umgangssprachlich jemanden reizen, in Ruhe lassen und wieder reizen

der **Kauf** (Nomen) **des Kauf(e)s, die Käufe**
1 das Erwerben, Erhalten einer Ware, für die man bezahlt hat: *Sie konnte sich nicht für den Kauf des Kleides entscheiden.*
2 etwas, was man gekauft hat: *Dieser Kauf war ein Schnäppchen.*
3 etwas in Kauf nehmen die Nachteile von etwas hinnehmen (weil es mehr Vorteile gibt): *Sie nahm die schlechte Sportnote in Kauf, um sich ganz auf Englisch zu konzentrieren.*

kau|fen (Verb) **du kaufst, er kaufte, sie hat gekauft, kauf(e)!**
1 etwas erhalten, erwerben, anschaffen, indem man dafür zahlt: *ein neues Handy kaufen*
2 Dafür kann ich mir nichts kaufen. umgangssprachlich Davon habe ich keinen Nutzen.
3 Einkäufe machen, shoppen: *Wir kaufen lieber im Fachhandel.*

❹ jemanden kaufen umgangssprachlich jemanden bestechen, jemandem Geld geben, um dadurch Vorteile zu erhalten: *Der Schiedsrichter, der den Elfer gab, war gekauft.*
❺ sich etwas kaufen etwas für sich kaufen: *Ich habe mir eine neue DVD gekauft.*

der **Käu|fer** (Nomen) **des Käufers, die Käufer** jemand, der etwas kauft oder gekauft hat

die **Kauf|frau** (Nomen) **der Kauffrau, die Kauffrauen/Kaufleute** BERUF eine Frau mit einer abgeschlossenen kaufmännischen Lehre, die beruflich Waren kauft und verkauft

das **Kauf|haus** (Nomen) **des Kaufhauses, die Kaufhäuser** ein großes Geschäft mit einem reichhaltigen Warenangebot

käuf|lich (Adjektiv)
❶ so, dass man es kaufen kann: *Dieses Kunstwerk ist nicht käuflich.*
❷ ≈bestechlich durch Geld zu beeinflussen: *Dieser Schiedsrichter war käuflich und wurde dafür bestraft.*

der **Kauf|mann** (Nomen) **des Kaufmann(e)s, die Kaufmänner/Kaufleute** ein Mann mit einer abgeschlossenen kaufmännischen Lehre, der beruflich Waren kauft und verkauft

kauf|män|nisch (Adjektiv)
❶ in Bezug auf den Beruf des Kaufmanns: *eine kaufmännische Lehre abschließen*
❷ wie ein erfolgreicher Kaufmann: *Sein Nachfolger zeigt kaufmännische Fähigkeiten.*

der **Kauf|preis** (Nomen) **des Kaufpreises, die Kaufpreise** HANDEL der Preis, den man für eine Ware zahlen muss

kaum (Adverb)
❶ nur wenig, so gut wie nicht: *Er hat sich kaum verändert.*
❷ nur mit großer Mühe: *Kaum zu glauben!*
❸ voraussichtlich nicht, wohl nicht: *So wird er wohl kaum sein Ziel erreichen.*
❹ in dem Augenblick als: *Kaum war sie im Büro, klingelte auch schon das Telefon.*

keh|ren (Verb) **du kehrst, er kehrte, sie hat gekehrt, kehr(e)!**
❶ mit einem Besen reinigen: *den Hof kehren*
❷ in eine bestimmte Richtung drehen oder wenden: *Sie hatte ihm den Rücken gekehrt.*
❸ sich gegen jemanden, etwas kehren sich gegen jemanden, etwas wenden: *Die Entwicklung kehrte sich gegen die Regierung.*
❹ in sich gekehrt ganz nach innen gerichtet, ohne Verbindung zur Außenwelt: *Bei der Rückgabe der Klassenarbeit war er ganz in sich gekehrt.*

kein, kei|ne, kei|ner, kei|nes, keins (Pronomen)
❶ nicht ein: *keinen Fehler machen · keine Freunde haben · Mir gefällt keins von beiden.*
❷ nichts von etwas: *Er kann gar kein Deutsch.*
❸ bezeichnet das Gegenteil von einer Eigenschaft: *Heute ist kein guter Tag für mich.*
❹ **allein stehend** niemand: *Als ich kam, war noch keiner da. · Ich kenne keine, die das besser kann.*

kei|ner|lei (Zahlwort) überhaupt kein/keine: *Sie hatte keinerlei Gewissensbisse.*

kei|nes|falls (Adverb) bestimmt nicht, unter gar keinen Umständen: *Die Lage ist ernst, aber keinesfalls hoffnungslos.*

kei|nes|wegs (Adverb) absolut nicht, in keiner Weise

der/das **Keks** (Nomen) **des Keks(es), die Keks(e)**
❶ GASTRONOMIE ein kleines, flaches, trockenes, haltbares Stück Gebäck
❷ jemandem auf den Keks gehen umgangssprachlich jemandem auf die Nerven gehen, jemanden sehr stören

der **Kel|ler** (Nomen) **des Kellers, die Keller**
❶ der Teil eines Gebäudes, der unter der Erde liegt: *Die Stromzähler befinden sich im Keller.*
❷ in den Keller fallen umgangssprachlich sehr tief fallen, sinken: *Die Preise für Fernseher sind in den Keller gefallen.*
❸ im Keller sein umgangssprachlich sehr stark gefallen, gesunken sein: *Die Zinsen sind im Keller.* umgangssprachlich SPORT in der Tabelle sehr weit unten stehen: *Seit der Rückrunde ist die Mannschaft im Keller.*
❹ ein Raum des Kellers: *Unser Getränkevorrat steht im Keller.*

der **Kell|ner** (Nomen) **des Kellners, die Kellner** BERUF ein Angestellter in einem Lokal, der den Gästen die Getränke und/oder das Essen bringt

die **Kell|ne|rin** (Nomen) **der Kellnerin, die Kellnerinnen** Femininform von → **Kellner**

kẹn|nen (Verb) **du kennst, er kannte, sie hat gekannt, kenn(e)!**
① jemanden/etwas kennen viel über jemanden/etwas wissen: *Ich kenne München gut.*
② etwas kennen etwas angeben können, etwas wissen: *Kennst du den Namen der Frau da?*
③ sich kennen eine andere Person gut kennen: *Wir kennen uns schon seit fünf Jahren.*

kẹn|nen|ler|nen, kẹn|nen ler|nen (Verb) **du lernst kennen, er lernte kennen, sie hat kennengelernt, lern(e) kennen!**
① jemanden kennenlernen jemanden treffen und im Laufe der Zeit immer mehr über ihn erfahren: *Sie hat ihn beim Tanzen kennengelernt.*
② etwas kennenlernen Erfahrungen mit etwas machen: *In den Ferien haben wir Paris kennengelernt.*

der **Kẹn|ner** (Nomen) **des Kenners, die Kenner** jemand, der sehr viel über ein bestimmtes Gebiet weiß: *Er ist ein Kenner der Architektur.*

die **Kẹnnt|nis** (Nomen) **der Kenntnis, die Kenntnisse**
① meist im Plural das gesamte Wissen, das jemand auf einem Gebiet hat: *Sie will ihre Kenntnisse in Informatik erweitern.*
② nur im Singular das konkrete Wissen, das man von einer Sache hat: *Die Kenntnis der Familienverhältnisse hilft, sein Verhalten zu erklären.*
③ etwas zur Kenntnis nehmen etwas beachten, ohne gleich Stellung zu nehmen: *Wir haben ihren Einwand zur Kenntnis genommen.*
④ jemanden von etwas in Kenntnis setzen jemandem etwas Wichtiges mitteilen: *Wir haben die Eltern von dieser Änderung in Kenntnis gesetzt.*
⑤ Das entzieht sich meiner/unserer Kenntnis. Davon weiß ich/wissen wir nichts.

das **Kẹnn|zei|chen** (Nomen) **des Kennzeichens, die Kennzeichen**
① ein besonderes Merkmal, an dem jemand/etwas zu erkennen ist: *Sein Kennzeichen ist die Narbe auf der rechten Wange.*
② ein Zeichen, das jemand trägt/das an etwas angebracht ist, um ihn/es zu erkennen: *Das Kennzeichen des Vereins ist die Brücke.*
③ AUTO ein Schild an Fahrzeugen, auf dem Buchstaben und Ziffern stehen, die die Bestimmung des Halters möglich machen: *Er notierte sich das Kennzeichen des Falschparkers.*

kẹnn|zeich|nen (Verb) **du kennzeichnest, er kennzeichnete, sie hat gekennzeichnet, kennzeichne!**
① etwas kennzeichnen ein Kennzeichen an etwas anbringen: *Die Kartons sind für den Umzug gekennzeichnet.*
② etwas kennzeichnet jemanden/etwas etwas ist typisch für jemanden/etwas: *Unruhe und Nervosität kennzeichnen ihr Verhalten.*

der **Kẹrl** (Nomen) umgangssprachlich **des Kerl(e)s, die Kerle**
① umgangssprachlich ein Junge, ein Mann: *Vor ihr stand ein großer, kräftiger Kerl.*
② ein ganzer/richtiger Kerl ein Mann, der auch in schwierigen Situationen weiß, was er tun muss
③ jemand mit positiven Eigenschaften: *Sie ist ein feiner Kerl – immer hilfsbereit und verständnisvoll.*

der **Kẹrn** (Nomen) **des Kern(e)s, die Kerne**
① BOTANIK der innere, harte Teil/die Samen von bestimmten Früchten wie Äpfeln, Birnen, Melonen, Orangen, Pfirsichen, Pflaumen, Zitronen usw.: *den Kern einer Kirsche ausspucken*
② in jemandem steckt ein guter Kern jemand hat auch gute Eigenschaften: *Er benimmt sich zwar oft schlecht, aber in ihm steckt ein guter Kern.*
③ PHYSIK der Teil des Atoms, der die Protonen und Neutronen enthält: *Ein Atom besteht aus einem Kern und Elektronen.*
④ der mittlere, zentrale Teil von etwas: *Der Kern des Hochs liegt über Westeuropa.*
⑤ das Wichtigste einer Angelegenheit: *Der Kern ihrer Aussage ist: Aus Fehlern muss man lernen.*
⑥ der wichtigste Teil einer Gruppe: *der harte Kern einer terroristischen Vereinigung*

die **Kẹrn|ener|gie** (Nomen) nur im Singular **der Kernenergie** PHYSIK die Energie, die bei der Kernspaltung frei wird

die **Kẹr|ze** (Nomen) **der Kerze, die Kerzen**
① ein Gegenstand aus brennbarem Material (wie z. B. Wachs) mit einem Docht in der Mitte, den man anzünden kann, um Licht zu machen oder eine bestimmte Stimmung

zu erzeugen: *Zur Feier des Tages zündete sie eine Kerze an.*
❷ AUTO ≈ Zündkerze das Teil im Motor, das den Funken erzeugt, durch den Luft und Benzin explodieren: *die Kerzen wechseln*
❸ SPORT eine Übung, bei der man auf dem Rücken liegt und beide Beine möglichst gerade nach oben streckt: *eine Kerze machen*
❹ SPORT ein Ball, der (fast) senkrecht nach oben geschossen wurde: *eine Kerze schießen*

der **Kes|sel** (Nomen) **des Kessels, die Kessel**
❶ HAUSHALT ein Metallgefäß mit Deckel und Henkel, in dem man Wasser (z. B. für Kaffee, Tee) kocht: *den Kessel aufsetzen • Der Kessel pfeift, wenn das Wasser kocht.*
❷ ein Gefäß, in dem man über dem offenen Feuer Wasser oder Speisen heiß macht: *eine Suppe im Kessel am Lagerfeuer heiß machen*
❸ GEOGRAFIE ein tiefes Tal, das an allen Seiten von Bergen umgeben ist: *Das Dorf liegt in einem Kessel.*

der/das **Ket|chup, Ketch|up** (Nomen) ['kɛtʃap] **des Ketchups, die Ketchups** GASTRONOMIE eine dicke Soße mit intensivem Geschmack aus Tomaten und verschiedenen Gewürzen: *Pommes mit Ketchup*

die **Ket|te** (Nomen) **der Kette, die Ketten**
❶ eine Reihe Metallringe/-glieder, die zusammenhängen: *etwas mit einer Kette absperren*
❷ jemanden an die Kette legen jemanden daran hindern, so zu handeln, wie er es will: *Der Vater legte seinen widerspenstigen Sohn an die Kette.*
❸ ein Schmuck, der aus aufgereihten Steinen oder Perlen oder aus aneinandergefügten Metallgliedern besteht: *eine silberne Kette tragen*
❹ eine auffällige Aufeinanderfolge von Ereignissen, Handlungen usw.: *Der Nebel führte zu einer Kette von Unfällen.*
❺ eine (lückenlose) Reihe von gleichen Dingen: *In ihrer Argumentation fehlt ein wichtiges Glied in der Kette.*
❻ eine Reihe von Menschen, die sich an den Händen fassen oder etwas weiterreichen: *Die Menschen bildeten eine Kette, um gegen Ausländerfeindlichkeit zu demonstrieren.*

kg [kilo'gram] Kurzform von → **Kilogramm**

die **Kids** (Nomen) [kɪts] umgangssprachlich • **nur im Plural der Kids** die Kinder, die Jugendlichen

der **Kie|fer**[1] (Nomen) **des Kiefers, die Kiefer** die beiden Knochen, in dem die Zähne wachsen

die **Kie|fer**[2] (Nomen) **der Kiefer, die Kiefern** ein Baum mit Nadeln, die in Büscheln wachsen

der **Kiel** (Nomen) **des Kiel(e)s, die Kiele** der untere lange Teil eines Schiffs, der am tiefsten im Wasser liegt

das **Ki|lo** (Nomen) **des Kilos, die Kilo(s)** Kurzform von → **Kilogramm**

das **Ki|lo|gramm** (Nomen) **des Kilogramms, die Kilogramm(e)** Abkürzung: kg 1000 Gramm

der **Ki|lo|me|ter** (Nomen) **des Kilometers, die Kilometer** Abkürzung: km 1000 Meter

das **Kind** (Nomen) **des Kind(e)s, die Kinder**
❶ ein Junge oder ein Mädchen von 0 bis 14 Jahren
❷ von Kind auf, von Kind an schon als Kind
❸ Das weiß doch jedes Kind! umgangssprachlich Das weiß doch jeder!
❹ der Sohn/die Tochter von jemandem
❺ ein Kind erwarten schwanger sein, ein Baby bekommen

der **Kin|der|gar|ten** (Nomen) **des Kindergartens, die Kindergärten** ein Haus, in dem Kinder zwischen 3 und 6 Jahren jeden Tag von Erzieherinnen betreut werden und zusammen spielen und lernen können

das **Kin|der|geld** (Nomen) **nur im Singular des Kindergeld(e)s** das Geld, das Eltern jeden Monat vom Staat für ein Kind bekommen

die **Kind|heit** (Nomen) **nur im Singular der Kindheit** die Zeit, in der man ein Kind ist

das **Kinn** (Nomen) **des Kinn(e)s, die Kinne** der unterste Teil des Gesichts unter dem Mund

das **Ki|no** (Nomen) **des Kinos, die Kinos** eine Art Theater, in dem Filme vorgeführt werden: *ins Kino gehen*

der **Ki|osk** (Nomen) **des Kiosk(e)s, die Kioske** ein Häuschen, in dem Zeitungen, Getränke und Süßigkeiten verkauft werden

kip|pen (Verb) **du kippst, er kippte, sie hat/ist gekippt, kipp(e)!**
❶ jemand kippt etwas **hat gekippt** jemand bringt etwas in eine schräge Position: *Kann ich das Fenster zum Lüften kippen?*
❷ etwas in/auf/über/… etwas kippen **hat gekippt** etwas aus einem Gefäß in/auf/über/… etwas schütten
❸ etwas kippt **ist gekippt** etwas fällt zu einer Seite um: *Die Flasche kippte aus dem Regal.*

die **Kir|che** (Nomen) **der Kirche, die Kirchen**
1 **Gebäude** ein großes, geweihtes Bauwerk, in dem Christen beten
2 **Institution** die Gemeinschaft von Menschen, die einer bestimmten Religion angehören
3 die Kirche im Dorf lassen umgangssprachlich etwas nicht übertreiben

kirch|lich (Adjektiv)
1 zur Kirche gehörend, der Kirche entsprechend
2 kirchlich heiraten sich von einem Geistlichen in der Kirche trauen lassen

die **Kir|sche** (Nomen) **der Kirsche, die Kirschen**
eine kleine, runde, rote Frucht mit weichem Fruchtfleisch und einem harten Kern in der Mitte

das **Kis|sen** (Nomen) **des Kissens, die Kissen**
eine Hülle mit einer weichen Füllung aus Federn oder Schaumstoff, auf die man beim Schlafen den Kopf legt

die **Kis|te** (Nomen) **der Kiste, die Kisten**
1 **aus Holz, Plastik** ein großer, rechteckiger Behälter, der meist oben offen ist
2 umgangssprachlich • abwertend ein altes Auto, ein alter Computer oder ein alter Fernseher

kit|zeln (Verb) **du kitzelst, er kitzelte, sie hat gekitzelt, kitz(e)le!**
1 etwas kitzelt (jemanden) etwas berührt jemandes Haut ganz leicht, sodass er sich kratzen möchte
2 jemand kitzelt jemanden jemand berührt jemanden so, dass er lachen muss: *Ich kann es nicht leiden, wenn man mich an den Füßen kitzelt.*

die **Kla|ge** (Nomen) **der Klage, die Klagen**
1 gehoben laute Worte, mit denen man zeigt, dass man sehr traurig ist oder Schmerzen hat
2 RECHT die Beschuldigung vor Gericht, die zu einem Prozess führen kann
3 gegen jemanden Klage einreichen RECHT gegen jemanden einen Prozess fordern

kla|gen (Verb) **du klagst, er klagte, sie hat geklagt, klag(e)!**
1 (über etwas/jemanden) klagen sagen, dass etwas/jemand einem nicht gefällt, Sorgen macht, Trauer oder Schmerzen verursacht usw.
2 (gegen jemanden) klagen RECHT jemanden beschuldigen und gegen ihn einen Prozess vor Gericht führen wollen

der **Klä|ger** (Nomen) **des Klägers, die Kläger**
jemand, der jemanden beschuldigt und einen Prozess vor Gericht gegen ihn führt

die **Klam|mer** (Nomen) **der Klammer, die Klammern**
1 ≈ Haarklammer, Wäscheklammer, Büroklammer usw. ein kleiner Gegenstand mit zwei beweglichen Elementen, die etwas zusammenhalten oder befestigen
2 ≈ Zahnspange ein kleines Gestell aus Draht, das an den Zähnen befestigt wird, damit sie gerade wachsen
3 **die Zeichen „( )"** eins von zwei Zeichen, die man vor und hinter Worte oder Zahlen setzt, um etwas einzufügen, zu erklären oder zusammenzufassen

der **Klang** (Nomen) **des Klang(e)s, die Klänge**
der Ton eines Instruments, einer Stimme usw.

klar (Adjektiv) **klarer, am klarsten**
1 **Flüssigkeit** durchsichtig, rein
2 **Luft rein Wetter** ohne Nebel **Himmel** ohne Wolken
3 **Worte, Gedanken** deutlich, verständlich, logisch: *Er hat das ganz klar gesagt.*
4 sich klar ausdrücken so reden, dass man verstanden wird
5 sich über etwas klar werden etwas einsehen, etwas verstehen
6 das ist mir/ihr /... (nicht) klar das verstehe ich/versteht sie/... (nicht), das ist mir/ihr/... (nicht) bewusst
7 Alles klar? umgangssprachlich Ist alles in Ordnung?

klä|ren (Verb) **du klärst, er klärte, sie hat geklärt, klär(e)!**
1 **Frage, Problem, Fall** untersuchen und feststellen, wie etwas wirklich ist: *Wir klären, wie das passiert ist.*
2 **Wasser, Flüssigkeiten** sauber werden, durchsichtig werden
3 etwas klärt sich etwas wird deutlich und bekannt: *Meine Frage von eben hat sich jetzt geklärt.*

die **Klar|heit** (Nomen) **nur im Singular der Klarheit**
1 die Durchsichtigkeit, die Reinheit von Flüssigkeiten oder Glas
2 **von Worten, Gedanken** die Deutlichkeit, die Verständlichkeit, die Logik von Worten und Gedanken
3 die Gewissheit: *Ich will Klarheit darüber, ob er mich betrogen hat.*

die **Klä|rung** (Nomen) **der Klärung, die Klärungen**
① einer Frage, eines Problems das Untersuchen, wie etwas wirklich ist
② von Wasser, Flüssigkeiten die Reinigung

klas|se (Adjektiv) umgangssprachlich
⚠ unveränderlich ≈ super, toll sehr gut: *Das war ein klasse Film! · Das ist eine klasse CD.*

die **Klas|se** (Nomen) **der Klasse, die Klassen**
① SCHULE eine Gruppe von Schülern, die zusammen Unterricht haben
② SCHULE ≈ Klassenzimmer der Raum, in dem der Unterricht stattfindet
③ SCHULE ≈ Schuljahr, Stufe ein Jahr in der Schulausbildung, an dessen Ende man Zeugnisse bekommt und in die nächste Stufe versetzt wird
④ BOTANIK · ZOOLOGIE · HANDEL ≈ Kategorie eine Gruppe von Dingen oder Lebewesen, die gemeinsame Merkmale haben: *etwas in Klassen einteilen*
⑤ SPORT eine Gruppe von Sportlern mit gleichem Gewicht oder Alter
⑥ GESELLSCHAFT eine Gruppe in der Bevölkerung, die sich durch ihre soziale Stellung voneinander unterscheidet
⑦ erster/zweiter Klasse EISENBAHN · FLUGWESEN mit viel/weniger Komfort

die **Klas|sen|fahrt** (Nomen) **der Klassenfahrt, die Klassenfahrten** eine Reise, die eine Schulklasse zusammen macht

das **Klas|sen|zim|mer** (Nomen) **des Klassenzimmers, die Klassenzimmer** der Raum, in dem der Unterricht stattfindet

der **Klas|si|ker** (Nomen) **des Klassikers, die Klassiker**
① LITERATUR ein Künstler aus der Klassik
② LITERATUR ein Künstler oder ein Werk, das für etwas bekannt und typisch geworden ist

klas|sisch (Adjektiv) **klassischer, am klassischsten**
① GESCHICHTE aus der Antike
② KUNST · LITERATUR aus der Epoche, die Klassik genannt wird (in Deutschland 1786–1832)
③ MUSIK Musik, die von einem Orchester gespielt wird oder mit Instrumenten, die keine elektronische Verstärkung haben
④ Beispiel, Fehler, Beruf typisch
⑤ Mode nicht von Trends abhängig, zeitlos

klat|schen (Verb) **du klatschst, er klatschte, sie hat geklatscht, klatsch(e)!**
① (Beifall) klatschen ≈ applaudieren seine beiden Hände oft und laut aneinanderschlagen und so zeigen, dass einem etwas gefällt
② in die Hände klatschen seine beiden Hände laut aneinanderschlagen
③ umgangssprachlich · abwertend sich (negative) Dinge und Gerüchte über andere Leute erzählen

das **Kla|vier** (Nomen) [kla'viːɐ̯] **des Klaviers, die Klaviere** ein großes Musikinstrument, vor dem man sitzt und das weiße und schwarze Tasten hat

kle|ben (Verb) **du klebst, er klebte, sie hat geklebt, kleb(e)!**
① etwas kleben etwas mit Klebstoff reparieren
② etwas auf/über/... etwas kleben etwas mit Klebstoff auf/über/... etwas befestigen
③ etwas klebt etwas ist so, dass es irgendwo haften oder hängen bleibt, etwas ist klebrig: *Bah, das Kaugummi klebt unter dem Tisch.*

der **Kleb|stoff** (Nomen) **des Klebstoff(e)s, die Klebstoffe** ≈ Leim eine weiche oder flüssige Substanz, mit der man zwei Dinge bestreicht und so fest zusammenpresst, dass sie nicht mehr auseinandergehen

der **Klecks** (Nomen) **des Kleckses, die Kleckse**
① der Fleck von Farbe oder Tinte
② eine kleine Menge von etwas: *Ich möchte nur einen Klecks Ketchup.*

das **Kleid** (Nomen) **des Kleid(e)s, die Kleider**
① ein Kleidungsstück für Frauen und Mädchen, das den Oberkörper und (teilweise) die Beine bedeckt
② Kleider Plural ≈ die Kleidung alles, was man anziehen kann

die **Klei|dung** (Nomen) nur im Singular **der Kleidung** die Dinge, die man anzieht

klein (Adjektiv) **kleiner, am kleinsten**
① in der Länge, Höhe, Größe, Breite, Menge usw. geringer als normal: *Wir leben in einer kleinen Wohnung.*
② klein schneiden mit einem Messer oder einer Schere in mehrere Stücke zerteilen
③ es klein haben umgangssprachlich beim Bezahlen den passenden Betrag haben
④ ein klein wenig, ein kleines bisschen nur ganz wenig
⑤ umgangssprachlich jung, noch ein Kind
⑥ umgangssprachlich Bruder, Schwester jünger: *Mein kleiner Bruder ist gestern fünf geworden.*

7 Buchstabe so, wie im Deutschen z. B. die Adjektive oder Verben beginnen und mitten im Wort geschrieben wird: *ein kleines a*
8 von klein auf umgangssprachlich seit jemand ein Kind war

der/die **Klei|ne**[1] (Nomen) **des/der Kleinen, die Kleinen** der kleine Junge/das kleine Mädchen: *Schau mal, der Kleine ist so süß.*

das **Klei|ne**[2] (Nomen) **des Kleinen, die Kleinen**
1 das kleine Kind
2 ZOOLOGIE das Tierbaby, das Junge

das **Klein|geld** (Nomen) nur im Singular **des Kleingeld(e)s** die Geldstücke, Münzen

die **Klein|stadt** (Nomen) **der Kleinstadt, die Kleinstädte** eine Stadt mit weniger als zwanzigtausend Einwohnern

klet|tern (Verb) **du kletterst, er kletterte, sie ist geklettert, klett(e)re!**
1 SPORT an Berghängen, Kletterwänden usw. auf Händen und Füßen nach oben steigen
2 auf einen Berg/über eine Mauer/... klettern mit Händen und Füßen auf einen Berg/über eine Mauer/... steigen

das **Kli|ma** (Nomen) **des Klimas, die Klimas/Klimata**
1 METEOROLOGIE das Wetter in einer bestimmten Region in einem längeren Zeitraum
2 nur im Singular die Stimmung oder Atmosphäre zwischen Menschen

die **Klin|gel** (Nomen) **der Klingel, die Klingeln** ein kleines Gerät an der Wohnungstür oder am Fahrrad, das einen hellen Ton macht

klin|geln (Verb) **du klingelst, er klingelte, sie hat geklingelt, kling(e)le!**
1 Klingel, Wecker, Telefon lange, helle Töne machen: *Der Wecker klingelt immer so laut und schrill.*
2 mit etwas klingeln eine Glocke, Klingel usw. ertönen lassen
3 (an der Tür bei jemandem) klingeln außen an der Wohnungstür auf einen Knopf drücken, damit innen die Klingel ertönt

klin|gen (Verb) **du klingst, er klang, sie hat geklungen, kling(e)!**
1 Instrument, Stimme, Geräusch einen bestimmten Ton machen
2 etwas klingt gut/schlecht/vernünftig/albern/... etwas macht den Eindruck, als sei es gut/schlecht/vernünftig/albern/...

die **Kli|nik** (Nomen) **der Klinik, die Kliniken** das Krankenhaus

kli|nisch (Adjektiv)
1 in einer Klinik stattfindend
2 klinisch tot so, dass Herz, Kreislauf und Atmung nicht mehr funktionieren

das **Klo** (Nomen) umgangssprachlich **des Klos, die Klos** das WC, die Toilette

klop|fen (Verb) **du klopfst, er klopfte, sie hat geklopft, klopf(e)!**
1 auf/gegen/... etwas klopfen mit einem Gegenstand oder mit den Händen auf/gegen/... etwas schlagen
2 Herz schlagen: *Mein Herz klopft.*
3 an die Tür klopfen mit den Fingerknöcheln an die Tür schlagen, um hineingelassen zu werden
4 Es klopft. Jemand schlägt mit den Fingerknöcheln an die Tür, um hineingelassen zu werden.

das **Klos|ter** (Nomen) **des Klosters, die Klöster**
1 das Haus, in dem Nonnen oder Mönche leben
2 ins Kloster gehen Mönch oder Nonne werden

der **Klub, Club** (Nomen) **des Klubs, die Klubs**
→ **Club**

klug (Adjektiv) **klüger, am klügsten**
1 logisch denkend, mit gut funktionierendem Verstand, intelligent
2 ≈ weise erfahren und gebildet
3 ≈ überlegt vernünftig
4 aus etwas/jemandem nicht klug werden umgangssprachlich etwas/jemanden nicht verstehen
5 Der Klügere gibt nach. Es ist besser, einen unwichtigen Streit dadurch zu beenden, dass man nicht auf seiner Meinung besteht.

km [kilo'me:tɐ] Abkürzung von: Kilometer 1000 Meter: *Die Geschwindigkeit wird meistens in km/h angegeben, das heißt, wieviele Kilometer man bei dieser Geschwindigkeit in einer Stunde zurücklegen würde.*

knab|bern (Verb) **du knabberst, er knabberte, sie hat geknabbert, knabb(e)re!**
1 beim Essen etwas Hartes mit kleinen Bissen essen
2 an einer Möhre/einem Keks knabbern kleine Stücke von einer Möhre/einem Keks/... abbeißen
3 an etwas zu knabbern haben umgangssprachlich Schwierigkeiten haben,

etwas Negatives zu vergessen oder zu verarbeiten

knal|len (Verb) **du knallst, er knallte, sie hat/ist geknallt, knall(e)!**
❶ **hat geknallt** · **Explosion, Schuss** ein kurzes, sehr lautes Geräusch machen
❷ etwas irgendwohin knallen umgangssprachlich · **hat geknallt** etwas (aus Wut) mit Schwung irgendwohin werfen: *Sie knallte ihm das Zeugnis auf den Tisch.*
❸ die Tür knallen oder mit der Tür knallen umgangssprachlich · **hat geknallt** die Tür (aus Wut) sehr fest zuwerfen
❹ gegen etwas knallen umgangssprachlich · **ist geknallt** sehr heftig gegen etwas stoßen: *Der Ball knallte gegen den Pfosten.*
❺ Da hat es geknallt. umgangssprachlich VERKEHR irgendwo hat es einen Verkehrsunfall gegeben FAMILIE irgendwo hat es einen Streit gegeben

knapp (Adjektiv) **knapper, am knappsten**
❶ fast zu wenig
❷ **Ergebnis, Sieg** gerade noch ausreichend
❸ **Kleid, Top, Bikini** sehr klein und eng
❹ **Zusammenfassung, Bericht** nicht ausführlich, nur das Wichtigste sagend
❺ ≈ fast nicht ganz, beinahe: *Der Schuss ging knapp an meinem Kopf vorbei.*
❻ knapp bei Kasse sein umgangssprachlich im Moment wenig Geld haben

der/das **Knäu|el** (Nomen) **des Knäuels, die Knäuel** Wolle, Garn usw., die/das (zu einer Kugel) aufgewickelt ist

der **Knecht** (Nomen) veraltet **des Knecht(e)s, die Knechte** jemand, der auf einem Bauernhof einfache Arbeiten macht

die **Knei|pe** (Nomen) **der Kneipe, die Kneipen** ein Lokal, in dem vor allem Alkohol ausgeschenkt wird

das **Knie** (Nomen) **des Knies, die Knie**
❶ ANATOMIE das Gelenk in der Mittes des Beins
❷ in die Knie gehen die Kniegelenke beugen (und in die Hocke gehen)
❸ **von einem Rohr, Fluss** eine rechtwinklige Biegung oder Kurve
❹ weiche Knie haben umgangssprachlich nervös sein, Angst haben
❺ jemanden übers Knie legen umgangssprachlich jemandem zur Strafe Schläge auf den Po geben
❻ etwas übers Knie brechen umgangssprachlich etwas unbedingt machen wollen, auch wenn es nicht richtig oder noch zu früh ist

der **Knob|lauch** (Nomen) **nur im Singular des Knoblauch(e)s** eine der Zwiebel ähnliche Pflanze mit starkem Geruch, die zum Würzen verwendet wird: *Vampire mögen keinen Knoblauch.*

der **Kno|chen** (Nomen) **des Knochens, die Knochen**
❶ ANATOMIE ein Teil des Skeletts
❷ sich die Knochen brechen umgangssprachlich sich schwer verletzen
❸ bis auf die Knochen umgangssprachlich ganz und gar, durch und durch
❹ etwas sitzt jemandem in den Knochen jemand spürt etwas noch stark

der **Knopf** (Nomen) **des Knopf(e)s, die Knöpfe**
❶ ein kleiner, meist runder Gegenstand zum Schließen von Kleidungsstücken
❷ TECHNIK ein Schalter zum Drücken oder Drehen: *(auf) den falschen Knopf drücken*

das **Knopf|loch** (Nomen) **des Knopfloch(e)s, die Knopflöcher** eine Öffnung im Stoff, z. B. an einer Hose oder Jacke, durch die ein Knopf gesteckt wird, um diese zu verschließen

kno|ten (Verb) **du knotest, er knotete, sie hat geknotet, knote!** mit einem Knoten fest binden

der **Kno|ten** (Nomen) **des Knotens, die Knoten**
❶ eine zusammengezogene Schlinge zur Befestigung von etwas
❷ MEDIZIN eine harte Stelle im Gewebe
❸ **Frisur** am Kopf zusammengesteckte Haare
❹ SCHIFFFAHRT **Abkürzung: kn** die Geschwindigkeit von einer Seemeile pro Stunde: *Das Schiff fährt 30 Knoten.*
❺ Der Knoten ist geplatzt. umgangssprachlich Jemand hat es (endlich) kapiert.

knur|ren (Verb) **nur in der 3. Person gebraucht er knurrt, sie knurrte, es hat geknurrt, knurr(e) nicht!**
❶ der Hund knurrt der Hund gibt warnende Laute von sich
❷ jemandes Magen knurrt jemand hat Hunger (und sein Magen gibt Geräusche von sich): *Ich habe den ganzen Tag nichts gegessen! Mein Magen knurrt schon seit einer Stunde.*

die **Ko|ali|ti|on, Koa|li|ti|on** (Nomen) [ko|ali'tsi̯oːn] **der Koalition, die Koalitionen** die Zusammenarbeit von Parteien, um eine Regierung zu bilden

der **Koch** (Nomen) **des Koch(e)s, die Köche**
❶ jemand, der Lebensmittel zum Essen zubereitet
❷ Zu viele Köche verderben den Brei. Etwas, bei dem zu viele Leute mitmachen, wird kein Erfolg.

ko|chen (Verb) **du kochst, er kochte, sie hat gekocht, koch(e)!**
❶ Lebensmittel zum Essen zubereiten
❷ etwas erhitzen, bis es gar ist
❸ von Wasser eine Temperatur von etwa 100 Grad Celsius haben
❹ vor Wut kochen umgangssprachlich sehr wütend sein

die **Kö|chin** (Nomen) **der Köchin, die Köchinnen** Femininform von → **Koch**

der **Koch|löf|fel** (Nomen) **des Kochlöffels, die Kochlöffel** ein Löffel zum Kochen, besonders aus Holz mit langem Stiel

der **Kof|fer** (Nomen) **des Koffers, die Koffer**
❶ ein Behälter, in dem man auf der Reise seine Sachen mitnimmt
❷ die Koffer packen müssen abreisen müssen, entlassen werden

der **Kof|fer|raum** (Nomen) nur im Singular **des Kofferraum(e)s** der Teil des Autos, in dem besonders das Gepäck transportiert wird

der **Kohl** (Nomen) **des Kohl(e)s, die Kohle**
❶ eine von vielen Pflanzen, deren Blätter man als Gemüse isst (z. B. Rotkohl, Grünkohl)
❷ Das macht den Kohl (auch) nicht fett. umgangssprachlich Das nützt nicht viel.

die **Koh|le** (Nomen) **der Kohle, die Kohlen**
❶ ein harter schwarzer Brennstoff zum Heizen
❷ umgangssprachlich ≈ Geld *Diesen Monat habe ich keine Kohle mehr.*
❸ (wie) auf Kohlen sitzen unruhig auf etwas warten

das **Koh|len|di|oxid, Koh|len|di|oxyd** (Nomen) nur im Singular **des Kohlendioxid(e)s** Zeichen CO_2 ein Gas, das bei Verbrennung entsteht und die Umwelt belastet

der **Kol|le|ge** (Nomen) **des Kollegen, die Kollegen** eine Person, mit der man beruflich zusammenarbeitet

die **Kol|le|gin** (Nomen) **der Kollegin, die Kolleginnen** Femininform von → **Kollege**

die **Kol|li|si|on** (Nomen) **der Kollision, die Kollisionen**
❶ VERKEHR Zusammenstoß: *eine Kollision von mehreren Fahrzeugen*
❷ von Interessen, Terminen das Problem, dass sich zwei Dinge nicht vereinen lassen

ko|lo|ni|al (Adjektiv) die Kolonien betreffend

die **Ko|lo|nie** (Nomen) **der Kolonie, die Kolonien**
❶ GESCHICHTE ein Land, das von einem anderen beherrscht wird
❷ BIOLOGIE eine Gruppe von zusammenlebenden Tieren oder Pflanzen

die **Kom|bi|na|ti|on** (Nomen) [kɔmbinaˈtsi̯oːn] **der Kombination, die Kombinationen**
❶ eine Verbindung von mehreren Dingen zu einem bestimmten Zweck
❷ die Zusammenstellung von z. B. Farben, Kleidungsstücken oder Zahlen zu einer Einheit: *Ich vergesse dauernd die Kombination der Zahlen bei meinem Fahrradschloss!*

kom|bi|nie|ren (Verb) **du kombinierst, er kombinierte, sie hat kombiniert, kombinier(e)!**
❶ mehrere Dinge miteinander verbinden
❷ in Gedanken miteinander verbinden, verknüpfen

der **Kom|fort** (Nomen) [kɔmˈfoːɐ̯] nur im Singular **des Komforts** Bequemlichkeit, Luxus: *Bei der Kanutour durch die Wildnis müsst ihr auf jeden Komfort verzichten.*

die **Ko|mik** (Nomen) nur im Singular **der Komik** einer Situation, eines Films usw. das, was einen zum Lachen bringt oder schmunzeln lässt

ko|misch (Adjektiv) **komischer, am komischsten**
❶ ≈ lustig, witzig *Es war umwerfend komisch, wie er den Schulleiter nachahmte.*
❷ umgangssprachlich ≈ seltsam *Das kam mir komisch vor.*

das **Kom|ma** (Nomen) GRAMMATIK **des Kommas, die Kommas/Kommata** als Zeichen "," ein Satzzeichen, mit dem man einen Satz gliedert oder die Zehntel oder Hundertstel usw. einer Zahl angibt: *Bei Aufzählungen muss man manchmal viele Kommas setzen.*

das **Kom|man|do** (Nomen) **des Kommandos, die Kommandos**
❶ der oberste Befehl über etwas oder jemanden: *Wer hat hier das Kommando?*
❷ eine kurze Anweisung, ein kurzer Befehl
❸ eine Gruppe von Soldaten mit einem bestimmten Auftrag

kom|men (Verb) **du kommst, er kam, sie ist gekommen, komm(e)!**
❶ ein Ziel erreichen oder sich dorthin

bewegen: *Peter kam erst um acht. • Wie komme ich zum Stadion?*
❷ von Post, Waren usw. gebracht oder geliefert werden: *Dein Paket ist heute gekommen.*
❸ kommen lassen bringen lassen, bestellen
❹ an der Reihe sein: *Gleich kommt ihr.*
❺ irgendwo aufgenommen werden, irgendwohin gebracht werden: *Sie ist ins Krankenhaus gekommen.*
❻ zu etwas kommen die Zeit haben, etwas zu tun: *Die Karte schreibe ich heute. Gestern bin ich nicht dazu gekommen.*
❼ es kommt zu etwas etwas geschieht: *Dazu hätte es nicht kommen dürfen!*
❽ Wie kommt es, dass ...? Was ist der Grund für ...?
❾ auf etwas kommen eine Idee haben, sich an etwas erinnern
❿ zu sich kommen das Bewusstsein zurückerlangen

der **Kom|men|tar** (Nomen) **des Kommentars, die Kommentare**
❶ etwas, mit dem man seine persönliche Meinung zu etwas ausdrückt
❷ PRESSE • TV ein Beitrag, der kritisch zu etwas Stellung nimmt
❸ RUNDFUNK • TV eine Reportage zu einer Sportveranstaltung

kom|men|tie|ren (Verb) **du kommentierst, er kommentierte, sie hat kommentiert, kommentier(e)!**
❶ seine Meinung zu etwas sagen
❷ PRESSE • TV kritisch zu einem aktuellen Thema Stellung nehmen

die **Kom|mis|si|on** (Nomen) **der Kommission, die Kommissionen** eine Gruppe von Fachleuten mit bestimmten Aufgaben

die **Kom|mo|de** (Nomen) **der Kommode, die Kommoden** ein Möbelstück mit Schubladen

die **Kom|mu|ne** (Nomen) **der Kommune, die Kommunen**
❶ VERWALTUNG ≈ Gemeinde die unterste Verwaltungseinheit in einem Staat: *Das Projekt wird von Landkreis und Kommune finanziert.*
❷ veraltet eine Wohngemeinschaft von politisch aktiven Studenten

die **Kom|mu|ni|ka|ti|on** (Nomen) [kɔmunikaˈtsi̯oːn] nur im Singular **der Kommunikation** die Verständigung von Lebewesen untereinander durch Sprache oder Zeichen

kom|mu|ni|ka|tiv (Adjektiv)
❶ Menschen gesprächig und aufgeschlossen: *Sie ist sehr kommunikativ und ist gerne mit Leuten zusammen.*
❷ Medien, Fähigkeiten die Verständigung ermöglichend/betreffend

der **Kom|mu|nis|mus** (Nomen) nur im Singular **des Kommunismus** die Vorstellung von einer Gesellschaft, in der alle Menschen die gleichen Rechte haben und aller Besitz allen gemeinsam gehört

kom|mu|nis|tisch (Adjektiv) zum Kommunismus gehörend

kom|mu|ni|zie|ren (Verb) gehoben **du kommunizierst, er kommunizierte, sie hat kommuniziert, kommunizier(e)!** sich untereinander durch Sprache oder Zeichen verständigen

die **Ko|mö|die** (Nomen) [koˈmøːdi̯ə] **der Komödie, die Komödien** THEATER • FILM • TV ein Stück, das die Menschen zum Lachen bringt

der **Kom|pa|ra|tiv** (Nomen) GRAMMATIK **des Komparativs, die Komparative** die erste Steigerungsstufe des Adjektivs (z. B. größer, besser, näher)

der **Kom|pass** (Nomen) **des Kompasses, die Kompasse** ein Gerät, mit dem man die Himmelsrichtung bestimmen kann

die **Kom|pe|tenz** (Nomen) **der Kompetenz, die Kompetenzen**
❶ das für eine Aufgabe nötige Wissen und Können
❷ die Zuständigkeit oder das Mitspracherecht für einen Bereich: *Viele Eltern wünschen mehr Kompetenz des Bundes bei der Schulpolitik.*

kom|plett (Adjektiv)
❶ ≈ vollständig alles enthaltend, was nötig ist: *Jetzt ist meine Sammlung komplett.*
❷ umgangssprachlich ≈ völlig sehr zutreffend: *Das ist doch kompletter Schwachsinn!*

kom|plex (Adjektiv) gehoben **komplexer, am komplexesten** sehr kompliziert, umfangreich: *ein komplexes System*

kom|pli|ziert (Adjektiv) **komplizierter, am kompliziertesten**
❶ aus vielen Teilen bestehend, schwer zu verstehen
❷ Menschen nicht leicht berechenbar, schwierig im Umgang

die **Kom|po|nen|te** (Nomen) **der Komponente, die Komponenten** ≈ Bestandteil, Element ein Teil, das sich in etwas Ganzes einfügt: *Unser Mittagessen bestand aus folgenden Komponenten: Fleisch, Gemüse und Kartoffeln.*

der **Kom|po|nist** (Nomen) **des Komponisten, die Komponisten** jemand, der Musikstücke und Lieder schreibt

die **Kom|po|nis|tin** (Nomen) **der Komponistin, die Komponistinnen**
Femininform von → **Komponist**

die **Kom|po|si|ti|on** (Nomen) [kɔmpoziˈtsi̯oːn] **der Komposition, die Kompositionen**
❶ MUSIK ein Musikstück oder Lied
❷ gehoben eine kreative Zusammenstellung verschiedener Elemente

der **Kom|post, Kom|post** (Nomen) Plural selten **des Kompost(e)s, die Komposte**
die pflanzlichen Abfälle, die als Dünger verwendet werden: *Die Bananenschale kommt in den Kompost.*

der **Kom|pro|miss** (Nomen) **des Kompromisses, die Kompromisse**
die Lösung eines Konflikts, bei der beide Seiten etwas nachgeben

das **Kon|dom** (Nomen) **des Kondoms, die Kondome** ≈ Präservativ ein Überzug aus Gummi für den Penis des Mannes, der beim Geschlechtsverkehr vor Krankheiten schützt und eine Schwangerschaft verhindert: *Man sollte immer ein Kondom benutzen.*

die **Kon|fe|renz** (Nomen) **der Konferenz, die Konferenzen** eine organisierte Besprechung

die **Kon|fes|si|on** (Nomen) **der Konfession, die Konfessionen** die Zugehörigkeit zu einer Religionsgemeinschaft

der **Kon|flikt** (Nomen) gehoben **des Konflikt(e)s, die Konflikte**
❶ ein Streit zwischen zwei oder mehreren Menschen oder Gruppen wegen unterschiedlicher Meinungen
❷ MILITÄR eine bewaffnete Auseinandersetzung zwischen Gegnern
❸ ≈ Zwiespalt eine problematische Situation, wenn sich jemand nicht entscheiden kann: *ein innerer Konflikt*

die **Kon|fron|ta|ti|on** (Nomen) [kɔnfrɔntaˈtsi̯oːn] **der Konfrontation, die Konfrontationen** eine Lage, in der man sich mit etwas oder jemandem auseinandersetzen muss

kon|fron|tie|ren (Verb) **du konfrontierst, er konfrontierte, sie hat konfrontiert, konfrontier(e)!**
jemanden mit etwas/jemandem konfrontieren jemanden in eine Lage bringen, in der er sich mit etwas/jemandem auseinandersetzen muss

der **Kö|nig** (Nomen) **des Königs, die Könige**
❶ POLITIK der Herrscher in einer Monarchie
❷ beim Schachspiel die wichtigste Figur
❸ beim Kartenspiel eine Karte mit dem Bild eines Königs

die **Kö|ni|gin** (Nomen) **der Königin, die Königinnen**
❶ POLITIK die Herrscherin in einer Monarchie
❷ beim Schachspiel ≈ Dame die Figur, die neben dem König steht
❸ BIOLOGIE das Eier legende Weibchen bei bestimmten Insektenvölkern

das **Kö|nig|reich** (Nomen) **des Königreich(e)s, die Königreiche** ein Staat, dessen Oberhaupt ein König oder eine Königin ist

die **Kon|ju|ga|ti|on** (Nomen) [kɔnjugaˈtsi̯oːn] GRAMMATIK **der Konjugation, die Konjugationen** ≈ Flexion von Verben die Beugung eines Verbs in seinen Formen nach Person, Anzahl, Zeit und Aussageweise: *„Ich spreche" ist die konjugierte Form von „sprechen".*

die **Kon|junk|ti|on** (Nomen) [kɔnjʊŋkˈtsi̯oːn] GRAMMATIK **der Konjunktion, die Konjunktionen** ein Wort, mit dem man Sätze und Satzteile verbindet (z. B. und, denn, weil, aber)

der **Kon|junk|tiv** (Nomen) GRAMMATIK **des Konjunktivs, die Konjunktive**
≈ Möglichkeitsform eine Form eines Verbs, die z. B. bei indirekter Rede oder zur Äußerung eines Wunsches verwendet wird: *Der Konjunktiv I von „ist" ist „sei".*

die **Kon|junk|tur** (Nomen) **der Konjunktur, die Konjunkturen** WIRTSCHAFT
❶ die wirtschaftliche Lage eines Landes
❷ etwas hat Konjunktur etwas ist zurzeit sehr beliebt oder wird viel gekauft

kon|kret (Adjektiv) **konkreter, am konkretesten** wirklich vorhanden, genau festgelegt: *Hast du konkrete Pläne für die Zeit nach der Schule?*

der **Kon|kur|rent** (Nomen) **des Konkurrenten, die Konkurrenten** ≈ Mitbewerber, Gegner jemand, mit dem man in Wettbewerb tritt

die **Kon|kur|ren|tin** (Nomen)
der Konkurrentin, die Konkurrentinnen
Femininform von → **Konkurrent**

die **Kon|kur|renz** (Nomen) **nur im Singular**
der Konkurrenz
❶ WIRTSCHAFT die anderen Unternehmen, die das Gleiche anbieten
❷ BERUF ≈Wettbewerb alle anderen Mitbewerber um eine Stelle
❸ SPORT alle anderen Sportler in einem Wettkampf: *in der Konkurrenz vorne liegen*
❹ außer Konkurrenz als Teilnehmer eines Wettbewerbs ohne Wertung

der **Kon|kurs** (Nomen) **des Konkurses, die Konkurse** ≈Bankrott die Situation, in der eine Firma nicht mehr zahlen kann

kön|nen (Verb) **du kannst, er konnte, sie hat gekonnt** ⚠ **als Vollverb: „hat die Vokabeln gekonnt", aber als Hilfsverb: „hat mitkommen können"**
❶ die Fähigkeit oder Möglichkeit zu etwas haben: *Ich kann das nicht! • Kannst du mir bitte helfen?*
❷ die Erlaubnis, das Recht oder guten Grund zu etwas haben: *Kann ich mit ins Kino? • Das kann er doch nicht tun! • Das kannst du mir schon glauben!*
❸ drückt aus, dass etwas möglich ist: *Es kann sein, dass das Konzert ausfällt. • Es kann auch später werden.*
❹ umgangssprachlich • ironisch ≈müssen *Jetzt kann ich wieder alles allein aufräumen!*
❺ für etwas nichts können umgangssprachlich nicht an etwas schuld sein: *Ich kann nichts für die Verspätung.* siehe auch → **dafürkönnen**
❻ Du kannst/Der kann/... mich mal! vulgär drückt aus, dass man auf keinen Fall tun wird, was jemand will

der **Kon|sens** (Nomen) gehoben **Plural selten**
des Konsenses, die Konsense
Es besteht Konsens darüber, dass ...
Alle sind sich einig, dass ...

kon|se|quent (Adjektiv) **konsequenter, am konsequentesten**
❶ ≈folgerichtig zu einem Ziel führend: *Ein Alkoholverbot im Stadion wäre nur konsequent.*
❷ ≈beharrlich, beständig ohne Widersprüche, sich an einen Plan haltend: *In der Erziehung muss man konsequent sein.*

die **Kon|se|quenz** (Nomen) **der Konsequenz, die Konsequenzen**
❶ ≈Folge Auswirkung von etwas auf etwas: *Als Konsequenz sind die Preise um 25 % gestiegen.*
❷ das Festhalten an einem Plan oder an bestimmten Regeln: *Konsequenz in der Erziehung hat mit Dressur nichts zu tun.*
❸ Entscheidung, die zu einem bestimmten Handeln führt: *Dann musst du die Konsequenzen ziehen und aus dem Verein austreten.*

kon|ser|va|tiv, kon|ser|va|tiv (Adjektiv)
konservativer, am konservativsten
❶ so, dass jemand die Verhältnisse eher so lassen möchte, wie sie sind
❷ abwertend ≈altmodisch nicht mehr modern: *Die Einrichtung ist mir zu konservativ.*

der **Kon|so|nant** (Nomen) **des Konsonanten, die Konsonanten** ≈Mitlaut ein Laut, der nicht für sich allein klingt, z. B. „b", „k", „m", „n": *Folgt auf einen betonten Vokal nur ein einzelner Konsonant, z. B. bei „Ofen", wird der Vokal in der Regel lang ausgesprochen.*

kon|stant, kons|tant (Adjektiv)
stets gleichbleibend

die **Kon|struk|ti|on, Kons|truk|ti|on** (Nomen) [kɔnstrʊkˈtsi̯oːn] **der Konstruktion, die Konstruktionen**
❶ TECHNIK **eines Bauwerks oder einer Maschine** das Entwerfen und Bauen
❷ ≈Bauwerk das fertige Objekt: *eine kühne Konstruktion aus Glas und Stahl*
❸ GRAMMATIK die Bildung eines Satzes oder Satzteils

das **Kon|su|lat** (Nomen) **des Konsulat(e)s, die Konsulate** die offizielle Vertretung eines Landes im Ausland

der **Kon|sum** (Nomen) **nur im Singular**
des Konsums der Kauf und Verbrauch von bestimmten Waren: *Der Konsum von Bioprodukten steigt weiterhin.*

der **Kon|su|ment** (Nomen) **des Konsumenten, die Konsumenten** der Käufer oder Verbraucher von Waren: *China ist nach den USA der größte Konsument von Erdöl.*

der **Kon|takt** (Nomen) **des Kontakt(e)s, die Kontakte**
❶ eine Verbindung zu anderen Menschen: *Ich bin immer noch in Kontakt mit meinen Freunden von früher.*
❷ die Berührung von etwas oder jemandem
❸ ELEKTROTECHNIK eine elektrisch leitende Verbindung

der **Kon|text** (Nomen) **des Kontext(e)s, die Kontexte** ≈Zusammenhang der gesamte Hintergrund einer Sache/Geschichte: *Die Bedeutung hängt vom Kontext ab.*

der **Kon|ti|nent, Kon|ti|nent** (Nomen) **des Kontinent(e)s, die Kontinente**
① ≈Erdteil große Landfläche auf der Erde: *Antarktika wird der sechste Kontinent genannt.*
② Festland im Gegensatz zu einer Insel: *Der Kanaltunnel verbindet England mit dem Kontinent.*

kon|ti|nu|ier|lich (Adjektiv) gehoben **Entwicklung** ohne Unterbrechung, stetig

das **Kon|to** (Nomen) **des Kontos, die Konten/Kontos**
① FINANZEN ≈Bankkonto Abrechnung der Ein- und Auszahlungen bei der Bank: *jemandem Geld auf sein Konto überweisen*
② INFORMATIK die Möglichkeit, einen bestimmten Internetdienst zu nutzen
③ etwas geht auf jemandes Konto jemand ist für etwas verantwortlich

kon|t|ra, con|t|ra (Präposition) gegen: *Bist du pro oder kontra Schuluniform?*

der **Kon|trast, Kont|rast** (Nomen) **des Kontrast(e)s, die Kontraste** ein deutlicher Unterschied oder Gegensatz

die **Kon|trol|le, Kont|rol|le** (Nomen) **der Kontrolle, die Kontrollen**
① ≈Überprüfung Aufsicht eines laufenden Betriebes oder gezielte Durchsuchung von etwas/jemandem: *Der Schmuggel war bei einer gezielten Kontrolle aufgeflogen.*
② ≈Herrschaft die Beherrschung von etwas oder die Macht über jemanden: *Er verlor die Kontrolle über sein Auto.*

kon|trol|lie|ren, kont|rol|lie|ren (Verb) **du kontrollierst, er kontrollierte, sie hat kontrolliert, kontrollier(e)!**
① ≈überprüfen etwas/jemanden ständig überwachen oder gezielt durchsuchen: *Die Beamten stoppten den Wagen, um ihn zu kontrollieren.*
② ≈beherrschen Macht über etwas haben: *Der Schwarzmarkt wird von internationalen Verbrecherbanden kontrolliert.*

die **Kon|ven|ti|on** (Nomen) [kɔnvɛn'tsi̯oːn] **der Konvention, die Konventionen**
① eine allgemeine Regel für das Verhalten in der Gemeinschaft
② POLITIK ein internationales Abkommen

kon|ven|ti|o|nell, kon|ven|tio|nell (Adjektiv) [kɔnvɛntsi̯o'nɛl] gehoben **konventioneller, am konventionellsten**
① ≈traditionell, förmlich gängigen gesellschaftlichen Traditionen entsprechend, nicht modern: *Diese Bilder sind mir viel zu konventionell.*
② MILITÄR · TECHNIK ≈herkömmlich **Waffen** nicht atomar, biologisch oder chemisch

die **Kon|zen|tra|ti|on, Kon|zent|ra|ti|on** (Nomen) [kɔntsɛntra'tsi̯oːn] **der Konzentration, die Konzentrationen**
① nur im Singular eine große Aufmerksamkeit und Anspannung bei einer Tätigkeit
② auch CHEMIE die Menge eines Stoffes, die in etwas enthalten ist
③ das Versammeln von Personen oder Kräften

das **Kon|zen|tra|ti|ons|la|ger, KZ** (Nomen) GESCHICHTE **des Konzentrationslagers, die Konzentrationslager** Massenlager, in denen die Nationalsozialisten Juden, Sinti und Roma, politische Gegner, Homosexuelle und andere Personengruppen gefangen hielten, zur Arbeit zwangen und planmäßig ermordeten (z. B. in den Vernichtungslagern Auschwitz, Birkenau oder Majdanek).

kon|zen|trie|ren, kon|zent|rie|ren (Verb) **du konzentrierst, er konzentrierte, sie hat konzentriert, konzentrier(e)!**
① etwas oder jemanden sammeln oder zusammenbringen
② sich auf etwas/jemanden konzentrieren seine ganze Aufmerksamkeit auf eine Tätigkeit richten: *Bei den Matheaufgaben muss ich mich immer sehr konzentrieren.*
③ sich nicht konzentrieren können nicht bei einer Sache bleiben können, sich leicht ablenken lassen
④ alles konzentriert sich auf … alles beschäftigt sich nur mit …, alles hat nur … zum Ziel

kon|zen|triert, kon|zent|riert (Adjektiv) **konzentrierter, am konzentriertesten**
① ≈aufmerksam ernsthaft bei der Sache: *Ich brauche Ruhe, um konzentriert arbeiten zu können.*
② besonders CHEMIE **Säure, Lauge usw.** in hoher Konzentration

das **Kon|zept** (Nomen) **des Konzept(e)s, die Konzepte**
① ≈Entwurf ein grober Plan für eine größere Aufgabe: *Das Konzept für den Aufsatz ist fertig.*

❷ jemanden aus dem Konzept bringen jemanden durcheinanderbringen

der **Kon|zern** (Nomen) **des Konzern(e)s, die Konzerne** mehrere Unternehmen, die (unter einer Leitung) zusammenarbeiten

das **Kon|zert** (Nomen) **des Konzert(e)s, die Konzerte** eine Aufführung, bei der meistens mehrere Musikstücke gespielt werden

die **Ko|ope|ra|ti|on** (Nomen) [ko|opera'tsio:n] **der Kooperation, die Kooperationen** Zusammenarbeit von zwei oder mehreren Institutionen/Firmen: *die Kooperation zwischen Schule und Ausbildungsbetrieben*

der **Kopf** (Nomen) **des Kopf(e)s, die Köpfe**
❶ ANATOMIE der Körperteil, in dem sich das Gehirn befindet und an dem Augen, Nase, Mund und Ohren sind
❷ ≈Wille, Verstand eine Person mit Eigensinn: *Er hat seinen eigenen Kopf.*
❸ ≈Oberhaupt, Chef Anführer einer Gruppe: *der Kopf der Bande*
❹ von Kopf bis Fuß von oben bis unten **die Einstellung betreffend** ganz und gar, durch und durch: Ein berühmtes Lied heißt "Ich bin von Kopf bis Fuß auf Liebe eingestellt".
❺ sich den Kopf zerbrechen umgangssprachlich lange (vergeblich) über etwas nachdenken
❻ jemandem den Kopf verdrehen umgangssprachlich jemanden dazu bringen, sich in einen zu verlieben
❼ Kopf und Kragen riskieren sein Leben oder seine Existenz aufs Spiel setzen

köp|fen (Verb) **du köpfst, er köpfte, sie hat geköpft, köpf(e)!**
❶ SPORT **beim Fußball** den Ball mit dem Kopf stoßen
❷ GESCHICHTE jemandem den Kopf abschlagen

der **Kopf|hö|rer** (Nomen) **meist Plural des Kopfhörers, die Kopfhörer** ein Gerät, das man direkt auf die Ohren setzt/in die Ohren steckt, um Sprache oder Musik zu hören

die **Ko|pie** (Nomen) **der Kopie, die Kopien**
❶ ≈Fotokopie eine weitere Anfertigung z. B. eines Dokumentes oder einer Datei: *von einem Zeugnis zwei Kopien machen*
❷ besonders KUNST genaue Nachbildung eines Gegenstandes: *Das Bild ist nur eine Kopie.*

ko|pie|ren (Verb) **du kopierst, er kopierte, sie hat kopiert, kopier(e)!**
❶ ≈vervielfältigen eine Fotokopie von etwas machen
❷ ≈nachahmen versuchen, etwas genauso zu machen, wie jemand anderes: *Versucht, seine Sprungtechnik zu kopieren!*

der **Ko|pie|rer** (Nomen) **des Kopierers, die Kopierer** ein Gerät, mit dem man Fotokopien anfertigt

der **Ko|ran** (Nomen) **nur im Singular des Korans** das heilige Buch der islamischen Religion

der **Korb** (Nomen) **des Korb(e)s, die Körbe**
❶ ein Behälter aus geflochtenem Material **(z. B. Einkaufskorb, Wäschekorb)**
❷ SPORT **beim Basketball** der Ring mit Netz, durch den der Ball soll
❸ SPORT ein Treffer beim Basketball
❹ jemandem einen Korb geben einen Antrag oder ein Angebot von jemandem ablehnen

der **Kor|ken|zie|her** (Nomen) **des Korkenziehers, die Korkenzieher** ein Gerät zum Herausziehen eines Korkens aus einer Flasche

das **Korn** [1] (Nomen) **des Korn(e)s, die Körner**
❶ **nur im Singular** ≈Getreide eine Pflanze, aus der Mehl hergestellt wird: *das Korn ernten*
❷ ≈Samenkorn der Samen einer Pflanze: *Aus so einem kleinen Senfkorn wächst eine ganze Pflanze.*
❸ ein kleines, festes Teilchen **(z. B. Sandkorn, Hagelkorn)**
❹ jemanden/etwas aufs Korn nehmen jemanden/etwas verspotten oder kritisieren

der **Korn** [2] (Nomen) umgangssprachlich **nur im Singular des Korn(e)s** ein aus Getreide gebrannter Schnaps

der **Kör|per** (Nomen) **des Körpers, die Körper**
❶ der gesamte Organismus von Mensch oder Tier
❷ GEOMETRIE • PHYSIK eine dreidimensionale Figur

kör|per|lich (Adjektiv) den Körper betreffend: *harte körperliche Arbeit • körperliche Behinderung*

die **Kör|per|ver|let|zung** (Nomen) **nur im Singular der Körperverletzung** ein körperlicher Schaden, den jemand jemandem zufügt

kor|rekt (Adjektiv)
❶ ≈richtig ohne Fehler: *Die Schreibung ist nicht korrekt.*

❷ ≈ angemessen den (gesellschaftlichen) Normen entsprechend: *auf korrekte Kleidung Wert legen*

die **Kor|rek|tur** (Nomen) gehoben **der Korrektur, die Korrekturen**
❶ ≈ Berichtigung die Verbesserung eines Textes, der nicht richtig ist: *einige kleine Korrekturen anbringen*
❷ SCHULE von Klassenarbeiten usw. die Durchsicht auf Fehler hin und Benotung

kor|ri|gie|ren (Verb) **du korrigierst, er korrigierte, sie hat korrigiert, korrigier(e)!**
❶ Fehler verbessern, berichtigen
❷ Klassenarbeiten durchlesen, Fehler anmerken und eine Note geben

die **Kor|rup|ti|on** (Nomen) [kɔrʊpˈtsi̯oːn] abwertend **der Korruption, die Korruptionen**
≈ Bestechung ein Handeln oder System, in dem man andere besticht oder bestochen wird

die **Kos|me|tik** (Nomen) nur im Singular **der Kosmetik**
❶ die Pflege/Verschönerung der Haut mit Creme, Lotion, Puder, Make-up, Lippenstift usw.
❷ die Produkte wie Creme, Lotion, Puder, Make-up, Lippenstift usw. für die Pflege/Verschönerung der Haut

kost|bar (Adjektiv) **kostbarer, am kostbarsten**
❶ Schmuck, Teppich sehr wertvoll und teuer
❷ Zeit, Freundschaft sehr selten und wichtig

kos|ten[1] (Verb) nur in der 3. Person gebraucht **es kostet, es kostete, es hat gekostet**
❶ etwas kostet 5 Euro/20 Cent/… man muss für etwas 5 Euro/20 Cent/… bezahlen
❷ etwas kostet (jemanden) viel Zeit/Arbeit/… jemand muss für etwas viel Zeit opfern/Arbeit leisten/…

kos|ten[2] (Verb) **du kostest, er kostete, sie hat gekostet, koste!**
etwas (von etwas) kosten ≈ probieren eine kleine Menge von etwas essen oder trinken, um zu testen, wie es schmeckt

kos|ten|los (Adjektiv) ≈ gratis ohne dass man Geld bezahlen muss

das **Kos|tüm** (Nomen) **des Kostüms, die Kostüme**
❶ MODE ein Rock und eine Jacke, die zusammenpassen
❷ ≈ Verkleidung die Kleidung, die man im Karneval oder als Schauspieler trägt, um wie eine andere Person, ein Tier usw. auszusehen

der **Kot** (Nomen) nur im Singular **des Kot(e)s**
die festen Ausscheidungen aus dem Darm

der **Krach** (Nomen) **des Krach(e)s, die Kräche**
❶ nur im Singular ≈ Lärm sehr laute Geräusche
❷ Krach schlagen umgangssprachlich sich laut beschweren
❸ umgangssprachlich der Streit: *Wir haben Krach mit unseren Nachbarn.*

krac|hen (Verb) **du krachst, er krachte, sie hat gekracht, krach(e)!**
❶ Donner, Schuss ein sehr lautes Geräusch machen
❷ es kracht es gibt plötzlich sehr laute Geräusche (und etwas geht kaputt)
umgangssprachlich VERKEHR es gibt einen Unfall
❸ es kracht (zwischen …) umgangssprachlich es gibt Streit zwischen …

kräf|tig (Adjektiv) **kräftiger, am kräftigsten**
❶ stark und gesund
❷ Druck, Schlag, Stoß, Wind mit viel Kraft oder Wucht, stark, fest
Händedruck mit Druck, fest
❸ Mensch, Hände usw. stark und groß
❹ Geschmack, Geruch, Farbe intensiv, stark
❺ Essen, Suppe nahrhaft und sättigend
❻ Schluck groß

kräf|ti|gen (Verb) **du kräftigst, er kräftigte, sie hat gekräftigt, kräftige!** stark machen

der **Kra|gen** (Nomen) **des Kragens, die Kragen**
❶ der obere Teil beim Hemd, Mantel usw., der um den Hals liegt
❷ jemandem platzt der Kragen umgangssprachlich jemand verliert die Geduld und wird sehr wütend
❸ es geht jemandem an den Kragen umgangssprachlich jemand muss mit etwas Negativem rechnen

die **Krä|he** (Nomen) **der Krähe, die Krähen**
ein großer schwarzer Vogel

krä|hen (Verb) **du krähst, er krähte, sie hat gekräht, kräh(e)!**
❶ der Hahn kräht der Hahn macht sein typisches Geräusch
❷ das Baby kräht das Baby lacht stark und fröhlich

der **Kran** (Nomen) **des Kran(e)s, die Kräne**
ein großes Gerät mit einem langen, beweglichen Arm, das auf Baustellen schwere Lasten heben kann

krank (Adjektiv) **kränker, am kränksten**
① Mensch, Tier nicht gesund, sondern an Schmerzen, Fieber usw. leidend
② Herz, Magen usw. nicht gesund, sondern in seiner Funktion gestört

der/die **Kran|ke** (Nomen) **des/der Kranken, die Kranken** jemand, der nicht gesund ist, sondern Schmerzen, Fieber usw. hat

das **Kran|ken|haus** (Nomen) **des Krankenhauses, die Krankenhäuser** ein großes Gebäude, in dem Kranke von Ärzten behandelt werden

die **Kran|ken|kas|se** (Nomen) **der Krankenkasse, die Krankenkassen** ein Unternehmen, das Menschen gegen die Kosten versichert, die durch Krankheiten anfallen

die **Kran|ken|ver|si|che|rung** (Nomen) **der Krankenversicherung, die Krankenversicherungen**
① die Versicherung gegen Kosten, die bei Krankheit anfallen: *Bei dieser Krankenversicherung sind die Zahnarztkosten nicht abgedeckt.*
② Unternehmen Krankenkasse

der **Kran|ken|wa|gen** (Nomen) **des Krankenwagens, die Krankenwagen** das Auto, mit dem Kranke und Verletzte in einem Notfall transportiert werden

die **Krank|heit** (Nomen) **der Krankheit, die Krankheiten** der Zustand, in dem man nicht gesund ist, sondern Schmerzen, Fieber usw. hat

krat|zen (Verb) **du kratzt, er kratzte, sie hat gekratzt, kratz(e)!**
① an etwas kratzen mit Krallen, Fingernägeln, Dornen usw. an etwas reiben
② Pulli, Wolle, Bart auf der Haut scheuern
③ sich kratzen mit den Fingernägeln an seiner Haut reiben

das **Kraut** (Nomen) **des Kraut(e)s, die Kräuter**
① eine Pflanze, die man zum Würzen von Speisen oder als Heilmittel verwendet
② nur im Singular · Ⓐ süddeutsch der Kohl, der Weißkohl
③ wie Kraut und Rüben umgangssprachlich durcheinander, unordentlich

die **Kra|wat|te** (Nomen) **der Krawatte, die Krawatten** ≈ Schlips ein langes, schmales, glattes Stück Stoff, das sich Männer mit einem speziellen Knoten eng um den Hals binden und zu Hemden tragen

kre|a|tiv, krea|tiv (Adjektiv) gehoben **kreativer, am kreativsten** ≈ erfinderisch, einfallsreich mit vielen passenden Ideen

die **Kre|a|ti|vi|tät, Krea|ti|vi|tät** (Nomen) [kreativiˈtɛːt] gehoben · nur im Singular **der Kreativität** ≈ Einfallsreichtum die Fähigkeit, viele passende Ideen zu entwickeln

der **Krebs** (Nomen) **des Krebses, die Krebse**
① ein Tier mit hartem Panzer und Scheren zum Greifen, das im Wasser lebt
② nur im Singular eine gefährliche Krankheit, von der man häufig lange nichts merkt, während irgendwo im Körper Knoten wachsen
③ nur im Singular das Sternzeichen für die Zeit vom 22.6. bis 22.7.: *die Eigenschaften des Sternzeichens „Krebs"*
④ jemand, der im Sternzeichen „Krebs" geboren ist: *Ich bin Krebs.*

der **Kre|dit** (Nomen) **des Kredit(e)s, die Kredite**
① das Geld, das man bei einer Bank leiht
② einen Kredit aufnehmen Geld bei einer Bank leihen
③ etwas auf Kredit kaufen etwas kaufen, was man nicht sofort ganz, sondern in Raten bezahlt

die **Krei|de** (Nomen) **der Kreide, die Kreiden**
① nur im Singular · Material ein weißer, weicher Stein
② KUNST · SCHULE ein Stück Kreide zum Malen oder Schreiben

der **Kreis** (Nomen) **des Kreises, die Kreise**
① GEOMETRIE Umfang eine geschlossene, runde Linie, deren Punkte alle gleich weit vom Mittelpunkt entfernt sind
Inhalt eine runde Fläche oder Form, die von einem Kreis begrenzt wird
② etwas, was die Form eines Kreises hat
③ im Kreis in der Form eines Kreises: *Stellt euch bitte im Kreis auf!* (immer) wieder an den Punkt zurück, an dem etwas begonnen hat: *Wir haben uns verlaufen, weil wir die ganze Zeit im Kreis gegangen sind.*
④ sich im Kreis drehen sich in der Form eines Kreises bewegen, sich um sich selbst drehen ≈ nicht weiterkommen immer wieder dasselbe denken oder sagen und daher zu keinem Ergebnis kommen
⑤ VERWALTUNG ≈ Landkreis ein Gebiet, das aus mehreren kleinen Orten besteht
⑥ GESELLSCHAFT eine soziale Gruppe von Personen

❼ FAMILIE Freunde, Familienmitglieder usw., die (regelmäßig) zusammen sind: *Ich feiere meinen Geburtstag nur im Kreis der Familie.*

krei|sen (Verb) **du kreist, er kreiste, sie hat/ist gekreist, kreis(e)!**
❶ über/um/... etwas kreisen sich so über/um/... etwas bewegen, dass ein Kreis entsteht, sich über/um/... etwas drehen
❷ jemandes Gedanken kreisen um etwas/jemanden jemand muss immer an etwas/jemanden denken

der **Kreis|lauf** (Nomen) **des Kreislauf(e)s, die Kreisläufe**
❶ nur im Singular MEDIZIN die Bewegung des Blutes
❷ eine Bewegung, die an den Punkt zurückkehrt, wo sie begonnen hat und sich immer wiederholt

kreuz
nur in kreuz und quer fahren, gehen ohne Ziel, in alle Richtungen
liegen ohne Ordnung, durcheinander

das **Kreuz** (Nomen) **des Kreuzes, die Kreuze**
❶ eine Form oder ein Zeichen aus zwei Linien, die sich überkreuzen wie „+" oder „x": *Mache ein Kreuz bei der richtigen Antwort!*
❷ RELIGION ein senkrechtes Kreuz als Symbol des christlichen Glaubens
❸ ANATOMIE der untere Teil des Rückens

die **Kreu|zung** (Nomen) **der Kreuzung, die Kreuzungen**
❶ VERKEHR die Stelle, an der sich zwei oder mehr Straßen überschneiden
❷ BIOLOGIE · BOTANIK eine neue Art, die durch das Zusammenbringen von zwei unterschiedlichen Arten entstanden ist

krie|chen (Verb) **du kriechst, er kroch, sie ist gekrochen, kriech(e)!**
❶ Schlange, Raupe sich langsam mit dem ganzen Körper über den Boden ziehen
❷ Menschen, Tiere sich so mit Händen, Knien oder Pfoten nach vorn bewegen, dass der Bauch ganz nah am Boden ist
❸ in/unter/... etwas kriechen sich klein machen und sich in/unter/... etwas bewegen, wo wenig Platz ist
❹ umgangssprachlich · Autos, Verkehr nur sehr langsam vorwärtskommen
❺ vor jemandem kriechen abwertend übertrieben freundlich und hilfsbereit zu jemandem sein, weil man hofft, dadurch Vorteile zu bekommen

der **Krieg** (Nomen) **des Krieg(e)s, die Kriege**
❶ ein Kampf zwischen Ländern, der mit Waffen wie Panzern, Bomben usw. ausgetragen wird
❷ einem Land den Krieg erklären anfangen, gegen ein Land mit Waffen wie Panzern, Bomben usw. zu kämpfen
❸ gegen ein Land Krieg führen gegen ein Land mit Waffen wie Panzern, Bomben usw. kämpfen

krie|gen (Verb) umgangssprachlich **du kriegst, er kriegte, sie hat gekriegt, krieg(e)!**
→ **bekommen**

der **Kri|mi** (Nomen) umgangssprachlich **des Krimis, die Krimis** ein Film oder Roman, der von Verbrechen und ihrer Aufklärung handelt

die **Kri|mi|na|li|tät** (Nomen) **nur im Singular der Kriminalität** die Gesamtheit der Straftaten

die **Kri|mi|nal|po|li|zei** (Nomen) **nur im Singular der Kriminalpolizei** die Abteilung bei der Polizei, die für die Aufklärung von Verbrechen zuständig ist

die **Kri|po** (Nomen) **nur im Singular der Kripo**
Kurzform von → **Kriminalpolizei**

die **Kri|se** (Nomen) **der Krise, die Krisen**
❶ der Höhepunkt einer schwierigen oder gefährlichen Entwicklung
❷ die Krise kriegen umgangssprachlich sich aufregen

das **Kri|te|ri|um** (Nomen) gehoben **des Kriteriums, die Kriterien** ein besonderes Merkmal, das Dinge voneinander unterscheidet und anhand dessen man sich für oder gegen etwas entscheidet oder etwas beurteilt

die **Kri|tik** (Nomen) **der Kritik, die Kritiken**
❶ Besprechung in Form eines Artikels: *Filmkritiken für die Zeitung schreiben*
❷ nur im Singular Äußerung einer (meist) negativen Meinung: *sachliche/unbegründete Kritik*
❸ an jemandem/etwas Kritik üben sagen, dass einem jemand/etwas nicht gefällt
❹ unter aller Kritik umgangssprachlich sehr schlecht

der **Kri|ti|ker** (Nomen) **des Kritikers, die Kritiker**
❶ jemand, der sagt, dass ihm etwas/jemand nicht gefällt
❷ BERUF ein Fachmann, der in einer Zeitung oder im Fernsehen seine Meinung zu einem Buch, Film usw. äußert

die **Kri|ti|ke|rin** (Nomen) **der Kritikerin, die Kritikerinnen** Femininform von → **Kritiker**

kri|tisch (Adjektiv) **kritischer, am kritischsten**
❶ Mensch, Kritiker so, dass man etwas genau prüft und beurteilt
Kommentar, Bemerkung so, dass man etwas negativ beurteilt
❷ Lage, Situation, Zustand gefährlich, ernst
Alter, Phase schwierig, problematisch

kri|ti|sie|ren (Verb) **du kritisierst, er kritisierte, sie hat kritisiert, kritisier(e)!**
jemanden/etwas kritisieren sagen, dass einem jemand/etwas nicht gefällt

der **Kro|ate, Kroa|te** (Nomen) **des Kroaten, die Kroaten** ein Junge/Mann aus Kroatien

Kro|ati|en, Kroa|ti|en (Nomen) **Kroatiens** ein Land im Südosten Europas

die **Kro|atin, Kroa|tin** (Nomen) **der Kroatin, die Kroatinnen** ein Mädchen/eine Frau aus Kroatien

kro|atisch, kroa|tisch (Adjektiv) aus Kroatien oder in kroatischer Sprache

die **Kro|ne** (Nomen) **der Krone, die Kronen**
❶ der Schmuck, den ein König oder eine Königin auf dem Kopf trägt
❷ BOTANIK der obere Teil eines Baums über dem Stamm, an dem die Blätter wachsen
❸ MEDIZIN der obere Teil aus Keramik oder Metall auf einem Zahn
❹ FINANZEN der Name des Geldes in Schweden, Dänemark, Island u. a.
❺ einen in der Krone haben umgangssprachlich betrunken sein

krumm (Adjektiv) **krummer, am krummsten**
❶ Beine, Banane, Linie gebogen
❷ ein krummes Ding umgangssprachlich etwas Illegales
❸ auf die krumme Tour umgangssprachlich nicht ganz legal

der **Ku|bik|me|ter** (Nomen) **des Kubikmeters, die Kubikmeter** die Maßeinheit für den Rauminhalt/das Volumen

die **Kü|che** (Nomen) **der Küche, die Küchen**
❶ ARCHITEKTUR der Raum in einem Haus oder in einer Wohnung, in dem man kocht
❷ HAUSHALT Schränke, Herd, Ofen, Kühlschrank, Geschirrspüler usw. die Möbel, die man zum Kochen braucht
❸ GASTRONOMIE eine bestimmte Art zu kochen: *die italienische Küche* · *die gutbürgerliche Küche*

der **Ku|chen** (Nomen) **des Kuchens, die Kuchen** ein süße Speise, die meist aus Mehl, Zucker, Eiern und anderen Zutaten im Ofen gebacken und kalt in Stücke geschnitten zum Kaffee gegessen wird

der **Ku|ckuck** (Nomen) **des Kuckucks, die Kuckucke**
❶ ein Vogel, dessen Ruf „kuckuck" man oft im Wald hört
❷ Warum/Wo/… zum Kuckuck …? umgangssprachlich bei Fragen, wenn man sich ärgert oder sehr ungeduldig ist
❸ Zum Kuckuck (nochmal)! umgangssprachlich ≈Verdammt noch mal! ein Fluch, wenn man sich ärgert

die **Ku|fe** (Nomen) **der Kufe, die Kufen** der schmale, lange Teil unter Schlitten und Schlittschuhen

die **Ku|gel** (Nomen) **der Kugel, die Kugeln** ein runder, harter Gegenstand, der rollen kann

der **Ku|gel|schrei|ber** (Nomen) **des Kugelschreibers, die Kugelschreiber** ein Stift zum Schreiben mit einer auswechselbaren Mine, die Farbe enthält

die **Kuh** (Nomen) **der Kuh, die Kühe**
❶ ZOOLOGIE ein großes, weibliches Tier (oft mit schwarzen oder braunen Flecken), das Milch gibt
❷ die Kuh macht muh die Kuh macht ihr typisches Geräusch
❸ umgangssprachlich · abwertend Schimpfwort für eine Frau: *Diese dumme Kuh!*

kühl (Adjektiv) **kühler, am kühlsten**
❶ Temperatur, Wetter, Wasser nicht sehr kalt: *kühl stellen, kühl lagern*
❷ Begrüßung, Verhältnis nicht freundlich, nicht herzlich
❸ Verstand ohne Gefühl, nüchtern, sachlich
❹ einen kühlen Kopf bewahren ruhig und sachlich bleiben

küh|len (Verb) **du kühlst, er kühlte, sie hat gekühlt, kühl(e)!** kalt machen, kalt stellen

der **Kühl|schrank** (Nomen) **des Kühlschrank(e)s, die Kühlschränke** ein großes Gerät, in dem man Lebensmittel wie Butter, Milch, Wurst usw. kühl und frisch hält

der **Ku|li, Ku|li** (Nomen) umgangssprachlich **des Kulis, die Kulis** Kurzform von → **Kugelschreiber**

die **Ku|lis|se** (Nomen) **der Kulisse, die Kulissen**
❶ THEATER die Dekoration auf der Bühne, die den Ort darstellt, an dem das Stück spielt
❷ der Hintergrund

③ hinter den Kulissen so, dass man es nicht bemerkt

die **Kul|tur** (Nomen) **der Kultur, die Kulturen**
① nur im Singular die Gesamtheit dessen, was Menschen gestalten, z. B. Kunst, Musik, Wissenschaft, Religion, Sprache
② nur im Singular Bildung, guter Geschmack und gutes Benehmen
③ GESCHICHTE die Stufe oder die Art der Zivilisation einer bestimmten Gruppe, Zeit usw.: *die abendländische Kultur*
④ BOTANIK auf einer Fläche angebaute junge Pflanzen
BIOLOGIE · MEDIZIN in besonderen Gefäßen auf geeignetem Untergrund gezüchtete Zellen und Bakterien

der **Kul|tur|beu|tel** (Nomen) **des Kulturbeutels, die Kulturbeutel** eine kleine Tasche für Zahnbürste, Seife, Deo usw., die man mitnimmt, wenn man verreist

kul|tu|rell (Adjektiv) die Kultur betreffend

küm|mern (Verb) **du kümmerst, er kümmerte, sie hat gekümmert, kümm(e)re!**
① etwas kümmert jemanden etwas interessiert jemanden
② sich um jemanden kümmern für jemanden sorgen, jemanden betreuen
③ eine Pflanze kümmert (vor sich hin) eine Pflanze wächst schlecht und langsam
④ sich um etwas kümmern bestimmte Aufgaben erledigen, die für etwas wichtig sind: *Kümmerst du dich um die Blumen, wenn wir im Urlaub sind?*
sich für etwas interessieren, sich in Gedanken mit etwas beschäftigen: *Kümmere dich um deine eigenen Angelegenheiten!*

der **Kun|de** (Nomen) **des Kunden, die Kunden** jemand, der in einem Geschäft einkauft oder einen Service in Anspruch nimmt

die **Kund|ge|bung** (Nomen) **der Kundgebung, die Kundgebungen** ≈ Demonstration die Versammlung vieler Leute unter freiem Himmel, um ihre (politische) Meinung zu sagen oder gegen etwas zu protestieren

kün|di|gen (Verb) **du kündigst, er kündigte, sie hat gekündigt, kündige!**
① einen Vertrag/eine Mitgliedschaft/eine Arbeitsstelle/… beenden: *seine Wohnung kündigen · ein Abo kündigen*
② jemandem kündigen ≈ jemanden entlassen seinem Angestellten schriftlich mitteilen, dass er nicht mehr zur Arbeit kommen soll

die **Kün|di|gung** (Nomen) **der Kündigung, die Kündigungen**
① die Auflösung oder die Beendigung eines Vertrags (z. B. Mitgliedschaft, Mietvertrag)
② die Mitteilung über die Auflösung eines Vertrages (z. B. Arbeitsvertrag, Mietvertrag)

die **Kun|din** (Nomen) **der Kundin, die Kundinnen** Femininform von → **Kunde**

die **Kund|schaft** (Nomen) nur im Singular **der Kundschaft** alle Kunden eines Geschäfts

künf|tig[1] (Adverb) ≈ von nun an in der Zukunft: *Das mache ich künftig anders.*

künf|tig[2] (Adjektiv) ≈ später in Bezug auf die Zukunft: *Das ist meine künftige Frau.*

die **Kunst** (Nomen) **der Kunst, die Künste**
① die Werke und Tätigkeiten in der Malerei, Literatur, Musik usw.
② nur im Singular ≈ Kunsterziehung das Schulfach, bei dem man besonders Malen, Zeichnen und Gestalten lernt

der **Künst|ler** (Nomen) **des Künstlers, die Künstler** jemand, der Werke in Malerei, Literatur, Theater, Musik usw. erschafft

die **Künst|le|rin** (Nomen) **der Künstlerin, die Künstlerinnen** Femininform von → **Künstler**

künst|le|risch (Adjektiv) Kunst oder Künstler betreffend

künst|lich (Adjektiv)
① Haare, Zähne, Blumen nachgemacht, nicht echt
② Lachen, Fröhlichkeit vorgetäuscht
③ Atmung, Befruchtung, Beleuchtung mit Geräten oder Maschinen hergestellt

der **Kunst|stoff** (Nomen) **des Kunststoff(e)s, die Kunststoffe** ≈ Plastik ein Material, das künstlich hergestellt wird und sehr haltbar ist

das **Kunst|werk** (Nomen) **des Kunstwerk(e)s, die Kunstwerke** ein Bild, ein Roman, eine Oper ein Produkt aus Malerei, Literatur, Musik usw.

das **Kup|fer** (Nomen) nur im Singular **des Kupfers** ein rötliches Metall

der **Kurs** (Nomen) **des Kurses, die Kurse**
① SCHULE · UNIVERSITÄT mehrere Unterrichtsstunden, die eine Lerneinheit bilden (z. B. Englischkurs, Tanzkurs)
② SPORT die vorgegebene Strecke eines Wettrennens (z. B. Slalomkurs)
③ FLUGWESEN · SCHIFFFAHRT die Richtung, in die ein Schiff fährt oder ein Flugzeug fliegt

4 WIRTSCHAFT der Preis eines Wertpapiers an der Börse
5 hoch im Kurs stehen sehr beliebt sein

die **Kur|ve** (Nomen) ['kʊrvə] **der Kurve, die Kurven**
1 Form eine runde Linie, ein Bogen
2 VERKEHR der Bereich, an dem die Straße einen Bogen macht

kurz (Adjektiv) **kürzer, am kürzesten**
1 räumlich nicht lang: *kurze Haare*
2 zeitlich nicht lang: *Sie sprachen kurz über ihre Erlebnisse am Wochenende.*
3 kurz vor/kurz nach ... räumlich nicht weit weg von ...: *Kurz vor Frankfurt wurde ihm schlecht im Auto.*
zeitlich nicht viel Zeit vor/nach ...: *kurz vor Weihnachten • Wir trafen uns kurz nach acht Uhr in der Stadt.*
4 seit Kurzem/kurzem seit nicht langer Zeit: *Sie ist seit Kurzem arbeitslos.*
5 vor Kurzem/kurzem vor nicht langer Zeit: *Ich habe sie vor Kurzem gesprochen.*

die **Kür|ze** (Nomen) nur im Singular **der Kürze**
1 räumlich die geringe Länge: *Aufgrund der Kürze des Weges gingen wir zu Fuß.*
2 zeitlich die geringe Dauer: *Trotz der Kürze des Treffens war es sehr schön, dich wiederzusehen.*
3 in Kürze sehr bald: *Wir werden in Kürze mehr wissen.*

kür|zen (Verb) **du kürzt, er kürzte, sie hat gekürzt, kürz(e)!**
1 eine Hose, einen Rock usw. etwas abschneiden und dadurch kürzer machen
2 einen Text usw. etwas durch Streichungen kürzer machen
3 ein Budget, die Rente usw. etwas wegnehmen und dadurch verringern
4 MATHEMATIK einen Bruch Zähler und Nenner durch die gleiche Zahl teilen und dadurch vereinfachen

kurz|ent|schlos|sen, kurz ent|schlos|sen (Adjektiv) ohne lange zu überlegen, spontan

kur|zer|hand (Adverb) ohne lange zu überlegen, spontan

kurz|fris|tig (Adjektiv)
1 ohne langen Vorlauf, überraschend: *eine kurzfristige Änderung • die kurzfristige Absage • das kurzfristige Treffen*
2 ohne lange Dauer, nur kurz gültig: *ein kurzfristiger Kredit*
3 möglichst schnell: *kurzfristig eine Lösung finden*

die **Kurz|ge|schich|te** (Nomen) **der Kurzgeschichte, die Kurzgeschichten** eine kurze Erzählung, die meist einen überraschenden Schluss oder ein offenes Ende hat

kürz|lich (Adverb) vor nicht langer Zeit, neulich

kurz|sich|tig (Adjektiv) **kurzsichtiger, am kurzsichtigsten**
1 so, dass man nahe Dinge gut und entfernte Dinge nicht gut sehen kann
2 so, dass man nicht vorausschauend plant

die **Kür|zung** (Nomen) **der Kürzung, die Kürzungen** das Streichen von etwas, sodass weniger übrig bleibt: *Heute wird erneut die Kürzung der Renten im Parlament diskutiert. • Durch die Kürzungen fehlen im Text jetzt wichtige Argumente.*

die **Ku|si|ne** (Nomen) **der Kusine, die Kusinen**
Variante von → **Cousine**

der **Kuss** (Nomen) **des Kusses, die Küsse** die zärtliche Berührung mit den Lippen als Zeichen der Zuneigung: *Sie gab ihm zur Begrüßung einen sanften Kuss auf die Wange.*

küs|sen (Verb) **du küsst, er küsste, sie hat geküsst, küss(e)!**
1 jemanden/etwas küssen jemandem/etwas einen Kuss geben: *Er küsste sie auf den Mund/auf die Wange. • Für das Siegerfoto küsste er seine Medaille.*
2 sich küssen sich gegenseitig einen Kuss geben: *Sie küssten sich leidenschaftlich zur Begrüßung.*

die **Küs|te** (Nomen) **der Küste, die Küsten** der Landstreifen am Meer: *Die Wellen schlugen auf die steinige Küste auf.*

L

das **L, l** (Nomen) **des L, die L**
1 der zwölfte Buchstabe im Alphabet
siehe auch → **A**

❷ nur L: Abkürzung für large die Kleidergröße „groß"
❸ nur l: Abkürzung für Liter

das **La|bor** (Nomen) **des Labors, die Labors/Labore** ein Raum, in dem wissenschaftliche Untersuchungen und Experimente durchgeführt werden

lä|cheln (Verb) **du lächelst, er lächelte, sie hat gelächelt, läch(e)le!**
❶ lautlos, besonders als Zeichen der Freude den Mund zu einem Lachen formen
❷ über etwas nur (müde) lächeln können etwas nicht ernst nehmen können

la|chen (Verb) **du lachst, er lachte, sie hat gelacht, lach(e)!**
❶ zum Ausdruck der Freude die Mundwinkel nach oben ziehen und freudige Laute von sich geben: *Sie lachten alle herzhaft über den Witz.*
❷ über jemanden/etwas lachen negativ sich über jemanden/etwas lustig machen: *Die ganze Klasse lachte über seinen Fehler.*
❸ bei jemandem nichts zu lachen haben sehr streng von jemandem behandelt werden: *Bei diesem Lehrer haben die Schüler nichts zu lachen.*
❹ Dass ich nicht lache! Ausspruch, wenn man etwas für lächerlich oder falsch hält
❺ Wer zuletzt lacht, lacht am besten! Es ist nicht klug, sich zu früh über einen Erfolg zu freuen, denn am Ende kann das Ergebnis ganz anders aussehen.

lä|cher|lich (Adjektiv) abwertend **lächerlicher, am lächerlichsten**
❶ dumm und unsinnig: *eine lächerliche Behauptung • sein lächerliches Verhalten*
❷ unverschämt wenig oder unbedeutend: *Er verdient lächerlich wenig. • Sie hat lächerliche 1000 Euro für das schöne Auto bezahlt. • Wegen dieser lächerlichen Kleinigkeit musst du dich nicht so aufregen.*
❸ sich lächerlich machen sich so verhalten, dass andere sich lustig darüber machen: *Er macht sich mit seinem Verhalten wirklich lächerlich.*

la|den (Verb) **du lädst, er lud, sie hat geladen, lad(e)!**
❶ etwas auf/in ein Auto, einen Lkw, ein Schiff usw. laden ≈ aufladen etwas auf/in ein Auto, einen Lkw, ein Schiff usw. packen: *Sie luden die Baumstämme auf den Anhänger. • Er lud die Einkäufe in den Kofferraum.*
❷ etwas aus/von einem Auto, einem Lkw, einem Schiff usw. laden ≈ abladen etwas aus/von einem Auto, einem Lkw, einem Schiff usw. holen: *Sie luden die Container vom Schiff.*
❸ ein Handy, Batterien usw. laden ≈ aufladen mit elektrischem Strom füllen: *Das Handy ist vollständig geladen.*
❹ eine Waffe laden Munition einlegen: *Vorsicht, die Waffe ist geladen!*
❺ einen Zeugen/Sachverständigen/... laden RECHT einen Zeugen/Sachverständigen/... offiziell auffordern, zu einem Gerichtstermin zu erscheinen
❻ gehoben einladen: *Zu dem Empfang sind 100 Gäste geladen.*

die **La|dung** (Nomen) **der Ladung, die Ladungen**
❶ das, was auf oder in einem Auto, Lkw, Schiff usw. transportiert wird: *Er hatte eine Ladung Holz auf seinem Anhänger.*
❷ umgangssprachlich eine ziemlich große Menge: *Er bekam die geballte Ladung Frust ab.*
❸ MILITÄR die Menge an Munition, die für eine Waffe benötigt wird
❹ die elektrische Ladung PHYSIK die Menge an Elektrizität, die ein elektrisch geladener Körper hat: *eine positive Ladung • eine negative Ladung*
❺ RECHT die Aufforderung durch ein Gericht, zu einem Termin zu erscheinen

die **La|ge** (Nomen) **der Lage, die Lagen**
❶ ≈ Situation *Die wirtschaftliche Lage ist angespannt. • Er ist in einer schwierigen finanziellen Lage.*
❷ Stellung, Position: *Der Arzt kontrollierte die Lage des Babys im Mutterleib.*
❸ Standort: *ein Haus in ruhiger Lage*
❹ Schicht: *Bei Lasagne wird abwechselnd eine Lage Nudeln und eine Lage Hackfleisch geschichtet.*
❺ SPORT Plural ein Wettkampf beim Schwimmen, bei der der Schwimmer alle vier Stile (Delfin, Rücken, Brust und Kraul) schwimmen muss: *Sie schwamm einen neuen Rekord über 400 m Lagen.*
❻ in der Lage sein, etwas zu tun etwas tun können: *Er war so aufgeregt, dass er nicht mehr in der Lage war, klar und deutlich zu sprechen.*
❼ Herr der Lage sein eine Situation im Griff haben

das **La|ger** (Nomen) **des Lagers, die Lager**
① ein Ort, an dem (besonders in einer Firma) zusätzliche Ware o. Ä. aufbewahrt wird: *Von diesem Gerät haben wir noch 3 Stück auf Lager.*
② ein Ort, an dem Zelte als vorübergehende Unterkunft aufgebaut sind: *Sie haben ihr Lager für die Nacht am Fluss aufgeschlagen.*
③ veraltet eine Unterlage, auf der man schläft: *Er hatte sich in dem alten Schuppen ein Lager aus Stroh gemacht.*
④ POLITIK alle Menschen, die eine gemeinsame (politische) Meinung haben: *Die Frage der Atomenergie spaltete die Partei in zwei Lager.*
⑤ etwas auf Lager haben umgangssprachlich etwas im Kopf haben, was man sagen oder tun kann: *Ich bin gespannt, welche Überraschung er heute auf Lager hat.*

la|gern (Verb) **du lagerst, er lagerte, sie hat gelagert, lag(e)re!**
① an einem Ort sein Lager haben: *Die Räuber lagerten am Wegesrand.*
② an einem Ort liegen, um später benutzt zu werden: *Der Wein lagert im Weinkeller.*
③ etwas lagern etwas an einen bestimmten Ort legen, um es später zu benutzen: *Wir lagern das Holz für den Kamin in der Garage. • Kartoffeln halten länger, wenn sie kühl und trocken gelagert werden.*
④ jemanden lagern jemanden in einer bestimmten Position hinlegen: *Sie lagerten den Verletzten in der stabilen Seitenlage.*

die **Lam|pe** (Nomen) **der Lampe, die Lampen** ≈Leuchte ein Gerät, das Licht macht **(z. B. Deckenlampe, Stehlampe)**

das **Land** (Nomen) **des Land(e)s, die Länder**
① **nur im Singular** ≈Boden ein Gebiet, das der Landwirtschaft dient: *fruchtbares Land*
② **nur im Singular** ≈Festland der Teil der Erde, der nicht mit Wasser bedeckt ist: *Land in Sicht!*
③ **nur im Singular** ein Gebiet, das nicht dicht besiedelt ist: *Sie wohnen auf dem Land.*
④ ≈Staat ein selbstständiges Gebiet, das eine Regierung und Grenzen hat: *Frankreich ist ein schönes Land.*
⑤ ≈Bundesland ein Teilstaat einer Bundesrepublik

die **Lan|de|bahn** (Nomen) **der Landebahn, die Landebahnen** eine Art breite Straße auf einem Flughafen, auf der die Flugzeuge landen

lan|den (Verb) **du landest, er landete, sie ist/hat gelandet, lande!**
① **ist gelandet** nach einem Flug wieder auf dem Boden aufsetzen: *Das Flugzeug ist pünktlich gelandet.*
② **ist gelandet** nach einer Fahrt auf dem Wasser wieder an Land anlegen: *Die Fähre ist pünktlich gelandet.*
③ **ist gelandet** • umgangssprachlich ungewollt ankommen: *Wo sind wir denn hier gelandet?*
④ **hat gelandet** nach einem Flug wieder auf den Boden zurückbringen: *Der Pilot hat das Flugzeug sicher gelandet.*
⑤ **hat gelandet** mehr oder weniger ungewollt erreichen: *Da hat er ja mal wieder einen Volltreffer gelandet!*
⑥ einen Treffer landen **hat gelandet • beim Boxen** den Gegner mit einem Schlag treffen
⑦ bei jemandem (nicht) landen können umgangssprachlich jemanden (nicht) davon überzeugen können, dass man toll ist

die **Lan|des|re|gie|rung** (Nomen) **der Landesregierung, die Landesregierungen** die Regierung eines Bundeslandes

die **Land|kar|te** (Nomen) **der Landkarte, die Landkarten** eine Karte, auf der die Erdoberfläche einer bestimmten Region (in einem Maßstab) verkleinert dargestellt ist

der **Land|kreis** (Nomen) **des Landkreises, die Landkreise** ein Gebiet, das aus mehreren kleinen Städten oder Gemeinden besteht und für das bestimmte Aufgaben einheitlich verwaltet werden

länd|lich (Adjektiv) **ländlicher, am ländlichsten** vom oder auf dem Land

die **Land|schaft** (Nomen) **der Landschaft, die Landschaften** ein Gebiet in der Natur, das bestimmte Eigenschaften hat: *eine hügelige Landschaft • eine karge Landschaft*

die **Land|stra|ße** (Nomen) **der Landstraße, die Landstraßen** eine meist einspurige Straße, die über Land außerhalb von Ortschaften verläuft und diese verbindet

der **Land|tag** (Nomen) **des Landtags, die Landtage** das Parlament eines Bundeslandes

die **Lan|dung** (Nomen) **der Landung, die Landungen**
① das Aufkommen eines Flugzeugs o. Ä. auf dem Boden: *eine weiche Landung*

❷ das Ankommen eines Schiffes o. Ä. an Land

die **Land|wirt|schaft** (Nomen) **der Landwirtschaft, die Landwirtschaften**
❶ **nur im Singular** der Anbau von Getreide und die Haltung von Tieren mit dem Ziel, Lebensmittel herzustellen: *Ihr Mann arbeitet in der Landwirtschaft.*
❷ ≈ Bauernhof *Seine Familie betreibt eine Landwirtschaft.*

land|wirt|schaft|lich (Adjektiv) die Landwirtschaft betreffend: *landwirtschaftliche Produkte • ein landwirtschaftlicher Betrieb*

lang (Adjektiv) **länger, am längsten**
❶ **räumlich** nicht kurz: *lange Haare*
❷ **zeitlich** nicht kurz: *ein langes Leben*
❸ seit Langem/langem seit einiger Zeit: *Wir freuen uns seit Langem auf das Konzert.*

lan|ge (Adverb)
❶ so, dass viel Zeit vergeht: *Sie hat heute sehr lange gearbeitet.*
❷ (noch) lange nicht umgangssprachlich absolut nicht, nicht annähernd: *Ich bin noch lange nicht fertig mit meiner Standpauke!*

die **Län|ge** (Nomen) **der Länge, die Längen**
❶ **räumlich** die Ausdehnung in eine Richtung: *Die Länge des Zauns beträgt 7 Meter.*
❷ **zeitlich** die Dauer: *Das Theaterstück hat eine Länge von 2 Stunden.*
❸ GEOGRAFIE das Maß für die Entfernung eines Ortes von einem bestimmten Punkt auf der Erdoberfläche (Nullmeridian) in östlicher oder westlicher Richtung: *Berlin liegt etwa auf 13 Grad östlicher Länge.*

der **Län|gen|grad** (Nomen) GEOGRAFIE **des Längengrad(e)s, die Längengrade** das Maß für die Entfernung eines Ortes von einem bestimmten Punkt auf der Erdoberfläche (Nullmeridian) in östlicher oder westlicher Richtung

die **Lan|ge|wei|le** (Nomen) **nur im Singular der Langeweile** der Zustand, wenn man nicht weiß, was man tun soll: *Aus lauter Langeweile half er seinem Vater beim Kochen.*

lang|fris|tig (Adjektiv) von langer Dauer, länger gültig: *ein langfristiger Kredit*

lang|jäh|rig (Adjektiv) so, dass etwas seit vielen Jahren besteht: *eine langjährige Freundschaft*

läng|lich (Adjektiv) so, dass es eine lange, schmale Form hat

lang|sam (Adjektiv) **langsamer, am langsamsten**
❶ mit geringem Tempo: *Er fuhr sehr langsam, weil die Straße glatt war. • Er ist auf dem Weg der Besserung, macht aber nur langsame Fortschritte.*
❷ nach und nach: *Langsam wurde ihr klar, dass sie unrecht hatte.*
❸ langsam, aber sicher nicht sehr schnell, aber unaufhaltsam: *Langsam, aber sicher steuern wir auf eine Umweltkatastrophe zu.*

längst (Adverb)
❶ seit sehr langer Zeit: *Das weiß ich schon längst!*
❷ längst nicht … absolut nicht …, ganz und gar nicht …: *Ich verdiene längst nicht so viel wie er.*

lang|wei|len (Verb) **du langweilst, er langweilte, sie hat gelangweilt, langweil(e) nicht!**
❶ jemanden langweilen für jemanden nicht spannend sein: *Der Film langweilte uns.*
❷ sich (bei etwas) langweilen etwas nicht spannend finden, nicht wissen, was man tun soll: *Ich habe mich gestern Abend sehr gelangweilt.*

lang|wei|lig (Adjektiv) **langweiliger, am langweiligsten** uninteressant und nicht schön: *Was für ein langweiliger Film!*

der **Lap|pen** (Nomen) **des Lappens, die Lappen** ein Stück Stoff, besonders zum Putzen

der **Lärm** (Nomen) **nur im Singular des Lärm(e)s** sehr laute Geräusche, die meist unangenehm sind

lär|men (Verb) **du lärmst, er lärmte, sie hat gelärmt, lärm(e)!** laut sein, Lärm machen

die **Lar|ve** (Nomen) **der Larve, die Larven**
❶ Entwicklungszustand z. B. eines Insektes, nachdem es aus dem Ei geschlüpft, aber noch nicht erwachsen ist
❷ veraltet eine Gesichtsmaske

las|sen (Verb) **du lässt, er ließ, sie hat gelassen, lass(e)!**
❶ jemanden etwas machen lassen jemandem erlauben, etwas zu machen: *Die Mutter ließ die Kinder allein ins Einkaufszentrum gehen.*
❷ etwas (von jemandem) machen lassen etwas (bei jemandem) in Auftrag geben: *Sie ließen das Auto in der Waschanlage waschen. • Ich habe meine Bluse beim Schneider ändern lassen.*

❸ etwas irgendwo lassen etwas irgendwo vorübergehend abstellen: *Sie lässt ihre Handtasche aus Sicherheitsgründen ungern im Auto.*
❹ jemanden irgendwohin lassen jemandem erlauben, irgendwohin zu gehen: *Lass den Hund bitte nicht ins Schlafzimmer.*
❺ jemandem etwas lassen jemandem etwas (vorübergehend) geben: *Lass mir das Buch doch noch kurz, du brauchst es doch gerade nicht!*
❻ etwas lassen ≈ sein lassen etwas nicht (mehr) tun: *Lass das!*

die **Last** (Nomen) **der Last, die Lasten**
❶ ≈ Gewicht etwas Schweres: *Der Kran hob die sperrige Last vom Lkw.*
❷ ≈ Belastung eine große Sorge oder Verpflichtung: *Die Krankheit seines Bruders war für ihn eine schwere Last.*
❸ jemandem zur Last fallen jemandem Mühe oder Arbeit machen
❹ jemandem etwas zur Last legen jemanden beschuldigen, etwas getan zu haben

las|ten (Verb) nur in der 3. Person gebraucht **es lastet, es lastete, es hat gelastet**
auf jemandem/etwas lasten schwer auf jemandem/etwas liegen: *Das ganze Gewicht lastet auf den zwei Pfeilern. • Die ganze Verantwortung lastete auf seinen Schultern.*

der **Last|wa|gen** (Nomen) umgangssprachlich **des Lastwagens, die Lastwagen** ≈ LKW ein großes Fahrzeug, das Waren transportiert

das **La|tein** (Nomen) nur im Singular **des Lateins** die Sprache, die im alten Rom gesprochen wurde

La|tein|ame|ri|ka (Nomen) **Lateinamerikas** die Länder in Mittel- und Südamerika, in denen Spanisch und Portugiesisch gesprochen wird

la|tei|nisch (Adjektiv)
❶ die Sprache des alten Roms betreffend: *Die lateinische Grammatik ist sehr schwer.*
❷ die lateinische Schrift die Schrift, die im alten Rom verwendet wurde und die die Grundlage der heutigen Schreibschrift ist

das **Laub** (Nomen) nur im Singular **des Laub(e)s** die Blätter von Bäumen

der **Lauf** (Nomen) **des Lauf(e)s, die Läufe**
❶ nur im Singular das Laufen: *Er rutschte in vollem Lauf aus.*
❷ SPORT ein Durchgang eines Rennens: *Er musste im zweiten Lauf wegen einer Verletzung aufgeben.*
❸ nur im Singular die zeitliche Abfolge von etwas: *der Lauf der Geschichte • Niemand kann den Lauf der Dinge beeinflussen.*
❹ nur im Singular ≈ Verlauf, Strecke *Sie folgten dem Lauf des Flusses.*
❺ einer Waffe der längliche Teil, durch den die Kugel austritt
❻ eines Wildtieres oder Hundes das Bein

die **Lauf|bahn** (Nomen) **der Laufbahn, die Laufbahnen**
❶ SPORT die Bahn, auf der Rennen gelaufen werden
❷ ≈ Karriere die berufliche Entwicklung

lau|fen (Verb) **du läufst, er lief, sie ist/hat gelaufen, lauf(e)!**
❶ ist gelaufen ≈ rennen sich schnell fortbewegen: *100 Meter laufen*
❷ ist gelaufen ≈ gehen sich normal fortbewegen: *Er läuft zur Schule.*
❸ Schlittschuh/Ski laufen ist gelaufen sich auf Schlittschuhen/Skiern fortbewegen
❹ ist gelaufen funktionieren, eingeschaltet sein: *Der CD-Spieler läuft wieder. • Der Fernseher läuft.*
❺ ist gelaufen • Film, Sendung usw. aufgeführt/gesendet werden: *Wann läuft der Film bei uns im Kino?*
❻ ist gelaufen • ein Prozess, Projekt usw. noch nicht abgeschlossen sein: *Seine Bewerbung bei der Firma läuft noch. • Die Verhandlungen laufen.*
❼ sich warm laufen hat gelaufen SPORT durch langsames Rennen und Übungen allmählich die Muskeln und Gelenke für den Sport vorbereiten
❽ sich eine Blase laufen hat gelaufen sich dort eine Blase zuziehen, wo der Schuh gedrückt hat

der **Läu|fer** (Nomen) **des Läufers, die Läufer**
❶ SPORT ein Junge/Mann, der ein Wettrennen läuft
❷ eine Figur beim Schachspiel
❸ ein langer, schmaler Teppich

die **Läu|fe|rin** (Nomen) **der Läuferin, die Läuferinnen** ein Mädchen/eine Frau, die ein Wettrennen läuft

das **Lauf|werk** (Nomen) **des Laufwerk(e)s, die Laufwerke**
❶ der Antrieb eines Geräts: *Er hatte vergessen, das Laufwerk seiner alten Taschenuhr aufzuziehen.*

② der Teil eines Computers, in den Datenträger eingelegt und gelesen werden können: *CD-ROM-Laufwerk*

die **Lau|ne** (Nomen) **der Laune, die Launen**
① ≈Stimmung *Sie hat immer gute Laune.*
② Plural ≈Stimmungsschwankungen *Ihre Launen sind schwer erträglich.*
③ ≈spontaner Einfall *Er hat aus einer Laune heraus ein neues Handy gekauft.*

lau|schen (Verb) **du lauschst, er lauschte, sie hat gelauscht, lausch(e)!**
① heimlich zuhören: *Er lauschte an der Tür.*
② jemandem/etwas lauschen konzentriert zuhören: *Sie lauschten dem Gesang der Vögel.*

der **Laut** (Nomen) **des Laut(e)s, die Laute** Geräusch, Ton: *Der Hund gab keinen Laut von sich.*

laut [1] (Adjektiv) **lauter, am lautesten**
① so, dass man es gut hören kann: *laut schreien*
② voller Geräusche: *eine laute Umgebung*

laut [2] (Präposition) **mit Dativ oder Genitiv gebraucht** wie es irgendwo geschrieben steht oder jemand sagt: *Hundehaltung ist laut Mietvertrag verboten.*

lau|ten (Verb) **nur in der 3. Person gebraucht**
es lautet, es lautete, es hat gelautet
① ≈heißen *Wie lautet sein Name? • Die Regel lautet: Kein Alkohol für Jugendliche unter 16 Jahren.*
② auf etwas lauten etwas zum Inhalt haben: *Das Urteil lautet auf 12 Jahre Gefängnis.*

läu|ten (Verb) **du läutest, er läutete, sie hat geläutet, läute!**
① zu hören sein: *Die Glocken läuten.*
② etwas läuten machen, dass etwas zu hören ist: *Er läutete die Glocken zum Gottesdienst.*
③ süddeutsch ≈klingeln *Ich habe dreimal geläutet, aber es hat niemand aufgemacht.*

lau|ter (Adjektiv) gehoben
① rein und unverfälscht: *lauteres Gold • die lautere Wahrheit*
② ehrlich und anständig: *Sie hatte lautere Absichten.*
③ ≈ausschließlich, nur, ganz viel *Sie hat lauter nette Freunde. • Er redet lauter Unsinn. • Vor lauter Freude fiel sie ihm um den Hals.*

der **Laut|spre|cher** (Nomen) **des Lautsprechers, die Lautsprecher** ein Gerät, das Musik und Sprache verstärkt

die **Laut|stär|ke** (Nomen) **der Lautstärke, die Lautstärken** die Stärke des Schalls, mit der man etwas hört: *Er drehte die Stereoanlage auf volle Lautstärke.*

lau|warm (Adjektiv) nur leicht warm: *Das Fleisch war nur lauwarm.*

die **La|wi|ne** (Nomen) **der Lawine, die Lawinen**
① eine große Schneemasse, die sich vom Berg löst und ins Tal rutscht
② eine Lawine von … viel(e) …: *Ihre Worte lösten eine Lawine von Beschwerden aus.*

der **LCD-Bild|schirm** (Nomen) **des LCD-Bildschirm(e)s, die LCD-Bildschirme** ein Bildschirm, der Informationen mit Hilfe von Flüssigkristallen anzeigt

le|ben (Verb) **du lebst, er lebte, sie hat gelebt, leb(e)!**
① lebendig sein
② ≈existieren auf der Welt sein
③ in einem Land/einer Stadt/… leben in einem Land/einer Stadt/… wohnen
④ vom Malen/Schreiben/… leben als Maler/Schriftsteller/… arbeiten und sich damit seinen Unterhalt finanzieren
⑤ Leb wohl! oder Leben Sie wohl! ein etwas altmodischer Abschiedsgruß
⑥ Es/Hoch lebe die Freiheit/der Frieden/…! Wir wollen die Freiheit/den Frieden/… feiern!

das **Le|ben** (Nomen) **des Lebens, die Leben**
① der Zustand, dass alle Organe im Körper funktionieren
② die Zeit von der Geburt bis zum Tod
③ am Leben sein nicht tot sein, leben
④ ums Leben kommen einen Unfall haben und daran sterben
⑤ sich das Leben nehmen sich selbst töten, Selbstmord begehen
⑥ das ewige Leben RELIGION das Leben nach dem Tod
⑦ für mein/dein/… Leben gern sehr gern
⑧ Es geht um Leben und Tod. umgangssprachlich Wenn jetzt nicht sofort etwas Bestimmtes getan wird, passiert etwas sehr Schlimmes.

le|ben|dig (Adjektiv)
① nicht tot, lebend
② mit viel Temperament, lebhaft: *ein sehr lebendiges Kind*
③ sehr interessant, nicht langweilig: *ein lebendiger Unterricht • eine lebendige Schilderung*

der **Le|bens|ge|fähr|te** (Nomen) **des Lebensgefährten, die Lebensgefährten** ein Mann, mit dem jemand in einer Beziehung zusammenlebt, ohne verheiratet zu sein

die **Le|bens|ge|fähr|tin** (Nomen) **der Lebensgefährtin, die Lebensgefährtinnen** eine Frau, mit der jemand in einer Beziehung zusammenlebt, ohne verheiratet zu sein

le|bens|lang (Adjektiv) so, dass es ein ganzes Leben lang dauert

le|bens|läng|lich (Adjektiv) so, dass eine Strafe bis zum Tod gilt

der **Le|bens|lauf** (Nomen) **des Lebenslauf(e)s, die Lebensläufe** ein Schreiben, in dem alle wichtigen Daten zu Ausbildung und Beruf aufgeführt sind und das man einer Bewerbung beifügt

das **Le|bens|mit|tel** (Nomen) **des Lebensmittels, die Lebensmittel** ≈ Nahrungsmittel etwas, das man isst oder trinkt, um sich zu ernähren

le|bens|mü|de (Adjektiv) so, dass man nicht mehr leben (und sich umbringen) möchte

die **Le|ber** (Nomen) **der Leber, die Lebern** ein Organ von Menschen und Tieren, das den Stoffwechsel regelt und das Blut entgiftet

das **Le|be|we|sen** (Nomen) **des Lebewesens, die Lebewesen** etwas Lebendes, z. B. ein Mensch, ein Tier oder eine Pflanze

leb|haft (Adjektiv) **lebhafter, am lebhaftesten**
① mit viel Temperament und Bewegung: *ein lebhaftes Kind • eine lebhafte Diskussion*
② stark, groß: *lebhafter Beifall • lebhaftes Interesse*
③ klar und deutlich: *eine lebhafte Fantasie • lebhafte Erinnerungen*

le|cken (Verb) **du leckst, er leckte, sie hat geleckt, leck(e)!**
① (an) etwas lecken mit herausgestreckter Zunge über etwas streichen: *an einem Eis lecken • Die Katze leckt sich die Pfoten.*
② **nur in der 3. Person gebraucht** ein Behälter leckt ein Behälter hat einen Riss oder ein Loch, aus dem Flüssigkeit ausläuft

le|cker (Adjektiv) **leckerer, am leckersten** so, dass etwas so gut schmeckt oder riecht, dass man es essen möchte

das **Le|der** (Nomen) **des Leders, die Leder** die haltbar gemachte Haut von Tieren, aus der man Schuhe, Taschen usw. macht

le|dig (Adjektiv) (noch) nicht verheiratet

le|dig|lich (Adverb) nur: *Die Parkplätze sind lediglich für Hotelgäste.*

leer (Adjektiv)
① ohne Inhalt
② mit leeren Händen kommen/gehen kommen, ohne etwas mitzubringen/gehen, ohne etwas mitzunehmen
③ ohne Menschen: *eine leere Straße*
④ leer stehen nicht bewohnt werden: *Das Haus steht seit Jahren leer.*
⑤ den Teller leer essen/das Glas leer trinken so lange essen/trinken, bis nichts mehr da ist
⑥ leer ausgehen nichts bekommen
⑦ abwertend ohne Sinn: *leere Worte • leeres Gerede*
⑧ abwertend so, dass man etwas Zugesagtes nicht einhält: *leere Versprechungen*

die **Lee|re** (Nomen) **nur im Singular der Leere**
① der Zustand, in dem etwas ohne Inhalt ist
② es herrscht gähnende Leere umgangssprachlich es ist kaum jemand da

lee|ren (Verb) **du leerst, er leerte, sie hat geleert, leer(e)!**
① leer machen: *den Briefkasten leeren*
② **nur in der 3. Person gebraucht** sich leeren leer werden: *Der Saal/Das Stadion leerte sich langsam.*

der **Leer|lauf** (Nomen) **des Leerlauf(e)s, die Leerläufe**
① **nur im Singular** TECHNIK das Laufen eines Motors, ohne dass ein Gang eingelegt ist: *Schalte mal in den Leerlauf!*
② eine Zeit, in der nicht viel zu tun ist: *Zwischen den Schulstunden haben wir selten Leerlauf.*

die **Lee|rung** (Nomen) **der Leerung, die Leerungen** der Vorgang, dass etwas leer gemacht wird

das **Leer|zei|chen** (Nomen) **des Leerzeichens, die Leerzeichen** der Zwischenraum zwischen zwei Wörtern in einem Text

le|gal (Adjektiv) ≈ rechtmäßig vom Gesetz erlaubt

le|gen (Verb) **du legst, er legte, sie hat gelegt, leg(e)!**
① etwas irgendwohin legen etwas so an einen Ort bringen, dass es nicht steht, sondern liegt: *das Besteck neben den Teller legen*
② ein Vogel/Huhn/… legt ein Ei ein Vogel/Huhn/… lässt ein Ei in sein Nest fallen

❸ sich irgendwohin legen sich in eine Position bringen, in der man nicht steht oder sitzt, sondern liegt: *sich ins Bett legen, sich auf den Rücken legen*
❹ sich legen schwächer werden, nicht mehr so stark sein: *Der Wind hat sich gelegt. • Sein Zorn hat sich gelegt.*

die **Le|gẹn|de** (Nomen) **der Legende, die Legenden**
❶ RELIGION eine Geschichte aus dem Leben von Heiligen
❷ abwertend eine Geschichte, die immer wieder erzählt wird, aber an der vieles nicht stimmt
❸ die Erklärung der Zeichen und Symbole bei einer Abbildung oder einer Landkarte

die **Lẹg|gings, Lẹg|gins** (Nomen) ['lɛgɪŋs] nur im Plural **der Leggings** eine Art Strumpfhose ohne Fuß

le|gi|tim (Adjektiv)
❶ ≈rechtmäßig gesetzlich anerkannt
❷ gehoben berechtigt, begründet: *ein legitimes Recht • eine legitime Forderung*

die **Leh|ne** (Nomen) **der Lehne, die Lehnen** ein Teil an einem Stuhl oder Sessel, an das man den Rücken stützen oder auf das man die Arme legen kann: *Dieser Stuhl hat so eine bequeme Lehne.*

leh|nen (Verb) **du lehnst, er lehnte, sie hat gelehnt, lehn(e)!**
❶ etwas an etwas lehnen etwas schräg an etwas stellen: *die Leiter an die Wand lehnen*
❷ an etwas lehnen schräg an etwas gestützt sein: *Mein Fahrrad lehnt an der Wand.*
❸ sich an jemanden/etwas lehnen sich schräg an jemanden/etwas stützen: *Das Kind lehnte sich an seine Mutter. • Er lehnte sich lässig an sein Auto.*
❹ sich aus dem Fenster lehnen den Oberkörper weit aus dem Fenster beugen

das **Lehr|buch** (Nomen) **des Lehrbuch(e)s, die Lehrbücher** ein Buch, mit dem Schüler in der Schule lernen

die **Leh|re** (Nomen) **der Lehre, die Lehren**
❶ BERUF die Ausbildung in einem Beruf
❷ eine Erkenntnis, die man durch ein Erlebnis o. Ä. gewonnen hat: *eine Lehre aus etwas ziehen*
❸ etwas ist jemandem eine Lehre jemand hat aus einer negativen Erfahrung etwas gelernt
❹ das Wissen in einer Wissenschaft

leh|ren (Verb) **du lehrst, er lehrte, sie hat gelehrt, lehr(e)!**
jemanden etwas lehren gehoben jemandem etwas beibringen: *Mein Vater hat mich Höflichkeit gelehrt.*

der **Leh|rer** (Nomen) **des Lehrers, die Lehrer** jemand, der an einer Schule Unterricht gibt

die **Leh|re|rin** (Nomen) **der Lehrerin, die Lehrerinnen** Femininform von → **Lehrer**

der **Lehr|ling** (Nomen) veraltet BERUF **des Lehrlings, die Lehrlinge** ≈Auszubildender jemand, der eine Lehre macht

die **Lehr|zeit** (Nomen) **der Lehrzeit, die Lehrzeiten** die Zeit, die eine Ausbildung oder Lehre dauert

der **Leib** (Nomen) **des Leib(e)s, die Leiber**
❶ gehoben der menschliche Körper
❷ mit Leib und Seele umgangssprachlich mit großer Begeisterung, sehr gern

die **Lei|che** (Nomen) **der Leiche, die Leichen**
❶ der Körper eines toten Menschen oder Tieres
❷ über Leichen gehen umgangssprachlich • abwertend rücksichtslos und brutal sein, um seine eigenen Ziele durchzusetzen

der **Leich|nam** (Nomen) gehoben **des Leichnams, die Leichname** der Körper eines toten Menschen

leicht (Adjektiv) **leichter, am leichtesten**
❶ mit wenig Gewicht: *ein leichter Koffer*
❷ ≈einfach nicht schwierig, nicht kompliziert: *eine leichte Aufgabe*
❸ nur wenig: *leicht verletzt*
❹ schwach, nicht sehr intensiv oder schlimm: *ein leichter Wind • leichte Schmerzen*
❺ leicht bekleidet mit wenigen oder dünnen Kleidern
❻ es nicht leicht haben viele Sorgen und Probleme haben
❼ Das ist leichter gesagt als getan. umgangssprachlich Das ist schwieriger, als man denkt.

leicht|fal|len (Verb) nur in der 3. Person gebraucht **es fällt leicht, es fiel leicht, es ist leichtgefallen**
jemandem fällt etwas leicht jemand hat mit etwas keine Schwierigkeiten oder Mühe

leicht|fer|tig (Adjektiv) abwertend **leichtfertiger, am leichtfertigsten** ≈leichtsinnig so unbesorgt, dass man nicht darüber nachdenkt, ob etwas Schlimmes passieren könnte

leid (Adjektiv)
❶ etwas/jemanden leid sein oder haben umgangssprachlich etwas/jemanden nicht mehr ertragen können: *Deine Lügen sind wir schon lange leid.*
❷ es leid sein, etwas zu tun umgangssprachlich etwas nicht mehr tun wollen: *Ich bin es leid, immer hinter dir aufzuräumen.*

lei|den (Verb) **du leidest, er litt, sie hat gelitten, leide nicht!**
❶ große Trauer und Sorgen oder Schmerzen haben
❷ an einer Krankheit leiden eine Krankheit haben
❸ unter jemandem/etwas leiden wegen jemandem/etwas Schwierigkeiten haben
❹ jemanden/etwas (nicht) leiden können jemanden/etwas (nicht) mögen

die **Lei|den|schaft** (Nomen) **der Leidenschaft, die Leidenschaften**
❶ sehr starke Gefühle wie Liebe oder Hass
❷ Leidenschaft zu jemandem Liebe zu jemandem
❸ Leidenschaft für etwas Begeisterung für etwas

lei|den|schaft|lich (Adjektiv) **leidenschaftlicher, am leidenschaftlichsten** mit starken Gefühlen wie Liebe, Hass oder großer Begeisterung

lei|der (Adverb) sagt man, wenn man etwas bedauert oder etwas schade findet: *Leider kann ich dich heute nicht besuchen.*

leid|tun (Verb) **du tust leid, er tat leid, sie hat leidgetan, tu(e) leid!**
❶ jemand tut jemandem leid jemand hat Mitleid mit jemandem, jemand bedauert jemanden
❷ etwas tut jemandem leid jemand ist wegen etwas ein wenig traurig, jemand bedauert etwas: *Tut mir leid, aber ich kann heute nicht kommen.*

die **Leih|bü|che|rei** (Nomen) **der Leihbücherei, die Leihbüchereien** ein Gebäude mit vielen Büchern, die man ausleihen kann

lei|hen (Verb) **du leihst, er lieh, sie hat geliehen, leih(e)!**
❶ jemandem etwas leihen jemandem etwas für eine bestimmte Zeit geben und es später wieder zurückbekommen: *Kannst du mir bitte einen Stift leihen?*
❷ (sich) etwas von jemandem leihen etwas von jemandem für eine bestimmte Zeit bekommen und es später wieder zurückgeben: *Ich habe mir das T-Shirt von meiner Schwester geliehen.*

die **Lei|ne** (Nomen) **der Leine, die Leinen**
❶ die Schnur, das Seil
❷ ≈ Hundeleine ein Band, an dem man einen Hund spazieren führt
❸ Zieh Leine! umgangssprachlich Hau ab!

die **Lein|wand** (Nomen) **der Leinwand, die Leinwände**
❶ KUNST ein (auf einen Holzrahmen gespanntes) Stück Stoff, auf dem ein Maler malt
❷ FILM eine große weiße Fläche, auf der man Fotos oder Filme zeigt

lei|se (Adjektiv) **leiser, am leisesten**
❶ so, dass man es kaum hören kann
❷ ≈ leicht so gering, dass es kaum vorhanden ist: *leise Hoffnung haben*
❸ nicht die leiseste Ahnung/den leisesten Verdacht/... haben überhaupt keine Ahnung/keinen Verdacht/... haben

leis|ten (Verb) **du leistest, er leistete, sie hat geleistet, leiste!**
❶ tun, machen: *gute Arbeit leisten*
❷ etwas leisten etwas Besonderes schaffen
❸ sich etwas leisten sich etwas kaufen oder sich selbst mit etwas eine Freude machen: *Ich habe mir eine neue CD geleistet.* abwertend sich etwas erlauben, sich etwas herausnehmen: *Ich kann mir nicht leisten, die Theater-AG ausfallen zu lassen.*

die **Leis|tung** (Nomen) **der Leistung, die Leistungen** der Prozess oder das Ergebnis einer Tätigkeit oder Arbeit

die **Leis|tungs|fä|hig|keit** (Nomen) nur im Singular **der Leistungsfähigkeit** die Fähigkeit, bei dem, was man tut, gute Ergebnisse zu erzielen

lei|ten (Verb) **du leitest, er leitete, sie hat geleitet, leite!**
❶ jemanden irgendwohin leiten jemandem den Weg irgendwohin zeigen
❷ etwas irgendwohin leiten etwas irgendwohin transportieren oder irgendwohin führen: *eine Flüssigkeit durch ein Rohr leiten • den Verkehr durch eine Nebenstraße leiten*
❸ ein Unternehmen/eine Schule/ein Projekt/... leiten für ein Unternehmen/eine Schule/ein Projekt/... verantwortlich sein

die **Lei|ter**[1] (Nomen) **der Leiter, die Leitern** ein Gerät aus zwei langen Stangen mit vielen kurzen Stücken in der Mitte, auf denen man nach oben steigen kann

der **Lei|ter**[2] (Nomen) **des Leiters, die Leiter** ≈Chef jemand, der für eine Gruppe oder ein Projekt verantwortlich ist

die **Lei|te|rin** (Nomen) **der Leiterin, die Leiterinnen** Femininform von → **Leiter**[2]

die **Lei|tung** (Nomen) **der Leitung, die Leitungen**
❶ nur im Singular das Führen von Betrieben oder Projekten oder die Personen, die für Betriebe oder Projekte verantwortlich sind
❷ TECHNIK ein Rohr, durch das Flüssigkeiten oder Gase strömen
❸ ≈Kabel Drähte, durch die Strom oder elektrische Signale übermittelt werden: *Vorsicht! Stromführende Leitungen. • Beim Telefonieren gibt es manchmal seltsame Geräusche in der Leitung.*
❹ eine lange Leitung haben umgangssprachlich sehr lange brauchen, bis man etwas verstanden hat

die **Lek|tü|re** (Nomen) **der Lektüre, die Lektüren**
❶ das, was man liest
❷ SCHULE Werke, die man im Unterricht liest
❸ nur im Singular das Lesen

len|ken (Verb) **du lenkst, er lenkte, sie hat gelenkt, lenk(e)!** die Richtung von etwas bestimmen: *ein Auto lenken • seine Aufmerksamkeit auf etwas lenken*

der **Len|ker** (Nomen) **des Lenkers, die Lenker**
❶ das Gestell am Fahrrad, an dem die beiden Handgriffe sind
❷ der Mensch, der ein Fahrzeug fährt

das **Lenk|rad** (Nomen) **des Lenkrad(e)s, die Lenkräder** ≈das Steuer das Rad, mit dem man in einem Fahrzeug mit beiden Händen die Richtung bestimmt

die **Len|kung** (Nomen) **der Lenkung, die Lenkungen**
❶ nur im Singular das Lenken
❷ TECHNIK das System, das dafür sorgt/die Teile, die dafür sorgen, dass Fahrzeuge ihre Richtung ändern können

ler|nen (Verb) **du lernst, er lernte, sie hat gelernt, lern(e)!**
❶ etwas lernen neues Wissen oder Können erwerben: *Grammatik lernen • laufen lernen*
❷ Vokabeln/ein Gedicht/... lernen Vokabeln/ein Gedicht/... so lange üben oder wiederholen, bis man nichts mehr vergisst
❸ etwas aus etwas lernen durch eine bestimmte Erfahrung sein Verhalten ändern
❹ Tischler/Friseurin/... lernen eine Ausbildung zum Tischler/zur Friseurin/... machen

les|bisch (Adjektiv) so, dass eine Frau andere Frauen/eine Frau liebt

le|sen (Verb) **du liest, er las, sie hat gelesen, lies!**
❶ geschriebene Texte ansehen und ihren Sinn verstehen: *einen Brief/Zeitung lesen*
❷ Gedanken lesen erraten, was jemand denkt

der **Le|ser** (Nomen) **des Lesers, die Leser** jemand, der etwas liest

die **Le|se|rin** (Nomen) **der Leserin, die Leserinnen** Femininform von → **Leser**

le|ser|lich (Adjektiv) **leserlicher, am leserlichsten** so deutlich geschrieben, dass man etwas gut lesen kann

der **Let|te** (Nomen) **des Letten, die Letten** ein Junge/Mann aus Lettland

die **Let|tin** (Nomen) **der Lettin, die Lettinnen** ein Mädchen/eine Frau aus Lettland

let|tisch (Adjektiv) aus Lettland oder in lettischer Sprache

Lett|land (Nomen) **Lettlands** ein Land in Osteuropa

letz|te, letz|ter, letz|tes (Adjektiv)
❶ so, dass jemand/etwas ganz am Ende oder zum Schluss kommt: *Ich nehme heute Nacht den letzten Zug.*
❷ so, dass etwas der Rest von etwas ist: *Das letzte Stück Kuchen ist für dich!*
❸ letzte Woche/letztes Jahr/... in der Woche/in dem Jahr/..., die/das gerade erst vergangen ist
❹ das letzte Mal, letztes Mal als es zuletzt geschah
❺ in letzter Zeit seit Kurzem
❻ Das ist das Letzte! umgangssprachlich • abwertend Das finde ich ganz schlimm oder unverschämt oder unmöglich!

letzt|end|lich (Adverb) am Schluss, schließlich

leuch|ten (Verb) **du leuchtest, er leuchtete, sie hat geleuchtet, leuchte!**
❶ ≈scheinen hell sein, Licht verbreiten: *die Sterne leuchten • die Lampe leuchtet*
❷ mit etwas (irgendwohin) leuchten mit etwas (irgendwo) Licht machen: *Er leuchtete mit seiner Taschenlampe auf den Boden.*
❸ strahlen: *Ihre Augen leuchteten vor Freude.*

leuch|tend (Adjektiv) **leuchtender, am leuchtendsten**
❶ hell, strahlend: *ein leuchtender Stern • leuchtende Augen*
❷ kräftig, intensiv: *leuchtende Farben*
❸ ein leuchtendes Vorbild ein wichtiges Vorbild

der **Leuch|ter** (Nomen) **des Leuchters, die Leuchter**
❶ ein Kerzenständer für viele Kerzen
❷ eine Lampe mit vielen Glühbirnen

die **Leu|te** (Nomen) **nur im Plural der Leute**
❶ die Menschen: *Es waren viele Leute da.*
❷ vor allen Leuten umgangssprachlich so, dass alle es sehen oder hören können

das **Le|xi|kon** (Nomen) **des Lexikons, die Lexika/Lexiken** ein Buch, in dem man Informationen und Erklärungen zu Wörtern von A bis Z findet

li|be|ral (Adjektiv) **liberaler, am liberalsten** tolerant und großzügig

das **Licht** (Nomen) **des Licht(e)s, die Lichter**
❶ etwas, was hell ist oder etwas hell macht
❷ die Beleuchtung aus einer Lampe: *Mach bitte das Licht aus!*
❸ ans Licht kommen bekannt werden: *Der Betrug kam schnell ans Licht.*
❹ jemandem geht ein Licht auf umgangssprachlich jemand versteht oder erkennt plötzlich etwas

lich|ten (Verb) **du lichtest, er lichtete, sie hat gelichtet, lichte!**
❶ etwas lichten etwas weniger dicht machen: *einen Wald lichten*
❷ etwas lichtet sich weniger dicht werden: *sein Haar/der Nebel lichtet sich*

lieb (Adjektiv) **lieber, am liebsten**
❶ sehr freundlich, nett und gut: *Das ist lieb von dir!*
❷ lieb zu jemandem sein sehr freundlich und nett zu jemandem sein
❸ jemanden lieb haben ≈ lieben jemanden sehr und mit viel Gefühl mögen
❹ ≈ brav so, dass man jemandem gehorcht

die **Lie|be** (Nomen) **der Liebe, die Lieben**
❶ die Liebe zu jemandem **nur im Singular** das starke Gefühl, dass man jemanden sehr mag
❷ die Liebe zu etwas **nur im Singular** eine große Begeisterung oder ein starkes Interesse für etwas
❸ ein Mensch, den man liebt: *Er ist ihre große Liebe.*
❹ Liebe machen umgangssprachlich Sex haben

lie|ben (Verb) **du liebst, er liebte, sie hat geliebt, lieb(e)!**
❶ jemanden lieben das starke Gefühl haben, jemanden sehr zu mögen: *Sie lieben sich schon seit vielen Jahren.*
❷ etwas lieben etwas sehr mögen: *Anna liebt Schmetterlinge.*

lie|bens|wert (Adjektiv) **liebenswerter, am liebenswertesten** so nett und freundlich, dass es leicht ist, jemanden zu mögen

lie|ber (Adverb)
❶ ≈ besser so, dass etwas besser als etwas anderes ist: *Ich wäre lieber gleich nach Hause gegangen.*
❷ etwas/jemand ist jemandem lieber jemand findet etwas/jemanden besser: *Abends mit dem Auto abgeholt zu werden ist mir lieber, als mit dem Bus zu fahren.*

der **Lie|bes|brief** (Nomen) **des Liebesbrief(e)s, die Liebesbriefe** der Brief, in dem man jemandem schreibt, dass man ihn liebt

der **Lie|bes|kum|mer** (Nomen) **nur im Singular des Liebeskummers** die Trauer, wenn man jemanden liebt, der einen nicht liebt

lie|be|voll (Adjektiv) **liebevoller, am liebevollsten** mit viel Liebe: *ein liebevoller Blick • eine liebevolle Umarmung • jemanden liebevoll pflegen*

der **Lieb|ha|ber** (Nomen) **des Liebhabers, die Liebhaber**
❶ jemand, mit dem man eine Liebesbeziehung hat, obwohl man verheiratet ist
❷ jemand, mit dem man Sex hat
❸ ein Liebhaber von etwas jemand, der etwas sehr mag: *Er ist ein Liebhaber moderner Kunst.*

die **Lieb|ha|be|rin** (Nomen) **der Liebhaberin, die Liebhaberinnen**
Femininform von → **Liebhaber**

das **Lied** (Nomen) **des Lied(e)s, die Lieder** ein Text mit einer Melodie, die man singen kann

lie|fern (Verb) **du lieferst, er lieferte, sie hat geliefert, lief(e)re!**
❶ WIRTSCHAFT eine Ware bringen, die ein Kunde bestellt hat
❷ etwas geben: *Die Kuh liefert Milch. • Der Schokoriegel liefert Energie.*
❸ Er ist/Wir sind/… geliefert! umgangssprachlich Man hat ihn/uns/… entdeckt!

die **Lie|fe|rung** (Nomen) **der Lieferung, die Lieferungen**
❶ **nur im Singular** das Liefern von Waren

❷ die Waren, die bestellt und gebracht werden: *Gestern kamen alle Lieferungen verspätet.*

die **Lie|ge** (Nomen) **der Liege, die Liegen** ein flaches Möbelstück, auf dem man liegen kann (z. B. im Garten, beim Arzt)

lie|gen (Verb) **du liegst, er lag, sie hat gelegen, lieg(e)!**
❶ flach auf einer Unterlage (ausgestreckt) sein: *Ich liege im Bett.*
❷ sich an einem Ort befinden: *Berlin liegt in Deutschland.*
❸ liegen bleiben nicht aufstehen: *Wie lange willst du denn noch im Bett liegen bleiben?* nicht getan werden: *Heute machen wir einen Ausflug und die Arbeit kann liegen bleiben.* vergessen werden: *Achtet darauf, dass nichts liegen bleibt.*
❹ etwas liegen lassen nicht aufheben: *Lass das Bonbonpapier nicht liegen!* vergessen, nicht mitnehmen: *Du hast dein Handy hier liegen lassen.*
❺ etwas liegt jemandem jemand hat eine Begabung für etwas: *Sprachen liegen ihr.*
❻ etwas liegt an etwas/jemandem etwas/jemand ist der Grund oder die Ursache für etwas

der **Lift** (Nomen) **des Lift(e)s, die Lifte/Lifts**
❶ ARCHITEKTUR der Aufzug in einem Haus, der Menschen nach oben und unten transportiert
❷ SPORT eine Anlage, die Skifahrer auf einen Berg transportiert

die **Li|ga** (Nomen) **der Liga, die Ligen** eine (Wettkampf)klasse von Mannschaften, die gegeneinander spielen

der **Li|kör** (Nomen) **des Likörs, die Liköre** ein süßes Getränk mit viel Alkohol

li|la (Adjektiv) unveränderlich von der Farbe, die entsteht, wenn man Rot und Blau mischt: *weißer und lila Flieder*

die **Li|lie** (Nomen) ['liːli̯ə] **der Lilie, die Lilien** eine Blume mit großen Blüten, die stark duften

die **Li|mo|na|de** (Nomen) **der Limonade, die Limonaden** ein süßes, alkoholfreies Getränk mit Kohlensäure, meist mit Zitronen- oder Orangengeschmack

das **Li|ne|al** (Nomen) **des Lineals, die Lineale** ein schmales, langes Gerät mit einer geraden Kante und Einteilung in Zentimeter und Millimeter, mit dem man messen und gerade Linien ziehen kann

die **Li|nie** (Nomen) ['liːni̯ə] **der Linie, die Linien**
❶ ein gerader oder gekrümmter Strich
❷ VERKEHR ein Bus oder eine Straßenbahn, der/die regelmäßig eine bestimmte Strecke fährt
❸ SPORT eine strichförmige Markierung im Spielfeld oder am Rand des Spielfelds
❹ in erster Linie besonders, vor allem
❺ auf der ganzen Linie umgangssprachlich völlig, total

der **Li|ni|en|rich|ter** (Nomen) **des Linienrichters, die Linienrichter** ein Helfer des Schiedsrichters, der das Spiel an den seitlichen Linien des Spielfelds beobachtet

die **Li|ni|en|rich|te|rin** (Nomen) **der Linienrichterin, die Linienrichterinnen** Femininform von → **Linienrichter**

der **Link** (Nomen) **des Links, die Links** Kurzform von → **Hyperlink**

die **Lin|ke** (Nomen) **der Linken, die Linken**
❶ die linke Hand oder Seite
❷ zu meiner/deiner/ihrer/… Linken auf meiner/deiner/ihrer/… linken Seite
❸ Die Linke eine politische Partei in Deutschland

links (Adverb)
❶ auf der linken Seite oder in diese Richtung: *Sie ist links im Bild zu sehen.*
❷ POLITIK eine sozialdemokratische, sozialistische oder kommunistische Einstellung habend
❸ Das mach(e) ich mit links! umgangssprachlich Das ist für mich ganz leicht.
❹ jemanden/etwas links liegen lassen abwertend • umgangssprachlich sich um jemanden/etwas nicht kümmern

links|ex|trem, links|ext|rem (Adjektiv) eine demokratiefeindliche und gegen den Kapitalismus gerichtete Einstellung habend

der **Links|ex|tre|mis|mus** (Nomen) nur im Singular **des Linksextremismus** eine extreme politische Einstellung, die demokratiefeindlich und gegen den Kapitalismus gerichtet ist

links|ex|tre|mis|tisch (Adjektiv) Variante von → **linksextrem**

der **Links|hän|der** (Nomen) **des Linkshänders, die Linkshänder** jemand, der mit der linken Hand schreibt

die **Links|hän|de|rin** (Nomen) **der Linkshänderin, die Linkshänderinnen** Femininform von → **Linkshänder**

links|he|r|um (Adverb) nach links

links|ra|di|kal (Adjektiv)
Variante von → **linksextrem**

der/die **Links|ra|di|ka|le** (Nomen)
des/der Linksradikalen, die Linksradikalen jemand, der eine demokratiefeindliche und gegen den Kapitalismus gerichtete Einstellung hat

der **Links|ra|di|ka|lis|mus** (Nomen)
nur im Singular **des Linksradikalismus** ≈ Linksextremismus eine extreme politische Einstellung, die demokratiefeindlich und gegen den Kapitalismus gerichtet ist

das **Li|n|o|le|um** (Nomen) [li'no:leʊm]
nur im Singular **des Linoleums**
ein Fußbodenbelag

die **Lin|se** (Nomen) **der Linse, die Linsen**
❶ BOTANIK eine Pflanze, deren Früchte wie kleine, runde Plättchen aussehen und meist für Suppen oder Salate verwendet werden
❷ OPTIK eine gekrümmtes Stück Glas in Kameras, Mikroskopen usw.
❸ ANATOMIE der Teil des Auges, der hinter der Pupille sitzt
❹ ≈ Kontaktlinse kleine, runde Schale, die statt einer Brille direkt auf dem Auge getragen wird

die **Lip|pe** (Nomen) **der Lippe, die Lippen**
einer der beiden rötlichen Ränder des Mundes

der **Lip|pen|stift** (Nomen) **des Lippenstift(e)s, die Lippenstifte** eine Art Stift, mit dem man sich die Lippen färbt

die **List** (Nomen) **der List, die Listen** ein kluger Trick, mit dem man jemanden täuscht

die **Lis|te** (Nomen) **der Liste, die Listen**
eine Aufstellung von Dingen oder Personen, die untereinandergeschrieben sind

Li|tau|en (Nomen) **Litauens** ein Land in Osteuropa

der **Li|tau|er** (Nomen) **des Litauers, die Litauer**
ein Junge/Mann aus Litauen

die **Li|tau|e|rin** (Nomen) **der Litauerin, die Litauerinnen** ein Mädchen/eine Frau aus Litauen

li|tau|isch (Adjektiv) aus Litauen oder in litauischer Sprache

der/das **Li|ter** (Nomen) **des Liters, die Liter**
Abkürzung: l ein Maß für Flüssigkeiten

li|te|ra|risch (Adjektiv) zur Literatur gehörig, mit dem Thema Literatur: *ein literarischer Text*

die **Li|te|ra|tur** (Nomen) **der Literatur, die Literaturen**
❶ nur im Singular die Werke von Schriftstellern aller Art
❷ nur im Singular alles, was zu einem bestimmten Thema geschrieben wurde: *Literatur zu einem Referat sammeln*
❸ ≈ Dichtung *die deutsche Literatur der Gegenwart*

live (Adjektiv) [laif] TV ≈ direkt zeitgleich: *Der Wettkampf wird heute live übertragen.*

die **Live|sen|dung, Live-Sen|dung** (Nomen)
der Livesendung, die Livesendungen
≈ Originalübertragung eine Sendung, die direkt vom Aufnahmeort übertragen wird

die **Li|zenz** (Nomen) **der Lizenz, die Lizenzen**
❶ RECHT die offizielle Genehmigung, einen Betrieb zu führen oder etwas zu verkaufen
❷ SPORT die von einem Verband erteilte Erlaubnis, an Wettbewerben teilzunehmen

der **Lkw** (Nomen) **des Lkw(s), die Lkw(s)**
Abkürzung von: Lastkraftwagen ein großes Fahrzeug, das Waren transportiert: *das Fahrverbot für Lkws an Sonntagen*

das **Lob** (Nomen) **des Lob(e)s, die Lobe**
die Worte, mit denen man jemandem mitteilt, dass er etwas gut gemacht hat

die **Lob|by** (Nomen) ['lɔbi] POLITIK **der Lobby, die Lobbys** eine Gruppe, die bestimmte Interessen vertritt und versucht, Politiker zu beeinflussen

lo|ben (Verb) **du lobst, er lobte, sie hat gelobt, lob(e)!** jemandem mitteilen, dass er etwas gut gemacht hat

das **Loch** (Nomen) **des Loch(e)s, die Löcher**
❶ in etwas eine Öffnung, eine schadhafte Stelle: *Du hast ein Loch in der Socke.*
❷ umgangssprachlich eine schlechte (kleine, dunkle) Wohnung
❸ jemandem Löcher in den Bauch fragen umgangssprachlich jemandem so viele Fragen stellen, dass es ihm lästig wird
❹ aus/auf dem letzten Loch pfeifen umgangssprachlich keine Kraft mehr haben
❺ in ein Loch fallen mit seinen seelischen Problemen nicht fertigwerden und sehr niedergeschlagen sein

lo|chen (Verb) **du lochst, er lochte, sie hat gelocht, loch(e)!** mit einem Gerät ein Loch oder Löcher in etwas machen

der **Lo|cher** (Nomen) **des Lochers, die Locher**
für Papier usw. ein Gerät, mit dem man Löcher in etwas machen kann

lö|chern (Verb) umgangssprachlich **du löcherst, er löcherte, sie hat gelöchert, löch(e)re!** jemanden mit dauernden Fragen oder Bitten belästigen

die **Lo|cke** (Nomen) **der Locke, die Locken** eine gekräuselte Haarsträhne

lo|cken (Verb) **du lockst, er lockte, sie hat gelockt, lock(e)!**
❶ versuchen, ein Tier oder jemanden dazu zu bringen, irgendwohin zu kommen
❷ ≈ anziehen *Das gute Wetter lockte die Menschen in den Park.*
❸ das Haar kräuseln

lo|cker (Adjektiv) **lockerer, am lockersten**
❶ ≈ lose *eine lockere Schraube anziehen*
❷ Teig, Schnee usw. durchlässig, nicht dicht
❸ ≈ lässig, ungezwungen *In seinem Unterricht geht es locker zu.*
❹ umgangssprachlich ≈ problemlos *Das schaffst du locker!*

der **Löf|fel** (Nomen) **des Löffels, die Löffel**
❶ der Teil eines Bestecks, mit dem man Flüssiges isst oder umrührt
❷ GASTRONOMIE die Menge, die auf einen Löffel passt: *zwei schwach gehäufte Löffel Zucker dazugeben*
❸ ein paar hinter die Löffel kriegen umgangssprachlich eine Ohrfeige bekommen
❹ den Löffel abgeben umgangssprachlich sterben

die **Lo|gik** (Nomen) nur im Singular **der Logik**
❶ Folgerichtigkeit: *Dem Argument fehlt jede Logik.*
❷ die Lehre vom folgerichtigen Denken

lo|gisch (Adjektiv) **logischer, am logischsten**
❶ folgerichtig: *Es ist logisch, dass mehr Service mehr Geld kostet.*
❷ umgangssprachlich ≈ klar, selbstverständlich *Ist doch logisch, oder?*

die **Lo|gis|tik** (Nomen) nur im Singular **der Logistik** alles, was zu Bereitstellung, Unterbringung und Transport von Gütern und Personen gehört

lo|go (Adjektiv) umgangssprachlich ≈ klar, logisch *Na logo, das darf nicht sein.*

der/das **Lo|go** (Nomen) WIRTSCHAFT **des Logos, die Logos** ein Zeichen oder Symbol, das sich auf allen Produkten einer Firma befindet

der **Lohn** (Nomen) **des Lohn(e)s, die Löhne**
❶ besonders **eines Arbeiters** das Geld, das man für seine Arbeit bekommt
❷ auch ironisch ≈ Belohnung *Das ist nun der Lohn für die monatelange Mühe!*

sich **loh|nen** (Verb) nur in der 3. Person gebraucht **es lohnt sich, es lohnte sich, es hat sich gelohnt**
etwas lohnt sich etwas ist die Mühe wert oder macht sich bezahlt: *Die Reparatur lohnt sich nicht mehr.*

die **Lohn|steu|er** (Nomen) FINANZEN nur im Singular **der Lohnsteuer** die Steuer, die ein Arbeitnehmer für das Geld, das er verdient, zahlen muss

lo|kal (Adjektiv) ≈ örtlich räumlich begrenzt: *Morgen kann es lokal zu heftigen Schneefällen kommen.*

das **Lo|kal** (Nomen) GASTRONOMIE **des Lokal(e)s, die Lokale** ≈ Gaststätte *in einem Lokal feiern*

die **Lo|ko|mo|ti|ve** (Nomen) [lokomo'ti:və] EISENBAHN **der Lokomotive, die Lokomotiven** ein Fahrzeug auf Schienen zum Ziehen von Eisenbahnwagen

der **Lo|ko|mo|tiv|füh|rer** (Nomen) BERUF **des Lokomotivführers, die Lokomotivführer** jemand, der ausgebildet ist, eine Lokomotive zu führen und zu warten

die **Lo|ko|mo|tiv|füh|re|rin** (Nomen) **der Lokomotivführerin, die Lokomotivführerinnen** Femininform von → **Lokomotivführer**

der **Lor|beer** (Nomen) **des Lorbeers, die Lorbeeren**
❶ BOTANIK ein Baum mit festen Blättern, die als Gewürz verwendet werden
❷ ≈ Ruhm, Erfolg *Man darf sich nicht auf seinen Lorbeeren ausruhen.*

das **Lor|beer|blatt** (Nomen) GASTRONOMIE **des Lorbeerblatt(e)s, die Lorbeerblätter** das als Gewürz verwendete Blatt des Lorbeers

das **Los** (Nomen) **des Loses, die Lose**
❶ ein kleiner Schein, mit dem man in der Lotterie o. Ä. gewinnen kann
❷ ein Stück Papier o. Ä., mit dem etwas per Zufall entschieden wird: *Lose ziehen*
❸ gehoben ≈ Schicksal *ein schweres Los haben*

los¹ (Adverb)
❶ als Aufforderung, anzufangen oder sich zu bewegen: *Achtung, fertig, los!*
❷ umgangssprachlich ≈ weg, fort *Ich muss los!*

los² (Adjektiv)
❶ nicht fest(gemacht): *ein loser Knopf*
❷ jemanden/etwas los sein umgangssprachlich von jemandem/etwas befreit sein

❸ Da ist was los! umgangssprachlich Da ist etwas passiert!/Da geht es lebhaft zu!

das **Lösch|blatt** (Nomen) **des Löschblatt(e)s, die Löschblätter** im Heft usw. ein Blatt saugfähiges Papier gegen Kleckse

lö|schen (Verb) **du löschst, er löschte, sie hat gelöscht, lösch(e)!**
❶ etwas, was brennt, ausmachen
❷ ≈ entfernen *aus Versehen die Daten löschen*
❸ SCHIFFFAHRT ≈ ausladen *die Ladung löschen*
❹ den Durst löschen den Durst mit einem Getränk stillen

lo|sen (Verb) **du lost, er loste, sie hat gelost, los(e)!** etwas entscheiden, indem man Lose zieht

lö|sen (Verb) **du löst, er löste, sie hat gelöst, lös(e)!**
❶ mit einer Aufgabe, einem Rätsel oder einem Problem fertigwerden
❷ abmachen: *eine Marke vom Blatt lösen*
❸ kaufen: *den Fahrschein vor der Fahrt lösen*
❹ beenden: *einen Vertrag lösen*
❺ sich lösen sich lockern: *Der Husten hat sich gelöst.*
sich auflösen, verschwinden: *Das Problem hat sich von selbst gelöst.*
❻ sich von jemandem/etwas lösen sich von jemandem/etwas trennen
❼ sich von etwas lösen lose werden, abgehen: *Die Fliese löst sich von der Wand.*

der **Lo|ser** (Nomen) ['lu:zɐ] umgangssprachlich **des Losers, die Loser** ≈ Versager, Verlierer *Er will nicht immer der Loser sein.*

die **Lo|se|rin** (Nomen) ['lu:zərɪn] umgangssprachlich **der Loserin, die Loserinnen**
Femininform von → **Loser**

los|fah|ren (Verb) **du fährst los, er fuhr los, sie ist losgefahren, fahr(e) los!**
❶ ≈ abfahren, starten *Wir fahren um sieben los.*

los|ge|hen (Verb) **du gehst los, er ging los, sie ist losgegangen, geh(e) los!**
❶ ≈ aufbrechen *Ich bin schon um 6 Uhr losgegangen.*
❷ umgangssprachlich ≈ anfangen *Gleich geht's los!*
❸ auf jemanden losgehen jemanden angreifen
❹ etwas geht nach hinten los umgangssprachlich etwas bringt Schaden statt Nutzen

los|las|sen (Verb) **du lässt los, er ließ los, sie hat losgelassen, lass(e) los!**
❶ nicht mehr festhalten: *Nicht loslassen!*
❷ jemanden auf andere loslassen abwertend andere jemandem überlassen, der bösartig oder unqualifiziert ist: *Und so einen Betreuer lässt man auf die Kinder los!*
❸ etwas lässt einen nicht los man muss immer an etwas denken

los|rei|ßen (Verb) **du reißt los, er riss los, sie hat losgerissen, reiß(e) los!**
❶ von etwas lösen: *Der Orkan hat die Boote losgerissen.*
❷ sich von etwas losreißen sich mit Kraft von etwas lösen: *Der Hund hat sich von der Leine losgerissen.*
❸ sich losreißen sich lösen: *Das Kind riss sich los und rannte auf die Straße.*
❹ sich von etwas/jemandem nicht losreißen können es nicht fertigbringen, etwas anderes zu tun, als sich mit etwas/jemandem zu beschäftigen

die **Lö|sung** (Nomen) **der Lösung, die Lösungen**
❶ die richtige Antwort, das richtige Ergebnis
❷ die Bewältigung eines Problems
❸ besonders CHEMIE die Flüssigkeit, in der ein Stoff gelöst ist

der **Lö|sungs|an|satz** (Nomen) **des Lösungsansatzes, die Lösungsansätze** der Versuch, eine Aufgabe oder ein Problem zu lösen

das **Lö|sungs|mit|tel** (Nomen) CHEMIE **des Lösungsmittels, die Lösungsmittel** die Flüssigkeit, in der ein Stoff gelöst werden kann

der **Lö|sungs|weg** (Nomen) **des Lösungsweg(e)s, die Lösungswege** das Vorgehen oder die Methode, mit der ein Problem oder eine Aufgabe gelöst werden kann

los|wer|den (Verb) **du wirst los, er wurde los, sie ist losgeworden, werd(e) los!**
❶ sich von etwas oder jemandem befreien
❷ umgangssprachlich ≈ verlieren *Auf dem Flohmarkt ist er sein ganzes Geld losgeworden.*
❸ umgangssprachlich ≈ verkaufen *Er versucht, sein altes Fahrrad loszuwerden.*
❹ umgangssprachlich ≈ aussprechen *Sagt ruhig, was ihr schon lange mal loswerden wolltet.*

lö|ten (Verb) TECHNIK **du lötest, er lötete, sie hat gelötet, löt(e)!** Teile mit geschmolzenem Metall verbinden

lot|recht (Adjektiv) im rechten Winkel, senkrecht

das **Lot|to** (Nomen) Plural selten **des Lottos, die Lottos**
❶ ein Glücksspiel, bei dem man mit den richtigen angekreuzten Zahlen gewinnen kann
❷ ein Gesellschaftsspiel, bei dem man Bilder mit zufällig gezogenen Karten abdeckt

die **Lounge** (Nomen) [laundʃ] **der Lounge, die Lounges** ein Raum mit bequemen Sesseln für den Aufenthalt von Gästen

der **Lö|we** (Nomen) **des Löwen, die Löwen**
❶ eine Raubkatze mit kurzem, gelben Fell, die in Afrika lebt
❷ nur im Singular das Sternzeichen für die Zeit vom 23.7. bis 23.8.: *die Eigenschaften des Sternzeichens „Löwe"*
❸ jemand, der im Sternzeichen „Löwe" geboren ist: *Sie ist Löwe.*

der **Lö|wen|zahn** (Nomen) nur im Singular **des Löwenzahns** eine Wiesenblume mit gelben Blüten

die **Lo|ya|li|tät** (Nomen) **der Loyalität, die Loyalitäten** die Treue gegenüber jemandem/etwas: *Loyalität gegenüber dem Staat oder einer Institution zeigen*

der **Luchs** (Nomen) **des Luchses, die Luchse**
❶ eine Raubkatze mit Pinselohren und kurzem Schwanz
❷ aufpassen wie ein Luchs sehr genau aufpassen

die **Lü|cke** (Nomen) **der Lücke, die Lücken**
❶ eine leere oder offene Stelle
❷ ≈ Mangel, Defizit *große Lücken in Algebra haben*

lü|cken|haft (Adjektiv) **lückenhafter, am lückenhaftesten** ≈ unvollständig *ein lückenhaftes Alibi*

die **Luft** (Nomen) **der Luft, die Lüfte**
❶ nur im Singular das Gemisch aus Gasen, das man zum Atmen braucht: *frische Luft durch das Fenster hereinlassen*
❷ der Raum über dem Erdboden: *Der Ballon stieg in die Luft.*
❸ sich in Luft auflösen umgangssprachlich spurlos verschwinden
❹ die Luft ist rein umgangssprachlich niemand beobachtet uns oder hört zu
❺ etwas liegt in der Luft umgangssprachlich es passiert bald etwas
❻ es herrscht dicke Luft umgangssprachlich es gibt vielleicht gleich Krach
❼ jemanden wie Luft behandeln umgangssprachlich jemanden absichtlich nicht beachten

der **Luft|bal|lon** (Nomen) **des Luftballons, die Luftballons** ein mit Luft oder Gas gefüllter Ballon, besonders für Kinder

der **Luft|druck** (Nomen) nur im Singular **des Luftdruck(e)s**
❶ PHYSIK der Druck der Luft auf eine Fläche
❷ Autoreifen, Fahrradreifen usw. der Druck der Luft in einem Reifen o. Ä.

lüf|ten (Verb) **du lüftest, er lüftete, sie hat gelüftet, lüft(e)!**
❶ frische Luft in etwas oder an etwas lassen
❷ ≈ anheben *den Deckel lüften*
❸ ≈ verraten, bekannt geben *ein Geheimnis lüften*

die **Luft|fahrt** (Nomen) nur im Singular **der Luftfahrt** alles, was mit Flugzeugen und dem Fliegen zu tun hat

die **Luft|ma|trat|ze, Luft|mat|rat|ze** (Nomen) **der Luftmatratze, die Luftmatratzen** eine Matratze, die man aufblasen kann

die **Luft|röh|re** (Nomen) ANATOMIE **der Luftröhre, die Luftröhren** die röhrenartige Verbindung zwischen Kehlkopf und Lunge, durch die die Atemluft geht

die **Lüf|tung** (Nomen) TECHNIK **der Lüftung, die Lüftungen** eine Anlage, die für frische Luft in Räumen sorgt

die **Luft|ver|schmut|zung** (Nomen) UMWELT **der Luftverschmutzung, die Luftverschmutzungen** die Belastung der Luft durch Abgase, Feinstaub usw.

die **Luft|waf|fe** (Nomen) MILITÄR **der Luftwaffe, die Luftwaffen** die Truppen eines Landes, die für den Krieg in der Luft ausgebildet sind

die **Lü|ge** (Nomen) **der Lüge, die Lügen**
❶ ≈ bewusste Unwahrheit nicht die Wahrheit: *Das ist eine gemeine Lüge!*
❷ Lügen haben kurze Beine die Wahrheit kommt meist schnell heraus

lu|gen (Verb) gehoben • veraltet **du lugst, er lugte, sie hat gelugt, lug(e)!**
❶ aufmerksam nach etwas oder jemandem schauen

❷ ≈hervorschauen *Der Griff einer Pistole lugte aus seiner Jackentasche.*

lü|gen (Verb) **du lügst, er log, sie hat gelogen, lüg(e) nicht!**
❶ wissentlich die Unwahrheit sagen
❷ lügen wie gedruckt oder lügen, dass sich die Balken biegen umgangssprachlich unglaubliche Lügen erzählen

der **Lüg|ner** (Nomen) abwertend **des Lügners, die Lügner** jemand, der (ständig) die Unwahrheit sagt

die **Lüg|ne|rin** (Nomen) **der Lügnerin, die Lügnerinnen** Femininform von → **Lügner**

die **Lụn|ge** (Nomen) **der Lunge, die Lungen**
❶ ANATOMIE das Organ, mit dem man atmet
❷ sich die Lunge aus dem Hals schreien umgangssprachlich so laut schreien, wie man kann

die **Lu|pe** (Nomen) **der Lupe, die Lupen**
❶ OPTIK ein Vergrößerungsglas, besonders mit Griff
❷ jemanden/etwas unter die Lupe nehmen jemanden/etwas ganz genau prüfen oder beobachten

die **Lụst** (Nomen) **der Lust, die Lüste**
❶ nur im Singular der Wunsch, etwas zu tun; das Verlangen nach etwas: *Ich habe Lust zu tanzen.*
❷ ein angenehmes Gefühl bei einer Tätigkeit
❸ ein sexuelles Verlangen, die Freude an Sex
❹ nach Lust und Laune so, wie es einem gerade gefällt

lụs|tig (Adjektiv) **lustiger, am lustigsten**
❶ ≈komisch, witzig *eine lustige Geschichte erzählen*
❷ ≈heiter, fröhlich *ein lustiger Abend*
❸ sich über etwas/jemanden lustig machen über etwas/jemanden spotten oder gemeine Bemerkungen machen
❹ Das kann ja lustig werden! ironisch Das wird sicher unangenehm.
❺ solange jemand lustig ist umgangssprachlich solange es jemandem Spaß macht
❻ Schluss mit lustig! Jetzt hört der Spaß auf.

Lụ|xem|burg (Nomen) **Luxemburgs** ein sehr kleines Land in Europa

der **Lụ|xem|bur|ger** (Nomen) **des Luxemburgers, die Luxemburger** ein Junge/Mann aus Luxemburg

die **Lụ|xem|bur|ge|rin** (Nomen) **der Luxemburgerin, die Luxemburgerinnen** ein Mädchen/eine Frau aus Luxemburg

lụ|xem|bur|gisch (Adjektiv) aus Luxemburg oder in luxemburgischer Sprache

der **Lụ|xus** (Nomen) nur im Singular **des Luxus** etwas, was teuer ist und man eigentlich nicht braucht, was aber sehr angenehm und komfortabel ist

die **Ly|rik** (Nomen) ['ly:rɪk] nur im Singular **der Lyrik** Gedichte: *moderne Lyrik im Deutschunterricht*

der **Ly|ri|ker** (Nomen) LITERATUR **des Lyrikers, die Lyriker** ein Schriftsteller, der Gedichte schreibt

die **Ly|ri|ke|rin** (Nomen) **der Lyrikerin, die Lyrikerinnen** Femininform von → **Lyriker**

ly|risch (Adjektiv)
❶ LITERATUR von oder wie in Gedichten
❷ ≈gefühlvoll, weich *ein lyrischer Sopran*

M

das **M, m** (Nomen) **des M, die M**
❶ der 13. Buchstabe im Alphabet
siehe auch → **A**
❷ **nur M: Abkürzung für** medium die Kleidergröße „mittel"
❸ **nur m: Abkürzung für** Meter

mạ|chen (Verb) **du machst, er machte, sie hat gemacht, mach(e)!**
❶ ≈herstellen, schaffen *Machst du mir ein Brot?*
❷ ≈verursachen, bewirken, tun *Macht bitte keinen Lärm! • In den Ferien machen wir eine Reise nach Frankreich.*
❸ ≈durchführen, in Ordnung bringen *den Abwasch und die Betten machen*
❹ sich machen sich (gut) entwickeln
❺ sich etwas/nichts aus etwas/jemandem machen etwas/jemanden gern/nicht gern mögen: *Ich mache mir überhaupt nichts aus Pizza.*

die **Mạcht** (Nomen) **der Macht, die Mächte**
❶ nur im Singular die Möglichkeit, wichtige Entscheidungen zu fällen und über andere zu bestimmen
❷ nur im Singular jemandes ganze Kraft und gesamter Einfluss: *alles, was in meiner Macht steht*
❸ ≈ Staat *die westlichen Mächte*
❹ nur im Singular ≈ Herrschaft *an die Macht kommen*
❺ meist im Plural ein unbekanntes Wesen, eine überirdische Kraft: *von guten Mächten wunderbar geborgen*
❻ die Macht der Gewohnheit die Neigung dazu, etwas aus Gedankenlosigkeit fortzuführen, obwohl es eine Änderung gegeben hat

der **Mạcht|ha|ber** (Nomen) POLITIK **des Machthabers, die Machthaber** jemand, der (mit anderen zusammen) über einen Staat herrscht

die **Mạcht|ha|be|rin** (Nomen) **der Machthaberin, die Machthaberinnen** Femininform von → **Machthaber**

mạcht|hung|rig (Adjektiv) abwertend **machthungriger, am machthungrigsten** maßlos gierig nach Macht

mạ̈ch|tig (Adjektiv) **mächtiger, am mächtigsten**
❶ Mensch, Land usw. mit sehr viel Macht und Einfluss
❷ ≈ riesig, gewaltig *eine mächtige Eiche*
❸ umgangssprachlich ≈ groß, stark *mächtigen Durst haben*
❹ umgangssprachlich ≈ sehr *mächtig stolz sein*

mạcht|los (Adjektiv) so schwach oder arm an Einfluss, dass man gegen etwas oder jemanden nichts machen kann

das **Mä̱d|chen** (Nomen) **des Mädchens, die Mädchen**
❶ ein Kind, aus dem als Erwachsener eine Frau wird: *ein kleines Mädchen*
❷ eine junge Frau
❸ Mädchen für alles umgangssprachlich jemand, der Arbeiten aller Art erledigt

der **Mä̱d|chen|na|me** (Nomen) **des Mädchennamens, die Mädchennamen**
❶ der Familienname einer Frau vor ihrer Heirat
❷ ein Vorname für ein Mädchen

die **Ma̱|de** (Nomen) ZOOLOGIE **der Made, die Maden** die Larve eines Insekts

die **Ma|dọn|na** (Nomen) RELIGION **der Madonna, die Madonnen** ≈ Muttergottes in der katholischen Kirche (eine Darstellung der) Maria, Mutter von Jesus

das **Ma|ga|zi̱n** (Nomen) **des Magazins, die Magazine**
❶ PRESSE ≈ Zeitschrift *ein Nachrichtenmagazin*
❷ TV · RUNDFUNK eine berichtende und kommentierende Sendung
❸ die Patronenkammer einer Schusswaffe
❹ ein Lager, besonders für Bücher in einer Bibliothek o. Ä.

die **Ma̱gd** (Nomen) veraltet LANDWIRTSCHAFT **der Magd, die Mägde** eine Arbeiterin auf einem Bauernhof

der **Ma̱|gen** (Nomen) **des Magens, die Magen/Mägen**
❶ ANATOMIE das Organ, mit dem man die Nahrung teilweise verdaut
❷ jemandem schlägt etwas auf den Magen jemand bekommt Magenschmerzen von etwas
❸ jemandem dreht sich der Magen um umgangssprachlich jemand ekelt sich sehr
❹ etwas liegt jemandem schwer im Magen etwas belastet jemanden

die **Ma̱|gen|schmer|zen** (Nomen) nur im Plural **der Magenschmerzen** Schmerzen in der Magengegend

ma̱|ger (Adjektiv) **magerer, am magersten**
❶ Menschen dünn: *Er ist ganz mager geworden.*
❷ Fleisch, Wurst, Käse usw. mit wenig Fett: *Sie isst nur mageren Schinken.*
❸ Ergebnis usw. zu wenig, nicht ausreichend: *magerer Beifall*

das **Mạg|ma** (Nomen) **des Magmas, die Magmen** das glühend flüssige Gestein im Erdinneren

das **Ma|gne̱|si|um, Mag|ne̱|si|um** (Nomen) nur im Singular **des Magnesiums** ein weißes Leichtmetall: *Das Zeichen für Magnesium ist Mg.*

der **Ma|gne̱t, Mag|ne̱t** (Nomen) **des Magneten/Magnet(e)s, die Magneten/Magnete**
❶ PHYSIK ein Stück Metall, das z. B. Eisen anzieht
❷ etwas oder jemand mit großer Anziehungskraft (z. B. Publikumsmagnet, Touristenmagnet)

ma|gne|tisch, mag|ne|tisch (Adjektiv)
❶ PHYSIK mit der Eigenschaft, Eisen usw. anzuziehen
❷ von großer Anziehungskraft: *sich von jemandem magnetisch angezogen fühlen*

mä|hen (Verb) LANDWIRTSCHAFT **du mähst, er mähte, sie hat gemäht, mäh(e)!**
❶ Gras oder Getreide schneiden
❷ den Rasen/ein Feld mähen das Gras auf dem Rasen abschneiden/das Getreide auf dem Feld ernten

das **Mahl** (Nomen) gehoben **des Mahl(e)s, die Mahle/Mähler** ≈ Essen *ein erlesenes Mahl bei Kerzenschein und Musik*

mah|len (Verb) **du mahlst, er mahlte, sie hat gemahlen, mahl(e)!**
❶ etwas mit einer Mühle zerkleinern
❷ Wer zuerst kommt, mahlt zuerst. Wer zuerst da ist, ist im Vorteil.

die **Mahl|zeit** (Nomen) **der Mahlzeit, die Mahlzeiten**
❶ ein Essen, das man zu einer bestimmten Tageszeit einnimmt
❷ Mahlzeit! Guten Appetit!
❸ Na (dann) prost Mahlzeit! ironisch Das wird sicher unangenehm.

mah|nen (Verb) **du mahnst, er mahnte, sie hat gemahnt, mahn(e)!**
❶ ≈ warnen, auffordern *Er mahnte Geduld.*
❷ RECHT jemanden schriftlich daran erinnern, seine Schulden zu bezahlen

die **Mah|nung** (Nomen) RECHT **der Mahnung, die Mahnungen** eine schriftliche Aufforderung an jemanden, seine Schulden zu bezahlen

der **Mai** (Nomen) Plural selten **des Mai/Mai(e)s, die Maie**
❶ der fünfte Monat im Jahr
❷ der Erste Mai ≈ Tag der Arbeit ein Feiertag am ersten Tag im Mai

die **Mail|box** (Nomen) ['me:lbɔks] **der Mailbox, die Mailboxen**
❶ TELEFON ein Speicher für Sprachnachrichten
❷ INTERNET der Posteingang für E-Mails

die **Ma|jes|tät** (Nomen) **der Majestät, die Majestäten**
❶ nur im Singular die Anrede für Kaiser und Könige
❷ jemand mit dem Titel Majestät
❸ gehoben · nur im Singular der eindrucksvolle Anblick von etwas (Großem): *die Majestät der Alpen*

ma|ka|ber (Adjektiv) **makab(e)rer, am makabersten** unheimlich und komisch zugleich

ma|kel|los (Adjektiv) ohne Fehler, absolut perfekt

mä|keln (Verb) abwertend **du mäkelst, er mäkelte, sie hat gemäkelt, mäk(e)le nicht!** ≈ nörgeln *Müsst ihr immer am Essen mäkeln?*

das **Make-up** (Nomen) [meɪk'|ap] **des Make-ups, die Make-ups**
❶ die Verschönerung des Gesichts mithife von Schminke, Lippenstift usw.
❷ eine Creme o. Ä., die zur Tönung auf das Gesicht aufgetragen wird

der **Mak|ler** (Nomen) **des Maklers, die Makler** jemand, der den Kauf oder die Vermietung besonders von Immobilien vermittelt

mal (Adverb)
❶ umgangssprachlich ≈ einmal *Hör doch mal zu! · Sag das noch mal!*
❷ MATHEMATIK drückt aus, dass eine Zahl multipliziert wird: *Fünf mal drei ist fünfzehn.*

das **Mal**[1] (Nomen) **des Mal(e)s, die Male**
❶ bei Wiederholungen ein einzelnes Ereignis: *Nächstes Mal bin ich aber dran! · Das habe ich schon viele Male beobachtet.*
❷ ein für alle Mal drückt aus, dass man etwas nicht mehr wiederholen will oder es etwas nie wieder geben wird: *Damit ist es jetzt ein für alle Mal vorbei.*
❸ das eine oder andere Mal manchmal
❹ mit einem Mal: Und mit einem Mal war seine Nervosität verschwunden.

das **Mal**[2] (Nomen) **des Mal(e)s, die Male/Mäler** ein dauerhafter Fleck auf der Haut **(z. B. Brandmal, Muttermal)**

ma|len (Verb) **du malst, er malte, sie hat gemalt, mal(e)!**
❶ etwas oder jemanden mit Farbe und Pinsel abbilden
❷ umgangssprachlich ≈ zeichnen *Lina kann gut malen.*
❸ Buchstaben oder Zahlen langsam und genau schreiben

der **Ma|ler** (Nomen) **des Malers, die Maler**
❶ ≈ Künstler *Paul Klee ist mein Lieblingsmaler.*
❷ ≈ Handwerker *Morgen kommen die Maler.*

die **Ma|le|rei** (Nomen) **der Malerei, die Malereien**
❶ nur im Singular KUNST von Künstlern gemalte Bilder: *die Malerei der Moderne*

❷ eine bemalte Fläche besonders an einer Wand o. Ä.: *die Höhle mit den vielleicht ältesten Malereien der Menschheit*

der **Mal|kas|ten** (Nomen) **des Malkastens, die Malkästen** ein Kasten mit verschiedenen Farben zum Malen von Bildern

Mal|ta (Nomen) **Maltas** ein Inselstaat im Mittelmeer

der **Mal|te|ser** (Nomen) **des Maltesers, die Malteser**
❶ GEOGRAFIE ein Junge/Mann aus Malta
❷ GESCHICHTE ein Mitglied des Malteserordens

die **Mal|te|se|rin** (Nomen) **der Malteserin, die Malteserinnen** ein Mädchen/eine Frau aus Malta

mal|te|sisch (Adjektiv) aus Malta

das **Malz** (Nomen) **des Malzes, die Malze** ein Produkt aus Getreide, besonders zur Herstellung von Bier

die **Ma|ma** (Nomen) umgangssprachlich **der Mama, die Mamas** in der Familie die Bezeichnung für die Mutter

das **Mam|mut** (Nomen) ZOOLOGIE **des Mammuts, die Mammuts/Mammute** ein ausgestorbener Elefant mit langem Fell und gebogenen Stoßzähnen

man (Pronomen)
❶ jemand, irgendjemand (ein Einzelner oder eine Gruppe): *Hat man herausgefunden, wer das getan hat? • Man rechnet mit vielen Besuchern.*
❷ die meisten Leute: *Heutzutage hat man ja Handys für diesen Zweck.*
❸ ich oder wir als typisches Beispiel: *Kann man hier parken?*

das **Ma|nage|ment** (Nomen) ['mɛnɪtʃmɛnt] **des Managements, die Managements** die leitenden Mitarbeiter einer Firma

ma|na|gen (Verb) ['mɛnɪdʃn̩] **du managst, er managte, sie hat gemanagt, manage!**
❶ umgangssprachlich ≈ schaffen, hinkriegen *Irgendwie werden wir das managen.*
❷ WIRTSCHAFT einen Künstler, Sportler o. Ä. beruflich betreuen
❸ ≈ leiten, führen *einen Konzern managen*

der **Ma|na|ger** (Nomen) ['mɛnɪdʃɐ] WIRTSCHAFT **des Managers, die Manager**
❶ ein leitender Angestellter
❷ jemand, der Künstler, Sportler o. Ä. beruflich betreut

manch (Pronomen) gehoben **unveränderlich** einige, mehrere: *An manch kalten Tagen/An manch einem kalten Tag wünschte ich, ich würde im Süden leben.*

man|che, man|cher, man|ches (Pronomen)
❶ einige, mehrere: *in manchen Filmen • Manches Mal habe ich auch verschlafen.*
❷ einige Leute: *Manche sind eben stärker als andere.*
❸ einige Dinge: *Manches verstehe ich einfach nicht.*

man|cher|lei (Zahlwort) eine ganze Reihe verschiedener Dinge

manch|mal (Adverb) hin und wieder, ab und zu

die **Man|da|ri|ne** (Nomen) BOTANIK **der Mandarine, die Mandarinen** eine Frucht, ähnlich wie eine kleine Orange

das **Man|dat** (Nomen) **des Mandat(e)s, die Mandate**
❶ POLITIK der Auftrag, den ein Abgeordneter durch eine Wahl erhalten hat
❷ RECHT der Auftrag eines Rechtsanwalts, jemanden juristisch zu vertreten

die **Man|del|ent|zün|dung** (Nomen) MEDIZIN **der Mandelentzündung, die Mandelentzündungen** ≈ Angina eine Entzündung der Mandeln im Rachen

der **Man|gel**[1] (Nomen) **des Mangels, die Mängel**
❶ eine Situation, in der zu wenig bestimmte Dinge oder Personen vorhanden sind **(z. B. Platzmangel, Lehrermangel)**
❷ aus Mangel an Beweisen RECHT weil nicht genügend Beweise für eine Schuld vorgelegt werden können
❸ **meist Plural** ≈ Fehler, Schaden *technische Mängel*

die **Man|gel**[2] (Nomen) **der Mangel, die Mangeln**
❶ ein Gerät, in dem Wäsche zwischen Rollen geglättet wird
❷ jemanden in die Mangel nehmen umgangssprachlich jemanden bei einer Prüfung, einem Verhör o. Ä. unter Druck setzen

man|gel|haft (Adjektiv)
❶ SCHULE die Note Fünf
❷ **Ware usw.** nicht einwandfrei, mit Mängeln
❸ ≈ schlecht, unzureichend *Die Veranstaltung war mangelhaft vorbereitet.*

man|geln[1] (Verb) **unpersönlich es mangelt, es mangelte, es hat gemangelt**
es mangelt (jemandem) an etwas es gibt (für jemanden) zu wenig von etwas

man|geln[2] (Verb) **du mangelst, er mangelte, sie hat gemangelt, mang(e)le!** mit einer Mangel Wäsche zwischen Rollen glätten

man|gels (Präposition) gehoben
mit Genitiv gebraucht weil etwas fehlt oder nicht ausreicht: *Mangels einer besseren Lösung haben wir uns hierfür entschieden.*

das **Man|ko** (Nomen) **des Mankos, die Mankos**
≈ Nachteil, Fehler *Einziges Manko blieb die mangelnde Auswertung der Torchancen.*

der **Mann** (Nomen) **des Mann(e)s, die Männer**
bei Mengenangaben auch **Mann**
❶ ein erwachsener Mensch männlichen Geschlechts: *Jockeys sind meist kleine, leichte Männer.*
❷ ≈ Ehemann *Sie fährt ohne ihren Mann in den Urlaub.*
❸ ≈ Person *eine 100 Mann starke Polizeieinheit*
❹ der (kleine) Mann auf der Straße die normalen, durchschnittlichen Menschen
❺ etwas an den Mann bringen umgangssprachlich etwas verkaufen oder etwas mitteilen
❻ Das ist unser Mann. umgangssprachlich Das ist die Person, die wir brauchen.
❼ (Mein lieber) Mann!/Oh, Mann! umgangssprachlich ein Ausruf der Überraschung oder des Ärgers

das **Männ|chen** (Nomen) **des Männchens, die Männchen** ein männliches Tier

männ|lich (Adjektiv) **männlicher, am männlichsten**
❶ BIOLOGIE **ohne Steigerung** vom Geschlecht des Mannes: *keine männlichen Nachkommen haben*
❷ ≈ maskulin zum Mann gehörig, typisch für einen Mann: *eine männliche Stimme*
❸ GRAMMATIK **ohne Steigerung** → **maskulin**

die **Männ|lich|keit** (Nomen) **nur im Singular der Männlichkeit** ein Aussehen und Wesen, das man als typisch männlich empfindet

die **Mann|schaft** (Nomen) **der Mannschaft, die Mannschaften**
❶ SPORT ≈ Team *zwei gleichwertige Mannschaften*
❷ SCHIFFFAHRT · FLUGWESEN ≈ Besatzung *Ganze Mannschaft an Deck!*
❸ vor versammelter Mannschaft umgangssprachlich vor allen anderen

der **Man|tel** (Nomen) **des Mantels, die Mäntel**
❶ ein mindestens bis zu den Oberschenkeln reichendes Kleidungsstück mit langen Ärmeln
❷ TECHNIK die Hülle um den Schlauch eines Reifens

ma|nu|ell (Adjektiv) [manuˈɛl] mit der Hand, von Hand

die **Map|pe** (Nomen) **der Mappe, die Mappen**
❶ ein Paar zusammenklappbare Deckel zur Aufbewahrung von Dokumenten o. Ä.
❷ eine Aktentasche oder Schulmappe

das **Mär|chen** (Nomen) **des Märchens, die Märchen**
❶ LITERATUR eine Erzählung, besonders für Kinder, mit Figuren wie Riesen, Zauberern und anderen Fabelwesen
❷ eine Lüge oder unglaubliche Geschichte

die **Mar|ga|ri|ne** (Nomen) **der Margarine, die Margarinen** ein wie Butter verwendetes Fett, das aus Pflanzen gewonnen wird

die **Ma|ri|ne** (Nomen) **der Marine, die Marinen** alle Schiffe, die zur Flotte eines Staates gehören

ma|ri|tim (Adjektiv)
❶ das Meer betreffend
❷ vom Meer beeinflusst: *maritimes Klima*

die **Mark**[1] (Nomen) **der Mark, die Mark**
❶ die Mark, die Deutsche Mark
Abkürzung: DM die frühere deutsche Währung, bevor der Euro eingeführt wurde
❷ keine müde Mark umgangssprachlich überhaupt kein Geld

das **Mark**[2] (Nomen) **nur im Singular des Mark(e)s**
❶ das weiche Innere in einem Knochen
❷ ein konzentrierter Brei aus Früchten oder Gemüse
❸ ein Schmerz/Schrei/... geht jemandem durch Mark und Bein ein Schmerz ist so stark/ein Schrei ist so laut/..., dass jemand es kaum aushalten kann

die **Mar|ke** (Nomen) **der Marke, die Marken**
❶ ≈ Fabrikat das Produkt einer bestimmten Firma
❷ eine Art Münze oder Chip oder ein Papierabschnitt, für die/den man Essen, Geld, Getränke usw. bekommen kann
❸ ≈ Markierung ein Zeichen, um etwas zu kennzeichnen
❹ ≈ Briefmarke ein Postwertzeichen, mit dem man Briefe usw. verschicken kann

der **Mar|ker** (Nomen) **des Markers, die Marker** ein Stift, mit dem man Stellen in einem Text färben kann

das **Mar|ke|ting** (Nomen) **nur im Singular des Marketings** alles, was ein Unternehmen tut, um seine Produkte gut zu verkaufen

mar|kie|ren (Verb) **du markierst, er markierte, sie hat markiert, markier(e)!**
① durch Zeichen oder Symbole deutlich machen, kennzeichnen
② den Dummen/Kranken/... markieren umgangssprachlich • abwertend so tun, als sei man dumm/krank/...

die **Mar|kie|rung** (Nomen) **der Markierung, die Markierungen** die Kennzeichnung durch Zeichen oder Symbole

die **Mar|ki|se** (Nomen) **der Markise, die Markisen** eine Art Dach aus Stoff, das man über einem Fenster oder über einem Balkon/einer Terrasse ausrollen kann

der **Markt** (Nomen) **des Markt(e)s, die Märkte**
① ein Platz in einer Stadt, auf dem Händler (an bestimmten Tagen) ihre Waren verkaufen
② der Bereich der Wirtschaft, der den Handel mit Produkten betrifft (z. B. Aktienmarkt, Rohstoffmarkt)
③ etwas auf den Markt bringen ein neues Produkt herstellen und verkaufen
④ ein Land oder Gebiet, in dem bestimmte Produkte verkauft werden

der **Markt|füh|rer** (Nomen) **des Marktführers, die Marktführer** das Unternehmen, das die meisten Waren einer Produktart verkauft

der **Markt|platz** (Nomen) **des Marktplatzes, die Marktplätze** der Platz, auf dem Händler (an bestimmten Tagen) ihre Waren verkaufen

die **Markt|wirt|schaft** (Nomen) nur im Singular **der Marktwirtschaft** ein System, in dem Waren so hergestellt und verkauft werden, wie die Menschen es brauchen

die **Mar|me|la|de** (Nomen) **der Marmelade, die Marmeladen** ein Brei aus Früchten und Zucker, der gekocht und in Gläsern haltbar gemacht wird und den man kalt aufs Brot streicht

der **Ma|rok|ka|ner** (Nomen) **des Marokkaners, die Marokkaner** ein Junge/Mann aus Marokko

die **Ma|rok|ka|ne|rin** (Nomen) **der Marokkanerin, die Marokkanerinnen** ein Mädchen/eine Frau aus Marokko

ma|rok|ka|nisch (Adjektiv) aus Marokko

Ma|rok|ko (Nomen) **Marokkos** ein Land in Nordafrika

der **Mars** (Nomen) nur im Singular **des Mars** ein Planet

der **Marsch** (Nomen) **des Marsch(e)s, die Märsche**
① MILITÄR der Gang mit kurzen, schnellen Schritten, mit dem Soldaten gehen
② eine lange und schnelle Wanderung
③ MUSIK ein Musikstück, zu dem die Soldaten marschieren
④ jemandem den Marsch blasen umgangssprachlich jemandem laut und deutlich sagen, dass man nichts von ihm hält

mar|schie|ren (Verb) **du marschierst, er marschierte, sie ist marschiert, marschiere!** als Soldat oder wie ein Soldat mit schnellen Schritten gehen

das **Mar|tins|horn** (Nomen) **des Martinshorn(e)s, die Martinshörner** die Sirene von Krankenwagen, Polizeiwagen usw.

der **Mär|ty|rer** (Nomen) ['mɛrtyrɐ] **des Märtyrers, die Märtyrer** jemand, der wegen seines Glaubens verfolgt und ermordet wird

die **Mär|ty|re|rin** (Nomen) **der Märtyrerin, die Märtyrerinnen** Femininform von → **Märtyrer**

der **März** (Nomen) Plural selten **des März(es), die Märze** der dritte Monat im Jahr

das/der **Mar|zi|pan, Mar|zi|pan** (Nomen) **des Marzipans, die Marzipane** eine süße, weiche Masse aus Mandeln und Zucker, mit der man Pralinen, Schokolade, Gebäck usw. herstellt

die **Ma|sche** (Nomen) **der Masche, die Maschen**
① eine kleine Schlinge aus Garn oder Draht
② umgangssprachlich • abwertend ein unehrlicher Trick, der meist öfter angewendet wird: *Auf diese Masche falle ich nicht mehr rein!*

die **Ma|schi|ne** (Nomen) **der Maschine, die Maschinen**
① ein technisches oder elektrisches Gerät, das dem Menschen hilft, bestimmte Arbeiten zu machen, Dinge herzustellen usw. (z. B. Nähmaschine, Waschmaschine, Kaffeemaschine)
② ein Flugzeug
③ umgangssprachlich ein Motorrad

die **Ma|sern** (Nomen) nur im Plural **der Masern** eine ansteckende Krankheit bei Kindern mit hohem Fieber und roten Flecken auf der Haut

die **Mas|ke** (Nomen) **der Maske, die Masken**
① eine Art gemaltes oder modelliertes

Gesicht aus Pappe, Plastik usw., mit dem man im Karneval oder beim Theater das Gesicht bedeckt, um sich zu verkleiden oder eine Rolle zu spielen
❷ ein Gegenstand, den man bei der Arbeit oder bei Gefahr vor dem Gesicht trägt, um es zu schützen
❸ eine Creme für das Gesicht, die man lange einziehen lässt
❹ die Maske fallen lassen zeigen, dass man nicht so freundlich oder gut ist, wie die anderen glauben

das **Mas|kott|chen** (Nomen) **des Maskottchens, die Maskottchen** ≈Talisman ein Gegenstand, der jemandem Glück bringen soll

mas|ku|lin (Adjektiv)
❶ (betont) männlich in der Mode, im Aussehen usw.
❷ GRAMMATIK ≈männlich mit dem Genus, das im Nominativ Singular den Artikel „der" hat

das **Mas|ku|li|num** (Nomen) GRAMMATIK **des Maskulinums, die Maskulina** ein Nomen, das im Nominativ Singular den Artikel „der" hat: *„Der Mond" ist ein Maskulinum.*

das **Maß**[1] (Nomen) **des Maßes, die Maße**
❶ die Einheit, mit der man Größen, Gewichte, Mengen usw. misst: *Ein amerikanisches Maß für Jeansgrößen ist „Inch".*
❷ Maß nehmen etwas messen
❸ ein genormter Gegenstand, mit dem man Größen, Gewichte, Mengen usw. misst: *Ein Zollstock ist ein Maß zum Messen von Längen.*
❹ in Maßen nicht übermäßig
❺ Maß halten → **maßhalten**
❻ die Maße von etwas die Abmessungen von etwas
❼ ein hohes/geringes Maß an ... viel/wenig ...: *Er hat ein hohes Maß an Disziplin.*
❽ mit zweierlei Maß messen nicht objektiv, sondern ungerecht sein
❾ Das Maß ist voll. umgangssprachlich Jetzt reicht es.

die **Maß**[2] (Nomen) Ⓐ **süddeutsch der Maß, die Maß** ein Liter Bier

die **Mas|sa|ge** (Nomen) [ma'sa:ʒə] **der Massage, die Massagen** eine Behandlung, bei der der Körper mit den Händen geknetet und gedrückt wird

das **Mas|sa|ker** (Nomen) **des Massakers, die Massaker** ≈Blutbad der brutale Mord an vielen Menschen bei einem Überfall oder Attentat

die **Maß|ar|beit** (Nomen) **nur im Singular der Maßarbeit**
❶ ein Gegenstand, der speziell für besondere Maße angefertigt wurde
❷ umgangssprachlich eine besonders genaue Arbeit

das **Maß|band** (Nomen) **des Maßband(e)s, die Maßbänder** ein (aufgerolltes) Band aus Plastik mit einer Einteilung aus Metern, Zentimetern und Millimetern, mit dem man messen kann

die **Mas|se** (Nomen) **der Masse, die Massen**
❶ ≈Menge eine große Anzahl von Dingen oder Menschen
❷ eine Art weicher und zäher Brei, aus dem man etwas formen oder kneten kann
❸ PHYSIK die Eigenschaft, Gewicht zu haben und durch Widerstand und Schwerkraft beeinflusst zu werden

die **Maß|ein|heit** (Nomen) **der Maßeinheit, die Maßeinheiten** die Einheit, die einem Maß zugrunde liegt (z. B. Meter, Gramm, Liter)

mas|sen|haft (Adjektiv), viel(e), in sehr großer Menge: *Er hat massenhaft Bücher.*

das **Mas|sen|me|di|um** (Nomen) **meist im Plural des Massenmediums, die Massenmedien** ein Kommunikationsmittel, wie die Presse, der Rundfunk und das Fernsehen, das auf viele Menschen Einfluss hat

maß|hal|ten, Maß halten (Verb) **du hältst maß, er hielt maß, sie hat maßgehalten, halt(e) maß!**
❶ bei etwas maßhalten etwas Ungesundes nur so oft tun, dass das Verhalten noch gesund und vernünftig ist
❷ mit etwas maßhalten sich etwas so einteilen, dass man es längere Zeit hat

mas|siv (Adjektiv) **massiver, am massivsten**
❶ fest und stabil: *ein massiver Stuhl, ein massiver Tisch*
❷ nicht hohl, sondern ganz aus einem Material: *massives Holz, massives Silber*
❸ heftig und stark: *massive Vorwürfe, jemanden massiv unter Druck setzen*

maß|los (Adjektiv) **maßloser, am maßlosesten** stark übertrieben, extrem

die **Maß|nah|me** (Nomen) **der Maßnahme, die Maßnahmen** eine Handlung, um ein bestimmtes Ziel zu erreichen

der **Maß|stab** (Nomen) **des Maßstab(e)s, die Maßstäbe**
❶ das Verhältnis zwischen der Größe auf einer Landkarte oder in einem Modell und der Größe in der Wirklichkeit: *Diese Karte ist im Maßstab 1:5000.*
❷ eine allgemein anerkannte Regel, nach der man etwas beurteilen kann: *Hier gelten andere Maßstäbe.*

der **Mast**[1] (Nomen) **des Mast(e)s, die Maste(n)** eine Stange, an der Segel, Fahnen, Antennen, Stromleitungen usw. befestigt werden

die **Mast**[2] (Nomen) nur im Singular **der Mast** das Mästen

mäs|ten (Verb) **du mästest, er mästete, sie hat gemästet, mäste!**
❶ ein Tier mästen ein Tier so füttern, dass es schnell fett wird
❷ jemanden mästen umgangssprachlich · abwertend jemandem zu viel zu essen geben

das **Match** (Nomen) [mɛtʃ] **des Match(e)s, die Match(e)s/Matche** ein Spiel oder Wettkampf beim Sport

das **Ma|te|ri|al** (Nomen) **des Materials, die Materialien**
❶ etwas, woraus oder womit man etwas herstellen kann (z. B. Stoff, Steine, Papier, Kunststoff)
❷ Unterlagen oder Papiere, die jemandem Informationen geben

ma|te|ri|a|lis|tisch (Adjektiv) abwertend so, dass einem nur das wichtig ist, was man besitzen oder kaufen kann

die **Ma|te|rie** (Nomen) [ma'teːriə] **der Materie, die Materien**
❶ das, woraus die Dinge bestehen und was man anfassen kann
❷ gehoben ein Sachgebiet, ein Thema
❸ mit einer Materie vertraut sein sich mit etwas auskennen

ma|te|ri|ell (Adjektiv)
❶ ≈ finanziell in Bezug auf Geld
❷ auf konkrete Dinge bezogen, die man anfassen oder sehen kann
❸ abwertend so, dass jemand nur Besitz oder Geld wichtig findet

die **Ma|the|ma|tik** (Nomen) nur im Singular **der Mathematik** die Wissenschaft, die sich u. a. mit den Zahlen und dem Rechnen beschäftigt

ma|the|ma|tisch (Adjektiv) die Gesetze der Mathematik/die Mathematik betreffend

die **Ma|trat|ze, Mat|rat|ze** (Nomen) **der Matratze, die Matratzen** das große Polster, auf dem man im Bett liegt

der **Ma|tro|se** (Nomen) **des Matrosen, die Matrosen** ≈ Seemann jemand, der auf einem Schiff als Seemann arbeitet

die **Ma|tro|sin** (Nomen) **der Matrosin, die Matrosinnen** Femininform von → **Matrose**

die **Mau|er** (Nomen) **der Mauer, die Mauern**
❶ die Wand
❷ SPORT eine Kette aus mehreren Spielern zur Verteidigung vor dem Tor
❸ die (Berliner) Mauer die Mauer durch Berlin, die die Stadt vom 13.08.1961 bis zum 09.11.1989 in einen östlichen und einen westlichen Teil trennte

der **Mau|er|fall** (Nomen) nur im Singular **des Mauerfall(e)s** die Öffnung der Grenze zwischen der Demokratischen Republik Deutschland und der Bundesrepublik Deutschland am 09.11.1989; die Mauer in Berlin symbolisierte die Grenze zwischen den beiden deutschen Staaten

mau|ern (Verb) **du mauerst, er mauerte, sie hat gemauert, mau(e)re!**
❶ ARCHITEKTUR (Wände) bauen
❷ SPORT eine Kette aus mehreren Spielern zur Verteidigung vor das Tor stellen
❸ umgangssprachlich keine Informationen verraten

mau|len (Verb) umgangssprachlich · abwertend **du maulst, er maulte, sie hat gemault, maul(e)!** ≈ schimpfen, nörgeln, meckern sich zu allem nur negativ äußern und beschweren: *Sie mault den ganzen Tag.*

der **Mau|rer** (Nomen) **des Maurers, die Maurer**
❶ ein Handwerker, der Mauern errichtet
❷ pünktlich wie die Maurer umgangssprachlich · ironisch sehr pünktlich, besonders, wenn es darum geht, mit dem Arbeiten aufzuhören

die **Mau|re|rin** (Nomen) **der Maurerin, die Maurerinnen** Femininform von → **Maurer**

die **Maus** (Nomen) **der Maus, die Mäuse**
❶ ein kleines Nagetier mit (grauem) Fell und einem langen, dünnen Schwanz, das sehr schnell laufen kann
❷ ≈ Computermaus das kleine Gerät, mit dem man den Cursor beim PC steuert oder auf ein Symbol klickt
❸ umgangssprachlich ein Kosewort für eine Frau/ein Mädchen
❹ Mäuse Plural · umgangssprachlich Geld

das **Mäus|chen** (Nomen) **des Mäuschens, die Mäuschen** die kleine Maus

die **Mau|ser** (Nomen) nur im Singular **der Mauser** die Zeit, in der Vögel ihre Federn wechseln: *Unser Kanarienvogel ist in der Mauser und verliert sehr viele Federn.*

das **Maus|pad** (Nomen) **des Mauspads, die Mauspads** die Unterlage, über die man die Computermaus bewegt

die **Maus|tas|te** (Nomen) **der Maustaste, die Maustasten** eine der beiden Tasten an der Computermaus

der **Maus|zei|ger** (Nomen) **des Mauszeigers, die Mauszeiger** ≈ Cursor der kleine Pfeil, den man mit der Maus auf dem Bildschirm bewegt

ma|xi|mal (Adjektiv)
1 ≈ höchstens *Es dauert maximal eine Stunde.*
2 ≈ größte, höchste, längste usw. *Sie fuhr mit einer maximalen Geschwindigkeit von 100 km/h.*

das **Ma|xi|mum** (Nomen) **des Maximums, die Maxima** der höchste Wert, der erreicht werden kann

die **Ma|yon|nai|se** (Nomen) **der Mayonnaise, die Mayonnaisen** GASTRONOMIE eine kalte Sauce aus Eigelb und Öl

Ma|ze|do|ni|en (Nomen) **Mazedoniens** ein Land in Europa

der **Ma|ze|do|ni|er** (Nomen) **des Mazedoniers, die Mazedonier** ein Junge/Mann aus Mazedonien

die **Ma|ze|do|ni|e|rin** (Nomen) **der Mazedonierin, die Mazedonierinnen** ein Mädchen/eine Frau aus Mazedonien

ma|ze|do|nisch (Adjektiv) aus Mazedonien oder in mazedonischer Sprache

MB Abkürzung von: Megabyte eine Million Byte

der **Me|cha|ni|ker** (Nomen) **des Mechanikers, die Mechaniker** jemand, der Maschinen und technische Geräte baut oder repariert

me|cha|nisch (Adjektiv)
1 PHYSIK die Mechanik betreffend
2 TECHNIK mithilfe einer Maschine: *etwas mechanisch herstellen*
3 ohne zu überlegen: *eine mechanische Bewegung, mechanisch antworten*

der **Me|cha|nis|mus** (Nomen) **des Mechanismus, die Mechanismen**
1 die verschiedenen Teile, aus denen eine technische Konstruktion besteht
2 die Art, wie eine technische Konstruktion funktioniert

der **Me|cha|tro|ni|ker** (Nomen) **des Mechatronikers, die Mechatroniker** jemand, der mechanische, elektrische und elektronische Geräte baut und repariert

die **Me|cha|tro|ni|ke|rin** (Nomen) **der Mechatronikerin, die Mechatronikerinnen** Femininform von → **Mechatroniker**

me|ckern (Verb) umgangssprachlich **du meckerst, er meckerte, sie hat gemeckert, meck(e)re!**
1 die Ziege meckert die Ziege macht ihr typisches Geräusch
2 umgangssprachlich • abwertend ≈ schimpfen, Kritik üben, nörgeln sich über etwas beschweren

Meck|len|burg-Vor|pom|mern (Nomen) **Mecklenburg-Vorpommerns** ein Bundesland in Norddeutschland

die **Me|dail|le** (Nomen) [meˈdaljə] **der Medaille, die Medaillen**
1 eine Art Münze, die an etwas Besonderes erinnert oder mit der jemand für eine besondere Leistung geehrt wird
2 die Auszeichnung für den Sieger bei sportlichen Wettkämpfen

me|di|al (Adjektiv) die Medien Presse, Fernsehen, Rundfunk usw. betreffend

die **Me|di|en** (Nomen) nur im Plural **der Medien**
1 Presse, Fernsehen, Rundfunk usw., mit ihnen werden Informationen weitergegeben
2 Plural von → **Medium**

das **Me|di|ka|ment** (Nomen) **des Medikament(e)s, die Medikamente** ≈ Arznei ein Mittel, das Krankheiten heilt

me|di|ta|tiv (Adjektiv) so, dass man Körper und Bewusstsein durch Konzentration völlig entspannt

me|di|ter|ran (Adjektiv) aus dem Gebiet um das Mittelmeer herum

das **Me|di|um** (Nomen) **des Mediums, die Medien**
1 ein Kommunikationsmittel wie Buch, Zeitung, Fernsehen, Radio usw.
2 jemand, der mit übersinnlichen Fähigkeiten eine Verbindung zu Toten herstellen kann

die **Me|di|zin** (Nomen) **der Medizin, die Medizinen**
1 nur im Singular die Wissenschaft vom Körper, von Krankheiten und von ihrer Heilung

❷ ≈Medikament, Arznei Substanz, die in flüssiger oder fester Form eingenommen, dem Organismus bei Beschwerden oder Krankheiten hilft

der **Me|di|zi|ner** (Nomen) **des Mediziners, die Mediziner** jemand, der Medizin studiert hat und meist Arzt ist

die **Me|di|zi|ne|rin** (Nomen) **der Medizinerin, die Medizinerinnen**
Femininform von → **Mediziner**

me|di|zi|nisch (Adjektiv) die Medizin betreffend, zur Medizin gehörend

das **Meer** (Nomen) **des Meer(e)s, die Meere**
❶ ≈Ozean eine große zusammenhängende Wasserfläche auf der Erde
❷ ein Meer von Kerzen/Blumen/... sehr viele Kerzen/Blumen/...

der **Mee|res|spie|gel** (Nomen) **nur im Singular des Meeresspiegels**
❶ die Oberfläche des Meeres
❷ die festgesetzte normale Wasseroberfläche des Meeres, die den Höhenangaben in der Geografie zugrunde liegt

die **Mee|res|strö|mung** (Nomen) **der Meeresströmung, die Meeresströmungen** die Bewegung des Wassers im Meer

die **Meer|jung|frau** (Nomen) **der Meerjungfrau, die Meerjungfrauen**
≈Nixe ein Mädchen/eine Frau mit einem Fischschwanz, die im Meer lebt und die es nur in Märchen und Sagen gibt

der **Meer|ret|tich** (Nomen) **des Meerrettichs, die Meerrettiche** die weiße Wurzel einer Pflanze, die man essen kann und die sehr scharf schmeckt

das **Meer|schwein|chen** (Nomen) **des Meerschweinchens, die Meerschweinchen** ein kleines Nagetier mit weichem Fell und kurzen Beinen, das besonders Kinder gern als Haustier haben

das **Meer|was|ser** (Nomen) **nur im Singular des Meerwassers** das Wasser aus dem Meer, das nach Salz schmeckt

das **Mee|ting** (Nomen) ['mi:tɪŋ] **des Meetings, die Meetings** die Besprechung, die Versammlung

das **Me|ga|hertz** (Nomen) **des Megahertz, die Megahertz** Abkürzung: MHz eine Million Hertz

das **Mehl** (Nomen) **des Mehl(e)s, die Mehle** fein gemahlenes Getreide, aus dem man Brot, Kuchen und anderes Gebäck herstellt

mehr [1] (Pronomen)
❶ in größerer Menge als etwas anderes: *Nächstes Mal müssen wir mehr Zeit einplanen.*
❷ mehr oder weniger eigentlich: *Der Flohmarkt ist mehr oder weniger gut verlaufen.*
❸ mehr und mehr zunehmend, immer stärker: *Den neuen Mathelehrer mag ich mehr und mehr.*

mehr [2] (Adverb)
❶ in einem höheren Maße: *Für das Konzert muss ich mehr üben.*
❷ etwas ist nicht länger da: *Ich habe keine Lust mehr.*

meh|re|re (Pronomen) ≈einige mehr als zwei, aber nicht viele: *nach mehreren Tagen*

mehr|fach (Adjektiv)
❶ öfter, mehrere Male, mehrmals: *Wir haben uns mehrfach gesehen.*
❷ vielfach, mehrmalig: *Sie ist schon mehrfache Großmutter.*

die **Mehr|heit** (Nomen) **der Mehrheit, die Mehrheiten**
❶ der größere Teil von einer Menge: *Wir haben verloren, denn die Gegner waren in der Mehrheit.*
❷ POLITIK die größere Anzahl der Wählerstimmen

mehr|mals (Adverb) mehrere Male, öfter

mehr|spra|chig (Adjektiv)
❶ in mehreren Sprachen redend oder geschrieben
❷ mehrere Sprachen sprechend

die **Mehr|weg|fla|sche** (Nomen) **der Mehrwegflasche, die Mehrwegflaschen**
≈Pfandflasche eine Flasche, die man ins Geschäft zurückbringt, wenn sie leer ist

die **Mehr|wert|steu|er** (Nomen) **nur im Singular der Mehrwertsteuer** Abkürzung: MwSt.
ein bestimmter Geldbetrag, der im Preis von Produkten enthalten ist und den der Verkäufer an den Staat als Steuer abgeben muss

die **Mehr|zahl** (Nomen) **nur im Singular der Mehrzahl**
❶ GRAMMATIK → **Plural**
❷ ≈Mehrheit der größere Teil einer Menge: *Die Mehrzahl der Anwesenden wollte den Film sehen.*

mein, mei|ne, mei|ner, mei|nes (Pronomen) Possessivpronomen der 1. Person Singular, drückt aus, dass etwas/jemand (zu) einem

selbst gehört: *Das ist mein Platz!* • *Kennst du meine Eltern?*
siehe auch → **Possessivpronomen**

mei|nen (Verb) **du meinst, er meinte, sie hat gemeint, mein(e)!**
➊ ≈ denken *Was meinst du dazu?*
➋ ≈ glauben, finden *Meinst du?*
➌ ausdrücken wollen: *Was meinst du damit?* • *Wie meint er das?*
➍ Das war nicht so/nicht böse gemeint. Es war keine böse Absicht.
➎ ≈ sagen *Er meinte heute zu mir, dass er nicht mehr kommen will.*
➏ jemanden/etwas meinen von jemandem/etwas sprechen: *Reg dich nicht auf, er hat dich gar nicht gemeint!*
➐ es gut/schlecht mit jemandem meinen wollen, dass es jemandem gut/schlecht geht
➑ Wenn du meinst!/Wie du meinst! Wenn du das willst oder richtig findest, ist es in Ordnung!
➒ Das will ich meinen! wenn man von etwas überzeugt ist Genau!

mei|ner|seits (Adverb) von meiner Seite aus, von mir aus: *Meinerseits wäre dann alles geklärt.*

mei|net|wegen (Adverb)
➊ wegen etwas, was mich betrifft: *Danke, dass ihr meinetwegen geblieben seid.*
➋ umgangssprachlich mit meiner Zustimmung: *„Darf ich auf die Party?" – „Na gut, meinetwegen!"*

die **Mei|nung** (Nomen) **der Meinung, die Meinungen**
➊ das, was jemand denkt und von dem er überzeugt ist
➋ einer Meinung sein dasselbe über etwas/jemanden denken wie jemand anders
➌ jemandem die Meinung sagen umgangssprachlich jemanden heftig kritisieren und beschimpfen
➍ der Meinung sein, dass … finden oder denken, dass …: *Ich bin der Meinung, dass Fußball langweilig ist.*
➎ meiner/seiner/… Meinung nach so, wie ich es beurteile/wie er es beurteilt/…: *Meiner Meinung nach ist Frau Voß die beste Lehrerin.*

die **Mei|nungs|um|fra|ge** (Nomen) **der Meinungsumfrage, die Meinungsumfragen** eine Befragung von Leuten, um herauszufinden, was sie über ein Problem oder Thema denken

die **Mei|nungs|ver|schie|den|heit** (Nomen) **der Meinungsverschiedenheit, die Meinungsverschiedenheiten** ein kleiner Streit, weil man sich nicht einig über etwas ist

die **Mei|se** (Nomen) **der Meise, die Meisen**
➊ ein kleiner Vogel, der schön singen kann
➋ eine Meise haben umgangssprachlich • abwertend verrückt sein: *Du hast doch eine Meise.*

der **Mei|ßel** (Nomen) **des Meißels, die Meißel** ein Werkzeug aus Stahl mit einem scharfen Ende, mit dem man Steine oder Metall bearbeiten kann, wenn man mit dem Hammer auf das andere Ende schlägt

meist, meis|tens (Adverb) fast immer: *Meist bin ich pünktlich.*

meis|te (Pronomen)
➊ der/die/das meiste …, die meisten … die größte Menge oder Anzahl von etwas: *Er ist die meiste Zeit weg.* • *Unsere Mannschaft hat die meisten Punkte.*
➋ am meisten so, dass es mehr als alles andere ist: *Ich habe mich am meisten über dein Geschenk gefreut.*

der **Meis|ter** (Nomen) **des Meisters, die Meister**
➊ BERUF ein Handwerker, der eine so gute und lange Ausbildung hat, dass er andere Menschen ausbilden kann
➋ SPORT ein Sportler oder eine Mannschaft, der/die einen Titel gewonnen hat
➌ allgemein jemand, der etwas sehr gut kann: *Er ist ein Meister im Auswendiglernen.*

meis|ter|haft (Adjektiv) sehr gut, perfekt

meis|tern (Verb) **du meisterst, er meisterte, sie hat gemeistert, meist(e)re!**
etwas meistern etwas Schwieriges schaffen oder bewältigen

die **Meis|ter|schaft** (Nomen) **der Meisterschaft, die Meisterschaften**
➊ SPORT der Wettkampf, bei dem man einen Titel holen kann
➋ nur im Singular das perfekte Können

me|lan|cho|lisch (Adjektiv) **melancholischer, am melancholischsten** traurig und leicht depressiv

mel|den (Verb) **du meldest, er meldete, sie hat gemeldet, meld(e)!**
➊ (jemandem) etwas melden jemandem etwas mitteilen, jemandem eine Information über etwas geben: *Der Polizei einen Unfall melden.*

2 etwas im Fernsehen/Radio/… melden eine Nachricht im Fernsehen/Radio/… senden
3 sich melden ein Zeichen geben, Bescheid sagen: *Meldest du dich am Sonntag bitte bei mir?*
4 sich melden ≈ aufzeigen im Unterricht den Arm hochheben, weil man eine Antwort weiß oder etwas sagen oder fragen möchte
5 sich (am Telefon) melden an das klingelnde Telefon gehen und seinen Namen sagen: *Sie meldete sich mit Müller.*

die **Mel|dung** (Nomen) **der Meldung, die Meldungen**
1 die Mitteilung, die Information: *Meldung machen*
2 eine Nachricht in der Zeitung, im Radio oder im Fernsehen
3 eine Anweisung oder Frage, die auf dem Bildschirm eines Computers erscheint

die **Me|lo|die** (Nomen) **der Melodie, die Melodien** zusammenhängende Töne, die man spielen oder singen kann und die zusammen mit einem Text ein Lied ergeben

die **Me|moi|ren** (Nomen) [meˈmo̯aːrən] nur im Plural **der Memoiren** ≈ Autobiografie ein Buch, in dem eine bekannte Persönlichkeit die wichtigsten Ereignisse aus ihrem Leben aufgeschrieben hat

die **Men|ge** (Nomen) **der Menge, die Mengen**
1 ein bestimmter Teil oder eine bestimmte Anzahl von etwas: *Nimm die doppelte Menge Salz!*
2 eine große Gruppe von Menschen
3 eine Menge Arbeit/Geld/Bücher/… viel Arbeit/viel Geld/viele Bücher/…
4 in rauen Mengen umgangssprachlich sehr viel

die **Men|sa** (Nomen) **der Mensa, die Mensen** eine Art Restaurant in einer Universität, in dem Studenten günstig essen können

der **Mensch** (Nomen) **des Menschen, die Menschen**
1 ein Mann, eine Frau oder ein Kind
2 eine bestimmte Person: *Sie ist ein sehr wichtiger Mensch für mich.*
3 kein Mensch niemand: *Das weiß kein Mensch.*

das **Men|schen|recht** (Nomen) meist im Plural **des Menschenrechts, die Menschenrechte** ein wichtiges Recht, das ein Mensch hat, z. B. das Recht, frei zu leben, seine Meinung zu sagen oder seine Religion zu wählen

die **Men|schen|wür|de** (Nomen) nur im Singular **der Menschenwürde** das Recht jedes Menschen, respektiert und geachtet zu werden: *Die Menschenwürde darf nicht verletzt werden.*

die **Mensch|heit** (Nomen) nur im Singular **der Menschheit** alle Menschen

mensch|lich (Adjektiv) **menschlicher, am menschlichsten**
1 zum Menschen gehörend, wie ein Mensch
2 an den menschlichen Bedürfnissen orientiert

die **Mens|trua|ti|on, Menst|ru|ati|on** (Nomen) [mɛnstruaˈtsi̯oːn] **der Menstruation, die Menstruationen** die Blutung, die eine Frau jeden Monat hat

das **Me|nü** (Nomen) **des Menüs, die Menüs**
1 GASTRONOMIE eine aus Vorspeise, Hauptspeise und Nachspeise oder anderen Gängen bestehende Mahlzeit
2 INFORMATIK · TELEFON die Auswahl von Programmen, Befehlen, Dateien usw.

die **Me|nü|füh|rung** (Nomen) nur im Singular **der Menüführung** die Art und Weise, wie ein Benutzer durch ein Menü auf dem PC, Handy usw. geführt wird

mer|ken (Verb) **du merkst, er merkte, sie hat gemerkt, merk(e)!**
1 ≈ wahrnehmen fühlen, sehen oder verstehen: *Ich habe gar nicht gemerkt, dass es schon so spät ist.*
2 sich etwas merken etwas im Gedächtnis behalten: *Ich kann mir das merken.*

das **Merk|mal** (Nomen) **des Merkmals, die Merkmale** etwas Besonderes, wodurch man jemanden oder etwas von anderen unterscheiden kann

der **Mer|kur** (Nomen) nur im Singular **des Merkurs** ein Planet

merk|wür|dig (Adjektiv) **merkwürdiger, am merkwürdigsten** ≈ seltsam anders als normal und auffällig oder verdächtig

mess|bar (Adjektiv) so, dass man etwas messen kann

die **Mes|se** (Nomen) **der Messe, die Messen**
1 ≈ Gottesdienst die Feier in der katholischen Kirche, bei der man zu Gott betet
2 HANDEL eine große Ausstellung für bestimmte Produkte

mes|sen (Verb) **du misst, er maß, sie hat gemessen, miss!**
1 jemand misst etwas jemand stellt mit

einem bestimmten Gerät die Länge, die Größe, die Temperatur usw. von etwas fest: *Fieber messen*
❷ etwas/jemand misst … + Maßangabe gehoben etwas/jemand hat eine bestimmte Größe: *Der Schrank misst zwei Meter in der Breite.*

das **Mes|ser** (Nomen) **des Messers, die Messer** ein flacher Gegenstand aus Metall mit einer scharfen Klinge, den man zum Schneiden oder als Waffe benutzt
❶ mit Messer und Gabel essen beim Essen das Besteck verwenden
❷ unters Messer kommen umgangssprachlich operiert werden
❸ jemanden ans Messer liefern umgangssprachlich jemanden verraten
❹ jemandem das Messer an die Kehle setzen umgangssprachlich jemanden mit Drohungen zwingen, etwas zu tun

der **Mes|si|as** (Nomen) nur im Singular · nur mit Artikel **des Messias** im Alten Testament der göttliche Erlöser, Heiland; im Christentum ein Name für Jesus

die **Mes|sung** (Nomen) **der Messung, die Messungen**
❶ das Messen
❷ das Ergebnis eines Messvorgangs

das **Me|tall** (Nomen) **des Metalls, die Metalle** ein hartes, glänzendes Material (z. B. Eisen, Aluminium, Kupfer, Gold, Silber)

me|tal|len (Adjektiv)
Variante von → **metallisch**

me|tal|lic (Adjektiv) unveränderlich
wie Metall glänzend

me|tal|lisch (Adjektiv)
❶ aus Metall
❷ wie Metall: *ein metallischer Klang*

die **Me|ta|pher** (Nomen) **der Metapher, die Metaphern** ein bildlicher Ausdruck ohne vergleichendes „wie“: *In dem Satz „In der Malgruppe blüht sie auf.“ ist „blüht auf“ eine Metapher.*

der/das **Me|ter** (Nomen) **des Meters, die Meter** Abkürzung: m ein Maß, mit dem man Längen misst

die **Me|tho|de** (Nomen) **der Methode, die Methoden** eine bestimmte systematische Art und Weise, mit der man etwas tut: *wissenschaftliche Methoden*

me|tho|disch (Adjektiv) in einer bestimmten systematischen Art und Weise: *etwas methodisch untersuchen*

die **Me|tro|po|le, Met|ro|po|le** (Nomen) **der Metropole, die Metropolen** eine sehr große und wichtige Stadt, eine Hauptstadt

die **Met|te** (Nomen) **der Mette, die Metten** ein Gottesdienst, der nachts oder frühmorgens vor hohen kirchlichen Festen stattfindet

der **Metz|ger** (Nomen) **des Metzgers, die Metzger** jemand, der Tiere schlachtet und Fleisch und Wurst herstellt und verkauft

die **Metz|ge|rei** (Nomen) **der Metzgerei, die Metzgereien** das Geschäft, in dem Fleisch und Wurst verkauft werden

die **Metz|ge|rin** (Nomen) **der Metzgerin, die Metzgerinnen**
Femininform von → **Metzger**

die **Meu|te|rei** (Nomen) **der Meuterei, die Meutereien** der Aufstand von Matrosen, Gefangenen usw.

der **Me|xi|ka|ner** (Nomen) **des Mexikaners, die Mexikaner** ein Junge/Mann aus Mexiko

die **Me|xi|ka|ne|rin** (Nomen) **der Mexikanerin, die Mexikanerinnen**
ein Mädchen/eine Frau aus Mexiko

me|xi|ka|nisch (Adjektiv) aus Mexiko

Me|xi|ko (Nomen) **Mexikos** ein Land in Amerika

mich (Pronomen)
❶ Akkusativ des Personalpronomens „ich“: *Rufst du mich bitte an?* siehe auch → **ich**
❷ Reflexivpronomen der 1. Person Singular: *Ich habe mich sehr darüber gefreut.*

die **Mie|ne** (Nomen) **der Miene, die Mienen**
❶ das Aussehen des Gesichts, das zeigt, was man fühlt oder denkt
❷ keine Miene verziehen nicht zeigen, was man fühlt oder denkt
❸ gute Miene zum bösen Spiel machen umgangssprachlich etwas tun oder zulassen, obwohl es einem nicht gefällt

mies (Adjektiv) umgangssprachlich · abwertend **mieser, am miesesten** ziemlich schlecht: *Sie hat immer miese Laune.* · *Ich fühle mich richtig mies heute.*

die **Mie|te** (Nomen) **der Miete, die Mieten**
❶ das Geld, das man dem Eigentümer einer Wohnung/eines Hauses zahlen muss, in der/dem man wohnt
❷ Das ist schon die halbe Miete. umgangssprachlich Das Wichtigste hat man schon geschafft.

mie|ten (Verb) **du mietest, er mietete, sie hat gemietet, miet(e)!** etwas bewohnen oder benutzen und dem Eigentümer dafür Geld zahlen: *ein Zimmer mieten* • *ein Geschäft mieten* • *ein Auto mieten*

der **Mie|ter** (Nomen) **des Mieters, die Mieter** jemand, der etwas bewohnt oder nutzt und dafür dem Eigentümer Geld zahlt

die **Mie|te|rin** (Nomen) **der Mieterin, die Mieterinnen** Femininform von → **Mieter**

das **Miets|haus** (Nomen) **des Mietshauses, die Mietshäuser** ein großes Haus mit mehreren Wohnungen, die vermietet werden

die **Miet|woh|nung** (Nomen) **der Mietwohnung, die Mietwohnungen** eine Wohnung, in der man wohnt und für die man dem Eigentümer Miete zahlt

der **Mi|grant, Mig|rant** (Nomen) **des Migranten, die Migranten** jemand, der sein Heimatland verlässt und in einem anderen Land lebt

die **Mi|gran|tin, Mig|ran|tin** (Nomen) **der Migrantin, die Migrantinnen** Femininform von → **Migrant**

das **Mi|k|ro** (Nomen) umgangssprachlich **des Mikros, die Mikros** Kurzform von → **Mikrofon**

das **Mi|k|ro|fon, Mi|k|ro|phon** (Nomen) **des Mikrofons, die Mikrofone** ein Gerät, in das man spricht oder singt, um die Stimme zu übertragen, lauter zu machen oder irgendwo zu speichern

das **Mi|k|ro|skop, Mi|k|ros|kop** (Nomen) **des Mikroskop(e)s, die Mikroskope** ein Gerät, durch das man kleine Dinge stark vergrößert sehen kann

die **Milch** (Nomen) nur im Singular **der Milch**
❶ die weiße Flüssigkeit von Kühen, Schafen und Ziegen, die man trinkt und aus der man Butter, Käse und Joghurt macht: *eine Kuh gibt Milch* • *Möchtest du ein Glas Milch?*
❷ die weiße Flüssigkeit, die ein Baby an der Brust seiner Mutter trinkt

der **Milch|kaf|fee** (Nomen) **des Milchkaffees, die Milchkaffees** ein Kaffee mit viel (aufgeschäumter) Milch

der **Milch|reis** (Nomen) nur im Singular **des Milchreises** mit Milch und Zucker gekochter Reis

die **Milch|stra|ße** (Nomen) nur im Singular **der Milchstraße** ein breiter, heller Streifen aus Sternen am Himmel

mild, mil|de (Adjektiv) **milder, am mildesten**
❶ nicht scharf oder stark riechend: *ein mildes Gewürz* • *eine milde Seife*
❷ nicht zu kalt und nicht zu heiß: *ein mildes Klima*
❸ ≈ sanft angenehm und freundlich: *ein mildes Licht* • *ein mildes Lächeln*
❹ nicht streng: *ein mildes Urteil* • *ein milder Lehrer*

das **Mi|li|eu** (Nomen) [mi'li̯øː] **des Milieus, die Milieus**
❶ GESELLSCHAFT das soziale Umfeld, die Umgebung, in der man lebt, und die Menschen, mit denen man umgeht
❷ BIOLOGIE die Bedingungen wie Erde, Luft usw., in der Pflanzen oder Tiere leben können

das **Mi|li|tär** (Nomen) nur im Singular **des Militärs** alle Soldaten und Soldatinnen eines Landes und alle Einrichtungen, die dazugehören

mi|li|tä|risch (Adjektiv) die Soldaten und das Militär betreffend

die **Mil|li|ar|de** (Nomen) **der Milliarde, die Milliarden** tausend Millionen (1000000000)

das **Mil|li|gramm** (Nomen) **des Milligramms, die Milligramm(e)** Abkürzung: mg ein tausendstel Gramm (0,001 g oder 1 mg)

der **Mil|li|li|ter** (Nomen) **des Milliliters, die Milliliter** Abkürzung: ml ein tausendstel Liter (0,001 l oder 1 ml)

der **Mil|li|me|ter, Mil|li|me|ter** (Nomen) **des Millimeters, die Millimeter** Abkürzung: mm ein tausendstel Meter (0,001 m oder 1 mm)

die **Mil|li|on** (Nomen) **der Million, die Millionen** tausend mal tausend (1000000)

der **Mil|li|o|när** (Nomen) **des Millionärs, die Millionäre** jemand, der eine Million oder mehr Geld (z. B. in Euro) hat

die **Mil|lio|nä|rin** (Nomen) **der Millionärin, die Millionärinnen** Femininform von → **Millionär**

Min., min [mi'nuːtə] Kurzform von → **Minute**

die **Min|der|heit** (Nomen) **der Minderheit, die Minderheiten**
❶ nur im Singular der kleinere Teil einer Menge
❷ in der Minderheit sein zu denen gehören, die weniger sind als der andere Teil der Menge: *Im Tanzkurs sind die Jungen in der Minderheit, das ist schwierig beim Finden der Paare.*
❸ GESELLSCHAFT eine kleine Gruppe von Menschen in einem Land, die wegen ihrer

Kultur, Religion oder Hautfarbe anders als die meisten sind

min|des|tens (Adverb)
① nicht weniger als: *Das dauert mindestens zwei Wochen.*
② ≈wenigstens, zumindest auf jeden Fall: *Du hättest ihn mindestens begrüßen können.*

der **Min|dest|lohn** (Nomen)
des Mindestlohn(e)s, die Mindestlöhne
der Lohn, den man mindestens für eine Arbeit bekommen muss

die **Mi|ne** (Nomen) **der Mine, die Minen**
① das Innere im Bleistift oder Kuli, aus dem die Farbe kommt
② MILITÄR eine Art Bombe, die man in den Boden oder ins Wasser legt, damit sie explodiert
③ ≈Bergwerk eine Grube unter der Erde, in der man Kohle, Gold oder andere Stoffe gewinnt

mi|ni|mal (Adjektiv) **minimaler, am minimalsten**
① sehr klein: *minimale Unterschiede*
② sehr wenig: *Die Preise werden nächstes Jahr nur minimal ansteigen.*

das **Mi|ni|mum** (Nomen) **des Minimums, die Minima** der kleinste Wert, der erreicht werden muss oder kann

der **Mi|nis|ter** (Nomen) **des Ministers, die Minister** ein Mitglied der Regierung, das das höchste Amt für einen bestimmten Aufgabenbereich leitet

die **Mi|nis|te|rin** (Nomen) **der Ministerin, die Ministerinnen**
Femininform von → **Minister**

das **Mi|nis|te|ri|um** (Nomen) **des Ministeriums, die Ministerien** die höchste Behörde eines Landes für einen bestimmten Aufgabenbereich

mi|nus[1] (Konjunktion) MATHEMATIK
das Zeichen für Subtraktion „-“: *Drei minus eins ist zwei. (3 - 1 = 2)*

mi|nus[2] (Adverb) als Zeichen: „-“
① MATHEMATIK Zahlen kleiner als null: *-3 ist größer als -7.*
② METEOROLOGIE Temperatur unter null: *In der Nacht waren es zehn Grad minus.*
③ SCHULE etwas schlechter als die genannte Note: *eine Zwei minus im Mathetest*
④ PHYSIK negativ geladen: *Der elektrische Strom fließt von plus nach minus.*

der **Mi|nus|punkt** (Nomen)
des Minuspunkt(e)s, die Minuspunkte
ein in einem Spiel oder Wettbewerb abgezogener Punkt

das **Mi|nus|zei|chen** (Nomen)
des Minuszeichens, die Minuszeichen
als Zeichen: „-“ der Strich, der für „minus“ steht

die **Mi|nu|te** (Nomen) **der Minute, die Minuten**
① eine der 60 Einheiten, aus denen eine Stunde besteht
② in letzter Minute fast schon zu spät: *Sie erreichte den Zug in letzter Minute.*
③ umgangssprachlich ein kurzer Moment: *Ich bin in einer Minute fertig!*

mir (Pronomen)
① Dativ des Personalpronomens „ich“: *Hilf mir bitte!* siehe auch → **ich**
② Reflexivpronomen der 1. Person Singular: *Ich habe mir ein Fahrrad gekauft.*
siehe auch → **sich**

mi|schen (Verb) **du mischst, er mischte, sie hat gemischt, misch(e)!**
① etwas (mit etwas) mischen etwas zusammenschütten und verrühren: *Farben mischen • Mehl und Zucker mischen*
② etwas (aus etwas) mischen etwas herstellen, indem man etwas zusammenschüttet und verrührt: *eine Arznei mischen*
③ sich mischen so miteinander verbunden sein, dass man die einzelnen Bestandteile ohne chemische Verfahren nicht mehr trennen kann: *Das Pulver wird mit Wasser gemischt.*
④ sich in etwas mischen sich in etwas einmischen, mit dem man eigentlich nichts zu tun hat: *Misch dich nicht immer in meine Angelegenheiten!*

die **Mi|schung** (Nomen) **der Mischung, die Mischungen**
① etwas, was aus verschiedenen Dingen oder Substanzen besteht: *eine Mischung Pralinen*
② nur im Singular das Mischen

miss|ach|ten (Verb) **du missachtest, er missachtete, sie hat missachtet, missachte nicht!**
① nicht beachten: *ein Verbot missachten*
② nicht gut, ohne Respekt behandeln: *Man darf seine Eltern nicht missachten.*

miss|bil|li|gen (Verb) **du missbilligst, er missbilligte, sie hat missbilligt, missbillige nicht!** nicht gut finden, ablehnen

miss|han|deln (Verb) **du misshandelst, er misshandelte, sie hat misshandelt, misshand(e)le nicht!** jemanden brutal und grausam behandeln und ihm Schmerzen zufügen

die **Miss|hand|lung** (Nomen) **der Misshandlung, die Misshandlungen** der Vorgang, jemanden brutal und grausam zu behandeln und ihm Schmerzen zuzufügen

die **Mis|si|on** (Nomen) **der Mission, die Missionen**
❶ gehoben ein besonderer Auftrag: *James Bond arbeitet in geheimer Mission.*
❷ RELIGION **nur im Singular** die Verbreitung des christlichen Glaubens in einem Land, in dem ein anderer Glaube herrscht

der **Mis|si|onar, Mis|sio|nar** (Nomen) **des Missionars, die Missionare** jemand, der seinen Glauben in einem Land, in dem ein anderer Glaube herrscht, verbreitet

die **Mis|si|ona|rin, Mis|sio|na|rin** (Nomen) **der Missionarin, die Missionarinnen** Femininform von → **Missionar**

miss|mu|tig (Adjektiv) **missmutiger, am missmutigsten** schlecht gelaunt

miss|ra|ten (Verb) abwertend **du missrätst, er missriet, sie ist missraten, missrate nicht!** nicht gut werden, nicht gelingen

das **Miss|ver|ständ|nis** (Nomen) **des Missverständnisses, die Missverständnisse** der Vorgang, dass jemand einen anderen falsch versteht

miss|ver|ste|hen (Verb) **du missverstehst, er missverstand, sie hat missverstanden, missversteh(e) nicht!** nicht so verstehen, wie etwas gemeint ist

der **Mist** (Nomen) **nur im Singular des Mist(e)s**
❶ LANDWIRTSCHAFT eine Mischung aus Tierkot und Stroh, die man als Dünger verwendet
❷ umgangssprachlich • abwertend etwas Dummes oder Schlechtes: *Im Fernsehen lief gestern nur Mist.*
❸ (So ein) Mist! umgangssprachlich sagt man, wenn man wütend ist oder sich über etwas ärgert
❹ Mist bauen umgangssprachlich • abwertend einen Fehler oder eine Dummheit machen

mit[1] (Präposition) **mit Dativ gebraucht**
❶ verwendet, um Personen oder Dinge, die dabei oder beteiligt sind, zu nennen: *mit den Eltern in Urlaub fahren • eine Schachtel mit zehn Bleistiften*
❷ verwendet, um das Mittel, das Werkzeug oder die Art und Weise zu nennen: *den Stoff mit der Schere zerschneiden • mit Anlauf ins Wasser springen*
❸ in die gleiche Richtung: *sich mit der Strömung treiben lassen*
❹ verwendet, um das Alter zu nennen: *Sie hat mit 16 eine Ausbildung angefangen.*

mit[2] (Adverb) drückt aus, dass jemand/etwas zu einer Gruppe oder Menge gehört: *Er hat sich gleich mit an unseren Tisch gesetzt. • Das ist mit der beste Witz, den ich kenne.*

die **Mit|ar|beit** (Nomen) **nur im Singular der Mitarbeit**
❶ BERUF die Tatsache, dass jemand bei einer Arbeit mitmacht
❷ SCHULE die Tatsache, dass jemand im Unterricht aufpasst und die Fragen des Lehrers beantwortet

mit|ar|bei|ten (Verb) **du arbeitest mit, er arbeitete mit, sie hat mitgearbeitet, arbeite mit!**
❶ BERUF bei einer Arbeit mitmachen
❷ SCHULE im Unterricht aufpassen und die Fragen des Lehrers beantworten

der **Mit|ar|bei|ter** (Nomen) **des Mitarbeiters, die Mitarbeiter** jemand, der in einer Firma arbeitet

die **Mit|ar|bei|te|rin** (Nomen) **der Mitarbeiterin, die Mitarbeiterinnen** Femininform von → **Mitarbeiter**

mit|be|stim|men (Verb) **du bestimmst mit, er bestimmte mit, sie hat mitbestimmt, bestimm(e) mit!** zusammen mit anderen entscheiden

die **Mit|be|stim|mung** (Nomen) **nur im Singular der Mitbestimmung** das Recht, zusammen mit anderen entscheiden zu dürfen

mit|brin|gen (Verb) **du bringst mit, er brachte mit, sie hat mitgebracht, bring(e) mit!**
❶ etwas mitbringen etwas dabeihaben, wenn man irgendwohin geht: *Bringt bitte morgen eure Vokabelhefte mit!*
eine bestimmte Fähigkeit haben, die man für etwas braucht: *Sie bringt viel Geschick beim Basteln mit.*
❷ jemandem etwas mitbringen jemandem ein Geschenk geben, wenn man ihn besucht: *Ich habe meiner Oma Blumen zum Geburtstag mitgebracht.*
❸ jemanden mitbringen mit jemandem zusammen irgendwohin kommen: *Kann ich meine Freundin zur Party mitbringen?*

A B C D E F G H I J K L M N O P Q R S T U V W X Y Z

der **Mit|bür|ger** (Nomen) **des Mitbürgers, die Mitbürger** jemand, der in derselben Stadt oder demselben Land wohnt wie man selbst

die **Mit|bür|ge|rin** (Nomen) **der Mitbürgerin, die Mitbürgerinnen**
Femininform von → **Mitbürger**

mit|ei|nan|der, mit|ein|an|der (Adverb) gemeinsam, zusammen: *miteinander spielen • miteinander singen*

mit|fah|ren (Verb) **du fährst mit, er fuhr mit, sie ist mitgefahren, fahr(e) mit!** mit jemandem zusammen irgendwohin fahren

mit|ge|hen (Verb) **du gehst mit, er ging mit, sie ist mitgegangen, geh(e) mit!**
❶ (mit jemandem) mitgehen mit jemandem zusammen irgendwohin gehen, jemanden begleiten
❷ etwas mitgehen lassen umgangssprachlich etwas stehlen

das **Mit|glied** (Nomen) **des Mitglied(e)s, die Mitglieder** jemand, der zu einer Gruppe gehört (z. B. Vereinsmitglied, Parteimitglied, Familienmitglied)

die **Mit|glie|der|ver|samm|lung** (Nomen) **der Mitgliederversammlung, die Mitgliederversammlungen**
das regelmäßige Treffen aller Mitglieder eines Vereins, einer Partei usw.

mit|hil|fe[1], **mit Hil|fe** (Adverb)
❶ mithilfe von etwas indem man etwas benutzt oder als Werkzeug gebraucht
❷ mithilfe von jemandem indem jemand hilft

mit|hil|fe[2], **mit Hil|fe** (Präposition) mit Genitiv gebraucht mit der Unterstützung/Hilfe von jemandem/etwas: *mithilfe der Anleitung konnte ich das neue Programm leicht installieren*

mit|kom|men (Verb) **du kommst mit, er kam mit, sie ist mitgekommen, komm mit!**
❶ (mit jemandem) mitkommen mit jemandem zusammen irgendwohin kommen oder gehen, jemanden begleiten: *Kann meine Schwester heute Abend mitkommen? • Wir gehen ins Schwimmbad; kommst du mit?*
❷ (mit etwas) mitkommen etwas verstehen können: *Er kommt im Unterricht immer gut mit.*
❸ Da komm(e) ich einfach nicht mehr mit! umgangssprachlich Das kann ich einfach nicht verstehen!

der **Mit|laut** (Nomen) **des Mitlaut(e)s, die Mitlaute** Variante von → **Konsonant**

das **Mit|leid** (Nomen) nur im Singular **des Mitleid(e)s** das Gefühl, dass man jemandem helfen oder jemanden trösten möchte, dem es schlecht geht: *Mitleid mit jemandem haben*

mit|ma|chen (Verb) umgangssprachlich **du machst mit, er machte mit, sie hat mitgemacht, mach(e) mit!**
❶ auch das tun, was jemand anderes tut: *Kann ich beim Volleyball mitmachen?*
❷ etwas Schlimmes erleben: *Er war im Krieg und hat viel mitgemacht.*
❸ nicht mehr mitmachen nicht mehr dabei sein wollen: *Da mache ich nicht mehr mit!* nicht mehr funktionieren: *Ich kann nicht mehr, meine Füße machen nicht mehr mit.*

mit|neh|men (Verb) **du nimmst mit, er nahm mit, sie hat mitgenommen, nimm mit!**
❶ jemand nimmt etwas mit jemand hat etwas bei sich, wenn er weggeht: *Es regnet, nimm einen Schirm mit!*
❷ jemand nimmt jemanden mit jemand lässt jemanden mitkommen oder mitfahren: *Meine große Schwester hat mich ins Kino mitgenommen.*
❸ etwas nimmt jemanden mit etwas belastet jemanden seelisch oder körperlich: *Der Tod seiner Oma hat ihn sehr mitgenommen.*

mit|schrei|ben (Verb) **du schreibst mit, er schrieb mit, sie hat mitgeschrieben, schreib(e) mit!**
❶ aufschreiben, was man gerade hört
❷ einen Test/eine Klassenarbeit/… mitschreiben an einem Test/einer Klassenarbeit/… teilnehmen

der **Mit|schü|ler** (Nomen) **des Mitschülers, die Mitschüler** jemand, der in dieselbe Klasse oder Schule geht

die **Mit|schü|le|rin** (Nomen) **der Mitschülerin, die Mitschülerinnen**
Femininform von → **Mitschüler**

der **Mit|tag** (Nomen) **des Mittag(e)s, die Mittage**
❶ die Zeit zwischen ungefähr 12 Uhr und 14 Uhr
❷ (zu) Mittag essen ungefähr zwischen 12 Uhr bis 14 Uhr etwas (Warmes) essen

das **Mit|tag|es|sen** (Nomen) **des Mittagessens, die Mittagessen**
die (warme) Mahlzeit am Mittag

mịt|tags (Adverb) zwischen ungefähr 12 und 14 Uhr

die **Mịt|tags|pau|se** (Nomen) **der Mittagspause, die Mittagspausen** die längere Pause zwischen ungefähr 12 und 14 Uhr, in der man die Arbeit unterbricht und meist etwas isst

die **Mịt|tags|zeit** (Nomen) nur im Singular **der Mittagszeit** die Zeit zwischen ungefähr 12 und 14 Uhr

die **Mịt|te** (Nomen) Plural selten **der Mitte, die Mitten**
❶ ≈Zentrum die Stelle, die an allen Seiten (etwa) den gleichen Abstand zum Rand hat: *Ein Pfirsich hat in der Mitte einen harten Stein.*
❷ der Zeitpunkt, der von Anfang und Ende einer Sache etwa gleich weit weg ist: *Mitte der Woche • Mitte Januar • Mitte des Jahres*
❸ Mitte 20/30/… sein ungefähr 24 bis 26/34 bis 36/… Jahre alt sein
❹ die goldene Mitte ≈Mittelweg der Kompromiss zwischen zwei Extremen

mịt|tei|len (Verb) **du teilst mit, er teilte mit, sie hat mitgeteilt, teil(e) mit!** jemandem etwas mitteilen jemanden über etwas informieren, jemandem etwas Wichtiges sagen

die **Mịt|tei|lung** (Nomen) **der Mitteilung, die Mitteilungen** eine wichtige Nachricht

das **Mịt|tel** (Nomen) **des Mittels, die Mittel**
❶ ≈Methode, Möglichkeit etwas, mit dem man ein Ziel erreichen oder etwas Bestimmtes bekommen kann: *Sport ist ein gutes Mittel zum Stressabbau. • etwas mit allen Mitteln versuchen*
❷ MEDIZIN ein Medikament gegen etwas: *Hast du ein Mittel gegen Husten?*
❸ FINANZEN nur Plural Geld: *Für den Bau der Schule gibt es staatliche Mittel.*

das **Mịt|tel|al|ter** (Nomen) nur im Singular **des Mittelalters** die Zeit in Europa ungefähr zwischen dem 5. und dem 15. Jahrhundert

mịt|tel|fris|tig (Adjektiv) nicht sofort und nicht viel später, sondern in nächster Zeit: *Der Umbau der Aula muss mittelfristig geplant werden.*

mịt|tel|los (Adjektiv) ≈arm ohne Geld und Vermögen

das **Mịt|tel|meer** (Nomen) nur im Singular **des Mittelmeer(e)s** das Meer zwischen Europa und Afrika

der **Mịt|tel|punkt** (Nomen) **des Mittelpunkt(e)s, die Mittelpunkte**
❶ ≈Zentrum der Punkt, der in einem Kreis oder einer Kugel genau in der Mitte liegt
❷ eine Person oder Sache, die von allen beachtet wird oder die sehr wichtig ist
❸ im Mittelpunkt stehen am wichtigsten sein
❹ gern im Mittelpunkt stehen abwertend immer die wichtigste Person sein wollen

mịt|tels (Präposition) gehoben mit Genitiv gebraucht mithilfe von: *Sie verständigten sich mittels einer Zeichensprache.*

die **Mịt|tel|schu|le** (Nomen) **der Mittelschule, die Mittelschulen** die Schule von der 5. bis 10. Klasse, in der Schüler auf eine Ausbildung vorbereitet werden

der **Mịt|tel|stand** (Nomen) nur im Singular **des Mittelstand(e)s**
❶ die mittlere Schicht der Gesellschaft, die nicht sehr arm und nicht sehr reich ist
❷ alle mittelgroßen Unternehmen

die **Mịt|tel|stu|fe** (Nomen) **der Mittelstufe, die Mittelstufen** die mittleren Jahre der Schulzeit nach der Grundschule

der **Mịt|tel|wert** (Nomen) **des Mittelwert(e)s, die Mittelwerte** der durchschnittliche Wert

mịt|ten (Adverb)
❶ mitten in/auf/durch/… räumlich in der Mitte von …: *Sie stand mitten auf der Straße. • Wir fuhren mitten durch die Stadt.*
❷ mitten am Tag/in der Nacht/im Mai/… zeitlich nachdem der Tag/die Nacht/der Mai/… halb vorbei ist: *Und dann klingelte bei uns mitten in der Nacht das Telefon.*

die **Mịt|ter|nacht** (Nomen) nur im Singular **der Mitternacht** zwölf Uhr in der Nacht

mịtt|le|re (Adjektiv)
❶ so, dass etwas in der Mitte ist: *Setz dich auf den mittleren Stuhl.*
❷ die mittlere Reife der Realschulabschluss
❸ so, dass etwas nicht sehr klein und nicht sehr groß ist: *Ich möchte eine mittlere Portion.*

mịtt|ler|wei|le (Adverb) ≈inzwischen in der Zwischenzeit: *Sie hat hier lange gewohnt, aber mittlerweile lebt sie in Amerika.*

der **Mịtt|woch** (Nomen) **des Mittwoch(e)s, die Mittwoche** der dritte Tag der Woche siehe auch → **Dienstag**

mịtt|wochs (Adverb) jeden Mittwoch: *Mittwochs habe ich nachmittags früher Schluss.*

mit|un|ter (Adverb) manchmal

mit|zäh|len (Verb) **du zählst mit, er zählte mit, sie hat mitgezählt, zähl(e) mit!** mit dabei sein, mit berücksichtigt werden

mi|xen (Verb) **du mixt, er mixte, sie hat gemixt, mix(e)!** mit einem Mixer oder Quirl mischen oder verrühren

der **Mi|xer** (Nomen) **des Mixers, die Mixer** ein elektrisches Gerät, mit dem man Nahrungsmittel kleiner machen oder verrühren kann

mob|ben (Verb) **du mobbst, er mobbte, sie hat gemobbt, mobb(e) nicht!** in der Schule oder im Beruf so lange ärgern und schlecht behandeln, bis jemand krank wird und nicht länger bleiben will

das **Mö|bel** (Nomen) Singular selten **des Möbels, die Möbel**
❶ ein größerer Gegenstand, mit dem ein Zimmer eingerichtet ist (z. B. Stuhl, Sofa, Bett)
❷ die Möbel Plural alle Gegenstände, mit denen ein Zimmer eingerichtet ist

mo|bil (Adjektiv) **mobiler, am mobilsten**
❶ so, dass etwas an verschiedene Orte fährt: *eine mobile Bücherei*
❷ so, dass man bereit ist, an einem anderen Ort zu leben oder zu arbeiten
❸ umgangssprachlich körperlich fit und beweglich

das **Mo|bil|te|le|fon** (Nomen) **des Mobiltelefons, die Mobiltelefone** ≈ Handy ein schnurloses Telefon, das nicht über das Festnetz, sondern über Mobilfunk funktioniert

mö|bliert, möb|liert (Adjektiv) mit Möbeln

das **Mo|dal|verb** (Nomen) GRAMMATIK **des Modalverbs, die Modalverben** ein Verb, das man mit einem anderen Verb im Infinitiv verwendet, um einen Wunsch, eine Möglichkeit, eine Erlaubnis, eine Wahrscheinlichkeit usw. auszudrücken
⚠ Deutsche Modalverben sind z. B. „mögen", „können", „dürfen", „müssen", „sollen" und „wollen".

die **Mo|de** (Nomen) **der Mode, die Moden**
❶ das, was man zu einer bestimmten Zeit allgemein schön findet und was beliebt ist
❷ etwas ist in Mode ≈ etwas ist modern etwas ist zu einer bestimmten Zeit allgemein beliebt
❸ aus der Mode kommen ≈ unmodern werden etwas ist zu einer bestimmten Zeit allmählich nicht mehr allgemein beliebt
❹ mit der Mode gehen das anziehen oder tun, was man zu einer bestimmten Zeit allgemein schön findet und was beliebt ist
❺ Kleidung allgemein: *sich für Mode interessieren*

das **Mo|del** (Nomen) **des Models, die Models** jemand, der auf Modeschauen oder Fotos Mode vorführt

das **Mo|dell** (Nomen) **des Modells, die Modelle**
❶ die kleinere Kopie eines Gegenstands: *Der Architekt präsentierte das Modell für die neue Schule.*
❷ AUTO · TECHNIK ein bestimmter Typ eines technischen Geräts: *Das neue Modell hat noch mehr Extras.*
❸ WIRTSCHAFT das erste Exemplar von etwas, was später oft hergestellt werden soll

das **Mo|dem** (Nomen) **des Modems, die Modems** ein Gerät, das Daten zwischen Computern über die Telefonleitung überträgt

der **Mo|de|ra|tor** (Nomen) **des Moderators, die Moderatoren** jemand, der (im Fernsehen oder Radio) eine Sendung präsentiert oder eine Diskussion leitet

die **Mo|de|ra|to|rin** (Nomen) **der Moderatorin, die Moderatorinnen**
Femininform von → Moderator

mo|dern[1] (Adjektiv) **moderner, am modernsten**
❶ der aktuellen Zeit, Technik oder Kultur entsprechend: *moderne Ansichten* · *moderne Kunst*
❷ so, wie etwas zu einer bestimmten Zeit allgemein beliebt ist: *Enge Jeans sind jetzt modern.*

mo|dern[2] (Verb) nur in der 3. Person gebraucht **es modert, es moderte, es hat gemodert** feucht werden und verfaulen: *Wenn Holz im Wasser liegt, modert es.*

mo|der|ni|sie|ren (Verb) **du modernisierst, er modernisierte, sie hat modernisiert, modernisier(e)!** so verändern, dass es der aktuellen Technik, Architektur usw. entspricht

mo|di|fi|zie|ren (Verb) gehoben **du modifizierst, er modifizierte, sie hat modifiziert, modifizier(e)!** (leicht) verändern

mo|disch (Adjektiv) **modischer, am modischsten** so, wie etwas zu einer bestimmten Zeit allgemein beliebt ist

das **Mo|dul** (Nomen) **des Moduls, die Module**
❶ eine austauschbare Einheit in einem System oder Programm
❷ eine austauschbare Einheit mit eigener Aufgabe bei einem elektrischen Gerät

mo|geln (Verb) umgangssprachlich **du mogelst, er mogelte, sie hat gemogelt, mog(e)le nicht!** ≈schummeln einen kleinen Betrug begehen, um bei einem Spiel zu gewinnen oder sonstige Vorteile zu haben

mö|gen (Verb) **du magst, er mochte, sie hat gemocht** ⚠ als Vollverb: „hat ein Eis gemocht", aber als Hilfsverb: „hat baden mögen"
❶ statt „ich mag" wird in dieser Bedeutung oft (höflicher) „ich möchte" gesagt etwas gern haben oder tun wollen: *„Magst du noch ein Stück Kuchen essen?" – „Nein danke, ich möchte jetzt nicht mehr."*
❷ jemanden/etwas gut finden, gernhaben: *Magst du Katzen?*
❸ drückt aus, dass etwas möglich ist: *Da magst du recht haben. • Das mag ja so sein, aber es gefällt mir nicht.*

mög|lich (Adjektiv)
❶ so, dass etwas geschehen oder getan werden kann: *Es ist möglich, dass sie heute nicht mehr kommen.*
❷ etwas nicht für möglich halten nicht glauben können, dass etwas geschieht oder geschehen ist
❸ alles Mögliche umgangssprachlich die verschiedensten Dinge

mög|li|cher|wei|se (Adverb) vielleicht

die **Mög|lich|keit** (Nomen) **der Möglichkeit, die Möglichkeiten**
❶ ≈Wahrscheinlichkeit die Tatsache, dass etwas geschehen oder getan werden kann: *Besteht die Möglichkeit, die Schuhe umzutauschen?*
❷ nach Möglichkeit ≈lieber, besser wenn es möglich ist: *Du bist gerade erst wieder gesund, geh bitte nach Möglichkeit heute noch nicht schwimmen.*
❸ ≈Gelegenheit, Chance etwas, was man tun oder erreichen kann: *Ich habe heute keine Möglichkeit, einkaufen zu gehen.*

die **Mög|lich|keits|form** (Nomen) **der Möglichkeitsform, die Möglichkeitsformen** → **Konjunktiv**

mög|lichst (Adverb)
❶ ≈am besten wenn es möglich ist: *Geh bitte möglichst heute noch zum Arzt!*
❷ möglichst bald/schnell/gut/viel/… so bald/schnell/gut/viel/…, wie es geht oder möglich ist

die **Möh|re** (Nomen) **der Möhre, die Möhren** ≈Karotte die lange orangefarbene Wurzel einer Gemüsepflanze

die **Mohr|rü|be** (Nomen) norddeutsch **der Mohrrübe, die Mohrrüben** Variante von → **Möhre**

der **Mok|ka** (Nomen) **des Mokkas, die Mokkas**
❶ Getränk ein starker Kaffee
❷ Kaffeebohne eine kräftige Kaffeesorte

das **Moll** (Nomen) nur im Singular **des Moll** MUSIK die Tonart, die weich, dunkel und traurig klingt siehe auch → **Dur**

der **Mo|ment** (Nomen) **des Moment(e)s, die Momente**
❶ ≈Augenblick eine sehr kurze Zeit: *Hast du einen Moment Zeit?*
❷ im Moment jetzt, zurzeit: *Ich bin im Moment sehr beschäftigt.*
❸ im letzten Moment ≈knapp wenn es fast zu spät ist: *Ich habe den Bus im letzten Moment bekommen.*
❹ Moment mal! umgangssprachlich Halt!, Warte!

mo|men|tan (Adjektiv)
❶ jetzt, zurzeit: *Momentan ist sie arbeitslos.*
❷ augenblicklich, jetzig: *Die momentane Lage ist schlecht.*
❸ vorübergehend: *eine momentane Störung*

der **Mo|narch, Mon|arch** (Nomen) **des Monarchen, die Monarchen** ein König oder Kaiser

die **Mo|nar|chie, Mon|ar|chie** (Nomen) **der Monarchie, die Monarchien**
❶ Staatsform, bei der ein gekrönter König oder Kaiser oder eine gekrönte Königin oder Kaiserin das Land führt
❷ Land, in dem eine gekrönte Person regiert

die **Mo|nar|chin, Mon|ar|chin** (Nomen) **der Monarchin, die Monarchinnen** eine Königin oder Kaiserin

der **Mo|nat** (Nomen) **des Monat(e)s, die Monate** einer der 12 Zeiträume von ca. 30 Tagen, in die das Jahr eingeteilt ist (z. B. Januar, Mai, Oktober)

mo|na|te|lang (Adjektiv) mehrere Monate dauernd, mehrere Monate lang: *In manchen Regionen regnet es monatelang.*

mo|nat|lich (Adjektiv) jeden Monat

der **Mönch** (Nomen) **des Mönch(e)s, die Mönche** ein Mann, der meist als Mitglied eines religiösen Ordens in einem Kloster lebt

der **Mond** (Nomen) **des Mond(e)s, die Monde**
❶ der große, runde Himmelskörper, der um die Erde kreist
❷ jemanden auf den Mond schießen können umgangssprachlich auf jemanden sehr wütend sein
❸ hinterm Mond leben umgangssprachlich • abwertend überhaupt keine Ahnung von neuen Dingen/Ereignissen haben

die **Mond|fins|ter|nis** (Nomen) nur im Singular **der Mondfinsternis** die Erscheinung am Himmel, wenn der Mond vom Schatten der Erde verdeckt wird

die **Mond|lan|dung** (Nomen) **der Mondlandung, die Mondlandungen** die Landung eines Raumschiffs auf dem Mond

der **Mond|schein** (Nomen) nur im Singular **des Mondschein(e)s** das helle Licht des Mondes

der **Mo|ni|tor** (Nomen) **des Monitors, die Monitore/Monitoren** der Bildschirm bei einem Computer oder elektronischen Gerät

der **Mo|no|log** (Nomen) **des Monolog(e)s, die Monologe** ein Gespräch einer Person mit sich selbst, meist in einem Theaterstück oder Roman

der **Mon|tag** (Nomen) **des Montag(e)s, die Montage** der erste Tag der Woche
siehe auch → **Dienstag**

der **Mon|tag|abend** (Nomen) **des Montagabends, die Montagabende** der/am Abend des Montags: *Wollen wir uns (am) Montagabend verabreden?*

mon|tag|abends (Adverb) jeden Montag am Abend

die **Mon|ta|ge** (Nomen) [mɔnˈtaːʒə] **der Montage, die Montagen** das Aufbauen von Möbeln, Geräten und Maschinen

mon|tags (Adverb) jeden Montag

mo|nu|men|tal (Adjektiv) gehoben **monumentaler, am monumentalsten** sehr groß, bedeutend, gewaltig

das **Moor** (Nomen) **des Moor(e)s, die Moore** ein Gebiet in der Landschaft mit weichem, nassem Boden

das **Moos** (Nomen) **des Mooses, die Moose** eine kleine Pflanze, die im Wald, auf Bäumen oder Steinen wächst und eine grüne Oberfläche bildet

das **Mo|ped** (Nomen) **des Mopeds, die Mopeds** ein kleines Motorrad

die **Mo|ral** (Nomen) nur im Singular **der Moral**
❶ die Regeln und Werte für richtiges und gutes Verhalten
❷ etwas, was man aus einer Geschichte lernen kann: *Was ist die Moral von der Geschichte?*

mo|ra|lisch (Adjektiv)
❶ nach den Regeln und Werten für richtiges und gutes Verhalten
❷ anständig, ehrlich, korrekt
❸ seinen Moralischen haben umgangssprachlich deprimiert sein, ein schlechtes Gewissen haben

der **Mord** (Nomen) **des Mord(e)s, die Morde**
❶ das Verbrechen, Menschen geplant zu töten: *Er wurde wegen des Mordes an seiner Frau verurteilt.*
❷ einen Mord begehen einen Menschen geplant töten

mor|den (Verb) **du mordest, er mordete, sie hat gemordet, morde nicht!** einen Menschen geplant töten

der **Mör|der** (Nomen) **des Mörders, die Mörder** jemand, der geplant einen Menschen getötet hat

die **Mör|de|rin** (Nomen) **der Mörderin, die Mörderinnen** Femininform von → **Mörder**

mor|gen (Adverb)
❶ am Tag nach heute: *Morgen haben wir frei.*
❷ morgen früh/Mittag/Abend/... am Morgen/Mittag/Abend/... des nächsten Tages: *Morgen Mittag kocht meine Oma für uns.*

der **Mor|gen** (Nomen) **des Morgens, die Morgen**
❶ die Tageszeit nach dem Aufgehen der Sonne bis zum Mittag: *heute Morgen, gestern Morgen*
❷ Guten Morgen! sagt man, wenn man sich morgens begrüßt

das **Mor|gen|land** (Nomen) veraltet nur im Singular **des Morgenland(e)s** ≈ Orient die Länder östlich von Europa

mor|gens (Adverb) am Morgen

das **Mo|sa|ik** (Nomen) [mozaˈiːk] **des Mosaiks, die Mosaike(n)** ein Bild oder Muster, das aus vielen kleinen, bunten Steinen zusammengesetzt ist

die **Mo|schee** (Nomen) **der Moschee, die Moscheen** das Haus, in dem Moslems zu Allah beten der **Mos|lem** (Nomen) **des Moslems, die Moslems** Variante von → **Muslim**

die **Mos|le|min** (Nomen) **der Moslemin, die Mosleminnen** Femininform von → **Moslem**

mos|le|misch (Adjektiv) Variante von → **muslimisch**

das **Mo|tel** (Nomen) **des Motels, die Motels** ein Hotel, das an großen Straßen oder Autobahnen liegt und gut mit dem Auto zu erreichen ist

das **Mo|tiv** (Nomen) **des Motivs, die Motive**
1 der Grund oder die Ursache für eine Tat
2 das, was in einem Bild oder Foto dargestellt wird
3 ein Thema, das in Romanen, Gedichten usw. oft vorkommt
4 mehrere Töne in einem Musikstück, die immer wiederkehren

die **Mo|ti|va|ti|on** (Nomen) [motiva'tsi̯oːn] **der Motivation, die Motivationen**
1 die Gründe oder Ursachen für eine Tat
2 die Lust und Begeisterung, etwas zu tun

mo|ti|vie|ren (Verb) [moti'viːrən] **du motivierst, er motivierte, sie hat motiviert, motivier(e)!**
jemanden dazu motivieren, etwas zu tun dafür sorgen, dass jemand etwas gern tut

der **Mo|tor** (Nomen) **der Motors, die Motoren** eine Maschine, die etwas in Bewegung setzt: *Der Motor in unserem Auto ist neu.*

mo|to|risch (Adjektiv) auf die Bewegung bezogen

das **Mo|tor|rad** (Nomen) **des Motorrad(e)s, die Motorräder** ein Fahrzeug mit zwei Rädern und einem starken Motor: *Mit einem Motorrad darf man auf der Autobahn fahren.*

das **Mot|to** (Nomen) **des Mottos, die Mottos** ein kurzer Spruch zu einem Thema oder einem interessanten Gedanken: *Der Kindergeburtstag stand unter dem Motto „Wir spielen Zirkus".*

mot|zen (Verb) umgangssprachlich • abwertend **du motzt, er motzte, sie hat gemotzt, motz(e) nicht!** ≈ schimpfen, nörgeln sich über eine Sache oder Begebenheit beschweren: *Sie motzt schon den ganzen Tag.*

die **Mü|cke** (Nomen) **der Mücke, die Mücken**
1 ein kleines Insekt mit Flügeln, das in die Haut sticht und Blut saugt
2 aus einer Mücke einen Elefanten machen aus einer kleinen Sache ein großes Problem machen

der **Mü|cken|stich** (Nomen) **des Mückenstich(e)s, die Mückenstiche** die dicke und juckende Stelle in der Haut, in die eine Mücke gestochen hat

mü|de (Adjektiv) **müder, am müdesten**
1 so, dass man schlafen muss
2 erschöpft, kraftlos: *Nach der langen Wanderung hatte ich müde Beine.*

die **Mü|dig|keit** (Nomen) **nur im Singular der Müdigkeit** das Gefühl, dass man schlafen muss

die **Mü|he** (Nomen) **der Mühe, die Mühen** eine geistige oder körperliche Anstrengung
1 sich Mühe geben sich anstrengen
2 nicht der Mühe wert sein sich nicht lohnen
3 mit Mühe und Not gerade noch, ganz knapp

sich **mü|hen** (Verb) gehoben **du mühst dich, er mühte sich, sie hat sich gemüht, müh(e) dich nicht!**
jemand müht sich jemand strengt sich an, etwas zu schaffen

die **Müh|le** (Nomen) **der Mühle, die Mühlen**
1 eine Anlage, in der z. B. Getreide zu Mehl gemahlen wird
2 ein Gerät im Haushalt, mit dem man Pfeffer, Gewürze, Kaffee usw. zerkleinert
3 ein Spiel für zwei Spieler, das auf einem Brett mit weißen und schwarzen Steinen gespielt wird

müh|sam (Adjektiv) **mühsamer, am mühsamsten** schwierig, mit viel Anstrengung verbunden

der **Müll** (Nomen) **nur im Singular des Mülls** ≈ Abfall das, was man wegwirft

die **Müll|ab|fuhr** (Nomen) **nur im Singular der Müllabfuhr**
1 das Abholen von Müll mit einem großen Fahrzeug
2 ein Unternehmen, das den Müll abholt

der **Müll|ei|mer** (Nomen) **des Mülleimers, die Mülleimer** der Behälter, in den man im Haushalt den Müll wirft

der **Mül|ler** (Nomen) **der Müllers, die Müller** jemand, der Getreide zu Mehl mahlt

der **Müll|mann** (Nomen) **des Müllmann(e)s, die Müllmänner** jemand, der den Müll mit einem großen Fahrzeug abholt

die **Müll|ver|bren|nungs|an|la|ge** (Nomen) **der Müllverbrennungsanlage, die Müllverbrennungsanlagen** eine Art Fabrik, in der Müll verbrannt wird

A B C D E F G H I J K L M N O P Q R S T U V W X Y Z

das **Mul|ti|me|dia** (Nomen) meist ohne Artikel · nur im Singular **des Multimedias** die Effekte von mehreren digitalen Medien wie Grafik, Audio, Video usw. gleichzeitig

der **Mul|ti|p|le-Choice-Test** (Nomen) **des Multiple-Choice-Test(e)s, die Multiple-Choice-Tests** ein Test, bei dem man die richtigen Antworten ankreuzen muss

die **Mul|ti|pli|ka|ti|on** (Nomen) [mʊltiplika'tsi̯o:n] **der Multiplikation, die Multiplikationen** das Malnehmen

mul|ti|pli|zie|ren (Verb) **du multiplizierst, er multiplizierte, sie hat multipliziert, multiplizier(e)!** malnehmen: *Fünf multipliziert mit vier ist gleich 20. (5 · 4 = 20)*

der **Mund** (Nomen) **des Mundes, die Münder**
1. die Öffnung im Gesicht, mit der man isst und spricht
2. den Mund halten umgangssprachlich nicht sprechen, still sein
3. den Mund nicht aufmachen umgangssprachlich nichts sagen
4. mit offenem Mund umgangssprachlich staunend
5. nicht auf den Mund gefallen sein umgangssprachlich immer eine passende Antwort haben
6. sich den Mund verbrennen umgangssprachlich etwas sagen, was man eigentlich nicht hätte sagen dürfen
7. den Mund zu voll nehmen umgangssprachlich etwas versprechen oder sich etwas vornehmen, es dann aber doch nicht schaffen
8. Wörter in den Mund nehmen umgangssprachlich Wörter sagen

münd|lich (Adjektiv) gesprochen, mit Worten: *eine mündliche Prüfung*

der **Mund|schutz** (Nomen) **des Mundschutzes, die Mundschutze** ein Viereck aus einer Art Stoff oder Papier, das man sich vor Mund und Nase bindet, damit man nichts Giftiges einatmet oder sich und andere bei Krankheiten nicht ansteckt

das **Mund|stück** (Nomen) **des Mundstück(e)s, die Mundstücke** der Teil eines Musikinstruments, den man an den Mund setzt

die **Mu|ni|ti|on** (Nomen) [muni'tsi̯o:n] **der Munition, die Munitionen** Kugeln, Patronen, Kanonen usw., mit denen man schießen kann

mun|keln (Verb) umgangssprachlich **du munkelst, er munkelte, sie hat gemunkelt, munk(e)le nicht!** etwas heimlich erzählen, von dem man nicht genau weiß, ob es stimmt

das **Müns|ter** (Nomen) **des Münsters, die Münster** eine große christliche Kirche

mun|ter (Adjektiv)
1. lebhaft und fröhlich
2. wach
3. gesund und munter gesund, nicht krank

die **Mün|ze** (Nomen) **der Münze, die Münzen**
1. ein flaches, rundes Stück aus Metall, das man meist als Geld verwendet
2. etwas für bare Münze nehmen jemandem etwas glauben

die **Mur|mel** (Nomen) **der Murmel, die Murmeln** eine kleine (bunte) Kugel, meist aus Glas, mit der Kinder spielen

mur|meln (Verb) **du murmelst, er murmelte, sie hat gemurmelt, murm(e)le nicht!** sehr leise und undeutlich reden

das **Mu|se|um** (Nomen) **des Museums, die Museen** ein Haus, in dem Kunstwerke oder andere interessante Dinge ausgestellt werden

das **Mu|si|cal** (Nomen) ['mju:zɪkl] **des Musicals, die Musicals** ein gesungenes Theaterstück mit moderner Musik

die **Mu|sik** (Nomen) nur im Singular **der Musik**
1. Töne, die zu Melodien gesetzt sind
2. Musik machen auf Instrumenten oder einem Instrument spielen
3. das Schulfach oder die Wissenschaft, das/die sich mit Tönen und Melodien beschäftigt

mu|si|ka|lisch (Adjektiv)
1. zur Musik gehörend, auf Musik bezogen: *musikalische Früherziehung*
2. für Musik begabt: *Sie ist sehr musikalisch.*

der **Mu|si|ker** (Nomen) **des Musikers, die Musiker** jemand, der beruflich Musik macht

die **Mu|si|ke|rin** (Nomen) **der Musikerin, die Musikerinnen** Femininform von → **Musiker**

mu|si|zie|ren (Verb) **du musizierst, er musizierte, sie hat musiziert, musizier(e)!** auf einem Musikinstrument spielen

der **Mus|kel** (Nomen) **des Muskels, die Muskeln** ein elastischer Teil im Körper, der sich zusammenziehen und Körperteile bewegen kann

der **Mus|kel|ka|ter** (Nomen) umgangssprachlich nur im Singular **des Muskelkaters** die Schmerzen nach einer körperlichen Anstrengung, bei der die Muskeln sehr beansprucht wurden

die **Mus|ku|la|tur** (Nomen) **der Muskulatur, die Muskulaturen** alle Muskeln im Körper oder in einem bestimmten Körperteil

mus|ku|lös (Adjektiv) **muskulöser, am muskulösesten** mit vielen starken Muskeln

das **Müs|li** (Nomen) **des Müsli(s), die Müsli(s)** eine Mischung aus Getreideflocken, Obst, Nüssen usw., die man mit Milch, Joghurt oder Saft zum Frühstück isst

der **Mus|lim** (Nomen) **des Muslim(s), die Muslime/Muslims** jemand, der ein Anhänger des Islams ist

die **Mus|li|ma, Mus|li|min** (Nomen) **der Muslima/Muslimin, die Muslimas/Musliminnen** Femininform von → **Muslim**

mus|li|misch (Adjektiv) die Muslime oder den Islam betreffend

müs|sen (Verb) **du musst, er musste, sie hat gemusst** ⚠ als Vollverb: „hat ins Bett gemusst", aber als Hilfsverb: „hat gehen müssen"
❶ etwas als Aufgabe, Pflicht haben: *Ich muss um neun ins Bett. • Du musst mir helfen, sonst schaffe ich das nicht.*
❷ drückt aus, dass etwas notwendig oder nicht zu vermeiden ist: *Da mussten wir alle lachen. • Der Zaun müsste mal repariert werden.*
❸ drückt aus, dass man etwas glaubt oder vermutet: *Er muss doch inzwischen uralt sein. • So müsste das eigentlich funktionieren.*
❹ drückt einen Wunsch aus: *Du musst mich mal besuchen kommen! • Reich müsste man sein!*

das **Mus|ter** (Nomen) **des Musters, die Muster**
❶ ≈ Ornament, Verzierung die (regelmäßigen) Farben und Formen auf Stoff, Papier usw.
❷ ein Modell oder eine Vorlage für etwas: *Ich habe den Rock nach einem Muster genäht.*
❸ eine kleine Probe von einer Farbe, einem Stoff, einem Parfüm usw.

mus|tern (Verb) **du musterst, er musterte, sie hat gemustert, must(e)re!**
❶ genau und kritisch ansehen
❷ prüfen, ob jemand z. B. als Soldat geeignet ist

der **Mut** (Nomen) nur im Singular **des Mut(e)s**
❶ die Fähigkeit, etwas zu tun, obwohl man Angst davor hat
❷ jemandem Mut machen/zusprechen jemandem Hoffnung geben

mu|tig (Adjektiv) **mutiger, am mutigsten** so, dass man etwas tut, obwohl man davor Angst hat

die **Mut|ter**[1] (Nomen) **der Mutter, die Mütter** eine Frau, die ein Kind/Kinder hat

die **Mut|ter**[2] (Nomen) **der Mutter, die Muttern** ein Ring oder eine kleine Scheibe aus Metall, der/die auf eine Schraube gedreht wird

die **Mut|ter|spra|che** (Nomen) **der Muttersprache, die Muttersprachen** die Sprache, die das Kind von seinen Eltern hört und lernt

die **Mut|ti** (Nomen) umgangssprachlich **der Mutti, die Muttis** eine Anrede für die Mutter

die **Müt|ze** (Nomen) **der Mütze, die Mützen** eine Kopfbedeckung aus Wolle, die man bei kaltem Wetter trägt

N

das **N, n** (Nomen) **des N, die N**
❶ der 14. Buchstabe im Alphabet siehe auch → **A**
❷ nur: N Kurzform von → **Norden**

der **Na|bel** (Nomen) **des Nabels, die Nabel** ≈ Bauchnabel die kleine, runde, tiefere Stelle mitten im Bauch

nach[1] (Präposition) mit Dativ gebraucht
❶ verwendet, um die Richtung, das Ziel zu nennen: *nach Ungarn fahren • ein Fenster nach Osten*
❷ später in der Zeit oder Reihenfolge: *nach dem Sport duschen • Es ist fünf nach acht.*
❸ entsprechend, dazu passend: *Nach der Karte muss es hier irgendwo sein. • Was sollten wir deiner Meinung nach tun?*

nach² (Adverb)
① jemandem hinterher: *Alle mir nach!*
② nach und nach allmählich: *Es meldeten sich nach und nach immer mehr Zeugen.*
③ nach wie vor immer noch genauso

der **Nach|bar** (Nomen)
des Nachbarn/Nachbars, die Nachbarn
jemand, der in der Nähe wohnt

die **Nach|ba|rin** (Nomen) **der Nachbarin, die Nachbarinnen**
Femininform von → **Nachbar**

die **Nach|bar|schaft** (Nomen) nur im Singular **der Nachbarschaft**
① die Nachbarn
② in jemandes Nachbarschaft bei jemandem in der Nähe
③ das Verhältnis unter Nachbarn: *Auf gute Nachbarschaft!*

nach|dem (Konjunktion) später, wenn etwas geschehen ist: *Nachdem ich mich ausgeruht hatte, ging es mir wieder besser.*

nach|den|ken (Verb) **du denkst nach, er dachte nach, sie hat nachgedacht, denk(e) nach!**
(über etwas/jemanden) nachdenken ≈ sich Gedanken machen sich etwas/jemanden vorstellen und dabei besonders an Probleme, Möglichkeiten, Einzelheiten usw. denken

nach|denk|lich (Adjektiv) **nachdenklicher, am nachdenklichsten** so, dass jemand oft oder gerade über etwas nachdenkt

nach|ei|nan|der, nach|ein|an|der (Adverb) ≈ der Reihe nach ein Gegenstand/Mensch nach dem anderen

nach|er|zäh|len (Verb) **du erzählst nach, er erzählte nach, sie hat nacherzählt, erzähl(e) nach!** eine Geschichte/einen Roman/... mit eigenen Worten erzählen

der **Nach|fol|ger** (Nomen) **des Nachfolgers, die Nachfolger** jemand, der die Aufgaben oder das Geschäft eines anderen übernimmt

die **Nach|fol|ge|rin** (Nomen)
der Nachfolgerin, die Nachfolgerinnen
Femininform von → **Nachfolger**

die **Nach|for|schung** (Nomen)
der Nachforschung, die Nachforschungen
die Suche nach Informationen über etwas oder jemanden

die **Nach|fra|ge** (Nomen) **der Nachfrage, die Nachfragen**
① eine erneute Frage, Erkundigung: *Für Nachfragen stehen wir gerne zur Verfügung.*
② nur im Singular die Bereitschaft, bestimmte Waren zu kaufen: *Diesen Sommer ist die Nachfrage nach Gummistiefeln besonders stark.*

nach|fra|gen (Verb) **du fragst nach, er fragte nach, sie hat nachgefragt, frag(e) nach!**
① eine erneute Frage stellen
② bei jemandem/irgendwo nachfragen sich bei jemandem/irgendwo informieren oder erkundigen
③ etwas nachfragen etwas kaufen wollen

nach|fül|len (Verb) **du füllst nach, er füllte nach, sie hat nachgefüllt, füll(e) nach!**
Bonbons/Limonade/Waschpulver/... in einen Behälter füllen, weil er nicht mehr voll ist

nach|ge|hen (Verb) **du gehst nach, er ging nach, sie ist nachgegangen, geh(e) nach!**
① jemandem nachgehen hinter jemandem hergehen
② einer Arbeit/Tätigkeit/... nachgehen eine Arbeit/Tätigkeit/... machen oder ausüben
③ einem Hinweis/einer Spur/... nachgehen etwas überprüfen: *Die Staatsanwaltschaft ist in der Strafsache allen Hinweisen nachgegangen.*
④ die Uhr geht nach die Uhr geht zu langsam

nach|hal|tig (Adjektiv) **nachhaltiger, am nachhaltigsten** so, dass etwas lange bleibt oder sich lange auswirkt

nach|her, nach|her (Adverb) ≈ später, danach
Sehen wir uns nachher?

die **Nach|hil|fe** (Nomen) **der Nachhilfe, die Nachhilfen** zusätzlicher, privater Unterricht: *Martin bekommt Nachhilfe in Mathe.*

der **Nach|hil|fe|schü|ler** (Nomen)
des Nachhilfeschülers, die Nachhilfeschüler
ein Schüler, der zusätzlich zum Unterricht in der Schule privaten Unterricht in bestimmten Fächern bekommt

die **Nach|hil|fe|schü|le|rin** (Nomen)
der Nachhilfeschülerin, die Nachhilfeschülerinnen
Femininform von → **Nachhilfeschüler**

der **Nach|hil|fe|un|ter|richt** (Nomen)
nur im Singular **des Nachhilfeunterricht(e)s**
zusätzlicher, privater Unterricht

nach|ho|len (Verb) **du holst nach, er holte nach, sie hat nachgeholt, hol(e) nach!**
① etwas nachholen etwas, was man noch nicht getan hat, später tun

❷ jemanden nachholen jemanden später zu sich holen

nach|las|sen (Verb) **du lässt nach, er ließ nach, sie hat nachgelassen, lass(e) nach!**
❶ weniger werden: *Die Schmerzen lassen nach. • Der Regen lässt allmählich nach.*
❷ schlechter werden: *Mein Gedächtnis lässt nach.*
❸ jemandem etwas nachlassen den Preis von etwas für jemanden niedriger machen

die **Nach|läs|sig|keit** (Nomen) **der Nachlässigkeit, die Nachlässigkeiten** die Eigenschaft, unordentlich und gleichgültig zu sein

nach|lau|fen (Verb) **du läufst nach, er lief nach, sie ist nachgelaufen, lauf(e) nach!**
❶ jemandem nachlaufen hinter jemandem herlaufen, um ihn einzuholen
abwertend sich bemühen, jemanden als Freund/Freundin zu bekommen
❷ einer Sache nachlaufen sich bemühen, etwas zu bekommen

nach|ma|chen (Verb) umgangssprachlich **du machst nach, er machte nach, sie hat nachgemacht, mach(e) nach!**
❶ ≈ nachahmen, imitieren *Tierstimmen nachmachen, seinen Lehrer nachmachen*
❷ ≈ fälschen *eine Unterschrift nachmachen, Geld nachmachen*
❸ umgangssprachlich etwas Unerledigtes später machen: *seine Hausaufgaben nachmachen, eine Prüfung nachmachen*

der **Nach|mit|tag** (Nomen) **des Nachmittags, die Nachmittage** die Zeit zwischen ungefähr 14 Uhr und 18 Uhr

nach|mit|tags (Adverb)
❶ am Nachmittag: *Ich muss jetzt los, nachmittags kommen meine Eltern.*
❷ jeden Nachmittag: *Morgens habe ich Schule, aber nachmittags habe ich frei.*

der **Nach|na|me** (Nomen) **des Nachnamens, die Nachnamen** jemandes Familienname oder Zuname: *Mein Nachname ist Özdemir.*

nach|prü|fen (Verb) **du prüfst nach, er prüfte nach, sie hat nachgeprüft, prüf(e) nach!**
≈ kontrollieren etwas auf seine Richtigkeit untersuchen

die **Nach|prü|fung** (Nomen) **der Nachprüfung, die Nachprüfungen**
❶ Kontrolle
❷ SCHULE eine Prüfung, die man noch einmal machen muss, weil man sie beim ersten Mal nicht bestanden hat

nach|rech|nen (Verb) **du rechnest nach, er rechnete nach, sie hat nachgerechnet, rechne nach!** noch einmal zur Kontrolle rechnen

die **Nach|richt** (Nomen) **der Nachricht, die Nachrichten**
❶ eine (kurze) Mitteilung oder Information
❷ die Nachrichten **nur im Plural** die Sendung im Fernsehen oder Radio, in der über die neuesten wichtigen Ereignisse berichtet wird

die **Nach|rich|ten|sen|dung** (Nomen) **der Nachrichtensendung, die Nachrichtensendungen** eine Sendung im Fernsehen oder Radio, in der über die neuesten wichtigen Ereignisse informiert wird

der **Nach|ruf** (Nomen) **des Nachruf(e)s, die Nachrufe** eine Rede oder ein Text über einen Menschen, der gestorben ist

nach|se|hen (Verb) **du siehst nach, er sah nach, sie hat nachgesehen, sieh nach!**
❶ etwas nachsehen etwas in einem Lexikon, Wörterbuch usw. lesen, um sich zu informieren ≈ kontrollieren etwas überprüfen
❷ jemandem etwas nachsehen gehoben jemandem etwas verzeihen

näch|ste, näch|ster, näch|stes (Adjektiv)
❶ in einer Reihenfolge nach dem/der/des Genannten: *nächste Woche • nächstes Jahr*
❷ **nur „nächste“** am wenigsten weit entfernt: *Die nächste Apotheke ist 200 Meter von hier entfernt. • das nächste Haus*

die **Nacht** (Nomen) **der Nacht, die Nächte**
❶ die Zeit zwischen Abend und Morgen, in der es dunkel ist: *gestern Nacht • heute Nacht • morgen Nacht*
❷ die Heilige Nacht die Nacht vom 24. auf den 25. Dezember
❸ über Nacht die ganze Nacht lang, nachts: *über Nacht wegbleiben* plötzlich: *Er ist über Nacht berühmt geworden.*
❹ Gute Nacht! sagt man als Abschied, wenn man schlafen geht

der **Nach|teil** (Nomen) **des Nachteil(e)s, die Nachteile** die schlechten und ungünstigen Auswirkungen einer Sache

das **Nacht|hemd** (Nomen) **des Nachthemd(e)s, die Nachthemden** eine Art Kleid, das man beim Schlafen trägt

der **Nach|tisch** (Nomen) **des Nachtisch(e)s, die Nachtische** ≈ Dessert, Nachspeise eine meist süße Speise am Ende des Essens:

Zum Nachtisch gibt es heute Schokoladenpudding.

nach|träg|lich (Adjektiv) verspätet, nach dem eigentlichen Zeitpunkt

nachts (Adverb) in der Nacht

der **Nach|weis** (Nomen) **des Nachweises, die Nachweise** eine Handlung, Tatsache oder Bescheinigung, die zeigt, dass etwas richtig, wahr oder vorhanden ist

nach|weis|bar (Adjektiv) so, dass man beweisen kann, dass etwas richtig, wahr oder vorhanden ist

nach|wei|sen (Verb) **du weist nach, er wies nach, sie hat nachgewiesen, weis(e) nach!** zeigen und beweisen, dass etwas richtig, wahr oder vorhanden ist

der **Nach|wuchs** (Nomen) nur im Singular **des Nachwuchs(e)s**
1 die Kinder in einer Familie
2 junge Menschen in einem Beruf, im Sport usw.

nach|zäh|len (Verb) **du zählst nach, er zählte nach, sie hat nachgezählt, zähl(e) nach!** zur Kontrolle noch einmal zählen

der **Na|cken** (Nomen) **des Nackens, die Nacken** die Hinterseite des Halses

nackt (Adjektiv)
1 ohne Kleider
2 ≈kahl ohne Schmuck, Verzierung, Pflanzen usw.: *eine nackte Wand* · *ein nackter Fels*

die **Na|del** (Nomen) **der Nadel, die Nadeln**
1 ein kleiner, dünner und spitzer Gegenstand aus Metall mit einem kleinen Loch, mit dem man nähen kann
2 ≈Stecknadel ein kleiner, dünner und spitzer Gegenstand aus Metall, mit dem man etwas feststecken kann
3 eine Art dünnes, spitzes Blatt bei bestimmten Bäumen siehe auch → **Nadelbaum**
4 der dünne, innen hohle und spitze Teil einer Spritze
5 ≈Anstecknadel ein Gegenstand, mit dem man ein Schmuckstück, z. B. eine Brosche, an der Jacke befestigen kann

der **Na|del|baum** (Nomen) **des Nadelbaum(e)s, die Nadelbäume** ein Baum, der ganz schmale Blätter hat, die wie Nadeln aussehen und die meist auch im Winter grün sind (z. B. Tanne, Fichte, Kiefer)

der **Na|gel** (Nomen) **des Nagels, die Nägel**
1 ANATOMIE die harte Schicht auf den Spitzen von Fingern und Zehen
2 ein oben platter Metallstift, den man mit einem Hammer irgendwo einschlägt, um daran etwas aufzuhängen oder zu befestigen
3 sich etwas unter den Nagel reißen umgangssprachlich etwas nehmen, was jemand anderem gehört, oder schnell etwas nehmen, bevor es jemand anders bekommt
4 den Nagel auf den Kopf treffen umgangssprachlich das Wesentliche genau erkennen und beschreiben
5 einen Beruf/ein Hobby/... an den Nagel hängen umgangssprachlich mit einem Beruf/Hobby/... aufhören
6 Nägel mit Köpfen machen umgangssprachlich einen Plan konsequent durchführen, einen Entschluss durchsetzen

die **Na|gel|fei|le** (Nomen) **der Nagelfeile, die Nagelfeilen** eine feine Feile für Fuß- oder Fingernägel

der **Na|gel|lack** (Nomen) **des Nagellack(e)s, die Nagellacke** der Lack, den man auf Fuß- und Fingernägel aufträgt

das **Na|ge|tier** (Nomen) **des Nagetier(e)s, die Nagetiere** ein Tier mit Fell und langen, kräftigen vorderen Zähnen (z. B. Hase, Ratte)

nah, na|he (Adjektiv) **näher, am nächsten**
1 räumlich und zeitlich nicht weit entfernt: *in naher Zukunft*
2 in einer engen Beziehung: *ein naher Verwandter*
3 von nah und fern gehoben von überallher
4 jemandem zu nahe treten gehoben jemanden kränken

na|he (Präposition) mit Dativ gebraucht drückt zeitliche oder räumliche Nähe aus: *nahe dem Wald*

die **Nä|he** (Nomen) nur im Singular **der Nähe**
1 eine kleine Entfernung: *Das Kino ist hier ganz in der Nähe.*
2 ein enger (körperlicher) Kontakt: *Er sucht immer meine Nähe.*
3 aus der Nähe betrachtet wenn man genau hinsieht, wenn man es sich genau überlegt

na|he|ge|hen (Verb) nur in der 3. Person gebraucht **es geht nahe, es ging nahe, es ist nahegegangen**
etwas geht jemandem nahe etwas macht jemanden traurig

na|hen (Verb) gehoben **du nahst, er nahte, sie ist genaht, nahe!** näher kommen, sich nähern

nä|hen (Verb) **du nähst, er nähte, sie hat genäht, näh(e)!**
❶ ≈schneidern Kleidung herstellen: *Die Bluse hat sie selbst genäht.*
❷ MEDIZIN eine Wunde mit Fäden schließen

nä|her|lie|gen (Verb) unpersönlich **es liegt näher, es lag näher, es hat nähergelegen**
etwas liegt näher etwas ist eher anzunehmen oder vernünftiger

sich **nä|hern** (Verb) **du näherst dich, er näherte sich, sie hat sich genähert, näh(e)re dich!**
sich jemandem/etwas nähern näher an jemanden/etwas kommen

na|he|zu, na|he|zu (Adverb) fast, beinahe: *Unsere Vorräte sind nahezu aufgebraucht.*

Nah|ost (Nomen) unveränderlich · ohne Artikel
das Gebiet von Ägypten bis zur Türkei, besonders die Arabische Halbinsel: *eine Reise nach Nahost*

die **Nah|rung** (Nomen) nur im Singular
der Nahrung alles, was Menschen und Tiere aufnehmen, um zu leben

das **Nah|rungs|mit|tel** (Nomen)
des Nahrungsmittels, die Nahrungsmittel
≈Lebensmittel ein Stoff, von dem sich Menschen ernähren: *Die Kartoffel ist ein hervorragendes Stärkungs- und Nahrungsmittel.*

die **Naht** (Nomen) **der Naht, die Nähte**
❶ die Stelle, an der Stoffe zusammengenäht sind
❷ MEDIZIN die Stelle, an der eine Wunde mit Fäden geschlossen wird
❸ TECHNIK die Stelle, an der Teile zusammengeschweißt werden
❹ aus allen Nähten platzen umgangssprachlich zu dick werden oder zu klein werden für seinen Inhalt: *Die alte Schule platzt aus allen Nähten.*

naht|los (Adjektiv)
❶ ein Kleidungsstück ohne Nähte
❷ ohne Unterbrechung, übergangslos: *Die beiden Veranstaltungen gehen nahtlos ineinander über.*

na|iv (Adjektiv) [na'i:f] **naiver, am naivsten**
❶ unerfahren und kindlich: *naive Kinderfragen*
❷ besonders abwertend unreflektiert und dümmlich: *Dazu muss man ja ganz schön naiv sein!*

der **Na|me** (Nomen) **des Namens, die Namen**
❶ ein Wort, das ausdrückt, wie jemand oder etwas heißt (z. B. Vorname, Nachname, Spitzname)
❷ in jemandes Namen im Auftrag von jemandem: *Ganz herzlichen Dank, auch im Namen meiner Eltern.*
❸ das Ansehen oder der Ruf: *Die Schule hat einen guten Namen.*
❹ sich einen Namen machen bekannt oder berühmt werden

na|mens (Adverb) mit dem Namen

das **Na|mens|schild** (Nomen)
des Namensschild(e)s, die Namensschilder
❶ ein kleines Schild mit dem Namen des Bewohners an der Haus- oder Wohnungstür
❷ ein Kärtchen oder Aufkleber mit dem Namen

na|ment|lich (Adjektiv) mit Namen genannt, nach Namen (alphabetisch) geordnet

näm|lich (Adverb) verwendet, um etwas zu begründen oder zu erklären: *Ich kann heute nicht, ich muss nämlich meiner Mutter helfen.*

na|nu (Interjektion) ein Ausruf der Überraschung

die **Nar|be** (Nomen) **der Narbe, die Narben** die noch sichtbare Stelle einer verheilten Wunde

die **Nar|ko|se** (Nomen) MEDIZIN **der Narkose, die Narkosen** ≈Betäubung der künstliche Tiefschlaf bei einer Operation: *unter Narkose das Knie untersuchen*

die **Nar|zis|se** (Nomen) **der Narzisse, die Narzissen** ≈Osterglocke eine Frühlingsblume mit gelben oder weißen, glockenförmigen Blüten

die **Na|se** (Nomen) **der Nase, die Nasen**
❶ ANATOMIE der Teil des Körpers im Gesicht, mit dem man atmet und riecht
❷ der Geruchssinn: *Hunde haben eine gute Nase.*
❸ vor der Nase umgangssprachlich kurz bevor man kommt: *Der Bus ist mir gerade vor der Nase weggefahren.*
❹ seine Nase in etwas stecken umgangssprachlich sich neugierig in etwas einmischen
❺ jemanden an der Nase herumführen umgangssprachlich jemanden bewusst täuschen
❻ die Nase (gestrichen) voll haben umgangssprachlich (endgültig) genug haben

das **Nas|horn** (Nomen) **des Nashorns, die Nashörner** ein großes Säugetier mit einem oder zwei Hörnern auf der Nase

nass (Adjektiv) **nasser/nässer, am nassesten/nässesten**
1 voll mit Wasser oder einer anderen Flüssigkeit: *Sie haben sich gegenseitig nass gespritzt.* • *vom Sport ganz nass geschwitzt sein*
2 mit viel Regen: *ein nasser Sommer*

die **Näs|se** (Nomen) nur im Singular **der Nässe**
1 starke Feuchtigkeit, Wasser auf dem Boden
2 der Zustand, wenn es viel regnet: *Die anhaltende Nässe schadet dem Getreide.*

nass|kalt (Adjektiv) mit Kälte und Regen

die **Na|ti|on** (Nomen) [naˈtsi̯oːn] **der Nation, die Nationen**
1 eine Gemeinschaft von Menschen mit gleicher Geschichte, Sprache und Kultur
2 der Staat: *die Vereinten Nationen*

na|ti|o|nal, na|tio|nal (Adjektiv) [natsi̯oˈnaːl]
1 eine Nation betreffend: *die nationale Einheit*
2 übertrieben patriotisch: *eine nationale Gesinnung*

der **Na|ti|o|nal|fei|er|tag, Na|tio|nal|fei|er|tag** (Nomen) **des Nationalfeiertag(e)s, die Nationalfeiertage** ein (gesetzlicher) Feiertag zum Andenken an ein wichtiges politisches Ereignis

der **Na|ti|o|na|lis|mus, Na|tio|na|lis|mus** (Nomen) [natsi̯onaˈlɪsmʊs] abwertend nur im Singular **des Nationalismus** ein übertriebenes (aggressives) Nationalbewusstsein

na|ti|o|na|lis|tisch, na|tio|na|lis|tisch (Adjektiv) [natsi̯onaˈlɪstɪʃ] abwertend **nationalistischer, am nationalistischsten** übertrieben patriotisch eingestellt

die **Na|ti|o|na|li|tät, Na|tio|na|li|tät** (Nomen) [natsi̯onaliˈtɛːt] **der Nationalität, die Nationalitäten**
1 die Staatsangehörigkeit
2 eine Gruppe von Menschen, die dieselbe Sprache und Kultur haben

die **Na|ti|o|nal|mann|schaft** (Nomen) **der Nationalmannschaft, die Nationalmannschaften** die Auswahl der in einer Sportart besten Sportler eines Landes zur Teilnahme an internationalen Wettkämpfen

der **Na|tio|nal|park, Na|ti|o|nal|park** (Nomen) **des Nationalpark(e)s, die Nationalparks** ein großes Naturschutzgebiet

der **Na|ti|o|nal|so|zia|lis|mus** (Nomen) nur im Singular **des Nationalsozialismus** eine rechtsradikale, antidemokratische Bewegung in Deutschland, die von 1933 bis 1945 an der Macht war

der **Na|ti|o|nal|so|zia|list** (Nomen) **des Nationalsozialisten, die Nationalsozialisten** jemand, der den Nationalsozialismus befürwortet

die **Na|ti|o|nal|so|zia|lis|tin** (Nomen) **der Nationalsozialistin, die Nationalsozialistinnen**
Femininform von → **Nationalsozialist**

die **NATO, Nato** (Nomen) nur im Singular **der NATO** Abkürzung von: North Atlantic Treaty Organization ein Verteidigungsbündnis europäischer und nordamerikanischer Staaten: *Deutschland ist Mitglied der NATO.*

die **Na|tur** (Nomen) **der Natur, die Naturen**
1 nur im Singular die nicht vom Menschen geschaffene Welt: *für die Erhaltung der Natur kämpfen*
2 ≈ Art, Wesen die Eigenschaften, die jemanden charakterisieren: *Kinder sind von Natur aus neugierig.*
3 etwas liegt in der Natur der Sache etwas ist logisch

das **Na|tur|ge|setz** (Nomen) **des Naturgesetzes, die Naturgesetze** ein naturwissenschaftliches Prinzip, wie etwas in der Natur funktioniert: *Aufgrund des Naturgesetzes der Gravitation fallen alle Gegenstände zu Boden.*

na|tür|lich[1] (Adjektiv) **natürlicher, am natürlichsten**
1 ohne Steigerung nicht künstlich, sondern von Natur aus: *bei natürlichem Licht arbeiten*
2 einfach, ungezwungen: *Ich mag seine natürliche Art.*

na|tür|lich[2] (Adverb)
1 selbstverständlich: *Das stimmt natürlich.*
2 so, wie erwartet: *Niklas kam natürlich wieder zu spät.*

der **Na|tur|schutz** (Nomen) nur im Singular **des Naturschutzes**
1 alles, was zur Erhaltung von Landschaften, Pflanzen und Tieren getan wird
2 etwas unter Naturschutz stellen etwas durch Gesetze vor einer Gefährdung schützen: *Der Enzian wurde unter Naturschutz gestellt.*

der **Na|tur|schüt|zer** (Nomen)
des Naturschützers, die Naturschützer
jemand, der sich aktiv für Natur- und Umweltschutz einsetzt

die **Na|tur|schüt|ze|rin** (Nomen)
der Naturschützerin, die Naturschützerinnen
Femininform von → **Naturschützer**

das **Na|tur|schutz|ge|biet** (Nomen)
des Naturschutzgebiet(e)s, die Naturschutzgebiete ein Teil einer Landschaft, der unter Naturschutz steht

die **Na|tur|wis|sen|schaft** (Nomen)
der Naturwissenschaft, die Naturwissenschaften meist im Plural alle Wissenschaften, die sich mit den Vorgängen in der Natur befassen (z. B. Biologie, Physik, Chemie)

das **Na|vi** (Nomen) ['na:vi] umgangssprachlich
des Navis, die Navis Abkürzung von: Navigationsgerät eine elektronische Anlage, die den Weg zu einem Ziel berechnet und weist

der **Na|zi** (Nomen) umgangssprachlich • abwertend
des Nazis, die Nazis
Kurzform von → **Nationalsozialist**
siehe auch → **Nationalsozialismus**

das **Na|zi|re|gime** (Nomen) ['na:tsireʒi:m] umgangssprachlich • abwertend nur im Singular
des Naziregimes die nationalsozialistische Herrschaft in Deutschland von 1933 bis 1945

die **Na|zi|zeit** (Nomen) umgangssprachlich • abwertend nur im Singular **der Nazizeit** die Zeit der nationalsozialistischen Herrschaft in Deutschland von 1933 bis 1945

n. Chr. [na:x 'krɪstʊs] GESCHICHTE Abkürzung von: nach Christus in unserer Zeitrechnung nach dem Jahr Null, nach der Geburt von Christus
⚠ in gehobenem Deutsch sagt man auch „vor/nach Christi Geburt"

der **Ne|bel** (Nomen) **des Nebels, die Nebel**
❶ ein dichter Dunst durch Wasserdampf in der Luft
❷ ASTRONOMIE eine Erscheinung ähnlich einer Wolke im Weltall aus Gas oder Sternen

ne|ben (Präposition)
❶ mit Dativ gebraucht direkt an der Seite: *Sie sitzt in der Schule neben mir.*
❷ mit Dativ gebraucht außer, zusätzlich: *Was brauchen wir neben Eiern und Mehl noch für den Kuchen?*
❸ mit Dativ gebraucht verglichen mit: *Neben mir wirkt er richtig groß.*
❹ mit Akkusativ gebraucht zur Seite von jemandem/etwas hin: *Setz dich doch neben mich.*

ne|ben|an (Adverb) im benachbarten Zimmer oder Haus

ne|ben|bei (Adverb)
❶ zusätzlich zu etwas anderem: *ein lustiges und nebenbei lehrreiches Buch*
❷ als zusätzliche, wenn auch nicht wichtige Information: *Das nur so nebenbei.*

ne|ben|ei|nan|der, ne|ben|ein|an|der (Adverb)
❶ ein Mensch/Gegenstand neben dem anderen, einen Menschen/Gegenstand neben den anderen: *sich nebeneinander aufstellen • etwas nebeneinander halten*
❷ gleichzeitig: *Warum sollten die beiden Staaten nicht friedlich nebeneinander existieren können?*

die **Ne|ben|kos|ten** (Nomen) nur im Plural
der Nebenkosten die Kosten, die zusätzlich zu einer Zahlung/dem Preis entstehen

der **Ne|ben|satz** (Nomen) **des Nebensatzes, die Nebensätze** ein Satz, der nicht allein stehen kann und von einem Hauptsatz abhängt: *In „Er erklärte, was eine Orange ist." ist „Er erklärte" der Hauptsatz und „was eine Orange ist" der Nebensatz.*
Nebensätze erkennt man daran, dass das konjugierte Verb an letzter Stelle steht.
siehe auch → **Hauptsatz**

die **Ne|ben|stra|ße** (Nomen) **der Nebenstraße, die Nebenstraßen** eine (von einer Hauptstraße abzweigende) kleinere Straße: *Wir wohnen in einer ruhigen Nebenstraße.*

die **Ne|ben|wir|kung** (Nomen) meist Plural
der Nebenwirkung, die Nebenwirkungen
besonders MEDIZIN eine (meist unangenehme) Wirkung, die mit einem Medikament verbunden ist

neb|lig, ne|be|lig (Adjektiv) **nebliger, am nebligsten** voller Nebel, mit Nebel

ne|bu|lös, ne|bu|los (Adjektiv) gehoben
nebulöser, am nebulösesten Ideen, Aussagen ≈ undeutlich unklar, verschwommen: *ziemlich nebulöse Aussagen*

der **Nef|fe** (Nomen) **des Neffen, die Neffen**
ein Sohn von jemandes Schwester oder Bruder bzw. Schwägerin oder Schwager

ne|ga|tiv, ne|ga|tiv (Adjektiv) **negativer, am negativsten**
① etwas ablehnend: *eine negative Reaktion*
② ungünstig, nicht zufriedenstellend: *negative Folgen*
③ MEDIZIN ohne den erwarteten oder befürchteten Befund: *Der Aidstest war negativ.*

neh|men (Verb) **du nimmst, er nahm, sie hat genommen, nimm!**
① etwas greifen, fassen: *etwas in die Hand nehmen*
② ≈wählen sich für etwas entscheiden
③ etwas benutzen: *den Zug nehmen*
④ jemandem etwas nehmen von jemandem etwas entfernen, jemandem etwas wegnehmen: *Die Hoffnung lasse ich mir nicht nehmen.*
⑤ einnehmen, konsumieren: *Medikamente nehmen*
⑥ sich etwas nicht nehmen lassen auf etwas nicht verzichten

der **Neid** (Nomen) **nur im Singular des Neid(e)s**
① das Gefühl, unbedingt etwas haben zu müssen, was jemand anderes hat, und es diesem nicht zu gönnen
② vor Neid erblassen oder platzen umgangssprachlich äußerst neidisch werden

nei|den (Verb) gehoben **du neidest, er neidete, sie hat geneidet, neide nicht!**
jemandem etwas neiden jemandem etwas, was man selbst haben will, nicht gönnen: *Viele Leute neiden ihm seinen großen Erfolg.*

nei|gen (Verb) **du neigst, er neigte, sie hat geneigt, neig(e)!**
① etwas in eine schräge Lage bringen
② zu etwas neigen eine Veranlagung/einen Hang zu etwas haben: *zu Erkältungen neigen • zu Übergewicht neigen*
③ sich neigen sich beugen: *sich unter der Last neigen* in eine schiefe Lage kommen: *Das Schiff neigte sich zur Seite.*

die **Nei|gung** (Nomen) **der Neigung, die Neigungen**
① besondere Vorliebe für etwas: *ihre Interessen und Neigungen*
② nur im Singular Tendenz zu etwas: *seine Neigung zur Angeberei*
③ ≈Gefälle eine schräge Lage: *eine Neigung von 20 %*

nein (Partikel) als negative Antwort auf eine Aufforderung, Bitte oder Frage verwendet: *„Magst du das?" – „Nein, überhaupt nicht!"*

nen|nen (Verb) **du nennst, er nannte, sie hat genannt, nenn(e)!**
① jemandem einen Namen geben oder mit einem bestimmten Namen anreden: *In der Schule nennen sie ihn Benny.*
② jemanden oder etwas irgendwie bezeichnen: *Er hat mich einen Verräter genannt. • In der Schweiz wird das Handy Natel genannt.*
③ sagen, erwähnen: *Er hat seinen Namen nicht genannt.*

nen|nens|wert (Adjektiv) **nennenswerter, am nennenswertesten** von Bedeutung, erwähnenswert

der **Nen|ner** (Nomen) **des Nenners, die Nenner**
① MATHEMATIK die Zahl unter dem Bruchstrich
② etwas auf einen (gemeinsamen) Nenner bringen einen Kompromiss finden

der **Nep|tun** (Nomen) **nur im Singular des Neptuns**
① bei den Römern der Gott des Meeres
② ASTRONOMIE ein Planet unseres Sonnensystems

der **Nerv** (Nomen) **des Nervs, die Nerven**
① ANATOMIE ein aus Fasern mit bestimmten Zellen bestehender Teil des Organismus, der Reize leitet (z. B. Sehnerv, Ischiasnerv)
② nur Plural die psychische Belastbarkeit von jemandem: *Dafür braucht man starke Nerven.*
③ jemandem auf die Nerven gehen umgangssprachlich jemanden stören oder ärgern
④ die Nerven behalten/verlieren sich beherrschen/die Beherrschung verlieren

ner|ven (Verb) umgangssprachlich **du nervst, er nervte, sie hat genervt, nerv(e) nicht!** sehr stören oder lästig sein: *Mücken im Schlafzimmer nerven mich.*

das **Ner|ven|sys|tem** (Nomen) **des Nervensystems, die Nervensysteme** die Gesamtheit der Nervenzellen eines Körpers

ner|vig (Adjektiv) umgangssprachlich **nerviger, am nervigsten** störend und lästig: *Laute Musik bei den Nachbarn kann ganz schön nervig sein.*

ner|vös (Adjektiv) [nɛrˈvøːs] **nervöser, am nervösesten**
① unruhig, aufgeregt: *Das lange Warten macht mich ganz nervös.*
② MEDIZIN vom Nervensystem kommend oder dieses betreffend: *nervöse Zuckungen*

das **Nest** (Nomen) **des Nest(e)s, die Nester**
❶ ZOOLOGIE etwas, was sich ein Tier baut, um darin zu wohnen
❷ umgangssprachlich · abwertend ein kleiner, abseits gelegener Ort
❸ sich ins gemachte Nest setzen umgangssprachlich ohne eigene Leistung in eine Situation kommen, in der es einem (wirtschaftlich) gut geht

nett (Adjektiv) **netter, am nettesten**
❶ freundlich, liebenswürdig: *Der neue Mathelehrer ist sehr nett. · Das ist aber nett von dir!*
❷ angenehm: *ein sehr netter Abend*

net|to (Adverb)
❶ FINANZEN nach Abzug von Steuern: *zehn Euro netto die Stunde verdienen* siehe auch → **brutto**
❷ Gewicht ohne Verpackung

der **Net|to|lohn** (Nomen) **des Nettolohn(e)s, die Nettolöhne** der Lohn nach Abzug von Steuern und anderen Abgaben

das **Netz** (Nomen) **des Netzes, die Netze**
❶ ein (elastisches) Gebilde aus Fäden oder Schnüren mit Maschen: *mit Netzen Fische fangen · Der Ball ging ins Netz. · das Netz einer Spinne*
❷ ELEKTROTECHNIK · VERKEHR ein komplexes System von Leitungen oder Verkehrswegen
❸ umgangssprachlich INFORMATIK das Internet: *im Netz surfen*
❹ jemandem ins Netz gehen von jemandem ertappt oder gefangen werden

das **Netz|ge|rät** (Nomen) **des Netzgerät(e)s, die Netzgeräte** ein Gerät, das den Strom aus dem Stromnetz (die Netzspannung) so verändert, dass man bestimmte, meist kleinere Geräte damit betreiben kann

der **Netz|ste|cker** (Nomen) **des Netzsteckers, die Netzstecker** der Stecker für den Anschluss eines Geräts an das Stromnetz

das **Netz|teil** (Nomen) **des Netzteil(e)s, die Netzteile** ein Gerät zur Stromversorgung anderer Geräte, das die Netzspannung in die benötigte Spannung umformt

das **Netz|werk** (Nomen) **des Netzwerk(e)s, die Netzwerke**
❶ ein komplexes System von Elementen oder Beziehungen
❷ INFORMATIK Technik, die mehrere Computer durch Leitungen miteinander verbindet

neu (Adjektiv) **neuer, am neu(e)sten**
❶ frisch oder unbenutzt: *Wir bekamen täglich neue Handtücher.*
❷ erst seit Kurzem anwesend oder vorhanden: *ein neuer Mitschüler*
❸ erneut, wiederholt: *einen neuen Versuch wagen*
❹ aktuell, vor Kurzem passiert: *die neuesten Informationen*
❺ aufs Neue oder von Neuem noch einmal

der **Neu|bau** (Nomen) **des Neubau(e)s, die Neubauten** ein vor Kurzem fertiggestelltes Gebäude

neu|er|dings (Adverb) in der letzten Zeit, im Unterschied zu früher

neu|es|tens, neus|tens (Adverb) seit Kurzem, neuerdings

die **Neu|gier, Neu|gier|de** (Nomen) nur im Singular **der Neugier** ein starker Drang, etwas zu erfahren

neu|gie|rig (Adjektiv) **neugieriger, am neugierigsten** ganz begierig darauf, etwas zu erfahren

die **Neu|ig|keit** (Nomen) **der Neuigkeit, die Neuigkeiten** eine bisher nicht bekannte Information

das **Neu|jahr** (Nomen) nur im Singular **des Neujahrs**
❶ der 1. Januar, ein Feiertag
❷ Prost/Prosit Neujahr! Glückwünsche für ein gutes neues Jahr

neu|lich (Adverb) vor Kurzem: *Ich habe ihn erst neulich getroffen.*

der **Neu|ling** (Nomen) **des Neulings, die Neulinge** jemand, der auf einem Gebiet oder in einer Gruppe neu und noch unerfahren ist

neun (Zahlwort) als Ziffer: 9 siehe auch → **acht**

die **Neun** (Nomen) **der Neun, die Neunen** die Zahl 9 siehe auch → **Acht**[1]

neunt (Zahlwort) nur in zu neunt mit neun Personen: *Wir machten zu neunt einen Ausflug.*

neun|te, neun|ter, neun|tes (Zahlwort) in einer Reihe an 9. Stelle: *am neunten Mai · als Neunter durchs Ziel gehen*

neun|tens (Adverb) beim Aufzählen an neunter Stelle siehe auch → **achtens**

neun|zehn (Zahlwort) als Ziffern: 19 siehe auch → **acht**

neun|zig (Zahlwort) als Ziffern: 90 siehe auch → **achtzig**

neu|ro|tisch (Adjektiv) **neurotischer, am neurotischsten** durch eine psychische Störung verursacht oder unter einer psychischen Störung leidend

neu|tral, neut|ral (Adjektiv) **neutraler, am neutralsten**
❶ unparteiisch, unbeteiligt: *Der Lehrer versucht, den Streit zu schlichten, und verhält sich neutral.*
❷ unauffällig: *in neutralen Farben gehalten*

neu|tra|li|sie|ren, neut|ra|li|sie|ren (Verb) gehoben **du neutralisierst, er neutralisierte, sie hat neutralisiert, neutralisier(e)!** die Wirkung von etwas durch etwas anderes aufheben

das **Neu|tron, Neut|ron** (Nomen) **des Neutrons, die Neutronen** ein ungeladenes Teilchen als Teil eines Atomkerns

das **Neu|trum, Neut|rum** (Nomen) GRAMMATIK **des Neutrums, die Neutra /Neutren** ein Nomen, das im Nominativ Singular den Artikel „das" hat

nicht (Partikel)
❶ verwendet, um etwas zu verneinen: *Ich kann nicht schlafen.* • *Das ist nicht viel Geld.*
❷ drückt in Fragen aus, dass man „ja" oder „doch" als Antwort erwartet: *Ist das nicht super?* • *Du machst doch mit, nicht wahr?*
❸ betont, dass etwas sehr viel ist: *Was haben wir dort nicht alles erlebt!*

die **Nich|te** (Nomen) **der Nichte, die Nichten** eine Tochter von jemandes Schwester oder Bruder bzw. Schwägerin oder Schwager

der **Nicht|rau|cher** (Nomen) **des Nichtrauchers, die Nichtraucher** jemand, der nicht raucht

die **Nicht|rau|che|rin** (Nomen) **der Nichtraucherin, die Nichtraucherinnen** Femininform von → **Nichtraucher**

nichts (Pronomen)
❶ keine Sache, keine Menge: *Ich brauche nichts.* • *Ist nichts mehr von den Keksen übrig?*
❷ nichts Neues/Schlimmes/... etwas, was nicht neu/schlimm/... ist: *Ich ahne nichts Gutes!*
❸ nichts als sehr viel oder viele: *Mit dem Auto haben wir nichts als Probleme.*
❹ wie nichts umgangssprachlich sehr schnell: *Die Zeit verging wie nichts.*
❺ für nichts und wieder nichts umgangssprachlich völlig ohne Erfolg

nichts|sa|gend, nichts sa|gend (Adjektiv) ohne Aussagekraft, leer, belanglos

ni|cken (Verb) **du nickst, er nickte, sie hat genickt, nick(e)!** den Kopf zum Zeichen, dass man etwas bejaht oder jemanden grüßt, kurz senken und wieder heben

nie (Adverb)
❶ zu keiner Zeit: *Ich lüge nie.*
❷ kein einziges Mal: *Ich bin noch nie geflogen.*
❸ nie und nimmer auf gar keinen Fall

nie|der (Adverb)
❶ nach unten, abwärts: *Er kniete sich nieder.*
❷ Nieder mit ...! ein Ausdruck des Protests gegen etwas oder jemanden: *Nieder mit dem Diktator!*

nie|der|ge|schla|gen (Adjektiv) traurig und mutlos: *Nach dem Ausscheiden aus dem Turnier waren wir total niedergeschlagen.*

die **Nie|der|kunft** (Nomen) gehoben • veraltet **der Niederkunft, die Niederkünfte** das Gebären eines Kindes: *Sie steht kurz vor der Niederkunft.*

die **Nie|der|la|ge** (Nomen) **der Niederlage, die Niederlagen** das Verlieren eines Wettkampfes: *eine Niederlage hinnehmen müssen*

die **Nie|der|lan|de** (Nomen) nur mit Artikel • nur im Plural **der Niederlande** ein Land in Westeuropa

der **Nie|der|län|der** (Nomen) **des Niederländers, die Niederländer** ein Junge/Mann aus den Niederlanden

die **Nie|der|län|de|rin** (Nomen) **der Niederländerin, die Niederländerinnen** ein Mädchen/eine Frau aus den Niederlanden

nie|der|län|disch (Adjektiv) aus den Niederlanden oder in niederländischer Sprache

sich **nie|der|las|sen** (Verb) **du lässt dich nieder, er ließ sich nieder, sie hat sich niedergelassen, lass(e) dich nieder!**
❶ gehoben sich hinsetzen
❷ irgendwo eine Praxis oder einen Betrieb gründen
❸ besonders GESCHICHTE eine Siedlung oder einen Ort gründen

die **Nie|der|las|sung** (Nomen) **der Niederlassung, die Niederlassungen**
❶ WIRTSCHAFT die Zweigstelle einer Firma
❷ GESCHICHTE eine Siedlung: *frühe Niederlassungen der Kelten am Rhein*

nie|der|le|gen (Verb) gehoben **du legst nieder, er legte nieder, sie hat niedergelegt, leg(e) nieder!**
❶ ein Amt nicht behalten oder abgeben
❷ gehoben jemanden oder sich hinlegen: *sich für eine Weile niederlegen*

Nie|der|sach|sen (Nomen) **Niedersachsens** ein Bundesland in Norddeutschland

nied|lich (Adjektiv) **niedlicher, am niedlichsten** süß, hübsch: *ein niedlicher kleiner Eisbär*

nied|rig (Adjektiv) **niedriger, am niedrigsten**
❶ von geringer Höhe: *eine niedrige Mauer*
❷ von geringer Menge, wenig: *niedrige Preise/Mieten*

nie|mals (Adverb) ≈ nie kein einziges Mal: *Ich war noch niemals in New York.*

nie|mand (Pronomen) kein einziger Mensch

die **Nie|re** (Nomen) **der Niere, die Nieren**
❶ ANATOMIE ein inneres Organ, das das Blut reinigt und dabei den Urin produziert
❷ jemandem an die Nieren gehen umgangssprachlich jemanden seelisch belasten

der **Nie|sel|re|gen** (Nomen) **nur im Singular des Nieselregens** ein leichter Regen

nie|sen (Verb) **du niest, er nieste, sie hat geniest, nies(e)!** aufgrund eines Reizes plötzlich und laut die Luft durch die Nase ausstoßen

die **Nie|te** (Nomen) **der Niete, die Nieten**
❶ ein Los, das nicht gewinnt
❷ umgangssprachlich • abwertend ein Mensch, dem nichts gelingt: *Als Torwart ist er eine Niete.*

der **Ni|ko|laus** (Nomen) **des Nikolaus(es), die Nikoläuse/Nikolause**
❶ ein christlicher Heiliger, der nach der Legende am 6. Dezember Geschenke für die Kinder bringt
❷ **nur im Singular** ≈ Nikolaustag der 6. Dezember: *Maria hat Nikolaus Geburtstag.*

der **Nil** (Nomen) **nur im Singular des Nil(s)** der größte Fluss in Afrika

nim|mer|mehr (Adverb) veraltet
❶ nicht mehr
❷ nie wieder

nir|gends (Adverb) an keinem Ort oder Platz

nir|gend|wo (Adverb) Variante von → **nirgends**

die **Ni|sche** (Nomen) **der Nische, die Nischen** eine kleine Vertiefung in der Wand

der **Nist|kas|ten** (Nomen) **des Nistkastens, die Nistkästen** ein kleiner Kasten, in dem Vögel ein Nest bauen und dort brüten können

das **Ni|trat, Nit|rat** (Nomen) **des Nitrat(e)s, die Nitrate** das Salz der Salpetersäure, das oft im Dünger vorkommt

das **Ni|veau** (Nomen) [niˈvoː] **des Niveaus, die Niveaus**
❶ der geistige Anspruch an etwas: *eine Unterhaltungssendung auf unterstem Niveau*
❷ eine bestimmte Stufe: *Die Kaffeepreise haben das niedrigste Niveau erreicht.*
❸ die Höhe von etwas: *Der Wasserstand im Hafen wird auf konstant niedrigem Niveau gehalten.*

ni|veau|los (Adjektiv) [niˈvoːloːs] ziemlich einfach und anspruchslos: *Die Kritik an unserem Trainer finde ich absolut niveaulos.*

ni|vel|lie|ren (Verb) [nivɛˈliːrən] gehoben **du nivellierst, er nivellierte, sie hat nivelliert, nivellier(e)!** ≈ angleichen, gleichmachen Unterschiede ausgleichen, Dinge auf das gleiche Niveau bringen

die **Ni|xe** (Nomen) **der Nixe, die Nixen** ≈ Meerjungfrau ein Mädchen/eine Frau mit einem Fischschwanz, die im Meer lebt und die es nur in Märchen und Sagen gibt

der **No|bel|preis** (Nomen) **des Nobelpreises, die Nobelpreise** ein für besondere wissenschaftliche und kulturelle Leistungen jährlich verliehener Preis, den der Schwede Alfred Nobel gestiftet hat

der **No|bel|preis|trä|ger** (Nomen) **des Nobelpreisträgers, die Nobelpreisträger** jemand, der einen Nobelpreis bekommen hat

die **No|bel|preis|trä|ge|rin** (Nomen) **der Nobelpreisträgerin, die Nobelpreisträgerinnen** Femininform von → **Nobelpreisträger**

noch (Adverb)
❶ wenn etwas andauert: *Es regnet noch.*
❷ nicht später als zu einem bestimmten Zeitpunkt: *Ich muss das bis morgen noch lernen.*
❸ noch nie bis jetzt nicht: *Ich war noch nie in Amerika.*
❹ noch immer oder immer noch bis jetzt dauernd: *Sitzt du immer noch vor dem Fernseher?*
❺ noch einmal ≈ erneut ein weiteres Mal: *Sag das noch einmal!*
❻ noch nicht einmal nicht wenigstens: *Er war so sauer, dass er noch nicht einmal gegrüßt hat.*

❼ wenn etwas übrig bleibt: *Es ist noch Kuchen da.*
❽ wenn etwas dazukommt: *Möchtest du noch eine Cola?*
❾ bei einer Steigerung: *Das rote Kleid ist noch schöner als das blaue.*

noch|mals (Adverb) ein weiteres Mal, wieder

das **No|men** (Nomen) GRAMMATIK **des Nomens, die Nomen** ≈Hauptwort, Substantiv Bezeichnung für eine deklinierbare Wortart, die Personen, Gegenstände und vorgestellte Dinge bezeichnet: *Nomen und Eigennamen werden großgeschrieben.*

die **No|mi|na|li|sie|rung** (Nomen) GRAMMATIK **die Nominalisierung** ≈Substantivierung ein als Nomen gebrauchtes Wort einer anderen Wortart ⚠ die Form „das Gute" ist ein nominalisiertes Adjektiv, „das Lernen" ist ein nominalisiertes Verb

der **No|mi|na|tiv** (Nomen) GRAMMATIK **des Nominativs, die Nominative** der 1. Fall, der Fall, bei dem man „Wer oder was?" fragt: *Wer fährt Fahrrad? Das kleine Mädchen.*

no|mi|nie|ren (Verb) **du nominierst, er nominierte, sie hat nominiert, nominier(e)!**
❶ POLITIK jemanden als Kandidaten für eine Wahl bestimmen
❷ SPORT jemanden als Teilnehmer für einen Wettkampf melden

die **No|mi|nie|rung** (Nomen) **der Nominierung, die Nominierungen**
❶ POLITIK die Bestimmung zum Kandidaten für eine Wahl
❷ SPORT die Meldung als Teilnehmer für einen Wettkampf

die **Non|ne** (Nomen) **der Nonne, die Nonnen** eine Frau, die meist als Mitglied eines religiösen Ordens in einem Kloster lebt

Nord (Nomen) unveränderlich · ohne Artikel der Norden: *Gäste aus Nord und Süd · das Autobahnkreuz München-Nord*

Nord|af|ri|ka (Nomen) **Nordafrikas** der nördliche Teil Afrikas

Nord|ame|ri|ka (Nomen) **Nordamerikas** der nördliche Teil Amerikas

nord|deutsch (Adjektiv) im/vom nördlichen Teil Deutschlands

Nord|deutsch|land (Nomen) **Norddeutschlands** der nördliche Teil Deutschlands

der **Nor|den** (Nomen) nur im Singular **des Nordens**
❶ die Himmelsrichtung, in der die Sonne nie steht: *Norden ist auf Landkarten oben.*
❷ ein Gebiet im Norden: *die Bundesländer im Norden des Landes*
❸ im hohen Norden weit nördlich gelegen

Nord|eu|ro|pa (Nomen) **Nordeuropas** der nördliche Teil Europas

Nord|ir|land (Nomen) **Nordirlands** der nordöstliche Teil Irlands, der zu Großbritannien gehört

nörd|lich (Adjektiv) **nördlicher, am nördlichsten** im/aus/nach Norden: *die nördliche Grenze · nördlicher Wind*

der **Nord|os|ten, Nord|ost** (Nomen) nur im Singular **des Nordostens**
❶ die Himmelsrichtung zwischen Norden und Osten: *Wind aus/von Nordosten*
❷ ein Gebiet im Nordosten: *der Nordosten Europas*

nord|öst|lich (Adjektiv) **nordöstlicher, am nordöstlichsten** im/aus/nach Nordosten siehe auch → **nördlich**

der **Nord|pol** (Nomen) nur im Singular **des Nordpols** der nördlichste Punkt der Erde

Nord|rhein-West|fa|len (Nomen) **Nordrhein-Westfalens** Abkürzung: NRW ein Bundesland in Westdeutschland

die **Nord|see** (Nomen) nur im Singular **der Nordsee** das Meer nördlich von Deutschland auf der westlichen Seite von Skandinavien

nord|wärts (Adverb) in Richtung Norden

der **Nord|wes|ten, Nord|wes|t** (Nomen) nur im Singular **des Nordwestens**
❶ die Himmelsrichtung zwischen Norden und Westen: *Wind aus/von Nordwesten*
❷ ein Gebiet im Nordwesten: *der Nordwesten Afrikas*

nord|west|lich (Adjektiv) **nordwestlicher, am nordwestlichsten** im/aus/nach Nordwesten siehe auch → **nördlich**

die **Norm** (Nomen) **der Norm, die Normen**
❶ das, was man allgemein als üblich, richtig und durchschnittlich ansieht
❷ eine allgemein anerkannte Regel, wie man sich verhalten soll
❸ TECHNIK eine Regel, wie etwas hergestellt werden oder aussehen muss: *Das Maß für die Tür entspricht nicht den technischen Normen.*

nor|mal (Adjektiv) ≈üblich so, dass man etwas allgemein als richtig und durchschnittlich ansieht: *unter normalen Umständen, ein normaler Verbrauch*

nor|ma|ler|wei|se (Adverb) so, wie es (sonst) immer üblich ist: *Normalerweise gehe ich um acht Uhr ins Bett.*

nor|ma|li|sie|ren[1] (Verb) **du normalisierst, er normalisierte, sie hat normalisiert, normalisier(e)!** bewirken, dass etwas wieder normal wird: *Wir müssen die Lautstärke hier wieder normalisieren.*

sich **nor|ma|li|sie|ren**[2] (Verb) nur in der 3. Person gebraucht **es normalisiert sich, es normalisierte sich, es hat sich normalisiert** wieder normal werden: *Nach dem Hochwasser hat sich nun wieder alles normalisiert.*

die **Nor|ma|li|tät** (Nomen) nur im Singular **der Normalität** der Zustand, der üblich ist: *Zur Normalität zurückkehren.*

Nor|we|gen (Nomen) **Norwegens** ein Land in Nordeuropa

der **Nor|we|ger** (Nomen) **des Norwegers, die Norweger** ein Junge/Mann aus Norwegen

die **Nor|we|ge|rin** (Nomen) **der Norwegerin, die Norwegerinnen** ein Mädchen/eine Frau aus Norwegen

nor|we|gisch (Adjektiv) aus Norwegen oder in norwegischer Sprache

nos|tal|gisch, nost|al|gisch (Adjektiv) so, dass man sich gern an frühere Zeiten erinnert

die **Not** (Nomen) **der Not, die Nöte**
❶ eine sehr schlimme Situation wie Armut, Hunger usw.: *die Not leidende Bevölkerung*
❷ zur Not umgangssprachlich wenn es gar nicht anders möglich ist: *Zur Not kann ich dich auch hinbringen.*
❸ in Not sein in einer sehr schlimmen oder gefährlichen Situation sein, in der man Hilfe braucht: *Nach der Flutwelle waren alle Dorfbewohner in Not.*
❹ seine liebe Not mit etwas/jemandem haben umgangssprachlich große Probleme mit etwas/jemandem haben

der **No|tar** (Nomen) **des Notars, die Notare** ein Jurist, der beruflich Dokumente, Testamente, Kaufverträge usw. bestätigt

die **No|ta|rin** (Nomen) **der Notarin, die Notarinnen** Femininform von → **Notar**

der **Not|dienst** (Nomen) **des Notdienstes, die Notdienste**
Notdienst haben als Arzt, Apotheker oder Handwerker nachts und am Wochenende arbeiten, wenn man gebraucht wird

die **No|te** (Nomen) **der Note, die Noten**
❶ ein Zeichen für einen Ton in der Musik: *Ich kann keine Noten lesen.*
❷ ≈Zensur die Bewertung, die der Lehrer dem Schüler gibt
❸ nur im Singular eine besondere Eigenart: *eine persönliche Note • eine festliche Note*

das **Note|book** (Nomen) ['noʊtbʊk] **des Notebooks, die Notebooks** ≈Laptop ein kleiner, aufklappbarer PC

der **No|ten|durch|schnitt** (Nomen) **des Notendurchschnitt(e)s, die Notendurchschnitte** der Mittelwert aller eigenen Noten/der Noten der ganzen Klasse

not|falls (Adverb) wenn es nötig ist, wenn es sein muss

no|tie|ren (Verb) **du notierst, er notierte, sie hat notiert, notier(e)!** aufschreiben (damit man es nicht vergisst): *Hast du dir das Autokennzeichen notiert?*

nö|tig (Adjektiv) **nötiger, am nötigsten**
❶ ≈notwendig so, dass man etwas braucht oder etwas tun muss: *Es ist nicht nötig, den ganzen Text zu lesen.*
❷ etwas nicht nötig haben auch ironisch stolz darauf sein, dass man etwas nicht braucht oder tun muss: *Ich habe es nicht nötig, mich von dir belügen zu lassen.*

nö|ti|gen (Verb) **du nötigst, er nötigte, sie hat genötigt, nötige nicht!**
❶ mit illegalen Mitteln zu etwas zwingen
❷ jemanden zu einem bestimmten Verhalten zwingen: *Das Glatteis nötigte die Fahrradfahrer dazu, abzusteigen und zu schieben.*
❸ dringend bitten, überreden: *Er nötigte mich, noch ein Stück Kuchen zu essen.*

die **Nö|ti|gung** (Nomen) **der Nötigung, die Nötigungen** die Tat, jemanden mit illegalen Mitteln zu etwas zu zwingen

der **No|tiz** (Nomen) **der Notiz, die Notizen**
❶ etwas, was man schnell aufschreibt, um es später nicht zu vergessen: *Ich habe mir zu dem Referat Notizen gemacht.*
❷ von etwas/jemandem Notiz nehmen gehoben etwas/jemanden beachten, auf etwas/jemanden aufmerksam werden

der **No|tiz|block** (Nomen) **des Notizblock(e)s, die Notizblöcke/Notizblocks** ein Block aus leeren Blättern, auf die man seine Notizen schreiben kann

die **Not|lö|sung** (Nomen) **der Notlösung, die Notlösungen** eine Lösung, die man nur deshalb wählt, weil man keine bessere Lösung findet

no|to|risch (Adjektiv) gehoben · abwertend so, dass jemand immer wieder dasselbe Schlechte tut: *ein notorischer Lügner*

der **Not|ruf** (Nomen) **des Notruf(e)s, die Notrufe**
❶ der Telefonanruf bei der Polizei, der Feuerwehr usw., wenn man Hilfe braucht
❷ die Notrufnummer 110

der **Not|stand** (Nomen) **des Notstand(e)s, die Notstände** eine gefährliche Situation (z. B. bei Naturkatastrophen oder im Krieg), in der die normalen Gesetze nicht mehr gelten: *Die Regierung hat den Notstand ausgerufen.*

die **Not|wehr** (Nomen) **nur im Singular der Notwehr** eine Gewalttat, die man nur ausgeübt hat, weil man sich selbst wehren musste, und die deshalb nicht bestraft wird: *Sie handelte in Notwehr.*

not|wen|dig (Adjektiv) **notwendiger, am notwendigsten** ≈nötig so, dass man etwas braucht oder etwas tun muss

die **Not|wen|dig|keit** (Nomen) **der Notwendigkeit, die Notwendigkeiten** die Tatsache, dass man etwas braucht oder tun muss

die **No|vel|le** (Nomen) [no'vɛlə] **der Novelle, die Novellen**
❶ eine Erzählung, die oft nur von einem einzigen Ereignis handelt
❷ die Änderung eines Gesetzes

der **No|vem|ber** (Nomen) [no'vɛmbɐ] **Plural selten des November(s), die November** der elfte Monat im Jahr

Nr. ['nʊmɐ] **Abkürzung von:** Nummer

die **Nu|del** (Nomen) **der Nudel, die Nudeln**
❶ ein Nahrungsmittel aus Teig in verschiedenen Formen, das man in Wasser weich kocht und mit einer Soße, in Suppen oder als Beilage isst **(z. B. Spaghetti, Makkaroni)**
❷ eine lustige/freche/... Nudel umgangssprachlich eine lustige/freche/... Frau

nu|kle|ar , nuk|le|ar (Adjektiv)
❶ mit Atomenergie: *nuklearer Strom* · *nukleare Waffen*
❷ mit Atomwaffen, Atomwaffen betreffend: *nukleare Aufrüstung/Abrüstung*

null (Zahlwort)
❶ **als Ziffer:** 0: *Wasser gefriert bei null Grad.* · *Draußen sind fünf Grad unter null.*
❷ bei null anfangen umgangssprachlich ganz von vorn anfangen
❸ etwas ist gleich/geht gegen null umgangssprachlich etwas ist nicht/fast nicht vorhanden
❹ in null Komma nichts umgangssprachlich sehr schnell

die **Null** (Nomen) **der Null, die Nullen**
❶ die Zahl 0: *Tausend ist eine Zahl mit drei Nullen.* siehe auch → **Acht**[1]
❷ abwertend ≈Versager jemand, den man verachtet, weil er nichts leistet oder kann

der **Null|ta|rif** (Nomen) **nur in** zum Nulltarif ≈gratis, kostenlos ohne dass man etwas bezahlen muss

der **Nu|me|rus** (Nomen) GRAMMATIK **des Numerus, die Numeri** die grammatische Kategorie, die die Anzahl von Personen, Gegenständen oder nicht gegenständlichen Dingen angibt ⚠ **Im Deutschen gibt es die Nummeri Singular (Einzahl) und Plural (Mehrzahl).**

die **Num|mer** (Nomen) **der Nummer, die Nummern** Abkürzung: Nr.
❶ eine Zahl als Kennzeichnung: *Die Buslinie hat die Nummer 41.*
❷ ≈Telefonnummer die Zahlen, die man auf dem Telefon eintippt, wenn man jemanden anrufen will: *Unter welcher Nummer kann ich dich erreichen?*
❸ die Ausgabe einer Zeitung oder Zeitschrift
❹ der Auftritt in einem Programm oder einer Vorführung
❺ ein Musikstück auf einem Album, einer CD usw.
❻ die Zahl für die Größe von Schuhen und Kleidung: *Haben Sie die Schuhe eine Nummer größer?*
❼ auf Nummer sicher gehen umgangssprachlich kein Risiko eingehen
❽ etwas ist ein paar Nummern zu groß für jemanden umgangssprachlich etwas ist zu schwierig für jemanden

num|me|rie|ren (Verb) **du nummerierst, er nummerierte, sie hat nummeriert, nummerier(e)!** Nummern an oder auf Dinge schreiben

nun[1] (Adverb)
① ≈jetzt zu diesem Zeitpunkt, in diesem Augenblick
② von nun an/ab in der Zukunft
③ Was nun? Was sollen wir jetzt tun?

nun[2] (Partikel) ≈also, na *Nun, das kann ich Ihnen leider nicht sagen. • Nun gut!*

nur[1] (Adverb)
① ≈bloß, lediglich zur Beschränkung auf etwas verwendet: *Das kostet nur 30 Euro. • Das ist nur ein kleiner Kratzer.*
② zur Einschränkung verwendet: *Die Suppe war ganz gut, nur ein wenig zu salzig.*

nur[2] (Partikel)
① zur Verstärkung, Betonung verwendet: *Was ist denn nur? • Nur nicht aufregen!*
② verwendet, wenn man sich etwas sehnsüchtig wünscht: *Wenn ich das nur schon vorher gewusst hätte!*
③ nicht nur …, sondern auch … beides zugleich: *Das ist nicht nur möglich, sondern auch notwendig.*

nu|scheln (Verb) umgangssprachlich **du nuschelst, er nuschelte, sie hat genuschelt, nusch(e)le!** undeutlich und leise sprechen

die **Nuss** (Nomen) **der Nuss, die Nüsse**
① eine trockene Frucht, die in einer harten Schale steckt
② eine harte Nuss umgangssprachlich eine schwierige Aufgabe
③ Du dumme/blöde Nuss! umgangssprachlich • abwertend Schimpfwort für einen dummen Menschen

die **Nuss|scha|le** (Nomen) **der Nussschale, die Nussschalen** die harte Schale einer Nuss

nut|zen (Verb) **du nutzt, er nutzte, sie hat genutzt, nutz(e)!**
① etwas nutzen etwas verwenden, etwas gebrauchen
② eine Gelegenheit/Chance/… nutzen aus einer Gelegenheit/Chance/… ein gutes Ergebnis machen
③ jemandem nutzen für jemanden gut oder vorteilhaft sein
④ etwas nutzt nichts etwas wirkt nicht

der **Nut|zer** (Nomen) **des Nutzers, die Nutzer** jemand, der etwas verwendet oder gebraucht: *die Nutzer des Internets*

nütz|lich (Adjektiv) **nützlicher, am nützlichsten**
① ≈brauchbar, hilfreich so, dass etwas jemandem hilft oder Vorteile bringt: *Spinnen sind nützliche Tiere. • Dein Tipp war sehr nützlich.*
② sich nützlich machen helfen, mithelfen

die **Nut|zung** (Nomen) **der Nutzung, die Nutzungen** ≈Verwendung, Gebrauch der Vorgang, wenn jemand etwas nutzt/gebraucht

O

das **O, o** (Nomen) **des O, die O**
① der 15. Buchstabe im Alphabet
siehe auch → **A**
② nur: O Kurzform von → **Osten**
③ o Gott/o weh! drückt Überraschung/Erschrecken aus

das **Ö, ö** (Nomen) **des Ö, die Ö** der Umlaut des Buchstaben O, o

ob (Konjunktion)
① leitet Fragen ein, auf die man „ja" oder „nein" antworten kann: *Sie fragt, ob sie auch mitmachen darf.*
② drückt aus, dass etwas keinen Unterschied macht: *Ob Mädchen oder Junge, alle mussten mitmachen.*
③ Und ob! umgangssprachlich Aber ja! Ganz bestimmt!

ob|dach|los (Adjektiv) ohne Wohnung

oben (Adverb)
① in der Höhe, höher als etwas anderes/anderswo: *oben bleiben/liegen/stehen • oben auf einem Berg*
② auf der Oberseite: *Ich habe die Bank neu gestrichen, oben ist sie schon trocken.*
③ von oben bis unten umgangssprachlich völlig: *Er war von oben bis unten voll Schlamm.*
④ siehe oben/s. o. Verweis auf eine Textstelle, die vor diesem Hinweis steht

oben|drein (Adverb) ≈außerdem, zusätzlich etwas kommt zu einer Sache noch dazu: *Bei dem Sturz habe ich mir das Knie aufgeschlagen und obendrein ist die neue Jeans zerrissen.*

der **Ober|bür|ger|meis|ter** (Nomen) **des Oberbürgermeisters, die Oberbürgermeister** der hauptverantwortliche Bürgermeister in größeren Städten

die **Ober|bür|ger|meis|te|rin** (Nomen) **der Oberbürgermeisterin, die Oberbürgermeisterinnen** Femininform von → **Oberbürgermeister**

die **Ober|flä|che** (Nomen) **der Oberfläche, die Oberflächen**
1 die Flächen, die man von außen sieht
2 die obere Begrenzung einer Flüssigkeit

das **Ober|ge|schoss** (Nomen) **des Obergeschosses, die Obergeschosse** eine der oberen Etagen in einem Haus

ober|halb[1] (Präposition) **mit Genitiv gebraucht** an einer höheren Stelle: *Oberhalb der Bergstation liegt noch Schnee.*

ober|halb[2] (Adverb) **mit „von" gebraucht** höher als etwas gelegen: *Die Burg liegt oberhalb von Burghausen.*

das **Ober|hemd** (Nomen) **des Oberhemd(e)s, die Oberhemden** das Hemd, das Männer zu Anzug und Krawatte tragen

der **Ober|kör|per** (Nomen) **des Oberkörpers, die Oberkörper** der Körper des Menschen von der Taille bis zum Hals

das/der **Ober|teil** (Nomen) **des Oberteil(e)s, die Oberteile**
1 das obere Stück von etwas
2 der obere Teil von Kleidung, die aus zwei Teilen besteht

das **Ob|jekt** (Nomen) **des Objekt(e)s, die Objekte**
1 Lebewesen, Pflanzen, Gegenstände, abstrakte Begriffe wie Gedanken oder Wahrnehmungen
2 ein Haus oder Grundstück, das man kauft oder verkauft
3 ein Kunstgegenstand
4 GRAMMATIK ein Satzglied, das einen Satz aus Subjekt und Prädikat erweitert: *In dem Satz „Anna führt den Hund aus." ist „Anna" das Subjekt und „den Hund" das Objekt.* **(z. B. Akkusativobjekt, Dativobjekt)**

ob|jek|tiv, ob|jek|tiv (Adjektiv) so, dass man seine Meinung nur durch Tatsachen und nicht durch Gefühle oder Vorurteile bildet

die **Ob|jek|ti|vi|tät** (Nomen) [ɔpjɛktivi'tɛ:t] **nur im Singular der Objektivität** Sichtweise, die nur auf Tatsachen und nicht auf Gefühlen oder Vorurteilen beruht

ob|skur, obs|kur (Adjektiv) gehoben **obskurer, am obskursten** merkwürdig und zweifelhaft

das **Obst** (Nomen) **nur im Singular des Obst(e)s** die meist süßen und saftigen Früchte bestimmter Bäume und Sträucher, die man essen kann **(z. B. Äpfel, Birnen, Kirschen, Erdbeeren, Orangen)**

ob|szön, obs|zön (Adjektiv) [ɔps'tsø:n] **obszöner, am obszönsten** ≈ unanständig so, dass durch den Bezug auf den sexuellen Bereich Moral und guter Geschmack verletzt werden

ob|wohl (Konjunktion) ≈ trotzdem auch wenn: *Wir räumten noch alles auf, obwohl es schon sehr spät war.*

der **Och|se** (Nomen) **des Ochsen, die Ochsen**
1 ein kastriertes männliches Rind, dessen Fleisch man isst
2 wie der Ochs vorm Berg umgangssprachlich völlig verwirrt und ratlos

oder (Konjunktion)
1 bei zwei oder mehreren Möglichkeiten: *Willst du Milch oder Kakao?*
2 ≈ nicht wahr? am Satzende, wenn der andere zustimmen soll: *Du bist doch nicht sauer, oder?*
3 oder so (was/ähnlich) umgangssprachlich wenn man etwas nicht genau weiß: *Er heißt Schmöckel oder so ähnlich.*

die **Oder** (Nomen) **nur im Singular der Oder** der große Fluss an der Grenze zwischen Deutschland und Polen

der **Ofen** (Nomen) **des Ofens, die Öfen**
1 ein großes Gerät, in dem man Kuchen backt oder einen Braten zubereitet
2 ein Gerät, mit dem man ein Zimmer heizt
3 ein Gerät, mit dem man in der Industrie etwas heiß macht oder schmilzt
4 Jetzt ist der Ofen aus. umgangssprachlich sagt aus, dass etwas nun vorbei ist

of|fen (Adjektiv)
1 geöffnet: *Die Tür steht offen.* • *ein offener Umschlag*
2 das Haar offen tragen das Haar nicht zusammenbinden
3 ohne Hindernisse, frei zugänglich: *aufs offene Meer hinaussegeln* • *auf offener Straße*
4 ein offenes Feuer ein Feuer, das hell brennt
5 blutend, noch nicht verheilt: *eine offene Wunde*
6 frei, noch zu haben: *eine offene Stelle*

❼ noch nicht bezahlt: *eine offene Rechnung*
❽ ohne Lösung, ohne Antwort: *Es ist noch alles offen.* • *Es blieben viele Fragen offen.*
❾ klar und deutlich: *offene Feindschaft*
❿ ein offenes Geheimnis etwas, was jeder schon weiß
⓫ ehrlich: *Ich will ganz offen zu dir sein.*
⓬ offen gesagt, offen gestanden wenn man ehrlich ist oder wenn ich ehrlich bin
⓭ für etwas offen sein für etwas aufgeschlossen sein

of|fen|bar (Adverb) ≈ anscheinend so, wie man vermuten kann

of|fen|ba|ren (Verb) gehoben **du offenbarst, er offenbarte, sie hat offenbart, offenbar(e)!**
❶ (jemandem) etwas offenbaren (jemandem) etwas sagen, was vorher geheim war
❷ sich als etwas/jemand offenbaren zeigen, was/wer etwas/jemand wirklich ist: *Das Geschäft offenbarte sich als Betrug.*

of|fen|sicht|lich (Adjektiv) so, dass etwas klar und deutlich zu erkennen ist

of|fen|siv (Adjektiv) **offensiver, am offensivsten** so, dass man angreift

die **Of|fen|si|ve** (Nomen) [ɔfɛn'zi:və] **der Offensive, die Offensiven**
❶ der Angriff
❷ eine Offensive gegen etwas verschiedene Maßnahmen und Aktionen gegen etwas

öf|fent|lich (Adjektiv)
❶ so, dass es für alle Personen in einem Land, einer Stadt usw. gilt: *ein öffentlicher Park* • *die öffentliche Meinung*
❷ nicht geheim: *Das Datum der Hochzeit wurde öffentlich verkündet.*

die **Öf|fent|lich|keit** (Nomen) nur im Singular **der Öffentlichkeit**
❶ ≈ Allgemeinheit alle Personen in einem Land, einer Stadt usw.
❷ in aller Öffentlichkeit so, dass alle dabei sein können
❸ unter Ausschluss der Öffentlichkeit so, dass außer den Beteiligten niemand dabei sein darf

of|fi|zi|ell (Adjektiv) [ɔfi'tsi̯ɛl]
❶ ≈ amtlich von der Regierung oder einem Amt: *etwas offiziell bestätigen*
❷ amtlich und feierlich: *ein offizieller Anlass*
❸ umgangssprachlich nur nach außen, aber nicht unbedingt wahr: *Offiziell hat er gelernt, aber in Wirklichkeit war er beim Fußball.*

öff|nen (Verb) **du öffnest, er öffnete, sie hat geöffnet, öffne!**
❶ aufmachen: *eine Dose öffnen* • *einen Brief öffnen*
❷ für Besucher und Kunden aufmachen, mit dem Betrieb beginnen: *Die Läden öffnen erst um 10 Uhr.*
❸ sich öffnen nur in der 3. Person gebraucht geöffnet werden, aufgehen: *Das Tor öffnete sich.*
❹ sich jemandem öffnen anfangen, jemandem zu vertrauen

die **Öff|nung** (Nomen) **der Öffnung, die Öffnungen**
❶ ≈ Loch eine Stelle, an der etwas offen ist und durch die man hindurchsehen, -greifen oder -gehen kann
❷ nur im Singular die Handlung, bei der man etwas öffnet

die **Öff|nungs|zeit** (Nomen) **der Öffnungszeit, die Öffnungszeiten** die Zeit, in der ein Geschäft, ein Amt, ein Museum usw. für Kunden und Besucher geöffnet ist

oft (Adverb) immer wieder, viele Male: *Im Sommer gehe ich oft ins Freibad.* • *Wie oft warst du schon in Istanbul?*

öf|ter, öf|ters (Adverb) mehrere Male, manchmal

oft|mals (Adverb) mehrmals, oft

oh|ne (Präposition) mit Akkusativ gebraucht
❶ verwendet, um zu sagen, dass etwas/jemand nicht da ist oder etwas nicht benutzt wird: *Ohne Kirstin hätten wir das nie geschafft.* • *Sie kann schon ohne Schwimmflügel schwimmen.*
❷ Ohne mich! umgangssprachlich Dabei mache ich nicht mit!
❸ ohne Weiteres umgangssprachlich ohne größere Probleme: *Ich kann das ohne Weiteres allein machen!*

oh|ne|hin (Adverb) ≈ sowieso so, dass etwas auf jeden Fall geschieht

das **Ohr** (Nomen) ANATOMIE **des Ohr(e)s, die Ohren** eines der beiden Körperteile am Kopf, mit denen Menschen und Tiere hören
❶ ganz Ohr sein sehr aufmerksam zuhören
❷ sich aufs Ohr legen umgangssprachlich schlafen gehen
❸ bis über beide Ohren in Arbeit/Schulden/... stecken umgangssprachlich sehr viel Arbeit/sehr viele Schulden/... haben

❹ viel um die Ohren haben umgangssprachlich viel zu tun haben, viele Probleme haben
❺ jemanden übers Ohr hauen umgangssprachlich jemanden betrügen
❻ sich etwas hinter die Ohren schreiben umgangssprachlich sich etwas gut merken, damit man nicht noch einmal denselben Fehler macht
❼ Halt die Ohren steif! umgangssprachlich Halte durch!, Verliere nicht den Mut!

die **Ohr|fei|ge** (Nomen) **der Ohrfeige, die Ohrfeigen** ein Schlag mit der Hand in jemandes Gesicht

der **Ohr|ring** (Nomen) **des Ohrring(e)s, die Ohrringe** ein Schmuckstück in Form eines Rings oder in einer anderen Form, das man in einem Loch im Ohrläppchen befestigt

der **Ohr|ste|cker** (Nomen) **des Ohrsteckers, die Ohrstecker** ein Schmuckstück, das man wie eine Nadel durch ein Loch im Ohr steckt

der **Ohr|wurm** (Nomen) umgangssprachlich **des Ohrwurm(e)s, die Ohrwürmer** ein Lied oder eine Melodie, an die man immer wieder denken muss

o. k., O. K. [o'ke:] Kurzform von → **okay**

okay[1] (Adjektiv) [o'ke:] umgangssprachlich
❶ gut, in Ordnung
❷ ganz okay nicht schlecht, aber auch nicht besonders gut

okay[2] (Adverb) [o'ke:] Okay! Einverstanden!

die **Öko|lo|gie** (Nomen) **nur im Singular der Ökologie**
❶ die wechselseitigen Beziehungen von Lebewesen und Umwelt oder Natur
❷ die Wissenschaft von den wechselseitigen Beziehungen zwischen Lebewesen und Umwelt oder Natur

öko|lo|gisch (Adjektiv)
❶ die wechselseitigen Beziehungen zwischen Lebewesen und Umwelt oder Natur betreffend
❷ für Schutz und Erhaltung der Umwelt kämpfend
❸ ≈ biologisch natürlich und gesund, ohne Gift oder künstlichen Dünger

der **Ok|to|ber** (Nomen) **Plural selten des Oktober(s), die Oktober** der zehnte Monat im Jahr

öku|me|nisch (Adjektiv) RELIGION
❶ von/für Christen unterschiedlicher Konfession (z. B. Katholiken und Protestanten)
❷ von den/für die Katholiken auf der ganzen Welt

das **Öl** (Nomen) **des Öl(e)s, die Öle**
❶ flüssiges Fett, das man aus bestimmten Pflanzen wie Sonnenblumen, Raps oder Oliven herstellt
❷ ≈ Erdöl eine Flüssigkeit aus der Erde, aus der man Benzin und Kunststoff herstellt
❸ ≈ Ölfarbe *in Öl malen*

ölig (Adjektiv) **öliger, am öligsten**
❶ wie Öl: *eine ölige Flüssigkeit • ölig glänzen*
❷ voll Öl: *ganz ölige Hände haben*

die **Oli|ve** (Nomen) [o'li:və] **der Olive, die Oliven** eine kleine, grüne oder schwarze, ovale Frucht aus südlichen Ländern, die man einlegt oder aus der man Öl herstellt

die **Olym|pi|a|de** (Nomen) [olym'pia:də] **der Olympiade, die Olympiaden** eine große internationale Sportveranstaltung, die alle vier Jahre im Sommer und im Winter stattfindet

die **Olym|pia|mann|schaft** (Nomen) **der Olympiamannschaft, die Olympiamannschaften** die Mannschaft eines Landes, das an der Olympiade teilnimmt

der **Olym|pia|sie|ger** (Nomen) **des Olympiasiegers, die Olympiasieger** der Sportler, der bei der Olympiade den ersten Platz belegt und die Goldmedaille bekommt

die **Olym|pia|sie|ge|rin** (Nomen) **der Olympiasiegerin, die Olympiasiegerinnen** Femininform von → **Olympiasieger**

das **Olym|pia|sta|di|on** (Nomen) **des Olympiastadions, die Olympiastadien** ein Stadion, in dem Wettkämpfe während der Olympiade stattfinden

olym|pisch (Adjektiv)
❶ zur Olympiade gehörend: *das olympische Dorf • das olympische Feuer*
❷ die Olympischen Spiele ≈ die Olympiade eine große internationale Sportveranstaltung, die alle vier Jahre im Sommer und im Winter stattfindet

die **Oma** (Nomen) umgangssprachlich **der Oma, die Omas** ≈ Großmutter als liebevolle Bezeichnung für die Großmutter verwendet oder als meist beleidigende Bezeichnung für eine ältere Frau

das **Ome|lett, Ome|let|te** (Nomen) [ɔm'lɛt] **des Omelett(e)s, die Omelette/Omeletts** verrührte Eier, die man in der Pfanne zu einer Art flachem Kuchen brät

das **Omen** (Nomen) **des Omens, die Omen** ein Ereignis, aus dem man etwas über die Zukunft ableitet: *ein gutes/böses Omen*

die **Omi** (Nomen) umgangssprachlich **der Omi, die Omis** ≈ Großmutter siehe auch → **Oma**

der **Om|ni|bus** (Nomen) **des Omnibusses, die Omnibusse** ≈ Bus, Autobus ein Fahrzeug, in dem mehrere Fahrgäste Platz haben

der **On|kel** (Nomen) **des Onkels, die Onkel** ein Verwandter: der Bruder oder Schwager der Mutter oder des Vaters

on|line (Adverb) ['ɔnlain] mit anderen Computern oder dem Internet verbunden

die **On|line|auk|ti|on** (Nomen) ['ɔnlain auk'tsi̯oːn] **der Onlineauktion, die Onlineauktionen** die Versteigerung im Internet

das **On|line|ban|king** (Nomen) ['ɔnlainbæŋkɪŋ] nur im Singular **des Onlinebanking(s)** die Erledigung von Überweisungen, Daueraufträgen, Kontoauszügen usw. über das Internet

der **Opa** (Nomen) **des Opas, die Opas** ≈ Großvater als liebevolle Bezeichnung für den Großvater verwendet oder als meist beleidigende Bezeichnung für einen älteren Mann

die **Oper** (Nomen) **der Oper, die Opern**
❶ ein Theaterstück mit klassischer Musik, in dem die Schauspieler ihre Texte singen
❷ ein Gebäude, in dem Opern aufgeführt werden

die **Ope|ra|ti|on** (Nomen) [opəra'tsi̯oːn] **der Operation, die Operationen**
❶ eine Behandlung, bei der jemand operiert wird: *eine Operation am Herzen*
❷ eine geplante und organisierte Handlung, besonders der Armee: *eine geheime Operation leiten*

ope|ra|tiv (Adjektiv) ≈ chirurgisch mithilfe einer Operation: *ein operativer Eingriff • den Blinddarm operativ entfernen*

die **Ope|ret|te** (Nomen) **der Operette, die Operetten** eine Art leichte Oper

ope|rie|ren (Verb) **du operierst, er operierte, sie hat operiert, operier(e)!**
❶ als Arzt eine Krankheit oder Verletzung behandeln, indem man den durch eine Narkose betäubten Körper aufschneidet: *Das Knie muss operiert werden.*
❷ gehoben auf bestimmte Art vorgehen, handeln: *Um unser Ziel zu erreichen, müssen wir jetzt geschickt operieren.*

der **Opern|sän|ger** (Nomen) **des Opernsängers, die Opernsänger** ein Sänger, der in Opern auftritt

die **Opern|sän|ge|rin** (Nomen) **der Opernsängerin, die Opernsängerinnen** Femininform von → **Opernsänger**

das **Op|fer** (Nomen) **des Opfers, die Opfer**
❶ jemand, der im Krieg, bei einem Unfall oder einer Katastrophe stirbt: *Das Erdbeben forderte zahlreiche Opfer.*
❷ jemand, der von einem Verbrechen betroffen ist: *Opfer eines Diebstahls/Betrügers werden*
❸ etwas, auf das man einer Person oder einem Ziel zuliebe verzichtet: *Wenn ich dir damit helfen kann, bringe ich dieses Opfer gern.*
❹ etwas, was man in einer Zeremonie einem Gott schenkt: *den Göttern im Tempel Opfer bringen*
❺ einer Person/Sache zum Opfer fallen getötet oder vernichtet werden: *Er ist einem Gewalttäter/Verbrechen zum Opfer gefallen. • 200 Arbeitsplätze fielen den Sparmaßnahmen zum Opfer.*

op|fern (Verb) **du opferst, er opferte, sie hat geopfert, opf(e)re!**
❶ für ein Ziel oder einen guten Zweck auf etwas verzichten: *Er hat seinen Urlaub für den Umbau geopfert.*
❷ etwas in einer Zeremonie einem Gott schenken: *im Tempel ein Lamm opfern*
❸ sich (für etwas) opfern freiwillig eine unangenehme Aufgabe übernehmen: *Wer opfert sich fürs Aufräumen?*

der **Op|por|tu|nist** (Nomen) gehoben • abwertend **des Opportunisten, die Opportunisten** jemand, der immer das sagt und tut, wovon er sich Vorteile verspricht: *Ich mag Opportunisten nicht.*

die **Op|por|tu|nis|tin** (Nomen) gehoben • abwertend **der Opportunistin, die Opportunistinnen** Femininform von → **Opportunist**

die **Op|po|si|ti|on** (Nomen) [ɔpozi'tsi̯oːn] **der Opposition, die Oppositionen**
❶ die Gruppe der Parteien im Parlament, die nicht an der Regierung beteiligt sind

❷ gehoben Widerstand, den man mit Worten oder seinem Verhalten zeigt: *gegen die Sparpläne Opposition machen*
❸ gehoben Gegensatz

die **Op|po|si|ti|ons|par|tei** (Nomen) **der Oppositionspartei, die Oppositionsparteien** eine Partei, die nicht an der Regierung beteiligt ist

op|ti|mal (Adjektiv) so gut wie nur möglich: *ein optimales Ergebnis erzielen • den verfügbaren Platz optimal nutzen*

der **Op|ti|mis|mus** (Nomen) **nur im Singular des Optimismus** eine optimistische, positive Einstellung: *Ihr Optimismus ist ansteckend.*

op|ti|mis|tisch (Adjektiv) **optimistischer, am optimistischsten** grundsätzlich oder in einer bestimmten Situation an eine gute Entwicklung glaubend: *die Lage optimistisch beurteilen*

die **Op|ti|on** (Nomen) [ɔpˈtsi̯oːn] **der Option, die Optionen** eine Möglichkeit, für die man sich entscheiden kann

op|tisch (Adjektiv)
❶ die Wirkung des Aussehens betreffend: *Das Haus macht einen guten optischen Eindruck.*
❷ das Sehen betreffend: *eine optische Täuschung*
❸ mit Linsen, Spiegeln oder Licht arbeitend: *optische Geräte*

oran|ge (Adjektiv) [oˈrãːʃ, oˈraŋʃ] von der Farbe, die entsteht, wenn man Gelb und Rot mischt

die **Oran|ge** (Nomen) [oˈrãːʒə, oˈraŋʒə] **der Orange, die Orangen** ≈Apfelsine eine saftige Frucht mit oranger Schale

das **Or|ches|ter** (Nomen) [ɔrˈkɛstɐ] **des Orchesters, die Orchester** eine große Gruppe von Musikern, die gemeinsam unter der Leitung eines Dirigenten spielen

die **Or|chi|dee** (Nomen) **der Orchidee, die Orchideen** eine seltene Blume mit großen Blüten

der **Or|den** (Nomen) **des Ordens, die Orden**
❶ eine besondere Auszeichnung, bei der man Abzeichen zum Tragen bekommt: *jemandem einen Orden für besondere Verdienste verleihen*
❷ eine religiöse Gemeinschaft, deren Mitglieder nach strengen Regeln in Klöstern leben: *einem katholischen Orden angehören/beitreten*

or|dent|lich (Adjektiv) **ordentlicher, am ordentlichsten**
❶ so, dass alles dort ist, wo es hingehört: *sein Zimmer ordentlich aufräumen*
❷ so, dass jemand Wert auf Ordnung legt: *Sie ist sehr ordentlich.*
❸ ≈anständig umgangssprachlich so, wie man sich das vorstellt: *eine ordentliche Portion*
❹ ≈gehörig umgangssprachlich groß oder sehr: *Das hat ordentlichen Lärm gemacht.*
❺ den üblichen Regeln entsprechend: *ein ordentliches Mitglied des Ausschusses*

ord|nen (Verb) **du ordnest, er ordnete, sie hat geordnet, ordne!** etwas in eine bestimmte Ordnung bringen: *die Stifte nach Farben ordnen*

der **Ord|ner** (Nomen) **des Ordners, die Ordner**
❶ eine Mappe aus festem Karton mit Drahtbügeln, in die man Papiere ordnet: *seine Zeugnisse in einem Ordner abheften*
❷ ein Speicherort für eine Gruppe von Dateien: *einen Song im Ordner „Eigene Musik" abspeichern*

die **Ord|nung** (Nomen) **der Ordnung, die Ordnungen**
❶ der Zustand, in dem alles dort ist, wo es hingehört: *Ordnung halten*
❷ der Zustand, wenn alle friedlich und brav sind: *für Ruhe und Ordnung sorgen*
❸ etwas ist in Ordnung etwas ist so, dass man es akzeptieren kann
❹ Der/die ist in Ordnung! jemandem kann man vertrauen, man kann sich auf jemanden verlassen

das **Or|gan** (Nomen) **des Organs, die Organe**
❶ ein Teil des Körpers, der eine bestimmte Aufgabe hat: *wichtige innere Organe wie Herz und Lunge*
❷ eine Behörde, Institution usw. mit einer bestimmten Funktion: *Parlament, Gerichte und Polizei sind Organe des Staates.*
❸ ein lautes Organ haben umgangssprachlich eine laute Stimme haben

die **Or|ga|ni|sa|ti|on** (Nomen) [ɔrganizaˈtsi̯oːn] **der Organisation, die Organisationen**
❶ eine Gruppe von Menschen, die sich zur Durchsetzung bestimmter Interessen zusammengeschlossen haben: *Greenpeace ist eine internationale Organisation, die sich für den Umweltschutz einsetzt.*
❷ das systematische Planen und Durchführen von Vorgängen: *Wer übernimmt die Organisation des Klassenfestes?*

or|ga|ni|sa|to|risch (Adjektiv) die Planung und Durchführung betreffend: *organisatorische Mängel*

or|ga|nisch (Adjektiv)
❶ in Lebenwesen vorkommend oder entstehend: *organische Verbindungen*
❷ Organe des Körpers betreffend: *Der Arzt konnte für die Beschwerden keine organische Ursache finden.*
❸ landwirtschaftlich ohne Einsatz von Mineraldünger angebaut: *Tomaten aus organischem Anbau*

or|ga|ni|sie|ren (Verb) **du organisierst, er organisierte, sie hat organisiert, organisier(e)!**
❶ etwas planen und durchführen: *eine Party organisieren*
❷ etwas beschaffen, besorgen: *Kannst du uns etwas zu trinken organisieren?*
❸ sich organisieren sich zusammenschließen, um etwas gemeinsam zu erreichen: *Die Anwohner organisierten sich, um den Bau des neuen Flughafens zu verhindern.*

der **Or|ga|nis|mus** (Nomen) **des Organismus, die Organismen**
❶ ≈ Lebewesen *unter dem Mikroskop winzige Organismen beobachten*
❷ ≈ Körper *Substanzen, die den Organismus schädigen*

die **Or|gel** (Nomen) **der Orgel, die Orgeln** ein Instrument, meist in Kirchen, mit Tasten wie bei einem Klavier und vielen großen und kleinen Pfeifen aus Metall, die Töne durch Luft erzeugen

ori|en|ta|lisch (Adjektiv) [oriɛnˈtaːlɪʃ] aus dem, im oder vom Orient: *ein orientalischer Teppich*

sich **ori|en|tie|ren** (Verb) [oriɛnˈtiːrən] **du orientierst dich, er orientierte sich, sie hat sich orientiert, orientier(e) dich!**
❶ feststellen, wo man ist und wo man hin möchte: *sich an Wegweisern/nach dem Stand der Sonne orientieren*
❷ sich an jemandem/etwas orientieren sich nach jemandem/etwas richten oder einem Vorbild folgen: *Die Beiträge zur Sozialversicherung orientieren sich an der Höhe des Einkommens.*

die **Ori|en|tie|rung** (Nomen) **der Orientierung, die Orientierungen**
❶ das Wissen, wo man ist und in welche Richtung es weitergeht: *die Orientierung verlieren • Markierungen an Bäumen/Steinen erleichtern im Gebirge die Orientierung.*
❷ das Informieren über ein Thema: *eine Broschüre zur ersten Orientierung*
❸ eine bestimmte Einstellung zu etwas: *Lehrer sollten ihre politische Orientierung im Unterricht nicht deutlich werden lassen.*

ori|gi|nal (Adjektiv) nicht verändert, kopiert oder nachgemacht: *original Nürnberger Lebkuchen*

das **Ori|gi|nal** (Nomen) **des Originals, die Originale**
❶ die ursprüngliche, originale Sache: *Das Original behalten Sie, uns reicht eine Kopie. • Sie liest englische Bücher gern im Original, nicht als Übersetzung.*
❷ umgangssprachlich ein eigenwilliger, ungewöhnlicher und deswegen interessanter Mensch: *Er lebt in einer einsamen Berghütte und ist ein echtes Original.*

der **Or|kan** (Nomen) **des Orkan(e)s, die Orkane** ein heftiger Sturm: *Orkane können so stark sein, dass sie Häuser zerstören.*

der **Ort** (Nomen) **des Ort(e)s, die Orte**
❶ ein Platz, eine bestimmte Stelle: *Ort und Zeit für ein Treffen festlegen • Das Buch stand am falschen Ort.*
❷ ein Dorf oder eine Stadt: *Er wohnt noch in dem Ort, in dem er geboren wurde.*
❸ an Ort und Stelle dort, wo etwas geschehen ist oder wo etwas hingehört: *Die gefangenen Fische werden gleich an Ort und Stelle ausgenommen. • Ist jetzt wieder alles an Ort und Stelle?*
❹ vor Ort dort, wo etwas geschieht: *Der Bürgermeister informierte sich vor Ort über die Fortschritte am Bau.*

or|ten (Verb) **du ortest, er ortete, sie hat geortet, orte!** mithilfe von Radar, Lasern o. Ä. feststellen, wo etwas ist: *ein U-Boot orten*

or|tho|gra|fisch, or|tho|gra|phisch (Adjektiv) die Rechtschreibung betreffend: *einen Text sprachlich und orthografisch korrigieren*

der **Or|tho|pä|de** (Nomen) **des Orthopäden, die Orthopäden** ein Arzt, der sich auf die Behandlung von Knochen und Muskeln, die man zur Bewegung benötigt, spezialisiert hat: *Ein Orthopäde hat meinen gebrochenen Fuß behandelt.*

die **Or|tho|pä|din** (Nomen) **der Orthopädin, die Orthopädinnen**
Femininform von → **Orthopäde**

ört|lich (Adjektiv) ≈ lokal auf ein kleines Gebiet oder eine Stelle beschränkt: *Das Wetter wird morgen schwül, mit örtlichen Gewittern. • Der Zahn wurde unter örtlicher Betäubung gezogen.*

das **Orts|ge|spräch** (Nomen) **des Ortsgespräch(e)s, die Ortsgespräche** ein Telefongespräch im Festnetz, bei dem man keine Vorwahl braucht

der **Orts|teil** (Nomen) **des Ortsteil(e)s, die Ortsteile** ein bestimmtes Gebiet, das zu einer Gemeinde oder einer Stadt gehört: *Das Dorf ist heute ein Ortsteil von München.*

Ost (Nomen) unveränderlich der Osten: *Gäste aus Ost und West • das Autobahnkreuz Hamburg-Ost*

ost|deutsch (Adjektiv) im/vom östlichen Teil Deutschlands

Ost|deutsch|land (Nomen) **Ostdeutschlands** der östliche Teil Deutschlands

der **Os|ten** (Nomen) nur im Singular **des Ostens**
① die Himmelsrichtung, in der die Sonne morgens aufgeht: *Osten ist auf Landkarten rechts.*
② ein Gebiet im Osten: *Sachsen liegt im Osten Deutschlands.*
③ der Nahe Osten das Gebiet der arabischen Staaten Vorderasiens und Israel
④ der Ferne Osten der östliche Teil Asiens mit China, Japan u. a.

das **Os|ter|ei** (Nomen) **des Ostereis, die Ostereier** ein hart gekochtes und bunt gefärbtes Ei oder ein Schokoladenei, das man in der Osterzeit isst

das **Os|ter|fest** (Nomen) **des Osterfest(e)s, die Osterfeste** das kirchliche Fest, das an Ostern gefeiert wird

das **Os|tern** (Nomen) **des Ostern, die Ostern** meist nur im Plural verwendet das kirchliche Fest, bei dem die Auferstehung von Jesus Christus von den Toten gefeiert wird: *Was habt ihr an/zu Ostern gemacht?*

Ös|ter|reich (Nomen) **Österreichs** ein Land in Europa

der **Ös|ter|rei|cher** (Nomen) **des Österreichers, die Österreicher** ein Junge/Mann aus Österreich

die **Ös|ter|rei|che|rin** (Nomen) **der Österreicherin, die Österreicherinnen** ein Mädchen/eine Frau aus Österreich

ös|ter|rei|chisch (Adjektiv) aus Österreich

Ost|eu|ro|pa (Nomen) **Osteuropas** der östliche Teil Europas

öst|lich (Adjektiv) **östlicher, am östlichsten**
① im/aus/nach Osten
② aus Asien: *östliche Weisheiten*
siehe auch → **nördlich**

die **Ost|see** (Nomen) nur im Singular **der Ostsee** das Meer nordöstlich von Deutschland auf der östlichen Seite von Skandinavien

ost|wärts (Adverb) in Richtung Osten

sich **ou|ten** (Verb) [ˈautn̩] umgangssprachlich **du outest dich, er outete sich, sie hat sich geoutet, oute dich!**
① offen darüber sprechen, dass man homosexuell ist oder eine bestimmte Einstellung hat, die andere vielleicht nicht teilen: *sich als Hundehasser outen*
② jemanden outen etwas bislang Geheimes über jemanden verraten

oxi|die|ren, oxy|die|ren (Verb) nur in der 3. Person gebraucht **es oxidiert, es oxidierte, es hat/ist oxidiert** sich mit Sauerstoff verbinden: *Wenn Eisen oxidiert, rostet es.*

der **Oze|an** (Nomen) **des Ozeans, die Ozeane** eine große Wasserfläche zwischen den Kontinenten

der/das **Ozon** (Nomen) nur im Singular **des Ozons** eine Form des Sauerstoffs, die in höheren Schichten der Atmosphäre das Leben auf der Erde schützt, aber in der Atemluft ungesund ist

die **Ozon|schicht** (Nomen) nur im Singular **der Ozonschicht** eine Schicht, die die Erde in großer Höhe umgibt und die uns vor zu viel UV-Strahlung schützt
siehe auch → **UV-Strahlung**

P

das **P, p** (Nomen) **des P, die P** der 16. Buchstabe im Alphabet siehe auch → **A**

paar (Pronomen) unveränderlich bezeichnet eine geringe Anzahl: *ein paar Bonbons essen • alle paar Meter stehen bleiben*

das **Paar** (Nomen) **des Paar(e)s, die Paare**
❶ zwei Menschen oder Tiere, die zusammengehören: *Die beiden sind schon ein seltsames Paar.*
❷ zwei gleiche Dinge, die zusammengehören: *ein Paar Socken/Würstchen*

sich **paa|ren** (Verb) **sie paaren sich, sie paarten sich, sie haben sich gepaart**
❶ von Tieren sexuell zusammenkommen
❷ von Eigenschaften zusammen auftreten: *Bei ihr paart sich Talent mit Ausdauer.*

der **Paar|reim** (Nomen) **des Paarreim(e)s, die Paarreime** ein Reim, bei dem sich jeweils zwei Zeilen reimen, die direkt aufeinanderfolgen

die **Paa|rung** (Nomen) **der Paarung, die Paarungen**
❶ der Vorgang, wenn sich Tiere paaren: *Spinnenweibchen greifen das Männchen oft nach der Paarung an.*
❷ die Zusammenstellung von Paaren, besonders von Gegnern in einem Wettkampf: *Die Paarungen beim Schachturnier wurden ausgelost.*

das **Päck|chen** (Nomen) **des Päckchens, die Päckchen**
❶ ein kleines Paket, das man mit der Post schickt oder verschenkt: *Oma hat mir zum Geburtstag ein Päckchen geschickt.*
❷ eine kleine Packung mit einer Ware: *ein Päckchen Backpulver/Kaugummis*

das **Pack|eis** (Nomen) **nur im Singular des Packeises** Eisschollen, die das Wasser so dicht bedecken, dass Schiffe (fast) nicht mehr hindurchfahren können

pa|cken (Verb) **du packst, er packte, sie hat gepackt, pack(e)!**
❶ alle Dinge, die man mitnehmen will, zusammensuchen und in Koffer, Taschen usw. einräumen: *seine Schulsachen/ Schultasche packen • Hast du schon deinen Koffer gepackt?*
❷ etwas fest zwischen die Finger, Zähne oder Krallen nehmen: *Die Eule packte die Maus und flog damit davon.*
❸ Gefühle jemanden plötzlich beherrschen: *Dann packte sie die Rührung.*
❹ umgangssprachlich etwas schaffen: *Das wird sicher anstrengend, aber das packen wir schon.*

pa|ckend (Adjektiv) **packender, am packendsten** interessant und spannend: *eine packende Geschichte*

die **Pä|da|go|gik, Päd|ago|gik** (Nomen) **nur im Singular der Pädagogik**
die Wissenschaft vom Unterrichten und Erziehen

pä|da|go|gisch, päd|ago|gisch (Adjektiv)
❶ das Erziehen und Unterrichten betreffend: *gute pädagogische Fähigkeiten haben*
❷ die Bildung oder Entwicklung des Charakters fördernd: *ein pädagogisch wertvoller Film*

das **Pa|ket** (Nomen) **des Paket(e)s, die Pakete**
❶ ein Karton, den man mit Dingen gefüllt hat, die man jemandem schenken oder mit der Post verschicken will: *ein Paket zur Post bringen*
❷ eine große Packung mit einer Ware: *ein Paket Cornflakes*
❸ mehrere gleichartige Dinge, die zusammengebunden sind oder zusammengehören: *ein Paket Zeitungen • Die Regierung hat ein umfangreiches Paket von Maßnahmen beschlossen.*

der **Pa|last** (Nomen) **des Palast(e)s, die Paläste** ein großes, prächtiges Gebäude, in dem früher ein Herrscher gewohnt hat

die **Pa|let|te** (Nomen) **der Palette, die Paletten**
❶ ein Brett, auf dem Farben zum Malen gemischt werden
❷ ein vielfältiges Angebot, aus dem man auswählen kann: *eine breite Palette an Möglichkeiten/von Programmen*
❸ ein Gitter aus Holz, auf das Waren gestellt werden, damit sie leichter gestapelt und verladen werden können

die **Pal|me** (Nomen) **der Palme, die Palmen**
❶ ein tropischer Baum ohne Äste und Zweige, der nur oben große Blätter hat
❷ jemanden auf die Palme bringen umgangssprachlich jemanden wütend machen

die **Pam|pel|mu|se** (Nomen) **der Pampelmuse, die Pampelmusen** ≈ Grapefruit eine größere Zitrusfrucht mit rötlichem Fruchtfleisch

der **Pan|da** (Nomen) **des Pandas, die Pandas** ein schwarz-weißer Bär, der in der Natur in China lebt

pa|nie|ren (Verb) **du panierst, er panierte, sie hat paniert, panier(e)!** etwas in Paniermehl und Ei wälzen, bevor man es brät: *ein paniertes Schnitzel*

die **Pa|nik** (Nomen) **der Panik, die Paniken** eine plötzliche starke Angst, die einen daran hindert, vernünftig zu denken und zu handeln

pa|nisch (Adjektiv) **panischer, am panischsten**
❶ voller Panik: *Die Kinder liefen panisch vor dem Hund davon.*
❷ panische Angst sehr große Angst

die **Pan|ne** (Nomen) **der Panne, die Pannen**
❶ ein Problem an einem Fahrzeug, das bewirkt, dass man nicht weiterfahren kann
❷ ein Fehler, der einen Vorgang behindert: *Bei der Theatervorführung gab es eine peinliche Panne.*

das **Pa|no|ra|ma, Pan|ora|ma** (Nomen) **des Panoramas, die Panoramen**
der Rundblick, eine gute Aussicht über ein großes Gebiet

der **Pan|sen** (Nomen) **des Pansens, die Pansen**
der größte von mehreren Mägen eines Wiederkäuers, in den die Nahrung zuerst kommt

der **Pan|zer** (Nomen) **des Panzers, die Panzer**
❶ die harte Hülle, die den Körper von Schildkröten, Käfern und Krebsen schützt
❷ ein schweres Kampffahrzeug auf Ketten
❸ feste Kleidung aus Metall oder Leder, die im Kampf schützt

das **Pan|zer|glas** (Nomen) **nur im Singular des Panzerglases** dickes, stabiles Sicherheitsglas, das die Menschen vor Kugeln schützt

der **Pa|pa** (Nomen) umgangssprachlich **des Papas, die Papas** als Bezeichnung für den Vater verwendet

das **Pa|pier** (Nomen) **des Papiers, die Papiere**
❶ **Plural nur für die verschiedenen Sorten** ein Material, auf das man schreibt, mit dem man Dinge einwickelt usw.: *Hast du mal ein Blatt Papier für mich? • Dieses Buch wurde auf verschiedenen Papieren gedruckt.*
❷ **meist im Plural** ein Blatt Papier oder Dokument mit wichtigen Informationen: *Der Polizist bat den Autofahrer, seine Papiere vorzuzeigen.*
❸ etwas zu Papier bringen etwas aufschreiben
❹ etwas existiert nur auf dem Papier etwas ist bisher nur geplant, aber noch nicht realisiert

die **Pap|pe** (Nomen) **der Pappe, die Pappen**
❶ ≈ Karton ein Material aus mehreren Schichten Papier, das besonders für Verpackungen verwendet wird
❷ jemand ist nicht aus/von Pappe umgangssprachlich jemand ist stark und hält viel aus
❸ etwas ist nicht von Pappe umgangssprachlich etwas ist heftig, schwer oder beeindruckend

der **Pa|pri|ka**[1], **Pap|ri|ka** (Nomen) **des Paprikas, die Paprika(s)**
❶ eine Pflanze, deren Früchte man als Gemüse isst oder gerieben als Gewürz verwendet
❷ das scharfe, rötliche Gewürz aus geriebenen Früchten dieser Pflanze: *das Gulasch mit Paprika würzen*

der/die **Pa|pri|ka**[2], **Pap|ri|ka** (Nomen) **des Paprikas/der Paprika, die Paprika(s)** eine rote, gelbe oder grüne Frucht der Paprikapflanze: *Paprika, Tomaten und Gurken in den Salat schneiden*

die **Pa|pri|ka|scho|te, Pap|ri|ka|scho|te** (Nomen) **der Paprikaschote, die Paprikaschoten** die Frucht der Paprika: *Es gab mit Hackfleisch gefüllte Paprikaschoten.*

der **Papst** (Nomen) **des Papst(e)s, die Päpste**
❶ der oberste Priester der katholischen Kirche
❷ päpstlicher sein als der Papst etwas zu genau nehmen, zu streng sein

die **Pa|ra|bel** (Nomen) **der Parabel, die Parabeln**
❶ GEOMETRIE eine Kurve, mit der mathematische Funktionen grafisch dargestellt werden
❷ ≈ Gleichnis eine Erzählung, aus der man etwas für sein eigenes Leben lernen soll

die **Pa|ra|de** (Nomen) **der Parade, die Paraden**
❶ ein feierlicher Aufmarsch von Soldaten
❷ eine Bewegung, mit der man einen Angriff abwehrt

das **Pa|ra|dies** (Nomen) **des Paradieses, die Paradiese**
❶ im Alten Testament der Garten, den Gott für die Menschen zum Leben gemacht hat
❷ in verschiedenen Religionen das (schöne) Jenseits, der Himmel
❸ ein Ort, der besonders schön oder besonders gut für etwas geeignet ist: *Die Insel ist ein Paradies für Taucher.*

pa|ra|dox (Adjektiv) gehoben einen Widerspruch darstellend oder enthaltend

der **Pa|ra|graf, Pa|ra|graph** (Nomen) **des Paragrafen, die Paragrafen**
ein Abschnitt eines Gesetzes oder Vertrags, der mit dem Zeichen § und einer Zahl beginnt

pa|ral|lel, par|al|lel (Adjektiv)
❶ so nebeneinander verlaufend, dass sich der Abstand nicht verändert: *parallele Linien*
❷ zur gleichen Zeit: *Die beiden Kurse finden parallel am Montagmorgen statt.*

die **Pa|ral|lel|klas|se, Par|al|lel|klas|se** (Nomen) **der Parallelklasse, die Parallelklassen** eine andere Klasse derselben Jahrgangsstufe an derselben Schule

das **Pa|ral|le|lo|gramm** (Nomen) **des Parallelogramms, die Parallelogramme** ein Viereck mit jeweils zwei parallelen Seiten

pa|rat (Adjektiv) sofort verfügbar, bereit: *sich das Werkzeug parat legen*

das **Pär|chen** (Nomen) **des Pärchens, die Pärchen** zwei verliebte Menschen oder zwei Tiere, die zusammengehören
siehe auch → **Paar**

der **Par|cours** (Nomen) [parˈkuːɐ̯] **des Parcours, die Parcours** eine Strecke mit Hindernissen für Wettkämpfe

der/das **Par|don** (Nomen) [parˈdõː] veraltet nur im Singular **des Pardons** Verzeihung: *um Pardon bitten*

das **Par|fum, Par|füm** (Nomen) [parˈfœ̃ː, parˈfyːm] **des Parfums, die Parfums** eine klare Flüssigkeit, die Alkohol enthält und (lang anhaltend) gut duftet: *Ich liebe das Parfüm meiner Mutter.*

die **Par|fü|me|rie** (Nomen) **der Parfümerie, die Parfümerien** ein Geschäft, in dem man Parfüm und Kosmetikartikel kaufen kann

par|fü|mie|ren (Verb) **du parfümierst, er parfümierte, sie hat parfümiert, parfümier(e)!**
❶ Parfüm auf die Haut tropfen oder sprühen: *Sie parfümierte sich/ihren Ausschnitt.*
❷ eine Ware mit starkem Duft versehen: *eine parfümierte Seife*

der **Park** (Nomen) **des Park(e)s, die Parks/Parke** eine Anlage mit Wiesen, Bäumen und Blumen zum Spazierengehen und Erholen

par|ken (Verb) **du parkst, er parkte, sie hat geparkt, park(e)!**
❶ ein Fahrzeug irgendwo abstellen, solange man es nicht braucht: *Hier darf man nicht parken.*
❷ von Fahrzeugen irgendwo abgestellt sein: *Wem gehört das Auto, das da in der Einfahrt parkt?*

das **Par|kett** (Nomen) **des Parkett(e)s, die Parketts/Parkette**
❶ ein Fußboden aus vielen kleinen Holzplatten
❷ die vorderen Sitzreihen im Theater oder Kino, die nicht erhöht sind

das **Park|haus** (Nomen) **des Parkhauses, die Parkhäuser** ein Gebäude mit vielen Parkplätzen in mehreren Stockwerken

die **Park|lü|cke** (Nomen) **der Parklücke, die Parklücken** ein Platz zwischen parkenden Autos, der für das eigene Auto ausreicht

der **Park|platz** (Nomen) **des Parkplatzes, die Parkplätze**
❶ ein Platz, auf dem mehrere Autos abgestellt werden können
❷ ein Platz, auf dem man sein Fahrzeug abstellen kann

die **Park|schei|be** (Nomen) **der Parkscheibe, die Parkscheiben** eine flache, blaue Karte mit drehbarer Scheibe, auf der man die Uhrzeit einstellt, zu der man sein Auto irgendwo abgestellt hat, und die man gut sichtbar ins Auto legt

die **Park|uhr** (Nomen) **der Parkuhr, die Parkuhren** ein Automat an einer Säule, in den man Geld einwirft, um das Parken zu bezahlen, und der anzeigt, wie lange man noch parken darf

das **Park|ver|bot** (Nomen) **des Parkverbot(e)s, die Parkverbote**
❶ das Verbot, an einer bestimmten Stelle zu parken: *Hier besteht Parkverbot.*
❷ ein Bereich, in dem man nicht parken darf: *Er stand im Parkverbot.*

das **Par|la|ment** (Nomen) **des Parlament(e)s, die Parlamente**
❶ eine Versammlung von Politikern verschiedener Parteien, die gewählt wurden, um ein Volk zu vertreten und Gesetze zu beschließen
❷ das Gebäude, in dem ein Parlament zu Sitzungen zusammenkommt

der **Par|la|men|ta|ri|er** (Nomen) **des Parlamentariers, die Parlamentarier** ein Mitglied eines Parlaments

par|la|men|ta|risch (Adjektiv)
❶ mit einem Parlament: *eine parlamentarische Demokratie*
❷ im Parlament: *eine knappe parlamentarische Mehrheit haben*
❸ des Parlaments: *ein parlamentarischer Untersuchungsausschuss*

der **Par|me|san** (Nomen) nur im Singular **des Parmesan(s)** kurz für Parmesankäse ein italienischer Käse, der oft fein gerieben auf Nudeln gestreut wird

die **Pa|ro|le** (Nomen) **der Parole, die Parolen**
① ein Wort oder Spruch, das/der geheim und nur bestimmten Personen bekannt ist: *Die Wache ließ mich nicht durch, weil ich die Parole vergessen hatte.*
② ein Spruch, nach dem man sich richtet: *„Augen zu und durch!" hieß die Parole.*

die **Par|tei** (Nomen) **der Partei, die Parteien**
① eine Organisation zur Durchsetzung von politischen Zielen, die zu Wahlen antritt: *Wie viele Parteien sind im Bundestag vertreten?*
② eine Person oder Gruppe in einem Streit: *Der Anwalt machte der gegnerischen Partei ein Angebot für einen Vergleich.*
③ die Personen, die eine von mehreren Wohnungen in einem Haus bewohnen: *ein Mietshaus mit zehn Parteien*

part|ei|isch (Adjektiv) in einem Streit oder Prozess nicht objektiv und neutral: *ein parteiischer Berichterstatter*

die **Par|tie** (Nomen) **der Partie, die Partien**
① ein einzelnes Spiel oder eine Runde: *Die spannende Partie endete zwei zu eins.*
② mit von der Partie sein umgangssprachlich bei etwas dabei sein oder mitmachen: *Wenn ihr das machen wollt: Ich bin mit von der Partie!*

das **Par|ti|zip** (Nomen) GRAMMATIK **des Partizips, die Partizipien**
① eine nicht konjugierte (infinite) Form des Verbs, die eine Mittelstellung zwischen Verb und Adjektiv hat
② Partizip I/Partizip Präsens/Mittelwort der Gegenwart das Partizip, das gebildet wird, indem man an den Wortstamm die Endung „-end", „-ernd" oder „-elnd" hängt (z. B. arbeitend, zögernd, zappelnd)
③ Partizip II/Partizip Perfekt/Mittelwort der Vergangenheit das Partizip, aus dem man zusammen mit „haben" und „sein" zusammengesetzte Zeiten bildet, indem man die Vorsilbe „ge" vor den Wortstamm setzt und die Endung „-en" oder „-t" an den Wortstamm hängt (z. B. gelaufen, gearbeitet, gedacht)

der **Part|ner** (Nomen) **des Partners, die Partner**
① einer von zwei Menschen, die etwas gemeinsam tun oder die eine Liebesbeziehung haben: *Bei dem Spiel sitzen sich die Partner gegenüber.*
② eine Firma, ein Staat o. Ä., die/der mit anderen Geschäfte macht, verhandelt oder ein Verbündeter ist: *Europa ist für Amerika ein verlässlicher Partner.*

die **Part|ner|ar|beit** (Nomen) **der Partnerarbeit, die Partnerarbeiten** eine Aufgabe, die man gemeinsam mit einem Partner bearbeiten soll

die **Part|ne|rin** (Nomen) **der Partnerin, die Partnerinnen** ein Mädchen/eine Frau, die mit jemandem gemeinsam etwas tut oder mit jemandem eine Liebesbeziehung hat

die **Part|ner|schaft** (Nomen) **der Partnerschaft, die Partnerschaften** eine Beziehung zwischen Partnern

part|ner|schaft|lich (Adjektiv) **partnerschaftlicher, am partnerschaftlichsten** wie es zu guten Partnern passt

par|tout (Adverb) [par'tu:] umgangssprachlich unbedingt, unter allen Umständen, auf jeden Fall: *Ich habe sie gewarnt, aber sie wollte ja partout nicht auf mich hören.*

die **Par|ty** (Nomen) ['pa:ɐ̯ti] **der Party, die Partys**
① ≈ Fete eine private Feier
② ein großes, organisiertes Fest

der **Pass** (Nomen) **des Passes, die Pässe**
① ein Ausweis für Reisen ins Ausland
② das Werfen oder Schießen des Balls zu einem Mitspieler: *einen Pass auf oder zu jemandem spielen*
③ eine Straße über einen Berg: *Wegen der starken Schneefälle sind zahlreiche Pässe gesperrt.*

die **Pas|sa|ge** (Nomen) [pa'sa:ʒə] **der Passage, die Passagen**
① eine überdachte Ladenstraße: *die Drogerie in der Passage am Bahnhof*
② ein Abschnitt in einem Text oder Musikstück: *umstrittene Passagen in einem Interview*
③ eine Reise mit einem Schiff über einen Ozean: *eine Passage buchen*
④ eine Fahrt oder ein Gang durch oder unter etwas hindurch: *Die Passage durch die Schleuse ist derzeit nicht möglich.* • *eine schlecht beleuchtete Passage für Fußgänger*

der **Pas|sa|gier** (Nomen) [pasaˈʒiːɐ̯]
des Passagiers, die Passagiere jemand, der eine Reise mit einem Schiff oder Flugzeug macht

die **Pas|sa|gie|rin** (Nomen) [pasaˈʒiːrɪn] gehoben
der Passagierin, die Passagierinnen
Femininform von → **Passagier**

pas|sen (Verb) **du passt, er passte, sie hat gepasst, pass(e)!**
❶ genau die richtige Größe haben: *Die Schuhe passen mir nicht.*
❷ irgendwo genügend Platz finden: *Passen wir alle ins Auto?*
❸ für etwas geeignet sein, nicht falsch oder störend wirken: *Die Farbe passt nicht zu deinen Haaren.*
❹ zu jemandem passen SPORT den Ball zu jemandem spielen
❺ passen müssen umgangssprachlich aufgeben müssen, keine Antwort oder Lösung wissen
❻ etwas passt (jemandem) etwas ist jemandem recht: *Wann sollen wir uns treffen? Passt dir Dienstag?*

pas|sie|ren [1] (Verb) nur in der 3. Person gebraucht
es passiert, es passierte, es ist passiert
etwas passiert etwas geschieht, besonders etwas Unangenehmes: *Du bist ja ganz blass! Ist etwas passiert? • Mir ist da ein kleines Missgeschick passiert.*

pas|sie|ren [2] (Verb) **du passierst, er passierte, sie hat passiert, passier(e)!** durch, über oder unter etwas hindurchfahren oder -gehen: *Der Türsteher ließ uns nicht passieren. • Der Zug muss mehrere Tunnel passieren.*

die **Pas|si|on** (Nomen) **der Passion, die Passionen**
❶ große Leidenschaft, mit der jemand ein Interesse verfolgt: *Sie ist Musikerin aus Passion.*
❷ RELIGION die Geschichte des Leidens von Jesus Christus

pas|siv (Adjektiv) **passiver, am passivsten**
❶ so, dass jemand nichts tut, nur zusieht oder sich etwas gefallen lässt: *Sei doch nicht so passiv!*
❷ passives Wahlrecht das Recht, gewählt zu werden
❸ passiver Widerstand die Art, sich zu wehren, indem man nicht tut, was man tun soll

das **Pas|siv** (Nomen) GRAMMATIK nur im Singular
des Passivs Verbform zur Darstellung einer Handlung oder eines Vorgangs, bei der die Person oder Sache, mit der etwas geschieht, das Subjekt des Satzes ist: *Das Passiv wird mit „werden" (Vorgangspassiv) oder „sein" (Zustandspassiv) gebildet, z. B. „Das Zimmer wurde/ist aufgeräumt".*
siehe auch → **Aktiv**

das **Pass|wort** (Nomen) INFORMATIK
des Passwort(e)s, die Passwörter
eine geheime Folge von Buchstaben, Ziffern und Zeichen, die man besonders benutzt, um ein Computerprogramm zu starten: *Jetzt musst du dein Passwort eingeben.*

pas|teu|ri|sie|ren (Verb) [pastøriˈziːrən]
du pasteurisierst, er pasteurisierte, sie hat pasteurisiert, pasteurisier(e)!
Lebensmittel kurz erhitzen, damit sie keine Krankheitskeime enthalten

der **Pas|tor** (Nomen) **des Pastors, die Pastoren**
ein evangelischer Pfarrer

die **Pas|to|rin** (Nomen) **der Pastorin, die Pastorinnen** eine evangelische Pfarrerin

die **Patch|work|fa|mi|lie** (Nomen)
[ˈpɛtʃwøːɐ̯kfaˈmiːli̯ə] umgangssprachlich
der Patchworkfamilie, die Patchworkfamilien eine Familie mit mehreren Kindern, die unterschiedliche Eltern haben, z. B. aus früheren Beziehungen der beiden Partner

der **Pa|te** (Nomen) **des Paten, die Paten**
❶ jemand, der bei der Taufe eines Kindes versprochen hat, bei seiner religiösen Erziehung zu helfen
❷ eine Person oder Institution, die sich langfristig sozial engagieren oder für einen guten Zweck spenden will: *Die Stiftung sucht noch Paten, die eine Stunde pro Woche mit den Kindern lesen üben.*
❸ bei/für etwas Pate stehen für etwas als Vorbild dienen: *Haben Saurier bei den Geschichten über Drachen Pate gestanden?*

das **Pa|ten|kind** (Nomen) **des Patenkind(e)s, die Patenkinder** das Kind, bei dessen Taufe jemand Pate war

der **Pa|ten|on|kel** (Nomen) **des Patenonkels, die Patenonkel** ein Mann, der bei der Taufe eines Kindes Pate war

die **Pa|ten|tan|te** (Nomen) **der Patentante, die Patentanten** eine Frau, die bei der Taufe eines Kindes Patin war

die **Pa|tent|lö|sung** (Nomen)
der Patentlösung, die Patentlösungen
eine ideale Lösung für alle Probleme

pa|the|tisch (Adjektiv) abwertend **pathetischer, am pathetischsten** übertrieben feierlich oder dramatisch: *Das klingt vielleicht etwas pathetisch, aber ich bin ihm unendlich dankbar.*

das **Pa|thos** (Nomen) nur im Singular **des Pathos** eine dramatische oder feierliche Art zu sprechen oder sich auszudrücken

der **Pa|ti|ent** (Nomen) [pa'tsi̯ɛnt] **des Patienten, die Patienten** jemand, der von einem Arzt oder Therapeuten behandelt wird

die **Pa|tin** (Nomen) **der Patin, die Patinnen** Femininform von → **Pate**

der **Pa|tri|arch, Pat|ri|arch** (Nomen) **des Patriarchen, die Patriarchen** das älteste männliche Familienmitglied, das Oberhaupt einer großen Familie oder einer Firma

der **Pa|tri|ot, Pat|ri|ot** (Nomen) **des Patrioten, die Patrioten** oft abwertend jemand, der sein Heimatland liebt

die **Pa|tri|o|tin, Pat|ri|o|tin** (Nomen) **der Patriotin, die Patriotinnen** Femininform von → **Patriot**

pa|tri|o|tisch, pat|ri|o|tisch (Adjektiv) **patriotischer, am patriotischsten** oft abwertend Liebe zum Heimatland zeigend, damit verbunden

die **Pa|tro|ne, Pat|ro|ne** (Nomen) **der Patrone, die Patronen** ❶ ein kleines Plastikröhrchen, das mit Tinte gefüllt ist, für einen Patronenfüller: *Meine Patrone ist leer, ich brauche eine neue.* ❷ ein kleiner Gegenstand aus Metall als Munition für eine Pistole oder ein Gewehr

die **Pat|sche** (Nomen) umgangssprachlich **der Patsche, die Patschen** ❶ eine unangenehme Situation, in der man Hilfe braucht: *Sie hat mir mal wieder aus der Patsche geholfen.* ❷ in der Patsche sitzen/stecken in einer Notlage Hilfe brauchen

patsch|nass, pat|sche|nass (Adjektiv) umgangssprachlich sehr nass

der **Pat|zer** (Nomen) umgangssprachlich **des Patzers, die Patzer** ein kleiner Fehler aus Unachtsamkeit

pat|zig (Adjektiv) umgangssprachlich unhöflich oder frech: *Du musst nicht immer gleich patzig werden, wenn ich dich kritisiere!*

die **Pau|ke** (Nomen) **der Pauke, die Pauken** ❶ eine große, wie ein Kessel geformte Trommel ❷ auf die Pauke hauen umgangssprachlich sich nicht zurückhalten und viel Spaß haben, laut schimpfen oder prahlen ❸ mit Pauken und Trompeten durchfallen umgangssprachlich bei einer Prüfung völlig versagen

pau|schal (Adjektiv) ❶ in der Höhe vorher festgelegt und für alle Fälle oder Personen gleich: *alle Zuschüsse pauschal um 10 % kürzen* ❷ ohne Besonderheiten oder Einzelheiten zu berücksichtigen: *alle Vorschläge pauschal ablehnen*

die **Pau|se** (Nomen) **der Pause, die Pausen** ein kurzer Zeitraum, für den etwas unterbrochen wird, damit sich jemand ausruhen kann, wie z. B. Mittagspause, Schulpause: *sich in der Pause etwas zu trinken kaufen • Ich muss dringend mal eine Pause machen, ich kann nicht mehr!*

pau|sen|los (Adjektiv) ❶ ohne Unterbrechung: *Es hat den ganzen Tag pausenlos geregnet.* ❷ umgangssprachlich so oft, dass es lästig ist: *Der Song wird zurzeit pausenlos im Radio gespielt.*

der **Pa|zi|fik** (Nomen) nur mit Artikel • nur im Singular **des Pazifiks** der große Ozean zwischen Amerika, Australien und Asien

der **Pa|zi|fist** (Nomen) **des Pazifisten, die Pazifisten** jemand, der gegen Krieg und Gewalt ist

die **Pa|zi|fis|tin** (Nomen) **der Pazifistin, die Pazifistinnen** Femininform von → **Pazifist**

der **PC** (Nomen) [pe:'tse:] **des PCs, die PCs** Abkürzung von: Personal Computer ein einzelner Computer, der für einen Nutzer eingerichtet wird

das **Pech** (Nomen) nur im Singular **des Pech(e)s** ❶ eine schwarze, klebrige Masse, die in der Industrie entsteht ❷ ein negatives Ereignis, ein unglücklicher Zufall: *Pech haben • vom Pech verfolgt sein* ❸ wie Pech und Schwefel zusammenhalten umgangssprachlich immer und ganz eng zusammenhalten

pech|schwarz (Adjektiv) völlig schwarz: *ein pechschwarzer Hund*

der **Pech|vo|gel** (Nomen) umgangssprachlich **des Pechvogels, die Pechvögel** jemand, dem immer etwas Unglückliches passiert

das **Pe|dal** (Nomen) **des Pedals, die Pedale** ein Hebel, den man mit dem Fuß bewegt

pein|lich (Adjektiv) **peinlicher, am peinlichsten**
❶ so, dass jemandem etwas unangenehm ist oder dass er sich dafür schämt: *Das ist mir peinlich!*
❷ peinlich sauber/genau/... sehr sauber/genau/...

die **Peit|sche** (Nomen) **der Peitsche, die Peitschen** ein Stock mit einer oder mehreren Schnüren, mit dem man Tiere schlägt

pel|len (Verb) **du pellst, er pellte, sie hat gepellt, pell(e)!** die dünne Haut von Kartoffeln, Mandeln usw. abziehen oder die Schale von gekochten Eiern entfernen

der **Pelz** (Nomen) **des Pelzes, die Pelze**
❶ ≈ Fell die Haut eines Tieres mit vielen Haaren
❷ ein Mantel aus dem Fell eines Tieres

der **Pend|ler** (Nomen) **des Pendlers, die Pendler** jemand, der regelmäßig von der Wohnung zur Arbeit in eine andere Stadt und wieder zurück fährt

die **Pend|le|rin** (Nomen) **der Pendlerin, die Pendlerinnen**
Femininform von → **Pendler**

peng (Interjektion) das Geräusch, wenn etwas knallt

der **Pe|nis** (Nomen) **des Penis, die Penisse/Penes** das Geschlechtsteil bei Männern/Jungen

die **Pen|ne** (Nomen) umgangssprachlich **der Penne, die Pennen** die Schule

pen|nen (Verb) umgangssprachlich **du pennst, er pennte, sie hat gepennt, penn(e)!** schlafen: *Er pennt auf dem Sofa.*

die **Pen|si|on** (Nomen) [pãˈzi̯oːn, paŋˈzi̯oːn] **der Pension, die Pensionen**
❶ nur im Singular die Zeit, in der Beamte nach dem Beruf nicht mehr arbeiten müssen: *in Pension gehen*
❷ das Geld, das ein Beamter bekommt, wenn er nicht mehr arbeitet
❸ ein kleines, einfaches Hotel

das **Pen|sum** (Nomen) **des Pensums, die Pensen/Pensa** eine Aufgabe oder Arbeit, die man in einer bestimmten Zeit erledigen muss

per (Präposition) mit Akkusativ gebraucht
❶ ≈ mit, durch verwendet, um das Mittel, mit dem etwas getan wird, zu bezeichnen: *per Post • per Einschreiben • per Bahn*
❷ mit jemandem per Du/Sie sein zu jemandem Du/Sie sagen

per|fekt (Adjektiv) **perfekter, am perfektesten**
❶ sehr gut und ohne einen einzigen Fehler: *Sie spricht perfekt Englisch.*
❷ gültig, abgemacht: *Der Vertrag ist perfekt.*

das **Per|fekt** (Nomen) GRAMMATIK
nur im Singular **des Perfekts** ≈ vollendete Gegenwart eine Zeitform des Verbs in der Vergangenheit wie „hat gegessen" oder „ist gekommen"

der **Per|fek|ti|o|nis|mus** (Nomen) [pɛrfɛktsi̯oˈnɪsmʊs] nur im Singular **des Perfektionismus** der Wunsch, immer alles ganz richtig und ohne Fehler zu machen

per|fo|rie|ren (Verb) **du perforierst, er perforierte, sie hat perforiert, perforier(e)!**
etwas perforieren in gleichen Abständen Löcher in etwas machen

die **Pe|ri|ode, Pe|rio|de** (Nomen) **der Periode, die Perioden**
❶ ein bestimmter Zeitraum
❷ ≈ Menstruation die monatliche Blutung bei Frauen
❸ MATHEMATIK sich immer in der gleichen Reihenfolge wiederholende Werte einer mathematischen Folge oder Funktion

die **Pe|ri|phe|rie** (Nomen) **der Peripherie, die Peripherien**
❶ gehoben das Randgebiet einer Großstadt
❷ alle Geräte, die an einem Rechner angeschlossen sind, z. B. Drucker, Scanner, Tastatur

die **Per|le** (Nomen) **der Perle, die Perlen**
❶ eine kleine Kugel, die man in einer Muschel findet und als Schmuck trägt: *eine Kette aus Perlen • nach Perlen tauchen*
❷ eine kleine Kugel aus Glas, Holz usw., mit der man Ketten o. Ä. macht

per|len (Verb) nur in der 3. Person gebraucht **es perlt, es perlte, es hat/ist geperlt**
❶ hat geperlt • Flüssigkeit kleine Bläschen bilden: *Der Sekt hat im Glas geperlt.*
❷ von etwas perlen ist geperlt von etwas herunterlaufen und dabei kleine Tropfen bilden: *Der Schweiß ist ihm von der Stirn geperlt.*

per|ma|nent (Adjektiv) gehoben dauernd, ständig

per|plex (Adjektiv) umgangssprachlich sehr erstaunt und überrascht

die **Per|son** (Nomen) **der Person, die Personen**
① ein einzelner Mensch
② nur im Singular GRAMMATIK Form des Verbs oder Pronomens, die davon abhängt, wer spricht und mit wem/was oder über wen/was gesprochen wird

das **Per|so|nal** (Nomen) nur im Singular **des Personals** alle Menschen, die bei einem Arbeitgeber arbeiten

der **Per|so|nal|aus|weis** (Nomen) **des Personalausweises, die Personalausweise** eine kleine Karte mit jemandes Foto, Namen, Adresse, Geburtsdatum, Unterschrift und anderen Informationen, die man beim Amt, bei der Polizei usw. vorzeigen muss

das **Per|so|nal|pro|no|men** (Nomen) GRAMMATIK **des Personalpronomens, die Personalpronomen/Personalpronomina** ≈ persönliches Fürwort ein Pronomen, das für die sprechende(n) Person(en), angesprochene(n) Person(en) oder die Person(en)/Sache(n), über die gesprochen wird, steht: *In dem Satz „Ich habe ihr das Buch zurückgegeben." sind „ich" und „ihr" das Personalpronomen.* (z. B. ich, du, ihr, ihm, sie)

per|sön|lich (Adjektiv) **persönlicher, am persönlichsten**
① ohne Steigerung nur für/an eine bestimmte Person bestimmt/gerichtet: *eine persönliche Einladung*
② privat: *eine persönliche Frage*
③ persönlich kommen/für etwas sorgen/... ohne Steigerung selbst kommen/für etwas sorgen/...
④ etwas persönlich nehmen ohne Steigerung über etwas beleidigt sein
⑤ persönliches Fürwort ohne Steigerung GRAMMATIK → **Personalpronomen**

die **Per|sön|lich|keit** (Nomen) **der Persönlichkeit, die Persönlichkeiten**
① nur im Singular Eigenschaften und Charakter eines Menschen
② eine (bekannte) Person

die **Per|spek|ti|ve, Pers|pek|ti|ve** (Nomen) [pɛrspɛkˈtiːvə] **der Perspektive, die Perspektiven**
① KUNST die Darstellung eines dreidimensionalen Raums auf einem Bild oder einer Zeichnung
② der Punkt, von dem aus man etwas ansieht: *Aus dieser Perspektive kannst du den Turm besser sehen.*
③ die persönliche Art, wie man etwas sieht und beurteilt
④ eine Möglichkeit oder Chance in der Zukunft: *Als Elektriker hat er gute Perspektiven.*

der **Pes|si|mis|mus** (Nomen) nur im Singular **des Pessimismus** die Einstellung, dass alles schlimmer wird

pes|si|mis|tisch (Adjektiv) **pessimistischer, am pessimistischsten** daran glaubend, dass alles schlimmer wird

die **Pest** (Nomen) nur im Singular **der Pest**
① eine sehr schwere und ansteckende Krankheit, an der früher viele Menschen gestorben sind
② wie die Pest umgangssprachlich • abwertend sehr: *stinken wie die Pest* • *etwas wie die Pest hassen*

pet|zen (Verb) umgangssprachlich • abwertend **du petzt, er petzte, sie hat gepetzt, petz(e) nicht!** jemandem verraten, dass ein anderer etwas Verbotenes getan hat

die **Pfand|fla|sche** (Nomen) **der Pfandflasche, die Pfandflaschen** eine Flasche, für die man einen kleinen Geldbetrag zurückbekommt, wenn man sie leer im Geschäft zurückgibt

die **Pfan|ne** (Nomen) **der Pfanne, die Pfannen**
① eine Art flacher Topf mit einem langen Stiel, in dem man etwas braten kann
② jemanden in die Pfanne hauen umgangssprachlich jemandem absichtlich schaden, indem man ihn verrät oder etwas Schlechtes über ihn sagt

der **Pfar|rer** (Nomen) **des Pfarrers, die Pfarrer** der christliche Geistliche, der eine bestimmte Gemeinde betreut

die **Pfar|re|rin** (Nomen) **der Pfarrerin, die Pfarrerinnen** die evangelische Geistliche, die eine bestimmte Gemeinde betreut

der **Pfau** (Nomen) **des Pfau(e)s, die Pfauen** ein großer Vogel mit einem besonders langen und bunten Schwanz, den er wie einen Fächer aufstellen kann

der **Pfef|fer** (Nomen) nur im Singular **des Pfeffers** ein scharfes Gewürz, das man als Körner oder gemahlen verwendet

die **Pfef|fer|min|ze, Pfef|fer|min|ze** (Nomen) nur im Singular **der Pfefferminze** eine Pflanze, deren Blätter scharf und zugleich süß schmecken, aus denen man Tee macht und deren Aroma in Kaugummi, Bonbons, Zahnpasta u. Ä. zu finden ist

die **Pfei|fe** (Nomen) **der Pfeife, die Pfeifen**
❶ MUSIK eine Art einfache Flöte
❷ SPORT ≈Trillerpfeife ein kleines Gerät, das einen lauten, schrillen Ton macht, wenn man hineinbläst: *die Pfeife des Schiedsrichters*
❸ ein kleines Gerät mit einem langen Stiel, in dem man Tabak raucht
❹ nach jemandes Pfeife tanzen umgangssprachlich alles tun, was jemand verlangt

pfei|fen (Verb) **du pfeifst, er pfiff, sie hat gepfiffen, pfeif(e)!**
❶ mit runden Lippen Töne machen: *eine Melodie pfeifen*
❷ mit einer Pfeife ein lautes, schrilles Geräusch machen
❸ Wind stark wehen
❹ Vögel singen
❺ ein Spiel pfeifen bei einem Spiel Schiedsrichter sein
❻ ein Foul/ein Abseits/… pfeifen mit der Trillerpfeife ein Signal bei einem Foul/einem Abseits/… geben
❼ auf etwas/jemanden pfeifen umgangssprachlich etwas/jemanden nicht wichtig finden/missachten

der **Pfeil** (Nomen) **des Pfeil(e)s, die Pfeile**
❶ eine aus einem spitzen Stab bestehende Waffe, die man z. B. mit einem Bogen oder durch ein Rohr abschießt
❷ ein Zeichen, das vorn spitz ist und eine Richtung anzeigt oder auf etwas hinweist

der **Pfen|nig** (Nomen) **des Pfennigs, die Pfennige** die kleinste Einheit des früheren deutschen Geldes, vor der Einführung des Euros: *Eine Mark hatte 100 Pfennige.*

das **Pferd** (Nomen) **des Pferd(e)s, die Pferde**
❶ ein großes Tier, auf dem man reitet oder das Kutschen zieht: *aufs Pferd steigen*
❷ ein Turngerät aus einem Lederblock auf vier Beinen
❸ ≈Springer eine Figur beim Schach
❹ das Pferd wiehert das Pferd macht sein typisches Geräusch
❺ arbeiten wie ein Pferd umgangssprachlich sehr viel oder schwer arbeiten
❻ auf das richtige/falsche Pferd setzen umgangssprachlich mit etwas Erfolg/keinen Erfolg haben

die **Pfer|de|stär|ke** (Nomen) veraltet **der Pferdestärke, die Pferdestärken** Abkürzung „PS" → **PS**[1]

pfif|fig (Adjektiv) **pfiffiger, am pfiffigsten** schlau, geschickt und fantasievoll

das **Pfings|ten** (Nomen) nur im Singular **des Pfingsten** ein christliches Fest, das 50 Tage nach Ostern stattfindet und an einem Sonntag und einem Montag gefeiert wird

der **Pfir|sich** (Nomen) **des Pfirsichs, die Pfirsiche** eine runde, süße und saftige Frucht mit weichem Fleisch, einer pelzigen Haut und einem Stein in der Mitte

die **Pflan|ze** (Nomen) **der Pflanze, die Pflanzen** ein Lebewesen mit Blättern, Blüten und Wurzeln, das meist in der Erde wächst (z. B. Blume, Baum, Strauch, Gras, Moos)

pflan|zen (Verb) **du pflanzt, er pflanzte, sie hat gepflanzt, pflanz(e)!**
❶ mit den Wurzeln in die Erde setzen, damit es wächst
❷ sich vor/hinter/… jemanden/etwas pflanzen umgangssprachlich sich vor/hinter/… jemanden/etwas setzen oder stellen und nicht weggehen

das **Pflas|ter** (Nomen) **des Pflasters, die Pflaster**
❶ eine Art kleiner Verband, den man auf eine Wunde klebt: *die Wunde mit einem Pflaster versorgen*
❷ der Belag auf Straßen und Plätzen
❸ ein teures/gefährliches/heißes Pflaster umgangssprachlich eine teure/gefährliche/kriminelle Gegend

die **Pflau|me** (Nomen) **der Pflaume, die Pflaumen**
❶ eine süße, saftige Frucht mit einem Stein in der Mitte und einer meist dunkelblauen, glatten Schale
❷ umgangssprachlich • abwertend Versager, Dummkopf

die **Pfle|ge** (Nomen) nur im Singular **der Pflege**
❶ alles, was man tut, um Menschen gesundheitlich zu versorgen
❷ ein Kind in Pflege nehmen ein fremdes Kind in seine Familie aufnehmen und es versorgen und erziehen
❸ ein Tier in Pflege nehmen für ein Tier sorgen, wenn der Besitzer nicht da ist
❹ alles, was man tut, damit etwas gut erhalten bleibt: *Bei richtiger Pflege wird diese Pflanze viele Jahre alt.*

pfle|gen (Verb) **du pflegst, er pflegte, sie hat gepflegt, pfleg(e)!**
❶ jemanden pflegen jemanden gesundheitlich versorgen: *Sie pflegt ihre alte Mutter.*

❷ sein Haar/den Garten/sein Auto/... pflegen dafür sorgen, dass das Haar/der Garten/das Auto/... in einem guten Zustand bleibt
❸ Freundschaften/Beziehungen/... pflegen dafür sorgen, dass Freundschaften/Beziehungen/... bestehen bleiben
❹ etwas zu tun pflegen gehoben etwas regelmäßig tun: *Montags pflegt sie schwimmen zu gehen.*

der **Pfle|ger** (Nomen) **des Pflegers, die Pfleger** jemand, der alte oder kranke Menschen pflegt

die **Pfle|ge|rin** (Nomen) **der Pflegerin, die Pflegerinnen** Femininform von → **Pfleger**

die **Pflicht** (Nomen) **der Pflicht, die Pflichten** etwas, was man tun muss, weil man selbst es richtig findet oder andere, bestimmte Regeln es vorschreiben: *Es ist meine Pflicht, ihm zu helfen.*

das **Pflicht|ge|fühl** (Nomen) nur im Singular **des Pflichtgefühl(e)s** die Überzeugung, seine Pflichten erfüllen zu müssen

pflü|cken (Verb) **du pflückst, er pflückte, sie hat gepflückt, pflück(e)!** die Früchte oder Blüten von einer Pflanzen abnehmen: *Kirschen pflücken • Blumen pflücken*

der **Pflug** (Nomen) **des Pflug(e)s, die Pflüge**
❶ ein Gerät, das man hinter einen Traktor oder ein Pferd spannt und mit dem man einen Acker umgräbt
❷ Kurzform von Schneepflug ein Fahrzeug, mit dem Schnee von Straßen und Wegen geräumt wird

der **Pfos|ten** (Nomen) **des Pfostens, die Pfosten** ein senkrecht stehender Balken oder eine Stange aus Holz oder Metall, der/die etwas stützt (z. B. Bettpfosten, Torpfosten)

die **Pfo|te** (Nomen) **der Pfote, die Pfoten**
❶ der Fuß von bestimmten Tieren, z. B. Katze, Hund, Hase
❷ umgangssprachlich die Hand: *Pfoten weg von meinem Kuchen!*

das **Pfund** (Nomen) **des Pfund(e)s, die Pfund(e)**
❶ Plural Pfund ein Maß für das Gewicht (500 Gramm): *Ich hätte gerne drei Pfund Hackfleisch.*
❷ Plural Pfunde der Name des Geldes in Großbritannien und anderen Ländern

der **Pfusch** (Nomen) umgangssprachlich • abwertend nur im Singular **des Pfusch(e)s** eine schlecht gemachte Arbeit, besonders von Handwerkern

die **Pfüt|ze** (Nomen) **der Pfütze, die Pfützen** eine tiefere Stelle im Boden, in der sich Wasser vom Regen gesammelt hat

das **Phä|no|men** (Nomen) [fɛnoˈmeːn] **des Phänomens, die Phänomene**
❶ etwas, was man beobachten oder wahrnehmen kann
❷ ein außergewöhnlicher Mensch, eine außergewöhnliche Sache: *Er ist ein Phänomen: Er kann sich alles merken, ohne zu lernen.*

phä|no|me|nal (Adjektiv) [fɛnomeˈnaːl] erstaunlich, außergewöhnlich

die **Phan|ta|sie** (Nomen) **der Phantasie, die Phantasien** Variante von → **Fantasie**

phan|ta|sie|ren (Verb) **du phantasierst, er phantasierte, sie hat phantasiert, phantasier(e)!** Variante von → **fantasieren**

phan|tas|tisch (Adjektiv) **phantastischer, am phantastischsten** Variante von → **fantastisch**

der **Pha|rao** (Nomen) [ˈfaːrao] **des Pharao(s), die Pharaonen** der König im alten Ägypten

die **Pha|se** (Nomen) **der Phase, die Phasen** ein Abschnitt in einer Zeit oder Entwicklung

der **Phi|lo|soph** (Nomen) [filoˈzoːf] **des Philosophen, die Philosophen** jemand, der sich wissenschaftlich mit dem Sinn des Lebens und dem Denken und Handeln beschäftigt: *"Immanuel Kant" war ein berühmter Philosoph.*

die **Phi|lo|so|phie** (Nomen) **der Philosophie, die Philosophien**
❶ nur im Singular die Wissenschaft, die sich mit dem Sinn des Lebens und dem Denken und Handeln beschäftigt
❷ ≈Weltanschauung die Art und Weise, wie jemand sein Leben sieht und gestaltet

die **Phi|lo|so|phin** (Nomen) **der Philosophin, die Philosophinnen** Femininform von → **Philosoph**

phi|lo|so|phisch (Adjektiv) die Philosophie betreffend, zur Philosophie gehörend

die **Pho|ne|tik** (Nomen) nur im Singular **der Phonetik** die Wissenschaft von den Lauten in der Sprache

die **Phy|sik** (Nomen) [fyˈziːk] nur im Singular **der Physik** die Wissenschaft, die die Vorgänge und Gesetze in Natur und Materie untersucht

phy|si|ka|lisch (Adjektiv) [fyziˈkaːlɪʃ] die Physik betreffend: *ein physikalisches Experiment* der **Phy|si|ker** (Nomen) [ˈfyːzikɐ] **des Physikers, die Physiker** jemand, der wissenschaftlich die Vorgänge und Gesetze in Natur und Materie untersucht

die **Phy|si|ke|rin** (Nomen) [ˈfyːzikərɪn] **der Physikerin, die Physikerinnen** Femininform von → **Physiker**

phy|sisch (Adjektiv) [ˈfyːzɪʃ] körperlich

der **Pi|anist, Pia|nist** (Nomen) **des Pianisten, die Pianisten** jemand, der berufsmäßig Klavier spielt

die **Pi|anis|tin, Pia|nis|tin** (Nomen) **der Pianistin, die Pianistinnen** Femininform von → **Pianist**

das **Pi|ano, Pia|no** (Nomen) gehoben **des Pianos, die Pianos** das Klavier

der **Pi|ckel** (Nomen) **des Pickels, die Pickel** eine kleine, runde, entzündete Erhebung auf der Haut

pie|pen (Verb) nur in der 3. Person gebraucht **er piept, sie piepte, es hat gepiept, piep(e) nicht!**
❶ ein Küken/ein Gerät/… piept ein Küken/ein Gerät/… gibt einen leisen, hohen Laut von sich
❷ Bei dir piept's wohl! umgangssprachlich Du bist verrückt!
❸ Das ist zum Piepen. umgangssprachlich Das ist sehr lustig.

pier|cen (Verb) [ˈpiːɐ̯sn̩] **du piercst, er piercte, sie hat gepiercst, pierce!** die Haut durchstechen und mit Schmuck verzieren

das **Pier|cing** (Nomen) [ˈpiːɐ̯sɪŋ] **des Piercings, die Piercings**
❶ das Durchstechen der Haut, um Schmuck daran zu befestigen
❷ der Schmuck, der durch das Piercing angebracht wird

pi|kant (Adjektiv) **pikanter, am pikantesten**
❶ Speisen gut und stark gewürzt
❷ Geschichten mit sexuellem Inhalt

pi|kiert (Adjektiv) gehoben beleidigt, gekränkt

die **Pil|le** (Nomen) **der Pille, die Pillen**
❶ eine kleine Tablette, die man unzerkaut mit Wasser schluckt
❷ umgangssprachlich ≈ Antibabypille eine Tablette, die eine Frau regelmäßig nimmt, wenn sie nicht schwanger werden will
❸ eine bittere Pille etwas Unangenehmes

der **Pi|lot** (Nomen) **des Piloten, die Piloten**
❶ jemand, der ein Flugzeug steuert
❷ jemand, der einen Rennwagen steuert

die **Pi|lo|tin** (Nomen) **der Pilotin, die Pilotinnen** Femininform von → **Pilot**

das **Pils, Pil|se|ner** (Nomen) **des Pils, die Pils** eine helle, bittere Biersorte

der **Pilz** (Nomen) **des Pilzes, die Pilze**
❶ eine braune, fleischige Pflanze mit einem Stiel und einem Hut, die im Wald wächst und die man essen kann: *Pilze sammeln*
❷ eine Art Belag auf der Haut, auf Pflanzen oder Lebensmitteln, der Krankheiten verursacht

der **Pim|mel** (Nomen) umgangssprachlich **des Pimmels, die Pimmel** Variante von → **Penis**

pink (Adjektiv) leuchtend rosa

pink|far|ben (Adjektiv) ≈ pink *Das pinkfarbene Kleid steht dir gut.*

der **Pin|sel** (Nomen) **des Pinsels, die Pinsel** ein Stiel mit einem Büschel Tierhaaren am Ende, den man in Farbe taucht und mit dem man malen kann

pin|seln (Verb) umgangssprachlich **du pinselst, er pinselte, sie hat gepinselt, pins(e)le!** mit einem Pinsel malen oder schreiben

die **Pin|zet|te** (Nomen) **der Pinzette, die Pinzetten** ein kleines Werkzeug mit zwei Teilen, die man zusammendrücken und mit denen man etwas sehr Kleines greifen kann: *mit der Pinzette einen Splitter entfernen*

die **Pi|pet|te** (Nomen) **der Pipette, die Pipetten** ein Glasröhrchen mit einem Sauger, mit dem man Flüssigkeiten aus etwas nehmen kann

der **Pi|rat** (Nomen) **des Piraten, die Piraten** ≈ Seeräuber jemand, der auf dem Meer Schiffe ausraubt oder gleich das ganze Schiff entführt

die **Pi|ra|tin** (Nomen) **der Piratin, die Piratinnen** Femininform von → **Pirat**

die **Pi|rou|et|te** (Nomen) [piˈru̯ɛtə] **der Pirouette, die Pirouetten** eine schnelle Drehung um sich selbst: *Beim Eiskunstlaufen gehören Pirouetten immer dazu.*

die **Pis|to|le** (Nomen) **der Pistole, die Pistolen**
❶ eine kleine Waffe, mit der man schießen kann
❷ jemandem die Pistole auf die Brust setzen jemanden zwingen, sich jetzt zu entscheiden
❸ wie aus der Pistole geschossen antworten sofort und schnell antworten

A B C D E F G H I J K L M N O P Q R S T U V W X Y Z

die **Piz|za** (Nomen) GASTRONOMIE **der Pizza, die Pizzas/Pizzen** ein meist runder, im Ofen gebackener, mit Tomaten, Käse usw. belegter Hefeteig

die **Piz|ze|ria** (Nomen) [pɪtseˈriːa] GASTRONOMIE **der Pizzeria, die Pizzerien/Pizzerias** ein (italienisches) Lokal, das besonders Pizza anbietet

der **Pkw, PKW** (Nomen) AUTO **des Pkw(s), die Pkw(s)** Abkürzung von: Personenkraftwagen ein Fahrzeug, mit dem man Personen befördern kann

der **Pkw-Fah|rer, PKW-Fah|rer** (Nomen) **des Pkw-Fahrers, die Pkw-Fahrer** jemand, der einen Pkw fährt

die **Pkw-Fah|re|rin, PKW-Fah|re|rin** (Nomen) **der Pkw-Fahrerin, die Pkw-Fahrerinnen** Femininform von → **Pkw-Fahrer**

plä|die|ren (Verb) gehoben **du plädierst, er plädierte, sie hat plädiert, plädier(e)!**
1 sich für etwas aussprechen oder für etwas eintreten
2 RECHT eine Entscheidung beantragen: *auf „unschuldig" plädieren*

das **Plä|do|yer** (Nomen) [plɛdo̯aˈjeː] gehoben **des Plädoyers, die Plädoyers**
1 RECHT eine Rede vor Gericht, in der ein Staatsanwalt oder Rechtsanwalt seine Argumente zusammenfasst
2 eine Rede o. Ä., mit der man sich entschieden für oder gegen etwas einsetzt

pla|gen (Verb) **du plagst, er plagte, sie hat geplagt, plag(e) nicht!**
1 ≈ quälen jemanden ärgern oder stark belasten: *von der schweren Arbeit in der Mittagshitze geplagt werden*
2 sich plagen sehr hart arbeiten, sich abmühen

das **Pla|kat** (Nomen) **des Plakat(e)s, die Plakate** ein großes Blatt mit Informationen, Werbung o. Ä.: *Plakate ankleben verboten*

die **Pla|ket|te** (Nomen) **der Plakette, die Plaketten** ein kleines, flaches, häufig rundes Schild als Zeichen für etwas (z. B. TÜV-Plakette, Parkplakette)

plan (Adjektiv) ≈ eben *eine plane Fläche*

der **Plan** (Nomen) **des Plan(e)s, die Pläne**
1 etwas, was jemand vorhat: *Was sind deine Pläne nach der Schule?*
2 eine Aufstellung der Dinge, die geschehen sollen: *Alles verläuft nach Plan.*
3 Plan B eine Alternative, falls der eigentliche Plan nicht gelingen sollte
4 eine Zeichnung von etwas, was gebaut ist oder gebaut werden soll
5 eine geografische Darstellung (z. B. Stadtplan, Lageplan)
6 keinen Plan haben umgangssprachlich keine Ahnung haben

pla|nen (Verb) **du planst, er plante, sie hat geplant, plan(e)!**
1 ≈ vorhaben, beabsichtigen *noch nichts für den Urlaub geplant haben*
2 ≈ vorbereiten *eine Überraschungsparty planen*
3 ≈ entwerfen *neue Wohngebiete planen*

der **Pla|net** (Nomen) ASTRONOMIE **des Planeten, die Planeten** ein großer Himmelskörper, der nicht selbst leuchtet und sich um eine Sonne bewegt

pla|nie|ren (Verb) **du planierst, er planierte, sie hat planiert, planier(e)!** ein Gelände mit Maschinen einebnen

plan|los (Adjektiv) ohne einem bestimmten Plan zu folgen

plan|mä|ßig (Adjektiv)
1 EISENBAHN · FLUGWESEN einem Fahrplan oder Flugplan entsprechend: *planmäßige Ankunft 9:55 Uhr*
2 nach Plan: *Die Arbeiten gehen planmäßig voran.*

plan|schen, plant|schen (Verb) **du planschst, er planschte, sie hat geplanscht, plansch(e)!** sich im Wasser bewegen und dabei spritzen

die **Pla|nung** (Nomen) **der Planung, die Planungen** ≈ Vorbereitung *die Planung einer Veranstaltung*

plan|voll (Adjektiv) ≈ methodisch, überlegt *ein Projekt planvoll zu Ende bringen*

das **Plas|ma** (Nomen) **des Plasmas, die Plasmen**
1 MEDIZIN der flüssige Bestandteil von Blut
2 PHYSIK ein elektrisch leitendes, leuchtendes Gemisch von Gasen

der **Plas|ma|bild|schirm** (Nomen) TECHNIK **des Plasmabildschirm(e)s, die Plasmabildschirme** ein Flachbildschirm, bei dem für die Darstellung Plasma genutzt wird

das **Plas|tik**[1] (Nomen) nur im Singular **des Plastiks** Kunststoff: *Gartenstühle aus Plastik*

die **Plas|tik**[2] (Nomen) KUNST **der Plastik, die Plastiken** ≈ Skulptur ein Kunstwerk, das von einem Bildhauer geschaffen wurde (z. B. die Plastik „David" von Michelangelo)

das **Pla|tin** (Nomen) nur im Singular **des Platins** ein sehr wertvolles Edelmetall: *Das Zeichen für Platin ist „Pt".*

plät|schern (Verb) umgangssprachlich **du plätscherst, er plätscherte, sie hat/ist geplätschert, plätsch(e)re!**
❶ hat geplätschert ein gleichmäßiges Geräusch von sich geben (z. B. Wasser, Brunnen)
❷ ist geplätschert mit einem gleichmäßigen Geräusch irgendwohin fließen

die **Plat|te** (Nomen) **der Platte, die Platten**
❶ ein dünnes, meist rechteckiges Stück aus einem harten Material (z. B. Tischplatte, Tischtennisplatte, Bodenplatte, Grabplatte)
❷ MUSIK kurz für Tonträger (z. B. Schallplatte oder CD)
❸ ein großer Teller o. Ä. zum Servieren von Speisen
❹ GASTRONOMIE auf einem Teller o. Ä. angerichtete Speisen (z. B. Käseplatte, Wurstplatte, Salatplatte)

der **Plat|ten|spie|ler** (Nomen) MUSIK **des Plattenspielers, die Plattenspieler** ein Gerät zum Abspielen von Schallplatten

die **Platt|form** (Nomen) **der Plattform, die Plattformen**
❶ eine erhöhte ebene Fläche
❷ besonders POLITIK eine Grundlage für die gemeinsame Arbeit
❸ INFORMATIK eine einheitliche Basis, auf der Anwendungsprogramme ausgeführt werden können

der **Platz** (Nomen) **des Platzes, die Plätze**
❶ Ort, Stelle: *Nichts ist mehr an seinem Platz.*
❷ ≈ Sitzplatz *Dort ist noch ein Platz frei.*
❸ nur im Singular Raum für etwas oder jemanden: *viel zu wenig Platz haben*
❹ eine größere offene Fläche zwischen Gebäuden (z. B. Marktplatz, Bahnhofsplatz, Theaterplatz)
❺ eine größere Fläche für einen bestimmten Zweck (z. B. Campingplatz, Sportplatz, Spielplatz)
❻ die Möglichkeit, irgendwo teilzunehmen oder unterzukommen (z. B. Ausbildungsplatz, Kindergartenplatz, Heimplatz)
❼ auch SPORT ≈ Rang, Position *auf dem 3. Platz landen*
❽ Auf die Plätze, fertig, los! SPORT Startkommando beim Rennen
❾ Platz! der Befehl an einen Hund, sich hinzulegen
❿ jemanden vom Platz stellen SPORT einen Spieler wegen unsportlichen Verhaltens zwingen, das Spielfeld zu verlassen

das **Plätz|chen** (Nomen) **des Plätzchens, die Plätzchen** ≈ Keks flaches, süßes Gebäck aus Mehl, Butter, Zucker und anderen Zutaten: *zu Weihnachten Plätzchen backen*

plat|zen (Verb) **du platzt, er platzte, sie ist geplatzt, platz(e) nicht!**
❶ ≈ zerspringen, auseinanderfliegen *Der Reifen ist geplatzt.*
❷ umgangssprachlich Termin usw. nicht stattfinden, abgesagt werden: *die ganze Feier platzen lassen*
❸ in etwas platzen umgangssprachlich plötzlich irgendwo auftauchen: *Sie sind mitten in die Geburtstagsfeier geplatzt.*
❹ vor Wut/Neid/Neugier/… platzen umgangssprachlich sehr wütend/neidisch/neugierig/… sein

plat|zie|ren (Verb) **du platzierst, er platzierte, sie hat platziert, platzier(e)!**
❶ ≈ setzen, stellen *die Raucher im Nebenzimmer platzieren*
❷ SPORT einen Ball o. Ä. gezielt spielen: *Er platzierte den Ball genau ins Tor.*
❸ sich platzieren besonders SPORT einen bestimmten (besonders guten) Platz belegen: *sich unter den ersten 15 platzieren*

die **Platz|wun|de** (Nomen) MEDIZIN **der Platzwunde, die Platzwunden** eine durch das Aufplatzen der Haut stark blutende Wunde

plau|dern (Verb) **du plauderst, er plauderte, sie hat geplaudert, plaud(e)re!**
❶ sich ungezwungen unterhalten
❷ ein Geheimnis verraten: *Wir werden dich schon zum Plaudern bringen!*

plei|te (Adjektiv) umgangssprachlich
❶ FINANZEN ≈ zahlungsunfähig *Die Firma ist pleite.*
❷ ironisch zurzeit ohne Bargeld: *Ich bin gerade pleite.*

die **Plei|te** (Nomen) **der Pleite, die Pleiten**
❶ FINANZEN ≈ Zahlungsunfähigkeit schlechte finanzielle Umstände, die es einem Unternehmen oder einer privaten Person unmöglich machen, Rechnungen zu zahlen: *Die Firma hat Pleite gemacht.*
❷ ≈ Misserfolg, Reinfall *Das Fest war eine totale Pleite.*

plei|te|ge|hen (Verb) umgangssprachlich FINANZEN **du gehst pleite, er ging pleite, sie ist pleitegegangen, geh(e) nicht pleite!** Bankrott machen, zahlungsunfähig werden

das **Ple|num** (Nomen) POLITIK **des Plenums, die Plenen** ≈ Vollversammlung eine Versammlung aller Mitglieder

plötz|lich (Adjektiv)
1 auf einmal: *Plötzlich ging das Licht aus.*
2 ≈ überraschend, unerwartet *ein plötzlicher Angriff*
3 umgangssprachlich ≈ schnell *Weg da, aber ein bisschen plötzlich!*

plump (Adjektiv) **plumper, am plumpesten**
1 etwas grob, nicht fein oder elegant: *eine plumpe Figur*
2 ≈ ungeschickt, schwerfällig *plumpe Bewegungen*
3 abwertend leicht durchschaubar, nicht gekonnt: *eine plumpe Fälschung*

der **Plun|der** (Nomen) nur im Singular **des Plunders**
1 umgangssprachlich · abwertend wertloser, alter Kram
2 GASTRONOMIE ein Gebäck aus Hefeteig

der **Plu|ral** (Nomen) GRAMMATIK **des Plurals, die Plurale** ≈ Mehrzahl *Der Plural von „Baum" ist „Bäume".* siehe auch → **Numerus**

plus[1] (Konjunktion) MATHEMATIK das Zeichen für Addition „+": *Eins plus eins ist zwei.*

plus[2] (Adverb)
1 Temperatur über null: *Wir haben 10 Grad plus.*
2 als Zeichen: „+" Zahlen größer als Null
3 etwas besser als die genannte Note: *eine Zwei plus im Vokabeltest*
4 PHYSIK positiv geladen: *Der elektrische Strom fließt von plus nach minus.*

der **Plus|punkt** (Nomen) **des Pluspunkt(e)s, die Pluspunkte** ein in einem Spiel oder Wettbewerb erzielter Punkt

das **Plus|quam|per|fekt** (Nomen) GRAMMATIK nur im Singular **des Plusquamperfekts** ≈ vollendete Vergangenheit eine Vergangenheitsform des Verbs: *Das Plusquamperfekt von „sein" heißt in der 1. Person Singular „ich war gewesen".*

das **Plus|zei|chen** (Nomen) **des Pluszeichens, die Pluszeichen** als Zeichen: „+" das Kreuz, das für „plus" steht

das **Plu|to|ni|um** (Nomen) nur im Singular **des Plutoniums** ein stark radioaktiver Stoff, der bei der Kernspaltung entsteht: *Das Zeichen für Plutonium ist Pu.*

der **Po, Po|po** (Nomen) umgangssprachlich **des Pos, die Pos** ≈ Hinterteil hervortretende, meist rundliche Körperzone in Hüfthöhe bei einem Menschen: *ein knackiger Po*

das **Po|di|um** (Nomen) **des Podiums, die Podien**
1 eine Art Bühne aus Holz für Veranstaltungen
2 ein erhöhter Platz für einen Redner

die **Po|di|ums|dis|kus|si|on** (Nomen) **der Podiumsdiskussion, die Podiumsdiskussionen** eine Diskussion vor Zuschauern

die **Po|esie, Poe|sie** (Nomen) [poe'ziː] gehoben · nur im Singular **der Poesie**
1 ≈ Lyrik Literatur in Gedichtform
2 besonders schöne Sprache

das **Po|esie|al|bum, Poe|sie|al|bum** (Nomen) **des Poesiealbums, die Poesiealben** ein kleines Buch, in das Freunde und Verwandte zur Erinnerung Verse und Sprüche schreiben

der **Po|et** (Nomen) [po'eːt] gehoben · veraltet **des Poeten, die Poeten** ein Dichter

die **Po|etin, Poe|tin** (Nomen) [po'eːtɪn] gehoben · veraltet **der Poetin, die Poetinnen** Femininform von → **Poet**

der/das **Po|grom, Pog|rom** (Nomen) GESCHICHTE **des Pogroms, die Pogrome** Ausschreitungen gegen eine Minderheit in der Bevölkerung

die **Poin|te** (Nomen) ['po̯ɛ̃ːtə] **der Pointe, die Pointen** der überraschende Schluss von etwas, was erzählt wird, besonders einem Witz

po|kern (Verb) **du pokerst, er pokerte, sie hat gepokert, pok(e)re!**
1 das Glücksspiel „Poker" spielen
2 bei einem Geschäft o. Ä. ein Risiko eingehen: *zu hoch gepokert haben*

der **Pol** (Nomen) **des Pols, die Pole**
1 GEOGRAFIE der Nordpol oder Südpol
2 ELEKTROTECHNIK die Anschlussstelle einer Stromquelle, der Pluspol oder Minuspol

der **Po|le** (Nomen) **des Polen, die Polen** ein Junge/Mann aus Polen

po|le|misch (Adjektiv) abwertend **polemischer, am polemischsten** voller unsachlicher Argumente

po|len (Verb) **du polst, er polte, sie hat gepolt, pol(e)!**
❶ ELEKTROTECHNIK etwas an einen elektrischen Pol anschließen
❷ gleich/anders/falsch gepolt sein gleich/anders/falsch eingestellt sein

Po|len (Nomen) **Polens** ein Land in Osteuropa

die **Po|lin** (Nomen) **der Polin, die Polinnen** ein Mädchen/eine Frau aus Polen

die **Po|li|tik** (Nomen) Plural selten **der Politik, die Politiken**
❶ alles, was in einem Staat zur Regelung innerer und äußerer Angelegenheiten getan wird
❷ die Personen und Gruppen, die die staatlichen Maßnahmen ausführen: *die Großen aus Politik und Wirtschaft*
❸ in die Politik gehen sich einer Partei o. Ä. anschließen und aktiv werden
❹ eine bestimmte Idee oder Einstellung bestimmter Personen oder Gruppen: *eine liberale Politik in der Einwanderungsfrage*
❺ ein taktisches Vorgehen: *eine Politik des Hinhaltens*

der **Po|li|ti|ker** (Nomen) **des Politikers, die Politiker** jemand, der in der Politik aktiv ist und besonders ein politisches Amt hat

die **Po|li|ti|ke|rin** (Nomen) **der Politikerin, die Politikerinnen**
Femininform von → **Politiker**

po|li|tisch (Adjektiv) **politischer, am politischsten**
❶ die Politik betreffend: *politische Parteien*
❷ politisch korrekt ohne irgendeine Benachteiligung wegen der Hautfarbe, des Geschlechts, der Religion usw.

die **Po|li|zei** (Nomen) nur im Singular **der Polizei** die Behörde, die für öffentliche Sicherheit und Ordnung sorgt

po|li|zei|lich (Adjektiv) durch die Polizei oder zur Polizei gehörig

der **Po|li|zist** (Nomen) **des Polizisten, die Polizisten** jemand, der bei der Polizei arbeitet

die **Po|li|zis|tin** (Nomen) **der Polizistin, die Polizistinnen** Femininform von → **Polizist**

pol|nisch (Adjektiv) aus Polen oder in polnischer Sprache

das **Pols|ter|mö|bel** (Nomen) **des Polstermöbels, die Polstermöbel** ein Möbelstück zum Sitzen mit einer Polsterung

pols|tern (Verb) **du polsterst, er polsterte, sie hat gepolstert, polst(e)re!**
❶ etwas, z. B. einen Sessel oder Autositz, mit einem Polster versehen
❷ gut gepolstert sein umgangssprachlich ziemlich dick sein: *Meine Oma isst gerne Pralinen, davon ist sie gut gepolstert.*

der **Po|lyp** (Nomen) [po'ly:p] **des Polypen, die Polypen**
❶ BIOLOGIE Entwicklungsstadium bei Tieren, die im Wasser leben und auf einem Untergrund festsitzen
❷ MEDIZIN eine gutartige Geschwulst der Schleimhaut
❸ veraltet ZOOLOGIE Tintenfisch, Krake

die **Pom|mes** (Nomen) umgangssprachlich nur im Plural **der Pommes**
Kurzform von → **Pommes frites**

die **Pom|mes fri|tes** (Nomen) [pɔm'frɪt] nur im Plural **der Pommes frites** dünn geschnittene Stäbchen aus Kartoffeln, die in Öl schwimmend gebacken werden

das **Po|ny**[1] (Nomen) ZOOLOGIE **des Ponys, die Ponys** eine kleine Pferderasse

der **Po|ny**[2] (Nomen) **des Ponys, die Ponys** die Haare, die in die Stirn fallen und (gerade) abgeschnitten sind

der **Pool** (Nomen) [pu:l] **des Pools, die Pools**
Kurzform von → **Swimmingpool**

der **Pop** (Nomen) nur im Singular **des Pop(s)** Kurzform von → **Popmusik**

das **Pop|corn** (Nomen) nur im Singular **des Popcorns** ≈ Puffmais Maiskörner, die durch das Erhitzen aufgegangen sind

der **Po|pel** (Nomen) umgangssprachlich **des Popels, die Popel** der in der Nase sitzende getrocknete Schleim

po|peln (Verb) umgangssprachlich **du popelst, er popelte, sie hat gepopelt, pop(e)le nicht!** mit dem Finger in der Nase bohren

die **Pop|mu|sik** (Nomen) **der Popmusik, die Popmusiken** eine Unterhaltungsmusik, die von Millionen Leuten gemocht wird

der **Po|po** (Nomen) umgangssprachlich **des Popos, die Popos** → **Po**

po|pu|lär (Adjektiv) **populärer, am populärsten** bekannt und beliebt

die **Po|pu|la|ri|tät** (Nomen) nur im Singular **der Popularität** Bekanntheit, Beliebtheit

por|no|gra|fisch, por|no|gra|phisch (Adjektiv) Bilder, Filme, Druckerzeugnisse usw. Medien, die sexuelle Inhalte thematisieren oder Handlungen zeigen

das **Por|te|mon|naie, Port|mo|nee** (Nomen) [pɔrtmɔ'neː] **des Portemonnaies, die Portemonnaies** ≈ Geldbörse ein Gegenstand (z. B. aus Stoff oder Leder), in dem man Geld aufbewahrt

der **Por|ti|er** (Nomen) [pɔr'ti̯eː] **des Portiers, die Portiers** jemand, der besonders in einem Hotel Gäste begrüßt und Auskünfte gibt

die **Por|ti|on** (Nomen) [pɔr'tsi̯oːn] **der Portion, die Portionen**
❶ eines Gerichts usw. eine bestimmte Menge (für eine Person)
❷ eine Portion Glück/Mut ganz schön viel Glück/Mut
❸ eine halbe Portion umgangssprachlich jemand, der klein und dünn ist

das **Por|to** (Nomen) POST **des Portos, die Portos/Porti**
❶ die Gebühr, die man für die Beförderung von Briefen und anderen Sendungen zahlen muss
❷ Porto zahlt Empfänger ein Aufdruck auf Umschlägen, die man für portofreie Rückantworten zugeschickt bekommt

das **Por|trät, Port|rät** (Nomen) FOTOGRAFIE · KUNST **des Porträts, die Porträts** das Bild eines Menschen, das besonders sein Gesicht zeigt

por|trä|tie|ren, port|rä|tie|ren (Verb) **du porträtierst, er porträtierte, sie hat porträtiert, porträtier(e)!** ein Bild von jemandem, besonders seinem Gesicht, malen oder fotografieren

Por|tu|gal (Nomen) **Portugals** ein Land in Südeuropa

der **Por|tu|gie|se** (Nomen) **des Portugiesen, die Portugiesen** ein Junge/Mann aus Portugal

die **Por|tu|gie|sin** (Nomen) **der Portugiesin, die Portugiesinnen** ein Mädchen/eine Frau aus Portugal

por|tu|gie|sisch (Adjektiv) aus Portugal oder in portugiesischer Sprache

das **Por|zel|lan** (Nomen) **des Porzellans, die Porzellane**
❶ ein hartes, leicht zerbrechliches Material, aus dem besonders Geschirr hergestellt wird
❷ nur im Singular Geschirr, Vasen, Figuren usw. aus Porzellan

die **Po|si|ti|on** (Nomen) [pozi'tsi̯oːn] **der Position, die Positionen**
❶ ≈ Lage, Ort *seine genaue Position ermitteln*
❷ ≈ Stellung *eine führende Position in der Wirtschaft*
❸ ≈ Situation *in eine aussichtslose Position geraten*
❹ die Stellung oder Haltung von jemandem oder etwas: *in gestreckter Position*

po|si|ti|onie|ren, po|si|tio|nie|ren (Verb) [pozitsi̯o'niːrən] gehoben **du positionierst, er positionierte, sie hat positioniert, positionier(e)!** etwas oder jemanden in eine bestimmte Position bringen: *ein Buch wirkungsvoll im Regal positionieren*

po|si|tiv (Adjektiv) **positiver, am positivsten**
❶ so, dass man "Ja" zu etwas sagt: *eine positive Reaktion*
❷ MATHEMATIK größer als null
❸ MEDIZIN mit dem erwarteten oder befürchteten Befund: *Der Allergietest war positiv.*

das **Po|si|tiv**[1] (Nomen) FOTOGRAFIE **des Positivs, die Positive** ein Abzug vom belichteten Bild, auf dem das Abgebildete richtig herum ist

der **Po|si|tiv**[2] (Nomen) GRAMMATIK **des Positivs, die Positive** ≈ Grundstufe die nicht gesteigerte Form eines Adjektivs

pos|ses|siv, pos|ses|siv (Adjektiv) GRAMMATIK besitzanzeigend

das **Pos|ses|siv|pro|no|men** (Nomen) GRAMMATIK **des Possessivpronomens, die Possessivpronomen/ Possessivpronomina** ≈ besitzanzeigendes Fürwort ein Pronomen, das auf die Zugehörigkeit eines Wesens, einer Sache oder eines Gedankens hinweist: *„Mein" und „unser" sind Possessivpronomen.*

die **Post** (Nomen) nur im Singular **der Post**
❶ die Briefe und andere Sendungen, die zugestellt werden: *Haben wir Post?*
❷ Postamt: *einen Brief zur Post bringen*
❸ die Deutsche Post AG: *bei der Post arbeiten*
❹ Ab geht die Post! umgangssprachlich Es geht los.
❺ Da geht die Post ab! umgangssprachlich Da ist was los.

der **Post|bo|te** (Nomen) umgangssprachlich **des Postboten, die Postboten** ≈ Briefträger jemand, der Postsendungen zustellt

die **Post|bo|tin** (Nomen) umgangssprachlich **der Postbotin, die Postbotinnen** Femininform von → **Postbote**

pos|ten (Verb) [poʊstn̩] INFORMATIK **du postest, er postete, sie hat gepostet, poste!** sich mit einer Nachricht an einem Forum o. Ä. beteiligen

das/der **Pos|ter** (Nomen) ['poːstɐ] **des Posters, die Poster** eine Art Plakat, besonders als Wandschmuck

das **Post|fach** (Nomen) **des Postfach(e)s, die Postfächer**
❶ POST ein gemietetes, abschließbares Fach für Sendungen zum Selbstabholen bei der Post
❷ ein Fach für Mitteilungen an einen bestimmten Empfänger am Arbeitsplatz, im Hotel usw.

die **Post|kar|te** (Nomen) POST **der Postkarte, die Postkarten** eine Karte, die man ohne Umschlag mit der Post schickt

post|la|gernd (Adjektiv) POST Briefe usw. vom Empfänger bei der Post persönlich abzuholen

die **Post|leit|zahl** (Nomen) POST **der Postleitzahl, die Postleitzahlen** Abkürzung: PLZ die (5-stellige) Kennziffer eines Ortes als Teil einer Adresse

das **Po|ten|zi|al, Po|ten|ti|al** (Nomen) **des Potenzials, die Potenziale** die Möglichkeit oder Fähigkeit, etwas zu tun oder sich zu verändern (z. B. Entwicklungspotenzial, Leistungspotenzial, Wachstumspotenzial)

po|ten|zi|ell, po|ten|ti|ell (Adjektiv) [potɛn'tsi̯ɛl]
❶ ≈möglich, denkbar *ein potenzieller Käufer*
❷ potenzielle Energie PHYSIK die Energie, die ein Körper aufgrund seiner Lage hat

po|wern, pow|ern (Verb) ['pauɐn] umgangssprachlich **du powerst, er powerte, sie hat gepowert, pow(e)re!** seine ganze Kraft einsetzen

präch|tig (Adjektiv) **prächtiger, am prächtigsten**
❶ voller Pracht, äußerst eindrucksvoll
❷ ≈großartig *ein prächtiger Kerl*

das **Prä|di|kat** (Nomen) **des Prädikat(e)s, die Prädikate**
❶ GRAMMATIK ≈Satzaussage *Im Satz „Tim hat geschlafen." ist „hat geschlafen" das Prädikat.*
❷ Bewertung: *ein Film mit dem Prädikat „wertvoll"*

Prag (Nomen) GEOGRAFIE **Prags** die Hauptstadt Tschechiens

prä|gen (Verb) **du prägst, er prägte, sie hat geprägt, präg(e)!**
❶ TECHNIK durch Druck formen: *Münzen prägen*
❷ ≈bestimmen, kennzeichnen *Die Landschaft wird durch Weinberge geprägt.*
❸ ≈beeinflussen, formen *Sie wurde stark durch ihre Kindheit in Afrika geprägt.*
❹ ≈erfinden *Das Wort „Smog" wurde vor 100 Jahren in London geprägt.*

prah|len (Verb) abwertend **du prahlst, er prahlte, sie hat geprahlt, prahl(e) nicht!** ≈angeben seine eigenen Vorzüge, Fähigkeiten o. Ä. gegenüber anderen stark betonen: *mit seinen Computerkenntnissen prahlen*

der **Prak|ti|kant** (Nomen) **des Praktikanten, die Praktikanten** jemand, der ein Praktikum macht

die **Prak|ti|kan|tin** (Nomen) **der Praktikantin, die Praktikantinnen** Femininform von → **Praktikant**

das **Prak|ti|kum** (Nomen) **des Praktikums, die Praktika**
❶ die vorübergehende Mitarbeit in einem Betrieb o. Ä., um einen Beruf kennenzulernen oder praktische Erfahrungen zu sammeln
❷ der Teil einer Ausbildung, bei dem das Gelernte praktisch angewendet wird

prak|tisch[1] (Adjektiv) **praktischer, am praktischsten**
❶ in Bezug auf das konkrete Durchführen: *Uns fehlt die praktische Erfahrung.*
❷ praktischer Arzt/praktische Ärztin MEDIZIN ein Arzt/eine Ärztin für alle Arten von Beschwerden
❸ ≈zweckmäßig, brauchbar *einfache, aber praktische Möbel*
❹ ≈handwerklich geschickt *Sie ist ein sehr praktischer Mensch.*

prak|tisch[2] (Adverb) umgangssprachlich ≈fast, so gut wie *Er ist praktisch nie da.*

die **Prä|mie** (Nomen) ['prɛːmi̯e] **der Prämie, die Prämien**
❶ ≈Belohnung, Extra Geld, das man zusätzlich für eine besondere Leistung bekommt: *Wenn sie Weltmeister werden, bekommen die Spieler eine Prämie.*
❷ Beitrag, den man regelmäßig für eine Versicherung zahlt

das **Prä|pa|rat** (Nomen) **des Präparat(e)s, die Präparate**
❶ MEDIZIN ≈Arzneimittel *ein neues Präparat an Menschen testen*

❷ BIOLOGIE · MEDIZIN ein haltbar gemachter Organismus oder Teil davon

die **Prä|po|si|ti|on** (Nomen) [prɛpoziˈtsi̯oːn] GRAMMATIK **der Präposition, die Präpositionen** ≈ Verhältniswort eine nicht veränderbare Wortart, die zumeist vor Wörtern oder Wortgruppen steht und ein bestimmtes Verhältnis angibt (z. B. zeitlich, räumlich oder der Art und Weise), dabei bestimmt sie den Kasus ihres Bezugswortes: *Die Präposition „mithilfe" verlangt den Genitiv. • In „Die Vase steht auf dem Tisch." ist „auf" die Präposition.*

das **Prä|sens** (Nomen) GRAMMATIK **des Präsens, die Präsentia/Präsenzien** ≈ Gegenwart *Das Präsens von „sein" heißt in der 1. Person Singular „ich bin".*

prä|sent (Adjektiv) gehoben
❶ ≈ anwesend, gegenwärtig *In Japan ist die Erdbebengefahr ständig präsent.*
❷ etwas präsent haben sich an etwas erinnern können

die **Prä|sen|ta|ti|on** (Nomen) [prɛzɛntaˈtsi̯oːn] **der Präsentation, die Präsentationen** die sorgfältig vorbereitete Vorstellung eines Projekts, eines Produkts o. Ä.

prä|sen|tie|ren (Verb) **du präsentierst, er präsentierte, sie hat präsentiert, präsentier(e)!**
❶ ≈ zeigen, vorführen *ein neues Projekt präsentieren*
❷ gehoben ≈ überreichen *jemandem die Rechnung präsentieren*

die **Prä|senz** (Nomen) gehoben **der Präsenz, die Präsenzen** ≈ Anwesenheit *Unter massiver Präsenz der Polizei wurde friedlich demonstriert.*

der **Prä|si|dent** (Nomen) **des Präsidenten, die Präsidenten**
❶ POLITIK das höchste Amt in einer Republik
❷ der Leiter einer Organisation

die **Prä|si|den|tin** (Nomen) **der Präsidentin, die Präsidentinnen**
Femininform von → **Präsident**

das **Prä|si|di|um** (Nomen) **des Präsidiums, die Präsidien** die Leitung einer Organisation

das **Prä|te|ri|tum, Prä|ter|itum** (Nomen) GRAMMATIK **des Präteritums, die Präterita** ≈ Vergangenheit, Imperfekt *Das Präteritum von „sein" heißt in der 1. Person Singular „ich war".*

die **Prä|ven|ti|on** (Nomen) [prɛvɛnˈtsi̯oːn] **der Prävention, die Präventionen** ≈ Vorbeugung, Verhütung eine geeignete Maßnahme, um negative Entwicklungen o. Ä. zu verhindern: *mehr gesundheitliche Prävention fordern*

prä|ven|tiv (Adjektiv) gehoben ≈ vorbeugend mit der Absicht, etwas Unangenehmes zu verhindern: *präventiv gegen Jugendkriminalität vorgehen*

die **Pra|xis** (Nomen) **der Praxis, die Praxen**
❶ nur im Singular die konkrete Durchführung: *das Ganze in die Praxis umsetzen*
❷ nur im Singular ≈ Methode, Vorgehensweise *Das ist bei uns langjährige Praxis.*
❸ nur im Singular ≈ Erfahrung *noch zu wenig Praxis haben*
❹ die Räume, die ein Arzt, Rechtsanwalt o. Ä. für seinen Beruf benutzt

die **Prä|zi|si|on** (Nomen) nur im Singular **der Präzision** die große Genauigkeit

die **Pre|digt** (Nomen) **der Predigt, die Predigten**
❶ eine Art Rede über ein religiöses Thema, die ein Geistlicher während des Gottesdienstes hält: *Unser Pfarrer hat in der Messe eine lange Predigt gehalten.*
❷ umgangssprachlich eine (lange) Ermahnung

der **Preis** (Nomen) **des Preises, die Preise**
❶ das Geld, das man für eine Ware, die man kauft, bezahlen muss
❷ die Auszeichnung bei einem Wettbewerb: *Er bekam einen Preis für den besten Film.*
❸ um jeden Preis unbedingt

prei|sen (Verb) gehoben **du preist, er pries, sie hat gepriesen, preis(e)!** sehr loben

preis|wert (Adjektiv) **preiswerter, am preiswertesten** ≈ billig so, dass etwas im Vergleich zu seinem Wert nicht zu viel Geld kostet

die **Pre|mi|ere, Pre|mie|re** (Nomen) [prəˈmi̯eːrə, preˈmi̯eːrə] **der Premiere, die Premieren** die erste Aufführung eines Films oder Theaterstücks

die **Pres|se** (Nomen) **der Presse, die Pressen**
❶ nur im Singular alle Zeitungen und Zeitschriften
❷ eine gute/schlechte Presse haben in den Zeitungen positiv/negativ dargestellt werden
❸ nur im Singular die Unternehmen, die Zeitungen und Zeitschriften herstellen, und die Menschen, die dort arbeiten

❹ von der Presse sein Journalist(in) oder Redakteur(in) bei einer Zeitung oder Zeitschrift sein
❺ TECHNIK ein Werkzeug oder eine Maschine, mit dem/der Dinge sehr fest zusammengedrückt werden (z. B. Zitruspresse, Schrottpresse)

pres|sen (Verb) **du presst, er presste, sie hat gepresst, press(e)!**
❶ fest drücken: *die Hand gegen die Stirn pressen • den Senf aus der Tube pressen*
❷ durch Druck zu etwas formen oder herstellen
❸ den Saft aus etwas pressen: *den Saft aus eine Orange, Zitrone pressen*

Preu|ßen (Nomen) **Preußens** ein ehemaliges Königreich und Land des Deutschen Reiches

der **Pries|ter** (Nomen) **des Priesters, die Priester**
❶ nur Maskulinum ein katholischer Geistlicher, der die Gläubigen betreut und in der Kirche die Messe hält
❷ in vielen Religionen jemand, der mit Gott in Verbindung steht und ein religiöses Amt hat

pri|ma (Adjektiv) umgangssprachlich **unveränderlich** sehr gut

pri|mär (Adjektiv) gehoben ≈ hauptsächlich *Die Gesundheitsreform ist im Wahlkampf das primäre Thema.*

pri|mi|tiv (Adjektiv) **primitiver, am primitivsten**
❶ einfach: *in primitiven Verhältnissen leben*
❷ abwertend dumm und oft vulgär

die **Prim|zahl** (Nomen) **der Primzahl, die Primzahlen** eine Zahl größer als 1, die man nur durch 1 und durch sich selbst teilen kann

der **Prinz** (Nomen) **des Prinzen, die Prinzen** der Sohn oder Bruder eines Königs oder eines Fürsten

die **Prin|zes|sin** (Nomen) **der Prinzessin, die Prinzessinnen** die Tochter oder Schwester eines Königs oder eines Fürsten

das **Prin|zip** (Nomen) **des Prinzips, die Prinzipien**
❶ ≈ Regel, Gesetzmäßigkeit die Gesetze, nach denen etwas immer gleich funktioniert
❷ ≈ Grundsatz eine Überzeugung, die man für richtig hält und nach der man handelt: *Ich habe meine Prinzipien.*
❸ aus Prinzip ≈ aus Überzeugung weil man (seinen Grundsätzen folgend) etwas für richtig hält: *Ich esse aus Prinzip kein Fleisch.*
❹ im Prinzip ≈ eigentlich *Im Prinzip hat er recht, aber ich finde es trotzdem nicht gut.*

prin|zi|pi|ell (Adjektiv) ≈ aus Überzeugung weil man etwas (seinen Grundsätzen folgend) für richtig hält: *Sie geht prinzipiell nicht bei Rot über die Straße.*

die **Pri|o|ri|tät** (Nomen) gehoben **der Priorität, die Prioritäten**
❶ Priorität haben nur im Singular wichtiger als alles andere sein: *Dein Schulabschluss hat jetzt Priorität.*
❷ Prioritäten setzen entscheiden, was am wichtigsten ist

die **Pri|se** (Nomen) **der Prise, die Prisen** eine kleine Menge (die man oft zwischen Daumen und Zeigefinger abmisst): *eine Prise Salz*

pri|vat (Adjektiv) [pri'va:t] **privater, am privatesten**
❶ ≈ persönlich so, dass etwas nur mit der eigenen Person zu tun hat: *eine private Angelegenheit*
❷ so, dass etwas nichts mit Ämtern oder dem Staat zu tun hat: *eine private Schule • ein privater Fernsehsender*
❸ privat versichert sein eine Krankenversicherung haben, die nicht den Regeln der gesetzlichen Krankenversicherung folgt
❹ so, dass etwas nichts mit dem Beruf zu tun hat: *Ich weiß nicht, ob er privat auch so ordentlich ist.*
❺ so, dass etwas nur für bestimmte Personen bestimmt ist: *eine private Feier*

das **Pri|vi|leg** (Nomen) [privi'le:k] gehoben **des Privileg(e)s, die Privilegien** ein besonderes Recht oder ein besonderer Vorteil, das/den nur bestimmte Personen haben

pri|vi|le|giert (Adjektiv) [privile'gi:ɐ̯t] gehoben **privilegierter, am privilegiertesten** mit besonderen Rechten oder Vorteilen, die nur bestimmte Personen haben

pro (Präposition) **mit Akkusativ gebraucht**
❶ je: *Pro Stunde verdient sie 15 Euro. • Das kostet pro Person 5 Euro.*
❷ pro forma nur zum Schein

die **Pro|be** (Nomen) **der Probe, die Proben**
❶ ≈ Prüfung, Test ein Versuch, mit dem man feststellen will, ob jemand oder etwas eine bestimmte Eigenschaft oder Fähigkeit hat
❷ ein Auto Probe fahren ein kurzes Stück mit einem Auto fahren, um zu sehen, ob man damit zufrieden ist

❸ auf Probe/zur Probe als Versuch oder für kurze Zeit, um festzustellen, ob jemand oder etwas eine bestimmte Eigenschaft oder Fähigkeit hat
❹ ≈Muster eine kleine Menge von etwas, um es zu prüfen: *eine Probe von einem Parfüm • vom Schwimmbadwasser Proben entnehmen*
❺ THEATER • MUSIK das Üben oder Einstudieren vor einer Aufführung: *Bitte Ruhe, es ist gerade Probe!*
❻ jemanden auf die Probe stellen jemanden in eine bestimmte Situation bringen, um zu sehen, was für einen Charakter er hat

pro|ben (Verb) **du probst, er probte, sie hat geprobt, prob(e)!** üben, bis man etwas gut kann: *vor einer Aufführung proben*

die **Pro|be|zeit** (Nomen) nur im Singular **der Probezeit** eine kurze Zeit, in der eine Firma testen kann, ob ein neuer Mitarbeiter für den Beruf geeignet ist: *Ich bekomme keinen Urlaub, ich bin noch in der Probezeit.*

pro|bie|ren (Verb) **du probierst, er probierte, sie hat probiert, probier(e)!**
❶ versuchen: *Ich habe probiert, das Schloss zu öffnen, aber es ging nicht.*
❷ den Geschmack testen: *Probier mal, ob in der Suppe noch Salz fehlt!*

das **Pro|blem, Prob|lem** (Nomen) **des Problems, die Probleme**
❶ eine schwierige Frage oder Aufgabe: *Ich habe ein Problem zu lösen.*
❷ Das ist dein Problem! umgangssprachlich Dabei kann ich dir nicht helfen!
❸ jemandem Probleme machen jemandem Sorgen oder Schwierigkeiten machen
❹ Kein Problem! umgangssprachlich Ausspruch, wenn etwas leicht zu lösen ist oder man für jemanden eine Aufgabe übernimmt

pro|ble|ma|tisch, prob|le|ma|tisch (Adjektiv) **problematischer, am problematischsten** ≈schwierig *Die Aufgabe ist problematischer als gedacht.*

pro|blem|los, prob|lem|los (Adjektiv) **problemloser, am problemlosesten** ≈leicht, einfach *Die Schwangerschaft verlief problemlos.*

das **Pro|dukt** (Nomen) **des Produkt(e)s, die Produkte**
❶ WIRTSCHAFT eine Ware, die hergestellt und verkauft wird
❷ MATHEMATIK das Ergebnis einer Multiplikation: *18 ist das Produkt von 2 und 9, also der Malaufgabe 2 · 9.*
❸ das Ergebnis, das durch etwas entsteht: *ein Produkt ihrer Fantasie*

die **Pro|duk|ti|on** (Nomen) [prodʊk'tsi̯oːn] **der Produktion, die Produktionen**
❶ nur im Singular WIRTSCHAFT die Herstellung von Waren
❷ die Abteilung einer Firma, in der Waren hergestellt werden: *Er arbeitet in der Produktion.*
❸ TV • FILM ein Film, eine Reportage RUNDFUNK eine Sendung MUSIK eine CD, ein Album
❹ der Vorgang, bei dem etwas entsteht: *die Produktion von Speichel*

pro|duk|tiv (Adjektiv) **produktiver, am produktivsten**
❶ so, dass viele Waren hergestellt werden: *ein produktives Unternehmen*
❷ so, dass viele konkrete Ergebnisse entstehen: *ein produktives Gespräch*
❸ so, dass etwas bei der Lösung eines Problems hilft: *produktive Kritik*

der **Pro|du|zent** (Nomen) **des Produzenten, die Produzenten**
❶ eine Person oder eine Firma, die Waren herstellt
❷ eine Person oder eine Firma, mit deren Geld ein Film, eine CD usw. hergestellt wird

die **Pro|du|zen|tin** (Nomen) **der Produzentin, die Produzentinnen**
Femininform von → **Produzent**

pro|du|zie|ren (Verb) **du produzierst, er produzierte, sie hat produziert, produzier(e)!**
❶ WIRTSCHAFT herstellen: *Maschinen produzieren*
❷ FILM • TV • MUSIK Geld zur Verfügung stellen, damit ein Film, eine CD usw. hergestellt werden kann
❸ entstehen lassen: *Speichel produzieren*
❹ sich produzieren abwertend angeben, sich übertrieben darstellen: *Ich mag Kai nicht, der produziert sich immer so.*

pro|fes|si|o|nell (Adjektiv) **professioneller, am professionellsten**
❶ ≈beruflich so, dass man etwas als Beruf macht: *ein professioneller Sportler*
❷ ≈fachmännisch so gut gemacht, dass es zeigt, dass jemand seinen Beruf beherrscht: *eine professionelle Arbeit*

der **Pro|fes|sor** (Nomen) **des Professors, die Professoren** der Lehrer an einer Universität

die **Pro|fes|so|rin** (Nomen) **der Professorin, die Professorinnen**
Feminimform von → **Professor**

der **Pro|fi** (Nomen) umgangssprachlich **des Profis, die Profis**
❶ jemand, der mit dem Sport, den er macht, Geld verdient
❷ ≈ Fachmann, Könner jemand, der auf seinem Gebiet sehr erfahren ist

das **Pro|fil** (Nomen) **des Profils, die Profile**
❶ die Ansicht von der Seite: *etwas im Profil zeichnen*
❷ die hohen und tiefen Stellen in einem Autoreifen oder in einer Schuhsohle: *Das Profil ist abgefahren.*
❸ die wichtigsten persönlichen und beruflichen Eigenschaften und Fähigkeiten, die jemand hat: *an Profil gewinnen*

der **Pro|fit** (Nomen) **des Profit(e)s, die Profite** ≈ Gewinn das Geld, das man bei einem Geschäft verdient

pro|fi|tie|ren (Verb) **du profitierst, er profitierte, sie hat profitiert, profitier(e)!**
❶ von etwas profitieren einen Vorteil durch etwas haben
❷ bei etwas profitieren bei etwas einen Gewinn machen

die **Pro|gno|se, Prog|no|se** (Nomen) **der Prognose, die Prognosen** die Vorhersage für die Zukunft

das **Pro|gramm** (Nomen) **des Programm(e)s, die Programme**
❶ der Plan und die Reihenfolge der einzelnen Punkte bei einer Veranstaltung, Reise, Aufgabe usw.: *das Programm einer Konferenz*
❷ auf dem Programm stehen geplant sein
❸ alle Filme und Sendungen, die innerhalb einer bestimmten Zeit gezeigt oder gesendet werden
❹ PRESSE die Zeitung oder das Heft, in dem steht, wann und wo welche Filme und Sendungen gesendet werden
❺ der Sender: *In welchem Programm läuft der Krimi?*
❻ ≈ Software ein System von Befehlen für den Computer
❼ der Ablauf einer bestimmten Aktion bei Maschinen: *das Programm einer Waschmaschine/eines Geschirrspülers*
❽ die Zusammenstellung von Grundsätzen und Zielen: *das Programm einer Partei*

das **Pro|jekt** (Nomen) **des Projekt(e)s, die Projekte** eine Arbeit über eine längere Zeit, die genau geplant wird und an der meist mehrere Personen beteiligt sind

die **Pro|jekt|wo|che** (Nomen) **der Projektwoche, die Projektwochen** eine Woche, in der an einer Schule kein normaler Unterricht durchgeführt wird, sondern gemeinsame Aktionen stattfinden

der/die **Pro|mi|nen|te** (Nomen) **des/der Prominenten, die Prominenten** jemand, der bekannt und berühmt ist

prompt (Adjektiv) sofort, sehr schnell

das **Pro|no|men** (Nomen) GRAMMATIK **des Pronomens, die Pronomen/Pronomina** ≈ Fürwort ein Wort, das ein Nomen ersetzt oder näher bestimmt (z. B. ich, du, euch, ihm, dein)

die **Pro|pa|gan|da** (Nomen) nur im Singular **der Propaganda** die Maßnahmen, die Menschen von einem Produkt oder einer Idee überzeugen oder ihre Meinung beeinflussen sollen

der **Pro|pel|ler** (Nomen) **des Propellers, die Propeller** ein Teil, das aus flachen langen Flächen besteht, die sich so schnell um eine Mitte drehen, dass damit ein Flugzeug oder Hubschrauber angetrieben werden kann

der **Pro|phet** (Nomen) **des Propheten, die Propheten**
❶ in der Bibel jemand, der von Gott geschickt wurde, um den Menschen die Lehre Gottes zu erklären
❷ jemand, der die Zukunft voraussehen kann

die **Pro|phe|tin** (Nomen) **der Prophetin, die Prophetinnen**
Feminimform von → **Prophet**

die **Pro|por|ti|on** (Nomen) [propɔr'tsi̯oːn] **der Proportion, die Proportionen** das Verhältnis der Größen verschiedener Teile eines Ganzen zueinander

die **Pro|sa** (Nomen) nur im Singular **der Prosa** alle Arten der Literatur, die keine Gedichte sind (z. B. Roman, Drama, Novelle, Kurzgeschichte)

der **Pro|spekt, Pros|pekt** (Nomen) **des Prospekt(e)s, die Prospekte** ein Heft oder Faltblatt mit Informationen und Werbung

A B C D E F G H I J K L M N O P Q R S T U V W X Y Z

die **Pro|sti|tu|ier|te, Pros|ti|tu|ier|te** (Nomen) **der Prostituierten, die Prostituierten** eine Person, die gegen Bezahlung sexuelle Handlungen ausführt

die **Pro|sti|tu|ti|on, Pros|ti|tu|ti|on** (Nomen) [prostitu'tsi̯o:n] **der Prostitution** das Ausführen sexueller Handlungen gegen Bezahlung

das **Pro|te|in** (Nomen) [prote'i:n] **des Proteins, die Proteine** das Eiweiß im Körper von Menschen, Tieren und Pflanzen

der **Pro|test** (Nomen) **des Protest(e)s, die Proteste** Worte und Aktionen, mit denen man zeigt, dass man mit etwas nicht einverstanden, sondern dagegen ist

der **Pro|tes|tant** (Nomen) **des Protestanten, die Protestanten** der Angehörige der protestantischen Kirche

die **Pro|tes|tan|tin** (Nomen) **der Protestantin, die Protestantinnen**
Femininform von → **Protestant**

pro|tes|tan|tisch (Adjektiv)
Variante von → **evangelisch**

pro|tes|tie|ren (Verb) **du protestierst, er protestierte, sie hat protestiert, protestier(e)!** mit Worten und Aktionen zeigen, dass man mit etwas nicht einverstanden, sondern dagegen ist

das **Pro|to|koll** (Nomen) **des Protokolls, die Protokolle**
❶ ein Text, in dem steht, wo und wann eine Besprechung stattfand, wer teilgenommen hat und was gesagt und besprochen wurde: *Protokoll führen*
❷ etwas zu Protokoll geben/nehmen etwas offiziell sagen/aufschreiben
❸ nur im Singular die Regeln für das korrekte Verhalten bei offiziellen Anlässen

der **Pro|to|typ** (Nomen) **des Prototyps, die Prototypen**
❶ das erste Modell einer neu gebauten oder erfundenen Maschine o. Ä.
❷ ein Muster für etwas: *Diese Burg ist der Prototyp für alle späteren Burgen.*
❸ gehoben der typische Vertreter/die typische Vertreterin für etwas: *Sie ist der Prototyp einer Sportlehrerin.*

prot|zen (Verb) umgangssprachlich • abwertend **du protzt, er protzte, sie hat geprotzt, protz(e) nicht!**
mit etwas protzen ≈ mit etwas angeben, prahlen übertrieben zeigen, dass man auf etwas sehr stolz ist

die **Pro|vinz** (Nomen) [pro'vɪnts] **der Provinz, die Provinzen**
❶ eine der Verwaltungseinheiten, in die manche Länder unterteilt sind
❷ abwertend ein ländliches Gebiet, das im Gegensatz zu einer Großstadt sehr langweilig und altmodisch ist

die **Pro|vo|ka|ti|on** (Nomen) [provoka'tsi̯o:n] **der Provokation, die Provokationen** eine Handlung, mit der man jemanden absichtlich ärgert, damit er unüberlegt reagiert oder wütend wird

pro|vo|zie|ren (Verb) [provo'tsi:rən] **du provozierst, er provozierte, sie hat provoziert, provozier(e) nicht!**
❶ jemanden provozieren jemanden absichtlich ärgern, damit er reagiert oder wütend wird
❷ etwas provozieren dafür sorgen, dass etwas Negatives passiert

das **Pro|zent** (Nomen) **des Prozent(e)s, die Prozente** Zeichen: % ein Hundertstel

der **Pro|zess** (Nomen) **des Prozesses, die Prozesse**
❶ ein Vorgang, bei dem sich etwas über einen längeren Zeitraum entwickelt oder verändert
❷ RECHT das Gerichtsverfahren: *einen Prozess gewinnen*
❸ jemandem den Prozess machen umgangssprachlich jemanden vor Gericht anklagen
❹ mit etwas/jemandem kurzen Prozess machen umgangssprachlich ohne Rücksicht auf Einwände über etwas/jemanden entscheiden

der **Pro|zes|sor** (Nomen) **des Prozessors, die Prozessoren** die Steuer- und Recheneinheit in einem Rechner oder Computer

prü|fen (Verb) **du prüfst, er prüfte, sie hat geprüft, prüf(e)!**
❶ ≈ kontrollieren, testen etwas auf seine Richtigkeit oder Eigenschaft hin untersuchen: *Der Elektriker überprüft, ob die Stromleitungen funktionieren.*
❷ in der Schule, bei einem Test usw. Wissen und Kenntnisse abfragen

die **Prü|fung** (Nomen) **der Prüfung, die Prüfungen** ≈ Kontrolle, Test das Abfragen von Wissen und Kenntnissen

prü|geln (Verb) **du prügelst, er prügelte, sie hat geprügelt, prüg(e)le nicht!**
≈ schlagen *Er prügelt seinen Hund.*

das **PS**[1] (Nomen) [pe:ˈ|ɛs] **des PS, die PS** Abkürzung von: Pferdestärke die Maßeinheit, mit der man die Leistung von Automotoren angibt

PS[2] (Nomen) [peˈ:|ɛs] Abkürzung von: Postskriptum schreibt man vor einen Text, den man noch hinzufügt, obwohl der eigentliche Text schon fertig ist: *PS: Ich liebe dich!*

der **Psalm** (Nomen) **des Psalms, die Psalmen** ein Lied oder Gebet aus dem Alten Testament der Bibel

die **Psy|che** (Nomen) [ˈpsy:çə] **der Psyche, die Psychen** ≈ Seele, Geist das Fühlen, Empfinden und Denken eines Menschen

psy|chisch (Adjektiv) [ˈpsy:çɪʃ] ≈ seelisch, geistig das Fühlen, Empfinden und Denken von Menschen betreffend

der **Psy|cho|lo|ge** (Nomen) [psyçoˈlo:gə] **des Psychologen, die Psychologen** der Spezialist, der das Fühlen, Empfinden und Denken des Menschen untersucht

die **Psy|cho|lo|gie** (Nomen) [psyçoloˈgi:] nur im Singular **der Psychologie** die Wissenschaft vom Fühlen, Empfinden und Denken des Menschen

die **Psy|cho|lo|gin** (Nomen) [psyçoˈlo:gɪn] **der Psychologin, die Psychologinnen** Femininform von → **Psychologe**

psy|cho|lo|gisch (Adjektiv) [psyçoˈlo:gɪʃ] die Wissenschaft vom Fühlen, Empfinden und Denken des Menschen betreffend

das **Pu|bli|kum, Pub|li|kum** (Nomen) nur im Singular **des Publikums** die Menschen, die bei Vorträgen, Auftritten, Sendungen usw. zusehen und zuhören

der **Pud|ding** (Nomen) **des Puddings, die Puddinge/Puddings** eine süße, weiche Speise aus Milch, Zucker und Puddingpulver, die man kalt zum Nachtisch isst

der **Pu|del** (Nomen) **des Pudels, die Pudel** eine Hunderasse mit lockigem Fell

die **Pu|del|müt|ze** (Nomen) **der Pudelmütze, die Pudelmützen** eine rundherum eng anliegende Mütze aus dicker Wolle, die auch Stirn und Ohren bedeckt

der **Pu|der** (Nomen) **des Puders, die Puder** ein sehr feines Pulver, mit dem man die Haut pflegt

der **Puf|fer** (Nomen) **des Puffers, die Puffer**
❶ eine Vorrichtung an Eisenbahnen oder Maschinen, damit Stöße abgefangen und weicher werden
❷ umgangssprachlich ein Zeitraum als Reserve
❸ ≈ Kartoffelpuffer ein flacher Fladen aus geriebenen rohen Kartoffeln, Eiern und Mehl, der in heißem Fett ausgebacken wird

der **Pul|li** (Nomen) umgangssprachlich **des Pullis, die Pullis** Kurzform von → **Pullover**

der **Pul|lo|ver, Pull|over** (Nomen) [pʊˈlo:vɐ] **des Pullovers, die Pullover** ein Kleidungsstück für den Oberkörper, mit meist langen Ärmeln, das man über den Kopf zieht

der **Puls** (Nomen) **des Pulses, die Pulse**
❶ das regelmäßige, leichte Schlagen des Blutes in den Adern: *jemandem den Puls fühlen • den Puls messen*
❷ umgangssprachlich die Stelle innen am Handgelenk, an der man das Schlagen des Blutes besonders gut fühlen kann

pul|sie|ren (Verb) nur in der 3. Person gebraucht **es pulsiert, es pulsierte, es hat pulsiert** regelmäßig und rhythmisch fließen: *Das Blut pulsiert in den Adern.*

der **Puls|schlag** (Nomen) **des Pulsschlag(e)s, die Pulsschläge**
❶ ein einzelner Schlag, den die regelmäßige Bewegung des Blutes in den Adern verursacht
❷ nur im Singular das regelmäßige Schlagen des Blutes in den Adern

das **Pult** (Nomen) **des Pult(e)s, die Pulte**
❶ eine Art kleiner hoher Tisch mit einer schrägen Platte, an der ein Redner, Dirigent usw. steht
❷ der Tisch für Kinder und Lehrer in der Schule

das **Pul|ver** (Nomen) [ˈpʊlfɐ, ˈpʊlvɐ] **des Pulvers, die Pulver** eine staubförmige Substanz (z. B. Backpulver, Puddingpulver, Waschpulver)

pul|ve|rig, pulv|rig (Adjektiv) wie Pulver

pum|me|lig, pumm|lig (Adjektiv) umgangssprachlich **pummeliger, am pummeligsten** ein wenig dick

die **Pum|pe** (Nomen) **der Pumpe, die Pumpen**
❶ TECHNIK ein Gerät, mit dem man Flüssigkeiten oder Gas aus oder in etwas saugt oder drückt
❷ umgangssprachlich das Herz

pum|pen (Verb) **du pumpst, er pumpte, sie hat gepumpt, pump(e)!**
❶ etwas in/aus etwas pumpen etwas mit einer Pumpe in/aus etwas saugen oder drücken

❷ sich/jemandem Geld pumpen umgangssprachlich sich/jemandem Geld leihen

der **Punkt** (Nomen) **des Punkt(e)s, die Punkte**
❶ ein kleines, rundes Zeichen: *der Punkt auf dem kleinen i*
❷ ≈Tupfen ein kleiner, runder Fleck: *ein Kleid mit roten Punkten*
❸ eine bestimmte Stelle
❹ GRAMMATIK das Satzzeichen am Ende von Sätzen und das Zeichen nach Abkürzungen
❺ ein Thema auf einer Liste, in einer Tagesordnung usw.: *Diesen Punkt behandeln wir später.*
❻ Punkt zwei/drei/... (Uhr) umgangssprachlich genau um zwei/drei/... (Uhr)
❼ SPORT die Bewertung von Erfolgen beim Sport oder bei Spielen: *Der Kandidat hat 100 Punkte!*
❽ Jetzt mach mal einen Punkt! umgangssprachlich Jetzt reicht's!
❾ ohne Punkt und Komma reden umgangssprachlich ohne Pause reden
❿ ein wunder Punkt ein schwieriges Thema, bei dem jemand schnell verletzt oder traurig ist
⓫ der springende Punkt das Wichtigste, das Entscheidende
⓬ etwas auf den Punkt bringen etwas so formulieren, dass das Entscheidende gesagt wird
⓭ Punkt für Punkt eins nach dem anderen, in der richtigen Reihenfolge

punk|ten (Verb) **du punktest, er punktete, sie hat gepunktet, punkte!** beim Sport oder bei Spielen Punkte bekommen

pünkt|lich (Adjektiv) genau zu der Zeit, die vereinbart war

die **Pünkt|lich|keit** (Nomen) nur im Singular **der Pünktlichkeit** das Erscheinen zu der vereinbarten Zeit

die **Pu|pil|le** (Nomen) **der Pupille, die Pupillen** die runde, schwarze Öffnung im Auge, durch die das Licht fällt

die **Pup|pe** (Nomen) **der Puppe, die Puppen**
❶ ein Spielzeug, das wie ein kleines Kind aussieht: *Sie spielt mit ihrer Puppe.*
❷ ZOOLOGIE der sich in einer Hülle befindende Körper eines Insekts (z. B. Schmetterling), bevor er sich ganz entwickelt hat
❸ bis in die Puppen schlafen/feiern/... umgangssprachlich sehr lange schlafen/feiern/...

der **Pup|pen|wa|gen** (Nomen) **des Puppenwagens, die Puppenwagen** ein kleiner Kinderwagen für Puppen

der **Pups, Pup** (Nomen) umgangssprachlich **des Pupses, die Pupse** Luft, die laut und stinkend aus dem Darm kommt

pup|sen, pu|pen (Verb) umgangssprachlich **du pupst, er pupste, sie hat gepupst, pups(e) nicht!** Luft laut und stinkend aus dem Darm kommen lassen

pur (Adjektiv) ≈rein nicht vermischt oder verdünnt: *pures Gold*

das **Pü|ree** (Nomen) **des Pürees, die Pürees** der Brei aus zerdrücktem gekochtem Gemüse oder rohem Obst

pü|rie|ren (Verb) **du pürierst, er pürierte, sie hat püriert, pürier(e)!** zerdrücken und zu Brei verarbeiten

der **Pur|zel|baum** (Nomen) umgangssprachlich **des Purzelbaum(e)s, die Purzelbäume** ≈Rolle vorwärts eine Turnübung, bei der man in die Hocke geht, sich mit den Händen abstützt und dann mit dem Kopf nach unten nach vorn rollt

pur|zeln (Verb) umgangssprachlich **du purzelst, er purzelte, sie ist gepurzelt, purz(e)le!** ≈fallen *Inga purzelte kopfüber in das Schwimmbecken.*

pu|shen, pu|schen (Verb) ['pʊʃn̩] umgangssprachlich **du pushst, er pushte, sie hat gepusht, push(e)!** vorantreiben, in Schwung bringen: *die Karriere pushen*

die **Pus|te** (Nomen) umgangssprachlich nur im Singular **der Puste**
❶ der Atem
❷ außer Puste sein nach einer Anstrengung nicht mehr richtig atmen können

die **Pus|te|blu|me** (Nomen) umgangssprachlich **der Pusteblume, die Pusteblumen** ≈Löwenzahn

die **Pus|tel** (Nomen) **der Pustel, die Pusteln** eine kleine, entzündete, eitrige Stelle auf der Haut

pus|ten (Verb) **du pustest, er pustete, sie hat gepustet, pust(e)!**
❶ ≈blasen *Puste mal!*
❷ ≈keuchen vor Anstrengung schwer atmen

die **Pu|te** (Nomen) **der Pute, die Puten**
❶ die Truthenne siehe auch → **Puter**
❷ umgangssprachlich Schimpfwort für eine Frau: *Sie ist eine dumme Pute.*

der **Puter** (Nomen) **des Puters, die Puter** ≈Truthahn eine Art großes Huhn, dessen Fleisch man isst

der **Putsch** (Nomen) **des Putsch(e)s, die Putsche** eine Aktion (oft des Militärs), um die eigene Regierung abzuschaffen

put|schen (Verb) **du putschst, er putschte, sie hat geputscht, putsch(e)!** versuchen, (mit dem Militär) die eigene Regierung abzuschaffen

der **Putz** (Nomen) **des Putzes, die Putze**
❶ eine Mischung aus Sand, Wasser und Gips auf Mauern und Wänden
❷ auf den Putz hauen umgangssprachlich ausgelassen und laut feiern: *Bei Opas Geburtstag haben wir richtig auf den Putz gehauen.* übertrieben angeben: *Paul ist mir unsympathisch, der haut immer so auf den Putz.*

put|zen (Verb) **du putzt, er putzte, sie hat geputzt, putz(e)!**
❶ ≈reinigen sauber machen, von Schmutz befreien: *das ganze Haus putzen*
❷ (sich) die Nase putzen ≈schnäuzen mit der Nase in ein Taschentuch schnauben und so die Nase reinigen
❸ (sich) die Zähne putzen die Zähne mit einer Zahnbürste reinigen
❹ sich putzen bei Tieren sein Fell oder seine Federn sauber machen

das **Putz|mit|tel** (Nomen) **des Putzmittels, die Putzmittel** eine Flüssigkeit, ein Pulver o. Ä., mit der/dem man die Wohnung oder das Haus sauber macht

puz|zeln (Verb) [ˈpʊzl̩n oder ˈpazl̩n] **du puzzelst, er puzzelte, sie hat gepuzzelt, puzz(e)le!** ein Bild aus vielen einzelnen Teilen zusammenlegen

das **Puz|zle** (Nomen) [ˈpʊzl̩ oder ˈpazl̩] **des Puzzles, die Puzzles** ein Bild, das aus vielen einzelnen Teilen besteht, die man zusammenlegen muss

die **Py|ra|mi|de** (Nomen) [pyraˈmiːdə] **der Pyramide, die Pyramiden**
❶ ein geometrischer Körper, der aus einem Viereck als Grundfläche und vier Dreiecken, die an der Spitze zusammentreffen, als Seitenflächen besteht
❷ ein pyramidenförmiges Gebäude, in dem im alten Ägypten die Könige (Pharaonen) begraben wurden

Q

das **Q, q** (Nomen) **des Q, die Q** der 17. Buchstabe im Alphabet siehe auch → **A**

das **Qua|drat, Quad|rat** (Nomen) **des Quadrat(e)s, die Quadrate**
❶ GEOMETRIE ein Rechteck mit vier gleich langen Seiten
❷ MATHEMATIK das Ergebnis, wenn eine Zahl mit sich selbst multipliziert wird: *4 ist das Quadrat von 2 ($2 \cdot 2 = 4$).*
❸ vier/fünf/... im /zum Quadrat vier/fünf/... hoch zwei Abkürzung: 4^2, 5^2

qua|dra|tisch, quad|ra|tisch (Adjektiv) geformt wie ein Quadrat

der **Qua|drat|me|ter, Quad|rat|me|ter** (Nomen) **des Quadratmeters, die Quadratmeter** ein Meter Länge mal ein Meter Breite, eine Maßeinheit für Flächen Abkürzung: m^2

die **Qua|drat|zahl, Quad|rat|zahl** (Nomen) **der Quadratzahl, die Quadratzahlen** eine Zahl, die das Quadrat einer anderen ist: *4 und 9 sind Quadratzahlen (2^2, 3^3).*

qua|ken (Verb) **du quakst, er quakte, sie hat gequakt**
❶ die Ente/der Frosch quakt die Ente/der Frosch macht ihr/sein typisches Geräusch
❷ Laute wie ein Frosch oder eine Ente ausstoßen

die **Qual** (Nomen) **der Qual, die Qualen** ein großer körperlicher oder seelischer Schmerz

quä|len (Verb) **du quälst, er quälte, sie hat gequält, quäl(e) nicht!**
❶ jemanden/ein Tier quälen ≈misshandeln jemandem/einem Tier Schmerzen zufügen
❷ jemanden quälen jemandem Sorgen, Probleme, Schuldgefühle usw. machen
❸ jemanden mit etwas quälen jemanden mit etwas nicht in Ruhe lassen, jemanden mit Bitten oder Fragen belästigen
❹ sich mit etwas quälen wegen etwas Schmerzen oder Sorgen haben: *Sie quälte sich mit Schuldgefühlen.* sich mit etwas sehr

anstrengen: *Ich habe mich mit dieser Klassenarbeit sehr gequält.*
5 sich in/aus etwas/... quälen nur mit Mühe in/aus/... etwas kommen können: *Das Telefon klingelte und er quälte sich aus dem Bett.*

der **Quäl|geist** (Nomen) umgangssprachlich • abwertend **des Quälgeist(e)s, die Quälgeister** jemand, der andere immer wieder stört oder belästigt

die **Qua|li|fi|ka|ti|on** (Nomen) [kvalifika'tsi̯o:n] **der Qualifikation, die Qualifikationen**
1 die Fähigkeiten, die man durch eine Ausbildung bekommen hat, um einen Beruf auszuüben
2 eine sportliche Leistung, die man erbringen muss, um an einem Wettkampf teilzunehmen

sich **qua|li|fi|zie|ren** (Verb) **du qualifizierst dich, er qualifizierte sich, sie hat sich qualifiziert, qualifizier(e) dich!**
1 sich für einen Beruf qualifizieren die Ausbildung zu einem Beruf machen
2 sich für einen Wettkampf qualifizieren eine bestimmte sportliche Leistung erbringen, damit man an einem Wettkampf teilnehmen darf

die **Qua|li|tät** (Nomen) **der Qualität, die Qualitäten**
1 die Art, wie etwas ist: *Dieses Leder hat eine schlechte Qualität.*
2 die Güte von etwas: *Dieses Geschäft ist für seine Qualität bekannt.*
3 Qualitäten Plural besonders gute Eigenschaften: *Er ist ein Mann mit menschlichen Qualitäten.*

qua|li|ta|tiv, qua|li|ta|tiv (Adjektiv) was die Art und Beschaffenheit von etwas angeht

die **Qual|le** (Nomen) **der Qualle, die Quallen** ein rundes, durchsichtiges, weiches Tier, das im Meer lebt

der **Qualm** (Nomen) nur im Singular **des Qualm(e)s** der dichte Rauch

qual|men (Verb) **du qualmst, er qualmte, sie hat gequalmt, qualm(e)!**
1 dichten Rauch ausstoßen: *Die Schornsteine qualmen.*
2 umgangssprachlich rauchen: *Ich dachte, du wolltest aufhören zu rauchen, du qualmst ja immer noch!*

die **Qua|ran|tä|ne** (Nomen) [karan'tɛ:nə] **der Quarantäne, die Quarantänen** die Unterbringung von kranken oder vielleicht kranken Menschen oder Tieren an einem anderen Ort, damit sie niemanden anstecken

der **Quark** (Nomen) nur im Singular **des Quarks**
1 ein weicher weißer Käse
2 umgangssprachlich Quatsch, Unsinn: *So ein Quark!*

das **Quar|tal** (Nomen) **des Quartals, die Quartale** ≈ Vierteljahr ein Zeitraum von 3 Monaten, das Jahr besteht aus vier Quartalen

das **Quar|tett** (Nomen) **des Quartett(e)s, die Quartette**
1 ein Musikstück für vier Instrumente oder Stimmen
2 eine Gruppe von vier Leuten, die zusammen Musik machen
3 ein Kartenspiel, bei dem man immer vier zusammenpassende Karten sammeln muss

das **Quar|tier** (Nomen) **des Quartier(e)s, die Quartiere** besonders für Soldaten eine Wohnung oder ein Raum, in der/dem jemand vorübergehend wohnen oder schlafen kann

qua|si (Adverb) ≈ sozusagen so, dass etwas eigentlich fast so wäre: *Juan lebt schon zehn Jahre in unserer Familie und ist quasi mein Bruder.*

quas|seln (Verb) umgangssprachlich • abwertend **du quasselst, er quasselte, sie hat gequasselt, quass(e)le nicht!** viel reden

der **Quatsch** (Nomen) [kvatʃ] umgangssprachlich • abwertend nur im Singular **des Quatsch(e)s** Unsinn: *Jetzt lass den Quatsch!*

quat|schen (Verb) umgangssprachlich **du quatschst, er quatschte, sie hat gequatscht, quatsch(e)!**
1 ≈ reden, sich unterhalten *Sie quatschten den ganzen Abend miteinander.*
2 abwertend dummes Zeug reden, Unsinn reden
3 abwertend etwas verraten

das **Queck|sil|ber** (Nomen) nur im Singular **des Quecksilbers** ein silbernes Metall, das bei Zimmertemperatur flüssig ist

die **Quel|le** (Nomen) **der Quelle, die Quellen**
1 die Stelle, aus der Wasser aus der Erde kommt und ein Fluss entsteht
2 ein Text, dem man Informationen für wissenschaftliche Arbeiten entnimmt
3 eine Person oder Stelle, von der eine Information stammt: *Ich weiß das aus einer sicheren Quelle.*

quel|len (Verb) **du quillst, er quoll, sie ist gequollen**
❶ sich voll Flüssigkeit saugen und dadurch größer werden: *den Reis quellen lassen*
❷ über/aus/… etwas quellen über/aus/… etwas gedrückt werden: *Sein Bauch quoll über den Hosenbund.*

das **Quell|was|ser** (Nomen) nur im Singular **des Quellwassers** das Wasser aus einer Quelle

quer (Adverb)
❶ in Bezug zu einer (gedachten) Linie im rechten Winkel: *Er stellte den Tisch quer zur Wand. • Sie trug eine quer gestreifte Bluse.*
❷ kreuz und quer planlos und ungeordnet: *Auf unserer Suche liefen wir kreuz und quer durch die Stadt.*

quer|beet (Adverb) umgangssprachlich ohne festes Ziel: *Die Kinder liefen querbeet über die Wiese.*

die **Que|re** (Nomen) nur im Singular **der Quere** jemandem in die Quere kommen jemanden stören oder behindern

quer|feld|ein (Adverb) nicht auf festen Wegen, sondern über Felder und Wiesen: *Wir liefen querfeldein bis zur Scheune.*

die **Quer|flö|te** (Nomen) **der Querflöte, die Querflöten** ein Musikinstrument aus Metall, das Löcher mit Klappen hat und ein seitliches Loch, in das man bläst

sich **quer|le|gen** (Verb) umgangssprachlich **du legst dich quer, er legte sich quer, sie hat sich quergelegt, leg(e) dich nicht quer!** nicht zustimmen, sich widersetzen

quer|schie|ßen (Verb) umgangssprachlich **du schießt quer, er schoss quer, sie hat quergeschossen, schieß(e) nicht quer!** ein Vorhaben absichtlich stören

der **Quer|schnitt** (Nomen) **des Querschnitt(e)s, die Querschnitte**
❶ die Zeichnung eines Körpers, der quer durchgeschnitten wurde: *der Querschnitt eines Kegels*
❷ eine Auswahl von Personen oder Dingen, die einen guten Überblick über die jeweilige Gesamtmenge bietet: *In der Umfrage wurde ein Querschnitt der Bevölkerung befragt.*

quer|schnitts|ge|lähmt, quer|schnitt|ge|lähmt (Adjektiv) so, dass durch eine Verletzung des Rückenmarks bestimmte Körperteile unterhalb der Verletzung nicht mehr bewegt werden können

sich **quer|stel|len** (Verb) umgangssprachlich **du stellst dich quer, er stellte sich quer, sie hat sich quergestellt, stell(e) dich nicht quer!** nicht zustimmen, sich widersetzen: *Ich habe das Gefühl, dass Leo sich immer querstellt.*

die **Quer|sum|me** (Nomen) **der Quersumme, die Quersummen** die Summe, die sich aus der Addition der einzelnen Ziffern einer mehrstelligen Zahl ergibt: *Die Quersumme von/aus 16 ist 7.*

quet|schen (Verb) **du quetschst, er quetschte, sie hat gequetscht, quetsch(e)!**
❶ etwas quetschen etwas zerdrücken, flüssig machen: *Sie quetschte eine Banane mit der Gabel zu Brei.*
❷ jemandem/sich den Finger quetschen jemanden/sich durch Einklemmen verletzen: *Er hat sich den Finger in der Autotür gequetscht.*
❸ sich in/durch etwas quetschen sich in, durch etwas zwängen: *Sie quetschten sich in den vollen Zug.*

die **Quiche** (Nomen) [kɪʃ] **der Quiche, die Quiches** eine Art herzhafter Kuchen mit Lauch und Speck

quie|ken (Verb) **du quiekst, er quiekte, sie hat gequiekt, quiek(e)!**
❶ das Schwein/die Maus quiekt das Schwein/die Maus macht sein/ihr typisches Geräusch
❷ (vor Freude) quieken umgangssprachlich einen sehr schrillen Laut von sich geben: *Der kleine Junge quiekte vor Vergnügen.*

quiet|schen (Verb) **du quietschst, er quietschte, sie hat gequietscht, quietsch(e)!** einen schrillen Laut von sich geben: *Die Tür quietscht. • Die Kinder quietschten vor Vergnügen.*

die **Quint|es|senz** (Nomen) gehoben **der Quintessenz, die Quintessenzen** das wesentliche Ergebnis/der wesentliche Gedanke von etwas

das **Quin|tett** (Nomen) **des Quintett(e)s, die Quintette**
❶ ein Musikstück für fünf Instrumente oder Stimmen
❷ eine Gruppe von fünf Musikern

der **Quirl** (Nomen) **des Quirl(e)s, die Quirle** ein elektrisches Gerät, mit dem man Lebensmittel verrühren kann

quir|len (Verb) **du quirlst, er quirlte, sie hat gequirlt, quirl(e)!** mit einem Quirl verrühren

quitt (Adjektiv) umgangssprachlich
(mit jemandem) quitt sein (jemandem gegenüber) keine Schulden oder Verpflichtungen mehr haben: *Ich bekomme noch 5 Euro, dann sind wir quitt.*

die **Quit|te** (Nomen) **der Quitte, die Quitten**
eine gelbe, sehr harte Frucht, die birnenförmig ist

quit|tie|ren (Verb) **du quittierst, er quittierte, sie hat quittiert, quittier(e)!**
❶ unterschreiben und dadurch den Empfang bestätigen: *Er quittiert den Empfang des Geldes auf der Rechnung.*
❷ den Dienst quittieren veraltet eine Tätigkeit aufgeben

die **Quit|tung** (Nomen) **der Quittung, die Quittungen**
❶ eine Bestätigung, dass jemand einen Geldbetrag, ein Paket usw. bekommen hat
❷ umgangssprachlich eine Strafe: *Er bekam sofort die Quittung für sein Verhalten.*

das **Quiz** (Nomen) [kvɪs] **des Quiz, die Quiz**
ein Spiel, bei dem Kandidaten Fragen beantworten müssen

die **Quo|te** (Nomen) **der Quote, die Quoten**
der Anteil im Verhältnis zu einer Gesamtmenge (z. B. **Einschaltquote, Arbeitslosenquote**)

der **Quo|ti|ent** (Nomen) [kvoˈtsi̯ɛnt] **des Quotienten, die Quotienten**
das Ergebnis einer Division: *Nenne den Quotienten von 24:6.*

R

das **R, r** (Nomen) **des R, die R**
❶ der 18. Buchstabe im Alphabet
siehe auch → **A**
❷ MATHEMATIK Abkürzung von: → **Radius**

der **Ra|batt** (Nomen) **des Rabatt(e)s, die Rabatte** der Preisnachlass

der **Ra|bau|ke** (Nomen) umgangssprachlich • abwertend **des Rabauken, die Rabauken**
jemand, der sich oft unpassend und gewalttätig verhält

der **Rab|bi** (Nomen) **des Rabbi(s), die Rabbis/Rabbinen**
Kurzform von → **Rabbiner**

der **Rab|bi|ner** (Nomen) **des Rabbiners, die Rabbiner** ein jüdischer Schriftgelehrter

die **Rab|bi|ner|in** (Nomen) **der Rabbinerin, die Rabbinerinnen**
Femininform von → **Rabbiner**

der **Ra|be** (Nomen) **des Raben, die Raben**
❶ ein großer schwarzer Vogel
❷ klauen wie ein Rabe umgangssprachlich ständig stehlen

ra|bi|at (Adjektiv) **rabiater, am rabiatesten**
grob, gewalttätig

die **Ra|che** (Nomen) nur im Singular **der Rache**
Revanche, Vergeltung für eine unangenehme Tat: *Sie schworen Rache.*

der **Ra|chen** (Nomen) **des Rachens, die Rachen**
das Innere des Halses: *Mein Rachen ist entzündet.*

rä|chen (Verb) **du rächst, er rächte, sie hat gerächt, räche!**
❶ jemanden oder etwas rächen für ein Unrecht Wiedergutmachung suchen: *Er schwor, den Mord zu rächen.*
❷ sich (an jemandem) rächen jemandem, der einem etwas Böses getan hat, auch etwas Böses antun: *Na warte, ich werde mich rächen!*
❸ Das wird sich noch rächen! das wird noch negative Auswirkungen haben: *Deine Faulheit wird sich noch rächen!*

ra|ckern (Verb) umgangssprachlich **du rackerst, er rackerte, sie hat gerackert, rack(e)re!**
hart arbeiten

die/das **Ra|clette, Rac|lette** (Nomen) [ˈraklɛt, raˈklɛt] **der/des Raclettes, die Raclette(s)** ein Gericht, bei dem man am Tisch Käse schmilzt

das **Rad** (Nomen) **des Rad(e)s, die Räder**
❶ das runde Teil unten an einem Fahrzeug oder in einem Gerät, das sich dreht
❷ Kurzform von → **Fahrrad**
❸ SPORT eine Übung, bei der man die Hände nacheinander auf den Boden aufsetzt und mit dem gestreckten Körper seitlich einen Überschlag macht: *ein Rad schlagen*

das/der **Ra|dar** (Nomen) **des Radars, die Radare**
ein Gerät, das mit Hilfe elektromagnetischer Wellen einen Gegenstand ortet und damit auch seine Geschwindigkeit und Bewegungsrichtung ermittelt: *Das Flugzeug tauchte auf dem Radar des Fluglotsen auf.*

die **Ra|dar|kon|trol|le, Ra|dar|kont|rol|le** (Nomen) **der Radarkontrolle, die Radarkontrollen** die Kontrolle der Geschwindigkeit im Straßenverkehr

der **Ra|dau** (Nomen) umgangssprachlich • abwertend nur im Singular **des Radaus** der Lärm: *Mach nicht so einen Radau!*

ra|deln (Verb) umgangssprachlich süddeutsch Ⓐ **du radelst, er radelte, sie ist geradelt, rad(e)le!** Fahrrad fahren

der **Rad|fah|rer** (Nomen) **des Radfahrers, die Radfahrer** jemand, der auf einem Fahrrad fährt

die **Rad|fah|re|rin** (Nomen) **der Radfahrerin, die Radfahrerinnen** Femininform von → **Radfahrer**

der **Rad|fahr|weg** (Nomen) **des Radfahrweg(e)s, die Radfahrwege** ein Weg, auf dem nur Radfahrer fahren dürfen

ra|die|ren (Verb) **du radierst, er radierte, sie hat radiert, radier(e)!** etwas, was mit Blei- oder Buntstift geschrieben ist, mit einem Radiergummi entfernen

der **Ra|die|rer** (Nomen) umgangssprachlich **des Radierers, die Radierer** Variante von → **Radiergummi**

der **Ra|dier|gum|mi** (Nomen) **des Radiergummis, die Radiergummis** ein Gummi, mit dem man etwas, was mit Blei- oder Buntstift geschrieben ist, entfernen kann

das **Ra|dies|chen** (Nomen) [raˈdiːsçən] **des Radieschens, die Radieschen** die essbare, kleine, außen rote, kugelige Knolle einer Pflanze

ra|di|kal (Adjektiv) **radikaler, am radikalsten**
❶ sehr stark, sehr groß, vollständig: *Es gab radikale Veränderungen in dem Unternehmen.*
❷ ohne Rücksicht: *Er lehnte diesen Vorschlag radikal ab.* • *Sie ist eine radikale Verfechterin der Demokratie.*
❸ Partei mit sehr extremen Ansichten, gegen die bestehende politische Ordnung gerichtet

das **Ra|dio** (Nomen) **des Radios, die Radios**
❶ ein Gerät, mit dem Rundfunkprogramme empfangen werden: *Bitte stell das Radio leiser.*
❷ nur im Singular das Unternehmen, das Rundfunkprogramme sendet: *Ich höre gerne Radio.* • *Er arbeitet beim Radio.*

ra|dio|ak|tiv (Adjektiv) so, dass etwas Radioaktivität aufweist: *radioaktiver Müll*

die **Ra|dio|ak|ti|vi|tät** (Nomen) [radi̯oaktiviˈtɛːt] nur im Singular **der Radioaktivität** die Eigenschaft eines instabilen Atomkerns, ohne äußeren Einfluss zu zerfallen und schädliche Strahlung auszusenden

der **Ra|di|us** (Nomen) **des Radius, die Radien** Abkürzung: R/r die Strecke vom Mittelpunkt eines Kreises oder einer Kugel zum Rand: *Die Kugel hat einen Radius von 5 cm.*

die **Rad|tour** (Nomen) **der Radtour, die Radtouren** ein Ausflug mit dem Fahrrad: *Am Sonntag machen wir eine Radtour.*

der **Rad|weg** (Nomen) **des Radweg(e)s, die Radwege** Variante von → **Radfahrweg**

raf|fen (Verb) **du raffst, er raffte, sie hat gerafft, raff(e)!**
❶ Stoff so befestigen, dass er in Falten fällt
❷ einen Text kürzen
❸ umgangssprachlich • abwertend etwas verstehen: *Zum Glück hat er das gar nicht gerafft.*
❹ etwas (an sich) raffen gierig sammeln: *Geld raffen*

die **Raff|gier** (Nomen) abwertend nur im Singular **der Raffgier** die Sucht, immer mehr besitzen zu wollen

raff|gie|rig (Adjektiv) abwertend **raffgieriger, am raffgierigsten** danach strebend, immer mehr zu besitzen

raf|fi|niert (Adjektiv) **raffinierter, am raffiniertesten**
❶ sehr klug und geschickt: *ein raffinierter Plan*
❷ sehr außergewöhnlich: *ein raffiniert geschnittenes Kleid*

die **Ra|ge** (Nomen) [ˈraːʒə] umgangssprachlich • nur im Singular **der Rage**
❶ jemanden in Rage bringen jemanden wütend machen
❷ in Rage kommen/geraten wütend werden

ra|gen (Verb) **du ragst, er ragte, sie hat geragt, rag(e)!** höher sein als die benachbarten Dinge: *Die Kirchturmspitze ragt in den Himmel.* • *Der Fels ragt aus dem Wasser.*

der **Rahm** (Nomen) süddeutsch Ⓐ Ⓒⓗ nur im Singular **des Rahm(e)s** ≈ Sahne ein fetthaltiges Milchprodukt

rah|men (Verb) **du rahmst, er rahmte, sie hat gerahmt, rahm(e)!** mit einem Rahmen umgeben: *ein Bild rahmen*

A B C D E F G H I J K L M N O P Q R S T U V W X Y Z

der **Rah|men** (Nomen) **des Rahmens, die Rahmen**
❶ die Einfassung, die man um etwas macht (z. B. Bilderrahmen, Fensterrahmen, Türrahmen)
❷ das feste Gestell eines Fahrzeugs, das andere Teile trägt (z. B. Fahrzeugrahmen, Fahrradrahmen)
❸ nur im Singular die Umstände von etwas: *der festliche Rahmen der Veranstaltung*
❹ den Rahmen sprengen über das übliche Maß hinausgehen
❺ sich im Rahmen halten angemessen oder üblich sein

die **Rah|men|er|zäh|lung** (Nomen) **der Rahmenerzählung, die Rahmenerzählungen** eine Erzählung, in die zusätzlich eine oder mehrere andere Erzählungen eingebunden ist/sind

sich **rä|keln, re|keln** (Verb) **du räkelst dich, er räkelte sich, sie hat sich geräkelt, räk(e)le dich!** sich strecken und dehnen

die **Ra|ke|te** (Nomen) **der Rakete, die Raketen**
❶ Raumfahrt ein länglicher Flugkörper in der Form eines Zylinders, der ins Weltall fliegen kann
❷ MILITÄR ein als Waffe eingesetzter länglicher Flugkörper in der Form eines Zylinders mit einer Spitze
❸ Feuerwerk ein länglicher Gegenstand aus Pappe in der Form eines Zylinders, der in die Luft fliegt und schöne Lichteffekte macht, wenn man ihn anzündet

die **Ral|lye** (Nomen) ['rali, 'rɛli] **der Rallye, die Rallyes** ein Wettrennen, bei dem Autos meist mehrere Etappen fahren

der **Ra|ma|dan** (Nomen) nur im Singular **des Ramadan(s)** der Fastenmonat der Muslime

ram|men (Verb) **du rammst, er rammte, sie hat gerammt, ramm(e) nicht!**
❶ ein Auto/ein Schiff/... rammen mit Wucht seitlich treffen: *Er rammte das parkende Auto.*
❷ etwas in den Boden rammen etwas mit Wucht in die Erde schlagen

die **Ram|pe** (Nomen) **der Rampe, die Rampen**
❶ eine schräge Auffahrt: *Das Auto fuhr über die Rampe auf die Fähre.*
❷ eine erhöhte Fläche zum Verladen von Ware in einen Lkw: *Der Lkw fuhr zum Beladen an die Rampe.*
❸ THEATER der vordere Rand der Theaterbühne

ran (Adverb) umgangssprachlich Kurzform von → **heran**

der **Rand** (Nomen) **des Rand(e)s, die Ränder**
❶ die äußere Begrenzung von etwas: *der obere Rand eines Blattes • am Rand der Stadt wohnen*
❷ die Umrahmung oder Einfassung von etwas: *eine Traueranzeige mit schwarzem Rand*
❸ außer Rand und Band geraten vor allem Kinder völlig wild und verrückt werden

die **Rand|fi|gur** (Nomen) **der Randfigur, die Randfiguren** eine Person, die bei irgendetwas nicht so wichtig ist

der **Rang** (Nomen) **des Rang(e)s, die Ränge**
❶ die Stufe in einer Hierarchie: *Er bekleidet den Rang eines Offiziers. • Sie hat in dem Wettkampf Rang drei belegt.*
❷ THEATER die höher gelegenen Zuschauerplätze
❸ von (hohem) Rang bedeutend, wichtig: *Er ist ein Schriftsteller von hohem Rang.*
❹ alles, was Rang und Namen hat umgangssprachlich alle wichtigen und bekannten Persönlichkeiten

die **Ran|ge|lei** (Nomen) umgangssprachlich **der Rangelei, die Rangeleien** ein harmloser Streit mit Schubsen

ran|geln (Verb) **du rangelst, er rangelte, sie hat gerangelt, rang(e)le nicht!** (harmlos) raufen, sich gegenseitig schubsen

die **Rang|ord|nung** (Nomen) **der Rangordnung, die Rangordnungen** die Abstufung innerhalb einer festgelegten Hierarchie

der **Ran|zen** (Nomen) **des Ranzens, die Ranzen**
❶ Kurzform von → **Schulranzen**
❷ abwertend • umgangssprachlich ein dicker Bauch

ran|zig (Adjektiv) Butter, Öl und andere Fette verdorben, schlecht geworden: *Die Butter ist ranzig.*

der **Rap** (Nomen) [ræp] **des Rap(s), die Raps** eine moderne Musikrichtung mit schnellem Sprechgesang

der **Rap|pe** (Nomen) **des Rappen, die Rappen** ein schwarzes Pferd

rap|peln (Verb) umgangssprachlich **du rappelst, er rappelte, sie hat gerappelt, rapp(e)le nicht!**
❶ klappern, rasseln: *Der Wecker rappelt.*
❷ Bei dir rappelt's wohl! umgangssprachlich Du spinnst wohl!

rap|pen (Verb) ['ræpn̩] **du rappst, er rappte, sie hat gerappt, rapp(e)!** einen Rap singen und tanzen

der **Rap|per** (Nomen) ['ræpɐ] **des Rappers, die Rapper** jemand, der rappt

die **Rap|pe|rin** (Nomen) ['ræpərɪn] **der Rapperin, die Rapperinnen** Femininform von → **Rapper**

rar (Adjektiv) **rarer, am rarsten** selten, wenig vorhanden: *Wahre Freundschaft ist ein rares Glück!*

ra|sant (Adjektiv) **rasanter, am rasantesten** sehr schnell: *Das Auto bog rasant um die Ecke.* • *Die Arbeitslosenzahl nimmt rasant zu.*

rasch (Adjektiv) **rascher, am raschesten** schnell: *rasches Arbeiten*

ra|scheln (Verb) **du raschelst, er raschelte, sie hat geraschelt, rasch(e)le nicht!** ein Geräusch machen, das sich wie Laub im Wind anhört: *mit Papier rascheln*

ra|sen (Verb) **du rast, er raste, sie ist/hat gerast, ras(e) nicht!**
1 **ist gerast** sehr schnell fahren oder gehen: *Das Auto raste um die Kurve.* • *Die Tage rasen vorbei.*
2 **ist gerast** schnell schlagen: *Mein Herz rast vor Aufregung.*
3 **hat gerast** sehr wütend sein: *Sie raste vor Eifersucht.*

der **Ra|sen** (Nomen) **des Rasens, die Rasen** eine Fläche, die mit Gras bewachsen ist: *auf dem Rasen Fußball spielen*

ra|send (Adjektiv)
1 sehr schnell: *mit rasender Geschwindigkeit*
2 sehr viel, sehr stark: *Er war rasend in sie verliebt.* • *Ich habe rasende Kopfschmerzen.*
3 jemanden rasend machen jemanden verrückt oder wütend machen

der **Ra|sier|ap|pa|rat** (Nomen) **des Rasierapparat(e)s, die Rasierapparate** ein Gerät, um sich zu rasieren

ra|sie|ren (Verb) **du rasierst, er rasierte, sie hat rasiert, rasier(e)!**
jemanden/sich rasieren die Haare mit einem Rasierer entfernen, z. B. im Gesicht, unter den Achseln, an den Beinen: *Er war frisch rasiert.* • *Sie rasiert sich täglich die Beine.*

die **Ras|se** (Nomen) **der Rasse, die Rassen**
1 eine Gruppe von Tieren, die durch Züchtung besondere gemeinsame Merkmale haben: *Was für eine Rasse ist dein Hund?*
2 veraltet eine große Gruppe von Menschen, die bestimmte gemeinsame Merkmale, besonders die gleiche Hautfarbe haben

die **Ras|sel** (Nomen) **der Rassel, die Rasseln** ein Musikinstrument oder ein Spielzeug, das ein Geräusch macht, wenn man es bewegt

ras|seln (Verb) **du rasselst, er rasselte, sie hat/ist gerasselt, rass(e)le!**
1 **hat gerasselt** ein leises, eher dumpfes Geräusch machen: *Er rasselte mit seinem Schlüssel.*
2 **hat gerasselt** mit einer Rassel spielen
3 durch eine Prüfung rasseln **ist gerasselt** umgangssprachlich eine Prüfung nicht bestehen

der **Ras|sis|mus** (Nomen) **nur im Singular des Rassismus** die Ansicht, dass Menschen, die einer anderen Rasse angehören, weniger wert sind

der **Ras|sist** (Nomen) **des Rassisten, die Rassisten** jemand, der die Meinung vertritt, Menschen einer anderen Rasse seien weniger wert

die **Ras|sis|tin** (Nomen) **der Rassistin, die Rassistinnen** Femininform von → **Rassist**

ras|sis|tisch (Adjektiv) den Rassismus vertretend/betreffend: *Seine rassistischen Ansichten teile ich überhaupt nicht!*

die **Rast** (Nomen) **Plural selten der Rast, die Rasten** eine kurze Pause, besonders bei einer Wanderung, um sich auszuruhen: *Wir haben am Gipfel des Berges Rast gemacht.*

ras|ten (Verb) **du rastest, er rastete, sie hat gerastet, rast(e)!** eine kurze Pause zum Ausruhen machen

das **Ras|ter** (Nomen) **des Rasters, die Raster** ein bestimmtes System, in das etwas eingeordnet wird: *Viele arme Menschen fallen im amerikanischen Bildungssystem durchs Raster.*

der **Rast|platz** (Nomen) **des Rastplatzes, die Rastplätze**
1 **beim Wandern** eine Stelle, an der man Rast machen kann
2 **auf der Autobahn** ein Parkplatz (meist mit einem Restaurant)

die **Rast|stät|te** (Nomen) **der Raststätte, die Raststätten** ein Restaurant an der Autobahn

die **Ra|sur** (Nomen) **der Rasur, die Rasuren** das Rasieren (**z. B. Nassrasur, Trockenrasur**)

der **Rat** (Nomen) **des Rat(e)s, die Räte**
❶ nur im Singular der Vorschlag, den man jemandem macht, der nicht weiß, was er tun soll: *Er fragte seinen Vater um Rat.*
❷ mehrere Personen als eine Gruppe, die etwas bespricht und entscheidet (z. B. Aufsichtsrat, Stadtrat)

die **Ra|te** (Nomen) **der Rate, die Raten** ein Teilbetrag, den man regelmäßig zahlt, bis der gesamte Kaufpreis bezahlt ist: *Kann ich die Rechnung in Raten von monatlich 100 Euro zahlen?*

ra|ten (Verb) **du rätst, er riet, sie hat geraten, rat(e)!**
❶ jemandem (zu) etwas raten jemandem vorschlagen, was er tun soll: *Er riet mir, eine Regenjacke einzupacken.*
❷ etwas raten auf eine Frage antworten, obwohl man die Antwort nicht genau weiß: *Er hatte richtig/falsch geraten.*

das **Rat|haus** (Nomen) **des Rathauses, die Rathäuser** das Gebäude, in dem der Bürgermeister und die Stadtverwaltung arbeiten

die **Ra|ti|on** (Nomen) [raˈtsi̯oːn] **der Ration, die Rationen** die festgelegte Menge von etwas: *Er hat sich seine Ration Schokolade gut eingeteilt.*

rat|los (Adjektiv) so, dass man nicht weiß, was man tun soll: *Das Kind stand ratlos vor verschlossener Tür.*

rat|sam (Adjektiv) gut und klug: *Ich halte es nicht für ratsam, in der Nacht vor der Prüfung zu lernen.*

der **Rat|schlag** (Nomen) **des Ratschlag(e)s, die Ratschläge** ≈ Rat ein Vorschlag, was jemand tun könnte

das **Rät|sel** (Nomen) **des Rätsels, die Rätsel**
❶ ein Spiel, bei dem man eine Umschreibung bekommt und die richtige Antwort herausfinden muss
❷ etwas, was man nicht versteht: *Es ist mir ein Rätsel, wie jemand so lange schlafen kann.*

rät|seln (Verb) **du rätselst, er rätselte, sie hat gerätselt, räts(e)le!** Vermutungen anstellen

die **Rat|te** (Nomen) **der Ratte, die Ratten** ein Tier, das einer Maus sehr ähnlich, aber größer ist

rat|tern (Verb) nur in der 3. Person gebraucht **es rattert, es ratterte, es hat/ist gerattert**
❶ hat gerattert kurze, harte Geräusche machen, wie z. B. Metallketten, die aufeinanderschlagen: *Die Maschine ratterte ununterbrochen.*
❷ ist gerattert sich bewegen und dabei kurze, harte Geräusche machen: *Der Zug ratterte durch die Nacht.*

rau (Adjektiv) **rauer, am rau(e)sten**
❶ nicht glatt, nicht weich: *eine raue Haut/Oberfläche*
❷ nicht mild, unangenehm: *ein raues Klima • ein rauer Wind*
❸ Stimme heiser
❹ Hals entzündet

der **Raub** (Nomen) Plural selten **des Raub(e)s, die Raube**
❶ der gewaltsame Diebstahl (z. B. Juwelenraub)
❷ die gewaltsame Entführung (z. B. Kindesraub)
❸ die Beute, die geraubt wurde: *Sie brachten den Raub in Sicherheit.*
❹ ein Raub der Flammen werden gehoben durch ein Feuer völlig zerstört werden

rau|ben (Verb) **du raubst, er raubte, sie hat geraubt, raub(e) nicht!**
❶ gehoben gewaltsam wegnehmen: *Ihm wurde sein ganzes Geld geraubt.*
❷ gehoben gewaltsam entführen: *Es heißt, in unserer Nachbarschaft wurde ein Kind geraubt.*
❸ bei Tieren als Beute fangen: *Der Fuchs hat schon wieder ein Huhn geraubt.*
❹ jemandem den Schlaf rauben jemanden nicht schlafen lassen

der **Räu|ber** (Nomen) **des Räubers, die Räuber** jemand, der etwas raubt

die **Räu|be|rin** (Nomen) **der Räuberin, die Räuberinnen** Femininform von → **Räuber**

der **Rauch** (Nomen) nur im Singular **des Rauch(e)s** die graue Wolke, die entsteht, wenn etwas verbrennt: *Aus dem Kamin stieg dichter Rauch. • der Rauch einer Zigarette*

rau|chen (Verb) **du rauchst, er rauchte, sie hat geraucht, rauch(e) nicht!**
❶ eine graue Wolke entwickeln, weil etwas brennt: *Als das Haus brannte, hat es ziemlich geraucht.*
❷ eine Zigarette, Pfeife usw. rauchen eine Zigarette, den Tabak in einer Pfeife usw. anzünden und den Rauch einatmen: *Sie raucht 10 Zigaretten am Tag.*

der **Rau|cher** (Nomen) **des Rauchers, die Raucher** jemand, der regelmäßig raucht

die **Rau|che|rin** (Nomen) **der Raucherin, die Raucherinnen**
Femininform von → **Raucher**

rauf (Adverb) umgangssprachlich
Kurzform von → **hinauf**
Kurzform von → **herauf**

rau|fen (Verb) **du raufst, er raufte, sie hat gerauft, rauf(e) nicht!**
❶ (sich) mit jemandem raufen mit jemandem streiten und kämpfen: *Er hat (sich) mit seinem Bruder um den letzten Keks gerauft.*
❷ sich die Haare raufen vor Verzweiflung nicht wissen, was man tun soll

der **Raum** (Nomen) **des Raum(e)s, die Räume**
❶ ≈Zimmer ein umschlossener Bereich in einem Gebäude: *Sie nutzt den Raum als Büro.*
❷ ein dreidimensionaler Bereich (mit Länge, Breite und Höhe): *der luftleere Raum • der benötigte Raum lässt sich definieren*
❸ nur im Singular genutzter Platz: *Die Familie wohnt auf engstem Raum. • Der große Schrank nahm sehr viel Raum ein.*
❹ ein größeres, nicht genauer bestimmtes Gebiet: *Sie wohnt im Raum München.*
❺ nur im Singular: Kurzform von → **Weltraum**

räu|men (Verb) **du räumst, er räumte, sie hat geräumt, räum(e)!**
❶ von einem Ort weggehen: *Sie räumten die Wohnung zum 1. des Monats.*
❷ wegschaffen, entfernen: *die Unfallstelle räumen • Im Winter müssen wir Schnee räumen.*
❸ etwas irgendwohin räumen etwas irgendwohin schaffen, um Ordnung zu machen: *Sie räumten das dreckige Geschirr in die Spülmaschine.*

die **Raum|fahrt** (Nomen) nur im Singular
der Raumfahrt die Wissenschaft und die Technik, die sich mit der Erfoschung des Weltraums beschäftigen

räum|lich (Adjektiv)
❶ ≈dreidimensional mit Länge, Breite und Höhe: *die räumliche Darstellung eines Objektes*
❷ den Raum betreffend: *Er wohnt räumlich sehr beengt.*

die **Räu|mung** (Nomen) **der Räumung, die Räumungen**
❶ das Entfernen oder Wegschaffen von etwas: *Die Räumung der Unfallstelle dauert noch mindestens eine Stunde.*
❷ das Weggehen von einem Ort: *Der Vermieter klagt auf Räumung der Wohnung.*

die **Rau|pe** (Nomen) **der Raupe, die Raupen**
ein kleines, längliches Tier, das sich zu einem Schmetterling entwickelt

der **Rau|reif** (Nomen) nur im Singular
des Raureif(e)s die gefrorene Feuchtigkeit an Pflanzen im Winter, mit deutlich erkennbaren Eiskristallen

raus (Adverb) umgangssprachlich
Kurzform von → **heraus**
Kurzform von → **hinaus**

der **Rausch** (Nomen) **des Rausch(e)s, die Räusche**
❶ ein Zustand, in dem die Wahrnehmung durch Alkohol oder Drogen getrübt ist: *Er musste seinen Rausch ausschlafen.*
❷ ein Rausch der Gefühle/des Glücks/des Sieges/… ein extrem starkes Gefühl von etwas: *Im Rausch des Glücks über seinen Lottogewinn lud er alle ein.*

rau|schen (Verb) **du rauschst, er rauschte, sie hat/ist gerauscht, rausch(e)!**
❶ hat gerauscht ein anhaltendes Geräusch machen, das wie fließendes Wasser klingt: *Das Meer rauschte in der Ferne. • Die Blätter rauschen im Wind.*
❷ ist gerauscht sich mit einem anhaltenden Geräusch, das wie fließendes Wasser klingt, bewegen: *Das Wasser rauschte in die Tiefe.*
❸ ist gerauscht umgangssprachlich schnell (und meist beleidigt) weggehen: *Nach dem Streit rauschte sie wütend aus dem Zimmer.*

sich **räus|pern** (Verb) **du räusperst dich, er räusperte sich, sie hat sich geräuspert, räusp(e)re dich!** sehr leicht und leise husten, um die Kehle zu reinigen: *Sie räusperte sich und begann mit ihrem Vortrag.*

die **Rau|te** (Nomen) **der Raute, die Rauten**
ein Parallelogramm mit zwei gleich langen Seiten

das **Re|agenz|glas**, **Rea|genz|glas** (Nomen) **des Reagenzglases, die Reagenzgläser**
ein sehr schmales, längliches Glas für chemische Versuche

re|agie|ren (Verb) **du reagierst, er reagierte, sie hat reagiert, reagier(e)!**
❶ auf bestimmte Weise als Antwort auf etwas handeln: *Er reagierte sehr ärgerlich auf meine Frage.*
❷ Veränderungen am Körper spüren: *Ich reagiere sehr empfindlich auf Sonne. • Er reagiert allergisch auf Nüsse.*

A B C D E F G H I J K L M N O P Q R S T U V W X Y Z

❸ CHEMIE eine chemische Veränderung bewirken: *Silber reagiert mit Sauerstoff und wird schwarz.*

die **Re|ak|ti|on** (Nomen) [reak'tsi̯o:n]
der Reaktion, die Reaktionen
❶ die Antwort auf etwas: *Seine Reaktion auf die Kritik war sehr heftig. • Aufgrund einer allergischen Reaktion bekam sie am ganzen Körper einen Ausschlag.*
❷ CHEMIE der chemische Prozess der Entstehung von Stoffen mit neuen Eigenschaften durch das Verbinden von Ausgangsstoffen

der **Re|ak|tor** (Nomen) **des Reaktors, die Reaktoren**
❶ eine Anlage, in der chemische oder physikalische Reaktionen ablaufen
❷ ≈Atomreaktor eine Anlage, in der Atome gespalten werden und dadurch Energie gewonnen wird

re|al (Adjektiv)
❶ ≈wirklich tatsächlich existierend: *die reale Welt*
❷ ≈realistisch so, dass es der Wirklichkeit entspricht: *Er schätzt die Chancen für seine Versetzung real ein.*

re|ali|sie|ren, rea|li|sie|ren (Verb)
du realisierst, er realisierte, sie hat realisiert, realisier(e)!
❶ ≈erkennen verstehen, wie etwas wirklich ist: *Sie realisierte erst viel später, wie gefährlich das war.*
❷ gehoben ≈verwirklichen das tun, was man schon länger geplant hat: *Sie realisierte ihren Traum.*

der **Re|alis|mus, Rea|lis|mus** (Nomen)
nur im Singular **des Realismus**
❶ eine sehr klare und nüchterne Sichtweise auf das Leben
❷ KUNST • LITERATUR eine Stilrichtung, in der die Künstler ein unparteiisches, realistisches Bild der Wirklichkeit, vor allem der Menschen und der Gesellschaft, gestalten wollen

der **Re|alist, Rea|list** (Nomen) **des Realisten, die Realisten** jemand, der Vorfälle nüchtern und klar sieht und sich nicht von Gefühlen beeinflussen lässt

die **Re|alis|tin, Re|a|lis|tin** (Nomen)
der Realistin, die Realistinnen
Femininform von → **Realist**

re|alis|tisch, rea|lis|tisch (Adjektiv)
realistischer, am realistischsten
❶ so, dass es der Wirklichkeit entspricht, nicht von Gefühlen beeinflusst: *eine realistische Einschätzung*
❷ KUNST • LITERATUR den Realismus betreffend

die **Re|ali|tät, Rea|li|tät** (Nomen)
der Realität, die Realitäten
❶ nur im Singular ≈Wirklichkeit das, was tatsächlich da ist: *Die Realität sieht manchmal leider anders aus.*
❷ gehoben ≈Tatsache bestimmte Vorfälle im Leben: *Wir müssen die Realitäten anerkennen.*

die **Re|al|schu|le** (Nomen) **der Realschule, die Realschulen** die Schule von der 5. bis 10. Klasse, in der Schüler auf eine Lehre vorbereitet werden und die mittlere Reife machen

re|bel|lie|ren (Verb) **du rebellierst, er rebellierte, sie hat rebelliert, rebellier(e) nicht!** versuchen, gewaltsam etwas zu ändern: *Die Kinder rebellierten gegen das Verbot.*

re|bel|lisch (Adjektiv) sich gegen etwas auflehnend, aufbegehrend: *die rebellische Jugend*

die **Re|chen|art** (Nomen) **der Rechenart, die Rechenarten** die Art und Weise, mit Zahlen nach den Gesetzen der Mathematik zu rechnen

die **Re|chen|auf|ga|be** (Nomen)
der Rechenaufgabe, die Rechenaufgaben eine Aufgabe, bei der die Lösung durch Rechnen gefunden werden muss

die **Re|cher|che** (Nomen) [re'ʃɛrʃə]
der Recherche, die Recherchen
die gründliche Suche nach Informationen

re|cher|chie|ren (Verb) [reʃɛr'ʃi:rən]
du recherchierst, er recherchierte, sie hat recherchiert, recherchier(e)! ermitteln, (unter)suchen: *Die Schülerin hatte den Stoff für das Referat sehr gut recherchiert.*

rech|nen (Verb) **du rechnest, er rechnete, sie hat gerechnet, rechne!**
❶ Rechenaufgaben lösen und ein Ergebnis erhalten: *Ich habe alle Aufgaben richtig gerechnet.*
❷ ≈mitzählen jemanden oder etwas berücksichtigen: *Wir werden 10 Personen sein, die Kinder nicht gerechnet.*

❸ mit jemandem/etwas rechnen denken, dass jemand kommt oder etwas eintritt: *Ich hatte eigentlich mit einer besseren Note gerechnet.*
❹ auf jemanden/etwas rechnen davon ausgehen, dass man sich auf jemanden/etwas verlassen kann: *Lass mich bitte nicht im Stich, ich habe fest auf deine Hilfe gerechnet.*

der **Rech|ner** (Nomen) **des Rechners, die Rechner**
❶ INFORMATIK Variante von → **Computer**
❷ ein guter/schlechter/schneller/... Rechner sein gut/schlecht/schnell/... rechnen können

rech|ne|risch (Adjektiv)
❶ das Rechnen betreffend: *Er hat erstaunliche rechnerische Fähigkeiten*
❷ durch Rechnen herausgefunden: *Rein rechnerisch können wir uns das Auto leisten.*

die **Rech|nung** (Nomen) **der Rechnung, die Rechnungen**
❶ der Vorgang, bei dem man durch Rechnen oder Überlegen ein bestimmtes Ergebnis bekommt: *Nach meiner Rechnung kommen wir um 12 Uhr in Berlin an.*
❷ eine schriftliche Aufstellung, was man bezahlen muss: *die Rechnung im Restaurant • die Rechnung des Handwerkers*
❸ noch eine Rechnung mit jemandem offen haben sich noch bei jemandem für etwas, was er getan hat, rächen wollen

recht (Adjektiv) **in diesen Wendungen nicht veränderbar**
❶ ziemlich, vergleichsweise stark: *Es ist recht kalt.*
❷ etwas geschieht jemandem recht jemand hat etwas verdient: *Das geschieht ihm ganz recht.*
❸ recht/Recht haben das Richtige oder die Wahrheit sagen
❹ jemandem recht/Recht geben jemandem bei dem, was er sagt, zustimmen
❺ recht/Recht bekommen die Bestätigung bekommen, dass das, was man gesagt oder verlangt hat, richtig war
❻ jemandem etwas recht machen etwas so ausführen, wie es ein anderer erwartet: *Es ist schwer, meinem Vater etwas recht zu machen.*
❼ etwas ist jemandem recht jemand ist mit etwas einverstanden: *Wir gehen in den Zoo? – Das ist mir sehr recht.*

das **Recht** (Nomen) **des Recht(e)s, die Rechte**
❶ **nur im Singular** die Gesamtheit aller Gesetze und gesetzesähnlichen Regeln: *das deutsche Recht*
❷ der Anspruch auf etwas: *Jedes Kind hat ein Recht auf Bildung.*
❸ mit/zu Recht mit gutem Grund: *Sie fühlt sich mit Recht benachteiligt.*
❹ Recht/recht haben das Richtige oder die Wahrheit sagen
❺ jemandem Recht/recht geben jemandem bei dem, was er sagt, zustimmen
❻ Recht/recht bekommen die Bestätigung bekommen, dass das, was man gesagt oder verlangt hat, richtig war

rech|te, recht|er, rech|tes (Adjektiv)
❶ auf der anderen Seite als das Herz: *meine rechte Hand • sein rechter Fuß • mein rechtes Auge • im rechten Augenblick*
❷ richtig oder passend: *im rechten Augenblick*

die **Rech|te** (Nomen) **der Rechten, die Rechten**
❶ die rechte Hand oder Seite
❷ zu meiner/deiner/ihrer/... Rechten auf meiner/deiner/ihrer/... rechten Seite
❸ POLITIK die Parteien, die eine konservative bis hin zu nationalistische Einstellung haben

das **Recht|eck** (Nomen) **des Rechteck(e)s, die Rechtecke** ein Viereck mit je zwei gleich langen Seiten und vier rechten Winkeln

recht|eckig (Adjektiv) in der Form eines Rechtecks

recht|fer|ti|gen (Verb) **du rechtfertigst, er rechtfertigte, sie hat gerechtfertigt, rechtfertige!**
❶ etwas (mit etwas) rechtfertigen etwas begründen: *Unser Lehrer rechtfertigte die vielen Hausaufgaben mit der Lautstärke in der Klasse im Unterricht.*
❷ sich (für etwas) rechtfertigen erklären, warum man etwas getan hat: *Er wollte sich nicht für sein Tun rechtfertigen.*
❸ etwas rechtfertigt etwas etwas ist ein Grund für etwas: *Die Leistungen der Torwartfrau rechtfertigten das Vertrauen, das die Trainerin in sie gesetzt hatte.*

die **Recht|fer|ti|gung** (Nomen) **der Rechtfertigung, die Rechtfertigungen** die Erklärung, Berechtigung für etwas: *Für dein Verhalten gibt es keine Rechtfertigung.*

recht|lich (Adjektiv) die Rechte und Gesetze betreffend: *Das ist rechtlich unzulässig.*

rẹchts (Adverb)
❶ auf der rechten Seite oder in diese Richtung: *Er steht rechts von seinem Vater.* · *Er bog rechts ab.*
❷ POLITIK politisch eine konservative Einstellung habend

der **Rẹchts|an|walt** (Nomen)
des Rechtsanwalt(e)s, die Rechtsanwälte jemand, der Jura studiert hat und andere in rechtlichen Fragen berät und vor Gericht vertritt

die **Rẹchts|an|wäl|tin** (Nomen)
der Rechtsanwältin, die Rechtsanwältinnen
Femininform von → **Rechtsanwalt**

rẹcht|schrei|ben (Verb)
nur im Infinitiv gebraucht nach den Regeln der Rechtschreibung schreiben

der **Rẹcht|schreib|feh|ler** (Nomen)
des Rechtschreibfehlers, die Rechtschreibfehler ein Fehler, der auf einer falschen Schreibweise eines Wortes beruht

die **Rẹcht|schrei|bung** (Nomen) nur im Singular
der Rechtschreibung die durch allgemeingültige Regeln festgelegte richtige Schreibweise von Wörtern

rẹchts|ex|trem (Adjektiv) eine demokratiefeindliche und rassistische Einstellung habend

der **Rẹchts|ex|tre|mis|mus** (Nomen)
nur im Singular **des Rechtsextremismus** eine extreme politische Einstellung, die demokratiefeindlich und rassistisch ist

rẹchts|ex|tre|mis|tisch (Adjektiv)
Variante von → **rechtsextrem**

der **Rẹchts|hän|der** (Nomen)
des Rechtshänders, die Rechtshänder jemand, der mit der rechten Hand schreibt

die **Rẹchts|hän|de|rin** (Nomen)
der Rechtshänderin, die Rechtshänderinnen
Femininform von → **Rechtshänder**

rẹchts|he|rum (Adverb) nach rechts: *Eine Schraube dreht man rechtsherum fest.*

rẹchts|kräf|tig (Adjektiv) endgültig durch ein Gericht entschieden: *Das Urteil ist rechtskräftig.*

die **Rẹcht|spre|chung** (Nomen) nur im Singular
der Rechtsprechung alle Entscheidungen der Gerichte

rẹchts|ra|di|kal (Adjektiv)
Variante von → **rechtsextrem**

der/die **Rẹchts|ra|di|ka|le** (Nomen)
des/der Rechtsradikalen, die Rechtsradikalen jemand, der eine demokratiefeindliche und rassistische Einstellung hat

der **Rẹchts|ra|di|ka|lis|mus** (Nomen)
nur im Singular **des Rechtsradikalismus** ≈ Rechtsextremismus eine extreme politische Einstellung, die demokratiefeindlich und rassistisch ist

der **Rẹchts|staat** (Nomen)
des Rechtsstaat(e)s, die Rechtsstaaten ein Staat, in dem die Gesetze von einem unabhängigen Parlament beschlossen werden, dessen Regierung und Verwaltung die geltenden Gesetze beachten und in dem deren Handeln durch unabhängige Gerichte überprüft wird

der **Rẹchts|streit** (Nomen)
des Rechtsstreit(e)s, die Rechtsstreite eine Auseinandersetzung vor einem Gericht

der **Rẹchts|weg** (Nomen) **des Rechtsweg(e)s, die Rechtswege**
❶ der Vorgang, ein Problem durch ein Gericht entscheiden zu lassen
❷ der Rechtsweg ist ausgeschlossen (z. B. bei Gewinnspielen) Ansprüche werden nicht anerkannt

rẹchts|wid|rig (Adjektiv) vom Gesetz nicht erlaubt, gegen geltende Gesetze verstoßend

rẹcht|wink|lig (Adjektiv) mit einem Winkel von 90°: *ein rechtwinkliges Dreieck*

rẹcht|zei|tig (Adjektiv) früh genug, nicht zu spät: *Wir kamen rechtzeitig an.*

das **Rẹck** (Nomen) **des Reck(e)s, die Recke/Recks** ein Turngerät mit einer hohen waagerechten Stange, an der man Übungen macht

re|cy|cel|bar, re|cy|c|le|bar (Adjektiv)
[riˈsaikl̩baːɐ̯] so, dass aus Glas, Papier, Kunststoff usw. nach dem Wegwerfen wieder neue Produkte hergestellt werden können

re|cy|celn, re|cy|clen (Verb) [riˈsaikl̩n]
du recycelst, er recycelte, sie hat recycelt, recyc(e)le! aus Glas, Papier, Kunststoff usw. nach dem Wegwerfen wieder neue Produkte herstellen

das **Re|cy|cling, Re|cyc|ling** (Nomen)
[riˈsaiklɪŋ] nur im Singular **des Recyclings** die Technik, aus Glas, Papier, Kunststoff usw. nach dem Wegwerfen wieder neue Produkte herzustellen

der **Re|dak|teur** (Nomen) [redak'tøːɐ̯] **des Redakteurs, die Redakteure** jemand, der für Zeitungen, Fernsehen oder Radio Texte und Berichte schreibt und bearbeitet

die **Re|dak|teu|rin** (Nomen) [redak'tøːrɪn] **der Redakteurin, die Redakteurinnen** Femininform von → **Redakteur**

die **Re|dak|ti|on** (Nomen) [redak'tsi̯oːn] **der Redaktion, die Redaktionen**
❶ **nur im Singular** das Schreiben und Bearbeiten von Texten
❷ die Abteilung bei Zeitungen, Fernsehen und Rundfunk, in der Texte und Berichte ausgewählt, geschrieben und bearbeitet werden

die **Re|de** (Nomen) **der Rede, die Reden**
❶ ein Text, den man vor einer Versammlung von Menschen spricht: *eine Rede halten*
❷ die wörtliche/direkte Rede die Wiedergabe von dem, was jemand sagt oder gesagt hat, als Zitat in Anführungszeichen
❸ die indirekte Rede die Wiedergabe von dem, was jemand sagt oder gesagt hat, in einem Nebensatz, meist im Konjunktiv
❹ etwas ist nicht der Rede wert etwas ist nicht wichtig oder schlimm

re|den (Verb) **du redest, er redete, sie hat geredet, red(e)!**
❶ ≈sprechen Wörter und Sätze sagen, um sich zu unterhalten, zu fragen oder zu antworten: *mit jemandem reden*
❷ mit sich reden lassen bereit sein, zu diskutieren und zu verhandeln und vielleicht seine Meinung zu ändern
❸ Du hast gut reden! **umgangssprachlich** Du findest dieses Problem deshalb nicht schlimm, weil du es nicht hast!
❹ Reden ist Silber, Schweigen ist Gold. Es ist besser, (jetzt) nichts zu sagen.

die **Re|dens|art** (Nomen) **der Redensart, die Redensarten** eine meist kurze, anschauliche, feststehende Formulierung, die eine Situation treffend beschreibt: *„Wer zuletzt lacht, lacht am besten!" ist eine bekannte Redensart.*

die **Re|de|wen|dung** (Nomen) **der Redewendung, die Redewendungen** eine kurze, anschauliche, feststehende Formulierung, die in einen Satz eingebaut werden kann und eine übertragene Bedeutung hat: *„Mit der Faust auf den Tisch hauen" ist eine Redewendung, die besagt, dass sich jemand durchsetzt.*

der **Red|ner** (Nomen) **des Redners, die Redner** jemand, der vor einer Versammlung von Menschen spricht

die **Red|ne|rin** (Nomen) **der Rednerin, die Rednerinnen** Femininform von → **Redner**

red|se|lig (Adjektiv) so, dass man gern und viel redet

re|du|zie|ren (Verb) **du reduzierst, er reduzierte, sie hat reduziert, reduzier(e)!**
❶ etwas reduzieren eine Menge oder Zahl kleiner machen, verringern: *Ich reduziere die Zahl meiner Jeanshosen.*
❷ sich reduzieren weniger oder kleiner werden, sich verringern
❸ sich auf etwas reduzieren nur etwas Bestimmtes tun, berücksichtigen, sagen usw.

die **Ree|de|rei** (Nomen) **der Reederei, die Reedereien** ein Unternehmen, das mit Schiffen Waren oder Personen befördert

das **Re|fe|rat** (Nomen) **des Referat(e)s, die Referate**
❶ ein Vortrag über ein bestimmtes Thema: *Ich muss morgen ein Referat über Australien halten.*
❷ die Abteilung in einem Amt

der **Re|fe|ren|dar** (Nomen) **des Referendars, die Referendare**
❶ ein Lehrer in der Ausbildung
❷ ein Rechtsanwalt, Staatsanwalt oder Richter in der Ausbildung

die **Re|fe|ren|da|rin** (Nomen) **der Referendarin, die Referendarinnen** Femininform von → **Referendar**

der **Re|fe|rent** (Nomen) **des Referenten, die Referenten**
❶ jemand, der einen Vortrag über ein bestimmtes Thema hält
❷ jemand, der eine Abteilung in einem Amt leitet

die **Re|fe|ren|tin** (Nomen) **der Referentin, die Referentinnen** Femininform von → **Referent**

re|flek|tie|ren (Verb) **du reflektierst, er reflektierte, sie hat reflektiert, reflektier(e)!**
❶ etwas reflektiert etwas etwas wirft Strahlen, die auf etwas fallen, wieder zurück: *Ich konnte nichts sehen, weil der Spiegel das Licht so stark reflektierte.* • *ein reflektierendes Nummernschild*
❷ jemand reflektiert etwas **gehoben** jemand denkt über etwas nach

der **Re|flex** (Nomen) **des Reflexes, die Reflexe**
① eine schnelle körperliche Reaktion, die unbewusst geschieht
② der Schein von Licht, das auf etwas fällt

die **Re|fle|xi|on** (Nomen) **der Reflexion, die Reflexionen**
① das Zurückgeworfenwerden von Strahlen
② gehoben das Überlegen, das Nachdenken

re|fle|xiv (Adjektiv) GRAMMATIK sich auf das Subjekt rückbeziehend: *„sehen" kann reflexiv verwendet werden: „ich sehe mich", „du siehst dich"*

das **Re|fle|xiv|pro|no|men** (Nomen) GRAMMATIK **des Reflexivpronomens, die Reflexivpronomen** ≈ rückbezügliches Fürwort das Pronomen, das sich auf das Subjekt rückbezieht: *Sie hat sich gefreut.* • *Wir haben uns geirrt.*

die **Re|form** (Nomen) **der Reform, die Reformen** eine Veränderung in Politik, Gesellschaft, Wirtschaft usw., um diese zu verbessern und weiterzuentwickeln

die **Re|for|ma|ti|on** (Nomen) [refɔrma'tsi̯oːn] nur im Singular **der Reformation** die Änderung von religiösen Regeln im 16. Jahrhundert durch Martin Luther, aus der die protestantische Kirche entstanden ist

der **Re|frain, Ref|rain** (Nomen) [rə'frɛ̃, re'frɛ̃] **des Refrains, die Refrains** die Wörter, die sich in einem Lied oder Gedicht am Ende jeder Stophe wiederholen

das **Re|gal** (Nomen) **des Regals, die Regale** ein offenes Möbelstück mit Brettern, auf die man Bücher, Waren oder andere Dinge stellen kann

die **Re|gel** (Nomen) **der Regel, die Regeln**
① ≈ Vorschrift eine Bestimmung, die festlegt, was man wann und wie tun muss bzw. nicht tun darf
② nur im Singular das, was normal oder üblich ist: *Das ist (nicht) die Regel.*
③ in der Regel normalerweise, meistens

re|gel|mä|ßig (Adjektiv) **regelmäßiger, am regelmäßigsten**
① immer wieder in gleichen Abständen: *ein regelmäßiges Muster* • *regelmäßig stattfinden*
② GRAMMATIK nach festen Regeln flektiert/gebildet: *regelmäßige Verben* • *regelmäßige Pluralformen*
③ umgangssprachlich immer wieder, meistens: *Er ist regelmäßig krank, wenn Tests geschrieben werden.*

re|geln (Verb) **du regelst, er regelte, sie hat geregelt, reg(e)le!**
① durch Regeln oder Vorschriften bestimmen: *durch Gesetze regeln* • *den Verkehr regeln*
② klären, in Ordnung bringen: *eine Angelegenheit regeln*
③ TECHNIK einstellen: *die Temperatur regeln*

re|gel|recht (Adjektiv) umgangssprachlich ≈ geradezu richtiggehend, wirklich: *Er war nicht nur schlecht gelaunt, er war regelrecht wütend.*

die **Re|ge|lung, Reg|lung** (Nomen) **der Reg(e)lung, die Reg(e)lungen**
① ≈ Vorschrift, Vereinbarung die Bestimmung, die sagt, was man in einem bestimmten Fall wie tun muss
② nur im Singular die Handlung, mit der man etwas regelt

re|gel|wid|rig (Adjektiv) gegen die Regeln verstoßend

der **Re|gen** (Nomen) nur im Singular **des Regens**
① das Wasser, das aus den Wolken vom Himmel fällt
② vom Regen in die Traufe kommen von einer Schwierigkeit in eine noch größere geraten
③ jemanden im Regen stehen lassen umgangssprachlich jemanden in einer schwierigen Situation allein lassen

der **Re|gen|bo|gen** (Nomen) **des Regenbogens, die Regenbögen** ein großer Bogen aus vielen Farben am Himmel, der entsteht, weil die Regentropfen das Licht in Farben zerlegen

die **Re|gen|ja|cke** (Nomen) **der Regenjacke, die Regenjacken** eine Jacke aus wasserdichtem Material

der **Re|gen|man|tel** (Nomen) **des Regenmantels, die Regenmäntel** ein Mantel aus wasserdichtem Material

der **Re|gen|schau|er** (Nomen) **des Regenschauers, die Regenschauer** ein kurzer, starker Regen

der **Re|gen|schirm** (Nomen) **des Regenschirm(e)s, die Regenschirme** eine Art kleines, rundes Dach, das man bei sich trägt und zum Schutz vor Regen aufspannt

der **Re|gen|wald** (Nomen) **des Regenwald(e)s, die Regenwälder** ein dichter Wald in tropischen Ländern, in dem die Luft sehr feucht ist

das **Re|gen|wet|ter** (Nomen) nur im Singular **des Regenwetters** das Wetter mit viel Regen

die **Re|gen|wol|ke** (Nomen) **der Regenwolke, die Regenwolken** die dunkle Wolke, die Regen ankündigt und aus der er auf die Erde fällt

der **Re|gen|wurm** (Nomen) **des Regenwurm(e)s, die Regenwürmer** ein Wurm, der in der Erde lebt

die **Re|gen|zeit** (Nomen) **der Regenzeit, die Regenzeiten** die Jahreszeit, in der es in tropischen Ländern viel regnet

der **Reg|gae** (Nomen) ['rɛge, 'rɛgi] nur im Singular **des Reggae(s)** ein Musikstil aus Jamaika

die **Re|gie** (Nomen) [re'ʒi:] nur im Singular **der Regie** die verantwortliche Leitung bei einer Aufführung o. Ä.: *bei einem Film Regie führen*

re|gie|ren (Verb) **du regierst, er regierte, sie hat regiert, regier(e)!** ein Land politisch leiten: *Der Präsident hatte das Land 20 Jahre lang regiert.*

die **Re|gie|rung** (Nomen) **der Regierung, die Regierungen**
1 die Personen, die ein Land politisch leiten
2 an der Regierung sein die Aufgabe haben, ein Land politisch zu leiten

das **Re|gime** (Nomen) [re'ʒi:m] abwertend **des Regime/Regimes, die Regimes** eine undemokratische Regierung

die **Re|gi|on** (Nomen) **der Region, die Regionen** ein durch bestimmte Eigenschaften geprägtes Gebiet in einem Land

re|gi|o|nal (Adjektiv) eine bestimmte Region betreffend

der **Re|gis|seur** (Nomen) **des Regisseurs, die Regisseure** jemand, der den Schauspielern sagt, wie sie in einem Stück oder Film spielen sollen

die **Re|gis|seu|rin** (Nomen) **der Regisseurin, die Regisseurinnen**
Femininform von → **Regisseur**

das **Re|gis|ter** (Nomen) **des Registers, die Register**
1 eine alphabetische Liste von Namen oder Begriffen in einem Buch oder ein Verzeichnis bei einem Amt
2 bei bestimmten Instrumenten eine Gruppe von Tasten, die ähnlich klingende Töne erzeugen

re|gis|trie|ren, re|gist|rie|ren (Verb) **du registrierst, er registrierte, sie hat registriert, registrier(e)!**
1 etwas offiziell in eine Liste schreiben
2 gehoben etwas bemerken

reg|los (Adjektiv) ohne sich zu bewegen

reg|nen (Verb) unpersönlich **es regnet, es regnete, es hat geregnet**
1 Es regnet. Wasser fällt aus den Wolken auf die Erde.
2 Es regnet Bonbons/Konfetti /... Viele Bonbons/viel Konfetti/... werden/wird geworfen.

reg|ne|risch (Adjektiv) so, dass es regnet oder nach Regen aussieht

re|gu|lär (Adjektiv) so, wie es üblich ist oder den Regeln entspricht

re|gu|lie|ren (Verb) **du regulierst, er regulierte, sie hat reguliert, regulier(e)!**
1 nach seinen Bedürfnissen einstellen
2 ≈ begradigen einen Fluß oder Bach in seinem Lauf beeinflussen

das **Reh** (Nomen) **des Reh(e)s, die Rehe** ein größeres Tier mit braunem Fell und einem kurzen Geweih, das im Wald lebt

die **Rei|be** (Nomen) **der Reibe, die Reiben** ein Gerät mit einer rauen Oberfläche, mit dem man etwas zerkleinern kann, wenn man es fest dagegendrückt und hin- und herbewegt

der **Rei|be|ku|chen** (Nomen) **des Reibekuchens, die Reibekuchen** ≈ Kartoffelpuffer ein flacher Fladen aus geriebenen rohen Kartoffeln, Eiern und Mehl, der in heißem Fett gebraten wird

rei|ben (Verb) **du reibst, er rieb, sie hat gerieben, reib(e)!**
1 jemand reibt etwas an etwas jemand drückt etwas an etwas und bewegt es hin und her
2 jemand reibt etwas jemand macht etwas mit einer Reibe klein: *Kartoffeln reiben* • *Käse reiben*
3 etwas reibt an etwas etwas scheuert oder kratzt an etwas, etwas macht etwas rau
4 etwas sauber/trocken/... reiben so lange mit etwas an etwas hin und her bewegen, bis es sauber/trocken/... ist

die **Rei|bung** (Nomen) **der Reibung, die Reibungen** die Bewegung, wenn zwei Dinge sich eng aneinander hin und her bewegen

rei|bungs|los (Adjektiv) ohne Probleme, ohne Störungen

reich (Adjektiv) **reicher, am reichsten**
❶ so, dass man viel Geld oder materielles Vermögen besitzt
❷ aufwendig, prachtvoll, in großer Menge vorhanden: *Der Palast ist reich ausgestattet.*
❸ reich sein viel Geld oder materielles Vermögen haben
❹ reich an Vitaminen/Erfahrungen/... mit vielen Vitaminen/Erfahrungen/...

der/die **Rei|che** (Nomen) **des/der Reichen, die Reichen** ein Mensch, der viel Geld oder materielles Vermögen hat

rei|chen (Verb) **du reichst, er reichte, sie hat gereicht, reich(e)!**
❶ ≈genügen, ausreichen so, dass mehr nicht nötig ist: *Der Proviant reicht für zwei Tage.*
❷ Mir reicht's! Jetzt habe ich keine Lust mehr!
❸ etwas reicht bis ... etwas ist so groß, lang, breit usw., dass es bis ... kommt: *Der Vorhang reicht bis auf den Boden.*
❹ jemandem etwas reichen gehoben jemandem etwas geben
❺ Jetzt reicht's! Jetzt muss Schluss sein, sonst werde ich wütend!

reich|lich (Adjektiv) **reichlicher, am reichlichsten**
❶ sehr viel, mehr als genügend
❷ reichlich früh/dünn/... umgangssprachlich sehr früh/dünn/...

der **Reich|tum** (Nomen) **des Reichtums, die Reichtümer**
❶ nur im Singular die Tatsache, viel Geld und Besitz zu haben
❷ viel Geld und Besitz

reif (Adjektiv) **reifer, am reifsten**
❶ so lange am Baum, Strauch usw. gewachsen, dass man es ernten oder essen kann: *reifes Obst*
❷ mit viel Erfahrung und Persönlichkeit, schon erwachsen
❸ schon älter: *ein reifer Herr*
❹ eine reife Leistung umgangssprachlich eine sehr gute Leistung
❺ für etwas reif sein umgangssprachlich für etwas bereit sein: *Diese Jeans ist reif für die Waschmaschine.*

die **Rei|fe** (Nomen) nur im Singular **der Reife** der Zustand, dass jemand oder etwas reif ist

rei|fen (Verb) **du reifst, er reifte, sie ist/hat gereift, reif(e)!** reif werden: *Meine kleine Schwester ist im letzten Jahr sehr gereift.*

die **Rei|he** (Nomen) **der Reihe, die Reihen**
❶ Dinge oder Personen in einer langen Linie: *Sie stellten sich in einer Reihe auf.*
❷ außer der Reihe als Ausnahme
❸ eine Reihe (von) ... mehrere oder ziemlich viele ...: *Er hat mir eine ganze Reihe (von) Fragen gestellt.*
❹ ≈Reihenfolge das Nacheinanderkommen
❺ der Reihe nach einer/eine/eines nach dem/der anderen
❻ an der Reihe sein/an die Reihe kommen der Nächste sein
❼ mehrere Fernseh- oder Radiosendungen, Bücher usw., die zusammengehören
❽ aus der Reihe tanzen umgangssprachlich etwas anderes tun als die anderen
❾ etwas auf die Reihe kriegen umgangssprachlich etwas schaffen/verstehen

rei|hen (Verb) **du reihst, er reihte, sie hat gereiht, reih(e)!**
❶ etwas so anordnen, dass es eine Reihe bildet: *Er reihte seine Stofftiere ins Regal.*
❷ sich an etwas reihen sich hintereinander anordnen, eine Reihe bilden

die **Rei|hen|fol|ge** (Nomen) **der Reihenfolge, die Reihenfolgen** das System, nach dem Dinge und Menschen hintereinander kommen

reih|um (Adverb) von einer Person zur nächsten

der **Reim** (Nomen) **des Reim(e)s, die Reime**
❶ unterschiedliche Wörter, die den gleichen Klang haben und in Gedichten am Zeilenende stehen (z. B. „Mut" und „Wut")
❷ sich keinen Reim auf etwas machen können umgangssprachlich etwas nicht verstehen

rei|men (Verb) **du reimst, er reimte, sie hat gereimt**
❶ Wörter, die am Ende den gleichen Klang haben, miteinander kombinieren
❷ sich reimen am Ende genauso klingen wie etwas anderes: *„Herz" und „Schmerz" reimen sich*

rein[1] (Adjektiv)
❶ ohne Schmutz, sauber
❷ etwas ins Reine schreiben etwas noch einmal schön und sauber abschreiben
❸ absolut ohne Zusätze, nicht mit anderem vermischt: *reines Gold* · *reine Wolle*
❹ bloß, pur: *reine Zeitverschwendung* · *reiner Zufall*
❺ umgangssprachlich absolut, ganz und gar, nur: *rein persönlich* · *rein zufällig*

❻ das reinste Vergnügen/die reinste Freude/der reinste Wahnsinn/... ein sehr großes Vergnügen/eine sehr große Freude/sehr großer Wahnsinn/...
❼ rein gar nichts umgangssprachlich überhaupt nichts
❽ gehoben unschuldig, ohne schlechte Gedanken
❾ reinen Tisch machen umgangssprachlich Streitigkeiten beseitigen
❿ mit jemandem/etwas ins Reine kommen Probleme mit jemandem/etwas beseitigen
⓫ ein reines Gewissen haben nichts Schlimmes getan haben und sich nicht schuldig fühlen

rein[2] (Adverb) umgangssprachlich
Kurzform von → **herein**
Kurzform von → **hinein**

der **Rein|fall** (Nomen) umgangssprachlich · abwertend **des Reinfall(e)s, die Reinfälle** etwas, was nicht gelungen oder eine Enttäuschung ist

rein|fal|len (Verb) umgangssprachlich **du fällst rein, er fiel rein, sie ist reingefallen, fall(e) nicht rein!** Variante von → **hereinfallen**

rein|hau|en (Verb) umgangssprachlich **du haust rein, er haute rein, sie hat reingehauen, hau(e) rein!**
❶ viel (und schnell) essen
❷ jemandem eine reinhauen jemandem ins Gesicht schlagen oder boxen

rei|ni|gen (Verb) **du reinigst, er reinigte, sie hat gereinigt, reinige!**
❶ ≈säubern, putzen (mit Wasser, Seife, Staubsauger) sauber machen: *die Wohnung reinigen*
❷ durch eine chemische Behandlung sauber machen: *den Anzug reinigen lassen*

die **Rei|ni|gung** (Nomen) **der Reinigung, die Reinigungen**
❶ nur im Singular das Saubermachen
❷ ein Geschäft, in dem Kleidung chemisch gereinigt wird

rein|le|gen (Verb) umgangssprachlich **du legst rein, er legte rein, sie hat reingelegt, leg(e) nicht rein!**
Variante von → **hereinlegen**

der **Reis** (Nomen) nur im Singular **des Reises** weiße, längliche Körner, die man weich gekocht isst

die **Rei|se** (Nomen) **der Reise, die Reisen**
❶ eine lange Fahrt oder ein Flug an einen fremden Ort oder in ein fremdes Land: *Gute Reise!*
❷ auf Reisen gehen ≈verreisen eine Reise antreten
❸ auf Reisen sein eine Reise machen und nicht zu Hause sein

das **Rei|se|bü|ro** (Nomen) **des Reisebüros, die Reisebüros** ein Geschäft, in dem man Reisen buchen kann

der **Rei|se|bus** (Nomen) **des Reisebusses, die Reisebusse** ein bequemer Bus, meist mit Toilette und Schlafmöglichkeit, mit dem man lange Fahrten machen kann

rei|sen (Verb) **du reist, er reiste, sie ist gereist, reis(e)!** eine lange Fahrt oder einen Flug an einen fremden Ort oder in ein fremdes Land machen

der/die **Rei|sen|de** (Nomen) **des/der Reisenden, die Reisenden** jemand, der eine lange Fahrt oder einen Flug an einen fremden Ort oder in ein fremdes Land macht

der **Rei|se|pass** (Nomen) **des Reisepasses, die Reisepässe** ein kleines Heft mit jemandes Foto, Namen, Adresse, Geburtsdatum und anderen Informationen, das man an der Grenze zu einem anderen Land vorzeigen muss

rei|ßen (Verb) **du reißt, er riss, sie ist/hat gerissen, reiß(e)!**
❶ etwas reißt **ist gerissen** einen Riss oder ein Loch bekommen, sich in zwei Teile teilen: *Das Seil war zu dünn und ist gerissen.*
❷ jemand reißt etwas in Stücke/Teile/... **hat gerissen** jemand zerteilt etwas, indem er es mit beiden Händen kräftig und schnell auseinanderzieht: *einen Zettel in Stücke reißen*
❸ etwas aus/von etwas reißen **hat gerissen** etwas kräftig und schnell aus/von etwas wegziehen: *Sie riss ihm das Buch aus der Hand.* · *Wir müssen das Unkraut aus dem Boden reißen.* · *Der Hund riss sich von der Leine.*
❹ jemand reißt an etwas **hat gerissen** jemand zieht schnell und kräftig an etwas: *Reiß bitte nicht so an meinem Gürtel!*
❺ sich um etwas reißen **hat gerissen** · umgangssprachlich unbedingt etwas haben wollen
❻ etwas an sich reißen **hat gerissen** sich etwas mit Gewalt oder Tricks nehmen, was einem nicht zusteht

❼ das Gespräch an sich reißen immer nur sprechen und dem anderen dabei gar nicht zuhören

der **Reiß|ver|schluss** (Nomen) **des Reißverschlusses, die Reißverschlüsse** ein Verschluss für Kleidung, bei dem zwei lange Reihen winziger Zähne ineinandergreifen

rei|ten (Verb) **du reitest, er ritt, sie ist/hat geritten, reit(e)!** auf einem Pferd (oder einem anderen Tier) sitzen und sich fortbewegen ⚠ „Er ist auf einem Pferd geritten." Aber: „Er hat ein Pferd geritten."

der **Rei|ter** (Nomen) **des Reiters, die Reiter** jemand, der (auf einem Pferd) reitet

die **Rei|te|rin** (Nomen) **der Reiterin, die Reiterinnen** Femininform von → **Reiter**

der **Reiz** (Nomen) **des Reizes, die Reize**
❶ etwas, was bei jemandem besonderes Interesse oder besondere Lust auslöst: *der Reiz des Neuen • der Reiz des Verbotenen*
❷ etwas, was eine nicht bewusst gesteuerte Reaktion im Körper auslöst

rei|zen (Verb) **du reizt, er reizte, sie hat gereizt, reiz(e)!**
❶ etwas reizt jemanden etwas interessiert jemanden, jemand möchte etwas gern tun oder haben
❷ jemand reizt jemanden jemand provoziert oder ärgert jemanden
❸ etwas reizt die Augen/den Magen/... etwas ist schädlich für die Augen/den Magen/...

rei|zend (Adjektiv) **reizender, am reizendsten** sehr nett, sehr hübsch

die **Rei|zung** (Nomen) **der Reizung, die Reizungen** eine leichte Entzündung

die **Re|kla|ma|ti|on** (Nomen) [reklamaˈtsi̯oːn] **der Reklamation, die Reklamationen** die Beschwerde eines Kunden, weil etwas Fehler hat oder nicht richtig funktioniert

die **Re|kla|me** (Nomen) **der Reklame, die Reklamen**
❶ ≈Werbung *für etwas Reklame machen*
❷ umgangssprachlich ein Zettel, Prospekt, Film usw., mit dem man für etwas wirbt

re|kla|mie|ren (Verb) **du reklamierst, er reklamierte, sie hat reklamiert, reklamier(e)!**
etwas reklamieren sich als Kunde beschweren, weil etwas Fehler hat oder nicht richtig funktioniert

der **Re|kord** (Nomen) **des Rekord(e)s, die Rekorde**
❶ Höchstleistung in einer Sportart
❷ einen Rekord aufstellen/brechen in einer Sportart eine Höchstleistung erzielen oder eine bis dahin geltende Höchstleistung übertreffen
❸ der höchste Wert, der bei etwas bisher aufgetreten ist: *Heute haben die Temperaturen einen Rekord von 42 Grad erreicht.*

der **Re|krut, Rek|rut** (Nomen) **des Rekruten, die Rekruten** ein Soldat, der noch ausgebildet wird

die **Re|kru|tin, Rek|ru|tin** (Nomen) **der Rekrutin, die Rekrutinnen** Femininform von → **Rekrut**

der **Rek|tor** (Nomen) **des Rektors, die Rektoren** der Leiter einer Schule

das **Rek|to|rat** (Nomen) **des Rektorats, die Rektorate** das Büro des Leiters einer Schule

die **Rek|to|rin** (Nomen) **der Rektorin, die Rektorinnen** Femininform von → **Rektor**

re|la|tiv (Adjektiv) ≈ziemlich, verhältnismäßig wenn man etwas mit anderen vergleicht: *Der Preis für diese Hose ist relativ niedrig.*

das **Re|la|tiv|pro|no|men** (Nomen) GRAMMATIK **des Relativpronomens, die Relativpronomen/Relativpronomina** das Pronomen in einem Nebensatz, das sich auf das Bezugswort im Hauptsatz bezieht: *„Der", „die", „das" und „welche", „welcher", „welches" werden als Relativpronomen verwendet.*

der **Re|la|tiv|satz** (Nomen) GRAMMATIK **des Relativsatzes, die Relativsätze** ein Nebensatz, der mit dem Relativpronomen beginnt, und sich auf ein Bezugswort im Hauptsatz bezieht: *Beim Satz: „Der Nachtisch, den ich am liebsten mag, ist Zitroneneis.", ist „den ich am liebsten mag" ein Relativsatz.*

re|la|xen (Verb) [riˈlɛksn̩] umgangssprachlich **du relaxt, er relaxte, sie hat relaxt, relax(e)!** sich entspannen

re|le|vant (Adjektiv) [releˈvant] gehoben **relevanter, am relevantesten** ≈wichtig so, dass wichtige Tatsachen, Fakten, Umstände, usw. in einem Zusammenhang stehen: *Die wissenschaftlichen Daten sind relevant in diesem Projekt.*

die **Re|li|gi|on** (Nomen) **der Religion, die Religionen** der Glaube an einen Gott oder an Götter und die damit verbundenen Regeln, an die man sich hält

die **Re|li|gi|ons|frei|heit** (Nomen) nur im Singular **der Religionsfreiheit** das Recht, frei nach seiner Religion leben zu können

re|li|gi|ös (Adjektiv) ❶ die Religion betreffend ❷ ≈fromm so, dass jemand die Regeln seiner Religion einhält

das **Ren|dez|vous, Ren|dez-vous** (Nomen) [rãde'vu, 'rã:devu] **des Rendezvous, die Rendezvous** eine Verabredung von zwei Verliebten

ren|nen (Verb) **du rennst, er rannte, sie ist gerannt, renn(e)!** schnell laufen

der **Renn|fah|rer** (Nomen) **des Rennfahrers, die Rennfahrer** ein Sportler, der Autorennen fährt

die **Renn|fah|re|rin** (Nomen) **der Rennfahrerin, die Rennfahrerinnen** Femininform von → **Rennfahrer**

das **Renn|rad** (Nomen) **des Rennrad(e)s, die Rennräder** das Fahrrad, mit dem man Rennen fahren kann

der **Renn|wa|gen** (Nomen) **des Rennwagens, die Rennwagen** das Auto, mit dem man Autorennen fährt

re|no|vie|ren (Verb) [reno'vi:rən] **du renovierst, er renovierte, sie hat renoviert, renovier(e)!** in einem Haus oder einer Wohnung neu streichen, tapezieren, Dinge reparieren usw.

die **Re|no|vie|rung** (Nomen) [reno'vi:rʊŋ] **der Renovierung, die Renovierungen** das Neustreichen, Tapezieren, Reparieren usw. einer Wohnung oder eines Hauses

die **Ren|te** (Nomen) **der Rente, die Renten** ❶ das Geld, das man jeden Monat vom Staat bekommt, wenn man nicht mehr arbeiten muss ❷ das Geld, das man regelmäßig vom Staat, einer Versicherung usw. bekommt ❸ nur im Singular die Zeit nach der Berufstätigkeit, in der man nicht mehr arbeiten muss: *in Rente sein* • *in Rente gehen*

das **Ren|tier** (Nomen) **des Rentiers, die Rentiere** eine Art Hirsch mit einem großen, oft schaufelförmigen Geweih, der in nördlichen Ländern lebt

der **Rent|ner** (Nomen) **des Rentners, die Rentner** jemand, der so alt ist, dass er nicht mehr arbeiten muss

die **Rent|ne|rin** (Nomen) **der Rentnerin, die Rentnerinnen** Femininform von → **Rentner**

re|pa|ra|bel (Adjektiv) so, dass man etwas, was beschädigt ist oder nicht mehr funktioniert, wieder in Ordnung bringen kann

die **Re|pa|ra|tur** (Nomen) **der Reparatur, die Reparaturen** eine Arbeit, bei der man etwas, was beschädigt ist oder nicht mehr funktioniert, wieder in Ordnung bringt

re|pa|ra|tur|be|dürf|tig (Adjektiv) so, dass etwas, was beschädigt ist oder nicht mehr funktioniert, wieder in Ordnung gebracht werden muss

re|pa|rie|ren (Verb) **du reparierst, er reparierte, sie hat repariert, reparier(e)!** etwas reparieren etwas, was beschädigt ist oder nicht mehr funktioniert, wieder in Ordnung bringen

das **Re|per|toire** (Nomen) [repɛr'to̯a:ɐ̯] gehoben **des Repertoires, die Repertoires** alle Stücke, die ein Künstler geprobt hat und aufführen kann

der **Re|port** (Nomen) **des Report(e)s, die Reporte/Reports** der Bericht

die **Re|por|ta|ge** (Nomen) [repɔr'ta:ʒə] **der Reportage, die Reportagen** ein Text/eine Sendung in Zeitung, Fernsehen oder Radio, der/die ein Ereignis anschaulich darstellt und kommentiert und Hintergrundinformationen dazu liefert

der **Re|por|ter** (Nomen) **des Reporters, die Reporter** jemand, der Berichte für Zeitungen, Fernsehen oder Radio macht

die **Re|por|te|rin** (Nomen) **der Reporterin, die Reporterinnen** Femininform von → **Reporter**

re|prä|sen|ta|tiv (Adjektiv) gehoben **repräsentativer, am repräsentativsten** ❶ so, dass man aus etwas Rückschlüsse auf etwas anderes ziehen kann: *eine repräsentative Umfrage* • *eine repräsentative Probe* ❷ typisch für etwas oder jemanden: *ein repräsentatives Beispiel* ❸ typisch für die obere Gesellschaftsschicht: *repräsentative Räume*

re|prä|sen|tie|ren (Verb) gehoben **du repräsentierst, er repräsentierte, sie hat repräsentiert, repräsentiere!** ❶ stellvertretend für etwas/jemanden sein, etwas/jemanden darstellen: *Diese Symbole repräsentieren Pflanzenarten.* ❷ typisch für etwas/jemanden sein: *Sie repräsentiert die moderne Businessfrau.*

das **Rep|til** (Nomen) **des Reptils, die Reptilien** ein Tier mit schuppiger Haut, dessen Körpertemperatur von der Außenumgebung abhängig ist (z. B. Krokodil, Eidechse, Schlange)

die **Re|pu|blik, Re|pub|lik** (Nomen) **der Republik, die Republiken** ein Staat, in dem das Volk die Regierung wählt

das **Re|qui|sit** (Nomen) **des Requisits, die Requisiten**
1 ein Gegenstand in der Dekoration oder im Bühnenbild beim Film oder Theater
2 ein Gegenstand, den man als Zubehör für etwas braucht

die **Re|ser|ve** (Nomen) [re'zɛrvə] **der Reserve, die Reserven** der Vorrat

re|ser|vie|ren (Verb) [rezɛr'vi:rən] **du reservierst, er reservierte, sie hat reserviert, reservier(e)!**
1 etwas bestellen, das bis zur Abholung freigehalten wird: *Karten fürs Kino reservieren*
2 etwas für jemanden freihalten: *Komm, ich habe dir den Platz neben mir reserviert!*

re|ser|viert (Adjektiv) [rezɛr'vi:ɐ̯t] ≈ zurückhaltend, abweisend nicht herzlich und freundlich

die **Re|ser|vie|rung** (Nomen) [rezɛr'vi:rʊŋ] **der Reservierung, die Reservierungen** die Bestellung eines Tischs im Restaurant, eines Zimmers im Hotel, das Zurücklegenlassen von Karten fürs Kino usw.

die **Re|si|denz** (Nomen) **der Residenz, die Residenzen** das Haus eines Herrschers

re|si|gnie|ren, re|sig|nie|ren (Verb) gehoben **du resignierst, er resignierte, sie hat resigniert, resignier(e) nicht!** nicht mehr daran glauben, dass man etwas schafft oder dass etwas gut wird, und aufhören, sich dafür anzustrengen

re|so|lut (Adjektiv) **resoluter, am resolutesten** ≈ energisch so, dass man seinen Willen durchsetzen kann

die **Re|so|lu|ti|on** (Nomen) [rezolu'tsi̯o:n] **der Resolution, die Resolutionen** eine schriftliche Erklärung über einen gemeinsamen offiziellen Beschluss von Teilnehmern einer Sitzung

der **Re|spekt, Res|pekt** (Nomen) nur im Singular **des Respekt(e)s**
1 ≈ Wertschätzung, Achtung die Einstellung, dass man jemanden/etwas sehr gut findet, bewundert und nie schlecht behandelt
2 vor etwas Angst haben: *Vor Pferden habe ich Respekt!*
3 Respekt! umgangssprachlich Ich bewundere deine/Ihre Leistung!
4 bei allem Respekt, aber … wenn man jemanden kritisiert Obwohl ich dich/Sie schätze, muss ich dir/Ihnen leider sagen, dass …

re|spek|tie|ren, res|pek|tie|ren (Verb) **du respektierst, er respektierte, sie hat respektiert, respektier(e)!**
1 ≈ achten, schätzen sehr gut finden, bewundern und nie schlecht behandeln
2 sich an etwas halten, die Regeln befolgen

re|spekt|los, res|pekt|los (Adjektiv) **respektloser, am respektlosesten** frech, unverschämt, ohne Respekt

der **Rest** (Nomen) **des Rest(e)s, die Reste**
1 etwas, was übrig ist: *Sind noch Reste vom Kuchen da?*
2 nur im Singular eine Arbeit, die noch getan werden muss: *Die Handwerker machen den Rest am Montag.*
3 MATHEMATIK etwas, was bei der Division übrig bleibt, wenn die Rechnung nicht genau aufgeht
4 jemandem den Rest geben umgangssprachlich jemanden fertig machen, jemanden vernichten

das **Re|stau|rant, Res|tau|rant** (Nomen) [rɛsto'rã:] **des Restaurants, die Restaurants** ein Lokal, in dem Speisen und Getränke gegen Bezahlung serviert werden

rest|lich (Adjektiv) übrig geblieben

das **Re|sul|tat** (Nomen) gehoben **des Resultat(e)s, die Resultate** das Ergebnis

ret|ten (Verb) **du rettest, er rettete, sie hat gerettet, rette!**
1 jemanden retten jemandem helfen, sich aus einer Gefahr zu befreien: *Die Feuerwehrleute konnten alle Einwohner aus dem Haus retten.*
2 jemandem das Leben retten jemanden aus einer Situation befreien, bei der er sonst gestorben wäre
3 etwas retten dafür sorgen, dass etwas nicht zerstört wird oder nicht verloren geht
4 sich retten sich aus einer Gefahr befreien: *Als die Lawine herunterkam, konnte er sich zum Glück retten.*

der **Ret|ter** (Nomen) **des Retters, die Retter** jemand, der bei einer Gefahr hilft die **Ret|te|rin** (Nomen) **der Retterin, die Retterinnen** Femininform von → **Retter**

die **Ret|tung** (Nomen) nur im Singular **der Rettung**
① die Befreiung aus einer Gefahr
② das/er/... ist jemandes letzte Rettung umgangssprachlich nur das/er/... kann jemandem helfen

die **Re|turn|tas|te** (Nomen) [ri'tøːɐ̯n'tastə] INFORMATIK **der Returntaste, die Returntasten** ≈Eingabetaste eine Taste auf der Tastatur, mit der besonders Eingaben bestätigt werden

die **Reue** (Nomen) nur im Singular **der Reue** ein schlechtes Gewissen, weil einem etwas leidtut, was man getan oder nicht getan hat

die **Re|van|che** (Nomen) [re'vãːʃ(ə)] **der Revanche, die Revanchen**
① die Chance, eine Niederlage bei einem neuen Spiel, Kampf o. Ä. wettzumachen
② ≈Vergeltung, Rache aus Sicht des Verlierers nach einer Niederlage: *Revanche für einen zuvor verlorenen Kampf*

sich **re|van|chie|ren** (Verb) [revã'ʃiːrən] **du revanchierst dich, er revanchierte sich, sie hat sich revanchiert, revanchier(e) dich!**
① sich rächen, jemandem etwas heimzahlen
② sich für etwas erkenntlich zeigen
③ besonders SPORT eine Niederlage durch einen Sieg ausgleichen

das **Re|vier** (Nomen) [re'viːɐ̯] **des Reviers, die Reviere**
① ZOOLOGIE ein Gebiet, das ein Tier als sein eigenes betrachtet: *sein Revier verteidigen*
② ein Gebiet, in dem jemand das Recht hat, auf die Jagd zu gehen
③ Kurzform von Polizeirevier der Bezirk, für den eine bestimmte Dienststelle der Polizei zuständig ist und die Dienststelle selbst

die **Re|vi|si|on** (Nomen) [revi'zi̯oːn] **der Revision, die Revisionen**
① RECHT der Widerspruch gegen ein Gerichtsurteil: *in die Revision gehen*
② Überprüfung und Änderung bzw. Korrektur von etwas: *eine Revision der Richtlinien*

die **Re|vol|te** (Nomen) [re'vɔltə] **der Revolte, die Revolten** ≈Aufstand *die gewalttätige Niederschlagung der studentischen Revolte*

die **Re|vo|lu|ti|on** (Nomen) [revolu'tsi̯oːn] **der Revolution, die Revolutionen**
① POLITIK der (gewaltsame) Versuch, die politischen Verhältnisse in einem Staat völlig zu ändern
② eine völlig neue Entwicklung auf einem Gebiet: *eine Revolution in der Autoindustrie*

re|vo|lu|ti|o|när, re|vo|lu|tio|när (Adjektiv) [revolutsi̯o'nɛːɐ̯] **revolutionärer, am revolutionärsten**
① zu einer radikalen Änderung führend: *eine revolutionäre Erfindung*
② politisch äußerst radikal: *revolutionär eingestellte junge Leute*

der **Re|vo|lu|ti|o|när, Re|vo|lu|tio|när** (Nomen) [revolutsi̯o'nɛːɐ̯] **des Revolutionärs, die Revolutionäre**
① POLITIK jemand, der an einer Revolution teilnimmt oder eine Revolution plant
② jemand, der auf einem Gebiet etwas völlig Neues schafft

die **Re|vo|lu|ti|o|nä|rin, Re|vo|lu|tio|nä|rin** (Nomen) [revolutsi̯o'nɛːrɪn] **der Revolutionärin, die Revolutionärinnen** Femininform von → **Revolutionär**

der **Re|vol|ver** (Nomen) [re'vɔlvɐ] **des Revolvers, die Revolver** eine Pistole, deren Patronen sich in einer drehbaren Trommel befinden

das **Re|zept** (Nomen) **des Rezept(e)s, die Rezepte**
① MEDIZIN ein Blatt mit der Anweisung eines Arztes, dass jemand ein bestimmtes Medikament oder eine bestimmte Behandlung bekommen soll: *Ein Rezept in der Apotheke einlösen.*
② GASTRONOMIE eine ausführliche Beschreibung, wie man ein Gericht zubereitet, einen Kuchen o. Ä. bäckt oder ein Getränk herstellt
③ eine Methode, mit der man in einem bestimmten Fall Erfolg hat: *ein gutes Rezept gegen Langeweile*

re|zept|frei (Adjektiv) Medikamente ohne Rezept erhältlich

die **Re|zep|ti|on** (Nomen) [retsɛp'tsi̯oːn] **der Rezeption, die Rezeptionen** im Hotel usw. ein Bereich am Eingang, in dem man sich anmeldet

re|zept|pflich|tig (Adjektiv) MEDIZIN ≈verschreibungspflichtig Medikament nur auf Rezept erhältlich

die **Re|zes|si|on** (Nomen) WIRTSCHAFT **der Rezession, die Rezessionen** eine Verschlechterung der wirtschaftlichen Lage

re|zi|tie|ren (Verb) gehoben **du rezitierst, er rezitierte, sie hat rezitiert, rezitier(e)!** etwas vortragen: *den „Erlkönig" von Goethe rezitieren*

der **Rhein** (Nomen) **nur im Singular des Rhein(e)s** der größte Fluss Deutschlands

Rhein|land-Pfalz (Nomen) ein Bundesland in Westdeutschland

die **Rhe|to|rik** (Nomen) gehoben **nur im Singular der Rhetorik** die Fähigkeit, sich vor anderen frei sprechend gut und überzeugend auszudrücken

rhe|to|risch (Adjektiv) gehoben
❶ die Art zu reden betreffend
❷ rhetorische Frage eine Frage, deren Antwort selbstverständlich ist, bzw. nicht erwartet wird

das **Rheu|ma** (Nomen) **nur im Singular des Rheumas** eine schmerzhafte Entzündung, besonders der Gelenke und Muskeln

rhyth|misch (Adjektiv) [ˈrʏtmɪʃ] **rhythmischer, am rhythmischsten** in einem Takt/in geregelten Abständen erfolgend

der **Rhyth|mus** (Nomen) [ˈrʏtmʊs] **des Rhythmus, die Rhythmen**
❶ auch MUSIK ein gleichmäßiger Takt: *die harten Rhythmen der Rapmusik*
❷ eine Bewegung im gleichen Takt, eine harmonische Abfolge von Einzelaktionen
❸ eine sich wiederholende Folge von Ereignissen: *der Rhythmus der Jahreszeiten*

rich|ten (Verb) **du richtest, er richtete, sie hat gerichtet, richt(e)!**
❶ ≈ zielen, lenken *die Waffe auf jemanden richten • seine Konzentration auf etwas richten*
❷ besonders **süddeutsch** Ⓐ Ⓒⓗ etwas reparieren, in Ordnung bringen: *Das werden wir schon richten!*
❸ gehoben über etwas/jemanden urteilen: *Ich will nicht über andere richten.*
❹ sich an jemanden richten für jemanden bestimmt sein: *Die Einladung richtet sich an alle Schüler der Klasse 7a.*
❺ sich nach jemandem/etwas richten sich beim Handeln auf jemanden/etwas einstellen

der **Rich|ter** (Nomen) RECHT **des Richters, die Richter** jemand, der ein Gericht leitet und Urteile fällt und verkündet

die **Rich|te|rin** (Nomen) **der Richterin, die Richterinnen** Femininform von → **Richter**

rich|tig (Adjektiv)
❶ so, dass etwas korrekt ist: *Anna hat alle Matheaufgaben richtig.*
❷ so, dass es passend bzw. angemessen ist: *Er hat sich absolut richtig verhalten.*
❸ so, dass etwas echt ist: *Die Eheringe meiner Eltern sind aus richtigem Gold.*
❹ ≈ wirklich, sehr *Ich war richtig sauer.*

die **Rich|tig|keit** (Nomen) **nur im Singular der Richtigkeit** ≈ Korrektheit, Wahrheit der Wirklichkeit entsprechend: *Zweifel an der Richtigkeit seiner Behauptung haben*

rich|tig|stel|len (Verb) **du stellst richtig, er stellte richtig, sie hat richtiggestellt, stell(e) richtig!** etwas berichtigen/korrigieren: *eine Behauptung richtigstellen*

die **Richt|li|nie** (Nomen) **meist Plural der Richtlinie, die Richtlinien** ≈ Anweisung, Regel Anweisungen, nach denen man sich richten soll: *Richtlinien zum Umgang mit Fehlstunden in der Schule*

die **Rich|tung** (Nomen) **der Richtung, die Richtungen**
❶ die gedachte Linie zu einem Ziel hin: *Zur Eisdiele geht es in diese Richtung.*
❷ etwas, was typisch ist für eine Gruppe mit gleichen Überzeugungen (**z. B. Musikrichtung, Kunstrichtung, Literaturrichtung**)

rich|tungs|wei|send, rich|tung|wei|send (Adjektiv) neue Wege oder Möglichkeiten zeigend

der **Richt|wert** (Nomen) **des Richtwert(e)s, die Richtwerte** eine Zahl o. Ä., die vorgegeben wird und an der man sich orientieren soll

rie|chen (Verb) **du riechst, er roch, sie hat gerochen, riech(e)!**
❶ einen Geruch oder Duft haben: *Was riecht denn hier so gut?*
❷ mit der Nase einen Geruch aufnehmen
❸ einen üblen Geruch ausströmen: *Der Fisch riecht schon.*
❹ umgangssprachlich so, dass man etwas erahnen kann: *Das konnte ich doch nicht riechen!*
❺ jemanden nicht riechen können umgangssprachlich jemanden nicht leiden können

die **Rie|ge** (Nomen) SPORT **der Riege, die Riegen** eine Mannschaft beim Turnen

der **Rie|gel** (Nomen) **des Riegels, die Riegel**
❶ ein Stück Metall oder Holz, mit dem man etwas durch Vorschieben verschließt

② ein längliches Stück (z. B. Schokoriegel, Müsliriegel)
③ einer Sache einen Riegel vorschieben dafür sorgen, dass etwas nicht geschieht

der **Rie|men** (Nomen) **des Riemens, die Riemen**
① ein Gurt oder Band zur Befestigung oder zum Antrieb von etwas
② SPORT ein langes, mit beiden Händen geführtes Ruder
③ sich am Riemen reißen umgangssprachlich sich zusammenreißen und mehr Mühe geben

der **Rie|se** (Nomen) **des Riesen, die Riesen**
① eine Märchen- und Sagengestalt, die viel größer als ein Mensch ist
② umgangssprachlich ein sehr großer Mensch

rie|seln (Verb) nur in der 3. Person gebraucht
es rieselt, es rieselte, es hat/ist gerieselt
① ist gerieselt etwas fällt/fließt/rinnt langsam: *Die dicken Schneeflocken rieselten langsam vom Himmel.*
② hat gerieselt sehr leise fallen oder langsam fließen: *Der Bach hat früher hinter unserem Haus gerieselt.*

rie|sen|groß (Adjektiv) umgangssprachlich
① extrem groß oder hoch
② starke Gefühle auslösend: *eine riesengroße Enttäuschung*

rie|sig (Adjektiv)
① extrem groß oder hoch
② ≈ sehr, außerordentlich ausdrückliche Steigerung, z. B. einer Stimmung: *sich riesig freuen*

das **Riff** (Nomen) **des Riff(e)s, die Riffe** eine lang gestreckte Reihe von Felsen im Meer, oft eine Gefahr für Schiffe

ri|go|ros (Adjektiv) gehoben **rigoroser, am rigorosesten** ≈ unerbittlich, rücksichtslos *In Frankreich werden die Eltern von Schulschwänzern rigoros bestraft.*

die **Ril|le** (Nomen) **der Rille, die Rillen** eine längliche, schmale Vertiefung in einer Oberfläche: *die Rillen in einem Autoreifen*

das **Rind** (Nomen) ZOOLOGIE · LANDWIRTSCHAFT **des Rind(e)s, die Rinder** ein Nutztier, das wegen der Milch und des Fleisches gehalten wird: *Das weibliche Rind heißt „Kuh" und das männliche Rind heißt „Stier".*

die **Rin|de** (Nomen) **der Rinde, die Rinden**
① BOTANIK die äußere, feste Schicht an einem Baumstamm
② GASTRONOMIE die äußere, festere Schicht an Brot, Käse usw.

das **Rind|fleisch** (Nomen) nur im Singular **des Rindfleisch(e)s** das Fleisch von einem geschlachteten Rind

der **Ring** (Nomen) **des Ring(e)s, die Ringe**
① ein Gegenstand aus einem festen Material, der die Form eines Kreises hat: *einen goldenen Ring am Finger tragen*
② etwas, was in etwa die Form eines Kreises hat: *Es bildete sich ein Ring von Menschen um uns.*
③ ≈ Organisation ein Verbund von Menschen mit gleichen Zielen oder Absichten: *ein Ring von Drogenhändlern*
④ VERKEHR eine kreisförmige Straße oder Schnellbahnlinie
⑤ kurz für Boxring
⑥ SPORT Ringe ein Turngerät, das aus zwei an Seilen befestigten Holzringen besteht

das **Ring|buch** (Nomen) **des Ringbuch(e)s, die Ringbücher** ein schmaler Ordner mit mehreren Ringen, in die gelochte Papierblätter eingeheftet sind

rin|geln (Verb) **du ringelst, er ringelte, sie hat geringelt, ring(e)le!**
① etwas zu einem Ring oder einer Spirale formen: *Die Katze ringelt den Schwanz.*
② sich ringeln sich zu einem Ring oder einer Spirale formen: *In der Erde ringeln sich Regenwürmer.*

rin|gen (Verb) **du ringst, er rang, sie hat gerungen, ring(e)!**
① SPORT (in einem Wettkampf) mit jemandem nach bestimmten Regeln kämpfen und versuchen, ihn mit den Schultern auf den Boden zu drücken
② im Streit oder Spiel einen Ringkampf austragen
③ mit etwas zu kämpfen haben: *mit dem Tode ringen · Ich habe vor der Entscheidung lange mit mir gerungen.*
④ die Hände ringen gehoben ängstlich oder verzweifelt sein

der **Ring|kampf** (Nomen) **des Ringkampf(e)s, die Ringkämpfe**
① SPORT ein Wettkampf im Ringen
② ein Kampf, bei dem man versucht, den Gegner zu packen und zu Boden zu werfen

rings (Adverb) auf allen Seiten, rundherum

rings|he|rum, rings|her|um (Adverb) auf allen Seiten, rundherum

die **Rin|ne** (Nomen) **der Rinne, die Rinnen**
❶ eine längere, schmale Vertiefung, besonders für eine Flüssigkeit
❷ eine Vorrichtung am Dach, um überschüssiges Regenwasser abfließen zu lassen (z. B. Dachrinne)

rin|nen (Verb) nur in der 3. Person gebraucht **es rinnt, es rann, es ist geronnen** langsam fließen, rieseln

der **Rinn|stein** (Nomen) **des Rinnstein(e)s, die Rinnsteine** ≈ Gosse eine Rinne am Bordstein der Straße, durch die Wasser und Schmutz abfließen

die **Rip|pe** (Nomen) **der Rippe, die Rippen**
❶ ANATOMIE einer der langen, schmalen Knochen, die die Wirbelsäule mit dem Brustbein verbinden
❷ TECHNIK ein Teil eines Heizkörpers oder Kühlers

das **Ri|si|ko** (Nomen) **des Risikos, die Risiken/Risikos**
❶ die Möglichkeit einer Gefahr oder eines Schadens: *kein Risiko eingehen*
❷ auf eigenes Risiko auf eigene Gefahr oder Verantwortung

ris|kant (Adjektiv) **riskanter, am riskantesten** ≈ gefährlich so, dass etwas mit einem Risiko verbunden ist: *Die Sache ist mir zu riskant.*

ris|kie|ren (Verb) **du riskierst, er riskierte, sie hat riskiert, riskier(e)!** etwas aufs Spiel setzen: *sein Leben riskieren*

der **Riss** (Nomen) **des Risses, die Risse**
❶ eine längliche Öffnung, die beim Reißen oder Brechen in einem Material entsteht
❷ MEDIZIN eine Verletzung von Haut, Muskel oder Sehne

ris|sig (Adjektiv) **rissiger, am rissigsten**
❶ so, dass etwas brüchig ist
❷ ≈ aufgesprungen etwas ist an seiner Oberfläche nicht eben und glatt: *rissige Lippen*

der **Ritt** (Nomen) **des Rittes, die Ritte** das Reiten auf dem Rücken eines Pferdes o. Ä.

der **Rit|ter** (Nomen) **des Ritters, die Ritter**
❶ GESCHICHTE ein (adliger) gepanzerter Kämpfer auf einem Pferd
❷ jemanden zum Ritter schlagen jemanden durch einen Schlag mit dem flachen Schwert auf die Schulter in den Stand der Ritter aufnehmen

rit|ter|lich (Adjektiv) **ritterlicher, am ritterlichsten**
❶ ≈ anständig, fair nach bestimmten Grundsätzen handelnd: *ein ritterlicher Kampf*
❷ ≈ hilfsbereit, höflich so, dass man zuvorkommend oder helfend handelt: *einer Frau in Not ritterlich helfen*

die **Rit|ter|rüs|tung** (Nomen) GESCHICHTE **der Ritterrüstung, die Ritterrüstungen** die gepanzerte Kleidung, die früher Ritter trugen

das **Ri|tu|al** (Nomen) **des Rituals, die Rituale/Ritualien** ≈ Zeremonie eine von der Religion o. Ä. im Einzelnen genau vorgeschriebene Folge von Handlungen

ri|tu|ell (Adjektiv) [ri'tu̯ɛl] einem Ritual folgend: *eine rituelle Waschung*

der **Ritz** (Nomen) **des Ritzes, die Ritze**
❶ ≈ Schramme ein erkennbarer Schnitt an einer Oberfläche: *ein Ritz im Lack*
❷ kurz für → **Ritze**

die **Rit|ze** (Nomen) **der Ritze, die Ritzen** ein schmaler Spalt

rit|zen (Verb) **du ritzt, er ritzte, sie hat geritzt, ritz(e)!**
❶ ≈ kratzen, schneiden etwas mit einem spitzen Gegenstand irgendwo einkratzen: *seinen Namen in den Baumstamm ritzen*
❷ sich ritzen sich an der Haut verletzen

ri|va|li|sie|ren (Verb) [rivali'zi:rən] gehoben **du rivalisierst, er rivalisierte, sie hat rivalisiert, rivalisier(e)!** ≈ konkurrieren *zwei rivalisierende Jugendbanden*

die **Ri|va|li|tät** (Nomen) [rivali'tɛ:t] **der Rivalität, die Rivalitäten** der Kampf darum, jemanden auf einem bestimmten Gebiet zu übertreffen

die **Rob|be** (Nomen) ZOOLOGIE **der Robbe, die Robben** ein in kalten Meeren lebendes Säugetier (z. B. Seehund)

rob|ben (Verb) **du robbst, er robbte, sie ist gerobbt, robb(e)!** sich kriechend irgendwohin bewegen

die **Ro|be** (Nomen) **der Robe, die Roben**
❶ ein langes, festliches Kleid für besondere Anlässe
❷ ≈ Talar das lange Gewand von Priestern und Richtern

der **Ro|bo|ter** (Nomen) ['rɔbɔtɐ] TECHNIK **des Roboters, die Roboter**
❶ eine Maschine, die besonders in der Industrie automatisch arbeitet
❷ ein dem Menschen nachgebildeter Apparat, der bestimmte Arbeiten verrichten kann

ro|bust (Adjektiv) **robuster, am robustesten** ≈ stabil, widerstandsfähig so, dass etwas nicht empfindlich ist, sondern etwas aushält: *Für diesen Job braucht man eine robuste Gesundheit.*

der **Rock**[1] (Nomen) **des Rock(e)s, die Röcke**
1 ein Kleidungsstück für Frauen, das von der Taille abwärts getragen wird: *in Rock und Bluse*
2 veraltet ≈ Jacke *ein Förster im grünen Rock*

der **Rock**[2] (Nomen) ['rɔk] nur im Singular **des Rock(s)** kurz für Rock and Roll eine weitverbreitete Unterhaltungsmusik

die **Rock|band** (Nomen) ['rɔkbænd] **der Rockband, die Rockbands** eine Gruppe von Musikern, die Rockmusik macht

ro|cken (Verb) **du rockst, er rockte, sie hat gerockt, rock(e)!**
1 Rockmusik machen
2 zu Rockmusik tanzen
3 jemanden durch Rockmusik in Stimmung bringen: *Sie haben das ganze Stadion gerockt.*

der **Ro|cker** (Nomen) **des Rockers, die Rocker**
1 ein Mitglied einer (sich oft aggressiv verhaltenden) Gruppe, die schwere Motorräder fährt
2 MUSIK jemand, der Rockmusik macht

die **Ro|cke|rin** (Nomen) **der Rockerin, die Rockerinnen** Femininform von → **Rocker**

die **Ro|del|bahn** (Nomen) **der Rodelbahn, die Rodelbahnen** eine Bahn, besonders aus Eis oder Schnee, die man mit dem Schlitten befahren kann

ro|deln (Verb) **du rodelst, er rodelte, sie hat/ist gerodelt, rod(e)le!**
1 hat/ist gerodelt mit dem Schlitten fahren
2 ist gerodelt mit dem Schlitten irgendwohin fahren: *Sie ist gegen einen Baum gerodelt.*

ro|den (Verb) **du rodest, er rodete, sie hat gerodet, rode!** den Boden durch das Fällen von Bäumen landwirtschaftlich nutzbar machen

der **Rog|gen** (Nomen) nur im Singular **des Roggens** ein Getreide, aus dem besonders dunkles Mehl gewonnen wird

roh (Adjektiv) **roher, am roh(e)sten**
1 ohne Steigerung etwas, was nicht erhitzt oder gegart wurde: *Knödel aus rohen Kartoffeln*
2 ohne Steigerung so, dass sich ein Material noch im Naturzustand befindet: *Bretter aus rohem Holz*
3 ≈ grob, brutal ohne Feingefühl: *etwas mit roher Gewalt erzwingen*
4 jemanden/etwas wie ein rohes Ei behandeln mit jemandem/etwas äußerst vorsichtig oder rücksichtsvoll umgehen

der **Roh|bau** (Nomen) ARCHITEKTUR **des Rohbaus, die Rohbauten** ein Gebäude, dessen Wände, Decken und Dach fertig sind, das aber innen noch nicht ausgebaut ist

das **Rohr** (Nomen) **des Rohr(e)s, die Rohre**
1 besonders TECHNIK ≈ Röhre, Leitung *ein verstopftes Rohr reinigen*
2 BOTANIK eine Pflanze mit langem, hohlem Stängel (z. B. Schilf)
3 besonders süddeutsch Ⓐ ≈ Backofen *einen Braten ins Rohr schieben*
4 volles Rohr umgangssprachlich mit aller Kraft oder höchster Geschwindigkeit

die **Röh|re** (Nomen) **der Röhre, die Röhren**
1 Leitung, durch die man Flüssigkeiten o. Ä. transportieren kann: *das Verlegen der Röhren auf dem Meeresgrund*
2 ≈ Backofen ein Küchengerät: *eine Gans in die Röhre schieben*
3 ELEKTROTECHNIK früher ein Bauteil eines Radios oder Fernsehers
4 umgangssprachlich ≈ Fernseher *dauernd in die Röhre glotzen*
5 in die Röhre gucken umgangssprachlich leer ausgehen, benachteiligt werden

der **Roh|stoff** (Nomen) **des Rohstoff(e)s, die Rohstoffe** ein unbehandeltes natürliches Material, aus dem in der Industrie Produkte hergestellt werden

die **Rol|le** (Nomen) **der Rolle, die Rollen**
1 etwas Zusammengerolltes: *eine Rolle Geschenkpapier*
2 ≈ Rad, Walze ein Bauteil, das sich um die eigene Achse dreht: *ein Schreibtischstuhl auf Rollen*
3 THEATER · FILM die Darstellung einer Figur in einem Stück o. Ä.: *die Rolle Tarzans in einem Musical*
4 ≈ Bedeutung, Funktion die Bedeutung/Stellung von etwas: *die Rolle Deutschlands in der EU*
5 SPORT eine Turnübung, bei der man eine vollständige Drehung seines Körpers ausführt
6 eine/keine Rolle spielen wichtig/unwichtig sein
7 von der Rolle sein umgangssprachlich nicht so konzentriert o. Ä. wie sonst sein

rol|len (Verb) **du rollst, er rollte, sie ist/hat gerollt, roll(e)!**
❶ ist gerollt sich drehend oder auf Rädern (irgendwohin) bewegen: *Die Maschine rollte zur Startbahn.*
❷ hat gerollt etwas oder jemanden (irgendwohin) bewegen: *den Koffer auf den Bahnsteig rollen • wütend mit den Augen rollen*
❸ hat gerollt etwas in eine runde Form bringen: *den Teig zu einer Wurst rollen*
❹ sich rollen hat gerollt • Papier usw. sich an den Rändern krümmen oder biegen
❺ sich irgendwo (hin)rollen hat gerollt sich irgendwo (hin)wälzen: *Der Hund rollte sich im Gras.*
❻ etwas ins Rollen bringen eine Entwicklung in Gang setzen

das **Rol|len|spiel** (Nomen) **des Rollenspiel(e)s, die Rollenspiele**
❶ die Nachstellung eines Gesprächs oder Konflikts, um Lösungsmöglichkeiten zu finden
❷ ein Spiel, in dem die Spieler nach festgelegten Regeln die Rollen bestimmter Figuren übernehmen

der **Rol|ler** (Nomen) **des Rollers, die Roller**
❶ ein zweirädriges Fahrzeug, auf dem man steht und das man mit dem Fuß anschiebt
❷ ≈ Motorroller ein zweirädriges Fahrzeug mit Motor, auf dem man wie auf einem Stuhl sitzt

der **Rol|ler|skate** (Nomen) ['ro:lɐske:t] **des Rollerskates, die Rollerskates** ein Rollschuh mit besonders breiten (Kunststoff)rollen

der **Roll|kra|gen|pul|lo|ver** (Nomen) **des Rollkragenpullovers, die Rollkragenpullover** ein Pullover mit einem Kragen, der umgeschlagen ist

der **Roll|la|den** (Nomen) **des Rollladens, die Rollläden/Rollladen** eine Art Jalousie außen am Fenster aus festen Elementen aus Plastik oder Holz

der **Roll|schuh** (Nomen) **des Rollschuh(e)s, die Rollschuhe** ein Schuh mit vier an die Sohle montierten Rollen: *Sie konnte mit vier Jahren schon Rollschuh laufen.*

der **Roll|stuhl** (Nomen) **des Rollstuhl(e)s, die Rollstühle**
❶ ein fahrbarer Stuhl mit Rädern für gehbehinderte Menschen
❷ im Rollstuhl sitzen Rollstuhlfahrer sein

der **Roll|stuhl|fah|rer** (Nomen) **des Rollstuhlfahrers, die Rollstuhlfahrer** jemand, der einen Rollstuhl benutzt, weil er gehbehindert oder gelähmt ist

die **Roll|stuhl|fah|re|rin** (Nomen) **der Rollstuhlfahrerin, die Rollstuhlfahrerinnen**
Femininform von → **Rollstuhlfahrer**

die **Roll|trep|pe** (Nomen) **der Rolltreppe, die Rolltreppen** eine Treppe mit beweglichen Stufen, auf der man aufwärts oder abwärts fahren kann

der **Ro|man** (Nomen) **des Romans, die Romane**
❶ LITERATUR ein sehr langer Erzähltext
❷ Erzähl keine Romane! Komm endlich zur Sache!

die **Ro|man|tik** (Nomen) nur im Singular **der Romantik**
❶ eine gefühlsbetonte Stimmung oder Ausstrahlung: *die Romantik eines Regenbogens im Gebirge*
❷ LITERATUR • KUNST ein die Gefühle betonender Stil vom Ende des 18. Jahrhunderts bis zur Mitte des 19. Jahrhunderts: *Clemens Brentano ist ein Dichter der Romantik.*

ro|man|tisch (Adjektiv) **romantischer, am romantischsten**
❶ sehr gefühlsbetont: *ein romantisches Liebesverhältnis*
❷ so, dass etwas malerisch oder verträumt ist: *ein romantischer Sonnenuntergang*
❸ LITERATUR • KUNST den Stil der Romantik betreffend

die **Ro|man|ze** (Nomen) gehoben **der Romanze, die Romanzen** eine kurze, leidenschaftliche Liebesbeziehung

rö|misch (Adjektiv)
❶ aus Rom
❷ GESCHICHTE zum antiken Rom gehörend: *ein römischer Tempel*
❸ römische Zahlen aus der römischen Antike stammende Zahlen, die auch heute für besondere Zwecke benutzt werden (z. B. I, IV, XII) siehe auch → **arabisch**

rö|misch-ka|tho|lisch (Adjektiv) RELIGION Abkürzung r.-k./röm.-kath. zur katholischen Kirche, deren Oberhaupt der Papst in Rom ist, gehörend

rönt|gen (Verb) MEDIZIN **du röntgst, er röntgte, sie hat geröntgt, röntge!** den Körper mit Röntgenstrahlen durchleuchten und untersuchen

ro|sa (Adjektiv) unveränderlich von der Farbe, die entsteht, wenn man Rot und Weiß mischt: *rosa Rosen*

ro|sa|rot (Adjektiv) ≈ rosa

die **Ro|se** (Nomen) BOTANIK **der Rose, die Rosen** eine als Strauch wachsende Blume mit Stacheln (die fälschlicherweise oft als Dornen bezeichnet werden) und Blüten in verschiedenen Farben

der **Ro|sen|mon|tag** (Nomen) Plural selten **des Rosenmontag(e)s, die Rosenmontage** der Montag vor Aschermittwoch, der vorletzte Tag im Karneval/Fasching

die **Ro|si|ne** (Nomen) **der Rosine, die Rosinen**
1. GASTRONOMIE eine getrocknete Weintraube
2. sich die Rosinen aus dem Kuchen picken umgangssprachlich sich das Beste von etwas aussuchen
3. Rosinen im Kopf haben umgangssprachlich Ideen oder Pläne haben, die sich nicht durchführen lassen

das **Ross** (Nomen) **des Rosses, die Rosse/Rösser**
1. gehoben • ironisch ≈ Pferd *Sie erschienen hoch zu Ross.*
2. auf einem hohen Ross sitzen abwertend eingebildet oder überheblich sein

der **Rost**[1] (Nomen) nur im Singular **des Rost(e)s** die braune Schicht, die unter Einwirkung von Feuchtigkeit auf Eisen entsteht

der **Rost**[2] (Nomen) **des Rost(e)s, die Roste** eine Art Gitter zum Grillen oder als Abdeckung eines Schachts o. Ä.: *Würstchen vom Rost*

die **Rost|brat|wurst** (Nomen) GASTRONOMIE **der Rostbratwurst, die Rostbratwürste** eine auf einem Rost gegrillte Bratwurst

ros|ten (Verb) nur in der 3. Person gebraucht **es rostet, es rostete, es ist gerostet/hat gerostet** besonders Eisen Rost ansetzen, rostig werden

rös|ten (Verb) GASTRONOMIE **du röstest, er röstete, sie hat geröstet, röst(e)!**
1. etwas über Feuer o. Ä. braun und knusprig werden lassen: *Esskastanien rösten*
2. etwas braten: *Kartoffeln in der Pfanne rösten*

rost|frei (Adjektiv) nicht rostend: *rostfreier Stahl*

ros|tig (Adjektiv) **rostiger, am rostigsten** von Rost bedeckt, verrostet: *Mein Fahrradlenker ist sehr rostig.*

rot (Adjektiv)
1. von der Farbe des Blutes: *Fehler im Aufsatz rot anstreichen*
2. rot werden aus Schüchternheit, Scham oder Verlegenheit rot im Gesicht werden
3. ein roter Faden ein Grundgedanke, der durch ein Thema oder einen Sachverhalt führt
4. die Rote/rote Karte eine kleine rote Karte, die der Schiedsrichter einem Spieler zeigt, den er vom Platz schickt
5. das Rote Kreuz eine Organisation, die den Armen oder Verletzten hilft
6. das Rote Meer das Meer, das die Arabische Halbinsel von Afrika trennt
7. rote Zahlen schreiben oder in den roten Zahlen sein Verluste machen

die **Rö|teln** (Nomen) nur im Plural **der Röteln** eine Krankheit mit einem masernähnlichen Hautausschlag

das **Rot|käpp|chen** (Nomen) nur im Singular **des Rotkäppchens** Märchenfigur ein kleines Mädchen mit einer roten Kappe, das seine Großmutter besuchen will, vom Wolf gefressen und am Ende von einem Jäger befreit wird

die **Rou|te** (Nomen) ['ru:tə] **der Route, die Routen** die festgelegte Strecke einer Reise o. Ä.

der **Rou|ten|pla|ner** (Nomen) ['ru:tn̩pla:nɐ] INTERNET **des Routenplaners, die Routenplaner** eine Software, mit der man Fahrstrecken planen kann

der **Rou|ter** (Nomen) ['ru:tɐ] INFORMATIK **des Routers, die Router** ein Gerät, welches mehrere Netzwerke verbinden kann

die **Rou|ti|ne** (Nomen) [ru'ti:nə] **der Routine, die Routinen**
1. die Fähigkeit, etwas schnell und gut erledigen zu können, weil man es schon oft gemacht hat
2. abwertend ≈ Gewohnheit etwas, an dem man kein echtes Interesse mehr hat, weil man es schon so oft gemacht hat: *Die Kontrollen sind reine Routine geworden.*

der **Ru|bel** (Nomen) **des Rubels, die Rubel**
1. FINANZEN die offizielle Währung in Russland und Weißrussland
2. Der Rubel rollt. umgangssprachlich Es wird eine Menge Geld ausgegeben/verdient.

rü|ber (Adverb) umgangssprachlich
Kurzform von → **herüber**
Kurzform von → **hinüber**

A B C D E F G H I J K L M N O P Q R S T U V W X Y Z

rü|ber|brin|gen (Verb) umgangssprachlich **du bringst rüber, er brachte rüber, sie hat rübergebracht, bring(e) rüber!**
1 auf die andere Seite oder nach drüben bringen (z. B. Straßenseite)
2 eine Idee, Absicht o. Ä. anderen klarmachen

rü|ber|kom|men (Verb) umgangssprachlich **du kommst rüber, er kam rüber, sie ist rübergekommen, komm(e) rüber!**
1 von drüben oder der anderen Seite hierherkommen
2 ≈ besuchen *Kommt ihr nachher noch ein bisschen rüber?*
3 etwas kommt gut/schlecht rüber etwas wird klar oder verstanden/nicht richtig klar oder verstanden

die **Ru|brik, Rub|rik** (Nomen) **der Rubrik, die Rubriken**
1 eine Spalte in einer Tabelle o. Ä.
2 PRESSE die Überschrift eines Teils einer Zeitung: *Ich lese immer zuerst die Rubrik „Aus aller Welt".*

der **Ruck** (Nomen) **des Ruck(e)s, die Rucke**
1 ein plötzlicher Zug oder Stoß, eine Erschütterung
2 sich einen Ruck geben umgangssprachlich sich zu etwas überwinden, wozu man eigentlich keine Lust hat

ruck|ar|tig (Adjektiv) mit einem Ruck, auf einmal, ohne sich vorher anzukündigen

der **Rück|blick** (Nomen) **des Rückblick(e)s, die Rückblicke** ein gedanklicher Blick zurück in die Vergangenheit

ru|ckeln (Verb) **du ruckelst, er ruckelte, sie hat geruckelt, ruck(e)le!** ≈ ruckartig bewegen sich mit leichten Rucken bewegen: *Die Maschine ruckelte beim Landen.*

rü|cken (Verb) **du rückst, er rückte, sie ist/hat gerückt, rück(e)!**
1 ist gerückt sich irgendwohin bewegen: *Rückt mal zur Seite!*
2 hat gerückt etwas verschieben, an einen anderen Platz bewegen: *die Möbel an die Wand rücken*

der **Rü|cken** (Nomen) **des Rückens, die Rücken**
1 die hintere Seite des Menschen, wo die Wirbelsäule ist
2 bei einem Hund, Pferd usw. die obere Seite des Rumpfes
3 der hintere oder obere Teil eines Gegenstands (z. B. Buchrücken, Bergrücken)
4 hinter jemandes Rücken im Geheimen, ohne jemandem etwas zu sagen
5 jemandem in den Rücken fallen einen bisherigen Freund plötzlich angreifen
6 mit dem Rücken zur Wand beim Versuch, sich zu verteidigen, in einer sehr schwierigen Lage

die **Rü|cken|flos|se** (Nomen) **der Rückenflosse, die Rückenflossen** eine Flosse auf dem Rücken eines Fischs, Wals o. Ä.

die **Rü|cken|leh|ne** (Nomen) **der Rückenlehne, die Rückenlehnen** eine Lehne für den Rücken an einem Stuhl, einer Bank o. Ä.

die **Rück|fahrt** (Nomen) **der Rückfahrt, die Rückfahrten** die Fahrt, die vom Zielort zum Ausgangspunkt zurückführt

der **Rück|fall** (Nomen) **des Rückfall(e)s, die Rückfälle**
1 MEDIZIN das Wiederauftreten einer Krankheit, die scheinbar geheilt war, die Verschlechterung einer Krankheit nach einer Besserung
2 RECHT die erneute Straftat nach der Verbüßung einer Strafe für eine frühere, gleiche Straftat
3 die Rückkehr in einen früheren, schlechteren Zustand: *ein Rückfall in die Methoden des Mittelalters*

die **Rück|ga|be** (Nomen) **der Rückgabe, die Rückgaben**
1 das Zurückgeben von etwas, was ausgeliehen o. Ä. war
2 SPORT das Zurückspielen des Balls, besonders zum eigenen Torwart

der **Rück|gang** (Nomen) **des Rückgang(e)s, die Rückgänge** ≈ Nachlassen, Fallen, Sinken die Verringerung von etwas: *ein Rückgang der Arbeitslosigkeit*

rück|gän|gig (Adjektiv)
1 etwas rückgängig machen etwas aufheben oder ungültig machen: *Die Kündigung kann nicht rückgängig gemacht werden.*
2 ≈ nachlassend, sinkend so, dass etwas abnimmt/kleiner wird: *rückgängige Schülerzahlen*

das **Rück|grat** (Nomen) **des Rückgrat(e)s, die Rückgrate**
1 ANATOMIE Wirbelsäule: *sich das Rückgrat verletzen*
2 Rückgrat haben/zeigen offen zu seinen Überzeugungen stehen

die **Rụ̈ck|kehr** (Nomen) nur im Singular
der Rückkehr das Zurückkommen zum Ausgangspunkt: *nach seiner Rückkehr aus dem Ausland*

rụ̈ck|läu|fig (Adjektiv) ≈rückgängig, sinkend so, dass etwas im Wert gesunken ist: *rückläufige Verkaufszahlen • Die Geburtenraten sind im Vergleich zu den letzten Jahrzehnten rückläufig.*

das **Rụ̈ck|licht** (Nomen) **des Rücklicht(e)s, die Rücklichter** eine rote Leuchte oder Lampe am hinteren Teil eines Fahrzeugs

die **Rụ̈ck|rei|se** (Nomen) **der Rückreise, die Rückreisen** die Reise, die vom Zielort zum Ausgangspunkt zurückführt

der **Rụ̈ck|ruf** (Nomen) **des Rückruf(e)s, die Rückrufe**
① TELEFON ein Anruf bei jemandem, der zuvor vergeblich versucht hat, einen zu erreichen
② die Aufforderung des Herstellers, ein Produkt wegen eines Mangels zurückzugeben

der **Rụck|sack** (Nomen) **des Rucksack(e)s, die Rucksäcke** eine Tasche, die zum Tragen auf den Rücken geschnallt wird

der **Rụ̈ck|schlag** (Nomen) **des Rückschlag(e)s, die Rückschläge**
① ≈Enttäuschung, Misserfolg *nach mehreren Rückschlägen sein berufliches Ziel erreichen*
② TECHNIK ≈Rückstoß ein nach hinten wirkender, starker Stoß eines beweglichen Objekts: *der Rückschlag des Gewehrs beim Schießen*
③ SPORT das Zurückspielen eines Balls, den der Gegner geschlagen hat

der **Rụ̈ck|schluss** (Nomen) **des Rückschlusses, die Rückschlüsse** ≈Schlussfolgerung *Mehrere am Tatort gefundene Gegenstände lassen Rückschlüsse auf den Täter zu.*

die **Rụ̈ck|sei|te** (Nomen) **der Rückseite, die Rückseiten** die Kehrseite der Vorderseite: *der Eingang an der Rückseite des Gebäudes*

die **Rụ̈ck|sicht** (Nomen) **der Rücksicht, die Rücksichten**
① die Beachtung der Wünsche und Bedürfnisse anderer Menschen
② Rücksicht nehmen die Wünsche und Bedürfnisse anderer Menschen beachten
③ ohne Rücksicht auf Verluste umgangssprachlich ohne sich um die Folgen seines Verhaltens zu kümmern

die **Rụ̈ck|sicht|nah|me** (Nomen) **der Rücksichtnahme, die Rücksichtnahmen** ≈Rücksicht *Radfahrer und Autofahrer zu gegenseitiger Rücksichtnahme auffordern*

rụ̈ck|sichts|los (Adjektiv) abwertend **rücksichtsloser, am rücksichtslosesten** Verhalten, bei dem man keine Rücksicht auf andere nimmt: *Den Müll einfach in den Park zu werfen ist rücksichtslos.*

rụ̈ck|sichts|voll (Adjektiv) **rücksichtsvoller, am rücksichtsvollsten** das Verhalten, bei dem man Rücksicht auf andere nimmt: *etwas rücksichtsvoller miteinander umgehen*

der **Rụ̈ck|sitz** (Nomen) **des Rücksitzes, die Rücksitze** der hintere Sitzplatz eines Fahrzeugs

der **Rụ̈ck|spie|gel** (Nomen) AUTO **des Rückspiegels, die Rückspiegel** ein Spiegel innen oder außen an einem Fahrzeug, durch den man nach hinten sehen kann

der **Rụ̈ck|stand** (Nomen) **des Rückstand(e)s, die Rückstände**
① in der Bewertung zurückliegen: *den Rückstand aufzuholen versuchen*
② ≈Schuld, Pflicht so, dass man Schulden bei jemandem hat: *mit der Miete zwei Monate im Rückstand sein*
③ CHEMIE der Rest von etwas in einem Behälter o. Ä.: *Rückstände von Pflanzenschutzmitteln in der Nahrung*

der **Rụ̈ck|tritt** (Nomen) **des Rücktritt(e)s, die Rücktritte**
① besonders POLITIK ≈Niederlegung eines Amtes der Vorgang, dass man sein Amt o. Ä. aufgibt: *wegen einer Affäre zum Rücktritt gezwungen werden*
② ≈Rücktrittbremse die Funktion, dass ein Fahrrad durch das Zurücktreten der Pedale gestoppt werden kann: *ein Fahrrad mit Rücktritt*

rụ̈ck|wärts (Adverb) in entgegengesetzter Richtung: *Sie kann gut rückwärts einparken.*

der **Rụ̈ck|wärts|gang** (Nomen) TECHNIK **des Rückwärtsgang(e)s, die Rückwärtsgänge** ein Gang des Getriebes, den man für das Rückwärtsfahren einlegt

der **Rụ̈ck|weg** (Nomen) **des Rückweg(e)s, die Rückwege** die Strecke, die vom Zielort zum Ausgangspunkt zurückführt: *Auf dem Hinweg sind wir gelaufen und auf dem Rückweg haben wir den Bus genommen.*

rụ̈ck|wir|kend (Adjektiv) von einem bestimmten Zeitpunkt in der Vergangenheit an gültig: *Der neue Stundenlohn gilt rückwirkend ab 1. Mai.*

der **Rụ̈ck|zug** (Nomen) **des Rückzug(e)s, die Rückzüge**
❶ besonders MILITÄR das Zurückweichen vor einem überlegenen Gegner: *der Rückzug aller Truppen nach der Gegenoffensive*
❷ die Beendigung von Aktivitäten auf einem Gebiet: *sein Rückzug aus dem Profisport*

rü|de (Adjektiv) abwertend **rüder, am rüdesten**
≈frech, grob ohne höflich zu sein: *einen rüden Ton haben*

der **Rü|de** (Nomen) ZOOLOGIE **des Rüden, die Rüden** Hund, Fuchs usw. ein männliches Tier

das **Ru|del** (Nomen) ZOOLOGIE **des Rudels, die Rudel** eine zusammenlebende Gruppe von wilden Tieren

das **Ru|der** (Nomen) **des Ruders, die Ruder**
❶ SCHIFFFAHRT ≈Riemen eine der Stangen, mit denen man ein Boot fortbewegt: *sich kräftig in die Ruder legen*
❷ SCHIFFFAHRT ≈Steuer Vorrichtung, mit der man das Fahrzeug lenkt: *Der Kapitän steht am Ruder.*
❸ am Ruder sein umgangssprachlich die Macht haben
❹ das Ruder herumreißen einer negativen Situation eine andere Wendung geben
❺ aus dem Ruder laufen außer Kontrolle geraten: *Diese Sache läuft aus dem Ruder.*

das **Ru|der|boot** (Nomen) SCHIFFFAHRT **des Ruderboot(e)s, die Ruderboote** ein Boot, das durch Rudern fortbewegt wird

ru|dern (Verb) **du ruderst, er ruderte, sie ist/hat gerudert, rud(e)re!**
❶ **ist/hat gerudert** sich in einem Boot durch Rudern fortbewegen, das Rudern als Sport betreiben: *Als Junge habe ich gerudert.*
❷ **ist gerudert** sich durch Rudern irgendwohin bewegen: *Er ist den Strom aufwärts gerudert.*
❸ **hat gerudert** mit den Armen rudern umgangssprachlich mit den Armen wedeln oder schlenkern

der **Ruf** (Nomen) **des Ruf(e)s, die Rufe**
❶ ≈Schrei ein lautes Wort/laute Worte: *Wir konnten ihre Rufe nicht hören.*
❷ **nur im Singular** ≈Ansehen die Meinung der Öffentlichkeit über etwas: *Die Schule hat einen erstklassigen Ruf.*
❸ ≈Forderung, Verlangen das öffentliche Streben nach etwas: *der Ruf nach mehr Demokratie*

ru|fen (Verb) **du rufst, er rief, sie hat gerufen, ruf(e)!**
❶ ≈schreien *um Hilfe rufen*
❷ nach etwas/jemandem rufen etwas/jemanden verlangen: *nach mehr Gerechtigkeit rufen*
❸ ≈holen, benachrichtigen *einen Arzt rufen*
❹ ≈nennen *Er heißt Jens, wird aber Kalle gerufen.*
❺ wie gerufen kommen gerade rechtzeitig oder an den richtigen Ort kommen, sodass es jemandem sehr recht ist

der **Ruf|na|me** (Nomen) **des Rufnamens, die Rufnamen** derjenige von mehreren Vornamen, mit dem jemand angeredet wird

das **Rug|by** (Nomen) ['rakbi] **nur im Singular des Rugby(s)** ein Spiel, bei dem ein eiförmiger Ball mit Händen und Füßen in ein bestimmtes gegnerisches Feld zu spielen ist

die **Rü|ge** (Nomen) **der Rüge, die Rügen**
≈Tadel eine Zurechtweisung: *jemandem eine scharfe Rüge erteilen*

rü|gen (Verb) **du rügst, er rügte, sie hat gerügt, rüg(e)!**
≈tadeln zurechtweisen

die **Ru|he** (Nomen) **nur im Singular der Ruhe**
❶ ≈Stille die Geräuschlosigkeit in einem Raum: *um Ruhe bitten*
❷ so, dass jemand gelassen ist: *in aller Ruhe abwarten, was geschieht*
❸ sich zur Ruhe setzen aufhören zu arbeiten, in Rente gehen
❹ jemanden in Ruhe lassen jemanden nicht stören oder ärgern
❺ die Ruhe selbst sein umgangssprachlich äußerst gelassen bleiben

ru|hen (Verb) **du ruhst, er ruhte, sie hat geruht, ruh(e)!**
❶ ≈ausruhen sich erholen: *Am Nachmittag möchte meine Oma immer etwas ruhen.*
❷ nicht aktiv oder in Bewegung sein: *Hier ruht der Verkehr nie. • Ich werde nicht ruhen, bis du deine Versetzung geschafft hast.*
❸ etwas ruhen lassen etwas nicht weiter bearbeiten, sich nicht weiter um etwas bemühen

❹ ≈ stehen, liegen, lasten *Die ganze Verantwortung ruht nun auf meinen Schultern.*
❺ im Grab liegen: *Er ruhe in Frieden!*

der **Ru|he|stand** (Nomen) **nur im Singular des Ruhestand(e)s**
❶ die Zeit, nachdem man aufgehört hat zu arbeiten (und in der man Rente bezieht)
❷ im Ruhestand **Abkürzung: i. R.** jemand, der seinen Beruf nicht mehr ausübt: *Rektor i. R.*

ru|hig[1] (Adjektiv) **ruhiger, am ruhigsten**
❶ ≈ still, leise *Seid mal bitte einen Augenblick ruhig!*
❷ ≈ gelassen *Jetzt heißt es ruhig bleiben.*
❸ eine ruhige Hand haben sehr sicher bei einer Tätigkeit sein: *Ein Chirurg braucht eine ruhige Hand.*

ru|hig[2] (Partikel)
❶ von mir aus, meinetwegen: *Soll er sich ruhig beschweren!*
❷ ≈ gerne *Schaut euch ruhig alles an!*

der **Ruhm** (Nomen) **des Ruhm(e)s**
❶ eine große Bekanntheit oder Beliebtheit
❷ ≈ Ansehen, Achtung hohe Wertschätzung in der Gesellschaft durch besondere Leistungen: *Er hat sich damit Ruhm erworben.*
❸ jemand hat sich nicht gerade mit Ruhm bekleckert **umgangssprachlich** es war schwach, was jemand geleistet hat

rüh|men (Verb) **gehoben du rühmst, er rühmte, sie hat gerühmt, rühm(e)!**
❶ ≈ loben, preisen *Am meisten werden seine Verdienste um den Weltfrieden gerühmt.*
❷ sich rühmen stolz von sich selbst behaupten: *Neuseeland kann sich rühmen, als erster Staat das Frauenwahlrecht eingeführt zu haben.*

die **Ruhr** (Nomen) **der Ruhr, die Ruhren**
❶ MEDIZIN eine Infektionskrankheit mit Fieber und blutigem Durchfall
❷ GEOGRAFIE **ohne Plural** ein Fluss in Deutschland, der in Nordrhein-Westfalen fließt

das **Rühr|ei** (Nomen) GASTRONOMIE **des Rührei(e)s, die Rühreier** ein Gericht aus in der Pfanne gebratenen, leicht geschlagenen Eiern

rüh|ren (Verb) **du rührst, er rührte, sie hat gerührt, rühr(e)!**
❶ eine Flüssigkeit oder breiige Masse mit einem Löffel o. Ä. kreisförmig bewegen: *mit dem Löffel in der Teetasse rühren*
❷ ≈ bewegen *vor Erschöpfung die Beine nicht mehr rühren können*
❸ jemanden in Rührung bringen: *Ihr Brief hat mich zu Tränen gerührt.*
❹ sich rühren sich bewegen, aktiv sein oder werden, sich melden: *Bisher hat sich niemand gerührt.*

rüh|rend (Adjektiv) **rührender, am rührendsten**
❶ die Gefühle ansprechend, ergreifend: *eine rührende Filmszene*
❷ ≈ liebevoll sich um jemanden oder etwas intensiv kümmern: *Sie kümmert sich rührend um ihre kranke Mutter.*

das **Ruhr|ge|biet** (Nomen) **nur im Singular des Ruhrgebiet(e)s** ein dicht besiedeltes Gebiet in Nordrhein-Westfalen am Fluss Ruhr

der **Rühr|teig** (Nomen) GASTRONOMIE **des Rührteig(e)s, die Rührteige** ein Kuchenteig, bei dem Fett, Zucker, Eier und Mehl durch Rühren miteinander verbunden werden

die **Rüh|rung** (Nomen) **nur im Singular der Rührung** ≈ Ergriffenheit eine emotionale Regung, wenn jemand von etwas berührt ist: *vor Rührung Tränen in den Augen haben*

der **Ru|in** (Nomen) **nur im Singular des Ruins** ≈ Untergang der Zustand, dass ein Unternehmen oder eine Person nicht mehr zahlungsfähig ist: *Die Firma steht vor dem Ruin.*

die **Ru|ine, Rui|ne** (Nomen) **der Ruine, die Ruinen** die Reste eines zerstörten oder verfallenen Gebäudes

ru|inie|ren, rui|nie|ren (Verb) **du ruinierst, er ruinierte, sie hat ruiniert, ruinier(e)!**
❶ ≈ zugrunde richten so handeln, dass jemandem/etwas ein vernichtender Schaden entsteht: *Die Finanzkrise hat das Unternehmen ruiniert. • Das Rauchen hat seine Gesundheit ruiniert.*
❷ unbrauchbar machen, zerstören: *Der Hund hat den Teppich ruiniert.*

rülp|sen (Verb) **umgangssprachlich du rülpst, er rülpste, sie hat gerülpst, rülps(e)!** hörbar aufstoßen

rum (Adverb) **umgangssprachlich**
Kurzform von → **herum**

der **Ru|mä|ne** (Nomen) **des Rumänen, die Rumänen** ein Junge/Mann aus Rumänien

Ru|mä|ni|en (Nomen) **Rumäniens** ein Land im Südosten Europas die **Ru|mä|nin** (Nomen) **der Rumänin, die Rumäninnen** ein Mädchen/eine Frau aus Rumänien

ru|mä|nisch (Adjektiv) aus Rumänien oder in rumänischer Sprache

der **Rumpf** (Nomen) **des Rumpf(e)s, die Rümpfe**
❶ der Körper von Menschen und Tieren ohne Arme, Beine und Kopf
❷ der große, lange Teil des Flugzeugs ohne Flügel und Motor
❸ der Teil eines Schiffs, der im Wasser schwimmt

rümp|fen (Verb) **du rümpfst, er rümpfte, sie hat gerümpft, rümpf(e) nicht!** meist in die Nase rümpfen die Nase leicht in Falten ziehen und damit zeigen, dass man etwas nicht gut findet

rund[1] (Adjektiv)
❶ mit einer Form wie ein Kreis oder eine Kugel
❷ umgangssprachlich etwas dick: *runde Wangen • ein runder Bauch*

rund[2] (Adverb)
❶ rund um etwas ≈ ringsherum im Kreis um etwas herum: *Rund um das Haus ist ein großer Garten.*
❷ ≈ ungefähr, etwa nicht ganz genau: *Es waren rund dreißig Leute da.*

die **Run|de** (Nomen) **der Runde, die Runden**
❶ eine Fahrt oder ein Lauf in der Form eines Kreises, wenn man an derselben Stelle aufhört, wo man begonnen hat: *Wir haben mit dem neuen Auto eine Runde durch die Stadt gedreht.*
❷ ein Durchgang bei einem sportlichen Wettkampf: *Der Boxer ging in der vierten Runde zu Boden.*
❸ eine kleine Gruppe von Personen, die sich kennen: *eine lustige Runde*
❹ über die Runden kommen umgangssprachlich genug Geld zum Leben haben

der **Rund|funk** (Nomen) nur im Singular **des Rundfunks**
❶ das Unternehmen, das Programme sendet, die man im Radio hören kann
❷ die Technik, mit der man Töne und Sprache über weite Entfernungen senden kann

rund|lich (Adjektiv) ≈ mollig ein wenig dick

die **Rund|mail** (Nomen) ['rʊntmeːl] **der Rundmail, die Rundmails** eine E-Mail, die gleichzeitig an viele Adressen verschickt wird

rund|um (Adverb)
❶ rundherum, ringsumher: *Schau, rundum nur Berge!*
❷ ganz, vollkommen: *rundum glücklich*

run|ter (Adverb) umgangssprachlich
Kurzform von → **hinunter**
Kurzform von → **herunter**

run|ze|lig, runz|lig (Adjektiv) **runzeliger, am runzeligsten** mit vielen kleinen Falten in der Haut

run|zeln (Verb) **du runzelst, er runzelte, sie hat gerunzelt, runz(e)le!** die Stirn/die Augenbrauen/... runzeln die Stirn/die Augenbrauen/... so zusammenziehen, dass es Falten in der Haut gibt

der **Rü|pel** (Nomen) abwertend **des Rüpels, die Rüpel** ≈ Flegel jemand, der grob und unhöflich ist

rup|fen (Verb) **du rupfst, er rupfte, sie hat gerupft, rupf(e)!**
❶ Gras/Unkraut/... rupfen Gras/Unkraut/... abreißen oder herausreißen
❷ Hühner/Gänse/... rupfen die Federn von einem toten Huhn/einer toten Gans/... herausreißen

rup|pig (Adjektiv) umgangssprachlich • abwertend **ruppiger, am ruppigsten** sehr unfreundlich und grob

die **Rü|sche** (Nomen) **der Rüsche, die Rüschen** eine geraffte Verzierung aus einem Stoffstreifen

der **Ruß** (Nomen) nur im Singular **des Rußes** der schwarze, schmierige Staub, der sich aus dem Rauch eines Feuers absetzt

der **Rus|se** (Nomen) **des Russen, die Russen** ein Junge/Mann aus Russland

der **Rüs|sel** (Nomen) **des Rüssels, die Rüssel**
❶ die lange Nase von Elefanten oder Schweinen
❷ der Körperteil, mit dem Mücken, Fliegen usw. saugen
❸ umgangssprachlich • abwertend die Nase beim Menschen

ru|ßen (Verb) nur in der 3. Person gebraucht **es rußt, es rußte, es hat gerußt** schwarzen, schmierigen Staub aus dem Rauch eines Feuers bilden: *Die Kerze rußt.*

die **Rus|sin** (Nomen) **der Russin, die Russinnen** ein Mädchen/eine Frau aus Russland

rus|sisch (Adjektiv) aus Russland oder in russischer Sprache

das **Rụs|sisch** (Nomen) nur im Singular
des Russisch(s) die russische Sprache

Rụss|land (Nomen) **Russlands** ein Land in Osteuropa und Asien

rụ̈s|tig (Adjektiv) **rüstiger, am rüstigsten** noch körperlich fit und beweglich, obwohl man schon alt ist

die **Rụ̈s|tung** (Nomen) **der Rüstung, die Rüstungen**
① nur im Singular alle Waffen und militärischen Maßnahmen eines Landes
② die Kleidung aus Metall, die früher Ritter trugen

die **Ru|te** (Nomen) **der Rute, die Ruten**
① ein dünner Zweig
② der Schwanz beim Hund, Fuchs usw.

die **Rụtsch|bahn** (Nomen) **der Rutschbahn, die Rutschbahnen** ein Gerät auf einem Spielplatz oder in einem Schwimmbad, bei dem man auf einer Leiter hochsteigt und über eine glatte Fläche nach unten rutscht

die **Rụt|sche** (Nomen) umgangssprachlich
der Rutsche, die Rutschen
Kurzform von → **Rutschbahn**

rụt|schen (Verb) **du rutschst, er rutschte, sie ist gerutscht, rutsch**(e)**!**
① sich auf etwas Glattem fortbewegen: *über das Eis rutschen*
② auf der Rutschbahn rutschen
③ ≈ausrutschen auf etwas Glattem den Halt verlieren und hinfallen
④ zu locker sein und sich nach unten bewegen: *Die Hose ist zu groß, sie rutscht.*
⑤ aus der Hand/vom Tisch/… rutschen so glatt sein, dass etwas aus der Hand/vom Tisch/… fällt
⑥ umgangssprachlich zur Seite rücken: *Rutsch bitte, ich will mich neben dich setzen.*

S

das **S, s** (Nomen) **des S, die S**
① der 19. Buchstabe im Alphabet
siehe auch → **A**
② ein scharfes s der Buchstabe „ß"
③ nur: S: Kurzform von → **Süden**
④ nur S: Abkürzung für small die Kleidergröße „klein"

s. [ˈziːə] Abkürzung von: siehe ein Verweis auf eine andere Stelle in einem Text: *s. Seite 25*

der **Saal** (Nomen) **des Saal**(e)**s, die Säle** ein sehr großer Raum

das **Saar|land** (Nomen) nur im Singular
des Saarland(e)**s** ein Bundesland in Westdeutschland

die **Saat** (Nomen) **der Saat, die Saaten** die Samen, die man in den Boden setzt, damit Pflanzen daraus wachsen

der **Sạb|bat** (Nomen) **des Sabbats, die Sabbate** der Ruhetag im Judentum

der **Sä|bel** (Nomen) **des Säbels, die Säbel** eine Waffe mit einer langen gebogenen Klinge

die **Sa|bo|ta|ge** (Nomen) [zaboˈtaːʒə]
der Sabotage, die Sabotagen
eine absichtliche Zerstörung, Beschädigung oder Störung, um jemandem zu schaden

sa|bo|tie|ren (Verb) **du sabotierst, er sabotierte, sie hat sabotiert, sabotier**(e) **nicht!** etwas absichtlich zerstören, beschädigen oder verhindern, um jemandem zu schaden

das **Sạch|buch** (Nomen) **des Sachbuch**(e)**s, die Sachbücher** ein Buch über ein bestimmtes Fachthema

die **Sạ|che** (Nomen) **der Sache, die Sachen**
① ein Gegenstand
② jemandes Sachen alles, was jemandem gehört, oder jemandes Kleidung: *Ein Großteil meiner Sachen ist noch bei meinen Eltern.* • *Zieh bitte warme Sachen an!*
③ ≈Angelegenheit etwas, was geschieht oder wichtig ist
④ Wettrennen/Horrorfilme/… sind nicht seine Sache. Er mag keine Wettrennen/Horrorfilme/…
⑤ zur Sache kommen zum eigentlichen Thema kommen
⑥ (nicht) bei der Sache sein (nicht) aufmerksam sein
⑦ seiner Sache sicher sein denken, dass das, was man tut, richtig ist
⑧ keine halben Sachen machen alles gründlich und ordentlich machen

A B C D E F G H I J K L M N O P Q R S T U V W X Y Z

das **Sach|ge|biet** (Nomen) **des Sachgebiet(e)s, die Sachgebiete**
1 ein bestimmter Themenbereich: *nach Sachgebieten sortieren*
2 ein bestimmter Bereich, in dem man sich auskennt oder arbeitet

sach|lich (Adjektiv) **sachlicher, am sachlichsten** ≈objektiv nur an Fakten und nicht an Gefühlen oder Vorurteilen orientiert

säch|lich (Adjektiv) mit dem Genus, das im Nominativ Singular den Artikel „das" hat: *„das Kind" ist sächlich*

die **Sach|lich|keit** (Nomen) **nur im Singular der Sachlichkeit** ≈Objektivität eine Einstellung, die sich nur an Fakten orientiert und nicht an Gefühlen oder Vorurteilen

der **Sach|scha|den** (Nomen) **des Sachschadens, die Sachschäden** der Schaden, der an Dingen und nicht an Personen entsteht

Sach|sen (Nomen) **Sachsens** ein Bundesland in Ostdeutschland

Sach|sen-An|halt (Nomen) **Sachsen-Anhalts** ein Bundesland in Ostdeutschland

sacht, sach|te (Adjektiv) **sachter, am sachtesten** sanft und vorsichtig

der **Sach|ver|halt** (Nomen) **des Sachverhalt(e)s, die Sachverhalte** alle Tatsachen und Umstände, die bedeutsam für ein Geschehen sind

der **Sack** (Nomen) **des Sack(e)s, die Säcke**
1 ein großer, stabiler Beutel
2 etwas im Sack haben umgangssprachlich sicher sein, dass man etwas Bestimmtes hat oder bekommt
3 mit Sack und Pack umgangssprachlich mit allem, was man hat

die **Sack|gas|se** (Nomen) **der Sackgasse, die Sackgassen**
1 eine Straße, die nicht weitergeht
2 in einer Sackgasse stecken umgangssprachlich bei einer Problemlösung nicht weiterkommen

sä|en (Verb) **du säst, er säte, sie hat gesät, säe!** Samen in die Erde setzen, damit daraus Pflanzen wachsen

die **Sa|fa|ri** (Nomen) **der Safari, die Safaris** die Reise, auf der man wilde Tiere beobachtet oder jagt

der **Saft** (Nomen) **des Saft(e)s, die Säfte**
1 eine Flüssigkeit oder ein Getränk, die/das man bekommt, wenn man Obst oder Gemüse auspresst
2 umgangssprachlich der Strom, die Energie

saf|tig (Adjektiv) **saftiger, am saftigsten**
1 mit viel Flüssigkeit oder Saft: *eine saftige Zitrone*
2 umgangssprachlich unangenehm kräftig, intensiv, hoch: *eine saftige Ohrfeige • saftige Preise*

die **Sa|ge** (Nomen) **der Sage, die Sagen** eine alte (ursprünglich mündlich überlieferte) Geschichte, die oft von Helden und Göttern handelt oder schwer erklärliche Phänomene oder Namen zu erklären sucht
(z. B. Heldensage, Göttersage, Lokalsage)

die **Sä|ge** (Nomen) **der Säge, die Sägen** ein Werkzeug mit vielen kleinen Zacken, mit dem man z. B. Holz schneiden kann

sa|gen (Verb) **du sagst, er sagte, sie hat gesagt, sag(e)!**
1 etwas sagen ≈sprechen, reden Worte aussprechen: *Wie sagt man das auf Deutsch?*
2 jemandem etwas sagen, etwas zu jemandem sagen jemandem etwas mit Worten mitteilen: *Ich habe ihr gesagt, dass ich sie nett finde.*
3 etwas/nichts zu sagen haben Macht oder Einfluss/keine Macht oder keinen Einfluss haben
4 sich nichts mehr zu sagen haben Streit miteinander oder kein Interesse mehr aneinander haben und nicht mehr miteinander reden
5 Das hat nichts zu sagen! Das ist nichts Besonderes!/Das ist nicht wichtig!
6 etwas sagt jemandem nichts jemand kennt etwas nicht: *Dieser Name sagt mir nichts.*
7 sage und schreibe ... umgangssprachlich ≈tatsächlich als Verstärkung, wenn etwas sehr unwahrscheinlich ist: *Sie hat sage und schreibe 16 Kinder!*

sä|gen (Verb) **du sägst, er sägte, sie hat gesägt, säg(e)!**
1 etwas mit einer Säge schneiden
2 umgangssprachlich • ironisch laut schnarchen

die **Sa|ha|ra** (Nomen) **nur im Singular der Sahara** eine große Wüste in Nordafrika

die **Sah|ne** (Nomen) **nur im Singular der Sahne**
1 ≈Rahm eine Art Milch mit sehr viel Fett
2 Kurzform von → **Schlagsahne**

die **Sai|son** (Nomen) [zɛˈzõ, zɛˈzɔŋ] **der Saison, die Saisons/Saisonen**
1 eine Zeit im Jahr, in der etwas Bestimmtes stattfindet, wächst oder angezogen wird

❷ die Zeit im Jahr, in der die meisten Touristen kommen

die **Sai|te** (Nomen) **der Saite, die Saiten** eine Art Draht an der Gitarre, Geige und anderen Musikinstrumenten, der einen Ton macht, wenn man über ihn streicht oder an ihm zupft

das/der **Sak|ko** (Nomen) **des Sakkos, die Sakkos** die Jacke aus Stoff, die Männer über dem Hemd tragen

das **Sa|kra|ment, Sak|ra|ment** (Nomen) **des Sakrament(e)s, die Sakramente** eine wichtige Handlung in der christlichen Religion, bei der die Gläubigen auf sichtbare Weise die Gnade Gottes empfangen sollen, z. B. die Taufe

die **Sa|la|mi** (Nomen) **der Salami, die Salami/Salamis** eine harte, luftgetrocknete Wurst, die man lange aufbewahren kann

der **Sa|lat** (Nomen) **des Salat(e)s, die Salate**
❶ eine kalte Speise aus den Blättern einer Salatpflanze oder anderen Zutaten, die mit einer Soße übergossen werden
❷ eine Pflanze, deren Blätter man roh isst
❸ Da haben wir den Salat! umgangssprachlich Jetzt ist das Schlimme passiert, das ich befürchtet habe!

die **Sal|be** (Nomen) **der Salbe, die Salben** eine heilende Paste, die man auf die Haut aufträgt

der **Sa|lon** (Nomen) [za'lõ, za'lɔŋ] **des Salons, die Salons**
❶ ein elegantes Zimmer in einem Haus
❷ ein Geschäft, besonders für Schönheit und Körperpflege (z. B. Friseursalon)

sa|lopp (Adjektiv) **salopper, am saloppsten** lässig und locker

der **Sal|to** (Nomen) **des Saltos, die Saltos/Salti** ein Sprung nach unten, bei dem man den Körper in der Luft dreht

das **Salz** (Nomen) **des Salzes, die Salze**
❶ nur im Singular kleine weiße Körner, die im Bergbau oder aus Meerwasser gewonnen werden und mit denen man Speisen würzt
❷ eine chemische Verbindung

sal|zen (Verb) **du salzt, er salzte, sie hat gesalzen/gesalzt, salz(e)!** mit Salz würzen, Salz in … geben

sal|zig (Adjektiv) **salziger, am salzigsten** so, dass etwas nach Salz schmeckt

der **Salz|streu|er** (Nomen) **des Salzstreuers, die Salzstreuer** ein kleines Gefäß mit Löchern, aus denen man kleine Mengen Salz schüttet

das **Salz|was|ser** (Nomen) nur im Singular **des Salzwassers**
❶ ≈ Meerwasser das Wasser aus dem Meer
❷ Wasser mit Salz, in dem man Nudeln, Kartoffeln usw. kocht

der **Sa|men** (Nomen) **des Samens, die Samen**
❶ ≈ Samenkorn eine sehr kleine, runde Frucht einer Pflanze, aus der neue Pflanzen entstehen, wenn sie in den Boden fällt
❷ nur im Singular ≈ Sperma die Flüssigkeit aus dem Penis des Mannes, die die Eizelle befruchtet, sodass ein Kind entsteht

sam|meln (Verb) **du sammelst, er sammelte, sie hat gesammelt, samm(e)le!**
❶ etwas sammeln mehrere oder viele ähnliche Dinge suchen und mitnehmen oder zusammentragen und aufbewahren: *Pilze sammeln • Briefmarken sammeln*
❷ (für etwas) sammeln viele Leute um Geld für etwas bitten
❸ Eindrücke/Erfahrungen/… sammeln viele Eindrücke gewinnen/viele Erfahrungen machen/…
❹ sich sammeln innerlich zur Ruhe kommen
❺ sich irgendwo sammeln ≈ versammeln sich irgendwo treffen, irgendwo zusammenkommen

der **Samm|ler** (Nomen) **des Sammlers, die Sammler** jemand, der mehrere oder viele ähnliche Dinge sucht und mitnimmt oder zusammenträgt und aufbewahrt

die **Samm|le|rin** (Nomen) **der Sammlerin, die Sammlerinnen**
Femininform von → **Sammler**

die **Samm|lung** (Nomen) **der Sammlung, die Sammlungen**
❶ das Sammeln
❷ eine Zusammenstellung von vielen ähnlichen Dingen, die zusammengehören und die jemand zusammengetragen hat und aufbewahrt

der **Sams|tag** (Nomen) **des Samstag(e)s, die Samstage** ≈ Sonnabend der sechste Tag der Woche siehe auch → **Dienstag**

der **Sams|tag|abend** (Nomen) **des Samstagabends, die Samstagabende** der/am Abend des Samstags: *(Am) Samstagabend darf ich länger aufbleiben.*

sams|tag|abends (Adverb) jeden Samstag am Abend: *Samstagabends sehe ich oft fern.*

sams|tags (Adverb) jeden Samstag: *Samstags gehen wir immer einkaufen.*
samt (Präposition) **mit Dativ gebraucht** mit, zusammen mit: *Wir verkaufen das Puppenhaus samt der kompletten Einrichtung.*
der **Sand** (Nomen) **nur im Singular des Sand(e)s**
❶ eine lockere Menge aus sehr vielen, sehr kleinen Körnern, die die Erde bedecken und die es besonders am Strand und in der Wüste gibt
❷ wie Sand am Meer umgangssprachlich sehr viel, in großer Menge: *Hier gibt es Hotels wie Sand am Meer.*
❸ etwas in den Sand setzen umgangssprachlich etwas nicht schaffen, etwas verderben
❹ im Sand(e) verlaufen umgangssprachlich ohne Ergebnis/Erfolg bleiben, vergessen werden
die **San|da|le** (Nomen) **der Sandale, die Sandalen** ein offener Schuh mit Riemen
san|dig (Adjektiv) **sandiger, am sandigsten** voll Sand, mit Sand bedeckt
das/der **Sand|wich** (Nomen) ['zɛntvɪtʃ] **des Sandwich(e)s, die Sandwich(e)s** zwei Scheiben Weißbrot, die mit Wurst, Käse, Tomaten usw. belegt und zusammengeklappt sind
sanft (Adjektiv) **sanfter, am sanftesten**
❶ ≈ zart leicht und vorsichtig: *jemanden sanft streicheln*
❷ angenehm ruhig und liebenswürdig: *sanft lächeln*
❸ nur schwach oder leise zu hören, zu spüren usw.: *sanfte Musik*
der **Sän|ger** (Nomen) **des Sängers, die Sänger** jemand, der singt
die **Sän|ge|rin** (Nomen) **der Sängerin, die Sängerinnen** Femininform von → **Sänger**
sa|nie|ren (Verb) **du sanierst, er sanierte, sie hat saniert, sanier(e)!**
❶ ARCHITEKTUR renovieren, reparieren und in einen modernen, neuen Zustand bringen: *ein Gebäude sanieren*
❷ WIRTSCHAFT ein Unternehmen so verbessern, dass es keine finanziellen Probleme mehr gibt und es wieder Gewinne macht
die **Sa|nie|rung** (Nomen) **der Sanierung, die Sanierungen**
❶ ARCHITEKTUR die Renovierung und Modernisierung
❷ WIRTSCHAFT die Verbesserung eines Unternehmens, durch die wieder Gewinne gemacht werden können
sa|ni|tär (Adjektiv)
❶ die Körperpflege und Hygiene betreffend
❷ Toiletten und Bäder betreffend
der **Sa|ni|tä|ter** (Nomen) **des Sanitäters, die Sanitäter** jemand, der dazu ausgebildet ist, verletzte und kranke Menschen zu versorgen und ins Krankenhaus zu bringen
die **Sa|ni|tä|te|rin** (Nomen) **der Sanitäterin, die Sanitäterinnen**
Femininform von → **Sanitäter**
der **Sarg** (Nomen) **des Sarg(e)s, die Särge** eine Art Kasten, in dem ein toter Mensch begraben wird
sar|kas|tisch (Adjektiv) **sarkastischer, am sarkastischsten** mit bösem und verletzendem Spott
der **Sa|tel|lit** (Nomen) **des Satelliten, die Satelliten** ein Gerät, das ins Weltall geschickt wird, um Fernsehsendungen zu übertragen, das Wetter zu beobachten usw.
die **Sa|ti|re** (Nomen) **der Satire, die Satiren** ein Text, Theaterstück, Film usw., der/das etwas auf spöttische Weise übertreibt, um es zu kritisieren
sa|ti|risch (Adjektiv) so, dass man etwas auf spöttische Weise übertreibt, um es zu kritisieren
satt (Adjektiv) **satter, am sattesten**
❶ so, dass man genug gegessen und keinen Hunger mehr hat
❷ sich satt essen so viel essen, dass man keinen Hunger mehr hat
❸ **Farbe** kräftig und leuchtend: *Das satte Grün der Wiesen sieht schön aus.*
❹ so, dass es in großer Menge vorhanden ist: *die satten Gewinne an der Börse*
der **Sat|tel** (Nomen) **des Sattels, die Sättel**
❶ der Sitz, den man einem Pferd auf den Rücken legt
❷ der Sitz beim Fahrrad, Motorrad usw.
satt|ha|ben (Verb) umgangssprachlich **du hast satt, er hatte satt, sie hat sattgehabt** nicht mehr ertragen können, nicht mehr mögen
die **Sät|ti|gung** (Nomen) **Plural selten der Sättigung, die Sättigungen** das Sattsein
der **Satz** (Nomen) **des Satzes, die Sätze**
❶ SPRACHE eine sinnvolle Aussage, die nach bestimmten Regeln aufgebaut ist und mit einem Punkt, einem Fragezeichen oder Ausrufezeichen endet

❷ ein Abschnitt bei Sportarten wie Tennis, Volleyball usw.
❸ ein großer Sprung: *Der Tiger sprang ihn mit einem großen Satz an.*
❹ ≈Set mehrere Gegenstände, die zusammengehören: *ein Satz Töpfe • ein Satz Briefmarken*

das **Satz|ge|fü|ge** (Nomen) **des Satzgefüges, die Satzgefüge** ein zusammengesetzter Satz, der aus mindestens einem Hauptsatz und einem Nebensatz oder mehreren Nebensätzen besteht

das **Satz|glied** (Nomen) **des Satzglied(e)s, die Satzglieder** ein einzelnes Wort oder eine Wortgruppe, die sich verschieben lässt, ohne dass sich der Satz inhaltlich verändert (z. B. Subjekt, Prädikat, Objekt)

die **Satz|rei|he** (Nomen) **der Satzreihe, die Satzreihen** ein zusammengesetzter Satz, der aus mindestens zwei Hauptsätzen besteht

der **Satz|teil** (Nomen) **des Satzteil(e)s, die Satzteile**
❶ Variante von → **Satzglied**
❷ Teil eines Satzes

die **Sat|zung** (Nomen) **der Satzung, die Satzungen** die Regeln in einem Verein oder einer Organisation

das **Satz|zei|chen** (Nomen) **des Satzzeichens, die Satzzeichen** ein Zeichen in einem Satz oder am Ende eines Satzes (z. B. Punkt, Komma, Fragezeichen)

die **Sau** (Nomen) **der Sau, die Säue/Sauen**
❶ das weibliche Schwein
❷ jemanden zur Sau machen vulgär jemanden sehr ausschimpfen, jemandem die Meinung sagen
❸ die Sau rauslassen vulgär sich wild und unbeherrscht benehmen
❹ unter aller Sau vulgär sehr schlecht

sau|ber (Adjektiv) **sauberer, am saubersten**
❶ rein, ohne Schmutz: *saubere Wäsche*
❷ sauber machen ≈reinigen, putzen den Schmutz von etwas entfernen
❸ sorgfältig, ordentlich, genau: *eine saubere Schrift*

die **Sau|ber|keit** (Nomen) nur im Singular **der Sauberkeit** der Zustand, dass etwas oder jemand nicht schmutzig ist

säu|bern (Verb) **du säuberst, er säuberte, sie hat gesäubert, säub(e)re!**
etwas säubern ≈etwas reinigen den Schmutz von etwas entfernen

die **Sau|ce** (Nomen) ['zo:sə] **der Sauce, die Saucen** Variante von → **Soße**

sau|er (Adjektiv) **saurer, am sauersten**
❶ so, wie Essig oder Zitronen schmecken: *saure Bonbons*
❷ verdorben, dickflüssig geworden und säuerlich schmeckend: *saure Milch*
❸ umgangssprachlich beleidigt, wütend: *Ich bin sauer auf meinen Bruder.*

der **Sau|er|stoff** (Nomen) nur im Singular **des Sauerstoff(e)s** Zeichen O_2 der Stoff, den man zum Atmen braucht und der in der Luft enthalten ist

sau|fen (Verb) **du säufst, er soff, sie hat gesoffen, sauf(e) nicht!**
❶ bei Tieren trinken
❷ vulgär regelmäßig viel Alkohol trinken

sau|gen (Verb) **du saugst, er saugte/sog, sie hat gesaugt/gesogen, saug(e)!**
❶ etwas (aus etwas) saugen Flüssigkeit durch eine enge Öffnung fest in den Mund ziehen: *Sie saugt den letzten Rest Kakao mit dem Strohhalm aus dem Glas.*
❷ an etwas saugen mit dem Mund kräftig an etwas ziehen: *Das Baby saugt am Schnuller.*
❸ saugte/hat gesaugt • umgangssprachlich mit dem Staubsauger sauber machen

säu|gen (Verb) nur in der 3. Person gebraucht **sie säugt, sie säugte, sie hat gesäugt**
die Kuh/Hündin/… säugt ihre Jungen die Kuh/Hündin/… lässt ihre Jungen Milch aus dem Euter oder den Zitzen trinken

das **Säu|ge|tier** (Nomen) **des Säugetier(e)s, die Säugetiere** ein Tier, dessen Jungen lebend geboren werden und die Milch von der Mutter trinken

der **Säug|ling** (Nomen) **des Säuglings, die Säuglinge** ≈Baby kleines Kind, das noch keine oder wenig feste Nahrung zu sich nimmt

die **Säu|le** (Nomen) **der Säule, die Säulen** eine Art dicker, langer, senkrechter Stab aus Stein, der ein Haus, ein Dach usw. stützt

der **Saum** (Nomen) **des Saum(e)s, die Säume** der festgenähte Rand am Stoff

sau|mä|ßig (Adjektiv) umgangssprachlich (Adjektiv) vulgär **saumäßiger, am saumäßigsten**
❶ sehr: *Es war saumäßig kalt.*
❷ sehr schlecht: *Der Test ist saumäßig ausgefallen.*

die **Sau|na** (Nomen) **der Sauna, die Saunas/Saunen** ein stark geheizter Raum aus Holz, in den man geht, um zu schwitzen

die **Säu|re** (Nomen) **der Säure, die Säuren**
1 nur im Singular der Geschmack wie Essig oder Zitronen
2 eine chemische Substanz, die scharf ist und u. a. Metalle angreift

der **Sau|ri|er** (Nomen) ['zauri̯ɐ] **des Sauriers, die Saurier** eine Art sehr große Echse, die vor Millionen Jahren auf der Erde gelebt hat

sau|sen (Verb) **du saust, er sauste, sie ist/hat gesaust, saus(e)!**
1 ist gesaust sehr schnell laufen, fahren oder fliegen: *Mit dem Roller bin ich zur Schule gesaust.*
2 hat gesaust ein starkes Geräusch von sich geben, das im Wechsel stärker und schwächer wird: *Der Wind hat im Kamin gesaust.*
3 etwas sausen lassen umgangssprachlich etwas nicht tun oder nehmen, obwohl man es könnte: *Du darfst diese Gelegenheit nicht sausen lassen!*

das **Sa|xo|fon, Sa|xo|phon** (Nomen) **des Saxofons, die Saxofone** ein Blasinstrument aus Holz mit einem gebogenen Trichter aus Metall

die **S-Bahn** (Nomen) ['ɛsba:n] **der S-Bahn, die S-Bahnen** eine schnelle Bahn für den Personenverkehr, die in Städten und Stadtregionen fährt

der **S-Bahn|hof** (Nomen) ['ɛsba:nho:f] **des S-Bahnhof(e)s, die S-Bahnhöfe** Variante von → **S-Bahn-Station**

die **S-Bahn-Sta|ti|on** (Nomen) ['ɛsba:nʃta'tsi̯o:n] **der S-Bahn-Station, die S-Bahn-Stationen** die Haltestelle einer S-Bahn

scan|nen (Verb) ['skɛnən] **du scannst, er scannte, sie hat gescannt, scann(e)!** mit einem Scanner Dokumente und Informationen lesen und verarbeiten lassen

der **Scan|ner** (Nomen) ['skɛnɐ] **des Scanners, die Scanner** ein Gerät, das Papierdokumente liest und in Dateien umwandelt oder Objekte abtastet und die erhaltenen Informationen elektronisch weiterverarbeitet

die **Scha|blo|ne, Schab|lo|ne** (Nomen) **der Schablone, die Schablonen** eine Form als Vorlage, an deren Rand entlang man etwas zeichnet, ausschneidet usw.

das **Schach** (Nomen) nur im Singular **des Schachs** ein Spiel, bei dem zwei Spieler mit schwarzen und weißen Figuren auf einem Brett gegeneinander spielen

das **Schach|brett** (Nomen) **des Schachbrett(e)s, die Schachbretter** das Brett mit weißen und schwarzen Feldern, auf dem man Schach spielt

die **Schach|fi|gur** (Nomen) **der Schachfigur, die Schachfiguren** eine Figur beim Schach

schach|matt (Adjektiv)
1 so, wie die Schachfiguren stehen, wenn ein Spieler verloren hat
2 umgangssprachlich total müde und erschöpft

der **Schacht** (Nomen) **des Schacht(e)s, die Schächte** ein enger, langer, von oben nach unten gehender Hohlraum, z. B. in einem Bergwerk oder für einen Aufzug

die **Schach|tel** (Nomen) **der Schachtel, die Schachteln**
1 ≈ Karton ein Behälter aus Pappe: *eine Schachtel Pralinen*
2 eine alte Schachtel umgangssprachlich · abwertend eine alte Frau

scha|de (Adjektiv)
1 (es ist) schade, dass … ≈ leider es ist traurig oder bedauerlich, dass …
2 jemand/etwas ist zu schade für jemanden/etwas jemand/etwas ist zu gut oder zu wertvoll für jemanden/etwas

der **Schä|del** (Nomen) **des Schädels, die Schädel** die Knochen, aus denen der Kopf besteht

scha|den (Verb) **du schadest, er schadete, sie hat geschadet, schade nicht!** jemandem/einer Sache schaden schädlich, nicht gut für jemanden/etwas sein: *Rauchen schadet der Gesundheit.*

der **Scha|den** (Nomen) **des Schadens, die Schäden**
1 das Ergebnis, wenn etwas zerstört oder beschädigt wird oder jemandem etwas Schlechtes geschieht: *Man kann den Schaden am Fahrrad leicht reparieren lassen.*
2 eine Verletzung oder Krankheit, besonders nach einem Unfall
3 zu Schaden kommen verletzt werden

die **Scha|den|freu|de** (Nomen) nur im Singular **der Schadenfreude** die Freude über jemandes Missgeschick oder darüber, dass es jemand anderem schlecht geht

scha|den|froh (Adjektiv) so, dass man sich freut, wenn jemandem ein Missgeschick passiert oder es jemand anderem schlecht geht

schä|di|gen (Verb) **du schädigst, er schädigte, sie hat geschädigt, schädige nicht!**
❶ jemanden schädigen jemanden verletzen oder jemandem etwas Schlechtes zufügen
❷ etwas schädigen etwas zerstören oder beschädigen, für etwas nachteilig sein

schäd|lich (Adjektiv) **schädlicher, am schädlichsten** schlecht für die Gesundheit, die Umwelt usw.

der **Schad|stoff** (Nomen) **des Schadstoff(e)s, die Schadstoffe** eine Substanz, die schädlich für etwas/jemanden ist

schad|stoff|arm (Adjektiv) **schadstoffärmer, am schadstoffärmsten** mit nur wenigen schädlichen Substanzen für die Gesundheit

das **Schaf** (Nomen) **des Schaf(e)s, die Schafe**
❶ ein Tier mit lockigem Fell, aus dem Wolle gewonnen wird
❷ das Schaf blökt das Schaf macht sein typisches Geräusch
❸ das schwarze Schaf jemand, der sich von den anderen negativ unterscheidet: *Er ist das schwarze Schaf der Familie.*

das **Schäf|chen** (Nomen) **des Schäfchens, die Schäfchen**
❶ ein kleines Schaf
❷ seine Schäfchen ins Trockene bringen umgangssprachlich dafür sorgen, dass man alle Vorteile hat

der **Schä|fer** (Nomen) BERUF **des Schäfers, die Schäfer** jemand, der Schafe züchtet und mit der Schafherde auf die Weide geht

der **Schä|fer|hund** (Nomen) **des Schäferhund(e)s, die Schäferhunde**
❶ ein großer Hund, der ähnlich wie ein Wolf aussieht und oft als Wachhund gehalten wird
❷ der Hund, der mit dem Schäfer auf eine Schafherde aufpasst

die **Schä|fe|rin** (Nomen) **der Schäferin, die Schäferinnen** Femininform von → **Schäfer**

schaf|fen[1] (Verb) **du schaffst, er schaffte, sie hat geschafft, schaff(e)!**
❶ jemand schafft etwas jemand bringt etwas Schwieriges zustande: *Super! Ich habe die Prüfung geschafft!* jemand wird mit etwas rechtzeitig fertig: *Es ist zu spät. Das schaffe ich heute nicht mehr.*
❷ besonders **süddeutsch** arbeiten
❸ jemand schafft etwas/jemanden irgendwohin jemand bringt oder transportiert etwas/jemanden irgendwohin
❹ etwas schafft jemanden umgangssprachlich etwas macht jemanden müde und erschöpft: *Der Sportunterricht hat mich geschafft.*
❺ jemand macht sich an etwas zu schaffen jemand bastelt oder fummelt an etwas, oft so, dass es verdächtig ist: *Da macht sich jemand an unserer Haustür zu schaffen.*
❻ etwas macht jemandem zu schaffen etwas macht jemandem Sorgen, Schwierigkeiten oder Arbeit

schaf|fen[2] (Verb) **du schaffst, er schuf, sie hat geschaffen, schaff(e)!**
❶ etwas schaffen etwas entstehen lassen: *Gott schuf den Menschen.* • *Es müssen mehr Arbeitsplätze geschaffen werden.*
❷ Ordnung/Platz/... schaffen dafür sorgen, dass Ordnung/Platz/... gemacht wird
❸ für etwas wie geschaffen sein für etwas besonders gut geeignet sein: *Der Tisch ist für dieses Zimmer wie geschaffen.*

der **Schaff|ner** (Nomen) **des Schaffners, die Schaffner** jemand, der in Zügen, Bahnen und Bussen die Fahrkarten kontrolliert und verkauft

die **Schaff|ne|rin** (Nomen) **der Schaffnerin, die Schaffnerinnen**
Femininform von → **Schaffner**

schal (Adjektiv) **schaler, am schalsten** so, dass ein Getränk schon länger geöffnet oder eingeschenkt ist und darum nicht mehr frisch schmeckt: *Das Brause/Cola schmeckt ganz schal.*

die **Scha|le** (Nomen) **der Schale, die Schalen**
❶ die äußere Schicht von Gemüse und Obst, die oft nicht mitgegessen wird
❷ die harte Hülle von Eiern, Nüssen und Muscheln
❸ eine flache Schüssel
❹ eine raue Schale haben unfreundlich und abweisend sein
❺ sich in Schale werfen umgangssprachlich sich zum Ausgehen fein anziehen

schä|len (Verb) **du schälst, er schälte, sie hat geschält, schäl(e)!** die Schale von Gemüse, Obst oder gekochten Eiern entfernen: *Kartoffeln schälen*

der **Schall** (Nomen) **nur im Singular des Schall(e)s**
❶ alles, was man hören kann: *Spezialfenster, die den Schall dämpfen*

❷ etwas ist nur Schall und Rauch etwas ist nicht wichtig und vergeht schnell

schal|len (Verb) nur in der 3. Person gebraucht **es schallt, es schallte/scholl, es hat geschallt**
etwas schallt etwas ist laut zu hören: *Aus dem Lautsprecher schallte Musik.* · *schallend lachen*

die **Schall|ge|schwin|dig|keit** (Nomen) nur im Singular **der Schallgeschwindigkeit** die Geschwindigkeit, mit der sich Schall ausbreitet

die **Schall|mau|er** (Nomen) nur im Singular **der Schallmauer**
ein Flugzeug durchbricht die Schallmauer ein Flugzeug überschreitet die Schallgeschwindigkeit mit einem lauten Knall

die **Schall|plat|te** (Nomen) **der Schallplatte, die Schallplatten** eine schwarze runde Scheibe mit Musik o. Ä., die man mit einem Plattenspieler abspielen kann

schal|ten (Verb) **du schaltest, er schaltete, sie hat geschaltet, schalt(e)!**
❶ einen Knopf oder Schalter benutzen, damit ein Gerät sich anders verhält: *die Heizung höher schalten* · *auf einen anderen Sender schalten*
❷ etwas schaltet auf etwas ein Gerät wechselt automatisch in einen anderen Zustand: *bremsen, wenn die Ampel auf Gelb schaltet*
❸ den Gang eines Fahrzeugs wechseln: *in den dritten Gang schalten*
❹ eine Verbindung zu einem anderen Sendeort herstellen: *Wir schalten ins Stadion/zu unserem Korrespondenten nach Washington.*
❺ umgangssprachlich darauf reagieren, was man hört oder sieht: *Ich habe nicht schnell genug geschaltet.*
❻ eine Anzeige schalten eine Anzeige veröffentlichen
❼ schalten und walten gehoben Entscheidungen treffen und handeln

der **Schal|ter** (Nomen) **des Schalters, die Schalter**
❶ ein Knopf zum Drücken oder Drehen oder ein Hebel zum Bewegen, mit dem man ein Gerät bedient: *an den Schaltern des Radios drehen*
❷ ein Platz, an dem ein Mitarbeiter steht oder sitzt, der Kunden bedient: *Hast du die Fahrkarte am Schalter oder am Automaten gekauft?*

das **Schalt|jahr** (Nomen) **des Schaltjahr(e)s, die Schaltjahre** ein Jahr, in dem der Februar 29 Tage hat

die **Schal|tung** (Nomen) **der Schaltung, die Schaltungen**
❶ die Verbindung elektrischer Bauteile: *elektronische Schaltungen bauen*
❷ ≈ Gangschaltung die Möglichkeit, bei einem Auto oder Fahrrad verschiedene Gänge für verschiedene Geschwindigkeiten zu wählen: *Die Schaltung ist defekt.*

die **Scham** (Nomen) nur im Singular **der Scham**
❶ das unangenehme Gefühl, wenn man falsch oder peinlich findet, was man selbst oder ein anderer tut: *Er wurde vor Scham ganz rot im Gesicht.*
❷ der Bereich des Körpers, wo die äußeren Geschlechtsteile sind: *Sie versuchte, ihre Scham mit der Hand zu bedecken.*

sich **schä|men** (Verb) **du schämst dich, er schämte sich, sie hat sich geschämt, schäm(e) dich!** Scham empfinden: *Wenn ich mich entschuldigen muss, schäme ich mich so!* · *Vor mir/Dafür musst du dich doch nicht schämen!*

das **Scham|ge|fühl** (Nomen) **des Schamgefühl(e)s, die Schamgefühle** die Eigenschaft, sich in bestimmten Situationen zu schämen: *Manche Leute haben überhaupt kein Schamgefühl.*

das **Scham|haar** (Nomen) **des Schamhaar(e)s, die Schamhaare** eines der Haare, die im Bereich der Geschlechtsteile wachsen: *die Mode, sich die Schamhaare zu rasieren*

scham|haft (Adjektiv) **schamhafter, am schamhaftesten** voller Scham: *Die schlechte Note hat sie schamhaft verschwiegen.*

scham|los (Adjektiv) **schamloser, am schamlosesten** ohne Rücksicht darauf, dass andere etwas peinlich oder unmoralisch finden: *die Schwäche eines anderen schamlos ausnutzen*

die **Schan|de** (Nomen) nur im Singular **der Schande** ein Vorgang oder Zustand, der jemandes Ansehen schadet: *Es ist keine Schande, Fehler zuzugeben.* · *Mache mir keine Schande!*

die **Schar** (Nomen) **der Schar, die Scharen**
❶ eine Gruppe von Menschen oder Tieren: *die große Schar seiner Bewunderer*

❷ in (hellen) Scharen in großer Zahl

scha|ren|wei|se (Adverb) in großer Zahl: *Dem Verein laufen die Mitglieder scharenweise davon.*

scharf (Adjektiv) **schärfer, am schärfsten**
❶ so, dass man gut damit schneiden oder sich leicht damit verletzen kann: *Vorsicht, das Messer ist sehr scharf!*
❷ so, dass ein Sinnesorgan sehr gut arbeitet: *scharfe Ohren haben • Er ist alt, aber seine Augen sind immer noch scharf.*
❸ so, dass man etwas gut erkennen kann: *eine scharfe Brille*
❹ so, dass es auf der Zunge oder in den Augen brennt: *eine scharfe Soße*
❺ stark, streng oder heftig: *scharfer Wind • die Häftlinge scharf bewachen*
❻ ein scharfer Hund ein Hund, der auf Befehl sofort angreift
❼ ein scharfes s der deutsche Buchstabe ß
❽ umgangssprachlich super, toll: *Das Auto sieht echt scharf aus!*

die **Schär|fe** (Nomen) Plural selten **der Schärfe, die Schärfen**
❶ die Eigenschaft, geschliffen oder genau zu sein: *die Schärfe des Messers prüfen • Adler sind für die Schärfe ihrer Augen bekannt.*
❷ so, dass die Speise sehr pikant oder brennend schmeckt: *Das Curry hat eine angenehme Schärfe.*

schär|fen (Verb) **du schärfst, er schärfte, sie hat geschärft, schärf(e)!**
❶ Messer usw. schleifen, damit sie schärfer werden
❷ etwas durch Übung verbessern: *Das schärft den Blick für Probleme.*

scharf|sin|nig (Adjektiv) **scharfsinniger, am scharfsinnigsten** intelligent und klug: *ein scharfsinniger Beobachter/Kommentar*

scharf|zün|gig (Adjektiv) **scharfzüngiger, am scharfzüngigsten** so, dass jemand andere gern spöttisch kritisiert

der **Schar|lach** (Nomen) nur im Singular **des Scharlachs** eine ansteckende Kinderkrankheit, bei der es zu einem Hautausschlag kommt und die Zunge leuchtend rot gefärbt ist

der **Schat|ten** (Nomen) **des Schattens, die Schatten**
❶ die dunklen Formen, die man hinter Dingen sieht, auf die von vorne Licht scheint: *Die Schatten werden gegen Mittag immer kürzer.*
❷ der Bereich, den die Sonne nicht erreicht: *sich in den Schatten legen*
❸ etwas, was man nur undeutlich erkennen kann: *Im Dunkeln huschte ein Schatten von Baum zu Baum.*
❹ ein dunkler Fleck: *Sie schläft so wenig, dass sie schon Schatten unter den Augen hat.*
❺ in jemandes Schatten stehen nicht beachtet werden, weil jemand anderes alle Aufmerksamkeit bekommt
❻ jemanden/etwas in den Schatten stellen jemanden/etwas weit übertreffen
❼ über seinen Schatten springen etwas tun, obwohl man Angst davor hat oder es überhaupt nicht mag

schat|tig (Adjektiv) **schattiger, am schattigsten** mit viel Schatten: *ein schattiger Garten*

die **Scha|tul|le** (Nomen) gehoben **der Schatulle, die Schatullen** ein kleiner, hübscher Kasten für Schmuck oder Geld

der **Schatz** (Nomen) **des Schatzes, die Schätze**
❶ eine Menge von wertvollen Dingen, die jemand gesammelt hat: *Auf der Insel soll ein Schatz vergraben sein.*
❷ umgangssprachlich als Anrede für jemanden benutzt, den man liebt: *Guten Morgen, mein Schatz!*
❸ Du bist ein Schatz! umgangssprachlich drückt aus, dass man jemandem für etwas dankbar ist

das **Schätz|chen** (Nomen) umgangssprachlich **des Schätzchens, die Schätzchen** ≈ Liebling als Anrede für jemanden benutzt, den man liebt

schät|zen (Verb) **du schätzt, er schätzte, sie hat geschätzt, schätz(e)!**
❶ versuchen, eine Größe oder Menge aufgrund von Vergleichen oder Erfahrung zu bestimmen: *Die Schäden wurden auf zehn Millionen geschätzt. • Wie alt schätzt du ihn?*
❷ umgangssprachlich etwas annehmen, vermuten: *Ich schätze, das wird schwierig.*
❸ etwas als gut oder wertvoll beurteilen: *Du weißt gar nicht zu schätzen, wie gut du es hast.*
❹ jemanden/etwas mögen: *eine von allen sehr geschätzte Mitschülerin*

die **Schät|zung** (Nomen) **der Schätzung, die Schätzungen** der Vorgang, eine ungefähre Größe oder Menge zu benennen:

Nach meiner Schätzung dürften wir bald ankommen.

schät|zungs|wei|se (Adverb) ≈ ungefähr die (eigene) Bewertung einer Sache: *Das wird schätzungsweise 100 Euro kosten.*

die **Schau** (Nomen) **der Schau, die Schauen**
❶ eine Veranstaltung, bei der Produkte oder Verfahren eines Sachbereichs vorgestellt werden (z. B. Autoschau, Gartenschau, Modenschau)
❷ etwas zur Schau tragen ein Gefühl oder seine Meinung deutlich zeigen: *Gelassenheit zur Schau tragen*
❸ eine Schau abziehen umgangssprachlich sich auffällig benehmen, um die Aufmerksamkeit auf sich zu ziehen

der **Schau|der** (Nomen) gehoben **des Schauders, die Schauder** ein kurzes Zittern des Körpers vor Kälte, Ekel, Angst o. Ä.: *Der Gedanke jagte mir einen kalten Schauder über den Rücken.*

schau|der|haft (Adjektiv) umgangssprachlich • abwertend **schauderhafter, am schauderhaftesten** schrecklich, widerlich, sehr schlecht: *Der Film ist ja schauderhaft!*

schau|dern (Verb) **du schauderst, er schauderte, sie hat geschaudert, schaud(e)re!**
jemandem/jemanden schaudert jemand zittert kurz wegen eines plötzlichen Gefühls: *Mich/Mir schaudert, wenn ich daran denke.*

schau|en (Verb) **du schaust, er schaute, sie hat geschaut, schau(e)!**
❶ den Blick irgendwohin richten: *Schau mal, was ich da habe!*
❷ einen bestimmten Gesichtsausdruck haben: *Jetzt schau doch nicht so gelangweilt!*
❸ nach jemandem/etwas schauen nach jemandem/etwas suchen: *nach einer größeren Wohnung schauen* sich um jemanden oder etwas kümmern: *Schaust du mal nach dem Baby, ich glaube, es ist aufgewacht.*

der **Schau|er** (Nomen) **des Schauers, die Schauer** ein heftiger, aber kurzer Regen: *Am Nachmittag gab es einen kleinen Schauer.*

schau|er|lich (Adjektiv) **schauerlicher, am schauerlichsten**
❶ entsetzlich oder Angst auslösend: *Der Wind heulte schauerlich ums Haus.*
❷ umgangssprachlich • abwertend sehr schlecht: *Die Mannschaft hat heute schauerlich gespielt.*

die **Schau|fel** (Nomen) **der Schaufel, die Schaufeln** ein Gerät mit Stiel und einem breiten, flachen Ende, mit dem man Erde, Sand, Schnee usw. bewegen kann

schau|feln (Verb) **du schaufelst, er schaufelte, sie hat geschaufelt, schauf(e)le!**
❶ etwas mit einer Schaufel bewegen: *Schnee schaufeln*
❷ etwas mit einer Schaufel entstehen lassen: *ein Loch schaufeln*

das **Schau|fens|ter** (Nomen) **des Schaufensters, die Schaufenster** ein großes Fenster, das Waren zeigt, die in einem Geschäft angeboten werden

die **Schau|kel** (Nomen) **der Schaukel, die Schaukeln** ein Sitz, der an Seilen oder Ketten hängt und mit dem man durch die Luft vor und zurück schwingt

schau|keln (Verb) **du schaukelst, er schaukelte, sie hat/ist geschaukelt, schauk(e)le!**
❶ hat geschaukelt (durch die Luft) vor und zurück schwingen: *Darf ich auch mal schaukeln? • Das Schild schaukelte im Wind.*
❷ ist geschaukelt sich schwankend fortbewegen: *Als der Wind nachließ, schaukelte der Drachen vom Himmel herab.*

der **Schau|kel|stuhl** (Nomen) **des Schaukelstuhl(e)s, die Schaukelstühle** ein bequemer Stuhl auf gebogenen Kufen, mit dem man vor und zurück schwingen kann

der **Schaum** (Nomen) **des Schaum(e)s, die Schäume** eine Masse aus sehr vielen kleinen Gasblasen: *eine Badewanne voller Schaum • Das Pferd hatte vor Anstrengung Schaum vor dem Maul.*

schäu|men (Verb) **du schäumst, er schäumte, sie hat geschäumt, schäum(e)!**
❶ Schaum bilden: *Er schüttelte die Flasche, sodass die Cola schäumte.*
❷ vor Wut schäumen umgangssprachlich sehr wütend sein und sich aufregen

schau|mig (Adjektiv)
❶ mit Schaum bedeckt: *Der Hund hatte ein schaumiges Maul.*
❷ locker wie Schaum: *Eigelb und Zucker schaumig rühren*

der **Schau|platz** (Nomen) **des Schauplatzes, die Schauplätze** der Ort, an dem etwas

Ungewöhnliches geschieht oder eine Geschichte spielt: *ein Film, der an exotischen Schauplätzen gedreht wurde • Der Berg wurde Schauplatz eines tragischen Unfalls.*

schau|rig (Adjektiv) **schauriger, am schaurigsten**
❶ unheimlich, gruselig: *Die Wölfe heulten schaurig.*
❷ schrecklich, grässlich: *Das Bild sieht ja schaurig aus!*

das **Schau|spiel** (Nomen) **des Schauspiel(e)s, die Schauspiele**
❶ ≈ Drama ein Theaterstück mit ernstem Inhalt, das aber gut ausgeht
❷ ein eindrucksvoller Vorgang, den man gern beobachtet: *das spannende Schauspiel eines Raketenstarts*

der **Schau|spie|ler** (Nomen) **des Schauspielers, die Schauspieler**
❶ jemand, der in Theaterstücken oder Filmen eine andere Person spielt
❷ ein guter/schlechter Schauspieler sein sich gut/schlecht verstellen können

die **Schau|spie|le|rin** (Nomen) **der Schauspielerin, die Schauspielerinnen**
Femininform von → **Schauspieler**

schau|spie|lern (Verb) umgangssprachlich **du schauspielerst, er schauspielerte, sie hat geschauspielert, schauspielere!**
❶ als Schauspieler auftreten
❷ abwertend etwas vortäuschen, besonders Gefühle, die man nicht hat

sche|ckig (Adjektiv) mit großen, weißen Flecken: *ein scheckiges Pferd*

die **Schei|be** (Nomen) **der Scheibe, die Scheiben**
❶ ein dünnes Stück, das von etwas abgeschnitten wird: *eine Scheibe Brot essen • eine Banane in Scheiben schneiden*
❷ ein flaches Stück Glas: *eine neue Scheibe in das Fenster einsetzen*
❸ etwas, was eine flache, runde Form hat (z. B. eine Töpferscheibe, Zielscheibe)

der **Scheich** (Nomen) **des Scheich(e)s, die Scheiche** ein Herrscher in einem arabischen Land

die **Schei|de** (Nomen) **der Scheide, die Scheiden**
❶ die von der Gebärmutter nach außen führende Öffnung zwischen den Beinen eines Mädchens oder einer Frau, durch die bei einer Geburt das Kind gepresst wird
❷ eine Hülle zum Schutz für ein Schwert o. Ä.: *den Dolch aus der Scheide ziehen*

schei|den (Verb) **du scheidest, er schied, sie hat/ist geschieden, scheid(e)!**
❶ **hat geschieden** eine Ehe als Richter beenden: *Ihre Ehe wurde geschieden. • Sie wollen sich scheiden lassen.*
❷ etwas von etwas scheiden **hat geschieden** gehoben etwas von etwas trennen: *Es ist schwer, in dieser Geschichte Dichtung von Wahrheit zu scheiden.*
❸ aus etwas scheiden **ist geschieden** • gehoben mit etwas aufhören, nicht mehr teilnehmen: *aus dem Amt/einem Gremium scheiden*

die **Schei|dung** (Nomen) **der Scheidung, die Scheidungen**
❶ das Ende einer Ehe vor Gericht
❷ die Scheidung einreichen bei Gericht einen Antrag auf Scheidung stellen

der **Schein** (Nomen) **des Schein(e)s, die Scheine**
❶ eine Bescheinigung oder ein Formular zum Ausfüllen (z. B. Angelschein, Anmeldeschein, Garantieschein, Lottoschein)
❷ als Kurzwort für Geldschein verwendet: *mit einem großen Schein bezahlen*
❸ **nur im Singular** Licht oder Glanz: *im Schein des Lagerfeuers*
❹ **nur im Singular** ein falscher Eindruck, den jemand/etwas macht: *Um den Schein zu wahren, tat er ganz freundlich.*
❺ zum Schein mit der Absicht, andere zu täuschen

schein|bar (Adjektiv) nur diesen Eindruck machend, aber nicht wirklich: *Er lernt scheinbar mühelos, aber der Eindruck täuscht.*

schei|nen (Verb) **du scheinst, er schien, sie hat geschienen, schein(e)!**
❶ Licht um sich verbreiten: *Die Sonne scheint.*
❷ einen bestimmten Eindruck machen: *Das scheint dir ja Spaß zu machen.*

schein|hei|lig (Adjektiv) abwertend so, dass jemand versucht, harmlos und freundlich zu wirken, obwohl er das nicht ist: *ein scheinheiliger Mensch*

der **Schein|wer|fer** (Nomen) **des Scheinwerfers, die Scheinwerfer** eine Lampe, die helles Licht auf einen bestimmten Bereich richtet: *Bei dem Auto ist der rechte Scheinwerfer kaputt.*

die **Schei|ße** (Nomen) vulgär **nur im Singular der Scheiße**
❶ ≈Kot, Exkremente die feste Masse, die durch den Darm ausgeschieden wird
❷ abwertend etwas, was einen sehr ärgert oder was schlecht ist: *Red bitte nicht solche Scheiße!*
❸ Scheiße bauen umgangssprachlich einen dummen Fehler machen

der **Schei|tel** (Nomen) **des Scheitels, die Scheitel** eine Linie, mit der man die Haare am Kopf nach links und rechts teilt: *einen Scheitel ziehen*

schei|tern (Verb) **du scheiterst, er scheiterte, sie ist gescheitert, scheit(e)re nicht!**
❶ keinen Erfolg haben: *Sie scheiterte mit dem Versuch, ihn zu überzeugen. • Der Minister bedauerte das Scheitern der Reform.*
❷ an jemandem/etwas scheitern wegen jemandem/etwas keinen Erfolg haben: *An mir soll es nicht scheitern, ich mache mit.*

schel|len (Verb) süddeutsch Ⓐ Ⓒⓗ **du schellst, er schellte, sie hat geschellt, schell(e)!** ≈klingeln an der Tür klingeln

der **Schelm** (Nomen) veraltet **des Schelm(e)s, die Schelme** jemand, der gern Späße macht

schel|misch (Adjektiv) veraltet **schelmischer, am schelmischsten** Freude über einen Scherz zeigend, den man plant oder gemacht hat: *schelmisch grinsen*

die **Schel|te** (Nomen) gehoben **nur im Singular der Schelte** ≈Tadel scharfe Worte, mit denen man jemanden zurechtweist oder kritisiert: *Der Minister musste für seine Eigenmächtigkeit Schelte einstecken.*

schel|ten (Verb) **du schiltst, er schalt, sie hat gescholten** ≈ausschimpfen, tadeln *Die Lehrerin schalt die Kinder.*

das **Sche|ma** (Nomen) **des Schemas, die Schemas/Schemata/Schemen**
❶ ein Vorbild oder Muster für einen Ablauf: *nach einem Schema vorgehen*
❷ nach Schema F umgangssprachlich so, dass jemand nicht nachdenkt, sondern einfach so vorgeht, wie er es gewohnt ist

der **Schen|kel** (Nomen) **des Schenkels, die Schenkel**
❶ oberer oder unterer Abschnitt des Beins: *Nach dem Training hatte ich Muskelkater im Oberschenkel und im Unterschenkel.*
❷ GEOMETRIE eine der beiden Linien, die einen Winkel bilden

schen|ken (Verb) **du schenkst, er schenkte, sie hat geschenkt, schenk(e)!**
❶ jemandem freiwillig etwas geben, was er behalten darf: *Ihr Bruder hat ihr ein Buch zu Weihnachten geschenkt.*
❷ einer Person/Sache etwas zukommen lassen: *Er schenkte mir keine Beachtung/ein freundliches Lächeln.*
❸ auf etwas verzichten, jemandem/sich etwas ersparen: *Den Aufwand kannst du dir schenken. • Geschenkt! Das ist jetzt nicht mehr wichtig.*
❹ etwas ist fast/praktisch geschenkt etwas ist sehr billig

die **Scher|be** (Nomen) **der Scherbe, die Scherben**
❶ ein Stück zerbrochenes Glas oder Porzellan
❷ etwas geht in Scherben etwas zerbricht

die **Sche|re** (Nomen) **der Schere, die Scheren**
❶ ein Gerät aus zwei über Kreuz verbundenen Klingen, besonders zum Schneiden von Papier und Stoff
❷ Körperteil, mit dem Krebse usw. greifen

der **Scherz** (Nomen) **des Scherzes, die Scherze**
❶ etwas Lustiges, was man zum Spaß tut oder sagt
❷ im/zum Scherz so, dass man etwas nicht ernst meint

scher|zen (Verb) **du scherzt, er scherzte, sie hat gescherzt, scherz(e)!** etwas im Scherz sagen

scherz|haft (Adjektiv) zum Spaß, nicht im Ernst: *eine scherzhafte Frage*

scheu (Adjektiv) **scheuer, am scheu(e)sten**
❶ aus Angst oder Unsicherheit zurückhaltend: *Er warf ihm einen scheuen Blick zu.*
❷ Angst vor Menschen zeigend: *Psst, die Eichhörnchen sind sehr scheu! • ein Pferd scheu machen*

scheu|chen (Verb) **du scheuchst, er scheuchte, sie hat gescheucht, scheuch(e)!** Tiere oder Menschen durch Rufe und drohende Gesten dazu bringen, sich in Bewegung zu setzen: *die Kinder ins Haus scheuchen*

scheu|en (Verb) **du scheust, er scheute, sie hat gescheut, scheu(e)!**
❶ etwas Unangenehmes vermeiden wollen: *das Risiko scheuen • keine Mühe scheuen*
❷ sich (vor etwas) scheuen Angst oder Bedenken haben, etwas zu tun: *Er scheute sich, das Mädchen anzusprechen.*

❸ ein Pferd scheut ein Pferd bekommt Angst und versucht zu fliehen

scheu|ern (Verb) **du scheuerst, er scheuerte, sie hat gescheuert, scheu(e)re!**
❶ an etwas fest reiben, damit es sauber wird: *die Töpfe scheuern*
❷ jemandem/sich etwas wund oder blutig scheuern die Haut durch Reiben verletzen: *wund gescheuerte Fersen haben*
❸ jemandem eine scheuern umgangssprachlich jemandem eine Ohrfeige geben

die **Scheu|ne** (Nomen) **der Scheune, die Scheunen** ein Gebäude, in dem Heu lagert oder landwirtschaftliche Fahrzeuge abgestellt werden

scheuß|lich (Adjektiv) **scheußlicher, am scheußlichsten** ≈ grässlich, fürchterlich sehr hässlich, gemein oder unangenehm

die **Schicht** (Nomen) **der Schicht, die Schichten**
❶ ein Material, das flach auf, unter oder zwischen etwas anderem liegt: *eine Torte mit vier Schichten • Auf allem lag eine dicke Schicht Staub.*
❷ ein Teil der Bevölkerung, in dem alle eine ähnliche soziale Stellung haben (**z. B. die Oberschicht, Unterschicht**)
❸ die Gruppe von Mitarbeitern, die zur gleichen Tageszeit arbeiten und dann von der nächsten Gruppe abgelöst werden, oder die Zeit, während der diese Gruppe arbeitet: *Meine Schicht fängt um sechs Uhr an.*

schich|ten (Verb) **du schichtest, er schichtete, sie hat geschichtet, schichte!**
Dinge aufeinanderlegen oder -stellen: *die Handtücher ordentlich in den Schrank schichten*

schick (Adjektiv) **schicker, am schicksten**
❶ modisch und elegant: *schick angezogen sein*
❷ dem aktuellen Modetrend entsprechend, als besonders erstrebenswert geltend: *Die Insel gilt gerade als schick.*

der **Schick** (Nomen) **nur im Singular des Schick(e)s** ein eleganter, modischer Stil: *ein Kleid mit Schick*

schi|cken (Verb) **du schickst, er schickte, sie hat geschickt, schick(e)!**
❶ etwas irgendwohin bringen lassen: *jemandem einen Brief schicken*
❷ jemandem den Auftrag geben, irgendwohin zu gehen oder fahren: *ein Kind ins Bett/zum Einkaufen schicken*
❸ jemanden nach jemandem/etwas schicken jemandem den Auftrag geben, jemanden/etwas zu holen: *Deine Mutter hat mich nach dir geschickt: Du sollst heimkommen.*
❹ etwas schickt sich nicht etwas ist schlechtes Benehmen: *Es schickt sich nicht, in der Nase zu bohren.*
❺ sich in sein Los/das Unvermeidliche/... schicken akzeptieren, dass man etwas nicht ändern kann
❻ sich schicken süddeutsch sich beeilen

das **Schick|sal** (Nomen) **des Schicksal(e)s, die Schicksale**
❶ ≈ Los Dinge im Leben, auf die man keinen Einfluss hat: *sein Schicksal akzeptieren*
❷ ≈ Vorsehung eine Macht, die bestimmt, was im Leben geschieht: *Das Schicksal meinte es gut mit mir.*
❸ jemanden seinem Schicksal überlassen jemanden allein lassen, ihm nicht helfen

schie|ben (Verb) **du schiebst, er schob, sie hat geschoben, schieb(e)!**
❶ jemanden/etwas durch Drücken bewegen: *Am Berg musste ich mein Fahrrad schieben. • Sie schob den Teller angeekelt von sich.*
❷ etwas in/durch etwas schieben etwas irgendwohin stecken: *die Hände in die Hosentaschen schieben*
❸ sich irgendwohin schieben durch Drängen und Drücken irgendwohin gelangen: *sich durch die Zuschauer nach vorn zur Bühne schieben*
❹ etwas auf jemanden/etwas schieben jemandem/etwas für etwas die Schuld geben: *Schieb deine Fehler nicht immer auf andere!*

die **Schie|be|tür** (Nomen) **der Schiebetür, die Schiebetüren** eine Tür, die man nicht in den Angeln dreht, sondern zur Seite schiebt

der **Schieds|rich|ter** (Nomen) **des Schiedsrichters, die Schiedsrichter** jemand, der beim Sport aufpasst, dass sich alle an die Regeln halten

die **Schieds|rich|te|rin** (Nomen) **der Schiedsrichterin, die Schiedsrichterinnen**
Femininform von → **Schiedsrichter**

schief (Adjektiv) **schiefer, am schiefsten**
❶ krumm oder schräg und nicht gerade, wie es sein sollte: *der Schiefe Turm von Pisa • Der Tisch steht schief.*

❷ voller Misstrauen oder Verachtung: *schiefe Blicke ernten • Er wurde für diese Tat schief angesehen.*
❸ nicht richtig passend: *ein schiefer Vergleich*
❹ auf die schiefe Bahn geraten kriminell werden oder anfangen, Drogen zu nehmen
❺ in ein schiefes Licht geraten zu Unrecht negativ beurteilt werden

schief|ge|hen (Verb) umgangssprachlich nur in der 3. Person gebraucht **es geht schief, es ging schief, es ist schiefgegangen**
❶ nicht gelingen: *Ich wollte ihn überraschen, aber das ist schiefgegangen.*
❷ Wird schon schiefgehen! Keine Angst, es wird schon alles gelingen!

schief|lau|fen (Verb) umgangssprachlich nur in der 3. Person gebraucht **es läuft schief, es lief schief, es ist schiefgelaufen** ≈schiefgehen nicht gelingen

schie|len (Verb) **du schielst, er schielte, sie hat geschielt, schiel(e) nicht!** nicht mit beiden Augen in die gleiche Richtung sehen können

das **Schien|bein** (Nomen) **des Schienbein(e)s, die Schienbeine** der vordere Knochen am unteren Teil des Beines: *Er trat mir unter dem Tisch warnend gegen das Schienbein.*

die **Schie|ne** (Nomen) **der Schiene, die Schienen**
❶ einer der zwei schmalen Stränge aus Stahl, auf denen Züge fahren: *Die Straße verläuft hier neben den Schienen.*
❷ eine feste Stütze für einen verletzten Arm oder ein verletztes Bein: *eine Schiene tragen müssen*

schie|nen (Verb) **du schienst, er schiente, sie hat geschient, schien(e)!** einen verletzten Arm oder ein verletztes Bein mit einer Schiene stützen

schie|ßen (Verb) **du schießt, er schoss, sie hat/ist geschossen, schieß(e)!**
❶ **hat geschossen** einen Pfeil, eine Kugel, Rakete o. Ä. durch die Luft irgendwohin bewegen: *auf eine Zielscheibe schießen*
❷ **hat geschossen** einen Ball mit dem Fuß irgendwohin zielen: *Schieß zu mir! • Sie hat ein Tor geschossen!*
❸ ein Foto schießen **hat geschossen** umgangssprachlich ein Foto machen
❹ **ist geschossen** sich sehr schnell irgendwohin bewegen: *Er ist auf seinem Fahrrad um die Ecke geschossen.*
❺ aus dem Boden schießen **ist geschossen** umgangssprachlich sehr schnell wachsen oder gebaut werden

das **Schiff** (Nomen) **des Schiff(e)s, die Schiffe**
❶ ein Fahrzeug, mit dem man sich über das Wasser bewegt
❷ klar Schiff machen umgangssprachlich gründlich sauber machen und aufräumen

der **Schiff|bruch** (Nomen) **nur im Singular des Schiffbruch(e)s**
❶ ein Unfall, bei dem ein Schiff sinkt
❷ (mit etwas) Schiffbruch erleiden mit etwas keinen Erfolg haben

schiff|brü|chig (Adjektiv) nach einem Unfall ohne Schiff und in Gefahr: *schiffbrüchige Flüchtlinge aus dem Meer fischen*

die **Schiff|fahrt, Schiff-Fahrt** (Nomen) **nur im Singular der Schifffahrt** der Verkehr auf dem Wasser: *Im Winter behindert oft Eis die Schifffahrt auf der Ostsee.*

die **Schi|ka|ne** (Nomen) **der Schikane, die Schikanen**
❶ eine unangenehme Vorschrift, mit der jemand einem anderen seine Macht zeigt: *Das ist doch reine Schikane!*
❷ der schwierige Teil der Strecke bei einem Autorennen
❸ mit allen Schikanen umgangssprachlich mit allen Extras, die man sich nur wünschen kann

das **Schild**[1] (Nomen) **des Schild(e)s, die Schilder** ein Stück Blech oder ein Etikett mit einer Schrift oder einem Bild mit einem Hinweis **(z. B. ein Namensschild, Preisschild, Straßenschild)**

der **Schild**[2] (Nomen) **des Schild(e)s, die Schilde**
❶ eine große Platte, die man im Kampf vor den Körper hält, um sich zu schützen
❷ etwas (gegen jemanden) im Schilde führen etwas heimlich planen (um jemandem zu schaden)

schil|dern (Verb) **du schilderst, er schilderte, sie hat geschildert, schild(e)re!** etwas so anschaulich und genau beschreiben, dass andere es sich gut vorstellen können: *Sie schilderte mir die schönsten Gemälde der Ausstellung.*

die **Schil|de|rung** (Nomen) **der Schilderung, die Schilderungen** eine ausführliche und anschauliche Beschreibung

die **Schild|krö|te** (Nomen) **der Schildkröte, die Schildkröten** ein Tier mit einem harten Panzer, aus dem nur Beine und Kopf hervorschauen

schil|lern (Verb) nur in der 3. Person gebraucht **es schillert, es schillerte, es hat geschillert** in wechselnden Farben schimmern, glänzen: *Die ölige Pfütze schillerte bunt.*

der **Schim|mel**[1] (Nomen) nur im Singular **des Schimmels** ein Belag, der sich bei Feuchtigkeit mit der Zeit auf Dingen bildet: *Schimmel an den Wänden* · *Schimmel auf der Marmelade*

der **Schim|mel**[2] (Nomen) **des Schimmels, die Schimmel** ein weißes Pferd

schim|meln (Verb) nur in der 3. Person gebraucht **es schimmelt, es schimmelte, es hat geschimmelt** einen Belag von Schimmel bekommen: *Die Marmelade schimmelt schon.*

schim|mern (Verb) nur in der 3. Person gebraucht **es schimmert, es schimmerte, es hat geschimmert**
① schwach leuchten: *sanft schimmernde Kerzen*
② im Licht glänzen: *Der See schimmerte golden im Abendlicht.*

der **Schim|pan|se** (Nomen) **des Schimpansen, die Schimpansen** ein Menschenaffe mit schwarzem Fell

die **Schimp|fe** (Nomen) umgangssprachlich nur im Singular **der Schimpfe**
Schimpfe bekommen ausgeschimpft werden

schimp|fen (Verb) **du schimpfst, er schimpfte, sie hat geschimpft, schimpf(e)!**
① mit lauten Worten zeigen, dass man sich ärgert oder unzufrieden ist: *auf/über das schlechte Wetter schimpfen* · *Haben deine Eltern geschimpft, weil du zu spät heimgekommen bist?*
② jemanden etwas schimpfen gehoben jemandem eine beleidigende Bezeichnung geben: *Er schimpfte mich einen Deppen.*

das **Schimpf|wort** (Nomen) **des Schimpfwort(e)s, die Schimpfworte/Schimpfwörter** ein grobes Wort, mit dem man Ärger ausdrückt: *„Mistkerl" ist ein beleidigendes Schimpfwort.*

der **Schin|ken** (Nomen) **des Schinkens, die Schinken**
① Fleisch aus der Keule, besonders von Schweinen, das gekocht oder geräuchert gegessen wird: *ein Brot mit Schinken belegen*
② umgangssprachlich ein dickes Buch: *Was liest du da denn schon wieder für einen Schinken?*

die **Schip|pe** (Nomen) besonders norddeutsch **der Schippe, die Schippen**
① ≈Schaufel ein Gegenstand, mit dem man Schnee, Sand o. Ä. schaufelt
② jemanden auf die Schippe nehmen umgangssprachlich jemandem zum Spaß Unsinn erzählen

der **Schirm** (Nomen) **des Schirm(e)s, die Schirme**
① ein Dach aus Stoff an einer Stange, mit dem man sich vor dem Regen oder zu viel Sonne schützen kann: *einen Schirm aufspannen/zuklappen*
② Kurzform von → **Bildschirm**
③ ein Teil einer Mütze oder Lampe, der die Augen vor zu hellem Licht schützt: *den Schirm der Baseballkappe im Nacken tragen*

der **Schiss** (Nomen) umgangssprachlich **des Schisses, die Schisse** Angst: *Schiss vor einem Lehrer haben*

die **Schlacht** (Nomen) **der Schlacht, die Schlachten**
① ein Kampf mit vielen Soldaten: *Es kamen nur wenige zurück von denen, die morgens in die Schlacht gezogen waren.*
② eine Situation, in der Menschen oder Mannschaften gegeneinander kämpfen: *Die beiden Streithähne lieferten sich vor Gericht eine erbitterte Schlacht.* (z. B. Schneeballschlacht, Straßenschlacht, Wahlkampfschlacht)

schlach|ten (Verb) **du schlachtest, er schlachtete, sie hat geschlachtet, schlachte!** ein Tier töten, um das Fleisch zu verwenden

der **Schlach|ter** (Nomen) norddeutsch **des Schlachters, die Schlachter** ≈Fleischer, Metzger jemand, der Tiere tötet und zerlegt, Wurst- und Fleischwaren herstellt und verkauft

die **Schlach|te|rei** (Nomen) norddeutsch **der Schlachterei, die Schlachtereien** ≈Fleischerei, Metzgerei der Betrieb oder Laden eines Schlachters

die **Schlach|te|rin** (Nomen) norddeutsch **der Schlachterin, die Schlachterinnen** Femininform von → **Schlachter**

schla|ckern (Verb) norddeutsch **du schlackerst, er schlackerte, sie hat geschlackert, schlack(e)re!**
① sich/etwas locker schwingend bewegen: *Mir schlackerten vor Angst die Knie.*
② mit den Ohren schlackern umgangssprachlich überrascht oder entsetzt reagieren

der **Schlaf** (Nomen) nur im Singular **des Schlaf(e)s**
① der Zustand, wenn man nicht wach ist, sondern schläft: *Der Wecker riss mich unsanft aus dem Schlaf.*
② etwas im Schlaf können oder beherrschen etwas so gut können, dass man sich nicht anstrengen oder konzentrieren muss

der **Schlaf|an|zug** (Nomen) **des Schlafanzug(e)s, die Schlafanzüge** ≈ Pyjama Hose und Oberteil, die man im Bett trägt

die **Schlä|fe** (Nomen) **der Schläfe, die Schläfen** die zwei Stellen seitlich am Kopf zwischen Stirn und Ohren: *Sie hatte Kopfweh und massierte sich die Schläfen.*

schla|fen (Verb) **du schläfst, er schlief, sie hat geschlafen, schlaf(e)!**
① mit geschlossenen Augen ausruhen und seine Umgebung nicht bewusst wahrnehmen: *Hast du gut geschlafen?*
② schlafen gehen sich zum Schlafen ins Bett legen
③ ≈ übernachten die Nacht irgendwo verbringen: *in der Jugendherberge schlafen • bei Freunden schlafen*
④ unaufmerksam sein und nicht reagieren: *Beim Kartenspielen schlafen und nicht bemerken, dass der andere eine falsche Karte ablegt.*
⑤ mit jemandem schlafen mit jemandem Sex haben

schlaff (Adjektiv) **schlaffer, am schlaffsten** nicht so fest oder gespannt, wie es sein sollte: *schlaffe Haut haben • Sie hielt die Zügel schlaff in der Hand.*

schlaf|los (Adjektiv) so, dass jemand nicht schlafen kann: *Die Sorgen haben ihr schlaflose Nächte bereitet.*

schläf|rig (Adjektiv) **schläfriger, am schläfrigsten** müde und nicht richtig wach

der **Schlaf|sack** (Nomen) **des Schlafsack(e)s, die Schlafsäcke** eine weiche, warme Hülle, die man im Zelt usw. statt einer Bettdecke benutzt

das **Schlaf|zim|mer** (Nomen) **des Schlafzimmers, die Schlafzimmer** ein Raum mit Bett, in dem man sich hauptsächlich zum Schlafen aufhält

der **Schlag** (Nomen) **des Schlag(e)s, die Schläge**
① ein Aufprallen mit Schwung und Kraft: *Er gab mir einen Schlag auf den Rücken.*
② ein Schlag für jemanden ein unangenehmes Ereignis, das jemanden trifft: *Die Niederlage war ein schwerer Schlag für die Mannschaft.*
③ ein Schlag gegen jemanden/etwas eine erfolgreiche Aktion gegen jemanden/etwas: *Der Polizei gelang ein Schlag gegen die Mafia.*
④ ein Schlag ins Wasser umgangssprachlich ein Misserfolg
⑤ Schlag auf Schlag schnell nacheinander: *Erst war wenig los, dann ging alles Schlag auf Schlag.*
⑥ auf einen/mit einem Schlag umgangssprachlich plötzlich: *Mit einem Schlag wurde es dunkel.*
⑦ ein Schlag unter die Gürtellinie umgangssprachlich ein unfaires Verhalten

die **Schlag|ader** (Nomen) **der Schlagader, die Schlagadern** ≈ Arterie eine der Adern, in der das Blut vom Herzen wegfließt

schlag|ar|tig (Adjektiv) ≈ plötzlich so, dass man sich darauf nicht vorbereiten kann

schla|gen (Verb) **du schlägst, er schlug, sie hat geschlagen, schlag(e)!**
① jemandem mit der Hand einen oder mehrere Schläge versetzen: *Er schlug mir ins Gesicht.*
② sich mit jemandem schlagen mit körperlicher Gewalt kämpfen: *Ich will mich nicht mit dir schlagen.*
③ sich um etwas schlagen etwas unbedingt erreichen wollen: *Die Leute haben sich um die besten Plätze geschlagen.*
④ etwas mit Schwung treffen oder stoßen: *einen Nagel in die Wand schlagen*
⑤ sich gut/tapfer schlagen eine gute Leistung zeigen
⑥ sich geschlagen geben einen Kampf aufgeben

der **Schla|ger** (Nomen) **des Schlagers, die Schlager**
① ein nicht sehr anspruchsvolles Lied, das eine Zeit lang sehr beliebt ist
② eine Ware, die ein besonders interessantes Angebot ist (z. B. Preisschlager, Verkaufsschlager)

die **Schlä|ge|rei** (Nomen) **der Schlägerei, die Schlägereien** ein Streit, bei dem sich Menschen prügeln

schlag|fer|tig (Adjektiv) **schlagfertiger, am schlagfertigsten** so, dass jemand immer eine gute, oft witzige Antwort weiß

die **Schlag|sah|ne** (Nomen) nur im Singular **der Schlagsahne** Sahne, die man steif schlagen kann oder geschlagen hat: *ein Becher Schlagsahne • Obstkuchen mit Schlagsahne*

die **Schlag|sei|te** (Nomen) nur im Singular **der Schlagseite**
❶ die schiefe Lage eines Schiffes im Wasser: *Das Schiff hatte eine solche Schlagseite, dass es zu kentern drohte.*
❷ Schlagseite haben umgangssprachlich • ironisch betrunken sein

das **Schlag|wort** (Nomen) **des Schlagwort(e)s, die Schlagworte/Schlagwörter**
❶ **Plural meist Schlagworte** ein viel gebrauchter Begriff oder kurzer Spruch, der eine Idee oder Forderung ausdrückt: *Umweltschutz ist für mich mehr als ein Schlagwort.*
❷ **Plural nur Schlagwörter** ein Begriff, der ein Thema beschreibt oder den man zum Suchen in einem Katalog oder im Internet verwendet: *Bücher zum Schlagwort „Vampir" suchen*

die **Schlag|zei|le** (Nomen) **der Schlagzeile, die Schlagzeilen**
❶ die auffällige Überschrift eines Artikels auf der ersten Seite einer Zeitung
❷ Schlagzeilen machen/in die Schlagzeilen kommen in den Medien viel Aufsehen erregen

das **Schlag|zeug** (Nomen) **des Schlagzeug(e)s, die Schlagzeuge** ein Muskinstrument, das aus verschiedenen Schlaginstrumenten besteht

der **Schlag|zeu|ger** (Nomen) **des Schlagzeugers, die Schlagzeuger** ein Musiker, der Schlagzeug spielt

die **Schlag|zeu|ge|rin** (Nomen) **der Schlagzeugerin, die Schlagzeugerinnen** Femininform von → **Schlagzeuger**

der **Schlamm** (Nomen) **des Schlamm(e)s, die Schlamme/Schlämme** nasse, weiche Erde, in der man versinkt

schlam|pig (Adjektiv) umgangssprachlich • abwertend **schlampiger, am schlampigsten**
❶ so, dass jemand keine Ordnung hält
❷ so, dass jemand nicht sorgfältig arbeitet und unnötige Fehler macht: *Die Reparatur wurde schlampig ausgeführt.*

die **Schlan|ge** (Nomen) **der Schlange, die Schlangen**
❶ ein Kriechtier mit langem Körper ohne Gliedmaßen, dessen Haut mit Schuppen bedeckt ist und das eine lange, an der Spitze gespaltene Zunge hat: *von einer giftigen Schlange gebissen werden*
❷ viele Menschen, die hintereinander in einer Reihe stehen und warten: *An der Kasse hatte sich eine lange Schlange gebildet.*
❸ Schlange stehen in einer Reihe hintereinander warten
❹ eine falsche Schlange jemand, dem man nicht trauen kann

sich **schlän|geln** (Verb) **du schlängelst dich, er schlängelte sich, sie hat sich geschlängelt, schläng(e)le dich!**
❶ sich in der Art einer Schlange fortbewegen: *Ein Aal schlängelte sich durchs Wasser.*
❷ sich einen Weg zwischen Hindernissen hindurch suchen: *Der Kellner schlängelte sich durch die Menge.*
❸ in vielen Kurven verlaufen: *Die Straße schlängelt sich durch die Berge.*

schlank (Adjektiv) **schlanker, am schlank(e)sten**
❶ ohne überflüssiges Fett am Körper
❷ auf die schlanke Linie achten versuchen, nicht dick zu werden

schlapp (Adjektiv) umgangssprachlich **schlapper, am schlappsten**
❶ müde und ohne Kraft: *sich schlapp fühlen*
❷ nicht prall oder gespannt, sondern schlaff: *Die Pflanze braucht dringend Wasser, die Blätter sind schon ganz schlapp.*
❸ nur, gerade mal: *Sie verdient schlappe fünf Euro pro Stunde.*

die **Schlap|pe** (Nomen) **der Schlappe, die Schlappen** ≈ Niederlage der Misserfolg in einer Sache: *Nach der Schlappe vom letzten Sonntag wollen sie heute unbedingt gewinnen.*

schlau (Adjektiv) **schlauer, am schlau(e)sten**
❶ so, dass jemand Probleme gut lösen kann und seine Ziele erreicht: *Das war ganz schön schlau von dir!*
❷ gut ausgedacht: *eine schlaue Lösung*
❸ aus jemandem/etwas nicht schlau werden jemanden nicht einschätzen können/etwas nicht verstehen

der **Schlauch** (Nomen) **des Schlauch(e)s, die Schläuche**
❶ eine lange, biegsame Röhre: *Die Waschmaschine ist über einen Schlauch an die Wasserleitung angeschlossen.*
❷ eine ringförmige Röhre im Reifen, die mit Luft gefüllt wird: *Der Schlauch hat ein Loch.*

❸ auf dem Schlauch stehen umgangssprachlich etwas nicht sofort verstehen

die **Schlau|fe** (Nomen) **der Schlaufe, die Schlaufen** eine Schlinge zum Befestigen oder Festhalten: *den Gürtel durch die Schlaufen ziehen • das Handtuch an der Schlaufe aufhängen*

schlẹcht (Adjektiv) **schlechter, am schlechtesten**
❶ nicht so, wie es erwartet wird: *schlechte Laune haben • Hörst du schlecht?*
❷ böse, nicht nett: *ein schlechter Mensch*
❸ nicht mehr genießbar: *Die Milch ist schlecht geworden.*
❹ jemandem ist/wird schlecht jemand hat das Gefühl, sich gleich übergeben zu müssen
❺ jemandem geht es schlecht jemand ist krank oder sehr deprimiert
❻ jemandem/etwas geht es schlecht eine Person/ein Unternehmen hat zu wenig Geld oder Einnahmen
❼ um jemanden/etwas steht es schlecht jemand/etwas ist in sehr schlechtem Zustand oder hat schlechte Aussichten
❽ es schlecht haben/schlecht dran sein umgangssprachlich kein schönes Leben haben: *Ohne Job ist man schlecht dran.*
❾ schlecht und recht so gut es geht
❿ mehr schlecht als recht nicht besonders gut
⓫ schlecht gelaunt in schlechter Stimmung

schlẹcht|ge|launt, schlẹcht ge|launt (Adjektiv) in schlechter Stimmung

schlẹcht|hin (Adverb)
❶ ≈völlig so, dass etwas uneingeschränkt zutrifft: *Das ist schlechthin undenkbar!*
❷ **nachgestellt** das typischste Beispiel dafür: *Der Teddybär ist das Kuscheltier schlechthin.*

schlẹcht|ma|chen (Verb) **du machst schlecht, er machte schlecht, sie hat schlechtgemacht, mach(e) nicht schlecht!** negativ über jemanden/etwas sprechen: *Warum machst du deine Schwester immer so schlecht?* ⚠ **aber: seine Hausaufgaben schlecht machen**

schlẹ|cken (Verb) **du schleckst, er schleckte, sie hat geschleckt, schleck(e)!**
❶ durch Lecken zu sich nehmen: *Die Katze schleckte gierig die Sahne.*
❷ ≈naschen Süßes essen: *Haben wir noch etwas zum Schlecken da?*

schlei|chen (Verb) **du schleichst, er schlich, sie ist geschlichen, schleich(e)!**
❶ heimlich und leise irgendwohin gehen: *auf Zehenspitzen ins Zimmer schleichen*
❷ sich sehr langsam bewegen oder verändern: *Was schleicht der so? Überhol doch! • eine schleichende Verschlechterung*
❸ sich irgendwohin schleichen **hat sich geschlichen** heimlich und leise irgendwohin gehen: *Er hat sich heimlich aus dem Haus geschlichen.*
❹ sich schleichen **hat sich geschlichen** umgangssprachlich verschwinden: *Schleich dich, ich will dich nicht mehr sehen!*

der **Schlei|er** (Nomen) **des Schleiers, die Schleier**
❶ ein Stück Stoff, das das Gesicht teilweise oder ganz verhüllt
❷ Nebel: *ein zauberhafter weißer Schleier über der Landschaft*
❸ etwas, was etwas verdeckt oder verbirgt: *den Schleier um die geheimnisvollen Vorgänge lüften*

die **Schlei|fe** (Nomen) **der Schleife, die Schleifen**
❶ etwas, was zur Schlinge gebunden ist und auf- oder zugezogen werden kann: *eine Schleife in die Schnürsenkel machen • ein riesiges Paket mit roter Schleife*
❷ Windung, Kurve: *in der Schleife des Neckars zwischen Heilbronn und Heidelberg*

schlei|fen[1] (Verb) **du schleifst, er schliff, sie hat geschliffen, schleif(e)!**
❶ schärfen: *die Messer und Scheren schleifen lassen*
❷ ≈glätten die Oberfläche behandeln: *den Parkettboden schleifen*

schlei|fen[2] (Verb) **du schleifst, er schleifte, sie hat geschleift, schleif(e)!**
❶ schleppen, ziehen: *die Kisten ins Haus schleifen*
❷ an etwas reiben, etwas berühren: *Der Reifen schleift am Schutzblech.*
❸ jemanden irgendwohin schleifen umgangssprachlich jemanden fast gegen seinen Willen irgendwohin mitnehmen: *jemanden auf eine Party schleifen*

der **Schleim** (Nomen) **des Schleim(e)s, die Schleime**
❶ eine halb flüssige, zähe Masse, die von einem Organismus produziert wird: *beim Husten Schleim absondern*
❷ zähflüssige Speise, Brei

schlei|men (Verb) **du schleimst, er schleimte, sie hat geschleimt, schleim(e) nicht!**
① Schleim produzieren
② abwertend sich verstellen, sich bei jemandem einschmeicheln: *Er schleimt bei allen Lehrern.*

die **Schleim|haut** (Nomen) **der Schleimhaut, die Schleimhäute** eine Haut im Körper, die Schleim absondert (z. B. Mundschleimhaut, Nasenschleimhaut)

schlen|dern (Verb) **du schlenderst, er schlenderte, sie ist geschlendert, schlend(e)re!** langsam und gemütlich (spazieren) gehen

schlen|kern (Verb) **du schlenkerst, er schlenkerte, sie hat geschlenkert, schlenk(e)re!** schwingen, pendeln: *beim Laufen mit den Armen schlenkern*

schlep|pen (Verb) **du schleppst, er schleppte, sie hat geschleppt, schlepp(e)!**
① ziehen: *ein Schiff in den Hafen schleppen • das Auto in die Werkstatt schleppen*
② schwer tragen: *Umzugskartons nach oben schleppen*
③ umgangssprachlich jemanden (gegen seinen Willen) irgendwohin mitnehmen: *jemanden auf eine Party schleppen*
④ sich schleppen sich zeitlich in die Länge ziehen
⑤ sich irgendwohin schleppen sich mit großer Mühe irgendwohin bewegen: *Sie schleppte sich mit letzter Kraft zum Telefon.*

schlep|pend (Adjektiv) **schleppender, am schleppendsten** sehr langsam: *Die Arbeiten kommen äußerst schleppend voran.*

Schles|wig-Hol|stein (Nomen) **Schleswig-Holsteins** ein Bundesland in Norddeutschland

die **Schleu|der** (Nomen) **der Schleuder, die Schleudern**
① ≈ Katapult eine Waffe, mit der man besonders Steine wirft
② TECHNIK ein Gerät, in dem man durch Rotieren Wasser aus etwas herauszieht (z. B. Wäscheschleuder)

schleu|dern (Verb) **du schleuderst, er schleuderte, sie hat/ist geschleudert, schleud(e)re!**
① hat geschleudert werfen: *einen Stein schleudern*
② hat geschleudert etwas in einer Schleuder rotieren lassen: *die Wäsche schleudern*
③ ist geschleudert rutschen, ins Schleudern kommen: *auf die Gegenfahrbahn schleudern*
④ ins Schleudern kommen umgangssprachlich unsicher werden

schleu|nigst (Adverb) äußerst schnell

die **Schleu|se** (Nomen) **der Schleuse, die Schleusen**
① eine Art Tor zum Ableiten und Verteilen von Wasser in Kanälen
② eine Anlage für Schiffe zur Überwindung von Höhenunterschieden
③ ein Raum zwischen zwei Räumen für den Druckausgleich

die **Schli|che** (Nomen) nur im Plural • meist in jemandem auf die Schliche kommen jemandes Tricks durchschauen, hinter jemandes wahre Absichten kommen

schlicht[1] (Adjektiv) **schlichter, am schlichtesten** einfach und ohne viele Details: *ein schlichtes Kleid*

schlicht[2] (Partikel) schlicht und einfach/schlicht und ergreifend ganz einfach, ohne Umschweife: *Das ist schlicht und ergreifend falsch!*

schlich|ten (Verb) **du schlichtest, er schlichtete, sie hat geschlichtet, schlichte!** zwischen Personen oder Gruppen, die sich streiten, vermitteln und sie dazu bringen, den Streit zu beenden

die **Schlich|tung** (Nomen) **der Schlichtung, die Schlichtungen** die Beendung eines Streits zwischen Personen oder Gruppen durch Vermittlung

schlie|ßen (Verb) **du schließt, er schloss, sie hat geschlossen, schließ(e)!**
① zumachen: *Schließe bitte alle Fenster, bevor du gehst!*
② beenden: *die Sitzung schließen*
③ etwas aus etwas folgern: *Was schließen wir aus seiner Rede?*
④ vereinbaren, abmachen: *einen Vertrag schließen*
⑤ sich schließen zugehen: *Die Türen schlossen sich wieder.*

das **Schließ|fach** (Nomen) **des Schließfach(e)s, die Schließfächer**
① ein abschließbares Fach, z. B. in Bahnhöfen, zur Aufbewahrung von Gepäck
② ein abschließbares Fach in einer Bank zur Aufbewahrung von Schmuck, Dokumenten oder Geld

schließ|lich (Adverb)
① endlich: *Der Bus kam schließlich doch noch.*
② zum Schluss: *Und schließlich gab es auch noch Torte.*
③ immerhin: *Schließlich bin ich schon 14.*

die **Schlie|ßung** (Nomen) **der Schließung, die Schließungen**
① die Einstellung eines Betriebes oder einer öffentlichen Einrichtung: *Proteste gegen die Schließung des Schwimmbads*
② das Schließen am Ende der Öffnungszeit: *eine Stunde nach Schließung der Wahllokale*

der **Schliff** (Nomen) **des Schliff(e)s, die Schliffe**
① bei Edelsteinen, Glas die Art der Oberfläche, die durch Schleifen entstanden ist
② einer Sache den letzten Schliff geben umgangssprachlich etwas so machen, dass es perfekt ist

schlimm (Adjektiv) **schlimmer, am schlimmsten**
① schlecht, böse, übel: *ein schlimmes Verbrechen*
② unangenehm, gefährlich: *Hoffentlich ist nichts Schlimmes passiert.*
③ umgangssprachlich verletzt, entzündet: *mein schlimmer Finger*
④ Halb so schlimm! umgangssprachlich Das macht oder schadet nichts.

die **Schlin|ge** (Nomen) **der Schlinge, die Schlingen**
① ein Stück Schnur oder Draht (das zusammengezogen werden kann)
② eine Armbinde aus Stoff: *den Gipsarm in der Schlinge tragen*
③ jemandem die Schlinge um den Hals legen umgangssprachlich jemandem keine Chance lassen, jemanden in eine aussichtslose Lage bringen
④ den Kopf aus der Schlinge ziehen umgangssprachlich sich im letzten Moment aus einer gefährlichen Situation befreien

der **Schlips** (Nomen) **des Schlipses, die Schlipse**
① Variante von → **Krawatte** *sich einen Schlips umbinden*
② sich auf den Schlips getreten fühlen umgangssprachlich beleidigt sein

der **Schlit|ten** (Nomen) **des Schlittens, die Schlitten**
① ein aus zwei Kufen und einem Gestell bestehendes Gerät, mit dem man einen Hang hinabgleiten kann
② ein Fahrzeug auf Kufen zum Transport von Gegenständen oder Personen (z. B. Hundeschlitten, Motorschlitten, Pferdeschlitten)
③ umgangssprachlich ein schnelles Auto: *ein cooler Schlitten*

schlit|tern (Verb) **du schlitterst, er schlitterte, sie hat/ist geschlittert, schlitt(e)re!**
① hat geschlittert auf dem Eis rutschen
② ist geschlittert sich rutschend irgendwohin bewegen: *Der Wagen ist gegen die Leitplanke geschlittert.*
③ ist geschlittert ungewollt in eine unangenehme Situation geraten: *Das Land ist in eine finanzielle Krise geschlittert.*

der **Schlitt|schuh** (Nomen) **des Schlittschuhs, die Schlittschuhe**
① ein Schuh mit einer Metallschiene, mit dem man über das Eis gleiten kann: *Die ganze Klasse ist Schlittschuh gelaufen.*
② Schlittschuh laufen sich auf dem Eis mit Schlittschuhen an den Füßen bewegen

der **Schlitz** (Nomen) **des Schlitzes, die Schlitze**
① ≈ Spalt eine längliche, schmale Öffnung: *der Schlitz im Briefkasten*
② umgangssprachlich ≈ Hosenschlitz Öffnung auf der Vorderseite einer Hose: *Dein Schlitz steht offen!*
③ ein schmaler, offener Einschnitt in einem Kleidungsstück: *ein Schlitz im Rock*

das **Schloss** (Nomen) **des Schlosses, die Schlösser**
① ARCHITEKTUR ≈ Palast ein großes, prächtiges Gebäude, besonders von Adligen
② TECHNIK eine Vorrichtung, mit der man etwas verschließen kann (z. B. Fahrradschloss, Türschloss, Vorhängeschloss)
③ hinter Schloss und Riegel umgangssprachlich im Gefängnis

der **Schlos|ser** (Nomen) **des Schlossers, die Schlosser** ein Handwerker, der besonders Gegenstände aus Metall herstellt, verarbeitet oder repariert

die **Schlos|se|rin** (Nomen) **der Schlosserin, die Schlosserinnen**
Femininform von → **Schlosser**

schluch|zen (Verb) **du schluchzt, er schluchzte, sie hat geschluchzt, schluchz(e) nicht!** stark weinen und dabei stoßweise atmen

der **Schluck** (Nomen) **des Schluck(e)s, die Schlucke**
① die Menge eines Getränks, die man auf einmal schluckt: *Sie nahm einen Schluck von ihrem Tee.*

② das Hinunterschlucken einer Flüssigkeit: *den ganzen Hustensaft mit einem Schluck nehmen*

der **Schlụck|auf** (Nomen) **nur im Singular des Schluckaufs** ein ungewolltes, kurzes und ruckartiges Einatmen, bei dem man regelmäßig einen Laut wie „hick" macht

schlụ|cken (Verb) **du schluckst, er schluckte, sie hat geschluckt, schluck(e)!**
① etwas vom Mund über die Speiseröhre in den Magen bringen: *aus Versehen beim Schwimmen Wasser schlucken*
② umgangssprachlich auch AUTO (zu) viel verbrauchen: *Diese Offroader schlucken viel zu viel Sprit.*
③ umgangssprachlich jemandem etwas glauben: *Ob er die Geschichte schluckt?*
④ etwas schlucken müssen umgangssprachlich etwas nur schwer verkraften können oder etwas widerwillig hinnehmen müssen

schlụm|mern (Verb) **du schlummerst, er schlummerte, sie hat geschlummert, schlumm(e)re!**
① gehoben friedlich schlafen
② in etwas verborgen sein: *In ihm schlummern ungeahnte Kräfte.*

der **Schlụnd** (Nomen) **des Schlund(e)s, die Schlünde**
① ANATOMIE die Öffnung zwischen Mundhöhle und Speiseröhre: *Ihm ist etwas im Schlund stecken geblieben.*
② gehoben tiefer Krater oder ein Abgrund: *der 180 Meter tiefe Schlund des Vulkans*

der **Schlụ̈p|fer** (Nomen) umgangssprachlich **des Schlüpfers, die Schlüpfer** Unterhose für Damen und Kinder: *nur in Unterhemd und Schlüpfer*

schlụr|fen (Verb) **du schlurfst, er schlurfte, sie hat/ist geschlurft, schlurf(e) nicht!**
① **hat geschlurft** beim Gehen die Füße über den Boden schleifen lassen
② **ist geschlurft** schleppend und geräuschvoll irgendwohin gehen: *Er schlurfte in die Küche.*

schlụ̈r|fen (Verb) **du schlürfst, er schlürfte, sie hat geschlürft, schlürf(e) nicht!** etwas hörbar trinken oder essen: *die heiße Suppe schlürfen*

der **Schlụss** (Nomen) **des Schlusses, die Schlüsse**
① **nur im Singular** Ende: *Kannst du allmählich zum Schluss kommen?*
② mit jemandem Schluss machen die Beziehung mit einem Partner beenden
③ mit etwas Schluss machen mit einer Beschäftigung aufhören
④ gedankliche Folgerung: *falsche Schlüsse aus etwas ziehen*

der **Schlụ̈s|sel** (Nomen) **des Schlüssels, die Schlüssel**
① ein Gegenstand zum Öffnen und Schließen von Schlössern (**z. B. Autoschlüssel, Hausschlüssel, Zimmerschlüssel**)
② eine Methode, etwas zu erreichen: *der Schlüssel zum Erfolg*
③ ein System zur Verschlüsselung eines Textes, der dann nur mit diesem Schlüssel wieder entschlüsselt werden kann
④ der Anhang eines Schulbuchs mit Lösungen zu den Aufgaben

der/das **Schlụ̈s|sel|bund** (Nomen) **des Schlüsselbund(e)s, die Schlüsselbunde** mehrere, meist durch einen Ring zusammengehaltene Schlüssel

das **Schlụ̈s|sel|loch** (Nomen) **des Schlüsselloch(e)s, die Schlüssellöcher** die Öffnung im Schloss, in die der Schlüssel eingeführt wird

das **Schlụ̈s|sel|wort** (Nomen) **des Schlüsselwort(e)s, die Schlüsselwörter/Schlüsselworte**
① ein entscheidender Begriff in einem bestimmten Gebiet oder zu einem bestimmten Thema: *„Ehrlichkeit" lautet das Schlüsselwort ihrer Kandidatur.*
② **Plural nur Schlüsselwörter:** Variante von → **Passwort**

die **Schlụss|fol|ge|rung** (Nomen) **der Schlussfolgerung, die Schlussfolgerungen** gedankliche Folgerung: *Welche Schlussfolgerung ziehen wir aus der Entwicklung der letzten Monate?*

schlụ̈s|sig (Adjektiv) **schlüssiger, am schlüssigsten**
① logisch, folgerichtig: *eine schlüssige Erklärung*
② sich schlüssig sein/werden sich für etwas entschieden haben/entscheiden

der **Schlụss|strich, Schlụss-Strich** (Nomen) **Plural selten des Schlussstrich(e)s, die Schlussstriche** einen Schlussstrich unter etwas ziehen eine (unangenehme) Sache endgültig abschließen

schmack|haft (Adjektiv) **schmackhafter, am schmackhaftesten**
❶ lecker, wohlschmeckend: *die schmackhafte vietnamesische Küche*
❷ jemandem etwas schmackhaft machen umgangssprachlich jemanden dazu bringen, etwas gut zu finden

schmal (Adjektiv) **schmaler/schmäler, am schmalsten/schmälsten**
❶ von geringer Breite: *Er hat schmale Hüften und breite Schultern.*
❷ ein schmales Einkommen gehoben wenig Geld, mit dem man auskommen muss

schma|rot|zen (Verb) abwertend **du schmarotzt, er schmarotzte, sie hat schmarotzt, schmarotz(e) nicht!**
❶ BIOLOGIE auf oder in einem anderen Lebewesen leben und ihm dabei schaden
❷ vom Geld oder der Arbeit anderer leben

der **Schma|rot|zer** (Nomen) **des Schmarotzers, die Schmarotzer**
❶ BIOLOGIE ≈ Parasit ein Lebewesen, das auf oder in einem anderen lebt und ihm dabei schadet
❷ abwertend jemand, der vom Geld oder der Arbeit anderer lebt

die **Schma|rot|ze|rin** (Nomen) abwertend **der Schmarotzerin, die Schmarotzerinnen** abwertend eine Frau, die vom Geld oder der Arbeit anderer lebt

schmat|zen (Verb) **du schmatzt, er schmatzte, sie hat geschmatzt, schmatz(e) nicht!** beim Essen Geräusche mit den Lippen machen

schme|cken (Verb) **du schmeckst, er schmeckte, sie hat geschmeckt, schmeck(e)!**
❶ den Geschmack von etwas erkennen
❷ einen bestimmten Geschmack haben: *Der Spargel schmeckt leicht bitter.*
❸ jemandem schmeckt etwas jemand isst etwas gerne, jemand findet das gut, was er gerade isst: *Schmeckt es dir?*
❹ etwas schmeckt jemandem nicht umgangssprachlich jemandem gefällt etwas nicht

schmei|cheln (Verb) **du schmeichelst, er schmeichelte, sie hat geschmeichelt, schmeich(e)le!**
❶ jemanden in übertriebener Weise loben, um sich bei ihm beliebt zu machen
❷ etwas schmeichelt jemandem etwas, z. B. ein Angebot, macht jemanden froh und stolz: *Dass du mich für den besten Tänzer hältst, schmeichelt mir sehr.*

schmei|ßen (Verb) umgangssprachlich **du schmeißt, er schmiss, sie hat geschmissen, schmeiß(e)!**
❶ werfen: *Schmeiß mir mal bitte den Schlüssel runter, ich habe ihn vergessen.*
❷ hinwerfen, aufgeben: *Er hat die Schule geschmissen.*

schmel|zen (Verb) **du schmilzt, er schmolz, sie ist/hat geschmolzen, schmilz!**
❶ **ist geschmolzen** durch Wärme flüssig werden: *Der ganze Schnee ist schon geschmolzen.*
❷ **hat geschmolzen** etwas flüssig machen: *das Wachs für Kerzen schmelzen*

der **Schmerz** (Nomen) **des Schmerzes, die Schmerzen**
❶ etwas, was körperlich wehtut: *ein Medikament gegen Schmerzen*
❷ **nur im Singular** ≈ Kummer, Trauer seelisches Leid: *der Schmerz beim Verlust eines geliebten Menschen*

schmer|zen (Verb) **nur in der 3. Person gebraucht es schmerzt, es schmerzte, es hat geschmerzt**
❶ körperlich wehtun: *meine Füße schmerzen*
❷ traurig machen, kränken: *Niederlagen gegen diesen Gegner schmerzen besonders.*

schmerz|haft (Adjektiv) **schmerzhafter, am schmerzhaftesten**
❶ körperliche Schmerzen verursachend: *eine schmerzhafte Verletzung am Knie*
❷ Variante von → **schmerzlich**

schmerz|lich (Adjektiv) **schmerzlicher, am schmerzlichsten** Leid, Kummer oder Trauer verursachend: *ein schmerzlicher Verlust*

das **Schmerz|mit|tel** (Nomen) **des Schmerzmittels, die Schmerzmittel** ein Medikament, das gegen körperliche Schmerzen wirkt

der **Schmet|ter|ling** (Nomen) **des Schmetterlings, die Schmetterlinge** ein Insekt mit großen, oft bunten Flügeln

der **Schmied** (Nomen) **des Schmied(e)s, die Schmiede** ein Handwerker, der Gegenstände aus Metall besonders durch Erhitzen und Formen herstellt oder repariert

schmie|ren (Verb) **du schmierst, er schmierte, sie hat geschmiert, schmier(e)!**
❶ streichen: *Butter aufs Brot schmieren*

❷ TECHNIK ölen: *die Fahrradkette schmieren*
❸ umgangssprachlich bestechen: *einen Politiker schmieren*
❹ etwas läuft wie geschmiert umgangssprachlich etwas läuft reibungslos, ohne Probleme

schmie|rig (Adjektiv) **schmieriger, am schmierigsten**
❶ fettig, ölig, feucht-klebrig: *schmierige Finger*
❷ glatt, rutschig: *eine schmierige Fahrbahn*
❸ umgangssprachlich · abwertend aufdringlich, unangenehm aufmerksam: *ein schmieriger Typ*

der **Schmier|zet|tel** (Nomen) umgangssprachlich **des Schmierzettels, die Schmierzettel**
ein Blatt, auf das man Notizen oder Entwürfe schreibt

die **Schmin|ke** (Nomen) **der Schminke, die Schminken**
❶ ≈ Make-up ein kosmetisches Mittel, das man auf das Gesicht aufträgt: *keine Schminke benutzen*
❷ THEATER · FILM die Mittel, die man für die Maske verwendet

schmin|ken (Verb) **du schminkst, er schminkte, sie hat geschminkt, schmink(e)!**
❶ besonders THEATER · FILM jemandem für eine Rolle im Gesicht Schminke usw. auftragen: *Er wird gerade für seine Rolle als Dracula geschminkt.*
❷ sich schminken ein Make-up auftragen: *Ich muss mich schnell noch schminken.*

schmö|kern (Verb) umgangssprachlich **du schmökerst, er schmökerte, sie hat geschmökert, schmök(e)re!** etwas besonders Spannendes und Unterhaltsames lesen

schmol|len (Verb) **du schmollst, er schmollte, sie hat geschmollt, schmoll(e) nicht!** schweigen und deutlich zeigen, dass man gekränkt ist

schmo|ren (Verb) **du schmorst, er schmorte, sie hat geschmort, schmor(e)!**
❶ GASTRONOMIE etwas, z. B. ein Stück Fleisch, kurz anbraten und dann abgedeckt langsam gar werden lassen
❷ TECHNIK Elektrokabel usw. sehr heiß werden (und durchbrennen)
❸ jemanden schmoren lassen umgangssprachlich jemanden längere Zeit über etwas im Ungewissen lassen

der **Schmuck** (Nomen) nur im Singular **des Schmuck(e)s**
❶ etwas (Wertvolles), was man am Körper trägt, um schön auszusehen
❷ etwas, was etwas ziert oder dekoriert (z. B. Tischschmuck, Christbaumschmuck)

schmü|cken (Verb) **du schmückst, er schmückte, sie hat geschmückt, schmück(e)!** etwas schöner machen oder dekorieren

das **Schmuck|stück** (Nomen) **des Schmuckstück(e)s, die Schmuckstücke**
❶ etwas (Wertvolles), was man am Körper trägt, um schön auszusehen
❷ umgangssprachlich ein besonders schönes Exemplar, etwas besonders Schönes: *Das Häuschen ist ein richtiges Schmuckstück.*

schmug|geln (Verb) **du schmuggelst, er schmuggelte, sie hat geschmuggelt, schmugg(e)le nicht!**
❶ illegal Waren ein- oder ausführen
❷ umgangssprachlich etwas oder jemanden heimlich irgendwohin bringen: *Er hat sie auf sein Zimmer geschmuggelt.*
❸ sich irgendwohin schmuggeln umgangssprachlich sich heimlich irgendwohin schleichen

der **Schmugg|ler** (Nomen) **des Schmugglers, die Schmuggler** jemand, der illegal Waren ein- oder ausführt

die **Schmugg|le|rin** (Nomen) **der Schmugglerin, die Schmugglerinnen**
Femininform von → **Schmuggler**

schmun|zeln (Verb) **du schmunzelst, er schmunzelte, sie hat geschmunzelt, schmunz(e)le!**
❶ belustigt oder zufrieden lächeln
❷ jemanden zum Schmunzeln bringen jemanden erheitern

schmu|sen (Verb) **du schmust, er schmuste, sie hat geschmust, schmus(e)!** sich gegenseitig zärtlich küssen, streicheln usw.

der **Schmutz** (Nomen) nur im Singular **des Schmutzes**
❶ ≈ Dreck etwas, was etwas unsauber werden lässt: *den Schmutz von den Händen abwaschen*
❷ etwas/jemanden durch den Schmutz ziehen etwas/jemanden schlechtmachen

der **Schmutz|fleck** (Nomen) **des Schmutzfleck(e)s, die Schmutzflecken**
ein Fleck, der durch Schmutz entstanden ist

(und möglicherweise ein Problem bei der Wäsche ist)

schmut|zig (Adjektiv) **schmutziger, am schmutzigsten**
❶ nicht sauber, voll Schmutz: *die schmutzige Wäsche*
❷ ≈unanständig nicht der Moral entsprechend: *schmutzige Witze erzählen*
❸ illegal: *schmutzige Geschäfte*

der **Schna|bel** (Nomen) **des Schnabels, die Schnäbel**
❶ bei Vögeln der oft spitz zulaufende, aus Horn bestehende Teil an der Vorderseite des Kopfes: *Die Jungen reißen die Schnäbel auf.*
❷ den Schnabel halten umgangssprachlich den Mund halten, ruhig sein
❸ reden, wie einem der Schnabel gewachsen ist umgangssprachlich ohne Hemmungen sprechen, wie einem gerade zumute ist

die **Schnal|le** (Nomen) **der Schnalle, die Schnallen** der Verschluss eines Gürtels oder Riemens

schnal|len (Verb) **du schnallst, er schnallte, sie hat geschnallt, schnall(e)!**
❶ etwas mit einer Schnalle befestigen: *die Schneeschuhe an die Füße schnallen*
❷ etwas mithilfe einer Schnalle verstellen: *den Gürtel enger schnallen*
❸ umgangssprachlich verstehen: *Hast du's endlich geschnallt?*

das **Schnäpp|chen** (Nomen) umgangssprachlich **des Schnäppchens, die Schnäppchen** ein besonders günstiges Angebot

schnap|pen (Verb) **du schnappst, er schnappte, sie hat/ist geschnappt, schnapp(e)!**
❶ hat geschnappt versuchen, etwas schnell mit dem Mund, dem Schnabel, dem Maul oder den Zähnen zu packen: *Der Hund hat nach dem Ball geschnappt.*
❷ hat geschnappt · umgangssprachlich fangen, fassen, ergreifen: *Sie haben die Einbrecher geschnappt.* · *Ich schnappe mir schnell ein Stück Pizza.*
❸ nach Luft schnappen hat geschnappt · umgangssprachlich mit Mühe atmen
❹ ist geschnappt sich mit einem klickenden Geräusch schließen: *Die Tür ist ins Schloss geschnappt.*

der **Schnaps** (Nomen) umgangssprachlich **des Schnapses, die Schnäpse** ein Getränk mit sehr viel Alkohol

schnar|chen (Verb) **du schnarchst, er schnarchte, sie hat geschnarcht, schnarch(e) nicht!** beim Schlafen mit meist offenem Mund (laut) rasselnd atmen

die **Schnau|ze** (Nomen) **der Schnauze, die Schnauzen**
❶ das hervorstehende, mit der Nase verbundene Maul mancher Tiere: *die kalte Schnauze des Hundes*
❷ umgangssprachlich · abwertend Mund beim Menschen: *Schnauze halten!*
❸ eine große Schnauze haben umgangssprachlich ein Angeber sein
❹ die Schnauze voll haben umgangssprachlich genug von etwas haben, keine Lust mehr haben

schnäu|zen (Verb) **du schnäuzt, er schnäuzte, sie hat geschnäuzt, schnäuz(e)!**
❶ die Nase putzen, indem man den Naseninhalt in ein Taschentuch bläst
❷ sich schnäuzen sich die Nase putzen: *Hier hast du ein Taschentuch, schnäuze dich bitte einmal.*

der **Schnau|zer** (Nomen) **des Schnauzers, die Schnauzer**
❶ ZOOLOGIE eine kräftige Hunderasse mit einer Art Schnauzbart
❷ umgangssprachlich ein sehr dichter Schnurrbart beim Mann

die **Schne|cke** (Nomen) **der Schnecke, die Schnecken** ein Tier mit Fühlern (und oft einem Gehäuse auf dem Rücken), das beim Kriechen eine Schleimspur hinter sich lässt: *Er ist lahm wie eine Schnecke.*

der **Schnee** (Nomen) nur im Singular **des Schnees**
❶ die weißen Flocken aus Eiskristallen, die im Winter vom Himmel fallen
❷ Das ist Schnee von gestern. umgangssprachlich Das interessiert niemanden mehr.

der **Schnee|ball** (Nomen) **des Schneeball(e)s, die Schneebälle** eine aus Schnee geformte Kugel zum Werfen

die **Schnee|ball|schlacht** (Nomen) **der Schneeballschlacht, die Schneeballschlachten** ein Spiel, bei dem man sich gegenseitig mit Schneebällen bewirft

die **Schnee|flo|cke** (Nomen) **der Schneeflocke, die Schneeflocken** mehrere zusammenhängende Eiskristalle, die als Schnee vom Himmel fallen

der **Schnee|mann** (Nomen)
des Schneemann(e)s, die Schneemänner eine besonders von Kindern geformte Figur aus Schnee, die einem Menschen ähnlich ist

schnee|weiß (Adjektiv) völlig weiß

das **Schnee|witt|chen** (Nomen) **nur im Singular**
des Schneewittchens Märchenfigur
ein Mädchen, das wegen seiner Schönheit von seiner eifersüchtigen Stiefmutter verfolgt wird und bei sieben Zwergen Unterschlupf findet

schnei|den (Verb) **du schneidest, er schnitt, sie hat geschnitten, schneid(e)!**
① etwas mit einem scharfen Gegenstand zerteilen oder abtrennen: *sich die Nägel schneiden*
② verletzen: *sich in den Finger schneiden*
③ kreuzen: *zwei sich schneidende Linien*
④ FILM die Teile eines Films auswählen und zu einem Ganzen zusammensetzen
⑤ sich schneiden umgangssprachlich sich irren
⑥ jemanden schneiden **beim Überholen** zu früh die Spur wechseln und jemanden behindern
durch Ignorieren jemandem zeigen, dass man nichts mit ihm zu tun haben will

der **Schnei|der** (Nomen) **des Schneiders, die Schneider**
① jemand, der beruflich Kleidung näht oder ändert
② ein Gerät zum Schneiden von etwas **(z. B. Teppichschneider, Glasschneider)**
③ aus dem Schneider sein umgangssprachlich das Schwierigste überstanden haben

die **Schnei|de|rei** (Nomen) **der Schneiderei, die Schneidereien** eine Werkstatt, in der Kleidung genäht oder geändert wird

die **Schnei|de|rin** (Nomen) **der Schneiderin, die Schneiderinnen** eine Frau, die beruflich Kleidung näht oder ändert

schnei|dern (Verb) **du schneiderst, er schneiderte, sie hat geschneidert, schneid(e)re!** Kleidung (hobbymäßig oder beruflich) selbst nähen

der **Schnei|der|sitz** (Nomen) **nur im Singular**
des Schneidersitzes eine Sitzhaltung, in der man mit gekreuzten Unterschenkeln (auf dem Boden) sitzt

der **Schnei|de|zahn** (Nomen)
des Schneidezahn(e)s, die Schneidezähne einer der vorderen Zähne in Ober- und Unterkiefer

schnei|en (Verb) **unpersönlich es schneit, es schneite, es hat geschneit**
es schneit Schnee fällt vom Himmel

die **Schnei|se** (Nomen) **der Schneise, die Schneisen** ein Streifen im Wald ohne Bäume

schnell (Adjektiv) **schneller, am schnellsten**
① mit großer Geschwindigkeit: *Der Gepard ist das schnellste Säugetier.*
② ≈ bald in kurzer Zeit: *Das Ganze war schnell vergessen.*
③ auf die Schnelle umgangssprachlich so schnell wie möglich, innerhalb ganz kurzer Zeit

schnel|len (Verb) **du schnellst, er schnellte, sie ist geschnellt, schnell(e)!** sich schnell oder schwunghaft bewegen: *Eine Forelle schnellte aus dem Wasser.*

der **Schnell|hef|ter** (Nomen)
des Schnellhefters, die Schnellhefter eine Mappe zum Abheften von Blättern

die **Schnel|lig|keit** (Nomen) **nur im Singular**
der Schnelligkeit
① Geschwindigkeit: *die Schnelligkeit erhöhen*
② das Schnellsein: *Ihm fehlt noch die Schnelligkeit.*

schnells|tens (Adverb) so schnell wie möglich

schnie|fen (Verb) umgangssprachlich
du schniefst, er schniefte, sie hat geschnieft, schnief(e) nicht! so durch die Nase atmen, dass man es hört, besonders wenn bei Erkältungen oder beim Weinen die Nase läuft

schnip|peln (Verb) umgangssprachlich
du schnippelst, er schnippelte, sie hat geschnippelt, schnipp(e)le! etwas (klein) schneiden: *das Gemüse schnippeln*

schnip|pisch (Adjektiv) abwertend
schnippischer, am schnippischsten frech und unhöflich: *eine schnippische Antwort*

der **Schnitt** (Nomen) **des Schnitt(e)s, die Schnitte**
① das Schneiden mit einem scharfen Gegenstand
② eine durch Schneiden entstandene Öffnung oder Verletzung: *ein tiefer Schnitt im Oberschenkel*
③ ≈ Haarschnitt Frisur: *ein halblanger, modischer Schnitt*
④ MODE Stil, Form: *eine Jeans mit weitem Schnitt*
⑤ FILM die Zusammensetzung von Teilen eines Films zu einem Ganzen

A B C D E F G H I J K L M N O P Q R S T U V W X Y Z

⑥ Kurzform von → **Durchschnitt**
⑦ einen guten Schnitt machen umgangssprachlich bei einem Geschäft gut verdienen

die **Schnitt|men|ge** (Nomen) **der Schnittmenge, die Schnittmengen** eine Menge, die aus den gemeinsamen Elementen zweier Mengen besteht

der **Schnitt|punkt** (Nomen) **des Schnittpunkt(e)s, die Schnittpunkte** ein gemeinsamer Punkt zweier Linien oder einer Fläche und einer Linie

die **Schnitt|wun|de** (Nomen) **der Schnittwunde, die Schnittwunden** eine Verletzung durch einen scharfen Gegenstand

das **Schnit|zel** (Nomen) **des Schnitzels, die Schnitzel** eine Scheibe Fleisch, die (paniert) gebraten wird

schnö|de (Adjektiv) gehoben • abwertend **schnöder, am schnödesten**
① verabscheuungswürdig: *sich nur für das schnöde Geld interessieren*
② verächtlich, demütigend: *schnöde zurückgewiesen werden*

der **Schnor|chel** (Nomen) **des Schnorchels, die Schnorchel** ein Atemgerät für Taucher

schnor|cheln (Verb) **du schnorchelst, er schnorchelte, sie hat geschnorchelt, schnorch(e)le!** mithilfe eines Schnorchels unter Wasser schwimmen

der **Schnüff|ler** (Nomen) umgangssprachlich • abwertend **des Schnüfflers, die Schnüffler** ≈Spitzel, Detektiv jemand, der heimlich versucht, etwas über andere herauszufinden: *Schnüffler auf jemanden ansetzen*

die **Schnüff|le|rin** (Nomen) umgangssprachlich • abwertend **der Schnüfflerin, die Schnüfflerinnen**
Femininform von → **Schnüffler**

der **Schnul|ler** (Nomen) **des Schnullers, die Schnuller** ein Sauger aus Gummi oder Silikon für Babys

die **Schnul|ze** (Nomen) umgangssprachlich • abwertend **der Schnulze, die Schnulzen** ein sentimentales Lied oder ein sentimentaler Film ohne besonderen künstlerischen Wert

schnul|zig (Adjektiv) umgangssprachlich • abwertend **schnulziger, am schnulzigsten** sentimental und ohne besonderen künstlerischen Wert

der **Schnup|fen** (Nomen) **des Schnupfens, die Schnupfen** eine Erkrankung, bei der die Nase läuft oder verstopft ist und bei der man oft niesen muss

die **Schnur** (Nomen) **der Schnur, die Schnüre**
① ≈Band eine Art dicker Faden: *Perlen auf eine Schnur ziehen*
② umgangssprachlich Variante von → **Kabel**

schnü|ren (Verb) **du schnürst, er schnürte, sie hat geschnürt, schnür(e)!** mit einer Schnur zubinden oder befestigen: *die Wanderstiefel schnüren • die Koffer auf den Dachgepäckträger schnüren*

schnur|los (Adjektiv) ohne Kabel: *ein schnurloses Telefon*

der **Schnurr|bart** (Nomen) **des Schnurrbart(e)s, die Schnurrbärte** ein Bart über der Oberlippe

schnur|ren (Verb) **du schnurrst, er schnurrte, sie hat geschnurrt, schnurr(e)!**
die Katze schnurrt die Katze macht ein leises, zufriedenes Geräusch

der **Schnür|schuh** (Nomen) **des Schnürschuh(e)s, die Schnürschuhe** ein Schuh, der mit Schnürsenkeln zugebunden wird

der **Schnür|sen|kel** (Nomen) **des Schnürsenkels, die Schnürsenkel** ≈Schuhband ein schmales Band zum Zubinden des Schuhs

der **Schock** (Nomen) **des Schock(e)s, die Schocks**
① ein sehr starker Schreck oder eine starke seelische Erschütterung: *Die Nachricht war ein Schock für uns.*
② MEDIZIN akutes Kreislaufversagen: *Nach dem Unfall stand der Fahrer unter Schock.*

scho|ckie|ren (Verb) **du schockierst, er schockierte, sie hat schockiert, schockier(e) nicht!** jemanden entsetzen, stark aufregen: *Sein Verhalten hat alle schockiert. • schockierende Zustände*

die **Scho|ko|la|de** (Nomen) **der Schokolade, die Schokoladen**
① eine Süßigkeit aus Kakao, Zucker und Milch(pulver), besonders in Form von Tafeln oder Figuren: *ein Osterhase aus Schokolade*
② ein Getränk aus Kakao und Milch: *eine heiße Schokolade trinken*

schon[1] (Adverb)
① ≈bereits *Es ist schon spät. • Das Essen war schon kalt, als ich heimkam.*

❷ ≈gleich darauf *Er schnappte sich die Tasche und schon war er weg.*

schon[2] (Partikel)

❶ ≈eigentlich schränkt eine Aussage ein: *Es ist schon noch Kuchen da, aber der ist für Papa.*

❷ ≈wirklich verwendet zur Verstärkung, Betonung: *Das wäre schon schön, wenn das klappen würde.*

❸ verwendet, um jemandem zu widersprechen: *Nie hast du Zeit! – Doch, morgen schon!*

schön (Adjektiv) **schöner, am schönsten**

❶ so, dass es gut aussieht: *ein schönes Bild*

❷ gut, angenehm oder nett: *Schön, dass ihr hier seid. • Schöne Ferien!*

❸ umgangssprachlich • ironisch drückt Ärger aus: *Schön, dass ich das auch mal erfahre! • Das war ein schöner Reinfall!*

❹ ganz schön umgangssprachlich sehr, ziemlich: *Das sind aber ganz schön viele Fehler!*

❺ Also/Na schön! umgangssprachlich drückt aus, dass man nicht gern zustimmt

❻ Das wäre ja noch schöner! umgangssprachlich • ironisch Das kommt nicht infrage!

❼ sich schön machen sich zurechtmachen

scho|nen (Verb) **du schonst, er schonte, sie hat geschont, schon(e)!**

❶ etwas vorsichtig behandeln: *Ich soll meine Stimme schonen.*

❷ jemanden rücksichtsvoll behandeln, jemanden nicht zu sehr beanspruchen: *Der Trainer hat seine Spieler noch nie geschont.*

❸ sich schonen sich nicht anstrengen, auf seine Gesundheit achten: *sich nach der Operation eine Weile schonen*

schö|nen (Verb) **du schönst, er schönte, sie hat geschönt, schön(e) nicht!** etwas besser erscheinen lassen, als es in Wirklichkeit ist: *Sie versuchen, die Ergebnisse zu schönen.*

scho|nend (Adjektiv) **schonender, am schonendsten** milde oder rücksichtsvoll: *jemandem etwas schonend beibringen • schonend mit der Umwelt umgehen*

die **Schön|heit** (Nomen) **der Schönheit, die Schönheiten**

❶ ein sehr gutes Aussehen, eine besondere Wirkung auf den Betrachter: *die raue Schönheit der Nordsee*

❷ ein schöner Mensch

die **Schön|schrift** (Nomen) **der Schönschrift, die Schönschriften** eine ordentliche, gleichmäßige Handschrift, die besonders Kinder lernen sollen

die **Scho|nung** (Nomen) **der Schonung, die Schonungen**

❶ nur im Singular eine rücksichtsvolle Behandlung, die Vermeidung von Anstrengungen

❷ ein umzäuntes Waldgebiet mit jungen Bäumen

scho|nungs|los (Adjektiv) rücksichtslos: *eine schonungslose Aufklärung des Betrugs*

der **Schopf** (Nomen) **des Schopf(e)s, die Schöpfe**

❶ die (dichten) Haare auf dem Kopf

❷ die Gelegenheit beim Schopf fassen umgangssprachlich eine günstige Gelegenheit spontan nutzen

schöp|fen (Verb) **du schöpfst, er schöpfte, sie hat geschöpft, schöpf(e)!**

❶ eine Flüssigkeit mit einem Gefäß aus etwas herausnehmen: *mit der Kelle Suppe schöpfen*

❷ gehoben etwas bekommen: *neuen Mut schöpfen*

der **Schöp|fer** (Nomen) **des Schöpfers, die Schöpfer**

❶ jemand, der etwas Wertvolles geschaffen hat: *Mozart, der Schöpfer unsterblicher Musik*

❷ RELIGION nur im Singular der Gott, der die Welt erschaffen hat: *seinem Schöpfer danken*

die **Schöp|fe|rin** (Nomen) **der Schöpferin, die Schöpferinnen** eine Frau, die etwas Wertvolles geschaffen hat

die **Schöp|fung** (Nomen) **der Schöpfung, die Schöpfungen**

❶ etwas, was von jemandem geschaffen wurde: *Die New Yorker Freiheitsstatue ist eine Schöpfung des elsässischen Künstlers Bartholdi.*

❷ RELIGION nur im Singular die Erschaffung der Welt durch Gott

die **Schor|le** (Nomen) **der Schorle, die Schorlen** eine Mischung von Mineralwasser mit Saft oder Wein (z. B. Apfelschorle, Saftschorle, Weißweinschorle)

der **Schorn|stein** (Nomen) **des Schornstein(e)s, die Schornsteine** ein Schacht für den Abzug von Rauch, der über das Hausdach hinausragt

A B C D E F G H I J K L M N O P Q R S T U V W X Y Z

der **Schorn|stein|fe|ger** (Nomen) **des Schornsteinfegers, die Schornsteinfeger** jemand, der die Heizungsanlagen überprüft und den Schornstein reinigt

die **Schorn|stein|fe|ge|rin** (Nomen) **der Schornsteinfegerin, die Schornsteinfegerinnen**
Femininform von → **Schornsteinfeger**

der **Schoß** (Nomen) **des Schoßes, die Schöße**
1 die Fläche, die beim Sitzen durch die Oberschenkel und den Bauch entsteht: *ein Baby auf den Schoß nehmen*
2 in den Schoß der Familie zurückkehren gehoben in die Geborgenheit der Familie zurückgehen
3 die Hände in den Schoß legen nichts (mehr) tun

der **Schot|te** (Nomen) **des Schotten, die Schotten** ein Junge/Mann aus Schottland

der **Schot|ter** (Nomen) **nur im Singular des Schotters** die im Straßenbau verwendeten grob zerkleinerten Steine

die **Schot|tin** (Nomen) **der Schottin, die Schottinnen** ein Mädchen/eine Frau aus Schottland

schot|tisch (Adjektiv) aus Schottland

Schott|land (Nomen) **Schottlands** der nördliche Teil von Großbritannien

schraf|fie|ren (Verb) **du schraffierst, er schraffierte, sie hat schraffiert, schraffier(e)!** eine Fläche mit parallelen Linien versehen

schräg (Adjektiv) **schräger, am schrägsten**
1 geneigt: *ein Dachzimmer mit schrägen Wänden*
2 umgangssprachlich seltsam, verrückt: *ein schräger Vogel*

die **Schrä|ge** (Nomen) **der Schräge, die Schrägen** eine schräge Wand: *eine Dachwohnung mit Schrägen*

der **Schräg|strich** (Nomen) **des Schrägstrich(e)s, die Schrägstriche** Zeichen „/" ein von links unten nach rechts oben verlaufender Strich zwischen zwei Wörtern oder Zahlen: *„Ein Junge/Mann aus Bayern" bedeutet „ein Junge oder ein Mann aus Bayern".*

die **Schram|me** (Nomen) **der Schramme, die Schrammen** ≈ Kratzer eine Verletzung der Haut oder eine Spur der Beschädigung an einem Gegenstand: *Das Auto hat nur ein paar Schrammen abbekommen.*

schram|men (Verb) **du schrammst, er schrammte, sie hat geschrammt, schramm(e) nicht!** etwas so streifen, dass es einen Kratzer bekommt: *sich die Hand an der Wand schrammen*

der **Schrank** (Nomen) **des Schrank(e)s, die Schränke** ein meist großes Möbelstück mit Türen, in dem man Kleider, Geschirr, Wäsche usw. aufbewahrt

die **Schran|ke** (Nomen) **der Schranke, die Schranken** eine Art Stange oder Zaun, mit der/dem die Durchfahrt oder der Durchgang versperrt wird

die **Schrau|be** (Nomen) **der Schraube, die Schrauben**
1 ein Metallstift mit Kopf und Gewinde, den man zur Befestigung in etwas hineindrehen kann
2 Bei ihm ist eine Schraube locker! umgangssprachlich • abwertend Er ist verrückt!

schrau|ben (Verb) **du schraubst, er schraubte, sie hat geschraubt, schraub(e)!**
1 mit Schrauben befestigen: *ein Regal an die Wand schrauben*
2 lösen, indem man an den Schrauben dreht: *ein Schild vom Haus schrauben*
3 durch Drehen befestigen: *eine Birne in die Fassung schrauben*
4 durch Drehen lösen: *den Deckel vom Glas schrauben*

der **Schreck** (Nomen) **nur im Singular des Schreck(e)s**
1 ein kurzes, plötzliches Gefühl von Angst: *einen Schreck bekommen • jemandem einen Schreck einjagen*
2 Ach du Schreck! umgangssprachlich Ausruf, wenn etwas Unangenehmes passiert oder passiert ist

der **Schre|cken** (Nomen) **des Schreckens, die Schrecken**
1 **nur im Singular** ein länger andauerndes Gefühl von Angst und Entsetzen: *einen Schrecken bekommen*
2 ein schlimmes Ereignis: *die Schrecken des Krieges*
3 eine schlimme Person: *Lukas ist der Schrecken aller Lehrer.*
4 mit dem Schrecken davonkommen nur erschreckt, aber nicht verletzt, bestohlen usw. werden

schreck|lich (Adjektiv) **schrecklicher, am schrecklichsten**
① ≈furchtbar, entsetzlich sehr schlimm: *ein schreckliches Verbrechen • ein schrecklicher Unfall*
② umgangssprachlich sehr unangenehm: *ein schrecklicher Lärm • eine schreckliche Hitze*
③ umgangssprachlich ≈sehr um einen Zustand zu verstärken: *Ich bin schrecklich müde.*

der **Schrei** (Nomen) **des Schrei(e)s, die Schreie**
① ein lauter Ruf
② etwas ist der letzte Schrei umgangssprachlich etwas ist die neueste Mode

schrei|ben (Verb) **du schreibst, er schrieb, sie hat geschrieben, schreib(e)!**
① Buchstaben, Zahlen oder Zeichen mit einem Stift oder auf einer Tastatur erzeugen: *mit einem Stift schreiben • an die Tafel schreiben*
② als Autor verfassen: *Bücher schreiben*
③ jemandem schreiben jemandem einen Brief, eine Postkarte usw. schreiben
④ als Schreibgerät funktionieren: *Der Kuli schreibt nicht.*

der **Schreib|feh|ler** (Nomen) **des Schreibfehlers, die Schreibfehler** der Fehler, wenn man ein Wort falsch schreibt

das **Schreib|heft** (Nomen) **des Schreibheft(e)s, die Schreibhefte** ein Heft zum Schreiben für die Schule

die **Schreib|ma|schi|ne** (Nomen) **der Schreibmaschine, die Schreibmaschinen** eine Maschine, mit der man Buchstaben mit Tasten auf Papier drucken kann und die man benutzte, bevor es PCs gab

der **Schreib|tisch** (Nomen) **des Schreibtisch(e)s, die Schreibtische** der Tisch, an dem man Büroarbeiten oder Hausaufgaben macht

die **Schrei|bung** (Nomen) **der Schreibung, die Schreibungen** die Art, wie ein bestimmtes Wort mit Buchstaben geschrieben wird: *Die Schreibung des Namens ist nicht richtig.*

die **Schreib|wa|ren** (Nomen) **der Schreibwaren, die Schreibwaren** alle Produkte wie Papier, Stifte, Radiergummi usw., die man zum Schreiben braucht

schrei|en (Verb) **du schreist, er schrie, sie hat geschrien, schrei(e) nicht!**
① sehr laut rufen: *vor Angst schreien • Schrei nicht so!*
② etwas ist zum Schreien umgangssprachlich etwas ist sehr lustig

schrei|nern (Verb) **du schreinerst, er schreinerte, sie hat geschreinert, schrein(e)re!** ≈tischlern aus Holz herstellen

schrei|ten (Verb) gehoben **du schreitest, er schritt, sie ist geschritten, schreite!** in einer ruhigen, langsamen und würdevollen Art gehen

die **Schrift** (Nomen) **der Schrift, die Schriften**
① das System der Buchstaben oder Zeichen, mit dem in einer Sprache geschrieben wird
② die Art, in der Buchstaben gedruckt oder geschrieben sind: *Du musst eine größere Schrift nehmen, damit alle es lesen können. • Er hat eine sehr unordentliche Schrift.*
③ ≈Aufschrift der Text, der auf etwas geschrieben ist
④ die Heilige Schrift die Bibel

die **Schrift|art** (Nomen) **der Schriftart, die Schriftarten** eine bestimmte Schrift, in der ein Text gedruckt ist

schrift|lich (Adjektiv) geschrieben, mit einem geschriebenen Text: *eine schriftliche Prüfung • jemanden schriftlich zu etwas auffordern*

der **Schrift|stel|ler** (Nomen) **des Schriftstellers, die Schriftsteller** ≈Autor jemand, der literarische Bücher schreibt

die **Schrift|stel|le|rin** (Nomen) **der Schriftstellerin, die Schriftstellerinnen** Femininform von → **Schriftsteller**

schrill (Adjektiv) **schriller, am schrillsten**
① unangenehm laut und hoch: *ein schriller Ton • eine schrille Stimme*
② umgangssprachlich sehr auffällig: *ein schrilles Outfit*

der **Schritt** (Nomen) **des Schritt(e)s, die Schritte**
① die Bewegung, die man beim Gehen mit den Füßen und Beinen macht
② Schritt fahren so langsam fahren, wie ein Mensch geht
③ ≈Maßnahme eine notwendige Handlung: *Schritte gegen jemanden ergreifen • die weiteren Schritte planen*
④ Schritt für Schritt allmählich, eins nach dem anderen
⑤ der erste Schritt der Beginn von etwas: *Wenn ihr euch wieder vertragen wollt, muss einer von euch den ersten Schritt machen.*

6 auf Schritt und Tritt immer und überall
7 mit etwas Schritt halten sich genauso schnell entwickeln wie etwas anderes

schritt|wei|se (Adverb) allmählich, nach und nach

schroff (Adjektiv) **schroffer, am schroffsten**
1 sehr steil: *ein schroffer Felsen*
2 abwertend sehr unfreundlich: *eine schroffe Antwort*

der/das **Schrot** (Nomen) **des Schrot(e)s, die Schrote**
1 nur im Singular gemahlene Getreidekörner
2 kleine Kügelchen aus Blei, mit denen man schießt

der **Schrott** (Nomen) **des Schrott(e)s, die Schrotte**
1 Müll oder Abfall aus Metall
2 ein Auto zu Schrott fahren ein Auto bei einem Unfall so beschädigen, dass man es nicht mehr reparieren kann oder sich eine Reparatur nicht mehr lohnt
3 umgangssprachlich • abwertend ≈ Mist etwas Schlechtes oder Dummes: *Das Handy ist der reinste Schrott! • Du redest heute nur Schrott!*

schrub|ben (Verb) umgangssprachlich **du schrubbst, er schrubbte, sie hat geschrubbt, schrubb(e)!** mit einem Schrubber oder einer Bürste reiben

der **Schrub|ber** (Nomen) umgangssprachlich **des Schrubbers, die Schrubber** eine Bürste mit einem langen Stiel, mit der man Böden oder Wände sauber macht

schrum|pe|lig, schrump|lig (Adjektiv) **schrumpeliger, am schrumpeligsten** trocken und mit vielen Falten: *schrumplige Haut • ein schrumpliger Apfel*

schrump|fen (Verb) **du schrumpfst, er schrumpfte, sie ist geschrumpft, schrumpf(e)!**
1 kleiner werden: *Der Pulli ist in der Waschmaschine geschrumpft.*
2 weniger werden: *Die Vorräte schrumpfen immer mehr.*

das **Schub|fach** (Nomen) **des Schubfach(e)s, die Schubfächer** Variante von → **Schublade**

die **Schub|kar|re** (Nomen) **der Schubkarre, die Schubkarren** ein Behälter mit einem Rad und zwei langen Griffen, den man vor sich herschiebt

die **Schub|la|de** (Nomen) **der Schublade, die Schubladen**
1 ein flacher, oben offener Kasten in einem Schrank oder Tisch, den man herausziehen kann
2 jemand passt in keine Schublade umgangssprachlich man kann jemanden nicht in eine Kategorie einordnen

schub|sen (Verb) umgangssprachlich **du schubst, er schubste, sie hat geschubst, schubs(e)!** anstoßen (und dabei in eine bestimmte Richtung bringen): *Mama, Tom hat mich geschubst! • jemanden zur Seite schubsen*

schüch|tern (Adjektiv) **schüchterner, am schüchternsten**
1 mit wenig Selbstvertrauen und zurückhaltend im Kontakt mit anderen Menschen
2 ≈ vorsichtig, zaghaft so, dass jemand eher zurückhaltend agiert

die **Schüch|tern|heit** (Nomen) nur im Singular **der Schüchternheit** die Eigenschaft, wenig Selbstvertrauen zu haben und zurückhaltend zu sein

der **Schuft** (Nomen) abwertend **des Schuft(e)s, die Schufte** ein böser, gemeiner Mensch

schuf|ten (Verb) umgangssprachlich **du schuftest, er schuftete, sie hat geschuftet, schufte!** hart arbeiten

der **Schuh** (Nomen) **des Schuh(e)s, die Schuhe**
1 die Bekleidung für die Füße, die oft aus festem Material ist
2 jemandem etwas in die Schuhe schieben umgangssprachlich jemandem die Schuld für etwas geben, was er nicht getan hat

der **Schul|ab|schluss** (Nomen) **des Schulabschlusses, die Schulabschlüsse** das Zeugnis darüber, dass man eine Schule besucht und am Ende eine Prüfung bestanden hat

die **Schul|auf|ga|be** (Nomen) **der Schulaufgabe, die Schulaufgaben**
1 ≈ Hausaufgabe Aufgabe, die man zu Hause nach der Schule lösen muss
2 ≈ Klassenarbeit eine angesagte, bewertete, schriftliche Prüfung, die während des Unterrichts von der ganzen Klasse bearbeitet wird

die **Schul|bil|dung** (Nomen) nur im Singular **der Schulbildung** das, was man in der Schule gelernt hat

das **Schul|buch** (Nomen) **des Schulbuch(e)s, die Schulbücher** das Buch, mit dem man in der Schule arbeitet der **Schul|chor** (Nomen) **des Schulchor(e)s, die Schulchöre** der Chor, der aus Schülern (und Lehrern) einer Schule besteht

schuld (Adjektiv) nur in diesen Wendungen
❶ jemand ist (an etwas) schuld jemand ist für etwas Negatives verantwortlich: *Das war ich nicht, Nils ist schuld!*
❷ etwas ist (an etwas) schuld etwas ist der Grund für etwas Negatives: *Das kalte Wetter ist an meinem Schnupfen schuld.*

die **Schuld** (Nomen) **der Schuld, die Schulden**
❶ nur im Singular die Verantwortung für etwas Negatives: *Es ist nicht meine Schuld, dass Lisa sich wehgetan hat.*
❷ nur im Singular die Tatsache, dass man etwas Böses getan oder ein Verbrechen begangen hat
❸ Schulden haben jemandem noch Geld zurückgeben müssen, das man sich geliehen hat

das **Schuld|be|wusst|sein** (Nomen) nur im Singular **des Schuldbewusstseins** das Wissen, dass man etwas Böses oder Falsches getan hat, verbunden mit dem Gefühl von Reue

schul|den (Verb) **du schuldest, er schuldete, sie hat geschuldet, schulde!**
jemandem etwas schulden finanziell jemandem noch Geld zahlen müssen moralisch jemandem etwas geben müssen: *Du schuldest mir noch eine Erklärung.*

das **Schuld|ge|fühl** (Nomen) **des Schuldgefühls, die Schuldgefühle** das Gefühl, dass man für etwas Negatives verantwortlich ist

schul|dig (Adjektiv)
❶ so, dass man etwas Böses getan hat oder für etwas Negatives verantwortlich ist
❷ RECHT so, dass man ein Verbrechen begangen hat
❸ jemanden schuldig sprechen RECHT jemanden gerichtlich verurteilen
❹ jemandem etwas schuldig sein jemandem etwas geben müssen: *Du bist mir noch eine Antwort schuldig.*
❺ Was bin ich Ihnen schuldig? gehoben Was muss ich Ihnen bezahlen?

die **Schu|le** (Nomen) **der Schule, die Schulen**
❶ das Haus, in dem Schüler lernen und Unterricht haben: *Unsere Schule liegt mitten in der Stadt.*
❷ nur im Singular der Unterricht: *Morgen fällt die Schule aus.*
❸ nur im Singular die Institution und Organisation, die dafür sorgt, dass Kinder Wissen und Bildung bekommen: *in die Schule kommen*
❹ zur Schule gehen Schüler in einer Schule sein: *Lea geht noch zur Schule.*

der **Schü|ler** (Nomen) **des Schülers, die Schüler** jemand, der zur Schule geht, um zu lernen

die **Schü|le|rin** (Nomen) **der Schülerin, die Schülerinnen** Femininform von → **Schüler**

die **Schü|ler|zei|tung** (Nomen) **der Schülerzeitung, die Schülerzeitungen** eine Zeitung, die von den Schülern einer Schule gemacht wird

die **Schul|fe|ri|en** (Nomen) nur im Plural **der Schulferien** die Ferien, in denen kein Unterricht stattfindet

schul|frei (Adjektiv) so, dass kein Unterricht stattfindet: *Morgen haben wir schulfrei.*

das **Schul|heft** (Nomen) **des Schulheft(e)s, die Schulhefte** das Heft, in das man in der Schule schreibt

der **Schul|hof** (Nomen) **des Schulhof(e)s, die Schulhöfe** der Platz im Freien, der zu einer Schule gehört und auf dem sich die Schüler in den Pausen aufhalten

das **Schul|jahr** (Nomen) **des Schuljahr(e)s, die Schuljahre**
❶ das Jahr, in dem man in einer bestimmten Klasse ist: *Das neue Schuljahr fängt an.*
❷ die Klasse oder die Jahrgangsstufe: *Meine Schwester ist im dritten Schuljahr.*

das **Schul|kind** (Nomen) **des Schulkind(e)s, die Schulkinder** ≈ Schüler, Schülerin ein Kind, das zur Schule geht

die **Schul|klas|se** (Nomen) **der Schulklasse, die Schulklassen** eine Gruppe von Schülern, die immer zusammen Unterricht haben

der **Schul|lei|ter** (Nomen) **des Schulleiters, die Schulleiter** der Direktor einer Schule

die **Schul|lei|te|rin** (Nomen) **der Schulleiterin, die Schulleiterinnen** Femininform von → **Schulleiter**

der **Schul|ran|zen** (Nomen) **des Schulranzens, die Schulranzen** eine Schultasche, die man auf dem Rücken trägt

der **Schul|schluss** (Nomen) nur im Singular **des Schulschlusses** die Zeit, zu der der Unterricht beendet ist

die **Schul|stun|de** (Nomen) **der Schulstunde, die Schulstunden** meistens 45 Minuten, in denen ein bestimmtes Fach unterrichtet wird

die **Schul|ter** (Nomen) **der Schulter, die Schultern**
❶ einer der beiden Körperteile neben dem Hals, mit denen die Arme verbunden sind
❷ mit den Schultern zucken die Schultern kurz nach oben ziehen als Zeichen, dass man etwas nicht weiß oder dass einem etwas egal ist
❸ etwas auf die leichte Schulter nehmen umgangssprachlich etwas nicht ernst genug nehmen, leichtsinnig mit etwas sein
❹ jemandem die kalte Schulter zeigen umgangssprachlich jemanden nicht beachten

schul|tern (Verb) **du schulterst, er schulterte, sie hat geschultert, schult(e)re!**
tragen, indem man etwas (an einem Riemen oder Gurt) über seine Schulter hängt

die **Schul|tü|te** (Nomen) **der Schultüte, die Schultüten** eine große, spitze Tüte aus Pappe mit Süßigkeiten und kleinen Geschenken, die viele Kinder von ihren Eltern am ersten Tag, an dem sie zur Schule gehen, bekommen

der **Schul|weg** (Nomen) **des Schulweg(e)s, die Schulwege** die Strecke von zu Hause bis zur Schule

schum|meln (Verb) umgangssprachlich **du schummelst, er schummelte, sie hat geschummelt, schumm(e)le!** bei einem Spiel oder einer Klassenarbeit mogeln, um zu gewinnen oder eine bessere Note zu bekommen

schum|me|rig, **schumm|rig** (Adjektiv) umgangssprachlich **schummeriger, am schummerigsten** fast dunkel

der **Schund** (Nomen) abwertend **nur im Singular des Schund(e)s** etwas Wertloses, Schlechtes oder Kitschiges

die **Schup|pe** (Nomen) **der Schuppe, die Schuppen**
❶ ein kleines Plättchen in der Haut von Fischen, Reptilien u. a.
❷ Schuppen **meist im Plural** kleine Stückchen von der Kopfhaut, die aus den Haaren fallen: *ein Shampoo gegen Schuppen*
❸ jemandem fällt etwas wie Schuppen von den Augen umgangssprachlich jemand erkennt plötzlich, wie etwas wirklich ist

schup|pen (Verb) **du schuppst, er schuppte, sie hat geschuppt, schupp(e)!**
❶ einen Fisch schuppen die Schuppen von einem Fisch entfernen
❷ sich schuppen trocken werden und in kleinen Stückchen abfallen: *Herr Doktor, meine Haut juckt und schuppt sich.*

der **Schup|pen** (Nomen) **des Schuppens, die Schuppen** eine Art kleines Haus aus Holz, in dem man Gartengeräte, Werkzeug usw. aufbewahrt

schup|sen (Verb) süddeutsch **du schupst, er schupste, sie hat geschupst, schups(e)!**
Variante von → **schubsen**

schür|fen (Verb) **du schürfst, er schürfte, sie hat geschürft, schürf(e)!**
❶ (sich) das Knie/den Ellbogen/... schürfen sich so verletzen, dass dabei die Haut am Knie/Ellbogen/... abgekratzt wird
❷ (nach) Gold/Erz/... schürfen in der Erde graben, um Gold/Erz/... zu finden

die **Schürf|wun|de** (Nomen) **der Schürfwunde, die Schürfwunden** eine Verletzung, bei der die Haut abgekratzt wird

die **Schür|ze** (Nomen) **der Schürze, die Schürzen** ein Kleidungsstück, das man sich vor die Brust und den Bauch bindet, um bei der Arbeit seine Kleidung nicht schmutzig zu machen

der **Schuss** (Nomen) **des Schusses, die Schüsse**
❶ das Schießen mit einem Gewehr, einer Pistole usw.: *Der Schuss ist danebengegangen.* • *einen Schuss abgeben*
❷ die Kugel, die Verletzung oder das Geräusch von einem Schuss: *Sie starb an einem Schuss ins Herz.*
❸ ein kräftiger Tritt mit dem Fuß gegen einen Ball: *Der Torwart konnte den Schuss nicht halten.*
❹ **nur im Singular** eine kleinere Menge einer Flüssigkeit: *In den Kuchen gehört ein Schuss Rum.*
❺ etwas ist in Schuss umgangssprachlich etwas ist gut gepflegt und in Ordnung
❻ weit vom Schuss umgangssprachlich weit entfernt (vom Zentrum)
❼ einen Schuss haben umgangssprachlich • abwertend verrückt sein
❽ ein Schuss in den Ofen umgangssprachlich • abwertend ein Misserfolg
❾ Der Schuss geht nach hinten los. umgangssprachlich • abwertend Jemand schadet sich mit etwas selbst.

die **Schüs|sel** (Nomen) **der Schüssel, die Schüsseln** ein (größeres) tiefes und meist rundes Gefäß

schus|se|lig, **schuss|lig** (Adjektiv) umgangssprachlich • abwertend **schusseliger, am schusseligsten** so, dass man viel verliert bzw. vergisst oder oft Fehler macht

der **Schus|ter** (Nomen) **des Schusters, die Schuster** jemand, der Schuhe herstellt und repariert

die **Schus|te|rin** (Nomen) **der Schusterin, die Schusterinnen**
Femininform von → **Schuster**

der **Schutt** (Nomen) nur im Singular **des Schutt(e)s** Abfall, der aus Steinen und Resten von Mauerwerk besteht

der **Schüt|tel|frost** (Nomen) nur im Singular **des Schüttelfrost(e)s** das Frieren und Zittern, obwohl man Fieber hat

schüt|teln (Verb) **du schüttelst, er schüttelte, sie hat geschüttelt, schütt(e)le!**
1 ein paarmal kurz und kräftig hin und her bewegen: *Du musst die Flasche vor dem Öffnen schütteln.*
2 den Kopf schütteln, mit dem Kopf schütteln den Kopf hin- und herbewegen zum Zeichen, dass man „Nein" meint
3 jemandem die Hand schütteln zur Begrüßung jemandes Hand mit seiner Hand festhalten und leicht hin- und herbewegen
4 sich schütteln seinen Körper hin und her bewegen: *Ich musste mich vor Ekel schütteln. • Wenn unser Hund aus dem Wasser kommt, schüttelt er sich erst einmal.*

schüt|ten (Verb) **du schüttest, er schüttete, sie hat geschüttet, schütt(e)!**
1 aus einem Gefäß herausfließen oder herausrutschen lassen: *Milch in eine Kanne schütten • Zucker in den Topf schütten*
2 Es schüttet. umgangssprachlich Es regnet sehr stark.

der **Schutz** (Nomen) nur im Singular **des Schutzes**
1 etwas, was Sicherheit vor einer Gefahr gibt: *Vitamine sind ein guter Schutz gegen Grippe. • Diese Hütte bietet Schutz vor einem Unwetter.*
2 jemanden in Schutz nehmen jemandem helfen, dem ein anderer Vorwürfe macht

der **Schüt|ze** (Nomen) **des Schützen, die Schützen**
1 ein Junge/Mann, der mit einer Waffe schießt
2 ein Junge/Mann, der beim Fußball ein Tor schießt
3 nur im Singular das Sternzeichen für die Zeit vom 23.11. bis 21.12.: *die Eigenschaften des Sternzeichens „Schütze"*
4 jemand, der im Sternzeichen „Schütze" geboren ist: *Meine Schwester ist Schütze.*

schüt|zen (Verb) **du schützt, er schützte, sie hat geschützt, schütz(e)!** dafür sorgen, dass jemand nicht verletzt oder etwas nicht beschädigt wird: *Ich brauche einen Hut, um mich vor der Sonne zu schützen.*

die **Schutz|imp|fung** (Nomen) **der Schutzimpfung, die Schutzimpfungen**
Variante von → **Impfung**

die **Schüt|zin** (Nomen) **der Schützin, die Schützinnen**
1 ein Mädchen/eine Frau, die mit einer Waffe schießt
2 ein Mädchen/eine Frau, die beim Fußball ein Tor schießt

der **Schütz|ling** (Nomen) **des Schützlings, die Schützlinge** jemand, für den man verantwortlich ist und auf den man aufpasst, damit ihm nichts Schlimmes geschieht

schutz|los (Adjektiv) ohne Schutz, hilflos

schwach (Adjektiv) **schwächer, am schwächsten**
1 mit wenig Kraft: *Nach der langen Krankheit war er noch sehr schwach. • schwache Nerven*
2 wenig, leicht: *eine schwache Stimme • ein schwacher Wind • ein schwacher Trost*
3 schlecht: *ein schwacher Schüler • eine schwache Leistung*
4 dünn: *ein schwacher Tee/Kaffee*
5 sich schwach an etwas erinnern sich nicht mehr genau an etwas erinnern können
6 bei jemandem/etwas schwach werden umgangssprachlich • ironisch jemanden/etwas so gut finden, dass man nicht Nein sagen kann
7 das schwache Geschlecht abwertend die Frauen

die **Schwä|che** (Nomen) **der Schwäche, die Schwächen**
1 nur im Singular das Schwachsein
2 eine schlechte Eigenschaft: *Neugier ist meine Schwäche.*
3 das Fehlen von Können: *Er hat eine Schwäche in Mathematik.*
4 eine Schwäche für jemanden/etwas haben jemanden/etwas so gut finden, dass man nicht Nein sagen kann

schwä|cheln (Verb) umgangssprachlich **du schwächelst, er schwächelte, sie hat geschwächelt, schwäch(e)le nicht!** Kraft verlieren, schwach werden

schwä|chen (Verb) **du schwächst, er schwächte, sie hat geschwächt, schwäch(e)!** schwach machen

der **Schwach|sinn** (Nomen) **nur im Singular des Schwachsinns**
① veraltet die geistige Behinderung
② umgangssprachlich Unsinn, Blödsinn

schwach|sin|nig (Adjektiv) **schwachsinniger, am schwachsinnigsten**
① veraltet geistig behindert
② umgangssprachlich dumm, blöd

die **Schwä|chung** (Nomen) **der Schwächung, die Schwächungen** das Schwachwerden, das Schwachmachen

der **Schwa|ger** (Nomen) **des Schwagers, die Schwager**
① der Ehemann der Schwester
② der Bruder des Ehepartners

die **Schwä|ge|rin** (Nomen) **der Schwägerin, die Schwägerinnen**
① die Ehefrau des Bruders
② die Schwester des Ehepartners

der **Schwamm** (Nomen) **des Schwamm(e)s, die Schwämme**
① ein weicher Gegenstand, der viel Flüssigkeit aufsaugt und mit dem man etwas sauber macht
② ein niedrig entwickeltes Meerestier
③ Schwamm drüber! umgangssprachlich Wir wollen jetzt nicht mehr über dieses Thema sprechen und es vergessen!

schwam|mig (Adjektiv) abwertend **schwammiger, am schwammigsten**
① ungenau: *eine schwammige Formulierung*
② ungesund dick: *ein schwammiges Gesicht*

schwan|ger (Adjektiv) mit einem Baby im Bauch
① schwanger sein ein Baby bekommen: *Melanie ist von Thorsten schwanger.*
② sie ist im fünften/sechsten/... Monat schwanger das Baby in ihrem Bauch wird fünf/sechs/... Monate alt

die **Schwan|ge|re** (Nomen) **der Schwangeren, die Schwangeren** eine Frau, die ein Baby im Bauch trägt

die **Schwan|ger|schaft** (Nomen) **der Schwangerschaft, die Schwangerschaften** der Zustand oder die Zeit, in der eine Frau ein Baby erwartet

schwan|ken (Verb) **du schwankst, er schwankte, sie ist/hat geschwankt, schwank(e)!**
① **ist geschwankt** nicht gerade gehen, beim Gehen langsam von einer auf die andere Seite schaukeln
② **hat geschwankt** nicht ruhig stehen bleiben, leicht von einer Seite auf die andere kippen: *die Brücke/Vase, der Turm schwankt*
③ hin und her schwanken **hat geschwankt** von einer Seite auf die andere schaukeln: *Der Baum schwankt im Wind hin und her.*
④ **hat geschwankt** nicht stabil sein, sich immer wieder ändern: *die Preise schwanken, die Temperaturen schwanken*
⑤ zwischen zwei Dingen schwanken **hat geschwankt** sich zwischen zwei Dingen nicht entscheiden können

die **Schwan|kung** (Nomen) **der Schwankung, die Schwankungen** die Veränderung, das Nicht-stabil-Sein

der **Schwanz** (Nomen) **des Schwanzes, die Schwänze**
① der lange, bewegliche hintere Teil von Hunden, Katzen, Vögeln, Fischen und anderen Tieren
② Hund mit dem Schwanz wedeln (meist als Zeichen der Freude) den Schwanz hin und her bewegen
③ jemandem auf den Schwanz treten umgangssprachlich jemanden kränken
④ den Schwanz einziehen umgangssprachlich aus Angst nicht mehr das tun, was man eigentlich wollte
⑤ kein Schwanz umgangssprachlich niemand, kein Mensch
⑥ vulgär Penis

schwän|zen (Verb) **du schwänzt, er schwänzte, sie hat geschwänzt, schwänz(e) nicht!**
① an etwas nicht teilnehmen, obwohl man keine Entschuldigung hat
② die Schule/den Sportunterricht/... ohne Entschuldigung in der Schule/im Sportunterricht/... fehlen

der **Schwarm** (Nomen) **des Schwarm(e)s, die Schwärme**
① eine größere Gruppe von Fischen, Vögeln oder Insekten
② jemand, der von jemandem bewundert und verehrt wird: *Die Biologielehrerin ist der Schwarm der ganzen Klasse.*

schwär|men (Verb) **du schwärmst, er schwärmte, sie hat/ist geschwärmt, schwärm(e)!**
① für etwas/jemanden schwärmen **hat geschwärmt** etwas/jemanden ganz toll finden: *Ich schwärme für Zitroneneis.*
② von etwas/jemandem schwärmen **hat geschwärmt** ganz begeistert von etwas/jemandem reden: *Er schwärmte noch Wochen später von dem Fußballspiel.*
③ irgendwohin schwärmen **ist geschwärmt** in großen Gruppen irgendwohin gehen oder fliegen usw.: *Im Sommer schwärmen die Menschen in die Schwimmbäder. • Mücken schwärmen ans Licht.*

die **Schwär|me|rei** (Nomen) **der Schwärmerei, die Schwärmereien** die Begeisterung für jemanden/etwas

schwarz (Adjektiv)
① von dunkelster Farbe: *eine schwarze Jacke*
② ≈ illegal ohne Genehmigung oder Anmeldung bei einer Behörde: *ein schwarzes Konto • Die Wilderer verkaufen das Elfenbein auf dem schwarzen Markt.*
③ etwas schwarz auf weiß haben etwas schriftlich haben
④ ein Schwarzes/schwarzes Brett eine Fläche an der Wand für Zettel mit Informationen
⑤ ein schwarzes Schaf jemand, der etwas anders als die meisten macht
⑥ schwarze Zahlen schreiben/in den schwarzen Zahlen sein Gewinne machen

das **Schwarz|brot** (Nomen) **des Schwarzbrot(e)s, die Schwarzbrote** ein dunkles Brot, besonders Vollkornbrot aus Roggenmehl

schwarz|fah|ren (Verb) **du fährst schwarz, er fuhr schwarz, sie ist schwarzgefahren, fahr(e) nicht schwarz!** ohne gültige Fahrkarte fahren, z. B. mit dem Zug oder Bus: *Er muss 40 € Strafe zahlen, weil er schwarzgefahren ist.*

schwarz|haa|rig (Adjektiv) mit schwarzen Haaren

schwarz|ma|len (Verb) **du malst schwarz, er malte schwarz, sie hat schwarzgemalt, mal(e) nicht schwarz!** sagen, dass die Zukunft sehr schlecht wird

der **Schwarz|markt** (Nomen) **nur im Singular des Schwarzmarkt(e)s** das illegale, unerlaubte Handeln mit Waren

schwarz|se|hen (Verb) umgangssprachlich **du siehst schwarz, er sah schwarz, sie hat schwarzgesehen, sieh nicht schwarz!**
① pessimistisch sein, nichts Gutes erwarten: *Es fängt schon an zu regnen. Für unsere Grillparty sehe ich schwarz!*
② TV fernsehen, ohne dafür die Gebühren zu bezahlen

schwarz-weiß, schwarz|weiß (Adjektiv)
① nur in den Farben Schwarz und Weiß
② etwas schwarz-weiß malen etwas einseitig nur gut oder nur schlecht darstellen

die **Schwe|be** (Nomen) **nur in** in der Schwebe sein nicht entschieden sein: *Es ist noch in der Schwebe, ob er kann.*

der **Schwe|be|bal|ken** (Nomen) SPORT **des Schwebebalkens, die Schwebebalken** ein Turngerät mit einem waagerechten Balken, auf dem man balanciert

schwe|ben (Verb) **du schwebst, er schwebte, sie hat/ist geschwebt, schweb(e)!** ⚠ **bei der Beschreibung einer Bewegung: „ist geschwebt", bei der Beschreibung eines Sich-im-Gleichgewicht-Haltens: „hat geschwebt"**
① in der Luft schweben **hat geschwebt** sich ohne Bewegung in der Luft halten
② im Wasser schweben **hat geschwebt** ruhig im Wasser das Gleichgewicht halten: *Die Quallen schweben im Wasser.*
③ zu Boden schweben **ist geschwebt** leicht und langsam durch die Luft nach unten sinken: *Die Feder schwebte zu Boden.*
④ in Lebensgefahr schweben **hat geschwebt** in Lebensgefahr sein
⑤ zwischen … und … schweben **hat geschwebt** zwischen zwei Gefühlszuständen hin- und hergerissen sein: *Wir schweben seit Tagen zwischen Angst und Hoffnung, ob er noch lebt.*

der **Schwe|de** (Nomen) **des Schweden, die Schweden** ein Junge/Mann aus Schweden

Schwe|den (Nomen) **Schwedens** ein Land in Nordeuropa

die **Schwe|din** (Nomen) **der Schwedin, die Schwedinnen** ein Mädchen/eine Frau aus Schweden

schwe|disch (Adjektiv) aus Schweden oder in schwedischer Sprache

der **Schwe|fel** (Nomen) **nur im Singular des Schwefels** Zeichen S ein chemisches Element, das gelb ist

die **Schwe|fel|säu|re** (Nomen) **nur im Singular der Schwefelsäure** eine chemische Verbindung mit Schwefel

der **Schweif** (Nomen) **des Schweif(e)s, die Schweife**
① gehoben der Schwanz, insbesondere beim Pferd
② der lange Strahl eines Kometen

schwei|gen (Verb) **du schweigst, er schwieg, sie hat geschwiegen, schweig(e)!**
① nicht reden, nichts sagen
② zu etwas schweigen seine Meinung zu etwas nicht sagen
③ auf eine Frage schweigen keine Antwort auf eine Frage geben
④ ganz zu schweigen von ... noch viel mehr/noch viel schlimmer: *Seine Mathenoten sind schlecht, ganz zu schweigen von seinen Physiknoten.*

das **Schwei|gen** (Nomen) **des Schweigens nur im Singular**
① das Nichtreden, die Stille: *tiefes Schweigen • eisiges Schweigen*
② sein Schweigen brechen etwas sagen, was man bis jetzt für sich behalten hat: *Nachdem er lange nachgedacht hatte, brach er sein Schweigen und erzählte uns von seinem Plan.*
③ Jetzt ist Schweigen im Walde. umgangssprachlich Aus Angst oder Verlegenheit sagt niemand mehr etwas.

schweig|sam (Adjektiv) **schweigsamer, am schweigsamsten** so, dass man nicht gern redet

das **Schwein** (Nomen) **des Schwein(e)s, die Schweine**
① ein Nutztier mit rosa Haut, Borsten und einem Ringelschwanz und länglicher, rüsselartiger Schnauze
② ⚠ **oft Schimpfwort** ein gemeiner, schmutziger oder unanständiger Mensch: *Du Schwein!*
③ ein armes Schwein umgangssprachlich ein bemitleidenswerter Mensch
④ Schwein haben umgangssprachlich Glück haben: *Sie haben uns nicht erwischt. Da haben wir noch mal Schwein gehabt!*
⑤ kein Schwein vulgär niemand: *Das interessiert doch kein Schwein!*

der **Schweiß** (Nomen) **nur im Singular des Schweißes**
① die salzige Flüssigkeit, die sich beim Schwitzen auf der Haut bildet
② in Schweiß gebadet sein am ganzen Körper so stark schwitzen, dass man ganz nass ist: *Nach seinem Albtraum war er in Schweiß gebadet.*
③ im Schweiße meines/seines/... Angesichts gehoben mit sehr großer Anstrengung oder Mühe: *Er hat sein Haus im Schweiße seines Angesichts gebaut.*

schwei|ßen (Verb) **du schweißt, er schweißte, sie hat geschweißt, schweiß(e)!** Teile aus Metall oder Kunststoff durch Hitze weich machen und dann fest aneinanderdrücken, um sie miteinander zu verbinden

die **Schweiz** (Nomen) **nur mit Artikel der Schweiz** ein Land in Europa

der **Schwei|zer** (Nomen) **des Schweizers, die Schweizer** ein Junge/Mann aus der Schweiz

die **Schwei|ze|rin** (Nomen) **der Schweizerin, die Schweizerinnen** ein Mädchen/eine Frau aus der Schweiz

schwei|ze|risch (Adjektiv) aus der Schweiz

die **Schwel|le** (Nomen) **der Schwelle, die Schwellen**
① ARCHITEKTUR der Balken, der im Fußboden quer unter der Tür liegt
② EISENBAHN der Balken, der quer unter den Eisenbahnschienen liegt
③ an der Schwelle zu etwas gehoben am Anfang von etwas: *Wir stehen an der Schwelle zu einer neuen Entwicklung.*

die **Schwem|me** (Nomen) **der Schwemme, die Schwemmen**
① eine flache Stelle an einem Fluss, an der Tiere trinken oder baden können
② sehr viel/viel zu viel von etwas: *eine Schwemme von Pilzen*

schwen|ken (Verb) **du schwenkst, er schwenkte, sie hat/ist geschwenkt, schwenk(e)!**
① etwas schwenken **hat geschwenkt** etwas mit dem Arm in der Luft hin und her bewegen: *eine Fahne schwenken • sein Taschentuch schwenken*
② etwas in etwas schwenken **hat geschwenkt** etwas kurz in einer Flüssigkeit hin und her bewegen: *die Gläser zum Spülen im Wasser schwenken • die Kartoffeln in Butter schwenken*
③ irgendwohin schwenken **ist geschwenkt** in eine andere Richtung gehen: *Wir gingen zusammen zur Schule und plötzlich schwenkte sie nach rechts.*

schwer (Adjektiv) **schwerer, am schwersten**
① mit großem Gewicht: *ein schwerer Stein, Schrank, Koffer*
② schwierig, kompliziert: *Die Rätsel in dieser Zeitung sind alle schwer. • Es war schwer, ihn zu überzeugen, dass er ins Krankenhaus muss.*
③ ≈sehr stark, heftig, mit großer Intensität: *Ich bin schwer enttäuscht von dir.*
④ ≈hart schlimm, sehr unangenehm: *Der Krieg war eine schwere Zeit für die Bevölkerung.*
⑤ schwer beladen/schwerbeladen mit schweren Lasten beladen
⑥ ernst, schlimm: *eine schwere Krankheit, ein schwerer Unfall*
⑦ schwer krank/schwerkrank ernsthaft krank, lebensgefährlich krank sein
⑧ schwer verletzt/schwerverletzt fast lebensgefährlich verletzt sein
⑨ schwer bewaffnet/schwerbewaffnet mit großen gefährlichen Waffen ausgerüstet
⑩ schwer verdaulich/schwerverdaulich schwer im Magen liegend, nicht leicht zu verdauen: *Die Sahnetorte ist schwer verdaulich.*
⑪ schwer verständlich/schwerverständlich nicht leicht zu verstehen: *Es ist schwer verständlich, warum er uns das nicht früher gesagt hat.*
⑫ es schwer haben Schwierigkeiten haben, keine leichte Situation haben: *Sie hat es schwer mit ihrem quengeligen Bruder.*

schwer|be|hin|dert, schwer be|hin|dert (Adjektiv) körperlich und/oder geistig sehr schwer und meist unheilbar eingeschränkt

der/die **Schwer|be|hin|der|te** (Nomen) **des/der Schwerbehinderten, die Schwerbehinderten** jemand, der schwerbehindert ist

schwe|re|los (Adjektiv) ohne Gewicht, nicht der Schwerkraft unterworfen: *Die Astronauten sind im Weltraum schwerelos.*

die **Schwe|re|lo|sig|keit** (Nomen) **der Schwerelosigkeit, die Schwerelosigkeiten** der Zustand, in dem man schwerelos ist

schwer|fal|len (Verb) nur in der 3. Person gebraucht **es fällt schwer, es fiel schwer, es ist schwergefallen**
etwas fällt jemandem schwer etwas macht jemandem große Mühe, jemand hat mit etwas große Probleme: *Es fiel ihm schwer, seinen Fehler zuzugeben.*

schwer|fäl|lig (Adjektiv) **schwerfälliger, am schwerfälligsten** langsam und unbeholfen beim Bewegen oder Denken

schwer|hö|rig (Adjektiv)
① hörgeschädigt, so, dass jemand schlecht hören kann: *Meine Oma ist schwerhörig.*
② Bist du/Seid ihr/... schwerhörig? umgangssprachlich Warum tust du/tut ihr/... nicht endlich, was ich dir/euch/... gesagt habe?

die **Schwer|kraft** (Nomen) **nur im Singular der Schwerkraft** die Anziehungskraft der Erde

schwer|ma|chen, schwer ma|chen (Verb) **du machst schwer, er machte schwer, sie hat schwergemacht, mach(e) nicht schwer!**
① jemandem etwas schwer machen jemandem Schwierigkeiten bereiten, jemanden in eine schwierige Situation bringen: *Sie macht es mir schwer, freundlich zu ihr zu sein.*
② jemandem das Leben schwer machen jemandem immer nur Probleme und Sorgen bereiten

das **Schwer|me|tall** (Nomen) **des Schwermetall(e)s, die Schwermetalle** ein Metall mit hohem Gewicht wie z. B. Eisen, Blei

schwer|neh|men (Verb) **du nimmst schwer, er nahm schwer, sie hat schwergenommen, nimm nicht schwer!**
etwas schwernehmen sich viele Gedanken und Sorgen über etwas machen: *Sei nicht traurig und nimm den Streit nicht so schwer!*

der **Schwer|punkt** (Nomen) **des Schwerpunkt(e)s, die Schwerpunkte**
① PHYSIK der Punkt an einem Gegenstand oder Körper, der für das Gleichgewicht wichtig ist: *Bei diesem Tennisschläger ist der Schwerpunkt vorn.*
② der wichtigste Punkt, die Hauptsache: *Der Schwerpunkt unserer Arbeit ist die Beratung.*

das **Schwert** (Nomen) **des Schwert(e)s, die Schwerter**
① eine Waffe, die wie ein großes, scharfes Messer aussieht
② ein Brett unter dem Boden von Schiffen, das senkrecht ins Wasser ragt

3 ein zweischneidiges Schwert eine Sache mit Vor- und Nachteilen

sich **schwer|tun** (Verb) umgangssprachlich
du tust dich schwer, er tat sich schwer, sie hat sich schwergetan, tu(e) dich nicht schwer!
sich (mit etwas) schwertun (mit etwas) Schwierigkeiten haben, etwas nicht gut können: *Mit Biologie tue ich mich wirklich schwer.*

der/die **Schwer|ver|letz|te** (Nomen)
des/der Schwerverletzten, die Schwerverletzten jemand, der (fast) lebensgefährlich verletzt ist

schwer|wie|gend (Adjektiv)
schwerwiegender, am schwerwiegendsten ernst zu nehmen, mit wichtigen Folgen

die **Schwes|ter** (Nomen) **der Schwester, die Schwestern**
1 eine weibliche Person mit denselben Eltern: *„Hast du Geschwister?" – „Ja, einen Bruder und eine Schwester."*
2 MEDIZIN ≈ Krankenschwester eine Frau, die im Krankenhaus die Patienten versorgt und pflegt oder bei Operationen hilft
3 RELIGION ≈ Nonne eine Frau, die Mitglied in einem Orden ist

die **Schwie|ger|el|tern** (Nomen) **nur im Plural**
der Schwiegereltern die Eltern des Ehepartners

die **Schwie|ger|mut|ter** (Nomen)
der Schwiegermutter, die Schwiegermütter die Mutter des Ehepartners

der **Schwie|ger|sohn** (Nomen)
des Schwiegersohn(e)s, die Schwiegersöhne der Ehemann der Tochter

die **Schwie|ger|toch|ter** (Nomen)
der Schwiegertochter, die Schwiegertöchter die Ehefrau des Sohns

der **Schwie|ger|va|ter** (Nomen)
des Schwiegervaters, die Schwiegerväter der Vater des Ehepartners

schwie|rig (Adjektiv) **schwieriger, am schwierigsten**
1 nur mit viel Mühe zu schaffen: *eine schwierige Aufgabe/Arbeit/Klausur*
2 nur mit viel Mühe zu lösen: *eine schwierige Entscheidung, ein schwieriges Problem*
3 nur mit viel Mühe zu bewältigen: *eine schwierige Situation, eine schwierige Lage*
4 kompliziert, nicht leicht zu erziehen: *ein schwieriger Schüler, ein schwieriges Kind*

die **Schwie|rig|keit** (Nomen)
der Schwierigkeit, die Schwierigkeiten
1 **nur im Singular** die Art oder Eigenschaft, schwierig zu sein: *Die Schwierigkeit liegt darin, nicht das Gleichgewicht zu verlieren.*
2 Schwierigkeiten Probleme, Ärger: *Es gibt Schwierigkeiten mit der Genehmigung. • Leo geht allen Schwierigkeiten aus dem Weg.*
3 Schwierigkeiten machen Ärger machen: *Wenn Sie hier weiter Schwierigkeiten machen, rufe ich den Chef!*
4 jemandem Schwierigkeiten machen, jemanden in Schwierigkeiten bringen jemandem Probleme verursachen: *Psst, mit deinem Geschrei bringst du mich in Schwierigkeiten!*

das **Schwimm|bad** (Nomen)
des Schwimmbad(e)s, die Schwimmbäder
1 ein öffentliches Gebäude oder Gelände mit einem oder mehreren Schwimmbecken
2 ein Schwimmbecken in einem Wohnhaus oder auf einem privaten Gelände

schwim|men (Verb) **du schwimmst, er schwamm, sie ist/hat geschwommen, schwimm(e)!**
1 **ist geschwommen** sich im Wasser oder an der Wasseroberfläche fortbewegen
2 SPORT **ist geschwommen** Schwimmsport betreiben: *Kommst du mit schwimmen?*
3 **hat geschwommen** in einer Flüssigkeit treiben: *Da schwimmt ein Blatt in meiner Limonade!*
4 umgangssprachlich • **hat geschwommen** unsicher sein, weil man sich nicht auskennt: *Beim Aufsagen der zweiten Strophe begann sie zu schwimmen.*
5 ins Schwimmen kommen unsicher werden und keine Antwort oder Lösung wissen: *Beim Vokabeltest kam er ins Schwimmen.*
6 in Geld schwimmen **hat geschwommen** sehr viel Geld haben

der **Schwim|mer** (Nomen) **des Schwimmers, die Schwimmer**
1 jemand, der schwimmt
2 jemand, der schwimmen gelernt hat
3 ein Sportler, dessen Disziplin das Schwimmen ist

die **Schwim|me|rin** (Nomen)
der Schwimmerin, die Schwimmerinnen
Femininform von → **Schwimmer**

die **Schwịmm|flos|se** (Nomen) **der Schwimmflosse, die Schwimmflossen** ein Schuh aus Plastik oder Gummi, der wie eine Flosse aussieht und mit dem man besser schwimmen oder tauchen kann

der **Schwịmm|stil** (Nomen) **des Schwimmstil(e)s, die Schwimmstile** die Technik, in der man schwimmt (z. B. Brustschwimmen, Rückenschwimmen, Kraulen)

der **Schwịn|del** (Nomen) nur im Singular **des Schwindels**
① MEDIZIN das Gefühl, als würde sich alles im Kreis um einen drehen oder alles schwanken
② Schwindel erregend/schwindelerregend so, dass einem schwindlig wird
③ umgangssprachlich • abwertend der Betrug, die Täuschung

schwịn|de|lig, schwịnd|lig (Adjektiv) **schwindeliger, am schwindeligsten** jemandem ist schwindelig jemand hat das Gefühl, dass sich alles dreht oder schwankt: *Mir ist ganz schwindelig vom Karussellfahren.*

schwịn|deln (Verb) **du schwindelst, er schwindelte, sie hat geschwindelt, schwind(e)le nicht!** eine harmlose Lüge erzählen

der **Schwịnd|ler** (Nomen) **des Schwindlers, die Schwindler**
① umgangssprachlich ein Lügner
② abwertend ein Betrüger

die **Schwịnd|le|rin** (Nomen) **der Schwindlerin, die Schwindlerinnen** Femininform von → **Schwindler**

schwịn|gen (Verb) **du schwingst, er schwang, sie hat geschwungen, schwing(e)!**
① mit einer bogenförmigen Bewegung gleichmäßig hin- und herschaukeln: *das Pendel schwingt, die Schaukel schwingt*
② eine Fahne/einen Hammer/... schwingen eine Fahne/einen Hammer/... mit dem Arm über seinem Kopf in einem Bogen bewegen
③ sich aufs Fahrrad/in den Sattel/... schwingen mit Schwung aufs Fahrrad/in den Sattel/... steigen
④ Reden schwingen abwertend so tun, als hätte man viele wichtige Dinge zu sagen

die **Schwịn|gung** (Nomen) **der Schwingung, die Schwingungen** eine regelmäßige bogenförmige Bewegung von einer Seite zur anderen

schwịr|ren (Verb) **du schwirrst, er schwirrte, sie ist/hat geschwirrt, schwirr(e)!**
① ist geschwirrt leicht und schnell mit einem hellen, surrenden Geräusch fliegen: *Insekten schwirrten um meinen Kopf.*
② Gedanken schwirren jemandem durch den Kopf ist geschwirrt viele Gedanken kommen schnell hintereinander
③ jemandem schwirrt der Kopf hat geschwirrt jemand ist von zu vielen Informationen überfordert

schwịt|zen (Verb) **du schwitzt, er schwitzte, sie hat geschwitzt, schwitz(e)!** bei Hitze oder Anstrengung eine salzige Flüssigkeit aus der Haut abgeben: *an den Füßen schwitzen, unter den Armen schwitzen*

schwö|ren (Verb) **du schwörst, er schwor, sie hat geschworen, schwör(e)!**
① vor Gericht mit erhobener Hand oder mit den in die Luft gehaltenen ersten drei Fingern einer Hand feierlich versprechen, die Wahrheit zu sagen
② Ich könnte schwören, dass ... Ich bin ganz sicher, dass ...: *Ich könnte schwören, dass ich mein Mathebuch eingepackt habe.*
③ jemandem etwas schwören jemandem etwas versichern: *Ich schwöre dir, dass das die Wahrheit ist.*
jemandem etwas feierlich versprechen: *Er schwor mir, dass er das nie wieder tun würde.*
④ auf etwas schwören etwas für das Beste halten: *Meine Oma schwört auf ihren Hustentee.*

schwul (Adjektiv) umgangssprachlich so, dass ein Mann andere Männer/einen Mann liebt

schwül (Adjektiv) **schwüler, am schwülsten** unangenehm warm, feucht und drückend: *schwüles Wetter, ein schwüles Klima*

der **Schwụnd** (Nomen) nur im Singular **des Schwund(e)s** das Wenigerwerden

der **Schwụng** (Nomen) **des Schwung(e)s, die Schwünge**
① eine kraftvolle und bogenförmige Bewegung: *Er warf den Ball mit einem Schwung in die Luft.*
② Schwung holen nur im Singular eine weite Bewegung (nach hinten oder zur Seite) machen, um Kraft und Druck zu bekommen: *Er holte Schwung und traf den Tennisball aus der Luft.*
③ nur im Singular Begeisterung, Freude, gute Laune: *Sobald sie da ist, ist Schwung im Haus.*

❹ in Schwung kommen schneller werden, aktiver werden, besser funktionieren: *Ohne meine Lieblingsmusik komme ich morgens nicht in Schwung.*
❺ etwas/jemanden in Schwung bringen etwas/jemandem Kraft und Energie geben, etwas in Gang setzen: *Der neue Lehrer hat unsere Klasse in Schwung gebracht. • Wir müssen den Laden hier erst mal in Schwung bringen.*

schwung|voll (Adjektiv) **schwungvoller, am schwungvollsten**
❶ mit viel Bewegung, Rhythmus oder Schwung: *eine schwungvolle Bewegung, schwungvolle Musik*
❷ schön geschwungen: *eine schwungvolle Unterschrift*

der **Schwur** (Nomen) **des Schwurs, die Schwüre**
❶ eine feierliche Erklärung, meist vor Gericht, dass man die Wahrheit sagt (wobei man eine Hand erhebt oder die ersten drei Finger einer Hand in die Luft hält)
❷ einen Schwur halten/brechen ein feierlich gegebenes Versprechen halten/nicht halten

die **Sci|ence-Fic|tion, Sci|ence|fic|tion** (Nomen) ['saiəns'fɪkʃn̩] nur im Singular **der Science-Fiction** Gattungsbezeichnung für Romane, Filme usw., die sich mit zukünftigen technischen Entwicklungen, die (noch) nur in der Fantasie möglich sind, befassen

der **Sci|ence-Fic|tion-Ro|man, Sci|ence|fic|tion-Ro|man** (Nomen) ['saiəns'fɪkʃn̩ro'ma:n] **des Science-Fiction-Roman(e)s, die Science-Fiction-Romane** ein Roman, bei dem es um künftige technische Entwicklungen, die (noch) nur in der Fantasie möglich sind, geht

der **Screen|shot** (Nomen) ['skri:nʃɔt] **des Screenshots, die Screenshots** ≈ Bildschirmfoto das Festhalten der Bildschirmansicht

scrol|len (Verb) ['skro:lən] **du scrollst, er scrollte, sie hat gescrollt, scroll(e)!** eine Bildschirmseite nach oben oder unten bewegen

sechs (Zahlwort) als Ziffer: 6 siehe auch → **acht**

die **Sechs** (Nomen) **der Sechs, die Sechsen** die Zahl oder Note 6: *Wer im Unterricht unentschuldigt fehlt, bekommt eine Sechs.* siehe auch → **Acht**[1]

der **Sech|ser** (Nomen) umgangssprachlich **des Sechsers, die Sechser**
❶ Variante von → **Sechs**
❷ ein Sechser im Lotto sechs richtige Zahlen, die im Lotto sehr hohe Gewinne bringen

sechst (Zahlwort)
nur in zu sechst mit sechs Personen: *Passen wir zu sechst ins Auto?*

sechs|te, sechs|ter, sechs|tes (Zahlwort)
❶ in einer Reihe an 6. Stelle: *am sechsten Juni • als Sechster durchs Ziel gehen*
❷ einen sechsten Sinn haben Dinge ahnen, die man nicht wissen kann

sechs|tens (Adverb) beim Aufzählen an sechster Stelle siehe auch → **achtens**

sech|zehn (Zahlwort) als Ziffern: 16 siehe auch → **acht**

sech|zig (Zahlwort) als Ziffern: 60 siehe auch → **achtzig**

se|cond|hand (Adverb) ['sɛkənd'hænd] gebraucht, nicht mehr neu: *Da ich nicht viel Taschengeld bekomme, kaufe ich meine Kleider meist secondhand.*

der **See**[1] (Nomen) **des Sees, die Seen** ein großes Gewässer im Inneren eines Landes: *Der See ist zugefroren, wir können Schlittschuh laufen!*

die **See**[2] (Nomen) nur im Singular **der See**
❶ das Meer
❷ auf See auf einem Schiff auf dem Meer: *Nach zwei Wochen auf See gehen wir heute an Land.*
❸ auf hoher See weit draußen auf dem Meer
❹ in See stechen den Hafen verlassen und aufs Meer fahren: *Morgen sticht das Kreuzfahrtschiff in See.*

die **See|le** (Nomen) **der Seele, die Seelen**
❶ ≈ Psyche nur im Singular das Fühlen, Empfinden und Denken eines Menschen
❷ RELIGION der Teil des Menschen, der nach dem Tod weiterlebt
❸ mit Leib und Seele mit großer Begeisterung, sehr gern: *Max spielt mit Leib und Seele Fußball.*
❹ das liegt mir auf der Seele das macht mir Sorgen
❺ ein Herz und eine Seele sein umgangssprachlich sehr eng befreundet sein, sich sehr gut verstehen

see|len|ru|hig (Adjektiv) umgangssprachlich ganz ruhig und unbesorgt: *Obwohl seine Mutter ihn rief, telefonierte er seelenruhig weiter.*

see|lisch (Adjektiv) ≈ psychisch zur Seele gehörend, die Seele betreffend: *Die Gefährdung der Versetzung war eine große seelische Belastung für sie.*

der **See|mann** (Nomen) **des Seemann(e)s, die Seeleute** ≈ Matrose ein Mann, der auf einem Schiff arbeitet

das **Se|gel** (Nomen) **des Segels, die Segel**
1 ein großes Tuch an einem Schiff oder Surfbrett, in das der Wind zum Fahren bläst
2 die Segel setzen die Segel aufspannen
3 jemandem den Wind aus den Segeln nehmen umgangssprachlich jemanden bei einem Vorhaben aufhalten

das **Se|gel|boot** (Nomen) **des Segelboot(e)s, die Segelboote** ein Boot mit einem oder mehreren Segeln

se|geln (Verb) **du segelst, er segelte, sie ist/hat gesegelt, seg(e)le!**
1 ein Schiff segelt ist gesegelt ein Schiff bewegt sich dadurch über das Wasser, dass der Wind in die Segel bläst
2 ist gesegelt in der Luft schweben, gleitend fliegen
3 (mit einem Schiff/Boot) segeln hat/ist gesegelt mit einem Segelschiff oder -boot fahren: *Am Wochenende gehen wir segeln.* • *Wir sind heute rund um die Insel gesegelt.*
4 durch eine Prüfung segeln umgangssprachlich bei einer Prüfung durchfallen: *Ich bin durch die Fahrprüfung gesegelt.*

das **Se|gel|schiff** (Nomen) **des Segelschiff(e)s, die Segelschiffe** ein Schiff mit einem oder mehreren Segeln

der **Se|gen** (Nomen) **des Segens, die Segen**
1 RELIGION die Gnade Gottes
2 RELIGION ≈ Segensspruch ein Spruch oder ein Gebet
3 jemandem seinen Segen zu etwas geben umgangssprachlich jemandem seine Einwilligung geben, jemandem etwas erlauben
4 ein Glück, eine Wohltat, eine Erleichterung: *Es ist ein Segen, dass Nikita einen Ausbildungsplatz bekommen hat.*

seg|nen (Verb) RELIGION **du segnest, er segnete, sie hat gesegnet, segne!**
jemanden/etwas segnen jemandem mit einem Gebet oder (Kreuz)zeichen den Schutz und die Gnade Gottes zusprechen

se|hen (Verb) **du siehst, er sah, sie hat gesehen, sieh(e)!**
1 mit den Augen wahrnehmen, betrachten: *Das habe ich im Fernsehen gesehen.*
2 beurteilen: *Wie siehst du das?*
3 etwas gern sehen etwas mögen: *Meine Mutter sieht es nicht gern, wenn wir ohne Frühstück zur Schule gehen.*
4 jemanden/etwas nicht mehr sehen können jemanden/etwas nicht mehr ertragen
5 nach jemandem/etwas sehen sich um jemanden/etwas kümmern, auf jemanden/etwas aufpassen
6 sich bei jemandem sehen lassen jemanden besuchen
7 sich sehen lassen können gut sein, gut aussehen

se|hens|wert (Adjektiv) **sehenswerter, am sehenswertesten** so, dass es sich lohnt, etwas anzusehen

die **Se|hens|wür|dig|keit** (Nomen) **der Sehenswürdigkeit, die Sehenswürdigkeiten** ein Gebäude, ein Denkmal oder eine Landschaft, das/die besonders interessant oder schön ist

die **Seh|ne** (Nomen) **der Sehne, die Sehnen** ein fester Faserstrang im Körper, der Muskeln und Knochen verbindet

sich **seh|nen** (Verb) **du sehnst dich, er sehnte sich, sie hat sich gesehnt, sehn(e) dich!**
sich nach jemandem/etwas sehnen darunter leiden, dass jemand/etwas nicht da ist

die **Sehn|sucht** (Nomen) **der Sehnsucht, die Sehnsüchte** das Leiden, weil jemand/etwas nicht da ist

sehn|süch|tig (Adjektiv) **sehnsüchtiger, am sehnsüchtigsten** mit dem starken Wunsch, dass jemand/etwas da sein soll

sehr (Adverb) in hohem Maße: *ein sehr langes Buch* • *sich sehr anstrengen*

die **Sei|de** (Nomen) **der Seide, die Seiden** ein wertvoller leichter und glänzender Stoff

die **Sei|fe** (Nomen) **der Seife, die Seifen** eine Substanz, mit der man zusammen mit Wasser den Körper oder Dinge wäscht

das **Seil** (Nomen) **des Seil(e)s, die Seile** eine dicke Schnur

sein[1] (Verb) **du bist, er war, sie ist gewesen, sei!**
1 als Hilfsverb verwendet, um mehrteilige Verbformen zu bilden: *Wann bist du gestern aufgestanden?* • *Der Ameisenhaufen ist zerstört.*
2 sich an einem bestimmten Ort aufhalten, befinden: *Wo ist denn der Schlüssel?*

❸ sich durch ein Merkmal von anderen unterscheiden: *hungrig/fleißig sein* • *Er ist Lehrer/ein guter Schwimmer.*
❹ von einem Ort, Künstler oder Hersteller stammen: *Unsere Nachbarn sind aus der Türkei.* • *Von wem ist der Song?*
❺ zu einem Zeitpunkt zutreffen, stattfinden, geschehen: *Um wie viel Uhr ist Schulschluss?*
❻ es sei denn, dass ... außer wenn etwas der Fall ist: *Wir treffen uns morgen im Schwimmbad, es sei denn, dass es regnet.*

sein[2], **sei|ne**, **sei|ner**, **sei|nes** (Pronomen)
❶ Possessivpronomen der 3. Person Singular männlich und sächlich, drückt aus, dass etwas/jemand (zu) einer männlichen oder sächlichen Person/Sache gehört, über die man spricht: *Das Kind hat seine Puppe immer dabei.* • *Der Herbst hat auch seine schönen Seiten.*
siehe auch → **Possessivpronomen**
❷ das Seine/seine tun das tun, was man kann oder tun sollte: *Wenn jeder das Seine tut, werden wir es schon schaffen.*
❸ jedem das Seine/seine jeder soll haben oder tun, was ihm gefällt oder zusteht
❹ die Seinen/seinen jemandes Familie: *Grüß bitte ihn und die Seinen von mir!*

sei|ner|seits (Adverb) von seiner Seite aus, von ihm aus: *Simon seinerseits fand das Konzert gut.*

sei|ner|zeit (Adverb) damals, früher

sei|nes|glei|chen (Pronomen) unveränderlich
Menschen wie er, Sachen wie diese: *Ich kenne ihn und seinesgleichen!*

sei|net|we|gen (Adverb) wegen etwas, was ihn betrifft: *Das ist alles nur seinetwegen passiert.*

seit[1] (Präposition) mit Dativ gebraucht
❶ von dem bestimmten Zeitpunkt an: *Mir ist schon seit dem Frühstück schlecht.*
❷ schon während der genannten Zeit bis jetzt: *Es schneit schon seit Tagen.*
❸ seit Kurzem/kurzem seit kurzer Zeit
❹ seit Langem/langem seit langer Zeit

seit[2] (Konjunktion) zur Angabe des Zeitpunkts, zu dem ein bestimmter Vorgang begonnen hat/ein bestimmter Zustand eingetreten ist, verwendet: *Seit ich an diesem Projekt arbeite, bin ich begeistert.*

seit|dem[1] (Adverb) von einem bestimmten Zeitpunkt an: *Die Trainingszeiten haben sich verändert. Seitdem gehe ich nicht mehr hin.*

seit|dem[2] (Konjunktion) zur Angabe des Zeitpunkts, zu dem ein bestimmter Vorgang begonnen hat/ein bestimmter Zustand eingetreten ist, verwendet: *Seitdem wir einen Hund haben, gehe ich jeden Tag an die frische Luft.*

die **Sei|te** (Nomen) **der Seite, die Seiten**
❶ der linke oder rechte Teil von der Mitte aus gesehen: *An der Straße stehen auf beiden Seiten hohe Bäume.*
❷ die Fläche eines Gegenstands: *Ein Würfel hat sechs Seiten.*
❸ ein Blatt Papier in einer Zeitung, einem Buch oder Heft: *Schlagt bitte Seite 78 auf!*
❹ die Eigenschaft: *Ein Lottogewinn hat nicht nur gute Seiten.*
❺ eine oder mehrere Personen, die dieselbe Meinung haben: *Ich stehe auf deiner Seite.*
❻ Seite an Seite nebeneinander, gemeinsam
❼ von allen Seiten aus allen Richtungen
❽ jemandem zur Seite stehen jemandem helfen, zu jemandem halten
❾ sich von seiner besten Seite zeigen nur seine besten Eigenschaften zeigen, sich sehr gut benehmen

sei|tens (Präposition) gehoben
mit Genitiv gebraucht vonseiten der genannten Person oder Gruppe: *Es gab viele Beschwerden seitens der Nachbarn.*

das **Sei|ten|ste|chen** (Nomen) nur im Singular **des Seitenstechens** die Schmerzen links oder rechts im Bauch, die man manchmal hat, wenn man schnell läuft

sei|ten|ver|kehrt (Adjektiv) ≈ spiegelbildlich mit vertauschten Seiten

die **Sei|ten|zahl** (Nomen) **der Seitenzahl, die Seitenzahlen**
❶ die Zahl, mit der die Seiten von Büchern, Zeitungen usw. nummeriert sind
❷ die Gesamtzahl aller Seiten in einem Buch, einer Zeitung usw.

seit|her (Adverb) siehe auch → **seitdem**[1]

seit|lich (Adjektiv) auf oder von der rechten oder linken Seite

seit|wärts (Adverb)
❶ nach links oder rechts
❷ an/auf der Seite

der **Se|kre|tär** (Nomen) **des Sekretärs, die Sekretäre**
❶ ein Angestellter, der Büroarbeiten macht
❷ ein Schrank mit einer herausklappbaren oder ausziehbaren Platte, auf der man schreiben kann

das **Se|kre|ta|ri|at** (Nomen)
des Sekretariat(e)s, die Sekretariate das Büro, in dem der Sekretär oder die Sekretärin arbeitet: *Das Sekretariat an unserer Schule ist im 1. Stock.*

die **Se|kre|tä|rin** (Nomen) **der Sekretärin, die Sekretärinnen** eine Angestellte, die Büroarbeiten macht

die **Sek|te** (Nomen) **der Sekte, die Sekten** eine Gruppe von Menschen, die an eine bestimmte Religion oder religionsähnliche Ideen glaubt und manchmal radikale Positionen vertritt, die den Grundsätzen einer demokratischen Ordnung widersprechen

der **Sek|tor** (Nomen) **des Sektors, die Sektoren**
1 ein bestimmter Bereich oder ein Sachgebiet: *der private Sektor • der öffentliche Sektor*
2 GEOMETRIE der Kreisausschnitt
3 ein Bereich, der durch die Aufteilung eines Gebiets entsteht: *Nach dem Zweiten Weltkrieg wurde Berlin in vier Sektoren eingeteilt.*

se|kun|där (Adjektiv) gehoben nicht ursprünglich, zweitrangig

die **Se|kun|dar|schul|e** (Nomen)
der Sekundarschule, die Sekundarschulen
siehe auch → **Gesamtschule**

die **Se|kun|dar|stu|fe** (Nomen)
der Sekundarstufe, die Sekundarstufen
1 Sekundarstufe I die Schuljahre 5 bis 9 bzw. 10
2 Sekundarstufe II die Schuljahre 10 bzw. 11 bis 12 bzw. 13

die **Se|kun|de** (Nomen) **der Sekunde, die Sekunden**
1 eine der 60 Einheiten, aus denen eine Minute besteht
2 umgangssprachlich ein kurzer Moment: *Sekunde! Ich bin gleich wieder da!*

der **Se|kun|den|zei|ger** (Nomen)
des Sekundenzeigers, die Sekundenzeiger der lange, dünne Zeiger, der bei einer Uhr die Sekunden anzeigt

sel|ber (Pronomen) umgangssprachlich
Variante von → **selbst**[1]

selbst[1] (Pronomen)
1 verweist auf die genannte Person oder Sache: *Das weiß ich selbst! • Der Weg selbst ist das Ziel.*
2 selbst gebacken nicht vom Bäcker, sondern zu Hause gebacken
3 von selbst ohne fremde Hilfe: *Das Licht geht von selbst aus.*

selbst[2] (Partikel) sogar, auch: *Twittern ist einfach. Das kann selbst meine Oma!*

die **Selbst|be|die|nung** (Nomen)
nur im Singular **der Selbstbedienung** die Form des Einkaufens, bei der die Kunden in einem Geschäft oder Lokal selbst Waren oder Speisen nehmen und zur Kasse bringen

die **Selbst|be|frie|di|gung** (Nomen)
nur im Singular **der Selbstbefriedigung** die Form der Sexualität, bei der man sich selbst so berührt, dass man einen Orgasmus bekommt

selbst|be|wusst (Adjektiv) **selbstbewusster, am selbstbewusstesten** überzeugt davon, dass man selbst wertvoll ist und bestimmte Fähigkeiten hat

das **Selbst|be|wusst|sein** (Nomen)
nur im Singular **des Selbstbewusstseins** das Wissen, dass man selbst wertvoll ist und bestimmte Fähigkeiten hat

selbst|kri|tisch (Adjektiv) **selbstkritischer, am selbstkritischsten** so, dass man weiß, selbst nicht immer alles richtig zu machen

der **Selbst|laut** (Nomen) **des Selbstlaut(e)s, die Selbstlaute** Variante von → **Vokal**

selbst|los (Adjektiv) uneigennützig, großzügig

der **Selbst|mord** (Nomen) **des Selbstmord(e)s, die Selbstmorde** die Tat, mit der man sich selbst tötet: *Er hat Selbstmord begangen.*

selbst|si|cher (Adjektiv)
Variante von → **selbstbewusst**

selbst|stän|dig, selb|stän|dig (Adjektiv)
selbstständiger, am selbstständigsten
1 ohne Steigerung allein, ohne fremde Hilfe: *Er kann schon selbstständig essen.*
2 unabhängig und fähig, Entscheidungen allein zu treffen: *Er ist erst dreizehn, aber schon sehr selbstständig.*
3 sich selbstständig machen BERUF eine eigene Firma gründen umgangssprachlich weglaufen, wegrollen, verschwinden, sich lösen usw.: *Hoppla, der Ball hat sich selbstständig gemacht.*

selbst|ver|ständ|lich[1] (Adjektiv) normal, natürlich: *Es ist nicht selbstverständlich, dass Geschwister sich mögen.*

selbst|ver|ständ|lich[2] (Adverb) ≈ natürlich, ohne Frage verwendet, um eine Antwort zu verstärken: *Selbstverständlich komme ich* *mit!* • *„Darf ich hereinkommen?" – „Selbstverständlich!"*

die **Selbst|ver|tei|di|gung** (Nomen) nur im Singular **der Selbstverteidigung** bestimmte körperliche Techniken, mit denen man sich gegen einen Angriff wehren kann, oder die Handlung, mit der man sich selbst verteidigt

das **Selbst|ver|trau|en** (Nomen) nur im Singular **des Selbstvertrauens** der Glaube daran, dass man wertvoll ist und bestimmte Fähigkeiten hat

se|lig (Adjektiv) **seliger, am seligsten**
1 sehr glücklich
2 RELIGION nach dem Tod bei Gott im Himmel
3 Wer's glaubt, wird selig! umgangssprachlich • ironisch Das kann man nicht glauben!

sel|ten (Adjektiv) **seltener, am seltensten**
1 nicht oft oder häufig: *Er besucht uns nur selten.*
2 nicht oft vorkommend: *eine seltene Pflanze* • *ein seltener Fall*
3 besonders: *eine selten dumme Frage*

selt|sam (Adjektiv) **seltsamer, am seltsamsten** ≈merkwürdig, komisch anders als üblich und auffällig oder verdächtig

das **Se|mi|ko|lon** (Nomen) **des Semikolons, die Semikolons/Semikola** das Zeichen „ ; " ≈Strichpunkt ein Satzzeichen, das zwei Sätze schwächer als ein Punkt voneinander trennt, aber stärker als ein Komma

die **Sem|mel** (Nomen) süddeutsch Ⓐ Ⓒⓗ **der Semmel, die Semmeln**
1 Brötchen
2 weggehen wie warme Semmeln umgangssprachlich schnell verkauft werden

der **Se|nat** (Nomen) **des Senat(e)s, die Senate** eine besondere Art der Regierung oder Verwaltung, ein politisches Gremium

der **Se|na|tor** (Nomen) **des Senators, die Senatoren** das Mitglied eines Senats

die **Se|na|to|rin** (Nomen) **der Senatorin, die Senatorinnen** Femininform von → **Senator**

sen|den (Verb) **du sendest, er sandte/sendete, sie hat gesandt/gesendet, send(e)!**
1 TV • RUNDFUNK **nur: sendete/hat gesendet** übertragen, ausstrahlen
2 TECHNIK **nur: sendete/hat gesendet** über Funk übertragen
3 gehoben schicken: *Er sandte mir eine Einladung.*

der **Sen|der** (Nomen) **des Senders, die Sender**
1 TV • RUNDFUNK ein Unternehmen, das Fernseh- oder Rundfunksendungen macht und ausstrahlt
2 TECHNIK ein Gerät oder eine Anlage, die über Funk Signale ausschickt

die **Sen|dung** (Nomen) **der Sendung, die Sendungen**
1 TV • RUNDFUNK ein Beitrag, eine Geschichte, eine Dokumentation usw. im Fernsehen oder Radio
2 POST ein Brief, Paket oder Päckchen

der **Senf** (Nomen) **des Senf(e)s, die Senfe**
1 eine scharfe, gelbliche Creme aus Senfkörnern, Essig und anderen Zutaten, die man besonders zu Würstchen isst
2 seinen Senf dazugeben umgangssprachlich • abwertend (ungefragt) eine Bemerkung zu etwas machen

se|nil (Adjektiv) gehoben • abwertend alt und geistig nicht mehr fit

das **Se|ni|oren|heim, Se|nio|ren|heim** (Nomen) **des Seniorenheim(e)s, die Seniorenheime** ≈Altersheim eine Einrichtung, in der alte Menschen leben und betreut werden

sen|ken (Verb) **du senkst, er senkte, sie hat gesenkt, senk(e)!**
1 nach unten bewegen: *den Kopf senken*
2 sich senken sich nach unten bewegen: *Beim Atmen hebt und senkt sich die Brust.*
3 niedriger oder geringer machen: *die Preise senken*

senk|recht (Adjektiv)
1 ≈vertikal in einer geraden Linie von oben nach unten gehend
2 MATHEMATIK in einem rechten Winkel (90°) zu etwas

die **Sen|sa|ti|on** (Nomen) [zɛnzaˈtsi̯oːn] **der Sensation, die Sensationen** ein sehr außergewöhnliches Ereignis

sen|sa|ti|onell, sen|sa|tio|nell (Adjektiv) [zɛnzatsi̯oˈnɛl] sehr außergewöhnlich, großes Erstaunen/große Aufregung hervorrufend

sen|si|bel (Adjektiv) **sensibler, am sensibelsten** sehr empfindsam und feinfühlig

sen|ti|men|tal (Adjektiv) abwertend **sentimentaler, am sentimentalsten** übertrieben gefühlvoll und schnell traurig (machend)

se|pa|rat (Adjektiv) getrennt, für sich: *bunte und weiße Wäsche separat waschen*

der **Sep|tem|ber** (Nomen) **Plural selten des September(s), die September** der neunte Monat im Jahr

der **Ser|be** (Nomen) **des Serben, die Serben** ein Junge/Mann aus Serbien

Ser|bi|en (Nomen) **Serbiens** ein Land im Südosten Europas

die **Ser|bin** (Nomen) **der Serbin, die Serbinnen** ein Mädchen/eine Frau aus Serbien

ser|bisch (Adjektiv) aus Serbien oder in serbischer Sprache

die **Se|rie** (Nomen) ['ze:ri̯ə] **der Serie, die Serien**
❶ mehrere gleiche Dinge oder Ereignisse: *eine Serie Briefmarken · eine Serie von Einbrüchen*
❷ TV · RUNDFUNK eine Sendung mit mehreren Folgen
❸ WIRTSCHAFT die Produktion von gleichen Dingen: *etwas in Serie herstellen*

se|ri|ös (Adjektiv) **seriöser, am seriösesten** anständig und vertrauenswürdig: *Seine Geschäfte sind nicht seriös.*

der **Ser|ver** (Nomen) ['sœ:rvɐ] **des Servers, die Server** ein zentraler Computer, von dem andere mit ihm verbundene Computer abhängen: *Der Server ist abgestürzt.*

der **Ser|vice**[1] (Nomen) ['zøɐ̯vɪs] **nur im Singular des Services**
❶ GASTRONOMIE die Bedienung und Unterstützung der Gäste: *Der Hotelgast beschwerte sich über den unfreundlichen Service.*
❷ HANDEL eine Dienstleistung, die beim Kauf zusammen mit einem Produkt angeboten wird, z. B. Beratung, Pflege, Wartung: *Das Unternehmen bietet seinen Kunden einen guten Service.*

das **Ser|vice**[2] (Nomen) [zɛr'vi:s] **des Service(s), die Service** HAUSHALT ein Geschirrsatz, der aus mehreren zusammenpassenden Teilen besteht

ser|vie|ren (Verb) [zɛr'vi:rən] **du servierst, er servierte, sie hat serviert, servier(e)!**
❶ Essen und Getränke auf den Tisch bringen: *Zum Kaffee servierte sie ihren selbst gebackenen Kuchen.*
❷ SPORT den Ballwechsel im Tennis mit einem Aufschlag beginnen

die **Ser|vi|et|te** (Nomen) [zɛr'vi̯ɛtə] **der Serviette, die Servietten** ein Tuch oder Stück Papier, mit dem man beim Essen die Kleidung schützt, den Mund abwischt oder die Hände sauber macht

der **Ses|sel** (Nomen) **des Sessels, die Sessel** ein gepolstertes Möbelstück mit Rückenlehne und meistens auch mit Armlehnen

das **Set** (Nomen) **des Set(s), die Sets**
❶ mehrere Gegenstände, die zusammengehören: *Ich habe mir ein Set Textmarker gekauft.*
❷ eine Unterlage für Geschirr und Besteck

set|zen (Verb) **du setzt, er setzte, sie hat gesetzt, setz(e)!**
❶ jemanden irgendwohin setzen jemanden an einem bestimmten Ort zum Sitzen bringen: *Er setzte den Kleinen in den Kindersitz.*
❷ etwas irgendwohin setzen ≈ platzieren etwas an eine bestimmte Stelle bringen: *Sie setzte das Glas an die Lippen und nahm einen Schluck.*
pflanzen: *Er setzte die Erdbeerpflanzen vor die Johannisbeeren.*
etwas irgendwohin schreiben: *Wir setzen das Handy gleich auf unsere Wunschliste.*
❸ (jemandem) etwas setzen etwas (für jemanden) festlegen: *Sie haben mir mit dem 31.10. eine letzte Frist gesetzt, die Rechnung zu bezahlen.*
❹ (etwas) auf jemanden/etwas setzen mit einem bestimmten Betrag wetten, dass jemand/etwas gewinnt: *Ich setze 50 Euro auf den Favoriten Belinda.*
großes Vertrauen zu jemandem/etwas haben: *Wir setzen auf ihre Erfahrung.*
❺ sich setzen seine Lage so verändern, dass man sitzt: *Bitte setzen Sie sich!*
sich senken: *Warte, bis der Kaffee sich setzt!*

die **Seu|che** (Nomen) **der Seuche, die Seuchen**
❶ eine ansteckende, schwere Krankheit, die viele in kurzer Zeit bekommen: *Eine Seuche breitet sich aus.*
❷ etwas breitet sich wie eine Seuche aus umgangssprachlich etwas Negatives verbreitet sich schnell

seuf|zen (Verb) **du seufzt, er seufzte, sie hat geseufzt, seufz(e) nicht!** so schwer ausatmen, dass dabei ein die Gefühle ausdrückender Ton entsteht: *Als er wieder zu spät kam, seufzte sie nur.*

der **Sex** (Nomen) umgangssprachlich **nur im Singular des Sex(es)** eine Handlung, bei der man die Geschlechtsteile des Partners/der Partnerin anregt, um sexuelle Befriedigung zu erreichen: *Sex (mit jemandem) haben*

die **Se|xu|ali|tät, Se|xua|li|tät** (Nomen) nur im Singular **der Sexualität**
alle Empfindungen und Handlungen, die die sexuelle Befriedigung zum Ziel haben

se|xu|ell (Adjektiv) [zɛˈksu̯ɛl] die Sexualität betreffend oder auf sie bezogen: *sexuelle Aufklärung • sexuelles Verlangen*

se|xy (Adjektiv) umgangssprachlich verführerisch, sexuell anziehend: *Dieses Kleid ist sehr sexy.*

se|zie|ren (Verb) **du sezierst, er sezierte, sie hat seziert, sezier(e)!** einen toten Körper öffnen und zerlegen, um ihn zu untersuchen: *In seinem Studium lernte er, Leichen zu sezieren.*

das **Sham|poo, Sham|poon** (Nomen) [ˈʃampu oder ˈʃampoː] **des Shampoos, die Shampoos**
eine Flüssigkeit, die man zusammen mit Wasser benutzt, um sich die Haare zu waschen

das **Shirt** (Nomen) [ʃøːɐ̯t] **des Shirts, die Shirts**
ein Oberteil, das meistens kurze Ärmel hat und aus Baumwolle ist

der **Shop** (Nomen) [ʃɔp] **des Shops, die Shops**
ein Geschäft zum Einkaufen

shop|pen (Verb) [ˈʃɔpn̩] umgangssprachlich **du shoppst, er shoppte, sie hat geshoppt, shoppe!** (genussvoll) einkaufen: *Ich gehe jetzt shoppen.*

die **Shorts** (Nomen) [ʃɔːts] **nur im Plural der Shorts** eine kurze Hose

die **Show** (Nomen) [ʃoʊ] **der Show, die Shows**
❶ eine Veranstaltung, bei der Künstler zur Unterhaltung des Publikums auftreten
❷ eine (große) Show abziehen umgangssprachlich sich wirkungsvoll in den Mittelpunkt stellen: *Beim Training hat er wieder eine große Show abgezogen.*
❸ jemandem die Show stehlen umgangssprachlich zu jemandes Ungunsten die größte Aufmerksamkeit bekommen

das **Show|ge|schäft** (Nomen) [ʃoʊgəˈʃɛft] nur im Singular **des Showgeschäft(e)s**
alle Aktivitäten, die mit Unterhaltungssendungen zu tun haben: *im Showgeschäft sein/arbeiten*

der **Show|mas|ter** (Nomen) [ʃoʊmaːstɐ] **des Showmasters, die Showmaster**
ein Mann, der durch eine Unterhaltungsshow führt: *Der Showmaster begrüßt die Kandidaten.*

die **Show|mas|te|rin** (Nomen) [ʃoʊmaːstərin] **der Showmasterin, die Showmasterinnen**
Femininform von → **Showmaster**

sich (Pronomen)
❶ Reflexivpronomen der 3. Person Singular und Plural und der Höflichkeitsanrede „Sie“: *Er ärgert sich über seine Vergesslichkeit. • Sie freut sich auf die Ferien. • Das Taschenmesser befindet sich in der Schublade. • Sie hatten sich das alles anders vorgestellt.*
siehe auch → **er** siehe auch → **sie**
siehe auch → **es** siehe auch → **Sie**
❷ ≈einander Pronomen der 3. Person Plural der Höflichkeitsanrede „Sie“, das ausdrückt, dass alle genannten Personen etwas füreinander o. Ä. tun: *Jahrelang schrieben sich Thomas und Amelie nur E-Mails. • Bitte halten Sie sich (gegenseitig) Plätze frei.*

si|cher[1] (Adjektiv) **sicherer, am sichersten**
❶ nicht von Gefahren/Risiken bedroht: *In diesem Raum sind wir absolut sicher.*
❷ so, dass man einer Sache vertrauen kann: *Das ist eine sichere Methode.*
❸ so, dass man so gut wie keinen Fehler macht: *Sie ist eine sichere Fahrerin.*
❹ sicher ist sicher umgangssprachlich es ist besser, etwas vorsichtshalber zu tun

si|cher[2] (Adverb)
❶ sehr wahrscheinlich: *Nach dieser Leistung wird sie sicher unter den Ersten sein.*
❷ gewiss, ohne Zweifel: *„Holst du mich nachher ab?“ – „Aber sicher!“*

si|cher|ge|hen (Verb) **du gehst sicher, er ging sicher, sie ist sichergegangen, geh(e) sicher!** kein Risiko eingehen: *Um sicherzugehen, fragte sie ihren Lehrer.*

die **Si|cher|heit** (Nomen) **nur im Singular der Sicherheit**
❶ der Zustand, sicher zu sein vor Gefahren/Risiken/Schäden: *Sie hat sich vor dem Regen in Sicherheit gebracht.*
❷ ≈Zuverlässigkeit das sichere, fehlerfreie Funktionieren: *Sie zweifeln an der Sicherheit des Atomkraftwerks.*
❸ durch Übung erreichtes Können: *Sie löste die Aufgabe mit beeindruckender Sicherheit.*

si|cher|heits|hal|ber (Adverb) aus Vorsicht, um ganz sicher zu sein: *Ich schließe sicherheitshalber ab.*

die **Si|cher|heits|na|del** (Nomen) **der Sicherheitsnadel, die Sicherheitsnadeln**
eine auf eine bestimmte Art gebogene Nadel, mit der man etwas zusammenstecken kann

si|cher|lich (Adverb) sehr wahrscheinlich: *Du hast jetzt sicherlich Durst.*

si|chern (Verb) **du sicherst, er sicherte, sie hat gesichert, sich(e)re!**
① vor einem Schaden/einer Gefahr schützen: *Fenster und Türen gegen Einbruch sichern*
② dafür sorgen, dass man/jemand etwas bekommt: *Damit hat sie sich den Sieg gesichert.*
③ INFORMATIK speichern: *Um seine Daten zu sichern, speicherte er sie auf eine externe Festplatte.*

si|cher|stel|len (Verb) **du stellst sicher, er stellte sicher, sie hat sichergestellt, stell(e) sicher!**
① ≈garantieren dafür sorgen, dass etwas da ist oder getan werden kann: *Wir müssen die Versorgung mit Lebensmitteln sicherstellen.*
② in offiziellem Auftrag wegnehmen, um eine Straftat oder eine unrechtmäßige Nutzung zu vermeiden: *Die Polizei konnte die Tatwaffe sicherstellen.*

die **Si|che|rung** (Nomen) **der Sicherung, die Sicherungen**
① ein Gerät, das bei Gefahr den Strom unterbricht: *Beim Einschalten ist die Sicherung herausgesprungen.*
② ≈Schutz das Sichern: *die Sicherung des Lebensunterhalts*
③ jemandem brennt die Sicherung durch jemand verliert die Beherrschung

die **Sicht** (Nomen) nur im Singular **der Sicht**
① die Möglichkeit, etwas Bestimmtes zu sehen: *Wir genießen die Sicht auf die Berge.*
② ≈Meinung die Art, wie man etwas sieht und bewertet: *Aus Sicht der Schüler hat er nicht abgeschrieben.*
③ auf kurze Sicht für eine kurze Zeit/einen Zeitpunkt in der näheren Zukunft
④ auf lange Sicht für eine lange Zeit/einen Zeitpunkt in der ferneren Zukunft

sicht|bar (Adjektiv) **sichtbarer, am sichtbarsten**
① so, dass man es sehen kann: *Die Zugspitze ist heute gut sichtbar.*
② nicht zu übersehen, deutlich: *Das Training zeigt sichtbare Erfolge.*

sicht|lich (Adjektiv) so, dass man es deutlich merkt: *Nach bestandener Prüfung war sie sichtlich erleichtert.*

sie (Pronomen) Personalpronomen der 3. Person Singular und Plural, bezeichnet im Singular nur weibliche Personen und im Plural alle Personen/Sachen, über die man spricht

Sie (Pronomen) Personalpronomen der 2. Person Singular und Plural, als höfliche Anrede für eine oder mehrere Personen verwendet, zu denen man nicht Du sagen darf: *Können Sie mir bitte helfen?* • *Kommen Sie alle herein, Sie sind sehr willkommen.*

das **Sieb** (Nomen) **des Sieb(e)s, die Siebe**
① ein Gerät mit vielen Löchern, mit dem man Festes von Flüssigem oder größere von kleineren Teilen trennen kann: *etwas durch ein Sieb gießen*
② ein Gedächtnis wie ein Sieb haben umgangssprachlich schnell vergessen

die **Sie|ben** (Zahlwort) **der Sieben, die Sieben/Siebenen** die Zahl 7
siehe auch → **Acht**[1]

sie|ben[1] (Verb) **du siebst, er siebte, sie hat gesiebt, sieb(e)!** kleinere Teile von größeren Teilen trennen, indem man etwas durch ein Sieb schüttet: *Meine kleine Schwester liebt es, im Sandkasten Sand zu sieben.*

sie|ben[2] (Zahlwort)
① als Ziffer: 7: *Schneewittchen und die sieben Zwerge* siehe auch → **acht**
② um sieben Ecken mit jemandem verwandt sein umgangssprachlich entfernt mit jemandem verwandt sein

sie|ben|te (Zahlwort) Variante von → **siebte**

siebt (Zahlwort)
nur in zu siebt mit sieben Personen: *Wir spielten zu siebt Volleyball.*

sieb|te, sieb|ter, sieb|tes (Zahlwort)
① in einer Reihe an 7. Stelle
② im siebten Himmel sein sehr glücklich oder verliebt sein

sieb|tens (Adverb) beim Aufzählen an siebter Stelle siehe auch → **achtens**

sieb|zehn (Zahlwort) als Ziffern: 17
siehe auch → **acht**

sieb|zig (Zahlwort) als Ziffern: 70
siehe auch → **achtzig**

sie|den (Verb) **du siedest, er siedete/sott, sie hat gesiedet/gesotten, sied(e)!**
die Temperatur erreichen, bei der aus einer Flüssigkeit ein Gas wird: *Wasser beginnt bei rund 100 °C zu sieden.*

der **Sie|de|punkt** (Nomen) **des Siedepunkt(e)s, die Siedepunkte** die Temperatur, bei der aus einer Flüssigkeit ein Gas wird

der **Sied|ler** (Nomen) **des Siedlers, die Siedler** jemand, der in eine (unbewohnte) Gegend zieht, um dort zu bauen und zu leben: *die ersten Siedler in Amerika* die **Sied|le|rin** (Nomen) **der Siedlerin, die Siedlerinnen** Femininform von → **Siedler**

die **Sied|lung** (Nomen) **der Siedlung, die Siedlungen**
❶ ein Ort, an den Siedler gekommen sind, um Häuser zu bauen und den Boden nutzbar zu machen
❷ eine Ansammlung kleinerer, ähnlich aussehender Häuser, meist mit Garten und am Stadtrand

der **Sieg** (Nomen) **des Sieg(e)s, die Siege** der Erfolg in einem Spiel/Kampf/Wettbewerb/Streit/...: *Der Sieg über den Hauptrivalen bedeutete Platz eins.*

sie|gen (Verb) **du siegst, er siegte, sie hat gesiegt, sieg(e)!** in einem Spiel/Kampf/Wettbewerb/Streit besser sein als der Gegner: *im Endspurt siegen*

der **Sie|ger** (Nomen) **des Siegers, die Sieger** jemand, der in einem Spiel/Kampf/Wettbewerb/Streit erfolgreich war

die **Sie|ger|eh|rung** (Nomen) **der Siegerehrung, die Siegerehrungen** eine Feier, bei der die Sieger geehrt werden und ihre Medaillen oder Urkunden erhalten

die **Sie|ge|rin** (Nomen) **der Siegerin, die Siegerinnen** Femininform von → **Sieger**

sie|zen (Verb) **du siezt, er siezte, sie hat gesiezt, siez(e)!** zu jemandem Sie sagen: *Früher war es üblich, seine Eltern zu siezen.* siehe auch → **duzen**

das **Si|gnal, Sig|nal** (Nomen) **des Signals, die Signale**
❶ ein vereinbartes Zeichen, um zu informieren/zu warnen/zum Handeln aufzufordern: *Sie hörten das Signal und reagierten sofort.*
❷ EISENBAHN eine Vorrichtung am Gleis, die z. B. „Halt" bedeutet: *Der Lokomotivführer hatte das Signal übersehen.*

si|gna|li|sie|ren, sig|na|li|sie|ren (Verb) **du signalisierst, er signalisierte, sie hat signalisiert, signalisier(e)!**
❶ durch ein Signal oder in anderer Form etwas mitteilen: *Ihr Nicken signalisierte ihm Zustimmung.*
❷ etwas deutlich machen: *Die Unruhe in der Klasse signalisierte die Notwendigkeit einer Pause.*

si|gnie|ren, sig|nie|ren (Verb) **du signierst, er signierte, sie hat signiert, signier(e)!** seinen Namen in sein Werk schreiben

die **Sil|be** (Nomen) **der Silbe, die Silben** eine (beim langsam Sprechen erkennbare) zusammenhängende Lautgruppe, die ein Wort oder einen Teil eines Wortes ergibt: *Das Wort „Schule" hat zwei Silben: Schu-le.*

die **Sil|ben|tren|nung** (Nomen) **der Silbentrennung, die Silbentrennungen** die Worttrennung am Zeilenende nach Regeln, die sich meistens nach Sprechsilben richten

das **Sil|ber** (Nomen) nur im Singular **des Silbers**
❶ Zeichen Ag ein wertvolles, grau glänzendes Metall: *Besteck aus echtem Silber*
❷ Gegenstände, besonders Besteck, aus Silber: *das Silber putzen*
❸ ohne Artikel, nur im Singular SPORT ≈ Silbermedaille eine Medaille für den zweiten Platz: *Beim Weitsprung hat es nur für Silber gereicht.*

die **Sil|ber|hoch|zeit** (Nomen) **der Silberhochzeit, die Silberhochzeiten** der 25. Jahrestag der Heirat

die **Sil|ber|me|dail|le** (Nomen) [zɪlbɐmeˈdaljə] **der Silbermedaille, die Silbermedaillen** eine Medaille, die man für den zweiten Platz bekommt

sil|bern (Adjektiv)
❶ aus Silber: *eine silberne Uhr*
❷ von der Farbe des Silbers: *silbernes Haar*

der/das **Si|lo** (Nomen) **des Silos, die Silos** ein hoher Behälter für Getreide/Viehfutter/Zement

der/das **Sil|ves|ter** (Nomen) [zɪlˈvɛstɐ] **des Silvesters, die Silvester** der 31. Dezember

die **SIM-Kar|te** (Nomen) **der SIM-Karte, die SIM-Karten** Abkürzung von: Subscriber Identity Module eine Chipkarte fürs Handy mit persönlichen Daten und einer Identifikationsnummer

sim|pel (Adjektiv) **simpler, am simpelsten**
❶ ganz einfach, leicht, nicht schwierig: *Da gibt's einen simplen Trick.*
❷ auch abwertend auf das Notwendigste beschränkt, schlicht: *Das ist jetzt aber zu simpel.*
❸ abwertend nicht gerade intelligent: *Der Bewerber macht einen eher simplen Eindruck.*

die **Si|mu|la|ti|on** (Nomen) [zimulaˈtsi̯oːn] **der Simulation, die Simulationen**
❶ abwertend das Vortäuschen (z. B. einer Krankheit)

❷ die wissenschaftlich genaue Nachahmung eines Vorgangs, um etwas zu üben oder auszuprobieren: *die Simulation der Schwerelosigkeit*

si|mu|lie|ren (Verb) **du simulierst, er simulierte, sie hat simuliert, simulier(e)!**
❶ abwertend etwas vortäuschen (z. B. eine Krankheit): *Der simuliert nur!*
❷ einen Vorgang wissenschaftlich genau nachahmen, um etwas zu üben oder auszuprobieren: *die Marslandung simulieren*

die **Sin|fo|nie, Sym|pho|nie** (Nomen) [zɪnfoˈniː] **der Sinfonie, die Sinfonien** ein mehrteiliges, längeres Musikstück für ein Orchester

sin|gen (Verb) **du singst, er sang, sie hat gesungen, sing(e)!**
❶ mit der Stimme eine Folge von melodischen Tönen erzeugen: *Sie kann gut singen.*
❷ jemanden in den Schlaf singen so singen, dass jemand einschläft
❸ umgangssprachlich jemanden durch das, was man bei der Polizei/vor Gericht aussagt, belasten: *Der Kommissar brachte ihn zum Singen.*

die **Sin|gle**[1], **Sing|le** (Nomen) [ˈsɪŋl̩] **der Single, die Singles** eine CD mit ein bis zwei Liedern/Titeln

der **Sin|gle**[2], **Sing|le** (Nomen) [ˈsɪŋl̩] **des Single(s), die Singles** jemand, der ohne einen Partner lebt

der **Sin|gu|lar** (Nomen) GRAMMATIK **des Singulars, die Singulare** ≈ Einzahl *Der Singular von „Bäume" ist „Baum".*
siehe auch → **Numerus**

sin|ken (Verb) **du sinkst, er sank, sie ist gesunken, sink(e) nicht!**
❶ der Schwerkraft folgend sich langsam nach unten bewegen: *Erschöpft sank sie ins Bett.*
❷ ≈ untergehen unter der Wasseroberfläche verschwinden: *Das Leck war so groß, dass das Schiff sank.*
❸ weniger werden, fallen: *Wegen der geringen Nachfrage sinken die Preise.*

der **Sinn** (Nomen) **des Sinn(e)s, die Sinne**
❶ meist Plural die Fähigkeit, die Umwelt wahrzunehmen: *Sehen ist einer der fünf Sinne.*
❷ nur im Singular die Fähigkeit, etwas zu verstehen: *Unsere Lehrerin hat viel Sinn für Humor.*
❸ nur im Singular · gehoben die Gedanken von jemandem: *Sie hat nur ihren Freund im Sinn.*
❹ nur im Singular die Bedeutung: *Was du sagst, ergibt keinen Sinn.*
❺ der sechste Sinn die Ahnung von Dingen, die man nicht wissen kann
❻ etwas ist ohne Sinn und Verstand etwas ist unsinnig, sinnlos

das **Sinn|bild** (Nomen) **des Sinnbild(e)s, die Sinnbilder** ≈ Zeichen, Symbol etwas Konkretes, das etwas Abstraktes, wie z. B. eine Idee, darstellt: *Die Freiheitsstatue in New York gilt als Sinnbild der Freiheit.*

das **Sin|nes|or|gan** (Nomen) **des Sinnesorgan(e)s, die Sinnesorgane** ein Organ, mit dem der Körper Reize von außen aufnimmt und weitergibt

die **Sin|nes|täu|schung** (Nomen) **der Sinnestäuschung, die Sinnestäuschungen** etwas, was man wahrzunehmen glaubt, was aber nicht wirklich existiert: *Die Oase, die er sah, war eine Sinnestäuschung.*

sinn|ge|mäß (Adjektiv) nicht dem Wortlaut, sondern dem Sinn/dem Inhalt nach: *Das Lied sagt sinngemäß, dass Liebe schön ist.*

sinn|los (Adjektiv) **sinnloser, am sinnlosesten**
❶ ohne Sinn und Zweck: *sinnloses Blutvergießen*
❷ ohne jede Überlegung: *sinnloses Zeug reden*

sinn|voll (Adjektiv) **sinnvoller, am sinnvollsten**
❶ in allen Einzelheiten überdacht und seinen Zweck erfüllend: *Sparen ist sinnvoll.*
❷ so, dass es jemandem Befriedigung bringt: *eine sinnvolle Tätigkeit*

die **Sint|flut** (Nomen) **nur im Singular der Sintflut**
❶ RELIGION eine katastrophale Überschwemmung der Erde als Bestrafung für die Menschen
❷ Nach mir/uns die Sintflut! Mir/Uns ist es egal, welche Folgen mein/unser Handeln hat.

die **Si|re|ne** (Nomen) **der Sirene, die Sirenen**
❶ TECHNIK ein Gerät, mit dem man laute, oft heulende Töne als Warnung bei Gefahr erzeugt: *Die Sirenen heulen bei Feueralarm.*
❷ LITERATUR eine verführerische, gefährliche Frauengestalt in griechischen Sagen

der **Si|rup** (Nomen) **des Sirups, die Sirupe/Sirups** eine dicke Flüssigkeit aus eingekochtem Saft und Zucker

die **Sit|te** (Nomen) **der Sitte, die Sitten**
❶ ≈Brauch die Verhaltensformen, die in einer Gesellschaft aus Gewohnheit und Tradition üblich sind: *Das ist bei uns so Sitte.*
❷ ≈Moral die ethischen und moralischen Werte als Basis für das Zusammenleben in einer Gesellschaft: *Das stellt einen Verstoß gegen die guten Sitten dar.*
❸ meist im Plural die Art und Weise, wie man sich anderen gegenüber verhält: *Er hat schlechte Sitten.*

die **Si|tu|ati|on, Si|tua|ti|on** (Nomen) [zitu̯a'tsi̯o:n] **der Situation, die Situationen**
❶ die Verhältnisse, in denen sich jemand gerade befindet: *Ihre Situation wurde langsam kritisch.*
❷ die allgemeine Lage: *Griechenlands Situation wurde immer besser.*

der **Sitz** (Nomen) **des Sitzes, die Sitze**
❶ ein Gegenstand, auf dem man sitzen kann (z. B. in einem Fahrzeug, im Kino): *Das Auto hat sehr bequeme Sitze.*
❷ ein Platz in einer Institution mit Stimmrecht: *Die Partei gewann drei Sitze im Bundestag.*
❸ ein Ort, an dem sich die Hauptniederlassung oder Verwaltung einer Institution/eines Unternehmens befindet: *Der Oldenbourg Verlag hat seinen Sitz in München.*

sit|zen (Verb) **du sitzt, er saß, sie hat gesessen, sitz(e)!**
❶ sich gesetzt haben: *Ich sitze hier sehr bequem.*
❷ mit etwas beschäftigt sein: *Er sitzt schon zwei Stunden an seinen Hausaufgaben.*
❸ umgangssprachlich im Gefängnis sein: *Dafür muss er fünf Jahre sitzen.*
❹ einen Platz in einer Institution haben: *Sie sitzt im Bundestag.*
❺ die passende Größe und Form haben: *Das Hemd sitzt gut.*

sit|zen|blei|ben, sit|zen blei|ben (Verb) **du bleibst sitzen, er blieb sitzen, sie ist sitzengeblieben, bleib(e) nicht sitzen!**
❶ umgangssprachlich SCHULE wegen schlechter Leistungen die Klasse wiederholen müssen ⚠ **aber: Die konkrete Bedeutung von sitzen bleiben (auf einem Stuhl sitzen bleiben) wird getrennt geschrieben.**
❷ auf etwas sitzenbleiben/sitzen bleiben umgangssprachlich für etwas keinen Käufer finden

sit|zen|las|sen, sit|zen las|sen (Verb) **du lässt sitzen, er ließ sitzen, sie hat sitzenlassen/sitzengelassen, lass(e) nicht sitzen!**
❶ umgangssprachlich jemanden im Stich lassen
❷ umgangssprachlich zu einem Treffen mit jemandem nicht kommen, obwohl man es ihm versprochen hat
❸ umgangssprachlich jemanden nicht heiraten, obwohl man es versprochen hat
⚠ **die konkrete Bedeutung von sitzen lassen (jemanden auf einem Stuhl sitzen lassen) wird getrennt geschrieben**

die **Sit|zung** (Nomen) **der Sitzung, die Sitzungen** ein Treffen, bei dem etwas beraten oder entschieden wird: *Eine Sitzung abhalten.*

die **Ska|la** (Nomen) **der Skala, die Skalen/Skalas** eine Maßeinteilung an Messgeräten, meist mit Strichen und Zahlen

der **Skan|dal** (Nomen) **des Skandals, die Skandale** ein Ereignis, das Ärger und Aufsehen erregt, weil bestimmte gesellschaftliche Werte verletzt werden: *Diese Vertuschung ist ein Skandal.*

skan|da|lös (Adjektiv) **skandalöser, am skandalösesten** Ärger und Aufsehen erregend

Skan|di|na|vi|en (Nomen) [skandi'na:vi̯ən] **Skandinaviens** ein Teil Nordeuropas

der **Skan|di|na|vi|er** (Nomen) [skandi'na:vi̯ɐ] **des Skandinaviers, die Skandinavier** ein Junge/Mann aus Skandinavien

die **Skan|di|na|vie|rin** (Nomen) [skandi'na:vi̯ərɪn] **der Skandinavierin, die Skandinavierinnen** ein Mädchen/eine Frau aus Skandinavien

skan|di|na|visch (Adjektiv) [skandi'na:vɪʃ] aus Skandinavien

der **Skat** (Nomen) Plural selten **des Skat(e)s, die Skate/Skats** ein Kartenspiel für drei Personen

das **Skate|board** (Nomen) ['skeɪtbɔ:d] **des Skateboards, die Skateboards** ein Brett mit Rollen, auf dem man steht und fährt: *Skateboard fahren*

ska|ten (Verb) ['ske:tn̩] **du skatest, er skatete, sie hat/ist geskatet, skate!**
❶ Skateboard fahren
❷ mit Inlineskates fahren

das **Ske|lett** (Nomen) **des Skelett(e)s, die Skelette** das Knochengerüst von Menschen und Tieren die **Skep|sis** (Nomen) nur im Singular **der Skepsis** das Gefühl, dass vielleicht etwas nicht stimmt/funktioniert: *Ihre Skepsis gegenüber dem Bewerber war berechtigt.*

skep|tisch (Adjektiv) **skeptischer, am skeptischsten** zur Skepsis neigend

der **Sketch** (Nomen) [skɛtʃ] **des Sketch(e)s, die Sketche** kurze Spielszene mit einem witzigen Schluss

der **Ski, Schi** (Nomen) [ʃiː] **des Skis, die Ski/Skier** ein langes, schmales Brett, das man am Skistiefel befestigt, um über den Schnee zu gleiten: *Ski fahren*

die **Skiz|ze** (Nomen) **der Skizze, die Skizzen**
1 eine einfache Zeichnung, die mit groben Strichen das Wesentliche wiedergibt: *Er machte eine Skizze vom Unfall.*
2 eine kurzer Text, der sich auf das Wesentliche beschränkt

skiz|zie|ren (Verb) **du skizzierst, er skizzierte, sie hat skizziert, skizzier(e)!**
1 als Skizze zeichnen: *Sie skizziert die Umrisse der Figur.*
2 etwas kurz und knapp darstellen, indem man sich auf das Wesentliche beschränkt: *Er skizzierte die Situation in wenigen Worten.*

der **Skla|ve** (Nomen) **des Sklaven, die Sklaven** besonders GESCHICHTE jemand, der nicht frei, sondern Eigentum eines anderen Menschen ist und für ihn arbeiten muss

die **Skla|ve|rei** (Nomen) [sklaːvəˈrai] nur im Singular **der Sklaverei**
1 besonders GESCHICHTE das Halten von Sklaven
2 der rechtlose Zustand eines Sklaven
3 abwertend • umgangssprachlich eine ermüdende Arbeit: *Holz zu hacken ist die reinste Sklaverei.*

die **Skla|vin** (Nomen) [ˈsklaːvɪn] **der Sklavin, die Sklavinnen** Femininform von → Sklave

der **Skor|pi|on** (Nomen) **des Skorpions, die Skorpione**
1 ein Spinnentier mit Scheren am Vorderkörper und einem Giftstachel am Hinterleib: *Er wurde im Urlaub von einem Skorpion gestochen.*
2 nur im Singular das Sternzeichen für die Zeit vom 24.10. bis 22.11.: *die Eigenschaften des Sternzeichens „Skorpion"*
3 jemand, der im Sternzeichen „Skorpion" geboren ist: *Mein Bruder ist Skorpion.*

der **Skru|pel** (Nomen) Singular selten **des Skrupels, die Skrupel** der Zweifel, ob man sein Tun mit seinem Gewissen vereinbaren kann: *Wenn es ums Geld geht, kennt er keine Skrupel.*

skru|pel|los (Adjektiv) abwertend **skrupelloser, am skrupellosesten** ohne Skrupel, ohne jegliche moralische Bedenken: *jemanden skrupellos ausnutzen*

die **Skulp|tur** (Nomen) **der Skulptur, die Skulpturen** eine Figur, die ein Bildhauer geschaffen hat

skur|ril (Adjektiv) gehoben **skurriler, am skurrilsten** seltsam in seiner Art, seinem Aussehen, Verhalten: *eine skurrile Gestalt, eine skurrile Geschichte*

der **Sla|lom** (Nomen) **des Slaloms, die Slaloms** ein Wettbewerb im Ski- oder Kanusport, bei dem man um Tore in Schlangenlinien herumfahren muss: *Slalom fahren*

der **Slip** (Nomen) [slɪp] **des Slips, die Slips** kurze, knappe, eng anliegende Unterhose

der **Slo|gan** (Nomen) [ˈsloːgn̩] **des Slogans, die Slogans** ein gut merkbarer Spruch mit starker Werbewirkung: *Der Slogan „Atomkraft? Nein danke" ist immer noch aktuell.*

der **Slo|wa|ke** (Nomen) **des Slowaken, die Slowaken** ein Junge/Mann aus der Slowakei

die **Slo|wa|kei** (Nomen) nur mit Artikel **der Slowakei** ein Land in Europa

die **Slo|wa|kin** (Nomen) **der Slowakin, die Slowakinnen** ein Mädchen/eine Frau aus der Slowakei

slo|wa|kisch (Adjektiv) aus der Slowakei oder in slowakischer Sprache

der **Slo|we|ne** (Nomen) **des Slowenen, die Slowenen** ein Junge/Mann aus Slowenien

Slo|we|ni|en (Nomen) **Sloweniens** ein Land in Europa

die **Slo|we|nin** (Nomen) **der Slowenin, die Sloweninnen** ein Mädchen/eine Frau aus Slowenien

slo|we|nisch (Adjektiv) aus Slowenien oder in slowenischer Sprache

der **Slum** (Nomen) [slam] meist im Plural **des Slums, die Slums** Vorort einer Großstadt, in der arme Leute in einfachsten Verhältnissen leben: *die Slums von Kalkutta*

der/das **Small Talk, Small|talk** (Nomen) [ˈsmoːltoːk] gehoben **des Small Talks, die Small Talks** ein belanglose, oberflächliche Unterhaltung der **Smog** (Nomen) [smɔk] nur im Singular **des Smog(s)** (dichter) Nebel über einer Großstadt, der aus giftigen Abgasen besteht, der Gesundheit schadet und die Sicht beeinträchtigt

die **SMS** (Nomen) **der SMS, die SMS** Abkürzung von: Short Message Service eine kurze Textmitteilung von Handy zu Handy: *Die Absage kam per SMS.*

der **Snack** (Nomen) [snɛk] **des Snacks, die Snacks** eine kleine Zwischenmahlzeit

der **Snob** (Nomen) [snɔp] abwertend **des Snobs, die Snobs** jemand, der sich anderen gegenüber finanziell, geistig und gesellschaftlich überlegen fühlt und dadurch überheblich wirkt: *Er ist nichts anderes als ein arroganter Snob.*

das **Snow|board** (Nomen) [ˈsnoʊbɔ:d] SPORT **des Snowboards, die Snowboards** eine Art Brett, auf dem man stehend einen Hang, auf dem Schnee liegt, hinuntergleitet

snow|boar|den (Verb) [ˈsnoʊbɔ:dn̩] SPORT **du snowboardest, er snowboardete, sie hat/ist gesnowboardet, snowboarde!** mit dem Snowboard fahren

so[1] (Adverb)
❶ auf diese Weise: *Mach das bitte so, wie ich gesagt habe. • So gefällt mir das.*
❷ für Vergleiche verwendet: *Wird das Wetter morgen auch so schön? • Sie ist nur halb so alt wie ihr Bruder.*
❸ ≈ dermaßen in diesem Maße oder in dieser Menge: *Sie war so aufgeregt, dass sie kein Wort herausbrachte. • So viel Zeit habe ich leider nicht.*
❹ zur Verstärkung verwendet: *Das hat ja so viel Spaß gemacht! • So ein Unsinn!*
❺ ≈ also als Folge davon: *Es hatte stark geregnet, so war die Straße überflutet.*
❻ umgangssprachlich drückt aus, dass man etwas nicht genau weiß: *Es waren so um die 20 Leute da.*
❼ umgangssprachlich drückt aus, dass etwas fertig ist: *So, da wären wir!*

so[2] (Partikel) verwendet, um eine Aussage zu verstärken: *so ganz nach meinem Geschmack • so glaub mir doch*

s. o. [ˈzi:ə ˈo:bn̩] Abkürzung von: siehe oben Verweis auf eine Textstelle, die vor diesem Hinweis steht

so|bald (Konjunktion) sofort wenn: *Ruf mich an, sobald du da bist!*

die **So|cke** (Nomen) **der Socke, die Socken**
❶ ein über den Knöchel oder bis zur Wade reichender Strumpf
❷ sich auf die Socken machen umgangssprachlich sich auf den Weg machen
❸ ganz von den Socken sein umgangssprachlich sehr überrascht sein

der **So|ckel** (Nomen) **des Sockels, die Sockel**
❶ ein größerer Block, besonders aus Stein, auf dem etwas steht
❷ der untere Teil eines Hauses o. Ä.
❸ Gehalt usw. ein fester Grundbetrag, zu dem andere Beträge hinzukommen
❹ jemanden vom Sockel stoßen dafür sorgen, dass jemand sein hohes Ansehen (bei jemandem) verliert

so|dann (Adverb) veraltet ≈ dann, danach *Sodann wurden die Vorspeisen aufgetragen.*

so|dass, so dass (Konjunktion) als Folge davon: *Der Eimer fiel um, sodass alles nass wurde.* ⚠ wenn „so" betont ist und nicht „dass", wird getrennt geschrieben, und ein Komma vor „dass" gesetzt: Es regnete so, dass alles nass wurde.

so|eben (Adverb)
❶ vor ganz kurzer Zeit: *Er ist soeben eingetroffen.*
❷ im Augenblick gerade: *Ich bin soeben dabei, die Mail zu beantworten.*

das **So|fa** (Nomen) **des Sofas, die Sofas** ≈ Couch *auf dem Sofa sitzen und fernsehen*

so|fort (Adverb)
❶ ≈ augenblicklich ohne Pause oder Verzögerung: *Sie fiel sofort in Ohnmacht.*
❷ ≈ auf der Stelle, unverzüglich in ganz kurzer Zeit: *Ich bin sofort bei dir.*

die **Soft|ware** (Nomen) [ˈzɔftwɛ:ɐ̯] INFORMATIK **der Software, die Softwares** die Programme, mit denen ein Computer arbeitet: *eine neue Software installieren*

der **Sog** (Nomen) **des Sog(e)s, die Soge** eine saugende Kraft: *der Sog des durchfahrenden ICE*

so|gar (Adverb)
❶ selbst, auch: *Sogar der griesgrämige Mathelehrer musste lachen.*
❷ mehr noch: *Sie mag ihn, sie verehrt ihn sogar.*

so|gleich (Adverb) gleich, sofort: *Er hat sich sogleich mit ihm angefreundet.*

die **Soh|le** (Nomen) **der Sohle, die Sohlen**
❶ ≈ Fußsohle der untere Bereich des Fußes, auf dem man steht: *Blasen an den Sohlen haben*

❷ die Unterseite eines Schuhs oder Strumpfes: *die Sohlen durchgelaufen haben*
❸ auf leisen Sohlen heimlich und unbemerkt

der **Sohn** (Nomen) **des Sohn(e)s, die Söhne**
❶ jemandes männliches Kind: *Sein Sohn sieht ihm sehr ähnlich.*
❷ der Sohn Gottes **RELIGION** Jesus Christus
❸ ein Sohn der Stadt jemand (Prominentes), der in einer Stadt geboren wurde: *Albert Einstein ist der berühmteste Sohn der Stadt Ulm.*

so|lange[1], **so|lang** (Konjunktion)
❶ die gesamte Zeit: *Ich bleibe bei dir, solange du mich brauchst.*
❷ innerhalb der genannten Zeit: *Wir sollten noch einmal an den See fahren, solange es noch warm ist.*
❸ unter der Bedingung, dass ...: *Ihr könnt gerne fernsehen, solange es etwas Vernünftiges ist.*
⚠ wenn „so" betont ist und nicht „lange", wird getrennt geschrieben: Bleib aber nicht so lange!

so|lange[2], **so|lang** (Adverb) ≈ währenddessen verwendet, um anzuzeigen, dass etwas während einer Zeit geschieht, in der etwas anderes geschieht: *Lass dir Zeit, ich schaue mich hier solange noch um.*

so|lar (Adjektiv) die Sonne betreffend oder von der Sonne stammend: *solare Stromerzeugung*

die **So|lar|ener|gie** (Nomen) nur im Singular **der Solarenergie** ≈ Sonnenenergie von der Sonne abgestrahlte Energie: *mit Solarenergie betriebene Anlagen*

die **So|lar|zel|le** (Nomen) **TECHNIK** **der Solarzelle, die Solarzellen** ein Bauteil aus Halbleitern, das die Energie der Sonnenstrahlen in elektrische Energie umwandelt

solch (Pronomen) gehoben **unveränderlich** so: *solch ein Pech* · *solch eine Menge*

sol|che, sol|cher, sol|ches (Pronomen)
❶ von dieser Art: *Mit solchen Büchern kann ich mich stundenlang beschäftigen.*
❷ sehr groß oder sehr stark: *Ich hatte solche Angst!*

der **Sol|dat** (Nomen) **MILITÄR** **des Soldaten, die Soldaten** jemand, der zu einer Armee gehört

die **Sol|da|tin** (Nomen) **der Soldatin, die Soldatinnen** Femininform von → **Soldat**

so|li|da|risch (Adjektiv) **solidarischer, am solidarischsten** aufgrund gemeinsamer Interessen zu gegenseitiger Hilfe bereit: *sich mit den Streikenden solidarisch erklären*

sich **so|li|da|ri|sie|ren** (Verb) **du solidarisierst dich, er solidarisierte sich, sie hat sich solidarisiert, solidarisier(e) dich!** zu jemandem halten, jemanden unterstützen: *Viele Arbeiter haben sich mit den Streikenden solidarisiert.*

die **So|li|da|ri|tät** (Nomen) **nur im Singular der Solidarität** das Zusammenhalten und die gegenseitige Unterstützung aufgrund gemeinsamer Interessen

so|li|de, so|lid (Adjektiv) **solider, am solidesten**
❶ ein Gegenstand, der stabil ist: *solides Mauerwerk*
❷ so, dass etwas gründlich oder umfassend ist: *eine solide Ausbildung*
❸ finanziell abgesichert: *ein solides Unternehmen*
❹ etwas ist anständig: *ein ganz solides Leben führen*

der **So|list** (Nomen) **des Solisten, die Solisten** ein Künstler, der ein Solo singt, spielt oder tanzt

die **So|lis|tin** (Nomen) **der Solistin, die Solistinnen** Femininform von → **Solist**

das **Soll** (Nomen) **des Soll(s), die Soll(s)**
❶ **WIRTSCHAFT** die nach einem Plan zu leistende Arbeit: *sein Soll erfüllt haben*
❷ **FINANZEN** der geschuldete Betrag auf einem Bankkonto: *mit 100 Euro im Soll sein*

sol|len (Verb) **du sollst, er sollte, sie hat gesollt** ⚠ als Vollverb: „hat nach Hause gesollt", aber als Hilfsverb: „hat heimgehen sollen"
❶ etwas als Aufgabe, Pflicht haben: *Du sollst die Schokolade teilen.* · *Ich sollte eigentlich für die Prüfung lernen.*
❷ drückt aus, dass etwas irgendwo sein muss oder vorgesehen, geplant oder vereinbart ist: *Wo sollen die Gläser hin?* · *Ich soll sie morgen nach der Schule treffen.*
❸ verwendet, um etwas vorzuschlagen: *Sollen wir einen Kuchen backen?*
❹ drückt einen Wunsch aus: *Solche Tierquäler sollte man einsperren!* · *Das hätte nicht passieren sollen.*
❺ drückt aus, dass man etwas gehört oder gelesen hat, aber nicht sicher weiß: *Er soll ja einen Preis dafür bekommen haben.*

A B C D E F G H I J K L M N O P Q R S T U V W X Y Z

❻ im Konjunktiv II gebraucht falls ein bestimmter Fall eintritt: *Sollte dir etwas dazwischen kommen, rufst du mich bitte an.*
❼ Was soll's? umgangssprachlich drückt aus, dass einem etwas, was sich ohnehin nicht ändern lässt, egal ist

so|lo (Adjektiv)
❶ MUSIK als Solist: *zum ersten Mal solo auftreten*
❷ umgangssprachlich ≈ allein ohne Partner: *Sie ist seit letzter Woche wieder solo.*

das **So|lo** (Nomen) **des Solos, die Solos/Soli**
❶ ein musikalischer oder tänzerischer Auftritt als Solist
❷ SPORT ≈ Alleingang *Nach einem Solo über das ganze Feld traf er zum 1:1.*

so|mit, so|mit (Adverb) ≈ also, folglich schlussfolgernd: *Sie ist 16 und somit noch minderjährig.*

der **Som|mer** (Nomen) **des Sommers, die Sommer**
❶ die Jahreszeit zwischen Frühling und Herbst, wenn die Tage lang und heiß sind
❷ Sommer wie Winter zu jeder Jahreszeit

die **Som|mer|fe|ri|en** (Nomen) nur im Plural **der Sommerferien** die langen Schulferien im Sommer

som|mer|lich (Adjektiv) **sommerlicher, am sommerlichsten** wie es zum Sommer passt, im Sommer stattfindend

die **Som|mer|spros|se** (Nomen) meist im Plural **der Sommersprosse, die Sommersprossen** ein kleiner brauner Fleck auf der Haut, besonders im Gesicht

die **Som|mer|zeit** (Nomen) nur im Singular **der Sommerzeit**
❶ die von Ende März bis Ende Oktober gegenüber der normalen Zeit um eine Stunde vorgestellte Uhrzeit: *die Uhren auf Sommerzeit umstellen*
❷ der Sommer: *die Freuden der Sommerzeit*

die **So|na|te** (Nomen) MUSIK **der Sonate, die Sonaten** ein aus mehreren Sätzen bestehendes Musikstück für eines oder mehrere Instrumente

die **Son|de** (Nomen) **der Sonde, die Sonden**
❶ MEDIZIN ein dünner Schlauch, der zur Untersuchung oder Behandlung in den Körper eingeführt wird
❷ ≈ Raumsonde ein unbemannter Flugkörper in der Weltraumfahrt: *eine Sonde zum Mars schicken*

das **Son|der|an|ge|bot** (Nomen) HANDEL **des Sonderangebot(e)s, die Sonderangebote** eine Ware, die für eine bestimmte Zeit billiger angeboten wird

son|der|bar (Adjektiv) **sonderbarer, am sonderbarsten** so, dass etwas seltsam oder merkwürdig ist: *ein sonderbarer Wunsch*

der **Son|der|fall** (Nomen) **des Sonderfall(e)s, die Sonderfälle** etwas, was nur als Ausnahme vorkommt: *Das Problem ist leider kein Sonderfall.*

son|der|lich (Adjektiv) drückt in Verbindung mit einer Verneinung aus, dass etwas nur in geringem Maße zutrifft: *keine sonderliche Begeisterung zeigen • nicht sonderlich überrascht sein*

der **Son|der|müll** (Nomen) nur im Singular **des Sondermülls** der Müll, der gefährliche Schadstoffe enthält und auf besondere Art entsorgt werden muss

son|dern (Konjunktion) macht nach Verneinung eine Aussage darüber, was zutrifft: *Er kommt nicht heute, sondern morgen.*

der **Son|der|preis** (Nomen) HANDEL **des Sonderpreises, die Sonderpreise** der Preis einer Ware, die (für eine bestimmte Zeit) billiger angeboten wird

der **Song** (Nomen) [sɔŋ] **des Songs, die Songs**
❶ ein Lied, besonders in englischer Sprache: *„Candle in the Wind" ist der meistverkaufte Song aller Zeiten.*
❷ ein Lied mit sozialkritischem Inhalt: *die Songs der Dreigroschenoper*

der **Sonn|abend** (Nomen) **des Sonnabends, die Sonnabende** ≈ Samstag der sechste Tag der Woche siehe auch → **Dienstag**

die **Son|ne** (Nomen) **der Sonne, die Sonnen**
❶ ASTRONOMIE nur im Singular der Stern, von dem die Erde Licht und Wärme erhält: *Die Sonne ist hinter den Wolken verschwunden.*
❷ nur im Singular Licht und Wärme von der Sonne: *in der Sonne sein*
❸ ASTRONOMIE der zentrale Stern eines Sonnensystems

sich **son|nen** (Verb) **du sonnst dich, er sonnte sich, sie hat sich gesonnt, sonn(e) dich!**
❶ in der Sonne sitzen oder liegen (um braun zu werden)
❷ sich in etwas sonnen etwas, worauf man stolz ist, genießen: *Der Trainer sonnt sich in seinem Erfolg.*

die **Sọn|nen|blu|me** (Nomen) BOTANIK **der Sonnenblume, die Sonnenblumen** eine Blume mit hohem Stängel, einer großen gelben Blüte und essbaren Kernen

die **Sọn|nen|bril|le** (Nomen) **der Sonnenbrille, die Sonnenbrillen** eine Brille mit dunklen Gläsern zum Schutz vor zu hellem Licht

die **Sọn|nen|ener|gie** (Nomen) PHYSIK · UMWELT nur im Singular **der Sonnenenergie**
1 ≈ Solarenergie die von der Sonne abgestrahlte Energie
2 die Elektrizität, die aus der Energie der Sonne gewonnen wird

die **Sọn|nen|fins|ter|nis** (Nomen) **der Sonnenfinsternis, die Sonnenfinsternisse** die Erscheinung am Himmel, wenn die Sonne vom Mond verdeckt wird, wenn er sich zwischen Erde und Sonne schiebt

das **Sọn|nen|licht** (Nomen) nur im Singular **des Sonnenlicht(e)s** das Licht, das von der Sonne ausgestrahlt wird

der **Sọn|nen|schein** (Nomen) nur im Singular **des Sonnenschein(e)s**
1 das Scheinen der Sonne
2 es herrscht eitel Sonnenschein auch ironisch jeder ist zufrieden, alle vertragen sich

der **Sọn|nen|strahl** (Nomen) **des Sonnenstrahls, die Sonnenstrahlen** ein von der Sonne ausgehender Wärmestrahl

das **Sọn|nen|sys|tem** (Nomen) ASTRONOMIE **des Sonnensystems, die Sonnensysteme** eine Sonne mit den sie umkreisenden Planeten

der **Sọn|nen|un|ter|gang** (Nomen) **des Sonnenuntergang(e)s, die Sonnenuntergänge** das Verschwinden der Sonne hinter dem Horizont am Abend

sọn|nig (Adjektiv) **sonniger, am sonnigsten** mit viel Sonne oder in der Sonne: *ein sonniges Plätzchen*

der **Sọnn|tag** (Nomen) **des Sonntag(e)s, die Sonntage** der siebte Tag der Woche: *An Sonn- und Feiertagen geschlossen!*
siehe auch → **Dienstag**

der **Sonn|tag|abend** (Nomen) **des Sonntagabends, die Sonntagabende** der/am Abend des Sonntags: *(Am) Sonntagabend muss ich früh ins Bett.*

sonn|tag|abends (Adverb) jeden Sonntag am Abend: *Ich packe meine Schultasche immer sonntagabends.*

sọnn|täg|lich (Adjektiv) wie es zu Sonntagen passt: *die sonntägliche Ruhe stören*

sọnn|tags (Adverb) jeden Sonntag: *Die Geschäfte sind sonntags geschlossen.*

sọnst (Adverb)
1 normalerweise, in anderen Fällen: *Sonst ist er immer sehr nett.*
2 außerdem, zusätzlich: *Sonst noch etwas?*
3 andernfalls, oder: *Benehmt euch, sonst gibt es Ärger!*

sọns|ti|ge, sọns|ti|ger, sọns|ti|ges (Adjektiv)
1 ≈ andere so, dass es weitere dieser Art gibt: *Feinstaub, Kohlendioxid und sonstige Schadstoffe*
2 Sonstiges in Aufzählungen und Listen das Übrige, das noch nicht erwähnt wurde: *Das steht unter „Sonstiges".*

so|ọft (Konjunktion) jedes Mal, wenn …: *Sooft mein Vater verreist, bringt er mir danach etwas mit.*

der **So|pran, Sop|ran** (Nomen) MUSIK **des Soprans, die Soprane**
1 die hohe Singstimme einer Frau oder eines Jungen
2 jemand mit einer Sopranstimme

die **Sọr|ge** (Nomen) **der Sorge, die Sorgen**
1 ein ungutes Gefühl in Form von Unruhe oder Angst, weil man Probleme hat, die einen beschäftigen: *sich große Sorgen machen* · *Ihre Tochter macht ihr Sorgen.*
2 ≈ Bemühen, Pflege *die Sorge für die Familie*
3 für etwas Sorge tragen gehoben dafür sorgen, dass etwas geschieht, für etwas sorgen
4 Deine Sorgen möchte ich haben! umgangssprachlich · ironisch Du regst dich unnötig auf.
5 Das lass mal meine Sorge sein! umgangssprachlich Darum kümmere ich mich, das geht dich nichts an.

sọr|gen (Verb) **du sorgst, er sorgte, sie hat gesorgt, sorg(e)!**
1 für jemanden sorgen sich um jemanden kümmern
2 für etwas sorgen erreichen, dass etwas geschieht oder vorhanden ist: *Bitte sorge dafür, dass wir nicht gestört werden!* · *Für Essen und Trinken ist gesorgt.*
3 sich um jemanden/etwas sorgen sich um jemanden/etwas Sorgen machen: *sich um seine Gesundheit sorgen*

die **Sorg|falt** (Nomen) nur im Singular **der Sorgfalt** ≈ Genauigkeit so, dass man etwas mit großer Gewissenhaftigkeit erledigt: *Bitte mehr Sorgfalt bei den Hausaufgaben!*

sorg|fäl|tig (Adjektiv) **sorgfältiger, am sorgfältigsten** ≈ gewissenhaft, gründlich *alle Arbeiten sorgfältig erledigen*

sorg|los (Adjektiv) **sorgloser, am sorglosesten**
❶ so, dass man sehr nachlässig ist: *sorglos mit seinen Sachen umgehen*
❷ unbekümmert: *sorglos in den Tag hinein leben*

sorg|sam (Adjektiv) **sorgsamer, am sorgsamsten** sehr sorgfältig: *sorgsam mit den Geräten umgehen*

die **Sor|te** (Nomen) **der Sorte, die Sorten**
❶ die Art bzw. Variante einer Sache: *viele verschiedene Sorten Tee • eine komische Sorte Mensch*
❷ FINANZEN Geld in fremder Währung

sor|tie|ren (Verb) **du sortierst, er sortierte, sie hat sortiert, sortier(e)!** etwas nach bestimmten Eigenschaften ordnen: *die Stifte nach Farben sortieren*

das **Sor|ti|ment** (Nomen) HANDEL **des Sortiment(e)s, die Sortimente** ein ausgewähltes Warenangebot: *ein Buch nicht mehr im Sortiment haben*

die **So|ße, Sau|ce** (Nomen) **der Soße, die Soßen**
❶ GASTRONOMIE eine flüssige Beilage zu bestimmten Speisen (z. B. Bratensoße, Schokoladensoße, Salatsauce)
❷ umgangssprachlich • abwertend eine schmutzige Flüssigkeit: *Nach dem Rohrbruch ergoss sich eine üble braune Soße über den Kellerboden.*

Sound (Nomen) [saʊnd] nur im Singular **des Sounds, die Sounds**
❶ ein bestimmter oder typischer Klang von Musik oder der Stimme: *der Sound der 70er-Jahre*
❷ die Klangqualität einer Musikanlage

Sound|kar|te (Nomen) **der Soundkarte, die Soundkarten** eine Karte für die Wiedergabe von Tönen beim Computer

Sound|track (Nomen) ['saʊndtrɛk] **des Soundtracks, die Soundtracks**
❶ die Musik in einem Film
❷ eine Zusammenstellung der in einem Film vorkommenden Musikstücke und Lieder auf CD o. Ä.

Sou|ve|nir (Nomen) [zuvəˈniːɐ̯] **des Souvenirs, die Souvenirs** Andenken von einer Reise: *eine Kuckucksuhr als Souvenir aus dem Schwarzwald*

sou|ve|rän (Adjektiv) [zuvəˈrɛːn] **souveräner, am souveränsten**
❶ ohne Steigerung POLITIK ≈ unabhängig, uneingeschränkt *eine Gemeinschaft souveräner Staaten*
❷ so, dass man sicher und überlegen handelt: *ganz souverän mit dem Problem umgehen*

die **Sou|ve|rä|ni|tät** (Nomen) [zuvərɛniˈtɛːt] nur im Singular **der Souveränität**
❶ Unabhängigkeit: *der Kampf des Landes um seine Souveränität*
❷ Sicherheit, Überlegenheit: *Der Torhüter präsentierte sich mit gewohnter Souveränität.*

so|viel (Konjunktion) ≈ soweit gemäß dem, …: *Sie haben einen Hund gekauft, soviel ich gehört habe.*

so|weit (Konjunktion)
❶ gemäß dem, was …: *Soweit ich weiß, kommt sie morgen.*
❷ in dem Maße, wie: *Ich würde gern mitkommen, soweit das möglich ist.*

so|wie (Konjunktion)
❶ ≈ und Erweiterung bei einer Aufzählung: *Schüler, Lehrer sowie Elternvertreter*
❷ ≈ gleich, sobald so, dass etwas unmittelbar nach etwas passiert: *Er gab die Arbeit ab, sowie er damit fertig war.*

so|wie|so, so|wie|so (Adverb) umgangssprachlich ≈ ohnehin in jedem Fall, unabhängig davon: *Ein Arzt muss sowieso dabei sein. • Ich wollte sowieso nicht mit.*

so|wohl (Konjunktion) sowohl … als auch … nicht nur …, sondern auch …: *Er unterrichtet sowohl Englisch als auch Deutsch.*

so|zi|al (Adjektiv) **sozialer, am sozialsten**
❶ ≈ wohltätig so, dass es anderen Menschen und der Allgemeinheit dient: *Unsere Nachbarn sind sehr sozial eingestellt.*
❷ ohne Steigerung ≈ gesellschaftlich *die sozialen Probleme in diesem Stadtteil*
❸ ohne Steigerung die finanzielle Situation betreffend: *sozial schwache Familien*

das **So|zi|al|amt** (Nomen) **des Sozialamt(e)s, die Sozialämter** eine Behörde, die für Sozialhilfe zuständig ist

die **So|zi|al|de|mo|kra|tie** (Nomen) nur im Singular **der Sozialdemokratie** eine politische Richtung, die die Grundsätze des Sozialismus und der Demokratie vereinbaren will

so|zi|al|de|mo|kra|tisch (Adjektiv) POLITIK zur Sozialdemokratie gehörend: *die sozialdemokratische Politik*

die **So|zi|al|hil|fe** (Nomen) nur im Singular **der Sozialhilfe** die finanzielle staatliche Unterstützung für Menschen, die Hilfe benötigen

so|zi|ali|sie|ren, so|zia|li|sie|ren (Verb) **du sozialisierst, er sozialisierte, sie hat sozialisiert, sozialisier(e)!**
❶ POLITIK ≈verstaatlichen *die Forderung, die Banken zu sozialisieren*
❷ jemanden in die Gesellschaft eingliedern, jemanden zum Leben in der Gesellschaft befähigen

der **So|zi|alis|mus, So|zia|lis|mus** (Nomen) nur im Singular **des Sozialismus** ein politisches System, das eine vom Staat gelenkte Wirtschaft und soziale Gerechtigkeit will

so|zi|alis|tisch, so|zia|lis|tisch (Adjektiv) POLITIK zum Sozialismus gehörend

die **So|zi|al|kun|de** (Nomen) nur im Singular **der Sozialkunde** ein Schulfach, in dem politische und gesellschaftliche Themen behandelt werden

der **So|zi|al|staat** (Nomen) **des Sozialstaat(e)s, die Sozialstaaten** eine Demokratie, die soziale Sicherheit und Chancengleichheit für alle Einwohner anstrebt

die **So|zi|al|ver|si|che|rung** (Nomen) nur im Singular **der Sozialversicherung** die staatliche Renten- und Krankenversicherung aller Arbeitnehmer

die **So|zi|al|woh|nung** (Nomen) **der Sozialwohnung, die Sozialwohnungen** eine Wohnung mit relativ niedriger Miete für Menschen mit wenig Geld

so|zu|sa|gen (Adverb) ≈gewissermaßen *Dieser Tablet-Computer ist sozusagen das Einsteiger-Modell.*

der **Spach|tel** (Nomen) **des Spachtels, die Spachtel** ein kleines Werkzeug zum Auftragen von Putz, Mörtel usw.

spach|teln (Verb) **du spachtelst, er spachtelte, sie hat gespachtelt, spacht(e)le!**
❶ etwas mit dem Spachtel auftragen oder glätten
❷ umgangssprachlich ≈futtern so, dass man schnell und viel isst: *Wir haben tüchtig gespachtelt.*

der/das **Spa|gat** (Nomen) **des Spagat(e)s, die Spagate**
❶ eine Turnübung oder Tanzfigur, bei der man die Beine so weit spreizt, dass sie eine gerade Linie bilden
❷ die Notwendigkeit, zwei gegensätzliche Aufgaben gleichzeitig zu schaffen: *der Spagat zwischen Familie und Beruf*

die **Spa|get|ti, Spa|ghet|ti** (Nomen) nur im Plural **der Spagetti** lange, dünne und gerade Nudeln

der **Spalt** (Nomen) **des Spalt(e)s, die Spalte** eine längliche, schmale Öffnung: *die Tür einen Spalt offen lassen*

die **Spal|te** (Nomen) **der Spalte, die Spalten**
❶ ≈Ritze ein Riss bzw. eine Öffnung in einer Fläche: *breite Spalten im Mauerwerk*
❷ einer Druckseite ein Block mehrerer Zeilen, die gleich lang sind: *Der Wortprofi® hat zwei Spalten.*

spal|ten (Verb) **du spaltest, er spaltete, sie hat gespalten/gespaltet, spalt(e)!**
⚠ es heißt „die gespaltene Zunge"
❶ etwas der Länge nach zerteilen: *den Holzscheit mit der Axt spalten*
❷ die Einheit einer Gruppe zerstören: *Der Streit hat die Klassengemeinschaft gespalten.*
❸ PHYSIK · CHEMIE etwas in seine Teile zerlegen: *Atomkerne spalten*
❹ sich spalten zu mehreren Teilen werden: *Die Haarspitzen spalten sich. · Die Gruppe hat sich gespalten.*

die **Spal|tung** (Nomen) **der Spaltung, die Spaltungen**
❶ ≈Teilung die Trennung von etwas: *eine tiefe Spaltung der Partei*
❷ PHYSIK · CHEMIE die Zerlegung in seine Bestandteile: *die durch die Spaltung neu entstandenen Stoffe*

der/das **Spam** (Nomen) [spɛm] **des Spams, die Spams** eine E-Mail (mit Werbung), die jemandem unaufgefordert zugeschickt wird

der **Spam|fil|ter** (Nomen) [spɛmfɪltɐ] **des Spamfilters, die Spamfilter** ein Programm, mit dem unerwünschte E-Mails erkannt und abgefangen werden

die **Span|ge** (Nomen) **der Spange, die Spangen** eine Art Klammer, besonders aus Metall, mit der etwas befestigt oder zusammengehalten wird (z. B. Haarspange, Zahnspange)

Spa|ni|en (Nomen) **Spaniens** ein Land in Südeuropa

der **Spa|ni|er** (Nomen) **des Spaniers, die Spanier** ein Junge/Mann aus Spanien

die **Spa|ni|erin, Spa|nie|rin** (Nomen) **der Spanierin, die Spanierinnen** ein Mädchen/eine Frau aus Spanien

spa|nisch (Adjektiv)
❶ aus Spanien oder in spanischer Sprache
❷ etwas kommt jemandem spanisch vor umgangssprachlich etwas kommt jemandem seltsam oder unverständlich vor

das **Spa|nisch** (Nomen) nur im Singular **des Spanisch(s)** die spanische Sprache

die **Span|ne** (Nomen) **der Spanne, die Spannen**
❶ Zeitraum: *eine Spanne von vier Jahren*
❷ Reihe, Auswahl: *eine breite Spanne verschiedener Aufgaben*
❸ Unterschied: *die Spanne zwischen Einkaufs- und Verkaufspreis*

span|nen (Verb) **du spannst, er spannte, sie hat gespannt, spann(e)!**
❶ etwas straff ziehen oder dehnen: *die Muskeln zum Sprung spannen*
❷ ≈ befestigen etwas festmachen: *die Hunde vor den Schlitten spannen*
❸ zu eng sein: *Das Hemd spannt am Bauch.*
❹ sich spannen straff werden: *Das Seil spannte sich und riss.*

span|nend (Adjektiv) **spannender, am spannendsten**
❶ so, dass etwas aufregend ist: *eine unheimlich spannende Geschichte*
❷ sehr interessant: *eine spannende Ausstellung*

die **Span|nung** (Nomen) **der Spannung, die Spannungen**
❶ die Vorfreude oder Neugier: *ein mit Spannung erwartetes Ereignis*
❷ eine interessante, packende Darstellung: *Die Spannung hatte ihren Höhepunkt erreicht.*
❸ PHYSIK die Kraft, mit der die Elektronen durch die Leitungen getrieben werden: *eine Batterie mit einer Spannung von 1,5 Volt*
❹ Feindseligkeit, Konflikt: *immer wieder auftretende Spannungen zwischen den Staaten*

das **Spar|buch** (Nomen) **des Sparbuch(e)s, die Sparbücher** eine Möglichkeit, Geld anzulegen

spa|ren (Verb) **du sparst, er sparte, sie hat gespart, spar(e)!**
❶ Geld nicht ausgeben, sondern (für etwas Bestimmtes) aufheben: *für ein Rad sparen*
❷ von etwas weniger verbrauchen: *Energie sparen*
❸ bei etwas an nichts sparen bei etwas sehr großzügig sein: *Bei der Inneneinrichtung wurde an nichts gespart.*
❹ sich etwas sparen auf etwas verzichten: *Die Bemerkung hättest du dir sparen können!*

das **Spar|pa|ket** (Nomen) **des Sparpaket(e)s, die Sparpakete** mehrere zusammenhängende Maßnahmen mit dem Ziel, weniger Geld auszugeben

spar|sam (Adjektiv) **sparsamer, am sparsamsten**
❶ darum bemüht, möglichst wenig Geld auszugeben oder möglichst wenig von etwas zu verbrauchen: *sparsam mit den Vorräten umgehen*
❷ mit niedrigem Verbrauch an Energie: *ein sparsames Auto*
❸ auf das Wichtigste oder Nötigste beschränkt: *eine sparsam eingerichtete Ferienwohnung*

die **Spar|te** (Nomen) **der Sparte, die Sparten**
❶ ≈ Bereich, Gebiet *Unser Sportverein ist in mehrere Sparten aufgeteilt, die Sparte „Tennis" ist neu dazu gekommen.*
❷ der Teil einer Zeitung zu einem bestimmten Themenbereich: *die Sparte unserer Tageszeitung mit Meldungen aus aller Welt*

der **Spaß** (Nomen) **des Spaßes, die Späße**
❶ Scherz: *Das war wieder einer von Kims Späßen. • Das ist wirklich kein Spaß.*
❷ Spaß verstehen Humor haben, über sich selbst lachen können: *Manche Lehrer verstehen einfach keinen Spaß.*
❸ nur im Singular ≈ Freude, Vergnügen *Lesen macht Spaß.*
❹ jemandem den Spaß verderben jemandem die Freude an etwas nehmen

spa|ßen (Verb) **du spaßt, er spaßte, sie hat gespaßt, spaß(e)!**
❶ scherzen: *Und ich spaße nicht!*
❷ mit jemandem/etwas ist nicht zu spaßen bei jemandem/etwas muss man sich vorsehen: *Mit solchen Infektionen ist nicht zu spaßen.*

spa|ßig (Adjektiv) **spaßiger, am spaßigsten** komisch, witzig: *ein spaßiger Typ*

spät (Adjektiv) **später, am spätesten**
① über einen bestimmten Zeitpunkt hinaus: *bis spät in die Nacht feiern • am späteren Abend*
② nach der üblichen Zeit, später als normalerweise: *Montags komme ich immer spät von der Schule nach Hause. • ein spätes Frühstück*
③ später danach: *Zehn Minuten später stand er schon wieder da.*
④ später (einmal) in der Zukunft: *Sie soll später einmal das Geschäft übernehmen.*
⑤ Bis später! Abschiedsgruß, wenn man sich am selben Tag wiedersieht

der **Spa|ten** (Nomen) **des Spatens, die Spaten** ein Gerät aus Stahl mit einem Holzstiel, mit dem man die Erde umgräbt usw.

spä|te|r (Adverb) ≈ zukünftig danach, nach einer bestimmten Zeit: *das kannst du später machen • Wir sehen uns später.*

spä|tes|tens (Adverb) nicht später als angegeben: *Alle müssen spätestens um zehn Uhr im Bett sein.*

der **Spatz** (Nomen) **des Spatzen/Spatzes, die Spatzen**
① ≈ Sperling ein kleiner graubrauner Vogel mit kräftigem Schnabel
② umgangssprachlich ein Kosewort, besonders für ein Kind: *Komm her, du kleiner Spatz!*

die **Spätz|le** (Nomen) nur im Plural **der Spätzle** süddeutsch kleine, unregelmäßig geformte Nudeln: *Spätzle mit Soße*

spa|zie|ren (Verb) **du spazierst, er spazierte, sie ist spaziert, spazier(e)!** ohne bestimmtes Ziel zu seinem Vergnügen oder zur Erholung irgendwo herumgehen: *im Park spazieren gehen*

der **Spa|zier|gang** (Nomen) **des Spaziergang(e)s, die Spaziergänge**
① ein Gang durch die Gegend ohne bestimmtes Ziel zum Vergnügen oder zur Erholung: *nach dem Essen einen langen Spaziergang machen*
② umgangssprachlich eine leichte Aufgabe: *Das Spiel gegen den Tabellenführer wird kein Spaziergang.*

die **SPD** (Nomen) nur im Singular **der SPD** Abkürzung von: Sozialdemokratische Partei Deutschlands eine große sozialdemokratische Partei in Deutschland

der **Speck** (Nomen) nur im Singular **des Speck(e)s**
① die dicke Fettschicht, besonders des Schweins, die als Nahrung zubereitet wird: *Rühreier mit gebratenem Speck*
② umgangssprachlich Fett: *Der hat ja ganz schön Speck angesetzt!*

der **Speer** (Nomen) **des Speer(e)s, die Speere**
① eine Waffe zum Stoßen oder Werfen in Form eines Stabes mit einer Spitze
② SPORT ein Sportgerät zum Werfen in Form eines Stabes mit einer Spitze

die **Spei|che** (Nomen) **der Speiche, die Speichen**
① einer der Stäbe, die beim Rad von außen zur Mitte verlaufen
② der auf der Seite des Daumens befindliche Knochen des Unterarms

der **Spei|chel** (Nomen) nur im Singular **des Speichels** Spucke: *Der Speichel sammelt sich im Mund.*

der **Spei|cher** (Nomen) **des Speichers, die Speicher**
① ein Raum oder Behälter zum Sammeln oder Lagern von etwas (z. B. Wasserspeicher, Getreidespeicher)
② ein Teil des Computers zum Aufbewahren und Sichern von Daten
③ ≈ Dachboden *die alten Sachen auf den Speicher schaffen*

spei|chern (Verb) **du speicherst, er speicherte, sie hat gespeichert, speichere!**
① INFORMATIK Daten aufbewahren und sichern
② ≈ lagern, aufbewahren *Der Ofen speichert Wärme.*

der **Spei|cher|platz** (Nomen) **des Speicherplatzes, die Speicherplätze** die Fähigkeit eines Computers, Daten bis zu einer bestimmten Menge zu speichern: *Der Speicherplatz auf meiner Festplatte reicht nicht mehr aus.*

spei|en (Verb) gehoben **du speist, er spie, sie hat gespien, spei(e)!**
① ≈ spucken *ein Feuer speiender Vulkan*
② sich übergeben: *Ihr Verhalten finde ich zum Speien!*

die **Spei|se** (Nomen) **der Speise, die Speisen** ≈ Gericht *kalte und warme Speisen*

die **Spei|se|kar|te** (Nomen) **der Speisekarte, die Speisekarten** eine Liste, oft in Form eines Buches oder Heftes, mit allen Gerichten, die in einem Lokal angeboten werden

spei|sen (Verb) **du speist, er speiste, sie hat gespeist, speis(e)!**
❶ gehoben (in einem Lokal) festlich essen: *Möchten Sie speisen oder nur etwas trinken?*
❷ etwas mit Wasser, Energie o. Ä. versorgen: *Die Elektronik wird von zwei Mikrobatterien gespeist. • Das Heilbad wird von natürlichem Thermalwasser gespeist.*
❸ jemanden speisen gehoben jemanden ernähren, jemandem zu essen geben: *Hier werden an Heiligabend die Obdachlosen gespeist.*

die **Spei|se|röh|re** (Nomen) **der Speiseröhre, die Speiseröhren** die Verbindung zwischen Mund und Magen, durch die die Nahrung dorthin gelangt, wo sie verdaut wird

der **Spei|se|wa|gen** (Nomen) EISENBAHN **des Speisewagens, die Speisewagen** ein Eisenbahnwagen mit einem Restaurant

das **Spek|ta|kel** (Nomen) **des Spektakels, die Spektakel** ein beeindruckendes Ereignis, eine fantastische Veranstaltung

spek|ta|ku|lär (Adjektiv) **spektakulärer, am spektakulärsten** aufsehenerregend: *ein spektakulärer Mordprozess*

das **Spek|trum, Spekt|rum** (Nomen) **des Spektrums, die Spektren/Spektra**
❶ OPTIK ein Band in allen Regenbogenfarben, das entsteht, wenn Licht in seine Bestandteile zerlegt wird
❷ ≈Vielfalt *ein breites Spektrum von Möglichkeiten*

die **Spe|ku|la|ti|on** (Nomen) [ʃpekula'tsi̯o:n] **der Spekulation, die Spekulationen**
❶ der Versuch, aus der zukünftigen Veränderung von Preisen Gewinne zu machen
❷ Annahme, Vermutung: *Das ist alles reine Spekulation.*

spe|ku|lie|ren (Verb) **du spekulierst, er spekulierte, sie hat spekuliert, spekulier(e)!**
❶ etwas kaufen in der Hoffnung, es später mit Gewinn wieder verkaufen zu können: *an der Börse spekulieren*
❷ über etwas spekulieren Vermutungen über etwas anstellen: *Darüber lässt sich nur spekulieren.*
❸ auf etwas spekulieren umgangssprachlich sich Hoffnungen auf etwas machen: *Er spekuliert auf den Posten des Bundestrainers.*

die **Spen|de** (Nomen) **der Spende, die Spenden**
❶ das Geld, das man verschenkt, um anderen zu helfen: *eine Spende für die Kinderkrebshilfe*
❷ die Abgabe von etwas, was andere brauchen (z. B. Blutspende, Kleiderspende)

spen|den (Verb) **du spendest, er spendete, sie hat gespendet, spende!**
❶ Geld geben, um anderen zu helfen: *die Einnahmen für einen guten Zweck spenden*
❷ etwas abgeben, was andere brauchen: *regelmäßig Blut spenden*
❸ ≈abgeben, bewirken *Schatten spendende Bäume*

der **Spen|der** (Nomen) **des Spenders, die Spender**
❶ jemand, der Geld gibt, um anderen zu helfen
❷ jemand, der etwas abgibt, was andere brauchen (z. B. Blutspender, Organspender)

die **Spen|de|rin** (Nomen) **der Spenderin, die Spenderinnen**
Femininform von → Spender

spen|die|ren (Verb) umgangssprachlich **du spendierst, er spendierte, sie hat spendiert, spendier(e)!** etwas, besonders Essen oder Getränke, für andere bezahlen: *Opa hat uns ein Eis spendiert.*

das **Sper|ma** (Nomen) BIOLOGIE **des Spermas, die Spermen/Spermata** die Flüssigkeit aus dem Penis des Mannes, die die Samen enthält, die die Eizelle befruchten, sodass ein Kind entsteht

die **Sper|re** (Nomen) **der Sperre, die Sperren**
❶ eine Schranke oder ein Hindernis zum Abriegeln oder Versperren von etwas
❷ SPORT das Verbot, an Wettkämpfen teilzunehmen

sper|ren (Verb) **du sperrst, er sperrte, sie hat gesperrt, sperr(e)!**
❶ etwas abriegeln oder absperren: *Die Autobahn wurde in beiden Richtungen gesperrt.*
❷ etwas oder jemanden einschließen bzw. einsperren: *den Hund in den Zwinger sperren*
❸ die Benutzung von etwas unmöglich machen: *die verlorene Kreditkarte sperren lassen*
❹ einem Sportler verbieten, an Wettbewerben teilzunehmen: *Er ist für zwei Spiele gesperrt.*
❺ SPORT ≈behindern *wegen Sperrens ohne Ball verwarnen*

❻ sich (gegen etwas) sperren sich (gegen etwas) sträuben, etwas ablehnen
❼ etwas mit größeren Buchstabenzwischenräumen drucken: *Die Zeile ist gesperrt gedruckt.*

sper|rig (Adjektiv) **sperriger, am sperrigsten** Gegenstand zu viel Platz einnehmend, um leicht transportiert werden zu können: *Die sperrigen Möbel passen nicht durch die Tür.*

der **Sperr|müll** (Nomen) nur im Singular **des Sperrmülls** die Gegenstände, die entsorgt werden sollen, aber nicht in normale Mülltonnen passen

die **Sper|rung** (Nomen) **der Sperrung, die Sperrungen** eine Maßnahme, die etwas unbenutzbar macht: *eine Sperrung der Autobahn in beiden Richtungen • die Sperrung der gestohlenen Kreditkarte*

sich **spe|zi|ali|sie|ren, spe|zia|li|sie|ren** (Verb) **du spezialisierst dich, er spezialisierte sich, sie hat sich spezialisiert, spezialisier(e) dich!** sich hauptsächlich mit einem bestimmten Gebiet beschäftigen, sich auf etwas konzentrieren: *Die Werkstatt hat sich auf alte Autos spezialisiert.*

der **Spe|zia|list, Spe|zi|alist** (Nomen) **des Spezialisten, die Spezialisten**
❶ Fachmann bzw. Experte für ein Fachgebiet: *Er gilt als Spezialist für Terrorismusbekämpfung.*
❷ MEDIZIN ≈ Facharzt ein spezieller Arzt für ein bestimmtes Krankheitsbild: *eine Patientin zum Spezialisten überweisen*

die **Spe|zi|alis|tin, Spe|zia|lis|tin** (Nomen) **der Spezialistin, die Spezialistinnen** Femininform von → **Spezialist**

die **Spe|zi|ali|tät, Spe|zia|li|tät** (Nomen) **der Spezialität, die Spezialitäten**
❶ eine Besonderheit, die als gut gilt, besonders etwas zu essen oder trinken: *Dieser Speck ist eine Schwarzwälder Spezialität.*
❷ etwas, was jemand besonders gut beherrscht: *Die Restaurierung von alten Autos ist ihre Spezialität.*

spe|zi|ell (Adjektiv) **spezieller, am speziellsten**
❶ besonders: *Hat jemand irgendwelche speziellen Wünsche?*
❷ vor allem: *Ich interessiere mich für Indianer, speziell die Hopis.*
❸ extra, eigens dafür: *Das Klavier haben sie speziell für die Kinder angeschafft.*

der **Spick|zet|tel** (Nomen) umgangssprachlich **des Spickzettels, die Spickzettel**
❶ ein unerlaubter Zettel mit Notizen zum Gebrauch bei einer Klassenarbeit o. Ä.
❷ ein Blatt mit Notizen für eine Rede o. Ä.

der **Spie|gel** (Nomen) **des Spiegels, die Spiegel**
❶ eine glatte Fläche, besonders aus Glas, die ein Bild zurückwirft: *beim Schminken in den Spiegel schauen*
❷ der aktuelle Wasserstand: *ein ständig sinkender Grundwasserspiegel*
❸ die Konzentration eines Stoffes im Blut o. Ä. (z. B. **Alkoholspiegel, Blutzuckerspiegel**)
❹ jemandem einen Spiegel vorhalten jemandem seine Fehler zeigen

das **Spie|gel|bild** (Nomen) **des Spiegelbild(e)s, die Spiegelbilder**
❶ das von einem Spiegel zurückgeworfene, seitenverkehrte Bild: *sein Spiegelbild im Schaufenster betrachten*
❷ eine genaue Wiedergabe von etwas: *Der Roman ist ein Spiegelbild der heutigen Gesellschaft.*

das **Spie|gel|ei** (Nomen) **des Spiegelei(e)s, die Spiegeleier** ein aufgeschlagenes, in der Pfanne gebratenes Ei

spie|gel|glatt (Adjektiv) umgangssprachlich Eis, Fußboden usw. äußerst glatt

spie|geln (Verb) **du spiegelst, er spiegelte, sie hat gespiegelt, spieg(e)le!**
❶ sich spiegeln auf einem Spiegel, einer glatten Fläche o. Ä. zu sehen sein: *Die Lichter spiegeln sich auf dem Wasser.* als Reaktion sich zeigen oder ausdrücken: *Die Enttäuschung spiegelte sich in seinem Gesicht.*
❷ wiedergeben, zeigen: *Der Film spiegelt die Situation der heutigen Jugend.*
❸ blenden: *Die Brillengläser spiegeln.*

die **Spie|gel|schrift** (Nomen) nur im Singular **der Spiegelschrift** eine seitenverkehrte Schrift

der **Spie|gel|strich** (Nomen) GRAMMATIK **des Spiegelstrich(e)s, die Spiegelstriche** ein wie ein Gedankenstrich aussehendes Zeichen am Anfang einer eingerückten Zeile, besonders bei Aufzählungen

die **Spie|ge|lung, Spieg|lung** (Nomen) **der Spiegelung, die Spiegelungen**
❶ ein Lichtreflex o. Ä. auf einer Glasscheibe
❷ etwas, was als Bild auf einem Spiegel, einer glatten Fläche o. Ä. zu sehen ist: *die Spiegelung der Boote im klaren Wasser*

❸ eine spiegelverkehrte Abbildung
❹ eine Untersuchung mithilfe einer eingeführten Kamera: *eine Spiegelung des Darms*

spie|gel|ver|kehrt (Adjektiv) seitenverkehrt: *eine spiegelverkehrte Abbildung*

das **Spiel** (Nomen) **des Spiel(e)s, die Spiele**
❶ etwas, was man zu seinem Vergnügen tut: *den Kindern beim Spiel zuschauen*
❷ etwas, was nach bestimmten Regeln gespielt wird: *ein tolles Spiel, sowohl für Kinder als auch für Erwachsene*
❸ ≈ Glücksspiel ein Spiel, bei dem man Geld o. Ä. setzt: *sein ganzes Vermögen beim Spiel verlieren*
❹ ≈ Begegnung, Match *Das Spiel endete unentschieden.*
❺ die Art, wie ein Musiker oder Schauspieler spielt: *das ausdrucksvolle Spiel der Streicher*
❻ etwas aufs Spiel setzen riskieren, etwas zu verlieren: *seine Gesundheit aufs Spiel setzen*
❼ etwas steht auf dem Spiel etwas (Wertvolles) könnte verloren gehen: *Die Meisterschaft steht auf dem Spiel.*

spie|len (Verb) **du spielst, er spielte, sie hat gespielt, spiel(e)!**
❶ sich mit etwas zu seinem Vergnügen beschäftigen: *Die Kinder spielen mit dem Hund im Garten.*
❷ bei einem Spiel, das bestimmte Regeln hat, mitmachen: *eine Partie Schach spielen*
❸ einen Ball o. Ä. irgendwohin bewegen: *den Ball nach vorn spielen*
❹ bei einem Glücksspiel versuchen, Geld zu gewinnen: *Lotto spielen*
❺ auf einem Instrument Musik machen: *Er spielt laut und schlecht.*
❻ als Schauspieler in einer Rolle auftreten: *Er spielte den König.*
❼ aufführen, vorführen: *Heute wird das Stück zum letzten Mal gespielt.*

der **Spie|ler** (Nomen) **des Spielers, die Spieler**
❶ jemand, der an einem Spiel teilnimmt, das bestimmte Regeln hat: *ein Brettspiel für für zwei bis sechs Spieler*
❷ jemand, der regelmäßig an Glücksspielen teilnimmt oder sonst gern ein Risiko eingeht

die **Spie|le|rin** (Nomen) **der Spielerin, die Spielerinnen** Femininform von → **Spieler**

spie|le|risch (Adjektiv) **spielerischer, am spielerischsten**
❶ locker, wie im Spiel: *Kinder spielerisch an den Sport heranführen*
❷ technisch: *eine spielerisch überragende Mannschaft*

der **Spiel|film** (Nomen) **des Spielfilm(e)s, die Spielfilme** ein Film mit Schauspielern und einer meist ausgedachten Handlung

die **Spiel|re|gel** (Nomen) **der Spielregel, die Spielregeln**
❶ eine der Regeln, die beim Spielen eines Spiels befolgt werden müssen: *Das Berühren des Balls mit der Hand verstößt gegen die Spielregeln.*
❷ eine Verhaltensregel für den Umgang mit anderen Menschen in bestimmten Situationen: *Die Spielregeln sehen vor, dass der Verlierer dem Sieger gratuliert.*

die **Spiel|zeit** (Nomen) **der Spielzeit, die Spielzeiten**
❶ SPORT die von den Regeln vorgeschriebene Dauer eines Spiels
❷ THEATER der Zeitraum, in dem Aufführungen stattfinden: *Die Spielzeit dauert von Anfang September bis Ende Juli.*

das **Spiel|zeug** (Nomen) **des Spielzeug(e)s, die Spielzeuge**
❶ nur im Singular Spielsachen: *Die Oma schenkt lieber etwas Praktisches als Spielzeug.*
❷ Gegenstand zum Spielen: *Der Teddy ist eines der beliebtesten Spielzeuge.*

spie|ßen (Verb) **du spießt, er spießte, sie hat gespießt, spieß(e)!**
etwas auf etwas spießen etwas auf einen spitzen Gegenstand stecken: *Hähnchenstücke auf einen Holzspieß spießen*

spie|ßig (Adjektiv) umgangssprachlich • abwertend **spießiger, am spießigsten** kleinkariert und übertrieben konservativ: *spießige Ansichten*

die **Spin|ne** (Nomen) ZOOLOGIE **der Spinne, die Spinnen** ein Tier mit acht Beinen, das Netze spinnt, um Insekten zu fangen

spin|nen (Verb) **du spinnst, er spann, sie hat gesponnen, spinn(e)!**
❶ umgangssprachlich Unsinn reden, (leicht) verrückt sein: *Sag mal, spinnst du?*
❷ aus Wolle o. Ä. Fäden herstellen
❸ Spinne aus einem Faden ein Netz herstellen: *Die Spinne hat schon wieder ein neues Netz gesponnen.*

das **Spin|nen|netz** (Nomen)
des Spinnennetzes, die Spinnennetze
ein von einer Spinne gesponnenes Netz zum Fangen von Insekten

der **Spi|on** (Nomen) **des Spions, die Spione**
❶ besonders POLITIK ≈ Geheimagent *als Spion vor Gericht gestellt werden*
❷ ein Guckloch auf der Innenseite einer Tür

die **Spi|ona|ge, Spio|na|ge** (Nomen)
[ʃpi̯o'na:ʒə] nur im Singular **der Spionage**
das geheime Sammeln von Informationen für einen (feindlichen) Staat oder ein Unternehmen: *wegen Spionage verurteilt werden*

spi|onie|ren, spio|nie|ren (Verb)
du spionierst, er spionierte, sie hat spioniert, spionier(e) nicht!
❶ besonders POLITIK als Spion tätig sein: *für den Geheimdienst seines Landes spionieren*
❷ abwertend in fremden Angelegenheiten oder Sachen herumschnüffeln: *Sie nutzt jede Gelegenheit, um in meinem Zimmer zu spionieren.*

die **Spi|onin, Spio|nin** (Nomen) **der Spionin, die Spioninnen** Femininform von → **Spion**

die **Spi|ra|le** (Nomen) **der Spirale, die Spiralen**
❶ eine Linie, die sich um die eigene Achse windet, oder ein Gegenstand in dieser Form: *eine Spirale aus Draht als Sprungfeder*
❷ eine Entwicklung, bei der sich zwei Elemente gegenseitig immer höher schrauben: *die Lohn-Preis-Spirale*
❸ MEDIZIN ein Verhütungsmittel in Form einer Spirale, das in die Gebärmutter eingesetzt wird

spitz (Adjektiv) **spitzer, am spitzesten**
❶ ein Gegenstand, dessen Kanten auf einen Punkt zulaufen: *mit einem spitzen Messer einritzen*
❷ Winkel kleiner als 90 Grad: *Das Dreieck hat oben einen spitzen Winkel.*
❸ frech, bissig: *eine spitze Zunge haben*
❹ Gesicht schmal, eingefallen
❺ ein spitzer Schrei ein hoher, durchdringender Schrei

spit|ze (Adjektiv) umgangssprachlich ≈ hervorragend *Das war spitze! • Er hat spitze gekocht.*

der **Spit|zen|rei|ter** (Nomen)
des Spitzenreiters, die Spitzenreiter
besonders SPORT der Erste in einer Tabelle oder Rangliste

die **Spit|zen|rei|te|rin** (Nomen)
der Spitzenreiterin, die Spitzenreiterinnen
Femininform von → **Spitzenreiter**

der **Spitz|na|me** (Nomen) **des Spitznamens, die Spitznamen** ein Name, der jemandem im Scherz oder aus Spott gegeben wird: *Fast alle Lehrer haben Spitznamen.*

der **Spleen** (Nomen) [ʃpli:n, spli:n] umgangssprachlich **des Spleens, die Spleens/Spleene** ≈ Marotte, Macke eine komische Angewohnheit: *Nie eine Uhr zu tragen, ist so ein Spleen von ihm.*

der **Split|ter** (Nomen) **des Splitters, die Splitter**
ein weggebrochenes kleines, spitzes Stück Holz, Glas o. Ä.: *beim Unfall durch Splitter verletzt werden*

spon|sern (Verb) **du sponserst, er sponserte, sie hat gesponsert, spons(e)re!** einen Sportler, eine Veranstaltung o. Ä. besonders finanziell unterstützen

der **Spon|sor** (Nomen) FINANZEN
des Sponsors, die Sponsoren eine Person oder Firma, die einen Sportler, eine Veranstaltung o. Ä. besonders finanziell unterstützt

die **Spon|so|rin** (Nomen) **der Sponsorin, die Sponsorinnen**
Femininform von → **Sponsor**

spon|tan (Adjektiv) **spontaner, am spontansten** ohne Planung oder längere Überlegung: *ein spontaner Entschluss, klettern zu gehen*

die **Spon|ta|ne|i|tät, Spon|ta|ni|tät** (Nomen) [ʃpɔntan(e)i'tɛ:t] nur im Singular **der Spontaneität** das Handeln und Entscheiden ohne Planung oder längere Überlegung

der **Sport** (Nomen) nur im Singular **des Sport(e)s**
❶ Plural: Sportarten eine körperliche Tätigkeit, die man als Hobby, Beruf oder zur Fitness betreibt (z. B. Fußball, Schwimmen)
❷ das Schulfach, in dem körperliche Aktivitäten gelehrt und geübt werden

die **Sport|art** (Nomen) **der Sportart, die Sportarten** eine bestimmte körperliche Tätigkeit, die man als Hobby oder zur Fitness betreibt (z. B. Tennis, Reiten, Turnen)

der **Sport|ler** (Nomen) **des Sportlers, die Sportler** jemand, der Sport macht

die **Sport|le|rin** (Nomen) **der Sportlerin, die Sportlerinnen**
Femininform von → **Sportler**

sport|lich (Adjektiv) **sportlicher, am sportlichsten**
❶ mit Sport zusammenhängend, auf den Sport bezogen: *eine sportliche Leistung*
❷ schlank und durchtrainiert: *eine sportliche Figur*
❸ fair und korrekt: *eine sportliches Verhalten*
❹ praktisch, lässig und schick: *sich sportlich kleiden*

der **Sport|platz** (Nomen) **des Sportplatzes, die Sportplätze** eine größere Fläche, auf der man Sport treiben kann

der **Sport|ver|ein** (Nomen) **des Sportverein(e)s, die Sportvereine** ein Verein, in dem man meist eine bestimmte Sportart betreibt

der **Spott** (Nomen) **nur im Singular des Spott(e)s** Worte oder Taten, die jemanden (vor anderen) lächerlich machen und damit verletzen

spot|ten (Verb) **du spottest, er spottete, sie hat gespottet, spotte nicht!**
über jemanden spotten jemanden (vor anderen) lächerlich machen und damit verletzen

spöt|tisch (Adjektiv) **spöttischer, am spöttischsten** so, dass man zeigt, dass man jemanden oder etwas lächerlich findet

die **Spra|che** (Nomen) **der Sprache, die Sprachen**
❶ die Laute, Wörter und Sätze, mit denen man etwas sagt, und ihre Regeln
❷ die Fähigkeit, etwas mit Lauten, Wörtern und Sätzen sagen zu können
❸ jemand bringt etwas zur Sprache jemand beginnt, über ein bestimmtes Thema zu reden
❹ etwas kommt zur Sprache über etwas wird gesprochen
❺ Raus mit der Sprache! Sag, was du weißt!

sprach|los (Adjektiv) so erstaunt oder erschrocken, dass man nichts mehr sagen kann

der/das **Spray** (Nomen) [ʃpreː, spreː] **des Sprays, die Sprays** eine Flüssigkeit in einem speziellen Behälter mit einem Knopf, aus dem man sie in sehr kleinen Tropfen in die Luft spritzt

spray|en (Verb) ['ʃpreːən, spreːən] **du sprayst, er sprayte, sie hat gesprayt, spray(e)!** eine Flüssigkeit in sehr kleinen Tropfen aus dem Knopf eines speziellen Behälters spritzen

spre|chen (Verb) **du sprichst, er sprach, sie hat gesprochen, sprich!**
❶ ≈ reden etwas mit Lauten, Wörtern und Sätzen sagen: *Kannst du bitte etwas lauter sprechen? • Er spricht Deutsch, Englisch und Türkisch.*
❷ etwas sprechen ≈ etwas aufsagen *ein Gebet sprechen • eine Zauberformel sprechen*
❸ zu sprechen sein Zeit haben, um mit jemandem zu reden: *Ist der Direktor zu sprechen? • Ich bin heute für niemanden zu sprechen.*
❹ etwas spricht dafür/dagegen etwas ist ein Grund oder Argument für/gegen etwas: *Für ihn spricht, dass er bisher noch nie gelogen hat. • Was spricht dagegen, schon heute in Urlaub zu fahren?*
etwas zeigt, dass etwas wahrscheinlich (nicht) so ist: *Alles spricht dafür, dass er der Täter ist.*

der **Spre|cher** (Nomen) **des Sprechers, die Sprecher**
❶ jemand, der spricht
❷ jemand, der im Fernsehen oder Radio etwas vorliest oder ansagt
❸ jemand, der offiziell die Meinung einer Gruppe in der Öffentlichkeit vertritt

die **Spre|che|rin** (Nomen) **der Sprecherin, die Sprecherinnen**
Femininform von → **Sprecher**

die **Sprech|stun|de** (Nomen) **der Sprechstunde, die Sprechstunden** die Zeit, in der Patienten zu einem Arzt oder Schüler und Eltern zu einem Lehrer usw. kommen können

das **Sprech|zim|mer** (Nomen) **des Sprechzimmers, die Sprechzimmer** das Zimmer, in dem ein Arzt die Patienten untersucht und berät

der **Spreng|stoff** (Nomen) **des Sprengstoff(e)s, die Sprengstoffe** eine Substanz, mit der man eine Explosion auslösen kann

das **Sprich|wort** (Nomen) **des Sprichwort(e)s, die Sprichwörter** ein bekannter Satz, der meist in einem Vergleich oder Bild eine immer wieder gemachte Erfahrung (Lebensweisheit) beschreibt: *„Lügen haben kurze Beine" ist ein bekanntes Sprichwort.*

sprie|ßen (Verb) gehoben **nur in der 3. Person gebraucht es sprießt, es spross, es ist gesprossen** zu wachsen beginnen

sprịn|gen (Verb) **du springst, er sprang, sie hat/ist gesprungen, spring(e)!**
① **ist gesprungen** ≈ hüpfen sich mit den Beinen abstoßen und nach oben bewegen: *Er sprang vor Freude in die Luft.*
② von etwas springen **ist gesprungen** sich von etwas Hohem mit Schwung nach unten bewegen: *Martin ist gestern vom Dreimeterbrett gesprungen.*
③ in etwas springen **ist gesprungen** sich mit Schwung in etwas fallen lassen: *Komm, spring ins Wasser, es ist gar nicht kalt!*
④ über etwas springen **ist gesprungen** mit großen Schritten über ein Hindernis laufen: *Kannst du über diese Pfütze springen?*
⑤ etwas springt irgendwohin **ist gesprungen** etwas wird geworfen und stößt gegen etwas: *Der Ball sprang gegen den Pfosten und landete dann im Tor.*
⑥ die Ampel springt auf Rot/der Zeiger springt auf null/… **ist gesprungen** die Ampel wird rot/der Zeiger macht eine ruckartige Bewegung auf die Null/…
⑦ **ist gesprungen** ≈ zerspringen in mehrere Teile zerfallen oder zerrissen werden: *Das Glas im Fenster ist gesprungen.*
⑧ **hat gesprungen** einen speziellen Sprung ausführen: *Die Eiskunstläuferin hat den dreifachen Rittberger gesprungen.*

der **Sprịn|ger** (Nomen) **des Springers, die Springer**
① ein Sportler, der springt
② jemand, der in einer Firma verschiedene Arbeiten macht, um Kollegen zu vertreten

der **Sprịnt** (Nomen) [ʃprɪnt] **des Sprints, die Sprints**
① ein Wettlauf über eine kurze Strecke
② das besonders schnelle Laufen kurz vor dem Ziel

sprịn|ten (Verb) [ˈʃprɪntn̩] **du sprintest, er sprintete, sie hat/ist gesprintet, sprinte!**
① eine kurze Strecke laufen
② umgangssprachlich · **ist gesprintet** schnell laufen

die **Sprịt|ze** (Nomen) **der Spritze, die Spritzen**
① eine kleine Röhre mit einer Nadel, aus der ein flüssiges Medikament z. B. in den Muskel oder in die Vene gedrückt wird: *Sie bekam eine Spritze gegen die Schmerzen.*
② ein Gegenstand mit einer Spitze, aus der man eine Flüssigkeit oder Masse herausdrücken kann

sprịt|zen (Verb) **du spritzt, er spritzte, sie hat/ist gespritzt, spritz(e)!**
① etwas spritzen **hat gespritzt** MEDIZIN ein flüssiges Medikament mit einer Nadel z. B. in den Muskel oder in die Vene drücken: *Er muss sich jeden Tag ein Medikament spritzen.* TECHNIK Farbe oder Lack aus einer Sprühdose auf etwas verteilen: *Die Autotür muss neu gespritzt werden.* LANDWIRTSCHAFT Pflanzenschutzmittel als Spray auf etwas verteilen
② etwas irgendwohin spritzen **hat gespritzt** eine Flüssigkeit z. B. aus einem Schlauch mit Druck herausfließen lassen: *jemanden nass spritzen · das Wasser auf den Rasen spritzen* mit einer Flüssigkeit kleckern: *Vorsicht, du spritzt alles voll Farbe!*
③ etwas spritzt aus/auf etwas **ist gespritzt** eine Flüssigkeit kommt mit Druck aus etwas heraus/auf etwas: *Das Blut spritzte aus der Wunde auf sein Hemd.*

die **Sprọs|se** (Nomen) **der Sprosse, die Sprossen** eine Stufe bei einer Leiter

die **Sprọs|sen|wand** (Nomen) **der Sprossenwand, die Sprossenwände** eine Art große Leiter, die an einer Wand befestigt ist und an der man turnen kann

der **Sprụch** (Nomen) **des Spruch(e)s, die Sprüche**
① ein Satz, den man in bestimmten Situationen im Leben oft sagt
② das Urteil eines Richters
③ Sprüche machen/klopfen umgangssprachlich · abwertend viel reden oder versprechen, aber es nicht ernst meinen

spru̲|deln (Verb) **du sprudelst, er sprudelte, sie hat/ist gesprudelt, sprud(e)le!**
① **hat gesprudelt** Blasen oder Bläschen machen: *Wasser sprudelt, wenn es kocht.*
② **ist gesprudelt** fließen und dabei Blasen oder Schaum machen

sprü̲|hen (Verb) **du sprühst, er sprühte, sie hat/ist gesprüht, sprüh(e)!**
① **hat gesprüht** eine Flüssigkeit in sehr kleinen Tropfen verteilen: *Ich habe Gift auf die Pflanzen gesprüht.*
② **ist gesprüht** in sehr kleinen Teilchen durch die Luft fliegen: *Die Funken sprühten nach allen Seiten.*

der **Sprụng** (Nomen) **des Sprung(e)s, die Sprünge**
① eine kurze, schnelle Bewegung nach oben

❷ eine Bewegung, bei der man sich mit beiden Beinen nach oben abstößt: *Er machte vor Freude einen Sprung.* eine Bewegung von etwas Hohem nach unten: *Sprünge vom Beckenrand sind nicht erlaubt.* ein sehr großer Schritt über ein Hindernis: *Mit einem Sprung war er hinter der Mauer verschwunden.*
❸ auf einen Sprung vorbeikommen umgangssprachlich einen kurzen Besuch machen
❹ auf dem Sprung sein umgangssprachlich gerade weggehen wollen, es eilig haben
❺ ein dünner Riss in einem festen, harten Material: *Der Spiegel hat einen Sprung.*
❻ ein Sprung ins kalte Wasser umgangssprachlich eine Arbeit oder Tätigkeit, die einem völlig neu ist, bewältigen müssen
❼ jemandem auf die Sprünge helfen umgangssprachlich jemandem weiterhelfen
❽ keine großen Sprünge machen können umgangssprachlich nicht viel Geld haben, um sich etwas zu leisten
❾ einen Sprung in der Schüssel haben umgangssprachlich • ironisch verrückt sein

die **Spu|cke** (Nomen) umgangssprachlich nur im Singular **der Spucke**
❶ ≈ Speichel die Flüssigkeit, die man immer im Mund hat
❷ jemandem bleibt die Spucke weg jemand ist so überrascht, dass er nichts mehr sagen kann

spucken (Verb) **du spuckst, er spuckte, sie hat gespuckt, spuck(e)!**
❶ etwas mit Schwung aus dem Mund fliegen lassen
❷ umgangssprachlich sich übergeben

der **Spuk** (Nomen) nur im Singular **des Spuk(e)s** das Erscheinen von Gespenstern oder anderen unheimlichen Dingen

spu|ken (Verb) **du spukst, er spukte, sie hat gespukt, spuk(e)!**
❶ es spukt ein Gespenst oder unheimliche Dinge erscheinen: *In dem alten Schloss spukt es.*
❷ jemand spukt jemand erscheint als Geist oder Gespenst: *In der Burg spuken jede Nacht die alten Ritter.*
❸ etwas spukt in jemandes Kopf jemand muss immer an etwas denken: *Die Idee vom Leben auf dem Land spukt immer noch in ihrem Kopf.*

die **Spu|le** (Nomen) **der Spule, die Spulen**
❶ eine Rolle, auf die man Garn, einen Film usw. aufwickeln kann
❷ ein aufgewickelter, dünner Draht, durch den elektrischer Strom fließt

die **Spü|le** (Nomen) **der Spüle, die Spülen** das Wasserbecken in der Küche

spü|len (Verb) **du spülst, er spülte, sie hat gespült, spül(e)!**
❶ Geschirr, Töpfe, Besteck usw. mit Wasser und Spülmittel sauber machen
❷ mit oder in Wasser reinigen: *den Mund spülen*
❸ nach der Benutzung Wasser in die Toilette laufen lassen
❹ etwas irgendwohin spülen im Wasser etwas an eine bestimmte Stelle treiben: *Die Flasche wurde an Land gespült.*

die **Spur** (Nomen) **der Spur, die Spuren**
❶ der Abdruck von Füßen, Reifen usw. im Boden: *Im Schnee sieht man die Spuren von einem Kaninchen.*
❷ ein Anzeichen, an dem man erkennen kann, dass jemand irgendwo war oder dass etwas geschehen ist: *Der Mörder hat keine Spuren hinterlassen.*
❸ eine Fahrbahn auf der Straße oder der Autobahn
❹ jemandem/einer Sache auf die Spur kommen herausfinden, dass jemand etwas getan hat/dass etwas so gewesen ist
❺ eine Spur Salz/Zitrone/... ganz wenig Salz/Zitrone/...
❻ keine Spur/nicht die Spur absolut nicht/nichts: *Ich bin nicht die Spur nervös.*
❼ eine heiße Spur ein wichtiger Hinweis zur Aufklärung eines Verbrechens

spu|ren (Verb) **du spurst, er spurte, sie hat gespurt, spur(e)!**
❶ umgangssprachlich jemandem gehorchen, das tun, was erwartet wird
❷ eine Spur machen: *Die Loipen sind gespurt.*

spü|ren (Verb) **du spürst, er spürte, sie hat gespürt, spür(e)!** etwas fühlen

spur|los (Adjektiv) ohne Spuren zu hinterlassen: *spurlos verschwinden*

der **Staat** (Nomen) **des Staat(e)s, die Staaten**
❶ ≈ Nation ein Land, das eine Regierung, eigene Gesetze und Grenzen hat
❷ alle Ämter und Stellen, die für die Regierung und Verwaltung eines Landes verantwortlich sind

staat|lich (Adjektiv) vom Staat, zum Staat gehörend

die **Staats|an|ge|hö|rig|keit** (Nomen) **der Staatsangehörigkeit, die Staatsangehörigkeiten** ≈ Nationalität die Tatsache, dass man offiziell Bürger eines Landes ist und einen Pass hat

der **Staats|an|walt** (Nomen) **des Staatsanwalt(e)s, die Staatsanwälte** ein Jurist, der die Interessen des Staates wahrnimmt und vor Gericht Verbrecher anklagt

die **Staats|an|wäl|tin** (Nomen) **der Staatsanwältin, die Staatsanwältinnen** Femininform von → **Staatsanwalt**

der **Stab** (Nomen) **des Stabes, die Stäbe**
❶ ein glatter Stock aus Holz, Metall o. Ä.
❷ eine Gruppe von Mitarbeitern, die für spezielle Aufgaben zusammengestellt wird
❸ eine Gruppe von Offizieren, die zur Unterstützung eines Befehlshabers zusammengestellt wird

sta|bil (Adjektiv) **stabiler, am stabilsten**
❶ so, dass etwas nicht leicht kaputtgeht: *ein stabiler Tisch*
❷ so, dass etwas so bleibt, wie es ist: *eine stabile Beziehung • stabile Preise*
❸ so, dass etwas gesund bleibt und viel aushält: *ein stabiler Kreislauf*

sta|bi|li|sie|ren (Verb) **du stabilisierst, er stabilisierte, sie hat stabilisiert, stabilisier(e)!**
❶ ≈ stützen, befestigen so einrichten, dass nichts umfallen, abrutschen oder zusammenbrechen kann
❷ dafür sorgen, dass etwas sicher bleibt
❸ sich stabilisieren ≈ sich festigen so werden, dass es nicht mehr leicht verändert werden kann: *Die Preise stabilisieren sich. • Sein Zustand hat sich wieder stabilisiert.*

die **Sta|bi|li|tät** (Nomen) **der Stabilität, die Stabilitäten**
❶ die Eigenschaft, dass etwas nicht leicht kaputt geht
❷ die Eigenschaft, dass etwas so bleibt, wie es ist
❸ die Eigenschaft, dass etwas gesund bleibt und viel aushält

der **Sta|chel** (Nomen) **des Stachels, die Stacheln** eine Spitze bei Pflanzen oder Tieren, mit denen sie stechen können (z. B. bei Kakteen, Igeln, Bienen)

sta|che|lig , stach|lig (Adjektiv) **stacheliger, am stacheligsten** mit vielen Stacheln

das **Sta|di|on** (Nomen) **des Stadions, die Stadien** ein großer Platz oder eine große Halle für Sportveranstaltungen mit vielen Sitzplätzen für die Zuschauer

das **Sta|di|um** (Nomen) **des Stadiums, die Stadien** der Abschnitt in einer Entwicklung

die **Stadt** (Nomen) **der Stadt, die Städte**
❶ eine größere Wohnstätte mit einem eigenen Namen und einer eigenen Verwaltung
❷ die Einwohner einer Stadt: *Die ganze Stadt hat beim Aufräumen der Flutschäden mitgemacht.*

städ|tisch, städ|tisch (Adjektiv) **städtischer, am städtischsten**
❶ von, aus oder in einer Stadt
❷ nicht steigerbar VERWALTUNG eine Stadtverwaltung (Kommune) betreffend

der **Stadt|plan** (Nomen) **des Stadtplan(e)s, die Stadtpläne** eine Art Landkarte für eine Stadt, in der alle Straßen und Plätze eingezeichnet sind

der **Stadt|rat** (Nomen) **des Stadtrat(e)s, die Stadträte**
❶ die Versammlung aus gewählten Mitgliedern, die die Bewohner einer Stadt vertritt und über Pläne und Regeln für die Stadt entscheidet
❷ ein Mitglied der Versammlung, die die Bewohner einer Stadt vertritt

der **Stadt|teil** (Nomen) **des Stadtteil(e)s, die Stadtteile** ein Gebiet in einer Stadt, das meist einen eigenen Namen hat

die **Stadt|ver|wal|tung** (Nomen) **der Stadtverwaltung, die Stadtverwaltungen** alle Ämter in einer Stadt

der **Stahl** (Nomen) **des Stahl(e)s, die Stähle/Stahle** ein sehr hartes Eisen

der **Stall** (Nomen) **des Stall(e)s, die Ställe** das Gebäude, in dem die Kühe, Schweine, Schafe usw. leben

der **Stamm** (Nomen) **des Stamm(e)s, die Stämme**
❶ der lange, harte Teil eines Baums, der aus der Erde kommt und an dem keine Blätter wachsen
❷ eine Gruppe von Menschen, die im Urwald, bei den Indianern usw. zusammen-

leben und sich in bestimmmten Merkmalen von anderen Gemeinschaften unterscheiden
❸ eine Gruppe von Menschen, die in einer Mannschaft, unter Kollegen usw. immer dabei sind und nie ausgetauscht werden

stam|men (Verb) **du stammst, er stammte, sie hat gestammt, stamm(e)!**
❶ jemand stammt aus einem Ort/Land/… jemand ist in einem Ort/Land/… geboren
❷ etwas stammt aus einem Ort/Land/… etwas wurde in einem Ort/Land/… hergestellt, gefunden usw.
❸ etwas stammt aus einer bestimmten Zeit etwas ist in einer bestimmten Zeit entstanden
❹ etwas stammt von jemandem etwas wurde von jemandem gemacht, etwas gehört jemandem

stamp|fen (Verb) **du stampfst, er stampfte, sie hat gestampft, stampf(e)!**
❶ mit den Füßen stampfen mit den Füßen heftig auf den Boden treten
❷ Kartoffeln/Gemüse/… stampfen Kartoffeln/Gemüse/… zu Brei drücken

der **Stand** (Nomen) **des Stand(e)s, die Stände**
❶ nur im Singular die Position, in der jemand oder etwas steht: *Diese Übung wird im Stand gemacht.*
❷ ein Tisch mit Waren oder Informationen auf einem Markt, einer Messe usw.
❸ nur im Singular ein bestimmter Zustand in einer Entwicklung: *Wie ist der Stand der Verhandlungen?*
❹ eine Klasse oder Schicht in der Gesellschaft
❺ SPORT der aktuelle Spielstand
❻ im Stande → **imstande**
❼ zu Stande → **zustande**

der **Stan|dard** (Nomen) **des Standards, die Standards** ≈ Norm, Maßstab das, was üblich und normal ist

das **Stand-by, Stand|by** (Nomen) ['stændbai] **des Stand-bys, die Stand-bys** der Zustand von PC, Fernseher usw., wenn sie bei niedrigem Stromverbrauch nicht ganz ausgeschaltet sind, sodass sie sich direkt wieder einschalten lassen

stän|dig (Adjektiv) ≈ immer, dauernd die ganze Zeit

der **Stand|ort** (Nomen) **des Standort(e)s, die Standorte** der Ort, an dem sich etwas oder jemand befindet

der **Stand|punkt** (Nomen) **des Standpunkt(e)s, die Standpunkte**
❶ ≈ Meinung, Ansicht die Art, wie man über etwas denkt
❷ auf dem Standpunkt stehen, dass … von etwas eine feste Meinung haben: *Ich stehe auf dem Standpunkt, dass man beim Fahrradfahren einen Helm tragen soll.*

die **Stand|spur** (Nomen) **der Standspur, die Standspuren** die Spur an der rechten Seite einer Autobahn, auf der man nur im Notfall anhalten darf

die **Stan|ge** (Nomen) **der Stange, die Stangen**
❶ ein langer Stock aus Holz, Metall o. Ä.
❷ eine Stange Zigaretten ein Paket aus mehreren Schachteln Zigaretten
❸ eine Stange Geld umgangssprachlich viel Geld
❹ bei der Stange bleiben umgangssprachlich etwas bis zum Ende fertig machen

der **Stän|gel** (Nomen) **des Stängels, die Stängel** der Stiel einer Blume oder Pflanze

stan|zen (Verb) **du stanzt, er stanzte, sie hat gestanzt, stanz(e)!** etwas mit Druck in eine Form pressen oder ausschneiden

der **Sta|pel** (Nomen) **des Stapels, die Stapel**
❶ (flache) gleichartige Dinge, die aufeinanderliegen: *ein Stapel Bücher • ein Stapel Wäsche*
❷ ein Schiff vom Stapel lassen ein neues Schiff zum ersten Mal ins Wasser lassen
❸ etwas vom Stapel lassen umgangssprachlich • abwertend etwas Seltsames, Falsches oder Dummes sagen

sta|peln (Verb) **du stapelst, er stapelte, sie hat gestapelt, stap(e)le!**
❶ (flache) gleichartige Dinge ordentlich aufeinanderlegen: *Zeitungen stapeln • Holz stapeln*
❷ sich stapeln als große Menge aufeinanderliegen: *Auf meinem Schreibtisch stapeln sich die Briefe.*

der **Star**[1] (Nomen) **des Star(e)s, die Stare** ein dunkler Vogel, der schön singt

der **Star**[2] (Nomen) **des Stars, die Stars** eine berühmte Person aus Film, Fernsehen, Sport usw.

stark (Adjektiv) **stärker, am stärksten**
❶ mit viel körperlicher Kraft: *Iss, damit du groß und stark wirst!*
❷ groß, intensiv: *starker Regen • ein starker Duft*

❸ konzentriert, nicht verdünnt: *ein starker Kaffee* mit hohem Wirkstoffgehalt: *ein starkes Medikament*
❹ sehr: *stark geschwächt* · *stark regnen* · *stark duften*
❺ ≈toll, super sehr gut: *Deine Jeans ist echt stark!*
❻ Das ist ein starkes Stück! umgangssprachlich Das ist eine Unverschämtheit!

die **Stär|ke** (Nomen) **der Stärke, die Stärken**
❶ nur im Singular das Starksein, die Kraft
❷ die Intensität, die Heftigkeit: *Die Stärke des Erdbebens war enorm.*
❸ eine besondere Begabung oder gute Eigenschaft: *Geduld ist nicht gerade meine Stärke.*
❹ ≈Dicke die Dicke bzw. Breite von etwas: *die Stärke eines Bretts* · *die Stärke einer Wand*
❺ nur im Singular eine Substanz in Lebensmitteln wie Kartoffeln oder Reis

stär|ken (Verb) **du stärkst, er stärkte, sie hat gestärkt, stärk(e)!**
❶ stark machen: *Sich kalt abzuduschen stärkt das Immunsystem.*
❷ sich stärken etwas essen und trinken

die **Stär|kung** (Nomen) **der Stärkung, die Stärkungen**
❶ das Starkmachen
❷ Essen und Trinken

starr (Adjektiv) **starrer, am starrsten**
❶ ≈steif, unbeweglich so, dass man sich nicht bewegen kann oder etwas sich nicht bewegen lässt: *Ich war starr vor Schreck.* · *Meine Finger sind starr vor Kälte.*
❷ nur in eine Richtung: *ein starrer Blick*
❸ so, dass man etwas nicht ändern kann oder will: *starre Regeln* · *starr an seiner Meinung festhalten*

star|ren (Verb) **du starrst, er starrte, sie hat gestarrt, starr(e)!** ohne eine Bewegung lange Zeit auf dieselbe Sache blicken

der **Starr|sinn** (Nomen) abwertend nur im Singular **des Starrsinn(e)s** die Eigenschaft, dass man nur seine eigene Meinung richtig findet und keinen Rat von anderen annimmt

starr|sin|nig (Adjektiv) abwertend **starrsinniger, am starrsinnigsten** so, dass man nur seine eigene Meinung richtig findet und keinen Rat von anderen annimmt

der **Start** (Nomen) **des Start(e)s, die Starts**
❶ ≈Anfang der Beginn von etwas: *der Start einer neuen Serie*
❷ der Beginn eines Rennens
❸ die Stelle, an der ein Rennen beginnt
❹ der Abflug eines Flugzeugs

star|ten (Verb) **du startest, er startete, sie ist/hat gestartet, starte!**
❶ ist gestartet anfangen
❷ ist gestartet bei einem Rennen loslaufen, losfahren, losreiten usw.
❸ ist gestartet abfliegen
❹ etwas starten hat gestartet mit etwas beginnen: *eine Aktion starten* · *einen Angriff starten* funktionieren, laufen, fahren usw. lassen: *eine Maschine starten* · *den Motor starten*

der **Start|schuss** (Nomen) **des Startschusses, die Startschüsse**
❶ ein Schuss als Signal, dass ein Rennen beginnt
❷ ein Startschuss für etwas ein Ereignis, das der Anfang für etwas ist

die **Sta|ti|on** (Nomen) [ʃtaˈtsi̯oːn] **der Station, die Stationen**
❶ ≈Haltestelle die Stelle, an der Züge und andere öffentliche Verkehrsmittel regelmäßig halten, damit die Leute ein- und aussteigen können
❷ die Abteilung in einem Krankenhaus
❸ die Gebäude und technischen Einrichtungen für wissenschaftliche oder technische Arbeiten

die **Sta|tis|tik** (Nomen) **der Statistik, die Statistiken** eine Zusammenstellung von Zahlen und Werten, die bestimmte Ergebnisse, Beziehungen und Trends erkennen lassen

sta|tis|tisch (Adjektiv)
❶ die Statistik betreffend: *statistische Untersuchungen*
❷ als Statistik: *etwas statistisch darstellen*

statt[1] (Präposition) mit Genitiv gebraucht an der Stelle von, als Ersatz für: *Statt einer grünen Hose hätte ich lieber eine blaue.*

statt[2] (Konjunktion) anstatt: *Statt aufzugeben, solltest du es lieber noch einmal versuchen.*

statt|des|sen (Adverb) als Ersatz für etwas, so, dass nicht mehr das Erste gemeint ist, sondern das Zweite: *Wir wollten in den Zoo gehen, aber stattdessen gingen wir ins Kino.*

statt|fin|den (Verb) nur in der 3. Person gebraucht **es findet statt, es fand statt, es hat stattgefunden** durchgeführt werden, geschehen: *Bei Regen findet das Fest in der Aula statt.*

statt|lich (Adjektiv) **stattlicher, am stattlichsten** ≈groß ansehnlich und von überdurchschnittlicher Größe: *ein stattliches Gebäude • eine stattliche Summe*

die **Sta|tue** (Nomen) [ˈʃta:tu̯ə] **der Statue, die Statuen** eine große Figur (eines Menschen oder Tiers) aus hartem Material, die ein Bildhauer gemacht hat

der **Stau** (Nomen) **des Staus, die Staus**
1 eine lange Reihe von Autos, die nicht weiterfahren können
2 Wasser, das nicht weiterfließen kann

der **Staub** (Nomen) nur im Singular **des Staub(e)s**
1 eine Art sehr feiner Puder, der in der Luft schwebt und als dünne Schicht auf Böden und Möbeln liegen bleibt
2 Staub saugen → **staubsaugen**
3 sich aus dem Staub machen umgangssprachlich schnell und heimlich weggehen

stau|ben (Verb) nur in der 3. Person gebraucht **es staubt, es staubte, es hat gestaubt** Staub machen

stau|big (Adjektiv) **staubiger, am staubigsten** voll Staub

staub|sau|gen, Staub sau|gen (Verb) **du staubsaugst, er staubsaugte, sie hat gestaubsaugt, staubsauge!** ⚠ du saugst Staub, er saugt Staub, sie hat Staub gesaugt, sauge Staub! mit dem Staubsauger Staub, Krümel o. Ä. (vom Boden) entfernen

der **Staub|sau|ger** (Nomen) **des Staubsaugers, die Staubsauger** ein Haushaltsgerät mit einer Bürste und einem Schlauch, mit dem man Staub, Krümel o. Ä. (vom Boden) entfernt

der **Stau|damm** (Nomen) **des Staudamm(e)s, die Staudämme** eine große Mauer in einem Fluss oder See, die verhindert, dass das Wasser abfließt

stau|en (Verb) **du staust, er staute, sie hat gestaut, staue!**
1 Wasser sammeln, indem man das Weiterfließen verhindert
2 sich stauen nur in der 3. Person nicht weiterfließen oder -fahren können: *Auf dem Stadtring staut sich der Verkehr.*

stau|nen (Verb) **du staunst, er staunte, sie hat gestaunt, staune!**
1 überrascht sein: *Ich staune, dass ihr schon fertig seid.*
2 jemanden/etwas bewundern: *Wir staunten über ihren Erfolg.*

das **Steak** (Nomen) [ste:k] **des Steaks, die Steaks** eine Scheibe Rindfleisch, die kurz gebraten wird

ste̩chen (Verb) **du stichst, er stach, sie hat gestochen, stich!**
1 jemand sticht etwas in etwas/jemanden mit etwas jemand bohrt einen spitzen Gegenstand in etwas/in jemandes Körper
2 jemand sticht sich (an/mit etwas) jemand verletzt sich an etwas Spitzem: *Ich habe mir mit der Nadel in den Finger gestochen. • Stich dich nicht an dem Rosenstrauch!*
3 ein Insekt sticht ein Insekt bohrt seinen Stachel in etwas: *Mich hat heute Nacht eine Mücke gestochen.*
4 etwas sticht etwas ist spitz und kann jemanden verletzen: *Alle Rosen stechen.* etwas ist sehr heiß: *Die Sonne sticht.*
5 ein Schiff sticht in See ein Schiff verlässt den Hafen und fährt aufs Meer
6 etwas sticht jemandem ins Auge umgangssprachlich etwas fällt jemandem auf

die **Ste̩ck|do|se** (Nomen) **der Steckdose, die Steckdosen** eine Vorrichtung in der Wand, in die man den Stecker eines elektrischen Geräts steckt

ste̩cken (Verb) **du steckst, er steckte, sie hat gesteckt, steck(e)!**
1 etwas in etwas stecken etwas in eine (enge, kleine) Öffnung schieben: *einen Brief in den Briefkasten stecken • den Schlüssel ins Schloss stecken*
2 etwas an/in etwas stecken etwas an etwas befestigen: *sich eine Blume ins Haar stecken*
3 stecken bleiben aus etwas Engem, Tiefem usw. nicht mehr herauskönnen: *im Schnee stecken bleiben*
4 hinter etwas stecken umgangssprachlich die Person sein, die etwas getan hat oder für etwas verantwortlich ist
5 jemandem etwas stecken umgangssprachlich jemandem etwas heimlich sagen

der **Ste̩|cker** (Nomen) **des Steckers, die Stecker** ein Teil mit zwei kurzen Metallstäben an einem Kabel, das man in eine Steckdose steckt, um ein elektrisches Gerät mit Strom zu versorgen

der **Steg|reif** (Nomen) nur in aus dem Stegreif ≈spontan ohne dass man sich vorbereitet hat

ste|hen (Verb) **du stehst, er stand, sie hat gestanden, steh(e)!**
❶ in aufrechter Haltung sein: *Sie steht beim Telefonieren.*
❷ sich an einem Ort befinden: *Der Stuhl steht in der Küche.*
❸ nicht in Bewegung sein: *Wir stehen schon seit einer Stunde im Stau.*
❹ stehen bleiben Menschen sich nicht hinsetzen Dinge nicht umfallen
≈ anhalten nicht weitergehen oder weiterfahren ⚠ aber → **stehenbleiben**
❺ Es steht 3:0. drei zu null Der Punktestand im Spiel ist 3:0.
❻ etwas steht jemandem jemand sieht in einem Kleidungsstück gut aus
❼ jemand steht zu etwas jemand sagt, dass er für etwas verantwortlich ist: *Sie steht zu ihrer Tat.*
❽ Mir steht es bis hier! umgangssprachlich Ich kann es nicht mehr ertragen!

ste|hen|blei|ben, ste|hen blei|ben (Verb) **du bleibst stehen, er blieb stehen, sie ist stehengeblieben, bleib(e) stehen!**
❶ nicht mehr funktionieren: *Die Uhr ist stehengeblieben.*
❷ sich nicht ändern oder weiterentwickeln

ste|hen|las|sen, ste|hen las|sen (Verb) **du lässt stehen, er ließ stehen, sie hat stehenlassen, lass(e) stehen!**
❶ nicht (auf)essen: *Sie macht Diät und hat den Nachtisch stehenlassen.*
❷ vergessen mitzunehmen: *Ich habe den Schirm im Zug stehenlassen.*
❸ nicht mehr beachten, verlassen: *Als er sie sah, hat er mich mitten im Gespräch einfach stehenlassen.*

die **Steh|lam|pe** (Nomen) **der Stehlampe, die Stehlampen** eine (hohe) Lampe, die auf dem Boden steht

steh|len (Verb) **du stiehlst, er stahl, sie hat gestohlen, stiehl nicht!** etwas heimlich wegnehmen, was einem nicht gehört

steif (Adjektiv) **steifer, am steif(e)sten**
❶ hart und starr, sodass man die Form nicht verändern kann
❷ so, dass man etwas nicht bewegen kann: *ein steifes Bein*
❸ etwas steif und fest behaupten etwas so behaupten, dass kein Zweifel möglich ist
❹ ≈ förmlich unpersönlich und unnatürlich, mit vielen Regeln: *Der Empfang war sehr steif.*

stei|gen (Verb) **du steigst, er stieg, sie ist gestiegen, steig(e)!**
❶ auf/von etwas steigen eine Bewegung auf/von etwas machen: *aufs Pferd steigen* · *vom Motorrad steigen* auf etwas hinaufklettern/von etwas herunterklettern: *auf einen Berg steigen*
❷ in/aus etwas steigen in ein Verkehrsmittel hineingehen/aus einem Verkehrsmittel herauskommen: *in den Zug steigen* · *aus dem Auto steigen*
❸ größer, höher, mehr usw. werden, zunehmen: *Die Temperaturen sind gestiegen.* · *Die Preise steigen immer weiter.*
❹ nach oben in die Luft fliegen: *einen Drachen steigen lassen*

stei|gern (Verb) **du steigerst, er steigerte, sie hat gesteigert, steig(e)re!**
❶ etwas besser, mehr, größer, höher, stärker usw. werden lassen: *die Geschwindigkeit steigern*
❷ GRAMMATIK den Komparativ und den Superlativ bilden: *ein Adjektiv steigern: schnell, schneller, am schnellsten*
❸ sich steigern besser, mehr, größer, höher, stärker usw. werden

die **Stei|ge|rung** (Nomen) **der Steigerung, die Steigerungen**
❶ das Besser-, Größer-, Höher- oder Stärkermachen
❷ GRAMMATIK die Bildung von Komparativ und Superlativ siehe auch → **steigern**

die **Stei|gung** (Nomen) **der Steigung, die Steigungen** die Stelle, an der eine Straße einen Berg hinaufführt

steil (Adjektiv) **steiler, am steilsten** stark ansteigend oder abfallend

der **Stein** (Nomen) **des Steins, die Steine**
❶ der harte Kern in bestimmten Früchten, z. B. in Kirschen
❷ nur im Singular das harte Material, aus dem Berge und Felsen bestehen
❸ ein (kleines) Stück von dem Material, aus dem Berge und Felsen bestehen
❹ jemandem fällt ein Stein vom Herzen umgangssprachlich jemand ist sehr erleichtert
❺ jemandem Steine in den Weg legen jemandem bei etwas Schwierigkeiten bereiten
❻ bei jemandem einen Stein im Brett haben umgangssprachlich bei jemandem sehr beliebt sein

der **Stein|bock** (Nomen) **des Steinbock(e)s, die Steinböcke**
① eine wilde Ziegenart mit langen, gebogenen Hörnern, die in den Bergen lebt
② nur im Singular das Sternzeichen für die Zeit vom 22.12. bis 20.1.: *die Eigenschaften des Sternzeichens „Steinbock"*
③ jemand, der im Sternzeichen „Steinbock" geboren ist: *Meine Mutter ist Steinbock.*

stei|nig (Adjektiv) **steiniger, am steinigsten**
mit vielen Steinen

die **Stein|zeit** (Nomen) **nur im Singular der Steinzeit** die viele Tausend Jahre zurückliegende Zeit, in der Menschen Steine als Werkzeug benutzten

die **Stel|le** (Nomen) **der Stelle, die Stellen**
① ein Ort, Bereich oder Punkt, an dem etwas ist oder passiert: *Sollen wir uns an derselben Stelle wie gestern treffen? • Herr Doktor, an dieser Stelle tut es mir weh.*
② ein bestimmter Abschnitt in einem Buch, Film usw.: *Lies mir die Stelle noch einmal vor, wo der Prinz die Prinzessin küsst.*
③ der Arbeitsplatz: *Ich habe eine Stelle als Verkäuferin gefunden.*
④ an erster/zweiter/... Stelle als Erster/ Zweiter /... in einer Reihenfolge
⑤ auf der Stelle ≈ sofort *Komm auf der Stelle nach Hause!*
⑥ an Stelle von jemandem/etwas → **anstelle**

stel|len (Verb) **du stellst, er stellte, sie hat gestellt, stell(e)!**
① etwas irgendwohin stellen etwas irgendwohin bringen und dort lassen: *das Essen auf den Tisch stellen • die Blumen in die Vase stellen*
② jemanden stellen jemanden, der verfolgt wurde, erwischen
③ die Uhr stellen die Zeit an der Uhr ändern
④ etwas auf null/laut/heiß/... stellen etwas so einstellen, dass es auf null steht/ laut ist/heiß ist/...
⑤ eine Frage/eine Aufgabe/... stellen etwas fragen/eine Aufgabe geben/...
⑥ auf sich allein gestellt sein ganz allein und ohne Hilfe sein
⑦ sich irgendwohin stellen irgendwohin gehen und dort stehen bleiben: *sich auf den Balkon stellen*
⑧ sich der Polizei stellen der Polizei sagen, dass man ein Verbrechen begangen hat
⑨ sich dumm/schlafend/... stellen so tun, als würde man nichts wissen/schlafen/...

der **Stel|len|wert** (Nomen) **des Stellenwert(e)s, die Stellenwerte**
① MATHEMATIK den Wert, den eine Ziffer innerhalb einer Zahl hat, dieser hängt davon ab, an welcher Stelle vor oder nach dem Komma sich die Ziffer befindet
② die Wichtigkeit, die Bedeutung

die **Stel|lung|nah|me** (Nomen) **der Stellungnahme, die Stellungnahmen**
die begründete Meinung, die jemand (vor mehreren Menschen) mündlich oder schriftlich äußert

stell|ver|tre|tend (Adjektiv) an jemandes Stelle handelnd

der **Stell|ver|tre|ter** (Nomen) **des Stellvertreters, die Stellvertreter**
jemand, der (für eine kurze Zeit) die Aufgaben eines anderen übernimmt

die **Stell|ver|tre|te|rin** (Nomen) **der Stellvertreterin, die Stellvertreterinnen**
Femininform von → **Stellvertreter**

die **Stel|ze** (Nomen) **der Stelze, die Stelzen**
eine von zwei langen Stangen, die jeweils eine Trittfläche haben, und auf denen man gehen kann

stem|men (Verb) **du stemmst, er stemmte, sie hat gestemmt, stemm(e)!**
① etwas stemmen etwas Schweres mit den Armen nach oben drücken
② etwas/sich gegen etwas stemmen einen Körperteil/sich selbst mit Wucht gegen etwas drücken
③ sich gegen etwas stemmen etwas nicht wollen, etwas verhindern wollen
④ ein Loch in etwas stemmen mit einem Werkzeug ein Loch in etwas brechen

der **Stem|pel** (Nomen) **des Stempels, die Stempel**
① ein Gerät mit einem Griff und einer Unterseite mit Buchstaben oder Zeichen, mit der man mit Tinte etwas auf etwas drucken kann
② der Aufdruck, den man mit einem Stempel gemacht hat
③ der mittlere Teil in einer Blüte

stem|peln (Verb) **du stempelst, er stempelte, sie hat gestempelt, stemp(e)le!**
① mit einem Stempel bedrucken: *Briefmarken stempeln*
② jemanden zum Lügner/Verbrecher/... stempeln abwertend jemanden für einen Lügner/Verbrecher/... halten und so behandeln

ster|ben (Verb) **du stirbst, er starb, sie ist gestorben, stirb nicht!**
① aufhören zu leben: *Sie ist an einem Herzinfarkt gestorben.*
② jemand ist für jemanden gestorben umgangssprachlich jemand bricht den Kontakt zu jemandem ab, jemand will mit jemandem nichts mehr zu tun haben
③ etwas ist gestorben umgangssprachlich etwas wird nicht mehr getan, ein Vorhaben wird nicht mehr ausgeführt

das **Ste|reo** (Nomen) nur im Singular **des Stereos** eine Technik, mit der Töne so übertragen werden, dass sie aus zwei verschiedenen Richtungen kommen

die **Ste|reo|an|la|ge** (Nomen) **der Stereoanlage, die Stereoanlagen** eine Anlage aus Geräten wie Radio, CD-Spieler usw. und zwei Lautsprechern

ste|reo|typ (Adjektiv) [ʃtereo'ty:p, stereo'ty:p] gehoben immer wieder gleich: *Die Verbrecher in Filmen sind immer stereotyp dargestellt, die erkennt man sofort.*

ste|ril (Adjektiv)
① ohne Keime oder Bakterien
② ≈ unfruchtbar so, dass man keine Kinder zeugen oder bekommen kann
③ abwertend ≈ nüchtern unpersönlich und kühl

der **Stern** (Nomen) **des Stern(e)s, die Sterne**
① ein heller Punkt, den man nachts am Himmel sehen kann
② eine runde Form, um die gleichmäßig Spitzen verteilt sind
③ Sterne sehen umgangssprachlich nach einem Sturz oder Schlag auf den Kopf ein Flimmern vor den Augen haben und fast ohnmächtig werden

das **Stern|bild** (Nomen) **des Sternbild(e)s, die Sternbilder** mehrere Sterne am Himmel, die zusammen wie ein Tier, ein Gegenstand oder eine Figur aussehen (z. B. der große Wagen, die Waage, der Skorpion)

die **Stern|schnup|pe** (Nomen) **der Sternschnuppe, die Sternschnuppen** ein Stein, der aus dem Weltall in die Erdatmosphäre stürzt und den man nachts am Himmel als hellen fallenden Punkt sehen kann

das **Stern|zei|chen** (Nomen) **des Sternzeichens, die Sternzeichen** eins der zwölf Bilder des Tierkreises, die von Sternen am Himmel dargestellt werden und nach denen man ein Horoskop erstellen kann

ste|tig (Adjektiv) gleichmäßig und dauerhaft: *Sie verliert stetig an Gewicht.*

stets (Adverb) gehoben immer: *Sie ist stets gut gelaunt.*

die **Steu|er**[1] (Nomen) **der Steuer, die Steuern** das Geld, das man dem Staat zahlen muss: *Der Staat hat die Steuern erhöht.*

das **Steu|er**[2] (Nomen) **des Steuers, die Steuer** ≈ Lenkrad die Vorrichtung, mit der man in einem Fahrzeug die Richtung bestimmt

steu|er|frei (Adjektiv) nicht mit einer Steuer belegt

die **Steu|er|hin|ter|zie|hung** (Nomen) **der Steuerhinterziehung, die Steuerhinterziehungen** das bewusste Verheimlichen von Einnahmen vor dem Finanzamt, um weniger Steuern zahlen zu müssen

steu|ern (Verb) **du steuerst, er steuerte, sie hat gesteuert, steu(e)re!**
① ≈ lenken die Fahrtrichtung von etwas bestimmen: *Er steuerte das Boot sicher in den Hafen.*
② ≈ lenken die Richtung, in die sich etwas entwickelt, bestimmen: *Er steuerte die Unterhaltung sehr geschickt.*
③ ≈ regeln den Ablauf von etwas bestimmen: *Der Computer steuert den Prozess automatisch.*

die **Steu|erung, Steue|rung** (Nomen) **der Steuerung, die Steuerungen**
① das Steuern/Lenken von etwas: *Der Kapitän übernahm die Steuerung des Schiffes.*
② TECHNIK die Geräte, die für das Steuern/Lenken von etwas zuständig sind: *Die Steuerung war defekt.*

der **Steu|er|zah|ler** (Nomen) **des Steuerzahlers, die Steuerzahler** jemand, der Steuern zahlt: *Der Bau des Flughafens kostet die Steuerzahler Millionen.*

die **Steu|er|zah|le|rin** (Nomen) **der Steuerzahlerin, die Steuerzahlerinnen** Femininform von → **Steuerzahler**

der **Stich** (Nomen) **des Stich(e)s, die Stiche**
① die Verletzung durch einen Stachel oder einen spitzen Gegenstand (z. B. Bienenstich, Messerstich)
② ein stechender Schmerz: *Er verspürte einen Stich im Brustkorb und wurde ohnmächtig.*

A B C D E F G H I J K L M N O P Q R S T U V W X Y Z

❸ beim Kartenspiel die Karten, die jemand in einer Runde bekommt, weil er mit der höheren Karte gewonnen hat: *Er machte vier Stiche in dem Spiel und gewann.*
❹ jemanden im Stich lassen umgangssprachlich jemandem nicht helfen, jemanden allein lassen

sti|cheln (Verb) **du stichelst, er stichelte, sie hat gestichelt, stich(e)le nicht!** ständig boshafte Bemerkungen über jemanden machen, um ihn zu ärgern

stich|hal|tig (Adjektiv) **stichhaltiger, am stichhaltigsten** sehr überzeugend, frei von Zweifeln: *ein stichhaltiger Beweis*

die **Stich|pro|be** (Nomen) **der Stichprobe, die Stichproben** die Prüfung einer kleinen Menge von etwas, um die Qualität der gesamten Menge zu beurteilen

das **Stich|wort** (Nomen) **des Stichwort(e)s, die Stichwörter/Stichworte**
❶ Plural: Stichwörter ein Wort, das in einem Lexikon, Wörterbuch o. Ä. enthalten ist: *Das Wörterbuch enthält über 80000 Stichwörter.*
❷ Plural: Stichworte ein einzelnes Wort, das für einen größeren Zusammenhang steht: *sich Stichworte zum Thema „Umweltschutz" notieren*

sti|cken (Verb) **du stickst, er stickte, sie hat gestickt, stick(e)!** einen Stoff mit Nadel und Faden mit einem Muster verzieren

der **Sti|cker** (Nomen) [ˈʃtɪkɐ] **des Stickers, die Sticker** Aufkleber

sti|ckig (Adjektiv) **stickiger, am stickigsten** voller schlechter, verbrauchter Luft: *ein stickiger Raum*

der **Stick|stoff** (Nomen) nur im Singular **des Stickstoff(e)s** Zeichen N ein farbloses Gas, das in der Luft und in chemischen Verbindungen vorkommt

der **Stief|bru|der** (Nomen) **des Stiefbruders, die Stiefbrüder** der Bruder, der aus einer früheren Beziehung mit in die neue Beziehung des Vaters oder der Mutter kommt und mit dem man nicht verwandt ist

der **Stie|fel** (Nomen) **des Stiefels, die Stiefel** ein hoher Schuh, der bis zum Knie reicht

das **Stief|kind** (Nomen) **des Stiefkind(e)s, die Stiefkinder** das Kind eines neuen Partners, das aus einer früheren Beziehung stammt

die **Stief|mut|ter** (Nomen) **der Stiefmutter, die Stiefmütter** die neue Frau des leiblichen Vaters

die **Stief|schwes|ter** (Nomen) **der Stiefschwester, die Stiefschwestern** die Schwester, die aus einer früheren Beziehung mit in die neue Beziehung des Vaters oder der Mutter kommt und mit der man nicht verwandt ist

der **Stief|va|ter** (Nomen) **des Stiefvaters, die Stiefväter** der neue Mann der leiblichen Mutter

die **Stie|ge** (Nomen) **der Stiege, die Stiegen** die schmale, steile Holztreppe

der **Stiel** (Nomen) **des Stiel(e)s, die Stiele**
❶ ≈ Griff die längliche Vorrichtung, an der man etwas festhalten kann: *Sie aßen Eis am Stiel.*
❷ ≈ Stängel der Teil einer Blume, an dem die Blätter und Blüten wachsen

der **Stier** (Nomen) **des Stier(e)s, die Stiere**
❶ ≈ Bulle ein ausgewachsenes, männliches Rind
❷ nur im Singular das Sternzeichen für die Zeit vom 21.4. bis 20.5.: *die Eigenschaften des Sternzeichens „Stier"*
❸ jemand, der im Sternzeichen „Stier" geboren ist: *Sie ist Stier.*
❹ den Stier bei den Hörnern packen mutig mit einer Aufgabe anfangen

der **Stift**[1] (Nomen) **des Stift(e)s, die Stifte**
❶ ein langes, dünnes Metallstück in der Art eines Nagels, mit dem man etwas verbinden kann
❷ Kurzform für Bleistift, Buntstift o. Ä.

das **Stift**[2] (Nomen) **des Stift(e)s, die Stifte** eine meist kirchliche Einrichtung, der für einen bestimmten Zweck ein Vermögen geschenkt wurde: *Meine Oma lebt in einem Stift.*

stif|ten (Verb) **du stiftest, er stiftete, sie hat gestiftet, stifte!**
❶ etwas stiften etwas gründen und finanzieren: *Der Baron stiftete ein Krankenhaus.*
❷ etwas (für etwas) stiften schenken, spenden: *Das Unternehmen stiftete eine Reise als Hauptgewinn für die Tombola.*
❸ Frieden/Unruhe/... stiften bewirken, dass etwas eintritt: *Er stiftet ständig Unruhe.*

die **Stif|tung** (Nomen) **der Stiftung, die Stiftungen** eine Organisation, die mit gespendetem Geld einen festgelegten Zweck erfüllt

der **Stil** (Nomen) **des Stil(e)s, die Stile**
❶ die Art und Weise, wie jemand schreibt oder spricht: *Sie hat einen sehr flüssigen Stil.*

❷ nur im Singular die Art und Weise, wie sich jemand verhält: *Das gehört zum guten Stil.*
❸ Stil haben sehr gutes Benehmen haben
❹ KUNST die typische Art der Darstellung einer Epoche oder eines Künstlers: *Ich mag Kirchen im gotischen Stil sehr gerne.*
❺ in großem Stil in großem Umfang: *Das Unternehmen macht Geschäfte in großem Stil.*

die **Stil|blü|te** (Nomen) umgangssprachlich **der Stilblüte, die Stilblüten** eine Äußerung, die ungewollt aufgrund falscher Wortwahl lustig ist

still (Adjektiv) **stiller, am stillsten**
❶ ruhig, leise: *Ich genieße das stille Leben auf dem Land.*
❷ nicht lebhaft oder gesprächig: *Sie ist ein stilles Kind.*
❸ ohne sich/etwas zu bewegen: *Ich fotografiere! Bitte still halten! • Das Kind hat ganz lange still gestanden/gesessen.*
❹ im Stillen heimlich, unbemerkt

die **Stil|le** (Nomen) nur im Singular **der Stille**
❶ Ruhe: *Endlich herrschte Stille im Saal.*
❷ in aller Stille ohne große Ankündigung, in kleinem Kreis: *Sie haben in aller Stille geheiratet.*

stil|len (Verb) **du stillst, er stillte, sie hat gestillt, still(e)!**
❶ (ein Baby) stillen an der Brust Milch trinken lassen: *Das Kind wurde 6 Monate gestillt.*
❷ seinen Hunger/Durst/seine Bedürfnisse stillen bewirken, dass etwas befriedigt wird: *Er aß, bis sein Hunger gestillt war.*
❸ eine Blutung/Tränen/... stillen bewirken, dass etwas aufhört zu fließen: *Sie schafften es, die Blutung zu stillen.*

still|hal|ten (Verb) **du hältst still, er hielt still, sie hat stillgehalten, halt(e) still!** sich nicht gegen etwas wehren: *Obwohl er zu Unrecht beschuldigt wurde, hat er stillgehalten und nichts gesagt.* siehe auch → **still**

das **Still|le|ben, Still-Le|ben** (Nomen) **des Stilllebens, die Stillleben** ein Bild, das unbewegliche Dinge (besonders Früchte, Blumen, Vasen) zeigt

still|le|gen (Verb) **du legst still, er legte still, sie hat stillgelegt, leg(e) still!** einen Betrieb für immer schließen

der **Still|stand** (Nomen) nur im Singular **des Stillstand(e)s** der Zustand, in dem sich etwas nicht mehr bewegt oder weiterentwickelt: *Der Zug kam zum Stillstand. • Wir können uns keinen Stillstand im Projekt erlauben.*

still|ste|hen (Verb) **du stehst still, er stand still, sie hat stillgestanden, steh(e) still!** mit einer Bewegung oder Funktion aufhören: *Sein Herz hat bei der Operation plötzlich stillgestanden. • Die Uhr stand still.*
siehe auch → **still**

das **Stil|mit|tel** (Nomen) **des Stilmittels, die Stilmittel** ein Mittel, um etwas auf besondere Weise auszudrücken oder zu gestalten: *Der bildhafte Vergleich ist ein beliebtes Stilmittel in Gedichten.*

das **Stimm|band** (Nomen) **meist Plural des Stimmband(e)s, die Stimmbänder** eines der beiden elastischen Bänder im Kehlkopf, die durch Schwingung Laute erzeugen

der **Stimm|bruch** (Nomen) **nur im Singular des Stimmbruch(e)s** die Phase, in der die Stimme eines Jungen in der Pubertät tiefer wird

die **Stim|me** (Nomen) **der Stimme, die Stimmen**
❶ die Töne, die jemand beim Sprechen oder Singen macht: *Sie hat eine schöne/klare/laute Stimme.*
❷ bei einer Abstimmung oder Wahl die Entscheidung für oder gegen etwas/jemanden: *Sie hat bei der Wahl zur Schülersprecherin die meisten Stimmen bekommen.*

stim|men (Verb) **du stimmst, er stimmte, sie hat gestimmt, stimm(e)!**
❶ richtig oder wahr sein: *Stimmt es, dass du einen Hund bekommst?*
❷ jemanden fröhlich/traurig/... stimmen bewirken, dass jemand fröhlich/traurig/... ist: *Die ersten Frühlingsblumen stimmen mich immer fröhlich.*
❸ für/gegen jemanden/etwas stimmen bei einer Abstimmung oder Wahl seine Stimme für/gegen jemanden oder etwas abgeben

stimm|haft (Adjektiv) weich ausgesprochen, mit schwingenden Stimmbändern: *Stimmhafte Konsonanten sind z. B. „m" und „w".*

stim|mig (Adjektiv) **stimmiger, am stimmigsten** passend, logisch: *Das Konzept ist leider nicht stimmig.*

stimm|lich (Adjektiv) die Stimme betreffend

stimm|los (Adjektiv) hart ausgesprochen, mit nicht schwingenden Stimmbändern:

Stimmlose Konsonanten sind z. B. „k“ und „t“.

die **Stim|mung** (Nomen) **der Stimmung, die Stimmungen**
❶ ≈ Laune der seelische Zustand von jemandem: *Sie war sehr guter Stimmung.*
❷ nur im Singular die Meinung einer größeren Gruppe: *Die Stimmung in der Bevölkerung ist gegen das Bauvorhaben.*
❸ nur im Singular das Klima oder die Atmosphäre in einer Gruppe: *In der Klasse herrschte sehr schlechte Stimmung.*

stin|ken (Verb) **du stinkst, er stank, sie hat gestunken, stink(e) nicht!**
❶ einen unangenehmen Geruch haben: *Der Müll stinkt.*
❷ Es stinkt mir, dass … umgangssprachlich Mir gefällt überhaupt nicht, dass …

die **Stirn** (Nomen) **der Stirn, die Stirnen**
❶ der obere Teil des Kopfes über den Augen bis zum Haaransatz
❷ die Stirn (über etwas) runzeln durch Zusammenziehen der Haut auf der Stirn zum Ausdruck bringen, dass man etwas nicht gut findet oder verärgert ist
❸ jemandem die Stirn bieten sich jemandem ohne Angst widersetzen

stö|bern (Verb) **du stöberst, er stöberte, sie hat gestöbert, stöb(e)re!**
irgendwo (nach etwas) stöbern irgendwo herumwühlen und etwas suchen: *Sie stöberten auf dem Dachboden nach altem Spielzeug.*

sto|chern (Verb) **du stocherst, er stocherte, sie hat gestochert, stoch(e)re!**
in etwas stochern immer wieder mit einem spitzen Gegenstand in etwas stechen: *im Essen stochern*

der **Stock**[1] (Nomen) **des Stock(e)s, die Stöcke**
ein langer Gegenstand aus Holz oder Metall, auf den man sich stützen kann
(z. B. Skistock, Spazierstock)

der **Stock**[2] (Nomen) **des Stock(e)s, die Stock**
Kurzform von → **Stockwerk** *Das Haus hat 14 Stock. • Ich wohne im 2. Stock.*

sto|cken (Verb) **du stockst, er stockte, sie hat gestockt, stock(e) nicht!**
❶ nicht (wie gewohnt) flüssig ablaufen: *Der Verkehr stockte. • Das Gespräch stockte.*
❷ besonders aus Unsicherheit plötzlich etwas (kurz) unterbrechen: *Er stockte mitten in seinem Vortrag.*

das **Stock|werk** (Nomen) **des Stockwerk(e)s, die Stockwerke** ≈ Etage eine Ebene eines Gebäudes: *Das Gebäude hat acht Stockwerke.*

der **Stoff** (Nomen) **des Stoff(e)s, die Stoffe**
❶ das Material, aus dem besonders Kleidung besteht: *karierter Stoff*
❷ eine Flüssigkeit, eine feste Substanz oder ein Gas mit bestimmten Eigenschaften: *Die Zutaten bestehen aus rein pflanzlichen Stoffen.*
❸ das Thema für einen Film, ein Gespräch, einen Zeitungsartikel: *Der Stoff der Unterrichtsstunde war interessant.*
(z. B. Gesprächsstoff, Diskussionsstoff, Schulstoff)
❹ umgangssprachlich Rauschgift, Drogen: *Er war auf Entzug und brauchte unbedingt neuen Stoff.*

das **Stoff|tier** (Nomen) **des Stofftier(e)s, die Stofftiere** ein Spielzeug in Form eines Tieres aus Stoff, besonders aus Plüsch

der **Stoff|wech|sel** (Nomen) nur im Singular **des Stoffwechsels** der Prozess im Körper, bei dem Nahrung in Energie umgewandelt wird

stöh|nen (Verb) **du stöhnst, er stöhnte, sie hat gestöhnt, stöhn(e) nicht!**
❶ schwer ausatmen und dabei einen tiefen Laut von sich geben: *Der Patient stöhnte vor Schmerzen.*
❷ (über etwas) stöhnen jammern, sich beklagen: *Er stöhnte über die viele Arbeit.*

stol|pern (Verb) **du stolperst, er stolperte, sie ist gestolpert, stolp(e)re nicht!**
❶ mit dem Fuß an etwas hängen bleiben und (fast) hinfallen: *Und dann bin ich auch noch gestolpert, das war mir sehr peinlich.*
❷ (über etwas) stolpern kurz zögern, weil man etwas nicht versteht: *Er stolperte über ein unbekanntes Wort.*

stolz (Adjektiv) **stolzer, am stolzesten**
❶ sehr selbstbewusst, souverän: *ein stolzer Mann*
❷ stolz (auf jemanden/etwas) sein sich sehr über etwas freuen, was man besitzt oder was man selbst oder jemand geleistet hat: *Sie ist stolz auf ihren ersten Platz.*
❸ abwertend arrogant und eingebildet: *Sie ist viel zu stolz, um ihren Fehler einzusehen.*
❹ umgangssprachlich sehr hoch, sehr gut, sehr groß usw.: *eine stolze Summe • eine stolze Leistung*

der **Stolz** (Nomen) nur im Singular **des Stolzes**
❶ die Ehre, das Selbstwertgefühl: *Hat er überhaupt keinen Stolz?*
❷ die Freude über einen Besitz oder eine Leistung: *Sein neues Fahrrad ist sein ganzer Stolz.*

stol|zie|ren (Verb) **du stolzierst, er stolzierte, sie ist stolziert, stolzier(e) nicht!** arrogant und mit erhobenem Kopf herumlaufen: *Der Star stolzierte durch die Straßen.*

stop|fen (Verb) **du stopfst, er stopfte, sie hat gestopft, stopf(e)!**
❶ ein Loch in einem Kleidungsstück mit Nadel und Faden schließen: *Meine Oma stopft immer unsere Socken.*
❷ eine undichte Stelle schließen, indem man etwas hineinsteckt: *Er stopfte das Loch im Auspuff.*
❸ etwas in etwas stopfen etwas unordentlich in etwas hineinstecken: *Sara stopfte ihr Sportzeug in ihren Turnbeutel.*
❹ Lebensmittel dazu führen, dass man nur schwer Stuhlgang hat: *Schokolade stopft.* sehr stark satt machen: *Nudeln stopfen*

stopp (Interjektion) [ʃtɔp] ≈ halt fordert jemanden zum Stehenbleiben oder Aufhören auf

der **Stopp** (Nomen) [ʃtɔp] **des Stopps, die Stopps**
❶ das Anhalten: *Wir machten einen kurzen Stopp an der Grenze.*
❷ der vorläufige Stillstand, die Unterbrechung einer Tätigkeit: *Sie forderten einen sofortigen Stopp des Baus des Atomkraftwerks.*

stop|pen (Verb) ['ʃtɔpn̩] **du stoppst, er stoppte, sie hat gestoppt, stopp(e)!**
❶ etwas/jemanden zum Stehen bringen: *Die Polizei stoppte den Lkw.*
❷ bewirken, dass etwas unterbrochen wird: *Durch ihre Proteste konnte der Bau gestoppt werden.*
❸ die Zeit mit einer Stoppuhr messen

das **Stopp|schild** (Nomen) **des Stoppschild(e)s, die Stoppschilder** ein Verkehrsschild, das den Verkehrsteilnehmer zum Stehenbleiben auffordert

die **Stopp|uhr** (Nomen) **der Stoppuhr, die Stoppuhren** eine Uhr, mit der man genau messen kann, wie lange etwas dauert

der **Stöp|sel** (Nomen) **des Stöpsels, die Stöpsel** ein Gegenstand, den man in ein Loch steckt, um es zu verschließen

der **Storch** (Nomen) **des Storch(e)s, die Störche** ein großer Vogel mit langem, rotem Schnabel und langen Beinen

stö|ren (Verb) **du störst, er störte, sie hat gestört, stör(e) nicht!**
❶ jemanden (bei etwas) stören jemanden bei einer Tätigkeit unterbrechen oder behindern: *Seine Musik stört mich beim Lernen.*
❷ etwas stören den normalen Ablauf von etwas behindern: *Sie stört ständig den Unterricht.*

stor|nie|ren (Verb) **du stornierst, er stornierte, sie hat storniert, stornier(e)!** rückgängig machen, widerrufen: *Wir haben die Reise storniert.*

stör|risch (Adjektiv) **störrischer, am störrischsten** eigensinnig, trotzig

die **Stö|rung** (Nomen) **der Störung, die Störungen**
❶ etwas, was jemanden oder einen normalen Ablauf von etwas behindert: *Bitte entschuldigen Sie die Störung, aber es ist dringend.*
❷ ein technisches Problem: *die Störung der Internetverbindung*

die **Sto|ry** (Nomen) ['stɔ:ri] **der Story, die Storys** eine Geschichte: *Die Story klingt unglaublich.*

der **Stoß** (Nomen) **des Stoßes, die Stöße**
❶ ein kräftiger Schlag, Tritt oder Aufprall: *Er gab ihm einen Stoß in die Rippen.*
❷ die ruckartige Bewegung von vorne nach hinten beim Schwimmen oder Rudern: *Sie ruderten mit kräftigen Stößen über den See.*
❸ umgangssprachlich Stapel: *Auf dem Tisch lag ein Stoß Zeitungen.*

sto|ßen (Verb) **du stößt, er stieß, sie hat/ist gestoßen, stoß(e)!**
❶ jemanden/etwas irgendwohin stoßen **hat gestoßen** jemanden/etwas in eine bestimmte Richtung schubsen: *Er stieß seinen Bruder ins Wasser.* • *Laura stößt den Ball ins Tor.*
❷ an/gegen etwas stoßen **hat gestoßen** absichtlich mit dem Fuß an/gegen etwas schlagen: *Das Kind stieß wütend gegen den Schrank.*
❸ sich (an etwas) stoßen **hat gestoßen** aus Versehen gegen etwas prallen und sich wehtun: *Ich habe mich an der Schranktür gestoßen.*

A B C D E F G H I J K L M N O P Q R S T U V W X Y Z

❹ an/gegen etwas stoßen ist gestoßen aus Versehen an/gegen etwas prallen und sich wehtun: *Max ist mit dem Kopf an den Türrahmen gestoßen.*
❺ auf etwas stoßen ist gestoßen etwas zufällig finden: *Bei unserer Suche sind wir auf alte Liebesbriefe meiner Mutter gestoßen.*

stot|tern (Verb) **du stotterst, er stotterte, sie hat gestottert, stott(e)re nicht!** nicht flüssig, sondern einzelne Silben mehrfach wiederholend sprechen

straf|bar (Adjektiv)
❶ gegen das Gesetz verstoßend: *eine strafbare Handlung*
❷ sich strafbar machen etwas tun, was gegen das Gesetz verstößt und wofür man bestraft werden kann

die **Stra|fe** (Nomen) **der Strafe, die Strafen** eine Maßnahme, durch die jemand bestraft wird: *Das Gericht hat eine harte/milde Strafe verhängt. • Zur Strafe bekommst du kein Eis.*

stra|fen (Verb) **du strafst, er strafte, sie hat gestraft, straf(e)!**
jemanden (für/wegen etwas) strafen jemandem wegen etwas eine Strafe geben: *Schüler wurden früher mit einem Stock gestraft.*

straff (Adjektiv) **straffer, am straffsten**
❶ nicht locker, sehr fest: *Ihre Haut ist sehr straff.*
❷ wirkungsvoll, gut organisiert: *eine straffe Planung*

die **Straf|tat** (Nomen) **der Straftat, die Straftaten** eine strafbare Handlung

der **Straf|tä|ter** (Nomen) **des Straftäters, die Straftäter** ≈Verbrecher jemand, der eine Straftat begangen hat

die **Straf|tä|te|rin** (Nomen) **der Straftäterin, die Straftäterinnen**
Femininform von → **Straftäter**

der **Straf|zet|tel** (Nomen) **des Strafzettels, die Strafzettel** ein Zettel, auf dem steht, dass man eine Strafe bezahlen muss, weil man z. B. falsch geparkt hat

der **Strahl** (Nomen) **des Strahl(e)s, die Strahlen**
❶ Singular selten ein langer, schmaler Streifen Licht: *die Strahlen der Sonne*
❷ Flüssigkeit, die mit Druck aus einer kleinen Öffnung herauskommt: *Bei unserer Dusche gibt es einen harten und einen weichen Strahl.*

strah|len (Verb) **du strahlst, er strahlte, sie hat gestrahlt, strahle!**
❶ sehr hell sein, Strahlen aussenden: *Die Sonne strahlte am Himmel.*
❷ sehr sauber sein: *Nach dem Putzen strahlte der Fußboden.*
❸ sehr glücklich aussehen: *vor Freude/Glück strahlen*
❹ PHYSIK radioaktiv sein

die **Strah|lung** (Nomen) **der Strahlung, die Strahlungen**
❶ die Tatsache, dass etwas Strahlen aussendet: *radioaktive/ultraviolette Strahlung*
❷ etwas, was von etwas ausgestrahlt wird

die **Sträh|ne** (Nomen) **der Strähne, die Strähnen** mehrere glatte Haare zusammen

stramm (Adjektiv) **strammer, am strammsten**
❶ sehr fest um etwas herum: *Das Gummi ist sehr stramm.*
❷ etwas stramm ziehen etwas fest anziehen: *den Gürtel stramm ziehen*
❸ kräftig und gesund: *stramme Waden*

der **Strand** (Nomen) **des Strand(e)s, die Strände** das flache Ufer am Meer oder an einem anderen Gewässer, das mit Sand oder Kies bedeckt ist

die **Stra|ße** (Nomen) **der Straße, die Straßen**
❶ der Weg, auf dem Fahrzeuge fahren und der meistens aus Asphalt ist
❷ auf der Straße sitzen umgangssprachlich arbeitslos sein
❸ für/gegen etwas auf die Straße gehen für/gegen etwas demonstrieren

die **Stra|ßen|bahn** (Nomen) **der Straßenbahn, die Straßenbahnen** eine Art Zug, der auf Schienen durch die Stadt fährt

die **Stra|ßen|kreu|zung** (Nomen) **der Straßenkreuzung, die Straßenkreuzungen** die Stelle, an der sich zwei oder mehr Straßen schneiden

der **Stra|ßen|na|me** (Nomen) **des Straßennamens, die Straßennamen** der Name einer Straße

das **Stra|ßen|schild** (Nomen) **des Straßenschild(e)s, die Straßenschilder** das Schild (an einer Straßenecke), auf dem der Name der Straße steht

die **Stra|te|gie** (Nomen) **der Strategie, die Strategien** ein Plan, nach dem jemand handelt

stra|te|gisch (Adjektiv) **strategischer, am strategischsten** nach einem bestimmten Plan vorgehend

der **Strauch** (Nomen) **des Strauch(e)s, die Sträucher** eine größere Pflanze, bei der mehrere kräftige Zweige direkt aus der Wurzel herauswachsen (z. B. Flieder, Hortensie, Ginster)

der **Strauß**[1] (Nomen) **des Straußes, die Strauße** ein sehr großer Vogel, der schnell laufen, aber nicht fliegen kann

der **Strauß**[2] (Nomen) **des Straußes, die Sträuße** zusammengebundene Blumen, die man in eine Vase stellt: *Meine Mutter freut sich immer über einen Strauß Blumen.*

stre|ben (Verb) **du strebst, er strebte, sie hat gestrebt, strebe!**
nach etwas streben etwas haben oder erreichen wollen

der **Stre|ber** (Nomen) abwertend **des Strebers, die Streber** jemand, der übertrieben viel lernt und immer die besten Noten haben will

die **Stre|be|rin** (Nomen) abwertend **der Streberin, die Streberinnen** Femininform von → **Streber**

die **Stre|cke** (Nomen) **der Strecke, die Strecken**
❶ der Weg oder die Entfernung zwischen zwei Punkten oder Orten: *die Strecke Berlin-München*
❷ auf halber Strecke nachdem man schon die Hälfte des Weges zurückgelegt hat
❸ auf offener Strecke nicht im Bahnhof: *Der Zug hielt plötzlich auf offener Strecke.*
❹ etwas bleibt auf der Strecke umgangssprachlich man vernachlässigt etwas oder gibt etwas auf

stre|cken (Verb) **du streckst, er streckte, sie hat gestreckt, strecke!**
❶ ganz lang und gerade machen, irgendwohin halten: *die Arme/Beine strecken · den Kopf durch die Tür strecken*
❷ sich strecken Arme und Beine ganz lang und gerade machen, sich dehnen
❸ verdünnen: *Wir müssen die Suppe strecken, sonst ist es zu wenig für alle.*

der **Streich** (Nomen) **des Streich(e)s, die Streiche**
❶ eine Handlung, um jemanden zum Spaß zu ärgern oder zu täuschen
❷ jemandem einen Streich spielen jemanden zum Spaß ärgern oder täuschen

strei|cheln (Verb) **du streichelst, er streichelte, sie hat gestreichelt, streich(e)le!** die Hand sanft und zärtlich auf etwas hin und her bewegen: *Darf ich den Hund streicheln?*

strei|chen (Verb) **du streichst, er strich, sie hat gestrichen, streich(e)!**
❶ mit Farbe anmalen: *Vorsicht, die Wand ist frisch gestrichen!*
❷ etwas auf etwas streichen etwas Cremiges auf einer Oberfläche verteilen: *Butter aufs Brot streichen*
❸ nicht mehr geben, wegnehmen: *Meine Eltern haben mir das Taschengeld gestrichen.*
❹ entfernen, löschen: *einen Namen aus einer Liste streichen*

das **Streich|holz** (Nomen) **des Streichholzes, die Streichhölzer** ein dünnes, kurzes Stäbchen aus Holz, mit dem man eine Flamme erzeugen kann, wenn man es schnell an einer rauen Oberfläche reibt

strei|fen (Verb) **du streifst, er streifte, sie hat/ist gestreift, streife!**
❶ hat gestreift dicht an etwas/jemandem vorbeikommen und dabei berühren: *Der Schuss streifte seinen Arm.*
❷ hat gestreift nur oberflächlich besprechen: *ein Thema streifen*
❸ durch etwas streifen ist gestreift durch etwas gehen, ohne ein Ziel zu haben: *Wir sind die ganze Nacht durch die Stadt gestreift.*

der **Strei|fen** (Nomen) **des Streifens, die Streifen**
❶ ein langes, schmales Stück: *ein Streifen Stoff*
❷ eine lange, schmale Fläche in einer anderen Farbe: *ein gelber Pulli mit schwarzen Streifen*

der **Streik** (Nomen) **des Streik(e)s, die Streiks** die Aktion, dass man vorübergehend nicht arbeitet, um jemanden zu zwingen, bestimmte Forderungen zu erfüllen

strei|ken (Verb) **du streikst, er streikte, sie hat gestreikt, streike!**
❶ vorübergehend nicht arbeiten, um jemanden zu zwingen, bestimmte Forderungen zu erfüllen
❷ umgangssprachlich nicht mehr funktionieren: *Der Motor streikt.*

der **Streit** (Nomen) **des Streit(e)s, die Streits** der Zustand oder Vorgang, dass zwei oder mehr Personen verschiedene Meinungen haben und darüber heftig diskutieren: *Mama, Paul hat schon wieder Streit mit mir angefangen!*

strei|ten (Verb) **du streitest, er stritt, sie hat gestritten, streit(e) nicht!**
(sich) streiten verschiedene Meinungen haben und darüber heftig diskutieren: *über Geld streiten* • *mit seinem Bruder streiten*

die **Streit|kräf|te** (Nomen) nur im Plural **der Streitkräfte** Militär, Armee

streng (Adjektiv) **strenger, am strengsten**
1 so, dass jemand Gehorsam und Disziplin verlangt: *strenge Eltern*
2 ≈strikt nach genauen Regeln: *die Reihenfolge streng einhalten*
3 streng genommen/strenggenommen ≈eigentlich wenn es so wäre, wie es sein sollte, genau genommen
4 stark: *ein strenger Winter/Geruch*

die **Stren|ge** (Nomen) nur im Singular **der Strenge**
1 die Eigenschaft, Gehorsam und Disziplin zu verlangen
2 die Stärke: *die Strenge des Winters*

der **Stress** (Nomen) nur im Singular **des Stresses**
1 eine starke körperliche und seelische Belastung durch Probleme, z. B. zu viel Arbeit, zu wenig Zeit, zu viel Lärm
2 im Stress sein umgangssprachlich viel Arbeit, viele Probleme, wenig Zeit usw. haben
3 umgangssprachlich Ärger, Streit: *Nun mach bitte keinen Stress!*

stres|sen (Verb) umgangssprachlich **du stresst, er stresste, sie hat gestresst, stress(e) nicht!** körperlich und seelisch mit Problemen, zu viel Arbeit usw. überlasten

stres|sig (Adjektiv) umgangssprachlich **stressiger, am stressigsten** ≈anstrengend, hektisch so, dass etwas durch Probleme, zu viel Arbeit, Lärm usw. jemanden körperlich und seelisch stark belastet

streu|en (Verb) **du streust, er streute, sie hat gestreut, streu(e)!** mehrere kleine Dinge nach unten fallen lassen oder werfen und dabei verteilen: *Salz in die Suppe streuen*

der **Strich** (Nomen) **des Strich(e)s, die Striche**
1 eine gerade (gezeichnete) Linie
2 gegen den/mit dem Strich gegen die/in die Richtung, in die Fell oder Haare wachsen
3 unterm Strich umgangssprachlich wenn man alle Vor- und Nachteile berücksichtigt
4 jemandem einen Strich durch die Rechnung machen umgangssprachlich dafür sorgen, dass jemand ein Vorhaben nicht verwirklichen kann

der **Strich|punkt** (Nomen) **des Strichpunkt(e)s, die Strichpunkte**
→ **Semikolon**

stri|cken (Verb) **du strickst, er strickte, sie hat gestrickt, strick(e)!** mithilfe von Stricknadeln etwas aus Wolle herstellen: *Ich habe dir einen Schal gestrickt.*

die **Strick|ja|cke** (Nomen) **der Strickjacke, die Strickjacken** die aus Wolle gestrickte Jacke

die **Strick|na|del** (Nomen) **der Stricknadel, die Stricknadeln** einer der beiden langen Stäbe aus Holz oder Metall, mit denen man aus Wolle Kleidung herstellt

strie|geln (Verb) **du striegelst, er striegelte, sie hat gestriegelt, strieg(e)le!** kräftig bürsten: *ein Pferd striegeln*

strikt (Adjektiv) **strikter, am striktesten** ≈streng genau nach Regeln: *ein striktes Verbot*

das **Stroh** (Nomen) nur im Singular **des Stroh(e)s** die getrockneten Stängel des Getreides

der **Strom** (Nomen) **des Strom(e)s, die Ströme**
1 nur im Singular Elektrizität: *den Strom abschalten* • *Strom sparen*
2 ein großer Fluss
3 eine große Menge von Menschen, die sich irgendwohin bewegen
4 mit dem/gegen den Strom schwimmen das tun/nicht das tun, was alle tun
5 in Strömen sehr viel, sehr stark: *Es regnet in Strömen.*

strö|men (Verb) nur in der 3. Person gebraucht **er strömt, sie strömte, es ist geströmt**
1 in eine bestimmte Richtung fließen: *Tränen strömten über ihre Wangen.*
2 sich in eine bestimmte Richtung bewegen: *Die Menschen strömten zum Ausgang.*

die **Strö|mung** (Nomen) **der Strömung, die Strömungen**
1 die Bewegung von Wasser: *gegen die Strömung schwimmen*
2 eine bestimmte Meinung, die viele Menschen zu einem Thema haben: *politische Strömungen*

die **Stro|phe** (Nomen) **der Strophe, die Strophen** ein Abschnitt in einem Lied oder Gedicht

die **Struk|tur** (Nomen) **der Struktur, die Strukturen**
1 der Aufbau und die Gliederung von etwas
2 das Muster aus tiefen und hohen Stellen in einer Oberfläche

struk|tu|rie|ren (Verb) **du strukturierst, er strukturierte, sie hat strukturiert, strukturiere!** gliedern, organisieren und aufbauen

der **Strumpf** (Nomen) **des Strumpf(e)s, die Strümpfe** das Kleidungsstück für Fuß und Bein

die **Strumpf|ho|se** (Nomen) **der Strumpfhose, die Strumpfhosen** eine eng anliegende Hose, die nicht nur die Beine, sondern auch die Füße umschließt

die **Stu|be** (Nomen) **der Stube, die Stuben**
1 Zimmer, Raum
2 süddeutsch Ⓐ Wohnzimmer
3 Rein in die gute Stube! umgangssprachlich · ironisch Komm/Kommt herein!

stu|ben|rein (Adjektiv) so, dass ein Hund oder eine Katze nicht in die Wohnung, auf den Teppich usw. macht

das **Stück** (Nomen) **des Stück(e)s, die Stücke**
1 ein Teil von einem Ganzem: *ein Stück Schokolade*
2 ein einzelnes, für sich vollständiges Teil: *ein Stück Zucker • zwei Stücke Kuchen*
3 Kurzform von → **Theaterstück**
4 am Stück nicht in Scheiben geschnitten
5 ein gutes/ganzes Stück umgangssprachlich ziemlich viel: *Er ist ein ganzes Stück größer als sein Bruder.*
6 kein Stück umgangssprachlich überhaupt nicht, kein bisschen: *Ich bin noch kein Stück weitergekommen.*

der **Stu|dent** (Nomen) **des Studenten, die Studenten** jemand, der an einer Hochschule lernt

die **Stu|den|tin** (Nomen) **der Studentin, die Studentinnen** Femininform von → **Student**

die **Stu|die** (Nomen) [ˈʃtuːdi̯ə] **der Studie, die Studien** eine wissenschaftliche Untersuchung oder Arbeit

stu|die|ren (Verb) **du studierst, er studierte, sie hat studiert, studiere!**
1 an einer Hochschule lernen
2 gehoben etwas ganz genau lesen, z. B. Akten, Bücher, Zeitungen

das **Stu|dio** (Nomen) **des Studios, die Studios**
1 FILM • TV • RUNDFUNK der Raum, in dem Filme und Sendungen hergestellt werden
2 ARCHITEKTUR eine kleine Wohnung, die nur aus einem Zimmer besteht
3 ≈Atelier der Arbeitsraum eines Künstlers

das **Stu|di|um** (Nomen) **des Studiums, die Studien**
1 nur im Singular die Ausbildung an einer Hochschule
2 gehoben das genaue Lesen von Akten, Büchern usw.

die **Stu|fe** (Nomen) **der Stufe, die Stufen**
1 die einzelne waagerechte Fläche bei einer Treppe oder Leiter: *die Stufen hochsteigen • Vorsicht, Stufe!*
2 ein bestimmtes Stadium in einer Entwicklung
3 sich mit jemandem auf eine/die gleiche Stufe stellen sich als gleichwertig zu jemandem betrachten

der **Stuhl** (Nomen) **des Stuhl(e)s, die Stühle**
1 das Möbelstück mit vier Beinen und einer Lehne für den Rücken, auf dem man sitzt: *sich auf einen Stuhl setzen*
2 fast vom Stuhl fallen umgangssprachlich sehr erstaunt oder überrascht sein
3 Variante von → **Stuhlgang**
4 der Heilige Stuhl Bezeichnung für den Papst und für das Amt, das er ausübt und die Behörden, denen er vorsteht: *Dies gab der Heilige Stuhl bekannt.*

der **Stuhl|gang** (Nomen) nur im Singular **des Stuhlgang(e)s** das, was man aus dem Darm auf der Toilette ausscheidet

stumm (Adjektiv)
1 so, dass man nicht spricht
2 MEDIZIN so, dass man nicht sprechen kann

stumpf (Adjektiv) **stumpfer, am stumpf(e)sten**
1 nicht scharf, schlecht schneidend: *ein stumpfes Messer*
2 nicht mehr spitz: *ein stumpfer Bleistift*
3 matt, nicht glänzend: *stumpfe Farben*
4 gleichgültig, nicht fröhlich und nicht traurig: *Er saß nur noch stumpf da.*

die **Stun|de** (Nomen) **der Stunde, die Stunden**
1 Zeiteinheit, die aus 60 Minuten besteht: *Die Fahrt dauert drei Stunden.*
2 Schulstunde, die meistens 45 Minuten dauert: *In der ersten Stunde haben wir Deutsch.*
3 eine halbe Stunde 30 Minuten
4 eine viertel Stunde 15 Minuten

stun|den|lang (Adjektiv) mehrere Stunden dauernd

der **Stun|den|plan** (Nomen)
des Stundenplan(e)s, die Stundenpläne
ein Plan, auf dem steht, wann man in welchem Fach Unterricht hat

stünd|lich (Adjektiv) jede Stunde

die **Stunt|frau** (Nomen) [stʌntfrau]
der Stuntfrau, die Stuntfrauen eine Frau, die anstelle einer Schauspielerin in gefährlichen Szenen spielt

der **Stunt|man** (Nomen) [stʌntmən]
des Stuntmans, die Stuntmen ein Mann, der anstelle eines Schauspielers in gefährlichen Szenen spielt

stur (Adjektiv) umgangssprachlich • abwertend
sturer, am stursten
❶ ≈ eigensinnig nicht bereit, auf andere zu hören oder seine Meinung zu ändern
❷ auf stur schalten umgangssprachlich nicht auf (berechtigte) Einwände oder Ratschläge hören

der **Sturm** (Nomen) **des Sturm(e)s, die Stürme**
❶ ein starker Wind
❷ MILITÄR Angriff
❸ SPORT die Spieler, die angreifen, um Tore zu schießen
❹ Sturm läuten sehr lange läuten

stür|men (Verb) **du stürmst, er stürmte, sie hat/ist gestürmt, stürm(e)!**
❶ hat gestürmt • unpersönlich sehr windig sein: *Die ganze Nacht hat es draußen gestürmt.*
❷ etwas stürmen hat gestürmt MILITÄR • SPORT etwas angreifen
❸ in/aus etwas stürmen ist gestürmt sehr schnell in/aus etwas laufen

der **Stür|mer** (Nomen) **des Stürmers, die Stürmer** der Spieler, der angreift, um Tore zu erzielen

die **Stür|me|rin** (Nomen) **der Stürmerin, die Stürmerinnen** Femininform von → **Stürmer**

stür|misch (Adjektiv) **stürmischer, am stürmischsten**
❶ mit starkem Wind: *ein stürmischer Tag*
❷ mit viel Begeisterung und Leidenschaft, laut und temperamentvoll: *stürmischer Beifall*
❸ sehr schnell: *eine stürmische Entwicklung*

der **Sturz** (Nomen) **des Sturzes, die Stürze**
❶ ein Unfall, bei dem man (nach unten) fällt: *Er hatte einen schweren Sturz beim Skifahren.*
❷ POLITIK ein Rücktritt, zu dem man gezwungen wird: *der Sturz einer Regierung*

stür|zen (Verb) **du stürzt, er stürzte, sie ist/hat gestürzt, stürz(e) nicht!**
❶ ist gestürzt hinfallen (und sich dabei verletzen): *beim Radfahren stürzen*
❷ irgendwohin stürzen ist gestürzt plötzlich schnell irgendwohin laufen: *Als es klingelte, stürzte sie zur Tür.*
❸ sich aus/von etwas stürzen hat sich gestürzt aus/von etwas nach unten springen (um Selbstmord zu begehen)
❹ sich auf jemanden/etwas stürzen hat sich gestürzt schnell zu jemandem/etwas laufen und ihn/es festhalten oder angreifen
❺ sich in etwas stürzen hat sich gestürzt anfangen, etwas sehr intensiv zu tun: *sich in die Arbeit stürzen • sich ins Vergnügen stürzen*
❻ hat gestürzt zum Rücktritt zwingen: *die Regierung stürzen*

der **Sturz|helm** (Nomen) **des Sturzhelm(e)s, die Sturzhelme** ein Helm, den man trägt, damit man sich bei einem Sturz nicht den Kopf verletzt

die **Stu|te** (Nomen) **der Stute, die Stuten**
bei Pferd, Esel, Kamel usw. ein weibliches Tier

die **Stüt|ze** (Nomen) **der Stütze, die Stützen**
❶ eine Stange oder ein Gerüst als Halt, damit etwas nicht schief steht oder umfällt
❷ ein Mensch, der jemandem in einer schwierigen Situation hilft und für ihn da ist
❸ umgangssprachlich Arbeitslosengeld oder Sozialhilfe

stüt|zen (Verb) **du stützt, er stützte, sie hat gestützt, stütze!**
❶ etwas stützen etwas so halten, dass es nicht schief steht oder umfällt
❷ jemanden stützen so gehen oder stehen, dass jemand sich festhalten kann, damit er nicht fällt
❸ sich auf etwas/jemanden stützen sich an etwas/jemandem festhalten, damit man nicht fällt: *sich auf einen Stock stützen*

stut|zig (Adjektiv)
❶ stutzig werden Zweifel bekommen oder erstaunt sein und kurz nachdenken
❷ jemanden stutzig machen so sein, dass jemand Zweifel bekommt oder erstaunt ist und nachdenkt

sty|len (Verb) ['stailən] umgangssprachlich
du stylst, er stylte, sie hat gestylt, styl(e)!
❶ mit Kleidung, Make-up und Frisur modisch zurechtmachen
❷ entwerfen, gestalten

sty|lish, stylisch (Adjektiv) [ˈstailɪʃ] umgangssprachlich **stylisher, am stylishsten** sehr modern und schick

s. u. [ˈziːə ˈʊntn̩] Abkürzung von: siehe unten Verweis auf eine Textstelle, die nach diesem Hinweis steht

das **Sub|jekt** (Nomen) GRAMMATIK **des Subjekt(e)s, die Subjekte** ≈ Satzgegenstand das Satzglied im Nominativ, das in Person und Numerus mit dem Prädikat übereinstimmt: *In dem Satz „Anna führt den Hund aus." ist „Anna" das Subjekt.*

sub|jek|tiv, sub|jek|tiv (Adjektiv) gehoben nicht neutral, sondern von jemandes Meinung und Erfahrung bestimmt

die **Sub|jek|ti|vi|tät** (Nomen) nur im Singular **der Subjektivität** ❶ Sichtweise, die nur auf Gefühlen oder Vorurteilen beruht und nicht auf Tatsachen ❷ Unsachlichkeit

das **Sub|stan|tiv** (Nomen) GRAMMATIK **des Substantivs, die Substantive** ≈ Hauptwort, Nomen Bezeichnung für eine deklinierbare Wortart, die Personen, Gegenstände und vorgestellte Dinge bezeichnet. Substantive und Eigennamen werden großgeschrieben.

die **Sub|stan|ti|vie|rung** (Nomen) [zʊpstantiˈviːrʊŋ] GRAMMATIK **der Substantivierung, die Substantivierungen** ≈ Nominalisierung ein als Substantiv gebrauchtes Wort einer anderen Wortart ⚠ die Form „das Gute" ist ein substantiviertes Adjektiv, „das Lernen" ist ein substantiviertes Verb

die **Sub|stanz, Subs|tanz** (Nomen) **der Substanz, die Substanzen** ❶ ≈ Stoff, Mittel eine Flüssigkeit, ein fester Stoff oder ein Gas mit bestimmten Eigenschaften: *Im Chemieunterricht untersuchen wir verschiedene Substanzen.* ❷ nur im Singular der wichtigste Inhalt von Ideen und Gedanken: *ein Text ohne Substanz* ❸ nur im Singular der wichtigste Bestandteil von etwas ❹ etwas geht jemandem an die Substanz umgangssprachlich jemand verliert durch etwas viel Kraft

sub|tra|hie|ren (Verb) **du subtrahierst, er subtrahierte, sie hat subtrahiert, subtrahier(e)!** eine Zahl von einer anderen abziehen: *Wenn man 5 von 8 subtrahiert, erhält man 3. (8 - 5 = 3)*

die **Sub|trak|ti|on** (Nomen) [zʊptrakˈtsi̯oːn] **der Subtraktion, die Subtraktionen** die Rechenart, bei der eine Zahl von einer anderen abgezogen wird

die **Su|che** (Nomen) **der Suche, die Suchen** ❶ die Aktion, bei der man etwas oder jemanden zu finden versucht: *Die Suche nach den Vermissten war gefährlich.* ❷ auf der Suche nach etwas/jemandem sein versuchen, etwas/jemanden zu finden

su|chen (Verb) **du suchst, er suchte, sie hat gesucht, such(e)!** ❶ jemanden/etwas suchen, nach jemandem/etwas suchen versuchen, jemanden/etwas zu finden: *Wo warst du? Ich suche dich schon seit einer Stunde! • Wir suchen eine neue Wohnung.* ❷ jemand hat irgendwo nichts zu suchen umgangssprachlich jemand hat nicht das Recht, irgendwo zu sein

die **Such|ma|schi|ne** (Nomen) **der Suchmaschine, die Suchmaschinen** ein Programm im Internet, mit dem man bestimmte Stellen oder Seiten im Internet finden kann

die **Sucht** (Nomen) **der Sucht, die Süchte/Suchten** ❶ die Abhängigkeit von einer schädlichen Substanz wie Alkohol, Nikotin, Drogen oder Medikamenten, bei der man nicht mehr ohne diese Mittel auskommen kann ❷ die Sucht nach Anerkennung/Liebe/... das krankhafte Bemühen, Anerkennung/Liebe/... zu finden

süch|tig (Adjektiv) ❶ so abhängig von einer schädlichen Substanz wie Alkohol, Nikotin, Drogen oder Medikamenten, dass man nicht mehr ohne diese Mittel auskommen kann ❷ süchtig nach Anerkennung/Liebe/... abhängig davon, Anerkennung/Liebe/... zu bekommen

Süd (Nomen) unveränderlich der Süden: *Gäste aus Nord und Süd • Bitte gehen Sie zum Eingang Messe-Süd.*

Süd|ame|ri|ka (Nomen) **Südamerikas** der südliche Teil von Amerika

süd|deutsch (Adjektiv) im/vom südlichen Teil Deutschlands

Süd|deutsch|land (Nomen) **Süddeutschlands** der südliche Teil Deutschlands

der **Sü|den** (Nomen) nur im Singular **des Südens**
❶ die Himmelsrichtung, in der die Sonne mittags steht: *Süden ist auf Landkarten unten.*
❷ ein Gebiet im Süden: *die Viertel im Süden der Stadt*

Süd|eu|ro|pa (Nomen) **Südeuropas**
der südliche Teil Europas, besonders die Länder am Mittelmeer

süd|lich (Adjektiv) **südlicher, am südlichsten**
im/aus/nach Süden siehe auch → **nördlich**

der **Süd|os|ten, Süd|os|t** (Nomen)
nur im Singular **des Südostens**
❶ die Himmelsrichtung zwischen Süden und Osten: *Wind aus/von Südosten*
❷ ein Gebiet im Südosten: *der Südosten Asiens*

süd|öst|lich (Adjektiv) **südöstlicher, am südöstlichsten** im/aus/nach Südosten
siehe auch → **nördlich**

der **Süd|pol** (Nomen) nur im Singular **des Südpols**
der südlichste Punkt der Erde

die **Süd|see** (Nomen) nur im Singular **der Südsee**
der südliche Teil des Pazifiks mit seinen exotischen Inseln

süd|wärts (Adverb) in Richtung Süden

der **Süd|wes|ten, Süd|wes|t** (Nomen)
nur im Singular **des Südwestens**
❶ die Himmelsrichtung zwischen Süden und Westen: *Wind aus/von Südwesten*
❷ ein Gebiet im Südwesten: *der Südwesten der USA*

süd|west|lich (Adjektiv) **südwestlicher, am südwestlichsten** im/aus/nach Südwesten siehe auch → **nördlich**

der/das **Su|izid, Sui|zid** (Nomen) gehoben
des Suizid(e)s, die Suizide der Selbstmord

der **Sul|tan** (Nomen) **des Sultans, die Sultane** der Titel eines islamischen Herrschers

die **Sum|me** (Nomen) **der Summe, die Summen**
❶ eine bestimmte Menge Geld: *Sie hat eine große Summe gespart.*
❷ MATHEMATIK das Ergebnis einer Addition: *Die Summe von 7 und 3 ist 10.*

sum|men (Verb) **du summst, er summte, sie hat gesummt, summ(e)!**
❶ ein leises, dumpfes, gleichmäßiges Geräusch: *der Ventilator summt • die Bienen summen*
❷ mit geschlossenem Mund leise eine Melodie singen

der **Sumpf** (Nomen) **des Sumpf(e)s, die Sümpfe**
ein Gebiet mit ständig nassem und weichem Boden

die **Sün|de** (Nomen) **der Sünde, die Sünden**
ein Verstoß gegen eine religiöse Regel

su|per (Adjektiv) umgangssprachlich **unveränderlich**
≈ toll, spitze, klasse sehr gut

der **Su|per|la|tiv** (Nomen) GRAMMATIK
des Superlativs, die Superlative die zweite Steigerungsform des Adjektivs (**z. B. am größten, am besten**)

der **Su|per|markt** (Nomen)
des Supermarkt(e)s, die Supermärkte
ein großes Geschäft, in dem man fast alle Dinge, die man zum täglichen Leben braucht, kaufen kann, und sie selbst aus den Regalen in einen Einkaufswagen oder einen Korb legt und an der Kasse bezahlt

die **Sup|pe** (Nomen) **der Suppe, die Suppen**
ein flüssiges, meist warmes Essen, das man aus tiefen Tellern oder großen Tassen mit dem Löffel isst

das **Surf|brett** (Nomen) [sə:fbrɛt]
des Surfbrett(e)s, die Surfbretter ein Brett zum Windsurfen (mit Segel) oder zum Wellenreiten (ohne Segel), auf dem man über das Wasser gleitet

sur|fen (Verb) ['zø:ɐ̯fn̩] **du surfst, er surfte, sie hat gesurft, surf(e)!**
❶ auf einem Surfbrett über das Wasser gleiten
❷ im Internet Informationen suchen und über Links verschiedene Seiten aufrufen

der **Sur|fer** (Nomen) ['sə:fɐ] **des Surfers, die Surfer** jemand, der auf einem Surfbrett über das Wasser gleitet

die **Sur|fe|rin** (Nomen) [sə:fərɪn] **der Surferin, die Surferinnen** Femininform von → **Surfer**

das **Su|shi** (Nomen) ['zu:ʃi] **des Sushi(s), die Sushi(s)** ein japanisches Gericht aus rohem Fisch und Reis

su|spekt, sus|pekt (Adjektiv) gehoben so, dass es verdächtig ist

süß (Adjektiv) **süßer, am süßesten**
❶ so, wie Zucker oder Honig schmecken
❷ umgangssprachlich ≈ niedlich sehr hübsch und nett: *Der Hund ist aber süß!*

die **Sü|ßig|keit** (Nomen) **der Süßigkeit, die Süßigkeiten** etwas zum Naschen, wie Bonbons, Schokolade, Gummibärchen usw.

die **Süß|spei|se** (Nomen) **der Süßspeise, die Süßspeisen** ≈ Dessert, Nachtisch eine süße Speise wie Pudding, Milchreis, Pfannkuchen usw.

das **Süß|was|ser** (Nomen) nur im Singular **des Süßwassers** das Wasser in Seen und Flüssen

das **Sweat|shirt** (Nomen) [ˈswɛtʃəːt] **des Sweatshirts, die Sweatshirts** ein sportlicher Pullover mit langen Ärmeln aus Baumwollstoff

der **Swim|ming|pool** (Nomen) [swɪmɪŋpuːl] **des Swimmingpools, die Swimmingpools** das Schwimmbecken in Hotels und Privathäusern

die **Sym|bi|ose, Sym|bio|se** (Nomen) [zʏmˈbi̯oːzə] **der Symbiose, die Symbiosen** das enge Zusammenleben von zwei Lebewesen, die sich beide gegenseitig nützen

das **Sym|bol** (Nomen) [zʏmˈboːl] **des Symbol(e)s, die Symbole** ❶ ein Zeichen oder Bild, das man für etwas verwendet: *Das Symbol für E-Mails ist ein kleiner Briefumschlag.* ❷ ≈Sinnbild ein Gegenstand, Tier usw., der/das eine bestimmte Idee darstellt: *Das Herz ist das Symbol der Liebe.*

sym|bo|lisch (Adjektiv) [zʏmˈboːlɪʃ] ❶ als Zeichen für etwas anderes: *eine symbolische Handbewegung* ❷ mit Symbolen: *eine symbolische Darstellung*

die **Sym|me|trie, Sym|met|rie** (Nomen) [zʏmeˈtriː] **der Symmetrie, die Symmetrien** die Eigenschaft, dass etwas auf beiden Seiten von einer (gedachten) Linie spiegelbildlich aussieht

die **Sym|me|trie|ach|se** (Nomen) **der Symmetrieachse, die Symmetrieachsen** eine (gedachte) Linie, von der aus etwas nach beiden Seiten spiegelbildlich aussieht

sym|me|trisch, sym|met|risch (Adjektiv) [zʏˈmeːtrɪʃ] so, dass etwas auf beiden Seiten von einer (gedachten) Linie spiegelbildlich aussieht

die **Sym|pa|thie** (Nomen) [zʏmpaˈtiː] **der Sympathie, die Sympathien** das Gefühl/der Zustand, dass man jemanden sehr nett findet und mag: *Ich habe eine große Sympathie für ihn.*

sym|pa|thisch (Adjektiv) [zʏmˈpaːtɪʃ] **sympathischer, am sympathischsten** so, dass man jemanden sehr nett findet: *Sie ist mir sehr sympathisch.*

die **Sym|pho|nie** (Nomen) [zʏmfoˈniː] **der Symphonie, die Symphonien** Variante von → **Sinfonie**

das **Sym|ptom, Symp|tom** (Nomen) [zʏmpˈtoːm] **des Symptoms, die Symptome** ein äußeres Zeichen oder eine Veränderung, das/die ein typisches Zeichen für eine Krankheit oder etwas anderes Negatives ist

die **Sy|na|go|ge, Syn|ago|ge** (Nomen) [zʏnaˈgoːgə] **der Synagoge, die Synagogen** das Haus, in dem die Juden zu Gott beten

syn|chron (Adjektiv) [zʏnˈkroːn] gleichzeitig

syn|chro|ni|sie|ren (Verb) [zʏnkroniˈziːrən] **du synchronisierst, er synchronisierte, sie hat synchronisiert, synchronisier(e)!** ❶ die Texte für einen Film in einer anderen Sprache aufnehmen ❷ Prozesse aufeinander abstimmen

das **Sy|no|nym, Syn|onym** (Nomen) [zʏnoˈnyːm] **des Synonyms, die Synonyme/Synonyma** ein Wort, das dasselbe bedeutet wie ein anderes siehe auch → **Antonym**

syn|the|tisch (Adjektiv) [zʏnˈteːtɪʃ] aus künstlichem Material

der **Sy|rer** (Nomen) **des Syrers, die Syrer** ein Junge/Mann aus Syrien

die **Sy|re|rin** (Nomen) **der Syrerin, die Syrerinnen** ein Mädchen/eine Frau aus Syrien

Sy|ri|en (Nomen) **Syriens** ein arabisches Land in Asien

sy|risch (Adjektiv) aus Syrien oder in syrischer Sprache

das **Sys|tem** (Nomen) [zʏsˈteːm] **des Systems, die Systeme** ❶ eine bestimmte Einheit aus verschiedenen Teilen, die zusammenhängen: *das ökologische System* ❷ ein bestimmtes Prinzip, nach dem etwas gegliedert oder sortiert ist: *Nach welchem System sind die Bücher geordnet?* ❸ die Form eines Staates und seiner Regierung: *ein demokratisches System • ein totalitäres System*

sys|te|ma|tisch (Adjektiv) [zʏsteˈmaːtɪʃ] **systematischer, am systematischsten** in einer bestimmten Ordnung, nach einem bestimmten Plan

die **Sze|ne** (Nomen) **der Szene, die Szenen** ❶ ein kurzer Abschnitt in einem Theaterstück oder Film ❷ ein auffälliger Vorgang: *Ich vergesse nie*

die Szene, als er im Schlafanzug vor unserer Haustür stand.
❸ jemandem eine Szene machen jemandem laute Vorwürfe machen

das **T, t** (Nomen) **des T, die T**
❶ der 20. Buchstabe im Alphabet
siehe auch → **A**
❷ nur: t • Abkürzung von: Tonne eine 1000 kg entsprechende Maßeinheit

der **Tạ|bak, Ta|bạk** (Nomen) **des Tabaks, die Tabake** getrocknete und zerkleinerte Blätter einer Pflanze, die man in Zigaretten, Zigarren und Pfeifen raucht

ta|bel|la|risch (Adjektiv) in der Form einer Tabelle

die **Ta|bẹl|le** (Nomen) **der Tabelle, die Tabellen**
❶ eine geschriebene Übersicht in einer Art Gitter aus waagerechten Zeilen und senkrechten Spalten
❷ SPORT eine Liste aller Mannschaften einer Liga, die nach den jeweils erreichten Punkten sortiert ist

das **Ta|blet** (Nomen) **des Tablets, die Tablets**
Kurzform von → **Tablet-PC**

der **Ta|blet-PC** (Nomen) **des Tablet-PC(s), die Tablet-PC(s)** kleiner, flacher Computer ohne Maus und Tastatur, der durch Berührung des Bildschirms gesteuert wird

das **Ta|blẹtt, Tab|lẹtt** (Nomen) **des Tablett(e)s, die Tabletts/Tablette** eine Art Brett (mit Griffen), auf dem man Essen und Geschirr transportiert

die **Ta|blẹt|te, Tab|lẹt|te** (Nomen) **der Tablette, die Tabletten** ein Medikament in Form einer sehr kleinen runden Scheibe

ta|bu (Adjektiv)
❶ so, dass man über etwas nicht redet: *Dieses Thema ist tabu.*
❷ so, dass man etwas nicht tut oder benutzt: *Ich habe Grippe und Sport ist im Moment für mich tabu.*

das **Ta|bu** (Nomen) **des Tabus, die Tabus** die Regel, über etwas Bestimmtes nicht zu sprechen oder etwas nicht zu tun

der **Ta|del** (Nomen) **des Tadels, die Tadel** der kritische Vorwurf

ta|del|los (Adjektiv) sehr gut, ohne Fehler

ta|deln (Verb) **du tadelst, er tadelte, sie hat getadelt, tad(e)le!** kritisieren und daraus einen Vorwurf machen

die **Ta|fel** (Nomen) **der Tafel, die Tafeln**
❶ eine (große) schwarze oder grüne Platte, auf die man mit Kreide etwas schreibt, was man mit Wasser wieder wegwischen kann: *etwas an die Tafel schreiben • die Tafel wischen*
❷ eine Tafel Schokolade eine in mehrere kleine Rechtecke unterteilte Platte aus Schokolade
❸ gehoben ein meist festlich gedeckter Tisch, an dem man isst
❹ ein Schild, auf dem ein Hinweis oder eine Auskunft steht
❺ eine wohltätige Einrichtung, die gespendete Lebensmittel an arme Menschen verteilt

der **Tag** (Nomen) **des Tag(e)s, die Tage**
❶ von 0.00 bis 24.00 Uhr 24 Stunden, die eine Einheit bilden und ein eigenes Datum im Kalender haben: *An welchem Tag hast du Geburtstag?*
❷ die Zeit, in der es durch die Sonne hell ist
❸ Guten Tag! die Begrüßung, wenn man jemandem am Nachmittag trifft
❹ die Tage umgangssprachlich ≈ Regelblutung, Periode, Menstruation *Ich habe meine Tage.*
❺ eines Tages irgendwann

das **Ta|ge|buch** (Nomen) **des Tagebuch(e)s, die Tagebücher** ein Buch, in das man jeden Tag hineinschreibt, was man erlebt hat

ta|ge|lang (Adjektiv) mehrere Tage dauernd

ta|gen (Verb) **du tagst, er tagte, sie hat getagt, tage!** an einer Sitzung, Konferenz oder Tagung teilnehmen

die **Ta|ges|kar|te** (Nomen) **der Tageskarte, die Tageskarten**
❶ eine Fahr- oder Eintrittskarte, die einen ganzen Tag gültig ist
❷ eine Speisekarte in einem Restaurant, die an diesem bestimmten Tag gültig ist

das **Ta|ges|licht** (Nomen) nur im Singular **des Tageslicht(e)s** das Licht, das von der Sonne und nicht von einer Lampe kommt

die **Ta|ges|ord|nung** (Nomen)
der Tagesordnung, die Tagesordnungen
① die Reihenfolge der Themen, die auf einer Versammlung besprochen werden: *auf der Tagesordnung stehen*
② an der Tagesordnung sein normal sein, immer wieder vorkommen
③ zur Tagesordnung übergehen wieder das tun, was man normalerweise tut

die **Ta|ges|zeit** (Nomen) **der Tageszeit, die Tageszeiten** ein bestimmter Abschnitt in den 24 Stunden, die ein Tag dauert (Morgen, Mittag, Nachmittag, Abend, Nacht)

die **Ta|ges|zei|tung** (Nomen)
der Tageszeitung, die Tageszeitungen
die Zeitung, die jeden Tag (außer am Sonntag) erscheint

täg|lich (Adjektiv) jeden Tag

tags (Adverb)
① am Tag, während des Tages, tagsüber
② tags zuvor/darauf am Tag davor/danach

tags|über (Adverb) am Tag, während des Tages

die **Ta|gung** (Nomen) **der Tagung, die Tagungen** ein meist mehrere Tage dauerndes Treffen von Fachleuten, die über ein bestimmtes Thema diskutieren und informieren

die **Tail|le** (Nomen) ['taljə] **der Taille, die Taillen** die schmalste Stelle des Rumpfes, an der man (oft) den Gürtel trägt

der **Takt** (Nomen) **des Takt(e)s, die Takte**
① einer der kurzen Abschnitte, aus denen Musikstücke bestehen: *ein paar Takte spielen*
② nur im Singular der gleichmäßige Rhythmus, mit dem man etwas macht: *im Takt rudern • jemanden aus dem Takt bringen*
③ nur im Singular das Gespür dafür, höflich und rücksichtsvoll zu anderen zu sein

das **Takt|ge|fühl** (Nomen) nur im Singular
des Taktgefühl(e)s das Gefühl für Takt

die **Tak|tik** (Nomen) **der Taktik, die Taktiken** eine Methode oder ein Plan, wie man sich verhält, um sein Ziel zu erreichen

tak|tisch (Adjektiv) mit einer Methode oder einem Plan, damit man sein Ziel erreicht

takt|los (Adjektiv) ohne Höflichkeit und Rücksicht auf andere

takt|voll (Adjektiv) **taktvoller, am taktvollsten** mit Höflichkeit und Rücksicht auf andere

das **Tal** (Nomen) **des Tal(e)s, die Täler** der tiefe Einschnitt zwischen zwei Bergen

das **Ta|lent** (Nomen) **des Talent(e)s, die Talente**
① ≈ Begabung die Fähigkeit, dass es für jemanden ganz leicht ist, bestimmte Dinge sehr gut zu machen: *Ich habe kein Talent für Mathematik.*
② jemand, der begabt für etwas ist: *Du bist ja ein richtiges Talent im Zeichnen!*

ta|len|tiert (Adjektiv) **talentierter, am talentiertesten** mit viel Begabung für etwas

der **Ta|lis|man** (Nomen) **des Talismans, die Talismane** ≈ Maskottchen ein Gegenstand, der Glück bringen soll

die **Talk|show** (Nomen) [tɔ:kʃoʊ] **der Talkshow, die Talkshows** eine Fernsehsendung, in der verschiedene, meist berühmte Personen interviewt werden und sich miteinander unterhalten

das **Tam|bu|rin** (Nomen) **des Tamburins, die Tamburine** eine Art leichte Trommel mit kleinen Schellen am Rand, die man mit der Hand schlägt

der **Tam|pon, Tam|pon** (Nomen) ['tampɔn] **des Tampons, die Tampons** eine kleine feste Rolle aus Watte, die bei Verletzungen oder der Menstruation das Blut aufsaugt

der **Tank** (Nomen) **des Tanks, die Tanks/Tanke**
① ein großer Behälter für Flüssigkeiten
② der Behälter für Benzin in Autos, Motorrädern usw.

tan|ken (Verb) **du tankst, er tankte, sie hat getankt, tank(e)!**
① an einer Tankstelle Benzin in den Tank füllen
② Sonne/Energie/… tanken viel Sonne/Energie/… aufnehmen

der **Tan|ker** (Nomen) **des Tankers, die Tanker** ein großes Schiff, das besonders Erdöl transportiert

die **Tan|ne** (Nomen) **der Tanne, die Tannen** ein Baum im Wald mit grünen Nadeln und braunen Zapfen

der **Tan|nen|baum** (Nomen)
des Tannenbaum(e)s, die Tannenbäume
① umgangssprachlich ≈ Tanne ein Baum im Wald mit grünen Nadeln und braunen Zapfen
② Weihnachtsbaum bzw. Christbaum

die **Tan|te** (Nomen) **der Tante, die Tanten** die Schwester oder Schwägerin von Mutter oder Vater

der **Tanz** (Nomen) **des Tanzes, die Tänze** Bewegung zu Musik

tan|zen (Verb) **du tanzt, er tanzte, sie hat getanzt, tanz(e)!** bestimmte Schritte und Bewegungen zu Musik machen

der **Tän|zer** (Nomen) **des Tänzers, die Tänzer** jemand, der bestimmte Schritte und Bewegungen zu Musik macht

die **Tän|ze|rin** (Nomen) **der Tänzerin, die Tänzerinnen** Femininform von → **Tänzer**

die **Ta|pe|te** (Nomen) **der Tapete, die Tapeten** ein festes Papier, das man auf die Wände in einer Wohnung klebt, damit es schöner aussieht

ta|pe|zie|ren (Verb) **du tapezierst, er tapezierte, sie hat tapeziert, tapezier(e)!** Tapeten an die Wände kleben

tap|fer (Adjektiv) **tapferer, am tapfersten**
1 so, dass man Schmerzen oder Anstrengungen aushält, ohne zu jammern
2 ≈ mutig so, dass man keine Angst vor Gefahren hat

die **Tap|fer|keit** (Nomen) nur im Singular **der Tapferkeit**
1 das Aushalten von Schmerzen oder Anstrengungen, ohne zu jammern
2 ≈ Mut die Eigenschaft, dass man keine Angst vor Gefahren hat

tap|sig (Adjektiv) umgangssprachlich **tapsiger, am tapsigsten** ≈ tollpatschig ungeschickt und unbeholfen in den Bewegungen und dabei niedlich

der **Ta|rif** (Nomen) **des Tarif(e)s, die Tarife**
1 ein in mehreren Stufen festgelegter Preis
2 ein in mehreren Stufen festgelegtes Gehalt

tar|nen (Verb) **du tarnst, er tarnte, sie hat getarnt, tarn(e)!**
1 sich/etwas tarnen sich/etwas so herrichten, dass man/etwas wie die Umgebung aussieht, um nicht gefunden oder entdeckt zu werden: *Die Soldaten hatten sich getarnt und warteten im Urwald.*
2 sich/etwas als jemand/etwas tarnen so tun, als sei jemand/etwas jemand/etwas anderes, damit niemand Verdacht schöpft: *Die Bankräuber tarnten sich als Sanitäter.* • *Er tarnte sein Gewehr als Spazierstock.*

die **Tar|nung** (Nomen) **der Tarnung, die Tarnungen**
1 nur im Singular das Tarnen
2 Kleidung, Farbe, ein Versteck usw., die/das verwendet wird, um nicht gefunden und entdeckt zu werden

die **Ta|sche** (Nomen) **der Tasche, die Taschen**
1 ein Behältnis oder Beutel aus Leder, Stoff oder anderem Material, in dem man Einkäufe oder persönliche Dinge transportiert und den man in der Hand oder über der Schulter trägt (z. B. Handtasche, Einkaufstasche, Aktentasche)
2 eine Art kleiner Sack, der in die Kleidung eingenäht ist: *die Hände in die Taschen stecken*
3 jemandem auf der Tasche liegen umgangssprachlich • abwertend von jemandes Geld leben
4 jemanden in die Tasche stecken umgangssprachlich viel mehr können als jemand anders
5 tief in die Tasche greifen müssen umgangssprachlich viel bezahlen müssen

das **Ta|schen|buch** (Nomen) **des Taschenbuch(e)s, die Taschenbücher** ein Buch mit einem Einband aus Pappe

das **Ta|schen|geld** (Nomen) nur im Singular **des Taschengeld(e)s** das Geld, das ein Kind regelmäßig von den Eltern bekommt, um sich kleinere Dinge selbst kaufen zu können

das **Ta|schen|mes|ser** (Nomen) **des Taschenmessers, die Taschenmesser** ein kleines Werkzeug mit verschiedenen Messerklingen (und Flaschenöffner, Schere o. Ä.), die man ausklappen kann

der **Ta|schen|rech|ner** (Nomen) **des Taschenrechners, die Taschenrechner** ein kleines elektronisches Gerät, mit dem man rechnen kann

das **Ta|schen|tuch** (Nomen) **des Taschentuch(e)s, die Taschentücher** ein Tuch, mit dem man sich die Nase putzt

die **Tas|se** (Nomen) **der Tasse, die Tassen**
1 ein Gefäß, häufig aus Porzellan, mit einem Henkel, aus dem man heiße Getränke wie Kaffee und Tee trinkt
2 ein Gefäß aus Porzellan mit zwei Henkeln, aus dem man Suppe isst
3 der Inhalt einer Tasse: *Möchtest du eine Tasse Tee?*
4 nicht alle Tassen im Schrank haben umgangssprachlich • abwertend verrückt sein

die **Tas|ta|tur** (Nomen) **der Tastatur, die Tastaturen** das Teil mit vielen Tasten bei einem PC, Handy usw., mit dem man Buchstaben und Zahlen eintippen kann

tas|ten (Verb) **du tastest, er tastete, sie hat getastet, taste!**
1 etwas tasten etwas mit der Hand fühlen können: *Sie tastete einen Knoten in ihrer Brust.*
2 nach etwas tasten etwas suchen, indem

man es mit den Händen zu fühlen versucht: *Er tastete im Dunkeln nach dem Lichtschalter.*

der **Tast|sinn** (Nomen) nur im Singular **des Tastsinn(e)s** die Fähigkeit, etwas zu erkennen, wenn man es mit den Händen fühlt und berührt

die **Tat** (Nomen) **der Tat, die Taten**
1 ≈ Handlung etwas, was man tut oder getan hat
2 ≈ Straftat ein Verbrechen
3 in der Tat gehoben ≈ tatsächlich, wirklich, allerdings *Das hat er in der Tat gesagt.*
4 etwas in die Tat umsetzen etwas, was man gesagt oder geplant hat, wirklich tun
5 jemanden auf frischer Tat ertappen jemanden dabei überraschen, wie er etwas Verbotenes tut

der **Tä|ter** (Nomen) **des Täters, die Täter** jemand, der ein Verbrechen begangen oder etwas Verbotenes getan hat

die **Tä|te|rin** (Nomen) **der Täterin, die Täterinnen** Femininform von → **Täter**

tä|tig (Adjektiv)
1 als etwas tätig sein in einem bestimmten Beruf arbeiten
2 ≈ aktiv so, dass man etwas tut: *Unsere Klassensprecherin ist in dieser Sache tätig geworden.*

die **Tä|tig|keit** (Nomen) **der Tätigkeit, die Tätigkeiten**
1 ≈ Aktivität das, was man tut
2 ≈ Berufstätigkeit die Arbeit, der Beruf

das **Tä|tig|keits|wort** (Nomen) GRAMMATIK **des Tätigkeitswort(e)s, die Tätigkeitswörter** → **Verb**

der **Tat|ort** (Nomen) **des Tatort(e)s, die Tatorte** der Ort, an dem ein Verbrechen begangen wurde

tä|to|wie|ren (Verb) **du tätowierst, er tätowierte, sie hat tätowiert, tätowier(e)!** mit einer Nadel und Farbe Bilder oder Buchstaben in die Haut einritzen

die **Tä|to|wie|rung** (Nomen) **der Tätowierung, die Tätowierungen** ein Bild oder Buchstaben, die mit einer Nadel und Farbe in die Haut eingeritzt wurden

die **Tat|sa|che** (Nomen) **der Tatsache, die Tatsachen**
1 ≈ Fakt etwas, was wirklich so (geschehen) ist
2 den Tatsachen entsprechen richtig sein
3 jemanden vor vollendeteTatsachen stellen eine Entscheidung treffen, an der jemand nichts mehr ändern kann

tat|säch|lich, tat|säch|lich (Adjektiv)
1 ≈ wahr so, wie es wirklich ist oder war: *War das der tatsächliche Grund?*
2 in Wirklichkeit: *Gibt es tatsächlich Gespenster?*
3 wenn man überrascht ist oder etwas nicht glaubt: *Das glaube ich nicht. Hat sie das tatsächlich gesagt?*

der/das **Tat|too** (Nomen) [tɛˈtuː, taˈtu] **des Tattoos, die Tattoos** → **Tätowierung**

die **Tat|ze** (Nomen) **der Tatze, die Tatzen** der Fuß von Bären, Löwen usw.

das **Tau**[1] (Nomen) **des Tau(e)s, die Taue** ein dickes Seil

der **Tau**[2] (Nomen) nur im Singular **des Tau(e)s** die Feuchtigkeit, die frühmorgens auf Pflanzen und Gras liegt

taub (Adjektiv)
1 so, dass man nichts hören kann: *Hallo? Ich rede mit dir! Bist du taub? • Meine Oma ist taub.*
2 so, dass man nichts fühlen kann: *Ich habe ein taubes Gefühl im Mund. • Meine Finger sind ganz taub vor Kälte.*

die **Tau|be**[1] (Nomen) **der Taube, die Tauben**
1 ein größerer, meist grauer Vogel mit kurzen Beinen, der weite Strecken fliegen kann
2 die Taube gurrt die Taube macht ihr typisches Geräusch

der/die **Tau|be**[2] (Nomen) **des/der Tauben, die Tauben** jemand, der nicht hören kann

taub|stumm (Adjektiv) so, dass man nicht hören und sprechen kann

tau|chen (Verb) **du tauchst, er tauchte, sie hat/ist getaucht, tauch(e)!**
1 **hat getaucht** mit Kopf und Körper tief unter Wasser gehen
2 **ist getaucht** sich tauchend fortbewegen: *Er ist sehr weit getaucht.*
3 nach etwas tauchen **hat getaucht** unter Wasser etwas suchen: *nach Perlen tauchen*
4 etwas in etwas tauchen **hat getaucht** etwas in eine Flüssigkeit halten: *den Pinsel in die Farbe tauchen*

der **Tau|cher** (Nomen) **des Tauchers, die Taucher** jemand, der als Sport oder Beruf in Gewässern taucht

die **Tau|che|rin** (Nomen) **der Taucherin, die Taucherinnen** Femininform von → **Taucher**

tau|en (Verb) nur in der 3. Person gebraucht
es taut, es taute, es ist/hat getaut
❶ ist getaut ≈schmelzen durch Wärme flüssig werden: *Das Eis ist getaut.*
❷ Es taut. hat getaut • unpersönlich Es ist so warm, dass Eis und Schnee schmelzen.

die **Tau|fe** (Nomen) **der Taufe, die Taufen**
die Handlung in der christlichen Religion, bei der ein Priester jemandes Kopf mit Wasser begießt oder jemanden in Wasser taucht, um ihn in die Kirche aufzunehmen

tau|fen (Verb) **du taufst, er taufte, sie hat getauft, tauf(e)!**
❶ jemanden taufen jemandes Kopf mit Wasser begießen oder jemanden in Wasser tauchen und ihn damit in die Kirche aufnehmen
❷ jemanden (auf den Namen) … taufen jemandem den Namen … geben
❸ ein Schiff taufen einem Schiff einen Namen geben

der **Täuf|ling** (Nomen) **des Täuflings, die Täuflinge** die Person, die getauft wird

der **Tauf|pa|te** (Nomen) **des Taufpaten, die Taufpaten** jemand, der neben den Eltern bei der Taufe eines Kindes dabei ist und später bei der religiösen Erziehung hilft

die **Tauf|pa|tin** (Nomen) **der Taufpatin, die Taufpatinnen**
Femininform von → **Taufpate**

tau|meln (Verb) **du taumelst, er taumelte, sie hat/ist getaumelt, taum(e)le!**
❶ hat getaumelt ≈schwanken das Gleichgewicht verlieren und sich dabei hin und her drehen: *Nach dem Sturz hat er getaumelt.*
❷ ist getaumelt sich schwankend irgendwohin bewegen: *Schläfrig ist sie ins Badezimmer getaumelt.*

der **Tausch** (Nomen) nur im Singular
des Tausch(e)s
❶ das Tauschen: *Den Ring habe ich im Tausch gegen meine Kette bekommen.*
❷ einen guten/schlechten Tausch machen beim Tauschen etwas Besseres/Schlechteres bekommen, als man gegeben hat

tau|schen (Verb) **du tauschst, er tauschte, sie hat getauscht, tausch(e)!**
❶ etwas (mit jemandem) tauschen jemandem etwas geben und dafür von ihm etwas anderes bekommen: *Fußballbilder tauschen • die Plätze tauschen*
❷ etwas gegen etwas tauschen etwas abgeben und dafür etwas anderes bekommen

täu|schen (Verb) **du täuschst, er täuschte, sie hat getäuscht, täusch(e) nicht!**
❶ ≈betrügen jemanden absichtlich dazu bringen, dass er etwas Falsches glaubt: *Ich dachte, er sei ehrlich, aber er hat mich getäuscht.*
❷ sich täuschen ≈sich irren *Du täuschst dich, so war es nicht!*
❸ wenn mich nicht alles täuscht wenn ich mich nicht völlig irre

die **Täu|schung** (Nomen) **der Täuschung, die Täuschungen**
❶ ≈Betrug eine Handlung, mit der jemand dazu gebracht werden soll, etwas Falsches zu glauben
❷ ≈Irrtum eine falsche Vorstellung von etwas: *eine optische Täuschung*

tau|send (Zahlwort)
❶ als Ziffern: 1000: *tausend Euro*
siehe auch → **acht**
❷ umgangssprachlich sehr viele: *Tausend Dank und tausend Küsse!*
❸ einige/mehrere/… tausend oder Tausend als ungefähre Mengenangabe verwendet
❹ tausende oder Tausende als ungefähre Mengenangabe verwendet: *Tausende von Zuschauern waren gekommen.*

der **Tau|send|füß|ler, Tau|send|fü|ßer** (Nomen) **des Tausendfüßlers, die Tausendfüßler** ein Tier mit sehr vielen Beinen

tau|send|mal (Zahlwort) oft übertreibend: 1000 Male: *Und wenn du es noch tausendmal sagst: Ich glaube es einfach nicht.*

das **Ta|xi** (Nomen) **des Taxis, die Taxis** ein Auto, dessen Fahrer jemanden gegen Bezahlung zu einem Ziel fährt

der **Ta|xi|fah|rer** (Nomen) **des Taxifahrers, die Taxifahrer** jemand, der mit dem Auto jemanden gegen Bezahlung zu einem Ziel fährt

die **Ta|xi|fah|re|rin** (Nomen) **der Taxifahrerin, die Taxifahrerinnen**
Femininform von → **Taxifahrer**

das **Team** (Nomen) [ti:m] **des Teams, die Teams** eine Gruppe von Personen, die zusammen arbeiten oder als Mannschaft zusammen Sport machen

das **Team|work** (Nomen) [ti:mwə:k] **des Teamworks, die Teamworks** die Zusammenarbeit in einer Gruppe von mehreren Personen

die **Tech|nik** (Nomen) **der Technik, die Techniken**
❶ nur im Singular der Bereich, in dem die Naturwissenschaften praktisch genutzt werden: *Forschung und Technik • auf dem neuesten Stand der Technik sein*
❷ nur im Singular die technische Ausrüstung und die Geräte, mit denen eine Firma, ein Haus usw. ausgestattet ist: *In unserer Schule sei die ganze Technik veraltet, sagt der Hausmeister.*
❸ eine besondere Methode oder Arbeitsweise, wie man etwas macht oder herstellt: *Sie hat beim Weitsprung eine ganz besondere Technik.*

der **Tech|ni|ker** (Nomen) **des Technikers, die Techniker** jemand, der einen technischen Beruf hat

die **Tech|ni|ke|rin** (Nomen) **der Technikerin, die Technikerinnen**
Femininform von → **Techniker**

tech|nisch (Adjektiv)
❶ die Technik betreffend: *technische Geräte • ein technischer Zeichner*
❷ eine besondere Methode oder Arbeitsweise betreffend: *Er spielt technisch brillant.*

die **Tech|no|lo|gie** (Nomen) **der Technologie, die Technologien** die moderne Technik und ihr Einsatz in der Industrie usw.

der **Ted|dy** (Nomen) ['tedi] **des Teddys, die Teddys** ein Bär aus Stoff, besonders Plüsch, mit dem Kinder spielen und schmusen

der **Tee** (Nomen) **des Tees, die Tees**
❶ die getrockneten Blätter der Teepflanze, aus denen man ein Getränk macht
❷ das Getränk, das entsteht, wenn man heißes Wasser über (getrocknete) Blätter, Blüten oder Früchte gießt
❸ schwarzer Tee das Getränk, das entsteht, wenn man heißes Wasser über die getrockneten Blätter der Teepflanze gießt

der **Tee|löf|fel** (Nomen) **des Teelöffels, die Teelöffel** der kleine Löffel, mit dem man in der Tasse rührt oder Pudding, Joghurt, Eis usw. isst

der **Teen|ager** (Nomen) ['ti:n|eɪdʒɐ] **des Teenagers, die Teenager** ein Junge oder Mädchen zwischen 13 und 19 Jahren

der **Teer** (Nomen) **des Teer(e)s, die Teere** eine schwarze, klebrige Masse, die man beim Bauen von Häusern und Straßen verwendet

der **Teich** (Nomen) **des Teich(e)s, die Teiche** ein kleiner und nicht tiefer See

der **Teig** (Nomen) **des Teig(e)s, die Teige** eine weiche Masse aus Mehl, Milch, Eiern, Zucker usw., aus der man Brot, Kuchen o. Ä. backt

die **Teig|wa|ren** (Nomen) nur im Plural **der Teigwaren** siehe auch → **Nudel**

der **Teil**[1] (Nomen) **des Teil(e)s, die Teile**
❶ ein bestimmter Abschnitt, ein bestimmtes Stück oder eine bestimmte Menge aus einem größeren Ganzen: *Wir haben einen Teil des Hauses vermietet. • Habt ihr alle Teile der Mathearbeit abgegeben?*
❷ zum Teil Abkürzung: z. T. ≈ teilweise nicht ganz, ein wenig, fast: *Ich habe das Bild erst zum Teil fertig.*
❸ zum großen/größten Teil fast/fast ganz, fast alle: *Wir haben die Prüfung zum größten Teil geschafft.*

das **Teil**[2] (Nomen) **des Teil(e)s, die Teile**
❶ ein einzelnes, eigenständiges Stück, ein Element: *Am Motor muss ein Teil ausgetauscht werden.*
❷ umgangssprachlich das Ding, der Gegenstand: *Was ist das denn für ein komisches Teil?*

tei|len (Verb) **du teilst, er teilte, sie hat geteilt, teil(e)!**
❶ etwas (in etwas) teilen etwas in einzelne Teile oder Stücke zerlegen: *den Kuchen in zwölf Stücke teilen*
❷ sich etwas mit jemandem teilen von einem Ganzen je eine Hälfte nehmen: *Willst du dir die Pizza mit mir teilen?* etwas gemeinsam nutzen: *Ich teile mir die Wohnung mit Maria.*
❸ eine Zahl durch eine andere teilen eine Zahl durch eine andere dividieren
❹ sich teilen mehrere Teile von etwas bilden: *Die Zellen des Körpers teilen sich. • Der Weg teilt sich nach rechts und nach links.*

der **Tei|ler** (Nomen) **des Teilers, die Teiler** eine Zahl, durch die eine andere ohne Rest geteilt wird: *6 ist ein Teiler von 12.*

die **Teil|nah|me** (Nomen) **der Teilnahme, die Teilnahmen**
❶ das Mitmachen, das Mit-dabei-Sein: *Der Arzt hat mir die Teilnahme am Sportunterricht verboten.*
❷ ≈ Anteilnahme das Mitleid, das Mitgefühl

teil|neh|men (Verb) **du nimmst teil, er nahm teil, sie hat teilgenommen, nimm teil!** bei etwas mitmachen, bei etwas mit dabei sein: *an einem Wettkampf teilnehmen*

der **Teil|neh|mer** (Nomen) **des Teilnehmers, die Teilnehmer** jemand, der bei etwas mitmacht und dabei ist

die **Teil|neh|me|rin** (Nomen) **der Teilnehmerin, die Teilnehmerinnen**
Femininform von → **Teilnehmer**

teils (Adverb)
❶ ≈ zum Teil verwendet, um zu zeigen, das etwas auf einige zutrifft: *Die Ergebnisse der Klassenarbeit waren gut, teils hervorragend.*
❷ teils …, teils … verwendet, um zu zeigen, dass mehrere Dinge gleichzeitig zutreffen: *Es war teils Ernst, teils Spaß.*

die **Tei|lung** (Nomen) **der Teilung, die Teilungen**
❶ **nur im Singular** das Teilen
❷ das Geteiltsein: *die Teilung Deutschlands*

teil|wei|se (Adverb) so, dass etwas nicht für alles, sondern nur für Teile des Ganzen gilt

der **Teint** (Nomen) [tɛ̃ː] **des Teints, die Teints** die Haut im Gesicht und deren Farbe: *einen schönen Teint haben*

das **Te|le|fon** (Nomen) **des Telefons, die Telefone** ein Gerät, mit dem man mit Menschen sprechen kann, die an einem anderen Ort sind

das **Te|le|fo|nat** (Nomen) **des Telefonat(e)s, die Telefonate** siehe auch → **Telefongespräch**

das **Te|le|fon|ge|spräch** (Nomen) **des Telefongespräch(e)s, die Telefongespräche** das Gespräch, bei dem man ein Telefon benutzt

te|le|fo|nie|ren (Verb) **du telefonierst, er telefonierte, sie hat telefoniert, telefonier(e)!** mit jemandem am Telefon sprechen

te|le|fo|nisch (Adjektiv) mit dem Telefon

die **Te|le|fon|num|mer** (Nomen) **der Telefonnummer, die Telefonnummern** die Nummer, die man wählt, wenn man jemanden anruft

die **Te|le|kom|mu|ni|ka|ti|on** (Nomen) [ˈteːləkɔmunikatsi̯oːn] **nur im Singular der Telekommunikation** die Verständigung und Nachrichtenübertragung mit Telefon, Fax, Computer usw.

das **Te|le|skop, Te|les|kop** (Nomen) **des Teleskops, die Teleskope** ≈ Fernrohr ein optisches Gerät, mit dem man den Sternenhimmel betrachten kann

der **Tel|ler** (Nomen) **des Tellers, die Teller**
❶ ein flacher, meist runder Gegenstand, häufig aus Porzellan, auf dem das Essen liegt
❷ die Menge, die auf einen Teller passt: *Möchtest du noch einen Teller Nudeln?*
❸ der flache/tiefe Teller der Teller für Fleisch, Gemüse, Reis usw./für Suppe

der **Tem|pel** (Nomen) **des Tempels, die Tempel** das Gebäude, in dem in einigen Religionen gebetet wird

das **Tem|pe|ra|ment** (Nomen) **des Temperament(e)s, die Temperamente**
❶ die Art, wie jemand reagiert, fühlt und sich verhält: *Meine Mutter hat ein sehr sanftes Temperament.*
❷ die Lebhaftigkeit: *Wow, du hast aber Temperament!*

tem|pe|ra|ment|voll (Adjektiv) **temperamentvoller, am temperamentvollsten** mit viel Leidenschaft und Energie, sehr lebhaft

die **Tem|pe|ra|tur** (Nomen) **der Temperatur, die Temperaturen**
❶ die messbare Wärme von etwas: *die Temperaturen sinken/steigen • Das Wasser hat genau die richtige Temperatur zum Schwimmen.*
❷ leichtes Fieber

das **Tem|po** (Nomen) **des Tempos, die Tempos** Geschwindigkeit einer Handlung oder Bewegung

das **Tem|po|li|mit** (Nomen) **des Tempolimits, die Tempolimits** ≈ Geschwindigkeitsbegrenzung die höchste Geschwindigkeit, mit der ein Fahrzeug im Verkehr fahren darf

das **Tem|pus** (Nomen) GRAMMATIK **des Tempus, die Tempora** ≈ Zeitform die Form des Verbs, die anzeigt, in welcher Zeit etwas geschieht

die **Ten|denz** (Nomen) gehoben **der Tendenz, die Tendenzen**
❶ eine bestimmte Richtung, in die sich etwas entwickelt oder entwickeln wird: *eine steigende/fallende Tendenz*
❷ eine Tendenz zu etwas haben etwas gern und oft tun: *Sie hat die Tendenz, immer alle zu kritisieren.*
❸ Tendenzen ≈ Strömungen eine Meinung oder Mode, für die sich plötzlich viele Menschen interessieren: *Es gibt Tendenzen, das Auto seltener zu benutzen.*

das **Ten|nis** (Nomen) nur im Singular **des Tennis** eine Sportart, bei der zwei Spieler/Spielerpaare einen kleinen Ball mit Schlägern über ein Netz schlagen: *Franziska spielt gern Tennis.*

der **Ten|nis|platz** (Nomen) SPORT **des Tennisplatzes, die Tennisplätze**
1. das Spielfeld mit einem Netz in der Mitte, auf dem Tennis gespielt wird
2. eine Sportanlage mit mehreren Tennisplätzen

der **Ten|nis|spie|ler** (Nomen) SPORT **des Tennisspielers, die Tennisspieler** jemand, der zum Spaß oder berufsmäßig Tennis spielt

die **Ten|nis|spie|le|rin** (Nomen) **der Tennisspielerin, die Tennisspielerinnen** Femininform von → **Tennisspieler**

der **Te|nor** (Nomen) **des Tenors, die Tenöre**
1. MUSIK die hohe Singstimme eines Mannes
2. jemand mit einer Tenorstimme

der **Tep|pich** (Nomen) **des Teppichs, die Teppiche**
1. ein Belag aus weichem Material für den Fußboden
2. auf dem Teppich bleiben umgangssprachlich eine Sache nicht übertreiben, etwas realistisch sehen
3. etwas unter den Teppich kehren umgangssprachlich etwas Unangenehmes verheimlichen

der **Tep|pich|bo|den** (Nomen) **des Teppichbodens, die Teppichböden** ein Teppich, der den ganzen Boden eines Raums von Wand zu Wand bedeckt

der **Ter|min** (Nomen) **des Termin(e)s, die Termine**
1. ein festgelegter Zeitpunkt für etwas, was fertig werden oder geschehen muss: *Der Termin für die Abgabe der Hausaufgaben ist der nächste Montag.*
2. ein festgelegter Zeitpunkt für ein Treffen, einen Besuch o. Ä. (z. B. Arzttermin)

der/das **Ter|mi|nal** (Nomen) ['tøːɐminḷ] **des Terminals, die Terminals**
1. FLUGWESEN eine Halle in einem Flughafen, in der die Fluggäste abgefertigt werden
2. EISENBAHN ein Bahnhof für Containerzüge
3. nur „das Terminal" die Ein- und Ausgabestation einer EDV-Anlage

das **Ter|rain** (Nomen) [tɛ'rɛ̃ː] **des Terrains, die Terrains** ≈ Gelände, Gebiet *das Terrain erkunden*

die **Ter|ras|se** (Nomen) **der Terrasse, die Terrassen**
1. eine zu einem Haus gehörende Fläche, auf der man draußen sitzen kann
2. eine ebene Fläche an einem Hang, auf der Pflanzen, wie z. B. Wein, angebaut werden

das **Ter|ri|to|ri|um** (Nomen) POLITIK **des Territoriums, die Territorien** ein Gebiet, das zu einem bestimmten Staat gehört

der **Ter|ror** (Nomen) nur im Singular **des Terrors**
1. POLITIK Gewalthandlungen, die Menschen in Angst versetzen sollen
2. Schrecken: *Angst und Terror verbreiten*

der **Ter|ro|ris|mus** (Nomen) nur im Singular **des Terrorismus** der Einsatz von Terror, um politische Ziele zu erreichen: *den internationalen Terrorismus bekämpfen*

der **Ter|ro|rist** (Nomen) POLITIK **des Terroristen, die Terroristen** jemand, der besonders aus dem Untergrund Terroranschläge verübt

die **Ter|ro|ris|tin** (Nomen) **der Terroristin, die Terroristinnen** Femininform von → **Terrorist**

ter|ro|ris|tisch (Adjektiv) POLITIK zum Terrorismus gehörig: *terroristische Anschläge*

der **Test** (Nomen) **des Test(e)s, die Tests/Teste**
1. ≈ Prüfung der Vorgang, durch eine Aufgabe zu prüfen, ob jemand etwas kann/weiß: *im Test die volle Punktzahl erreichen*
2. ≈ Versuch, Kontrolle *neue Tests, um unerlaubtes Doping festzustellen*

das **Tes|ta|ment** (Nomen) **des Testament(e)s, die Testamente**
1. RECHT ein Dokument, in dem jemand bestimmt, wer seine Erben sind
2. Altes/Neues Testament Abkürzung: A. T./N. T. der ältere/neuere Teil der Bibel

tes|ten (Verb) **du testest, er testete, sie hat getestet, teste!**
1. ≈ prüfen jemanden/etwas prüfen: *ein Kind auf seine Schulreife testen*
2. etwas ausprobieren: *die Software 14 Tage lang kostenlos testen*

der **Te|ta|nus** (Nomen) nur im Singular **des Tetanus** ≈ Wundstarrkrampf eine gefährliche Krankheit, die oft tödlich ausgeht: *sich gegen Tetanus impfen lassen*

teu|er (Adjektiv) **teurer, am teuersten**
❶ so, dass etwas viel Geld kostet: *Das Benzin ist schon wieder teurer geworden.*
❷ gehoben · veraltet ≈ lieb, hochgeschätzt so, dass jemand/etwas jemandem persönlich viel bedeutet: *mein teurer Freund*
❸ (für) etwas teuer bezahlen schlimme Folgen von etwas ertragen müssen
❹ etwas kommt jemanden teuer zu stehen etwas hat schlimme Folgen für jemanden

der **Teu|fel** (Nomen) **des Teufels, die Teufel**
❶ ≈ Satan eine Gestalt, die das Böse verkörpert: *Den soll der Teufel holen!*
❷ Wer/Was/... zum Teufel ...? umgangssprachlich eine sehr ärgerliche und unhöfliche Art zu fragen: *Wo zum Teufel kommt ihr her?*
❸ irgendwo ist der Teufel los umgangssprachlich irgendwo gibt es großen Ärger, Stress o. Ä.: *Da ist wieder mal der Teufel los.*
❹ in Teufels Küche kommen umgangssprachlich in äußerste Schwierigkeiten geraten
❺ den Teufel an die Wand malen umgangssprachlich etwas Schlimmes vorhersagen, was dann möglicherweise wahr wird

der **Teu|fels|kreis** (Nomen) **nur im Singular des Teufelskreises** eine Situation, in der negative Ereignisse wieder Negatives nach sich ziehen, sodass die Lage noch schlechter wird: *in einen Teufelskreis aus Drogensucht und Kriminalität geraten*

teuf|lisch (Adjektiv) **teuflischer, am teuflischsten**
❶ abwertend ≈ grausam, böse *eine teuflische Lust, andere zu quälen*
❷ ≈ äußerst *Das tut teuflisch weh!*

der **Text** (Nomen) **des Text(e)s, die Texte**
❶ eine Folge von zusammenhängenden Sätzen: *im Deutschunterricht Texte analysieren*
❷ die Worte, die zu einem Lied gehören: *Können wir über den Text dieses Songs sprechen?*

die **Text|auf|ga|be** (Nomen) **der Textaufgabe, die Textaufgaben** MATHEMATIK eine (Rechen)aufgabe, die in Worten formuliert ist

tex|ten (Verb) **du textest, er textete, sie hat getextet, texte!** berufsmäßig einen Text schreiben: *Er komponiert und textet seine Songs selbst.*

die **Tex|ti|li|en** (Nomen) **nur im Plural der Textilien**
❶ die Stoffe, aus denen Kleidung, Gardinen usw. hergestellt werden
❷ die Waren, die aus Stoffen hergestellt werden

die **Text|stel|le** (Nomen) LITERATUR **der Textstelle, die Textstellen** ein Ausschnitt aus einem (literarischen) Text: *in einem Aufsatz die Textstellen angeben*

das **The|ater, Thea|ter** (Nomen) **des Theaters, die Theater**
❶ ein Gebäude, in dem Theaterstücke, Opern usw. aufgeführt werden
❷ ≈ Bühne eine kulturelle Einrichtung, die Theaterstücke, Opern usw. produziert: *Sie will zum Theater.*
❸ ≈ Theatervorstellung *nach dem Theater etwas trinken gehen*
❹ umgangssprachlich ≈ Zirkus, Getue *Mach doch nicht schon wieder so ein Theater!*

das **The|ater|stück, Thea|ter|stück** (Nomen) LITERATUR **des Theaterstück(e)s, die Theaterstücke** ≈ Schauspiel ein für die Vorführung in einem Theater geschriebenes Werk

die **The|ke** (Nomen) **der Theke, die Theken**
❶ ≈ Bar *sich an die Theke setzen und etwas bestellen*
❷ ≈ Ladentisch *Sie reichte ihm die Tüte mit Brötchen über die Theke.*
❸ ≈ Regal ein Gerät im Supermarkt, das verderbliche Lebensmittel kühlt: *die Milchprodukte in der Kühltheke*

das **The|ma** (Nomen) **des Themas, die Themen/Themata**
❶ das, wovon etwas handelt oder worüber man spricht oder schreibt: *ein Aufsatz zu einem schwierigen Thema*
❷ etwas ist kein Thema umgangssprachlich etwas ist selbstverständlich: *Natürlich, kein Thema!* **im negativen Sinn** etwas ist ausgeschlossen: *Aufgeben ist kein Thema.*

die **The|ma|tik** (Nomen) gehoben **der Thematik, die Thematiken Plural selten** ≈ Thema Inhalte und Gedanken zu einem Bereich, mit denen man sich befasst und über die man spricht oder schreibt: *eine schwierige Thematik*

the|ma|tisch (Adjektiv)
❶ das Thema von etwas betreffend: *die thematischen Schwerpunkte der Prüfung*
❷ vom Thema her: *thematisch äußerst interessant*

the|ma|ti|sie|ren (Verb) **du thematisierst, er thematisierte, sie hat thematisiert, thematisier(e)!** etwas ansprechen oder zum Thema machen: *Der Film thematisiert die Probleme Jugendlicher in der Dritten Welt.*

die **Theo|lo|gie** (Nomen) **der Theologie, die Theologien** die Wissenschaft von einer (christlichen) Religion: *Evangelische Theologie studieren*

the|ore|tisch, theo|re|tisch (Adjektiv) (nur) in der Theorie: *der theoretische Unterricht in der Fahrschule*

die **The|orie, Theo|rie** (Nomen) **der Theorie, die Theorien**
① die Erklärung bestimmter Tatsachen und Erscheinungen: *die bekannteste Theorie zum Aussterben der Dinosaurier*
② die Grundlagen eines Faches oder Gebietes: *eine Einführung in Theorie und Praxis des Tauchens*

der **The|ra|peut** (Nomen) **des Therapeuten, die Therapeuten** jemand, der berufsmäßig Krankheiten behandelt

die **The|ra|peu|tin** (Nomen) **der Therapeutin, die Therapeutinnen**
Femininform von → **Therapeut**

the|ra|peu|tisch (Adjektiv) MEDIZIN · PSYCHOLOGIE zu einer Therapie gehörend, mit heilender Wirkung

die **The|ra|pie** (Nomen) MEDIZIN · PSYCHOLOGIE **der Therapie, die Therapien** eine Behandlung zur Heilung von Krankheiten

die **Ther|mik** (Nomen) METEOROLOGIE **der Thermik, die Thermiken** die nach oben steigende erwärmte Luft

ther|misch (Adjektiv) durch Wärme verursacht, Wärme betreffend: *thermische Energie*

das **Ther|mo|me|ter** (Nomen) **des Thermometers, die Thermometer** ein Gerät, mit dem man die Temperatur misst

die **Ther|mos|kan|ne**® (Nomen) **der Thermoskanne, die Thermoskannen** eine Kanne, in der man Getränke heiß oder kalt halten kann

die **The|se** (Nomen) **der These, die Thesen** eine Annahme, die die Grundlage für eine wissenschaftliche Theorie ist: *die These von der globalen Klimakatastrophe*

der **Thril|ler** (Nomen) ['θrɪlə] **des Thrillers, die Thriller** ein Film oder Roman, der Spannung und Nervenkitzel hervorruft

der **Thron** (Nomen) **des Thron(e)s, die Throne**
① ein (prächtiger) Sessel, auf dem ein Herrscher bei besonderen Anlässen sitzt
② die Herrschaft in einer Monarchie: *Er muss auf den Thron verzichten.*
③ jemandes Thron wackelt umgangssprachlich jemand muss befürchten, seine Macht oder Stellung zu verlieren

der **Thun|fisch, Tun|fisch** (Nomen) ZOOLOGIE **des Thunfisch(e)s, die Thunfische** ein im Meer lebender großer, beliebter Speisefisch

Thü|rin|gen (Nomen) **Thüringens** ein Bundesland in Ostdeutschland

der **Tick** (Nomen) **des Ticks, die Ticks**
① umgangssprachlich eine sonderbare Angewohnheit oder Einbildung
② jemand hat einen Tick umgangssprachlich jemand ist ein bisschen verrückt
③ umgangssprachlich ein kleines bisschen: *Er war einen Tick schneller als du.*

ti|cken (Verb) **du tickst, er tickte, sie hat getickt, tick(e)!**
① Uhr usw. ein regelmäßiges Geräusch von sich geben
② umgangssprachlich ≈ denken, fühlen so, wie jemand handelt oder denkt: *IT-Spezialisten ticken anders.*
③ Der tickt nicht richtig! umgangssprachlich Er ist nicht richtig im Kopf.

das **Ti|cket** (Nomen) **des Tickets, die Tickets**
① FLUGWESEN · SCHIFFFAHRT eine Karte, die zu einer Flug- oder Seereise berechtigt
② ≈ Eintrittskarte *Gibt es noch Tickets für das Spiel?*

die **Ti|de** (Nomen) **der Tide, die Tiden** das Steigen und Fallen des Wassers durch die Gezeiten

tief (Adjektiv) **tiefer, am tiefsten**
① weit nach unten reichend/sich weit unten befindend: *Hier ist das Wasser drei Meter tief. · von der tief stehenden Sonne geblendet*
② weit in etwas hineinreichend, sich weit ausdehnend: *tief im Wald*
③ bei Maßen nach hinten reichend: *eine 60 cm tiefe Schublade*
④ weit nach innen reichend/sich weit innen befindend: *eine tiefe Wunde · eine tief in den Berg führende Höhle*
⑤ so, dass etwas verhältnismäßig niedrig ist: *die tiefsten Temperaturen in der Nacht*
⑥ ≈ weit, spät zeitlich vorangeschritten: *im tiefsten Winter · bis tief in die Nacht hinein*

❼ ≈ stark, intensiv *eine tief verschneite Landschaft • tief atmen • ein tiefer Schlaf • in tiefer Trauer*
❽ ≈ sehr *Wir waren alle tief betroffen.*
❾ Das lässt tief blicken. umgangssprachlich Dadurch erfährt man manches.

die **Tie|fe** (Nomen) **der Tiefe, die Tiefen**
❶ die Ausdehnung/Entfernung nach unten: *in einer Tiefe von über 100 Metern*
❷ die Ausdehnung in die Weite: *die Tiefe der Landschaft*
❸ bei Maßen die Ausdehnung nach hinten: *eine Schublade mit einer Tiefe von 60 cm*
❹ nur im Singular die Stärke der Gefühle/die Intensität der Gedanken: *die Tiefe ihrer gegenseitigen Zuneigung*

tief|küh|len (Verb) **du tiefkühlst, er tiefkühlte, sie hat tiefgekühlt, tiefkühl(e)!** etwas, besonders Lebensmittel, zur Haltbarmachung einfrieren und unter null Grad Celsius lagern: *tiefgekühlte Pizza*

das **Tief|kühl|fach** (Nomen) **des Tiefkühlfach(e)s, die Tiefkühlfächer** ein Fach in einem Kühlschrank zur Lagerung von tiefgekühlten Lebensmitteln

die **Tief|kühl|tru|he** (Nomen) **der Tiefkühltruhe, die Tiefkühltruhen** ≈ Gefriertruhe eine große Truhe mit Deckel, in der man tiefgefrorene Lebensmittel aufbewahrt

der **Tief|punkt** (Nomen) **des Tiefpunkt(e)s, die Tiefpunkte** der tiefste Punkt oder niedrigste Stand in einer Entwicklung o. Ä.: *Damit haben die Beziehungen zwischen den beiden Staaten einen neuen Tiefpunkt erreicht.*

das **Tier** (Nomen) **des Tier(e)s, die Tiere**
❶ ZOOLOGIE ein Lebewesen, das atmet, sich bewegen und ernähren kann und nach seinen Instinkten handelt: *vom Aussterben bedrohte Tiere • Meine Lieblingstiere sind Hunde, Katzen, Hamster und Löwen.*
❷ ein großes/hohes Tier jemand in hoher Stellung mit viel Macht und Einfluss

die **Tier|art** (Nomen) **der Tierart, die Tierarten** eine Gruppe von Tieren, die sich untereinander fortpflanzen können und grundlegende Eigenschaften gemeinsam haben

der **Tier|arzt** (Nomen) MEDIZIN **des Tierarztes, die Tierärzte** ≈ Veterinär ein Arzt, der Tiere behandelt und tierische Produkte überwacht

die **Tier|ärz|tin** (Nomen) **der Tierärztin, die Tierärztinnen** Femininform von → Tierarzt

der **Tier|gar|ten** (Nomen) **des Tiergartens, die Tiergärten** ein kleinerer Zoo

das **Tier|kreis|zei|chen** (Nomen) ASTRONOMIE **des Tierkreiszeichens, die Tierkreiszeichen** das Sternbild, in dem man geboren ist (z. B. Schütze, Waage, Steinbock)

tier|lieb (Adjektiv) so, dass man Tiere gernhat und gern mit ihnen zusammen ist

der **Tier|schutz** (Nomen) nur im Singular **des Tierschutzes** alles, was dazu beiträgt, dass Tiere nicht unnötig leiden müssen: *Umwelt- und Tierschutz gehören zusammen.*

die **Tier|welt** (Nomen) nur im Singular **der Tierwelt** ≈ Fauna die Gesamtheit aller Tiere (in einem bestimmten Gebiet): *die Tier- und Pflanzenwelt in den Alpen*

der **Ti|ger** (Nomen) ZOOLOGIE **des Tigers, die Tiger** eine in Asien vorkommende große Raubkatze mit meist gelbem Fell und schwarzen Streifen

das **Ti|ming** (Nomen) ['taɪmɪŋ] **des Timings, die Timings** die zeitliche Abstimmung von Abläufen: *ein gutes Timing haben*

die **Tin|te** (Nomen) **der Tinte, die Tinten**
❶ eine farbige Flüssigkeit zum Schreiben, Zeichnen oder Drucken
❷ in der Tinte sitzen umgangssprachlich in einer schwierigen Lage sein

der **Tin|ten|fisch** (Nomen) **des Tintenfisch(e)s, die Tintenfische** ein im Meer lebendes Weichtier mit mehreren Fangarmen, das bei Gefahr einen Farbstoff absondern kann

der **Tin|ten|kil|ler** (Nomen) **des Tintenkillers, die Tintenkiller** ein Stift, mit dessen Spitze man etwas mit blauer Tinte Geschriebenes löschen kann

der **Tin|ten|klecks** (Nomen) **des Tintenkleckses, die Tintenkleckse** ein Fleck, der durch Tinte entstanden ist

der **Tipp** (Nomen) **des Tipps, die Tipps**
❶ umgangssprachlich ein Rat: *Ein heißer Tipp für Abenteurer sind die Wanderungen durch die Wildnis Kanadas.*
❷ bei Wette, Lotto usw. die Vorhersage eines Siegers oder bestimmter Zahlen: *seinen Tipp abgeben*

tip|pen (Verb) umgangssprachlich **du tippst, er tippte, sie hat getippt, tipp(e)!**
❶ etwas mit der Schreibmaschine oder am Computer schreiben

❷ mit der Finger- oder Fußspitze oder einem Gegenstand sanft und kurz berühren: *sich an die Stirn tippen • er tippte mir auf die Schulter*
❸ umgangssprachlich ≈ raten *Also ich tippe mal, dass …*
❹ auf etwas tippen vermuten, dass es sich um etwas handelt: *„Was wird so was kosten?" – „Ich tippe auf 20 Euro."*
❺ auf jemanden tippen vermuten, dass es sich um jemanden handelt/jemand gewinnt: *„Wer wird Klassensprecher?" – „Ich tippe auf Tim."*
❻ ≈ wetten *jedes Mal andere Zahlen tippen*

der **Tipp|feh|ler** (Nomen) **des Tippfehlers, die Tippfehler** ein falsch getippter Buchstabe

der **Tisch** (Nomen) **des Tisch(e)s, die Tische**
❶ ein Möbelstück, meist mit vier Beinen, an dem man isst, arbeitet usw.
❷ bei Tisch während des Essens
❸ vom Tisch sein umgangssprachlich erledigt sein
❹ unter den Tisch fallen (lassen) umgangssprachlich nicht stattfinden (lassen), nicht einbeziehen
❺ jemanden über den Tisch ziehen umgangssprachlich jemanden reinlegen, jemanden übervorteilen
❻ Zu Tisch! Kommt bitte zum Essen!

die **Tisch|de|cke** (Nomen) **der Tischdecke, die Tischdecken** eine Decke, die zum Schutz oder zur Zierde auf einen Tisch gelegt wird

der **Ti|tel** (Nomen) **des Titels, die Titel**
❶ ≈ Überschrift eine Bezeichnung, die ein Werk o. Ä. erhält: *Wie lautet der Titel seines neuen Romans?*
❷ der Zusatz zu einem Namen (z. B. Dr.)
❸ ≈ Werk z. B. ein Buch oder eine CD: *Wie viele Exemplare sind von diesem Titel verkauft worden?*
❹ SPORT ≈ Meisterschaft in einem Sportwettbewerb errungener Sieg über andere Teilnehmer. *So wird er seinen Titel kaum verteidigen können.*
❺ Kurzform von Titelseite die erste Seite einer Zeitung oder Zeitschrift

die **Tit|te** (Nomen) vulgär **der Titte, die Titten** weibliche Brust: *Die hat tolle Titten!*

der **Toast** (Nomen) [to:st] **des Toast(e)s, die Toaste/Toasts**
❶ ≈ Toastbrot ein besonders zum Toasten gedachtes Weißbrot (in Scheiben): *eine Scheibe Toast*
❷ eine getoastete Scheibe Weißbrot: *ein Toast mit Butter und Marmelade*
❸ ≈ Trinkspruch *einen Toast auf jemanden ausbringen*

toas|ten (Verb) ['to:stn̩] **du toastest, er toastete, sie hat getoastet, toaste!** eine Scheibe Brot in einem Toaster rösten

der **Toas|ter** (Nomen) ['to:stɐ] **des Toasters, die Toaster** ein Gerät, in dem man einzelne Scheiben Brot röstet

to|ben (Verb) **du tobst, er tobte, sie hat/ist getobt, tob(e)!**
❶ **hat getobt** sich wild und laut verhalten: *Die Zuschauer tobten nach dem Tor.*
❷ **hat getobt** ≈ herumtollen *ein Zimmer, in dem die Kinder richtig toben können*
❸ **hat getobt** ≈ wüten in wilder Bewegung sein, zerstörerische Kraft entfalten: *Das Meer hat getobt.*
❹ **ist getobt** sich tobend irgendwohin bewegen: *Der Hurrikan ist durch die Karibik getobt.*

die **Toch|ter** (Nomen) **der Tochter, die Töchter** jemandes weibliches Kind: *Ihre Tochter sieht ihr sehr ähnlich.*

der **Tod** (Nomen) **des Tod(e)s, die Tode** Plural selten
❶ das Ende des Lebens: *Es ging um Leben und Tod.*
❷ den Tod finden/zu Tode kommen ums Leben kommen
❸ zu Tode sehr: *sich zu Tode langweilen • sich zu Tode fürchten*
❹ auf den Tod nicht überhaupt nicht: *So etwas kann ich auf den Tod nicht ausstehen!*

der **To|des|fall** (Nomen) **des Todesfall(e)s, die Todesfälle** der Tod eines Menschen: *Es gab einen Todesfall in der Familie.*

die **To|des|stra|fe** (Nomen) RECHT **der Todesstrafe, die Todesstrafen** eine Strafe, bei der der Verurteilte hingerichtet wird

tod|krank (Adjektiv) todkrank sein an einer sehr schweren Krankheit leiden und möglicherweise sterben

tod|lang|wei|lig (Adjektiv) umgangssprachlich äußerst langweilig

töd|lich (Adjektiv) **tödlicher, am tödlichsten**
❶ zum Tode führend, mit tödlichem Ausgang: *ein tödlicher Unfall*

❷ umgangssprachlich ≈ absolut, völlig *etwas mit tödlicher Sicherheit voraussagen*
❸ umgangssprachlich ≈ sehr *Wir haben uns tödlich gelangweilt.*

tod|mü|de (Adjektiv) umgangssprachlich äußerst müde

tod|schick (Adjektiv) umgangssprachlich äußerst modisch und elegant

tod|si|cher (Adjektiv) umgangssprachlich völlig ohne Zweifel, mit absoluter Sicherheit: *„Bist du dir da sicher?" – „Ja, todsicher!"*

die **To|i|let|te, Toi|let|te** (Nomen) [to̯aˈlɛtə] **der Toilette, die Toiletten**
❶ ≈ WC ein Becken, auf das man sich zum Entleeren von Blase oder Darm setzt
❷ **in öffentlichen Gebäuden usw.** ein Raum mit einer oder mehreren Toiletten

to|le|rant (Adjektiv) **toleranter, am tolerantesten** bereit, andere Meinungen, Einstellungen und Lebensweisen gelten zu lassen: *eine tolerante Einstellung gegenüber anderen Religionen*

die **To|le|ranz** (Nomen) **der Toleranz** die Bereitschaft, andere Meinungen, Einstellungen und Lebensweisen gelten zu lassen

to|le|rie|ren (Verb) gehoben **du tolerierst, er tolerierte, sie hat toleriert, tolerier(e)!** ≈ dulden das Zulassen von Meinungen und Ansichten anderer: *Ich toleriere kein Mobbing in meiner Klasse!*

toll (Adjektiv) **toller, am tollsten**
❶ umgangssprachlich ≈ prima, super *ein toller Film*
❷ ≈ unglaublich *eine tolle Geschichte*
❸ umgangssprachlich ≈ ausgelassen, wild *ein tolles Treiben*

die **Toll|wut** (Nomen) **nur im Singular der Tollwut** eine meist tödliche Krankheit, die von Tieren auf Menschen übertragen werden kann

toll|wü|tig (Adjektiv) MEDIZIN von der Tollwut als Krankheit befallen: *ein tollwütiger Hund*

die **To|ma|te** (Nomen) **der Tomate, die Tomaten**
❶ BOTANIK · GASTRONOMIE die als Nahrung sehr beliebte rote Frucht einer Gemüsepflanze
❷ Du hast wohl Tomaten auf den Augen! umgangssprachlich Du hast etwas oder jemanden völlig übersehen.
❸ treulose Tomate umgangssprachlich jemand, der eine Freundschaft nicht genügend pflegt

die **To|ma|ten|so|ße** (Nomen) **der Tomatensoße, die Tomatensoßen** eine hauptsächlich aus Tomaten bestehende Soße: *Spaghetti mit Tomatensoße*

der **Ton**[1] (Nomen) **des Ton(e)s, die Tone** eine Art Lehm, aus dem Töpferwaren, Ziegel usw. hergestellt werden

der **Ton**[2] (Nomen) **des Ton(e)s, die Töne**
❶ ein einzelnes Geräusch, das man hört: *keinen Ton von sich geben*
❷ MUSIK ≈ Klang *einen falschen Ton spielen*
❸ ≈ Tonfall die Art und Weise, in der jemand spricht: *Bitte nicht in diesem Ton!*
❹ ≈ Farbton *einen Ton dunkler*
❺ Ton in Ton mehrere ähnliche Farbtöne als harmonisches Ganzes
❻ der gute Ton das, was sich gehört: *Das gehört einfach zum guten Ton.*
❼ den Ton angeben bestimmen, was gemacht wird
❽ etwas/jemanden in den höchsten Tönen loben etwas/jemanden sehr loben

die **Ton|art** (Nomen) **der Tonart, die Tonarten**
❶ MUSIK ein System von Tönen, das einen Grundton als Grundlage hat
❷ ≈ Tonfall die Art und Weise, wie jemand mit jemandem spricht: *eine schnodderige Tonart*
❸ eine andere/schärfere Tonart anschlagen strenger werden

die **Ton|lei|ter** (Nomen) MUSIK **der Tonleiter, die Tonleitern** eine von einem Grundton ausgehende Folge von Ganz- und Halbtönen

die **Ton|ne** (Nomen) **der Tonne, die Tonnen**
❶ ein großer Metallbehälter für Flüssigkeiten: *ein Tonne mit radioaktiven Abfällen*
❷ ≈ Mülltonne *die Tonne für Altpapier*
❸ **Abkürzung: t** eine 1000 kg entsprechende Maßeinheit: *Ein Elefant wiegt ungefähr fünf Tonnen.*

der **Topf** (Nomen) **des Topf(e)s, die Töpfe**
❶ ≈ Kochtopf ein rundes Gefäß zum Kochen: *das Wasser im Topf erhitzen*
❷ ≈ Blumentopf ein Gefäß für Blumen: *ein größerer Topf für den Kaktus*
❸ alles in einen Topf werfen umgangssprachlich alles gleich (schlecht) beurteilen, und dabei bestehende Unterschiede nicht beachten

der **Töp|fer** (Nomen) **des Töpfers, die Töpfer** jemand, der beruflich oder als Hobby Gefäße usw. aus Ton herstellt

töp|fern (Verb) **du töpferst, er töpferte, sie hat getöpfert, töpf(e)re!** Gefäße usw. aus Ton herstellen

das **Tor** (Nomen) **des Tor(e)s, die Tore**
❶ ein Eingang, besonders in Form einer großen Tür (z. B. Garagentor, Stadttor)
❷ SPORT ein Gestell/eine Markierung, in das/die getroffen werden muss: *Wer steht im Tor?*
❸ SPORT ≈Treffer *Antons erstes Tor beim Eishockey*

die **Tor|heit** (Nomen) gehoben · abwertend **der Torheit, die Torheiten** ≈Dummheit *die Torheit, Müll in den Park zu werfen*

der **Tor|hü|ter** (Nomen) SPORT **des Torhüters, die Torhüter** siehe auch → **Torwart**

die **Tor|hü|te|rin** (Nomen) SPORT **der Torhüterin, die Torhüterinnen**
Femininform von → **Torhüter**

tö|richt (Adjektiv) gehoben · abwertend **törichter, am törichtesten** ≈dumm, unvernünftig *Es wäre töricht, so kurz vor dem Ziel aufzugeben.*

tor|keln (Verb) umgangssprachlich **du torkelst, er torkelte, sie hat/ist getorkelt, tork(e)le nicht!**
❶ **hat getorkelt** ≈schwanken nicht ruhig stehen bleiben, leicht von einer Seite auf die andere kippen: *Der Clown torkelte, um die Zuschauer zum Lachen zu bringen.*
❷ **ist getorkelt** schwankend irgendwohin gehen: *Er torkelte zur Tür.*

der **Tor|nis|ter** (Nomen) veraltet **des Tornisters, die Tornister** ≈Ranzen *mit dem Tornister auf dem Rücken*

der **Tor|schüt|ze** (Nomen) SPORT **des Torschützen, die Torschützen** jemand, der ein Tor geschossen hat

die **Tor|schüt|zin** (Nomen) **der Torschützin, die Torschützinnen**
Femininform von → **Torschütze**

die **Tor|te** (Nomen) GASTRONOMIE **der Torte, die Torten** ein großer, meist runder, mit Sahne oder Creme gefüllter Kuchen

der **Tor|wart** (Nomen) SPORT **des Torwart(e)s, die Torwarte** ≈Torhüter der Spieler, der im Tor seiner Mannschaft steht und Tore des Gegners verhindern soll

die **Tor|war|tin** (Nomen) **der Torwartin, die Torwartinnen**
Femininform von → **Torwart**

tot (Adjektiv)
❶ nicht lebendig: *Er war nicht sofort tot.*
❷ nicht funktionsfähig: *Die Telefonleitung war tot.*
❸ ungenutzt: *ein totes Gleis*
❹ mehr tot als lebendig völlig erschöpft oder übel mitgenommen
❺ ein toter Winkel ein bestimmter Bereich, der nicht einsehbar ist
❻ das Tote Meer GEOGRAFIE ein See mit extrem hohem Salzgehalt im Nahen Osten

to|tal (Adjektiv)
❶ ganz, vollständig: *eine totale Sonnenfinsternis*
❷ umgangssprachlich sehr: *Das finde ich total nett von euch.*

die **To|ta|le** (Nomen) FILM **der Totale, die Totalen** eine Kameraeinstellung, die den gesamten Schauplatz einer Szene zeigt

der/die **To|te** (Nomen) **des/der Toten, die Toten**
❶ jemand, der gestorben ist: *der Toten gedenken*
❷ ≈Todesopfer *ein Unfall mit zwei Toten*

tö|ten (Verb) **du tötest, er tötete, sie hat getötet, töte nicht!** den Tod von einem Menschen oder Tier verursachen: *Bei dem Unfall wurden zwei Menschen getötet. · Die kranken Tiere mussten getötet werden.*

to|ten|still (Adjektiv) auf unheimliche oder bedrohliche Weise ganz still: *Nach diesen Worten wurde es totenstill im Saal.*

sich **tot|la|chen** (Verb) umgangssprachlich **du lachst dich tot, er lachte sich tot, sie hat sich totgelacht, lach(e) dich nicht tot!**
❶ sehr lachen müssen
❷ zum Totlachen sein sehr komisch sein

die **Tö|tung** (Nomen) Plural selten **der Tötung, die Tötungen** das Töten eines Menschen oder Tieres: *fahrlässige Tötung*

der **Touch|screen** (Nomen) [ˈtatʃskriːn] **des Touchscreens, die Touchscreens** ein Bildschirm, der auf Antippen mit Finger oder Stift reagiert

die **Tour** (Nomen) [tuːɐ̯] **der Tour, die Touren**
❶ ≈Ausflug, Fahrt *eine Tour durchs Weserbergland · eine Tour über den Rummelplatz*
❷ ≈Tournee *Die Band ist wieder auf Tour.*
❸ meist Plural TECHNIK ≈Umdrehung *der Motor läuft auf vollen Touren*
❹ auf Touren kommen/bringen umgangssprachlich in Schwung oder Stimmung kommen/bringen: *Es dauert eine Weile, bis ich morgens auf Touren komme.*

A B C D E F G H I J K L M N O P Q R S T U V W X Y Z

⑤ in einer Tour ohne aufzuhören, andauernd: *Sie quasseln in einer Tour.*
⑥ jemandem die Tour vermasseln umgangssprachlich jemanden daran hindern, sein Vorhaben zu erreichen

der **Tou|ris|mus** (Nomen) [turɪsmʊs] nur im Singular **des Tourismus** Fremdenverkehr: *Das ganze Gebiet lebt vom Tourismus.*

der **Tou|rist** (Nomen) **des Touristen, die Touristen** jemand, der an fremde Orte reist, um Urlaub zu machen: *Als Tourist ein Land besuchen.*

die **Tou|ris|tin** (Nomen) **der Touristin, die Touristinnen** Femininform von → **Tourist**

tou|ris|tisch (Adjektiv) **touristischer, am touristischsten**
① den Fremdenverkehr betreffend: *eine touristische Attraktion*
② besonders abwertend stark vom Tourismus betroffen, voller Touristen: *Der Ort ist sehr touristisch.*

to|xisch (Adjektiv) **toxischer, am toxischsten**
① ≈ giftig *toxische Stoffe*
② durch Vergiftung entstanden: *eine toxische Schädigung*

der **Trab** (Nomen) nur im Singular **des Trab(e)s**
① die mittelschnelle Gangart, in der sich ein Pferd bewegt, zwischen Schritt und Galopp
② jemanden in Trab halten umgangssprachlich jemanden ständig beschäftigen, jemanden überhaupt nicht zur Ruhe kommen lassen
③ jemanden auf Trab bringen umgangssprachlich jemanden dazu bringen, sich zu beeilen oder schneller zu arbeiten

tra|ben (Verb) **du trabst, er trabte, sie hat/ist getrabt, trab(e)!**
① **hat/ist getrabt** · **Pferde** sich mittelschnell in der Gangart zwischen Schritt und Galopp bewegen: *Wenn das Fohlen trabt, siehst du deutlich, dass es lahmt.*
② **ist getrabt** sich im Trab irgendwohin bewegen: *Die Pferde sind durch den Ort getrabt.*

die **Tracht** (Nomen) **der Tracht, die Trachten**
① die traditionelle Kleidung einer bestimmten Volks- oder Berufsgruppe: *eine junge Frau in Schwarzwälder Tracht*
② eine Tracht Prügel umgangssprachlich Schläge

träch|tig (Adjektiv) **von Tieren** ein Junges oder mehrere Junge im Leib tragend: *eine trächtige Hündin*

die **Tra|di|ti|on** (Nomen) [tradiˈtsi̯oːn] **der Tradition, die Traditionen** ≈ Brauch, Überlieferung Verhaltensweisen und Handlungen, die es schon über längere Zeit gibt und die fortgeführt werden: *Das Osterfeuer ist eine Tradition in weiten Teilen von Deutschland.*

tra|di|ti|o|nell, tra|di|tio|nell (Adjektiv) [traditsi̯oˈnɛl] **traditioneller, am traditionellsten** ≈ herkömmlich, überliefert *traditioneller Christbaumschmuck aus Glas*

trag|bar (Adjektiv)
① leicht zu transportieren: *ein tragbarer Computer*
② ≈ erschwinglich *eine finanziell tragbare Belastung*
③ ≈ erträglich, akzeptabel *ein nicht mehr tragbares Verhalten*
④ **Kleidung** auch zu einem ganz normalen Menschen passend

trä|ge (Adjektiv) **träger, am trägsten**
① ≈ faul, lustlos *Seid nicht so träge und bewegt euch!*
② sich langsam und schwerfällig bewegend: *mit trägen Bewegungen*
③ PHYSIK so, dass sich eine Masse nur bewegt, wenn eine Kraft auf sie einwirkt: *eine träge Masse*

tra|gen (Verb) **du trägst, er trug, sie hat getragen, trag(e)!**
① ≈ transportieren, bringen etwas von einem Ort zu einem anderen bringen: *das Gepäck zum Schalter tragen*
② anhaben, aufgesetzt haben, am Körper oder an der Kleidung haben: *Sie trägt jetzt eine Brille.*
③ Früchte hervorbringen: *Der Nussbaum trägt dieses Jahr nicht.*
④ aushalten, ertragen: *Er trug es mit Fassung.*
⑤ etwas haben: *Sein neues Buch trägt den Titel „Das Tor". · Im Schwimmbad trägt der Lehrer die Verantwortung.*
⑥ bezahlen, übernehmen: *Die Kosten trägt jeder selbst.*
⑦ sich mit dem Gedanken/der Absicht tragen, etwas zu tun etwas vorhaben/planen

der **Trä|ger** (Nomen) **des Trägers, die Träger**
① ein (schmaler) Streifen Stoff an der Kleidung, der über die Schultern führt: *ein Top ohne Träger*

❷ ≈ Stütze, Pfeiler *ein stark angerosteter Träger einer Stahlbrücke*
❸ eine Vorrichtung zum Transport (z. B. Gepäckträger, Skiträger, Fahrradträger)
❹ eine Einrichtung oder Organisation, die die Verantwortung und Kosten für etwas trägt: *das Land als Träger der Uniklinik*
❺ jemand, der beruflich Lasten trägt
❻ jemand, der eine Auszeichnung, einen Titel o. Ä. bekommen hat: *Er ist Träger des Bundesverdienstkreuzes.*

die **Trä|ge|rin** (Nomen) **der Trägerin, die Trägerinnen**
❶ eine Frau, die beruflich Lasten trägt
❷ eine Frau, die eine Auszeichnung, einen Titel o. Ä. bekommen hat: *Sie ist Trägerin des Großen Verdienstkreuzes.*

trag|fä|hig (Adjektiv) **tragfähiger, am tragfähigsten** so, dass etwas eine bestimmte Belastung aushalten kann: *ein nicht mehr tragfähiger Betonpfeiler • eine tragfähige Mehrheit im Parlament haben*

die **Träg|heit** (Nomen) nur im Singular **der Trägheit**
❶ ≈ Faulheit die Eigenschaft, sich kaum zu bewegen: *aus lauter Trägheit den ganzen Tag im Bett bleiben*
❷ Schwerfälligkeit: *der Trägheit der Behörden die Schuld geben*
❸ PHYSIK die Eigenschaft einer Masse, sich nur zu bewegen, wenn eine Kraft auf sie einwirkt

die **Tra|gik** (Nomen) nur im Singular **der Tragik** etwas, was mit großem Leid oder einem schweren Schicksal verbunden ist: *die Tragik dieses Unfalls*

tra|gisch (Adjektiv) **tragischer, am tragischsten**
❶ ≈ erschütternd *ein tragischer Tod*
❷ ≈ schicksalhaft, unausweichlich *eine tragische Entwicklung*
❸ etwas nicht so tragisch nehmen umgangssprachlich sich keine Sorgen wegen etwas machen, etwas nicht so ernst nehmen
❹ halb so/nicht so tragisch umgangssprachlich nicht so schlimm

die **Tra|gö|die** (Nomen) [tra'gø:di̯ə] **der Tragödie, die Tragödien**
❶ ein großes Leid oder Unglück: *Wir hatten von dieser Tragödie nichts gewusst.*
❷ THEATER ein Theaterstück, das ein tragisches Ende hat

der **Trai|ner** (Nomen) ['trɛ:nɐ] **des Trainers, die Trainer**
❶ SPORT ≈ Übungsleiter jemand, der Sportler ausbildet und betreut: *den Trainer wechseln*
❷ der Leiter eines Seminars in der Weiterbildung

die **Trai|ne|rin** (Nomen) ['trɛ:nərɪn] **der Trainerin, die Trainerinnen**
Femininform von → **Trainer**

trai|nie|ren (Verb) [trɛ'ni:rən] **du trainierst, er trainierte, sie hat trainiert, trainier(e)!**
❶ versuchen, sich durch Übungen zu verbessern und sich auf einen Wettkampf vorbereiten: *vor der Meisterschaft täglich hart trainieren*
❷ Sportler ausbilden und betreuen: *Er trainiert jetzt den SC Freiburg.*
❸ etwas durch Üben zu verbessern versuchen: *sein Gedächtnis trainieren*

das **Trai|ning** (Nomen) ['trɛ:nɪŋ] **des Trainings, die Trainings**
❶ SPORT die Übungen zur Verbesserung der Fähigkeiten und Vorbereitung auf Wettkämpfe: *ein hartes tägliches Training*
❷ die Übungen zur Verbesserung von bestimmten Fähigkeiten: *das Training von Konzentration und Gedächtnis*

der **Trai|nings|an|zug** (Nomen) **des Trainingsanzug(e)s, die Trainingsanzüge** ein bequemer Anzug mit langen Ärmeln und langen Hosen für Sport und Freizeit

der **Trakt** (Nomen) **des Trakt(e)s, die Trakte**
❶ ≈ Gebäudeteil *im hinteren Trakt des Schlosses*
❷ ein ausgedehnter Bereich im Körper (z. B. Verdauungstrakt)

der **Trak|tor** (Nomen) **des Traktors, die Traktoren** ein schweres Fahrzeug, das Bauern bei der Arbeit auf den Feldern benutzen

tram|peln (Verb) **du trampelst, er trampelte, sie hat/ist getrampelt, tramp(e)le nicht!**
❶ **hat getrampelt** ≈ stampfen fest und laut mit den Füßen auf den Boden treten: *Wenn wir im Treppenhaus trampeln, beschweren sich die Nachbarn.*
❷ **ist getrampelt** mit festen und ungeschickten Schritten rücksichtslos in, durch, auf usw. etwas gehen: *Sie sind durch den Garten getrampelt und haben alle Blumen zertreten.*

das **Tram|po|lin, Tram|po|lin** (Nomen) **des Trampolins, die Trampoline** ein Sportgerät mit einer Art Tuch, das sehr federt und auf dem man hohe Sprünge machen kann

die **Trä|ne** (Nomen) **der Träne, die Tränen**
❶ ein Tropfen von der Flüssigkeit, die aus den Augen kommt, wenn man weint
❷ Tränen lachen so sehr lachen müssen, dass man weint
❸ unter Tränen während man sehr weint
❹ Mir kommen die Tränen. umgangssprachlich • ironisch Ich habe kein Mitleid mit dir (weil es dir nicht so schlecht geht, wie du tust).

trä|nen (Verb) nur in der 3. Person gebraucht **es tränt, es tränte, es hat getränt**
die Augen tränen aus den Augen kommt eine Flüssigkeit

die **Trans|ak|ti|on** (Nomen) [trans|ak'tsi̯o:n] **der Transaktion, die Transaktionen** ein Geschäft oder Handel mit Geld

tran|si|tiv (Adjektiv) GRAMMATIK so, dass ein Verb ein Akkusativobjekt haben kann: *In „Pia schreibt ein Buch." ist „schreiben" ein transitives Verb.*

trans|pa|rent (Adjektiv) durchsichtig, lichtdurchlässig

das **Trans|pa|rent** (Nomen) **des Transparent(e)s, die Transparente** ≈Spruchband ein großes Stück Stoff oder Papier mit Text, das bei Demonstrationen getragen wird

die **Trans|plan|ta|ti|on** (Nomen) [transplanta'tsi̯o:n] **der Transplantation, die Transplantationen** das Einsetzen eines Organs in den Körper eines anderen Menschen

trans|plan|tie|ren (Verb) **du transplantierst, er transplantierte, sie hat transplantiert, transplantiere!** ein Organ in einer Operation einem anderen Menschen einsetzen

der **Trans|port** (Nomen) **des Transport(e)s, die Transporte**
❶ der Vorgang, dass Waren oder Personen mit einem Fahrzeug an einen anderen Ort gebracht werden
❷ die Waren oder Personen, die mit einem Fahrzeug an einen anderen Ort gebracht werden

der **Trans|por|ter** (Nomen) **des Transporters, die Transporter** ein spezielles Auto, Schiff oder Flugzeug, das Waren an einen anderen Ort bringt

trans|por|tie|ren (Verb) **du transportierst, er transportierte, sie hat transportiert, transportier(e)!** mit einem Fahrzeug an einen anderen Ort bringen

das **Tra|pez** (Nomen) **des Trapezes, die Trapeze**
❶ ein Viereck mit zwei parallelen Seiten
❷ eine Art hoch hängende Schaukel, an der Artisten im Zirkus Kunststücke machen

tra|pez|för|mig (Adjektiv) wie ein Viereck mit parallelen Seiten

der **Tratsch** (Nomen) umgangssprachlich • abwertend nur im Singular **des Tratsch(e)s** ≈Klatsch das Gerede über andere Leute

trat|schen (Verb) umgangssprachlich • abwertend **du tratschst, er tratschte, sie hat getratscht, tratsch(e) nicht!** über andere Leute reden

die **Trau|be** (Nomen) **der Traube, die Trauben**
❶ ≈Weintraube eine saftige, runde, hellgrüne oder dunkelblaue Frucht, die man essen oder aus der man Wein oder Saft machen kann: *weiße Trauben*
❷ eine dichte Gruppe von Menschen, Bienen usw.

der **Trau|ben|saft** (Nomen) **des Traubensaft(e)s, die Traubensäfte** der Saft, den man aus Trauben herstellt

der **Trau|ben|zu|cker** (Nomen) nur im Singular **des Traubenzuckers** der natürliche Zucker, der z. B. in Obst oder Honig vorkommt

trau|en (Verb) **du traust, er traute, sie hat getraut, trau(e)!**
❶ jemandem trauen jemandem glauben, Vertrauen zu jemandem haben: *Nach dieser Enttäuschung traue ich niemandem mehr.*
❷ jemanden trauen gehoben jemanden verheiraten: *ein Brautpaar trauen*
❸ sich trauen lassen heiraten, eine Ehe eingehen
❹ sich trauen, etwas zu tun den Mut haben oder wagen, etwas zu tun
❺ sich irgendwohin trauen den Mut haben oder wagen, irgendwohin zu gehen
❻ seinen Augen/Ohren nicht trauen umgangssprachlich nicht glauben können, dass es wahr ist, was man sieht/hört

die **Trau|er** (Nomen) nur im Singular **der Trauer**
❶ das Gefühl, wenn man leidet und traurig ist, weil jemand gestorben oder gegangen oder etwas Schlimmes passiert ist
❷ die dunkle Kleidung, die man trägt, wenn jemand gestorben ist: *Trauer tragen*

der **Trau|er|fall** (Nomen) **des Trauerfall(e)s, die Trauerfälle** ≈Todesfall der Tod eines Menschen: *ein Trauerfall in der Familie*

die **Trau|er|fei|er** (Nomen) **der Trauerfeier, die Trauerfeiern** die Feier zur Beerdigung eines Toten

trau|ern (Verb) **du trauerst, er trauerte, sie hat getrauert, trau(e)re!** leiden und traurig sein, weil jemand gestorben oder gegangen oder etwas Schlimmes passiert ist

das **Trau|er|spiel** (Nomen) **des Trauerspiel(e)s, die Trauerspiele**
❶ ≈Tragödie ein Theaterstück, das traurig ausgeht
❷ umgangssprachlich eine schlechte oder schlimme Sache

der **Traum** (Nomen) **des Traum(e)s, die Träume**
❶ die Bilder und Geschichten, die man in der Vorstellung sieht und erlebt, während man schläft
❷ nicht im Traum umgangssprachlich gar nicht, auf keinen Fall: *Ich denke nicht im Traum daran, ihm zu helfen!*
❸ ein großer Wunsch, der noch nicht erfüllt ist: *Ich habe schon lange den Traum von einer Weltreise.*

träu|men (Verb) **du träumst, er träumte, sie hat geträumt, träum(e)!**
❶ in der Vorstellung Geschichten erleben oder Bilder sehen, während man schläft: *Ich habe geträumt, dass ich auf einem hohen Berg stand.*
❷ umgangssprachlich nicht aufpassen, sondern an etwas anderes denken: *Hallo? Träumst du schon wieder?*
❸ von etwas/jemandem träumen etwas/jemanden in den Geschichten sehen, die man beim Schlafen in der Vorstellung erlebt, oder sich etwas/jemanden sehr wünschen: *Sie träumt von ihrem Märchenprinzen.*
❹ Das hätte ich mir nicht träumen lassen! umgangssprachlich Ich hätte nicht geglaubt, dass das passiert.

trau|rig (Adjektiv) **trauriger, am traurigsten**
❶ so, dass man Kummer und Schmerz hat: *Ich bin traurig über meinen Fehler.*
❷ so, dass etwas Kummer und Schmerz hervorruft: *Das ist eine traurige Geschichte.*
❸ ≈schade so, dass man sich über etwas nicht freut: *Es ist traurig, dass du nicht dabei warst.*

die **Trau|rig|keit** (Nomen) **nur im Singular der Traurigkeit** Kummer und Schmerz

die **Trau|ung** (Nomen) **der Trauung, die Trauungen** der Vorgang, bei dem man auf dem Standesamt oder in der Kirche ein Ehepaar wird

der **Treff** (Nomen) umgangssprachlich **des Treffs, die Treffs**
❶ das Treffen, die Verabredung
❷ ≈Treffpunkt der Ort, an dem man sich trifft

tref|fen (Verb) **du triffst, er traf, sie hat getroffen, triff!**
❶ jemanden/etwas treffen **mit einem Gewehr, Schlag, Wurf usw.** auf jemanden/etwas zielen und ihn/es erreichen: *Der Ball traf das Tor.*
❷ jemand trifft jemanden jemanden zufällig irgendwo sehen und mit ihm reden
❸ etwas trifft jemanden ≈jemanden kränken jemanden traurig oder unglücklich machen: *Deine Bemerkung hat sie sehr getroffen.*
❹ eine Entscheidung/eine Wahl/Vorbereitungen/… treffen etwas entscheiden/wählen/vorbereiten/…
❺ sich mit jemandem treffen sich mit jemandem verabreden und Zeit verbringen
❻ Das trifft sich gut. Das ist passend/angenehm.

tref|fend (Adjektiv) so, dass etwas genau passt oder genau richtig ist: *ein treffendes Argument • eine treffende Beschreibung*

der **Tref|fer** (Nomen) **des Treffers, die Treffer**
❶ ein Schuss, Wurf, Schlag usw., der sein Ziel erreicht: *einen Treffer landen*
❷ ein Los, das gewinnt

der **Treff|punkt** (Nomen) **des Treffpunkt(e)s, die Treffpunkte** der Ort, an dem man sich trifft

trei|ben (Verb) **du treibst, er trieb, sie hat/ist getrieben, treib(e)!**
❶ irgendwo(hin) treiben **ist getrieben** vom Wasser oder Wind bewegt werden: *Das Boot treibt auf dem Meer.*
❷ jemanden/etwas irgendwohin treiben **hat getrieben** jemanden/etwas dazu bringen, dass er/es sich in eine bestimmte Richtung bewegt: *die Kühe in den Stall treiben*
❸ jemanden zur Verzweiflung/in den Wahnsinn treiben **hat getrieben** jemanden dazu bringen oder der Grund dafür sein, dass er verzweifelt/sehr genervt ist: *Mit deinen Launen treibst du mich in den Wahnsinn.*

❹ Sport/Unsinn/... treiben **hat getrieben** Sport/Unsinn/... machen

das **Treib|gas** (Nomen) **des Treibgases, die Treibgase** das Gas in Spraydosen

das **Treib|haus** (Nomen) **des Treibhauses, die Treibhäuser** ein Haus aus Glas, in dem Pflanzen gut wachsen können

der **Treib|haus|ef|fekt** (Nomen) **nur im Singular des Treibhauseffekt(e)s** die Erwärmung der Erde durch die Umweltverschmutzung

der **Treib|stoff** (Nomen) **des Treibstoff(e)s, die Treibstoffe** Stoffe wie Benzin, Diesel usw., mit denen Motoren laufen

der **Trend** (Nomen) [trɛnt] **des Trends, die Trends**
❶ eine bestimmte Entwicklung
❷ die aktuelle Mode: *im Trend liegen*

tren|dy (Adjektiv) ['trɛndi] umgangssprachlich gerade modisch angesagt

tren|nen (Verb) **du trennst, er trennte, sie hat getrennt, trenn(e)!**
❶ Dinge/Menschen/... trennen Dinge/Menschen/... voneinander entfernen: *zwei Streithähne trennen*
❷ Müll trennen Müll so sortieren, dass er unterschiedlich entsorgt werden kann
❸ ein Wort trennen ein Wort am Ende einer Zeile nach bestimmten Regeln teilen
❹ sich trennen als Paar auseinandergehen
❺ sich von etwas trennen etwas weggeben, etwas nicht behalten

die **Tren|nung** (Nomen) **der Trennung, die Trennungen**
❶ das Trennen, das Getrenntsein
❷ das Sortieren von Müll zur Entsorgung
❸ ≈Silbentrennung die Zerlegung eines Wortes in Silben, die Teilung eines Wortes am Ende einer Zeile nach bestimmten Regeln
❹ das Auseinandergehen als Paar

der **Tren|nungs|strich** (Nomen) **des Trennungsstrich(e)s, die Trennungsstriche** das Zeichen, das am Ende einer Zeile steht, wenn ein Wort getrennt wird

die **Trep|pe** (Nomen) **der Treppe, die Treppen** ein Zugang in einem Haus oder draußen, der aus vielen Stufen besteht, auf denen man nach oben und unten gehen kann

das **Trep|pen|haus** (Nomen) **des Treppenhauses, die Treppenhäuser** der Flur in einem Haus mit mehreren Etagen, in dem sich die Treppe befindet

der **Tre|sor** (Nomen) **des Tresors, die Tresore** ≈Safe ein abgeschlossener Schrank aus Stahl, in dem man Geld oder andere wertvolle Dinge aufbewahrt

tre|ten (Verb) **du trittst, er trat, sie hat/ist getreten, tritt!**
❶ gegen etwas treten **hat getreten** kräftig mit dem Fuß gegen etwas stoßen
❷ (auf) die Bremse/das Pedal/... treten **hat getreten** die Bremse/das Pedal/... mit dem Fuß betätigen
❸ jemanden treten **hat getreten** jemanden kräftig mit dem Fuß stoßen: *Er hat mir in den Bauch getreten.*
❹ irgendwohin treten **ist getreten** irgendwohin gehen, ein paar Schritte irgendwohin machen: *ins Zimmer treten*
❺ in etwas treten **ist getreten** (aus Versehen) mit den Füßen in etwas geraten: *Ich bin in eine Pfütze getreten und habe nasse Strümpfe.*
❻ zur Seite treten **ist getreten** weggehen und Platz machen

treu (Adjektiv) **treuer, am treu(e)sten**
❶ so, dass man in einer festen Partnerschaft mit niemand anderem Sex hat: *jemandem treu sein*
❷ so, dass man immer bei jemandem bleibt und ihn nicht verlässt: *ein treuer Freund* • *ein treuer Hund*
❸ so, dass man bei einer Sache bleibt und nicht wechselt: *ein treuer Kunde*
❹ treu und brav umgangssprachlich ganz gehorsam

die **Treue** (Nomen) **nur im Singular der Treue**
❶ die Tatsache oder Eigenschaft, dass man in einer festen Partnerschaft mit niemand anderem Sex hat
❷ die Tatsache oder Eigenschaft, dass man immer bei jemandem bleibt und ihn nicht verlässt
❸ die Tatsache oder Eigenschaft, dass man bei einer Sache bleibt und nicht wechselt

die **Tri|an|gel** (Nomen) **der Triangel, Triangeln** ⚠ **es gibt auch „der Triangel" mit folgenden Formen: des Triangels, die Triangel** ein dreieckiges Musikinstrument aus Metallstäben, das mit einem kleinen Metallstab geschlagen wird

die **Tri|bü|ne** (Nomen) **der Tribüne, die Tribünen**
❶ die erhöhten Sitzreihen für Zuschauer in einem Stadion

❷ der erhöhte Platz für einen Redner

der **Trich|ter** (Nomen) **des Trichters, die Trichter**
❶ ein Gefäß, das oben weit und unten eng ist und mit dem man Flüssigkeiten oder Pulver in ein anderes Gefäß füllen kann
❷ ein großes Loch im Boden, das oben weit und unten eng ist
❸ auf den Trichter kommen umgangssprachlich erkennen, was man tun kann, wie etwas funktioniert usw.

der **Trick** (Nomen) **des Tricks, die Tricks**
❶ das Kunststück, das ein Zauberer vorführt
❷ eine geschickte Lösung für ein Problem
❸ abwertend eine Aktion, mit der man jemanden betrügt
❹ ein Spezialeffekt beim Film

das **Tri|kot** (Nomen) [tri'ko:] **des Trikots, die Trikots**
❶ das Sporthemd
❷ ein eng anliegendes Oberteil

die **Tril|ler|pfei|fe** (Nomen) **der Trillerpfeife, die Trillerpfeifen** eine Pfeife, die einen hohen, lauten Ton erzeugt und die Schiedsrichter oder Polizisten benutzen

trink|bar (Adjektiv) so, dass man etwas trinken kann

trin|ken (Verb) **du trinkst, er trank, sie hat getrunken, trink(e)!**
❶ eine Flüssigkeit durch den Mund zu sich nehmen
❷ auf etwas/jemandem trinken mit den Gläsern anstoßen, weil man etwas/jemanden feiern will
❸ abwertend Alkoholiker sein

das **Trink|geld** (Nomen) **des Trinkgeld(e)s, die Trinkgelder** das Geld, das man in einem Restaurant dem Kellner, in einem Hotel dem Zimmermädchen, im Taxi dem Taxifahrer usw. zusätzlich zum Preis, der auf der Rechnung steht, gibt

das **Trink|was|ser** (Nomen) **nur im Singular des Trinkwassers** das Wasser aus einem Brunnen, Wasserhahn usw., das man trinken kann, ohne dass man davon krank wird

das **Trio** (Nomen) **des Trios, die Trios**
❶ ein Musikstück für drei Instrumente oder Stimmen
❷ eine Gruppe von drei Musikern
❸ eine Gruppe von drei Personen

trip|peln (Verb) **du trippelst, er trippelte, sie ist getrippelt, tripp(e)le!** mit kleinen, schnellen Schritten gehen

trist (Adjektiv) gehoben **trister, am tristesten**
❶ ≈traurig ohne Freude oder Hoffnung
❷ trüb und dunkel: *tristes Wetter*
❸ trostlos, kahl und monoton: *eine triste Landschaft*

der **Tritt** (Nomen) **des Tritt(e)s, die Tritte**
❶ der Stoß mit dem Fuß: *jemandem einen Tritt geben*
❷ ≈Schritt das Aufsetzen des Fußes beim Gehen: *Mir tut der Fuß bei jedem Tritt weh.*
❸ die Fußspur: *Die Tritte im Garten sind deutlich zu erkennen.*

der **Tri|umph** (Nomen) [tri'ʊmf] **des Triumph(e)s, die Triumphe**
❶ ein sehr großer Erfolg oder Sieg
❷ **nur im Singular** die (oft arrogante) Freude und der Stolz über einen Sieg oder Erfolg

tri|um|phie|ren (Verb) [triʊm'fi:rən] **du triumphierst, er triumphierte, sie hat triumphiert, triumphier(e)!**
❶ seine Freude und seinen Stolz über einen Sieg oder Erfolg (oft arrogant) zeigen
❷ über jemanden/etwas triumphieren über jemanden/etwas siegen

tro|cken (Adjektiv) **trock(e)ner, am trockensten**
❶ ohne Nässe, Flüssigkeit oder Feuchtigkeit
❷ sauer oder herb im Geschmack: *trockener Wein*
❸ direkt, sachlich und witzig: *trockener Humor • eine trockene Bemerkung*
❹ nüchtern und langweilig: *ein trockener Vortrag*
❺ umgangssprachlich nicht mehr alkoholkrank: *Er ist seit einem Jahr trocken.*
❻ auf dem Trockenen sitzen umgangssprachlich nichts zu trinken haben
❼ in trockenen Tüchern sein umgangssprachlich geregelt und abgeschlossen sein

die **Trom|mel** (Nomen) **der Trommel, die Trommeln** ein rundes Musikinstrument, auf das man schlägt und das dumpf klingt

das **Trom|mel|fell** (Nomen) **des Trommelfell(e)s, die Trommelfelle**
❶ eine Haut (Kalbsfell), die über eine Trommel gespannt ist
❷ eine sehr dünne Haut im Ohr, die wichtig für das Hören ist

trom|meln (Verb) **du trommelst, er trommelte, sie hat getrommelt, tromm(e)le!**
❶ auf einer Trommel Musik machen

❷ auf/an/gegen/... etwas trommeln auf/an/gegen/... etwas schlagen oder klopfen

die **Trom|pe|te** (Nomen) **der Trompete, die Trompeten** ein Instrument aus Blech, in das man bläst und das einen hellen, kräftigen Klang hat

die **Tro|pen** (Nomen) nur im Plural **der Tropen** die heißen Gebiete auf der Erde, die sich nördlich und südlich des Äquators zwischen den Wendekreisen befinden

trop|fen (Verb) **du tropfst, er tropfte, sie hat/ist getropft, tropf(e)!**
❶ hat getropft in Tropfen herunterfallen lassen: *Die Ärztin hat ihm etwas in die Augen getropft.*
❷ hat getropft Flüssigkeit in Tropfen verlieren: *Der Wasserhahn tropft.*
❸ ist getropft in Tropfen herunterfallen: *Das Blut tropfte auf den Boden.*

der **Trop|fen** (Nomen) **des Tropfens, die Tropfen**
❶ eine sehr kleine Menge einer Flüssigkeit
❷ ein Tropfen auf den heißen Stein umgangssprachlich nicht genug, um tatsächlich zu helfen oder zu nützen

tropf|nass (Adjektiv) sehr nass

die **Tro|phäe** (Nomen) [troˈfɛːə] **der Trophäe, die Trophäen**
❶ eine Beute als Zeichen eines Sieges im Krieg oder bei der Jagd
❷ eine Medaille oder andere Auszeichnung als Zeichen eines sportlichen Sieges

der **Trost** (Nomen) nur im Singular **des Trost(e)s**
❶ etwas, was man sagt oder tut, damit jemand Trauer oder Sorgen leichter ertragen kann
❷ ein schwacher Trost ironisch etwas, was nicht wirklich weiterhilft
❸ nicht (ganz) bei Trost sein umgangssprachlich · abwertend verrückt sein, spinnen

trös|ten (Verb) **du tröstest, er tröstete, sie hat getröstet, tröste!**
❶ jemanden trösten etwas sagen oder tun, damit jemand Trauer oder Sorgen leichter ertragen kann: *Ich würde dich so gerne trösten, aber ich weiß nicht wie.*
❷ sich (mit jemandem/etwas) trösten durch jemanden/etwas vergessen, dass man traurig ist oder Sorgen hat

tröst|lich (Adjektiv) **tröstlicher, am tröstlichsten** so, dass etwas jemandes Trauer oder Sorgen leichter macht

trost|los (Adjektiv) **trostloser, am trostlosesten**
❶ ohne Hoffnung: *eine trostlose Lage*
❷ so, dass es nicht schön ist und traurig macht: *eine trostlose Landschaft · trostloses Wetter*

der **Trot|tel** (Nomen) umgangssprachlich · abwertend **des Trottels, die Trottel** ein dummer und einfältiger Mensch

trotz (Präposition) mit Genitiv, seltener mit Dativ gebraucht obwohl etwas der Fall ist: *Wir haben uns trotz der hohen Kosten für dieses Modell entschieden.*

der **Trotz** (Nomen) nur im Singular **des Trotzes** das Verhalten (eines Kindes), unbedingt seinen Willen durchsetzen zu wollen

trotz|dem (Adverb) ≈dennoch obwohl etwas nicht sein sollte: *Er ist krank, will aber trotzdem zum Training kommen.*

trot|zig (Adjektiv) **trotziger, am trotzigsten** so, dass man unbedingt seinen Willen durchsetzen will

der **Trotz|kopf** (Nomen) umgangssprachlich · abwertend **des Trotzkopf(e)s, die Trotzköpfe** ein Mensch, besonders ein Kind, der seinen eigenen Willen unbedingt durchsetzen will

trüb, trü|be (Adjektiv) **trüber, am trübsten**
❶ so, dass man durch etwas nicht hindurchsehen kann, nicht klar: *trübes Wasser*
❷ mit Wolken oder Regen: *trübes Wetter*
❸ traurig: *trübe Stimmung*

der **Tru|bel** (Nomen) umgangssprachlich nur im Singular **des Trubels** ein lautes und lebhaftes Durcheinander von vielen Menschen

die **Tru|he** (Nomen) **der Truhe, die Truhen** ein großer Kasten mit einem Deckel, den man hochklappen kann

die **Trüm|mer** (Nomen) nur im Plural **der Trümmer** die Reste von etwas, was zerstört wurde

der **Trumpf** (Nomen) **des Trumpf(e)s, die Trümpfe** die Karte beim Kartenspiel, die einen höheren Wert als die anderen hat

die **Trup|pe** (Nomen) **der Truppe, die Truppen**
❶ eine Gruppe von Schauspielern, Tänzern, Artisten o. Ä., die gemeinsam auftreten
❷ eine feste Gruppe von Soldaten, die zu einer Armee gehört

der **Tsche|che** (Nomen) **des Tschechen, die Tschechen** ein Junge/Mann aus Tschechien

Tsche|chi|en (Nomen) **Tschechiens** ein Land in Europa

die **Tsche|chin** (Nomen) **der Tschechin, die Tschechinnen** ein Mädchen/eine Frau aus Tschechien

tsche|chisch (Adjektiv) aus Tschechien oder in tschechischer Sprache

tschüs, tschüss (Interjektion) umgangssprachlich sagt man, wenn man sich verabschiedet

das **T-Shirt** (Nomen) ['ti:ʃøːɐ̯t] **des T-Shirts, die T-Shirts** ein einfaches Oberteil aus Baumwolle mit kurzen Ärmeln

die **Tu|ba** (Nomen) **der Tuba, die Tuben/Tubas** ein großes Instrument aus Blech, in das man bläst und das tiefe Töne erzeugt

die **Tu|be** (Nomen) **der Tube, die Tuben**
❶ ein länglicher, weicher Behälter, aus dem man Zahnpasta, Creme, Senf usw. herausdrückt
❷ auf die Tube drücken umgangssprachlich schnell fahren oder sich beeilen

das **Tuch** (Nomen) **des Tuch(e)s, die Tücher**
❶ ≈ Lappen ein Stück Stoff, mit dem man etwas sauber oder trocken macht
❷ ein Kleidungsstück aus Stoff, das man um den Kopf oder Hals trägt

tüch|tig (Adjektiv) **tüchtiger, am tüchtigsten**
❶ fleißig und leistungsfähig
❷ umgangssprachlich sehr (viel, groß, stark): *tüchtig essen • sich tüchtig anstrengen*

tü|ckisch (Adjektiv)
❶ hinterhältig, gemein: *ein tückischer Trick*
❷ gefährlich: *eine tückische Krankheit*

tüf|teln (Verb) umgangssprachlich **du tüftelst, er tüftelte, sie hat getüftelt, tüft(e)le!** sich ruhig, geduldig und sehr lange mit etwas Schwierigem beschäftigen und eine Lösung suchen

die **Tu|gend** (Nomen) **der Tugend, die Tugenden**
❶ eine Eigenschaft, die nach den allgemeinen Wertvorstellungen als gut empfunden wird
❷ nur im Singular ein nach den allgemeinen Wertvorstellungen gutes, vorbildhaftes Verhalten

der **Tu|mor, Tu|mor** (Nomen) **des Tumors, die Tumoren/Tumore** ≈ Geschwulst eine krankhafte Wucherung im Körper

der **Tüm|pel** (Nomen) **des Tümpels, die Tümpel** ein kleiner Teich, dessen Wasser nicht klar ist

der **Tu|mult** (Nomen) **des Tumult(e)s, die Tumulte** eine große und laute Unruhe durch viele aufgeregte Menschen

tun (Verb) **du tust, er tat, sie hat getan, tu(e)!**
❶ ≈ machen eine Arbeit oder Handlung ausführen: *seine Arbeit tun • Was tust du denn da?*
❷ zu tun haben beschäftigt sein: *Ich habe keine Zeit, ich habe zu tun.*
❸ mit etwas (nichts) zu tun haben (nicht) mit etwas zusammenhängen: *Das hat doch mit der Schule nichts zu tun.*
❹ etwas irgendwohin tun umgangssprachlich etwas irgendwohin legen, stellen, räumen usw.: *Tu bitte die Pullis in den Schrank!*
❺ jemandem etwas/nichts tun umgangssprachlich jemandem (nicht) schaden: *Der Hund tut dir nichts, er will nur spielen.*

der **Tun|nel** (Nomen) **des Tunnels, die Tunnel** eine Art Röhre, die als Verkehrsweg durch einen Berg oder unter einem Gewässer hindurchführt

das **Tunwort** (Nomen) **des Tunwort(e)s, die Tunwörter** → **Verb**

tup|fen (Verb) **du tupfst, er tupfte, sie hat getupft, tupf(e)!**
etwas auf/von etwas tupfen etwas mit mehreren leichten Berührungen auf etwas auftragen/von etwas wegnehmen: *sich den Schweiß von der Stirn tupfen*

der **Tup|fen** (Nomen) **des Tupfens, die Tupfen** ein (runder) Fleck in einer anderen Farbe

die **Tür** (Nomen) **der Tür, die Türen**
❶ die Stelle in der Wand, in einem Fahrzeug usw., die man öffnen und durch die man hinein- und hinausgehen kann
❷ Weihnachten/Ostern/… steht vor der Tür es ist bald Weihnachten/Ostern/…
❸ jemanden vor die Tür setzen umgangssprachlich jemanden hinauswerfen
❹ mit der Tür ins Haus fallen umgangssprachlich sofort sagen, worum es geht

der **Tur|ban** (Nomen) **des Turbans, die Turbane** eine Art dünner, langer Schal, den sich Männer (besonders Muslime und Hindus) um den Kopf wickeln

der **Tür|ke** (Nomen) **des Türken, die Türken** ein Junge/Mann aus der Türkei

die **Tür|kei** (Nomen) nur mit Artikel **der Türkei** ein Land in Asien und Europa

die **Tür|kin** (Nomen) **der Türkin, die Türkinnen** ein Mädchen/eine Frau aus der Türkei

tür|kis (Adjektiv) ≈ blaugrün

tür|kisch (Adjektiv) aus der Türkei oder in türkischer Sprache

das **Tür|kisch** (Nomen) nur im Singular **des Türkisch(s)** die türkische Sprache

die **Tür|klin|ke** (Nomen) **der Türklinke, die Türklinken** der Griff an der Tür, den man herunterdrücken kann

der **Turm** (Nomen) **des Turm(e)s, die Türme**
❶ ein hohes, schmales Gebäude oder der hohe, schmale Teil eines Gebäudes
❷ eine Figur beim Schachspiel

tur|nen (Verb) **du turnst, er turnte, sie hat/ist geturnt, turn(e)!**
❶ **hat geturnt** sportliche Übungen an Geräten wie Reck, Barren, Schwebebalken oder am Boden machen: *Sie hat am Barren geturnt.*
❷ umgangssprachlich sich sportlich kletternd oder turnend irgendwohin bewegen: *Wir sind über die Steine geturnt.*

der **Tur|ner** (Nomen) **des Turners, die Turner** jemand, der sportliche Übungen an Geräten wie Reck, Barren, Schwebebalken oder am Boden macht

die **Tur|ne|rin** (Nomen) **der Turnerin, die Turnerinnen** Femininform von → **Turner**

die **Turn|hal|le** (Nomen) **der Turnhalle, die Turnhallen** ein großes Gebäude mit Turngeräten

das **Tur|nier** (Nomen) **des Turniers, die Turniere** ein sportlicher Wettkampf mit vielen Teilnehmern und mehreren Durchgängen

der **Turn|schuh** (Nomen) **des Turnschuh(e)s, die Turnschuhe** der Schuh, den man beim Sport und beim Turnen trägt

die **Turn|übung** (Nomen) **der Turnübung, die Turnübungen** eine bestimmte sportliche Übung an Geräten wie Reck, Barren, Schwebebalken oder am Boden

das **Tür|schloss** (Nomen) **des Türschlosses, die Türschlösser** die Vorrichtung an einer Tür, in die man den Schlüssel steckt

die **Tu|sche** (Nomen) **der Tusche, die Tuschen** die Tinte, mit der man zeichnet

tu|scheln (Verb) umgangssprachlich **du tuschelst, er tuschelte, sie hat getuschelt, tusch(e)le nicht!** leise und heimlich reden

die **Tü|te** (Nomen) **der Tüte, die Tüten**
❶ ein Beutel oder eine Tragetasche aus Papier oder Plastik
❷ Das kommt nicht in die Tüte! umgangssprachlich Nein, das erlaube ich nicht!

das **TV** (Nomen) [te:'fau] nur im Singular **des TV(s)** Abkürzung von: Television das Fernsehen

twit|tern (Verb) **du twitterst, er twitterte, sie hat getwittert, twitt(e)re!** kurze Nachrichten in Echtzeit über das Internet senden und empfangen

der **Typ** (Nomen) ['ty:p] **des Typs, die Typen**
❶ eine Art oder Sorte, die gemeinsame Eigenschaften hat: *Sie ist der Typ Mensch, der schnell wütend wird.*
❷ ein bestimmtes Modell eines Fahrzeugs oder Geräts
❸ umgangssprachlich ein Junge oder Mann: *ein cooler Typ*
❹ Er/Sie ist mein Typ! umgangssprachlich Er/Sie gefällt mir!

ty|pisch (Adjektiv) so, wie etwas oder jemand immer ist, charakteristische Merkmale von etwas aufweisend: *Es ist typisch für ihn, dass er zu spät kommt.* · *ein typisches Beispiel*

der **Ty|rann** (Nomen) [ty'ran] **des Tyrannen, die Tyrannen**
❶ ein grausamer Herrscher, der mit Gewalt regiert
❷ ein Mensch, der mit Macht und Gewalt will, dass ihm alle gehorchen

ty|ran|ni|sie|ren (Verb) **du tyrannisierst, er tyrannisierte, sie hat tyrannisiert, tyrannisier(e) nicht!** so lange quälen und ärgern, bis jemand tut, was man will

das **U, u** (Nomen) **des U, die U** der 21. Buchstabe im Alphabet siehe auch → **A**

das **Ü, ü** (Nomen) **des Ü, die Ü** der Umlaut des Buchstaben U, u

die **U-Bahn** (Nomen) ['u:ba:n] **der U-Bahn, die U-Bahnen** Abkürzung von: Untergrundbahn eine Art S-Bahn, die unter der Erde fährt

der **U-Bahn|hof** (Nomen) ['u:ba:nho:f] **des U-Bahnhof(e)s, die U-Bahnhöfe** Variante von → **U-Bahn-Station**

die **U-Bahn-Sta|ti|on** (Nomen) ['u:ba:nʃtatsi̯o:n] **der U-Bahn-Station, die U-Bahn-Stationen** die Haltestelle einer U-Bahn

übel (Adjektiv) **übler, am übelsten**
❶ schlecht, böse: *üble Laune • ein übler Kerl*
❷ schlimm, ungünstig: *übel enden*
❸ nicht übel umgangssprachlich ziemlich gut
❹ Mir ist/wird übel. Ich muss mich übergeben.
❺ jemandem etwas übel nehmen/übelnehmen jemandem wegen etwas böse sein

die **Übel|keit** (Nomen) **nur im Singular**
der Übelkeit das Gefühl, dass man sich übergeben muss

der **Übel|tä|ter** (Nomen) **des Übeltäters, die Übeltäter** jemand, der etwas Verbotenes tut oder getan hat

die **Übel|tä|te|rin** (Nomen) **der Übeltäterin, die Übeltäterinnen**
Femininform von → **Übeltäter**

üben (Verb) **du übst, er übte, sie hat geübt, üb(e)!**
❶ Klavier/Vokabeln/lesen/... üben immer wieder Klavier spielen/Vokabeln wiederholen/lesen/..., um es zu lernen und gut zu können
❷ Kritik/Rache/... üben etwas kritisieren/sich rächen/...

über[1] (Präposition)
❶ **mit Dativ gebraucht** an einer höheren Stelle oder als Schicht auf etwas sein: *Eine Lampe hing über dem Tisch. • Er trug eine Jacke über dem Hemd.*
❷ **mit Akkusativ gebraucht** an eine höhere Stelle oder als Schicht auf etwas platzieren: *Er hängte eine Lampe über den Tisch. • Zieh eine Jacke über das Hemd an!*
❸ **mit Akkusativ gebraucht** von einer Seite zur anderen, durch ein Gebiet hindurch, an einem Gebiet vorbei: *Die Äste hängen über den Zaun. • Wir fahren über Stuttgart nach Köln.*
❹ **mit Akkusativ gebraucht** während einer Zeit: *über das Wochenende wegfahren*
❺ **mit Akkusativ gebraucht** verwendet, um das Thema zu nennen: *ein Film über Ritter und Drachen*

über[2] (Adverb)
❶ mehr als: *Sie hat über 50 Leute eingeladen.*
❷ über und über von oben bis unten, völlig: *Das Kind hatte sich über und über mit Farbe beschmiert.*

über|all, über|all (Adverb)
❶ an jedem Ort, jeder Stelle: *Ich habe überall gesucht, aber den Schlüssel nicht gefunden.*
❷ von überallher/überall her von vielen verschiedenen Orten, aus allen Richtungen: *Die Teilnehmer am Wettbewerb kommen von überallher.*

über|all|hin (Adverb) an alle beliebigen Orte: *Sie kann überallhin verschwunden sein.*

über|an|stren|gen (Verb) **du überanstrengst, er überanstrengte, sie hat überanstrengt, überanstreng(e) nicht!**
❶ durch zu große Anstrengung schwach oder krank machen: *Sie hat sich gestern überanstrengt und kann heute nicht mitmachen.*
❷ Überanstreng dich bloß nicht! ironisch drückt aus, dass jemand mehr Einsatz zeigen sollte

über|ar|bei|ten (Verb) **du überarbeitest, er überarbeitete, sie hat überarbeitet, überarbeite!**
❶ sich noch einmal mit einem Text beschäftigen und ihn verbessern: *Du hast noch genug Zeit, um deinen Aufsatz zu überarbeiten.*
❷ sich überarbeiten zu viel arbeiten und deshalb krank werden: *Bei diesem Projekt hat sie sich überarbeitet.*
❸ überarbeitet sein durch Arbeit zu stark belastet sein

über|aus (Adverb) gehoben ≈ sehr *Das ist überaus dringend!*

über|ba|cken (Verb)
du überbackst/überbäckst, er überbackte/überbuk, sie hat überbacken, überback(e)! ein Gericht mit einer Schicht Käse im Ofen braun werden lassen: *den Auflauf bei 180 Grad überbacken*

über|be|wer|ten (Verb) **du überbewertest, er überbewertete, sie hat überbewertet, überbewerte nicht!** etwas zu wichtig nehmen: *Die Bedeutung guter Noten wird oft überbewertet.*

über|bie|ten (Verb) **du überbietest, er überbot, sie hat überboten, überbiete!**
❶ ein höheres Angebot machen als ein anderer: *Mein Vater wollte ein Spielzeug im Internet ersteigern, aber er ist in letzter Sekunde überboten worden.*
❷ ≈ übertreffen *Dieser Rekord ist nicht mehr zu überbieten.*

der **Über|blick** (Nomen) **des Überblick(e)s, die Überblicke**
❶ die Aussicht von einem hohen Platz: *Vom Turm aus hat man einen guten Überblick über die Stadt.*
❷ der Zustand, wenn man alle einzelnen Dinge im Kopf hat und nichts vergisst oder übersieht: *Ich habe den Überblick verloren.*
❸ eine Zusammenfassung der wichtigsten Punkte: *die Ereignisse der letzten Woche im Überblick*

über|bli|cken (Verb) **du überblickst, er überblickte, sie hat überblickt, überblick(e)!**
❶ von einem erhöhten Platz aus gut sehen: *von der Bühne aus den ganzen Saal überblicken*
❷ mit allen wichtigen Einzelheiten erkennen: *Das Ausmaß der Schäden lässt sich noch nicht überblicken.*

über|brin|gen (Verb) **du überbringst, er überbrachte, sie hat überbracht, überbring(e)!** jemandem eine Nachricht, ein Geschenk o. Ä. von einem anderen bringen: *Ein reitender Bote überbrachte die Nachricht.*

über|dies, über|dies (Adverb) gehoben außerdem, zusätzlich: *Ich hatte viel zu tun und war überdies krank.*

die **Über|do|sis** (Nomen) **der Überdosis, die Überdosen** eine zu große Menge von etwas: *eine Überdosis eines Medikaments*

über|dreht (Adjektiv) umgangssprachlich **überdrehter, am überdrehtesten** durch Aufregung, Überforderung o. Ä. unnatürlich lebhaft: *Am Abend waren die Kinder völlig überdreht und nicht zur Ruhe zu bringen.*

der **Über|druck** (Nomen) **des Überdruck(e)s, die Überdrücke/Überdrucke** ein Druck, der höher ist als der normale Luftdruck: *Der Kessel steht unter Überdruck.*

über|durch|schnitt|lich (Adjektiv) über dem Durchschnitt: *überdurchschnittliche Noten haben • überdurchschnittlich lange für eine Fahrt brauchen*

über|ei|len (Verb) **du übereilst, er übereilte, sie hat übereilt, übereil(e) nicht!** etwas zu schnell oder zu früh tun: *eine übereilte Entscheidung treffen*

über|ei|nan|der, über|ein|an|der (Adverb)
❶ ein Mensch/Gegenstand über dem anderen, ein Mensch/Gegenstand über den anderen: *zwei Pullis übereinander anhaben*
❷ über sich gegenseitig: *übereinander lachen*

über|ein|stim|men (Verb) **du stimmst überein, er stimmte überein, sie hat übereingestimmt, stimme überein!**
❶ gleich sein: *Die beiden Bilder stimmen bis auf sieben Fehler miteinander überein.*
❷ die gleiche Meinung haben: *Wir stimmen sonst nicht oft überein, aber diesmal waren wir uns einig.*

die **Über|ein|stim|mung** (Nomen) **der Übereinstimmung, die Übereinstimmungen**
❶ ≈ Gemeinsamkeit eine Eigenschaft, die bei mehreren gleich ist: *Übereinstimmungen finden*
❷ die Gleichheit mehrerer Dinge: *die Übereinstimmung einer Unterschrift mit dem Original überprüfen*
❸ ≈ Einigkeit *In dieser Sache herrscht bei uns völlige Übereinstimmung.*
❹ Übereinstimmung erzielen sich einigen

über|emp|find|lich (Adjektiv) abwertend
❶ sehr schnell mit gesundheitlichen Beschwerden auf Probleme reagieren: *eine überempfindliche Haut haben*
❷ sehr schnell gekränkt sein: *Auf solche Witze reagiert sie überempfindlich.*

über|fah|ren (Verb) **du überfährst, er überfuhr, sie hat überfahren, überfahr(e) nicht!**
❶ jemanden/ein Tier mit einem Fahrzeug zu Boden stoßen und verletzen oder töten
❷ etwas nicht beachten und nicht anhalten: *ein Stoppschild/eine rote Ampel überfahren*
❸ sich überfahren fühlen das Gefühl haben, dass man sich zu schnell entscheiden muss und nicht ausreichend darüber nachdenken kann

die **Über|fahrt** (Nomen) **der Überfahrt, die Überfahrten** eine Fahrt mit einem Schiff, insbesondere einer Fähre, ans andere Ufer

der **Über|fall** (Nomen) **des Überfall(e)s, die Überfälle** ein plötzlicher Angriff: *ein Überfall auf die Bank von einem maskierten Räuber*

über|fal|len (Verb) **du überfällst, er überfiel, sie hat überfallen, überfall(e) nicht!**
❶ jemanden/etwas plötzlich angreifen: *Die Tankstelle wurde gestern überfallen.*
❷ ohne Ankündigung plötzlich zu jemandem kommen und etwas von ihm

wollen: *jemanden mit tausend Fragen überfallen • Komm, wir überfallen jetzt noch Felix und fragen, ob er mitkommt.*

über|fäl|lig (Adjektiv) so, dass jemand/etwas schon längst da sein sollte oder etwas schon längst geschehen sein sollte: *Ich mache mir allmählich Sorgen, sie sind seit Stunden überfällig.*

der **Über|flie|ger** (Nomen) umgangssprachlich **des Überfliegers, die Überflieger** jemand, dem das Lernen sehr leichtfällt und der sehr gut in etwas ist

die **Über|flie|ge|rin** (Nomen) umgangssprachlich **der Überfliegerin, die Überfliegerinnen** Femininform von → **Überflieger**

der **Über|fluss** (Nomen) nur im Singular **des Überflusses**
❶ eine Situation, in der viel mehr von etwas vorhanden ist, als man braucht: *Wir leben hier im Überfluss und dort hungern die Kinder.*
❷ zu allem Überfluss obendrein, noch dazu: *Zu allem Überfluss bin ich dann auch noch krank geworden.*

über|flüs|sig (Adjektiv) nicht nötig (und daher störend): *Das war jetzt aber echt überflüssig!*

über|for|dern (Verb) **du überforderst, er überforderte, sie hat überfordert, überford(e)re nicht!** mehr verlangen, als jemand leisten kann: *Ich fühle mich in meinem Job überfordert. • Eine so große Auswahl überfordert mich, da kann ich mich nicht entscheiden.*

die **Über|for|de|rung** (Nomen) **der Überforderung, die Überforderungen** eine Situation, in der jemand überfordert ist: *Ständige Überforderung macht krank.*

über|füllt (Adjektiv) mit zu vielen Menschen, zu voll: *Der Saal war überfüllt. • Die Vorratsspeicher waren überfüllt.*

die **Über|fül|lung** (Nomen) **der Überfüllung, die Überfüllungen** die Situation, wenn zu viele Menschen da sind/etwas zu voll ist: *Der Vergnügungspark lässt wegen Überfüllung niemanden mehr ein.*

die **Über|ga|be** (Nomen) **der Übergabe, die Übergaben** der Vorgang, wenn man jemandem etwas übergibt: *Die Übergabe des Lösegeldes ist fehlgeschlagen.*

der **Über|gang** (Nomen) **des Übergang(e)s, die Übergänge**
❶ der Wechsel in einen anderen Zustand, zu einem anderen Thema: *ein reibungsloser Übergang von der Schule ins Berufsleben*
❷ ein Weg über eine Bahnlinie oder Straße (z. B. Bahnübergang, Fußgängerübergang)

die **Über|gangs|zeit** (Nomen) **der Übergangszeit, die Übergangszeiten**
❶ die erste Zeit nach der Einführung einer Neuerung, in der das Alte auch noch möglich ist: *Während der fünfjährigen Übergangszeit sind die alten Ausweise noch gültig.*
❷ eine Zeit im Jahr, in der man sich morgens und abends warm anziehen muss, es tagsüber aber noch oder schon recht warm werden kann: *eine Jacke für die Übergangszeit*

über|ge|ben (Verb) **du übergibst, er übergab, sie hat übergeben, übergib!**
❶ jemandem etwas übergeben jemandem etwas geben, was für ihn bestimmt ist: *den neuen Mietern die Wohnung übergeben*
❷ jemandem etwas übergeben/etwas an jemanden übergeben jemandem eine Aufgabe übertragen: *Sie hat den Fall an ihren Nachfolger übergeben.* → **Übergabe**
❸ jemanden/etwas jemandem übergeben eine Person, eine Stadt o. Ä. in jemandes Gewalt geben: *jemanden festhalten und der Polizei übergeben • die Burg dem Feind übergeben*
❹ sich übergeben ≈ erbrechen Nahrung wieder herauswürgen

über|ge|hen[1] (Verb) **du übergehst, er überging, sie hat übergangen, übergeh(e) nicht!**
jemanden/etwas übergehen jemanden/etwas nicht beachten oder berücksichtigen: *Ich bin bei der Verteilung der Geschenke übergangen worden.*

über|ge|hen[2] (Verb) **du gehst über, er ging über, sie ist übergegangen, geh(e) über!**
❶ zu etwas übergehen etwas Neues anfangen: *Unsere Lehrer sind jetzt dazu übergegangen, uns in Gruppen arbeiten zu lassen.*
❷ etwas geht auf jemanden/in jemandes Besitz über etwas wechselt den Besitzer
❸ etwas geht in etwas über etwas ändert sich in etwas anderes: *Das Blau geht allmählich in Grün über.* → **Übergang**

das **Über|ge|wicht** (Nomen) nur im Singular **des Übergewicht(e)s** zu hohes Gewicht

über|ge|wich|tig (Adjektiv) zu dick, zu schwer

über|glück|lich (Adjektiv) ≈selig sehr glücklich

über|hand|neh|men (Verb) nur in der 3. Person gebraucht **es nimmt überhand, es nahm überhand, es hat überhandgenommen** etwas nimmt überhand etwas wird allmählich zu viel: *Diese Probleme haben in letzter Zeit überhandgenommen.*

über|haupt[1] (Adverb)
① nachgestellt von allen: *Sie ist eine der beliebtesten Schauspielerinnen überhaupt.*
② auch sonst: *Nicht nur in Italien, am Mittelmeer ist es überhaupt sehr warm.*
③ verwendet, um eine Verneinung zu verstärken: *überhaupt keinen Fehler machen • Das ist überhaupt nicht wahr!*
④ wenn überhaupt in dem unwahrscheinlichen Fall, dass etwas geschieht: *Wenn ich überhaupt auf die Party gehe, dann aber erst später.*

über|haupt[2] (Partikel) ≈eigentlich in Fragen verwendet, um Ärger oder Zweifel auszudrücken: *Was machst du überhaupt noch hier? • Kann das überhaupt stimmen?*

über|heb|lich (Adjektiv) **überheblicher, am überheblichsten** so, dass sich jemand für besser hält als andere und sich zu viel zutraut

die **Über|heb|lich|keit** (Nomen) **der Überheblichkeit, die Überheblichkeiten** eine überhebliche Art oder überhebliches Verhalten

über|ho|len (Verb) **du überholst, er überholte, sie hat überholt, überhol(e)!**
① an jemandem/etwas vorbeifahren oder -laufen, weil man schneller ist: *Hier darf man nicht überholen!*
② prüfen, ob etwas technisch in Ordnung ist, und kleine Probleme beseitigen: *Der Wagen wird gerade in der Werkstatt überholt.*

über|holt (Adjektiv) alt und nicht mehr gültig, nicht mehr aktuell: *Diese Theorie ist doch völlig überholt!*

das **Über|hol|ver|bot** (Nomen) **des Überholverbot(e)s, die Überholverbote** das Verbot, auf einer bestimmten Strecke andere Fahrzeuge zu überholen

über|hö|ren (Verb) **du überhörst, er überhörte, sie hat überhört, überhör(e) nicht!** etwas nicht hören, weil man nicht genau aufpasst, oder absichtlich ignorieren, was jemand sagt

über|la|den[1] (Verb) **du überlädst, er überlud, sie hat überladen, überlad(e) nicht!** zu schwer beladen: *den Anhänger überladen*

über|la|den[2] (Adjektiv)
① zu schwer beladen: *Das völlig überladene Boot kenterte und ging unter.*
② übermäßig viel mit etwas ausgestattet, mit zu viel Inhalt: *Das Zimmer war mit Dekorationen überladen.*

über|las|sen (Verb) **du überlässt, er überließ, sie hat überlassen, überlass(e)!**
① jemandem etwas zur Verfügung stellen oder verkaufen: *Für den Umzug hat er mir seinen Transporter überlassen.*
② etwas nicht selbst entscheiden oder tun, sondern es einen anderen tun lassen: *Er verschwand einfach und überließ es uns, alles aufzuräumen.*
③ jemanden sich selbst überlassen jemanden allein lassen, sich nicht um ihn kümmern

über|las|ten (Verb) **du überlastest, er überlastete, sie hat überlastet, überlaste nicht!** jemanden/etwas zu stark belasten: *jemanden mit Arbeit überlasten • Die Telefonleitungen waren völlig überlastet.*

die **Über|las|tung** (Nomen) **der Überlastung, die Überlastungen** das Überlasten oder der Zustand, zu stark belastet zu sein: *Der Köper reagiert auf die Überlastung und man wird krank.*

über|lau|fen[1] (Verb) **du läufst über, er lief über, sie ist übergelaufen, lauf(e) nicht über!**
① etwas läuft über etwas fließt über den Rand eines vollen Behälters: *Das Badewasser ist übergelaufen.*
② etwas läuft über ein Behälter ist so voll, dass etwas über den Rand fließt: *Die Badewanne ist übergelaufen.*
③ zum Feind überlaufen seine Seite im Stich lassen und dem Feind helfen

über|lau|fen[2] (Adjektiv) von zu vielen Leuten besucht: *Der Ferienort ist im Sommer völlig überlaufen.*

über|le|ben (Verb) **du überlebst, er überlebte, sie hat überlebt, überleb(e)!**
① nicht sterben: *einen Unfall überleben*
② Das überlebe ich nicht! Das halte ich nicht aus!

über|le|gen[1] (Verb) **du überlegst, er überlegte, sie hat überlegt, überleg(e)!**
① sich in Gedanken mit etwas beschäftigen:

Ich überlege gerade, ob ich einen Tanzkurs machen soll.
❷ hin und her überlegen über verschiedene Möglichkeiten nachdenken
❸ es sich anders/noch einmal überlegen eine Absicht oder Entscheidung ändern

über|le|gen[2] (Adjektiv) besser oder stärker als andere: *die überlegene Mannschaft • Diese Methode ist der anderen weit überlegen.*

über|legt (Adjektiv) **überlegter, am überlegtesten** so, dass man vorher darüber nachgedacht hat: *besonnen und überlegt handeln*

die **Über|le|gung** (Nomen) **der Überlegung, die Überlegungen**
❶ das Nachdenken: *Nach längerer Überlegung kam ich zu dem Schluss, dass …*
❷ das Ergebnis des Nachdenkens: *Sie teilte mir ihre Überlegungen mit.*
❸ Überlegungen anstellen über etwas nachdenken

über|lei|ten (Verb) **du leitest über, er leitete über, sie hat übergeleitet, leite über!** zu etwas überleiten eine Verbindung zu einem neuen Thema herstellen

die **Über|lei|tung** (Nomen) **der Überleitung, die Überleitungen** das Überleiten: *Sie fing ohne Überleitung an, über ihre Probleme zu sprechen.*

über|le|sen (Verb) **du überliest, er überlas, sie hat überlesen, überlies nicht!** beim Lesen etwas nicht bewusst mitbekommen: *Bitte sorgfältig lesen, damit ihr keine Hinweise überlest!*

über|lie|fern (Verb) **du überlieferst, er überlieferte, sie hat überliefert, überlief(e)re!** etwas mündlich oder schriftlich an folgende Generationen weitergeben: *Märchen wurden früher nur mündlich überliefert.*

die **Über|lie|fe|rung** (Nomen) **der Überlieferung, die Überlieferungen**
❶ das Überliefern: *die mündliche Überlieferung von Märchen*
❷ etwas, was aus der Vergangenheit überliefert wurde: *Nach unserer Überlieferung war Atlantis eine große Insel mit einer weit entwickelten Kultur.*

über|lis|ten (Verb) **du überlistest, er überlistete, sie hat überlistet, überliste!** ≈ hereinlegen, austricksen jemanden mit einem Trick täuschen: *Er hat mich überlistet.*

die **Über|macht** (Nomen) **nur im Singular der Übermacht** eine Gruppe, die größer oder stärker ist als eine andere: *Wir kämpften gegen eine Übermacht.*

über|mäch|tig (Adjektiv)
❶ viel stärker: *ein übermächtiger Gegner*
❷ so stark, dass man davon beherrscht wird: *Ich fühlte den übermächtigen Wunsch, mich zu verstecken.*

über|mä|ßig (Adjektiv) zu groß, zu hoch oder zu viel: *Übermäßiges Naschen macht dick.*

über|mit|teln (Verb) **du übermittelst, er übermittelte, sie hat übermittelt, übermitt(e)le!** etwas an jemanden weitergeben oder senden: *Ich soll Ihnen schöne Grüße von meiner Mutter übermitteln. • Die Daten werden elektronisch übermittelt.*

über|mor|gen (Adverb) am Tag nach morgen

über|mü|det (Adjektiv) so müde, dass man sich erschöpft fühlt und nicht mehr seine volle Leistung bringen kann

der **Über|mut** (Nomen) **nur im Singular des Übermut(e)s** ein Zustand, in dem man übertrieben fröhlich und zu Streichen aufgelegt ist oder sich zu viel zutraut: *Er kletterte aus Übermut aufs Dach.*

über|mü|tig (Adjektiv) **übermütiger, am übermütigsten** voll Übermut: *Die Kinder rannten übermütig im Garten herum.*

über|nächs|te, über|nächs|ter, über|nächs|tes (Adjektiv) in einer Reihenfolge nach der oder dem Nächsten: *übernächstes Jahr • am übernächsten Tag*

über|nach|ten (Verb) **du übernachtest, er übernachtete, sie hat übernachtet, übernachte!** irgendwo über Nacht bleiben und dort schlafen: *Kann ich bei euch übernachten?*

die **Über|nah|me** (Nomen) **der Übernahme, die Übernahmen** das Übernehmen: *die Übernahme von Verantwortung • Die Firma hat ihm seine Übernahme als Festangestellter in Aussicht gestellt.*

über|neh|men (Verb) **du übernimmst, er übernahm, sie hat übernommen, übernimm!**
❶ eine Pflicht annehmen und das Nötige tun: *eine Aufgabe/einen Auftrag übernehmen • Das Paket muss zur Post. Kannst du das bitte für mich übernehmen?*
❷ etwas von jemandem bekommen (und sich in Zukunft darum kümmern): *Die Küche*

und die Katze haben wir von den Vormietern übernommen.
❸ jemanden als Mitarbeiter weiterbeschäftigen: *Die Firma hat ihn nach der Ausbildung übernommen.*
❹ sich übernehmen sich eine zu große Belastung zumuten: *Ich habe mich gestern etwas übernommen und muss mich heute dringend erholen.*

über|prüf|bar (Adjektiv) so, dass sich etwas sicher feststellen lässt: *Seine Angaben sind nicht überprüfbar, wir müssen ihm einfach glauben.*

über|prü|fen (Verb) **du überprüfst, er überprüfte, sie hat überprüft, überprüf(e)!** ≈ kontrollieren prüfen, ob etwas in Ordnung ist

die **Über|prü|fung** (Nomen) **der Überprüfung, die Überprüfungen** das Überprüfen: *Eine Überprüfung der Reifen ergab, dass sie zu wenig Profil hatten.*

über|que|ren (Verb) **du überquerst, er überquerte, sie hat überquert, überquer(e)!** sich von einer Seite zur anderen bewegen: *Vorsicht beim Überqueren der Straße!* • *in einem Boot den Fluss überqueren*

die **Über|que|rung** (Nomen) **der Überquerung, die Überquerungen** das Überqueren: *die erste Überquerung des Atlantiks mit einem Flugzeug*

über|ra|gend (Adjektiv) viel besser als andere/etwas anderes: *überragende Ergebnisse erzielen*

über|ra|schen (Verb) **du überraschst, er überraschte, sie hat überrascht, überrasch(e)!**
❶ drückt aus, dass jemand mit etwas nicht gerechnet hat: *Sie kam überraschend zu Besuch.* • *Meine Freunde überraschten mich mit einer Torte.*
❷ dorthin kommen, wo jemand gerade etwas Heimliches, Verbotenes tut: *Seine Mutter hat ihn beim Rauchen überrascht.*

über|ra|schen|der|wei|se (Adverb) so, dass es jemanden überrascht: *Überraschenderweise hat der Lehrer gar nichts gemerkt.*

die **Über|ra|schung** (Nomen) **der Überraschung, die Überraschungen**
❶ das Gefühl, wenn man mit etwas nicht gerechnet hat: *Vor Überraschung blieb ihr der Mund offen stehen.*
❷ ein Geschenk oder Ereignis, das jemanden überrascht: *Das Ende des Films war keine große Überraschung für mich.* • *Er brachte den Kindern kleine Überraschungen von der Reise mit.*

über|re|den (Verb) **du überredest, er überredete, sie hat überredet, überrede!** so lange reden, bis sich jemand zu etwas bereit erklärt, was er nicht tun wollte: *Sie hat ihre Eltern überredet, ihr einen Hund zu kaufen.*

die **Über|re|dung** (Nomen) nur im Singular **der Überredung** das Überreden: *Zuerst versuchten sie es mit Überredung, dann mit Drohungen.*

über|re|gi|onal, über|re|gio|nal (Adjektiv) im ganzen Land (verbreitet): *eine überregionale Tageszeitung*

über|rei|chen (Verb) **du überreichst, er überreichte, sie hat überreicht, überreich(e)!** jemandem etwas in die Hand geben: *Die Sängerin bekam einen Blumenstrauß überreicht.*

übers (Präposition mit Artikel) umgangssprachlich über das: *übers Wochenende wegfahren*

über|schat|ten (Verb) nur in der 3. Person gebraucht **es überschattet, es überschattete, es hat überschattet** etwas überschattet etwas etwas Trauriges verdirbt die gute Stimmung: *Das Konzert wurde von einem Unfall überschattet.*

über|schät|zen (Verb) **du überschätzt, er überschätzte, sie hat überschätzt, überschätz(e) nicht!** jemanden/sich/etwas für besser, höher, stärker usw. halten, als richtig ist: *Ich habe total überschätzt, wie viel ich in einer Stunde schaffen kann.*

über|schau|en (Verb) gehoben **du überschaust, er überschaute, sie hat überschaut** etwas in einem Zusammenhang erkennen und richtig einschätzen: *Als Chef muss man überschauen können, was alles zu tun ist.*

über|schla|gen (Verb) **du überschlägst, er überschlug, sie hat überschlagen, überschlag(e)!**
❶ beim Lesen einzelne Seiten oder Kapitel auslassen: *Das Kapitel mit der Wegbeschreibung habe ich überschlagen, das war mir zu lang.*
❷ etwas ungefähr ausrechnen: *im Kopf überschlagen, wie viele Getränke man für ein Fest braucht*
❸ sich überschlagen mit so viel Schwung

fallen oder gegen etwas stoßen, dass sich die Räder durch die Luft oder die Beine über den Kopf hinwegbewegen: *sich mit dem Fahrrad überschlagen*
❹ jemandes Stimme überschlägt sich jemandes Stimme wird plötzlich hoch und schrill
❺ die Ereignisse überschlagen sich viele Dinge geschehen schnell nacheinander

über|schnap|pen (Verb) umgangssprachlich • abwertend **du schnappst über, er schnappte über, sie ist übergeschnappt, schnapp(e) nicht über!** ≈ durchdrehen verrückt werden

sich **über|schnei|den** (Verb) nur in der 3. Person gebraucht **es überschneidet sich, es überschnitt sich, es hat sich überschnitten**
❶ GEOMETRIE gemeinsame Punkte haben: *Die Linien/Kreise überschneiden sich.*
❷ zum Teil gleichzeitig stattfinden oder das gleiche Thema behandeln: *Die Kurse überschneiden sich zeitlich/inhaltlich.*

die **Über|schnei|dung** (Nomen) **der Überschneidung, die Überschneidungen**
❶ GEOMETRIE die Tatsache, dass etwas gemeinsame Punkte mit etwas anderem hat
❷ die Situation, wenn sich Termine oder Inhalte überschneiden: *Inhaltliche Überschneidungen lassen sich nicht immer vermeiden.*

über|schrei|ben (Verb) **du überschreibst, er überschrieb, sie hat überschrieben, überschreib(e)!**
❶ jemandem etwas überschreiben schriftlich festhalten, dass jemand etwas bekommt
❷ etwas ist mit etwas überschrieben etwas hat eine bestimmte Überschrift: *Der Aufsatz war mit „Mein schönstes Ferienerlebnis" überschrieben.*

über|schrei|ten (Verb) **du überschreitest, er überschritt, sie hat überschritten, überschreite!**
❶ über ein bestimmtes Maß hinausgehen: *Der zulässige Grenzwert wurde mehrmals überschritten.*
❷ gehoben ≈ überqueren *Im Jahr 49 vor Christus überschritt Cäsar mit seinen Truppen den Grenzfluss Rubikon.*

die **Über|schrift** (Nomen) **der Überschrift, die Überschriften** die Worte über einem Text, die einen Hinweis auf den Inhalt geben oder neugierig machen: *sich eine gute Überschrift für den Aufsatz ausdenken*

der **Über|schuss** (Nomen) **des Überschusses, die Überschüsse**
❶ das, was übrig bleibt, wenn man alle Kosten abzieht: *einen Überschuss erwirtschaften*
❷ eine Menge, die nicht gebraucht wird und zu viel ist: *Überschuss produzieren*

über|schwäng|lich (Adjektiv) **überschwänglicher, am überschwänglichsten** übertrieben begeistert: *Wir wurden überschwänglich begrüßt.*

die **Über|schwem|mung** (Nomen) **der Überschwemmung, die Überschwemmungen** die Situation, wenn ein Gebiet überschwemmt ist

über|se|hen (Verb) **du übersiehst, er übersah, sie hat übersehen, übersieh!**
❶ nicht aufmerksam sein und deswegen etwas nicht sehen: *Der Lehrer hat bei mir zwei Fehler übersehen.*
❷ so tun, als ob man jemanden/etwas nicht sieht: *Wenn ich ihm begegne, übersehe ich ihn einfach.*
❸ alles gut sehen oder erkennen: *Vom obersten Stock kann man die ganze Stadt übersehen.* • *Die gesamten Kosten lassen sich noch nicht übersehen.*
siehe auch → **Übersicht**

über|set|zen[1] (Verb) **du übersetzt, er übersetzte, sie hat übersetzt, übersetz(e)!** etwas (wortgetreu oder sinngemäß) in einer anderen Sprache ausdrücken: *Das Buch wurde in mehr als zwanzig Sprachen übersetzt.*

über|set|zen[2] (Verb) **du setzt über, er setzte über, sie ist/hat übergesetzt, setz(e) über!**
❶ ist übergesetzt mit einem Boot oder Schiff zum anderen Ufer fahren: *Es gibt keine Brücke, wir müssen mit dem Boot übersetzen.*
❷ jemanden übersetzen hat übergesetzt jemanden zum anderen Ufer bringen: *Der Fährmann wollte uns nicht übersetzen.*

der **Über|set|zer** (Nomen) **des Übersetzers, die Übersetzer** jemand, der Texte in andere Sprachen übersetzt: *Der Übersetzer hat viel zu dem Erfolg beigetragen.*

die **Über|set|ze|rin** (Nomen) **der Übersetzerin, die Übersetzerinnen** Femininform von → **Übersetzer**

die **Über|sẹt|zung** (Nomen) **der Übersetzung, die Übersetzungen**
① das Übersetzen in eine andere Sprache: *Die Übersetzung von Redewendungen ist schwierig.*
② ein übersetzter Text: *Hast du das Buch im Original oder in deutscher Übersetzung gelesen?*

die **Über|sicht** (Nomen) **der Übersicht, die Übersichten**
① die Aussicht von einem hohen Platz: *Von hier aus hat man eine gute Übersicht über die Stadt.*
② der Zustand, wenn man alle einzelnen Dinge im Kopf hat und nichts vergisst oder übersieht: *Ich habe längst die Übersicht über meine Bücher verloren.*
③ eine Zusammenfassung der wichtigsten Punkte: *eine Übersicht der Forschungsergebnisse*

über|sicht|lich (Adjektiv) **übersichtlicher, am übersichtlichsten**
① so angeordnet, dass man sich schnell zurechtfindet und alles erkennt: *alles schön übersichtlich untereinanderschreiben*
② so, dass die Sicht frei ist: *eine übersichtliche Kreuzung*

die **Über|sicht|lich|keit** (Nomen) nur im Singular **der Übersichtlichkeit** der Zustand, wenn etwas übersichtlich ist

über|spịtzt (Adjektiv) absichtlich übertrieben ausgedrückt, damit deutlich wird, was man meint: *Wir sind in dieser Hinsicht, überspitzt gesagt, in der Steinzeit stehen geblieben.*

über|ste|hen[1] (Verb) unpersönlich **es steht über, es stand über, es hat übergestanden** über etwas hinausragen: *Wenn die Ladung hinten übersteht, muss sie mit einem roten Schild oder Ähnlichem gekennzeichnet werden.*

über|ste|hen[2] (Verb) **du überstehst, er überstand, sie hat überstanden, übersteh(e)!**
etwas überstehen etwas bis zum Ende ohne große Schäden aushalten: *Die Schuhe haben die Bergtour leider nicht überstanden.*

über|stei|gen (Verb) **du übersteigst, er überstieg, sie hat überstiegen, übersteig(e)!**
① über etwas auf die andere Seite klettern: *einen hohen Zaun übersteigen*
② größer oder mehr sein als etwas: *Die Kosten sollten 500 Euro nicht übersteigen.*

über|stịm|men (Verb) **du überstimmst, er überstimmte, sie hat überstimmt, überstimm(e)!**
① jemanden überstimmen bei einer Abstimmung gegen jemanden gewinnen
② überstimmt werden bei einer Abstimmung verlieren: *Leider wurden wir überstimmt.*

die **Über|stun|de** (Nomen) **der Überstunde, die Überstunden** eine Stunde, die man länger arbeitet, als eigentlich vertraglich festgelegt ist: *Es war so viel zu tun, dass wir Überstunden machen mussten.*

über|stụ̈r|zen (Verb) **du überstürzt, er überstürzte, sie hat überstürzt, überstürz(e) nicht!** etwas zu schnell entscheiden oder tun, ohne vorher ausreichend nachzudenken: *Lasst uns jetzt nichts überstürzen!*

der **Über|trag** (Nomen) **des Übertrag(e)s, die Überträge** das Zwischenergebnis einer Rechnung, das man am Anfang der nächsten Seite zum Weiterrechnen noch einmal aufschreibt

über|trag|bar (Adjektiv)
① ansteckend: *übertragbare Krankheiten* • *Die Schweinepest ist nicht auf den Menschen übertragbar.*
② so, dass man jemandem etwas zum Benutzen weitergeben darf: *Das Ticket ist übertragbar.*
③ so, dass etwas auf etwas anderes angewandt werden kann: *Diese Situation ist auch auf heutige Verhältnisse übertragbar.*

die **Über|trag|bar|keit** (Nomen) **der Übertragbarkeit, die Übertragbarkeiten** die Möglichkeit, dass etwas auf andere oder in anderes übertragen wird: *die Übertragbarkeit der Vogelgrippe auf andere Arten* • *die Übertragbarkeit von Gutscheinen/Testergebnissen*

über|tra|gen (Verb) **du überträgst, er übertrug, sie hat übertragen, übertrag(e)!**
① etwas in Radio oder Fernsehen senden, oder Daten z. B. im Internet übermitteln: *Das Konzert wird live übertragen.*
② jemandem eine Aufgabe oder eine Sache geben: *Kann ich Ihnen die Verantwortung für die Gruppe übertragen?* • *Ich übertrage mein Haus auf meinen Sohn.*
③ ansteckende Krankheiten weitergeben: *Malaria wird durch Mücken übertragen.*

❹ etwas überträgt sich auf andere eine Krankheit oder Stimmung wird an andere weitergegeben: *Ihre Begeisterung übertrug sich auf die Zuschauer.*
❺ ein Zwischenergebnis an einer anderen Stelle noch einmal aufschreiben: *die Ausgaben addieren und das Ergebnis auf die nächste Seite übertragen*
❻ etwas in einer anderen Situation oder auf ein anderes Gebiet anwenden: *Man kann die Ergebnisse von Tierversuchen nicht unbedingt auf den Menschen übertragen.*

die **Über|tra|gung** (Nomen) **der Übertragung, die Übertragungen**
❶ das Senden in Radio, Fernsehen oder die Datenübermittlung z. B. im Internet: *die Übertragung des Fußballspiels im Fernsehen*
❷ das Weitergeben von Aufgaben oder Dingen, die man besitzt: *die Übertragung der Firma von der Mutter auf den Sohn*
❸ das Weitergeben von ansteckenden Krankheiten: *Gründliches Händewaschen verhindert die Übertragung von Krankheiten.*
❹ ≈Übersetzung *eine gelungene Übertragung eines Gedichts ins Englische*
❺ die Anwendung eines Wissens oder einer Erfahrung von einem Bereich auf einen anderen: *Die Übertragung des theoretischen Wissens über das Tauchen in die Praxis fiel ihr leicht.*

über|tref|fen (Verb) **du übertriffst, er übertraf, sie hat übertroffen, übertriff!**
besser oder mehr sein als andere/etwas anderes oder als erwartet: *Die Veranstaltung übertraf alles bisher Dagewesene.*

über|trei|ben (Verb) **du übertreibst, er übertrieb, sie hat übertrieben, übertreib(e) nicht!**
❶ zu viel tun oder etwas zu oft, zu lange oder zu intensiv tun: *Du solltest es mit dem Abnehmen nicht übertreiben.*
❷ etwas größer, wichtiger usw. darstellen, als es ist: *„Palast" wäre etwas übertrieben, aber das Haus ist schon sehr luxuriös.*

die **Über|trei|bung** (Nomen) **der Übertreibung, die Übertreibungen**
eine übertriebene Beschreibung oder das Übertreiben: *„Gut" wäre in diesem Fall eine Übertreibung, „mittelmäßig" trifft es eher.*

über|tre|ten[1] (Verb) **du trittst über, er trat über, sie hat/ist übergetreten, tritt über!**
❶ beim Sport eine Markierung überschreiten und damit gegen Regeln verstoßen: *Der Sprung wird nicht gewertet, sie ist übergetreten.*
❷ zu etwas übertreten die Glaubensgemeinschaft wechseln: *zum Islam übertreten*

über|tre|ten[2] (Verb) **du übertrittst, er übertrat, sie hat übertreten, übertritt nicht!**
ein Gesetz übertreten etwas gesetzlich Verbotenes tun

die **Über|tre|tung** (Nomen) **der Übertretung, die Übertretungen**
❶ das Übertreten eines Gesetzes
❷ das Überschreiten einer Markierung beim Sport

über|trie|ben (Adjektiv)
❶ zu groß, zu schlecht, zu stark: *Er hat wirklich einen übertriebenen Ehrgeiz.*
❷ allzu: *übertrieben eifersüchtig sein*

über|wa|chen (Verb) **du überwachst, er überwachte, sie hat überwacht, überwach(e)!** genau beobachten, damit nichts Verbotenes oder Unerwünschtes geschieht: *Der Laden wird mit Kameras überwacht.* • *den Zustand eines Kranken überwachen*

die **Über|wa|chung** (Nomen) **der Überwachung, die Überwachungen**
das Überwachen

über|wäl|ti|gen (Verb) **du überwältigst, er überwältigte, sie hat überwältigt, überwältige nicht!**
❶ bewirken, dass jemand sich nicht mehr wehren kann: *einen Einbrecher überwältigen*
❷ ein Gefühl überwältigt jemanden ein Gefühl ist plötzlich so stark, dass es jemanden völlig beherrscht: *Er war vom Applaus so überwältigt, dass er Tränen in den Augen hatte.*

über|wäl|ti|gend (Adjektiv) **überwältigender, am überwältigendsten**
❶ sehr eindrucksvoll: *ein überwältigender Anblick*
❷ eine überwältigende Mehrheit eine sehr große Mehrheit

über|wei|sen (Verb) **du überweist, er überwies, sie hat überwiesen, überweis(e)!**
❶ Geld von einem Konto auf ein anderes übertragen: *Ich werde dir das Geld gleich morgen überweisen.*
❷ einen Patienten zu einem anderen Arzt oder ins Krankenhaus schicken: *Mein*

Hausarzt hat mich gleich zum Hals-Nasen-Ohren-Arzt überwiesen.

die **Über|wei|sung** (Nomen) **der Überweisung, die Überweisungen** das Überweisen von Geld oder Patienten: *Die Überweisung ist noch nicht auf meinem Konto eingegangen. • Könnte ich bitte eine Überweisung zum Orthopäden haben?*

über|wie|gen (Verb)
nur in der 3. Person gebraucht **es überwiegt, es überwog, es hat überwogen**
❶ etwas anderes mengenmäßig übertreffen: *In den Wäldern hier überwiegen die Fichten.*
❷ stärker oder wichtiger sein als anderes: *Noch überwiegt die Freude an der Klassenfahrt meine Sehnsucht nach Hause.*

über|wie|gend (Adverb) hauptsächlich oder meistens: *überwiegend gute Note haben*

über|win|den (Verb) **du überwindest, er überwand, sie hat überwunden, überwind(e)!**
❶ sich von etwas nicht aufhalten lassen, mit etwas fertigwerden: *Hindernisse/seine Ängste überwinden*
❷ sich (zu etwas) überwinden etwas Unangenehmes tun, obwohl es einem schwerfällt: *Ich musste mich dazu überwinden, ins kalte Wasser zu springen.*

die **Über|win|dung** (Nomen) nur im Singular **der Überwindung** der Vorgang, etwas oder sich zu überwinden: *die Überwindung einer Krise*

über|win|tern (Verb) **du überwinterst, er überwinterte, sie hat überwintert, überwinter(e)!** den Winter irgendwo verbringen: *Viele Vögel überwintern in Afrika.*

die **Über|zahl** (Nomen) nur im Singular **der Überzahl** Mehrheit: *Wir sind in der Überzahl, wir können gar nicht verlieren.*

über|zäh|lig (Adjektiv) zu viel und daher übrig: *Nachdem alle paarweise aufgeteilt waren, war ein Teilnehmer überzählig.*

über|zeu|gen (Verb) **du überzeugst, er überzeugte, sie hat überzeugt, überzeug(e)!**
❶ mit guten Argumenten dafür sorgen, dass jemand seine Meinung ändert: *Er konnte mich überzeugen, ein anderes Modell zu wählen.*
❷ mit guten Leistungen zufriedenstellen: *Beim letzten Spiel konnte er nicht recht überzeugen.*
❸ sich von etwas überzeugen prüfen, ob etwas so ist, wie es sein soll: *Bitte überzeugen Sie sich von der Qualität unserer Waren!*

über|zeu|gend (Adjektiv)
❶ so, dass jemand überzeugt wird: *überzeugende Beweise*
❷ so, dass jemand zufrieden oder beeindruckt ist: *eine überzeugende Leistung*

die **Über|zeu|gung** (Nomen)
der Überzeugung, die Überzeugungen eine bestimmte Meinung, die jemand hat: *Fleisch zu essen widerspricht meiner Überzeugung.*

über|zie|hen[1] (Verb) **du ziehst über, er zog über, sie hat übergezogen, zieh(e) über!**
❶ etwas zusätzlich über andere Kleidung anziehen: *Zieh dir doch eine Jacke über, es ist kalt draußen!*
❷ etwas mit etwas überziehen etwas dünn auftragen, etwas mit etwas bedecken: *den Kuchen mit Glasur überziehen • Eine Welle von Begeisterung überzog das Land.*

über|zie|hen[2] (Verb) **du überziehst, er überzog, sie hat überzogen, überzieh(e) nicht!**
❶ sein Konto überziehen mehr Geld von seinem Konto nehmen, als dort eingezahlt war
❷ seine Zeit überziehen länger für etwa benötigen, als vorgesehen war: *Der Showmaster überzog, sodass die Nachrichten erst später gesendet wurden.*

üb|lich (Adjektiv) ≈ normal so, wie es oft/immer wieder geschieht: *Das war früher durchaus üblich. • Er hat gestern nicht wie üblich angerufen.*

üb|li|cher|wei|se (Adverb) wie es üblich ist: *In Deutschland findet die Bescherung üblicherweise am 24. Dezember statt, in England am 25.*

das **U-Boot** (Nomen) **des U-Bootes, die U-Boote** ein Schiff, das unter Wasser fährt

üb|rig (Adjektiv)
❶ als Rest noch da: *Lass mir auch etwas von den Chips übrig!*
❷ jemandem bleibt nichts anderes übrig als etwas zu tun jemand hat keine andere Wahl, als etwas zu tun: *Weil wir den letzten Bus verpasst hatten, blieb uns nichts anderes übrig, als zu Fuß zu gehen.*
siehe auch → **übrigbleiben**

❸ etwas lässt nichts zu wünschen übrig etwas ist perfekt
❹ etwas lässt viel zu wünschen übrig etwas sollte ganz anders sein: *Das Wetter auf dem Fest ließ viel zu wünschen übrig.*
❺ im Übrigen abgesehen davon, außerdem: *Das Buch ist mir zu lang. Im Übrigen interessiert mich das Thema nicht so sehr.*

üb|rig|blei|ben, üb|rig blei|ben (Verb) nur in der 3. Person gebraucht **es bleibt übrig, es blieb übrig, es ist übriggeblieben**
jemandem bleibt nichts anderes übrig als etwas jemand hat keine andere Wahl, als etwas zu tun siehe auch → **übrig**

üb|ri|gens (Adverb) was ich noch sagen/fragen wollte: *Hast du übrigens schon von Marks Unfall gehört?*

üb|rig|ha|ben (Verb) **du hast übrig, er hatte übrig, sie hat übriggehabt, hab(e) übrig!**
❶ für jemanden/etwas wenig/nichts/... übrighaben jemanden/etwas nicht mögen: *Für solche dummen Witze habe ich nichts übrig.*
❷ für jemanden/etwas viel/etwas/... übrighaben jemanden/etwas mögen: *Sie haben viel füreinander übrig.*

die **Übung** (Nomen) **der Übung, die Übungen**
❶ etwas, was man tut, um zu üben: *eine Übung der Feuerwehr für den Ernstfall*
❷ das Material/die Aufgaben, mit dem/denen man übt: *die Übungen zur Grammatik am Ende der Lektion*
❸ das Üben: *Ich mache das nur zur Übung.*

die **Übungs|ar|beit** (Nomen) **der Übungsarbeit, die Übungsarbeiten** eine schriftliche Arbeit nur zur Übung, die nicht benotet wird

das **Ufer** (Nomen) **des Ufers, die Ufer** der Rand von einem Bach, Fluss, See oder Meer: *ans/zum Ufer schwimmen*

das **Ufo, UFO** (Nomen) **des Ufo(s), die Ufos** Abkürzung von: unidentified unknown object ein unbekanntes fliegendes Objekt, das manche für ein Raumschiff von Außerirdischen halten

die **Uhr** (Nomen) **der Uhr, die Uhren**
❶ ein Gerät, mit dem man die Zeit misst: *Meine Uhr ist stehen geblieben.*
❷ nur im Singular die Zeitangabe/Uhrzeit des Tages, bei der die Stunden gezählt werden: *Ich rufe dich um zwei Uhr an.* • *Wie viel Uhr ist es?*
❸ rund um die Uhr Tag und Nacht

der **Uhr|zei|ger** (Nomen) **des Uhrzeigers, die Uhrzeiger** einer der Zeiger, die bei einer Uhr die Stunden, Minuten oder Sekunden anzeigen: *Der große Uhrzeiger zeigt die Stunden an, der kleine die Minuten.*

der **Uhr|zei|ger|sinn** (Nomen) nur in im Uhrzeigersinn/entgegen dem Uhrzeigersinn nach rechts/links (drehend): *eine Karte an den nächsten Spieler im Uhrzeigersinn weitergeben*

die **Uhr|zeit** (Nomen) **der Uhrzeit, die Uhrzeiten** die Zeit, wie sie von Uhren gemessen und angezeigt wird

der **Uhu** (Nomen) **des Uhus, die Uhus** die größte Eule, die es gibt

die **Uk|ra|ine, Uk|rai|ne** (Nomen) nur mit Artikel **der Ukraine** ein Land in Osteuropa

der **Uk|ra|iner, Uk|rai|ner** (Nomen) **des Ukrainers, die Ukrainer** ein Junge/Mann aus der Ukraine

die **Uk|ra|ine|rin, Uk|rai|ne|rin** (Nomen) **der Ukrainerin, die Ukrainerinnen** ein Mädchen/eine Frau aus der Ukraine

uk|ra|inisch, uk|rai|nisch (Adjektiv) aus der Ukraine oder in ukrainischer Sprache

ul|kig (Adjektiv) umgangssprachlich **ulkiger, am ulkigsten** seltsam; so komisch, dass man lachen muss

das **Ul|ti|ma|tum** (Nomen) **des Ultimatums, die Ultimaten** eine Forderung, die mit einer Drohung verbunden ist für den Fall, dass sie nicht rechtzeitig erfüllt wird: *Die Gewerkschaft stellte den Arbeitgebern ein Ultimatum: Wenn diese bis Montag kein besseres Angebot vorlegen, wird gestreikt.*

der **Ul|tra|schall, Ult|ra|schall** (Nomen) nur im Singular **des Ultraschall(e)s** Schall, den wir nicht hören können und der für schonende medizinische Untersuchungen eingesetzt wird: *ein verletztes Knie mit Ultraschall untersuchen*

ul|tra|vi|o|lett, ult|ra|vi|o|lett (Adjektiv) [ˈʊltraviolɛt]
ultraviolettes Licht/ultraviolette Strahlen Licht, das man nicht sehen kann, von dem die Haut braun wird und auch geschädigt werden kann

um[1] (Präposition) mit Akkusativ gebraucht
❶ verwendet, um eine kreisförmige Bewegung (mit etwas als Mittelpunkt) auszudrücken: *um die Kurve fahren* • *Alle standen um den Tisch herum.*

❷ verwendet, um die Uhrzeit, zu der etwas geschieht, zu nennen: *Ich stehe morgens um sieben auf.*
❸ verwendet, um die Größe eines Unterschieds zu nennen: *sich um zwei Euro verrechnen*
❹ verwendet, um etwas/jemand, um das/den es geht, zu bezeichnen: *um Hilfe rufen • der Streit um die geplante Autobahn*
❺ Stunde um Stunde/Tag um Tag/... viele Stunden/Tage/... nacheinander
❻ etwas ist um etwas ist zu Ende: *Die Stunde ist gleich um.*

um[2] (Adverb) umgangssprachlich
um die ... ungefähr: *Das dauert um die drei Tage. • Es wird um die 100 Euro kosten.*

um[3] (Konjunktion)
um zu ... leitet eine Infinitivgruppe ein, die einen Zweck, ein Ziel oder die Folge von etwas angibt: *Sie rief an, um mir Bescheid zu geben. • Ich habe nicht genug Kraft, um die Kiste zu tragen.*

um|ar|men (Verb) **du umarmst, er umarmte, sie hat umarmt, umarm(e)!** die Arme um jemanden/etwas legen und ihn/es an sich ziehen: *Komm, lass dich mal umarmen!*

die **Um|ar|mung** (Nomen) **der Umarmung, die Umarmungen** die Handlung, wenn jemand eine andere Person umarmt

der **Um|bau** (Nomen) **des Umbau(e)s, die Umbaue/Umbauten**
❶ das Umbauen: *Der Umbau schreitet gut voran.*
❷ etwas, was umgebaut wurde: *Die Umbauten sehen gut aus.*

um|blät|tern (Verb) **du blätterst um, er blätterte um, sie hat umgeblättert, blätt(e)re um!** ein Blatt in einem Buch, Heft o. Ä. auf die andere Seite legen

um|brin|gen (Verb) **du bringst um, er brachte um, sie hat umgebracht, bring(e) nicht um!** jemanden töten: *Er hat vor Verzweiflung seine Frau und sich selbst umgebracht. • Stell dich nicht so an, ein bisschen kaltes Wasser bringt dich nicht um!*

um|dre|hen (Verb) **du drehst um, er drehte um, sie hat/ist umgedreht, dreh(e) um!**
❶ **hat umgedreht** auf die andere Seite/um die eigene Achse drehen: *die Tasche umdrehen und ausschütten • Er drehte sich zu mir um.*
❷ **hat/ist umgedreht** • umgangssprachlich umkehren: *Wir mussten auf halbem Weg umdrehen, weil ein Gewitter aufkam.*

die **Um|dre|hung** (Nomen) **der Umdrehung, die Umdrehungen** eine vollständige Drehung um eine Achse, besonders als Maß für die Leistung, mit der ein Motor arbeitet: *Es spart Benzin, wenn man schon bei 2000 Umdrehungen in den nächsthöheren Gang schaltet.*

um|ei|nan|der, um|ein|an|der (Adverb) eine Person oder Sache um die andere: *Wir sollten uns mehr umeinander bemühen. • Die Hunde schlichen knurrend umeinander herum.*

um|fah|ren[1] (Verb) **du umfährst, er umfuhr, sie hat umfahren, umfahr(e)!**
um ein Hindernis herumfahren: *Ortskundige werden gebeten, den Stau weiträumig zu umfahren.*

um|fah|ren[2] (Verb) **du fährst um, er fuhr um, sie hat umgefahren, fahr(e) nicht um!**
beim Fahren gegen jemanden/etwas stoßen, sodass er/es umfällt: *Er hat den Pfosten übersehen und umgefahren.*

um|fal|len (Verb) **du fällst um, er fiel um, sie ist umgefallen, fall(e) nicht um!**
von einer aufrechten in eine liegende Lage fallen: *Ihr wurde schwarz vor Augen und sie fiel um. • Der Eimer ist umgefallen.*

der **Um|fang** (Nomen) **des Umfang(e)s, die Umfänge**
❶ die Länge einer Linie, die eine Fläche begrenzt: *den Umfang eines Kreises berechnen*
❷ die Größe, Ausdehnung oder das Ausmaß einer Sache: *Kosten im Umfang von mehreren Millionen • Der volle Umfang der Schäden ist noch nicht absehbar.*

um|fang|reich (Adjektiv) **umfangreicher, am umfangreichsten** viele Dinge, große Mengen umfassend, viele Gesichtspunkte berücksichtigend: *ein umfangreiches Angebot • Wir wurden umfangreich informiert.*

um|fas|sen (Verb) **du umfasst, er umfasste, sie hat umfasst, umfass(e)!**
❶ aus mehreren Dingen bestehen: *Der Katalog umfasst mehr als tausend Seiten.*
❷ die Arme oder Hände um etwas legen: *Der Baum war so dick, dass wir ihn zu zweit gerade noch umfassen konnten.*

um|fas|send (Adjektiv) **umfassender, am umfassendsten** so, dass alles Wichtige enthalten ist: *ein umfassendes Geständnis ablegen*

das **Um|feld** (Nomen) **des Umfeld(e)s, die Umfelder**
❶ ≈Umgebung *die Dörfer im Umfeld der Stadt*
❷ die Menschen und Umstände, die jemanden oder etwas beeinflussen: *Kinder brauchen ein geschütztes Umfeld.*
❸ ≈Zusammenhang *Im Umfeld von Radrennen kommt es immer wieder zu Dopingskandalen.*

um|for|men (Verb) **du formst um, er formte um, sie hat umgeformt, form(e) um!** in eine andere Form bringen: *Die Aufgabe war, mehrere Sätze ins Passiv umzuformen.*

um|for|mu|lie|ren (Verb) **du formulierst um, er formulierte um, sie hat umformuliert, formulier(e) um!** etwas noch einmal mit anderen Worten ausdrücken

die **Um|fra|ge** (Nomen) **der Umfrage, die Umfragen** eine Untersuchung, bei der viele Menschen zu einem Thema befragt werden: *Aktuellen Umfragen zufolge sehen junge Leute immer weniger fern.*

der **Um|gang** (Nomen) nur im Singular **des Umgang(e)s**
❶ das Benutzen von bestimmten Dingen: *Kinder auf spielerische Weise an den Umgang mit Computern heranführen*
❷ der Kontakt zu bestimmten Menschen: *Meine Eltern wollen nicht, dass ich Umgang mit ihr habe.*
❸ jemand, zu dem man Kontakt hat: *Diese Jungen sind ein schlechter Umgang für dich.*

um|gäng|lich (Adjektiv) **umgänglicher, am umgänglichsten** freundlich und bereit, auf die Wünsche anderer einzugehen

die **Um|gangs|for|men** (Nomen) nur im Plural **der Umgangsformen** ≈Manieren die Art, wie man sich anderen Menschen gegenüber benimmt: *gute/schlechte Umgangsformen haben*

die **Um|gangs|spra|che** (Nomen) nur im Singular **der Umgangssprache** die Sprache, die man in alltäglichen Situationen benutzt und nicht in Geschäftsbriefen oder Vorstellungsgesprächen

um|gangs|sprach|lich (Adjektiv) zur Umgangssprache gehörend

der **Um|gangs|ton** (Nomen) nur im Singular **des Umgangston(e)s** die Art, wie Menschen irgendwo miteinander umgehen: *Bei ihnen zu Hause herrscht ein rauer/herzlicher Umgangston.*

um|ge|ben (Verb) **du umgibst, er umgab, sie hat umgeben, umgib!**
❶ auf allen Seiten um jemanden/etwas herum sein: *Ein hoher Zaun umgibt die Baustelle.* • *Der Straßensänger war von Zuhörern umgeben.*
❷ sich gern mit Bewunderern/Fans/… umgeben gern und oft in Gesellschaft von bestimmten Menschen sein: *Der Star umgibt sich gern mit schönen Frauen.*

die **Um|ge|bung** (Nomen) **der Umgebung, die Umgebungen**
❶ das Gebiet um einen Ort oder Punkt herum: *Wir haben einen schönen Badesee in der näheren Umgebung.*
❷ die Menschen, Dinge und Orte, mit denen man im Alltag zu tun hat: *ein Kind aus seiner vertrauten Umgebung reißen* • *Was denken die Menschen in meiner Umgebung über mich?*

um|ge|hen[1] (Verb) **du umgehst, er umging, sie hat umgangen, umgeh(e)!**
❶ sich im Bogen bewegen, um etwas herum: *ein Hindernis umgehen*
❷ etwas Unangenehmes vermeiden: *Wie kann man solche Probleme umgehen?*
❸ sich nicht an etwas halten: *Er hat das Verbot duch einen geschickten Trick umgangen.*

um|ge|hen[2] (Verb) **du gehst um, er ging um, sie ist umgegangen, geh(e) um!**
❶ jemanden/etwas auf eine bestimmte Weise behandeln: *Du solltest mit deinen Schulsachen sorgfältiger umgehen.*
❷ als Gespenst erscheinen: *In der Burg soll ein Gespenst umgehen.*
❸ von einem zum anderen weitergegeben werden: *Im Kindergarten gehen gerade Läuse/die Windpocken um.*

um|ge|hend (Adjektiv) ohne Verzögerung, sofort

um|ge|kehrt (Adjektiv) ≈entgegengesetzt so vertauscht, dass das Gegenteil zutrifft: *Und jetzt noch einmal in umgekehrter Reihenfolge.* • *Es war genau umgekehrt: Nicht ich habe ihn gestört, sondern er mich.*

um|ha|ben (Verb) umgangssprachlich **du hast um, er hatte um, sie hat umgehabt, hab(e) um!** etwas um ein Körperteil gelegt oder gebunden haben: *einen Gürtel/Schal umhaben*

der **Um|hang** (Nomen) **des Umhang(e)s, die Umhänge** eine Art weiter Mantel ohne Ärmel

um|hän|gen (Verb) **du hängst um, er hängte um, sie hat umgehängt, häng(e) um!**
❶ etwas an eine andere Stelle hängen: *die Bilder umhängen*
❷ sich etwas umhängen sich etwas über die Schultern legen: *Sie hängte sich eine Decke um und setzte sich ans Lagerfeuer.*

um|her (Adverb)
❶ aus allen Richtungen/in alle Richtungen: *Die Feuerwerkskörper flogen weit umher.*
❷ umher… als trennbarer Teil von zusammengesetzten Verben (z. B. umherlaufen, umherirren, umherschauen)

um|hin|kom|men (Verb) gehoben **du kommst umhin, er kam umhin, sie ist umhingekommen**
nicht umhinkommen, etwas zu tun etwas nicht vermeiden können: *Er kam nicht umhin, sich zu entschuldigen.*

um|keh|ren (Verb) **du kehrst um, er kehrte um, sie ist/hat umgekehrt, kehr(e) um!**
❶ ist umgekehrt nicht mehr weiterfahren oder -gehen, sondern wieder zurückkehren: *Wir sollten jetzt lieber umkehren, es sieht nach Regen aus.*
❷ hat umgekehrt etwas/sich ins Gegenteil verändern: *die Reihenfolge umkehren*
❸ hat umgekehrt etwas von innen nach außen oder oben nach unten drehen: *seine Tasche umkehren und ausleeren*

um|klam|mern (Verb) **du umklammerst, er umklammerte, sie hat umklammert, umklamm(e)re!** seine Arme oder Finger so fest wie möglich um jemanden/etwas legen: *Sie umklammerte verzweifelt meinen Arm.*

die **Um|klam|me|rung** (Nomen) **der Umklammerung, die Umklammerungen** der Griff, mit dem jemand jemanden/etwas umklammert: *Sie versuchte, sich aus der Umklammerung des Kindes zu lösen.*

sich **um|klei|den** (Verb) gehoben **du kleidest dich um, er kleidete sich um, sie hat sich umgekleidet, kleid(e) dich um!**
≈sich umziehen die Kleidung wechseln

der **Um|klei|de|raum** (Nomen) **des Umkleideraum(e)s, die Umkleideräume** ein Raum, in dem man sich besonders vor und nach dem Sport umziehen kann

um|kom|men (Verb) **du kommst um, er kam um, sie ist umgekommen, komm(e) nicht um!**
❶ bei einem Unfall oder Unglück sterben: *bei einem Erdbeben umkommen*
❷ vor etwas umkommen umgangssprachlich sehr unter etwas leiden: *Wir kamen um vor Hitze.*
❸ etwas nicht umkommen lassen etwas verbrauchen, damit es nicht schlecht wird

der **Um|kreis** (Nomen) **des Umkreises, die Umkreise**
❶ GEOMETRIE ein Kreis, der durch alle Eckpunkte eines Vielecks geht
❷ nur im Singular ≈Umgebung das Gebiet um einen Ort herum

um|krei|sen (Verb) **du umkreist, er umkreiste, sie hat umkreist, umkreis(e)!** sich im Kreis um jemanden/etwas bewegen: *Geier umkreisten den verletzten Hirsch.*

die **Um|la|ge** (Nomen) **der Umlage, die Umlagen** der Teil der gemeinsamen Kosten, den jeder Einzelne zahlen muss: *Der Ökostrom wird über eine Umlage auf den Strompreis finanziert.*

das **Um|land** (Nomen) nur im Singular **des Umland(e)s** ≈Umgebung die Gegend um etwas herum

die **Um|lauf|bahn** (Nomen) **der Umlaufbahn, die Umlaufbahnen** die gedachte Linie, auf der etwas um einen Stern oder Planeten kreist

der **Um|laut** (Nomen) **des Umlaut(e)s, die Umlaute** die Buchstaben ä, ö und ü: *„Eltern" schreibt man nicht mit Umlaut, obwohl es von „älter" kommt.*

um|le|gen (Verb) **du legst um, er legte um, sie hat umgelegt, leg(e) um!**
❶ etwas um einen Körperteil/über die Schultern legen: *sich/dem Kind eine Decke umlegen*
❷ einen Hebel auf die andere Seite schieben oder ziehen: *einen Schalter umlegen und die Maschine starten*
❸ Kosten auf mehrere Personen aufteilen: *Die Kosten für den Schornsteinfeger werden auf die verschiedenen Mieter umgelegt.*
❹ umgangssprachlich jemanden ermorden

die **Um|le|gung** (Nomen) **der Umlegung, die Umlegungen** das Verteilen von Kosten auf mehrere Personen

um|lei|ten (Verb) **du leitest um, er leitete um, sie hat umgeleitet, leit(e) um!** etwas auf eine andere Strecke, in eine andere Richtung lenken: *den Verkehr wegen einer Baustelle umleiten • Wegen des Nebels wurde das Flugzeug auf einen anderen Flughafen umgeleitet.*

die **Um|lei|tung** (Nomen) **der Umleitung, die Umleitungen**
❶ eine Strecke, auf die der Verkehr umgeleitet wird
❷ das Umleiten: *Bauarbeiten zur Umleitung des Flusses*

um|lie|gend (Adjektiv) in der Umgebung: *die Busverbindungen in die umliegenden Dörfer*

der **Um|riss** (Nomen) **des Umrisses, die Umrisse** die äußere Linie einer Form oder Figur

um|rüh|ren (Verb) **du rührst um, er rührte um, sie hat umgerührt, rühr(e) um!** mit einem Löffel, Schneebesen usw. eine Flüssigkeit oder Masse bewegen

ums (Präposition mit Artikel) umgangssprachlich um das: *Sie ist ums Spielfeld gelaufen.*

der **Um|satz** (Nomen) **des Umsatzes, die Umsätze** der Wert aller Waren, die eine Firma verkauft

um|schal|ten (Verb) **du schaltest um, er schaltete um, sie hat umgeschaltet, schalt(e) um!**
❶ einen anderen Sender einstellen: *Könntest du bitte umschalten?*
❷ die Einstellung ändern: *von Sommer- auf Winterbetrieb umschalten*
❸ in eine andere Einstellung wechseln: *Die Ampel schaltete von Grün auf Rot um.*

sich **um|schau|en** (Verb) süddeutsch **du schaust dich um, er schaute sich um, sie hat sich umgeschaut, schau(e) dich um!**
siehe auch → **umsehen**

der **Um|schlag** (Nomen) **des Umschlag(e)s, die Umschläge**
❶ ≈ Briefumschlag eine Hülle für Briefe
❷ eine Hülle für Bücher oder Hefte
❸ ein nasses Tuch, das um einen kranken Körperteil gewickelt wird
❹ ein umgenähter Rand an einem Kleidungsstück
❺ eine plötzliche Änderung eines Zustands, z. B. des Wetters oder der Stimmung

um|schrei|ben (Verb) **du umschreibst, er umschrieb, sie hat umschrieben, umschreib(e)!** etwas mit anderen Worten beschreiben oder erklären: *Wenn ich die Vokabel nicht genau kenne, umschreibe ich immer, was ich sagen will.*

die **Um|schrei|bung** (Nomen) **der Umschreibung, die Umschreibungen** eine Erklärung oder Beschreibung, bei der man andere Wörter als die ursprünglichen benutzt

um|schu|len (Verb) **du schulst um, er schulte um, sie hat umgeschult, schul(e) um!**
❶ für einen anderen Beruf ausbilden: *Sie hat sich zur Altenpflegerin umschulen lassen.*
❷ in einer anderen Schule anmelden

die **Um|schu|lung** (Nomen) **der Umschulung, die Umschulungen** die Ausbildung für einen neuen Beruf oder die Anmeldung an einer neuen Schule

um|schwär|men (Verb) **du umschwärmst, er umschwärmte, sie hat umschwärmt, umschwärm(e)!**
❶ in großer Zahl um etwas/jemanden herumfliegen: *Die Motten umschwärmen die Kerze.*
❷ jemanden sehr verehren und sich in seiner Nähe aufhalten: *Der Star wurde von zahlreichen Fans umschwärmt.*

der **Um|schwung** (Nomen) **des Umschwung(e)s, die Umschwünge** eine starke, plötzliche Änderung

sich **um|se|hen** (Verb) **du siehst dich um, er sah sich um, sie hat sich umgesehen, sieh dich um!**
❶ sich umdrehen und nach hinten sehen
❷ nach allen Seiten sehen und alles genau betrachten
❸ sich nach etwas umsehen etwas suchen

um|set|zen (Verb) **du setzt um, er setzte um, sie hat umgesetzt, setz(e) um!**
❶ jemanden/sich umsetzen jemanden/sich an einen anderen Platz setzen
❷ etwas umsetzen etwas an einen anderen Platz stellen, pflanzen usw.
❸ Waren umsetzen Waren verkaufen
❹ etwas (in die Tat) umsetzen ≈ verwirklichen etwas Geplantes durchführen

die **Um|set|zung** (Nomen) **der Umsetzung, die Umsetzungen** das Durchführen eines Plans, das Umsetzen

die **Um|sicht** (Nomen) **nur im Singular der Umsicht** die Eigenschaft, mit Ruhe, Vorsicht und weitblickender Planung zu handeln

um|sich|tig (Adjektiv) **umsichtiger, am umsichtigsten** ruhig, vorsichtig und mit Weitblick planend: *Da musst du umsichtig vorgehen.*

um|so (Konjunktion) ≈ desto drückt aus, dass zwei Größen voneinander abhängen: *Je eher wir losgehen, umso früher kommen wir an.*

um|so̩nst (Adverb)
❶ ≈vergeblich ohne Erfolg
❷ ≈kostenlos ohne Gegenleistung

der **U̩m|stand** (Nomen) **des Umstandes, die Umstände** eine besondere Tatsache, die zu einer bestimmten Situation gehört
❶ unter Umständen vielleicht, eventuell
❷ unter keinen Umständen auf keinen Fall, niemals
❸ den Umständen entsprechend so gut, wie es in dieser Situation möglich ist
❹ in anderen Umständen sein gehoben schwanger sein, ein Baby bekommen
❺ Bitte mach dir keine Umstände! Bitte mach dir keine Mühe/Arbeit!

u̩m|ständ|lich (Adjektiv) **umständlicher, am umständlichsten**
❶ ≈schwierig, kompliziert so, dass man viel Zeit und Mühe braucht, um etwas zu schaffen: *Es war sehr umständlich, ihre Adresse herauszufinden.*
❷ ungeschickt und langsam: *Sie kramte umständlich ihr Handy aus der Handtasche.*

das **U̩m|stands|wort** (Nomen) GRAMMATIK **des Umstandswort(e)s, die Umstandswörter** → **Adverb**

u̩m|stei|gen (Verb) **du steigst um, er stieg um, sie ist umgestiegen, steig(e) um!** von einem Fahrzeug/Verkehrsmittel in ein anderes wechseln

u̩m|stel|len (Verb) **du stellst um, er stellte um, sie hat umgestellt, stell(e) um!**
❶ an einen anderen Platz stellen: *die Möbel umstellen*
❷ anders einstellen: *die Uhren auf Sommerzeit umstellen*
❸ sich umstellen sich an eine neue Situation gewöhnen oder anpassen

die **U̩m|stel|lung** (Nomen) **der Umstellung, die Umstellungen** die Gewöhnung oder Anpassung an eine neue Situation, das Umstellen

u̩m|stim|men (Verb) **du stimmst um, er stimmte um, sie hat umgestimmt, stimm(e) um!**
jemanden umstimmen es schaffen, dass jemand seine Meinung ändert

u̩m|sto|ßen (Verb) **du stößt um, er stieß um, sie hat umgestoßen, stoß(e) um!**
❶ so kräftig gegen etwas/jemanden stoßen, dass es/er umfällt: *die Vase umstoßen*
❷ völlig ändern: *alle Pläne umstoßen*

um|stri̩t|ten (Adjektiv) **umstrittener, am umstrittensten** so, dass nicht alle Menschen etwas gut und richtig finden

der **U̩m|sturz** (Nomen) **des Umsturzes, die Umstürze** die gewaltsame Änderung einer Regierung und ihrer Politik

u̩m|stür|zen (Verb) **du stürzt um, er stürzte um, sie ist/hat umgestürzt, stürz(e) um!**
❶ ist umgestürzt mit Wucht umfallen
❷ hat umgestürzt mit Wucht umwerfen
❸ hat umgestürzt (mit Gewalt) verändern

der **U̩m|tausch** (Nomen) nur im Singular **des Umtausch(e)s** das Umtauschen: *Reduzierte Ware ist vom Umtausch ausgeschlossen.*

u̩m|tau|schen (Verb) **du tauschst um, er tauschte um, sie hat umgetauscht, tausch(e) um!**
❶ in einem Geschäft zurückgeben und dafür etwas anderes bekommen: *einen Pulli umtauschen • ein Geschenk umtauschen*
❷ in eine andere Währung wechseln: *Geld umtauschen • Euro in Dollar umtauschen*

u̩m|wan|deln (Verb) **du wandelst um, er wandelte um, sie hat umgewandelt, wand(e)le um!** zu etwas anderem machen: *Energie in Wärme umwandeln • Dezimalzahlen in Brüche umwandeln*

die **U̩m|wand|lung** (Nomen) **der Umwandlung, die Umwandlungen** das Umwandeln

u̩m|wech|seln (Verb) **du wechselst um, er wechselte um, sie hat umgewechselt, wechs(e)le um!** in eine andere Währung tauschen

der **U̩m|weg** (Nomen) **des Umweg(e)s, die Umwege**
❶ ein Weg, der nicht direkt zum Ziel führt, sondern länger ist: *einen Umweg machen*
❷ etwas auf Umwegen erfahren etwas von anderen Personen als den Beteiligten erfahren

die **U̩m|welt** (Nomen) nur im Singular **der Umwelt**
❶ Natur und Erde, Wasser und Luft, in der die Menschen leben: *die Umwelt schützen • die Umwelt verschmutzen*
❷ die Gesellschaft, in der ein Mensch lebt, und die Personen, die ihn umgeben

die **U̩m|welt|be|las|tung** (Nomen) **der Umweltbelastung, die Umweltbelastungen** etwas, was die Natur verschmutzt oder zerstört

ụm|welt|be|wusst (Adjektiv) **umweltbewusster, am umweltbewusstesten** so, dass man darauf achtet, die Natur nicht zu verschmutzen oder zu zerstören

ụm|welt|freund|lich (Adjektiv) **umweltfreundlicher, am umweltfreundlichsten** so, dass etwas die Natur nicht verschmutzt oder zerstört

die **Ụm|welt|ka|ta|stro|phe** (Nomen) **der Umweltkatastrophe, die Umweltkatastrophen** eine sehr schlimme Verschmutzung oder Zerstörung der Umwelt (z. B. durch Öl, Atomkraft, Treibgase)

ụm|welt|schäd|lich (Adjektiv) **umweltschädlicher, am umweltschädlichsten** so, dass etwas die Natur verschmutzt oder zerstört

der **Ụm|welt|schüt|zer** (Nomen) **des Umweltschützers, die Umweltschützer** jemand, der sich dafür einsetzt, dass die Natur nicht verschmutzt oder zerstört wird

die **Ụm|welt|schüt|ze|rin** (Nomen) **der Umweltschützerin, die Umweltschützerinnen** Femininform von → **Umweltschützer**

die **Ụm|welt|ver|schmut|zung** (Nomen) **der Umweltverschmutzung, die Umweltverschmutzungen**
❶ eine Handlung, mit der man die Natur durch Gift, Müll usw. belastet und schädigt: *Das Entsorgen von Müll im Wald ist Umweltverschmutzung.*
❷ die Tatsache, dass die Natur durch Gift, Müll usw. belastet und geschädigt ist

ụm|wer|fen (Verb) **du wirfst um, er warf um, sie hat umgeworfen, wirf um!**
❶ ≈umstoßen, umreißen so kräftig gegen etwas/jemanden stoßen, dass es/er umfällt: *Der Hund hat den Papierkorb umgeworfen.*
❷ umgangssprachlich ≈überraschen, schockieren *Solch ein kleiner Streit wirft mich nicht um.*
❸ umgangssprachlich anders machen, als es geplant war: *Als Jonas hörte, dass seine Oma morgen schon kommt, warf er all seine Pläne um.*
❹ sich etwas umwerfen sich schnell eine Decke, einen Schal, einen Mantel o. Ä. über die Schultern legen

ụm|wer|fend (Adjektiv) umgangssprachlich **umwerfender, am umwerfendsten** sehr toll, besonders schön

ụm|zie|hen (Verb) **du ziehst um, er zog um, sie ist/hat umgezogen, zieh(e) um!**
❶ ist umgezogen seine Möbel in eine neue Wohnung stellen, um dort zu leben
❷ sich/jemanden umziehen hat umgezogen sich/jemandem andere Kleider anziehen

um|zịn|geln (Verb) **du umzingelst, er umzingelte, sie hat umzingelt, umzing(e)le!** mit mehreren Personen einen Kreis um jemanden/etwas bilden, um jemanden/etwas zu fangen oder zu belagern

der **Ụm|zug** (Nomen) **des Umzug(e)s, die Umzüge**
❶ der Zeitpunkt, zu dem man seine Möbel in eine neue Wohnung stellt und dort anfängt zu wohnen
❷ eine lange Reihe von Menschen, die durch die Straßen ziehen

ụn|ab|hän|gig (Adjektiv)
❶ ≈frei nicht auf etwas/jemanden angewiesen, nicht von etwas/jemandem beeinflusst
❷ so, dass ein Land nicht von einem anderen Land beherrscht und regiert wird
❸ unabhängig davon, ob … egal, ob …: *Unabhängig davon, ob ich das gut finde oder nicht, müssen wir zu diesem Treffen gehen.*

die **Ụn|ab|hän|gig|keit** (Nomen) nur im Singular **der Unabhängigkeit**
❶ die Tatsache, nicht auf etwas/jemanden angewiesen oder von etwas/jemandem beeinflusst zu sein
❷ die Tatsache, als Land nicht von einem anderen Land beherrscht und regiert zu werden

ụn|ab|sicht|lich (Adjektiv) ≈aus Versehen so, dass man etwas nicht gewollt hat

ụn|an|ge|nehm (Adjektiv) **unangenehmer, am unangenehmsten**
❶ so, dass jemand/etwas schlechte Gefühle verursacht: *ein unangenehmer Mensch • unangenehm riechen*
❷ schwierig, ungünstig, problematisch: *eine unangenehme Situation • eine unangenehme Frage*
❸ etwas ist jemandem unangenehm etwas ist jemandem peinlich

die **Ụn|an|nehm|lich|keiten** (Nomen) gehoben nur im Plural **der Unannehmlichkeiten**
❶ ≈Probleme, Schwierigkeiten, Mühe etwas Unangenehmes, was jemandem Probleme, Schwierigkeiten o. Ä. macht

❷ Unannehmlichkeiten haben so, dass sich jemand in einem unangenehmen Zustand befindet oder Probleme hat

un|ap|pe|tit|lich (Adjektiv) **unappetitlicher, am unappetitlichsten**
❶ so schlecht aussehend oder riechend, dass man etwas nicht essen möchte
❷ nicht gepflegt und schmutzig

die **Un|art** (Nomen) gehoben **der Unart, die Unarten** eine schlechte Eigenschaft oder Gewohnheit

un|ar|tig (Adjektiv) **unartiger, am unartigsten** frech und ungezogen

un|auf|fäl|lig (Adjektiv) **unauffälliger, am unauffälligsten** so, dass etwas nicht besonders auffällt

un|auf|merk|sam (Adjektiv) **unaufmerksamer, am unaufmerksamsten**
❶ so, dass man sich nicht konzentriert und nicht aufpasst: *ein unaufmerksamer Schüler*
❷ so, dass man nicht merkt, ob jemand etwas braucht oder sich wohlfühlt: *ein unaufmerksamer Gastgeber*

die **Un|auf|merk|sam|keit** (Nomen) nur im Singular **der Unaufmerksamkeit**
❶ die Tatsache, dass man sich nicht konzentriert und nicht aufpasst
❷ die Tatsache, dass man nicht merkt, ob jemand etwas braucht oder sich wohlfühlt

un|auf|rich|tig (Adjektiv) **unaufrichtiger, am unaufrichtigsten** nicht ehrlich

die **Un|auf|rich|tig|keit** (Nomen) **der Unaufrichtigkeit, die Unaufrichtigkeiten** eine unehrliche Handlung, ein unehrliches Verhalten, eine Lüge

un|aus|steh|lich, un|aus|steh|lich (Adjektiv) abwertend **unausstehlicher, am unausstehlichsten** ≈ unerträglich sehr unfreundlich oder schlecht gelaunt

un|be|ab|sich|tigt (Adjektiv) nicht mit Absicht, aus Versehen

un|be|dacht (Adjektiv) ohne dass man überlegt hat

un|be|denk|lich (Adjektiv) so, dass man sich keine Sorgen machen muss

un|be|dingt (Adverb) auf jeden Fall

un|be|greif|lich, un|be|greif|lich (Adjektiv) so, dass man etwas nicht verstehen oder erklären kann

un|be|grenzt (Adjektiv) ohne Ende oder Grenze

un|be|grün|det (Adjektiv) ohne dass es einen Grund für etwas gibt

un|be|hag|lich (Adjektiv) gehoben **unbehaglicher, am unbehaglichsten** so, dass man sich nicht wohlfühlt

un|be|herrscht (Adjektiv) **unbeherrschter, am unbeherrschtesten** so, dass man Wut, Zorn usw. nicht unterdrücken kann

un|be|hol|fen (Adjektiv) **unbeholfener, am unbeholfensten** ungeschickt und unsicher

un|be|kannt (Adjektiv)
❶ so, dass man jemanden/etwas nicht kennt: *Eben im Treppenhaus habe ich einen unbekannten Mann gesehen.*
❷ jemand/etwas ist jemandem unbekannt jemand kennt jemanden nicht/weiß etwas nicht: *Natascha Müller? – Die ist mir unbekannt.*
❸ eine Anzeige gegen unbekannt eine Anzeige gegen einen Täter, den man nicht kennt
❹ nicht berühmt: *Der Filmschauspieler hat eine neue, unbekannte Freundin.*

un|be|liebt (Adjektiv) **unbeliebter, am unbeliebtesten**
❶ so, dass jemand/etwas nicht gemocht wird
❷ sich bei jemandem unbeliebt machen sich so verhalten, dass jemand einen nicht (mehr) mag

die **Un|be|liebt|heit** (Nomen) nur im Singular **der Unbeliebtheit** die Tatsache, dass jemand/etwas nicht gemocht wird

un|be|quem (Adjektiv) **unbequemer, am unbequemsten**
❶ so, dass sich etwas nicht gut anfühlt, weil es z. B. zu eng oder zu hoch ist: *ein unbequemer Stuhl* · *eine unbequeme Hose*
❷ lästig, störend oder schwierig: *unbequeme Fragen stellen* · *ein unbequemer Mitarbeiter*

die **Un|be|quem|lich|keit** (Nomen) **der Unbequemlichkeit, die Unbequemlichkeiten**
❶ nur im Singular die Tatsache, dass sich etwas nicht gut anfühlt, weil es z. B. zu eng oder zu hoch ist
❷ eine lästige, störende oder schwierige Situation

un|be|re|chen|bar, un|be|re|chen|bar (Adjektiv)
❶ so, dass man nicht weiß, wie etwas wird oder wie sich etwas entwickelt: *unberechenbares Wetter*

❷ abwertend so, dass man nie weiß, wie jemand reagiert: *Wenn er sich ärgert, ist er unberechenbar.*

un|be|rech|tigt (Adjektiv) so, dass es keine Berechtigung für etwas gibt

un|be|schwert (Adjektiv) **unbeschwerter, am unbeschwertesten** ohne Angst oder Sorgen

un|be|sorgt (Adjektiv)
❶ ohne dass man sich Sorgen machen muss
❷ Sei unbesorgt! Mach dir keine Sorgen!

un|be|stech|lich, un|be|stech|lich (Adjektiv) so, dass sich jemand nicht durch Geld oder Geschenke zu unkorrekten Handlungen oder Meinungsänderungen verführen lässt

un|be|stimmt (Adjektiv)
❶ nicht genau (festgelegt oder beschrieben): *unbestimmte Angaben • ein unbestimmtes Gefühl*
❷ nicht sicher oder klar: *Es ist noch unbestimmt, ob er kommt.*

un|be|tei|ligt (Adjektiv)
❶ so, dass jemand bei etwas nicht dabei ist oder mit etwas nichts zu tun hat: *Julia war an dem Streich unbeteiligt.*
❷ so, dass jemand für etwas keine Gefühle und kein Interesse hat

un|be|weg|lich (Adjektiv)
❶ so, dass jemand/etwas ganz still steht, liegt usw. und keine Bewegung macht
❷ ≈steif, starr so, dass man etwas nicht bewegen kann
❸ ≈unsportlich so, dass man nicht gelenkig ist und sich nicht leicht bewegen kann

un|be|wusst (Adjektiv)
❶ ohne über etwas nachzudenken oder sich darauf zu konzentrieren: *unbewusste Wünsche • etwas unbewusst wahrnehmen*
❷ ohne Absicht, aus Versehen: *jemanden unbewusst kränken*

un|brauch|bar (Adjektiv)
❶ so (kaputt), dass man etwas nicht mehr verwenden kann
❷ so schlecht oder unpassend, dass jemand/etwas für etwas nicht geeignet ist: *Deine Vorschläge sind alle unbrauchbar!*

und (Konjunktion)
❶ verwendet bei Aufzählungen von Wörtern, Wortgruppen und Sätzen: *alle Mädchen und Jungen • Sie sitzt am PC und telefoniert dabei. • Eins und eins macht zwei.*
❷ ... und so weiter **Abkürzung: usw.** verwendet, um zu zeigen, dass man noch weitere ähnliche Dinge aufzählen könnte
❸ ... und, und, und umgangssprachlich und noch vieles mehr
❹ Und ob!/Und wie! umgangssprachlich Ja sehr!
❺ Na und? umgangssprachlich Ist doch egal!

un|dank|bar (Adjektiv) **undankbarer, am undankbarsten**
❶ so, dass man nicht das Gefühl hat, dass man sich bedanken sollte und sich deshalb oft schlecht und rücksichtslos verhält: *ein undankbares Kind*
❷ so schwierig, teuer usw., dass es nicht lohnt: *eine undankbare Aufgabe*

un|denk|bar (Adjektiv) so groß, schlimm usw., dass man sich etwas nicht vorstellen kann

un|deut|lich (Adjektiv) **undeutlicher, am undeutlichsten** ungenau, nicht gut zu erkennen, zu verstehen usw.

un|dicht (Adjektiv) so, dass Wasser, Luft, Licht usw. hindurchkommen können

un|eben (Adjektiv)
❶ mit Vertiefungen und Erhöhungen
❷ ≈hügelig mit Bergen und Tälern

un|echt (Adjektiv) ≈künstlich, nachgemacht nicht echt
(z. B. unechte Fingernägel, unechtes Leder)

un|ei|gen|nüt|zig (Adjektiv) so, dass man nicht zu seinem eigenen Vorteil handelt, sondern um anderen zu helfen

un|end|lich (Adjektiv)
❶ ohne Ende: *eine unendliche Geschichte • unendliches Warten*
❷ ohne Grenzen: *eine unendliche Weite*
❸ sehr groß oder viel: *unendliche Geduld • unendliche Liebe*
❹ sehr: *sich unendlich freuen*
❺ MATHEMATIK größer als jede beliebige Zahl

die **Un|end|lich|keit** (Nomen) **nur im Singular der Unendlichkeit**
❶ das Unendlichsein
❷ ≈Ewigkeit die Unbegrenztheit von Zeit und Raum

un|ent|behr|lich, un|ent|behr|lich (Adjektiv) so, dass man auf etwas nicht verzichten kann, unbedingt notwendig

un|ent|gelt|lich, un|ent|gelt|lich (Adjektiv) ≈gratis, kostenlos ohne dass man etwas bezahlen muss

un|ent|schie|den (Adjektiv)
❶ so, dass beide Spieler oder Mannschaften die gleiche Zahl an Punkten, Toren usw. haben: *Das Spiel steht unentschieden.*
❷ noch nicht klar oder beschlossen: *Es ist noch unentschieden, ob sie heute oder morgen kommen.*
❸ so, dass man sich noch nicht entschieden hat: *Ich bin unentschieden, was ich nehmen soll.*

un|ent|wegt, un|ent|wegt (Adjektiv) andauernd, die ganze Zeit

un|er|fah|ren (Adjektiv) ohne Erfahrung

un|er|freu|lich (Adjektiv) **unerfreulicher, am unerfreulichsten** unangenehm

un|er|heb|lich (Adjektiv) nicht wichtig

un|er|hört (Adjektiv)
❶ eine Sache ist unverschämt/skandalös: *Was bildest du dir ein? Das ist ja unerhört!*
❷ sehr groß: *Sie hatte unerhörtes Glück.*
❸ sehr: *unerhört aufregend*

un|er|träg|lich, un|er|träg|lich (Adjektiv) so schlimm, dass man etwas/jemanden nicht ertragen oder aushalten kann

un|er|war|tet, un|er|war|tet (Adjektiv) ≈überraschend so , dass man nicht mit etwas gerechnet hat

un|fä|hig (Adjektiv) **unfähiger, am unfähigsten** so, dass man etwas nicht kann

die **Un|fä|hig|keit** (Nomen) nur im Singular **der Unfähigkeit** die Tatsache, dass man etwas nicht kann

un|fair (Adjektiv) ['ʊnfɛːɐ̯] **unfairer, am unfairsten**
❶ nicht gerecht
❷ nicht nach den sportlichen Regeln

der **Un|fall** (Nomen) **des Unfall(e)s, die Unfälle** ein unfreiwilliger Zusammenstoß, Sturz, Absturz usw., bei dem es Schäden, Verletzte und Tote geben kann

un|fass|bar, un|fass|bar (Adjektiv) so groß, viel, schlimm, gut usw., dass man etwas nicht begreifen kann

un|fehl|bar, un|fehl|bar (Adjektiv) so, dass man nie einen Fehler macht

un|för|mig (Adjektiv) **unförmiger, am unförmigsten**
❶ groß und dick: *Sein Knie war unförmig angeschwollen.*
❷ nicht schön geformt: *eine unförmige Kommode*

un|frei|wil|lig (Adjektiv)
❶ so, dass man gezwungen wird, etwas zu tun, was man nicht will: *Sie musste die Feier unfreiwillig verlassen.*
❷ ohne Absicht, aus Versehen: *unfreiwillig komisch • Ich musste unfreiwillig lachen.*

un|freund|lich (Adjektiv) **unfreundlicher, am unfreundlichsten**
❶ nicht freundlich, nett oder höflich: *ein unfreundlicher Mensch*
❷ kalt, mit Regen, Wind usw.: *unfreundliches Wetter*

die **Un|freund|lich|keit** (Nomen) **der Unfreundlichkeit, die Unfreundlichkeiten** ein Verhalten das nicht freundlich, nett oder höflich ist

der **Un|fug** (Nomen) abwertend nur im Singular **des Unfug(e)s**
❶ ≈Unsinn etwas Unsinniges, was man sagt
❷ ein dummes oder ungehöriges Benehmen, das oft Schaden anrichtet

der **Un|gar** (Nomen) **des Ungarn, die Ungarn** ein Junge/Mann aus Ungarn

die **Un|ga|rin** (Nomen) **der Ungarin, die Ungarinnen** ein Mädchen/eine Frau aus Ungarn

un|ga|risch (Adjektiv) aus Ungarn oder in ungarischer Sprache

Un|garn (Nomen) **Ungarn(s)** ein Land in Europa

un|ge|bil|det (Adjektiv) abwertend ohne Bildung und Wissen

un|ge|bo|ren (Adjektiv) noch nicht geboren, noch im Bauch der Mutter

die **Un|ge|duld** (Nomen) nur im Singular **der Ungeduld** die Eigenschaft, dass es jemandem schwerfällt zu warten

un|ge|dul|dig (Adjektiv) **ungeduldiger, am ungeduldigsten** so, dass es jemandem schwerfällt zu warten

un|ge|eig|net (Adjektiv) nicht geeignet oder passend

un|ge|fähr, un|ge|fähr (Adverb) ≈etwa nicht genau, etwas mehr oder weniger

un|ge|fähr|lich (Adjektiv) **ungefährlicher, am ungefährlichsten** so, dass es keine Gefahr gibt

un|ge|heu|er, un|ge|heu|er (Adjektiv)
❶ sehr groß, riesig: *Du hast ungeheures Glück gehabt.*
❷ sehr: *Ich habe mich ungeheuer über dein Geschenk gefreut.*

un|ge|hor|sam (Adjektiv) **ungehorsamer, am ungehorsamsten** so, dass jemand nicht das tut, was die Eltern oder andere Personen ihm sagen

der **Un|ge|hor|sam** (Nomen) nur im Singular **des Ungehorsams** ein Verhalten, bei dem jemand nicht das tut, was die Eltern oder andere Personen ihm sagen

un|ge|le|gen (Adjektiv) gehoben **ungelegener, am ungelegensten**
① nicht passend
② etwas kommt jemandem ungelegen etwas ist gerade nicht günstig für jemanden, etwas geschieht für jemanden zur falschen Zeit

un|ge|mein (Adjektiv) ≈ sehr *Es freut mich ungemein, dich endlich kennenzulernen!*

un|ge|müt|lich (Adjektiv) **ungemütlicher, am ungemütlichsten** so, dass man sich dort nicht wohlfühlt: *ein ungemütlicher Sessel*

un|ge|nau (Adjektiv) **ungenauer, am ungenau(e)sten**
① nicht exakt: *ungenaue Angaben*
② nicht sorgfältig, nicht gründlich: *ungenau arbeiten*

un|ge|niert, un|ge|niert (Adjektiv) ['ʊnʒeniːɐ̯t] **ungenierter, am ungeniertesten** ohne Hemmungen

un|ge|nü|gend (Adjektiv)
① so, dass etwas nicht ausreicht: *ungenügend vorbereitet*
② SCHULE Schulnote die Note 6: *Die Mathearbeit wurde mit „ungenügend" bewertet.*

un|ge|pflegt (Adjektiv) abwertend **ungepflegter, am ungepflegtesten**
① in einem schlechten Zustand: *ein ungepflegter Garten*
② nicht gewaschen und gekämmt, schlecht angezogen usw.: *ein ungepflegter Typ*

un|ge|ra|de (Adjektiv) MATHEMATIK eine ungerade Zahl MATHEMATIK so, dass eine Zahl sich nicht ohne Rest durch 2 teilen lässt

un|ge|recht (Adjektiv) **ungerechter, am ungerechtesten**
① nach allgemeinem moralischen Gefühl nicht richtig: *eine ungerechte Strafe • ein ungerechter Richter*
② so, dass nicht alle gleich behandelt werden: *Immer darf sie länger aufbleiben als ich. Das ist ungerecht!*

un|ge|recht|fer|tigt (Adjektiv) ohne dass es eine Berechtigung dafür gibt

die **Un|ge|rech|tig|keit** (Nomen) **der Ungerechtigkeit, die Ungerechtigkeiten**
① nur im Singular die Eigenschaft, nicht gerecht zu sein: *Der Täter beklagte sich über die Ungerechtigkeit des Richters.*
② eine ungerechte oder ungleiche Behandlung: *Es ist eine Ungerechtigkeit, dass er immer mehr bekommt als ich!*

un|ge|schickt (Adjektiv) **ungeschickter, am ungeschicktesten**
① bei Tätigkeiten oder Bewegungen langsam, umständlich und unsicher
② bei Gesprächen oder Entscheidungen nicht klug oder überlegt

un|ge|stört (Adjektiv) so, dass jemand/etwas nicht gestört wird

un|ge|sund (Adjektiv) **ungesünder, am ungesündesten**
① so, dass jemand/etwas davon krank werden kann: *Es ist ungesund, immer nur Hamburger zu essen.*
② so, dass jemand/etwas krank aussieht: *eine ungesunde Gesichtsfarbe*

un|ge|wiss (Adjektiv)
① ≈ unsicher so, dass man nicht weiß, wie etwas sein wird: *Es ist noch ungewiss, ob er überhaupt kommt.*
② jemanden über etwas im Ungewissen lassen jemandem nichts Genaues über etwas sagen

un|ge|wöhn|lich (Adjektiv) **ungewöhnlicher, am ungewöhnlichsten**
① anders als sonst: *Es ist sehr ungewöhnlich, dass er sich noch nicht gemeldet hat.*
② besonders, sehr: *Die Klassenarbeit war ungewöhnlich leicht.*

un|ge|wohnt (Adjektiv)
① anders als sonst
② nicht vertraut: *Im Zelt zu schlafen ist ungewohnt.*

das **Un|ge|zie|fer** (Nomen) nur im Singular **des Ungeziefers** ≈ Schädling Tiere, meist Insekten oder bestimmte Nagetiere, die vor allem Pflanzen und Vorräten Schaden zufügen

un|ge|zo|gen (Adjektiv) **ungezogener, am ungezogensten** frech und schlecht erzogen

un|glaub|lich (Adjektiv)
① so, dass man nicht glauben kann, dass etwas wahr ist: *eine unglaubliche Geschichte*

❷ umgangssprachlich sehr groß: *eine unglaubliche Hitze*
❸ umgangssprachlich sehr: *Ich habe unglaublich geschwitzt. • Das ist unglaublich spannend.*

un|glaub|wür|dig (Adjektiv) **unglaubwürdiger, am unglaubwürdigsten** so, dass man jemandem/etwas nicht glauben kann: *eine unglaubwürdige Geschichte*

die **Un|glaub|wür|dig|keit** (Nomen) nur im Singular **der Unglaubwürdigkeit** die Tatsache, dass man jemandem/etwas nicht glauben kann

un|gleich (Adjektiv)
❶ unterschiedlich, verschieden
❷ MATHEMATIK (ist) ungleich (Zeichen: ≠) gibt an, dass zwei Werte nicht gleich sind: *zehn ungleich sieben (10 ≠ 7)*

die **Un|gleich|heit** (Nomen) nur im Singular **der Ungleichheit** die Verschiedenheit

un|gleich|mä|ßig (Adjektiv) **ungleichmäßiger, am ungleichmäßigsten**
❶ ≈ unregelmäßig nicht überall, immer oder für alle gleich
❷ uneinheitlich: *Bitte teilt die Schokolade nicht ungleichmäßig untereinander auf.*

das **Un|glück** (Nomen) **des Unglück(e)s, die Unglücke**
❶ nur im Singular große Trauer und Kummer: *Der Verlust ihrer Heimat ist für die Flüchtlinge ein großes Unglück.*
❷ eine Katastrophe, ein Unfall usw., bei der/dem Menschen verletzt oder getötet und Dinge beschädigt werden: *Auf der Autobahn ist ein Unglück geschehen.*
❸ zu allem Unglück noch zusätzlich zu etwas Schlimmem
❹ nur im Singular eine ungeschickte Handlung: *Mir ist ein Unglück passiert: Ich habe deine Brille zerbrochen.*
❺ Ein Unglück kommt selten allein. Nach einem schlechten Ereignis kommt häufig noch ein zweites.

un|glück|lich (Adjektiv) **unglücklicher, am unglücklichsten**
❶ sehr traurig und verzweifelt
❷ ungünstig, verhängnisvoll: *ein unglücklicher Zufall*
❸ ungeschickt: *eine unglückliche Bewegung*

un|glück|li|cher|wei|se (Adverb) leider: *Unglücklicherweise verpasste sie den Zug.*

un|gül|tig (Adjektiv) so, dass etwas nicht mehr anerkannt wird/nicht mehr benutzt werden darf: *ein ungültiger Pass • ein ungültiger Vertrag*

un|güns|tig (Adjektiv) **ungünstiger, am ungünstigsten** für jemanden zum Nachteil

un|halt|bar, un|halt|bar (Adjektiv)
❶ so falsch, dass man etwas nicht akzeptieren kann: *eine unhaltbare Behauptung*
❷ so schlecht, dass etwas geändert werden muss: *unhaltbare hygienische Zustände*

das **Un|heil** (Nomen) nur im Singular **des Unheils**
❶ ein schlimmes Ereignis, das großes Unglück und große Not bringt
❷ Unheil stiften Schäden, Streit, Kummer oder Not verursachen

un|heil|bar, un|heil|bar (Adjektiv) so, dass jemand/etwas nicht mehr gesund werden kann: *eine unheilbare Krankheit*

un|heim|lich, un|heim|lich (Adjektiv) **unheimlicher, am unheimlichsten**
❶ ≈ gruselig so, dass man Angst bekommt
❷ umgangssprachlich sehr groß: *Das hat unheimlichen Spaß gemacht.*
❸ umgangssprachlich sehr: *Ich bin unheimlich müde.*

un|höf|lich (Adjektiv) **unhöflicher, am unhöflichsten** nicht aufmerksam, freundlich und respektvoll

uni (Adjektiv) [ˈʏni] **unveränderlich** in nur einer Farbe und ohne Muster

die **Uni** (Nomen) umgangssprachlich **der Uni, die Unis** Kurzform von → **Universität**

die **Uni|form, Uni|form** (Nomen) **der Uniform, die Uniformen** die einheitliche Kleidung, die z. B. Soldaten oder Polizisten tragen, wenn sie im Dienst sind

die **Uni|on** (Nomen) [uˈni̯oːn] **der Union, die Unionen** die Vereinigung von Staaten, Parteien usw.

uni|ver|sal (Adjektiv) [univɛrˈzaːl] gehoben alle möglichen Bereiche umfassend

uni|ver|sell (Adjektiv) [univɛrˈzɛl] gehoben
❶ alle möglichen Bereiche umfassend
❷ für alle möglichen Bereiche nützlich

die **Uni|ver|si|tät** (Nomen) [univɛrziˈtɛːt] **der Universität, die Universitäten** ≈ Hochschule eine Art Schule, die der wissenschaftlichen Ausbildung und Forschung dient

das **Uni|ver|sum** (Nomen) [uniˈvɛrzʊm] **des Universums, die Universen** das Weltall

un|kennt|lich (Adjektiv)
etwas unkenntlich machen etwas/jemanden so verändern, dass man es/ihn nicht mehr erkennen kann

die **Un|kennt|nis** (Nomen) **nur im Singular**
der Unkenntnis das Nichtwissen von etwas

un|klar (Adjektiv) **unklarer, am unklarsten**
❶ unsicher, fraglich: *Wie es dann weitergeht, ist noch unklar.*
❷ undeutlich, unverständlich: *sich unklar ausdrücken*
❸ jemanden im Unklaren lassen jemanden nicht gut genug informieren

die **Un|klar|heit** (Nomen) **der Unklarheit, die Unklarheiten**
❶ **nur im Singular** Ungewissheit, Unsicherheit: *Es herrscht noch Unklarheit über die Ursachen.*
❷ eine offene Frage: *alle Unklarheiten beseitigen*

un|klug (Adjektiv) **unklüger, am unklügsten**
nicht gut überlegt, durchdacht: *Es war unklug, das zu erwähnen.*

die **Un|kos|ten** (Nomen) **nur im Plural**
der Unkosten
❶ ≈Ausgaben das Geld, das man für etwas bezahlt hat: *jemandem die Unkosten erstatten*
❷ sich in Unkosten stürzen (unnötig) viel Geld ausgeben

der **Un|kos|ten|bei|trag** (Nomen)
des Unkostenbeitrag(e)s, die Unkostenbeiträge eine zu zahlende Summe, die einen Teil der entstehenden Kosten abdeckt: *Gegen einen Unkostenbeitrag von fünf Euro kann das Buch bezogen werden.*

das **Un|kraut** (Nomen) **des Unkraut(e)s, die Unkräuter** alle Pflanzen(arten), die im Garten oder auf dem Feld wild wachsen: *Unkraut jäten*

un|längst (Adverb) gehoben vor Kurzem, erst neulich

un|lau|ter (Adjektiv) gehoben unerlaubt, nicht ehrlich: *Das ist unlauterer Wettbewerb.*

un|le|ser|lich, un|le|ser|lich (Adjektiv)
unleserlicher, am unleserlichsten so undeutlich, dass man es nicht gut lesen kann: *Das ist wieder so unleserlich geschrieben.*

un|lo|gisch (Adjektiv) nicht logisch, nicht folgerichtig

un|mensch|lich (Adjektiv) **unmenschlicher, am unmenschlichsten**
❶ brutal, grausam: *ein unmenschliches Regime*
❷ menschenunwürdig: *unter unmenschlichen Bedingungen leben*
❸ unerträglich: *eine unmenschliche Kälte*

un|merk|lich, un|merk|lich (Adjektiv) nicht spürbar: *ein unmerklicher Wandel*

un|mit|tel|bar (Adjektiv) **unmittelbarer, am unmittelbarsten**
❶ direkt: *in unmittelbarer Nähe*
❷ sofort: *unmittelbar danach*

un|mög|lich, un|mög|lich (Adjektiv)
❶ so, dass etwas nicht umsetzbar, nicht möglich ist: *Seine Teilnahme ist unmöglich.*
❷ umgangssprachlich • abwertend unpassend, untragbar: *ein unmögliches Benehmen*

un|mo|ra|lisch (Adjektiv)
❶ den gesellschaftlichen Normen nicht entsprechend
❷ nicht ehrlich, nicht korrekt: *Ich finde es unmoralisch, Steuern nicht zu bezahlen.*

der **Un|mut** (Nomen) gehoben **nur im Singular**
des Unmut(e)s Verärgerung, Unzufriedenheit: *jemanden seinen Unmut spüren lassen*

un|nach|gie|big (Adjektiv) **unnachgiebiger, am unnachgiebigsten** eigensinnig, nicht kompromissbereit

un|nach|sich|tig (Adjektiv) ≈hart, streng nicht bereit, jemandem zu verzeihen

un|nah|bar, un|nah|bar (Adjektiv)
unnahbarer, am unnahbarsten abweisend, kühl: *Trotz ihres Lächelns wirkt sie steif und unnahbar.*

un|na|tür|lich (Adjektiv) **unnatürlicher, am unnatürlichsten**
❶ nicht normal oder der Natur entsprechend: *Diese schweren Schulranzen führen zu einer völlig unnatürlichen Haltung.*
❷ ein unnatürlicher Tod ein Tod durch einen Unfall oder durch Gewalt
❸ abwertend künstlich, aufgesetzt wirkend: *ihr unnatürliches Lachen*

un|nö|tig (Adjektiv) **unnötiger, am unnötigsten**
❶ überflüssig: *eine unnötige Anschaffung*
❷ vermeidbar: *lauter unnötige Fehler*

un|nütz (Adjektiv)
❶ ohne Nutzen: *das ganze unnütze Zeug*
❷ sinnlos: *Ich finde es unnütz, darüber zu diskutieren.*

die **UNO**, **Uno** (Nomen) [ˈu:no] **nur im Singular**
der UNO Abkürzung von: United Nations Organization die Organisation der Vereinten Nationen

un|or|dent|lich (Adjektiv) **unordentlicher, am unordentlichsten**
1 nicht aufgeräumt: *Warum muss es bei uns immer so unordentlich sein?*
2 nicht gewohnt aufzuräumen: *Die Kinder sind furchtbar unordentlich.*

die **Un|ord|nung** (Nomen) **nur im Singular**
der Unordnung ein Durcheinander: *Hier herrscht ja wieder die totale Unordnung!*

un|par|tei|isch (Adjektiv) ≈ neutral bei einem Streit keine Seite unterstützend: *Ein unparteiischer Dritter soll entscheiden!*

un|pas|send (Adjektiv) **unpassender, am unpassendsten**
1 ungeeignet: *zur unpassenden Zeit anrufen*
2 abwertend unangebracht: *eine unpassende Bemerkung*

un|per|sön|lich (Adjektiv) **unpersönlicher, am unpersönlichsten**
1 abwertend ohne persönliche Note: *Das finde ich als Geschenk zu unpersönlich.*
2 sachlich, kühl, distanziert
3 GRAMMATIK **Verben** ohne persönliches Subjekt: *Das Wort „regnen" ist ein unpersönliches Verb.*

un|prak|tisch (Adjektiv) **unpraktischer, am unpraktischsten**
1 nicht einfach zu bedienen: *ein originelles, aber unpraktisches Etui*
2 **Menschen** nicht geschickt: *Er ist intelligent, aber total unpraktisch.*

un|pünkt|lich (Adjektiv)
1 verspätet: *Der Bus ist schon wieder unpünktlich.*
2 unzuverlässig: *Unpünktliche Mitarbeiter möchte ich nicht beschäftigen.*

un|re|alis|tisch, **un|rea|lis|tisch** (Adjektiv) **unrealistischer, am unrealistischsten**
nicht mit der Wirklichkeit vereinbar, nicht praktisch durchführbar: *Diese Aufgaben in einer Stunde zu schaffen ist völlig unrealistisch.*

un|recht (Adjektiv)
1 nicht richtig: *Es ist unrecht, ihm die Schuld zu geben.*
2 unpassend, ungünstig: *im unrechten Moment anrufen*
3 etwas Unrechtes tun sich schuldig machen: *Ich habe nichts Unrechtes getan.*
4 jemandem unrecht sein jemandem nicht passen
5 unrecht/Unrecht haben sich irren: *Du hast unrecht mit deinem Verdacht.*

das **Un|recht** (Nomen) **nur im Singular**
des Unrecht(e)s
1 das Leid, das jemandem ohne Schuld zugefügt wird: *das ganze Unrecht, das im Krieg geschah*
2 ≈ Ungerechtigkeit *Ihm ist Unrecht geschehen.*
3 im Unrecht sein unrecht haben
4 zu Unrecht fälschlicherweise, ohne Grund: *zu Unrecht beschuldigt werden*

un|red|lich (Adjektiv) gehoben nicht ehrlich: *Es wäre unredlich, das zu verschweigen.*

un|re|gel|mä|ßig (Adjektiv)
1 nicht regelmäßig, in unterschiedlichen Abständen: *unregelmäßige Besuche*
2 GRAMMATIK nicht regelmäßig flektiert/gebildet: *unregelmäßige Verben* • *unregelmäßige Pluralformen*

die **Un|re|gel|mä|ßig|keit** (Nomen)
der Unregelmäßigkeit, die Unregelmäßigkeiten
1 **nur im Singular** etwas, was nicht gleichmäßig oder regelmäßig ist oder geschieht: *die Unregelmäßigkeit seiner Besuche*
2 ein Verstoß gegen eine Regel, ein Betrug: *Unregelmäßigkeiten bei der Stimmenauszählung*

un|reif (Adjektiv) **unreifer, am unreifsten**
1 noch nicht essbar oder reif genug: *keine unreifen Äpfel essen*
2 noch nicht erwachsen oder vernünftig genug
3 noch nicht gut durchdacht: *unreife Ideen*

un|rein (Adjektiv)
1 gehoben nicht sauber: *unreine Wäsche*
2 unreine Haut eine Haut mit Pickeln und Mitessern
3 RELIGION nicht erlaubt: *Schweinefleisch gilt in manchen Religionen als unrein.*
4 etwas ins Unreine schreiben ein Konzept anfertigen

die **Un|ru|he** (Nomen) **der Unruhe, die Unruhen**
1 **nur im Singular** Lärm und Durcheinander: *Es herrschte Unruhe in der Klasse.*
2 **nur im Singular** Ruhelosigkeit, Besorgnis: *dauernd von einer inneren Unruhe erfasst sein*

❸ nur im Singular Unmut, Unzufriedenheit: *Die Unruhe unter den Arbeitern wuchs.*
❹ nur im Plural Aufruhr, Aufstand: *Es kam zu blutigen Unruhen.*

un|ru|hig (Adjektiv) **unruhiger, am unruhigsten**
❶ laut und chaotisch: *Die Klasse ist heute so unruhig.*
❷ nervös, besorgt: *Sie lief unruhig im Zimmer herum.*
❸ stark bewegt: *unruhige See*

uns (Pronomen)
❶ Dativ und Akkusativ des Personalpronomens „wir": *Besuch uns doch mal! • Du kannst uns helfen!* siehe auch → **wir**
❷ Reflexivpronomen der 1. Person Plural: *Wir haben uns sehr darüber gefreut. • Wir haben uns das selbst gekauft.* siehe auch → **sich**
❸ Pronomen der 1. Person Plural, das ausdrückt, dass alle genannten Personen etwas füreinander o. Ä. tun: *Wir lieben uns. • Wir haben uns immer Briefe geschrieben.*

un|sach|lich (Adjektiv) **unsachlicher, am unsachlichsten** von Gefühlen beeinflusst, nicht objektiv: *unsachliche Argumente bringen*

un|schäd|lich (Adjektiv)
❶ ≈harmlos nicht gefährlich: *unschädliche Organismen*
❷ jemanden/etwas unschädlich machen umgangssprachlich dafür sorgen, dass von jemandem/etwas keine Gefahr mehr ausgehen kann: *die Bande unschädlich machen*

un|schein|bar (Adjektiv) **unscheinbarer, am unscheinbarsten** ≈unauffällig nicht besonders ins Auge fallend oder attraktiv: *Sie wirkt zunächst eher unscheinbar.*

un|schlüs|sig (Adjektiv)
❶ unentschlossen, unentschieden: *ein untentschlossener Kunde*
❷ sich unschlüssig sein sich noch nicht entschieden haben: *Ich bin mir noch unschlüssig darüber, ob ich mich bewerben soll.*

die **Un|schuld** (Nomen) **nur im Singular der Unschuld**
❶ das Freisein von Schuld: *Wir sind von seiner Unschuld überzeugt.*
❷ veraltet Jungfräulichkeit: *Sie hat ihre Unschuld verloren.*

un|schul|dig (Adjektiv)
❶ ohne Schuld an etwas: *Er sitzt unschuldig im Gefängnis.*
❷ naiv, harmlos: *Er schaute mich ganz unschuldig an.*
❸ veraltet ohne sexuelle Erfahrung: *Sie ist noch unschuldig.*

un|schwer (Adverb) leicht, mühelos: *Wie ihr unschwer erkennen werdet, habe ich mir die Haare abschneiden lassen.*

un|selbst|stän|dig, un|selb|stän|dig (Adjektiv) von jemandem/etwas abhängig und nicht in der Lage, für sich selbst zu sorgen oder eigene Entscheidungen zu treffen: *Für seine 18 Jahre ist er noch viel zu unselbstständig.*

un|sen|si|bel (Adjektiv) **unsensibler, am unsensibelsten** nicht sehr empfindsam, ohne angemessenes Gefühl für etwas: *ein in dieser Situation völlig unsensibles Verhalten*

un|ser, un|se|re, un|se|rer, un|se|res (Pronomen) Possessivpronomen der 1. Person Plural, drückt aus, dass etwas/jemand (zu) einer Gruppe gehört, der man selbst angehört: *in unserem Haus • unsere Nachbarn* siehe auch → **Possessivpronomen**

un|ser|ei|ner, un|ser|eins (Pronomen) umgangssprachlich jemand wie ich/wir: *Unsereiner kann da nur zuschauen.*

un|se|rer|seits, un|ser|seits (Adverb) von unserer Seite aus, von uns aus: *Wir hätten unsererseits auch noch einen Vorschlag.*

un|si|cher (Adjektiv) **unsicherer, am unsichersten**
❶ gefährlich: *eine unsichere Gegend*
❷ bedroht, gefährdet: *unsichere Arbeitsplätze*
❸ ungewiss, unvorhersehbar: *Was er nach der Schule macht, ist noch völlig unsicher.*
❹ schüchtern, gehemmt: *Sie wirkte sehr unsicher bei dem Gespräch.*
❺ wackelig: *Nach der Operation ist er noch etwas unsicher auf den Beinen.*
❻ die Stadt unsicher machen umgangssprachlich (mit Freunden) durch die Stadt ziehen

die **Un|si|cher|heit** (Nomen) **der Unsicherheit, die Unsicherheiten**
❶ nur im Singular das Risiko, die Gefährdung: *die wachsende Unsicherheit im Grenzgebiet*
❷ nur im Singular die Ungewissheit: *die Unsicherheit über die weitere wirtschaftliche Entwicklung*

A B C D E F G H I J K L M N O P Q R S T U V W X Y Z

❸ zu wenig Kenntnisse: *Unsicherheiten in der Rechtschreibung haben*

un|sicht|bar (Adjektiv)
❶ nicht zu sehen: *für das menschliche Auge unsichtbar*
❷ sich unsichtbar machen umgangssprachlich verschwinden, sich verziehen: *Wenn es darum geht zu helfen, macht er sich stets unsichtbar.*

der **Un|sinn** (Nomen) **nur im Singular des Unsinn(e)s**
❶ etwas Dummes oder Sinnloses: *Liest du wieder den Unsinn über die Promis?*
❷ Unfug, dummes Zeug: *Die Kinder haben wieder nichts als Unsinn im Kopf.*

un|sin|nig (Adjektiv) **unsinniger, am unsinnigsten**
❶ sinnlos, unvernünftig: *eine total unsinnige Idee*
❷ umgangssprachlich sehr groß: *unsinnige Angst haben*
❸ sehr, in einem zu großen Ausmaß: *unsinnig hohe Preise*

un|so|zi|al (Adjektiv) sozial ungerecht, rücksichtslos anderen gegenüber

un|sport|lich (Adjektiv) **unsportlicher, am unsportlichsten**
❶ nicht sportlich begabt oder durchtrainiert: *Ich war schon als Kind pummelig und unsportlich.*
❷ ≈unfair ohne die Regeln zu beachten: *unsportliches Verhalten*

un|sterb|lich, un|sterb|lich (Adjektiv)
❶ mit ewigem Leben: *Götter sind unsterblich.*
❷ unvergänglich: *Die Märchen der Gebrüder Grimm sind ein unsterbliches Werk der Weltliteratur.*
❸ sehr stark: *sich unsterblich blamieren • sich unsterblich verlieben*

un|stim|mig (Adjektiv) **unstimmiger, am unstimmigsten** widersprüchlich: *eine unstimmige Argumentation*

un|sym|pa|thisch (Adjektiv) **unsympathischer, am unsympathischsten** unangenehm, nicht sympathisch: *Sie ist mir zutiefst unsympathisch.*

die **Un|tat** (Nomen) gehoben **der Untat, die Untaten** eine schlimme Tat, ein Verbrechen: *Diese Untat muss gesühnt werden.*

die **Un|tä|tig|keit** (Nomen) **der Untätigkeit, die Untätigkeiten** das Versäumnis, etwas zu unternehmen

un|taug|lich (Adjektiv) ungeeignet: *Als Lehrer ist er absolut untauglich.*

un|teil|bar, un|teil|bar (Adjektiv)
❶ nicht voneinander zu trennen: *Tierschutz und Umweltschutz sind unteilbar.*
❷ MATHEMATIK ≈prim Zahlen nur durch sich selbst und 1 teilbar siehe auch → **Primzahl**

un|ten (Adverb)
❶ tiefer gelegen: *Die Küche ist unten im Keller.*
❷ auf der Unterseite: *Der Teppich hat unten eine rutschfeste Beschichtung.*
❸ in einer niedrigen sozialen Stellung: *sich von unten ganz nach oben arbeiten*
❹ umgangssprachlich im Süden: *Lörrach liegt ganz unten bei Basel.*
❺ siehe unten/s. u. Verweis auf eine Textstelle, die nach diesem Hinweis steht

un|ter[1] (Präposition)
❶ **mit Dativ gebraucht** an einer tieferen Stelle oder von etwas bedeckt: *Der Hund lag unter dem Tisch. • Sie trug Strumpfhosen unter der Jeans.*
❷ **mit Akkusativ gebraucht** an einer tieferen oder verdeckten Stelle: *Der Hund legte sich unter den Tisch. • Sie zog Strumpfhosen unter die Jeans an.*
❸ **mit Dativ gebraucht** in einer Gruppe oder Menge: *Den Brief habe ich unter meinen Papieren gefunden.*
❹ **mit Akkusativ gebraucht** zu einer Gruppe oder Menge hinzu: *ein Ei unter den Grieß rühren*
❺ **mit Dativ gebraucht** verwendet, um die Art und Weise, Umstände oder Bedingungen zu nennen: *unter großer Anspannung arbeiten • unter Zeitdruck stehen • unter der Bedingung, dass*
❻ **mit Dativ gebraucht** verwendet, um die Unterordnung unter etwas/jemanden zu nennen: *unter der Aufsicht eines Lehrers*
❼ unter uns/euch/sich ohne andere Personen: *Könnt ihr das nicht unter euch klären?*

un|ter[2] (Adverb) weniger, niedriger, jünger als: *in Gruppen von unter zehn Schülern • Kinder unter sechs Jahren*

un|ter|be|wusst (Adjektiv) im Unterbewusstsein: *Sie hatte es unterbewusst wahrgenommen.*

das **Un|ter|be|wusst|sein** (Nomen) **nur im Singular des Unterbewusstseins** die nicht vom Bewusstsein gesteuerten geistig-seelischen Vorgänge: *Wahrscheinlich sagt mir das mein Unterbewusstsein.*

un|ter|bie|ten (Verb) **du unterbietest, er unterbot, sie hat unterboten, unterbiet(e)!**
❶ einen niedrigeren Preis verlangen als ein anderer: *Die Firma hat alle Mitbewerber unterboten.*
❷ besonders SPORT unter jemandes Zeit bleiben: *den Rekord um eine Zehntelsekunde unterbieten*

un|ter|blei|ben (Verb) unpersönlich **es unterbleibt, es unterblieb, es ist unterblieben** nicht (mehr) geschehen: *Solche Störungsversuche haben zu unterbleiben.*

un|ter|bre|chen (Verb) **du unterbrichst, er unterbrach, sie hat unterbrochen, unterbrich nicht!**
❶ dafür sorgen, dass etwas für eine bestimmte Zeit aufhört: *eine Sendung für eine Durchsage unterbrechen*
❷ jemandem ins Wort fallen, jemanden daran hindern weiterzureden: *Bitte unterbrich mich nicht dauernd!*

die **Un|ter|bre|chung** (Nomen) **der Unterbrechung, die Unterbrechungen**
❶ die Pause: *Nach einer kurzen Unterbrechung wird die Sendung fortgesetzt.*
❷ die Störung: *Hoffentlich geht es ohne weitere Unterbrechungen weiter.*

un|ter|brin|gen (Verb) **du bringst unter, er brachte unter, sie hat untergebracht, bring(e) unter!**
❶ für jemanden eine Übernachtungsmöglichkeit oder Wohnung finden: *Kannst du uns für eine Nacht unterbringen?*
❷ für jemanden oder etwas (einen) Platz finden: *den Hund in einem Tierheim unterbringen*
❸ umgangssprachlich jemandem eine Stelle besorgen: *Wir können dich vielleicht im Service unterbringen.*

die **Un|ter|brin|gung** (Nomen) **der Unterbringung, die Unterbringungen**
❶ die Unterkunft: *Unsere Unterbringung war sehr komfortabel.*
❷ das Finden eines Platzes für einen Menschen oder ein Tier: *ihre Unterbringung in einem Pflegeheim*

un|ter|des|sen (Adverb) inzwischen: *Das Rote Kreuz hat unterdessen seine Hilfe angeboten.*

un|ter|drü|cken (Verb) **du unterdrückst, er unterdrückte, sie hat unterdrückt, unterdrück(e) nicht!**
❶ jemanden (gewaltsam) daran hindern, sein Leben selbst zu bestimmen: *Minderheiten werden in manchen Ländern unterdrückt.*
❷ etwas mit Gewalt verhindern: *den Aufstand unterdrücken*
❸ ein Gefühl, eine Reaktion o. Ä. nicht aufkommen lassen: *mit Mühe ein Grinsen unterdrücken*
❹ verhindern, dass etwas bekannt wird: *eine Nachricht unterdrücken*

die **Un|ter|drü|ckung** (Nomen) **der Unterdrückung, die Unterdrückungen**
❶ das Unterdrücken von anderen: *die Unterdrückung von Minderheiten*
❷ eine gewaltsame Verhinderung oder Niederschlagung
❸ das Ankämpfen gegen ein Gefühl o. Ä.

un|ter|ei|nan|der, un|ter|ein|an|der (Adverb)
❶ ein Mensch/Gegenstand unter dem anderen, ein Mensch/Gegenstand unter den anderen: *die Zahlen untereinander anführen*
❷ miteinander: *die Adressen untereinander austauschen*

un|ter|er|nährt (Adjektiv) nicht ausreichend ernährt und somit gesundheitlich gefährdet

das **Un|ter|fan|gen** (Nomen) gehoben **des Unterfangens, die Unterfangen** ein schwieriges Vorhaben: *ein äußerst riskantes Unterfangen*

un|ter|for|dern (Verb) **du unterforderst, er unterforderte, sie hat unterfordert, unterford(e)re nicht!** zu niedrige Anforderungen an jemanden stellen: *Im Mathematikunterricht fühlt er sich unterfordert.*

die **Un|ter|füh|rung** (Nomen) **der Unterführung, die Unterführungen** ein unter etwas anderem angelegter Verkehrsweg: *durch die Unterführung zum Bahnsteig kommen*

der **Un|ter|gang** (Nomen) **des Untergang(e)s, die Untergänge**
❶ das Verschwinden von Sonne oder Mond hinter dem Horizont: *ein prächtiger Sonnenuntergang*
❷ das Sinken eines Schiffes: *der Untergang der Titanic*

A B C D E F G H I J K L M N O P Q R S T U V W X Y Z

❸ das Ende, die Zerstörung: *der Untergang des Römischen Reiches*

un|ter|ge|hen (Verb) **du gehst unter, er ging unter, sie ist untergegangen, geh(e) nicht unter!**
❶ hinter dem Horizont verschwinden: *Am Meer sitzen und die Sonne untergehen sehen.*
❷ im Wasser versinken: *Das Schiff wurde von einem Torpedo getroffen und ging sofort unter.*
❸ aufhören zu existieren: *Unser Verein wird niemals untergehen!*

das **Un|ter|ge|schoss** (Nomen) **des Untergeschosses, die Untergeschosse** das Kellergeschoss eines Gebäudes: *die Lebensmittelabteilung im Untergeschoss des Kaufhauses*

un|ter|gra|ben (Verb) **du untergräbst, er untergrub, sie hat untergraben, untergrab(e) nicht!** etwas bewusst nach und nach zu zerstören versuchen: *das Ansehen des Vereins zu untergraben versuchen*

der **Un|ter|grund** (Nomen) **des Untergrund(e)s, die Untergründe**
❶ der Boden unter der Oberfläche: *Das Kraftwerk steht auf festem Untergrund.*
❷ eine Fläche, auf die etwas gemalt wird: *ein weißes Kreuz auf rotem Untergrund*
❸ **nur im Singular** POLITIK ein Bereich außerhalb der Gesellschaft oder des Gesetzes: *als Terroristen in den Untergrund gehen*

die **Un|ter|grund|bahn** (Nomen) **der Untergrundbahn, die Untergrundbahnen** ≈ U-Bahn eine Art unterirdische S-Bahn: *London hatte vor 150 Jahren die erste Untergrundbahn.*

un|ter|halb[1] (Präposition) **mit Genitiv gebraucht** an einer tieferen Stelle: *unterhalb des Bauchnabels*

un|ter|halb[2] (Adverb) **mit „von" gebraucht** tiefer als etwas gelegen: *unterhalb von 1000 m ist der Schnee geschmolzen*

un|ter|hal|ten (Verb) **du unterhältst, er unterhielt, sie hat unterhalten, unterhalt(e)!**
❶ jemanden mit lustigen oder interessanten Dingen beschäftigen: *Die Sendung will hauptsächlich unterhalten.*
❷ finanzieren: *Sie muss ihre Familie allein unterhalten.*
❸ betreiben, leiten: *Er unterhält einen Kiosk an der Haltestelle.*
❹ sich unterhalten mit jemandem sprechen: *Wir müssen uns mal wieder unterhalten.*
❺ sich gut unterhalten bei einer Veranstaltung o. Ä. Spaß haben: *Bei der Show haben wir uns gut unterhalten.*

un|ter|halt|sam (Adjektiv) **unterhaltsamer, am unterhaltsamsten** lustig oder interessant: *ein unterhaltsamer Film*

die **Un|ter|hal|tung** (Nomen) **der Unterhaltung, die Unterhaltungen**
❶ etwas, was Spaß und Vergnügen bereitet: *Ich erwarte vom Fernsehen mehr als nur Unterhaltung.*
❷ Gespräch: *eine nette Unterhaltung*
❸ **nur im Singular** ≈ Unterhalt das Tragen der laufenden Kosten von etwas: *Der Wagen ist sehr teuer in der Unterhaltung.*

das **Un|ter|hemd** (Nomen) **des Unterhemd(e)s, die Unterhemden** ein Hemd, das direkt am Körper unter der übrigen Kleidung getragen wird

die **Un|ter|ho|se** (Nomen) **der Unterhose, die Unterhosen** eine kurze Hose, die direkt am Körper unter der übrigen Kleidung getragen wird

un|ter|kom|men (Verb) **du kommst unter, er kam unter, sie ist untergekommen, komm(e) unter!**
❶ irgendwo untergebracht werden: *Nach dem Brand sind sie bei Verwandten untergekommen.*
❷ umgangssprachlich eine Stelle finden: *im elterlichen Betrieb unterkommen*
❸ so etwas ist jemandem noch nicht untergekommen umgangssprachlich so etwas ist jemandem noch nicht passiert oder begegnet

un|ter|kühlt (Adjektiv)
❶ ohne Gefühle zu zeigen: *ein Gespräch in unterkühlter Atmosphäre*
❷ mit verminderter Körpertemperatur

die **Un|ter|kunft** (Nomen) **der Unterkunft, die Unterkünfte** ein Ort, an dem man übernachtet oder vorübergehend wohnt: *eine Stelle mit Unterkunft und Verpflegung*

die **Un|ter|la|ge** (Nomen) **der Unterlage, die Unterlagen**
❶ etwas, was man unter etwas oder jemanden legt: *eine feste Unterlage zum Schreiben*
❷ **nur Plural** Akten, Dokumente: *Welche Unterlagen brauche ich für die Anmeldung zur Prüfung?*

un|ter|las|sen (Verb) **du unterlässt, er unterließ, sie hat unterlassen, unterlass(e)!**
❶ versäumen, nicht tun: *Er hatte es unterlassen, uns zu warnen.*
❷ unterlassene Hilfeleistung **RECHT** ein Verstoß gegen die Pflicht, anderen in lebensbedrohlichen Situationen zu helfen

die **Un|ter|las|sung** (Nomen) **der Unterlassung, die Unterlassungen** das Versäumnis, etwas zu tun, wozu man verpflichtet ist: *Die Unterlassung von Hilfe ist strafbar.*

un|ter|le|gen (Adjektiv) schwächer, schlechter: *eine dem Gegner technisch unterlegene Mannschaft*

der **Un|ter|leib** (Nomen) Plural selten **des Unterleib(e)s, die Unterleiber** der Teil des menschlichen Körpers unter dem Bauchnabel: *Schmerzen im Unterleib haben*

un|ter|lie|gen (Verb) **du unterliegst, er unterlag, sie ist/hat unterlegen, unterlieg(e) nicht!**
❶ ist unterlegen verlieren: *Die Mannschaft war erst im Halbfinale dem Meister unterlegen.*
❷ etwas unterliegen hat unterlegen von etwas bestimmt werden: *Das unterliegt internationalen Regelungen. • Der Arzt unterliegt der Schweigepflicht.*

un|term (Präposition mit Artikel) umgangssprachlich unter dem: *wie bei Hempels unterm Sofa*

un|ter|mau|ern (Verb) **du untermauerst, er untermauerte, sie hat untermauert, untermau(e)re!** absichern, stützen: *eine Theorie mit Fakten untermauern*

un|ter|neh|men (Verb) **du unternimmst, er unternahm, sie hat unternommen, unternimm!**
❶ irgendwohin gehen oder fahren und etwas tun, was einem Spaß macht: *zum Wochenende gemeinsam etwas unternehmen*
❷ handeln, aktiv werden: *Jetzt müssen wir aber endlich etwas dagegen unternehmen!*

das **Un|ter|neh|men** (Nomen) **des Unternehmens, die Unternehmen**
❶ die Firma: *ein eigenes Unternehmen gründen*
❷ das Vorhaben, die Aktion: *Das ist aber ein gewagtes Unternehmen!*

der **Un|ter|neh|mer** (Nomen) **des Unternehmers, die Unternehmer** jemand, der eine Firma hat: *ein erfolgreicher Unternehmer*

die **Un|ter|neh|me|rin** (Nomen) **der Unternehmerin, die Unternehmerinnen** Femininform von → **Unternehmer**

die **Un|ter|neh|mung** (Nomen) **der Unternehmung, die Unternehmungen** Aktivität, Vorhaben: *Es gibt genügend Zeit für gemeinsame Unternehmungen.*

un|ter|neh|mungs|lus|tig (Adjektiv) **unternehmungslustiger, am unternehmungslustigsten** in der Stimmung, irgendwohin zu gehen oder zu fahren und etwas zu tun, was einem Spaß macht

un|ter|ord|nen (Verb) **du ordnest unter, er ordnete unter, sie hat untergeordnet, ordne unter!**
❶ etwas als weniger wichtig als etwas anderes einstufen: *die eigenen Interessen dem Ganzen unterordnen*
❷ sich unterordnen sich einfügen, sich nach den Interessen der anderen richten: *Er kann sich einfach nicht unterordnen.*

die **Un|ter|re|dung** (Nomen) **der Unterredung, die Unterredungen** eine Besprechung unter wenigen Personen: *eine vertrauliche Unterredung*

der **Un|ter|richt** (Nomen) nur im Singular **des Unterricht(e)s** die regelmäßige Weitergabe von Wissen und Fertigkeiten durch Lehrer an Schüler: *Er gibt Unterricht in drei Fächern.*

un|ter|rich|ten (Verb) **du unterrichtest, er unterrichtete, sie hat unterrichtet, unterrichte!**
❶ Unterricht geben: *Sie unterrichtet Deutsch und Englisch in der Unterstufe.*
❷ eine Information weitergeben: *jemanden über den Vorfall unterrichten*

das **Un|ter|richts|fach** (Nomen) **des Unterrichtsfach(e)s, die Unterrichtsfächer** das Schulfach, das jemand unterrichtet

un|ter|richts|frei (Adjektiv) ohne Unterricht: *Der Samstag ist fast überall unterrichtsfrei.*

die **Un|ter|richts|stun|de** (Nomen) **der Unterrichtsstunde, die Unterrichtsstunden** eine festgelegte Zeiteinheit für den Unterricht in einem bestimmten Fach

un|ter|sa|gen (Verb) gehoben **du untersagst, er untersagte, sie hat untersagt, untersag(e)!** verbieten: *Das Rauchen ist auf dem ganzen Schulgelände untersagt.*

un|ter|schät|zen (Verb) **du unterschätzt, er unterschätzte, sie hat unterschätzt, unterschätz(e) nicht!** etwas/jemanden als leichter oder schwächer usw. einschätzen, als es ist: *Er hatte die Schwierigkeit der Prüfung unterschätzt.*

un|ter|schei|den (Verb) **du unterscheidest, er unterschied, sie hat unterschieden, unterscheid(e)!**
❶ auseinanderhalten: *Der Lehrer kann die Zwillinge nicht unterscheiden.*
❷ sich unterscheiden verschieden sein, anders sein als jemand oder etwas anderes: *sich in der Farbe unterscheiden*

die **Un|ter|schei|dung** (Nomen) **der Unterscheidung, die Unterscheidungen** das Erkennen von Unterschieden

das **Un|ter|schei|dungs|merk|mal** (Nomen) **des Unterscheidungsmerkmal(e)s, die Unterscheidungsmerkmale** etwas, mithilfe dessen man einen Unterschied erkennen kann: *Zu den Unterscheidungsmerkmalen gehören Augenfarbe und Körpergröße.*

der **Un|ter|schied** (Nomen) **des Unterschied(e)s, die Unterschiede**
❶ etwas, wodurch sich Dinge oder Menschen unterscheiden: *Wo ist da der Unterschied?*
❷ einen Unterschied machen zwei Dinge unterschiedlich bewerten oder behandeln: *Es macht einen Unterschied, ob du das machst oder dein kleiner Bruder.*
❸ ein Unterschied wie Tag und Nacht umgangssprachlich völlig verschieden, nicht zu vergleichen

un|ter|schied|lich (Adjektiv) **unterschiedlicher, am unterschiedlichsten** verschieden, nicht gleich: *unterschiedliche Interessen haben*

un|ter|schla|gen (Verb) **du unterschlägst, er unterschlug, sie hat unterschlagen, unterschlag(e) nicht!**
❶ Geld, das einem nicht gehört, für sich behalten: *das Geld aus der Vereinskasse unterschlagen*
❷ jemandem etwas Wichtiges verschweigen: *Sie hat den Eltern die schlechte Note unterschlagen.*

un|ter|schlüp|fen (Verb) umgangssprachlich **du schlüpfst unter, er schlüpfte unter, sie ist untergeschlüpft, schlüpf(e) unter!** sich irgendwo verstecken oder irgendwo Schutz suchen: *Er sucht jemanden, bei dem er unterschlüpfen kann.*

un|ter|schrei|ben (Verb) **du unterschreibst, er unterschrieb, sie hat unterschrieben, unterschreib(e)!**
❶ mit einer Unterschrift bestätigen: *Bitte hier noch unterschreiben!*
❷ etwas unterschreiben können umgangssprachlich etwas bekräftigen, derselben Meinung sein: *Das kann ich voll und ganz unterschreiben!*

die **Un|ter|schrift** (Nomen) **der Unterschrift, die Unterschriften** der eigene Name, den man unter etwas schreibt: *Hier fehlen noch Datum und Unterschrift.*

der **Un|ter|set|zer** (Nomen) **des Untersetzers, die Untersetzer** ein flacher Gegenstand, den man unter Gläser, Töpfe usw. legt, um Tisch oder Tischdecke vor Nässe oder Hitze zu schützen

un|ter|setzt (Adjektiv) Körperbau kräftig und nicht besonders groß

der **Un|ter|stand** (Nomen) **des Unterstand(e)s, die Unterstände** ein kleiner (offener) Raum, in dem man sich unterstellen kann: *Zum Glück hatten wir einen Unterstand gefunden.*

un|ter|ste|hen (Verb) **du unterstehst, er unterstand, sie hat unterstanden, untersteh(e)!**
❶ jemandem unterstehen jemandem unterstellt sein, jemanden zum Vorgesetzten haben
❷ untersteh dich! Warnung, die man ausspricht, um jemanden daran zu hindern, etwas zu tun: *Untersteh dich, ins Wasser zu gehen!*

un|ter|stel|len[1] (Verb) **du unterstellst, er unterstellte, sie hat unterstellt, unterstell(e) nicht!**
❶ von etwas ausgehen, annehmen: *Unterstellen wir mal, das ist richtig.*
❷ jemandem etwas unterstellen etwas von jemandem vermuten: *Ich will ihr keine bösen Absichten unterstellen, aber …*
❸ jemanden jemandem unterstellen veranlassen, dass jemand jemanden zum Vorgesetzten erhält: *Er wurde direkt dem Bundeskriminalamt unterstellt.*

un|ter|stel|len[2] (Verb) **du stellst unter, er stellte unter, sie hat untergestellt, stell(e) unter!**
❶ etwas vorübergehend unterbringen: *das Fahrrad bei einem Freund unterstellen*
❷ sich unterstellen Schutz unter etwas suchen, z. B. bei Regen: *Hier können wir uns unterstellen, bis der Regen nachlässt.*
❸ etwas unter etwas stellen: *ein Gefäß unter den tropfenden Wasserhahn stellen*

die **Un|ter|stel|lung** (Nomen) **der Unterstellung, die Unterstellungen** eine falsche Behauptung: *Was soll man gegen solche böswilligen Unterstellungen machen?*

un|ter|strei|chen (Verb) **du unterstreichst, er unterstrich, sie hat unterstrichen, unterstreich(e)!**
❶ einen Strich unter etwas machen: *die Fehler unterstreichen*
❷ betonen, hervorheben: *den Wert einer guten Ausbildung unterstreichen*

die **Un|ter|stu|fe** (Nomen) **der Unterstufe, die Unterstufen** die unteren Klassen, meist 5 bis 7, in weiterführenden Schulen

un|ter|stüt|zen (Verb) **du unterstützt, er unterstützte, sie hat unterstützt, unterstütz(e)!**
❶ helfen: *jemanden finanziell unterstützen*
❷ befürworten: *einen Antrag unterstützen*
❸ verbessern: *Frisches Obst unterstützt die natürlichen Abwehrkräfte.*
❹ INFORMATIK die Voraussetzungen für etwas haben: *So gut wie jedes Smartphone unterstützt WLAN.*

die **Un|ter|stüt|zung** (Nomen) **der Unterstützung, die Unterstützungen** Hilfe oder Befürwortung: *Hierfür brauche ich eure Unterstützung.*

un|ter|su|chen (Verb) **du untersuchst, er untersuchte, sie hat untersucht, untersuch(e)!**
❶ prüfen: *das Wasser auf Schadstoffe untersuchen*
❷ analysieren: *Das Buch untersucht, wie es zu der politischen Wende kommen konnte.*
❸ MEDIZIN versuchen, den Gesundheitszustand eines Menschen oder Tieres zu bestimmen: *Der Arzt hat sie nach dem Sturz gründlich untersucht.*

die **Un|ter|su|chung** (Nomen) **der Untersuchung, die Untersuchungen**
❶ die Überprüfung: *eine polizeiliche Untersuchung einleiten*
❷ die wissenschaftliche Studie: *eine Untersuchung zur Einstellung Jugendlicher zum Rechtsextremismus*
❸ MEDIZIN der Versuch, den Gesundheitszustand festzustellen: *eine eingehende ärztliche Untersuchung*

die **Un|ter|su|chungs|haft** (Nomen) nur im Singular **der Untersuchungshaft** Abkürzung: U-Haft die Zeit, die ein Angeklagter vor dem Urteil im Gefängnis verbringt

der **Un|ter|tan** (Nomen) **des Untertans/Untertanen, die Untertanen** jemand, der einem Herrscher untergeben ist: *Der Fürst sprach zu seinen Untertanen.*

un|ter|tä|nig (Adjektiv) abwertend **untertäniger, am untertänigsten** unterwürfig, sich nach jemand anderem richtend: *Er hat solch eine untertänige Art.*

die **Un|ter|ta|nin** (Nomen) **der Untertanin, die Untertaninnen** Femininform von → **Untertan**

die **Un|ter|tas|se** (Nomen) **der Untertasse, die Untertassen**
❶ ein kleiner Teller, auf den man eine Tasse stellt
❷ fliegende Untertasse umgangssprachlich ein Ufo, das wie eine Art Teller aussieht

un|ter|tau|chen (Verb) **du tauchst unter, er tauchte unter, sie ist/hat untergetaucht, tauch(e) unter!**
❶ **ist untergetaucht** unter die Wasseroberfläche tauchen: *Das U-Boot ist untergetaucht.*
❷ **ist untergetaucht** verschwinden, fliehen: *Der Taschendieb ist in der Menge untergetaucht. • Er ist irgendwo in Südamerika untergetaucht.*
❸ **hat untergetaucht** jemanden unter Wasser drücken: *Er hat immer die Mädchen untergetaucht.*

das/der **Un|ter|teil** (Nomen) **des Unterteil(e)s, die Unterteile**
❶ das untere Stück von etwas
❷ der untere Teil von einer Kleidung, die aus zwei Teilen besteht

un|ter|tei|len (Verb) **du unterteilst, er unterteilte, sie hat unterteilt, unterteil(e)!** in kleinere Teile aufteilen, gliedern: *Das Projekt ist in drei Abschnitte unterteilt.*

der **Un|ter|ti|tel** (Nomen) **des Untertitels, die Untertitel**
❶ meist Plural der (übersetzte) Text, der am unteren Bildrand eines Filmes zu lesen ist

❷ auch LITERATUR eine (kurze) zusätzliche Formulierung, die den Titel erläutert: *Der Roman „Bambi" trägt den Untertitel „Eine Lebensgeschichte aus dem Walde".*

un|ter|trei|ben (Verb) **du untertreibst, er untertrieb, sie hat untertrieben, untertreib(e) nicht!** etwas kleiner, weniger, unwichtiger darstellen, als es wirklich ist: *Die Bewertung „ganz gut" ist etwas untertrieben.*

die **Un|ter|wä|sche** (Nomen) **nur im Singular der Unterwäsche** die Wäsche, die man direkt auf dem Körper unter der übrigen Kleidung trägt

un|ter|wegs (Adverb)
❶ auf dem Weg irgendwohin: *Vielleicht treffe ich ihn ja unterwegs.*
❷ umgangssprachlich auf Reisen: *Wir waren vier Wochen in Kanada unterwegs.*

un|ter|wei|sen (Verb) gehoben **du unterweist, er unterwies, sie hat unterwiesen, unterweis(e)!** ≈ unterrichten jemandem etwas beibringen: *jemanden in einer Fremdsprache unterweisen*

un|ter|zeich|nen (Verb) gehoben **du unterzeichnest, er unterzeichnete, sie hat unterzeichnet, unterzeichne!** ≈ unterschreiben mit einer Unterschrift bestätigen: *einen Ausbildungsvertrag unterzeichnen*

die **Un|tie|fe** (Nomen) **der Untiefe, die Untiefen**
❶ eine seichte und für Schiffe gefährliche Stelle in einem Gewässer
❷ eine sehr tiefe Stelle

das **Un|tier** (Nomen) **des Untier(e)s, die Untiere** ein Ungeheuer oder Monster

un|trenn|bar, un|trenn|bar (Adjektiv) nicht zu trennen: *Umweltschutz und Tierschutz sind untrennbar miteinander verbunden.*

die **Un|treue** (Nomen) **nur im Singular der Untreue**
❶ in der Ehe usw. das Betrügen des Partners mit jemand anderem
❷ RECHT die Tatsache, dass anvertrautes Vermögen missbraucht wird: *wegen Untreue verurteilt werden*

un|über|legt (Adjektiv) nicht ausreichend durchdacht: *eine unüberlegte Handlung*

un|über|seh|bar, un|über|seh|bar (Adjektiv)
❶ ≈ offensichtlich nicht zu übersehen: *ein unübersehbarer Fehler*
❷ sehr groß und unüberschaubar: *ein bisher unübersehbares Ausmaß des Unglücks*

un|über|sicht|lich (Adjektiv) **unübersichtlicher, am unübersichtlichsten**
❶ so, dass die Sicht behindert ist: *eine gefährliche, unübersichtliche Kurve*
❷ verwirrend, schlecht geordnet: *ein riesiges, unübersichtliches Angebot*

un|um|gäng|lich, un|um|gäng|lich (Adjektiv) notwendig, unvermeidlich: *unumgängliche Maßnahmen*

un|ver|än|der|lich, un|ver|än|der|lich (Adjektiv) gleichbleibend: *Die Lichtgeschwindigkeit ist unveränderlich.*

un|ver|ant|wort|lich (Adjektiv) leichtsinnig, verantwortungslos: *Es war absolut unverantwortlich, die Kinder ohne Aufsicht baden zu lassen.*

un|ver|bes|ser|lich, un|ver|bes|ser|lich (Adjektiv) unbelehrbar, ohne Einsicht: *Er ändert sich nicht; er ist einfach unverbesserlich.*

un|ver|bind|lich, un|ver|bind|lich (Adjektiv)
❶ nicht bindend, zu nichts verpflichtend: *Das Angebot ist völlig unverbindlich.*
❷ höflich, aber nicht herzlich

un|ver|gleich|lich, un|ver|gleich|lich (Adjektiv) einmalig, einzigartig: *die unvergleichliche Landschaft der Toskana*

un|ver|hält|nis|mä|ßig (Adjektiv) nicht normal, über das normale Maß hinausgehend: *ein unverhältnismäßiges Risiko • Der Wasserturm ist unverhältnismäßig hoch.*

un|ver|hofft, un|ver|hofft (Adjektiv) unerwartet: *Die jüngsten Erfolge kommen nicht unverhofft.*

un|ver|letzt (Adjektiv) heil und nicht verletzt: *Zum Glück blieben alle unverletzt.*

un|ver|meid|lich, un|ver|meid|lich (Adjektiv)
❶ nicht zu vermeiden: *Ein paar Pannen sind unvermeidlich.*
❷ ironisch lästig, aber dazugehörend: *das Klassentreffen und das unvermeidliche Gruppenfoto*

un|ver|mit|telt (Adjektiv) plötzlich, überraschend: *Sie wurden unvermittelt von drei Männern angegriffen.*

das **Un|ver|mö|gen** (Nomen) gehoben **nur im Singular des Unvermögens** ≈ Unfähigkeit nicht vorhandenes Können: *Es war eher Pech als Unvermögen.*

un|ver|mu|tet (Adjektiv) plötzlich, unerwartet: *auf unvermutete Schwierigkeiten stoßen*

die **Un|ver|nunft** (Nomen) nur im Singular **der Unvernunft** unvernünftiges Verhalten: *Behinderungen durch die Unvernunft von Autofahrern*

un|ver|nünf|tig (Adjektiv) **unvernünftiger, am unvernünftigsten** nicht klug, unüberlegt, ohne Einsicht: *Es war unvernünftig, bei dem Wetter hinauszugehen.*

un|ver|schämt (Adjektiv) **unverschämter, am unverschämtesten**
❶ frech und unhöflich: *Er wird bei der kleinsten Sache unverschämt.*
❷ umgangssprachlich übertrieben viel oder hoch: *unverschämte Preise*

die **Un|ver|schämt|heit** (Nomen) **der Unverschämtheit, die Unverschämtheiten** freche und beleidigende Handlungen und Äußerungen

un|ver|se|hens (Adverb) ≈ plötzlich ohne dass man etwas gemerkt hätte: *Unversehens wurde aus dem gemeinsamen Spiel ein heftiger Streit.*

un|ver|ständ|lich (Adjektiv) **unverständlicher, am unverständlichsten**
❶ nicht zu verstehen, weil schlecht hörbar: *Er lallte unverständliche Worte.*
❷ nicht zu begreifen: *Es ist mir unverständlich, wie das passieren konnte.*

das **Un|ver|ständ|nis** (Nomen) nur im Singular **des Unverständnisses** das fehlende Verständnis: *ein Urteil, das bei vielen auf Unverständnis stieß*

un|ver|träg|lich, un|ver|träg|lich (Adjektiv) **unverträglicher, am unverträglichsten**
❶ Essen, Medikamente usw. nicht bekömmlich oder schädlich: *unverträgliche Pilze*
❷ streitsüchtig: *unverträgliche Nachbarn haben*
❸ ≈ unvereinbar so, dass unterschiedliche Dinge nicht miteinander zu vereinbaren sind: *einen Hund zu halten ist mit seinen Arbeitszeiten unverträglich*

die **Un|ver|träg|lich|keit** (Nomen) **der Unverträglichkeit, die Unverträglichkeiten**
❶ eine besondere Empfindlichkeit des Körpers gegenüber bestimmten Stoffen (z. B. Glutenunverträglichkeit, Laktoseunverträglichkeit)
❷ die Tatsache, dass etwas nicht mit etwas anderem zu vereinbaren ist
❸ eine unerwünschte Wechselwirkung zwischen Medikamenten

un|ver|wech|sel|bar (Adjektiv) eindeutig zu erkennen: *ein unverwechselbarer Klang*

un|ver|züg|lich, un|ver|züg|lich (Adjektiv) gehoben sofort, ohne zu zögern: *unverzüglich Hilfe leisten*

un|voll|stän|dig, un|voll|stän|dig (Adjektiv) nicht vollständig, mit Lücken: *Die Liste ist noch unvollständig.*

un|wahr (Adjektiv) gehoben
❶ ≈ falsch nicht richtig: *Es ist unwahr, dass der Winter immer später kommt.*
❷ gelogen: *unwahre Behauptungen über jemanden verbreiten*

die **Un|wahr|heit** (Nomen) **der Unwahrheit, die Unwahrheiten**
❶ die Tatsache, dass etwas falsch/nicht richtig ist
❷ Lüge: *im Prozess die Unwahrheit sagen*

un|wahr|schein|lich (Adjektiv) **unwahrscheinlicher, am unwahrscheinlichsten**
❶ nicht zu erwarten: *Ein Sechser im Lotto ist äußerst unwahrscheinlich.*
❷ nicht glaubwürdig: *Das klingt aber alles sehr unwahrscheinlich.*

un|weit (Präposition) mit Genitiv gebraucht in der Nähe: *Der Vergnügungspark ist unweit der Stadt.*

das **Un|wet|ter** (Nomen) **des Unwetters, die Unwetter** ≈ Sturm extremes Wetter mit meist heftigen Niederschlägen und Sturm, das Schäden verursacht: *Das Unwetter hat die halbe Ernte vernichtet.*

un|wich|tig (Adjektiv) **unwichtiger, am unwichtigsten** nebensächlich, unbedeutend

der **Un|wil|le, Un|wil|len** (Nomen) gehoben nur im Singular **des Unwillens** Verärgerung: *Er hat den Unwillen des Lehrers erregt.*

un|will|kür|lich, un|will|kür|lich (Adjektiv) ohne Absicht, ohne es zu wollen: *Er musste unwillkürlich lachen.*

un|wirk|sam (Adjektiv) ohne Erfolg und Wirkung: *Bei falscher Anwendung ist das Mittel unwirksam.*

die **Un|wis|sen|heit** (Nomen) nur im Singular **der Unwissenheit**
❶ der Mangel an Wissen oder Kenntnissen: *Entschuldigen Sie bitte meine Unwissenheit!*
❷ Unwissenheit schützt vor Strafe nicht. Niemand kann sich damit entschuldi-

gen, dass er die Gesetze oder Regeln nicht kennt.

un|wohl (Adjektiv) **unwohler, am unwohlsten** jemandem ist unwohl/jemand fühlt sich unwohl körperlich jemandem ist übel, jemand fühlt sich krank seelisch jemand macht sich Sorgen: *Mir ist unwohl bei dem Gedanken, dass ich vielleicht abends allein mit der Bahn fahren muss.*

das **Un|wohl|sein** (Nomen) nur im Singular **des Unwohlseins** ein vorübergehendes Gefühl der Krankheit, ein Zustand der Übelkeit

die **Un|zahl** (Nomen) nur im Singular **der Unzahl** sehr viele: *eine Unzahl von Beschwerden*

un|zäh|lig, un|zäh|lig (Adjektiv) ≈ zahllos äußerst viele: *Ich musste unzählige Tippfehler korrigieren.*

un|zu|frie|den (Adjektiv) **unzufriedener, am unzufriedensten** nicht zufrieden: *mit seinen Leistungen unzufrieden sein*

die **Un|zu|frie|den|heit** (Nomen) nur im Singular **der Unzufriedenheit** ein Zustand, in dem man nicht zufrieden ist

un|zu|gäng|lich (Adjektiv)
1 nicht zu betreten, nicht zu erreichen: *unzugängliche Kellerräume • Arzneimittel für Kinder unzugänglich aufbewahren*
2 Menschen verschlossen, abweisend: *ein äußerst unzugänglicher Nachbar*

un|zu|läng|lich (Adjektiv) gehoben **unzulänglicher, am unzulänglichsten** nicht ausreichend: *eine für die Bergtour unzulängliche Ausrüstung*

un|zu|läs|sig (Adjektiv) ≈ verboten nicht zugelassen: *bei der Prüfung unzulässige Hilfsmittel benutzen*

un|zu|rech|nungs|fä|hig (Adjektiv) veraltet nicht fähig, seine eigenen Taten und deren Folgen zu verstehen

un|zu|rei|chend (Adjektiv) ≈ ungenügend nicht ausreichend: *eine unzureichende Versorgung mit Lebensmitteln*

un|zu|ver|läs|sig (Adjektiv) **unzuverlässiger, am unzuverlässigsten** so, dass man sich auf jemanden oder etwas nicht verlassen kann: *ein unzuverlässiger, oft unpünktlicher Schüler*

un|zwei|fel|haft, un|zwei|fel|haft (Adjektiv) ohne Zweifel, ganz sicher: *Die Sommerferien dienen unzweifelhaft der Erholung.*

das **Up|date** (Nomen) ['apdeɪt] **des Updates, die Updates** die Aktualisierung eines Programms o. Ä.

up to date ['ap tu' deɪt] ≈ aktuell auf dem neuesten Stand: *up to date sein*

die **Ur|auf|füh|rung** (Nomen) **der Uraufführung, die Uraufführungen** die erste Aufführung eines Theater- oder Musikstücks, Films o. Ä.

ur|ban (Adjektiv) gehoben städtisch: *urbane Gebiete/Probleme*

der **Ur|ein|woh|ner** (Nomen) **des Ureinwohners, die Ureinwohner** einer der ersten Menschen, die eine Gegend besiedelt haben: *die Aborigines, die Ureinwohner Australiens*

die **Ur|ein|woh|ne|rin** (Nomen) **der Ureinwohnerin, die Ureinwohnerinnen** Femininform von → **Ureinwohner**

der **Ur|en|kel** (Nomen) **des Urenkels, die Urenkel** der Sohn des Enkels oder der Enkelin

die **Ur|en|ke|lin** (Nomen) **der Urenkelin, die Urenkelinnen** die Tochter des Enkels oder der Enkelin

die **Ur|groß|el|tern** (Nomen) nur im Plural **der Urgroßeltern** die Großeltern des Vaters oder der Mutter

die **Ur|groß|mut|ter** (Nomen) **der Urgroßmutter, die Urgroßmütter** die Großmutter des Vaters oder der Mutter

der **Ur|groß|va|ter** (Nomen) **des Urgroßvaters, die Urgroßväter** der Großvater des Vaters oder der Mutter

der **Urin** (Nomen) **des Urins, die Urine** ≈ Harn die gelbe Flüssigkeit aus dem Körper, die man in die Toilette laufen lässt

die **Ur|kun|de** (Nomen) **der Urkunde, die Urkunden** eine meist schön gestaltete, offizielle Bescheinigung

der **Ur|laub** (Nomen) **des Urlaub(e)s, die Urlaube** ≈ Ferien die Zeit, in der man nicht arbeitet oder zur Schule geht

der **Ur|lau|ber** (Nomen) **des Urlaubers, die Urlauber** jemand, der Urlaub macht

die **Ur|lau|be|rin** (Nomen) **der Urlauberin, die Urlauberinnen** Femininform von → **Urlauber**

die **Ur|sa|che** (Nomen) **der Ursache, die Ursachen**
1 der Grund für etwas
2 Keine Ursache! ≈ Gern geschehen! als Antwort auf einen Dank

der **Ur|sprung** (Nomen) **des Ursprung(e)s, die Ursprünge**
❶ der Ort, an dem/die Zeit, zu der etwas angefangen hat
❷ MATHEMATIK der Schnittpunkt der beiden Achsen eines Koordinatenkreuzes

ur|sprüng|lich (Adjektiv)
❶ so, wie es am Anfang war: *Ich habe meine ursprünglichen Pläne geändert.*
❷ am Anfang, zunächst: *Ursprünglich wollte ich kommen, aber dann bin ich krank geworden.*

das **Ur|teil** (Nomen) **des Urteils, die Urteile**
❶ die richterliche Entscheidung am Ende eines Prozesses: *Das Urteil lautet auf „lebenslänglich".*
❷ die Meinung über etwas/jemanden: *sich ein Urteil über jemanden bilden*

ur|tei|len (Verb) **du urteilst, er urteilte, sie hat geurteilt, urteil(e)!**
❶ ein richterliches Urteil fällen
❷ über jemanden/etwas urteilen eine Meinung über jemanden/etwas haben oder sagen
❸ dem Aussehen/Geruch /... nach zu urteilen wenn man davon ausgeht, wie etwas/jemand aussieht/riecht/...: *Dem Geruch nach zu urteilen, ist dieser Fisch nicht mehr essbar.*

der **Ur|wald** (Nomen) **des Urwald(e)s, die Urwälder** ≈ Dschungel der große, dichte Wald in tropischen Ländern

die **Ur|zeit** (Nomen) **der Urzeit, die Urzeiten** die frühe Zeit vor vielen Millionen Jahren, als die Erde entstand

die **USA** (Nomen) [uːǀɛsˈǀaː] nur mit Artikel · nur im Plural **der USA** Abkürzung von: United States of America die Vereinigten Staaten von Amerika, ein Land in Nordamerika

der **User** (Nomen) [ˈjuːzɐ] **des Users, die User** der Benutzer eines Computerprogramms, des Internets usw.

die **Use|rin** (Nomen) [ˈjuːzərɪn] **der Userin, die Userinnen** Femininform von → User

usw. Abkürzung von: und so weiter verwendet, um zu zeigen, dass man noch weitere ähnliche Dinge aufzählen könnte

die **Uto|pie** (Nomen) **der Utopie, die Utopien** die Vorstellung eines idealen Zustands in der Fantasie oder Zukunft

uto|pisch (Adjektiv) **utopischer, am utopischsten**
❶ so, dass etwas nur in der Fantasie oder Zukunft, aber nicht in der gegenwärtigen Wirklichkeit möglich ist
❷ umgangssprachlich sehr hoch oder groß: *Das sind ja utopische Preise!*

die **UV-Strah|lung** (Nomen) **der UV-Strahlung** die ultravioletten Strahlen, die im Sonnenlicht vorhanden sind und durch die man z. B. einen Sonnenbrand bekommen kann

V

das **V, v** (Nomen) **des V, die V** der 22. Buchstabe im Alphabet siehe auch → A

va|ge (Adjektiv) [ˈvaːgə] **vager, am vagsten** etwas ist ungenau/unbestimmt: *eine vage Erinnerung · eine vage Vorstellung*

die **Va|gi|na, Va|gi|na** (Nomen) [ˈvaːgina, vaˈgiːna] **der Vagina, die Vaginen** ≈ Scheide die von der Gebärmutter nach außen führende Öffnung zwischen den Beinen eines Mädchens oder einer Frau, durch die bei einer Geburt das Kind gepresst wird

das **Va|ku|um** (Nomen) [ˈvaːkuʊm] **des Vakuums, die Vakua/Vakuen** ein Raum (fast) ohne Luft

va|ku|um|ver|packt (Adjektiv) in einer Verpackung, aus der die Luft herausgesaugt wurde

der **Vam|pir** (Nomen) [vamˈpiːɐ̯] **des Vampirs, die Vampire** ein Toter in Geistergeschichten, der nachts aus seinem Sarg steigt, um den Menschen mit einem Biss Blut auszusaugen

die **Va|nil|le** (Nomen) [vaˈnɪljə, vaˈnɪlə] nur im Singular **der Vanille** ein Gewürz für süße Speisen

das **Va|nil|le|eis** (Nomen) nur im Singular **des Vanilleeises** ein Eis mit Vanillegeschmack

va|ri|abel, va|ria|bel (Adjektiv) [vaˈri̯aːbl̩] gehoben **variabler, am variabelsten** so, dass man etwas verändern kann die **Va|ri|an|te** (Nomen) [va'ri̯antə] **der Variante, die Varianten** eine Abwandlung von etwas mit kleinen Unterschieden

va|ri|ie|ren (Verb) [vari'i:rən] **du variierst, er variierte, sie hat variiert, variier(e)!**
❶ etwas leicht verändern
❷ unterschiedlich sein: *Die beiden Stühle variieren in der Farbe.*

die **Va|se** (Nomen) ['va:zə] **der Vase, die Vasen** das Gefäß, in das man Wasser füllt und Blumen stellt

der **Va|ter** (Nomen) **des Vaters, die Väter** der Mann, der ein Kind gezeugt hat, bzw. der es versorgt und erzieht

das **Va|ter|land** (Nomen) gehoben **des Vaterlandes, die Vaterländer** das Land, in dem man geboren wurde (und aufgewachsen ist) und zu dem man sich zugehörig fühlt

vä|ter|lich (Adjektiv)
❶ wie ein Vater: *ein väterlicher Freund*
❷ dem oder zum Vater gehörend: *das väterliche Haus*

der **Va|ti** (Nomen) umgangssprachlich **des Vatis, die Vatis** eine Anrede für den Vater

der **Va|ti|kan, Va|ti|kan|staat** (Nomen) [vati'ka:n] nur im Singular **des Vatikans** ein kleiner Staat, der im Gebiet der Stadt Rom liegt, Residenz des Papstes

v. Chr. [fo:ɐ̯ 'krɪstʊs] GESCHICHTE Abkürzung von: vor Christus in unserer Zeitrechnung vor dem Jahr null, vor der Geburt von Christus
⚠ in gehobenem Deutsch sagt man auch „vor/nach Christi Geburt“

der **Ve|ge|ta|ri|er** (Nomen) [vege'ta:ri̯ɐ] **des Vegetariers, die Vegetarier** jemand, der kein Fleisch isst

die **Ve|ge|ta|rie|rin** (Nomen) **der Vegetarierin, die Vegetarierinnen**
Femininform von → **Vegetarier**

ve|ge|ta|risch (Adjektiv) [vege'ta:rɪʃ] ohne Fleisch (zubereitet)

die **Ve|ge|ta|ti|on** (Nomen) [vegeta'tsi̯o:n] **der Vegetation, die Vegetationen**
❶ die Pflanzen in einem bestimmten Gebiet: *die Vegetation in der Wüste*
❷ nur im Singular das Wachstum von Pflanzen: *Hier ist die Vegetation besonders gut ausgeprägt.*

ve|ge|tie|ren (Verb) [vege'ti:rən] abwertend **du vegetierst, er vegetierte, sie hat vegetiert, vegetier(e) nicht!** sehr schlecht (im Schmutz, ohne Geld, krank usw.) leben

das **Veil|chen** (Nomen) **des Veilchens, die Veilchen**
❶ eine kleine violette Blume, die stark duftet
❷ umgangssprachlich • ironisch ein Bluterguss um das Auge

die **Ve|ne** (Nomen) ['ve:nə] **der Vene, die Venen** eine Ader, in der das Blut zum Herzen fließt

das **Ven|til** (Nomen) [vɛn'ti:l] **des Ventils, die Ventile** eine Vorrichtung, mit der man das Ein-/Austreten von Flüssigkeiten oder Gasen in/aus etwas regulieren kann

ver|ab|re|den (Verb) **du verabredest, er verabredete, sie hat verabredet, verabrede!**
❶ ≈vereinbaren etwas gemeinsam beschließen
❷ sich (mit jemandem) verabreden beschließen, dass man sich zu einer bestimmten Zeit an einem bestimmten Ort trifft

die **Ver|ab|re|dung** (Nomen) **der Verabredung, die Verabredungen**
❶ das Treffen: *Schade, ich kann nicht kommen. Ich habe schon eine Verabredung.*
❷ die Vereinbarung, die Absprache: *Ich bin sauer! Sie hält sich einfach an keine Verabredung!*

ver|ab|scheu|en (Verb) **du verabscheust, er verabscheute, sie hat verabscheut, verabscheu(e) nicht!** schrecklich oder ekelhaft finden

ver|ab|schie|den (Verb) **du verabschiedest, er verabschiedete, sie hat verabschiedet, verabschiede!**
❶ sich (von jemandem) verabschieden (jemandem) beim Weggehen „Auf Wiedersehen“ sagen
❷ jemanden verabschieden jemanden mit einer Feier aus einem Amt oder einer Stelle gehen lassen: *Gestern wurde unser Bürgermeister verabschiedet.*
❸ ein Gesetz verabschieden ein Gesetz beschließen

die **Ver|ab|schie|dung** (Nomen) **der Verabschiedung, die Verabschiedungen**
❶ ≈Abschied
❷ die feierliche Entlassung aus dem Dienst
❸ der Beschluss eines Gesetzes

ver|ach|ten (Verb) **du verachtest, er verachtete, sie hat verachtet, verachte nicht!**
❶ schlecht oder wertlos finden

❷ etwas ist nicht zu verachten umgangssprachlich etwas ist wünschenswert/gut

ver|ächt|lich (Adjektiv) **verächtlicher, am verächtlichsten**
❶ offen zeigend, dass man etwas/jemanden schlecht oder wertlos findet
❷ verachtenswert

die **Ver|ach|tung** (Nomen) **nur im Singular der Verachtung** das Gefühl, etwas/jemanden schlecht oder wertlos zu finden

ver|all|ge|mei|nern (Verb) **du verallgemeinerst, er verallgemeinerte, sie hat verallgemeinert, verallgemeinere nicht!** ein einzelnes Ergebnis, eine einzelne Meinung usw. auf alle Fälle anwenden

die **Ver|all|ge|mei|ne|rung** (Nomen) **der Verallgemeinerung, die Verallgemeinerungen** die Tatsache, dass man ein einzelnes Ergebnis, eine einzelne Meinung usw. auf alle Fälle anwendet

ver|än|dern (Verb) **du veränderst, er veränderte, sie hat verändert, veränd(e)re!**
❶ etwas/jemanden anders machen: *Die neue Haarfarbe verändert dich sehr.*
❷ sich verändern selbst neue Eigenschaften bekommen: *Seit sie arbeitet, hat sie sich sehr verändert.*

die **Ver|än|de|rung** (Nomen) **der Veränderung, die Veränderungen** die Tatsache, dass etwas/jemand anders wird oder ist, das Resultat des Veränderns

ver|ängs|tigt (Adjektiv) voller Angst

ver|an|lagt (Adjektiv)
künstlerisch/sportlich/… veranlagt mit einer Begabung für Kunst/Sport/…

ver|an|las|sen (Verb) **du veranlasst, er veranlasste, sie hat veranlasst, veranlass(e)!** dafür sorgen, dass etwas geschieht

die **Ver|an|las|sung** (Nomen) **der Veranlassung, die Veranlassungen**
❶ der Grund
❷ Dazu besteht keine Veranlassung. Dafür gibt es keinen Grund.
❸ auf jemandes Veranlassung weil jemand es so angeordnet hat

ver|an|schau|li|chen (Verb) **du veranschaulichst, er veranschaulichte, sie hat veranschaulicht, veranschauliche!** mit Beispielen, Zeichnungen, Bildern usw. erklären oder beschreiben

ver|an|stal|ten (Verb) **du veranstaltest, er veranstaltete, sie hat veranstaltet, veranstalte!**
❶ organisieren und durchführen: *ein Fest veranstalten* • *eine Demonstration veranstalten*
❷ umgangssprachlich machen: *Was veranstaltet ihr denn da?*

der **Ver|an|stal|ter** (Nomen) **des Veranstalters, die Veranstalter** jemand, der ein Konzert, eine Aufführung usw. organisiert und durchführt

die **Ver|an|stal|tung** (Nomen) **der Veranstaltung, die Veranstaltungen**
❶ eine Aufführung, ein Konzert, ein Fest usw. für viele Menschen
❷ **nur im Singular** die Organisation und Durchführung einer Aufführung, eines Konzertes, Festes usw.

ver|ant|wor|ten (Verb) **du verantwortest, er verantwortete, sie hat verantwortet, verantworte!**
❶ etwas verantworten für etwas und auch für dessen Folgen zuständig sein
❷ sich für etwas verantworten die Gründe für sein Verhalten oder seine Taten erklären

ver|ant|wort|lich (Adjektiv)
❶ jemand ist für etwas verantwortlich jemand hat die Aufgabe, für etwas zu sorgen oder sich um etwas zu kümmern: *Heute Abend bist du für die Getränke verantwortlich.* jemand ist an etwas schuld: *Er ist verantwortlich für die Unordnung im Flur.*
❷ jemanden für etwas verantwortlich machen jemandem die Schuld an etwas geben
❸ jemand ist für jemanden verantwortlich jemand betreut jemanden
❹ etwas ist für etwas verantwortlich etwas ist schuld an etwas, etwas ist der Grund für etwas

die **Ver|ant|wor|tung** (Nomen) **nur im Singular der Verantwortung**
❶ die Aufgabe und Pflicht, sich auf einem bestimmten Gebiet darum zu kümmern, dass alles gut und richtig läuft
❷ die Verantwortung für etwas tragen/übernehmen die Folgen seiner Entscheidung oder seines Handelns tragen
❸ jemanden für etwas zur Verantwortung ziehen von jemandem Schadenersatz/für jemanden eine Strafe fordern

ver|ant|wor|tungs|be|wusst (Adjektiv) sich dessen bewusst, dass man für jemanden/etwas die Verantwortung trägt

ver|ant|wor|tungs|los (Adjektiv) **verantwortungsloser, am verantwortungslosesten** ohne Verantwortung oder Verantwortungsbewusstsein

ver|ant|wor|tungs|voll (Adjektiv) **verantwortungsvoller, am verantwortungsvollsten** mit Verantwortung oder Verantwortungsbewusstsein

ver|ar|bei|ten (Verb) **du verarbeitest, er verarbeitete, sie hat verarbeitet, verarbeite!**
1 aus einem Material herstellen: *Stahl verarbeiten • Baumwolle verarbeiten*
2 von einem Computer bearbeiten lassen: *Daten verarbeiten*
3 geistig oder gefühlsmäßig mit etwas fertigwerden: *ein Erlebnis verarbeiten*

die **Ver|ar|bei|tung** (Nomen) **der Verarbeitung, die Verarbeitungen**
1 das Verarbeiten: *die Verarbeitung von Ton*
2 die Art, wie etwas hergestellt ist

ver|är|gern (Verb) **du verärgerst, er verärgerte, sie hat verärgert, verärg(e)re nicht!** ärgerlich oder zornig machen

ver|ar|schen (Verb) vulgär **du verarschst, er verarschte, sie hat verarscht, verarsch(e) nicht!** jemandem zum Spaß Dinge erzählen, die nicht wahr sind, und ihn auslachen, wenn er sie glaubt, jemanden verspotten

ver|arz|ten (Verb) umgangssprachlich **du verarztest, er verarztete, sie hat verarztet, verarzte!** jemanden oder einen Körperteil medizinisch versorgen

das **Verb** (Nomen) [vɛrp] GRAMMATIK **des Verbs, die Verben** ≈Tunwort, Zeitwort Das Verb drückt eine Tätigkeit, ein Geschehen oder einen Zustand aus und ist veränderbar.

ver|bal (Adjektiv) [vɛrˈba:l]
1 gehoben mit Worten: *eine verbale Auseinandersetzung*
2 GRAMMATIK wie ein Verb, von einem Verb, mit (vielen) Verben: *ein verbaler Stil*

der **Ver|band** (Nomen) **des Verband(e)s, die Verbände**
1 MEDIZIN ein Streifen oder Stück Stoff, den/das man auf eine Wunde legt
2 GESELLSCHAFT eine große Organisation, die aus mehreren Gruppen besteht
3 MILITÄR ein Zusammenschluss von mehreren kämpfenden Einheiten, auch eine Anzahl von gemeinsam kämpfenden Flugzeugen/Fahrzeugen

ver|ban|nen (Verb) **du verbannst, er verbannte, sie hat verbannt, verbann(e) nicht!**
1 jemanden (irgendwohin) verbannen jemanden zur Strafe in ein anderes Land schicken
2 etwas von irgendwo verbannen gehoben dafür sorgen, dass etwas nie mehr irgendwo ist

die **Ver|ban|nung** (Nomen) **der Verbannung, die Verbannungen**
1 ≈Exil der Ort in einem fremden Land, in dem man zur Strafe leben muss
2 nur im Singular das Verbannen: *Die Verbannung eines Politikers in ein anderes Land.*

ver|ber|gen (Verb) **du verbirgst, er verbarg, sie hat verborgen, verbirg!** etwas verstecken, damit es nicht gefunden oder gesehen wird

ver|bes|sern (Verb) **du verbesserst, er verbesserte, sie hat verbessert, verbess(e)re!**
1 etwas verbessern etwas so ändern, dass es besser wird: *Die Sicherheit im Internet muss noch verbessert werden.* ≈berichtigen, korrigieren Fehler in etwas suchen und ändern
2 jemanden verbessern jemandem sagen, dass er Fehler beim Sprechen macht
3 sich verbessern besser werden: *Ich habe mich im letzten Schuljahr in Mathe verbessert.* schnell das richtige Wort sagen, nachdem man einen Fehler beim Sprechen gemacht hat

die **Ver|bes|se|rung** (Nomen) **der Verbesserung, die Verbesserungen**
1 die Veränderung, durch die etwas besser wird
2 ≈Korrektur die Berichtigung von Fehlern

sich **ver|beu|gen** (Verb) **du verbeugst dich, er verbeugte sich, sie hat sich verbeugt, verbeug(e) dich!** den Oberkörper und den Kopf nach vorn neigen, um jemanden sehr höflich zu grüßen oder dem Publikum zu danken

die **Ver|beu|gung** (Nomen) **der Verbeugung, die Verbeugungen** die Bewegung, mit der man den Oberkörper und den Kopf nach vorn beugt, um jemanden sehr höflich zu grüßen oder dem Publikum zu danken

ver|bie|gen (Verb) **du verbiegst, er verbog, sie hat verbogen, verbieg(e)!**
❶ etwas Gerades krumm machen (und dadurch beschädigen)
❷ sich verbiegen seinen Charakter ändern: *Das mache ich nicht mit, ich lasse mich nicht verbiegen.*

ver|bie|ten (Verb) **du verbietest, er verbot, sie hat verboten, verbiet(e)!**
❶ etwas verbieten festlegen, dass jemand etwas nicht tun darf, festlegen, dass etwas nicht stattfinden oder sein darf
❷ jemandem etwas verbieten festlegen, dass jemand etwas nicht tun darf
❸ Zutritt/Rauchen/... verboten! Hier darf man nicht hineingehen/rauchen/...

ver|bin|den (Verb) **du verbindest, er verband, sie hat verbunden, verbinde!**
❶ zwei voneinander entfernte Punkte miteinander in Kontakt bringen, indem man eine Verbindung schafft: *zwei Punkte durch eine Linie verbinden* · *Der Brücke verbindet die beiden Städte.*
❷ etwas mit etwas verbinden zwei oder mehr Dinge so zusammenbringen, dass sie ein Ganzes ergeben oder zusammenpassen: *das Angenehme mit dem Nützlichen verbinden*
❸ jemanden mit jemandem verbinden das Telefon so schalten, dass zwei Personen miteinander telefonieren können: *Verbinden Sie mich bitte mit dem Kundendienst!*
❹ eine Wunde/die Hand/... verbinden einen Verband auf eine Wunde/um die Hand/... legen

ver|bind|lich (Adjektiv) **verbindlicher, am verbindlichsten**
❶ freundlich und höflich: *verbindlich lächeln*
❷ ≈ zuverlässig so, dass man sich auf jemanden sicher verlassen kann
❸ ≈ verpflichtend so, dass man sich an etwas halten muss: *verbindliche Regeln* · *eine verbindliche Zusage*

die **Ver|bin|dung** (Nomen) **der Verbindung, die Verbindungen**
❶ etwas, was Dinge, Menschen oder Orte miteinander verbindet: *Die Autobahn ist die schnellste Verbindung zwischen den beiden Städten.*
❷ die Beziehung oder der Zusammenhang zu/mit Menschen, Dingen oder Orten: *etwas mit jemandem in Verbindung bringen*
❸ der Kontakt, die Kommunikation: *Wir bleiben in Verbindung, ja?*
❹ die Möglichkeit, mit Zug, Bus, Bahn usw. irgendwohin zu fahren: *Ich suche eine gute Verbindung von Hamburg nach Berlin.*
❺ die Telefonleitung: *Ich kann dich nicht verstehen, die Verbindung ist schlecht.*

ver|bis|sen (Adjektiv) **verbissener, am verbissensten**
❶ nicht bereit aufzugeben: *verbissen kämpfen*
❷ zornig und verkrampft: *ein verbissenes Gesicht machen*
❸ etwas nicht so verbissen sehen umgangssprachlich etwas nicht so genau oder ernst nehmen: *Das darf man nicht so verbissen sehen.*

ver|bit|tert (Adjektiv) **verbitterter, am verbittertsten** durch viele Enttäuschungen unfreundlich und unzufrieden geworden

ver|blas|sen (Verb) nur in der 3. Person gebraucht **es verblasst, es verblasste, es ist verblasst**
❶ langsam die Farbe verlieren: *Die Vorhänge verblassen bei starkem Sonnenlicht.*
❷ langsam schwächer werden: *Die Erinnerungen an mein Heimatland sind verblasst.*

ver|blüf|fen (Verb) **du verblüffst, er verblüffte, sie hat verblüfft, verblüff(e)!** etwas tun oder so sein, dass jemand sehr erstaunt ist: *Mit dieser Sache hat sie mich sehr verblüfft.*

ver|blüf|fend (Adjektiv) **verblüffender, am verblüffendsten** so, dass jemand sehr erstaunt ist

die **Ver|blüf|fung** (Nomen) **der Verblüffung, die Verblüffungen** das Gefühl, sehr erstaunt zu sein

ver|blu|ten (Verb) **du verblutest, er verblutete, sie ist verblutet, verblute nicht!** sehr viel Blut verlieren und daran sterben

das **Ver|bot** (Nomen) **des Verbot(e)s, die Verbote** die Festlegung, dass jemand etwas nicht tun darf oder dass etwas nicht stattfinden oder sein darf

das **Ver|bots|schild** (Nomen) **des Verbotsschild(e)s, die Verbotsschilder** das Verkehrsschild, auf dem steht, dass jemand etwas nicht tun darf

der **Ver|brauch** (Nomen) **nur im Singular** **des Verbrauch(e)s**
❶ das Verbrauchen
❷ die Menge, die verbraucht wird: *Dieses Auto ist sparsam im Verbrauch.*

ver|brau|chen (Verb) **du verbrauchst, er verbrauchte, sie hat verbraucht, verbrauch(e)!** verwenden und dadurch weniger werden lassen

der **Ver|brau|cher** (Nomen) **des Verbrauchers, die Verbraucher** ≈ Konsument jemand, der ein Produkt kauft und es verwendet

die **Ver|brau|che|rin** (Nomen) **der Verbraucherin, die Verbraucherinnen**
Femininform von → **Verbraucher**

ver|bre|chen (Verb) umgangssprachlich · ironisch **du verbrichst, er verbrach, sie hat verbrochen, verbrich nichts!** ≈ anstellen etwas Schlimmes oder Dummes tun

das **Ver|bre|chen** (Nomen) **des Verbrechens, die Verbrechen** eine schwere Straftat

der **Ver|bre|cher** (Nomen) **des Verbrechers, die Verbrecher** jemand, der eine schlimme Tat, die gegen die Gesetze verstößt, begeht

die **Ver|bre|che|rin** (Nomen) **der Verbrecherin, die Verbrecherinnen**
Femininform von → **Verbrecher**

ver|brei|ten (Verb) **du verbreitest, er verbreitete, sie hat verbreitet, verbreite!**
❶ auf ein größeres Gebiet verteilen: *Die Flyer wurden überall verbreitet.*
❷ bekannt machen: *ein Gerücht verbreiten* · *Nachrichten über das Internet verbreiten*
❸ sich verbreiten sich ausbreiten: *Der Brandgeruch hat sich im ganzen Haus verbreitet.*

die **Ver|brei|tung** (Nomen) **nur im Singular** **der Verbreitung**
❶ das Vorkommen: *die Verbreitung von Pinguinen auf der Erde*
❷ das Verbreiten: *die Verbreitung einer Epidemie*

ver|bren|nen (Verb) **du verbrennst, er verbrannte, sie hat/ist verbrannt, verbrenn(e) nicht!**
❶ **hat verbrannt** etwas durch Feuer vernichten: *alte Briefe verbrennen* · *Holz verbrennen*
❷ **hat verbrannt** einen Körperteil durch etwas Heißes verletzen: *Ich habe mir die Zunge an der heißen Suppe verbrannt.*
❸ sich verbrennen **hat verbrannt** sich an etwas Heißem verletzen: *Aua, ich habe mich an der Kerze verbrannt.*
❹ **ist verbrannt** durch Feuer zerstört oder vernichtet werden: *Die alten Fotos sind im Feuer verbrannt.*
❺ **ist verbrannt** im Ofen oder auf dem Herd zu heiß werden und nicht mehr genießbar sein: *Ich habe zwei Stunden telefoniert und dabei ist mein Kuchen verbrannt.*

die **Ver|bren|nung** (Nomen) **der Verbrennung, die Verbrennungen**
❶ die Vernichtung durch Feuer
❷ die Verletzung, die durch etwas zu Heißes auf der Haut entstanden ist

ver|brin|gen (Verb) **du verbringst, er verbrachte, sie hat verbracht, verbring(e)!**
❶ irgendwo die Ferien/das Wochenende/... verbringen in den Ferien/am Wochenende/... an einem bestimmten Ort sein: *Am liebsten verbringe ich die Ferien in der Türkei.*
❷ mit etwas die Ferien/das Wochenende/... verbringen in den Ferien/am Wochenende/... etwas Bestimmtes tun: *Am liebsten verbringe ich die Ferien mit Besuchen im Schwimmbad.*

sich **ver|bün|den** (Verb) **du verbündest dich, er verbündete sich, sie hat sich verbündet, verbünde dich!**
sich mit jemandem verbünden sich mit jemandem zusammenschließen, um gemeinsame Ziele zu verfolgen oder gemeinsam gegen jemanden/etwas zu kämpfen: *Und dann haben sich die beiden gegen mich verbündet.*

der/die **Ver|bün|de|te** (Nomen) **des/der Verbündeten, die Verbündeten** jemand, der sich mit anderen zusammengeschlossen hat, um gemeinsame Ziele zu verfolgen oder gemeinsam gegen jemanden/etwas zu kämpfen

der **Ver|dacht** (Nomen) **des Verdacht(e)s, die Verdachte/Verdächte**
❶ die Vermutung, dass jemand etwas Verbotenes oder etwas Schlimmes getan hat
❷ Verdacht schöpfen misstrauisch werden
❸ jemanden im Verdacht haben glauben, dass jemand der Täter ist
❹ über jeden Verdacht erhaben sein garantiert unschuldig sein
❺ der Verdacht auf Masern/Windpocken/... die Vermutung (eines Arztes), dass jemand Masern/Windpocken/... hat

ver|dạch|tig (Adjektiv) **verdächtiger, am verdächtigsten**
1 so, dass man denken kann, jemand mache etwas Verbotenes oder etwas Schlimmes: *Der Typ war mir von Anfang an verdächtig.*
2 so, dass man Angst hat, etwas sei nicht in Ordnung: *ein verdächtiges Geräusch*

der/die **Ver|dạch|ti|ge** (Nomen) **des/der Verdächtigen, die Verdächtigen** jemand, den man für den Täter hält

ver|dạch|ti|gen (Verb) **du verdächtigst, er verdächtigte, sie hat verdächtigt, verdächtig(e)!** glauben, dass jemand etwas Verbotenes oder etwas Schlimmes getan hat

ver|dạmmt (Adjektiv) umgangssprachlich • abwertend
1 sagt man, wenn man sich über etwas/jemanden ärgert: *So ein verdammter Mist! • Diese verdammten Prüfungen!*
2 sehr groß, riesig: *verdammtes Glück*
3 sehr: *verdammt hübsch • verdammt kalt*
4 Verdammt (noch mal)! ein Fluch, wenn man sich ärgert

ver|dạn|ken (Verb) **du verdankst, er verdankte, sie hat verdankt, verdank(e)!**
1 jemand verdankt jemandem/einer Sache etwas jemanden/etwas als Ursache für etwas anerkennen: *Meinen Freunden verdanke ich, dass ich bestanden habe.*
2 etwas ist jemandem/einer Sache zu verdanken etwas ist wegen jemandem/einer Sache geschehen, jemand/eine Sache ist die Ursache für etwas

ver|dau|en (Verb) **du verdaust, er verdaute, sie hat verdaut, verdau(e)!**
1 mit Magen und Darm verarbeiten
2 umgangssprachlich geistig und seelisch verarbeiten: *eine Nachricht verdauen*

die **Ver|dau|ung** (Nomen) **nur im Singular der Verdauung** der Vorgang, bei dem die Nahrung im Körper verarbeitet wird

ver|dẹ|cken (Verb) **du verdeckst, er verdeckte, sie hat verdeckt, verdeck(e)!**
1 so sein, dass man etwas anderes nicht mehr sehen kann: *Der Mann mit dem Hut verdeckt mir den Blick auf die Leinwand.*
2 etwas so anbringen, dass man etwas anderes nicht mehr sehen kann: *Er hat sein Bild mit einem Tuch verdeckt.*

ver|dẹr|ben (Verb) **du verdirbst, er verdarb, sie hat/ist verdorben, verdirb nicht!**
1 **hat verdorben** dafür sorgen, dass jemand/etwas nicht mehr brauchbar ist oder nachteilig beeinflusst wird: *das Essen verderben • jemandes Charakter verderben • jemandem die Freude verderben*
2 sich den Magen verderben **hat verdorben** etwas Schlechtes essen und danach Übelkeit verspüren
3 sich die Augen verderben **hat verdorben** zu oft im Dunkeln oder ohne Brille lesen, am PC arbeiten usw., sodass man schlechter sehen kann als vorher
4 **ist verdorben** schlecht oder faul werden, sodass man etwas nicht mehr essen oder trinken kann

das **Ver|dẹr|ben** (Nomen) gehoben **nur im Singular des Verderbens** ein großes Unglück: *in sein Verderben rennen*

ver|deut|li|chen (Verb) **du verdeutlichst, er verdeutlichte, sie hat verdeutlicht, verdeutlich(e)!** deutlich machen, erklären

ver|die|nen (Verb) **du verdienst, er verdiente, sie hat verdient, verdien(e)!**
1 regelmäßig Geld für geleistete Arbeit bekommen
2 Gewinne bei einem Geschäft erzielen
3 bekommen, weil es gerecht und richtig ist: *Lob verdienen • Er hat seine Strafe verdient.*
4 Womit hab(e) ich das verdient? umgangssprachlich Warum habe ich solches Pech oder solche Probleme?

der **Ver|dienst**[1] (Nomen) **des Verdienst(e)s, die Verdienste**
1 **nur im Singular** ≈ Einkommen das Geld, das man für seine Arbeit bekommt: *einen hohen Verdienst haben*
2 ≈ Gewinn der Überschuss, den man nach dem Verkauf von Waren hat

das **Ver|dienst**[2] (Nomen) **des Verdienstes, die Verdienste** eine gute Leistung, die oft anderen hilft und Anerkennung verdient: *sich als Schülersprecher Verdienste erwerben*

ver|dọn|nern (Verb) umgangssprachlich **du verdonnerst, er verdonnerte, sie hat verdonnert, verdonn(e)re!**
jemanden zu etwas verdonnern jemandem eine Strafe oder eine unangenehme Aufgabe geben

ver|dọp|peln (Verb) **du verdoppelst, er verdoppelte, sie hat verdoppelt, verdopp(e)le!** die Größe oder Menge zweimal so groß machen

die **Ver|dop|pe|lung, Ver|dopp|lung** (Nomen) **der Verdoppelung, die Verdoppelungen** das Verdoppeln, das Verdoppeltwerden

ver|dor|ben (Adjektiv)
1 verfault und schlecht geworden
2 mit einem schlechten und unanständigen Charakter

ver|drän|gen (Verb) **du verdrängst, er verdrängte, sie hat verdrängt, verdräng(e) nicht!**
1 wegdrücken, zur Seite schieben
2 etwas wird ersetzt: *Die CD-Player wurden von MP3-Playern verdrängt.*
3 versuchen zu vergessen, unterdrücken: *seine Gefühle verdrängen*

die **Ver|drän|gung** (Nomen) **der Verdrängung, die Verdrängungen**
1 das Wegdrücken
2 der Ersatz durch etwas anderes
3 der Versuch, etwas zu vergessen

ver|dre|hen (Verb) **du verdrehst, er verdrehte, sie hat verdreht, verdreh(e) nicht!**
1 unnatürlich und (zu) stark drehen: *Ich musste den Kopf verdrehen, um alles zu sehen.*
2 umgangssprachlich (absichtlich) falsch darstellen: *die Tatsachen verdrehen*
3 die Augen verdrehen genervt, kritisch usw. mit den Augen rollen
4 jemandem den Kopf verdrehen umgangssprachlich jemanden in sich verliebt machen

ver|drü|cken (Verb) umgangssprachlich **du verdrückst, er verdrückte, sie hat verdrückt, verdrück(e)!**
1 viel essen
2 heimlich weggehen: *Du hast dich gestern aber still und leise verdrückt.*

ver|duf|ten (Verb) umgangssprachlich **du verduftest, er verduftete, sie ist verduftet, verdufte!** verschwinden, heimlich gehen

ver|duns|ten (Verb) nur in der 3. Person gebraucht **es verdunstet, es verdunstete, es ist verdunstet** etwas Flüssiges wird unterhalb der Siedetemperatur gasförmig: *Das Wasser in den Pfützen verdunstet bei Sonnenschein.*

die **Ver|duns|tung** (Nomen) **der Verdunstung, die Verdunstungen** der Vorgang, bei dem etwas Flüssiges unterhalb der Siedetemperatur gasförmig wird

ver|durs|ten (Verb) **du verdurstest, er verdurstete, sie ist verdurstet, verdurste nicht!** sterben, weil man nichts zu trinken bekommt

ver|dutzt (Adjektiv) **verdutzter, am verdutztesten** sehr erstaunt und verwirrt

ver|eh|ren (Verb) **du verehrst, er verehrte, sie hat verehrt, verehre!**
1 etwas als göttliches oder höheres Wesen betrachten, feiern und anbeten (z. B. beim Gottesdienst)
2 sehr bewundern und respektieren
3 jemandem etwas verehren ironisch jemandem etwas schenken
4 Sehr verehrte Damen und Herren! eine höfliche Anrede, besonders bei einer Rede oder Begrüßung

der **Ver|eh|rer** (Nomen) **des Verehrers, die Verehrer**
1 ≈ Fan jemand, der jemanden bewundert
2 ironisch jemand, der mit jemandem eine Liebesbeziehung haben möchte

die **Ver|eh|re|rin** (Nomen) ironisch **der Verehrerin, die Verehrerinnen** Femininform von → **Verehrer**

die **Ver|ei|di|gung** (Nomen) **der Vereidigung, die Vereidigungen** der Vorgang, jemanden einen Eid schwören zu lassen

der **Ver|ein** (Nomen) **des Verein(e)s, die Vereine** eine Organisation von Personen, die dasselbe Hobby oder dieselben Interessen haben

ver|ein|ba|ren (Verb) **du vereinbarst, er vereinbarte, sie hat vereinbart, vereinbare!**
1 (etwas) mit jemandem vereinbaren etwas gemeinsam mit jemandem beschließen oder festlegen
2 etwas mit etwas vereinbaren ≈ in Einklang bringen dafür sorgen, dass etwas zu etwas passt, mit etwas verträglich ist

die **Ver|ein|ba|rung** (Nomen) **der Vereinbarung, die Vereinbarungen** ≈ Abmachung der gemeinsame Beschluss

ver|ei|nen (Verb) gehoben **du vereinst, er vereinte, sie hat vereint, verein(e)!**
1 siehe auch → **vereinigen**
2 mit vereinten Kräften gemeinsam, alle zusammen

ver|ein|fa|chen (Verb) **du vereinfachst, er vereinfachte, sie hat vereinfacht, vereinfach(e)!** einfacher machen

die **Ver|ein|fa|chung** (Nomen) **der Vereinfachung, die Vereinfachungen**
① das Einfachermachen
② etwas, was einfacher gemacht wurde

ver|ein|heit|li|chen (Verb) **du vereinheitlichst, er vereinheitlichte, sie hat vereinheitlicht, vereinheitlich(e)!** unterschiedliche Dinge gleich machen: *Die Tarife für die Busse und Straßenbahnen wurden vereinheitlicht.*

ver|ei|ni|gen (Verb) **du vereinigst, er vereinigte, sie hat vereinigt, vereinige!**
① mehrere Dinge zu einer Einheit verbinden
② die Vereinigten Staaten von Amerika die USA
③ sich vereinigen sich zusammenschließen, eine Einheit bilden: *Die beiden Fußballclubs unserer Stadt haben sich zu einem Club vereinigt.*

die **Ver|ei|ni|gung** (Nomen) **der Vereinigung, die Vereinigungen** eine Gruppe bzw. Organisation zur Verfolgung gemeinsamer Ziele

das **Ver|fah|ren** (Nomen) **des Verfahrens, die Verfahren**
① eine bestimmte Methode
② der Prozess vor Gericht

der **Ver|fall** (Nomen) nur im Singular **des Verfall(e)s**
① der Vorgang, in einen schlechten, baufälligen Zustand zu kommen
② die Zunahme von körperlicher oder geistiger Schwäche

ver|fal|len (Verb) **du verfällst, er verfiel, sie ist verfallen, verfall(e) nicht!**
① kaputtgehen, weil etwas alt ist und nicht gepflegt wird: *ein Haus verfällt*
② nicht mehr gültig oder verwendbar sein: *Die Fahrkarte ist verfallen.*
③ einer Sache/jemandem verfallen sein von etwas/jemandem abhängig sein: *Er ist dem Alkohol verfallen.*
④ in Panik/Hektik/… verfallen panisch/hektisch/… werden

ver|fas|sen (Verb) **du verfasst, er verfasste, sie hat verfasst, verfass(e)!** einen Text schreiben

der **Ver|fas|ser** (Nomen) **des Verfassers, die Verfasser** ≈ Autor jemand, der einen Text schreibt

die **Ver|fas|se|rin** (Nomen) **der Verfasserin, die Verfasserinnen**
Femininform von → **Verfasser**

die **Ver|fas|sung** (Nomen) **der Verfassung, die Verfassungen**
① die Grundordnung eines Landes
siehe auch → **Grundgesetz**
② der gesundheitliche oder seelische Zustand

ver|feh|len (Verb) **du verfehlst, er verfehlte, sie hat verfehlt, verfehl(e) nicht!**
① jemanden/etwas verfehlen jemanden/etwas als Ziel nicht treffen
② jemanden/sich verfehlen jemanden/sich verpassen, weil man zu früh oder zu spät kommt
③ das Thema/seine Wirkung/… verfehlen nicht das richtige Thema/die richtige Wirkung/… haben

ver|fil|men (Verb) **du verfilmst, er verfilmte, sie hat verfilmt, verfilm(e)!** aus einer Geschichte einen Film machen

ver|flie|gen (Verb) nur in der 3. Person gebraucht **es verfliegt, es verflog, es ist verflogen**
① schnell vorbeigehen, schnell vergehen: *Ihr Zorn ist längst verflogen.*
② sich in der Luft auflösen oder verschwinden: *Mein Parfüm ist schon verflogen.*

ver|flixt (Adjektiv) umgangssprachlich • abwertend
① sagt man, wenn man sich über etwas/jemanden ärgert: *Dieser verflixte Computer!*
② sehr: *verflixt schwierig* • *verflixt eng*
③ Verflixt (und zugenäht)!/ Verflixt noch mal! sagt man, wenn man sich ärgert

ver|fol|gen (Verb) **du verfolgst, er verfolgte, sie hat verfolgt, verfolg(e)!**
① jemanden/ein Tier verfolgen hinter jemandem/einem Tier herlaufen, -fahren oder -gehen, um ihn/es einzuholen, zu beobachten oder zu fangen
② etwas verfolgen versuchen, etwas zu erreichen: *ein Ziel verfolgen*
versuchen, die Ursache von etwas zu finden: *Spuren verfolgen*
versuchen, etwas anzuwenden oder einzusetzen: *einen Plan verfolgen* • *eine Methode verfolgen*
etwas interessiert beobachten: *das Geschehen verfolgen*
etwas durch die Polizei untersuchen lassen: *ein Verbrechen verfolgen*
③ etwas als Zuschauer sehen oder als Zuhörer hören: *Tausende verfolgten das Fußballspiel im Radio.*

❹ aus religiösen, politischen oder anderen Gründen bedrohen, vertreiben oder schlecht behandeln: *eine verfolgte Minderheit*

der **Ver|fo̤l|ger** (Nomen) **des Verfolgers, die Verfolger** jemand, der jemanden verfolgt

die **Ver|fo̤l|ge|rin** (Nomen) **der Verfolgerin, die Verfolgerinnen**
Femininform von → **Verfolger**

der/die **Ver|fo̤lg|te** (Nomen)
des/der Verfolgten, die Verfolgten jemand, der verfolgt wird

die **Ver|fo̤l|gung** (Nomen) **der Verfolgung, die Verfolgungen** das Verfolgen

ver|fre̤s|sen (Adjektiv) umgangssprachlich · abwertend **verfressener, am verfressensten**
≈ gefräßig so, dass man gern viel isst

ver|fü̲g|bar (Adjektiv) vorhanden, bereit

ver|fü̲|gen (Verb) **du verfügst, er verfügte, sie hat verfügt, verfüg(e)!**
❶ ≈ anordnen etwas bestimmen
❷ über jemanden/etwas verfügen bestimmen, was mit jemandem/einer Sache geschehen soll
❸ über etwas verfügen etwas besitzen, etwas haben

die **Ver|fü̲|gung** (Nomen) **der Verfügung, die Verfügungen**
❶ die Anordnung, die Bestimmung
❷ zur Verfügung stehen bereitstehen, um benutzt zu werden: *Für die Feriengäste steht ein Fahrrad zur Verfügung.*
❸ jemandem etwas zur Verfügung stellen jemandem erlauben, etwas zu benutzen

ver|fü̲h|ren (Verb) **du verführst, er verführte, sie hat verführt, verführ(e) nicht!**
❶ jemanden verführen jemanden dazu bringen, zusammen Sex zu haben
❷ jemanden zu etwas verführen jemanden dazu bringen, etwas Unvernünftiges oder Verbotenes zu tun

ver|ga̤m|meln (Verb) umgangssprachlich · abwertend **du vergammelst, er vergammelte, sie ist/hat vergammelt, vergamm(e)le nicht!**
❶ **ist vergammelt** verderben, schlecht werden: *Das Gemüse ist im Keller vergammelt.*
❷ **ist vergammelt** herunterkommen, nicht gepflegt werden: *Er ist für ein halbes Jahr im Ausland und lässt seinen schönen Garten vergammeln.*
❸ **hat vergammelt** Zeit verbringen, ohne etwas zu tun: *Ferientage vergammeln*

die **Ver|ga̤n|gen|heit** (Nomen)
der Vergangenheit, die Vergangenheiten
❶ die Zeit, die zuvor war und schon vorbei ist
❷ GRAMMATIK siehe auch → **Perfekt**
siehe auch → **Präteritum**
siehe auch → **Plusquamperfekt**

ver|gä̤ng|lich (Adjektiv) so, dass etwas/jemand irgendwann nicht mehr existiert

ver|ge̲|ben (Verb) **du vergibst, er vergab, sie hat vergeben, vergib!**
❶ (jemandem) etwas vergeben gehoben (jemandem) etwas verzeihen
❷ ≈ geben jemanden mit einer Aufgabe oder einer Sache betrauen: *einen Auftrag vergeben* · *Wir haben eine Stelle zu vergeben.*
❸ vergeben sein einen festen Partner/eine feste Partnerin haben

ver|ge̲|bens (Adverb) ohne Erfolg, umsonst

ver|ge̲b|lich (Adjektiv) erfolglos, nutzlos, umsonst: *vergebliche Mühe* · *etwas vergeblich versuchen*

die **Ver|ge̲|bung** (Nomen) gehoben
nur im Singular **der Vergebung**
❶ das Vergeben, das Verzeihen
❷ die Vergebung (der Sünden) der Vorgang, dass Gott die Gläubigen von ihren Sünden freispricht

ver|ge̲|hen (Verb) nur in der 3. Person gebraucht **es vergeht, es verging, es ist vergangen** vorbeigehen, Vergangenheit werden: *Die Zeit vergeht.* · *Die Schmerzen vergehen bald.* · *von vergangenen Zeiten sprechen*

ver|ge̤l|ten (Verb) gehoben **du vergiltst, er vergalt, sie hat vergolten, vergilt!**
❶ etwas mit etwas vergelten auf eine Tat mit einer weiteren Tat reagieren
❷ jemandem etwas vergelten jemanden für etwas belohnen, etwas wiedergutmachen

die **Ver|ge̤l|tung** (Nomen) gehoben
nur im Singular **der Vergeltung** Rache

ver|ge̤s|sen (Verb) **du vergisst, er vergaß, sie hat vergessen, vergiss!**
❶ etwas/jemanden vergessen sich nicht mehr an etwas/jemanden erinnern können
❷ etwas vergessen nicht an etwas denken: *Vergiss nicht, das Licht auszumachen!* etwas aus Versehen nicht mitnehmen
❸ jemandem etwas nie vergessen jemandem für immer dankbar/böse sein
❹ sich vergessen die Beherrschung oder Kontrolle verlieren

❺ Das kannst du vergessen! umgangssprachlich Das hat keinen Sinn!
❻ Vergiss es! umgangssprachlich Das kommt überhaupt nicht infrage!

ver|gess|lich (Adjektiv) **vergesslicher, am vergesslichsten** so, dass man oft etwas vergisst

die **Ver|gess|lich|keit** (Nomen) **nur im Singular der Vergesslichkeit** die Eigenschaft, dass man oft etwas vergisst

ver|geu|den (Verb) abwertend **du vergeudest, er vergeudete, sie hat vergeudet, vergeud(e) nicht!** verschwenden

ver|ge|wal|ti|gen (Verb) **du vergewaltigst, er vergewaltigte, sie hat vergewaltigt, vergewaltige nicht!** mit Gewalt zum Sex zwingen

die **Ver|ge|wal|ti|gung** (Nomen) **der Vergewaltigung, die Vergewaltigungen** das Verbrechen, jemanden mit Gewalt zum Sex zu zwingen

ver|gif|ten (Verb) **du vergiftest, er vergiftete, sie hat vergiftet, vergifte nicht!**
❶ mit Gift schädigen oder töten
❷ Gift in etwas tun: *das Essen vergiften*
❸ mit Gift verschmutzen: *die Luft vergiften*

die **Ver|gif|tung** (Nomen) **der Vergiftung, die Vergiftungen**
❶ **nur im Singular** das Vergiften
❷ eine Krankheit, die man durch Gift bekommen hat

der **Ver|gleich** (Nomen) **des Vergleich(e)s, die Vergleiche**
❶ die Prüfung, ob es Ähnlichkeiten oder Unterschiede zwischen Personen, Dingen, Ereignissen usw. gibt
❷ im Vergleich zu etwas/jemandem wenn man etwas/jemanden mit etwas/jemandem vergleicht
❸ eine Einigung oder ein Kompromiss von Gegnern in einem Rechtsstreit
❹ ein bildlicher Ausdruck mit dem Wort „wie“: *„Hier sieht es ja aus wie in einem Schweinestall“ ist ein Vergleich.*
❺ Das ist gar kein Vergleich! Das ist viel besser/schlechter!

ver|gleich|bar (Adjektiv) so, dass man etwas vergleichen kann

ver|glei|chen (Verb) **du vergleichst, er verglich, sie hat verglichen, vergleich(e)!**
❶ prüfen, ob es Ähnlichkeiten oder Unterschiede zwischen Personen, Dingen, Ereignissen usw. gibt: *Preise vergleichen* • *Ich mag es nicht, wenn man mich mit meinem Bruder vergleicht.*
❷ Das ist nicht zu vergleichen. Das ist ganz anders.

das **Ver|gnü|gen** (Nomen) **des Vergnügens, die Vergnügen**
❶ **nur im Singular** Freude und Spaß
❷ mit Vergnügen gehoben sehr gern
❸ Viel Vergnügen! Viel Spaß!
❹ eine schöne Tätigkeit, die Spaß macht
❺ ein teures Vergnügen umgangssprachlich • ironisch etwas, was viel kostet

ver|gnügt (Adjektiv) **vergnügter, am vergnügtesten** fröhlich und zufrieden

ver|gra|ben (Verb) **du vergräbst, er vergrub, sie hat vergraben, vergrab(e)!**
❶ in einem Loch in der Erde verstecken: *Eine Schildkröte vergräbt ihre Eier im Sand.*
❷ sich vergraben sich in der Erde verstecken: *Ein Maulwurf vergräbt sich in der Erde.*

sich **ver|grei|fen** (Verb) **du vergreifst dich, er vergriff sich, sie hat sich vergriffen, vergreif(e) dich nicht!**
❶ sich an etwas vergreifen ≈ stehlen etwas nehmen, was einem nicht gehört
❷ sich an jemandem vergreifen jemanden schlagen oder zusammenschlagen, jemanden vergewaltigen
❸ sich im Ton vergreifen unverschämt und frech werden

ver|grif|fen (Adjektiv) ≈ ausverkauft nicht mehr lieferbar: *Das Buch kann man nicht mehr kaufen, es ist vergriffen.*

ver|grö|ßern (Verb) **du vergrößerst, er vergrößerte, sie hat vergrößert, vergröß(e)re!**
❶ größer machen: *Wir haben den Raum vergrößert, indem wir eine Wand herausgerissen haben.*
❷ in der Anzahl vermehren: *Die Zahl der Einwohner unserer Stadt hat sich vergrößert.*
❸ maßstabsgetreu größer machen: *Für meine Mutter habe ich dieses schöne Bild vergrößern lassen.*
❹ sich vergrößern größer werden: *Die Zahl der Schüler hat sich vergrößert.*

ver|gü|ten (Verb) **du vergütest, er vergütete, sie hat vergütet, vergüte!** ≈ bezahlen Geld geben

die **Ver|gü|tung** (Nomen) **der Vergütung, die Vergütungen**
❶ das Zahlen

❷ das Geld, das für etwas gezahlt wird

ver|haf|ten (Verb) **du verhaftest, er verhaftete, sie hat verhaftet, verhafte!** ≈festnehmen ins Gefängnis bringen

die **Ver|haf|tung** (Nomen) **der Verhaftung, die Verhaftungen** die Tatsache, dass jemand festgenommen und ins Gefängnis gebracht wird

das **Ver|hal|ten** (Nomen) **nur im Singular des Verhaltens** die Art, wie ein Lebewesen etwas in einer bestimmten Situation macht und auf etwas reagiert

das **Ver|hält|nis** (Nomen) **des Verhältnisses, die Verhältnisse**
❶ die Beziehung zwischen Menschen: *Ich habe ein gutes Verhältnis zu meinen Eltern.*
❷ die Beziehung zwischen Dingen, die man vergleichen oder messen kann: *etwas im Verhältnis 1:3 miteinander mischen • Der Aufwand steht in keinem Verhältnis zum Ergebnis.*
❸ im Verhältnis zu … wenn man es mit … vergleicht: *Im Verhältnis zu gestern ist es heute warm.*
❹ umgangssprachlich eine sexuelle Beziehung haben, obwohl man verheiratet ist: *Die beiden haben ein Verhältnis.*
❺ die Verhältnisse **Plural** die Situation oder die Umstände, in denen man lebt: *die politischen Verhältnisse • die klimatischen Verhältnisse*
❻ über seine Verhältnisse leben mehr Geld ausgeben, als man hat

ver|hält|nis|mä|ßig (Adverb) ziemlich, relativ

das **Ver|hält|nis|wort** (Nomen) GRAMMATIK **des Verhältniswort(e)s, die Verhältniswörter** → **Präposition**

ver|han|deln (Verb) **du verhandelst, er verhandelte, sie hat verhandelt, verhand(e)le!**
❶ mit jemandem sprechen oder diskutieren, um sich zu einigen und einen Kompromiss zu finden: *über das Budget verhandeln*
❷ etwas vor Gericht verhandeln wegen etwas einen Gerichtsprozess führen

die **Ver|hand|lung** (Nomen) **der Verhandlung, die Verhandlungen**
❶ ein Termin in einem Prozess vor Gericht
❷ das Gespräch oder die Diskussion, um sich mit jemandem zu einigen und einen Kompromiss zu finden: *Verhandlungen über den Bau des neuen Bahnhofs*

das **Ver|häng|nis** (Nomen) gehoben **des Verhängnisses, die Verhängnisse** ein schlimmes, schicksalhaftes Unglück o. Ä.: *Sein Leichtsinn wurde ihm zum Verhängnis.*

ver|häng|nis|voll (Adjektiv) **verhängnisvoller, am verhängnisvollsten** mit schlimmen Folgen, katastrophal: *Diese Entscheidung hat verhängnisvolle Auswirkungen.*

ver|harm|lo|sen (Verb) **du verharmlost, er verharmloste, sie hat verharmlost, verharmlos(e) nicht!** etwas positiver darstellen, als es tatsächlich ist

ver|hasst (Adjektiv) **verhasster, am verhasstesten** so, dass jemand oder etwas Hass oder starke Abneigung hervorruft: *Der Mathelehrer war in der ganzen Schule verhasst.*

ver|hau|en (Verb) umgangssprachlich **du verhaust, er verhaute, sie hat verhauen, verhau(e) nicht!**
❶ jemanden heftig schlagen: *Papa, Tom hat mich verhauen.*
❷ etwas sehr schlecht machen: *Die letzte Aufgabe habe ich total verhauen.*
❸ sich verhauen sich täuschen, sich irren: *Bei deiner Planung hast du dich ganz schön verhauen.*

sich **ver|hed|dern** (Verb) umgangssprachlich **du verhedderst dich, er verhedderte sich, sie hat sich verheddert, verhedd(e)re dich nicht!**
❶ sich irgendwo verwickeln und festgehalten werden: *Die Hose hat sich in der Fahrradkette verheddert.*
❷ sich versprechen und für einen Augenblick nicht weiterwissen: *Der zerstreute Professor hatte sich in seinem Vortrag total verheddert.*

ver|heim|li|chen (Verb) **du verheimlichst, er verheimlichte, sie hat verheimlicht, verheimlich(e) nicht!** etwas, was man mitteilen muss, mit Absicht nicht sagen: *Er hat die schlechten Noten vor seinen Eltern verheimlicht.*

ver|hei|ra|tet (Adjektiv) durch die Ehe mit einem Partner verbunden: *Sie ist mit einem Spanier glücklich verheiratet.*

ver|hel|fen (Verb) **du verhilfst, er verhalf, sie hat verholfen, verhilf!**
jemandem zu etwas verhelfen jemandem dabei helfen, dass er etwas erreicht: *Sein Trainer hat ihm zum Sieg verholfen.*

ver|hin|dern (Verb) **du verhinderst, er verhinderte, sie hat verhindert, verhind(e)re!**
❶ dafür sorgen, dass etwas nicht passiert: *einen Streit, eine Katastrophe verhindern*
❷ verhindert sein nicht kommen können: *Ich bin wegen eines Todesfalls leider verhindert.*

die **Ver|hin|de|rung** (Nomen) **der Verhinderung, die Verhinderungen** die Abwendung, die Vermeidung, das Verhindertsein

ver|höh|nen (Verb) **du verhöhnst, er verhöhnte, sie hat verhöhnt, verhöhn(e) nicht!** jemanden lächerlich machen, sich über jemanden lustig machen: *einen Verlierer verhöhnen*

das **Ver|hör** (Nomen) **des Verhör(e)s, die Verhöre** eine gründliche Befragung durch die Polizei oder einen Richter zur Aufklärung einer strafbaren Handlung: *Das Verhör dauerte zwei Stunden.*

ver|hö|ren (Verb) **du verhörst, er verhörte, sie hat verhört, verhör(e)!**
❶ als Polizist oder Richter jemanden gründlich befragen, um eine strafbare Handlung aufzuklären: *Die Polizei verhörte den Verdächtigen.*
❷ sich verhören etwas akustisch falsch verstehen: *Ich sagte zwei und nicht drei – du musst dich verhört haben.*

ver|hül|len (Verb) **du verhüllst, er verhüllte, sie hat verhüllt, verhüll(e)!**
❶ bedecken, damit man jemanden/etwas nicht sieht: *Sie verhüllte ihr Haar mit einem Kopftuch.*
❷ verbergen: *Seine Worte verhüllten nur den wahren Sachverhalt.* · *Sie zeigen eine kaum verhüllte Sympathie für die Terroristen.*

ver|hü|ten (Verb) **du verhütest, er verhütete, sie hat verhütet, verhüte!**
❶ etwas Negatives verhindern, abwenden: *Durch ihr mutiges Eingreifen konnte Schlimmeres verhütet werden.*
❷ eine Schwangerschaft verhindern: *Sie verhütet nicht mit der Pille, sondern mit der Spirale.*

die **Ver|hü|tung** (Nomen) **nur im Singular der Verhütung**
❶ die Verhinderung oder Abwendung von etwas Negativem
❷ die Verhinderung einer Schwangerschaft

das **Ver|hü|tungs|mit|tel** (Nomen) **des Verhütungsmittels, die Verhütungsmittel** ein Mittel, das eine Schwangerschaft verhindert

sich **ver|ir|ren** (Verb) **du verirrst dich, er verirrte sich, sie hat sich verirrt, verirr(e) dich nicht!** den falschen Weg nehmen und nicht mehr wissen, wo man ist: *sich in der Dunkelheit verirren*

ver|ja|gen (Verb)
etwas/jemanden verjagen ≈ vertreiben etwas/jemanden zwingen, seinen Platz sofort zu verlassen: *Er verjagte die Spatzen vom Balkon.*

ver|jäh|ren (Verb) **nur in der 3. Person gebraucht es verjährt, es verjährte, es ist verjährt** nach einer bestimmten Frist nicht mehr gelten oder nicht mehr bestraft werden können: *Sein Anspruch auf Schadenersatz ist verjährt.*

die **Ver|jäh|rung** (Nomen) das Ende der Gültigkeit oder der Ablauf der Frist, in der etwas bestraft werden kann

sich **ver|kal|ku|lie|ren** (Verb) **du verkalkulierst dich, er verkalkulierte sich, sie hat sich verkalkuliert, verkalkulier(e) dich nicht!**
❶ bei der Kalkulation einen Fehler machen: *Bei den Reisekosten habe ich mich verkalkuliert.*
❷ umgangssprachlich sich beim Beurteilen von etwas täuschen: *Bei ihren Erfolgschancen haben sie sich gründlich verkalkuliert.*

der **Ver|kauf** (Nomen) **des Verkauf(e)s, die Verkäufe**
❶ das Verkaufen
❷ WIRTSCHAFT **nur im Singular** Abteilung einer Firma, die für das Verkaufen von Waren zuständig ist: *Die Firma sucht Mitarbeiter im Verkauf.*

ver|kau|fen (Verb) **du verkaufst, er verkaufte, sie hat verkauft, verkauf(e)!**
❶ jemandem etwas gegen Bezahlung geben: *Ich verkaufe dir die CD für fünf Euro.*
❷ jemandem etwas als etwas verkaufen umgangssprachlich etwas so darstellen, dass jemand es für positiv hält: *Der Politiker versucht, den Kompromiss als Sieg zu verkaufen.*
❸ sich verkaufen Käufer finden: *Bücher von Prominenten verkaufen sich bestens.* umgangssprachlich sich selbst darstellen: *Bei der Präsentation hat sie sich gut verkauft.*

der **Ver|käu|fer** (Nomen) **des Verkäufers, die Verkäufer**
1 jemand, dessen Beruf es ist, für ein Unternehmen etwas zu verkaufen
2 jemand, der etwas verkauft, was ihm gehört: *Der Verkäufer konnte sich mit dem Interessenten auf einen Preis einigen.*

die **Ver|käu|fe|rin** (Nomen) **der Verkäuferin, die Verkäuferinnen**
Femininform von → **Verkäufer**

der **Ver|kehr** (Nomen) nur im Singular **des Verkehr(e)s**
1 die Fortbewegung von Menschen und Fahrzeugen auf dafür bestimmten Wegen sowie die Beförderung von Gütern: *Achte auf den Verkehr!*
2 der (regelmäßige) Kontakt zu jemandem: *Sie haben ihrem Sohn den Verkehr mit den Nachbarkindern verboten.*
3 etwas aus dem Verkehr ziehen die Verwendung von etwas nicht mehr erlauben: *Das Medikament wurde aus dem Verkehr gezogen.*
4 Variante von → **Geschlechtsverkehr**

ver|keh|ren (Verb) **du verkehrst, er verkehrte, sie hat verkehrt, verkehr(e)!**
1 eine öffentliche Verkehrsverbindung anbieten: *Die S-Bahn verkehrt alle 20 Minuten zwischen Flughafen und Hauptbahnhof.*
2 mit jemandem verkehren zu jemandem (regelmäßig) Kontakt haben: *Seit dem Streit verkehren sie nur noch schriftlich miteinander.*
3 häufiger Gast sein: *In diesem Restaurant verkehren vor allem Familien mit Kindern.*
4 vollkommen anders darstellen: *Er hat die Tatsachen ins Gegenteil verkehrt.*
5 sich verkehren sich ins Gegenteil wandeln: *Ihre Zuneigung hat sich in Abneigung verkehrt.*

die **Ver|kehrs|am|pel** (Nomen) **der Verkehrsampel, die Verkehrsampeln**
eine Vorrichtung an Straßen, die rot/gelb/grün leuchtet, um anzuzeigen, ob man stehen bleiben muss oder fahren/gehen darf

ver|kehrs|be|ru|higt (Adjektiv) so, dass der Autoverkehr eingeschränkt ist und Autos langsam fahren müssen: *eine verkehrsberuhigte Einkaufsstraße*

das **Ver|kehrs|cha|os** (Nomen) nur im Singular **des Verkehrschaos** so viel Verkehr, dass es zu vielen Staus kommt und nichts mehr vorangeht: *Zu Ferienbeginn kam es zum erwarteten Verkehrschaos.*

das **Ver|kehrs|mit|tel** (Nomen) **des Verkehrsmittels, die Verkehrsmittel**
ein Fahrzeug oder Flugzeug, mit dem man Personen/Waren transportiert: *Wer öffentliche Verkehrsmittel benutzt, schont die Umwelt.*

der **Ver|kehrs|po|li|zist** (Nomen) **des Verkehrspolizisten, die Verkehrspolizisten** ein Polizist, der den Verkehr überwacht/regelt

die **Ver|kehrs|po|li|zis|tin** (Nomen) **der Verkehrspolizistin, die Verkehrspolizistinnen**
Femininform von → **Verkehrspolizist**

die **Ver|kehrs|re|gel** (Nomen) **der Verkehrsregel, die Verkehrsregeln**
eine gesetzliche Bestimmung zur Regelung des öffentlichen Verkehrs

das **Ver|kehrs|schild** (Nomen) **des Verkehrsschild(e)s, die Verkehrsschilder**
ein Schild mit einem Verkehrszeichen, das den Verkehr regelt

der **Ver|kehrs|stau** (Nomen) **des Verkehrsstaus, die Verkehrsstaus**
eine lange Reihe von Autos, die wegen einer Verkehrsstörung nicht weiterfahren können

der **Ver|kehrs|un|fall** (Nomen) **des Verkehrsunfall(e)s, die Verkehrsunfälle**
ein Unfall im Straßenverkehr

ver|kehrt (Adjektiv) umgangssprachlich nicht richtig: *Du hast die Jacke verkehrt herum angezogen.*

ver|klä|ren (Verb) **du verklärst, er verklärte, sie hat verklärt, verklär(e)!**
1 einen glücklichen Ausdruck geben: *Die Hoffnung verklärte sein Gesicht.*
2 sich verklären einen glücklichen Ausdruck annehmen: *Ihr Blick verklärte sich, als sie ihren Sohn sah.*
3 etwas besser beurteilen, als es tatsächlich ist: *Er verklärte die gute alte Zeit.*

ver|klei|den (Verb) **du verkleidest, er verkleidete, sie hat verkleidet, verkleide!**
1 sich/jemanden verkleiden sich/jemanden so anziehen, dass man/er nicht erkannt wird (und eine bestimmte Rolle spielen kann): *Im Karneval verkleidete er sich als Cowboy.*
2 etwas verkleiden etwas zum Schutz oder Schmuck bedecken: *Sie verkleideten die Außenwände mit wärmedämmenden Platten.*

die **Ver|klei|dung** (Nomen) **der Verkleidung, die Verkleidungen**
❶ das Kostümieren, das Anlegen einer Kleidung, in der man nicht erkannt wird
❷ das Kostüm, die Kleidung, in der man nicht erkannt wird: *Ihre Verkleidung als Prinzessin war perfekt.*
❸ das Bedecken mit einem bestimmten Material: *Die Verkleidung mit Dämmplatten nahm viel Zeit in Anspruch.*
❹ das Material, mit dem etwas bedeckt ist: *Die Verkleidung der Heizkörper wirkt sehr dekorativ.*

ver|klei|nern (Verb) **du verkleinerst, er verkleinerte, sie hat verkleinert, verklein(e)re!**
❶ in der Größe verringern: *Sie haben den Raum durch eine Zwischenwand verkleinert.*
❷ in der Anzahl verringern: *Die Schule musste die Zahl der Lehrer verkleinern.*
❸ maßstabsgetreu kleiner machen: *Ich möchte dieses Bild verkleinern lassen.*
❹ sich verkleinern kleiner werden: *Der Vorsprung des Spitzenreiters verkleinert sich.*

die **Ver|klei|ne|rungs|form** (Nomen) GRAMMATIK **der Verkleinerungsform, die Verkleinerungsformen** eine Form des Nomens, die ausdrückt, dass die Person/Sache kleiner/niedlicher ist als das Grundwort: *„Männchen" und „Männlein" sind Verkleinerungsformen von Mann.*

ver|klemmt (Adjektiv) umgangssprachlich • abwertend **verklemmter, am verklemmtesten** mit Hemmungen, seine Gefühle zu zeigen: *Mädchen gegenüber ist er total verklemmt.*

sich **ver|knei|fen** (Verb) umgangssprachlich **du verkneifst dir, er verkniff sich, sie hat sich verkniffen, verkneif(e) dir!**
❶ etwas zurückhalten, was man sagen will: *Deine frechen Sprüche kannst du dir verkneifen!*
❷ sich etwas nicht gönnen: *Meine Mutter verkneift sich immer das Dessert.*

ver|knif|fen (Adjektiv) abwertend **verkniffener, am verkniffensten** durch Ärger und Enttäuschungen hart, verbissen

ver|knüp|fen (Verb) **du verknüpfst, er verknüpfte, sie hat verknüpft, verknüpf(e)!**
❶ durch einen Knoten miteinander verbinden
❷ kombinieren, verbinden: *Sie wollen ihren Einkauf mit einer Stadtbesichtigung verknüpfen.*

ver|kör|pern (Verb) **du verkörperst, er verkörperte, sie hat verkörpert, verkörp(e)re!**
❶ ein Symbol für etwas sein: *Der Löwe verkörpert die Stärke.*
❷ im Film oder auf der Bühne spielen: *Er verkörpert in diesem Film den Bösewicht.*

ver|kracht (Adjektiv) umgangssprachlich
❶ erfolglos, gescheitert: *ein verkrachter Künstler*
❷ im Streit miteinander, zerstritten: *Marie und Ayse sind verkracht.*

ver|kraf|ten (Verb) **du verkraftest, er verkraftete, sie hat verkraftet, verkrafte!** etwas Negatives überwinden, verarbeiten: *Er hat die Fünf in Mathe noch nicht verkraftet.*

ver|krampft (Adjektiv) **verkrampfter, am verkrampftesten**
❶ hart geworden, verspannt: *verkrampfte Muskeln*
❷ nicht natürlich, unsicher: *Die Mannschaft spielte verkrampft und ideenlos.*

sich **ver|küh|len** (Verb) süddeutsch Ⓐ Ⓒⓗ **du verkühlst dich, er verkühlte sich, sie hat sich verkühlt, verkühl(e) dich nicht!** sich erkälten

ver|kün|den (Verb) gehoben **du verkündest, er verkündete, sie hat verkündet, verkünde!**
❶ öffentlich mitteilen: *Morgen verkündet sie, ob sie kandidiert oder nicht.*
❷ Glaubensinhalte predigen: *Der Pfarrer verkündet an Weihnachten die frohe Botschaft von Christi Geburt.*

ver|kup|peln (Verb) umgangssprachlich **du verkuppelst, er verkuppelte, sie hat verkuppelt, verkupp(e)le!** jemandem helfen, einen Partner kennenzulernen

ver|la|gern (Verb) **du verlagerst, er verlagerte, sie hat verlagert, verlag(e)re!**
❶ sich so bewegen, dass das Gewicht oder der Schwerpunkt an einer anderen Stelle liegt: *Sie verlagerte ihr Gewicht auf den anderen Ski.*
❷ den Standort von etwas wechseln: *Die Firma verlagert die Produktion nach Rumänien.*
❸ sich verlagern METEOROLOGIE sich an eine andere Stelle bewegen: *Das Regengebiet verlagert sich nach Osten.*

die **Ver|la|ge|rung** (Nomen) **der Verlagerung, die Verlagerungen**
① das Verlagern, die Änderung der Körperhaltung: *die Verlagerung des Gewichts nach hinten*
② das Verlegen des Standorts: *die Verlagerung des Firmensitzes nach Berlin*

ver|lan|gen (Verb) **du verlangst, er verlangte, sie hat verlangt, verlang(e)!**
① mit Nachdruck fordern: *Sie verlangt mehr Geld.*
② sprechen wollen: *Er verlangt den Arzt wegen der Diagnose.*
③ unbedingt nötig sein: *Die Situation verlangt viel Gelduld und starke Nerven.*
④ nach jemandem/etwas verlangen gehoben jemanden sprechen/etwas haben wollen: *Sie verlangte nach ihrem Vater.*

ver|län|gern (Verb) **du verlängerst, er verlängerte, sie hat verlängert, veräng(e)re!**
① später zu Ende gehen lassen: *Wegen der Unterbrechungen wird das Spiel um fünf Minuten verlängert.*
② später ungültig werden lassen: *Die Behörde verlängerte ihre Aufenthaltserlaubnis.*
③ länger machen, vergrößern: *Wir müssen das Kabel um einen Meter verlängern.*
④ mit einer Substanz mischen, damit es mehr wird: *Wir verlängern den Bratensaft mit Wasser.*

die **Ver|län|ge|rung** (Nomen) **der Verlängerung, die Verlängerungen**
① eine Maßnahme, die bewirkt, dass etwas später endet/abläuft
② die Zeit, um die etwas später zu Ende geht: *Die Entscheidung fiel in der Verlängerung.*
③ eine Maßnahme, die bewirkt, dass etwas länger oder mehr wird

der **Ver|lass** (Nomen) nur im Singular
auf jemanden/etwas ist (kein) Verlass auf jemanden/etwas kann man sich (nicht) verlassen, jemandem/etwas kann man (nicht) vertrauen

ver|las|sen[1] (Verb) **du verlässt, er verließ, sie hat verlassen, verlass(e)!**
① von etwas fortgehen: *Als der Unterricht zu Ende war, verließ sie das Klassenzimmer.*
② sich von jemandem trennen, mit dem man eine Beziehung hatte: *Er verließ sie wegen einer anderen Frau.*
③ sich auf jemanden/etwas verlassen jemandem/etwas vertrauen: *Sie verließen sich auf seinen Rat.*

ver|las|sen[2] (Adjektiv) **verlassener, am verlassensten** nicht bewohnt, einsam, trostlos: *ein verlassenes Haus, Dorf*

ver|läss|lich (Adjektiv) **verlässlicher, am verlässlichsten** so, dass man jemandem/etwas vertrauen kann: *eine verlässliche Freundin, verlässliche Angaben*

der **Ver|lauf** (Nomen) **des Verlauf(e)s, die Verläufe**
① der Weg von einem Punkt zum anderen: *Der Verlauf der geplanten Autobahn ist sehr umstritten.*
② die Entwicklung, der Ablauf, die zeitliche Reihenfolge eines Ereignisses: *Im Verlauf des Spiels gab es viele spannende Szenen.*

ver|lau|fen (Verb) nur in der 3. Person gebraucht **es verläuft, es verlief, es ist verlaufen**
① in eine bestimmte Richtung gehen: *Der Bürgersteig verläuft parallel zur Autobahn.*
② auf eine bestimmte Art ablaufen: *Der Test verlief ohne Probleme.*
③ Flüssigkeit undeutlich werden, weil etwas zerfließt: *Nimm ein anderes Papier, sonst verläuft die Schrift.*

sich **ver|lau|fen** (Verb) **du verläufst dich, er verläuft sich, sie hat sich verlaufen, verlauf(e) dich nicht!** nicht den richtigen Weg finden: *Er hatte sich im Dunkeln verlaufen.*

ver|le|gen[1] (Verb) **du verlegst, er verlegte, sie hat verlegt, verleg(e)!**
① etwas an eine andere Stelle oder einen anderen Ort legen: *Die Firma hat die Produktion nach Bangladesch verlegt.*
② auf einen anderen Termin legen: *Der Elternabend wird auf nächsten Mittwoch verlegt.*
③ montieren, an eine bestimmte Stelle bringen und dort befestigen: *Die neue Telefonleitung wird morgen verlegt.*
④ etwas nicht mehr finden, was man irgendwo hingelegt hat: *Ich habe meine Geldbörse verlegt.*
⑤ erscheinen lassen, herausbringen: *Dieses Wörterbuch wird von Oldenbourg verlegt.*

ver|le|gen[2] (Adjektiv) **verlegener, am verlegensten**
① in seinem Verhalten nicht frei und natürlich, sondern verunsichert und hilflos:

Diese direkte Frage machte ihn verlegen – er wurde rot.
❷ nicht/nie um etwas verlegen sein immer etwas parat haben: *Er ist nie um einen coolen Spruch verlegen.*

die **Ver|le|gen|heit** (Nomen) **der Verlegenheit, die Verlegenheiten**
❶ **nur im Singular** eine große Unsicherheit und Hilflosigkeit, in der man nicht weiß, wie man reagieren soll: *Die Frage, wo er gestern Abend war, brachte ihn in größte Verlegenheit.*
❷ eine schwierige Situation, in der man hilflos ist: *Durch spekulative Geschäfte geriet er in finanzielle Verlegenheit.*

ver|lei|hen (Verb) **du verleihst, er verlieh, sie hat verliehen, verleih(e)!**
❶ jemandem etwas für eine bestimmte Zeit geben, um es später wieder zurückzubekommen: *Ich verleihe meine DVDs nur an gute Freunde.*
❷ jemandem einen Preis verleihen jemandem einen Preis übergeben, um ihn auszuzeichnen: *Die Ministerin verlieh der jungen Forscherin den ersten Preis des Bundeswettbewerbs „Jugend forscht".*

die **Ver|lei|hung** (Nomen) **der Verleihung, die Verleihungen**
❶ das Verleihen, die vorübergehende Überlassung, Bereitstellung zur Benutzung
❷ die Übergabe eines Preises

ver|lei|ten (Verb) **du verleitest, er verleitete, sie hat verleitet, verleite nicht!**
jemanden zu etwas verleiten erreichen, dass jemand etwas Unvernünftiges tut: *Er verleitete sie zum Rauchen.*

ver|let|zen (Verb) **du verletzt, er verletzte, sie hat verletzt, verletz(e) nicht!**
❶ jemanden/sich verletzen bei jemandem/sich einen körperlichen Schaden verursachen: *Ich habe ihn beim Fußballspielen am Knöchel verletzt.* • *Ich habe mich beim Turnen verletzt.* • *Ich habe mir beim Brotschneiden den Finger verletzt.*
❷ jemanden kränken: *Ihre Kritik verletzte ihn zutiefst.*
❸ etwas missachten, gegen etwas verstoßen: *Dieses Verhalten verletzt die Menschenwürde.*

ver|let|zend (Adjektiv) **verletztender, am verletzendsten** kränkend, beleidigend

ver|letz|lich (Adjektiv) **verletzlicher, am verletzlichsten** sehr empfindsam und dadurch leicht verletzbar

der/die **Ver|letz|te** (Nomen) **des/der Verletzten, die Verletzten**
jemand, der verletzt ist

die **Ver|let|zung** (Nomen) **der Verletzung, die Verletzungen**
❶ ein gesundheitlicher Schaden durch Einwirkung von außen: *Ich habe mir beim Sport eine leichte Verletzung am Knie zugezogen.*
❷ der Verstoß gegen etwas: *Sie kritisiert die Verletzung der Menschenrechte in China.*

ver|leug|nen (Verb) **du verleugnest, er verleugnete, sie hat verleugnet, verleugne!**
❶ etwas/jemanden verleugnen zu etwas/jemandem nicht stehen: *Vor seinen Eltern verleugnete er seine Pläne/seine Freundin.*
❷ etwas nicht verleugnen können etwas nicht verheimlichen können: *Sie kann nicht verleugnen, dass sie aus Ostfriesland stammt.*
❸ etwas lässt sich nicht verleugnen etwas kann nicht verheimlicht werden: *Seine bayerische Herkunft lässt sich nicht verleugnen.*
❹ sich verleugnen lassen jemanden mitteilen lassen, man sei nicht da

ver|leum|den (Verb) **du verleumdest, er verleumdete, sie hat verleumdet, verleumde nicht!** schlechtmachen, den Ruf von jemandem durch falsche Behauptungen schädigen: *Sie verleumdete ihren früheren Freund mit Kontakten zur Drogenszene.*

die **Ver|leum|dung** (Nomen) **der Verleumdung, die Verleumdungen**
❶ **nur im Singular** das Verleumden, die Verbreitung von rufschädigenden Behauptungen
❷ eine Äußerung, die den Ruf von jemandem schädigt

der/die **Ver|lieb|te** (Nomen) **des/der Verliebten, die Verliebten**
jemand, der verliebt ist

die **Ver|liebt|heit** (Nomen) **nur im Singular der Verliebtheit** das Gefühl, verliebt zu sein

ver|lie|ren (Verb) **du verlierst, er verlor, sie hat verloren, verlier(e) nicht!**
❶ etwas verlieren etwas ungewollt fallen/liegen lassen haben und nicht finden können: *Erst an der Grenze merkte er, dass er seinen Pass verloren hatte.*

❷ (etwas) verlieren im Spiel/Wettkampf/… besiegt werden: *Sie haben das Endspiel verloren.*
❸ jemanden verlieren jemanden durch ein bestimmtes Ereignis nicht mehr haben: *Durch die Dopingaffäre hat er viele Fans verloren.*
❹ sich verlieren sich nicht mehr sehen: *Wenn wir uns verlieren, rufst du mich auf dem Handy an.*
❺ nichts zu verlieren haben in einer so ungünstigen Situation sein, dass es nur noch besser werden kann
❻ Du hast hier nichts verloren. Du bist hier unerwünscht.

der **Ver|lie|rer** (Nomen) **des Verlierers, die Verlierer** jemand, der im Spiel/Wettkampf/… verloren hat: *Der Verlierer weinte bitterlich.*

die **Ver|lie|re|rin** (Nomen) **der Verliererin, die Verliererinnen**
Femininform von → **Verlierer**

das **Ver|lies** (Nomen) **des Verlieses, die Verliese** früher ein dunkler Gefängnisraum, der sich unter der Erde befand

sich **ver|lo|ben** (Verb) **du verlobst dich, er verlobte sich, sie hat sich verlobt, verlob(e) dich!**
sich (mit jemandem) verloben jemandem offiziell versprechen, dass man ihn heiraten wird: *Sie hat sich mit ihrem Freund verlobt.*

der/die **Ver|lob|te** (Nomen)
des Verlobten/der Verlobten, die Verlobten jemand, der jemandem offiziell die Ehe versprochen hat

die **Ver|lo|bung** (Nomen) **der Verlobung, die Verlobungen** das gegenseitige offizielle Versprechen zu heiraten: *Nächste Woche werden wir unsere Verlobung bekannt geben.*

ver|lo|gen (Adjektiv) abwertend **verlogener, am verlogensten**
❶ nicht ehrlich, oft eine Lüge erzählend: *Manche Manager sind machtgierig und verlogen.*
❷ voller Lügen, Unwahrheiten, nicht aufrichtig: *Er fand die Kritik an seinem Vorschlag verlogen.*

die **Ver|lo|gen|heit** (Nomen) abwertend
nur im Singular **der Verlogenheit**
❶ die Unehrlichkeit, die Neigung zu lügen
❷ die Vortäuschung von Gefühlen oder Eigenschaften, die man nicht hat

ver|lo|ren (Adjektiv)
❶ ohne Kontakt zu anderen, verlassen: *In der neuen Klasse fühlte sie sich anfangs verloren.*
❷ ohne Aussicht auf Rettung: *Die bei dem Erdbeben Vermissten schienen verloren.*
❸ verloren gehen wegkommen/verschwinden und nicht mehr zu finden sein

der **Ver|lust** (Nomen) **des Verlust(e)s, die Verluste**
❶ der Vorgang, bei dem man eine Sache verliert und nicht mehr findet
❷ die negativen Folgen eines Geschäfts, für das man mehr Geld gegeben als bekommen hat: *Seit der Finanzkrise hat sie mit ihren Anlagen mehr Verluste als Gewinne gemacht.*
❸ meist Plural MILITÄR die Soldaten, die im Kampf umkommen: *Um Verluste zu vermeiden, werden immer häufiger Drohnen eingesetzt.*

sich **ver|mäh|len** (Verb) gehoben **du vermählst dich, er vermählte sich, sie hat sich vermählt, vermähl(e) dich!**
die Ehe schließen, heiraten

die **Ver|mäh|lung** (Nomen) gehoben
der Vermählung, die Vermählungen
die Eheschließung, Heirat

ver|mas|seln (Verb) umgangssprachlich
du vermasselst, er vermasselte, sie hat vermasselt, vermass(e)le nicht!
❶ jemandem etwas vermasseln jemandem etwas verderben: *Mit seinem schlechten Benehmen hat er allen die Feier vermasselt.*
❷ etwas vermasseln etwas nicht gut machen: *Ich habe den Vokabeltest vermasselt.*

ver|meh|ren (Verb) **du vermehrst, er vermehrte, sie hat vermehrt, vermehr(e)!**
❶ etwas (um etwas) vermehren bewirken, dass etwas (um etwas) größer wird: *Wenn du versetzt werden willst, musst du deine Anstrengungen vermehren.*
❷ sich vermehren BIOLOGIE sich fortpflanzen
❸ sich vermehren größer werden, zunehmen: *Durch das Erbe hat sich ihr Vermögen vermehrt. • Die Viren vermehren sich.*

die **Ver|meh|rung** (Nomen) **der Vermehrung, die Vermehrungen**
❶ das Vermehren/die Zunahme: *Er ist immer auf die Vermehrung seines Besitzes konzentriert.*

❷ nur im Singular BIOLOGIE die Fortpflanzung: *Die Vermehrung von Pandabären in Zoos ist sehr schwierig.*

ver|mei|den (Verb) **du vermeidest, er vermied, sie hat vermieden, vermeide!** verhindern, dass etwas Bestimmtes passiert/eintritt: *Mit dieser Strategie vermeiden wir jeglichen Ärger.*

die **Ver|mei|dung** (Nomen) meist im Singular **der Vermeidung, die Vermeidungen** das Verhindern von etwas Bestimmtem

ver|meint|lich (Adjektiv) so, wie man es irrtümlicherweise vermutet hat, angeblich: *Das vermeintliche Schnäppchen erwies sich als reparaturanfälliges Gerät.*

der **Ver|merk** (Nomen) **des Vermerk(e)s, die Vermerke** eine kurze schriftliche Anmerkung

ver|mes|sen[1] (Verb) **du vermisst, er vermaß, sie hat vermessen, vermiss!** messen, wie lang/breit/hoch/tief etwas ist: *Damit die Einrichtung passt, haben sie die Zimmer millimetergenau vermessen.*

ver|mes|sen[2] (Adjektiv) gehoben ein übertriebenes Selbstbewusstsein ausdrückend, gewagt: *Diesen ehrgeizigen Plan umzusetzen, hielten alle außer ihm für vermessen.*

die **Ver|mes|sung** (Nomen) **der Vermessung, die Vermessungen** das Vermessen, die Messung, wie lang/breit/hoch/tief etwas ist

ver|mie|sen (Verb) umgangssprachlich **du vermiest, er vermieste, sie hat vermiest, vermies(e) nicht!** jemandem den Spaß an etwas nehmen: *Das schlechte Wetter hat uns die Ferien vermiest.*

ver|mie|ten (Verb) **du vermietest, er vermietete, sie hat vermietet, vermiete!** jemandem etwas gegen Bezahlung für eine bestimmte Zeit geben, damit er es benutzen kann: *Sie hat die Wohnung für 400 Euro an eine Studentin vermietet.*

der **Ver|mie|ter** (Nomen) **des Vermieters, die Vermieter** jemand, der einem anderen etwas gegen Bezahlung für eine bestimmte Zeit zur Benutzung gibt

die **Ver|mie|te|rin** (Nomen) **der Vermieterin, die Vermieterinnen**
Femininform von → **Vermieter**

die **Ver|mie|tung** (Nomen) **der Vermietung, die Vermietungen** das Vermieten, die zeitlich begrenzte Überlassung von etwas gegen Zahlung einer bestimmten Summe

ver|min|dern (Verb) **du verminderst, er verminderte, sie hat vermindert, vermind(e)re!**
❶ etwas vermindern etwas kleiner machen, senken: *Wir müssen den Ausstoß an Schadstoffen vermindern.*
❷ sich vermindern kleiner werden, sinken: *Durch Entspannungsübungen lässt sich der Stress vermindern.*

ver|mis|sen (Verb) **du vermisst, er vermisste, sie hat vermisst, vermiss(e)!**
❶ nach jemandem/etwas Sehnsucht haben: *Hier im Krankenhaus vermisse ich meine Familie sehr.*
❷ jemand, den/etwas, was man braucht/gern hätte, nicht haben/nicht finden: *Seit gestern vermissen wir unsere Katze.*

ver|mit|teln (Verb) **du vermittelst, er vermittelte, sie hat vermittelt, vermitt(e)le!**
❶ jemandem behilflich sein, das zu bekommen, was er sucht: *Ihr Freund hat ihr den Ferienjob vermittelt.*
❷ jemandem etwas so erklären, dass er es versteht: *Die Lehrerin konnte den komplizierten Sachverhalt durch Schaubilder und viele Beispiele gut vermitteln.*
❸ in einem Konflikt mit den Gegnern sprechen, um eine Lösung zu erreichen: *Es gelang ihm, zwischen der Schulleitung und dem Schüler zu vermitteln.*

der **Ver|mitt|ler** (Nomen) **des Vermittlers, die Vermittler**
❶ jemand, der zwischen Gegnern vermittelt
❷ jemand, der anderen behilflich ist, das zu bekommen, was sie suchen: *Der Vermittler rief an, um den neuen Auftrag zu bestätigen.*

die **Ver|mitt|le|rin** (Nomen) **der Vermittlerin, die Vermittlerinnen**
Femininform von → **Vermittler**

die **Ver|mitt|lung** (Nomen) **der Vermittlung, die Vermittlungen**
❶ die Hilfe, die man jemandem leistet, damit er das bekommt, was er sucht
❷ die verständliche Darstellung von Wissen
❸ das Bemühen, einen Konflikt durch Gespräche mit den Gegnern zu lösen
❹ früher die Telefonzentrale

ver|mö|gen (Verb) gehoben **du vermagst, er vermochte, sie hat vermocht** fähig sein, fertigbringen, etwas zu tun: *Niemand vermag zu sagen, wie das Spiel ausgeht.*

das **Ver|mö|gen** (Nomen) **des Vermögens, die Vermögen**
❶ nur im Singular die Voraussetzungen, die es jemandem möglich machen, etwas zu tun: *Ihr Vermögen, sich im entscheidenden Augenblick konzentrieren zu können, hat ihr den Erfolg gebracht.*
❷ das Geld und die Sachwerte, die jemand besitzt: *Durch Immobilienkäufe und Börsengeschäfte hat die Familie im Laufe der Zeit ein riesiges Vermögen erworben.*

sich **ver|mum|men** (Verb) **du vermummst dich, er vermummte sich, sie hat sich vermummt, vermumme dich!**
❶ besonders sein Gesicht so verhüllen, dass man nicht erkannt wird: *Die meisten Demonstranten hatten sich vermummt.*
❷ sich warm anziehen

ver|mu|ten (Verb) **du vermutest, er vermutete, sie hat vermutet, vermute!**
❶ etwas vermuten etwas glauben, (aufgrund bestimmter Informationen) annehmen: *Ich vermute, sie hat die Prüfung bestanden. • Ich vermute, dass sie die Prüfung bestanden hat.*
❷ jemanden irgendwo vermuten glauben, (aufgrund bestimmter Informationen) annehmen, dass jemand an einem bestimmten Ort ist: *Die Polizei vermutet den Täter in Südamerika.*

ver|mut|lich (Adjektiv) (aufgrund bestimmter Informationen) wahrscheinlich

die **Ver|mu|tung** (Nomen) **der Vermutung, die Vermutungen** das, was jemand glaubt/annimmt

ver|nach|läs|si|gen (Verb) **du vernachlässigst, er vernachlässigte, sie hat vernachlässigt, vernachlässige nicht!**
❶ sich zu wenig/gar nicht mit jemandem/etwas beschäftigen: *In der Schule wird die Arbeit mit dem Wörterbuch manchmal vernachlässigt.*
❷ jemanden/etwas zu wenig/gar nicht pflegen: *Sie hat ihr Äußeres in letzter Zeit sehr vernachlässigt.*
❸ etwas vernachlässigen können etwas nicht berücksichtigen müssen, weil es nicht so wichtig ist

die **Ver|nach|läs|si|gung** (Nomen) **der Vernachlässigung, die Vernachlässigungen**
❶ die mangelnde Beschäftigung mit jemandem/etwas
❷ die mangelnde Pflege von jemandem/etwas

ver|neh|men (Verb) **du vernimmst, er vernahm, sie hat vernommen, vernimm!**
❶ einem Beteiligten/Verdächtigten Fragen stellen: *Die Polizei vernahm die Augenzeugin.*
❷ gehoben hören: *Der Lehrer vernahm ein unterdrücktes Kichern in der letzten Reihe.*
❸ gehoben eine neue Information bekommen: *Ich habe vernommen, dass Sie uns verlassen wollen.*

die **Ver|neh|mung** (Nomen) **der Vernehmung, die Vernehmungen** die Befragung von Beteiligten/Verdächtigten

sich **ver|nei|gen** (Verb) gehoben **du verneigst dich, er verneigte sich, sie hat sich verneigt, verneige dich!**
eine Verbeugung machen: *Die Schauspieler verneigten sich am Ende der Vorstellung.*

die **Ver|nei|gung** (Nomen) gehoben **der Verneigung, die Verneigungen**
die Verbeugung

ver|nei|nen (Verb) **du verneinst, er verneinte, sie hat verneint, vernein(e)!**
❶ auf eine Frage mit Nein antworten: *Die Frage, ob er abgeschrieben habe, verneinte er.*
❷ sagen, dass etwas nicht stimmt, zutrifft: *Den Zusammenhang von Klassengröße und Lernerfolg verneinte er.*

die **Ver|nei|nung** (Nomen) **der Verneinung, die Verneinungen**
❶ die Antwort mit Nein
❷ die Ablehnung, Leugnung
❸ SPRACHE der sprachliche Ausdruck, mit dem eine Aussage verneint werden kann: *Eine Verneinung kann z. B. durch „nicht", „kein" oder „nie" ausgedrückt werden.*

ver|nich|ten (Verb) **du vernichtest, er vernichtete, sie hat vernichtet, vernichte!** dafür sorgen, dass etwas/jemand endgültig zerstört wird: *Das Feuer in der Bibliothek hat über 200 Bücher vernichtet.*

die **Ver|nich|tung** (Nomen) **der Vernichtung, die Vernichtungen** die endgültige Zerstörung von etwas/jemandem

die **Ver|nunft** (Nomen) nur im Singular **der Vernunft**
❶ die menschliche Fähigkeit, Erkenntnisse zu gewinnen, Zusammenhänge abzuleiten, Sachverhalte richtig zu beurteilen und sich dementsprechend klug zu verhalten: *Er hat*

gegen alle Vernunft wieder mit dem Rauchen angefangen.
❷ zur Vernunft kommen/Vernunft annehmen wieder durchdacht und klug handeln, Einsicht zeigen
❸ jemanden zur Vernunft bringen jemanden dazu bringen, dass er wieder durchdacht und klug handelt und Einsicht zeigt

ver|nụnf|tig (Adjektiv) **vernünftiger, am vernünftigsten**
❶ von Vernunft bestimmt handelnd: *Ein vernünftiger Schüler wiederholt regelmäßig die Vokabeln.*
❷ auf Vernunft basierend, sinnvoll, klug: *Ihre Argumente sind vernünftig und überzeugend.*
❸ umgangssprachlich so, dass es die Erwartungen erfüllt, passend: *Zirkusartist ist für mich kein vernünftiger Beruf.*

ver|ọ̈f|fent|li|chen (Verb) **du veröffentlichst, er veröffentlichte, sie hat veröffentlicht, veröffentlich(e)!** öffentlich bekannt machen, herausbringen, herausgeben: *Die Regierung hat den umstrittenen Bericht veröffentlicht.*

die **Ver|ọ̈f|fent|li|chung** (Nomen) **der Veröffentlichung, die Veröffentlichungen**
❶ das Veröffentlichen, die Herausgabe
❷ der veröffentlichte Text: *Die Autorin hat sich durch Veröffentlichungen zum Thema „Schule“ einen Namen gemacht.*

ver|ọrd|nen (Verb) **du verordnest, er verordnete, sie hat verordnet, verordne!**
❶ MEDIZIN festlegen, womit der Patient behandelt wird: *Sie hat ihm Hustensaft verordnet.*
❷ bestimmen, dass etwas durchgeführt wird, anordnen

ver|pạ|cken (Verb) **du verpackst, er verpackte, sie hat verpackt, verpack(e)!** zum Schutz/als Schmuck in etwas hüllen: *Könnten Sie das bitte als Geschenk verpacken?*

die **Ver|pạ|ckung** (Nomen) **der Verpackung, die Verpackungen**
❶ **nur im Singular** der Vorgang des Verpackens: *Das Glas ging bei der Verpackung kaputt.*
❷ das Material, mit dem etwas/in das etwas verpackt ist: *Das Mindesthaltbarkeitsdatum steht auf der Verpackung.*

ver|pạs|sen (Verb) **du verpasst, er verpasste, sie hat verpasst, verpass(e) nicht!**
❶ zu spät kommen und darum etwas nicht erreichen/jemanden nicht antreffen: *Er hat wieder mal verschlafen und den Schulbus verpasst.*
❷ nicht nutzen, wahrnehmen: *Bei dieser Bewerbung hat sie die Chance ihres Lebens verpasst.*
❸ umgangssprachlich jemandem (zur Strafe) etwas Negatives geben: *Der Lehrer hat ihr eine Fünf verpasst.*
❹ jemandem eine verpassen umgangssprachlich jemandem einen Schlag versetzen

die **Ver|pẹs|tung** (Nomen) **nur im Singular der Verpestung** das Verbreiten von schlechten Gerüchen, die Belastung mit Schadstoffen

ver|pẹt|zen (Verb) umgangssprachlich **du verpetzt, er verpetzte, sie hat verpetzt, verpetz(e) nicht!**
jemanden (bei jemandem) verpetzen (jemandem) melden, dass jemand etwas Unerlaubtes getan hat: *Ich habe gespickt – zum Glück hat mich mein Nachbar nicht verpetzt.*

ver|pfle̲|gen (Verb) **du verpflegst, er verpflegte, sie hat verpflegt, verpfleg(e)!**
sich/jemanden verpflegen sich/jemanden mit Essen und Getränken versorgen: *Wenn wir campen, verpflegen wir uns immer selbst.*

die **Ver|pfle̲|gung** (Nomen) **der Verpflegung, die Verpflegungen**
❶ **nur im Singular** die Versorgung mit Essen und Getränken
❷ das Essen und die Getränke: *Die Verpflegung während des Schüleraustauschs war hervorragend.*

ver|pflịch|ten (Verb) **du verpflichtest, er verpflichtete, sie hat verpflichtet, verpflichte!**
❶ jemanden zu etwas verpflichten bestimmen, dass jemand etwas tun muss: *Unser Lehrer hat den Ordnungsdienst zum Fegen des Klassenzimmers verpflichtet.*
❷ jemanden verpflichten mit jemandem einen Vertrag schließen, damit er etwas Bestimmtes tut: *Schalke hat einen neuen Trainer verpflichtet.*
❸ sich zu etwas verpflichten etwas sicher zusagen: *Die Kinder haben sich verpflichtet, beim Gartenfest mitzuhelfen.*

❹ jemandem zu Dank verpflichtet sein jemandem zu danken haben

die **Ver|pflich|tung** (Nomen) **der Verpflichtung, die Verpflichtungen**
❶ das, was jemand tun muss, weil es die Gesellschaft/der Beruf/... von ihm verlangt: *Er fühlte die moralische Verpflichtung, ihr zu helfen.*
❷ (finanzielle) Verpflichtungen meist Plural das Geld, das man noch zahlen muss: *hohe finanzielle Verpflichtungen haben*
❸ das Verpflichten, die vertragliche Bindung von jemandem, etwas Bestimmtes zu tun

ver|pfu|schen (Verb) umgangssprachlich **du verpfuschst, er verpfuschte, sie hat verpfuscht, verpfusch(e) nicht!** etwas durch schlechte Arbeit, mangelnde Sorgfalt oder Fehler zu einem negativen Ergebnis führen: *Mit diesen Formulierungen hat er den Text total verpfuscht.*

ver|pönt (Adjektiv) gehoben nicht erwünscht: *Das Fußballspielen auf dem Spielplatz ist verpönt.*

ver|puf|fen (Verb) nur in der 3. Person gebraucht **es verpufft, es verpuffte, es ist verpufft**
❶ nicht die gewünschte Wirkung haben: *Die Sparmaßnahmen verpufften.*
❷ ohne lauten Knall schwach explodieren

die **Ver|puf|fung** (Nomen) **der Verpuffung, die Verpuffungen** eine schwache Explosion ohne lauten Knall

sich **ver|pup|pen** (Verb) **es verpuppt sich, es verpuppte sich, es hat sich verpuppt** nur in der 3. Person gebraucht ZOOLOGIE sich mit einer festen Hülle umgeben, um zum fertigen Insekt zu reifen: *Die Raupe verpuppt sich, um zum Schmetterling werden zu können.*

ver|put|zen (Verb) **du verputzt, er verputzte, sie hat verputzt, verputz(e)!**
❶ eine Mischung aus Sand, Wasser und Zement auf Wänden oder Mauern auftragen: *Sie haben das Klassenzimmer in den Ferien neu verputzt und gestrichen.*
❷ umgangssprachlich schnell essen: *Alle wollten Schwarzwälder Kirschtorte: Sie war als Erstes verputzt.*

ver|quer (Adjektiv) umgangssprachlich **verquerer, am verquersten** sehr vom Üblichen abweichend, seltsam: *Seine Argumente sind so verquer, dass keiner sie gelten ließ.*

der **Ver|rat** (Nomen) nur im Singular **des Verrat(e)s**
❶ die Weitergabe von Informationen, die geheim bleiben sollten: *Er wurde wegen des Verrats von Staatsgeheimnissen angeklagt.*
❷ der Vorgang, dass man jemandem schadet, dem man verbunden war

ver|ra|ten (Verb) **du verrätst, er verriet, sie hat verraten, verrat(e)!**
❶ (jemandem) etwas verraten etwas (an jemanden) weitergeben, was geheim bleiben sollte
❷ etwas/jemanden (an jemanden) verraten etwas aufgeben/jemandem schaden, dem man verbunden war: *Er hat seinen Komplizen an die Polizei verraten.*
❸ sich (durch etwas) verraten (durch etwas) etwas zeigen oder sagen, was man geheim halten wollte: *Durch dieses Detail hat sich der Bankräuber verraten.*

der **Ver|rä|ter** (Nomen) **des Verräters, die Verräter**
❶ jemand, der geheime Informationen weitergibt
❷ jemand, der etwas aufgibt/jemandem schadet, dem er verbunden war

die **Ver|rä|te|rin** (Nomen) **der Verräterin, die Verräterinnen**
Femininform von → **Verräter**

ver|rech|nen (Verb) **du verrechnest, er verrechnete, sie hat verrechnet, verrechne!**
❶ sich verrechnen einen Rechenfehler machen: *Das Ergebnis stimmt nicht: Du hast dich um elf Euro verrechnet.* sich irren: *Wenn du denkst, du kannst einfach so weitermachen, dann hast du dich verrechnet.*
❷ etwas (mit etwas) verrechnen etwas in einer (Gesamt)rechnung berücksichtigen: *Wir können die Verluste mit den Gewinnen verrechnen.*

ver|rie|geln (Verb) **du verriegelst, er verriegelte, sie hat verriegelt, verrieg(e)le!** mit einem Riegel sperren: *Abends verriegelt sie immer die Haustür.*

ver|rin|gern (Verb) **du verringerst, er verringerte, sie hat verringert, verring(e)re!**
❶ etwas verringern etwas kleiner machen, senken: *Die Stadt muss den Lärm und die Abgase verringern.*
❷ sich verringern kleiner werden, sinken: *Die Fehlerquote muss sich verringern.*

die **Ver|rin|ge|rung** (Nomen) nur im Singular **der Verringerung** das Kleinermachen/Kleinerwerden, das Senken/Sinken: *die Verringerung der Steuereinnahmen*

ver|ros|ten (Verb) nur in der 3. Person gebraucht **es verrostet, es verrostete, es ist verrostet** Rost ansetzen

ver|rückt (Adjektiv) umgangssprachlich **verrückter, am verrücktesten**
❶ psychisch oder geistig krank: *Wer Stimmen hörte, galt als verrückt.*
❷ mit den Nerven am Ende: *Vor dem Arztbesuch war sie fast verrückt vor Angst.*
❸ stark vom Gewöhnlichen abweichend: *Das war wirklich eine verrückte Woche.*
❹ wie verrückt weit über das normale Maß hinausgehend: *Er büffelt wie verrückt für die Prüfung.*
❺ nach jemandem verrückt sein sehr in jemanden verliebt sein: *Er ist ganz verrückt nach ihr.*
❻ verrückt auf etwas sein den starken Wunsch nach etwas haben: *Sie ist ganz verrückt aufs Chatten.*

der/die **Ver|rück|te** (Nomen) umgangssprachlich **des/der Verrückten, die Verrückten**
⚠ es heißt: mehrere Verrückte, einige Verrückte
❶ jemand, der psychisch oder geistig krank ist
❷ jemand, dessen Verhalten stark vom Gewöhnlichen abweicht
❸ wie ein Verrückter/wie eine Verrückte weit über das normale Maß hinausgehend: *Sie telefonierte wie eine Verrückte.*

die **Ver|rückt|heit** (Nomen) umgangssprachlich **der Verrücktheit, die Verrücktheiten**
❶ nur im Singular das Verrücktsein, eine psychische oder geistige Krankheit
❷ etwas Verrücktes, Außergewöhnliches

ver|rückt|spie|len (Verb) umgangssprachlich **du spielst verrückt, er spielte verrückt, sie hat verrücktgespielt, spiel(e) nicht verrückt!**
❶ sich nicht wie gewöhnlich verhalten, die Beherrschung verlieren: *Unser Hund spielt verrückt.*
❷ nicht mehr richtig funktionieren, nicht wie gewohnt sein: *Das Wetter im April spielt verrückt.*

der **Vers** (Nomen) **des Verses, die Verse**
❶ eine Zeile eines Gedichts/Dramas/... oft mit einem bestimmten Rhythmus: *Der erste und der zweite Vers des Gedichts reimen sich.*
❷ der kleinste Textabschnitt der Bibel: *Sie zitierte Matthäus 5, Vers 44: „Ich aber sage euch: Liebet Eure Feinde ..."*

ver|sa|gen (Verb) **du versagst, er versagte, sie hat versagt, versag(e) nicht!**
❶ die Anforderungen nicht erfüllen, die erwartete Leistung nicht zeigen können: *Die Mannschaft hat versagt.*
❷ plötzlich nicht mehr funktionieren, ausfallen: *Ausgerechnet bei der Klassenarbeit versagte ihr Stift.*
❸ jemandem etwas versagen gehoben jemandem etwas verweigern: *Die Partei hat ihm die Unterstützung versagt.*
❹ sich etwas versagen auf etwas verzichten, sich etwas nicht gönnen

der **Ver|sa|ger** (Nomen) abwertend **des Versagers, die Versager** jemand, der die erwartete Leistung nicht bringt

die **Ver|sa|ge|rin** (Nomen) abwertend **der Versagerin, die Versagerinnen**
Femininform von → **Versager**

ver|sam|meln (Verb) **du versammelst, er versammelte, sie hat versammelt, versamm(e)le!**
❶ irgendwo mehrere Personen zusammenrufen: *Die Lehrerin versammelte die Klasse.*
❷ sich versammeln sich mit anderen treffen, (zu einem bestimmten Anlass) zusammenkommen: *Sie versammelten sich zur Abschlussfeier in der Aula.*

die **Ver|samm|lung** (Nomen) **der Versammlung, die Versammlungen**
❶ ein Treffen aus einem bestimmten Anlass: *an einer Versammlung teilnehmen*
❷ die Leute, die sich versammelt haben

der **Ver|sand** (Nomen) nur im Singular **des Versand(e)s**
❶ das Verschicken von Gegenständen oder bestellten Waren
❷ WIRTSCHAFT nur im Singular Abteilung einer Firma, die die bestellten Waren verschickt: *In den Sommerferien jobbte sie im Versand.*

der **Ver|sand|han|del** (Nomen) nur im Singular **des Versandhandels** der Handel mit Waren, die in der Regel aus Katalogen oder von Webseiten bestellt und dem Kunden zugeschickt werden

die **Ver|sand|kos|ten** (Nomen) nur im Plural **der Versandkosten** die Kosten, die durch das Verschicken von Gegenständen oder Waren entstehen

ver|säu|men (Verb) **du versäumst, er versäumte, sie hat versäumt, versäum(e) nicht!**
❶ ≈verpassen zu spät kommen und darum etwas nicht erreichen oder jemanden nicht antreffen: *Sie versäumte die letzte Fähre.* • *eine Prüfung versäumen*
❷ nicht teilnehmen: *Er wollte auf keinen Fall den Englischkurs versäumen.*
❸ etwas, was man tun sollte, nicht tun: *Sie versäumte es, sich für ihr Verhalten zu entschuldigen.*

ver|schaf|fen (Verb) **du verschaffst, er verschaffte, sie hat verschafft, verschaff(e)!**
sich/jemandem etwas verschaffen (unter Anstrengungen) erreichen, dass man/jemand etwas bekommt: *Sie hat ihm einen gut bezahlten Ferienjob verschafft.*

ver|schär|fen (Verb) **du verschärfst, er verschärfte, sie hat verschärft, verschärf(e)!**
❶ jemand verschärft etwas jemand sorgt dafür, dass etwas strenger wird: *Der Kultusminister verschärft die Anforderungen für Abiturienten.*
❷ etwas verschärft etwas etwas macht etwas schlimmer: *Die Maßnahmen verschärfen die Krise.*
❸ sich verschärfen sich steigern, sich verstärken: *Der Wahlkampf verschärft sich.* schlimmer werden: *Der Konflikt hat sich verschärft.*

sich **ver|schät|zen** (Verb) **du verschätzt dich, er verschätzte sich, sie hat sich verschätzt, verschätz(e) dich nicht!** sich beim Schätzen oder Einschätzen irren: *Wir haben uns in der Zeit verschätzt.*

ver|schen|ken (Verb) **du verschenkst, er verschenkte, sie hat verschenkt, verschenk(e)!**
❶ etwas als Geschenk geben: *Ich liebe es, Dinge zu verschenken.*
❷ durch einen dummen Fehler etwas verpassen, vergeben: *Die Mannschaft hat in der letzten Minute noch den Sieg verschenkt.*

ver|scheu|chen (Verb) **du verscheuchst, er verscheuchte, sie hat verscheucht, verscheuch(e)!** mit Geräuschen/Drohungen/kräftigen Bewegungen jemanden oder ein Tier vertreiben: *Sie versuchte, die Wespe zu verscheuchen.*

ver|schi|cken (Verb) **du verschickst, er verschickte, sie hat verschickt, verschick(e)!** abschicken, absenden: *Er hat die Einladungen heute mit der Post verschickt.*

ver|schie|ben (Verb) **du verschiebst, er verschob, sie hat verschoben, verschieb(e)!**
❶ an eine andere Stelle schieben: *Du kannst den Beifahrersitz um 10 cm nach hinten verschieben.*
❷ auf einen späteren Zeitpunkt legen, später stattfinden lassen: *Wir müssen unseren Urlaub um eine Woche verschieben.*
❸ umgangssprachlich illegal befördern und verkaufen: *Sie hatten 1000 Stangen Zigaretten nach Spanien verschoben.*
❹ sich verschieben später stattfinden: *Der Abflug verschiebt sich um eine Stunde.*

die **Ver|schie|bung** (Nomen) **der Verschiebung, die Verschiebungen**
❶ die Verlegung auf einen späteren Zeitpunkt
❷ die Verlagerung

ver|schie|den (Adjektiv) **verschiedener, am verschiedensten**
❶ unterschiedlich, mit anderen Merkmalen: *Wir haben verschiedene Meinungen zu Europa und diskutieren darüber.* • *Die Aufgaben sind verschieden schwer.*
❷ nur Plural mehrere, mehr als zwei: *Wir müssen vorher noch verschiedene Punkte klären.*

ver|schie|den|ar|tig (Adjektiv) ungleich, mit unterschiedlichen Merkmalen: *Wir verwenden verschiedenartige Materialien.*

die **Ver|schie|den|heit** (Nomen) **der Verschiedenheit, die Verschiedenheiten** die Unterschiedlichkeit

ver|schim|meln (Verb) nur in der 3. Person gebraucht **es verschimmelt, es verschimmelte, es ist verschimmelt** Schimmel bilden und schlecht/unbrauchbar werden

ver|schla|fen[1] (Verb) **du verschläfst, er verschlief, sie hat verschlafen, verschlaf(e) nicht!**
❶ länger als geplant schlafen: *Weil er verschlafen hatte, kam er zu spät zum Unterricht.*
❷ während eines bestimmten Zeitraums schlafen: *Ich habe den gesamten Vormittag verschlafen.*

③ umgangssprachlich etwas verpassen, an etwas nicht denken: *Die Firma hat die Entwicklung in Asien verschlafen.*

ver|schla|fen[2] (Adjektiv) **verschlafener, am verschlafensten**
① sehr ruhig, beschaulich: *Sie machten in einem verschlafenen Städtchen in der Provinz Urlaub.*
② noch nicht richtig wach: *Beim Frühstück sah sie noch ganz verschlafen aus.*

ver|schlech|tern (Verb) **du verschlechterst, er verschlechterte, sie hat verschlechtert, verschlecht(e)re nicht!**
① schlechter machen, verschlimmern: *Der Lehrermangel hat die Zustände an der Schule noch verschlechtert.*
② sich verschlechtern schlechter werden, schlimmer werden: *Er hat sich in Deutsch um eine Note verschlechtert.*

die **Ver|schlech|te|rung** (Nomen) **der Verschlechterung, die Verschlechterungen** eine negative Entwicklung, die Verschlimmerung

der **Ver|schleiß** (Nomen) **des Verschleißes, die Verschleiße**
① die Abnutzung von etwas, was lange oder stark beansprucht wird: *Bei dieser Knochenarbeit ist der körperliche Verschleiß sehr hoch.* · *Die Bremsen unterliegen einem hohen Verschleiß.*
② der starke Bedarf, der hohe Verbrauch: *Ihr Verschleiß an Haarspray ist enorm.*

ver|schlei|ßen (Verb) **du verschleißt, er verschliss, es ist/sie hat verschlissen, verschleiß(e) nicht!**
① etwas verschleißt ist verschlissen etwas geht durch langen Gebrauch oder starke Beanspruchung kaputt: *Diese Bremsbeläge verschleißen sehr schnell.*
② jemand verschleißt etwas hat verschlissen jemand strapaziert etwas so sehr, dass es kaputtgeht: *Er hat beim Fußballspielen schon mehrere Trikots verschlissen.*

ver|schlie|ßen (Verb) **du verschließt, er verschloss, sie hat verschlossen, verschließ(e)!**
① abschließen, mit einem Schlüssel zumachen: *die Haustür verschließen*
② einen Behälter so zumachen, dass der Inhalt geschützt ist: *die Tube Zahnpasta wieder verschließen*
③ etwas einschließen, damit es sicher ist: *Wertsachen in einem Safe verschließen*
④ sich jemandem/einer Sache verschließen für jemanden/etwas nicht offen sein: *sich den Argumenten der Eltern verschließen*

ver|schlim|mern (Verb) **du verschlimmerst, er verschlimmerte, sie hat verschlimmert, verschlimm(e)re nicht!**
① (noch) schlechter, schlimmer machen
② sich verschlimmern (noch) schlechter, schlimmer werden

ver|schlin|gen (Verb) **du verschlingst, er verschlang, sie hat verschlungen, verschling(e)!**
① etwas schnell und ohne gründlich zu kauen essen: *Sie verschlang die Currywurst im Stehen.*
② viel kosten: *Der Bau des Flughafens verschlingt Millionen.*
③ schnell und mit großem Interesse lesen: *Sie verschlang den Krimi in einer Nacht.*

ver|schlu|cken (Verb) **du verschluckst, er verschluckte, sie hat verschluckt, verschluck(e) nicht!**
① etwas (aus Versehen) schlucken: *Mein kleiner Bruder hat mal ein Geldstück verschluckt.*
② sich verschlucken etwas beim Schlucken nicht in die Speiseröhre, sondern in die Luftröhre bekommen: *Er verschluckte sich beim Trinken und musste mehrmals husten.*

der **Ver|schluss** (Nomen) **des Verschlusses, die Verschlüsse** eine Vorrichtung, mit der man etwas verschließt/zumacht: *Der Verschluss der Thermosflasche ist wieder einmal defekt.*

ver|schlüs|seln (Verb) **du verschlüsselst, er verschlüsselte, sie hat verschlüsselt, verschlüss(e)le!** eine Nachricht mithilfe eines Schlüssels so umwandeln, dass sie ohne passenden Schlüssel nicht gelesen werden kann: *Der User hatte seine Daten nicht verschlüsselt und es damit Betrügern leicht gemacht.*

die **Ver|schlüs|se|lung** (Nomen) **der Verschlüsselung, die Verschlüsselungen** die Umwandlung einer Nachricht mithilfe eines Schlüssels, sodass sie ohne passenden Schlüssel nicht gelesen werden kann

ver|schmä|hen (Verb) gehoben **du verschmähst, er verschmähte, sie hat verschmäht, verschmäh(e) nicht!** etwas Positives, was einem angeboten wird, nicht annehmen: *Aus Stolz verschmähte er ihre Hilfe.*

ver|schmer|zen (Verb) **du verschmerzt, er verschmerzte, sie hat verschmerzt, verschmerz(e)!** etwas Negatives verarbeiten, mit etwas Unerfreulichem fertigwerden: *Sie hat die Niederlage im Endspiel immer noch nicht verschmerzt.*

ver|schmie|ren (Verb) **du verschmierst, er verschmierte, sie hat verschmiert, verschmier(e)!**
1 mit etwas abdichten und die Oberfläche glatt machen: *das Loch in der Wand mit Silikon verschmieren*
2 verteilen, verstreichen: *die Sonnencreme auf dem Rücken verschmieren*
3 mit einem klebrigen oder fettigen Stoff o. Ä. schmutzig machen: *Ich habe mir das Hemd mit Farbe verschmiert.*

ver|schmitzt (Adjektiv) **verschmitzter, am verschmitztesten** mit List und Humor: *Er lächelte verschmitzt.*

ver|schmut|zen (Verb) **du verschmutzt, er verschmutzte, sie hat/ist verschmutzt, verschmutz(e) nicht!**
1 **hat verschmutzt** schmutzig machen, dreckig machen: *Du hast mit deinen Schuhen den Fußboden verschmutzt.*
2 **ist verschmutzt** schmutzig werden, dreckig werden: *Wenn du deine Schuhe nicht putzt, verschmutzen sie immer mehr.*

ver|schmutzt (Adjektiv) **verschmutzter, am verschmutztesten** voller Schmutz: *Ich habe dein verschmutztes Hemd gewaschen.*

die **Ver|schmut|zung** (Nomen) **der Verschmutzung, die Verschmutzungen**
1 **nur im Singular** eine Tätigkeit, durch die man etwas verschmutzt: *Sie deckte die Möbel ab, um eine Verschmutzung durch die Handwerker zu vermeiden.*
2 etwas, was etwas verschmutzt: *Diese hartnäckigen Verschmutzungen kann man nur mit chemischen Mitteln entfernen.*
3 die Umweltbelastung: *Die Verschmutzung der Luft durch Abgase gefährdet die Gesundheit.*

ver|schneit (Adjektiv) voller Schnee: *den Anblick der verschneiten Berge genießen*

ver|schnupft (Adjektiv) **verschnupfter, am verschnupftesten**
1 so, dass man einen Schnupfen hat: *Du klingst verschnupft: Hast du dich erkältet?*
2 **umgangssprachlich** verärgert sein: *Nach der Kritik an ihrem Verhalten war sie verschnupft.*

ver|schol|len (Adjektiv) seit langer Zeit verschwunden, vermisst: *Das Flugzeug war in den Bergen verschollen.*

ver|scho|nen (Verb) **du verschonst, er verschonte, sie hat verschont, verschon(e)!**
1 nicht betroffen sein, keinen Schaden erleiden: *Sie wurden von dem Erdbeben verschont.*
2 nicht belästigen: *Verschon mich mit deinen ständigen Vorwürfen.*

ver|schö|nern (Verb) **du verschönerst, er verschönerte, sie hat verschönert, verschön(e)re!** (noch) attraktiver, schöner machen: *Mehr Grünflächen sollen die Innenstadt verschönern.*

ver|schos|sen (Adjektiv)
1 in jemanden verschossen **umgangssprachlich** sehr in jemanden verliebt sein: *Sie ist in ihren Sportlehrer verschossen.*
2 so, dass etwas durch Lichteinwirkung an Farbe verloren hat, verblichen: *ein verschossener Teppich*

ver|schrän|ken (Verb) **du verschränkst, er verschränkte, sie hat verschränkt, verschränk(e)!** (Arme/Beine) übereinanderlegen, kreuzen: *Er saß mit verschränkten Armen da und lehnte das Angebot ab.*

ver|schreckt (Adjektiv) **verschreckter, am verschrecktesten** durch etwas sehr erschreckt, verängstigt: *Die meisten Schüler waren verschreckt, als der neue Lehrer angekündigt wurde.*

ver|schrei|ben (Verb) **du verschreibst, er verschrieb, sie hat verschrieben, verschreib(e)!**
1 (durch ein Rezept) bestimmen, was ein Patient einnehmen soll oder welche Behandlung er bekommt: *Die Ärztin verschrieb ihm Schmerztabletten.*
2 sich verschreiben versehentlich beim Schreiben einen Fehler machen: *Du hast dich bei „Rhythmus" verschrieben.*
3 sich einer Sache verschreiben viel Zeit, Kraft und Begeisterung für eine Sache aufbringen: *Sie hat sich ganz dem Sport verschrieben.*

ver|schrei|bungs|pflich|tig (Adjektiv) nur zu bekommen, wenn man ein Rezept vom Arzt dafür hat: *Diese Tabletten sind verschreibungspflichtig.*

ver|schrien (Adjektiv) umgangssprachlich abwertend mit einem schlechten Ruf, für seine schlechten Eigenschaften oder schlimmen Taten bekannt: *Er ist als Petzer verschrien.*

ver|schrot|ten (Verb) umgangssprachlich **du verschrottest, er verschrottete, sie hat verschrottet, verschrotte!** aus etwas Schrott machen, als Schrott verwerten: *Wir müssen unser altes Auto verschrotten.*

ver|schüt|ten (Verb) **du verschüttest, er verschüttete, sie hat verschüttet, verschütt(e) nicht!**
❶ (meist aus Versehen) etwas irgendwohin schütten: *Sie hat beim Trinken etwas Cola verschüttet.*
❷ völlig (mit Erde/Schnee/…) bedecken: *Bei dem Erdbeben wurden 100 Menschen verschüttet.*

ver|schwei|gen (Verb) **du verschweigst, er verschwieg, sie hat verschwiegen, verschweig(e)!** absichtlich nicht sagen, für sich behalten: *Die schlechte Note hat er seinen Eltern verschwiegen.*

ver|schwen|den (Verb) **du verschwendest, er verschwendete, sie hat verschwendet, verschwend(e) nicht!** unnötig und leichtfertig verbrauchen, ohne dass ein entsprechender Nutzen entsteht: *Hör endlich auf, deine Zeit zu verschwenden!*

ver|schwen|de|risch (Adjektiv) **verschwenderischer, am verschwenderischsten**
❶ zu großzügig mit Geld oder Dingen, alles andere als sparsam: *Du bist aber verschwenderisch mit deinem Taschengeld!*
❷ im Übermaß vorhanden, sehr üppig: *Diese Villa ist nur ein Beispiel für ihren verschwenderischen Reichtum.*

die **Ver|schwen|dung** (Nomen) **der Verschwendung, die Verschwendungen** ein zu großer Aufwand, viel zu hohe Ausgaben, ein zu hoher Verbrauch: *Das ist eine sinnlose Verschwendung von Zeit und Geld.*

ver|schwie|gen (Adjektiv) **verschwiegener, am verschwiegensten**
❶ so, dass man nicht über etwas redet, was geheim bleiben soll: *Er ist ein scheuer und sehr verschwiegener Schüler.*
❷ so gut wie menschenleer und dadurch angenehm ruhig: *Sie wollten an einem verschwiegenen Ort Urlaub machen.*

ver|schwim|men (Verb) **du verschwimmst, er verschwamm, sie ist verschwommen**
❶ unscharfe Umrisse bekommen, unklar werden: *Im Nebel verschwimmen die Felsen.*
❷ etwas ist verschwommen so, dass es unscharf, nicht ganz klar zu erkennen ist/so, dass es unklar, vage ist: *ein verschwommenes Bild • verschwommene Argumente*

ver|schwin|den (Verb) **du verschwindest, er verschwand, sie ist verschwunden, verschwind(e)!**
❶ sich entfernen/verbergen und nicht mehr sichtbar sein: *Sie verschwand in der Dunkelheit.*
❷ abhandenkommen, gestohlen werden: *Das ganze Geld war plötzlich verschwunden.*
❸ umgangssprachlich weggehen: *Jetzt reicht's aber, verschwinde!*
❹ jemand muss mal verschwinden umgangssprachlich jemand muss zur Toilette gehen

ver|schwit|zen (Verb) **du verschwitzt, er verschwitzte, sie hat verschwitzt, verschwitz(e)!**
❶ durch Schwitzen nass machen: *Du hast dein T-Shirt verschwitzt.*
❷ umgangssprachlich an etwas nicht rechtzeitig denken: *Fast hätte ich das Endspiel verschwitzt.*

sich **ver|schwö|ren** (Verb) **du verschwörst dich, er verschwor sich, sie hat sich verschworen, verschwör(e) dich nicht!** sich gegen jemanden verschwören gemeinsame Sache machen, um jemandem zu schaden: *Sie glaubte, alle hätten sich gegen sie verschworen.*

die **Ver|schwö|rung** (Nomen) **der Verschwörung, die Verschwörungen** ein gemeinsamer Plan, um jemandem zu schaden: *Der Trainer vermutet eine Verschwörung gegen sein Team.*

ver|se|hen (Verb) **du versiehst, er versah, sie hat versehen, versieh!**
❶ jemanden mit etwas versehen jemandem etwas geben, jemanden mit etwas versorgen: *Die Krankenschwester hat die Patienten mit Medikamenten versehen.*
❷ etwas mit etwas versehen etwas an etwas anbringen: *Ich habe die unklare Stelle mit einem Fragezeichen versehen.*
❸ etwas versehen eine Aufgabe erfüllen: *Sie hat das Ministeramt mit großer Klugheit versehen.*

❹ sich versehen sich beim Hinsehen täuschen: *Du musst dich bei der Telefonnummer versehen haben, sie ist falsch.*

das **Ver|se|hen** (Nomen) **des Versehens, die Versehen**
❶ ein Irrtum, ein Fehler: *Dass ich sie vergessen habe, war ein Versehen.*
❷ aus Versehen irrtümlich, ohne es zu wollen: *Ich habe aus Versehen die Daten gelöscht.*

ver|se|hent|lich (Adverb) irrtümlich, ohne es zu wollen: *Ich habe deinen Füller versehentlich eingesteckt.*

ver|sen|den (Verb) **du versendest, er versandte/versendete, sie hat versandt/versendet, versend(e)!**
etwas an jemanden versenden jemandem etwas zusenden, schicken: *Er hat die SMS an seine besten Freunde versendet.*

ver|sen|ken (Verb) **du versenkst, er versenkte, sie hat versenkt, versenk(e)!**
❶ dafür sorgen, dass ein Boot/ein Schiff/… sinkt: *Der Geheimdienst hat ein Fischerboot, das er für ein Piratenschiff hielt, versenkt.*
❷ etwas in etwas versenken etwas in etwas verschwinden lassen, hinunterlassen: *Der Sarg wurde in die Erde versenkt.*
❸ sich in etwas versenken sich in etwas vertiefen: *Tim hat sich ganz in seine Hausaufgaben versenkt.*

ver|ses|sen (Adjektiv)
❶ auf etwas/jemanden versessen sein etwas unbedingt haben wollen, etwas/jemanden sehr mögen: *Er ist ganz versessen auf Gummibärchen.*
❷ darauf versessen sein, etwas zu tun etwas unbedingt tun wollen: *Sie sind ganz versessen darauf, Fußball zu spielen.*

ver|set|zen (Verb) **du versetzt, er versetzte, sie hat versetzt, versetz(e)!**
❶ an einen anderen Platz setzen, umsetzen: *Du musst die Bank fünf Zentimeter nach links versetzen, um das Regal unterzubringen.*
❷ an einen anderen Arbeitsplatz schicken: *Der Lehrer bat darum, ihn an eine andere Schule zu versetzen.*
❸ in die nächste Klasse aufnehmen: *Er braucht eine gute Note in Mathe, um versetzt zu werden.*
❹ eine Wertsache als Sicherheit, Garantie geben, um sich dafür Geld zu leihen: *Um die Schulden zurückzuzahlen, müssen sie Omas Schmuck versetzen.*
❺ umgangssprachlich nicht zur Verabredung kommen: *Sie war stocksauer, weil er sie versetzt hatte.*
❻ sich in jemanden/etwas versetzen sich vorstellen, an jemandes Stelle/in einer bestimmten Situation zu sein: *Versetz dich mal in die Lage der Mannschaft!*

die **Ver|set|zung** (Nomen) **der Versetzung, die Versetzungen**
❶ das Versetzen, Umsetzen von etwas an einen anderen Ort
❷ das Versetzen von jemanden an einen anderen Arbeitsplatz, die Zuweisung einer anderen Arbeitsstelle: *Die Lehrerin bat um ihre Versetzung an eine Schule auf dem Land.*
❸ das Versetzen eines Schülers in die nächste Klassenstufe: *Nach dieser Leistung ist Evas Versetzung nicht gefährdet.*

ver|set|zungs|ge|fähr|det (Adjektiv)
SCHULE in der Gefahr schwebend, nicht in die nächste Klassenstufe zu kommen

ver|seu|chen (Verb) **du verseuchst, er verseuchte, sie hat verseucht, verseuch(e)!** mit Stoffen belasten, die die Gesundheit schädigen und zu Krankheiten führen können

ver|si|chern (Verb) **du versicherst, er versicherte, sie hat versichert, versich(e)re!**
❶ mit Nachdruck erklären, behaupten: *Sie versicherte ihm, dass sie nichts damit zu tun habe.*
❷ durch eine Versicherung gegen finanzielle Schäden absichern/vor finanziellen Schäden durch etwas schützen: *Zum Glück hatten sie ihr Gepäck gegen Verlust und Beschädigung versichert.*
❸ sich einer Sache versichern gehoben prüfen, ob man sich auf eine Sache verlassen kann: *Er hat sich ihrer Unterstützung versichert.*

der/die **Ver|si|cher|te** (Nomen) **des/der Versicherten, die Versicherten**
jemand, der etwas bei einer Versicherung versichert hat

die **Ver|si|che|rung** (Nomen) **der Versicherung, die Versicherungen**
❶ ein Vertrag mit einem Unternehmen, an das man Beiträge zahlt, damit es für bestimmte Schäden die Kosten übernimmt:

Wir haben eine Versicherung gegen Feuerschäden.
❷ ein Unternehmen, bei dem man sich gegen die finanziellen Folgen eines Schadens versichert: *Den Schaden an dem Auto muss die Versicherung zahlen.*
❸ die nachdrückliche Erklärung, dass etwas sicher sei: *Mit der Versicherung, das Geld zu überweisen, beruhigte er sie.*

ver|sie|geln (Verb) **du versiegelst, er versiegelte, sie hat versiegelt, versieg(e)le!** mit einem Siegel verschließen: *Die Polizei versiegelte die Wohnungstür.*

ver|sie|gen (Verb) nur in der 3. Person gebraucht **es versiegt, es versiegte, es ist versiegt** kein Wasser mehr hervorbringen: *Der Brunnen ist versiegt.*

ver|siert (Adjektiv) [vɛr'ziːɐ̯t] **versierter, am versiertesten** erfahren und geschickt: *Wir brauchen einen versierten Computerfachmann.*

ver|sin|ken (Verb) **du versinkst, er versank, sie ist versunken, versink(e)!**
❶ unter der Oberfläche von etwas verschwinden: *Sie sah die Sonne hinter dem Horizont versinken.*
❷ nach unten sinken, untergehen: *Das Auto versank im Schlamm.*

die **Ver|si|on** (Nomen) [vɛr'zi̯oːn] **der Version, die Versionen**
❶ eine von verschiedenen Möglichkeiten, eine Angelegenheit zu sehen, zu beurteilen und wiederzugeben: *Die Version des Lehrers stimmte mit der Version des Schülers nicht überein.*
❷ eine von verschiedenen sprachlichen Formen eines Werkes: *Die englische Version des Songs gefällt mir viel besser.*
❸ eine bestimmte Variante eines Produkts: *Hier kannst du die neueste Version des Browsers herunterladen.*

das **Vers|maß** (Nomen) **des Versmaßes, die Versmaße** LITERATUR die (regelmäßige) Abfolge betonter und unbetonter Silben in Versen von Gedichten

sich **ver|söh|nen** (Verb) **du versöhnst dich, er versöhnte sich, sie hat sich versöhnt, versöhn(e) dich!** (mit jemandem) wieder Frieden schließen, einen Streit friedlich beenden: *Ali hat sich wieder mit Alexander versöhnt.*

die **Ver|söh|nung** (Nomen) **der Versöhnung, die Versöhnungen** die friedliche Beendigung einer Auseinandersetzung

ver|sor|gen (Verb) **du versorgst, er versorgte, sie hat versorgt, versorg(e)!**
❶ jemandem etwas, was er haben muss/braucht, geben: *Ein Hubschrauber versorgt die Hungernden mit Lebensmitteln.*
❷ dafür sorgen, dass jemand/etwas betreut, gepflegt wird: *Ein Arzt kam, um die Verletzten zu versorgen.*
❸ die Lebenshaltungskosten für jemanden bezahlen

die **Ver|sor|gung** (Nomen) **der Versorgung**
❶ das Bereitstellen von etwas, was jemand braucht
❷ die Betreuung, Pflege
❸ das Bezahlen der Lebenshaltungskosten für jemanden

sich **ver|spä|ten** (Verb) **du verspätest dich, er verspätete sich, sie hat sich verspätet, verspäte dich nicht!** nicht rechtzeitig kommen

die **Ver|spä|tung** (Nomen) **der Verspätung, die Verspätungen**
❶ die verspätete Ankunft, das verspätete Eintreffen: *Wir hatten eine Verspätung.*
❷ die Zeit, um die etwas/jemand zu spät kommt: *Der Zug kam mit fünf Minuten Verspätung in Köln an.*

ver|sper|ren (Verb) **du versperrst, er versperrte, sie hat versperrt, versperr(e)!** im Weg sein, blockieren: *Der Lkw versperrt die linke Spur.*

ver|spielt (Adjektiv) **verspielter, am verspieltesten** sehr aufs Spielen aus: *Unser Thomas ist immer noch sehr verspielt.*

ver|spot|ten (Verb) **du verspottest, er verspottete, sie hat verspottet, verspott(e) nicht!** (vor anderen) lächerlich machen

ver|spre|chen (Verb) **du versprichst, er versprach, sie hat versprochen, versprich!**
❶ erklären, dass man ganz sicher etwas Bestimmtes tun wird: *Versprich mir, nicht zu schummeln!*
❷ mit Infinitiv + zu auf etwas (Positives) hinweisen, etwas (Positives) erwarten lassen: *Sie verspricht eine gute Lehrerin zu werden.*
❸ sich versprechen versehentlich beim Sprechen/in der Aussprache einen Fehler

machen: *In seiner ersten Rede versprach er sich mehr als einmal.*

der **Ver|spre|cher** (Nomen) **des Versprechers, die Versprecher**
ein Fehler beim Sprechen/in der Aussprache: *Der Reporter leistete sich einen peinlichen Versprecher.*

der **Ver|stand** (Nomen) **nur im Singular des Verstand(e)s**
❶ die Fähigkeit zu denken
❷ den Verstand verlieren verrückt werden
❸ jemanden um den Verstand bringen jemanden verrückt machen

ver|stän|di|gen (Verb) **du verständigst, er verständigte, sie hat verständigt, verständige!**
❶ jemanden informieren/benachrichtigen: *Die Polizei hat sofort die Eltern des Kindes verständigt.*
❷ sich mit jemandem auf etwas verständigen ≈ einigen mit jemandem eine gemeinsame Lösung finden
❸ sich verständigen mit jemandem kommunizieren/reden: *Da ich kein Spanisch kann, habe ich mich im Urlaub mit Händen und Füßen verständigt.*

die **Ver|stän|di|gung** (Nomen) **der Verständigung, die Verständigungen**
❶ Kommunikation, Unterhaltung: *Die Verständigung zwischen uns findet auf Englisch statt.*
❷ Benachrichtigung, Mitteilung: *Wer übernimmt die Verständigung der Angehörigen?*
❸ gehoben Einigung: *Sie konnten keine Verständigung über ihr gemeinsames Vorgehen erzielen.*

ver|ständ|lich (Adjektiv) **verständlicher, am verständlichsten**
❶ so, dass man etwas verstehen kann
❷ sich verständlich machen es schaffen, dass andere verstehen, was man sagt oder meint

die **Ver|ständ|lich|keit** (Nomen) **nur im Singular der Verständlichkeit** die Eigenschaft, so zu sein, dass man es verstehen kann

das **Ver|ständ|nis** (Nomen) **nur im Singular des Verständnisses**
❶ das Verstehen
❷ für etwas/jemanden Verständnis haben etwas/jemanden verstehen und akzeptieren können: *Dafür habe ich kein Verständnis.*

ver|ständ|nis|los (Adjektiv) ohne etwas zu verstehen, ohne für jemanden/etwas Verständnis haben

ver|ständ|nis|voll (Adjektiv) **verständnisvoller, am verständnisvollsten**
so einfühlsam, dass man für etwas/jemanden Verständnis aufbringt

ver|stär|ken (Verb) **du verstärkst, er verstärkte, sie hat verstärkt, verstärk(e)!**
❶ stärker, stabiler und kräftiger machen: *Die Mauer muss verstärkt werden, damit sie nicht einstürzt.*
❷ zahlenmäßig größer machen: *Der Trainer hat unsere Mannschaft durch einen neuen Spieler verstärkt.*

der **Ver|stär|ker** (Nomen) **des Verstärkers, die Verstärker** ein elektronisches Gerät, das Signale und Impulse stärker macht

die **Ver|stär|kung** (Nomen) **der Verstärkung, die Verstärkungen**
❶ nur im Singular das Verstärken
❷ eine Vorrichtung, die etwas stärker oder stabiler macht
❸ zusätzliche Personen, die jemanden unterstützen: *Warte, ich hole Verstärkung!*

ver|stau|ben (Verb) **nur in der 3. Person gebraucht es verstaubt, es verstaubte, es ist verstaubt** mit Staub bedeckt werden

ver|stau|chen (Verb) **du verstauchst, er verstauchte, sie hat verstaucht, verstauch(e) nicht!**
sich etwas verstauchen so sehr dehnen oder verdrehen, dass es wehtut: *Ich habe mir den Fuß verstaucht.*

die **Ver|stau|chung** (Nomen) **der Verstauchung, die Verstauchungen**
eine starke Verdrehung eines Gelenks, die wehtut

ver|stau|en (Verb) **du verstaust, er verstaute, sie hat verstaut, verstau(e)!** hineinpacken (wo nicht viel Platz ist)

das **Ver|steck** (Nomen) **des Versteck(e)s, die Verstecke** ein Ort, an dem andere jemanden/etwas nicht sehen und finden können

ver|ste|cken (Verb) **du versteckst, er versteckte, sie hat versteckt, versteck(e)!**
❶ etwas an einen Ort bringen, wo es niemand sehen und finden kann
❷ sich verstecken sich an einen Ort begeben, wo einen niemand sehen und finden soll: *Unsere Katze versteckt sich gerne unter dem Sofa.*

ver|ste|hen (Verb) **du verstehst, er verstand, sie hat verstanden, versteh(e)!**
① etwas hören können: *Es ist so laut, dass ich nichts verstehe.*
② begreifen, mit dem Verstand erfassen können: *Jetzt endlich verstehe ich diese Matheaufgabe.*
③ jemanden falsch verstehen etwas anderes verstehen, als jemand gemeint hat
④ etwas von etwas verstehen etwas gut können, viel über etwas wissen
⑤ sich (gut) verstehen sich mögen, sich sympathisch sein: *Ich verstehe mich sehr gut mit ihr.*

ver|stei|gern (Verb) **du versteigerst, er versteigerte, sie hat versteigert, versteig(e)re!** auf einer Auktion verkaufen

die **Ver|stei|ge|rung** (Nomen) **der Versteigerung, die Versteigerungen**
≈Auktion eine Veranstaltung, bei der Dinge an denjenigen verkauft werden, der den höchsten Preis bietet

ver|stel|len (Verb) **du verstellst, er verstellte, sie hat verstellt, verstell(e)!**
① ≈umstellen an einen anderen Platz stellen: *Für die Party mussten wir alle Möbel verstellen.*
② anders einstellen: *Die Sitze lassen sich verstellen.*
③ seine Stimme/Handschrift/… verstellen absichtlich so tun, als würde jemand anders sprechen/schreiben/…
④ sich verstellen sich anders verhalten, als man eigentlich ist, um andere zu täuschen

ver|ster|ben (Verb) gehoben **du verstirbst, er verstarb, sie ist verstorben, verstirb!** sterben

ver|stoh|len (Adjektiv) ≈heimlich so, dass niemand etwas bemerkt

die **Ver|stop|fung** (Nomen) **der Verstopfung, die Verstopfungen**
① der Zustand, wenn ein Rohr oder Schlauch mit etwas veschlossen ist, sodass kein Wasser mehr durchfließen kann: *Wir haben eine Verstopfung beim Abfluss am Waschbecken.*
② das Problem, dass man seinen Darm nicht entleeren kann

ver|stört (Adjektiv) seelisch oder geistig verwirrt, sehr erschüttert

der **Ver|stoß** (Nomen) **des Verstoßes, die Verstöße** eine Handlung, bei der man ein Gesetz, eine Regel o. Ä. verletzt

ver|sto|ßen (Verb) **du verstößt, er verstieß, sie hat verstoßen, verstoß(e) nicht!**
① jemanden verstoßen jemanden aus der Familie oder einer Gruppe ausschließen
② gegen etwas verstoßen nicht das tun, was ein Gesetz, eine Regel o. Ä. vorschreibt

ver|streu|en (Verb) **du verstreust, er verstreute, sie hat verstreut, verstreu(e)!**
① mit einer schüttelnden Handbewegung verteilen: *Du musst die Mandeln gleichmäßig auf dem Kuchen verstreuen.*
② aus Versehen verschütten: *Sie zitterte so, dass sie den ganzen Zucker verstreute.*
③ an mehreren Stellen unordentlich liegen lassen: *Er hat seine schmutzigen Kleider im ganzen Zimmer verstreut.*

ver|stum|men (Verb) **du verstummst, er verstummte, sie ist verstummt, verstumm(e)!**
① nicht mehr reden
② aufhören, enden: *Die Geräusche verstummten.*

der **Ver|such** (Nomen) **des Versuch(e)s, die Versuche**
① eine Handlung, mit der man sich bemüht, etwas (Schwieriges) zu tun: *Ich habe es gleich beim ersten Versuch geschafft.*
② ein wissenschaftliches Experiment

ver|su|chen (Verb) **du versuchst, er versuchte, sie hat versucht, versuch(e)!**
① sich bemühen, etwas (Schwieriges) zu tun: *Er hat versucht, aus dem Gefängnis auszubrechen.*
② ≈ausprobieren testen, ob etwas funktioniert oder möglich ist: *Versuch mal, ob dir meine Hose passt!*
③ ≈probieren, kosten etwas essen oder trinken, um den Geschmack zu testen
④ es mit jemandem/etwas versuchen herausfinden wollen, ob jemand/etwas geeignet ist

ver|ta|gen (Verb) **du vertagst, er vertagte, sie hat vertagt, vertag(e)!** auf einen anderen Termin verschieben

ver|tau|schen (Verb) **du vertauschst, er vertauschte, sie hat vertauscht, vertausch(e)!** (aus Versehen) etwas durch etwas anderes ersetzen

ver|tei|di|gen (Verb) **du verteidigst, er verteidigte, sie hat verteidigt, verteidige!**
① mit Waffen oder Körpereinsatz vor

Angriffen schützen: *Er verteidigte sich mit Fußtritten vor den Angreifern.*
❷ mit Argumenten vor Kritik schützen: *Auch wenn er ihn nicht versteht, verteidigt er seinen Bruder immer.*
❸ als Anwalt vor Gericht jemandes Rechte vertreten: *Wer verteidigt den Angeklagten?*
❹ SPORT versuchen zu verhindern, dass ein Gegner im Sport gewinnt

der **Ver|tei|di|ger** (Nomen) **des Verteidigers, die Verteidiger** der Anwalt, der vor Gericht die Rechte des Angeklagten vertritt

die **Ver|tei|di|ge|rin** (Nomen) **der Verteidigerin, die Verteidigerinnen** Femininform von → **Verteidiger**

die **Ver|tei|di|gung** (Nomen) **der Verteidigung, die Verteidigungen**
❶ das Verteidigen oder Sichverteidigen mit Waffen oder Argumenten
❷ etwas zu seiner Verteidigung sagen sich mit Argumenten gegen Anschuldigungen, Vorwürfe usw. wehren
❸ der Anwalt, der vor Gericht jemandes Rechte vertritt
❹ SPORT alle Spieler, die verhindern sollen, dass die andere Mannschaft ein Tor erzielt

ver|tei|len (Verb) **du verteilst, er verteilte, sie hat verteilt, verteil(e)!**
❶ etwas (an mehrere Personen) verteilen mehreren Personen einen Teil von etwas geben
❷ etwas (auf/in etwas) verteilen etwas/mehrere ähnliche Dinge (gleichmäßig) an verschiedene Stellen bringen
❸ sich verteilen sich ausbreiten: *Das Wasser verteilte sich in der ganzen Küche.*

die **Ver|tei|lung** (Nomen) **der Verteilung, die Verteilungen**
❶ nur im Singular das Verteilen: *Wer organisiert die Verteilung der Flugblätter?*
❷ ≈Aufteilung das Verteiltsein von etwas

ver|tie|fen (Verb) **du vertiefst, er vertiefte, sie hat vertieft, vertief(e)!**
❶ tiefer machen: *einen Graben vertiefen*
❷ intensiver und stärker machen: *eine Freundschaft vertiefen • seine Kenntnisse vertiefen*
❸ ausführlicher behandeln: *ein Thema vertiefen*

ver|ti|kal (Adjektiv) [vɛrti'ka:l] Variante von → **senkrecht**

ver|trackt (Adjektiv) umgangssprachlich **vertrackter, am vertracktesten** schwierig, kompliziert

der **Ver|trag** (Nomen) **des Vertrag(e)s, die Verträge** die häufig schriftliche Vereinbarung zwischen zwei oder mehreren Partnern, die gesetzlich gültig ist

ver|tra|gen (Verb) **du verträgst, er vertrug, sie hat vertragen, vertrag(e)!**
❶ aushalten, essen oder trinken können, ohne dass man davon krank wird: *Ich vertrage keine Milch.*
❷ ≈ertragen aushalten können, ohne dass man wütend, ungeduldig, traurig usw. wird: *Er verträgt keine Kritik. • Ich kann es nicht vertragen, wenn ihr euch streitet.*
❸ sich (mit jemandem) vertragen sich mit jemandem gut verstehen, keinen Streit mit jemandem haben
❹ sich (mit etwas) vertragen umgangssprachlich (mit etwas) zusammenpassen

ver|träg|lich (Adjektiv) **verträglicher, am verträglichsten**
❶ ≈umgänglich friedlich und nett
❷ ≈bekömmlich so, dass der Magen etwas gut verdauen kann oder der Körper nicht krank davon wird

ver|trau|en (Verb) **du vertraust, er vertraute, sie hat vertraut, vertrau(e)!**
❶ jemandem vertrauen jemandem glauben und sich auf ihn verlassen
❷ auf etwas vertrauen glauben, dass etwas gut und erfolgreich wird/sich auf etwas verlassen

der **Ver|trau|ens|leh|rer** (Nomen) **des Vertrauenslehrers, die Vertrauenslehrer** der Lehrer, mit dem man über persönliche Probleme reden kann

die **Ver|trau|ens|leh|re|rin** (Nomen) **der Vertrauenslehrerin, die Vertrauenslehrerinnen** Femininform von → **Vertrauenslehrer**

ver|trau|ens|voll (Adjektiv) **vertrauensvoller, am vertrauensvollsten**
❶ so, dass man jemandem glaubt und sich auf ihn verlässt
❷ so, dass man glaubt, dass alles gut wird

ver|trau|ens|wür|dig (Adjektiv) **vertrauenswürdiger, am vertrauenswürdigsten** so, dass man jemandem glauben und sich auf ihn verlassen kann

ver|trau|lich (Adjektiv) **vertraulicher, am vertraulichsten**
❶ ≈geheim so, dass es niemand anders wissen darf
❷ ≈vertraut wie mit einem Freund

ver|traut (Adjektiv) **vertrauter, am vertrautesten**
❶ bekannt: *eine vertraute Umgebung*
❷ mit etwas/jemandem vertraut sein etwas/jemanden gut kennen
❸ jemanden mit etwas vertraut machen jemandem genau zeigen, wie etwas funktioniert oder ist
❹ sich mit etwas vertraut machen sich an etwas gewöhnen, sich in etwas einarbeiten

ver|trei|ben (Verb) **du vertreibst, er vertrieb, sie hat vertrieben, vertreib(e)!**
❶ ≈verjagen, verscheuchen dafür sorgen, dass jemand oder etwas weggeht
❷ sich die Zeit vertreiben etwas tun, damit einem nicht langweilig wird
❸ verkaufen

die **Ver|trei|bung** (Nomen) **der Vertreibung, die Vertreibungen** das Vertreiben, das Verjagen

ver|tre|ten (Verb) **du vertrittst, er vertrat, sie hat vertreten, vertritt!**
❶ jemanden vertreten für eine bestimmte Zeit jemandes Arbeit übernehmen: *Kannst du mich im Urlaub vertreten?*
dafür sorgen, dass jemand sein Recht bekommt: *Welcher Anwalt vertritt dich?*
❷ seine Interessen/Rechte/… vertreten für seine Interessen/Rechte/… kämpfen
❸ die Meinung/Überzeugung/… vertreten, dass … meinen/davon überzeugt sein/…, dass …
❹ vertreten sein da sein, anwesend sein

der **Ver|tre|ter** (Nomen) **des Vertreters, die Vertreter**
❶ jemand, der zu den Kunden kommt, um Waren im Auftrag einer Firma zu verkaufen
❷ jemand, der für eine bestimmte Zeit jemandes Arbeit übernimmt
❸ jemand, der typisch für eine bestimmte Zeit, Kunstrichtung, Musikrichtung usw. ist

die **Ver|tre|te|rin** (Nomen) **der Vertreterin, die Vertreterinnen**
Femininform von → **Vertreter**

die **Ver|tre|tung** (Nomen) **der Vertretung, die Vertretungen**
❶ das Übernehmen der Arbeit eines anderen für eine bestimmte Zeit
❷ jemand, der für eine bestimmte Zeit jemandes Arbeit übernimmt
❸ das Gebäude, in dem eine Firma eine Niederlassung/ein Staat eine Botschaft oder ein Konsulat hat

ver|trock|nen (Verb)
nur in der 3. Person gebraucht **es vertrocknet, es vertrocknete, es ist vertrocknet**
zu trocken und hart werden

ver|trös|ten (Verb) **du vertröstest, er vertröstete, sie hat vertröstet, vertröste!**
jemanden (auf später) vertrösten jemandem versprechen, etwas später zu tun

ver|tu|schen (Verb) abwertend **du vertuschst, er vertuschte, sie hat vertuscht, vertusch(e) nicht!** dafür sorgen, dass ein Fehler, ein Verbrechen usw. nicht bekannt wird

ver|un|glü|cken (Verb) **du verunglückst, er verunglückte, sie ist verunglückt, verunglücke nicht!**
❶ einen Unfall haben
❷ umgangssprachlich • ironisch misslingen, nicht gut werden

ver|un|si|chern (Verb) **du verunsicherst, er verunsicherte, sie hat verunsichert, verunsich(e)re nicht!**
jemanden verunsichern bewirken, dass jemand nicht mehr weiß, ob er das Richtige tut oder glaubt

ver|ur|sa|chen (Verb) **du verursachst, er verursachte, sie hat verursacht, verursache!**
etwas verursachen der Grund für etwas sein, etwas bewirken, etwas auslösen: *Der Unfall hat einen langen Stau verursacht.*

ver|ur|tei|len (Verb) **du verurteilst, er verurteilte, sie hat verurteilt, verurteil(e)!**
❶ jemanden (zu etwas) verurteilen als Richter entscheiden, dass jemand schuldig ist (und eine Strafe festlegen)
❷ etwas/jemanden verurteilen sagen, dass man etwas/jemanden sehr schlecht oder schlimm findet

der/die **Ver|ur|teil|te** (Nomen) **des/der Verurteilten, die Verurteilten**
jemand, der vom Richter zu einer Strafe verurteilt wurde

die **Ver|ur|tei|lung** (Nomen) **der Verurteilung, die Verurteilungen**
❶ der Schuldspruch durch einen Richter: *eine Verurteilung zu fünf Jahren Gefängnis*

❷ Ablehnung, Missbilligung: *die Verurteilung des Attentats*

die **Ver|viel|fäl|ti|gung** (Nomen)
der Vervielfältigung, die Vervielfältigungen
❶ der Vorgang, eine Kopie einer Sache herzustellen
❷ ≈Exemplar die Kopie, die von einer Sache erstellt wurde

ver|voll|stän|di|gen (Verb)
du vervollständigst, er vervollständigte, sie hat vervollständigt, vervollständige!
≈komplettieren so lange sammeln, bis alle Dinge, die zusammengehören, vorhanden sind

sich **ver|wäh|len** (Verb) **du verwählst dich, er verwählte sich, sie hat sich verwählt, verwähl(e) dich nicht!** aus Versehen eine falsche Telefonnummer wählen

die **Ver|wahr|lo|sung** (Nomen)
der Verwahrlosung, die Verwahrlosungen
der Zustand, in dem etwas oder jemand schmutzig und ungepflegt ist

ver|wal|ten (Verb) **du verwaltest, er verwaltete, sie hat verwaltet, verwalte!** sich für den Besitzer um seine Häuser, sein Geld usw. kümmern

der **Ver|wal|ter** (Nomen) **des Verwalters, die Verwalter** jemand, der sich für den Besitzer um seine Häuser, sein Geld usw. kümmert

die **Ver|wal|te|rin** (Nomen) **der Verwalterin, die Verwalterinnen**
Femininform von → **Verwalter**

die **Ver|wal|tung** (Nomen) **der Verwaltung, die Verwaltungen**
❶ nur im Singular das Verwalten
❷ ≈Amt, Behörde öffentliche Stelle, die staatliche Aufgaben ausführt

ver|wan|deln (Verb) **du verwandelst, er verwandelte, sie hat verwandelt, verwand(e)le!**
❶ völlig verändern: *Mit der neuen Frisur ist sie ganz verwandelt.*
❷ etwas/jemand in etwas verwandeln aus etwas/jemandem etwas/jemanden anderes machen: *Die Hexe hat den Prinzen in einen Frosch verwandelt.*
❸ sich verwandeln sich völlig verändern: *Durch den Ruhm hat sie sich sehr verwandelt.*

die **Ver|wand|lung** (Nomen) **der Verwandlung, die Verwandlungen** das Ändern oder Geändertwerden

ver|wandt (Adjektiv)
❶ zur selben Familie gehörend: *Ich bin mit ihr verwandt.*
❷ ähnlich: *verwandte Themen*

der/die **Ver|wand|te** (Nomen)
des/der Verwandten, die Verwandten
jemand, der zur selben Familie gehört

die **Ver|wandt|schaft** (Nomen)
der Verwandtschaft, die Verwandtschaften
❶ nur im Singular die Tatsache, dass jemand oder etwas zur selben Familie gehört
❷ nur im Singular alle Personen, die zu einer Familie gehören
❸ Ähnlichkeit: *die Verwandtschaft zwischen Pferden und Zebras*

ver|war|nen (Verb) **du verwarnst, er verwarnte, sie hat verwarnt, verwarn(e)!** jemanden wegen eines falschen Verhaltens tadeln und ankündigen, dass es beim nächsten Mal eine Strafe gibt

ver|wa|schen (Adjektiv) **verwaschener, am verwaschensten**
❶ so oft gewaschen, dass die Farben blass geworden sind
❷ undeutlich, unklar

ver|wech|seln (Verb) **du verwechselst, er verwechselte, sie hat verwechselt, verwechs(e)le nicht!**
❶ zwei ähnliche Personen oder Dinge nicht unterscheiden können: *Ich verwechsele sie immer mit ihrer Schwester.* • *sich zum Verwechseln ähnlich sehen*
❷ ≈vertauschen aus Versehen anstelle von etwas anderem nehmen oder benutzen: *Wir haben unsere Koffer verwechselt.*

die **Ver|wechs|lung, Ver|wech|se|lung** (Nomen) **der Verwechslung, die Verwechslungen** der Irrtum, etwas/jemanden verwechselt zu haben

ver|wei|gern (Verb) **du verweigerst, er verweigerte, sie hat verweigert, verweig(e)re!** nicht erlauben oder geben

der **Ver|weis** (Nomen) **des Verweises, die Verweise**
❶ eine strenge (offizielle) Zurechtweisung mit der Androhung einer Strafe
❷ der Hinweis auf eine andere Stelle in einem Text

ver|wei|sen (Verb) **du verweist, er verwies, sie hat verwiesen, verweis(e)!**
❶ auf etwas verweisen auf etwas aufmerksam machen, auf etwas hinweisen

❷ jemanden an jemanden verweisen jemanden auffordern, sich an jemanden zu wenden
❸ jemanden aus/von etwas verweisen jemandem verbieten, irgendwo zu sein: *jemanden von der Schule verweisen*

ver|wen|den (Verb) **du verwendest, er verwendete/verwandte, sie hat verwendet/verwandt, verwend(e)!** benutzen, gebrauchen

die **Ver|wen|dung** (Nomen) nur im Singular **der Verwendung** die Benutzung, der Gebrauch

ver|wer|ten (Verb) **du verwertest, er verwertete, sie hat verwertet, verwert(e)!** nehmen, um daraus etwas zu machen oder es weiterzuverarbeiten

die **Ver|wer|tung** (Nomen) **der Verwertung, die Verwertungen** die Weiterverwendung, die Weiterverarbeitung

ver|we|sen (Verb) nur in der 3. Person gebraucht **es verwest, es verweste, es ist verwest** sich nach dem Tod zersetzen

die **Ver|we|sung** (Nomen) nur im Singular **der Verwesung** das Sichzersetzen nach dem Tod

ver|wi|ckelt (Adjektiv) **verwickelter, am verwickeltesten** schwierig, kompliziert

die **Ver|wick|lung, Ver|wi|cke|lung** (Nomen) **der Verwicklung, die Verwicklungen** die Schwierigkeit, die Komplikation

ver|wirk|li|chen (Verb) **du verwirklichst, er verwirklichte, sie hat verwirklicht, verwirklich(e)!**
❶ Wirklichkeit werden lassen: *Er hat alle Pläne für das neue Schwimmbad verwirklicht.*
❷ sich verwirklichen das Leben führen und den Beruf haben, das/der einen ausfüllt und glücklich macht

ver|wir|ren (Verb) **du verwirrst, er verwirrte, sie hat verwirrt, verwirr(e) nicht!**
❶ durcheinanderbringen, unsicher machen, nicht mehr klar denken lassen: *Die vielen neuen Namen verwirren mich.*
❷ unordentlich machen, durcheinanderbringen: *Als sie aus dem Bett kam, war ihr Haar ganz verwirrt.*

ver|wirrt (Adjektiv) **verwirrter, am verwirrtesten**
❶ unsicher, durcheinander: *Er machte ein verwirrtes Gesicht.*
❷ ≈dement geistig so durcheinander, dass man die Realität nicht mehr erkennt und nicht mehr allein leben kann
❸ durcheinander, in Unordnung: *verwirrtes Haar*

die **Ver|wir|rung** (Nomen) **der Verwirrung, die Verwirrungen**
❶ großes Durcheinander/große Aufregung
❷ die Tatsache, dass man durcheinander und unsicher ist

ver|wi|schen (Verb) **du verwischst, er verwischte, sie hat verwischt, verwisch(e)!** durch Streichen und Berühren undeutlich werden lassen, unkenntlich machen: *Der Regen hatte alle Spuren verwischt.*

ver|wöh|nen (Verb) **du verwöhnst, er verwöhnte, sie hat verwöhnt, verwöhn(e)!**
❶ mit Geschenken, Aufmerksamkeit usw. dafür sorgen, dass sich jemand wohlfühlt
❷ abwertend besonders einem Kind so viele Wünsche erfüllen, dass es seinem Charakter schadet

ver|wöhnt (Adjektiv) abwertend **verwöhnter, am verwöhntesten** ≈verzogen, verhätschelt gewöhnt, dass die eigenen Wünsche immer sofort erfüllt werden

ver|wor|ren (Adjektiv) gehoben **verworrener, am verworrensten** durcheinander

die **Ver|wun|dung** (Nomen) **der Verwundung, die Verwundungen** Verletzung

sich **ver|zäh|len** (Verb) **du verzählst dich, er verzählte sich, sie hat sich verzählt, verzähl(e) dich nicht!** beim Zählen einen Fehler machen

ver|zau|bern (Verb) **du verzauberst, er verzauberte, sie hat verzaubert, verzaub(e)re!** durch Zauberei in etwas anderes verwandeln

ver|zeh|ren (Verb) gehoben **du verzehrst, er verzehrte, sie hat verzehrt, verzehr(e)!**
❶ gehoben etwas aufessen
❷ sich verzehren ein sehr starkes Gefühl haben, sodass man leidet: *Er verzehrte sich vor Sehnsucht.*

ver|zeich|nen (Verb) **du verzeichnest, er verzeichnete, sie hat verzeichnet, verzeichne!**
❶ etwas aufschreiben: *in einer Liste verzeichnen*
❷ feststellen, bemerken: *Erfolge verzeichnen*

das **Ver|zeich|nis** (Nomen) **des Verzeichnisses, die Verzeichnisse** eine Aufstellung: *Am Ende des Buches gibt es ein alphabetisches Verzeichnis der Autoren.*

ver|zei|hen (Verb) **du verzeihst, er verzieh, sie hat verziehen, verzeih(e)!**
❶ jemandem (etwas) verzeihen jemandem (wegen etwas) nicht mehr böse sein
❷ etwas verzeihen etwas Negatives vergessen und deshalb nicht mehr böse sein
❸ Verzeihen Sie (bitte), … eine höfliche Einleitung, wenn man etwas von jemandem haben oder jemanden etwas fragen möchte

die **Ver|zei|hung** (Nomen) **nur im Singular der Verzeihung**
❶ Entschuldigung: *jemanden um Verzeihung bitten*
❷ Verzeihung! Entschuldigung!/Es tut mir leid!

der **Ver|zicht** (Nomen) **des Verzicht(e)s, die Verzichte** die Tatsache, dass man freiwillig etwas nicht tut oder haben will

ver|zich|ten (Verb) **du verzichtest, er verzichtete, sie hat verzichtet, verzicht(e)!**
❶ auf etwas verzichten freiwillig etwas nicht nehmen, tun oder haben wollen
❷ auf jemanden verzichten müssen ohne jemanden auskommen müssen

ver|zö|gern (Verb) **du verzögerst, er verzögerte, sie hat verzögert, verzög(e)re nicht!** bewirken, dass etwas später oder langsamer geschieht als geplant

die **Ver|zö|ge|rung** (Nomen) **der Verzögerung, die Verzögerungen** die Tatsache, dass etwas später oder langsamer geschieht als geplant

ver|zol|len (Verb) **du verzollst, er verzollte, sie hat verzollt, verzoll(e)!**
etwas verzollen Zoll für etwas bezahlen

ver|zwei|feln (Verb) **du verzweifelst, er verzweifelte, sie ist verzweifelt, verzweif(e)le nicht!** alle Hoffnung verlieren, keinen Ausweg mehr sehen

ver|zwei|felt (Adjektiv) **verzweifelter, am verzweifeltesten**
❶ ohne Hoffnung oder Ausweg
❷ mit der letzten Kraft, die man noch hat, obwohl man weiß, dass es fast aussichtslos ist: *ein verzweifelter Kampf* • *verzweifelt versuchen, sich festzuhalten*

die **Ver|zwei|f|lung** (Nomen) **nur im Singular der Verzweiflung** das Gefühl, dass es keine Hoffnung und keinen Ausweg mehr gibt

die **Ves|per** (Nomen) **der Vesper, die Vespern**
❶ der Gottesdienst am Abend
❷ ein Brot oder eine kleine kalte Mahlzeit, das/die man in der Pause isst

vgl. [fɛɐ̯ˈglaiçə] **Abkürzung von:** vergleiche steht in Texten bei Hinweisen auf eine andere Seite, eine Abbildung o. Ä.: *vgl. S. 25*

die **VHS** (Nomen) **nur im Singular der VHS**
Abkürzung von: Volkshochschule eine schulische Institution, in der Erwachsene Kurse (z. B. Weiterbildung, Sprachkurse) belegen oder Vorträge hören können

das **Vi|deo** (Nomen) [ˈviːdeo] **des Videos, die Videos**
❶ ≈ Musikvideo, Videoclip ein kurzer Film zu einem Titel der Popmusik
❷ ein Film in Videotechnik

die **Vi|deo|ka|me|ra** (Nomen) **der Videokamera, die Videokameras** eine Kamera, mit der man Videos aufzeichnen kann

das **Vi|deo|spiel** (Nomen) **des Videospiels, die Videospiele** ≈ Computerspiel ein elektronisches Spiel, das man an Spielekonsolen oder am Computer oder über den Fernseher spielen kann

das **Vieh** (Nomen) **nur im Singular des Vieh(e)s**
❶ alle Tiere wie Schweine, Kühe, Pferde, Schafe, Ziegen usw., deren Milch, Fleisch oder Wolle man verwenden kann
❷ umgangssprachlich • abwertend Tier

viel[1], **vie|le**, **vie|ler**, **vie|les** (Pronomen)
❶ **mit Singular** eine große Menge: *viel Wasser trinken* • *Vielen Dank!*
❷ **mit Plural** eine große Zahl: *viele Geschichten erzählen*
❸ vieles/Vieles viele Dinge: *Ich habe vieles von ihr gelernt.* • *Wir ähneln uns in Vielem.*
❹ viele/Viele viele Menschen: *Ich kenne viele, die das machen.* • *Wir freuen uns, dass Viele gekommen sind.*

viel[2] (Adverb) **mehr, am meisten**
❶ oft, häufig: *Du musst noch viel üben.* • *ein viel besuchter Ort*
❷ von vielen Menschen: *Dieses Modell wird viel gekauft.* • *ein viel gelesenes Buch*
❸ **mit Komparativ** in hohem Maße: *Sie ist viel älter als er.* • *Jetzt geht es mir schon wieder viel besser.*

viel|fach (Adjektiv)
❶ ≈ mehrfach so, dass etwas oft vorhanden ist: *Er ist vielfacher Millionär.*
❷ ≈ oft viele Male: *Im Winter gibt es vielfach Schnee.*

❸ viele Male so groß: *Dazu braucht man die vielfache Menge an Geld.*

die **Viel|falt** (Nomen) nur im Singular **der Vielfalt** viele verschiedene Dinge oder Ausprägungen

viel|fäl|tig (Adjektiv) **vielfältiger, am vielfältigsten** mit viel Auswahl, abwechslungsreich

viel|leicht[1] (Adverb) ≈eventuell drückt aus, dass etwas ungewiss ist: *Vielleicht weiß sie das noch gar nicht.*

viel|leicht[2] (Partikel) zur Verstärkung und zum Ausdruck der Nachdrücklichkeit verwendet: *Ich bin vielleicht hungrig! • Hörst du mir vielleicht mal zu?*

viel|mals (Adverb)
❶ besonders beim Grüßen, Danken usw. sehr
❷ Danke vielmals! Vielen Dank!
❸ Ich bitte vielmals um Entschuldigung! Es tut mir sehr leid!

viel|sei|tig (Adjektiv) mit vielen Fähigkeiten oder Eigenschaften

vier (Zahlwort)
❶ als Ziffer: 4: *die vier Jahreszeiten* siehe auch → **acht**
❷ etwas unter vier Augen besprechen nur zu zweit miteinander sprechen, ohne Zeugen
❸ auf allen vieren auf Händen und Füßen
❹ alle viere von sich strecken umgangssprachlich sich hinlegen und ausruhen
❺ sich auf seine vier Buchstaben setzen umgangssprachlich sich hinsetzen

die **Vier** (Nomen) **der Vier, die Vieren** die Zahl oder Note 4: *Sie hat im Zeugnis in Sport eine Vier.* siehe auch → **Acht**[1]

der **Vier|bei|ner** (Nomen) **des Vierbeiners, die Vierbeiner** ein Tier mit vier Beinen, besonders ein Hund oder eine Katze

das **Vier|eck** (Nomen) **des Viereck(e)s, die Vierecke** eine geometrische Figur mit vier Ecken und vier Seiten

vier|eckig (Adjektiv) in der Form eines Vierecks

viert (Zahlwort) nur in zu viert mit vier Personen: *Wir fuhren zu viert im Auto.*

vier|te, vier|ter, vier|tes (Zahlwort) in einer Reihe an 4. Stelle: *am vierten Mai • als Vierter durchs Ziel gehen*

das **Vier|tel** (Nomen) ['fɪrtl̩] **des Viertels, die Viertel**
❶ einer von vier gleich großen Teilen von etwas: *Jeder von uns bekam ein Viertel des Geldes.*
❷ ≈Stadtteil ein Teil einer Stadt mit bestimmten Merkmalen: *In unserem Viertel gibt es viele Kneipen.*
❸ Viertel nach eins/zwei/... 15 Minuten nach ein/zwei/... Uhr ⚠ aber: viertel zwei/drei
❹ Viertel vor eins/zwei/... 15 Minuten vor ein/zwei/... Uhr ⚠ aber: drei viertel zwei/drei

das **Vier|tel|fi|na|le** (Nomen) **des Viertelfinales, die Viertelfinale/Viertelfinals** die Runde in einem Wettkampf, in der noch 8 Mannschaften oder Teilnehmer übrig sind

das **Vier|tel|jahr** (Nomen) **des Vierteljahr(e)s, die Vierteljahre** ≈Quartal einer von vier gleich großen Teilen eines Jahres, der drei Monate andauert

die **Vier|tel|stun|de** (Nomen) **der Viertelstunde, die Viertelstunden** 15 Minuten: *Ich bin in einer Viertelstunde da.*

vier|tens (Adverb) beim Aufzählen an vierter Stelle siehe auch → **achtens**

vier|zehn (Zahlwort) als Ziffern: 14 siehe auch → **acht**

vier|zig (Zahlwort) als Ziffern: 40 siehe auch → **achtzig**

Vi|et|nam (Nomen) [vi̯ɛt'na(:)m] **Vietnams** ein Land in Asien

der **Vi|et|na|me|se** (Nomen) [vi̯ɛtna'me:zə] **des Vietnamesen, die Vietnamesen** ein Junge/Mann aus Vietnam

die **Vi|et|na|me|sin** (Nomen) [vi̯ɛtna'me:zɪn] **der Vietnamesin, die Vietnamesinnen** ein Mädchen/eine Frau aus Vietnam

vi|et|na|me|sisch (Adjektiv) [vi̯ɛtna'me:zɪʃ] aus Vietnam oder in vietnamesischer Sprache

die **Vil|la** (Nomen) ['vɪla] **der Villa, die Villen** ein großes, luxuriöses Haus

das **Vi|o|lett** (Nomen) [vi̯o'lɛt] nur im Singular **des Violett(s)** eine violette Farbe: *ein dunkles Violett*

vi|o|lett (Adjektiv) [vi̯o'lɛt] von blauroter Farbe: *ein violetter Edelstein*

die **Vi|oli|ne, Vio|li|ne** (Nomen) [vi̯o'li:nə] **der Violine, die Violinen** ≈Geige

vir|tu|ell (Adjektiv) [vɪr'tu̯ɛl]
❶ künstlich, durch den Computer erzeugt: *virtuelle Welten*
❷ nicht real, nur in der Fantasie möglich

vir|tu|os (Adjektiv) [vɪr'tu̯o:s] ≈meisterhaft sehr gut

das/der **Vi|rus** (Nomen) ['vi:rʊs] **des Virus, die Viren**
1 der kleinste Erreger, der im Körper Krankheiten erzeugt
2 ein Programm, das unerlaubt in einen Computer eindringt und meist unbemerkt Daten verändert oder ausspioniert

das **Vi|sier** (Nomen) [vi'zi:ɐ̯] **des Visiers, die Visiere**
1 der Teil eines Helms, der vor den Augen sitzt und den man hochklappen kann
2 eine kleine Vorrichtung am Gewehr, durch die man hindurchsehen kann, um besser zu zielen
3 jemanden ins Visier nehmen jemanden genau ansehen, um ihn zu testen oder zu kritisieren

die **Vi|si|on** (Nomen) [vi'zi̯o:n] **der Vision, die Visionen**
1 die Vorstellung, wie etwas in der Zukunft sein könnte
2 ≈ Halluzination die Erscheinung von Personen oder Dingen, die in Wirklichkeit nicht da sind

die **Vi|si|te** (Nomen) [vi'zi:tə] **der Visite, die Visiten** der regelmäßige Besuch des Arztes bei den Patienten im Krankenhaus

die **Vi|si|ten|kar|te** (Nomen) **der Visitenkarte, die Visitenkarten** eine kleine Karte, auf der Name, Adresse, Telefonnummern o. Ä. stehen

das **Vi|sum** (Nomen) ['vi:zʊm] **des Visums, die Visa/Visen** der Eintrag oder Stempel im Pass, den man braucht, um in bestimmte fremde Länder reisen zu dürfen

vi|tal (Adjektiv) [vi'ta:l] **vitaler, am vitalsten** kräftig und gesund

das **Vi|ta|min, Vit|amin** (Nomen) [vita'mi:n] **des Vitamins, die Vitamine** ein Stoff, der wichtig für die Gesundheit ist und besonders in Obst und Gemüse vorkommt

der **Vo|gel** (Nomen) **des Vogels, die Vögel**
1 ein Tier mit Federn, einem Schnabel und zwei Flügeln, das fliegt und Eier legt
2 der Vogel zwitschert der Vogel macht sein typisches Geräusch
3 einen Vogel haben umgangssprachlich • abwertend verrückt sein
4 jemandem einen Vogel zeigen umgangssprachlich • abwertend sich mit dem Zeigefinger an die Stirn tippen zum Zeichen, dass man jemanden für verrückt oder dumm hält

die **Vo|ka|bel** (Nomen) [vo'ka:bl̩] **der Vokabel, die Vokabeln** ein Wort in einer Fremdsprache

das **Vo|ka|bu|lar** (Nomen) [vokabu'la:ɐ̯] gehoben **des Vokabulars, die Vokabulare** alle Wörter, die zu einer Sprache oder einem bestimmten Bereich gehören

der **Vo|kal** (Nomen) [vo'ka:l] **des Vokals, die Vokale** ≈ Selbstlaut Laute, die für sich allein klingen: *Die Laute a, e, i, o und u werden als einfache Vokale bezeichnet.*

das **Volk** (Nomen) **des Volk(e)s, die Völker**
1 alle Menschen, die dieselbe Sprache, Geschichte und Kultur haben: *Es darf keinen Krieg mehr zwischen den Völkern geben.*
2 nur im Singular die Bevölkerung, die Bürger eines Landes: *Das Parlament wird vom Volk gewählt.*
3 nur im Singular die untere Schicht in der Gesellschaft: *Er ist ein einfacher Mann aus dem Volk.*

der **Völ|ker|ball** (Nomen) nur im Singular **des Völkerball(e)s** ein Ballspiel, bei dem man versuchen muss, die Gegner mit einem Ball abzuwerfen

die **Völ|ker|kun|de** (Nomen) nur im Singular **der Völkerkunde** die Wissenschaft von den Völkern und ihrer Kultur

die **Volks|ab|stim|mung** (Nomen) **der Volksabstimmung, die Volksabstimmungen** die Abstimmung aller wahlberechtigten Bürger zu einer wichtigen Entscheidung in der Politik

die **Volks|hoch|schu|le** (Nomen) **der Volkshochschule, die Volkshochschulen** Abkürzung: VHS eine schulische Institution, in der Erwachsene Kurse (z. B. Weiterbildung, Sprachkurse) belegen oder Vorträge hören können

das **Volks|lied** (Nomen) **des Volkslied(e)s, die Volkslieder** ein einfaches Lied, das uspründlich im Volk entstanden ist und überliefert wurde

die **Volks|mu|sik** (Nomen) **der Volksmusik, die Volksmusiken** die traditionelle, meist fröhliche Musik aus einer bestimmten Gegend

voll (Adjektiv) **voller, am vollsten**
1 ganz gefüllt: *Das Glas ist voll.* • *Ich habe die Hände voll.*
2 voll (von) … gefüllt mit: *Die Tasche ist voll Schulsachen.* • *Das Diktat ist voll von Fehlern.*

❸ jemanden nicht für voll nehmen umgangssprachlich jemanden nicht ernst nehmen
❹ ganz, vollständig: *die volle Summe*
❺ voll und ganz völlig, vollkommen

der **Vọll|bart** (Nomen) **des Vollbart(e)s, die Vollbärte** ein Bart, der das Kinn, die Oberlippe und die Wangen bedeckt

voll|ẹn|den (Verb) gehoben **du vollendest, er vollendete, sie hat vollendet, vollende!** ≈fertigstellen etwas Angefangenes zu Ende bringen

vọll|ends (Adverb) völlig, ganz

der **Vọl|ley|ball** (Nomen) ['vɔlibal] **des Volleyball(e)s, die Volleybälle**
❶ **nur im Singular** ein Spiel mit zwei Mannschaften, die versuchen, einen Ball mit den Händen über ein Netz zu spielen
❷ der Ball, mit dem man dieses Spiel spielt

das **Vọll|gas** (Nomen) **nur im Singular des Vollgases**
❶ Vollgas geben sehr schnell fahren, so schnell wie möglich fahren
❷ mit Vollgas so schnell wie möglich

vọ̈l|lig (Adjektiv) ganz, total

vọll|jäh|rig (Adjektiv) so, dass man erwachsen ist, zur Wahl gehen kann und nicht mehr die Erlaubnis der Eltern braucht

voll|kọm|men, vọll|kom|men (Adjektiv) **vollkommener, am vollkommensten**
❶ ≈perfekt ohne Fehler
❷ ganz, total: *Puh, ich bin vollkommen fertig!*

das **Vọll|korn|brot** (Nomen) **des Vollkornbrot(e)s, die Vollkornbrote** das Brot, für das das Mehl aus dem ganzen Getreidekorn gemahlen wird

vọll|ma|chen (Verb) umgangssprachlich **du machst voll, er machte voll, sie hat vollgemacht, mach(e) voll!**
❶ ganz füllen, bis nichts mehr hineinpasst
❷ sich/die Hose vollmachen in die Hose machen

die **Vọll|macht** (Nomen) **der Vollmacht, die Vollmachten**
❶ die von einem anderen erteilte Erlaubnis, dass jemand an dessen Stelle etwas tun darf
❷ ein Dokument, wodurch jemand an der Stelle von einem anderen etwas tun darf

die **Vọll|milch** (Nomen) **nur im Singular der Vollmilch** die Milch mit natürlichem Fettgehalt

der **Vọll|mond** (Nomen) **nur im Singular des Vollmond(e)s** der Mond, wenn er ganz rund ist

die **Vọll|nar|ko|se** (Nomen) **der Vollnarkose, die Vollnarkosen** ein dem Schlaf ähnlicher Zustand, bei dem man kein Schmerzempfinden hat

vọll|stän|dig (Adjektiv) ≈komplett, ganz so, dass nichts fehlt

der **Vọll|tref|fer** (Nomen) **des Volltreffers, die Volltreffer**
❶ der Treffer, der mitten ins Ziel geht
❷ umgangssprachlich genau die richtige Lösung, wenn man etwas rät
❸ umgangssprachlich ein großer Erfolg

das **Vọll|verb** (Nomen) **des Vollverbs, die Vollverben** ein Verb, das eigenständig ein Prädikat bilden kann: *Vollverben sind z. B. „schwimmen", „laufen", „lachen" usw.*
siehe auch → **Verb** siehe auch → **Hilfsverb**

die **Vọll|ver|samm|lung** (Nomen) **der Vollversammlung, die Vollversammlungen** die Versammlung, an der alle Mitglieder teilnehmen können

vọll|wer|tig (Adjektiv)
❶ ≈gleichwertig genauso gut
❷ frisch, gesund und mit naturbelassenen Produkten zubereitet

vọll|zäh|lig (Adjektiv) ≈komplett so, dass nichts oder niemand fehlt

das **Vo|lu|men** (Nomen) [vo'lu:mən] **des Volumens, die Volumen/Volumina**
❶ ≈Rauminhalt der Inhalt eines dreidimensionalen Gebildes
❷ ≈Umfang eine bestimmte Menge

vọm (Präposition mit Artikel) von dem: *die Spreu vom Weizen trennen*

vọn (Präposition) **mit Dativ gebraucht**
❶ verwendet, um den Ort, an dem etwas beginnt, zu nennen: *von hier bis nach Hause*
❷ verwendet, um den Zeitpunkt des Beginns oder Ursprungs zu nennen: *von morgen an*
❸ verwendet, um ein Maß oder eine Menge zu nennen: *eine Länge von zehn Metern • im Alter von acht Jahren*
❹ drückt aus, dass Personen/Dinge zusammengehören, nennt den Besitzer: *das ist der Deckel von diesem Topf*
❺ verwendet, um die Ursache, den Verursacher oder das Mittel zu nennen: *Mir war heiß von der Arbeit. • Er wurde von einer Mücke gestochen.*

von|ei|nan|der, von|ein|an|der (Adverb)
❶ ein Gegenstand/Mensch von dem anderen: *Kira und Jonas haben lange nichts voneinander gehört.*
❷ einen Abstand angebend: *Wir wohnen 3 km voneinander entfernt.*

vor (Präposition)
❶ mit Akkusativ gebraucht in die Richtung nach vorn, auf die Vorderseite: *Er stellte sich schützend vor mich.*
❷ mit Dativ gebraucht vorne, an der Vorderseite: *Sie sitzt in der Schule direkt vor mir.*
❸ mit Dativ gebraucht früher in der Zeit oder in einer Reihenfolge: *Er hat vor ein paar Minuten angerufen.* • *Es ist zehn vor zwei.*
❹ mit Dativ gebraucht ≈ aus verwendet, um den Grund, die Ursache zu nennen: *vor Glück strahlen*

vor|ab (Adverb) ≈ im Voraus zuerst, zunächst

vo|ran, vor|an (Adverb)
❶ vor jemandem/etwas her
❷ vorwärts, nach vorn

vo|ran|ge|hen, vor|an|ge|hen (Verb)
du gehst voran, er ging voran, sie ist vorangegangen, geh(e) voran!
❶ vor anderen ganz vorn gehen
❷ Fortschritte machen, weiterkommen

vo|ran|kom|men, vor|an|kom|men (Verb)
du kommst voran, er kam voran, sie ist vorangekommen, komm(e) voran!
❶ weiter vorwärts kommen
❷ Fortschritte machen, weiterkommen

vo|raus, vor|aus (Adverb)
jemandem/einer Sache voraus sein weiter vorn als jemand/etwas sein: *Ich kann ihn nicht mehr einholen, er ist schon zu weit voraus.* besser, schneller, klüger usw. als jemand/etwas sein: *Er war seiner Zeit voraus.*

der **Vo|raus** (Nomen) nur im Singular **des Voraus**
meist in im Voraus schon vorher

vo|raus|fah|ren, vor|aus|fah|ren (Verb)
du fährst voraus, er fuhr voraus, sie ist vorausgefahren, fahr(e) voraus!
❶ vorn fahren, an der Spitze fahren
❷ vorher fahren, schon früher fahren

vo|raus|ge|hen, vor|aus|ge|hen (Verb)
du gehst voraus, er ging voraus, sie ist vorausgegangen, geh(e) voraus!
❶ vorn gehen, an der Spitze gehen
❷ vorher gehen, schon früher gehen

die **Vo|raus|sa|ge, Vor|aus|sa|ge** (Nomen)
der Voraussage, die Voraussagen
siehe auch → **Vorhersage**

vo|raus|sa|gen, vor|aus|sa|gen (Verb)
du sagst voraus, er sagte voraus, sie hat vorausgesagt, sag(e) voraus!
siehe auch → **vorhersagen**

vo|raus|se|hen, vor|aus|se|hen (Verb)
du siehst voraus, er sah voraus, sie hat vorausgesehen, sieh voraus!
siehe auch → **vorhersehen**

vo|raus|set|zen, vor|aus|set|zen (Verb)
du setzt voraus, er setzte voraus, sie hat vorausgesetzt, setz(e) voraus!
❶ jemand setzt etwas voraus jemand glaubt oder erwartet, dass etwas gegeben oder da ist: *Ich hatte vorausgesetzt, dass ihr das schon wisst.*
❷ etwas setzt etwas voraus für etwas ist etwas nötig, etwas erfordert etwas: *Eine Bergtour setzt eine gute Kondition voraus.*
❸ vorausgesetzt, (dass) … nur wenn …: *Vorausgesetzt, dass wir es pünktlich schaffen, können wir heute noch ins Kino gehen.*

die **Vo|raus|set|zung, Vor|aus|set|zung**
(Nomen) **der Voraussetzung, die Voraussetzungen**
❶ ≈ Annahme der Glaube oder die Erwartung, dass etwas gegeben oder da ist: *von falschen Voraussetzungen ausgehen*
❷ ≈ Bedingung die Notwendigkeit, dass etwas gegeben oder da ist: *die Voraussetzungen erfüllen*
❸ unter der Voraussetzung, dass … nur wenn …: *Unter der Voraussetzung, dass sie sich aufstellen lässt, wird sie die neue Klassensprecherin.*

vo|raus|sicht|lich, vor|aus|sicht|lich
(Adjektiv) sehr wahrscheinlich

der **Vor|be|halt** (Nomen) **des Vorbehalt(e)s, die Vorbehalte**
❶ ≈ Bedenken, Zweifel das Gefühl, dass etwas nicht gut oder richtig ist
❷ ohne Vorbehalt überzeugt, dass etwas gut oder richtig ist: *Ich glaube ihr ohne Vorbehalt.*
❸ eine Bedingung, die erfüllt sein muss, bevor man etwas tut
❹ unter Vorbehalt vorläufig, zur Probe

vor|bei (Adverb)
❶ zu Ende, vergangen: *Die Ferien sind vorbei.*
❷ (an jemandem/etwas) vorbei an jemanden/etwas herankommen und danach in derselben Richtung weitergehen

vor|bei|ge|hen (Verb) **du gehst vorbei, er ging vorbei, sie ist vorbeigegangen, geh(e) vorbei!**
1 zu Ende gehen, aufhören
2 (an jemandem/etwas) vorbeigehen an jemanden/etwas herankommen und danach in derselben Richtung weitergehen
3 bei jemandem vorbeigehen umgangssprachlich kurz zu jemandem gehen und etwas erledigen

vor|bei|kom|men (Verb) **du kommst vorbei, er kam vorbei, sie ist vorbeigekommen, komm(e) vorbei!**
1 genügend Platz haben, um an einer engen Stelle durchzukommen
2 (an jemandem/etwas) vorbeikommen an jemanden/etwas herankommen und danach in derselben Richtung weitergehen oder weiterfahren
3 (bei jemandem) vorbeikommen umgangssprachlich jemanden besuchen

vor|bei|las|sen (Verb) umgangssprachlich **du lässt vorbei, er ließ vorbei, sie hat vorbeigelassen, lass(e) vorbei!** vorbeigehen oder vorbeifahren lassen

vor|bei|schau|en (Verb) umgangssprachlich **du schaust vorbei, er schaute vorbei, sie hat vorbeigeschaut, schau(e) vorbei!**
1 (bei jemandem) vorbeischauen jemanden kurz besuchen
2 an etwas/jemandem vorbeischauen etwas oder jemanden (absichtlich) übersehen

vor|be|rei|ten (Verb) **du bereitest vor, er bereitete vor, sie hat vorbereitet, bereite vor!**
1 etwas vorbereiten die Arbeiten für etwas im Voraus erledigen: *eine Party vorbereiten*
2 jemanden/sich für etwas bereit machen: *sich auf eine Prüfung vorbereiten*

die **Vor|be|rei|tung** (Nomen) **der Vorbereitung, die Vorbereitungen** die Maßnahmen und Tätigkeiten, mit denen man etwas/jemanden/sich vorbereitet

vor|be|straft (Adjektiv) früher Straftaten begangen habend und dafür von einem Gericht verurteilt

vor|beu|gen (Verb) **du beugst vor, er beugte vor, sie hat vorgebeugt, beug(e) vor!**
1 handeln, damit etwas verhindert wird: *einem Schnupfen vorbeugen*
2 sich vorbeugen den Oberkörper nach vorn neigen, sich leicht bücken

das **Vor|bild** (Nomen) **des Vorbild(e)s, die Vorbilder** jemand/etwas, den/das man nachahmen sollte oder will: *ein gutes/schlechtes Vorbild sein*

vor|bild|lich (Adjektiv) so gut, dass man es nachahmen sollte

vor|de|re, vor|de|rer, vor|de|res (Adjektiv) vorne befindlich: *der vordere Teil des Schiffes • die vorderen Tabellenplätze*

der **Vor|der|grund** (Nomen) nur im Singular **des Vordergrund(e)s**
1 in der Landschaft, bei einem Bild usw. das, was man ganz vorne sieht: *im Vordergrund des Bildes*
2 im Vordergrund stehen im Mittelpunkt sein: *Im Vordergrund müssen immer die Schüler stehen.*
3 sich in den Vordergrund drängen/schieben versuchen, im Mittelpunkt zu sein

sich **vor|drän|geln** (Verb) umgangssprachlich • abwertend **du drängelst dich vor, er drängelte sich vor, sie hat sich vorgedrängelt, drängel(e) dich nicht vor!** sich in einer Schlange o. Ä. weiter nach vorn schieben, als einem zusteht: *Warum musst du dich an der Kasse immer vordrängeln?*

vor|ei|lig (Adjektiv) **voreiliger, am voreiligsten** zu schnell und ohne zu überlegen: *eine voreilige Entscheidung fällen*

vor|ei|nan|der, vor|ein|an|der (Adverb)
1 räumlich ein Mensch/Gegenstand vor dem anderen: *die Karten voreinander anordnen*
2 gegenseitig, eine Person gegenüber einer anderen: *großen Respekt voreinander haben*

vor|ein|ge|nom|men (Adjektiv) voller Vorurteile: *Die Klasse war der jungen Lehrerin gegenüber voreingenommen.*

vor|ent|hal|ten (Verb) **du enthältst vor, er enthielt vor, sie hat vorenthalten, enthalt(e) nicht vor!** jemandem etwas nicht geben oder sagen, obwohl er ein Recht darauf hat: *Uns sind wichtige Informationen vorenthalten worden.*

die **Vor|ent|schei|dung** (Nomen) **der Vorentscheidung, die Vorentscheidungen** SPORT ein Ergebnis, das eine frühe Entscheidung zu sein scheint: *Das 3:0 war die Vorentscheidung.*

vor|erst (Adverb) ≈vorläufig zunächst einmal: *Die Sache wurde vorerst verschoben.*

der **Vor|fahr, Vor|fah|re** (Nomen) **des Vorfahren, die Vorfahren** jemand, von dem jemand abstammt: *Seine Vorfahren lebten in der Mongolei.*

vor|fah|ren (Verb) **du fährst vor, er fuhr vor, sie ist/hat vorgefahren, fahr(e) vor!**
1 **ist vorgefahren** vor ein Haus o. Ä. fahren: *Der Wagen ist am Eingang vorgefahren.*
2 **ist vorgefahren** · umgangssprachlich vorausfahren: *Wir fahren schon mal vor!*
3 **hat vorgefahren** ein Fahrzeug nach vorn fahren: *Sag ihm bitte, er soll noch einen Meter vorfahren.*

die **Vor|fah|rin** (Nomen) **der Vorfahrin, die Vorfahrinnen** Femininform von → **Vorfahr**

die **Vor|fahrt** (Nomen) **nur im Singular**
der Vorfahrt das Recht, an einer Kreuzung als Erster zu fahren: *Wer von rechts kommt, hat Vorfahrt.* · *jemandem die Vorfahrt nehmen*

der **Vor|fall** (Nomen) **des Vorfall(e)s, die Vorfälle** ein (oft unangenehmes) Ereignis: *ein peinlicher Vorfall*

vor|fal|len (Verb) **nur in der 3. Person gebraucht**
es fällt vor, es fiel vor, es ist vorgefallen
insbesondere unangenehme Ereignisse geschehen, passieren: *Während eurer Abwesenheit ist etwas vorgefallen.*

vor|füh|ren (Verb) **du führst vor, er führte vor, sie hat vorgeführt, führ(e) vor!**
1 Zuschauern etwas zeigen: *einen selbst gedrehten Film vorführen*
2 demonstrieren, wie etwas funktioniert: *in Chemie einen Versuch vorführen*

die **Vor|füh|rung** (Nomen) **der Vorführung, die Vorführungen** Vorstellung, Präsentation: *die Vorführung eines Films*

der **Vor|gang** (Nomen) **des Vorgang(e)s, die Vorgänge**
1 Ereignis, Geschehen: *dafür sorgen, dass sich solche Vorgänge nicht wiederholen*
2 Prozess, Ablauf: *ein komplexer chemischer Vorgang*

der **Vor|gän|ger** (Nomen) **des Vorgängers, die Vorgänger** jemand, der die Aufgabe oder das Geschäft vor einem anderen hatte: *Er will alles anders machen als sein Vorgänger.*

die **Vor|gän|ge|rin** (Nomen) **der Vorgängerin, die Vorgängerinnen**
Femininform von → **Vorgänger**

vor|ge|ben (Verb) **du gibst vor, er gab vor, sie hat vorgegeben, gib vor!**
1 festlegen, bestimmen: *den Schülern für den Test eine genaue Arbeitszeit vorgeben*
2 etwas Unwahres behaupten: *Er gab vor, krank gewesen zu sein.*

vor|ge|hen (Verb) **du gehst vor, er ging vor, sie ist vorgegangen, geh(e) vor!**
1 umgangssprachlich nach vorn gehen: *Geh bitte an die Tafel vor!*
2 umgangssprachlich vorausgehen: *Geht ihr schon mal vor!*
3 handeln, verfahren: *Wie sollen wir jetzt weiter vorgehen?*
4 einschreiten, unternehmen: *mit aller Härte gegen die Plünderer vorgehen*
5 den Vorrang haben, am wichtigsten sein: *Meine Familie geht immer vor.*
6 Uhr usw. zu schnell gehen, zuviel anzeigen: *Die Uhr geht fünf Minuten vor.*

die **Vor|ge|hens|wei|se** (Nomen)
der Vorgehensweise, die Vorgehensweisen die Art und Weise, wie jemand in einer bestimmten Situation handelt: *Welche Vorgehensweise empfehlen Sie?*

vor|ges|tern (Adverb) vor zwei Tagen: *Ich habe sie vorgestern Abend das letzte Mal gesehen.*

vor|ha|ben (Verb) **du hast vor, er hatte vor, sie hat vorgehabt**
beabsichtigen, planen: *Was habt ihr am Wochenende vor?*

vor|hal|ten (Verb) **du hältst vor, er hielt vor, sie hat vorgehalten, halt(e) vor!**
1 etwas vor etwas/jemanden halten: *sich ein Handtuch vorhalten*
2 vorwerfen: *jemandem all seine Schwächen vorhalten*

die **Vor|hal|tun|gen** (Nomen) **meist im Plural**
der Vorhaltungen Vorwürfe: *Sie hat ihm Vorhaltungen wegen seiner Unpünktlichkeit gemacht.*

vor|han|den (Adjektiv) verfügbar, vorrätig: *Es sind nicht genügend Wörterbücher für die Klassenarbeit vorhanden.*

der **Vor|hang** (Nomen) **des Vorhang(e)s, die Vorhänge**
1 **meist im Plural** ein Stück Stoff, das man vor ein Fenster ziehen kann: *abends die Vorhänge zuziehen*
2 ≈Theatervorhang ein Stück Stoff, das man vor eine Bühne ziehen kann: *Dann geht endlich der Vorhang auf.*

vor|her, vor|her (Adverb) früher, zuvor: *Ich muss vorher noch kurz telefonieren.*

vor|he|rig (Adjektiv) vorhergehend, zuvor erfolgend: *nur nach vorheriger Anmeldung*

die **Vor|herr|schaft** (Nomen) nur im Singular **der Vorherrschaft** ≈ Vormachtstellung die stärkste Macht auf einem bestimmten Gebiet: *der Kampf um die Vorherrschaft auf dem Medienmarkt*

vor|herr|schen (Verb) nur in der 3. Person gebraucht **es herrscht vor, es herrschte vor, es hat vorgeherrscht** ≈ überwiegen mehr oder stärker sein als andere: *Im Basketball herrscht Englisch als gängige Sprache vor.*

die **Vor|her|sa|ge** (Nomen) **der Vorhersage, die Vorhersagen** Voraussage, Prognose: *die Vorhersage für morgen, den 31. Januar*

vor|her|sa|gen (Verb) **du sagst vorher, er sagte vorher, sie hat vorhergesagt, sag(e) vorher!** voraussagen, prophezeien: *Niemand kann die Zukunft vorhersagen.*

vor|her|seh|bar (Adjektiv) voraussehbar: *Das Ergebnis ist schwer vorhersehbar.*

vor|her|se|hen (Verb) **du siehst vorher, er sah vorher, sie hat vorhergesehen** voraussehen: *Diesen Fall konnte wirklich niemand vorhersehen.*

vor|hin, vor|hin (Adverb) heute vor ganz kurzer Zeit: *Ich habe vorhin noch mit ihr gesprochen.*

vor|kom|men (Verb) **du kommst vor, er kam vor, sie ist vorgekommen, komm(e) vor!**
1 umgangssprachlich nach vorne kommen: *Komm mal bitte an die Tafel vor!*
2 geschehen, passieren: *So etwas darf nie wieder vorkommen.*
3 existieren, vorhanden sein: *Tiger kommen in freier Natur nur in Asien vor.*
4 ≈ erscheinen empfunden werden: *Das kommt mir komisch vor.*

die **Vor|la|ge** (Nomen) **der Vorlage, die Vorlagen**
1 nur im Singular das Zeigen eines Dokuments: *Ermäßigung nur bei Vorlage des Schülerausweises*
2 Muster, Vorbild: *Hast du das ohne Vorlage gezeichnet?*
3 SPORT das Zuspielen des Balls als Vorbereitung eines Tors: *Er konnte die Vorlage leider nicht verwandeln.*

vor|las|sen (Verb) umgangssprachlich **du lässt vor, er ließ vor, sie hat vorgelassen, lass(e) vor!**
1 jemanden überholen lassen: *die schnelleren Läufer vorlassen*
2 jemanden früher an die Reihe kommen lassen: *Würden Sie mich bitte vorlassen?*

der **Vor|lauf** (Nomen) **des Vorlauf(e)s, die Vorläufe** der erste Lauf in einem Wettbewerb

vor|läu|fig (Adjektiv) nicht endgültig, vorübergehend: *Der Verdächtige wurde vorläufig festgenommen.*

vor|laut (Adjektiv) **vorlauter, am vorlautesten** besonders **Kinder, Jugendliche** so, dass sich jemand gern mit frechen Worten einmischt, ohne gefragt zu sein

vor|le|gen (Verb) **du legst vor, er legte vor, sie hat vorgelegt, leg(e) vor!**
1 jemandem etwas zur Prüfung und Unterschrift geben: *dem Schulleiter die Zeugnisse vorlegen*
2 SPORT den Ball so platzieren, dass es eine Tormöglichkeit gibt: *Er legte ihm den Ball vor.*

vor|le|sen (Verb) **du liest vor, er las vor, sie hat vorgelesen, lies vor!** etwas laut für jemanden lesen: *vorm Einschlafen eine Gutenachtgeschichte vorlesen*

die **Vor|le|sung** (Nomen) **der Vorlesung, die Vorlesungen** ein Vortrag an einer Universität oder Hochschule, eine Vortragsreihe: *eine Vorlesung über Frösche halten*

vor|letz|te, vor|letz|ter, vor|letz|tes (Adjektiv) räumlich oder zeitlich direkt vor dem oder der Letzten gelegen: *auf dem vorletzten Platz landen*

die **Vor|lie|be** (Nomen) **der Vorliebe, die Vorlieben**
eine Vorliebe für etwas/jemanden haben etwas/jemanden besonders gern mögen: *Sie hat eine Vorliebe für chinesisches Essen.*

vor|lieb|neh|men (Verb) gehoben **du nimmst vorlieb, er nahm vorlieb, sie hat vorliebgenommen, nimm vorlieb!**
mit etwas/jemandem vorliebnehmen sich mit dem begnügen, was man gerade bekommen kann: *Wir kamen zu spät und mussten mit Stehplätzen vorliebnehmen.*

vorm (Präposition mit Artikel) umgangssprachlich vor dem: *die Angst vorm Fliegen*

vor|ma|chen (Verb) umgangssprachlich **du machst vor, er machte vor, sie hat vorgemacht, mach(e) vor!**
1 zeigen, vorführen: *Er macht den Schülern alle Übungen am Reck vor.*
2 täuschen, belügen: *Du machst dir selbst etwas vor, wenn du glaubst, dass du das schaffst.*

A B C D E F G H I J K L M N O P Q R S T U V W X Y Z

vor|mer|ken (Verb) **du merkst vor, er merkte vor, sie hat vorgemerkt, merk(e) vor!** etwas im Voraus notieren, um daran erinnert zu werden: *den Termin vorgemerkt haben*

der **Vor|mit|tag** (Nomen) **des Vormittag(e)s, die Vormittage** die Zeit zwischen Morgen und Mittag: *Wir sehen uns Sonntag am Vormittag.*

vor|mit|tags (Adverb) am Vormittag: *nur vormittags geöffnet*

vorn, vor|ne (Adverb)
1. im vorderen Teil von etwas: *Im Bus darf man nur vorne einsteigen.*
2. an der Spitze: *Unsere Mannschaft liegt vorn.*
3. von vorn vom Anfang, erneut: *Fang bitte noch mal von vorn an!*

der **Vor|na|me** (Nomen) **des Vornamens, die Vornamen** der Name, mit dem jemand angesprochen wird: *Ist Sascha ein männlicher oder weiblicher Vorname?*

vor|nehm (Adjektiv) **vornehmer, am vornehmsten**
1. von hoher sozialer Stellung: *eine vornehme Familie*
2. teuer und elegant: *ein vornehmes Restaurant*

vor|neh|men (Verb) **du nimmst vor, er nahm vor, sie hat vorgenommen, nimm vor!**
1. durchführen: *eine Operation vornehmen*
2. sich etwas vornehmen vorhaben, etwas zu tun: *sich vornehmen, mehr Sport zu treiben* auch **mit anderen** etwas unternehmen: *Sonntags nehmen wir uns immer etwas vor.*
3. sich jemanden vornehmen umgangssprachlich mit jemandem schimpfen, jemanden tadeln: *Diese Lausbuben werde ich mir mal vornehmen!*

vor|nehm|lich (Adverb) gehoben ≈ insbesondere vor allem: *Ihm geht es vornehmlich um den eigenen Vorteil.*

vorn|he|r|ein, vor|ne|he|r|ein (Adverb) von vornherein von Anfang an: *Das war mir von vornherein klar.*

vorn|über, vor|ne|über (Adverb) nach vorn: *Er ist vornüber den Hang hinuntergefallen.*

der **Vor|ort** (Nomen) **des Vorort(e)s, die Vororte** ein Stadtteil/Ort am Rande der Stadt

der **Vor|rang** (Nomen) **nur im Singular des Vorrang(e)s** größere Bedeutung als etwas oder jemand anderes: *Die Sicherheit der Menschen muss Vorrang haben.*

vor|ran|gig (Adjektiv)
1. von besonderer Bedeutung: *Die Sicherheit der Schüler gilt als vorrangig.*
2. überwiegend: *Hier wohnen vorrangig Studenten und junge Familien.*

der **Vor|rat** (Nomen) **des Vorrat(e)s, die Vorräte** ≈ Reserve Dinge, die man bei Bedarf benutzen, verbrauchen usw. kann: *Unsere Vorräte an Getränken sind aufgebraucht.*

die **Vor|rich|tung** (Nomen) **der Vorrichtung, die Vorrichtungen** ein Gerät, eine Anlage o. Ä. für einen bestimmten Zweck: *Der Treppenlift ist eine Vorrichtung, die gehbehinderte Menschen von Stockwerk zu Stockwerk befördern kann.*

vors (Präposition mit Artikel) umgangssprachlich vor das: *jemandem vors Schienbein treten*

vor|sa|gen (Verb) **du sagst vor, er sagte vor, sie hat vorgesagt, sag(e) vor!**
1. besonders SCHULE jemandem die Antwort zuflüstern: *Nicht vorsagen!*
2. sich etwas vorsagen etwas wiederholen, um es sich einzuprägen: *sich das kleine Einmaleins immer wieder vorsagen*

der **Vor|satz** (Nomen) **des Vorsatzes, die Vorsätze**
1. auch RECHT ≈ Absicht fester Entschluss, etwas zu tun oder zu lassen: *Er hat nicht mit Vorsatz gehandelt.*
2. gute Vorsätze etwas, was zu verbessern oder zu tun man sich vorgenommen hat: *gute Vorsätze fürs neue Jahr fassen*

vor|sätz|lich (Adjektiv) absichtlich, geplant: *vorsätzliche Täuschung*

vor|schie|ben (Verb) **du schiebst vor, er schob vor, sie hat vorgeschoben, schieb(e) vor!**
1. etwas vor etwas schieben: *den Riegel vorschieben*
2. etwas nach vorn schieben: *den Schrank vorschieben*
3. ≈ vorschützen als Vorwand für etwas anderes angeben: *andere Pflichten vorschieben*

der **Vor|schlag** (Nomen) **des Vorschlag(e)s, die Vorschläge** Empfehlung, Rat: *Ich mache dir einen Vorschlag.*

vor|schla|gen (Verb) **du schlägst vor, er schlug vor, sie hat vorgeschlagen, schlag(e) vor!**
1. empfehlen, raten: *Ich schlage vor, wir klären das morgen.*

❷ für ein Amt nominieren, empfehlen: *Er schlug Tim als Klassensprecher vor.*

vor|schnell (Adjektiv) zu schnell, zu früh und unüberlegt: *eine vorschnelle Entscheidung fällen*

vor|schrei|ben (Verb) **du schreibst vor, er schrieb vor, sie hat vorgeschrieben, schreib(e) vor!**
❶ etwas für jemanden als Muster schreiben: *Er schrieb den Kindern die Buchstaben vor.*
❷ etwas ins Unreine schreiben: *Den Text für Geburtstagskarten schreibe ich immer erst auf einem Blatt vor.*
❸ festlegen: *nur die vorgeschriebenen Hilfsmittel verwenden*
❹ befehlen, anweisen: *Von dem lasse ich mir nichts vorschreiben.*

die **Vor|schrift** (Nomen) **der Vorschrift, die Vorschriften**
❶ Regel, Bestimmung, Anweisung: *Das verstößt gegen die Vorschriften.*
❷ jemandem Vorschriften machen jemandem sagen, was er zu tun hat

vor|schrifts|mä|ßig (Adjektiv) ≈ korrekt so, wie es sich gehört, den Vorschriften entsprechend: *nicht vorschriftsmäßig geparkt haben*

die **Vor|schu|le** (Nomen) **der Vorschule, die Vorschulen**
❶ die Einrichtung, wie z. B. Kita, oder spezielle Schule, die Kinder im Jahr vor der Einschulung besuchen
❷ der Unterricht, den Kinder im Jahr vor der Einschulung bekommen

der **Vor|schuss** (Nomen) **des Vorschusses, die Vorschüsse** Vorauszahlung: *einen Vorschuss auf sein Taschengeld bekommen*

vor|se|hen (Verb) **du siehst vor, er sah vor, sie hat vorgesehen, sieh vor!**
❶ planen: *Für nächsten Dienstag ist ein Vokabeltest vorgesehen.*
❷ sich vorsehen ≈ aufpassen sich in Acht nehmen: *Vor dem muss man sich vorsehen!*

die **Vor|sicht** (Nomen) nur im Singular **der Vorsicht**
❶ ein aufmerksames Verhalten, das Gefahren vermeidet: *Vorsicht, Lebensgefahr!*
❷ mit Vorsicht zu genießen umgangssprachlich Aussagen usw. ziemlich fragwürdig, nicht sehr glaubwürdig: *Diese Vorhersage ist mit Vorsicht zu genießen.* Menschen leicht reizbar, charakterlich nicht einwandfrei: *Der neue Chef ist mit Vorsicht zu genießen.*

vor|sich|tig (Adjektiv) **vorsichtiger, am vorsichtigsten**
❶ achtsam, aufmerksam: *Seid bitte bloß vorsichtig!*
❷ zurückhaltend: *eine vorsichtige Schätzung*

vor|sichts|hal|ber (Adverb) zur Vorsicht, für alle Fälle: *Er nahm vorsichtshalber einen Schirm mit.*

der **Vor|sitz** (Nomen) **des Vorsitzes, die Vorsitze** Leitung: *In der Konferenz hat der Schulleiter den Vorsitz.*

der/die **Vor|sit|zen|de** (Nomen) **des/der Vorsitzenden, die Vorsitzenden** Leiter oder Leiterin: *zur 2. Vorsitzenden des Turnvereins gewählt werden*

die **Vor|sor|ge** (Nomen) nur im Singular **der Vorsorge** alles, was zur Vorbeugung gegen Gefahren o. Ä. getan wird: *medizinische Vorsorge*

vor|sor|gen (Verb) **du sorgst vor, er sorgte vor, sie hat vorgesorgt, sorg(e) vor!** im Voraus für etwas sorgen oder etwas vorbereiten: *durch Sparen für das Alter vorsorgen*

vor|sorg|lich (Adjektiv) als Vorsorge, zur Vorbeugung: *die erkrankten Kinder vorsorglich isolieren*

der **Vor|spann** (Nomen) **des Vorspann(e)s, die Vorspanne/Vorspänne** die Einleitung eines Films oder einer Sendung mit Informationen zu Darstellern usw.

vor|spre|chen (Verb) **du sprichst vor, er sprach vor, sie hat vorgesprochen, sprich vor!**
❶ vorsagen: *der Klasse die englischen Vokabeln vorsprechen*
❷ besonders THEATER eine Aufnahmeprüfung machen, indem man einen Text vorträgt

der **Vor|sprung** (Nomen) **des Vorsprung(e)s, die Vorsprünge**
❶ auch SPORT ein Abstand zu einem Konkurrenten, Verfolger o. Ä.: *ein Vorsprung von 10 Sekunden*
❷ der hervorstehende Teil von etwas: *sich an einem Vorsprung im Fels festhalten*

der **Vor|stand** (Nomen) **des Vorstand(e)s, die Vorstände** die Personen, die ein Unternehmen oder eine Organisation leiten: *die Neuwahl des Vorstands der Partei*

vor|stell|bar (Adjektiv) denkbar: *Ein Kompromiss in der Sache wäre durchaus vorstellbar.*

vor|stel|len (Verb) **du stellst vor, er stellte vor, sie hat vorgestellt, stell(e) vor!**
❶ beim Kennenlernen seinen eigenen oder jemandes Namen nennen: *Ich möchte euch meine Freundin Maxi vorstellen.*
❷ vorführen, präsentieren: *sein neues Projekt vorstellen*
❸ sich etwas vorstellen sich ein Bild von etwas machen: *Andere Eltern kann ich mir nicht vorstellen.*
auf die Zukunft bezogen etwas für möglich halten: *Ich könnte mir vorstellen, einmal nach Australien auszuwandern.*

die **Vor|stel|lung** (Nomen) **der Vorstellung, die Vorstellungen**
❶ das Nennen von Namen beim Kennenlernen: *eine kurze gegenseitige Vorstellung*
❷ Einführung, Präsentation: *die Vorstellung unseres neuen Projekts*
❸ THEATER · FILM Vorführung: *Die Vorstellung beginnt um 18:30 Uhr.*
❹ ein Bild, das man von etwas oder jemandem hat: *noch keine klaren Vorstellungen von dem Job haben*
❺ nur im Singular Einbildung, Fantasie: *Das existiert nur in deiner Vorstellung.*

das **Vor|stel|lungs|ge|spräch** (Nomen) **des Vorstellungsgespräch(e)s, die Vorstellungsgespräche**
≈ Einstellungsgespräch ein Gespräch mit einem möglichen Arbeitgeber: *Sie ist morgen zu einem Vorstellungsgespräch eingeladen.*

der **Vor|stoß** (Nomen) **des Vorstoßes, die Vorstöße**
❶ auch MILITÄR das Vordringen in ein feindliches oder gefährliches Gebiet: *ein Vorstoß in die von den Terroristen kontrollierte Zone*
❷ der Versuch, bei jemandem etwas zu erreichen: *Wir wollen einen letzten Vorstoß beim Schulleiter wegen der Schulfete unternehmen.*

der **Vor|teil** (Nomen) **des Vorteil(e)s, die Vorteile**
❶ günstiger Umstand: *Die Lage in der Innenstadt hat viele Vorteile.*
❷ von Vorteil sein günstig sein
❸ im Vorteil sein überlegen sein: *Durch ihre Größe ist sie im Vorteil.*

vor|teil|haft (Adjektiv) **vorteilhafter, am vorteilhaftesten** günstig, nützlich: *in einer vorteilhaften Position sein*

der **Vor|trag** (Nomen) **des Vortrag(e)s, die Vorträge**
❶ Rede, Referat: *einen Vortrag über Höhlenmalerei halten*
❷ nur im Singular die Art und Weise, wie etwas vorgetragen wird: *ein mitreißender Vortrag der Ballade*

vor|tra|gen (Verb) **du trägst vor, er trug vor, sie hat vorgetragen, trag(e) vor!**
❶ etwas vor anderen sprechen, singen oder spielen: *ein Gedicht vortragen*
❷ über etwas, was einem wichtig ist, mit anderen sprechen: *dem Festausschuss seine Bedenken vortragen*

vor|tre|ten (Verb) **du trittst vor, er trat vor, sie ist vorgetreten, tritt vor!**
❶ nach vorn gehen: *Alle, die helfen wollen, bitte vortreten!*
❷ umgangssprachlich hervortreten, hervorstehen: *Sie hat vortretende Backenknochen.*

vo|rü|ber, vor|über (Adverb) gehoben
❶ zeitlich aus, vorbei: *Das ist alles längst vorüber.*
❷ räumlich vorbei: *Die Katze huschte an uns vorüber ins Haus.*

vo|rü|ber|ge|hen, vor|über|ge|hen (Verb) **du gehst vorüber, er ging vorüber, sie ist vorübergegangen, geh(e) vorüber!**
❶ zu Ende gehen: *Die Ferien gehen immer zu schnell vorüber.*
❷ vorbeigehen: *Sie ist an mir vorübergegangen, ohne mich anzuschauen.*

vo|rü|ber|ge|hend, vor|über|ge|hend (Adjektiv) für eine bestimmte Zeit: *Das Café ist vorübergehend geschlossen.*

das **Vor|ur|teil** (Nomen) **des Vorurteil(e)s, die Vorurteile** eine meist negative Meinung, die nicht auf Tatsachen beruht: *Sie steckt voller Vorurteile gegen Ausländer.*

die **Vor|ver|gan|gen|heit** (Nomen) GRAMMATIK nur im Singular **der Vorvergangenheit** → **Plusquamperfekt**

der **Vor|ver|kauf** (Nomen) nur im Singular **des Vorverkauf(e)s** der Verkauf von Eintrittskarten einige Zeit vor der Veranstaltung: *Im Vorverkauf sind die Karten etwas billiger.*

die **Vor|wahl** (Nomen) **der Vorwahl, die Vorwahlen**
❶ TELEFON die Nummer des Ortsnetzes, die vor der Rufnummer gewählt werden muss: *Die Vorwahl von Freiburg lautet 0761.*

❷ POLITIK eine Wahl, bei der die Kandidaten für eine bestimmte Wahl ermittelt werden: *die Vorwahlen in den USA*

der **Vor|wand** (Nomen) **des Vorwand(e)s, die Vorwände** ≈Ausrede ein vorgetäuschter Grund: *Trickbetrüger verschaffen sich oft unter einem Vorwand Zutritt zu einer Wohnung.*

vor|wärts (Adverb)
❶ mit der Vorderseite nach vorne: *Bitte vorwärts einparken!*
❷ (weiter) in die Richtung einer positiven Entwicklung: *ein großer Schritt vorwärts*

vor|wärts|brin|gen (Verb) **du bringst vorwärts, er brachte vorwärts, sie hat vorwärtsgebracht, bring(e) vorwärts!** ≈weiterbringen etwas/jemanden voranbringen: *Eine bessere Zeitplanung wird unser Projekt sicher vorwärtsbringen.*

vor|wärts|ge|hen (Verb) **du gehst vorwärts, er ging vorwärts, sie ist vorwärtsgegangen, geh(e) vorwärts!**
❶ nach vorn gehen: *ein paar Schritte vorwärtsgehen*
❷ sich gut weiterentwickeln: *Nun geht es wieder vorwärts mit unserem Projekt.*

vor|wärts|kom|men (Verb) **du kommst vorwärts, er kam vorwärts, sie ist vorwärtsgekommen, komm(e) vorwärts!**
❶ vorankommen: *In dem Schlamm kam der Wagen kaum vorwärts.*
❷ ≈weiterkommen Fortschritte machen: *Wie kommst du vorwärts mit der Arbeit?*

vor|weg (Adverb)
❶ ≈vorab im Voraus: *Das Beste vorweg: Nach dieser Stunde habt ihr frei.*
❷ ≈voran vor allen anderen: *Die Kinder zogen runter zum Fluss, Tim immer vorweg.*

vor|weg|neh|men (Verb) **du nimmst vorweg, er nahm vorweg, sie hat vorweggenommen, nimm nicht vorweg!** etwas sagen oder tun, was erst für später bestimmt war: *Damit hast du die Entscheidung vorweggenommen.*

vor|wer|fen (Verb) **du wirfst vor, er warf vor, sie hat vorgeworfen, wirf vor!**
❶ etwas einem Tier zu fressen geben: *den Krokodilen zum Fraß vorgeworfen werden*
❷ vorhalten: *jemandem Feigheit und Hinterlist vorwerfen*
❸ sich nichts vorzuwerfen haben keine Fehler gemacht haben

vor|wie|gend (Adverb) hauptsächlich, überwiegend: *Bären ernähren sich vorwiegend von pflanzlicher Kost.*

das **Vor|wort** (Nomen) **des Vorwort(e)s, die Vorworte** ein kurzer Text als Einführung am Anfang eines Buches

der **Vor|wurf** (Nomen) **des Vorwurf(e)s, die Vorwürfe** Beschuldigung: *Seine Eltern machen ihm dauernd Vorwürfe wegen seiner schlechten Leistungen.*

vor|wurfs|voll (Adjektiv) ≈anklagend einen Vorwurf enthaltend: *Für diese Äußerung erntete er vorwurfsvolle Blicke.*

das **Vor|zei|chen** (Nomen) **des Vorzeichens, die Vorzeichen**
❶ ein Anzeichen, das in die Zukunft weist: *Das ist kein gutes Vorzeichen.*
❷ MATHEMATIK das Plus- oder Minuszeichen vor einer Zahl
❸ MUSIK ≈Versetzungszeichen ein Zeichen in einer Notenschrift, durch das die Stammtöne nach oben oder nach unten verändert werden

vor|zei|tig (Adjektiv) zu einem früheren Zeitpunkt als geplant oder gewünscht: *seine vorzeitige Abreise*

vor|zie|hen (Verb) **du ziehst vor, er zog vor, sie hat vorgezogen, zieh(e) vor!**
❶ etwas/jemanden lieber mögen als etwas anderes/jemand anders: *Ich ziehe Filme mit viel Action vor.*
❷ sich für etwas entscheiden: *Er zog es vor, zu Hause zu bleiben.*
❸ ≈vorverlegen etwas früher als geplant stattfinden lassen: *Er hat den Biologieunterricht vorgezogen.*

der **Vor|zug** (Nomen) **des Vorzug(e)s, die Vorzüge**
❶ ≈Vorteil günstiger Umstand: *die Vorzüge des Kunstrasens gegenüber einem schlechten Rasenplatz*
❷ jemandem/einer Sache den Vorzug geben sich für jemanden/eine Sache entscheiden

vor|züg|lich, vor|züg|lich (Adjektiv) hervorragend, ausgezeichnet: *Aus ihm ist ein vorzüglicher Koch geworden.*

vul|gär (Adjektiv) [vʊlˈgɛːɐ̯] gehoben • abwertend **vulgärer, am vulgärsten** ordinär, unanständig: *seine vulgäre Sprache*

der **Vul|kan** (Nomen) [vʊlˈkaːn] **des Vulkans, die Vulkane** ein Berg, der manchmal Lava und Gase ausstößt: *Der Vulkan ist ausgebrochen.*

W

das **W, w** (Nomen) **des W, die W**
❶ der 23. Buchstabe im Alphabet
siehe auch → **A**
❷ nur: W GEOGRAFIE
Kurzform von → **Westen**

die **Waa|ge** (Nomen) **der Waage, die Waagen**
❶ ein Gerät, mit dem man das Gewicht von jemandem/etwas feststellen kann
❷ nur im Singular das Sternzeichen für die Zeit vom 24.9. bis 23.10.: *die Eigenschaften des Sternzeichens „Waage“*
❸ jemand, der im Sternzeichen „Waage“ geboren ist: *Ich bin Waage.*

waa|ge|recht, waag|recht (Adjektiv)
≈ horizontal in einer geraden Linie von einer Seite zur anderen und parallel zum flachen Boden: *eine waagerechte Linie*

die **Wa|be** (Nomen) **der Wabe, die Waben** eine durch Bienen aus Wachs gebildete Konstruktion, in der Honig gelagert wird

wach (Adjektiv) **wacher, am wachsten**
❶ nicht schlafend: *die ganze Nacht wach liegen*
❷ wach werden aufwachen: *Pass auf, dass die Kinder nicht wach werden!* von Gefühlen usw. wieder auftreten: *Da werden alte Erinnerungen wach.*
❸ ≈ aufgeweckt, intelligent mit klarem Verstand

die **Wa|che** (Nomen) **der Wache, die Wachen**
❶ eine Person oder Gruppe, die etwas oder jemanden bewacht: *die Wachen alarmieren*
❷ nur im Singular Wachdienst: *Wache halten*
❸ Dienststelle der Polizei: *jemanden auf die Wache mitnehmen*

wa|chen (Verb) **du wachst, er wachte, sie hat gewacht, wach(e)!**
❶ gehoben aufbleiben und aufpassen: *Sie wachte am Bett ihres kranken Kindes.*
❷ über etwas wachen aufpassen und dafür sorgen, dass bestimmte Dinge eingehalten werden: *1700 UN-Soldaten wachen über die Einhaltung des Waffenstillstands.*

wach|hal|ten (Verb) **du hältst wach, er hielt wach, sie hat wachgehalten, halt(e) wach!** etwas nicht vergessen lassen: *Das Denkmal soll die Erinnerung an schwere Zeiten wachhalten.*

das **Wachs** (Nomen) **des Wachses, die Wachse** eine von Bienen oder künstlich erzeugte Masse, aus der besonders Kerzen hergestellt werden: *Der echte Wachs von Bienen riecht gut.*

wach|sam (Adjektiv) **wachsamer, am wachsamsten** aufmerksam, achtsam: *Unser Hund ist äußerst wachsam.*

die **Wach|sam|keit** (Nomen) nur im Singular **der Wachsamkeit** Aufmerksamkeit, Achtsamkeit: *Hier ist äußerste Wachsamkeit angesagt.*

wach|sen[1] (Verb) **du wachst, er wachste, sie hat gewachst, wachs(e)!** etwas mit Wachs einreiben oder mit einer Wachsschicht versehen: *die Skier richtig wachsen*

wach|sen[2] (Verb) **du wächst, er wuchs, sie ist gewachsen, wachs(e)!**
❶ BIOLOGIE als Pflanze, Tier oder Mensch sich entwickeln und größer werden: *Hier wachsen oft Steinpilze. • Jonas ist schon wieder gewachsen!*
❷ zunehmen: *Die Einwohnerzahl Kölns wächst ständig.*

das **Wachs|tum** (Nomen) nur im Singular **des Wachstums**
❶ BIOLOGIE das Wachsen lebender Organismen: *Eiweiß fördert das Wachstum.*
❷ Zunahme, Steigerung: *das jährliche Wachstum der Wirtschaft*

wach|wer|den, wach wer|den (Verb) **du wirst wach, er wurde wach, sie ist wachgeworden/wach geworden, werd(e) wach!** wieder auftreten, sich wieder zeigen: *Da werden schmerzhaft die Erinnerungen an die Flucht wach.*

wa|cke|lig, wack|lig (Adjektiv) **wackeliger, am wackeligsten**
❶ nicht fest oder stabil: *ein wackeliger Stuhl • etwas wackelig auf den Beinen sein*
❷ umgangssprachlich gefährdet, bedroht: *wackelige Arbeitsplätze*

wa|ckeln (Verb) **du wackelst, er wackelte, sie hat/ist gewackelt, wack(e)le nicht!**
❶ hat gewackelt nicht fest oder stabil sein: *Der Tisch wackelt.*

❷ **hat gewackelt** • umgangssprachlich zittern, vibrieren: *Das ganze Haus wackelt, wenn ein Laster vorbeifährt.*
❸ **ist gewackelt** • umgangssprachlich wackelnd irgendwohin gehen: *Eine Entenfamilie wackelte über die Straße.*

die **Wa|de** (Nomen) **der Wade, die Waden**
der hintere Teil des Unterschenkels

die **Waf|fe** (Nomen) **der Waffe, die Waffen**
❶ ein Gegenstand zum Kämpfen oder Jagen: *eine Waffe tragen*
❷ jemanden mit seinen eigenen Waffen schlagen recht behalten, indem man die Argumente des Gegners benutzt

die **Waf|fel** (Nomen) **der Waffel, die Waffeln**
❶ ein süßes Gebäck mit einem wabenartigen Muster
❷ eine Eistüte (aus Waffelteig): *zwei Kugeln Vanilleeis in der Waffel*
❸ einen an der Waffel haben umgangssprachlich verrückt sein

der **Waf|fen|still|stand** (Nomen) **nur im Singular des Waffenstillstand(e)s** die Vereinbarung, die Kampfhandlungen einzustellen: *Friedensverhandlungen im Anschluss an den Waffenstillstand*

wa|gen (Verb) **du wagst, er wagte, sie hat gewagt, wag(e)!**
❶ Mut zu etwas haben: *Man muss den Versuch einfach wagen.*
❷ riskieren, einsetzen: *sein Leben für jemanden wagen*
❸ sich wagen sich trauen: *Oma wagt sich abends nicht aus dem Haus.*

der **Wa|gen** (Nomen) **des Wagens, die Wagen**
❶ ein Fahrzeug mit Rädern
❷ Auto: *einen flotten Wagen fahren*
❸ EISENBAHN Waggon eines Zuges: *Die Wagen der ersten Klasse befinden sich an der Spitze des Zuges.*

der **Wag|gon**, **Wa|gon** (Nomen) [va'gɔŋ] **des Waggons, die Waggons** ein Wagen als Teil eines Zuges

wag|hal|sig, **wa|ge|hal|sig** (Adjektiv) **waghalsiger, am waghalsigsten**
❶ mutig, aber auch dazu neigend, Gefahren einzugehen: *Die Retter stürzten sich waghalsig in die Fluten.*
❷ riskant, gefährlich: *Das wird ein waghalsiges Unternehmen.*

das **Wag|nis** (Nomen) **des Wagnisses, die Wagnisse** ≈Abenteuer ein riskantes Unternehmen

die **Wahl** (Nomen) **der Wahl, die Wahlen**
❶ **nur im Singular** die Freiheit, sich zwischen mehreren Möglichkeiten zu entscheiden: *Wir hatten keine Wahl.*
❷ POLITIK die Abstimmung über politische Entscheidungen: *bei den Wahlen als Gewinner hervorgehen*
❸ zur Wahl gehen POLITIK wählen (gehen)
❹ erste/zweite/dritte Wahl die beste/zweitbeste/drittbeste Qualität/Lösung: *Als Torhüter ist er nur die zweite Wahl.*

wahl|be|rech|tigt (Adjektiv) mit dem Recht, bei einer Wahl seine Stimme abzugeben

die **Wahl|be|tei|li|gung** (Nomen) **nur im Singular der Wahlbeteiligung** der Anteil der Wahlberechtigten, die zur Wahl gegangen sind: *Die Wahlbeteiligung lag bei 67 Prozent.*

wäh|len (Verb) **du wählst, er wählte, sie hat gewählt, wähl(e)!**
❶ sich für eine von mehreren Möglichkeiten entscheiden: *Sie können zwischen zwei Vorspeisen wählen.*
❷ POLITIK bei einer Wahl seine Stimme abgeben: *Am Sonntag wird in Bayern gewählt.*
❸ jemanden/eine Partei wählen jemandem/einer Partei seine Stimme geben
❹ TELEFON eine Nummer eingeben, um jemanden anzurufen

der **Wäh|ler** (Nomen) **des Wählers, die Wähler**
❶ ≈Wahlberechtigter jemand mit dem Recht, bei einer Wahl seine Stimme abzugeben
❷ jemand, der jemandem oder einer Partei seine Stimme gegeben hat: *Ich danke allen meinen Wählern.*

die **Wäh|le|rin** (Nomen) **der Wählerin, die Wählerinnen** Feminform von → **Wähler**

wäh|le|risch (Adjektiv) **wählerischer, am wählerischsten** anspruchsvoll: *Beim Essen ist Anna sehr wählerisch.*

der **Wahl|kampf** (Nomen) **des Wahlkampfes, die Wahlkämpfe** die Zeit vor einer Wahl, in der die Parteien oder Kandidaten um die Stimmen der Wähler werben

wahl|los (Adjektiv) ohne einen bestimmten Plan oder Grundsatz: *wahllos alles durcheinanderessen und -trinken*

das **Wahl|recht** (Nomen) **nur im Singular des Wahlrecht(e)s**
❶ alle gesetzlichen Vorschriften, die die Durchführung einer Wahl betreffen

❷ das Recht, bei einer Wahl seine Stimme abzugeben, oder sich bei einer Wahl wählen zu lassen

der **Wahn** (Nomen) nur im Singular
des Wahn(e)s
❶ abwertend eine Sache, die übertrieben wichtig genommen wird (z. B. Schlankheitswahn, Männlichkeitswahn)
❷ MEDIZIN eine psychische Störung mit Zwangsvorstellungen (z. B. Verfolgungswahn, religiöser Wahn)

der **Wahn|sinn** (Nomen) nur im Singular
des Wahnsinns
❶ MEDIZIN eine schwere psychische Störung mit Wahnvorstellungen
❷ umgangssprachlich großer Unsinn, Quatsch: *Es ist doch Wahnsinn, jetzt in solch eine gefährliche Gegend zu fahren!*
❸ umgangssprachlich ein Ausdruck der Begeisterung: *Wahnsinn, ich habe eine Eins!*

wahn|sin|nig (Adjektiv) **wahnsinniger, am wahnsinnigsten**
❶ MEDIZIN geistesgestört, verwirrt
❷ umgangssprachlich • abwertend dumm, nicht gut überlegt: *Was du vorhast, ist doch wahnsinnig.*
❸ umgangssprachlich sehr stark: *wahnsinnige Schmerzen haben*

wahr (Adjektiv)
❶ ≈wirklich, tatsächlich nicht gelogen: *Der Film wurde nach einer wahren Begebenheit gedreht.*
❷ echt, aufrichtig: *wahre Liebe*
❸ das einzig Wahre umgangssprachlich das Beste, das einzig Richtige
❹ nicht das Wahre umgangssprachlich nicht das Richtige

wah|ren (Verb) **du wahrst, er wahrte, sie hat gewahrt, wahre!**
❶ bewahren, aufrechterhalten: *Abstand wahren*
❷ schützen, verteidigen: *seine Interessen wahren*

wäh|ren (Verb) gehoben
nur in der 3. Person gebraucht **er währt, sie währte, es hat gewährt**
❶ dauern, bestehen: *Das währt nun schon Jahrzehnte.*
❷ Was lange währt, wird endlich gut. sagt man, wenn etwas zwar lange dauert, aber das Ergebnis auch gut wird

wäh|rend[1] (Präposition) mit Genitiv gebraucht verwendet, um eine Zeitspanne, in der etwas stattfindet, zu bennen: *während des Fußballspiels*

wäh|rend[2] (Konjunktion)
❶ zur gleichen Zeit: *Während wir weg sind, füttert die Nachbarin die Katze.*
❷ ≈hingegen drückt einen Gegensatz aus: *Während du getrödelt hast, habe ich mein Zimmer schon aufgeräumt.*

wäh|rend|des|sen (Adverb) in dieser Zeit: *Macht alle Fenster zu, ich hole währenddessen den Wagen.*

die **Wahr|heit** (Nomen) **der Wahrheit, die Wahrheiten**
❶ nur im Singular eine den Tatsachen entsprechende Aussage: *Sie sagt auch nicht immer die Wahrheit.*
❷ in Wahrheit in Wirklichkeit
❸ bei der Wahrheit bleiben nicht lügen
❹ es mit der Wahrheit nicht so genau nehmen umgangssprachlich öfter lügen

wahr|lich (Adverb) gehoben • veraltet wirklich: *Das ist wahrlich keine einfache Sache.*

wahr|nehm|bar (Adjektiv) mit den Sinnesorganen zu erfassen: *ein deutlich wahrnehmbarer Brandgeruch*

wahr|neh|men (Verb) **du nimmst wahr, er nahm wahr, sie hat wahrgenommen, nimm wahr!**
❶ bemerken: *Ich hatte die Veränderung noch gar nicht wahrgenommen.*
❷ nutzen: *eine Gelegenheit wahrnehmen*
❸ einhalten: *einen Termin wahrnehmen*

die **Wahr|neh|mung** (Nomen)
der Wahrnehmung, die Wahrnehmungen
❶ das Erfassen von etwas, besonders mit den Sinnesorganen: *visuelle Wahrnehmung*
❷ nur im Singular Einhaltung: *die Wahrnehmung mehrerer Termine*
❸ nur im Singular gehoben Wahrung, Vertretung: *die Wahrnehmung unserer Interessen*

wahr|sa|gen (Verb) **du sagst wahr/wahrsagst, er sagte wahr/wahrsagte, sie hat wahrgesagt/gewahrsagt, sag(e) wahr!/wahrsag(e)!**
jemandem die Zukunft vorhersagen: *Sie lässt sich regelmäßig von einer Frau mit Kristallkugel wahrsagen.*

der **Wahr|sa|ger** (Nomen) **des Wahrsagers, die Wahrsager** jemand, der berufsmäßig anderen die Zukunft vorhersagt

die **Wahr|sa|ge|rin** (Nomen) **der Wahrsagerin, die Wahrsagerinnen**
Feminform von → **Wahrsager**

wahr|schein|lich[1], **wahr|schein|lich** (Adjektiv) **wahrscheinlicher, am wahrscheinlichsten** mit ziemlicher Sicherheit anzunehmen oder eintreffend: *die wahrscheinlichen Ursachen der Katastrophe*

wahr|schein|lich[2], **wahr|schein|lich** (Adverb) vermutlich, sicherlich: *Er kommt wahrscheinlich etwas später.*

die **Wahr|schein|lich|keit** (Nomen) Plural selten **der Wahrscheinlichkeit, die Wahrscheinlichkeiten**
❶ die Chance, dass etwas geschieht: *Es wird mit großer Wahrscheinlichkeit heißer werden.*
❷ aller Wahrscheinlichkeit nach mit ziemlicher Sicherheit

die **Wäh|rung** (Nomen) **der Währung, die Währungen** das Geld, das in einem Land als gesetzliches Zahlungsmittel benutzt wird: *Teile Europas haben eine einheitliche Währung.*

die **Wäh|rungs|ein|heit** (Nomen) **der Währungseinheit, die Währungseinheiten** die Einheit des Geldes in einer bestimmten Region: *Die Währungseinheit der Schweiz ist der Franken.*

die **Wäh|rungs|uni|on** (Nomen) **der Währungsunion, die Währungsunionen** die Verwendung einer einheitlichen Währung in einem bestimmten Gebiet: *die europäische Währungsunion*

das **Wahr|zei|chen** (Nomen) **des Wahrzeichens, die Wahrzeichen** Symbol, Erkennungszeichen: *Ein Wahrzeichen Frankreichs ist der Eiffelturm.*

die **Wai|se** (Nomen) **der Waise, die Waisen** ein Kind, das einen oder beide Elternteile verloren hat

der **Wal** (Nomen) **des Wal(e)s, die Wale** ein großes Meeressäugetier: *Delfine gehören zu den Walen.*

der **Wald** (Nomen) **des Wald(e)s, die Wälder**
❶ eine größere Fläche, auf der Bäume dicht beieinanderstehen: *Schützt unsere Wälder!*
❷ den Wald vor lauter Bäumen nicht sehen ironisch in Anbetracht sehr vieler Möglichkeiten etwas Offensichtliches übersehen, keinen Überblick haben

der **Wal|fisch** (Nomen) **des Walfisch(e)s, die Walfische** Variante von → **Wal**

der **Wall** (Nomen) **des Wall(e)s, die Wälle** ein aufgeschütteter Damm, besonders als Schutz: *eine von Wällen umgebene Altstadt*

der **Wal|lach** (Nomen) **des Wallach(e)s, die Wallache** ein kastriertes männliches Pferd

die **Wal|nuss** (Nomen) **der Walnuss, die Walnüsse** eine große braune Nuss mit ziemlich harter Schale

die **Wal|ze** (Nomen) **der Walze, die Walzen**
❶ ≈ Rolle ein zylindrisch geformter Gegenstand: *eine Walze an einer Druckmaschine*
❷ eine Maschine für den Straßenbau, die den Belag bearbeitet und eben macht

wal|zen (Verb) **du walzt, er walzte, sie hat gewalzt, walz(e)!** etwas mit einer Walze bearbeiten und eben machen

wäl|zen (Verb) **du wälzt, er wälzte, sie hat gewälzt, wälz(e)!**
❶ in eine Richtung rollen: *einen riesigen Schneeball wälzen*
❷ etwas in etwas wälzen etwas in etwas hin und her wenden, damit es davon bedeckt ist: *die Schnitzel in Paniermehl wälzen*
❸ sich wälzen sich im Liegen bewegen: *sich vor Schmerzen am Boden wälzen*
❹ Bücher/Pläne/Probleme wälzen umgangssprachlich sich intensiv mit Büchern/Plänen/seinen Problemen beschäftigen

der **Wal|zer** (Nomen) **des Walzers, die Walzer** ein Tanz im Dreivierteltakt: *die Walzer von Johann Strauß*

der **Wäl|zer** (Nomen) umgangssprachlich **des Wälzers, die Wälzer** ein dickes Buch: *Ich habe einen Wälzer über die Dinosaurier gelesen.*

die **Wand** (Nomen) **der Wand, die Wände**
❶ ein Teil eines Hauses als äußere Begrenzung, für das Tragen von Decken und die Einteilung der Zimmer: *eine Wand tapezieren*
❷ eine äußere Begrenzung (z. B. Schrankwand, Schiffswand, Zeltwand)
❸ im Gebirge eine steil emporragende Fläche (z. B. Steilwand, Nordwand)
❹ für Notizen, Plakate usw. eine senkrechte Platte (z. B. Pinnwand, Stellwand)
❺ die eigenen vier Wände jemandes Zuhause, wohin er sich zurückziehen kann
❻ gegen eine Wand reden jemanden nicht überzeugen können

der **Wan|del** (Nomen) nur im Singular **des Wandels** die Veränderung: *ein schrittweiser Wandel statt Revolution*

wan|deln (Verb) gehoben **du wandelst, er wandelte, sie ist/hat gewandelt, wand(e)le!**
❶ **ist gewandelt** gehen: *als Jesus noch auf Erden wandelte*
❷ sich wandeln **hat gewandelt** sich grundlegend verändern: *Das Verhältnis zur Umwelt hat sich stark gewandelt.*

wan|dern (Verb) **du wanderst, er wanderte, sie ist gewandert, wand(e)re!**
❶ besonders in der Natur längere Strecken zu Fuß gehen: *In den Ferien wandern wir in den Bergen.*
❷ ohne Ziel irgendwo herumgehen: *durch die alten Gassen wandern*
❸ von einem Ort zum anderen ziehen: *als Nomaden durch das Land wandern*
❹ umgangssprachlich ≈ landen transportiert werden: *Solche Briefe wandern gleich in den Papierkorb.*

die **Wan|der|schaft** (Nomen) **Plural selten der Wanderschaft, die Wanderschaften** das Umherziehen oder -reisen: *Der Schäfer geht mit der Herde wieder auf Wanderschaft.*

der **Wan|der|tag** (Nomen) **des Wandertag(e)s, die Wandertage** ein Tag, an dem die Klasse eine Wanderung macht

die **Wan|de|rung** (Nomen) **der Wanderung, die Wanderungen**
❶ ein Ausflug, bei dem gewandert wird
❷ Zug, Reise: *die Wanderung der Lachse zu ihren Laichplätzen*

der **Wan|der|weg** (Nomen) **des Wanderweg(e)s, die Wanderwege** ein markierter Weg, der zum Wandern gedacht ist

die **Wand|lung** (Nomen) gehoben **der Wandlung, die Wandlungen** eine grundlegende Veränderung

die **Wan|ge** (Nomen) gehoben **der Wange, die Wangen** Backe: *ein Kuss auf die Wange*

wann (Adverb)
❶ verwendet, um nach der Zeit oder den Bedingungen zu fragen: *Wann kommst du? • Wann benutzt man den Konjunktiv?*
❷ verwendet, um den Zeitpunkt auszudrücken, für den etwas gilt: *Schau bitte nach, wann der Film anfängt. • Du kannst das Fahrrad haben, wann immer du willst.*

die **Wan|ne** (Nomen) **der Wanne, die Wannen**
❶ ein breites, offenes Gefäß: *die Getränke in einer mit Eis gefüllten Wanne kühlen*
❷ Variante von → **Badewanne**

die **Wan|ze** (Nomen) **der Wanze, die Wanzen**
❶ ZOOLOGIE ein schädliches Insekt mit flachem Körper: *von Wanzen zerstochen sein*
❷ umgangssprachlich ein kleines verstecktes Abhörgerät: *Das Büro des Politikers war voller Wanzen.*

das **Wap|pen** (Nomen) **des Wappens, die Wappen** ein Zeichen in Form eines Schilds mit Symbolen als Kennzeichen einer Stadt, Familie o. Ä.: *Das Wappen Berlins zeigt einen Bären.*

die **Wa|re** (Nomen) **der Ware, die Waren**
❶ etwas, womit gehandelt wird: *Die Ware wird morgen geliefert.*
❷ heiße Ware umgangssprachlich unrechtmäßig erworbene/illegale Waren

der **Wa|ren|korb** (Nomen) **des Warenkorb(e)s, die Warenkörbe** ≈ Einkaufswagen bei Einkäufen im Internet der Ort, an dem zum Kauf ausgewählte Waren zwischengespeichert werden: *Ihr Warenkorb enthält 2 Artikel.*

der **Wa|ren|test** (Nomen) **des Warentest(e)s, die Warentests/Warenteste** das intensive Ausprobieren eines oder mehrerer Artikel, besonders zur Information der Verbraucher

warm (Adjektiv) **wärmer, am wärmsten**
❶ von angenehm milder Temperatur: *ein warmer Tag • die Babyflasche warm machen*
❷ vor Kälte schützend: *Unbedingt warme Kleidung mitnehmen!*
❸ freundlich, herzlich: *jemandem einen warmen Empfang bereiten*
❹ sich warm laufen/machen SPORT Übungen machen/langsam laufen, um die Muskeln zu lockern: *Die Spieler liefen sich auf dem Platz warm.*
❺ mit etwas/jemandem warm werden umgangssprachlich sich an etwas/jemanden gewöhnen, mit etwas/jemandem vertraut werden

die **Wär|me** (Nomen) **nur im Singular der Wärme**
❶ eine angenehm milde Temperatur
❷ Herzlichkeit: *Wir wurden voller Wärme empfangen.*

wär|men (Verb) **du wärmst, er wärmte, sie hat gewärmt, wärm(e)!**
❶ ≈ erhitzen warm machen: *das Babyfläschchen wärmen*
❷ sich wärmen sich aufwärmen: *sich am Lagerfeuer wärmen*

die **Wärm|fla|sche** (Nomen) **der Wärmflasche, die Wärmflaschen** ein meist aus Gummi bestehender, flacher Behälter, der mit heißem Wasser gefüllt und zum Wärmen bestimmter Körperteile verwendet wird

wạrm|hal|ten (Verb) **du hältst warm, er hielt warm, sie hat warmgehalten, halt(e) warm!** sich jemanden/etwas warmhalten umgangssprachlich dafür sorgen, dass einem jemand freundlich gesinnt bleibt/dass einem eine Möglichkeit erhalten bleibt: *Den müssen wir uns unbedingt warmhalten!*

wạrm|her|zig (Adjektiv) **warmherziger, am warmherzigsten** herzlich, liebenswürdig: *warmherzig aufgenommen werden*

das **Wạrn|drei|eck** (Nomen) **des Warndreieck(e)s, die Warndreiecke** ein dreieckiges Schild mit rotem Rand, das bei Pannen und Unfällen aufgestellt werden muss

wạr|nen (Verb) **du warnst, er warnte, sie hat gewarnt, warn(e)!**
1 auf eine Gefahr hinweisen: *Das Schild warnt vor Lawinen.*
2 jemandem eindringlich sagen, dass etwas gefährlich ist: *die Kinder davor warnen, das Eis zu betreten*

die **Wạr|nung** (Nomen) **der Warnung, die Warnungen**
1 ein Hinweis auf eine Gefahr: *eine Unwetterwarnung vom Deutschen Wetterdienst*
2 Ermahnung: *Hört auf! Das ist meine letzte Warnung.*

das **Wạrn|zei|chen** (Nomen) **des Warnzeichens, die Warnzeichen**
1 ein Verkehrsschild, das vor einer Gefahr warnt
2 ein Ereignis, das etwas Schlimmes ankündigt: *Es gibt verschiedene Warnzeichen für einen Herzinfarkt.*

die **Wạr|te|lis|te** (Nomen) **der Warteliste, die Wartelisten** eine Liste mit Namen von Personen, die auf eine Zusage o. Ä. warten: *auf der Warteliste für einen Kitaplatz stehen*

wạr|ten (Verb) **du wartest, er wartete, sie hat gewartet, wart(e)!**
1 dem Eintreffen einer Person oder eines Ereignisses entgegensehen: *Das Taxi wartet vor dem Bahnhof auf uns.*
2 mit etwas warten etwas hinausschieben: *Wir warten noch etwas mit dem Essen.*
3 etwas kann warten etwas braucht vorläufig nicht zu geschehen
4 TECHNIK etwas regelmäßig kontrollieren und bei Bedarf reparieren: *die Geräte regelmäßig warten lassen*

der **Wär|ter** (Nomen) **des Wärters, die Wärter** ≈Wächter jemand, der etwas oder jemanden bewacht (z. B. Gefängniswärter, Museumswärter)

die **Wär|te|rin** (Nomen) **der Wärterin, die Wärterinnen** Femininform von → **Wärter**

der **Wạr|te|saal** (Nomen) **des Wartesaal(e)s, die Wartesäle** ein größerer Raum, oft mit Gaststätte, in dem Reisende warten können

das **Wạr|te|zim|mer** (Nomen) **des Wartezimmers, die Wartezimmer** ein Raum, in dem Menschen darauf warten, an die Reihe zu kommen: *Bitte nehmen Sie im Wartezimmer Platz!*

die **Wạr|tung** (Nomen) **der Wartung, die Wartungen** die regelmäßige Kontrolle und Reparatur von Geräten, Maschinen und Fahrzeugen

wa|rụm, war|ụm (Adverb)
1 verwendet, um nach dem Grund zu fragen: *Warum warst du gestern nicht da?*
2 aus welchem Grund, aus welcher Ursache: *Sie erklärte, warum sie zu spät gekommen war.*

die **Wạr|ze** (Nomen) **der Warze, die Warzen** eine kleine runde Erhebung auf der Haut, die von Viren verursacht wird

wạs[1] (Pronomen)
1 verwendet, um nach etwas zu fragen: *Was essen wir heute? • Was tust du denn da?*
2 als Relativpronomen verwendet: *Sie hat alles gegessen, was da war. • Das ist etwas, was ich sehr mag.*
3 umgangssprachlich etwas: *Hast du schon mal was davon gehört?*
4 Was für ein/eine ...? verwendet, um nach einem Attribut zu fragen: *Was für ein Schrank? – Ein alter Schrank.*
5 Was für ein/eine ...! verwendet, um zu betonen, dass etwas ungewöhnlich ist: *Was für ein (schöner/verrückter) Tag!*

wạs[2] (Interjektion) umgangssprachlich Was? drückt Überraschung oder Entsetzen aus: *Was, schon fertig?* verwendet, um nachzufragen, wenn man etwas nicht verstanden hat: *Was? Ich habe gerade nicht zugehört.*

das **Wạsch|be|cken** (Nomen) **des Waschbeckens, die Waschbecken** das eingebaute Becken in Bad oder Küche mit einem Wasserhahn

die **Wä|sche** (Nomen) **der Wäsche, die Wäschen**
1 nur im Singular Tischdecken, Bettwäsche, Servietten und andere Dinge aus Stoff, die man im Haushalt braucht
2 nur im Singular ≈ Unterwäsche *Sie wechselt jeden Tag ihre Wäsche.*
3 nur im Singular alle Dinge aus Stoff oder Wolle, die gewaschen werden sollen oder gewaschen wurden: *Ist mein T-Shirt noch in der Wäsche?*
4 das Waschen: *Ich föne mir die Haare immer sofort nach der Wäsche.*
5 schmutzige Wäsche waschen umgangssprachlich • abwertend von seinem privaten Streit erzählen und dabei schlecht über den/die anderen reden

die **Wä|sche|klam|mer** (Nomen) **der Wäscheklammer, die Wäscheklammern** die Klammer, mit der man gewaschene Wäsche zum Trocknen an der Wäscheleine befestigt

wa|schen (Verb) **du wäschst, er wusch, sie hat gewaschen, wasch(e)!**
1 mit Wasser und Seife sauber machen: *das Auto waschen • sich waschen*
2 mit Waschmittel sauber machen: *Wäsche waschen*
3 Geld waschen umgangssprachlich Geld so anlegen, dass niemand erkennt, dass es illegal erworben wurde

der **Wä|sche|stän|der** (Nomen) **des Wäscheständers, die Wäscheständer** ein Gestell, auf dem man Wäsche zum Trocknen aufhängt

der **Wä|sche|trock|ner** (Nomen) **des Wäschetrockners, die Wäschetrockner** ein großes Haushaltsgerät, in dem man Wäsche trocknet

der **Wasch|lap|pen** (Nomen) **des Waschlappens, die Waschlappen**
1 ein kleines Tuch aus Frottee o. Ä., mit dem man sich wäscht
2 umgangssprachlich • abwertend ein ängstlicher oder feiger Mann

die **Wasch|ma|schi|ne** (Nomen) **der Waschmaschine, die Waschmaschinen** ein großes Haushaltsgerät, in dem man Wäsche wäscht

das **Wasch|mit|tel** (Nomen) **des Waschmittels, die Waschmittel** ein Pulver oder eine Flüssigkeit, mit dem/der man Wäsche wäscht

das **Wasch|pul|ver** (Nomen) **des Waschpulvers, die Waschpulver** ein Pulver, mit dem man Wäsche wäscht

das **Was|ser** (Nomen) **des Wassers, die Wasser/Wässer**
1 nur im Singular die durchsichtige Flüssigkeit, die als Regen vom Himmel fällt, aus dem Wasserhahn kommt und aus der Flüsse und Seen bestehen
2 Plural: Wasser Gewässer
3 Plural: Wässer Mineralwasser
4 ins Wasser fallen umgangssprachlich nicht stattfinden
5 jemandem läuft das Wasser im Mund zusammen umgangssprachlich jemand hat großen Appetit auf etwas

der **Was|ser|fall** (Nomen) **des Wasserfall(e)s, die Wasserfälle**
1 die Stelle in einem Fluss, an der das Wasser sehr tief nach unten fällt
2 reden wie ein Wasserfall umgangssprachlich • abwertend viel und ohne Pause reden

die **Was|ser|far|be** (Nomen) **der Wasserfarbe, die Wasserfarben** Farbe, die sich in Wasser löst

der **Was|ser|hahn** (Nomen) **des Wasserhahn(e)s, die Wasserhähne** die Vorrichtung, durch die das Wasser am Waschbecken oder an der Badewanne aus der Wand kommt

der **Was|ser|mann** (Nomen) **des Wassermann(e)s, die Wassermänner**
1 nur im Singular das Sternzeichen für die Zeit vom 21.1. bis 19.2.: *die Eigenschaften des Sternzeichens „Wassermann"*
2 jemand, der im Sternzeichen „Wassermann" geboren ist: *Meine Freundin ist Wassermann.*

die **Was|ser|rat|te** (Nomen) umgangssprachlich **der Wasserratte, die Wasserratten** jemand, der gern im Wasser ist und schwimmt

was|ser|scheu (Adjektiv) **wasserscheuer, am wasserscheu(e)sten** so, dass ein Mensch oder Tier nicht gern nass wird

der **Was|ser|spie|gel** (Nomen) **des Wasserspiegels, die Wasserspiegel**
1 die Oberfläche des Wassers
2 die Höhe, die das Wasser in einem Gewässer hat

der **Was|ser|stoff** (Nomen) nur im Singular **des Wasserstoff(e)s** Zeichen H ein Gas, das zusammen mit Sauerstoff zu Wasser wird

die **Was|ser|waa|ge** (Nomen)
der Wasserwaage, die Wasserwaagen ein Werkzeug mit einer kleinen Luftblase in der Mitte, mit dem man feststellen kann, ob etwas waagerecht oder senkrecht ist

wa|ten (Verb) **du watest, er watete, sie ist gewatet, wate!**
durch Schlamm/Wasser/... waten die Beine anhebend auf weichem Untergrund einsinkend/im Wasser gehen: *Der Storch watet durch den Sumpf.*

wat|scheln (Verb) **du watschelst, er watschelte, sie ist gewatschelt, watsch(e)le nicht!** wackelnd gehen: *Die Ente watschelt.*

das **Watt**[1] (Nomen) **des Watts, die Watt**
die Maßeinheit für elektrische Leistung

das **Watt**[2] (Nomen) **des Watt(e)s, die Watten**
≈Wattenmeer der Teil der Küste, der bei Flut von Wasser bedeckt und bei Ebbe ohne Wasser ist

die **Wat|te** (Nomen) **der Watte, die Watten**
ein luftiges, weiches und leichtes Material, meist aus Baumwolle

das **Wat|ten|meer** (Nomen)
des Wattenmeer(e)s, die Wattenmeere das seichte Meer, das bei Flut das Watt bedeckt siehe auch → **Watt**[2]

das **WC** (Nomen) [veːˈtseː] **des WC(s), die WC(s)**
Toilette

das **Web** (Nomen) **nur im Singular**
des Web(s) das Internet

we|ben (Verb) **du webst, er webte/wob, sie hat gewebt/gewoben, web(e)!** Stoff herstellen, indem man mit einem besonderen Werkzeug oder einer Maschine Fäden quer und längs abwechselnd über- und untereinander legt

die **Web|sei|te** (Nomen) **der Webseite, die Webseiten** eine spezielle Seite (Unterseite) eines Internetauftritts

die **Web|site** (Nomen) [ˈwebsaɪt] **der Website, die Websites** ≈Internetauftritt alle Seiten im Internet, die zu einer Internetadresse gehören

der **Wech|sel** (Nomen) **des Wechsels, die Wechsel**
❶ die Veränderung einer Situation oder eines Zustands: *ein plötzlicher Wechsel der Temperaturen • der Wechsel von Tag und Nacht*
❷ der Wechsel zu etwas der Übergang zu etwas
❸ der Austausch, das Ersetzen: *der Wechsel von Winter- und Sommerreifen*
❹ eine Art Schuldschein, mit dem sich jemand verpflichtet, jemandem eine bestimmte Summe Geld zu zahlen

das **Wech|sel|geld** (Nomen) **nur im Singular**
des Wechselgeld(e)s das Geld, das man zurückbekommt, wenn man mit einer größeren Münze oder einem größeren Schein bezahlt hat

wech|sel|haft (Adjektiv) **wechselhafter, am wechselhaftesten** so, dass etwas/jemand sich oft ändert

der **Wech|sel|kurs** (Nomen)
des Wechselkurses, die Wechselkurse das Verhältnis zwischen zwei Währungen, das zeigt, wie viel das Geld eines Landes in einem anderen Land wert ist

wech|seln (Verb) **du wechselst, er wechselte, sie hat/ist gewechselt, wechs(e)le!**
❶ **hat gewechselt** sich ändern: *Die Mode wechselt immer schneller.*
❷ **hat gewechselt** ≈ersetzen, austauschen *einen Reifen wechseln • den Arzt wechseln*
❸ Geld wechseln **hat gewechselt** Geld in größere/kleinere Münzen oder Scheine oder in eine andere Währung umtauschen
❹ Worte/Blicke/... mit jemandem wechseln **hat gewechselt** kurz mit jemandem reden/jemanden kurz ansehen/...
❺ **hat gewechselt** ändern: *den Arbeitsplatz wechseln • das Thema wechseln*
❻ **ist gewechselt** an einen anderen Ort gehen: *Sie ist an eine andere Schule gewechselt.*

die **Wech|sel|wir|kung** (Nomen)
der Wechselwirkung, die Wechselwirkungen die gegenseitige Wirkung und Beeinflussung

der **Weck, We|cken** (Nomen) **süddeutsch**
des Weck(e)s, die Wecke ein Brötchen oder ein längliches Brot aus Weizenmehl

we|cken (Verb) **du weckst, er weckte, sie hat geweckt, weck(e)!**
❶ wach machen: *Meine Mutter weckt mich jeden Morgen um halb sieben.*
❷ Erinnerungen/Hoffnungen/... wecken so sein, dass Erinnerungen/Hoffnungen/... entstehen

der **We|cker** (Nomen) **des Weckers, die Wecker**
❶ eine Uhr, die man so einstellen kann, dass sie zu einer bestimmten Zeit klingelt oder einen anderen Ton erzeugt, damit man wach wird

② jemandem auf den Wecker gehen oder fallen umgangssprachlich · abwertend jemanden nerven

we|deln (Verb) **du wedelst, er wedelte, sie hat gewedelt, wed(e)le!**
① mit dem Schwanz wedeln vor Freude den Schwanz hin und her bewegen
② mit einem Fächer/dem Taschentuch/... wedeln einen Fächer/ein Taschentuch/... schwenken oder hin und her bewegen

we|der (Konjunktion)
weder ... noch ... verwendet, wenn zwei Dinge gleichzeitig nicht zutreffen: *Ich will jetzt weder Hausaufgaben machen noch mein Zimmer aufräumen.*

der **Weg** (Nomen) **des Weg(e)s, die Wege**
① eine Art Streifen in einem Gelände, auf dem man geht oder fährt
② jemandem/etwas aus dem Weg gehen dafür sorgen, dass man jemandem/etwas nicht begegnet oder dass man mit jemandem/etwas nichts zu tun hat
③ jemanden aus dem Weg räumen umgangssprachlich jemanden umbringen
④ jemandem im Weg sein jemanden stören, ein Hindernis für jemanden sein
⑤ jemandem über den Weg laufen umgangssprachlich jemandem zufällig begegnen
⑥ eigene Wege gehen selbstständig sein
⑦ eine bestimmte Strecke oder Entfernung zu einem Ziel: *jemanden nach dem Weg fragen* · *Bis ins nächste Dorf ist es ein weiter Weg.*
⑧ auf dem Weg unterwegs sein
⑨ sich auf den Weg machen losgehen
⑩ ≈Methode die Art, wie etwas getan wird: *Es gibt mehrere Wege zur richtigen Lösung.*
⑪ Da führt kein Weg dran vorbei. umgangssprachlich Das muss getan werden./Es gibt keine andere Möglichkeit.

weg (Adverb) verwendet, um eine Entfernung oder ein Entferntsein auszudrücken: *Sie wohnen weit weg* · *Bringst du bitte den Müll weg?* · *Mein Handy ist weg.*

weg|brin|gen (Verb) **du bringst weg, er brachte weg, sie hat weggebracht, bring(e) weg!** an einen anderen Ort bringen

we|gen (Präposition) mit Genitiv gebraucht
① verwendet, um den Grund, aus dem etwas geschieht, zu bennen: *Das Fest fiel wegen des Regens aus.*
② Von wegen! umgangssprachlich Wirklich nicht! Auf keinen Fall!

weg|fah|ren (Verb) **du fährst weg, er fuhr weg, sie ist/hat weggefahren, fahr(e) weg!**
① ist weggefahren an einen anderen Ort fahren
② hat weggefahren mit einem Fahrzeug an einen anderen Ort bringen

weg|fal|len (Verb) **du fällst weg, er fiel weg, sie ist weggefallen, fall(e) weg!** entfernt oder abgeschafft werden: *Die Gebühren fallen weg.*

weg|ge|hen (Verb) **du gehst weg, er ging weg, sie ist weggegangen, geh(e) weg!**
① ≈fortgehen an einen anderen Ort gehen: *Bitte geh nicht weg und lass mich hier allein!*
② umgangssprachlich entfernt werden können, verschwinden: *Der Fleck geht mit Wasser und Seife wieder weg.*
③ umgangssprachlich vorbeigehen, aufhören: *Die Schmerzen gehen gar nicht weg.*
④ umgangssprachlich gekauft werden: *Alle Bücher sind gut weggegangen.*

weg|las|sen (Verb) **du lässt weg, er ließ weg, sie hat weggelassen, lass(e) weg!**
① nicht benutzen, nicht nehmen: *Kann man das Komma hier weglassen?*
② umgangssprachlich weggehen lassen

weg|lau|fen (Verb) **du läufst weg, er lief weg, sie ist weggelaufen, lauf(e) weg!**
① an einen anderen Ort laufen: *Der Hund wollte mich beißen und ich bin vor ihm weggelaufen.*
② umgangssprachlich fliehen, ausreißen
③ jemandem weglaufen umgangssprachlich jemanden verlassen

weg|ma|chen (Verb) umgangssprachlich **du machst weg, er machte weg, sie hat weggemacht, mach(e) weg!** etwas entfernen

weg|müs|sen (Verb) umgangssprachlich **du musst weg, er musste weg, sie hat weggemusst**
① weggehen müssen, aufbrechen müssen: *Wenn wir pünktlich sein wollen, müssen wir um sieben Uhr hier weg.*
② verschwinden müssen, entfernt werden müssen, weggebracht werden müssen: *Der Brief muss heute noch weg.*

weg|neh|men (Verb) **du nimmst weg, er nahm weg, sie hat weggenommen, nimm nicht weg!**
① von einer Stelle entfernen

❷ jemandem etwas wegnehmen etwas nehmen, was jemand anderem gehört, und es nicht mehr zurückgeben
❸ Platz wegnehmen so groß sein, dass für anderes weniger Platz da ist

weg|räu|men (Verb) **du räumst weg, er räumte weg, sie hat weggeräumt, räum(e) weg!** etwas an einen anderen Ort bringen, damit es nicht mehr stört

weg|schmei|ßen (Verb) umgangssprachlich **du schmeißt weg, er schmiss weg, sie hat weggeschmissen, schmeiß(e) weg!**
siehe auch → **wegwerfen**

weg|se|hen (Verb) **du siehst weg, er sah weg, sie hat weggesehen, sieh weg!** woanders hinsehen

weg|wer|fen (Verb) **du wirfst weg, er warf weg, sie hat weggeworfen, wirf weg!**
❶ in den Abfall oder auf den Müll werfen
❷ von sich weg irgendwohin werfen

weg|zie|hen (Verb) **du ziehst weg, er zog weg, sie hat/ist weggezogen, zieh(e) weg!**
❶ hat wegezogen entfernen, indem man daran zieht: *Als sie ihn ansah, zog er schnell seine Hand weg.*
❷ ist weggezogen weggehen, um in einer anderen Wohnung oder Stadt zu leben
❸ ist weggezogen sich entfernen: *Das Gewitter ist weggezogen.*

weh (Adjektiv) umgangssprachlich
❶ schmerzend: *wehe Füße*
❷ weh tun siehe auch → **wehtun**

we|hen (Verb) unpersönlich **er weht, sie wehte, es hat geweht, wehe!**
❶ blasen: *Der Wind weht heute schwach.*
❷ mit sich forttragen: *Der Wind hat die Zeitung vom Tisch geweht.*
❸ im Wind flattern, vom Wind bewegt werden: *Auf dem Turm weht eine Fahne.*

weh|lei|dig (Adjektiv) **wehleidiger, am wehleidigsten** so, dass man Schmerzen nicht gut aushalten kann und sofort sehr jammert

die **Weh|mut** (Nomen) nur im Singular **der Wehmut** ein trauriges Gefühl, wenn man an die Vergangenheit denkt

weh|mü|tig (Adjektiv) **wehmütiger, am wehmütigsten** traurig, wenn man an die Vergangenheit denkt

sich **weh|ren** (Verb) **du wehrst dich, er wehrte sich, sie hat sich gewehrt, wehr(e) dich!**
≈ sich verteidigen nicht zulassen, dass man angegriffen oder schlecht behandelt wird

wehr|los (Adjektiv) **wehrloser, am wehrlosesten** so hilflos oder ungeschützt, dass man sich nicht wehren kann: *Die kleinen Welpen sind noch wehrlos.*

weh|tun, weh tun (Verb) **du tust weh, er tat weh, sie hat wehgetan, tu(e) nicht weh!**
❶ etwas tut weh etwas schmerzt: *Mein Bein tut weh.*
❷ etwas/jemand tut jemandem weh etwas/jemand fügt jemandem Schmerzen zu: *Aua, lass los, du tust mir weh!*

das **Weib** (Nomen) **des Weib(e)s, die Weiber**
❶ veraltet Frau
❷ umgangssprachlich • abwertend ein Schimpfwort für eine Frau: *So ein blödes Weib!*
❸ umgangssprachlich eine tolle und sexy Frau: *Wow, das ist ein Weib!*

das **Weib|chen** (Nomen) **des Weibchens, die Weibchen** ein weibliches Tier

weib|lich (Adjektiv) **weiblicher, am weiblichsten**
❶ BIOLOGIE ohne Steigerung vom Geschlecht der Frau: *die weiblichen Mitglieder unserer Familie*
❷ zur Frau gehörig, typisch für eine Frau: *eine sehr weibliche Figur*
❸ GRAMMATIK → **feminin**

die **Weib|lich|keit** (Nomen) nur im Singular **der Weiblichkeit** ein Aussehen und Wesen, das man als typisch weiblich empfindet

weich (Adjektiv) **weicher, am weichesten**
❶ so, dass man etwas formen und drücken kann: *eine weiche Matratze • ein weiches Ei*
❷ so, dass sich etwas zart und glatt anfühlt: *weiche Haut*
❸ so, dass jemand leicht nachgibt und viel Gefühl hat: *Sie hat ein weiches Herz.*
❹ angenehm, sanft: *weiches Licht • ein weicher Klang*
❺ weich werden nachgeben: *Er wollte unbedingt noch länger aufbleiben, da bin ich weich geworden und habe es erlaubt.*
❻ weiches Wasser Wasser mit wenig Kalk

die **Wei|de** (Nomen) **der Weide, die Weiden**
❶ eine große Wiese für Pferde, Kühe, Schafe usw.
❷ ein Baum oder ein Strauch mit langen Zweigen

wei|den (Verb) **du weidest, er weidete, sie hat geweidet, weide!**
❶ auf der Wiese Gras fressen
❷ auf der Wiese Gras fressen lassen

A B C D E F G H I J K L M N O P Q R S T U V W X Y Z

sich **wei|gern** (Verb) **du weigerst dich, er weigerte sich, sie hat sich geweigert, weig(e)re dich!** etwas nicht tun wollen und nicht tun

die **Wei|ge|rung** (Nomen) **der Weigerung, die Weigerungen** die Tatsache, dass jemand etwas nicht tun will und nicht tut

wei|hen (Verb) **du weihst, er weihte, sie hat geweiht, weih(e)!**
1 RELIGION etwas segnen: *Eine Kirche weihen.*
2 jemandem zum Priester/Bischof/... weihen jemanden feierlich zum Priester/Bischof/... machen
3 dem Tod(e)/Untergang geweiht sein sterben müssen/aufhören müssen zu existieren

die **Weih|nacht** (Nomen) **nur im Singular der Weihnacht** Variante von → **Weihnachten**

das **Weih|nach|ten** (Nomen) **des Weihnachten, die Weihnachten**
1 das christliche Fest, bei dem jedes Jahr am 24., 25. und 26. Dezember die Geburt von Jesus gefeiert wird
2 frohe Weihnachten! der Glückwunsch, mit dem man anderen ein schönes Weihnachtsfest wünscht

weih|nacht|lich (Adjektiv) **weihnachtlicher, am weihnachtlichsten** zu Weihnachten gehörend, wie an Weihnachten

der **Weih|nachts|abend** (Nomen) **des Weihnachtsabends, die Weihnachtsabende** ≈ Heiligabend der Abend des 24. Dezember

der **Weih|nachts|baum** (Nomen) **des Weihnachtsbaum(e)s, die Weihnachtsbäume** der Nadelbaum, den man Weihnachten mit Kerzen, Kugeln und Figuren o. Ä. schmückt und ins Zimmer stellt

das **Weih|nachts|fest** (Nomen) **des Weihnachtsfest(e)s, die Weihnachtsfeste** Weihnachten

der **Weih|nachts|mann** (Nomen) **des Weihnachtsmann(e)s, die Weihnachtsmänner** ein Mann mit weißem Bart und rotem Mantel, der an Weihnachten die Geschenke bringt

die **Weih|nachts|zeit** (Nomen) **nur im Singular der Weihnachtszeit** die Zeit vom ersten Advent bis zum Jahresende

weil (Konjunktion) ≈ denn verwendet, um den Grund zu nennen: *Ich konnte nicht einschlafen, weil mir zu kalt war.*

die **Wei|le** (Nomen) **nur im Singular der Weile** eine kurze Zeit

der **Wein** (Nomen) **des Wein(e)s, die Weine**
1 ein alkoholisches Getränk, das aus Weintrauben gemacht wird
2 die Pflanze, an der Weintrauben wachsen
3 jemandem reinen Wein einschenken jemandem die Wahrheit sagen

wei|nen (Verb) **du weinst, er weinte, sie hat geweint, wein(e) nicht!** Tränen aus den Augen laufen lassen: *vor Freude weinen*

wein|rot (Adjektiv) dunkelrot, das ins Bläuliche geht

die **Wein|trau|be** (Nomen) **der Weintraube, die Weintrauben** die Traube, aus der Wein gemacht wird

wei|se (Adjektiv) **weiser, am weisesten** klug und erfahren

wei|sen (Verb) **du weist, er wies, sie hat gewiesen, weis(e)!**
1 auf etwas/in eine Richtung weisen gehoben auf etwas/in eine Richtung zeigen
2 jemanden von der Schule/aus dem Zimmer/... weisen jemandem befehlen, die Schule/das Zimmer/... zu verlassen
3 Schuld/Vorwürfe/... von sich weisen Schuld/Vorwürfe/... nicht einsehen

die **Weis|heit** (Nomen) **der Weisheit, die Weisheiten**
1 nur im Singular Klugheit und Erfahrung
2 Lebenserfahrungen, Sprüche und Lehren, die sehr weise sind: *Die Weisheiten der Indianer gelten noch heute.*

der **Weis|heits|zahn** (Nomen) **des Weisheitszahn(e)s, die Weisheitszähne** einer der vier hintersten Zähne, die man meist erst bekommt, wenn man erwachsen ist

weiß (Adjektiv)
1 von der Farbe von frischem Schnee: *Die Braut trug ein weißes Kleid.*
2 sehr blass: *Sie war vor lauter Angst weiß wie die Wand.*
3 das Weiße Haus das Gebäude, in dem der Präsident der USA wohnt und arbeitet oder die Regierung der USA
4 eine weiße Weste haben nicht gegen das Gesetz verstoßen haben

das **Weiß|brot** (Nomen) **des Weißbrot(e)s, die Weißbrote** ein helles, weiches Brot aus Weizenmehl

der **Weiß|rus|se** (Nomen) **des Weißrussen, die Weißrussen** ein Junge/Mann aus Weißrussland

die **Weiß|rus|sin** (Nomen) **der Weißrussin, die Weißrussinnen** ein Mädchen/ein Frau aus Weißrussland

weiß|rus|sisch (Adjektiv) aus Weißrussland oder in weißrussischer Sprache

Weiß|russ|land (Nomen) **Weißrusslands** ein Land in Osteuropa

weit (Adjektiv) **weiter, am weitesten**
❶ entfernt: *Die Stadt ist weit weg.* • *Bis zum Bahnhof ist es nicht weit.*
❷ von Weitem/weitem aus der Entfernung
❸ bei Weitem/weitem viel
❹ so, dass es nicht eng am Körper ist: *Die Hose ist mir zu weit.*
❺ so weit sein fertig oder bereit sein: *Bist du so weit?*
❻ weit jünger/besser/schöner/... viel jünger/besser/schöner/...: *Ihr neuer Mann ist weit jünger als der erste.*
❼ Das geht zu weit! Das ist zu unverschämt!/übertrieben!

weit|aus (Adverb) ≈viel *weitaus schneller, besser, bekannter, klüger usw.*

die **Wei|te** (Nomen) **der Weite, die Weiten**
❶ ≈Größe, Breite die Ausdehnung (einer Fläche, eines Raumes): *die Weiten des Weltalls*
❷ ≈Ferne die Entfernung: *In der Weite konnte man den Turm erkennen.*
❸ die Größe eines Kleidungsstücks: *Ich muss die Weite meiner Hose ändern lassen.*

wei|ten (Verb) **du weitest, er weitete, sie hat geweitet, weite!** weiter machen

wei|ter (Adverb)
❶ ohne aufzuhören, auch später, immer noch (dauernd): *Wenn es weiter so schön bleibt, können wir draußen spielen.* • *Es regnet weiter so stark.* • *Weiter so!*
❷ außerdem: *Weiter war niemand da.* • *Und was hat sie weiter gesagt?*
❸ und so weiter Abkürzung: usw. man könnte noch weitere ähnliche Dinge aufzählen
❹ Wenn es weiter nichts ist! umgangssprachlich Das ist kein Problem!

sich **wei|ter|bil|den** (Verb) **du bildest dich weiter, er bildete sich weiter, sie hat sich weitergebildet, bilde dich weiter!** in Kursen usw. zusätzlich zum Beruf neue Dinge lernen

die **Wei|ter|bil|dung** (Nomen) **der Weiterbildung, die Weiterbildungen** das zusätzliche Lernen zum Beruf in Kursen, Seminaren usw.

wei|te|re (Adjektiv)
❶ zusätzlich: *Habt ihr weitere Fragen?* • *Alles Weitere besprechen wir morgen.*
❷ zukünftig: *die weitere Entwicklung*
❸ ohne Weiteres/weiteres einfach so, ohne Probleme
❹ bis auf Weiteres/weiteres vorläufig, vorerst

wei|ter|fah|ren (Verb) **du fährst weiter, er fuhr weiter, sie ist weitergefahren, fahr(e) weiter!**
❶ nicht aufhören zu fahren
❷ nach einer Pause wieder anfangen zu fahren

wei|ter|ge|ben (Verb) **du gibst weiter, er gab weiter, sie hat weitergegeben, gib weiter!**
❶ etwas von jemandem bekommen und dann jemand anderem geben
❷ etwas hören und dann jemand anderem sagen

wei|ter|ge|hen (Verb) **du gehst weiter, er ging weiter, sie ist weitergegangen, geh(e) weiter!**
❶ nicht aufhören zu gehen oder nach einer Pause wieder anfangen zu gehen: *Hier gibt es nichts zu sehen. Bitte gehen Sie weiter!*
❷ nicht aufhören oder nach einer Pause wieder beginnen: *So kann es nicht weitergehen!* • *Wann geht das Konzert weiter?*

wei|ter|hel|fen (Verb) **du hilfst weiter, er half weiter, sie hat weitergeholfen, hilf weiter!** jemandem bei Problemen/Fragen helfen

wei|ter|hin (Adverb)
❶ auch in Zukunft: *Ich bin auch weiterhin für dich da!*
❷ außerdem, zusätzlich: *Weiterhin wird noch ein Helfer für das Aufbauen benötigt.*

wei|ter|kom|men (Verb) **du kommst weiter, er kam weiter, sie ist weitergekommen, komm(e) weiter!**
❶ weiter vorwärtskommen können
❷ beruflich Karriere machen
❸ erfolgreich sein: *Bist du mit der Matheaufgabe weitergekommen?*
❹ Mach, dass du weiterkommst! umgangssprachlich Verschwinde!

weit|ge|hend, weit ge|hend (Adjektiv) **weitgehender, am weitgehendsten**
❶ mit großer Wirkung: *weitgehende Pläne*

❷ fast vollständig: *die Ziele wurden weitgehend erreicht*

der **Weit|sprung** (Nomen) **nur im Singular des Weitsprung(e)s** eine Sportart, bei der man möglichst weit in eine Grube mit Sand springen muss

der **Wei|zen** (Nomen) **nur im Singular des Weizens** ein Getreide, das man zu Mehl mahlt und aus dem man Brot, Kuchen und Nudeln macht

wẹlch (Pronomen) gehoben **unveränderlich** ≈ so drückt Begeisterung oder Ärger aus: *Welch ein schöner Tag! • Welch blöder Zufall!*

wẹl|che, **wẹl|cher**, **wẹl|ches** (Pronomen)
❶ verwendet, um nach einer bestimmten Person/Sache aus einer Menge zu fragen: *Welchen Platz möchtest du?*
❷ verwendet, um sich auf eine ganz bestimmte Person/Sache zu beziehen: *Der Stuhl, auf welchem ich saß, wackelte.*
❸ eine unbestimmte Menge, Anzahl: *Ich habe kein Geld mehr, hast du noch welches?*

wẹlk (Adjektiv) **welker, am welk(e)sten**
❶ nicht mehr frisch: *welke Blumen*
❷ trocken und mit Falten: *welke Haut*

wẹl|ken (Verb) **du welkst, er welkte, sie ist gewelkt, welk(e)!** verblühen und die Blätter hängen lassen

die **Wẹl|le** (Nomen) **der Welle, die Wellen**
❶ die Form des sich in Bergen und Tälern auf und ab bewegenden Meeres
❷ etwas, was aussieht wie eine Welle: *Wellen im Haar • eine Welle im Boden*
❸ PHYSIK Schwingungen: *Schall breitet sich in Wellen aus.*
❹ ein Gefühl oder Verhalten, das sich immer weiter ausbreitet: *eine Welle der Begeisterung*
❺ Ereignisse, die immer mehr Verbreitung finden: *eine Welle von Entlassungen*

sich **wẹl|len** (Verb) **nur in der 3. Person gebraucht es wellt sich, es wellte sich, es hat sich gewellt** sich wie Wellen formen: *Mein Haar wellt sich sehr.*

wẹl|lig (Adjektiv) **welliger, am welligsten** so, dass etwas an viele Wellen erinnert

die **Wẹll|ness** (Nomen) ['vɛlnɛs] **nur im Singular der Wellness** alles, was zur Gesundheit und Schönheit beiträgt (z. B. Fitness, Massagen, Kosmetik, Bäder)

der **Wẹl|pe** (Nomen) **des Welpen, die Welpen** ein junger Hund

die **Wẹlt** (Nomen) **der Welt, die Welten**
❶ **nur im Singular** die Erde und die Menschen
❷ alle Welt umgangssprachlich alle, jeder: *Das weiß doch alle Welt!*
❸ die Dritte Welt die Entwicklungsländer
❹ auf die Welt kommen geboren werden
❺ ein Kind zur Welt bringen ein Kind bekommen
❻ etwas aus der Welt schaffen etwas beseitigen

das **Wẹlt|all** (Nomen) **nur im Singular des Weltalls** ≈ Kosmos, Universum der ganze Weltraum mit allen Planeten

wẹlt|be|kannt (Adjektiv) in der ganzen Welt bekannt

wẹlt|be|rühmt (Adjektiv) in der ganzen Welt berühmt

wẹlt|fremd (Adjektiv) abwertend ≈ naiv mit wenig Erfahrung im Leben

die **Wẹlt|ge|schich|te** (Nomen) **nur im Singular der Weltgeschichte**
❶ die Geschichte seit Beginn der Welt
❷ in der Weltgeschichte herumreisen umgangssprachlich • ironisch viel reisen

die **Wẹlt|kar|te** (Nomen) **der Weltkarte, die Weltkarten** eine Landkarte, auf der die ganze Welt abgebildet ist

der **Wẹlt|krieg** (Nomen) **des Weltkrieg(e)s, die Weltkriege**
❶ ein Krieg, an dem viele Länder mit Waffen und Soldaten beteiligt sind und dessen Folgen so schwer sind, dass es danach andere Länder und andere Grenzen gibt
❷ der Erste Weltkrieg der Krieg von 1914 bis 1918
❸ der Zweite Weltkrieg der Krieg von 1939 bis 1945

der **Wẹlt|meis|ter** (Nomen) **des Weltmeisters, die Weltmeister**
❶ der Sportler/die Mannschaft, der/die eine Weltmeisterschaft gewonnen hat
❷ wie ein/die Weltmeister umgangssprachlich • ironisch sehr oft, stark, intensiv usw.

die **Wẹlt|meis|te|rin** (Nomen) **der Weltmeisterin, die Weltmeisterinnen** Femininform von → **Weltmeister**

die **Wẹlt|meis|ter|schaft** (Nomen) **der Weltmeisterschaft, die Weltmeisterschaften** ein sportlicher Wettkampf, bei dem festgestellt wird, wer der beste Sportler/die beste Mannschaft der Welt ist

der **Wẹlt|raum** (Nomen) nur im Singular **des Weltraum(e)s** der unendliche Raum, in dem sich Erde, Sonne, Mond und Planeten befinden

die **Wẹlt|rei|se** (Nomen) **der Weltreise, die Weltreisen** eine lange Reise rund um die Welt

der **Wẹlt|re|kord** (Nomen) **des Weltrekordes, die Weltrekorde** die beste Leistung, die in einem Sport oder in einem anderen Bereich auf der ganzen Welt erzielt wird: *einen neuen Weltrekord aufstellen*

der **Wẹlt|un|ter|gang** (Nomen) nur im Singular **des Weltuntergang(e)s**
❶ der Tag, an dem die Welt aufhört zu bestehen
❷ Das ist doch kein Weltuntergang! umgangssprachlich · ironisch Das ist doch nicht schlimm!

wẹlt|weit (Adjektiv) auf der ganzen Welt, die ganze Welt betreffend

das **Wẹlt|wun|der** (Nomen) **des Weltwunders, die Weltwunder**
❶ etwas ganz besonders Schönes oder Außergewöhnliches
❷ die sieben Weltwunder sieben besonders außergewöhnliche Kunst- und Bauwerke in der Antike

wem (Pronomen) Dativ von „wer“: *Wem hast du davon erzählt?* siehe auch → **wer**

der **Wem|fall** (Nomen) GRAMMATIK nur im Singular **des Wemfall(e)s** der 3. Fall siehe auch → **Dativ**

wen (Pronomen) Akkusativ von „wer“: *Wen hast du zur Party eingeladen?* siehe auch → **wer**

die **Wẹn|de** (Nomen) **der Wende, die Wenden**
❶ eine starke Änderung
❷ die Änderung der Richtung beim Turnen, Schwimmen und Segeln
❸ die Wende die Zeit um 1989, als die Mauer in Berlin fiel und Deutschland wiedervereinigt wurde

der **Wẹn|de|kreis** (Nomen) **des Wendekreises, die Wendekreise**
❶ GEOGRAFIE nördlichster beziehungsweise südlichster Breitenkreis, über dem die Sonne an ihrer höchsten Stelle senkrecht steht und keinen Schatten wirft: *der nördliche/südliche Wendekreis*
❷ AUTO der Platz, den ein Auto braucht, wenn es den kleinstmöglichen Kreis um sich selbst fährt

wẹn|den (Verb) **du wendest, er wendete/wandte, sie hat gewendet/gewandt, wende!**
❶ hat gewendet die Richtung ändern
❷ hat gewendet die Seite ändern: *Beim Braten musst du das Fleisch auch wenden.*
❸ sich an jemanden wenden jemanden etwas fragen: *Nach dem Einbruch in ihrem Haus hat sie sich sofort an die Polizei gewandt.*

wẹn|dig (Adjektiv) **wendiger, am wendigsten**
❶ leicht zu lenken und zu bewegen
❷ geistig und körperlich geschickt und beweglich

die **Wẹn|dung** (Nomen) **der Wendung, die Wendungen**
❶ die Änderung der Richtung
❷ ≈Wende eine einschneidende Veränderung, ein Wandel: *Der Film nahm eine unerwartete Wendung.*
❸ ≈Redewendung ein fester Ausdruck

der **Wen|fall** (Nomen) GRAMMATIK nur im Singular **des Wenfall(e)s** der 4. Fall siehe auch → **Akkusativ**

we|nig[1], **we|nige**, **we|niger**, **we|niges** (Pronomen)
❶ mit Singular eine geringe Menge: *wenig Wasser trinken · So macht das weniger Arbeit.*
❷ mit Plural eine geringe Zahl: *wenig/nur wenige Fehler machen · Die wenigsten Nächte sind so kalt wie diese. · Nur wenige (Menschen) kamen zu dem Konzert.*
❸ wenige nicht viele Dinge oder Personen: *Zum Konzert kamen nur wenige.*

we|nig[2] (Adverb) **weniger, am wenigsten**
❶ selten, kaum: *Ich fahre nur wenig mit dem Zug.*
❷ in geringem Maße: *Sie ist nur wenig älter als er. · Es gibt bessere und weniger gute Schüler. · Das interessiert mich am wenigsten.*

we|nigs|tens (Adverb)
❶ ≈mindestens nicht weniger als: *Ich brauche wenigstens noch zehn Minuten, bis ich fertig bin.*
❷ zumindest: *Wenigstens ist nichts Schlimmeres passiert! · Wenn es doch wenigstens nicht regnen würde!*

wẹnn (Konjunktion)
❶ ≈sobald zur genannten Zeit: *Ruft an, wenn ihr angekommen seid.*

❷ ≈ falls in dem Fall, dass etwas zutrifft oder geschehen sollte: *Du kannst auch kommen, wenn du magst.*
❸ wenn auch obwohl etwas der Fall ist: *Das Wetter war schön, wenn auch ein bisschen kühl.*
❹ Wenn doch/nur/bloß …! verwendet, wenn man sich etwas sehr wünscht: *Wenn doch schon Ferien wären!*
❺ Und wenn schon? umgangssprachlich ≈ Na und? Das ist mir ganz egal!

wẹnn|schon (Konjunktion) meist in Wennschon, dennschon! umgangssprachlich Wenn man etwas macht, dann soll man es auch ordentlich machen.

we̱r (Pronomen)
❶ verwendet, um nach Personen zu fragen: *Wer kann mir das sagen?*
❷ jede oder die Person, für die etwas gilt: *Wer das Rätsel löst, bekommt einen Preis.*

wẹr|ben (Verb) **du wirbst, er warb, sie hat geworben, wirb!**
❶ für etwas werben ≈ Reklame für etwas machen etwas so positiv und interessant darstellen, dass andere es kaufen wollen oder sich dafür interessieren für Verständnis, eine Idee usw. versuchen, andere von etwas zu überzeugen
❷ jemanden werben jemanden überzeugen, Kunde, Mitglied usw. zu werden
❸ um Vertrauen/Verständnis/… werben versuchen, Vertrauen/Verständnis/… zu bekommen
❹ um eine Frau werben gehoben versuchen, eine Frau als Freundin oder Ehefrau zu bekommen

die **Wẹr|bung** (Nomen) **der Werbung, die Werbungen**
❶ nur im Singular alle Aktionen/eine Aktion, mit denen/der man erreichen will, dass Menschen etwas kaufen oder sich für etwas interessieren: *für etwas Werbung machen*
❷ ein Prospekt, ein Film, ein Plakat usw., mit dem man für etwas wirbt

we̱r|den[1] (Vollverb) **du wirst, er wurde, sie ist geworden, werd(e)!**
❶ einen Zustand, ein Alter oder eine Position erreichen: *Es wird hell/Winter.* · *Morgen werde ich 15!* · *Sie ist im Hochsprung Erste geworden.*
❷ einen Beruf ergreifen: *Sie möchte Schauspielerin werden.*
❸ jemandem wird es … die Situation, dass jemand ein bestimmtes Gefühl hat: *Mir wird es übel.* · *Ihm wird es hier zu heiß.*
❹ Was nicht ist, kann ja noch werden wird tröstend gesagt, wenn jemand enttäuscht ist, wenn er etwas Gewünschtes noch nicht (erreicht) hat

we̱r|den[2] (Hilfsverb) **du wirst, er wurde, sie ist worden, werd(e)!**
❶ verwendet, um das Futur oder das Passiv von anderen Verben zu bilden oder den Konjunktiv zu umschreiben: *Werdet ihr in den Ferien wegfahren?* · *Ich bin noch nie so verwöhnt worden!* · *Ich würde schon mitkommen, wenn du willst.*
❷ verwendet, um eine Vermutung auszudrücken: *Es wird ihr wohl etwas dazwischengekommen sein.*
❸ verwendet, um Befehle zu formulieren: *Jetzt wird aber aufgeräumt!*

der **We̱r|fall** (Nomen) GRAMMATIK nur im Singular **des Werfall(e)s** der 1. Fall siehe auch → **Nominativ**

wẹr|fen (Verb) **du wirfst, er warf, sie hat geworfen, wirf!**
❶ mit dem Arm Schwung nehmen und etwas aus der Hand in die Luft fliegen lassen
❷ Tierbabys bekommen: *Hat die Giraffe schon geworfen?*

das **Wẹrk** (Nomen) **des Werk(e)s, die Werke**
❶ Fabrik
❷ ≈ Kunstwerk ein Bild, Buch, Musikstück usw., das ein Künstler geschaffen hat
❸ Handlung, Aktion: *ein gutes Werk tun* · *Diese Zerstörung war das Werk eines Verrückten.*

die **Wẹrk|statt** (Nomen) **der Werkstatt, die Werkstätten** der Raum, in dem ein Handwerker oder Künstler arbeitet

der **Wẹrk|tag** (Nomen) **des Werktag(e)s, die Werktage** von Montag bis Samstag jeder Tag, an dem man allgemein arbeitet

wẹrk|tags (Adverb) ≈ von Montag bis Samstag an jedem Tag, an dem man allgemein arbeitet

das **Wẹrk|zeug** (Nomen) **des Werkzeug(e)s, die Werkzeuge** ein Gegenstand, mit dem meist ein Handwerker bestimmte Arbeiten ausführt (z. B. Hammer, Zange, Hobel, Bohrmaschine)

we̱rt (Adjektiv)
❶ so, dass es eine bestimmte Summe kostet: *Wieviel ist die alte Uhr wert?*

② so, dass es sich lohnt: *Dieser tolle Ausflug war das frühe Aufstehen wert.*
③ so, dass es wichtig ist: *Eure Unterstützung beim Umzug war sehr viel wert.*
④ etwas ist einen Versuch wert es lohnt sich, etwas einmal zu versuchen

wer|ten (Verb) **du wertest, er wertete, sie hat gewertet, werte!**
① Punkte, Noten geben
② etwas als etwas werten sich über etwas eine bestimmte Meinung bilden: *Ich werte das als Erfolg. • Er wertet immer alles so kritisch.*

der **Wert|ge|gen|stand** (Nomen) **des Wertgegenstand(e)s, die Wertgegenstände** ein wertvoller Gegenstand (z. B. Uhr, Schmuck, Portemonnaie)

wert|los (Adjektiv)
① ohne Wert
② umgangssprachlich ohne Sinn

das **Wert|pa|pier** (Nomen) **des Wertpapiers, die Wertpapiere** eine Art Urkunde, die einen Wert oder ein Recht verkörpert

die **Wert|sa|che** (Nomen) **der Wertsache, die Wertsachen** → **Wertgegenstand**

wert|schät|zen (Verb) gehoben **du wertschätzt/schätzt wert, er wertschätzte/schätzte wert, sie hat wertgeschätzt, wertschätz(e)/schätz(e) wert!** respektieren, achten und anerkennen

die **Wer|tung** (Nomen) **der Wertung, die Wertungen**
① das Werten: *Die Wertungen waren nicht gerecht.*
② die Punkte, die man bei sportlichen Wettkämpfen erreicht
③ die Meinung über etwas

wert|voll (Adjektiv) **wertvoller, am wertvollsten**
① sehr teuer, kostbar: *wertvoller Schmuck • ein wertvolles Gemälde*
② sehr wichtig, von großer Bedeutung: *pädagogisch wertvolles Spielzeug*
③ sehr nützlich: *eine wertvolle Hilfe • ein wertvoller Rat*

das **We|sen** (Nomen) **des Wesens, die Wesen**
① ein Mensch, ein Lebewesen
② nur im Singular ≈ Charakter, Eigenschaften *Sie hat ein freundliches Wesen.*

we|sent|lich (Adjektiv)
① sehr wichtig, grundlegend: *wesentliche Unterschiede*
② ≈ viel *Er ist wesentlich älter als sie.*

der **Wes|fall** (Nomen) GRAMMATIK nur im Singular **des Wesfall(e)s** der 2. Fall siehe auch → **Genitiv**

wes|halb, wes|halb (Adverb)
① ≈ warum, weswegen verwendet, um nach dem Grund zu fragen: *Weshalb fragst du?*
② aus welchem Grund: *Can erklärte, weshalb er zu spät gekommen war.*

die **Wes|pe** (Nomen) **der Wespe, die Wespen** ein fliegendes schwarz-gelb gestreiftes Insekt mit einem Stachel

wes|sen (Pronomen) Genitiv von „wer“: *Wessen Schuhe sind das hier?* siehe auch → **wer**

der **Wes|sen|fall** (Nomen) GRAMMATIK nur im Singular **des Wessenfall(e)s** der 2. Fall siehe auch → **Genitiv**

West (Nomen) unveränderlich der Westen: *Reisende aus Ost und West*

west|deutsch (Adjektiv) im/vom westlichen Teil Deutschlands

West|deutsch|land (Nomen) **Westdeutschlands** der westliche Teil Deutschlands

die **Wes|te** (Nomen) **der Weste, die Westen**
① ein kurzes Kleidungsstück ohne Ärmel, das man über Hemden oder Blusen trägt
② eine weiße Weste haben nichts Unrechtes getan haben

der **Wes|ten** (Nomen) nur im Singular **des Westens**
① die Himmelsrichtung, in der die Sonne abends untergeht: *Westen ist auf Landkarten links.*
② ein Gebiet im Westen: *die Besiedlung des amerikanischen Westens*
③ der Wilde Westen der westliche Teil von Nordamerika zur Zeit der Indianer und Cowboys

der **Wes|tern** (Nomen) **des Western(s), die Western** ein Film oder Roman, in dem Cowboys, Indianer usw. vorkommen

West|eu|ro|pa (Nomen) **Westeuropas** der westliche Teil Europas

west|lich (Adjektiv) **westlicher, am westlichsten**
① im/aus/nach Westen
② aus Europa und Nordamerika: *die westliche Kultur* siehe auch → **nördlich**

west|wärts (Adverb) in Richtung Westen

wes|we|gen (Adverb)
① ≈ warum, weshalb verwendet, um nach dem Grund zu fragen: *Weswegen kommt er nicht?*

② aus welchem Grund: *Sie sagt uns nicht, weswegen sie das getan hat.*

der **Wẹtt|be|werb** (Nomen) **des Wettbewerb(e)s, die Wettbewerbe** ① Wettkampf ② eine Veranstaltung, bei der unter mehreren Teilnehmern ein Sieger ermittelt wird ③ nur im Singular Konkurrenz

die **Wẹt|te** (Nomen) **der Wette, die Wetten** ① eine Vereinbarung zwischen zwei oder mehr Leuten, bei der derjenige etwas leisten muss, der mit seiner Vermutung oder seinem Tipp nicht recht hatte: *mit jemandem eine Wette abschließen • eine Wette eingehen* ② um die Wette laufen/schwimmen/... gleichzeitig mit jemandem laufen/schwimmen/..., um festzustellen, wer schneller ist

wẹtt|ei|fern (Verb) **du wetteiferst, er wetteiferte, sie hat gewetteifert, wetteif(e)re!** mit jemandem (um etwas) wetteifern versuchen, besser zu sein als jemand (und dadurch etwas zu bekommen)

wẹt|ten (Verb) **du wettest, er wettete, sie hat gewettet, wett(e)!** ① mit jemandem etwas/um etwas wetten mit jemandem eine Wette abschließen (und dabei die Summe/den Gegenstand nennen, die/den man geben will, wenn man verliert): *Ich wette mit dir um ein Eis, dass ich es schaffe, über diese Mauer zu springen.* ② ich wette, dass ... umgangssprachlich ich bin ganz sicher, dass ...

das **Wẹt|ter** (Nomen) nur im Singular **des Wetters** das Vorhandensein von Sonnenschein, Wärme, Kälte, Wind, Regen, Schnee usw. an einem bestimmten Ort zu einer bestimmten Zeit

der **Wẹt|ter|be|richt** (Nomen) **des Wetterbericht(e)s, die Wetterberichte** der Bericht z. B. im Fernsehen oder Radio darüber, wie das Wetter ist oder voraussichtlich wird

wẹt|ter|fest (Adjektiv) so, dass Wind, Regen usw. nicht hindurchdringen oder etwas nicht schaden können

die **Wẹt|ter|vor|her|sa|ge** (Nomen) **der Wettervorhersage, die Wettervorhersagen** die Information darüber, wie das Wetter in der nächsten Zeit voraussichtlich wird

der **Wẹtt|kampf** (Nomen) **des Wettkampf(e)s, die Wettkämpfe** eine sportliche Veranstaltung, bei der unter mehreren Teilnehmern ein Sieger ermittelt wird

der **Wẹtt|kämp|fer** (Nomen) **des Wettkämpfers, die Wettkämpfer** jemand, der an einem Wettkampf teilnimmt

die **Wẹtt|kämp|fe|rin** (Nomen) **der Wettkämpferin, die Wettkämpferinnen** Femininform von → **Wettkämpfer**

der **Wẹtt|lauf** (Nomen) **des Wettlauf(e)s, die Wettläufe** ein Wettbewerb, bei dem derjenige gewinnt, der am schnellsten ist

wẹtt|ma|chen (Verb) **du machst wett, er machte wett, sie hat wettgemacht, mach(e) wett!** etwas Negatives durch etwas Positives ausgleichen

das **Wẹtt|ren|nen** (Nomen) **des Wettrennens, die Wettrennen** ein Rennen, bei dem derjenige gewinnt, der am schnellsten ist

der **Wẹtt|streit** (Nomen) **des Wettstreit(e)s, die Wettstreite** der Versuch, besser zu sein als andere

wịch|tig (Adjektiv) **wichtiger, am wichtigsten** ① mit großer Bedeutung: *ein wichtiges Ereignis* ② ≈ mächtig mit viel Einfluss: *ein wichtiger Politiker* ③ es ist wichtig, dass ... es ist nötig, dass ..., jemand muss ...: *Es ist wichtig, dass ihr jetzt keinen Fehler macht.* ④ etwas/jemanden wichtig nehmen glauben, dass etwas/jemand große Bedeutung hat

sich **wịch|tig|ma|chen** (Verb) umgangssprachlich • abwertend **du machst dich wichtig, er machte sich wichtig, sie hat sich wichtiggemacht, mach(e) dich nicht wichtig!** mit etwas angeben oder prahlen, um sich aufzuspielen

sich **wịch|tig|tun** (Verb) umgangssprachlich • abwertend **du tust dich wichtig, er tat sich wichtig, sie hat sich wichtiggetan, tu(e) dich nicht wichtig!** → **wichtigmachen**

wị|ckeln (Verb) **du wickelst, er wickelte, sie hat gewickelt, wick(e)le!** ① etwas um etwas wickeln etwas Langes um etwas herumlegen (und befestigen): *Sich einen Schal um den Hals wickeln.* ② etwas auf etwas wickeln etwas Langes auf etwas aufrollen ③ etwas in/aus etwas wickeln etwas in etwas einpacken/aus etwas auspacken

❹ sich in etwas wickeln etwas um sich herumlegen: *Sie fror und wickelte sich in eine warme Decke.*
❺ ein Baby wickeln einem Baby eine saubere Windel anziehen

der **Wid|der** (Nomen) **des Widders, die Widder**
❶ ≈ Bock ein männliches Schaf
❷ **nur im Singular** das Sternzeichen für die Zeit vom 21.3. bis 20.4.: *die Eigenschaften des Sternzeichens „Widder"*
❸ jemand, der im Sternzeichen „Widder" geboren ist: *Sie ist Widder.*

wi|der|le|gen (Verb) **du widerlegst, er widerlegte, sie hat widerlegt, widerleg(e)!** beweisen, dass etwas nicht richtig ist oder jemand sich irrt

wi|der|lich (Adjektiv) **widerlicher, am widerlichsten** etwas, was jemand als ekelhaft empfindet

die **Wi|der|re|de** (Nomen) **der Widerrede, die Widerreden**
❶ ohne Widerrede ≈ gehorsam ohne dass man etwas dagegen sagt
❷ Keine Widerrede! Ich verlange, dass du mir gehorchst/ihr mir gehorcht!

wi|der|ru|fen (Verb) **du widerrufst, er widerrief, sie hat widerrufen, widerruf(e)!** ≈ zurücknehmen sagen, dass etwas nicht mehr gilt oder stimmt: *ein Geständnis widerrufen*

der **Wi|der|sa|cher** (Nomen) gehoben **des Widersachers, die Widersacher** ≈ Feind jemand, der als Gegner gesehen wird

die **Wi|der|sa|che|rin** (Nomen) gehoben **der Widersacherin, die Widersacherinnen**
Femininform von → **Widersacher**

wi|der|spens|tig (Adjektiv) abwertend **widerspenstiger, am widerspenstigsten** ungehorsam, sich trotzig widersetzend

wi|der|spie|geln (Verb) **du spiegelst wider, er spiegelte wider, sie hat widergespiegelt, spieg(e)le wider!**
❶ etwas spiegelt etwas wider etwas zeigt etwas, etwas lässt etwas erkennen, etwas zeigt etwas als Spiegelbild
❷ etwas spiegelt sich in etwas wider man kann etwas in etwas erkennen, etwas wird als Spiegelbild sichtbar

wi|der|spre|chen (Verb) **du widersprichst, er widersprach, sie hat widersprochen, widersprich!**
❶ jemand widerspricht jemandem jemand ist nicht einverstanden mit dem, was jemand anders sagt: *Da muss ich dir widersprechen – das war ganz anders.*
❷ jemand widerspricht sich jemand sagt das Gegenteil von dem, was er vorher gesagt hat
❸ etwas widerspricht sich etwas passt nicht zu etwas anderem: *Das widerspricht doch all unseren Erwartungen.*

der **Wi|der|spruch** (Nomen) **des Widerspruch(e)s, die Widersprüche**
❶ ≈ Widersprechen das Aussprechen einer anderen Meinung
❷ Widerspruch gegen etwas einlegen einer Sache nicht zustimmen
❸ das Sichausschließen, das Sichwidersprechen: *Er sagt, ihm sei sein Geburtstag wichtig und dann feiert er nicht. – Das ist doch ein Widerspruch.*
❹ Gegensatz: *Beruf und Familie sind kein Widerspruch.*

wi|der|sprüch|lich (Adjektiv) **widersprüchlicher, am widersprüchlichsten**
❶ ≈ unstimmig nicht nachvollziehbar: *ein widersprüchliches Verhalten*
❷ gegensätzlich: *widersprüchliche Aussagen*

der **Wi|der|stand** (Nomen) **des Widerstand(e)s, die Widerstände**
❶ **nur im Singular** die Handlung oder Einstellung, dass man gegen etwas/jemanden rebelliert: *Er ließ sich ohne Widerstand festnehmen.*
❷ POLITIK **nur im Singular** der politische Kampf gegen eine Regierung
❸ PHYSIK **nur im Singular** eine Kraft, durch die einer Bewegung entgegenwirkt wird
❹ ELEKTROTECHNIK ein Teil in einer Schaltung, durch das der Strom nicht ungehemmt weiterfließen kann

wi|der|ste|hen (Verb) **du widerstehst, er widerstand, sie hat widerstanden, widersteh(e)!**
❶ etwas/jemandem nicht nachgeben und seinen Grundsätzen treu bleiben: *Einem leckeren Eis kann ich nicht widerstehen.*
❷ sich gegen jemanden/etwas erfolgreich wehren: *Bis zur zweiten Spielhälfte konnte die Mannschaft den Angriffen widerstehen.*

der **Wi|der|wil|le, Wi|der|wil|len** (Nomen) **nur im Singular des Widerwillens** das Gefühl, dass man etwas nicht mag: *ein starker Widerwille gegen Fleisch*

wi|der|wil|lig (Adjektiv) **widerwilliger, am widerwilligsten**
1 so, dass ein Widerwille erkennbar ist: *eine widerwillige Antwort*
2 sehr ungern: *Sie kam nur widerwillig mit.*

wid|men (Verb) **du widmest, er widmete, sie hat gewidmet, widme!**
1 jemandem ein Buch/ein Gedicht/... widmen ein Buch/ein Gedicht/... für jemanden zu Ehren schreiben und dessen Namen am Anfang nennen
2 sich jemandem/etwas widmen sich intensiv mit jemandem/etwas beschäftigen

die **Wid|mung** (Nomen) **der Widmung, die Widmungen**
1 der kurze Text vorne in einem Buch, in dem steht, wem zu Ehren es der Autor geschrieben hat
2 eine persönliche Notiz, die in ein Buch geschrieben wird, das man jemandem schenkt

wie[1] (Adverb)
1 verwendet, um nach der Art und Weise oder nach Eigenschaften zu fragen: *Weißt du, wie das geht?*
2 in einem Nebensatz verwendet, der sich auf die Art und Weise, die Eigenschaft oder das Ausmaß bezieht: *Mir gefällt es, wie freundlich ihr miteinander umgeht.*
3 in Fragen verwendet, auf die man eine Zahl oder Menge als Antwort erwartet: *„Wie spät ist es denn?" – „Halb acht."*
4 Wie dumm/schön/...! drückt aus, dass man etwas sehr dumm/schön/... findet

wie[2] (Konjunktion)
1 benutzt, um etwas zu vergleichen: *Ich bin genauso groß, wie du es in meinem Alter warst.* • *Ohren wie ein Luchs* • *so schön wie du*
2 benutzt, um etwas aufzuzählen: *Auf Katzen wie auf Hunde reagiere ich allergisch.*
3 benutzt, um einen Nebensatz einzuleiten, der nach einem Verb der Wahrnehmung folgt: *Ich höre, wie er singt.* • *Er sieht, wie der Unfall passiert.*

wie|der (Adverb)
1 noch einmal, wie vorher schon: *Es regnet schon wieder.*
2 drückt aus, dass etwas in seinen vorherigen Zustand zurückkehrt: *die Straße ist wieder trocken* • *das Bad ist wieder frei*
3 immer wieder oft, dauernd: *Er macht immer wieder dieselben Fehler.*
4 nie wieder nie mehr: *Da gehe ich nie wieder hin!*
5 hin und wieder manchmal
6 umgangssprachlich ≈ noch mal, gleich wenn man sich nicht erinnert: *Wie heißt sie wieder?* • *Wo war das wieder?*

wie|der|be|kom|men (Verb) **du bekommst wieder, er bekam wieder, sie hat wiederbekommen, bekomm(e) wieder!** zurückbekommen: *Wann bekommen wir die Klassenarbeiten wieder?*

wie|der|er|ken|nen (Verb) **du erkennst wieder, er erkannte wieder, sie hat wiedererkannt, erkenn(e) wieder!** erkennen, obwohl man etwas/jemanden lange nicht mehr gesehen hat

wie|der|fin|den (Verb) **du findest wieder, er fand wieder, sie hat wiedergefunden, find(e) wieder!** finden, nachdem etwas/jemand verschwunden war

die **Wie|der|ga|be** (Nomen) **der Wiedergabe, die Wiedergaben**
1 TECHNIK die Umsetzung von Daten in Töne oder Bilder
2 das Wiedergeben, das Zurückgeben
3 ein Bericht, eine Schilderung

wie|der|ge|ben (Verb) **du gibst wieder, er gab wieder, sie hat wiedergegeben, gib wieder!**
1 TECHNIK in Töne oder Bilder umsetzen
2 ≈ zurückgeben *Gib mir das Buch bitte morgen wieder!*
3 ≈ berichten, schildern *Kannst du die Geschichte mit eigenen Worten wiedergeben?*

wie|der|gut|ma|chen (Verb) **du machst wieder gut, er machte wieder gut, sie hat wiedergutgemacht, mach(e) wieder gut!** einen Schaden, eine Ungerechtigkeit usw. ausgleichen

wie|der|her|stel|len (Verb) **du stellst wieder her, er stellte wieder her, sie hat wiederhergestellt, stell(e) wieder her!**
1 so reparieren, wie es vorher war
2 gesund machen

wie|der|ho|len (Verb) **du wiederholst, er wiederholte, sie hat wiederholt, wiederhol(e)!**
1 noch einmal tun oder sagen: *Ich habe dich nicht verstanden. Kannst du das bitte wiederholen?*

❷ TV · RUNDFUNK noch einmal senden
❸ noch einmal lernen, damit man sich etwas besser merkt: *den Stoff der letzten Stunde wiederholen*
❹ eine Klasse wiederholen nicht in die nächste Klassenstufe versetzt werden, sitzenbleiben
❺ sich wiederholen noch einmal geschehen: *Dieser Vorfall darf sich nicht wiederholen!* noch einmal dasselbe sagen: *Du wiederholst dich!*

wie|der|holt (Adjektiv)
❶ so, dass etwas zum zweiten/dritten/... Mal geschieht: *zum wiederholten Mal*
❷ mehrmals: *Ich habe ihn wiederholt gefragt, aber er hat nie geantwortet.*

die **Wie|der|ho|lung** (Nomen) **der Wiederholung, die Wiederholungen**
❶ etwas, was man noch einmal tut oder sagt: *die Wiederholung eines Experiments*
❷ Sendung ein Beitrag, der bereits gesendet wurde

wie|der|käu|en (Verb) **du käust wieder, er käute wieder, sie hat wiedergekäut, käu(e) wieder!**
❶ Kuh, Schaf usw. kauen, was schon im Magen war
❷ umgangssprachlich · abwertend wiederholen, was andere schon gesagt haben

wie|der|keh|ren (Verb) gehoben **du kehrst wieder, er kehrte wieder, sie ist wiedergekehrt, kehr(e) wieder!** zurückkommen

wie|der|kom|men (Verb) **du kommst wieder, er kam wieder, sie ist wiedergekommen, komm(e) wieder!** zurückkommen, noch einmal kommen: *Wir müssen jetzt leider gehen, wir können morgen wiederkommen.*

wie|der|se|hen (Verb) **du siehst wieder, er sah wieder, sie hat wiedergesehen, sieh wieder!**
❶ etwas wiedersehen etwas sehen, was man längere Zeit nicht mehr gesehen hat
❷ jemanden wiedersehen jemanden treffen, den man längere Zeit nicht mehr getroffen hat

wie|der|ver|wen|den (Verb) **du verwendest wieder, er verwendete/verwandte wieder, sie hat wiederverwendet/wiederverwandt, verwende wieder!** ≈recyceln nach dem Gebrauch für einen anderen Zweck verwenden

die **Wie|der|ver|wer|tung** (Nomen) **der Wiederverwertung, die Wiederverwertungen** die Verwertung für einen anderen Zweck, nachdem etwas gebraucht wurde

die **Wie|ge** (Nomen) **der Wiege, die Wiegen** ein Bett für Babys, das man hin- und herschaukeln kann

wie|gen[1] (Verb) **du wiegst, er wog, sie hat gewogen, wieg(e)!**
❶ etwas/jemanden/sich wiegen das Gewicht von etwas/jemandem/sich selbst auf einer Waage messen
❷ vier Pfund/zehn Kilo/... wiegen vier Pfund/zehn Kilo/... schwer sein

wie|gen[2] (Verb) **du wiegst, er wiegte, sie hat gewiegt, wieg(e)!**
❶ jemanden wiegen jemanden sanft hin- und herbewegen oder schaukeln: *ein Kind in seinen Armen wiegen*
❷ sich wiegen schaukelnde Bewegungen machen: *sich in den Hüften wiegen*

wie|hern (Verb) **du wieherst, er wieherte, sie hat gewiehert, wieh(e)re!**
❶ das Pferd wiehert das Pferd macht sein typisches Geräusch
❷ umgangssprachlich sehr laut lachen

die **Wie|se** (Nomen) **der Wiese, die Wiesen** eine Fläche, auf der Gras wächst

wie|so (Adverb)
❶ ≈warum verwendet, um nach dem Grund zu fragen: *Wieso bist du denn jetzt sauer?*
❷ aus welchem Grund, weshalb: *Wieso er alle seine Ersparnisse verschenkt hat, wollte er nicht verraten.*

wild (Adjektiv) **wilder, am wildesten**
❶ frei lebende Lebewesen: *Im Urwald leben wilde Tiere.*
❷ in der freien Natur wachsend: *wilde Kräuter*
❸ ≈ausgelassen laut und mit viel Bewegung: *eine wilde Party · Spielt nicht so wild!*
❹ umgangssprachlich wütend: *wild werden*
❺ etwas ohne Erlaubnis tun: *wild zelten · ein wilder Streik*
❻ ganz wild auf etwas sein umgangssprachlich etwas unbedingt haben oder tun wollen
❼ wie wild schreien/arbeiten/... umgangssprachlich sehr laut schreien/sehr viel arbeiten/...
❽ Das ist halb so wild! umgangssprachlich Das ist nicht so schlimm!
❾ der Wilde Westen der westliche Teil

von Nordamerika zur Zeit der Indianer und Cowboys

wild|fremd (Adjektiv) völlig unbekannt

die **Wild|nis** (Nomen) **der Wildnis, die Wildnisse** eine Gegend mit vielen Bäumen, Pflanzen und wilden Tieren, in der keine Menschen leben

der **Wil|le, Wil|len** (Nomen) nur im Singular **des Willens**
❶ der Wunsch und die Absicht, etwas zu tun: *Es ist Opas Wille, dass ihr alle zu seinem Geburtstag kommt.*
❷ wider Willen obwohl man etwas nicht tun wollte: *Ich musste wider Willen lachen.*
❸ beim besten Willen nicht nicht, obwohl man sich sehr anstrengt oder sich große Mühe gibt
❹ der Letzte/letzte Wille das Testament

will|kom|men (Adjektiv)
❶ so, dass man sich freut, dass etwas/jemand kommt: *eine willkommene Abwechslung*
❷ Herzlich willkommen! der Gruß, wenn man jemanden als Gast bei sich empfängt
❸ jemanden willkommen heißen gehoben jemanden als Gast bei sich begrüßen

wim|meln (Verb) nur in der 3. Person gebraucht **es wimmelt, es wimmelte, es hat gewimmelt**
❶ sich in großer Menge rasch hin- und herbewegen: *Im Ameisenhaufen wimmelt es.*
❷ etwas wimmelt von … in etwas gibt es sehr viele …: *Dein Aufsatz wimmelt von Fehlern. • Am Strand wimmelte es von Menschen.*

die **Wim|per** (Nomen) **der Wimper, die Wimpern**
❶ eines der kurzen, leicht gebogenen Haare am Augenlid
❷ ohne mit der Wimper zu zucken umgangssprachlich ohne Bedenken, ohne zu zögern

die **Wim|pern|tu|sche** (Nomen) **der Wimperntusche, die Wimperntuschen** Farbe, die man auf die Wimpern aufträgt

der **Wind** (Nomen) **des Wind(e)s, die Winde** Luft draußen im Freien, die sich stark bewegt
❶ (schnell) wie der Wind sehr schnell
❷ bei Wind und Wetter bei jedem Wetter
❸ durch den Wind sein umgangssprachlich sehr aufgeregt oder nervös sein
❹ etwas in den Wind schlagen umgangssprachlich etwas nicht beachten/etwas ablehnen
❺ frischen Wind in etwas bringen neuen Schwung in etwas bringen
❻ (viel) Wind um etwas machen umgangssprachlich sich so verhalten, als sei etwas sehr wichtig
❼ von etwas Wind bekommen umgangssprachlich etwas erfahren, was eigentlich geheim bleiben soll
❽ Daher weht der Wind! umgangssprachlich So ist das also!

die **Win|del** (Nomen) **der Windel, die Windeln** eine saugfähige Einlage, die man Babys um den Po wickelt

win|den (Verb) **du windest, er wand, sie hat gewunden, wind(e)!**
❶ etwas um etwas herumwickeln: *Kannst du bitte die Bänder um die Äste winden?*
❷ sich krümmen: *Er wand sich vor Schmerzen.*
❸ vor Angst, Schüchternheit usw. nichts sagen wollen: *Sie wand sich, als ich sie nach dem Namen ihres Freundes fragte.*
❹ ≈ sich schlängeln, kriechen *Eine Schlange windet sich durchs Gras.*

win|dig (Adjektiv) **windiger, am windigsten**
❶ mit (viel) Wind: *Es ist zu windig für den Sonnenschirm.*
❷ umgangssprachlich • abwertend nicht seriös: *Der Autoverkäufer war ein windiger Typ.*

die **Wind|müh|le** (Nomen) **der Windmühle, die Windmühlen** eine Mühle, deren Flügel sich bei Wind drehen und sie so antreiben

die **Wind|po|cken** (Nomen) nur im Plural **der Windpocken** eine Kinderkrankheit, bei der man einen Ausschlag bekommt, der stark juckt

das **Wind|rad** (Nomen) **des Windrad(e)s, die Windräder** eine Art großer Propeller in der Landschaft, der vom Wind in Bewegung gesetzt wird, um Energie zu erzeugen

die **Wind|schutz|schei|be** (Nomen) **der Windschutzscheibe, die Windschutzscheiben** das vordere Fenster an einem Auto

die **Wind|stär|ke** (Nomen) **der Windstärke, die Windstärken** das Maß, mit dem die Stärke des Windes über seine Geschwindigkeit gemessen wird

wind|still (Adjektiv) so, dass kein Wind weht

wịnd|sur|fen (Verb) ['vintzø:ɐ̯fn̩] **du windsurfst, er windsurfte, sie ist/hat windgesurft, windsurf(e)!** auf einem Surfbrett mit Segel auf dem Wasser fahren

der **Wịn|kel** (Nomen) **des Winkels, die Winkel**
❶ die Fläche zwischen zwei Linien, die von einem Punkt ausgehen: *ein spitzer/rechter/ stumpfer Winkel*
❷ eine von zwei Wänden und dem Boden gebildete Ecke
❸ umgangssprachlich ein ruhiger und einsamer Ort
❹ der tote Winkel ein bestimmter Bereich, der nicht einsehbar ist

wịn|ken (Verb) **du winkst, er winkte, sie hat gewinkt/gewunken, wink(e)!** (zum Abschied, zur Begrüßung oder als Zeichen) die Hand hochhalten und hin- und herbewegen

wịn|seln (Verb) **du winselst, er winselte, sie hat gewinselt, wins(e)le!** z. B. Hund leise, hohe, traurige Töne machen

der **Wịn|ter** (Nomen) **des Winters, die Winter** die Jahreszeit zwischen Herbst und Frühling, wenn die Tage kurz sind und es kalt ist

der **Wịn|ter|abend** (Nomen) **des Winterabends, die Winterabende** ein Abend im Winter: *eine Beschäftigung für die langen Winterabende*

wịn|ter|lich (Adjektiv) **winterlicher, am winterlichsten** wie es zum Winter passt, im Winter stattfindend

der **Wịn|ter|schlaf** (Nomen) **nur im Singular des Winterschlaf(e)s** eine Art Schlaf, in dem manche Tiere den Winter verbringen: *Bären und Igel halten Winterschlaf.*

der **Wịn|ter|sport** (Nomen) **nur im Singular des Wintersports** alle Sportarten, die man auf Schnee oder Eis ausübt (z. B. Skifahren, Schlittschuhlaufen, Rodeln, Eishockey)

die **Wịn|ter|zeit** (Nomen) **nur im Singular der Winterzeit**
❶ die Uhrzeit, wie sie im Winter gemessen wird: *die Uhren von Sommer- auf Winterzeit umstellen*
❷ der Winter: *die Freuden der Winterzeit*

wịn|zig (Adjektiv) **winziger, am winzigsten** sehr klein

die **Wịp|pe** (Nomen) **der Wippe, die Wippen** eine Art Schaukel mit einem in der Mitte beweglichen Balken, bei dem das eine Ende nach oben geht, wenn das andere nach unten geht

wịp|pen (Verb) **du wippst, er wippte, sie hat gewippt, wipp(e)!**
❶ sich leicht und mehrmals nach oben und unten bewegen: *Beim Laufen wippte ihr Pferdeschwanz.*
❷ mit dem Fuß/den Zehen/… wippen den Fuß/die Zehen/… leicht und mehrmals nach oben und unten bewegen
❸ (auf dem Spielplatz) auf einer Wippe schaukeln

wịr (Pronomen) Personalpronomen der 1. Person Plural, bezeichnet eine Gruppe, zu der man selbst gehört: *Ich glaube, wir haben uns verlaufen.*

der **Wịr|bel** (Nomen) **des Wirbels, die Wirbel**
❶ ein einzelner Knochen in der Wirbelsäule
❷ die Stelle am Kopf, an der die Haare in verschiedene Richtungen wachsen
❸ ≈ Strudel, Sog eine Stelle, an der Wasser oder Luft sich schnell dreht
❹ umgangssprachlich Aufregung, Durcheinander: *Mach doch nicht so viel Wirbel!*

wịr|beln (Verb) **du wirbelst, er wirbelte, sie ist/hat gewirbelt, wirb(e)le!**
❶ **ist gewirbelt** schnell drehende Bewegungen machen: *Das Laub wirbelte durch die Luft.*
❷ **hat gewirbelt** etwas/jemanden in schnell drehende Bewegungen versetzen: *Er wirbelte seine Freundin über die Tanzfläche.*

die **Wịr|bel|säu|le** (Nomen) **der Wirbelsäule, die Wirbelsäulen** ≈ Rückgrat die lange Reihe von Knochen, die den Körper stützt und die man am Rücken fühlen kann

wịr|ken (Verb) **du wirkst, er wirkte, sie hat gewirkt, wirk(e)!**
❶ das gewünschte Ergebnis oder einen bestimmten Einfluss haben: *Diese Tabletten wirken schnell gegen Kopfschmerzen.*
❷ aussehen: *Sie wirkt noch sehr jung.*
❸ positiv auffallen: *Bei dieser Beleuchtung wirken die Möbel nicht.*
❹ gehoben arbeiten: *Er wirkte lange Zeit als Geiger an der Oper Hannover.*

wịrk|lich[1] (Adjektiv)
❶ richtig, echt: *Er ist ein wirklicher Freund.*
❷ real: *das wirkliche Leben*

wịrk|lich[2] (Adverb)
❶ tatsächlich: *Hast du das wirklich gesagt?*
❷ Wirklich! Ganz bestimmt!

die **Wịrk|lich|keit** (Nomen) **der Wirklichkeit, die Wirklichkeiten**
❶ ≈ Realität das, was tatsächlich existiert:

Das sind interessante Pläne, aber die Wirklichkeit sieht ganz anders aus.
❷ in Wirklichkeit in Wahrheit: *Er war ein Betrüger und in Wirklichkeit hieß er ganz anders.*

wirk|sam (Adjektiv) **wirksamer, am wirksamsten** so, dass etwas gut und schnell wirkt

die **Wir|kung** (Nomen) **der Wirkung, die Wirkungen**
❶ das gewünschte Ergebnis: *Das Medikament zeigt keine Wirkung.*
❷ ein bestimmter Einfluss: *Die Strafe hatte eine abschreckende Wirkung auf die Schüler.*

wir|kungs|los (Adjektiv) so, dass etwas nicht das gewünschte Ergebnis oder den gewünschten Einfluss hat

wir|kungs|voll (Adjektiv) **wirkungsvoller, am wirkungsvollsten** mit großer Wirkung

wirr (Adjektiv) **wirrer, am wirrsten**
❶ etwas ist durcheinander oder unordentlich: *wirres Haar*
❷ unsinnig, unklar: *wirres Gerede*

der/das **Wirr|warr** (Nomen) abwertend nur im Singular **des Wirrwarrs** das Durcheinander, die Unordnung

der **Wirt** (Nomen) **des Wirt(e)s, die Wirte** der Chef in einem Lokal oder Restaurant

die **Wir|tin** (Nomen) **der Wirtin, die Wirtinnen** Femininform von → **Wirt**

die **Wirt|schaft** (Nomen) **der Wirtschaft, die Wirtschaften**
❶ ≈ Lokal eine Gaststätte, die Getränke und Speisen gegen Bezahlung anbietet
❷ das System von Herstellung und Verbrauch

wirt|schaft|lich (Adjektiv) **wirtschaftlicher, am wirtschaftlichsten**
❶ die Wirtschaft betreffend: *die wirtschaftlichen Entwicklungen*
❷ ≈ finanziell Geld betreffend: *Sie haben wirtschaftliche Probleme.*
❸ sparsam: *ein wirtschaftliches Auto*

wi|schen (Verb) **du wischst, er wischte, sie hat gewischt, wisch(e)!**
❶ reibende Bewegungen auf einer Oberfläche machen
❷ (den Fußboden) wischen mit einem (feuchten) Tuch sauber machen, indem man es hin- und herbewegt: *Er wischt die Küche.*
❸ Staub wischen den Staub (mit einem Tuch) durch Hin- und Herbewegungen von einem Gegenstand entfernen: *Er wischt Staub.*
❹ auf einem Tablet oder Smartphone mit einer seitlichen Bewegung die Bildschirmansicht wechseln, umblättern

wis|pern (Verb) **du wisperst, er wisperte, sie hat gewispert, wisp(e)re!**
❶ ≈ flüstern sehr leise reden
❷ jemandem etwas ins Ohr wispern jemandem etwas ganz leise ins Ohr sagen

wiss|be|gie|rig (Adjektiv) **wissbegieriger, am wissbegierigsten** so, dass man unbedingt etwas Neues lernen will: *ein wissbegieriges Kind*

wis|sen (Verb) **du weißt, er wusste, sie hat gewusst, wisse!**
❶ etwas wissen über etwas informiert sein, sich mit etwas auskennen: *Er wusste die Antwort sofort.* • *Er wusste nicht, wie er nach Hause kommen sollte.*
❷ etwas (noch) wissen sich an etwas erinnern: *Weißt du noch, wie wir uns kennengelernt haben?*
❸ wenig/viel/nichts/… über jemanden/etwas wissen wenige/viele/keine/… Informationen über jemanden/etwas haben: *Was weißt du über ihn?* • *Sie weiß viel über Politik.*
❹ jemanden etwas wissen lassen jemanden über eine Sache informieren
❺ Ich weiß (schon)! umgangssprachlich Das ist mir bekannt!
❻ von jemandem nichts mehr wissen wollen nicht mehr mit jemandem in Kontakt stehen wollen

das **Wis|sen** (Nomen) **des Wissens**
❶ die Kenntnisse und Informationen, die jemand (auf einem Gebiet) hat: *Sie hat ein enormes Wissen in Physik.*
❷ die Information zu einer bestimmten Sache, die jemand hat: *Er ist ohne mein Wissen von zu Hause weggegangen.*
❸ etwas nach bestem Wissen und Gewissen tun sich bei etwas die größte Mühe geben

die **Wis|sen|schaft** (Nomen) **der Wissenschaft, die Wissenschaften** die Tätigkeit in einem bestimmten Bereich, bei der durch Forschung etwas herausgefunden wird: *die angewandte Wissenschaft* • *die Wissenschaft der Medizin*

der **Wis|sen|schaft|ler** (Nomen)
des Wissenschaftlers, die Wissenschaftler
jemand, der im Bereich der Wissenschaft arbeitet

die **Wis|sen|schaft|le|rin** (Nomen)
der Wissenschaftlerin,
die Wissenschaftlerinnen
Femininform von → **Wissenschaftler**

wis|sen|schaft|lich (Adjektiv)
die Wissenschaft betreffend, im Bereich der Wissenschaft: *ein wissenschaftlicher Artikel • wissenschaftlich belegt*

die **Wis|sens|lü|cke** (Nomen) **der Wissenslücke, die Wissenslücken** das fehlende Wissen in einem bestimmten Bereich

wis|sens|wert (Adjektiv) so interessant oder wichtig, dass man es wissen möchte oder sollte

die **Wit|te|rung** (Nomen) **der Witterung, die Witterungen**
1 das Wetter in einem bestimmten Zeitraum: *Sie geht bei jeder Witterung mit dem Hund spazieren.*
2 der Geruchssinn von Tieren
3 der Geruch, der von einem Tier oder einem Menschen ausgeht: *Das Raubtier hat Witterung aufgenommen.*

die **Wit|we** (Nomen) **der Witwe, die Witwen**
eine Frau, deren Ehemann gestorben ist

der **Wit|wer** (Nomen) **des Witwers, die Witwer**
ein Mann, dessen Ehefrau gestorben ist

der **Witz** (Nomen) **des Witzes, die Witze**
1 ≈Scherz etwas Lustiges, was man erzählt, um jemanden zum Lachen zu bringen: *Er erzählt gerne Witze.*
2 **nur im Singular** die Fähigkeit, lustige Geschichten interessant zu erzählen: *Mein Onkel erzählt Geschichten mit viel Witz.*
3 Ohne Witz! Das meine ich wirklich ernst!

wit|zig (Adjektiv) **witziger, am witzigsten**
1 lustig, komisch: *Er ist sehr witzig.*
2 Sehr witzig! umgangssprachlich • ironisch Das ist überhaupt nicht komisch!

die **WM** (Nomen) [veːˈʔɛm] **der WM, die WMs**
Kurzform von → **Weltmeisterschaft**

wo (Adverb) verwendet, um nach dem Ort zu fragen oder ihn genauer zu erläutern: *Wo ist der Schlüssel?*

wo|an|ders (Adverb) an einem anderen Ort: *Er wohnt jetzt woanders.*

wo|an|ders|hin (Adverb) an einen anderen Ort: *Er musste noch woandershin.*

wo|bei (Adverb)
1 verwendet, um zu fragen, bei welcher Sache etwas geschieht oder geschehen ist: *Wobei hast du dir den Arm gebrochen? • Er wollte wissen, wobei er mich gestört hatte.*
2 ≈bei der eben erwähnten Sache verwendet, um sich auf einen erwähnten Sachverhalt zu beziehen: *Er ist sehr begabt und wird gefördert, wobei die Gefahr besteht, dass die Eltern ihn überfordern.*

die **Wo|che** (Nomen) **der Woche, die Wochen**
1 ein Zeitraum von sieben Tagen, besonders von Montag bis Sonntag
2 unter der Woche nicht am Samstag oder Sonntag, sondern an anderen Tagen

das **Wo|chen|en|de** (Nomen)
des Wochenendes, die Wochenenden
Samstag und Sonntag: *Wir fahren übers Wochenende weg.*

wo|chen|lang (Adjektiv) mehrere Wochen dauernd

der **Wo|chen|tag** (Nomen) **des Wochentag(e)s, die Wochentage**
1 einer der sieben Tage einer Woche
2 ≈Werktag ein Tag, an dem man in der Regel arbeitet

wö|chent|lich (Adjektiv) jede Woche

wo|durch (Adverb)
1 verwendet, um zu fragen, durch welche Sache etwas geschieht oder geschehen ist: *Wodurch unterscheiden sich die Bilder? • Weißt du, wodurch dieses Chaos entstanden ist?*
2 ≈durch die eben erwähnte Sache verwendet, um sich auf eine erwähnte Sache zu beziehen: *Er isst zu viele Süßigkeiten, wodurch er oft Bauchschmerzen hat.*

wo|für (Adverb)
1 verwendet, um zu fragen, für welchen Zweck etwas bestimmt ist: *Wofür sind die vielen Stifte? • Weißt du, wofür er das Geld braucht?*
2 ≈für die eben erwähnte Sache verwendet, um sich auf eine erwähnte Sache zu beziehen: *Sie haben hart trainiert, wofür sie mit einem Sieg belohnt wurden.*

wo|ge|gen (Adverb)
1 verwendet, um zu fragen, gegen welche Sache etwas ist: *Wogegen helfen die Tabletten? • Weißt du, wogegen sich seine Wut richtet?*
2 ≈gegen die eben erwähnte Sache verwendet, um sich auf eine erwähnte

Sache zu beziehen: *Das Unternehmen beschloss Sparmaßnahmen, wogegen sich die Mitarbeiter wehrten.*

wo|her (Adverb) verwendet, um nach der Herkunft zu fragen oder sie genauer zu nennen: *Woher weißt du denn das? • Das Dorf, woher er kommt, ist winzig klein.*

wo|hin (Adverb) verwendet, um nach dem Ziel oder der Richtung zu fragen oder es/sie genauer zu erläutern: *Wohin soll ich die Tassen tun? • Der Ort, wohin wir immer in Urlaub fahren, liegt direkt am Meer.*

wo|hin|ge|gen (Konjunktion) ≈während, im Unterschied zu verwendet, um einen Gegensatz zu der erwähnten Sache auszudrücken: *Er ist immer pünktlich, wohingegen sie häufig zu spät kommt.*

wohl[1] (Adverb) **wohler, am wohlsten**
① jemandem ist wohl/jemand fühlt sich wohl jemand ist gesund, jemand fühlt sich gesund
② ohne Steigerung circa, ungefähr: *Es war wohl nach 24 Uhr, als er heimkam.*
③ wohl aber verwendet, um nach einer verneinten Aussage den Gegensatz zu verstärken: *Im Norden gibt es in Deutschland kaum Berge, wohl aber im Süden.*
④ wohl oder übel so, dass man keine Wahl hat: *Das müssen wir wohl oder übel akzeptieren.*

wohl[2] (Partikel)
① verwendet, um eine Vermutung auszudrücken: *Sie ist noch nicht da, sie hat wohl den Bus verpasst.*
② verwendet, um eine Aussage zu verstärken: *Das will ich doch wohl hoffen!*
③ verwendet, um eine Unsicherheit auszudrücken: *Ob ich die Prüfung wohl bestanden habe?*

sich **wohl|füh|len, wohl füh|len** (Verb) **du fühlst dich wohl, er fühlte sich wohl, sie hat sich wohlgefühlt, fühl(e) dich wohl!**
① sich gesund fühlen siehe auch → **wohl**[1]
② sich bei jemandem/etwas wohlfühlen sich gut bei jemandem/etwas fühlen: *Wir hoffen, Sie fühlen sich wohl in unserem Hotel. • Ich fühle mich gar nicht wohl bei der Sache.*

wohl|ge|merkt (Adverb) umgangssprachlich verwendet, um eine Aussage zu betonen: *Ich hatte ihm, wohlgemerkt, davon abgeraten.*

wohl|ge|sinnt (Adjektiv) eine freundliche Einstellung habend: *Sein Lehrer war ihm wohlgesinnt.*

wohl|ha|bend (Adjektiv) **wohlhabender, am wohlhabendsten** ein großes Vermögen besitzend, reich

der **Wohl|stand** (Nomen) nur im Singular **des Wohlstand(e)s** der Zustand, in dem man wohlhabend ist und keine wirtschaftlichen Sorgen hat: *im Wohlstand leben*

das **Wohl|wol|len** (Nomen) nur im Singular **des Wohlwollens** die freundliche und hilfsbereite Einstellung gegenüber jemandem

wohl|wol|lend (Adjektiv) **wohlwollender, am wohlwollendsten** freundlich, gut gemeint: *Er erhielt eine wohlwollende Beurteilung.*

woh|nen (Verb) **du wohnst, er wohnte, sie hat gewohnt, wohn(e)!**
① in einer Stadt/einer Wohnung/... wohnen ≈leben in einer Stadt/einer Wohnung/... sein Zuhause haben: *Er wohnt in Hamburg.*
② in einem Hotel/bei Freunden/... wohnen vorübergehend in einem Hotel/bei Freunden/... übernachten: *Wenn ich in München bin, wohne ich in einem Hotel.*

die **Wohn|ge|mein|schaft** (Nomen) **der Wohngemeinschaft, die Wohngemeinschaften** Abkürzung: WG mehrere Personen, die sich eine Wohnung teilen: *Viele Studenten leben in einer Wohngemeinschaft, weil es günstiger ist.*

das **Wohn|haus** (Nomen) **des Wohnhauses, die Wohnhäuser** ein Haus, das zum Wohnen benutzt wird

der **Wohn|ort** (Nomen) **des Wohnort(e)s, die Wohnorte** der Ort, an dem jemand seinen Wohnsitz hat

der **Wohn|sitz** (Nomen) **des Wohnsitzes, die Wohnsitze** der Ort, an dem jemand wohnt (und gemeldet ist)

die **Woh|nung** (Nomen) **der Wohnung, die Wohnungen** ein abgeschlossener Bereich in einem Haus, der meist aus mehreren Zimmern besteht, in dem man wohnen kann

das **Wohn|vier|tel** (Nomen) **des Wohnviertels, die Wohnviertel** ein Gebiet einer Stadt, in dem viele Wohnhäuser sind

der **Wohn|wa|gen** (Nomen) **des Wohnwagens, die Wohnwagen** ein großer Anhänger für ein Auto, der eine Küche, Betten und eine Waschgelegenheit hat

das **Wohn|zim|mer** (Nomen) **des Wohnzimmers, die Wohnzimmer** ein gemütlicher Raum, in dem man sich meist tagsüber und abends aufhält

sich **wöl|ben** (Verb) nur in der 3. Person gebraucht **es wölbt sich, es wölbte sich, es hat sich gewölbt**
sich (über etwas) wölben in der Form eines Bogens über etwas verlaufen: *Die Brücke wölbt sich über das Tal.*

die **Wöl|bung** (Nomen) **der Wölbung, die Wölbungen** etwas, was wie die Form eines Bogens aussieht: *die Wölbung des Torbogens*

der **Wolf** (Nomen) **des Wolf(e)s, die Wölfe** ein wildes Tier mit grauem Fell und spitzer Schnauze, das dem Hund ähnlich sieht: *Wölfe leben in großen Rudeln.*

die **Wol|ke** (Nomen) **der Wolke, die Wolken**
1 ein weißes oder graues Gebilde am Himmel, das aus vielen Wassertropfen besteht
2 eine größere Menge von feinsten Teilchen, die in der Luft schwebt (z. B. Rauchwolke, Staubwolke)
3 aus allen Wolken fallen umgangssprachlich sehr überrascht sein

der **Wol|ken|bruch** (Nomen) **des Wolkenbruchs, die Wolkenbrüche** ein kurzer, sehr starker Regen

der **Wol|ken|krat|zer** (Nomen) umgangssprachlich **des Wolkenkratzers, die Wolkenkratzer** ein sehr hohes Hochhaus

wol|kig (Adjektiv) mit vielen Wolken am Himmel

die **Woll|de|cke** (Nomen) **der Wolldecke, die Wolldecken** eine Decke aus Wolle

die **Wol|le** (Nomen) **der Wolle, die Wollen**
1 das abgeschnittene Haar bestimmter Tiere (z. B. des Schafs), das zu Garn verarbeitet wird
2 das Garn, das aus dem Haar bestimmter Tiere (z. B. des Schafs), gemacht wird: *Sie strickt einen Pullover aus Wolle.*
3 sich mit jemandem in die Wolle kriegen Streit mit jemandem anfangen

wol|len (Verb) **du willst, er wollte, sie hat gewollt** ⚠ als Vollverb: „hat nach Hause gewollt", aber als Hilfsverb: „hat heimgehen wollen"
1 den Wunsch haben, etwas zu tun: *Willst du mitkommen? • Ich will noch nicht ins Bett!*
2 die Absicht haben, etwas zu tun: *Morgen will ich mal die Garage aufräumen. • Tut mir leid, das wollte ich nicht!*
3 drückt aus, dass etwas nicht geschieht oder funktioniert: *Das Wasser wollte ewig nicht kochen.*
4 drückt Zweifel an dem aus, was jemand behauptet: *Niemand wollte davon gewusst haben.*
5 Dann wollen wir mal! umgangssprachlich drückt aus, dass man jetzt mit etwas anfangen will
6 Wir wollen sehen. umgangssprachlich Das kann man jetzt noch nicht beurteilen oder entscheiden, das wird sich zeigen.

wo|mit (Adverb) verwendet, um nach dem Mittel zu fragen oder es genauer zu erläutern: *Womit hast du die Hose wieder sauber gekriegt? • Computerspiele sind etwas, womit man viel Zeit verschwenden kann.*

wo|mög|lich (Adverb) vielleicht

wo|nach (Adverb)
1 verwendet, um nach einer Sache zu fragen: *Wonach riecht es hier? • Weißt du, wonach er sucht?*
2 ≈nach der eben erwähnten Sache verwendet, um sich auf eine eben erwähnte Sache zu beziehen: *Die Polizei hat Hinweise, wonach er der Mörder ist.*

wo|ran, wor|an (Adverb)
1 verwendet, um nach einer Sache zu fragen: *Woran erinnert mich das nur?*
2 verwendet, um sich auf eine eben erwähnte Sache zu beziehen: *Seine Stimme ist das, woran ich ihn immer erkennen würde.*

wo|rauf, wor|auf (Adverb)
1 verwendet, um nach einer Sache zu fragen: *Worauf bist du allergisch? • Weißt du, worauf er sich so freut?*
2 ≈auf die eben erwähnte Sache verwendet, um sich auf eine eben erwähnte Sache zu beziehen: *Das ist es, worauf es mir ankommt.*

wo|rauf|hin, wor|auf|hin (Adverb)
1 verwendet, um nach einer Sache zu fragen: *Woraufhin war er so beleidigt?*
2 ≈auf die eben erwähnte Sache hin verwendet, um sich auf eine eben erwähnte Sache zu beziehen: *Er störte den Unterricht*

mehrfach, woraufhin die Lehrerin ihn nachsitzen ließ.

wo|raus, wor|aus (Adverb) verwendet, um nach einer Sache zu fragen, oder eine erwähnte Sache zu erläutern: *Woraus besteht ein Kuchen? • Ich weiß nicht, woraus ein Kuchen gemacht wird.*

wo|rin, wor|in (Adverb)
❶ verwendet, um nach einer Sache zu fragen: *Worin liegt der Unterschied?*
❷ ≈ in der eben erwähnten Sache verwendet, um sich auf eine eben erwähnte Sache zu beziehen: *Er las einen Brief vor, worin eine Mutter sich von ihrem Kind verabschiedete.*

das **World Wide Web** (Nomen) ['wəːld 'waid 'wɛb] nur im Singular **des World Wide Web(s)** Abkürzung: WWW das Internet

das **Wort** (Nomen) **des Wort(e)s, die Wörter/Worte**
❶ Plural: Wörter ≈ Begriff die sprachliche Einheit, die eine Bedeutung hat und beim Schreiben durch einen Abstand davor und dahinter gekennzeichnet ist: *Die Kurzgeschichten im Schreibwettbewerb durften höchstens 700 Wörter haben.*
❷ Plural: Worte ≈ Aussage verwendet, um eine Äußerung von jemandem zu einem Thema zu benennen: *Die Worte des Präsidenten gaben den Menschen Mut. • ein Wort des Dankes*
❸ sein Wort halten/brechen ein gegebenes Versprechen einhalten/nicht einhalten

die **Wort|art** (Nomen) **der Wortart, die Wortarten** eine bestimmte Klasse, in die man ein Wort grammatikalisch einordnet: *Adjektiv, Nomen und Verb sind Wortarten.*

die **Wort|be|deu|tung** (Nomen) **der Wortbedeutung, die Wortbedeutungen** die Bedeutung eines Wortes

die **Wort|bil|dung** (Nomen) **der Wortbildung, die Wortbildungen** die Bildung eines (neuen) Wortes durch Zusammensetzung oder Ableitung

der **Wort|bruch** (Nomen) **des Wortbruch(e)s, die Wortbrüche** das Nichteinhalten eines Versprechens

das **Wör|ter|buch** (Nomen) **des Wörterbuch(e)s, die Wörterbücher** ein Buch, in dem Wörter einer Sprache stehen und erklärt oder in eine andere Sprache übersetzt sind: *ein einsprachiges Wörterbuch • ein zweisprachiges Wörterbuch • Wenn er ein Wort nicht kennt, schlägt er es im Wörterbuch nach.*

die **Wort|fa|mi|lie** (Nomen) **der Wortfamilie, die Wortfamilien** alle Wörter, die sich von dem gleichen Wortstamm ableiten: *Zur Wortfamilie „Freude" gehören z. B. die Wörter freuen, Vorfreude, erfreulich, Freudensprung.*

wört|lich (Adjektiv) genau so, wie etwas gesagt oder geschrieben wurde

der **Wort|schatz** (Nomen) **des Wortschatz(e)s, die Wortschätze** alle Wörter einer Sprache

das **Wort|spiel** (Nomen) **des Wortspiel(e)s, die Wortspiele**
eine Äußerung, in der absichtlich ein Wort verwendet wird, das zwei Bedeutungen haben kann, oder Silben verdreht werden, damit es lustig klingt

der **Wort|stamm** (Nomen) **des Wortstamm(e)s, die Wortstämme** der Teil eines Wortes, an den Vorsilben oder Endungen angehängt werden

wort|wört|lich (Adjektiv) absolut wörtlich

wo|rü|ber, wor|über (Adverb)
❶ verwendet, um nach einer Sache zu fragen: *Worüber haben sie gesprochen?*
❷ ≈ über die eben erwähnte Sache verwendet, um sich auf eine erwähnte Sache zu beziehen: *Er wusste nichts, worüber er sich beschweren sollte.*

wo|rum, wor|um (Adverb)
❶ verwendet, um nach einer Sache zu fragen: *Worum ging es in dem Film? • Er wollte wissen, worum er sich kümmern könnte.*
❷ ≈ um die eben erwähnte Sache verwendet, um sich auf eine erwähnte Sache zu beziehen: *Das ist alles, worum es in der Besprechung ging.*

wo|run|ter, wor|un|ter (Adverb)
❶ verwendet, um nach einer Sache zu fragen: *Worunter leidet er wirklich?*
❷ ≈ unter der eben erwähnten Sache verwendet, um sich auf eine bereits erwähnte Sache zu beziehen: *Der Vater war oft beruflich unterwegs, worunter das Kind sehr litt. • Hier sind deine Sachen, worunter sich auch die Zahnbürste befindet.*

wo|von (Adverb)
❶ verwendet, um nach einer Sache fragen: *Wovon sprechen Sie?*

② ≈von der eben erwähnten Sache verwendet, um sich auf eine bereits erwähnte Sache zu beziehen: *Fertiggerichte, wovon sich viele Familien ernähren, sind nicht gesund.*

wo|vor (Adverb)
① verwendet, um nach einer Sache zu fragen: *Wovor hast du Angst?*
② ≈vor der eben erwähnte Sache verwendet, um sich auf eine eben erwähnte Sache zu beziehen: *Spinnen sind nicht das Einzige, wovor sie Angst hat.*

wo|zu (Adverb)
① verwendet, um nach einer Sache zu fragen: *Wozu erzählst du mir das?*
② ≈zu welcher eben erwähnten Sache verwendet, um sich auf eine bereits erwähnte Sache zu beziehen: *Schwimmen ist das, wozu ich gerade Lust hätte.*

wrin|gen (Verb) **du wringst, er wrang, sie hat gewrungen, wring(e)!** etwas Feuchtes so drehen und drücken, dass Flüssigkeit herauskommt

der **Wuchs** (Nomen) nur im Singular **des Wuchses**
① das Wachstum
② Statur, Gestalt: *Er war von kräftigem Wuchs.*

die **Wucht** (Nomen) nur im Singular **der Wucht**
① die Kraft oder der Schwung: *mit voller Wucht*
② jemand/etwas ist eine Wucht jemand/etwas ist fantastisch

wüh|len (Verb) **du wühlst, er wühlte, sie hat gewühlt, wühl(e)!**
① in etwas wühlen graben: *Der Hund wühlte im Schlamm. • Kinder wühlen gerne in der Erde.*
② nach etwas wühlen nach etwas suchen: *Er wühlte in seinen Papieren nach der Rechnung.*

wund (Adjektiv) **wunder, am wundesten**
① gerötet und leicht entzündet
② ein wunder Punkt etwas, worüber man nicht gerne spricht

die **Wun|de** (Nomen) **der Wunde, die Wunden** eine Verletzung der Haut und des Gewebes

das **Wun|der** (Nomen) **des Wunders, die Wunder**
① ein Ereignis, das allen Erfahrungen oder den Naturgesetzen widerspricht: *Es ist ein Wunder, dass er das überlebt hat. • Dieser Arzt vollbringt wahre Wunder.*
② etwas, was so perfekt und vollkommen ist, das es große Bewunderung hervorruft: *Diese Erfindung ist ein Wunder der Technik. • die Wunder der Natur*

wun|der|bar (Adjektiv) **wunderbarer, am wunderbarsten** ≈toll so, dass etwas großartig oder sehr erfreulich ist: *Es ist wunderbar, dass du kommst!*

wun|der|lich (Adjektiv) **wunderlicher, am wunderlichsten** merkwürdig, seltsam: *ein wunderlicher Mensch*

wun|dern (Verb) **du wunderst, er wunderte, sie hat gewundert, wund(e)re nicht!**
① etwas wundert jemanden etwas überrascht jemanden sehr: *Sein Mut wunderte den Lehrer.*
② sich wundern überrascht sein: *Ich wunderte mich über seinen Mut.*

wun|der|schön (Adjektiv) sehr schön

der **Wunsch** (Nomen) **des Wunsch(e)s, die Wünsche**
① etwas, was man gerne haben möchte: *Ein Fahrrad ist sein größter Wunsch. • Es war immer sein Wunsch, eine Familie zu haben.*
② meist Plural ≈Glückwunsch *Die besten Wünsche zur Hochzeit.*

wün|schen (Verb) **du wünschst, er wünschte, sie hat gewünscht, wünsch(e)!**
① jemandem etwas wünschen hoffen, dass etwas für jemanden eintritt oder ihm etwas gelingt: *Ich wünsche ihm viel Glück bei seiner Prüfung. • Ich wünsche dir, dass du bald wieder gesund wirst.*
② sich etwas wünschen hoffen, dass etwas eintritt oder man etwas bekommt: *Ich wünsche mir, dass er mich besuchen kommt. • Ich wünsche mir einen Hund.*

wün|schens|wert (Adjektiv) schön, erfreulich

wunsch|los (Adjektiv)
meist in wunschlos glücklich sein mit der aktuellen Situation sehr zufrieden sein

der **Wunsch|traum** (Nomen) **des Wunschtraum(e)s, die Wunschträume** ein sehr großer und (lange) nicht erfüllter Wunsch: *Damit erfüllte er sich einen Wunschtraum.*

die **Wür|de** (Nomen) **der Würde, die Würden**
① der Wert, den ein Mensch hat und der von anderen zu respektieren und zu achten ist: *In unserem Grundgesetz steht: „Die Würde des Menschen ist unantastbar."*
siehe auch → **Menschenwürde**

❷ die (innere) Haltung eines Menschen, die Achtung gebietet: *Der alte Mann strahlt eine große Würde aus.*

wür|dig (Adjektiv) **würdiger, am würdigsten**
❶ mit Würde, Würde zeigend
❷ so feierlich, wie es sich für einen bestimmten Anlass gehört: *ein würdiger Empfang*
❸ so, dass jemand/etwas genauso gut ist wie jemand/etwas anderes: *ein würdiger Nachfolger*
❹ jemand ist einer Sache würdig jemand ist so gut, dass er etwas zu Recht bekommt oder verdient hat

wür|di|gen (Verb) **du würdigst, er würdigte, sie hat gewürdigt, würdig(e)!**
❶ erkennen, dass jemand/etwas gut und wichtig ist (und jemanden/etwas dafür loben)
❷ jemanden keines Blickes würdigen jemanden bewusst nicht ansehen, um zu zeigen, dass man nichts mit ihm zu tun haben will

der **Wurf** (Nomen) **des Wurf(e)s, die Würfe**
❶ das Werfen
❷ das Würfeln
❸ mehrere Tierbabys, die gleichzeitig geboren wurden
❹ ein großer Wurf umgangssprachlich ein besonders großer Erfolg

der **Wür|fel** (Nomen) **des Würfels, die Würfel**
❶ GEOMETRIE ein Körper mit sechs gleich großen quadratischen Seiten
❷ ein kleiner Gegenstand mit sechs gleichen Seiten, auf denen meist Punkte stehen, mit dem man würfelt
❸ ein Gegenstand, der fast die Form eines Würfels hat: *Zwiebeln/Käse in Würfel schneiden*

wür|feln (Verb) **du würfelst, er würfelte, sie hat gewürfelt, würf(e)le!**
❶ in einem Spiel einen oder mehrere Würfel in der Hand oder in einem Becher schütteln und auf die Unterlage werfen: *eine Drei würfeln*
❷ ein Würfelspiel spielen
❸ in kleine Stücke schneiden, die fast die Form eines Würfels haben: *Zwiebeln würfeln*

das **Wür|fel|spiel** (Nomen) **des Würfelspiel(e)s, die Würfelspiele** ein Spiel, bei dem man bestimmte Zahlen würfeln muss oder auf einem Spielfeld mit einer Figur um die gewürfelten Zahlen weiterrücken darf

wür|gen (Verb) **du würgst, er würgte, sie hat gewürgt, würg(e) nicht!**
❶ das Gefühl haben, dass man etwas vor Ekel oder Übelkeit aus dem Magen herausspucken muss
❷ jemanden würgen jemandem den Hals fest zudrücken, damit er nicht mehr atmen kann

der **Wurm** (Nomen) **des Wurm(e)s, die Würmer**
❶ ein kleines, langes Tier ohne Beine, das in der Erde lebt
❷ jemandem die Würmer aus der Nase ziehen umgangssprachlich jemanden nur mit Mühe und vielen Fragen dazu bringen, etwas zu erzählen
❸ Da ist der Wurm drin! umgangssprachlich Das ist nicht in Ordnung!

die **Wurst** (Nomen) **der Wurst, die Würste**
❶ u. a. zerkleinertes Fleisch in einer länglichen Hülle aus Darm oder Kunststoff, das geräuchtert, gekocht oder gebraten wird
❷ der Aufschnitt aus Wurst, der in Scheiben geschnitten und aufs Brot gelegt wird
❸ umgangssprachlich etwas, was die Form einer Rolle hat: *das Kissen zu einer Wurst zusammendrehen • Der Hund hat eine kleine Wurst gemacht.*

das **Würst|chen** (Nomen) **des Würstchens, die Würstchen**
❶ eine kleine Wurst, die häufig heiß gegessen wird: *Frankfurter Würstchen*
❷ umgangssprachlich • abwertend ein unwichtiger Mensch

die **Wur|zel** (Nomen) **der Wurzel, die Wurzeln**
❶ der untere Teil einer Pflanze, der in der Erde wächst
❷ Wurzeln schlagen festwachsen: *Der Efeu hat Wurzeln geschlagen.* irgendwo auf Dauer leben: *Die Auswanderer haben nun in Australien Wurzeln geschlagen.*
❸ MATHEMATIK Die Wurzel aus einer Zahl a ist diejenige positive Zahl, die mit sich selbst multipliziert a ergibt: *3 mal 3 ist 9, die Wurzel aus 9 ist 3.*
❹ der untere Teil eines Zahnes oder Haares, der im Fleisch oder in der Haut sitzt

wür|zen (Verb) **du würzt, er würzte, sie hat gewürzt, würz(e)!** Gewürze in eine Speise geben

wür|zig (Adjektiv) **würziger, am würzigsten** mit kräftigem Geschmack oder Geruch

wu|sche|lig (Adjektiv) **wuscheliger, am wuscheligsten** mit viel dichtem und lockigem Haar oder Material

wüst (Adjektiv) abwertend **wüster, am wüstesten**
① sehr unordentlich: *ein wüstes Durcheinander*
② wild und heftig: *jemanden wüst beschimpfen*
③ kahl und leer: *eine wüste Gegend*

die **Wüs|te** (Nomen) **der Wüste, die Wüsten**
① ein großes, trockenes Gebiet aus Sand oder Steinen, in dem (fast) keine Pflanzen wachsen
② jemanden in die Wüste schicken umgangssprachlich jemanden wegschicken oder entlassen

die **Wut** (Nomen) nur im Singular **der Wut** das starke negative Gefühl, wenn man sich sehr ärgert

wü|ten (Verb) **du wütest, er wütete, sie hat gewütet, wüte nicht!**
① vor Wut toben und schreien (und Dinge zerstören)
② mit großer Kraft Dinge zerstören: *Gestern Nacht wütete ein Sturm in unserer Stadt.*

wü|tend (Adjektiv) **wütender, am wütendsten**
① voller Wut, Zorn und Ärger
② auf oder über jemanden/etwas wütend sein großen Zorn und Ärger über jemanden/etwas empfinden

das **WWW** (Nomen) nur im Singular **des WWW(s)** Abkürzung von: World Wide Web das Internet

das **X, x** (Nomen) [ɪks] **des X, die X**
① der 24. Buchstabe im Alphabet
siehe auch → **A**
② ein Herr X/der Tag X anstelle des Namens/genauen Datums verwendet: *Wenn der Tag X kommt, werden wir ja sehen, was passiert.*
③ jemandem ein X für ein U vormachen jemanden auf leicht erkennbare Art täuschen
④ nur: x MATHEMATIK häufig als erste unbekannte Größe in Gleichungen verwendet
⑤ nur: X • bei Kleidergrößen anstelle von „sehr" verwendet (z. B. „XL" = „sehr groß")

die **X-Bei|ne** (Nomen) umgangssprachlich nur im Plural **der X-Beine** Beine, die an den Knien zusammengehen und an den Füßen auseinanderstehen

x-be|lie|big (Adjektiv) umgangssprachlich irgendein(e), irgendwie

x-mal (Adverb) umgangssprachlich sehr oft

das **Xy|lo|fon, Xy|lo|phon** (Nomen) [ksyloˈfoːn] **des Xylofons, die Xylofone** ein Musikinstrument mit nebeneinanderliegenden Holzplatten oder -stäben, auf die man mit zwei Schlägeln schlägt

das **Y, y** (Nomen) [ˈʏpsilɔn] **des Y, die Y**
① der 25. Buchstabe im Alphabet
siehe auch → **A**
② MATHEMATIK nur: y häufig als zweite unbekannte Größe in Gleichungen verwendet

die **Yacht** (Nomen) **der Yacht, die Yachten**
Variante von → **Jacht**

das/der **Yo|ga** (Nomen) nur im Singular **des Yoga(s)** verschiedene, aus Indien stammende Übungen für Körper und Geist, mit denen man Konzentration und Entspannung trainiert

das **Yp|si|lon** (Nomen) [ˈʏpsilɔn] **des Ypsilon(s), die Ypsilons** der Buchstabe „Y"
siehe auch → **Y**

das **Z, z** (Nomen) **des Z, die Z** der 26. Buchstabe im Alphabet siehe auch → A

die **Za|cke** (Nomen) **der Zacke, die Zacken**
1 eine der Spitzen an einem Stern o. Ä.: *eine Zacke ist abgebrochen*
2 jemandem fällt kein Zacken aus der Krone umgangssprachlich das kann man von jemandem verlangen, denn es ist nicht so schlimm, wie er denkt
3 einen Zacken draufhaben umgangssprachlich rasen, sehr schnell fahren

zag|haft (Adjektiv) **zaghafter, am zaghaftesten** vorsichtig und unsicher

zäh (Adjektiv) **zäher, am zähesten**
1 so dick oder dicht, dass es nicht gut oder nur langsam fließt: *zäher Schleim*
2 so hart, dass man es nicht gut zerkleinern oder zerbeißen kann: *ein zähes Steak*
3 ausdauernd, hartnäckig: *zähe Verhandlungen*
4 widerstandsfähig: *eine zähe Gesundheit*

die **Zahl** (Nomen) **der Zahl, die Zahlen**
1 der Wert, den man mit einer Kombination aus 1, 2, 3, 4, 5, 6, 7, 8, 9 und 0 schreibt und mit dem man rechnet und zählt
2 nur im Singular die Menge, die Anzahl: *Die Zahl der Einbrüche ist gestiegen.*

zah|len (Verb) **du zahlst, er zahlte, sie hat gezahlt, zahl(e)!**
1 ≈ bezahlen Geld geben
2 Bitte zahlen!, Ich möchte zahlen! in einem Restaurant Bitte bringen Sie mir die Rechnung, denn ich möchte bezahlen und dann gehen.

zäh|len (Verb) **du zählst, er zählte, sie hat gezählt, zähl(e)!**
1 die Menge von etwas bestimmen: *Es sind genau 25, ich habe sie gezählt.*
2 jemand zählt die Zahlen nacheinander in der richtigen Reihenfolge aufsagen: *Er kann schon bis hundert zählen.*
3 jemand zählt etwas/einige jemand stellt fest, wie viele Dinge/Personen da sind
4 etwas zählt etwas etwas ist etwas wert
5 etwas zählt/zählt nicht etwas ist gültig/nicht gültig
6 etwas/jemand zählt zu etwas etwas/jemand ist Teil von etwas, etwas/jemand gehört zu etwas
7 jemand zählt auf jemanden jemand verlässt sich auf jemanden

der **Zäh|ler** (Nomen) **des Zählers, die Zähler**
1 MATHEMATIK die Zahl über dem Bruchstrich
2 TECHNIK ein Instrument, das etwas zählt oder misst
3 umgangssprachlich SPORT Punkt

zahl|los (Adjektiv) sehr viele

zahl|reich (Adjektiv) **zahlreicher, am zahlreichsten** ziemlich viele

die **Zah|lung** (Nomen) **der Zahlung, die Zahlungen**
1 das Zahlen
2 der Betrag, der gezahlt wurde: *Die Zahlung ist pünktlich eingegangen.*
3 etwas in Zahlung geben/nehmen einen gebrauchten Gegenstand anstelle von Geld geben/annehmen und auf den Preis einer neuen Ware anrechnen

das **Zahl|wort** (Nomen) GRAMMATIK **des Zahlwort(e)s, die Zahlwörter** ein Wort, das eine Zahl, Menge o. Ä. bezeichnet (z. B. eins, zwei, drei)

zahm (Adjektiv) **zahmer, am zahmsten**
1 so, dass ein wildes Tier sich an Menschen gewöhnt hat: *ein zahmer Fuchs*
2 umgangssprachlich harmlos: *eine zahme Kritik*

zäh|men (Verb) **du zähmst, er zähmte, sie hat gezähmt, zähm(e)!** an Menschen gewöhnen

der **Zahn** (Nomen) **des Zahn(e)s, die Zähne**
1 einer der kleinen, harten, weißen Teile im Mund, mit denen man beißt und kaut: *sich die Zähne putzen*
2 die dritten Zähne umgangssprachlich das künstliche Gebiss
3 die Zähne zusammenbeißen umgangssprachlich etwas Unangenehmes ertragen
4 jemandem die Zähne zeigen umgangssprachlich jemandem zeigen, dass man sich wehren kann

der **Zahn|arzt** (Nomen) **des Zahnarztes, die Zahnärzte** der Arzt, der Krankheiten der Zähne heilt

die **Zahn|ärz|tin** (Nomen) **der Zahnärztin, die Zahnärztinnen**
Femininform von → **Zahnarzt**

die **Zahn|bürs|te** (Nomen) **der Zahnbürste, die Zahnbürsten** eine kleine Bürste mit einem langen Stiel, mit der man sich die Zähne putzt

die **Zahn|creme** (Nomen) **der Zahncreme, die Zahncremes** Variante von → **Zahnpasta**

das **Zahn|fleisch** (Nomen) **nur im Singular des Zahnfleisch(e)s**
❶ die rote Schleimhaut im Mund, aus der die Zähne wachsen
❷ auf dem Zahnfleisch gehen umgangssprachlich total erschöpft sein

die **Zahn|pas|ta, Zahn|pas|te** (Nomen) **der Zahnpasta, die Zahnpasten** eine weiche Masse in einer Tube, die man zum Zähneputzen verwendet

das **Zahn|rad** (Nomen) **des Zahnrad(e)s, die Zahnräder** ein Rad mit Zacken am Rand, das so in ein anderes Rad mit Zacken oder in eine Kette greift, dass sich beide drehen, wenn man eines von beiden antreibt

die **Zahn|schmer|zen** (Nomen) **nur im Plural der Zahnschmerzen** die Schmerzen an einem Zahn

die **Zahn|span|ge** (Nomen) **der Zahnspange, die Zahnspangen** eine Konstruktion aus Draht, die an den Zähnen befestigt wird, damit sie gerade wachsen

das **Zahn|weh** (Nomen) umgangssprachlich **nur im Singular des Zahnwehs**
Variante von → **Zahnschmerzen**

die **Zan|ge** (Nomen) **der Zange, die Zangen**
❶ ein Werkzeug mit zwei Griffen, die man zusammendrückt, um damit etwas fest zu packen
❷ der Körperteil, mit dem bestimmte Tiere, wie z. B. Krebse, etwas greifen können
❸ jemanden in die Zange nehmen umgangssprachlich jemanden so bedrängen, dass er sich nicht mehr wehren kann

der **Zank** (Nomen) umgangssprachlich **nur im Singular des Zank(e)s** Streit

sich **zan|ken** (Verb) **du zankst dich, er zankte sich, sie hat sich gezankt, zank(e) dich nicht!** sich streiten

das **Zäpf|chen** (Nomen) **des Zäpfchens, die Zäpfchen**
❶ ein kleines, längliches Gebilde, das man als Medikament in den Po steckt
❷ ein kleines, längliches Gebilde, das weit hinten oben im Rachen hängt

zap|fen (Verb) **du zapfst, er zapfte, sie hat gezapft, zapf(e)!** mit einer Art Hahn aus einem Fass in ein kleineres Gefäß füllen

der **Zap|fen** (Nomen) **des Zapfens, die Zapfen**
❶ ein länglicher Gegenstand, mit dem man etwas verschließt oder verbindet
❷ die längliche Hülle der Früchte von Tannen, Kiefern und anderen Nadelbäumen

die **Zapf|säu|le** (Nomen) **der Zapfsäule, die Zapfsäulen** die Station an einer Tankstelle, aus der man Kraftstoffe wie Benzin, Diesel usw. tanken kann

zap|peln (Verb) **du zappelst, er zappelte, sie hat gezappelt, zapp(e)le nicht!**
❶ viele schnelle Bewegungen mit Armen und Beinen oder mit dem ganzen Körper machen: *Hör auf zu zappeln.*
❷ jemanden zappeln lassen umgangssprachlich jemandem nicht die Antwort oder Information geben, auf die er wartet

zap|pen (Verb) ['zɛpn̩] umgangssprachlich **du zappst, er zappte, sie hat gezappt, zapp(e)!** mit der Fernbedienung von einem Fernsehsender zum nächsten schalten, um etwas zu finden, was man sehen möchte

zart (Adjektiv) **zarter, am zartesten**
❶ ≈weich *zarte Haut • zartes Fleisch*
❷ ≈sanft, leicht *eine zarte Berührung*
❸ fein, klein, dünn: *zarte Hände*
❹ empfindlich: *eine zarte Gesundheit*
❺ dezent: *eine zarte Farbe • eine zarter Duft*

zärt|lich (Adjektiv) **zärtlicher, am zärtlichsten** sanft und liebevoll

die **Zärt|lich|keit** (Nomen) **der Zärtlichkeit, die Zärtlichkeiten**
❶ nur im Singular die Eigenschaft, zärtlich zu sein
❷ ≈Liebkosung eine zärtliche Handlung

der **Zau|ber** (Nomen) **nur im Singular des Zaubers**
❶ ≈Magie die Wirkung magischer oder übernatürlicher Kräfte
❷ gehoben der Reiz, die Faszination: *Der Zauber ihres Gartens macht sie glücklich.*
❸ fauler Zauber umgangssprachlich • abwertend der Schwindel, der Betrug

die **Zau|be|rei** (Nomen) **der Zauberei, die Zaubereien**
❶ eine magische Handlung, mit der man etwas eigentlich Unmögliches schafft
❷ Zaubertricks

der **Zau|be|rer, Zaub|rer** (Nomen) **des Zauberers, die Zauberer**
1 eine Figur in Märchen, die magische oder übernatürliche Kräfte hat
2 ein Artist, der Kunststücke und Tricks vorführt

die **Zau|be|rin, Zaub|re|rin** (Nomen) **der Zauberin, die Zauberinnen**
Femininform von → **Zauberer**

zau|bern (Verb) **du zauberst, er zauberte, sie hat gezaubert, zaub(e)re!**
1 bestimmte magische oder übernatürliche Handlungen ausführen: *Glaubst du etwa, ich kann zaubern?*
2 Kunststücke und Tricks vorführen
3 etwas zaubern mit viel Geschick etwas Schwieriges und Überraschendes schaffen: *Sie hat aus den Resten ein wunderbares Essen gezaubert.*

der **Zau|ber|stab** (Nomen) **des Zauberstab(e)s, die Zauberstäbe** ein kleiner Stock, den Zauberer im Märchen zum Zaubern brauchen

zau|dern (Verb) **du zauderst, er zauderte, sie hat gezaudert, zaud(e)re nicht!** ≈ zögern unentschlossen warten, bis man etwas tut: *Beim Sprung vom Dreimeterbrett darf man nicht zaudern.*

der **Zaun** (Nomen) **des Zaun(e)s, die Zäune** ein Gitter aus Holz oder Metall um einen Garten oder ein Gelände

z. B. Abkürzung von: zum Beispiel verwendet, um zu zeigen, dass danach ein Beispiel für etwas folgt

das **Ze|bra, Zeb|ra** (Nomen) **des Zebras, die Zebras** eine Art Pferd mit schwarzen und weißen Streifen, das in Afrika lebt

der **Ze|bra|strei|fen, Zeb|ra|strei|fen** (Nomen) **des Zebrastreifens, die Zebrastreifen** die weißen Streifen auf der Straße, die eine Stelle kennzeichnen, an der Fußgänger Vorrang haben

die **Ze|cke** (Nomen) **der Zecke, die Zecken** ein kleines Tier, das sich in der Haut von Menschen und Tieren festbeißt und sich voll Blut saugt

der **Zeh** (Nomen) **des Zehs, die Zehen** eines der fünf beweglichen Glieder am Fuß

die **Ze|he** (Nomen) **der Zehe, die Zehen**
1 Variante von → **Zeh**
2 einer der einzelnen Teile einer Knoblauchknolle

die **Ze|hen|spit|ze** (Nomen) **der Zehenspitze, die Zehenspitzen**
1 der vordere Teil des Zehs
2 auf Zehenspitzen gehen/hereinkommen/... ganz leise gehen/hereinkommen/...

zehn (Zahlwort) als Ziffern: 10 siehe auch → **acht**

die **Zehn** (Nomen) **der Zehn, die Zehnen** die Zahl 10 siehe auch → **Acht**[1]

das **Zehn|cent|stück, 10-Cent-Stück** (Nomen) **des Zehncentstück(e)s, die Zehncentstücke** eine Münze mit dem Nennwert 10 Cent

der **Zeh|ner** (Nomen) umgangssprachlich **des Zehners, die Zehner**
1 umgangssprachlich ein Geldschein mit dem Nennwert 10 Euro/Dollar/...
2 nur im Plural MATHEMATIK die zweite Ziffer (vor dem Komma) von rechts bei einer Zahl: *jeweils die Einer, Zehner und Hunderter addieren und die Überträge berücksichtigen*

der **Zehn|eu|ro|schein, 10-Euro-Schein** (Nomen) **des Zehneuroschein(e)s, die Zehneuroscheine** ein Geldschein mit dem Nennwert 10 Euro

zehnt (Zahlwort)
nur in zu zehnt mit zehn Personen: *Wir sind zu zehnt in dem Kurs.*

zehn|tau|send (Zahlwort) als Ziffern: 10000 siehe auch → **acht**

zehn|te, zehn|ter, zehn|tes (Zahlwort) in einer Reihe an 10. Stelle: *am zehnten März • als Zehnter durchs Ziel gehen*

das **Zehn|tel** (Nomen) **des Zehntels, die Zehntel**
1 einer von zehn gleich großen Teilen von etwas: *nur ein Zehntel der Schüler*
2 ein Zehntel einer Sekunde: *mit zwei Zehntel Vorsprung gewinnen*

zehn|tens (Adverb) beim Aufzählen an zehnter Stelle siehe auch → **achtens**

das **Zei|chen** (Nomen) **des Zeichens, die Zeichen**
1 ≈ Signal eine Bewegung, ein Blick, ein Geräusch usw., das etwas Besonderes bedeutet: *Die Klingel ist das Zeichen für die Pause.*
2 ≈ Markierung etwas Geschriebenes, Gemaltes usw., mit dem man etwas kennzeichnet
3 ≈ Symbol etwas Geschriebenes, Gemaltes usw., das stellvertretend für etwas anderes steht: *Das Zeichen für E-Mails ist „@".*

❹ zum Zeichen, dass .../zum Zeichen für ... um zu zeigen, dass ...: *Zum Zeichen meiner Dankbarkeit habe ich ihm einen Kuchen gebacken.*
❺ ≈Anzeichen, Hinweis eine Tatsache, an der man etwas anderes erkennen kann: *Fieber ist ein Zeichen für eine Abwehrreaktion des Körpers.*
❻ Das ist ein gutes/schlechtes Zeichen. Das bedeutet etwas Gutes/Schlechtes.

der **Zei|chen|block** (Nomen) **des Zeichenblock(e)s, die Zeichenblöcke/Zeichenblocks** ein Stapel aus Papierblättern, die an einer Seite zusammengeklebt oder -geheftet sind und auf denen man zeichnen und malen kann

die **Zei|chen|set|zung** (Nomen) **nur im Singular der Zeichensetzung** die Verwendung von Punkt, Komma, Fragezeichen usw. in einem Text (nach bestimmten Regeln)

zeich|nen (Verb) **du zeichnest, er zeichnete, sie hat gezeichnet, zeichne!**
❶ etwas zeichnen etwas mit einem Stift o. Ä. mit Strichen bildlich darstellen
❷ von einer Krankheit/einem Schicksalsschlag/... gezeichnet sein gehoben schlecht aussehen, weil man eine Krankheit hatte oder hat/einen Schicksalsschlag erlebt hat/...

der **Zeich|ner** (Nomen) **des Zeichners, die Zeichner** jemand, der beruflich Zeichnungen anfertigt

die **Zeich|ne|rin** (Nomen) **der Zeichnerin, die Zeichnerinnen**
Femininform von → **Zeichner**

die **Zeich|nung** (Nomen) **der Zeichnung, die Zeichnungen** ein Bild, das mit einem Stift o. Ä. entstanden ist

der **Zei|ge|fin|ger** (Nomen) **des Zeigefingers, die Zeigefinger** der zweite Finger an der Hand, der neben dem Daumen liegt

zei|gen (Verb) **du zeigst, er zeigte, sie hat gezeigt, zeig(e)!**
❶ jemandem etwas zeigen jemanden etwas ansehen lassen: *Komm, ich zeige dir mein Zimmer!*
jemandem erklären oder vorführen, wie etwas gemacht wird oder funktioniert: *Er hat mir gezeigt, wie ich mit dem Handy Fotos machen kann.*
jemandem erklären, wo etwas ist und wie man dorthin kommt: *Kannst du mir bitte den Weg zum Zoo zeigen?*
❷ auf etwas/jemanden zeigen die Hand, den Finger oder einen Gegenstand in die Richtung bewegen, wo etwas/jemand ist
❸ etwas zeigt irgendwohin etwas ist in eine bestimmte Richtung ausgerichtet: *Der Pfeil zeigt nach oben.*
❹ das Bild/Foto/... zeigt jemanden/etwas auf dem Bild/Foto/... sieht man jemanden/etwas
❺ Interesse/Verständnis/... zeigen interessiert/verständnisvoll/... sein
❻ es jemandem zeigen umgangssprachlich jemandem beweisen, dass er schlechter, dümmer, langsamer usw. ist als man selbst oder dass man etwas kann, was einem nicht zugetraut wurde stärker: sich rächen
❼ sich dankbar/großzügig/... zeigen sich so verhalten, dass andere sehen, dass man dankbar/großzügig/... ist
❽ zum Vorschein kommen, sodass jemand/etwas gesehen werden kann: *Am Himmel zeigen sich schon Wolken.*

der **Zei|ger** (Nomen) **des Zeigers, die Zeiger** das lange, schmale Teil, das bei Uhren und anderen Geräten auf eine Zahl oder einen Wert zeigt

die **Zei|le** (Nomen) **der Zeile, die Zeilen**
❶ die Reihe von Wörtern in einem Text
❷ zwischen den Zeilen lesen können verstehen, was gemeint ist, auch wenn es nicht ausdrücklich gesagt wird

die **Zeit** (Nomen) **der Zeit, die Zeiten**
❶ **nur im Singular** der Ablauf von Sekunden, Minuten, Stunden, Tagen, Wochen usw.: *Die Zeit vergeht schnell.*
❷ ≈Zeitpunkt ein bestimmter Moment: *Es ist Zeit zum Essen.*
❸ ≈ Zeitraum eine bestimmte Dauer: *Die Weihnachtszeit ist die schönste Zeit.*
❹ die ganze Zeit immer
❺ eine Zeit lang für eine Weile
❻ in letzter Zeit in den Tagen oder Wochen, die gerade erst vergangen sind
❼ zur Zeit **Abkürzung: z. Z./z. Zt.** zu einer bestimmten Zeit: *zur Zeit Mozarts*
⚠ **aber: zurzeit sind Ferien**
siehe auch → **zurzeit**
❽ keine Zeit verlieren sich beeilen, etwas sofort machen
❾ Uhrzeit: *Um welche Zeit fährt der Bus?*

das **Zeit|al|ter** (Nomen) **des Zeitalters, die Zeitalter** ein langer zusammengehörender Abschnitt in der

Vergangenheit oder Gegenwart, der von etwas geprägt ist

zeit|ge|nös|sisch (Adjektiv) **zeitgenössischer, am zeitgenössischsten**
❶ zur selben Zeit lebend oder vorkommend
❷ ≈aktuell aus der Gegenwart

zeit|gleich (Adjektiv) gleichzeitig

zei|tig (Adjektiv) früh, pünktlich

zeit|lich (Adjektiv) in Bezug auf die Zeit

die **Zeit|lu|pe** (Nomen) **der Zeitlupe, die Zeitlupen**
❶ die Technik, in der eine Aufnahme langsamer als in Wirklichkeit wiedergegeben wird
❷ der Filmabschnitt, der in der Technik der Zeitlupe gezeigt wird

der **Zeit|punkt** (Nomen) **des Zeitpunkt(e)s, die Zeitpunkte** der genaue Moment, in dem etwas geschieht, geschah oder geschehen soll

der **Zeit|raf|fer** (Nomen) **des Zeitraffers, die Zeitraffer**
❶ die Technik, in der eine Aufnahme schneller als in Wirklichkeit wiedergegeben wird
❷ der Filmabschnitt, der in der Technik des Zeitraffers gezeigt wird

zeit|rau|bend, Zeit rau|bend (Adjektiv) so, dass man sehr viel Zeit dafür braucht

der **Zeit|raum** (Nomen) **des Zeitraum(e)s, die Zeiträume** ≈Zeitspanne eine bestimmte Dauer der Zeit

die **Zeit|schrift** (Nomen) **der Zeitschrift, die Zeitschriften** ein Heft mit Texten und bunten Fotos zu einem bestimmten Thema, das man jede Woche, jeden Monat usw. kaufen kann

die **Zei|tung** (Nomen) **der Zeitung, die Zeitungen**
❶ eine Art Heft aus losen zusammengelegten Seiten mit Nachrichten, aktuellen Berichten und anderen Informationen, das man jeden Tag oder regelmäßig kaufen kann: *in der Zeitung stehen • Zeitung lesen*
❷ nur im Singular das Unternehmen, in dem Zeitungen gemacht werden: *Sie arbeitet bei der Zeitung.*

die **Zeit|ver|schie|bung** (Nomen) **der Zeitverschiebung, die Zeitverschiebungen** die Tatsache, dass die Uhrzeit in verschiedenen Ländern/Zeitzonen unterschiedlich sein kann

zeit|wei|se (Adverb)
❶ manchmal: *Sie jobbt zeitweise in einem Café.*
❷ für kurze Zeit, vorübergehend

das **Zeit|wort** (Nomen) GRAMMATIK **des Zeitwort(e)s, die Zeitwörter**
siehe auch → **Verb**

die **Zel|le** (Nomen) **der Zelle, die Zellen**
❶ der kleine Raum, besonders in einem Gefängnis
❷ der kleinste Baustein, aus dem ein Lebewesen besteht
❸ die kleinen grauen Zellen umgangssprachlich • ironisch der Verstand, das Denken

das **Zelt** (Nomen) **des Zelt(e)s, die Zelte** eine Art Haus aus Stoff

zel|ten (Verb) **du zeltest, er zeltete, sie hat gezeltet, zelte!** ≈campen (im Urlaub) im Zelt wohnen

das **Zelt|la|ger** (Nomen) **des Zeltlagers, die Zeltlager** eine Art Dorf aus Zelten

der **Zelt|platz** (Nomen) **des Zeltplatzes, die Zeltplätze** ein Ort, an dem man ein Zelt aufbauen darf

der **Ze|ment** (Nomen) **des Zement(e)s, die Zemente** ein Pulver, das man mit Wasser vermischt und zum Bauen verwendet

zen|sie|ren (Verb) **du zensierst, er zensierte, sie hat zensiert, zensier(e)!**
❶ SCHULE mit einer Note bewerten
❷ prüfen, ob ein Buch, Film usw. veröffentlicht werden darf, oder verbieten, dass ein Buch, Film usw. veröffentlicht wird

die **Zen|sur** (Nomen) **der Zensur, die Zensuren**
❶ SCHULE Note, Schulnote
❷ die Prüfung, ob ein Buch, Film usw. veröffentlicht werden darf, oder das Verbot, dass ein Buch, Film usw. veröffentlicht wird
❸ nur im Singular das Amt, das prüft/verbietet, ob/dass ein Buch, Film usw. veröffentlicht werden darf

der/das **Zen|ti|me|ter** (Nomen) **des Zentimeters, die Zentimeter** ein Maß, mit dem man Längen misst und von dem hundert einen Meter ergeben

der **Zent|ner** (Nomen) **des Zentners, die Zentner**
❶ Deutschland 50 kg
❷ Österreich, Schweiz 100 kg

zen|tral (Adjektiv) **zentraler, am zentralsten**
❶ in der Mitte gelegen, im Mittelpunkt: *zentral wohnen*
❷ hauptsächlich, wichtig: *die zentrale Frage*

③ von einer höheren Stelle bestimmt oder gemacht: *etwas zentral steuern • das zentrale Nervensystem*

die **Zen|tra|le** (Nomen) **der Zentrale, die Zentralen** die Stelle in einem Unternehmen, einem System, einer Organisation usw., an der Informationen oder Aktivitäten zusammenlaufen und verteilt werden

die **Zen|tral|hei|zung** (Nomen) **der Zentralheizung, die Zentralheizungen** ein System, bei dem alle Heizungen im Haus über eine große Heizungsanlage funktionieren

das **Zen|trum, Zent|rum** (Nomen) **des Zentrums, die Zentren**
① der Mittelpunkt: *das Zentrum des Unwetters*
② Stadtmitte, Stadtzentrum
③ der wichtigste Bereich: *im Zentrum der Macht*

zer|bre|chen (Verb) **du zerbrichst, er zerbrach, sie hat/ist zerbrochen, zerbrich nicht!**
① jemand zerbricht etwas **hat zerbrochen** jemand macht etwas so kaputt, dass zwei oder mehrere Stücke entstehen
② etwas zerbricht **ist zerbrochen** etwas geht kaputt und zerfällt in Stücke
③ jemand zerbricht an etwas gehoben • **ist zerbrochen** jemand ist über etwas so unglücklich, dass er nie wieder glücklich wird
④ sich den Kopf zerbrechen umgangssprachlich sehr angestrengt über etwas nachdenken

zer|brech|lich (Adjektiv) **zerbrechlicher, am zerbrechlichsten**
① so, dass etwas leicht kaputtgehen kann: *Die Vase ist zerbrechlich.*
② so, dass jemand sehr zart und zierlich ist

die **Ze|re|mo|nie** (Nomen) **der Zeremonie, die Zeremonien** eine feierliche Handlung, die nach bestimmten Regeln abläuft

zer|fal|len (Verb) **du zerfällst, er zerfiel, sie ist zerfallen**
① ≈sich auflösen so kaputtgehen, dass viele kleine Teile entstehen: *zu Staub zerfallen*
② PHYSIK sich spalten

zer|klei|nern (Verb) **du zerkleinerst, er zerkleinerte, sie hat zerkleinert, zerkleinere!** in kleine Stücke schneiden, hacken, reißen usw.

zer|knül|len (Verb) umgangssprachlich **du zerknüllst, er zerknüllte, sie hat zerknüllt, zerknülle!** unordentlich so in der Hand zusammendrücken, dass eine Kugel entsteht, die man wegwirft

zer|krat|zen (Verb) **du zerkratzt, er zerkratzte, sie hat zerkratzt, zerkratz(e) nicht!** mit Krallen, Nägeln oder spitzen Gegenständen viele kleine Schrammen in eine glatte Oberfläche machen

zer|le|gen (Verb) **du zerlegst, er zerlegte, sie hat zerlegt, zerlege!**
① so auseinandernehmen, dass einzelne Teile entstehen
② in einzelne Stücke schneiden

zer|plat|zen (Verb) **du zerplatzt, er zerplatzte, sie ist zerplatzt, zerplatze nicht!**
① zerspringen, auseinanderfliegen: *Der Luftballon ist zerplatzt.*
② vor Wut/Neid/... zerplatzen umgangssprachlich sehr wütend/neidisch/... sein

zer|rei|ßen (Verb) **du zerreißt, er zerriss, sie hat/ist zerrissen, zerreiße!**
① **hat zerrissen** so fest an etwas reißen, dass es kaputtgeht: *einen Brief zerreißen • seine Hose an den Dornen zerreißen*
② **ist zerrissen** Risse oder Löcher bekommen, kaputtgehen, in mehrere Stücke zerteilt werden: *Wenn ihr noch fester zieht, zerreißt das Seil.*
③ Ich kann mich doch nicht zerreißen! umgangssprachlich Ich kann doch nicht alles gleichzeitig machen!

zer|ren (Verb) **du zerrst, er zerrte, sie hat gezerrt, zerr(e) nicht!**
① ungeduldig oder mit Gewalt ziehen: *jemanden am Ärmel zerren*
② sich einen Muskel zerren sich verletzen, indem man einen Muskel zu sehr dehnt

die **Zer|rung** (Nomen) **der Zerrung, die Zerrungen** eine Verletzung, weil ein Muskel, eine Sehne oder ein Band zu sehr gedehnt wurde

zer|schla|gen (Verb) **du zerschlägst, er zerschlug, sie hat zerschlagen, zerschlag(e) nicht!**
① so fest schlagen, dass etwas in Stücke bricht: *Beim Karate kann er Holzbretter zerschlagen.*
② **Geschirr, Porzellan** fallen lassen, sodass es zerbricht: *Sie zerschlägt bei jedem Ehestreit Geschirr.*

❸ sich (wie) zerschlagen fühlen sehr erschöpft sein
❹ zerstören: *eine Verbrecherbande zerschlagen*
❺ sich zerschlagen nicht Wirklichkeit werden: *Unsere Pläne haben sich zerschlagen.*

zer|schnei|den (Verb) **du zerschneidest, er zerschnitt, sie hat zerschnitten, zerschneide!** in Stücke schneiden

zer|sprin|gen (Verb) nur in der 3. Person gebraucht **es zerspringt, es zersprang, es ist zersprungen** plötzlich durch Spannung, einen Aufprall oder Schläge kaputtgehen

der **Zer|stäu|ber** (Nomen) **des Zerstäubers, die Zerstäuber** ein Gefäß mit Pumpkopf, mit dem eine Flüssigkeit in sehr kleinen Tropfen in der Luft verteilt wird

zer|stö|ren (Verb) **du zerstörst, er zerstörte, sie hat zerstört, zerstör(e) nicht!**
❶ ≈ kaputt machen so schwer beschädigen, dass man es nicht mehr reparieren kann
❷ ≈ ruinieren dafür sorgen, dass es etwas Gutes oder Schönes nicht mehr gibt: *Sie hat durch ihre Eifersucht ihre Ehe zerstört.*

die **Zer|stö|rung** (Nomen) **der Zerstörung, die Zerstörungen**
❶ nur im Singular das Zerstören
❷ der Schaden, der dadurch entstanden ist, dass etwas zerstört wurde

zer|streut (Adjektiv) **zerstreuter, am zerstreutesten** ≈ unkonzentriert so, dass man an etwas anderes denkt, während man etwas tut

zer|tei|len (Verb) **du zerteilst, er zerteilte, sie hat zerteilt, zerteile!** in Stücke oder Teile zerlegen

das **Zer|ti|fi|kat** (Nomen) **des Zertifikat(e)s, die Zertifikate** amtliche Bescheinigung, z. B. Urkunde, Zeugnis

ze|tern (Verb) umgangssprachlich • abwertend **du zeterst, er zeterte, sie hat gezetert, zet(e)re nicht!** laut schimpfen und jammern

der **Zet|tel** (Nomen) **des Zettels, die Zettel** ein kleines Stück Papier

das **Zeug** (Nomen) nur im Singular **des Zeugs**
❶ umgangssprachlich • abwertend irgendwelche Dinge, die nicht besonders wichtig sind: *Wo soll ich das ganze Zeug hintun?*
❷ dummes Zeug umgangssprachlich • abwertend Unsinn
❸ umgangssprachlich Kleidung: *Zieh dein nasses Zeug aus!*
❹ das Zeug zu etwas haben umgangssprachlich etwas können, für etwas geeignet sein

der **Zeu|ge** (Nomen) **des Zeugen, die Zeugen**
❶ jemand, der etwas (besonders einen Tathergang oder ein besonderes Ereignis) gesehen hat und darüber berichten kann
❷ jemand, der vor Gericht berichten muss, was er über einen Tathergang weiß und gesehen hat

zeu|gen[1] (Verb) **du zeugst, er zeugte, sie hat gezeugt, zeug(e)!**
ein Kind zeugen als Mann und Frau beim Sex ein Kind entstehen lassen

zeu|gen[2] (Verb) nur in der 3. Person gebraucht **es zeugt, es zeugte, es hat gezeugt**
etwas zeugt von etwas Zeichen für etwas sein: *Deine Reaktion zeugt nicht gerade von Begeisterung. • Das zeugt von Liebe.*

die **Zeu|gin** (Nomen) **der Zeugin, die Zeuginnen** Femininform von → **Zeuge**

das **Zeug|nis** (Nomen) **des Zeugnisses, die Zeugnisse**
❶ SCHULE eine Urkunde, auf der die Noten aus einem Schulhalbjahr stehen
❷ BERUF ein Bericht über die Leistungen und Aufgaben eines Berufstätigen, die er vom Chef bekommt, wenn er die Firma verlässt
❸ VERWALTUNG Gutachten, Bescheinigung

die **Zie|ge** (Nomen) **der Ziege, die Ziegen**
❶ ein mittelgroßes Tier mit Hörnern, das in den Bergen oder auf einem Bauernhof lebt
❷ umgangssprachlich • abwertend als Schimpfwort für ein Mädchen/eine Frau verwendet

der **Zie|gel** (Nomen) **des Ziegels, die Ziegel** Kurzform von → **Ziegelstein**

der **Zie|gel|stein** (Nomen) **des Ziegelstein(e)s, die Ziegelsteine** ein eckiger, brauner Stein aus Ton, mit dem man Häuser baut

zie|hen (Verb) **du ziehst, er zog, sie hat/ist gezogen, zieh(e)!**
❶ **hat gezogen** hinter sich her oder zu sich hin bewegen: *Die Pferde ziehen die Kutsche. • Den Eimer aus dem Brunnen ziehen.*
❷ LANDWIRTSCHAFT ≈ züchten **hat gezogen** pflanzen und wachsen lassen
❸ Es zieht. **es hat gezogen** Es ist kalt und windig in einem Raum, weil zwei gegenüberliegende Fenster oder Türen offen sind.
❹ sich ziehen **hat gezogen** lange dauern: *Telefonate mit meiner Tante Claudia ziehen sich immer.*

❺ in eine andere Stadt ziehen ist gezogen in eine andere Stadt gehen, um dort zu wohnen

das **Ziel** (Nomen) **des Ziel(e)s, die Ziele**
❶ der Punkt, den man beim Schießen, Werfen usw. treffen will
❷ das Ende einer Strecke, das man erreichen will: *als Erster durchs Ziel kommen*
❸ Bestimmungsort einer Reise oder Wanderung: *Das Ziel unserer Wanderung ist die Berghütte.*
❹ ein Plan, ein Wunsch usw., den man verwirklichen will: *sich etwas zum Ziel setzen*

zie|len (Verb) **du zielst, er zielte, sie hat gezielt, ziele!** beim Schießen, Werfen usw. einen Punkt treffen oder treffen wollen: *Er zielte mit der Pistole genau auf mich.*

die **Ziel|grup|pe** (Nomen) **der Zielgruppe, die Zielgruppen** die Menschen, für die man ein Angebot, eine Werbung usw. macht

die **Ziel|schei|be** (Nomen) **der Zielscheibe, die Zielscheiben**
❶ eine runde Scheibe mit Kreisen, auf deren Mittelpunkt man zielt
❷ die Zielscheibe der Kritik/des Spotts/… sein von allen kritisiert/verspottet/… werden

ziel|stre|big (Adjektiv) **zielstrebiger, am zielstrebigsten** so, dass man genau weiß, was man will, und alles tut, um es zu erreichen

ziem|lich (Adjektiv) umgangssprachlich nicht wenig: *Das war ziemlich schwierig. • Ich hatte ziemliches Glück bei dem Test.*

zier|lich (Adjektiv) **zierlicher, am zierlichsten** klein und schmal

die **Zif|fer** (Nomen) **der Ziffer, die Ziffern** eines der Zeichen 1, 2, 3, 4, 5, 6, 7, 8, 9, und 0

das **Zif|fer|blatt, Zif|fern|blatt** (Nomen) **des Zifferblatt(e)s, die Zifferblätter** der flache Teil einer analogen Uhr, auf dem die Zahlen (oder andere Markierungen) stehen

zig (Zahlwort) umgangssprachlich **unveränderlich** sehr viele

die **Zi|ga|ret|te** (Nomen) **der Zigarette, die Zigaretten** eine dünne Papierrolle, die mit Tabak gefüllt ist und die man raucht

die **Zi|gar|re** (Nomen) **der Zigarre, die Zigarren** eine dickere Rolle aus Tabak, die mit einem Tabakblatt umwickelt ist und die man raucht

zig|fach (Adjektiv) umgangssprachlich vielfach

zig|mal (Adverb) umgangssprachlich viele Male

zig|tau|send (Zahlwort) umgangssprachlich viele Tausend

das **Zim|mer** (Nomen) **des Zimmers, die Zimmer**
❶ jeder einzelne Raum in einem Haus, in dem man isst, schläft, spielt usw.
❷ der Raum in einem Hotel, in dem man auf Reisen übernachtet

das **Zim|mer|mäd|chen** (Nomen) **des Zimmermädchens, die Zimmermädchen** die Frau, die in einem Hotel die Zimmer sauber macht und aufräumt

der **Zim|mer|mann** (Nomen) **des Zimmermann(e)s, die Zimmerleute** der Handwerker, der in/an einem Haus die Teile aus Holz, besonders den Dachstuhl, macht

zim|per|lich (Adjektiv) umgangssprachlich • abwertend **zimperlicher, am zimperlichsten**
❶ so, dass jemand sehr empfindlich ist und sofort jammert
❷ nicht zimperlich sein umgangssprachlich rücksichtslos und skrupellos sein

der **Zimt** (Nomen) **nur im Singular des Zimt(e)s** ein braunes Gewürz, das man für süße Speisen verwendet

das **Zinn** (Nomen) **nur im Singular des Zinn(e)s** ein Metall, das silbern glänzt

die **Zin|sen** (Nomen) **meist im Plural der Zinsen** zusätzliches Geld, das man zahlen muss, wenn man sich Geld leiht, oder das man bekommt, wenn man jemandem Geld leiht

die **Zip|fel|müt|ze** (Nomen) **der Zipfelmütze, die Zipfelmützen** eine Mütze mit einem langen, spitzen Ende

zir|ka (Adverb) Variante von → **circa**

der **Zir|kel** (Nomen) **des Zirkels, die Zirkel**
❶ ein kleines Gerät mit zwei beweglich verbundenen langen Teilen, mit dem man Kreise zeichnen kann
❷ gehoben eine Gruppe von Personen, die sich regelmäßig treffen

der **Zir|kus** (Nomen) **des Zirkus(ses), die Zirkusse**
❶ eine Gruppe von Artisten, Zauberern, Clowns, Tierdresseuren usw., die in einem Zelt Vorführungen geben
❷ umgangssprachlich • abwertend unnötige und übertriebene Aufregung

zi|schen (Verb) **du zischst, er zischte, sie hat/ist gezischt, zisch(e)!**
❶ **hat gezischt** ein scharfes Geräusch machen, das wie „s" oder „sch" klingt: *eine Schlange zischt • das heiße Öl zischt*

❷ **hat gezischt** laut und zornig flüstern: *„Sei still!", zischte sie.*
❸ irgendwohin zischen **ist gezischt** · umgangssprachlich sehr schnell fliegen oder rennen: *Pfeile zischten durch die Luft.*

das **Zi|tat** (Nomen) **des Zitat(e)s, die Zitate** eine Stelle aus einem Text, die jemand mit denselben Worten sagt oder schreibt

zi|tie|ren (Verb) **du zitierst, er zitierte, sie hat zitiert, zitiere!** eine Stelle aus einem Text mit denselben Worten sagen oder schreiben

die **Zi|tro|ne, Zit|ro|ne** (Nomen) **der Zitrone, die Zitronen** eine gelbe Frucht mit einer ähnlichen Form wie ein Ei, die sehr sauer schmeckt

zit|tern (Verb) **du zitterst, er zitterte, sie hat gezittert, zitt(e)re nicht!**
❶ ≈ beben sich ungewollt schnell zuckend hin und her bewegen: *vor Kälte zittern*
❷ erschüttert werden: *Die Wände zitterten.*
❸ Angst haben: *vor der Fahrprüfung zittern*

zitt|rig, zit|te|rig (Adjektiv) **zittriger, am zittrigsten**
❶ stark oder oft zitternd: *Sie hat zittrige Hände.*
❷ unsicher, wacklig: *zittrig auf den Beinen sein*

zi|vil (Adjektiv) [tsiˈviːl] **ziviler, am zivilsten**
❶ nicht militärisch, sondern bürgerlich: *die zivile Nutzung der Atomenergie*
❷ anständig, akzeptabel: *Das Restaurant hat zivile Preise.*

die **Zi|vil|cou|ra|ge** (Nomen) [tsiˈviːlkuraːʒə] **nur im Singular der Zivilcourage** der Mut, seine Überzeugungen öffentlich zu vertreten

die **Zi|vi|li|sa|ti|on** (Nomen) [tsivilizaˈtsi̯oːn] **der Zivilisation, die Zivilisationen**
❶ die Lebensbedingungen in einer wirtschaftlich und sozial hoch entwickelten Gesellschaft: *Wer will, kann hier, fernab der Zivilisation, ohne Strom und Fernsehen ausspannen.*
❷ eine moderne Gesellschaft: *die westliche Zivilisation*

zi|vi|li|siert (Adjektiv) [tsiviliˈziːɐ̯t] **zivilisierter, am zivilisiertesten** fortschrittlich: *in einem zivilisierten Land leben*

die **Zo|fe** (Nomen) **der Zofe, die Zofen** früher eine weibliche Angestellte, die für die persönliche Bedienung einer Dame da war

der **Zoff** (Nomen) umgangssprachlich **nur im Singular des Zoffs** Streit, Zank: *Sie hat dauernd Zoff mit ihren Eltern.*

sich **zof|fen** (Verb) umgangssprachlich **du zoffst dich, er zoffte sich, sie hat sich gezofft, zoff(e) dich nicht!** sich heftig streiten: *Die Kinder zoffen sich, aber mögen sich auch.*

zö|ger|lich (Adjektiv) **zögerlicher, am zögerlichsten**
❶ unentschlossen: *Die Mannschaft wirkte seltsam zögerlich.*
❷ langsam, nicht sofort: *Die Reaktionen kamen sehr zögerlich.*

zö|gern (Verb) **du zögerst, er zögerte, sie hat gezögert, zög(e)re nicht!** ≈ zaudern aus Unsicherheit warten, bevor man etwas tut: *Er sprang, ohne zu zögern, ins eiskalte Wasser, um das Kind zu retten.*

der **Zoll**[1] (Nomen) **des Zoll(e(s), die Zoll** eine in Deutschland weniger übliche Maßeinheit von 2,54 cm: *ein 19-Zoll-Monitor*

der **Zoll**[2] (Nomen) **des Zoll(e)s, die Zölle**
❶ eine Abgabe, die man für aus dem Ausland eingeführte Waren zahlen muss: *Dafür zahlt man innerhalb der EU keinen Zoll.*
❷ **nur im Singular** die Behörde, die den Zoll erhebt: *Der Zoll hat in der Müllverbrennungsanlage mehr als 17 Millionen gefälschte Zigaretten vernichtet.*
❸ **nur im Singular** eine Kontrollstelle des Zolls: *Wir müssen noch durch den Zoll.*

zoll|frei (Adjektiv) nicht zu verzollen, ohne einem Zoll zu unterliegen: *zollfreie Waren aus der EU*

die **Zoll|kon|t|rol|le** (Nomen) **der Zollkontrolle, die Zollkontrollen** eine vom Zoll durchgeführte Kontrolle auf zollpflichtige Waren

der **Zoll|stock** (Nomen) **des Zollstock(e)s, die Zollstöcke** ein zusammenklappbares Metermaß: *etwas mit dem Zollstock ausmessen*

die **Zo|ne** (Nomen) **der Zone, die Zonen**
❶ ein bestimmter Bereich, in dem etwas gültig ist: *eine Tempo-30-Zone*
❷ ≈ Klimazone ein Gebiet mit einem bestimmten Klima: *die subtropische Zone*
❸ der Teil eines Landes, der von einem anderen besetzt ist: *die französische Zone*

der **Zoo** (Nomen) umgangssprachlich **des Zoos, die Zoos** der Tierpark: *im Zoo die Tierfütterung anschauen*

die **Zoo|hand|lung** (Nomen) **der Zoohandlung, die Zoohandlungen** ≈ Tierhandlung ein Geschäft, das besonders kleinere Tiere verkauft die **Zoo|lo|gie** (Nomen) **nur im Singular der Zoologie** die Tierkunde: *Die Zoologie ist ein Teilgebiet der Biologie.*

zoo|lo|gisch (Adjektiv) die Zoologie betreffend: *ein zoologischer Garten*

das/der **Zoom** (Nomen) [zu:m] **des Zooms, die Zooms**
❶ ≈Zoomobjektiv ein Objektiv mit stufenlos verstellbarer Brennweite: *eine Kamera mit Zoom und guter Auflösung*
❷ eine Einstellung, in der etwas im Bild/Film näher herangeholt oder weiter entfernt wird: *ein Zoom in die Nahaufnahme ihres Gesichts*

der **Zopf** (Nomen) **des Zopf(e)s, die Zöpfe**
❶ die langen, auf eine bestimmte Art geflochtenen Haare: *Sie trägt zwei Zöpfe.*
❷ ein geflochtenes Hefegebäck
❸ ein alter Zopf umgangssprachlich eine überholte Ansicht, eine altmodische Tradition

der **Zorn** (Nomen) **nur im Singular des Zorn(e)s** ≈Empörung große Wut: *Da geriet er in Zorn.*

zor|nig (Adjektiv) **zorniger, am zornigsten** ≈wütend, empört voller Zorn: *Es gab zornige Proteste.*

zot|te|lig, zott|lig (Adjektiv) umgangssprachlich **zotteliger, am zotteligsten** zerzaust, ungekämmt mit dichten Haarbüscheln: *ein Hund mit zotteligem Fell*

z. T. **Abkürzung von:** zum Teil verwendet, wenn etwas nicht vollständig zutrifft, sondern nur in einigen Fällen: *An diesem Unfall war der Radfahrer z. T. auch selbst schuld.*

zu[1] (Präposition) **mit Dativ gebraucht**
❶ verwendet, um das Ziel oder die Richtung, besonders einer Bewegung, zu nennen: *Er drehte sich zu mir um.* • *die Tür zu unserer Wohnung*
❷ verwendet, um den Zeitpunkt, an dem etwas geschieht, zu benennen: *Zu Anfang war sie noch etwas schüchtern.* • *Was machst du zu Ostern?*
❸ zusätzlich zu einer Person/Sache: *Möchtest du Kartoffeln oder Reis zu dem Fisch?*
❹ verwendet, um die Art und Weise oder Wirkung, zu nennen: *zu Fuß gehen* • *Zu meiner großen Überraschung war sie schon da.*
❺ verwendet, um Menge, Anzahl, Gewicht oder Größe, zu nennen: *Wir waren zu dritt unterwegs.*
❻ verwendet, um den Grund oder den Zweck zu nennen: *Ich mache das doch nicht zu meinem Vergnügen!* • *ein Geschenk zu deinem Geburtstag*

zu[2] (Adverb)
❶ zu alt/oft/viel/… so alt/oft/viel/…, dass es unpassend ist oder nicht das rechte Maß hat: *Dafür habe ich leider zu wenig Geld.*
❷ etwas ist zu umgangssprachlich etwas ist geschlossen: *Die Tür war zu.*
❸ Nur zu! umgangssprachlich Das kannst du gern machen!

zu[3] (Konjunktion)
❶ wird in Verbindung mit dem Infinitiv einiger Verben verwendet: *Hilfst du mir bitte, meinen Schlüssel zu finden?* • *Es gibt viel zu tun.* • *Der Film beginnt, richtig spannend zu werden.*
❷ drückt zusammen mit dem Partizip von anderen Verben aus, dass etwas möglich, nötig oder wahrscheinlich ist: *Die zu gewinnenden Preise finde ich toll.* • *Gibt es noch zu erledigende Aufgaben?* • *zu erwartende Reaktionen*

zu|al|ler|erst (Adverb) verstärkend für zuerst: *Zuallererst kommt für ihn seine Familie.*

zu|al|ler|letzt (Adverb) verstärkend für zuletzt: *Mit diesem Erfolg hatte niemand gerechnet, zuallerletzt der Autor selbst.*

das **Zu|be|hör** (Nomen) **nur im Singular des Zubehör(e)s** die Gegenstände, die zu einem Gerät, einer Ausrüstung o. Ä. gehören: *eine Kamera mit allem Zubehör*

zu|bei|ßen (Verb) **du beißt zu, er biss zu, sie hat zugebissen, beiß(e) zu!**
❶ etwas mit den Zähnen packen und beißen: *Zum Glück hat der Hund nicht richtig zugebissen.*
❷ herzhaft in etwas hineinbeißen: *Bei so leckeren Brötchen muss man einfach zubeißen.*

zu|be|rei|ten (Verb) **du bereitest zu, er bereitete zu, sie hat zubereitet, bereite zu!** etwas zum Essen fertig machen: *Wie wird Spargel zubereitet?*

die **Zu|be|rei|tung** (Nomen) **der Zubereitung, die Zubereitungen** das Zubereiten von Nahrung: *Die Zubereitung von Spiegeleiern ist ganz einfach.*

zu|bin|den (Verb) **du bindest zu, er band zu, sie hat zugebunden, bind(e) zu!** etwas mit einer Schnur o. Ä. verschließen: *sich die Schuhe zubinden*

zu|blei|ben (Verb) umgangssprachlich nur in der 3. Person gebraucht **es bleibt zu, es blieb zu, es ist zugeblieben** verschlossen bleiben, nicht geöffnet werden: *Die Tür bleibt zu!*

die **Zuc|chi|ni** (Nomen) [tsʊˈkiːni] **der Zucchini, die Zucchini** ein längliches grünes Gemüse: *gefüllte Zucchini zubereiten*

die **Zucht** (Nomen) **der Zucht, die Zuchten**
❶ nur im Singular das Züchten von Tieren oder Pflanzen: *Rosen aus eigener Zucht*
❷ das Ergebnis des Züchtens: *fünf Hunde aus derselben Zucht*
❸ nur im Singular veraltet Disziplin: *Früher herrschten an den Schulen noch Zucht und Ordnung!*

züch|ten (Verb) **du züchtest, er züchtete, sie hat gezüchtet, züchte!** Tiere oder Pflanzen mit bestimmten Methoden vermehren und aufziehen: *Er züchtet Zwerghühner.*

der **Züch|ter** (Nomen) **des Züchters, die Züchter** jemand, der Tiere oder Pflanzen züchtet: *Rosen direkt vom Züchter*

die **Züch|te|rin** (Nomen) **der Züchterin, die Züchterinnen** Femininform von → **Züchter**

die **Züch|tung** (Nomen) **der Züchtung, die Züchtungen**
❶ das Züchten von Tieren oder Pflanzen: *Orchideen aus eigener Züchtung*
❷ das Ergebnis einer Züchtung: *Diese Rose ist meine neueste Züchtung.*

zu|cken (Verb) **du zuckst, er zuckte, sie hat gezuckt, zuck(e)!** sich plötzlich ruckartig bewegen: *Bitte still halten und nicht zucken!*

der **Zu|cker** (Nomen) **des Zuckers, die Zucker** eine aus Pflanzen (z. B. Zuckerrohr, Zuckerrübe) gewonnene Substanz zum Süßen von Nahrungsmitteln: *ein Tee mit etwas Zucker*

die **Zu|cker|krank|heit** (Nomen) umgangssprachlich nur im Singular **der Zuckerkrankheit** Variante von → **Diabetes**

zu|ckern (Verb) **du zuckerst, er zuckerte, sie hat gezuckert, zuck(e)re!** etwas mit Zucker süßen

zu|cker|süß (Adjektiv)
❶ sehr süß
❷ übertrieben liebenswürdig: *jemanden zuckersüß anlächeln*

die **Zu|cker|wat|te** (Nomen) **der Zuckerwatte, die Zuckerwatten** eine Süßigkeit, die aus gesponnenem Zucker besteht

zuck|rig, zu|cke|rig (Adjektiv) **zuckriger, am zuckrigsten** mit Zucker bestreut oder bedeckt

zu|de|cken (Verb) **du deckst zu, er deckte zu, sie hat zugedeckt, deck(e) zu!**
❶ eine Decke o. Ä. auf jemanden legen: *Es wird kalt, deckt euch gut zu!*
❷ abdecken, bedecken: *die Schüssel zudecken*

zu|dem (Adverb) gehoben außerdem: *Der Raum ist abgeschlossen und wird zudem videoüberwacht.*

zu|dre|hen (Verb) **du drehst zu, er drehte zu, sie hat zugedreht, dreh(e) zu!**
❶ etwas schließen: *das Ventil zudrehen*
❷ zuwenden: *jemandem den Kopf zudrehen*

zu|ei|nan|der, zu|ein|an|der (Adverb) eine Person/Sache zu der anderen: *Weißt du, wie die beiden zueinander stehen?* • *Seid bitte nett zueinander.*

zu|ei|nan|der|fin|den, zu|ei|nan|der fin|den (Verb) nur im Plural gebraucht **wir finden zueinander, ihr fandet zueinander, sie haben zueinandergefunden, findet zueinander!** sich nahekommen: *Sie haben erst nach Jahren zueinandergefunden.*

zu|ei|nan|der|hal|ten (Verb) nur im Plural gebraucht **wir halten zueinander, ihr hieltet zueinander, sie haben zueinandergehalten, haltet zueinander!** zusammenhalten: *Als Geschwister müsst ihr immer zueinanderhalten.*

zu|ei|nan|der|pas|sen, zu|ei|nan|der pas|sen (Verb) nur im Plural gebraucht **wir passen zueinander, ihr passtet zueinander, sie haben zueinandergepasst, passt zueinander!** zusammenpassen: *Die beiden passen nicht gut zueinander.* • *Es ist schön, wenn alles zueinanderpasst.*

zu|erst (Adverb)
❶ als Erstes in einer Abfolge: *Was müssen wir zuerst tun?*
❷ als Erste/Erster/Erstes: *Anna hat die Lösung zuerst gefunden.*
❸ ≈ anfangs, zunächst *Zuerst mochte ich Biologie nicht, jetzt ist es mein Lieblingsfach.*

die **Zu|fahrt** (Nomen) VERKEHR **der Zufahrt, die Zufahrten**
❶ Zufahrtsstraße: *Alle Zufahrten sind verstopft.*
❷ Einfahrt: *Bitte die Zufahrt an der Westseite des Hauptbahnhofes nehmen!*

3 nur im Singular die Fahrt auf ein Grundstück oder in ein Gebäude: *Zufahrt verboten!*

der **Zu|fall** (Nomen) **des Zufall(e)s, die Zufälle** ein unerwartetes, nicht geplantes Ereignis: *Das war bestimmt kein Zufall!*

zu|fal|len (Verb) nur in der 3. Person gebraucht **es fällt zu, es fiel zu, es ist zugefallen**
1 sich von selbst schließen: *Mir sind schon die Augen zugefallen.*
2 etwas fällt jemandem zu als Erbe o. Ä. jemand bekommt etwas ohne eigene Mitwirkung: *Die Hälfte des Geldes fällt ihr zu.* als Aufgabe jemandem wird etwas zugewiesen: *Dir fällt die Rolle des Vermittlers in dem Streit zu.*
3 jemandem fällt alles zu jemand ist erfolgreich, ohne sich anzustrengen: *In Mathe fällt Tim alles nur so zu.*

zu|fäl|lig (Adjektiv)
1 ohne Absicht, ungeplant: *Ich habe sie zufällig im Zug getroffen.*
2 umgangssprachlich vielleicht: *Hast du zufällig mein Handy gesehen?*

zu|fäl|li|ger|wei|se (Adverb) durch Zufall: *jemanden zufälligerweise kennenlernen*

die **Zu|flucht** (Nomen) **der Zuflucht, die Zufluchten** Plural selten
1 Schutz: *Die Flüchtlinge haben in Dänemark Zuflucht gefunden.*
2 Zuflucht zu etwas nehmen in der Not etwas benutzen: *Er hat zu Alkohol und Drogen Zuflucht genommen.*

zu|fol|ge (Präposition) mit Dativ gebraucht und nachgestellt laut, gemäß: *Jakob zufolge hat sie einen neuen Freund.*

zu|frie|den (Adjektiv) **zufriedener, am zufriedensten**
1 ohne Wunsch nach einer (größeren) Veränderung: *Sie ist mit ihrer Note zufrieden.*
2 jemanden zufriedenstellen/zufrieden stellen dafür sorgen, dass jemand zufrieden ist: *Sie versuchen, alle Kunden zufriedenzustellen.*
3 zufriedenstellend annehmbar, akzeptabel: *ein zufriedenstellendes Ergebnis*

sich **zu|frie|den|ge|ben** (Verb) **du gibst dich zufrieden, er gab sich zufrieden, sie hat sich zufriedengegeben, gib dich zufrieden!** sich begnügen: *Mit einer Drei in Mathe kann ich mich nicht zufriedengeben.*

die **Zu|frie|den|heit** (Nomen) nur im Singular **der Zufriedenheit** ein Zustand, in dem man zufrieden ist: *Leider sind die Zeugnisse nicht zur Zufriedenheit aller Schüler ausgefallen.*

zu|frie|den|las|sen (Verb) **du lässt zufrieden, er ließ zufrieden, sie hat zufriedengelassen, lass(e) zufrieden!** jemanden in Ruhe lassen: *Lass die Kleineren zufrieden!*

zu|füh|ren (Verb) **du führst zu, er führte zu, sie hat zugeführt, führ(e) zu!**
1 ≈ zuleiten etwas irgendwohin gelangen lassen: *Das System führt dem Raum frische Luft zu.*
2 in eine bestimmte Richtung verlaufen: *Die Straße führt auf das Gebirge zu.*

der **Zug** (Nomen) **des Zug(e)s, die Züge**
1 EISENBAHN Bahn: *Ich fahre lieber mit dem Zug.*
2 Reihe: *ein langer Zug von Demonstranten*
3 das Bewegen einer Figur beim Spiel: *Das war ein geschickter Zug.*
4 Zugluft: *Das Kind soll keinen Zug kriegen.*
5 das Einsaugen von Luft oder Rauch: *Er nahm einen Zug aus der Pfeife.*
6 Schluck: *Er leerte das Glas in einem Zug.*
7 Eigenschaft, Charakterzug: *Das ist ein netter Zug von ihr.*
8 Der Zug ist abgefahren. umgangssprachlich Jetzt ist es zu spät.
9 nicht zum Zug kommen nicht zum Einsatz kommen

die **Zu|ga|be** (Nomen) **der Zugabe, die Zugaben**
1 MUSIK · THEATER etwas, was zusätzlich gespielt wird: *Die Band gab fünf Zugaben.*
2 etwas, was man bei einem Kauf zusätzlich bekommt: *Beim Kauf zweier Hemden gibt es ein drittes als Zugabe.*

das **Zug|ab|teil** (Nomen) EISENBAHN **des Zugabteil(e)s, die Zugabteile** ein abgetrennter Teil in einem Eisenbahnwagen

der **Zu|gang** (Nomen) **des Zugang(e)s, die Zugänge**
1 Eingang: *Bitte während des Umbaus den seitlichen Zugang benutzen!*
2 Eintritt: *Zugang verboten!*
3 Zugang zu etwas haben etwas erreichen oder benutzen können: *In der Bibliothek habt ihr Zugang zu den großen Nachschlagewerken.*

zu|gäng|lich (Adjektiv) **zugänglicher, am zugänglichsten**
❶ ≈erreichbar, betretbar *Das Gebäude ist für ein paar Tage nicht zugänglich.*
❷ ≈verfügbar, nutzbar *Warum sind die Daten nicht allgemein zugänglich?*
❸ Menschen ≈aufgeschlossen, kontaktfreudig *Trotz seiner Berühmtheit ist er ein sehr zugänglicher Mensch.*

zu|ge|ben (Verb) **du gibst zu, er gab zu, sie hat zugegeben, gib zu!**
❶ gestehen: *Er gab zu, gelogen zu haben.*
❷ anerkennen: *Man muss zugeben, dass er der Bessere ist.*
❸ hinzufügen: *am Schluss etwas Essig zugeben*

zu|ge|ge|be|ner|ma|ßen (Adverb)
wenn etwas zugegeben werden muss: *Wir haben zugegebenermaßen den Gegner unterschätzt.*

zu|ge|gen (Adjektiv) gehoben anwesend: *Er konnte bei der Feier leider nicht zugegen sein.*

zu|ge|hen (Verb) **du gehst zu, er ging zu, sie ist zugegangen, geh(e) zu!**
❶ umgangssprachlich sich schließen (lassen): *Die Haustür geht so schwer zu.*
❷ auf jemanden/etwas zugehen in eine bestimmte Richtung gehen: *Sie ging direkt auf ihn zu.*
❸ jemandem geht etwas zu jemandem wird etwas geschickt: *Die Unterlagen gehen Ihnen in den nächsten Tagen zu.*

zu|ge|hö|rig (Adjektiv) dazugehörend: *Er fühlt sich keinem bestimmten Volk zugehörig.*

die **Zu|ge|hö|rig|keit** (Nomen) nur im Singular **der Zugehörigkeit** das Dazugehören: *die Zugehörigkeit zu einer Minderheit*

das **Zu|ge|hö|rig|keits|ge|fühl** (Nomen) nur im Singular **des Zugehörigkeitsgefühl(e)s** das Gefühl, zu einer Gruppe o. Ä. zu gehören: *Obwohl ich erst kurz in der neuen Schule war, hatte ich sofort ein starkes Zugehörigkeitsgefühl.*

der **Zü|gel** (Nomen) **des Zügels, die Zügel**
❶ ein Lederriemen zum Lenken eines Pferdes: *Sie führte ihr Pferd am Zügel.*
❷ die Zügel schleifen lassen nicht streng oder konsequent sein
❸ die Zügel fest in der Hand haben eine Sache im Griff haben und dabei bestimmen

das **Zu|ge|ständ|nis** (Nomen) **des Zugeständnisses, die Zugeständnisse**
das Nachgeben, um den Wünschen anderer entgegenzukommen: *Wir werden bei der Planung des Ausflugs Zugeständnisse machen müssen.*

zu|ge|ste|hen (Verb) **du gestehst zu, er gestand zu, sie hat zugestanden, gesteh(e) zu!**
❶ einräumen: *den Schülern ein gewisses Mitspracherecht zugestehen*
❷ zugeben, anerkennen: *Wir müssen ihr zugestehen, dass auch sie es nicht leicht mit uns hat.*

der **Zug|füh|rer** (Nomen) EISENBAHN **des Zugführers, die Zugführer**
ein Mitarbeiter, der die Aufsicht im Zug hat: *eine Durchsage des Zugführers*

die **Zug|füh|re|rin** (Nomen) **der Zugführerin, die Zugführerinnen**
Femininform von → **Zugführer**

zü|gig (Adjektiv) **zügiger, am zügigsten** schnell, flüssig: *Die Arbeiten gehen zügig voran.*

die **Zug|kraft** (Nomen) **der Zugkraft, die Zugkräfte**
❶ nur im Singular Anziehungskraft: *Die Zugkraft dieses Musicals ist ungebrochen.*
❷ die Kraft, mit der ein Körper gezogen wird

zu|gleich (Adverb)
❶ gleichzeitig: *Er raste über die Autobahn und sprach zugleich in sein Handy.*
❷ auch, in gleichem Maße: *Der Film ist komisch und traurig zugleich.*

zu|grei|fen (Verb) **du greifst zu, er griff zu, sie hat zugegriffen, greif(e) zu!**
❶ etwas mit der Hand greifen oder festhalten: *Er musste mit beiden Händen zugreifen.*
❷ kaufen: *Da muss man zugreifen.*
❸ sich bedienen: *Greift zu, es ist genug da!*
❹ auf Daten zugreifen INFORMATIK Daten abrufen

der **Zu|griff** (Nomen) **des Zugriff(e)s, die Zugriffe**
❶ das Festhalten: *sich dem Zugriff der Behörden entziehen*
❷ INFORMATIK Zugang: *keinen Zugriff auf die Daten haben*

zu|grun|de, zu Grun|de (Adverb)
❶ zugrunde gehen sterben, vernichtet werden, untergehen: *Die Kultur der Maya ist zugrunde gegangen.*

❷ zugrunde richten etwas oder jemanden ruinieren oder kaputt machen: *Durch seine Drogensucht hat er sich selbst zugrunde gerichtet.*
❸ zugrunde legen etwas als Grundlage verwenden: *Er hat dem Film Tolkiens Roman zugrunde gelegt.*

zu|gụns|ten, zu Gụns|ten (Präposition) meist mit Genitiv gebraucht ≈ für zu jemandes Vorteil: *eine Sammlung zugunsten der Partnerschule*

zu|gu|te|hal|ten (Verb) gehoben **du hältst zugute, er hielt zugute, sie hat zugutegehalten, halt(e) zugute!**
jemandem etwas zugutehalten jemandem etwas als Entschuldigung anrechnen: *Du musst ihm seine Unerfahrenheit zugutehalten.*

zu|gu|te|kom|men (Verb) nur in der 3. Person gebraucht **es kommt zugute, es kam zugute, es ist zugutegekommen**
jemandem kommt etwas zugute etwas ist für jemanden/etwas ein Vorteil: *Dabei kam ihm seine große Erfahrung zugute.*

die **Zug|ver|bin|dung** (Nomen) **der Zugverbindung, die Zugverbindungen**
❶ die Möglichkeit, mit der Bahn von einem Ort an einen anderen zu kommen: *Es gibt eine direkte Zugverbindung zwischen Freiburg und Basel.*
❷ der Zug, der von einem Ort zum anderen fährt

der **Zug|vo|gel** (Nomen) **des Zugvogels, die Zugvögel** ein Vogel, der den Winter in wärmeren Gegenden verbringt: *Amseln und Stare sind Zugvögel.*

zu|hal|ten (Verb) **du hältst zu, er hielt zu, sie hat zugehalten, halt(e) zu!**
❶ geschlossen halten: *die Tür von innen zuhalten*
❷ etwas mit den Händen bedecken: *sich die Augen zuhalten*
❸ zusteuern: *Der Lkw hielt direkt auf uns zu.*

zu Hau|se, zu|hau|se (Adverb) ≈ daheim in der eigenen Wohnung oder im eigenen Haus, besonders der Ort, an dem man dauerhaft lebt und sich wohlfühlt: *Dort fühle ich mich zu Hause.* siehe auch → **Haus**

zu|hö|ren (Verb) **du hörst zu, er hörte zu, sie hat zugehört, hör(e) zu!**
❶ aufmerksam hören: *Die Kinder hörten dem Märchenerzähler zu.*
❷ aufpassen: *Hört jetzt endlich zu!*
❸ anhören: *Es muss uns jemand zugehört haben.*

der **Zu|hö|rer** (Nomen) **des Zuhörers, die Zuhörer** jemand, der jemandem/etwas zuhört: *Fast drei Stunden lang begeisterten die Musiker ihre Zuhörer.*

die **Zu|hö|re|rin** (Nomen) **der Zuhörerin, die Zuhörerinnen** Femininform von → **Zuhörer**

zu|kom|men (Verb) **du kommst zu, er kam zu, sie ist zugekommen, komm(e) zu!**
❶ näher kommen: *Der Hund kam bellend auf uns zu.*
❷ etwas kommt auf jemanden zu etwas erwartet jemanden, etwas wird geschehen: *Da kommt einiges an Arbeit auf uns zu.*
❸ etwas auf sich zukommen lassen etwas in Ruhe abwarten: *Wir lassen die Sache mal auf uns zukommen.*
❹ jemandem etwas zukommen lassen jemandem etwas schenken: *Meine Großeltern lassen mir öfter mal etwas Geld zukommen.*

die **Zu|kunft** (Nomen) nur im Singular **der Zukunft**
❶ die künftige Zeit: *Keiner weiß, was uns die Zukunft bringt.*
❷ in Zukunft von jetzt ab, beim nächsten Mal: *In Zukunft frag mich bitte erst, bevor du mein Fahrrad nimmst.*
❸ GRAMMATIK → **Futur**
❹ keine Zukunft haben keine Aussicht auf weiteren Erfolg haben: *Die Atomenergie hat bei uns keine Zukunft mehr.*

zu|künf|tig (Adjektiv)
❶ künftig: *Das ist der zukünftige Schulleiter.*
❷ in Zukunft: *Zukünftig wird es in der Mensa kein Fast Food mehr geben.*

die **Zu|kunfts|plä|ne** (Nomen) nur im Plural **der Zukunftspläne** die Dinge, die man sich für die Zukunft vorgenommen hat: *eifrig Zukunftspläne schmieden* • *Für das Schwimmbad gibt es leider keine Zukunftspläne.*

zu|las|sen (Verb) **du lässt zu, er ließ zu, sie hat zugelassen, lass(e) zu!**
❶ erlauben, dulden: *Wir lassen nicht zu, dass das Jugendzentrum geschlossen wird.*
❷ eine offizielle Genehmigung erteilen: *Das Auto muss erst noch zugelassen werden.*
❸ umgangssprachlich verschlossen halten: *Bitte die Türen zulassen!*

zu|läs|sig (Adjektiv) erlaubt, legal: *die zulässige Höchstgeschwindigkeit*

die **Zu|las|sung** (Nomen) **der Zulassung, die Zulassungen**
① eine offizielle Genehmigung: *die Zulassung als niedergelassener Arzt*
② Kraftfahrzeugschein: *Den Führerschein und die Zulassung bitte!*

der **Zu|lauf** (Nomen) **des Zulauf(e)s, die Zuläufe**
① nur im Singular Beliebtheit, Andrang: *Die neue Pizzeria hat großen Zulauf.*
② TECHNIK die Stelle, an der Wasser in ein Gerät läuft: *Der Zulauf an der Waschmaschine ist verstopft.*

zu|lau|fen (Verb) **du läufst zu, er lief zu, sie ist zugelaufen, lauf(e) zu!**
① auf jemanden/etwas zulaufen in eine bestimmte Richtung laufen: *Sie lief direkt auf uns zu.*
② ein Tier läuft jemandem zu ein herrenloses Tier bleibt bei jemandem: *Die Katze ist uns zugelaufen.*
③ in eine bestimmte Form enden: *Der Turm läuft spitz zu.*
④ TECHNIK Wasser in ein Gerät laufen

zu|le|gen (Verb) umgangssprachlich **du legst zu, er legte zu, sie hat zugelegt, leg(e) zu!**
① das Tempo erhöhen: *Leg mal ein bisschen zu!*
② zunehmen: *Ich habe über die Feiertage ganz schön zugelegt.*
③ wachsen: *Die Umsätze haben um 10 % zugelegt.*
④ sich zulegen sich anschaffen: *Ich will mir ein Mofa zulegen.*

zu|lei|de, zu Lei|de (Adverb)
① nur in jemandem etwas zuleide tun jemandem wehtun, jemanden verletzen: *Wehe, du hast ihr etwas zuleide getan!*
② keiner Fliege etwas zuleide tun können sehr gutmütig sein

zu|letzt (Adverb)
① als Letztes in einer Abfolge: *Und zuletzt packt er die Schulbrote ein.*
② als Letzte/Letzter/Letztes: *Er kommt immer zuletzt.*
③ ≈ schließlich am Ende: *Zuletzt ging die Geschichte doch noch gut aus.*
④ das letzte Mal: *Wann habt ihr ihn zuletzt gesehen?*
⑤ nicht zuletzt ganz besonders auch: *Den guten Abschluss haben wir nicht zuletzt unseren Lehrern zu verdanken.*

zu|lie|be (Präposition) mit Dativ gebraucht und nachgestellt
① um jemandem einen Gefallen zu tun: *Bitte tu es mir zuliebe!*
② wegen: *Das mache ich alles der Gesundheit zuliebe.*

zum (Präposition mit Artikel) zu dem: *Lass uns doch zum Italiener gehen!*

zu|ma|chen (Verb) umgangssprachlich **du machst zu, er machte zu, sie hat zugemacht, mach(e) zu!**
① schließen: *Mach bitte das Fenster zu!*
② sich beeilen: *Mach zu, wir kommen sonst zu spät!*

zu|mal[1] (Konjunktion) besonders, weil: *Ich fahre lieber mit dem Auto, zumal es nach Regen aussieht.*

zu|mal[2] (Adverb) vor allem: *Alle waren stolz auf mein Zeugnis, zumal meine Großmutter.*

zu|min|dest (Adverb)
① wenigstens: *Du hättest dich zumindest entschuldigen können.*
② jedenfalls: *Ich mag keinen Kuchen, zumindest keine Torten.*

zu|mut|bar (Adjektiv) **zumutbarer, am zumutbarsten** so, dass es von jemandem verlangt werden kann: *Das ist doch für jeden zumutbar.*

zu|mu|te, zu Mu|te (Adverb)
zumute sein in einer bestimmten Stimmung sein: *Mir ist auf einmal so komisch zumute.*

zu|mu|ten (Verb) **du mutest zu, er mutete zu, sie hat zugemutet, mute zu!**
jemandem etwas zumuten zu viel von jemandem verlangen: *So viele Hausaufgaben kann man euch zumuten.*

die **Zu|mu|tung** (Nomen) abwertend **der Zumutung, die Zumutungen**
① etwas, was zu viel von jemandem verlangt: *Etwas Mithilfe im Haushalt ist keine Zumutung.*
② Unverschämtheit: *Dieser Lärm ist eine Zumutung!*

zu|nächst (Adverb)
① zuerst: *Zunächst möchte ich euch euren neuen Klassenlehrer vorstellen.*
② vorerst, einstweilen: *Zunächst möchte ich einmal abwarten.*

die **Zu|nah|me** (Nomen) Plural selten **der Zunahme, die Zunahmen** eine Vergrößerung von etwas/die Erhöhung einer Anzahl: *eine Zunahme der Schülerzahlen um 10 Prozent* der **Zu|na|me** (Nomen) **des Zunamens, die Zunamen** jemandes Nachname oder Familienname: *Schmidt ist ein häufig auftauchender Zuname.*

das **Zünd|holz** (Nomen) süddeutsch Ⓐ **des Zündholzes, die Zündhölzer** Variante von → **Streichholz**

die **Zünd|ker|ze** (Nomen) **der Zündkerze, die Zündkerzen** der Teil des Motors, der den für die Zündung notwendigen Funken erzeugt: *Die Zündkerzen müssen gewechselt werden.*

das **Zünd|schloss** (Nomen) **des Zündschlosses, die Zündschlösser** ein mit dem Zündschlüssel bedienter Schalter, der die Zündung einschaltet

zu|neh|men (Verb) **du nimmst zu, er nahm zu, sie hat zugenommen, nimm zu!** mehr, größer oder intensiver werden: *Ich habe über die Feiertage zwei Kilo zugenommen.*

zu|neh|mend (Adverb) immer mehr: *Es wird zunehmend kälter.*

die **Zu|nei|gung** (Nomen) **der Zuneigung, die Zuneigungen** ≈Sympathie das Gefühl, jemanden gernzuhaben: *Sie empfand starke Zuneigung zu dem kleinen Jungen.*

die **Zunft** (Nomen) **der Zunft, die Zünfte**
1 ein Zusammenschluss von Personen mit demselben Beruf: *die Zunft der Bäcker*
2 die schreibende Zunft die Journalisten

die **Zun|ge** (Nomen) **der Zunge, die Zungen**
1 das Organ im Mund, das man besonders zum Schmecken und Sprechen braucht: *jemandem die Zunge herausstrecken*
2 die Zunge eines Tieres, die als Nahrung zubereitet wird: *Zunge in Rotweinsauce*
3 etwas zergeht auf der Zunge etwas ist wunderbar zart und lecker
4 etwas liegt einem auf der Zunge ein Wort fällt einem gerade nicht ein: *Der Name liegt mir auf der Zunge.*
5 eine spitze Zunge haben oft freche Bemerkungen machen

zu|nich|te|ma|chen (Verb) **du machst zunichte, er machte zunichte, sie hat zunichtegemacht, mach nicht zunichte!** zerstören, vernichten: *Das Wetter hat all unsere Pläne zunichtegemacht.*

zu|nut|ze, zu Nut|ze (Adverb) meist in sich etwas zunutze machen etwas zu seinem Vorteil verwenden: *Einbrecher machen sich gern den Schutz der Dämmerung zunutze.*

zup|fen (Verb) **du zupfst, er zupfte, sie hat gezupft, zupf(e)!**
1 etwas fassen und kurz und leicht daran ziehen: *Jemand zupfte mich am Ärmel.*
2 entfernen, ausreißen: *sich die Augenbrauen zupfen*
3 mit den Fingern ein Saiteninstrument zum Klingen bringen: *die Gitarre zupfen*

zur (Präposition mit Artikel) zu der: *zur Schule gehen*

zu|rech|nungs|fä|hig (Adjektiv) RECHT fähig, das Unrecht einer Tat einzusehen

die **Zu|rech|nungs|fä|hig|keit** (Nomen) nur im Singular **der Zurechnungsfähigkeit** die Fähigkeit, das Unrecht einer Tat einzusehen

sich **zu|recht|fin|den** (Verb) **du findest dich zurecht, er fand sich zurecht, sie hat sich zurechtgefunden, find(e) dich zurecht!** mit einer bestimmten Umgebung oder Situation fertigwerden: *Es dauert etwas, bis sich die Kinder in der neuen Schule zurechtfinden.*

zu|recht|kom|men (Verb) **du kommst zurecht, er kam zurecht, sie ist zurechtgekommen, komm(e) zurecht!**
1 mit einer Sache fertigwerden: *Kommen Sie zurecht oder brauchen Sie Hilfe?*
2 auskommen: *Mit den Nachbarn kommen wir sehr gut zurecht.*

zu|recht|le|gen (Verb) **du legst zurecht, er legte zurecht, sie hat zurechtgelegt, leg(e) zurecht!**
1 etwas vorbereiten, bereitlegen: *Ich lege dir die Sportsachen zurecht.*
2 sich etwas zurechtlegen sich etwas für eine bestimmte Situation überlegen: *Elif hatte sich schon eine passende Entschuldigung zurechtgelegt.*

zu|recht|ma|chen (Verb) umgangssprachlich **du machst zurecht, er machte zurecht, sie hat zurechtgemacht, mach(e) zurecht!**
1 etwas fertig machen: *die Zimmer für den Besuch zurechtmachen*
2 sich zurechtmachen sich mithilfe von Make-up, Frisur, bestimmter Kleidung usw. zum Weggehen o. Ä. fertig machen: *Ich muss mich noch schnell etwas zurechtmachen.*

zu|recht|wei|sen (Verb) gehoben **du weist zurecht, er wies zurecht, sie hat zurechtgewiesen, weis(e) zurecht!** mit jemandem schimpfen: *Sie wurden vom Schulleiter scharf zurechtgewiesen.*

die **Zu|rẹcht|wei|sung** (Nomen) gehoben **der Zurechtweisung, die Zurechtweisungen** Tadel, Schelte: *Die Zurechtweisung war absolut verdient.*

zu̱|re|den (Verb) **du redest zu, er redete zu, sie hat zugeredet, red(e) zu!**
❶ ermutigen, ermuntern: *Vielleicht macht er es, wenn auch ihr ihm zuredet.*
❷ jemandem gut zureden lange und ernsthaft mit jemandem sprechen, um ihn zu einer bestimmten Entscheidung zu bringen

zu|rụ̈ck (Adverb)
❶ sich wieder zum Ausgangspunkt bewegen: *Einmal München hin und zurück, bitte!*
❷ nach hinten, rückwärts: *Geht bitte zwei Schritte zurück!*
❸ wieder da: *Ihr seid schon zurück?*
❹ wieder erhalten: *Ich möchte mein Geld zurück!*

zu|rụ̈ck|be|hal|ten (Verb) **du behältst zurück, er behielt zurück, sie hat zurückbehalten, behalt(e) zurück!**
❶ nicht herausgeben, bei sich behalten: *Die Handys wurden von der Direktorin zurückbehalten.*
❷ behalten: *Sie hat zum Glück keine bleibenden Schäden zurückbehalten.*

zu|rụ̈ck|be|zah|len (Verb) **du bezahlst zurück, er bezahlte zurück, sie hat zurückbezahlt, bezahl(e) zurück!**
Variante von → **zurückzahlen**

zu|rụ̈ck|blei|ben (Verb) **du bleibst zurück, er blieb zurück, sie ist zurückgeblieben, bleib(e) zurück!**
❶ an einem Ort bleiben, den andere verlassen: *Meine Brüder wanderten aus und ich blieb zurück.*
❷ langsamer vorankommen als andere: *Er blieb in der Schule hinter seinen Geschwistern zurück.*
❸ als Zeichen oder Schaden bleiben: *Es ist nur eine kleine Narbe zurückgeblieben.*
❹ nicht näher kommen: *Von der Bahnsteigkante zurückbleiben!*

zu|rụ̈ck|bli|cken (Verb) **du blickst zurück, er blickte zurück, sie hat zurückgeblickt, blick(e) zurück!**
❶ nach hinten schauen: *Er ging davon, ohne zurückzublicken.*
❷ an Vergangenes zurückdenken: *Er kann auf viele Erfolge zurückblicken.*

zu|rụ̈ck|den|ken (Verb) **du denkst zurück, er dachte zurück, sie hat zurückgedacht, denk(e) zurück!** an Vergangenes denken: *Ich denke gern an meine Kindheit zurück.*

zu|rụ̈ck|fah|ren (Verb) **du fährst zurück, er fuhr zurück, sie ist/hat zurückgefahren, fahr(e) zurück!**
❶ **ist zurückgefahren** an den Ausgangsort fahren: *Simon ist vor uns nach Hause zurückgefahren.*
❷ **ist zurückgefahren** ≈ rückwärtsfahren *Bitte fahr ein paar Meter zurück!*
❸ **ist zurückgefahren** ≈ zurückweichen *Bei dem Anblick fuhr sie erschrocken zurück.*
❹ **hat zurückgefahren** jemanden/etwas wieder an den Ausgangsort fahren: *Er fuhr den Traktor auf den Hof zurück.*

zu|rụ̈ck|fal|len (Verb) **du fällst zurück, er fiel zurück, sie ist zurückgefallen, fall(e) nicht zurück!**
❶ wieder an den Ausgangsort fallen: *Der Ball fällt zurück auf den Boden.*
❷ ≈ zurückbleiben nicht mitkommen: *Unser Läufer ist weit zurückgefallen.*
❸ zu einem früheren Zustand zurückkehren: *Die Klasse ist in den alten Trott zurückgefallen.*
❹ etwas fällt auf jemanden zurück jemand hat Nachteile durch etwas: *Sein Verhalten fällt auf die ganze Schule zurück.*

zu|rụ̈ck|fin|den (Verb) **du findest zurück, er fand zurück, sie hat zurückgefunden, find(e) zurück!** den Weg zum Ausgangsort finden: *den Weg zum Hotel zurückfinden*

zu|rụ̈ck|ge|ben (Verb) **du gibst zurück, er gab zurück, sie hat zurückgegeben, gib zurück!**
❶ etwas demjenigen geben, von dem es kam: *Ich muss dir noch deine CDs zurückgeben.*
❷ wiedergeben: *Der Sieg hat der Mannschaft das Selbstvertrauen zurückgegeben.*
❸ auf ein Amt o. Ä. verzichten: *Er hat den Vorsitz zurückgegeben.*

zu|rụ̈ck|ge|hen (Verb) **du gehst zurück, er ging zurück, sie ist zurückgegangen, geh(e) zurück!**
❶ an den Ausgangsort zurückkehren: *Er ist in seine Heimat zurückgegangen.*
❷ sinken, fallen: *Unsere Einnahmen sind zurückgegangen.*
❸ nach hinten gehen: *Bitte einen Schritt zurückgehen!*

④ **etwas geht auf jemanden/etwas zurück** etwas stammt von jemandem/hat seinen Ursprung in etwas: *Halloween geht auf einen irischen Brauch zurück.*

zu|rụ̈ck|ge|zo|gen (Adjektiv) **zurückgezogener, am zurückgezogensten** mit wenig Kontakt nach außen: *Er lebt völlig zurückgezogen in einem Bergdorf.*

zu|rụ̈ck|grei|fen (Verb) **du greifst zurück, er griff zurück, sie hat zurückgegriffen, greif(e) zurück!**
① beim Erzählen in die Vergangenheit zurückgehen: *Dazu muss ich ein wenig zurückgreifen.*
② **auf etwas/jemanden zurückgreifen** etwas/jemanden bei Bedarf einsetzen: *Wir mussten auf Ersparnisse zurückgreifen.*

die **Zu|rụ̈ck|hal|tung** (Nomen) **nur im Singular der Zurückhaltung**
① ein unaufdringliches Verhalten
② Vorsicht: *In Gelddingen ist erst mal Zurückhaltung angebracht.*
③ Mäßigung: *Der Schiedsrichter rief beide Trainer zur Zurückhaltung auf.*

zu|rụ̈ck|keh|ren (Verb) **du kehrst zurück, er kehrte zurück, sie ist zurückgekehrt, kehr(e) zurück!**
① wieder an den Ausgangsort gehen oder fahren: *nach Hause zurückkehren*
② **Gefühle usw.** ≈ wiederkommen *Die Schmerzen sind nicht zurückgekehrt.*

zu|rụ̈ck|kom|men (Verb) **du kommst zurück, er kam zurück, sie ist zurückgekommen, komm(e) zurück!**
① zurückkehren: *Sie sind gestern aus dem Urlaub zurückgekommen.*
② **Gefühle usw.** ≈ wiederkommen *Die Schmerzen sind nicht zurückgekommen.*
③ **auf etwas/jemanden zurückkommen** etwas wieder zum Thema machen/sich nochmals an jemanden wenden: *Ich komme auf dein Angebot zurück, mir in Mathe zu helfen.*

zu|rụ̈ck|las|sen (Verb) **du lässt zurück, er ließ zurück, sie hat zurückgelassen, lass(e) zurück!**
① an einem Ort belassen: *Die Flüchtlinge mussten ihre gesamte Habe zurücklassen.*
② hinterlassen: *Die Einbrecher haben keine Fingerabdrücke zurückgelassen.*

zu|rụ̈ck|le|gen (Verb) **du legst zurück, er legte zurück, sie hat zurückgelegt, leg(e) zurück!**
① etwas wieder an seinen Platz legen: *Legt jetzt bitte alle Bücher zurück!*
② etwas sparen: *Seine Großeltern haben etwas für sein Studium zurückgelegt.*
③ reservieren: *Würden Sie mir die Jacke bitte bis morgen zurücklegen?*
④ hinter sich bringen: *Gestern haben wir mit dem Rad 40 Kilometer zurückgelegt.*
⑤ **sich zurücklegen** sich nach hinten legen: *Sie legte sich im Sessel bequem zurück.*

zu|rụ̈ck|lie|gen (Verb) **du liegst zurück, er lag zurück, sie hat zurückgelegen**
① besonders SPORT im Rückstand sein, hinten liegen: *Der SC liegt ein Tor zurück.*
② **etwas liegt eine bestimmte Zeit zurück** etwas ist vor einer bestimmten Zeit geschehen: *Das liegt nun schon ein halbes Jahrhundert zurück.*

zu|rụ̈ck|neh|men (Verb) **du nimmst zurück, er nahm zurück, sie hat zurückgenommen, nimm zurück!**
① wieder annehmen: *Das Geschäft hat das Gerät zurückgenommen.*
② eine Behauptung o. Ä. widerrufen: *Wenn du das nicht zurücknimmst, sind wir Freunde gewesen!*
③ **sich zurücknehmen** Zurückhaltung zeigen

zu|rụ̈ck|schla|gen (Verb) **du schlägst zurück, er schlug zurück, sie hat zurückgeschlagen, schlag(e) zurück!**
① jemanden, der einen geschlagen hat, ebenfalls schlagen: *Du musst dich wehren und zurückschlagen!*
② einen Angriff erwidern: *Der Staat hat zu Lande und in der Luft zurückgeschlagen.*
③ SPORT einen Ball zurückbefördern: *Er schlug den Ball zum Gegner zurück.*

zu|rụ̈ck|tre|ten (Verb) **du trittst zurück, er trat zurück, sie ist/hat zurückgetreten, tritt zurück!**
① **ist zurückgetreten** ein Amt o. Ä. abgeben: *Die Ministerin ist zurückgetreten.*
② **ist zurückgetreten** Schritte zurück machen: *Bitte von der Bahnsteigkante zurücktreten!*
③ **ist zurückgetreten** einen Vertrag o. Ä. rückgängig machen: *vom Kaufvertrag zurücktreten*
④ **hat zurückgetreten** jemanden, der einen getreten hat, ebenfalls treten

zu|rụ̈ck|wei|sen (Verb) **du weist zurück, er wies zurück, sie hat zurückgewiesen, weis(e) zurück!**
❶ ablehnen: *Der Antrag wurde zurückgewiesen.*
❷ abweisen: *Die Flüchtlinge wurden an der Grenze zurückgewiesen.*
❸ etwas für falsch erklären: *Diese Vorwürfe muss ich entschieden zurückweisen.*

zu|rụ̈ck|wer|fen (Verb) **du wirfst zurück, er warf zurück, sie hat zurückgeworfen, wirf zurück!**
❶ wieder an den Ausgangsort werfen: *den Ball zurückwerfen*
❷ reflektieren: *Das Licht wird von dem Spiegel zurückgeworfen.*
❸ zurückschlagen: *Die Angreifer wurden von den Truppen zurückgeworfen.*

zu|rụ̈ck|zah|len (Verb) **du zahlst zurück, er zahlte zurück, sie hat zurückgezahlt, zahl(e) zurück!** Geld zurückgeben: *einen Kredit in Raten zurückzahlen*

zu|rụ̈ck|zie|hen (Verb) **du ziehst zurück, er zog zurück, sie hat/ist zurückgezogen, zieh(e) zurück!**
❶ **hat zurückgezogen** etwas nach hinten oder zur Seite ziehen: *die Gardinen zurückziehen*
❷ **hat zurückgezogen** abziehen: *die Truppen aus dem Krisengebiet zurückziehen*
❸ **hat zurückgezogen** zurücknehmen: *Sie haben ihr Angebot zurückgezogen.*
❹ **ist zurückgezogen** wieder an seinen früheren Wohnort ziehen: *Sie ist zu ihrer Familie in der Türkei zurückgezogen.*
❺ sich zurückziehen sich an einen Ort begeben, um allein und ungestört zu sein: *Ich ziehe mich jetzt auf mein Zimmer zurück.*

zu̲|ru|fen (Verb) **du rufst zu, er rief zu, sie hat zugerufen, ruf(e) zu!** jemandem etwas durch Rufen mitteilen: *Er rief ihr zu.*

zur|ze̲it (Adverb) **Abkürzung: zz./zzt.** momentan, gerade: *Sie ist zurzeit arbeitslos.*
⚠ **aber: zur Zeit Mozarts**

die **Zu̲|sa|ge** (Nomen) **der Zusage, die Zusagen** Versprechen, Zusicherung: *Wir haben bisher nur Zusagen für die Feier bekommen.*

zu̲|sa|gen (Verb) **du sagst zu, er sagte zu, sie hat zugesagt, sag(e) zu!**
❶ versprechen, zusichern: *Bisher haben erst drei Teilnehmer zugesagt.*
❷ etwas/jemand sagt jemandem zu/nicht zu etwas/jemand gefällt jemandem/gefällt jemandem nicht

zu|sạm|men (Adverb)
❶ ≈ gemeinsam als Gruppe: *Wir sollten mehr zusammen unternehmen.*
❷ (mit jemandem) zusammen sein ein Paar sein: *Die beiden sind jetzt drei Jahre zusammen.*
❸ insgesamt: *Das macht dann zusammen 32,50 Euro.*

die **Zu|sạm|men|ar|beit** (Nomen) **nur im Singular der Zusammenarbeit** die Arbeit als Team: *Auf weitere gute Zusammenarbeit!*

zu|sạm|men|ar|bei|ten (Verb) **du arbeitest zusammen, er arbeitete zusammen, sie hat zusammengearbeitet, arbeite zusammen!** als Gruppe oder Team arbeiten: *Die Lehrer sollten mehr mit den Eltern zusammenarbeiten.*

zu|sạm|men|bre|chen (Verb) **du brichst zusammen, er brach zusammen, sie ist zusammengebrochen, brich nicht zusammen!**
❶ einstürzen: *Ein Teil der alten Scheune ist zusammengebrochen.*
❷ vor Erschöpfung o. Ä. umfallen oder die Nerven verlieren und weinen oder schreien: *Mehrere Läufer sind nach Erreichen des Ziels zusammengebrochen.*
❸ **System usw.** nicht mehr funktionieren: *Der gesamte Verkehr ist zusammengebrochen.*

der **Zu|sạm|men|bruch** (Nomen) **des Zusammenbruch(e)s, die Zusammenbrüche**
❶ ein plötzlicher Schwächeanfall, besonders durch Versagen des Kreislaufs; das Versagen der Nerven unter Stress
❷ Kollaps, Versagen: *der wirtschaftliche Zusammenbruch des Landes*

zu|sạm|men|fah|ren (Verb) **du fährst zusammen, er fuhr zusammen, sie ist/hat zusammengefahren, fahr(e) nicht zusammen!**
❶ **ist zusammengefahren** ≈ zusammenzucken *Bei dem Anblick ist sie richtig zusammengefahren.*
❷ **hat zusammengefahren** • umgangssprachlich zu Schrott fahren: *Er hat das neue Auto seines Vaters zusammengefahren.*

zu|sạm|men|fal|len (Verb) **du fällst zusammen, er fiel zusammen, sie ist zusammengefallen**
❶ einstürzen: *Die alte Mühle ist zusammengefallen.*

❷ sich gleichzeitig ereignen: *Ihr Geburtstag fällt dieses Jahr mit Pfingsten zusammen.*

zu|sạm|men|fas|sen (Verb) **du fasst zusammen, er fasste zusammen, sie hat zusammengefasst, fass(e) zusammen!**
❶ etwas verkürzt wiedergeben: *Ich fasse noch mal die Ergebnisse der Diskussion zusammen.*
❷ mehrere Dinge oder Menschen zu größeren Einheiten gruppieren: *die Karten in 10er-Stapeln zusammenfassen*

die **Zu|sạm|men|fas|sung** (Nomen) **der Zusammenfassung, die Zusammenfassungen** eine verkürzte Darstellung: *eine Zusammenfassung der Ereignisse im ersten Teil der Serie*

zu|sạm|men|ge|hö|ren (Verb) meist im Plural gebraucht **wir gehören zusammen, ihr gehörtet zusammen, sie haben zusammengehört**
❶ eng verbunden sein: *Wir drei Freunde gehören einfach zusammen!*
❷ eine Einheit bilden: *Diese Socken gehören nicht zusammen.*

die **Zu|sạm|men|ge|hö|rig|keit** (Nomen) nur im Singular **der Zusammengehörigkeit** die Verbundenheit miteinander

zu|sạm|men|hal|ten (Verb) **du hältst zusammen, er hielt zusammen, sie hat zusammengehalten, halt(e) zusammen!**
❶ sich gegenseitig helfen und unterstützen: *Wenn wir zusammenhalten, geht es.*
❷ dafür sorgen, dass etwas miteinander verbunden bleibt: *Ihre Haare werden von einer Spange zusammengehalten.*

der **Zu|sạm|men|hang** (Nomen) **des Zusammenhang(e)s, die Zusammenhänge**
❶ Verbindung, Beziehung: *Besteht ein Zusammenhang zwischen dem Klimawandel und den Unwettern?*
❷ etwas ist aus dem Zusammenhang gerissen etwas wird isoliert dargestellt und wird dadurch missverstanden

zu|sạm|men|hän|gen (Verb) nur in der 3.Person gebraucht **es hängt zusammen, es hing zusammen, es hat zusammengehangen**
❶ in Verbindung oder in einer Beziehung stehen: *Man nimmt an, dass CO_2-Emissionen und Klimawandel zusammenhängen.*
❷ eine Einheit bilden: *Die Harry-Potter-Romane erzählen eine zusammenhängende Geschichte.*

zu|sạm|men|kom|men (Verb) meist im Plural gebraucht **ihr kommt zusammen, es kam zusammen, sie sind zusammengekommen, kommt zusammen!**
❶ sich versammeln oder treffen: *Wir sind heute aus einem wichtigen Grund zusammengekommen.*
❷ sich ansammeln: *Bei der Sammlung ist eine schöne Summe zusammengekommen.*
❸ sich (unglücklicherweise) gleichzeitig ereignen: *Da müssen mehrere Dinge zusammengekommen sein.*

das **Zu|sạm|men|le|ben** (Nomen) nur im Singular **des Zusammenlebens** das Leben als Paar oder in einer Gemeinschaft: *die Probleme des Zusammenlebens in einer WG*

zu|sạm|men|le|gen (Verb) **du legst zusammen, er legte zusammen, sie hat zusammengelegt, leg(e) zusammen!**
❶ zusammenfalten: *Bitte die Bettwäsche ordentlich zusammenlegen!*
❷ vereinen: *drei Klassen zu zwei Klassen zusammenlegen*
❸ untereinander Geld sammeln: *Wir haben zusammengelegt und dem Trainer ein Geschenk gekauft.*

zu|sạm|men|neh|men (Verb) **du nimmst zusammen, er nahm zusammen, sie hat zusammengenommen, nimm zusammen!**
❶ etwas komplett einsetzen: *seinen ganzen Mut zusammennehmen*
❷ sich zusammennehmen sich beherrschen: *Könntet ihr euch vielleicht einmal zusammennehmen und still sein?*
❸ alles zusammengenommen alles in allem: *Das macht alles zusammengenommen 80 Euro.*

zu|sạm|men|pas|sen (Verb) meist im Plural gebraucht **wir passen zusammen, ihr passtet zusammen, sie haben zusammengepasst** harmonieren: *Die beiden passen gut zusammen.*

sich **zu|sạm|men|rei|ßen** (Verb) umgangssprachlich **du reißt dich zusammen, er riss sich zusammen, sie hat sich zusammengerissen, reiß(e) dich zusammen!** sich zusammennehmen: *Reiß dich jetzt bitte endlich zusammen!*

das **Zu|sạm|men|sein** (Nomen) **nur im Singular des Zusammenseins** Beisammensein: *Ich brauche das Zusammensein mit meinen Freunden.*

zu|sạm|men|set|zen (Verb) **du setzt zusammen, er setzte zusammen, sie hat zusammengesetzt, setz(e) zusammen!**
❶ zusammenfügen: *Die Polizei versucht, die Spuren wie ein Puzzle zusammenzusetzen.*
❷ sich zusammensetzen sich treffen: *Nach der Vorstellung setzen wir uns immer zusammen.*
sich nebeneinandersetzen: *Wir haben uns in der Schule immer zusammengesetzt.*
❸ etwas setzt sich aus … zusammen etwas besteht aus …: *Der Benzinpreis setzt sich zusammen aus 57 % Steuern und 43 % Kosten und Gewinn.*

zu|sạm|men|spie|len (Verb) **du spielst zusammen, er spielte zusammen, sie hat zusammengespielt, spiel(e) zusammen!**
❶ MUSIK · SPORT aufeinander abgestimmt spielen: *Die Frauen haben einfach gut zusammengespielt.* ⚠ **aber: die Kinder haben zusammen gespielt (gemeinsam gespielt)**
❷ zusammenwirken: *Beim Sommerfest haben die gute Laune und das tolle Wetter zusammengespielt.*

zu|sạm|men|stel|len (Verb) **du stellst zusammen, er stellte zusammen, sie hat zusammengestellt, stell(e) zusammen!**
❶ etwas auswählen und so anordnen, dass etwas Zusammenhängendes daraus entsteht: *das Programm zusammenstellen*
❷ nebeneinander- oder aneinanderstellen: *die Betten zusammenstellen*

der **Zu|sạm|men|stoß** (Nomen) **des Zusammenstoßes, die Zusammenstöße**
❶ Zusammenprall, Kollision: *Beinahe wäre es zu einem Zusammenstoß gekommen.*
❷ Kampf, Auseinandersetzung: *Es kam zu Zusammenstößen zwischen Polizei und Demonstranten.*

zu|sạm|men|sto|ßen (Verb) **du stößt zusammen, er stieß zusammen, sie ist zusammengestoßen, stoß(e) nicht zusammen!** zusammenprallen, kollidieren: *Die Autos sind frontal zusammengestoßen.*

zu|sạm|men|tra|gen (Verb) **du trägst zusammen, er trug zusammen, sie hat zusammengetragen, trag(e) zusammen!** sammeln: *Sie hat viele lustige Vorfälle für die Schülerzeitung zusammengetragen.*

zu|sạm|men|tref|fen (Verb) **du triffst zusammen, er traf zusammen, sie ist zusammengetroffen, triff zusammen!**
❶ sich treffen, sich begegnen: *Vor Jahren sind wir sie das erste Mal zusammengetroffen.*
❷ sich gleichzeitig auswirken: *Hier sind wohl mehrere ungünstige Umstände zusammengetroffen.*

das **Zu|sạm|men|tref|fen** (Nomen) **des Zusammentreffens, die Zusammentreffen**
❶ Treffen, Begegnung: *Wir freuen uns auf das nächste Zusammentreffen.*
❷ das gleichzeitige Auftreten und Zusammenwirken: *ein Zusammentreffen mehrerer unglücklicher Umstände*

sich **zu|sạm|men|tun** (Verb) **du tust dich zusammen, er tat sich zusammen, sie hat sich zusammengetan, tu(e) dich zusammen!** sich zusammenschließen: *Er hat sich mit seinen Mitschülern zusammengetan.*

zu|sạm|men|zäh|len (Verb) **du zählst zusammen, er zählte zusammen, sie hat zusammengezählt, zähl(e) zusammen!**
❶ addieren: *die einzelnen Beträge zusammenzählen*
❷ Man muss nur eins und eins zusammenzählen. umgangssprachlich Das ist ganz einfach zu erklären.

zu|sạm|men|zie|hen (Verb) **du ziehst zusammen, er zog zusammen, sie ist/hat zusammengezogen, zieh(e) zusammen!**
❶ **ist zusammengezogen** in eine gemeinsame Wohnung ziehen: *Die beiden wollen demnächst zusammenziehen.*
❷ **hat zusammengezogen** einen Knoten o. Ä. durch Ziehen kleiner machen: *die Schlaufe am Müllbeutel zusammenziehen*
❸ **hat zusammengezogen** an einem Ort sammeln: *die Truppen an der Grenze zusammenziehen*
❹ **hat zusammengezogen** ≈ addieren *die Zahlen zusammenziehen*

der **Zu̲|satz** (Nomen) **des Zusatzes, die Zusätze**
❶ ein Stoff, der einem Lebensmittel o. Ä. hinzugefügt wird: *eine Mayonnaise ohne künstliche Zusätze*
❷ eine Ergänzung zu einem Vertrag o. Ä.: *einen Zusatz zur Schulordnung vorschlagen*

zu|sätz|lich (Adjektiv)
❶ dazukommend: *Es entstehen keine zusätzlichen Kosten.*
❷ ≈ mehr darüber hinaus: *Durch Referate werden die Schüler zusätzlich gefördert.*

zu|schau|en (Verb) süddeutsch Ⓐ Ⓒⓗ
du schaust zu, er schaute zu, sie hat zugeschaut, schau(e) zu!
❶ zusehen: *Die Kinder schauten zu, wie der Baum gefällt wurde.*
❷ mit ansehen: *Er musste hilflos zuschauen, wie sein Mitspieler vom Platz getragen wurde.*

der **Zu|schau|er** (Nomen) **des Zuschauers, die Zuschauer** jemand, der bei einer Veranstaltung, einer Sendung o. Ä. zum Publikum gehört: *Die Zuschauer klatschten begeistert.*

die **Zu|schaue|rin** (Nomen) **der Zuschauerin, die Zuschauerinnen**
Femininform von → **Zuschauer**

der **Zu|schlag** (Nomen) **des Zuschlag(e)s, die Zuschläge**
❶ eine zusätzliche Gebühr: *der Zuschlag für den ICE*
❷ die Annahme eines Angebots: *einer Firma den Zuschlag für ihr Angebot geben*

zu|schla|gen (Verb) **du schlägst zu, er schlug zu, sie hat/ist zugeschlagen, schlag(e) zu!**
❶ hat zugeschlagen jemandem einen Schlag versetzen: *Er hat nicht richtig zugeschlagen.*
❷ hat zugeschlagen etwas mit Kraft schließen: *Schlagt nicht immer so die Türen zu!*
❸ hat zugeschlagen ein günstiges Angebot nutzen: *Bei den Preisen muss man einfach zuschlagen.*
❹ ist zugeschlagen ≈ zufallen *Die Tür ist plötzlich hinter mir zugeschlagen.*

zu|schnei|den (Verb) **du schneidest zu, er schnitt zu, sie hat zugeschnitten, schneid(e) zu!**
❶ Holz, Stoff o. Ä. durch Schneiden in die gewünschte Form bringen: *Bretter für ein Regal zuschneiden*
❷ etwas ist auf jemanden/etwas zugeschnitten etwas passt genau zu jemandem/etwas: *Sein Unterricht ist ganz auf die Bedürfnisse der Schüler zugeschnitten.*

der **Zu|schuss** (Nomen) **des Zuschusses, die Zuschüsse** ein Betrag, der jemanden bei etwas finanziell unterstützt: *Schüler erhalten einen Zuschuss zu den Fahrtkosten.*

zu|se|hen (Verb) **du siehst zu, er sah zu, sie hat zugesehen, sieh zu!**
❶ zuschauen: *Die Kinder sahen den Maurern bei der Arbeit zu.*
❷ an etwas denken, für etwas sorgen: *Seht zu, dass ihr morgen pünktlich hier seid!*

zu|si|chern (Verb) **du sicherst zu, er sicherte zu, sie hat zugesichert, sich(e)re zu!** zusagen, versprechen: *jemandem vollen Datenschutz zusichern*

der **Zu|stand** (Nomen) **des Zustand(e)s, die Zustände**
❶ Verfassung, Beschaffenheit: *Der Zustand ist wie neu.*
❷ meist Plural Verhältnisse: *An manchen Schulen herrschen katastrophale Zustände.*
❸ Das ist doch kein Zustand! umgangssprachlich So kann es nicht bleiben!

zu|stan|de, zu Stan|de (Adverb)
❶ etwas zustande bringen etwas (trotz Schwierigkeiten) hinbekommen, Erfolg bei etwas haben: *Der hat doch noch nie etwas Vernünftiges zustande gebracht!*
❷ zustande kommen (trotz Schwierigkeiten) gelingen oder entstehen: *Jetzt ist endlich ein Klassentreffen zustande gekommen.*

zu|stän|dig (Adjektiv) verantwortlich: *Wer ist für die Schülerbibliothek zuständig?*

die **Zu|stän|dig|keit** (Nomen) **der Zuständigkeit, die Zuständigkeiten** ≈ Verantwortlichkeit das Zuständigsein für einen bestimmten Bereich: *die Zuständigkeit für die Kindergärten*

zu|ste|hen (Verb) nur in der 3. Person gebraucht **es steht zu, es stand zu, es hat zugestanden**
jemandem steht etwas zu jemand hat das Recht oder einen Anspruch auf etwas: *An unserer Schule steht jedem Kind ein kostenloses Mittagessen zu.*

zu|stel|len (Verb) **du stellst zu, er stellte zu, sie hat zugestellt, stell(e) zu!**
❶ etwas liefern, austragen: *Die Briefpost wird von der Paketpost getrennt zugestellt.*
❷ versperren: *Die Ausfahrt war mit mehreren Fahrzeugen zugestellt.*

der **Zu|stel|ler** (Nomen) POST **des Zustellers, die Zusteller** Briefträger, Paketbote: *dem Zusteller den Empfang bestätigen*

die **Zu|stel|le|rin** (Nomen) POST **der Zustellerin, die Zustellerinnen**
Femininform von → **Zusteller**

die **Zu|stel|lung** (Nomen) POST **der Zustellung, die Zustellungen** Lieferung: *die tägliche Zustellung der Briefpost*

zu|stim|men (Verb) **du stimmst zu, er stimmte zu, sie hat zugestimmt, stimm(e) zu!**
❶ einverstanden sein: *Wenn eure Eltern zustimmen, machen wir eine Wattwanderung.*
❷ derselben Meinung sein: *Ich stimme eher Tim zu.*

die **Zu|stim|mung** (Nomen) **der Zustimmung, die Zustimmungen**
❶ Einverständnis: *Dafür braucht die Schule die Zustimmung der Eltern.*
❷ Beifall: *Ihr Vorschlag fand allgemeine Zustimmung.*

zu|sto|ßen (Verb) **du stößt zu, er stieß zu, sie hat/ist zugestoßen, stoß(e) zu!**
❶ hat zugestoßen jemandem (mit etwas) einen Stoß versetzen: *Der Angreifer hat mit einem Messer zugestoßen.*
❷ hat zugestoßen etwas mit einem Stoß schließen: *Er stieß die Tür mit dem Fuß zu.*
❸ jemandem stößt etwas zu ist zugestoßen jemand hat einen Unfall, jemandem passiert etwas: *Hoffentlich ist ihnen nichts zugestoßen!*

zu|ta|ge, zu Ta|ge (Adverb)
❶ etwas zutage bringen/fördern sichtbar/bekannt werden lassen: *Ein Bagger brachte einen Blindgänger aus dem Zweiten Weltkrieg zutage.*
❷ zutage kommen/treten sichtbar/bekannt werden: *Die Schwächen der Abwehr traten immer deutlicher zutage.*

die **Zu|tat** (Nomen) **der Zutat, die Zutaten** ein Bestandteil einer Speise: *Wir verwenden in unserer Küche nur ganz frische Zutaten.*

zu|tiefst (Adverb) ≈ sehr *Er war zutiefst erschrocken/gekränkt.*

zu|trau|en (Verb) **du traust zu, er traute zu, sie hat zugetraut, trau(e) zu!** jemanden für fähig halten, etwas zu tun: *Ich hätte ihm nicht zugetraut, fehlerfreie Diktate zu schreiben.*

zu|tref|fen (Verb) nur in der 3. Person gebraucht **es trifft zu, es traf zu, es hat zugetroffen**
❶ ≈ stimmen richtig oder korrekt sein: *Trifft es zu, dass ihr einem eurer Mitschüler Schläge angedroht habt?*
❷ ≈ passen gültig sein: *Das trifft in diesem Falle nicht zu.*
❸ Zutreffendes bitte ankreuzen! auf Vordrucken Bitte ein Kreuz bei der Aussage machen, die richtig ist!

der **Zu|tritt** (Nomen) nur im Singular **des Zutritt(e)s**
❶ das Betreten eines Gebäudes, Geländes o. Ä.: *Zutritt verboten!*
❷ sich Zutritt verschaffen gewaltsam oder unberechtigt irgendwo eindringen: *Die Einbrecher verschafften sich Zutritt, indem sie eine Tür der Schule aufhebelten.*

zu|ver|läs|sig (Adjektiv) **zuverlässiger, am zuverlässigsten**
❶ ≈ verlässlich so, dass man sich auf jemanden verlassen kann: *Anna ist meine zuverlässigste Schülerin.*
❷ ≈ glaubwürdig so, dass etwas mit großer Wahrscheinlichkeit zutrifft: *zuverlässige Informationen*

die **Zu|ver|sicht** (Nomen) nur im Singular **der Zuversicht** Optimismus, Hoffnung: *In diesem Punkt bin ich voller Zuversicht.*

zu|ver|sicht|lich (Adjektiv) **zuversichtlicher, am zuversichtlichsten** optimistisch, voller Hoffnung: *Wir sollten zuversichtlich in die Zukunft blicken.*

zu|vor (Adverb) davor, vorher: *In der Schule läuft es für ihn besser als je zuvor.*

zu|vor|kom|men (Verb) **du kommst zuvor, er kam zuvor, sie ist zuvorgekommen, komm(e) zuvor!**
❶ etwas tun, bevor es jemand anders tun kann: *Ich wollte das Buch ausleihen, aber jemand ist mir zuvorgekommen.*
❷ etwas durch rechtzeitiges Handeln verhindern: *Er ist der Verhaftung zuvorgekommen, indem er sich freiwillig der Polizei stellte.*

zu|vor|kom|mend (Adjektiv) **zuvorkommender, am zuvorkommendsten** höflich und hilfsbereit: *Das Personal im Hotel ist äußerst zuvorkommend.*

der **Zu|wachs** (Nomen) **des Zuwachses, die Zuwächse**
❶ Zunahme, Wachstum: *ein Zuwachs von Schüleranmeldungen von 10 %*
❷ Zuwachs bekommen ironisch ein Kind bekommen

der **Zu|wan|de|rer** (Nomen) **des Zuwanderers, die Zuwanderer** jemand, der irgendwo aus einem anderen Gebiet oder Land zuzieht oder einwandert: *Zuwanderer aus Osteuropa*

die **Zu|wan|de|rin** (Nomen) **der Zuwanderin, die Zuwanderinnen**
Femininform von → **Zuwanderer**

zu|wan|dern (Verb) **du wanderst zu, er wanderte zu, sie ist zugewandert, wand(e)re zu!** irgendwo aus einem anderen Gebiet oder Land zuziehen oder einwandern: *Meine Familie ist aus Kasachstan zugewandert.*

die **Zu|wan|de|rung** (Nomen) **der Zuwanderung, die Zuwanderungen** der Zuzug oder die Einwanderung aus einem anderen Gebiet oder Land

zu|wen|den (Verb) **du wendest zu, er wandte/wendete zu, sie hat zugewandt/zugewendet, wend(e) zu!**
❶ etwas/sich in jemandes Richtung drehen: *Sie wandte mir abrupt den Rücken zu.*
❷ sich mit etwas oder jemandem beschäftigen: *Er wandte sich wieder seinen Büchern zu.*

die **Zu|wen|dung** (Nomen) **der Zuwendung, die Zuwendungen**
❶ Aufmerksamkeit, Liebe: *Kleine Kinder brauchen besonders viel Zuwendung.*
❷ eine finanzielle Unterstützung: *Das Heim hat eine Zuwendung in Höhe von 5000 Euro erhalten.*

zu|wi|der (Adjektiv) gehoben
etwas/jemand ist jemandem zuwider
etwas/jemand stößt jemanden ab oder ekelt jemanden: *Schmuddlige Köche sind mir zuwider.*

zu|zie|hen (Verb) **du ziehst zu, er zog zu, sie hat/ist zugezogen, zieh(e) zu!**
❶ **hat zugezogen** etwas durch Heranziehen schließen: *den Vorhang zuziehen*
❷ **hat zugezogen** einen Fachmann um Rat fragen: *einen Gutachter zuziehen*
❸ sich zuziehen **hat zugezogen** sich zusammenziehen, enger werden: *Die Schlinge um seinen Hals zog sich immer mehr zu.*
❹ der Himmel zieht sich zu **hat sich zugezogen** der Himmel bedeckt sich mit Wolken
❺ sich etwas zuziehen **hat zugezogen** bekommen, erleiden: *Sie hat sich eine Halsentzündung zugezogen.* **Unmut usw.** auf sich ziehen: *Damit hast du dir den Zorn des Schulleiters zugezogen.*
❻ **ist zugezogen** von einem anderen Ort herziehen: *Sie sind letzte Woche erst zugezogen.*

zu|züg|lich (Präposition) Abkürzung: **zzgl.** plus: *Der Preis beträgt 15 Euro zuzüglich Versandkosten.*

der **Zwang** (Nomen) **des Zwang(e)s, die Zwänge**
❶ ein Druck von außen, oft mit Drohungen oder Gewalt, der jemandem keine Wahl lässt: *Das Geständnis hat er unter Zwang abgelegt.*
❷ ein unwiderstehlicher innerer Drang, etwas zu tun
❸ **nur Plural** etwas, was man nicht ändern kann und wonach man sich richten muss: *gesellschaftliche Zwänge*
❹ sich keinen Zwang antun sich nicht zurückhalten: *Tut euch keinen Zwang an und legt die Füße auf den Tisch!*

zwän|gen (Verb) **du zwängst, er zwängte, sie hat gezwängt, zwäng(e)!**
❶ etwas oder jemanden mit Mühe irgendwohin drücken oder pressen: *acht Personen in einen Aufzug zwängen*
❷ sich zwängen sich mühevoll in oder durch etwas pressen oder drängen: *Er zwängte sich in einen viel zu kleinen Anzug.*

zwang|haft (Adjektiv) **zwanghafter, am zwanghaftesten**
❶ (wie) durch einen inneren Zwang: *der zwanghafte Drang, sich ständig die Hände zu waschen*
❷ erzwungen, gekünstelt: *ein zwanghaftes Lächeln*

zwang|los (Adjektiv) **zwangloser, am zwanglosesten** locker, ungezwungen: *Wenn wir uns treffen, geht es immer ganz zwanglos zu.*

zwangs|läu|fig (Adjektiv) unvermeidlich: *Drogenabhängigkeit führt zwangsläufig zu großen finanziellen Schwierigkeiten.*

zwan|zig (Zahlwort) **als Ziffern:** 20
siehe auch → **achtzig**

das **Zwan|zig|cent|stück, 20-Cent-Stück** (Nomen) **des Zwanzigcentstück(e)s, die Zwanzigcentstücke** eine Münze mit dem Nennwert 20 Cent

der **Zwan|zi|ger** (Nomen) umgangssprachlich **des Zwanzigers, die Zwanziger** ein Geldschein mit dem Nennwert 20 Euro/ Dollar/…

der **Zwan|zig|eu|ro|schein** (Nomen) **des Zwanzigeuroschein(e)s, die Zwanzigeuroscheine** ein Geldschein mit dem Nennwert 20 Euro

zwar (Adverb)
❶ zwar …, aber … auf der einen Seite …, auf der anderen Seite …: *Es macht zwar Spaß, ist aber leider verboten.*
❷ und zwar … nämlich …, genauer gesagt …: *Wir fahren Ostern nach Italien, und zwar nach Neapel.*

der **Zweck** (Nomen) **des Zweck(e)s, die Zwecke**
❶ Ziel, Absicht: *Zu welchem Zweck lösen wir die Klammer auf?*
❷ etwas erfüllt seinen Zweck etwas ist für etwas Bestimmtes geeignet: *Das Auto ist nicht schön, aber es erfüllt seinen Zweck.*
❸ für einen guten Zweck für eine wohltätige Aktion: *Lass uns etwas spenden – es ist für einen guten Zweck.*
❹ Sinn: *Es hat keinen Zweck, noch länger zu warten.*
❺ Der Zweck heiligt die Mittel. Alles ist erlaubt, wenn es für einen guten Zweck ist.

zweck|ent|frem|det (Adjektiv) für einen anderen Zweck verwendet als eigentlich vorgesehen: *eine Augenklappe, zweckentfremdet für das Piratenkostüm*

zweck|los (Adjektiv) nutzlos, sinnlos: *Schreien war zwecklos – niemand konnte uns hören.*

zweck|mä|ßig (Adjektiv) **zweckmäßiger, am zweckmäßigsten**
❶ praktisch: *Die Ausrüstung ist nicht schick, aber zweckmäßig.*
❷ sinnvoll, vernünftig: *Es wäre wenig zweckmäßig, noch länger abzuwarten.*

zwecks (Präposition) gehoben
mit Genitiv gebraucht zum Zwecke: *ein Antrag zwecks einer Fristverlängerung*

zwei (Zahlwort) als Ziffer: 2: *Na, ihr zwei, wie geht's euch denn?* siehe auch → **acht**

die **Zwei** (Nomen) **der Zwei, die Zweien**
die Zahl oder Note 2: *Sie hat im Zeugnis in Mathe eine Zwei.* siehe auch → **Acht**[1]

das **Zwei|cent|stück** (Nomen)
des Zweicentstück(e)s, die Zweicentstücke eine Münze mit dem Nennwert 2 Cent

zwei|deu|tig (Adjektiv) so, dass man es auf zwei Arten verstehen kann: *eine zweideutige Bemerkung*

zwei|di|men|si|o|nal (Adjektiv) in einer Ebene, nicht räumlich

zwei|er|lei (Adjektiv) unveränderlich
❶ auf zwei verschiedene Arten: *Das ist in zweierlei Hinsicht falsch: erstens …, zweitens …*
❷ mit zweierlei Maß messen in einem Fall Dinge beanstanden, die man in einem anderen Fall nicht schlimm findet

das **Zwei|eu|ro|stück, 2-Euro-Stück** (Nomen) **des Zweieurostück(e)s, die Zweieurostücke** eine Münze mit dem Nennwert 2 Euro

zwei|fach (Adjektiv) ≈ doppelt 2-mal
siehe auch → **achtfach**

zwei|far|big (Adjektiv) in zwei Farben gehalten: *nach Wunsch zweifarbig oder mehrfarbig gedruckt*

der **Zwei|fel** (Nomen) **des Zweifels, die Zweifel**
❶ Ungewissheit: *Es gibt keinen Zweifel, dass sie die Wahrheit sagt.*
❷ Bedenken, Unglaube: *Allmählich kamen ihm Zweifel.*
❸ ohne Zweifel ganz sicher

zwei|fel|haft (Adjektiv) **zweifelhafter, am zweifelhaftesten**
❶ unsicher, fraglich: *Es ist zweifelhaft, ob das zu schaffen ist.*
❷ fragwürdig: *Die Firma hat einen höchst zweifelhaften Ruf.*

zwei|fel|los (Adverb) bestimmt, sicher: *In dem Punkt hat er zweifellos recht.*

zwei|feln (Verb) **du zweifelst, er zweifelte, sie hat gezweifelt, zweif(e)le nicht!** nicht sicher sein, Bedenken haben: *Ich zweifelte an ihrem Verstand.*

der **Zwei|fels|fall** (Nomen)
des Zweifelsfall(e)s, die Zweifelsfälle eine Situation, in der man sich unsicher ist: *Im Zweifelsfall schaue ich im Lexikon nach.*

der **Zweig** (Nomen) **des Zweig(e)s, die Zweige**
❶ ein kleiner Teil eines Astes an einem Baum oder Strauch
❷ ein Teil eines größeren Bereichs: *Die Botanik ist ein Zweig der Biologie.*
❸ auf keinen grünen Zweig kommen umgangssprachlich es zu nichts bringen, erfolglos bleiben

die **Zweig|stel|le** (Nomen) **der Zweigstelle, die Zweigstellen** Filiale: *der Leiter einer Zweigstelle der Drogeriekette*

der **Zwei|kampf** (Nomen) **des Zweikampf(e)s, die Zweikämpfe**
❶ ≈ Duell ein Kampf zwischen zwei Personen: *jemanden zum Zweikampf herausfordern*
❷ SPORT • Wettkampf zwischen zwei Teilnehmern oder Mannschaften

zwei|sei|tig (Adjektiv)
❶ zwei Seiten lang: *ein zweiseitiger Bericht*
❷ hinten und vorne, auf beiden Seiten: *zweiseitig bedrucktes Papier, eine zweiseitige Grußkarte*
❸ zwischen zwei Personen, Gruppen oder Staaten: *ein zweiseitiges Abkommen*

zwei|stim|mig (Adjektiv) so, dass etwas für zwei Stimmen geschrieben ist/mit zwei Stimmen gesungen wird

zweit (Zahlwort)
nur in zu zweit mit zwei Personen: *Zu zweit macht es doch mehr Spaß als allein.*

zwei|tau|send (Zahlwort) als Ziffern: 2000
siehe auch → **acht**

zwei|te, zwei|ter, zwei|tes (Zahlwort) in einer Reihe an 2. Stelle: *am zweiten April* · *als Zweiter durchs Ziel gehen*

zwei|tens (Adverb) beim Aufzählen an zweiter Stelle: *Erstens ist der Film zu lang und zweitens langweilig.*

zweit|klas|sig (Adjektiv) von nicht so guter Qualität, mit nicht so gutem Können: *ein zweitklassiger Tennisspieler*

zweit|ran|gig (Adjektiv) weniger wichtig: *Das ist jetzt zweitrangig.*

die **Zweit|stim|me** (Nomen)
der Zweitstimme, die Zweitstimmen
die Stimme, mit der man bei Wahlen die Liste einer Partei und nicht einen einzelnen Kandidaten wählt

das **Zwerch|fell** (Nomen) ANATOMIE
des Zwerchfell(e)s, die Zwerchfelle Muskeln und Sehnen, die die Bauchhöhle von der Brusthöhle trennen

der **Zwerg** (Nomen) **des Zwerg(e)s, die Zwerge**
Märchenfigur ein kleines Männlein, oft mit besonderen Kräften

zwi|cken (Verb) umgangssprachlich **du zwickst, er zwickte, sie hat gezwickt, zwick(e) nicht!**
kneifen

die **Zwick|müh|le** (Nomen) umgangssprachlich
der Zwickmühle, die Zwickmühlen
❶ Situation beim Brettspiel Mühle, in der man mit einem Zug eine Mühle öffnet und eine andere schließt
❷ eine Situation, in der man sich nicht entscheiden kann, weil alle Möglichkeiten schlecht sind

der **Zwie|back** (Nomen) **des Zwieback(e)s, die Zwiebacke/Zwiebäcke** ein hartes, knuspriges Gebäck in viereckigen Scheiben, das sehr lange haltbar ist

die **Zwie|bel** (Nomen) **der Zwiebel, die Zwiebeln**
❶ ein kleines, knollenförmiges, außen gelbbraunes Gemüse, das aus mehreren Häuten besteht und leicht scharf riecht und schmeckt
❷ eine kleine Knolle, die man in die Erde steckt und aus der Blumen wachsen

das **Zwie|licht** (Nomen) nur im Singular
des Zwielicht(e)s
❶ das nicht ganz helle Licht in der Dämmerung
❷ die Mischung aus Licht von draußen und künstlichem Licht
❸ ins Zwielicht geraten abwertend in den Verdacht geraten, etwas Illegales getan zu haben

zwie|lich|tig (Adjektiv) abwertend ≈ verdächtig
so, dass jemand/etwas mit etwas Illegalem in Verbindung gebracht wird: *zwielichtige Gestalten*

der **Zwie|spalt** (Nomen) nur im Singular
des Zwiespalt(e)s ≈ innerer Konflikt eine Situation, in der man nicht weiß, wie man sich entscheiden soll

zwie|späl|tig (Adjektiv) widersprüchlich, uneins

der **Zwil|ling** (Nomen) **des Zwillings, die Zwillinge**
❶ eines von zwei Kindern, die zusammen im Bauch der Mutter herangewachsen sind: *Kaum einer kann die beiden Zwillinge auseinanderhalten.*
❷ nur im Plural das Sternzeichen für die Zeit vom 21.5. bis 21.6.: *die Eigenschaften des Sternzeichens „Zwillinge"*
❸ jemand, der im Sternzeichen „Zwillinge" geboren ist: *Ich bin Zwillinge.*

der **Zwil|lings|bru|der** (Nomen)
des Zwillingsbruders, die Zwillingsbrüder
der Bruder, mit dem man im Bauch der Mutter herangewachsen ist

die **Zwil|lings|schwes|ter** (Nomen)
der Zwillingsschwester, die Zwillingsschwestern die Schwester, mit der man im Bauch der Mutter herangewachsen ist

zwin|gen (Verb) **du zwingst, er zwang, sie hat gezwungen, zwing(e) nicht!**
❶ jemand zwingt jemanden, etwas zu tun
jemand bringt jemanden mit Gewalt oder Drohungen dazu, etwas zu tun: *Er zwang ihn, das Versteck zu verraten.*

A B C D E F G H I J K L M N O P Q R S T U V W X Y Z

② etwas zwingt jemanden, etwas zu tun etwas macht es nötig, dass jemand etwas tut: *Das Unwetter zwang uns umzukehren.* ③ sich gezwungen sehen müssen: *Und dann sahen wir uns gezwungen, wieder nach Hause zu fahren.*

der **Zwin|ger** (Nomen) **des Zwingers, die Zwinger** ein großer Käfig für Hunde oder Raubtiere

zwin|kern (Verb) **du zwinkerst, er zwinkerte, sie hat gezwinkert, zwink(e)re!** ein Auge oder beide Augen kurz zu- und wieder aufmachen: *Olaf zwinkerte Vanessa bei der Hochzeit heimlich zu.*

der **Zwirn** (Nomen) **des Zwirn(e)s, die Zwirne** ein festes Garn, das nicht leicht reißt

zwi|schen (Präposition)
① mit Dativ gebraucht in dem Bereich mit den genannten Grenzen: *Der Hund hielt den Stock zwischen den Zähnen.*
② mit Dativ gebraucht verwendet, um die Grenzen eines Zeitraums oder Bereichs zu benennen: *Zwischen dem 10. und 20. März habe ich frei.* • *Preise zwischen zehn und zwölf Euro*
③ mit Dativ gebraucht verwendet, um die beteiligten Personen/Dinge eines Vorgangs oder einer Beziehung zu benennen: *Das war ein Missverständnis zwischen uns.* • *der Unterschied zwischen den beiden Modellen*
④ mit Akkusativ gebraucht verwendet, um eine Bewegung zu benennen, die in einen von etwas begrenzten Bereich hineinführt: *einen Zettel zwischen die Buchseiten legen* • *Ich setzte mich gemütlich zwischen die Kissen.*

zwi|schen|drin (Adverb) umgangssprachlich
① dazwischen: *Plötzlich gab es ein Gedränge und wir waren zwischendrin.*
② zwischendurch: *Du musst zwischendrin mal eine Pause machen.*

zwi|schen|durch (Adverb)
① manchmal, ab und zu: *Er wartete und sah zwischendurch immer wieder auf seine Uhr.*
② an einzelnen Stellen: *Der Hang war verschneit, nur zwischendurch gab es ein paar grüne Stellen.*
③ umgangssprachlich zwischen den Mahlzeiten: *Nimm eine Banane für zwischendurch!*

der **Zwi|schen|fall** (Nomen) **des Zwischenfall(e)s, die Zwischenfälle**
① ein plötzliches (unerfreuliches) Ereignis
② Zwischenfälle Plural Unruhen, Tumulte

zwi|schen|mensch|lich (Adjektiv) die Gefühle und Beziehungen zwischen Menschen betreffend

der **Zwi|schen|raum** (Nomen) **des Zwischenraum(e)s, die Zwischenräume** der Abstand zwischen zwei Dingen

der **Zwi|schen|ruf** (Nomen) **des Zwischenruf(e)s, die Zwischenrufe** eine laute Bemerkung, während jemand eine Rede oder einen Vortrag hält

die **Zwi|schen|zeit** (Nomen) **der Zwischenzeit, die Zwischenzeiten**
① der Zeitraum zwischen zwei Zeitpunkten: *Die Zwischenzeit zwischen zwei Schulstunden erscheint mir immer zu kurz.*
② in der Zwischenzeit ≈ inzwischen währenddessen: *Du putzt und ich gehe in der Zwischenzeit einkaufen, okay?*
③ SPORT die Zeit, die jemand für einen Teil einer Strecke benötigt hat

zwit|schern (Verb) **du zwitscherst, er zwitscherte, sie hat gezwitschert, zwitsch(e)re!**
der Vogel zwitschert der Vogel macht sein typisches Geräusch

zwölf (Zahlwort) als Ziffern: 12: *Zwölf Uhr mittags oder zwölf Uhr nachts?*
siehe auch → **acht**

die **Zwölf** (Nomen) **der Zwölf, die Zwölfen** die Zahl 12 siehe auch → **Acht**[1]

zwölft (Zahlwort)
nur in zu zwölft mit zwölf Personen: *Wir waren zu zwölft im Bus.*

zwölf|te, zwölf|ter, zwölf|tes (Zahlwort) in einer Reihe an 12. Stelle: *am zwölften Juni* • *als Zwölfter durchs Ziel gehen*

zwölf|tens (Adverb) beim Aufzählen an zwölfter Stelle siehe auch → **achtens**

der **Zy|klus, Zyk|lus** (Nomen) [ˈtsyːklʊs] **des Zyklus, die Zyklen**
① etwas, was sich regelmäßig wiederholt
② die Zeit vom Beginn einer Monatsblutung bei einer Frau bis zum Beginn der nächsten Monatsblutung
③ eine Serie von zusammengehörenden Kunstwerken

der **Zy|lin|der** (Nomen) [tsiˈlɪndɐ, tsyˈlɪndɐ] **des Zylinders, die Zylinder**
① eine Form, die wie eine geschlossene Rolle aussieht
② ein harter, röhrenförmiger Hut: *Frack und Zylinder tragen*

zy|nisch (Adjektiv) ['tsy:nɪʃ] **zynischer, am zynischsten** spöttisch, rücksichtslos und grausam

Zy|pern (Nomen) **Zypern(s)** ein Inselstaat im Mittelmeer

der **Zy|pri|ot, Zyp|ri|ot** (Nomen) **des Zyprioten, die Zyprioten** ein Junge/Mann aus Zypern

die **Zy|pri|otin, Zyp|ri|otin** (Nomen) **der Zypriotin, die Zypriotinnen** ein Mädchen/eine Frau aus Zypern

zy|pri|otisch, zyp|ri|otisch (Adjektiv) aus Zypern

Nomen aus verschiedenen Lebensbereichen:	
Rund um den **Beruf**	*die Ärztin, die **A**usbildung, die **B**erufsberatung, die **B**erufsschule, der **F**risör, das **G**ehalt, der **I**ngenieur, die **K**auffrau, die **K**rankenschwester, die **L**aborantin, der **M**echaniker, das **P**raktikum, die **P**rüfung …*
Rund um die **Zeit**	*der **A**bend, der **D**ienstagnachmittag, der **F**rühling, der **H**erbst, das **J**ahr, die **M**inute, der **M**ittag, der **M**orgen, die **N**acht, die **S**ekunde, die **S**tunde, die **U**hr, die **W**interzeit, das **W**ochenende …*

Tipp *zum Üben* Schreibe die Wörter in dieser Tabelle nach und nach ab. Schreibe dabei jeweils immer nur einen Bereich ab. Du übst dabei, eine ganze Reihe **häufig verwendeter Nomen richtig zu schreiben**.

Nomen an ihrer Bedeutung erkennen

Die **Bedeutung** eines Wortes hilft dir, es richtig zu schreiben. Wörter, die **Personen und Lebewesen**, **Gegenstände** oder **vorgestellte Dinge** bezeichnen, sind **Nomen**. Du schreibst sie immer **groß**.

Nomen bezeichnen:	
Personen und **Eigennamen**	*der **Cousin**, die **Lehrerin**, die **Tante**, der **Trainer Felix**, **Gülcin**, **Jakob**, **Magdalena** …*
Lebewesen	*der **Baum**, die **Blume**, der **Hund**, die **Katze** …*
Länder- und **Städtenamen**	***Argentinien**, **Deutschland**, **Frankreich**, **Berlin**, **Paris**, **Rom** …*
Gegenstände	*die **Badewanne**, das **Federmäppchen**, das **Schiff**, der **Schreibtisch**, das **Schulgebäude** …*
Gedanken, **Gefühle** und **Beziehungen**	*die **Idee**, die **Überlegung**, der **Traum**, die **Angst**, die **Freundschaft**, die **Liebe**, der **Mut** …*
Handlungen und **Vorgänge**	*der **Lauf**, der **Schuss**, der **Sprung**, der **Wurf**, der **Regen**, der **Unfall**, das **Wachstum** …*
Vorgestellte Dinge	*die **Freiheit**, das **Jahr**, der **Klang**, die **Schönheit**, die **Wahrheit**, die **Zahl**, die **Zeit** …*

Nomen an ihren Suffixen (Endungen) erkennen

Regel Wörter, die auf die Suffixe **-heit**, **-keit**, **-nis**, **-ung**, **-tum**, **-schaft**, **-in** enden, sind **Nomen**. Du schreibst sie immer **groß**.

Nomen und **Nominalisierungen** (auch: **Substantivierungen**) erkennst du an ihren **Suffixen**.

Typische Suffixe von Nomen sind:	
-heit	*die Albern**heit**, die Faul**heit**, die Frei**heit**, die Klug**heit**, die Wahr**heit***
-keit	*die Fähig**keit**, die Fröhlich**keit**, die Gemeinsam**keit**, die Tapfer**keit**, die Traurig**keit***
-nis	*das Ergeb**nis**, die Erlaub**nis**, das Erleb**nis**, das Geheim**nis**, das Verständ**nis***
-ung	*die Bemerk**ung**, die Erfahr**ung**, die Leist**ung**, die Neig**ung**, die Warn**ung***
-tum	*das Eigen**tum**, das Heilig**tum**, der Irr**tum**, der Reich**tum**, das Wachs**tum***
-schaft	*die Eigen**schaft**, die Gemein**schaft**, die Meister**schaft**, die Verwandt**schaft***
-in	*die Ärzt**in**, die Babysitter**in**, die Chef**in**, die Lehrer**in**, die Polizist**in***

Nomen an ihren Begleitwörtern erkennen

Regel Bezieht sich ein **Artikel** (auch: Begleitwort), eine **Präposition** (auch: Verhältniswort), ein **Pronomen** (auch: Fürwort) oder ein **Adjektiv** (auch: Eigenschaftswort) auf ein Wort, dann ist dieses **Wort** meist ein **Nomen**. Du **schreibst** es **groß**.

Besonders gut erkennst du **Nomen** an ihren **Begleitwörtern**.

Begleitwörter von Nomen sind:	
Artikel	*der Hund, die Katze, das Buch, dem Auto, den Fisch, des Kindes*
Präpositionen	*auf Anfrage, mit Ach und Krach, bei Schnee, wegen Regens, trotz Krise*
Präpositionen, die mit einem Artikel verschmolzen sind	*am (= an dem) Wochenende, beim (= bei dem) Frühstück, im (= in dem) Haus, vom (= von dem) Sport, zum (= zu dem) Spiel, ans (= an das) Taschengeld denken, fürs (= für das) Leben, ins (= in das) Abseits laufen*
Pronomen	*euer Sohn, mein Gedächtnis, unsere Lehrer, dieser Fehler, jenes Haus, diese Brille, viel Liebe, wenig Interesse, einige Minuten*
Mengenangaben oder **Zahlwörter**	*drei Haselnüsse, dreißig Seiten, zwei Tage, beide Hunde*
Adjektive	*gute Freunde, heißes Essen, schöne Ferien*

Tipp **Die Artikelprobe**

Manchmal tauchen **Nomen** auch **ohne Begleitwörter** auf. **Dann hilft dir die Artikelprobe:** Du denkst dir einen Artikel und stellst ihn vor das fragliche Wort. Wenn der Artikel vor dem Wort stehen kann, handelt es sich um ein **Nomen**. Du schreibst es **groß**.

Es gibt Tage, an denen alles schiefgeht. = Es gibt (die) ***T****age, an denen alles schiefgeht.*
Es dauerte lange, bis Ruhe einkehrte. = Es dauerte lange, bis (die) ***R****uhe einkehrte.*

Nominalisierungen an ihren Begleitwörtern erkennen

Regel **Wörter anderer Wortarten** schreibst du **groß**, wenn du sie **als Nomen gebrauchst**.

Verben, **Adjektive** und **Wörter** vieler **anderer Wortarten** können als **Nomen gebraucht**, d. h. **nominalisiert** werden. Dann schreibst du sie **groß**. Auch **nominalisierte Wörter** erkennst du an ihren **Begleitwörtern**.

Nominalisiert werden zum Beispiel:	
Verben	*kommen, gehen, toben → ein* ***K****ommen und* ***G****ehen, das* ***T****oben*
Adjektive	*doppelt, klein, schön → das* ***D****oppelte, die* ***K****leine, das* ***S****chöne*
Adverbien	*auf, ab → ein* ***A****uf und* ***A****b*
Präpositionen	*für, wider → das* ***F****ür und* ***W****ider*
Konjunktionen	*wenn, aber → das* ***W****enn und* ***A****ber*
Zahlwörter	*dreifach, dritte → ein* ***D****reifaches, der* ***D****ritte*

Häufige Begleitwörter von Nominalisierungen sind:	
Artikel	*der* ***M****ittlere, die* ***N****eue, das* ***F****olgende*
Präpositionen, die mit einem Artikel verschmolzen sind	*jemanden am (= an dem)* ***S****prechen hindern* *beim (= bei dem)* ***L****ügen ertappt werden* *im (=in dem)* ***T****urnen gut sein* *zum (= zu dem)* ***T****anzen verabreden* *fürs (= für das)* ***E****rste* *ins (= in das)* ***W****anken geraten*
Besonders häufig gebrauchte Ausdrücke sind:	*im* ***A****llgemeinen, im* ***B****esonderen, im* ***E****inzelnen, im* ***F****olgenden, im* ***G****anzen, im* ***G****roßen und* ***G****anzen, im* ***N****achhinein, im* ***V****oraus, im* ***W****esentlichen*
Pronomen	*dein* ***N****ächster, ihr* ***E****nglisch, unser* ***L****achen, dieser* ***E****inzelne, jener* ***G****esuchte*

Häufige Begleitwörter von Nominalisierungen sind:	
Mengenangaben oder **Indefinitpronomen**	*alles **W**esentliche, etwas **B**esonderes, jeder **E**inzelne, manches **N**eue, nichts **S**chlechtes, viel **G**utes, wenig **A**ngenehmes, manches **A**uf und **A**b, kein **W**enn und **A**ber, kein **V**erweilen*

Tipp **Die Artikelprobe**

Auch **Nominalisierungen** tauchen manchmal **ohne Begleiter** auf. Dann hilft dir die **Artikelprobe**: Du denkst dir einen Artikel und stellst ihn vor das fragliche Wort. Wenn der Artikel vor dem Wort stehen kann, schreibst du es **groß**.

*Probieren ist besser als Studieren! = (Das) **P**robieren ist besser als (das) **S**tudieren!*

Fälle, in denen man groß- oder kleinschreiben darf

In manchen Fällen kannst du **groß- oder kleinschreiben**.

Groß- oder Kleinschreibung ist möglich bei:	
recht/Recht und ***unrecht/Unrecht*** in Verbindung mit Verben wie behalten, bekommen, geben, haben, tun	*Er hat **recht**/Recht behalten.* *Der Kläger hat **recht**/Recht bekommen.* *Ich gebe dir **recht**/Recht.* *Du hast **recht**/Recht.* *Du tust mir **unrecht**/Unrecht.*
Diese Wortgruppen musst du dir **merken:**	***infrage**/in Frage **stellen*** ***zugrunde**/zu Grunde **gehen**, **legen**, **richten*** ***zurande**/zu Rande **kommen*** ***zurate**/zu Rate **ziehen*** ***zustande**/zu Stande **bringen*** ***imstande**/im Stande **sein*** ***zumute**/zu Mute **sein*** ***anstelle**/an Stelle **von** …* ***aufgrund**/auf Grund **von** …* ***mithilfe**/mit Hilfe **von** …* ***zugunsten**/zu Gunsten **von** …*

Zeitangaben richtig schreiben

Zeitangaben verwendest du, um deinen **Tagesablauf** zu beschreiben, von einem **Ereignis** zu berichten oder eine **Geschichte** zu erzählen.

Regel Wenn **Tageszeiten und Wochentage Nomen** sind, schreibst du sie **groß**.

Nomen erkennst du an ihren Begleitern:	
Artikel	*der **M**ontag, der **M**ontagmorgen, der **D**ienstag* *ein **A**bend, eine **N**acht, eines **M**orgens*
Präpositionen, (die mit einem Artikel verschmolzen sein können)	*bei **T**ag, bei **N**acht* *am (= an dem) **A**bend* *am (= an dem) **D**ienstagabend*
Indefinitpronomen	*dieser **A**bend, jeden **M**orgen, jeden **M**ittwochmittag*
Mengenangaben oder **Zahlwörter**	*drei **S**onntage im Mai, beide Hände*
Adjektive	*letzten **M**ontag, vorletzten **S**amstag,* *nächsten **S**onntag, übernächsten **M**ontag,* *vorigen **F**reitagabend*
Partizipien (infinite Verbformen)	*kommenden **F**reitag, kommende **N**acht*

Regel Wenn **Tageszeiten und Wochentage Adverbien** sind, schreibst du sie **klein**.

Tageszeiten als Adverbien:	
Diese **Tageszeiten und Wochentage** sind **Adverbien** (auch: Umstandswörter) (oft erkennbar an der Endung **-s**).	***m**ontags, **d**ienstags, **m**ittwochs, **d**onnerstags, **f**reitags, **s**amstags, **s**onntags* ***m**orgens, **m**ittags, **a**bends, **n**achts* ***w**erktags, **f**eiertags* ***m**ontagmorgens, **d**ienstagmittags, **m**ittwochabends, **d**onnerstagnachts* ***g**estern, **h**eute, **m**orgen, **ü**bermorgen, **v**orgestern*

Tipp **Die Artikelprobe**

Auch **Wochentage** tauchen oft **ohne Begleiter** auf. Dann hilft dir die **Artikelprobe**: Du denkst dir einen Artikel und stellst ihn vor das fragliche Wort. Wenn der Artikel vor dem Wort stehen kann, schreibst du es **groß**.

*Mein Lieblingstag ist Sonntag. = Mein Lieblingstag ist (der) **S**onntag.*

Eigennamen und Herkunftsbezeichnungen richtig schreiben

Regel In **mehrteiligen Eigennamen** schreibst du das **erste Wort** immer **groß**. Außerdem schreibst du auch alle anderen Wörter groß außer Artikel, Präpositionen und Konjunktionen (auch: Bindewörter).

Mehrteilige Eigennamen, bei denen du alle Wörter großschreibst:	
Geografische Namen	*die **B**ritischen **I**nseln, der **S**tille **O**zean, die **S**ächsische **S**chweiz*
Geografische Namen, die durch **Bindestrich** verbunden sind	*das **R**hein-**M**ain-**G**ebiet, **N**ordrhein-**W**estfalen, die **F**riedrich-**S**chiller-**S**traße*
Ableitungen von **geografischen Namen** auf ***-er***	*die **D**resdner **O**per, der **H**amburger **H**afen, der **K**ölner **D**om*
Namen von **Institutionen**, **Verbänden**, **Firmen** o. Ä.	*die **D**eutsche **B**ahn, der **D**eutsche **B**undestag, das **R**ote **K**reuz, die **W**erner-von-**S**iemens-**S**chule, der **O**ldenbourg **V**erlag, das **A**lte **T**estament, der **G**roße **W**agen, das **W**eiße **H**aus*
Ausnahmen:	
Artikel, **Präpositionen** und **Konjunktionen** innerhalb mehrteiliger Eigennamen schreibst du **klein**.	***R**othenburg ob der **T**auber* ***U**nter den **L**inden* *die **V**ereinigten **S**taaten von **A**merika*
Herkunftsbezeichnungen, die auf ***-isch*** enden, schreibst du klein, wenn sie **kein fester Bestandteil** eines Eigennamens sind.	***i**talien**isch**e Küche, **h**ess**isch**er Dialekt, **i**nd**isch**er Tee, **e**ngl**isch**er Humor*

Regel **Zusammensetzungen** mit **einteiligen Eigennamen** schreibst du **zusammen**: ***A**lpenpass, **R**heintal*

Der Satzanfang

Regel Am **Satzanfang** schreibst du **groß**.

Satzanfänge können sein:	
Das **erste Wort** eines **Satzes**	***M**orgen besuche ich dich. (= Aussagesatz)* ***W**ann wollen wir uns treffen? (= Fragesatz)* ***B**eeilt euch! (= Ausrufe- oder Aufforderungssatz)*

Satzanfänge können sein:	
Das **erste Wort** der **wörtlichen Rede**	*Sie sagte: „**W**ollen wir ins Kino gehen?"* *Er antwortete: „**W**as läuft denn im Kino?"* *„**I**ch glaube, eine Komödie", antwortete sie.*
Nach einem **Doppelpunkt**, wenn ein **ganzer Satz** folgt	*Eins ist klar: **E**in Versprechen muss man halten.*

Anreden und Grußformeln

Regel **Anreden und Grußformeln schreibst** du immer **groß**.

Für **E-Mails** gelten die **gleichen Regeln** wie für **geschäftliche** und **private Briefe**: **Anreden und Grußformeln** schreibst du immer **groß**.

Großschreibung bei Anreden und Grußformeln:	
Anreden	***S**ehr geehrter Herr Müller, …* ***L**iebe Anne, …* ***H**allo Peter! …*
Grußformeln	***M**it freundlichen/herzlichen/besten Grüßen* ***V**iele Grüße* ***T**schüss* ***B**is dann/bald/morgen*

Die Höflichkeitsanrede

Regel Die **Höflichkeitsanrede** schreibst du **groß**.

Die **Höflichkeitsanrede *Sie***, ***Ihnen*** usw. schreibst du **groß**.
Die **vertraute Anrede *du*** kannst du **groß- oder kleinschreiben**: *Lieber Tim, ich mag **d**ich/**D**ich …*

Die Höflichkeitsanrede:	
	Sehr geehrte Frau Müller, *vielen Dank für **I**hren freundlichen Brief. Wie **S**ie sicher wissen …*
	*Zeitung: „Könnten **S**ie **I**hren Standpunkt zu dieser Frage noch etwas genauer erläutern?"*
	*Lina fragte ihre Lehrerin: „Können **S**ie mir die Aufgabe bitte noch einmal erklären?"*

Kleinschreibung

Regel **Verben**, **Adjektive**, **Pronomen**, **Adverbien**, **Präpositionen** und **Konjunktionen** schreibst du **klein**.

Klein schreibst du:	
Verben	*__m__alen, __s__ingen, __s__pielen, __t__anzen*
Adjektive (viele Adjektive kannst du an ihren typischen Suffixen erkennen: ***-lich***, ***-isch***, ***-ig***, ***-haft***, ***-sam***, ***-bar***)	*__f__reund__lich__, __n__eid__isch__, __l__ust__ig__, __r__ätsel__haft__, __s__elt__sam__, __s__onder__bar__*
Personalpronomen (auch: persönliche Fürwörter)	*__i__ch, __d__u, __e__r, __s__ie, __e__s, __w__ir, __i__hr, __s__ie*
Possessivpronomen (auch: besitzanzeigende Fürwörter)	*__m__ein, __d__ein, __s__ein, __u__nser, __e__uer, __i__hr*
Adverbien (viele Adverbien kannst du an der Endung **-*s*** erkennen)	*__a__nfangs, __e__ingangs, __m__orgens, __s__onntags, __t__eils, __w__illens*
Präpositionen (auch: Verhältniswörter)	*__a__n, __a__uf, __ü__ber, __u__nter, __v__or, __w__egen, __z__u*
Konjunktionen (auch: Bindewörter)	*__a__ls, __a__ber, __d__a, __d__enn, __n__achdem, __o__der, __u__nd, __w__eil*

Getrennt- und Zusammenschreibung

Verbindungen aus Nomen + Verb

Regel **Verbindungen** aus **Nomen** + **Verb** schreibst du in der Regel **getrennt**.

Getrennt schreibst du Verbindungen aus Nomen + Verb:	
In den **meisten Fällen**	*Angst haben, Auto fahren, Fußball spielen, Klavier spielen, Nähe suchen, sich Mühe geben, Rad fahren, Rat suchen, Radio hören*
Ausnahmen:	
Nominalisierungen schreibst du **groß** und **zusammen**. Du kannst sie oft an ihren **Begleitwörtern** erkennen.	*Vom __A__utofahren wurde sie müde.* *Das lange __S__chlangestehen gehört dazu.* *Zum __R__adfahren gehört der Helm.*
Bestimmte **Verben schreibst** du **zusammen**, wenn die Bedeutung des **Nomens nicht** mehr so **deutlich** und **wichtig** ist.	*__h__eimfahren, __h__eimgehen, __p__reisgeben, __s__chlussfolgern, __s__onnenbaden, __s__tattfinden, __t__eilnehmen*

Tipp **Nominalisierungen von Wortgruppen** schreibst du immer **groß** und **zusammen**:
Nomen + **Verb** = *Tango tanzen* → *Das* ***T****angotanzen macht Spaß.*
Verb + **Verb** = *schwimmen lernen* → *Das* ***S****chwimmenlernen fiel mir schwer.*
Verbindungen mit ***sein*** = *zusammen* ***s****ein* → *Das* ***Z****usammen****sein*** *mit dir ist mir wichtig.*

Verbindungen aus Adjektiv + Verb

Regel **Verbindungen** aus **Adjektiv** + **Verb** schreibst du **getrennt**, wenn die Bedeutung **wörtlich verstanden** werden kann.

Getrennt schreibst du Verbindungen aus Adjektiv + Verb:	
Wenn die Verbindung **wörtlich** verstanden werden kann	*allein erziehen, auswendig lernen, barfuß gehen, ernst nehmen, freundlich reden, laut singen, schnell laufen, warm halten, wichtig nehmen,* *dicht halten (= undurchlässig sein),* *frei sprechen (= vortragen, ohne abzulesen),* *leicht fallen (= schnell umfallen),* *offen bleiben (= auflassen),* *richtig stellen (= an den richtigen Platz stellen)*

Regel **Verbindungen** aus **Adjektiv** + **Verb** schreibst du **zusammen**, **wenn die Bedeutung im übertragenen Sinn** zu verstehen ist.

Zusammen schreibst du Verbindungen aus Adjektiv + Verb:	
Wenn die Verbindung **nicht wörtlich**, sondern nur in einem **übertragenen Sinn** verstanden werden kann	*dichthalten (= verschwiegen sein)* *freisprechen (= von Schuld freisprechen)* *leichtfallen (= eine Aufgabe mühelos lösen)* *offenbleiben (= ungelöst bleiben)* *richtigstellen (= etwas korrigieren)* *blaumachen (= dem Unterricht fernbleiben)* *klarmachen (= etwas verstehen, verdeutlichen)* *nahebringen (= etwas erklären, vorstellen)* *schwerfallen (= etwas mühevoll erarbeiten)*

Regel **Verbindungen** aus **Adjektiv** + **Verb** kannst du **getrennt oder zusammenschreiben**, wenn die Bedeutung **sowohl wörtlich als auch im übertragenen Sinn** zu verstehen ist.

Getrennt oder zusammen schreibst du Verbindungen aus Adjektiv + Verb:	
Wenn sich **nicht** klar **entscheiden** lässt, ob die Verbindung nur in einem **übertragenen Sinn** zu verstehen ist	*bekannt geben/bekanntgeben* *bereit erklären/bereiterklären* *besser gehen/bessergehen* *bewusst machen/bewusstmachen* *übel nehmen/übelnehmen* *kaputt machen/kaputtmachen*

Verbindungen aus Verb + Verb

Regel **Verbindungen** aus **Verb** + **Verb** schreibst du **getrennt**.

Verbindungen aus Verb + Verb schreibst du getrennt:	
Infinitiv + weiteres Verb	*arbeiten gehen, baden gehen, bestehen bleiben, einkaufen gehen, laufen lernen, lesen üben, schlafen lassen, schreiben lernen, spazieren gehen*
Infinitiv + ***bleiben*** Infinitiv + ***lassen***	*sitzen* ***bleiben*** *(= auf dem Stuhl sitzen bleiben)* *stehen* ***lassen*** *(= das Geschirr stehen lassen)*
Partizip + weiteres Verb	*gesagt bekommen, getrennt schreiben, geschlossen halten*

Regel Wenn bei **Verbindungen** mit ***bleiben*** oder ***lassen*** **neue Bedeutungen** entstehen, schreibst du **zusammen**.

Zusammen schreibst du:	
Verbindungen mit ***bleiben*** und ***lassen***, bei denen **neue Bedeutungen** entstehen	*sitzen****bleiben*** *(= In der 5. Klasse ist er sitzengeblieben.)* *stehen****lassen*** *(= Sie hat mich mitten im Streit stehenlassen.)* *sitzen****lassen*** *(= Kurz vor der Hochzeit hat sie ihn sitzenlassen.)*
Ausnahme:	
Nominalisierungen schreibst du **groß und zusammen**. Du erkennst sie oft an ihren **Begleitwörtern**.	*Das* ***S****chreibenlernen fiel ihm leicht.* *Zum* ***K****ennenlernen der Stadt fuhr sie viel Rad.* *Das* ***S****itzenbleiben machte ihr viel aus.*

Verbindungen aus Adverb + Verb

Bei Verbindungen aus **Adverb** + **Verb** hilft es dir, wenn du auf die Betonung achtest: Wenn die **Hauptbetonung** auf dem **Verb** liegt, schreibst du **getrennt**. Wenn die **Hauptbetonung** dagegen auf dem **Adverb** liegt, schreibst du **zusammen**.

Tipp **Satzglieder hinzufügen**

Getrennt schreibst du immer dann, wenn du zwischen **Adverb** und **Verb** ein oder mehrere Satzglieder einschieben kannst. Wenn du unsicher bist, mache die Probe: Sie wollten ***miteinander*** *(auch über Probleme)* ***reden***.

Getrennt schreibst du Verbindungen aus Adverb + Verb:	
Wenn die **Hauptbetonung** auf dem **Verb** liegt In diesem Fall kann zwischen Adverb und Verb ein **weiteres Satzglied** eingeschoben werden.	*miteinander* ***reden*** *miteinander (über die Schule) reden* *zusammen* ***spielen*** *zusammen (auf dem Fußballplatz) spielen* *wieder* ***gehen*** *wieder (zum Training) gehen*
Zusammen schreibst du Verbindungen aus Adverb + Verb:	
Wenn die **Hauptbetonung** auf dem **Adverb** liegt In diesem Fall kann zwischen Adverb und Verb **kein Satzglied** eingeschoben werden.	*bei der Arbeit gut* ***vorwärts****kommen* *jemandem* ***hinterher****gehen* *sich mit einem Thema* ***auseinander****setzen* *aus dem Urlaub* ***wieder****kommen* *einen Text* ***zusammen****fassen*

Verbindungen mit dem Verb *sein*

Regel **Verbindungen mit** dem **Verb *sein*** schreibst du **getrennt**.

Verbindungen mit dem Verb ***sein*** **schreibst** du immer **getrennt**. Nur dann, wenn die Wortgruppe **nominalisiert** wird, **schreibst** du **groß** und **zusammen**.

Verbindungen mit *sein* schreibst du getrennt:	
Häufige Wortgruppen mit ***sein***	*allein* ***sein****, da* ***sein****, dafür* ***sein****, dagegen* ***sein****, einsam* ***sein****, fertig* ***sein****, froh* ***sein****, weg* ***sein****, wichtig* ***sein****, zufrieden* ***sein****, zusammen* ***sein***
Ausnahme:	
Nominalisierungen schreibst du **groß und zusammen**. Du erkennst sie oft an ihren **Begleitwörtern**.	*Das* ***A****lleinsein fällt ihm schwer.* *Dieses* ***Z****usammensein mit ihren Freundinnen war ihr wichtig.*

Häufige Zusammenschreibungen auf einen Blick

Zusammen schreibst du:	
Zusammensetzungen aus **Nomen** + **Nomen**	*der Bildschirm, das Hosenbein, das Liederbuch, der Küchenstuhl, der Regenschirm, die Teetasse*
Zusammensetzungen aus **Nomen** + **Adjektiv**	*bärenstark, himmelblau, meterhoch, pfeilschnell, riesengroß, stundenlang*
Zusammensetzungen aus **Adjektiv** + **Adjektiv**	*dunkelblau, halbstark, lautstark, lauwarm, nasskalt*
Verbindungen mit ***irgend-***	***irgend**wann, **irgend**was, **irgend**wer, **irgend**wie, **irgend**wo*
Wörter, die auf ***-dessen***, ***-falls***, ***-mals***, ***-seits***, ***-wegs*** enden	*statt**dessen**, unter**dessen**, während**dessen*** *jeden**falls**, not**falls*** *mehr**mals**, noch**mals*** *einer**seits** …, anderer**seits*** *halb**wegs**, keines**wegs**, unter**wegs***
Verbindungen aus **Präposition** + **Verb**, wenn die **Hauptbetonung** auf der **Präposition** liegt	***entgegen**kommen, **entgegen**laufen* ***durch**arbeiten, **durch**sehen* ***gegenüber**sitzen, **gegenüber**stellen*

Kurze und lange Vokale

Doppelkonsonanten bei kurzen Vokalen

Regel Nach **kurzen, betonten Vokalen** folgen fast immer **zwei Konsonanten**.

Auf die **Kürze** oder die **Länge** des **Vokals** (auch: Selbstlaut) zu achten, hilft dir bei der **Rechtschreibung**. Denn nach einem **kurzen Vokal** schreibst du **fast immer zwei Konsonanten** (auch: Mitlaute). Das können **zwei verschiedene** sein wie bei *E**nd**e* oder *ha**lt**en* oder **zwei gleiche** wie bei *Ba**ll*** oder *He**rr***.

Tipp **Höre richtig hin**

Um Wörter mit kurzen und langen Vokalen zu unterscheiden und richtig zu schreiben, musst du richtig hinhören. Merke dir ein Wortpaar, das dir ein **Gefühl für die Länge und Kürze der Vokale** vermittelt, etwa *Ofen* (lang) und *offen* (kurz).

Nach kurzen, betonten Vokalen schreibst du fast immer zwei Konsonanten:	
Verschiedene Konsonanten	antworten, bunt, das Ende, fremd, halten, die Hand, jung, kalt, die Kante, das Kind, kosten, das Korn, oft, die Rast, rasten, das Rind, der Rost, die Wand, werfen, die Zange
Doppelkonsonanten: Hörst du nach einem kurzen, betonten Vokal nur einen einzelnen Konsonanten, verdoppelst du diesen meist beim Schreiben.	die Ebbe, knabbern, krabbeln das Paddel, der Pudding hoffen, der Koffer, offen, treffen der Bagger, der Roggen der Ball, der Fall, hell, der Keller, der Knall, schnell, toll, fallen (ich falle, du fällst, er fällt) immer, der Himmel, schlimm, schwimmen beginnen, dann, denn, dünn, kennen, rennen die Gruppe, knapp, die Suppe, der Tipp der Herr, irren, die Karre, murren, zerren der Biss, hassen, nass, die Nuss, das Schloss das Bett, bitten, das Brett, die Mutter, nett, satt, der Zettel
Achtung: In einer Reihe von **einsilbigen** Wörtern, vor allem aus dem Englischen, verdoppelst du den Konsonanten nicht.	an, fit, hip, der Hip-Hop, der Hit, der Jet, der Job, der Klub, mit, der Rap, top

Die Buchstaben *k* und *z* verdoppelst du nicht:	
Statt des doppelten ***k*** schreibst du nach kurzem, betontem Vokal ***ck***.	der Acker, backen, bücken, der Dackel, dick, die Ecke, das Glück, hocken, die Mücke, nicken, packen, der Sack, schicken, die Socke, strecken, wecken, der Zucker, zwicken
Achtung: In **Fremdwörtern** schreibst du nach einem kurzen, betonten Vokal oft nur ein einfaches ***k***, in wenigen Fällen auch ein ***kk***.	der Akt, aktiv, direkt, der Doktor, die Fakten, hektisch, praktisch, der Takt der Akkord, das Akkordeon, der Akku, der Akkusativ, Marokko, der Mokka, das Sakko

Die Buchstaben *k* und *z* verdoppelst du nicht:	
Statt des doppelten ***z*** schreibst du nach kurzem, betontem Vokal ***tz***. **Achtung:** In Fremdwörtern kann nach einem kurzen, betonten Vokal auch ***zz*** stehen.	*der Bl**i**tz, h**e**tzen, die H**i**tze, j**e**tzt, die K**a**tze, die Matr**a**tze, n**ü**tzlich, pl**ö**tzlich, p**u**tzen, s**i**tzen, die T**a**tze, der W**i**tz* *die P**i**zza, die R**a**zzia, die Sk**i**zze, sk**i**zzieren*
Ausnahmen:	
In einigen **kurzen Wörtern verdoppelst** du den Konsonanten **nicht**.	***ab**, **am**, **an**, b**is**, d**as**, d**es**, dr**in**, **im**, **in**, m**an**, w**as***
Bei den Verbformen ***bin*** und ***hat*** verdoppelst du den **Konsonanten nicht**.	*Ich **bin** früh aufgestanden.* *Sie **hat** eine Prüfung.*

Lange Vokale ohne Dehnungszeichen

Regel Die **lang ausgesprochenen Vokale *a*, *e*, *o*, *u*** und die **lang ausgesprochenen Umlaute *ä*, *ö*** und ***ü*** werden meistens **ohne Dehnungszeichen** geschrieben.

Lang gesprochenes *a*, *e*, *o*, *u* sowie *ä*, *ö*, *ü*:	
Wörter mit langem ***a* ohne Dehnungszeichen** Die Nachsilben ***-bar***, ***-sam*** und ***-sal*** werden **lang ausgesprochen**.	*baden, fragen, graben, der Kran, die Lage, raten, sagen, die Straße, das Tal, zwar* *essbar, fruchtbar, kostbar* *ratsam, seltsam* *Schicksal, Mühsal*
Wörter mit langem ***e* ohne Dehnungszeichen**	*beschweren, fegen, geben, leben, lesen, der Nebel, reden, die Rede, der Regen, die Schere*
Wörter mit langem ***o* ohne Dehnungszeichen**	*der Hof, holen, das Lob, loben, los, losen, die Not, die Person, rot, der Ton, das Tor, der Trost*
Wörter mit langem ***u* ohne Dehnungszeichen** Die Vorsilbe ***ur-/Ur-*** und die Nachsilbe ***-tum*** werden lang ausgesprochen.	*der Fuß, jubeln, der Kuchen, die Kur, rufen, suchen, die Wut* *die Ureinwohner, die Urgroßmutter, der Urwald, die Urzeit* *das Altertum, das Königtum, der Reichtum*
Wörter mit langem ***ä* ohne Dehnungszeichen**	*der Bär, das Märchen, nämlich, quälen, schälen, die Träne*

Lang gesprochenes *a, e, o, u* sowie *ä, ö, ü*:	
Wörter mit langem ***ö*** **ohne Dehnungszeichen**	*das Gehör, hören, lösen, der Löwe, möglich, nötig, schön, die Schönheit*
Wörter mit langem ***ü*** **ohne Dehnungszeichen**	*für, grübeln, die Kür, lügen, die Lüge, spüren, die Tür*

Lange Vokale mit Dehnungszeichen

Manche lang ausgesprochenen Vokale werden durch ein Dehnungszeichen gekennzeichnet.

Das Dehnungszeichen ***h***	
Manchmal wird ein langer Vokal **durch ein nachfolgendes *h*** gekennzeichnet, d. h., **als Dehnungszeichen** schreibst du ein ***h***.	*die Fahne, fahren, der Hahn, die Wahrheit, die Zahl* *dehnen, fehlen, der Fehler, der Lehm, die Lehre, lehren, die Lehrerin, mehr, mehrmals, nehmen, sehr* *ihm, ihn, ihnen, ihr, ihrer* *bohren, der Floh, hohl, der Lohn, der Mohn, ohne, das Rohr, der Sohn, wohnen* *die Fuhre, das Huhn, die Kuh, der Schuh, der Stuhl, die Uhr* *ähnlich, gefährlich, wählen, während, zählen* *gewöhnlich, die Höhle, die Möhre* *die Bühne, fühlen, führen, das Gefühl, kühl, die Mühe, rühren, wühlen*
Das Dehnungszeichen ***Doppelvokal***	
Sehr selten: Nur **ganz wenige Wörter** schreibst du mit einem **Doppelvokal**.	*der Aal, das Aas, das Haar, das Paar, ein paar, der Saal, die Saat, der Staat, die Waage, waagerecht, ausleeren, die Beere, das Beet, der Kaffee, leer, das Meer, der Schnee, der See, der Speer, die Seele, der Tee, das Boot, das Moor, das Moos, der Zoo*
Achtung: *ä*, *ö*, *ü* schreibst du nie doppelt.	*das Paar – das Pärchen, der Saal – die Säle, das Boot – das Bötchen*

Das lange *i* mit Dehnungszeichen ***ie***, ***ieh***	
In den meisten Fällen schreibst du das lange *i* als ***ie***.	*die Biene, die, diese, dieselbe, er fiel, der Frieden, hier, kriechen, der Krieg, kriegen, die Liebe, lieben, das Lied, niemand, die Neugier, schießen, sie schlief, schließen, schließlich, schwierig, verlieren, viel, vielleicht, die Wiese, das Ziel, zielen, ziemlich analysieren, argumentieren, diskutieren, gratulieren, multiplizieren, probieren, spazieren* *er/sie/es lief, er/sie/es rief, er/sie/es schlief, er/sie/es schrie*
Bei diesen Wörtern schreibst du das lange *i* sogar als ***ieh***.	*fliehen, Vieh, wiehern, ziehen*
Ausnahmen: langes *i* ohne Dehnungszeichen	
Besonders häufig bei **Fremdwörtern**, aber auch in einigen deutschen Wörtern schreibst du das lange *i* mit einfachem ***i***.	*die Apfelsine, das Augenlid, die Bleistiftmine, der Direktor, dir, das Kilo, das Klima, die Krise, der Liter, die Maschine, mir, der Ski, wir, widersprechen, die Vitamine*

Tipp **Ableiten**

Suche nach verwandten Wörtern, die du sicher schreiben kannst. Denn verwandte Wörter, die den gleichen Wortstamm haben, schreibst du auch **gleich oder ganz ähnlich**:
*ich f**ah**re, du f**äh**rst, er f**äh**rt, der F**ah**rer, die F**ah**rbahn;*
*h**ö**ren, das Geh**ö**r, das H**ö**rgerät, die H**ö**rerschaft;*
*die Z**ah**l, z**äh**len, z**ah**lbar, z**ah**llos, unz**äh**lig*

Tipp *zum Üben* Übe die Wörter mit Dehnungszeichen mit einer Wörterliste.

Gleichlautend, aber unterschiedlich geschrieben

Es gibt eine Reihe von Wörtern mit betontem, **langem Vokal**, die **gleich klingen**, die du aber **unterschiedlich** schreibst. Hier hilft es dir, auf die **Bedeutung** der Wörter zu achten.

Gleichlautende, aber unterschiedlich geschriebene Wörter mit langem Vokal:	
a	***wagen – die Waage**: Er wagt etwas. / In unserem Badezimmer steht eine Waage.* ***der Wal – die Wahl**: Der Wal ist ein großes Säugetier, das im Meer lebt. / Um an der Wahl teilnehmen zu dürfen, musst du 18 Jahre alt sein.* ***malen – mahlen**: Sie malt mit Wasserfarben. / Das Korn wird gemahlen.* ***war – wahr**: Sie war einkaufen. / Die Aussage ist wahr.*

Gleichlautende, aber unterschiedlich geschriebene Wörter mit langem Vokal:	
e	***leeren – lehren***: *Er hat das Glas geleert. / Sie lehrt Englisch.* ***das Meer – mehr***: *Wir machen Urlaub am Meer. / Er wusste nicht mehr weiter.*
i	***das Lied – das Lid***: *Er pfiff ein Lied. / Sie schloss die Lider.* ***die Miene – die Mine***: *Er verzog keine Miene (= sein Gesicht). / Die Bleistiftmine ist abgebrochen.* ***wieder – wider***: *Sie trafen sich wieder (= noch einmal). / Er widersprach ihr.*
o	***der Bote – die Boote***: *Der Postbote brachte ein Paket. / Die Boote lagen vor Anker.*
u	***die Urzeit – die Uhrzeit***: *Mit Urzeit bezeichnet man eine lange vergangene Zeit. / Um welche Uhrzeit essen wir heute?*

Tipp **Auf die Bedeutung achten**

Achte auf die **Bedeutung** des Wortes. Sie ergibt sich aus dem **inhaltlichen** Zusammenhang, in dem das jeweilige Wort verwendet wird.

s-Laute

Für die **s-Laute** gibt es drei verschiedene Schreibweisen: **s**, ***ß*** und **ss**. Du kannst sie unterscheiden, wenn du die s-Laute **deutlich** aussprichst. Einen **stimmhaften oder weichen s-Laut** wie bei *sagen* oder *Sonne* kannst du summen. Du schreibst ihn immer mit **s**. – Den **stimmlosen oder scharfen s-Laut** dagegen kannst du **zischen** wie bei *Fuß* oder *Fass*, er kann mit **ss** oder ***ß*** geschrieben werden.

Stimmhaftes oder weiches s:	
Ein **stimmhaftes** oder **weiches** s wird immer als **s** geschrieben.	*sagen, sauber, der See, sehen, sicher, sieben, so, die Sonne, der Süden, summen, böse, das Gemüse, leise, lesen, die Nase, die Pause, rasen, reisen, der Riese, tausend, die Vase, die Wiese, zu Hause*

Stimmloses oder scharfes s:	
Nach einem **langen Vokal oder *eu*, *au*, *äu*** und ***ei*** schreibst du den **stimmlosen s-Laut** meist als ***ß***. **Merke dir**: Ein ***ß*** steht nur **nach langem Vokal oder *eu*, *au*, *äu*** und ***ei***.	*scheußlich, Preußen, außen, außerdem, äußern, äußerst, beißen, bloß, draußen, der Fleiß, fließen, der Fuß, gießen, groß, der Gruß, heiß, heißen, der Kloß, das Maß, schließen, die Soße, der Spaß, stoßen, die Straße*

Stimmloses oder scharfes s:	
Nach einem **langen Vokal oder *eu*, *au*, *äu*** und ***ei*** kann aber auch ein **einfaches *s*** stehen. Mithilfe der **Verlängerungsprobe** kannst du entscheiden, welche Schreibung richtig ist.	*dies, das Gleis, das Gras, das Haus, das Los, der Preis*
Wird das **s** bei der **Verlängerung stimmhaft**, musst du **s** schreiben.	*dies – diese, das Gleis – die Gleise, das Gras – die Gräser, das Haus – die Häuser, das Los – die Lose, der Preis – die Preise*
Bleibt das **s** bei der **Verlängerung stimmlos**, musst du ***ß*** schreiben.	*groß – große, Gruß – Grüße, weiß – weiße, der Fuß – die Füße*
Diese **Wörter** solltest du dir merken.	*al**s**, au**s**, bi**s**, da**s** Lo**s**, ein**s**, e**s**, etwa**s**, fall**s**, lo**s**, nicht**s**, wa**s***
Diese **Adverbien** solltest du dir merken.	*abend**s**, abwärt**s**, bereit**s**, mittag**s**, morgen**s**, vorwärt**s***
Nach einem **kurzen**, **betonten Vokal** schreibst du den **stimmlosen s-Laut meist** als **ss**.	*be**ss**er, er bi**ss**, bi**ss**chen, da**ss**, e**ss**en, das Fa**ss**, fa**ss**en, der Flu**ss**, die Gewi**ss**heit, das Ki**ss**en, der Ku**ss**, la**ss**en, das Me**ss**er, sie mu**ss**, mü**ss**en, na**ss**, die Nu**ss**, der Pa**ss**, der Ri**ss**, die Ta**ss**e, das Schlo**ss**, der Schlu**ss**, der Schu**ss**, verge**ss**en*

Tipp **Stimmloses *s* + Konsonant**

Folgt dem **stimmlosen *s*** im Wortstamm nach einem kurzen Vokal **ein weiterer Konsonant (meist ein *t*)**, wird das **s** nicht verdoppelt:

fast, fest, das Fest, die Last, die List, die Post, die Rast, der Rost …

Das s in unterschiedlichen Formen eines Verbs

Wenn sich bei **unterschiedlichen Formen eines Verbs der kurz oder lang gesprochene Vokal verändert**, dann **ändert** sich auch die **Schreibung des s-Lauts**.

Gleichbleibende Vokallänge:	
Bei **gleichbleibender Vokallänge bleibt** auch der **s-Laut gleich**. **Langer** Vokal oder ***eu***, ***au***, ***äu*** und ***ei***	***lesen:*** *ich lese, du liest, er liest …;* *ich las, du lasest, er las …* ***reisen:*** *ich reise, du reist, er reist …;* *ich reiste, du reistest, er reiste …* ***heißen:*** *ich heiße, du heißt, er heißt …;* *ich hieß, du hießest, er hieß …*
Kurzer Vokal	***fassen:*** *ich fasse, du fasst, er fasst …;* *ich fasste, du fasstest, er fasste …* ***müssen:*** *ich muss, du musst, er muss …;* *ich musste, du musstest, er musste …*

Wechselnde Vokallänge:	
Ändert sich die **Vokallänge**, **ändert** sich auch die **Schreibung des s-Lauts**: **Nach kurzem Vokal** schreibst du ***ss***, **nach langem Vokal** oder ***eu***, ***au***, ***äu*** und ***ei*** schreibst du ***ß***.	***beißen:*** *ich beiße, du beißt, er beißt …;* *ich biss, du bissest, er biss …* ***essen:*** *ich esse, du isst, er isst …;* *ich aß, du aßest, er aß …* ***fließen:*** *er/sie/es fließt, er/sie/es floss …* ***gießen:*** *ich gieße, du gießt, er gießt …;* *ich goss, du gossest, er goss …* ***lassen:*** *ich lasse, du lässt, er lässt …;* *ich ließ, du ließest, er ließ …* ***schließen:*** *ich schließe, du schließt, er schließt …; ich schloss, du schlossest, er schloss …* ***vergessen:*** *ich vergesse, du vergisst, er vergisst …; ich vergaß, du vergaßest, er vergaß …* ***zerreißen:*** *ich zerreiße, du zerreißt, er zerreißt …; ich zerriss, du zerrissest, er zerriss …*

Tipp **Achte auf die Vokallänge**

Die Schreibung des **s-Lauts** in **unterschiedlichen Formen eines Verbs** hängt von der **Vokallänge** ab.

Die Konjunktion *dass*

Regel Die **Konjunktion *dass*** schreibst du mit **ss**.

Die **Konjunktion *dass*** wird oft mit dem **Artikel *das*** und dem **Pronomen *das*** verwechselt. Um diesen häufigen Fehler zu vermeiden, achte auf die beiden folgenden Tipps:

Tipp **Achte auf die Grammatik**
Aus der Art und Weise, wie ***das*** oder ***dass*** im **Satzzusammenhang** verwendet wird, kannst du auf die richtige Schreibung schließen.

Tipp **Führe die Ersatzprobe durch**
Ein ***das*** kannst du durch ***ein***, ***dieses***, ***jenes*** oder ***welches*** ersetzen.
Die Konjunktion ***dass*** kannst du **nicht** durch ***ein***, ***dieses, jenes*** oder ***welches*** **ersetzen**.

Der Artikel und das Pronomen *das* im Satzzusammenhang:	
Der **Artikel *das*** geht einem **Nomen** voraus.	***Das*** *Haus steht auf dem Hügel.* ***Das*** *Fenster steht offen.* ***Das*** *Gartentor quietscht.* ***Das*** *alte Gartentor quietscht.* ***Das*** *alte eiserne Gartentor quietscht.*
Ersatzprobe: *ein, dieses, jenes, welches*	***Ein*** *Haus steht auf dem Hügel.* ***Dieses*** *Fenster steht offen.* ***Jenes*** *alte Gartentor quietscht.* ***Jenes*** *alte eiserne Gartentor quietscht.*
Das **Relativpronomen** (auch: bezügliches Fürwort) ***das*** leitet einen **Nebensatz** ein. Es bezieht sich auf ein **Bezugswort** im Hauptsatz. **Ersatzprobe: *welches***	*Das Haus,* ***das*** *grün ist, steht auf dem Hügel.* *Das Fenster,* ***das*** *ich meine, ist offen.* *Das Gartentor,* ***das*** *zur Straße führt, quietscht.* *Das Haus,* ***welches*** *grün ist, steht auf dem Hügel.* *Das Fenster,* ***welches*** *ich meine, ist offen.*
Das **Demonstrativpronomen** (auch: hinweisendes Fürwort) ***das*** weist auf etwas mit ***Nachdruck*** hin. Das kann z. B. eine Sache, ein Erlebnis oder eine Aussage sein. **Ersatzprobe: *dies(es)***	*Wir sind im Urlaub einem Elch begegnet.* ***Das*** *war vielleicht ein Erlebnis.* *„Ich glaube, wir müssen links abbiegen." –* *„Ja,* ***das*** *stimmt."* *Wir sind im Urlaub einem Elch begegnet.* ***Dies*** *war ein Erlebnis.* *„Ja,* ***dies*** *stimmt."*

Die Konjunktion *dass* im Satzzusammenhang:	
Die **Konjunktion** (auch: Bindewort) ***dass*** leitet einen **Nebensatz** ein, der dem Hauptsatz **vorausgehen oder nachfolgen** kann. Haupt- und Nebensatz trennst du durch Komma. Es ist **keine Ersatzprobe** mit ***ein***, ***dieses***, ***jenes*** oder ***welches*** möglich.	*Ich weiß noch, **dass** das Haus unserer Tante auf einem Hügel stand.* ***Dass** das Haus unserer Tante auf einem Hügel stand, weiß ich noch.* *Ich erinnere mich, **dass** das Gartentor immer quietschte.* ***Dass** das Gartentor immer quietschte, daran erinnere ich mich.*

dass-Sätze an typischen Verben erkennen

Ein ***dass*-Satz** drückt meistens aus, was jemand **spricht**, **denkt**, **weiß**, **vermutet**, **wünscht** oder **wahrnimmt**. **Verben des Sprechens**, **Denkens**, **Wissens**, **Vermutens**, **Wünschens** oder **der sinnlichen Wahrnehmung** sind also ein **Signal** für einen ***dass*-Satz**.

Verben, die häufig *dass*-Sätze signalisieren:	
Verben des Sprechens: sagen versprechen antworten erklären entgegnen behaupten ...	 *Sie **sagt, dass** sie nach Hause geht.* *Er **verspricht, dass** er sich bessern wird.* *Ich **antworte, dass** ich gerne komme.* *Die Lehrerin **erklärt, dass** die Grammatik wichtig ist.* *Er **entgegnet, dass** er anderer Meinung ist.* *Sie **behauptet, dass** sie schneller läuft als ich.*
Verben des Denkens, Wissens, Vermutens und Wünschens: denken wissen beweisen verstehen einsehen meinen vermuten glauben wünschen hoffen ...	 *Ich **denke, dass** du Recht hast.* *Du **weißt** nicht sicher**, dass** das stimmt.* *Er **beweist, dass** seine Annahme richtig ist.* *Ich **verstehe, dass** du verärgert bist.* *Der Schüler **sieht ein, dass** er lernen muss.* *Ich **meine, dass** der Schlüssel in der Küche liegt.* *Ich **vermute, dass** der Bus alle zehn Minuten fährt.* *Ich **glaube, dass** das Wetter besser wird.* *Ich **wünsche** mir**, dass** wir uns wieder vertragen.* *Ich **hoffe, dass** sich mein Wunsch erfüllt.*

Verben, die häufig *dass*-Sätze signalisieren:	
Verben der sinnlichen Wahrnehmung: sehen riechen hören schmecken fühlen …	 *Ich* ***sehe, dass*** *das Bild schief hängt.* *Ich* ***rieche, dass*** *es bald Essen gibt.* *Ich* ***höre, dass*** *mein Nachbar Klavier übt.* *Ich* ***schmecke, dass*** *Curry in der Soße ist.* *Ich* ***fühle, dass*** *das Wetter umschlägt.*

Gleich und ähnlich klingende Laute

Laute: *e* oder *ä*? *eu* oder *äu*? *ei* oder *ai*?

Gleich oder ähnlich klingende Laute unterscheidest du, wenn du auf den **Wortstamm** achtest. Bei den **Mitgliedern einer Wortfamilie** wird der **Wortstamm** nämlich **immer gleich oder ähnlich** geschrieben. Zum Beispiel schreibst du das Wort *B**äu**me* mit ***äu***, weil du das Wort *B**au**m* mit ***au*** schreibst.

Gleich und ähnlich klingende Laute:	
e oder ***ä***? **Merke dir:** Findest du **ein verwandtes Wort** mit ***a***, schreibst du ***ä***.	***ä**lter – **a**lt* *er h**ä**lt – h**a**lten* *die H**ä**nde – die H**a**nd* *kr**ä**ftig – die Kr**a**ft* *er l**ä**sst – l**a**ssen* *die M**ä**nner – der M**a**nn* *n**ä**mlich – der N**a**me* *w**ä**rmer – w**a**rm*
e oder ***ä***? **Merke dir:** Findest du **kein verwandtes Wort** mit ***a***, schreibst du ***e***.	*ausw**e**ndig* *der B**e**ngel* ***le**ben* *das L**e**bensmittel* *die R**e**de*
eu oder ***äu***? **Merke dir:** Findest du **ein verwandtes Wort** mit ***au***, schreibst du ***äu***.	*aufr**äu**men – der R**au**m* *die B**äu**me – der B**au**m* *sich br**äu**nen – br**au**n* *das Geb**äu**de – b**au**en* *die H**äu**ser – das H**au**s* *die M**äu**se – die M**au**s* *die Z**äu**ne – der Z**au**n*

Gleich und ähnlich klingende Laute:	
eu oder ***äu***? **Merke dir:** Findest du **kein verwandtes Wort** mit ***au***, schreibst du ***eu***.	*die **Eu**le* *der **Eu**ro* *die Fr**eu**de* *h**eu**te* *die L**eu**te* *t**eu**er*
ei oder ***ai***? Merke dir die wenigen Wörter mit ***ai***. Bei *S**ai**te* und *W**ai**se* achte auf die **Bedeutung**, damit du sie nicht mit *die S**ei**te* (= Buchseite) und *der W**ei**se* (= der Kluge) verwechselst. Häufiger steht ***ai*** in Fremdwörtern.	*der M**ei**ster, das **Ei**, das **Ei**s, die M**ei**le* *der H**ai**, der K**ai**ser, der L**ai**e, der M**ai**, der M**ai**s, die S**ai**te (= Saite eines Musikinstruments), die W**ai**se (= elternloses Kind)* *die E-M**ai**l, f**ai**r, die F**ai**rness, die Med**ai**lle, das Tr**ai**ning*

Tipp **Suche nach verwandten Wörtern**
Wenn du dir bei der Schreibung eines Wortes nicht sicher bist, dann suche nach einem **Wortverwandten**, bei dem du dir sicher bist:
*k**ä**mpferisch – der K**a**mpf; r**e**dlich – die R**e**de*

Konsonanten: *b* oder *p*? *d* oder *t*? *g* oder *k*?

Gleich oder ähnlich klingende Konsonanten am Wortstammende kannst du mithilfe der **Verlängerungsprobe** unterscheiden.

Gleich oder ähnlich klingende Konsonanten am Wortstammende:	
b oder ***p***?	*er blei**b**t – blei**b**en* *der Die**b** – die Die**b**e* *er gi**b**t – ge**b**en* *er glau**b**t – glau**b**en* *das Gra**b** – die Grä**b**er* *er hu**p**t – hu**p**en* *der Kor**b** – die Kör**b**e* *lie**b** – lie**b**er* *er lo**b**t – lo**b**en* *der Lum**p** – die Lum**p**en* *plum**p** – plum**p**es Verhalten* *er pum**p**t – pum**p**en* *er rei**b**t – rei**b**en* *der Urlau**b** – die Urlau**b**e*

Gleich oder ähnlich klingende Konsonanten am Wortstammende:	
d oder ***t***?	*die Han**d** – die Hän**d**e* *das Lei**d** – lei**d**en* *das Ra**d** – die Rä**d**er* *der Ran**d** – die Rän**d**er* *der Ra**t** – bera**t**en* *die Wan**d** – die Wän**d**e* *die Wel**t** – die Wel**t**en* *er wir**d** – wer**d**en*
g oder ***k***?	*er bewe**g**t – bewe**g**en* *er brin**g**t – brin**g**en* *der Dan**k** – dan**k**en* *er fra**g**t – fra**g**en* *klu**g** – klü**g**er* *er krie**g**t – krie**g**en* *der Kru**g** – die Krü**g**e* *er lie**g**t – lie**g**en* *er lü**g**t – lü**g**en* *er sa**g**t – sa**g**en* *er schen**k**t – schen**k**en*

end- **oder** ***ent-*?**	
end- hat mit dem Wort und der Bedeutung ***Ende*** zu tun.	***end**gültig, **end**lich, **end**los, der **End**spurt*
ent- ist eine Vorsilbe.	***ent**fernen, **ent**gegnen, **ent**halten, die **Ent**scheidung, die **Ent**schuldigung*

Tipp **Mache die Verlängerungsprobe**

Bilde bei **Nomen** den **Plural** (auch: Mehrzahl): *die Han**d** – die Hän**d**e*

Bilde bei **Verben** den **Infinitiv**: *sie gi**b**t – ge**b**en*

Steigere Adjektive: *klu**g** – klü**g**er*

Buchstaben in Zusammensetzungen

Regel Wenn **Wörter zusammengesetzt** werden, **fallen keine Buchstaben weg**.

Buchstaben in Zusammensetzungen fallen nicht weg:	
Zwei gleiche Buchstaben	*au**f** + **f**allen = au**ff**allen* *da**s** + **s**elbe = da**ss**elbe* *leh**r** + **r**eich = leh**rr**eich* *ro**h** + **h**eit = die Ro**hh**eit* *ve**r** + **r**aten = ve**rr**aten* *vie**l** + **l**eicht = vie**ll**eicht* *ze**r** + **r**eißen = ze**rr**eißen*
Ausnahme:	*die Ho**h**eit*
Drei gleiche Buchstaben	*das Be**tt** + das **T**uch = das Be**ttt**uch* *die Nu**ss** + die **S**chale = die Nu**sss**chale* *das Schi**ff** + die **F**ahrt = die Schi**fff**ahrt* *die S**ee** + der **E**lefant = der S**eee**lefant* *vo**ll** + **l**aden = vo**lll**aden*
Ausnahmen:	*de**nn**och, das Dri**tt**el, der Mi**tt**ag*
Wörter, in denen drei gleiche Buchstaben zusammentreffen, kannst du auch durch **Bindestriche** gliedern. Das **hilft** anderen beim **Lesen und Verstehen**.	*der da**ss**-**S**atz* *das Be**tt**-**T**uch* *die Nu**ss**-**S**chale* *die Schi**ff**-**F**ahrt* *der S**ee**-**E**lefant*

Fremdwörter

Fremdwörter und ihre Herkunft

Fremdwörter sind Wörter aus **anderen Sprachen**, z. B. aus dem **Griechischen**, dem **Lateinischen** oder dem **Englischen**. Es hilft dir, wenn du die **Herkunft** dieser Wörter kennst, da sie **typische Schreibweisen** aus ihrem **Herkunftsland** behalten haben. So findest du in den **englischen** Wörtern *f**ai**r*, *Tr**ai**ner* und *E-M**ai**l* ein ***ai*** und in den **griechischen** Wörtern ***Th**eater*, ***Th**ema* und ***Th**ermometer* das typische ***th***.

Fremdwörter und ihre Herkunftsländer:	
Aus dem **Griechischen**	***th:*** *die Me**th**ode, das **Th**eater, das **Th**ema, die **Th**erapie, das **Th**ermometer, die **Th**ese* ***ph:*** *das Al**ph**abet, die Atmos**ph**äre, die Meta**ph**er, die **Ph**iloso**ph**ie, der Trium**ph*** ***y:*** *die Ps**y**chologie, s**y**mpathisch, das S**y**stem, der T**y**p, t**y**pisch* ***rh:*** ***rh**etorisch, die **Rh**etorik, der **Rh**ythmus* ***-ik:*** *die Grammat**ik**, die Hekt**ik**, die Log**ik**, die Opt**ik**, die Takt**ik***
Aus dem **Lateinischen**	***-ieren:*** *ag**ieren**, defin**ieren**, diskut**ieren**, interess**ieren**, konzentr**ieren**, reag**ieren*** ***-tion:*** *die Ak**tion**, die Defini**tion**, die Lek**tion**, die Reak**tion*** ***-iv:*** *akt**iv**, fikt**iv**, kreat**iv**, na**iv**, objekt**iv**, pass**iv**, subjekt**iv*** ***-ent:*** *das Medikam**ent**, der Mom**ent**, der Präsid**ent*** ***-ismus:*** *der Optim**ismus**, der Pessim**ismus**, der Real**ismus***
Aus dem **Englischen**	***-y:*** *das Bab**y**, das Hobb**y**, die Part**y*** ***oo:*** *c**oo**l, der Chatr**oo**m, g**oo**geln, der L**oo**ping, das Shamp**oo**, der Z**oo**m* ***ea:*** *der Fr**ea**k, die J**ea**ns, der R**ea**der, das T**ea**m* ***-ity:*** *die Commun**ity**, die Public**ity**, das Real**ity**-TV* ***ai:*** *der **Ai**rbag, die E-M**ai**l, f**ai**r, die F**ai**rness, tr**ai**nieren*
Aus dem **Französischen**	***ou:*** *die B**ou**tique, die C**ou**sine, die Jal**ou**sie, die R**ou**te, die R**ou**tine* ***ch:*** *der **Ch**ampignon, die **Ch**ance, **ch**armant* ***-eur/-euse:*** *der Chauff**eur**, der Dompt**eur**, die Fritt**eu**se, der Ingeni**eur**, der Kontroll**eur*** ***ai:*** *das Det**ai**l, det**ai**lliert, die Med**ai**lle, die T**ai**lle* ***-age:*** *die Blam**age**, die Einkaufspass**age**, die Gar**age**, die R**age***

Fremdwörter in der Schule

Oft begegnen dir **Fremdwörter** in deinen **Schulfächern**. Hier findest du nur eine kleine Auswahl schwieriger Wörter, auf die du häufiger stößt.

Fremdwörter in der Schule:	
Im **Deutschunterricht** und anderen **Sprachen**:	***Verben:*** *analysieren, argumentieren, diskutieren, interpretieren, präsentieren, protokollieren, recherchieren, referieren* ***Nomen:*** *Akkusativ, Aktiv, Analyse, Argument, Diskussion, Grammatik, Interview, Lyrik, Metapher, Passiv, Präsens, Rhetorik, Strophe, Substantiv, Synonym, These*
In **Mathematik** und den **Naturwissenschaften**:	***Verben:*** *addieren, definieren, dividieren, multiplizieren, subtrahieren* ***Nomen:*** *Addition, Biologie, Chemie, Definition, Diagramm, Geometrie, Koordinatenkreuz, Optik, Physik, Quadrat, Subtraktion, Zylinder*

Tipp *zum Üben* **Wörterlistentraining**
Ergänze weitere Wörter und übe sie mit einer Wörterliste.

Eingedeutschte Fremdwörter

Bei einigen Fremdwörtern ist auch eine **eingedeutschte Schreibweise** erlaubt. **Schlage** in Zweifelsfällen immer im Wörterbuch **nach**. Fremdwörter aus **Fachsprachen** werden nicht verändert: *die Philosophie, die Physik, die Psychologie; die Lyrik, die Metapher, die Strophe*

Eingedeutschte Schreibweisen:	
Einige Wörter aus dem **Allgemeinwortschatz** kannst du auch in einer eingedeutschten Variante schreiben.	*die **F**antasie (von: die **Ph**antasie)* *die **F**otogra**f**ie (von: die **Ph**otogra**ph**ie)* *der Jo**g**urt (von: der Jo**gh**urt)* *der Ket**sch**up (von: der Ket**ch**up)* *der **K**lub (von: der **C**lub)* *das Port**monee** (von: das Porte**monnaie**)* *die So**ß**e (von: die S**auc**e)* *die Spa**g**etti (von: die Spa**gh**etti)* ***Tsch**au! (von: **Cia**o!)*

Silbentrennung

Regel **Mehrsilbige Wörter trennst** du meist nach **Sprechsilben**.

Beim **Schreiben** kannst du am **Ende einer Schreibzeile** mehrsilbige Wörter **trennen**. Die **Trennung** richtet sich dabei nach den **Sprechsilben** der Wörter. Du **hörst** die einzelnen Silben, wenn du die Wörter **langsam und betont** aussprichst.

Trennung nach Sprechsilben:	
Grundregel: Wörter trennst du **nach Sprechsilben**.	*die An-kunft, bau-en, be-an-spru-chen, die Ei-er, der Fuß-ball, der Kas-ten, die Mau-er, müs-sen, die Ru-i-ne, teu-er, wa-schen*
Einen **einzelnen Konsonanten**, der **zwischen zwei Vokalen** steht, schreibst du in die **nächste Zeile**.	*das Au-**g**e, hö-**h**er, lau-**f**en, die Nä-**h**e, die Na-**s**e, re-**d**en, die Rei-**h**e, rei-**t**en, sa-**g**en, spie-**l**en*
Das gilt auch für **Buchstabenverbindungen** wie ***ch***, ***ck***, ***sch***, ***ph***, ***th***, wenn sie für einen Laut stehen.	*la-**ch**en, ma-**ch**en, die Sa-**ch**en, wa-**ch**en, die Wo-**ch**e* *der Na-**ck**en, re-**ck**en, stri-**ck**en, we-**ck**en, der Zu-**ck**er* *fi-**sch**en, na-**sch**en, wi-**sch**en, zi-**sch**en* *Ste-**ph**an* *die Apo-**th**e-ke, die Me-**th**o-de*
Wenn **mehrere Konsonanten** zwischen zwei Vokalen stehen, schreibst du nur den **letzten Konsonanten** in die **nächste Zeile**.	***end-l**os, bi**ld-l**ich, die Bli**nd-h**eit,* *die A**r-b**eit, die Fa**r-b**e, ha**l-t**en, sel**t-s**am, wa**r-t**en,* ***imp-f**en, kä**mp-f**en, ru**p-f**en,* *ho**f-f**en, die Ka**p-p**e, mü**s-s**en, das Wa**s-s**er,* *der Hu**s-t**en, die Ko**s-t**en, der Pfo**s-t**en, ro**s-t**en,* *die Spa**t-z**en, die Spi**t-z**e, die Ta**t-z**e*
Ausnahmen:	
Einen **einzelnen Vokal** am **Anfang** oder am **Ende** eines Wortes **trennst du nicht ab**.	*der **A**bend, der **E**sel, der **I**gel, der **O**fen, das **U**fer, der **U**hu* *der Lai**e**, die rau**e** See, das Tri**o***

Tipp **langsam und betont sprechen**

Sprich ein Wort **langsam** und **betont** aus, um seine Sprechsilben herauszufinden.

Tipp **Trennung von *ai*, *au*, *äu*, *eu* und *ie***

ai, ***au***, ***äu***, ***eu*** trennst du nicht. Dasselbe gilt für das **lange *i***, wenn es ***ie*** geschrieben wird.

Tipp **im Wörterbuch nachschlagen**

Wenn du sicher sein willst, wie man ein Wort trennt, schlage es in einem Wörterbuch nach.

Die Kommas

Das Komma in der Satzreihe

Eine **Satzreihe** besteht aus **mindestens zwei gleichwertigen Hauptsätzen**. Diese Hauptsätze trennst du in der Regel durch ein **Komma** voneinander. Nur bei einigen **verbindenden Konjunktionen** wie ***und***, ***oder***, ***entweder*** … ***oder***, ***weder*** … ***noch*** kannst du selbst entscheiden, ob du das Komma setzt oder weglässt.

Für die Kommasetzung in der Satzreihe gilt:	
Hauptsätze, die **ohne** eine **verbindende Konjunktion** wie z. B. *und* nebeneinanderstehen, trennst du durch ein **Komma**.	*Ich fahre an die Ostsee, sie fährt nach Frankreich.* *Gestern war er noch dagegen, heute ist er plötzlich dafür.* *Wir gingen in den Garten, die Sonne schien, das Obst war reif.*
Vor den Konjunktionen *aber*, *denn*, *doch*, *sondern* setzt du ein **Komma**.	*Ich suchte auf der Karte, **aber** ich konnte die Straße nicht finden.* *Wir gehen jetzt nach Hause, **denn** es geht schon auf Mitternacht zu.* *Er ist ein guter Mathematiker, **doch** diese Aufgabe war ihm zu schwer.* *So war es nicht, **sondern** es war genau umgekehrt.*
Vor den Konjunktionen *und*, *oder*, *entweder* … *oder*, *weder* … *noch* musst du in der Satzreihe **kein Komma** setzen, du kannst es aber **zur Verdeutlichung** setzen.	*Der Ball rollte ins Tor, **und** die Fans jubelten.* *Der Ball rollte ins Tor **und** die Fans jubelten.* *Lena fährt mit dem Fahrrad, **oder** sie fährt mit dem Roller.* *Lena fährt mit dem Fahrrad **oder** sie fährt mit dem Roller.* ***Entweder** schreibst du mir eine SMS, **oder** du rufst mich kurz an.* ***Entweder** schreibst du mir eine SMS **oder** du rufst mich kurz an.* ***Weder** kann ich die Sprache sprechen, **noch** kann ich die Sprache verstehen.* ***Weder** kann ich die Sprache sprechen **noch** kann ich die Sprache verstehen.*

Das Komma in Satzgefügen

Regel **Nebensätze** trennst du durch **Kommas** vom **Hauptsatz** ab.

Satzgefüge bestehen aus einem **Hauptsatz** und mindestens einem **Nebensatz**.
Eine ganze Reihe von Nebensätzen kannst du gut an **typischen Konjunktionen** (auch: Einleitewörtern) und an **Relativpronomen** erkennen.
Typische Konjunktionen sind: **als**, **besonders wenn**, **selbst wenn**, **damit**, **dass**, **gleich nachdem**, **nachdem**, **obwohl**, **wann**, **weil**.

Nebensätze trennst du durch Kommas vom Hauptsatz ab:	
Nachgestellter Nebensatz: Hauptsatz + Nebensatz	*Sie schrieb eine gute Arbeit, **weil** sie dafür gelernt hatte.* *Ich freue mich, **dass** es dir wieder besser geht.* *Er wurde geweckt, **als** er kaum eingeschlafen war.* *Wir wissen nicht, **wann** die Feier beginnt.*
Achtung: Beginnt der **Nebensatz** mit **mehr als nur einem Einleitewort**, setzt du das **Komma** vor die gesamte **Wortgruppe**.	*Ich komme, **selbst wenn** es regnet.* *Ich schwimme gerne, **besonders wenn** das Wasser warm ist.* *Er wurde aufgerufen, **gleich nachdem** er sich gemeldet hatte.*
Vorangestellter Nebensatz: Nebensatz + Hauptsatz	***Wenn** er Ferien hat, schläft er aus.* ***Weil** sie langsam fuhr, konnte sie noch rechtzeitig bremsen.* ***Damit** dir alles gelingt, brauchst du Übung.* ***Obwohl** er spät losgefahren war, kam er noch pünktlich zu seiner Verabredung.*
Eingefügter Nebensatz: Hauptsatz + Nebensatz + Fortsetzung des Hauptsatzes	*Deine Freundin kann, **wenn** sie will, bei uns übernachten.* *Ein Mensch, **der** viel liest, weiß häufig auch viel.* *Die Straße, **die** wir fahren, kommt mir nicht bekannt vor.* *Das Haus, **das** an der Ecke steht, gehört meinen Großeltern.*
Achtung: Manchmal steht **vor einem Relativpronomen** (*der, die, das, den, dem, denen, dessen*) noch eine **Präposition**.	*Die Hunde, **mit denen** ich spiele, gehören meiner Freundin.* *Das Mädchen, **auf das** ich aufpasse, ist meine kleine Schwester.*

Nebensätze trennst du durch Kommas vom Hauptsatz ab:	
Mehrere Nebensätze unterschiedlichen Grades trennst du sowohl **voneinander** als auch vom **Hauptsatz** mit **Kommas** ab.	***Obwohl** er versprochen hatte,* ***dass** er anrufen werde,* *meldete er sich nicht.* *Dieses Buch ist mein Lieblingsbuch,* ***weil** es von einem Jungen erzählt,* ***der** Ähnliches erlebt hat wie ich.*

Tipp **Relativpronomen**

Die **Relativpronomen *der*, *die*, *das*, *den*, *dem*, *denen*, *dessen*** leiten einen **Nebensatz** ein. Der **Relativsatz** ist oft **in den Hauptsatz eingeschoben**. Dann setzt du am **Anfang und** am **Ende** des **Relativsatzes** ein **Komma**.

Tipp **Typische „Kommawörter"**

Achte auf **typische „Kommawörter"** wie ***weil*, *dass*, *obwohl*, *wenn*, *damit*, *nachdem***.

Das Komma bei Infinitivgruppen

Regel **Infinitivgruppen mit *zu*** und mindestens **einem weiteren Wort** kannst du immer durch **Komma** abtrennen.

Infinitivgruppen, die du durch Komma abtrennst:	
Infinitivgruppen mit ***um*, *ohne*, *als*, *statt*, *anstatt*, *außer*** trennst du mit **Komma** ab.	*Sie beeilte sich, **um** ihren Zug **zu erreichen**.* *Er rannte, **ohne** außer Atem **zu kommen**.* *Nichts fiel ihm schwerer, **als** ein Geheimnis für sich **zu behalten**.* *Er spielte Schach, **statt zu lernen**.* ***Anstatt zu jammern**, solltest du eine Lösung für dein Problem suchen.* *Du kannst nichts tun, **außer abzuwarten**.*
Infinitivgruppen, die von einem **Nomen** abhängen, trennst du mit **Komma** ab.	*Ich fasste den **Entschluss**, Spanisch **zu lernen**.* *Sie hatte den **Plan**, in den Ferien **zu verreisen**.* *Er erhielt die **Chance**, seinen Fehler **gutzumachen**.* *Die **Möglichkeit**, bei diesem Team **mitzuspielen**, solltest du nutzen.*
Infinitivgruppen, die von einem **hinweisenden Wort** wie ***daran*, *damit*, *darauf*** oder ***es*** abhängen, trennst du mit **Komma** ab.	*Sie freute sich **darauf**, tanzen **zu gehen**.* *Er rechnete **damit**, den Anfang **machen zu müssen**.* *Ich dachte nicht **daran**, die Tür **zuzuschließen**.* *Ich mag **es**, früh **aufzustehen**.*

Infinitivgruppen, die du durch ein Komma abtrennen kannst, aber nicht musst:	
In allen anderen Fällen, in denen die **Infinitivgruppe** aus einem **Infinitiv mit *zu*** und mindestens **einem weiteren Wort** besteht, ist dir **freigestellt**, ob du ein **Komma** setzt oder nicht. Auch einen **Infinitiv mit zu**, der durch **kein weiteres Wort** erweitert ist, **kannst** du durch ein **Komma abtrennen**, du **musst** es aber **nicht** tun. Das gilt sogar dann, wenn der Infinitiv von einem **Nomen** oder einem **hinweisenden Wort abhängt**.	*Sie versuchte, keinen Fehler **zu machen**.* *Sie versuchte keinen Fehler **zu machen**.* *Er hoffte, den Preis **zu gewinnen**.* *Er hoffte den Preis **zu gewinnen**.* *Sie versuchte, **zu schwimmen**.* *Sie versuchte **zu schwimmen**.* *Er hoffte, **zu gewinnen**.* *Er hoffte **zu gewinnen**.* *Er fasste den **Entschluss, zu bleiben**.* *Er fasste den **Entschluss zu bleiben**.* *Sie hatte die **Möglichkeit, zu reisen**.* *Sie hatte die **Möglichkeit zu reisen**.* *Er drohte **damit, zu gehen**.* *Er drohte **damit zu gehen**.* *Sie hasste **es, zu warten**.* *Sie hasste **es zu warten**.*
Ausnahme:	
Wenn die **Infinitivgruppe** von einem **Hilfsverb** wie ***sein*** oder ***haben*** oder von ***brauchen*** oder ***scheinen*** abhängt, setzt du in der Regel **kein Komma**.	*Du **hast** mir gar nichts **zu sagen**.* *Die Burg **war** von Weitem **zu sehen**.* *Du **brauchst** dich darum nicht **zu kümmern**.* *Ich **scheine** heute Glück **zu haben**.*

Das Komma bei Partizipgruppen

In bestimmten Fällen trennst du **Wortgruppen, die ein Partizip** (auch: Mittelwort) **enthalten**, durch ein **Komma** ab. In anderen Fällen kannst du selbst entscheiden, ob du ein Komma setzt oder nicht. Wenn du das Komma setzt, verdeutlichst du damit die Gliederung deines Satzes und vermeidest Missverständnisse.

Partizipgruppen, die du durch Komma abtrennst:	
Partizipgruppen trennst du durch ein **Komma** ab, wenn sie durch ein **hinweisendes** Wort oder eine Wortgruppe **angekündigt** oder **wieder aufgenommen** werden.	***So**, verschämt blickend, betrat er das Zimmer.* ***Genau so**, scharf gewürzt, mochte sie indisches Essen.* ***Auf diese Weise**, Millimeter für Millimeter kriechend, bewegt sich die Schnecke fort.* *Vor Freude strahlend, **so** erwartete sie mich.*
Partizipgruppen trennst du durch ein **Komma** ab, wenn die Partizipgruppen **nachgestellte Zusätze** oder **Erläuterungen** sind.	***Monika**, tödlich beleidigt, verschwand in ihrem Zimmer.* ***Er**, friedlich schlafend, hörte nichts von dem Gewitter.* ***Das** kann nicht stimmen, logisch betrachtet.*
Partizipgruppen, die du durch Komma abtrennen kannst:	
In allen anderen Fällen musst du die Partizipgruppen **nicht** durch **Komma** abtrennen, du kannst es aber, um den Satz zu gliedern.	*Laut jubelnd, fiel er mir in die Arme.* *Laut jubelnd fiel er mir in die Arme.* *Leise kichernd, guckte er sich um.* *Leise kichernd guckte er sich um.* *Wie gewünscht, erhalten Sie heute meine Bewerbungsunterlagen.* *Wie gewünscht erhalten Sie heute meine Bewerbungsunterlagen.* *Ihre Anfrage betreffend, muss ich Sie leider enttäuschen.* *Ihre Anfrage betreffend muss ich Sie leider enttäuschen.* *Sie saß, das Buch in der Hand haltend, in ihrem Sessel.* *Sie saß das Buch in der Hand haltend in ihrem Sessel.*

Tipp **Das Komma bei Adjektivgruppen**

Für Adjektivgruppen gelten die gleichen Kommaregeln wie für Partizipgruppen. So trennst du z. B. die folgenden Adjektivgruppen durch **Kommas** ab:

***Genau so**, sehr kalt, liebe ich den Winter.*
*Dieses **Wochenende**, warm und trocken, ist gut für einen Ausflug.*

Das Komma in Aufzählungen

Regel **Wörter** und **Wortgruppen** in **Aufzählungen** trennst du in der **Regel** durch **Komma**.

Wenn du **gleichrangige Wörter** oder **Wortgruppen aufzählst**, trennst du sie durch ein **Komma**. Vor ***und*** und ***oder*** setzt du jedoch **kein Komma**. Wenn du Adjektive aufzählst, die **nicht gleichrangig** sind, sondern eine inhaltliche Einheit bilden, setzt du auch **kein Komma**.

Gleichrangige Wörter und Wortgruppen in Aufzählungen trennst du durch Kommas:	
Gleichrangige Wörter und Wortgruppen	*Sie bestaunte den Dom, das Schloss, den riesigen Park.* *Ich werde am Samstag früh aufstehen, mein Buch lesen, meine Freundin treffen, auf die Party gehen.* *Er kam, sah, siegte.* *Er trug seinen bequemen, warmen, weiten Mantel.* *Ich möchte zum Frühstück Vollkornbrot, Kaffee, Käse, Wurst.* *Warum, wieso, weswegen?* *Nein, nein, nein!*
Du setzt auch ein Komma, wenn die Teile einer Aufzählung durch **Gegensatz-Konjunktionen** wie ***aber***, ***jedoch***, ***sondern*** usw. verbunden werden.	*Er war groß genug,* ***aber*** *zu jung für die Mannschaft.* *Das Essen war gut,* ***jedoch*** *scharf.* *Sie wollte nicht dich sprechen,* ***sondern*** *mich.*
Vor *und* und *oder* setzt du in Aufzählungen kein Komma:	
In Aufzählungen setzt du vor die Konjunktionen ***und***, ***oder***, ***entweder … oder*** **kein Komma**.	*Ich mag die Fächer Deutsch* ***und*** *Englisch.* *Wir treffen uns morgen* ***oder*** *übermorgen.* *Die Schüler gehen* ***entweder*** *schwimmen* ***oder*** *in die Turnhalle.*
Zwischen Adjektiven, die nicht gleichrangig sind, setzt du kein Komma:	
Zwei Adjektive sind **nicht gleichrangig**, wenn das erste Adjektiv das zweite **näher bestimmt**. Zwei Adjektive, die nicht gleichrangig sind, kannst du **nicht durch *und* verbinden**.	*Die* ***jüngsten politischen*** *Ereignisse geben Anlass zur Sorge.* *Das* ***neue rote*** *Hemd steht dir gut.* *Die* ***letzten großen*** *Ferien habe ich in Dänemark verbracht.*

Das Komma bei Anreden, Einschüben, nachgestellten Erläuterungen sowie Orts- und Zeitangaben

Eine ganze Reihe von **Wörtern und Wortgruppen** trennst du durch **Kommas** ab.

Für die Kommasetzung gelten die folgenden Regeln:	
Anreden trennst du durch **Kommas** ab.	***Jakob,*** *kannst du mir bitte die Butter geben.* *Ich danke dir,* ***Lena****.* *Hallo,* ***Anna,*** *wie geht es dir?* ***Freunde,*** *kommt mal her!* *Kommst du mit,* ***Peter****?* *Setzen Sie sich bitte noch so lange ins Wartezimmer,* ***Frau Müller****.*
Einschübe trennst du durch Kommas ab.	*Dieses Buch,* ***es ist spannend und interessant,*** *kann ich dir empfehlen.* *Herr Müller,* ***der Direktor,*** *sprach in der Aula.* *Meine Freundin,* ***eine begeisterte Joggerin,*** *nimmt am Marathon teil.* *Ich kenne Frau Neuss,* ***die Lehrerin meines Sohnes,*** *noch nicht persönlich.* *Er,* ***ohne irgendwelche Informationen,*** *stimmte bedenkenlos zu.*
Nachgestellte Erläuterungen werden oft mit Wörtern wie ***und zwar***, ***vor allem***, ***das heißt (d. h.)***, ***zum Beispiel (z. B.)***, ***besonders***, ***nämlich*** eingeleitet. Du trennst sie durch **Kommas** ab.	*Es regnete den ganzen Tag,* ***und zwar*** *kräftig.* *Es treffen sich die Schülerinnen und Schüler der 7b,* ***d. h.*** *alle.* *Du musst dich jetzt schonen,* ***vor allem*** *weil du gestern noch Fieber hattest.* *Viele Tiere sind nachtaktiv,* ***zum Beispiel*** *Füchse und Fledermäuse.* *Jan interessiert sich für Sport,* ***besonders*** *für Fußball.* *Natürlich sehen wir uns bald wieder,* ***nämlich*** *am Freitag.*
Orts- und Zeitangaben trennst du durch **Kommas** ab.	*Susanne Glück,* ***Dortmund,*** *hat das Preisausschreiben gewonnen.* *Sie wohnt in Berlin,* ***Ritterstraße****.* *Dresden,* ***den 8. August 2016*** *Sie kommt Mittwoch,* ***den 12. September****.* *Der Kurs findet am kommenden Montag,* ***dem 3. Februar,*** *im Klassenraum statt.*

Das Komma bei *und*

Regel In den **allermeisten Fällen** setzt du vor ***und*** und andere **verbindende Konjunktionen kein Komma**.

Die Kommasetzung bei *und*:	
Zwischen Wörtern und **Wortgruppen**, die durch ***und*** verbunden werden, setzt du **kein Komma**.	*Sie übte* ***und*** *übte* ***und*** *übte.* *Wieso* ***und*** *warum?* *Er trank aus* ***und*** *ging.* *Sie geht gerne ins Museum* ***und*** *schätzt besonders alte Bilder.*
Auch bei anderen **verbindenden Konjunktionen** wie ***oder***, ***beziehungsweise***, ***sowie***, ***entweder*** … ***oder***, ***sowohl*** … ***als (auch)***, ***weder*** … ***noch*** usw. setzt du **kein Komma**.	*Er fährt Auto* ***oder*** *Bus.* *Sie bestellt eine Pizza* ***sowie*** *einen Salat.* *Wir gehen* ***entweder*** *ins Kino* ***oder*** *ins Konzert.*
In einer **Satzreihe kannst** du vor ***und*** zur Verdeutlichung ein **Komma** setzen.	*Der Ball rollte ins Tor,* ***und*** *die Fans jubelten.* *Der Ball rollte ins Tor* ***und*** *die Fans jubelten.* *Die Reiseleiterin ging vor,* ***und*** *die Urlauber folgten ihr.* *Die Reiseleiterin ging vor* ***und*** *die Urlauber folgten ihr.*
Das Gleiche gilt für andere **verbindende Konjunktionen** wie ***oder***, ***entweder*** … ***oder***, ***weder*** … ***noch*** usw.	*Ich gehe spazieren,* ***oder*** *ich lese ein Buch.* *Ich gehe spazieren* ***oder*** *ich lese ein Buch.* ***Entweder*** *treffen wir uns im Schwimmbad,* ***oder*** *wir machen eine Fahrradtour.* ***Entweder*** *treffen wir uns im Schwimmbad* ***oder*** *wir machen eine Fahrradtour.*
Am Ende von Einschüben oder **eingefügten Nebensätzen** bleibt das Komma erhalten, d. h., in diesen Fällen setzt du **auch vor *und* ein Komma**.	*Wir hoffen,* ***dass wir Ihnen mit diesen Auskünften weiterhelfen konnten,*** ***und*** *verbleiben mit freundlichen Grüßen.* *Der Dieb wurde ertappt,* ***als er gerade einbrechen wollte,*** ***und*** *direkt im Anschluss auf das Polizeirevier gebracht.* *Mein Freund,* ***ein leidenschaftlicher Segler,*** ***und*** *ich gingen in Kiel an Bord.*

Die Kommasetzung bei den vergleichenden Konjunktionen *als* und *wie*

Um herauszufinden, ob du vor die vergleichenden Konjunktionen ***als*** und ***wie*** ein **Komma** setzen musst oder nicht, achte auf die Grammatik: Die Kommasetzung hängt davon ab, ob ***als*** und ***wie*** nur **Satzteile verbinden** oder einen **Nebensatz einleiten**.

Die Kommasetzung bei den vergleichenden Konjunktionen *als* und *wie*:	
Wenn die vergleichenden Konjunktionen ***als*** und ***wie*** lediglich **Satzteile verbinden**, setzt du **kein Komma**.	*Das Wetter ist **besser als erwartet**.* *Das ist **leichter gesagt als getan**.* *Wir haben **mehr** Proviant eingepackt **als nötig**.* *Berlin ist **größer als Frankfurt**.* *Sie war damals **genauso groß wie ich**.* *Das Pferd rannte **so schnell wie ein Pfeil**.* ***Wie im letzten Jahr** hatte die Messe viele Besucher.*
Wenn die vergleichenden Konjunktionen ***als*** und ***wie*** einen **Nebensatz einleiten**, dann setzt du ein **Komma**.	*Das Wetter ist besser, **als wir es erwartet hatten**.* *Das ist leichter gesagt, **als es getan ist**.* *Wir haben mehr Proviant eingepackt, **als wir brauchen**.* *Sie war damals genauso groß, **wie ich es war**.* *Das Pferd rannte so schnell, **wie ein Pfeil fliegt**.* *Die Landschaft ist genauso schön, **wie du sie mir beschrieben hast**.*

Tipp **Infinitivgruppen mit *als***

Infinitivgruppen, die mit ***als*** eingeleitet werden, trennst du immer mit **Komma** ab:
*Ich kenne nichts Schöneres, **als** am Sonntag lange **zu schlafen**.*
*Ich mache nichts lieber, **als zu reisen**.*

Die Zeichensetzung bei der wörtlichen Rede

Wenn in einem Text etwas **gesagt** oder auch **gedacht** wird, verwendest du die **wörtliche Rede** und setzt **Anführungszeichen**. Außerdem musst du bei der wörtlichen Rede auf den sogenannten **Redebegleitsatz** achten. Von seiner Stellung hängt es nämlich ab, ob du einen **Doppelpunkt** oder **Kommas** setzen musst.

Die Zeichensetzung bei der wörtlichen Rede:	
Vorangestellter Redebegleitsatz: Nach einem **vorangestellten** Redebegleitsatz setzt du einen **Doppelpunkt**.	***Ich fragte:*** *„Wollen wir Tischtennis spielen?"* ***Er dachte:*** *„Das kann doch nicht wahr sein."* ***Sie sagte:*** *„Siehst du diesen Stern am Himmel?"* ***Er antwortete:*** *„Nein!"*

Die Zeichensetzung bei der wörtlichen Rede:	
Eingeschobener Redebegleitsatz: Den **eingeschobenen** Redebegleitsatz trennst du durch **Kommas** ab.	*„Allerdings“, **gab er zu,** „bin ich mir auch nicht ganz sicher.“* *„Moment noch“, **rief sie,** „ich bin gleich fertig.“* *„Wenn das stimmt“, **dachte sie,** „werden die anderen Augen machen.“* *„Vielleicht“, **überlegte der Detektiv,** „folgen wir die ganze Zeit der falschen Spur.“*
Nachgestellter Redebegleitsatz: Den **nachgestellten** Redebegleitsatz trennst du durch **ein Komma** von der wörtlichen Rede ab.	*„Ich besuche dich morgen“, **versprach sie**.* *„Ich helfe dir beim Abwaschen“, **sagte er**.* *„Das klappt nie“, **dachte er**.*
Achtung: Bei einem Aussagesatz lässt du den Punkt weg.	*„Ich bin müde“, sagt er.* *„Morgen ist es fertig“, sagte sie.* *„Am Donnerstag holen wir das nach“, versprach er.*
Fragezeichen und Ausrufezeichen bleiben aber bestehen.	*„Kommst du mit**?**“, fragte sie.* *„Haltet den Dieb**!**“, schrie er.* *„Das gehört mir**!**“, rief sie empört.*

Die Anführungszeichen

Anführungszeichen setzt du nicht nur **in der wörtlichen Rede**, sondern **auch in verschiedenen anderen Zusammenhängen**.

Anführungszeichen in verschiedenen Zusammenhängen:	
Bei der **wörtlichen Rede** setzt du Anführungszeichen **vor und hinter der wörtlich wiedergegebenen Rede**.	*Er sagte: **„Ich muss noch Hausaufgaben machen.“***
Anführungszeichen setzt du **vor und hinter** zitierten **Überschriften**, **Titeln**, **Namen** von **Zeitungen** usw.	*Wie hat dir **„Harry Potter und der Halbblutprinz“** gefallen?* *Im Kino habe ich **„James Bond 007 – Skyfall“** gesehen.* *In der **„Frankfurter Allgemeinen Zeitung“** dürfen manchmal auch Schüler schreiben.*
Anführungszeichen setzt du **vor und hinter Zitaten**, d. h. **wörtlich wiedergegebenen Textstellen**.	*Manches Gedicht gibt es bestimmt nur **„um des Reimes willen“**, wie Christian Morgenstern schreibt.*

Anführungszeichen in verschiedenen Zusammenhängen:	
Mit Anführungszeichen kannst du auch **einzelne Wörter** und **Textteile hervorheben**.	*Das Thema* ***„Umweltschutz“*** *beschäftigt uns gerade in der Schule.* *Obwohl ich zu meinem Lieblingsklub halte, würde ich mich nicht als* ***„Fan“*** *bezeichnen.* *Was der Begriff* ***„Toleranz“*** *bedeutet, möchte ich heute mit euch besprechen.* *Über ein Sprichwort wie* ***„Der Apfel fällt nicht weit vom Stamm“*** *kann man unterschiedlicher Meinung sein.*
Halbe Anführungszeichen setzt du, wenn du ein **Anführungszeichen innerhalb eines Satzteils, der bereits in Anführungszeichen steht, setzen willst**, also z. B. einen **Titel innerhalb einer wörtlichen Rede** verdeutlichen möchtest.	*Sie sagte: „Von den letzten Kinofilmen hat mir* ***‚Ice Age‘*** *am besten gefallen.“*

Regel

Wenn **Fragezeichen und Ausrufezeichen zur wörtlichen Rede** gehören, setzt du sie auch **innerhalb der Anführungszeichen**: *„Kommst du mit ins Kino****?“***, fragte sie. Wenn **Punkt, Fragezeichen und Ausrufezeichen nicht zur wörtlichen Rede** gehören, setzt du sie **außerhalb der Anführungszeichen**: *Ich interessiere mich nicht für „Fantasy-Filme****“.***

Der Apostroph

Der **Apostroph** ' kennzeichnet die **Auslassung von Buchstaben**. Er begegnet dir häufiger in **Gedichten** und in der **wörtlichen Rede**. Außerdem verwendest du den Apostroph **in bestimmten Fällen** bei **Eigennamen**.

Der Apostroph in verschiedenen Zusammenhängen:	
Wenn **Buchstaben entfallen, ersetzt** du sie häufig durch einen **Apostroph**. Er steht genau **an der Stelle**, an der ein **Buchstabe entfällt**.	*Ich wollt' es brechen,* *da sagt' es fein:* *Soll ich zum Welken* *gebrochen sein?* *Ich grub'***s** *mit allen* *den Würzlein aus,* *zum Garten trug ich'***s** *am hübschen Haus.* *Und pflanzt' es wieder* *am stillen Ort;* *nun zweigt es immer* *und blüht so fort.* *(Johann Wolfgang Goethe)* *„Ich sag'***s** *ja immer."* *„Wie war'***s** *im Theater?"*
Bei **Eigennamen auf** ***s***, ***ss***, ***ß***, ***tz***, ***z*** und ***x*** setzt du **anstelle des Genitiv-*s*** den **Apostroph**. **Achtung:** Wenn der **Genitiv** z. B. an einem Artikel oder Pronomen **erkennbar** ist, **verzichtest** du auf den **Apostroph**.	*Feli***x'** *Meinung interessiert mich.* *Fran***z'** *Instrument muss gestimmt werden.* *Frau Strau***ß'** *Wagen steht vor unserer Einfahrt.* *Johanne***s'** *Fahrrad wurde gestohlen.* *Die Tante* ***des*** *kleinen Feli***x** *kommt zu Besuch.* *Das Talent* ***ihres*** *Fran***z** *ist offensichtlich.*

Der Doppelpunkt

Den **Doppelpunkt** verwendest du vor allem bei der **wörtlichen Rede**. Du kannst ihn aber z. B. auch setzen, um etwas **Weiterführendes** deutlich zu machen.

Der Doppelpunkt in verschiedenen Zusammenhängen:	
Bei der **wörtlichen Rede** setzt du den Doppelpunkt **nach** dem vorangestellten **Redebegleitsatz**.	***Amelie sagte:*** *„Ich will meine Ferien auf dem Ponyhof verbringen."* ***Mehmet rief:*** *„Sieh mal, meine neue Zahnspange!"*
Vor einer **Aufzählung** kannst du einen Doppelpunkt setzen.	*Ich wünsche mir:* ***ein Buch, eine CD, ein Hemd****.* *Die Wochentage heißen:* ***Montag, Dienstag, Mittwoch, …***
Den Doppelpunkt setzt du **vor stichwortartige Angaben**.	*Beruf:* ***Schreiner*** *Familienstand:* ***ledig*** *Geburtsort:* ***Berlin***
Den Doppelpunkt setzt du **vor** eine **folgende Erklärung**.	*Achtung:* ***Dort kommt ein Auto!*** *Tipp:* ***Schlage im Wörterbuch nach.***
Du kannst den Doppelpunkt setzen, um eine **Schlussfolgerung** zu verstärken oder um etwas **zusammenzufassen**.	*Am Ende meines Aufsatzes steht daher der Gedanke:* ***Es lohnt sich, auch in schwierigen Zeiten zusammenzuhalten.*** *Mir bleibt nur noch zu sagen:* ***Viel Glück!*** *Ihre Eltern, ihre Freundinnen und Freunde, ihre Bekannten:* ***Alle waren zu ihrem Geburtstag gekommen.***

Regel

Wenn **nach** dem **Doppelpunkt** ein **ganzer Satz** folgt, dann **schreibst** du **das erste Wort groß**:
*Eine wichtige Gesprächsregel lautet: **J**eder lässt den anderen ausreden.*

Semikolon, Gedankenstrich und Klammern

Das **Semikolon ;** (auch: Strichpunkt), der **Gedankenstrich –** und die **Klammern ( )** sind Satzzeichen, die du in deinen Texten in der Regel **nicht setzen musst**. Sie begegnen dir aber in den Texten anderer immer wieder. Außerdem bieten sie dir auch die Möglichkeit, deine eigenen Sätze und Gedanken zu **strukturieren**.

Semikolon, Gedankenstrich und Klammern als Strukturierungshilfen:	
Das **Semikolon trennt weniger als der Punkt und mehr als das Komma**. Wann und ob du es setzt, entscheidest du selbst.	*Jeder hat etwas geahnt; keiner hat etwas gesagt.* *Er redete und redete; niemand hörte ihm zu.* *Richtig wäre aber auch:* *Jeder hat etwas geahnt. Keiner hat etwas gesagt.* *Jeder hat etwas geahnt, keiner hat etwas gesagt.*
Du kannst das Semikolon nutzen, um gleichrangige **Teilsätze** und **Wortgruppen in Aufzählungen** zu markieren.	*Bei den Olympischen Spielen gibt es:* ***Sprint, Mittelstrecke, Langstrecke; Weitsprung, Hochsprung, Dreisprung, Stabhochsprung; Diskus-, Speer- und Hammerwurf*** *usw.*
Mit dem **Gedankenstrich** kannst du anstelle des Doppelpunktes **etwas ankündigen**.	*Plötzlich –* ***ein lauter Schrei!***
Mit dem Gedankenstrich kannst du auch **Zusätze oder Nachträge** vom restlichen Satz etwas deutlicher **abgrenzen** als mit Kommas.	*Plötzlich –* ***es war mitten in der Nacht*** *– klingelte es an der Tür.*
Den Gedankenstrich kannst du auch bei einem **neuen Gedanken** und **anstelle eines Absatzes** verwenden.	*Doch auch diese Nacht ging vorüber. –* ***Monate später besuchte mich mein Freund.***
Auch mit **Klammern** grenzt du **Einschübe** vom restlichen Satz ab. Du kannst hier aber auch Kommas oder Gedankenstriche setzen.	*Plötzlich* ***(es war mitten in der Nacht)*** *klingelte es an der Tür.*
Die Klammern verwendest du, um **kurze nachgestellte Erläuterungen** vom restlichen Satz abzugrenzen.	*Die Buchmesse in* ***Leipzig (Sachsen)*** *findet im Frühjahr statt.* *Das* ***Semikolon (auch: Strichpunkt)*** *steht zwischen Komma und Punkt.*

Verbformen im Überblick

Unregelmäßige (auch: starke) und trennbare Verben

	Präsens	Präteritum	Perfekt	Imperativ Singular
abschließen *	du schließt ab	er schloss ab	sie hat abgeschlossen	schließ(e) ab!
abschreiben *	du schreibst ab	er schrieb ab	sie hat abgeschrieben	schreib(e) ab!
annehmen *	du nimmst an	er nahm an	sie hat angenommen	nimm an!
ansehen *	du siehst an	er sah an	sie hat angesehen	sieh an!
anstehen *	du stehst an	er stand an	sie hat angestanden	steh(e) an!
aufmachen *	du machst auf	er machte auf	sie hat aufgemacht	mach(e) auf!
aufpassen *	du passt auf	er passte auf	sie hat aufgepasst	pass(e) auf!
aufschreiben *	du schreibst auf	er schrieb auf	sie hat aufgeschrieben	schreib(e) auf!
aussehen *	du siehst aus	er sah aus	sie hat ausgesehen	sieh aus!
backen	du backst/bäckst	er backte/buk	sie hat gebacken	back(e)!
befehlen	du befiehlst	er befahl	sie hat befohlen	befiehl!
beginnen	du beginnst	er begann	sie hat begonnen	beginn(e)!
beißen	du beißt	er biss	sie hat gebissen	beiß(e)!
bergen	du birgst	er barg	sie hat geborgen	birg!
betrügen	du betrügst	er betrog	sie hat betrogen	betrüg(e) nicht!
bewegen *(veranlassen)* **unregelmäßig**	du bewegst	er bewog	sie hat bewogen	beweg(e)!

* = trennbares Verb

	Präsens	Präteritum	Perfekt	Imperativ Singular
bewegen *(fortbewegen)* **regelmäßig**	du bewegst	er bewegte	sie hat bewegt	beweg(e)!
biegen	du biegst	er bog	sie hat/ist gebogen	bieg(e)!
bieten	du bietest	er bot	sie hat geboten	biet(e)!
binden	du bindest	er band	sie hat gebunden	bind(e)!
bitten	du bittest	er bat	sie hat gebeten	bitt(e)!
blasen	du bläst	er blies	sie hat geblasen	blas(e)!
bleiben	du bleibst	er blieb	sie ist geblieben	bleib(e)!
braten	du brätst	er briet	sie hat gebraten	brat(e)!
brechen	du brichst	er brach	sie hat/ist gebrochen	brich!
brennen	du brennst	er brannte	sie hat gebrannt	brenn(e)!
bringen	du bringst	er brachte	sie hat gebracht	bring(e)!
denken	du denkst	er dachte	sie hat gedacht	denk(e)!
dringen	du dringst	er drang	sie hat gedrungen	dring(e)!
dürfen	du darfst	er durfte	sie hat gedurft	
dürfen **als Modalverb**	du darfst	er durfte	sie hat dürfen	
empfangen	du empfängst	er empfing	sie hat empfangen	empfang(e)!
empfehlen	du empfiehlst	er empfahl	sie hat empfohlen	empfiehl!
empfinden	du empfindest	er empfand	sie hat empfunden	empfind(e)!
entscheiden	du entscheidest	er entschied	sie hat entschieden	entscheid(e)!
erschrecken *(einen Schreck bekommen)* **unregelmäßig**	du erschrickst	er erschrak	sie ist erschrocken	erschrick!
erschrecken *(jemanden erschrecken)* **regelmäßig**	du erschreckst	er erschreckte	sie hat erschreckt	erschreck(e) nicht!

* = trennbares Verb

	Präsens	Präteritum	Perfekt	Imperativ Singular
essen	du isst	er aß	sie hat gegessen	iss!
fahren	du fährst	er fuhr	sie hat/ist gefahren	fahr(e)!
fallen	du fällst	er fiel	sie ist gefallen	fall(e) nicht!
fangen	du fängst	er fing	sie hat gefangen	fang(e)!
fechten	du fichtst	er focht	sie hat gefochten	ficht!
festhalten *	du hältst fest	er hielt fest	sie hat festgehalten	halt(e) fest!
festlegen *	du legst fest	er legte fest	sie hat festgelegt	leg(e) fest!
finden	du findest	er fand	sie hat gefunden	find(e)!
flechten	du flichtst	er flocht	sie hat geflochten	flicht!
fliegen	du fliegst	er flog	sie hat/ist geflogen	flieg(e)!
fliehen	du fliehst	er floh	sie ist geflohen	flieh(e)!
fließen	du fließt	er floss	sie ist geflossen	fließ(e)!
fressen	du frisst	er fraß	sie hat gefressen	friss!
frieren	du frierst	er fror	sie hat gefroren	frier(e) nicht!
gären	du gärst	er gärte/gor	sie hat gegärt/ gegoren	gär(e)!
gebären	du gebärst/ gebierst	er gebar	sie hat geboren	gebär(e)!/ gebier!
geben	du gibst	er gab	sie hat gegeben	gib!
gedeihen	du gedeihst	er gedieh	sie ist gediehen	gedeih(e)!
gefallen	du gefällst	er gefiel	sie hat gefallen	gefall(e)!
gehen	du gehst	er ging	sie ist gegangen	geh(e)!
gelingen	es gelingt	es gelang	es ist gelungen	
gelten	du giltst	er galt	sie hat gegolten	gilt!
genesen	du genest	er genas	sie ist genesen	genese!
genießen	du genießt	er genoss	sie hat genossen	genieß(e)!
geschehen	es geschieht	es geschah	es ist geschehen	
gewinnen	du gewinnst	er gewann	sie hat gewonnen	gewinn(e)!

	Präsens	Präteritum	Perfekt	Imperativ Singular
gießen	du gießt	er goss	sie hat gegossen	gieß(e)!
gleichen	du gleichst	er glich	sie hat geglichen	gleich(e)!
gleiten	du gleitest	er glitt	sie ist geglitten	gleit(e)!
graben	du gräbst	er grub	sie hat gegraben	grab(e)!
greifen	du greifst	er griff	sie hat gegriffen	greif(e)!
haben	du hast	er hatte	sie hat gehabt	hab(e)!
halten	du hältst	er hielt	sie hat gehalten	halt(e)!
hängen	du hängst	er hing	sie hat gehangen	häng(e)!
hauen	du haust	er haute/hieb	sie hat gehauen	hau(e)!
heben	du hebst	er hob	sie hat gehoben	heb(e)!
heißen	du heißt	er hieß	sie hat geheißen	heiß(e)!
helfen	du hilfst	er half	sie hat geholfen	hilf!
kennen	du kennst	er kannte	sie hat gekannt	kenn(e)!
klingen	du klingst	er klang	sie hat geklungen	kling(e)!
kneifen	du kneifst	er kniff	sie hat gekniffen	kneif(e) nicht!
kommen	du kommst	er kam	sie ist gekommen	komm(e)!
können	du kannst	er konnte	sie hat gekonnt	
können **als Modalverb**	du kannst	er konnte	sie hat können	
kriechen	du kriechst	er kroch	sie ist gekrochen	kriech(e)!
laden	du lädst	er lud	sie hat geladen	lad(e)!
lassen	du lässt	er ließ	sie hat gelassen	lass(e)!
laufen	du läufst	er lief	sie ist gelaufen	lauf(e)!
leiden	du leidest	er litt	sie hat gelitten	leid(e) nicht!
leihen	du leihst	er lieh	sie hat geliehen	leih(e)!
lesen	du liest	er las	sie hat gelesen	lies!
liegen	du liegst	er lag	sie hat gelegen	lieg(e)!
losrennen *	du rennst los	er rannte los	sie ist losgerannt	renn(e) los!

* = trennbares Verb

	Präsens	Präteritum	Perfekt	Imperativ Singular
lügen	du lügst	er log	sie hat gelogen	lüg(e) nicht!
meiden	du meidest	er mied	sie hat gemieden	meid(e)!
melken	du melkst/ milkst	er melkte/molk	sie hat gemelkt/ gemolken	melk(e)!
messen	du misst	er maß	sie hat gemessen	miss!
misslingen	er misslingt	sie misslang	es ist misslungen	
mitbringen *	du bringst mit	er brachte mit	sie hat mitgebracht	bring(e) mit!
mitmachen *	du machst mit	er machte mit	sie hat mitgemacht	mach(e) mit!
mögen	du magst	er mochte	sie hat gemocht	
mögen als Modalverb	du magst	er mochte	sie hat mögen	
müssen	du musst	er musste	sie hat gemusst	
müssen als Modalverb	du musst	er musste	sie hat müssen	
nachschlagen *	du schlägst nach	er schlug nach	sie hat nachgeschlagen	schlag(e) nach!
nehmen	du nimmst	er nahm	sie hat genommen	nimm!
nennen	du nennst	er nannte	sie hat genannt	nenn(e)!
pfeifen	du pfeifst	er pfiff	sie hat gepfiffen	pfeif(e)!
raten	du rätst	er riet	sie hat geraten	rat(e)!
reiben	du reibst	er rieb	sie hat gerieben	reib(e)!
reißen	du reißt	er riss	sie hat gerissen	reiß(e)!
reiten	du reitest	er ritt	sie hat/ist geritten	reit(e)!
rennen	du rennst	er rannte	sie ist gerannt	renn(e)!
riechen	du riechst	er roch	sie hat gerochen	riech(e)!
ringen	du ringst	er rang	sie hat gerungen	ring(e)!
rufen	du rufst	er rief	sie hat gerufen	ruf(e)!
salzen	du salzt	er salzte	sie hat gesalzen/ gesalzt	salz(e)!

	Präsens	Präteritum	Perfekt	Imperativ Singular
saugen	du saugst	er saugte	sie hat gesaugt	saug(e)!
schaffen	du schaffst	er schaffte	sie hat geschafft	schaff(e)!
scheiden	du scheidest	er schied	sie hat/ist geschieden	scheid(e)!
scheinen	du scheinst	er schien	sie hat geschienen	schein(e)!
schieben	du schiebst	er schob	sie hat geschoben	schieb(e)!
schießen	du schießt	er schoss	sie hat geschossen	schieß(e)!
schlafen	du schläfst	er schlief	sie hat geschlafen	schlaf(e)!
schlagen	du schlägst	er schlug	sie hat geschlagen	schlag(e)!
schleichen	du schleichst	er schlich	sie ist geschlichen	schleich(e)!
schließen	du schließt	er schloss	sie hat geschlossen	schließ(e)!
schlingen	du schlingst	er schlang	sie hat geschlungen	schling(e)!
schmeißen	du schmeißt	er schmiss	sie hat geschmissen	schmeiß(e)!
schmelzen	du schmilzt	er schmolz	sie hat geschmolzen	schmilz!
schneiden	du schneidest	er schnitt	sie hat geschnitten	schneid(e)!
schreiben	du schreibst	er schrieb	sie hat geschrieben	schreib(e)!
schreien	du schreist	er schrie	sie hat geschrien	schrei(e)!
schreiten	du schreitest	er schritt	sie ist geschritten	schreit(e)!
schweigen	du schweigst	er schwieg	sie hat geschwiegen	schweig(e)!
schwimmen	du schwimmst	er schwamm	sie ist geschwommen	schwimm(e)!
schwinden	du schwindest	er schwand	sie ist geschwunden	schwind(e)!
schwingen	du schwingst	er schwang	sie hat geschwungen	schwing(e)!
schwören	du schwörst	er schwor	sie hat geschworen	schwör(e)!
sehen	du siehst	er sah	sie hat gesehen	sieh(e)!
sein	du bist	er war	sie ist gewesen	sei!
senden	du sendest	er sandte/ sendete	sie hat gesandt/ gesendet	send(e)!
singen	du singst	er sang	sie hat gesungen	sing(e)!

* = trennbares Verb

	Präsens	Präteritum	Perfekt	Imperativ Singular
sinken	du sinkst	er sank	sie ist gesunken	sink(e)!
sitzen	du sitzt	er saß	sie hat gesessen	sitz(e)!
sollen	du sollst	er sollte	sie hat gesollt	
sollen **als Modalverb**	du sollst	er sollte	sie hat sollen	
spalten	du spaltest	er spaltete	sie hat gespalten/ gespaltet	spalt(e)!
speien	du speist	er spie	sie hat gespien	spei(e)!
spinnen	du spinnst	er spann	sie hat gesponnen	spinn(e)!
sprechen	du sprichst	er sprach	sie hat gesprochen	sprich!
sprießen	es sprießt	es spross	es ist gesprossen	
springen	du springst	er sprang	sie ist gesprungen	spring(e)!
stechen	du stichst	er stach	sie hat gestochen	stich!
stehen	du stehst	er stand	sie hat gestanden	steh(e)!
stehlen	du stiehlst	er stahl	sie hat gestohlen	stiehl nicht!
steigen	du steigst	er stieg	sie ist gestiegen	steig(e)!
sterben	du stirbst	er starb	sie ist gestorben	stirb nicht!
stinken	du stinkst	er stank	sie hat gestunken	stink(e) nicht!
stoßen	du stößt	er stieß	sie hat gestoßen	stoß(e)!
streichen	du streichst	er strich	sie hat gestrichen	streich(e)!
streiten	du streitest	er stritt	sie hat gestritten	streit(e) nicht!
tragen	du trägst	er trug	sie hat getragen	trag(e)!
treffen	du triffst	er traf	sie hat getroffen	triff!
treiben	du treibst	er trieb	sie hat/ist getrieben	treib(e)!
treten	du trittst	er trat	sie hat getreten	tritt!
trinken	du trinkst	er trank	sie hat getrunken	trink(e)!
tun	du tust	er tat	sie hat getan	tu(e)!
verbieten	du verbietest	er verbot	sie hat verboten	verbiet(e)!

	Präsens	Präteritum	Perfekt	Imperativ Singular
verbrechen	du verbrichst	er verbrach	sie hat verbrochen	verbrich nichts!
verderben	du verdirbst	er verdarb	sie hat/ist verdorben	verdirb nicht!
vergessen	du vergisst	er vergaß	sie hat vergessen	vergiss!
verlaufen	es verläuft	es verlief	es ist verlaufen	
sich verlaufen	du verläufst dich	er verlief sich	sie hat sich verlaufen	verlauf(e) dich nicht!
verlieren	du verlierst	er verlor	sie hat verloren	verlier(e) nicht!
verstehen	du verstehst	er verstand	sie hat verstanden	versteh(e)!
verwenden	du verwendest	er verwandte/ verwendete	sie hat verwandt/ verwendet	verwend(e)!
verzeihen	du verzeihst	er verzieh	sie hat verziehen	verzeih(e)!
wachsen	du wächst	er wuchs	sie ist gewachsen	wachs(e)!
waschen	du wäschst	er wusch	sie hat gewaschen	wasch(e)!
weben	du webst	er webte/wob	sie hat gewebt/ gewoben	web(e)!
weglaufen *	du läufst weg	er lief weg	sie ist weggelaufen	lauf(e) weg!
weisen	du weist	er wies	sie hat gewiesen	weis(e)!
wenden	du wendest	er wandte/ wendete	sie hat gewandt/ gewendet	wend(e)!
werben	du wirbst	er warb	sie hat geworben	wirb!
werden (als Hilfsverb)	du wirst	er wurde	sie ist worden	werd(e)!
werden	du wirst	er wurde	sie ist geworden	werd(e)!
werfen	du wirfst	er warf	sie hat geworfen	wirf!
wiegen *(Gewicht messen)*	du wiegst	er wog	sie hat gewogen	wieg(e)!
wiegen *(schaukeln)*	du wiegst	er wiegte	sie hat gewiegt	wieg(e)!
winden	du windest	er wand	sie hat gewunden	wind(e)!

* = trennbares Verb

	Präsens	Präteritum	Perfekt	Imperativ Singular
sich winden	du windest dich	er wand sich	sie hat sich gewunden	wind(e) dich!
wissen	du weißt	er wusste	sie hat gewusst	wisse!
wollen	du willst	er wollte	sie hat gewollt	
wollen **als Modalverb**	du willst	er wollte	sie hat wollen	
ziehen	du ziehst	er zog	sie hat gezogen	zieh(e)!
zuhören *	du hörst zu	er hörte zu	sie hat zugehört	hör(e) zu!
zusammen-fassen *	du fasst zusammen	er fasste zusammen	sie hat zusammengefasst	fass(e) zusammen!
zwingen	du zwingst	er zwang	sie hat gezwungen	zwing(e) nicht!

Hinweise zur Benutzung

Homonym: unterschiedliche Bedeutungen für gleichklingende Wörter

die **Bank**[1] (Nomen) **der Bank, die Bänke**
❶ eine Sitzgelegenheit, auf der mehrere Personen sitzen können (z. B. Parkbank, Gartenbank): *Sie setzten sich auf die Bank unter dem Baum.*
❷ SCHULE ein Tisch mit einer Bank oder Stühlen: *Lisa und Sofie sitzen in der ersten Bank.*
❸ etwas auf die lange Bank schieben etwas lange nicht erledigen, weil es unangenehm ist

die **Bank**[2] (Nomen) **der Bank, die Banken** ein Unternehmen, das Geldgeschäfte abwickelt: *Ich gehe schnell zur Bank und hebe Geld ab.*

Dieses Zeichen macht dich auf eine sprachliche Besonderheit aufmerksam.

Chris|tus (Nomen) nur im Singular **Christi**
❶ (Jesus) Christus im Christentum der Sohn Gottes
❷ vor/nach Christus in der christlichen Zeitrechnung bevor/nachdem Christus geboren wurde Abkürzung: v. Chr./n. Chr. • ⚠ in gehobenem Deutsch sagt man auch vor/nach Christi Geburt

Der Pfeil zeigt an, dass dir ein anderes Wort weitere Informationen gibt.

das **Des|sert** (Nomen) [dɛˈseːɐ̯, dɛˈsɛːɐ̯]
des Desserts, die Desserts → **Nachtisch**